# 中国矿业年鉴

## （2016～2017）

《中国矿业年鉴》编辑部　编

地震出版社

ISBN 978-7-5028-5077-7

**图书在版编目(CIP)数据**

中国矿业年鉴. 2016~2017 /《中国矿业年鉴》编辑部编.
—北京：地震出版社，2019.10
ISBN 978-7-5028-5077-7

Ⅰ. ①中… Ⅱ. ①中… Ⅲ. ①矿业经济-中国-
2016-2017-年鉴 Ⅳ. ①F426.1-54

中国版本图书馆 CIP 数据核字（2019）第 111882 号

**地震版 XM4369**

**中国矿业年鉴（2016~2017）**
《中国矿业年鉴》编辑部 编
责任编辑：刘素剑 薛广盈
责任校对：张友联 杨彦杰

---

出版发行：地震出版社

北京民族学院南路 9 号　　邮编：100081
发行部：68423031 68467993　　传真：88421706
门市部：68467991　　传真：68467991
总编室：68462709 68423029　　传真：68455221
专业图书部：68467971　　E-mail：dz_press@163.com
http://www.dzpress.com.cn

经销：全国各地新华书店
印刷：北京科信印刷有限公司

---

版（印）次：2019 年 10 月第一版 2019 年 10 月第一次印刷
开本：787×1092 1/16
字数：2030 千字
印张：56.25
印数：0001~2000
书号：ISBN 978-7-5028-5077-7/F（5795）
定价：380.00 元

## 《中国矿业年鉴》编辑委员会顾问



## 《中国矿业年鉴》编辑委员会成员



## 《中国矿业年鉴》（2016～2017）编辑部工作人员



## 《中国矿业年鉴》（2016～2017）特约编辑

# 编 辑 说 明

一、《中国矿业年鉴》（2016～2017）（以下简称《年鉴》合刊），主要分别反映2015年、2016年中国矿业基本情况以及中国矿业经济发展和运行情况。内容涉及矿产资源勘查、开发利用、行业生产、地方矿业等。本期《年鉴》为两年合刊，出版总期第14卷，收录时限原则上分别以2015年、2016年为主。

二、本期《年鉴》合刊，根据实际情况设大事记、概况、矿业管理、矿业行业、地方矿业、政策法规、统计资料、附录等8个栏目。

按内容分类编排，设栏目、类目、条目三个层次，有的栏目根据内容需要加设分目。表述方式以条目为单位，有文章、图、表等多种形式，图文并茂。

设有方便查阅的目录，为方便读者查阅，本期《年鉴》合刊中的图、表序号以类目或分目为单位，单独列序。

三、本期《年鉴》合刊，分别记述了2015年、2016年中国矿业概况、管理、行业、地方矿业等方面的发展变化情况；收录了2015年、2016年原国土资源部（现自然资源部）有关部门提供的相关政策性法律法规和全国性矿业统计资料，统计数据中均未包括香港特别行政区、澳门特别行政区和台湾省的统计数据。

四、本期《年鉴》合刊，在附录中，分别收录了2015/2016年、2016/2017年世界矿产资源勘查开发和矿产品供需形势，数据与分析翔实，有较高的参考价值。

五、稿件来源，除部分基层企事业单位外，多由原国土资源部（现自然资源部）厅（局）及行业协会等单位提供。

六、本期《年鉴》合刊，16开本，精装，200万字左右，由《中国矿业年鉴》编辑部编辑，地震出版社出版，国内外公开发行。编辑部联系电话：010－88374940；E－mail：zgkynj@163.com。

本期《年鉴》合刊，在组稿中因客观原因致使部分资料不尽全面，例如："地方矿业"只收录了部分省、市、自治区矿产资源开发利用及生产供销等情况。在内容编辑整理中有一定难度，难免有些疏漏和错误，欢迎各级领导和读者批评指正。在此对所有关心和支持本书编辑工作的单位、领导、朋友们表示衷心的感谢！

《中国矿业年鉴》编辑部

2019年8月

# 目　录

## 2016

## 大事记



## 概　况

## 矿 业 管 理



## 矿 业 行 业

# 地　方　矿　业

## 政 策 法 规



## 统 计 资 料

## 附　　录



# 2017

## 大　事　记



## 概　　况

# 矿　业　管　理



# 矿　业　行　业

# 地 方 矿 业

## 政　策　法　规

## 统 计 资 料



## 附 录

# 中国矿业年鉴

2016

# 大 事 记

## 2015年中国矿业大事记

### 1月

**1日** 新修订的《中华人民共和国环境保护法》正式实施。新《环境保护法》的实施，对高耗能、高排放的石油石化行业来说，将形成更加严厉的倒逼机制，迫使企业投入更多的财力和精力来提高自身工艺、技术、装备和管理水平，长期来看，将推动整个石油石化产业的转型升级。

**同日** 《2015年关税实施方案》实施。我国将降低煤炭产品出口关税税率，2015年将下调至3%。出口商品税率表显示，2015年，出口未制成型的无烟煤、炼焦烟煤、其他烟煤、其他煤，不论是否粉化，均执行3%的税率；出口煤砖、煤球以及类似用煤制固体燃料，褐煤，制成型的褐煤，不论是否成型的泥煤（包括肥料用泥煤），也执行3%的税率；出口从煤、褐煤或泥煤蒸馏所得的焦油及矿物焦油，不论是否脱水或部分蒸馏，包括再造焦油，均执行15%的税率。

**2日** 中国载人潜水器“蛟龙”号在西南印度洋下潜，首次采集到海底高温热液区流体，下潜人员成功利用载人潜水器特性对海底活动热液区开展了探测活动，在两个热液喷口分别获取了150毫升的高温热液流体样品，并测量到一个热液喷口的温度为352摄氏度。

**9日** 由中国煤炭科工集团、大同煤矿集团、中国矿业大学等单位共同完成的“特厚煤层大采高综放开采关键技术及装备”项目，获得了国家科学技术进步奖一等奖。该项目研发了14～20米特厚煤层大采高综放开采关键技术，研发了世界首套年产千万吨特厚煤层大采高综放开采成套装备，研发了特大断面全煤巷道高强度锚杆锚索联合支护技术及材料，研发出大采高综放工作面瓦斯防治与综合防火安全保障技术。这是煤炭行业在相隔11年后再次获得国家科学技术进步奖一等奖，是继我国成功研制年产600万吨综采成套技术装备之后，煤炭科技和装备制造的又一大进步，标志着我国千万吨矿井和千万吨工作面成套技术装备研发进入了工程示范和全面推广应用阶段。

**同日** 武钢资源集团有限公司揭牌成立。为进一步实施“走出去”战略，统筹国内、国外两个市场、两种资源，建立健全规范高效的运行机制，提高资源配置效率，武钢集团将原海外矿产资源事业部和武钢矿业有限责任公司重组整合。此举对武钢集团加快推进矿山资源整合、统筹矿业发展、发挥协同优势、推动产业升级、加强资源保障有着深远的意义。

**同日** 我国自主建设的世界首个煤矿采掘装备研发（实验）中心在河北张家口通过了国家能源局的验收，正式投入使用，结束了我国煤矿成套采掘装备研发设计没有试验验证平台的历史，该实验中心可实时收集处理采煤装备性能数据，将为实现煤矿无人开采提供技术支撑。由中国煤矿机械装备公司承担的国家能源煤矿采掘机械装备研发（实验）中心项目竣工，并通过了由国家能源局主持的验收。

**15日** 山西省人民政府发布《中共山西省委　山西省人民政府关于深化煤炭管理体制改革的意见》，拉开了山西煤炭革命大幕。《中共山西省委　山西省人民政府关于深化煤炭管理体制改革的意见》提出，2020年前山西省原则上不再新配置煤炭资源，除“关小上大、减量置换”外，不再审批建设新的煤矿项目（含露天矿）；严格执行控制煤炭产能增长的产业调整政策；停止审批年产500万吨以下井工改露天开采项目。

**16日** 神华集团等15家大型煤炭企业联合倡议，全行业全面实行节假日正常休假和煤矿工人带薪年休假制度；改革煤矿生产作业制度，按照《国务院关于促进煤炭工业健康发展的若干意见》关于“提高矿工生活质量，尽快实行四班六小时工作制”的要求，将煤矿原来三班作业调整为四班作业，其中零点班停产检修；建立国庆、元旦、春节等法定节假日煤矿停产检修制度，保障设备正常运行和安全生产；全面实行带薪年休假制度，提高煤矿职工生活质量水平。

**23日** 北车船舶与海洋工程发展有限公司、上海崇和实业有限公司联合推出的海底采选矿船——"泰鑫1"在江苏南通市新码头顺利下水。该船为国内第一艘海底采选矿船，全长122.2米、型宽25米、型深5.2米，由上海崇和船舶融资租赁有限公司投资、北车海工总承包、上海航盛船舶设计有限公司研发设计，将开赴海南省万宁市保定海进行滨海锆钛矿采选施工作业。

**26日** 由中国中铁装备集团依托国家"863"计划、"973"计划自主研制的"直径8.03米全断面岩石隧道掘进机"在河南郑州下线。该设备突破了TBM整机多系统协调控制集成技术，硬岩环境下高效破岩的刀盘高强度、非线性布置、小刀间距设计技术，不良地质条件下的高效、安全、快速支护系统设计技术，复杂多变地质条件的TBM三维激发极化超前地质探测预报技术等多项技术难题。这将为我国国防建设、铁路、公路、水利、水电、石油燃气管道、海底隧道等隧道开挖提供积极示范。

**29日** 国家能源局下发了《关于组织申报2015年能源自主创新和能源装备专项项目的通知》，将重点安排引领能源科技创新和能源装备转型升级的重大项目。2015年，中央预算内投资能源装备技术改造和能源自主创新领域及重点方向涉及煤炭、油气勘探与开采、煤炭深加工与转化、洁净高效火电、核电等。

## 2月

**20日** "大洋一号"在紧张的工作中度过。东四区时间2015年2月20日上午8点30分，风平浪静，海况良好，"进取者"深海底中深钻开展作业，两小时后即顺利到达1726米深海底开展钻探。东四时区时间2月20日下午14点43分，"进取者"携带取得的海底岩芯顺利出水。这也是我国首次在西南印度洋断桥热液区开展钻探试验。

## 3月

**16日** 《铅锌行业规范条件(2015)》已经正式发布，新建铅锌矿山的标准大幅提高。根据规范条件，新建小型铅锌矿山规模不得低于单体矿10万吨/年(300吨/日)，服务年限须在10年以上，中型矿山单体矿规模应大于30万吨/年(1000吨/日)。采用浮选工艺的矿山企业其矿石处理能力应不小于矿山开采能力。

**19日** 湖北能源集团股份有限公司与陕西煤业化工集团有限责任公司、中国长江三峡集团公司分别签订协议。陕西煤业化工集团有限责任公司与湖北能源集团股份有限公司共同出资对湖北能源所属全资子公司——湖北省煤炭投资开发有限公司进行增资扩股。陕西煤业化工集团有限责任公司将通过湖北省煤炭投资开发有限公司每年向湖北供应1500万吨以上优质煤炭。此外，陕西煤业化工集团有限责任公司、中国长江三峡集团公司与湖北能源集团股份有限公司将分别占比35%、35%、30%，共同投资设立煤制气及煤电项目公司。

**同日** 中国人民银行发布了《黄金及黄金制品进出口管理办法》，并于4月1日开始实施。9月25日，紫金矿业获得中国人民银行批复，允许从事黄金进口业务。

**25日** 国家能源局印发《关于促进煤炭工业科学发展的指导意见》，提出优化煤炭开发布局、调整煤炭产业机构等十条措施助力煤炭业脱困，其中推动煤层气产业化发展被单列出予以强调，提出落实财政补贴、税费扶持、市场定价等政策措施，引导各类所有制企业参与煤层气勘探开发。

**27日** 在中国联合钢铁网主办的"2015冶金矿产品国际会议"上，中国冶金矿山企业协会主席团主席杨家声表示，经过将近一年的工作，关于中国铁矿中长期发展规划的所有专项课题和区域规划几易其稿，基本定型。中国铁矿中长期发展规划编制由工业和信息化部、中国冶金矿山企业协会组织，鞍钢集团矿业公司牵头承担主体工作。

## 4月

**3日** 随着胜利油田临淄原油库取到新建东辛管道输送的第一批混合油样，中国石油化工集团公司首条智能化管道投产宣告成功。作为中国石油化工集团公司首条智能化管道项目，新东辛管道于2013年9月26日开工建设。至此，历时1年180天的新东辛管道工程圆满收官。新东辛输油管道北起东营原油库，南至临淄原油库，途经东营市东营区、广饶县及淄博市临淄区等3县区10个乡镇。管线中部新建热泵站1座(新广饶输油站)，阀室4座，对首站东营原油库、末站临淄原油库进行相关功能的改造。

**5日** 中国海洋石油集团有限公司"海洋石油981"钻井平台顺利完成海外首口深水井钻井作业，完钻井深超过5030米，创我国深水半潜式钻井平台作业井深纪录。"海洋石油981"成为继"先锋号""进取号""创新号"三座深水半潜式钻井平台走出国门之后，我国自主设计建造的深水高端装备参与国际油田服务市场角逐的又一重要力量。中国海洋石油集团有限公司深水钻井平台系列填补了我国在深水钻井特大型装备项目上的空白，使我国深水油气资源勘探开发能力和大型海洋装备建造水平跨入世界先进行列。

**8日** 李克强总理主持召开国务院常务会议，会议决定自5月1日起，依法适当下调铁矿石资源税征收比例，减按规定税额的40%征收。国内铁矿企业税费承担税负约占整个收入的25%，是国内工业企业平均水平的3倍多。将稀土、钨、钼资源税由从量计征改为从价计征，并按照不增加企业税负的原则合理确定税率。同时，将稀土、钨、钼的矿产资源补偿费费率降为零，停止征收相关价格调节基金。

**18日** 中国地质调查局在北京组织召开"全国重要矿山'三率'综合调查与评价"项目成果报告评审会。由中国石油企业协会承担的国土资源部《油气资源"三率"综合调查与评价》项目于2015年4月通过成果验收。这是我国首次开展油气资源（三率）调查与评价工作。

**20日** 中国黄金协会在京召开"2015中国黄金珠宝行业重点企业主要负责人座谈会"，会议深入讨论了中国黄金珠宝企业积极贯彻"互联网+"国家战略的途径与机遇。

**同日** 山东钢铁集团有限公司宣布收购非洲矿业有限公司在非洲塞拉利昂唐克里里铁矿项目75%的股权。交易完成后，山东钢铁集团有限公司将获得唐克里里铁矿及非洲港口铁路服务公司100%的股份。山东钢铁集团有限公司于2011年7月出资15亿美元，从非洲矿业购买唐克里里项目25%的股权。唐克里里铁矿属世界级铁矿石资产，此次仅以1.7亿美元的价格收购了75%的股权，被业界认为是当前矿业低谷形势下中国企业审时度势的成功选择。

**22日** 欧亚经济委员会在新闻发布会上称将对废旧贵金属和铅矿石口临时实行零关税。零关税将从2015年5月25日实行到2017年5月24日。

## 5月

**1日** 《安徽省非煤矿山管理条例》施行，设专章要求加强矿山环境保护，《安徽省非煤矿山管理条例》对非煤矿山的建设、生产、环境保护、管理等进行了规范，填补了安徽省在这一领域的立法空白，也是全国首部规范非煤矿山管理的地方性法规。

**3日** 我国自主研发的旋转导向系统和随钻测井系统联袂在渤海完成钻井作业，这两项技术可以引导钻头像"3D版贪吃蛇"一样在地下几千米坚硬的岩石里自由穿行，准确命中油藏。

**4日** 中国海洋石油集团有限公司原董事长、原党组书记王宜林任中国石油天然气集团公司董事长、党组书记，周吉平到龄退出领导班子；中国工程院党组原副书记、原副院长王玉普任中国石油化工集团公司董事长、党组书记，傅成玉到龄退出领导班子；中国海洋石油集团有限公司原总经理杨华任中国海油董事长、党组书记。

**8日** 国家主席习近平对俄罗斯进行国事访问，并参加俄罗斯纪念卫国战争胜利70周年庆典。其间，习近平与俄罗斯总统普京在克里姆林宫出席了一系列中俄有关经济合作的签约仪式。其中，中国黄金集团公司总经理、党委书记宋鑫与俄罗斯极地黄金公司的代表签署了有关合作开发黄金及有色金属资源的框架协议。

**14日** 国土资源部下达2015年度稀土矿钨矿开采总量控制指标的通知，确定2015年度全国稀土矿（稀土氧化物REO）开采总量控制指标为105000吨，全国钨精矿（三氧化钨含量65%）开采总量控制指标为91300吨。

**18日** 湖南黄金集团有限责任公司旗下湖南黄金股份有限公司实施了重大资产重组及改制、上市公司更名与迁址等重大工作。

**22日** 丝绸之路黄金基金启动，该基金有利于整合"一带一路"沿线国家黄金资源，加强我国与"一带一路"沿线国家黄金市场的合作。丝绸之路黄金基金分三期发行，首期50亿元，二期300亿元，总规模预计达1000亿元，将成为国内最大的黄金行业基金。

**同日** 中国黄金协会在福建省上杭县召开"2015年重点黄金企业集团科学发展座谈会"，来自全国12家重点黄金企业集团的主要负责人参加了会议。会议探讨了黄金行业在经济发展新常态下，如何以科学发展为主题，抓住"一带一路"等战略机遇，团结协作，联合出击，打破行业发展既有模式和空间上的瓶颈，实现企业发展壮大和行业转型升级。

**26日** 中国石油天然气集团公司宣布，长庆油田提交1亿吨致密油探明地质储量，在陕北姬塬发现了我国第一个亿吨级大型致密油田——新安边油田。近年来，油气当量每年以500万吨速度增长的长庆油田，把勘探目标投向了更加隐蔽的致密油藏区域和层位，积极加大致密油地质理论及工程技术联合攻关力度，通过精细刻画烃源岩时空分布、首提"朵体+水道"沉积模式及"二元法"裂缝预测技术的应用，为鄂尔多斯盆地的致密油藏及致密油勘探"甜点"的优选、储层评价、水平井开发技术政策的合理制定、压裂方式的选择提供了宝贵的地质依据，促使鄂尔多斯盆地的致密油勘探取得重大突破。

**同日** 紫金矿业集团股份有限公司与加拿大艾芬豪矿业（Ivanhoe Mines）和巴理克黄金公司（Barrick Gold Corp.）两大国际矿业巨头"握手"结成战略合作关系，联手开发世界级超大铜矿、金矿。据双方签订的协议约定，由紫金矿业分别以25.2亿元和18.2亿元的对价，取得艾芬豪旗下的世界级超大未开发铜矿刚果（金）卡莫阿铜矿 49.5% 的股权和巴理克旗下大型在产金矿巴新波格拉金矿 50% 的权益，两个矿山的铜资源和金资源储量分别为 2416 万吨和 285 吨。

**31 日** 山东招金矿业股份有限公司发布公告称收购我国最大单体金矿，随即由山东省地矿局第三地质矿产勘查院探获的莱州三山岛海域超大型金矿床浮出水面。据悉，该金矿床金金属资源量为 470.47 吨，金平均品位 4.3 克/吨。

## 6 月

**11 日** 在 21 世纪陆上资源面临枯竭的今天，各科技强国纷纷将目光转向海底。中国南海拥有巨大的天然气与石油资源储量，有“中国第二个大庆”的美誉，但受制于资源勘探、采集等诸多技术难题，国际装备技术垄断现象严重，各类先进设备出口受限，“海洋科考勘探 GPS 海上信标”就是其中一项。然而，这一“困局”已被中国航天科工集团三院 31 所研发的“海洋 GPS 信标”原理样机打破，该样机已通过首轮测试，将应用于南海的资源勘探。

**16 日** 伦敦金银市场协会（LBMA）宣布，中国银行获准参与黄金基准定价，标志着近百年的全球黄金直接定价机制首次迎来了非西方成员。中国银行由此也成为亚洲首家参与伦敦黄金电子定价的银行。中国银行已获得洲际交易所旗下定价管理机构批准，将从 6 月 22 日开始参与每日两次的定价。

**21 日** 中国有色矿业集团有限公司与刚果国家矿业公司在刚果（金）卢本巴希市签署了战略合作协议。

**22 日** 由我国自主研发的“海底 60 米多用途钻机”在南海 3109 米海底海试成功，并通过国家“863”计划项目海试验收专家组验收。此次海试刷新了我国深海钻机的钻探深度，标志着我国深海钻机技术从此跻身世界一流。

**26 日** 国家“十二五”智能制造装备发展专项——“煤炭综采成套装备智能系统开发与示范应用”项目，在太原通过了由山西省科技厅组织的科技成果鉴定，被认为达到国际领先水平。

## 7 月

**1 日** 上海石油天然气交易中心正式投入运行。作为中国首个国家级天然气交易平台，其将立足中国、辐射亚太，发展成为国际性石油天然气交易中心。上海石油天然气交易中心的成立，是中国在提升天然气定价话语权方面迈出的第一步。

**同日** 国家税务总局网站发布了《煤炭资源税征收管理办法（试行）》，自 2015 年 8 月 1 日起施行。《煤炭资源税征收管理办法（试行）》分为二十条，主要明确了煤炭计税价格的确定方法、运费扣减范围、洗选煤折算率、混合销售与混合洗选的计税方法等内容。

**10 日** 中国建材集团有限公司发布消息称，上半年签订海外工程合同 12 亿美元。中国建材集团落实国资委抓发展、稳增长决策部署，遵循“整合优化、增效降债”“四抓四控、四增四减”“稳价、降本、收款、压库”等经营原则，做了大量扎实有效的工作，主要指标处于行业前列，多个项目列入国家“一带一路”重点支持项目；积极开展国际合作，科技创新和产研结合进一步加强，累计拥有专利数近 5000 项，在央企中名列第 24 位，连续 4 年发布国际标准。

**同日** 上海黄金交易所与香港金银业贸易场合作推出的“黄金沪港通”正式开通，标志着我国内地和香港黄金市场的双向开放，以引入境外结算银行的创新清算安排，实现境内外黄金市场的互联互通。

**同日** 为加快淘汰落后的安全技术装备，提升企业安全生产保障水平，增强防范和遏制重特大事故能力，国家安全生产监督管理总局根据《安全生产法》《国家安全监管总局办公厅关于印发淘汰落后与推广先进安全技术装备目录管理办法的通知》，发布了《淘汰落后安全技术装备目录（2015 年第一批）》。其中，煤矿领域被列入淘汰目录的落后安全技术装备共有 7 项，即：煤矿井下油浸变压器和油开关等油浸电气设备、S7 动力变压器、继电器式过流保护装置、电磁式继电保护装置、矿井提升机制动系统十字弹簧控制压力的液压站、阀式避雷器、水力采煤。

**17 日** 中国人民银行、国家外汇管理局公布了增调黄金储备：截至 2015 年 6 月底，我国黄金储备规模为 1658 吨，比过去增加了 604 吨。这是我国央行时隔 6 年之后，再次宣布增持黄金储备。

**20 日** 国际海底管理局理事会通过决议，核准了中国五矿集团公司提出的东太平洋海底多金属结核资源勘探矿区申请。中国五矿集团公司获得该国际海底矿区的专属勘探权和优先开采权。

**21 日** 国家安全生产监督管理总局发布公告，根据《安全生产法》《生产安全事故报告和调查处理条例》《国务院关于进一步加强企业安全生产工作的通知》等的规定，张光伟、陈胜华等 13 人终身不得担任煤炭行业的矿长（董事长、总经理）。这是国家安全生产监督管理总局首次发布煤矿矿长“黑名单”。首批被列入煤矿矿长“黑名单”的 13 人，均为 2014 年度发生重大生产安全事故煤矿的矿长（董事长、总经理），且对事故负有主要责任。

## 8 月

**1 日** 国务院印发《全国海洋主体功能区规划》，以进一步优化海洋空间开发格局。《全国海洋主体功能区规划》提出，鼓励引导社会资本合理开发海洋资源。支持深远海油气资源勘探开发，加强深水核心技术装备研发及配套能力建设。

**11 日** “CIOPI 中国铁矿石价格指数”官方微信上线试运行。为及时、准确地向业内各界提供最新的中国市场铁矿石价格信息和相关分析，传递最新的铁矿产业信息及市场动态，打造便捷的铁矿石价格信息服务平台，便于企业把握铁矿石价格走势、分析铁矿石行情变动、交流铁矿行业投融资经验以及为企业在铁矿石贸易中提供价格参考依据，中国钢铁工业协会联合中国五矿化工进出口商会、中国冶金矿山企业协会，以及冶金价格信息中心、中国冶金报社共同推出“CIOPI 中国铁矿石价格指数”官方微信。

**12 日** 国务院安全生产委员会发布通知称，8 月至 12 月底在全国全面开展安全生产大检查，进一步深化“打非治违”和专项整治工作。其中，煤矿、金属非金属矿山等重点矿区为重点检查对象。

**同日** 中国海洋石油集团有限公司所属中海油服物探事业部数据处理解释中心承担的《宽频地震资料处理技术研究与应用》课题通过专家组验收，完全拥有自主知识产权，中国海洋石油集团有限公司成为全球第三个拥有海上宽频地震技术的企业。

**18 日** 工业和信息化部批复关于支持筹建中国石墨产业发展联盟。批复提出，筹建产业联盟要以保护和合理开发利用石墨资源、加快石墨材料产业化进程和构建完善石墨上下游产业链为宗旨。批复还强调，联盟应重在拓宽上下游技术合作、产品试制、应用示范及市场推广的渠道，搭建信息交流和共享平台，缩短下游产业所需的石墨新材料研制开发、投入使用、进入市场的周期。

**21 日** “2015 中国石墨产业发展论坛”在黑龙江省鸡西市举行。依托丰富的资源条件和雄厚的产业基础，以打造“中国石墨之都”为引领，确定了建设石墨负极材料、密封材料、超硬材料等七大产业链，打造国家级石墨产业制造、技术研发、质量检查、产品交易等六大基地的发展战略，先后引进了北汽集团、中国宝安集团等一批世界级的大企业，建设了规划总面积 15 平方千米的黑龙江省首家石墨产业园区，成立了国家级石墨产品检验检测中心，鸡西石墨产业发展呈现良好势头。

**22 日** 七台河市宝泰隆石墨烯、磷酸铁锂等新材料产业项目在七台河市新兴区工业聚集区开工建设。七台河宝泰隆石墨烯、磷酸铁锂等新材料产业项目占地 20 公顷，总投资 5 亿元。主要建设石墨烯和相关产业生产装置，超导电型石墨烯/磷酸铁锂正极生产装置以及公用工程、辅助设施等。

**25 日** 由国土资源部和国务院参事室、中央文史研究馆联合主办的“纪念中国人民抗日战争暨世界反法西斯战争胜利 70 周年地质矿产史料展”在中国地质博物馆正式开展。展览分三方面内容：一是日本帝国主义对我国矿产资源的觊觎与掠夺；二是地质矿产调查支持全面抗战；三是地质大师精神永驻。

**28 日** 国土资源部发出发出关于做好矿业权设置方案审批或备案核准取消后相关工作的通知称，取消矿业权设置方案审批或备案核准制度，严格执行《国务院关于取消非行政许可审批事项的决定》，部、省两级停止矿业权设置方案的审批或备案核准，与之对应的地方各级国土资源主管部门承担的初审、复审、审核等一并取消。

## 9 月

**11 日** 中央政治局会议审议通过《生态文明体制改革总体方案》。在国务院新闻办公室举行的新闻发布会上，中央财经领导小组办公室等五部门的负责人介绍了生态文明体制改革总体方案的相关情况。据介绍，按照党中央国务院的总体部署，国家推出“1 + 6”生态文明改革“组合拳”。

**14 日** 山西省政府发布了山西省煤炭行政审批制度改革方案，旨在建立和完善设计科学、流程规范、运行高效、公开透明、弊革风清的煤炭行政审批制度。项目核准阶段，安全核准和社会稳定风险评估报告不再作为省级煤矿项目核准的前置条件。将国家规划矿区内新增生产能力 120 万吨以下的煤炭开发项目选址意见书的审批权，下放至设区的市及扩权强县试点县和转型综改试点县。

**21 日** 东北地区最大的煤炭企业——黑龙江龙煤矿业控股集团有限责任公司在机关全体员工大会上宣布，成立公司总部人力资源创业培训中心，执行集团安置分流人员和鼓励职工创业闯市场相关政策，要求全面完成 3 个月分流 10 万人目标。

## 10 月

**8 日** 国土资源部办公厅下发通知，就做好第三轮矿产资源规划数据库建设工作相关问题加以明确。国土资源部将根据各省区市提交的规划数据库成果，形成全国统一的规划数据库，探索建立规划数据库维护与更新长效机制。

**同日** 经国土资源部油气储量评审认定，中国石油化工集团公司重庆涪陵页岩气田焦石坝区块新增探明含气面积277平方千米，新增探明储量2739亿立方米。至此，涪陵页岩气田探明含气面积扩大为384平方千米，探明储量增至3806亿立方米，成为仅次于北美的全球第二大页岩气田。重庆涪陵页岩气田是我国首个实现商业化开发的页岩气田。

**9日** 在中核集团核工业北京地质研究院召开的媒体见面会上，自然界金属铀的发现团队介绍，中核集团核工业北京地质研究院院长李子颖带领的研究团队，日前在自然界中首次发现金属铀。这一重大发现在全球属首次，不仅打破了科学界长期以来认为自然界没有金属铀的认识，还具有较大的实际应用价值。

**10日** 冀中能源峰峰集团有限公司下属的天择公司采用3D打印技术制作的矿井提升箕斗滚轮罐耳，10月10日交付煤矿开展工业性试验，成为国内首个3D打印技术的滚轮罐耳。

**12日** 《中共中央 国务院关于推进价格机制改革的若干意见》发布。《意见》指出，将加快推进能源价格市场化，择机放开成品油价格和天然气销售价格，促进市场主体多元化竞争，还原能源商品属性。此次《意见》的发布，标志着我国能源价格改革进入加快推进的新阶段。

**同日** 由云天化集团有限责任公司与以色列化工集团(ICL)合资成立的云南磷化集团海口磷业有限公司在昆明揭牌成立。云南省委书记李纪恒、以色列化工集团董事长尼尔·吉拉德共同为公司揭牌。ICL是全球磷精细化学品的重要生产供应商，在阻燃剂、特种磷酸盐及特种化肥等领域居于世界领先地位。云天化集团有限责任公司是我国最大的磷肥和磷矿生产企业。此次合资成立的云南磷化集团海口磷业有限公司将以云天化海口磷矿优势磷矿资源为依托，利用ICL资金和技术优势，重点发展特种肥、专用肥及精细磷化工产品，努力打造成为在亚太地区具有领导地位的精细磷化工企业。此次合作运行是国家取消限制磷矿外商投资后的首例，将助推云天化技术创新与产业转型升级。

**13日** 由中国有色金属工业协会联合中国五矿有色金属股份有限公司、上海期货交易所、江西铜业集团公司、云南锡业集团(控股)有限责任公司共同举办，得到伦敦金属交易所(LME)大力支持的2015年中国有色金属论坛在英国伦敦隆重召开。本次论坛主题为新常态下中国有色金属工业发展展望，论坛是LME年会金属论坛(LME WEEK)期间召开，是中国有色金属工业协会联合有关企业首次在海外举办的大型活动。

**19日** 继铜陵姚家岭发现大型铜铅锌矿后，安徽省国土资源厅表示，安徽省又在铜陵地区发现一新型中型铅锌矿，预计提交中型矿产地1～3处，333类铅锌矿资源量40万吨、银资源量80吨。荷花山铅锌银多金属矿是安徽省在找矿程度较高的铜陵地区又一重大发现，该区具有很好的找矿远景，预测铅锌银资源量可达大型(50万吨以上)，开创铜陵地区又一新型成矿类型——低温热液微粒型角砾岩性铅锌银多金属矿型，对该地区下一步找矿工作具有指导意义。

**20日** 作为国务院部署的试点工作，新疆石油天然气5个勘查区块在北京举行项目的公开招标会。包括中国石油化工集团公司、新疆能源(集团)有限责任公司等国企和永泰能源股份有限公司等民企在内的13家企业投标。这次招标首次面向所有符合准入条件的内资企业，打破了中国常规油气勘探仅由几家国有石油公司专营的局面。

**同日** 由国土资源部、天津市人民政府、中国矿业联合会共同主办的2015(第十七届)中国国际矿业大会在天津举行，本次大会以"新常态、新机遇、新发展"为主题，围绕矿业可持续发展、全球矿产勘查形势、矿业与资本市场、绿色矿山、矿产资源综合利用等专题进行研讨。来自55个国家和地区的政府官员、专家学者、矿业企业代表、金融机构代表8000余人参会。

**27日** "2015中国国际铝业周"在山东省青岛市盛大开幕。来自十多个国家、850多位国内外铝生产企业、研发机构等单位的代表及国家相关部门的领导，共同探讨铝业热点话题，预判市场、洽谈合作、共谋发展。会议为期4天，期间还相继举办了2015中国国际铝业大会、泛太平洋铝业高峰论坛、扩大铝合金围护板应用高层论坛等标志性活动。

## 11月

**3日** 《中共中央关于制定国民经济和社会发展第十三个五年规划的建议》全文正式发布，其中多处涉及能源、资源、环境等内容，对矿业及相关领域在未来的发展定下了绿色高效的主调。

**6日** 由中刚合资的华刚矿业股份有限公司在刚果(金)科卢韦齐宣布，该公司储量达868万吨金属铜的世界级特大铜钴矿采选冶一期工程正式投产。该生产线达产后每年能处理矿石量455万吨，每年产金属铜12.5万吨。

**8日** 国务院办公厅印发《编制自然资源资产负债表试点方案》。方案提出，根据自然资源的代表性和有关工作基础，在内蒙古自治区呼伦贝尔市、浙江省湖州市、湖南省娄底市、贵州省赤水市、陕西省延安市开展编制自然资源资产负债表试点工作。

**12日** 中国有色金属工业协会在北京发布2015

年10月中色铜产业月度景气指数和中色铝冶炼产业景气指数。此次指数发布是2014年4月16日发布中经有色产业月度景气指数以来，首次发布的单个金属品种月度景气指数，对铜、铝行业发展具有重要意义。

**13日** 由中国有色金属工业协会举办的"中国有色金属工业成就展"在北京国家会议中心举行。展览集中展示了有色金属行业发展成果，为我国有色金属行业发展留下了宝贵的资料、成功的经验。此次展览是中国有色金属工业协会成立以来举办的第一次全行业性展览。

**17日** 澳大利亚总理阿博特发表声明称，中国和澳大利亚已经完成自由贸易协议谈判。而澳大利亚对外事务和贸易部发布的中澳自由贸易协议内容显示，从中澳自由贸易协议生效的即日起，中国进口澳大利亚焦煤的关税将从3%降为零；而中国进口澳大利亚动力煤的关税将在两年内降至零。

**20日** 10家中国锌行业骨干企业代表上海召开了锌产业运行形势分析座谈会。经过充分讨论，与会企业代表达成共识，并向全行业发出倡议：控制锌总产量，计划减少2016年精锌产量50万吨，同时，还将采取其他有效措施维护企业和行业利益。锌行业成为继稀土行业之后第二个倡议限产保价的金属行业。

**同日** 黑龙江省龙煤集团鸡西矿业公司杏花煤矿发生重大火灾事故，造成21人遇难、1人下落不明。杏花煤矿1985年建矿，核定生产能力200万吨/年。矿井采用立井多水平开拓，为高瓦斯矿井。事故发生在东一采区皮带道，皮带机型号DTC120/50/3×400，皮带面宽1.2米、长度1100米，坡度22度。

**30日** 2015年中国矿业循环经济暨绿色矿山经验交流会在湖南郴州举行。我国已经具有四批661家国家级绿色矿山试点单位，从前两批试点的评估总结来看，取得了明显成效。但无论是在数量、规模还是内容形式上，我国绿色矿山都还有较大发展空间。

**同日** 国家发展改革委、工业和信息化部、科技部等三部门印发关于加快石墨烯产业创新发展的若干意见。意见提出，到2018年，石墨烯材料制备、应用开发、终端应用等关键环节良性互动的产业体系基本建立，产品标准和技术规范基本完善，开发出百余项实用技术和样品，推动一批产业示范项目，实现石墨烯材料稳定生产，在部分工业产品和民生消费品上的产业化应用。

## 12月

**1日** 江西铜业集团有限公司、铜陵有色金属集团股份有限公司、云南铜业（集团）有限公司、金川集团股份有限公司、大冶有色金属公司、中条山有色金属集团有限公司、白银有色集团股份有限公司、烟台国润铜业有限公司、中国黄金集团有限公司、阳谷祥光铜业有限公司十大铜冶炼企业联合宣布，2016年将减少精铜产量35万吨，约占2015年国内精铜产量的2.5%。

**2日** 国务院常务会议决定全面实施燃煤电厂超低排放和节能改造，大幅降低发电煤耗和污染排放。

**同日** 中国五矿集团公司旗下五矿发展股份有限公司与阿里巴巴旗下阿里创业投资有限公司共同宣布，双方将组建合资公司，共建钢铁电商平台。电商平台将面向整个钢材市场上下游，为仓储、加工、金融、货运在内的交易相关服务提供支持，为行业上下游以及周边企业提供包括在线交易、物流、金融等各种电商服务。

**同日** 内蒙古自治区国土资源厅发布消息称，地质勘探人员近期在内蒙古阿拉善盟境内发现一处超大型大鳞片石墨矿，已探明石墨资源总量1.3亿吨，约占全球可采储量的7.3%，平均品位5.45%。这样高品位、超大规模的石墨矿藏在国内尚属罕见。

**3日** 中国国土资源经济研究院发布《中国矿产资源节约与综合利用报告（2015）》。最新统计数据显示：我国尾矿和废石累积堆存量已接近600亿吨，其中废石堆存438亿吨，75%为煤矸石和铁铜开采产生的废石；尾矿堆存146亿吨，83%为铁矿、铜矿、金矿开采形成的尾矿，综合利用潜力巨大。数据还显示：我国尾矿综合利用率仅为18.9%，主要用于充填开采和建材。为尽快实现矿产资源高效、清洁、绿色开发，尾矿规模利用亟待提速。

**8日** 国务院国资委宣布，经国务院批准，中国冶金科工集团有限公司整体并入中国五矿集团公司，成为其全资子企业，中国冶金科工集团有限公司不再作为国资委直接监管的企业。

**同日** 中国冶金科工集团有限公司与辽宁省葫芦岛市人民政府、葫芦岛市国有资本投资运营有限公司签署《国有股权无偿划转协议书》。根据该协议书的规定：中国冶金科工集团有限公司将其所有的中冶葫芦岛有色金属集团有限公司24%的股权无偿划转给葫芦岛市国有资本投资运营有限公司。划转后中冶葫芦岛有色金属集团有限公司的股权结构为：葫芦岛宏跃集团有限公司占35%，中冶集团持股由原先的55%降至31%，葫芦岛市国有资本投资运营有限公司占24%，辽宁省国有资产经营有限公司占10%。本次股权调整完成后，葫芦岛宏跃集团有限公司将成为葫芦岛有色金属集团有限公司第一大股东。

**13日** 中国石油天然气集团公司董事长王宜林与阿联酋国务部长、穆巴达拉发展公司投资委员会能源业务首席执行官贾贝尔在北京共同签署了《中国石油天然气集团公司与穆巴达拉油气控股有限责任公司战略合作协议》。根据协议，双方将在阿联酋境外上游油气投资及相关项目服务等潜在领域开展合作，具体包括陆上常规项目、海上项目和LNG项目等合作。

**23日**　李克强总理主持召开国务院常务会议提出，为了减轻企业负担，从2016年1月1日起下调燃煤发电上网电价，全国平均每千瓦时降低约3分钱，同时将完善煤电价格联动机制，对高耗能行业继续实施差别、惩罚性和阶梯电价。

**24日**　中国石油天然气集团公司发布公告称，公司将以全资子公司中国石油天然气管道局作为平台公司，整合旗下东部管道、管道联合及西北联合三家公司，总资产超过2813亿元。中国石油天然气集团公司表示，通过此次整合，公司能够理顺各个管道运营公司之间的股权关系，建立统一的管道资产管理运营及投融资平台，从而进一步提升管理效率，节约运营成本，并为统筹规划实施未来管道建设夯实基础，有利于提升管道资产整体价值。

**同日**　中国平煤神马集团投资10亿元的3000吨硅烷项目开工。此前中国平煤神马集团与上海交通大学等单位合作，依托中平能化集团(许昌)首山焦化有限公司充足的炼焦副产品高纯度氢气等资源，已研发出高纯度硅烷产品。2014年9月，一期工程600吨硅烷气生产线成功投产，产品纯度达到99.999999%。

（《中国矿业年鉴》编辑部　宋菲编辑）

# 概　　况

## 矿产资源概况

**【概述】**　“十二五”期间,面对复杂多变的国内外矿产资源形势,中国政府坚持立足国内,全面推进找矿突破战略行动,加强矿产资源节约与综合利用,增强矿产资源保障能力,大力推进简政放权,不断提升地质工作服务经济社会的能力。

1. *摸清资源家底*。“十二五”期间,地质勘查投入为5681.5亿元,勘查取得重大进展。石油新增探明地质储量61.3亿吨,天然气3.92万亿立方米;设立页岩气为新矿种,累计探明地质储量5441亿立方米。“十二五”末,石油剩余技术可采储量35亿吨,比“十一五”末增长10.4%;天然气5.2万亿立方米,增长37.4%;煤炭查明资源储量1.57万亿吨,增长16.8%;铁矿850.8亿吨,增长17.0%;铜矿9910万吨,增长23.3%;钨矿958.8万吨,增长62.2%;金矿1.16万吨,增长68.4%;钾盐10.8亿吨,增长16.1%。

2. *矿产资源供应能力提高*。“十二五”期间,一次能源生产总量177.2亿吨标准煤,较“十一五”增长28.0%;消费总量206.2亿吨标准煤,增长27.7%。原煤产量192亿吨,增长30.2%;原油10.5亿吨,增长9.7%;天然气5941亿立方米,增长52.7%。铁矿石产量68.0亿吨,增长67.0%;粗钢38.5亿吨,增长46.8%;10种有色金属2.1亿吨,增长69.5%;黄金2100吨,增长45.1%;水泥115.7亿吨,增长53.3%。矿产品贸易总额4.99万亿美元,增长81.4%。进口煤炭13.3亿吨,增长195.7%;石油16.3亿吨,增长46.3%;铁矿石41.4亿吨,增长71.2%。

3. *加强资源节约与综合利用*。“十二五”期间,制定和发布了矿产资源综合利用评价指标,发布27个矿种的开采回采率、选矿回收率、综合利用率指标要求,主要矿种的矿产资源节约与综合利用评价指标体系初步形成,优选210项先进适用技术予以推广,推动矿产资源综合利用示范基地建设。

4. *改善矿山地质环境*。“十二五”期间,中央财政投入矿山地质环境治理资金180.66亿元,较“十一五”增长39.9%。实施“矿山复绿行动”以来,各地共投入资金146亿元,完成治理矿山3310座,总面积10.3万公顷。截至2015年底,矿山地质环境治理恢复面积约81万公顷,治理率为26.7%。积极推进绿色矿业发展和绿色矿山建设,优选661家矿山企业作为国家级绿色矿山试点单位,其中191家试点单位通过评估。

5. *推进矿产资源管理改革*。取消25项涉及地质矿产类的审批事项,修改14项矿产资源行政法规和部门规章。资源税遵循从价计征为主、从量计征为辅的原则,由省级人民政府确定计征方式。

6. *提高地质工作服务水平*。截至2015年底,1∶5万区域地质调查面积占陆域国土面积的37.0%。完成1∶25万水文地质调查面积4.5万平方千米,1∶5万水文地质调查面积37万平方千米。公开发布了1∶50万水工环调查成果系列图数据、矿产资源整装勘查区重要地质钻孔数据、矿产资源整装勘查区地学文献服务产品等,发布了40万个地质钻孔资料、11万幅全国矿产资源潜力评价成果省级地质资料服务目录、93幅海洋地质调查最新基础地质图件和1000余幅1∶5万区域地质图。

7. *提高科技创新与国际合作水平*。新一代中国地层表正式发布,深部地质与构造研究领域取得新进展,提出了岩溶作用成矿新模式。发布实施地质矿产国家标准13项、行业标准91项。充分利用中国国际矿业大会等国际合作平台,加强与美国、俄罗斯、蒙古、东盟、非洲、联合国教科文组织等在地质矿产领域的合作。

**【矿产资源储量】**　1. *查明资源储量变化*。“十二五”期间,主要矿产中41种查明资源储量①增长,5种减少,新设立矿种页岩气探明地质储量快速增长。与“十一五”末相比,“十二五”末石油剩余技术可采储量增长10.4%,天然气增长37.4%,煤层气增长

① 指剩余的资源储量。

132.3%。煤炭查明资源储量增长16.8%，铁矿增长17.0%，锰矿增长55.8%，铜矿增长23.3%，铝土矿增长25.6%，钨矿增长62.2%，钼矿增长108.1%，金矿增长68.4%，磷矿增长24.0%，钾盐增长16.1%，晶质石墨增长40.5%（表1）。

**表1　主要矿产查明资源储量**

| 矿　产 | 单　位 | 2010年 | 2015年 | 增减变化（%） |
|---|---|---|---|---|
| 煤炭 | 亿吨 | 13408.3 | 15663.1 | 16.8 |
| 石油 | 亿吨 | 31.7 | 35.0 | 10.4 |
| 天然气 | 亿立方米 | 37793.2 | 51939.5 | 37.4 |
| 煤层气 | 亿立方米 | 1318.4 | 3062.5 | 132.3 |
| 页岩气 | 亿立方米 | – | 1301.8 | * |
| 铁矿 | 矿石 亿吨 | 727 | 850.8 | 17.0 |
| 锰矿 | 矿石 亿吨 | 8.86 | 13.8 | 55.8 |
| 铬铁矿 | 矿石 万吨 | 1490.5 | 1245.8 | -16.4 |
| 钒矿 | $V_2O_5$万吨 | 4381.9 | 6125.7 | 39.8 |
| 钛矿 | $TiO_2$亿吨 | 7.2 | 7.64 | 6.1 |
| 铜矿 | 金属 万吨 | 8040.7 | 9910.2 | 23.3 |
| 铅矿 | 金属 万吨 | 5509.1 | 7766.9 | 41.0 |
| 锌矿 | 金属 万吨 | 11596.2 | 14985.2 | 29.2 |
| 铝土矿 | 矿石 亿吨 | 37.5 | 47.1 | 25.6 |
| 镍矿 | 金属 万吨 | 938 | 1116.6 | 19.0 |
| 钴矿 | 金属 万吨 | 68.2 | 68.0 | -0.3 |
| 钨矿 | $WO_3$ 万吨 | 591 | 958.8 | 62.2 |
| 锡矿 | 金属 万吨 | 431.9 | 418.0 | -3.2 |
| 钼矿 | 金属 万吨 | 1401.8 | 2917.6 | 108.1 |
| 锑矿 | 金属 万吨 | 255 | 292.6 | 14.7 |
| 金矿 | 金属 吨 | 6864.8 | 11563.5 | 68.4 |
| 银矿 | 金属 万吨 | 17.2 | 25.4 | 47.7 |
| 铂族金属 | 金属 吨 | 334.6 | 369.2 | 10.3 |
| 锶矿 | 天青石 万吨 | 4375.4 | 5583.3 | 27.6 |
| 菱镁矿 | 矿石 亿吨 | 36.4 | 29.7 | -18.4 |
| 萤石 | 矿物 亿吨 | 1.8 | 2.21 | 22.8 |
| 耐火黏土 | 矿石 亿吨 | 24.6 | 25.6 | 4.1 |
| 硫铁矿 | 矿石 亿吨 | 56.9 | 58.8 | 3.3 |
| 磷矿 | 矿石 亿吨 | 186.3 | 231.1 | 24.0 |

**续表1**

| 矿　产 | 单　位 | 2010年 | 2015年 | 增减变化（%） |
|---|---|---|---|---|
| 钾盐 | KCl 亿吨 | 9.3 | 10.8 | 16.1 |
| 硼矿 | $B_2O_3$ 万吨 | 7309.2 | 7575.7 | 3.6 |
| 钠盐 | NaCl 亿吨 | 13337.7 | 13680.0 | 2.6 |
| 芒硝 | $Na_2SO_4$ 亿吨 | 934.2 | 1170.7 | 25.3 |
| 重晶石 | 矿石 亿吨 | 2.90 | 3.30 | 13.8 |
| 水泥用灰岩 | 矿石 亿吨 | 1021.0 | 1282.3 | 25.6 |
| 玻璃硅质原料 | 矿石 亿吨 | 64.7 | 79.0 | 22.1 |
| 石膏 | 矿石 亿吨 | 769.1 | 1004.2 | 30.6 |
| 高岭土 | 矿石 亿吨 | 21.0 | 27.1 | 29.0 |
| 膨润土 | 矿石 亿吨 | 28.0 | 28.9 | 3.2 |
| 硅藻土 | 矿石 亿吨 | 4.3 | 4.8 | 11.6 |
| 饰面花岗岩 | 矿石 亿立方米 | 23.2 | 34.3 | 47.8 |
| 饰面大理岩 | 矿石 亿立方米 | 15.3 | 16.1 | 5.2 |
| 金刚石 | 矿物 千克 | 3702.1 | 3396.5 | -8.3 |
| 晶质石墨 | 矿物 亿吨 | 1.85 | 2.6 | 40.5 |
| 石棉 | 矿物 万吨 | 8975.3 | 9157.4 | 2.0 |
| 滑石 | 矿石 亿吨 | 2.67 | 2.75 | 3.0 |
| 硅灰石 | 矿石 亿吨 | 1.55 | 1.7 | 9.7 |

**注：**石油、天然气、煤层气、页岩气为剩余技术可采储量；*为新设矿种。

2. 新增查明资源储量。“十二五”期间，地质找矿工作取得显著成效，天然气、煤层气、页岩气、锰矿、钨矿和钼矿新增查明资源储量①占累计查明资源储量②的比例超过30%。与“十一五”相比，“十二五”期间中国主要矿产新增查明资源储量明显增长。石油新增探明地质储量增长6.6%，天然气增长25.6%，煤层气增长111.1%，锰矿新增查明资源储量增长256.5%，钨矿增长598.9%，钼矿增长250.6%，磷矿增长171.5%。2015年，石油新增地质储量11.18亿吨，天然气6772.2亿立方米，页岩气4373.79亿立方米，煤炭新增查明资源储量390.3亿吨，铁矿12.0亿吨，铜矿392.2万吨，铝土矿4.9亿吨，钨矿248.4万吨金矿1720.4吨，磷矿17.4亿吨（表2）。

---

① 指一段时期内新发现的资源储量。

② 指截至某时间点发现的资源储量之和。

表 2　　重要矿产新增查明资源储量

| 矿种 | 单位 | 2015 年 | “十二五” | “十二五”同比变化(%) | “十二五”新增储量占累计查明资源储量比例(%) |
|---|---|---|---|---|---|
| 煤炭 | 亿吨 | 390.3 | 2989.6 | -26.9 | 18.1 |
| 石油 | 亿吨 | 11.18 | 61.3 | 6.6 | 16.5 |
| 天然气 | 亿立方米 | 6772.2 | 39224 | 25.6 | 30.1 |
| 煤层气 | 亿立方米 | 26.34 | 3504.9 | 111.1 | 55.7 |
| 页岩气 | 亿立方米 | 4373.79 | 5441.3 | * | 100 |
| 铁矿 | 矿石 亿吨 | 12 | 132.7 | -19.1 | 13.5 |
| 锰矿 | 矿石 万吨 | 1.1 | 61906.7 | 256.5 | 34.7 |
| 铜矿 | 金属 万吨 | 392.2 | 2341 | 10.6 | 17.9 |
| 铅矿 | 金属 万吨 | 437.2 | 2330.2 | 21.4 | 21.6 |
| 锌矿 | 金属 万吨 | 573.2 | 3783.2 | 21.3 | 17.7 |
| 铝土矿 | 矿石 万吨 | 49087 | 95781 | 47.3 | 18.6 |
| 镍矿 | 镍 万吨 | 112.9 | 279.2 | 56.2 | 19.9 |
| 钨矿 | $WO_3$ 万吨 | 248.4 | 459.9 | 598.9 | 37.8 |
| 锡矿 | 金属 万吨 | 4.4 | 78.7 | 16.2 | 9.5 |
| 钼矿 | 金属 万吨 | 102.3 | 1559.5 | 250.6 | 50.6 |
| 锑矿 | 金属 万吨 | 14.7 | 96.2 | 45.5 | 15.1 |
| 金矿 | 金属 吨 | 1720.4 | 4949.4 | 66.3 | 27.9 |
| 银矿 | 金属 吨 | 1.8 | 81852 | 64 | 19.7 |
| 硫铁矿 | 矿石 万吨 | 11448.1 | 48162.1 | -0.5 | 7.4 |
| 磷矿 | 矿石 亿吨 | 17.4 | 58.1 | 171.5 | 23.3 |
| 钾盐 | KCl 万吨 | - | 9274 | -30.1 | 7.1 |

**注：**石油、天然气、煤层气、页岩气为探明地质储量；* 为新设矿种。

**【矿产资源潜力】** 1. 油气资源潜力。中国油气资源主要集中在大型含油气盆地，84%的石油资源分布在松辽、渤海湾、鄂尔多斯、塔里木、准噶尔、珠江口、柴达木、北部湾等 8 个大盆地。根据 2015 年全国油气资源评价成果，截至 2015 年底，全国石油地质资源量 1257 亿吨、可采资源量 301 亿吨。天然气地质资源量 90 万亿立方米、可采资源量 50 万亿立方米。全国埋深 4500 米以浅页岩气地质资源量 122 万亿立方米，可采资源量 22 万亿立方米。埋深 2000 米以浅煤层气地质资源量 30 万亿立方米，可采资源量 12.5 万亿立方米。

2. 固体矿产资源潜力。煤炭、铁矿、锰矿、铬铁矿、铜矿、铅矿、锌矿、铝土矿、钨矿、锡矿、钼矿、锑矿、镍矿、金矿、银矿、锂矿、硫铁矿、磷矿、钾盐、菱镁矿、萤石、硼矿和重晶石等 23 种重要矿产资源潜力评价结果表明找矿潜力巨大(表 3)。

表 3　　截至 2015 年底中国重要矿产资源潜力

| 矿产 | 单位 | 预测资源量 | 资源查明率(%) |
|---|---|---|---|
| 煤炭 | 亿吨 | 38796 | 30.0 |
| 铁矿 | 矿石 亿吨 | 1960.2 | 33.5 |
| 锰矿 | 矿石 亿吨 | 35.2 | 34.6 |
| 铬铁矿 | 矿石 万吨 | 5556 | 24.8 |
| 铜矿 | 金属 万吨 | 30445 | 30.4 |
| 铅矿 | 金属 万吨 | 23503 | 31.9 |
| 锌矿 | 金属 万吨 | 51125 | 29.8 |
| 铝土矿 | 矿石 亿吨 | 129.7 | 29.3 |
| 镍矿 | 金属 万吨 | 2451.4 | 37.5 |
| 钨矿 | $WO_3$ 万吨 | 2973.1 | 30.8 |

续表3

| 矿 产 | 单 位 | 预测资源量 | 资源查明率(%) |
|---|---|---|---|
| 锡矿 | 金属 万吨 | 1861.2 | 30.9 |
| 钼矿 | 金属 万吨 | 8960.3 | 25.8 |
| 锑矿 | 金属 万吨 | 1518.1 | 29.8 |
| 金矿 | 金属 吨 | 32668 | 36.8 |
| 银矿 | 金属 万吨 | 72.6 | 36.5 |
| 锂矿 | 锂辉石 万吨 | 593.7 | 37.7 |
| | LiCl 万吨 | 9248.1 | 19.0 |
| 硫铁矿 | 矿石 亿吨 | 184 | 26.1 |
| 自然硫 | 硫 亿吨 | 2.3 | 61.0 |
| 磷矿 | 矿石 亿吨 | 560 | 31.4 |
| 钾盐 | KCl 亿吨 | 20 | 39.1 |
| 重晶石 | 矿石亿吨 | 14.4 | 26.9 |
| 硼矿 | $B_2O_3$ 万吨 | 18859.1 | 33.5 |
| 菱镁矿 | 矿石 亿吨 | 131.4 | 19.5 |
| 萤石 | 矿物 万吨 | 95276 | 26.9 |

**【矿产矿业权登记】** 1. *能源矿产矿业权*。截至2015年底,全国共有油气探矿权1000个,登记面积370.66万平方千米;采矿权720个,登记面积14.86万平方千米。与"十一五"末相比,全国油气探矿权数量下降了4.3%,登记面积下降了12.3%;采矿权数量上升了9.6%,登记面积上升了29.0%。

"十二五"期间,新立油气探矿权116个,新增登记面积27.48万平方千米;新立采矿权75个,新增登记面积2.42万平方千米。2015年新立油气探矿权12个,登记面积0.90万平方千米;新立采矿权16个,登记面积0.19万平方千米(表4)。

**表4 2011~2015年全国油气新立矿业权情况**

| 年份 | 探矿权 | | 采矿权 | |
|---|---|---|---|---|
| | 个数(个) | 面积(万平方千米) | 个数(个) | 面积(万平方千米) |
| 2011 | 22 | 3.19 | 4 | 0.10 |
| 2012 | 25 | 6.97 | 14 | 0.19 |
| 2013 | 55 | 16.34 | 11 | 1.28 |
| 2014 | 2 | 0.07 | 30 | 0.65 |
| 2015 | 12 | 0.90 | 16 | 0.19 |
| 合计 | 116 | 27.48 | 75 | 2.42 |

截至2015年底,全国共有煤炭探矿权1770个,登记面积9.76万平方千米;采矿权9480个,登记面积5.81万平方千米。"十二五"期间,新立煤炭探矿权199个,登记面积2.73万平方千米;新立采矿权283个,登记面积0.66万平方千米(表5)。

**表5 2011~2015年全国油气新立矿业权情况**

| 年份 | 探矿权 | | 采矿权 | |
|---|---|---|---|---|
| | 个数(个) | 面积(万平方千米) | 个数(个) | 面积(万平方千米) |
| 2011 | 54 | 0.69 | 125 | 0.18 |
| 2012 | 66 | 1.22 | 57 | 0.14 |
| 2013 | 30 | 0.31 | 40 | 0.09 |
| 2014 | 25 | 0.29 | 26 | 0.07 |
| 2015 | 24 | 0.22 | 35 | 0.16 |
| 合计 | 199 | 2.73 | 283 | 0.66 |

2. *金属与非金属矿产矿业权*。截至2015年底,全国共有金属与非金属矿产探矿权2.66万个,登记面积45.19万平方千米;采矿权6.45万个,登记面积4.60万平方千米,设计生产规模105.82亿吨/年。与"十一五"末相比,"十二五"末金属与非金属矿产探矿权数量下降16.1%,登记面积下降22.63%;采矿权数量下降29.4%,登记面积增加4.8%,设计生产规模增加8.1%。

"十二五"期间,金属与非金属矿产新立探矿权6207个,新增登记面积15.65万平方千米;新立采矿权15070个,新增登记面积0.85万平方千米,新增设计生产规模27.15亿吨/年。2015年,全国新立金属与非金属矿产探矿权924个,新增登记面积2.34万平方千米;新立采矿权2487个,新增登记面积0.15万平方千米,新增设计生产规模2.85亿吨/年(表6)。

**表6 2011~2015年全国金属与非金属矿产新立矿业权情况**

| 年份 | 探矿权 | | 采矿权 | |
|---|---|---|---|---|
| | 个数(个) | 面积(万平方千米) | 个数(个) | 面积(万平方千米) |
| 2011 | 1284 | 2.93 | 5826 | 0.29 |
| 2012 | 967 | 2.32 | 1788 | 0.12 |
| 2013 | 1543 | 4.29 | 2350 | 0.17 |
| 2014 | 1485 | 3.77 | 2619 | 0.12 |
| 2015 | 924 | 2.34 | 2487 | 0.15 |
| 合计 | 6203 | 15.65 | 15070 | 0.85 |

# 矿产资源勘查

【概况】 “十二五”期间，中国全面推进找矿突破战略行动，深入贯彻落实中央关于生态文明建设重大决策部署，坚持源头保护，倡导绿色勘查，促进地质勘查工作和生态环境保护协调发展。全国地质勘查投入超过5600亿元，新发现一批铜、钨、钼等世界级矿床。

【地质勘查投入】 “十二五”期间，全国地质勘查投入5681.5亿元，较“十一五”增长53.2%（图1）。其中，财政投入1005.2亿元，占全国地质勘查投入的17.7%，增长108.4%；社会投入4676.4亿元，占82.3%，增长44.9%。油气矿产投入3523.4亿元（图2），增长39.0%，占全国地质勘查投入的62.0%。

“十二五”期间，油气矿产勘查完成探井1.86万口，二维地震44.10万千米，三维地震22.63万平方千米，分别较“十一五”增长16.1%、5.7%和40.4%。煤炭、金属和非金属矿产勘查累计完成钻探工作量10535万米，增长42.6%。

“十二五”期间，全国新发现矿产地1235处。

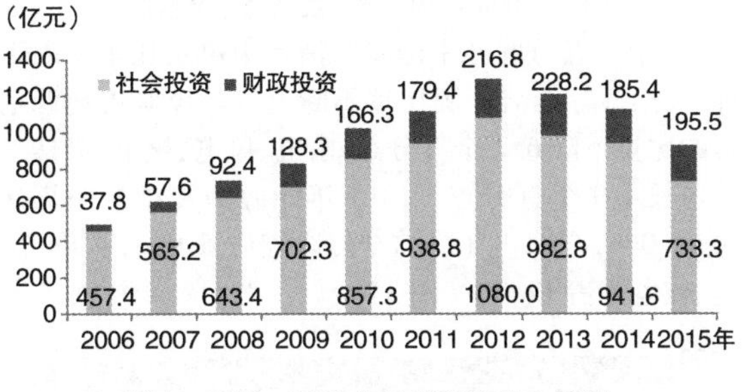


图1 2006～2015年地质勘查投入情况

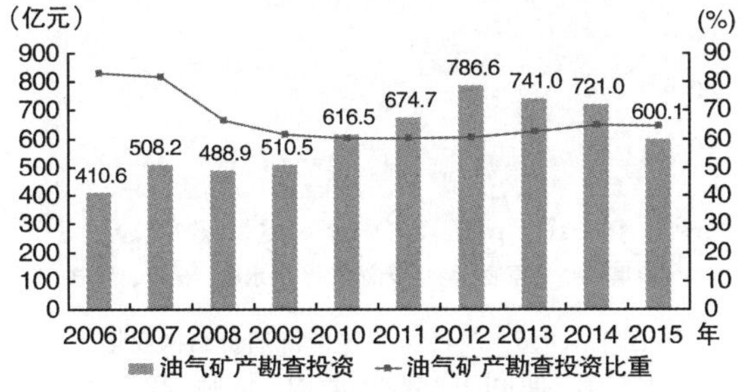


图2 2006～2015年油气矿产勘查投入变化

【能源矿产勘查】 “十二五”期间，能源矿产勘查取得重大进展。新发现煤炭矿产地218处，其中大中型169处，新增查明资源储量2989.6亿吨，主要集中在内蒙古、山西、甘肃、四川、黑龙江、新疆等地。石油新增探明地质储量61.3亿吨，天然气3.92万亿立方米，主要集中在鄂尔多斯、塔里木、四川、琼东南、东海等盆地。

“十二五”期间，中国首次探获页岩气地质储量，主要赋存于四川盆地的涪陵、长宁－威远气田。中新生界陆相和上古生界海陆过渡相页岩气勘查也取得重大进展。煤层气新增探明地质储量3504.9亿立方米，主要来自于沁水盆地和鄂尔多斯盆地。在珠江口盆地首次发现高纯度天然气水合物。

海洋油气地质调查取得重大发现。首次在致密油气藏层钻获油流，开辟了油气勘探新领域。在南黄海中部隆起部署的科学钻探井，首次在海相中－古生代地层发现油气显示。

【金属与非金属矿产勘查】 “十二五”期间，金属与非金属矿产勘查也取得了重大进展（表1），探获一批大型、超大型矿床。铁矿新发现矿产地113处，其中大中型69处，新增查明资源储量132.7亿吨，主要集中在山东苍山县古林－兰陵矿区、四川西昌市太和钒钛磁铁矿区、攀西地区攀钢兰尖－朱家包包钒钛磁铁矿区、米易县白马钒钛磁铁矿区和辽宁本溪市大台沟矿区外围等。锰矿新发现矿产地18处，其中大中型16处，新增查明资源储量6.19亿吨，主要集中在贵州铜仁松桃整装勘查区、广西德保县扶晚矿区外围、天等县东平矿区带等。

铜矿新发现矿产地52处，其中大中型11处，新增查明资源储量2341万吨，在西藏、江西、云南等新探获一批世界级铜矿区。铅锌矿新发现矿产地81处，其中大中型41处，铅矿、锌矿新增查明资源储量分别为2330.2万吨、3783.2万吨，主要分布在新疆、湖南、福建等地。镍矿新发现矿产地6处，新增查明资源储量279.2万吨，主要集中在新疆、内蒙古和青海等地，其中，新疆若羌县罗布泊坡北和青海夏日哈木发现超大型镍矿床。钨矿新发现矿产地25处，其中大中型23处，新增查明资源储量459.9万吨，主要分布在江西、湖南、甘肃、河南、新疆等地，江西南部地区发现两处超过200万吨的世界级矿床。钼矿新发现矿产地29处，新增查明资源储量1559.5万吨，主要集中在安徽、新疆、内蒙古、河南、黑龙江等地，发现超过100万吨的矿产地3处，其中安徽金寨县沙坪沟钼矿为世界级钼矿。

金矿新发现矿产地131处，其中大中型51处，新增查明资源储量4949.4吨，主要分布在山东、内蒙古等地。

磷矿新发现矿产地18处，新增查明资源储量58.1亿吨。石墨新发现矿产地17处，其中大中型12

处，超过千万吨的矿产地1处。

**表1　"十二五"期间重要矿产新发现矿产地情况**

| 矿 产 | 新发现矿产地（处） | 其中大中型矿产地（处） |
|---|---|---|
| 煤炭 | 218 | 169 |
| 铁矿 | 113 | 69 |
| 锰矿 | 18 | 16 |
| 铜矿 | 52 | 11 |
| 铅锌矿 | 81 | 41 |
| 镍矿 | 6 | 4 |
| 钨矿 | 25 | 23 |
| 钼矿 | 29 | 20 |
| 金矿 | 131 | 51 |
| 石墨 | 17 | 12 |
| 磷矿 | 18 | 10 |

**【中央地质勘查基金找矿进展】** 2006～2015年，中央地质勘查基金开展矿产勘查项目382个，投入经费47.66亿元，完成钻探225万米，发现大中型矿产地100余处，煤炭、铁矿、锰矿、铜矿、铝土矿、镍矿、金矿、钨矿等23个矿种新增了资源储量，取得了内蒙古东胜和准噶尔煤田、四川攀枝花钒钛磁铁矿、贵州务正道铝土矿、江西朱溪矿区外围钨铜矿、新疆坡北镍矿、青海多彩铜矿、柴达木盆地深水卤水钾盐等一批重大找矿成果。

## 矿产资源开发利用

**【概况】** "十二五"期间，中国采矿业固定资产投资较"十一五"增长超过70%，一次能源、粗钢、10种有色金属、水泥等产量居世界首位。国土资源部发布27种矿产开采回采率、选矿回收率、综合利用率（"三率"）指标要求，推广210项先进适用技术。

**【采矿业固定资产投资】** "十二五"期间，中国采矿业固定资产投资6.72万亿元，较"十一五"增长74.7%。2015年，采矿业固定资产投资为1.3万亿元，下降8.8%。其中，煤炭开采和洗选业4008亿元，下降14.4%；石油与天然气开采业3425亿元，下降5.7%；黑色金属矿采选业1366亿元，下降17.8%；有色金属矿采选业1588亿元，下降2.3%；非金属矿采选业2092亿元，增长2.1%（图1）。

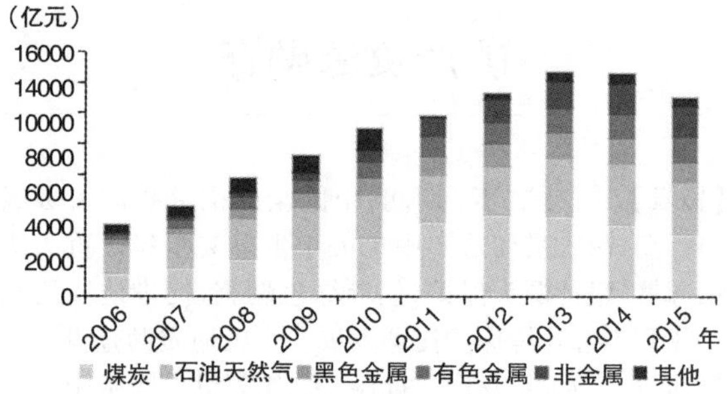


**图1　2006～2015年采矿业固定资产投资变化**

**【矿产品生产与消费】** 1.能源生产与消费。中国为世界上第一大能源生产和消费国。"十二五"期间，一次能源生产总量为177.2亿吨标准煤，较"十一五"增长28.0%；消费总量为206.2亿吨标准煤，增长27.7%。2015年一次能源生产总量为36.2亿吨标准煤（图2），消费总量为43.0亿吨标准煤，能源自给率为84.2%。

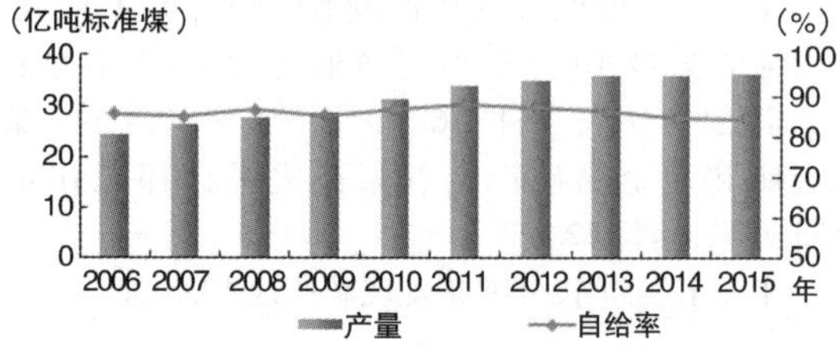


**图2　2006～2015年一次能源生产情况**

"十二五"期间，中国能源消费中煤炭比重不断下降，天然气等清洁能源比重不断上升。煤炭占能源消费的比重下降6.2个百分点，水电、风电、核电、天然气等增长4.9个百分点。2015年能源消费结构中煤炭占64.0%，石油占18.1%，天然气占5.9%，水电、风电、核电等占12.0%（图3）。

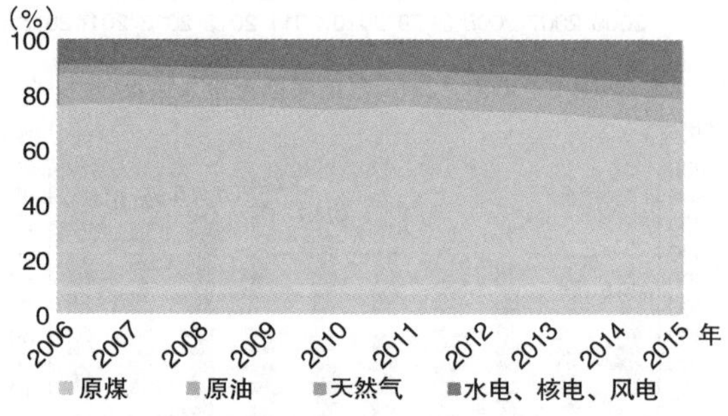


**图3　2006～2015年一次能源消费结构变化**

"十二五"期间，原煤产量192亿吨，较"十一五"增长30.2%；原油10.5亿吨，增长9.7%；天然气5941亿立方米，增长52.7%。2015年，原煤产量36.8亿吨，居世界第一位；原油2.15亿吨，居第五位（图4）；天然气1271.4亿立方米，居第六位。

2.金属矿产品生产与消费。"十二五"期间，铁矿

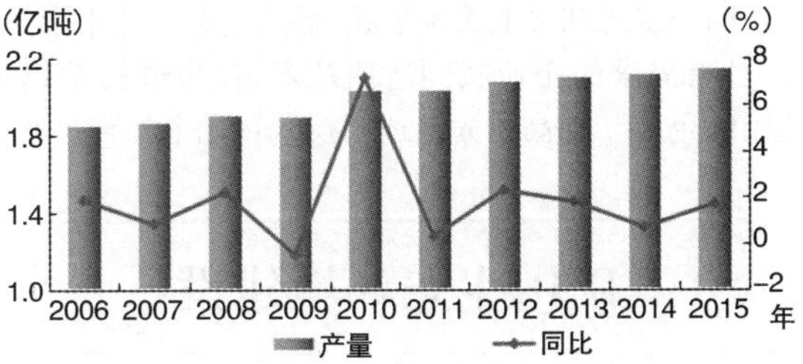


图4　2006～2015 年原油产量及变化

石产量为 68.0 亿吨，较“十一五”增长 67.0%；粗钢 38.5 亿吨，增长 46.8%；10 种有色金属 2.1 亿吨，增长 69.5%；黄金 2100 吨，增长 45.1%。2015 年，铁矿石、粗钢、10 种有色金属、黄金产消量均位居全球首位。生产铁矿石 13.8 亿吨，粗钢 8.0 亿吨(图5)。10 种有色金属 5090 万吨，其中精炼铜 796.4 万吨，电解铝 3141.3 万吨。生产黄金 450.1 吨，消费 985.9 吨。

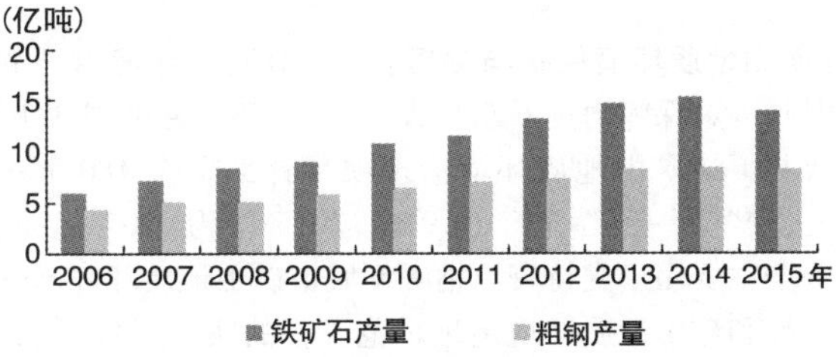


图5　2006～2015 年铁矿石与粗钢产量变化

3. *非金属矿产品生产*。“十二五”期间，水泥产量 115.7 亿吨，较“十一五”增长 53.3%；平板玻璃 39.0 亿重量箱，增长 36.9%。2015 年，生产水泥 23.5 亿吨(图6)，平板玻璃 7.4 亿重量箱，磷矿石 1.4 亿吨(折含 $P_2O_5$ 30%)。

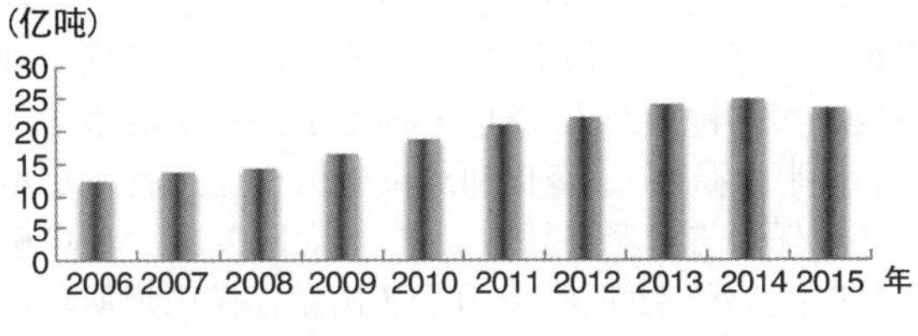


图6　2006～2015 年水泥产量变化

**【矿产资源综合利用】**　1. *矿产资源“三率”现状*。“十二五”期间，通过煤炭、石油、铁矿等 22 种重要矿产“三率”调查评价工作，基本查明了矿产资源“三率”现状。与 1999 年抽样调查结果相比，煤炭采区回采率、原煤入选率提高 15 个百分点以上；黑色金属矿产开采回采率提高超过 5 个百分点；有色金属矿产开采回采率普遍上升。

2. *主要矿产“三率”指标评价体系建立*。国土资源部制定了《矿产资源综合利用技术指标及其计算方法》，规范统一了矿产资源“三率”作为行业评价指标。发布了 27 种(类)矿产的“三率”指标要求，涵盖能源矿产的煤炭、石油、天然气等，黑色金属中的钒钛磁铁矿、铁矿、锰矿、铬铁矿等，有色和贵金属中的铜矿、铅矿、锌矿、铝土矿、钨矿、钼矿、镍矿、锡矿、锑矿、金矿等，以及稀土和非金属矿产中的磷矿、钾盐、硫铁矿、高岭土、萤石、石墨、石棉、石膏和滑石等。初步形成了主要矿产节约与综合利用评价指标体系，实现了矿产资源节约与综合利用的客观评价和规范管理。

3. *节约与综合利用先进适用技术推广*。自 2012 年以来，国土资源部优选出 210 项先进适用技术并予以推广，其中油气类 30 项、煤炭类 45 项、金属类 94 项、非金属类 41 项。2015 年，国土资源部发布了先进适用技术 51 项，其中油气类 8 项、煤炭类 11 项、金属类 24 项、非金属类 8 项(表 1)。

**表1　2015 年矿产资源综合利用先进适用技术推广目录**

| 矿类 | 序号 | 高效采选和综合利用技术 |
|---|---|---|
| 煤炭(11 项) | 1 | 煤矿通风瓦斯(乏风)发电利用技术 |
| | 2 | 煤层气“三低”集气技术及应用 |
| | 3 | 急倾斜高瓦斯特厚煤层走向长壁综采放顶煤技术研究 |
| | 4 | 超高水材料井下充填开采技术 |
| | 5 | 矿井深部采区高承压水综合治理技术研究 |
| | 6 | 急倾斜特厚易燃煤层长壁倾斜综合开采技术研究 |
| | 7 | 高突矿井信息化建设关键技术研究与工艺示范 |
| | 8 | 东荣一矿特厚富水砂层“天窗”下安全开采技术 |
| | 9 | 厚煤层综放开采顶煤水压致裂弱化技术 |
| | 10 | 智能化无人开采技术 |
| | 11 | 基于多重探查信息的深部岩溶地热水疏放及综合利用工程配置 |
| 石油天然气(8 项) | 12 | 复杂碳酸盐缝洞体雕刻及勘探开发技术 |
| | 13 | 涪陵页岩气田“井工厂”开发技术 |
| | 14 | 低渗透油藏仿水井注水开发技术 |
| | 15 | 气田废弃物综合利用技术 |
| | 16 | 疏松砂岩气藏防砂开发技术 |
| | 17 | 山区煤层气田自动化技术的研究与应用 |
| | 18 | 异常高压特低渗透油藏天然气驱提高采收率技术 |
| | 19 | 污泥填充凝胶颗粒的研制及工业化应用技术 |

**续表1**

| 矿类 | 序号 | 高效采选和综合利用技术 |
|---|---|---|
| 金属矿产（24项） | 20 | 电解金属锰生产节能减排关键技术 |
| | 21 | 黑色金属矿高效预选新技术 |
| | 22 | 金属矿山全尾砂胶结充填资源化利用技术 |
| | 23 | 贫磁铁矿石选矿工艺与新型干式磁选机 |
| | 24 | 地面远程遥控井下电机车运输系统 |
| | 25 | 白云鄂博综合回收铁、稀土、铌、萤石选矿新工艺 |
| | 26 | 大型铁矿山露天井下协同开采及风险防控关键技术与应用 |
| | 27 | 赤铁矿浮选尾矿回收利用技术 |
| | 28 | 低品位含磷铁矿石磷的综合利用技术 |
| | 29 | 悬浮式干式磁选机在超贫磁铁矿选矿应用 |
| | 30 | 电解锰渣高温可控脱硫生产活性微粉关键技术 |
| | 31 | 碳酸锰干选技术与工业示范应用 |
| | 32 | 非煤矿山井下用LED节能照明设备 |
| | 33 | 钢铁行业固体废弃物资源化利用技术 |
| | 34 | 极高浓度氰化尾液3R-O新技术及成套装备 |
| | 35 | 矽卡岩型低品位白钨矿高效利用新技术 |
| | 36 | 低品位黄金氧化矿资源堆浸回收技术 |
| | 37 | 高浓度大倍线自流胶结充填技术 |
| | 38 | 从铁钼型矿石中回收低品位钼的工艺技术 |
| | 39 | 低品位铜钼矿的柱机联合分选技术 |
| | 40 | 铅锌多金属矿分段浓缩选别节能环保技术 |
| | 41 | 含砷、锑复杂难处理金矿高效提金综合新技术 |
| | 42 | 环保型浸金试剂推广应用技术 |
| | 43 | $CO_2$和$O_2$原地浸出采铀工艺技术 |
| 非金属矿产（8项） | 44 | 低品位制黄磷技术 |
| | 45 | 机制砂生产技术 |
| | 46 | 中低品位磷矿综合利用无磷石膏排放绿色工艺 |
| | 47 | 优化水泥矿山资源利用的数字化信息化应用技术 |
| | 48 | 硫铁矿选矿提质升级技术 |
| | 49 | 水泥熟料及混合材配料优化与自动监测及废石综合利用技术 |
| | 50 | 膨润土猫砂的制备及干燥技术 |
| | 51 | 新型硫酸钙抑制剂在钾盐生产中的应用 |

国土资源部采取多种形式，搭建信息交流平台，实现“让有需求的企业找到适用技术，让先进技术找到适用的企业”，提高了先进适用技术转化率和普及率。

## 矿山生态环境建设

**【概况】** 矿山地质环境是生态环境的重要组成部分。“十二五”期间，国土资源部高度重视矿山地质环境恢复和综合治理，一方面开展历史遗留矿山地质环境的治理恢复，另一方面进行新建、生产矿山的地质环境保护制度建设，初步形成了“新老矿山地质环境问题”统筹解决的新局面。绿色矿山建设全面完成阶段性目标，形成典型模式，助推绿色矿业深入发展。

**【矿山地质环境保护与治理】** 矿山地质环境治理的财政资金保障力度不断加大。“十二五”期间，中央财政共下达矿山地质环境治理项目补助资金180.7亿元，较“十一五”增长39.9%。2015年为32.7亿元。资金主要用于支持资源枯竭型城市矿山地质环境治理工程和矿山地质环境治理示范工程的实施，带动地方政府和企业共同投入矿山地质环境治理工作。

矿山地质环境治理恢复成效明显。截至2015年底，全国完成矿山地质环境治理恢复面积约81万公顷，治理率为26.7%。

矿山地质环境治理恢复保证金制度全面实施，全国31个省（区、市）相继出台管理办法。按照“企业所有、政府监管、专户储存、专款专用”的原则，通过采取保证金缴存与采矿权审批、年检或矿山地质环境治理恢复方案挂钩等方法，总体上推进了保证金的缴存工作，并利用保证金来督促和约束矿山企业进行矿山地质环境保护与治理恢复的工作，最大限度减少环境破坏。“十二五”期间，8.59万个矿山缴存矿山地质环境治理恢复保证金867.7亿元。采矿权人完成治理义务返回保证金307.4亿元；闭坑矿山未履行矿山地质环境治理义务，留存保证金25.2亿元。

**【国家矿山公园建设】** “十二五”期间批准建设11家，其中9家建成开园。一批历史悠久的矿山企业通过国家矿山公园建设，成为矿山地质环境恢复治理的示范区，矿业遗迹、矿业文化的保护地和地质矿产科普教育基地。矿山公园的建设将被动的恢复型环境治理转为主动的发展型环境保护与开发，对矿山或矿业城市的资源环境建设以及经济转型发展具有重要意义。

【绿色矿业试点建设】“十二五”期间，国土资源部选择661家矿山作为试点，推进油气矿产高效开发、煤炭绿色开采、金属矿产伴生资源高效综合利用、化工和非金属矿山环境保护，树立了一批典型，在社会上产生了积极的影响，已成为转变矿业发展方式、提升矿业形象，改善民生、加强生态保护、促进社会和谐的重要平台，以及矿山企业规范运营、转型升级、融资上市、走出海外的绿色标签。同时，国土资源部正研究建立健全分地域、分行业的绿色矿山标准体系，完善配套支持政策，对绿色矿山建设在用地、用矿和矿山环境治理恢复保证金提前支取返还等方面给予倾斜。逐步形成有利于绿色矿业发展的政策体系，构建绿色矿业发展的长效机制。

1. 试点建设目标完成。截至2015年底，661家矿山企业成为国家级绿色矿山试点单位，实现了“十二五”末国家级试点矿山600家以上的目标。这些矿山企业分布在全国29个省(区、市)，涉及能源、冶金、有色、黄金、化工、非金属及建材等行业(图1)。

2. 试点建设评估。2014年和2015年对220家国家级绿色矿山试点单位进行了评估，191家试点矿山通过评估。其中，能源行业60家(煤炭59家，石油1家)，冶金行业29家，有色行业44家，黄金行业23家，化工行业22家，非金属及建材行业13家。

3. 试点建设典型模式。初步总结提炼出绿色矿山开采、矿山复垦和节约用地、矿地和谐、矿山遗迹多功能用途开发、绿色管理技术创新等可以宣传和推广的典型模式。

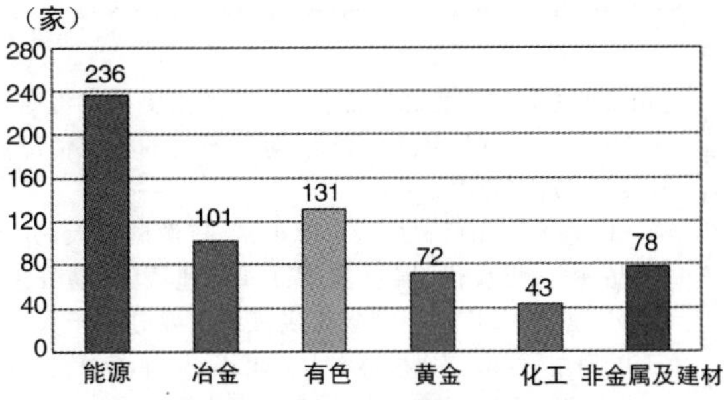


图1 国家级绿色矿山试点单位各行业数量

4. 试点建设成效。一是加大数字化、现代化矿山建设，逐步提升企业形象。从评估情况看，90%以上的试点单位实现了矿山管理的数字化以及先进技术装备的应用，提高了企业生产效率，降低了生产经营成本，树立了现代化矿山的良好形象。二是开展关键技术改造，资源综合利用水平不断提高。试点单位的科技投入占每年销售收入的比例均在1%以上。三是矿山生态环境恢复治理成效显著，树立采矿工程再造环境的理念。矿山普遍安排了专项资金，用于土地复垦、矿山复绿、尾矿库治理、植被修复等生态环境治理再造项目；四是履行社会责任，推动矿地和谐发展。积极缴纳完成各项税费义务，为地方经济发展做出贡献；为地方提供尽可能多的就业岗位，开展就业技能培训，促进社会和谐稳定；通过项目合作的方式，支持矿区周边群众发展种植业等，改善周边群众生产生活环境，实现开矿一处、造福一方。

(国土资源部信息中心)

# 山西省矿产资源

【山西省矿产资源概况】 山西省地处秦岭和阴山之间，是华北地台(陆台或断块)的重要组成部分，主体构造线方向为北北东向，南北两侧呈北东向，总体构造呈一个拉长的“S”形。省境构造格架主要受燕山和喜山期构造运动的控制。

境内地层发育较齐全，由老至新发育有中上太古界、元古界、古生界、中生界和新生界，缺失震旦系上统、奥陶系上统、志留系、泥盆系、石炭系下统、新近系中新统。

山西省岩浆岩分布较为广泛，种类也较齐全，由于有岩浆活动，形成并赋存了丰富的矿产。岩性从超基性岩、基性岩到中性岩、酸性岩、碱性岩均有发育，侵入岩、火山岩均有分布。全省岩浆岩出露面积约占全省面积的6.40%。

山西省矿产资源丰富，截至2015年底，共发现120种矿产，其中，查明资源储量的有62种矿产，保有查明资源储量居全国前十位的有29种。全省查明资源储量的矿产中，具有资源优势并在经济社会发展中占有重要地位的矿产有煤、煤层气、铝土矿、铁矿、铜矿、金红石、冶金用白云岩、耐火黏土、熔剂用灰岩、芒硝等10种。此外，锰、银、金、石墨、膨润土、高岭岩、石英岩(优质硅石)、含钾岩石、花岗岩、沸石等10种矿产也有着良好的勘查、开发前景。

【山西省主要矿产资源特点】 山西省主要矿产资源煤炭、铝土矿、铁、铜、冶镁白云岩、金红石等的资源情况及开发利用现状简述如下：

1. *煤炭*。山西省煤炭资源丰富、资源储量大、分布广、品种全、煤质优、煤层多、煤层厚、埋藏浅、易开采。总量丰富，分布广泛。全省煤炭资源主要分布于大同、宁武、河东、西山、霍西、沁水六大煤田，另外浑源、五台、垣曲、平陆、繁峙、灵丘、广灵、阳高八个煤产地也有少量分布。截至2015年底，全省已累计查明的煤炭资源储量约为2970亿吨，保有查明资源储量为2709亿吨，占全国总量的17.3%，居全国第三位（全国保有查明资源储量15663.11亿吨，其中第一位为内蒙古，保有查明资源储量为4110.64亿吨，占全国总量的26%，第二位为新疆，保有查明资源储量为3773.13亿吨，占全国总量的24%）。

2. *铝土矿*。截至2015年底，累计查明铝土矿资源储量16.2亿吨，保有资源储量约15.27亿吨，约占全国铝土矿资源储量的32.5%，位居全国第一。其中约70%的资源储量分布在吕梁市和忻州市。境内铝土矿矿床分布相对集中，层位稳定，品位中等，开采技术条件简单，共伴生矿产多，其中伴生的镓已被综合回收利用，伴生的稀有稀土元素已引起有关部门的关注。

全省铝土矿保有资源储量15.27亿吨，全部为古风化壳沉积型铝土矿矿床；全省铝土矿以中等品位（A/S：4～6）为主，A/S大于7的富矿只占总资源储量的10%左右，矿石类型以一水硬铝石铝土矿为主；主要分布在宁武－原平、兴县－保德、阳泉、沁源、临县－中阳、孝义、交口、平陆等8个铝土矿矿集区内。

3. *铁矿*。截至2015年底，累计查明铁矿资源储量45.16亿吨，保有资源储量39.37亿吨，约占全国铁矿资源储量的4.6%，位居全国第八，其中约80%的资源储量分布在忻州市和吕梁市。形成铁矿矿产地192处，主要分布在五台－代县、岚县－娄烦、古交、左权－黎城、平顺、襄汾－翼城6个矿集区内，其中五台－代县、岚县－娄烦两个矿集区资源储量约占全省总量的90%。

全省铁矿保有资源储量39.37亿吨。铁矿矿床类型有沉积变质型铁矿、接触交代型铁矿、沉积型铁矿等。以沉积变质型铁矿为主，查明资源储量占总量的近90%。

4. *铜矿*。截至2015年底，累计查明铜矿资源储量446万吨（金属量），保有资源储量229.94万吨，占山西省90%的铜矿资源储量集中在中条山区，另外在灵丘也有少量分布。

5. *镁矿（炼镁白云岩）*。山西省白云岩资源遍布全省，适合冶镁的白云岩资源十分丰富，预测资源总量507.9亿吨（1968平方千米），已知大小矿点56处。截至2015年底，全省保有资源储量8.45亿吨（全国为27.97亿吨），目前开发利用的仅是很小一部分，因此山西省冶镁工业前景十分广阔。

6. *金红石*。金红石是钛资源的重要类型，国内外钛资源的90%用于钛白工业。钛白不仅是性能优异的白色颜料，而且是涂料、油漆、塑料、橡胶、造纸的重要原料。此外，还用于电器、电子原料、电焊条和冶金、航空、航天、海水淡化等方面，是优良的金属构件材料。

山西省金红石于1971年在代县碾子沟发现，是一低品位大型金红石矿床。呈带状分布，矿体长11千米，平均厚44米，控制延深400～500米，矿石中$TiO_2$平均含量2.2%。截至2015年底，山西省金红石累计查明资源储量426.38（金红石$TiO_2$万吨），保有资源储量也为426.38（金红石$TiO_2$万吨），目前共有4个矿区（代县碾子沟、洪塘、羊廷寺、碾子沟－羊廷寺）。

7. *煤层气*。山西是煤炭大省，也是煤层气资源大省，蕴藏着丰富的煤层气资源。煤层气作为与煤共、伴生的能源资源，在山西省各大煤田均由赋存。根据国土资源部、国家发展和改革委员会、财政部联合组织完成的新一轮煤层气资源评价（2006年），全省2000米以浅的煤层气资源量约为10万亿立方米，主要分布于沁水、河东、西山、宁武四个煤田。截至2015年底，山西省煤层气累计探明地质储量为5730.22亿立方米，居全国第一（全国总量为6292.69亿立方米，占全国总量的91%），剩余技术可采储量为2801.24亿立方米，剩余经济可采储量2304.09亿立方米。

（摘自山西省国土资源厅官网）

# 矿 业 管 理

## 地质矿产调查评价与地质资料服务

【概况】 “十二五”期间,地质矿产调查评价与地质资料服务在国家经济社会发展中的作用愈加凸显,为社会发展及生态文明建设提供了重要的支撑。地质矿产调查评价成果丰硕,为国家矿产资源安全提供了重要保障。地质资料产品不断丰富,服务能力及水平进一步提升。

【基础地质调查】 1. 区域地质调查。截至2015年底,全国累计完成1:5万区域地质调查352万平方千米,占陆域国土面积37.0%;重点成矿区带累计完成201.7万平方千米,工作程度提高至52.3%。2015年完成20.5万平方千米。

2. 遥感地质调查。2015年,继续在班公湖-怒江、阿尔金、东昆仑等重要成矿带,应用高分一号、高分二号等国产卫星数据和ASTER、ETM等国外卫星数据,开展了岩性-构造、重点区成(控)矿地质要素、蚀变(矿化)信息提取等遥感解译,完成面积4200平方千米。继续在东北、西北和西南等边海防地区开展基础地质遥感调查10.76万平方千米。

3. 矿产地质调查。2015年,完成1:5万矿产地质调查9.7万平方千米。截至2015年底,重点成矿区带累计完成185.7万平方千米,工作程度提高到46.0%。圈定综合异常3300余处,新发现矿(化)点1250处,圈定找矿靶区500余处。完成新疆塔里木和准噶尔盆地重点区域1:5万航空重力调查4万平方千米。

4. 海洋地质调查。启动中国管辖海域1:100万海洋区域地质调查成果集成,初步建立了东部、南部海域地层格架。开展重点海域1:25万海洋区域地质调查13个图幅。完成1:5万海洋区域地质调查试点面积2000平方千米。继续开展重点海岸带综合地质调查与监测,启动海陆统筹综合地质调查试点。继续开展重点海域海洋油气资源调查,首次在南黄海崂山隆起区中-古生代海相地层多个层段发现油气显示,实现了海域新区域新层系油气调查的重要发现。继续开展天然气水合物资源勘查与试采以及大洋科学考察等工作。

【常规油气资源调查评价】 在鄂尔多斯盆地东南部地区实施宜参1井,在奥陶系古风化壳储层的新层系获得工业气流,开拓了上千平方千米的勘探新区。在羌塘盆地半岛湖、托纳木,识别出两个面积100平方千米以上有利于油气成藏的大型圈闭构造。

【非常规油气资源调查评价】 湖北宜地2井在寒武系水井沱组下段钻获70米优质烃源岩,预测页岩气资源量5000亿立方米以上,为南方寒武系页岩气勘探打开了新局面。山东汶页1井发现页岩油93层,累计厚度200余米,证实鲁西南地区具有很好的页岩油资源前景。贵州省遵义市正安县实施的安页1井获得了致密气、页岩气和天然气的“四层楼”式油气重大突破,这是六十多年来在四川盆地以外南方复杂构造区首次取得的重大突破,开辟了油气勘查新区,有望成为新的工业气田。

【地热资源调查评价】 “十二五”期间,中国地质调查局组织开展了336个地级以上城市浅层地温能调查评价,31个省(区、市)地下热水资源调查评价,启动了干热岩资源调查,实施了中国第一眼干热岩科学钻探孔,累计调查温泉2334个,地热井5818眼,钻探7万多米,基本查明了中国地热资源分布与开发利用现状,初步评价了地热资源量及开发利用潜力。调查结果表明,浅层地温能资源每年可开采量折合标准煤7亿吨,可实现建筑物供暖或制冷面积超过320亿平方米。地下热水资源每年可采量折合标准煤19亿吨,主要分布在中国的华北、松嫩、汾渭、江汉、苏北、下辽河等盆地及滇藏、东南沿海、胶辽半岛、台湾等山地丘陵地区。在青藏铁路沿线370米深度钻获205℃高温蒸汽,为中国同深度最高温度。经初步估算,中国地下3000~10000米范围内干热岩资源量856万亿吨标准煤。中国地质调查局在福建漳州实施了中国第一眼干热岩科学钻探孔。

【固体矿产资源调查评价】 西藏多龙铁格隆南矿区累计探获铜资源量超过1000万吨。四川甲基卡外围共新增氧化锂资源量80多万吨，资源总量超过200万吨。青海柴达木新发现钾盐矿产地2处，新增氯化钾资源量超过1亿吨。内蒙古浩宾塔拉地区提交一处特大型萤石矿产地，资源量2000万吨以上。河南西峡－桐柏地区新发现两处石墨矿，矿物量200万吨以上。

【地下水资源调查评价】 "十二五"期间，中国地质调查局组织开展了河套平原、江汉平原、成都平原、巴丹吉林沙漠等地区地下水资源与环境问题调查，完成1:25万水文地质调查面积4.5万平方千米。开展了乌蒙山区、沂蒙山区、太行山区、陕甘宁、柴达木盆地等生态脆弱区和集中连片特困区水文地质调查，完成1:5万水文地质调查面积37万平方千米。在柴达木盆地探获了4处特大型地下水富集区和8处中型－大型供水水源地。陇东能源基地圈定9处优质深层地下水源地，单井出水量达每日3000～5000立方米。开展了北方四省抗旱找水打井应急行动，施工探采结合井2200余眼，解决了220万人饮水困难。开展了宁夏中南部生态移民区地下水勘查，实施探采结合井53眼，解决了12万人饮水困难。开展了黑龙江完达山地区地下水应急勘查，为40万城镇居民提供了地下水资源保障。

2015年，在重点地区完成1:5万水文地质调查面积5万平方千米，实施探采结合井300眼，解决了33万人饮水困难。启动了国家地下水监测工程，完成了首批350口国家地下水监测井施工任务。

【地质资料服务】 1. 服务产品不断丰富。"十二五"期间，公开发布了1:50万水工环调查成果系列图数据、矿产资源整装勘查区重要地质钻孔数据、矿产资源整装勘查区地学文献服务产品等。发布了40万个地质钻孔资料、11万幅全国矿产资源潜力评价成果省级地质资料服务目录，首次向社会提供93幅海洋地质调查最新基础地质图件，发布了《中国地质调查年度报告（2015）》、1000余幅1:5万区域地质图。截至2015年底，地质资料信息集群化共享服务平台共有37.3万档资料在线提供目录服务，共有1.3万档地质资料提供电子文件服务，在线电子文件19.7万件。

2. 重大地质调查成果发布。推进成果转化应用和服务，推出一批一流地质调查成果，发布了《支撑服务京津冀协同发展地质调查报告（2015）》《京津冀地区国土资源与环境地质图集》《支撑长江经济带发展地质调查报告》《中国地球化学调查报告》和《中国页岩气资源调查报告》等报告，有力助推经济社会发展。

3. 地质资料社会化服务推进。2015年，全国地质资料馆和31个省（区、市）地质资料馆藏机构共接待到馆服务2.33万人次，提供资料服务10.44万份次。受委托保管油气等地质资料单位共接待到馆服务9093人次，其中原始地质资料服务5744人次，实物地质资料服务3349人次，提供原始地质资料服务2.24万份次。

# 矿产资源管理与政策

【概况】 "十二五"期间，中国政府通过简政放权、放管结合、优化服务创新政府管理方式，规范事中事后监督管理，营造公平竞争环境。取消了地质矿产审批事项25项，清理了全部非行政许可审批事项，修改了14项矿产资源行政法规和部门规章。大力推进矿产资源税费制度改革，推进油气资源勘查开采体制和地质勘查资质审批改革。

【矿产资源管理制度】 1. 审批制度改革。截至2016年6月，国务院明确由国土资源部保留执行的地矿类行政许可事项9项，调整为政府内部审批的事项2项，需要进一步改革和规范的其他权力事项3项（表1）。2013年以来，取消了地质矿产类审批事项25项，清理了全部非行政许可审批事项（表2）。

**表1　　地质矿产行政审批制度改革一览表**

| 分类 | 序号 | 审批事项 |
|---|---|---|
| 保留的行政许可事项 | 1 | 建设项目用地预审及建设项目压覆重要矿床审批 |
| | 2 | 勘查矿产资源审批 |
| | 3 | 开采矿产资源审批 |
| | 4 | 地质勘查资质审批 |
| | 5 | 地质灾害防治单位甲级资质审批 |
| | 6 | 重点保护古生物化石发掘审批 |
| | 7 | 收藏单位之间转让、交换、赠予其收藏的重点保护古生物化石审批 |
| | 8 | 重点保护古生物化石进出境审批 |
| | 9 | 国土资源部质量监督检测中心认定（需履行新设行政许可程序） |

**续表 1**

| 分类 | 序号 | 审批事项 |
|---|---|---|
| 调整为政府内部审批的事项 | 1 | 矿产资源规划审批 |
| | 2 | 保护性开采的特定矿种审核 |
| 需要进一步改革和规范的其他权力事项 | 1 | 矿产资源储量评审备案与储量登记核准 |
| | 2 | 国家地质公园命名审批 |
| | 3 | 国家矿山公园审批 |

**表 2　“十二五”以来取消的地质矿产类审批事项**

| 序号 | 地质矿产类审批事项名称 | 类别 | 取消依据 |
|---|---|---|---|
| 1 | 国家出资从事区域性矿产地质调查的地区申请暂停受理新的探矿权备案核准申请 | 非行政许可审批 | 国发〔2013〕44 号 |
| 2 | 整装勘查实施方案审批 | 非行政许可审批 | |
| 3 | 中外合作勘查、开采矿产资源前置性审查 | 行政许可 | 国发〔2014〕5 号 |
| 4 | 地质调查备案核准 | 行政许可 | |
| 5 | 在国家地质公园地质遗迹保护区外的园区进行矿产资源勘查、开发和工程建设活动审批 | 非行政许可审批 | |
| 6 | 矿业权投放计划审批 | 非行政许可审批 | |
| 7 | 中国温泉之乡（城、都）命名审批 | 非行政许可审批 | |
| 8 | 煤炭矿业权审批管理改革试点省煤炭矿业权审批项目备案核准 | 非行政许可审批 | |
| 9 | 跨省、自治区、直辖市销售的矿泉水的注册登记 | 非行政许可审批 | 国发〔2014〕27 号 |
| 10 | 地质资料延期汇交审批 | 行政许可 | 国发〔2015〕11 号 |
| 11 | 矿产地储备区域矿产资源开发利用审批 | 非行政许可审批 | |
| 12 | 县级以上人民政府有关部门查阅保护期内的地质资料审查 | 非行政许可审批 | |

**续表 2**

| 序号 | 地质矿产类审批事项名称 | 类别 | 取消依据 |
|---|---|---|---|
| 13 | 省、自治区、直辖市矿山地质环境保护规划审核 | 非行政许可审批 | 国发〔2015〕11 号 |
| 14 | 重点保护古生物化石产地名录审批 | 非行政许可审批 | |
| 15 | 国土资源部科技平台建设审批 | 非行政许可审批 | |
| 16 | 整装勘查区设置审批 | 非行政许可审批 | |
| 17 | 调整矿产勘查风险分类审批 | 非行政许可审批 | |
| 18 | 矿产资源综合利用示范基地确定和矿产资源综合利用示范基地建设总体规划审查批准 | 非行政许可审批 | 国发〔2015〕27 号 |
| 19 | 探矿权、采矿权协议出让申请审批 | 非行政许可审批 | |
| 20 | 矿业权设置方案审批或备案核准 | 非行政许可审批 | |
| 21 | 设立、变更或者撤销国家规划矿区、对国民经济具有重要价值的矿区审批 | 非行政许可审批 | |
| 22 | 矿业权价款评估备案核准 | 非行政许可审批 | |
| 23 | 直辖市人民政府申报的中国温泉之乡（城、都）的发展建设总体规划审查 | 非行政许可审批 | |
| 24 | 国家地质公园规划审批 | 非行政许可审批 | |
| 25 | 地质资料保护登记 | 行政许可 | 国发〔2016〕10 号 |

2. *矿产资源行政法规和部门规章修改。*2011 年以来，中国政府分五批修改了 14 项矿产资源行政法规和部门规章。

第一批，依据《国务院关于废止和修改部分行政法规的决定》（国务院令第 638 号），国务院修改了《中华人民共和国对外合作开采海洋石油资源条例》《中华人民共和国对外合作开采陆上石油资源条例》和《乡镇煤矿管理条例》。

第二批，依据《国务院关于修改部分行政法规的决定》（国务院令第653号），国务院修改了《矿产资源勘查区块登记管理办法》《矿产资源开采登记管理办法》和《探矿权采矿权转让管理办法》。

第三批，国土资源部修改了《地质灾害危险性评估单位资质管理办法》《地质灾害治理工程勘查设计施工单位资质管理办法》《地质灾害治理工程监理单位资质管理办法》《矿山地质环境保护规定》和《古生物化石保护条例实施办法》。

第四批，国土资源部修改了《地质资料管理条例实施办法》和《中华人民共和国海洋石油勘探开发环境保护管理条例实施办法》。

第五批，依据《国务院关于修改部分行政法规的决定》（国务院令第666号），国土资源部修改了《地质资料管理条例》相关条款。

3. *涉及地质矿产行政审批相关中介服务事项清理规范*。2015年10月15日发布的《国务院关于第一批清理规范89项国务院部门行政审批中介服务事项的决定》（国发〔2015〕58号）中，有9项涉及地质矿产行政审批相关中介服务事项，包括：①涉及矿业权转让签证和公示（涉及开采矿产资源审批事项）；②采矿权申请范围核查；③矿产资源勘查实施方案编制；④开采矿产资源土地复垦方案报告书编制；⑤矿产资源储量核实；⑥矿产资源开发利用方案编制；⑦矿山储量年报编制；⑧矿山地质环境保护与治理恢复方案编制；⑨建设项目压覆重要矿产资源评估报告编制。申请人可按要求自行编制该类报告，也可委托有关机构编制，审批部门不得以任何形式要求申请人必须委托特定中介机构提供服务；保留审批部门对现有的技术评估和评审。签证、公示及核查由地方国土资源部门委托有关机构进行。

2016年2月28日，《国务院关于第二批清理规范192项国务院部门行政审批中介服务事项的决定》（国发〔2016〕11号）印发，涉及矿业权转让鉴定和公示，以及矿产资源开采地质报告等2项中介服务事项。保留由国土资源部门实施的地矿类中介服务事项1项，为“建设项目地质灾害危险性评估”。

根据国务院行政审批制度改革工作领导小组办公室要求，国土资源部开展了中央指定地方实施行政审批事项的清理。《国务院关于第一批取消62项中央指定地方实施行政审批事项的决定》（国发〔2015〕57号）和《国务院关于第二批取消152项中央指定地方实施行政审批事项的决定》（国发〔2016〕9号）中5项中央指定地方实施的涉及国土资源部的地质矿产行政审批事项已全部取消。

4. *监督管理加强*。国土资源部行政许可事项已全部纳入政务大厅集中受理。编制实施了新版《国土资源部行政许可事项服务指南》和《国土资源部行政许可事项审查工作细则》（2015年）。在审批系统中设置红黄绿灯提醒服务，建立并实施办理时限预警机制，建立行政审批“绿色通道”。在国土资源部门户网站开辟了“推进国土资源简政放权放管结合优化服务进行时”专栏，广泛听取社会意见。积极推进国土资源部行政审批信息网上公开查询，设立专门咨询台及热线电话，及时提供全程咨询服务，接受社会监督。

国土资源部严格执行矿业权出让转让公开制度，实现矿业权出让转让基本信息公示公开。2014年以来在矿业权市场网公示公开基本信息1.46万项（累计6.02万项），自动公告非涉密矿业权登记结果信息5.4万项（累计24.1万项），通过国土资源部网站向社会提供矿业权登记信息查验服务13.4万次（累计38.6万次）。

国土资源部印发《矿业权人勘查开采信息公示办法（试行）》，规定自2016年7月1日起，矿业权人需及时在国土资源部或省级国土资源主管部门门户网站公示勘查开采信息，主动接受监督。矿业权人不按规定公示信息或弄虚作假履行法定义务不到位的，国土资源主管部门将其列入异常名录和严重违法名单。凡是进入此“黑名单”的企业，将被限制或禁止参加国土资源管理部门组织的相关活动。

**【矿产资源税费】** “十二五”以来，中国政府不断推进矿产资源税费制度改革，资源税改革遵循从价计征为主、从量计征为辅的原则推进，矿产资源补偿费费率降为零。根据生态文明建设方案要求，研究建立矿产资源权益金制度。

1. *矿产资源补偿费*。“十二五”期间，矿产资源补偿费征收数额为884.4亿元，较“十一五”增长71.3%（表3）。

**表3　2011～2015年矿产资源补偿费缴纳情况**

| 项目 | 2011年 | 2012年 | 2013年 | 2014年 | 2015年 |
|---|---|---|---|---|---|
| 矿产资源补偿费（亿元） | 181.9 | 197.5 | 212.5 | 203.7 | 88.8 |

2. *资源税制度改革*。2014年10月，财政部、国家税务总局发布《关于实施煤炭资源税改革的通知》和《关于调整原油、天然气资源税有关政策的通知》，将原油、天然气矿产资源补偿费费率降为零，相应将资源税适用税率由5%提高至6%。2015年4月30日，财政部、国家税务总局发布《关于实施稀土、钨、钼资源

税从价计征改革的通知》(财税〔2015〕52号),轻稀土按地区执行不同的适用税率,其中内蒙古为11.5%、四川为9.5%、山东为7.5%,中重稀土资源税适用税率为27%,钨资源税适用税率为6.5%,钼资源税适用税率为11%。

**【矿产资源规划】** 1. *编制《全国矿产资源规划(2016~2020年)》*。编制完成《全国矿产资源规划(2016~2020年)》并报送国务院审批。主要明确国家在今后一段时期矿产资源勘查、开发利用和保护的政策与发展方向,明确政府工作重点,引领矿业供给侧结构性改革,规范资源勘查与开发利用行为,明确矿产资源科技创新与管理改革方向,强化资源节约与综合利用,发展矿业循环经济,推进矿山地质环境治理与矿区土地复垦,加快矿业转型升级和绿色发展。

2. *地方各级规划数据库建设指导*。编制了《矿产资源规划数据库标准(试行)》《矿产资源规划数据库建设指南》,指导省级、市级、县级国土资源部门同步做好规划数据库建设,提高规划管理信息化水平。

3. *矿业权设置区划制度实施*。发布了《国土资源部关于做好矿业权设置方案审批或备案核准取消后相关工作的通知》(国土资规〔2015〕2号),将矿业权设置方案与矿产资源规划中的勘查开采规划区块有机融合,统一为"矿业权设置区划",并将其作为总体规划或专项规划的重要组成部分。

**【矿业权管理】** "十二五"期间,国土资源部落实中央全面深化改革部署,推进油气资源勘查开采体制改革。将以往"申请在先"的出让方式,改为通过竞争取得油气探矿权。进行2次常规油气和2次页岩气的竞争出让。2015年,在新疆开展常规油气探矿权改革试点,通过竞争方式出让4个油气区块的探矿权。

经国务院批准,将页岩气设为新矿种,发布了《关于加强页岩气勘查开采和监督管理有关工作的通知》,开放页岩气勘查开采市场。国土资源部联合地方政府和油气企业,设立重庆涪陵页岩气勘查开发示范基地及贵州省黔北页岩气综合勘查试验区。

1. *矿业权监管与服务加强*。一是升级改造了全国矿业权统一配号系统,强化动态监测事后监管,全程备案存查,对异常情况及时提醒;二是发布了《国土资源部非油气矿业权审批登记服务指南》,进一步明确了矿业权办理条件、申请资料要求、审批时限和流程、结果送达和查询等内容;三是为矿业权人提供延续提醒服务,自2015年4月1日起,国土资源部门户网站公告了有效期不足120天的探矿权和采矿权632个。

2. *矿业权管理制度持续改革创新*。2015年出台了《关于规范稀土矿钨矿探矿权采矿权审批管理的通知》,进一步规范稀土矿钨矿矿业权管理。强化优势矿产保护,出台了《关于采矿权人为他人债务提供担保的采矿权抵押备案有关问题的通知》,允许采矿权人以其拥有的采矿权为抵押物,为他人贷款提供担保,缓解矿业企业融资困难。

**【地质勘查资质管理】** 2015年,进一步加强地质勘查资质管理,支持和服务地质勘查单位改革发展,集中力量推动地质勘查资质审批改革和监管,拟出台制度性办法。由一年两次集中受理调整为常态化受理,情形简单的申请,当场办理。探索实行网上审批,建立地质勘查单位重要信息社会公示制度,通过社会监督和随机抽查,强化事中事后管理。

截至2015年底,全国2640个地勘单位共持有各类各级地质勘查资质7595个,其中:甲级资质2819个,乙级资质2915个,丙级资质1861个。具有最高等级为甲级资质的单位有1157个,具有最高等级为乙级资质的单位有756个,具有最高等级为丙级资质的单位有727个。

全国地勘单位资质类别构成为区域地质调查419个,海洋地质调查22个,石油天然气矿产勘查4个,液体矿产勘查696个,气体矿产勘查284个,固体矿产勘查1936个,水文地质、工程地质、环境地质调查1076个,地球物理勘查793个,地球化学勘查394个,航空地质调查5个,遥感地质调查84个,地质钻(坑)探1411个,地质实验测试471个(图1)。"十二五"末,全国地质勘查资质数比"十一五"末增长29.7%。

2015年地勘单位的经济类型构成为国有1291个,集体19个,股份合作12个,有限责任1164个,股份有限71个,私营57个,其他22个,合资经营(港或澳、台资)1个,港、澳、台商独资经营1个,外资1个,外商投资股份有限公司1个(图2)。

2015年,国土资源部颁发地质勘查资质证书438个,其中新设165个,延续15个,变更257个,补证1个;注销地质勘查资质7个。

## 科技创新与国际合作

**【概况】** "十二五"期间,创新了成矿理论、找矿模型及勘查方法。在资源勘查、地质环境生态调查等方面,发布实施了多项国家和行业技术标准,地质矿产领域国际合作取得新进展。

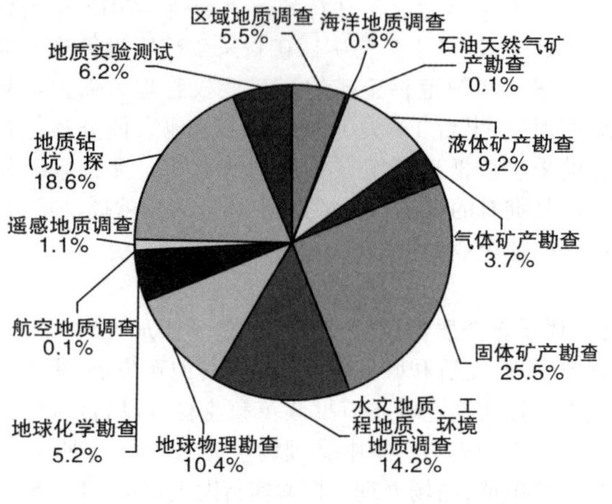


图1　2015 年全国地质勘查单位资质类别构成

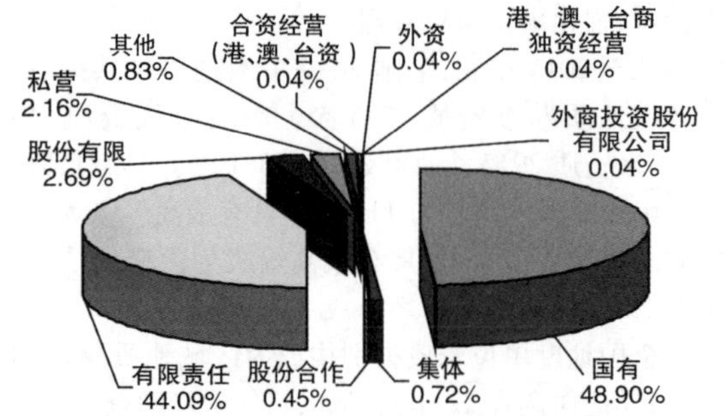


图2　2015 年全国地质勘查单位经济类型构成

**【基础地质与矿产理论研究】**　1. 新一代中国地层表正式发布。建立了中国与国际年代地层系统之间的精确对比关系，正式发布了《中国地层表（2014）》《中国地层指南及中国地层指南说明书（2014 年版）》。

2. 深部地质与构造研究领域取得进展。第一次揭示了松辽盆地之下的古太平洋板块与鄂霍次克洋板块对冲的岩石圈结构，在四川盆地之下发现扬子克拉通内部的古老俯冲带，在雪峰山之下发现隐伏的古老造山带。首次在东南沿海发现侏罗纪古太平洋板块作用的记录。首次在华北克拉通划分出 3 个年龄大于 26 亿年的古陆块。

深部探测技术与实验研究专项顺利完成，为中国全面开展地球深部探测做好了技术和队伍准备，主要取得四个方面重要成果。一是系统构建了适应中国地球深部特征的立体探测技术体系，自主研发的深部探测关键仪器设备达到国际先进水平；二是深部探测带动重大科学发现，中国跻身世界深部探测大国行列；三是发现一批具有战略意义的重大找矿线索，为找矿突破战略行动提供有力支撑；四是把握地球活动性的脉搏，为提高自然灾害预警能力提供有力支撑。

3. 成矿理论、找矿模型及勘查方法创新。首次创建了以成矿地质体、成矿构造和成矿结构面、成矿作用特征标志研究为核心的勘查区找矿预测理论与方法体系，并系统构建了中国 25 种主要矿床类型的找矿地质模型，在老矿山和整装勘查区找矿实践中广泛应用，提高了找矿成功率。发现蛇绿岩型金刚石新富集类型，发现一种新的金矿床类型——岩浆型金矿，建立了矿床的成因模式。通过中国陆块海相成钾理论研究，揭示了中国小陆块海相成钾的“构造、物源和气候”三者的耦合机制，提出了东特提斯域小陆块的成钾模式，获得思茅盆地勐野井组的绝对年龄以及钾盐成矿年龄，确定四川盆地三叠纪古盐湖卤水具有成钾条件。提出海相火山岩型铁矿形成于“冷（地）壳热（地）幔、陡俯冲”的特殊地球动力学背景，鞍山式磁铁富矿后期热液叠加改造的“去硅富铁”和“铁质活化再富集”两种方式，海相火山岩型铁矿和沉积变质型铁矿是中国寻找富铁矿主要目标。针对陆相盆地含铀岩系沉积环境、表生流体、煤等有机质及盆地构造对铀矿的成矿制约等方面开展研究，搭建了铀矿成矿理论创新框架，提出了陆相盆地铀大规模成矿作用新认识。在系统总结中国南方页岩气富集理论与成藏规律的基础上，提出了富有机质页岩发育、构造保存稳定、地层超压“三位一体”南方复杂构造区页岩气成藏新理论认识。

**【矿产资源勘查开发技术】**　1. 研发或集成地质勘查技术仪器装备。研制成功了 2000 米以内全液压地质岩心钻探装备及关键器具，成果获 2015 年度国家科技进步二等奖。研发了航磁三分量磁力仪、磁补偿仪和数据收录系统。研制了干热岩高温钻探 ϕ140 涡轮钻具和高压钻井液流变仪样机。研制出了 JW-1 便携式地质灾害应急调查工具箱。研发了地下水分层远程监测系统和小型地下水动态监测仪，实现了一孔多层监测井管理。研制了小道距高分辨率多道数字地震探测系统，开发完成了一套基于网络的双缆多道采集和记录系统。

2. 地质勘查方法技术体系完善。研发了直升机吊舱式时间域航空电磁勘查去噪和数据校正方法。完成了 O2C 卫星无缝拼接、匀色处理以及 O2C HR 和 MUX 数据不同融合方法等关键技术研究，初步建立了 O2C 星从数据统筹、接收和分发的地矿数据应用服务模式。研发了有机氯和镉、铬污染土壤的动力学与 PRB 修复技术，以及熔融制样 LA-HR-ICP-MS 法测定稀有稀散元素的方法。

3. 应用示范促进技术装备实用化。自主研制的“海马”号 4500 米级深海无人遥控潜水器（ROV）成功投入地质勘查，首次获取了活动性“冷泉”标志的高清视频记录和实物样品等信息。研发了大口径同径长钻程取芯技术，创造了 ϕ311 毫米口径连续取芯和单回次进尺超 30 米两项钻探世界纪录，首次实现大口径井段“同径取芯、一径完钻”和“三筒联装长回次钻进”作业。集成了直升机硬架式航磁测量系统，在新疆西昆仑高海拔区取得应用突破。

4. *矿产资源综合利用技术得到应用*。磨矿-选择性解离-复合力场磁选精选铁新技术取得重要进展，研发成功了具有复合力场的高效选铁精选设备。强磁抛尾-粗精矿再磨-离心选矿-浮选联合选钛工艺获得突破，实现了钛铁矿的高效利用。研发了两段焙烧新工艺，实现了黄金冶炼渣金、银、铜、铅、锌、铁的综合回收利用。研发了微生物溶浸回收铁矿中伴生金属元素的新工艺，提高了伴生金属的回收率。

**【地质矿产技术标准】** 构建了统一归口管理、分工协作实施、专家咨询指导、单位支撑保障、行业协调推进的标准化工作格局，使地质矿产标准成为矿产资源法及配套法规必要和有益的补充，对于推进地质矿产领域依法行政、规范矿业秩序起到积极作用。

“十二五”期间，共发布实施地质矿产国家标准 13 项，行业标准 91 项。2015 年，发布实施了《区域地质图图例》1 项国家标准，发布实施了《固体矿产勘查原始地质编录规程》《固体矿产勘查地质资料综合整理综合研究技术要求》《矿山地质环境监测技术规程》《地面沉降调查与监测规范》《地质灾害排查规范》《地质灾害危险性评估规范》《地下水水质标准》《重力调查技术规范》《可控源音频大地电磁法技术规程》《相位激发极化法技术规程》《地球化学普查规范(1∶50000)》《区域生态地球化学评价规范》《区域地质调查中遥感技术规定(1∶50000)》《区域环境地质勘查遥感技术规定(1∶50000)》《矿产资源综合利用技术指标及其计算方法》《岩矿鉴定技术规范(共 5 个部分)》《地质资料汇交规范》《地质数据库建设规范的结构与编写》等 60 项推荐性地质矿产行业标准，为矿产资源勘查、开发、保护和管理等工作开展提供了技术支撑。

开通运行了国土资源标准化信息服务平台，涉及标准化工作动态、技术委员会运行管理、标准制(修)订、标准知识、标准查询、标准信息咨询服务、标准论坛等内容，提升了国土资源标准化工作的信息化水平，有效促进了政务公开。

**【国际合作】** 1. *矿业领域国际交流拓展*。“十二五”期间，国土资源系统深入开展国土资源国际合作，在参与国家总体外交、拓展国际合作网络、支撑国土资源业务、完善国际合作平台、加强国际科技合作、推动引智和培训、健全外事管理制度等方面开展了大量的工作，为服务支撑国家开放合作大局和国土资源事业发展做出贡献。

2015 年，成功召开中国国际矿业大会，加强了与澳大利亚、加拿大、智利、秘鲁等矿业大国的合作。在中国－东盟博览会、丝绸之路国际博览会、中国－俄罗斯博览会、中国－蒙古博览会的总体框架下，召开了地质矿产领域相关会议。丰富中非合作论坛约翰内斯堡峰会成果，地质矿产领域合作纳入《中国对非洲政策文件》。加强与埃塞俄比亚、加纳、安哥拉等国在地质矿产领域的合作。地质矿产与空间规划领域合作纳入《中国－中东欧国家合作中期规划》，推动与波兰在页岩气勘查开发技术及管理领域的合作。

为近 80 个国家 500 余人进行了培训。2015 年，来自 40 多个国家 252 名地矿人员来华参加培训，首次与老挝自然资源和环境部在老挝联合进行数字填图和地球化学填图技术与应用培训。

2. *国际矿业领域科技合作加强*。“十二五”期间，国际地学合作工作取得了一系列开创性和具有重要影响的成果，有效推动了全球矿业命运共同体建设，在支撑国际矿业投资、促进生态文明、推进地质科技进步、促进人才成长、提升国际话语权等方面发挥了重要作用。

与世界上 51 个国家和地区地质调查机构及国际地学组织签署了 115 份合作谅解备忘录或项目合作协议，与老挝等 20 多个国家开展地质地球化学合作调查。40 余名专家在国际地质科学联合会、世界地质图委员会、国家滑坡协会、东亚东南亚地学计划委员会等政府间国际地学组织任职。建立了“教科文组织国际岩溶中心”和“中国-上海合作组织地学合作研究中心”等国际地学研究中心，进一步提升了地质科技水平。

联合国教科文组织支持的“全球尺度地球化学国际研究中心”成功获得批准。做好国际地科联秘书处工作，推动实施“为后代提供资源”倡议计划。成功主办了第 51 届东亚东南亚地学计划协调委员会(CCOP)年会等重要国际会议。利用国土资源部中国-上海合作组织地学合作研究中心加强与中亚国家的地学合作研究，举办两届地学合作论坛。利用联合国教科文组织、世界地质公园网络办公室等举办地质公园、岩溶地质环境等多期国际研讨会。

3. *地质调查国际合作取得进展*。2015 年航空物探地质调查首次走出国门，与 16 个国家合作开展了区域地质、地球物理调查工作。与美国地质调查局开展地下水调查合作，举办两届中美地下水水质监测研讨会。在水文地质、岩溶和矿山环境等方面与东盟和中亚国家开展了合作，编制了东南亚地区系列水文地质图件，启动了中越“长江三角洲与红河三角洲全新世沉积演化对比合作研究项目”。

（国土资源部信息中心）

## 湖南省矿产资源

**【湖南省矿产资源情况】** 矿业经济呈持续下行态势。2015年省级新设矿山数量仅7宗，转让采矿权9宗，转让金额0.76亿元，较2014年同期分别减少66.67%，79.68%。省本级无采矿权出让，除砂石矿产以外，湖南省招、拍、挂出让采矿权2宗，总价款4550万元，同比分别减少33.33%，51.45%。共办理各类审批登记案卷1114宗，其中注销煤矿采矿许可证480个。共审查省级发证矿山矿业权设置方案8个和市级发证矿山矿业权设置方案33个，申请国土资源部备案矿业权设置方案7个，下达省、市级发证矿业权设置方案批复30个。组织审查矿产资源开发利用方案69个，已备案63个。

完成433个储量报告和156个矿业权评估询价评的评审备案工作，750个建设项目压覆重要矿产资源的审查工作，350个政策性关闭煤矿价款退返结算工作。

全省地质勘查资金投入60958万元，同比减少20.58%。实施勘查项目231项次，完成钻探工作量261179.3米，槽探18万立方米。

**【湖南省地质灾害防治和矿山地质环境保护情况】** 湖南省共发生各类地质灾害2323起，造成18人死亡、9人受伤，直接经济损失4.34亿元。成功预报地质灾害158起，紧急转移7113人。矿山企业共投入9.12亿元开展矿山地质环境恢复治理，复绿面积380公顷，对169处土地进行复垦，复垦面积513.33公顷。

**【湖南省测绘地理信息工作情况】** 全面完成地理国情普查标准时点核准工作。邵阳、怀化、张家界等三市数字城市建成并通过验收，全省14个市州数字城市建设全部完成。数字城市地理信息基础工程建设方面，全省14个市州共建成数字城管系统、人口管理系统、网格社会化管理系统、法人库管理系统等99个典型应用系统。祁阳、衡阳等15个市县一体化数字县域建设全面启动，韶山、平江等7个县市建成并通过验收。娄底、常德等6个市州天地图节点与国家主节点成功对接。开展新型基础测绘体系建设研究，制定了1:1万基础地理信息快速更新方案。加强测绘资质管理，批准26家新增测绘资质单位，其中乙级4家、丙级9家、丁级13家。启动“地理信息数据交换共享平台”建设，计划预算500万元，分三年实施。

**【湖南省违法执法情况】** 2015年全省共发现土地违法案件2071件，同比下降2.40%，涉及土地面积858.23公顷，同步下降6.25%。2015年立案1264件，涉及土地面积753.85公顷。本年结案1199件，涉及土地面积715.93公顷。拆除构建物面积29.52公顷，罚没款3838.75万元。

2015年全省共立案矿产违法案件222宗，同比下降39.51%。其中无证开采案件83宗，越界开采案件130宗，非法转让采矿权1宗。

（摘自湖南省国土资源厅官网）

# 矿 业 行 业

## 煤 炭

【概况】 2015年，是实施煤炭工业“十二五”发展规划的最后一年。五年来，面对错综复杂的国内外宏观经济形势，煤炭行业贯彻落实党中央、国务院促进煤炭工业发展的一系列决策部署，坚持以提升煤炭工业发展的科学化水平为主攻方向，深化煤炭市场化改革，依靠创新驱动，加快产业结构调整和转型发展，保障国家能源安全稳定供应，有力地支撑了国民经济持续快速发展。

1. 原煤产量下降。据国家统计局统计，2015年全国规模以上煤炭企业原煤产量36.85亿吨，同比减少1.34亿吨，下降3.5%。90家大型企业原煤产量完成257745.6万吨，同比减少9802.0万吨，下降3.7%。其中，排名前10家企业原煤产量合计为154369.6万吨，占大型企业原煤产量的59.89%，同比减少6071.5万吨，下降3.8%(表1)。

90家大型企业中，原煤产量同比增长的有22家企业，其余68家企业产量同比下降(表2)。

表1　　**2015年大型煤炭企业原煤产量前10名企业**

| 排名 | 单位名称 | 原煤产量(万吨) | 2014年同期(万吨) | 同比增加(+,-) | 增减(%) |
|---|---|---|---|---|---|
| 1 | 神华集团 | 43326 | 47350.9 | -4024.9 | -8.5 |
| 2 | 同煤集团 | 17351.5 | 16754.4 | 597.1 | 3.6 |
| 3 | 中煤集团 | 16668.0 | 18303.6 | -1635.6 | -8.9 |
| 4 | 山东能源集团 | 13368.0 | 13826.0 | -458 | -3.3 |
| 5 | 陕西煤业化工集团 | 12710.9 | 13926.0 | -1215.1 | -8.7 |
| 6 | 兖矿集团 | 10902 | 10212 | 690 | 6.8 |
| 7 | 山西焦煤集团 | 10535 | 10699.9 | -164.9 | -1.5 |
| 8 | 冀中能源集团 | 10174.6 | 10200 | -25.4 | -0.2 |
| 9 | 河南能源化工集团 | 10163.1 | 10186.5 | -23.4 | -0.2 |
| 10 | 开滦集团 | 9170.5 | 8981.8 | 188.7 | 2.1 |
| 小　计 | | 154369.6 | 160441.1 | -6071.5 | -3.8 |
| 大型企业合计 | | 257745.6 | 267547.7 | -9802.0 | -3.7 |
| 前10名占大型企业比重 | | 59.89% | 59.96% | | -0.07% |

表2　　**2015年大型煤炭企业原煤产量同比增加前10名企业**

| 排名 | 单位名称 | 2015年累计(万吨) | 2016年同期(万吨) | 同比增加(+,-) | 增减(%) |
|---|---|---|---|---|---|
| 1 | 淮南矿业集团 | 6340.1 | 5544.1 | 796.0 | 14.4 |
| 2 | 晋城无烟煤集团 | 7041.6 | 6314.7 | 726.9 | 11.5 |
| 3 | 兖矿集团 | 10902.0 | 10212.0 | 690.0 | 6.8 |

续表 2

| 排名 | 单位名称 | 2015 年累计(万吨) | 2016 年同期(万吨) | 同比增加(+,-) | 增减(%) |
|---|---|---|---|---|---|
| 4 | 山东能源集团 | 13368.0 | 12742.5 | 625.5 | 4.9 |
| 5 | 同煤集团 | 17351.5 | 16754.4 | 597.0 | 3.6 |
| 6 | 阳泉煤业集团 | 7622.7 | 7271.9 | 350.8 | 4.8 |
| 7 | 华电煤业公司 | 4804.6 | 4478.3 | 326.3 | 7.3 |
| 8 | 沈阳煤业集团 | 1585.4 | 1261.0 | 324.4 | 25.7 |
| 9 | 开滦集团 | 9170.5 | 8981.8 | 188.7 | 2.1 |
| 10 | 中平能化集团 | 4072.0 | 3948.0 | 124.0 | 3.1 |
| 小计 | | 82258.3 | 77508.6 | 4749.7 | 6.1 |

从增幅来看,增幅较高的前 10 家企业依次是:沈阳煤业(+25.7%)、淮南矿业(+14.4%)、晋城煤业(+11.5%)、南票煤业(+10.4%)、抚顺煤业(+8.4%)、华电煤业(+7.3%)、兖矿集团(+6.8%)、济宁能源(+6.4%)、山东能源(+4.9%)、阳泉煤业(+4.8%)。

表 3　**2015 年大型煤炭企业原煤产量同比减少前 10 名企业**

| 排名 | 单位名称 | 2015 年累计(万吨) | 2014 年同期(万吨) | 同比增加(+,-) | 增减(%) |
|---|---|---|---|---|---|
| 1 | 神华集团 | 43326.3 | 47350.9 | -4024.6 | -8.5 |
| 2 | 中煤集团 | 16668.0 | 18303.6 | -1635.6 | -8.9 |
| 3 | 中国国电集团 | 5283.8 | 6815 | -1531.2 | -22.5 |
| 4 | 华能集团 | 6514.5 | 7418.3 | -903.8 | -12.2 |
| 5 | 阜新矿业集团 | 1329.5 | 2174.0 | -844.5 | -38.8 |
| 6 | 特弘煤电有限公司 | 280.0 | 1099.8 | -819.8 | -74.5 |
| 7 | 内蒙古伊东集团 | 1833.4 | 2485.0 | -651.7 | -26.2 |
| 8 | 国投煤炭有限公司 | 2761 | 3176 | -415.0 | -13.1 |
| 9 | 潞安矿业集团 | 8638.2 | 9018.2 | -380.0 | -4.2 |
| 10 | 吉林煤业集团 | 2001.0 | 2368.0 | -367.0 | -15.5 |
| 小计 | | 88635.7 | 100208.8 | -11573.2 | -11.5 |

从降幅来看,降幅较大的前 10 个企业依次为:特弘集团(-74.5%)、阜新矿业(-38.8%)、小龙潭(-31.4%)、伊东煤业(-26.2%)、乌兰煤业(-25.0%)、国电煤业(-22.5%)、华润天能(-22.3%)、扎赉诺尔(-19.0%)、盘江煤业(-16.0%)、湖南煤业(-14.2%)(表3)。

2. 大型企业洗煤产量下降。2015 年 1~12 月,90 家全国大型煤炭企业洗煤总产量完成 78551.2 万吨,同比减少 4002.9 万吨,下降 4.8%。排名前 10 家企业洗煤总产量合计为 67167.3 万吨,占大型企业洗煤总产量的 85.5%,同比减少 3884.2 万吨,下降 5.5%(表4)。

表 4　**2015 年大型煤炭企业洗煤总产量前 10 名企业**

| 排名 | 单位名称 | 2015 年累计(万吨) | 2014 年同期(万吨) | 同比增加(+,-) | 增减(%) |
|---|---|---|---|---|---|
| 1 | 神华集团 | 25389.2 | 27930.9 | -2541.7 | -9.1 |
| 2 | 同煤集团 | 7431.3 | 6317.3 | 1114.0 | 17.6 |
| 3 | 中煤集团 | 7041.7 | 8427.0 | -1385.3 | -16.4 |

续表4

| 排名 | 单位名称 | 2015年累计(万吨) | 2014年同期(万吨) | 同比增加(+,-) | 增减(%) |
|---|---|---|---|---|---|
| 4 | 山西焦煤集团 | 6387.2 | 7416.2 | -1029.0 | -13.9 |
| 5 | 山东能源集团 | 5191.7 | 4299.8 | 891.9 | 20.7 |
| 6 | 兖矿集团有限公司 | 4846.9 | 5307.0 | -460.1 | -8.7 |
| 7 | 冀中能源集团 | 3778.2 | 4002.8 | -224.6 | -5.6 |
| 8 | 开滦集团 | 2658.2 | 2865.3 | -207.1 | -7.2 |
| 9 | 晋城无烟煤集团 | 2408.1 | 1907.8 | 500.3 | 26.2 |
| 10 | 河南能源化工集团 | 2034.9 | 2577.4 | -542.5 | -21.0 |
| 小计 | | 67167.3 | 71051.5 | -3884.2 | -5.5 |
| 大型企业合计 | | 78551.2 | 82554.1 | -4002.9 | -4.8 |
| 前10家所占比重 | | 85.50% | 86.06% | | -0.56% |

**【煤炭企业经营】** 1. 企业亏损不断扩大。2015年，全国规模以上煤炭企业利润总额440.8亿元，同比下降65%。煤炭亏损企业亏损总额972.6亿元，同比增长29.9%。

规模以上煤炭企业利润总额较高的5个省区分别是：内蒙古328.8亿元、陕西179.7亿元、天津143.1亿元、山东87.1亿元、贵州31.5亿元。

共15个省区规模以上煤炭企业出现亏损(图1)。其中规模以上煤炭企业亏损较大的5个省分别是：山西-152.3亿元、安徽-91.2亿元、黑龙江-42.9亿元、河北-37.6亿元、河南-35.2亿元。

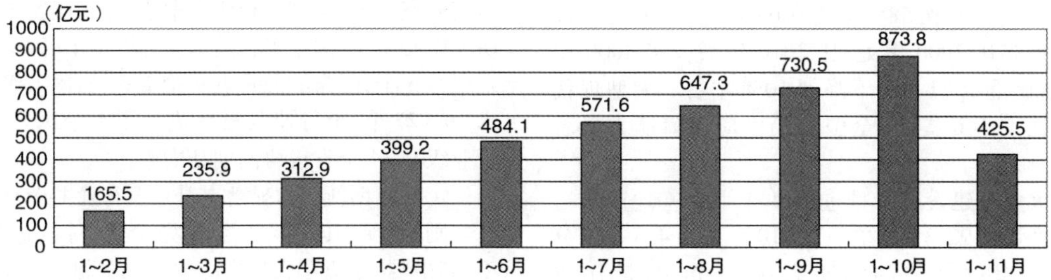


图1　2015年规模以上煤炭企业亏损额

2. 盈利能力大幅下降。成本费用利润率和主营业务利润率是衡量企业盈利能力和主营业务领域获利能力的重要指标。2015年，全国规模以上煤炭企业成本费用利润率为1.8%，比2014年同期下降2.7个百分点。

从全国各行业盈利能力看，煤炭开采和洗选业成本费用利润率为1.8%，低于41个工业大类行业的平均水平6.1%(图2)。

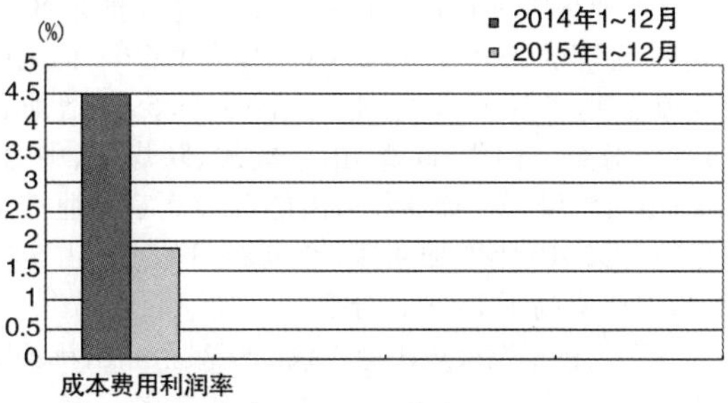


图2　2015年1~12月规模以上煤炭企业获利能力比较

3. 企业资产负债率明显上升。2015年，全国规模以上煤炭企业资产总额54214.1亿元，同比增长6.8%；负债合计36809.1亿元，同比增长10.4%。煤炭企业资产总规模虽然有所增长，但资产质量较差。

规模以上煤炭企业资产总额较高的5个省区分别是：山西15976.0亿元、山东6608.9亿元、内蒙古6521.3亿元、陕西3590.4亿元、河南3393.7亿元。

规模以上煤炭企业资产总额较低的5个省区分别是：浙江0.4亿元、广东3.4亿元、湖北62.6亿元、广西80.2亿元、青海103.2亿元。

2015年，全国规模以上煤炭企业资产负债率为67.9%，比2014年同期上升2.2个百分点(图3)。

分行业看，煤炭开采和洗选业资产负债率为67.9%，高于41个工业大类行业的平均水平56.2%。

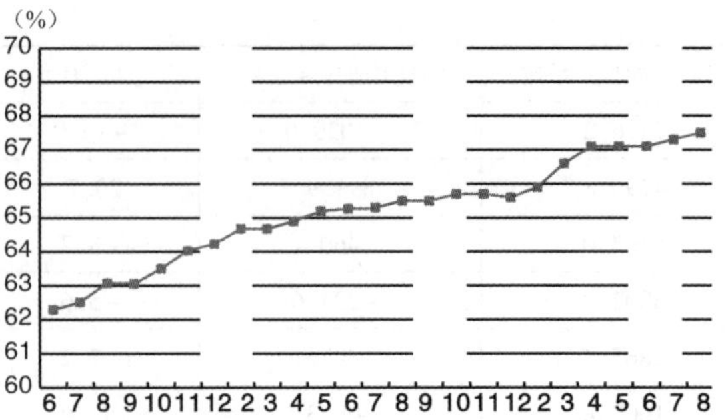


**图3　2013年6月至2015年10月规模以上煤炭企业资产负债率变化**

4. 企业资产管理难度进一步加大。2015年,全国规模以上煤炭企业应收账款3849.7亿元,同比增长8.5%,而主营业务收入同期下降14.8%。应收账款与主营业务收入不同步的变化表明煤炭企业回款较为困难。

**【煤炭行业发展状况】** 1. 煤炭供应能力增强,产业结构不断优化。全国煤矿数量减少,大型煤矿比重增加。2015年底,全国煤矿数量1.08万处,其中,年产120万吨以上的大型煤矿1050处,比2010年增加400处,产量比重由58%提高到68%;年产30万吨以下的小型煤矿7000多处,比2010年减少了4000多处,产量比重由21.6%下降到10%左右。大型现代化煤矿比重不断提高,全国煤炭供应保障能力显著增强。

①大基地建设稳步推进。14个大型基地产量占全国总产量的92.3%左右,比2010年提高4.3个百分点。产量超过亿吨的煤炭省区8个,产量比重84.1%,提高了8个百分点。

②产业集中度提高。前4家煤炭企业产量8.68亿吨,占全国的23.6%,比2010年提高1.6个百分点;前8家企业产量13.1亿吨,占全国35.5%,增加了5.4个百分点。神华、同煤、山东能源、陕煤化、中煤、兖矿、山西焦煤、冀中能源、河南能源等9家企业产量超亿吨,比2010年增加4家,产量14.1亿吨,占全国的38.2%,提高了13个百分点。

③产业转型发展迈出新步伐。煤炭企业创新发展模式,初步形成了以煤为主,电力、现代煤化工、清洁能源生产、新能源开发、高端装备制造、现代物流、节能环保、金融服务等相关产业横向重组、纵向延伸、融合发展的新格局。煤炭企业参股、控股电厂权益装机容量1.5亿千瓦,占全国火电装机容量的1/6左右。一批大型煤炭企业非煤产业超过60%。

2. 煤炭市场化改革取得重大进展,企业市场主体作用得到充分发挥。2013年国家取消重点电煤合同,煤炭供需企业自主订货、协商定价,实现电煤价格并轨。煤电价格联动机制逐步完善,市场配置资源的决定性作用显著增强。

①交易市场体系不断完善。国家明确了煤炭交易市场体系建设的主要目标和任务,市场交易规则逐步健全。煤炭主产区、主要消费地、集散地普遍建立了区域煤炭交易中心,并在发展中得到提升。煤炭交易市场合作机制更加完善,区域交易中心联合更趋紧密。

②市场交易方式不断丰富。炼焦煤、动力煤期货成功上市,电子商务得到较快发展,集交易、物流、金融、信息等为一体的煤炭供应链管理服务体系逐步完善。

③市场监测机制作用有效发挥。以中国煤炭价格指数为主体,区域价格指数为补充的全国煤炭价格指数体系不断完善,市场发现价格功能明显增强。煤炭大数据平台建设加快,运行分析、景气指数和行业预警定期发布,成为企业科学组织生产经营的重要参考依据。

3. 行业自主创新能力增强,煤炭科技创新体系日趋完善。全行业共建成国家重点实验室18个,国家工程实验室7个,国家工程研究中心8个,国家工程技术研究中心4个,国家工程技术研究院1个,国家能源研发中心5个,国家能源重点实验室6个,国家级企业技术中心27个,全行业共培育成立了1个国家级、2个行业级和14个省级协同创新中心。

①科技创新能力显著提升。全行业共荣获国家科技奖励35项,其中技术发明奖5项、科技进步奖30项,其中"特厚煤层大采高综放开采关键技术及装备"获国家科技进步一等奖。获得中国专利奖36项,其中中国专利金奖3项,行业科技奖1501项。煤矿重大灾害防治、煤炭资源开发、煤炭转化等基础理论研究取得重要进展,大型矿井建设、燃煤发电超低排放、现代煤化工等技术达到国际领先水平,特厚煤层大采高综放开采关键技术及装备、生态脆弱区煤炭现代开采地下水和地表生态保护关键技术等攻关取得重大突破。初步测算,"十二五"时期,行业科技贡献率达到49%,比"十一五"时期提高了近10个百分点。

②重大科技工程示范深入实施。神华百万吨煤炭直接液化示范工程长周期平稳运行,兖矿百万吨级煤炭间接液化项目投入运营,神华宁煤400万吨煤炭间接液化等一批示范工程建设进展顺利。千万吨级高产高效自动化矿井、智能矿山、绿色生态矿山、煤与瓦斯突出防治、高承压及深部矿井防治水、煤层气开发利用、煤矿井下高效选煤、褐煤干燥提质、煤炭转化、煤炭综合利用等领域示范工程建设取得阶段性

成果。

③知识产权和标准化工作扎实推进。“十二五”期间,全行业14家单位入选“国家知识产权示范企业和优势企业”,其中,兖矿集团和中国神华能源股份有限公司被评选为国家知识产权示范企业。行业标准化体系不断健全。全行业共立项标准制修订计划项目750项,制修订标准429项。国家标准《中国煤炭分类》(GB/T 5751—2009)荣获中国标准创新贡献奖一等奖。

4. 煤炭清洁高效利用水平提高,绿色开发取得新成效。保水开采、充填开采等绿色开采技术得到推广。全年原煤入选能力26亿吨,原煤入选率65.9%,比2010年提高15个百分点。煤矸石综合利用率达到64.2%,提高2.8个百分点;矿井抽采瓦斯利用率达到46.4%,提高15.7个百分点;土地复垦率达到47%,提高9个百分点;大中型煤矿原煤生产综合能耗、生产电耗分别比2010年下降14.6%、14.8%。同煤塔山煤矿循环经济、神华宁东煤化工产业等一大批循环经济园区相继建成,实现了集中生产、集约发展,初步形成了资源环境和区域经济协调发展的产业新格局。

全国燃煤电厂超低排放机组装机达到8400万千瓦,烟尘、二氧化硫和氮氧化物的排放水平达到或低于天然气电厂的排放标准。高效煤粉工业锅炉在甘肃、内蒙古、陕西等西部高寒地区和东部沿海等20多个省区推广运用,燃烧效率比普通链条锅炉提高28个百分点,污染物排放水平接近或达到天然气锅炉的排放标准。煤制油、煤制烯烃、煤制气、煤制乙二醇产能分别达到650万吨、406万吨、44.4亿立方米、150万吨。水煤浆、型煤、低阶煤提质等洁净煤技术攻关取得明显进展。

5. 国际交流不断深入,市场一体化进程加快。五年累计进口煤炭13.3亿吨,占世界贸易比重由11.3%提高到25%左右。中美煤炭战略对话及与国际能源署、世界能源理事会、世界采矿大会、世界煤炭协会等国际组织交流日益深化,与俄罗斯、印度、澳大利亚、印度尼西亚、波兰、乌克兰等主要产煤国联系更加紧密。煤炭企业“走出去”,大型企业在国外获取煤炭资源、投资建矿增加,煤机装备出口不断扩大,一批煤炭企业在纽约、中国香港、澳大利亚上市,国际资本市场融资能力增强。

6. 煤炭工业企业文化建设成果丰硕。开展煤炭工业劳动模范评选表彰活动,弘扬了劳模精神;举办中国煤矿艺术节,展示煤矿艺术辉煌成就;举办寻找感动中国矿工活动,展现当代矿工的精神风貌;举办全煤运动会,乌金杯、乌金奖系列赛事,活跃了矿山文化生活。煤矿文艺作品获五个一工程奖、鲁迅文学奖、书法兰亭奖等多项国家级文学艺术大奖,煤矿体育代表队出征全运会,全国智力运动会,树立了新时期煤炭行业良好形象。第二轮修志工作取得阶段性成果。各煤炭企业结合实际,增强文化建设的针对性、实效性,探索和开展了一系列各具特色的文化建设活动,促进了企业转型发展。

**【煤炭企业经营】** 1. 规模以上煤炭企业资产负债情况。2015年,全国规模以上煤炭企业资产合计54214.1亿元,同比增长6.8%;负债合计36809.1亿元,同比增长10.4%。负债增速快于资产增速。资产负债率67.9%。

2. 规模以上煤炭企业主营业务收入和主营业务成本情况。2015年,全国规模以上煤炭企业主营业务收入24994.9亿元,同比下降14.8%,主营业务成本21082.0亿元,同比下降13.4%。主营业务收入降速快于主营业务成本降速。

3. 规模以上煤炭企业应收账款情况。2015年,全国规模以上煤炭企业应收账款净额3849.7亿元,同比增长8.5%。

4. 规模以上煤炭企业利润情况。2015年,全国规模以上煤炭企业实现利润总额440.8亿元,同比2014年的1259.1亿元,下降65%。

5. 规模以上煤炭企业应交增值税情况。2015年,全国规模以上煤炭企业应交增值税1336.9亿元,同比下降22.5%。

**【煤炭运销】** 2015年以来,受煤炭需求大幅下降、国内产能严重过剩及进口煤总量依然较大等的影响,全国煤炭市场供大于求的问题突出,库存居高不下,价格大幅下滑,煤炭经济下行的形势更加严峻。2016年,煤炭市场面临的外部环境仍然严峻,煤炭需求可能还将有所下降,加之国内产能释放和进口煤保持高位的压力进一步加大,市场供大于求矛盾突出。

国内煤炭市场运行的主要特点:12月,煤炭产、销量同比持续下降,铁路煤炭运量降幅继续收窄,主要港口煤炭库存同比下降,沿海地区动力煤价格保持平稳,国内海上煤炭运价涨幅回落,煤炭进口量同比下降,出口量持续萎缩。

1. 煤炭销售情况。2015年,全国煤炭销量累计完成344529.3万吨,同比减少23833.1万吨,下降6.47%。其中,国有煤矿销量完成206830万吨,同比减少17066万吨,下降7.62%;非国有煤矿销量完成137699.3万吨,同比减少6767.2万吨,下降4.68%。

2. 铁路煤炭装车情况。12月,全国铁路煤炭日均装车完成56273车,比同期减少8273车,下降12.8%

(图4)。1～12月,全国铁路煤炭日均装车完成56458车,装车数同比下降12.9%(图5)。其中,电煤装车36700车,同比减少1054车,下降2.8%。

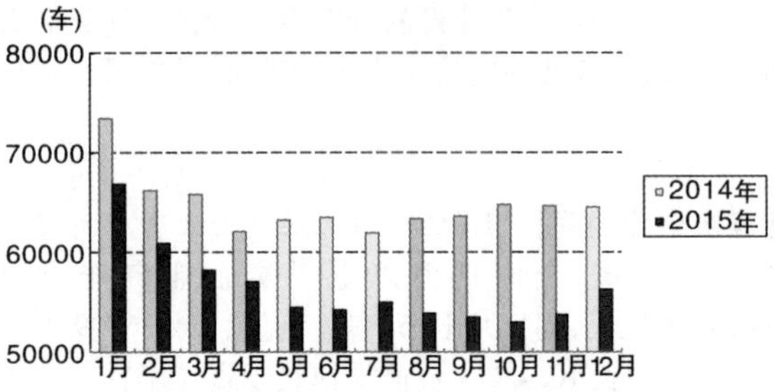


**图4　2015年铁路煤炭日均装车情况**

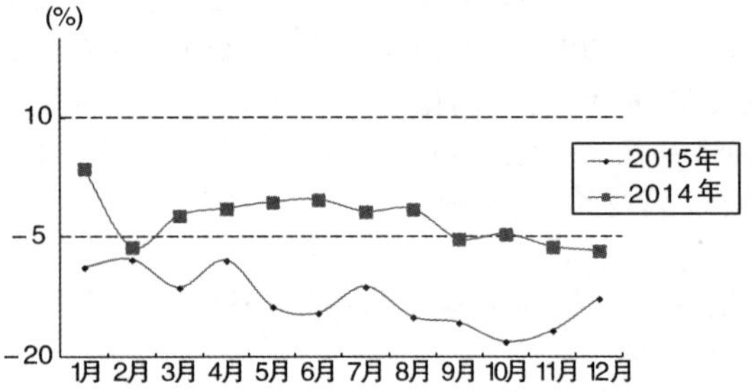


**图5　2015年铁路煤炭日均装车同比增长情况**

3. 煤炭运量情况。12月全国铁路煤炭发送量完成1.83亿吨,同比减少507万吨,下降2.7%(图6);2015年累计完成20亿吨,较2014年减少2.9亿吨,下降12.6%。

其中,12月全国铁路煤炭发送量完成1.35亿吨,同比增加772万吨,增长6.1%(图7);2015年累计完成13.83亿吨,较2014年减少1.8亿吨,下降11.6%。

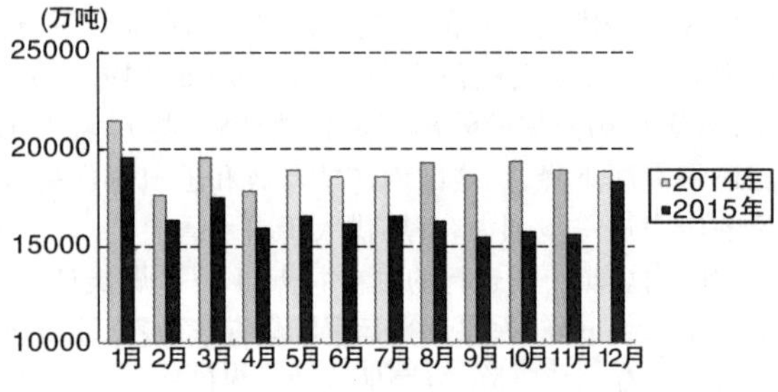


**图6　2015年铁路煤炭发送量情况**

12月,全国主要港口共发运煤炭5714万吨,日均完成184.3万吨,环比日均增加18.9万吨,增长11.5%;日均同比增加21.9万吨,增长13.5%。

2015年全国主要港口累计发运煤炭6.4亿吨,较2014年减少3748万吨,下降5.5%(图8),其中内贸煤炭发运完成6.38亿吨,较2014年下降5.5%,外贸煤炭发运完成522万吨,较2014年下降11.9%。

4. 煤炭库存情况。12月末,煤炭企业库存12799

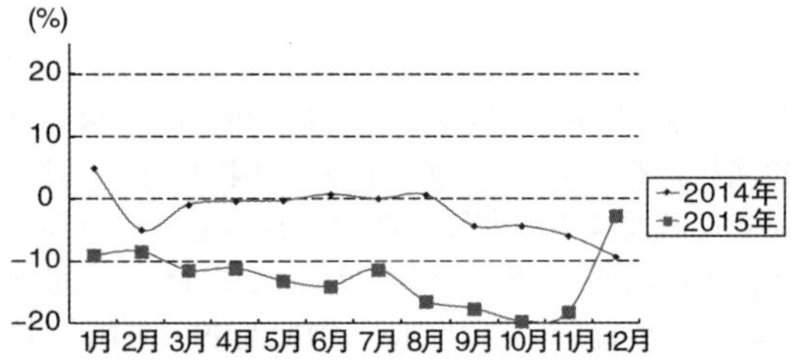


**图7　2015年铁路煤炭发送量同比增长情况**

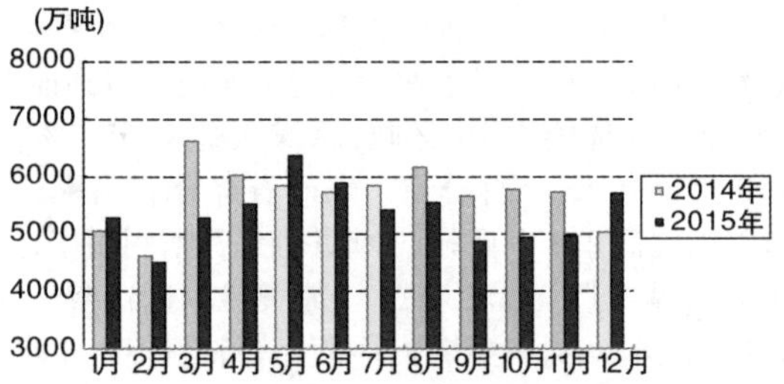


**图8　2015年港口煤炭发送量情况**

万吨,同比增加1886万吨,增长17.3%。

12月末,全国主要煤炭发运港口的煤炭库存为2556万吨,同比减少1737万吨,下降30.2%,环比减少492万吨,下降16.1%。

**【煤炭进出口】** 1. 煤炭出口完成情况。据海关统计,12月份,全国煤炭出口完成43.9万吨,增长2.7%。1～12月,我国累计出口煤共完成533.4万吨,下降7.2%(图9,图10)。

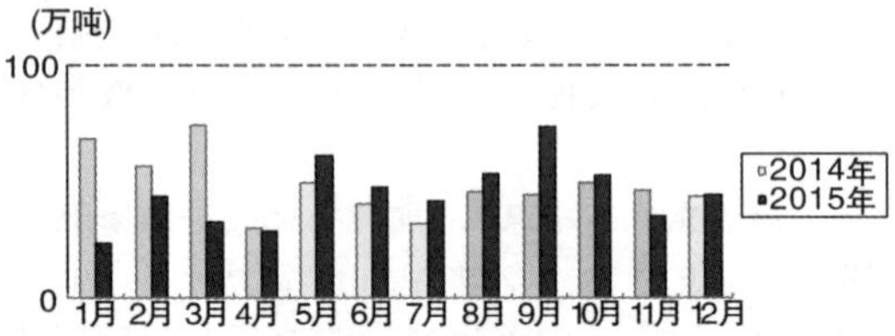


**图9　2015年煤炭月度出口情况**

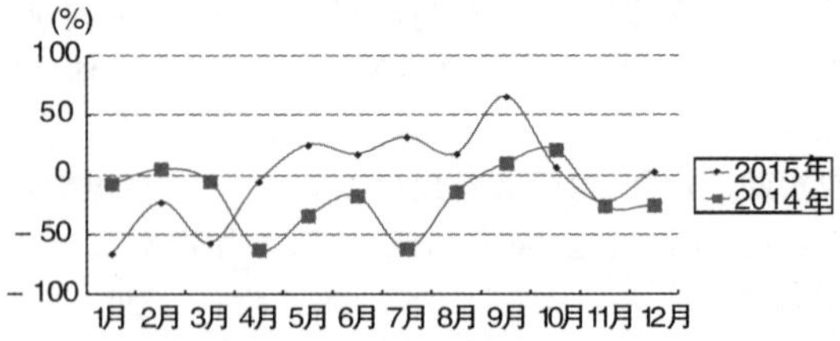


**图10　2015年煤炭月度出口同比增长情况**

2. 煤炭进口完成情况。据海关统计,12月,煤炭进口1764.1万吨,下降35.2%。1～12月,我国累计进口煤共完成20418.4万吨,下降30.0%(图11,图12)。

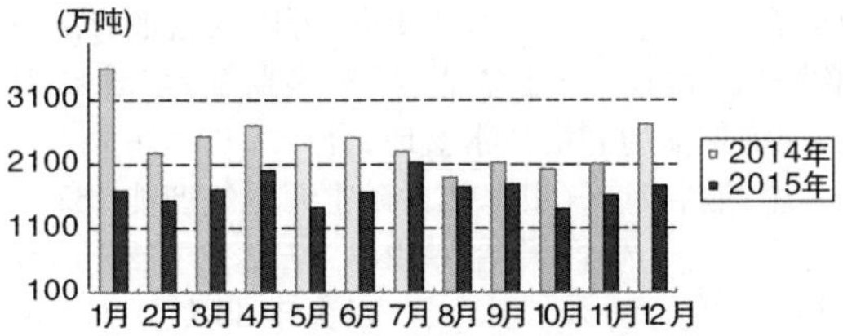


图 11　2015 年煤炭月度进口情况

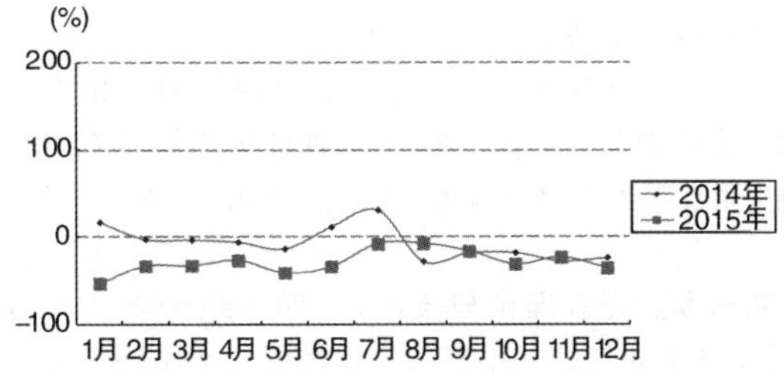


图 12　2015 年煤炭月度进口同比增长情况

**【电力行业耗煤】**　2015 年 12 月，全国重点发电企业当月供煤 11240 万吨，同比减少 645 万吨，下降 5.4%；耗煤 11211 万吨，同比减少 946 万吨，下降 7.8%。2015 年全国重点发电企业累计供煤 111080 万吨，较 2014 年减少 15687 万吨，下降 12.4%；累计耗煤 113425 万吨，较 2014 年减少 10934 万吨，下降 8.8%。12 月底煤炭库存 7358 万吨，环比增加 11 万吨，增长 0.1%，同比减少 2097 万吨，下降 22.2%，可耗用 20 天，环比减少 2 天，同比减少 4 天。

**【冶金行业耗煤】**　2015 年 12 月，高炉、焦炉主要技术经济指标同比保持下降（表 5），其中，入炉焦比下降 4.0 千克/吨，综合焦比下降 5.9 千克/吨，折算综合焦比下降 9.4 千克/吨，喷煤比下降 4.0 千克/吨，燃料比下降 6.4 千克/吨，吨焦耗洗精煤持平，冶金焦率下降 0.26 个百分点。

**表 5　2015 年 12 月大中型钢铁企业生产主要单耗指标**

| 指标名称 | 单位 | 数量 | 同比（+、-） | 环比（+、-） |
|---|---|---|---|---|
| 入炉焦比 | 千克/吨 | 357.1 | -4.0 | -0.7 |
| 综合焦比 | 千克/吨 | 496.5 | -5.9 | +1.2 |
| 折算综合焦比 | 千克/吨 | 492.5 | -9.4 | -0.8 |
| 喷煤比 | 千克/吨 | 141.0 | -4.4 | +0.6 |
| 燃料比 | 千克/吨 | 526.7 | -6.4 | +0.6 |
| 冶金焦率 | % | 89.42 | -0.26 | -0.12 |
| 吨焦耗洗精煤 | 千克/吨 | 1385 | 0 | +10 |

**资料来源：**中国钢铁工业协会。

**【煤炭市场价格及其变化】**　1. 环渤海动力煤价格指数止跌趋稳。进入 12 月份之后，环渤海地区动力煤价格保持稳定，12 月 30 日的价格指数水平比 2014 年底下降了 155 元/吨、降幅为 29.5%。

2. 主要生产地区的煤炭价格略有下降。12 月，晋北地区和鄂尔多斯地区的煤炭出矿价格略有下降。月底，大同地区发热量 5800 大卡/千克以上煤炭的“上站”价格由 11 月末的 265～275 元/吨之间降至 260～270 元/吨之间；发热量 5500 大卡/千克以上煤炭的“上站”价格继续维持在 11 月底的 240～250 元/吨之间。鄂尔多斯地区各种品质动力煤的出矿价格略有下滑，其中 5000 大卡/千克煤炭的“上站”价格由 11 月底的 95～105 元/吨之间下滑至 95～100 元/吨之间。

3. 秦皇岛地区动力煤价格有所回升。12 月，环渤海主要价格监测地区秦皇岛地区的市场动力煤价格略有回升。12 月末，具代表性的发热量 5500 大卡/千克市场动力煤的主流平仓价格由 11 月底的 360～370 元/吨之间回升至 365～375 元/吨之间；发热量 5000 大卡/千克市场动力煤的主流平仓价格由 11 底的 310～320 元/吨之间回升至 320～330 元/吨之间。

4. 国内海上煤炭运价涨幅回落。秦皇岛海运煤炭交易市场 12 月 29 日发布的海运煤炭运价指数（OCFI）报收于 658.71 点，比 12 月 1 日上涨了 48.79 点，涨幅 8%；比年初上涨了 34.65 点，涨幅 5.6%。

**【煤炭行业与全国各工业行业比较】**　1. 工业增加值增速比较。12 月，全国规模以上工业增加值同比实际增长 5.9%（以下增加值增速均为扣除价格因素的实际增长率），增速较 11 月回落 0.3 个百分点。经季节调整后，环比增长 0.41%。1～12 月规模以上工业增加值同比增长 6.1%，与 1～11 月持平。煤炭开采和洗选业工业增加值累计增长 1.9%。

2. 利润总额比较。2015 年，全国规模以上工业企业实现利润总额 63554 亿元，比 2014 年下降 2.3%，为多年来首次负增长。分季度看，第一季度同比下降 2.7%，第二季度增长 0.9%，第三季度下降 3.5%，第四季度下降 3.5%。主营业务收入利润率为 5.76%，比 2014 年降低 0.18 个百分点。2015 年，全国规模以上工业亏损企业亏损额 9115.5 亿元，比 2014 年增长 31.3%，增幅比上年提高 8.8 个百分点。

2015 年，在 41 个工业大类行业中，12 个行业利润总额比 2014 年减少，29 个行业增加。

利润总额减少较多的行业主要有：石油和天然气开采业利润总额 804.8 亿元，比 2014 年下降 74.5%；黑色金属冶炼和压延加工业利润总额 525.5 亿元，下降 67.9%；煤炭开采和洗选业利润总额 440.8 亿元，下降65%；黑色金属矿采选业利润总额446.4亿元，下降43.9%。

利润总额增加较多的行业主要有：石油加工炼焦和核燃料加工业利润总额648.6亿元，比2014年增长9.7倍；电力热力生产和供应业利润总额4744.6亿元，增长13.8%；电气机械和器材制造业利润总额4389亿元，增长12.1%；化学原料和化学制品制造业利润总额4558.6亿元，增长7.7%。

（中国煤炭工业协会）

# 油 气

## ·综 述·

**【概况】** 受油价持续低迷影响，2015年我国油气资源勘查开采投资、实物工作量下降明显，但新增油气探明储量仍保持较高水平，其中，石油新增探明地质储量11.18亿吨，天然气新增6772.2亿立方米。石油产量小幅增长，达到2.15亿吨；天然气产量连续五年超千亿方，达到1243.57亿立方米；煤层气与页岩气产量均创新高。

**【油气勘查开采】** 2015年，全国油气勘查投资600.06亿元，同比下降19.2%。采集二维地震8.44万千米、三维地震3.31万平方千米，同比下降3.9%和24.0%；完成探井3023口，同比下降13.7%。全国油气开采投资1893.43亿元，完成开发井20079口，同比下降29.7%和25.6%。

全国石油新增探明地质储量11.18亿吨，连续9年超过10亿吨。其中，大于1亿吨的盆地有3个，分别为鄂尔多斯、塔里木盆地和渤海湾盆地海域，合计新增探明地质储量7.21亿吨；大于1亿吨的油田2个，分别为鄂尔多斯盆地姬塬油田和环江油田。截至2015年底，全国石油累计探明地质储量371.76亿吨，剩余经济可采储量25.69亿吨，储采比11.9。

全国天然气新增探明地质储量6772.2亿立方米，连续13年超过5000亿立方米。其中，大于1000亿立方米的盆地有3个，分别为四川盆地、塔里木盆地和东海盆地，合计新增探明地质储量4534.86亿立方米；大于千亿立方米的气田2个，分别为四川盆地的安岳气田和东海盆地的宁波17－1气田。截至2015年底，全国累计探明天然气地质储量13.01万亿立方米，剩余经济可采储量3.78万亿立方米，储采比30.4。

**【石油产量】** 2015年，全国新投产油田11个，新建原油产能2032.5万吨。全年生产石油2.15亿吨，再创历史新高。其中，产量大于1000万吨的盆地有渤海湾（含海域）盆地、松辽盆地、鄂尔多斯盆地、珠江口盆地、准噶尔盆地和塔里木盆地，合计1.99亿吨。

全国新投产气田10个，新建天然气产能182.8亿立方米。全年生产天然气1243.57亿立方米，连续五年超过千亿立方米。其中，产量大于30亿立方米的盆地有鄂尔多斯盆地、塔里木盆地、四川盆地、柴达木盆地、松辽盆地、珠江口盆地和准噶尔盆地，合计1116.76亿立方米。

截至2015年底，全国已探明油气田980个。其中，油田713个，气田267个。累计生产石油64.04亿吨，累计生产天然气1.69万亿立方米。

**【油气勘查开采理论与技术】** 勘查理论与技术的发展促进了油气的战略突破。致密油气地质理论的深化促进了鄂尔多斯盆地我国首个亿吨级大型致密油田新安边油田的发现；隐蔽油气藏勘探理论指导了渤海成功发现多个优质油气田；含油气盆地成盆－成烃－成藏全过程物理模拟再现技术推进了塔里木盆地深层、超深层天然气勘探；深水宽频地震勘探技术提升了地震资料品质，推动了南海深水勘探发现。

开采技术的创新保障了油气储量产量稳步增长。三元复合驱油配套技术体系在大庆油田实现了工业化推广，进一步提高了采收率；直井火驱技术在稠油开发中得到有效应用，稠油冷采技术取得新成效；时移地震定量解释方法在南海轻质油油藏开发中首次成功应用；“爆燃压裂＋酸化联合作业”技术在低孔低渗储层开发中逐步应用。

**【海外油气勘查开采投资】** 受低油价影响，我国海外油气勘查开采投资大幅下滑。2015年海外投资1125亿元，比2014年减少了598亿元。共获得权益油13603万吨，较2014年增加1844万吨；权益气300亿立方米，较2014年下降50亿立方米。

中国石油天然气集团公司（简称“中国石油”）完成油气勘探投资32.5亿元，开发投资331.3亿元。油气权益产量油当量7203万吨，其中原油权益产量5515万吨、天然气权益产量211.9亿立方米。伊拉克公司油气作业产量突破5500万吨，原油权益产量达到2364万吨。

中国石油化工集团公司（简称“中国石化”）海外上游勘探开发完成投资429.8亿元，其中勘探项目0.76亿元、开发项目429.0亿元，获得权益油4436万吨（含收购）。

中国海洋石油集团有限公司（简称“中国海油”）海外上游完成勘探投资52.0亿元，完成开发投资

231.7 亿元，获得权益油产量 3197 万吨，权益天然气产量 88.1 亿立方米。

**【油气基础地质调查】** 加大油气地质调查力度，围绕主攻北方新区新层系、突破南方页岩气、探索青藏高原新区的战略布局，在我国南方地区圈定了页岩气远景区 10 个，优选 45 个勘查区块；贵州遵义安页 1 井获重大突破，在志留系石牛栏组压裂获 10 万立方米/日天然气工业气流；湖北宜昌宜地 2 井钻获天然气流；鄂尔多斯盆地南部宜参 1 井钻获工业气流；在松辽盆地外围、青藏高原羌塘盆地和西北中小盆地圈定一批远景区或有利圈闭。继续开展我国南黄海、东海、南海北部陆坡新区域、新层系油气资源调查，海域和陆域冻土带天然气水合物资源调查取得新进展。

为及时反映我国油气资源潜力的最新状况，2013～2015 年，国土资源部组织国家石油公司和有关科研院所，开展了全国油气资源评价工作，对石油、天然气、页岩气、煤层气进行了分类评价，取得新认识。评价结果表明，我国常规石油地质资源量 1257 亿吨、可采资源量 301 亿吨。其中，致密油地质资源量 147 亿吨、可采资源量 15 亿吨。天然气地质资源量 90.3 万亿立方米、可采资源量 50.1 万亿立方米。其中，致密气地质资源量 22.9 万亿立方米、可采资源量 11.3 万亿立方米。全国埋深 4500 米以浅页岩气地质资源量 122 万亿立方米，可采资源量 22 万亿立方米；埋深 2000 米以浅煤层气地质资源量 30 万亿立方米，可采资源量 12.5 万亿立方米；具有现实可开发价值的页岩气有利区可采资源量 5.5 万亿立方米、煤层气 4 万亿立方米。

**【常规油气勘查】** 2015 年，全国油气勘查在新区、新领域、新层系取得一批重要战略突破。鄂尔多斯陇东地区发现了亿吨级整装环江大油田，奥陶系取得新发现，推动了古隆起东侧下古生界天然气勘探；四川盆地川中高石梯－磨溪－龙女寺构造下二叠统试气获得高产气流，证实有较大的勘探潜力；塔里木顺托果勒低凸起在鹰山组获高产气流，开辟了勘查新领域；准噶尔盆地达巴松凸起达探 1 井多层系石油勘查取得新发现，展现了达巴松凸起及周缘良好勘查前景；柴达木盆地英西地区狮子沟构造深层获日产 605 立方米高产油流，具备亿吨级储量规模；吐哈盆地台北凹陷低饱和度油气藏勘查取得新突破；珠江口盆地西江主洼古近系和白云西洼新区新领域勘查取得成功；琼东南盆地中央峡谷水道勘查发现陵水 18－1 和陵水 25－1 气田。

**【页岩气勘查】** 2015 年全国页岩气新增探明地质储量 4373.79 亿立方米，产量 44.71 亿立方米。全国页岩气勘探开发投入 161.85 亿元，完钻探井（含参数井）108 口，进尺 18.78 万米；完钻开发井 187 口，总进尺 59.1 万米。其中，四川盆地长宁地区、威远地区和黄金坝地区页岩气新增探明地质储量 1635 亿立方米，涪陵焦石坝地区新增 2738.48 亿立方米，威页 1HF 井、焦页 8 井、金页 1HF 井、隆页 1HF 井取得新突破，扩展了四川盆地页岩气勘查领域。目前，我国已掌握了 3500 米以浅海相页岩气开发技术，勘查开采技术设备全面实现国产化，已从“跟跑”阶段进入和国外先进技术“并跑”阶段。

**【煤层气勘查】** 2015 年全国煤层气勘查开采投入 25.61 亿元，钻井 274 口，进尺 38.28 万米。地面开发的煤层气产量稳步提升，达到了 44.25 亿立方米。

**【油气管道建设】** 2015 年，全国新建成油气管道总里程 2771 千米，其中原油管道 990 千米，天然气管道 1727 千米，成品油管道 55 千米。截至 2015 年底，全国油气管道总里程为 10.9 万千米，其中原油管道总里程 2.7 万千米，天然气管道总里程 6.1 万千米，成品油管道总里程 2.1 万千米。

中俄原油管道二线、中亚天然气管道 D 线、中俄东线天然气管道中国段、西气东输三线东段等重点管道建设正积极推进。

**【油气资源管理】** 加强油气矿业权审批登记管理。严格依法依规，主动优化服务，加快审批登记工作。截至 2015 年 12 月底，全国共有石油天然气（含煤层气、页岩气）勘查许可证 1000 个，面积 370.66 万平方千米，采矿许可证 720 个，开采面积 14.86 万平方千米。其中，对外合作勘查许可证 36 个，对外合作采矿许可证 39 个。2015 年注销核减油气探矿权面积 23.35 万平方千米。

常规油气探矿权首次向社会公开竞争出让。2015 年，国土资源部按照“放开市场、盘活区块、激发活力、加强监管”的思路，经国务院同意，率先在新疆开展改革试点，打破专营，通过公开招标，成功出让 4 个区块，拉开了常规油气上游市场化改革的序幕。

制度设计同步展开，监管进一步加强。在近年来探索以竞争方式配置油气勘查区块、页岩气招标、新疆油气区块招标试点的基础上，研究制定油气勘查区块竞争出让暂行规定。积极探索“一级登记、部省联动”的油气监管体系，地方政府对油气勘查开采监管的参与度和服务水平逐步提高。

## ·油气资源勘查开采·

**【概况】** 全国油气资源勘查开采投资、实物工作量均较大幅度下降。全国新增石油探明地质储量11.18亿吨,新增探明地质储量大于1亿吨的油田2个,分别为鄂尔多斯盆地姬塬油田、环江油田。新增天然气探明地质储量6772.20亿立方米,新增探明地质储量大于千亿立方米的气田2个,分别为四川盆地安岳气田、东海盆地宁波17－1气田。新增页岩气探明地质储量4373.79亿立方米,新增探明地质储量大于千亿立方米的页岩气田2个,分别为四川涪陵页岩气田、长宁页岩气田。新增煤层气探明地质储量26.34亿立方米。全国石油、天然气产量再创历史新高。石油产量2.15亿吨,连续6年保持2亿吨以上水平。天然气产量1243.57亿立方米,连续5年保持千亿立方米以上水平。页岩气产量44.71亿立方米。煤层气产量44.25亿立方米。

**【油气资源勘查】** 1. 勘查投资。①全国勘查投资。全国石油天然气勘查投资600.06亿元①,较2014年的742.66亿元减少了142.6亿元,同比下降19.2%(图1)。

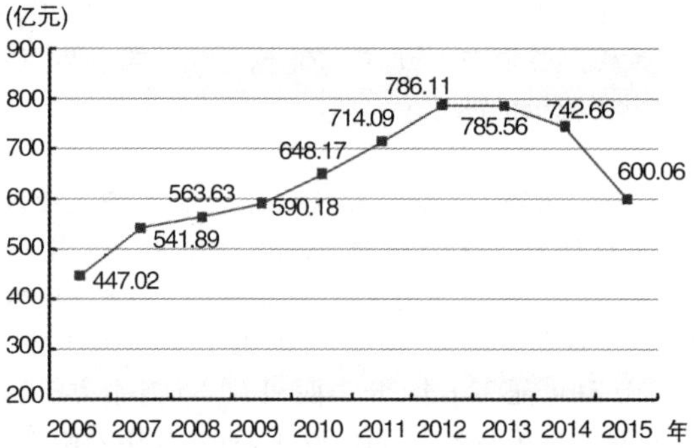


图1 2006～2015年全国油气勘查投入统计图

从勘查投资的比例看,中国地质调查局占4.9%,中国石油占46.4%,中国石化占19.3%,中国海油占22.8%,陕西延长石油(集团)有限责任公司(以下简称"延长石油")占5.5%,中联煤层气有限责任公司(以下简称"中联公司")占1.1%(图2)。

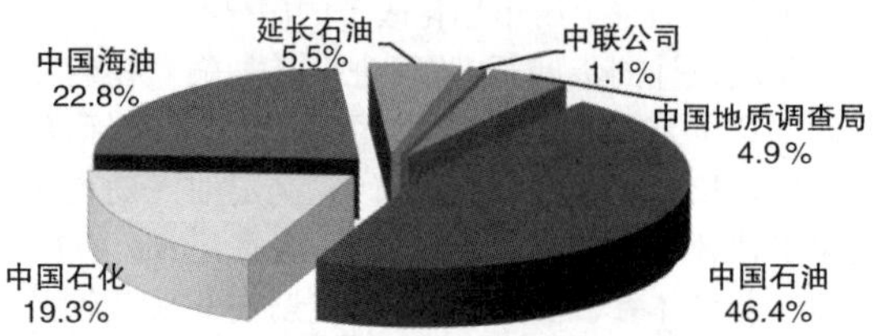


图2 2015年度全国油气勘查投入比例图

②各单位勘查投资。

中国地质调查局:油气调查投入29.5亿元,较2014年的15.39亿元增加14.11亿元,同比增长91.7%。其中,油气基础调查投入19.5亿元,天然气水合物资源调查投入10亿元。

中国石油:油气勘查投资278.2亿元,较2014年的324.72亿元减少46.52亿元,同比下降14.3%(图3)。

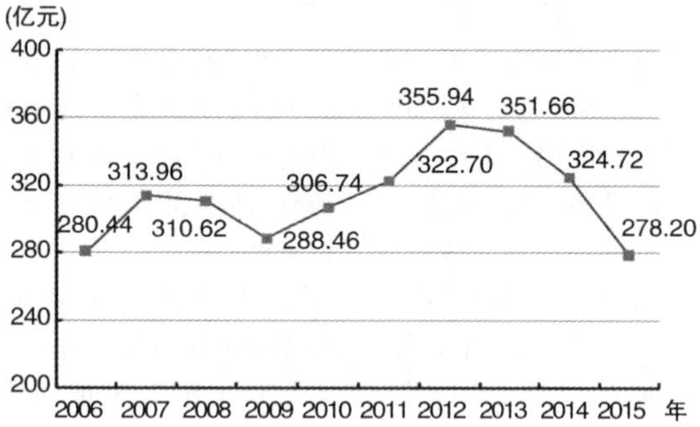


图3 2006～2015年中国石油油气勘查投入统计图

中国石化:油气勘查投资115.78亿元,较2014年的166.47亿元减少50.69亿元,同比下降30.4%(图4)。

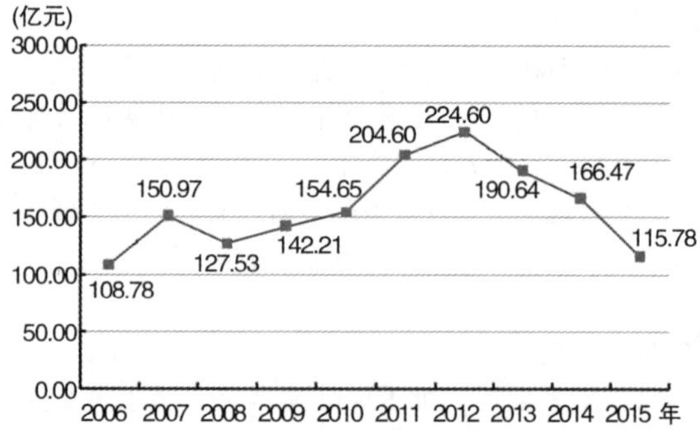


图4 2006～2015年中国石化油气勘查投入统计图

中国海油:油气勘查投资136.84亿元,较2014年的171.16亿元减少34.32亿元,同比下降20.1%(图5)。

延长石油:油气勘查投资33.04亿元,较2014年的54.23亿元减少21.19亿元,同比下降39.1%(图6)。

中联公司:煤层气勘查投资6.7亿元,较2014年的10.15亿元减少3.45亿元,同比下降34.0%(图7)。

1. 主要实物工作量:①探井。全国完钻探井3023

① 包括各石油公司自营勘查投资、对内和对外合作勘查投资、油气勘查研究费用。

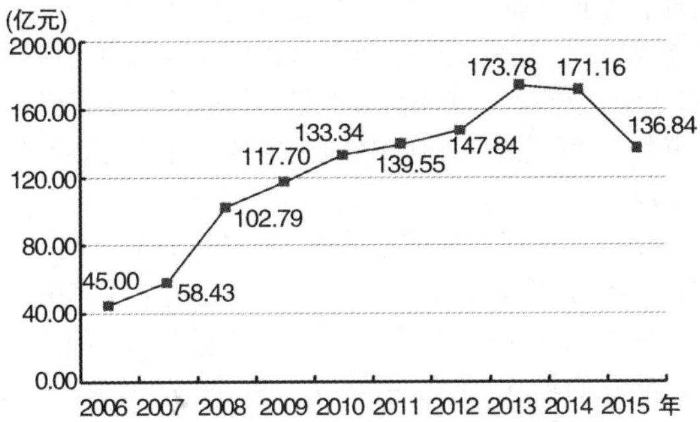


图 5　2006～2015 年中国海油油气勘查投入统计图

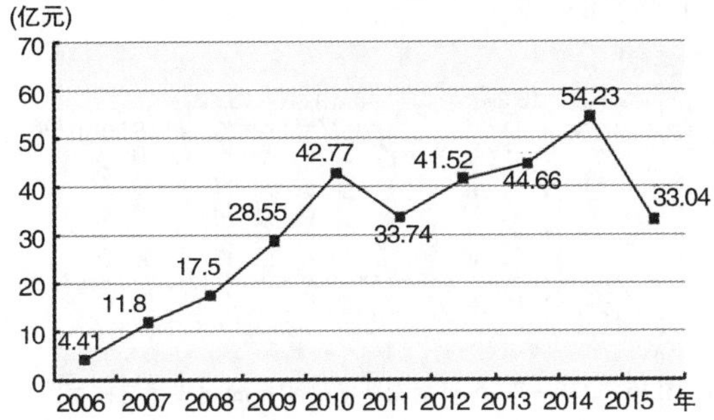


图 6　2006～2015 年延长石油油气勘查投入统计图

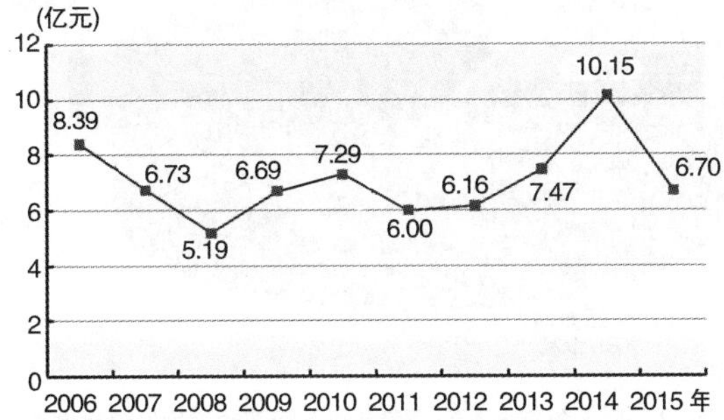


图 7　2006～2015 年中联公司煤层气勘查投入统计图

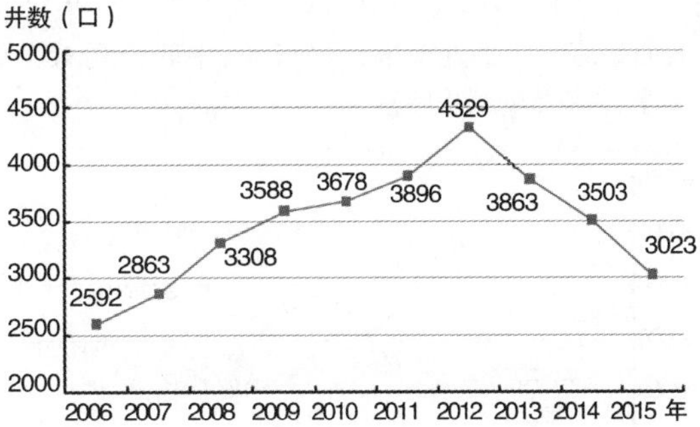


图 8　2006～2015 年全国油气探井口数统计图

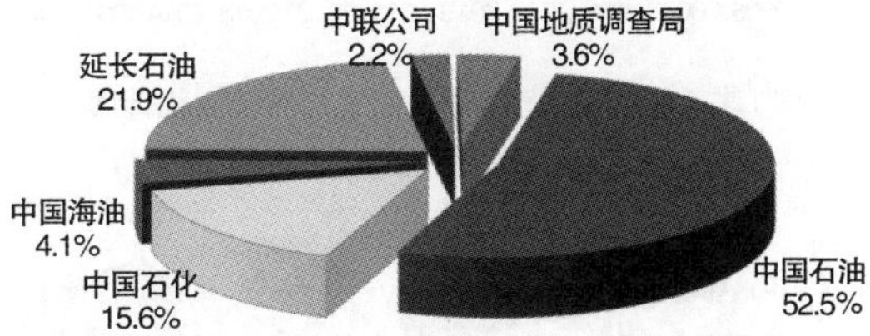


图 9　2015 年度全国油气探井口数比例图

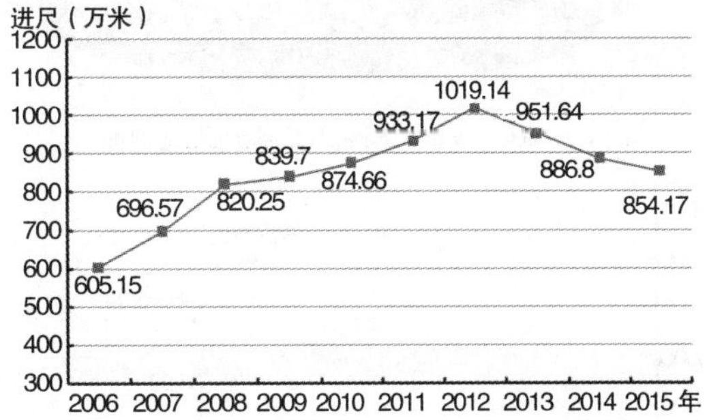


图 10　2006～2015 年全国油气探井进尺统计图

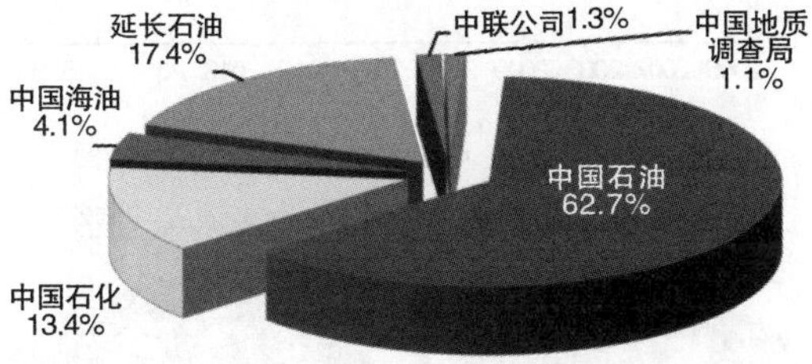


图 11　2015 年度全国油气探井进尺比例图

口，比 2014 年的 3503 口减少 480 口，同比下降 13.7%（图 8）。其中，中国地质调查局 110 口，占 3.6%；中国石油 1588 口，占 52.5%；中国石化 472 口，占 15.6%；中国海油 123 口，占 4.1%；延长石油 662 口，占 21.9%；中联公司 68 口，占 2.2%（图 9）。

全国完钻探井总进尺 854.17 万米，比 2014 年的 886.80 万米减少了 32.63 万米，同比下降 3.7%（图 10）。其中，中国地质调查局 9.64 万米，占 1.1%；中国石油 535.70 万米，占 62.7%；中国石化 114.49 万米，占 13.4%；中国海油 34.60 万米，占 4.1%；延长石油 148.27 万米，占 17.4%；中联公司 11.47 万米，占 1.3%（图 11）。

②二维地震。全国完成二维地震勘探 84422.51 千米（图 12），比 2014 年的 87853 千米减少了 3430.51 千米，同比下降 3.9%。其中，中国地质调查局 48374 千米，占 57.3%；中国石油 15965 千米，占 18.9%；中国石化 5143 千米，占 6.1%；中国海油 12996 千米，占 15.4%；延长石油 1053.38 千米，占 1.2%；中联公司 891.13 千米，占 1.1%（图 13）。

③ 三维地震：全国完成三维地震 33076.77 平方千米（图 14），比 2014 年的 43535.28 平方千米减少了 10458.51 平方千米，同比下降 24.0%。其中，中国石油 10128 平方千米，占 30.6%；中国石化 6207 平方千

米，占 18.8%；中国海油 16513 平方千米，占 49.9%；延长石油 73.77 平方千米，占 0.2%；中联公司 155 平方千米，占 0.5%（图 15）。

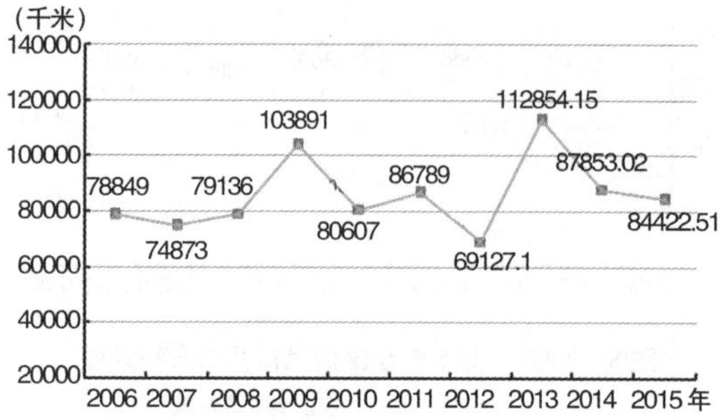


图 12　2006～2015 年全国油气二维地震统计图

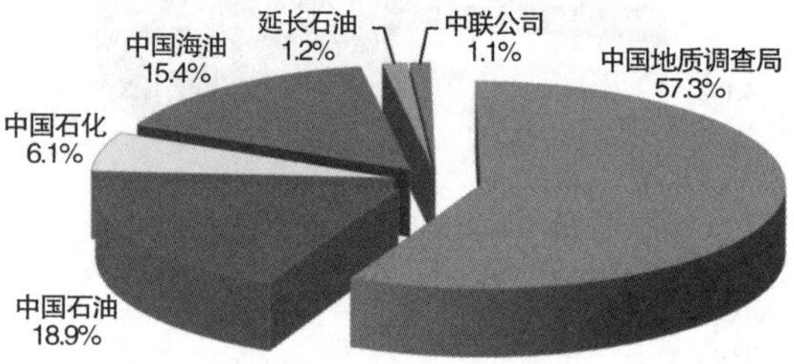


图 13　2015 年度全国油气二维地震比例图

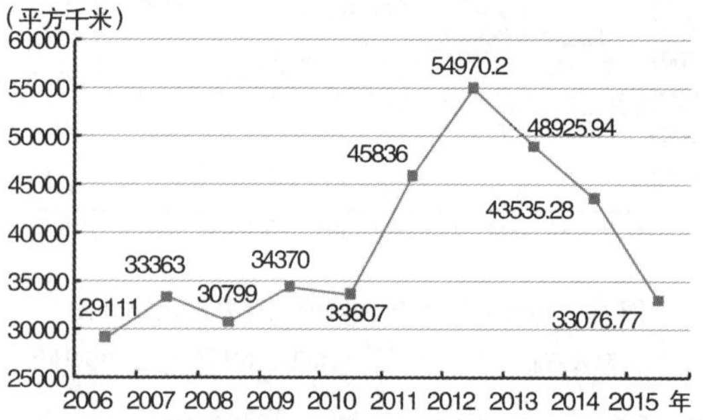


图 14　2006～2015 年全国油气三维地震统计图

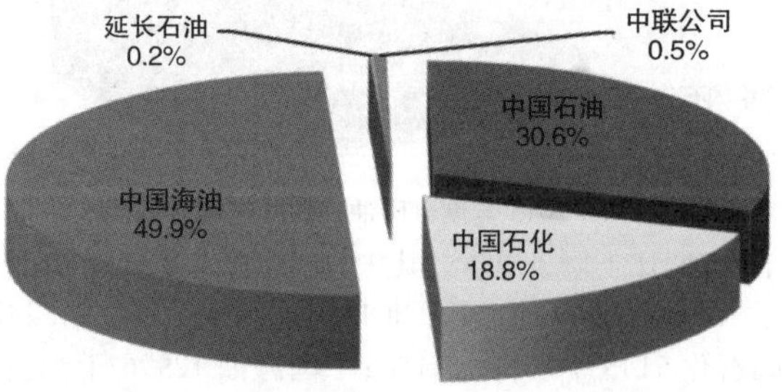


图 15　2015 年度全国油气三维地震比例图

3. 储量增长：①石油。2015 年全国石油新增探明地质储量 11.18 亿吨①（包括原油、凝析油），较 2014 年增加了 0.56 亿吨，同比上升 5.3%，是第 13 次也是连续第 9 次超过 10 亿吨的年份（图 16）。其中，中国石油新增探明地质储量 7.28 亿吨，占 65.1%；中国石化新增 1.28 亿吨，占 11.5%，较 2014 年大幅上升了 172.0%；中国海油新增 2.54 亿吨，占 22.7%；延长石油新增 0.07 亿吨，占 0.6%，较 2014 年下降了 80.4%（图 17）。

全国石油新增探明技术可采储量 2.17 亿吨②，较 2014 年增加了 0.28 亿吨，同比上升 15.0%。其中，中国石油新增探明技术可采储量 1.32 亿吨，占 60.8%；中国石化新增 0.15 亿吨，占 7.1%，较 2014 年上升了 98.7%，幅度较大；中国海油新增 0.69 亿吨，占 31.7%；延长石油新增 71.73 万吨，占 0.33%，较 2014 年下降了 83.4%。

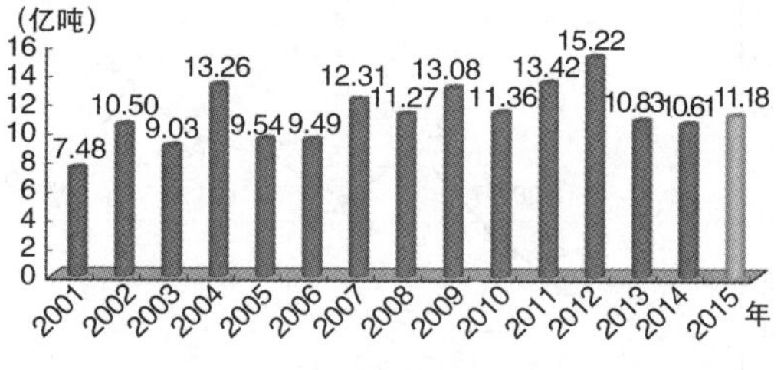


图 16　2001～2015 年全国新增探明石油地质储量柱状图

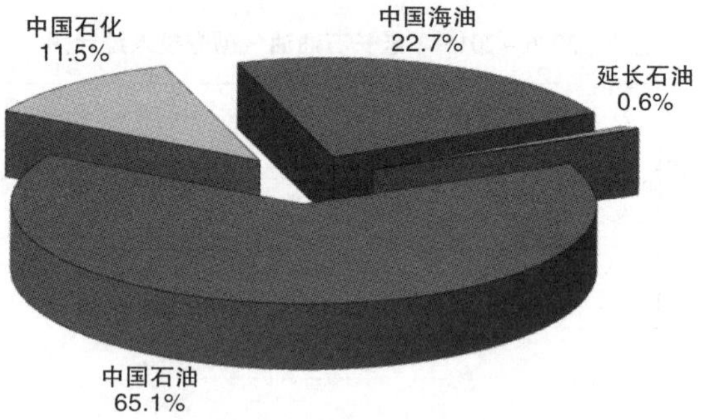


图 17　2015 年度各石油公司新增探明石油地质储量比例图

截至 2015 年底，全国石油累计探明地质储量 371.76 亿吨，累计探明技术可采储量 99.0 亿吨，累计探明经济可采储量 89.73 亿吨；剩余技术可采储量 34.96 亿吨，储采比 16.3；剩余经济可采储量 25.69 亿吨，储采比 11.9。

2015 年全国石油新增探明地质储量大于 1 亿吨的盆地有 3 个，分别是鄂尔多斯盆地、渤海湾盆地海域和塔里木盆地，合计新增探明地质储量 7.21 亿吨，占全国总量的 64.5%；新增探明技术可采储量 1.42 亿吨，占全国总量的 65.3%。其中，鄂尔多斯盆地新增探明地质储量、技术可采储量同比上升 9.6% 和 22.2%；渤海湾盆地的海域新增探明地质储量同比下

① 不含老油田复算（核算）增加 0.07 亿吨。

② 不含老油田复算（核算）增加 0.35 亿吨。

降12.8%，技术可采储量同比上升28.5%；塔里木盆地新增探明地质储量和技术可采储量同比上升65.0%和31.1%（表1）。

表1　　2015年度全国石油新增探明地质储量大于1亿吨的盆地统计表

| 序号 | 盆地 | 新增探明地质储量（万吨） | | 新增探明技术可采储量（万吨） | |
|---|---|---|---|---|---|
| | | 2015年 | 2014年 | 2015年 | 2014年 |
| 1 | 鄂尔多斯盆地 | 42364.43 | 38647.75 | 7469.12 | 6113.40 |
| 2 | 渤海湾盆地海域 | 18967.30 | 1762.85 | 4944.44 | 3849.23 |
| 3 | 塔里木盆地 | 10805.16 | 6549.99 | 1741.97 | 1328.40 |
| 合计 | | 72136.89 | 66960.59 | 14155.53 | 11291.03 |

②天然气。全国天然气（包括气层气、溶解气）新增探明地质储量6772.20亿立方米①，较2014年减少了2665.52亿立方米，同比减少28.2%（图18）。其中，中国石油新增探明地质储量4680.99亿立方米，占69.1%；中国石化新增103.83亿立方米，占1.5%；中国海油新增1986.81亿立方米②，占29.3%；延长石油新增0.57亿立方米，占0.01%（图19）。

全国天然气新增探明技术可采储量3754.35亿立方米③，较2014年减少了995.21亿立方米，同比减少21.0%（表2）。其中，中国石油新增探明技术可采储量2601.05亿立方米，占69.3%；中国石化新增35.71亿立方米，占1.0%；中国海油新增1117.54亿立方米④，占29.8%；延长石油新增0.05亿立方米，占0.001%。

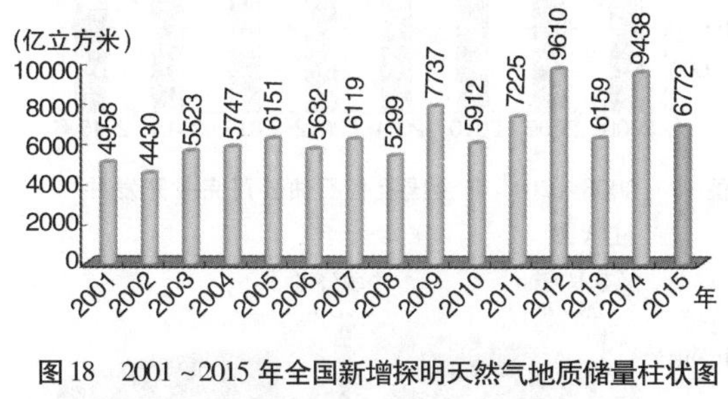


图18　2001～2015年全国新增探明天然气地质储量柱状图

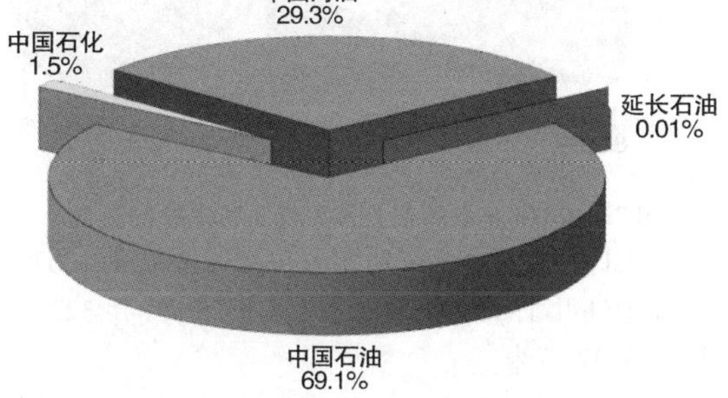


图19　2015年度各石油公司新增探明天然气地质储量比例图

截至2015年底，全国天然气累计探明地质储量130147.37亿立方米，累计探明技术可采储量68879.27亿立方米，累计探明经济可采储量54751.40亿立方米；剩余技术可采储量51939.45亿立方米，储采比41.8；剩余经济可采储量37811.58亿立方米，储采比30.4。

2015年全国天然气新增探明地质储量大于1000亿立方米的盆地有3个，分别为四川盆地、塔里木盆地和东海盆地（表2），合计新增探明地质储量4534.86亿立方米，占全国总量的67.0%；新增探明技术可采储量2802.76亿立方米，占全国总量的74.7%。与2014年相比，四川盆地的新增天然气探明储量有大幅增加，塔里木盆地略有下降（表2）。

③煤层气。2015年全国勘查新增煤层气探明地质储量26.34亿立方米，较2014年减少95.6%；新增探明技术可采储量13.17亿立方米，较2014年减少95.7%。2015年全国新增的煤层气探明地质储量均来自沁水盆地中联公司柿庄北区块。

截至2015年底，全国累计探明煤层气地质储量6292.69亿立方米，累计探明技术可采储量3167.41亿立方米，累计探明经济可采储量2612.88亿立方米。剩余技术可采储量3062.46亿立方米，剩余经济可采储量2507.93亿立方米。

④页岩气。2015年全国勘查新增页岩气探明地质储量4373.79亿立方米，新增探明技术可采储量

① 不含老油田复算（核算）增加10.50亿立方米。

② 中国海油上海与中国石化上海填报的新增探明地质储量重复，与储量通报保持一致，从中国石化储量中扣除1066.53亿立方米。

③ 不含老油田复算（核算）增加13.74亿立方米。

④ 中国海油上海与中国石化上海填报的新增探明技术可采储量重复，与储量通报保持一致，从中国石化储量中扣除646.08亿立方米。

1093.45 亿立方米，新增探明经济可采储量 549.58 亿立方米。新探明页岩气均来自四川盆地，其中中国石油新增页岩气探明地质储量 1635.31 亿立方米，占全国的 37.4%；中国石化新增 2738.48 亿立方米，占全国的 62.6%。

表 2　　**2015 年度全国天然气新增探明地质储量大于 1000 亿立方米的盆地统计表**

| 序号 | 盆地 | 新增探明地质储量(亿立方米) | | 新增探明技术可采储量(亿立方米) | |
|---|---|---|---|---|---|
| | | 2015 年 | 2014 年 | 2015 年 | 2014 年 |
| 1 | 四川 | 2185.94 | 157.61 | 1453.98 | 73.31 |
| 2 | 塔里木 | 1311.59 | 1756.42 | 721.68 | 991.08 |
| 3 | 东海 | 1037.33 | 1033.58 | 627.1 | 528.52 |
| 合计 | | 4534.86 | 2947.61 | 2802.76 | 1592.91 |

截至 2015 年底，全国累计探明页岩气地质储量 5441.29 亿立方米，累计探明技术可采储量 1360.33 亿立方米，累计探明经济可采储量 684.32 亿立方米，剩余技术可采储量 1301.78 亿立方米，剩余经济可采储量 625.77 亿立方米。

**【油气资源开采】** 1. 开采投资。2015 年油气开采投资累计为 1893.43 亿元，较 2014 年的 2691.35 亿元降低了 797.92 亿元，降幅为 29.65%（图 20）。

从各石油公司开采投资投入来看，中国石油 1083.9 亿元，占 57.24%，同比减少 18.12%；中国石化 336.38 亿元，占 19.35%，同比减少 37.38%；中国海油 298.35 亿元，占 15.75%，同比减少 49.24%；延长石油 137.17 亿元，占 7.24%，同比减少 25.92%；中联公司 7.63 亿元，占 0.4%，同比减少 19.34%（图 20、图 21）。

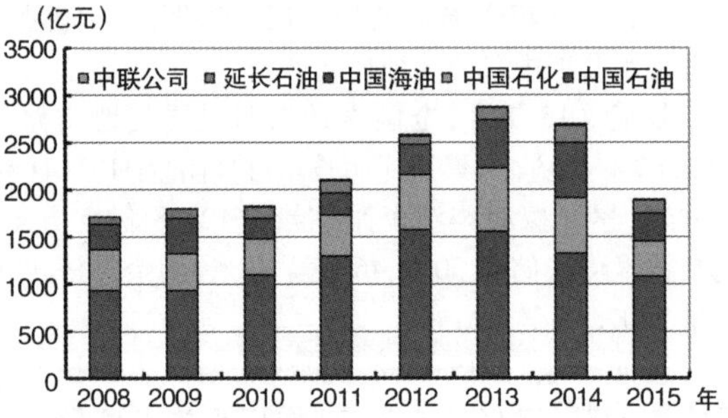


**图 20　2008～2015 年全国及各石油公司开采投入柱状图**

2. 开发钻井。全国完成开发井 20079 口，同比减少 25.64%；总进尺 3992.63 万米，同比减少 25.13%。其中油井 17699 口，进尺 3241.68 万米；气井 2371 口，进尺 750.95 万米（图 22 至图 24）。

①中国石油：完成开发井 12151 口，进尺 2447.5 万米。其中油井 10651 口，进尺 1997.8 万米；气井 1500 口，进尺 449.7 万米。

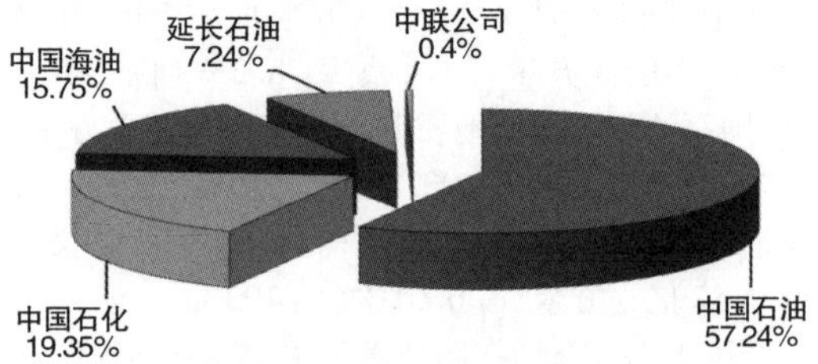


**图 21　2015 年各石油公司开采投入比例图**

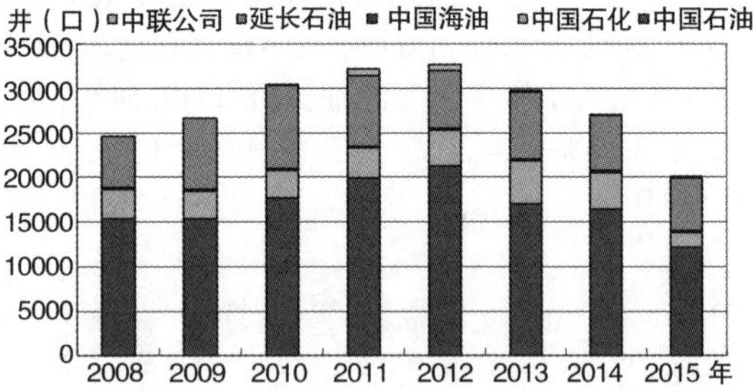


**图 22　2008～2015 年全国及各石油公司完成开发井柱状图**

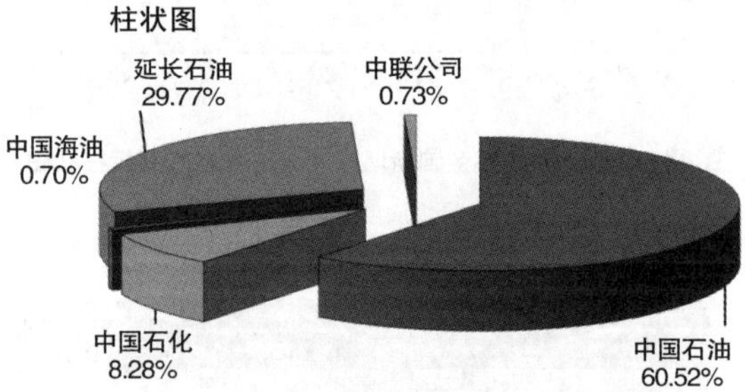


**图 23　2015 年各石油公司完成开发井数比例图**

②中国石化：完成开发井 1663 口，进尺 434.67 万米。其中油井 1340 口，进尺 311.4 万米；气井 323 口，进尺 123.27 万米。

③中国海油：完成开发井 140 口，进尺 46.9 万米。其中油井 130 口，进尺 42.15 万米；气井 10 口，进尺 4.82 万米。

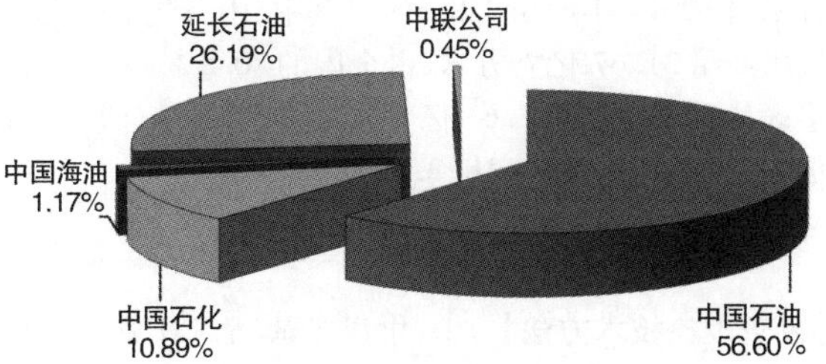


图 24 2015 年各石油公司完成开发井进尺比例图

④延长石油：完成开发井 5978 口，进尺 1045.68 万米，其中油井 5578 口（其中注水井 1020 口），进尺 890.33 万米，气井 391 口，进尺 155.35 万米。

⑤中联公司：完成开发井 147 口（包括水平井 16 口），总进尺 17.81 万米。

**【油气产量】** 1. *石油*。2015 年全国石油产量 2.15 亿吨，较 2014 年增加了 368 万吨，同比增长 1.7%（图 25）。其中，中国石油生产 11142.64 万吨，占全国的 51.8%；中国石化生产 4161.72 万吨①，占 19.3%；中国海油生产 4755.98 万吨，占 22.1%；延长石油生产 1254.22 万吨，占 5.8%；地方其他石油企业 193.73 万吨，占 0.9%（图 26）。与 2014 年相比，中国石油的产量同比减少 2.0%，中国石化同比减少 4.8%，中国海油同比增长 20.3%，延长石油同比减少 0.1%。截至 2015 年底，全国石油累计产出 64.04 亿吨。

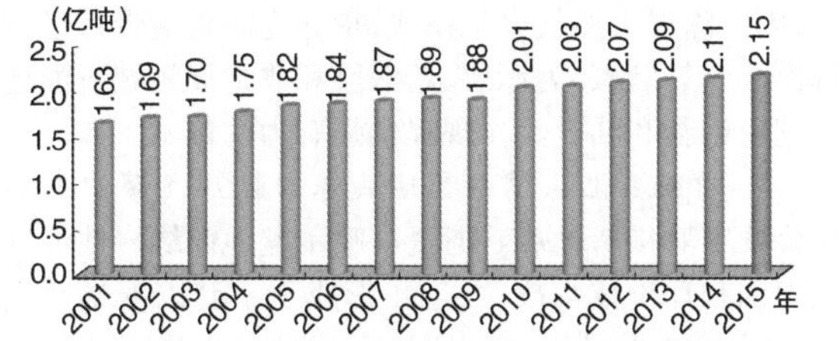


图 25 2001～2015 年全国石油年产量柱状图

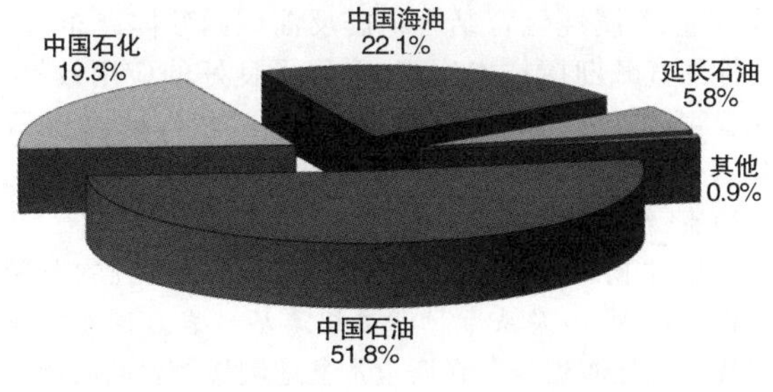


图 26 2015 年度各石油公司石油年产量比例图

2015 年全国石油产量大于 1000 万吨的盆地有渤海湾盆地（含海域）、松辽盆地、鄂尔多斯盆地、珠江口盆地、准噶尔盆地和塔里木盆地（表 4），合计产量 19928.76 万吨，占全国总量的 92.7%，高于 2014 年的 92.4%。渤海湾盆地的海域、珠江口盆地和准噶尔盆地石油产量较 2014 年有所增长，渤海湾盆地的陆上、松辽盆地、鄂尔多斯盆地和塔里木盆地石油产量较 2014 年有所降低。其中，珠江口盆地增长幅度最大，同比增长了 32.0%，渤海湾盆地的海域增长了 17%，准噶尔盆地增长了 1.6%。松辽盆地石油产量同比下降了 4.3%，渤海湾盆地的陆上下降了 3.1%，塔里木盆地下降了 2.5%，鄂尔多斯盆地下降了 1%。

表 4 2015 年度全国主要盆地石油产量统计表

| 序号 | 盆地 | | 2015 年产量（万吨） | 2014 年产量（万吨） | 同比增长（%） |
|---|---|---|---|---|---|
| 1 | 渤海湾 | 陆上 | 4746.80 | 4898.57 | -3.1 |
| 2 | | 海域 | 3052.68 | 2610.14 | 17.0 |
| 3 | 松辽 | | 4255.43 | 4447.42 | -4.3 |
| 4 | 鄂尔多斯 | | 3779.44 | 3818.76 | -1.0 |
| 5 | 珠江口 | | 1434.39 | 1086.55 | 32.0 |
| 6 | 准噶尔 | | 1367.01 | 1345.36 | 1.6 |
| 7 | 塔里木 | | 1293.01 | 1325.74 | -2.5 |
| 合计 | | | 19928.76 | 19532.54 | 2.0 |

2. *天然气*。2015 年全国天然气产量 1244 亿立方米，较 2014 年减少了 4.47 亿立方米，同比减少 0.4%（图 27）。其中，中国石油生产天然气 926.26 亿立方米，占全国的 74.5%；中国石化生产 169.39 亿立方米②，占 13.6%；中国海油生产 123.14 亿立方米，占 9.9%；延长石油生产 17.38 亿立方米，占 1.4%；其他地方企业生产 7.4 亿立方米，占 0.6%（图 28）。与 2014 年相比，中国石油的产量同比减少 1.5%，中国石化同比减少 9.6%，中国海油同比增长 19.1%，延长石油增幅较大，同比增长 186.3%。截至 2015 年底，全国天然气累计产出 16939.82 亿立方米。

2015 年全国天然气产量大于 30 亿立方米的盆地有鄂尔多斯盆地、塔里木盆地、四川盆地、柴达木盆地、松辽盆地、珠江口盆地和准噶尔盆地，合计产量达 1116.76 亿立方米，占全国总量的 89.8%，与 2014 年的持平。天然气产量大于 30 亿立方米的 7 个盆地中，

① 中国石化上海与中国海油上海和地方上海市填报的凝析油产量重复 12.02 万吨，保持与储量通报一致，从中国石化总量中予以扣除。

② 中国石化上海与中国海油上海和地方上海市填报的气层气产量重复 4.86 亿立方米，保持与储量通报一致，从中国石化总量中予以扣除。

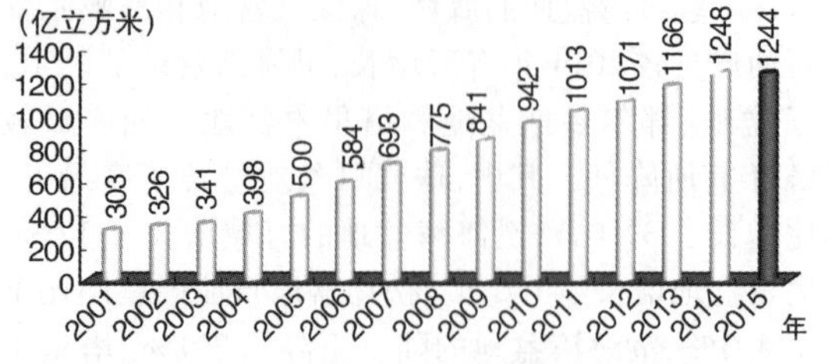


图 27　2001～2015 年度全国天然气年产量柱状图

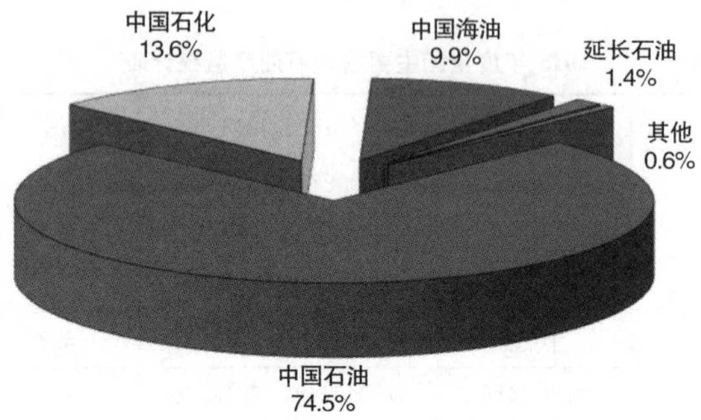


图 28　2015 年度各石油公司天然气年产量比例图

表 5　2015 年度全国主要盆地天然气产量统计表

| 序号 | 盆地 | 2015 年产量（亿立方米） | 2014 年产量（亿立方米） | 同比增长(%) |
|---|---|---|---|---|
| 1 | 鄂尔多斯 | 427.04 | 428.92 | -0.4 |
| 2 | 塔里木 | 251.53 | 251.85 | -0.1 |
| 3 | 四川 | 247.67 | 249.38 | -0.7 |
| 4 | 柴达木 | 61.37 | 68.89 | -10.9 |
| 5 | 松辽 | 54.39 | 57.49 | -5.4 |
| 6 | 珠江口 | 44.72 | 27.04 | 65.4 |
| 7 | 准噶尔 | 30.04 | 32.44 | -7.4 |
| 合计 | | 1116.76 | 1116.01 | -0.07 |

除珠江口盆地天然气产量同比增长了 65.4% 外，其余盆地均有所下降。其中，柴达木盆地幅度最大，天然气产量同比减少了 10.9%；其次为准噶尔盆地，同比减少了 7.4%；然后是松辽盆地，同比减少了 5.4%；此外，四川盆地减少了 0.7%；鄂尔多斯盆地减少了 0.4%；塔里木盆地减少了 0.1%。

3. 煤层气①。2015 年全国煤层气（含煤矿瓦斯）抽采量 170.99 亿立方米，利用量 77.92 亿立方米，同比分别增加 10.1% 和 11.2%。其中，井下瓦斯抽采量 126.74 亿立方米，利用量 39.37 亿立方米，同比增加 7.0% 和 2.4%；地面煤层气产量 44.25 亿立方米，利用量 38.56 亿立方米，同比增加 19.9% 和 21.9%。

4. 页岩气。2015 年全国页岩气产量 44.71 亿立方米，较 2014 年增长 258.5%。其中，中石化涪陵页岩气田产量 31.67 亿立方米，占全国的 70.8%；中石油长宁区块页岩气产量 7.63 亿立方米，威远区块产量 2.11 亿立方米，其他区块产量 3.30 亿立方米。

## ·油气理论技术方法·

【勘查理论技术方法】 1. 中国石油创新致密油气地质理论与认识，支撑鄂尔多斯盆地致密油气勘探开发取得重大突破。中国石油创新致密油气地质理论与认识，形成致密油气勘探开发关键技术和规模化开发模式，支撑鄂尔多斯盆地致密油气勘探开发取得重大突破，为长庆油田 5000 万吨持续稳产提供了技术保障。该理论技术突破在致密油勘探开发实践中取得成功应用，勘探成功率由 60% 提高到 78%，单井产量提高 4～6 倍，落实 13 个有利目标区，发现我国首个亿吨级新安边大型致密油田，新建产能 100 万吨，对我国致密油勘探开发起到示范推动作用。

2. 中国石油含油气盆地成盆－成烃－成藏全过程物理模拟再现技术有效指导油气勘探。中国石油自主研发形成了含油气盆地成盆、成烃、成藏多组分全过程物理模拟新技术，实现油气成藏要素模拟的定量化、可视化和规范化，为揭示复杂盆地油气成藏规律、指导油气勘探部署提供新手段。该技术突破了以往成藏单要素模拟的局限性，通过对塔里木盆地库车盐下构造变形、储层演化与保持、天然气生成与充注的全过程模拟，创新深层天然气聚集模式，指导克深构造带万亿方规模天然气勘探，为深层、超深层和非常规领域石油地质理论创新和油气大发现提供强有力的技术支撑。

3. 中国石化准噶尔盆地西缘岩性油气藏识别和评价技术取得新进展。通过准噶尔盆地西缘岩性油气藏识别和评价技术攻关，逐步形成了一套以振幅属性"亮点"找油手段为主，以"岩石物理分析确定储层特征、拓频处理提高薄储层识别精度、地震正演明确尖灭线位置、多属性融合结合地震反演刻画砂体展布"的岩性油气藏勘探技术序列，取得了良好的应用效果。如春 45 井区，向东西两侧甩开勘探部署，钻探春 77 井、春 83 井等 4 口井均钻遇油层，开发投产后均获工业油流，新增控制储量 293 万吨。

4. 中国石化塔里木盆地碳酸盐岩储层预测与圈闭描述技术、石炭系卡拉沙依组薄层砂岩岩性圈闭识别技术取得新进展。在塔里木盆地碳酸盐岩储层预测与圈闭描述技术方面，创新并完善了适合塔中沙漠区碳酸盐岩地层的断裂、储层预测技术组合，结合地质、

① 井下瓦斯抽采量采用煤监局数据，地面开发煤层气利用量采用中联公司统计数据。

储量成果认识推进缝洞型圈闭描述与目标量化评价方法技术研究，为塔中的区带、断裂及目标评价研究奠定了基础。特征子波分频成像技术能够实现高于80赫兹以上高频段缝洞体弱信号的提取，为缝洞储集体充填物预测开辟了新的技术方法。

在石炭系卡拉沙依组薄层砂岩岩性圈闭识别技术方面，优选塔河石炭系卡拉沙依组岩性圈闭攻关，通过拓频加相移、地震沉积学解释、敏感属性融合的三步方法创新，实现了薄砂体的描述。在该区构造、断裂精细解释中，针对相干体对小断裂不敏感的问题，在分频去噪体上开展蚂蚁追踪算法试验，利用蚂蚁相干属性开展小断裂的精细解释，初步形成桑塔木实验区内卡拉沙依组薄层砂岩岩性圈闭识别技术，该技术有望在横向上向实验区以外扩大，纵向上向具有相似特征的三叠系、白垩系舒善河组推广。

5. 中国海油深水宽频地震勘探技术助力南海深水勘探发现。通过开展宽频地震采集、处理、反演一体化技术攻关，形成了深水宽频地震勘探技术体系。研发了国内领先、国际先进的海洋"犁式"斜缆地震采集系统，采集二维地震资料4210.85千米，地震频带宽度达到3～120赫兹；建立了以"犁式"电缆、常规拖缆、上下拖缆宽频处理技术为核心的高精度地震资料处理技术系列，使地震资料信噪比提高35%，其中基于远场子波的宽频地震资料处理技术，解决了常规拖缆采集资料的拓频难题。从采集、处理、反演三方面提升了地震资料品质，降低了勘探风险，有效指导了南海深水勘探。

6. 中国海油隐蔽油气藏勘探理论拓展渤海优质油气勘探的新领域。为推动渤海古近系的勘探进程，拓展渤海新近系优质油气勘探的新领域，通过攻关研究提出了更为系统全面的"源－汇"时空耦合控砂原理，建立了物源剥蚀作用与沉积过程响应半定量关系，形成预测富砂沉积体的技术，明确了渤海新近系河流－浅水三角洲差异成藏规律，形成了极浅水三角洲体系岩性油气藏"断－砂耦合"定量成藏预测技术，成功预测了中深层四大类优质储层发育区带。在上述创新地质认识和配套技术的指导下，在渤海海域辽西低凸起中北段、垦利10－1油田区、石臼坨凸起东倾末端等多个区带古近系发现了多个大中型油气田，并在新近系发现渤中26－3、渤中34－1N、渤中34－1西、秦皇岛33－1南等一批大中型优质油气田（群）。

7. 中国海油深部致密储层甜点综合预测技术助推发现海外首口千方井。针对制约海外区块油气勘探的关键地质问题开展技术攻关，在深部致密储层甜点预测方面，提出了"古地貌－沉积相－成岩相"控制深部致密砂岩有效储层发育的地质新认识，建立了复杂岩性组合精细刻画、薄层厚度定量预测和地层砂地比预测的"三步法"深部薄储层地震预测技术系列，形成了沉积预测有利区、地震预测有利区和构造落实有利区的"五项三结合"的储层甜点综合预测技术体系，该项技术已经应用到北非阿尔及利亚区块的勘探研究中，2015年部署钻探REZ－1井测试获得1323立方米/日轻质原油，成为中国海油海外首口测试超千立方米的钻井，成功发现区块内"油层厚度最厚、测试产量最高、储量规模最大"的REZ油田，2P石油地质储量达11亿桶，推动了区块的商业开发。

8. 延长石油深化深湖相油气成藏地质理论技术有效指导了近油源深水细粒沉积有效勘探。延长油田不断深化深湖相油气成藏地质理论技术，形成"早期原油充注、相势共控运聚、多期成岩改造、晚期低渗成藏、早期控制晚期"的强非均质性储层特低渗交替式石油成藏理论，有效地指导了延长油田南部探区近油源深水细粒沉积领域的勘探，实现了沉积中心探明储量亿吨级增长（累计探明石油储量2.7亿吨），成为延长石油新的战略接替领域。

**【开采理论技术方法】** 1. 中国石油形成三元复合驱油配套技术体系，实现了工业化推广。中国石油深化三元复合驱油机理，优化定型了6项关键技术，建立完善了一体化管理模式，形成了三元复合驱油配套技术体系，实现了工业化推广，2015年产量突破350万吨，已成为大庆油田开发战略接替技术。

2. 中国石油直井火驱技术将成为稠油开发新一代战略接替技术。中国石油创新稠油火烧驱油室内实验模拟技术，揭示火烧驱油机理，解决井下大功率电点火、火线前缘调控等重大技术难题，直井火驱技术现场工业化试验取得重大突破，将成为稠油开发新一代战略接替技术。直井火驱技术在辽河、新疆油田的工业化应用取得突破性进展，2015年火驱井组已超过160井组，与注蒸汽相比，吨油操作成本降低30%，年产量达到45万吨。这项技术覆盖稠油地质储量10亿吨，增加可采储量3亿吨，应用前景广阔。

3. 大型碳酸盐岩油藏高效开发关键技术取得重大突破，支撑海外碳酸盐岩油藏高效开发。伊拉克碳酸盐岩油藏为大型生物碎屑灰岩油藏，整体优化部署及注水开发技术方面没有成熟经验可借鉴。中国石油经过多年攻关，揭示水驱油机理，攻克整体优化部署及注水开发难题，支撑海外碳酸盐岩油藏高效开发。这项技术应用效果显著，实现伊拉克项目内部收益率达到15%以上，百万吨产能建设投资低于3亿美元，技术推广应用至鲁迈拉和西古尔纳，助推伊拉克合作区2015年原油作业产量超过6000万吨，建成中国石油海外最大油气合作区。

4. 中国石化稠油冷采技术取得新成效。初步形成了水溶性降黏体系等化学强化冷采技术，"十二五"以来共实施175井次，平均有效天数181天，平均单井增油585吨；研发了自扩散降黏体系，在陈25块和中一区馆4开展11个井组试验，见到明显的降水增油效果；春风油田开展微生物冷采技术试验，实现了排6－平48等2口高含水关停井的复产。

5. 中国石化塔河缝洞型油藏注气技术降本增油取得新进步。采用电驱替代柴油驱设备、伴水方式由泵车改为注水泵注入、总结扩大五类低效井注气增效方式、优化注气参数，西北分公司2015年继续扩大注气规模，年增油量达到43.1万吨。平均单井注气成本下降16万元，吨增油成本下降到950元/吨。

6. 中国海油海相砂岩油藏时移地震定量解释方法研究获阶段性突破。海相砂岩油藏时移地震定量解释方法研究已获阶段性突破，并应用于南海西江地区老油田剩余油预测及调整方案设计中，这是时移地震技术在南海轻质油油藏首次成功应用，首批参与优化的8口开发调整井均获成功。此前，时移地震技术定性研究无法准确表征剩余油层厚度、剩余油饱和度等定量信息，通过尼日利亚OML130区块AKPO油田、西江24－1油田项目对时移地震技术进行应用探索，目前已初步形成海上时移地震技术研究体系，并在时移地震匹配处理、反演、时移地震动静态解释等核心技术上获得重大突破。该项研究成果应用后，进一步提高了剩余油分布预测精度，有效提升了国内海上老油田挖潜效果，助力老油田增储上产。

7. 中国海油"爆燃压裂＋酸化联合作业"技术为低孔低渗储层开发提供一条有效思路。珠江口盆地陆丰13－1油田已经进入开发中后期，产液量太低无法正常开井生产，这是低孔低渗油田增产的瓶颈。为了解决类似低效井，经过一年多时间的攻关，"爆燃压裂＋酸化联合作业"技术最终成型并首先应用到这口井上，这个技术是采用"物理＋化学"的方法，两种工艺相辅相成，使低孔低渗油田的增产措施更加显著。该技术进入现场作业后，产油量逐步上升，日产液量达到119.9立方米，日产油量达到12立方米，2015年，每天增加至16.1立方米，技术的成功应用为低孔低渗储层开发提供了一条有效思路，突破了低孔低渗油田的增产技术瓶颈，在陆丰、惠州等低渗储层有广阔的应用前景。

8. 延长石油综合应用多种开采理论技术方法快速实现延安气田致密砂岩气藏天然气规模化生产。针对气藏储层"致密、低压、低丰度、低产"的特点，发展和应用了气藏精细描述技术和矢量化的优化布井技术，减少开发井数，实现高效气层钻遇率及钻井成功率；应用低固相强抑制聚合物堵漏钻井液、超低渗透隔离膜聚磺和纳米乳液储层保护钻井液，有效解决了区域性地层钻井漏失难题，并缩短钻井周期；自主研发了VES－$CO_2$泡沫压裂工艺技术体系，提高压裂液返排效率，降低了储层伤害，单井增产显著；综合应用"多层分压合采、泡沫排水采气、注醇防治水合物、合理配产、低效井治理"的采气技术系列，实现气井生产平稳运行；依据研究区黄土塬地貌特点，优化形成"枝上枝、井间串接的中压多井集输工艺"，采用标准化设计及场站工艺优化技术完成地面集输设计和实施。延安气田通过上述开发技术方法集成在鄂尔多斯盆地东南部延安气田致密砂岩气藏快速实现了天然气规模化生产。

9. 中联公司致密气试井与数值模拟技术。针对致密气藏特征，采用延长性测试获取储层参数。常规试井测试时间较短，生产时间对有地层非均质性或不渗透边界的气井的产能方程影响很大。生产时间较短边界对气井动态的影响未产生，此时测出的无阻流量偏大。因此，延长性测试能够更准确的测出储层参数，确定无阻流量，有效指导生产。

**【重大工程技术和装备】** 1. 中国石油随钻电阻率成像测井仪器研制成功。中国石油研制成功随钻方位侧向电阻率和方位电磁波电阻率成像测井仪器，为快速评价复杂储层和水平井地质导向提供新技术，进一步缩小随钻测井技术与国外先进水平的差距。

2. 中国海油首套海上测井综合解释评价专家系统研发成功。该系统是国内外业界首个基于岩石物理知识库的资料处理解释、有效储层评价、岩石物理研究一体化平台，是国际上首个交互式有效储层划分与评价技术，可将以前人工分层与读值方式转化为人机交互式自动化方式，节省工期等，中国海油湛江分公司已应用该系统对75口井进行了测井资料处理解释与有效储层评价，符合率90%以上。系统嵌套的全波列声波和核磁共振等用于处理特殊测井资料的高端模块，为我国首个自营深水大气田陵水17－2、具有低孔低渗典型特征的乌石17－2等油气田储量研究提供了支持。

## ·油气国际合作·

**【对外合作】** 全国油气（含煤层气、页岩气）对外合作区块共75个，面积9.82万平方千米。其中，合作勘查区块36个，面积9.29万平方千米；合作开采区块39个，面积5273平方千米。油气对外合作区块主要分布在渤海湾、东海、珠江口、松辽、沁水、鄂尔多斯、准噶尔、清江和南华北盆地以及贵州青山地区、云南罗平-恩洪地区。

1. 石油天然气。

①对外合作勘查区块。截至2015年底,中国石油正在执行的石油天然气(含煤层气、页岩气)对外合作勘探开发合同35个,合作项目主要涉及低渗透油气藏、稠油、滩海、高含硫气藏、高温高压气藏、煤层气、页岩气等领域。对外合作项目2015年生产原油391.5万吨、天然气66亿立方米。

中国海油有20个对外合作勘查区块,面积约7.3万平方千米,外方合作公司有洛克石油(渤海)公司、超准能源中国有限公司、雪佛龙德士古中国能源公司、埃尼中国公司、Shell Global、智慧石油投资有限公司、科佩克(中国)有限公司、盛业能源(万安)有限公司、博道长和石油有限公司、哈斯基石油作业(中国)有限公司、爱思开新技术株式会社等。

②对外合作开采区块。中国海油有12个对外合作开采区块,面积1890平方千米,外方合作公司有雪佛龙德士古中国能源公司、盛业能源曹妃甸有限公司、新田石油中国有限公司、康菲石油中国有限公司、超准石油公司、埃尼中国公司、哈斯基石油中国有限公司、科佩克(中国)有限公司、洛克石油(中国)公司、澳大利亚石油有限公司等。

中国石油赵东原油项目:赵东原油项目位于渤海湾盆地滩海地区,合作区块面积77平方千米,与新路安中国有限公司、澳大利亚洛克石油(渤海)公司合作开发。赵东原油项目作为第一个由中方接管作业权的滩海合作项目,在2015年4月接管作业权后,实现了安全生产平稳过渡,5口新投产井取得了新井高产的好效果。

中国石油长北天然气项目:长北天然气项目位于鄂尔多斯盆地,合作区块面积1691平方千米,与荷兰壳牌石油公司合作开发。2015年,长北天然气项目继续保持高产稳定,生产天然气36.4亿立方米。按照合同约定,中国石油与壳牌签署了长北一期作业权移交协议,2016年1月1日中方正式接管该项目一期作业权。

中国石油川东北天然气项目:川东北天然气项目位于四川盆地,合作区块面积876平方千米,与美国雪佛龙公司合作开发。2015年12月30日,川东北天然气项目罗家寨高含硫气田A井组在重庆开县启动投产。

中国石油苏里格南天然气项目:苏里格南天然气项目位于鄂尔多斯盆地,合作区块面积2392平方千米,与法国道达尔公司合作开发,由中国石油担任作业者。该项目持续完善优化"工厂化"作业方案,通过井位优选、大井丛开发、标准化设计、标准化施工及地面模块式建设等措施,有效保障作业效果。2015年,苏里格南天然气项目全年共生产天然气14.8亿立方米。

2. 煤层气。全国煤层气合作勘查区块22个,面积18111平方千米,主要分布在沁水盆地和鄂尔多斯东缘。中方矿权人是中国石油和中联公司。其中,中石油11个区块,主要位于山西、陕西、新疆、贵州等地,面积8374平方千米,外方合作公司有亚美大陆煤层气有限公司、奥瑞安能源国际有限公司、龙门汇成投资有限公司、远东能源(百慕大)有限公司、特拉维斯特能源公司、亚太石油有限公司、雪佛龙德士古中国能源公司、中澳煤层气能源有限公司、瑞弗莱克油气有限责任公司、亚加能源有限公司等;中联公司10个区块,合作勘查面积9737平方千米,外方合作公司加拿大英发能源有限公司、远东能源(百慕大)有限公司、中澳煤层气能源有限公司、格瑞克能源(国际)公司等(表1)。

全国煤层气合作开采区块2个,面积193平方千米,中方矿权人是中联公司,外方合作公司有格瑞克能源(国际)公司和美中能源有限公司。

**表1　中联公司煤层气对外合作一览表**

| 合作区块名称 | 区块面积(平方千米) | 外方合同者和作业者 | 探明地质储量(亿立方米) | 累计产量(亿立方米) | 钻井及产能情况(截至2015年底) | 累计投入(亿元) |
|---|---|---|---|---|---|---|
| 山西晋城潘庄开采区块 | 141.8 | 美中能源有限公司 | 299.3 | 13.74 | 直井27口,水平井67组,建成产能4.95亿立方米/年 | 2.02 |
| 山西柿庄南开采区块 | 336.8(合作277) | 格瑞克能源(国际)公司 | 534.01 | | 钻井290,排采126口 | 15.9 |
| 山西柳林勘查区块 | 183.8 | 富地柳林燃气有限公司 | 217.8 | | 直井33口,多分支水平井8组 | 6.26 |

续表1

| 合作区块名称 | 区块面积（平方千米） | 外方合同者和作业者 | 探明地质储量（亿立方米） | 累计产量（亿立方米） | 钻井及产能情况（截至2015年底） | 累计投入（亿元） |
|---|---|---|---|---|---|---|
| 山西寿阳勘查区块 | 1199.7 | 远东能源（百慕大）有限公司 | 134.87 | 0.83 | 直井168口，水平井6口，压裂排采135口 | 12.46 |
| 山西临兴东、西勘查区块 | 1785.9 | 中澳煤层气能源有限公司 | 336.06 | | 二维1926.65千米，钻井90口，压裂117层，测试78层 | 12.7 |
| 安徽宿州勘查区块 | 567.8 | 英发能源有限公司 | 31.58 | | 钻井21口，排采19口 | 1.29 |
| 山西柿庄北勘查区块 | 374.92（合作325） | 格瑞克能源（国际）公司 | | | 钻井13口，排采18口 | 1.0 |
| 山西沁源勘查区块 | 3388.227 | 格瑞克能源（国际）公司 | | | 钻井47口，排采19口 | 6.27 |
| 江西丰城勘查区块 | 1227.7 | 格瑞克能源（国际）公司 | | | 钻井29口，排采15口 | 3.18 |
| 安徽潘谢东勘查区块 | 590.1 | 格瑞克能源（国际）公司 | | | 钻井12口，排采5口 | 1.14 |

**【海外勘查开采】** 2015年，受国际油价持续低迷影响，我国海外油气勘探开发投资大幅下滑。全年海外投资1125亿元，较2014年减少了598亿元，其中，勘探投资90.5亿元，开发投资1034.5亿元，分别比2014年减少了81亿元和516亿元。

我国2015年共获得权益油13603.3万吨，比2014年增加了1844万吨，权益气300亿立方米，比2014年下降了50亿立方米（表2）。

表2　**2015年石油公司海外油气勘探开发成果**

| 公司名称 | 勘探开发投资（亿元） | 勘探投资（亿元） | 开发投资（亿元） | 权益油（万吨） | 权益气（亿立方米） |
|---|---|---|---|---|---|
| 中石油 | 363.8 | 32.5 | 331.3 | 5514.7 | 211.9 |
| 中石化 | 429.8 | 0.8 | 429.0 | 4436.0 | 0.0 |
| 中海油 | 283.7 | 52.0 | 231.7 | 3197.0 | 88.1 |
| 延长石油 | 1.7 | 1.7 | 0.0 | 0.0 | 0.0 |
| 中化石油 | 32.8 | 0.3 | 32.5 | 350.6 | 0.0 |
| 中信股份 | 13.2 | 3.2 | 10.0 | 105.0 | 0.0 |
| 合计 | 1125.0 | 90.5 | 1034.5 | 13603.3 | 300.0 |

**注**：2015年美元和人民币单位换算采用国家统计局数据，1美元=6.2284元人民币。

1. 中国石油。中国石油坚持“互利共赢、合作发展”的理念，与国际石油公司、服务公司和东道国开展国际能源合作。截至2015年底，在全球35个国家运营91个油气合作项目。2015年，完成油气勘查投资32.5亿元，完成二维地震923千米、三维地震2046平方千米，完成探井98口；油气开发投资331.3亿元，完成开发井923口；完成油气权益产量当量7203万吨，其中原油权益产量5514.7万吨、天然气权益产量211.9亿立方米。

海外油气风险勘探与滚动勘探取得多个新发现。苏丹6区、苏丹4区、哈萨克斯坦南图尔盖盆地1057区块中部隆起带等滚动勘探立足富油区带，多区多领域实现效益增储；阿姆河东部山前风险勘探和巴西深水盐下海洋勘探均获重要发现。

伊拉克公司通过优化上产，多投新井、措施井，实施注水工程等措施，油气作业产量突破5500万吨，原油权益产量达到2364万吨，完成年度计划的112.4%。阿姆河公司基尔桑和鲍坦乌气田产能建设、阿克纠宾项目北特鲁瓦注水工程等重点项目建设扎实推进，如期投产。

2. 中国石化。2015年，中国石化海外上游勘探开发完成投资约429.8亿元人民币，其中勘探投资0.76亿元，开发投资429.0亿元，获得权益油4436万吨（含收购）；全年勘探新增权益油气可采储量（2P+2C）1500万吨油当量。完成俄罗斯卢克石油在哈萨克斯坦CIR公司50%权益项目的收购，进入厄瓜多尔79和83勘探区块项目。各海外公司积极展开“降本增效”的同时也取得了一些积极进展。

加蓬公司AKONDO油田按计划实现了第一口油井开井生产。

澳大利亚APLNG项目530千米高压煤层气长输管线试运工作全部完成。

巴西公司RSB项目BM-S-9区块盐下超深海油田——Sapinhoa油田北部开发区第二口生产井SPH-7D井顺利连接至FPSO Cidadede Ilhabela并正式投产，该井原油产量刷新了巴西单井日产原油最高纪录。

Addax公司在伊拉克库尔德地区的Taq Taq油田产能再次得到有效提升，创出权益油日产量新纪录。以此计，油田产能比2009年接管时增长了6.4倍。IROKO区块PADOUK-3井自交井求产以来，产量稳定，为Addax喀麦隆公司权益油稳产增产做出新贡献。

3. 中国海油。截至2015年12月底，中海油在14个国家拥有海外勘探矿区共计72个，面积共12.4万平方千米（净面积6.5万平方千米）。其中8个区块在非洲，11个区块在亚太地区，5个区块在南美洲，9个区块在北美洲，39个区块在欧洲。截至2015年12月底，海外勘探共完成二维地震采集处理3792千米，完成探井13口，完成勘探投资8.35亿美元。

2015年海外勘探获得3个商业发现（阿尔及利亚的REZ，圭亚那的Liza，尼日利亚的Ukot South South），2个勘探潜在商业发现（墨西哥湾的Sweet Water、Sicily），成功评价3个含油气构造（阿尔及利亚的MAS、OGB，巴西的Libra）。实现新增净份额可采储量1896.41万吨油气当量。

2015年，中国海油在全球6大洲（亚洲、欧洲、北美洲、南美洲、非洲和大洋洲）的11个国家（印度尼西亚、伊拉克、也门、英国、加拿大、美国、特立尼达和多巴哥、哥伦比亚、阿根廷、尼日利亚、澳大利亚）有开发和生产作业。2015年海外开发投资37.2亿美元。海外总产量完成4078万吨油当量，其中原油生产3197万吨，天然气88.1亿立方米。

4. 延长石油。海外勘查投资17370万元，完成二维地震426.1千米、三维地震265平方千米、探井1口，开钻1口。

2015年，延长石油国际在马达加斯加2014区块和3113区块分别完成了197千米和470千米的二维地震采集，签署了两个油田区块第二次勘探期续期补充协议，勘探期延长至2017年11月。

吉尔吉斯斯坦勘查项目落实了3个开发区块剩余可采储量，编制了开发方案，为后续开发创造了条件。泰国YP吨7井获重要发现，钻遇良好气显示6层13.39米。

5. 中化石油。截至2015年底，公司在美国、巴西、哥伦比亚、叙利亚、阿联酋、突尼斯、厄瓜多尔、印度尼西亚和我国渤海湾、四川盆地等9个国家和地区拥有36个区块，2015年权益内油气产量约351万吨。目前，中化上游资产分布在美洲、中东、东南亚、国内等地区，石油合同类型涉及租让制、产品分成式、服务式等多种合同形式，经过十几年发展，国际化、市场化程度达到了一个崭新的水平。

中化海外勘探投资506.80万美元，完成二维地震62千米，探井3口，进尺3748米；开发投资5.21亿美元，完成开发井84口，进尺44.60万米。

2015年油气勘探开发主要进展如下：2015年，完成产量2522万桶。哥伦比亚作业者项目加强前后方一体化管理，实现了风险勘探大发现，新增份额内C级储量达233.72万吨，新增地质可采储量约7500万吨。

美国项目落实储量，较可研时的2P储量增加143%，降低了开发风险。

巴西项目应用水基泥浆代替油基泥浆成功完钻油田第一口8000米大位移井，大大减少当期及未来投资；优化二期开发方案，减少权益内二期总投资约6亿美元。

6. 中信股份。中信股份在海外的合作项目为哈萨克卡拉赞巴斯油田（KBM）项目和印尼塞拉姆油田（SERAM）项目。

哈萨克KBM项目：截至2015年底，累计采出原油4502万吨。根据美国石油咨询公司Miller & Lents 2015年度评估报告，油田剩余可采储量4710万吨。目前，油田总井数3741口，其中油井2713口，注水井610口，注汽井242口，报废井176口。2015年，油田年产油213.8万吨。

印度尼西亚SERAM项目：截至2015年底，累计采出原油195.5万吨。根据美国石油咨询公司DeGolyer and MacNaughton 2015年度评估报告，油田原始地质储量1235万吨，剩余可采储量118.7万吨。目前，油田共有钻井24口，开井15口。2015年，油田年产油

16.7万吨。2013～2015年，在Lofin地区先后打了2口勘探井，发现气藏，第三方评估公司Sproule估算的Lofin气田的天然气探明加控制储量855亿立方米。

## ·油气基础性地质工作·

**【油气地质调查】** 1. 陆域油气基础地质调查。2015年，中国地质调查局全力支撑油气管理体制改革，加大油气地质调查力度，围绕主攻北方新区新层系、突破南方页岩气、探索青藏高原新区的战略布局，坚持基础性公益性战略性定位，在陆域能源矿产地质调查计划中投入经费16.3亿元，精心组织实施油气调查工程6个，取得了一批重要成果，完成主要工作量：二维地震6066.39千米，地质调查井83口，进尺85272.3米，1:25万油气基础地质调查16000平方千米，1:5万页岩气基础地质调查800平方千米（表1）。

表1　陆域油气2015年工作量完成情况统计表

| 工作内容 | 单位 | 完成工作量 |
|---|---|---|
| 1:25万油气基础地质调查 | 平方千米 | 16000 |
| 1:5万页岩气基础地质调查 | 平方千米 | 800 |
| 路线地质调查 | 千米 | 16940.4 |
| 地质剖面测量 | 千米 | 525.59 |
| 二维地震测量 | 千米 | 6066.39 |
| 三维重磁 | 平方千米 | 3370 |
| 重磁电综合物探剖面测量 | 千米 | 11052.8 |
| 地质调查井口数 | 口 | 83 |
| 地质调查井进尺 | 米 | 85272.3 |
| 油气微生物调查 | 平方千米 | 202 |
| 地震资料处理（含老资料） | 千米 | 12128 |

①优选勘查区块，支撑新疆油气体制改革试点。加大新疆油气改革试点基础投入，开展18万平方千米油田公司退出矿权区块和矿权空白区的油气基础调查，进行塔里木等盆地地震大剖面的拼接处理解释，全面夯实新疆油气地质工作基础。优选出5个勘查区块提交招标出让，其中4个成功出让，总面积约8910平方千米。柯坪北区块由于前期实施公益性参数井获得油气显示，吸引9家企业参与投标竞争。

②在松辽盆地外围圈定5个侏罗系含油气中小盆地，开辟了松辽盆地外围侏罗系油气勘查新领域。攻克了松辽盆地外围火山岩覆盖区地球物理综合调查难题，证实了火山岩之下的侏罗系是重要新层系，开辟了大兴安岭及辽西地区近20万平方千米火山岩覆盖区侏罗系油气勘探新阵地。识别并圈定5个侏罗系含油气中小盆地，总面积约2.7万平方千米。在突泉、牛营子、秀水等盆地实施多口调查井，在厚层火山岩下侏罗系钻遇油气显示，秀水和牛营子盆地分别钻遇累计厚度37.3米和22.2米的油层，开辟了东北地区广泛分布的火山岩覆盖区油气勘查新领域。

③在内蒙古西部银额盆地圈定6个勘查区块并成功竞争性出让，油公司在中标区块古生界首钻获9.15万立方米/日工业气流。突破以往中生界找油思路，创新提出古生界油气成藏新认识，明确了上古生界为典型的裂谷盆地，广泛发育的浅海陆棚相泥页岩为良好的烃源岩，通过油气基础地质调查，在古生界发现油气显示，圈定6个勘查区块（3万平方千米）竞争性出让。油公司在阿拉善盟苏宏图北部中标区块首钻获得9.15万立方米/日工业气流，证实了新疆北部、内蒙古西部等地区上古生界具有良好的油气资源前景。

④在贵州北部志留系石牛栏组钻获平均产量9.5万立方米/日高产天然气流，实现了武陵山复杂构造区海相领域油气调查重大突破。通过创新残留向斜断层封堵成藏模式，结合地震资料精细处理解释，提出了滇黔桂地区志留系石牛栏组是重要勘探新层系的新认识，并通过在贵州遵义地区部署实施安页1井得到证实。该井首次在该地区志留系石牛栏组灰岩获得高产天然气，平均产量9.5万立方米/日，实现了中上扬子复杂构造区海相领域油气调查重大突破，开拓了7800平方千米油气勘查新区。

⑤在鄂尔多斯盆地东南缘钻获3.7万立方米/日的工业气流，开辟了3500平方千米勘探新区。通过对已有地质资料的梳理分析，提出鄂尔多斯盆地东南部顺层岩溶侧向运移也可形成良好风化壳储层的新认识，并在延安宜川地区部署实施宜参1井证实。该井在奥陶系风化壳钻获3.7万立方米/日的工业气流，是宜川地区古潜台首口奥陶系风化壳日产过万方的参数井。扩大了鄂尔多斯盆地东南缘古风化壳油气藏分布范围，开辟3500平方千米勘探新区，预测资源量1000亿立方米。引领石油公司加大勘探力度，已实施10口探井。

⑥在我国南方地区圈定了页岩气远景区10个，拓展了勘查新区6万平方千米，优选45个勘查区块。在我国南方四川盆地及周缘、武陵山地区、滇黔桂地区、中扬子地区和下扬子地区开展页岩气基础地质调查8万平方千米，圈定远景区10个，拓展勘查新区6万平方千米，优选45个勘查区块，总面积约5万平方千米。

⑦湖北宜昌地区钻获70米优质页岩，为中扬子复杂构造区油气勘探提供了新思路。提出了中扬子地区古隆起边缘下寒武统及震旦系陡山沱组为页岩气富集最有利地区，并通过在湖北宜昌部署实施宜地2井获

得了证实。该井钻获70米优质烃源岩，页岩含气量高，初步圈定了2100平方千米的页岩气远景区，预测远景资源量5000亿立方米。在寒武系天河板组还钻获裂缝性天然气，拓展了天然气勘探领域，揭示了中扬子地区寒武系具备常规、非常规油气共存的格局，为中扬子复杂构造区天然气勘探提供了新的思路。

⑧在河南尉氏县钻获较厚泥页岩，综合解释含气有利层段12层，总厚达103.4米。通过重新处理分析基础地质和地球物理等资料，在南华北盆地太康隆起西部新区发现了相对较厚（单层38米）的泥页岩层系，提出了该区海陆交互相页岩气、煤层气及致密气三气同生共储的新认识，并在河南尉氏县部署实施尉参1井证实。该井钻获了南华北盆地上古生界最好油气显示，页岩气现场解析最大值为4.5立方米/吨，综合解释含气有利层段12层，总厚达103.4米。经过压裂试气有望获得工业气流。

⑨山东泰安钻获页岩油93层，累计厚度200余米，开辟北方页岩油勘探新区。山东泰安市汶页1井在古近系发现巨厚泥页岩层段，在大汶口组钻获页岩油93层，累计厚度200余米，含油率介于1%～5%之间。综合岩性组合、油气显示和以往油气显示情况等各种迹象，初步展示了汶东凹陷具有良好的页岩油勘探前景。

2. 海域油气资源调查。继续开展我国南黄海、东海、南海北部陆坡新区域、新层系油气资源调查，以及北黄海油气勘探，投入经费3.2亿元。实施科学钻探1口，进尺1600米。完成油气探井1口，进尺4446米；地震资料攻关处理10000米，地震资料解释15000米，以及相关综合研究工作。首次在南黄海崂山隆起区发现海相中－古生界含油气新层系，并圈出大型圈闭构造6个；在南海北部陆坡东部海域圈定油气有利局部构造5个、油气微生物异常7个；在北黄海致密油藏钻获油流，开辟了海域油气勘探新领域。

①在南黄海崂山隆起首次发现海相中－古生界含油气新层系，圈出大型圈闭构造6个。通过地震采集技术攻关，获取了崂山隆起深部高品质地震反射信息资料，首次发现了大型圈闭构造6个。在南黄海崂山隆起西部实施科学钻探，首次发现中－古生代海相地层多个层段存在油气显示，其中钻深866～876米处沿灰岩裂隙有“油迹－油侵”的荧光显示、钻深885～889米处沿砂岩的方解石脉有原油渗出、钻深1151～1161米有“油斑－油迹”荧光显示，揭示了崂山隆起海相中－古生界新层系具有良好的油气前景，实现南黄海海相中－古生界新层系油气资源调查的重大进展。

②南海北部陆坡新区域、新层系油气资源调查取得新进展。北部陆坡东部海域地震调查发现潮汕坳陷中生界残留厚度3000～5000米，指出南海北部中生界是油气勘探的首选区域，并圈定局部构造5个；油气微生物调查发现7个油气异常区，拓展了南海北部海域油气勘探范围及层系，为实现海域新区域、新层系油气勘探突破提供了新的靶区。

③首次实现北黄海致密油勘探新突破。北黄海海域实施油气探井钻探，在下白垩世地层钻遇含油气层段21个，共69.26米。其中，1个层段（井深3240～3245.9米）经试油和压裂测试，日产量达1立方米，累计获取原油样品2.19立方米。首次在致密油藏钻获油流，实现了致密油勘探新突破，开辟了北黄海油气勘探新领域。

**【全国油气资源动态评价】** 2015年，对已经动态评价过的盆地或地区进行系统梳理汇总，对页岩气、致密油气和煤层气等非常规油气资源进行重点评价，在此基础上，形成对全国油气资源潜力的新认识。

1. 评价结果。评价结果表明，一是我国常规油气资源总量丰富。石油地质资源量1257亿吨、可采资源量301亿吨，其中包括致密油地质资源量147亿吨、可采资源量15亿吨，与2007年全国油气资源评价结果相比，石油地质与可采资源量分别增加了64%和42%；截至2015年底，石油累计探明地质储量372亿吨，探明程度30%，处于勘探中期。天然气地质资源量90.3万亿立方米、可采资源量50.1万亿立方米，包括致密气地质资源量22.9万亿立方米、可采资源量11.3万亿立方米，与2007年评价结果相比，天然气地质与可采资源量分别增加了158%和127%。截至2015年底，天然气累计探明地质储量11万亿立方米，探明程度12%，处于勘探早期。二是非常规油气资源潜力可观。全国埋深4500米以浅页岩气地质资源量122万亿立方米，可采资源量22万亿立方米，具有现实可开发价值的有利区可采资源量5.5万亿立方米，占全国的25%；页岩气累计探明地质储量5441亿立方米，探明率仅0.4%。埋深2000米以浅煤层气地质资源量30万亿立方米，可采资源量12.5万亿立方米，具有现实可开发价值的有利区可采资源量4万亿立方米，占全国的30%；煤层气累计探明地质储量6293亿立方米，探明率仅2.1%。与以往评价结果相比，非常规资源数量有所减少，但可靠程度进一步提高。

地质资源量出现大幅增长的主要因素有三个：第一，勘探投入和工作量的持续增加，推动了勘探开发的突破，使评价工作和地质认识有了更加可靠的依据；第二，勘探理论的突破和地质认识逐渐深化，海相碳酸盐岩、岩性地层、前陆盆地、高原咸化湖盆、致密油气成藏理论的突破，成熟探区精细勘探理论与技术的发展，使勘探开发领域不断扩展；第三，技术进步大大降低了资源的门槛，水平井钻探、压裂技术，海洋深水钻探装备等的快速发展，使得过去不被认为是资源的，现在得到了有效的利用，资源向着更低渗透率、更大埋深、更大水深迈进。

我国石油稳产、天然气增产有资源基础。截至2015年底，全国石油和天然气分别累计采出64亿吨、1.7万亿立方米。全国待探明石油地质资源量897亿吨，剩余可采资源量237亿吨，占总资源量的78.7%；全国待探明天然气地质资源量77.3万亿立方米，剩余可采资源量48.4万亿立方米，占总资源量的96.6%，剩余油气资源丰富。

我国的油气资源主要集中在大型含油气盆地。渤海湾、松辽、塔里木、鄂尔多斯、准噶尔、珠江口等主要含油气盆地的石油资源量贡献超过75%，储量和产量均贡献超过90%。鄂尔多斯、四川、塔里木盆地和海域等四大气区的天然气资源量、储量和产量贡献超过80%。此外，页岩气资源主要分布在四川盆地及周缘，煤层气资源主要分布在沁水盆地南部、鄂尔多斯盆地东缘、滇东黔西盆地北部和准噶尔盆地南部。

2. *储量产量趋势预测*。综合分析，预计2030年之前，我国年探明石油地质储量仍将保持较高的水平，年均探明储量10亿吨，石油产量保持平缓态势，维持2.1亿吨水平。综合考虑常规天然气、致密气、煤层气和页岩气，预计2030年之前，我国天然气探明地质储量还将处于高峰增长阶段，年均探明储量7000亿立方米，天然气产量保持较快增长，但增长速度有所下降，到2020年，全国天然气总产量为2100亿立方米，2025年为2600亿立方米，2030年达到3000亿立方米，有力推动能源结构优化和环境治理改善。

未来将按照“稳油增气，发展非常规”的思路，重点在大型盆地的新层系、新领域和海域寻找优质储量，形成“东部可持续、西部快发展、海域大突破”的油气勘探开发格局。

## ·非常规油气资源·

**【煤层气勘探开发】** 全国煤层气勘探开发投入25.61亿元，其中勘探投资10.59亿元，开发投资15.01亿元（表1）。共钻探井102口，进尺17.69万米，钻开发井172口，进尺20.59万米。煤层气产量44.25亿立方米。

**表1　2015年全国煤层气勘查开采统计表**

| 公司名称 | 勘探（万元） | 开发（万元） | 二维地震（千米） | 三维地震（平方千米） | 探井（口） | 进尺（万米） | 开发井（口） | 进尺（万米） |
|---|---|---|---|---|---|---|---|---|
| 中国石油 | 36151 | 12842 | | | 32 | 5.9 | 25 | 2.78 |
| 中国石化 | 2800 | 60959 | | | 2 | 0.32 | | |
| 中联公司 | 66965.44 | 76336.87 | 891.13 | 155 | 68 | 11.47 | 147 | 17.81 |
| 合计 | 105916.44 | 150137.87 | 891.13 | 155 | 102 | 17.69 | 172 | 20.59 |

1. *中国石油*：华北油田完钻探井5口，进尺0.85万米，投资6475万元；煤层气公司完钻探井27口，进尺5.05万米，投资29676万元。华北油田在樊庄郑村区块完钻开发井13口，进尺1.63万米，投资8255万元；煤层气公司在韩城西区块完钻开发井12口，进尺1.15万米，投资4587万元。2015年煤层气产量15.4亿立方米。

2. *中联公司*：2015年完成勘探开发投资14.33亿元，其中勘探投资6.7亿元，开发投资7.63亿元。共完成二维地震891.13千米，三维地震155平方千米。完成探井68口（包括水平井2口），总进尺11.47万米，开发井147口（包括水平井21口），总进尺17.81万米。2015年公司累计完成煤层气销售量8.46亿立方米，同比增长47.13%。全年煤层气产量9.87亿立方米。

3. *中国石化*：勘探开发投资6.38亿元，其中勘探投资0.28亿元，开采投资6.1亿元。2015年完成煤层气钻井2口，进尺0.32万米。延川南和织金各完钻水平井1口。全年完成压裂测试井53口。其中，延川南煤层气开发井41口，织金试验井组12口。延川南煤层气田全年完成煤层气产量1.05亿立方米，销售212万立方米。

**【页岩气勘探开发】** 全国页岩气勘探开发投入134.77亿元，完钻探井（含参数井）52口，进尺8.45万米；完钻开发井187口，总进尺59.1万米（表2）。

表 2　　2015 年全国页岩气勘查开采统计表

| 公司名称 | 勘探（万元） | 开发（万元） | 二维地震（千米） | 三维地震（平方千米） | 探井（口） | 进尺（万米） | 开发井（口） | 进尺（万米） |
|---|---|---|---|---|---|---|---|---|
| 中国石油 | 12713 | 44547 | | 108 | 7 | 1.49 | 72 | 6.42 |
| 中国石化 | 100317 | 1112879 | | 1151 | 9 | 3.4 | 115 | 52.68 |
| 延长石油 | 9495.91 | | | | 5 | | | |
| 中国地质调查局 | 67700 | | 2449 | | 31 | 3.56 | | |
| 合计 | 190225.91 | 1157426 | 2449 | 1259 | 52 | 8.45 | 187 | 59.1 |

1. *中国石油*：在浙江油田完成三维地震 108 平方千米，完钻探井 7 口，进尺 1.49 万米，投资 12713 万元。在浙江昭通区块完钻开发井 72 口，进尺 6.42 万米，投资 44547 万元。全年页岩气产量 13.04 亿立方米。

2. *中国石化*：2015 年，主要在四川盆地及周缘等开展页岩气勘探开发工作，全年完成投资 121.32 亿元，其中勘探投资 10.03 亿元，开发投资 111.29 亿元。

全年完成三维地震采集 1151 平方千米，部署钻井 6 口（隆页 1HF 井、天页 1 井、民页 1 井，丁页 3、4、5 井），完钻井 9 口（焦页 5HF、6HF、7HF、8HF、9HF，威页 1HF、永页 1HF、隆页 1HF、孔探 1 井），正钻井 2 口（天页 1、民页 1 井），钻前 3 口（丁页 3 井、丁页 4 井、丁页 5 井）。全年完成进尺 34000 米，完成率 106.75%。全年完成压裂试气井 3 口。其中西南分公司 2 口（威页 1HF、永页 1HF），华东分公司 1 口（隆页 1HF）。

全年完钻开发井 115 口，进尺 52.68 万米，完成压裂试气井 109 口，投产井 91 口。建成页岩气产能 25 亿立方米，实现页岩气产量 31.67 亿立方米，销售 30.41 亿立方米。

3. *中国海油*：2015 年中国海油对安徽芜湖页岩气区块进行了钻后评价研究，认为该区块内发育优质页岩，其有机碳含量可与国内外的优质页岩气区的页岩相媲美。但该区域构造运动强烈，保存条件较差，资源丰度较低，难以实现页岩气经济开采。因此，经中国海油提出并获国土部同意，于 2015 年 12 月注销了该页岩气探矿权。

4. *延长石油*：页岩气勘查投资 9495.91 万元；页岩气探井完井 5 口（水平井 2 口），试气 3 口，均获得工业气流，其中云页 2 井本溪组压裂获日产 5 万立方米高产气流，山西组日产气 2037 立方米。

5. *二轮招标企业*：第二轮页岩气招标共有 16 家企业获得 19 个探矿权区块，面积 1.95 万平方千米。据国土资源部 2015 年度油气矿业权年检数据统计，2013 年以来，二轮招标企业累计采集二维地震 7366.57 千米，三维地震 62.77 平方千米，钻探井 26 口，进尺 69158 米，调查井 30 口，进尺 34146 米，勘探投入 27.08 亿元。

6. *中国地质调查局*：勘查投入 6.77 亿元，调查井 30 口，进尺 33141.4 米，1 口参数井，进尺 2500 米，二维地震 2449 千米。

**【致密油勘探开发】**　中国石油继续在鄂尔多斯盆地、四川盆地、松辽盆地、柴达木盆地及三塘湖盆地等地区展开致密油勘探开发，并取得一批重要成果。长庆油田 103 口长 7 致密油井新获工业油流，进一步落实了陇东、新安边、陕北三大致密油含油富集区，建成产能 107.2 万吨；大庆油田突出致密油甜点区和有利区地质评价，在长垣南、宋芳屯－徐家围子扶余油层新增控制加预测地质储量超亿吨；吉林油田在鳞字井－别字井地区 7 口井新获工业油流；吐哈油田在三塘湖盆地马朗凹陷条湖组致密油勘探开发见到良好效果，马 56 区块新增探明地质储量 3009 万吨，建成产能 13.8 万吨。

延长石油致密油取得新进展，已试油的 7 口探井平均稳产在 10 吨/日。

**【致密气分布】**　中国石油致密气主要分布在鄂尔多斯、四川、松辽等盆地，目前投入开发的气田主要有苏里格、须家河组、神木、之洲－米脂、长岭Ⅰ号登娄库组、巴喀等气田，2015 年致密气产量 270.2 亿立方米。2015 年致密气投资 85.8 亿元，钻开发井 720 口，进尺 261.1 万米，新建生产能力 43.8 亿立方米/年。

**【天然气水合物资源调查评价】**　继续开展我国天然气水合物资源调查评价，本年度投入经费 10 亿元，完成海洋地球物理调查 29308.06 千米，海底地质取样 1124 个站位，海域天然气水合物钻探 23 口，总进尺 5457 米；完成陆域冻土区水合物钻探 2 口，总进尺 1196.84 米。

1. *圈定了一批成矿区块、优选钻探目标*。在神狐海域成功实施天然气水合物钻探 23 孔，孔孔见矿，矿层厚度20～100米,含矿率20%～70%,控制矿藏面积约128平方千米,控制资源量(折算成常规天然气)超过1500亿立方米;经钻探取芯查明两个大型矿体,探明储量高达400亿立方米。本次钻探首次发现Ⅱ型天然气水合物(含乙烷、丙烷水合物),表明气体来源与深部油气关系密切,具有重要的科学意义。

2. *首次在羌塘盆地鸭湖地区发现高压浅层气。* 显示该地区有较好的油气生成、运移过程。于青海南部乌丽地区吨K－2井多个层段发现岩芯气体释放、岩芯表面渗水、红外低温、点火助燃等特征,揭示了青海南部乌丽地区天然气水合物赋存的重要证据。

3. *针对我国海域天然气水合物资源禀赋和勘查技术难点。* 通过自主创新与攻关,形成了一套精准高效的勘查评价、找矿预测、实验模拟技术体系,达到国际领先水平。自主研制了保压钻探取心、海底可控源电磁探测等一批关键技术设备,填补了国内空白,为天然气水合物勘查增添了新利器。建立了国际一流的天然气水合物实验室,测试分析与试验模拟研究持续保持国际一流水平。

4. *初步形成环境监测与影响评价体系。* 开展了海域立体环境探测,基本查明重点区海洋环境基线、潜在地质灾害、工程地质条件等因素;初步建立南海北部水合物环境影响模型,评估了天然气水合物勘查与试采的环境风险;实现了祁连山冻土区环境长期监测。

## ·油气管道建设·

**【概况】** 截至2015年底,全国油气管道总里程约10.9万千米①。其中,原油管道总里程2.7万千米,天然气管道总里程为6.1万千米,成品油管道总里程为2.1万千米。2015年,中国新建成油气管道总里程2771千米,其中原油管道990千米,天然气管道1727千米,成品油管道55千米(表1、表2)。

**表1　　2015年各石油公司新增油气管线数据表**

| 公司名称 | 截至2015年底,管道总里程(千米) | | | | 2015年新增管道里程(千米) | | | |
|---|---|---|---|---|---|---|---|---|
| | 总里程 | 原油 | 天然气 | 成品油 | 总里程 | 原油 | 天然气 | 成品油 |
| 中国石油 | 79936 | 18917 | 50928 | 10091 | 1792 | 862 | 875 | 55 |
| 中国石化 | 25366 | 7145 | 7879 | 10342 | 806 | 128 | 678 | 0 |
| 中国海油 | 1889 | 0 | 1889 | 0 | 173.7 | 0 | 173.7 | 0 |
| 延长石油 | 1856 | 1134 | 112 | 610 | 0 | 0 | 0 | 0 |
| 合计 | 109047 | 27197 | 60808 | 21043 | 2771.7 | 990 | 1726.7 | 55 |

**【原油管道建设】** 新增原油管道990千米,总里程为2.7万千米。

新建成的原油管道主要有:包括天津港－华北石化原油管道、马惠原油管道安全升级改造工程、烟台西港区－淄博原油管道、漠大线(漠河－大庆)原油管道扩建工程等。

在建原油管道主要有:中俄原油管道二线、日照－濮阳－洛阳原油管道、仪长(仪征－长岭)原油管道复线仪征至九江段等。

**【成品油管道建设】** 成品油管道新增55千米,成品油管道总里程为2.1万千米。

新建成的成品油管道主要有:包括珠三角成品油管道二期(惠州－揭阳－梅州)、江苏苏北成品油管道、贵渝(贵阳－重庆)成品油支线等。

在建成品油管道主要有:锦郑(锦州－郑州)成品油管道、内江－简阳成品油管道、江津－荣昌成品油管道、云南石化成品油外输管道(安宁－保山、安宁－蒙自、安宁－曲靖)等。

**【天然气管道建设】** 新增天然气管道里程1727千米,天然气管道总里程6.1万千米。新建成的天然气管道主要有:哈尔滨－沈阳输气管道(长春－沈阳段)、山东天然气管网(青岛－威海段)、长宁－威远页岩气示范区外输管道、涪陵－王场页岩气外输管道等。

在建天然气管道主要有:中亚天然气管道D线、中俄东线天然气管道中国段、西气东输三线东段、金丽温(金华－丽水－温州)天然气长输管线、甬台温(宁波－台州－温州)天然气管道等。

**【LNG工程】** 广西LNG工程、海南LNG站线项目输气管线工建成投产,天津LNG工程2014年7月获得国家核准开工,计划2016年建成投产。

① 统计数据包括中国石油、中国石化、中国海油和延长石油。

**表 2　　2015 年新增油气主要管线数据表**

| 输送介质 | 管线名称 | 起点 | 终点 | 长度（千米） | 年输油气能力 | 完成情况 |
| --- | --- | --- | --- | --- | --- | --- |
| 原油（万吨） | 天津港－华北石化 | 天津港南疆港区 | 河北任丘 | 189 | 700 | 建成 |
| | 马惠原油管道安全升级改造工程 | 甘肃环县马惠 | 宁夏盐池县惠安堡 | 188 | 300 | 建成 |
| | 烟台西港区－淄博原油管道 | 烟台港西港区 | 淄博市桓台县 | 425 | 2000 | 建成 |
| | 漠大线（漠河－大庆）原油管道扩建工程 | 漠河县 | 大庆市 | 926 | 2200 | 建成 |
| | 日照－濮阳－洛阳原油管道 | 山东日照 | 河南洛阳 | 782 | 1800 | 在建 |
| | 仪长（仪征－长岭）原油管道复线仪征至九江段 | 江苏仪征市 | 江西九江市 | 506 | 2000 | 在建 |
| | 中俄原油管道漠大二线工程 | 漠河县 | 大庆市 | 941.8 | 1500 | 2017 年 |
| 天然气（亿立方米） | 哈尔滨－沈阳输气管道（长春－沈阳段） | 哈尔滨市双城县 | 沈阳市新民县 | 555 | | 建成 |
| | 山东管网青岛－威海 | 山东青岛 | 山东威海 | 220 | | 建成 |
| | 长宁－威远页岩气示范区外输管道 | | | 110 | 31 | 建成 |
| | 涪陵－王场页岩气外输管道 | 重庆涪陵工业园区 | 重庆石柱县王场镇 | 136.5 | 60 | 建成 |
| | 中亚天然气管道 D 线 | 土库曼斯坦和乌兹别克斯坦边境 | 新疆乌恰县 | 1000 | 300 | 2016 年 |
| | 中俄东线天然气管道中国段 | 黑龙江省黑河市中俄边境 | 上海市 | 3170 | 380 | 2018 年 |
| | 西气东输三线东段（吉安－福州） | 江西吉安 | 福建福州 | 817 | 300 | 在建 |
| | 金丽温（金华－丽水－温州）天然气长输管线 | 金华市金东区金华分输站 | 甬台温管线温州末站 | 285 | 53.6 | 在建 |
| LNG 工程（万吨） | 广西 LNG 项目输气管道 | 北海接收站 | | 2125 | | 建成 |
| | 天津 LNG 项目输气干线 | 天津液化天然气接收站 | 唐山末站邹平末站 | 580 | | 2016 年 |
| | 山东 LNG 输气干线工程 | | | 200 | | 在建 |
| | 海南 LNG 站线项目输气管线工程 | LNG 接收站外输首站 | 与海文管线连接点 | 112.45 | 138.3 | 建成 |
| 成品油（万吨） | 珠三角成品油管道二期（惠州－揭阳－梅州） | 惠州泽华油库 | 梅州中村油库 | 150 | 235 | 建成 |
| | 江苏苏北成品油管道 | | | 618 | 545 | 建成 |
| | 贵渝（贵阳－重庆）成品油支线 | 贵州贵阳 | 重庆北江区 | 498 | 580 | 建成 |
| | 锦郑成品油管道 | 锦州 | 郑州 | 1636 | 1300 | 在建 |
| | 内江－简阳成品油管道 | 四川省内江市 | 简阳 | 159 | 380 | 在建 |

## ·油气资源管理·

【油气资源政策】 1. 油气探矿权首次向社会公开竞争出让。推进油气资源勘查开采体制改革是中央全面深化改革的重大部署,在有关部门和地方的大力支持下,改革迈出了坚实步伐。按照“放开市场、盘活区块、激发活力、加强监管”的思路,经国务院同意,率先在新疆开展改革试点,打破专营,通过公开招标,成功出让4个区块,中标企业承诺3年将投入85亿元进行勘查,拉开了常规油气上游市场化改革的序幕,为进一步深化油气勘查开采体制改革奠定了坚实的基础。

2. 页岩气勘查开采示范取得重大成果。重庆涪陵页岩气勘查开采示范基地,新增探明地质储量2739亿立方米,建成产能50亿立方米,提前超额完成阶段性目标,成为北美之外第一个商业性开发的大型气田。页岩气勘查开采技术全面实现国产化,已从“跟跑”进入和国外先进技术“并跑”阶段。接待国内外交流学习近万人次,较好地发挥了示范基地的作用。

3. 制度设计同步展开。在近年来探索以竞争方式配置油气勘查区块、页岩气招标、新疆油气区块招标试点的基础上,研究制定《油气勘查区块竞争出让暂行规定》。明确了油气矿业权与其他矿权重叠处理原则,力争边试点实践、边总结梳理、边出制度成果。

【油气矿业权审批管理】 截至2015年12月底,全国共受理油气(含煤层气、页岩气)探矿权申请481个,批准505个,面积207.21万平方千米(新立探矿权12个,面积9041.37平方千米);受理采矿权申请61个,批准31个,面积0.72万平方千米(新立采矿权16个,面积1880.57平方千米);受理注销申请38个,批准31个,面积9.94万平方千米;受理试采申请16个,批准14个。

截至2015年12月底,全国共有石油天然气(含煤层气、页岩气)勘查许可证1000个,勘查面积370.66万平方千米,其中,对外合作勘查许可证36个,面积9.29万平方千米;采矿许可证720个,开采面积14.86万平方千米,其中,对外合作采矿许可证39个,开采面积5273.10平方千米。

其中,中国石油探矿权357个,面积133.47万平方千米,采矿权414个,面积11.45万平方千米;中国石化探矿权269个,面积85.74万平方千米,采矿权202个,面积2.57万平方千米;中国海油探矿权242个,面积138.86万平方千米,采矿权87个,面积6987.55平方千米;延长石油探矿权46个,面积8.15万平方千米,采矿权6个,面积517.99平方千米;中联公司探矿权29个,面积17274.30平方千米,采矿权2个,面积193.29平方千米;其他企业探矿权57个,面积27181.79平方千米,采矿权9个,面积627.25平方千米(表1,图1、图2)。

表1 2015年油气有效矿业权统计表

| 公司名称 | | 探矿权 | | 采矿权 | |
|---|---|---|---|---|---|
| | | 项目数(个) | 面积(平方千米) | 项目数(个) | 面积(平方千米) |
| 中国石油 | 自营 | 341 | 1295390.50 | 403 | 111787.92 |
| | 对外合作 | 16 | 39281.52 | 11 | 2711.88 |
| | 小计 | 357 | 1334672.02 | 414 | 114499.80 |
| 中国石化 | 自营 | 269 | 857420.60 | 202 | 25748.15 |
| | 对外合作 | 0 | 0 | 0 | 0 |
| | 小计 | 269 | 857420.60 | 202 | 25748.15 |
| 中国海油 | 自营 | 233 | 1344725.70 | 61 | 4619.62 |
| | 对外合作 | 9 | 43865.56 | 26 | 2367.93 |
| | 小计 | 242 | 1388591.26 | 87 | 6987.55 |
| 延长石油 | 自营 | 46 | 81461.21 | 6 | 517.99 |
| | 对外合作 | 0 | 0 | 0 | 0 |
| | 小计 | 46 | 81461.21 | 6 | 517.99 |
| 中联公司 | 自营 | 18 | 7537.50 | 0 | 0 |
| | 对外合作 | 11 | 9736.81 | 2 | 193.29 |
| | 小计 | 29 | 17274.30 | 2 | 193.29 |
| 其他 | 自营 | 57 | 27181.79 | 9 | 627.25 |
| | 对外合作 | 0 | 0 | 0 | 0 |
| | 小计 | 57 | 27181.79 | 9 | 627.25 |
| 合计 | 自营 | 964 | 3613717.30 | 681 | 143300.93 |
| | 对外合作 | 36 | 92883.88 | 39 | 5273.10 |
| | 小计 | 1000 | 3706601.18 | 720 | 148574.03 |

【油气矿业权监督及秩序维护】 1. 加强油气年检工作。国土资源部对2014年度油气矿业权全部开展了年检工作。截至2014年底,全国有石油天然气(含煤层气、页岩气)矿业权1734个,其中探矿权1029个,采矿权705个。深海或特殊海域234个探矿权不参加年检,实检探矿权795个。新立不到半年的20个采矿权免检,深海或特殊海域2个采矿权不参加年检,1个采矿权未及时提交报告,实检采

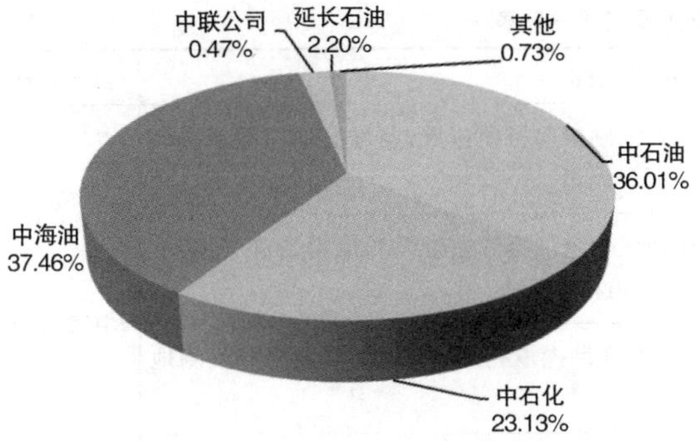


图1　2015年各石油公司探矿权登记面积饼状图

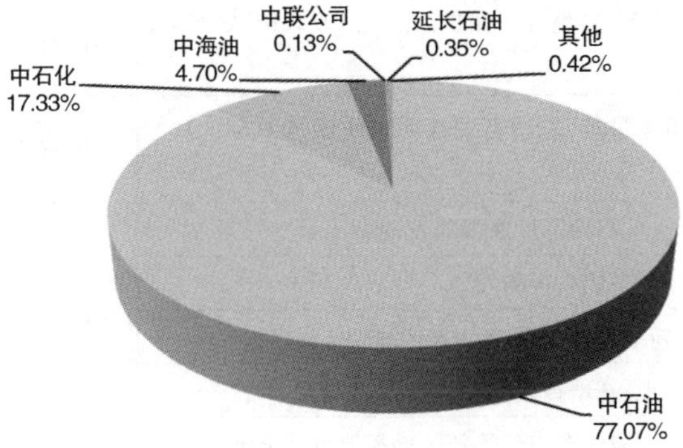


图2　2015年各石油公司采矿权登记面积饼状图

矿权682个。

2014年参加年检的油气探矿权795个，面积260.1万平方千米，勘查投入709.2亿元，未达到法定最低勘查投入的矿业权365个，占油气探矿权总数的45.9%，其中无任何投入的区块28个。未完成最低勘查投入的探矿权主要分布在塔里木、准噶尔、西藏羌塘、二连等盆地。

全国页岩气区块54个，面积19.6万平方千米。其中，常规油气区块增列页岩气区块28个，面积14.1万平方千米，勘查投入67.0亿元，未达到承诺勘查投入的区块13个。申请在先的区块5个，面积3.4万平方千米，勘查投入15.98亿元，未完成法定最低勘查投入的区块2个。竞争性出让区块21个，面积2.2万平方千米，实际投入8.2亿元，未达到承诺勘查投入的区块19个。

2. 油气监督管理进一步加强。积极探索“一级登记、部省联动”的油气监管体系。重庆出台解决涪陵页岩气勘查开采示范基地建设用地问题十条政策，切实为企业排忧解难，建立长效监管服务机制。山西切实加强油气资源勘查开采监管，初步建立了信息报告制度。宁夏积极协调解决宁东煤炭与油气矿业权重叠问题，加快推动相关矿业权证照办理，确保项目及时落地。

加大油气勘查区块退出力度，依法退出未完成勘查投入的油气探矿权。2015年注销核减油气探矿权面积23.35万平方千米，其中，中国石油9.82万平方千米、中国石化9.93万平方千米、中国海油3.09万平方千米、延长石油0.51万平方千米。这一举措有力地促进了公司科学部署工作、优化矿业权配置、加快勘探进程。

根据2014年油气年检结果，国土资源部在全国近3年累积未完成法定最低勘查投入和年度报告中存在问题的油气区块中选取146个区块，开展了专项督察，督促矿权人加大油气勘查力度，规范油气勘查年度报告填写。

**【油气科技管理】**　完成了全国油气资源动态评价(2015)。2015年，国土资源部组织开展了全国油气资源动态评价(2015)，并对2030年前全国油气储量产量增长趋势进行了预测。2016年3月24日，国土资源部向国务院报送《国土资源部关于2015年度全国油气资源评价成果的报告》(国土资发〔2016〕32号)。该项工作引起了中央媒体和社会各界的广泛关注。

自主研制了“海马”号深海非载人遥控探测潜水器。针对我国海域天然气水合物资源禀赋和勘查技术难点，通过自主创新与攻关，研制了深海非载人遥控探测潜水器，在珠江口盆地西部海域发现了天然气水合物找矿标志，为获取了天然气水合物实物样品发挥了重要作用，为我国天然气水合物勘查及深海矿产资源调查增添了新利器，填补了国内空白。

## ·油气资源勘查主要成果·

**【概况】**　2015年，全国油气勘探取得一批油气战略突破、增储主要进展及重要发现和苗头。其中，中国石油在主要探区油气勘探取得了26项重要成果，包括6项战略突破和20个整装规模储量区块；中国石化取得4项重要油气发现、14项油气新发现、16项商业发现和4个好苗头的勘探成果；中国海油国内自营勘探共预探55个构造，获得14个商业发现，15个潜在商业发现，成功评价21个含油气构造，合作勘探获得1个潜在商业发现；延长石油油气勘探获得新进展；石油公司和中国地质调查局在非常规油气资源勘查也获得突破和进展(表1至表3)。

**【石油天然气】**　1. 松辽盆地。2015年，松辽盆地新增石油探明地质储量$6579.20\times10^4$吨；新增天然气探明地质储量$72.58\times10^8$立方米。

表 1　　**2015 年全国油气资源勘查主要成果一览表**

| 盆地 | 类型 | 成果名称 | 公司名称 |
|---|---|---|---|
| 松辽 | 储量增长 | 盆地北部长垣以东三肇、朝阳沟地区石油勘探取得新进展，新增石油探明地质储量 $2849\times10^4$ 吨、控制 $1375\times10^4$ 吨 | 中国石油 |
| | | 盆地北部长垣南、宋芳屯－徐家围子地区扶余油层致密油勘探取得新进展，新增石油控制地质储量 $3490\times10^4$ 吨、预测 $9403\times10^4$ 吨 | |
| | | 盆地北部徐家围子断陷宋深 1 井区天然气勘探取得新进展，新增天然气预测地质储量 $534\times10^8$ 立方米 | |
| | | 盆地南部大情字井、高家地区石油勘探取得新进展，新增石油探明地质储量 $244\times10^4$ 吨、控制 $3614\times10^4$ 吨 | |
| | 规模商业发现 | 长岭龙凤山次洼评价勘探取得商业发现，新增控制储量天然气 $109\times10^8$ 立方米，石油 $202\times10^4$ 吨 | 中国石化 |
| 渤海湾 | 储量增长 | 辽河坳陷大民屯凹陷石油勘探取得新进展，新增石油探明地质储量 $1068\times10^4$ 吨、控制 $4111\times10^4$ 吨 | 中国石油 |
| | 新发现 | 胜顺 701 井东营组获工业油流，辽东东石油勘探取得新发现 | 中国石化 |
| | | 大斜 38 井获工业气流，济阳坳陷三新领域取得新发现 | |
| | 规模商业发现 | 埕岛评价勘探取得重要商业发现，新增控制储量 $1659\times10^4$ 吨 | |
| | | 东营南坡评价勘探取得重要商业发现，新增控制储量 $1556\times10^4$ 吨 | |
| | 突破和发现 | 海域黄河口东洼、庙西南凸起、大渤中地区东南环等新区勘探取得新突破 | 中国海油 |
| | 商业发现 | 海域蓬莱 7－6、旅大 16－3、曹妃甸 6－1、蓬莱 31－3 南、渤中 29－4W、南堡 35－2南、渤中 34－1 北西块 | |
| | 成功评价 | 海域曹妃甸 6－4、渤中 34－9、旅大 16－3、旅大 16－3 南、渤中 34－1 北、渤中 29－1、秦皇岛 27－3、垦利 10－1、曹妃甸 6－1、渤中 26－3、锦州 20－5、渤中 26－3、渤中 19－4 | |
| | 潜在商业发现 | 海域渤中 34－9 东、秦皇岛 33－5、蓬莱 25－1、蓬莱 20－2 | |
| 鄂尔多斯 | 战略突破 | 陇东地区陇 18 井马家沟组下组合勘探取得新发现，推动了古隆起东侧下古生界天然气勘探 | 中国石油 |
| | 储量增长 | 陇东地区石油勘探取得新进展，发现了亿吨级整装环江大油田 | |
| | | 姬塬地区石油勘探取得新进展，新增石油探明地质储量 $1.6\times10^8$ 吨、预测 $2.7\times10^8$ 吨 | |
| | | 长 7 段致密油勘探取得新进展，初步形成三大含油富集区，预计储量规模可达 $10\times10^8$ 吨 | |
| | | 苏里格地区天然气勘探取得新进展，初步落实天然气探明地质储量 $3445\times10^8$ 立方米、基本探明 $3482\times10^8$ 立方米 | |
| | | 东部子洲－清涧地区天然气勘探取得新进展，新增天然气控制地质储量 $2181\times10^8$ 立方米 | |
| | | 大宁－吉县、石楼西等地区煤系地层立体勘探取得新进展，新增天然气探明地质储量 $726\times10^8$ 立方米、控制 $284\times10^8$ 立方米 | |

**续表 1－1**

| 盆地 | 类型 | 成果名称 | 公司名称 |
|---|---|---|---|
| 鄂尔多斯 | 重要发现 | 锦105井在盒3段获工业气流，杭锦旗天然气甩开勘探取得重要油气发现 | 中国石化 |
| | 新发现 | 渭北77井获工业油流，渭北隆起带长9勘探取得新发现 | |
| | 规模商业发现 | 杭锦旗十里加汗区带评价勘探取得商业发现，新增控制储量 $762 \times 10^8$ 立方米 | |
| | 储量增长 | 盆地西部探区河川区勘探取得新进展 | 延长石油 |
| | | 吴起－志丹－甘泉区域天然气勘探取得重大进展，估算天然气探明地质储量 $1015 \times 10^8$ 立方米① | |
| | | 盆地南部探区深层探索取得重大发现，含油面积进一步扩大 | |
| | | 完善薄层测井识别技术，东部探区老井复查成效显著 | |
| | | 延长探区致密油勘探取得新进展 | |
| | | 临兴气田康宁西区二叠系千5段、盒2段、盒4段、盒5段、盒6段、盒7段、盒8上段、盒8下段和太2段气藏新增致密气探明储量 $269 \times 10^8$ 立方米 | 中联公司 |
| | 突破和发现 | 盆地东南部宜参1井钻获工业气流，实现了奥陶系碳酸盐岩领域调查新突破 | 中国地质调查局 |
| 四川 | 战略突破 | 川中高石梯－磨西－龙女寺构造下二叠统勘探取得新发现，进一步证实了川中地区下二叠统勘探潜力 | 中国石油 |
| | 储量增长 | 川中磨溪－高石梯构造震旦－寒武系天然气勘探取得新进展，新增天然气探明地质储量 $2171 \times 10^8$ 立方米、控制 $2038 \times 10^8$ 立方米、预测 $294 \times 10^8$ 立方米 | |
| | 重要发现 | 鸭深1、羊深1井在雷口坡组获高产气流，龙门山前海相天然气勘探取得重要油气发现 | 中国石化 |
| | 新发现 | 隆兴1井沙溪庙组获工业气流，南北向构造带勘探取得新发现 | |
| | | 元陆171井千佛崖组获工业气流，元坝巴中新层系取得新发现 | |
| | | 星101井获工业气流，阆中地区须四段勘探取得新发现 | |
| | 规模商业发现 | 川西龙门山前带雷口坡组气藏勘探取得商业发现，新增控制储量 $1112 \times 10^8$ 立方米 | |
| | | 川东北中浅层评价勘探取得商业发现，新增控制储量 $601 \times 10^8$ 立方米 | |
| | 好苗头 | 焦石1井茅口组获低产气流，川东南茅口组勘探发现好苗头 | |
| | | 马深1井寒武系洗象池组钻遇白云岩储层，川东南下组合勘探发现好苗头 | |
| | | 威页1井雷口坡组钻遇良好天然气显示，川西南下组合勘探发现好苗头 | |
| 塔里木 | 储量增长 | 哈拉哈塘地区碳酸盐岩石油勘探取得新进展，新增石油探明地质储量 $5466 \times 10^4$ 吨、预测 $4169 \times 10^4$ 吨 | 中国石油 |
| | | 库车坳陷克拉苏构造带天然气勘探取得新进展，新增天然气探明地质储量 $703 \times 10^8$ 立方米、预测 $602 \times 10^8$ 立方米 | |
| | 重要发现 | 顺托1井在鹰山组获高产气流，顺托果勒低凸起天然气勘探取得重要油气发现 | 中国石化 |
| | | 顺北1－1H井在一间房组获高产油流，顺北奥陶系石油勘探取得重要油气发现 | |

① 公司内部评价储量。

**续表 1-2**

| 盆地 | 类型 | 成果名称 | 公司名称 |
|---|---|---|---|
| 塔里木 | 新发现 | 胡杨1井石炭系卡拉沙依组获工业油流，塔河碎屑岩石油勘探取得新发现 | 中国石化 |
| | 规模商业发现 | 塔河深层鹰山组石油勘探取得商业发现，新增控制储量 $2543\times10^4$ 吨 | |
| | | 顺南奥陶系天然气评价勘探取得商业发现，新增控制储量 $319\times10^8$ 立方米 | |
| 准噶尔 | 战略突破 | 达巴松凸起达探1井多层系石油勘探取得新发现，展现了达巴松凸起及周缘良好勘探前景 | 中国石油 |
| | 储量增长 | 玛湖地区石油勘探取得新进展，新增石油探明地质储量 $5947\times10^4$ 吨、控制 $3011\times10^4$ 吨、预测 $7442\times10^4$ 吨 | |
| | | 红车断裂带石油勘探取得新进展，新增石油探明地质储量 $3319\times10^4$ 吨、控制 $9689\times10^4$ 吨、预测 $4415\times10^4$ 吨 | |
| | 新发现 | 董701井头屯河组获工业油流，准噶尔中4石油勘探取得新发现 | 中国石化 |
| | | 春79井获工业油流，春光探区白垩系甩开勘探取得新发现 | |
| | 规模商业发现 | 西缘评价勘探取得商业发现，新增控制储量 $1031\times10^4$ 吨 | |
| | 好苗头 | 准北1井三叠系发现良好油气显示，准北乌伦古凹陷勘探发现好苗头 | |
| 柴达木 | 战略突破 | 英西地区狮子沟构造深层石油勘探取得新突破，具备亿吨级储量规模 | 中国石油 |
| | | 柴西南扎哈泉地区扎探3井下干柴沟组石油勘探取得新发现，储量规模进一步扩大 | |
| 吐哈 | 战略突破 | 台北凹陷红台地区低饱和度油气藏勘探取得新突破，新增石油控制地质储量 $2274\times10^4$ 吨 | |
| 三塘湖 | 储量增长 | 马朗凹陷多层系立体勘探取得新进展，新增石油探明地质储量 $2962\times10^4$ 吨、控制 $1678\times10^4$ 吨、预测 $3124\times10^4$ 吨 | |
| 二连 | 储量增长 | 巴音都兰凹陷北洼槽石油勘探取得新进展，新增石油探明地质储量 $240\times10^4$ 吨、控制 $2528\times10^4$ 吨 | |
| 江汉 | 新发现 | 同升1井获工业油流，江陵凹陷南斜坡取得新发现 | 中国石化 |
| | 规模商业发现 | 江陵凹陷南斜坡岩性取得商业发现，新增控制储量 $538\times10^4$ 吨 | |
| 苏北 | 新发现 | 前锋1井获工业油流，金湖凹陷深凹带近岸水下扇取得新发现 | |
| | 规模商业发现 | 溱潼凹陷岩性油气藏取得商业发现，新增控制储量 $633\times10^4$ 吨 | |
| | | 金湖凹陷岩性油气藏取得商业发现，新增控制储量 $474\times10^4$ 吨 | |
| | | 高邮凹陷勘探取得商业发现，新增控制储量 $355\times10^4$ 吨 | |
| | | 海安凹陷勘探取得商业发现，新增控制储量 $207\times10^4$ 吨 | |
| 南襄 | 新发现 | 柴50井获工业油流，泌阳北部斜坡带岩性油藏取得新发现 | |
| | 规模商业发现 | 南阳凹陷勘探取得商业发现，新增控制储量 $518\times10^4$ 吨 | |
| 银-额 | 突破 | 中生界油气勘探获得突破，哈日凹陷天然气资源量达 $560\times10^8$ 立方米 | 延长石油 |
| | 新发现 | 首次在石炭系-二叠系发现有利油气赋存条件和资源前景，开辟了油气勘查新领域 | 中国地质调查局 |

续表 1-3

| 盆地 | 类型 | 成果名称 | 公司名称 |
|---|---|---|---|
| 珠江口 | 突破和发现 | 西江主洼古近系和白云西洼新区新领域勘探取得成功 | 中国海油 |
| | 商业发现 | 流花 20-2、流花 21-2 | |
| | 成功评价 | 陆丰 14-4、流花 20-2 | |
| | 潜在商业发现 | 番禺 11-12、开平 10-1、西江 33-1、白云 3-1、番禺 25-2 | |
| 北部湾 | 成功评价 | 乌石 16-9、乌石 16-1 西、涠洲 6-8、乌石 17-5 | 中国海油 |
| | 商业发现 | 乌石 16-1 西、乌石 17-5、乌石 16-9 | |
| | 潜在商业发现 | 乌石 23-5、乌石 1-6 南 | |
| | 新发现 | 涠 4 井涠三段钻遇厚油层，北部湾涠西南区块勘探取得新发现 | 中国石化 |
| 琼东南 | 突破和发现 | 中央峡谷水道勘探东西扩展获陵水 18-1 和陵水 25-1 气田，并在陵水 18-1 新层系莺歌海组拓展取得突破 | 中国海油 |
| | 商业发现 | 陵水 18-1、陵水 18-2 | |
| | 潜在商业发现 | 陵水 25-3、陵水 25-1 南 | |
| | 成功评价 | 陵水 25-1 | |
| 莺歌海 | 潜在商业发现 | 乐东 10-1、乐东 8-1（合作） | |
| 东海 | 新发现 | 三潭区带北部印月 2 井钻遇良好气层，西湖深层天然气取得新发现 | 中国石化 |
| | 商业发现 | 西湖花港构造带评价勘探取得商业发现，预计新增控制储量 $270\times10^8$ 立方米 | |
| | 成功评价 | 宁波 27-5 | 中国海油 |
| 南黄海 | 新进展 | 在崂山隆起西部实施大陆架科学钻探（CSDP-2 井），首次在中生代早三叠世、古生代晚二叠世海相地层中发现了油气显示 | 中国地质调查局 |
| 松辽盆地外围 | 新发现 | 在松辽盆地外围火山岩下新发现了突泉、扎鲁特等 10 余个油气远景盆地，正在实施的高 zk1 井、秀 D1 井、通地 1 井均获得油气显示 | |
| 河套 | 新进展 | 庆浅 1 井上太古界潜山钻遇含油层，有望获得工业油流 | |
| 羌塘 | 新进展 | 在半岛湖、托纳木油气有利区块识别出两个超过 100 平方千米的大型圈闭构造，具有形成大型油气田的潜力 | |
| 秭归 | 新进展 | 鄂西宜昌地区宜地 2 井寒武系天河板组钻获常规天然气 | |

表 2　2015 年全国煤层气资源勘查主要成果一览表

| 盆地 | 成果名称 | 公司名称 |
|---|---|---|
| 沁水 | 沁水煤层气田柿庄北区块凤台区二叠系下统山西组（P1s）3 号煤层新增煤层气探明储量 $26.34\times10^8$ 立方米 | 中联公司 |

表 3　2015 年全国页岩气资源勘查主要成果一览表

| 盆地 | 成果名称 | 公司名称 |
|---|---|---|
| 四川 | 焦页 4HF-焦页 5HF 井区新增探明储量 $2738.48\times10^8$ 立方米 | 中国石化 |
| | 威页 1HF 井试获天然气 $17.5\times10^4$ 立方米/日，成为继焦石坝之后页岩气勘探又一个商业新发现 | |
| | 焦页 8 井试获页岩气 $20.8\times10^4$ 立方米/日，取得焦石坝南部复杂构造区页岩气勘探重大突破 | |
| | 金页 1HF 井取得下寒武统筇竹寺组勘探重要突破，井研-犍为地区页岩气勘探取得新发现 | |

续表 3

| 盆地 | 成果名称 | 公司名称 |
|---|---|---|
| 四川 | 隆页 1HF 井龙马溪组获工业气流,实现盆外复杂构造带页岩气勘探突破 | 中国石化 |
| | 长宁、威远和黄金坝地区页岩气勘探取得新进展,新增天然气探明地质储量 $1635\times10^8$ 立方米 | 中国石油 |
| | 初步查明页岩气主力层位龙马溪组的资源潜力,龙马溪组页岩气远景区面积 $6.50\times10^4$ 平方千米,技术可采资源量 $8.12\times10^{12}$ 立方米 | 中国地质调查局 |
| | 贵州遵义安页 1 井获重大突破 | |
| 鄂尔多斯 | 云岩 – 延川地区上古生界页岩气勘探取得突破,初步落实页岩气地质储量 $452\times10^8$ 立方米 | 延长石油 |
| 秭归 | 鄂西宜昌地区宜地 2 井寒武系水井沱组取得页岩气勘探重大发现 | 中国地质调查局 |

①盆地北部长垣以东三肇、朝阳沟地区石油勘探取得新进展,新增石油探明地质储量 $2849\times10^4$ 吨、控制 $1375\times10^4$ 吨。长垣及其以东地区面积 $2.1\times10^4$ 平方千米,石油资源量 $82.7\times10^8$ 吨。2015 年滚动评价,精细研究,寻找规模效益可动用储量,在三肇、朝阳沟等地区新增探明、控制石油地质储量 $4223.92\times10^4$ 吨。其中,三肇地区葡萄花油层新增探明石油地质储量 $2848.92\times10^4$ 吨,技术可采储量 $635.48\times10^4$ 吨;朝阳沟地区扶余油层新增控制石油地质储量 $1375\times10^4$ 吨,技术可采储量 $440\times10^4$ 吨。截至 2015 年底,三肇、朝阳沟地区累计探明石油地质储量 $91385.07\times10^4$ 吨,技术可采储量 $13219.51\times10^4$ 吨。

②盆地北部长垣南、宋芳屯 – 徐家围子地区扶余油层致密油勘

探取得新进展,新增石油控制地质储量 $3490\times10^4$ 吨、预测 $9403\times10^4$ 吨。松辽盆地北部致密油勘探面积 $4.6\times10^4$ 平方千米,资源量 $12.7\times10^8$ 吨。2015 年立足甜点区,开展河道砂体精细刻画,优化水平井及体积压裂设计,提高单井产量,新获工业油流井 8 口。在长垣南葡萄花油田新增控制石油地质储量 $3490\times10^4$ 吨,技术可采储量 $314.1\times10^4$ 吨;宋芳屯 – 徐家围子地区新增预测石油地质储量 $9403\times10^4$ 吨,技术可采储量 $658.2\times10^4$ 吨。截至 2015 年底,松辽盆地北部扶余油层累计探明致密油地质储量 $2035.12\times10^4$ 吨,技术可采储量 $327.64\times10^4$ 吨。

③盆地北部徐家围子断陷宋深 1 井区天然气勘探取得新进展,新天然气预测地质储量 $534\times10^8$ 立方米。松辽盆地北部徐家围子断陷沙河子组面积 3731 平方千米,资源量 $2644\times10^8$ 立方米。近年来针对沙河子组致密气开展探井钻探和工程技术攻关,3 口水平井获工业气流,展现良好勘探潜力,但尚未开展试采工作,整体开发潜力有待进一步证实。2015 年立足安达,控制储量规模,拓展徐东、探索徐西,扩大含气场面,新获工业气流井 2 口。在安达地区宋深 1 井区新增预测天然气地质储量 $533.68\times10^8$ 立方米,技术可采储量 $160.1\times10^8$ 立方米。截至 2015 年底,徐家围子断陷累计探明天然气地质储量 $2349.06\times10^8$ 立方米,技术可采储量 $1122.68\times10^8$ 立方米。

④盆地南部大情字井、高家地区石油勘探取得新进展,新增石油探明地质储量 $244\times10^4$ 吨、控制 $3614\times10^4$ 吨。松辽盆地南部面积 $13.3\times10^4$ 平方千米,石油资源量 $29.13\times10^8$ 吨。该区斜坡带高台子、葡萄花油层砂体薄、产量低,砂体刻画难度大,认识程度较低。2015 年通过老井复查和砂体精细刻画、重新认识老区,寻找中浅层优质储量,新获工业油流井 3 口,老井复试 7 口获工业油流。在大情字井地区花 17 井区新增探明石油地质储量 $243.86\times10^4$ 吨,技术可采储量 $57.29\times10^4$ 吨;大情字井地区乾 151 井区新增控制石油地质储量 $1566\times10^4$ 吨,技术可采储量 $281.9\times10^4$ 吨;高家地区新增控制石油地质储量 $2048\times10^4$ 吨,技术可采储量 $343.7\times10^4$ 吨。截至 2015 年底,高家、大情字井地区累计探明石油地质储量 $22808.77\times10^4$ 吨,技术可采储量 $4597.67\times10^4$ 吨。

2. *渤海湾盆地*。2015 年,渤海湾盆地新增石油探明地质储量 $23837.94\times10^4$ 吨,其中陆域新增 $4870.64\times10^4$ 吨,海域新增 $18967.30\times10^4$ 吨;新增天然气探明地质储量 $161.86\times10^8$ 立方米,其中陆域新增 $23.25\times10^8$ 立方米,海域新增 $138.61\times10^8$ 立方米。

①辽河坳陷大民屯凹陷石油勘探取得新进展,新增石油探明地质储量 $1068\times10^4$ 吨、控制 $4111\times10^4$ 吨。渤海湾盆地辽河坳陷大民屯凹陷勘探面积约 800 平方千米。2015 年整体部署,提高单井产量,控制储量规模,新获工业油气流 5 口。在沈 268 井区新增探明石油地质储量 $506.31\times10^4$ 吨,技术可采储量 $86.07\times10^4$ 吨;沈 358 井区新增探明石油地质储量 $561.37\times10^4$ 吨,技术可采储量 $95.44\times10^4$ 吨;沈 351 井区新增控制

石油地质储量$3255\times10^4$吨，技术可采储量$528.8\times10^4$吨；沈281井区新增控制石油地质储量$856\times10^4$吨，技术可采储量$128.5\times10^4$吨。截至2015年底，大民屯凹陷累计探明石油地质储量$34534.24\times10^4$吨，技术可采储量$7895.04\times10^4$吨。

②胜顺701井东营组获工业油流，辽东东石油勘探取得新发现。胜顺701井位于渤海湾盆地渤中坳陷渤东凹陷东部辽东东构造带西部断阶带，完钻井深1500米，层位孔店组。完钻测井解释馆下段油层3层8.8米、上油层下含油水层1层3.1米、油水同层1层5.0米；东营组油层4层14.9米、油水同层1层5.6米。试油：1354～1359米，10毫米油嘴防喷折算日油49.74立方米。该井的成功，打开了辽东东地区勘探的新局面，展示了该区具有较大的勘探空间和勘探效益。

③大斜38井获工业气流，济阳坳陷三新领域取得新发现。2015年在强化东营组沉积体系和油气运聚规律分析研究的基础上，针对该区距离主力烃源远、储盖条件不利其成藏的大背景特点，分析认为应尽管临近油源断层的地区，寻找有利构造结合储盖条件进行部署。在此基础上，部署在车镇凹陷大王庄洼陷的大斜38井试油获得51583立方米/日的天然气流，是近年来济阳坳陷东营组油气勘探的新发现，估算圈闭资源量$1000\times10^4$吨。

④渤海高效完成曹妃甸6－4、旅大16－3/16－3南、渤中34－9三个大中型油田评价。曹妃甸6－4油田位于渤海西部海域石臼坨凸起西段陡坡带，紧邻渤中凹陷西次洼。油田范围内已被二维和三维地震资料所覆盖，三维地震有效资料面积为325平方千米，共计钻探10口井，累计进尺28362米。在明下段、馆陶组、东营组均获得较好的油气发现，油气层累计厚度421.7米，最大单井累计油层厚度183.5米。经DS吨测试均获得较好产能，其中CFD6－4－1井对东三段平均日产油240.5立方米、日产气19737立方米，东二下段平均日产油368.9立方米，日产气9602立方米。通过10口井的钻探，获三级石油地质储量$6743.73\times10^4$吨，其中探明石油地质储量$4011.98\times10^4$吨。曹妃甸6－4油田的成功发现，是渤海西部海域近50年勘探发现的最大中轻质油田，实现了油气勘探重大突破。

旅大16－3油田位于渤海辽东湾海域南部辽中南洼西部斜坡带上。油田范围内已被三维地震资料所覆盖，2014年钻探LD16－3S－1井发现旅大16－3南含油构造。2015年钻探6口井成功评价旅大16－3油田。油气层累计厚度517.8米，主要含油层系为东一＋东二上亚段和东三段；沙一二段和馆陶组含少量油层。其中LD16－3S－1井在东三段DS吨测试获得日产油562.14立方米，日产气88028立方米，在东一段DS吨测试获得原油产能为77.52立方米。新增探明石油地质储量$3128.77\times10^4$吨，新增探明天然气地质储量$42.98\times10^8$立方米。旅大16－3油田是辽中南洼首个规模较大的中轻质油藏，打开了该地区轻质油的勘探局面，同时该油田天然气储量规模与产能较为可观，使辽中南洼成长为渤海重要的储量接替区。

渤中34－9油田位于渤海南部海域，属于垦利油田群开发体系。油田范围内已被二维地震资料和三维地震资料所覆盖，共钻探井11口，其中2015年钻井7口，均获得油气发现，油气层累计厚度503.3米。油田主要含油层系为明下段、东三段和沙一二段，DS吨测试获得最高产能287.9立方米/日。探明石油地质储量$4028.51\times10^4$吨。该油田是渤海油田首次成功发现并评价的火成岩下大中型优质油田，开辟了渤海海域火成岩发育区油气勘探新领域。

⑤渤海结合再生产设施进行滚动勘探，渤中34－1N等多个油田成效显著。渤中34－1油田北块位于渤海南部海域黄河口凹陷渤中28－34中央构造脊，南部紧邻渤中34－1油田，北部紧邻渤中28－2南油田，油田范围内平均水深约20米。目前，渤中34－1油田北块已被三维地震资料所覆盖。2015年，为扩大渤中34－1油田北块滚动勘探战果，探索新的油气富集区块，为开发提供后备储量，在渤中34－1油田北块西侧先后钻探了BZ34－1N－F25井、BZ34－1N－8D井和BZ34－1N－F21井（开发井），三口井均获得了较好的油气发现，油气层厚度分别为44.5米、20.9米、39.0米，经计算，该区块共获探明石油地质储量$321.05\times10^4$吨。其中，BZ34－1N－F25采用一体化设计方案，直接转为生产井，节约了勘探费用，并加快了投产进程，是渤海油田2015年降本增效的典型案例，它也成勘探开发一体化工作的新典范。

⑥渤海黄河口东洼、庙西南凸起、大渤中地区东南环等新区勘探取得新突破。黄河口东洼属于边缘型小洼陷，其西侧与庙西南洼以郯庐走滑断层作为分割，东侧与黄河口中洼以渤中35构造脊作为分割，其南部为莱北低凸起、北部为渤南低凸起，构造范围内平均水深约20米。目前，黄河口东洼已被三维地震资料所覆盖。2015年在渤中36和蓬莱31区钻探PL31－3S－1井、BZ36－1－1D井和PL31－3－1D井三口预探井，三口井分获95.9、88米和28米油气层，且PL31－3S－1井、BZ36－1－1D井在主要含油气层段测试均获得商业产能，油品性质较好，开辟了渤海勘探的新战场。经计算，该区新增石油探明地质储量约$800\times10^4$吨，新增天然气探明地质储量约$6\times10^8$立方米。新一轮勘探证实黄河口东洼—庙西南洼具有较强的生排烃能

力，其近源区带具有良好的成藏条件，形成的油气藏具有油品性质好、测试产能高、储量丰度高的特点，且该区仍有多个圈闭尚未钻探，剩余资源量较大，极具勘探价值。

庙西南凸起蓬莱20－2构造位于渤海东部海域庙西南凸起西南端，平均水深28.5米。构造范围内已被二维地震资料和三维地震资料所覆盖，2015年年底该构造钻井1口，馆陶组获得油气发现，油气层累计厚度50.9米，新增探明石油地质储量约1000×$10^4$吨。蓬莱20－2构造圈闭面积大，剩余未钻断块资源量大，且紧邻蓬莱19－25开发体系，为蓬莱19－25油田群的增储上产奠定了坚实的基础。

大渤中地区东南环蓬莱7－6构造位于渤海东部海域渤东低凸起南段，为在基底高背景上发育起来的复杂“Y”字形构造，平均水深26.5米。构造范围内已被二维地震资料和三维地震资料所覆盖，2015年钻探的PL7－6－1井馆陶组测井解释油层78.1米，DS吨测试原油产能213.6立方米/日，日产气83925立方米，新增探明石油地质储量约1000×$10^4$吨。蓬莱7－6构造馆陶组测试产能高，油品好，若评价成功，有望在渤东探区建立新的开发体系，而且可以带动蓬莱13－2边际油田的开发。

3. 鄂尔多斯盆地。2015年，鄂尔多斯盆地新增石油探明地质储量42364.43×$10^4$吨，新增石油探明储量亿吨级油田是中国石油长庆姬塬油田（16018.4×$10^4$吨）和环江油田（11083.89×$10^4$吨）；新增天然气探明地质储量996.92×$10^8$立方米。

①陇东地区陇18井马家沟组下组合勘探取得新发现，推动了古隆起东侧下古生界天然气勘探。陇东地区位于鄂尔多斯盆地西部，有利勘探面积1.6×$10^4$平方千米。近年来，通过深化成藏条件研究，明确了古隆起区下古生界碳酸盐岩均具备形成风化壳储层的地质条件。以往钻探的城探1、城探3、陇22、莲1等探井在马二段、马三段均获低产气流，证实了该区马二段普遍含气。

2015年重点围绕中下组合勘探目标，通过深化成藏主控因素研究，开展地球物理技术攻关，加大勘探力度，部署的陇18井在奥陶系下部马家沟组马二段3916～3920米、3938～3942米试气，获日产气10.64×$10^4$立方米工业气流，首次在马家沟组下组合获高产，证实了马家沟组马二段也可形成风化壳气藏，对推动古隆起东侧下古生界天然气勘探具有重要意义。

②陇东地区石油勘探取得新进展，发现了亿吨级整装环江大油田。陇东地区位于鄂尔多斯盆地西部，有利勘探面积1.6×$10^4$平方千米。2015年重点落实镇北、合水地区长6段、长8段规模储量，新发现了亿吨级整装环江大油田。在罗228井、环82井、木30井、环56井、环42等井区长$8_1$段油藏新增探明石油地质储量11083.89×$10^4$吨，技术可采储量2039.43×$10^4$吨；在木110－里122井区长$8_1$段新增控制石油地质储量25814×$10^4$吨，技术可采储量5162.8×$10^4$吨。截至2015年底，陇东地区累计探明原油地质储量128812.89×$10^4$吨，技术可采储量26286.22×$10^4$吨。在水平井示范区累计建产能88.8×$10^4$吨，年产油51×$10^4$吨，预计可建成百万吨油田。

③姬塬地区石油勘探取得新进展，新增石油探明地质储量1.6×$10^8$吨、预测2.7×$10^8$吨。姬塬地区位于鄂尔多斯盆地西北部，有利勘探面积1.28×$10^4$平方千米。2015年围绕长8段油藏储量升级和落实长9段油藏含油规模，新获工业油流井149口，在盐67井区长$8_2$段、池141井区长$9_1$段以及耿166井区长$8_2$段、长4＋$5_2$段、长2段和延安组延10段、延9段油藏新增探明石油地质储量16018.4×$10^4$吨，技术可采储量2951.14×$10^4$吨；在黄116井、黄120井、黄44等井区长$6_1$、长$6_2$和长$6_3$段油藏新增预测石油地质储量26958×$10^4$吨，技术可采储量4043.7×$10^4$吨。目前姬塬地区已建成千万吨级大油田，2015年原油产量可达965.3×$10^4$吨。截至2015年底，姬塬地区累计探明原油地质储量125988.53×$10^4$吨，技术可采储量23921.14×$10^4$吨。

④长7段致密油勘探取得新进展，初步形成三大含油富集区，预计储量规模可达10×$10^8$吨。鄂尔多斯盆地长7段致密油有利勘探面积2.25×$10^4$平方千米，资源量20×$10^8$吨。2015年积极推进水平井体积压裂扩大试验和致密油开发试验，加大陇东、新安边、陕北地区勘探力度，新获工业油流井171口，其中大于20吨的井59口，进一步落实了陇东、新安边、陕北等三大含油富集区，预计储量规模可达10×$10^8$吨。目前致密油已建产能107.2×$10^4$吨，单井初期日产8.5吨，累产油超100×$10^4$吨，为油田稳产提供了技术储备。截至2015年底，鄂尔多斯盆地长7段累计探明石油地质储量10060.31×$10^4$吨，技术可采储量824.95×$10^4$吨。

⑤苏里格地区天然气勘探取得新进展，初步落实天然气探明地质储量3445×$10^8$立方米、基本探明3482×$10^8$立方米。苏里格地区位于鄂尔多斯盆地中西部，天然气勘探面积6×$10^4$平方千米。2015年主攻南三区，积极评价西二区，新获工业气流井25口。在苏里格地区西二区初步落实探明天然气地质储量3445.17×$10^8$立方米，技术可采储量1833.99×$10^8$立方米；在苏里格地区南部初步落实天然气基本探明地质储量3482.49×$10^8$立方米，同时落实有利勘探范围

3000平方千米。目前苏里格地区已连续9年新增地质储量超$5000\times10^8$立方米，形成探明、基本探明储量$4.46\times10^{12}$立方米，2015年苏里格地区天然气产量可达$246\times10^8$立方米。截至2015年底，苏里格地区累计探明天然气地质储量$13336.57\times10^8$立方米，技术可采储量$4571.98\times10^8$立方米。

⑥盆地东部子洲－清涧地区天然气勘探取得新进展，新增天然气控制地质储量$2181\times10^8$立方米。子洲－清涧地区位于鄂尔多斯盆地东部，勘探面积7000平方千米。2015年以盒7段、盒8段、山2段剩余预测储量升级为目的，部署探井37口，新获工业气流井11口。在绥德地区新增控制天然气地质储量$2181.32\times10^8$立方米，技术可采储量$1090.68\times10^8$立方米。目前已在子州气田建成年生产能力$15\times10^8$立方米，成为盆地天然气勘探开发的重要接替领域。截至2015年底，子洲－清涧地区累计探明天然气地质储量$1510.45\times10^8$立方米，技术可采储量$884.8\times10^8$立方米。

⑦盆地东部神木－双山地区天然气勘探取得新进展，新增天然气预测地质储量$2451\times10^8$立方米。神木－双山地区位于鄂尔多斯盆地东部，勘探面积8000平方千米。截至2014年底，累计探明天然气地质储量$3334\times10^8$立方米，成为我国陆上首个超千亿立方米的海相三角洲致密砂岩气田。2015年按照“向北扩大含气面积”部署思路，加大甩开勘探力度，新获工业气流井9口。发现了神58、神60等2个新的含气富集区，新增预测天然气地质储量$2450.77\times10^8$立方米。目前，神木气田已建成年生产能力$20\times10^8$立方米，成为盆地天然气勘探开发的重要接替领域。截至2015年底，神木－双山地区累计探明天然气地质储量$3333.89\times10^8$立方米，技术可采储量$1673.28\times10^8$立方米。

⑧大宁－吉县、石楼西等地区煤系地层立体勘探取得新进展，新增天然气探明地质储量$726\times10^8$立方米、控制$284\times10^8$立方米。大宁－吉县地区主体位于山西省境内，西跨黄河进入陕西省境内，矿权面积5784平方千米。2015年多层系立体勘探，主攻河东，整体控制主体砂带，甩开河西，保护矿权，新获工业气流井11口。在大宁－吉县地区新增探明天然气地质储量$242.88\times10^8$立方米，技术可采储量$114.32\times10^8$立方米；新增控制天然气地质储量$284.39\times10^8$立方米，技术可采储量$134.01\times10^8$立方米。另外，在石楼西地区新增探明天然气地质储量$483.57\times10^8$立方米，技术可采储量$230.63\times10^8$立方米。

⑨锦105井在盒3段获工业气流，杭锦旗天然气甩开勘探取得重要油气发现。前期什股壕区带勘探成果显著，已累计提交盒2＋3探明储量$162.87\times10^8$立方米，保有盒2控制储量$418.22\times10^8$立方米。

区带内的什股壕盒3层圈闭盒3段已有探明储量，圈闭内已完钻探井16口，其中锦66井、锦68井、锦82井前期在盒3段均已试获工业气流，证实了该层圈闭的含气性。2015年什股壕圈闭北部的预探井－锦105井，于盒3段钻遇气层7.0米，测试获工业气流，稳产8292立方米/日，进一步证实了什股壕圈闭盒3气藏良好的含气性。该井的成功，向北扩大了什股壕区带盒3气藏面积，落实什股壕圈闭盒3层圈闭面积686平方千米，圈闭资源量$282\times10^8$立方米。杭锦旗地区什股壕圈闭通过预探进一步扩大了含气范围，实现了盒2＋3气藏范围持续北扩，展现了一个千亿立方米储量阵地。

⑩渭北77井获工业油流，渭北隆起带长9勘探取得新发现。为了探索渭北隆起长3油层、长8油层及长9油层组砂体分布和含油富集规律，扩大已有储量区规模的同时打造出新的增储上产阵地，在旬宜区块实施渭北77井。渭北77井长9油层组试获工业油流，最高日产原油2.18吨，稳产0.9吨，渭北隆起石油勘探获得新层位的发现。渭北77井首次在渭北隆起带获得工业油流，进一步证实渭北隆起区下部成藏组合含油性良好，圈定渭北隆起区长9有利含油面积65平方千米，资源规模$2300\times10^4$吨，为鄂南的增储上产开辟了新的阵地。

⑪延长西部探区河川区勘探取得新进展。河川区位于探区西部志丹县境内，有利勘探面积约400平方千米。主要目的层为延长组长2段、长6段、长7段、长8段、长9段。通过强化石油地质综合研究和资源潜力分析，基本摸清该区延长组主要目的层油气成藏控制因素和分布规律，为优选各层系勘探有利区及勘探井位部署提供了充分依据，极大提高了勘探成功率。经过连续4年勘探，该区累计新增含油面积523.37平方千米，预计可探明石油地质储量$1.13\times10^8$吨，亿吨级大油田初具规模。

⑫延长南部探区深层探索取得重大发现，含油面积进一步扩大。南部探区延长组沉积时期处于盆地沉积中心，长9李家畔页岩、长7烃源岩分布广泛，物源条件良好。2015年立足北物源，加强基础研究和技术攻关，在张家湾、雨岔、川道、府村和腰坪等区完钻探井38口，20口获工业油流井，估算新增控制石油地质储量近$3000\times10^4$吨，展现了良好的勘探前景。

⑬延长探区致密油勘探取得新进展。2015年加大探区致密油勘探力度，采用直井稀探控制规模、水平井“工厂化”作业＋大规模压裂提高单井产量模式，试油工艺取得突破，水平井探井试油产量大幅提高，已试

油的7口探井平均稳产在10吨/日左右，初步探索出适用于延长探区的致密油勘探技术系列，展现出致密油勘探开发的巨大潜力。

⑭完善薄层测井识别技术，延长东部探区老井复查成效显著。东部探区依靠不断完善的薄层识别技术持续开展了薄层识别攻关，截至2015年11月底，在七里村及王家川采油厂老井薄层累计试油43口，32口获得工业油流，初步形成薄层控制区7个，在南泥湾采油厂发现薄层有利区5个，总面积达46.5平方千米，预测储量$780\times10^4$吨，实现了点到面的飞跃。

⑮吴起－志丹－甘泉区域天然气勘探取得重大进展，估算天然气探明地质储量$1015\times10^8$立方米。吴起－志丹－甘泉区域位于鄂尔多斯盆地伊陕斜坡东南部，发育多套含气层段，2014年上古生界探明地质储量$1210\times10^8$立方米。

2015年加大下古生界勘探力度，累计完钻探85口，完成试气53口，32口无阻流量大于$1.0\times10^4$立方米/日，初步估算叠合含气面积3038.3平方千米，天然气探明地质储量$1015\times10^8$立方米。

⑯临兴气田康宁西区二叠系气藏新增致密气探明储量$269\times10^8$立方米。临兴中区块位于山西省临县和兴县境内，归属于吕梁地区，矿权面积744.455平方千米，区块横跨鄂尔多斯盆地伊陕斜坡与晋西挠褶带两个构造单元。区块位于黄土丘陵沟壑区，地势由东北向西南倾斜，是吕梁山地向黄河峡谷的延续，东北部土石山区，中部大面积黄土丘陵区，西部黄河沿岸丘陵基岩裸露区，海拔1000～1500米。

临兴中区块康宁东区在2012年开始大规模勘探，2013年10月LX－06井盒4段试气无阻流量48000立方米/日，2014年4月在LX－04井太二段测试无阻流量132700立方米/日，2015年康宁西区LX－09井盒2段射孔后稳定产气量高达129120立方米/日，无阻流量为173000立方米/日，显示了康宁区致密气勘探的巨大潜力。

完成主要勘探工作量包括2004年、2007年、2012年三年累计完成弯线二维地震700.9千米，共计完成二维地震935.39千米。截至2015年9月30日，申报区内累计完钻探井12口，利用康宁西区探井2口，全部为直井。申报区内探井取芯12口，取芯芯长724.33米。共完成常规分析3755样次，特殊分析共202样次，微观分析513样次，流体分析共32样次。申报区内共试气8口井18层，获得工业气流11层。勘探程度达到提交探明储量的要求，地震、钻井、测井和测试成果符合探明储量规范要求。

本次申报的新增致密气探明地质储量为$268.72\times10^8$立方米，技术可采储量为$128.07\times10^8$立方米，经济可采储量$122.02\times10^8$立方米。探明叠合含气面积为157.83平方千米。

4. 四川盆地。2015年，四川盆地新增天然气探明地质储量$2185.94\times10^8$立方米，新增天然气探明储量$1000\times10^8$立方米级气田是中国石油西南安岳气田（$2170.81\times10^8$立方米）。

①盆地川中高石梯－磨溪－龙女寺构造下二叠统勘探取得新发现，进一步证实了川中地区下二叠统勘探潜力。高石梯－磨溪地区位于乐山－龙女寺古隆起东段。2012年以来，针对深层震旦－寒武系钻探过程中，多口井钻遇良好显示，测井解释有气层，综合研究认为高磨地区下二叠统是重要的潜在勘探领域，为此专门设立综合研究项目，并开展老井复查和相关试油工作，2014年，南充1井在茅口组发现孔隙型云岩储层，试气获得高产气流，磨溪31井栖霞组测试获日产气$37\times10^4$立方米工业气流，预示本区具有立体勘探潜力。

2015年加强川中地区下二叠统甩开预探和评价勘探力度，系统开展测井精细评价、评层选层及试气工作，部署探井5口。高石18、磨溪42井在栖霞组测试分别获日产气$42\times10^4$立方米、$22\times10^4$立方米工业气流，磨溪39井在茅口组测试获日产气$24.7\times10^4$立方米工业气流。在磨溪42井区新增天然气预测地质储量$487.84\times10^8$立方米，技术可采储量$341.49\times10^8$立方米；高石18井区新增天然气预测地质储量$307.25\times10^8$立方米，技术可采储量$215.08\times10^8$立方米。盆地下二叠统有利勘探区带进一步明晰，栖霞组滩相白云岩储层有利勘探面积3270平方千米，茅口组白云岩储层有利勘探面积15140平方千米。

②盆地川中磨溪－高石梯构造震旦－寒武系天然气勘探取得新进展，新增天然气探明地质储量$2171\times10^8$立方米、控制$2038\times10^8$立方米、预测$294\times10^8$立方米。川中磨溪－高石梯构造位于四川盆地中部川中古隆起区，有利勘探面积约$6.3\times10^4$平方千米。截至2014年底已提交三级储量$14507\times10^8$立方米，整体明晰了万亿立方米规模气藏群的含气范围。

2015年立足震旦系灯影组四段台缘带富集区，甩开外围，新获工业气流井12口。在高石1井区新增探明天然气地质储量$2170.81\times10^8$立方米，技术可采储量$1447.93\times10^8$立方米；磨溪22井区新增控制天然气地质储量$2038.25\times10^8$立方米，技术可采储量$1359.51\times10^8$立方米；磨溪23井区新增预测天然气地质储量$294.07\times10^8$立方米，技术可采储量$205.849\times10^8$立方米。截至2015年底，磨溪－高石梯地区震旦－寒武系累计探明天然气地质储量$6574.64\times10^8$立方米，技术可采储量$4530.61\times10^8$立方米。

③鸭深1、羊深1井在雷口坡组获高产气流，龙门山前海相天然气勘探取得重要油气发现。继彭州1井在雷口坡海相储层获得突破后，为进一步扩大龙门山山前带雷口坡组发现规模，2015年同时向北、向南甩开实施鸭深1井、羊深1井两口重点探井，均在雷口坡组获高产气流。其中向南甩开的羊深1井在雷四段（6182～6252米）测试获60.32×$10^4$立方米/日工业气流；向北甩开的鸭深1井雷口坡组获48.5×$10^4$立方米/日的工业气流。鸭深1、羊深1两口井的钻探成果进一步证实龙门山山前带雷口坡组储层发育，取得了龙门山山前带雷口坡组甩开勘探的重大突破，2015年新增预测储量1290×$10^8$立方米。

金马构造彭州1井、羊深1井、鸭深1井实钻揭示，山前带雷口坡组岩溶气藏为构造背景下的“地层＋岩性”，构造隆起带和斜坡区是油气运移与聚集的富集区，目前已落实圈闭面积589平方千米，资源量6382×$10^8$立方米，有望提交探明储量（2000～4000）×$10^8$立方米。川西坳陷雷口坡组有利圈闭面积3300平方千米，资源量1.5×$10^{12}$立方米，勘探潜力大，两隆两斜坡是有利勘探目标和领域。

④隆兴1井沙溪庙组获工业气流，南北向构造带勘探取得新发现。2015年以川西东斜坡断层与砂体叠合目标为重点进行预探，在川西坳陷南北向构造带部署的隆兴1井，对沙溪庙组$JS_3^{1-2}$、$JS_3^{3-1}$砂组进行分层压裂，合层测试施工，采用临界速度流量计求产，工作制度5.4毫米油嘴×12毫米孔板，稳定油压13.1兆帕，稳定套压15.3兆帕，天然气产量5.538×$10^4$立方米/日，取得了南北向构造带断层下盘沙溪庙组勘探新发现。

⑤元陆171井千佛崖组获工业气流，元坝巴中新层系取得新发现。元陆171井千佛崖组钻遇油气显示13层54米，测井解释油气层2层7.9米，对3646～3674米井段加砂压裂，测试获日产油2.2立方米、气1.3×$10^4$立方米，取得了巴中地区新层系勘探新发现，进一步揭示巴中地区具有油气兼探的良好条件，“上提层位、油气兼探”进一步实现了效益勘探。初步评价巴中地区千二段有利区面积734.9平方千米，是下步增储有利目标。

5. 塔里木盆地。2015年，塔里木盆地新增石油探明地质储量10805.17×$10^4$吨，新增探明储量5000×$10^4$吨级油田是中国石化西北的塔河油田（5339.07×$10^4$吨）；新增天然气探明地质储量1311.59×$10^8$立方米。

①盆地哈拉哈塘地区碳酸盐岩石油勘探取得新进展，新增石油探明地质储量5466×$10^4$吨、预测4169×$10^4$吨。塔里木盆地哈拉哈塘地区有利勘探面积5000平方千米。近年来在哈6、金跃、新垦、哈得逊持续获得新发现，哈拉哈塘油田范围向南、向东、向西不断扩大。

2015年重点评价跃满、富源、玉科等地区，预探英买2南及塔北西部碎屑岩。在哈德逊区块新增探明石油地质储量2740.54×$10^4$吨，技术可采储量580.97×$10^4$吨；跃满区块新增探明石油地质储量2725.56×$10^4$吨，技术可采储量574.59×$10^4$吨；富源区块新增预测石油地质储量4169×$10^4$吨，技术可采储量783.4×$10^4$吨。截至2015年底，哈拉哈塘地区累计探明石油地质储量25323.69×$10^4$吨，技术可采储量4825.6×$10^4$吨。

①盆地库车坳陷克拉苏构造带天然气勘探取得新进展，新增天然气探明地质储量703×$10^8$立方米、预测602×$10^8$立方米。塔里木盆地库车坳陷克拉苏构造带面积3750平方千米。2014年克深－大北区块评价勘探进展顺利，克深2、克深5、克深8、克深9、大北3、博孜1等六个千亿立方米气藏均取得重要进展，整体形成万亿立方米大气区，为“西气东输”提供重要保障。

2015年加大克深地区评价勘探力度，加强甩开预探，新获工业气流井7口。在克深5区块新增探明天然气地质储量703.31×$10^8$立方米，技术可采储量372.75×$10^8$立方米；克深13区块新增预测天然气地质储量601.95×$10^8$立方米，技术可采储量331.07×$10^8$立方米。截至2015年底，库车地区累计探明天然气地质储量9737.72×$10^8$立方米，技术可采储量6364.42×$10^8$立方米。

②顺托1井在鹰山组获高产气流，顺托果勒低凸起天然气勘探取得重要油气发现。塔中顺南地区奥陶系突破之后，为进一步评价塔中北坡奥陶系储层及含油气性，2015年向北甩开部署顺托1井，主要目的层为奥陶系一间房组和鹰山组，兼探志留系柯坪塔格组。顺托1井2015年2月3日完钻，完钻井深7874.01米，层位奥陶系鹰山组上段。该井一间房组钻至7861.68米发生溢流，点火焰高8～13米，钻至7874米再次溢流，点火，火势凶猛，裸眼段为一间房组－鹰山组上段（7669.52～7874.01米），放喷初期估算最高358×$10^4$立方米/日，采气树放喷初期58×$10^4$立方米/日。

顺托1井的钻探证实了一间房组下段－鹰山组上段储层规模较大，主要储集空间为裂缝、溶蚀孔洞，通过研究落实了4个有利储层发育带，面积260.8平方千米，圈闭资源量天然气290.69×$10^8$立方米，凝析油92.95×$10^4$吨。顺托1井的突破顺托大型气田初现端倪，初步实现“塔河之外找塔河”的战略构想，已落实圈闭资源量5770×$10^8$立方米，2015年提交预测储量443.83×$10^8$立方米。

③顺北1－1H井在一间房组获高产油流，顺北奥

陶系石油勘探取得重要油气发现。早期的沙雅隆起勘探中，顺北1井在奥陶系中下统钻遇井漏，测试过程中见少量油气，虽然失利但顺北1井钻探得到以下认识：沙雅隆起奥陶系整体含油气，南部喜山晚期轻质油气充注强烈；顺北地区奥陶系缝洞型储层发育，勘探应围绕主干断裂带上展开。为进一步揭示北东向深大断裂带内奥陶系储层发育特征及含油气性，2015年部署实施了顺北1－1H井，顺北1－1H井钻进至奥陶系一间房组7613.05米发生井漏，测试初期4毫米油嘴，油压43兆帕，日产油98吨。系统测试期间，6毫米油嘴，油压42.7兆帕，日产原油184.95吨，天然气9.07×$10^4$立方米，含水小于1%。顺北1－1H井的突破，证实了顺北地区是增储上产阵地的现实地区。目前顺北三维工区已重新落实和新发现奥陶系岩溶缝洞型圈闭6个，总面积147.66平方千米。其中入库圈闭4个，总面积112.96平方千米，资源量3732.35×$10^4$吨。

④胡杨1井石炭系卡拉沙依组获工业油流，塔河碎屑岩石油勘探取得新发现。塔河碎屑岩领域2015年部署的胡杨1井，在石炭系卡拉沙依组获工业油气流，卡拉沙依组Ⅳ砂段5248～5254米，放喷折算油148立方米/日，气15744立方米/日，截至2015年10月29日，累产气29346立方米，累产油154.11立方米，石炭系取得了古生界碎屑岩勘探导向性发现，开辟了成熟区在纵横向上精细、高效勘探的新局面，三维区新落实圈闭33.6平方千米，圈闭资源量1045×$10^4$吨。

6. *准噶尔盆地*。2015年，准噶尔盆地新增石油探明地质储量9706.40×$10^4$吨，新增探明储量5000×$10^4$吨级油田是中国石油新疆的艾湖油田（5947.07×$10^4$吨）；新增天然气探明地质储量144.83×$10^8$立方米。

①盆地达巴松凸起达探1井多层系石油勘探取得新发现，展现了达巴松凸起及周缘良好勘探前景。达巴松凸起及周缘毗邻玛湖、盆1井西两大富烃凹陷，面积2319平方千米。该区发育石炭－二叠系发育火山岩及云质岩两类优质储层，且风化壳发育，具备形成高产的储层条件，勘探程度低，成藏条件好，潜力巨大。

2015年优选达巴松凸起东北部达1井背斜部署风险探井达探1井。该井发现多套油气层，其中在侏罗系八道湾组测井解释油层8.6米/1层；三叠系百口泉组测井解释油层15.5米/3层；二叠系下乌尔禾组测井解释油层67.4米/22层；夏子街组、风城组测井解释气层49.9米/5层；石炭系测井解释气层52.2米/6层，展现出达巴松凸起及周缘多层系、多目标、多类型立体成藏的特点。目前已在石炭系7个大型鼻凸构造带落实构造目标20个，面积1552平方千米，勘探潜力大。

②盆地玛湖地区石油勘探取得新进展，新增石油探明地质储量5947×$10^4$吨、控制3011×$10^4$吨、预测7442×$10^4$吨。准噶尔盆地玛湖地区勘探面积1.25×$10^4$平方千米。2015年勘探由源边走向源内，加大斜坡区勘探力度，以扇控大面积成藏认识为指导，新获工业油气流井6口。在玛18井区新增探明石油地质储量5947.07×$10^4$吨，技术可采储量1272.68×$10^4$吨；风南4井区新增控制石油地质储量3011×$10^4$吨，技术可采储量301.1×$10^4$吨；艾湖2井区新增预测石油地质储量4851×$10^4$吨，技术可采储量485.1×$10^4$吨；盐北4井区新增预测石油地质储量2591×$10^4$吨，技术可采储量518.2×$10^4$吨。截至2015年底，玛湖地区累计探明石油地质储量64862.14×$10^4$吨，技术可采储量14245.15×$10^4$吨。

③盆地红车断裂带石油勘探取得新进展，新增石油探明地质储量3319×$10^4$吨、控制9689×$10^4$吨、预测4415×$10^4$吨。准噶尔盆地西北缘断裂带勘探面积2500平方千米。2015年围绕红车断裂带整体勘探，寻找规模效益储量，新获工业油流井7口。在克拉玛依区块新增探明石油地质储量2882.35×$10^4$吨，技术可采储量393.21×$10^4$吨；车排1井区新增探明石油地质储量223.98×$10^4$吨，技术可采储量44.8×$10^4$吨；红003井区新增探明石油地质储量212.86×$10^4$吨，技术可采储量49.17×$10^4$吨；车210井区新增控制石油地质储量7237×$10^4$吨，技术可采储量844.4×$10^4$吨；红153井区新增控制石油地质储量2452×$10^4$吨，技术可采储量367.3×$10^4$吨；克81井区新增预测石油地质储量4415×$10^4$吨，技术可采储量662.3×$10^4$吨。截至2015年底，红车断裂带累计探明石油地质储量126538.94×$10^4$吨，技术可采储量31922.72×$10^4$吨。

④董701井头屯河组获工业油流，准噶尔中4石油勘探取得新发现。继2004年准噶尔中部4区块董1井获得突破后，深化成藏认识，以阜东斜坡带断层与岩性复合圈闭为重点突破目标，相继部署了董7、董8井，均见到良好显示。2015年继续评价，部署的董701井在侏罗系头屯河组（3898.8～3910米）试油获得高产工业油气流，5毫米油嘴放喷，折算日油43.7立方米，气29664立方米，继董1井之后时隔多年再次在准噶尔腹部突破工业油流关，实现新发现。通过董701的钻探证实中4区块南北两大聚油条带呈现出良好勘探态势，有利圈闭面积598平方千米，具有3.5亿吨资源规模。

⑤春79井获工业油流，春光探区白垩系甩开勘探取得新发现。通过深化白垩系沉积特征研究，采用“相控储层预测”技术优选目标，围绕各砂组尖灭带和远岸砂体，稠油与稀油并举，寻找地层岩性油藏的思路，部署钻探的春79井，该井在K1见油气显示4层

15 米，测井解释油层 1 层 4.5 米，差油层 2 层 4.7 米，类比为工业油流井。春 79 井的成功，使 K1 突破“出油关”，初步计算春 79 井区新增含油面积 2.4 平方千米，新增地质储量 $233\times10^4$ 吨，白垩系甩开勘探取得新发现。通过细分砂组，2015 年白垩系新增预测储量 $870\times10^4$ 吨。

7. 柴达木盆地。2015 年，柴达木盆地新增石油探明地质储量 $6106.00\times10^4$ 吨；新增天然气探明地质储量 $42.95\times10^8$ 立方米。

①盆地英西地区狮子沟构造深层石油勘探取得新突破，具备亿吨级储量规模。柴达木盆地英西地区狮子沟构造勘探面积 164 平方千米。发育上、中、下三套成藏组合，浅层已发现油田。深层单井产量高，开发效果好，但地表及地下地质条件复杂，勘探成果难以扩展。

2015 年按照“主攻盐下、兼顾盐间，边研究、边部署、边扩展、边总结、边调整”的原则，部署预探井 7 口，评价井 5 口，新获工业油流井 6 口。其中，狮 38 井(加深)在盐下 3700～3804.62 米试油获日产油 605 立方米高产油流，成为油田 30 年来单井产量最高的井；狮 202 井在盐间 2574～2587 米试油获日产油 40 吨工业油流，在狮 37 井区新增石油预测地质储量 $4034\times10^4$ 吨，技术可采储量 $443.7\times10^4$ 吨。目前，英西地区已投产 9 口井，日产油 356 吨，平均单井日产量 39.6 吨，已建成产能 $10\times10^4$ 吨。盐下已落实三个高产区，预测含油面积 100 平方千米，具有亿吨级储量规模；盐间油层已提交预测储量近 $5000\times10^4$ 吨，是下一步预探扩展、整体评价、规模建产的现实区和主战场。

②盆地柴西南扎哈泉地区扎探 3 井下干柴沟组石油勘探取得新发现，储量规模进一步扩大。扎哈泉地区位于柴西南富烃凹陷内，勘探面积 1200 平方千米，石油资源量 $4.9\times10^8$ 吨。2012 年扎 2 井获得成功，实现了扎哈泉斜坡致密油勘探的突破，2013 年新获工业油流井 5 口，新增石油控制地质储量 $4201\times10^4$ 吨、预测地质储量 $7246\times10^4$ 吨。2014 年新获工业油流井 4 口，新增石油控制地质储量 $3312\times10^4$ 吨、预测地质储量 $2131\times10^4$ 吨。

2015 年按照“立体勘探、效益勘探、先产量后储量”的思路，部署预探井 4 口，评价井 6 口，新获工业油流井 4 口。其中，扎探 3 井在下干柴沟组下段 3144～3150 米测试获日产油 13.1 立方米工业油流，在扎探 3 井区新增石油控制地质储量 $3098\times10^4$ 吨，技术可采储量 $309.8\times10^4$ 吨。目前，扎哈泉地区开发井 87 口，日产油 365.2 吨，平均单井日产量 4.2 吨，已建成产能 $14.5\times10^4$ 吨/年，预计 2016 年底可建成 $30\times10^4$ 吨产能/年。

8. 吐哈盆地。2015 年，吐哈盆地新增石油探明地质储量 $868.67\times10^4$ 吨。盆地台北凹陷红台地区低饱和度油气藏勘探取得新突破，新增石油控制地质储量 $2274\times10^4$ 吨。

红台地区位于吐哈盆地台北凹陷东部小草湖洼陷。2014 年以来借鉴致密油勘探思路和体积压裂技术，优选红台构造带钻探的红台 2301 井直井多段体积压裂获高产油流，同时探索水平井提产技术钻探的红台 302H 井获日产油 46 立方米高产油流。

2015 年积极探索台北凹陷低渗低饱和油藏，持续开展钻完井工艺攻关，部署探井 4 口，新获工业油流井 2 口，老井试油 5 口均获成功。在红台 2 区块新增石油控制地质储量 $1339\times10^4$ 吨，技术可采储量 $239.8\times10^4$ 吨；红台 23 区块新增石油控制地质储量 $935\times10^4$ 吨，技术可采储量 $168.2\times10^4$ 吨。2015 年已投产开发井 34 口，日产油 154 吨、天然气 $14\times10^4$ 立方米，累产油 $3.71\times10^4$ 吨，已建成原油产能 $8\times10^4$ 吨/年、天然气 $0.5\times10^8$ 立方米/年。红台地区低饱和度油气藏地质认识的深化与工程技术攻关取得的新突破，打开了台北凹陷西山窑组油气藏勘探的新局面，加快了该区储量评价升级的步伐。

9. 三塘湖盆地。2015 年，三塘湖盆地新增石油探明地质储量 $2961.90\times10^4$ 吨。盆地马朗凹陷多层系立体勘探取得新进展，新增石油探明地质储量 $2962\times10^4$ 吨、控制 $1678\times10^4$ 吨、预测 $3124\times10^4$ 吨。

三塘湖盆地马朗凹陷有利勘探面积 1395 平方千米。2015 年扩展致密油规模，探索火山岩，新获工业油流井 5 口。在马 56 井区新增探明石油地质储量 $2961.9\times10^4$ 吨，技术可采储量 $162.9\times10^4$ 吨；牛东 110 井区新增控制石油地质储量 $1678\times10^4$ 吨，技术可采储量 $167.8\times10^4$ 吨；芦 104H 井区新增预测石油地质储量 $1441\times10^4$ 吨，技术可采储量 $80.7\times10^4$ 吨；马 67 井区新增预测石油地质储量 $1071\times10^4$ 吨，技术可采储量 $107.1\times10^4$ 吨；马 706H 井区新增预测石油地质储量 $612\times10^4$ 吨，技术可采储量 $34.3\times10^4$ 吨。目前已建产能 $27.3\times10^4$ 吨/年。截至 2015 年底，马朗凹陷累计探明石油地质储量 $11968.82\times10^4$ 吨，技术可采储量 $1276.21\times10^4$ 吨。

10. 二连盆地。2015 年，二连盆地新增石油探明地质储量 $1052.96\times10^4$ 吨；新增天然气探明地质储量 $3.52\times10^8$ 立方米。盆地巴音都兰凹陷北洼槽石油勘探取得新进展，新增石油探明地质储量 $240\times10^4$ 吨、控制 $2528\times10^4$ 吨。

巴音都兰凹陷位于二连盆地东部，面积 1200 平方千米。2001 年探索地层岩性油藏新领域，在南洼槽探明巴 19 反转构造－扇三角洲前缘河道岩性油藏，发现了一个新油田——宝力格油田。2015年精细砂体研究，寻找厚油层，落实规模效益储量，部署的巴101x井在阿尔善组1932.8～1952米试油，获日产油119.44立方米高产工业油流，为二连盆地碎屑岩单井日产油最高井。在巴48－巴90区块新增探明石油地质储量240.03×$10^4$吨，技术可采储量28.8×$10^4$吨；巴77x区块新增控制石油地质储量2528×$10^4$吨，技术可采储量379.3×$10^4$吨。截至2015年底，巴音都兰凹陷累计探明石油地质储量2489.04×$10^4$吨，技术可采储量503.52×$10^4$吨。

11. 江汉盆地。2015年，江汉盆地新增石油探明地质储量46.71×104吨。同升1井获工业油流，江陵凹陷南斜坡取得新发现，江陵南斜坡通过储层精细预测，利用金家场三维地震资料，开展储层精细预测，寻找厚储层发育区，在南部斜坡带落实6个岩性圈闭群。2015年按照整体部署，分步实施的思路，部署预探井——同升1井，在新沟咀组Ⅱ油组见油层，试油日产油3.56立方米，拓展了勘探领域。同升1井钻探成功，打开了南斜坡大型滩坝岩性油藏勘探新领域，圈闭资源规模2000×$10^4$吨，初步落实三级储量818×$10^4$吨。

12. 苏北盆地。2015年，苏北盆地新增石油探明地质储量635.53×$10^4$吨；新增天然气探明地质储量0.51×$10^8$立方米。

前锋1井获工业油流，金湖凹陷深凹带近岸水下扇取得新发现。金湖凹陷石港地区戴南组构造油藏主要分布石港断阶上升盘的腰滩和淮建，前期提交探明储量58.1×$10^4$吨。2015年通过沉积相分析与精细地震解释，针对腰滩工区三河深凹带有利成藏区带，积极探索戴南组近岸水下扇构造－岩性圈闭含油气性，发现戴南组发育水下冲积扇体，之后部署实施了前锋1井。前锋1井解释油层29.4米/13层，压裂测试获油4.63吨/日。前锋1井为构造－岩性圈闭，圈闭资源量720×$10^4$吨，通过进一步勘探评价，可望实现规模商业发现。

13. 银额盆地。2015年，银额盆地没有新增石油探明地质储量和新增天然气探明地质储量。

盆地中生界油气勘探获得突破，延长石油银额盆地矿权面积1.4×$10^4$平方千米，已累计完成二维地震2912千米，探井2口。延哈2井在钻探过程中白垩系巴音戈壁组见到105.56米/28层的荧光－油迹级良好油气显示，裂缝含油明显，延哈参1井在白垩系巴音戈壁组油气层2946～2951米灰质泥岩井段进行压裂试油试气，天然气井口产量达1.265×$10^4$立方米/日，折合无阻流量3×$10^4$立方米/日左右并伴有少量凝析油，首次在白垩系巴音戈壁组获得了工业油气流。延哈参1气藏在该探区属灰质泥岩新类型油气藏，该类油气藏的发现改变了银额盆地找油找气的传统模式，将对银额盆地资源潜力认识和勘探方向产生重要影响，证实银额盆地延长探区具备良好的成藏条件和资源基础，经估算，盆地哈日凹陷天然气资源量达560×$10^8$立方米。

14. 北部湾盆地。2015年，北部湾盆地新增石油探明地质储量2822.34×$10^4$吨；新增天然气探明地质储量17.84×$10^8$立方米。

①盆地成功评价乌石17－2周边多个油田。乌石17－2油田位于北部湾盆地乌石凹陷东区大型反转构造带，距乌石镇约25千米，水深约20米。2015年在其周边钻探WS16－1W－1d、WS16－1W－2d、WS17－5－1、WS17－5－2d井等四口井，发现乌石16－1W和乌石17－5油田，发现原油三级地质储量1670.35×$10^4$立方米，其中，探明地质储量1125.91×$10^4$立方米。WS16－1W－2d井流二段测试获得高产，日产油553.1立方米，气53674立方米。乌石17－2油田群的成功发现与评价，解放了产能，扩大了优质储层范围，大幅增加优质储量，夯实了立架建产的基础，有望于“十三五”建成乌石区首个油田。

②涠4井涠三段钻遇厚油层，涠西南区块勘探取得新发现。涠4井位于北部湾盆地涠西南低凸起西斜坡涠11－5W构造，主要勘探目的层为涠洲组三段、流沙港组一段、流沙港组二段。2015年11月11日开钻，12月12日钻至设计井深3783米完钻，垂深3111.68米。该井油气显示层累计总厚度173米/14层，测井解释油层79.3米/5层，油水同层11.8米/1层，含油水层31.5米/11层，水层376.1米/36层，干层10.4米/6层。涠4井在涠11－5W构造发现厚油层，证实涠西南低凸起西坡油气成藏条件优越，为涠西探区下一步油气勘探评价的最有利区带。

15. 琼东南盆地。2015年，琼东南盆地新增石油探明地质储量505.22×$10^4$吨；新增天然气探明地质储量727.33×$10^8$立方米。

盆地中央峡谷水道勘探东西扩展获陵水18－1和陵水25－1气田，并在陵水18－1新层系莺歌海组拓展取得突破。

陵水18－1气田区位于琼东南盆地陵水凹陷东次洼中央峡谷领域内，距海南岛三亚市约169千米，水深范围约为1600～1800米。陵水18－1气田区已实现三维地震资料全覆盖，地震工作量550平方千米，钻探LS18－1－1和LS18－2－1两口探井，总进尺6220米。发现天然气三级地质储量534.54×$10^8$立方米，其中，天然气探明地质储量288.71×$10^8$立方米。对LS18－1－1井进行DS吨求产测试，莺歌海组二段日产天然气106.6×$10^4$立方米，油22.7立方米。陵水18－1气田区LS18－1－1井和LS18－2－1井的勘探成功进一步深化了中央峡谷领域油气成藏规律，证实了陵水凹陷东次洼生烃能力及油气长距离侧向运聚能力，有效扩大了中央峡谷领域天然气地质储量，其中，LS18－1－1井的勘探成功为超深水区勘探新层系获得重大新突破，取得了莺歌海组首个商业性发现，具有重大的勘探意义。

陵水25－1气田区位于琼东南盆地乐东凹陷东缘中央峡谷领域，水深范围为800～1000米。陵水25－1气田区已实现三维地震资料全覆盖，地震工作量为720平方千米，已钻探LS25－1－1、LS25－1－2、LS25－1－3、LS25－1S－1等四口井，总进尺达16747米。发现三级天然气地质储量545.24×$10^8$立方米，其中，探明天然气地质储量380.86×$10^8$立方米。对LS25－1－1井进行DS吨求产测试，黄流组日产天然气100.8×$10^4$立方米，油62.8立方米。陵水25－1气田区的勘探成功创新了深水区“超压裂隙成藏”认识，突破了勘探禁区，发展了“岩性地层圈闭识别技术”，落实了一批新近系隐蔽目标，有效扩大了中央峡谷领域天然气地质储量规模，为深水区立架建产提供了有力保障。

16. 珠江口盆地。2015年，珠江口盆地新增石油探明地质储量3479.66×$10^4$吨；新增天然气探明地质储量69.00×$10^8$立方米。

①珠江口盆地白云东洼发现优质油田流花20－2和流花21－2，提升了该区勘探开发整体效益。白云东洼位于白云凹陷东北端，是白云凹陷的次级洼陷，海水深度300～800米。2015年在该区发现流花20－2和流花21－2两个轻质、高产中型油藏。

流花20－2油藏。2015年在流花20－2构造共钻探两口井，LH20－2－1预探井及LH20－2－2d评价井，水深分别为391米和395.9米，完钻深度为2969米和2750米，完钻层位均为珠海组。LH20－2－1井在珠江组进行了DS吨测试，自喷求产日产原油1278.8立方米，测试过程中仅见微量气，未见水，创造了南海东部海域勘探有史以来油井测试的最高纪录。流花20－2油藏计算新增探明原油地质储量1597.5×$10^4$吨。

流花21－2油藏。2015年度完钻1口井，即预探井LH21－2－1井，完钻深度3005米，完钻层位珠海组，未进行试油作业。流花21－2油藏计算新增探明原油地质储量542.07×$10^4$吨。

流花20－2、流花21－2油藏具有“高充满度、高油柱、高油饱、高产、低密度”的特点，是南海东部地区近年来最大的轻质油发现，与流花16－2等油藏一起，将形成一个具有5000×$10^4$立方米以上规模的新油田群产区，揭示珠江口盆地白云凹陷深水原油勘探取得重大突破，有望成为珠江口盆地原油勘探新的储量增长点。

②盆地西江主洼古近系和白云西洼新区新领域勘探取得成功。西江主洼位于珠江口盆地珠一坳陷中西部，东、南、西分别紧邻惠州凹陷、番禺4洼和恩平凹陷。该洼陷自1979年开展工作以来，地震工作上2D采集6382.9千米，3D采集868平方千米，截至目前共钻井11口。2015年钻探的XJ33－1－1井取得突破，XJ33－1构造A块三级储量初步预计为1243×$10^4$立方米，并在恩平组DS吨测试取得成功，日产油145.1立方米，气53659立方米。该井的成功拉开了西江主洼古近系勘探序幕，具有重大意义，证实了证实西江主洼为富生烃凹陷，创造南海东部自营勘探两项新纪录（完钻最深、测试层段最深），刷新了南海东部油气勘探经济基底，新区新领域的突破，西江主洼有望获得一批商业发现。

白云西洼位于白云凹陷西端，是白云凹陷的次级洼陷，海水深度100～800米。2015年在白云3－1构造钻探BY3－1－1预探井，完钻深度4041.0米，完钻层位珠海组，发现白云3－1潜在气藏，计算新增探明气层气地质储量32.59×$10^8$立方米，新增探明凝析油地质储量10.99×$10^4$吨。另钻探PY25－2－2评价井，完钻深度3753.0米，完钻层位珠海组。发现番禺25－2东潜在气藏，计算新增探明气层气地质储量40.52×$10^8$立方米，新增探明凝析油地质储量129.97×$10^4$吨。白云西洼白云3－1、番禺25－2东珠江下段“高气饱、高充满度”气藏的发现，实现了白云西洼新区勘探的突破。下一步继续加强成藏规律的研究，有望寻找到更多的油气储量。

**【煤层气】** 沁水盆地：2015年，沁水盆地新增煤层气探明地质储量26.34×$10^8$立方米。柿庄北区块凤台区二叠系下统山西组（P1s）3号煤层新增煤层气探明储量26.34×$10^8$立方米。

申报区位于沁水盆地南部，隶属长治市、晋城市管辖，大地构造位置处在我国东部新华夏构造体系第三隆起带的中段，即太行山隆起带。太行山隆起带系一西缓东陡的大型复背斜隆起。北段逐渐往北东弯曲，南段往南西乃至往西扭转，总体延伸方向为北20°～东30°。它与其他隆起带和沉降带彼此平行，并呈雁行排列。区域东部地势高峻，出露一套碳酸盐岩地层，呈南北向长条状分布，含岩溶裂隙水。向西地势逐渐降低。区域中部和西部地区属长治盆地，多被切割成黄土丘陵和低山，海拔800～1200米。该盆地为新生代早期形成的断陷盆地，堆积物最厚可达300米，其间有若干孔隙含水层。盆地中心为武乡－阳城凹褶带。区内尚有少量古生界的碎屑岩地层出露，含一系列裂隙含水层，富水性弱。盆地范围内奥陶、寒武系灰岩岩层埋藏较深。受区域构造的影响，柿庄北区块总体为一走向北东、倾向北西的单斜，叠加有近南北的褶曲，未见陷落柱发育。区内地层倾角5°～14°。

柿庄北区块内含煤地层主要为石炭系、二叠系含煤地层，煤层主要分布于山西组和太原组，含煤地层总厚度为141.84～199.84米，平均175.02米。柿庄北区块内共含煤层22层，煤层总厚为8.20～26.03米，平均15.12米，含煤系数为8.64%。申报区内3号、15号煤层均为高变质的无烟煤，3号煤层净厚度3.8～6.4米，平均5.45米，含气量为15.75～20.47立方米/吨，平均17.15立方米/吨，15号煤层净厚度2.02～6.1米，平均3.16米，含气量为5.56～28.03立方米/吨。本区内3号煤层含煤层气分布主要依据申报区内探矿权边界、地质界线（1000米埋深线）条件圈定，3号煤层含气面积为19.30平方千米。

山西柿庄北申报探明地质储量范围内3号煤含气面积19.30平方千米，探明总地质储量为$26.34\times10^8$立方米技术可采储量$13.17\times10^8$立方米。经济可采储量$12.66\times10^8$立方米。

**【页岩气】** 四川盆地：2015年，四川盆地新增页岩气探明地质储量$4373.79\times10^8$立方米。

①盆地长宁、威远和黄金坝地区页岩气勘探取得新进展，新增天然气探明地质储量$1635\times10^8$立方米。我国页岩气勘探主要在四川和滇黔桂等地区，有利面积$6.3\times10^4$平方千米，可采资源量$4.15\times10^{12}$立方米。2015年在四川盆地长宁、威远和黄金坝地区页岩气勘探取得新进展，新增探明天然气地质储量$1635\times10^8$立方米。其中，在宁201井区新增探明天然气地质储量$834.64\times10^8$立方米，技术可采储量$208.66\times10^8$立方米；在威202井区新增探明天然气地质储量$273.51\times10^8$立方米，技术可采储量$68.38\times10^8$立方米；在黄金坝YS108井区新增探明天然气地质储量$527.16\times10^8$立方米，技术可采储量$131.79\times10^8$立方米。

②焦页4HF－焦页5HF井区新增探明储量$2738.48\times10^8$立方米。在2014年上报探明地质储量$1067.5\times10^8$立方米的基础上，2015年9月25日国土资源部储委组织专家审定通过了“涪陵页岩气田焦石坝区块焦页4－焦页5井区五峰组－龙马溪组一段（$O_3w-S_1l$）新增页岩气探明储量报告”。新增页岩气探明含气面积277.09平方千米，探明地质储量$2738.5\times10^8$立方米，技术可采储量$684.6\times10^8$立方米，经济可采储量$342.8\times10^8$立方米。气田累计探明含气面积383.54平方千米，探明地质储量$3805.98\times10^8$立方米。

③威页1HF井试获天然气$17.5\times10^4$立方米/日，成为中石化继焦石坝之后页岩气勘探又一个商业新发现。威页1HF井5月18日完钻，完钻井深4788米。导眼井完钻井深3662米，钻遇优质页岩厚27.5米，TOC为2.04%～6.5%，平均3.2%，实测含气量1.86～6.73立方米/吨，平均4.06立方米/吨，泥浆密度2.06～2.09克/立方厘米，气测全烃1.06%～8.02%；水平段长1004.92米，全烃最高44.88%。

8月18日完成16段压裂，入井总液量29045立方米，砂量765立方米；完成四个工作制度测试，最高测试产量$17.5\times10^4$立方米/日（10毫米油嘴＋26毫米孔板，压力30.6↓26.4兆帕），成为中石化继焦石坝之后页岩气勘探取得的又一个商业新发现；截至2015年底，日产气$7.16\times10^4$立方米，累计产气$502\times10^4$立方米，累计排液13348立方米，返排率45.84%。

④焦页8井试获页岩气$20.8\times10^4$立方米/日，取得焦石坝南部复杂构造区页岩气勘探重大突破。焦石坝南部复杂构造区的重点页岩气探井焦页8井，试获日产页岩气$20.8\times10^4$立方米，取得焦石坝南部复杂构造区页岩气勘探重大突破，进一步扩大了涪陵页岩气田的规模。

该井导眼井于2014年8月30日开钻，2015年1月6日钻进至井深2866米完钻，钻遇35.8米优质页岩气层。2015年2月2日开始侧钻，5月11日钻达井深4654米完钻，水平段长度1507米，均落在龙马溪组下部优质页岩层。钻探过程中，页岩气显示良好，全烃最高可达99.99%。初步评价平桥断背斜面积110平方千米，页岩气资源量约$1000\times10^8$立方米。焦页8井试获高产页岩气流，对焦石坝外围页岩气Ⅱ期50亿立方米产能建设具有重要支撑作用。

⑤金页1HF井取得下寒武统筇竹寺组勘探重要突破，试采评价工作有序推进。2014年11月27日，金页1HF井完成15段压裂，测试获得日产量为$5.95\times10^4$立方米，实现了下寒武统页岩气勘探重要突破。2015年重点开展了该井的压恢测试和试采工作，试井地层压力48.82兆帕，地压系数1.51。截至2015年底，该井采用以销定产油管试采，套压19兆帕、油压18.8兆帕，日产气约$1\times10^4$立方米/日，累计产气$845\times10^4$立方米（其中测试阶段产气$247\times10^4$立方米），累计排液3479立方米，返排率44.02%。

⑥永页1井钻遇厚层优质页岩，有望实现又一个商业新发现。永页1HF井11月1日完钻，完钻井深5578米（垂深3988.28米），水平段长1502.06米。导眼井完钻井深3962米，钻遇优质页岩厚30米，TOC为1.21%～6.02%，平均3.01%，实测含气量0.93～

8.34 立方米/吨，平均4.9 立方米/吨，泥浆密度1.78～1.82 克/立方厘米，气测全烃0.67%～3.43%，有望实现勘探新突破。

8月24日开始侧钻，11月1日完钻，完钻井深5578米，垂深3988.28米，水平段长1502.06米，12月19～31日完成23段压裂施工，总入地液量37965.8立方米，总入地砂量1139立方米。

⑦隆页1HF井龙马溪组获工业气流，实现盆外复杂构造带页岩气勘探突破。该井于2015年10月7日完钻，完钻井深4378米。导眼井完钻井深2872米，钻遇优质页岩37米，TOC为2.15%～6.21%，平均为4.36%；Ro为2.54%，孔隙度4.6%～5.5%，平均4.95%，气测普遍在3%～10%，最高12.4%，现场分析含气量1.18～3.55立方米/吨，平均2.38立方米/吨，斯伦贝谢测井解释总含气量5.91立方米/吨；实钻水平段长1317米，气测显示井段2798～4378米(视厚度1580米)，全烃为27.51%/0.97%。11月26日完成17段压裂，入井总液量34139.4立方米，加砂总量1192.17立方米。12月15日，下连续油管采用8个工作制度测试获日产气4.24～6.29×$10^4$立方米，实现了复杂构造带宽缓向斜区内页岩气勘探新突破。

⑧积极推进南天湖、美姑－五指山、丁山等页岩气勘探评价。通过进一步深化四川盆地尤其是川东南、川南地区页岩气地质特征与成藏条件研究，以及经专家论证与中石化页岩气勘探目标统一评价系统评价排队相结合，优选部署了天页1、民页1和丁页3、4、5等一批钻井。天页1井设计井深3569米，9月18日开钻，截至2015年底井深2918米，层位：韩家店组，岩性为黄灰色灰岩、灰色、棕红色泥岩；民页1井设计井深2961米，11月5日开钻，截至2015年底井深1347米，层位为飞仙关组，岩性为灰色泥质粉砂岩、紫红色泥岩；丁山地区丁页3、4、5井设计井深分别为2410米、3840米、3700米，正在进行钻前施工。

2. 鄂尔多斯盆地。2015年度页岩气勘探围绕陕西延长页岩气高效开发示范基地建设任务，强化地质认识的创新及压裂新工艺的突破，页岩气勘探工作取得良好进展，一是在云岩－延川地区上古生界页岩气勘探取得突破，初步落实页岩气地质储量452×$10^8$立方米；二是二氧化碳压裂技术取得重大进展，成功实施页岩气储层$CO_2$干法压裂，在无水压裂方面走在了全国前列；三是形成陆相页岩气有利目标区综合判别技术系列，示范引领陆相页岩气勘探关键技术的发展。

页岩气探井完井5口(水平井2口)，试气3口，均获得工业气流，其中云页2井本溪组压裂获日产5×$10^4$立方米高产气流，山西组日产气2037立方米。

## ·油气资源开采主要成果·

【**概况**】 截至2015年底，全国已探明油气田980个(油田713个，气田267个)。其中，2015年新增探明油田16个，气田9个；煤层气田23个；页岩气田3个。

2015年，全国新投产油田11个，新建原油产能2032.5×$10^4$吨；新投产气田10个，新建天然气产能182.8×$10^8$立方米。其中，中国石油新投产油田3个，新建原油产能1214×$10^4$吨/年，新投产气田2个，新建天然气产能130×$10^8$立方米/年；中国石化新投产气田1个，新建天然气产能27.8×$10^8$立方米/年；中国海油新投产油田8个，新建原油产能430×$10^4$吨/年，新投产气田6个，新建天然气产能22×$10^8$立方米/年；延长石油新建原油产能145×$10^4$吨/年，新投产气田1个，新建天然气产能3×$10^8$立方米/年(表1)。

**表1　　2015年全国新投产油气田和新建产能表**

| 公司名称 | 新投产油田(分公司) | 新增原油产能($10^4$吨/年) | 新投产气田(分公司) | 天然气产能($10^8$立方米/年) |
|---|---|---|---|---|
| 中国石油 | 大庆的泰康油田，新疆的金龙油田，长庆的环江油田 | 1214 | 大庆的汤原气田，西南的渡口河气田 | 130 |
| 中国石化 | 未有新油田投产 | 243.5 | 元坝海相超深高含硫生物礁气田 | 27.8 |
| 中国海油 | 锦州25－1/25－1S综合调整、旅大10－1综合调整、垦利10－1、垦利10－4(天津)，番禺10－8(深圳)，涠洲12－2、涠洲12－1W、涠洲12－2N(湛江) | 430 | 番禺35－2、番禺35－1(深圳)、东方1－1一期调整(湛江)、宝云亭、团结亭和绍兴36－5(上海) | 22 |
| 延长石油 | | 145 | 延长气田延145井区 | 3 |

【石油】 2015年，面对国际油价持续低迷、市场急剧变化的复杂局面，各石油公司转变油田开发理念，积极应对低油价。

中国石油原油产能建设突出大庆茂15－1水平井示范区、长庆姬塬、新疆风城重18井区、塔里木哈拉哈塘等11个重点项目，优化部署及开发方案，全年完钻井10651口，进尺1997.8×$10^4$米，建成原油生产能力1214×$10^4$米，新井平均单井日产油3.2吨，同比上升0.4吨。持续深化老油田精细注水，全面落实注水专项治理、年末地下大调查等长效制度，油田平均自然递减率9.8%，连续两年低于10%，含水上升率小于0.5%。重大开发试验工作对增储上产的推动作用进一步显现。大庆油田三元复合驱技术、新疆油田七东1区聚驱项目、辽河油田锦16二元驱试验、塔里木油田东河塘油田注天然气混相重力驱试验取得较好效果，辽河油田、新疆油田稠油火驱试验、超稠油SAGD及大庆油田、长庆油田和大港油田空气泡沫驱试验项目都取得良好进展。

中国石化各油田板块切实转变油田开发理念，全力抓好各环节优化，主动压减高成本措施和低效无效产量。滚动评价落实了一批新的商业开发阵地，滚动勘探与评价商业成功率达到70%，落实商业开发储量5388×$10^4$吨；原油产能项目根据油价走势弹性运行，狠抓方案优化，增量项目全年开发成本控制在18.7美元/桶，同比下降0.7美元/桶，投产新井平均单井日产油同比提高0.8吨，单井年产油扭转了近几年下降的态势，同比提高149吨；全年关停油井1829口、注水井639口，对不同类型的1600口低效井分别采取了调参间开、延长转周、选择性不扶躺等手段，节约了生产运行费用。油井措施同比压减1659井次，措施有效率同比提高了3.6个百分点，单井次增油达到近几年最好水平。

中国海油前期项目以效益为中心，开发投资大幅降低，加强油藏精细化管理，提高调整井实施效果。严把地质油藏方案质量关，确保调整井项目、综合调整项目、新油气田开发项目等开发指标的实现。海上开发地震创新23项关键技术，形成5套技术系列，成果应用显著。储层精细表征技术和剩余油预测技术，在老油田挖潜中得到综合应用。海上稠油热采研究成果已应用于新项目前期研究之中。在海上低渗开发理论、方法、技术上获取了新的认识，建立的渤中25－1先导试验区已进入实施阶段。

1. *松辽盆地*。2015年，松辽盆地产石油4255.43×$10^4$吨。

①大庆油田。开发建设50多年来，大庆油田取得了辉煌的业绩。建成了我国最大的石油生产基地，主力油田采收率突破50%，比国内外同类油田高出10～15个百分点，实现了生产原油5000×$10^4$吨以上连续27年高产稳产，2003年到2014年已持续12年稳产在4000×$10^4$吨以上。

截至2015年底，累计探明石油地质储量64.2×$10^8$吨，累计探明天然气地质储量2823×$10^8$立方米。已开发油田36个，动用地质储量56.5×$10^8$吨、可采储量25.9×$10^8$吨；开发储采比9.36，可采储量采出程度87.6%，累计生产原油22.7×$10^8$吨。已开发气田14个，已开发气层气可采储量采出程度32.6%，气层气储采比86.6，累计生产天然气1127.1×$10^8$立方米。

2015年新钻开发井2339口，进尺314.35×$10^4$米，新建原油产能327.8×$10^4$吨，新建天然气产能2.5×$10^8$立方米，年产原油3839×$10^4$吨，年产天然气35.3×$10^8$立方米。

②吉林油田。截至2015年底，吉林油田累计探明石油地质储量14.8×$10^8$吨，累计探明天然气地质储量1204×$10^8$立方米。已开发油田22个，动用地质储量10.1×$10^8$吨、可采储量2.4×$10^8$吨；开发储采比17.33，可采储量采出程度67.6%，累计生产原油1.6×$10^8$吨。已开发气田4个，已开发气层气可采储量采出程度33.8%，气层气储采比38.5，累计生产天然气165.3×$10^8$立方米。

2015年新钻开发井807口，进尺131.62×$10^4$米，新建原油产能28.1×$10^4$吨，新建天然气产能0.7×$10^8$立方米，年产原油466×$10^4$吨，年产天然气13.2×$10^8$立方米。

2. *渤海湾盆地*。2015年，渤海湾盆地产石油7799.48×$10^4$吨。其中，陆上产石油4746.8×$10^4$吨，海上产石油3052.68×$10^4$吨。

①冀东南堡油田。南堡油田区域构造隶属渤海湾盆地黄骅坳陷北部的南堡凹陷，位于南堡凹陷的西部、南部海域部分。主要发育南堡1号、南堡2号、南堡3号、南堡4号、南堡5号等5个有利构造，勘探面积1000平方千米，主要是中、古生界潜山基础上发育起来的背斜构造和断鼻构造带。主要发育明馆浅层、东一段、奥陶系3套主力含油层系。目前南堡油田探明储量全部位于南堡1号、2号构造。南堡油田1号、2号构造已上报三级油气地质储量当量11.8×$10^8$吨，探明石油地质储量44510.17×$10^4$吨。其中南堡1号构造探明石油地质储量28645.44×$10^4$吨，南堡2号构造探明石油地质储量15864.73×$10^4$吨。纵向上探明储量全部为NmⅢ～Ed1油藏。截至2015年底，累积动用地质储量12182.59吨，可采储量2415.96×$10^4$吨。2015年南堡油田新钻开发井59口，进尺22.99×$10^4$米，新建产能22×$10^4$吨/年，年产油102×$10^4$吨。

②胜利油田。2015年，油田立足高效勘探，突出

商业发现，在勘探中取得一系列成果：东部探区车镇凹陷、陈家庄凸起北坡、沾化凹陷等勘探区块接连有新突破，其中，东营凹陷上古生界首次获得工业油流，海上埕岛主体北部打破了沉寂8年的空白区，辽东东区块胜顺701井获较高产工业油流，试油日产近50立方米；西部探区准中、准西、准北探区实现三面开花，其中，准中董701井的成功，明确了准噶尔盆地中部4区块增储目标，改变了准噶尔盆地腹部地区油气勘探沉闷的局面，该区域有望成为西部油气勘探生产的接替阵地。

技术创新创效取得新成果。以测调一体为核心的精细注水配套技术应用进一步扩大。胜利开发中心滨425滩坝砂特低渗油藏不压裂有效注水开发试验取得突破。水溶性降黏体系、自扩散降黏体系、微生物冷采等稠油冷采技术试验取得明显的降水增油效果。

全年生产原油 $2710.03\times10^4$ 吨，同比增加 $27.11\times10^4$ 吨。连续20年原油产量稳定在 $2700\times10^4$ 吨以上。受油价大幅下跌影响，胜利油田2015年首次陷入亏损，全年亏损超过92亿元。

③渤海油田。渤海油田连续6年稳产超 $3000\times10^4$ 吨油当量。2015年生产石油 $3052.68\times10^4$ 吨，天然气 $25.73\times10^8$ 立方米。2015年渤海湾盆地新投产两个油田，垦利10－1和垦利10－4油田，当年产油 $66\times10^4$ 吨。另外，锦州25－1/25－1S和旅大10－1的综合调整项目也取得初步效果，累计增油 $38.5\times10^4$ 吨。2015年，渤海油田在攻坚基础产量的同时，加强技术创新，通过措施增产与扩大开发、调整井规模，实现油田稳产增产，实现注水井措施710井次，将基础老井自然递减率有效控制在10%以内。坚持效益为本与效率优先，全年实施措施井1079次，取得了良好的增产效果。2015年共完成调整井投产112口，贡献产量 $158\times10^4$ 吨。渤海油田重视油田开发源头降本增效。2015年渤海油田开发投资降本81亿元，降本比例21%，单个项目内部收益率平均提升6%。

3. 鄂尔多斯盆地。2015年，鄂尔多斯盆地产石油 $3779.44\times10^4$ 吨。其中，中石油长庆 $2480.81\times10^4$ 吨，延长石油 $1241.51\times10^4$ 吨，中石化华北分公司 $39.62\times10^4$ 吨。

①长庆油田。继续保持油气当量 $5000\times10^4$ 吨以上高效稳产。立足低渗透生产原油 $2480.81\times10^4$ 吨，同比减产 $24.21\times10^4$ 吨，部分重点建产油田为长庆姬塬油田和长庆华庆（超低渗）油田。

长庆姬塬油田。姬塬油田位于陕西定边县、吴旗县，甘肃省环县、华池县与宁夏回族自治区盐池县境内，鄂尔多斯盆地陕北斜坡中西部，区域构造为一西倾单斜，主要含油层三叠系长8、长6、长4＋5、长2、长1和侏罗系延10、延9等油层组。属三角洲平原分流河道沉积，油藏埋深1950～2426米，有效厚度6.5～12.4米，孔隙度10.4%～16.5%，渗透率0.27～1.42毫达西，原始地层压力15.4～16.6兆帕，油藏类型为构造～岩性油藏。截至2015年底，累计动用地质储量 $104513\times10^4$ 吨，动用可采储量 $19866\times10^4$ 吨，年产油 $730\times10^4$ 吨。2015年姬塬油田完钻开发井1538口，完成进尺 $373.08\times10^4$ 米，建成原油产能 $85\times10^4$ 吨/年。

长庆华庆（超低渗）油田。华庆油田位于陕西省吴起县和甘肃省华池县境内，鄂尔多斯盆地陕北斜坡西南部，区域构造为一西倾单斜。主力油层为延长组长4＋5～长8油层组，油藏埋深1950～2180米，孔隙度9.3%～12.5%，渗透率0.57～1.22毫达西。超低渗透油藏资源主要分布在白239、元284、白255、山139四条砂带上。截至2015年底，累计动用地质储量 $30372\times10^4$ 吨，动用可采储量 $5705\times10^4$ 吨，年产油 $115\times10^4$ 吨。2015年超低渗产建区完钻井358口，完成进尺 $77.12\times10^4$ m，建成原油产能 $23.92\times10^4$ 吨/年。

4. 塔里木盆地。2015年，塔里木盆地产石油 $1293.01\times10^4$ 吨。

①塔里木哈拉哈塘油田。哈拉哈塘主力区块哈6井区位于塔里木盆地塔北隆起轮南低凸起中西部，是一个大型复合型潜山油藏。主要产层为奥陶系一间房组－鹰山组一段，在全区分布稳定。奥陶系油藏是受岩溶缝洞储层控制的大型碳酸盐岩准层状未饱和油藏。储集空间类型主要为裂缝－孔洞型占53%、孔洞型占24%、洞穴型占15%、裂缝型占7%，由于缝洞发育、储层非均质性强，造成钻井成功率低、高效井比例低、产量递减大等问题，勘探开发难度大。2009～2013年期间先后勘探、评价、开发哈6、新垦、热瓦普、金跃区块，累计上交三级地质储量 $3.05\times10^8$ 吨，其中探明 $1.65\times10^8$ 吨，控制 $0.99\times10^8$，预测 $0.41\times10^8$ 吨。截至2015年底，哈拉哈塘地区累积动用地质储量 $5469.7\times10^4$ 吨，累积动用可采储量 $896\times10^4$ 吨，2015年产油 $128\times10^4$ 吨，2015年产能建设完钻井72口，完成进尺 $47.5\times10^4$ 米，新建原油产能 $53\times10^4$ 吨/年。

②中国石化西北塔河油田。截至2015年底，塔河油田累计探明原油地质储量 $13.81\times10^8$ 吨，已开发 $8.89\times10^8$ 吨，采收率14.1%，累计探明技术可采储量 $1.95\times10^8$ 吨，累计探明技术可采储量 $1.7\times10^8$ 吨。2015年原油产量 $631.39\times10^4$ 吨，累计 $7847.48\times10^4$ 吨。

塔河缝洞型油藏采用电驱替代柴油驱设备、伴水方式由泵车改为注水泵注入、扩大五类低效井注气增效方式、优化注气参数，平均单井注气成本下降16万元，吨增油成本同比下降184元/吨。

5. 准噶尔盆地。2015 年，准噶尔盆地产石油 $1367.01\times10^4$ 吨。

新疆油田加强稠油控递减和抢投新井，生产原油 $1180\times10^4$ 吨。新疆油田优化开发部署，提高开发效益，调减稠油产能 $47.9\times10^4$ 吨，加快新发现资源资源转化、深化老区建产潜力，全年增加稀油产能 $47.1\times10^4$ 吨，稀油产能达 $132\times10^4$ 吨，占 82.5%，比 2014 年提高 48.7 个百分点。

风城油田。风城油田主要含油层系为侏罗系八道湾组、齐古组。油藏埋深 150～600 米，油层厚度 5～35 米，孔隙度 27%～30%，渗透率 792～1700 毫达西，50 摄氏度原油黏度 0.2～718 万厘泊。落实地质储量 $3.51\times10^8$ 吨。风城侏罗系超稠油发现于 20 世纪 50 年代，勘探始于 80 年代初，到 2006 年，累积探明石油地质储量 $3942\times10^4$ 吨。2007～2010 年开展注蒸汽热采工业化试验和 SAGD 攻关试验，获得了较好的初步效果。2010 年在整体油藏评价和前期试验的基础上，编制完成开发规划方案。规划方案部署开发井 6995 口，建产能 $1251.8\times10^4$ 吨，2015 年年产油 $400\times10^4$ 吨，稳产 17 年，全生命周期累积产油 $9986\times10^4$ 吨，最终采收率 36%。截至 2015 年底，累积动用地质储量 $11576\times10^4$ 吨，可采储量 $2848\times10^4$ 吨。受燃烧锅炉及效益等问题，2014 年大幅放缓了产能建设节奏，风城油田原规划 $400\times10^4$ 吨上产调整为 $260\times10^4$ 吨长期稳产。2015 年产能建设完钻井 221 口，完成进尺 $13.31\times10^4$ 米，建产能 $34\times10^4$ 吨/年，生产原油 $211\times10^4$ 吨。

6. 柴达木盆地。2015 年，柴达木盆地产石油 $223.0\times10^4$ 吨。

青海昆北油田：昆北断阶带位于柴达木盆地西部祁漫塔格山北缘，目前昆北断阶带发现切 6、切 16－切 4 和切 12 区三个整装油藏，切 6、切 12 区 2011 年上报探明石油地质储量 $6209.36\times10^4$ 吨，切 16－切 4 区上报控制石油地质储量 $5343\times10^4$ 吨，探明＋控制石油地质储量达 $11552.36\times10^4$ 吨，形成亿吨级储量场面。2012 年产能建设完钻井 95 口，完成进尺 19.5 万米，建成原油产能 $13.68\times10^4$ 吨/年。截至 2015 年底，昆北油田动用石油地质储量 $4548\times10^4$ 吨，动用可采储量 $1019\times10^4$ 吨，年产油 $17\times10^4$ 吨。2015 年完钻井 2 口，完成进尺 $0.38\times10^4$ 米，建成原油产能 $0.1\times10^4$ 吨/年。

7. 吐哈盆地。2015 年，吐哈盆地产石油 $182.62\times10^4$ 吨。

鲁克沁油田：鲁克沁稠油油田位于吐哈盆地南部，行政隶属鄯善县鲁克沁乡。鲁克沁稠油聚集带包括鲁克沁构造带和玉北－连木沁构造带，横向上分为东、中、西、北四个区，主力油层 T2k2 Ⅱ，油层厚度 30～80 米，埋深 2200～3700 米。已探明含油面积 18.74 平方千米，地质储量 $8487\times10^4$ 吨。鲁克沁油田于 1997 年投入试采，2000 年 8 月优选储层物性好、单井产能高的鲁 2 块投入开发，衰竭开发两年半后于 2003 年 6 月在鲁 3－7 井开展了常规注冷水试验，在矿场试验成功的基础上，于 2005 年 10 月该块全面投入注水开发。在鲁 2 块注水开发试验成功基础上，玉东区块 2008 年整体投入注水开发。截至 2015 年底，鲁克沁油田累积动用石油地质储量 $11638\times10^4$ 吨，动用可采储量 $1771\times10^4$ 吨，年产油 $80\times10^4$ 吨。2015 年完钻井 44 口，完成进尺 $17.74\times10^4$ 米，建成原油产能 $8.7\times10^4$ 吨/年。

8. 苏北盆地。2015 年，苏北盆地产石油 $195.51\times10^4$ 吨。

9. 珠江口盆地。珠江口盆地连续 20 年油气产量超 1000 万吨，2015 年石油产量 $1434.39\times10^4$ 吨。盆地东部新投产 3 个油气田，番禺 35－1、番禺 35－2 和番禺 10－8，当年累计产油 $4.7\times10^4$ 吨，产气 $3.4\times10^8$ 立方米。增产措施完成情况较好，效果明显。油区全年实施重大增产措施 14 井次，年增产油 $34.8\times10^4$ 立方米。

10. 北部湾盆地。2015 年北部湾盆地石油产量 $271.88\times10^4$ 吨，天然气 $3.19\times10^8$ 立方米。新投产两个油气田，涠洲 12－1W 和涠洲 12－2 油气田，当年累计产油 $9.2\times10^4$ 吨。针对涠洲油田群陆相沉积砂岩储层不同的伤害机理，构建了 5 套防酸敏复合解堵液体系，累计应用 13 井次，措施效果显著。针对文昌油田修井过程中的储层保护问题，对修井液的性能进行优化，形成了新型隐形酸修井液体系，储层保护效果较好，并大幅降低了修井液成本。在涠洲 12－1 油田二期调整（中南块）项目中，通过对防腐选材进行优化，测算节费用约 4000 万元人民币。

**【天然气】** 2015 年，面对全国天然气需求增速大幅放缓的新态势，结合市场变化和投资大幅调减情况，各石油公司采取多种措施积极应对。

中国石油按照科学开发、突出效益、保持重点地区油气当量稳定等原则制定新的运行方案，加强与下游沟通，实现了全年安全平稳供气。四大气区生产天然气 $826.3\times10^8$ 立方米，占总量的 87%。呼图壁、相国寺等 6 座储气库年注气 $53\times10^8$ 立方米、采气 $11\times10^8$ 立方米，发挥了重要的调峰保供作用。结合市场变化和投资大幅调减情况，天然气产能建设突出长庆、塔里木、西南等重点气区和重点项目，强化方案优化和井位精细论证，自营区全年完钻开发井 1500 口，进尺 $449.7\times10^4$ 米，新建产能 $130\times10^8$ 立方米/年，天然气年生产能力突破 $1000\times10^8$ 立方米/年（含溶解气）。

中国石化全力推进元坝天然气二期产能建设工程，元坝海相超深高含硫生物礁气田基本建成；鄂尔多斯盆地低渗致密气藏6亿立方米产能建设任务顺利完成；启动东北龙凤山气田产能建设，1亿立方米产建工程效果较好；继续加强滚动勘探与气藏评价，在鄂北、川西、东北等地区落实建产新阵地。

1. 松辽盆地。2015年，松辽盆地产天然气54.39 $\times 10^8$立方米。

龙凤山气田：龙凤山气田属低孔低渗凝析气藏，在探井北201井取得成功的基础上，开发积极跟进评价，在营Ⅳ砂组试气获高产，试采效果好，落实商业开发储量$31 \times 10^8$立方米。通过加强沉积相研究，细化测井相和地震相研究，明确了砂体展布规律，综合确定储层富集区带，部署完钻13口井，平均储层钻遇率64%，平均气层钻遇率56%，新建天然气产能$1.06 \times 10^8$立方米，凝析油产能$1.88 \times 10^4$吨，提交天然气探明地质储量$32.5 \times 10^8$立方米，凝析油储量$98.0 \times 10^4$吨。

2. 鄂尔多斯盆地。2015年，鄂尔多斯盆地产天然气$427.04 \times 10^8$立方米。

①长庆苏里格气田。主要目的层为$P_1s$、$P_2h$、$O_1m$。勘探面积约33000平方千米，气层埋深平均3500米，地温梯度3.06摄氏度/100米，平均孔隙度8.9%，渗透率平均0.7毫达西。截至2015年底，累计探明+基本探明储量$3.49 \times 10^{12}$立方米，其中探明储量$13337.88 \times 10^8$立方米。累计投入开发地质储量$9904.9 \times 10^8$立方米。2015年完钻开发井824口，建成产能$46.7 \times 10^8$立方米/年。年末总配套生产能力235 $\times 10^8$立方米/年；2015年12月累计投产气井8731口，开井8146口，日产水平$6927 \times 10^4$立方米，平均单井日产量$0.85 \times 10^4$立方米，年产气$237.1 \times 10^8$立方米，累计采气$1254.8 \times 10^8$立方米。

②大牛地气田及杭锦旗锦66井区、锦58井区。鄂尔多斯低渗致密气藏产能建设区主要在大牛地气田上古、下古及杭锦旗锦66井区、锦58井区，新增动用地质储量$258 \times 10^8$立方米，钻水平井86口，新建产能$6 \times 10^8$立方米，新增经济可采储量$47.8 \times 10^8$立方米。大牛地下古奥陶系风化壳气藏，形成“定性+定量”的风化壳储层预测技术，在马五1+2段实施6口评价井，平均无阻流量$19 \times 10^4$立方米/日，PG26井和DPF-201井无阻流量达到$50 \times 10^4$立方米/日，评价落实商业开发储量$101 \times 10^8$立方米，预计可新建产能$2 \times 10^8$立方米。杭锦旗区块锦58井区，不断深化地质认识，形成了针对性的储层预测技术，明确了有利储层反射结构特征，盒1段完钻评价井6口，砂岩钻遇率91%，显示钻遇率60%，试气井4口，平均无阻流量$18.9 \times 10^4$立方米/日，其中J58P5H测试无阻流量31 $\times 10^4$立方米/日。评价井钻遇及试气效果好，展示了锦58井区良好的开发前景，评价落实商业开发储量$331 \times 10^8$立方米，预计可新建产能$6 \times 10^8$立方米。

③延长气田延145井区顺利建成投产。延川延145井区产能建设圆满完成。该区设计产能$3 \times 10^8$立方米/年，已累计完成开发井110口，动用含气面积152平方千米，地质储量$127 \times 10^8$立方米，建成集气站4座，净化厂1座，10月投产试运行，顺利实现给LNG厂供气。

3. 四川盆地。2015年，四川盆地产天然气247.67 $\times 10^8$立方米。

①西南磨溪龙王庙组气藏。已探明天然气地质储量$4403.83 \times 10^8$立方米，可采储量$3082.68 \times 10^8$立方米。开发方案动用地质储量$3218.36 \times 10^8$立方米，总井数74口，其中利用探井12口，开发井45口（其中4口备用井），污水回注井11口，观察井3口，新部署评价井3口。建成天然气产能规模$110 \times 10^8$立方米/年，产量规模$90 \times 10^8$立方米/年。2015年实际完钻开发井15口，进尺$6.14 \times 10^4$米，新建产能$33.66 \times 10^8$立方米/年。截至2015年底，气藏累计开钻井30口，完钻井28口，完成试油井23口，获气井23口，累计配套生产能力$83.49 \times 10^8$立方米/年；地面净化厂建设进展顺利，累计建成方案$110 \times 10^8$立方米/年地面处理能力。截至2015年底，已累计投产井30口（探井13口，开发井17口），井均日产气$80 \times 10^4$立方米/日，当年产气$59.1 \times 10^8$立方米，已累采气$94.3 \times 10^8$立方米。

②元坝海相超深高含硫生物礁气田基本建成。元坝元坝气田长兴组气藏发现于2007年，是世界上埋藏最深的海相高含硫气藏，具有埋藏超深、高温、高压、高含硫化氢、非均质性强、气水关系复杂等特点，2011年提交探明储量$1943 \times 10^8$立方米。元坝长兴组气藏34 $\times 10^8$立方米产能建设工程2011年启动，分两期进行建设。一期方案设计开发井14口（新钻井9口），动用储量$574 \times 10^8$立方米，净化气产能$17 \times 10^8$立方米，采气速度3.4%，稳产8年，2014年底建成投产，投产井14口，配产$680 \times 10^4$立方米/日，新建净化气产能19.5 $\times 10^8$立方米，高于方案设计。二期方案设计开发井23口（新钻井10口），动用储量$613 \times 10^8$立方米，净化气产能$17 \times 10^8$立方米，采气速度3.3%，稳产6年，2015年10月开始陆续投产。截至2015年底共投产测试井18口，配产$400 \times 10^4$立方米/日，新建净化气产能$12.0 \times 10^8$立方米，已测试井各项开发指标与方案设计基本相符，剩余5口井计划2016年投产。

③川西东坡沙溪庙气藏。川西东坡沙溪庙气藏，进一步完善了以“河道砂体识别与刻画”为特色的隐蔽岩性气藏储层预测技术体系，精细刻画出东坡沙溪

庙组气藏近10套砂组共计40余条河道。2015年实施滚动勘探与气藏评价井6口，测试井4口，平均$2.6\times10^4$立方米/日，评价落实商业开发储量$41\times10^8$立方米，预计可新建产能$1\times10^8$立方米。

4. 塔里木盆地。2015年，塔里木盆地产天然气$251.53\times10^8$立方米。

①塔里木克深气田。克深2区块含气面积64.02平方千米。截至2015年底，累计探明天然气地质储量$1542.93\times10^8$立方米，可采储量$925.76\times10^8$立方米。开发方案动用地质储量$3002\times10^8$立方米，总井数73口，其中生产井63口（建设期58口，稳产期5口），产能备用井6口，污水回注井1口，观察井3口，建成天然气产能规模$60\times10^8$立方米/年。2015年实际在克深2－8区和克深9区块跨年完钻井6口，进尺$5.79\times10^4$米，新建产能$11.1\times10^8$立方米/年，累计配套产能$48.9\times10^8$立方米/年。2015年12月，开井34口，日产气水平$1348\times10^4$立方米，平均单井日产气$39.6\times10^4$立方米，当年产气$43.3\times10^8$立方米，累计产气$100.6\times10^8$立方米。

②塔里木大北气田。累计上交探明天然气地质储量$1093.19\times10^8$立方米，可采储量$692.49\times10^8$立方米。开发方案设计动用地质储量$1144.5\times10^8$立方米，总井数35口，其中需新钻井26口，老井利用9口，建成天然气产能规模$30\times10^8$立方米/年。由于气田地质条件复杂，根据最新调整方案，按$15\times10^8$立方米/年规模进行配套建设。截至2014年底，气田已累计建成配套能力$15\times10^8$立方米/年；2015年12月，大北气田实际投产气井21口，开井18口，日产气水平$\times10^4$立方米，平均单井日产气$29.2\times10^4$立方米，当年产气$17.01\times10^8$立方米，累计产气$43.66\times10^8$立方米。

③塔里木迪那2气田。含气面积125.31平方千米，探明天然气地质储量$1752.18\times10^8$立方米，可采储量$1138.92\times10^8$立方米，气藏埋深4200～6000米，地温梯度2.259℃，压力系数为2.06～2.29，为常温超高压凝析气田。方案设计总井数33口（其中新钻井29口），天然气产能规模$40\times10^8$立方米/年。截至2013年底，累计完钻24口，建成产能$40\times10^8$立方米/年。2014年补充完钻方案井1口，进尺$0.48\times10^4$立方米。2015年12月，投产26口，开井22口，日产气水平$1404\times10^4$立方米，平均单井日产气$63.8\times10^4$立方米，当年产气$48.41\times10^8$立方米，累计产气$294.82\times10^8$立方米。年产凝析油$40.19\times10^4$吨，累产$244.03\times10^4$吨。

④塔里木塔中Ⅰ号气田。含气面积741.91平方千米，探明天然气地质储量$3534.79\times10^8$立方米、可采储量$2163.97\times10^8$立方米。主要开发层系为奥陶系良里塔格组及鹰山组，主力区块原始地层压力58.31～64.98兆帕。2015年实际完钻井27口，进尺$17.44\times10^4$米，其中跨年完钻7口，进尺$4.67\times10^4$米，新建产能$2.5\times10^8$立方米/年，年末累计配套能力$10\times10^8$立方米/年。2015年12月，气田总投产井数205口，开井119口，日产油2045吨，日产气$336\times10^4$立方米，平均单井日产油17.19吨，日产气$2.82\times10^4$立方米。2015年产气$12.16\times10^8$立方米，累计产气$56.11\times10^8$立方米。当年产凝析油$70.70\times10^4$吨，累产$309.70\times10^4$吨。

5. 莺歌海盆地。莺歌海盆地以天然气为主，2015年共生产天然气$29.79\times10^8$立方米。其中东方1－1气田一期综合调整效果显著，当年增加天然气产量$2.86\times10^8$立方米。

6. 东海盆地。东海盆地2015年石油、天然气产量较上年均有较大幅度提高，其中石油产量$29.42\times10^4$吨，较2014年增加了$13.77\times10^4$吨；天然气产量$12.46\times10^8$立方米，较2014年增加了$3.48\times10^8$立方米。

**【煤层气】** 2015年，我国煤层气开发继续稳步推进。

1. 沁水盆地。2015年，沁水盆地产煤层气$17.93\times10^8$立方米。

①中联公司沁南直井示范工程项目（柿庄南）。沁南煤层气直井开发示范工程属于柿庄南区块，位于沁水盆地南部，太原组和山西组是工区内的含煤地层。2015年，该项目累计完成直井1573口，其中水平井101组，直井1472口，投产1148口井。2015年煤层气产量达$1.88\times10^8$立方米，销量$0.57\times10^8$立方米，目前处于单井稳定上产阶段，是我国目前投入商业开发的又一重点区块。

②中联公司沁南潘庄煤层气开发项目。晋城潘庄区块是我国煤层气开发试验最早的地区之一，位于山西省沁水县嘉丰镇与端氏镇之间，是我国几个储积层较厚而且幅员辽阔的无烟煤田之一。2015年完井17口多分支水平井、13口生产试验井，投产数27口。项目累计井数329口，累计投产数309口，2015年煤层气产量达$7.43\times10^8$立方米，销量$7.22\times10^8$立方米，直井单井平均产量达3500立方米/日，是我国目前投入商业开发中单井产量最高的区块之一。

③中国石油华北油田沁水实现煤层气商品气量$8.4\times10^8$立方米。沁水煤层气田位于山西省，构造上属于沁水盆地南部斜坡区，面积6500平方千米，埋深1500米以浅的煤层气资源量$7400\times10^8$立方米，主要含煤地层为下二叠统山西组和上石炭统太原组，山西组3号煤层为主要可采煤层，太原组15号煤层。中国

石油华北油田在山西沁水盆地主要开发为樊庄、郑庄、成庄、郑村和夏店五个自营区块，沁南和马必两对外合作区块。煤层气开发主要煤层为山西组3号煤层和太原组15号煤层，煤层厚度为2～7米，埋深为300～1000米，含气量为6～28立方米/吨，含气饱和度70～90，以高阶煤为主，渗透率为0.01～0.3毫达西。截至2015年底，煤层气探明储量为2908.43×$10^8$立方米。

2015年，钻完井16口，其中，直井7口，水平井9口；新投入排采井34口，其中，直井27口，水平井7口；累计开发井排采井2649口（水平井124口），产气井2039口（水平井91口），井口日产气231×$10^4$立方米；2015年实现商品气量8.4×$10^8$立方米。

2. 鄂尔多斯盆地。2015年，鄂尔多斯盆地产煤层气8.38×$10^8$立方米。

①中国石油煤层气公司实现商品气量6.7×$10^8$立方米。鄂尔多斯盆地东缘行政区域隶属内蒙古、陕西、山西三省（区），上古生界石炭系—二叠系煤系十分发育，煤层集中发育在太原组和山西组。鄂尔多斯盆地东缘1500米以浅含煤面积2.5×$10^4$平方千米，煤层气资源量4.5×$10^{12}$立方米。中石油煤层气公司主要负责鄂尔多斯盆地东缘煤层气勘探开发，目前主要勘探开发的区块为韩城、保德、大宁－吉县，以及对外合作区块韩城南、三交。保德地区为中低阶煤，主力煤层为山西组的4号煤、5号煤与太原组的8号煤、9号煤，主体埋深500～1000米，煤层厚度6～16米，含气量4～10立方米/吨，含气饱和度92%～98%，渗透率为2～14毫达西。其他地区为中阶煤，主力煤层为山西组的3煤、4煤、5煤与太原组的8煤、11煤，主体埋深700～1500米，煤层厚度2～11米，含气量6～23立方米/吨，含气饱和度73%～90%，渗透率为0.02～3毫达西。截至2015年底煤层气探明储量为959.08×$10^8$立方米。

2015年，完钻直井12口；新投入排采井40口，其中，直井37口，水平井3口；开发井累计排采井1976口（水平井26口），产气井1330口（水平井4口），日产气量216×$10^4$立方米，2015年实现商品气量6.7×$10^8$立方米。

②中国石化延川南煤层气排采稳步推进，日产量逐步上升。截至2015年底，延川南煤层气田钻井、压裂任务已全部完成，修建平台144个，完钻井808口，累计进尺108.1×$10^4$米，压裂井808口。目前延川南气田投入排采井908口、产气井618口，平均日产气40×$10^4$立方米/日，其中千方井92口，气田平均流压4.55兆帕，整体处于上产阶段，2015年完成年产气1×$10^8$立方米。

③中联公司临兴先导试验项目。临兴先导试验区位于临兴中区东北部，行政区划属于山西省吕梁市兴县赵家坪乡。2015年完成钻井13口，其中水平井两口，项目累计完成钻井19口。项目完成压裂8口井，于2015年12月投产4口井，实现管道销售35×$10^4$立方米。项目单井产量高，水平井压裂后单井产量可以达到5.5×$10^4$立方米/日。临兴先导试验项目完成26千米集气干管线和23.5千米采气管线建设。

④中联公司柳林煤层气开发项目。柳林煤层气开发区位于山西省西部，河东煤田中部。行政区划隶属于山西省吕梁市柳林县的穆村镇、薛村镇、庄上镇、高家沟乡和贾家垣乡。柳林开发项目已经完成194口钻井，其中17组水平井，压裂122口，投产144口。已建采气管线完成总工程量约48.21千米，集气管线完成总工作量8.69千米，已建集气站1座，1期处理量为15×$10^4$立方米/日。2015年产气量为0.3714×$10^8$立方米，销售量为0.2262×$10^8$立方米。

**【页岩气】** 2015年，我国页岩气开发成果显著。

四川盆地：2015年，四川盆地产页岩气44.71×$10^8$立方米。

①完成涪陵页岩气一期产能建设，实现页岩气储量产量双丰收。2015年完成新建产能25×$10^8$立方米，产量31.5×$10^8$立方米，经国家储委审定新增页岩气探明含气面积277.09平方千米，探明地质储量2738.5×$10^8$立方米，技术可采储量684.6×$10^8$立方米，经济可采储量342.8×$10^8$立方米，气田累计探明含气面积383.54平方千米，探明地质储量3805.98×$10^8$立方米。圆满完成我国第一个大型页岩气田—涪陵页岩气田焦石坝一期50×$10^8$立方米产能建设目标，实现页岩气储量产量双丰收。

一是钻井工程按运行计划有序推进。一期产建区累计开钻259口，完井244口，其中2015年完井102口。

二是试气工作顺利开展。一期产建区2015年完成试气102口，累计完成试气191口。已投入试采井平均单井测试产量29.65×$10^4$立方米/日；平均单井无阻流量44.72×$10^4$立方米/日，最高无阻流量155.8×$10^4$立方米/日，证实一期产建区产能可靠。

三是地面工程建设有序推进。气田累计建成50×$10^8$立方米/年集输工程、55×$10^8$立方米/年脱水装置3.5×$10^4$立方米/日的供水系统、47座地面集气站（42座投运，5座已建成）及110千伏变电站。

四是试采井效果好，区块生产能力稳步上升。焦石坝一期2015年气田投产90口，气田累计投产179口井，38口井累计生产时间超过1年，占总井数21%。其中，生产时间最长焦页1HF井保持6×$10^4$立方米/

日稳产超过3年，累产气7144×$10^4$立方米；86口井累计产量大于2000×$10^4$立方米，占总井数48%，累计产气最高的焦页6－2HF井达1.93×$10^8$立方米，套压7兆帕，日产14×$10^4$立方米。2015年焦石坝一期新建产能25×$10^8$立方米，生产页岩气31.67×$10^8$立方米，销售30.41×$10^8$立方米；气田累计建成产能50×$10^8$立方米，累计产气43.9×$10^8$立方米，销售42.13×$10^8$立方米，展示了较好的开发效果。

②涪陵页岩气田二期50×$10^8$立方米产建评价积极推进，资源基础进一步夯实。一是焦页5井、6井、7井、8井、9井等探井钻遇良好优质页岩，焦页8HF井试获高产工业气流，实现大焦石坝南部商业发现。焦页5井、6井、7井、8井、9井实钻表明大焦石坝南部地区优质页岩段厚度为33～47米，TOC平均为2.45%～3.15%，实测平均含气量2.19～3.47立方米/吨，页岩品质与焦石坝主体相当，具有良好的勘探开发前景。焦页5井、6井、7井、8井已完成测试，焦页9井正进行压裂试气。

二是焦石坝主体外甩7口评价井进展顺利。已完成压裂试气3口井（焦页81－2HF、焦页60－5HF、焦页69－2HF），待试气4口井（焦页102－2HF、焦页87－3HF、焦页103－2HF、焦页74－3HF）。

三是完成二期平桥区块产建方案编制。基于水平井试气情况，结合平桥区块地表特征，采用交叉布井模式完成开发方案部署：动用面积54平方千米，动用储量562.7×$10^8$立方米，新建平台13个，利用老平台1个，钻井57口，新建产能11.3×$10^8$立方米。

③长宁、威远和昭通。按照页岩气开发方案设计，2014～2015年计划在长宁、威远和昭通3个建产区块新钻井154口，老井利用10口。截至2015年底已开钻水平井159口、完钻128口，完成压裂井99口，投产井98口，2015年生产页岩气13.1×$10^8$立方米，建成页岩气年生产能力26×$10^8$立方米。探索形成了“井位部署平台化、钻井压裂工厂化、采输设备撬装化、工程服务市场化、组织管理一体化”的高效勘探开发“五化”模式，促进形成了“国际合作、国内合作、风险合作、自营开发”等四种生产经营方式竞争发展的良好格局，推动了技术的发展和进步。通过示范区产能建设工程的实施，进一步深化了地质认识，页岩气开发技术得到了进一步发展和完善，埋深3500米以浅的页岩气开发主体技术已经成熟配套。

**附表1　　2006～2015年全国油气勘查投入和工作量统计表**

| 公司名称 | 年份 | 勘探投资（亿元） | 主要工作量 | | | |
|---|---|---|---|---|---|---|
| | | | 地震 | | 探井 | |
| | | | 二维（千米） | 三维（平方千米） | 井数（口） | 进尺（万米） |
| 中国石油 | 2006 | 280.44 | 38633 | 13120 | 1584 | 386.69 |
| | 2007 | 313.96 | 38869 | 15051 | 1629 | 417.46 |
| | 2008 | 310.62 | 37340 | 11891 | 1734 | 456.52 |
| | 2009 | 288.46 | 24761 | 10208 | 1901 | 487.52 |
| | 2010 | 306.74 | 31023 | 13462 | 1644 | 463.83 |
| | 2011 | 322.70 | 28538 | 11045 | 1795 | 484.20 |
| | 2012 | 355.94 | 23986 | 16105 | 1918 | 496.80 |
| | 2013 | 351.66 | 27089 | 12227 | 1746 | 485.82 |
| | 2014 | 324.72 | 18368 | 10939 | 1584 | 441.80 |
| | 2015 | 278.20 | 15965 | 10128 | 1588 | 535.70 |
| 中国石化 | 2006 | 108.78 | 15175 | 7582 | 495 | 143.82 |
| | 2007 | 150.97 | 12466 | 9317 | 558 | 181.14 |
| | 2008 | 127.53 | 13899 | 6080 | 544 | 176.81 |
| | 2009 | 142.21 | 14515 | 11069 | 570 | 164.29 |
| | 2010 | 154.65 | 23483 | 6373 | 621 | 177.43 |
| | 2011 | 204.60 | 18583 | 11329 | 825 | 211.80 |

续附表 1－1

| 公司名称 | 年份 | 勘探投资(亿元) | 主要工作量 | | | |
|---|---|---|---|---|---|---|
| | | | 地震 | | 探井 | |
| | | | 二维(千米) | 三维(平方千米) | 井数(口) | 进尺(万米) |
| 中国石化 | 2012 | 224.60 | 23436 | 11813 | 1017 | 254.50 |
| | 2013 | 190.64 | 14654 | 11533 | 702 | 187.46 |
| | 2014 | 166.47 | 5635 | 8981 | 574 | 148.98 |
| | 2015 | 115.78 | 5143 | 6207 | 472 | 114.49 |
| 中国海油 | 2006 | 45.00 | 22751 | 7190 | 45 | 12.95 |
| | 2007 | 58.43 | 19504 | 8851 | 64 | 17.76 |
| | 2008 | 102.79 | 24678 | 12628 | 84 | 24.15 |
| | 2009 | 117.70 | 45246 | 11773 | 99 | 25.73 |
| | 2010 | 133.34 | 22598 | 13649 | 99 | 26.22 |
| | 2011 | 139.55 | 22198 | 23462 | 94 | 24.49 |
| | 2012 | 147.84 | 16143 | 26733 | 99 | 24.11 |
| | 2013 | 173.78 | 27779 | 24792 | 100 | 26.52 |
| | 2014 | 171.16 | 20477 | 22826 | 117 | 34.27 |
| | 2015 | 136.84 | 12996 | 16513 | 123 | 34.60 |
| 延长石油 | 2006 | 4.41 | 4006 | – | 468 | 62.00 |
| | 2007 | 11.80 | 3429 | 144 | 527 | 72.90 |
| | 2008 | 17.50 | 3219.00 | 200 | 869 | 152.66 |
| | 2009 | 28.55 | 3158.90 | 120.47 | 836 | 146.78 |
| | 2010 | 42.77 | 1503 | 123.20 | 1002 | 183.11 |
| | 2011 | 33.74 | 4337 | – | 1027 | 197.6 |
| | 2012 | 41.52 | 3877.30 | 319.20 | 1160 | 226.37 |
| | 2013 | 44.66 | 1637.75 | 115.82 | 1177 | 238.17 |
| | 2014 | 54.23 | 2045.00 | 191.15 | 1072 | 240.61 |
| | 2015 | 33.04 | 1053.38 | 73.77 | 662 | 148.27 |
| 中联公司 | 2006 | 8.39 | 928 | – | 391 | 16.95 |
| | 2007 | 6.73 | 605 | – | 85 | 7.31 |
| | 2008 | 5.19 | – | – | 77 | 10.11 |
| | 2009 | 6.69 | 0.00 | 0.00 | 192 | 15.37 |
| | 2010 | 7.29 | 0.00 | 0.00 | 311 | 23.61 |
| | 2011 | 6.00 | 496 | – | 154 | 14.62 |
| | 2012 | 6.16 | 1684.80 | – | 135 | 17.36 |
| | 2013 | 7.47 | 832.40 | 258.12 | 123 | 12.46 |
| | 2014 | 10.15 | 399.02 | 598.13 | 94 | 15.59 |
| | 2015 | 6.7 | 891.13 | 155 | 68 | 11.47 |

续附表 1－2

| 公司名称 | 年份 | 勘探投资(亿元) | 主要工作量 | | | |
|---|---|---|---|---|---|---|
| | | | 地震 | | 探井 | |
| | | | 二维(千米) | 三维(平方千米) | 井数(口) | 进尺(万米) |
| 中国地质调查局 | 2009 | 6.56 | 16210 | 1200 | – | – |
| | 2010 | 3.38 | 2000 | – | 1 | – |
| | 2011 | 7.50 | 12637 | – | 1 | 0.46 |
| | 2012 | 10.06 | – | – | – | – |
| | 2013 | 17.35 | 40862 | – | 15 | 1.22 |
| | 2014 | 15.93 | 40929 | – | 62 | 5.54 |
| | 2015 | 29.50 | 48374 | – | 110 | 9.64 |
| 全国 | 2006 | 447.02 | 78849 | 29111 | 2592 | 605.15 |
| | 2007 | 541.89 | 74873 | 33363 | 2863 | 696.57 |
| | 2008 | 563.63 | 79136 | 30799 | 3308 | 820.25 |
| | 2009 | 590.18 | 103891 | 34370 | 3588 | 839.70 |
| | 2010 | 648.17 | 80607 | 33607 | 3678 | 874.66 |
| | 2011 | 714.09 | 86789.00 | 45836.00 | 3896 | 933.17 |
| | 2012 | 786.11 | 69127.10 | 54970.20 | 4329 | 1019.14 |
| | 2013 | 785.56 | 112854.15 | 48925.94 | 3863 | 951.64 |
| | 2014 | 742.66 | 87853.02 | 43535.28 | 3503 | 886.80 |
| | 2015 | 600.06 | 84422.51 | 33076.77 | 3023 | 854.17 |

附表 2　　2007～2015 年各石油公司油气储量、产量统计表

| 公司名称 | 年份 | 探明地质储量 | | 产量 | |
|---|---|---|---|---|---|
| | | 石油(亿吨) | 天然气(亿立方米) | 石油(万吨) | 天然气(亿立方米) |
| 中国石油 | 2007 | 8.30 | 4791.80 | 10764.60 | 542.50 |
| | 2008 | 6.40 | 4559.80 | 10777.80 | 617.50 |
| | 2009 | 6.30 | 4988.70 | 10251.80 | 682.60 |
| | 2010 | 6.56 | 5233.69 | 10520.86 | 722.48 |
| | 2011 | 7.15 | 4537.03 | 10754.00 | 751.96 |
| | 2012 | 7.11 | 4866.94 | 11033.28 | 792.57 |
| | 2013 | 6.70 | 4923.52 | 11260.06 | 879.72 |
| | 2014 | 7.02 | 5493.62 | 11366.86 | 940.58 |
| | 2015 | 7.28 | 4680.99① | 11142.64 | 926.26② |

① 中国石油数据 5702 亿立方米。

② 中国石油数据 954.8 亿立方米。

**续附表 2 -1**

| 公司名称 | 年份 | 探明地质储量 | | 产量 | |
|---|---|---|---|---|---|
| | | 石油(亿吨) | 天然气(亿立方米) | 石油(万吨) | 天然气(亿立方米) |
| 中国石化 | 2007 | 2. 50 | 1121. 00 | 4108. 00 | 80. 0 |
| | 2008 | 3. 00 | 586. 50 | 4180. 30 | 83. 0 |
| | 2009 | 2. 90 | 1915. 70 | 4241. 00 | 84. 0 |
| | 2010 | 2. 70 | 465. 80 | 4256. 07 | 125. 07 |
| | 2011 | 3. 56 | 2197. 69 | 4270. 34 | 143. 82 |
| | 2012 | 4. 27 | 4092. 71 | 4315. 42 | 166. 40 |
| | 2013 | 0. 89 | 554. 04 | 4378. 01 | 186. 77 |
| | 2014 | 0. 47 | 1244. 03 | 4374. 80 | 187. 28 |
| | 2015 | 1. 28 | 1170. 36 | 4173. 74 | 174. 25① |
| 中国海油 | 2007 | 1. 50 | 206. 30 | 2675. 20 | 73. 20 |
| | 2008 | 1. 20 | 143. 00 | 2891. 30 | 70. 50 |
| | 2009 | 1. 90 | 779. 40 | 3177. 40 | 70. 30 |
| | 2010 | 1. 58 | 198. 58 | 4150. 65 | 92. 13 |
| | 2011 | 1. 62 | 463. 98 | 3870. 01 | 101. 17 |
| | 2012 | 3. 48 | 880. 93 | 3834. 94 | 99. 74 |
| | 2013 | 3. 00 | 139. 84 | 3913. 64 | 95. 39 |
| | 2014 | 2. 76 | 1126. 90 | 4378. 48 | 103. 38 |
| | 2015 | 2. 54 | 1986. 81 | 4755. 98② | 123. 14③ |
| 延长石油 | 2007 | 0. 80 | – | 1031. 70 | – |
| | 2008 | 0. 70 | – | 1082. 50 | – |
| | 2009 | 2. 10 | – | 1130. 00 | – |
| | 2010 | 0. 52 | 13. 92 | 1203. 56 | 3. 92 |
| | 2011 | 1. 09 | 19. 54 | 1221. 04 | – |
| | 2012 | 0. 41 | – | 1257. 40 | – |
| | 2013 | 0. 23 | – | 1262. 71 | – |
| | 2014 | 0. 37 | 1573. 17 | 1255. 50 | 6. 07 |
| | 2015 | 0. 07④ | 0. 57⑤ | 1254. 22⑥ | 17. 38⑦ |

① 中国石化数据 206. 86 亿立方米。
② 中国海油数据 4773. 2 万吨。
③ 中国海油数据 134. 9 亿立方米。
④ 延长石油数据 1. 03 亿吨。
⑤ 延长石油数据 1015 亿立方米。
⑥ 延长石油数据 1273. 49 万吨。
⑦ 延长石油数据 17. 18 亿立方米。

续附表 2－2

| 公司名称 | 年份 | 探明地质储量 | | 产量 | |
|---|---|---|---|---|---|
| | | 石油(亿吨) | 天然气(亿立方米) | 石油(万吨) | 天然气(亿立方米) |
| 全国 | 2007 | 12.30 | 6119.00 | 18665.70 | 693.10 |
| | 2008 | 11.30 | 5299.00 | 18946.10 | 774.90 |
| | 2009 | 13.10 | 7736.50 | 18821.40 | 840.70 |
| | 2010 | 11.40 | 5912.00 | 20131.10 | 942.20 |
| | 2011 | 13.42 | 7224.82 | 20287.26 | 1012.79 |
| | 2012 | 15.22 | 9610.23 | 20683.75 | 1070.84 |
| | 2013 | 10.83 | 6159.11 | 20901.69 | 1166.21 |
| | 2014 | 10.61 | 9437.72 | 21140.57 | 1248.04 |
| | 2015 | 11.18 | 6772.20 | 21508.29 | 1243.57 |

附表 3 2007～2015 年各石油公司开发井统计表

| 公司名称 | 年份 | 开发投资(亿元) | 总开发井 | | 油井 | | 气井 | |
|---|---|---|---|---|---|---|---|---|
| | | | 井数(口) | 进尺(万米) | 井数(口) | 进尺(万米) | 井数(口) | 进尺(万米) |
| 中国石油 | 2007 | 846.60 | 13275 | 2143.30 | 12057 | 1901.90 | 936 | 241.40 |
| | 2008 | 938.40 | 15296 | 2662.80 | 14255 | 2368.20 | 1041 | 294.60 |
| | 2009 | 932.13 | 15368 | 2884.00 | 14296 | 2593.70 | 1072 | 290.30 |
| | 2010 | 1098.16 | 17627 | 3246.00 | 16638 | 2931.00 | 989 | 315.00 |
| | 2011 | 1298.20 | 19883 | 3715.20 | 16850 | 3086.00 | 3033 | 629.20 |
| | 2012 | 1572.20 | 21264 | 4147.00 | 18264 | 3343.00 | 3000 | 831.00 |
| | 2013 | 1558.50 | 16992 | 3207.56 | 14537 | 2551.13 | 2455 | 656.43 |
| | 2014 | 1323.80 | 16404 | 3108.78 | 15063 | 2721.02 | 1341 | 387.76 |
| | 2015 | 1083.90 | 12151 | 2447.50 | 10651 | 1997.80 | 1500 | 449.70 |
| 中国石化 | 2007 | 352.42 | 2976 | 735.48 | 2624 | 630.96 | 352 | 104.52 |
| | 2008 | 431.53 | 3303 | 680.00 | 2912 | 680.00 | – | – |
| | 2009 | 391.85 | 3066 | 733.24 | 2876 | 679.67 | 190 | 53.57 |
| | 2010 | 379.62 | 3175 | 754.00 | 2955 | 687.00 | 220 | 67.52 |
| | 2011 | 426.50 | 3363 | 862.46 | 3042 | 767.94 | 321 | 94.52 |
| | 2012 | 588.80 | 4034 | 1149.21 | 3751 | 1048.15 | 283 | 101.06 |
| | 2013 | 668.78 | 4812 | 1166.48 | 4158 | 990.40 | 654 | 176.08 |
| | 2014 | 585.13 | 4035 | 1045.07 | 3797 | 953.60 | 238 | 91.47 |
| | 2015 | 366.38 | 1663 | 434.67 | 1340 | 311.40 | 323 | 123.27 |
| 中国海油 | 2007 | 209.45 | 203 | 64.90 | 74 | – | – | – |
| | 2008 | 262.33 | 202 | 44.17 | 202 | – | – | – |
| | 2009 | 370.64 | 185 | 46.34 | 167 | 41.23 | 18 | 5.12 |
| | 2010 | 217.73 | 155 | 42.35 | 140 | 36.11 | 15 | 6.24 |
| | 2011 | 233.39 | 205 | 60.39 | 197 | 57.15 | 8 | 3.24 |

**续附表 3**

| 公司名称 | 年份 | 开发投资（亿元） | 总开发井 | | 油井 | | 气井 | |
|---|---|---|---|---|---|---|---|---|
| | | | 井数（口） | 进尺（万米） | 井数（口） | 进尺（万米） | 井数（口） | 进尺（万米） |
| 中国海油 | 2012 | 314.26 | 162 | 41.10 | 159 | 39.10 | 3 | 2.00 |
| | 2013 | 513.25 | 208 | 56.78 | 203 | 54.36 | 5 | 2.42 |
| | 2014 | 587.79 | 286 | 79.84 | 262 | 69.89 | 24 | 9.95 |
| | 2015 | 298.35 | 140 | 46.97 | 130 | 42.15 | 10 | 4.82 |
| 延长石油 | 2007 | 122.35 | 13005 | 0.00 | 13005 | – | – | – |
| | 2008 | 82.00 | 5782 | 782.91 | 5782 | 782.91 | – | – |
| | 2009 | 105.00 | 8064 | 1141.50 | 7986 | 1120.00 | 78 | 21.50 |
| | 2010 | 121.00 | 9363 | 1417.79 | 9308 | 1401.93 | 55 | 15.86 |
| | 2011 | 130.90 | 7978 | 1309.56 | 7942 | 1298.74 | 36 | 10.82 |
| | 2012 | 92.54 | 6539 | 948.30 | 6539 | 948.34 | – | – |
| | 2013 | 124.59 | 7569 | 1215.11 | 7369 | 1154.95 | 200 | 60.16 |
| | 2014 | 185.17 | 6244 | 1095.97 | 5705 | 920.47 | 539 | 175.50 |
| | 2015 | 137.17 | 5978 | 1045.68 | 5578 | 890.33 | 391 | 155.35 |
| 中联公司 | 2007 | – | 185 | 0.00 | – | – | 185 | – |
| | 2008 | – | – | 0.00 | – | – | 213 | – |
| | 2009 | – | 0 | 0.00 | – | – | – | – |
| | 2010 | 2.75 | 29 | 1.62 | – | – | 29 | 1.62 |
| | 2011 | 17.40 | 726 | 46.14 | – | – | – | – |
| | 2012 | 15.37 | 656 | 69.61 | – | – | 656 | 69.61 |
| | 2013 | 10.40 | 183 | 20.91 | – | – | 183 | 20.91 |
| | 2014 | 9.46 | 34 | 3.05 | – | – | 34 | 3.05 |
| | 2015 | 7.63 | 147 | 17.81 | – | – | 147 | 17.81 |
| 全国 | 2007 | 1530.82 | 29644 | 2943.68 | 27760 | 2532.86 | 1473 | 345.92 |
| | 2008 | 1714.26 | 24583 | 4169.88 | 23151 | 3831.11 | 1254 | 294.60 |
| | 2009 | 1799.62 | 26683 | 4805.08 | 25325 | 4434.60 | 1358 | 370.49 |
| | 2010 | 1819.26 | 30349 | 5461.76 | 29041 | 5056.04 | 1308 | 406.24 |
| | 2011 | 2106.42 | 32155 | 5993.76 | 28031 | 5209.83 | 3398 | 737.78 |
| | 2012 | 2583.17 | 32655 | 6355.22 | 28713 | 5378.59 | 3942 | 1003.67 |
| | 2013 | 2875.52 | 29764 | 5666.84 | 26267 | 4750.84 | 3497 | 916.00 |
| | 2014 | 2691.35 | 27003 | 5332.71 | 24827 | 4664.98 | 2176 | 667.73 |
| | 2015 | 1893.43 | 20079 | 3992.63 | 17699 | 3241.68 | 2371 | 750.95 |

（国土资源部油气资源战略研究中心）

# 冶　金

【概况】　2015年，是冶金矿山直面市场之寒、降本之艰、转型之难、责任之重的一年。面对国际铁矿石价格持续大幅走低、供大于求的矛盾继续加大的困难局面，冶金矿山广大干部员工以坚定的信心和非凡的勇气，攻坚克难，开拓进取，持续推进深化改革、转型创新、从严管理，各方面工作取得了难能可贵的成绩。

1. *行业运行总体稳中趋降。*地质勘查新增铁矿资源储量11.9亿吨，规模以上企业生产铁矿石原矿13.8亿吨，实现主业销售收入7368.6亿元，实现利润总额446.4亿元，与2014年相比，均有不同程度的下降。其中重点企业进一步优化采场布局，动态调整选矿生产线运行，强化重点有效部位推进，确保了矿石采选能力稳定，全年完成铁矿石原矿产量3.3亿吨，同比增长10.37%；成品矿产量1.13亿吨，同比增长5.6%。

2. *重点建设项目有序推进。*全年累计完成采选固定资产投资1366亿元，其中技改项目投资571.97亿元、扩建项目投资317.76亿元、新建项目投资436.3亿元；新开工项目1465个，项目建成投产率75%。重点企业着力盘活存量、优化增量，注重提高投资的有效性，积极推进项目前期工作、持续开展方案优化、创新矿山建设模式、不断提升项目建设管理水平，在保证工程质量的前提下，加快推进保产、升级、增效等重点工程建设，提升了矿山后续发展能力。

3. *发展质量得到明显提高。*从严精细管理、内涵发展，着力降本增效，主要经营指标有很大改善。企业资产负债率同比下降1.2个百分点，铁精矿制造成本同比下降16.5%，管理费用同比下降17%，财务费用同比下降15.8%，销售费用同比下降18.3%，应收账款同比下降3%，企业存货同比下降14.8%，企业产成品同比下降9.1%。各种能源原材料消耗明显下降，比如地下矿工序能耗同比下降了8.6%。劳动生产率和主体设备效率有不同程度提高，比如赤铁矿选矿劳动生产率同比提高了23.87%，露天矿机车运输效率同比提高了27.51%。

4. *深化改革释放企业活力。*以“增强企业经营活力、提高生产运营效率”作为推进深化改革的发力点、突破口，落实企业法人市场主体地位，实施公司制和股份制改造，探索混合所有制改革，现代企业制度不断完善，企业经营活力明显增强；深化三项制度改革，优化人力资源配置，分流安置职工，创新绩效考核体系，建立内部市场化激励约束机制，有效传递市场压力，为企业发展注入了新的动力；创新管理机制，完善责任体系，实行内部业务和机构整合，压缩内部管理层级、优化岗位人员配置、精简各级机关岗位编制，提升了企业运营管理效率。

5. *创新驱动发展持续推进。*整合创新资源，强化技术集成应用、试验研究开发、群众性技术创新体系建设，重视工程中心、重点实验室、技术示范等创新平台建设，加强与国内外科研机构、高校和先进企业的合作交流，开展协同创新和联合攻关，完善创新激励机制，推进科研成果的应用转化。重点企业组织开展了300多项技术攻关课题，转化科技成果97项，推广新技术70多项，科技创效15.6亿元。以全员技术大练兵、双增双节、提合理化建议、先进操作法、职工创新工作室、技术创新小组为载体，“科技增效、人人创新”成为矿山职工新常态。

6. *信息技术促进产业提升。*强化信息网络、数据中心等信息基础设施建设，加速推进两化融合，落实“互联网+”行动计划，以信息化、网络化为手段，进一步整合管理平台、生产平台、移动平台，推行无人值守、远程遥控等信息化项目，加快自控技术、信息化技术在作业现场和指挥平台的推广应用。首钢矿业公司成为首家通过“两化融合管理体系评定”的冶金矿山企业，鞍钢集团矿业公司“冶金数字矿山试点示范”项目入选“中国2015智能制造试点示范项目”，成为全国30个智能制造示范企业之一。

7. *依托比较优势拓展发展空间。*盘活各类资源、资产，整合非矿业务，推进专业化产业化经营，开展共伴生、低品位资源综合回收，尾矿、废石再选及资源化利用；开发整理矿山土地，利用设备、厂房等闲置低效资产，因地制宜，发展租赁服务、光伏产业、生态农业、仓储物流配送、城市矿业等新兴产业；推进生产性服务业发展，开展采矿、选矿、爆破、设备检修和维护保养等领域专业化对外服务，发展矿山设备制造，备品备件、耐磨材料、充填材料等生产经营；拓展高端代理、工程配套等营销及贸易业务；培育发展矿业互联网和信息产业；积极参与金融、证券、保理等业务。多元化经营取得了较好效果。

8. *安全环保形势稳定向好。*实施了一批重大安全措施工程，安全基础设施进一步改善，完善和落实安全生产责任、管理制度和考核机制，实行党政同责、一岗双责、失职追责，加大隐患排查力度，加强重大危险源和隐患点的管控，强化隐患整改、安全培训和达标创建，实现了安全生产事故总数、伤亡人数继续下降和重特大事故为零，确保了安全生产持续稳定高效。认真贯彻新环保法的要求，实施了一批节能、节水项目和重点污染源治理工程，开展了矿区绿化、土地复垦和地质环境恢复治理，重点企业污染物排放得到有效控制，2015年完成覆土绿化和地质环境治理面积470多公顷，提升了矿山绿色发展水平。

深入开展“三严三实”专题教育，从严落实中央八项规定精神，持续推进干部队伍建设，充分发挥党组织、群团组织、党员干部的政治引领、桥梁纽带、带头模范作用，主动转变思想观念，创新形势任务教育，坦诚与广大职工交流企业困难情况，交流脱困发展的各项措施，尊重职工合理诉求，积极为职工排忧解难，推动企业文化建设，深化和谐企业创建，团结群众，凝心聚力，为生产经营改革发展提供了坚强保障。

这些成绩是在极其困难的条件下取得的，市场价格过度下跌难以通过降成本来消化，价格与生产成本严重倒挂，企业效益急剧下滑，行业亏损面持续扩大，企业经营异常艰难。在困难和压力面前，矿山人凭借顽强的毅力和艰辛的付出，经受住了严峻考验，思想观念更加适应，改革创新更加有力，转型调整更加坚决，基础工作更加夯实，解困能力更加增强，生存信心更加坚定。

**【科技创新能力和信息技术推进】** 1. 创新驱动发展持续推进。整合创新资源，强化技术集成应用、试验研究开发、群众性技术创新体系建设，重视工程中心、重点实验室、技术示范等创新平台建设，加强与国内外科研机构、高校和先进企业的交流合作，开展协同创新与联合攻关，完善创新激励机制，推进科研成果的应用转化。重点企业组织开展了300多项技术攻关课题，转化科技成果97项，推广新技术70多项，科技创效15.6亿元。以全员技术大练兵、双增双节、提合理化建议、推广先进操作法、职工创新工作室、技术创新小组等为载体，“科技增效、人人创新”成为矿山职工新常态。

2. 信息技术促进产业提升。强化信息网络、数据中心等信息基础设施建设，加速推进两化融合，落实“互联网+”行动计划，以信息化、网络化为手段，进一步整合管理平台、生产平台、移动平台，推行无人值守、远程遥控等信息化项目，加快自控技术、信息化技术在作业现场和指挥平台的推广应用。首钢矿业公司成为首家通过“两化融合管理体系评定”的冶金矿山企业，杏山铁矿被国家安全生产监督管理总局树为首批“机械化换人、自动化减人”科技强安项目示范企业；鞍钢集团矿业公司“冶金数字矿山试点示范”项目入选“中国2015智能制造试点示范项目”，成为全国30个智能制造示范企业之一。

3. 组织行业科技成果鉴定。开展中国冶金矿山企业协会科学技术奖评定和冶金矿山科技成果鉴定工作，开展行业专有技术的认定、政府和企业委托的各种方案的审查和论证，促进行业科技成果的转化和推广应用。2015年共组织14项科技成果鉴定，涉及采矿、选矿、综合利用等领域。成果水平较高，效益显著，对推动行业技术进步有一定意义。其中国际领先5项、国际先进5项、国内领先2项、国内先进2项。14项科技成果名称、申报单位见表1。

**表1　2015年度中国冶金矿山企业协会评定冶金矿山科技成果情况**

| 序号 | 项目名称 | 申报单位 | 成果水平 |
|---|---|---|---|
| 1 | 利用低品位难选冶铁矿通过节能隧道还原炉－球磨磁选－电炉三步法非高炉炼铁 | 福建三兴铸造科技股份有限公司 | 国内领先 |
| 2 | 西石门残矿资源化精细开采技术研究 | 五矿邯邢矿业有限公司 | 国际领先 |
| 3 | 金山店铁矿深孔爆破一次成井成槽技术研究 | 北京科技大学 | 国际先进 |
| 4 | 金山店铁矿井下泥石流形成机理与控制技术研究 | 北京科技大学 | 国际先进 |
| 5 | 平原浅埋岩溶大水矿山绿色高效开采及井下近矿体帷幕注浆防治水技术研究 | 中钢集团马鞍山矿山研究院有限公司 | 国际先进 |
| 6 | 程潮铁矿西区－500米水平以上矿体崩落法与充填法联合开采技术研究 | 北京科技大学 | 国际先进 |
| 7 | 大型湿式高效强磁辊式磁选机 | 山东华特磁电科技股份有限公司 | 国内领先 |
| 8 | 电磁淘洗精选机 | 山东华特磁电科技股份有限公司 | 国际领先 |
| 9 | 提精降渣磁选机 | 山东华特磁电科技股份有限公司 | 国际领先 |
| 10 | 首钢水厂铁矿选矿工艺流程优化研究与实践 | 首钢矿业公司 | 国际先进 |

续表 1

| 序号 | 项目名称 | 申报单位 | 成果水平 |
|---|---|---|---|
| 11 | 尾矿库尾砂开采后恢复使用技术研究与实践 | 首钢矿业公司 | 国内先进 |
| 12 | 矿业行业通用 MES 产品研发与应用 | 首钢矿业公司 | 国际领先 |
| 13 | 数据仓库技术在设备管理数据分析系统中的研究和应用 | 首钢矿业公司 | 国内先进 |
| 14 | 冶金矿山智慧矿山研究与应用 | 鞍钢集团矿业公司 | 国际领先 |

**【绿色矿山建设与安全环保】** 1. 绿色发展方式已现雏形。集团化集约化发展模式、区域矿山建矿模式、边开采边复垦边归还的用地模式和资源综合利用产业化发展模式等得到推广，充填开采等绿色少废开采技术在多个矿区示范应用，与铁伴生的钒钛、稀土、其他有色金属、磷、硼等资源高效回收利用取得较好效益，低品位矿、尾矿、固体废弃物、矿山废水的经济合理回收利用水平进一步提升。2015 年，矿山固体废弃物资源化利用率 25%、安全处置和储存率 82.8%，废水循环利用率 90%，铁精矿综合能耗比 2010 年下降 15%，综合利用产值较 2010 年增长 53.9%，建成一批综合利用示范基地和国家级绿色矿山。

2. 安全环保形势稳定向好。实施了一批重大安措工程，安全基础设施进一步改善，完善和落实安全生产责任、管理制度和考核机制，实行党政同责、一岗双责、失职追责，加大隐患排查力度，加强重大危险源和隐患点的管控，强化隐患整改、安全培训和达标创建，实现了安全生产事故总数、伤亡人数继续下降和重特大事故为零，确保了安全生产持续稳定高效。认真贯彻新《环境保护法》的要求，实施了一批节能、节水项目和重点污染源治理工程，开展了矿区绿化、土地复垦和地质环境恢复治理，重点企业污染物排放得到有效控制，全年完成覆土绿化和地质环境治理面积 470 多公顷，提升了矿山绿色发展水平。

**【冶金行业课题研究】** 1. 开展前瞻性基础研究和相关政策研究，为行业发展营造良好的外部环境。继续开展矿产资源强国战略(黑色部分)、第三轮矿产资源规划部署、铁矿石行业中长期发展规划、冶金矿山绿色矿山建设要求、铁矿资源保障与国内铁矿资源开发管理政策、加快铁矿产业调整转型的政策、扩大矿山企业增值税抵扣范围和增值税退税政策、矿业权价款土地出让金转增国家资本金政策、金融支持大型铁矿企业清单、铁矿石质量国家标准等方面的研究论证工作，撰写了专题报告，充分反映了企业实际和行业诉求，提出的促进行业发展的理念观点和措施建议，得到了政府的认可和行业的赞同。

2. 总结推广先进典型，推动行业调整转型升级。发布中国铁矿企业 50 强及 50 强企业分析报告，推动大集团、大基地和区域矿山建设；组织召开两化深度融合现场观摩会、智能控制与节能技术交流会、低品位矿采选技术交流会、矿山安全爆破与高效开采新技术新工艺成果交流展示会等，推动科技进步和生产方式变革；召开无废开采、综合利用、绿色发展、安全生产等方面的交流推进会，集中展示工作成果，倡导高效绿色安全发展理念，为企业转型发展搭建平台；评审颁发冶金矿山管理创新成果奖，总结推广和发布行业现代化管理创新成果，为推动企业提高管理现代化水平起到示范和借鉴作用；组织召开行业文化建设经验交流会，推动矿区文化繁荣发展，为企业转型发展凝心聚力。

3. 加强科技创新服务，搭建科技创新平台，推进行业科技进步。协调推进 10 个冶金矿山工程技术研究中心的建设，继续完善行业专家数据库；结合资源领域“十三五”技术预测和科技发展战略研究成果，协助科技部编制资源领域“十三五”科技创新专项规划；参与“十三五”重点科技专项实施方案的论证和课题申报指南编写；开展行业技术标准研究和制修订；推荐矿产资源节约与综合利用先进适用技术；总结“十三五”行业科技创新成果，召开第六届中国矿业科技大会；召开行业科技发展需求与国家科技创新规划、“十三五”国家重点科技专项对接协调会，借助国家科技创新平台，整合行业产学研用资源，推进产业创新融合，加快创新成果转化，为行业发展突破瓶颈、转型升级、解决深层次矛盾和问题提供支撑和动力。

附表 1

**2015 年全国铁矿石产量情况**

| 地 区 | 2015 年(万吨) | 2014 年(万吨) | 各区占全国总量比重(%) | | 2015 年/2014 年 | |
|---|---|---|---|---|---|---|
| | | | 2015 年 | 2014 年 | 增量(万吨) | % |
| 合计 | 138128.90 | 149632.60 | 100.00 | 100.00 | -11503.70 | -7.69 |
| 华北地区 | 68308.10 | 74214.20 | 49.45 | 49.60 | -5906.10 | -7.96 |
| 北京 | 1772.70 | 2117.80 | 1.28 | 1.42 | -345.10 | -16.30 |
| 河北 | 51399.40 | 55989.00 | 37.21 | 37.42 | -4589.60 | -8.20 |
| 山西 | 6979.80 | 7155.90 | 5.05 | 4.78 | -176.10 | -2.46 |
| 内蒙古 | 8156.20 | 8951.50 | 5.90 | 5.98 | -795.30 | -8.88 |
| 东北地区 | 20016.60 | 21440.70 | 14.49 | 14.33 | -1424.10 | -6.64 |
| 辽宁 | 17588.70 | 18885.10 | 12.73 | 12.62 | -1296.40 | -6.86 |
| 吉林 | 1983.00 | 2015.70 | 1.44 | 1.35 | -32.70 | -1.62 |
| 黑龙江 | 444.90 | 539.90 | 0.32 | 0.36 | -95.00 | -17.60 |
| 华东地区 | 11294.10 | 12322.10 | 8.18 | 8.23 | -1028.00 | -8.34 |
| 江苏 | 151.20 | 199.60 | 0.11 | 0.13 | -48.40 | -24.25 |
| 浙江 | 142.60 | 155.10 | 0.10 | 0.10 | -12.50 | -8.06 |
| 安徽 | 4696.60 | 5656.90 | 3.40 | 3.78 | -960.30 | -16.98 |
| 福建 | 1700.90 | 1477.50 | 1.23 | 0.99 | 223.40 | 15.12 |
| 江西 | 2444.40 | 2502.40 | 1.77 | 1.67 | -58.00 | -2.32 |
| 山东 | 2158.40 | 2330.60 | 1.56 | 1.56 | -172.20 | -7.39 |
| 中南地区 | 9297.00 | 9930.30 | 6.73 | 6.64 | -633.30 | -6.38 |
| 河南 | 1662.40 | 1814.70 | 1.20 | 1.21 | -152.30 | -8.39 |
| 湖北 | 3492.30 | 3430.50 | 2.53 | 2.29 | 61.80 | 1.80 |
| 湖南 | 918.30 | 1163.60 | 0.66 | 0.78 | -245.30 | -21.08 |
| 广东 | 2024.10 | 2217.80 | 1.47 | 1.48 | -193.70 | -8.73 |
| 广西 | 702.30 | 733.00 | 0.51 | 0.49 | -30.70 | -4.19 |
| 海南 | 497.60 | 570.70 | 0.36 | 0.38 | -73.10 | -12.81 |
| 西南地区 | 22851.80 | 23772.70 | 16.54 | 15.89 | -920.90 | -3.87 |
| 四川 | 19835.60 | 20545.60 | 14.36 | 13.73 | -710.00 | -3.46 |
| 贵州 | 365.80 | 407.80 | 0.26 | 0.27 | -42.00 | -10.30 |
| 云南 | 2650.40 | 2819.30 | 1.92 | 1.88 | -168.90 | -5.99 |
| 西北地区 | 6359.40 | 7927.50 | 4.60 | 5.30 | -1568.10 | -19.78 |
| 陕西 | 2155.20 | 1790.60 | 1.56 | 1.20 | 364.60 | 20.36 |
| 甘肃 | 1596.20 | 1977.20 | 1.16 | 1.32 | -381.00 | -19.27 |
| 青海 | 102.30 | 147.30 | 0.07 | 0.10 | -45.00 | -30.55 |
| 新疆 | 2505.70 | 4012.40 | 1.81 | 2.68 | -1506.70 | -37.55 |

附表 2

## 2015 年重点冶金矿山企业主要产品产量情况

| 企业名称 | 原矿产量(吨) | | | 成品矿(吨) | | | | 人造富矿(吨) | | |
|---|---|---|---|---|---|---|---|---|---|---|
| | 合计 | 露天 | 地下 | 合计 | 块矿 | 粉矿 | 铁精矿 | 合计 | 烧结矿 | 球团矿 |
| 合计 | 363641652 | 281717000 | 81924651 | 118300641 | 2557322 | 1502689 | 114240630 | 33301075 | 12142902 | 21158173 |
| 首钢矿业公司 | 12831574.00 | 10195395 | 2636179 | 4518744.00 | | | 4518744.00 | 12602630.00 | 9151402.00 | 3451228.00 |
| 河北钢铁集团矿业有限公司 | 32808556.77 | 28537213.77 | 4271343.00 | 8365127.00 | | | 8365127.00 | | | |
| 五矿邯邢矿业有限公司 | 11172214.92 | | 11172214.92 | 4552200.00 | | | 4552200.00 | | | |
| 太原钢铁(集团)有限公司矿业分公司 | 33824695.71 | 33824695.71 | | 12441389.70 | | | 12441389.70 | 3922500.00 | | 3922500.00 |
| 包头钢铁(集团)有限责任公司 | 20653202.00 | 20653202.00 | | 6030700.00 | | | 6030700.00 | | | |
| 鞍钢集团矿业公司 | 53043908.00 | 49739530.00 | 3304378.00 | 18917058.00 | | | 18917058.00 | 7938000.00 | 2991500.00 | 4946500.00 |
| 本溪钢铁(集团)矿业有限责任公司 | 19460335.00 | 19460335.00 | | 7895742.00 | | | 7895742.00 | | | |
| 南京梅山冶金发展有限公司矿业分公司 | 4222739.00 | | 4222739.00 | 2592765.00 | | | 2592765.00 | | | |
| 鲁中冶金矿业集团公司 | 6042544.00 | | 6042544.00 | 2313649.00 | 29879.00 | | 2283770.00 | | | |
| 马钢(集团)控股有限责任公司 | 19189982.00 | 14248872.00 | 4941110.00 | 6476839.00 | 517953.00 | 236438.00 | 5722448.00 | | | |
| 武汉钢铁集团矿业有限责任公司 | 5921380.00 | | 5921380.00 | 3696016.05 | | 262877.03 | 3433139.02 | 5385840.82 | | 5385840.82 |
| 海南矿业联合有限公司 | 4976439.00 | 3622319.00 | 1354120.00 | 3209324.00 | 2009490.00 | 412274.00 | 787560.00 | | | |
| 攀钢集团矿业有限公司 | 32072642.00 | 29683148.00 | 2389494.00 | 10800286.00 | | | 10800286.00 | | | |
| 酒泉钢铁(集团)有限责任公司 | 9792630.00 | 4739123.00 | 5053507.00 | 5473019.79 | | | 5473019.79 | | | |
| 首钢通钢矿业有限责任公司 | 3115857.00 | 43061.00 | 3072796.00 | 1280017.00 | | | 1280017.00 | 1253005.00 | | 1253005.00 |
| 中钢矿业开发有限公司 | 3313990.04 | | 3313990.04 | 888676.99 | | | 888676.99 | | | |
| 重庆钢铁集团矿业有限公司 | 5702923.00 | 5702923.00 | | 2312331.00 | | | 2312331.00 | 346748.00 | | 346748.00 |
| 北京华夏建龙矿业科技有限公司 | 36823078.00 | 35576178.00 | 1246900.00 | | | | | | | |
| 首云矿业股份有限公司 | 1288700.00 | | 1288700.00 | 338000.00 | | | 338000.00 | | | |
| 北京云冶矿业有限责任公司 | 1008200.00 | 1008200.00 | | 275600.00 | | | 275600.00 | | | |
| 北京威克冶金有限责任公司 | 1242226.00 | 1242226.00 | | 462829.00 | | | 462829.00 | | | |
| 安徽省金安矿业有限公司 | 3136900.00 | | 3136900.00 | 1024400.00 | | | 1024400.00 | | | |
| 北京建昌矿业有限公司 | 432790.00 | 432790.00 | | 236000.00 | | | 236000.00 | | | |
| 凌钢股份北票保国铁矿有限公司 | 2498139.00 | 719221.00 | 1778918.00 | 828294.00 | | | 828294.00 | | | |
| 徐州铁矿集团有限公司 | 906292.00 | | 906292.00 | 516466.00 | | | 516466.00 | 11032.00 | | 11032.00 |
| 镇江韦岗铁矿有限公司 | 13000.00 | | 13000.00 | 3200.00 | | | 3200.00 | | | |
| 南京钢铁集团冶山矿业有限公司 | 537040.39 | | 537040.39 | 182780.40 | | | 182780.40 | | | |
| 浙江漓铁集团有限公司 | 785749.00 | | 785749.00 | 619898.00 | | | 619898.00 | 410500.00 | | 410500 |
| 安徽省庐江龙桥矿业有限公司 | 1487777.00 | | 1487777.00 | 661454.86 | | | 661454.86 | | | |

续附表 2

| 企业名称 | 原矿产量(吨) | | | 成品矿(吨) | | | | 人造富矿(吨) | | |
|---|---|---|---|---|---|---|---|---|---|---|
| | 合计 | 露天 | 地下 | 合计 | 块矿 | 粉矿 | 铁精矿 | 合计 | 烧结矿 | 球团矿 |
| 福建省潘洛铁矿有限责任公司 | 457640.00 | | 457640.00 | 286417.00 | | | 286417.00 | | | |
| 福建省富贵鸟矿业集团有限公司 | 15270000.00 | 15270000.00 | | 1550000.00 | | | 1550000.00 | | | |
| 莱芜钢铁集团莱芜矿业有限公司 | 1584966.00 | | 1584966.00 | 986860.00 | | | 986860.00 | 415000.00 | | 415000.00 |
| 莱芜钢铁集团鲁南矿业有限公司 | 1495000.00 | 1495000.00 | | 439600.00 | | | 439600.00 | 491800.00 | | 491800.00 |
| 山东金岭铁矿 | 1093000.00 | | 1093000.00 | 1200300.00 | | | 1200300.00 | | | |
| 河南安钢集团舞阳矿业有限责任公司 | 2655998.00 | 1640714 | 1015284 | 967663.00 | | | 967663.00 | | | |
| 昆钢玉溪大红山矿业有限公司 | 8818700.00 | | 8818700.00 | 4244100.00 | | | 3943700.00 | | | |
| 广东省大宝山矿业有限公司 | 1257700.00 | 1257700.00 | | 591100.00 | | | | | | |
| 新疆钢铁雅满苏矿业有限责任公司 | 2703143.92 | 2625153.92 | 77990.00 | 1422194.00 | | | 1422194.00 | 934519.07 | | 934519.07 |

附表 3

## 2015 年 CIOPI 中国铁矿石价格指数变化情况

| 项目 | 2015 年 1 月末 | 2014 年 12 月末 | 环比升降 | 升降幅(%) |
|---|---|---|---|---|
| CIOPI 中国铁矿石价格指数 | 232.18 | 253.04 | -20.86 | -8.24 |
| 1. 国产铁矿石价格指数 | 231.04 | 236.31 | -5.27 | -2.23 |
| 2. 进口铁矿石价格指数 | 232.69 | 260.61 | -27.92 | -10.71 |
| 项目 | 2 月末 | 1 月末 | 环比升降 | 升降幅(%) |
| CIOPI 中国铁矿石价格指数 | 230.2 | 232.18 | -1.98 | -0.85 |
| 1. 国产铁矿石价格指数 | 229.27 | 231.04 | -1.77 | -0.77 |
| 2. 进口铁矿石价格指数 | 230.62 | 232.69 | -2.07 | -0.89 |
| 项目 | 3 月末 | 2 月末 | 环比升降 | 升降幅(%) |
| CIOPI 中国铁矿石价格指数 | 197.49 | 230.2 | -32.71 | -14.21 |
| 1. 国产铁矿石价格指数 | 226.05 | 229.27 | -3.22 | -1.40 |
| 2. 进口铁矿石价格指数 | 189.49 | 230.62 | -41.13 | -17.83 |
| 项目 | 4 月末 | 3 月末 | 环比升降 | 升降幅(%) |
| CIOPI 中国铁矿石价格指数 | 209.59 | 197.49 | 12.1 | 6.13 |
| 1. 国产铁矿石价格指数 | 211.95 | 226.05 | -14.1 | -6.24 |
| 2. 进口铁矿石价格指数 | 208.92 | 189.49 | 19.43 | 10.25 |
| 项目 | 5 月末 | 4 月末 | 环比升降 | 升降幅(%) |
| CIOPI 中国铁矿石价格指数 | 221.18 | 209.59 | 11.59 | 5.53 |
| 1. 国产铁矿石价格指数 | 214.04 | 211.95 | 2.09 | 0.99 |
| 2. 进口铁矿石价格指数 | 223.18 | 208.92 | 14.26 | 6.83 |

续附表 3

| 项目 | 6 月末 | 5 月末 | 环比升降 | 升降幅(%) |
|---|---|---|---|---|
| CIOPI 中国铁矿石价格指数 | 217.48 | 221.18 | -3.70 | -1.67 |
| 1. 国产铁矿石价格指数 | 211.55 | 214.04 | -2.49 | -1.16 |
| 2. 进口铁矿石价格指数 | 219.14 | 223.18 | -4.04 | -1.81 |
| 项目 | 7 月末 | 6 月末 | 环比升降 | 升降幅(%) |
| CIOPI 中国铁矿石价格指数 | 201.43 | 217.48 | -16.05 | -7.38 |
| 1. 国产铁矿石价格指数 | 206.29 | 211.55 | -5.26 | -2.49 |
| 2. 进口铁矿石价格指数 | 200.07 | 219.14 | -19.07 | -8.70 |
| 项目 | 8 月末 | 7 月末 | 环比升降 | 升降幅(%) |
| CIOPI 中国铁矿石价格指数 | 206.25 | 201.43 | 4.82 | 2.39 |
| 1. 国产铁矿石价格指数 | 205.05 | 206.29 | -1.24 | -0.60 |
| 2. 进口铁矿石价格指数 | 205.65 | 200.07 | 5.58 | 2.79 |
| 项目 | 9 月末 | 8 月末 | 环比升降 | 升降幅(%) |
| CIOPI 中国铁矿石价格指数 | 204.36 | 206.25 | -1.89 | -0.92 |
| 1. 国产铁矿石价格指数 | 203.16 | 205.05 | -1.89 | -0.92 |
| 2. 进口铁矿石价格指数 | 204.70 | 206.59 | -1.89 | -0.91 |
| 项目 | 10 月末 | 9 月末 | 环比升降 | 升降幅(%) |
| CIOPI 中国铁矿石价格指数 | 186.34 | 204.36 | -18.02 | -8.82 |
| 1. 国产铁矿石价格指数 | 199.14 | 203.16 | -4.02 | -1.98 |
| 2. 进口铁矿石价格指数 | 182.75 | 204.7 | -21.95 | -10.72 |
| 项目 | 11 月末 | 10 月末 | 环比升降 | 升降幅(%) |
| CIOPI 中国铁矿石价格指数 | 164.98 | 186.34 | -21.36 | -11.46 |
| 1. 国产铁矿石价格指数 | 186.13 | 199.14 | -13.01 | -6.53 |
| 2. 进口铁矿石价格指数 | 159.05 | 182.75 | -23.7 | -12.97 |
| 项目 | 12 月末 | 11 月末 | 环比升降 | 升降幅(%) |
| CIOPI 中国铁矿石价格指数 | 160.47 | 164.98 | -4.51 | -2.73 |
| 1. 国产铁矿石价格指数 | 170.27 | 186.13 | -15.86 | -8.52 |
| 2. 进口铁矿石价格指数 | 157.42 | 159.05 | -1.63 | -1.02 |

附表 4　　**2015 年铁矿石按国别进口数量情况**

| 国家 | 2015 年(万吨) | 2014 年(万吨) | 各国占进口量比重(%) | | 2015 年/2014 年 | |
|---|---|---|---|---|---|---|
| | | | 2015 年 | 2014 年 | 增量(万吨) | % |
| 合计 | 95272.29 | 93251.46 | 100.00 | 100.00 | 2020.83 | 2.17 |
| 澳大利亚 | 60729.49 | 54830.42 | 63.74 | 58.80 | 5899.07 | 10.76 |
| 巴西 | 19162.86 | 17090.33 | 20.11 | 18.33 | 2072.53 | 12.13 |
| 南非 | 4537.48 | 4359.93 | 4.76 | 4.68 | 177.55 | 4.07 |
| 伊朗 | 1315.56 | 2173.46 | 1.38 | 2.33 | -857.90 | -39.47 |

续附表 4

| 国家 | 2015 年(万吨) | 2014 年(万吨) | 各国占进口量比重(%) | | 2015 年/2014 年 | |
|---|---|---|---|---|---|---|
| | | | 2015 年 | 2014 年 | 增量(万吨) | % |
| 塞拉利昂 | 256.30 | 1903.31 | 0.27 | 2.04 | -1647.01 | -86.53 |
| 乌克兰 | 2021.28 | 1853.83 | 2.12 | 1.99 | 167.45 | 9.03 |
| 智利 | 970.75 | 1106.69 | 1.02 | 1.19 | -135.94 | -12.28 |
| 加拿大 | 940.67 | 1100.47 | 0.99 | 1.18 | -159.80 | -14.52 |
| 秘鲁 | 1070.33 | 1031.88 | 1.12 | 1.11 | 38.45 | 3.73 |
| 毛里塔尼亚 | 747.38 | 1004.74 | 0.78 | 1.08 | -257.36 | -25.61 |
| 马来西亚 | 209.39 | 946.58 | 0.22 | 1.02 | -737.19 | -77.88 |
| 印度 | 207.93 | 783.98 | 0.22 | 0.84 | -576.05 | -73.48 |
| 蒙古国 | 587.56 | 691.13 | 0.62 | 0.74 | -103.57 | -14.99 |
| 俄罗斯联邦 | 720.40 | 619.13 | 0.76 | 0.66 | 101.27 | 16.36 |
| 印度尼西亚 | 243.38 | 450.53 | 0.26 | 0.48 | -207.15 | -45.98 |
| 哈萨克斯坦 | 33.05 | 415.42 | 0.03 | 0.45 | -382.37 | -92.04 |
| 墨西哥 | 28.07 | 339.55 | 0.03 | 0.36 | -311.48 | -91.73 |
| 缅甸 | 136.31 | 297.12 | 0.14 | 0.32 | -160.81 | -54.12 |
| 朝鲜 | 154.46 | 282.50 | 0.16 | 0.30 | -128.04 | -45.32 |
| 利比里亚 | 255.78 | 270.29 | 0.27 | 0.29 | -14.51 | -5.37 |
| 美国 | 21.78 | 262.81 | 0.02 | 0.28 | -241.03 | -91.71 |
| 新西兰 | 180.69 | 201.97 | 0.19 | 0.22 | -21.28 | -10.54 |
| 委内瑞拉 | 444.00 | 199.20 | 0.47 | 0.21 | 244.80 | 122.90 |
| 越南 | 26.56 | 151.80 | 0.03 | 0.16 | -125.24 | -82.50 |
| 埃及 | 15.84 | 132.28 | 0.02 | 0.14 | -116.44 | -88.03 |
| 芬兰 | 32.60 | 126.21 | 0.03 | 0.14 | -93.61 | -74.17 |
| 土耳其 | 26.76 | 87.32 | 0.03 | 0.09 | -60.56 | -69.35 |
| 老挝 | 27.77 | 71.70 | 0.03 | 0.08 | -43.93 | -61.27 |
| 阿联酋 | 72.98 | 58.51 | 0.08 | 0.06 | 14.47 | 24.73 |
| 阿根廷 | 19.19 | 55.67 | 0.02 | 0.06 | -36.48 | -65.53 |
| 卡塔尔 | 14.05 | 44.17 | 0.01 | 0.05 | -30.12 | -68.19 |
| 其他 | 61.64 | 276.23 | 0.06 | 0.30 | -214.59 | -77.69 |

**注:**其他指进口量在 13 万吨以下的国家。

附表 5　　　**2015 年铁矿石按国别进口金额情况**

| 国别 | 2015 年(万美元) | 2014 年(万美元) | 各国占进口额比重(%) | | 2015 年/2014 年 | |
|---|---|---|---|---|---|---|
| | | | 2015 年 | 2014 年 | 增量(万美元) | % |
| 合计 | 5762029.75 | 9364229.31 | 100.00 | 100.00 | -3602199.56 | -38.47 |
| 澳大利亚 | 3585857.64 | 5437024.42 | 62.23 | 58.06 | -1851166.78 | -34.05 |
| 巴西 | 1216518.13 | 1799098.45 | 21.11 | 19.21 | -582580.32 | -32.38 |
| 南非 | 306274.45 | 487365.74 | 5.32 | 5.20 | -181091.29 | -37.16 |
| 伊朗 | 68836.02 | 185931.08 | 1.19 | 1.99 | -117095.06 | -62.98 |
| 塞拉利昂 | 14248.68 | 165518.35 | 0.25 | 1.77 | -151269.67 | -91.39 |
| 乌克兰 | 151810.20 | 227310.89 | 2.63 | 2.43 | -75500.69 | -33.21 |
| 智利 | 66639.80 | 127465.63 | 1.16 | 1.36 | -60825.83 | -47.72 |
| 加拿大 | 69665.99 | 139050.89 | 1.21 | 1.48 | -69384.90 | -49.90 |
| 秘鲁 | 59377.84 | 99607.80 | 1.03 | 1.06 | -40229.96 | -40.39 |
| 毛里塔尼亚 | 40998.60 | 94330.57 | 0.71 | 1.01 | -53331.97 | -56.54 |
| 马来西亚 | 9091.91 | 68329.25 | 0.16 | 0.73 | -59237.34 | -86.69 |
| 印度 | 10211.71 | 83427.96 | 0.18 | 0.89 | -73216.25 | -87.76 |
| 蒙古国 | 25992.74 | 46458.84 | 0.45 | 0.50 | -20466.10 | -44.05 |
| 俄罗斯联邦 | 44923.52 | 67705.38 | 0.78 | 0.72 | -22781.86 | -33.65 |
| 印度尼西亚 | 7574.66 | 27578.26 | 0.13 | 0.29 | -20003.60 | -72.53 |
| 哈萨克斯坦 | 2262.65 | 35447.09 | 0.04 | 0.38 | -33184.44 | -93.62 |
| 墨西哥 | 1760.73 | 36841.24 | 0.03 | 0.39 | -35080.51 | -95.22 |
| 缅甸 | 4704.08 | 10683.47 | 0.08 | 0.11 | -5979.39 | -55.97 |
| 朝鲜 | 7281.53 | 22149.54 | 0.13 | 0.24 | -14868.01 | -67.13 |
| 利比里亚 | 13879.77 | 25951.56 | 0.24 | 0.28 | -12071.79 | -46.52 |
| 美国 | 1646.06 | 37186.01 | 0.03 | 0.40 | -35539.95 | -95.57 |
| 新西兰 | 8423.74 | 16143.21 | 0.15 | 0.17 | -7719.47 | -47.82 |
| 委内瑞拉 | 27476.79 | 24659.96 | 0.48 | 0.26 | 2816.83 | 11.42 |
| 越南 | 1130.74 | 11969.93 | 0.02 | 0.13 | -10839.19 | -90.55 |
| 埃及 | 1053.02 | 12352.86 | 0.02 | 0.13 | -11299.84 | -91.48 |
| 芬兰 | 2416.79 | 13261.94 | 0.04 | 0.14 | -10845.15 | -81.78 |
| 土耳其 | 1554.52 | 8841.18 | 0.03 | 0.09 | -7286.66 | -82.42 |
| 老挝 | 1845.17 | 7851.98 | 0.03 | 0.08 | -6006.81 | -76.50 |
| 阿联酋 | 3750.38 | 6115.03 | 0.07 | 0.07 | -2364.65 | -38.67 |
| 阿根廷 | 798.17 | 4579.62 | 0.01 | 0.05 | -3781.45 | -82.57 |
| 卡塔尔 | 885.39 | 3911.36 | 0.02 | 0.04 | -3025.97 | -77.36 |
| 其他 | 3138.33 | 27294.30 | 0.05 | 0.29 | -24155.97 | -88.50 |

**附表 6　　2015 年铁矿石按品种进口量、进口金额情况**

| 国　别 | 2015 年进口量（万吨） | 占总进口量比重（%） | 2015 年进口额（万美元） | 占总进口额比重（%） |
|---|---|---|---|---|
| 一、铁矿石进口总量 | 95272. 29 | 100. 00 | 5762029. 75 | 100. 00 |
| 1. 未烧结矿 | 92805. 30 | 97. 41 | 5544412. 28 | 96. 22 |
| ①烧结用铁粉矿 | 69094. 04 | 72. 52 | 3965766. 73 | 68. 83 |
| ②铁块矿 | 16212. 86 | 17. 02 | 1096418. 98 | 19. 03 |
| ③铁精粉 | 7498. 40 | 7. 87 | 482226. 57 | 8. 37 |
| 2. 已烧结矿 | 2466. 99 | 2. 59 | 217617. 47 | 3. 78 |
| 二、铁矿石合计 | 95272. 29 | 100. 00 | 5762029. 75 | 100. 00 |
| 1. 澳、巴、南、伊合计 | 86451. 11 | 90. 74 | 5260460. 42 | 91. 30 |
| ①澳大利亚 | 60729. 49 | 63. 74 | 3585857. 64 | 62. 23 |
| ②巴西 | 19162. 86 | 20. 11 | 1216518. 13 | 21. 11 |
| ③南非 | 4537. 48 | 4. 76 | 306274. 45 | 5. 32 |
| ④乌克兰 | 2021. 28 | 2. 12 | 151810. 20 | 2. 63 |
| 2. 其他国家合计 | 8821. 18 | 9. 26 | 501569. 33 | 8. 70 |
| 三、烧结用铁粉矿 | 69094. 04 | 100. 00 | 3965766. 73 | 100. 00 |
| 1. 澳、巴、南、伊合计 | 66349. 96 | 96. 03 | 3824955. 60 | 96. 45 |
| ①澳大利亚 | 47827. 44 | 69. 22 | 2687327. 95 | 67. 76 |
| ②巴西 | 15872. 04 | 22. 97 | 975401. 50 | 24. 60 |
| ③南非 | 1963. 83 | 2. 84 | 129045. 12 | 3. 25 |
| ④伊朗 | 686. 65 | 0. 99 | 33181. 03 | 0. 84 |
| 2. 其他国家合计 | 2744. 08 | 3. 97 | 140811. 13 | 3. 55 |
| 四、铁块矿 | 16212. 86 | 100. 00 | 1096418. 98 | 100. 00 |
| 1. 澳、南、巴、伊合计 | 15126. 39 | 93. 30 | 1047663. 31 | 95. 55 |
| ①澳大利亚 | 11693. 63 | 72. 13 | 816993. 56 | 74. 51 |
| ②南非 | 1789. 10 | 11. 04 | 129757. 45 | 11. 83 |
| ③巴西 | 1202. 02 | 7. 41 | 76613. 04 | 6. 99 |
| ④伊朗 | 441. 63 | 2. 72 | 24299. 25 | 2. 22 |
| 2. 其他国家合计 | 1086. 47 | 6. 70 | 48755. 67 | 4. 45 |
| 五、铁精粉 | 7498. 39 | 100. 00 | 482226. 60 | 100. 00 |
| 1. 乌、澳、巴、南合计 | 4097. 96 | 54. 65 | 265746. 86 | 55. 11 |
| ①乌克兰 | 1340. 07 | 17. 87 | 92842. 39 | 19. 25 |

续附表 6

| 国　别 | 2015 年进口量（万吨） | 占总进口量比重（%） | 2015 年进口额（万美元） | 占总进口额比重（%） |
|---|---|---|---|---|
| ②澳大利亚 | 1033.78 | 13.79 | 66226.19 | 13.73 |
| ③巴西 | 982.47 | 13.10 | 62324.99 | 12.92 |
| ④南非 | 741.64 | 9.89 | 44353.29 | 9.20 |
| 2. 其他国家合计 | 3400.43 | 45.35 | 216479.74 | 44.89 |
| 六、已烧结铁矿 | 2466.99 | 100.00 | 217617.47 | 100.00 |
| 1. 哈、乌、巴、俄合计 | 2133.74 | 86.49 | 192623.35 | 88.51 |
| ①巴西 | 1106.33 | 44.85 | 102178.60 | 46.95 |
| ②乌克兰 | 681.20 | 27.61 | 58967.81 | 27.10 |
| ③澳大利亚 | 174.64 | 7.08 | 15309.94 | 7.04 |
| ④加拿大 | 171.58 | 6.95 | 16167.01 | 7.43 |
| 2. 其他国家合计 | 333.25 | 13.51 | 24994.12 | 11.49 |

（中国冶金矿山企业协会）

# 黄　金

**【概况】**　2014 年，国际金价仍然低迷，均价为 1156.19 美元/盎司，相比 2013 年 4 月金价下跌前的价格，跌幅达到了近 40%。现在金价在 1100 美元/盎司左右徘徊，整个行业的利润空间大幅收窄，在这种严峻形势下，行业上、下游共同努力，积极采取应对措施，开拓创新，降本增效，克服困难，在困境中实现了和谐有序发展。

**【黄金产量】**　2015 年我国黄金产量保持平稳，连续 9 年成为全球最大黄金生产国。2015 年，全国总计生产黄金 515.88 吨，同比增长 0.6%，其中，国内料产金 450.053 吨，同比下降 0.39%，国外进口料产金 65.826 吨，同比增长 7.95%。中国黄金、紫金矿业、山东黄金、山东招金等十大黄金集团完成黄金成品金产量和矿产金产量分别为 248.063 吨和 161.670 吨，比 2014 年同期分别增长 -1.73% 和 3.24%。十大黄金集团黄金成品金产量和矿产金产量分别占全国的 48.09% 和 42.62%。国内料产金产量减少的主要原因是：因利润空间减小，致使部分成本压力大的中小矿山企业关停，部分省区停产率高达 45%，但这也为下一步产业结构调整提供了契机。

**【黄金消费】**　我国已成为全球最大的黄金加工国和黄金珠宝消费市场。2015 年，全国黄金消费量 985.90 吨，与 2014 年同期相比增加 34.81 吨，增长 3.66%。其中：黄金首饰用金 721.58 吨，同比增长 2.05%，金条用金 173.08 吨，同比增长 4.81%，金币用金 22.80 吨，同比增长 78.13%，工业及其他用金 68.44 吨，同比增长 3.54%。2015 年我国黄金消费摆脱了低迷，黄金饰品、黄金文化艺术品层出不穷，黄金首饰销售明显回暖，同时，全球负利率的持续以及黄金价格的低位运行增大了黄金的避险需求，实金投资也出现拐点，金条和金币制造和销售数据双双大幅增长。可以预计，我国黄金消费将恢复增长趋势，将继续保持世界第一黄金消费大国地位。

**【黄金交易】**　我国黄金市场发展迅速。2015 年，上海黄金交易所全部黄金品种累计成交量共 3.41 万吨，同比增长 84.28%，是全球最大的场内实金交易市场；上海期货交易所黄金期货合约累计成交量共 5.06 万吨，同比增长 6.08%，交易量位居全球前列。2015 年 7 月，“黄金沪港通”正式开通；6 月、10 月，中国银行、中国建设银行先后获准参与“伦敦金”基准定价。我国黄金市场对全球黄金市场的影响力越来越大。

【黄金"一带一路"倡议】 2015年,我国黄金企业海外投资超过5亿美元,境外黄金产量超过9吨。如中国黄金集团开展了吉尔吉斯布丘克金矿、库鲁金矿和刚果(布)索瑞米公司铜铅锌项目的可研工作;紫金矿业集团公司成功收购了巴布亚新几内亚波格拉金矿和刚果金卡莫阿铜矿,并完成了塔吉克斯坦吉劳、塔罗金矿、吉尔吉斯左岸金矿和澳洲诺顿金矿的增储扩产工作;招金集团和湖南黄金分别在苏里南进行了资源勘查工作;灵宝股份的吉尔吉斯斯坦项目计划进行选厂扩建工作。

**附表1　　2015年1~12月各省成品金产量情况**　　单位:千克

| 排名 | 省(区、市) | 本月止累计完成 | | | | | | | | | 2015年同期累计完成 | | | | | | |
|---|---|---|---|---|---|---|---|---|---|---|---|---|---|---|---|---|---|
| | | 矿山产金累计完成 | | | | 冶炼厂产金累计完成 | | | 品金合计 | 比2015年同期(+%) | 矿山产金累计完成 | | | 冶炼厂产金累计完成 | | | 成品金合计 |
| | | 合计 | 比2015年同期(+%) | 其中 | | 合计 | 其中 | | | | 合计 | 其中 | | 合计 | 其中 | | |
| | | | | 成品金 | 含量金 | | 有色冶炼厂 | 黄金冶炼厂 | | | | 成品金 | 含量金 | | 有色冶炼厂 | 黄金冶炼厂 | |
| — | – | 1=3+4 | 2 | 3 | 4 | 5=6+7 | 6 | 7 | 8=3+5 | 9 | 10=11+12 | 11 | 12 | 13=14+15 | 14 | 15 | 16=11+13 |
| — | 全国合计 | 379422.611 | 3.00 | 161610.450 | 217812.161 | 288442.513 | 103584.118 | 184858.395 | 450052.963 | -0.39 | 368363.977 | 166008.747 | 202355.230 | 285790.408 | 78323.053 | 207467.355 | 451799.155 |
| 1 | 山东省 | 62215.500 | -4.66 | 16777.290 | 45438.210 | 155448.435 | 39970.000 | 115478.435 | 172225.725 | 0.45 | 65254.529 | 16911.811 | 48342.718 | 154533.986 | 29733.094 | 124800.892 | 171445.797 |
| 2 | 河南省 | 38011.210 | -4.78 | 13381.980 | 24629.230 | 57012.790 | 3625.400 | 53387.390 | 70394.770 | -0.76 | 39920.620 | 14024.790 | 25895.830 | 56906.060 | 6817.000 | 50089.060 | 70930.850 |
| 3 | 江西省 | 1994.650 | -20.03 | 134.160 | 1860.490 | 38230.540 | 34123.580 | 4106.960 | 38364.700 | 5.98 | 2494.210 | 294.290 | 2199.920 | 35906.750 | 32411.220 | 3495.530 | 36201.040 |
| 4 | 云南省 | 20385.066 | 3.74 | 17085.225 | 3299.841 | 10239.985 | 10239.985 | – | 27325.210 | 17.44 | 19649.913 | 16519.213 | 3130.700 | 6748.719 | 6748.719 | – | 23267.932 |
| 5 | 湖南省 | 9347.300 | 10.87 | 5178.290 | 4169.010 | 21633.610 | 7947.430 | 13686.180 | 26811.900 | 12.54 | 8430.710 | 6236.820 | 2193.890 | 17587.590 | 6316.370 | 11271.220 | 23824.410 |
| 6 | 内蒙古区 | 23768.700 | 1.72 | 23768.700 | 0.000 | 0.000 | – | – | 23768.700 | 1.72 | 23366.600 | 23366.600 | 0.000 | 0.000 | – | – | 23366.600 |
| 7 | 甘肃省 | 15338.606 | 0.35 | 8196.050 | 7142.556 | 14235.463 | 10879.000 | 3356.463 | 22431.513 | 7.36 | 15285.517 | 9671.000 | 5614.517 | 11222.770 | 11222.770 | – | 20893.770 |
| 8 | 福建省 | 9802.470 | -11.73 | 8093.830 | 1708.640 | 12597.210 | 10067.210 | 2530.000 | 20691.040 | -30.09 | 11105.250 | 9293.110 | 1812.140 | 20302.610 | 7909.920 | 12392.690 | 29595.720 |
| 9 | 新疆区 | 19300.000 | 3.20 | 16724.714 | 2575.286 | 1895.286 | – | 1895.286 | 18620.000 | 0.65 | 18701.206 | 15895.876 | 2805.330 | 2604.113 | – | 2604.113 | 18499.989 |
| 10 | 安徽省 | 10080.680 | 21.50 | 3974.140 | 6106.540 | 12839.000 | 12839.000 | – | 16813.140 | 5.48 | 8296.640 | 2737.070 | 5559.570 | 13202.000 | 13202.000 | – | 15939.070 |
| 11 | 陕西省 | 23152.344 | 9.25 | 5792.024 | 17360.320 | 6583.660 | – | 6583.660 | 12375.684 | -14.37 | 21192.898 | 7037.158 | 14155.740 | 7414.750 | – | 7414.750 | 14451.908 |
| 12 | 浙江省 | 302.869 | 16.34 | 302.869 | 0.000 | 10660.000 | 10660.000 | – | 10962.869 | 46.79 | 260.332 | 260.332 | 0.000 | 7208.000 | 7208.000 | – | 7468.332 |
| 13 | 贵州省 | 10224.490 | 2.48 | 9381.750 | 842.740 | 0.000 | – | – | 9381.750 | -1.83 | 9977.192 | 9556.572 | 420.620 | 0.000 | – | – | 9556.572 |
| 14 | 辽宁省 | 6469.250 | 5.56 | 4657.750 | 1811.500 | 4433.090 | 10.000 | 4423.090 | 9090.840 | 1.34 | 6128.545 | 4412.325 | 1716.220 | 4558.210 | 100.000 | 4458.210 | 8970.535 |
| 15 | 湖北省 | 3746.833 | -11.79 | 1821.000 | 1925.833 | 6907.240 | 6907.240 | – | 8728.240 | 0.29 | 4247.838 | 2346.000 | 1901.838 | 6357.000 | 6357.000 | – | 8703.000 |
| 16 | 吉林省 | 9253.810 | 2.79 | 6437.080 | 2816.730 | 0.000 | – | – | 6437.080 | -7.23 | 9002.610 | 6938.520 | 2064.090 | 0.000 | – | – | 6938.520 |
| 17 | 河北省 | 7603.404 | -11.45 | 5436.416 | 2166.988 | 0.000 | – | – | 5436.416 | -2.49 | 8586.264 | 5575.404 | 3010.860 | 0.000 | – | – | 5575.404 |
| 18 | 青海省 | 6700.090 | -0.17 | 3818.540 | 2881.550 | 779.630 | – | 779.630 | 4598.170 | -20.91 | 6711.360 | 4073.900 | 2637.460 | 1740.000 | – | 1740.000 | 5813.900 |
| 19 | 四川省 | 3750.000 | -3.87 | 3750.000 | 0.000 | 0.000 | – | – | 3750.000 | -3.87 | 3901.000 | 3901.000 | 0.000 | 0.000 | – | – | 3901.000 |
| 20 | 黑龙江省 | 3150.000 | 2.44 | 3150.000 | 0.000 | 0.000 | – | – | 3150.000 | 2.44 | 3075.000 | 3075.000 | 0.000 | 0.000 | – | – | 3075.000 |
| 21 | 广西区 | 1350.900 | -9.32 | 1312.830 | 38.070 | 0.000 | – | – | 1312.830 | -9.36 | 1489.672 | 1448.330 | 41.342 | 0.000 | – | – | 1448.330 |
| 22 | 海南省 | 1233.650 | 18.06 | 1233.650 | 0.000 | 0.000 | – | – | 1233.650 | 18.06 | 1044.960 | 1044.960 | 0.000 | 0.000 | – | – | 1044.960 |
| 23 | 山西省 | 2475.000 | 1.43 | 695.000 | 1780.000 | 0.000 | – | – | 695.000 | 0.72 | 2440.000 | 690.000 | 1750.000 | 0.000 | – | – | 690.000 |
| 24 | 上海市 | – | – | – | – | 573.061 | 573.061 | – | 573.061 | 49.34 | – | – | – | 383.726 | 383.726 | – | 383.726 |
| 25 | 广东省 | 509.485 | -27.21 | 507.162 | 2.323 | 0.000 | – | – | 507.162 | -27.41 | 699.951 | 698.666 | 1.285 | 0.000 | – | – | 698.666 |
| 26 | 宁夏区 | 0.000 | – | 0.000 | 0.000 | 200.000 | 100.000 | 100.000 | 200.000 | 122.22 | 0.000 | 0.000 | 0.000 | 90.000 | 90.000 | – | 90.000 |
| 27 | 西藏区 | 747.640 | 39.50 | 0.000 | 747.640 | 0.000 | – | – | 0.000 | – | 535.950 | 0.000 | 535.950 | 0.000 | – | – | 0.000 |
| 28 | 北京市 | 0.000 | – | 0.000 | 0.000 | 0.000 | – | – | 0.000 | – | 0.000 | 0.000 | 0.000 | 0.000 | – | – | 0.000 |
| 29 | 天津市 | 0.000 | – | 0.000 | 0.000 | 0.000 | – | – | 0.000 | – | 0.000 | 0.000 | 0.000 | 0.000 | – | – | 0.000 |
| 30 | 江苏省 | 0.000 | – | 0.000 | 0.000 | 0.000 | – | – | 0.000 | – | 0.000 | 0.000 | 0.000 | 0.000 | – | – | 0.000 |
| — | 其他 | 88508.664 | 15.60 | 0.000 | 88508.664 | -65826.487 | -44357.788 | -21468.699 | -65826.487 | 7.95 | 76565.210 | 0.000 | 76565.210 | -60975.876 | -50176.766 | -10799.110 | -60975.876 |

**附表 2**

## 2015 年 1～12 月各省矿山产金完成情况

单位:千克

| 排名 | 省（区、市） | 本月实际完成 | | | 本月止累计完成 | | | | | | 2015 年同期累计完成 | | |
|---|---|---|---|---|---|---|---|---|---|---|---|---|---|
| | | 合计 | 其中 | | 合计 | 比 2015 年同期（+%） | 其中 | | | | 合计 | 其中 | |
| | | | 成品金 | 含量金 | | | 成品金 | 比 2015 年同期（+%） | 含量金 | 比 2015 年同期（+%） | | 成品金 | 含量金 |
| — | – | 1=2+3 | 2 | 3 | 4=6+8 | 5 | 6 | 7 | 8 | 9 | 10=11+12 | 11 | 12 |
| — | 全国合计 | 31314.939 | 23174.277 | 8140.662 | 379422.611 | 3.00 | 161610.450 | –2.65 | 217812.161 | 7.64 | 368363.977 | 166008.747 | 202355.230 |
| 1 | 北京市 | 0.000 | 0.000 | 0.000 | 0.000 | – | 0.000 | – | 0.000 | – | 0.000 | 0.000 | 0.000 |
| 2 | 天津市 | 0.000 | 0.000 | 0.000 | 0.000 | – | 0.000 | – | 0.000 | – | 0.000 | 0.000 | 0.000 |
| 3 | 河北省 | 1471.629 | 1000.089 | 471.540 | 7603.404 | –11.45 | 5436.416 | –2.49 | 2166.988 | –28.03 | 8586.264 | 5575.404 | 3010.860 |
| 4 | 山西省 | 150.000 | 60.000 | 90.000 | 2475.000 | 1.43 | 695.000 | 0.72 | 1780.000 | 1.71 | 2440.000 | 690.000 | 1750.000 |
| 5 | 内蒙古区 | 1922.100 | 1922.100 | 0.000 | 23768.700 | 1.72 | 23768.700 | 1.72 | 0.000 | – | 23366.600 | 23366.600 | 0.000 |
| 6 | 辽宁省 | 1392.310 | 993.700 | 398.610 | 6469.250 | 5.56 | 4657.750 | 5.56 | 1811.500 | 5.55 | 6128.545 | 4412.325 | 1716.220 |
| 7 | 吉林省 | 1011.340 | 673.200 | 338.140 | 9253.810 | 2.79 | 6437.080 | –7.23 | 2816.730 | 36.46 | 9002.610 | 6938.520 | 2064.090 |
| 8 | 黑龙江省 | 155.000 | 155.000 | 0.000 | 3150.000 | 2.44 | 3150.000 | 2.44 | 0.000 | – | 3075.000 | 3075.000 | 0.000 |
| 9 | 江苏省 | 0.000 | 0.000 | 0.000 | 0.000 | – | 0.000 | – | 0.000 | – | 0.000 | 0.000 | 0.000 |
| 10 | 浙江省 | 18.000 | 18.000 | 0.000 | 302.869 | 16.34 | 302.869 | 16.34 | 0.000 | – | 260.332 | 260.332 | 0.000 |
| 11 | 安徽省 | 793.480 | 281.610 | 511.870 | 10080.680 | 21.50 | 3974.140 | 45.20 | 6106.540 | 9.84 | 8296.640 | 2737.070 | 5559.570 |
| 12 | 福建省 | 638.080 | 533.720 | 104.360 | 9802.470 | –11.73 | 8093.830 | –12.91 | 1708.640 | –5.71 | 11105.250 | 9293.110 | 1812.140 |
| 13 | 江西省 | 116.390 | –0.440 | 116.830 | 1994.650 | –20.03 | 134.160 | –54.41 | 1860.490 | –15.43 | 2494.210 | 294.290 | 2199.920 |
| 14 | 山东省 | 5170.216 | 2703.255 | 2466.961 | 62215.500 | –4.66 | 16777.290 | –0.80 | 45438.210 | –6.01 | 65254.529 | 16911.811 | 48342.718 |
| 15 | 河南省 | 6140.090 | 2526.590 | 3613.500 | 38011.210 | –4.78 | 13381.980 | –4.58 | 24629.230 | –4.89 | 39920.620 | 14024.790 | 25895.830 |
| 16 | 湖北省 | 944.173 | 731.000 | 213.173 | 3746.833 | –11.79 | 1821.000 | –22.38 | 1925.833 | 1.26 | 4247.838 | 2346.000 | 1901.838 |
| 17 | 湖南省 | 1485.190 | 293.040 | 1192.150 | 9347.300 | 10.87 | 5178.290 | –16.97 | 4169.010 | 90.03 | 8430.710 | 6236.820 | 2193.890 |
| 18 | 广东省 | 69.867 | 68.399 | 1.468 | 509.485 | –27.21 | 507.162 | –27.41 | 2.323 | 80.78 | 699.951 | 698.666 | 1.285 |
| 19 | 广西区 | 219.530 | 214.050 | 5.480 | 1350.900 | –9.32 | 1312.830 | –9.36 | 38.070 | –7.91 | 1489.672 | 1448.330 | 41.342 |
| 20 | 海南省 | 105.760 | 105.760 | 0.000 | 1233.650 | 18.06 | 1233.650 | 18.06 | 0.000 | – | 1044.960 | 1044.960 | 0.000 |
| 21 | 四川省 | 205.000 | 205.000 | 0.000 | 3750.000 | –3.87 | 3750.000 | –3.87 | 0.000 | – | 3901.000 | 3901.000 | 0.000 |
| 22 | 贵州省 | 2916.090 | 2865.750 | 50.340 | 10224.490 | 2.48 | 9381.750 | –1.83 | 842.740 | 100.36 | 9977.192 | 9556.572 | 420.620 |
| 23 | 云南省 | 2700.278 | 2188.146 | 512.132 | 20385.066 | 3.74 | 17085.225 | 3.43 | 3299.841 | 5.40 | 19649.913 | 16519.213 | 3130.700 |
| 24 | 西藏区 | 43.400 | 0.000 | 43.400 | 747.640 | – | 0.000 | – | 747.640 | 39.50 | 535.950 | 0.000 | 535.950 |
| 25 | 陕西省 | 2594.671 | 1365.451 | 1229.220 | 23152.344 | 9.25 | 5792.024 | –17.69 | 17360.320 | 22.64 | 21192.898 | 7037.158 | 14155.740 |
| 26 | 甘肃省 | 935.963 | 346.050 | 589.913 | 15338.606 | 0.35 | 8196.050 | –15.25 | 7142.556 | 27.22 | 15285.517 | 9671.000 | 5614.517 |
| 27 | 青海省 | 413.663 | 223.113 | 190.550 | 6700.090 | –0.17 | 3818.540 | –6.27 | 2881.550 | 9.25 | 6711.360 | 4073.900 | 2637.460 |
| 28 | 宁夏区 | 0.000 | 0.000 | 0.000 | 0.000 | – | 0.000 | – | 0.000 | – | 0.000 | 0.000 | 0.000 |
| 29 | 新疆区 | 3514.316 | 3701.694 | –187.378 | 19300.000 | 3.20 | 16724.714 | 5.21 | 2575.286 | –8.20 | 18701.206 | 15895.876 | 2805.330 |
| — | 其他 | –3811.597 | 0.000 | –3811.597 | 88508.664 | 15.60 | 0.000 | – | 88508.664 | 15.60 | 76565.210 | 0.000 | 76565.210 |

**注:**1. 部分小矿山生产的含量金直接销售给冶炼厂,未计入分省(区、市)产量为 88508.664 千克。

2. 山东黄金集团“三山岛金矿”“焦家金矿”“玲珑金矿”“新城金矿”所产含量金全部由“焦家冶炼厂”冶炼成成品金,这部分成品金产量从山东省“矿山产成品金”产量中独列出算作“焦家冶炼厂”冶炼金产量,不再由冶炼厂返还各矿算作“矿山产成品金”产量。相对应的“含量金”产量亦单独列出。

**附表3** 

## 2015年1~12月黄金冶炼企业产金完成情况

单位:千克

| 排名 | 公司名称 | 省份 | 本月实际完成 | | | 本月止累计完成 | | | | | | 2015年同期累计完成 | | |
|---|---|---|---|---|---|---|---|---|---|---|---|---|---|---|
| | | | 合计 | 其中 | | 合计 | 比2015年同期(+%) | 其中 | | | | 合计 | 其中 | |
| | | | | 成品金 | 含量金 | | | 成品金 | 比2015年同期(+%) | 含量金 | 比2015年同期(+%) | | 成品金 | 含量金 |
| — | — | - | 1=2+3 | 2 | 3 | 4=6+8 | 5 | 6 | 7 | 8 | 9 | 10=11+12 | 11 | 12 |
| — | 黄金冶炼企业合计 | - | -8993.894 | -8993.894 | 0.000 | 184858.395 | -10.90 | 184858.395 | -0.68 | 0.000 | - | 207467.355 | 186126.875 | 21340.480 |
| 1 | 中国黄金集团公司 | 北京 | 1660.910 | 1660.910 | 0.000 | 25152.370 | -19.38 | 25152.370 | -19.38 | 0.000 | - | 31198.300 | 31198.300 | 0.000 |
| | 其中:辽宁新都黄金有限责任公司 | 辽宁 | 250.180 | 250.180 | 0.000 | 2809.360 | -3.41 | 2809.360 | -3.41 | 0.000 | - | 2908.440 | 2908.440 | 0.000 |
| | 辽宁天利金业有限公司 | 辽宁 | 108.620 | 108.620 | 0.000 | 1613.730 | 4.13 | 1613.730 | 4.13 | 0.000 | - | 1549.770 | 1549.770 | 0.000 |
| | 江西三和金业有限公司 | 江西 | 314.100 | 314.100 | 0.000 | 4106.960 | 17.49 | 4106.960 | 17.49 | 0.000 | - | 3495.530 | 3495.530 | 0.000 |
| | 河南中原黄金冶炼厂有限责任公司 | 河南 | 1.470 | 1.470 | 0.000 | 3913.090 | -62.82 | 3913.090 | -62.82 | 0.000 | - | 10525.510 | 10525.510 | 0.000 |
| | 中金嵩县嵩原黄金冶炼有限责任公司 | 河南 | 447.980 | 447.980 | 0.000 | 6125.570 | 15.48 | 6125.570 | 15.48 | 0.000 | - | 5304.300 | 5304.300 | 0.000 |
| | 潼关中金冶炼有限责任公司 | 陕西 | 538.560 | 538.560 | 0.000 | 6583.660 | -11.21 | 6583.660 | -11.21 | 0.000 | - | 7414.750 | 7414.750 | 0.000 |
| 2 | 山东招金集团公司 | 山东 | 4275.015 | 4275.015 | 0.000 | 47281.414 | 9.32 | 47281.414 | 9.32 | 0.000 | - | 43251.385 | 43251.385 | 0.000 |
| | 其中:山东招金集团冶炼厂 | 山东 | 3761.259 | 3761.259 | 0.000 | 42029.665 | 3.40 | 42029.665 | 3.40 | 0.000 | - | 40647.272 | 40647.272 | 0.000 |
| | 甘肃招金贵金属冶炼有限公司 | 甘肃 | 342.236 | 342.236 | 0.000 | 3356.463 | - | 3356.463 | - | 0.000 | - | 0.000 | 0.000 | 0.000 |
| | 新疆星塔矿业有限公司 | 新疆 | 171.520 | 171.520 | 0.000 | 1895.286 | -27.22 | 1895.286 | -27.22 | 0.000 | - | 2604.113 | 2604.113 | 0.000 |
| 3 | 山东黄金集团 | 山东 | 2346.980 | 2346.980 | 0.000 | 27658.680 | -0.58 | 27658.680 | -0.58 | 0.000 | - | 27820.550 | 27820.550 | 0.000 |
| | 其中:山东黄金集团(焦家冶炼厂) | 山东 | 1842.470 | 1842.470 | 0.000 | 23198.580 | 1.12 | 23198.580 | 1.12 | 0.000 | - | 22941.030 | 22941.030 | 0.000 |
| | 山东黄金西部冶炼厂 | 青海 | 129.680 | 129.680 | 0.000 | 779.630 | -55.19 | 779.630 | -55.19 | 0.000 | - | 1740.000 | 1740.000 | 0.000 |
| | 金创金银冶炼公司(山东黄金) | 山东 | 374.830 | 374.830 | 0.000 | 3680.470 | 17.23 | 3680.470 | 17.23 | 0.000 | - | 3139.520 | 3139.520 | 0.000 |
| 4 | 紫金矿业集团 | 福建 | 2918.260 | 2918.260 | 0.000 | 6900.730 | -59.18 | 6900.730 | -59.18 | 0.000 | - | 16904.940 | 16904.940 | 0.000 |
| | 其中:福建金山黄金冶炼公司 | 福建 | 2530.000 | 2530.000 | 0.000 | 2530.000 | -79.58 | 2530.000 | -79.58 | 0.000 | - | 12392.690 | 12392.690 | 0.000 |
| | 洛宁紫金冶炼公司 | 河南 | 388.260 | 388.260 | 0.000 | 4370.730 | -3.14 | 4370.730 | -3.14 | 0.000 | - | 4512.250 | 4512.250 | 0.000 |
| 5 | 湖南黄金集团 | 湖南 | 1659.780 | 1659.780 | 0.000 | 13686.180 | 21.43 | 13686.180 | 21.43 | 0.000 | - | 11271.220 | 11271.220 | 0.000 |
| | 其中:湖南辰州矿业股份有限公司冶炼厂 | 湖南 | 1142.150 | 1142.150 | 0.000 | 10512.270 | 27.31 | 10512.270 | 27.31 | 0.000 | - | 8256.950 | 8256.950 | 0.000 |
| | 湖南中南黄金冶炼公司 | 湖南 | 517.630 | 517.630 | 0.000 | 3173.910 | 5.30 | 3173.910 | 5.30 | 0.000 | - | 3014.270 | 3014.270 | 0.000 |
| 6 | 山东中矿集团有限公司 | 山东 | 1337.380 | 1337.380 | 0.000 | 13392.110 | 2.99 | 13392.110 | 2.99 | 0.000 | - | 13003.770 | 13003.770 | 0.000 |
| 7 | 招远市河西金矿 | 山东 | 278.100 | 278.100 | 0.000 | 2399.840 | 57.53 | 2399.840 | 57.53 | 0.000 | - | 1523.400 | 1523.400 | 0.000 |
| 8 | 烟台黄金冶炼厂 | 山东 | 81.480 | 81.480 | 0.000 | 3088.860 | -20.42 | 3088.860 | -20.42 | 0.000 | - | 3881.450 | 3881.450 | 0.000 |
| 9 | 恒邦冶炼股份公司 | 山东 | -17266.000 | -17266.000 | 0.000 | 17232.000 | -4.92 | 17232.000 | -4.92 | 0.000 | - | 18123.000 | 18123.000 | 0.000 |
| 10 | 龙口金鑫矿业公司 | 河南 | 27.900 | 27.900 | 0.000 | 256.910 | 27.84 | 256.910 | 27.84 | 0.000 | - | 200.970 | 200.970 | 0.000 |
| 11 | 灵宝黄金股份有限公司 | 河南 | 1864.000 | 1864.000 | 0.000 | 19104.000 | -2.32 | 19104.00 | -2.32 | 0.000 | - | 19558.000 | 19558.000 | 0.000 |
| 12 | 灵宝金源晨光有色矿冶有限公司 | 河南 | 799.000 | 799.000 | 0.000 | 8917.000 | 35.27 | 8917.000 | 35.27 | 0.000 | - | 6592.000 | 6592.000 | 0.000 |
| 13 | 河南豫光金铅集团有限责任公司 | 河南 | 992.000 | 992.000 | 0.000 | 3816.000 | 6.09 | 3816.000 | 6.09 | 0.000 | - | 3597.000 | 3597.000 | 0.000 |
| 14 | 宁夏盈谷黄金有限公司 | 宁夏 | 100.000 | 100.000 | 0.000 | 100.000 | - | 100.000 | - | 0.000 | - | 0.000 | 0.000 | 0.000 |
| 15 | 河南其他冶炼厂 | 河南 | 1200.000 | 1200.000 | 0.000 | 7141.000 | - | 7141.000 | - | 0.000 | - | 0.000 | 0.000 | 0.000 |
| 16 | 山东其他冶炼厂 | 山东 | 10200.000 | 0.000 | 10200.000 | 10200.000 | 0.00 | 0.000 | 0.00 | 10200.000 | - | 19888.000 | 0.000 | 19888.000 |
| 17 | 扣除能够确认的进口原料产金 | - | -21468.699 | -11268.699 | -10200.000 | -21468.699 | 98.80 | -11268.699 | 4.35 | -10200.000 | - | -10799.110 | -10799.110 | 0.000 |

**注**:1. 山东招金集团冶炼厂产金量为“招金矿业股份公司”和“山东国大黄金股份公司”冶炼厂产金量之和。
2. 山东黄金集团“三山岛金矿”“焦家金矿”“玲珑金矿”“新城金矿”所产含量金全部由“焦家冶炼厂”冶炼成成品金,这部分成品金产量从“矿山产成品金”产量中单独列出算作“焦家冶炼厂”冶炼金产量。

**附表 4**　　**2015 年 1 ~ 12 月有色冶炼企业产金完成情况**　　单位:千克

| 排名 | 公司名称 | 省份 | 本月实际完成 | | | 本月止累计完成 | | | | | | 2015 年同期累计完成 | | |
|---|---|---|---|---|---|---|---|---|---|---|---|---|---|---|
| | | | 合计 | 其中 | | 合计 | 比 2015 年同期(+%) | 其中 | | | | 合计 | 其中 | |
| | | | | 成品金 | 含量金 | | | 成品金 | 比 2015 年同期(+%) | 含量金 | 比 2015 年同期(+%) | | 成品金 | 含量金 |
| — | - | - | 1 = 2 + 3 | 2 | 3 | 4 = 6 + 8 | 5 | 6 | 7 | 8 | 9 | 10 = 11 + 12 | 11 | 12 |
| — | 有色冶炼企业合计 | - | 13326.100 | 17134.556 | -3808.456 | 103584.118 | 32.25 | 32953.766 | 103.06 | 70630.352 | 13.75 | 78323.053 | 16228.356 | 62094.697 |
| 1 | 上海鑫冶铜业有限公司 | 上海 | 127.572 | 0.000 | 127.572 | 573.061 | 49.34 | 0.000 | - | 573.061 | 49.34 | 383.726 | 0.000 | 383.726 |
| 2 | 铜陵有色金属集团控股有限公司稀贵金属分公司 | 安徽 | 1136.000 | 0.000 | 1136.000 | 12839.000 | -2.75 | 0.000 | - | 12839.000 | -2.75 | 13202.000 | 0.000 | 13202.000 |
| 3 | 紫金铜业有限公司 | 福建 | -871.370 | 7047.047 | -7918.417 | 10067.210 | 27.27 | 7047.047 | - | 3020.163 | -61.82 | 7909.920 | 0.000 | 7909.920 |
| 4 | 江西铜业公司 | 江西 | 2721.610 | 528.390 | 2193.220 | 26706.000 | 0.36 | 10817.620 | -1.88 | 15888.380 | 1.95 | 26609.000 | 11024.920 | 15584.080 |
| 5 | 江西和丰铜业公司 | 江西 | -400.000 | 0.000 | -400.000 | 5988.280 | 19.16 | 0.000 | - | 5988.280 | 19.16 | 5025.460 | 0.000 | 5025.460 |
| 6 | 江西新金叶实业有限公司 | 江西 | 0.000 | 0.000 | 0.000 | 1429.300 | 84.01 | 0.000 | - | 1429.300 | 84.01 | 776.760 | 0.000 | 776.760 |
| 7 | 烟台鹏晖铜业有限公司 | 山东 | 0.000 | 0.000 | 0.000 | 0.000 | -100.00 | 0.000 | - | 0,000 | -100.00 | 531.260 | 0.000 | 531.260 |
| 8 | 阳谷铜冶炼厂 | 山东 | 1500.000 | 0.000 | 1500.000 | 15800.000 | 64.55 | 0.000 | - | 15800.000 | 64.55 | 9601.834 | 0.000 | 9601.834 |
| 9 | 东营方圆有色金属有限公司 | 山东 | 6670.000 | 0.000 | 6670.000 | 24170.000 | 23.32 | 0.000 | - | 24170.000 | 23.32 | 19600.000 | 0.000 | 19600.000 |
| 10 | 大冶有色金属公司 | 湖北 | 783.330 | 0.000 | 783.330 | 6907.240 | 8.66 | 0.000 | - | 6907.240 | 8.66 | 6357.000 | 0.000 | 6357.000 |
| 11 | 株洲冶炼集团 | 湖南 | 41.000 | 24.600 | 16.400 | 446.000 | -9.53 | 267.600 | -9.59 | 178.400 | -9.44 | 493.000 | 296.000 | 197.000 |
| 12 | 水口山公司 | 湖南 | 60.180 | 0.000 | 60.180 | 1191.930 | -4.90 | 0.000 | - | 1191.930 | -4.90 | 1253.370 | 0.000 | 1253.370 |
| 13 | 云南铜业集团公司 | 云南 | 900.376 | 45.019 | 855.357 | 10239.985 | 51.73 | 511.999 | 51.73 | 9727.986 | 51.73 | 6748.719 | 337.436 | 6411.283 |
| 14 | 白银有色金属公司 | 甘肃 | 840.000 | 0.000 | 840.000 | 2601.000 | 155.00 | 0.000 | - | 2601.000 | 155.00 | 1020.000 | 0.000 | 1020.000 |
| 15 | 金川有色金属公司 | 甘肃 | 389.290 | 0.000 | 389.290 | 8278.000 | -18.87 | 0.000 | - | 8278.000 | -18.87 | 10202.770 | 0.000 | 10202.770 |
| 16 | 宁夏天马冶化(集团)股份有限公司 | 宁夏 | 100.000 | 0.000 | 100.000 | 100.000 | 11.11 | 0.000 | - | 100.000 | 11.11 | 90.000 | 0.000 | 90.000 |
| 17 | 浙江有色冶炼厂合计 | 浙江 | 590.000 | 0.000 | 590.000 | 10660.000 | 47.89 | 0.000 | - | 10660.000 | 47.89 | 7208.000 | 0.000 | 7208.000 |
| 18 | 湖南有色冶炼厂合计 | 湖南 | 1489.500 | 1489.500 | 0.000 | 6309.500 | 38.06 | 6309.500 | 38.06 | 0.000 | - | 4570.000 | 4570.000 | 0.000 |
| 19 | 河南有色冶炼厂合计 | 河南 | 3625.400 | 0.000 | 3625.400 | 3625.400 | -46.82 | 0.000 | - | 3625.400 | -46.82 | 6817.000 | 0.000 | 6817.000 |
| 20 | 辽宁有色冶炼厂合计 | 辽宁 | 10.000 | 0.000 | 10.000 | 10.000 | - | 0.000 | - | 10.000 | -90.00 | 100.000 | 0.000 | 100.000 |
| 21 | 山东省其他 | 山东 | 0.000 | 8000.000 | -8000.000 | 0.000 | - | 8000.000 | - | -8000.000 | - | 0.000 | 0.000 | 0.000 |
| — | 扣除能够确认的进口原料产金 | - | -6386.788 | 0.000 | -6386.788 | -44357.788 | -11.60 | 0.000 | - | -44357.788 | -11.60 | -50176.766 | 0.000 | -50176.766 |

**注:**2015 年 1 ~ 12 月,山东省有色冶炼厂有色原料产金中应含 8000 千克左右黄金原料产金。

**附表 5**　　**2015 年 1 ~ 12 月大型黄金企业(集团)黄金生产情况**　　单位:千克

| 序号 | 公司名称 | 本月止累计完成 | | | | | | | | 2015 年同期累计完成 | | | | | |
|---|---|---|---|---|---|---|---|---|---|---|---|---|---|---|---|
| | | 矿山产金 | | | | 黄金冶炼厂产成品金 | 有色冶炼厂产成品金 | 矿山产成品金 + 冶炼厂产成品金合计 | 比 2015 年同期(+%) | 矿山产金 | | | 黄金冶炼厂产成品金 | 有色冶炼厂产成品金 | 矿山产成品金 + 冶炼厂产成品金合计 |
| | | 合计 | 比 2015 年同期(+%) | 其中 | | | | | | 合计 | 其中 | | | | |
| | | | | 成品金 | 含量金 | | | | | | 成品金 | 含量金 | | | |
| — | - | 1 = 3 + 4 | 2 | 3 | 4 | 5 | 6 | 7 = 3 + 5 + 6 | 8 | 9 = 10 + 11 | 10 | 11 | 12 | 13 | 14 = 10 + 12 + 13 |
| — | 全国黄金产量合计 | 379422.611 | 3.00 | 161610.450 | 217812.161 | 184858.395 | 103584.118 | 450052.963 | -0.39 | 368363.977 | 166008.747 | 202355.230 | 207467.355 | 78323.053 | 451799.155 |
| — | 十家大型企业黄金产量合计 | 161699.770 | 3.24 | 75903.007 | 85796.763 | 154498.785 | 7047.047 | 237448.839 | 0.20 | 156619.441 | 74911.375 | 81708.066 | 161861.139 | 210.180 | 236982.694 |
| — | 十家合计占全国产量比重(%) | 42.62 | - | 46.97 | 39.39 | 83.58 | 6.80 | 52.76 | - | 42.52 | 45.12 | 40.38 | 78.02 | 0.27 | 52.45 |
| 1 | 中国黄金集团公司 | 41532.100 | 3.41 | 23893.330 | 17638.770 | 25152.370 | - | 49045.700 | -9.33 | 40161.340 | 22895.620 | 17265.720 | 31198.300 | - | 54093.920 |
| 2 | 紫金矿业集团股份有限公司(国内) | 27399.800 | 12.22 | 12195.700 | 15204.100 | 6900.730 | 10067.210 | 29163.640 | -19.28 | 24415.370 | 11313.430 | 13101.940 | 16904.940 | 7909.920 | 36128.290 |
| 3 | 山东黄金集团有限公司 | 36033.273 | 1.82 | 9913.175 | 26120.098 | 27658.680 | - | 37571.855 | -0.63 | 35389.960 | 9988.830 | 25401.130 | 27820.550 | - | 37809.380 |
| 4 | 山东招金集团有限公司 | 21051.901 | 1.22 | 2129.541 | 18922.360 | 47281.414 | - | 49410.955 | 9.23 | 20797.449 | 1985.188 | 18812.261 | 43251.385 | - | 45236.573 |
| 5 | 山东中矿集团有限公司 | 4380.250 | -12.45 | 4380.250 | 0.000 | 13392.110 | - | 17772.360 | -1.30 | 5002.970 | 5002.970 | 0.000 | 13003.770 | - | 18006.740 |
| 6 | 灵宝黄金股份有限公司 | 3067.000 | -10.35 | 1216.000 | 1851.000 | 19104.000 | - | 20320.000 | -2.25 | 3421.000 | 1230.000 | 2191.000 | 19558.000 | - | 20788.000 |
| 7 | 灵宝金源矿业股份有限公司 | 2889.366 | 6.75 | 1218.781 | 1670.585 | 8917.000 | - | 10135.781 | 29.68 | 2706.562 | 1223.857 | 1482.705 | 6592.000 | - | 7815.857 |
| 8 | 湖南黄金集团有限责任公司 | 5748.790 | 15.19 | 2790.530 | 2958.260 | 13686.180 | - | 16476.710 | 17.12 | 4990.600 | 2796.710 | 2193.890 | 11271.220 | - | 14067.930 |
| 9 | 云南黄金矿业集团股份有限公司 | 9477.290 | 11.56 | 8045.700 | 1431.590 | 0.000 | - | 8045.700 | 11.19 | 8495.200 | 7235.780 | 1259.420 | 0.000 | - | 7235.780 |
| 10 | 埃尔拉多黄金公司(中国) | 10120.000 | -9.96 | 10120.000 | 0.000 | 0.000 | - | 10120.000 | -9.96 | 11238.990 | 11238.990 | 0.000 | 0.000 | - | 11238.990 |
| — | 扣除能够确认的进口原料产金 | 0.000 | - | 0.000 | 0.000 | -7593.699 | -3020.163 | -10613.862 | -31.25 | 0.000 | 0.000 | 0.000 | -7739.026 | -7699.740 | -15438.766 |

**注:**2015 年 1 ~ 12 月,紫金矿业集团股份有限公司另有境外矿产金产量 9011.04 千克,其中成品金 3105.74 千克,含量金 5905.30 千克。

(中国黄金协会)

# 有色金属

【概况】 2015年，面对全球有色金属需求疲软、供应过剩及预期美元走强等不利因素，在党中央、国务院一系列政策措施支持下，有色金属企业积极应对经营困难，中国有色金属工业运行呈现出“四稳四降”的特点。即，生产、消费、资产规模平稳增长，单位产品能耗稳定减少；固定资产投资、进出口贸易额、有色金属价格、企业经济效益下降。2015年，规模以上有色金属企业工业增加值同比增长9.5%；十种有色金属产量5155.9万吨，增长7.2%；精炼铜消费量985万吨，增长4.8%，原铝消费量2950万吨，增长9.3%；规模以上有色金属企业年末总资产4.0万亿元，增长5.3%；完成固定资产投资额6719.8亿元，下降3.3%；有色金属进出口贸易总额1307.1亿美元，下降26.2%；国内市场铜价年均下降11.4%，铝价年均下降7.8%；规模以上有色金属工业企业实现利润总额1616.8亿元，下降15.1%。

【有色金属工业运行及主要特点】 1.生产基本平稳。2015年，规模以上有色金属企业工业增加值增长9.5%，增幅比2014年回落1.7个百分点，但比全国的工业增加值增幅高3.4个百分点。

2015年，十种有色金属产量为5155.9万吨，同比增长7.2%，增幅比2014年扩大了0.1个百分点。其中，精炼铜产量796.9万吨，增长4.2%；原铝产量3151.8万吨，增长11.3%；铅产量442.2万吨，下降6.0%；锌产量611.6万吨，增长5.3%。氧化铝产量为5897.8万吨，同比增长16.2%。六种精矿金属含量908.3万吨，同比下降7.4%。其中，铜精矿金属含量166.7万吨，下降4.3%；铅精矿金属含量233.5万吨，下降10.5%；锌精矿金属含量474.9万吨，下降7.2%。铜材产量为1618.9万吨，同比增长8.1%；铝材产量为4426.9万吨，同比增长10.3%。

“十二五”时期十种有色金属产量年均增长10.5%，比“十一五”时期年均增幅收窄3.3个百分点。

2.铜、铝消费稳定增长。2015年，中国精炼铜消费量达到985万吨，比2014年增长4.8%，增幅比2014年减缓2个百分点；原铝消费量达到2950万吨，比2014年增长9.3%，增幅比2014年减缓0.9个百分点。

2015年，中国全铜人均年消费量8.15千克，比2014年增长7.1%；全铝人均年消费量达到23.1千克，比2014年增长7.9%。

3.规模以上有色金属企业资产规模扩大。2015年末，规模以上有色金属工业企业资产总额达到40191.4亿元，比2014年增长5.3%；负债总额25676.0亿元，比2014年增长6.9%；资产负债率为63.9%，比2014年扩大了1个百分点。

4.单位产品节能降耗成效明显。2015年，原铝综合交流电耗为13562千瓦时/吨，比2014年减少了63千瓦时/吨，“十二五”时期年均下降0 6%；铜冶炼综合能耗下降到297.7千克标准煤/吨，比2014年增加了7.1千克标准煤/吨，“十二五”时期年均下降5.7%；铅冶炼综合能耗下降到400千克标准煤/吨，比2014年减少了32.8千克标准煤/吨，“十二五”时期年均下降1.0%；电解锌冶炼综合能耗下降到882.3千克标准煤/吨，比2014年减少了27.4千克标准煤/吨，“十二五”时期年均下降2.5%。

5.固定资产投资下降。2015年，我国有色金属项目（不包括独立黄金企业）完成固定资产投资额6719.8亿元，同比下降3 3%。其中，有色金属矿采选完成固定资产投资1182.2亿元，增长0.3%，所占比重为17.6%；有色金属冶炼完成固定资产投资1804.5亿元，下降3.0%，所占比重为26.9%；有色金属压延加工完成固定资产投资3733.1亿元，下降4.5%，所占比重达55.5%。

2015年有色金属项目完成固定资产投资的特点，一是有色金属工业完成固定资产投资首次出现负增长。其中，矿山项目固定资产投资与2014年大体持平，冶炼项目固定资产投资持续下降，但降幅收窄，加工项目固定资产投资也开始明显下降；二是民间项目固定资产投资所占比重稳定在80%以上。

6.进出口贸易额下降。2015年，中国有色金属进出口贸易总额（含黄金首饰及零件贸易额）1307.1亿美元，同比下降26.2%。其中：进口额861.0亿美元．同比下降13.9%；出口额为446.1亿美元，同比下降42.2%。其中，黄金首饰及零件出口贸易额172.8亿美元，同比下降63.3%。2015年，中国有色金属进出口贸易总额（不合黄金首饰及零件贸易额）1129.0亿美元，同比下降12.8%。其中：进口额855.7亿美元，同比下降13.9%；出口额为273.3亿美元，同比下降9.1%。贸易逆差为582.4亿美元，同比下降16.0%。

①铜精矿进口量明显增加。2015年，中国铜产品进口额为570.8亿美元，同比下降16.5%，占有色金属产品进口额的比重为66.7%；出口额为48.6亿美元．同比下降20.8%；铜产品贸易逆差522.2亿美元，同比下降16.0%。2015年，进口未锻轧铜371.7万吨，同比增长2.3%，增幅回落9.2个百分点。其中进口精炼铜367.8万吨，同比增长2.5%。进口铜精矿实物量

1331.9万吨,同比增长12.7%;进口粗铜(阳极铜)53.0万吨,同比下降9.3%;进口铜材56.4万吨,同比下降6.7%;进口铜废碎料实物量365.9万吨,同比下降5.6%。出口未锻轧铜21.2万吨,同比下降20.4%;出口铜材46.6万吨,同比下降8.2%。中国净进口未锻轧铜350.5万吨,同比增长4.0%。

②进口铝土矿及出口铝材量增加。2015年,中国铝产品进口额为107.7亿美元,同比下降4.3%;出口额为145.2亿美元,同比增长6.7%,占有色金属出口额(不合黄金首饰及零件贸易额)的53.0%。2015年,进口未锻轧铝22.4万吨,同比下降36.7%;进口铝材47.3万吨,同比下降5.3%;进口铝土矿5610.1万吨,同比增长54.6%;进口铝废料实物量208.7万吨,同比下降9.5%;进口氧化铝465.4万吨,同比下降11.8%。出口未锻轧铝56.6万吨,同比下降15.2%;出口铝材422.4万吨,同比增长15.1%。中国净出口铝材375.1吨,同比增长18.3%。

③进口铅精矿增加。2015年,中国铅产品进口额为21.4亿美元,同比下降4.4%;出口额为1.5亿美元,同比增长1.2%。进口未锻轧铅1.8万吨,同比下降36.7%;进口铅精矿实物量190.2万吨,同比增长4.9%。出口未锻轧铅5.1万吨,同比增长42.1%。

④进口锌精矿大幅度增加。2015年,中国锌产品进口额为34.5亿美元,同比增长9.8%;出口额为3.7亿美元,同比下降11.9%。进口未锻轧锌65.2万吨,同比下降4.2%;进口锌精矿实物量324.5万吨,同比增长47.6%。出口未锻轧锌9.7万吨,同比下降27.2%;出口氧化锌1.3万吨,同比增长8.2%;出口立德粉2.0万吨,同比下降14.5%。净进口未锻轧锌55.5万吨,同比增长1.3%。

⑤稀土产品出口量增额降。2015年,中国稀土产品进口额为3.3亿美元,同比下降5.2%;出口额为16.8亿美元,同比下降0.2%;进出口贸易顺差为13.5亿美元,同比增长1.2%。出口稀土金属3074吨,同比增长7.6倍;出口稀土合金2379吨,同比增长105.7%;出口稀土氧化物27287吨,同比增长23.6%;出口稀土永磁体2.33万吨,同比增长8.1%。

2015年有色金属进出口贸易特点,一是铜、锌精矿、铝土矿等矿山原料进口量大幅度增加;二是精炼铜进口量增幅明显回落,粗铜、铜材及铜废碎料进口量下降;三是铝材出口量额均明显增加;四是稀土产品出口呈现量增额减的格局;五是黄金首饰及零件出口贸易额大幅度下降。

7.价格大幅下降。①国际市场有色金属价格大幅度下跌。2015年末,LME三月期铜收盘价格为4705美元/吨,比2014年末收盘价6300美元/吨下降25.3%;三月期铝收盘价格1507美元/吨,比2014年末收盘价1853美元/吨下降18.7%;三月期铅收盘价格1793美元/吨,比2014年末收盘价1858美元/吨下降3.2%;三月期锌收盘价格1609美元/吨,比2014年末收盘价2178美元/吨下降26.1%;三月期镍收盘价格8700美元/吨,比2014年末收盘价15150美元/吨下降42.6%;三月期锡收盘价格15050美元/吨,比2014年末收盘价格19400美元/吨下降25.0%。

2015年,LME三月期铜年均价为5493美元/吨,同比下降19.5%;三月期铝年均价为1682美元/吨,同比下降11.1%;三月期铅年均价为1795美元/吨,同比下降15.0%;三月期锌年均价为1943美元/吨,同比下降10.2%;三月期镍年均价为11879美元/吨,同比下降30.2%;三月期锡年均价为16032美元/吨,同比下降26.8%。

②国内市场降幅低于国际市场降幅。2015年末,上海有色金属交易所三月期铜收盘价格为36560元/吨,比2014年末收盘价45800元/吨下降20.2%;三月期铝收盘价格10820元/吨,比2014年末收盘价13060元/吨下降17.2%;三月期铅收盘价格13075元/吨,比2014年米收盘价12420元/吨上升5.3%;三月期锌收盘价格13440元/吨,比2014年末收盘价16780元/吨下降19 9%。

2015年,国内市场铜现货年均价40941元/吨,同比下降16.8%;铝现货年均价为12159元/吨,同比下降10.2%;铅现货年均价为13097元/吨,同比下降5.5%;锌现货年均价为15474元/吨,同比下降4.1%。2015年铜、铝、铅、锌年均价,比金融危机后2011年的年均价格66333元/吨、16873元/吨、16643元/吨,16922元/吨,分别下跌了38.3%、27.1%、21.3%和8.6%。铝价比20年前(1993~1998年)平均价格14860元/吨,还低18.2%。

8.有色金属企业经济效益有所下降。①实现利润降幅达15.1%。2015年,8835家规模以上有色金属工业企业(不包括独立黄金企业,下同)实现主营业务收入52898.3亿元,比2014年下降0.1%。实现利润总额1616.8亿元,比2014年下降15.1%。

②亏损企业亏损额增加。2015年,规模以上有色金属工业企业中亏损企业亏损额555.7亿元,比2014年增亏37.0%。其中,冶炼企业中亏损企业亏损额363.0亿元,占规模以上有色金属工业企业中亏损企业亏损额的65.3%。

③利息支出下降,财务费用偏高。2015年,规模以上有色金属工业企业营业总成本为50855.8亿元,比2014年增长0.6%。其中,主营业务成本48573.2亿元,比2014年增长0.6%;财务费用为776.2亿元,

比2014年增长7.8%(其中利息支出697.0亿元,增长1.3%);企业管理费用1027.1亿元,比2014年下降2.1%;企业营业费用479.3亿元,比2014年增长2.0%。

**【有色金属工业运行状况分析】** 1.有色金属产业运行环境分析。原有的支撑有色金属产业发展的因素削弱或消失,新的支撑因素尚在形成之中,2015年有色金属市场处于深度调整时期。

①有利于有色金属产业平稳运行的环境条件。一是从国际经济环境看,2015年一些发达国家经济维持复苏态势,但全球经济增长仍低于预期,全球区域分化格局依然存在。美国金融运行比较安全,但新兴市场金融风险有所上升。二是国家陆续出台的一系列"稳增长"政策的效果逐步显现。随着国家陆续出台的"一带一路"、长江经济带、京津冀一体化等一系列重大倡议决策及国内铁路基建、新农村建设的投资项目的逐步实施,有助于拉动有色金属的需求。三是制约有色金属生产的原材料、电力供应及运输环境较为宽松,有利于有色金属企业维持正常生产。四是产业结构有所优化。高技术含量、高附加值的深加工产品及新材料生产和需求保持较快增长。五是有色金属企业深入认识新常态、主动适应新常态。有色金属企业开始注重提升发展的质量和效益,企业管理水平及预防、管控经营风险的能力也明显提升。

②制约产业企稳回升的因素仍然较多。一是有色金属企业融资难、融资贵、资金紧张虽有所缓解,但问题仍然突出。有色金属企业融资难、融资贵的问题短期内还难以明显好转。有色金属企业产成品存货、应收账款仍然偏高、资金紧张,仍在制约企业的生产和经营平稳运行。二是国内外市场有色金属供大于求短期内难以明显改变。近期国家陆续出台的一系列"稳增长"政策拉动有色金属需求的效果虽有所显现,但国内外市场有色金属供大于求矛盾短期难以消除。三是价格下行的压力依然较大。在三期叠加、产能过剩、需求疲软及国际大宗商品价格在低位震荡的背景交织下,有色金属价格持续在低位震荡。四是生产经营成本持续刚性上升。环境保护、融资、劳动力等成本的刚性上升,仍是当前有色金属严业面临的共性问题。

2.主要有色金属产品产量增减分析。①原铝产量增幅大于十种有色金属产量的增幅。2015年原铝产量达到3151.8万吨,比2014年增长11.3%,增幅比十种有色金属产量增幅高4.1个百分点,占十种有色金属产量比重达61.1%,所占比重比"十一五"末扩大了近9个百分点。"十二五"时期原铝净增量1527.4万吨,占十种有色金属净增量比重达为75.6%,"十二五"时期原铝增量拉动十种有色金属产量增长约8.3个百分点。

②有色金属矿产品产量下降。2015年六种精矿金属含量908.3万吨,同比下降7.4%。但"十二五"期间,六种精矿金属含量年均增长4.5%。

3.有色金属企业之间盈利水平进一步分化。有色金属企业间盈利水平进一步分化。分经济类型看,国有企业亏损,私营企业盈利虽有所下降,但仍是行业利润的主要来源。从矿山、冶炼、加工各生产环节看,矿山企业、冶炼企业实现利润大幅度下降。分金属品种看,镍钴、锡、锑行业亏损,铝冶炼行业微利,铜、铅锌、镁、银、钨钼、稀土行业实现利润虽有不同程度下降,但这几个金属品种仍实现盈利。

4.资源保障力、市场影响力、技术引导力和文化感召力提升。①资源保障力有所提升。"十二五"时期,在资源消费持续增加的前提下,国内铜资源(包括矿山资源和再生资源,下同)保障度提高了4.6个百分点,铝资源保障度提高了4.7个百分点,铅资源保障度提高了1.7个百分点,锌资源保障度提高了3.7个百分点。一方面,再生有色金属资源已成为提升国内资源保障力的重要因素;另一方面,境外矿山项目的建成投产成为提升资源保障力的重要支撑。

②市场影响力稳步推进。"十二五"时期,一方面,一批有色金属企业的生产经营规模进入世界前列,在国际市场影响力明显提升,中国大型铜冶炼企业与国外矿业公司谈判达成的铜加工费,已成为同类企业谈判的重要参考依据;另一方面,有色金属价格话语权开始体现,上海期铜已经逐步摆脱"影子市场"的从属地位,与伦敦铜形成"互为引导,交叉影响"的态势,共同成为全球最具影响力的两个定价参考依据。中国稀土、钨、锡、锑、铟等优势稀有金属价格话语权开始有所体现。钨、锑、铟等品种国际市场价格跟随中国生产者价格变动的时候增多,外商报价也开始参考或采纳中国主要生产商的价格。

③技术引导力开始显现。"十二五"期间,有色金属工业围绕绿色发展、高端发展展开,骨干企业的技术装备已经达到或领先世界先进水平。中国自主开发的氧气底吹连续炼铜技术取得新进展,高铝粉煤灰提取氧化铝工艺技术试验取得成果,"双闪"炼铜、液态高铅渣直接还原和无氨氮排放萃取分离稀土新工艺得到工业化应用,新型阴极结构、600千安铝电解槽等一批节能技术居世界领先地位,采用清洁环保、节能降耗的先进工艺,提高资源综合利用水平的铅锌联合冶炼成为发展方向,氧气底吹-液态高铅渣还原炼铅工艺实现工业化生产,具有低能耗特点的"三连炉"直接炼铅技术也得到迅速的推广并走向海外。中国高速铁路、

大型电力装备、光伏、新能源汽车等领域用有色金属材料生产规模进入世界前列，产品质量接近或达到了国际先进水平，基本满足了战略性新兴产业及国防科技工业等重点领域对高精尖产品的需要。

④文化感召力已成为共识。“十二五”期间，有色金属企业的绿色发展、和谐发展、生态文明等企业文化成为共识，促进有色金属企业节能减排、保护生态环境、发展绿色经济，使企业与环境、企业与居民和谐发展，显著提升的文化感召力在社会效益和经济效益方面逐步显现。

**【有色金属矿产勘查】** 1. *概况*。2015 年末全国有色地勘单位从业人数 5.10 万人，其中正式职工 4.05 万人，技术人员 1.22 万人，其中地质技术人员 1.45 万人；外聘从业人员 1.05 万人。2015 年末全国有色地勘单位退休人员 5.78 万人，其中离休人员 476 人。

2. *产业经济*。据不完全统计，2015 年全国有色地勘单位完成经济总收入 285.29 亿元，比 2014 年增加 7.78%；实现利润 9.46 亿元，比 2014 年下降 20.77%。2015 年全国有色地勘单位预算内收入 58.01 亿元，比 2014 年增长 3.66%。其中地勘单位事业费拨款 41.51 亿元，比 2014 年下降 2.31%；中央财政渠道获得的地质项目费用 3.56 亿元，比 2014 年下降 22.27%；地方财政渠道获得的地质项目费用 12.94 亿元，比 2014 年增长 45.56%。2015 年全国有色地勘单位多种经营（包括社会地质工作）收入为 225.89 亿元，比 2014 年增长 8.22%。其中社会地质工作收入为 37.02 亿元，比 2014 年下降 7.24%；采掘业收入为 26.57 亿元，比 2014 年增长 11.83%；建筑施工业完成收入 88.09 亿元，比 2014 年增长 4.35%；其他产业收入 75.59 亿元，比 2014 年增长 24.63%。

3. *产业结构*。2015 年，受全球经济增长缓慢的影响，全球矿业发展势头放缓，矿业经济遭遇“寒流”，国际国内矿产勘查市场呈进一步下滑的趋势，全国矿业经济发展已进入“新常态”。为适应经济发展新常态，有色地勘单位充分发挥自身区位优势和专业技术优势，积极推进地勘单位分类改革，主动适应经济发展新常态提出的新任务、新要求，积极应对地勘市场下滑的严峻挑战，依靠深化改革、创新驱动，初步走出一条新常态下有色地质工作的新路子。

地质勘查业：是有色地勘单位的主业，也是优势产业。2015 年全国有色地勘单位预算内收入和社会地质勘查工作收入总计为 95.03 亿元，占全国有色地勘单位经济总收入的 33.31%。

矿业开发：主要是指采掘业等。2015 年采掘业实现收入为 26.57 亿元，占全国有色地勘单位经济总收入的 9.31%。

工程施工：主要是指工程勘察、测绘、道路桥梁建设、工民建、市政建设、水利疏浚、岩土施工等建设施工民生地质业务。2015 年工程施工业完成收入 88.09 亿元，占全国有色地勘单位经济总收入的 30 88%。

其他产业：主要是指机械制造、高新材料、金刚石工具、玻璃机械等制造加工业及其他产业收入，2015 年全国有色地勘单位其他产业完成收入 75.59 亿元，占经济总收入的 26.50%。

4. *地质找矿*。①地质项目基本情况。据不完全统计，2015 年全国有色地勘单位共安排地质项目 2928 项。其中，新上项目 1860 项，续作项目 1068 项。包括基础地质项目 281 项，普查项目 558 项，详查项目 206 项，勘探项目 96 项，其他项目 1787 项。

2015 年全国有色地勘单位共提交地质报告 2278 份，其中普查报告 132 份，详查报告 47 份，勘探报告 19 份，其他报告 2080 份。

2015 年全国有色地勘单位完成钻探工作量 158.31 万米；坑探工作量 3.61 万米，槽探工作量 101.82 万立方米，井探工作量 1.38 万米。

②新增固体矿产资源/储量。据不完全统计，2015 年全国有色地勘单位新增（333）及以上矿产资源/储量（金属量）：铜 131.24 万吨，铅锌 147.86 万吨，钨 38.71 万吨，锡 4.74 万吨，钼 24.34 万吨，镍 2.70 万吨，锑 3.79 万吨，铝土矿（矿石量）1830.66 万吨，金 114.95 吨，银 2116.77 吨。

**【科技成果】** 2015 年有色地勘单位充分发挥科学技术在地质找矿和地质事业转型发展中的引领和支撑作用，加强重点领域科技攻关，加强科技创新能力建设，认真落实创新驱动发展战略。在教育培训、技术创新、开发应用等方面进行了大量工作，取得了优异的成果。

一是获得中国有色金属工业科学技术奖一等奖 3 项、二等奖 9 项、三等奖 6 项。其中，陕西秦岭地区与小岩体有关的铜钼多金属矿成矿背景与找矿预测等 3 个项目获中国有色金属工业科学技术奖一等奖；熊耳山西段银铅锌多金属成矿作用研究与勘查评价等 9 个项目获中国有色金属工业科学技术奖二等奖；河北平泉县洼子店金矿大比例尺找矿预测研究等 6 个项目获中国有色金属工业科学技术奖三等奖。

二是在国土资源部指导下，中国地质矿产经济学会主办的“寻访最美地质队员”宣传活动中，卜安等 14 人荣获“最美地质队员”称号。他们是：卜安（广东省有色金属地质局），王平卫（中矿资源勘探股份有限公司），王建平（黑龙江省有色金属地质勘查局），成勇（新疆有色地质勘查局），刘学武、辛建伟（天津华北地质勘查局），刘增仁（有色金属矿产地质调查中心），孙绍有（云南省有色地质局），杨能坤（贵州省有色金属和核工业地质勘查局），徐文忠、潘晓丽（广西地质矿产勘查开发局），徐忠发（江苏省有色金属华东地质勘查局），曹守林（青海省有色地质矿产勘查局），程文国（内蒙古自治区有色地质勘查局）。

三是王京彬（北京矿产地质研究院）被评为中国有色金属工业境外资源开发战略功勋人物；王书来（有色金属矿产地质调查中心）荣获中国地质学会第七届黄汲清青年地质科学技术奖野外地质工作者奖；龙灵利（北京矿产地质研究院）荣获中国地质学会第十五届青年地质科技奖银锤奖。

**【人才培训】** 北京矿产地质研究院：2015 年，院博士后工作站共有在站博士后研究人员 12 名，1 名博士后研究人员进站并通过开题评审，3 名博士后研究人员通过中期考核，5 名博士后研究人员完成研究工作出站，学用结合，培养实用型科研人才，提供人才支撑。

1. 西北有色地质勘查局：围绕全局重点工作任务，举办地质勘查理论与技术方法培训班、固体矿产资源储量估算及三维建模技术培训班。组织陕西省内专家召开“陕西省凤太矿田西部铅锌金矿整装勘查研讨会”。邀请澳大利亚卧龙岗大学萨勒盟·博克曼教授作题为《中国和澳大利亚造山系统和矿床比较》的学术报告。在成立省博士后创新基地的基础上，正式获批国家级博士后科研工作站，有力地促进了科技成果转化，产学研深度结合。

2. 辽宁省有色地质局：2015 年，全局共投入 1758 万元购置新设备，提升生产经营单位的可持续发展能力。在“双创”政策激励下，各单位普遍重视科技创新，以创新带动传统产业的转型升级。与中国矿业大学（北京）联建的国家重点实验室东北中心将在阜新海州矿开展边坡监测预警研究与应用，为下一步拓展矿山远程监测预警系统打下了良好的基础，与沈阳大学联合开展的尾矿库环境污染监测与研究，为下一步准备拓展的地下水与土壤污染监测与修复奠定了基础。

辽宁地质工程职业学院成立了应用化工与环境工程等 4 个研究所，获省级以上各类教学技能大赛奖项 30 余项，获得省级改革发展示范学校立项建设单位，并获得 1200 万元的资金支持。

3. 天津华北地质勘查局：2015 年，天津华北地质勘查局创新主体发生重大改变。科研项目以局为投资主体转变为以各队、科技型中小企业作为资金投入、组织实施和成果转化的主体，进一步推动了科技资源向各单位、企业聚集。科研项目的实施对提高生产效率、降低成本，对打造核心技术、解决关键性技术问题，对转型升级新兴产业的引领支撑作用，对科技人才的培养，成效显著。

4. 浙江省有色金属地质勘查局：2015 年，全局共组织各类培训计 45 次，参培 980 人次。联合绍兴市文理学院共同申报组建了浙江省山体地质灾害防治协同创新中心。参加编写的《有色金属工业岩土工程勘察规范》（GB 51099—2015）已于 2015 年 4 月 8 日发布，2015 年 12 月 1 日施行。

5. 河南省有色金属地质矿产局：一是按照河南省委组织部和河南省直工委的要求，协同局直党委组织有关人员参加省委党校和省直党校及有关高校或教育基地的培训；二是落实河南省专业技术人员继续教育网上培训工作，布置全局专业技术人员网上培训；三是按照局调结构、转体制、走出去工作的要求，拟定了 2016 年的教育培训计划。

6. 青海省有色金属地质矿产局：一是继续与吉林大学充分利用双方共同建立的“产学研用”平台进行合作；二是在西宁组织召开了“鄂拉山地区多金属矿勘查研讨会”，围绕鄂拉山地区科学研究现状进行了研讨；三是继续加大野外项目技术指导力度。邀请有关专家到野外项目进行现场技术指导，发挥科学理论在找矿上的指导作用，不断抓好对年轻专业技术人员的“传帮带”，对提高野外项目质量起到了重要的作用；四是继续通过多种途径加大培训力度，不断提高队伍尤其是专业技术人员队伍素质。共举办各类培训班 70 多个班次，有 1565 人次参加了培训，还选派了 30 多人次参加了国土资源部、青海省人力资源和社会保障厅、省国土资源厅等组织的专业技术培训。

**【国际合作】** 2015 年，有色地勘单位积极应对全球矿业“寒冬”，充分发挥自身专业技术优势，主动融入和服务国家“一带一路”倡议，积极稳妥地实施地质工作“走出去”。

1. 天津华北地质勘查局：2015 年在“走出去”行动中克服种种困难，首先在政策导向上继续贯彻宾施“走出去”，重点项目加大自有资金投入，巩固原有优势地质找矿成果，鼓励各单位通过已经建立起来的国外平台，寻求合作。一是老挝爬奔金矿采矿井巷工程 3 个中段均已掘进至矿体底部；输变电工程已基本完成大部分设备安装；选场和生活办公区场平工程以及场内道路已完成；尾矿库工程已基本完成库区清积；土建工程正在进行选场各工区的基础施工；二是苏丹哈马迪已有 4 家单位实施了现场考察和洽谈，其中有一家有较大意向，正在努力实施引资合作；三是加拿大格林伍德取得 5 万加元矿权转让定金，有效盘活了资产；

四是在北美洲、非洲、东南亚等地区，仍然承担数项市场地质勘查项目、地质工程施工、水井施工、商务部援外项目以及拓展出口贸易等业务，但与往年相比，合同额有大幅下降。

刚果（金）项目所实施的23个生产探矿钻孔均见到了Cu1、Cu2矿体，最大穿矿厚度Cu1矿体24.59米、Cu2矿体39.60米。结合以往工作，共获得（331+332+333）类金属量：铜860万吨，钴54万吨，品位铜3.45%，钴0.217%。

2. *老挝爬奔金矿外围勘查*：根据矿化蚀变特征且以北东向韧脆性剪切带划分东西两个矿带：西矿带为多金属矿化蚀变带；东矿带为金矿化蚀变带。目前全区共固定8条金矿化蚀变带，5条金矿体。对L8区的Ⅰ号、Ⅲ号矿体进行了资源量估算，估算资源量共求得（332+333）类别矿石量7.19万吨，金金属量0.47吨，金平均品位$6.52\times10^{-6}$。

3. *西北有色地质勘查局*：境外项目实现了低成本、高效率运营。澳大利亚项目取得较好的勘查成果。通过钻探验证，两处金矿钻探见矿率均为100%，共计新增金资源量2.34吨，厚富矿体规模得以扩展；雷纳德·谢尔夫铅锌矿3个钻孔见矿良好，首采区矿体得到进一步控制，达到预期目标。积极与重点企业、金融机构洽谈澳洲项目的合作空间，已取得阶段性进展。同时，配合境内外专业机构，完成了符合澳大利亚JORC标准的雷纳德·谢尔夫铅锌矿资源储量报告和建设开发预可行性研究报告，可靠的资源保障、可预期的经济效益为推进实质性战略合作做好准备。

在做好现有项目合作洽谈的同时，紧跟国家“一带一路”倡议，成功开拓中亚地质勘查市场。获得陕西省国土资源厅“丝绸之路经济带哈萨克斯坦矿产资源调查”项目基金、陕西省外经贸发展专项资金。利用技术、品牌和团队优势，成功开拓哈萨克斯坦等中亚地区的地质勘查服务市场，高质量完成了境外10余个地质项目的资源储量评价报告。

4. *云南省有色地质局*：发挥自身区位优势和专业技术比较优势，主动融入和服务国家“一带一路”倡议，积极稳妥地实施地质“走出去”，取得了新的可喜成绩。一是按照云南省发展和改革委与云南省国土资源厅的要求，编制了《缅甸北部地区综合地质调查项目2015~2016年行动计划》《缅甸达贡山镍矿开发项目2015~2016年行动计划》。二是组织实施了“缅甸掸邦孟洋铁矿勘查”和“印度尼西亚西加里曼丹省新当县铝土矿勘查”等合作项目，找矿成果比较突出。三是承担了缅甸达贡山镍矿生产探矿、缅甸扬子铜业有限公司蒙育瓦铜矿K矿段生产探矿和矿山建设岩土工程勘察、老挝色贡省格林县阿文金矿区钻探工程施工等项目的技术劳务等工作，获得了收入，拓展了市场。

5. *河南省有色金属地质矿产局*：响应国家“一路一带”和国际产能合作，境外资源合作成效显著。局属各单位在国家暂停境外风险勘查补助的困难情况下，采取为中资企业提供技术服务、合作勘查等办法，坚持境外矿产勘查，推进境外资源合作。在非洲马达加斯加、坦桑尼亚、赞比亚，南美洲智利和中亚土耳其等国家承担地质勘查项目，并取得了阶段性找矿成果，坦桑尼亚金矿、马达加斯加铝土矿和铁矿均有望探获大中型矿产地。

6. *江苏省有色金属华东地质勘查局*：2015年，局属地勘单位共开展境外商业地质勘查项目5个，分布在刚果（金）、玻利维亚、印度尼西亚和纳米比亚等国家，项目合同总额4038万元，年内完成货币工作量3774万元，共完成地质填图13.7平方千米，钻探2 29万米，槽探948立方米，物探扫面17.18平方千米，化探扫面17.14平方千米。

7. *中国有色桂林矿产地质研究院*：在国际合作方面主要以东南亚、非洲为重点，积极与社会资本开展合作，在老挝、马来西亚、柬埔寨等实施找矿勘查项目11项。其中一是老挝班康姆金矿B区详查，获估算金金属资源量约20吨，铜3.5万吨，矿床规模达大型；二是在赞比亚，2015年10月份开始与欧亚自然资源公司（ENRc）的南非子公司METALKOL股份有限公司拥有Roan Tamngs Reclamation（RTR）的监测水井施工项目合作；三是参与国际合作的探矿权项目4个，智利1个铁铜矿面积12 3平方千米，加拿大1个金矿面积2平方千米，澳大利亚2个铜矿面积约700平方千米。

8. *广西地质矿产勘查开发局*：2015年境外资源合作成效显著。一是与柬埔寨签署了援建柬埔寨国家地质实验室合作协议，加快推进了与柬埔寨矿产资源总局合作的进程；二是开展老挝1:20万沙耶武里幅地质地球化学调查，完成1:20万水系沉积物测量3620平方千米，采样818件；三是与矿业企业合作推进国外勘查项目实施。开展了老挝No.11区块2276.5平方千米野外踏勘和柬埔寨柏威夏省龙山金矿区和马德望省姑丈、长山金矿区共6个金矿点的野外踏勘工作。

9. *海南省地质局*：2015年在国外新登记矿权8个，其中在坦桑尼亚新登记5个金矿权，在秘鲁新登记3个铜矿权。全局共有国外矿权78个，其中探矿权73个，采矿权5个，矿种包括金、铜、锆钛等。地质勘查：完成了坦桑尼亚2个金矿的预查、坦桑尼亚1个锆钛砂的详查、坦桑尼亚2个锆钛砂的普查、秘鲁2个铜矿权的普查工作，投入勘查资金1400余万元。其中坦桑尼亚2个金矿和秘鲁1个金铜矿勘查有较好的找矿发现。矿业开发:莫桑比克锆钛砂矿采选项目全年生产锆钛毛矿6 75万吨、钛精矿3.3万吨,实现销售收入6725万元。

**附表1** **2015年全国有色金属工业概况**

| 项目 | 单位 | 1995年 | 2000年 | 2005年 | 2010年 | 2011年 | 2012年 | 2013年 | 2014年 | 2015年 |
|---|---|---|---|---|---|---|---|---|---|---|
| 主要产品产量 | | | | | | | | | | |
| 1. 十种有色金属合计 | 万吨 | 496.62 | 783.81 | 1639.02 | 3136.02 | 3632.60 | 4025.30 | 4492.10 | 4811.19 | 5155.94 |
| (1)精炼铜 | 万吨 | 107.97 | 137.11 | 260.04 | 454.03 | 516.31 | 587.91 | 666.71 | 764.91 | 796.89 |
| (2)原铝(电解铝) | 万吨 | 167.61 | 279.41 | 780.60 | 1624.41 | 2007.20 | 2353.40 | 2653.40 | 2831.67 | 3151.81 |
| (3)铅 | 万吨 | 60.79 | 109.99 | 239.14 | 415.75 | 460.36 | 459.09 | 493.51 | 470.43 | 442.16 |
| (4)锌 | 万吨 | 107.67 | 195.70 | 277.61 | 520.89 | 521.22 | 488.12 | 527.96 | 580.70 | 611.59 |
| (5)镍 | 万吨 | 3.89 | 5.09 | 9.51 | 15.86 | 17.47 | 19.68 | 22.7 | 24.67 | 23.67 |
| (6)锡 | 万吨 | 6.77 | 11.24 | 12.18 | 14.90 | 15.55 | 14.79 | 15.96 | 18.71 | 16.72 |
| (7)锑 | 万吨 | 12.95 | 11.33 | 13.83 | 19.26 | 20.04 | 24.20 | 26.31 | 25.71 | 20.99 |
| (8)汞 | 吨 | 779 | 203 | 1094 | 1585 | 1493 | 1347 | 1822 | 2259 | 2801.00 |
| (9)镁 | 万吨 | 9.36 | 14.21 | 45.08 | 65.08 | 67.49 | 69.82 | 77.04 | 87.36 | 85.93 |
| (10)钛 | 吨 | 1723 | 1905 | 9161 | 56848 | 68026 | 82120 | 82619 | 68167 | 58762 |
| 2. 有色金属矿产品 | | | | | | | | | | |
| (1)铜精矿含铜量 | 万吨 | 44.52 | 59.26 | 76.16 | 115.58 | 127.19 | 155.15 | 168.13 | 174.13 | 166.71 |
| (2)铅精矿含铅量 | 万吨 | 51.98 | 65.95 | 114.20 | 198.13 | 240.57 | 261.32 | 269.65 | 260.86 | 233.50 |
| (3)锌精矿含锌量 | 万吨 | 101.07 | 178.03 | 254.78 | 384.22 | 405.00 | 485.91 | 518.77 | 511.84 | 474.89 |
| (4)镍精矿含镍量 | 万吨 | 4.18 | 5.03 | 7.27 | 7.98 | 8.98 | 9.33 | 9.92 | 10.11 | 10.14 |
| (5)锡精矿含锡量 | 万吨 | 6.19 | 9.94 | 12.56 | 9.14 | 9.41 | 9.10 | 10.12 | 10.21 | 11.02 |
| (6)锑精矿含锑量 | 万吨 | 12.50 | 9.93 | 15.15 | 12.27 | 12.39 | 13.56 | 15.21 | 14.04 | 12.07 |
| (7)钨精矿(折三氧化钨65%) | 万吨 | 5.33 | 4.55 | 9.94 | 9.95 | 11.99 | 12.03 | 12.59 | 12.68 | 12.91 |
| (8)钼精矿(折纯钼45%) | 万吨 | 7.33 | 6.39 | 8.84 | 21.47 | 22.96 | 26.86 | 27.17 | 28.56 | 30.06 |
| (9)钴精矿含钴量 | 吨 | 981 | 91 | 2104 | 6382 | 6843 | 7498 | 8580 | 9619 | 10093 |
| (10)铋精矿含铋量 | 吨 | 739 | 1122 | 1886 | 1589 | 1544 | 2494 | 1393 | 1490 | 1587 |
| 3. 中间产品 | | | | | | | | | | |
| (1)粗铜(矿产) | 万吨 | 53.80 | 101.39 | 175.15 | 282.56 | 303.67 | 360.14 | 422.89 | 516.79 | 550.48 |
| (2)粗铅(矿产) | 万吨 | 35.99 | 82.96 | 178.58 | 279.57 | 311.70 | 312.14 | 326.93 | 305.54 | 281.09 |
| (3)氧化铝 | 万吨 | 219.94 | 432.81 | 853.57 | 2906.49 | 3407.76 | 4071.59 | 4774.96 | 5379.58 | 5897.84 |
| (4)高冰镍(含量) | 万吨 | 4.26 | 5.70 | 8.35 | 13.89 | 16.60 | 15.29 | 15.68 | 15.92 | 16.25 |
| 4. 有色金属加工材 | | | | | | | | | | |
| (1)铜材 | 万吨 | 157.19 | 159.66 | 502.48 | 985.13 | 1037.30 | 1101.37 | 1365.00 | 1497.04 | 1618.83 |

**续附表 1**

| 项目 | 单位 | 1995 年 | 2000 年 | 2005 年 | 2010 年 | 2011 年 | 2012 年 | 2013 年 | 2014 年 | 2015 年 |
|---|---|---|---|---|---|---|---|---|---|---|
| (2)铝材 | 万吨 | 174.23 | 217.15 | 647.86 | 1990.59 | 2351.90 | 2594.11 | 3348.64 | 4013.79 | 4426.90 |
| (3)铅材 | 万吨 | 3.70 | 0.31 | 2.24 | 0.97 | 1.01 | 0.97 | 9.61 | 9.60 | 9.59 |
| (4)锌材 | 万吨 | 12.54 | 0.59 | 5.00 | 1.68 | 1.47 | 1.40 | 3.23 | 3.20 | 3.26 |
| (5)镍材 | 吨 | 1008 | 403 | 4885 | 6314 | 4542 | 4853 | 6571 | 8037 | 7938 |
| (6)锡材 | 吨 | 5502 | 458 | 15908 | 38578 | 39719 | 39241 | 45691 | 47492 | 45256 |
| (7)镁材 | 吨 | 1177 | 9 | | 59 | 87 | 112 | 192 | 15169 | 13678 |
| (8)铜盘条 | 万吨 | 29.26 | 36.47 | 104.76 | 181.17 | 211.57 | 230.53 | 305.52 | 355.05 | 373.25 |
| (9)铝盘条 | 万吨 | 4.10 | 9.36 | 15.45 | 90.68 | 127.79 | 119.18 | 139.86 | 277.59 | 286.81 |
| 5. 其他常用有色金属 | | | | | | | | | | |
| (1)镉 | 吨 | 1471 | 2368 | 4077 | 7363 | 6672 | 7265 | 7496 | 8201 | 8162 |
| (2)铋 | 吨 | 803 | 768 | 10605 | 13898 | 14967 | 15078 | 15447 | 15871 | 16013 |
| (3)钴 | 吨 | 238 | 411 | 7148 | 4123 | 5425 | 6420 | 5621 | 4780 | 5159 |
| (4)硅 | 万吨 | 6.74 | 4.17 | 41.32 | 114.27 | 135.53 | 113.68 | 145.21 | 170.50 | 195.35 |
| 6. 辅助材料及其他 | | | | | | | | | | |
| (1)碳素制品(有色企业) | 万吨 | 65.46 | 83.80 | 224.36 | 585.55 | 683.49 | 724.64 | 762.18 | 859.46 | 880.97 |
| (2)氟化盐 | 万吨 | 9.38 | 9.93 | 25.85 | 48.88 | 45.57 | 47.46 | 54.74 | 53.24 | 53.00 |
| (3)选矿药剂 | 万吨 | 2.84 | 2.92 | 3.01 | 4.73 | 4.69 | 4.63 | 20.44 | 20.16 | 20.11 |
| (4)硫精矿 | 万吨 | 406.73 | 290.81 | 499.50 | 672.10 | 694.97 | 724.08 | 765.35 | 767.00 | 772.18 |
| (5)硫酸(有色企业) | 万吨 | 240.35 | 557.79 | 831.86 | 2167.03 | 2502.26 | 2636.46 | 2650.48 | 3118.42 | 3293.94 |
| (6)商品硫酸铜 | 万吨 | 1.07 | 1.31 | 4.55 | 4.79 | 5.03 | 6.82 | 6.66 | 6.23 | 6.61 |
| (7)商品硫酸锌 | 万吨 | 2.77 | 2.54 | 3.55 | 2.32 | 1.65 | 1.17 | 0.88 | 1.13 | 2.38 |
| (8)商品硫酸镍 | 万吨 | 0.49 | 0.16 | 2.40 | 4.07 | 7.01 | 7.55 | 7.76 | 6.82 | 6.53 |

**附表 2** **2015 年各省(区、市)常用有色金属精矿含量** 单位:吨

| 省份 | 六种精矿产量 | | | | | | | 钨精矿含量(折三氧化钨65%) | 钼精矿含量(折纯钼45%) | 钴精矿含量 | 铋精矿含量 |
|---|---|---|---|---|---|---|---|---|---|---|---|
| | 合计 | 铜 | 铅 | 锌 | 镍 | 锡 | 锑 | | | | |
| 全国合计 | 9083332 | 1667141 | 2335024 | 4748877 | 101403 | 110156 | 120732 | 129090 | 300551 | 10093 | 1587 |
| 北京 | | | | | | | | | | | |
| 天津 | | | | | | | | | | | |
| 河北 | | 56126 | 1351 | 1579 | 53196 | | 19209 | | | | |
| 山西 | 42957 | 42957 | | | | | | | | | |
| 内蒙古 | 3006229 | 320652 | 1019768 | 1653333 | | 5000 | | 7476 | | 479 | 30066 |
| 辽宁 | 69591 | 9783 | 29610 | 30198 | 1854 | | | | | | |

**续附表 2**

| 省份 | 六种精矿产量 | | | | | | | 钨精矿含量（折三氧化钨65%） | 钼精矿含量（折纯钼45%） | 钴精矿含量 | 铋精矿含量 |
|---|---|---|---|---|---|---|---|---|---|---|---|
| | 合计 | 铜 | 铅 | 锌 | 镍 | 锡 | 锑 | | | | |
| 吉林 | 34668 | 14291 | 9980 | 7137 | 3260 | 8933 | | | | | |
| 黑龙江 | 63822 | 32511 | 5763 | 25548 | 1754 | | 26210 | | | | |
| 江苏 | 11730 | 421 | 4534 | 6775 | | | | | | | |
| 浙江 | 66532 | 9009 | 10761 | 46762 | 256 | 14983 | | | | | |
| 安徽 | 237227 | 209072 | 13098 | 15057 | | | | | | | |
| 福建 | 88177 | 28517 | 19341 | 39434 | | 886 | | 3446 | 2443 | | |
| 江西 | 346362 | 250604 | 40889 | 49375 | | 5495 | | 44606 | 8223 | | 155 |
| 山东 | 4976 | 4976 | 87 | | | | | | | | |
| 河南 | 165883 | 16809 | 112535 | 34919 | 1620 | 24498 | 132568 | | | | |
| 湖北 | 80668 | 72526 | | 7571 | | 128 | 443 | 316 | 1149 | | |
| 湖南 | 885252 | 14523 | 350807 | 397269 | | 27130 | 95523 | 41596 | 2827 | | 1424 |
| 广东 | 221080 | 8778 | 69302 | 142845 | | 155 | | 2737 | 290 | | 8 |
| 广西 | 411256 | 7309 | 90794 | 290020 | | 16185 | 6947 | 2943 | | | |
| 海南 | | | | | | | | | | | |
| 重庆 | 27235 | | | 27235 | | | | | | | |
| 四川 | 361758 | 76594 | 96 | 373 | 188791 | 1387 | 17 | | | | |
| 贵州 | 90206 | | 9710 | 80496 | | | | | | | |
| 云南 | 1171086 | 223522 | 172576 | 710576 | 837 | 52701 | 10874 | 5510 | | | |
| 西藏 | 133589 | 29428 | 68518 | 31120 | | | 4523 | | | | |
| 陕西 | 367851 | 9063 | 71189 | 285007 | 1790 | | 802 | | 50200 | 81 | |
| 甘肃 | 688637 | 145819 | 70742 | 394042 | 78034 | | | 812 | 123 | 9995 | |
| 青海 | 174710 | 41745 | 45549 | 85736 | 1680 | | | | | | |
| 宁夏 | | | | | | | | | | | |
| 新疆 | 275723 | 96880 | 21605 | 146436 | 10802 | | | 135 | | | |

**附表 3**

**2015 年有色金属矿山作业量**

| 系统 | 采掘剥离总量（吨） | 采矿量（吨） | | | | 剥离量 | | 掘进量 | | 其他（吨） | 出矿量（原矿量）（吨） |
|---|---|---|---|---|---|---|---|---|---|---|---|
| | | 合计 | 坑下 | 露天 | 露采中砂矿 | 合计（吨） | 其中：砂矿 | 掘进（吨） | 掘进（米） | | |
| 全国合计 | 1045691748 | 436554447 | 176835252 | 259719196 | 863172 | 541913599 | 15627899 | 64992309 | 3780844 | 2231393 | 428197231 |
| 铜系统 | 434138408 | 183995483 | 71054362 | 112941121 | | 222537777 | 15627899 | 26836265 | 1646549 | 768883 | 183841218 |
| 铝系统 | 212463634 | 61957662 | 2846243 | 59111419 | | 149117972 | | 10369000 | 19120 | 19000 | 60787599 |
| 铅锌系统 | 117803280 | 59399371 | 50653819 | 8745552 | | 49579703 | | 8784440 | 771583 | 39766 | 5097991 |
| 镍系统 | 14231976 | 10321645 | 9974905 | 346740 | | 84847 | | 3111507 | 84896 | 713977 | 1142171B |
| 锡系统 | 27804951 | 15883015 | 13926186 | 1956829 | 663172 | 4739219 | | 6994260 | 367218 | 188457 | 16093937 |
| 锑系统 | 6705409 | 5225279 | 5225279 | 1380130 | 160977 | 100000 | 5287 | 320 | | | |

续附表3

| 系统 | 采掘剥离总量(吨) | 采矿量(吨) | | | | 剥离量 | | 掘进量 | | 其他(吨) | 出矿量(原矿量)(吨) |
|---|---|---|---|---|---|---|---|---|---|---|---|
| | | 合计 | 坑下 | 露天 | 露采中砂矿 | 合计(吨) | 其中:砂矿 | 掘进(吨) | 掘进(米) | | |
| 钨系统 | 23461917 | 12788091 | 9717057 | 3071034 | | 6516473 | | 3812870 | 381190 | 344483 | 13254732 |
| 钼系统 | 165749952 | 70087373 | 6800000 | 63287373 | | 94662679 | 999000 | 122700 | | 90070 | 246735 |
| 金银系统 | 10110993 | 7174578 | 5074578 | 2100000 | | 943844 | | 1986644 | 182345 | 5927 | 5430804 |
| 稀有稀土系统 | 21213810 | 2549432 | 440943 | 2108489 | | 18412441 | | 251937 | | 20000 | 2548500 |
| 其他系统 | 412007418 | 7172519 | 1121880 | 6050639 | 200000 | 4318644 | | 466255 | 24266 | 50000 | 8305276 |

附表4　2015年全国有色金属主要技术经济指标

| 主要技术经济指标 | 计算单位 | 指标 |
|---|---|---|
| 主要技术经济指标 | | |
| (一)铜系统 | | |
| 1. 铜坑采 | | |
| 铜坑采出矿品位 | % | 0.75 |
| 铜采矿损失率 | % | 12.34 |
| 铜矿石贫化率 | % | 10.83 |
| 铜掘采比 | 米/万吨 | 169.18 |
| 铜采矿掌子面工班效率 | 吨/工班 | 35.17 |
| 铜掘进掌子面工班效率 | 米/工班 | 0.51 |
| 铜原矿综合能源消耗 | 千克标煤/吨 | 2.79 |
| 铜工人实物劳动生产率 | 吨/(人·年) | 1464.97 |
| 2. 铜露采 | | |
| 铜露采出矿品位 | % | 0.44 |
| 铜采矿损失率 | % | 1.55 |
| 铜矿石贫化率 | % | 3.39 |
| 铜剥采比 | 吨/吨 | 2.42 |
| 铜采出矿综合能源消耗 | 千克标煤/吨 | 0.51 |
| 铜工人实物劳动生产率 | 吨/(人·年) | 43712.87 |
| 3. 铜选矿 | | |
| 铜原矿品位 | % | 0.53 |
| 铜精矿品位 | % | 21.47 |
| 铜尾矿品位 | % | 0.07 |
| 铜选矿实际回收率 | % | 85.19 |
| 铜磨矿机作业率 | % | 77.59 |
| 铜选矿工人实物劳动生产率 | 吨/(人·年) | 7520.33 |
| 铜选矿综合能源消耗 | 千克标煤/吨 | 3.29 |

续附表4-1

| 主要技术经济指标 | 计算单位 | 指标 |
|---|---|---|
| 铜选矿用新水单耗 | 立方米/吨 | 0.98 |
| (二)铝系统 | | |
| 铝露采出矿品位 | % | 55.44 |
| 铝采矿损失率 | % | 6.67 |
| 铝矿石贫化率 | % | 4.14 |
| 铝剥采比 | 吨/吨 | 1.62 |
| 铝露采采出矿综合能源消耗 | 千克/吨 | 7.71 |
| 铝工人实物劳动生产率 | 吨/(人·年) | 5992.77 |
| (三)铅锌系统 | | |
| 1. 铅锌坑采 | | |
| 铅出矿品位 | % | 2.83 |
| 锌出矿品位 | % | 5.55 |
| 铅锌坑采采矿损失率 | % | 11.33 |
| 铅锌坑采矿石贫化率 | % | 10.63 |
| 铅锌坑采掘采比 | 米/万吨 | 288.23 |
| 铅锌坑采采矿掌子面工班效率 | 吨/工班 | 12.26 |
| 铅锌坑采掘进掌子面工班效率 | 米/工班 | 0.75 |
| 铅锌坑采原矿综合能源消耗 | 千克标煤/吨 | 4.06 |
| 铅锌坑采工人实物劳动生产率 | 吨/(人·年) | 941.40 |
| 2. 铅锌露采 | | |
| 锌出矿品位 | % | 4.64 |
| 铅锌采矿损失率 | % | 5.52 |
| 铅锌矿石贫比翠 | % | 7.25 |
| 铅锌剥采比 | 吨/吨 | 5.78 |
| 铅锌采出矿综合能源消耗 | 千克标煤/吨 | 0.59 |

续附表 4 – 2

| 主要技术经济指标 | 计算单位 | 指标 |
|---|---|---|
| 铅锌露采工人实物劳动生产率 | 吨/(人·年) | 53541.90 |
| 3. 铅锌选矿 | | |
| 铅原矿品位 | % | 2.64 |
| 锌原矿品位 | % | 4.71 |
| 铅精矿品位 | % | 61.73 |
| 锌精矿品位 | % | 49.79 |
| 铅尾矿品位 | % | 0.25 |
| 锌尾矿品位 | % | 0.50 |
| 铅选矿实际回收率 | % | 86.02 |
| 锌选矿实际回收率 | % | 89.61 |
| 铅锌磨矿机作业率 | % | 80.20 |
| 铅锌选矿工人实物劳动生产率 | 吨/(人·年) | 2812.93 |
| 铅锌选矿综合能源消耗 | 千克标煤/吨 | 6.89 |
| 铅锌选矿用新水单耗 | 立方米/吨 | 2.38 |
| (四)镍系统 | | |
| 1. 镍坑采 | | |
| 镍出矿品位 | % | 0.96 |
| 镍采矿损失率 | % | 6.29 |
| 镍矿石贫化率 | % | 4.91 |
| 镍掘采比 | 米/万吨 | 77.82 |
| 镍采矿掌子面工班效率 | 吨/工班 | 18.13 |
| 镍掘进掌子面工班效率 | 米/工班 | 0.59 |
| 镍原矿综合能源消耗 | 千克标煤/吨 | 5.46 |
| 镍坑采工人实物劳动生产率 | 吨/(人·年) | 2137.96 |
| 2. 镍露采 | | |
| 镍出矿品位 | % | 0.91 |
| 镍矿石贫化率 | % | 9.31 |
| 镍剥采比 | 吨/吨 | 0.23 |
| 镍露采采出矿综合能源消耗 | 千克/吨 | 0.71 |
| 镍露采工人实物劳动生产率 | 吨/(人·年) | 8386.06 |
| 3. 镍选矿 | | |
| 镍矿处理原矿品位 | % | 0.97 |
| 镍精矿品位 | % | 6.50 |
| 镍尾矿品位 | % | 0.18 |
| 镍选矿实际回收率 | % | 80.87 |
| 镍磨矿机作业率 | % | 77.52 |

续附表 4 – 3

| 主要技术经济指标 | 计算单位 | 指标 |
|---|---|---|
| 镍选矿工人实物劳动生产率 | 吨/(人·年) | 6925.71 |
| 镍选矿综合能源消耗 | 千克标煤/吨 | 7.89 |
| 镍选矿用新水单耗 | 立方米/吨 | 0.86 |
| (五)锡系统 | | |
| 1. 锡坑采 | | |
| 锡出矿品位 | % | 0.57 |
| 锡采矿损失率 | % | 9.71 |
| 锡矿石贫化率 | % | 10.57 |
| 锡掘采此 | 米/万吨 | 370.14 |
| 锡采矿掌子面工班效率 | 吨/工班 | 14.56 |
| 锡掘进掌子面工班效率 | 米/工班 | 0.42 |
| 锡原矿综合能源消耗 | 千克标煤/吨 | 2.01 |
| 锡工人实物劳动生产率 | 吨/(人·年) | 1485.90 |
| 2. 锡露采 | | |
| 锡露采出矿品位 | % | 0.25 |
| 锡采矿损失车 | % | 8.67 |
| 锡矿石贫化率 | % | 7.25 |
| 锡露采剥采比 | 吨/吨 | 1.08 |
| 锡露采采出矿综合能源消耗 | 千克标煤/吨 | 0.40 |
| 锡露采工人实物劳动生产率 | 吨/(人·年) | 2181.83 |
| 3. 锡选矿 | | |
| 锡矿处理原矿品位 | % | 0.45 |
| 锡选矿精矿品位 | % | 42.89 |
| 锡选矿尾矿品位 | % | 0.16 |
| 锡选矿实际回收率 | % | 66.59 |
| 锡磨矿机作业率 | % | 75.34 |
| 锡选矿工人实物劳动生产率 | 吨/(人·年) | 1730.36 |
| 锡选矿综合能源消耗 | 千克标煤/吨 | 6.42 |
| 锡选矿用新水单耗 | 立方米/吨 | 1.20 |
| (六)锑系统 | | |
| 1. 锑坑采 | | |
| 锑坑采出矿品位 | % | 2.45 |
| 锑坑采采矿损失率 | % | 7.97 |
| 锑坑采矿石贫化率 | % | 20.10 |
| 锑坑采掘采比 | 米/万吨 | 498.88 |
| 锑坑采采矿掌子面工班效率 | 吨/工班 | 8.39 |

续附表 4-4

| 主要技术经济指标 | 计算单位 | 指标 |
| --- | --- | --- |
| 锑坑采掘进掌子面工班效率 | 米/工班 | 0.39 |
| 锑坑果原矿综合能源消耗 | 千克标煤/吨 | 77.77 |
| 锑坑采工人实物劳动生产率 | 吨/(人·年) | 566.19 |
| 2. 锑选矿 | | |
| 锑矿处理原矿品位 | % | 1.81 |
| 锑选矿精矿品位 | % | 26.39 |
| 锑选矿尾矿品位 | % | 0.15 |
| 锑选矿实际回收率 | % | 86.38 |
| 锑磨矿机作业率 | % | 64.05 |
| 锑选矿工人实物劳动生产率 | 吨/(人·年) | 699.39 |
| 锑选矿综合能源消耗 | 千克标煤/吨 | 23.08 |
| 锑选矿用新水单耗 | 立方米/吨 | 2.23 |
| (七)钨系统 | | |
| 1. 钨坑采 | | |
| 钨出矿品位 | % | 0.31 |
| 钨采矿损失率 | % | 9.75 |
| 钨矿石贫化率 | % | 41.21 |
| 钨掘采比 | 米/万吨 | 302.39 |
| 钨采矿掌子面工班效率 | 吨/工班 | 14.21 |
| 钨掘进掌子面工班效率 | 米/工班 | 0.46 |
| 钨原矿综合能源消耗 | 千克标煤/吨 | 2.59 |
| 钨工人实物劳动生产率 | 吨/(人·年) | 925.40 |
| 2. 钨露采 | | |
| 钨露采出矿品位 | % | 0.18 |
| 钨露采采矿损失率 | % | 3.67 |
| 钨露采矿石贫化率 | % | 5.32 |
| 钨剥采比 | 吨/吨 | 0.49 |
| 钨露采采出矿综合能源消耗 | 千克标煤/吨 | 2.24 |
| 钨露采工人宴物劳动生产率 | 吨/(人·年) | 2573.08 |
| 3. 钨选矿 | | |
| 钨原矿品位 | % | 0.28 |
| 钨精矿品位 | % | 59.67 |
| 钨尾矿品位 | % | 0.05 |
| 钨选矿实际回收率 | % | 78.19 |
| 钨磨矿机作业率 | % | 58.03 |
| 钨工人实物劳动生产率 | 吨/(人·年) | 1770.57 |

续附表 4-5

| 主要技术经济指标 | 计算单位 | 指标 |
| --- | --- | --- |
| 钨综合能源消耗 | 千克标煤/吨 | 2.45 |
| 钨选矿用新水单耗 | 立方米/吨 | 2.06 |
| (八)钼系统 | | |
| 1. 钼露采 | | |
| 钼出矿品位 | % | 0.12 |
| 钼采矿损失率 | % | 2.05 |
| 钼矿石贫化率 | % | 2.66 |
| 钼剥采比 | 吨/吨 | 0.30 |
| 铝采出矿综合能源消耗 | 千克/吨 | 0.13 |
| 钼工人实物劳动生产率 | 吨/(人·年) | 33065.07 |
| 2. 钼选矿 | | |
| 钼原矿品位 | % | 0.12 |
| 钼精矿品位 | % | 52.52 |
| 钼尾矿品位 | % | 0.02 |
| 钼实际回收率 | % | 85.84 |
| 钼磨矿机作业率 | % | 96.89 |
| 钼工人实物劳动生产率 | 吨/(人·年) | 6829.16 |
| 钼选矿综合能源消耗 | 千克标煤/吨 | 3.12 |
| 钼选矿用新水单耗 | 立方米/吨 | 0.51 |

(选自《中国有色金属工业年鉴2015》)

# 化学矿业

**【概况】** 化工地质矿山行业主要是勘探和开发磷、硫、钾、硼、重晶石、萤石、天然碱，以及制碱、制电石用石灰石等二十几个非金属矿种的采掘工业，属资源性产业。同时也为我国化肥、基本化工及其他相关工业提供矿物原料。2015年我国粮食产量35%～40%是由增施化肥获得的，磷、硫、钾是磷肥、钾肥生产的主要矿物原料，是化肥工业发展的基本保障。党和国家十分重视我国的农业生产和发展，始终将农业作为国民经济的基础，因此，化工地质矿山行业的发展关系到我国粮食的稳产、增产和安全。

近年来，化工地质矿山行业深入贯彻落实党的十八大和习近平总书记系列重要讲话精神，按照统筹推进“五位一体”总体布局，牢固树立和贯彻落实“创新、协调、绿色、开发、共享”的发展理念，适应把握引领经济发展新常态，行业发展取得了长足进步。截至2015年底，重要化工矿产查明的资源储量,重晶石、芒硝位于世界首位,磷矿居世界第二位,萤石居世界第三位,除钾、硫和硼资源外,基本保证了我国化肥工业和化工生产对矿物原料的需要。

2015 年,化工矿产开发利用的矿种有磷、硫、钾盐、硼、萤石、重晶石、制碱灰石和电石灰石、天然碱等 20 多种,产品除各种原矿石、精矿外,还有深加工及综合利用产品,如普钙、钙镁磷肥、硫酸、复合肥、黄磷、硼砂、钾肥、硫酸钾、碘、氟化氢、磷化工等 100 多种。拥有化工地勘单位 21 家,分布在 21 个省(区、市),化工矿山开采企业 2980 多家(主要矿种化工矿产企业数见表 1),从业人员达 21 万多人,2015 年生产化工矿产品量 2 亿多吨,其中:磷矿石 14203 万吨、硫铁矿 1651 万吨、钾肥 611.9 万吨、硼矿 92 万吨、萤石 397.9 万吨、重晶石 447.1 万吨,基本满足了国内下游加工业对化工矿产原料的需求。重晶石、萤石和磷矿有部分出口。

**表 1　　主要化工矿种企业数**

| 矿 种 | 大型(个) | 中型(个) | 小型(个) | 合计(个) |
|---|---|---|---|---|
| 磷 矿 | 33 | 89 | 216 | 338 |
| 硫铁矿 | 9 | 4 | 188 | 201 |
| 钾 盐 | 5 | 10 | 6 | 21 |
| 硼 矿 | 3 | 5 | 60 | 68 |
| 萤石矿 | 11 | 32 | 1185 | 1238 |
| 重晶石矿 | 10 | 12 | 419 | 441 |

**【化工地质勘查】** 近年来,化工地勘单位在磷矿、钾盐、萤石等重要化工矿产和多金属矿产资源的勘查工作中,紧紧围绕国家急需重点矿种,发挥行业找矿专业优势,着力在拓深度、扩规模、找新点上下功夫,取得一批重要成果。如中化贵州院完成的贵州开阳磷矿洋水矿区外围普查,新发现特大型磷矿床,磷矿体平均厚度 5.34 米,矿石平均品位 33.84%,提交磷矿资源量 8 亿吨,刷新了我国探获磷矿单一矿区最大规模的最新纪录;中化湖北院完成的湖北省远安县杨柳磷矿区普查是湖北省地勘基金项目,初步探明矿区资源量 6.98 亿吨。另外,还在宜昌磷矿东部整装勘查项目全面完成了高家岩、沙泥坡、张家垭西三个矿区的普查,探获磷矿石资源量 5.6 亿吨;中化云南院实施的云南省寒武系下统昆明 - 华宁聚磷盆地深部磷资源整装勘查,探获磷矿资源量 1.3 亿吨。该项目成果获中国石油和化学工业协会科技进步一等奖;中化地研院负责的新疆内生磷矿勘查工作共圈定内生磷矿及共生铁矿矿产地 8 处,探获磷矿资源量 2.3 亿吨、共生铁矿 1 亿多吨,取得了我国北方找磷工作的重大突破,为寻找北方内生磷矿指出了新的方向。实施的地质调查项目"塔里木白垩 - 第三纪盐盆地钾盐资源远景调查评价",预测库车坳陷钾盐远景储量约 4.5 亿吨;中化山东院完成的古林 - 兰陵铁矿详查项目获得 6.2 亿吨铁矿;中化地调总院在辽宁北票市赵户沟地区探明一中型金矿,新增金资源量 15.1 吨;中化河南院完成的河南省鲁山县背孜矿区罗村 - 樱桃沟矿段石墨矿详查,提交石墨矿物资源量 153 万吨,为一大型沉积变质晶质鳞片状石墨矿床;中化吉林地勘院在镇赉县大岗机械林场和西北沟一带开展了油砂勘查工作,提交油砂油资源/储量 2123.7 万吨;中化黑龙江地勘院与中国华电集团合作开展的松辽盆地三江平原宏胜地区煤炭勘查,提交煤炭资源量 35.7 亿吨。

坚持多年的泰国钾盐资源建设规模 100 万吨/年钾肥项目经过不懈努力,2016 年取得泰国政府许可,获得钾盐特别勘探许可证 12 个,面积 187 平方千米,有效期为 5 年,目前已开展项目勘查工作。同时,积极开展科技创新和拓展地质工作领域,承揽了区域矿产调查、环境地质、地质灾害防治等项目,为自身的发展壮大寻找新的空间。承担一批重点科研项目,取得了一大批科研成果,获得省部级奖励 8 项,其中,省部级科技进步一等奖 1 项、二等奖 3 项。2 人获"第六届黄汲清青年地质科学技术奖——野外地质工作者奖",1 人获"第十三届青年地质科技奖——银锤奖"荣誉称号,3 人获首届野外青年地质贡献奖——金罗盘奖,5 人获首届"最美地质人"称号。

**【化工矿山生产】** 1. *磷矿* 截至 2015 年底,我国磷矿石(以标矿计,$P_2O_5$ 30%,下同)生产能力超过 13770 万吨/年、相继形成了一批大型骨干原料生产基地,如云南昆阳、贵州开阳、瓮福,湖北荆襄、宜昌和保康,四川德阳、马边等八大磷矿生产基地。建成一批支撑行业发展的大中型骨干企业。如:云南磷化工集团公司、云南天宁矿业公司、贵州开磷(集团)公司、贵州瓮福(集团)公司、湖北荆襄中海油矿业公司、荆门放马山中磷矿业公司、湖北宜化矿业公司、宜昌兴发集团、宜昌柳树沟矿业公司、湖北三宁矿业、湖北神农架矿业公司、湖北保康尧治河矿业公司、湖北省黄麦岭磷化工集团公司、四川金河磷矿、昊华清平磷矿、四川化工天瑞矿业公司、河北矾山磷矿等,云南磷化工集团公司已超过 1000 万吨。我国磷矿石的生产大省主要集中在湖北、贵州、云南、四川,4 省产量合计占全国的 97.5% 以上,2015 年全国磷矿石产量见表 2,据《国土资源综合统计数据库》,2015 年各主要生产企业产量见表 3。

表 2　　2015 年全国磷矿石产量

| 名称 | 单位 | 企业数(个) | 2015 年 | 2014 年 | 同比(%) |
|---|---|---|---|---|---|
| 磷矿(折 $P_2O_5$ 30%) | 万吨 | 208 | 14203.87 | 12497.73 | 13.7 |
| 其中：湖北 | 万吨 | 99 | 5540.21 | 4976.35 | 11.3 |
| 贵州 | 万吨 | 35 | 4323.10 | 3756.51 | 15.1 |
| 云南 | 万吨 | 40 | 2744.51 | 2451.33 | 12.0 |
| 四川 | 万吨 | 20 | 1280.73 | 1011.69 | 26.6 |
| 安徽 | 万吨 | 3 | 79.50 | 71.57 | 11.1 |
| 河北 | 万吨 | 2 | 64.79 | 56.73 | 14.2 |
| 湖南 | 万吨 | 3 | 19.73 | 17.79 | 10.9 |

表 3　　2015 年大中型磷矿企业产量　　单位：万吨

| 企业名称 | 经济类型 | 自产矿石量 | 实际采矿能力 | 设计采矿能力 |
|---|---|---|---|---|
| 云南磷化集团有限公司 | 国有企业 | 1073 | 1048.1 | 1515 |
| 贵州开磷(集团)有限责任公司 | 国有独资 | 731.8 | 731.8 | 640 |
| 瓮福(集团)有限责任公司 | 国有企业 | 518.8 | 518.8 | 700 |
| 湖北宜化矿业有限公司 | 其他有限 | 214.7 | 247.52 | 320 |
| 云南天宁矿业有限公司 | 私营有限 | 188.18 | 190.1 | 320 |
| 湖北大峪口化工有限责任公司 | 国有企业 | 195.31 | 195.31 | 250 |
| 四川省马边老河坝磷矿 | 国有企业 | 20.01 | 20.01 | 250 |
| 宜昌枫叶化工有限公司 | 中外合资 | 86.02 | 86.02 | 205 |
| 湖北神农磷业科技股份有限公司 | 股份有限 | 72.31 | 120 | 183 |
| 湖北柳树沟矿业股份有限公司 | 股份有限 | 115.25 | 115.25 | 180 |
| 湖北省黄麦岭磷化工集团公司 | 国有企业 | 120 | 120 | 180 |
| 湖北兴发化工集团股份有限公司 | 股份有限 | 125.83 | 125.83 | 165 |
| 钟祥市龙会山矿业有限公司 | 股份有限 | 34 | 34 | 150 |
| 德阳昊华清平磷矿有限公司 | 国有企业 | 87.35 | 87.34 | 130 |
| 四川马边雨田矿业有限公司 | 其他有限 | 53 | 53 | 130 |
| 河北省矾山磷矿 | 其他有限 | 97.98 | 120 | 120 |
| 荆门市放马山中磷矿业有限公司 | 股份有限 | 15 | 60 | 120 |
| 保康尧治河宏磷化工有限公司 | 其他有限 | 85.5 | 120 | 120 |
| 四川省雷波兴达矿业有限责任公司 | 股份合作 | 105 | 105 | 105 |
| 贵州省福泉磷矿新桥磷矿山 | 国有企业 | 48.37 | 48.37 | 100 |
| 保康楚烽化工有限责任公司 | 其他有限 | 84.81 | 100 | 100 |
| 湖北三宁矿业有限公司 | 其他有限 | 76.15 | 76.15 | 100 |
| 四川省金河磷矿 | 国有企业 | 58.33 | 100 | 100 |
| 湖北楚磷矿业股份有限公司 | 股份有限 | 47.94 | 100 | 100 |
| 安宁力新磷化工有限公司 | 私营股份 | 23.5 | 30 | 100 |
| 马边无穷矿业有限公司 | 股份有限 | 55.9 | 55.9 | 90 |

续表 3－1

| 企业名称 | 经济类型 | 自产矿石量 | 实际采矿能力 | 设计采矿能力 |
|---|---|---|---|---|
| 宜昌市明鑫工贸有限公司 | 其他有限 | 28 | 28 | 90 |
| 开阳县永温乡明泥湾磷矿 | 其他有限 | 80 | 80 | 80 |
| 云南省安宁市鸣矣河磷矿 | 其他有限 | 77.38 | 79.22 | 80 |
| 远安县燎原矿业有限责任公司 | 国有企业 | 55.48 | 80 | 80 |
| 四川龙蟒磷化工有限公司磷矿 | 其他有限 | 60 | 63.4 | 60 |
| 贵州省瓮安磷矿 | 其他有限 | 60 | 60 | 60 |
| 宜昌东圣九女矿业有限公司 | 私营有限 | 53.31 | 60 | 60 |
| 远安县东扬矿业有限公司 | 私营有限 | 90.26 | 91 | 50 |
| 安宁丰源矿业有限公司 | 私营有限 | 53.11 | 46 | 50 |
| 神农架武山矿业有限责任公司 | 国有企业 | 50 | 50 | 50 |
| 瓮安大信北斗山磷矿 | 其他有限 | 50 | 50 | 50 |
| 云南江川天湖化工有限公司 | 股份有限 | 49.86 | 50 | 50 |
| 湖北尧治河化工股份有限公司 | 其他有限 | 48.03 | 60 | 60 |
| 湖北东圣化工集团东达矿业有限公司 | 私营有限 | 46.3 | 80 | 80 |
| 马边南方矿业有限责任公司 | 其他有限 | 45.05 | 45.05 | 50 |
| 云南三明鑫疆磷业股份有限公司 | 其他有限 | 44.52 | 44.52 | 80 |
| 云南光明化工有限公司 | 国有独资 | 41.6 | 60 | 60 |
| 安宁市成杰物资经贸有限公司 | 私营有限 | 41 | 49 | 50 |
| 开阳县金中镇平安磷矿 | 其他有限 | 74.58 | 74.58 | 50 |
| 湖北中孚化工集团有限公司 | 其他有限 | 40.51 | 40.51 | 50 |
| 中化云龙有限公司 | 国有企业 | 36.36 | 36.36 | 60 |
| 马边瑞丰矿业有限责任公司 | 其他有限 | 33.88 | 33.88 | 60 |
| 贵州省福泉磷矿小坝磷矿山 | 国有企业 | 33.43 | 33.43 | 50 |
| 宜昌华西矿业有限责任公司 | 私营有限 | 32.61 | 32.61 | 30 |
| 湖北恒顺矿业有限责任公司 | 私营有限 | 31.05 | 50 | 50 |
| 云南澄江中林矿业开发有限责任公司 | 私营有限 | 30.37 | 30.37 | 50 |
| 四川省绵竹市天池磷矿 | 集体企业 | 27 | 27 | 30 |
| 宜昌鸿泰磷化有限公司 | 其他有限 | 26.35 | 26.35 | 50 |
| 四川商舟实业有限公司 | 私营有限 | 24.8 | 15 | 24.8 |
| 瓮安县磷化有限责任公司 | 国有独资 | 24.6 | 30 | 30 |
| 云南弘祥化工有限公司 | 私营股份 | 24 | 24 | 50 |
| 宜昌汇鑫磷化工贸有限责任公司 | 其他有限 | 23.39 | 23.39 | 50 |
| 南漳龙蟒磷制品有限责任公司 | 其他有限 | 22.6 | 22.6 | 30 |
| 马边鑫丰源矿业有限责任公司 | 其他有限 | 22.1 | 22.1 | 30 |
| 湖北广原化工集团有限公司 | 私营有限 | 21.96 | 80 | 80 |
| 开阳县金中镇双阳磷矿 | 其他有限 | 21.55 | 50 | 50 |

续表 3-2

| 企业名称 | 经济类型 | 自产矿石量 | 实际采矿能力 | 设计采矿能力 |
|---|---|---|---|---|
| 宜昌龙洞湾矿业有限公司 | 其他有限 | 20 | 20 | 50 |
| 云南省沾益县德泽磷矿 | 股份有限 | 20 | 20 | 60 |
| 神农架兴华矿业有限责任公司 | 其他有限 | 19.86 | 20 | 30 |
| 湖北钟祥喜人化工有限公司 | 私营股份 | 17.76 | 17.76 | 40 |
| 会泽龙威矿业有限公司 | 其他有限 | 17.26 | 17.26 | 50 |
| 四川马边中益矿业发展有限公司 | 股份有限 | 17.1 | 17.1 | 50 |
| 云南马龙产业华宁磷化工公司 | 国有企业 | 17.04 | 17.04 | 60 |
| 开阳县花梨乡清水江磷矿 | 股份有限 | 15 | 30 | 30 |
| 晋宁县磷都矿业开发建设有限责任公司 | 国有企业 | 30 | 30 | 30 |
| 云南弥勒县磷电化工有限责任公司 | 私营有限 | 14.88 | 14.88 | 50 |
| 开阳县双流镇丰源磷矿 | 其他有限 | 14.1 | 20 | 85 |
| 贵州息烽磷矿 | 国有企业 | 14 | 14 | 20 |

我国近80%的磷矿石来源于地下开采，生产的磷矿石75%～80%用于生产磷肥，其余用于生产黄磷、饲料钙和少量出口。从2011年开始，磷肥行业产能增速逐年放缓，出现产能过剩，部分企业加大了磷复合肥的出口，不同程度地刺激了磷矿生产，磷矿产能出现过剩。

2. *硫铁矿*。截至2015年底，我国硫铁矿生产能力2926万吨/年，形成了广东云浮、安徽铜化新桥、内蒙古炭窑口等硫铁矿生产基地，建成一批支撑行业发展的大中型骨干企业。如广东云浮硫铁矿、安徽新桥硫铁矿、内蒙古齐华矿业有限责任公司、安徽庐江何家小岭硫铁矿、南京云台山硫铁矿、邢台恒源化工集团有限公司、四川皇嘉农业集团有限公司，以及陕西金堆城钼业公司、江西永平铜矿、山东招金矿业公司、甘肃白银等副产硫铁矿。

2015年全国开发硫铁矿的矿山企业有201家，其中大型企业9家，中型企业15家，其他企业177家。从业人员1.91万人。重要矿山有广东云浮、安徽铜化新桥矿业、内蒙古齐华矿业有限责任公司等。2015年全国生产硫铁矿（折含S 35%的标矿）共计1651.5万吨，比2014年下降3.4%。产量居于前5位的省分别是广东、江西、安徽、辽宁、四川，五省产量合计占全国60%。2015年各硫铁矿全国产量见表4，据《国土资源综合统计数据库》，2015年硫铁矿大中型矿山企业产量见表5。

**表4　　2015年全国硫铁矿产量**

| 名称 | 单位 | 企业数（个） | 2015年 | 2014年 | 同比（%） |
|---|---|---|---|---|---|
| 硫铁矿（折S 35%） | 万吨 | 201 | 1651.50 | 1680.57 | -1.7 |
| 其中：辽宁 | 万吨 | 10 | 184.20 | 172.55 | 6.7 |
| 安徽 | 万吨 | 4 | 337.70 | 292.98 | 15.3 |
| 江西 | 万吨 | 4 | 306.08 | 299.52 | 2.2 |
| 广东 | 万吨 | 5 | 283.30 | 302.58 | -6.4 |
| 四川 | 万吨 | 13 | 105.68 | 121.14 | -12.0 |

**表5　　2015年硫铁矿大中型矿山企业产量**

单位：万吨

| 企业名称 | 经济类型 | 自产矿石量 | 实际采矿能力 | 设计采矿能力 |
|---|---|---|---|---|
| 广东广业云硫矿业有限公司 | 国有独资 | 218.96 | 218.96 | 300 |
| 铜陵化工集团新桥矿业有限公司 | 国有企业 | 166.5 | 166.5 | 200 |
| 内蒙古东升庙矿业有限责任公司东升庙硫铁矿 | 股份有限 | 20.62 | 180 | 130 |

续表5

| 企业名称 | 经济类型 | 自产矿石量 | 实际采矿能力 | 设计采矿能力 |
|---|---|---|---|---|
| 安徽金牛矿业有限公司庐江大包庄硫铁矿 | 其他有限 | 79.52 | 79.52 | 60 |
| 江安县腾飞化工有限公司江安硫铁矿 | 股份有限 | 50 | 50 | 50 |
| 乌拉特后旗紫金矿业有限公司 | 其他有限 | 40 | 40 | 60 |
| 万城商务东升庙有限责任公司 | 其他有限 | 35.4 | 35.3 | 40 |
| 兴文县鸿源矿业有限责任公司煤硫矿 | 私营有限 | 34 | 34 | 34 |
| 庐江县何家小岭硫铁矿 | 股份有限 | 25.4 | 25.4 | 50 |
| 福建和顺矿业化工有限公司浦城屏峰硫铅锌矿 | 私营股份 | 23 | 23 | 23 |
| 乌拉特后旗紫金矿业有限公司东升庙矿区西部锌硫矿 | 其他有限 | 20 | 20 | 20 |
| 兴隆县聚鑫源矿业有限公司刘家庄硫铁矿 | 其他有限 | 6.63 | 18 | 20 |
| 乌拉特前旗山片沟硫铁矿 | 股份有限 | 17.72 | 17.72 | 150 |
| 吐鲁番雪银金属矿业股份有限公司彩花沟含铜黄铁矿 | 其他有限 | 16 | 16 | 20 |
| 四川皇嘉农业集团有限公司雁门硫铁矿 | 其他有限 | 15 | 15 | 15 |
| 灵宝金源晨光有色矿冶有限公司银家沟硫铁矿 | 其他有限 | 13.52 | 13.52 | 63 |
| 兴隆县天民化工有限公司安子岭硫铁、硫锌矿 | 其他有限 | 11.11 | 9 | 18 |
| 江西朝盛矿业有限公司 | 其他有限 | 6.63 | 6.63 | 30 |
| 桐柏县大河镇孤山头硫铁二矿 | 私营合伙 | 41.29 | 0.55 | 0.6 |
| 涞源县山玉硫铁矿 | 私营独资 | 17.72 | 0.5 | 0.5 |
| 建昌县八家子铅硫矿 | 集体企业 | 182.6 | 0 | 2 |
| 大田县均溪硫铁矿 | 集体企业 | 166.5 | 0 | 6 |
| 均溪硫铁矿十八湾硫矿山 | 集体企业 | 128.69 | 0 | 6 |
| 河南省柏山硫铁矿 | 国有企业 | 79.52 | 0 | 12 |
| 兴文县石林镇田湾硫铁矿 | 私营独资 | 35.3 | 0 | 3 |
| 邢台恒源化工集团有限公司 | 其他有限 | 16 | 0 | 18.5 |
| 陈巴尔虎旗龙达矿业开发有限责任公司六一硫铁矿 | 其他有限 | 1.543 | 0 | 30 |
| 内蒙古齐华矿业有限责任公司炭窑口硫铁矿 | 其他有限 | 1.2 | 0 | 120 |

我国硫资源的开发以硫铁矿（包括有色矿山和煤矿副产的硫精砂）制酸和烟气制酸两大来源为主，其他来源的硫总量较小，但回收硫增长迅速。2012年我国硫酸产量首次超过美国，居世界第一位。近年来，硫铁矿制酸走精料路线，以高品位矿入炉，可以得到含铁60%以上的烧渣，为钢铁行业提供了优质铁矿原料，销售给炼钢企业，提高硫铁矿企业经济效益和竞争力。近年来，硫磺制酸和硫铁矿制酸产能发展速度都已放缓，而冶炼酸产能仍在高速增长。2015年全国生产硫酸（折成100%的纯硫酸）共计8975.5万吨，增长4%，其中，硫磺制酸产量占46.3%，冶炼烟气制酸产量占31.6%，硫铁矿制酸产量占22.1%。

3. 钾盐。截至2015年底，我国钾盐矿石生产能力23469万吨/年（按年采矿石量），形成了青海盐湖、新疆罗布泊钾肥生产基地；建成一批支撑行业发展的大中型骨干企业如：青海盐湖钾肥股份有限公司、国投新疆罗布泊钾盐有限责任公司、青海中航资源有限责任公司等钾肥生产企业。我国氯化钾生产工艺主要采用光卤石冷分解－浮选法、光卤石反浮选－冷结晶法工艺、4#工艺，国内钾肥生产技术水平有了较大提高，产品质量已达到国际标准。钾镁肥生产技术方面，青海中信国安科技发展公司开发出两段转化机械筛分除钠法生产工艺；中信国安联宇、青海滨地钾肥、青海高端科技公司、国投新疆罗布泊钾盐、新疆新雅泰开发出转化－浮选法工艺。国投罗布泊钾盐公司自主开发出拥有知识产权的卤水制取硫酸钾技术，将盐田技术与加工厂技术有机结合，钾集中析出，淡卤水分解矿法解决了缺水关键难点。

2015 年，我国钾肥总产能达到 990 万吨 KCl，钾肥产量为 611.9 万吨（$K_2O$），比 2014 年产量增长 8.2%，其中，青海占 80.79%，新疆占 14.0%。我国已经成为世界第四大钾盐生产国。2015 年全国钾肥产量见表 6，主要生产企业产量见表 7。

表 6　　2015 年全国钾肥产量

| 名称 | 企业数（个） | 2015 年（万吨） | 2014 年（万吨） | 同比（%） |
|---|---|---|---|---|
| 钾肥（折 $K_2O$ 100%） | 21 | 611.9 | 565.4 | 8.2 |
| 其中：青海 | 19 | 494.36 | 463.54 | 6.6 |
| 新疆 | 2 | 85.75 | 75.77 | 13.2 |

表 7　　2015 年钾盐主要生产企业产量

| 矿山名称 | 单位（折 $K_2O$ 100%） | 产量 |
|---|---|---|
| 青海盐湖工业股份有限公司 | 万吨 | 368.31 |
| 国投新疆罗布泊钾盐有限责任公司 | 万吨 | 69.51 |
| 格尔木藏格钾肥股份有限公司 | 万吨 | 73.84 |
| 青海中信国安科技发展有限公司 | 万吨 | 27.36 |
| 茫崖晶鑫华隆钾肥有限公司 | 万吨 | 14.36 |
| 青海中航资源有限公司 | 万吨 | 13.22 |
| 北京昆龙伟业格尔木有限公司 | 万吨 | 10.03 |
| 青海茫崖康泰钾肥开发有限责任公司 | 万吨 | 10.3 |
| 格尔木丰益颗粒钾肥有限责任公司 | 万吨 | 4.54 |
| 青海柴达木盐湖化工有限公司 | 万吨 | 6.8 |
| 茫崖兴元钾肥有限责任公司 | 万吨 | 6.52 |
| 大柴旦大华化工有限公司 | 万吨 | 7.38 |
| 地矿集团格尔木盐湖资源开发有限公司 | 万吨 | 4.67 |
| 青海柴达木地矿化工有限公司 | 万吨 | 4.23 |
| 冷湖滨地钾肥有限责任公司 | 万吨 | 4.54 |
| 格尔木盐化（集团）有限责任公司 | 万吨 | 2.01 |
| 新疆新雅泰化工有限公司 | 万吨 | 2.01 |
| 阿拉尔日月钾业有限公司 | 万吨 | 2.11 |
| 青海昆仑镁盐有限责任公司 | 万吨 | 1.91 |
| 青海黄河实业集团建安有限公司钾肥厂 | 万吨 | 1.25 |
| 冷湖俄北钾肥有限责任公司 | 万吨 | 0.82 |

近年来，我国国内钾肥生产增长较快，钾肥自给能力大大增加，对外依存度降低较多，但由于受资源限制，仍需大量进口钾肥才能弥补国内供应缺口。

4. *硼矿*。2015 年，我国可以利用的硼酸盐型硼矿资源主要是辽东地区的镁硼酸盐型硼矿（俗称白硼）和青藏高原的盐湖卤水硼砂矿，其次在湖南常宁地区有少量矽卡岩型硼矿产出。由于青藏高原盐湖硼矿地处边远地区，自然条件恶劣，交通不便，目前产量不足国内需求量的 10%，而辽东地区硼矿产量提供了我国硼矿 90% 以上的需求。2015 年，全国硼矿企业有 59 个，比 2014 年增加 1 个。硼矿开发从业人员 1655 人。原矿年产量 92.05 万吨，据《国土资源综合统计数据库》，2015 年主要生产企业见表 8。

表 8　　2015 年硼矿主要生产企业产量　　单位：万吨

| 企业名称 | 经济类型 | 自产矿石量 | 实际采矿能力 | 设计采矿能力 |
| --- | --- | --- | --- | --- |
| 辽宁翁泉硼镁股份有限公司 | 股份有限 | 39.04 | 39.04 | 100 |
| 青海中天硼锂矿业有限公司大柴旦湖硼矿 | 私营有限 | 10.32 | 10.32 | 80 |
| 金玛(宽甸)硼矿有限公司栾家沟矿 | 私营有限 | 8 | 12 | 12 |
| 营口仙峰玉石矿有限公司 | 其他有限 | 5.8 | 5.8 | 4 |
| 辽宁汇宝硼业有限公司 | 私营有限 | 5.6 | 10 | 10 |
| 大石桥市鼎圣矿业有限公司 | 私营有限 | 4.1 | 4.1 | 4 |
| 大石桥市宝鑫矿业有限公司 | 私营有限 | 3.91 | 3.91 | 5 |
| 大石桥市长茂矿业有限公司 | 股份有限 | 3.1 | 3.1 | 3 |
| 宽甸吉安矿业有限公司 | 私营有限 | 3 | 5 | 5 |
| 大石桥市宏洋硼业有限公司 | 私营有限 | 2.52 | 2.52 | 3 |
| 大石桥市贸隆矿业有限公司 | 私营有限 | 2.5 | 2.5 | 3 |
| 凤城市鸡冠山镇暖河硼矿 | 集体企业 | 1.8 | 1.8 | 2 |
| 金玛(宽甸)硼矿有限公司杨木杆矿 | 其他有限 | 1.5 | 2.5 | 2.5 |

硼矿的主要用途是用来生产硼砂、硼酸、元素硼，以及硼的其他化合物，这些产品广泛应用于军工、医疗、玻璃、陶瓷等行业。2015 年国内硼砂视消费量为 158.5 万吨，比 2014 年增长 6.13%。

5. *萤石*。我国萤石生产矿山主要分布在浙江、河南、河北、江西、福建、内蒙古、湖南等省(区)，2015 年全国开发萤石矿的矿山企业有 1238 家，设计能力达到 2330 万吨，据《国土资源综合统计数据库》，2015 年我国萤石矿产量 397.9 万吨，96% 为小型企业。2015 年各主要生产企业见表 9。

表 9　　2015 年萤石主要生产企业产量　　单位：万吨

| 企业名称 | 经济类型 | 自产矿石量 | 实际采矿能力 | 设计采矿能力 |
| --- | --- | --- | --- | --- |
| 湖南鑫源矿业有限公司 | 其他有限 | 66.63 | 66 | 70 |
| 湖南旺华萤石矿业有限公司 | 其他有限 | 13.7 | 18 | 15 |
| 顺昌县埔上萤石有限公司 | 其他有限 | 13.49 | 13.49 | 20 |
| 龙泉市砩矿有限责任公司 | 其他有限 | 12.24 | 12.24 | 13 |
| 浙江兰溪金昌矿业柏社岭坑山萤石矿 | 其他有限 | 11.72 | 11.72 | 15 |
| 内蒙古华生萤石矿业有限公司苏莫查干敖包萤石矿 | 其他有限 | 8.112 | 8.12 | 10 |
| 浙江省遂昌县三仁乡坑口萤石矿 | 其他有限 | 8 | 9.81 | 10 |
| 兴国县中萤矿业有限公司隆坪萤石矿 | 其他有限 | 6.9 | 5.66 | 8 |
| 贞丰恒山化工有限公司 | 私营有限 | 6.8 | 6.8 | 8 |
| 中钢集团锡林浩特萤石有限公司 | 其他有限 | 6.25 | 2 | 2 |
| 德安县永飞矿业有限公司萤石矿 | 私营有限 | 6.24 | 5 | 10 |
| 福建省将乐三鑫萤石矿业有限公司 | 私营有限 | 5.457 | 5.457 | 6 |
| 永丰县北坑萤石矿 | 股份合作 | 5 | 8 | 8 |
| 遂昌县湖山萤石矿 | 集体企业 | 4.354 | 4.354 | 8 |

续表 9

| 企业名称 | 经济类型 | 自产矿石量 | 实际采矿能力 | 设计采矿能力 |
|---|---|---|---|---|
| 衡东县金龙矿业有限公司 | 其他有限 | 4.31 | 4.31 | 6 |
| 清流县金山萤石矿有限公司 | 私营有限 | 4 | 4 | 6 |
| 永丰县中村乡中富萤石矿 | 私营合伙 | 4 | 4 | 5 |
| 金溪县秀谷镇芳源石英萤石矿 | 私营有限 | 3.43 | 3.43 | 5 |
| 浙江省遂昌县云峰镇处坞萤石矿 | 其他有限 | 3.39 | 4.211 | 5 |
| 和平县灵星矿业有限公司 | 私营有限 | 3.083 | 3.083 | 6 |
| 内蒙古翔振矿业集团有限责任公司 | 其他有限 | 2.88 | 2.88 | 30 |
| 中铁二院工程集团彭水渝东矿业开发有限公司官家萤石矿 | 其他有限 | 2.7 | 3 | 5 |
| 福建省永福化工有限公司清流县方坑夹萤石矿 | 私营有限 | 2.59 | 2.59 | 10 |
| 瑞金市绵江萤矿有限公司绵江萤矿 | 私营有限 | 2.25 | 2.25 | 5 |
| 福建省建阳市金石矿业有限公司将口镇回潭萤石矿 | 私营有限 | 2.19 | 2.19 | 10 |
| 建阳市清辉矿业有限公司里曹萤石矿 | 私营有限 | 2.1 | 3 | 6 |
| 明溪县长兴萤石矿业有限公司切坑萤石矿 | 其他有限 | 1.5 | 1.5 | 6 |
| 彭水国平矿业有限公司绍庆街道萤石矿 | 其他有限 | 1.4 | 2 | 5 |
| 光泽县启兴萤石精选厂羊古庵萤石矿 | 私营有限 | 1.39 | 1.39 | 6 |
| 全南县石磊矿业有限责任公司 | 其他有限 | 1.38 | 6 | 6 |
| 清流县宏志矿业有限公司 | 私营有限 | 1.26 | 1.26 | 6 |
| 会昌县昌鹏矿业有限公司 | 其他有限 | 1.2 | 1.2 | 5 |
| 临安市新桥刘余萤石矿 | 股份有限 | 1.07 | 0 | 8 |
| 惠东县铄金矿产品开发有限公司安墩珠湖萤矿场 | 私营有限 | 0.96 | 2 | 5 |
| 德兴市万源矿业有限责任公司南溪石英萤石矿 | 私营有限 | 0.84 | 0.84 | 6 |
| 广德县宏达矿产有限公司 | 私营股份 | 0.67 | 0.67 | 8 |

2015 年我国萤石视消费量约为 356 万吨，比 2014 年持平。我国作为萤石生产、消费与出口大国，每年的生产量、国内消费量与出口量均居全球之首。另外，我国磷肥和磷化工生产过程中对氟资源的回收利用，也对我国氟资源开发给予补充。但是，我国的萤石储采比明显低于全球均值，是我国萤石产业可持续发展的巨大障碍。目前我国萤石采选企业仍然是点多面广规模小，下游产品氢氟酸和氟化铝等基础原材料产能过剩，需要进行跨行业、跨所有制、跨地区的兼并重组，把上下游产业组合到一起，鼓励他们通过创新实现产业升级。

6. 重晶石。我国重晶石矿床以大、中型为主，但实际开采则以乡镇企业或个体小矿为主，因此，很难如实掌握全国生产矿区的生产能力。根据《国土资源综合统计年报 2016》资料显示，2015 年全国重晶石矿山我国主要化工矿产资源开发利用情况数量为 441 个，中小矿山企业数量占总矿山企业 97%，矿山企业规模化运营程度仍然较低。重晶石矿山的从业人数为 5830 人，矿石产量为 447.1 万吨；2015 年各主要生产企业产量见表 10。

表 10　**2015 年大中型重晶石生产企业产量**　单位：万吨

| 企业名称 | 经济类型 | 自产矿石量 | 实际采矿能力 | 设计采矿能力 |
|---|---|---|---|---|
| 镇宁县乐纪乡重晶石矿 | 国有企业 | 35.82 | 45.7 | 40 |

续表 10

| 企业名称 | 经济类型 | 自产矿石量 | 实际采矿能力 | 设计采矿能力 |
|---|---|---|---|---|
| 贵州省天柱县坪地镇猪圈湾重晶石矿(整合) | 私营有限 | 17.89 | 17.89 | 17.89 |
| 文县宁氏矿业有限责任公司重晶石矿 | 私营股份 | 15 | 15 | 15 |
| 永安市启胜矿产有限公司李坊重晶石矿 | 国有企业 | 12.96 | 12.96 | 15 |
| 天柱县大代白重晶石矿 | 私营有限 | 12.56 | 12.56 | 30 |
| 贵州省天柱县大河边重晶石矿 | 其他企业 | 9.69 | 9.69 | 15 |
| 随州市曾都区洛阳重晶石矿 | 集体企业 | 8 | 8 | 8 |
| 大理州红蜘蛛矿业有限公司祥云县象鼻新村重晶石矿 | 国有企业 | 8 | 9 | 9 |
| 贵州省天柱县上公塘重晶石矿 | 其他有限 | 5.09 | 5.09 | 10 |
| 天柱县大河边重晶石矿区山环矿段 | 私营有限 | 2.51 | 2.51 | 15 |
| 四川华欣矿业有限公司大关县吉利重晶石矿 | 私营有限 | 10 | 10 | 10 |
| 安康市汉滨区石梯重晶石矿 | 私营有限 | 14 | 14 | 15 |

我国是世界第一大重晶石生产国,同时也是仅次于美国的世界第二大重晶石消费国,我国重晶石消费结构与国外相似,85%用作油、气勘探钻井泥浆加重剂,其余用于生产涂料、橡胶、玻璃及含钡的化工原料,但有50%左右的产量进行了出口。由于重晶石是不可再生资源,应加快供给侧结构性改革,减少重晶石原矿出口。

附表 1　2015 年磷矿石($P_2O_5$ 30%)分月产量

| 月份 | 企业数(家) | 当月(万吨) | 同期(万吨) | 同比(+、-)(%) | 当月累计(万吨) | 2014 年同期(万吨) | 同比(+、-)(%) |
|---|---|---|---|---|---|---|---|
| 1 | | | | | | | |
| 2 | 201 | | | | 1768.40 | 1530.60 | 15.5 |
| 3 | 205 | 1210.60 | 1183.10 | 2.3 | 3006.60 | 2737.40 | 9.8 |
| 4 | 206 | 1098.98 | 1042.92 | 5.4 | 4121.58 | 3787.77 | 8.9 |
| 5 | 206 | 1150.40 | 1147.30 | 0.3 | 5263.70 | 4936.60 | 6.6 |
| 6 | 206 | 1351.90 | 1141.70 | 18.4 | 6629.80 | 6074.60 | 9.1 |
| 7 | 207 | 1251.90 | 1050.60 | 19.2 | 7889.20 | 6923.60 | 13.9 |
| 8 | 208 | 1188.45 | 1062.03 | 11.9 | 9141.52 | 7968.47 | 14.7 |
| 9 | 207 | 1188.20 | 1111.90 | 6.9 | 10326.40 | 9154.10 | 12.8 |
| 10 | 208 | 1275.60 | 1087.00 | 17.3 | 11654.20 | 10083.80 | 15.6 |
| 11 | 208 | 1311.90 | 1158.60 | 13.2 | 12965.60 | 11240.10 | 15.4 |
| 12 | 208 | 1238.10 | 1087.50 | 13.9 | 14203.90 | 12497.70 | 13.7 |

附表 2　2015 年磷矿石($P_2O_5$ 30%)分省(区、市)产量

| 省份 | 企业数(家) | 2015 年累计(万吨) | 2014 年累计(万吨) | 同比(+、-)(%) |
|---|---|---|---|---|
| 全国 | 208 | 14203.87 | 12497.73 | 13.70 |
| 北京 | 0 | 0.00 | 0.00 | - |
| 天津 | 0 | 0.00 | 0.00 | - |

续附表 2-1

| 省份 | 企业数(家) | 2015 年累计(万吨) | 2014 年累计(万吨) | 同比(+、-)(%) |
|---|---|---|---|---|
| 河北 | 2 | 64.79 | 56.73 | 14.20 |
| 山西 | 0 | 0.00 | 0.00 | - |
| 内蒙古 | 0 | 0.00 | 0.00 | - |

续附表 2-2

| 省份 | 企业数（家） | 2015 年累计（万吨） | 2014 年累计（万吨） | 同比（+、-）(%) |
|---|---|---|---|---|
| 辽宁 | 1 | 11.50 | 8.86 | 29.80 |
| 吉林 | 0 | 0.00 | 0.00 | - |
| 黑龙江 | 0 | 0.00 | 0.00 | - |
| 上海 | 0 | 0.00 | 0.00 | - |
| 江苏 | 1 | 8.82 | 8.29 | 6.40 |
| 浙江 | 0 | 0.00 | 0.00 | - |
| 安徽 | 3 | 79.52 | 71.57 | 11.10 |
| 福建 | 1 | 7.26 | 7.40 | -1.8 |
| 江西 | 0 | 0.00 | 0.00 | - |
| 山东 | 0 | 0.00 | 0.00 | - |
| 河南 | 1 | 87.83 | 102.06 | -13.9 |
| 湖北 | 99 | 5540.21 | 4976.35 | 11.30 |
| 湖南 | 3 | 19.73 | 17.79 | 10.90 |

续附表 2-3

| 省份 | 企业数（家） | 2015 年累计（万吨） | 2014 年累计（万吨） | 同比（+、-）(%) |
|---|---|---|---|---|
| 广东 | 0 | 0.00 | 0.00 | - |
| 广西 | 0 | 0.00 | 0.00 | - |
| 海南 | 0 | 0.00 | 0.00 | - |
| 重庆 | 1 | 34.93 | 27.94 | 25.00 |
| 四川 | 20 | 1280.73 | 1011.69 | 26.60 |
| 贵州 | 35 | 4323.10 | 3756.51 | 15.10 |
| 云南 | 40 | 2744.51 | 2451.32 | 12.00 |
| 西藏 | 0 | 0.00 | 0.00 | - |
| 陕西 | 1 | 0.94 | 1.23 | -23.7 |
| 甘肃 | 0 | 0.00 | 0.00 | - |
| 青海 | 0 | 0.00 | 0.00 | - |
| 宁夏 | 0 | 0.00 | 0.00 | - |
| 新疆 | 0 | 0.00 | 0.00 | - |

附表 3　2015 年硫铁矿（S 35%）分月产量

| 月份 | 企业数（家） | 当月（万吨） | 同期（万吨） | 同比（+、-）(%) | 当月累计（万吨） | 2014 年同期（万吨） | 同比（+、-）(%) |
|---|---|---|---|---|---|---|---|
| 1 | | | | | | | |
| 2 | 84 | | | | 217.80 | 201.30 | 8.20 |
| 3 | 85 | 138.60 | 150.70 | -8.00 | 367.90 | 367.60 | 0.10 |
| 4 | 85 | 150.70 | 154.10 | -2.20 | 518.63 | 522.89 | -0.80 |
| 5 | 83 | 142.90 | 147.40 | -3.00 | 660.90 | 669.40 | -1.30 |
| 6 | 84 | 144.40 | 152.90 | -5.50 | 807.20 | 825.80 | -2.30 |
| 7 | 84 | 144.90 | 133.10 | 8.90 | 952.10 | 958.90 | -0.70 |
| 8 | 84 | 141.50 | 144.10 | -1.80 | 1093.62 | 1102.94 | -0.80 |
| 9 | 84 | 149.90 | 143.10 | 0.60 | 1237.53 | 1247.64 | -0.80 |
| 10 | 85 | 135.40 | 143.50 | -5.70 | 1382.60 | 1387.90 | -0.40 |
| 11 | 85 | 141.50 | 149.60 | -5.40 | 1524.20 | 1537.40 | -0.90 |
| 12 | 85 | 126.70 | 151.10 | -16.10 | 1651.50 | 1680.60 | -1.70 |

附表 4　2015 年硫铁矿（S 35%）分省（区、市）产量

| 省份 | 企业数（家） | 2015 年累计（万吨） | 2014 年累计（万吨） | 同比（+、-）(%) |
|---|---|---|---|---|
| 全国 | 85 | 1651.48 | 1680.57 | -1.70 |
| 北京 | 0 | 0.00 | 0.00 | - |
| 天津 | 0 | 0.00 | 0.00 | - |
| 河北 | 1 | 19.62 | 21.84 | -10.20 |

续附表 4-1

| 省份 | 企业数（家） | 2015 年累计（万吨） | 2014 年累计（万吨） | 同比（+、-）(%) |
|---|---|---|---|---|
| 山西 | 0 | 0.00 | 0.00 | - |
| 内蒙古 | 4 | 64.31 | 59.94 | 7.30 |
| 辽宁 | 10 | 184.18 | 172.55 | 6.70 |
| 吉林 | 0 | 0.00 | 0.00 | - |

**续附表 4 - 2**

| 省份 | 企业数（家） | 2015 年累计（万吨） | 2014 年累计（万吨） | 同比（+、-）(%) |
|---|---|---|---|---|
| 黑龙江 | 0 | 0.00 | 0.00 | - |
| 上海 | 0 | 0.00 | 0.00 | - |
| 江苏 | 2 | 25.13 | 36.96 | -32.00 |
| 浙江 | 3 | 9.25 | 9.90 | -6.60 |
| 安徽 | 9 | 337.71 | 292.98 | 15.30 |
| 福建 | 2 | 18.64 | 15.83 | 17.80 |
| 江西 | 4 | 306.08 | 299.52 | 2.20 |
| 山东 | 3 | 29.42 | 29.11 | 1.00 |
| 河南 | 1 | 7.99 | 18.49 | -56.80 |
| 湖北 | 3 | 17.27 | 16.48 | 4.80 |
| 湖南 | 4 | 32.60 | 32.94 | -1.00 |
| 广东 | 5 | 283.30 | 302.58 | -6.40 |

**续附表 4 - 3**

| 省份 | 企业数（家） | 2015 年累计（万吨） | 2014 年累计（万吨） | 同比（+、-）(%) |
|---|---|---|---|---|
| 广西 | 6 | 14.81 | 46.87 | -68.40 |
| 海南 | 0 | 0.00 | 0.00 | - |
| 重庆 | 2 | 0.00 | 0.00 | - |
| 四川 | 13 | 105.68 | 121.14 | -12.80 |
| 贵州 | 2 | 8.97 | 8.12 | 10.60 |
| 云南 | 5 | 65.37 | 55.63 | 17.50 |
| 西藏 | 0 | 0.00 | 0.00 | - |
| 陕西 | 3 | 90.85 | 89.13 | 1.90 |
| 甘肃 | 1 | 10.93 | 13.14 | -16.80 |
| 青海 | 0 | 0.00 | 0.00 | - |
| 宁夏 | 1 | 0.00 | 0.00 | - |
| 新疆 | 1 | 19.36 | 37.43 | -48.30 |

**附表 5　　2015 年钾肥（$K_2O$ 100%）分月产量**

| 月份 | 企业数（家） | 当月（万吨） | 同期（万吨） | 同比（+、-）(%) | 当月累计（万吨） | 2014 年同期（万吨） | 同比（+、-）(%) |
|---|---|---|---|---|---|---|---|
| 1 | | | | | | | |
| 2 | 76 | | | | 53.00 | 36.70 | 44.5 |
| 3 | 62 | 43.70 | 40.70 | 7.6 | 93.50 | 74.90 | 24.7 |
| 4 | 68 | 58.70 | 53.65 | 9.5 | 150.86 | 128.54 | 17.4 |
| 5 | 69 | 62.90 | 57.90 | 8.6 | 213.70 | 187.00 | 14.3 |
| 6 | 74 | 67.20 | 66.00 | 1.8 | 281.30 | 253.30 | 11.1 |
| 7 | 77 | 51.60 | 53.20 | -3 | 332.90 | 308.70 | 7.8 |
| 8 | 72 | 51.70 | 50.90 | 1.7 | 375.90 | 354.14 | 6.1 |
| 9 | 74 | 58.30 | 60.90 | -4.3 | 434.30 | 417.10 | 4.1 |
| 10 | 75 | 63.70 | 56.80 | 12.3 | 502.00 | 473.90 | 5.9 |
| 11 | 76 | 64.80 | 44.90 | 44.1 | 566.70 | 518.80 | 9.2 |
| 12 | 79 | 43.50 | 45.90 | -5.2 | 611.90 | 565.40 | 8.2 |

**附表 6　2015 年钾肥（$K_2O$ 100%）分省（区、市）产量**

| 省份 | 企业数（家） | 2015 年累计（万吨） | 2014 年累计（万吨） | 同比（+、-）(%) |
|---|---|---|---|---|
| 全国 | 79 | 611.91 | 565.38 | 8.2 |
| 北京 | 0 | 0.00 | 0.00 | - |
| 天津 | 1 | 0.00 | 0.00 | - |
| 河北 | 2 | 1.01 | 0.91 | 11 |
| 山西 | 1 | 0.00 | 0.29 | - |

**续附表 6 - 1**

| 省份 | 企业数（家） | 2015 年累计（万吨） | 2014 年累计（万吨） | 同比（+、-）(%) |
|---|---|---|---|---|
| 内蒙古 | 2 | 2.05 | 0.00 | - |
| 辽宁 | 0 | 0.00 | 0.00 | - |
| 吉林 | 0 | 0.00 | 0.00 | - |
| 黑龙江 | 0 | 0.00 | 0.00 | - |
| 上海 | 1 | 0.00 | 0.00 | - |

续附表 6 – 2

| 省份 | 企业数（家） | 2015 年累计（万吨） | 2014 年累计（万吨） | 同比（+、-）（%） |
|---|---|---|---|---|
| 江苏 | 3 | 1.95 | 2.27 | -14.1 |
| 浙江 | 0 | 0.00 | 0.00 | - |
| 安徽 | 0 | 0.00 | 0.00 | - |
| 福建 | 0 | 0.00 | 0.00 | - |
| 江西 | 1 | 0.00 | 0.00 | - |
| 山东 | 4 | 6.01 | 11.53 | 47.9 |
| 河南 | 1 | 0.00 | 1.83 | - |
| 湖北 | 7 | 0.00 | 0.24 | - |
| 湖南 | 1 | 0.00 | 0.00 | - |
| 广东 | 3 | 0.00 | 0.00 | - |
| 广西 | 3 | 0.00 | 0.00 | - |

续附表 6 – 3

| 省份 | 企业数（家） | 2015 年累计（万吨） | 2014 年累计（万吨） | 同比（+、-）（%） |
|---|---|---|---|---|
| 海南 | 0 | 0.00 | 0.00 | - |
| 重庆 | 2 | 8.49 | 0.35 | 2293.9 |
| 四川 | 8 | 4.23 | 4.20 | 0.8 |
| 贵州 | 2 | 5.18 | 3.61 | 43.6 |
| 云南 | 1 | 1.67 | 0.38 | 339.3 |
| 西藏 | 0 | 0.00 | 0.00 | - |
| 陕西 | 2 | 0.00 | 0.24 | - |
| 甘肃 | 1 | 0.00 | 0.22 | - |
| 青海 | 21 | 494.36 | 463.54 | 6.6 |
| 宁夏 | 1 | 1.20 | 0.00 | - |
| 新疆 | 8 | 85.75 | 75.77 | 13.2 |

附表 7　2015 年磷肥（$P_2O_5$ 100%）分月产量

| 月份 | 企业数（家） | 当月（万吨） | 同期（万吨） | 同比（+、-）（%） | 当月累计（万吨） | 2014 年同期（万吨） | 同比（+、-）（%） |
|---|---|---|---|---|---|---|---|
| 1 | | | | | | | |
| 2 | 291 | 269.00 | 241.80 | 11.5 | 269.00 | 241.80 | 11.5 |
| 3 | 286 | 155.00 | 144.50 | 7.2 | 427.50 | 387.90 | 10.2 |
| 4 | 287 | 163.30 | 137.40 | 18.8 | 620.90 | 558.40 | 11.2 |
| 5 | 285 | 163.30 | 140.90 | 16 | 783.80 | 695.50 | 12.7 |
| 6 | 288 | 173.30 | 152.10 | 14 | 956.40 | 847.70 | 12.8 |
| 7 | 292 | 167.40 | 149.40 | 12 | 1125.00 | 999.40 | 12.6 |
| 8 | 289 | 199.25 | 155.92 | 27.8 | 1324.86 | 1153.02 | 14.9 |
| 9 | 291 | 173.80 | 162.10 | 7.2 | 1496.70 | 1316.40 | 13.7 |
| 10 | 291 | 170.80 | 164.60 | 3.7 | 1668.50 | 1482.40 | 12.6 |
| 11 | 291 | 172.90 | 166.40 | 3.9 | 1828.50 | 1641.40 | 11.4 |
| 12 | 295 | 170.60 | 175.60 | -2.9 | 2026.40 | 1818.40 | 11.4 |

附表 8　2015 年磷肥（$P_2O_5$ 100%）分省（区、市）产量

| 省份 | 企业数（家） | 2015 年累计（万吨） | 2014 年累计（万吨） | 同比（+、-）（%） |
|---|---|---|---|---|
| 全国 | 295 | 2026.40 | 1818.40 | 11.4 |
| 北京 | 0 | 0.00 | 0.00 | - |
| 天津 | 1 | 0.00 | 0.00 | - |
| 河北 | 4 | 3.37 | 4.13 | -18.3 |
| 山西 | 2 | 9.27 | 8.02 | 15.6 |
| 内蒙古 | 2 | 14.61 | 9.17 | 59.3 |

续附表 8 – 1

| 省份 | 企业数（家） | 2015 年累计（万吨） | 2014 年累计（万吨） | 同比（+、-）（%） |
|---|---|---|---|---|
| 辽宁 | 1 | 0.00 | 0.00 | - |
| 吉林 | 4 | 1.96 | 0.00 | - |
| 黑龙江 | 1 | 0.48 | 0.31 | 55.2 |
| 上海 | 0 | 0.00 | 0.00 | - |
| 江苏 | 11 | 7.83 | 8.75 | -10.5 |
| 浙江 | 1 | 0.74 | 0.74 | -0.1 |

续附表 8－2

| 省份 | 企业数（家） | 2015 年累计（万吨） | 2014 年累计（万吨） | 同比（＋、－）（%） |
|---|---|---|---|---|
| 安徽 | 5 | 81.40 | 80.36 | 1.3 |
| 福建 | 4 | 22.07 | 17.75 | 24.4 |
| 江西 | 4 | 19.31 | 22.06 | －12.5 |
| 山东 | 9 | 62.28 | 50.79 | 22.6 |
| 河南 | 8 | 28.48 | 27.41 | 3.9 |
| 湖北 | 67 | 782.42 | 688.12 | 13.7 |
| 湖南 | 13 | 12.69 | 11.80 | 7.6 |
| 广东 | 10 | 71.47 | 57.29 | 24.8 |
| 广西 | 12 | 51.00 | 48.07 | 6.1 |
| 海南 | 0 | 0.00 | 0.00 | － |

续附表 8－3

| 省份 | 企业数（家） | 2015 年累计（万吨） | 2014 年累计（万吨） | 同比（＋、－）（%） |
|---|---|---|---|---|
| 重庆 | 4 | 56.54 | 52.73 | 7.2 |
| 四川 | 43 | 185.01 | 160.77 | 15.1 |
| 贵州 | 12 | 348.02 | 303.90 | 14.5 |
| 云南 | 50 | 218.59 | 218.65 | 0 |
| 西藏 | 0 | 0.00 | 0.00 | － |
| 陕西 | 11 | 19.08 | 16.10 | 18.5 |
| 甘肃 | 8 | 14.73 | 15.81 | 18.5 |
| 青海 | 0 | 0.00 | 0.00 | － |
| 宁夏 | 4 | 12.72 | 14.18 | －10.3 |
| 新疆 | 4 | 2.30 | 1.48 | 56.1 |

附表 9　**2015 年磷酸一铵（实物量）分月产量**

| 月份 | 企业数（家） | 当月（万吨） | 同期（万吨） | 同比（＋、－）（%） | 当月累计（万吨） | 2014 年同期（万吨） | 同比（＋、－）（%） |
|---|---|---|---|---|---|---|---|
| 1 | | | | | | | |
| 2 | 124 | | | | 322.50 | 312.30 | 3.2 |
| 3 | 119 | 200.40 | 169.30 | 18.3 | 519.00 | 453.30 | 14.5 |
| 4 | 120 | 180.50 | 150.70 | 19.7 | 699.60 | 611.60 | 14.4 |
| 5 | 122 | 179.90 | 163.30 | 10.2 | 871.80 | 766.80 | 13.7 |
| 6 | 123 | 208.10 | 181.40 | 14.7 | 1079.30 | 951.00 | 13.5 |
| 7 | 132 | 179.30 | 180.30 | －0.5 | 1261.60 | 1163.80 | 8.4 |
| 8 | 129 | 193.80 | 171.20 | 13.2 | 1455.40 | 1320.90 | 10.2 |
| 9 | 129 | 182.90 | 172.10 | 6.3 | 1638.30 | 1492.10 | 9.8 |
| 10 | 129 | 193.60 | 166.50 | 16.2 | 1831.40 | 1653.90 | 10.7 |
| 11 | 129 | 192.80 | 174.50 | 10.5 | 2046.90 | 1850.10 | 10.6 |
| 12 | 129 | 195.30 | 175.00 | 11.6 | 2258.00 | 2018.10 | 11.9 |

附表 10　**2015 年磷酸一铵（实物量）分省（区、市）产量**

| 省份 | 企业数（家） | 2015 年累计（万吨） | 2014 年累计（万吨） | 同比（＋、－）（%） |
|---|---|---|---|---|
| 全国 | 129 | 2258.00 | 2018.15 | 11.9 |
| 北京 | 0 | 0.00 | 0.00 | － |
| 天津 | 0 | 0.00 | 0.00 | － |
| 河北 | 1 | 13.84 | 2.14 | 545.5 |
| 山西 | 1 | 0.00 | 0.00 | － |
| 内蒙古 | 0 | 0.00 | 0.00 | － |
| 辽宁 | 5 | 0.86 | 6.56 | －87 |

续附表 10－1

| 省份 | 企业数（家） | 2015 年累计（万吨） | 2014 年累计（万吨） | 同比（＋、－）（%） |
|---|---|---|---|---|
| 吉林 | 0 | 0.00 | 0.00 | － |
| 黑龙江 | 1 | 0.00 | 0.00 | － |
| 上海 | 0 | 0.00 | 0.00 | － |
| 江苏 | 5 | 65.09 | 76.88 | －15.3 |
| 浙江 | 0 | 0.00 | 0.00 | － |
| 安徽 | 5 | 167.42 | 135.66 | 23.4 |
| 福建 | 1 | 0.00 | 0.00 | － |

续附表 10-2

| 省份 | 企业数（家） | 2015 年累计（万吨） | 2014 年累计（万吨） | 同比（+、-）(%) |
|---|---|---|---|---|
| 江西 | 3 | 4.53 | 3.75 | 20.8 |
| 山东 | 5 | 69.92 | 63.93 | 9.4 |
| 河南 | 18 | 195.65 | 179.43 | 9 |
| 湖北 | 22 | 846.07 | 727.94 | 16.2 |
| 湖南 | 0 | 0.00 | 0.00 | - |
| 广东 | 1 | 0.00 | 0.00 | - |
| 广西 | 2 | 9.27 | 8.95 | 3.5 |
| 海南 | 0 | 0.00 | 0.00 | - |
| 重庆 | 3 | 102.87 | 95.38 | 7.9 |

续附表 10-3

| 省份 | 企业数（家） | 2015 年累计（万吨） | 2014 年累计（万吨） | 同比（+、-）(%) |
|---|---|---|---|---|
| 四川 | 29 | 277.67 | 265.37 | 4.6 |
| 贵州 | 7 | 257.11 | 230.11 | 11.7 |
| 云南 | 15 | 232.98 | 207.27 | 12.4 |
| 西藏 | 0 | 0.00 | 0.00 | - |
| 陕西 | 2 | 0.00 | 2.06 | - |
| 甘肃 | 2 | 14.06 | 12.19 | 15.3 |
| 青海 | 0 | 0.00 | 0.00 | - |
| 宁夏 | 0 | 0.00 | 0.00 | - |
| 新疆 | 1 | 0.68 | 0.49 | 37.8 |

附表 11　2015 年磷酸二铵（实物量）分月产量

| 月份 | 企业数（家） | 当月（万吨） | 同期（万吨） | 同比（+、-）(%) | 当月累计（万吨） | 2014 年同期（万吨） | 同比（+、-）(%) |
|---|---|---|---|---|---|---|---|
| 1 | | | | | | | |
| 2 | 56 | | | | 311.00 | 268.10 | 16 |
| 3 | 57 | 162.90 | 153.90 | 5.9 | 474.60 | 422.60 | 12.3 |
| 4 | 59 | 156.90 | 137.30 | 14.2 | 631.50 | 564.60 | 11.9 |
| 5 | 60 | 154.20 | 131.10 | 17.6 | 786.20 | 689.20 | 14.1 |
| 6 | 60 | 169.90 | 133.20 | 27.5 | 956.10 | 882.30 | 16.3 |
| 7 | 58 | 156.00 | 116.80 | 33.5 | 1079.00 | 938.70 | 14.9 |
| 8 | 59 | 177.60 | 141.20 | 25.8 | 1258.30 | 1080.20 | 16.5 |
| 9 | 59 | 165.50 | 163.20 | 1.4 | 1423.70 | 1243.50 | 14.5 |
| 10 | 59 | 151.00 | 156.60 | -3.6 | 1574.80 | 1399.90 | 12.5 |
| 11 | 58 | 158.30 | 157.90 | 0.2 | 1733.10 | 1557.40 | 11.3 |
| 12 | 58 | 148.00 | 154.60 | -4.3 | 1896.80 | 1712.60 | 10.8 |

附表 12　2015 年磷酸二铵（实物量）分省（区、市）产量

| 省份 | 企业数（家） | 2015 年累计（万吨） | 2014 年累计（万吨） | 同比（+、-）(%) |
|---|---|---|---|---|
| 全国 | 58 | 1896.85 | 1712.57 | 10.8 |
| 北京 | 0 | 0.00 | 0.00 | - |
| 天津 | 0 | 0.00 | 0.00 | - |
| 河北 | 0 | 0.00 | 0.00 | - |
| 山西 | 0 | 0.00 | 0.00 | - |
| 内蒙古 | 1 | 10.04 | 9.36 | 7.3 |
| 辽宁 | 2 | 24.33 | 22.77 | 6.8 |
| 吉林 | 0 | 0.00 | 0.00 | - |

续附表 12-1

| 省份 | 企业数（家） | 2015 年累计（万吨） | 2014 年累计（万吨） | 同比（+、-）(%) |
|---|---|---|---|---|
| 黑龙江 | 0 | 0.00 | 0.00 | - |
| 上海 | 0 | 0.00 | 0.00 | - |
| 江苏 | 1 | 1.28 | 1.37 | -6.5 |
| 浙江 | 0 | 0.00 | 0.00 | - |
| 安徽 | 2 | 94.13 | 92.89 | 1.3 |
| 福建 | 0 | 0.00 | 0.00 | - |
| 江西 | 1 | 17.68 | 19.89 | -11.1 |
| 山东 | 4 | 45.82 | 35.13 | 30.4 |

续附表 12-2

| 省份 | 企业数（家） | 2015 年累计（万吨） | 2014 年累计（万吨） | 同比（+、-）(%) |
|---|---|---|---|---|
| 河南 | 2 | 20.48 | 16.81 | 21.8 |
| 湖北 | 7 | 460.28 | 431.92 | 6.6 |
| 湖南 | 0 | 0.00 | 0.00 | - |
| 广东 | 1 | 59.22 | 49.38 | 19.9 |
| 广西 | 1 | 19.74 | 20.21 | -2.4 |
| 海南 | 0 | 0.00 | 0.00 | - |
| 重庆 | 2 | 64.20 | 57.94 | 10.8 |
| 四川 | 14 | 61.29 | 44.40 | 38 |

续附表 12-3

| 省份 | 企业数（家） | 2015 年累计（万吨） | 2014 年累计（万吨） | 同比（+、-）(%) |
|---|---|---|---|---|
| 贵州 | 3 | 381.36 | 327.82 | 16.3 |
| 云南 | 11 | 558.88 | 510.19 | 9.5 |
| 西藏 | 0 | 0.00 | 0.00 | - |
| 陕西 | 0 | 0.00 | 0.00 | - |
| 甘肃 | 3 | 41.62 | 42.69 | -2.5 |
| 青海 | 1 | 23.10 | 17.62 | 31.1 |
| 宁夏 | 2 | 13.41 | 12.18 | 10.2 |
| 新疆 | 0 | 0.00 | 0.00 | - |

附表 13　2015 年硫酸（折 100%）分月产量

| 月份 | 企业数（家） | 当月（万吨） | 同期（万吨） | 同比（+、-）(%) | 当月累计（万吨） | 2014 年同期（万吨） | 同比（+、-）(%) |
|---|---|---|---|---|---|---|---|
| 1 | | | | | | | |
| 2 | 412 | | | | 1434.10 | 1300.30 | 10.3 |
| 3 | 405 | 749.60 | 718.20 | 4.4 | 2198.30 | 2036.80 | 7.9 |
| 4 | 410 | 746.60 | 710.60 | 5.1 | 2945.00 | 2761.20 | 6.7 |
| 5 | 409 | 717.30 | 682.60 | 5.1 | 3637.10 | 3431.00 | 6 |
| 6 | 410 | 758.80 | 724.80 | 4.7 | 4392.50 | 4164.20 | 5.5 |
| 7 | 412 | 728.40 | 718.20 | 1.4 | 5126.20 | 4887.70 | 4.9 |
| 8 | 412 | 790.00 | 754.40 | 4.7 | 5926.60 | 5644.00 | 5 |
| 9 | 412 | 771.90 | 747.60 | 3.3 | 6713.60 | 6392.10 | 5 |
| 10 | 413 | 756.00 | 741.30 | 2 | 7469.10 | 7142.50 | 4.6 |
| 11 | 411 | 756.50 | 739.20 | 2.3 | 8198.90 | 7845.20 | 4.5 |
| 12 | 412 | 759.50 | 763.60 | -0.5 | 8975.50 | 8626.70 | 4 |

附表 14　2015 年硫酸（折 100%）分省（区、市）产量

| 省份 | 企业数（家） | 2015 年累计（万吨） | 2014 年累计（万吨） | 同比（+、-）(%) |
|---|---|---|---|---|
| 全国 | 412 | 8975.46 | 8626.66 | 4 |
| 北京 | 0 | 0.00 | 0.00 | - |
| 天津 | 2 | 19.08 | 24.48 | -22.1 |
| 河北 | 13 | 142.91 | 164.34 | -13 |
| 山西 | 3 | 53.42 | 41.79 | 27.8 |
| 内蒙古 | 12 | 277.76 | 283.77 | -2.1 |
| 辽宁 | 13 | 147.29 | 175.91 | -16.3 |
| 吉林 | 3 | 71.28 | 64.38 | 10.7 |
| 黑龙江 | 3 | 1.86 | 2.77 | -32.9 |

续附表 14-1

| 省份 | 企业数（家） | 2015 年累计（万吨） | 2014 年累计（万吨） | 同比（+、-）(%) |
|---|---|---|---|---|
| 上海 | 2 | 19.38 | 18.10 | 7.1 |
| 江苏 | 17 | 371.77 | 356.65 | 4.2 |
| 浙江 | 9 | 165.24 | 176.55 | -6.4 |
| 安徽 | 12 | 630.06 | 641.31 | 1.8 |
| 福建 | 13 | 187.50 | 180.93 | 3.6 |
| 江西 | 7 | 334.09 | 333.75 | 0.1 |
| 山东 | 20 | 631.04 | 603.09 | 4.6 |
| 河南 | 27 | 520.35 | 480.24 | 8.4 |
| 湖北 | 20 | 780.09 | 690.81 | 12.9 |

**续附表 14－2**

| 省份 | 企业数（家） | 2015 年累计（万吨） | 2014 年累计（万吨） | 同比（＋、－）（%） |
|---|---|---|---|---|
| 湖南 | 33 | 244.08 | 292.81 | －16.6 |
| 广东 | 20 | 279.97 | 277.61 | 0.8 |
| 广西 | 29 | 368.31 | 325.03 | 13.3 |
| 海南 | 0 | 0.00 | 0.00 | － |
| 重庆 | 13 | 204.16 | 201.82 | 0.7 |
| 四川 | 37 | 642.52 | 637.04 | 0.9 |
| 贵州 | 13 | 743.11 | 661.84 | 12.3 |

**续附表 14－3**

| 省份 | 企业数（家） | 2015 年累计（万吨） | 2014 年累计（万吨） | 同比（＋、－）（%） |
|---|---|---|---|---|
| 云南 | 56 | 1416.95 | 1367.21 | 3.6 |
| 西藏 | 0 | 0.00 | 0.00 | － |
| 陕西 | 9 | 141.58 | 132.49 | 6.9 |
| 甘肃 | 6 | 443.03 | 347.58 | 27.5 |
| 青海 | 4 | 42.19 | 41.15 | 2.5 |
| 宁夏 | 4 | 30.76 | 36.22 | －15.1 |
| 新疆 | 12 | 65.68 | 65.98 | －0.5 |

（中国化学矿业协会）

# 地 方 矿 业

## 内蒙古自治区

### ·综述·

【概况】 截至2015年底,全区已发现的矿产为144种(亚矿种164个),具有查明资源储量的矿产为109种(含亚矿种)。列入《内蒙古自治区矿产资源储量表》的矿产为105种。上表矿产地共有1874处,其中大、中型矿产地678处,占上表矿产地的36.18%。

全区共有85种矿产的查明资源储量居全国前十位,其中居前三位的有43种,占全区查明资源储量矿产的39.45%。煤、铅、锌、银、稀土、铌、锆、钌、锗、普通萤石、冶金用砂岩、砷矿、电气石、玛瑙、砖瓦用黏土、建筑用橄榄岩、水泥配料用板岩等17种矿产的保有资源储量居全国第一位。

截至2015年底,全区非油气类矿产登记在期矿业权共计8051个,同比减少6.9%,其中探矿权3785个,同比减少5.9%;采矿权4266个,同比减少7.1%。

截至2015年底,全区共有非油气类在期矿产地质勘查登记项目3785个,勘查面积10.45万平方千米,占全区总面积的8.86%。实施各类矿产(非油气、放射性矿产)地质勘查项目资金总投入36.8亿元,比2014年减少24.26%。其中,中央财政投入3.88亿元,地方财政投入6.5亿元,社会资金投入260.42亿元。2015年,基础地质调查投入资金4.62亿元,同比减少28.34%;水工环地质调查评价投入资金0.6亿元,同比减少45.74%;全区非油气、放射性矿产勘查资金总投入31.59亿元,同比减少23.05%。

2015年,全区实施非油气各类地质勘查项目共3351项。其中,基础地质调查102项,水工环地质调查评价118项,矿产勘查3131项。2015年开展的矿产勘查项目,共计完成钻探1842601米,坑探42331米,槽探117.80万立方米,浅井2858米。2015年全区矿产勘查完成阶段性勘查的矿产地66处,其中大型矿产地10处、中型23处、小型33处。工作程度达普查12处、详查44处、勘探10处。先后发现7处大型以上铀矿床,以探获的矿资源位居全国首位。

2015年,全区共有非油气矿山企业4776家,比2014年减少1.15%;从业人员为23.33万人,比2014年减少13.97%;开发利用矿产120种(含亚矿种);实际采矿能力为9.26亿吨/年,比2014年减少8.41%;年产矿量为8.13亿吨/年,比2014年减少19.58%。全区矿业总产值1149.52亿元,比2014年减少34.1%;综合利用产值为61.93亿元,比2014年减少68.04%;矿产品销售收入1066.95亿元,比2014年减少31.34%;利润总额137.68亿元,比2014年减少36.52%。

2015年,由内蒙古自治区国土资源厅委托内蒙古自治区国土资源储备交易登记中心,通过市场方式出让的矿业权共计54个,出让面积2685.5平方千米,成交金额8955万元,其中探矿权53个,交易金额7890万元,采矿权1个,交易金额1065万元。

2015年,全区共投入矿山地质环境治理资金14.9亿元,同比增长20.55%,治理面积181.1平方千米,同比增加33.16%。

### ·矿产资源·

【矿产种类】 截至2015年底,内蒙古自治区已发现的矿产有144种,占全国发现矿产(172种)的83.72%。包括石油、天然气、铀矿及地热在内,全区具有查明资源储量的矿产为109种(含亚矿种),占全国具查明资源储量矿产230种(含亚矿种)的46.09%。除石油、天然气、铀矿和地热由国家相关部门统一管理统计外,全区列入《内蒙古自治区矿产资源储量表》的矿种为105种(含亚矿种)。与2014年度相比,新增上表矿产1种,为镁矿(新查明阿拉善吉兰太盐湖矿储量核实新增卤水镁盐矿)。2015年全区已发现和具有查明资源储量各类矿产及与往年的对比情况,可参见表1和图1至图3。

**表1　　2015年内蒙古自治区已发现矿产一览表**

| 矿产<br>矿类 | 具有查明资源储量矿产 | | 已发现尚未查明资源储量矿产 | |
|---|---|---|---|---|
| | 种数 | 矿种（亚矿种）名称 | 种数 | 矿种（亚矿种）名称 |
| 能源矿产 | 6 | 煤、石油、天然气、油页岩、铀、地热 | 4 | 页岩气、煤层气、天然沥青、钍 |
| 金属矿产 | 38(39) | 铁、锰、铬、钛、钒；铜、铅、锌、镍、钴、钨、锡、铋、钼、锑；金、银、铂族金属（铂、钯、铱、铑、锇、钌）；铌（铌、铌钽）、钽、锂、铍、锆、铷、铯、稀土（钇等10种元素）、锗、镓、铟、镉、硒、碲、镁 | 4 | 汞、铝土矿、锶、铼 |
| 非金属矿产 | 48(64) | 石墨、硫铁矿、蓝晶石、红柱石、长石、云母、石榴子石、电气石、蛭石、沸石、芒硝、石膏、天然碱、方解石、冰洲石、玛瑙、萤石（普通萤石）、玉石（巴林石）、石灰岩（熔剂用灰岩、电石用灰岩、制碱用灰岩、水泥用灰岩、制灰用灰岩）、白云岩（冶金用白云岩、化工用白云岩）、石英岩（冶金用石英岩、玻璃用石英岩）、砂岩（铸型用砂岩、玻璃用砂岩、冶金用砂岩、水泥配料用砂岩）、天然石英砂（铸型用砂、玻璃用砂、建筑用砂）、脉石英（玻璃用脉石英、冶金用脉石英）、硅藻土、页岩（水泥配料用页岩）、高岭土、陶瓷土、耐火黏土、膨润土、铁矾土、其他黏土（砖瓦用黏土、水泥配料用黏土）、橄榄岩（建筑用橄榄岩）、蛇纹岩（化肥用蛇纹岩）、辉石岩（饰面用辉石岩）、玄武岩（饰面用玄武岩）、辉绿岩（饰面用辉绿岩）、闪长岩（饰面用闪长岩）、花岗岩（建筑用花岗岩、饰面用花岗岩）、珍珠岩、大理岩（饰面用大理岩、水泥用大理岩）、板岩（水泥配料用板岩）、泥炭、盐矿（钠盐、镁盐）、溴矿、砷矿、硼矿、磷矿 | 32(35) | 自然硫、水晶（压电水晶、熔炼水晶、工艺水晶）、硅灰石刚玉、滑石、石棉、蓝石棉、叶蜡石、透辉石、透闪石、重晶石、明矾石、菱镁矿、宝石、泥灰岩、粉石英、含钾岩石、凹凸棒石黏土、伊利石黏土、累托石黏土、黑耀岩、松脂岩、浮石、凝灰岩（水泥用凝灰岩、建筑用凝灰岩）、辉长岩、粗面岩、火山灰、火山渣、片麻岩、钾盐、麦饭石、磨刀石 |
| 水气矿产 | | | 3 | 地下水、矿泉水、二氧化碳气 |
| 合计 | 92(109) | | 43(46) | |
| | 全区发现矿种为135（其中10种稀土元素按1种统计），统计到亚矿种为155种；将10种稀土元素分别统计，则全区发现矿种为144种，统计到亚矿种为164种 | | | |

注：1. 石油、天然气、铀矿、地热由国家统一管理和统计，煤层气、铝土矿、钾盐、菱镁矿、明矾石、重晶石、矿泉水、地下水、二氧化碳气等矿产虽然查明有一定的潜在资源，但均未列入《内蒙古自治区矿产资源储量表》中。

2. 本表“非金属矿产”及“合计”栏目括号“（）”内为亚矿种或统计到亚矿种的数量。

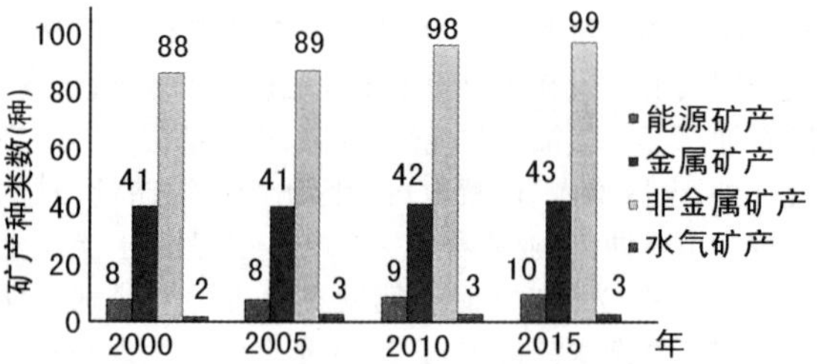


图1　2000～2015年内蒙古自治区已发现各类矿产对比图

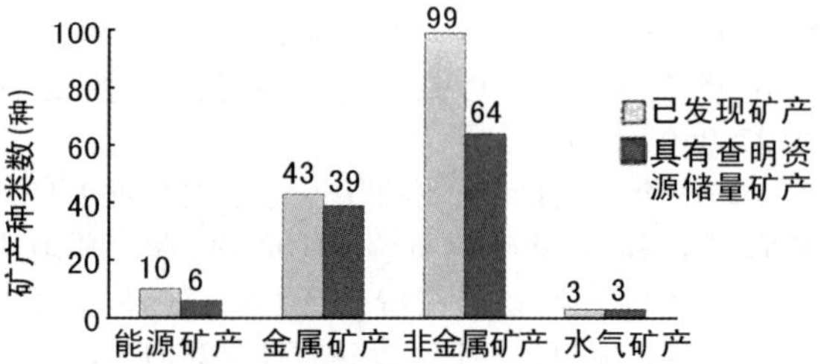


图2　2015年内蒙古自治区发现和具有查明资源储量矿产对比图

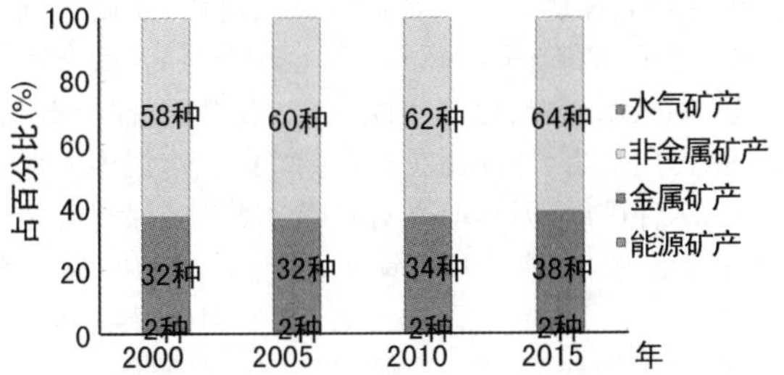


图 3　2000～2015 年内蒙古自治区上表矿产对比图

【查明矿产地】　2015 年，列入《内蒙古自治区矿产资源储量表》的 105 种上表矿产地 1874 处，分为 3089 个上表单元，包括单一或主要矿产 1874 个、共生矿产 584 个、伴生矿产 631 个。新增矿产地 49 处，增长 2.61%。其中，能源矿产地共 453 处，比 2014 年增加 14 处；金属矿产地 1058 处，比 2014 年增加 28 处；非金属矿产地 363 处，比 2014 年增加 7 处。详见图 4。

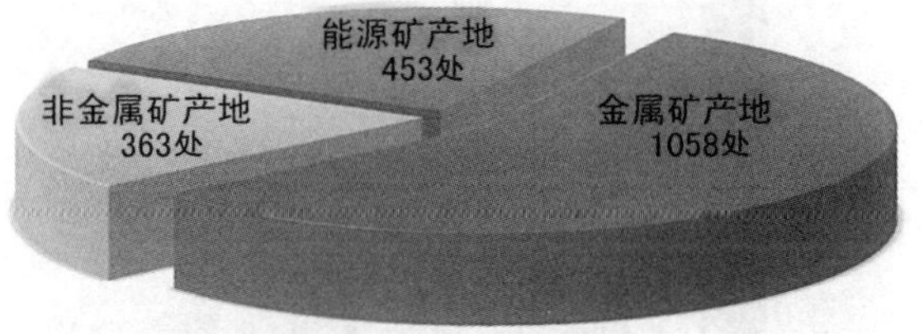


图 4　2015 年内蒙古自治区各类矿产上表矿产地占比图

2005～2009 年底，全区已查明并上表的新增矿产地共 621 处，年均增幅为 10% 左右；反映矿产勘查活跃，成果突出。2009～2011 年由于开展矿产资源现状调查，对原有上表矿区进行了重新划分，使全区上表矿产地数量有所减少。自 2011 年起到 2015 年因受全球矿业市场影响，内蒙古自治区地勘投入逐年减少，新增矿产地增速放缓，年均增幅仅为 5% 左右。但总体来讲，内蒙古自治区多年来新增矿区总体呈平稳上升趋势，有关变化情况参见图 5。

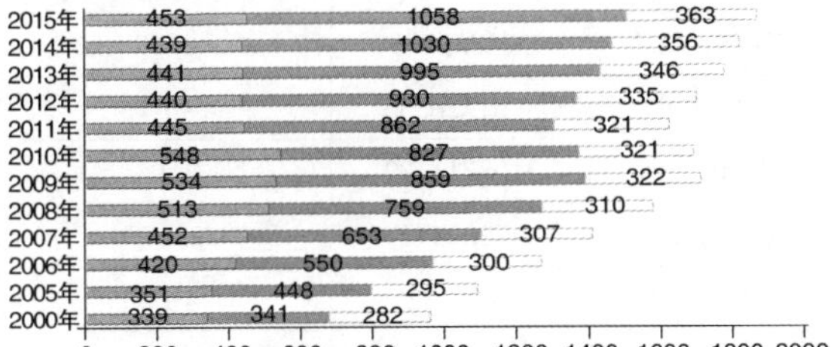


图 5　2000～2015 年内蒙古自治区上表矿产地数量对比图

2015 年全区 1874 处上表矿产地中，查明资源储量规模达大、中型的矿产地共有 678 处（大型 305 处、中型 373 处），占全区上表矿产地的 36.18%，详见图 6 和图 7。

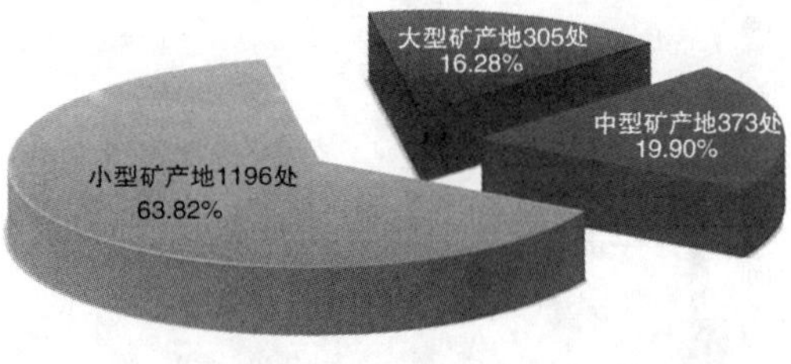


图 6　2015 年内蒙古自治区上表矿产地分规模统计占比图

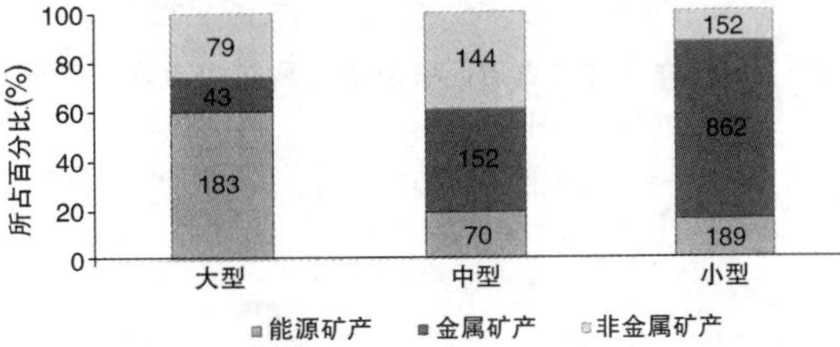


图 7　2015 年内蒙古自治区各类上表矿产地按规模统计对比图

【查明矿产资源储量】　1. 分布特征。全区能源矿产资源遍布全区 12 个盟市，但主要集中分布在三大聚集盆地（群），即鄂尔多斯盆地、二连盆地（群）、海拉尔盆地（群）。金属矿产资源主要分布在 6 个聚集区，即北山－阿拉善北部铜、铁、钼、金、镍、锑、铂族金属元素聚集区，狼山－白云鄂博裂谷带贵金属、铜、铅、锌、硫多金属、稀土、稀有金属矿产聚集区，华北地台北缘内蒙古地轴金矿资源聚集区，大兴安岭中南段银、富铅锌、铜、锡、多金属矿聚集区，锡盟东乌旗－呼盟梨子山银、铜、锌、铁、稀有、稀散元素聚集区，得尔布干贵金属、多金属矿产资源聚集区。总体上体现为中西部富集铜、铅锌、铁、稀土，中南部富集金，东部富集银、铅锌、铜、锡、稀有、稀散金属元素等特点。主要金属矿产资源在各盟市的保有资源储量分布情况，参见图 8 至图 10。

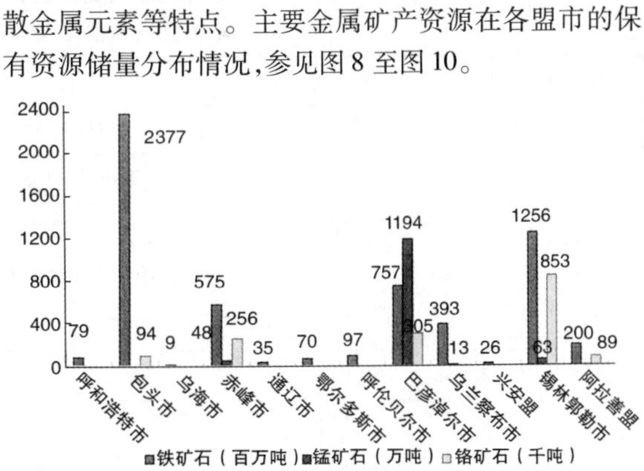


图 8　2015 年内蒙古自治区各黑色金属矿产保有资源储量对比图

2. 资源储量及变化。2015 年，全区上表的 105 种矿产中，有 47 种因矿产勘查新增矿产地和矿山开采消耗及矿山重新进行储量核实致使保有资源储量发生变

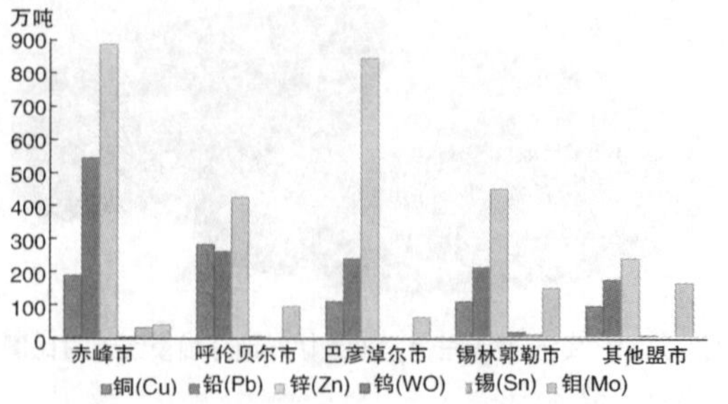


图 9　2015 年内蒙古自治区各盟市主要有色金属矿产保有资源储量对比图

化，占全区上表矿产的 44.76%。其中，煤炭、油页岩、铜矿、铅矿、锌矿、镍矿、钴矿、钨矿、锡矿、铋矿、金矿、银矿、镓矿、铟矿、镉矿、硒矿、冶金用石英岩、冶金用脉石英、制碱用灰岩、化肥用蛇纹岩、石墨、石榴子石、沸石、水泥用灰岩、饰面用花岗岩、珍珠岩、水泥用大理岩等共 27 种矿产，因新增查明矿产地使全区保有资源储量有所增加；铁矿、钼矿、铌矿、稀土矿、锗矿、普通萤石、熔剂用灰岩、冶金用白云岩、铸型用砂、硫铁矿、天然碱、电石用灰岩、盐矿、砷矿、玉石、玻璃用砂、高岭土、膨润土、水泥配料用黏土、水泥配料用板岩等共 20 种矿产的保有资源储量有所减少。全区各类矿产保有资源储量及变化情况详见表 2。

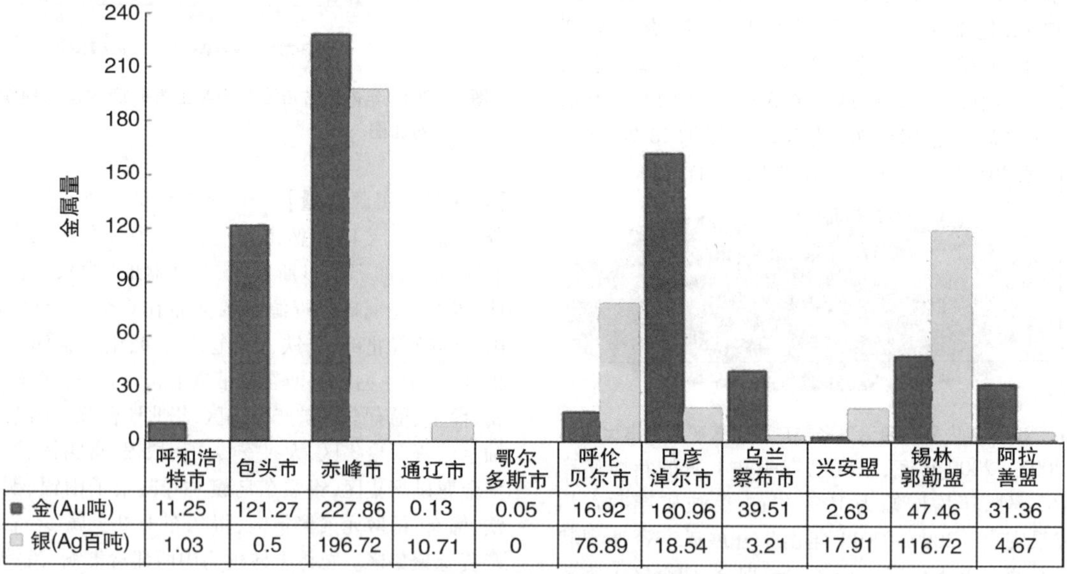


图 10　2015 年内蒙古自治区各盟市贵金属矿产保有资源储量对比图

表 2　2015 年内蒙古自治区各类矿产保有资源储量及变化统计表

| 矿类 | 序号 | 矿产名称 | 单位 | 保有资源储量 | 增减量 | 增减比例(%) |
|---|---|---|---|---|---|---|
| 能源矿产 | 1 | 煤炭 | 合计 千吨 | 411064538.2 | 4827156.35 | 1.19 |
| | | | 无烟煤 千吨 | 922033.18 | -93.77 | -0.01 |
| | | | 烟煤 千吨 | 250451817.7 | 1718538.3 | 0.69 |
| | | | 其中炼焦用煤 千吨 | 8092541.97 | -61226.36 | -0.75 |
| | | | 褐煤 千吨 | 159670763.1 | 3108711.82 | 1.99 |
| | 2 | 油页岩 | 千吨 | 2601810.2 | 481824.2 | 22.73 |
| 黑色金属矿产 | 3 | 铁矿 | 矿石 千吨 | 5875708.19 | -16182 | -0.27 |
| | 4 | 锰矿 | 矿石 千吨 | 13253.52 | | |
| | 5 | 铬矿 | 矿石 千吨 | 1596.24 | | |
| | 6 | 钛矿 | 钛铁矿 $TiO_2$ 吨 | 1042965 | - | - |
| | | | 钛铁矿矿物 吨 | 4680316 | - | - |
| | 7 | 钒矿 | $V_2O_5$ 吨 | 1287412.66 | - | - |

**续表 2－1**

| 矿类 | 序号 | 矿产名称 | 单位 | 保有资源储量 | 增减量 | 增减比例(%) |
|---|---|---|---|---|---|---|
| 有色金属矿产 | 8 | 铜矿 | 铜 吨 | 7830200. 78 | 192405. 54 | 2. 52 |
| | 9 | 铅矿 | 铅 吨 | 14250978. 35 | 276040. 54 | 1. 98 |
| | 10 | 锌矿 | 锌 吨 | 28330562. 51 | 800587. 72 | 2. 91 |
| | 11 | 镁矿 | 矿石 千吨 | 376217. 8 | 376217. 8 | – |
| | 12 | 镍矿 | 镍 吨 | 1181038. 46 | 1005073. 61 | 571. 18 |
| | 13 | 钴矿 | 钴 吨 | 44232. 95 | 16932. 9 | 62. 03 |
| | 14 | 钨矿 | $WO_3$ 吨 | 285194. 36 | 7524. 76 | 2. 71 |
| | 15 | 锡矿 | 锡 吨 | 407584. 11 | 22372. 8 | 5. 81 |
| | 16 | 铋矿 | 铋 吨 | 67099. 24 | 385. 1 | 0. 68 |
| | 17 | 钼矿 | 钼 吨 | 5041234. 71 | －19782. 92 | －0. 39 |
| | 18 | 锑矿 | 锑 吨 | 95035. 44 | – | – |
| 贵重金属矿产 | 19 | 铂族金属 | 金属 千克 | 2052. 62 | – | – |
| | 20 | 金矿 | 金 千克 | 688858. 5 | 29450. 4 | 4. 47 |
| | 21 | 银矿 | 银 吨 | 48817. 28 | 4123. 53 | 9. 23 |
| 稀有稀土及分散元素矿产 | 22 | 铌钽矿 | 铌钽铁矿物 吨 | 9331. 28 | – | – |
| | | | | 1936220. 78 | －10538 | －0. 54 |
| | 23 | 铌矿 | $Nb_2O_5$ 吨 | 1871716. 22 | – | – |
| | 24 | 钽矿 | $Ta_2O_5$ 吨 | 21439. 16 | – | – |
| | 25 | 铍矿 | BeO 吨 | 66750. 48 | – | – |
| | 26 | 锂矿 | $Li_2O$ 吨 | 41415. 08 | – | – |
| | 27 | 锆矿 | $ZrO_2$ 吨 | 3718792 | – | – |
| | 28 | 铷矿 | $Rb_2O$ 吨 | 58079. 15 | – | – |
| | 29 | 铯矿 | $Cs_2O$ 吨 | 2882. 41 | – | – |
| | 30 | 稀土矿 | 稀土氧化物 吨 | 150201146. 8 | －646298 | －0. 43 |
| | 31 | 锗矿 | 锗 吨 | 2752. 5 | －82. 09 | －2. 9 |
| | 32 | 镓矿 | 镓 吨 | 3687. 9 | 329. 9 | 9. 82 |
| | 33 | 铟矿 | 铟 吨 | 2192. 84 | 135. 47 | 6. 58 |
| | 34 | 镉矿 | 镉 吨 | 33312. 7 | 3184. 08 | 10. 57 |
| | 35 | 硒矿 | 硒 吨 | 298. 57 | 220. 57 | 282. 78 |
| | 36 | 碲矿 | 碲 吨 | 2. 00 | – | – |

**续表 2 – 2**

| 矿类 | 序号 | 矿产名称 | 单位 | 保有资源储量 | 增减量 | 增减比例(%) |
|---|---|---|---|---|---|---|
| 冶金辅助原料非金属矿产 | 37 | 蓝晶石 | 蓝晶石 吨 | 2809100 | – | – |
| | 38 | 红柱石 | 红柱石 吨 | 490 | – | – |
| | 39 | 普通萤石 | 萤石或 $CaF_2$ 千吨 | 3795.31 | – | – |
| | | | 矿石 千吨 | 23950.18 | –328.24 | –0.16 |
| | 40 | 熔剂用灰岩 | 矿石 千吨 | 471349.5 | –3196.5 | –0.67 |
| | 41 | 冶金用白云岩 | 矿石 千吨 | 186060.43 | –377433.37 | –66.98 |
| | 42 | 冶金用石英岩 | 矿石 千吨 | 52717.45 | 12920.9 | 32.47 |
| | 43 | 冶金用砂岩 | 矿石 千吨 | 88666.7 | – | – |
| | 44 | 铸型用砂岩 | 矿石 千吨 | 8833 | – | – |
| | 45 | 铸型用砂 | 矿石 千吨 | 70330.01 | –151.87 | –0.22 |
| | 46 | 冶金用脉石英 | 矿石 千吨 | 5562.19 | 901.19 | 19.33 |
| | 47 | 耐火黏土 | 矿石 千吨 | 231290 | – | – |
| | 48 | 铁矾土 | 矿石 千吨 | 10626 | – | – |
| 化工原料非金属矿产 | 49 | 硫铁矿 | 矿石 千吨 | 326530.59 | –53064.66 | –13.98 |
| | | | 硫 千吨 | 33777.63 | 2433.48 | 7.76 |
| | 50 | 芒硝 | 矿石 千吨 | 3934578.7 | – | – |
| | | | $Na_2SO_4$ 千吨 | 123851.9 | – | – |
| | 51 | 天然碱 | $Na_2CO_3+NaHCO_3$千吨 | 12096.08 | –889.2 | –6.85 |
| | 52 | 电石用灰岩 | 矿石 千吨 | 762492.7 | –3423.3 | –0.45 |
| | 53 | 制碱用灰岩 | 矿石 千吨 | 1061698.92 | 983324.9 | 1254.66 |
| | 54 | 化工用白云岩 | 矿石 千吨 | 6127 | – | – |
| | 55 | 化肥用蛇纹岩 | 矿石 千吨 | 1092303.49 | 942603.49 | 629.66 |
| | 56 | 泥炭 | 矿石 千吨 | 34103 | – | – |
| | 57 | 盐矿 | NaCl 千吨 | 108285.89 | –1897.8 | –1.72 |
| | 58 | 镁盐 | $MgSO_4$ 千吨 | 118.7 | – | – |
| | 59 | 溴矿 | 溴 吨 | 2491 | – | – |
| | 60 | 砷矿 | 雄(雌)黄矿物 吨 | 23900.4 | –4510 | –15.87 |
| | | | 砷 吨 | 651564.72 | 79836.27 | 13.96 |
| | 61 | 硼矿 | $B_2O_2$ 千吨 | 7.56 | – | – |
| | 62 | 磷矿 | 矿石 千吨 | 289843.01 | – | – |
| | | | $P_2O_5$ 千吨 | 7138.3 | – | – |

**续表 2 -3**

| 矿类 | 序号 | 矿产名称 | 单位 | 保有资源储量 | 增减量 | 增减比例(%) |
|---|---|---|---|---|---|---|
| 建材和其他非金属矿产 | 63 | 石墨 | 晶质石墨 千吨 | 50942.46 | 32656.39 | 178.59 |
| | | | 隐晶质石墨 千吨 | 14131.39 | -28.9 | -0.2 |
| | 64 | 云母 | 工业原料云母 吨 | 10034.32 | - | - |
| | 65 | 长石 | 矿石 千吨 | 47.75 | - | - |
| | 66 | 电气石 | 电气石 千克 | 426000000 | - | - |
| | 67 | 石榴子石 | 矿石 千吨 | 25750 | 19703 | 325.83 |
| | 68 | 蛭石 | 矿石 千吨 | 4371.09 | - | - |
| | 69 | 沸石 | 矿石 千吨 | 211848.36 | 50.3 | 0.02 |
| | 70 | 石膏 | 矿石 千吨 | 3640763.28 | -58.1 | - |
| | 71 | 方解石 | 矿石 千吨 | 2070 | - | - |
| | 72 | 玉石 | 矿石 吨 | 10928 | -166 | -1.5 |
| | 73 | 玛瑙 | 矿石 吨 | 166286 | - | - |
| | 74 | 水泥用灰岩 | 矿石 千吨 | 7564542.27 | 437042.15 | 6.13 |
| | 75 | 制灰用石灰岩 | 矿石 千吨 | 1183 | - | - |
| | 76 | 玻璃用石英岩 | 矿石 千吨 | 6160.82 | - | - |
| | 77 | 玻璃用砂岩 | 矿石 千吨 | 1610 | - | - |
| | 78 | 水泥配料用砂岩 | 矿石 千吨 | 21142.6 | - | - |
| | 79 | 玻璃用砂 | 矿石 千吨 | 76526.67 | -132.9 | 0.17 |
| | 80 | 建筑用砂 | 矿石 千立方米 | 10180 | - | - |
| | 81 | 玻璃用脉石英 | 矿石 千吨 | 205 | - | — |
| | 82 | 硅藻土 | 矿石 千吨 | 13074 | - | - |
| | 83 | 水泥配料用页岩 | 矿石 千吨 | 1686.69 | - | - |
| | 84 | 高岭土 | 矿石 千吨 | 84441.85 | -1884.5 | -2.18 |
| | 85 | 陶瓷土 | 矿石 千吨 | 16904 | - | - |
| | 86 | 膨润土 | 矿石 千吨 | 235852.68 | -36.39 | -0.02 |
| | 87 | 砖瓦用黏土 | 矿石 千立方米 | 49927.14 | - | - |
| | 88 | 水泥配料用黏土 | 矿石 千吨 | 153820.34 | -10.7 | -0.01 |
| | 89 | 建筑用橄榄岩 | 矿石 千立方米 | 2855.7 | - | - |
| | 90 | 饰面用辉石岩 | 矿石 千立方米 | 500 | - | - |
| | 91 | 饰面用玄武岩 | 矿石 千立方米 | 2771.3 | - | - |
| | 92 | 饰面用辉绿岩 | 矿石 千立方米 | 990 | - | - |
| | 93 | 饰面用闪长岩 | 矿石 千立方米 | 553.94 | - | - |
| | 94 | 建筑用花岗岩 | 矿石 千立方米 | 26390 | - | - |
| | 95 | 饰面用花岗岩 | 矿石 千立方米 | 480335.5 | 25722.46 | 5.66 |
| | 96 | 珍珠岩 | 矿石 千吨 | 50577.06 | 19415 | 62.3 |
| | 97 | 饰面用大理岩 | 矿石 千立方米 | 7810 | - | - |
| | 98 | 水泥用大理岩 | 矿石 千吨 | 842077.2 | 195910.65 | 30.32 |
| | 99 | 水泥配料用板岩 | 矿石 千吨 | 78854 | -12642.22 | -13.82 |

3. 大中型矿产地。截至 2015 年底，全区大、中型矿产地共有 678 处。其中，主要矿产大、中型矿产地共有 551 处，其保有资源储量占全区比例均超过 66%，具体详见表 3。

表 3　　2015 年度内蒙古自治区主要矿产大中型矿产地资源储量统计表

| 序号 | 矿产名称 | 单位 | 矿产地数(个) | 保有资源储量 | 占全区比例(%) |
|---|---|---|---|---|---|
| 1 | 煤炭 | 千吨 | 252 | 395987781 | 96.62% |
| 2 | 铁矿 | 矿石 千吨 | 46 | 4326784.2 | 73.58% |
| 3 | 铜矿 | 非伴生矿/铜 吨 | 12 | 6045033.1 | 77.28% |
| 4 | 铅矿 | 铅 吨 | 20 | 10025623 | 70.35% |
| 5 | 锌矿 | 锌 吨 | 29 | 22082598 | 77.95% |
| 6 | 钨矿 | 原生矿/$WO_3$ 吨 | 3 | 255035.58 | 89.43% |
| 7 | 锡矿 | 原生矿/锡 吨 | 2 | 377152.67 | 92.53% |
| 8 | 钼矿 | 钼 吨 | 27 | 4868140.8 | 96,57% |
| 9 | 金矿 | 金 千克 | 36 | 457410.3 | 66.44% |
| 10 | 银矿 | 银 吨 | 15 | 39938.22 | 75.91% |
| 11 | 稀土矿 | 稀土氧化物 吨 | 1 | 150201147 | 100.00% |
| 12 | 普通萤石 | 萤石或 $CaF_3$ 千吨 | 12 | 23002.53 | 96.04% |
| 13 | 硫铁矿 | 矿石 千吨 | 4 | 319239.63 | 97.77% |
| 14 | 芒硝 | 矿石/矿石 千吨 | 7 | 3898661.9 | 99.09% |
| 15 | 天然碱 | $Na_2CO_3+NaHCO_3$ 千吨 | 2 | 9263.08 | 76.58% |
| 16 | 盐矿 | NaCl 千吨 | 2 | 75540.13 | 69.76% |
| 17 | 石墨 | 晶质石墨 千吨 | 18 | 50864.46 | 99.85% |
| 18 | 石膏 | 矿石 千吨 | 7 | 3631314.9 | 99.74% |
| 19 | 水泥用灰岩 | 矿石 千吨 | 39 | 7437357.2 | 98.32% |
| 20 | 高岭土 | 矿石 千吨 | 6 | 83015.6 | 98.31% |
| 21 | 水泥用大理岩 | 矿石 千吨 | 11 | 840701 | 99.84% |

**数据来源**：依据《截至 2015 年底内蒙古自治区矿产资源储量通报》中表 1 与附表 4 整理而得。

4. 居全国位次。内蒙古自治区是全国矿产资源种类较为齐全的省区。据国土资源部《2015 年全国矿产资源储量通报》数据统计，2015 年内蒙古自治区有 85 种矿产的保有资源储量居全国前十位，占全区具有查明资源储量矿产(105 种)的 80.95%；居前三位的矿产有 43 种，占全区具查明资源储量矿产的 40.95%。煤、铅、锌、银、稀土、铌、锆、钌、锗、普通萤石、冶金用砂岩、砷矿、电气石、玛瑙、砖瓦用黏土、建筑用橄榄岩、水泥配料用板岩等 17 种矿产保有资源储量居全国第一位。其中，稀土、玛瑙、建筑用橄榄岩矿产的保有资源储量均占到全国 98% 以上；普通萤石、电气石矿产占到全国 80% 以上，详见表 4 及图 11。

表 4　　2015 年内蒙古自治区各矿产保有资源储量居全国位次及所占比例一览表

| 序号 | 矿产名称 | 位次 | 占全国比例(%) | 序号 | 矿产名称 | 位次 | 占全国比例(%) | 序号 | 矿产名称 | 位次 | 占全国比例(%) |
|---|---|---|---|---|---|---|---|---|---|---|---|
| 1 | 煤炭 | | 26.24 | 36 | 铍矿(氧化铍) | | 11.63 | 71 | 玻璃用砂 | | 2.38 |
| 2 | 铅矿 | | 18.35 | 37 | 铟矿 | | 14.21 | 72 | 硅藻土 | 6 | 2.7 |
| 3 | 锌矿 | | 18.91 | 38 | 镉矿 | | 9.5 | 73 | 饰面用辉绿岩 | | 2.82 |
| 4 | 钌矿(原生矿) | | 53.55 | 39 | 化肥用蛇纹岩 | | 8.4 | 74 | 筑用花岗岩 | | 2.06 |
| 5 | 银矿(非伴生矿) | | 22.39 | 40 | 沸石 | 3 | 8.74 | 75 | 钴矿 | | 6.5 |
| 6 | 铌矿(氧化铌) | | 55.23 | 41 | 膨润土 | | 8.17 | 76 | 锂矿($Li_2O$) | | 1.33 |
| 7 | 锆矿($ZrO_2$) | | 75.88 | 42 | 饰面用花岗岩 | | 14 | 77 | 铯矿 | 7 | 0.73 |
| 8 | 稀土矿(稀土氧化物) | | 98.65 | 43 | 珍珠岩 | | 12.93 | 78 | 镓矿 | | 1.09 |
| 9 | 锗矿 | 1 | 39.76 | 44 | 铬矿 | | 12.81 | 79 | 建筑用砂 | | 2.36 |
| 10 | 普通萤石(矿石) | | 84.43 | 45 | 镁矿(炼镁白云岩) | | 13.45 | 80 | 饰面用闪长岩 | | 1.91 |
| 11 | 冶金用砂岩 | | 28.98 | 46 | 锡矿(原生矿) | | 11.9 | 81 | 锑矿 | 8 | 3.25 |
| 12 | 砷矿(砷) | | 22.12 | 47 | 铂矿(原生矿) | | 5.03 | 82 | 高岭土 | | 3.12 |
| 13 | 电气石 | | 86.45 | 48 | 钯矿(原生矿) | | 13.98 | 83 | 钛矿(钛铁矿) | | 0.15 |
| 14 | 玛瑙 | | 99.95 | 49 | 冶金用脉石英 | | 8.3 | 84 | 钒矿 | 10 | 2.1 |
| 15 | 砖瓦用黏土 | | 25.45 | 50 | 耐火黏土 | 4 | 9.03 | 85 | 钨矿(原生矿) | | 2.58 |
| 16 | 建筑用橄榄岩 | | 100 | 51 | 铁矾土 | | 4.16 | 86 | 硒矿 | | 1.8 |
| 17 | 水泥配料用板岩 | | 77.83 | 52 | 泥炭 | | 9.58 | 87 | 磷矿(矿石) | 11 | 1.26 |
| 18 | 铋矿 | | 12.91 | 53 | 云母 | | 2.17 | 88 | 玉石 | | 0.17 |
| 19 | 钼矿 | | 17.28 | 54 | 石榴子石(矿石) | | 6.64 | 89 | 红柱石 | 12 | 0 |
| 20 | 铑矿(原生矿) | | 29.37 | 55 | 蛭石 | | 12.62 | 90 | 方解石 | | 0.18 |
| 21 | 铌钽矿(铌钽铁矿) | | 24.05 | 56 | 石膏 | | 3.63 | 91 | 锰矿 | | 0.96 |
| 22 | 蓝晶石 | | 22.87 | 57 | 饰面用玄武岩 | | 11.04 | 92 | 碲矿 | 13 | 0.03 |
| 23 | 铸型用砂 | | 7.58 | 58 | 油页岩 | | 2.02 | 93 | 熔剂用灰岩 | | 3.57 |
| 24 | 芒硝(矿石)$NaCO_3$ | | 14.78 | 59 | 铁矿 | | 6.91 | 94 | 陶瓷土 | | 0.92 |
| 25 | 天然碱($NaCO_3$) | 2 | 5.27 | 60 | 铜矿(非伴生矿) | | 7.74 | 95 | 玻璃用脉石英 | 14 | 0.24 |
| 26 | 电石用灰岩 | | 10.84 | 61 | 金矿(岩金) | | 6.36 | 96 | 玻璃用石英岩 | 15 | 0.17 |
| 27 | 制碱用灰岩 | | 27.24 | 62 | 铷矿($Rb_2O$) | 5 | 3.38 | 97 | 盐矿(固体 NaCl) | 16 | 0.01 |
| 32 | 镍矿 | | 10.58 | 63 | 铸型用砂岩 | | 10.75 | 98 | 制灰用石灰岩 | | 0.07 |
| 28 | 镁盐(卤水) | | 1.5 | 64 | 水泥用灰岩 | | 5.9 | 99 | 冶金用白云岩 | 18 | 1.49 |
| 29 | 石墨(晶质石墨) | | 19.26 | 65 | 水泥配料用黏土 | | 6.53 | 100 | 水泥配料用砂岩 | 20 | 0.88 |
| 30 | 饰面用辉石岩 | | 35.45 | 66 | 冶金用石英岩 | | 2.14 | 101 | 水泥配料用页岩 | | 0.14 |
| 31 | 水泥用大理岩 | | 18.06 | 67 | 硫铁矿(矿石) | | 5.56 | 102 | 玻璃用砂岩 | 21 | 0.17 |
| 33 | 铱矿(原生矿) | | 9.4 | 68 | 化工用白云岩 | 6 | 3.29 | 103 | 饰面用大理岩 | 23 | 0.48 |
| 34 | 锇矿(原生矿) | 3 | 6.05 | 69 | 溴矿 | | 0.06 | 104 | 长石 | 24 | 0 |
| 35 | 钽矿(氧化钽) | | 15.36 | 70 | 硼矿(液体) | | 0.03 | 105 | 冰洲石 | — | — |

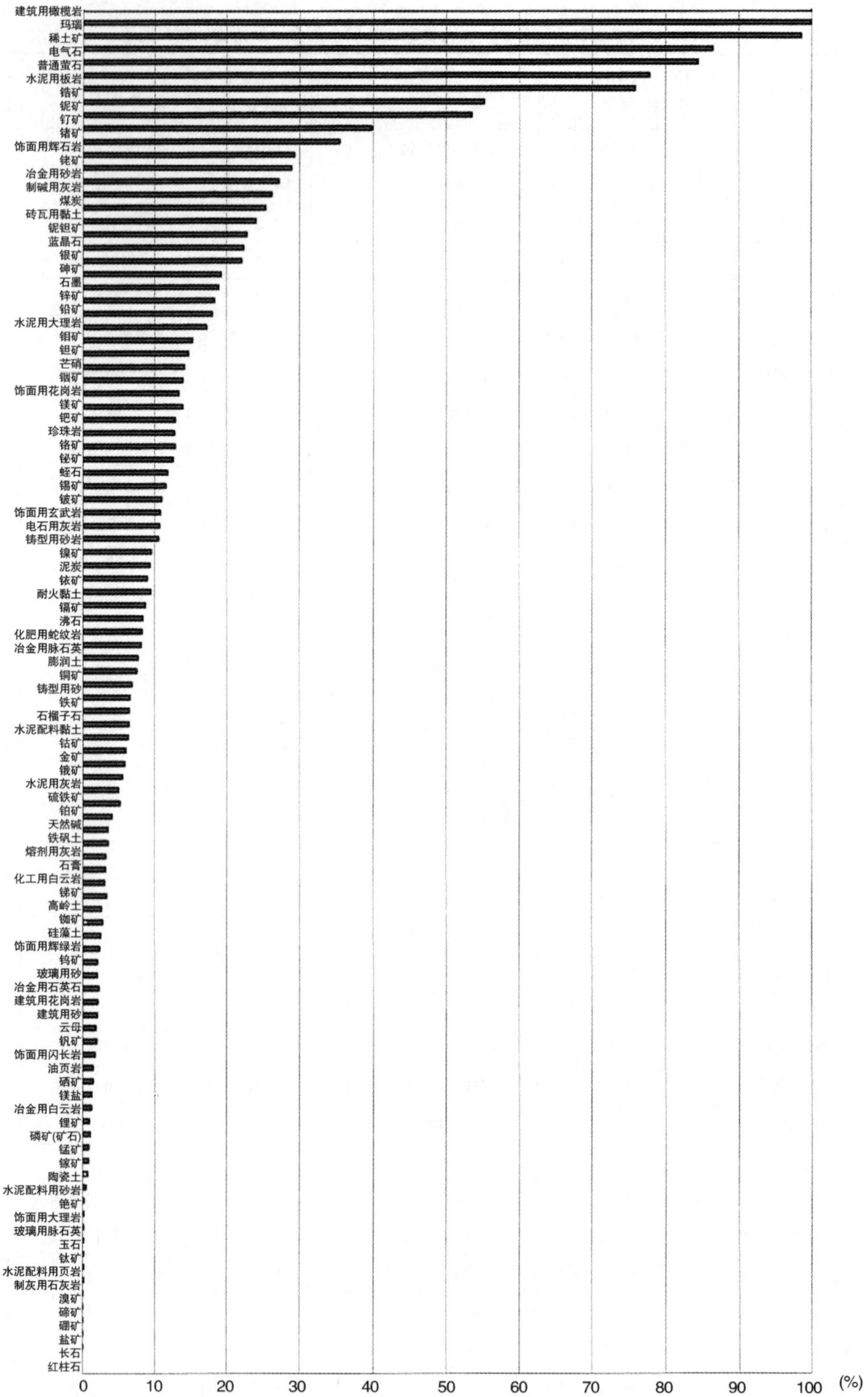


图 11　2015 年内蒙古自治区各矿产保有资源储量占全国比例对比图

【煤炭】 煤炭是自治区最主要的优势矿产资源,保有资源储量占全国的26.24%,居全国第一位。截至2015年底,全区共有煤炭上表单元437个,除了1个锗矿的共生上表单元外,实有煤矿产地436处。2015年,新增煤炭矿产地4处,新增查明资源储量55.42亿吨。

截至2015年底,全区煤炭累计勘查估算资源总量8518.80亿吨,其中查明的资源储量为4220.80亿吨,预测的资源量(334)? 为4298.00亿吨。在查明的资源储量中,基础储量574.30亿吨、资源量3646.50亿吨,基础储量和资源量分别占查明资源储量的13.6%和86.4%。全区煤炭保有资源储量为4110.65亿吨,其中基础储量492.82亿吨、资源量3617.83亿吨,基础储量和资源量分别占全区保有资源储量的12.0%和88.0%。与2014年相比,全区煤炭保有资源储量净增48.27亿吨,增长1.19%。

2015年,全区煤炭勘查新增4处矿产地分别为:呼伦贝尔市新巴尔虎左旗鹤门勘查区煤炭勘探(8.60亿吨)、东乌珠穆沁旗布拉特布敦煤炭预查区(11.44亿吨)、西乌珠穆沁旗巴其北煤炭普查(33.72亿吨)、阿拉善右旗老山头－保家井勘查区(0.59亿吨)。

全区12个盟市均有查明煤炭资源储量分布,但主要集中在鄂尔多斯市、锡林郭勒盟和呼伦贝尔市,三个盟市占全区煤炭保有资源储量的94.1%。其中,鄂尔多斯市主要为东胜煤田、准噶尔煤田,其保有资源储量为2097.87亿吨,占全区的51.0%;锡林郭勒盟主要为胜利煤田、白音华煤田,其保有资源储量为1041.02亿吨,占全区的25.3%;呼伦贝尔市主要有陈巴尔虎煤田、伊敏煤田、大雁煤田等,其保有资源储量727.99亿吨,占全区的17.7%。有关各盟市煤炭保有资源储量情况参见图12。

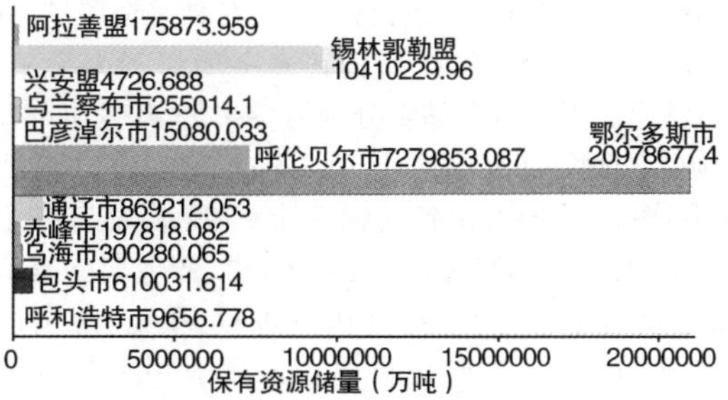


图12 2015年内蒙古自治区各盟市煤炭保有资源储量对比图

2015年,自治区矿山已占用登记的煤炭保有资源储量842.72亿吨,占全区可利用保有资源储量的20.50%。矿山年度开采消耗上表煤炭资源储量为6.70亿吨,其中开采量为5.88亿吨,损失量为0.82亿吨。

【铁矿】 内蒙古自治区铁矿资源具有潜力,保有资源储量占全国的6.91‰居全国第五位。至2015年,全区共有单一或以铁为主的矿产地490处,其中超贫磁铁矿4处,另有共(伴)生铁矿24处,累计查明资源储量65.23亿吨。2015年,新增铁矿产地8处,新增上表单元9个,新增查明资源储量0.16亿吨。

截至2015年底,全区铁矿保有资源储量为58.76亿吨(其中超贫磁铁矿折算为mFe20%工业品位的标矿后,达到一般工业指标品位的铁矿保有资源储量为44.98亿吨),其中基础储量25.20亿吨、资源量33.56亿吨,基础储量和资源量分别占全区保有资源储量的42.9%和57.1%。因勘查新增和开发利用,与2014年相比保有资源储量净减少0.16亿吨,减少了0.3%。

铁矿资源在全区12个盟市均有分布,主要分布在包头市、锡林郭勒盟、巴彦淖尔市和赤峰市,这四个盟市的铁矿保有资源储量占全区保有资源储量的84.5%。其中,包头市有白云鄂博主东矿和西矿两个大型铁铌稀土矿和达茂旗翁公山大型超贫磁铁矿,以及三合明、公义明、黑脑包、高腰海等10个中型铁矿,保有资源储量达23.77亿吨,占全区保有资源储量的40.5%;锡林郭勒盟主要有西乌珠穆沁旗扎布其铜矿超贫磁铁矿、苏尼特右旗温都尔庙白云敖包铁矿、哈尔哈达铁矿、东乌珠穆沁旗朝不楞铁多金属矿、查干敖包铁锌矿等5个大中型矿床,铁矿保有资源储量为12.56亿吨,占全区保有资源储量的21.4%;巴彦淖尔市主要有乌拉特前旗东五分子铁矿、书记沟铁矿、赛忽洞铁矿和乌拉特后旗双利铁矿、霍各乞三号矿铁矿等5个中型矿床矿,保有资源储量为7.57亿吨,占全区保有资源储量的12.9‰赤峰市主要有克什克腾旗黄岗中型铁锡矿和宁城县五官营子等4个中型超贫磁铁矿,保有资源储量为5.75亿吨,占全区保有资源储量的9.8%。各盟市铁矿保有资源量有关情况,参见图13。

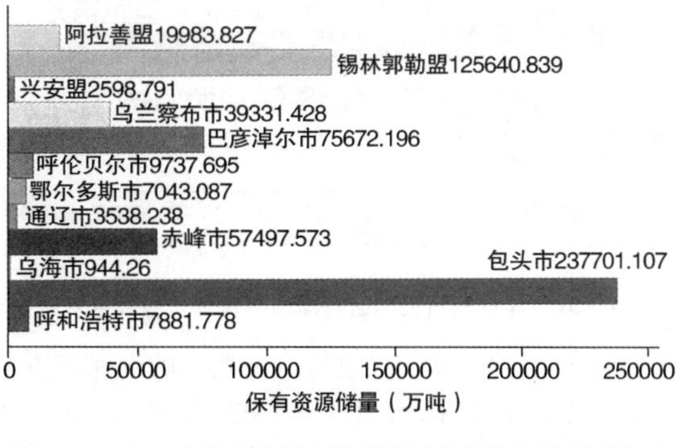


图13 2015年内蒙古自治区各盟市铁保有资源储量对比图

2015年,自治区矿山已进行占用登记的铁矿保有资源储量为31.55亿吨,占全区铁矿保有资源储量的53.70%。矿山年度开采消耗上表的铁矿资源储量3290

万吨,其中开采量为3130万吨,损失量为160万吨。

**【铜矿】** 全区铜矿是潜在优势矿产资源,保有资源储量占全国的7.74%,居全国第五位。至2015年,全区铜矿上表单元为230个,除72个共生上表单元和87个伴生上表单元外,以铜为主矿产的71处,累计查明铜金属资源储量869.47万吨。与2014年相比,新增铜矿产地4处(新增查明铜金属资源储量19.2万吨);新增铜矿上表单元5处,其中单一或以铜为主的矿产地2处,共生铜矿减少1处、伴生铜4处。

截至2015年底,全区铜金属保有资源储量为783.02万吨,其中,基础储量421.23万吨、资源量361.79万吨,基础储量和资源量分别占全区铜金属保有资源储量的53.8%和46.2%。与2014年相比,全区铜金属保有资源储量净增19.24万吨,增长2.52%。

全区铜矿资源主要分布在呼伦贝尔市、赤峰市、巴彦淖尔市、锡林郭勒盟和乌兰察布市,五个盟市铜资源储量合计占全区铜金属保有资源储量的93.6%。其中,呼伦贝尔市(主要有乌努格吐山大型铜钼矿等)铜金属保有资源储量为283.20万吨,占全区的36.2%;赤峰市铜金属保有资源储量为190.39万吨,占全区的24.3%;巴彦淖尔市(主要有霍各乞铜多金属一号大型矿等)铜金属保有资源储量为109.26万吨,占全区的14.0%;锡林郭勒盟(主要有道伦达坝中型铜多金属矿等)铜金属保有资源储量为107.74万吨,占全区的13.8%;乌兰察布市(主要有白乃庙中型铜矿等)铜金属保有资源储量为42.38万吨,占全区的5.4%。全区各盟市铜金属保有资源储量情况,参见图14。

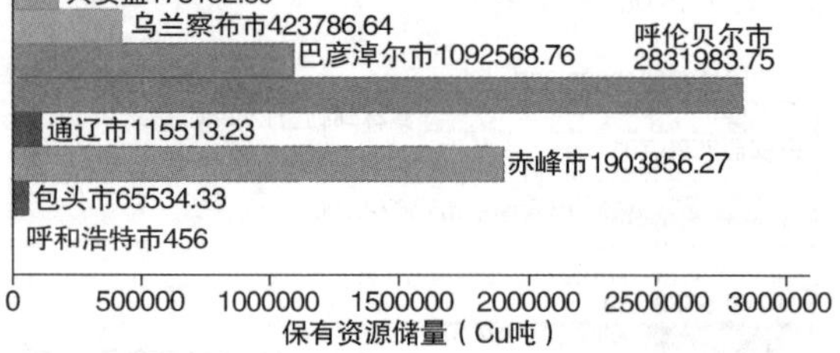


图14 2015年内蒙古自治区各盟市铜保有资源储量对比图

2015年,全区矿山已进行占用登记的铜保有资源储量为628.30万吨,占全区总量的80.24%。矿山年度开采消耗上表铜资源储量为7.74万吨,其中开采量7.27万吨,损失量0.47万吨。

**【铅锌矿】** 铅、锌矿产是内蒙古自治区的优势矿产资源,保有资源储量分别占全国的18.35%和18.91%,均居全国第一位。至2015年,全区上表单元铅228个、锌上表单元240个。其中,铅矿产地(铅为主矿产或单一矿产)的上表单元74个、锌矿产地(锌为主矿产或单一矿产)上表单元91个,共生上表单元铅131个、锌128个,伴生上表单元铅23个、锌21个。累计查明铅金属资源储量1571.28万吨、锌金属3214.77万吨。与2014年相比,新增铅上表单元10个,新增查明铅金属资源储量27.60万吨;新增锌上表单元10个,新增查明锌金属资源储量80.06万吨。

截至2015底,全区保有铅金属资源储量1425.10万吨、锌金属资源储量2833.06万吨。其中,铅金属基础储量593.16万吨、锌金属基础储量1248.52万吨,均占全区保有资源储量的41.6%和44.1%,铅金属资源量831.94万吨、锌金属资源量1584.54万吨,均占全区保有资源储量的58.4%和55.9%。与2014年度相比,净增保有资源储量:铅金属27.60万吨、锌金属80.06万吨,分别增长1.98%和2.91%。

2015年,全区铅矿勘查新增查明资源储量的主要矿区有:新巴尔虎右旗哈拉胜格拉陶勒盖矿区铅锌银矿(18.26万吨);阿巴嘎旗高尔旗矿区银铅锌多金属矿(14.33万吨);巴林左旗李仁屯南山铅锌矿(7.35万吨)。全区锌矿勘查新增查明资源储量的主要矿区有:巴林左旗李仁屯南山铅锌矿(7.93万吨);鄂伦春自治旗上坑锅铅锌矿(19.09万吨);鄂伦春自治旗新福村北矿区锌铁矿(32.13万吨);新巴尔虎右旗哈拉胜格拉陶勒盖矿区铅锌银矿(7.28万吨);阿巴嘎旗高尔旗矿区银铅锌多金属矿(13.78万吨)。

全区铅锌矿产资源主要分布在赤峰市、巴彦淖尔市、呼伦贝尔市、锡林郭勒盟,四个盟市合计铅、锌金属保有资源储量分别占全区的88.0%和91.7%。其中,赤峰市主要有白音诺尔铅锌矿、浩布高多金属矿、拜仁达坝锌多金属矿、维拉斯托锌多金属矿等大型矿床,铅、锌金属保有资源储量分别为544.53万吨和886.40万吨,占全区的38.2%和31.3%;巴彦淖尔市主要有东升庙多金属矿、霍各气铜多金属矿、炭窑口多金属矿、甲生盘铅锌硫矿等大型矿床,铅、锌金属保有资源储量分别为238.10万吨和840.47万吨,占全区的16.7%和29.7%;呼伦贝尔市主要有甲乌拉银铅锌矿、三河铅锌矿等大中型矿床,铅、锌金属保有资源储量分别为261.90万吨和424.14万吨,占全区的18.4%和15.0%;锡林郭勒盟主要有花敖包特矿区银铅锌矿、阿尔哈达铅锌矿等中型矿床,铅、锌金属保有资源储量分别为209.50万吨和445.77万吨,分别占全区的14.7%和15.7%。铅、锌各盟市保有资源储量有关情况,参见图15。

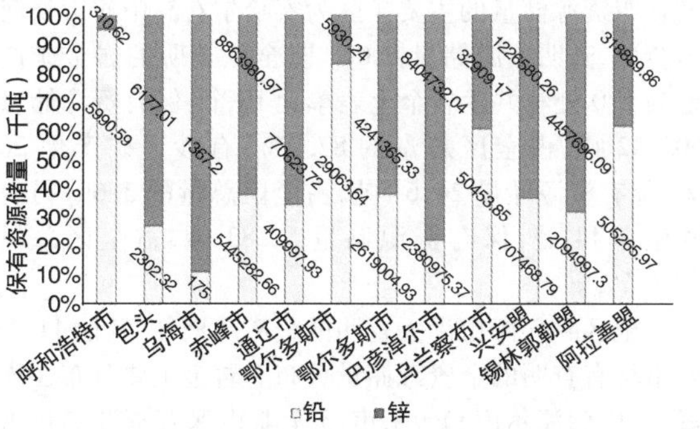


图 15　2015 年内蒙古自治区各盟市铅锌保有资源储量对比图

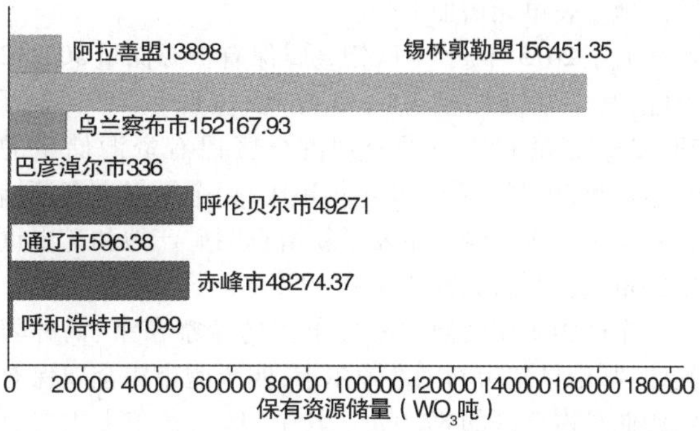


图 16　2015 年内蒙古自治区各盟市钨保有资源储量对比图

2015 年,全区矿山已进行占用登记的保有资源储量分别为铅 1098.18 万吨、锌 2193.50 万吨,分别占全区的 77.06% 和 77.43%。矿山年度开采消耗的上表铅资源储量为 15.36 万吨,其中开采量 13.61 万吨、损失量 1.75 万吨;开采消耗的上表锌资源储量为 50.94 万吨,其中开采量 45.44 万吨,损失量 5.50 万吨。

**【钨矿】** 全区钨金属保有资源储量占全国的 2.58%,居全国第十位。截至 2015 年底,全区共有单一或以钨为主矿产的矿产地 13 处,并有共生钨矿 1 处和伴生钨 11 处,累计查明钨金属资源储量 30.16 万吨。新增钨矿产地 1 处,新增上表单元 2 个,新增查明钨金属资源储量 0.75 万吨。

截至 2015 年底,全区钨金属保有资源储量 28.52 万吨。其中,保有基础储量 10.27 万吨、资源量 18.25 万吨,基础储量和资源量分别占全区保有资源储量的 36.0% 和 64.0%。与 2014 年相比,全区钨金属保有资源储量净增 0.75 万吨(新增查明矿产地),增加了 2.71%。新增查明资源储量的主要矿区为太仆寺旗千斤沟矿区Ⅱ矿段锡钨多金属矿,查明钨金属资源储量 0.64 万吨。

全区钨矿资源主要分布在锡林郭勒盟、呼伦贝尔市和赤峰市,三个盟市保有资源储量占全区的 89.1%。其中,锡林郭勒盟主要有沙麦钨矿、白石头洼钨矿、道伦达坝多金属矿等大中矿床,保有资源储量为 15.65 万吨,占全区的 54.9%;呼伦贝尔市主要有红花尔基钼钨中型矿床,保有资源储量为 4.93 万吨,占全区的 17.3%;赤峰市主要有黄岗铁锡共伴生钨中型矿床,保有资源储量为 4.83 万吨,占全区的 16.9%。各盟市钨保有资源储量情况,参见图 16。

2015 年,全区矿山已进行占用登记的钨矿保有资源储量为 8.97 万吨,占全区总量的 31.46%。矿山年度开采消耗上表钨矿资源储量为 945.11 吨,其中开采量 836.51 吨,损失量 108.60 吨。

**【锡矿】** 锡矿是内蒙古自治区比较优势的矿产资源,全区锡金属保有资源储量占全国的 11.90%,居全国第四位。至 2015 年,全区共有单一或以锡为主的矿产地 4 处,并有共生锡矿 16 处、伴生锡 7 处,累计查明锡金属资源储量 48.25 万吨。

截至 2015 年底,全区锡金属保有资源储量 40.76 万吨。其中,基础储量 29.62 万吨、资源量 11.14 万吨,基础储量和资源量分别占全区保有资源储量的 72.7% 和 27.3%。与 2014 年相比,保有资源储量年度增加 2.24 万吨,增加了 5.81%。

全区已查明的锡矿资源仅分布在赤峰市和锡林郭勒盟,但主要集中在赤峰市(主要有大型黄岗铁锡矿等),其保有资源储量达 33.05 万吨,占全区的 81.1%;其次锡林郭勒盟(主要有毛登锡矿等)保有资源储量为 7.71 万吨,仅占全区的 18.9%。各盟市锡保有资源储量情况,参见图 17。

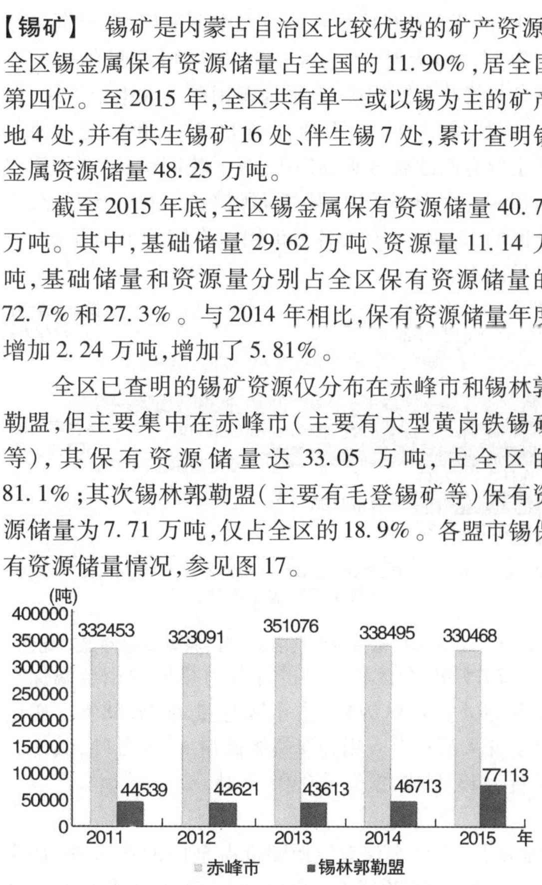


图 17　2011～2015 年内蒙古自治区各盟市锡保有资源储量对比图

**【钼矿】** 全区钼矿近年来找矿已有新的突破,属潜在优势矿产资源。保有钼金属资源储量占全国的 17.28%,居全国第二位。截至 2015 年底,全区共有钼矿上表单元 83 个,其中单一和以钼为主矿产的钼矿产地有 41 处,共生钼上表单元 23 个,伴生钼上表单元 19 个,累计查明资源储量(Mo)511.42 万吨。2015 年钼矿产地上表单元增加1个。

截至2015年底,全区钼金属保有资源储量504.12万吨,其中基础储量306.30万吨、资源量197.82万吨,基础储量和资源量分别占全区保有资源储量的60.8%和39.2%。与2014年相比,钼金属保有资源储量减少了1.98万吨(主要是新增查明矿产地和矿山重新储量核实所致),减少了0.39%。

全区钼矿属资源主要分布在乌兰察布市、锡林郭勒盟、呼伦贝尔市和巴彦淖尔市,四个盟市钼金属保有资源储量占全区的89.9%。其中,乌兰察布市主要有曹四天钼矿等大型钼矿床,保有资源储量为150.76万吨,占全区的29.9%。锡林郭勒盟主要有必鲁甘干铜钼矿、准苏吉花矿区铜钼矿等大中型矿床,保有资源储量为147.10万吨,占全区的29.2%;呼伦贝尔市主要有乌奴格吐山铜钼矿、太平沟铜钼矿等大中型矿床,保有资源储量为94.51万吨,占全区的18.8%;巴彦淖尔市主要有西沙德盖矿区钼矿、查干花铜钼矿、查干德尔斯钼矿等大中型矿床,保有资源储量为60.76万吨,占全区的12.0%。有关各盟市钼保有资源储量情况,可参见图18。

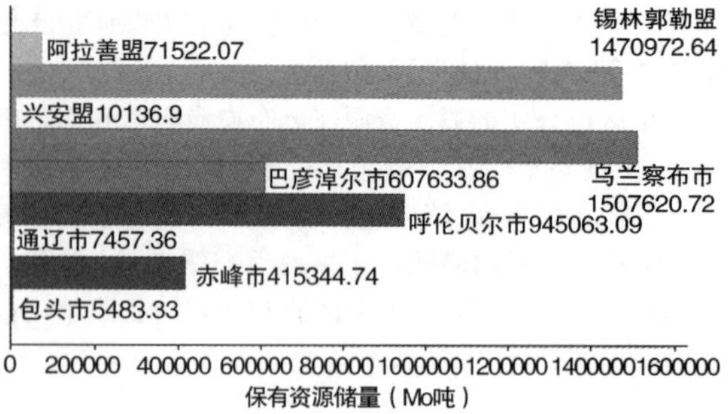


**图18 2015年内蒙古自治区各盟市钼保有资源储量对比图**

2015年,全区矿山已进行占用登记的钼金属保有资源储量174.33万吨,占全区总量的34.58%。矿山年度开采消耗上表钼金属资源储量1.15万吨,其中开采量1.13万吨,损失量0.02万吨。

**【金矿】** 全区金保有资源储量占全国的6.36%,居全国第五位。至2015年,全区金保有资源储量688.86吨。其中,基础储量264.86吨、资源量424.00吨,基础储量和资源量分别占全区保有资源储量的38.4%、61.6%。与2014年相比,保有资源储量净增29.45吨,增长4.47%。

截至2015年底,全区金矿上表单元共259个,其中单一和以金为主矿产的金矿产地196处,共生金上表单元19个,伴生金上表单元44个;全区累计查明的资源储量为927.44吨。2015年,新增金矿产地9处,新增上表单元13个,新增查明资源储量51.28吨。新增查明资源储量的主要矿区为察哈尔右翼中旗大清河岩金矿,查明资源储量8.00吨;全区查明的岩金矿产地为170处和共生岩金上表单元19个,保有资源储量605.42吨,占全区总量的87.9%;有砂金矿产地26处,保有资源储量24.61吨,占全区总量的3.6‰另有伴生金44处,保有资源储量58.83吨,占全区总量的8.5%。

全区除乌海市尚无查明的金矿产地外,其他11个盟市均有查明的金资源储量分布。岩金主要分布在赤峰市、巴彦淖尔市和包头市,3个盟市保有资源储量占全区岩金保有资源储量的81.9%;伴生金主要分布在乌兰察布市、呼伦贝尔市、赤峰市和锡林郭勒盟,四个盟市占全区伴生金保有资源储量的87.6%;砂金主要分布在呼伦贝尔市和巴彦淖尔市,占全区砂金保有资源储量的99.8%。各盟市金保有资源储量情况,参见图19。

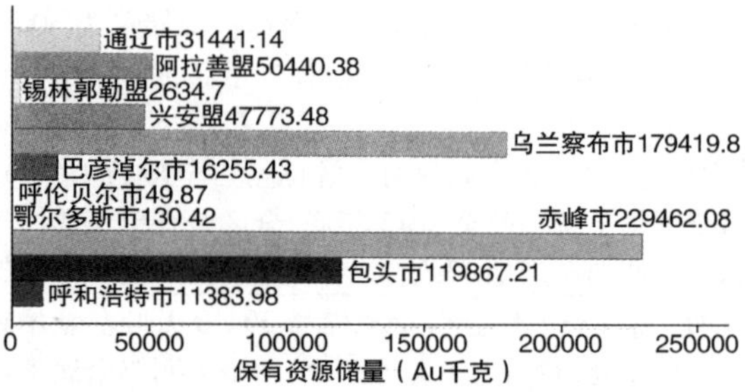


**图19 2015年内蒙古自治区各盟市金保有资源储量对比图**

2015年,全区矿山已进行占用登记的金保有资源储量420.99吨,占全区总量的61.11%。矿山年度开采消耗上表的金资源储量21.22吨,其中开采量20.67吨,损失量0.55吨。

**【银矿】** 银是全区的优势矿产资源,保有资源储量占全国的22.39%,居全国第一位。截至2015年底,全区共有银矿上表单元376个,其中单一和以银为主矿产的银矿产地42处、共生银上表单元95个、伴生银上表单元239个;累计查明银矿资源储量(Ag)55344吨。2015年,新增银矿产地14处,新增上表单元26个,新增查明资源储量(Ag)4692吨。

截至2015年底,全区银金属保有资源储量48817吨。其中,保有基础储量12564吨、资源量36253吨,基础储量和资源量分别占全区保有资源总量的25.7%和74.3%。与2014年相比,全区银金属保有资源储量增加4123.53吨,增加了9.23%。

2015年,新增查明资源储量的主要矿区有:新巴尔虎右旗哈拉胜格拉陶勒盖矿区铅锌银矿(825吨);阿巴嘎旗高尔旗矿区银铅锌多金属矿(442吨);锡林浩特市扎拉格阿木矿区铜矿(313 吨)。

全区除鄂尔多斯市之外,其他 11 个盟市均有查明的银矿资源储量分布。其中,赤峰市、锡林郭勒盟和呼伦贝尔市三个盟市的银金属保有资源储量占全区总量的 85.3%。赤峰市主要有拜仁达坝大型银多金属矿、白音诺尔铅锌共生银矿等,占全区总量的 40.6%;锡林郭勒盟主要有花敖包特银铅锌矿和吉林宝力格银矿等,占全区总量的 26.6%;呼伦贝尔市主要有额仁陶勒盖银矿、查干布拉根银铅锌矿等,占全区总量的 18.2%。各盟市银保有资源储量情况,参见图 20。

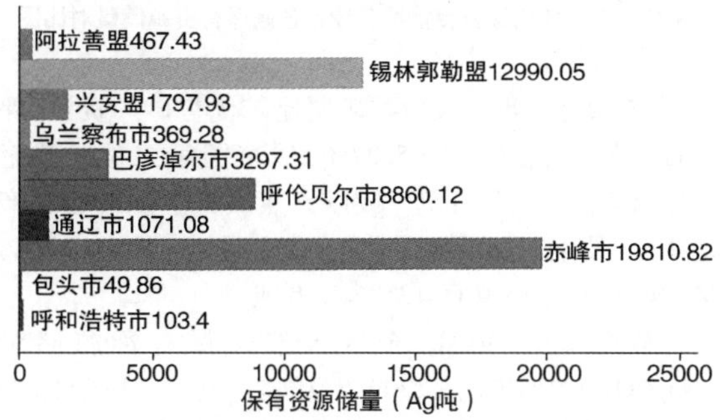


图 20　2015 年内蒙古自治区各盟市银矿保有资源储量对比图

2015 年,全区矿山已进行占用登记的银金属保有资源储量为 35759 吨,占全区总量的 73.25%。矿山年度开采消耗上表的银金属资源储量为 565.36 吨,其中开采量 523.65 吨,损失量 41.71 吨。

**【稀土矿】**　稀土是全区极优势矿产资源,保有资源储量占全国的 98.65%,居全国第一位。截至 2015 年底,全区共有以稀土为主的矿产地 1 处,上表单元 6 个,共生稀土矿 3 处,伴生稀土 2 处,累计查明稀土氧化物资源储量 17543.64 万吨。

截至 2015 年底,全区保有稀土氧化物资源储量为 15020.11 万吨。其中,基础储量 1353.07 万吨、资源量 13667.04 万吨,基础储量和资源量分别占全区保有资源总量的 9.0% 和 91.0%。与 2014 年相比,因开发利用稀土氧化物保有资源储量净减 64.63 万吨,减少 0.43%。

全区查明的稀土资源仅分布于包头市、通辽市和乌兰察布市。包头有白云鄂博大型铁铌共生稀土矿 2 处,通辽扎鲁特旗有大型主矿产为稀土矿 1 处,两市保有稀土资源储量分别占全区总量的 99.48% 和 0.52%。具体有关情况可参见图 21。

2015 年,全区矿山已进行占用登记的稀土氧化物保有资源储量为 10784.92 万吨,占全区总量的 71.80%。矿山年度开采消耗上表的稀土资源储量为 64.63 万吨,其中开采量 64.08 万吨、损失量 0.55 万吨。

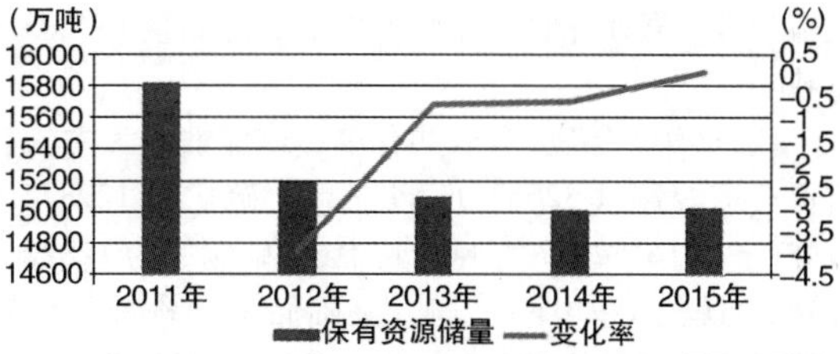


图 21　2011 ~ 2015 年包头市稀土矿保有资源储量对比图

**【普通萤石】**　全区萤石属优势矿产资源,保有资源储量占全国的 84.43%,居全国第一位。截至 2015 年底,全区共有萤石矿产地 29 处,萤石上表单元 29 个,累计查明萤石矿石资源储量 3573.8 万吨。

截至 2015 年底,全区萤石矿石保有资源储量为 3280.40 万吨。其中,基础储量 801.30 万吨、资源量 2479.10 万吨,基础储量和资源量分别占全区保有资源总量的 24.4% 和 75.6%。与 2014 年相比,因开发利用全区萤石矿保有资源储量减少 3.82 万吨。

全区萤石矿产除呼和浩特市、乌海市和鄂尔多斯市目前尚无查明资源外,其他 9 个盟市均有萤石资源分布,且主要分布在乌兰察布市和锡林郭勒盟,二个盟市的萤石矿石矿保有资源储量占全区的 90.7%。乌兰察布市主要有四子王旗苏莫查干敖包萤石矿、北敖包吐萤石矿等大型矿床,保有资源储量占全区的 73.65%;锡林郭勒盟主要有巴彦敖包萤石矿、斯不格音敖包矿区萤石矿等大型矿床,保有资源储量占全区总量的 17.05%。各盟市有关情况参见图 22。

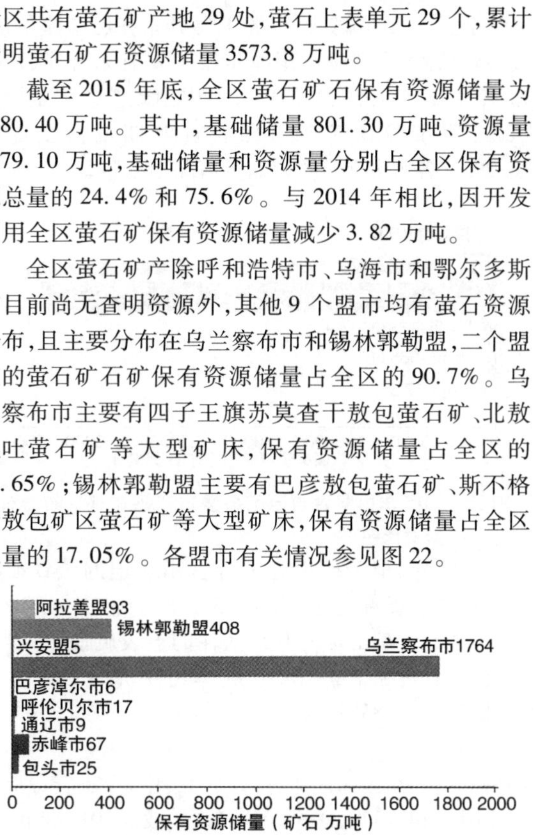


图 22　2015 年内蒙古自治区各盟市萤石矿保有资源储量对比图

2015 年,全区矿山已进行占用登记的萤石矿石保有资源储量为 3601.4 万吨,占全区总量的 94.89%。年度矿山开采消耗上表萤石矿石资源储量为 4.03 万吨,其中开采量 3.62 万吨,损失量 0.41 万吨。

**【硫铁矿】**　全区共有单一或硫铁矿为主的矿石保有资源储量占全国的 5.56%,居全国第六位。截至 2015 年底,全区共有单一或以硫铁矿为主的矿产地 8 处,共生硫铁矿 7 处,硫铁矿上表单元 66 个,比 2014 年增加 4 个,累计查明硫铁矿石资源储量为 36507.2 万吨;伴生硫51处,累计查明的伴生硫矿石资源储量130205.1万吨。

截至2015年底,全区共有单一或硫铁矿为主的矿石保有资源储量32653.1万吨,伴生硫矿石129874.6万吨,合计162527.7万吨。其中,基础储量为12822.7万吨、资源量149705.0万吨,基础储量和资源量分别占保有资源储量的7.9%和92.1%。与2014年相比,硫铁矿矿石保有资源储量净减5306.5万吨(主要是矿山重新储量核实和开采消耗所致),减少13.98%;伴生硫矿石保有资源储量净增5950.3万吨(主要是新增查明矿产地和矿山重新储量核实所致),增长4.8%。

全区查明的硫铁矿资源主要分布在巴彦淖尔市、锡林郭勒盟,特别是巴彦淖尔市主要有东升庙、炭窑口、甲生盘、山片沟、对门山等大中型硫铁矿多金属矿区,二盟市硫铁矿矿石保有资源储量占全区的86.3%。各盟市保有资源储量情况参见图23。

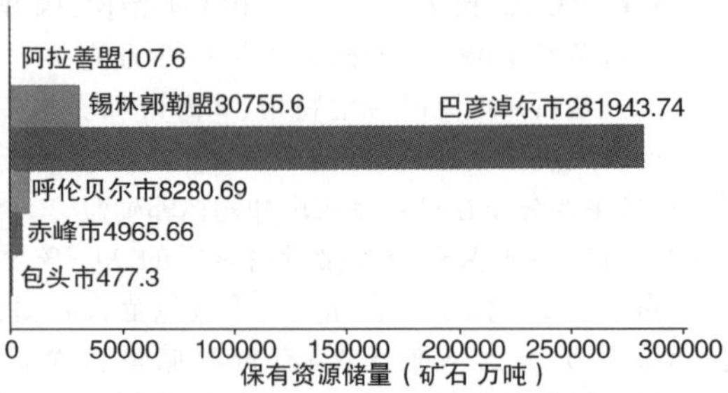


图23 2015年内蒙古自治区各盟市硫铁矿保有资源储量对比图

2015年,全区矿山已进行占用登记的硫铁矿石(含伴生硫)保有资源储量63357.78万吨,占全区总量的38.98%。矿山年度开采消耗的上表硫铁矿(含伴生硫)矿石资源储量623.08吨,其中开采量530.23千吨,损失量92.85千吨。

**【芒硝矿】** 全区芒硝矿分布较为集中,保有资源储量占全国的14.78%,居全国第二位。截至2015年底,全区共有芒硝主矿产地17处,共生芒硝矿5处,上表单元22个,累计查明芒硝矿石资源储量434486.8万吨。

截至2015年底,全区芒硝矿石保有资源储量431000.7万吨(其中按芒硝矿石统计的保有资源储量为393457.9万吨,按$Na_2SO_4$统计的矿石保有资源储量为37542.8万吨)。其中,保有基础储量129543.9万吨、资源量301456.8万吨,基础储量和资源量分别占全区保有资源总量的30.1%和69.9%。

全区芒硝矿资源分布在包头市、鄂尔多斯市、呼伦贝尔市、锡林郭勒盟和阿拉善盟,但集中分布在鄂尔多斯市,主要有达拉特旗芒硝矿、德胜太芒硝矿、盐海子芒硝矿等大中型矿床,其保有资源储量占全区总量的96.3%。按$Na_2SO_4$统计的芒硝矿主要集中在包头市,尚处于未利用状态。各盟市保有资源储量情况参见图24。

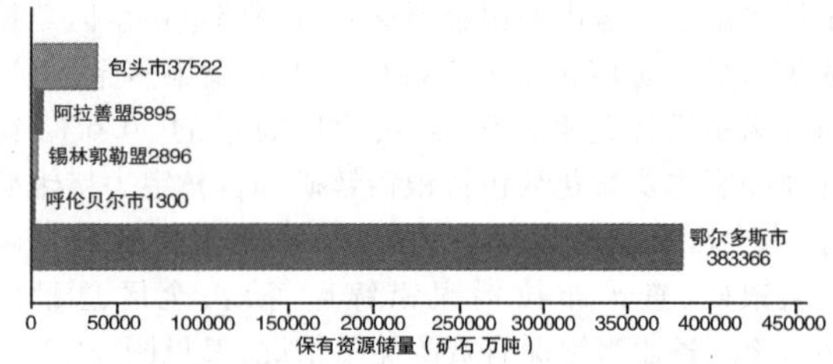


图24 2015年内蒙古自治区各盟市芒硝保有资源储量对比图

**【天然碱矿】** 我区天然碱矿属比较优势矿产资源,保有资源储量占全国的5.27%,居全国第二位。截至2015年底,全区共有单一或以天然碱为主矿产的矿产地9处,共生天然碱矿1处,累计查明的天然碱资源储量($Na_2CO_3+NaHCO_3$)3126.2万吨。

截至2015年底,全区天然碱保有资源储量($Na_2CO_3+NaHCO_3$)1209.6万吨。其中,基础储量950.8万吨、资源量258.8万吨,基础储量和资源量分别占全区保有资源储量的78.6%、21.4%。与2014年度相比,天然碱保有资源储量净减88.9万吨(主要是矿山重新储量核实和开采消耗所致),减少6.85%。

全区查明的天然碱资源仅分布在鄂尔多斯市、锡林郭勒盟和呼伦贝尔市,且鄂尔多斯市集中分布了全区88.7%的天然碱资源储量。各盟市保有天然碱资源储量情况,参见图25。

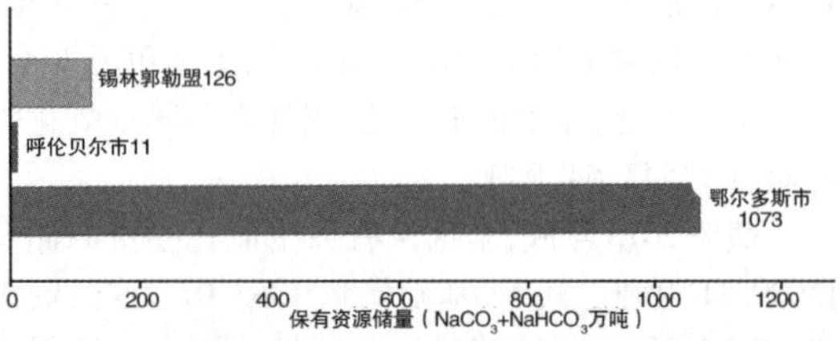


图25 2015年内蒙古自治区各盟市天然碱保有资源储量对比图

2015年,全区矿山已进行占用登记的天然碱矿保有资源储量($Na_2CO_3+NaHCO_3$)为1147.10万吨,占全区总量的94.83%。2015年,矿山年度开采消耗的上表天然碱资源储量为88.92万吨,其中开采量80.81万吨,损失量8.11万吨。

**【盐矿】** 全区查明的盐矿资源均为小型池盐矿,保有资源储量仅占全国的0.01%,居全国第十六位,但岩盐找矿具有较大潜力。至2015年,全区共有以盐为主矿产的矿产地5处,共生盐矿3处,累计查明盐矿资源储量(NaCl)17518.1万吨。

截至2015年底，全区盐矿保有资源储量（NaCl）10828.6万吨。其中，保有基础储量9732.6万吨、资源量1096.0万吨，基础储量和资源量分别占全区保有资源储量的90.0%和10.0%。与2014年度相比，盐矿保有资源储量净减189.8万吨（主要是矿山重新储量核实和开采消耗所致），减少1.72%。

目前全区查明的盐矿产地仅分布在阿拉善盟、鄂尔多斯市和锡林郭勒盟，其中阿拉善盟查明有吉兰太盐矿、雅布赖盐矿等，保有资源储量占全区总量的77.1%。各盟市保有资源储量情况，参见图26。

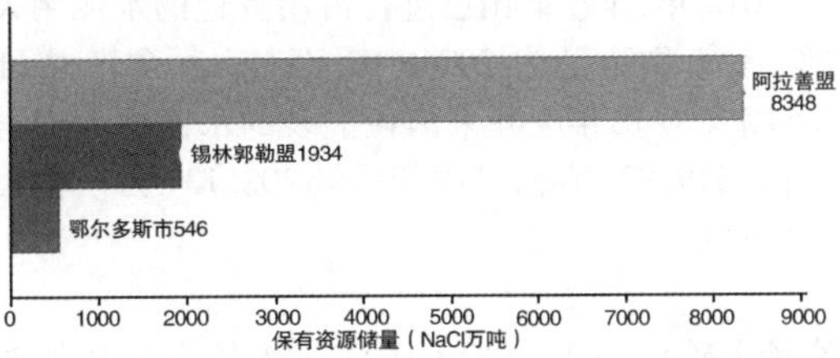


图26　2015年内蒙古自治区各盟市盐保有资源储量对比图

2015年，全区各盐矿已全部开发利用，保有资源储量（NaCl）全部进行了矿山占用登记。矿山年度开采消耗上表的盐矿矿石资源储量191.08万吨，其中开采量185.3万吨，损失量5.78万吨。

【石墨矿】　全区石墨矿属于优势矿产资源，保有资源储量占全国的19.26%，居全国第二位。截至2015年底，全区共有石墨上表单元（矿产地）20处，其中晶质石墨矿产地17处，隐晶质石墨矿产地3处，新增矿产地6处。累计查明资源储量为：晶质石墨5187.2万吨、隐晶质石墨1449.8万吨。

截至2015年底，全区晶质石墨保有资源储量5094.2万吨，其中基础储量2343.8万吨、资源量2750.4万吨，基础储量和资源量分别占全区晶质石墨保有资源储量的46.0%和54.0%。隐晶质石墨保有资源储量为1413.14万吨，其中基础储量114.68万吨、资源量1298.46万吨，基础储量和资源量分别占全区隐晶质石墨保有资源储量的8.12%和91.88%。与2014年相比，晶质石墨保有资源储量净增3265.64万吨（主要是新增查明矿产地所致），增加178.59%。

2015年，勘查新增查明资源储量的主要矿区为乌拉特中旗大乌淀矿区晶质石墨矿（1535.5万吨）；乌拉特中旗哈达图矿区晶质石墨矿（252.5万吨）；阿拉善左旗查汗木胡鲁晶质石墨矿区（702.9万吨）；阿拉善左旗石驼山．新工地矿区晶质石墨矿（712.4万吨）。

全区晶质石墨资源分布在呼和浩特市、包头市、鄂尔多斯市、乌兰察布市、巴彦淖尔市和阿拉善盟，而隐晶质石墨仅分布于通辽市。其中晶质石墨主要集中分布在阿拉善盟和巴彦淖尔市，保有晶质石墨资源储量为4596.08万吨，占全区的90.2%。隐晶质石墨仅分布在通辽市扎鲁特旗，各盟市保有石墨资源储量情况，参见图27。

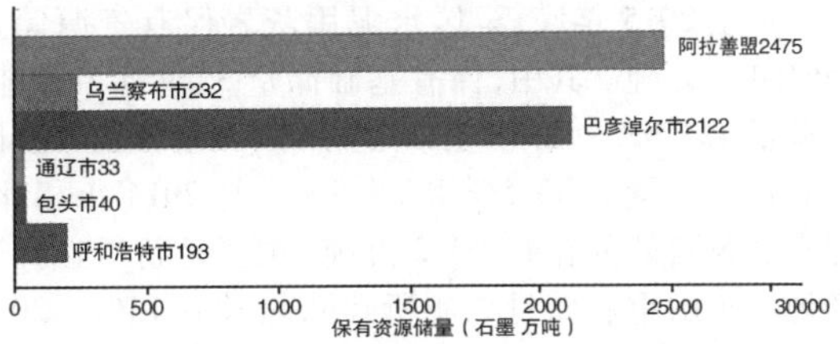


图27　2015年内蒙古自治区各盟市石墨保有资源储量对比图

2015年，全区矿山已进行占用登记的晶质石墨保有资源储量364.56万吨，占全区的7.16%。矿山年度开采消耗上表的晶质石墨矿资源储量5.01万吨，其中开采量4.64万吨，损失量0.37万吨。

【石膏矿】　全区石膏矿分布较集中，属比较优势矿产资源，保有资源储量占全国的3.6396，居全国第四位。至2015年，全区共有石膏矿产地9处，累计查明资源储量364913.8万吨。

截至2015年底，全区石膏保有资源储量364076.3万吨。其中，保有基础储量21655.7万吨、资源量342420.6万吨，基础储量和资源量分别占全区保有资源总量的5.9%和94.1%。与2014年相比，石膏保有资源储量净减5.8万吨（主要是矿山重新储量核实和开采消耗所致）。

全区已查明的石膏矿产地仅分布于鄂尔多斯市、乌兰察布市和阿拉善盟，并集中分布在鄂尔多斯市，主要有苏级石膏矿、代庆召石膏矿等大型矿床，保有资源储量占全区的97.6%。各盟市保有石膏资源储量情况，参见图28。

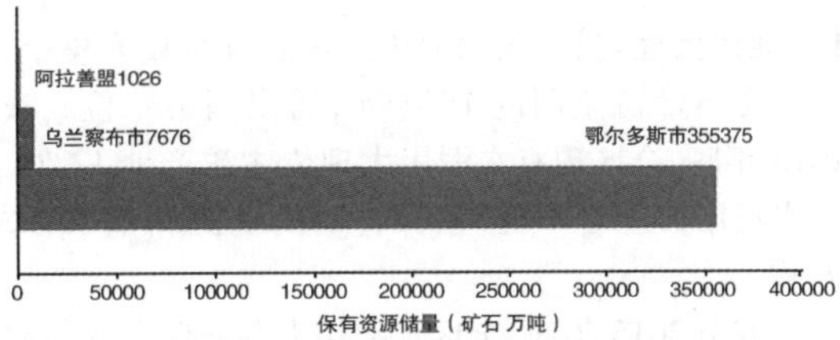


图28　2015年内蒙古自治区各盟市石膏保有资源储量对比图

2015年，全区矿山已进行占用登记的石膏矿保有资源储量10405.63万吨，仅占全区总量的7.16%。矿山年度开采消耗上表的石膏矿石资源储量5.81万吨，其中开采量5.39万吨，损失量0.42万吨。

【水泥用灰岩】　全区水泥用灰岩分布较广并具有潜力，保有资源储量占全国的5.90%，居全国第五位。至2015年，全区共有水泥用灰岩单一主矿产地62处，共生水泥用灰岩8处。累计查明(333)以上资源储量725730.9万吨,(334)?预测的资源量为117974.7万吨。

截至2015年底,全区水泥用灰岩保有资源储量756454.2万吨。其中,保有基础储量328955.3万吨、资源量427498.9万吨,基础储量和资源量分别占全区保有资源储量的43.5%和56.5%。与2014年相比,保有资源储量净增43704.2万吨(主要是新增查明矿产地和矿山重新储量核实所致),增长6.13%。2015年,勘查新增查明资源储量的主要矿区是清水河县杨家窑东山矿区水泥用石灰岩矿(0.77亿吨)。

全区12个盟市均有查明的水泥用灰岩矿产地分布,但主要分布在鄂尔多斯市、乌海市、呼和浩特市和通辽市,其保有资源储量占全区总量的85.9%。各盟市保有资源储量情况,参见图29。

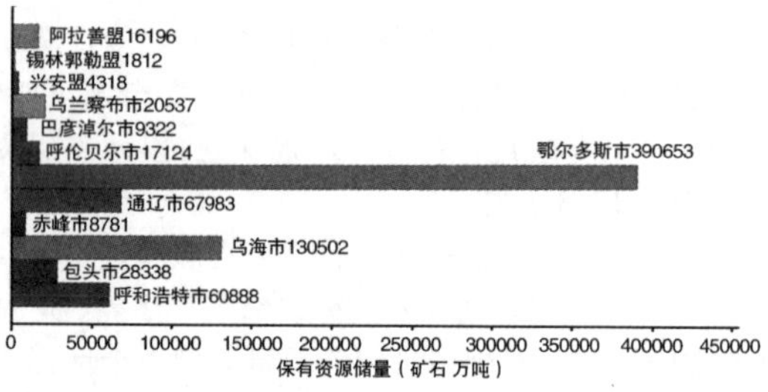


图29 2015年内蒙古自治区各盟市水泥用灰岩保有资源储量对比图

2015年,全区矿山已进行占用登记的水泥用灰岩保有资源储量为176857.31万吨,占全区总量的23.38%。矿山年度开采消耗上表的水泥用灰岩资源储量491.59万吨,其中开采量478.72万吨,损失量12.87万吨。

**【水泥用大理岩】** 区水泥用大理岩分布较为集中,保有资源储量占全国的18.0696,居全国第二位。截至2015年底,全区现有水泥用大理岩主矿产地12处,共生水泥用大理岩1处,累计查明的资源储量93903.9万吨。

截至2015年底,全区水泥用大理岩保有资源储量84207.7,其中基础储量38131.4万吨、资源量46076.3万吨,基础储量和资源量分别占全区保有资源储量的45.3%和54.7%。与2014年相比,保有资源储量净增19591.07万吨(主要是矿山重新储量核实所致),增加30.32%。

全区已查明的水泥用大理岩资源仅分布在呼和浩特市、呼伦贝尔市、赤峰市和乌兰察布市,其中又以呼和浩特市和呼伦贝尔市分布较为集中,两市保有资源储量为76569.2万吨,占全区总量的90.9%。各盟市保有资源储量情况,参见图30。

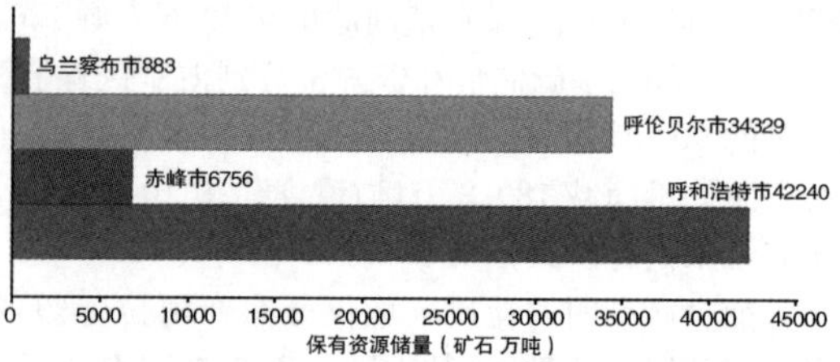


图30 2015年内蒙古自治区各盟市水泥用大理岩保有资源储量对比图

2015年,全区矿山已进行占用登记的水泥用大理岩保有资源储量为20746.02万吨,占全区总量的24.64%。矿山年度开采消耗上表的水泥用大理岩资源储量319.83万吨,其中开采量302.13万吨,损失量17.7万吨。

**【高岭土矿】** 全区高岭土矿具有潜力,保有资源储量占全国的3.12%,居全国第八位。截至2015年底,全区现高岭土主矿产地10处,共生高岭土矿1处,累计查明资源储量846613万吨。

截至2015年底,全区高岭土保有资源储量8444.2万吨。其中,保有基础储量4586.9万吨、资源量3857.3万吨,基础储量和资源量分别占全区保有资源储量的54.3%和45.7%。与2014年相比,保有资源储量净减188.45万吨(主要是矿山重新储量核实和开采消耗所致),减少2.18%。

全区已查明的高岭土矿仅分布在呼和浩特市、鄂尔多斯市、乌海市、赤峰市、通辽市和阿拉善盟,其中以阿拉善盟、呼和浩特市、鄂尔多斯市分布资源最多,保有资源储量为8107.6万吨,占全区总量的96%。各盟市保有资源储量情况,参见图31。

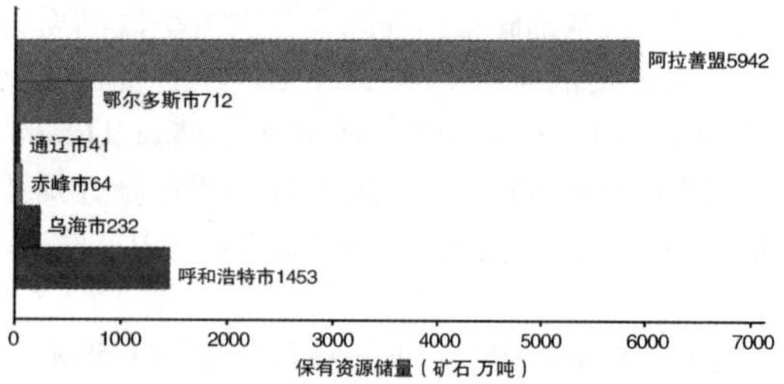


图31 2015年内蒙古自治区各盟市高岭土保有资源储量对比图

2015年,全区矿山已进行占用登记的高岭土矿保有资源储量为1533.38万吨,占全区总量的18.16%。

**【锗矿】** 锗矿是我区优势矿产资源,保有资源储量占全国的39.76%,居全国第一位。截至2015年底,全区共有锗矿矿产地2处,累计查明锗金属资源储量

2952.0 吨。

截至2015年底，全区锗金属保有资源储量2753.0吨。其中，保有基础储量711.0吨、资源量2041.0吨，基础储量和资源量分别占全区保有资源储量的25.1%和74.9%。与2014年相比，保有资源储量较去年减少了83吨，(主要是矿山重新储量核实和开采消耗所致)减少了2.93%。

全区已查明的锗矿主要集中分布在锡林郭勒盟，即胜利煤田乌兰图嘎大型锗矿，并已经全部占用。2015年，矿山年度开采消耗上表的锗金属保有资源储量为82.09吨，其中开采量81.27吨、损失量0.82吨。

## ·地质矿产勘查·

**【概况】** 1. 勘查项目登记。截至2015年底，除石油、天然气、煤层气及放射性等矿产，全区范围内在期地质勘查项目3785个，勘查面积10.45万平方千米，占自治区总面积的8.86%。其中，国土资源部登记勘查项目197个，勘查面积2.33万平方千米，占全区勘查总面积的22.30%，占自治区总面积的1.97%；国土资源厅登记勘查项目3588个，勘查面积8.12万平方千米，占全区勘查总面积的77.70%，占自治区总面积的6.86%。

全区各类矿产勘查项目以有色金属勘查为主，占全区矿产勘查项目总数的48.8%；其次为贵金属矿产项目，占矿产勘查项目总数的22.8%。勘查登记项目工作程度以详查项目为主，占整个在期项目的38.71%；其次为普查项目，占在期项目的24.97%。勘查登记面积主要以有色金属矿产和能源矿产为主，分别占在期项目总勘查面积的40.35%和28.29%。2015年全区各类矿产地质勘查情况，见表1。2015年全区在期各类矿产勘查项目面积对比情况，见图1。2015年全区在期地质矿产勘查项目按勘查程度数量对比情况，见图2。

表1　**2015年内蒙古自治区类矿产地质勘查情况一览表**

| 矿产类型 | 项目总数（个） | 占总矿产勘查项目比例（%） | 工作程度 | | | | 勘查面积（平方千米） |
|---|---|---|---|---|---|---|---|
| | | | 预查 | 普查 | 详查 | 勘探 | |
| 能源矿产 | 295 | 7.79 | 34 | 49 | 40 | 172 | 29548.6 |
| 黑色金属 | 503 | 13.29 | 44 | 105 | 304 | 50 | 7720.15 |
| 有色金属 | 1847 | 48.80 | 266 | 426 | 685 | 470 | 42152.39 |
| 贵金属 | 825 | 21.80 | 114 | 269 | 389 | 163 | 19671.6 |
| 稀有稀土 | 12 | 0.32 | 4 | 2 | 2 | 4 | 346.26 |
| 非金属矿产 | 290 | 7.66 | 18 | 147 | 92 | 33 | 4755.2 |
| 水气矿产 | 13 | 0.34 | 0 | 7 | 3 | 3 | 269.21 |
| 合计 | 3785 | 100 | 480 | 945 | 1465 | 895 | 104463.4 |

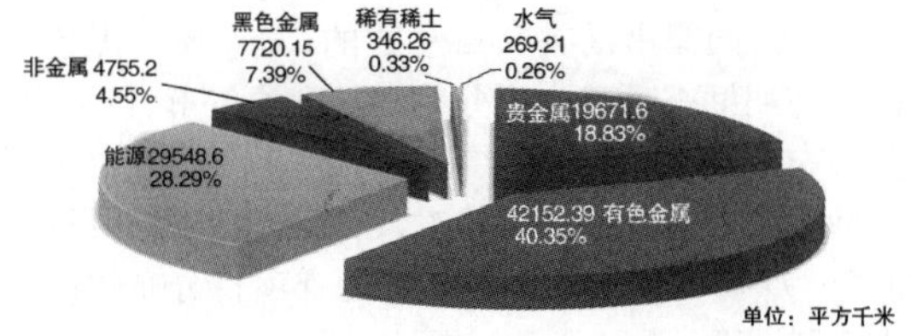


图1　2015年内蒙古自治区在期各类矿产勘查项目面积对比图

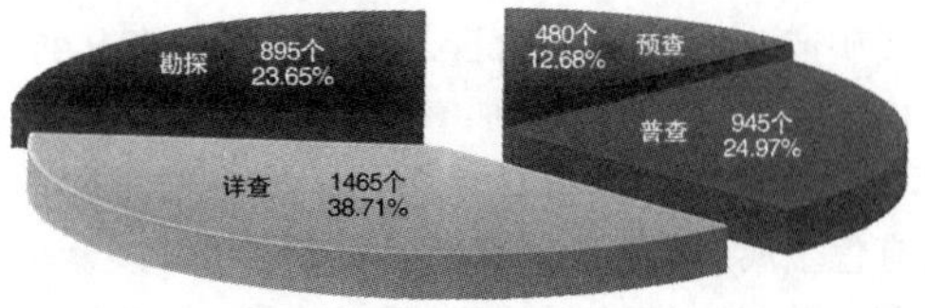


图2　2015年内蒙古自治区在期地质勘查项目按勘查程度数量对比图

由于受经济放缓的大环境影响，近几年我区矿产勘查项目逐年减少。2015年，勘查项目数量比2014年减少268个，勘查面积比2014年减少11.89%。有关近9年来矿产勘查项目及各勘查的对比情况，参见图3。

2015年，自治区国土资源厅登记审批探矿权共计1540个，其中变更申请861个，占当年厅登记探矿权总数的55.91%；延续申请286个，占当年厅登记探矿权总数18.57%；新立申请247个，占当年厅登记探矿权总数16.04%；保留申请104个，注销申请42个。与2014年同期相比，自治区国土资源厅登记的探矿权个数减少了742个，减幅32.52%。2015年自治区国土资源厅登记探矿权情况，见表2。

表 2　　**2015 年内蒙古自治区国土资源厅等级探矿权情况一览表**

| 矿产类型 | 新立(个) | 变更(个) | 延续(个) | 保留(个) | 注销(个) | 合计(个) | 占总勘查项目比例(%) |
|---|---|---|---|---|---|---|---|
| 能源矿产 | 11 | 15 | 11 | 22 | – | 59 | 3. 83 |
| 黑色金属 | 20 | 130 | 22 | 41 | 7 | 220 | 14. 29 |
| 有色金属 | 97 | 481 | 167 | 16 | 21 | 782 | 50. 78 |
| 贵金属 | 77 | 174 | 68 | 13 | 9 | 341 | 22. 14 |
| 稀有稀土 | 3 | 3 | 1 | 1 | – | 8 | 0. 52 |
| 非金属矿产 | 36 | 56 | 17 | 10 | 5 | 124 | 8. 05 |
| 水气矿产 | 3 | 2 | – | 1 | – | 6 | 0. 39 |
| 占总勘查项目比例(%) | 16. 04 | 55. 91 | 18. 57 | 6. 75 | 2. 73 | 100 | – |

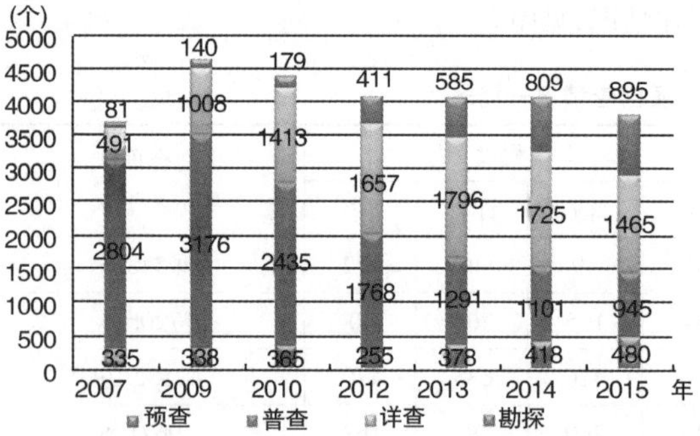


**图 3　2007～2015 年内蒙古自治区矿产勘查项目按勘查阶段数量对比图**

2. *勘查项目种类*。据全区矿产勘查项目年检报告统计,2015 年全区开展矿产地质勘查并形成一定工作量的项目为 3131 个,按矿产种类划分,共涉及 5 类 61 种矿产。其中能源矿产 3 种 125 个项目,黑色金属矿产 4 种 459 个项目,有色金属矿产 9 种 1682 个项目,贵金属矿产 3 种 643 个项目,化工建材及其他非金属矿产 42 种 222 个项目。勘查项目所占比重以有色金属、贵金属和黑色金属矿产最高,分别占全区矿产勘查项目的 48. 8%、22. 8% 和 13. 29%。近年来已实施的全区各类矿产勘查项目对比相关情况,参见图 4。

3. *勘查项目分布*。近年来,内蒙古自治区矿产勘查项目在各盟市的分布很不均衡,与其成矿地质条件关系密切,同时也受矿山的内外部建设条件以及地方经济发展情况等因素制约。

截至 2015 年底,赤峰市有效勘查登记项目数量居全区各盟市之首,其次为呼伦贝尔市和锡林郭勒盟,三盟市在期勘查项目共计 2053 个,占全区在期勘查项目总数的 54. 24%;其中以有色金属、贵金属矿产勘查项

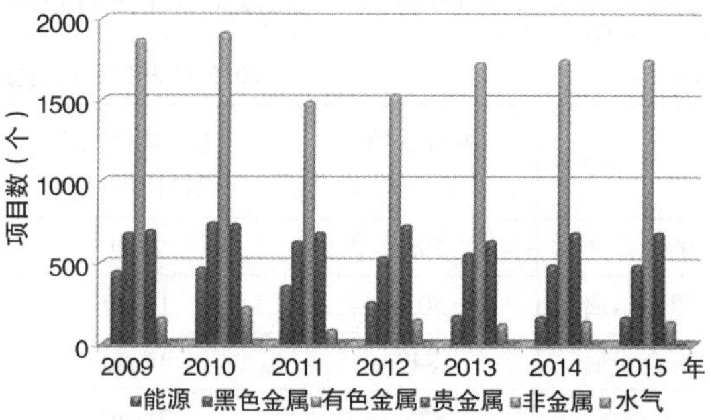


**图 4　2009～2015 年内蒙古自治区矿产勘查分类项目数量对比图**

目为主,占全区有色金属、贵金属矿产勘查项目总数的 65. 46%,占三盟市勘查项目总数的 85. 20%。能源矿产在期勘查项目主要分布在锡林郭勒盟和鄂尔多斯市,共有 143 个,占全区能源矿产勘查项目总数的 48. 47%,占两盟市勘查项目总数的 21. 28%。黑色金属矿产在期勘查项目主要分布在巴彦淖尔市、包头市、乌兰察布市及阿拉善盟,共有 341 个,占全区黑色金属矿产勘查项目总数的 67. 79%,占四盟市勘查项目总数的 26. 77%。2015 年全区矿产勘查项目分布情况详见表 3 和图 5。

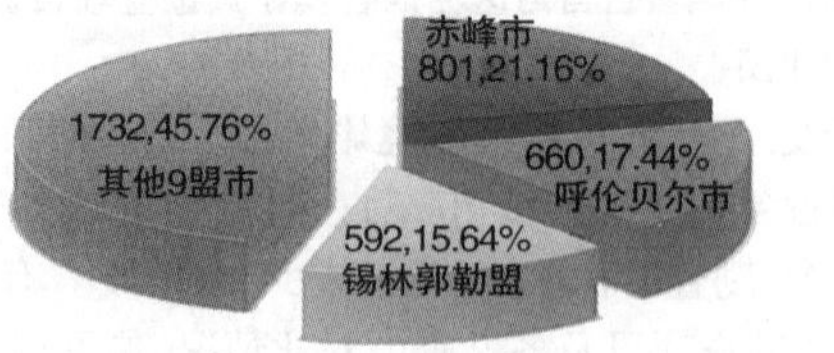


**图 5　2015 年内蒙古自治区矿产勘查项目数量前三位盟市比重对比图**

2015 年全区登记在期勘查项目涉及的主要矿产

有煤、铁、铜、铅、锌及多金属、金、银等，按主要矿种统计全区各盟市分布情况详见表3。煤炭勘查项目主要集中在鄂尔多斯市和锡林郭勒盟；铁矿勘查项目主要集中在包头市、巴彦淖尔市、乌兰察布市和阿拉善盟；铜、铅、锌及多金属矿勘查项目主要集中在赤峰市、呼伦贝尔市和锡林郭勒盟；金矿勘查项目分布比较均匀，除乌海市和鄂尔多斯市以外，其他盟市均有金矿勘查登记项目；银矿勘查项目主要集中在赤峰市、锡林郭勒盟和呼伦贝尔市。2015 年全区主要矿种在期勘查项目分布情况详见表4。

**表3　　2015 年内蒙古自治区各盟市分矿类在期勘查项目一览表**　　单位：个

| 盟(市) | 能源矿产 | 黑色金属 | 有色金属 | 贵金属 | 稀有稀土 | 非金属 | 水气矿产 | 合计 |
|---|---|---|---|---|---|---|---|---|
| 呼和浩特市 | 4 | 30 | 11 | 35 | 1 | 36 | 1 | 118 |
| 包头市 | 5 | 95 | 291 | 56 | – | 26 | – | 211 |
| 呼伦贝尔市 | 44 | 19 | 428 | 161 | 1 | 6 | 1 | 660 |
| 兴安盟 | 4 | 8 | 114 | 28 | 1 | 3 | 2 | 160 |
| 通辽市 | 4 | 3 | 61 | 7 | 2 | 11 | – | 88 |
| 赤峰市 | 15 | 46 | 535 | 173 | 1 | 29 | 2 | 801 |
| 锡林郭勒盟 | 78 | 52 | 325 | 127 | 1 | 6 | 3 | 592 |
| 乌兰察布市 | 18 | 77 | 73 | 74 | 4 | 76 | 1 | 323 |
| 鄂尔多斯市 | 65 | 4 | 1 | – | – | 9 | 1 | 80 |
| 巴彦淖尔市 | 9 | 89 | 110 | 65 | – | 24 | 1 | 298 |
| 乌海市 | 8 | – | 1 | – | – | 3 | – | 12 |
| 阿拉善盟 | 41 | 80 | 159 | 99 | 1 | 61 | 1 | 442 |
| 合计 | 295 | 503 | 1847 | 825 | 12 | 290 | 13 | 3285 |

**表4　　2015 年内蒙古自治区各盟市主要矿种在期勘查项目一览表**　　单位：个

| 盟(市) | 煤 | 铁 | 铜 | 铅锌 | 多金属 | 金 | 银 | 其他 | 合计 |
|---|---|---|---|---|---|---|---|---|---|
| 呼和浩特市 | 4 | 30 | 7 | – | 4 | 33 | 2 | 38 | 118 |
| 包头市 | 1 | 92 | 15 | – | 12 | 52 | 1 | 38 | 211 |
| 呼伦贝尔市 | 36 | 15 | 104 | 179 | 114 | 96 | 65 | 51 | 660 |
| 兴安盟 | 3 | 7 | 37 | 38 | 36 | 6 | 22 | 11 | 160 |
| 通辽市 | 2 | 3 | 31 | 15 | 13 | 2 | 5 | 17 | 88 |
| 赤峰市 | 12 | 45 | 155 | 269 | 89 | 98 | 75 | 58 | 801 |
| 锡林郭勒盟 | 73 | 47 | 123 | 70 | 119 | 61 | 66 | 33 | 592 |
| 乌兰察布市 | 14 | 72 | 30 | 13 | 26 | 63 | 11 | 94 | 323 |
| 鄂尔多斯市 | 76 | 4 | – | – | 1 | – | – | 14 | 95 |
| 巴彦淖尔市 | – | 85 | 52 | 9 | 40 | 60 | 5 | 47 | 298 |
| 乌海市 | 8 | – | – | 1 | – | – | – | 3 | 12 |
| 阿拉善盟 | 28 | 73 | 68 | 5 | 66 | 89 | 6 | 107 | 442 |
| 总计 | 244 | 472 | 622 | 599 | 520 | 560 | 258 | 510 | 3785 |

近9年全区在期地质勘查项目在各盟市分布对比情况见图6。

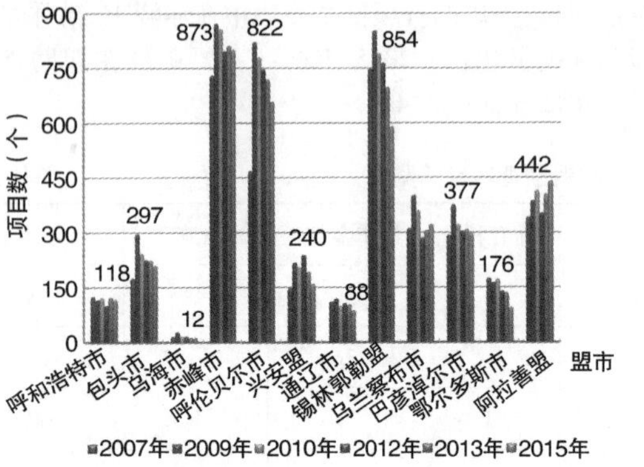


图6 2007～2015年内蒙古自治区在期地质勘查项目各盟市分布对比图

【地质矿产勘查项目实施】 2015年,全区实施非油气各类地质勘查项目共3351项。其中,矿产勘查3131项,基础地质调查102项,水工环地质调查评价118项。实施各类矿产(非油气、放射性矿产)地质勘查项目资金总投入36.8亿元,同比减少24.26%。其中:中央财政投入3.88亿元,同比减少54.26%,主要投向基础地质调查和矿产资源勘查;自治区地方财政投入6.5亿元,同比减少17.62%,主要投向基础地质调查和矿产资源勘查;社会资金投入26.42亿元,同比减少5.52%,主要投向矿产资源勘查。具体情况详见图7和图8。

1. 基础地质调查。2015年,全区实施基础地质调查项目共102项。其中,1:5万区域地质调查项目46项、1:25万区域地质调查项目1项、1:5万矿产地质专项调查项目55项。基础地质调查资金总投入4.62亿元,同比减少28.34%。其中,中央财政投入2.34亿元,同比减少42.17%;地方财政投入2.28亿元,同比

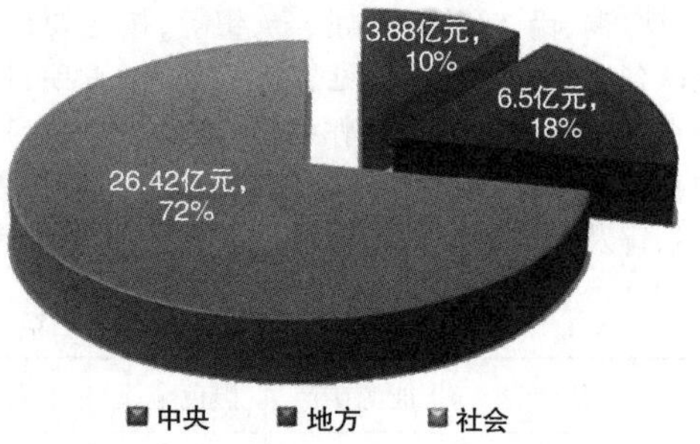


图7 2015年内蒙古自治区地质勘查投入构成饼图

图8 2011～2015年内蒙古自治区各类地质勘查投入对比图

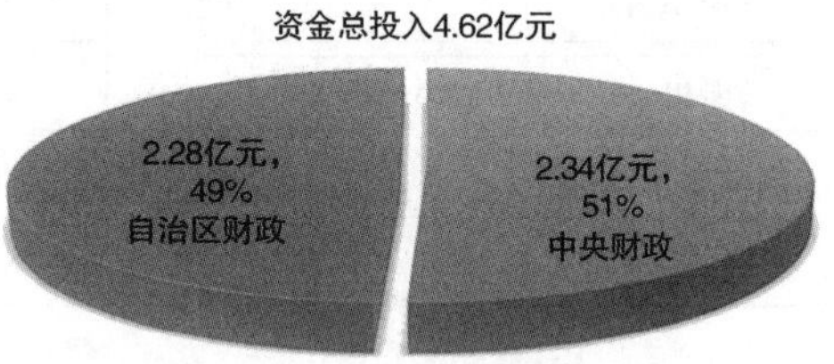


图9 2015年内蒙古自治区基础地质调查资金投入结构图

减少5.06%。资金投入构成情况,见图9。

截至2015年底,全区累计完成基础性地质调查工作量、当年全区实施及完成的地质调查实物工作量,详见表5。

表5 2015年内蒙古自治区基础性地质调查完成情况统计表

| 项目名称 | 累计完成 | | | 2015年实施 | | 2015年完成 | |
|---|---|---|---|---|---|---|---|
| | 图幅数(幅) | 面积($10^4$平方千米) | 覆盖率(%) | 图幅数(幅) | 面积($10^4$平方千米) | 图幅数(幅) | 面积($10^4$平方千米) |
| 一、区域地质调查 | | | | | | | |
| 1:5万 | 801 | 28.62 | 3737 | 35 | 2.73 | 35 | 2.70 |
| 1:20万 | 226 | 104.00 | 8860 | | | | |
| 1:25万 | 73 | 65.34 | 5530 | 5 | 1 | 5 | 1 |
| 二、区域地球物理调查 | | | | | | | |
| (一)区域重力调查 | | | | | | | |

续表 5

| 项目名称 | 累计完成 | | | 2015 年实施 | | 2015 年完成 | |
|---|---|---|---|---|---|---|---|
| | 图幅数（幅） | 面积（$10^4$ 平方千米） | 覆盖率（%） | 图幅数（幅） | 面积（$10^4$ 平方千米） | 图幅数（幅） | 面积（$10^4$ 平方千米） |
| 1:20 万 | 162 | 71.60 | 60.50 | | | | |
| 1:25 万 | 15 | 11.14 | 9.44 | | | | |
| 1:100 万 | 14 | 118.00 | 100.00 | | | | |
| （二）区域磁航调查 | | | | | | | |
| 1:100 万 | 1 | 43.70 | 39.00 | | | | |
| 1:50 万 | 1 | 1.00 | 1.00 | | | | |
| 1:20 万 | 51 | 30.80 | 28.00 | | | | |
| 1:10 万 | 122 | 18.30 | 17.00 | | | | |
| 1:5 万航空物探综合站测量 | | 73.08 | 61.93 | | | | |
| 1:2.5 万 | | 10.20 | 8.60 | | | | |
| 三、区域地球化学调查 | | | | | | | |
| 1:25 万 | 23 | 13.41 | 11.21 | | | | |
| 1:20 万 | 181 | 77.56 | 65.60 | | | | |
| 1:5 万 | 275 | 5.40 | 4.58 | | | | |
| 四、航空遥感地质调查 | | | | | | | |
| 1:5 万遥感地质调查 | 38 | 1.34 | 1.13 | | | | |
| 五、1:5 万区域地质矿产调查 | | | | | | | |
| （一）1:5 万矿产地质专项调查 | 1767 | 61.88 | 57.30 | 187 | 6.08 | | |
| （二）1:5 万矿产地质远景调查 | 11.95 | 41.98 | 35.60 | | | | |

2. *矿产勘查*。①资金投入情况。2015 年，全区非油气、放射性矿产勘查资金总投入为 31.59 亿元，比 2014 年减少 23.05%。其中，中央财政投入 1.44 亿元，比 2014 年减少 65.51%，占全区总投入的 4.56%，主要投向地质矿产调查评价专项、靖洁能源矿产和重要矿产资源前期勘查项目；地方财政投入 3.72 亿元，比 2014 年减少 19.83%，占全区总投入的 11.78%，主要投向是 1:5 万矿产远景调查和煤炭、有色金属、贵金属等重要矿产资源预查普查工作；社会资金投入 26.42 亿元，比 2014 年减少了 5.52%，占全区总投入的 83.66%，主要投向市场需求较大的铁、铜、铅锌、金等矿种的勘查。矿产勘查资金投入结构比例，见图 10。2006～2015 年全区矿产勘查资金投入情况，见图 11。

与 2014 年相比，投向各矿产的勘查资金额度均有不同程度的变化，表现出整体下降，个别矿种有所增加的现象。其中，煤炭、油页岩、地热等能源矿产勘查投入资金 3.78 亿元，占全年总投入的 11.97%，同比减少 67.78%；铁、锰、铬、钛等 4 种黑色金属矿产勘查投入

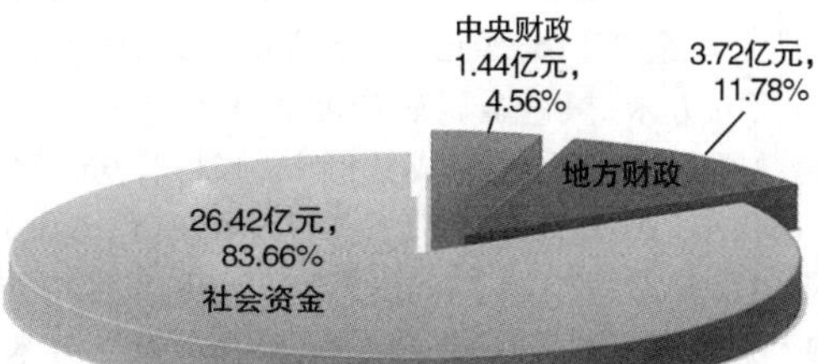


图 10　2015 年内蒙古自治区已实施矿产勘查项目资金投入结构图

资金 3.38 亿元，占全年总投入的 10.70%，同比增加 32.09%；铜、铅锌、镍等 9 种有色金属矿产勘查投入资金 15.85 亿元，占全年总投入的 50.18%，同比减少 11.35%；岩金、砂金、银等 3 种贵金属矿产勘查投入资金 6.76 亿元，占全年总投入的 21.41%，同比减少 10.42%；化工建材及其他非金属 42 种矿产勘查投入资金 1.81 亿元，占全年总投入的 5.75%，同比增加 89.87%。2008～2015 年全区勘查资金在不同矿产类别上的投入情况，见图 12。

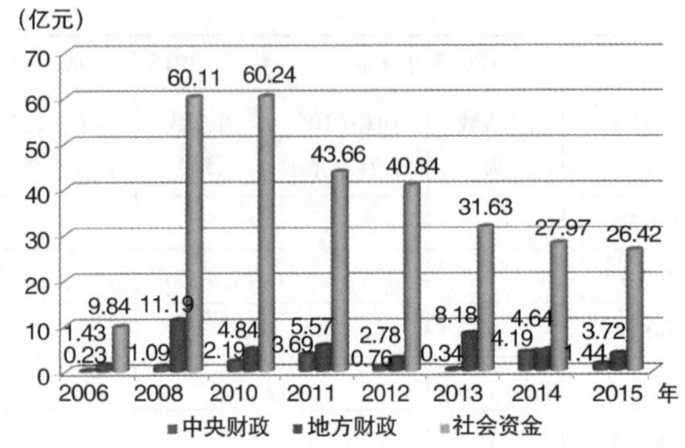


图 11　2006～2015 年内蒙古自治区矿产勘查资金投入情况对比图

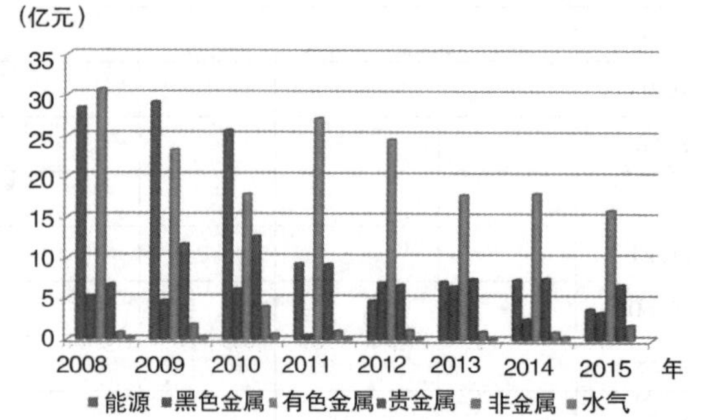


图 12　2008～2015 年内蒙古自治区勘查资金不同矿类投入对比图

②完成工作量。2015 年，全区开展矿产勘查并形成一定工作量 3131 个项目，比 2014 年减少 92 个项目；完成钻探 1842601 米，坑探 42331 米，槽探 117.80 万立方米，浅井 2858 米。其中：能源矿产勘查项目 125 个，投入资金 37816 万元，完成钻探 275470 米、槽探 0.83 万立方米；黑色金属矿产勘查项目 459 个，投入资金总额 33800 万元，完成钻探 153121 米、坑探 9125 米、槽探 42.10 万立方米、浅井 1235 米；有色金属矿产勘查项目 1682 个，投入资金总额 158495 万元，完成钻探 1257425 米、坑探 21551 米、槽探 49.1 万立方米、浅井 1000 米；贵金属矿产勘查项目 643 个，投入资金 67620 万元，完成钻探201548米、坑探11143米、槽探万立方米、浅井 500 米；化工建材及其他非金属矿产勘查项目 222 个，投入资金 18148 万元，完成钻探 50126 米、坑探 512 米、槽探 5 万立方米、浅井 123 米。2009～2015 年全区各类矿产勘查项目数量情况，见图 13。2006～2015 年全区勘查项目数量、钻探实物工作量及勘查投入情况，见图 14。

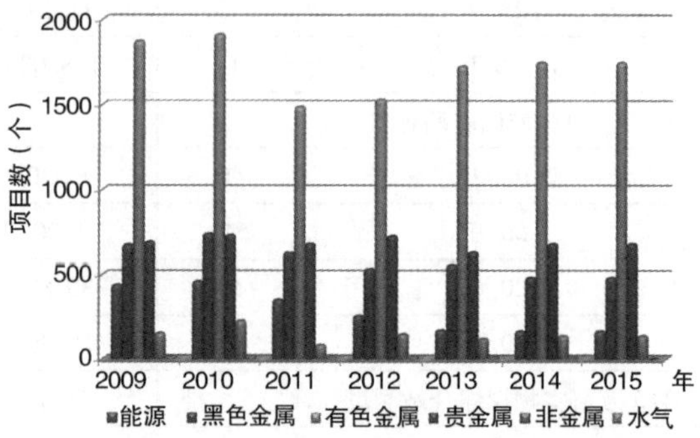


图 13　2009～2015 年内蒙古自治区各类矿产勘查项目数量对比图

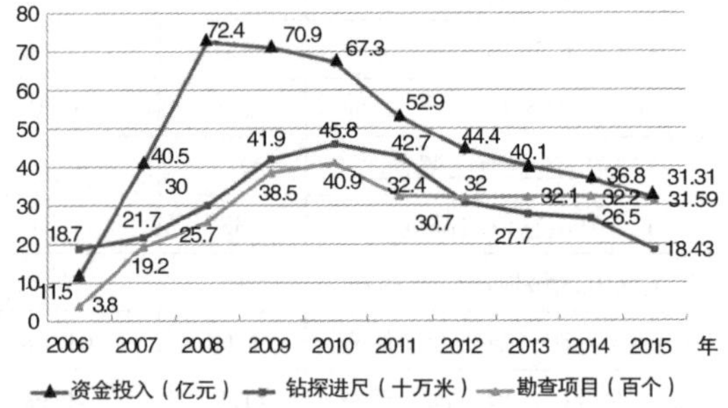


图 14　2006～2015 年内蒙古自治区勘查项目、资金及钻探数量对比图

3. 水工环地质调查评价。2015 年，全区开展水工环地质调查评价项目 118 项。其中，水文地质调查评价项目 69 项、环境地质调查评价项目 15 项、地质灾害调查评价项目 5 项和地热资源调查评价项目 29 项。投入资金为 6000 万元，较 2014 年减少 5057 万元，减少了 45.74%。其中，中央财政投入 1000 万元，地方财政投入 5000 万元。完成情况见表 6；资金投入构成，见图 15。

表 6　2015 年内蒙古自治区水工环地质调查评价完成情况

| 项目类别 | 项目个数（个） | 资金总额（万元） | 中央财政（万元） | 省级财政（万元） | 年度完成面积（平方千米） |
|---|---|---|---|---|---|
| 一、水文地质调查评价 | 69 | 4270 | 1000 | 3270 | |
| （一）水文地质调查 | | | | | |
| 1:5 万 | 3 | | | 300 | 680 |
| 1:10 万 | 10 | | | 1000 | 147000 |

续表 6

| 项目类别 | 项目个数（个） | 资金总额（万元） | 中央财政（万元） | 省级财政（万元） | 年度完成面积（平方千米） |
|---|---|---|---|---|---|
| 1:25 万 | 2 | | | 200 | 27000 |
| （二）水文地质勘查 | | | | | |
| 1:5 万供水水文地质勘查 | 31 | | | 1250 | 3000 |
| 严重缺水地区找水 | 21 | | | 1420 | 4000 |
| （三）地下水污染调查评价 | | | | | |
| 1:5 万 | 2 | | | 100 | |
| 1:25 万 | | | | | 20000 |
| 二、环境地质调查评价 | 15 | 500 | | 500 | |
| （一）矿山环境地质调查与评估 | | | | | |
| 1:5 万 | 15 | | | 500 | 1000 |
| 三、地质灾害调查评价 | 5 | 300 | | 300 | |
| （一）突发性地质灾害调查 | | | | | |
| 1:5 万 | 2 | | | 100 | 21000 |
| （二）缓变性地质灾害调查 | | | | | |
| 1:25 万 | 3 | | | 200 | 11000 |
| 四、其他 | 29 | 930 | | 930 | |
| （一）地热资源调查评价 | | | | | |
| 1:50 万 | 29 | | | 930 | |
| 合计 | 118 | 6000 | 1000 | 5000 | 234680 |

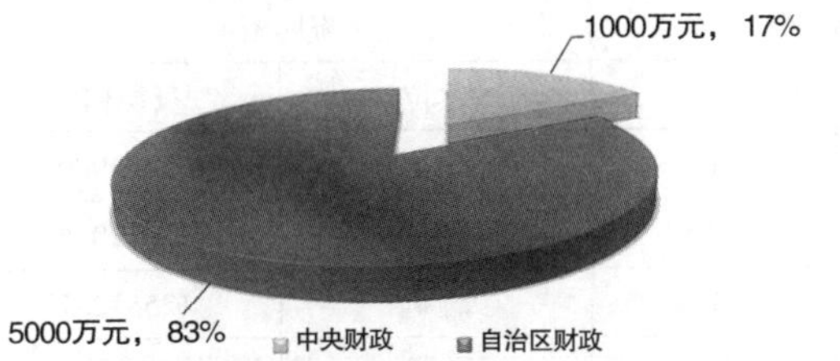


图 15　2015 年内蒙古自治区水工环地质调查评价资金投入构成图

**【矿产勘查成果】**　1. 评审备案情况。据自治区国土资源厅 2015 年度矿产资源储量评审备案情况通报，全年完成矿产资源储量评审备案的勘查成果共有 182 项。其中：国土资源部评审备案 13 项，国土资源厅完成评审备案 169 项。按工作程度（预查、普查、详查、勘探）统计，全区完成评审备案以详查报告为主，占到完成总量的 64.84%；勘探占完成总量的 28.02%；普查占完成总量的 7.14%。具体详见表 7。

表 7　　2015 年度内蒙古自治区矿产资源储量评审备案完成情况统计表

| 备案报告评审机构 | 预查 | 普查 | 详查 | 勘探 | 生产勘查 | 核实 | 闭坑 | 合计 |
|---|---|---|---|---|---|---|---|---|
| 国土资源部备案报告 | — | 1 | 2 | 10 | — | — | — | 13 |
| 国土资源厅备案的报告 | — | 12 | 116 | 41 | — | — | — | 160 |
| 评审备案合计 | — | 13 | 118 | 51 | — | — | — | 182 |
| 比例（%） | — | 7.14 | 64.84 | 28.02 | — | — | — | 100 |

2015 年度，通过的国土资源厅备案的 169 项勘查成果分布于全区 12 个盟市，占前三位的为巴彦淖尔市、赤峰市和乌兰察布市，分别占全区的 18.93%、17.16%、11.24%，并且均以详查报告为主，详见表 8。

表8　　2015年内蒙古自治区矿产资源储量厅评审备案统计表(盟市)

| 盟(市) | 预查 | 普查 | 详查 | 勘探 | 生产勘探 | 核实 | 闭坑 | 合计 |
|---|---|---|---|---|---|---|---|---|
| 呼和浩特市 | — | 1 | 5 | 3 | — | — | — | 9 |
| 包头市 | — | — | 9 | 2 | — | — | — | 11 |
| 乌海市 | — | — | 4 | 1 | — | — | — | 5 |
| 赤峰市 | — | — | 24 | 5 | — | — | — | 29 |
| 通辽市 | — | 1 | 2 | — | — | — | — | 3 |
| 鄂尔多斯市 | — | — | 7 | 5 | — | — | — | 12 |
| 呼伦贝尔市 | — | — | 4 | 7 | — | — | — | 11 |
| 兴安盟 | | 1 | 1 | 2 | — | — | — | 4 |
| 锡林郭勒盟 | — | 5 | 7 | 6 | — | — | — | 18 |
| 乌兰察布市 | — | 3 | 11 | 5 | — | — | — | 19 |
| 巴彦淖尔市 | — | — | 30 | 2 | — | — | — | 32 |
| 阿拉善盟 | — | 1 | 12 | 3 | — | — | — | 16 |

2015年,全区经过国土资源厅评审备案的勘查成果报告为71项,涉及有煤、铁、镍、铜、铅、锌、金、银、钼、钨、锡、铋、石墨、地下热水、矿泉水、钙镁磷肥用蛇纹岩、饰面石材用花岗岩、水泥用石灰岩、水泥用沸石矿、冶金熔剂用石英岩、冶金熔剂用硅石、石榴子石、膨胀珍珠岩、珍珠岩、制碱用石灰岩、油页岩等24个矿种。

2. *新增矿产地*。2015年与2014年相比,上表矿产地总数增加49处,其变化原因主要包括两种情况:一是依据全区矿产资源储量评审备案证明,对原上表单元进行了合并,共减少上表单元1处;二是2015年全区有新增查明上表矿产地50处,其中大型矿产地11处、中型15处、小型24处,包括能源矿产地5处、金属矿产地28处、非金属矿产地17处。2015年全区新增矿产资源量情况,详见表9。

表9　　2015年内蒙古自治区新增矿产地资源储量情况一览表

| 序号 | 矿产名称 | 矿产地数量级矿床规模(个) | | | 查明资源 | |
|---|---|---|---|---|---|---|
| | | 大型 | 中型 | 小型 | 单位 | 资源储量 |
| 1 | 煤炭 | 3 | 0 | 1 | 千吨 | 5434900 |
| 2 | 铁矿 | 0 | 2 | 8 | 矿石 千吨 | 30120.6 |
| 3 | 铜矿 | 0 | 3 | 1 | 铜 吨 | 125512.78 |
| 4 | 铅矿 | 0 | 5 | 5 | 铅 吨 | 485208 |
| 5 | 锌矿 | 0 | 5 | 5 | 锌 吨 | 862577.67 |
| 6 | 钨矿 | 0 | 1 | 0 | $WO_3$ 吨 | 6397.87 |
| 7 | 镍矿 | 1 | 0 | 0 | 镍 吨 | 1007573 |
| 8 | 钼矿 | 0 | 1 | 0 | 钼 吨 | 12.45 |
| 9 | 金矿 | 1 | 2 | 7 | 金 千克 | 16339.29 |
| 10 | 银矿 | 1 | 6 | 7 | 银 吨 | 2071.96 |
| 11 | 镉矿 | 0 | 1 | 1 | 镉 吨 | 323.82 |
| 12 | 铟矿 | 0 | 1 | 0 | 铟 吨 | 20 |
| 13 | 硫铁矿 | 0 | 2 | 1 | 硫 千吨 | 759.52 |
| 14 | 石墨 | 5 | 1 | 0 | 晶质石墨 千吨 | 32661.4 |

**续表 9**

| 序号 | 矿产名称 | 矿产地数量级矿床规模(个) | | | 查明资源 | |
|---|---|---|---|---|---|---|
| | | 大型 | 中型 | 小型 | 单位 | 资源储量 |
| 15 | 饰面用花岗岩 | 1 | 2 | 1 | 矿石 千立方米 | 25281 |
| 16 | 水泥用灰岩 | 0 | 1 | 0 | 矿石 千吨 | 77100 |
| 17 | 镓矿 | 0 | 2 | 0 | 镓 吨 | 358.98 |
| 18 | 化肥用蛇纹岩 | 2 | 0 | 0 | 矿石 千吨 | 942603.49 |
| 19 | 珍珠岩 | 0 | 1 | 2 | 矿石 千吨 | 19415 |
| 20 | 铋矿 | 0 | 1 | 0 | 铋 吨 | 436.8 |
| 21 | 沸石 | 0 | 0 | 1 | 矿物 吨 | 50.3 |
| 22 | 砷矿 | 0 | 1 | 0 | 砷 吨 | 75018.51 |
| 23 | 石榴子石 | 0 | 1 | 0 | 矿石 千吨 | 19703 |
| 24 | 硒矿 | 0 | 1 | 0 | 硒 吨 | 220.57 |
| 25 | 锡矿 | 0 | 1 | 0 | 锡 吨 | 30400.16 |
| 26 | 冶金用脉石英 | 0 | 0 | 1 | 矿石 千吨 | 901.19 |
| 27 | 冶金用石英岩 | 0 | 1 | 0 | 矿石 千吨 | 12920.9 |
| 28 | 油页岩 | 0 | 1 | 0 | 千 吨 | 484500 |
| 合计 | | 14 | 43 | 41 | 98 | |

**注:**根据《截至2015年底内蒙古自治区矿产资源储量通报》,按照矿种进行整理统计。

3. 重要勘查成果。2015年,全区开展矿产勘查并形成一定工作量3131个项目,完成钻探1842601米,坑探42331米,槽探117.80万立方米,浅井2858米。全区完成阶段性勘查的矿产地66处,其中大型矿产地10处、中型23处、小型33处;新发现矿产地8处。取得重要成果23项,其中能源矿产7项、金属矿产7项、非金属矿产9项。2015年全区矿产勘查重大成果(储量规模达到大型),见表10。

**表10　2015年内蒙古自治区矿产勘查重大成果统计表**

| 项目名称 | 规模 | 矿种 | 单位 | 新增资源储量 | |
|---|---|---|---|---|---|
| | | | | 333及以上 | 334 |
| 西乌珠穆沁旗煤炭普查 | 大 | 煤 | 亿吨 | | 33.72 |
| 东乌珠穆沁旗白音霍布尔勘查区煤炭普查 | 大 | 煤 | 亿吨 | | 11.44 |
| 新巴尔虎右旗三角地勘查区煤炭详查 | 大 | 煤 | 亿吨 | 0.75 | 0.83 |
| 苏尼特左旗乌兰敖包矿区钙镁磷肥用蛇纹岩矿详查 | 大 | 化肥用蛇纹岩 | 矿石 万吨 | 30895.78 | 32450.65 |
| 苏尼特右旗白音敖包钙镁磷肥用蛇纹岩矿详查 | 大 | 化肥用蛇纹岩 | 矿石 万吨 | 16534.63 | 14379.29 |
| 乌拉特中旗大乌淀矿区晶质石墨矿详查 | 大 | 石墨 | 矿物 万吨 | 732.49 | 802.97 |
| 乌拉特中旗哈达图矿区晶质石墨矿详查 | 大 | 石墨 | 矿物 万吨 | 189.93 | 62.45 |
| 阿拉善左旗查汗木胡鲁矿区晶质石墨矿勘探 | 大 | 石墨 | 矿物 万吨 | 273.18 | 429.73 |
| 达尔罕茂名安联合旗庆达木矿区饰面石材花岗岩矿详查 | 大 | 饰面花岗岩 | 荒料量 万立方米 | 745.07 | 633.09 |
| 乌海市呼珠不沁希勒矿区制碱及水泥用石灰岩矿详查 | 大 | 制碱用石灰岩 | 矿石 万吨 | 73694.54 | 24637.95 |

## ·矿产资源开发利用·

**【矿产资源开发登记】** 1. 采矿权登记我区采矿权设置采用三级登记制，即由国土资源部、国土资源厅和盟市国土资源局按矿产资源类别及矿床规模划分范围进行登记。

截至2015年底，除由国土资源部登记和管理的石油、天然气、煤层气和放射性矿产外，全区非油气类矿产采矿登记在期项目共有4266个。其中，部和厅登记在期项目1388个，盟市级登记项目2878个。与2014年相比，全区非油气类矿产在期登记项目减少7.08%，主要为能源矿产、贵金属、非金属类矿产开采项目减少，而黑色金属矿产开采项目有所增加，有色金属、稀有稀土和水气矿产开采项目基本保持不变。其中，厅登记的在期项目减少4.59%，盟、市级登记的在期项目减少8.55%。

2. 分类登记情况。按矿产大类统计，2015年全区非油气类4266个登记在期采矿权项目以非金属矿产为主，共有2927个，占全区采矿登记项目总数的68.61%。在部和厅两级办理的非油气类1388个采矿登记在期项目中，以能源矿产和黑色金属矿产采矿登记项目居多，分别为556个和371个，占部和厅两级登记在期项目总数的40.06%和26.73%。全区2015年有关采矿登记在期项目按矿类及矿产统计情况，详见图1至图4。

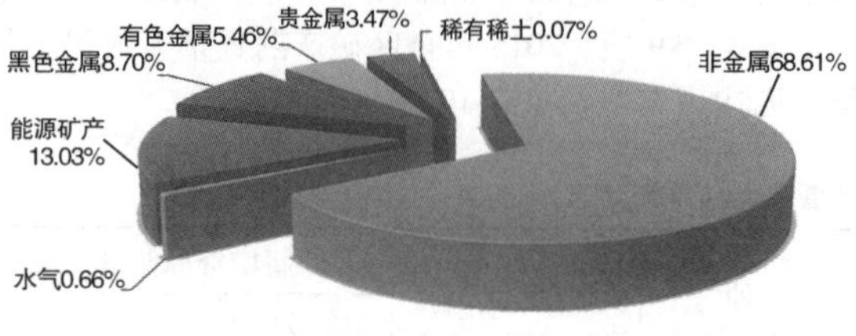


图1 2015年内蒙古自治区非油气类在期采矿登记项目数分矿类比重图

3. 分地区登记情况。按盟市统计，2015年全区采矿登记在期项目以赤峰市和鄂尔多斯市最多，分别为880个和825个，占全区采矿登记项目总数(4266个)的20.63%和19.34%。部和厅两级办理的采矿登记在期项目，同样以赤峰市和鄂尔多斯市居多，分别为352个和324个，占部和厅登记项目总数(1388)的25.36%和23.34%。盟市登记的在期项目中，以赤峰市、鄂尔多斯市和锡林郭勒盟居多，分别为556个、473个和415个，占盟市登记项目总数(2878)的19.32%、16.44%和14.42%。有关各盟市在期采矿登记项目具体情况，详见表1至表4和图5至图8。

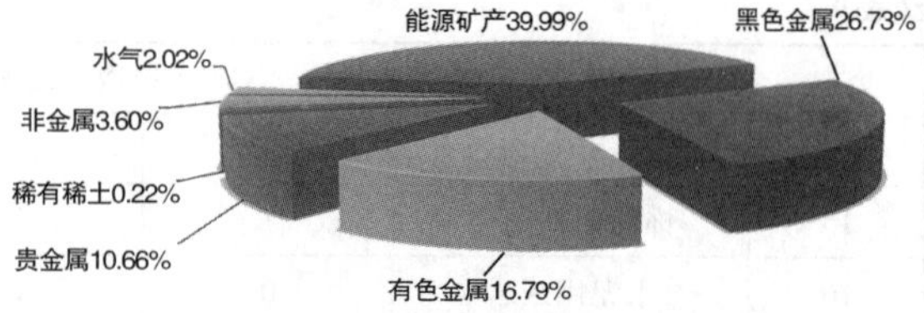


图2 2015年内蒙古自治区非油气类部、厅在期采矿登记项目数分矿类比重图

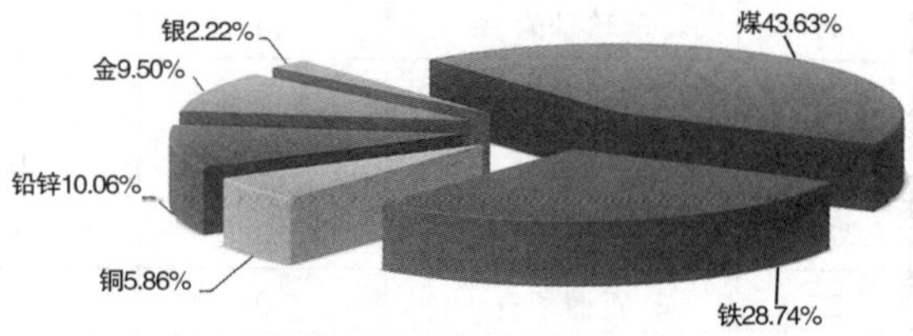


图3 2015年内蒙古自治区部、厅采矿登记主要矿种在期项目数比重图

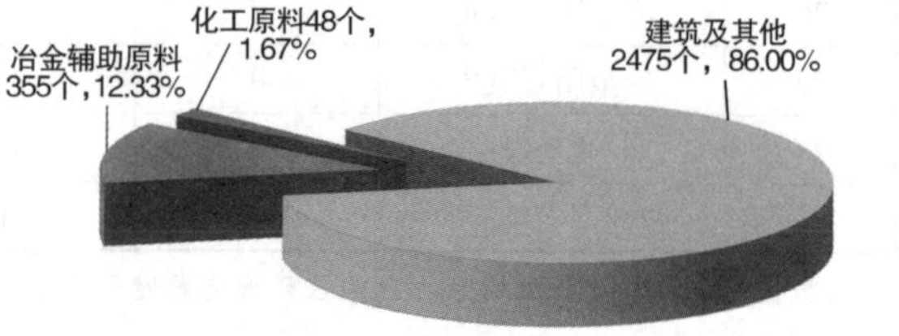


图4 2015年内蒙古自治区盟市采矿登记分矿类在期项目数比重图

表1 2015年内蒙古自治区各盟市分矿类采矿登记在期项目统计表 单位：个

| 盟(市) | 能源矿产 | 黑色金属矿产 | 有色金属矿产 | 贵金属矿产 | 稀有金属矿产 | 非金属矿产 | 水气矿产 | 合计 |
|---|---|---|---|---|---|---|---|---|
| 呼和浩特市 | 3 | 18 | — | 15 | — | 124 | 1 | 161 |
| 包头市 | 15 | 65 | 4 | 9 | — | 147 | 3 | 243 |
| 乌海市 | 48 | 7 | — | — | — | 54 | — | 109 |
| 赤峰市 | 43 | 60 | 129 | 87 | — | 557 | 4 | 880 |
| 通辽市 | 19 | 6 | 10 | 1 | — | 285 | — | 321 |
| 鄂尔多斯市 | 327 | 14 | — | — | — | 481 | 3 | 825 |

续表 1

| 盟(市) | 能源矿产 | 黑色金属矿产 | 有色金属矿产 | 贵金属矿产 | 稀有金属矿产 | 非金属矿产 | 水气矿产 | 合计 |
|---|---|---|---|---|---|---|---|---|
| 呼伦贝尔市 | 36 | 6 | 23 | 2 | — | 206 | 6 | 279 |
| 兴安盟 | 6 | 9 | 10 | — | — | 175 | 3 | 203 |
| 锡林郭勒盟 | 27 | 25 | 25 | 6 | 3 | 416 | 3 | 505 |
| 乌兰察布市 | — | 58 | 11 | 11 | — | 156 | 1 | 237 |
| 巴彦淖尔市 | 3 | 74 | 11 | 12 | — | 173 | 2 | 275 |
| 阿拉善盟 | 29 | 29 | 10 | 5 | — | 153 | 2 | 228 |
| 总计 | 556 | 371 | 233 | 148 | 3 | 2927 | 28 | 4266 |

**注:**所指采矿登记项目均不包括石油、天然气、煤层气、放射性矿产开采项目。

**表 2　　2015 年内蒙古自治区各盟市分矿类部、厅采矿登记在期项目统计表**　　单位:个

| 盟(市) | 能源矿产 | 黑色金属矿产 | 有色金属矿产 | 贵金属矿产 | 稀有金属矿产 | 非金属矿产 | 水气矿产 | 合计 |
|---|---|---|---|---|---|---|---|---|
| 呼和浩特市 | 3 | 18 | – | 15 | – | 3 | 1 | 40 |
| 包头市 | 15 | 65.4 | 9 | – | – | 2 | 3 | 98 |
| 呼伦贝尔市 | 48 | 7 | – | – | – | 2 | – | 57 |
| 兴安盟 | 43 | 60 | 129 | 87 | – | 1 | 4 | – |
| 通辽市 | 19 | 6 | 10 | 1 | – | 11 | – | 47 |
| 赤峰市 | 327 | 14 | – | – | – | 8 | 3 | 352 |
| 锡林郭勒盟 | 36 | 6 | 23 | 2 | – | 3 | 6 | 76 |
| 乌兰察布市 | 5 | 9 | 10 | – | – | – | 3 | 27 |
| 鄂尔多斯市 | 27 | 25 | 25 | 6 | 3 | 1 | 3 | 90 |
| 巴彦淖尔市 | – | 58 | 11 | 11 | – | 9 | 1 | 90 |
| 乌海市 | 3 | 74 | 11 | 12 | – | 6 | 2 | 108 |
| 阿拉善盟 | 29 | 29 | 10 | 5 | – | 4 | 2 | 79 |
| 总计 | 555 | 371 | 233 | 148 | 3 | 50 | 28 | 1388 |

**注:**所指采矿登记项目均不包括石油、天然气、煤层气、放射性矿产开采项目。

**表 3　　2015 年内蒙古自治区各盟市主要矿种部、厅采矿登记在期项目统计表**　　单位:个

| 盟(市) | 煤 | 铁 | 铜 | 铅锌 | 金 | 银 | 合计 |
|---|---|---|---|---|---|---|---|
| 呼和浩特市 | 3 | 18 | – | – | 13 | 2 | 36 |
| 包头市 | 15 | 65 | 4 | – | 9 | – | 93 |
| 乌海市 | 48 | 7 | – | – | – | – | 55 |
| 赤峰市 | 41 | 59 | 37 | 81 | 69 | 18 | 305 |
| 通辽市 | 18 | 6 | 1 | 8 | – | 1 | 34 |
| 鄂尔多斯市 | 327 | 14 | – | – | – | – | 341 |
| 呼伦贝尔市 | 36 | 6 | 6 | 13 | – | 2 | 63 |

续表 3

| 盟市 | 煤 | 铁 | 铜 | 铅锌 | 金 | 银 | 合计 |
|---|---|---|---|---|---|---|---|
| 兴安盟 | 4 | 9 | 5 | 5 | – | – | 23 |
| 锡林郭勒盟 | 27 | 23 | 10 | 7 | 3 | 3 | 73 |
| 乌兰察布市 | – | 56 | 7 | 2 | 9 | 2 | 76 |
| 巴彦淖尔市 | 3 | 73 | 2 | 7 | 12 | – | 97 |
| 阿拉善盟 | 29 | 27 | 2 | 4 | 5 | – | 67 |
| 总计 | 551 | 363 | 74 | 127 | 120 | 28 | 1263 |

表 4

**2015 年内蒙古自治区各盟市采矿登记在期项目分矿类统计表**

单位:个

| 盟市 | 数量 | 冶金辅助原料非金属矿产 | 化工原料非金属矿产 | 建筑及其他非金属矿产 |
|---|---|---|---|---|
| 呼和浩特市 | 121 | – | 2 | 119 |
| 包头市 | 145 | 10 | – | 135 |
| 乌海市 | 52 | 3 | 1 | 48 |
| 赤峰市 | 556 | 138 | 4 | 414 |
| 通辽市 | 274 | 23 | – | 251 |
| 鄂尔多斯市 | 473 | 13 | 11 | 449 |
| 呼伦贝尔市 | 203 | 12 | 1 | 190 |
| 兴安盟 | 176 | 3 | 1 | 172 |
| 锡林郭勒盟 | 415 | 92 | 11 | 312 |
| 乌兰察布市 | 147 | 24 | 1 | 122 |
| 巴彦淖尔市 | 167 | 17 | – | 150 |
| 阿拉善盟 | 149 | 20 | 16 | 113 |
| 总计 | 2878 | 355 | 48 | 2475 |

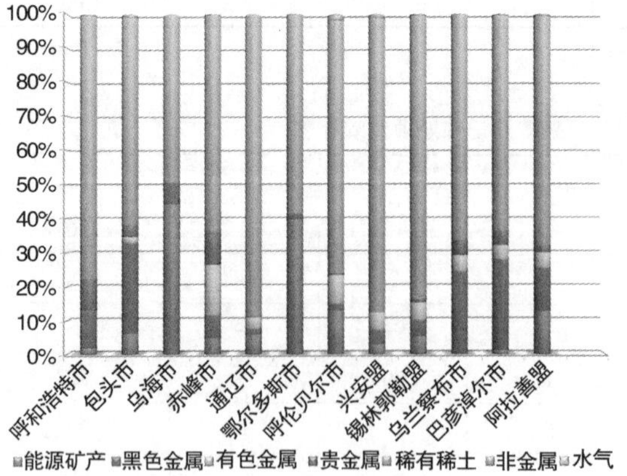


图 5 2015 年内蒙古自治区各盟市非油气采矿登记在期项目按矿类分布比重图

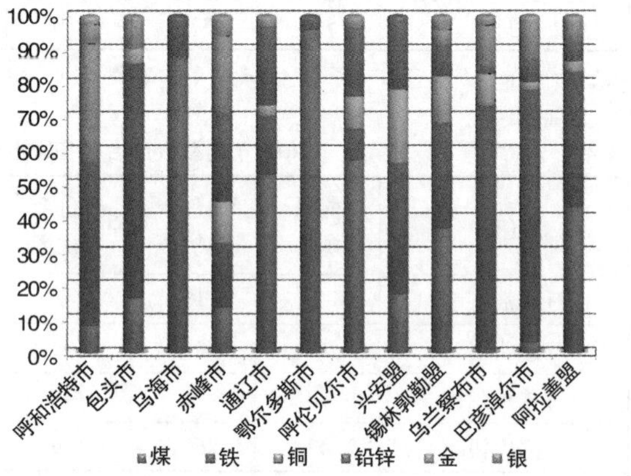


图 6 2015 年内蒙古自治区各盟市非油气采矿部、厅登记在期项目按矿类分布比重图

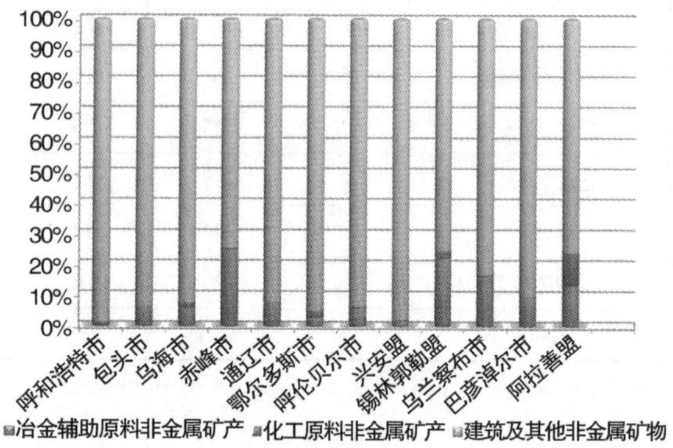


图 7 2015 年内蒙古自治区各盟市部、厅采矿登记在期项目按矿种分布比重图

**【矿产资源开发利用】** 1. *矿山企业数量*。2015 年,全区共有非油气矿山企业 4776 家,同比减少 56 家,减少 1.15%。按企业规模统计,大型矿山企业减少 7 家,中型增加 12 家,小型减少 12 家,小矿减少 49 家。按经济类型统计,全区共有内资矿山企业 4755 家,占全区矿山企业的 99.56%,其中中型及以上规模矿山企业 563 家,占内资矿山企业总数的 11.71%;有港、澳台商投资矿山企业 13 家,为中小型矿山,占全区矿山

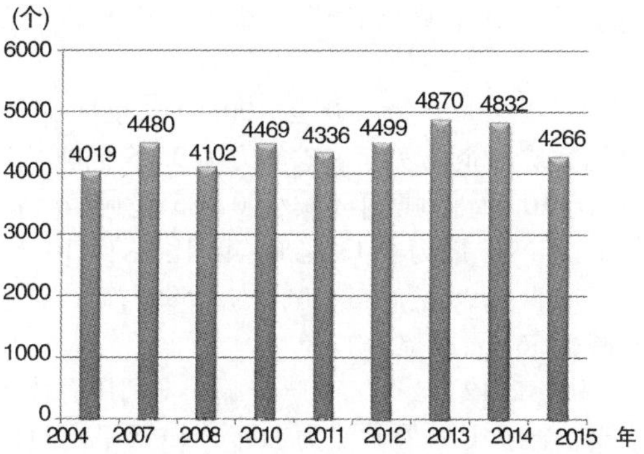


图8　2004～2015年内蒙古自治区采矿登记在期项目个数

企业的0.27%；有外商投资矿山企业8家，占全区矿山企业的0.17%，其中中型及以上规模矿山4家，占外商投资企业总数的50%。有关情况参见表5和图9至图13。

表5　2015年内蒙古自治区矿山企业情况统计表

| 矿山经济类型 | 矿山数(个) | | | | |
|---|---|---|---|---|---|
| | 合计 | 大型 | 中型 | 小型 | 小矿 |
| 一、内资企业 | 4755 | 209 | 364 | 2488 | 1694 |
| 国有企业 | 132 | 35 | 28 | 50 | 19 |
| 集体企业 | 152 | 0 | 5 | 74 | 73 |
| 股份合作企业 | 24 | 3 | 1 | 12 | 8 |
| 联营企业 | 16 | 1 | 3 | 9 | 3 |
| 有限责任公司 | 1964 | 114 | 213 | 1140 | 497 |
| 股份有限公司 | 195 | 36 | 30 | 81 | 48 |
| 私营企业 | 2233 | 19 | 82 | 1102 | 1030 |
| 其他企业 | 3g | 1 | 2 | 20 | 16 |
| 二、港、澳、台商投资企业 | 13 | 0 | 2 | 10 | 1 |
| 三、外商投资企业 | 8 | 4 | 0 | 3 | 1 |
| 合计 | 4776 | 213 | 366 | 2501 | 1696 |

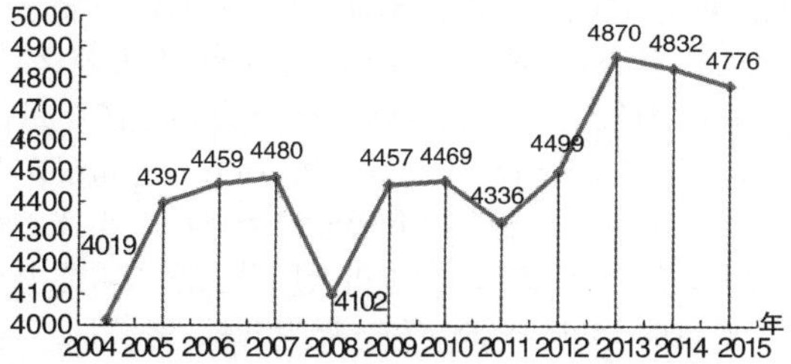


图9　2004～2015年内蒙古自治区矿山企业数量变化图

按盟市统计，2015年全区采矿登记在期的矿山企业以赤峰市最多，为878家，占全区非油气类矿

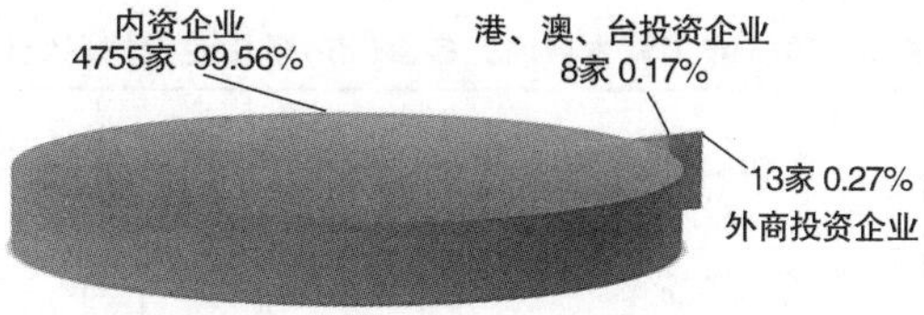


图10　2015年内蒙古自治区矿山企业数量按投资来源统计构成图

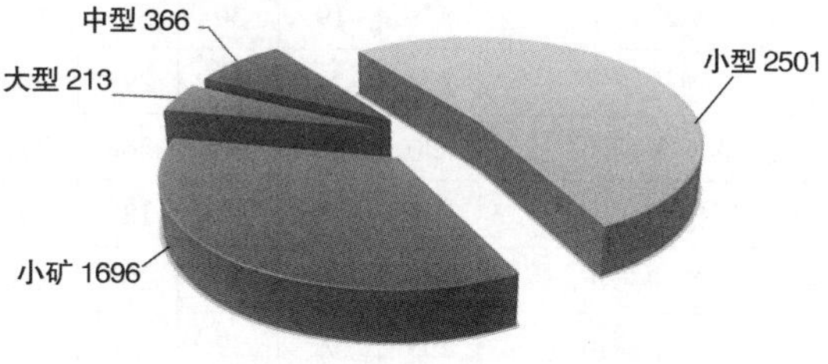


图11　2015年内蒙古自治区矿山企业数量按规模统计构成图

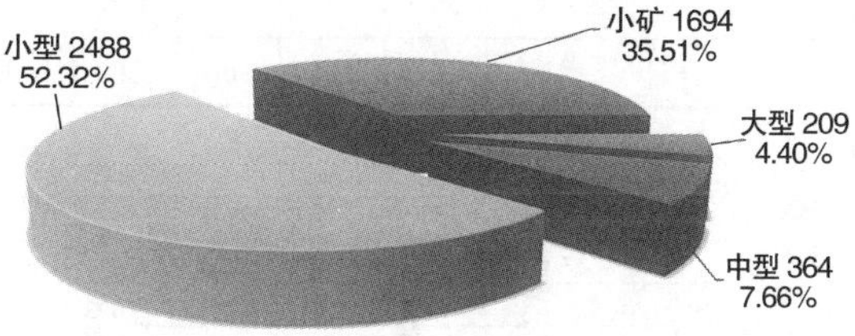


图12　2015年内蒙古自治区内资矿山企业数量按规模统计构成图

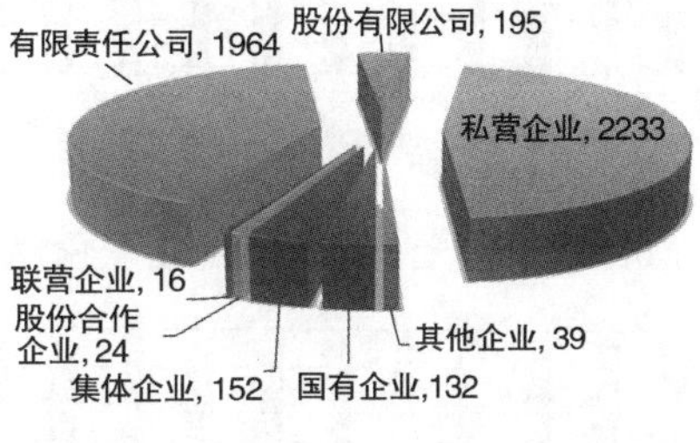


图13　2015年内蒙古自治区内资矿山企业数量按经济类型统计构成图

山企业总数(4776)的18.38%，矿山规模以小型、小矿为主，共809家，占全市矿山企业数的92.14%。其次为鄂尔多斯市，共有矿山企业830家，占全区矿山企业总数的17.38%，其中中大型企业237家，占到全区大中型矿山企业总数的40.93%，锡林郭勒盟的矿山企业数量为全区第三，共有603家，占全区矿山企业总数的12.63%，矿山规模以小型、小矿为主，共567家，占全盟矿山企业数的94.03%。有关各盟市矿山企业的分布情况，详见表6、图14和图15。

**表 6　2015 年内蒙古自治区各盟(市)矿山企业情况统计表**

| 盟(市) | 矿山企业数(个) | | | | |
|---|---|---|---|---|---|
| | 合计 | 大型 | 中型 | 小型 | 小矿 |
| 呼和浩特市 | 184 | 2 | 5 | 112 | 65 |
| 包头市 | 300 | 19 | 8 | 149 | 124 |
| 乌海市 | 129 | 24 | 11 | 49 | 45 |
| 赤峰市 | 878 | 19 | 50 | 519 | 290 |
| 通辽市 | 399 | 5 | 16 | 297 | 81 |
| 鄂尔多斯市 | 830 | 88 | 149 | 368 | 225 |
| 呼伦贝尔市 | 269 | 18 | 21 | 129 | 101 |
| 巴彦淖尔市 | 339 | 8 | 30 | 203 | 98 |
| 乌兰察布市 | 293 | 7 | 17 | 98 | 171 |
| 兴安盟 | 297 | 1 | 9 | 70 | 217 |
| 锡林郭勒盟 | 603 | 15 | 21 | 351 | 216 |
| 阿拉善盟 | 255 | 7 | 29 | 156 | 63 |
| 合计 | 4776 | 213 | 366 | 2501 | 1696 |

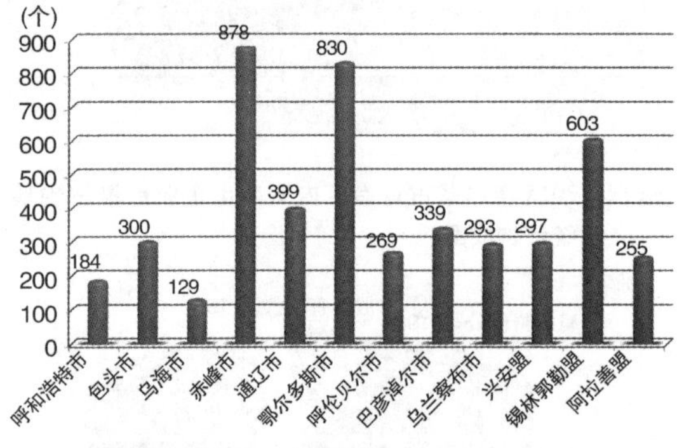


图 14　2015 年内蒙古自治区各盟市矿山企业数量对比图

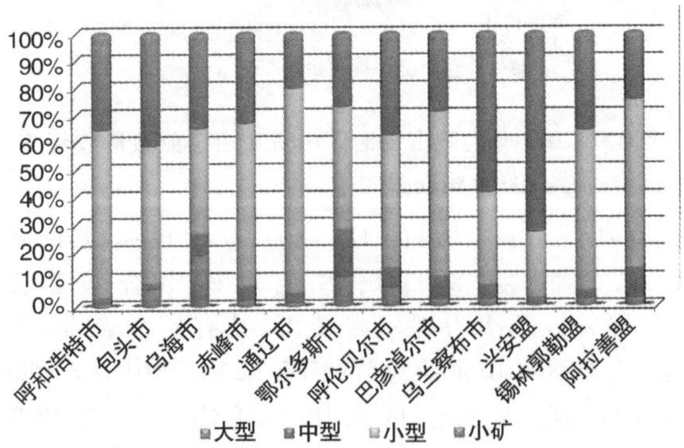


图 15　2015 年内蒙古自治区各盟市矿山企业按规模对比图

2. 开发利用矿产及产地。2015 年，全区 4776 家非油气类矿山企业开发利用矿产(含亚矿种)共有 120 种，数量上比 2014 年减少 2 种。全区矿业开发利用态势趋于稳定，矿业秩序日渐成熟，矿业生产处于良性运行。

3. 矿山生产能力及产量。2015 年，全区 4776 家非油气类矿山企业实际采矿能力为 9.26 亿吨/年，比 2014 年(10.11 亿吨/年)减少 0.085 亿吨/年，减少 8.41%；年产矿量为 8.13 亿吨/年，比上年(10.11 亿吨/年)减少 1,98 亿吨/年，减少 19.58%；矿山企业比上年减少 56 个，减幅为 1.16%。

2005～2012 年，全区矿产资源开发利用总体为增长态势，全区实际采矿能力和年产矿量平均每年以 20% 的速度增长，其中 2010 年、2007 年实际采矿能力增幅较高达到 35.41%、32.21%，2012 年增幅较小，仅为 5.06%；2013 年、2014 年、2015 年全区矿产资源开发利用总体为下降态势，降幅均小于 8%。全区矿山企业总数在 4400 家左右变化，2013 年达到新高；其中小型小矿企业数量呈递减趋势，而大中型矿山企业数量基本上逐年增加，2015 年达到新高为 579 家。具体相关情况参见图 16。

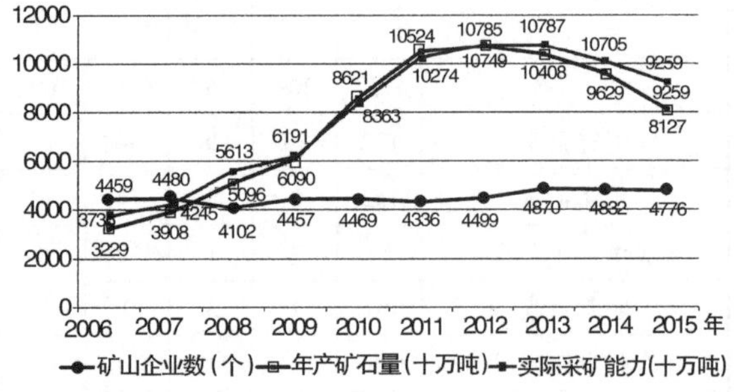


图 16　2006～2015 年内蒙古自治区非油气类矿山企业相关情况及其变化趋势图

2015 年，全区除大规模开发利用煤炭外，其他实际采矿能力和产量较大的开采矿产主要有铁、铜、铅、锌、钼、金、银、锗、普通萤石、冶金用白云岩、硫铁矿、天然碱、电石用灰岩、制碱用灰岩、盐矿、水泥灰岩、建筑石料灰岩、建筑用砂、砖瓦黏土、建筑用玄武岩、建筑用安山岩、建筑用闪长岩、建筑花岗岩、建筑凝灰岩、水泥大理岩、制灰用石灰岩、片麻岩等 26 种。其中，煤炭实际采矿能力为 62837 万吨/年、年产矿量为 69278 万吨，分别占全区非油气类矿产总实际采矿能力和年产矿量的 77.12% 和 74.83%；其次铁、铜、铅、锌、钼、金和银矿开采的合计实际采矿能力为 14936.97 万吨/年、年产矿石量为 11272.33 万吨/年，分别占全区总实际采矿能力和年产矿量的 16.13%、13.87%；煤炭和铁、铜、钼等 7 种金属矿产合计实际采矿能力占全区的 93.25%，年产矿量合计占全区的 88.70%(图 17 到图 23)。

**【矿业产值及经济效益】**　2015 年，全区矿山企业有效

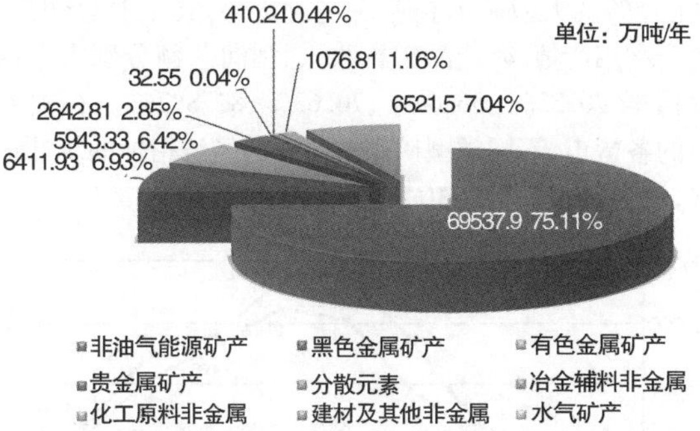


图 17　2015 年内蒙古自治区各类矿产矿山企业实际采矿能力占比图

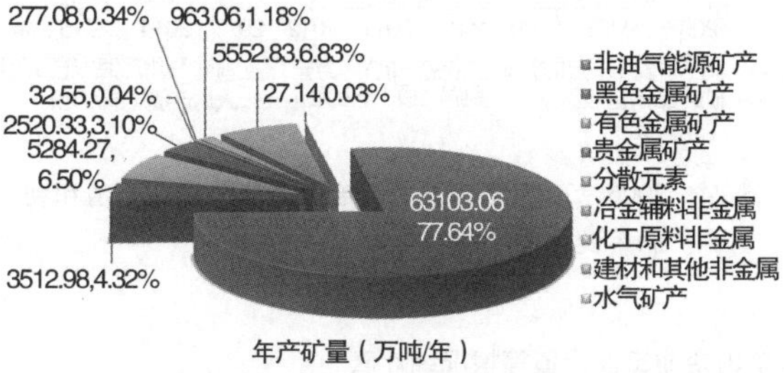


图 18　2015 年内蒙古自治区各类矿产矿山企业年产矿量占比图

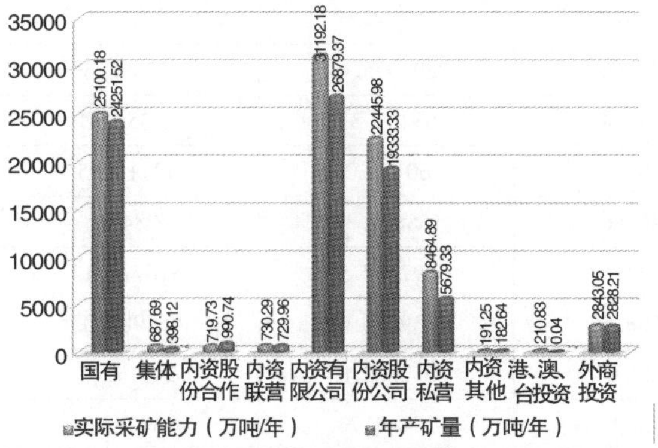


图 19　2015 年内蒙古自治区各种经济类型非油气矿山企业实际采矿能力和年产矿量对比图

地促进了经济发展方式的转变和经济结构的调整，主要经济指标已连续三年呈下降趋势，非油气类矿山企业工业总产值为 1149.5 亿元，比 2014 年减少 34.12%；综合利用产值为 61.9 亿元，比 2014 年减少 68.05%；矿产品销售收入 1066.9 亿元，比 2014 年减少 31.34%；利润总额 137.7 亿元，比 2014 年减少 36.51%。2007～2015 年全区有关矿业产值、利润等变化情况，可参见图 24。

通过对全区非油气矿山企业的相关产值、利润的统计分析结果显示，鄂尔多斯市的各项经济指标居全区 12 盟市之首，工业总产值为 1027.04 亿元，占全区的 58.86%；综合利用产值为 133.18 亿元，占全区的

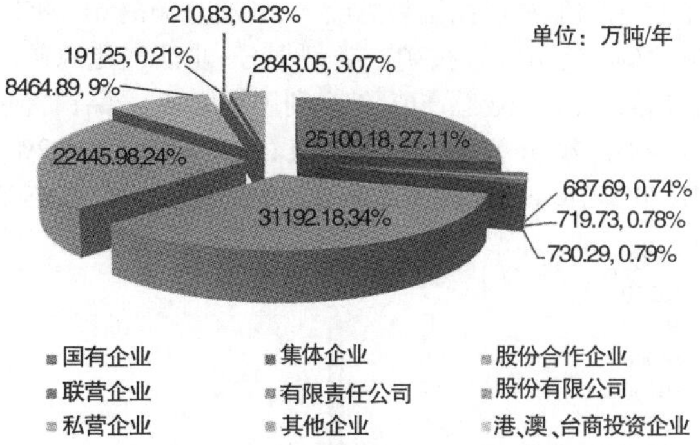


图 20　2015 年内蒙古自治区各种经济类型非油气矿山企业实际采矿能力占比图

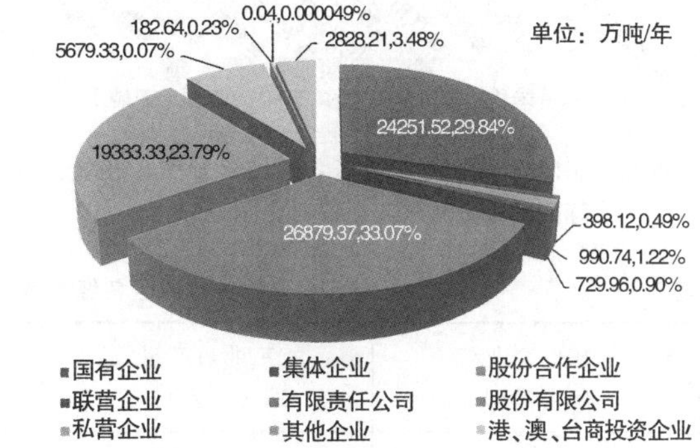


图 21　2015 年内蒙古自治区各种经济类型非油气矿山企业年产矿量占比图

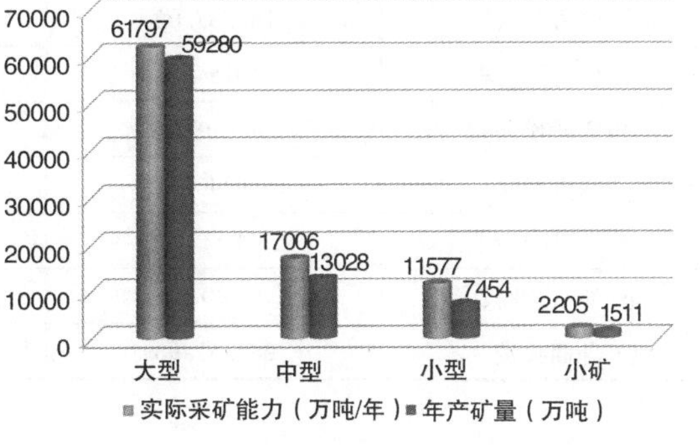


图 22　2015 年内蒙古自治区非油气各类规模矿山企业实际采矿能力和年产矿量对比图

68.73%；矿产品销售收入为 901.81 亿元，占全区的 58.04%；利润总额达 119.82 亿元，占全区的 87.03%。

全区不同经济类型的矿山企业所反映的各项经济指标差异很大，相比之下，内资企业的有限责任公司和股份有限公司位居 10 类企业前二位，而且指标差距不大，合计其工业总产值、矿产品销售收入、利润总额分别为 711.13 亿元、653.73 亿元、106.98 亿元，分别占全区

工业总产值、矿产品销售总收入、利润总额的 61.68%、61.27%、77.70%。按矿产类型划分，非油气能源矿产位居第一，其工业总产值、综合利用产值、矿产品销售收入、利润额分别占全区总值的 75.90%、59.52%、77.70%、78.49%。另外，论企业规模的大小而言，不足全区 5% 的大型矿山企业占绝对优势，其工业总产值、综合利用产值、矿产品销售收入、利润总额分别占全区总值的 70.33%、56.64%、70.63%、82.887%。有关其他的各盟市、不同类型矿产及企业的经济指标的统计情况，可参见表 7 至表 10 和图 25 至图 31。

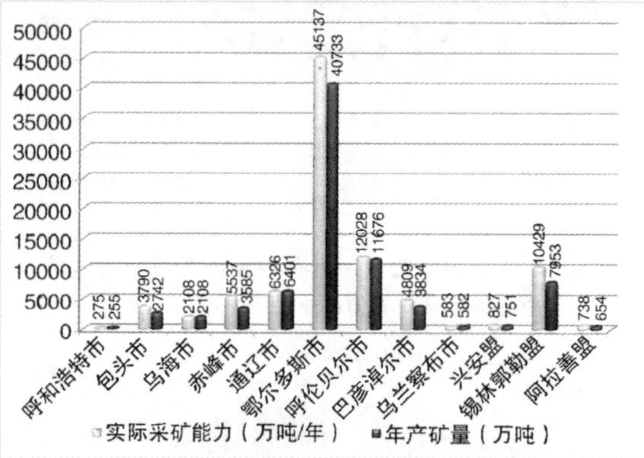


图 23　2015 年内蒙古自治区各盟市非油气矿山企业实际采矿能力和年产矿量对比图

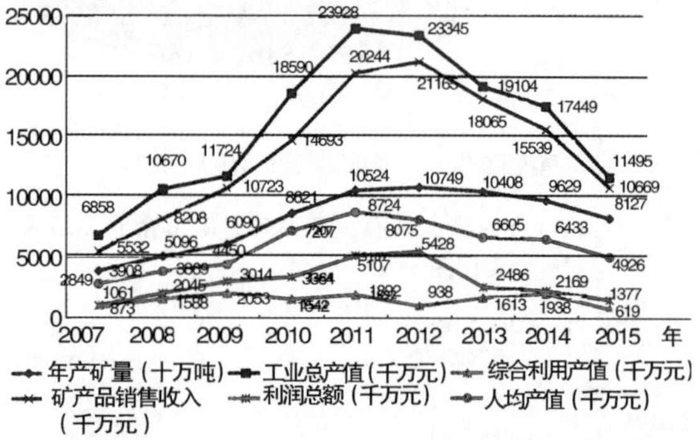


图 24　2006～2015 年内蒙古自治区非油气矿业产值和利润等变化对比图

表 7　　2015 年内蒙古自治区各经济类型非油气矿山企业工业产值等情况统计表

| 矿山企业经济类型 | 工业总产量（万元） | 综合利用产值（万元） | 矿产品销售收入（万元） | 利润总额（万元） |
|---|---|---|---|---|
| 国有 | 3039499.46 | 139790.8 | 2898925.47 | 157892.64 |
| 集体 | 58595.48 | 2845.54 | 53407.31 | -356.61 |
| 内资股份合作 | 179353.96 | 34067 | 160425.21 | 13115.85 |
| 内资联营 | 168507.06 | 5046.86 | 158807.38 | 42843.5 |
| 内资有限公司 | 4161543.2 | 179944.24 | 3697557.59 | 416775.13 |
| 内资股份公司 | 2949719.62 | 213668.53 | 2839750.69 | 652982.03 |
| 内资私营 | 619746.42 | 43527.04 | 552002.8 | 29517.27 |
| 内资其他企业 | 30853.72 | 143.2 | 29449.72 | 3938.8 |
| 港、澳、台商投资 | 20 | 0 | 20 | 7 |
| 外商投资 | 287357.96 | 245 | 279177.68 | 60096.5 |

表 8　　2015 年内蒙古自治区各种规模非油气矿山企业工业产值等情况统计表

| 企业规模 | 工业总产值（万元） | 综合利用产值（万元） | 矿产品销售收入（万元） | 利润总额（万元） | 人均产值（万元） |
|---|---|---|---|---|---|
| 大型 | 8084046.06 | 350769.32 | 7535759.72 | 1141147.95 | 92.3 |
| 中型 | 2433264.98 | 214365.64 | 2248780.28 | 222286.26 | 47.4 |
| 小型 | 904190.72 | 48604.35 | 822919.37 | 6316.98 | 12.57 |
| 小矿 | 73695.12 | 5539 | 62064.49 | 7060.92 | 3.28 |
| 总计 | 11495196.89 | 619278.31 | 10669523.86 | 1376812.11 | 49.26 |

**表9　2015年内蒙古自治区各类矿产非油气矿山企业工业产值等情况统计表**

| 矿产大类 | 工业总产值（万元） | 综合利用产值（万元） | 矿产品销售收入（万元） | 利润总额（万元） | 人均产值（万元） |
|---|---|---|---|---|---|
| 非油气能源矿产 | 8720076 | 368594.3 | 8285656 | 1080067 | 56.47 |
| 黑色金属矿产 | 649825.66 | 34181.26 | 596601.96 | 5108.93 | 32.99 |
| 有色金属矿产 | 1066588 | 110821.2 | 855288.9 | 145200.9 | 49.84 |
| 贵金属矿产 | 504506.7 | 30245.42 | 477012.2 | 90844 | 46.83 |
| 冶金辅料非金属 | 42633.15 | 866 | 36331.76 | 2893.41 | 5.9 |
| 化工原料非金属 | 258219.2 | 60835.36 | 195852.6 | 49082.94 | 41.99 |
| 建材和其他非金属 | 240464 | 13714.82 | 210845.1 | 5115.36 | 5.69 |
| 水气矿产 | 6462.52 | 0 | 5588.05 | 2274.12 | 7.28 |

**表10　2015年内蒙古自治区各盟(市)非油气矿山企业工业产值等情况统计表**

| 盟(市) | 工业总产值（万元） | 综合利用产值（万元） | 矿产品销售收入（万元） | 利润总额（万元） | 人均产值（万元） |
|---|---|---|---|---|---|
| 呼和浩特市 | 11525.18 | 11217.65 | 1705.93 | 11525.18 | 5.21 |
| 包头市 | 409017.22 | 365180.27 | -22537.61 | 409017.22 | 30.64 |
| 呼伦贝尔市 | 184098.34 | 168146.79 | -122990.67 | 184098.34 | 52.09 |
| 兴安盟 | 908971.24 | 852622.21 | 37087.57 | 908971.24 | 11.57 |
| 通辽市 | 614296.23 | 586381.04 | 25642.12 | 614296.23 | 29.1 |
| 赤峰市 | 6071125.03 | 5725350.86 | 1198223.12 | 6071125.03 | 20.36 |
| 锡林郭勒盟 | 1425281.08 | 1237395.35 | 57337.93 | 1425281.08 | 43.19 |
| 乌兰察布市 | 598189.28 | 566153.98 | 91232.67 | 598189.28 | 8.21 |
| 鄂尔多斯市 | 53686.03 | 44374.26 | 6648.28 | 53686,03 | 120.96 |
| 巴彦淖尔市 | 66001.88 | 62993.53 | 1220.62 | 66001,88 | 63.54 |
| 乌海市 | 1027007.73 | 939832.4 | 90337.44 | 1027007.73 | 11.14 |
| 阿拉善盟 | 125997.65 | 109876.51 | 12904.7 | 125997.65 | 10.07 |

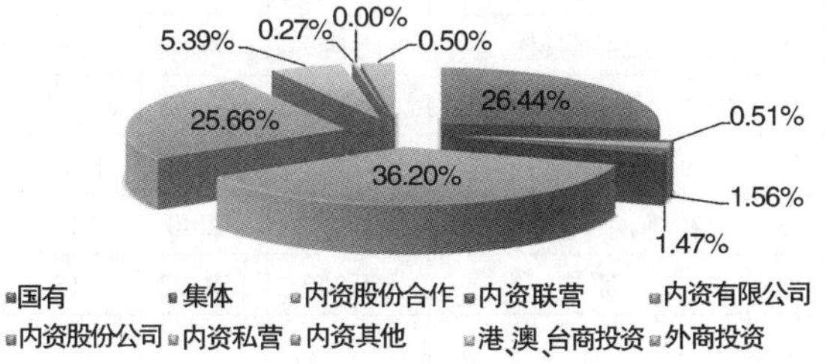


图25　2015年内蒙古自治区非油气类各种经济类型矿山企业工业总产值占比图

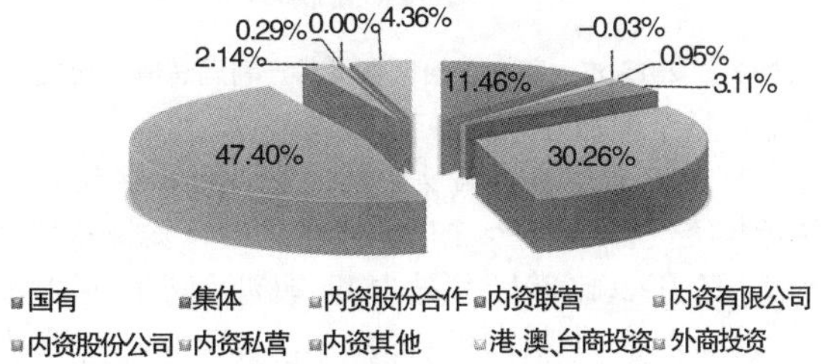


图26　2015年内蒙古自治区非油气类各种经济类型矿山企业利润总额占比图

**【资源性产品及矿产品进出口贸易】** 1. 资源性产品产量。据自治区统计局统计年鉴资料，2015年全区工业企业主要资源性产品产量，详见表11。全年原煤、原油、焦炭、铁矿石、纯碱、水泥、硫酸、合成氨、原盐等9种主要资源性产品产量呈减少趋势，天然气、硫铁矿石、烧碱、碳化钙、化肥、氮肥、磷肥、平板玻璃、生铁、粗钢、钢材、铁合金、精炼铜、原铝等14种主要资源性

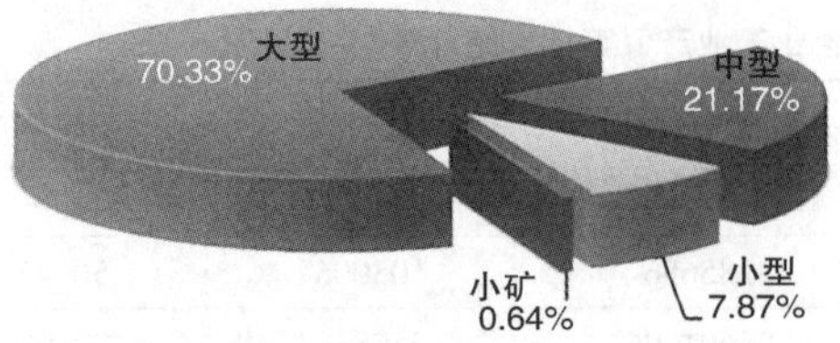


图27　2015年内蒙古自治区非油气类各种规模矿山企业工业总产值占比图

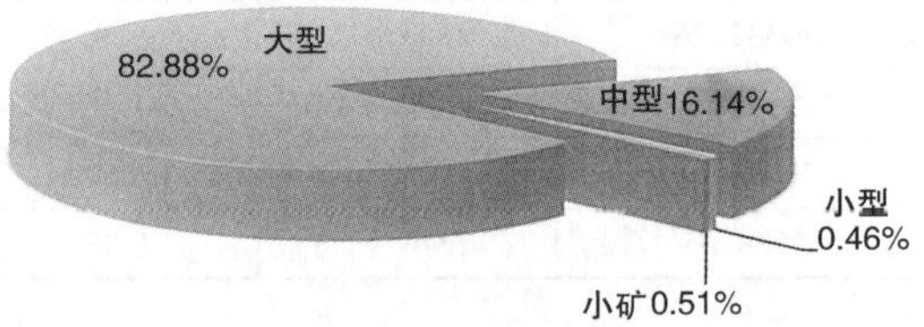


图28　2015年内蒙古自治区非油气类各种规模矿山企业利润总额占比图

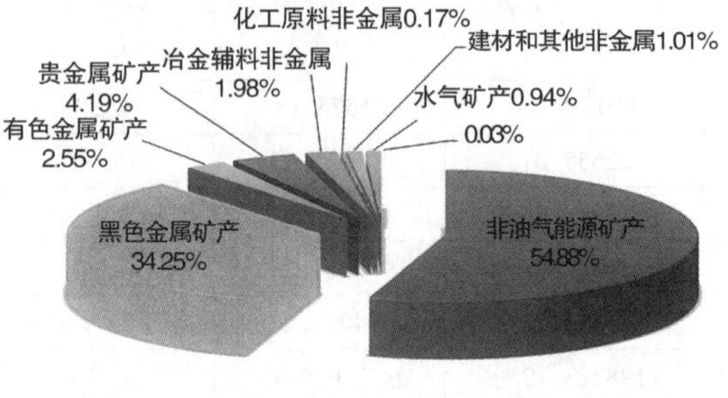


图29　2015年内蒙古自治区各类矿产工业总产值占比图

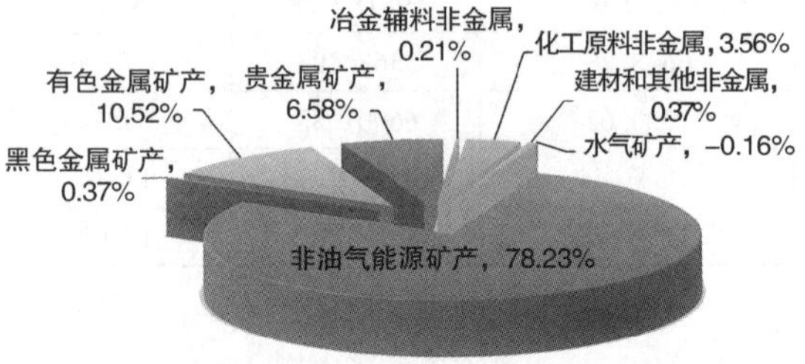


图30　2015年内蒙古自治区各类矿产利润总额占比图

产品产量呈增加趋势。

2. *矿产品进出口贸易*。据内蒙古自治区统计局统计年鉴资料,2015年全区矿产品进出口贸易总额为39.58亿美元,比2014年减少12.24%。其中,矿产品出口贸易总额为1.67亿美元,比2014年减少66.53%。近年来矿产品出口贸易总额变化情况,详见图32。全区矿产品进口贸易总额为37.91亿美元,比2014年减少5.27%. 近年来矿产品进口贸易总额变化情况,详见图33。内蒙古自治区矿产品进出口贸易为逆差,贸易额之比约为23∶1。

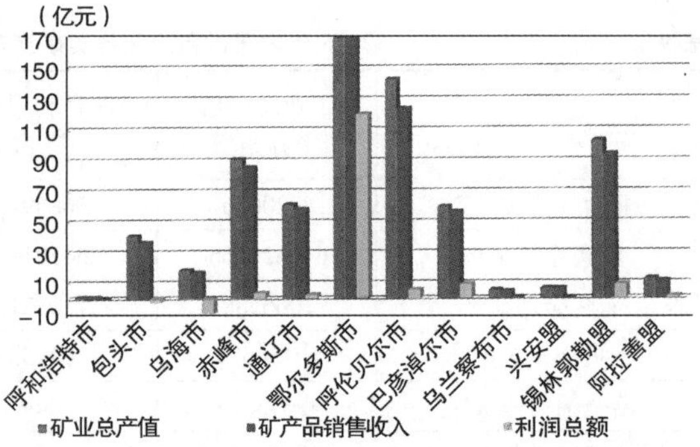


图31　2015年内蒙古自治区各盟市非油气类矿山企业工业总产值、销售收入、利润总额对比图

表11　2015年内蒙古自治区主要资源性产品产量一览表

| 序号 | 产品名称 | 单位 | 产量 | 较2014年增减比例(%) |
|---|---|---|---|---|
| 1 | 原煤 | 亿吨 | 9.09 | −8.5 |
| 2 | 天然气 | 亿立方米 | 290 | 3.2 |
| 3 | 原油 | 万吨 | 178.83 | −5.2 |
| 4 | 焦炭 | 万时 | 3041 | −11.8 |
| 5 | 铁矿原矿石 | 万吨 | 8156.23 | −8.9 |
| 6 | 烧碱(氢氧化钠) | 万吨 | 265.11 | 9.2 |
| 7 | 纯碱(碳酸钠) | 万吨 | 51.67 | −13.9 |
| 8 | 化肥 | 万吨 | 292.96 | 79.8 |
| 9 | 氮肥 | 万吨 | 276.30 | 79.7 |
| 10 | 磷肥 | 万吨 | 14.61 | 59.3 |
| 11 | 合成氨 | 万吨 | 124.03 | −1.1 |
| 12 | 铝 | 万吨 | 259.64 | 10.1 |
| 13 | 铁 | 万吨 | 1461.40 | 9.8 |
| 14 | 钢 | 万吨 | 1735.11 | −16,07 |
| 15 | 成品钢材 | 万吨 | 1897.18 | 7.8 |
| 16 | 铁合金 | 万吨 | 600.58 | 14.8 |
| 17 | 电石(碳化钙) | 万吨 | 840.40 | 16.67 |
| 18 | 精炼铜(电解铜) | 万吨 | 17.40 | 24.5 |
| 19 | 原盐 | 万吨 | 158,57 | −18.1 |
| 20 | 碳化钙(电石,折300升/千克) | 万吨 | 860.91 | 13.9 |
| 21 | 硫铁矿石(折含硫35%) | 万吨 | 64.31 | 7,3 |
| 22 | 水泥 | 万吨 | 5807.09 | −8,2 |
| 23 | 平板玻璃 | 万吨 | 1014 | 79 |

2015年,全区大宗主要资源性产品进口贸易总额为32.9亿美元,详见表12;全区大宗主要资源性产品出口贸易总额为3.27亿美元,详见表13。由于矿产品受国际价格波动的影响,直接波及并影响到了我区工业经济的发展和效益。

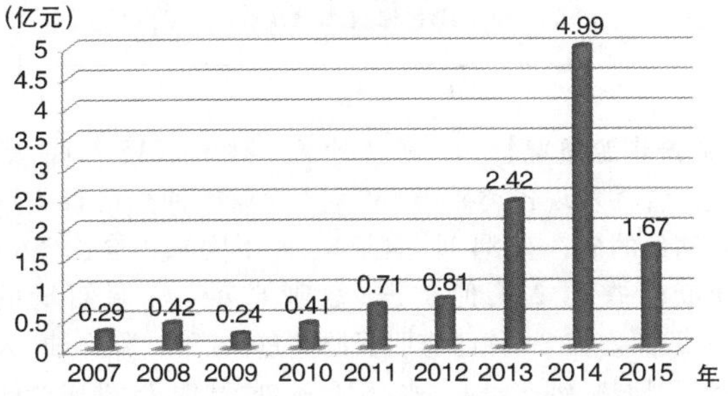


图32 2007~2015年内蒙古自治区矿产品出口贸易总额对比图

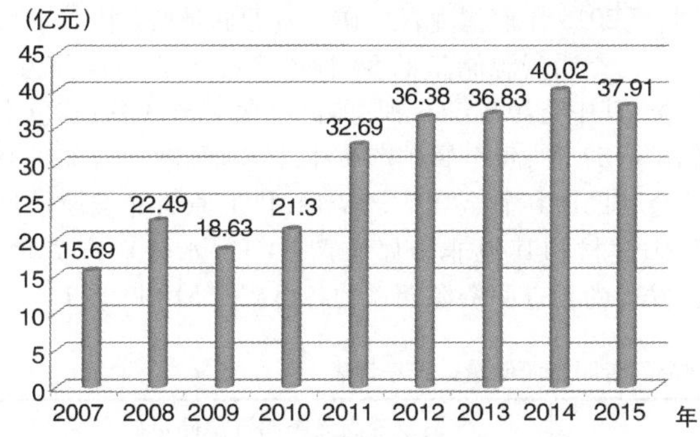


图33 2007~2015年内蒙古自治区矿产品进口贸易总额对比图

**表12**

**2015年内蒙古自治区主要资源性产品进口贸易一览表**

| 产品名称 | 贸易额(万美元) | 较2014年增减比例(%) |
|---|---|---|
| 铜矿砂 | 214300 | -8.88 |
| 煤炭 | 50800 | -36.99 |
| 铁矿砂 | 58900 | -0.48 |
| 石油制品 | 5026 | -79.34 |
| 合计 | 329026 | -17.79 |

**表13**

**2015年内蒙古自治区主要资源性产品出口贸易一览表**

| 产品名称 | 贸易额(万美元) | 较2014年增减比例(%) |
|---|---|---|
| 铁合金 | 9768 | -52.11 |
| 钢铁制品 | 21015 | -21.37 |
| 稀土 | 1954 | -30.55 |
| 贵金属及制品 | 7 | 250.00 |
| 合计 | 32745 | -34.44 |

## ·矿产资源行政管理·

**【概况】** 2015年,在矿业经济呈现总体下滑的形势下,全区国土资源系统坚决落实党中央和自治区党委、政府及国土资源部的决策部署,积极主动适应新常态,积极作为,改革创新,较好地履行了"保发展、保资源、保权益"职责。

1. *依法规范矿业市场*。2015年,全区完成矿产资源储量评审备案成果182项,其中国土资源部备案13项,自治区国土资源厅备案169项。

2015年,全区采矿权转让54个,出让面积共计2685.47平方千米,成交金额共计8955万元;国土资源储备交易登记中心挂牌出让探矿权53个,面积2684.67平方千米,成交金额7890万元;挂牌出让采矿权1个,面积0.801平方千米,成交金额1065万元。

保护矿产资源,保障建设项目,核实建设项目用地压覆矿产资源的工作成效显著。2015年,共受理矿产资源压覆审批件615件。其中未压覆批件552件,压覆批件63件,及时、有效地配合了国家建设用地审批工作的顺利进行。

2. *矿业管理新探索*。2015年,全区矿业管理重点推行"3+2"模式,为进一步解放生产力,在采矿权抵押备案方面进行了创新突破,允许采矿权实行份额抵押、银团抵押和为第三方抵押。全年登记审批采矿权抵押备案137个,抵押金额合计477.49亿元,与2014年同期相比,抵押个数增加了一个,抵押金额增加了19.84亿元,有效地提升了项目抵押融资能力。

3. *地质找矿成效显著*。全面实施"358"找矿突破战略行动,重点推进整装勘查、集中勘查和合作勘查。2015年,全区地质勘查投入总计70.16亿元,其中非油气地质勘查投入资金37.16亿元,油气勘查投入33亿元,拉动社会投资26.42亿元。先后发现7处大型以上铀矿床,已探获的铀资源量位居全国首位。实施地质找矿"走出去"战略,重点推进对俄蒙矿业合作的同时,在加拿大、澳大利亚等20多个国家独立登记探矿权15宗,合作项目90多个,潜在价值17亿元。

4. *国土资源信息化建设*。2015年,信息化工作紧紧围绕新常态下国土资源工作的新要求、新定位,充分运用新一代信息技术,进一步提升信息化的服务水平和保障能力,全区信息化工作取得了明显成效。

为推进简政放权和职能转变,配合各处室优化审批流程、提高审批效率,通过电子政务平台下放审批要件10项,重新梳理49项业务审批流程,录入、修改矿业权数据150余条,完成了"扩权强县"质保模块的研发和部署,并研发了矿业权价款子系统,提高了国土资源管理审批效率,增强了服务群众的能力和水平。

5. 地质环境治理成效显著。按照绿色发展理念和"打造祖国北疆亮丽风景线"等一系列新理念、新要求，变被动开发为主动治理，通过完善政策、强化监管，加强绿色矿山和和谐矿区建设，落实"在开发中保护、在保护中开发"和"谁破坏、谁治理"等措施，进一步加大地质环境治理力度，着力解决长期以来因矿业开发造成的地质矿山环境问题。2015 年，自治区首次将矿山地质环境治理率纳入对盟市领导班子考核范围。自治区下发政府令颁布实施了《内蒙古自治区矿山地质环境治理办法》，成为全国第一个矿山地质环境治理省级政府规章，自治区国土资源厅制定了与之配套的实施细则和相关的技术标准，进一步规范开发与治理行为。2015 年，全区共投入矿山地质环境治理资金 14.9 亿元，治理面积达 181.1 平方千米，矿区人居环境显著改善。

6. 地质资料提供社会服务水平再上新台阶。2015 年，我区地质资料馆验收汇交各类纸质地质资料 576 档，馆藏资料总数达 15469 档，并全部实现数字化。主要通过电子阅览室查阅，全年共接待借阅资料利用者 1745 人次，提供各类地质资料 8191 份次、1093921 件次，地质资料网站点击数 8212 人次。

2015 年，利用馆藏地质资料完成了 562 宗国家出资勘查矿业权核实工作，并开展了 615 宗建设项目用地压覆矿产资源核查评估，为全区资源开发和经济建设提供了科学依据和优质服务。

（内蒙古自治区国土资源厅）

# 黑龙江省

**【矿产资源概况】** 1. 矿产种类。截至 2015 年底，黑龙江省共发现各类矿产 135 种（含亚矿种），已查明资源储量的矿产有 84 种（含亚矿种、下同），占全国 2014 年度已查明 230 种矿产（含亚矿种）资源储量的 36.52%。在 84 种已查明资源储量矿产中，除石油、天然气、地热、铀矿、地下水、矿泉水外，其他 78 种矿产的资源储量均按《固体矿产资源/储量分类》标准编入《截至 2015 年底黑龙江省矿产资源储量表》中。

已查明资源储量的 84 种矿产按工业用途分为 9 大类，其中能源矿产 6 种；黑色金属矿产 3 种；有色金属矿产 11 种；贵金属矿产 6 种；稀有、稀散元素矿产 8；冶金辅助原料非金属矿产 7 种；化工原料非金属矿产 7 种；建材和其他非金属矿产 34 种；水气矿产 2 种。已发现尚无查明资源储量的各类矿产 51 种（表 1）。

**表 1　　黑龙江省已查明资源储量矿产和已发现尚无查明资源储量矿产统计表**

| 序号 | 矿产类别 | 已查明资源储量矿产 | | 已发现尚无查明资源储量矿产 | |
|---|---|---|---|---|---|
| | | 矿种数 | 矿种名称 | 矿种数 | 矿种名称 |
| 1 | 能源矿产 | 6 | 石油、天然气、煤、地热、铀矿、油页岩 | 2 | 煤层气、褐煤蜡 |
| 2 | 黑色金属矿产 | 3 | 铁、钛、钒 | 2 | 锰、铬 |
| 3 | 有色金属矿产 | 11 | 铜、铅、锌、镁、镍、钴、钨、锡、铋、钼、锑 | 1 | 汞 |
| 4 | 贵金属矿产 | 6 | 铂、钯、铱、锇、金、银 | 2 | 钌、铑 |
| 5 | 稀有稀散放射性元素矿产 | 8 | 钽、铍、镓、铟、铼、硒、镉、碲 | 9 | 钇、镧、铈、镨、钕、铌、锂、锆、钍 |
| 6 | 冶金辅助原料非金属矿产 | 7 | 矽线石、普通萤石、熔剂用灰岩、冶金用白云岩、铸型用砂、耐火黏土、菱镁矿 | 1 | 蓝晶石 |
| 7 | 化工原料非金属矿产 | 7 | 硫铁矿、伴生硫、化肥用蛇纹岩、泥炭、砷、硼、磷 | 3 | 自然硫、重晶石、天然碱 |

**续表 1**

| 序号 | 矿产类别 | 已查明资源储量矿产 | | 已发现尚无查明资源储量矿产 | |
|---|---|---|---|---|---|
| | | 矿种数 | 矿种名称 | 矿种数 | 矿种名称 |
| 8 | 建材及其他非金属矿产 | 34 | 石墨、压电水晶、熔炼水晶、硅灰石、石棉、云母、长石、石榴子石、叶蜡石、沸石、颜料矿物、玻璃用砂、玻璃用脉石英、陶粒页岩、水泥配料用页岩、陶瓷土、膨润土、陶粒用黏土、水泥配料用黏土、饰面用辉长岩、饰面用闪长岩、铸石用玄武岩、岩棉用玄武岩、饰面用花岗岩、珍珠岩、火山灰、饰面用大理岩、水泥用大理岩、玻璃用大理岩、浮石、制灰用石灰岩、水泥配料用砂岩、硅藻土、陶粒用板岩 | 28 | 高岭土、水泥用灰岩、蓝宝石、玛瑙、玉石、电气石、刚玉、红柱石、滑石、方解石、麦饭石、黑曜岩、松脂岩、霞石正长岩、透闪石、透辉石、石膏、硅石、蛭石、砖瓦用黏土、建筑用凝灰岩、建筑用砂、火山渣、电石用灰岩、泥灰岩、明矾石、蛋白石、芒硝 |
| 9 | 水气矿产 | 2 | 地下水、矿泉水 | 3 | 二氧化碳气、硫化氢气、氮气 |

**注：**黑龙江省已查明高岭土矿为陶瓷用高岭土，储量表中按陶瓷土矿统计，故高岭土暂列入已发现尚无查明资源储量矿产；水泥用灰岩（零星资源）、砖瓦用黏土、建筑用凝灰岩、建筑用砂等为市县发证，未纳入储量统计表中，故暂列入已发现尚无查明资源储量矿产。

黑龙江省已查明资源储量和已发现尚无查明资源储量的各类矿产见图 1。

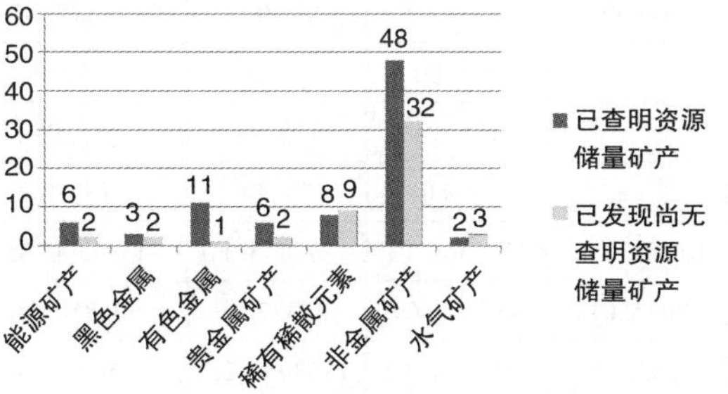


**图 1　黑龙江省已查明资源储量和已发现尚无查明资源储量的矿产分类构成图**

在已查明资源储量矿产种类中，数量最多的是非金属矿产 48 种，占总量的 57.1%；其次是金属矿产 28 种，占 33.3%；能源矿产和水气矿产分别占 7.2%、2.4%（图 2）。

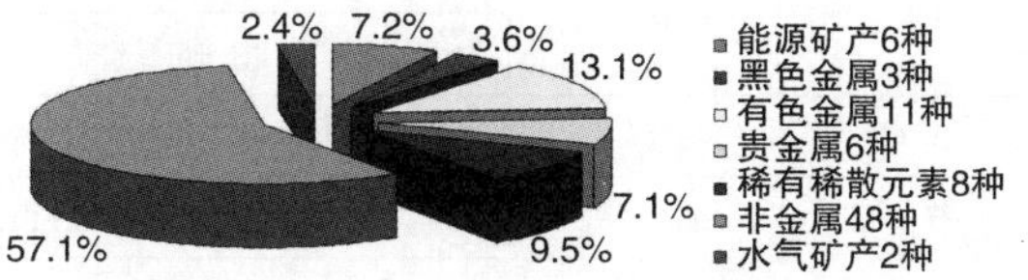


**图 2　黑龙江省已查明矿产分矿类构成图**

2. 上表矿区数及规模。截至 2015 年底，全省已查明矿产资源储量的 84 种矿产中，除石油、天然气、铀矿、地热、地下水、矿泉水外，其他查明的资源储量矿区均已上表。上表矿区数按储量规模统计为 896 处（表 2）。

**表 2　截至 2015 底黑龙江省查明矿产资源储量（按储量规模）统计表**

| 矿产种类 | | 矿区数 | 矿区规模 | | | |
|---|---|---|---|---|---|---|
| | | | 大型 | 中型 | 小型 | 备注 |
| 能源 | 煤、油页岩 | 235 | 58 | 31 | 146 | 煤按井田/勘查区规模标准 |
| 金属矿产 | 黑色金属 | 58 | 1 | 12 | 46 | |
| | 有色金属 | 137 | 6 | 12 | 119 | |
| | 贵金属 | 194 | 16 | 40 | 138 | |
| 稀有稀散元素 | | 25 | 2 | 5 | 18 | |
| 非金属 | 冶金 | 15 | 2 | 3 | 10 | |
| | 化工 | 47 | | 17 | 30 | |
| | 建材 | 185 | 38 | 72 | 75 | |

续表 2

| 矿产种类 | 矿区数 | 矿区规模 | | | |
|---|---|---|---|---|---|
| | | 大型 | 中型 | 小型 | 备注 |
| 全省合计 | 896 | 123 | 191 | 582 | |

注:保有储量为零的不计入矿区统计。

资料来源:截至2015年底黑龙江省矿产资源储量表。

全省查明矿产资源储量的上表矿区按规模统计,大型123处,占全省上表矿区数的13.73%;中型191处,占全省上表矿区数的21.32%;小型582处,占全省上表矿区数的64.96%。统计表明全省矿产资源储量规模以中、小型为主(表3)。

在已查明资源储量上表矿区的构成上,按矿类分,以能源矿产的矿区最多,达235处,占比26.23%;其次是贵金属矿产、建材类非金属以及有色金属,分别占比21.65%、20.65%、15.29%;黑色金属、化工类非金属、稀有稀散元素以及冶金类非金属等矿区数量较少,分别占比6.47%、5.25%、2.79%、1.67%。

表3　　截至2015年底黑龙江省矿产资源储量统计汇总表

| 序号 | 矿种名称 | 资源储量单位 | 保有 | | | | 累计查明 |
|---|---|---|---|---|---|---|---|
| | | | 基础储量 | 其中储量 | 资源量 | 资源储量 | 资源储量 |
| 1 | 煤炭 | 千吨 | 6159596.04 | 1316045.88 | 13693825.25 | 19853421.29 | 22159705.01 |
| 2 | 油页岩 | 千吨 | | | 54498.6 | 54498.6 | 54498.6 |
| 3 | 铁矿 | 矿石 千吨 | 34720.91 | 14969 | 367319.8 | 402040.71 | 438212.01 |
| 4 | 钛矿 | 钛铁矿 $TiO_2$ 吨 | | | 946900 | 946900 | 946900 |
| | | 钛铁矿矿物 吨 | | | 175194 | 175194 | 175194 |
| 5 | 钒矿 | $V_2O_5$ 吨 | | | 78.80 | 78.80 | 78.80 |
| 6 | 铜矿 | 吨 | 1113470.1 | 812011.12 | 3136366.01 | 4249836.11 | 4394390.55 |
| 7 | 铅矿 | 铅 吨 | 62809.5 | 8635.01 | 485517.69 | 548327.19 | 598859.56 |
| 8 | 锌矿 | 锌 吨 | 265314.61 | 27658.03 | 1593641.62 | 1858956.23 | 1956971.68 |
| 9 | 镁矿 | 矿石 千吨 | 2207 | 883 | 6706 | 8913 | 8913 |
| 10 | 镍矿 | 镍 吨 | | | 21611.72 | 21611.72 | 32248.72 |
| 11 | 钴矿 | 钴 吨 | | | 3850.11 | 3850.11 | 3850.11 |
| 12 | 钨矿 | $WO_3$ 吨 | 950 | | 164004.42 | 164954.42 | 195938.93 |
| 13 | 锡矿 | 锡 吨 | 377 | | 1674.25 | 2051.25 | 2051.25 |
| 14 | 铋矿 | 铋 吨 | 732 | | 139.00 | 871.00 | 871.00 |
| 15 | 钼矿 | 钼 吨 | 730661.28 | 42.14 | 2108918.06 | 2839579.34 | 2876168.19 |
| 16 | 锑矿 | 锑 吨 | | | 557 | 557 | 557 |
| 17 | 铂族金属 | 金属 千克 | | | 8946.95 | 8946.95 | 8946.95 |
| | 铂矿 | 铂 千克 | | | 388.4 | 388.4 | 388.4 |
| 18 | 钯矿 | 钯 千克 | | | 2802.9 | 2802.9 | 2802.9 |
| 19 | 铱矿 | 铱 千克 | | | 344 | 344 | 344 |
| 20 | 锇矿 | 锇 千克 | | | 972 | 972 | 972 |

续表 3－1

| 序号 | 矿种名称 | 资源储量单位 | 保有 | | | | 累计查明 |
|---|---|---|---|---|---|---|---|
| | | | 基础储量 | 其中储量 | 资源量 | 资源储量 | 资源储量 |
| 21 | 金矿 | 岩金 金 千克 | 57620.99 | 22139.15 | 96288.02 | 153909.01 | 226631.65 |
| | | 砂金 金 千克 | 35754 | 29299 | 68958.62 | 104712.62 | 305501.1 |
| | | 伴生金 金 千克 | 49.58 | 42.14 | 91568.73 | 91618.31 | 91641.16 |
| 22 | 银矿 | 银 吨 | 814.18 | 129.56 | 2970.04 | 3784.22 | 3809.28 |
| 23 | 钽矿 | $Ta_2O_5$ 吨 | | | 15 | 15 | 15 |
| 24 | 铍矿 | BeO 吨 | | | 29 | 29 | 29 |
| 25 | 镓矿 | 镓 吨 | | | 10 | 10 | 10 |
| 26 | 铟矿 | 铟 吨 | | | 440 | 440 | 440 |
| 27 | 铼矿 | 铼 吨 | | | 99 | 99 | 99 |
| 28 | 镉矿 | 镉 吨 | | | 4235.4 | 4235.4 | 4235.4 |
| 29 | 硒矿 | 硒 吨 | | | 1684 | 1684 | 1684 |
| 30 | 碲矿 | 碲 吨 | | | 13 | 13 | 13 |
| 31 | 矽线石 | 矽线 石吨 | 4755857 | 3810988 | 2816682 | 7572539 | 7645473 |
| 32 | 菱镁矿 | 矿石 千吨 | | | 1150.73 | 1150.73 | 1152.5 |
| 33 | 普通萤石 | 萤石或 $CaF_2$ 千吨 | | | 141.24 | 141.24 | 172.31 |
| 34 | 熔剂用灰岩 | 矿石 千吨 | 4495 | 1492 | 41942.45 | 46437.45 | 48041.45 |
| 35 | 冶金用白云岩 | 矿石 千吨 | 3554 | 3021 | 32977 | 36531 | 36531 |
| 36 | 铸型用砂 | 矿石 千吨 | 4009 | 3408 | 6390 | 10399 | 10924 |
| 37 | 耐火黏土 | 矿石 千吨 | 4758 | 3808 | 10579 | 15337 | 15874 |
| 38 | 硫铁矿 | 矿石 千吨 | 482 | 193 | 2032.1 | 2514.1 | 2517.63 |
| 39 | 伴生硫 | 伴生硫 硫 千吨 | 336.6 | | 949.36 | 1285.96 | 1306.92 |
| 40 | 化肥用蛇纹岩 | 矿石 千吨 | 9887 | | 68916 | 78803 | 78803 |
| 41 | 泥炭 | 矿石 千吨 | 73 | 58 | 28700 | 28773 | 28806 |
| 42 | 砷矿 | 砷 吨 | 16275 | | 10417 | 26692 | 26692 |
| 43 | 硼矿 | $B_2O_3$ 千吨 | | | 5 | 5 | 5 |
| 44 | 磷矿 | 矿石 千吨 | | | 42551.57 | 42551.57 | 42551.57 |
| 45 | 石墨 | 晶质石墨 千吨 | 19605.25 | 3534 | 104469.15 | 124074.4 | 130261.3 |
| 46 | 压电水晶 | 单晶 千克 | 7366 | 4420 | 1161 | 8527 | 8697 |
| 47 | 熔炼水晶 | 矿物 吨 | 354 | 212 | 417 | 771 | 1498 |
| 48 | 硅灰石 | 矿石 千吨 | | | 37 | 37 | 37 |
| 49 | 石棉 | 石棉 千吨 | | | 350 | 350 | 350 |
| 50 | 云母 | 工业原料云母 吨 | | | 978 | 978 | 978 |
| 51 | 长石 | 矿石 千吨 | | | 175580 | 175580 | 175580 |
| 52 | 石榴子石 | 石榴子 石吨 | | | 121173 | 121173 | 121833 |
| 53 | 叶蜡石 | 矿石 千吨 | 239.8 | 199 | 490.9 | 730.7 | 747 |

续表 3－2

| 序号 | 矿种名称 | 资源储量单位 | 保有 | | | | 累计查明 |
|---|---|---|---|---|---|---|---|
| | | | 基础储量 | 其中储量 | 资源量 | 资源储量 | 资源储量 |
| 54 | 沸石 | 矿石 千吨 | 33200 | 26565 | 85884.9 | 119084.9 | 123175.9 |
| 55 | 颜料矿物 | 颜料黄土矿石 千吨 | | | 1920 | 1920 | 2950 |
| 56 | 制灰用石灰岩 | 矿石 千吨 | | | 9853.2 | 9853.2 | 10249.8 |
| 57 | 水泥配料用砂岩 | 矿石 千吨 | | | 109880 | 109880 | 109880 |
| 58 | 玻璃用砂 | 矿石 千吨 | 2070 | 1760 | 13843 | 15913 | 16030 |
| 59 | 玻璃用脉石英 | 矿石 千吨 | | | 7994.9 | 7994.9 | 8003.9 |
| 60 | 硅藻土 | 矿石 千吨 | | | 1195 | 1195 | 1195 |
| 61 | 陶粒页岩 | 矿石 千吨 | 6050 | 5140 | 97267.9 | 103317.9 | 103420 |
| 62 | 水泥配料用页岩 | 矿石 千吨 | 2450 | 2080 | 1940 | 4390 | 4390 |
| 63 | 陶瓷土 | 矿石 千吨 | 11758.8 | 10081 | 24251 | 36009.8 | 37577 |
| 64 | 膨润土 | 矿石 千吨 | | | 145944 | 145944 | 145999 |
| 65 | 陶粒用黏土 | 矿石 千吨 | 1760 | 1440 | 6181.7 | 7941.7 | 8391.7 |
| 66 | 水泥配料用黏土 | 矿石 千吨 | 52780 | 45590 | 59329 | 112109 | 121070 |
| 67 | 铸石用玄武岩 | 矿石 千吨 | 110907.68 | 82990 | 190 | 111097.68 | 111310 |
| 68 | 岩棉用玄武岩 | 矿石 千吨 | 2030 | 1730 | 70710 | 72740 | 73160 |
| 69 | 饰面用辉长岩 | 矿石 千立方米 | | | 2540 | 2540 | 2540 |
| 70 | 饰面用闪长岩 | 矿石 千立方米 | | | 3820.3 | 3820.3 | 3820.3 |
| 71 | 饰面用花岗岩 | 矿石 千立方米 | 10388.58 | 8800 | 42263.36 | 52651.94 | 53891.48 |
| 72 | 珍珠岩 | 矿石 千吨 | 8430 | 6750 | 24805.51 | 33235.51 | 33633.1 |
| 73 | 浮石 | 矿石 千立方米 | | | 491.5 | 491.5 | 521.5 |
| 74 | 火山灰 | 矿石 千吨 | 17890 | 15200 | 31590 | 49480 | 52760 |
| 75 | 饰面用大理岩 | 矿石 千立方米 | 2610 | 2090 | 4070 | 6680 | 6680 |
| 76 | 水泥用大理岩 | 矿石 千吨 | 270680.15 | 130820.8 | 1312149.69 | 1582829.84 | 1698351.98 |
| 77 | 玻璃用大理岩 | 矿石 千吨 | 14940 | 11950 | 13260 | 28200 | 28200 |
| 78 | 陶粒用板岩 | 矿石 千吨 | 0 | 0 | 14283 | 14283 | 14283 |

**【主要矿产资源分布】** 黑龙江省地域辽阔，矿产资源种类较全，且分布广泛又相对集中。如石油、天然气主要集中在松辽盆地的大庆一带；煤炭则分布在东部的鹤岗、双鸭山、七台河和鸡西等地；有色、黑色金属矿产主要分布于嫩江、伊春和哈尔滨一带；贵金属矿产分布在大、小兴安岭及伊春、佳木斯、牡丹江等地；非金属矿产主要分布在本省的东部和中部地区。

1. *能源矿产*。能源矿产在黑龙江省矿产中占有重要地位，已探明资源储量的矿种有石油、天然气、煤、油页岩、地热、铀矿 6 种矿产，其中石油、天然气主要以大庆为主（无石油、天然气、地热、铀矿资料）。

煤炭：煤炭是黑龙江省重要优势矿产。全省煤炭从分布上看，主要集中于双鸭山、鸡西、鹤岗、七台河四大煤城，占全省煤炭资源储量的 90% 以上，其余主要分布在黑河、大兴安岭、牡丹江、哈尔滨等地。

2. *黑色、有色金属矿产*。黑色金属矿产：铁矿资源储量主要分布在双鸭山、黑河、伊春等地，其中双鸭山铁矿和逊克翠宏山铁多金属居前两位。

有色金属矿产：铜资源集中于黑河地区，主要矿床有嫩江县多宝山铜矿、铜山铜钼矿，其余的则分布在龙江、东宁等地。

黑龙江省铜矿品位较低，平均为 0.47%，给开发利用带来一定难度。全省富铜矿（品位 >1%）资源总量 3.71 万吨，仅占全省铜保有资源总量的 0.87%，分布在大兴安岭新林区塔源铜矿、黑河付地营子铜锌多金属矿。

铅锌：从资源总量看，伊春、黑河地区的资源占全省 70% 以上，黑河地区的资源主要分布在逊克翠宏山铁多金属矿床中。

黑龙江省铅锌资源较多，但是品质不佳也是制约规模开发利用的一大障碍，目前全省铅+锌品位大于8%的矿床很少（一般认为这是现阶段铅锌矿床开采的经济品位），仅有伊春小西林铅锌矿（Pb+Zn 9.32%）、伊春小西林铅锌矿Ⅴ号矿体（Pb+Zn 8.41%）、阿城苏家围子铁锌矿（Zn 8.59%）、伊春五星铅锌矿（Pb+Zn 9.20%）。

钼：主要分布在大兴安岭地区、铁力、阿城、逊克县等地。

3. *贵金属矿产*。全省查明矿产资源储量的贵金属矿产有金（包括岩金、砂金、伴生金）、银、铂族（铂、钯、铱、锇）共6种矿产，其中金矿开发利用程度较高。

金：金矿资源有岩金、砂金、伴生金。近几年岩金勘查开发很快，逐渐形成了团结沟、老柞山、大安河、东风山、争光、三道湾子、砂宝斯等中、大型岩金矿山，伴生金随主矿种的开采部分回收利用。

岩金：全省岩金主要分布在黑河、伊春、大兴安岭、鸡西、七台河、牡丹江、佳木斯等地，其中黑河最多，其次是伊春、大兴安岭、鸡西、七台河、牡丹江、佳木斯。主要矿山有嘉荫团结沟、黑河市争光、勃利－宝清老柞山、嘉荫平顶山、黑河市三道湾子、东宁县金厂矿区0号矿体、东宁县金厂矿区Ⅰ号矿体、大兴安岭砂宝斯岩金矿，上述矿山保有资源储量约占全省岩金资源储量的90%。

伴生金：主要分布在嫩江多宝山铜矿、铜山铜矿、三矿沟铜矿和黑河付地营子铜矿，金作为伴生矿产已回收利用。

4. *稀有、稀土分散元素矿产*。已查明资源储量矿产有钽、铍、镓、铟、铼、硒、镉、碲等8种，全省上表矿区25处。全省稀有、稀土分散元素矿产除铍矿是单一矿产外，其余都是伴生矿。主要分布在嫩江县、逊克县、伊春铁力、萝北、阿城等地。

5. *冶金辅助原料非金属矿产*。已查明矿产资源储量的矿产有矽线石、普通萤石、熔剂用灰岩、冶金用白云岩、铸型用砂、耐火黏土、菱镁矿等7种矿产。其中矽线石为我省优势矿产，但开发利用程度较低，矽线石主要分布在鸡西和牡丹江两地。

6. *化工原料非金属矿产*。已查明资源储量矿产种类不多，主要有硫铁矿、伴生硫、化肥用蛇纹岩、泥炭、砷矿、硼矿、磷矿等7种。主要分布在黑河、伊春、牡丹江、鸡西等地。泥炭资源储量较丰富（但开发利用极少），目前大都是以往所做工作，没有新的发现。主要分布在双鸭山、鸡西、佳木斯等地。

7. *建材及其他非金属矿产*。全省查明资源储量矿产有34种，石墨、沸石、黄黏土、熔炼水晶、水泥用大理岩等是我省优势矿产，尤其以石墨最为突出，资源储量、质量居全国首位。其中鸡西柳毛石墨矿质量好、资源储量大，国内外闻名。

石墨：黑龙江省的石墨资源在全球占有一定地位，主要集中在鸡西、鹤岗、七台河等地，著名的石墨矿区为鸡西柳毛、萝北云山、勃利佛岭。黑龙江省的主要石墨矿山多数已得到开发利用。

水泥用大理岩：黑龙江省水泥用大理岩在全国资源储量排序第一，分布在鸡西、哈尔滨、七台河、黑河、伊春、牡丹江、佳木斯、双鸭山等地区。

8. *水气矿产*。水资源：全省地下水水资源丰富，开采潜力大，但大多集中在大中城市开采，造成超采、局部水资源不足。黑龙江省矿泉水资源较为丰富，除中外闻名的五大连池矿泉水外，其他各市县均有分布。

**【地质矿产勘查】** 1. *矿调、煤调项目*。2015年安排矿调项目28个，总投资2.78亿元，除1个项目因涉及自然保护区被提前终止外，其他项目进展顺利。截至2015年底已完成水系沉积物测量2.8万平方千米，完成比例81%，采集样品12万件，开展路线地质调查3700平方千米，地质剖面30千米。

安排煤调项目4个，总投资7553.53万元。由于受耕地等条件限制，开工时间较晚。截至2015年底，已有3个项目完成地震勘探工作，1个项目协调耕地占用问题。

安排农业地质项目1个，总投资1650万元。2015年完成野外工作总任务的70%。

2. *异常查证项目*。异常查证项目包括16个化探异常查证项目、14个航磁异常查证项目和1个方法试验项目，总投资3.25亿元。

2015年化探异常查证项目基本完成了地质简测和物化探测量等面积性工作，并完成槽探7万立方米，完成比例20%。其中100个项目进行了中期检查，16个项目进行了专项验收。

航磁异常查证项目，已全面完成地质简测和物化探测量等三级查证工作，并完成了少量的二级查证任务，槽探和钻探任务尚未实施。

黑龙江省大兴安岭成矿带航电方法试验项目，2015年年底前已全部完成野外工作，正在收集和整理资料，研究编制成果报告。

3. *深度勘查项目*。深度勘查项目共计53个，总投资5.04亿元。其中龙兴矿权项目19个，黑龙江省国土资源厅委托的重点矿产勘查项目34个。截至2015年底，已有49个项目开展了野外工作，其中：龙兴矿权项目17个，重点矿产勘查项目32个。

龙兴矿权开工的17个项目中，有4个项目基本完成了野外工作，9个项目完成了50%以上，4个项目完成了30%左右。

重点矿产勘查已开工的32个项目中,3个项目完成了野外验收,3个项目基本完成野外工作,4个项目完成70%以上,7个项目完成50%以上,15个项目完成30%左右。

此外,地质矿产试验测试能力建设项目于年底前完成了采购招标工作。由于招标工作结束较晚,部分设备需由国外进口,时间较长,导致项目前期进展缓慢。73台设备中已到货53台,其中已安装使用35台,未安装18台。

通过近一年的工作,项目成果初步显现:农业地质项目初步圈定富硒土壤38万亩;化探异常查证项目圈定单元素异常20690处,总面积546平方千米,组合异常1819处,总面积286平方千米;航磁异常查证项目圈定单元素异常6603处,总面积261平方千米,组合异常667处,总面积137平方千米;深度勘查项目根据部分成果显示,有7个项目预计可形成矿产地,其中2个项目专家预测为大型矿床。

**【矿产资源开发利用】** 截至2015年底,全省现有各类矿山2555个,其中外资及港、澳、台商投资企业10个,内资企业2545个;国有企业154个,占6.05%,集体企业234个,占9.19%,私营企业1555个,占61.10%,其他矿山602个。开发利用矿种59个,年产矿量14664.31万吨,其中煤炭产量5997.00万吨,建筑用砂、石、土等非金属类固体矿石总量6421.17万吨。

2015年,全省非油气各类矿山实现工业总产值2097636.18万元。其中,煤炭工业产值1730979.71万元,占总数的82.52%;黑色金属工业产值28033.84万元,占总数的1.33%;有色金属工业产值208415.98万元,占总数的9.94%;贵金属工业产值17239.85万元,占总数的0.82%;水气矿产工业产值766.95万元,占总数的0.04%;建材及其他非金属工业产值112199.85万元,占总数的5.35%。2015年黑龙江省各市(地)非油气矿产工业总产值情况见图3。

2015年,全省矿产资源开发管理工作紧紧围绕国土资源部、省政府及省国土资源厅确定的中心工作,超前谋划,全力推进,全年接收各类矿业权1128卷次,召开35次处务会、11次厅矿业权会审会议,依法审批521宗矿权,其中非煤采矿权51宗,煤炭采矿权225宗,探矿权245宗,收缴两权价款8.64亿元,全省矿产资源开发管理工作取得了明显成效。

**【矿产经济产业推进工作】** 按照黑龙江省政府推进"十大产业"的部署要求,省国土资源厅会同省工业和信息化委员会等矿产经济产业推进组成员单位及相关市地政府积极推进,取得明显成效。据省统计局统计资料,2015年推进省重点矿产经济产业项目6个,其中新开工项目1个,完成投资12.2亿元,占年度计划(13.7亿元)的89.05%。

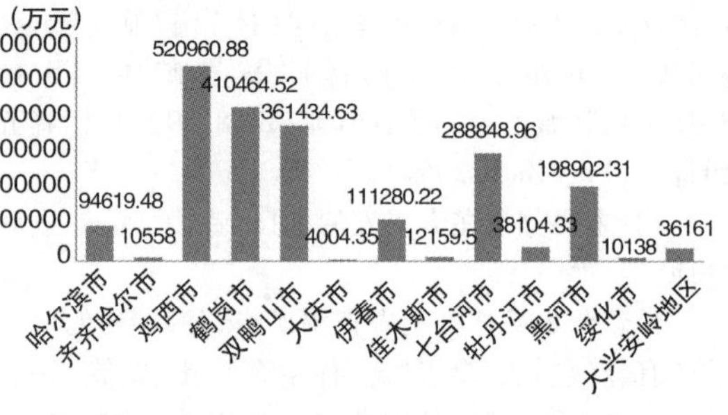


图3 2015年黑龙江省各市(地)非油气矿产工业总产值对比图

**【矿产资源规划管理】** 开展第三轮《黑龙江省矿产资源总体规划》编制工作。省级规划编制工作方案按时报部,拟定十个基础专题研究,部署6个试点市县与省级规划同步推进,组织开展技术规程工作培训。

资源规划体系进一步完善,发布实施《黑龙江省石墨资源专项规划》,矿产资源规划审查制度顺利实施。全年,完成矿业权合规性审查235件。其中:探矿权合规性审查188件,采矿权合规性审查11件,地质勘查基金项目36件。

**【地质环境管理】** 1. *地质灾害防治*。2015年,黑龙江省范围内各类地质灾害隐患点2344处,确定重点隐患点68处,开展6处重要地质灾害隐患点治理工程。编制印发《黑龙江省2015年汛期地质灾害防灾预案》,积极开展汛期地质灾害巡查、排查工作,全面落实地质灾害防治各项工作。

2. *地质环境监测*。2015年地下水水位监测点288个,地下水水质监测点137个,其中国家级地下水水位监测点92个,国家级地下水水质监测点40个,地质灾害监测点19个,地下水监测控制面积118200平方千米。基本形成了覆盖松嫩平原部分地区及大中城市主要地区的地下水地质环境监测网络。

3. *矿山地质环境*。矿山地质环境治理恢复保证金制度建设顺利推进,全年收取保证金4035.02万元。2015年,确定省级矿山地质环境治理项目13项。省厅审定的矿山地质环境恢复治理方案26项。市级审定的矿山地质环境恢复治理方案101项。

4. *地质遗迹保护与地质公园建设*。全省现有世界地质公园2处、国家地质公园6个、省级地质公园24个。

5. *矿泉水及地热水源管理*。2015年全省矿泉水水源地年度检测备案工作,共计有矿泉水企业39家进行了水源地年度检测备案,合格率100%。

**【矿产卫片执法检查】** 对国土资源部下发黑龙江省的15972宗土地和265个矿产卫片监测图斑全部进行了内、外业核查,查实并立案查处土地违法2233宗,矿产违法156宗,全部依法查处,收缴罚没款1.33亿元,没收违法所得1145万元,没收矿产品14.4万吨,没收构建物9.52万平方米,拆除构建物2.9万平方米,对13个地市开展了约谈,对违法严重地区启动了问责,发挥了卫片执法警示作用。

**【地质博物馆、地质资料档案馆建设】** 科普教育工作,被中国科学技术协会授予2015~2019年度全国科普教育基地;惠民公益行动再添新举措,博物馆实行免费开放。全年接待社会各界参观1.2万余人次,义务讲解37场次,举办各类科普讲解和学生实习活动31次。在"世界地球日"宣传活动中,举办了科普讲座和学生绘画展等活动。扩大科普教育范围,与南岗区教育局共建校外教育实践基地。

截至2015年底,馆藏成果地质资料5962档。依托地质资料监管平台,地质资料验收实现了成果、原始和实物地质资料同步汇交,全年验收成果地质资料123档、原始地质资料96档和实物地质资料(清单)101份;向全国地质资料馆转交成果地质资料93档,全部验收合格。地质资料借阅服务接待借阅者403人次,查阅资料4.2万件次,刻录文字2.96万页、图件0.23万张,复印文字1万页;地质资料目录数据库网络查询点击量27326次。为省厅矿政管理提供地质资料信息服务,为矿业权"招拍挂"工作完成126份核查报告;完成了建设项目压覆矿产资源地质资料审核201份;探矿权人放弃勘查区块地质资料汇交审核122份。成功举办了全省地质资料汇交管理培训班。地质资料信息报送被全国地质资料馆采纳信息5篇。

截至2015年底,馆藏机关、专业档案37613件(卷)。全年完成厅机关档案4482件的归档和目录数据库录入工作。提供档案借阅服务200人次、296件。在确保档案安全的情况下,完成文书及业务档案10769件(卷)的数字化工作。完成机关及专业档案库区的改造工作。

(黑龙江省国土资源厅)

## 重庆市

**【地质勘查】** 2015年,中央财政和市级财政安排地质矿产勘查项目26个、1.5亿元。圭亚那东蒙哥马利铝土矿普查等12个国外矿产资源风险勘查项目提交成果报告。

2015年实施的市级财政项目132个,投入资金19724万元,完成钻探工作量43134米,提交矿产地29处(超大型1处、大型3处、中型9处、小型16处)。全市新增查明矿产资源储量,煤炭2.74亿吨、铁110.26万吨、铝土矿620.25万吨、锰矿304.94万吨、水泥用灰岩3.02亿吨、锶矿(天青石)1048.4万吨、地热4500立方米/日。

**【矿业权审批】** 截至2015年底,市级审批的有效勘查许可证和采矿许可证共计797个,其中勘查许可证107个,采矿许可证690个。2015年,颁发勘查许可证32个,其中新立4个、延续变更6个、探矿权保留14个、注销8个;颁发采矿许可证287个,其中新立1个、变更70个、延续216个。

**【矿业权市场】** 2015年,全市采矿权出让289宗,其中市级出让采矿权54宗,区县出让采矿权235宗;市级采矿权转让3宗。

**【矿产资源专项收入征收】** 2015年,市级采矿权出让综合价款合同金额2.46亿元,入库1.61亿元;全市征收矿产资源补偿20.43亿元,其中市级征收矿产资源补偿费108.05万元,区县征收矿产资源补偿费4174.56万元。

**【矿产资源执法监察】** 2015年矿产资源立案85件,按违法主体划分,企事业单位违法68件,个人违法17件。全年共结案82件,结案率96.47%;其中处理上年未结案6件,无证开采14件,越界开采62件;罚没款682.81万元。对15个涉嫌犯罪的违法案件移交公安机关追究刑事责任(图1)。

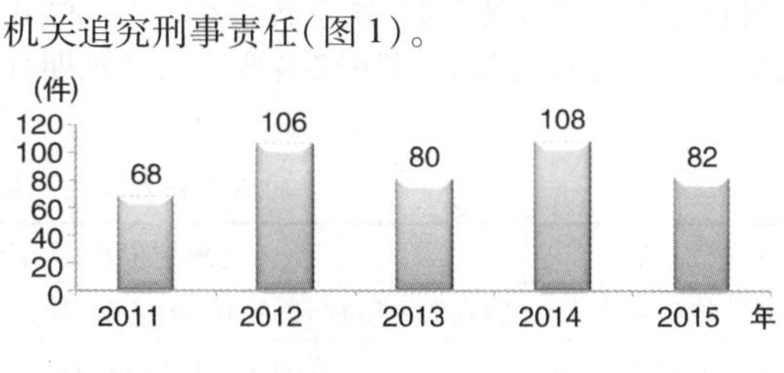


**图1 2011~2015年重庆市矿产资源违法案件查处情况**

**【页岩气勘探开发】** 重庆市政府出台全国首个省级页岩气产业发展规划,涪陵页岩气示范基地通过国家验收,成为北美外最大的页岩气田,南川、綦江、武隆等地钻探获得良好资源显示,丰都、巫溪、黔江等区块勘探工作加快推进。2015年,涪陵页岩气田新探明储量2738.48亿立方米,累计探明储量3805.98亿立方米,建成年产能50亿立方米,成为全国页岩气开发主战场。

截至2015年底，全市不包括参数井在内共完钻294口井，涪陵、彭水、永川共投产187口井，建成年产能约50.7亿立方米。全年产气31.79亿立方米，累计产气44.23亿立方米。

**【地质灾害防治】** 2015年，全市共发生地质灾害灾情376起，同比下降87%，其中滑坡286起，崩塌59起，泥石流17起，地面塌陷10起，地裂缝4起。地质灾害造成8人受伤、7人死亡，伤亡人数同比减少80.26%，直接经济损失约7750万元、同比减少96%。详见图2。

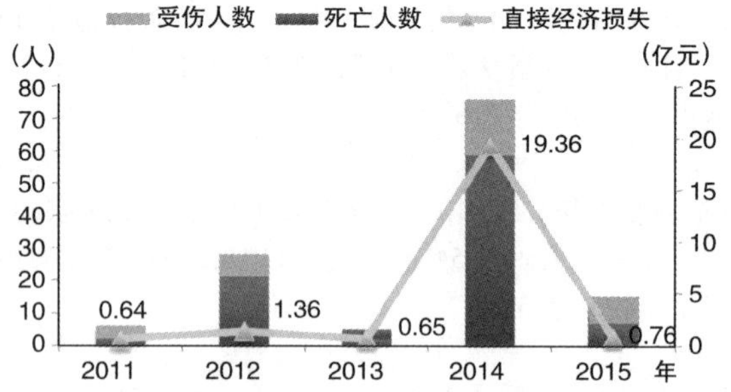


**图2　2011～2015年重庆市地质灾害造成损失情况**

2015年，全市共完成地质灾害危险性评估1621个，其中规划类报告246个，建设类报告1375个(一级报告433个，二级报告469个，三级报告473个)；完成矿山地质环境保护与治理恢复方案124个。

2015年，全市将重灾区搬迁群众纳入地质灾害搬迁避让“金土工程”，安排市级地质灾害防治专项补助资金5768万元，计划搬迁14420人。

**【三峡库区地质灾害防治】** 2015年，全市三峡库区共发生地质灾害灾(险)情7起，紧急转移623人。强化地质灾害防治专业支撑，安排452名地质队员汛期驻守区县乡镇，开展地质灾害隐患核查排查、群测群防指导监督。全面完成三峡库区后续规划3997处群测群防项目标准化建设。

按照三峡后续地质灾害防治规划要求，2014年度国家切块下达全市3.28亿元，安排33个工程治理项目，其中8个应急抢险项目已施工完毕；2015年10月国家切块下达全市3.4亿元，安排64个工程治理项目，其中4个应急抢险治理工程项目已完成，其余项目已全部完成前期勘查、设计和审批工作。

**【地质环境监测】** 1.*“红层找水”民心工程和岩溶找水示范工程*。2015年，全市在17个区县(自治县)实施浅机井40073口，超额完成市政府下达的目标任务。累计投入市级专项资金3.2亿元，累计打井约27.5万口，解决约137.5万农村分散居民饮水困难。

2015年，全市安排实施9个岩溶找水项目，经市财政预算评审中心审定并安排项目资金预算共计1996.51万元，截至12月底共成井44口，出水量约6031立方米/日，可解决约5万余人饮水困难，超额完成市政府下达的目标任务。

2. *地下水动态监测*。全市共设地下水动态监测点37个，其中国家级监测点14个，市级监测点23个。分布于南岸、沙坪坝、北碚、铜梁、巴南、九龙坡、渝北、合川、长寿、万州10个区县。

3. *地热资源*。全市已查明的温泉达148处，其中天然温泉35处，坑道温泉20处，钻井温泉93处，为重庆市建设“世界温泉之都”提供了充分的资源保障。

4. *矿泉水资源*。2015年，全市申请年检的矿泉水开采企业共10家(庆龙矿泉水已注销)，各矿泉水均符合中华人民共和国国家标准《饮用天然矿泉水》(GB 8537—2008)要求，水源水质均达到国家标准要求，年检合格。详见表1。

**表1　　2015年度重庆市年检合格饮用天然矿泉水名单**

| 矿泉水名称 | 达到矿泉水命名浓度的项目 | 开发单位 |
| --- | --- | --- |
| 小三峡矿泉水 | 锂0.21毫克/升、锶0.39毫克/升、溶解性总固体1051.92毫克/升 | 重庆古泉食品饮料有限公司 |
| 巴岳山矿泉水 | 偏硅酸74.37毫克/升、锶1.15毫克/升 | 重庆市巴岳山天然矿泉水饮料厂 |
| 汇森矿泉水 | 偏硅酸46.90毫克/升 | 重庆万州汇森天然矿泉水厂 |
| 龙派矿泉水 | 偏硅酸40.20毫克/升、锶0.93毫克/升 | 重庆安吉尔科技有限公司 |
| 缙云山矿泉水 | 锶0.44毫克/升 | 重庆蓝剑缙云山饮品有限公司 |
| 金刀峡矿泉水 | 偏硅酸30.71毫克/升、锶0.59毫克/升 | 重庆合川区华蓥山矿泉水厂 |
| 中梁山矿泉水 | 偏硅酸43.72毫克/升 | 重庆中梁山饮品有限公司 |
| 雅佳康矿泉水 | 偏硅酸32.63毫克/升 | 重庆雅斛饮品有限公司 |
| 人头山矿泉水 | 偏硅酸34.37毫克/升 | 重庆新天泉实业有限公司 |
| 虎溪饮用天然矿泉水 | 偏硅酸34.21～44.46毫克/升、锶0.57～1.26毫克/升 | 重庆南江地质有限公司 |

【地质遗迹保护】 2015 年,组织编制了《重庆市古生物化石保护规划》报送国土资源部。加强重庆市古生物化石保护工作,对合川区大石街道、云阳县普安乡新发现的恐龙化石和大足区发现的恐龙足迹化石进行调查和应急保护。指导石柱、秀山建立市级地质公园,推荐黔江小南海国家地质公园纳入 2017 ~ 2018 世界地质公园申报名单。详见表 2。

表 2　　重庆市地质公园一览表

| 地质公园名称 | 级别 | 所在行政区划 | 面积(平方千米) | 批准时间(年) | 揭碑开园时间(年) |
|---|---|---|---|---|---|
| 重庆武隆岩溶国家地质公园 | 国家级 | 武隆县 | 454.7 | 2004 | 2005 |
| 长江三峡(重庆)国家地质公园 | 国家级 | 奉节县、巫山县 | 12500 | 2004 | 2010 |
| 重庆黔江小南海国家地质公园 | 国家级 | 黔江区 | 197 | 2004 | 2005 |
| 重庆云阳龙缸国家地质公园 | 国家级 | 云阳县 | 296 | 2005 | 2007 |
| 重庆綦江国家地质公园 | 国家级 | 綦江区 | 173.02 | 2009 | 2014 |
| 重庆万盛国家地质公园 | 国家级 | 万盛经济开发区 | 101.36 | 2009 | 2014 |
| 重庆酉阳国家地质公园 | 国家级 | 酉阳县 | 113.5 | 2011 | |
| 重庆石柱七曜山地质公园 | 省级 | 石柱县 | 98 | 2015 | |
| 重庆秀山地质公园 | 省级 | 秀山县 | | 2015 | |

【矿山地质环境恢复治理】 2015 年,加强万盛资源枯竭城市矿山地质环境恢复治理支持,实施植被恢复、采沉区水资源恢复(丛林镇)、采沉区损毁农房治理、采沉区矿山地质环境监测、采矿损毁土地修复等项目。组织报送"重庆渝北石船片区采石场矿山地质环境治理""重庆巴南片区采石场矿山地质环境治理""重庆南川资源枯竭城市矿山地质环境治理""重庆原松藻矿务局采煤沉陷区矿山地质环境治理""长江经济带重庆段可视范围矿山生态恢复"等 7 个矿山地质环境恢复治理项目,总投资 381742.31 万元,其中申请中央财政补助资金 152696.92 万元。

【地质资料信息化建设】 2015 年,新增"重庆市地质灾害自动化监测工程技术研究中心""深部岩土力学与地下工程国家重点实验室重庆研究中心""重庆市页岩气勘探开发工程研究中心"等科研平台。国土资源部页岩气资源勘查重点实验室通过、重庆市页岩气资源与勘查工程技术研究中心已通过验收。国土资源部矿产资源监督检测中心新增职业卫生检测资质,获准检测参数 89 项。下达了 GNSS 信息化建设二期项目,推动了 GNSS 信息化建设。

(重庆市国土资源和房屋管理局)

## 四川省

【矿产资源概况】 2015 年,四川省具有查明资源储量的矿种有 82 种(亚矿种 101 种),有 30 种矿产排位进入全国同类矿产查明资源储量的前三位。

作为四川优势矿产的天然气、钒、钛、锂、轻稀土、硫铁矿、芒硝、岩盐等 16 种矿产在全国查明资源储量中排第一位;铁、晶质石墨、石棉等 6 种矿产在全国查明资源储量中排第二位(表 1)。

表 1　　截至 2015 年底四川省主要矿产查明资源储量

| 矿种 | 单位 | 查明资源储量 | 矿种 | 单位 | 查明资源储量 |
|---|---|---|---|---|---|
| 钛矿 | $TiO_2$ 万吨 | 60120.52 | 煤矿 | 亿吨 | 122.87 |
| 钒矿 | $V2O_5$ 万吨 | 1691.01 | 铁矿 | 矿石 亿吨 | 94.72 |
| 锂矿 | $Li_2O$ 万吨 | 189.25 | 铜矿 | 铜 万吨 | 260.95 |
| 芒硝 | 矿石 亿吨 | 187.48 | 铅矿 | 铅 万吨 | 368.51 |
| 盐矿 | 矿石 亿吨 | 176.10 | 锌矿 | 锌 万吨 | 643.36 |
| 天然气 | 亿立方米 | 8690.11 | 金矿 | 金 千克 | 362715.27 |
| 硫铁矿 | 矿石 万吨 | 95380.49 | 银矿 | 银 吨 | 5512.81 |
| 磷矿 | 矿石 万吨 | 276273.64 | 铂族金属 | 金属 千克 | 50714.66 |

【新增查明矿产资源】 2015年完成阶段性勘查的矿产地57处,包括6处大型、12处中型、39处小型;新发现矿产地6处,包括2处中型、4处小型;提高规模级别的矿产地3处,包括2处大型、1处中型:取得矿产资源勘查重要成果9项。2015年四川省新增查明矿产资源储量情况见表2。

表2 2015年四川省新增查明矿产资源储量表

| 矿种 | 单位 | 新增查明矿产资源储量 |
|---|---|---|
| 铁矿石 | 亿吨 | 10 |
| 煤炭 | 亿吨 | 2 |
| 铜 | 万吨 | 50 |
| 锂 | 万吨 | 10 |
| 铅锌矿 | 万吨 | 49 |

【地质矿产勘查】 页岩气勘查:争取国土资源部投入8700万元开展页岩气资源调查评价,川南页岩气勘查开发试验区建设加快推进。中石油长宁-威远和昭通两个页岩气区块页岩气探明地质储量。1635.31亿立方米、技术可采储量408.83亿立方米。

整装勘查区找矿:国家级康定-雅江-道孚稀有金属整装勘查区新发现3条锂辉石矿化脉,在普查区邻区新发现5条锂辉石矿化脉:攀西钒钛磁铁矿整装勘查区新增探明钒钛磁铁矿资源储量约40亿吨。

老矿山接替资源找矿:会理县拉拉铜矿外围找矿新发现大型矿一处,会东县淌塘铜矿新增铜资源量6万吨:南江县红山铁矿新增矿石近千万吨:旺苍县唐家河煤矿新增煤炭2014万吨。

【地勘资金投入情况】 2015年全省实施省内各类基础地质、矿产勘查、水工环境地质调查评价、科研等项目共计949项,地勘经费投入共116089.75万元,同比减少32.89%。详见图1至图4。

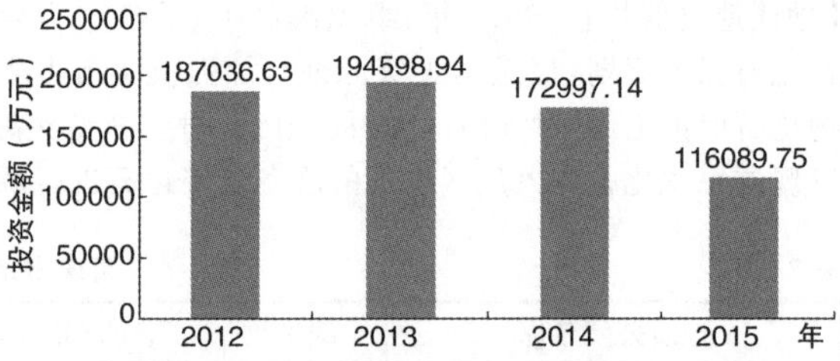


图1 2012~2015年四川省地质勘查资金投入分布

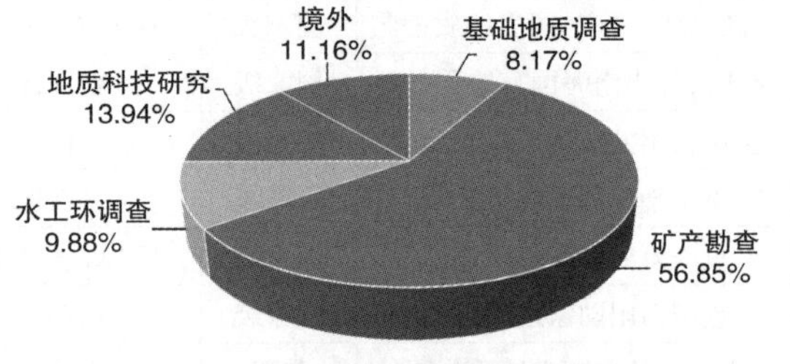


图2 2015年四川省地质矿产勘查投入资金结构图

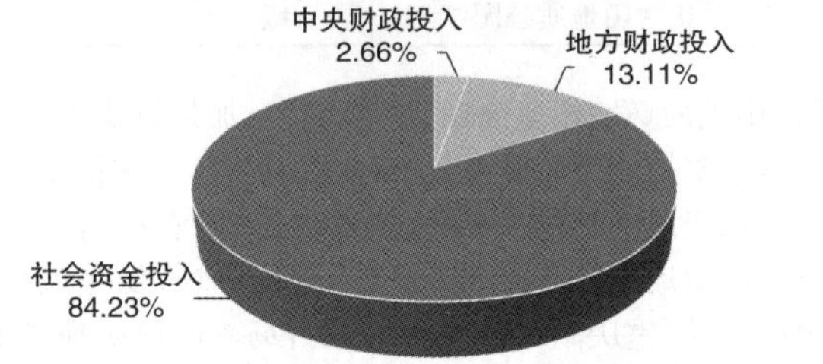


图3 2015年四川省矿产资源勘查资金来源结构图

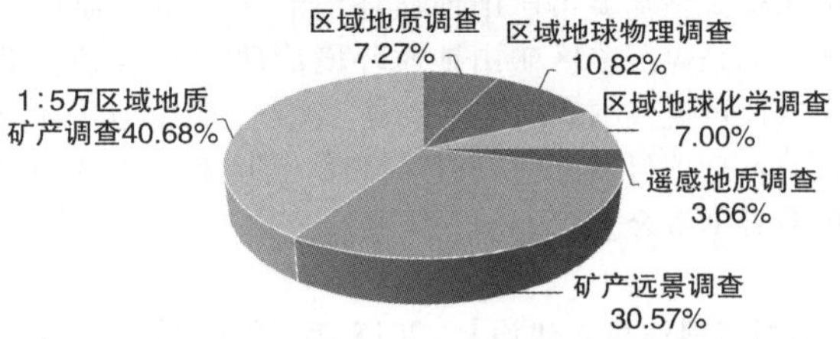


图4 2015年四川省基础地质调查经费项目结构图

此外,2015年境外实施项目29项,较2014年同期减少3项;投资额度12957.37万元,较2014年同期增加32.05%。

【矿产资源开发利用】 2015年全省矿山总数为5827个,同比减少10.16%。其中大型矿山个数同比增加2.61%,中型、小型矿山和小矿同比分别减少10.36%、10.14%和10.99%。

2015年采矿业矿山生产工业总产值为306.59亿元,同比减少31.52%。其中,铁矿采矿产业工业总产值97.18亿元,煤矿采矿产业工业总产值70.56亿元,分别占全省采矿业工业总产值的31.71%和23.01%,两者合计占全省采矿业工业总产值的54.72%。产量情况见表3。2015年四川省矿产资源开发利用情况见表4。

表3 2015年四川省主要矿产品产量表(按矿种分列)

| 矿种 | 年产矿量(万吨) | 工业总产值(万元) | 矿种 | 年产矿量(万吨) | 工业总产值(万元) |
|---|---|---|---|---|---|
| 铁矿 | 5978.51 | 971836.26 | 轻稀土矿 | 125.77 | 86284.69 |
| 煤炭 | 2333.34 | 705570.13 | 金矿 | 92.18 | 25364.00 |

续表 3

| 矿种 | 年产矿量(万吨) | 工业总产值(万元) | 矿种 | 年产矿量(万吨) | 工业总产值(万元) |
|---|---|---|---|---|---|
| 磷矿 | 750.94 | 238071.19 | 锌矿 | 87.00 | 63975.28 |
| 盐矿 | 343.92 | 27030.89 | 铅矿 | 44.75 | 48664.42 |
| 芒硝 | 341.57 | 32166.50 | 银矿 | 50.00 | 32596.66 |
| 铜矿 | 280.24 | 117286.95 | 锂矿 | 2.00 | 3116.69 |

表 4　　**2015 年四川省矿产资源开发利用情况(按行政区划分)**

| 名称 | 矿山企业数(家) | | | | | 从业人员(人) | 年产矿量(万吨) | 实际采矿能力(万吨/年) | 工业总产值(万元) | 综合利用产值(万元) |
|---|---|---|---|---|---|---|---|---|---|---|
| | 合计 | 大型 | 中型 | 小型 | 小矿 | | | | | |
| 成都市 | 138 | 10 | 62 | 55 | 11 | 3048 | 1760.96 | 1821.39 | 251016.53 | 7409.00 |
| 自贡市 | 149 | 3 | 9 | 90 | 47 | 4319 | 198.03 | 244.74 | 17936.64 | 3945.10 |
| 攀枝花市 | 194 | 14 | 9 | 132 | 39 | 24318 | 5762.99 | 5779.87 | 839887.70 | 46404.54 |
| 泸州市 | 331 | 3 | 27 | 128 | 173 | 10817 | 678.78 | 880.03 | 78181.45 | 23243.70 |
| 德阳市 | 130 | 6 | 11 | 105 | 8 | 10632 | 654.97 | 880.57 | 139861.71 | 5027.32 |
| 绵阳市 | 480 | 10 | 48 | 398 | 24 | 8869 | 1409.57 | 1592.81 | 56862.50 | 5041.80 |
| 广元市 | 382 | 4 | 5 | 250 | 123 | 12401 | 805.05 | 771.62 | 72255.52 | 459.00 |
| 遂宁市 | 126 | 0 | 5 | 120 | 1 | 2009 | 154.32 | 268.95 | 19771.81 | 60.00 |
| 内江市 | 249 | 0 | 1 | 81 | 167 | 12686 | 341.94 | 447.85 | 44846.56 | 8371.43 |
| 乐山市 | 453 | 16 | 32 | 317 | 88 | 24636 | 2747.04 | 3121.36 | 183758.81 | 6734.70 |
| 南充市 | 286 | 0 | 2 | 242 | 42 | 4975 | 391.32 | 588.77 | 52886.20 | 18449.20 |
| 眉山市 | 234 | 9 | 16 | 133 | 76 | 10622 | 596.38 | 1096.13 | 86500.28 | 655.30 |
| 宜宾市 | 701 | 11 | 20 | 414 | 256 | 21803 | 2015.45 | 3760.66 | 180812.60 | 48819.96 |
| 广安市 | 265 | 4 | 6 | 130 | 125 | 10453 | 1365.36 | 1686.48 | 96544.08 | 1400.00 |
| 达州市 | 504 | 4 | 6 | 314 | 180 | 24044 | 1236.42 | 3040.60 | 78976.90 | 569.10 |
| 雅安市 | 257 | 4 | 9 | 183 | 61 | 10079 | 483.54 | 698.50 | 57010.47 | 1838.32 |
| 巴中市 | 196 | 3 | 30 | 140 | 23 | 5145 | 356.98 | 999.82 | 108790.22 | 7261.00 |
| 资阳市 | 205 | 0 | 0 | 170 | 35 | 4586 | 190.36 | 192.13 | 18294.37 | 3168.87 |
| 阿坝州 | 22 | 1 | 3 | 8 | 10 | 1645 | 76.19 | 93.42 | 23929.69 | 537.00 |
| 甘孜州 | 75 | 6 | 10 | 49 | 10 | 5205 | 121.46 | 116.50 | 90186.15 | 18427.20 |
| 凉山州 | 450 | 10 | 35 | 316 | 89 | 23203 | 1724.13 | 1771.76 | 567615.75 | 128607.84 |
| 总计 | 5827 | 118 | 346 | 3775 | 1588 | 235495 | 23071.24 | 29853.96 | 3065925.94 | 336430.38 |

**【矿业权审批登记】**　2015 年省级探矿权登记共审批 841 个,其中:新设探矿权 38 个,探矿权延续登记 414 个,变更登记 334 个,保留审批 55 个。

2015 年省级采矿权登记共审批 496 个,其中:划定矿区范围 20 个,新设采矿权 7 个,采矿权延续登记 224 个,变更登记 72 个,转让审批 44 个,注销登记 129 个。全年办理采矿权抵押备案 188 个,审批协议出让 63 个。

【矿业权市场】 2015年共委托46宗探矿权交易，其中成功出让31宗，出让价款2.4亿元。全省招拍挂出让采矿权200宗，出让金额27420.73万元，出让宗数同比增加36.99%，出让金额同比增长92.96%。

【地质灾害灾情】 2015年全省共发生地质灾害1320起，包括滑坡780处、崩塌281处、泥石流205处、不稳定斜坡48处、其他6处(图5和图6)。全年查明地质灾害隐患点40776处，威胁194.07万人生命安全和752亿元财产安全。

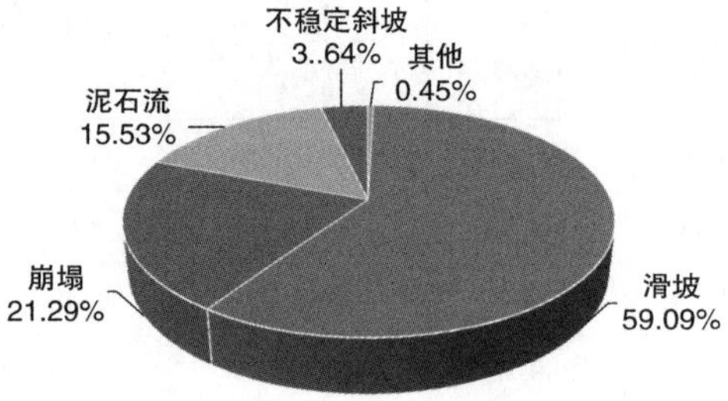


图5 2015年四川省地质灾害灾情图

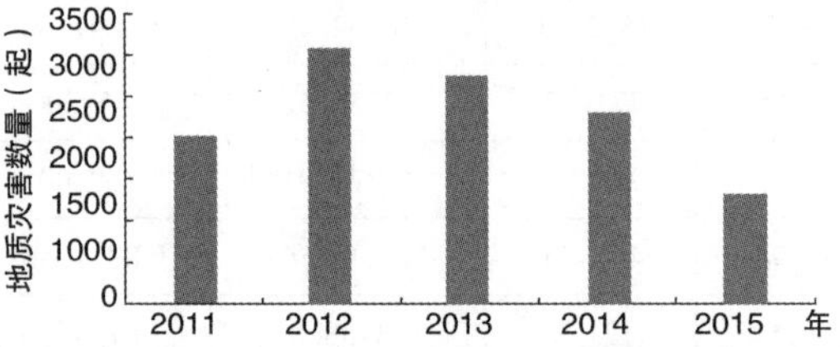


图6 2011～2015年四川省地质灾害灾情对比图

【地质灾害预防】 2015年全省因地质灾害死亡(失踪)2人，为四川省有记录以来最低值(图7)。19个市(州)、汶川芦山康定三大地震灾区、在建重大工程实现了零死亡。

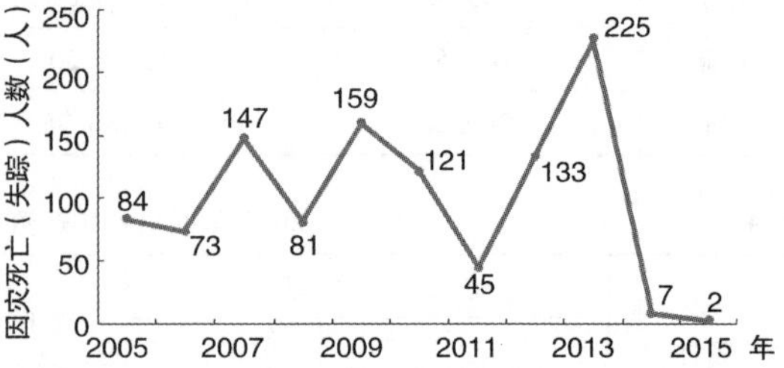


图7 2015年四川省因地质灾害死亡(失踪)人数对比图

采取“以防为主，搬治结合”的地灾主动预防避让措施。全省全年疏散转移受地灾威胁群众6.6万余人，实施地质灾害避险搬迁安置20117户。

强化动态监测预警机制，及时发布地质灾害气象风险预警信息。汛期共发布3级及以上地质灾害气象风险预警142次，全年向各级防灾责任人、监测员发布各类预警短信1368万条。

全年实现地质灾害成功避险51处，避免了3524人因灾伤亡，避免直接经济损失近3亿元(表5)。叙永县“7·13”泥石流灾害、乡城县“8·24”泥石流灾害预警及时成功避险，被国土资源部在全国范围内通报表扬。

表5 2015年四川省地质灾害灾情及成功避险统计表

| 市(州) | 灾害类型 | | | | | 主要灾情 | | | 成功避险 | | |
|---|---|---|---|---|---|---|---|---|---|---|---|
| | 滑坡(处) | 崩塌(处) | 泥石流(处) | 不稳定斜坡(处) | 其他(处) | 死亡(人) | 失踪(人) | 经济损失(万元) | 成功避险(起) | 避免伤亡(人) | 避免经济损失(万元) |
| 阿坝州 | 10 | 12 | 54 | 1 | 0 | 0 | 0 | 6430 | 0 | 0 | 0 |
| 巴中市 | 71 | 13 | 7 | 2 | 0 | 0 | 0 | 3508 | 6 | 251 | 6686 |
| 成都市 | 10 | 8 | 0 | 1 | 0 | 0 | 0 | 0 | 6 | 491 | 690 |
| 达州市 | 53 | 10 | 0 | 2 | 2 | 0 | 0 | 46 | 0 | 0 | 0 |
| 德阳市 | 161 | 43 | 0 | 9 | 0 | 0 | 0 | 174 | 1 | 9 | 20 |
| 甘孜州 | 63 | 53 | 63 | 0 | 0 | 0 | 0 | 5090 | 16 | 2048 | 19900 |
| 广安市 | 6 | 7 | 0 | 0 | 0 | 0 | 0 | 90 | 0 | 0 | 0 |
| 广元市 | 143 | 35 | 2 | 11 | 2 | 0 | 0 | 210 | 1 | 7 | 10 |
| 乐山市 | 5 | 3 | 0 | 0 | 0 | 0 | 0 | 22 | 2 | 57 | 6 |
| 凉山州 | 110 | 3 | 72 | 2 | 0 | 0 | 0 | 4375 | 6 | 259 | 1177 |

续表 5

| 市(州) | 灾害类型 | | | | | 主要灾情 | | | 成功避险 | | |
|---|---|---|---|---|---|---|---|---|---|---|---|
| | 滑坡(处) | 崩塌(处) | 泥石流(处) | 不稳定斜坡(处) | 其他(处) | 死亡(人) | 失踪(人) | 经济损失(万元) | 成功避险(起) | 避免伤亡(人) | 避免经济损失(万元) |
| 泸州市 | 44 | 4 | 2 | 0 | 0 | 1 | 0 | 2433 | 4 | 250 | 730 |
| 绵阳市 | 59 | 58 | 2 | 12 | 2 | 0 | 0 | 202 | 1 | 49 | 50 |
| 南充市 | 4 | 0 | 0 | 0 | 0 | 0 | 0 | 11 | 0 | 0 | 0 |
| 内江市 | 10 | 18 | 0 | 1 | 0 | 0 | 0 | 44 | 2 | 51 | 20 |
| 攀枝花市 | 1 | 0 | 0 | 1 | 0 | 0 | 0 | 0 | 1 | 17 | 500 |
| 遂宁市 | 1 | 0 | 0 | 0 | 0 | 0 | 0 | 0 | 4 | 30 | 33 |
| 眉山市 | 0 | 0 | 0 | 0 | 0 | 0 | 0 | 0 | 1 | 5 | 5 |
| 自贡市 | 0 | 0 | 0 | 0 | 0 | 0 | 0 | 0 | 0 | 0 | 0 |
| 雅安市 | 3 | 1 | 1 | 0 | 0 | 0 | 0 | 3051 | 0 | 0 | 0 |
| 宜宾市 | 24 | 11 | 2 | 6 | 0 | 1 | 0 | 546 | 0 | 0 | 0 |
| 资阳市 | 2 | 2 | 0 | 0 | 0 | 0 | 0 | 0 | 0 | 0 | 0 |
| 总计 | 780 | 281 | 205 | 48 | 6 | 2 | 0 | 26231 | 51 | 3524 | 29827 |

**【地质灾害治理】** 2015 年,中央及省级层面投入地质灾害防治资金 24.5 亿元,启动 2015 年度地质灾害综合防治体系建设工作。组织实施“4·20”芦山地震灾区灾后恢复重建地质灾害防治专项规划治理工程项目,纳入规划的 1387 处重大地质灾害治理工程已全部完工:启动实施康定地震灾区灾后恢复重建地质灾害防治专项规划;启动“三州”地区、川南和川北盆周山区地质灾害隐患相对较多的彭州、古蔺、九寨沟、石渠、金阳、平武等 35 县的 1:50000 地质灾害详细调查。

**【地下水监测】** 截至 2015 年底,全省共有各类地下水监测井点 64 个,分别担负成都平原(含成都市区和德阳市区)水位、水温、水质等监测任务。经 2015 年地下水采样及实验数据监测分析,成都平原地下水为无色、无味、无嗅、透明淡水,地下水化学类型为 $HCO_3$—Ca·Mg 及 $HCO_3$·$SO_4$—Ca 型水,成分相对稳定,平均水位 454.32~662.56 米。

**【工矿废弃地复垦】** 争取国土资源部下达四川省工矿废弃地复垦利用计划指标 3333 公顷,比 2014 年增加 2000 公顷。工矿废弃地复垦利用试点市(州)从 8 个扩大到 15 个,试点总规模为 8000 公顷。

**【矿业专项审计】** 2015 年省市县三级国土资源部门上下联动,积极主动配合并顺利完成了审计署对四川省开展的“2013 年至 2014 年矿产资源的开发利用保护及相关资金的征管情况”专项审计,重点审计了两个年度 71 宗探矿权、530 宗采矿权、36 宗探矿权转采矿权出让情况及 91.67 亿元的矿产资源相关资金征收情况和 24.38 亿元矿产资源相关资金支出情况,并对部分矿业权转让、收购及企业矿产资源勘查开发情况进行了审计。

**【矿业执法监察日常监管】** 2015 年有效制止矿山违法行为 296 件。共立案查处矿产违法案件 118 件,罚没款 335.13 万元。

受理公安机关和国土资源部门申请的矿产资源破坏鉴定申请 29 件(涉及 53 人),涉及黄金、大理石、青石、砂石、黄砂、煤炭等矿种。公开通报土地、矿产案件 14 件,挂牌督办土地、矿产违法典型案件 2 件。

矿产方面:全省对 50 件矿产违法行为进行立案查处,罚款 43.4 万元,没收矿产品 120 吨,没收违法所得 86.875 元。

**【矿产资源节约集约利用】** 按四川省政府部署,督导宜宾市、泸州市、内江市开展煤矿清理整顿和煤矿企业兼并重组工作。全省煤矿整顿关闭和兼并重组工作已公示关闭煤矿 586 个,省国土资源厅已注销煤矿采矿许可证 493 个,占已公示关闭矿山的 84.1%。全省非金属矿山整顿关闭工作,已实质关闭矿山 1651 个。

**【科技成果】** 2015 年《元坝超深含硫气藏勘探开发关键工程技术》等 5 个科研项目获国土资源部科技成果奖二

等奖;《四川省李家沟超大型锂辉石矿床的发现及找矿勘查技术研究》等11个科研项目获四川省科技进步奖。

创新科研项目申报体制,鼓励社会各方参与国土资源科研工作。2015年,70余家科研单位围绕土地科技、地质矿产、地质环境、国土资源综合管理等四个领域30多个主题,申报项目达163个,预算经费1.32亿元。

【对外合作】 接待英国、加拿大、丹麦等国家和地区有关单位来省国土资源厅访问,就页岩气开发、污损土地治理、土地整治等合作事宜深入探讨。与德国汉斯·赛德尔基金会、丹麦中区政府等单位和部门签订合作协议,启动土地整治、污损土地治理两个合作示范项目前期工作。组织国土资源系统干部和专业技术人员,分赴美国、中国台湾等国家和地区,围绕不动产登记、地质灾害防治等专题,开展学习培训和合作洽谈。

【地质档案社会化服务】 资料馆提供地质资料查询291人次、3048份次、56130件次,提供综合档案查阅500余人次,提供文书、土地、矿业权等综合档案1400余件(宗、档),提供电子数据资料拷贝793份、电子文件56662个。全年利用四川省国土资源资料馆网站目录检索查询11844人次,累计点击70万人次。

在初步实现对土地资源、矿产资源、地质环境三大主要业务监管的基础上,拓展综合监管平台的数据交换体系,对接国土资源部开发的土地市场动态监测系统,实现部、省土地市场动态监测数据的在线交换,使得国土资源厅能及时从国土资源部数据中心获取全省土地市场动态数据。

2015年共完成各项业务审批6306件,涉及划拨土地转出让、采矿权审批、探矿权审批、探矿权招拍挂、地质灾害治理工程(监理、勘查、设计、施工)资质认证、建设项目压覆已查明重要矿产资源调查和地质勘查资质等。

(四川省国土资源厅)

## 贵州省

【矿产资源概况】 贵州省矿产资源丰富,素以“江南煤海”著称,有54种矿产资源储量排名全国前100位。省内优势矿种分布相对集中,且规模较大、质量较好,多分布在交通方便的铁路沿线和水资源丰富的乌江干流附近,开发利用的外部条件优越。

全省已发现各类矿产137种,占全国172种的79.65%;查明有资源储量的矿产88种,占全国162种的54.32%,其中54种位居全国总量的前十位,24种排前三位,10种排第四至第五位(表1)。

全省查明矿产地3266处,其中能源矿产824处,占产地总数的25.23%、金属矿产1183处,占36.22%、非金属矿产1259处,占38.55%。

按储量规模分,大型281处,占8.60%;中型447处,占13.69%;小型2538处,占77.71%。

按矿床勘查程度分,勘探362处,占11.09%;详查718处,占21.98%;普查及预查2186处,占66.93%。

表1 **2015年贵州省矿产资源储量情况表**

| 序号 | 矿种名称 | 单位 | 2014年保有资源储量 | | 2015年保有资源储量 | | | | | 增减情况 | 全国排位 |
|---|---|---|---|---|---|---|---|---|---|---|---|
| | | | 产地数 | 资源储量 | 产地数 | 储量 | 基础储量 | 资源量 | 资源储量 | | |
| 1 | 煤炭 | 亿吨 | 810 | 573.54 | 824 | 61.96 | 101.73 | 552.26 | 653.99 | ↑ | 5 |
| 2 | 铁矿 | 亿吨 | 190 | 11.86 | 192 | 0.09 | 0.18 | 12.35 | 12.53 | ↑ | 13 |
| 3 | 锰矿 | 万吨 | 56 | 36553.14 | 56 | 3124.11 | 4841.05 | 3408.12 | 38849.17 | ↑ | 1 |
| 4 | 钛矿 | 万吨 | 1 | 101.71 | 1 | 31.24 | 44.63 | 57.08 | 101.71 | | 2 |
| 5 | 钒矿 | 万吨 | 49 | 475.06 | 51 | | | 495.46 | 495.46 | ↑ | 3 |
| 6 | 铜矿 | 万吨 | 37 | 15.07 | 37 | 0.15 | 0.24 | 14.78 | 15.02 | ↓ | 25 |
| 7 | 铅矿 | 万吨 | 140 | 103.75 | 143 | 6.56 | 12.41 | 101.33 | 113.74 | ↑ | 18 |
| 8 | 锌矿 | 万吨 | 191 | 481.56 | 195 | 60.27 | 107.95 | 443.96 | 551.91 | ↑ | 11 |
| 9 | 铝土矿 | 亿吨 | 107 | 7.60 | 121 | 0.92 | 1.32 | 7.05 | 8.37 | ↑ | 3 |
| 10 | 镁(炼镁白云岩) | 万吨 | 14 | 11729.33 | 14 | 1357.77 | 1554.98 | 10174.35 | 11729.33 | | 5 |

续表 1 -1

| 序号 | 矿种名称 | 单位 | 2014 年保有资源储量 | | 2015 年保有资源储量 | | | | | 增减情况 | 全国排位 |
|---|---|---|---|---|---|---|---|---|---|---|---|
| | | | 产地数 | 资源储量 | 产地数 | 储量 | 基础储量 | 资源量 | 资源储量 | | |
| 11 | 镍矿 | 吨 | 31 | 604067.15 | 31 | 61338.82 | 86397.18 | 517669.97 | 604067.15 | | 5 |
| 12 | 钴矿 | 吨 | 2 | 207.00 | 2 | | | 207.00 | 207.00 | | 24 |
| 13 | 钨矿 | 吨 | 4 | 7965.64 | 4 | | | 7965.64 | 7965.64 | | 18 |
| 14 | 锡矿 | 吨 | 2 | 7760.60 | 2 | | | 7760.60 | 7760.60 | | 12 |
| 15 | 钼矿 | 吨 | 40 | 876270.19 | 40 | 106516.61 | 149022.80 | 727247.39 | 876270.19 | | 8 |
| 16 | 汞矿 | 万吨 | 53 | 3.03 | 53 | 0.62 | 1.01 | 2.02 | 3.03 | | 1 |
| 17 | 锑矿 | 万吨 | 38 | 34.26 | 38 | 1.30 | 3.04 | 29.26 | 32.30 | ↓ | 4 |
| 18 | 金矿(岩金) | 吨 | 88 | 286.57 | 89 | 37.57 | 80.15 | 264.34 | 344.49 | ↑ | 8 |
| | 砂金 | 千克 | 1 | 99.00 | 1 | | | 99.00 | 99.00 | | 23 |
| | 伴生金 | 千克 | 1 | 81.00 | 1 | | | 81.00 | 81.00 | | |
| 19 | 银矿 | 吨 | 22 | 313.97 | 26 | 37.12 | 62.75 | 368.88 | 431.63 | ↑ | 27 |
| 20 | 铌钽矿 | 吨 | 1 | 146.00 | 1 | | | 146.00 | 146.00 | | 7 |
| 21 | 锂矿 | $Li_2O$ 吨 | 3 | 162576.97 | 3 | | | 162576.97 | 162576.97 | | 4 |
| 22 | 稀土矿 | 万吨 | 2 | 86.01 | 3 | | | 88.47 | 88.47 | ↑ | 6 |
| 23 | 锗矿 | 吨 | 4 | 1137.09 | 4 | | | 1137.09 | 1137.09 | | 2 |
| 24 | 镓矿 | 吨 | 49 | 49502.61 | 52 | 4153.92 | 5891.88 | 45242.36 | 51134.24 | ↑ | 3 |
| 25 | 铟矿 | 吨 | 3 | 8.01 | 3 | | | 8.01 | 8.01 | | 14 |
| 26 | 铼矿 | 吨 | 1 | 已采空 | 1 | | | | 已采空 | | |
| 27 | 镉矿 | 吨 | 7 | 6618.98 | 7 | 255.52 | 373.95 | 6245.03 | 6618.98 | | 11 |
| 28 | 钪矿 | 吨 | 1 | 1734.60 | 1 | | | 1734.60 | 1734.60 | | 1 |
| 29 | 硒矿 | 吨 | 10 | 773.60 | 10 | | | 773.60 | 773.60 | | 7 |
| 30 | 碲矿 | 吨 | 1 | 已采空 | 1 | | | | 已采空 | | |
| 31 | 普通萤石(萤石) | 万吨 | 35 | 328.19 | 35 | | 7.70 | 320.90 | 328.60 | ↑ | 9 |
| 32 | 熔剂用灰岩 | 万吨 | 15 | 23152.01 | 15 | 10933.65 | 13652.01 | 9500.00 | 23152.01 | | 19 |
| 33 | 冶金用白云岩 | 万吨 | 7 | 9441.18 | 7 | 3006.33 | 3766.68 | 5674.50 | 9441.18 | | 24 |
| 34 | 冶金用砂岩 | 万吨 | 13 | 8631.59 | 13 | 4072.50 | 5597.50 | 3031.16 | 8628.66 | ↓ | 2 |
| 35 | 铸型用砂岩 | 万吨 | 2 | 1734.00 | 2 | 514.80 | 572.00 | 1162.00 | 1734.00 | | 3 |
| 36 | 冶金用脉石英 | 万吨 | 6 | 191.33 | 6 | | | 191.33 | 191.33 | | 10 |
| 37 | 耐火黏土 | 万吨 | 19 | 6422.98 | 19 | 836.84 | 1026.35 | 5396.63 | 6422.98 | | 10 |
| 38 | 硫铁矿 | 亿吨 | 123 | 8.55 | 126 | 0.40 | 0.59 | 8.56 | 9.15 | ↑ | 2 |
| | 伴生硫铁矿 | 万吨 | 4 | 54.45 | 4 | 10.32 | 14.75 | 44.92 | 59.67 | ↑ | 26 |
| 39 | 重晶石 | 万吨 | 75 | 9117.29 | 81 | 142.08 | 514.10 | 10663.19 | 11177.29 | ↑ | 1 |

**续表 1 –2**

| 序号 | 矿种名称 | 单位 | 2014 年保有资源储量 | | 2015 年保有资源储量 | | | | | 增减情况 | 全国排位 |
|---|---|---|---|---|---|---|---|---|---|---|---|
| | | | 产地数 | 资源储量 | 产地数 | 储量 | 基础储量 | 资源量 | 资源储量 | | |
| 40 | 电石用灰岩 | 万吨 | 9 | 8328.35 | 9 | 4328.10 | 4810.50 | 3510.85 | 8321.35 | ↓ | 14 |
| 41 | 化工用白云岩 | 万吨 | 4 | 2417.00 | 4 | 415.50 | 760.00 | 1657.00 | 2417.00 | | 4 |
| 42 | 化肥用砂岩 | 万吨 | 3 | 10596.70 | 3 | 145.80 | 183.30 | 10413.40 | 10596.70 | | 1 |
| 43 | 含钾砂页岩 | 万吨 | 7 | 4927.46 | 8 | | | 5084.02 | 5084.02 | ↑ | 8 |
| 44 | 含钾岩石 | 万吨 | 1 | 63.79 | 1 | | | 63.79 | 63.79 | | 7 |
| 45 | 泥炭 | 万吨 | 4 | 203.35 | 4 | | 133.02 | 69.53 | 202.55 | ↓ | 16 |
| 46 | 碘矿 | 吨 | 16 | 76161.28 | 18 | 1847.73 | 2394.68 | 76645.69 | 79040.37 | ↑ | 2 |
| 47 | 砷矿[雄(雌)黄矿物] | 吨 | 5 | 47979.31 | 5 | | | 47979.31 | 47979.31 | | 1 |
| | 伴生砷矿 | 砷吨 | 2 | 15873.22 | 2 | 4747.16 | 6781.65 | 53868.39 | 60650.04 | ↑ | 16 |
| 48 | 磷矿 | 亿吨 | 63 | 33.58 | 67 | 4.46 | 6.66 | 31.01 | 37.68 | ↑ | 3 |
| 49 | 金刚石 | 克 | 1 | 755.00 | 1 | | | 755.00 | 755.00 | | 5 |
| 50 | 压电水晶 | 千克 | 13 | 6201.00 | 13 | 155.00 | 291.00 | 5910.00 | 6201.00 | | 8 |
| 51 | 熔炼水晶 | 吨 | 11 | 1110.00 | 11 | 89.00 | 160.00 | 950.00 | 1110.00 | | 3 |
| 52 | 光学水晶 | 千克 | 3 | 175.00 | 3 | | 3.00 | 172.00 | 175.00 | | 1 |
| 53 | 石棉 | 万吨 | 2 | 0.90 | 2 | | | 0.90 | 0.90 | | 16 |
| 54 | 石膏 | 万吨 | 9 | 9805.27 | 9 | 6.20 | 7.79 | 9797.48 | 9805.27 | ↓ | 20 |
| 55 | 方解石 | 万吨 | 9 | 571.64 | 9 | | | 571.38 | 571.38 | ↓ | 9 |
| 56 | 玉石 | 吨 | 1 | 22134.61 | 1 | | | 22134.61 | 22134.61 | | 10 |
| 57 | 玻璃用灰岩 | 万吨 | 1 | 38.70 | 1 | 27.00 | 30.00 | 8.70 | 38.70 | | 2 |
| 58 | 水泥用灰岩 | 亿吨 | 108 | 20.45 | 107 | 9.55 | 11.48 | 9.00 | 20.48 | ↑ | 22 |
| 59 | 建筑石料用灰岩 | 万立方米 | 273 | 10406.47 | 276 | 784.14 | 930.83 | 9668.49 | 10599.32 | ↑ | 4 |
| 60 | 饰面用灰岩 | 万立方米 | 23 | 3794.90 | 26 | 945.30 | 1049.30 | 224459.11 | 225508.41 | ↑ | 2 |
| 61 | 制灰用石灰岩 | 万吨 | 6 | 4790.57 | 6 | 169.00 | 188.00 | 4602.57 | 4790.57 | | 8 |
| 62 | 玻璃用白云岩 | 万吨 | 2 | 280.00 | 2 | 2155.00 | 238.00 | 42.00 | 280.00 | | 10 |
| 63 | 建筑用白云岩 | 万立方米 | 33 | 503.91 | 34 | 60.05 | 64.94 | 429.44 | 494.38 | ↓ | 9 |
| 64 | 玻璃用砂岩 | 万吨 | 7 | 5122.83 | 7 | 1954.47 | 2172.47 | 2950.36 | 5122.83 | | 7 |
| 65 | 水泥配料用砂岩 | 万吨 | 22 | 9818.40 | 25 | 3901.10 | 4485.00 | 7760.90 | 12245.90 | ↑ | 10 |
| 66 | 砖瓦用砂岩 | 万立方米 | 6 | 1774.69 | 6 | 1223.00 | 1359.00 | 415.69 | 1774.69 | | 1 |
| 67 | 陶瓷用砂岩 | 万吨 | 2 | 1042.50 | 2 | 30.50 | 33.90 | 1008.60 | 1042.50 | | 2 |
| 68 | 建筑用砂 | 万立方米 | 80 | 3831.73 | 81 | 75.58 | 474.77 | 3343.15 | 3817.93 | ↓ | 4 |
| 69 | 玻璃用脉石英 | 万吨 | 1 | 1.40 | 1 | 0.90 | 1.40 | | 1.40 | | 18 |
| 70 | 砖瓦用页岩 | 万立方米 | 79 | 3807.00 | 80 | 372.61 | 401.31 | 3513.47 | 3914.78 | ↑ | 6 |

续表1-3

| 序号 | 矿种名称 | 单位 | 2014年保有资源储量 | | 2015年保有资源储量 | | | | | 增减情况 | 全国排位 |
|---|---|---|---|---|---|---|---|---|---|---|---|
| | | | 产地数 | 资源储量 | 产地数 | 储量 | 基础储量 | 资源量 | 资源储量 | | |
| 71 | 水泥配料用页岩 | 万吨 | 10 | 2676.62 | 11 | 900.80 | 1000.80 | 1698.22 | 2699.02 | ↑ | 12 |
| 72 | 高岭土 | 万吨 | 24 | 663.65 | 24 | 10.40 | 15.00 | 648.65 | 663.65 | | 17 |
| 73 | 陶瓷土 | 万吨 | 16 | 1408.76 | 16 | 72.20 | 85.20 | 1323.56 | 1408.76 | | 15 |
| 74 | 凹凸棒石黏土 | 万吨 | 1 | 30.40 | 1 | | | 30.40 | 30.40 | | 5 |
| 75 | 砖瓦用黏土 | 万立方米 | 12 | 1639.67 | 12 | 870.50 | 970.40 | 669.27 | 1639.67 | | 5 |
| 76 | 水泥配料用黏土 | 万吨 | 51 | 11305.51 | 51 | 5679.22 | 6417.20 | 4898.11 | 11315.31 | ↑ | 6 |
| 77 | 饰面用辉绿岩 | 万立方米 | 3 | 455.96 | 3 | 264.00 | 293.00 | 162.96 | 455.96 | | 2 |
| 78 | 饰面用花岗岩 | 万立方米 | 2 | 352.00 | 2 | 14.00 | 16.00 | 336.00 | 352.00 | | 23 |
| 79 | 饰面用大理岩 | 万立方米 | 6 | 92.02 | 6 | 9.90 | 41.80 | 50.22 | 92.02 | | 27 |
| 80 | 饰面用板岩 | 万立方米 | | | 1 | | | 1.76 | 1.76 | ↑ | |
| 合计 | | | 3188 | | 3266 | | | | | | |

**注**:表中全国排位系2014年排位。

**【优势矿产开发利用】** 1. *煤炭*:保有资源储量653.99亿吨,居全国第5位(以保有资源储量排位,下同)。其中,炼焦用煤162.49亿吨,占全国的5.06%,全省煤炭资源总量比江南12省(区、市)之和还多,丰富的煤炭资源使我省成为全国重要的能源基地。

2. *磷矿*:保有资源储量37.68亿吨,居全国第3位。是我国重要的磷肥及磷化工生产的原材料基地,开阳磷矿、瓮福磷矿是全国大型的开采基地;开阳、息烽等地,磷矿石质佳,其中:$P_2O_5>30\%$的富矿有12.02亿吨,是不经选矿即可用于高浓度磷肥生产的少数地区。

3. *铝土矿*:保有资源储量8.37亿吨,次于山西、广西,居全国第3位,是我国重要的铝工业及磨料、磨具生产的原材料基地之一。铝土矿中伴生有可供回收利用的镓矿,资源储量5.11万吨,居全国第3位;伴生的锂资源量16.26万吨,居全国第4位。

4. *金矿(岩金)*:保有资源储量(金属量)344.49吨,居全国第8位,是我国黄金生产基地之一。

5. *锰矿*:保有资源储量38849.17万吨,居全国第1位。是中国三大锰矿集中产区之一,具有资源丰富、分布集中、规模大、外部开发条件好的特点。

6. *锑矿*:保有资源储量32.30万吨,居全国第4位。是全国锑资源相对丰富的省区之一。

7. *重晶石*:保有资源储量11177.29万吨,居全国第1位。是我国重晶石生产的重要基地之一,也是最重要的钡盐生产的原材料基地。

8. *水泥用灰岩*:保有资源储量20.48亿吨,居全国第22位。水泥用灰岩分布广泛,找矿潜力大,但地质勘查评价工作相对滞后。

**【矿产资源开发利用】** 科学合理配置资源,调整矿区开发布局,注销兼并重组煤矿采矿许可证60个。

大力推进砂石土矿山整顿关闭工作,砂石土矿山数量从5677个减少到2780个,提前完成省人民政府下达的目标任务。

严格执行国家新“三率”标准,从矿山设计、采矿权审批和矿山开发等环节严格开发利用要求。

推进示范基地和绿色矿山建设,开阳磷矿矿产资源节约与综合利用示范基地通过验收。

强化矿山地质环境恢复治理主体责任,修订《贵州省地质灾害和矿山地质环境治理恢复保证金管理办法》,对地质环境治理恢复保证金实行动态管理。完成150处7.5万亩“矿山复绿”工程。2011~2015年贵州省采矿业产值占全省地区生产总产值比重情况见图1。2015年贵州省矿产资源有效采矿许可证情况见表2。2015年贵州省矿产资源开发利用情况见表3至表5。

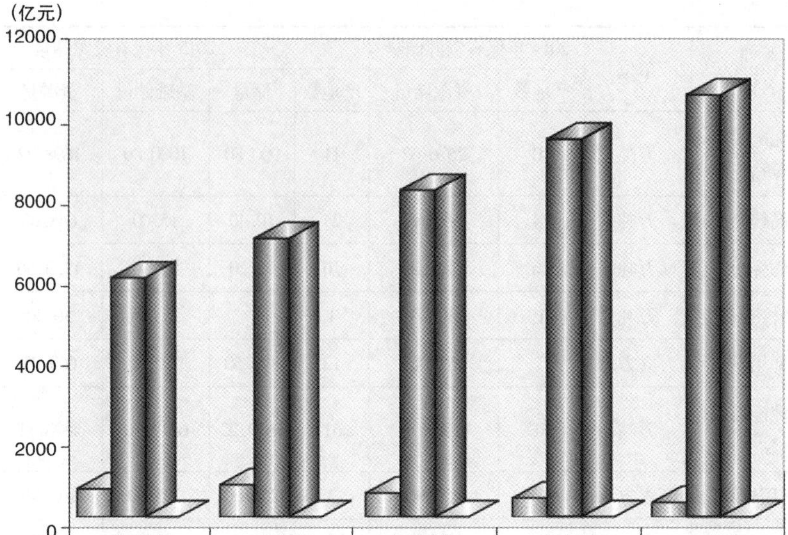


| | 2011年 | 2012年 | 2013年 | 2014年 | 2015年 |
|---|---|---|---|---|---|
| 采矿业产值 | 878.72 | 917.54 | 740.58 | 604.49 | 429.90 |
| 全省地区生产总值 | 5701.84 | 6802.2 | 8006.79 | 9251.01 | 10502.56 |
| 占采矿业总值比重(%) | 15.41 | 13.49 | 9.25 | 6.53 | 4.09 |

**图1　2011～2015 年贵州省采矿业产值占全省地区生产总产值比重图**

表 2

**2015 年贵州省矿产资源有效采矿许可证情况**

| 发证机关 | 批准登记发证数(个) | | | | | | | | | | | | | | | | 批准登记面积(平方千米) |
|---|---|---|---|---|---|---|---|---|---|---|---|---|---|---|---|---|---|
| | 合计 | 能源矿产 | | | | | 黑色金属矿产 | | 有色金属矿产 | 贵金属矿产 | | 稀有稀散稀土矿产 | 非金属矿产 | | | 水气矿产 | |
| | | 小计 | 煤 | 煤气层 | 石油天然气 | 地热 | 小计 | 铁矿 | | 小计 | 金矿 | | 小计 | 水泥灰岩 | 化工矿产 | | |
| 采矿许可证 | 5951 | 1787 | 1777 | | | 10 | 123 | 54 | 270 | 60 | 60 | | 3702 | 102 | 298 | 9 | 7876.57 |
| 其中：部级发证 | 22 | 11 | 11 | | | | 1 | | 4 | 3 | 3 | | 3 | | 3 | | 472.57 |
| 省级发证 | 2312 | 1776 | 1766 | | | 10 | 113 | 54 | 247 | 57 | 57 | | 110 | 1 | 104 | 9 | 6185.55 |
| 市、县级发证 | 33617 | | | | | | 9 | | 19 | | | | 3589 | 101 | 191 | | 1218.45 |
| 贵阳市 | 192 | | | | | | | | | | | | 192 | 8 | 13 | | 66.58 |
| 六盘水市 | 511 | | | | | | | | | | | | 511 | 10 | 3 | | 40.64 |
| 遵义市 | 554 | | | | | | | | | | | | 554 | 18 | 11 | | 89.70 |
| 安顺市 | 245 | | | | | | | | | | | | 245 | 8 | 5 | | 33.34 |
| 毕节市 | 560 | | | | | | | | | | | | 560 | 13 | 35 | | 177.86 |
| 铜仁市 | 470 | | | | | | 8 | | 17 | | | | 445 | 14 | 44 | | 380.77 |
| 黔南州 | 498 | | | | | | 1 | | | | | | 497 | 12 | 17 | | 165.09 |
| 黔东南州 | 295 | | | | | | | | 2 | | | | 293 | 6 | 63 | | 198.79 |
| 黔西南州 | 292 | | | | | | | | | | | | 292 | 12 | | | 65.68 |

表 3　　2015 年贵州省矿产资源开发利用情况(按经济类型分列)

| 企业类型 | 矿山企业数(个) | | | | | 从业人员(个) | 年产矿量(万吨) | 实际采矿能力(万吨/年) | 矿产总产值(万元) | 综合利用产值(万元) | 矿产品销售收入(万元) | 利润总额(万元) |
|---|---|---|---|---|---|---|---|---|---|---|---|---|
| | 合计 | 大型 | 中型 | 小型 | 小矿 | | | | | | | |
| 贵州省 | 4400 | 116 | 284 | 2742 | 1258 | 195665 | 28886.32 | 35978.98 | 4299013.09 | 132990.21 | 3896287.48 | 622220.17 |
| 一、内资企业 | 4383 | 109 | 284 | 2735 | 1255 | 194289 | 27841.07 | 35103.61 | 4071140.54 | 131990.21 | 3718165.62 | 590088.26 |
| 国有企业 | 103 | 23 | 19 | 54 | 7 | 20140 | 2569.31 | 2718.81 | 351410.50 | 15700.50 | 317166.69 | 46631.59 |
| 集体企业 | 41 | 1 | 2 | 32 | 6 | 537 | 175.54 | 180.97 | 12766.32 | 268.97 | 8613.14 | 1442.40 |
| 股份合作企业 | 35 | 1 | 3 | 27 | 4 | 1897 | 239.22 | 242.02 | 20434.70 | 200.00 | 19803.50 | 1635.94 |
| 联营企业 | 14 | | | 11 | 3 | 487 | 51.05 | 88.51 | 22400.58 | 3030.00 | 21265.58 | 2664.09 |
| 有限责任公司 | 904 | 31 | 126 | 647 | 100 | 73955 | 9046.12 | 11612.89 | 1633140.01 | 50752.34 | 1442897.24 | 245806.57 |
| 股份有限公司 | 187 | 19 | 30 | 124 | 14 | 33770 | 2690.13 | 2953.56 | 948042.85 | 14497.22 | 907744.81 | 120666.81 |
| 私营企业 | 2970 | 33 | 100 | 1763 | 1074 | 62571 | 12447.90 | 16645.83 | 1067619.66 | 47374.18 | 986547.12 | 168664.46 |
| 其他企业 | 129 | 1 | 4 | 77 | 47 | 932 | 621.80 | 661.02 | 15325.92 | 167.00 | 14127.54 | 2576.40 |
| 二、港、澳台商投资企业 | 11 | 4 | | 5 | 2 | 504 | 880.05 | 710.17 | 117801.86 | | 68291.17 | 8118.91 |
| 三、外商投资企业 | 6 | 3 | | 2 | 1 | 872 | 165.20 | 165.20 | 110070.69 | 1000.00 | 109830.69 | 24013.00 |

表 4　　2015 年贵州省矿产资源开发利用情况(按行政区分列)

| 市(州) | 矿山企业数(个) | | | | | 从业人员(人) | 年产矿量(万吨) | 实际采矿能力(万吨/年) | 矿产总产值(万元) | 综合利用产值(万元) | 矿产品销售收入(万元) | 利润总额(万元) |
|---|---|---|---|---|---|---|---|---|---|---|---|---|
| | 合计 | 大型 | 中型 | 小型 | 小矿 | | | | | | | |
| 贵州省 | 4400 | 116 | 284 | 2742 | 1258 | 195665 | 28886.32 | 35978.98 | 4299013.09 | 132990.21 | 3896287.48 | 622220.17 |
| 贵阳市 | 203 | 9 | 12 | 159 | 23 | 7206 | 2676.51 | 2817.42 | 449774.61 | 3061.97 | 290318.18 | 81544.28 |
| 六盘水市 | 591 | 13 | 29 | 270 | 279 | 61840 | 5208.72 | 5313.14 | 1366190.87 | 2422.3 | 1325310.95 | 246775.01 |
| 遵义市 | 609 | 8 | 20 | 520 | 61 | 18212 | 4613.95 | 5623.27 | 292125.66 | 1200.00 | 278858.90 | 28599.56 |
| 安顺市 | 191 | 7 | 7 | 92 | 85 | 5287 | 1910.28 | 2363.78 | 239812.40 | | 163330.08 | 34907.89 |
| 毕节市 | 1046 | 21 | 55 | 596 | 374 | 63406 | 5205.66 | 6900.69 | 1118959.04 | 106250.14 | 1056889.96 | 101170.30 |
| 铜仁市 | 474 | 16 | 48 | 245 | 165 | 3388 | 1366.83 | 1440.70 | 38788.71 | | 38034.75 | 9981.80 |
| 黔南州 | 509 | 16 | 48 | 350 | 95 | 11449 | 4159.36 | 6832.65 | 241244.74 | 11919.62 | 223564.67 | 48873.14 |
| 黔东南州 | 328 | 11 | 40 | 154 | 123 | 3544 | 1086.25 | 1579.40 | 64242.07 | 8136.18 | 49615.31 | 13566.12 |
| 黔西南州 | 449 | 15 | 25 | 356 | 53 | 21333 | 2658.76 | 3107.93 | 487874.99 | | 470364.68 | 56802.07 |

表 5　　2015 年贵州省矿产资源开发利用情况(按矿种分列)

| 序号 | 矿种 | 矿山企业数(个) | | | | | 从业人员(人) | 年产矿量(万吨) | 实际采矿能力(万吨/年) | 矿业总产值(万元) | 综合利用产值(万元) | 矿产品销售收入(万元) | 利润总额(万元) |
|---|---|---|---|---|---|---|---|---|---|---|---|---|---|
| | | 合计 | 大型 | 中型 | 小型 | 小矿 | | | | | | | |
| | 贵州省 | 4400 | 116 | 284 | 2742 | 1258 | 195665 | 28886. 32 | 35978. 98 | 4299013. 09 | 132990. 21 | 3896287. 48 | 622220. 17 |
| 1 | 煤炭 | 969 | 21 | 66 | 848 | 34 | 146756 | 8192. 95 | 10054. 12 | 2887172. 68 | 107825. 44 | 2763353. 37 | 353280. 17 |
| 2 | 地下热水 | 5 | 1 | 1 | 3 | | 294 | 56. 96 | | 3258. 05 | | 2910. 00 | 680. 00 |
| 3 | 铁矿 | 29 | | | 22 | 7 | 157 | 0. 19 | 71. 00 | 1043. 95 | 700. 00 | 33. 95 | 1. 00 |
| 4 | 锰矿 | 34 | 10 | 12 | 12 | | 1451 | 82. 52 | 83. 93 | 12491. 38 | | 15175. 38 | 3102. 36 |
| 5 | 钛矿 | 1 | 1 | | | | 120 | | | | | | |
| 6 | 钒矿 | 3 | 2 | 1 | | | 8 | | | | | | |
| 7 | 铜矿 | 3 | | | 3 | | 141 | 10. 00 | 10. 00 | 700. 00 | | 700. 00 | 35. 00 |
| 8 | 铅矿 | 18 | 1 | 1 | 12 | 4 | 144 | 13. 30 | 17. 30 | 3125. 50 | | 3125. 50 | 2594. 29 |
| 9 | 锌矿 | 53 | | | 26 | 27 | 362 | 0. 57 | 63. 10 | 186. 00 | 16. 00 | 88. 00 | 27. 50 |
| 10 | 铝土矿 | 57 | 3 | 5 | 43 | 6 | 1778 | 269. 19 | 328. 30 | 103593. 32 | 2046. 97 | 95513. 29 | 6486. 92 |
| 11 | 钼矿 | 4 | | | 4 | | 169 | | | | | | |
| 12 | 汞矿 | 17 | | | 5 | 12 | 272 | 5. 80 | 21. 82 | 4424. 60 | 270. 00 | 3748. 60 | 1678. 10 |
| 13 | 锑矿 | 8 | | 1 | 6 | 1 | 416 | 2. 53 | 8. 53 | 511. 62 | 207. 62 | 511. 62 | 73. 44 |
| 14 | 金矿 | 29 | 9 | 6 | 11 | 3 | 2864 | 152. 97 | 158. 97 | 153046. 54 | | 153026. 54 | 29769. 26 |
| 15 | 普通萤石 | 35 | | 4 | 29 | 2 | 334 | 9. 38 | 9. 38 | 1216. 00 | 120. 00 | 1016. 00 | 177. 40 |
| 16 | 熔剂用灰岩 | 3 | | 1 | 1 | 1 | 159 | 11. 87 | 11. 91 | 431. 21 | | 431. 21 | 61. 10 |
| 17 | 冶金用石英岩 | 13 | | | 11 | 2 | 72 | 3. 11 | 16. 11 | 1093. 00 | 280. 00 | 839. 00 | 239. 80 |
| 18 | 冶金用砂岩 | 4 | | | 4 | | 85 | 4. 68 | 4. 68 | 440. 64 | | 430. 64 | 138. 80 |
| 19 | 冶金用脉石英 | 3 | | | 2 | 1 | 13 | | | | | | |
| 20 | 硫铁矿 | 8 | | | 8 | | 95 | 1. 92 | 15. 10 | 421. 84 | | 384. 84 | 27. 00 |
| 21 | 重晶石 | 103 | 7 | 33 | 46 | 17 | 1162 | 104. 58 | 153. 95 | 25319. 20 | 1675. 00 | 14550. 28 | 4089. 80 |
| 22 | 电石用灰岩 | 3 | | | 2 | 1 | 61 | 12. 70 | 82. 70 | 365. 10 | | 365. 10 | 157. 40 |
| 23 | 制碱用灰岩 | 1 | | | 1 | | 34 | 4. 97 | 4. 97 | 149. 10 | | 149. 10 | 110. 06 |
| 24 | 含钾砂页岩 | 1 | | 1 | | | 1 | | | | | | |
| 25 | 泥炭 | 10 | | | 3 | 7 | 126 | 27. 37 | 27. 57 | 3879. 14 | | 3879. 14 | 873. 08 |
| 26 | 砷矿 | 2 | | | 2 | | 12 | | 0. 50 | | | | |
| 27 | 磷矿 | 27 | 6 | 13 | 7 | 1 | 5167 | 1767. 56 | 1880. 22 | 404911. 16 | 12309. 00 | 263032. 27 | 91539. 13 |
| 28 | 硅灰石 | 8 | | | 6 | 2 | 94 | 15. 87 | 6. 70 | 2685. 50 | 2000 | 2567. 50 | 863. 12 |

**续表 5－1**

| 序号 | 矿种 | 矿山企业数(个) | | | | | 从业人员(人) | 年产矿量(万吨) | 实际采矿能力(万吨/年) | 矿业总产值(万元) | 综合利用产值(万元) | 矿产品销售收入(万元) | 利润总额(万元) |
|---|---|---|---|---|---|---|---|---|---|---|---|---|---|
| | | 合计 | 大型 | 中型 | 小型 | 小矿 | | | | | | | |
| 29 | 石膏 | 7 | | | 6 | 1 | 206 | 17.10 | 17.10 | 2610.00 | 730.00 | 2610.00 | 1030.00 |
| 30 | 方解石 | 25 | | | 19 | 6 | 229 | 15.48 | 24.87 | 2000.46 | | 1460.46 | 546.90 |
| 31 | 玉石 | 1 | | | | 1 | 2 | | | | | | |
| 32 | 水泥用灰岩 | 82 | 32 | 18 | 24 | 8 | 3450 | 5041.16 | 5286.77 | 265133.64 | 3971.00 | 195521.97 | 43259.53 |
| 33 | 建筑石料用灰岩 | 1743 | 11 | 40 | 991 | 701 | 18064 | 9042.75 | 11929.62 | 262517.51 | 833.00 | 238750.76 | 52638.24 |
| 34 | 饰面用灰岩 | 77 | | 1 | 35 | 41 | 836 | 54.20 | 60.66 | 13908.36 | | 13222.66 | 2223.72 |
| 35 | 制灰用石灰岩 | 4 | | | 2 | 2 | 32 | 14.95 | 17.95 | 452.82 | 8.00 | 394.82 | 64.00 |
| 36 | 建筑用白云岩 | 117 | | 4 | 73 | 40 | 1252 | 848.76 | 1259.05 | 22709.58 | 119.00 | 21288.97 | 3197.75 |
| 37 | 玻璃用石英岩 | 2 | 1 | | | 1 | 76 | 14.00 | 14.00 | 825.84 | 450.00 | 825.84 | 273.94 |
| 38 | 水泥配料用砂岩 | 10 | | | 6 | 4 | 116 | 32.45 | 45.60 | 1165.03 | 100.00 | 1135.03 | 368.90 |
| 39 | 砖瓦用砂岩 | 10 | | | 8 | 2 | 147 | 10.20 | 14.00 | 770.00 | 30.00 | 540.00 | 104.00 |
| 40 | 建筑用砂岩 | 45 | 1 | 5 | 32 | 7 | 405 | 90.68 | 121.63 | 3301.46 | 38.00 | 3093.30 | 1004.80 |
| 41 | 建筑用砂 | 457 | 2 | 17 | 222 | 216 | 3595 | 1845.33 | 2284.62 | 45894.11 | 583.18 | 38648.03 | 11871.51 |
| 42 | 水泥配料用砂 | 3 | | 1 | 1 | 1 | 13 | 20.00 | 20.00 | 600.00 | | 20.00 | 300.00 |
| 43 | 砖瓦用砂 | 68 | | | 4 | 64 | 360 | 6.70 | 43.70 | 8320.00 | | 2990.00 | 343.00 |
| 44 | 粉石英 | 2 | | | 1 | 1 | 10 | 0.50 | 0.50 | 15.00 | | 15.00 | 1.00 |
| 45 | 砖瓦用页岩 | 171 | 2 | 30 | 122 | 17 | 2787 | 535.20 | 1117.07 | 27148.40 | 110.00 | 25200.61 | 4750.30 |
| 46 | 水泥配料用页岩 | 6 | 1 | 2 | 3 | | 39 | 31.71 | 31.85 | 1140.84 | | 1140.84 | 101.00 |
| 47 | 建筑用页岩 | 36 | | 13 | 22 | 1 | 419 | 198.55 | 206.62 | 7991.09 | | 7076.99 | 1292.60 |
| 48 | 高岭土 | 10 | | | 9 | 1 | 106 | 0.22 | 5.08 | 34.88 | | 34.88 | 7.40 |
| 49 | 陶瓷土 | 4 | | | 2 | 2 | 56 | 5.00 | 5.00 | 750.00 | | 750.00 | 80.00 |
| 50 | 砖瓦用黏土 | 1 | | | 1 | | 10 | 2.40 | 2.40 | 240.00 | | 240.00 | 5.00 |
| 51 | 陶粒用黏土 | 5 | 2 | 1 | 1 | 1 | 117 | 21.69 | 34.00 | 689.80 | 4.00 | 689.80 | 364.02 |
| 52 | 水泥配料用黄土 | 2 | | | 2 | | 35 | 0.70 | 8.70 | 140.00 | | 140.00 | 55.00 |
| 53 | 饰面用玄武岩 | 2 | 1 | | 1 | | 25 | 19.32 | 36.32 | 4857.70 | | 2988.75 | 209.00 |
| 54 | 水泥混合材玄武岩 | 1 | | | 1 | | 20 | | | | | | |
| 55 | 建筑用玄武岩 | 21 | | 5 | 16 | | 467 | 175.98 | 262.83 | 10348.30 | 500.00 | 7677.20 | 1169.83 |
| 56 | 饰面用辉绿岩 | 1 | | | | 1 | 24 | 10.00 | 10.00 | 1200.00 | 2.00 | 1200.00 | 180.00 |
| 57 | 建筑用凝灰岩 | 9 | | | 6 | 3 | 59 | 33.76 | 66.65 | 685.09 | 2.00 | 671.04 | 74.00 |

续表 5－2

| 序号 | 矿种 | 矿山企业数(个) | | | | | 从业人员(人) | 年产矿量(万吨) | 实际采矿能力(万吨/年) | 矿业总产值(万元) | 综合利用产值(万元) | 矿产品销售收入(万元) | 利润总额(万元) |
|---|---|---|---|---|---|---|---|---|---|---|---|---|---|
| | | 合计 | 大型 | 中型 | 小型 | 小矿 | | | | | | | |
| 58 | 饰面用大理岩 | 15 | | | 8 | 7 | 174 | 6.31 | 10.65 | 1470.00 | | 840.64 | 427.00 |
| 59 | 饰面用板岩 | 4 | | 1 | 2 | 1 | 28 | 8.38 | 3.88 | 363.40 | 40.00 | 100.00 | 10.00 |
| 60 | 矿泉水 | 6 | 2 | 1 | 3 | | 129 | 24.85 | | 688.55 | | 612.86 | 215.00 |
| 61 | 其他矿产 | 2 | | | 2 | | 30 | 7.00 | 7.00 | 575.70 | | 575.70 | 48.00 |

**注:**表内数据系上报国土资源部数据。

**【地质勘查】** 创新地质找矿机制,实施矿产整装勘查,找矿取得新突破,地质勘查工作继续保持良好发展势头。

全省地质找矿突破战略行动“246”计划获重大突破,第一、二批整装勘查成果储量评审备案和第三批15个整装勘查项目全面完成,煤矿、铝土矿、锰矿、金矿成效明显,资源量大幅度提升,实现找矿重大进展,形成一批新的资源勘查开发基地(表6)。

1. 累计新增煤炭:169.59亿吨、磷矿16.52亿吨、铝土矿3.78亿吨、锰矿2.77亿吨、金矿208吨、铁矿1亿吨、铅锌矿434万吨、重晶石0.26亿吨、玉石2.21万吨、锑矿4.68万吨、石材22亿方。

2. 新发现大型以上矿产地:煤炭47处、磷矿8处、铝土矿13处、锰矿5处、金矿3处、铅锌矿1处、重晶石3处。

贵州铜仁市松桃锰矿整装勘查区西溪堡重点勘查区,新发现普觉(整合)超大型锰矿,资源量达1.92亿吨,位居亚洲第一。

黔北页岩气综合勘查试验区建设积极推进,探索部、省、企业协作开展页岩气勘查模式,在贵州遵义安页1号井钻志留系石牛栏组灰岩获得高产天然气,平均日产量达到9.5万立方米,实现了武陵山复杂构造区海相天然气调查重大突破。

全省完成1:57万区域地质调查221幅,总面积约101660平方千米,覆盖率达到54.5%,全省矿产资源潜力评价完成煤矿、铝土矿、磷矿、锰矿、铅锌矿、锑矿、铀矿等22个矿种的定量预测,大致掌握了主要矿产资源的家底。

表6　2015年贵州省矿产资源有效勘查许可证情况

| 发证机关 | 批准登记发证数(个) | | | | | | | | | | | | | | | | 批准登记面积(平方千米) |
|---|---|---|---|---|---|---|---|---|---|---|---|---|---|---|---|---|---|
| | 合计 | 能源矿产 | | | | | 黑色金属矿产 | | 有色金属矿产 | 贵金属矿产 | | 稀有稀散稀土矿产 | 非金属矿产 | | | 水气矿产 | |
| | | 小计 | 煤 | 煤气层 | 石油天然气 | 地热 | 小计 | 铁矿 | | 小计 | 金矿 | | 小计 | 水泥灰岩 | 化工矿产 | | |
| 勘查许可证 | 846 | 220 | 124 | 6 | 28 | 47 | 108 | 29 | 341 | 115 | 113 | | 62 | | 62 | | 123298.07 |
| 其中:部级发证 | 78 | 51 | 2 | 6 | 28 | | 1 | | 14 | 10 | 10 | | 2 | | 2 | | 110790.14 |
| 省级发证 | 768 | 169 | 122 | | | 47 | 107 | 29 | 327 | 105 | 103 | | 60 | | 60 | | 12507.93 |

**【地质环境与地质灾害防治】** 贵州省属于典型的内陆岩溶山区,地形地貌、地质构造复杂脆弱,地质灾害点多面广,地质灾害高中易发区面积约13.6万平方千米,占全省面积的77%。

2015年准确预报地质灾害115起,避免4983人伤亡和12170万元财产损失,完成238所受地质灾害威胁学校综合治理,实施26处国家特大型地质灾害防治项目(表7)。

强化矿山地质环境恢复治理主体责任,修订《贵州省地质灾害和矿山地质环境治理恢复保证金管理办法》,对地质环境治理恢复保证金实行动态管理。

启动实施地质灾害三年综合治理行动计划,出台《贵州省地质灾害防治工作部门责任制度》,构建“横到边、纵到底”责任体系。

完成全省威胁100人及以上重大地质灾害隐患调查核实工作;开展全省矿区地质灾害调查评价工作。

加强汛期地质灾害气象预警预报,实现地质灾害演练全覆盖。成立省级地质灾害应急技术指导中心。

推进织金县珠藏矿山环境治理示范项目和龙洞堡机场周边环境整治。

成功申报织金洞世界地质公园填补了贵州没有世界地质公园的空白。

开展重点古生物化石集中登记、完成并发布实施了《贵州省古生物化石保护规划(2014～2025年)》。

2015年成功避让地质灾害29起,避免4983人伤亡和12170万元财产损失,完成238所受地质灾害威胁学校综合治理,实施26处国家特大型地质灾害防治项目。强化矿山地质环境恢复治理主体责任,启动实施地质灾害三年综合治理行动计划,完成全省威胁100人及以上重大地质灾害隐患调查核实工作,开展全省矿区地质灾害调查评价。

**表7　　2015年贵州省地质公园建设及地质灾害防治情况**　　单位:个、平方千米、人、起、万元

| 地区 | 地质公园建设 | | | | | | | 地质灾害防治 | | | | | | | | | | | | | |
|---|---|---|---|---|---|---|---|---|---|---|---|---|---|---|---|---|---|---|---|---|---|
| | 地质公园 | | 地质公园面积 | | 地质公园类别 | | | 准确预报 | 避免损失 | | 地质灾害数 | | | | | 造成直接损失 | 造成人员伤亡 | | 项目数 | 投入资金 | |
| | | 国家级 | | 国家级 | 地质构造、剖面和形迹 | 古生物化石 | 地质地貌景观 | | 人员伤亡 | 直接经济损失 | 滑坡 | 崩塌 | 泥石流 | 地面塌陷 | 地裂缝 | | 死亡 | 失踪 | | | 地方财政 |
| 贵州省 | 13 | 9 | 2224.55 | 1658.02 | 3 | 7 | 9 | 115 | 4983 | 12170 | 123 | 31 | 2 | 4 | 3 | 15979.70 | 27 | | 247 | 53755.00 | 53755.00 |
| 贵阳市 | 2 | | 210.53 | | 1 | 1 | 1 | 6 | 1911 | 5800 | 6 | 2 | | | | 5212.00 | 16 | | 16 | 4048.00 | 4048.00 |
| 六盘水市 | 1 | 1 | 341.19 | 341.19 | | 1 | 1 | 1 | 220 | 1110 | 2 | | | | | 11.00 | | | 20 | 6005.00 | 6005.00 |
| 遵义市 | 2 | 2 | 453.17 | 453.17 | | 1 | 1 | 4 | 218 | 670 | 6 | | | | | 853.00 | 3 | | 41 | 8847.00 | 8847.00 |
| 安顺市 | 1 | 1 | 26.00 | 26.00 | | 1 | 1 | | | | | | | | | | | | 26 | 4808.00 | 4808.00 |
| 毕节市 | 1 | | 170.00 | | | 1 | 1 | 5 | 116 | 580 | 7 | 1 | | | | 357.00 | 4 | | 26 | 5781.00 | 5781.00 |
| 铜仁市 | 2 | 2 | 202.39 | 202.39 | 1 | 1 | 3 | 219 | 350 | 3 | 1 | | | | | 405.00 | | | 45 | 9059.00 | 9059.00 |
| 黔南州 | 2 | 1 | 345.63 | 159.63 | 1 | 1 | 15 | | | 11 | 5 | 1 | 1 | | | 2695.50 | | | 21 | 4893.00 | 4893.00 |
| 黔东南州 | 1 | 1 | 225.47 | 225.47 | | 1 | 1 | 53 | 2299 | 3660 | 49 | 14 | | 1 | | 2631.20 | 4 | | 36 | 5619.00 | 5619.00 |
| 黔西南州 | 1 | 1 | 250.17 | 250.17 | | 1 | 1 | 28 | | | 39 | 8 | 1 | 2 | 3 | 3815.00 | | | 16 | 4695.00 | 4695.00 |

注:2015年贵州织金洞国家地质公园成为世界地质公园。

**【矿产资源保障能力提升】**　全省找矿突破战略行动"246"计划取得重大进展,整装勘查继续深入推进,第一、二批整装勘查成果储量评审备案和第三批15个整装勘查项目全面完成,煤矿、铝土矿、锰矿、金矿成效明显,资源量大幅度提升,新发现大型以上矿产地80处、75个找矿项目获得重大进展;黔北页岩气综合勘查试验区建设积极推进,遵义安页1号井钻在志留系石牛栏组灰岩获得高产天然气,实现了武陵山复杂构造区海相天然气调查重大突破。

**【矿产资源节约集约综合开发利用监管】**　严格执行新"三率"标准,完成对54个矿山企业开发利用方案的审查备案;砂石土资源开发管理进一步规范,全年通过关停整合等优化配置措施,推进了全省砂石土资源集约开发利用。

加强地质环境整治和矿山生态恢复治理,强化矿山地质环境治理恢复保证金监管使用,183处矿山生态环境得到恢复治理,矿区2000户6000名群众及时搬迁。"矿山复绿"行动深入开展,复绿矿山150处,面积7.5万亩,矿山环境治理成效显现。地质遗迹保护和地质公园建设不断加强,织金洞国家地质公园成功申报世界地质公园。开展全省岩溶地下水系统功能可持续利用研究。

**【矿产资源配置体制改革】**　全面推行矿业权招拍挂出让制度,矿业权市场化配置程度持续大幅提高。全年共投放矿业权31个,招拍挂出让6个,其中:投放探矿权6个,挂牌出让6个,占投放总量的19%;投放采矿权25个(探矿权转采矿权23个、协议出让2个),占投放总量的81%。矿业权公开交易较为活跃,协同做好煤矿企业兼并重组工作,办理128个主体企业兼并重组报件5432件,1576个煤矿完成过户,累计完成煤矿兼并重组采矿权变更和出具兼并重组矿权交易鉴证手续的煤矿和矿权1576处。

土地管理和矿产资源领域专项整治行动按时完成。扎实开展专项整治工作,土地管理领域围绕消除隐患探索建章立制取得较好成效;矿产领域清理排查违规行为482个,解决历史遗留问题,全部进行分类处置和整改。

城乡统一用地市场改革稳健推进。农村集体土地精细化确权登记颁证试点,在100个示范小城镇先行开展,全省宅基地确权登记发证521.90万宗,发证率84.80%;集体建设用地发证3.8万宗,发证率84.7%,基本做到了应发尽发。湄潭县农村集体经营性建设用地入市改革试点取得敲响全国"第一槌"重大突破,并围绕入市后如何保障和促进土地使用权还权赋能,进一步加强入市监管等问题,展开更深层次的研究、分析和探索。

不动产统一登记和自然资源资产产权制度改革成效显著。全省蚧市州、88个县市区全面完成不动产登记机构设置、编制落实工作,7个部省联系点已全面颁发不动产证书,颁发新证已经形成常态管理;贵州省生态文明先行区建设自然资源管理制度研究取得阶段性进展,《贵州省自然资源产权管理制度研究》《贵州省"三线"划设研究》《贵州省自然资源用途管制制度研究》等三个专题成果已通过专家初步评审。

行政审批制度改革不断深入。进一步清理权力清单和责任清单,调整后共有67项,比2014年的109项减少42项,减少比例达39%。依托全省国土资源电子政务平台和"一张图"核心数据库,全面推行省市县三级网上并联审批,实行限时办结超时默认制度。

依法行政不断加强。始终坚持依法行政,严格执行规范性文件的合法性审查及报告、备案制度,修订行政复议行政应诉案件办理工作规则,办理行政复议案件30件,行政应诉案件12件。国土资源法律顾问制度顺畅运行,行政复议、行政诉讼结案胜诉率95%。加大信息公开力度,主动公开规范性文件、行政审批服务事项办理结果等政府信息4640条,依申请公开政府信息229条,公开建设用地批复1501件。

执法监察工作严肃严格。全年共立案查处土地违法案件1898宗,同比下降12.90%,面积1703.38公顷(2.56万亩)同比上升59.27%,提请行政处分52人;开展五千亩以上坝区耕地动态巡查1.58万次,发现违法用地行为62起,及时制止24起;立案查处矿产资源违法案件243件,同比下降20.59%;开展越界采矿专项调查,立案查处90宗;省人民政府约谈了土地违法占耕比靠前8个县(市、区)和矿产管理问题比较突出1个市的政府负责人,约谈力度持续加大,警示作用凸显。

**【地质资料管理创新】** 地质资料管理后发赶超,多项工作名列前茅。8401档156775件成果地质资料,全部完成数字化整理,跨入"全数字化馆藏机构"行列;完成43025个钻孔数据库和441个钻孔属性库建设;馆藏成果资料总量达15757种352320件,数量位列全国第五;率先在全国试点"资料汇交员"和"涉密证书"管理制,效果明显;"重点保护古生物化石登记"工作成效显著,预约登记38000余件,完成鉴定20815件。

(贵州省国土资源厅)

## 陕西省

**【矿产资源概况】** 陕西省矿产资源分布具明显区域特色,陕北地区以优质煤、石油、天然气、盐类、黏土类矿产为主;关中及相邻地区以煤、建材矿产、地热、矿泉水为主;陕南秦巴山区以有色金属、贵金属、黑色金属和各类非金属矿产为主。

截至2015年底,全省已发现各类矿产138种(含亚矿种),其中有查明资源储量的91种,已列入陕西省矿产资源储量表的有87个矿种,尚未查明资源储量的47种。截至2015年底,查明资源储量并列入《陕西省矿产资源储量表》的上表矿区1072处(不含共伴生矿区),其中固体矿区856处,地下水、矿泉水、地热水矿区170处,油气矿区46处。在国民经济中有重要价值的15种重要矿产中,陕西省盐矿保有储量居全国第一,石油和天然气居全国第三,煤和水泥用灰岩居全国第四,钼矿居全国第七,岩金矿居全国第九,铝土矿居全国第十二,锌居全国第十四,铜居全国第十七,硫铁矿居全国第十八(表1)。

**表1 2015年陕西省15种重要矿产在全国及西部排列位次**

| 矿种 | 位次 | | 矿种 | 位次 | |
|---|---|---|---|---|---|
| | 全国 | 西部 | | 全国 | 西部 |
| 煤 | 4 | 3 | 钼矿 | 7 | 3 |
| 石油 | 3 | 2 | 金矿 | 9 | 6 |
| 天然气 | 3 | 3 | 银矿 | 23 | 9 |
| 铁矿 | 18 | 7 | 硫铁矿 | 18 | 9 |
| 铜矿 | 17 | 8 | 磷矿 | 7 | 4 |
| 铅矿 | 12 | 8 | 盐矿 | 1 | 1 |
| 锌矿 | 14 | 10 | 水泥用灰岩 | 4 | 2 |
| 铝土矿 | 12 | 6 | | | |

**注:**西部十二省(市、区)为陕西、青海、内蒙古、四川、新疆、贵州、云南、宁夏、甘肃、广西、重庆、西藏。

2015年度,经评审备案新增的矿产地共15处,其中煤炭新增矿产地大型3处,中型1处;铁矿新增小型矿产地2处;金矿新增矿产地大型1处,小型2处;玻璃用脉石英新增中、小型矿产地各1处；铅矿新增小型矿产地1处；锌矿新增小型矿产地1处；铜矿新增小型矿产地1处；盐矿新增中型矿产地1处。

2015年度，煤、石油、铁、铜等20种主要矿产中，有17种矿产保有储量情况发生变化，其中保有储量增加的矿种有9种，减少的有8种；增加幅度较大的矿种有铅、锌、锑、岩金、银，减少幅度较大的矿种为汞矿。

**【矿产资源勘查】** 1. *地质勘查投入情况*。2015年度，全省境内开展地质项目619项，较2014年减少16%；投入资金总额10.33亿元，较2014年减少18.28%（图1）。其中：基础地质调查项目15项，投入资金4788万元、投入较2014年增加24.13%；地质科学研究与技术方法创新69项，投入资金5818万元、投入较上年减少8.28%；地质灾害、地质环境和地下水调查评价项目49，投入资金9750万元、投入较2014年减少5.97%；矿产资源勘查项目486项，投入资金82598万元、投入较2014年减少22.14%。资金来源主要为：中央财政13062万元，占总量的12.72%，同比减少22.7%；地方财政41475元，占总量的38.76%，同比增长2.15%；社会资金48826万元，占总量的47.54%，同比减少35.34%。

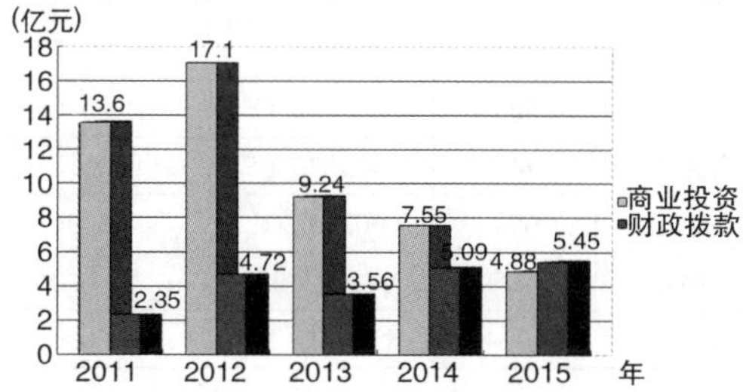


图1　2011～2015年陕西省地质勘查投入情况

2. *矿产资源勘查项目构成*。2015年全省开展的486项矿产资源勘查项目中：能源27项、黑色金属72项、有色金属165项、贵金属186项、稀有金属7个、非金属18项，水气矿产11项（表2）。中央财政投入资金0.09亿元、较2014年减少96.96%，省级财政投入资金3.51亿元、较2014年增长14.8%，社会资金4.66亿元、较2014年减少35.72%。完成的主要工作量：钻探38.25万米、较2014年减少16.61%；坑探5.27万米、较2014年减少40.98%，槽探49.04万立方米、较2014年减少9.02%。

3. *新增矿产资源储量情况*。2015年全省新增探明矿产资源储量：煤48.35亿吨、铁矿石量0.35亿吨、钒$V_2O_5$64.25万吨、铅锌金属量43.53万吨、金金属量68.25吨，锰30.33万吨，铜金属量3.55万吨，钼金属量10.23万吨，钨$W_2O_3$2.77万吨，银金属量372吨，岩盐68.25亿吨，水泥灰岩19.8亿吨，新发现大型煤矿产地1处，新增矿产资源潜在价值8107亿元。

表2　2015年陕西省矿产勘查项目情况统计表

| 类别 | 项目个数 | 所占比例(%) |
|---|---|---|
| 能源 | 27 | 5.56 |
| 黑色金属 | 72 | 14.81 |
| 有色金属 | 165 | 33.95 |
| 贵金属 | 186 | 38.27 |
| 稀有金属 | 7 | 1.44 |
| 非金属 | 18 | 3.71 |
| 水气矿产 | 11 | 2.26 |
| 合计 | 486 | 100.00 |

4. *2015年度矿产勘查重要成果*。陕西省黄陇侏罗纪煤田永陇矿区麟游县河西勘查区煤炭，新增查明煤炭资源量0.78亿吨。

陕西省汉阴县坝王沟金矿普查，新增查明矿产资源储量8.37吨。

陕西省凤县马蹄沟－王家台地区金矿普查，新增查明矿产资源储量11.81吨。

陕西省山阳县苏岭沟银矿深部金矿普查（标高850米以下），新增查明金矿资源量11.62吨。

陕西省山阳县王家坪金矿勘探，新增查明金矿资源量6.66吨。

山阳县龙头沟金矿深部及外围普查，新增查明金矿资源量6.06吨。

凤县东塘子铅锌矿详查，新增查明铅锌金属量11.57万吨。

**【矿产资源开发利用】** 1. *矿业结构*。2015年，受经济下行压力的影响，矿产品的价格持续低迷，许多矿产品供大于求，矿山停产情况严重，企业效益下滑，招拍挂及二级转让市场萎缩，矿业转型升级及结构调整稳步推进，2015年全省共有4774个矿山企业（不含石油天然气），比2014年减少了414个（图2）。其中：能源矿山586个，占12.27%，同比增加0.94%；金属矿山410个，占8.59%，同比增加0.79%；非金属及水气矿山3778个，占79.14%（砖瓦用黏土矿山1916个，占40.13%），同比减少1.73%。

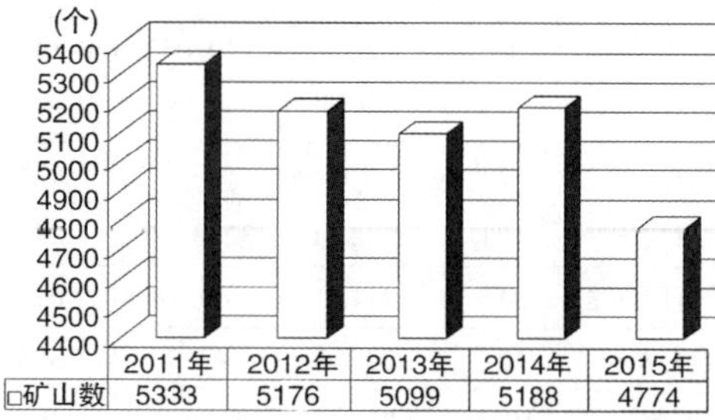


图2　2011～2015年陕西省矿山数变化图

全省的矿山企业中，大中型矿山605个，占全省矿山数的12.67%；小型（小矿）4169个，占全省矿山数的87.33%（图3）。

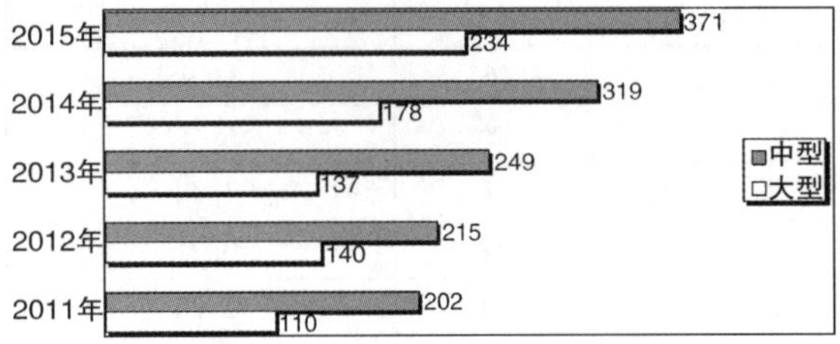


图3　2011～2015年陕西省大中型矿山数变化图

2. *主要矿产资源开发利用情况*。2015年，矿山生产持续下降，除煤炭、锰矿、铅矿、锌矿、汞矿、玻璃用石英岩增长外，其他主要矿产的矿石产量均呈下降态势，铁矿、钒矿、铜矿、锑矿、银矿、硫铁矿、重晶石、建筑石料用灰岩等下降幅度均超过30%，形势不容乐观（表3至表5）。

表3　2015年陕西省部分矿产开发利用情况表

| 矿种 | 矿山数（个） | 设计采矿能力（万吨/年） | 年生产矿石量（万吨） | 同比增长（%） |
|---|---|---|---|---|
| 煤炭 | 457 | 45753 | 28593.78 | 1.0 |
| 铁矿 | 81 | 1670.5 | 274.07 | -41.64 |
| 锰矿 | 17 | 63.25 | 5.37 | 2.87 |
| 钒矿 | 63 | 1211.4 | 25.02 | -34.66 |
| 铜矿 | 24 | 216.55 | 16.42 | -46.81 |
| 铅矿 | 27 | 212.8 | 11.25 | 145.10 |
| 锌矿 | 63 | 366.4 | 121.68 | 6.61 |
| 钼矿 | 19 | 2055.12 | 1320 | -16.07 |
| 汞矿 | 4 | 17 | 9.84 | 0.92 |
| 锑矿 | 3 | 6.45 | 0 | -100.0 |
| 金矿 | 99 | 687.73 | 320.33 | -7.52 |
| 银矿 | 5 | 76.2 | 0 | -100.0 |
| 硫铁矿 | 6 | 57 | 0 | -100.0 |
| 重晶石 | 52 | 142.2 | 7.4 | -39.14 |
| 盐矿 | 11 | 126.3 | 40.03 | -14.63 |
| 磷矿 | 9 | 132.3 | 6.42 | -5.17 |
| 石膏 | 2 | 7 | 5 | 0.00 |
| 水泥用灰岩 | 174 | 7680.11 | 3288.76 | -24.03 |
| 建筑石料用灰岩 | 342 | 2941.9 | 389.78 | -61.35 |
| 玻璃用石英岩 | 101 | 529.04 | 47.3 | 73.39 |
| 砖瓦用黏土 | 1916 | 5807.65 | 1466.1 | -29.96 |

2015年受国际、国内经济大环境的影响，矿山企业经济效益下滑严重，矿业形势比较严峻，为近十年来最严重的一年。2015年全省矿山企业（不含石油、天然气）完成工业总产值821.29亿元，较2014年度减少42.67亿元，同比减少4.93%，全年实现利税150.19亿元（图4）。

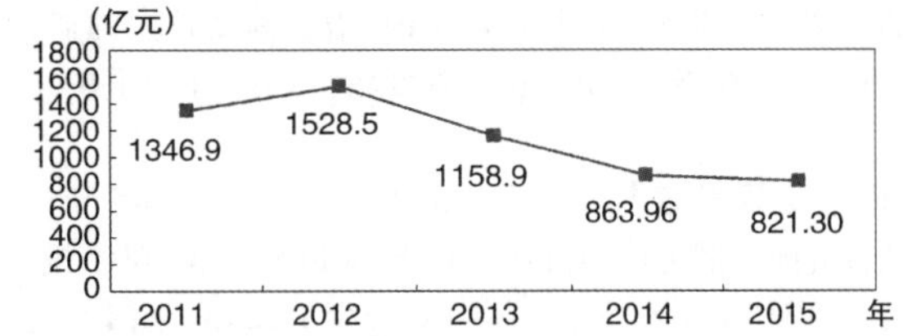


图4　2011～2015年陕西省矿山企业工业总产值变化图

表4　2015年陕西省各市矿产资源开发利用情况表

| 市 | 矿山数（个） | 工业总产值（万元） | 同比增长（%） |
|---|---|---|---|
| 西安市 | 204 | 24292.3 | 0.21 |
| 铜川市 | 124 | 328450.67 | -0.50 |
| 宝鸡市 | 325 | 409001.41 | -0.12 |
| 咸阳市 | 602 | 697600.58 | -0.24 |
| 渭南市 | 657 | 661006.31 | 0.12 |
| 延安市 | 432 | 776368.0 | -0.23 |
| 汉中市 | 469 | 117808.89 | -0.55 |
| 榆林市 | 742 | 4945876.65 | 0.10 |
| 安康市 | 694 | 60295.31 | 0.96 |
| 商洛市 | 525 | 192275.11 | -0.06 |
| 合计 | 4774 | 8212975.23 | -0.05 |

表5　2015年陕西省各行业矿产资源开发利用情况表（不含石油、天然气）

| 矿产类型 | 工业总产值（万元） | 占比（%） | 同比增长（%） |
|---|---|---|---|
| 能源矿山 | 6584537.67 | 80 | -0.08 |
| 黑色金属矿产 | 127727.37 | 1 | -0.31 |
| 有色金属矿产 | 471410.94 | 6 | 0.46 |
| 贵金属矿产 | 112828.41 | 1 | -0.54 |
| 建材非金属矿产 | 709300.16 | 9 | -0.02 |
| 其他矿产 | 207170.68 | 3 | 0.05 |
| 工业产值合计 | 8212975.23 | 100 | -0.05 |

**【矿权管理】**　近年来，在实施地质找矿突破国家战略行动中，陕西省结合自身实际，深入贯彻省政府《关于加强地质找矿促进经济持续发展的意见》，制定了《陕西省找矿突破战略行动实施意见》，精心部署，聚焦整

装勘查，形成了由一煤独大逐步转向大宗金属、特色非金属齐头并进、多元支撑的新格局，新一轮地质找矿取得了阶段性突破。

为配合国家宏观调控政策，进一步贯彻《国务院关于全面整顿和规范矿产资源开发秩序的通知》精神，制定下发了《关于暂停部分矿种探矿权采矿权审批的通知》，提高了对钨、锡、锑、金、水泥灰岩、煤、铁、铝土矿、稀土等热点矿种的审批准入条件。

截至 2015 年底，全省有效勘查证 739 个。其中 2015 年审批勘查许可证 510 个（新立 223 个、变更 152 个、延续 125 个、保留 10 个），与 2014 年同期相比新立增长了 68%。按照下发的《关于地质勘查资质注册登记工作有关问题的通知》，对我省 11 个资质类别、283 个地质勘查资质进行了核定，其中甲级资质 95 个、乙级资质 84 个、丙级资质 104 个。

加强采矿权管理，严格采矿权审批，细化了《采矿权审批工作规则》和《采矿权审批要件规定》，制定了《采矿权内部审查时限规定》，进一步提高了采矿权的审批时效，维护了采矿权人的合法权益。截至 2015 年年底，全省有效采矿证 5248 个，同比增加 0.06%。2015 年省级共审批采矿权 310 个，其中，新立 19 个、划定 25 个、延续变更 232 个、注销 31 个、转让 3 个。在省级注销的 31 个采矿证中，煤矿 20 个、非煤矿山 11 个。及时为陕北 10 个大型煤矿开采项目颁发了采矿证，新增生产能力 6270 万吨/年，配置煤炭资源近 120 亿吨，支持了能源基地重点项目建设。在矿产资源开发上，五年来，累计关闭小煤矿 388 个，大中型煤矿占比达 52%，单井平均生产规模翻了一番多。整合矿山企业 703 个，已整合矿山“三率”全部达标，综合利用率提高 10% 以上。为从根本上扭转石材石渣乱开乱采的被动局面，依据《陕西省开山采石专项整治实施意见》，按照“三年减一半、五年大变样”的总目标，在全省范围内开展开山采石专项整治，2015 年，关停取缔采石矿山 218 个，总数减少近 15%，逐步扭转了采石业“多、小、散、乱”局面。

按照《陕西省采矿权抵押备案管理办法》，开展矿业权抵押备案工作，破解企业融资难题。2015 年共办理采矿权抵押备案 15 个，涉及融资 40 亿元。

**【矿业权价款和资源补偿费】** 2015 年全省探矿权出让 17 宗，出让价款 214 万元，同比减少 47.8%，其中招拍挂出让 3 宗，占出让总数的 17.65%，出让价款 214 万元，占出让价款的 100%（图 5）。全年出让采矿权 102 宗，同比增加 10.87%，出让价款 120084.53 万元，同比增加 29%，价款主要是招牌挂出让所得（图 6）。其中招牌挂出让 80 宗、出让价款 95453.29 万元，分别占总数的 78.43%、79.49%。

全年完成矿业权价款评估告知项目 54 个，涉及价款 37.4 亿元，其中：探矿权项目 8 个，价款 6.8 亿元；采矿权项目 46 个，价款 30.6 亿元。

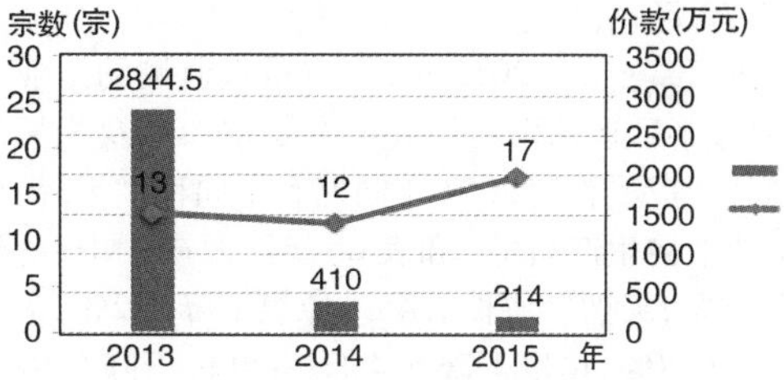


图 5　2013 ~ 2015 年陕西省探矿权出让情况

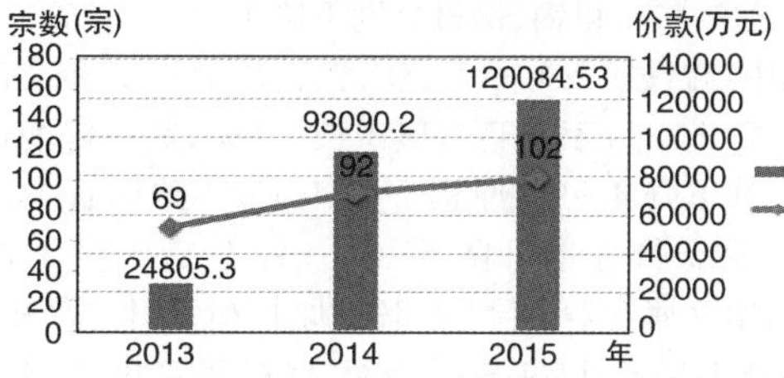


图 6　2013 ~ 2015 年陕西省采矿权出让情况

**【矿产储量评审备案】** 按照国土资源部深化储量体制改革的要求，健全并完善我省储量评审备案管理制度，对以往出台的管理制度及办法进行清理，加强对市、县发证矿山储量的管理，实行权责对应，严格储量评审备案程序，确保评审备案的公正性、科学性及规范性。2015 年共评审备案矿产资源储量报告 69 份，相对 2014 年减少了 7 份，同比减少 9.2%，其中储量核实报告 23 份、压覆矿产资源报告 25 份、地质勘查报告 20 份、闭坑报告 1 份。评审的勘查报告中，勘查工作程度达到普查的 2 份，占 10.0%；达到详查的 9 份，占 45.0%；达到勘探的 9 份，占 45.0%。从规模看，大型 5 个，中型 4 个，小型 11 个。

**【矿产品产供销】** 1. *矿业产值与矿产品*。2015 年全省规模以上工业（年主营业务收入 2000 万元及以上企业）完成工业总产值 20333.98 亿元。矿业及相关加工制造业完成 12160.42 亿元，占全省规模以上工业总产值的 59.8%。其中采矿业产值 4194.88 亿元，矿产品相关制造业产值 6528.33 亿元，分别占矿业及相关加工制造业总产值的 34.5%、53.7%。采矿业中，煤炭开采和洗选业产值 2158.31 亿元，石油和天然气开采业产值 1407.16 亿元，二者占采矿业产值的 85.0%。矿业及相关加工制造业实现利润 805.82 亿元，占全省规模以上工业利润总额的 60.1%。其中采矿业实现利润 502.18 亿元，矿产品相关制造业实现利润 163.76

亿元,分别占矿业及相关加工制造业利润总额的62.3%、20.3%。盈利较大的行业有:煤炭开采和洗选业179.69亿元,石油和天然气开采业285.17亿元,非金属矿物制品业67.67亿元,有色金属冶炼及压延加工业72.92亿元。

2. *矿产品产量*。2015年,全省重点监测的工业产品中,超过半数产品保持增长。主要矿产品及相关原材料制品产量尽管较2014年同期有不同程度下降,但整体保持平稳生产(图7和表6)。能源矿产中,洗煤增长53.1%,天然气增长1.4%,原煤下降1.2%,天然原油下降0.8%,焦炭下降5.4%,发电量下降0.9%;黑色金属中,铁矿石增长44.0%,铁合金增长3.9%,生铁下降9.4%,粗钢、钢材分别下降1.1%、1.7%;有色金属中,硫铁矿石下降1.3%,钼精矿增长2.3%,铝材增长37.1%;十种有色金属增长1.6%,其中锌增长11.3%,镁下降4.9%,原铝下降4.4%。磷矿石下降23.7%,铜金属含量下降63.3%,锌金属含量下降39.1%,铅金属含量下降14.8%;原料和建材产品中,商品混凝土增长13.4%,天然大理石建筑板材增长25.4%,原盐下降5.7%,硅酸盐水泥熟料下降9.7%,水泥下降5.4%,石墨及碳素制品下降53.8%,平板玻璃下降20.2%。

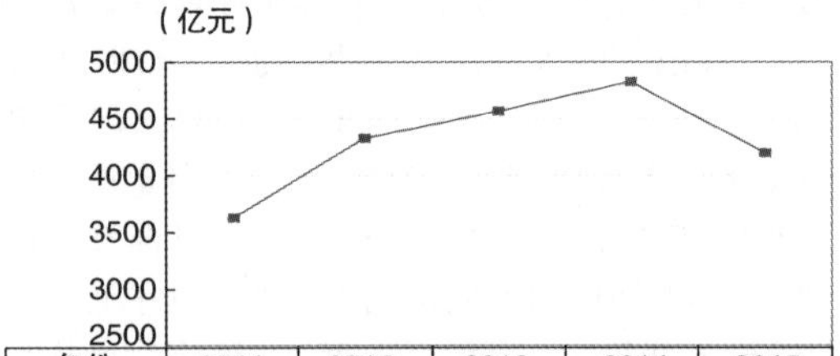


| 年份 | 2011 | 2012 | 2013 | 2014 | 2015 |
|---|---|---|---|---|---|
| 总产值 | 3632.65 | 4323.06 | 4564.74 | 4828.88 | 4194.88 |

**图7　2011~2015年陕西省采矿业总产值变化趋势**

**表6　2015年陕西省主要矿产品产量增减变化情况**

| 矿产品名称 | 单位 | 2014年 | 2015年 | 增长率(%) |
|---|---|---|---|---|
| 原油 | 万吨 | 3767.81 | 3736.73 | -0.8 |
| 天然气 | 亿立方米 | 410.11 | 415.92 | 1.4 |
| 铁矿石原矿量 | 万吨 | 1497.05 | 2155.21 | 44.0 |
| 硫铁矿石(S 35%) | 万吨 | 92.02 | 90.85 | -1.3 |
| 原盐 | 万吨 | 142.97 | 134.85 | -5.7 |
| 水泥 | 万吨 | 9083.49 | 8580.09 | -5.4 |
| 平板玻璃 | 万重量箱 | 2283.01 | 1822.54 | -20.2 |

**注**:统计范围为规模以上工业企业(主营业务收入2000万元及以上工业企业)。

3. *矿产品进出口贸易*。2015年,陕西省矿产品进出口总值为13.23亿美元(约82.3亿元人民币),同比增长9.45%(图8)。受国际铜材、铁矿砂商品价格影响,2015年陕西省矿产品进口总值11.05亿美元(约68.72亿元人民币),增长25.83%,但钼等产品价格持续下降,全省矿产品出口下降幅度大,出口总值2.19亿美元(约13.61亿元人民币),下降33.94%。

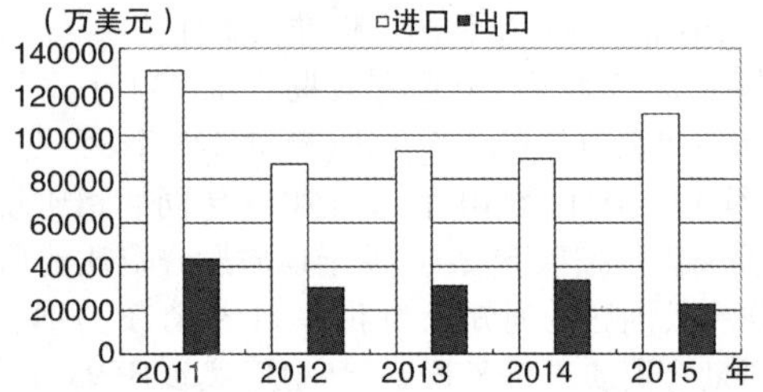


**图8　2011~2015年陕西省矿产品国际贸易变化情况**

①矿产品出口:2015年全省出口矿产品的种类共有133种,其中出口总值超过1000万元的矿产品有16种,主要是:工业硅、钼制品、未锻轧镁、非工业用钻石、金属钙、锶或钡的化合物、石材、人造石制品。矿产品出口总值5000万元以上的企业是:金堆城钼业股份有限公司、西安海镁特镁业有限公司、西安龙辉钻石加工有限公司、西安西电国际工程有限责任公司、紫阳县自力进出口有限公司、陕西华钼实业有限公司、陕西鼎佳实业有限公司。

矿产品出口的主要国家和地区为:日本、泰国、香港、加拿大、美国、荷兰、比利时、韩国等。

②矿产品进口:2015年全省进口矿产品的种类共有133种,其中进口总值超过1000万元的矿产品有27种,主要是:铁矿砂及其精矿、多晶硅、锌矿砂及其精矿、铅矿砂及其精矿、非工业用钻石、金化合物、石油沥青、其他氟化物、非金属无机氧化物、硼酸、氧化铈等。矿产品进口总值1亿元以上的企业是:陕西龙门钢铁集团进出口有限公司、西安富鑫珠宝有限公司、西安隆基硅材料股份有限公司、陕西东岭物资有限责任公司、陕西锌业有限公司、西安中瑞有色金属有限公司、陕西高速公路开发公司、西安龙辉钻石加工有限公司、美气神电子材料(西安)有限公司。

矿产品进口的主要国家和地区为:澳大利亚、南非、韩国、巴西、秘鲁、新加坡、美国、泰国、比利时、德国、马来西亚等。

**【矿山地质环境治理】**　近年来,全省矿山地质环境问题得到了各级党委政府和管理部门的普遍重视,作为国土资源系统生态文明建设的重要工作之一,矿山地质环境恢复治理工作得到扎实推进,并取得初步成效。制定下发了《陕西省矿山地质环境治理恢复工程验收办法(试行)》《陕西省矿山地质环境治理恢复技术要求(试行)》《陕西省矿山地质环境治理恢复工程验收标准(试行)》三个标准性文件,扎实推进矿山地质环境治理恢复保证金缴存工作,全年共缴存保证金 8.5 亿元。按照“宜农则农、宜林则林、宜建则建”的原则,重点开展对铜川、渭北、黄陵煤矿区及秦岭金属矿区的矿山地质环境问题的治理,共恢复治理土地面积 2392.87 公顷(3.59 万亩),有效改善了矿区生态环境。

2015 年,全省成功预报地质灾害 420 起,避免了 20202 人的伤亡和 19542 万元的经济损失;开展应急演练 1267 次、118497 万人次,远程视频会商、演练、调试设备共 20 次,120 人次;发布各级地质灾害预报预警 238 次,巡查排查 25989 次,宣传培训 2150 次、763239 人次,有效提高了群众防灾防患意识,最大限度地避免了地质灾害可能造成的人员伤亡和财产损失;全省纳入群防群测的 12229 处地质灾害隐患点没有发生一起群死群伤事故;组织开展了咸阳市、渭南市、韩城市和铜川市 12 个重点县(区)地质灾害详查,完成调查面积 11587 平方千米;完成 19 个县地地质灾害防治高标准“十有县”建设工作;中央财政和省级财政投入地质灾害防治资金 1.5 亿元,部署地质灾害防治项目 40 个;陕南移民搬迁工程完成投资人 595 亿元,完成移民搬迁 32.4 万户,111.89 万人;完善了省级地质灾害应急专家库建设,建成省地质灾害应急管理指挥中心。2015 年 8 月 12 日山阳县滑坡灾害发生后,省厅立即组织有关技术人员赶赴现场,排查面积 18 平方千米,提交《陕西省山阳县“8・12”山体滑坡及周边地质灾害应急排查报告》,编制《陕西省山阳县“8・12”山体滑坡区烟家沟小流域综合治理方案》,为现场救援和灾后应急处置提供了技术指导。在全省范围内开展矿山矿区、地质灾害、陕南移民搬迁领域安全隐患大排查专项活动,对发现的 80 多个隐患点,责令当地相关单位、企业限期整改,并对整改情况进行抽查,最大限度地防治灾害的产生。

**【地质公园建设】** 2015 年地质遗迹保护工作取得新进展,积极支持地方政府保护地质遗迹和发展地质旅游事业,地质公园建设取得明显成效。陕西省发布的《陕西省地质公园建设规范》令人瞩目,这是全国省级层面上第一家出台的地方性规范,具有开创性、前瞻性和指导性,该规范将于 2016 年 1 月 1 日实施。目前,我省已有秦岭终南山世界级地质公园 1 处,国家级地质公园 8 处,分别是翠华山国家地质公园、洛川黄土国家地质公园、延川蛇曲国家地质公园、宜川壶口瀑布国家地质公园、商南金丝峡国家地质公园、岚皋南宫山国家地质公园、柞水溶洞国家地质公园和耀州照金丹霞国家地质公园;潼关小秦岭金矿国家矿山地质公园 1 处。已正式命名的省级地质公园有 6 处,分别是汉中黎坪省级地质公园、华阴华山省级地质公园、华州区少华山省级地质公园、石泉燕翔洞省级地质公园、清涧无定河曲流群省级地质公园和丹凤上运石省级地质公园。

2015 年共开展地质灾害、地质环境调查评价项目 34 项,投入资金 4103.5 万元,其中:地质灾害调查 25 项,面积 18457 平方千米,投入资金 3266 万元;地质环境调查评价项目 9 项,投入资金 837.5 万元。

**【地质资料信息服务】** 2015 年陕西省厅制定下发了《关于加强原始、实物地质资料汇交管理工作的通知》及《陕西省原始地质资料汇交细则》《陕西省实物地质资料汇交细则》,对地质资料汇交工作加强了管理。2015 年,共接收成果地质资料 123 种,原始地质资料 123 种,其中矿产地质勘查资料 77 种,区域地质等资料 46 种,通过监管平台发放地质资料合格证 103 份。2015 年,共提供资料借阅服务 414 人次,1601 份次,17153 件次;复制地质资料 239 份次。省厅门户网主页上提供社会公开查询利用的地质资料目录种类达 3176 种,上网查询点击人数 4209 人次。

2015 年,按照国土资源部的要求,陕西省地质档案馆馆藏的 15910 档图文矿权档案的数字化工作全部完成,“五平台一支撑”项目进展顺利,完成了集群化管理信息一期系统建设,实现了地质资料汇交管理,借阅管理和信息化共享服务,实现部分非涉密地质资料的全文浏览,本年度上传可以浏览的地质报告 1000 种。对全省 31 个地勘单位的重要地质钻孔数据进行了检查验收,共有 16106 个钻孔资料通过验收,并完成了重要地质钻孔数据库的建库工作。

**【矿产卫片执法监督检查】** 2015 年,深入贯彻落实省委、省政府和国土资源部的决策部署及全省国土资源工作会议精神,认真履行“保资源、保发展、保效益”的职责,以“违法用地专项整治年”和“落实制度年”为有利时机,积极有序地推进国土资源执法监察工作,有效遏制了违法用地采矿行为。

全省矿产卫片执法监督检查立案处理 232 件,收缴罚款 303.66 万元,没收违法所得 1004.93 万元。2015 年度共完成国土资源管理系统和公安系统申请的 30 宗破坏矿产资源非法采矿案件的评价鉴定工作,鉴定案件数量同比增加 48%。全年累计鉴定破坏价值 5430.62 万元,打击了非法开采行为,为维护矿产开发秩序提供了依据。

(陕西省国土资源厅)

# 甘肃省

**【矿产资源概况】** 甘肃省是全国矿产资源较为丰富的省份之一，省内地层发育较齐全，地质构造复杂，岩浆活动强烈，具备良好的成矿地质环境和条件，矿产资源较为丰富，矿业开发已成为甘肃的重要经济支柱，为甘肃经济和社会发展提供了重要的资源保障。

1. *矿产资源现状*。截至2015年底，全省已发现各类矿产119种（计算到亚矿种则为180种），其中，已查明资源储量的77种（计算到亚矿种则为114种），占全省已发现矿种的65%，未查明资源储量的42种（计算到亚矿种则为66种），占全省已发现矿种的35%（表1）；在已查明矿产资源中，能源矿产7种、金属矿产31种（计算到亚矿种则为36种）、非金属矿产37种（计算到亚矿种则为69种）、水气矿产2种（图1）。

表1　**2015年甘肃省已发现矿产资源种类（含亚矿种）**

| 矿产类别 | 查明资源储量矿产 | | 未查明资源储量矿产 | |
|---|---|---|---|---|
| | 矿种数（种） | 矿产名称 | 矿种数（种） | 矿产名称 |
| 能源矿产 | 7 | 煤、油页岩、铀*、石油*、天然气*、煤层气*、地热* | 3 | 石煤、钍、天然沥青 |
| 金属矿产 | 36 | 铁、锰、铬、钒、钛、铜、铅、锌、镍、钴、镁、钨、锡、钼、铋、汞、锑、铂、钯、铱、铑、锇、钌、金、银、铌、钽、铍（含绿柱石）、稀土矿、锗、铟、铊、镉、硒、碲、镓 | 20 | 铝、锶、锆、铷、铯、铪、锂、铈、镝、钪、镨、钕、钐、钆、铽、钬、铒、铥、镥、铼 |
| 非金属矿产 | 69 | 菱镁矿、蓝晶石、玉石、普通萤石、熔剂用灰岩、冶金白云岩、冶金用石英岩、冶金用脉石英、耐火黏土、铸型用黏土、红柱石、自然硫、硫铁矿（含伴生硫）、芒硝、盐矿、钾盐、重晶石、毒重石、电石用灰岩、制碱用灰岩、化工用白云岩*、化肥用蛇纹岩、泥炭、磷矿、砷矿、明矾石、石墨、滑石、石棉、石膏、水泥用灰岩、水泥用大理岩、膨润土、玻璃用白云岩、玻璃用石英岩、玻璃用石英砂岩、玻璃用石英砂、玻璃用脉石英、饰面用大理岩、饰面用蛇纹岩、岩棉用玄武岩、水泥配料用砂、水泥配料用黏土、陶瓷用长石、水泥配料用红土、水泥配料用黄土、石榴子石、沸石、陶瓷土、宝石、方解石、饰面用花岗岩、透辉石、蛭石、叶蜡石、高岭土、凹凸棒石黏土、海泡石建筑用砂、玻璃硅质原料、砖瓦用黏土、硅灰石、陶粒用黏土*、建筑石料用灰岩*、建筑用白云岩*、建筑用砂岩*、花岗岩*、辉绿岩*、角闪岩* | 43 | 矽线石、铸型用砂、铸型用砂岩、耐火用橄榄岩、熔剂用蛇纹岩、白钠镁矾、橄榄岩、含钾岩石、硼、化肥用灰岩、化工用灰岩、化肥用石英岩、硝石、碘、硅藻土、刚玉、水晶、冰洲石、电气石、云母、玛瑙、泥灰岩、片麻岩、板岩、辉石岩、辉长岩、闪长岩、二长岩、正长岩、安山岩、页岩、透闪石、凝灰岩、颜料矿产、伊利石黏土、麦饭石、安山玢岩、闪长玢岩、粗面岩、建筑用灰岩、饰面用灰岩、玻璃用灰岩、浮石、白垩 |
| 水气矿产 | 2 | 地下水*、矿泉水* | | |
| 合计 | 114 | 66 | | |

**注：**＊号矿产未上甘肃省矿产资源储量表。

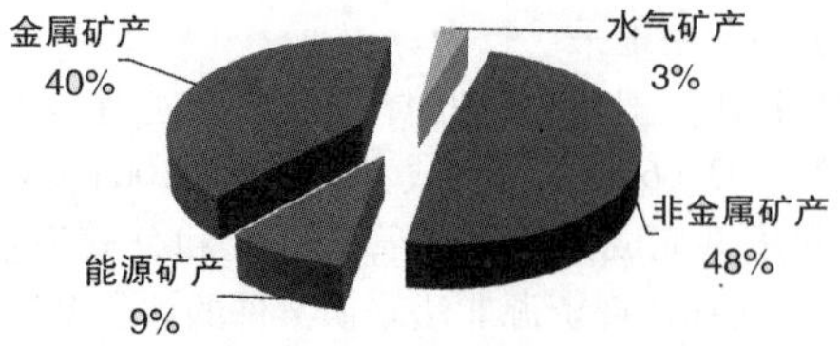


图1　**2015年甘肃省已查明矿产资源构成图**

截至2015年底，列入《甘肃省矿产资源储量表》的固体矿产98种、矿产地1508处（含共伴生矿产，下同），其中固体燃料矿产地244处，黑色金属矿产地170处，有色金属矿产地335处，贵重金属矿产地411处，稀有稀土分散元素矿产地42处，化工原料非金属矿产地96处，冶金辅助原料非金属矿产地52处，建材及其他非金属矿产地158处；其中大型规模矿床140个、中型240个、小型1128个；勘查程度普查阶段673个、详查阶段460个、勘探阶段259个（表2和图2至图4）。

表 2　　**2015 年甘肃省矿产地规模及勘查程度统计表**　　单位:个

| 矿产类型 | 矿产名称 | 产地数 | 矿床规模 | | | 勘查程度 | | |
|---|---|---|---|---|---|---|---|---|
| | | | 大型 | 中型 | 小型 | 普查 | 详查 | 勘探 |
| 燃料矿产 | 煤炭 | 234 | 45 | 15 | 174 | 65 | 64 | 79 |
| | 油页岩 | 10 | | | 10 | | 2 | 5 |
| | 合计 | 244 | 45 | 15 | 184 | 65 | 66 | 84 |
| 黑色金属矿产 | 铁矿 | 135 | 2 | 17 | 116 | 82 | 43 | 5 |
| | 锰矿 | 24 | 1 | 1 | 22 | 18 | 3 | |
| | 铬矿 | 4 | | 1 | 3 | 2 | 1 | 1 |
| | 钒矿 | 6 | 1 | 2 | 3 | 2 | 3 | |
| | 钛矿 | 1 | | | 1 | 1 | | |
| | 合计 | 170 | 4 | 21 | 145 | 105 | 50 | 6 |
| 有色金属矿产 | 铜矿 | 106 | 3 | 9 | 94 | 60 | 25 | 15 |
| | 铅矿 | 75 | 2 | 10 | 63 | 34 | 31 | 6 |
| | 锌矿 | 78 | 6 | 13 | 59 | 35 | 32 | 7 |
| | 镁矿 | 2 | | 1 | 1 | 1 | 1 | |
| | 镍矿 | 6 | 4 | 2 | | | 1 | 4 |
| | 钴矿 | 17 | 2 | 5 | 10 | 7 | 3 | 5 |
| | 钨矿 | 11 | 2 | 3 | 6 | 6 | 3 | 1 |
| | 锡矿 | 3 | | 1 | 2 | 2 | 1 | |
| | 钼矿 | 14 | | 3 | 11 | 7 | 3 | 1 |
| | 汞矿 | 8 | | 2 | 6 | 2 | 5 | |
| | 锑矿 | 13 | 1 | 4 | 8 | 8 | 4 | 1 |
| | 铋矿 | 2 | | | 2 | 2 | | |
| | 合计 | 335 | 20 | 53 | 262 | 162 | 111 | 40 |
| 贵重金属矿产 | 铂矿 | 6 | 2 | 2 | 2 | | 1 | 4 |
| | 钯矿 | 6 | 2 | 1 | 3 | | 1 | 4 |
| | 铱矿 | 4 | | 1 | 3 | | 1 | 2 |
| | 铑矿 | 4 | | | 4 | | 1 | 2 |
| | 锇矿 | 4 | | 1 | 3 | | 1 | 2 |
| | 钌矿 | 4 | | 1 | 3 | | 1 | 2 |
| | 金矿 | 297 | 12 | 30 | 255 | 165 | 93 | 25 |
| | 银矿 | 86 | 3 | 16 | 67 | 25 | 33 | 15 |
| | 合计 | 411 | 19 | 52 | 340 | 190 | 132 | 56 |
| 稀有稀土分散元素 | 铌钽矿 | 3 | | | 3 | 3 | | |
| | 铌矿 | 1 | | | 1 | 1 | | |
| | 铍矿 | 3 | | 2 | 1 | 1 | 2 | |
| | 稀土矿 | 3 | 1 | | 2 | 1 | 1 | 1 |

续表 2-1

| 矿产分类 | 矿产名称 | 产地数 | 矿床规模 | | | 勘查程度 | | |
|---|---|---|---|---|---|---|---|---|
| | | | 大型 | 中型 | 小型 | 普查 | 详查 | 勘探 |
| 稀有稀土分散元素 | 锗矿 | 3 | | 1 | 2 | | 1 | 1 |
| | 铟矿 | 1 | | | 1 | | | 1 |
| | 镓矿 | 3 | | 1 | 2 | | 1 | 2 |
| | 铊矿 | 1 | | 1 | | | | 1 |
| | 镉矿 | 11 | 4 | 2 | 5 | | 5 | 4 |
| | 硒矿 | 7 | 3 | 3 | 1 | | 1 | 5 |
| | 碲矿 | 6 | 1 | 2 | 3 | | 1 | 4 |
| | 合计 | 42 | 9 | 12 | 21 | 6 | 12 | 19 |
| 化工原料非金属矿产 | 自然硫 | 7 | | | 7 | 1 | 4 | 1 |
| | 硫铁矿 | 39 | 3 | 6 | 30 | 8 | 9 | 14 |
| | 明矾石 | 1 | | | 1 | | 1 | |
| | 重晶石 | 6 | 2 | | 4 | 2 | 2 | 1 |
| | 毒重石 | 1 | | | 1 | | 1 | |
| | 电石用灰岩 | 2 | | 1 | 1 | | 1 | 1 |
| | 制碱用灰岩 | 2 | | 1 | 1 | 1 | 1 | |
| | 化肥用蛇纹岩 | 1 | 1 | | | 1 | | |
| | 泥炭 | 6 | | 3 | 3 | 5 | | 1 |
| | 盐矿 | 2 | | | 2 | | 1 | 1 |
| | 砷矿 | 9 | 1 | 5 | 3 | 6 | 2 | 1 |
| | 磷矿 | 11 | | 2 | 9 | 6 | 3 | 1 |
| | 芒硝 | 8 | | 3 | 5 | 5 | 1 | 1 |
| | 钾盐 | 1 | | | 1 | | | 1 |
| | 合计 | 96 | 7 | 21 | 68 | 37 | 24 | 23 |
| 冶金辅助原料非金属矿产 | 蓝晶石 | 1 | | 1 | | 1 | | |
| | 红柱石 | 2 | | | 2 | | 2 | |
| | 菱镁矿 | 2 | | 1 | 1 | | 2 | |
| | 普通萤石 | 17 | 2 | 4 | 11 | 10 | 4 | |
| | 熔剂用灰岩 | 6 | 4 | 2 | | 2 | 3 | 1 |
| | 冶金用白云岩 | 6 | 4 | | 2 | 3 | 3 | |
| | 冶金用石英岩 | 11 | | 8 | 3 | 6 | 1 | 3 |
| | 冶金用脉石英 | 2 | | | 2 | 2 | | |
| | 耐火黏土 | 4 | 1 | 1 | 2 | 2 | 1 | 1 |
| | 铸型用黏土 | 1 | 1 | | | | | 1 |
| | 合计 | 52 | 12 | 17 | 23 | 26 | 16 | 6 |
| 建材及其他非金属矿产 | 石墨 | 4 | 1 | | 3 | 3 | | 1 |
| | 硅灰石 | 1 | | | 1 | 1 | | |

续表 2-2

| 矿产分类 | 矿产名称 | 产地数 | 矿床规模 | | | 勘查程度 | | |
|---|---|---|---|---|---|---|---|---|
| | | | 大型 | 中型 | 小型 | 普查 | 详查 | 勘探 |
| 建材及其他非金属矿产 | 滑石 | 1 | | | 1 | | 1 | |
| | 石棉 | 3 | 1 | 1 | 1 | 2 | 1 | |
| | 长石 | 3 | | 1 | 2 | 1 | 2 | |
| | 石榴子石 | 1 | | | 1 | 1 | | |
| | 叶蜡石 | 1 | | | 1 | 1 | | |
| | 透辉石 | 1 | | | 1 | | 1 | |
| | 蛭石 | 1 | | | 1 | 1 | | |
| | 沸石 | 4 | | 2 | 2 | 4 | | |
| | 石膏 | 16 | 1 | 5 | 10 | 10 | 5 | 1 |
| | 方解石 | 1 | | | 1 | 1 | | |
| | 宝石 | 1 | | | 1 | 1 | | |
| | 玉石 | 1 | | | 1 | 1 | | |
| | 建筑用砂 | 1 | | 1 | | 1 | | |
| | 水泥用灰岩 | 59 | 9 | 20 | 30 | 31 | 15 | 11 |
| | 玻璃用白云岩 | 3 | | | 3 | 2 | 1 | |
| | 玻璃用石英岩 | 1 | 1 | | | 1 | | |
| | 玻璃用脉石英 | 1 | | | 1 | 1 | | |
| | 玻璃用砂岩 | 3 | | | 3 | | 2 | 1 |
| | 玻璃用砂 | 5 | | 4 | 1 | 1 | 2 | 2 |
| | 制灰用石灰岩 | 1 | 1 | | | | | 1 |
| | 水泥配料用砂 | 1 | | | 1 | | | 1 |
| | 高岭土 | 1 | 1 | | | 1 | | |
| | 陶瓷土 | 4 | | 1 | 3 | 2 | 2 | |
| | 凹凸棒石黏土 | 4 | 4 | | | 2 | 2 | |
| | 海泡石黏土 | 2 | | 1 | 1 | 2 | | |
| | 膨润土 | 2 | | 1 | 1 | 1 | | 1 |
| | 水泥配料用黏土 | 2 | | 1 | 1 | | 1 | 1 |
| | 水泥配料用红土 | 2 | | | 2 | 1 | | 1 |
| | 水泥配料用黄土 | 12 | 1 | 5 | 6 | 1 | 7 | 4 |
| | 饰面用蛇纹岩 | 1 | | 1 | | | 1 | |
| | 岩棉用玄武岩 | 1 | | | 1 | | | 1 |
| | 饰面用花岗岩 | 3 | | | 3 | | 3 | |
| | 饰面用大理岩 | 3 | | 3 | | 3 | | |
| | 水泥用大理岩 | 7 | 4 | 2 | 1 | 5 | 2 | |
| | 合计 | 158 | 24 | 49 | 85 | 82 | 49 | 25 |
| 总计 | | 1508 | 140 | 240 | 1128 | 673 | 460 | 259 |

图 2 2015 年甘肃省矿产地构成图

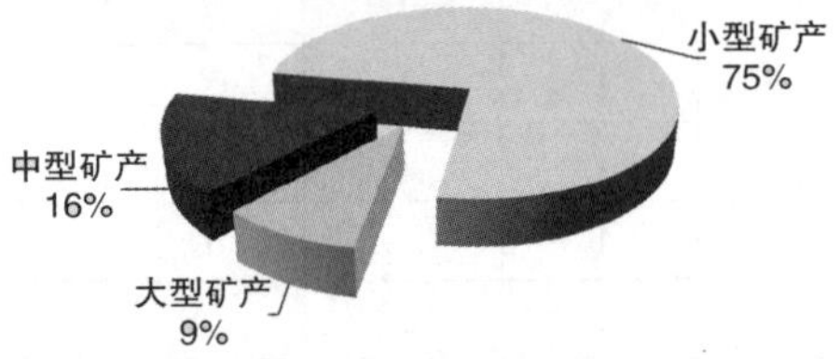


图 3 2015 年甘肃省矿床规模构成图

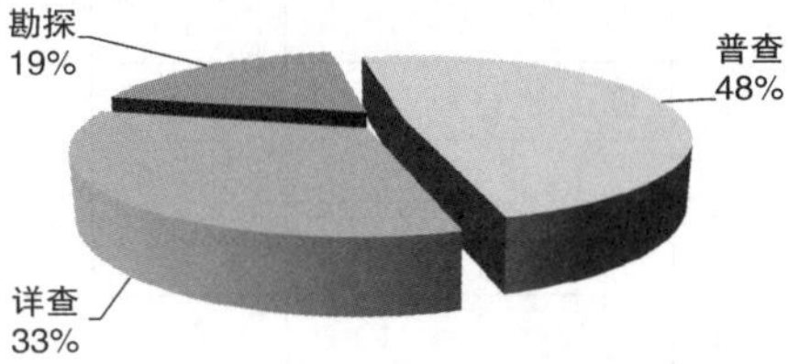


图 4 2015 年甘肃省勘查程度构成图

2. 矿产资源储量在全国排位。据《2015 年全国占比排名》统计，在已查明的矿产中，甘肃省资源储量名列全国第 1 位的矿产有 10 种，居前 5 位的有 38 种，居前 10 位的有 74 种(表 3)。

**表 3 2015 年甘肃省查明资源储量全国排位表**

| 位次 | 矿产名称 | 矿产数合计(种) |
|---|---|---|
| 1 | 镍矿、钴矿、铂矿(伴生矿)、钯矿(伴生矿)、锇矿(伴生矿)、铱矿(伴生矿)、铑矿(伴生矿)、硒矿、铸型用黏土、凹凸棒石黏土 | 10 |
| 2 | 金矿(岩金)、钌矿(伴生矿)、碲矿、铬矿、水泥配料用黄土、普通萤石(矿石)、海泡石黏土、饰面用蛇纹岩 | 8 |
| 3 | 金矿(砂金)、砷矿(矿物)、轻稀土矿(独居石砂矿)、透辉石、岩棉用玄武岩 | 5 |
| 4 | 锌矿、钨矿(原生矿)、蓝晶石、红柱石、菱镁矿、重晶石、毒重石、石棉、玉石、水泥配料用红土 | 10 |
| 5 | 钾盐(液体 KCl)、冶金用石英岩、自然硫、稀土矿(稀土氧化物)、建筑用砂 | 5 |
| 6 | 铜矿(伴生铜)、锑矿、汞矿 | 3 |

**续表 3**

| 位次 | 矿产名称 | 矿产数合计(种) |
|---|---|---|
| 7 | 银矿(非伴生矿)、铍矿(绿柱石)、铍矿(氧化铍)、铊矿、铋矿、宝石、玻璃用白云岩、石榴子石(砂矿)、芒硝(矿石)、水泥配料用砂 | 10 |
| 8 | 金矿(伴生金)、铅矿、铜矿(非伴生铜)、铌钽矿(氧化铌钽)、镉矿、明矾石、砷矿(砷)、蛭石、玻璃用石英岩、水泥用大理岩 | 10 |
| 9 | 煤炭、油页岩、锰矿、钒矿、硫铁矿(伴生硫)、盐矿(液体 NaCl)、磷矿(伴生磷)、化肥用蛇纹岩 | 8 |
| 10 | 锗矿、泥炭、叶蜡石、普通萤石(萤石)、制灰用石灰岩 | 5 |
| 12 | 镁矿(炼镁白云岩)、铌矿(氧化铌)、制碱用灰岩 | 3 |
| 13 | 锡矿(原生矿)、沸石、冶金用白云岩、高岭土 | 4 |
| 14 | 银矿(伴生银)、熔剂用灰岩、冶金用脉石英、石墨(晶质石墨)、玻璃用砂 | 5 |
| 15 | 镓矿、方解石、玻璃用脉石英 | 3 |
| 16 | 钛矿(钛铁矿)、硅灰石 | 2 |
| 17 | 铁矿、钨矿(伴生矿)、磷矿(矿石)、膨润土、饰面用大理岩 | 5 |
| 18 | 铟矿、石膏、耐火黏土、滑石、水泥用灰岩 | 5 |
| 19 | 盐矿(固体 NaCl)、电石用灰岩 | 2 |
| 20 | 玻璃用砂岩 | 1 |
| 21 | 钼矿 | 1 |
| 23 | 普通萤石($CaF_2$)、长石 | 2 |
| 24 | 硫铁矿(矿石)、陶瓷土、饰面用花岗岩 | 3 |
| 27 | 水泥配料用黏土 | 1 |

注：数据来源于 2015 年全国占比排名。

**【矿产勘查】** 2015 年，共实施矿产勘查项目 269 个，完成钻探工作量 502116.4 米(同比减少 42.39%)。

主要矿种勘查完成钻探工作量分别为：煤炭开展项目 21 个，完成钻探工作量 36006.3 米；铁矿开展项目 23 个，完成钻探工作量 30447.3 米；铜矿开展项目 34 个，完成钻探工作量 44855.2 米；铅锌矿开展项目

20个，完成钻探工作量74665.5米；铝土矿开展项目1个，完成钻探工作量610米；钨矿开展项目4个，完成钻探工作量3900.9米；钼矿开展项目2个，完成钻探工作量2058米；金矿投入开展项目126个，完成钻探工作量285405.9米。

**【基础地质调查】** 2015年，共开展项目48个，其中区域地质调查项目5个，区域地球物理调查项目2个，区域地球化学调查项目3个，1∶5万矿调项目38个。

**【地质环境与地质灾害调查评价】** 2015年，共开展项目51个，其中水文地质调查评价项目22个，环境地质调查评价项目2个，地质灾害调查项目25个，地热资源调查评价项目2个。

2015年，共开展地质科学研究项目22个，技术方法创新项目4个，编写各类报告155份。

**【矿产勘查成果】** 2015年，甘肃省新发现矿产地5处，其中，大型1处、中型3处、小型1处。

新增(333)类及以上资源量分别为：煤炭12.25亿吨，铁矿石0.54亿吨，铜金属8.17万吨，钨资源量27.26万吨，金金属量41.60吨，萤石61万吨，石灰岩781.85万吨。

主要矿种勘查成果：

1. 煤炭。甘肃省庆阳市环县沙井子南部勘查区煤炭普查，新增查明煤炭资源量11.1亿吨。

2. 铁矿。甘肃省张掖市肃南裕固族自治县小龙孔铁金矿普查，新增查明铁矿资源量0.11亿吨。

3. 铜矿。甘肃省陇南市西和县李家山铜矿详查，新增查明铜矿资源量2.083万吨。

4. 钨矿。甘肃省酒泉市金塔县奇石岭钨矿普查，新增查明钨矿资源量0.488万吨。

甘肃省金昌市永昌县水泉子一带铜钨多金属矿普查，新增查明钨矿资源量0.41万吨。

5. 金矿。甘肃省陇南市文县大路梁一带金矿勘探，新增查明金矿资源量6.244吨。

甘肃省陇南市成县老沟里金矿普查，新增查明金矿资源量4.58吨。

甘肃省甘南藏族自治州玛曲县大水金矿接替资源勘查，新增查明金矿资源量4吨。

**【矿产资源储量】** 截至2015年底，列入《甘肃省矿产资源储量表》的固体矿产98种(不含亚种)。其中，燃料矿产2种，金属矿产36种，非金属矿产60种。

2015年甘肃省新增矿区28处，新上表矿产地34处，其中能源矿产7处、黑色金属矿产5处、有色金属矿产6处、贵金属矿产14处、非金属矿产2处。

**【矿产资源储量变化】** 截至2015年底，列入《甘肃省矿产资源储量表》的98种固体矿产中，与2014年比较，58个矿种的资源储量没有发生变化，有40个矿种的资源储量发生了变化，其中资源储量增加的有18种，减少的有22种，分别占40.82%、18.37%和22.45%。变化幅度主要在-2.5%到+4.5%之间(表4)。

**表4　　2015年度甘肃省保有资源储量变动情况表**

| 序号 | 矿产名称 | 变化情况 | 增减量 | 增减百分比(%) |
|---|---|---|---|---|
| 1 | 煤炭(千吨) | ↑ | 8493884.21 | 37.31 |
| 2 | 铁矿(矿石 千吨) | ↑ | 37510.15 | 4.18 |
| 3 | 钒矿($V_2O_5$ 吨) | ↑ | 118800 | 7.56 |
| 4 | 铜矿(铜 吨) | ↓ | -48906.26 | -1.41 |
| 5 | 铅矿(铅 吨) | ↑ | 126168.50 | 3.55 |
| 6 | 锌矿(锌 吨) | ↓ | -6849.64 | -0.06 |
| 7 | 镍矿(镍 吨) | ↓ | -100000.98 | -2.52 |
| 8 | 钴矿(钴 吨)(伴生) | ↓ | -2700.21 | -2.03 |
| 9 | 钨矿(原生矿)($WO_3$ 吨) | ↑ | 17047.13 | 4.26 |
| 10 | 钼矿(钼 吨) | ↑ | 4879.35 | 4.21 |
| 11 | 锑矿(锑 吨) | ↑ | 98277 | 73.62 |
| 12 | 铂矿(伴生矿)(铂 千克) | ↓ | -1644.29 | -2.21 |
| 13 | 钯矿(伴生矿)(钯 千克) | ↓ | -1033.82 | -2.38 |

续表 4

| 序号 | 矿产名称 | 变化情况 | 增减量 | 增减百分比(%) |
|---|---|---|---|---|
| 14 | 铱矿(伴生矿)(铱 千克) | ↓ | -68.8 | -2.35 |
| 15 | 铑矿(伴生矿)(铑 千克) | ↓ | -32.11 | -2.29 |
| 16 | 锇矿(伴生矿)(锇 千克) | ↓ | -74.53 | -2.15 |
| 17 | 钌矿(伴生矿)(钌 千克) | ↓ | -63.07 | -2.12 |
| 18 | 金矿(金 千克) | ↑ | 76494.21 | 10.29 |
| 19 | 银矿(银 吨) | ↑ | 588.57 | 7.94 |
| 20 | 锗矿(锗 吨) | ↑ | 13.39 | 10.57 |
| 21 | 铟矿(铟 吨)(伴生) | ↑ | 3.19 | 419.74 |
| 22 | 铊矿(铊 吨)(伴生) | ↑ | 8.59 | 226.05 |
| 23 | 镉矿(镉 吨)(伴生) | ↑ | 550.93 | 3.76 |
| 24 | 硒矿(硒 吨)(伴生) | ↓ | -115.39 | -2.14 |
| 25 | 碲矿(碲 吨)(伴生) | ↓ | -23.31 | -2.01 |
| 26 | 红柱石(红柱 石吨) | ↓ | -0.51 | - |
| 27 | 菱镁矿(矿石 千吨) | ↓ | -25.20 | -0.08 |
| 28 | 普通萤石(萤石或 $CaF_2$)(矿石 千吨) | ↑ | 163.53 | 33.21 |
| 29 | 熔剂用灰岩(矿石 千吨) | ↓ | -3910.15 | -0.88 |
| 30 | 冶金用白云岩(矿石 千吨) | ↑ | 8914.70 | 3.05 |
| 31 | 冶金用石英岩(矿石 千吨) | ↓ | -603.65 | -0.97 |
| 32 | 自然硫(硫 千吨) | ↑ | 54.04 | 4.37 |
| 33 | 硫铁矿(矿石 千吨) | ↓ | -594.49 | -2.44 |
| 34 | 芒硝($Na_2SO_4$ 千吨) | ↓ | -84.97 | -0.19 |
| 35 | 重晶石(矿石 千吨) | ↓ | -79.00 | -0.33 |
| 36 | 盐矿(NaCl 千吨) | ↓ | -308.28 | -3.40 |
| 37 | 水泥用灰岩(矿石 千吨) | ↑ | 24822.49 | 0.78 |
| 38 | 玻璃用砂(矿石 千吨) | ↓ | -17.76 | -0.13 |
| 39 | 水泥配料用黄土(矿石 千吨) | ↓ | -252.80 | -0.30 |
| 40 | 水泥用大理岩(矿石 千吨) | ↑ | 689.70 | 0.61 |

**【主要矿产资源储量分布】** 甘肃省的主要优势矿产为:煤矿、铁矿、铜矿、铅矿、锌矿、镍矿、钴矿、铂族、金矿、钨矿、锑矿、凹凸棒石、石膏、熔剂用灰岩、水泥用灰岩等,具有储量较为丰富、矿石质量好、分布较集中、地质工作程度较高、技术经济和外部建设条件好等特点。

1. *煤矿*。甘肃省煤炭资源在11个市(州)均有查明的资源储量,主要分布在庆阳、平凉2个市,占全省查明资源储量的82.77%。

2. *铁矿*。铁矿查明资源储量主要分布在张掖、酒泉、甘南等10个市(州),其中张掖、酒泉、甘南3个市(州),占全省查明资源储量的90.21%。

3. *铜矿*。铜矿查明资源主要分布在金昌、酒泉、张掖、天水、陇南等11个市(州),其中金昌、酒泉、张掖3个市占全省查明资源储量的89.37%。

4. *铅矿*。铅矿查明资源主要分布在陇南、酒泉、甘南、张掖、白银等10个市(州),其中陇南、酒泉、甘南3个市(州)占全省查明资源储量的90.71%。

5. *锌矿*。锌矿查明资源主要分布在陇南、酒泉、白银、张掖、平凉等10个市(州)。其中陇南市占全省查明资源储量的90.13%。

6. *镍矿*。甘肃省镍矿具有相对优势,在全国乃至世界上占有重要地位,查明资源主要分布在金昌市。

7. *钴矿*。甘肃省钴矿均为伴生矿产，查明资源主要分布在金昌、酒泉、陇南、张掖、甘南、白银6个市(州)，其中金昌市查明资源量占全省的92.16%。

8. *金属*。甘肃省铂族金属均为伴生矿产，查明资源主要分布在金昌、酒泉两市，其中金昌市查明资源量占全省的99.00%。

9. *金矿*。甘肃省(包括岩金、砂金、伴生金)在11个市(州)均有查明资源量，但主要集中分布在陇南、甘南、酒泉、金昌、天水、定西6个市(州)，占全省查明资源储量的98.66%。

10. *钨矿*。甘肃省主要分布在酒泉、张掖、陇南、甘南4个市(州)。其中酒泉、张掖两市查明资源储量占全省的99.78%。

11. *锑矿*。锑矿主要分布在陇南、甘南、张掖3个市(州)。其中陇南市查明资源储量占全省的90.96%。

12. *凹凸棒石*。甘肃省凹凸棒石矿主要分布在张掖、白银两市。其中张掖市查明资源储量占全省的94.28%。

13. *石膏*。甘肃省石膏矿主要分布在张掖、武威、陇南、白银4个市。其中武威、张掖两市查明资源储量占全省的91.90%。

14. *熔剂用灰岩*。甘肃省熔剂用灰岩查明资源主要分布在张掖、金昌、白银及兰州4个市。其中张掖市查明资源储量占全省的58.99%。

15. *水泥用灰岩*。甘肃省水泥用灰岩查明资源在12个市(州)均有分布，其中主要分布在陇南、甘南、平凉、兰州、武威5个市(州)，占全省查明资源储量的92.98%。

**【矿产资源开发利用】** 截至2015年11月底，全省共设置非油气探矿权1333宗，其中省级发证1053个，部级发证280个。

截至2015年底，全省共有各类非油气持证(采矿许可证)矿山3556个。按发证机关划分，国土资源部发证21个，省国土资源厅发证419个，市州国土资源局发证602个，县级国土资源管理部门发证2514个。

按照国土资源部《矿山生产建设规模分类一览表》(国土资发〔2004〕208号)进行规模划分，全省共有大型矿山65个、中型矿山94个、小型矿山1226个、小矿(生产规模低于小型矿山规模上限的1/10)2171个。全年开采矿石总量(原矿量)1.22亿吨，实现工业总产值207.40亿元，从业人数14.21万人。根据国土资源部《2015年度全国非油气矿山企业矿产资源开发利用情况通报》(国土资源部通报第31期)，甘肃省相关指标占全国的比重见表5。

**表5　　2015年度甘肃省矿产资源开发利用主要指标占全国总量的比重情况**

| 项目 | 矿山数(个) | | | | | 从业人数(万人) | 年产矿量(亿吨) | 工业总产值(亿元) |
|---|---|---|---|---|---|---|---|---|
| | 合计 | 大型 | 中型 | 小型 | 小矿 | | | |
| 全国 | 83648 | 4140 | 6667 | 48390 | 24451 | 519.01 | 77.49 | 11735.62 |
| 甘肃省 | 3556 | 65 | 94 | 1226 | 2171 | 14.21 | 1.22 | 207.40 |
| 占总量比重 | 4% | 2% | 1% | 3% | 9% | 3% | 2% | 2% |

1. *矿山数量*。2015年全省持证矿山3556个(油气除外)，依据《矿山生产建设规模分类一览表》(国土资发〔2004〕208号)进行规模划分，大型矿山65个，中型矿山94个，小型矿山1226个，小矿(生产建设规模在小型矿山规模上限十分之一以下)2171个。按矿产类别划分，能源矿产矿山167个(其中煤矿161个)，黑色金属矿产矿山56个(其中铁矿42个)，有色金属矿产矿山72个，贵重金属矿产矿山100个，冶金辅助原料非金属矿产矿山178个，化工原料非金属矿产矿山74个，建材和其他非金属矿产矿山2905个，水气矿产矿山4个。

2. *矿石开采量*。2015年全省各类非油气矿山开采矿石总量(原矿量)1.22亿吨，其中能源矿产4042.78万吨(其中煤炭4032.26万吨)，黑色金属矿产1270.96万吨(其中铁矿石1270.96万吨)，有色金属矿产1281.12万吨，贵金属矿产200.41万吨，冶金辅助原料非金属矿产534.77万吨，化工原料非金属矿产77.63万吨，建材和其他非金属矿产4756.49万吨，水气矿产1.56万吨。

3. *工业总产值*。2015年全省各类非油气矿产实现工业总产值207.40亿元。其中，能源矿产93.66亿元(其中煤炭93.60亿元)，黑色金属矿产15.40亿元(其中铁矿15.40亿元)，有色金属矿产54.44亿元，贵重金属矿产15.91亿元，冶金辅助原料非金属矿产2.30亿元，化工原料非金属矿产0.58亿元，建材和其他非金属矿产25.09亿元，水气矿产38.80万元。

4. *从业人数*。2015年全省各类非油气矿山从业人数为14.2万人，其中能源矿产5.06万人(其中煤炭

5.03万人），黑色金属矿产0.43万人（其中铁矿0.40万人），有色金属矿产1.41万人，贵重金属矿产0.72万人，冶金辅助原料非金属矿产0.27万人，化工原料非金属矿产0.11万人，建材和其他非金属矿产6.20万人，水气矿产55人。

**【矿产资源开发主要经济指标】** 1. *主要矿业经济指标*。2015年度全省矿产资源开发利用中实现的工业总产值2073975.83万元，综合利用产值99747.70万元，矿产品销售收入1994530.23万元，利润总额120653.21万元。

2. *矿业经济主要指标变化情况*。全省各类非油气矿山的数量、年产矿量、工业总产值等指标与2014年度相比均有变化，具体见表6。

表6　**2015年度甘肃省主要矿业经济指标变化情况统计表**

| 年度 | 矿山数量（个） | 矿种数量（种） | 实际采矿能力（万吨/年） | 年产矿量（万吨） | 工业总产值（万元） | 利润总额（万元） |
|---|---|---|---|---|---|---|
| 2014 | 3535 | 85 | 14421.72 | 12888.93 | 3156778.10 | 269528.76 |
| 2015 | 3556 | 85 | 14752.56 | 12165.72 | 2073975.83 | 120653.22 |
| 增减情况 | 21 | 0 | 330.84 | -723.21 | -1082802.27 | -148875.55 |

1. *矿山总数变化情况*。全省非油气采矿权总数较2014年增加21个，增幅为1%。按发证机关划分，国土资源部发证采矿权总数不变，省厅发证采矿权总数减少7个，市级发证采矿权总数增加7个，县级发证采矿权总数增加21个。按矿种划分，矿山数量变化较大的矿种主要为：砖瓦用黏土矿减少54个（降幅3%，下同），煤矿减少16个（降幅9%，下同），冶金用石英岩矿减少11个（10%）；建筑用砂矿增加37个（增幅8%，下同），建筑用凝灰岩矿增加28个（22%），饰面用辉绿岩矿增加8个（400%）。全省开采85种非油气矿产，较2014年减少的矿种为沸石（矿山数为1个）、片石（1个），增加的矿种为陶粒页岩（1个）、水泥用凝灰岩（1个）。

2. *矿山年产矿石量变化情况*。实际采矿能力较2014年增加330.84万吨，增幅为2%。实际采矿能力变化较大的矿种为：水泥用灰岩增长388.67万吨（增幅20%，下同），煤炭增长183.87万吨（4%），熔剂用灰岩增长148.13万吨（53%）；建筑用砂降低134.41万吨（降幅18%，下同），铅矿降低123.42万吨（75%），建筑用花岗岩降低98.46万吨（36%）。开采矿石总量（原矿量）较上年减少723.21万吨，降幅为6%。产矿量变化较大的矿种为：建筑用砂减少232.15万吨（降幅33%，下同），砖瓦用黏土减少229.31万吨（18%），建筑用花岗岩减少138.88万吨（52%），煤炭减少103.61万吨（3%）；熔剂用灰岩增加148.13万吨（增幅53%，下同），水泥用灰岩增加139.95万吨（7%），锌矿增加61.11万吨（34%），建筑用凝灰岩增加21.68万吨（13%）。

3. *矿山工业总产值变化情况*。工业总产值较2014年减少108.28亿元。产值变化较大的矿种为：镍矿减少43.63亿元（降幅57%，下同），煤炭减少32.54亿元（26%），铅矿减少16.57亿元（91%），铁矿减少12.29亿元（44%）；铜矿增加2.31亿元（增幅78%，下同），金矿增加1.32亿元（9%），锌矿增加1.15亿元（9%）。利润总额较2014年下降14.89亿元。年利润变化较大的矿种为：煤矿年利润下降8.92亿元（降幅59%，下同），铅矿下降1.54亿元（101%），铁矿下降1.35亿元（99%），金矿下降1.14亿元（83%），锌矿下降0.71亿元（33%）；普通萤石年利润增加250.96万元（增幅94%，下同），盐矿增加132万元（733%），芒硝增加106万元（219%），铜矿增加101.87万元（3%）。

**【矿产资源开发利用综合统计分析】** 1. *按矿类统计*。全省共开采8大矿类、85种矿产，各矿类的矿山数、从业人数、工业总产值占总量的比重见表7。

统计显示，甘肃省矿山构成以砖瓦用黏土、建筑用砂、水泥用灰岩、建筑用凝灰岩、建筑石料用灰岩等建材和其他非金属矿产为主，占全省矿山总数的82%（图5）。其中，属县级国土资源部门发证的砖瓦用黏土矿1540个，占全省矿山总数的43%；建筑用砂矿486个，占全省矿山总数的14%。从业人员中，能源矿产、建材和其他非金属矿产所占比重最大，分别为36%、44%。工业总产值中，能源矿产、有色金属矿产所占比重最大，分别为45%、26%。

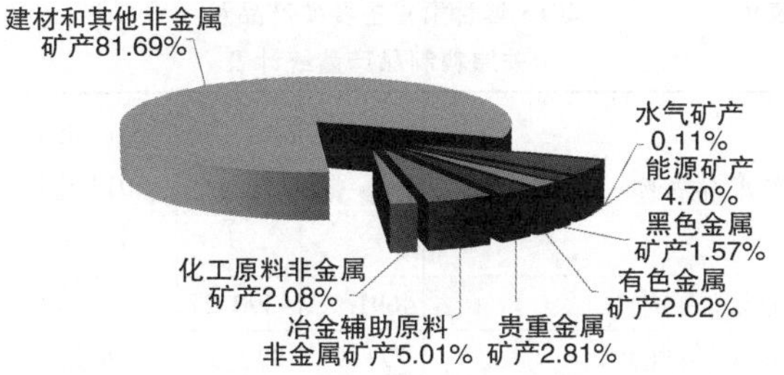


图5 2015年度甘肃省各类矿山企业数量占比图

2. 按生产规模统计。2015年全省大中小型矿山的数量、从业人员、工业总产值占总量的比重见表7。

矿山企业中,大中型矿山所占比重较低,小矿(生产规模低于小型矿山规模上限的1/10)所占比重最大。大中型矿山中,建材、能源、贵重金属类所占比重最大,分别为40%、21%、16%。其中,能源矿产大型矿山19个、中型15个,黑色金属矿产大型4个、中型6个,有色金属矿产大型4个、中型5个,贵重金属矿产大型6个、中型19个,冶金辅助原料非金属矿产大型9个、中型2个,化工原料非金属矿产大型2个、中型4个,建材和其他非金属矿产大型矿山21个、中型42个,水气矿产中型1个。工业总产值中,大型矿山所占比重最大,人均产值最高。

表7 2015年甘肃省矿山企业主要指标分规模统计表

| 矿山规模 | 矿山数量 | | 从业人员 | | 工业总产值 | | 人均产值(万元/(人·年)) |
|---|---|---|---|---|---|---|---|
| | 数量(个) | 占总量比重(%) | 数量(人) | 占总量比重(%) | 数值(万元) | 占总量比重(%) | |
| 合计 | 3556 | | 142103 | | 2073975.8 | | 14.59 |
| 大型 | 65 | 1.83 | 47302 | 33.29 | 1576156.07 | 76 | 33.32 |
| 中型 | 94 | 2.64 | 14374 | 10.12 | 226051.72 | 10.9 | 15.73 |
| 小型 | 1226 | 34.48 | 30837 | 21.7 | 169294.26 | 8.16 | 5.49 |
| 小矿 | 2171 | 61.05 | 49590 | 34.89 | 102473.75 | 4.94 | 2.07 |

3. 按行政区统计。矿山数量、从业人员较多的主要为白银、定西、庆阳、平凉市,合计占全省矿山总数的44%,占从业人员总数的51%。工业总产值中所占比重较大的主要为平凉、金昌、白银、陇南市,合计占全省总量的70%。除嘉峪关市外,大中型矿山在其他各市州均有分布。其中,陇南、定西、平凉、白银市的大中型矿山数量较多,占全省总数的55%(见表8和图6)。

表8 2015年甘肃省各市(州)大中型矿山分布情况统计表

| 项目 | 兰州 | 酒泉 | 张掖 | 金昌 | 武威 | 白银 | 定西 | 天水 | 陇南 | 平凉 | 庆阳 | 临夏 | 甘南 |
|---|---|---|---|---|---|---|---|---|---|---|---|---|---|
| 矿山数 | 259 | 244 | 246 | 124 | 322 | 477 | 377 | 260 | 189 | 363 | 359 | 274 | 72 |
| 大型 | 7 | 5 | 4 | 5 | 3 | 4 | 10 | 2 | 8 | 10 | 1 | 4 | 2 |
| 中型 | 2 | 8 | 6 | 3 | 6 | 14 | 10 | 8 | 22 | 9 | 1 | 3 | 2 |

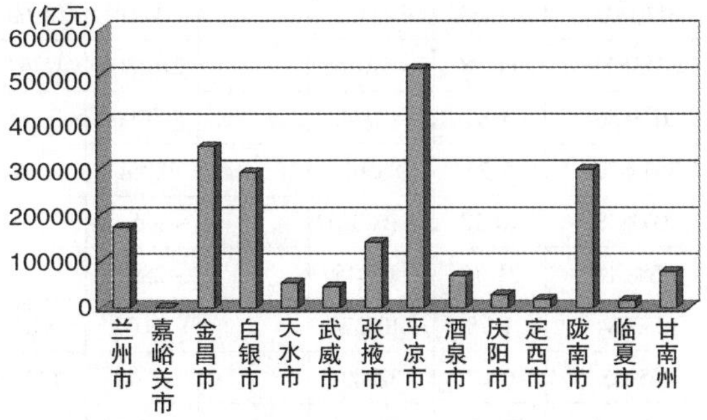


图6 2015年甘肃省各市(州)矿山企业工业产值统计图

**【矿产品产量】** 据《甘肃发展年鉴2016》有关统计,2015年度甘肃省主要矿产品及相关原料产品,与2014年相比,平板玻璃、铁合金、成品钢材、等产品产量有所减少,其余均有不同程度的增加,增加幅度较大的为十种有色金属、铝、原油等,增加幅度分别为9.69%、7.70%、6.23%(表9)。

**【矿业产值】** 据《甘肃发展年鉴2016》有关统计,2015年度甘肃省全部规模以上(国有及限额以上非国有工业企业)工业总产值73246881万元,矿业(包括煤炭开采和洗选业、石油和天然气开采业、黑色属矿采选业、非金属矿采选业、开采辅助活动)及相关原材料加工制品业总产值为48709174万元,占全省工业总产值的66.50%,比2014年减少2.09个百分点(图7和图8,表9和表10)。

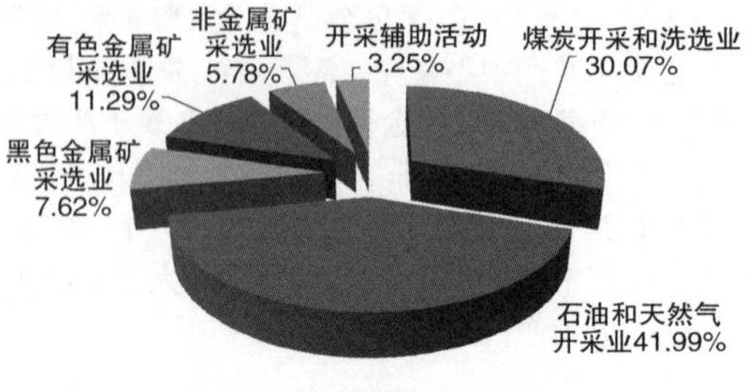


图7 2015年甘肃省矿业产值构成

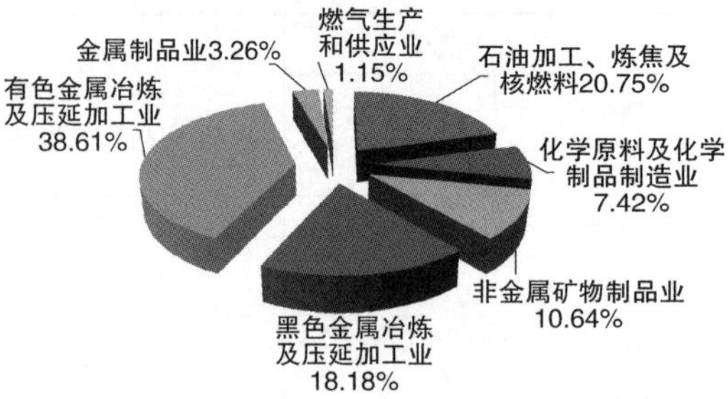


图8 2015年甘肃省矿业相关原材料制品业产值构成

**表9 2015年甘肃省主要矿产品及相关原料制品产量统计表**

| 矿产品名称 | 2014年产量 | 2015年产量 | 2015年比2014年增长(%) |
|---|---|---|---|
| 原煤(万吨) | 4691.73 | 4390.27 | -6.43 |
| 原油(万吨) | 771.97 | 820.09 | 6.23 |
| 原油加工(万吨) | 1446.44 | 1424.31 | -1.53 |
| 焦炭(万吨) | 583.27 | 525.05 | -9.98 |
| 发电量总计(亿千瓦小时) | 1129.93 | 1139.45 | 0.84 |
| 农用化肥(万吨) | 49.22 | 46.70 | -5.12 |
| 水泥(万吨) | 4925.52 | 4764.30 | -3.27 |
| 平板玻璃(万重量箱) | 538.32 | 124.78 | -76.82 |
| 粗钢(万吨) | 1073.98 | 852.10 | -20.66 |
| 成品钢材(万吨) | 1108.12 | 847.77 | -23.49 |
| 生铁(万吨) | 898.78 | 690.52 | -23.17 |
| 铁合金(万吨) | 118.23 | 85.65 | -27.56 |
| 十种有色金属(万吨) | 347.66 | 381.36 | 9.69 |
| 铜(万吨) | 89.23 | 92.47 | 3.63 |
| 镍(万吨) | 14.82 | 15.31 | 3.31 |
| 铝(万吨) | 213.90 | 230.38 | 7.70 |

**表10 2015年甘肃省矿业及相关原材料加工制品业产值统计表** 单位:万元

| 类别 | | 工业总产值(当年价格) | 构成(%) | 工业销售产值(当年价格) | 构成(%) | 利润总额 | 构成(%) | 利税总额 | 构成(%) |
|---|---|---|---|---|---|---|---|---|---|
| 甘肃省全部国有及限额以上非国有工业企业 | | 73246881 | 100.00 | 69420642 | 100.00 | -918858 | 100.00 | 4538711 | 100.00 |
| 矿业及相关原材料加工制品业 | | 48709174 | 66.50 | 46205091 | 66.56 | -1738575 | | 2047763 | 45.12 |
| 矿业 | 煤炭开采和洗选业 | 2644263 | 3.61 | 2437151 | 3.51 | -136714 | | 46632 | 1.03 |
| | 石油和天然气开采业 | 3691930 | 5.04 | 3636904 | 5.24 | 434288 | | 684914 | 15.09 |
| | 黑色金属矿采选业 | 669827 | 0.91 | 660641 | 0.95 | -24094 | | -14974 | |
| | 有色金属矿采选业 | 993116 | 1.36 | 684587 | 0.99 | 21469 | | 54900 | 1.21 |
| | 非金属矿采选业 | 508392 | 0.69 | 421558 | 0.61 | 27987 | | 39081 | 0.86 |
| | 开采辅助活动 | 285851 | 0.39 | 269568 | 0.39 | 24486 | | 33666 | 0.74 |
| | 合计 | 8793379 | 12.01 | 8110409 | 11.68 | 347422 | | 844219 | 18.60 |
| 相关原材料加工制品业 | 石油加工、炼焦及核燃料 | 8281419 | 11.31 | 8313530 | 11.98 | -410765 | | 2161809 | 47.63 |
| | 化学原料及化学制品制造业 | 2960641 | 4.04 | 2678856 | 3.86 | -87242 | | -37902 | |
| | 非金属矿物制品业 | 4246209 | 5.80 | 3650870 | 5.26 | 88561 | | 188644 | 4.16 |
| | 黑色金属冶炼及压延加工业 | 7256756 | 9.91 | 7063848 | 10.18 | -1080209 | | -905126 | |
| | 有色金属冶炼及压延加工业 | 15409695 | 21.04 | 14688789 | 21.16 | -639459 | | -289230 | |
| | 金属制品业 | 1300180 | 1.78 | 1232884 | 1.78 | 10237 | | 38032 | 0.84 |
| | 燃气生产和供应业 | 460895 | 0.63 | 465905 | 0.67 | 32880 | | 47317 | 1.04 |
| | 合计 | 39915795 | 54.49 | 38094682 | 54.88 | -2085997 | | 1203544 | 26.52 |

【矿业及相关产业能源消费】 2015年度全省各行业能源消费总量为7522.85万吨(折标准煤,下同),比2014年增长0.02%。矿业及相关产业能源消费总量4783.25万吨,占总量63.58%,比2014年减少1.71%(表11)。

表11　　2015年甘肃省矿业及相关产业主要能源矿产品消费量统计表

| 行业 | 能源消费总量(万吨标准煤) | 煤炭(万吨) | 焦炭(万吨) | 原油(万吨) | 汽油(万吨) | 柴油(万吨) | 天然气(亿立方米) | 电力(亿千瓦时) |
|---|---|---|---|---|---|---|---|---|
| 总计 | 4783.25 | 2947.12 | 606.17 | 1446.5 | 5.25 | 16.53 | 11.07 | 721.42 |
| 矿业采掘业 | 358.00 | 458.89 | 11.15 | 20.90 | 1.51 | 6.88 | 0.82 | 29.27 |
| 煤炭开采和洗选业 | 245.64 | 443.09 | 2.00 | | 0.37 | 2.04 | 0.36 | 14.30 |
| 石油和天然气开采业 | 56.47 | 6.50 | | 20.90 | 0.75 | 1.98 | 0.46 | 3.79 |
| 黑色金属矿采选业 | 20.88 | 2.55 | 9.00 | | 0.13 | 0.68 | | 2.85 |
| 有色金属矿采选业 | 26.30 | 3.13 | | | 0.12 | 0.41 | | 7.48 |
| 非金属矿采选业 | 7.53 | 3.22 | 0.15 | | 0.06 | 1.59 | | 0.77 |
| 开采辅助活动 | 1.11 | 0.40 | | | 0.06 | 0.15 | | 0.07 |
| 其他采矿业 | 0.07 | | | | 0.02 | 0.03 | | |
| 相关原料加工制造业 | 4425.25 | 2488.23 | 595.02 | 1425.60 | 3.74 | 9.65 | 10.25 | 692.15 |
| 石油加工、炼焦及核燃料加工业 | 683.72 | 249.47 | | 1425.60 | 2.20 | 0.87 | 3.05 | 27.12 |
| 化学原料及化学制品制造业 | 519.94 | 141.93 | 116.00 | | 0.49 | 0.55 | 4.52 | 73.64 |
| 非金属矿物制品业 | 738.16 | 668.27 | 7.00 | | 0.36 | 4.20 | 0.73 | 66.39 |
| 黑色金属冶炼及压延加工业 | 1608.98 | 1023.79 | 453.16 | | 0.39 | 1.14 | 0.39 | 301.99 |
| 有色金属冶炼及压延加工业 | 874.45 | 404.77 | 18.86 | | 0.30 | 2.89 | 1.56 | 223.01 |

【矿产品进出口贸易】 2015年度全省矿产品进出口贸易总额779731万元,其中出口14130万元,进口765601万元(表12)。出口的矿产品主要有硫化钠、氧化铈等,其中硫化钠出口数量为2667吨,比2014年减少36.85%;氧化铈出口数量为114吨,比2014年减少13.64%。

表12　　2015年甘肃省海关进出口矿产品及相关制品分类金额

| 商品类别 | 2014年(万元) | | 2015年(万元) | |
|---|---|---|---|---|
| | 出口 | 进口 | 出口 | 进口 |
| 矿产品 | 10999 | 1482048 | 14130 | 765601 |
| 石料、石膏、水泥、石棉、云母及类似材料的制品;陶瓷产品;玻璃及其制品 | 252153 | 968 | 261051 | 2757 |
| 天然或养殖珍珠、宝石或半宝石、贵金属、包贵金属及其制品;仿首饰硬币 | 31552 | 12 | 53114 | 466 |
| 贱金属及其制品 | 429196 | 263146 | 534394 | 265395 |

【矿产资源规划管理】 1. 积极推进第三轮矿产资源总体规划编制工作。认真实施《第三轮甘肃省矿产资源总体规划编制工作方案》,加强对市县第三轮矿产资源总体规划编制的指导工作。组织完成并向部提交了《甘肃省拟纳入第三轮全国矿规有关重点内容建议的报告》。组织开展了全省自然保护区内矿业权清查工作,在全省近5000个矿业权中清查出了位于34个各类自然保护区内的599个矿业权,为编制三轮矿规提供了相关依据。完成了第三轮省级矿产资源总体规划各专题研究报告和规划大纲编制、审查及报部论证

衔接工作。研究制定了《甘肃省第三轮市县级矿产资源总体规划编制技术规程(试行)》并印发实施。组织举办了全省第三轮市县级矿产资源规划编制培训班,对92个市县规划编制单位和218名骨干人员进行了系统的培训,为进一步做好甘肃省第三轮市县级矿产资源总体规划编制工作提供了重要保障。

2. 依规审核矿产资源勘查开发项目。严格依据矿产资源规划审核或协查基金勘查、省级基础地质调查、整装勘查、地勘单位与企业合作勘查、政府批次招拍挂矿权、申请新立矿权与转让等勘查开采项目320余宗,就勘查开采活动是否符合规划提出了明确的意见或建议,为规范矿产资源勘查开发管理秩序提供了规划依据。

3. 指导矿产资源综合利用示范基地建设。继续推进窑街煤炭资源和金川铜镍矿资源综合利用示范基地建设,指导企业做好示范基地建设年度总结与计划的编报。积极配合国土资源部与财政部评估核查组完成了对示范基地建设年度实地检查工作。完成2015年度全额争取中央财政资金补助的任务。

4. 推进矿产资源节约与综合利用示范工程建设。根据《矿产资源节约与综合利用专项工作管理办法》要求,组织尚未竣工的示范工程建设单位编制并提交2015年度中期工作总结报告。赴尚未竣工的示范工程现场进行实地督查,查找存在的问题,提出了处理意见。

5. 推进绿色矿山建设工作。按部要求,会同省矿业联合会组织有关专家完成了对甘肃省甘肃窑街煤电集团有限公司天祝煤矿、甘肃窑街煤电集团有限公司三矿、甘肃省西和县三联矿业有限公司铅锌矿、岷县天昊黄金有限责任公司鹿峰金矿、甘肃玛曲格萨尔黄金实业股份有限公司大水金矿、甘肃徽县宏远矿业有限责任公司通天坪金矿、甘肃省合作早子沟金矿有限责任公司等七家第二批国家级绿色矿山试点单位的建设情况实地初评工作。

**【地质勘查管理】** 1. 地勘项目管理严格,部署合理。完成了2015年度国家和省级地勘资金项目的审报、协查、论证、实施、验收、总结等相关工作。一是通过开展竞争性选择项目承担单位试点工作,主动作为创新勘查项目部署方式,为探索地质勘查项目全面推向市场化积累了经验、奠定了基础;二是针对重要矿种资源储备和重点地区资源赋存情况以及地质勘查资金收入急剧减少的形势,精心挑选金、煤、铜、铁和页岩气等重要矿种资源潜力可观、发展前景良好项目;三是根据精准扶贫目标任务和民族政策有关精神,新立、续作62个项目支持少数民族和贫困地区发展。无论是项目数量,还是资金投入额度,都较2014年有了较大幅度的增加;四是通过前期规划、矿权重叠和矿产地查重、组织专家论证等方法,严格筛选确定了40个发展前景良好的基础地质调查项目,其中新立19个、续作21个;五是根据《甘肃省加快转型发展建设国家生态安全屏障综合试验区总体方案》要求,取消了三个申请在自然保护区试验区开展地质勘查的项目,并对往年已经实施的地质勘查项目着手实行有序、分责、逐步退出办法,以有效地保证生态安全;六是完成了部2015年度地质矿产调查评价专项、全国油气资源战略衔区调查与评价专项工作,提高了甘肃省地质调查程度,为推进找矿工作提供了有力支撑。

2. 三年找矿突破战略行动取得阶段成果。根据国土资源部总体安排和部署,《甘肃省加强找矿三年突破行动方案(2012~2014年)》部署投入地勘资金。一是投入资金开展基础地质调查项目98项26.9225万平方千米,较2010年增加了近3个百分点;二是投入资金开展重要矿产勘查项目902项,累计完成钻探353.23万米,坑探12.25万米,新发现中型以上矿产地35处,新增各类资源储量183亿吨;三是投入勘查资金完成了大水金矿等8个老矿山找矿项目钻探6.01万米,坑探0.18万米,其中大水金矿三年完成钻探12360米,坑探700米,新增金资源量72吨;四是投入资金开展地质科技攻关项目36个。其中《甘肃省区域地质和区域矿产重大问题研究及应用》项目,获得甘肃省科技进步一等奖;针对肃北县家岭钪矿开展的选冶试验研究,成功选冶出了氧化钪、金属钪、铝钪中间合金,为钪矿延伸产业应用、提高产品附加值奠定了良好的基础。

3. 页岩气调查评价工作。为扎实推进甘肃省页岩气调查评价工作,促进甘肃省能源结构的调整与转型,一是组织编制《甘肃省页岩气资源调查评价实施方案(2016~2020年)》的编制工作,并专程赴中国地质调查局、西安地质调查中心等部门,就规划与方案有关情况进行专题汇报和衔接。2015年11月,该规划与方案通过部省专家的评审,为推动甘肃省"十三五"期间页岩气调查评价工作明确了方向。二是投资在武威盆地进行页岩气调查评价试验,并于5月邀请省内外有关专家对甘肃省武威盆地武页1井(试验井)井位布置及目标层位进行了评估论证,保证了该项目的顺利进行。三是在完成省地质勘查基金项目甘肃省庆城县南庄煤炭普查钻孔施工的基础上,继续向深部施工,揭穿三叠系延长群含气页岩层。通过采样测试,了解含气页岩层发育层位、厚度、含气性等地质特征,获取系统的页岩气参数数据,为陇东页岩气资源潜力预测和有利区选择提供依据。四是由分管副厅长带队,组成联合调研组，赴陕西、四川、重庆三省市，就页岩气勘探开发工作进行学习交流与实地调研，通过学习调研，开阔了视野、增长了见识、找到了短板、明确了方向。五是积极与国土资源部、中国地质调查局就推进陇东地区页岩气勘查开发试验区建设、创建页岩气调查评价技术合作平台进行了沟通、衔接，并初步确定了页岩气调查评价局厅合作框架协议。在此基础上，主动与中石油长庆油田分公司进行协商沟通，寻求企地合作开发利用陇东地区页岩气资源的可能。

4. 坚持严格规范，行业管理水平提升。贯彻落实2015年第2次厅长办公会议精神，行业管理水平明显提升。一是逐步建立和完善了“黑名单”制度，为维护甘肃省地质勘查市场的正规秩序，加强对来甘肃省从事地质勘查活动的地质勘查单位管理打下了坚实的基础；二是对2015年第一批次、第二批次地质勘查资质进行审批和对省外地质勘查单位资质进行审查备案，共完成对省内7家地勘单位新设、延续、变更资质的审批和8家省外地勘单位的资质审查备案工作；三是严格对照标准指导建材甘肃总队等三家申请甲级资质单位开展资质申报工作，使甘肃省三家申请甲级资质的单位一次性地通过了部组织的资质审核；四是按照省政府“接办分离”的要求，积极与省政府政务大厅、信息中心进行沟通与对接，资质审查备案工作于5月入驻省政府政务大厅；五是不定期开展对地勘行业遵规守纪情况检查，有效地杜绝了地质勘查单位资质管理不科学、不规范的问题。

**【矿产开发管理】** 1. 全面推动矿业权市场化配置。根据省委全面深化改革领导小组安排，我厅会同省公共资源交易局开展了矿产资源市场化配置情况调研，起草上报了《全省矿产资源市场化配置情况调研报告》，全面摸清了甘肃省市场化配置的历史沿革及现状，分析研究了存在的突出问题，提出了有针对性的意见建议。

2. 主动服务陇东煤炭等优势资源开发。为落实国务院办公厅《关于进一步支持甘肃经济社会发展的若干意见》精神，加快陇东能源基地建设，起草上报了《甘肃省人民政府关于加强陇东煤炭资源勘查开发转化的意见》（代拟稿）。2015年10月，按照国土资源部重新修订印发的《关于严格控制和规范矿业权协议出让管理有关问题的通知》精神，就五举煤矿出让、唐家河矿井划范围、灵台独店和宁中勘查区设置方案编审等问题，安排专人到国土资源部相关司局进行了汇报衔接，明确了政策要求和办理程序。

3. 切实加强审批管理制度建设。为支持财政出资勘查项目顺利开展，防止出现无证勘查问题，2015年7月起草印发《关于财政出资项目办理勘查许可证有关情况的函》，有效解决了财政出资项目的办证难题。进一步简化办事流程，自2015年9月起，对矿业权人内部控股股东不变，不涉及矿业权转让，仅企业名称或法定代表人变更的；矿业权招标拍卖出让时因报名人数达不到要求需转为挂牌出让等事项，按相关规定办理，不再提交厅长办公会议研究，切实提高审批效率。

4. 科学严谨开展日常审批管理。2015年度年检探矿权1083个、采矿权417个，向国土资源部上报了探矿权、采矿权年检报告，向各市州、国有地勘单位主管部门下发了探矿权年检结果通报。为切实加强年检资料审查和实地抽查，于每年5月组织三个年检组，从金川公司、白银公司、酒钢公司等国有大型矿山抽调专业技术骨干，深入14个市州现场指导年检工作，现场检查矿山企业。对发现的越界开采、超规模开采、控股股权转让等行为，要求各市州依法予以查处，有效遏制了违法违规探矿采矿行为。

5. 做好报件处理及其他专项工作。2015年共协查复函15份，统计非油气矿山3535个，并同步开展了采矿权配号底数核对清理，提高了市县采矿登记数据的实时性、准确性。完成了省级探矿权采矿权设置方案编制审查上报，组织开展了8个市州采矿权设置方案的审查工作，设置方案数据上报国土资源部备案。对于历史上形成的矿区范围漂移、井口不在矿界内等问题，组织开展矿业权实地核查“回头看”，提出了处理原则及范围调整建议，下发了《关于历史形成的采矿权范围漂移及井口在外问题核查情况的通报》。积极配合国家审计署兰州特派办、西安特派办、武汉特派办、南京特派办，开展了矿产资源开发及保护、资金征管等方面的审计工作，整理提供采矿权档案299份、探矿权档案1000余份，经过清理汇总形成了探矿权采矿权《使用费缴纳情况统计表》《价款征缴情况统计表》及《采矿权滞纳金测算表》，并对审计过程中提出的问题逐项进行了答复。

6. 严格执行矿业权有偿使用制度。在矿业权转让和探转采划定矿区范围审批中，严格审核国家出资并追缴价款。依据国土资源部相关政策规定并结合甘肃实际，对于采矿权2006年有偿延续后新增资源的，以及通过探转采方式取得采矿权且原探矿权注销后又有新增资源的，均要求进行有偿处置。在采矿权转让审批过程中，发现存在此类情形的，要求完成新增资源评估并缴清价款后，方可办理转让变更登记手续。

**【矿产资源储量管理】** 1. 储量评审备案及全省矿山储量动态监督管理工作。2015年共完成各类地质勘查、储量核实报告53份评审备案,为矿产资源勘查和矿产开发提供了依据。为加强矿产资源开发"三率"指标考核,按照《甘肃省矿山储量动态监督管理暂行办法》的职责分工和有关要求,组织专家完成了2014年度属省厅管理的大、中型矿山储量动态年报审查工作。分别对华亭煤业集团、靖远煤业集团、窑街煤电集团三大煤业的21个煤矿年报和金川集团有限公司、酒泉钢铁(集团)有限公司等9个非煤矿山企业的18个矿山年报进行了审查。

2. *建设项目压覆矿产资源审查工作*。对单独选址建设项目用地范围设置探矿权、采矿权和是否压覆矿产资源等情况出具审查意见304项。针对"兰合铁路""银西铁路""酒泉至湖南±800千伏特高压直流输电工程""甜罗高速公路""兰州市第二水源地""中卫至兰州客运专线工程"等大型项目采取提前介入,在建设项目申报前先对项目范围内是否与矿业权和查明资源储量矿产地重叠进行协查,为项目建设单位提供第一手资料。通过积极行动,主动与部及中石油、中石化相关部门协调,对庆阳、平凉、酒泉地区建设项目与油气矿权重叠问题进行对接,并逐个落实,为项目建设企业争取了工程建设时间,节约了成本支出。

3. *矿业权评估管理*。一是全年共审查矿业权评估报告22份,截至10月共完成10个矿业权评估报告备案工作。二是为规范甘肃省矿业权评估管理工作,促进矿业权评估行业健康发展,推进行政权力公开透明运行,根据国土资源部关于印发《矿业权评估管理办法(试行)》的通知及《甘肃省矿业权评估管理办法》等规定,对从事甘肃省2015年度矿业权价款评估工作的49家评估机构进行了登记备案。三是完成了前3个季度矿业权价款评估备案直报工作。严格按照直报要求,填写有关数据,并进行反复核对,在部储量司组织的矿业权价款评估备案直报数据会审中,都是一次性通过审查。四是为贯彻落实国务院《关于取消非行政许可审批事项的决定》(国发〔2015〕27号)及《关于第一批取消62项中央指定地方实施行政审批事项的决定》(国发〔2015〕57号)要求取消矿业权价款评估备案核准的相关规定,进一步深化行政体制改革,推进简政放权,向省人民政府上报了《甘肃省国土资源厅关于修订〈甘肃省矿业权评估管理办法〉的请示》。

4. *矿产资源储量登记统计*。一是按时向国土资源部上报了2014年度《矿产资源储量快报》;二是全面完成了2014年度矿产资源储量统计工作;三是加强对探明、占用、压覆矿产资源储量登记的监督管理,共完成查明、占用储量登记55份。其中查明登记35份,占用登记20份。

**【地质资料管理】** 2015年共验收成果地质资料118种179份,包括正文183册,附图9997张,附表464,附件526册,成果地质资料目录118种,成果地质资料涉密情况登记118种,在全国地质资料监管平台上出具带有扫描二维码的汇交凭证118份。向全国地质资料馆转送A类成果地质资料73种,接收全国馆及西安地调中心转送A类地质资料56种;共整理118份实物地质资料目录清单转交国土资源实物地质资料中心,以备国土资源实物地质资料中心在监管平台上筛选实物地质资料;在监管平台上向汇交人签发了实物地质资料回执单、原始地质资料合格单、成果地质资料合格单及带有扫描二维码的《地质资料汇交凭证》各118份。全国地质资料电子数据异地备份库情况:备份库占用甘肃省地质博物馆五楼一间40多平方米办公室为库房,配置有20个防磁柜,截至2015年底,存放数据光盘11859张。在做好日常管理工作的基础上,完成了备份库基础设施建设和管理制度建设工作,制订了一系列科学系统的库房管理和维护办法,确保备份库的安全。国土资源实物地质资料中心于2015年10月19日与厅签订《国土资源实物地质资料中心电子数据异地备份协议书》。

**【重要地质钻孔数据库建设】** 根据《国土资源部关于开展全国重要地质钻孔数据库建设工作的通知》(国土资发〔2013〕88号)要求,完成了2014年度重要地质钻孔数据库验收,全国排名第五。编制了《甘肃省重要地质钻孔数据库建设(2015年度)技术方案》,并于3月6日通过评审验收。完成了省属各承担重要钻孔信息数据库建设项目地勘单位的答疑解难工作。完成了甘肃煤田地质局庆阳资源勘查院、甘肃煤田地质局一四六队、甘肃省有色金属地质勘查局张掖矿产勘查院及中国建筑材料工业地质勘查中心甘肃总队2015年度重要钻孔信息数据库属性库建设单位的培训工作。调查了解了省地质资料馆建设钻孔数据库服务平台所需的软硬件情况,并将结果及时反馈国土资源实物地质资料中心。8月选择11家地勘单位进行了抽查。11月在兰州进行了专家评审验收。

**【矿产资源节约与综合利用先进适用技术和开展技术需求调查】** 向国土资源部申报了甘肃省三项矿产资源节约与综合利用先进适用技术需求。其中,共向部提供矿产资源节约与综合利用先进适用技术三项,分别是"含锑砷复杂金矿多技术梯次回收新工艺研究与应用""急倾斜高瓦斯特厚煤层走向长壁综采放顶煤技术研究"及"高瓦斯三软厚煤层与瓦斯安全共采研究"。共整理13个矿山企业的技术需求调查表,并上报国土资源部储量司。

【矿产资源补偿费征收管理】 2015年甘肃省矿产资源补偿费征收工作成效显著。兰州市、酒泉市、天水市、陇南市、张掖市、武威市、定西市、平凉市、庆阳市、临夏州、甘南州征收入库额保持持续增长,其中兰州市、定西市、陇南市、庆阳市、平凉市、甘南州均超额300%,完成年初下达的任务,金昌市受金川公司影响未完成任务。

2015年,煤炭、石油、天然气、稀土、钨、钼矿的矿产资源费率已经降为0,甘肃省矿产资源补偿费征收中,煤炭、石油的矿产资源补偿费占全省征收额的86%,和往年相比,2015年的全省矿补费征收额下降幅度比较大。

【矿产卫片执法监督检查】 2014年按照国土资源部提出的"把权力和责任放下去,把服务和监管抓起来"的理念,结合实际,科学筹划、周密部署,完成了矿产卫片执法任务。一是主动作为,提高执法效率。认真谋划,提前介入,在矿产卫片疑似违法图斑野外验证阶段,安排执法人员全程参与,提前查处了一批违法违规问题,有效提升了执法效果。二是认真督查指导,提高执法水平。加强省级督查督导工作,组织开展了3次省级督查和验收工作,及时发现问题和存在的不足。对发现的共性问题,及时与部执法局沟通,有针对性地补漏纠偏,完善政策,提升了工作效率。三是狠抓查处整改,提高执法效能。对核查确认的165个违法图斑,立案查处147宗(并案处理11宗),非立案处理7宗,结案率100%。同时,筛选2宗典型矿产违法违规案件,进行了省级挂牌督办,并进行了公开通报。四是严格数据审核,提高执法质量。对各市州通过信息系统上报的矿产卫片数据成果,制定了矿产卫片省级审核工作方案,采取分片包干,交叉互审等方式进行了逐个审核,对数据填报有错漏的图斑,退回相关市州重新审核填报。对部分查处不到位的案件,跟踪督办,确保查处整改到位。

【矿产违法违规线索查处整改】 按照"分类核查、跟踪督办、及时反馈、遏制反弹"原则。对部省领导批办、新闻媒体反映的重大矿产资源违法违规线索,组织现场核查;对举报违法线索,责成市州组织核查,指定专人跟踪督办。对严重违法和情节恶劣的案件坚持从重处理,重典问责,确保案件处罚落实到位,责任追究到位,强制执行到位。经统计,2015年共办理完结重大矿产资源违法违规线索16件。

【矿业权审批内部协查制度落实】 强化源头管控意识,加强工作配合,得到好的共同监管效果。严格落实内部会审协查制度。对提交会审的矿权报件22宗,结合群众举报、卫片检查等线索和市县执法部门协查意见,逐一审查,凡未附具实现协查意见及存在违法线索报件,一律不予上会研究,有效保证了矿产资源审批审核事项依法合规。

【矿产资源执法综合统计】 严格按照《关于做好全省矿产资源执法监察综合统计工作的通知》要求,进一步靠实矿产资源执法监察综合统计联络员制度,督促各市州上报了矿产资源动态巡查、案件查处和非立案处理统计表。对各地上报的数据,指派专人进行统计汇总分析,为全省矿产资源执法监察形势研判、工作安排部署和领导决策提供真实可靠数据支持和依据。据统计,全省开展矿产动态巡查9348次,发现各类矿产违法行为639起,制止612起。立案查处矿产违法案件93起。

【地质环境管理】 1. 完善管理制度、规范工作程序。依据相关法律法规,制定了项目管理办法,内容涵盖项目立项、实施、资金管理、监督检查等方面,所有建设项目都严格规范运作、规范管理。加强项目监督管理,严格项目立项审批、投资控制、工程质量、建设进度管理,不定期对各市州执行情况进行监督检查。各市州、县市区国土资源局对所属项目的勘查、设计、施工、监理组织实施,并切实加强监督管理。

2. 靠实责任主体,细化工作分工。按照"省级协调指导、市州组织管理、县区具体实施"的原则,构建了不同层级的责任体系。省厅主要做好协调和指导,靠实了市州、县人民政府地质灾害防治项目实施的主体责任。市州国土资源局主动作为,及时发现问题,解决问题,同时指导督促县(区、市)国土资源局真正发挥了工作主体、实施主体和责任主体的作用,将责任细化到人,细化到每一项具体工作之中。

3. 严格项目审查,确保项目质量。在项目规划和论证中,坚持高起点、高标准、高水平要求,在尊重省内专家和市县政府意见的基础上,由专家进行审核把关,保证了项目立项的前瞻性、科学性和可行性。通过层层把关、逐级审核,确保了项目审查质量。

4. 加强资金管理,保障顺利实施。严格按照批准下达的预算,合理使用资金,项目建设资金做到了专款专用,未出现截留、坐支和挪用等现象。

5. 狠抓质量安全,确保工程进度。各市州都把工程质量摆在突出位置,严格执行建设项目质量终身责任制,与各施工、监理单位层层签订质量、安全责任书,明确责任人,坚决杜绝了“豆腐渣”工程。

6. 地质灾害综合防治体系建设。2014 年 12 月 26 日,财政部、国土资源部下达甘肃省 2014 年度地质灾害综合防治体系建设资金及省财政配套资金。2015 年 6 月 5 日中央财政下达 2015 年度第一批建设资金。

从年初开始,在进一步修改完善项目管理办法、筹建项目管理机构的同时,开展项目现场踏勘、可行性研究报告审查。经厅长办公会研究审定,2014 年度立项 76 个项目,2015 年底已完成 9 个市州 70 个项目的可行性研究报告审查,完成两个市州 14 个项目施工图设计审查。

**【地质灾害综合防治体系建设】** 2015 年,全省共发生地质灾害 32 起,其中特大型 1 起,大型 3 起,中型 7 起,小型 21 起,共造成 5 人死亡,经济损失 5651.8 万元。全年共安排地质灾害综合治理项目 66 个;搬迁避让 3072 户 9831 人;对地质灾害高易发的 10 个县区开展了地质灾害详细调查、53 个重要城镇进行了地质灾害调查与风险区划;开展兰州、陇南国家级和天水、临夏省级地质灾害监测预警示范区建设;继续完善了甘肃省地质灾害应急能力建设工作。

漳县岷县 6.6 级地震灾后重建地质灾害综合治理项目建设。2015 年 1 月、3 月厅环境处先后组织两个检查组两次对漳县岷县 6.6 级地震灾后重建地质灾害综合治理项目建设完工情况的进行检查和部分工程的质量进行抽查。截至 2015 年 3 月底,甘肃省国土资源厅负责的所有建设项目全部在省政府要求时限内完成施工任务,所抽查项目也全部符合施工标准及技术要求,并得到省灾后重建办通报表彰,并已督促项目具体实施的各市州县区国土资源局与当地重建办衔接做好工程验收工作。厅环境处根据厅统一安排组织了一次工程质量回头看的抽查工作,对部分工程的建设质量再次进行抽查,并督促市州县区国土资源局尽快完成工程验收。

2015 年 3 月开始,厅环境处已对全省地质灾害防治工作进行了安排部署,明确了各市州的重点防范期和重点防治隐患点。入汛以后,又连续下发了三次紧急通知,督促市县各级国土资源主管部门,落实好防治措施,并要求加大对在建工程的监督力度,不定期检查,防止工程建设引发新的地质灾害。各市州、县市区国土资源局对辖区内地质灾害易发区拉网式排查,重大隐患点 24 小时专人盯守,强降雨时段立即安排群众临时搬迁避让。全面落实汛前排查、汛中巡查、汛后复查的“三查”制度,把隐患排查工作常态化。

2015 年入汛前后,厅环境处先后组织 3 个巡查组,对陇南、天水、甘南、平凉、庆阳等 9 个市州地质灾害防治工作进行了巡查。从巡查情况来看,各市州、县市区能认真完成汛前地质灾害隐患的排查和汛期检查,责任落实到位,年度地质灾害防治方案、突发地质灾害应急预案、群测群防、气象预警预报、汛期应急值守等制度已基本建立,执行情况较好。但个别县区的工作仍然存在薄弱环节。

2015 年,厅环境处共新立地质灾害治理丙级资质 27 个,延续 46 个;经审查符合条件的丙级资质升为乙级资质 23 个。

**【地质灾害防治】** 一是汛期地质灾害巡查。2015 年入汛前后,省厅先后组织巡查组,由分管厅领导带队,分三次对陇南、天水、甘南、平凉、庆阳等 9 个市州、38 个县市区的地质灾害防治工作进行了巡查、检查。从巡查情况来看,各市州、县市区能认真完成汛前地质灾害隐患的排查和汛期检查,责任落实到位,年度地质灾害防治方案、突发地质灾害应急预案、群测群防、气象预警预报、汛期应急值守等制度已基本建立,执行情况较好。二是地质灾害的气象预警工作。入汛以后,省市两级全面开展汛期地质灾害气象预警预报,共成功发布省级重大地质灾害气象预警信息 13 次,成功预报地质灾害 2 起,有效避免经济损失 2250 万元。三是坚持汛期 24 小时值班制度。5 月 1 日开始,各市州,环境处及应急中心坚持 24 小时应急值守,主管领导亲自带班,认真执行每日“零报告”制度。对各市州上报的灾情、险情,及时核报信息并上报省委、省政府和国土资源部,共上报应急速报 25 期。四是加强地质灾害防范知识宣传和应急演练。在全省范围深入开展科普宣传教育和防灾减灾应急演练活动。以山区农村、社区街道、工矿企业、学校和人口密集城镇为重点,普及地质灾害防治知识,不断增强各级政府和领导干部的忧患意识、责任意识,提高广大群众的防灾减灾意识。2015 年全省已经举办防灾减灾应急演练 40 多次。

**【地质遗迹保护】** 完成了 2014 年安排的 7 个省级地质遗迹保护项目初步设计审查;配合财政部项目评审中心对崆峒山 2015 年地质遗迹保护项目进行了监督、检查;组织专家对新申报的甘南州车巴沟省级地质公园进行了实地考察并完成了申报书的专家评审工作;组织专家对甘南临潭冶力关和陇南宕昌官鹅沟国家地质公园总规进行了审查,修改后由当地人民政府发布。

(甘肃省国土资源厅)

# 河南省

**【矿产资源概况】** 截至2015年底,河南省已发现的矿种为142种(其中能源矿产9种,金属矿产43种,非金属矿产88种,水气矿产2种),查明资源储量的矿种106种;已开发利用的93种(其中能源矿产6种,金属矿产23种,非金属矿产62种,气体矿产2种)。

**【矿产资源勘查】** 2015年,河南省地质工作紧紧围绕实现“358”找矿目标,全面实施“6139”行动计划,稳步推进整装勘查,深化找矿重大突破。全年共开展各类矿产勘查项目233项,投入地质勘查经费6.02亿元,同比减少37.5%。其中中央财政投入0.03亿元,同比减少90.6%;地方财政投入3.98亿元,同比减少23.5%;社会资金投入2.01亿元,同比减少34.0%。完成1:25万的基础地质调查面积2284平方千米、完成1:5万的基础地质调查面积6318.1平方千米。全年找矿投入工作量:钻探46.94千米,坑探9.63千米,槽探12.03万立方米。

河南省积极实施矿产勘查开发“走出去”战略,鼓励地勘单位沿“一带一路”搞好布局,到非洲、南美洲一些法制健全、社会稳定、有找矿潜力的国家开展矿产资源勘查开采活动。

截至2015年底,河南省共有114家地质勘查单位取得地质勘查资质313项,其中甲级101项、乙级133项、丙级79项。

**【煤田地质】** 2015年,河南省煤田地质局共提交各类矿产资源储量29.97亿吨,占年计划的149.85%。其中提交煤炭资源储量28.91亿吨,其他矿产1.06亿吨;提交各类地质报告369件,其中资源勘查类地质报告25件,完成年计划的125%。承担有实物工作量的矿产资源勘查项目122个,其中地勘基金项目17个,社会地质项目105个。

**【矿产资源开发利用】** 2015年,河南省共有2622个各类经济性质的独立核算采矿单位从事矿业生产活动,其中大中型矿山企业407个,小型矿山企业1456个,从事矿业生产人数51.2万余人。河南省固体矿石产量28454.59万吨,同比减少11.3%;工业生产总值656.22亿元,同比减少15.9%;矿产品销售收入450.62亿元,同比减少31.7%;利润总额亏损37.15亿元,其中煤炭利润亏损总额为52.56亿元。

**【矿业权管理】** 截至2015年底,河南省共有勘查许可证1033个,同比减少5.1%,其中新立15个,同比增长200%;注销76个,同比增长85.4%。共有采矿许可证2816个,同比减少7.2%,其中新立70个,同比增长22.8%;注销157个,同比减少46.0%。

2015年探矿权出让15宗,同比增长200%,其中招、拍、挂出让8宗,探矿权出让价款1.15亿元,价款同比增长约10倍。河南省采矿权出让66宗,同比增长15.8%,出让价款7.61亿元,同比增加36.0%。其中,招拍挂出让29宗,占出让总量的43.9%,价款5751.53万元,占总价款的7.6%。

**【矿产资源执法监察】** 2015年,共立案查处各类矿产违法案件91件,同比减少8.1%,罚没款576.66万元,同比增长95.5%。

**【地质灾害】** 2015年,全面贯彻落实“汛前排查、汛中巡查、汛后复查”制度,积极开展地质灾害隐患排查。共排查各类地质灾害隐患点3561处,其中大型及其以上隐患点155个、中型隐患点488个、小型隐患点2918个,直接威胁32万人,威胁财产67.86亿元。并在排查的基础上,把地质灾害隐患点纳入地质灾害群测群防体系和预警体系。

2015年,河南省共发生地质灾害30起,其中地面塌陷22起、滑坡5起、崩塌2起、泥石流1起,灾害规模均为小型,直接经济损失255.9万元,较2014年增加125.94万元。全年因地质灾害死亡4人。

**【区域地下水环境监测】** 2015年,河南省设有区域地下水环境监测点185个,同比增加12.1%,以监测平原、岗区浅层地下水为主,监测控制面积10.86万平方千米,占河南省总面积的65.0%。

**【矿山地质环境治理】** 截至2015年底,组织实施331个矿山地质环境恢复治理项目,投入资金31.98亿元,累计治理面积约12075公顷。其中2015年中央财政投入资金11850万元,用于济源、永城等国家矿山地质环境治理示范工程项目三期治理工程;省财政投入资金8517.73万元,安排襄城紫云山、焦桐高速、永城市西城区北部等3个矿山地质环境治理项目的实施。

2015年验收或完成施工的21个地质环境治理工程项目,共完成塌陷区耕地修复约530公顷;新增耕地426公顷、林地约77公顷、草地43公顷;整理建设用地70公顷;修建休闲健身广场610平方米;建设景观山体76公顷、人工湖164公顷、人工岛13公顷;植树18.15万棵;修路34.6千米。完成洛阳、安阳等9个省辖市1:5万矿山地质环境调查项目的野外工作,完成调查面积14760平方千米。

【地质遗迹保护和地质公园】 截至2015年底,河南省建立地质遗迹自然保护区1处,即"南阳恐龙蛋化石群国家级自然保护区",面积78015公顷。批准建立的省级以上地质公园29个,其中国家地质公园15个(含世界地质公园4个)、省级地质公园14个。地质公园总面积68.29万公顷,其中国家地质公园面积54.86万公顷(含世界地质公园面积31.46万公顷),取得国家地质公园资格面积2.79万公顷,省级地质公园面积10.64万公顷。

2015年,新增省级矿山公园建设资格1个,即信阳市息县濮公山矿山公园,面积228公顷。截至2015年底,河南省批准建设矿山公园7个,其中国家级矿山公园3个、省级矿山公园4个。矿山公园总面积5080公顷,其中国家级矿山公园面积1961公顷,省级矿山公园面积3119公顷。

【科技获奖情况】 2015年,申报部科技奖6项,获二等奖2项;申报省科技进步奖4项,获二等奖1项,三等奖2项。共评出2014年度河南省国土资源科技奖励77项,其中一等奖18项、二等奖30项、三等奖29项。

(河南省国土资源厅)

## 广东省

【矿产资源概况】 广东省地处欧亚板块与太平洋板块交接处,矿产资源种类比较齐全,但小矿贫矿共伴生矿多,选冶难。

【已查明矿产资源储量矿种】 2015年,全省已发现矿产148种(亚种),其中已查明资源储量的矿种有101(亚)种,包括能源矿产6种,黑色金属矿产4种,有色金属矿产11种,贵金属矿产2种,稀有稀土及分散元素矿产15种,冶金辅助原料矿产8种,化工原料矿产9种,建材及其他非金属矿产42种,水气矿产2种。

1. *能源矿产*。能源矿产6种,包括:煤、石油、天然气、铀、油页岩、泥炭、地热(据《全国矿产资源储量通报(2015年)》,泥炭归类为非金属)。

2. *金属矿产*。黑色金属4种,包括:铁、锰、钒、钛;有色金属11种,包括铜、铅、锌、铝土矿、钴、钨、锡、钼、铋、汞、锑;贵金属2种,金、银;稀有稀土及分散元素金属15种,包括:铌钽矿、铌、钽、铍、锆、铷;轻稀土矿、稀土矿、重稀土矿;锗、镓、铟、镉、钪、硒。

3. *非金属矿产*。非金属矿产45种(亚矿种59种),包括:矽线石、红柱石、萤石(普通萤石)、石灰岩(水泥用灰岩、熔剂用灰岩、建筑用灰岩)、白云岩(冶金用白云岩)、石英岩(冶金用石英岩、玻璃用石英岩)、砂岩(水泥配料用砂岩)、天然石英砂(玻璃用砂、建筑用砂、水泥配料用砂、铸型用砂)、脉石英(冶金用脉石英)、耐火黏土、硫铁矿、芒硝、重晶石、天然碱、蛇纹岩(化肥用蛇纹岩)、泥炭、盐矿、砷、硼、磷、石墨、水晶(压电水晶、熔炼水晶)、硅灰石、滑石、石棉、云母、长石、黄玉、叶蜡石、沸石、石膏、冰洲石、玉石、页岩(水泥配料用页岩、砖瓦用页岩)、高岭土、陶瓷土、膨润土、硅藻土、其他黏土(砖瓦用黏土、水泥配料用黏土、水泥配料用黄土、水泥配料用泥岩)、辉绿岩(饰面用辉绿岩)、花岗岩(建筑用花岗岩、饰面用花岗岩)、大理岩(饰面用大理岩、建筑用大理岩、水泥用大理岩)、珍珠岩、粗面岩(水泥用粗面岩)。

4. *水气矿产*。水气矿产2种,包括:地下水、矿泉水。

【排名全国前列矿种】 广东省资源储量在全国排名前十以内的矿产简列如下。

能源矿产:油页岩。

金属矿产。其中:黑色金属:钛矿,目前基本未利用。有色金属:铅锌矿、铌钽矿、钨、锡、汞、锑、铜、钼。贵金属:银。稀有稀散金属:稀土、钪、锗、铍、锆、铷、铟、镉。

非金属矿产:硫铁矿、天然碱、冰洲石、黄玉、萤石、泥炭。此外,值得指出的是广东的建材类矿产十分丰富。广东陶瓷产业、水泥产业和玻璃产业较为发达,相关的矿产较多。陶瓷产业:高岭土、陶瓷土;水泥产业:水泥用灰岩及水泥用相关配料矿产(水泥配料用砂、页岩、泥岩、黄土等);玻璃产业:玻璃用砂、玻璃用石英岩。此外,建筑用碎石(建筑用花岗岩、建筑用大理岩等)、饰面板材(饰面用大理岩、饰面用辉绿岩等)资源储量也很大。

【保有矿产资源储量年度增减】 根据广东省矿产资源储量管理数据库统计,广东省主要矿产年度保有储量变化见表1。其中,铅、锌、伴生锡、铋、金、银、镓、镉、普通萤石、冶金用白云岩、水泥用灰岩、建筑用花岗岩等矿种保有储量有所增加,铁、铜、钨、锡、钼、汞、锑、稀土、锗、铟、熔剂用灰岩、耐火黏土、硫铁矿、芒硝、天然碱、盐矿、长石、水泥配料用砂岩、水泥配料用页岩、高岭土、陶瓷土、饰面用花岗岩、饰面用大理岩等有所减少。

表1　　截至2015年底广东省保有矿产资源储量及年度变化

| 序号 | 矿产 | | 单位 | 保有资源储量 | | |
|---|---|---|---|---|---|---|
| | | | | 2014年末 | 2015年末 | 变化率(%) |
| 1 | 煤炭 | | 千吨 | 598589.92 | 598589.92 | |
| 2 | 油页岩 | | 千吨 | 4462332.21 | 4462332.21 | |
| 3 | 铁矿 | | 矿石 千吨 | 651757.72 | 640231.15 | -1.77 |
| 4 | 锰矿 | | 矿石 千吨 | 12065.34 | 12065.34 | |
| 5 | 钛矿 | 高钛矿 | 高钛矿矿物 吨 | 79851.00 | 79851.00 | |
| | | 金红石砂矿 | 金红石矿物 吨 | 2778.10 | 2778.10 | |
| | | 钛铁矿 | 钛铁矿 $TiO_2$ 吨 | 9352169.77 | 9352169.77 | |
| | | 钛铁矿砂矿 | 钛铁矿矿物 吨 | 6379732.75 | 6379732.75 | |
| 6 | 钒矿 | | $V_2O_5$ 吨 | 487640.00 | 487640.00 | |
| 7 | 铜矿 | 非伴生矿 | 铜 吨 | 2464492.71 | 2413952.60 | -2.05 |
| 8 | 铅矿 | | 铅 吨 | 4260164.21 | 4304174.39 | 1.03 |
| 9 | 锌矿 | | 锌 吨 | 5515787.64 | 5658902.40 | 2.59 |
| 10 | 铝土矿 | | 矿石 千吨 | 140.60 | 140.60 | |
| 11 | 钴矿 | | 钴 吨 | 2284.50 | 2284.50 | |
| 12 | 钨矿 | 原生矿 | $WO_3$ 吨 | | | |
| | | 砂矿 | $WO_3$ 吨 | | | |
| | | 伴生矿 | $WO_3$ 吨 | | | |
| 13 | 锡矿 | 原生矿 | 锡 吨 | 438912.95 | 438024.97 | -0.20 |
| | | 砂矿 | 锡 吨 | 41238.62 | 41238.62 | |
| | | 伴生矿 | 锡 吨 | 117114.04 | 118145.49 | 0.88 |
| 14 | 铋矿 | | 铋 吨 | 21325.68 | 22261.84 | 4.39 |
| 15 | 钼矿 | | 钼 吨 | 775788.59 | 773571.73 | -0.29 |
| 16 | 汞矿 | | 汞 吨 | 1767.66 | 1664.66 | -5.83 |
| 17 | 锑矿 | | 锑 吨 | 57631.05 | 57552.45 | -0.14 |
| 18 | 金矿 | 岩金 | 金 千克 | 74385.40 | 77758.62 | 4.53 |
| | | 砂金 | 金 千克 | 14201.91 | 14201.91 | |
| | | 伴生金 | 金 千克 | 16832.73 | 17113.27 | 1.67 |
| 19 | 银矿 | 非伴生矿 | 银 吨 | 19706.83 | 19957.30 | 1.27 |
| 20 | 铌钽矿 | 氧化铌钽 | $(Nb+Ta)_2O_5$ 吨 | 1011.51 | 1011.51 | |
| | | 铌钽铁砂矿 | 铌钽铁矿 吨 | 8837.61 | 8837.61 | |
| | | 铌钽铁矿 | 铌钽铁矿物吨 | 29464.70 | 29464.70 | |
| 21 | 铌矿 | 氧化铌 | $Nb_2O_5$ 吨 | 33285.15 | 33285.15 | |
| | | 褐钇铌铁砂矿 | 褐钇铌矿物 吨 | 2276.30 | 2276.30 | |
| | | 铌钶铁砂矿 | 铌(钶)铁矿 吨 | 11541.00 | 11541.00 | |

**续表 1-1**

<table>
<tr><td rowspan="2">序号</td><td rowspan="2" colspan="2">矿产</td><td rowspan="2">单位</td><td colspan="3">保有资源储量</td></tr>
<tr><td>2014 年末</td><td>2015 年末</td><td>变化率(%)</td></tr>
<tr><td rowspan="2">22</td><td rowspan="2">钽矿</td><td>氧化钽</td><td>$Ta_2O_5$ 吨</td><td>7943.69</td><td>7943.69</td><td></td></tr>
<tr><td>细晶石</td><td>细晶石 吨</td><td>72.00</td><td>72.00</td><td></td></tr>
<tr><td rowspan="2">23</td><td rowspan="2">铍矿</td><td>氧化铍</td><td>BeO 吨</td><td>2930.47</td><td>2930.47</td><td></td></tr>
<tr><td>绿柱石</td><td>绿柱石 吨</td><td>451.91</td><td>451.91</td><td></td></tr>
<tr><td rowspan="3">24</td><td rowspan="3">锆矿铍矿</td><td>锆英石砂矿</td><td>锆英石 吨</td><td>586378.39</td><td>586378.39</td><td></td></tr>
<tr><td>锆英石</td><td>锆英石 吨</td><td>422.00</td><td>422.00</td><td></td></tr>
<tr><td>铪锆石</td><td>铪锆石 吨</td><td>1294.50</td><td>1294.50</td><td></td></tr>
<tr><td>25</td><td colspan="2">铷矿</td><td>$Rb_2O$ 吨</td><td>121418.00</td><td>121418.00</td><td></td></tr>
<tr><td rowspan="3">26</td><td rowspan="3">重稀土矿</td><td>磷钇矿砂矿</td><td>磷钇矿 吨</td><td></td><td></td><td></td></tr>
<tr><td>磷钇矿</td><td>磷钇矿 吨</td><td></td><td></td><td></td></tr>
<tr><td>重稀土氧化物</td><td>重稀土氧化物 吨</td><td></td><td></td><td></td></tr>
<tr><td rowspan="2">27</td><td rowspan="2">稀土矿</td><td>稀土氧化物砂矿</td><td>稀土氧化物 吨</td><td></td><td></td><td></td></tr>
<tr><td>稀土氧化物</td><td>稀土氧化物 吨</td><td></td><td></td><td></td></tr>
<tr><td rowspan="2">28</td><td rowspan="2">轻稀土矿</td><td>独居石砂矿</td><td>独居石 吨</td><td></td><td></td><td></td></tr>
<tr><td>轻稀土氧化物</td><td>轻稀土氧化物 吨</td><td></td><td></td><td></td></tr>
<tr><td>29</td><td colspan="2">锗矿</td><td>锗 吨</td><td>639.76</td><td>599.76</td><td>-6.25</td></tr>
<tr><td>30</td><td colspan="2">镓矿</td><td>镓 吨</td><td>610.18</td><td>711.36</td><td>16.58</td></tr>
<tr><td>31</td><td colspan="2">铟矿</td><td>铟 吨</td><td>396.56</td><td>394.12</td><td>-0.62</td></tr>
<tr><td>32</td><td colspan="2">镉矿</td><td>镉 吨</td><td>13952.33</td><td>15981.58</td><td>14.54</td></tr>
<tr><td>33</td><td colspan="2">钪矿</td><td>钪 千克</td><td>123.10</td><td>123.10</td><td></td></tr>
<tr><td>34</td><td colspan="2">硒矿</td><td>硒 吨</td><td>16.20</td><td>16.20</td><td></td></tr>
<tr><td>35</td><td colspan="2">矽线石</td><td>矽线石 吨</td><td>2410000.00</td><td>2410000.00</td><td></td></tr>
<tr><td>36</td><td colspan="2">红柱石</td><td>红柱石 吨</td><td>176.54</td><td>176.54</td><td></td></tr>
<tr><td>37</td><td colspan="2">普通萤石</td><td>萤石或 $CaF_2$ 千吨</td><td>2550.26</td><td>2688.34</td><td>5.41</td></tr>
<tr><td>38</td><td colspan="2">熔剂用灰岩</td><td>矿石 千吨</td><td>595846.87</td><td>547444.97</td><td>-8.12</td></tr>
<tr><td>39</td><td colspan="2">冶金用白云岩</td><td>矿石 千吨</td><td>466334.00</td><td>466655.39</td><td>0.07</td></tr>
<tr><td>40</td><td colspan="2">冶金用石英岩</td><td>矿石 千吨</td><td>16615.00</td><td>16615.00</td><td></td></tr>
<tr><td>41</td><td colspan="2">铸型用砂</td><td>矿石 千吨</td><td>6205.00</td><td>6205.00</td><td></td></tr>
<tr><td>42</td><td colspan="2">冶金用脉石英</td><td>矿石 千吨</td><td>5495.00</td><td>5495.00</td><td></td></tr>
<tr><td>43</td><td colspan="2">耐火黏土</td><td>矿石 千吨</td><td>30187.04</td><td>30049.90</td><td>-0.45</td></tr>
<tr><td rowspan="2">44</td><td rowspan="2">硫铁矿</td><td>矿石</td><td>矿石 千吨</td><td>393882.57</td><td>331217.57</td><td>-15.91</td></tr>
<tr><td>伴生硫</td><td>硫 千吨</td><td>24876.26</td><td>24205.24</td><td>-2.70</td></tr>
<tr><td>45</td><td colspan="2">芒硝</td><td>$Na_2SO_4$ 千吨</td><td>28735.82</td><td>26337.50</td><td>-8.35</td></tr>
<tr><td>46</td><td colspan="2">重晶石</td><td>矿石 千吨</td><td>911.12</td><td>911.12</td><td></td></tr>
<tr><td>47</td><td colspan="2">天然碱</td><td>$Na_2CO_3 + NaHCO_3$ 千吨</td><td>297.00</td><td>185.50</td><td>-37.54</td></tr>
</table>

续表 1-2

| 序号 | 矿产 | | 单位 | 保有资源储量 | | |
|---|---|---|---|---|---|---|
| | | | | 2014 年末 | 2015 年末 | 变化率(%) |
| 48 | 化肥用蛇纹岩 | | 矿石 千吨 | 150.00 | 150.00 | |
| 49 | 泥炭 | | 矿石 千吨 | 92746.00 | 92747.10 | |
| 50 | 盐矿 | | NaCl 千吨 | 150771.38 | 133428.76 | -11.50 |
| 51 | 砷矿 | | 砷 吨 | 89397.21 | 89397.21 | |
| 52 | 硼矿 | | $B_2O_3$ 千吨 | 468.77 | 468.77 | |
| 53 | 磷矿 | 伴生磷 | $P_2O_5$ 千吨 | 0.16 | 0.16 | |
| | | 矿石 | 矿石 千吨 | 19476.95 | 19476.95 | |
| 54 | 石墨 | 晶质石墨 | 晶质石墨 千吨 | 355.00 | 355.00 | |
| | | 隐晶质石墨 | 隐晶质石墨 千吨 | 3838.50 | 3838.50 | |
| 55 | 压电水晶 | | 单晶 千克 | 9048.00 | 9048.00 | |
| 56 | 熔炼水晶 | | 矿物 吨 | 323.00 | 323.00 | |
| 57 | 硅灰石 | | 矿石 千吨 | 1310.00 | 1310.00 | |
| 58 | 滑石 | | 矿石 千吨 | 974.00 | 974.00 | |
| 59 | 石棉 | | 石棉 千吨 | 29.00 | 29.00 | |
| 60 | 云母 | | 工业原料云母 吨 | 1186.00 | 1186.00 | |
| 61 | 长石 | | 矿石 千吨 | 2569.76 | 2544.51 | -0.98 |
| 62 | 黄玉 | | 黄玉 吨 | 6701.20 | 6701.20 | |
| 63 | 叶蜡石 | | 矿石 千吨 | 405.00 | 405.00 | |
| 64 | 沸石 | | 矿石 千吨 | 879.00 | 879.00 | |
| 65 | 石膏 | | 矿石 千吨 | 175217.00 | 175217.00 | |
| 66 | 冰洲石 | | 矿物 千克 | 109.00 | 109.00 | |
| 67 | 玉石 | | 矿石 吨 | 100320.00 | 100320.00 | |
| 68 | 水泥用灰岩 | | 矿石 千吨 | 5848822.89 | 6501432.85 | 11.16 |
| 69 | 玻璃用石英岩 | | 矿石 千吨 | 21435.42 | 21435.42 | |
| 70 | 水泥配料用砂岩 | | 矿石 千吨 | 37438.86 | 37177.62 | -0.70 |
| 71 | 玻璃用砂 | | 矿石 千吨 | 235677.50 | 235677.50 | |
| 72 | 建筑用砂 | | 矿石 千立方米 | 5100.00 | 5100.00 | |
| 73 | 水泥配料用砂 | | 矿石 千吨 | 18673.00 | 18673.00 | |
| 74 | 硅藻土 | | 矿石 千吨 | 19179.00 | 19179.00 | |
| 75 | 水泥配料用页岩 | | 矿石 千吨 | 74412.99 | 74303.79 | -0.15 |
| 76 | 高岭土 | | 矿石 千吨 | 572932.88 | 572104.16 | -0.14 |
| 77 | 陶瓷土 | | 矿石 千吨 | 40844.50 | 40836.00 | -0.02 |
| 78 | 膨润土 | | 矿石 千吨 | 20535.00 | 20535.00 | |
| 79 | 砖瓦用黏土 | | 矿石 千立方米 | 150.00 | 150.00 | |
| 80 | 水泥配料用黏土 | | 矿石 千吨 | 69052.20 | 69052.20 | |
| 81 | 水泥配料用黄土 | | 矿石 千吨 | 10110.00 | 10110.00 | |
| 82 | 水泥配料用泥岩 | | 矿石 千吨 | 4320.00 | 4320.00 | |

续表 1-3

| 序号 | 矿产 | 单位 | 保有资源储量 | | |
|---|---|---|---|---|---|
| | | | 2014 年末 | 2015 年末 | 变化率(%) |
| 83 | 饰面用辉绿岩 | 矿石 千立方米 | 3010.00 | 3010.00 | |
| 84 | 建筑用花岗岩 | 矿石 千立方米 | 199092.40 | 354766.30 | 78.19 |
| 85 | 饰面用花岗岩 | 矿石 千立方米 | 18720.10 | 18718.70 | -0.01 |
| 86 | 珍珠岩 | 矿石 千吨 | 310.00 | 310.00 | |
| 87 | 水泥用粗面岩 | 矿石 千吨 | 10430.00 | 10430.00 | |
| 88 | 饰面用大理岩 | 矿石 千立方米 | 157693.27 | 157572.77 | -0.08 |
| 89 | 建筑用大理岩 | 矿石 千立方米 | 19566.00 | 19566.00 | |
| 90 | 水泥用大理岩 | 矿石 千吨 | 97631.70 | 97631.70 | |

**资料来源**:1. 广东省矿产资源储量管理数据库。
2. 钨、稀土相关数据未公布。

**【新增上表矿区】** 2015 新增上表矿区共 17 处,其中金属矿产 7 处,非金属矿产 10 处,具体如下。

1. 金属矿产。

①鹤山市白云地铅锌矿,金属量铅 15.58 万吨,锌 29.76 万吨,银 232.99 吨,镓 137.18 吨,镉 2374.67 吨,普通萤石 17.78 万吨,硫铁矿硫 4.75 万吨。资源储量类别均为资源量。

②广东省怀集县鱼鹿洞矿区坑尾矿段铁铅锌多金属矿,铁矿石量 82.1 万吨,金属量铜 28.66 吨,锡 1031.45 吨,铋 970.73 吨。均为资源量。

③丰顺县马图矿区铅锌矿,金属量铅 2099.54 吨,锌 3577.33 吨,银 3.26 吨。

④阳春市那软矿区金多金属矿,金属量金 4092 千克,银 8 吨,铜 3 吨,铅 140 吨,锌 16 吨,硫铁矿硫 19.48 千吨。均为资源量。

⑤阳山县太平镇犁壁山铁多金属矿,铁矿石量 202.8 千吨,金属量铜 1102 吨,铅 1414 吨,锌 2478 吨,银 4.78 吨,均为资源量。

⑥阳山县板凹矿区磁铁矿,铁矿石量 592.6 千吨。

⑦连山县梅洞银矿,金 280.54 千克,银 173.66 吨。

2. 非金属矿产。新增上表矿区合计查明水泥用灰岩 7.03 亿吨,建筑用花岗岩 1.56 亿立方米。

①新会市白水带建筑用花岗岩矿,13312.9 千立方米。

②封开县大冲水泥用石灰岩矿,419062.0 千吨。

③高要市菜园建筑用花岗岩矿,22606.4 千立方米。

④龙门县上窝水泥用灰岩矿,256508.0 千吨。

⑤惠阳市创粤辉建筑用花岗岩矿,12911.0 千立方米。

⑥蕉岭县新铺油坑大塘湖水泥用灰岩矿,27732.9 千吨。

⑦云浮市兴讯建筑用花岗岩矿,26939.9 千立方米。

⑧云浮市新世友建筑用花岗岩矿,29833.8 千立方米。

⑨云浮市恒丰建筑用花岗岩矿,34378.0 千立方米。

⑩云浮市都杨石矿建筑用花岗岩矿,15691.9 千立方米。

**【矿产资源补偿费收入】** 2015 年,矿产资源补偿费入库总额 16972 万元,其中入中央库额 8486 万元,同比均增加 32.66%。全省共立案查处矿产资源违法案件 0 件,本期结案 0 件,罚没款 0 万元。

**【勘查许可证和采矿许可证办理】** 2015 年,全省共有勘查许可证 944 个,探矿权在有效期内的 519 个,探矿权已过期的 425 个。全省省级共办理探矿权新立登记 41 个。2015 年,全省有效采矿许可证为 1723 个,新立采矿许可证 58 个。

**【探矿权和采矿权出让】** 2015 年,全省探矿权出让 31 宗,其中国家出资勘查项目以行政审批方式出让 27 宗,委托广州公共资源交易中心组织实施网上挂牌出让探矿权 3 宗,成交金额 249.4 万元。协议出让探矿权 1 宗,为扩大勘查范围,出让价款 175 万元。

2015 年,全省招拍挂出让采矿权 63 宗,价款 20247.68 万元,分别同比减少 30.0% 和 48.7%。其中网上出让采矿权 37 宗，价款 11058.41 万元，分别占以招拍挂出让总数的 58.7% 和 54.6%。自 2015 年 11 月 1 日起，在全省范围全面实行采矿权出让网上交易。

**【地质灾害】** 2015 年，全省共发生地质灾害 191 起，其中崩塌 112 起、滑坡 59 起、泥石流 5 起、地面塌陷 12 起、地裂缝 3 起，共造成 6 人死亡，7 人受伤，直接经济损失 3666.4 万元。与 2014 年相比，2015 年全省地质灾害发生的数量和直接经济损失分别减少了 29% 和 32%，地质灾害死亡人数与 2014 年持平。

2015 年，全省成功预报地质灾害 6 起，避免人员伤亡 66 人。

（广东省国土资源厅）

## 浙 江 省

**【矿产资源概况】** 2015 年是“十二五”规划的收官之年，全省各级国土资源部门积极服务于“稳增长、促改革、调结构、惠民生”工作大局，坚持生态保护优先，严控采矿权总量，深化废弃矿山生态环境治理，推进绿色矿山建设，加强矿山粉尘防治，深化矿山自然生态环境治理备用金制度改革，改善矿山生态环境，促进人与自然的和谐共处，为建设“两富”“两美”浙江，提供矿产资源保障和矿山生态环境支撑。

2015 年，世界经济持续处于深度转型调整期，国内外矿产品普遍需求不足，消化产能及去库存压力较大，主要矿产品价格震荡走低，矿业形势总体低迷；我国经济结构调整深入推进，主要矿产品基本需求持续下降，矿业发展进入底部区间运行阶段。受国际国内矿业经济疲软影响，相较 2014 年，浙江省矿产资源开发利用各项指标整体下降，亏损企业增多。

2015 年度浙江省非油气矿产资源开发利用情况见表 1。

2015 年，全省共有持证矿山 1095 个，从业人员 35380 人，矿石采掘量 44494.72 万吨，实现矿业总产值 126.18 亿元，利润 6.37 亿元，税金 10.95 亿元。受国内经济下行、矿业和冶炼加工产业产能严重过剩等因素影响，与 2014 年相比，矿山企业经营状况下滑明显，各项矿业指标均呈现不同幅度的下降，其中矿山数减少了 12.12%，从业人员减少了 8.10%，矿石采掘量减少了 15.04%，矿业总产值减少了 11.66%，利润减少了 49.63%，税金减少了 14.63%（表 2 和表 3，图 1 和图 2）。

**表 1　2015 年度浙江省非油气矿产资源开发利用情况统计表**

| 统计指标 | | 矿山企业数（个） | | | | | 从业人员（个） | 年产矿量（万吨） | 实际采矿能力（万吨/年） | 矿业总产值（万元） | 综合利用产值（万元） | 矿产品销售收入（万元） | 利润总额（万元） | 税金总额（万元） |
|---|---|---|---|---|---|---|---|---|---|---|---|---|---|---|
| | | 合计 | 大型 | 中型 | 小型 | 小矿 | | | | | | | | |
| 合计 | | 1095 | 459 | 175 | 419 | 42 | 35380 | 44494.72 | 48407.32 | 1261751.78 | 33128.93 | 978908.73 | 63731.32 | 109518.75 |
| 矿产种类 | 地下热水 | 9 | 4 | 1 | 4 | 0 | 446 | 73.73 | 0.00 | 2284.28 | 0.00 | 1659.68 | -476.00 | 118.16 |
| | 金矿 | 5 | 0 | 1 | 3 | 1 | 630 | 1.21 | 1.21 | 9091.82 | 0.00 | 12598.72 | 391.97 | 928.46 |
| | 钼矿 | 11 | 0 | 0 | 7 | 4 | 548 | 2.72 | 5.72 | 5724.33 | 516.00 | 5608.29 | -3615.08 | 840.86 |
| | 铅矿 | 4 | 0 | 0 | 1 | 3 | 159 | 1.16 | 1.16 | 278.00 | 0.00 | 237.50 | 0.00 | 65.10 |
| | 锑矿 | 1 | 0 | 0 | 0 | 1 | 16 | 0.11 | 0.51 | 28.72 | 0.00 | 0.00 | 0.00 | 0.00 |
| | 铁矿 | 12 | 2 | 4 | 4 | 2 | 811 | 219.40 | 271.59 | 8913.49 | 0.00 | 8636.01 | -2585.00 | 1610.13 |
| | 铜矿 | 6 | 0 | 0 | 4 | 2 | 961 | 40.44 | 40.44 | 22623.00 | 3968.00 | 20688.40 | -645.34 | 4658.54 |
| | 钨矿 | 2 | 0 | 0 | 1 | 1 | 154 | 0.77 | 3.20 | 1073.20 | 178.00 | 0.00 | -979.00 | 293.78 |
| | 锡矿 | 1 | 0 | 0 | 1 | 0 | 21 | 4.56 | 5.00 | 364.72 | 0.00 | 72.00 | 0.00 | 0.00 |
| | 锌矿 | 13 | 0 | 0 | 2 | 11 | 596 | 10.50 | 13.71 | 2634.65 | 0.00 | 2341.79 | 129.86 | 446.77 |
| | 银矿 | 3 | 0 | 0 | 3 | 0 | 186 | 4.96 | 7.79 | 2642.80 | 0.00 | 2642.80 | 789.28 | 693.42 |
| | 玻璃用大理岩 | 2 | 0 | 0 | 2 | 0 | 23 | 1.71 | 1.71 | 0.00 | 0.00 | 0.00 | 0.00 | 0.00 |
| | 玻璃用石英岩 | 1 | 1 | 0 | 0 | 0 | 91 | 57.85 | 57.85 | 2800.00 | 102.00 | 2603.00 | 0.00 | 190.44 |
| | 方解石 | 22 | 3 | 3 | 16 | 0 | 315 | 181.82 | 184.13 | 12026.77 | 86.00 | 11802.98 | 1143.72 | 2966.77 |
| | 沸石 | 2 | 0 | 0 | 2 | 0 | 37 | 10.48 | 10.48 | 293.44 | 0.00 | 293.44 | 50.00 | 80.00 |

**续表 1－1**

| 统计指标 | | 矿山企业数(个) | | | | | 从业人员(个) | 年产矿量(万吨) | 实际采矿能力(万吨/年) | 矿业总产值(万元) | 综合利用产值(万元) | 矿产品销售收入(万元) | 利润总额(万元) | 税金总额(万元) |
|---|---|---|---|---|---|---|---|---|---|---|---|---|---|---|
| | | 合计 | 大型 | 中型 | 小型 | 小矿 | | | | | | | | |
| 矿产种类 | 高岭土 | 5 | 2 | 1 | 2 | 0 | 159 | 13.88 | 23.00 | 4356.70 | 0.00 | 3893.70 | 1050.00 | 678.00 |
| | 硅灰石 | 1 | 1 | 0 | 0 | 0 | 56 | 10.91 | 10.91 | 1300.00 | 750.00 | 1254.70 | 0.00 | 45.00 |
| | 硫铁矿 | 3 | 0 | 0 | 2 | 1 | 414 | 0.25 | 0.30 | 154.60 | 0.00 | 154.60 | 0.00 | 13.42 |
| | 明矾石 | 1 | 1 | 0 | 0 | 0 | 830 | 9.09 | 9.09 | 4869.70 | 145.84 | 2549.92 | -313.60 | 539.66 |
| | 耐火黏土 | 1 | 0 | 0 | 1 | 0 | 12 | 0.37 | 0.37 | 33.56 | 0.00 | 33.56 | 1.50 | 3.50 |
| | 膨润土 | 2 | 1 | 0 | 1 | 0 | 18 | 6.44 | 6.44 | 1599.27 | 329.90 | 1599.27 | 294.68 | 480.97 |
| | 普通萤石 | 81 | 8 | 3 | 70 | 0 | 2033 | 69.50 | 152.77 | 24624.48 | 299.60 | 22035.69 | 3211.84 | 5365.19 |
| | 熔剂用灰岩 | 4 | 3 | 0 | 1 | 0 | 313 | 390.35 | 395.91 | 9559.56 | 458.00 | 9559.56 | 608.70 | 1263.45 |
| | 饰面用板岩 | 6 | 0 | 0 | 6 | 0 | 42 | 2.28 | 4.78 | 620.00 | 0.00 | 400.00 | 26.00 | 32.00 |
| | 饰面用大理岩 | 1 | 0 | 0 | 1 | 0 | 4 | 0.00 | 0.00 | 0.00 | 0.00 | 0.00 | 0.00 | 0.00 |
| | 饰面用花岗岩 | 15 | 1 | 1 | 12 | 1 | 146 | 27.14 | 125.29 | 2916.85 | 0.00 | 2587.07 | 132.93 | 60.56 |
| | 饰面用辉绿岩 | 5 | 0 | 0 | 2 | 3 | 49 | 3.73 | 3.73 | 116.68 | 20.00 | 116.68 | 7.00 | 3.50 |
| | 饰面用闪长岩 | 4 | 0 | 0 | 3 | 1 | 26 | 1.22 | 1.22 | 235.00 | 0.00 | 235.00 | 20.00 | 10.00 |
| | 水泥配料用泥岩 | 1 | 0 | 0 | 1 | 0 | 15 | 51.28 | 51.28 | 561.89 | 56.19 | 561.89 | 0.00 | 79.37 |
| | 水泥配料用砂岩 | 5 | 1 | 4 | 0 | 0 | 48 | 130.84 | 141.27 | 1359.15 | 30.00 | 1179.27 | 100.00 | 287.75 |
| | 水泥配料用页岩 | 9 | 4 | 5 | 0 | 0 | 78 | 194.23 | 194.23 | 4256.77 | 50.00 | 4256.77 | 445.25 | 332.34 |
| | 水泥配料用黏土 | 2 | 0 | 0 | 2 | 0 | 103 | 38.11 | 38.11 | 1953.57 | 0.00 | 1380.80 | 0.00 | 415.00 |
| | 水泥用灰岩 | 58 | 31 | 7 | 20 | 0 | 1821 | 6011.25 | 7151.25 | 120680.87 | 5230.64 | 100167.51 | 10877.68 | 22331.13 |
| | 陶瓷土 | 1 | 0 | 1 | 0 | 0 | 9 | 10.61 | 10.61 | 291.40 | 0.00 | 291.40 | 26.24 | 17.48 |
| | 冶金用白云岩 | 2 | 0 | 0 | 2 | 0 | 50 | 56.67 | 56.67 | 1209.95 | 0.00 | 908.38 | 43.00 | 235.72 |
| | 冶金用脉石英 | 1 | 0 | 0 | 1 | 0 | 19 | 0.00 | 5.00 | 63.00 | 63.00 | 0.00 | 5.00 | 3.00 |
| | 冶金用石英岩 | 1 | 0 | 0 | 1 | 0 | 15 | 4.31 | 4.30 | 176.71 | 0.00 | 176.71 | 10.00 | 2.30 |
| | 叶蜡石 | 26 | 2 | 18 | 6 | 0 | 395 | 47.32 | 58.39 | 6135.74 | 55.29 | 5773.67 | 7.98 | 1115.85 |
| | 珍珠岩 | 4 | 0 | 1 | 3 | 0 | 25 | 0.33 | 4.20 | 20.00 | 0.00 | 20.00 | 6.00 | 1.80 |
| | 制灰用石灰岩 | 7 | 0 | 0 | 7 | 0 | 82 | 148.39 | 148.38 | 2866.00 | 0.00 | 2866.00 | 479.00 | 572.50 |
| | 建筑石料用灰岩 | 28 | 4 | 4 | 20 | 0 | 851 | 1404.77 | 1507.06 | 39361.61 | 1883.46 | 33210.42 | 1100.16 | 4800.99 |
| | 建筑用安山岩 | 1 | 1 | 0 | 0 | 0 | 160 | 476.88 | 476.88 | 33264.00 | 6810.00 | 32675.40 | 9544.10 | 5434.40 |
| | 建筑用白云岩 | 1 | 0 | 1 | 0 | 0 | 25 | 40.00 | 40.00 | 800.00 | 0.00 | 800.00 | 360.00 | 21.00 |
| | 建筑用大理岩 | 1 | 0 | 0 | 1 | 0 | 18 | 2.84 | 2.84 | 56.88 | 0.00 | 56.88 | 5.00 | 5.00 |
| | 建筑用花岗岩 | 48 | 23 | 10 | 13 | 2 | 1173 | 1596.41 | 1616.41 | 51488.56 | 772.94 | 43718.48 | 590.06 | 3320.17 |
| | 建筑用辉绿岩 | 1 | 0 | 1 | 0 | 0 | 25 | 13.80 | 25.00 | 580.00 | 0.00 | 580.00 | 8.00 | 38.00 |
| | 建筑用凝灰岩 | 414 | 332 | 36 | 45 | 1 | 13848 | 28881.01 | 30941.84 | 694719.51 | 9557.71 | 466062.95 | 28974.53 | 33495.41 |
| | 建筑用砂 | 13 | 2 | 1 | 10 | 0 | 526 | 415.30 | 428.43 | 12483.11 | 0.00 | 9786.05 | 700.21 | 665.85 |
| | 建筑用砂岩 | 29 | 26 | 2 | 1 | 0 | 1109 | 3293.26 | 3568.55 | 96296.83 | 925.45 | 95298.67 | 8123.24 | 11266.71 |
| | 建筑用闪长岩 | 2 | 1 | 0 | 1 | 0 | 90 | 11.88 | 11.88 | 371.50 | 101.45 | 371.50 | 38.00 | 44.73 |
| | 建筑用玄武岩 | 12 | 2 | 7 | 3 | 0 | 209 | 183.00 | 191.06 | 7370.75 | 200.00 | 7350.75 | 418.59 | 481.71 |
| | 砖瓦用砂岩 | 11 | 0 | 5 | 6 | 0 | 325 | 20.07 | 37.03 | 4063.71 | 154.46 | 4043.71 | 230.80 | 157.96 |
| | 砖瓦用页岩 | 128 | 2 | 58 | 68 | 0 | 4409 | 263.45 | 319.96 | 43996.40 | 385.00 | 38900.92 | 1687.10 | 2021.68 |
| | 砖瓦用黏土 | 27 | 0 | 0 | 22 | 5 | 175 | 28.78 | 38.38 | 4551.11 | 0.00 | 4551.11 | 247.72 | 156.50 |
| | 矿泉水 | 39 | 1 | 0 | 35 | 3 | 681 | 23.35 | 0.00 | 11607.14 | 0.00 | 10315.12 | 460.20 | 826.72 |

续表 1－2

| 统计指标 | | 矿山企业数(个) | | | | | 从业人员(个) | 年产矿量(万吨) | 实际采矿能力(万吨/年) | 矿业总产值(万元) | 综合利用产值(万元) | 矿产品销售收入(万元) | 利润总额(万元) | 税金总额(万元) |
|---|---|---|---|---|---|---|---|---|---|---|---|---|---|---|
| | | 合计 | 大型 | 中型 | 小型 | 小矿 | | | | | | | | |
| 经济类型 | 国有企业 | 61 | 42 | 5 | 13 | 1 | 4232 | 4663. 24 | 5197. 23 | 122798. 57 | 3424. 98 | 68996. 77 | －2471. 96 | 12620. 19 |
| | 集体企业 | 22 | 4 | 1 | 16 | 1 | 636 | 514. 40 | 514. 40 | 12732. 34 | 55. 00 | 12732. 34 | 998. 01 | 944. 77 |
| | 股份合作企业 | 27 | 7 | 6 | 12 | 2 | 588 | 35. 14 | 89. 52 | 1654. 40 | 0. 00 | 1644. 40 | 64. 76 | 38. 62 |
| | 联营企业 | 1 | 0 | 0 | 1 | 0 | 15 | 124. 71 | 124. 71 | 2929. 00 | 10. 00 | 2295. 00 | 0. 00 | 634. 00 |
| | 有限责任公司 | 376 | 221 | 45 | 100 | 10 | 15168 | 24902. 30 | 26669. 27 | 669401. 39 | 18430. 28 | 477842. 56 | 28393. 96 | 58606. 30 |
| | 股份有限公司 | 48 | 18 | 9 | 19 | 2 | 1390 | 1827. 73 | 1820. 38 | 40996. 18 | 1304. 52 | 39384. 85 | 5228. 18 | 4843. 81 |
| | 私营企业 | 512 | 151 | 105 | 230 | 26 | 11579 | 11094. 11 | 12522. 34 | 356836. 00 | 4532. 93 | 324226. 09 | 28211. 32 | 26485. 57 |
| | 其他企业 | 33 | 7 | 4 | 22 | 0 | 1096 | 208. 45 | 322. 47 | 11267. 70 | 982. 00 | 10348. 86 | 901. 65 | 620. 74 |
| | 港、澳、台商投资企业 | 7 | 4 | | 3 | | 190 | 73. 45 | 96. 61 | 2040. 60 | 154. 95 | 1035. 40 | 415. 00 | 432. 88 |
| | 外商投资企业 | 8 | 5 | 0 | 3 | 0 | 486 | 1051. 19 | 1050. 39 | 41095. 60 | 4234. 27 | 40402. 46 | 1990. 40 | 4291. 87 |
| 行政区 | 杭州市 | 140 | 50 | 19 | 61 | 10 | 4500 | 6805. 78 | 8746. 13 | 193845. 60 | 6030. 17 | 168664. 18 | 15254. 20 | 24025. 73 |
| | 宁波市 | 110 | 91 | 7 | 8 | 4 | 3368 | 6640. 30 | 8162. 34 | 177112. 83 | 982. 00 | 127323. 39 | 15522. 49 | 7294. 94 |
| | 温州市 | 106 | 62 | 7 | 32 | 5 | 3713 | 6017. 38 | 6008. 65 | 109882. 61 | 165. 84 | 45955. 39 | 3430. 47 | 3329. 05 |
| | 嘉兴市 | 7 | 5 | 0 | 2 | 0 | 429 | 536. 84 | 530. 88 | 22247. 29 | 0. 00 | 21857. 29 | －1320. 80 | 2386. 33 |
| | 湖州市 | 62 | 42 | 5 | 14 | 1 | 3038 | 6280. 63 | 6375. 57 | 213219. 21 | 23628. 74 | 200133. 68 | 18698. 03 | 35478. 98 |
| | 绍兴市 | 70 | 22 | 12 | 32 | 4 | 2307 | 1244. 32 | 1242. 01 | 38527. 54 | 669. 45 | 37250. 59 | －3346. 10 | 3621. 79 |
| | 金华市 | 135 | 38 | 21 | 76 | 0 | 4378 | 2026. 81 | 2071. 12 | 68729. 77 | 615. 00 | 65539. 09 | 5790. 50 | 7040. 13 |
| | 衢州市 | 165 | 11 | 52 | 92 | 10 | 2638 | 1802. 84 | 1825. 71 | 44054. 35 | 0. 00 | 41408. 64 | 3336. 23 | 4564. 14 |
| | 舟山市 | 46 | 45 | 1 | 0 | 0 | 2353 | 7470. 38 | 7451. 85 | 241399. 40 | 0. 00 | 166289. 60 | 2854. 97 | 11370. 12 |
| | 台州市 | 136 | 83 | 15 | 37 | 1 | 4552 | 5058. 69 | 5083. 69 | 89051. 78 | 99. 60 | 40768. 96 | 3459. 72 | 2110. 78 |
| | 丽水市 | 118 | 10 | 36 | 65 | 7 | 4104 | 610. 75 | 909. 37 | 63681. 40 | 938. 13 | 63717. 92 | 51. 61 | 8296. 76 |

表 2　　**2011～2015 年浙江省主要矿业指标对比表**

| 年份 | 矿山数(个) | 从业人员(人) | 矿石采掘量(万吨) | 矿业总产值(万元) | 利润总额(万元) | 税金总额(万元) |
|---|---|---|---|---|---|---|
| 2011 | 1709 | 58050 | 69511. 79 | 1500034. 06 | 112771. 95 | 134198. 81 |
| 2012 | 1549 | 50342 | 57887. 85 | 1405744. 24 | 84448. 70 | 125157. 92 |
| 2013 | 1427 | 41777 | 53839. 44 | 1366432. 05 | 98596. 78 | 127743. 62 |
| 2014 | 1246 | 38499 | 52373. 01 | 1428339. 93 | 126531. 11 | 128287. 65 |
| 2015 | 1095 | 35380 | 44494. 72 | 1261751. 78 | 63731. 32 | 109518. 75 |

表 3　　**2015 年浙江省各市主要矿业指标对比表**

| 行政区 | 矿石产量(万吨) | 矿业总产值(百万元) | 工业增加值(十万元) | 年利润总额(十万元) | 年税金总额(十万元) |
|---|---|---|---|---|---|
| 杭州市 | 6805. 78 | 1938. 46 | 5675. 35 | 1525. 42 | 2402. 57 |
| 宁波市 | 6640. 30 | 1771. 13 | 5581. 15 | 1552. 25 | 729. 49 |
| 温州市 | 6017. 38 | 1098. 83 | 1538. 17 | 343. 05 | 332. 91 |
| 嘉兴市 | 536. 84 | 222. 47 | 396. 49 | －132. 08 | 238. 63 |
| 湖州市 | 6280. 63 | 2132. 19 | 8922. 95 | 1869. 80 | 3547. 90 |
| 绍兴市 | 1244. 32 | 385. 28 | 1397. 00 | －334. 61 | 362. 18 |

续表 3

| 行政区 | 矿石产量(万吨) | 矿业总产值(百万元) | 工业增加值(十万元) | 年利润总额(十万元) | 年税金总额(十万元) |
|---|---|---|---|---|---|
| 金华市 | 2026.81 | 687.30 | 2070.64 | 579.05 | 704.01 |
| 衢州市 | 1802.84 | 440.54 | 1000.60 | 333.62 | 456.41 |
| 舟山市 | 7470.38 | 2413.99 | 1237.00 | 285.50 | 1137.01 |
| 台州市 | 5058.69 | 890.52 | 2057.62 | 345.97 | 211.08 |
| 丽水市 | 610.75 | 636.81 | 1770.50 | 5.16 | 829.68 |

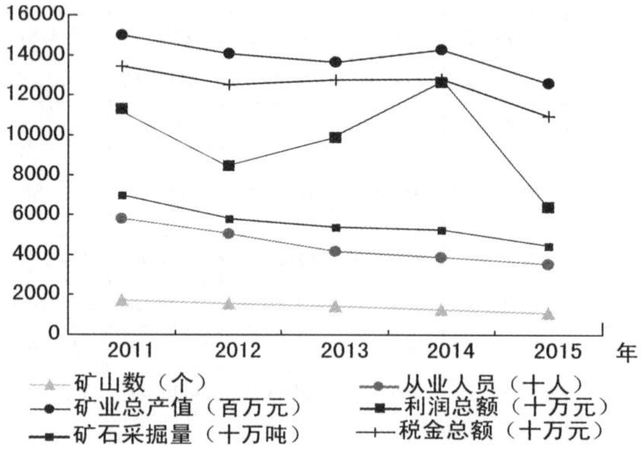


图 1　2011～2015 年浙江省主要矿业指标对比图

较 2014 年，2015 年全省人均矿石采掘量、人均矿业产值和人均利税均有下降。人均矿石采掘量减少了 8.20%，人均矿业产值减少了 3.87%，人均利税减少了 26.03%（表 4，图 3）。

表 4　2011～2015 年浙江省矿业人均生产指标对比表

| 年 份 | 人均矿石采掘量（万吨/（人・年）） | 人均矿业产值（十万元/（人・年）） | 人均利税总额（万元/（人・年）） |
|---|---|---|---|
| 2011 | 1.20 | 2.58 | 4.25 |
| 2012 | 1.15 | 2.79 | 4.16 |
| 2013 | 1.29 | 3.27 | 5.42 |
| 2014 | 1.37 | 3.71 | 6.62 |
| 2015 | 1.26 | 3.57 | 4.90 |

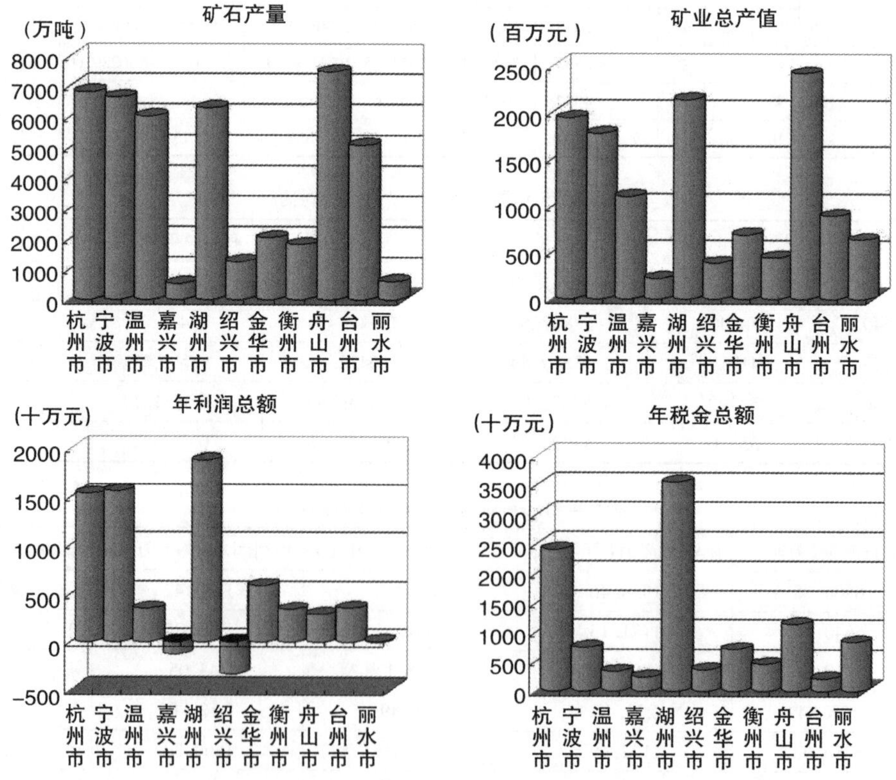


图 2　2015 年浙江省各市主要矿业指标对比图

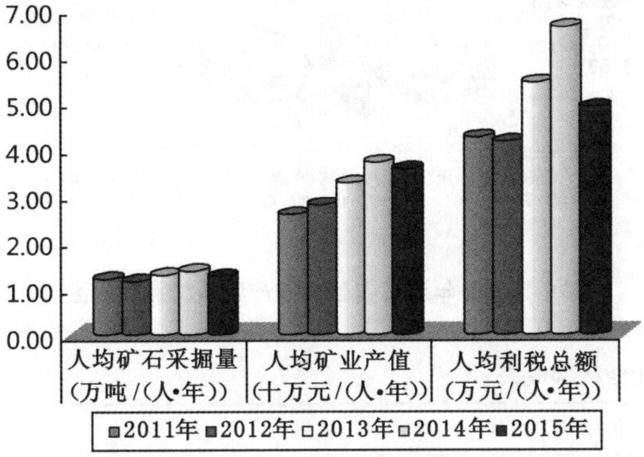


图3　2011～2015年浙江省矿业人均生产指标对比图

【矿产资源开发利用】　2015年，全省开发利用的矿产55种，包括能源矿产1种，金属矿产10种，非金属矿产43种（其中普通建筑材料用砂、石、黏土矿14种），水气矿产1种。与2014年度相比减少了饰面用灰岩和水泥用大理岩2种矿产。

1. 按矿业结构分析。2015年的矿业结构与往年基本一致，即普通建筑材料用砂、石、黏土矿产量和产值均居主导地位，其他非金属矿产次之，金属矿产再次之，水气矿产和能源矿产所占比重很小。与2014年相比，普通建筑材料用砂、石、黏土矿山数减少了113个，矿石采掘量、矿业总产值、利润总额及税金总额分别下降了16.55%、13.45%、49.06%、24.23%，产值占全省矿业总产值的比重下降了2个百分点。其他非金属矿产产值占全省矿业总产值的比重增加了2个百分点，能源矿产与水气矿产占比也均有小幅提升，金属矿产占比下降了1.08%（表5和表6，图4至图9）。

表5　2015年浙江省矿业结构构成表

| 矿产分类 | 矿山数（个） | 从业人员（人） | 矿石采掘量（万吨） | 矿业总产值（万元） | 利润总额（万元） | 税金总额（万元） |
|---|---|---|---|---|---|---|
| 合计 | 1095 | 35380 | 44494.72 | 1261751.78 | 63731.32 | 109518.75 |
| 能源矿产 | 9 | 446 | 73.73 | 2284.28 | -476.00 | 118.16 |
| 金属矿产 | 58 | 4082 | 285.83 | 53374.73 | -6513.31 | 9537.06 |
| 非金属矿产 | 989 | 30171 | 44111.81 | 1194485.63 | 70260.43 | 99036.81 |
| 其中普通建筑材料用砂、石、黏土矿 | 716 | 22943 | 36631.45 | 989403.97 | 52027.51 | 61910.11 |
| 水气矿产 | 39 | 681 | 23.35 | 11607.14 | 460.20 | 826.72 |

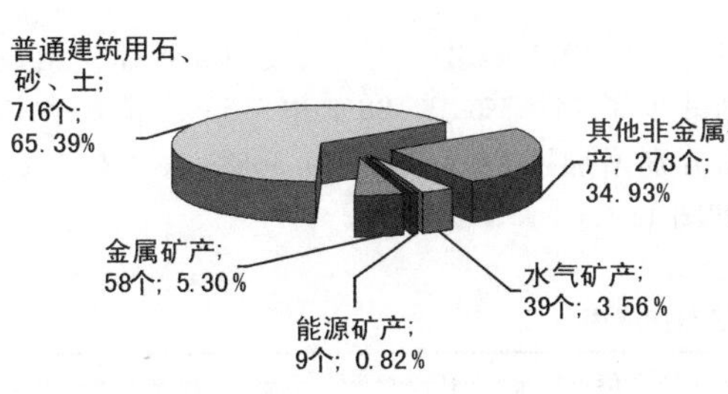


图4　2015年浙江省各类矿产矿山数量构成图

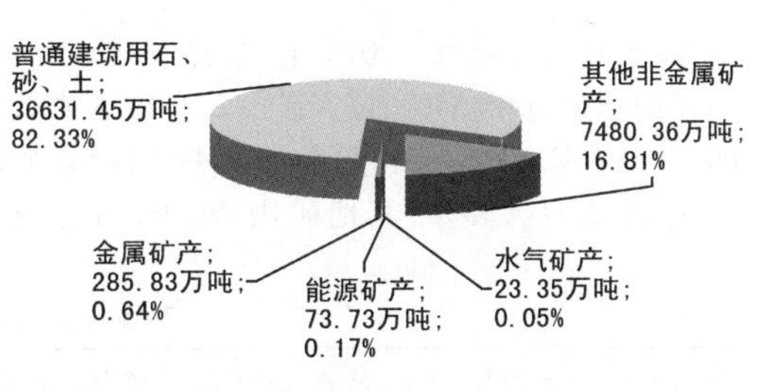


图6　2015年浙江省各类矿产矿石采掘量构成图

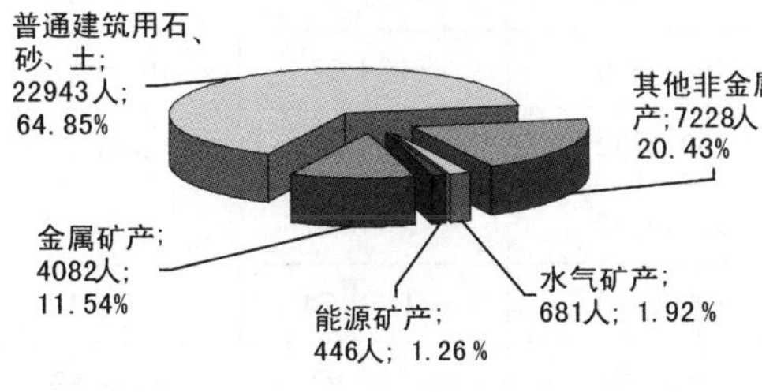


图5　2015年浙江省各类矿产从业人员构成图

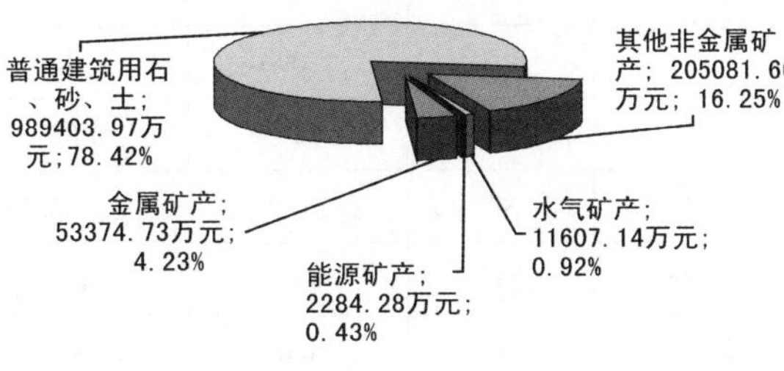


图7　2015年浙江省各类矿产矿业总产值构成图

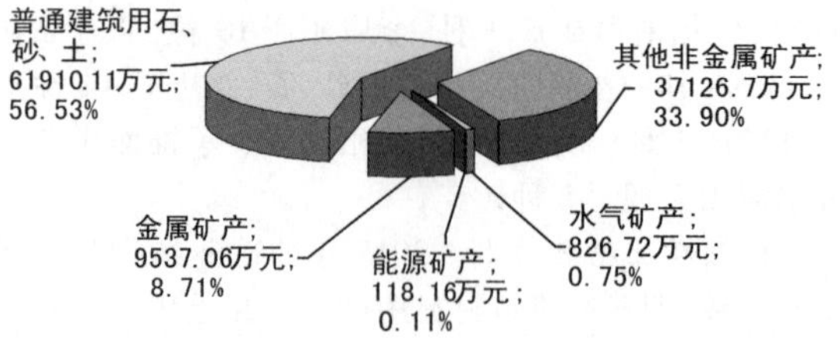


图8　2015 年浙江省各类矿产利润总额构成图

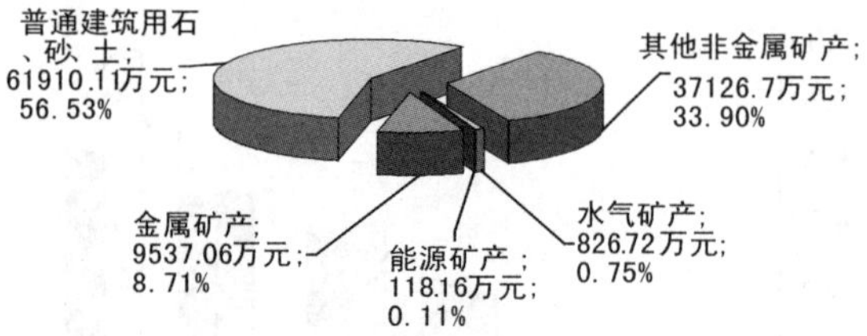


图9　2015 年浙江省各类矿产税金总额构成图

表 6　　2015 年浙江省各市矿业结构构成表　　单位:个

| 行政区 | 矿种类型 | | | | | |
|---|---|---|---|---|---|---|
| | 矿山数合计 | 能源矿产 | 金属矿产 | 非金属矿产 | | 水气矿产 |
| | | | | 普通建筑用石、砂、土 | 其他非金属矿产 | |
| 杭州市 | 140 | 1 | 15 | 57 | 63 | 4 |
| 宁波市 | 110 | 1 | 0 | 100 | 0 | 9 |
| 温州市 | 106 | 1 | 0 | 74 | 21 | 10 |
| 嘉兴市 | 7 | 2 | 0 | 5 | 0 | 0 |
| 湖州市 | 62 | 0 | 0 | 33 | 24 | 5 |
| 绍兴市 | 70 | 1 | 12 | 35 | 18 | 4 |
| 金华市 | 135 | 3 | 0 | 112 | 19 | 1 |
| 衢州市 | 165 | 0 | 5 | 93 | 65 | 2 |
| 舟山市 | 46 | 0 | 0 | 46 | 0 | 0 |
| 台州市 | 136 | 0 | 2 | 120 | 12 | 2 |
| 丽水市 | 118 | 0 | 24 | 41 | 51 | 2 |

2. 按生产状态分析。2015 年,全省生产矿山 663 个,占矿山总数的 60.55%;停产矿山 237 个,占总数的 21.64%;关闭矿山 82 个,占总数的 7.49%;筹建矿山 87 个,占总数的 7.95%;其他矿山 26 个,占总数的 2.37%。与 2014 年相比,生产、关闭和筹建矿山数量分别减少了 14.67%、37.88% 和 5.53%,停产和其他矿山分别增加了 6.27% 和 136.36%(表 7 和表 8,图 10 和图 11)。

表 7　　2015 年浙江省矿山生产状态构成表

| 矿山生产状态 | 矿山数(个) | 从业人员(人) | 矿石采掘量(万吨) | 矿业总产值(万元) | 利润总额(万元) | 税金总额(万元) |
|---|---|---|---|---|---|---|
| 合 计 | 1095 | 35380 | 44494.72 | 1261751.78 | 63731.32 | 109518.75 |
| 生 产 | 663 | 27090 | 42107.41 | 1194672.02 | 66928.27 | 104810.44 |
| 关 闭 | 82 | 736 | 1402.77 | 33913.72 | 2895.48 | 2091.80 |
| 筹 建 | 87 | 2349 | 483.37 | 18743.57 | -3726.77 | 1888.32 |
| 停 产 | 237 | 4745 | 462.69 | 10390.19 | -1370.74 | 600.31 |
| 其 他 | 26 | 460 | 38.48 | 4032.28 | -994.92 | 127.88 |

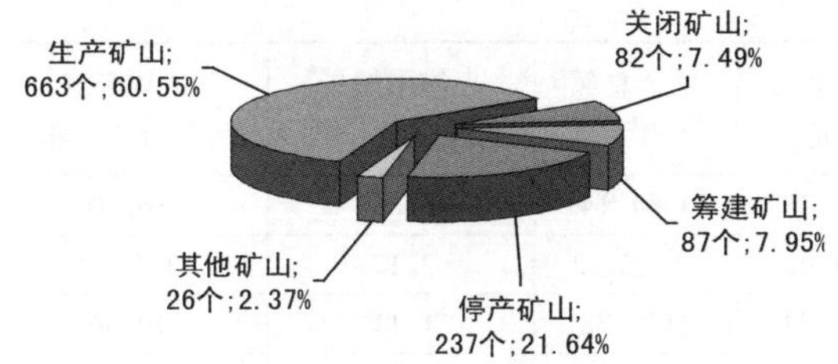


图10　2014年浙江省矿山生产状态—矿山数量构成图

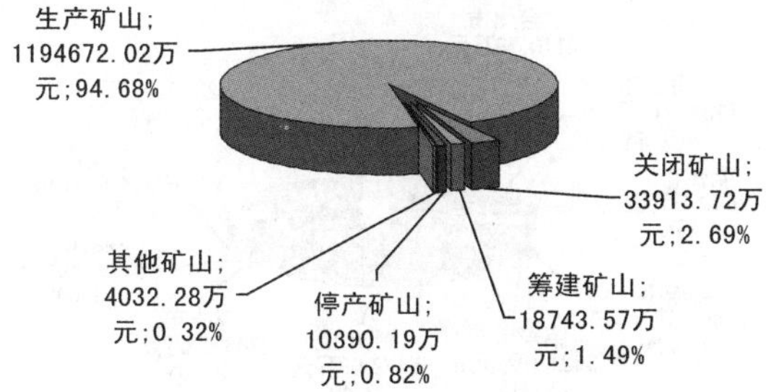


图11　2015年浙江省矿山生产状态—矿业总产值构成图

表8　　2015年浙江省各市矿山生产状态构成表　单位:个

| 行政区 | 生产状态 | | | | |
|---|---|---|---|---|---|
| | 生产 | 关闭 | 筹建 | 停产 | 其他 |
| 杭州市 | 66 | 14 | 21 | 33 | 6 |
| 宁波市 | 86 | 17 | 2 | 3 | 2 |
| 温州市 | 76 | 5 | 6 | 19 | 0 |
| 嘉兴市 | 3 | 3 | 0 | 0 | 1 |
| 湖州市 | 50 | 4 | 3 | 5 | 0 |
| 绍兴市 | 31 | 12 | 4 | 23 | 0 |
| 金华市 | 96 | 11 | 6 | 21 | 1 |
| 衢州市 | 93 | 6 | 7 | 50 | 9 |
| 舟山市 | 32 | 2 | 2 | 7 | 3 |
| 台州市 | 73 | 6 | 12 | 45 | 0 |
| 丽水市 | 57 | 2 | 24 | 31 | 4 |

**【矿产资源开发利用】**　全省矿产开发区域分布不平衡,能源矿产主要分布于浙江西部;金属矿产中黑色金属主要分布于绍兴市、杭州市、湖州市和台州市的部分地区,有色金属全省均有分布;非金属矿产遍布全省,资源丰富。矿石采掘量舟山市最高,达7470.38万吨,占全省的16.79%,矿业总产值占全省的19.13%;杭州市、宁波市、湖州市、温州市开发强度也较大,矿石采掘量分别占全省的15.30%、14.92%、14.12%、13.52%,矿业总产值分别占全省的15.36%、14.04%、16.90%、8.71%;嘉兴市矿石采掘量最低,为536.74万吨,仅占全省的1.21%。矿山数衢州市最多,有165个,但矿石采掘量和矿业总产值占比不大,分别为4.05%和3.49%,嘉兴市矿山最少,为7个,较2014年减少了5个。从业人员台州市最多,有4552人,嘉兴市最少,为429人。利润总额湖州市最高,达18698.03万元,绍兴市亏损最多,亏损额达3346.1万元,与2014年相比,各市利润均有不同幅度下降。税金总额湖州市最高,达35478.98万元;台州市最低,仅2110.78万元。人均采掘量舟山市和湖州市最高,丽水市最低;人均产值舟山市最高,达102.59万元/人·年,丽水市最低,为15.52万元/人·年(表9,图12至图16)。

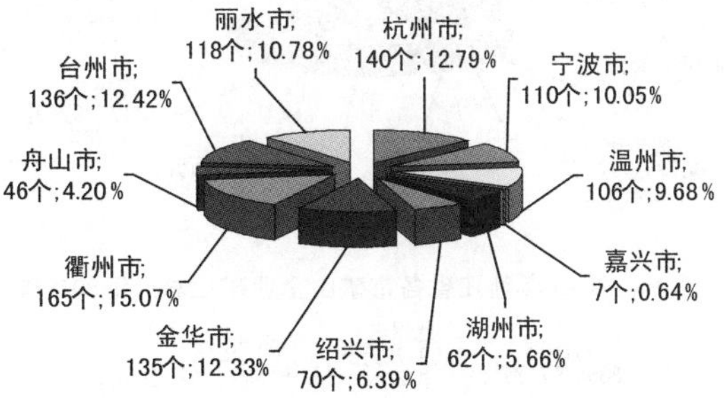


图12　2015年浙江省各市矿山企业数量构成图

表9　　2015年浙江省各市矿产资源开发利用情况表

| 行政区 | 矿山数(个) | 从业人员(人) | 矿石采掘量(万吨) | 矿业总产值(万元) | 利润总额(万元) | 税金总额(万元) | 人均采掘量(万吨/(人·年)) | 人均产值(万元/(人·年)) |
|---|---|---|---|---|---|---|---|---|
| 合计 | 1095 | 35380 | 44494.72 | 1261751.78 | 63731.32 | 109518.75 | 1.26 | 35.66 |
| 杭州市 | 140 | 4500 | 6805.78 | 193845.60 | 15254.20 | 24025.73 | 1.51 | 43.08 |
| 宁波市 | 110 | 3368 | 6640.30 | 177112.83 | 15522.49 | 7294.94 | 1.97 | 52.59 |
| 温州市 | 106 | 3713 | 6017.38 | 109882.61 | 3430.47 | 3329.05 | 1.62 | 29.59 |
| 嘉兴市 | 7 | 429 | 536.84 | 22247.29 | -1320.80 | 2386.33 | 1.25 | 51.86 |
| 湖州市 | 62 | 3038 | 6280.63 | 213219.21 | 18698.03 | 35478.98 | 2.07 | 70.18 |
| 绍兴市 | 70 | 2307 | 1244.32 | 38527.54 | -3346.10 | 3621.79 | 0.54 | 16.70 |
| 金华市 | 135 | 4378 | 2026.81 | 68729.77 | 5790.50 | 7040.13 | 0.46 | 15.70 |

续表 9

| 行政区 | 矿山数（个） | 从业人员（人） | 矿石采掘量（万吨） | 矿业总产值（万元） | 利润总额（万元） | 税金总额（万元） | 人均采掘量（万吨/（人·年）） | 人均产值（万元/（人·年）） |
|---|---|---|---|---|---|---|---|---|
| 衢州市 | 165 | 2638 | 1802. 84 | 44054. 35 | 3336. 23 | 4564. 14 | 0. 68 | 16. 70 |
| 舟山市 | 46 | 2353 | 7470. 38 | 241399. 40 | 2854. 97 | 11370. 12 | 3. 17 | 102. 59 |
| 台州市 | 136 | 4552 | 5058. 69 | 89051. 78 | 3459. 72 | 2110. 78 | 1. 11 | 19. 56 |
| 丽水市 | 118 | 4104 | 610. 75 | 63681. 40 | 51. 61 | 8296. 76 | 0. 15 | 15. 52 |

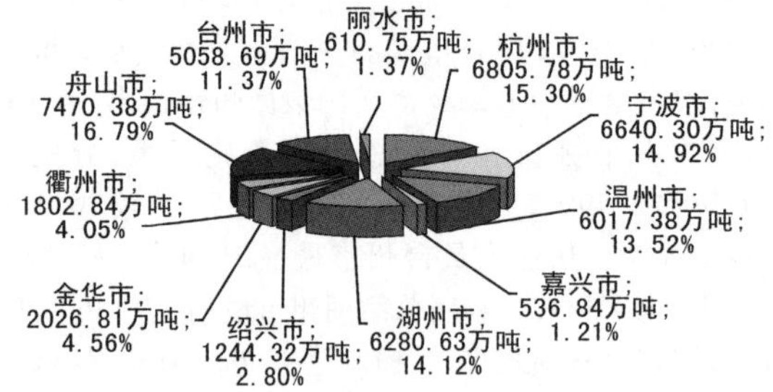


图 13　2015 年浙江省各市矿山企业矿石采掘量构成图

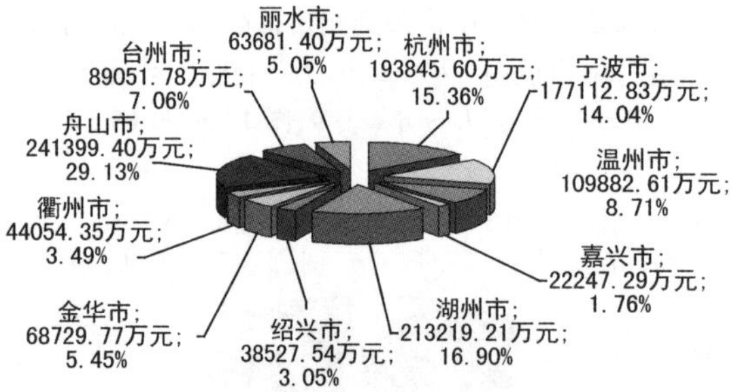


图 14　2015 年浙江省各市矿山企业矿业总产值构成图

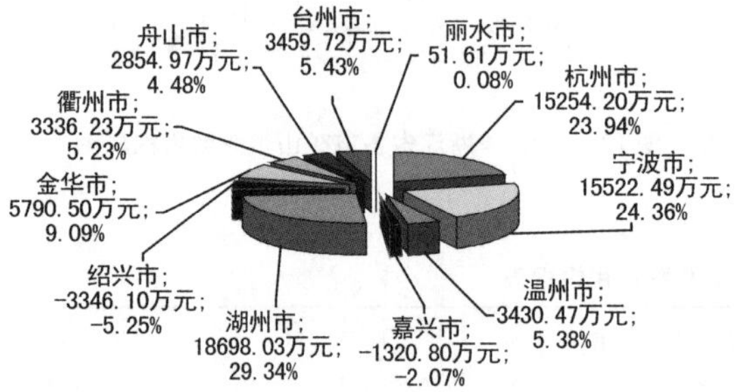


图 15　2015 年浙江省各市矿山企业利润总额构成图

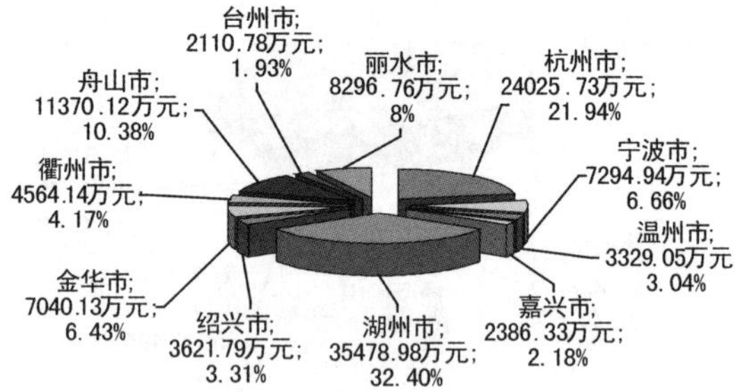


图 16　2015 年浙江省各市矿山企业税金总额构成图

【矿山经济类型】　全省矿山经济类型以私营企业和有限责任公司为主，2015 年两类矿山企业矿石采掘量、总产值、利润总额和税金总额之和分别占全省总数的 80. 90%、81. 33%、88. 82%、7. 70%，与 2014 年相较，均有不同比例的上升。国有企业的矿石采掘量、总产值和利润总额分别仅占全省总数的 10. 48%、9. 73%、11. 52%，较 2014 年均有所下降，而利润总额亏损近 2471. 96 万元。外商投资企业和港、澳、台商投资企业各项指标均较低。上述数据表明浙江省矿业资本格局没有较大改变，主要为民营资本和集体资本，产业外向度低，国有资本持有率低，与浙江省整体经济面貌基本一致（表 10 和表 11，图 17 和图 18）。

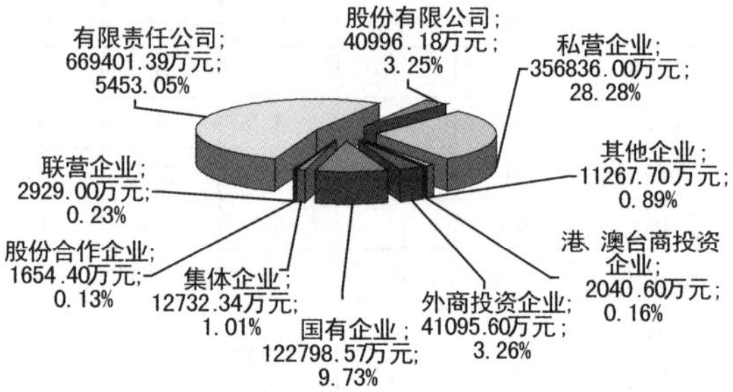


图 17　2015 年浙江省不同经济类型矿山企业矿业总产值构成图

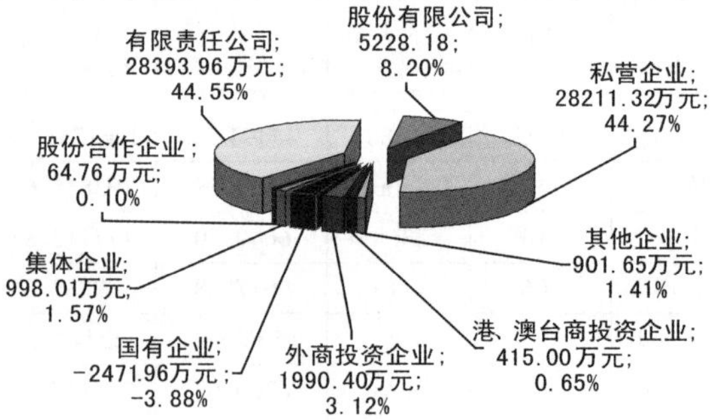


图 18　2015 年浙江省不同经济类型矿山企业利润总额构成图

表 10　　2015 年浙江省不同经济类型矿山企业开发利用情况表

| 企业经济类型 | 矿山数（个） | 从业人员（人） | 矿石采掘量（万吨） | 矿业总产值（万元） | 利润总额（万元） | 税金总额（万元） |
|---|---|---|---|---|---|---|
| 合 计 | 1095 | 35380 | 44494.72 | 1261751.78 | 63731.32 | 109518.75 |
| 一、内资企业 | 1080 | 34704 | 43370.07 | 1218615.58 | 61325.92 | 104794.00 |
| 国有企业 | 61 | 4232 | 4663.24 | 122798.57 | -2471.96 | 12620.19 |
| 集体企业 | 22 | 636 | 514.40 | 12732.34 | 998.01 | 944.77 |
| 股份合作企业 | 27 | 588 | 35.14 | 1654.40 | 64.76 | 38.62 |
| 联营企业 | 1 | 15 | 124.71 | 2929.00 | 0.00 | 634.00 |
| 有限责任公司 | 376 | 15168 | 24902.30 | 669401.39 | 28393.96 | 58606.30 |
| 股份有限公司 | 48 | 1390 | 1827.73 | 40996.18 | 5228.18 | 4843.81 |
| 私营企业 | 512 | 11579 | 11094.11 | 356836.00 | 28211.32 | 26485.57 |
| 其他企业 | 33 | 1096 | 208.45 | 11267.70 | 901.65 | 620.74 |
| 二、港、澳、台商投资企业 | 7 | 190 | 73.45 | 2040.60 | 415.00 | 432.88 |
| 三、外商投资企业 | 8 | 486 | 1051.19 | 41095.60 | 1990.40 | 4291.87 |

表 11　　2015 年浙江省各市不同经济类型矿山企业矿业总产值构成表

| 行政区 | 工业总产值（万元） | | | | | | | | | |
|---|---|---|---|---|---|---|---|---|---|---|
| | 国有企业 | 集体企业 | 股份合作企业 | 联营企业 | 有限责任公司 | 股份有限公司 | 私营企业 | 其他企业 | 港、澳、台商投资企业 | 外商投资企业 |
| 合 计 | 122798.57 | 12732.34 | 1654.40 | 2929.00 | 669401.39 | 40996.18 | 356836.00 | 11267.70 | 2040.60 | 41095.60 |
| 杭州市 | 7912.35 | 6752.85 | 0.00 | 0.00 | 80196.93 | 11853.45 | 87130.02 | 0.00 | 0.00 | 0.00 |
| 宁波市 | 10684.09 | 0.00 | 0.00 | 0.00 | 74705.67 | 170.00 | 88632.67 | 2920.40 | 0.00 | 0.00 |
| 温州市 | 22808.08 | 1761.90 | 28.00 | 0.00 | 52836.10 | 2062.49 | 30355.04 | 0.00 | 0.00 | 31.00 |
| 嘉兴市 | 0.00 | 0.00 | 0.00 | 0.00 | 22247.29 | 0.00 | 0.00 | 0.00 | 0.00 | 0.00 |
| 湖州市 | 30854.67 | 0.00 | 0.00 | 2929.00 | 104684.97 | 5652.65 | 34522.64 | 0.00 | 1990.60 | 32584.68 |
| 绍兴市 | 12965.00 | 0.00 | 0.00 | 0.00 | 11526.12 | 2724.94 | 11261.48 | 0.00 | 50.00 | 0.00 |
| 金华市 | 600.00 | 1022.00 | 0.00 | 0.00 | 33102.22 | 1270.00 | 24675.01 | 8060.54 | 0.00 | 0.00 |
| 衢州市 | 621.41 | 1642.59 | 0.00 | 0.00 | 9480.84 | 7443.00 | 24579.74 | 286.76 | 0.00 | 0.00 |
| 舟山市 | 35485.76 | 0.00 | 0.00 | 0.00 | 181627.88 | 0.00 | 24285.76 | 0.00 | 0.00 | 0.00 |
| 台州市 | 290.00 | 61.00 | 781.00 | 0.00 | 56816.43 | 7158.17 | 15465.26 | 0.00 | 0.00 | 8479.92 |
| 丽水市 | 577.21 | 1492.00 | 845.40 | 0.00 | 42176.94 | 2661.48 | 15928.38 | 0.00 | 0.00 | 0.00 |

**【矿山企业规模】**　2015 年，全省严格控制采矿权总量，矿山数较 2014 年有较大减少。全省有大型矿山 459 个（其中建筑石料矿山 398 个），中型矿山 175 个，小型矿山 419 个，小矿 42 个。大、中型矿山矿石采掘量为 42218.59 万吨，占总量的 94.88%；矿业总产值 111.51 亿元，占总量的 88.38%；利润 6.22 亿元，占总量的 97.57%；税金 9.21 亿元，占总量的 84.10%，较 2014 年均有不同比例上升。数据表明，全省矿山规模化、集约化水平进一步提高（图 19，表 12 和表 13）。

表 12　　2015 年浙江省不同规模矿山企业开发利用情况表

| 企业规模 | 矿山数（个） | 从业人员（人） | 矿石采掘量（万吨） | 矿业总产值（万元） | 利润总额（万元） | 税金总额（万元） |
|---|---|---|---|---|---|---|
| 合 计 | 1095 | 35380 | 44494.72 | 1261751.78 | 63731.32 | 109518.75 |
| 大 型 | 459 | 19670 | 40661.37 | 1043857.78 | 59228.27 | 86680.91 |
| 中 型 | 175 | 4416 | 1557.22 | 71273.12 | 2952.64 | 5427.98 |
| 小 型 | 419 | 10451 | 2262.07 | 144034.45 | 1446.63 | 17197.69 |
| 小 矿 | 42 | 843 | 14.06 | 2586.43 | 103.78 | 212.17 |

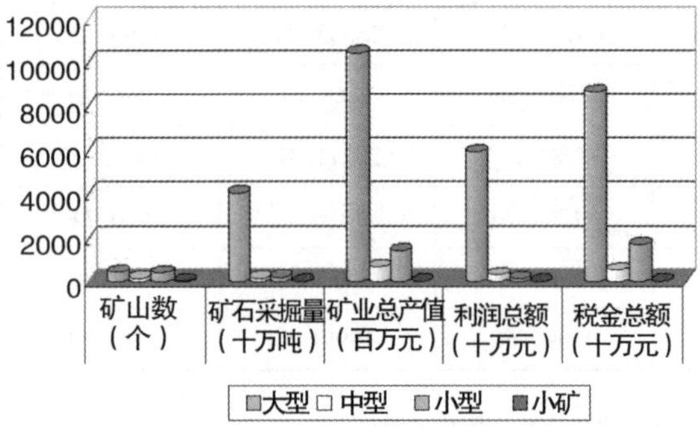


图 19　2015 年浙江省不同规模矿山企业主要矿业指标对比图

表 13　2015 年浙江省各市矿山企业规模数量构成表

单位：个

| 行政区 | 合计 | 大型 | 中型 | 小型 | 小矿 |
|---|---|---|---|---|---|
| 杭州市 | 140 | 50 | 19 | 61 | 10 |
| 宁波市 | 110 | 91 | 7 | 8 | 4 |
| 温州市 | 106 | 62 | 7 | 32 | 5 |
| 嘉兴市 | 7 | 5 | 0 | 2 | 0 |
| 湖州市 | 62 | 42 | 5 | 14 | 1 |
| 绍兴市 | 70 | 22 | 12 | 32 | 4 |
| 金华市 | 135 | 38 | 21 | 76 | 0 |
| 衢州市 | 165 | 11 | 52 | 92 | 10 |
| 舟山市 | 46 | 45 | 1 | 0 | 0 |
| 台州市 | 136 | 83 | 15 | 37 | 1 |
| 丽水市 | 118 | 10 | 36 | 65 | 7 |

由于大型矿山企业管理相对规范，生产集约化程度较高，生产技术和设备较先进，劳动生产率和资源利用水平较高，其人均采掘量、人均产值、人均利润和人均税金都远高于中、小型矿山和小矿（表 14，图 20）。

表 14　2015 年浙江省不同规模矿山企业人员效率对比表

| 矿山规模 | 人均采掘量（万吨/（人·年）） | 人均产值（万元/（人·年）） | 人均利润（万元/（人·年）） | 人均税金（万元/（人·年）） |
|---|---|---|---|---|
| 合 计 | 1.26 | 35.66 | 1.80 | 3.10 |
| 大 型 | 2.07 | 53.07 | 3.01 | 4.41 |
| 中 型 | 0.35 | 16.14 | 0.67 | 1.23 |
| 小 型 | 0.22 | 13.78 | 0.14 | 1.65 |
| 小 矿 | 0.02 | 3.07 | 0.12 | 0.25 |

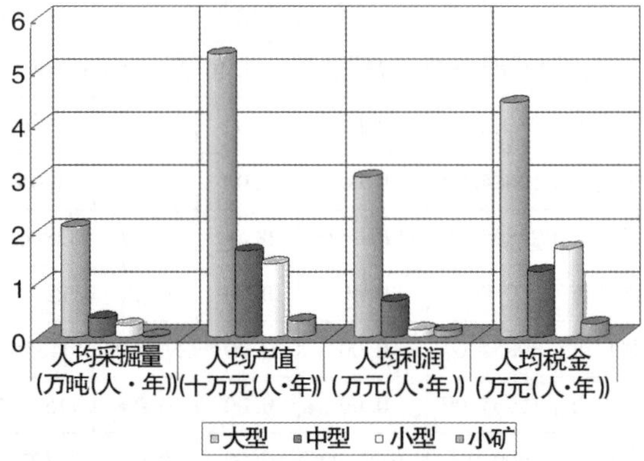


图 20　2015 年浙江省不同规模矿山企业人员效率对比图

**【普通建筑用砂、石、黏土矿开发利用】**　2015 年，全省开发利用的普通建筑用石、砂、黏土矿产（以下称乙类矿产）共 14 种，有矿山 716 个，从业人员 22943 人，矿石采掘量 43894.16 万吨，实现矿业总产值 989403.98 万元，利润总额 52027.52 万元。乙类矿产在全省矿业中的主导地位十分显著，其矿山数量、从业人员、矿业总产值和税金总额分别占全省总量的 65.39%、64.85%、78.42% 和 56.53%，但与 2014 年相比，占比均有所减少。利润总额和矿石采掘量分别占全省比例的81.64%和82.33%,同比有小幅增长。

2015年,受国家对房地产宏观调控影响,房地产业增长速度回落、乙类矿产需求下降。与2014年相比,乙类矿产各项指标总体下降,其中矿山数减少了13.63%、从业人员减少了9.17%、矿石采掘量减少了16.55%、矿业总产值减少了13.45%,利润总额减少了49.06%。

1.普通建筑用石料。2015年度开发的普通建筑用石料有凝灰岩、安山岩、灰岩、砂岩、花岗岩、玄武岩、大理岩、白云岩、辉绿岩、闪长岩等10个矿种,有矿山537个,从业人员17508人,矿石采掘量35903.84万吨,实现矿业总产值924309.65万元,利润总额49161.69万元。其矿山数、从业人数、矿石采掘量、矿业总产值、利润总额分别占乙类矿产的75.00%、76.31%、98.01%、93.42%、94.49%,占绝对主导地位。与2014年相比,矿山数、从业人数、矿石采掘量和总产值分别减少了13.25%、4.34%、16.33%和12.49%,利润大幅减少了49.44%(表15,图21)。

表15　　2011～2015年浙江省普通建筑用石料主要指标对比表

| 年　份 | 矿山数(个) | 从业人员(人) | 矿石采掘量(万吨) | 矿业总产值(万元) | 利润总额(万元) |
|---|---|---|---|---|---|
| 2011 | 911 | 29578 | 53605.53 | 949799.39 | 67950.06 |
| 2012 | 836 | 25831 | 46315.23 | 901957.14 | 55552.30 |
| 2013 | 753 | 20752 | 42952.67 | 935098.54 | 67028.49 |
| 2014 | 619 | 18303 | 42910.30 | 1056266.91 | 97241.08 |
| 2015 | 537 | 17508 | 35903.84 | 924309.65 | 49161.69 |

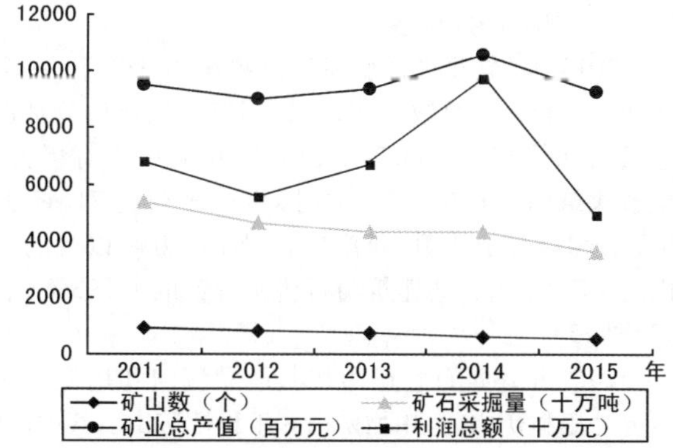


图21　2011～2015年浙江省普通建筑用石料主要指标对比图

普通建筑用石料受运输半径限制,开发地域性明显。宁波、温州、湖州、台州、杭州、舟山等市经济发展较快、交通运输便利的地区开发程度较高,其中舟山市矿石采掘量和矿业总产值均居全省首位,分别占全省的20.81%、26.12%,宁波市利润总额占全省的31.00%,居全省首位;湖州市利税总额占全省的35.90%,居全省首位,矿业总产值居全省第三位(表16,图22至图24)。

随着矿产资源规划实施的刚性增强,矿山开发布局不断优化。浙江省已形成湖州、杭州外围、宁绍平原南缘、温台沿海平原内侧、金衢盆地边缘、舟山地区等大型石料开发基地,矿山布局渐趋合理,矿山企业规模化、集约化程度持续提高。

表16　　2015年浙江省各市普通建筑用石料开发利用情况表

| 行政区 | 矿山数(个) | 从业人员(人) | 矿石采掘量(万吨) | 矿业总产值(万元) | 利润总额(万元) | 税金总额(万元) |
|---|---|---|---|---|---|---|
| 合　计 | 537 | 17508 | 35903.84 | 924309.65 | 49161.69 | 58908.12 |
| 杭州市 | 45 | 1540 | 3593.07 | 101090.91 | 8136.25 | 9460.21 |
| 宁波市 | 99 | 3138 | 6606.05 | 167260.83 | 15241.69 | 6642.54 |
| 温州市 | 66 | 2064 | 5586.30 | 90284.71 | 3210.14 | 1528.74 |
| 嘉兴市 | 4 | 194 | 530.88 | 21099.11 | -752.32 | 2329.01 |
| 湖州市 | 32 | 2056 | 4324.85 | 161682.72 | 14951.77 | 23841.71 |
| 绍兴市 | 33 | 571 | 741.08 | 16322.03 | 261.99 | 707.36 |
| 金华市 | 41 | 601 | 1213.74 | 22379.05 | 2635.71 | 1157.44 |

续表 16

| 行政区 | 矿山数（个） | 从业人员（人） | 矿石采掘量（万吨） | 矿业总产值（万元） | 利润总额（万元） | 税金总额（万元） |
|---|---|---|---|---|---|---|
| 衢州市 | 29 | 409 | 495. 18 | 8916. 29 | 629. 71 | 592. 34 |
| 舟山市 | 46 | 2353 | 7470. 38 | 241399. 40 | 2854. 97 | 11370. 12 |
| 台州市 | 112 | 3869 | 5026. 50 | 81819. 78 | 2320. 34 | 771. 62 |
| 丽水市 | 30 | 713 | 315. 81 | 12054. 82 | －328. 56 | 507. 03 |

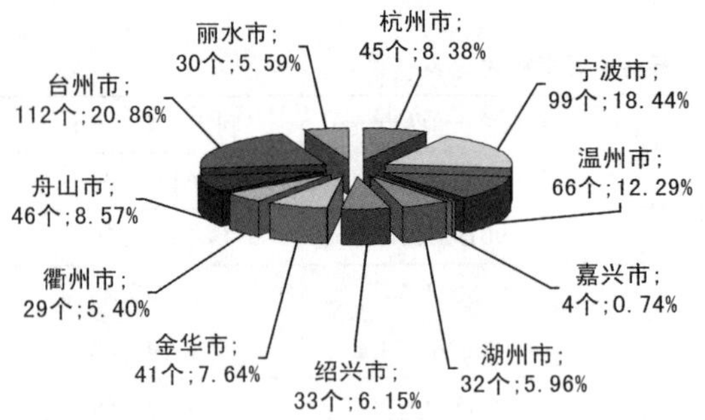


图 22　2015 年浙江省各市普通建筑用石料矿山企业数量构成图

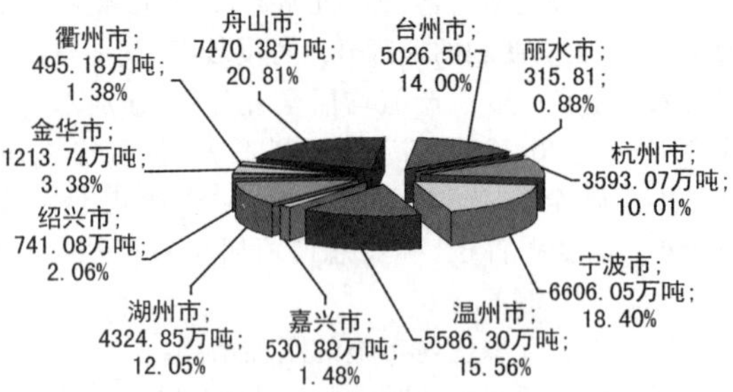


图 23　2015 年浙江省各市普通建筑用石料矿山企业矿石采掘量构成图

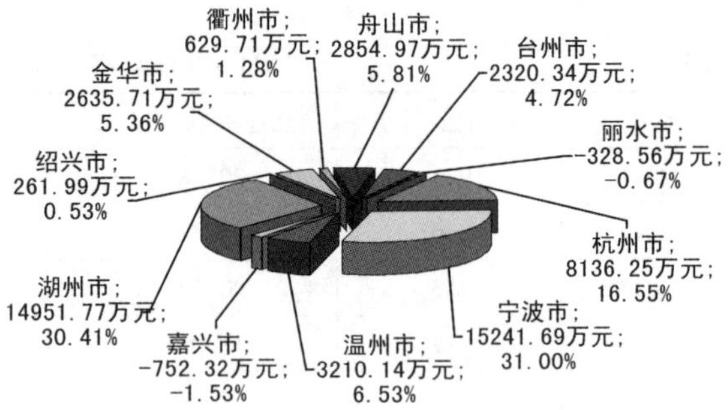


图 24　2015 年浙江省各市普通建筑用石料矿山企业利润总额构成图

2015 年，全省有大型建筑石料矿山 389 个，占全省建筑石料矿山总数的 72. 44%，其产量、产值分别占总量的 95. 33% 和 95. 24%，均较 2014 年略有提升。全省建筑用石料矿山平均实际生产规模为 71. 47 万吨，比 2014 年有上升；年产矿石量 100 万吨以上的矿山有 107 个，占普通建筑用石料矿总数的 19. 93%（表 17，图 25）。

2015 年建筑石料矿山按其产品流向和用途依然可分外销型矿山、自用型矿山和工程性矿山。其中，外销型矿山主要分布在湖洲、舟山地区，产品主要销往苏南与上海。

表 17　2015 年浙江省不同规模普通建筑用石料开发利用情况表

| 规 模 | 矿山数（个） | 从业人员（人） | 矿石采掘量（万吨） | 矿业总产值（万元） | 利润总额（万元） | 人均采矿量（万吨/（人・年）） | 人均产值（万元/（人・年）） |
|---|---|---|---|---|---|---|---|
| 合 计 | 537 | 17508 | 35903. 84 | 924309. 65 | 49161. 69 | 2. 05 | 52. 79 |
| 大 型 | 389 | 15109 | 34228. 50 | 880303. 13 | 46995. 95 | 2. 27 | 58. 26 |
| 中 型 | 61 | 1013 | 613. 30 | 18214. 49 | 990. 84 | 0. 61 | 17. 98 |
| 小 型 | 84 | 1341 | 1060. 84 | 25767. 03 | 1174. 90 | 0. 79 | 19. 21 |
| 小 矿 | 3 | 45 | 1. 20 | 25. 00 | 0. 00 | 0. 03 | 0. 56 |

2. *砖瓦用黏土、砂页岩*。2015 年全省砖瓦用黏土、砂页岩矿山有 166 个，矿石采掘量 312. 3 万吨，矿业生产总值达 52611. 22 万元，利税总额 4501. 76 万元。与 2014 年相比，2015 年全省砖瓦用黏土和砂页岩矿山数、从业人员、矿石采掘量、矿业总产值、利润总额和税金总额继续下降，分别下降了 14. 87%、23. 07%、37. 35%、28. 41%、47. 03% 和 33. 03%（表 18）。

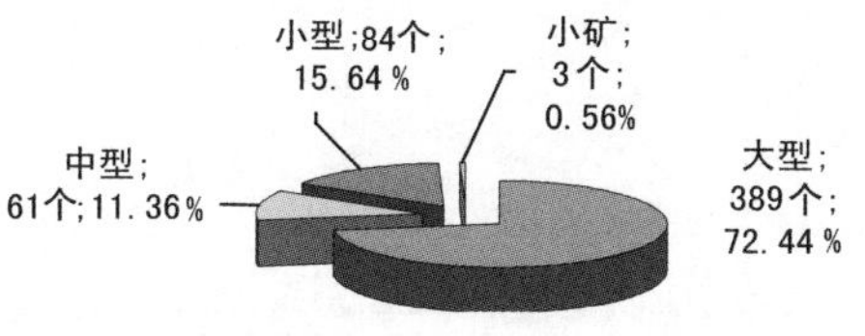


图25　2015年浙江省不同规模普通建筑用石料矿山数量构成图

①砖瓦用黏土。2015年,全省有砖瓦用黏土矿山27个;从业人员175人,矿石采掘量28.78万吨,实现矿业总产值4551.11万元,利润总额247.72万元,税金总额156.5万元。与2014年相比,所有指标都有所下降,矿山数、从业人员、矿石采掘量、矿业总产值、利润总额、税金总额分别下降了10.00%、70.39%、63.61%、51.06%,72.59%、59.43%(表19,图26)。

表18　　2015年浙江省砖瓦用黏土、砂页岩矿开发利用情况表

| 矿种名称 | 矿山数（个） | 从业人员（人） | 矿石采掘量（万吨） | 实际生产能力（万吨/年） | 矿业总产值（万元） | 利润总额（万元） | 税金总额（万元） |
|---|---|---|---|---|---|---|---|
| 合 计 | 166 | 4909 | 312.30 | 395.37 | 52611.22 | 2165.62 | 2336.14 |
| 砖瓦用砂岩 | 11 | 325 | 20.07 | 37.03 | 4063.71 | 230.80 | 157.96 |
| 砖瓦用页岩 | 128 | 4409 | 263.45 | 319.96 | 43996.40 | 1687.10 | 2021.68 |
| 砖瓦用黏土 | 27 | 175 | 28.78 | 38.38 | 4551.11 | 247.72 | 156.50 |

表19　　2011~2015年浙江省砖瓦用黏土主要指标对比表

| 年 份 | 矿山数（个） | 从业人员（人） | 矿石采掘量（万吨） | 矿业总产值（万元） | 利润总额（万元） | 税金总额（万元） |
|---|---|---|---|---|---|---|
| 2011 | 97 | 2227 | 231.00 | 23070.68 | 2926.40 | 877.32 |
| 2012 | 55 | 1485 | 103.64 | 13518.20 | 1808.70 | 693.30 |
| 2013 | 33 | 626 | 77.45 | 9331.13 | 1036.50 | 513.20 |
| 2014 | 30 | 591 | 79.09 | 9300.30 | 903.90 | 385.76 |
| 2015 | 27 | 175 | 28.78 | 4551.11 | 247.72 | 156.50 |

2015年砖瓦用黏土矿山主要分布于衢州市,有26个;嘉兴市仅有1个矿山,处于停产状态(表20)。

表20　　2015年浙江省各市砖瓦用黏土开发利用情况表

| 行政区 | 矿山数(个) | 从业人员(人) | 矿石采掘量(万吨) | 矿业总产值(元) | 利润总额 | 税金总额 |
|---|---|---|---|---|---|---|
| 合 计 | 27 | 175 | 28.78 | 4551.11 | 247.72 | 156.50 |
| 嘉兴市 | 1 | 0 | 0.00 | 0.00 | 0.00 | 0.00 |
| 衢州市 | 26 | 175 | 28.78 | 4551.11 | 247.72 | 156.50 |

②砖瓦用砂、页岩。2015年,全省有砖瓦用砂、页岩矿山139个,从业人员4734人,矿石采掘量283.51万吨,实现矿业总产值48060.11万元,利润总额1917.9万元,税金总额2179.64万元,与2014年相比均有减少,其中矿山数减少了16个,矿石采掘量、矿业总产值、利润总额比上年分别减少了30.72%、21.161%、38.15%(表21,图27)。

2015年,砖瓦用砂页岩开发利用主要分布在金华和衢州两个市,两市的总产量和总产值分别占全省总量的57.19%和69.63%,利润总额和税金总额较上年有所增加,分别占全省总量的75.53%和77.06%(表22,图28)。

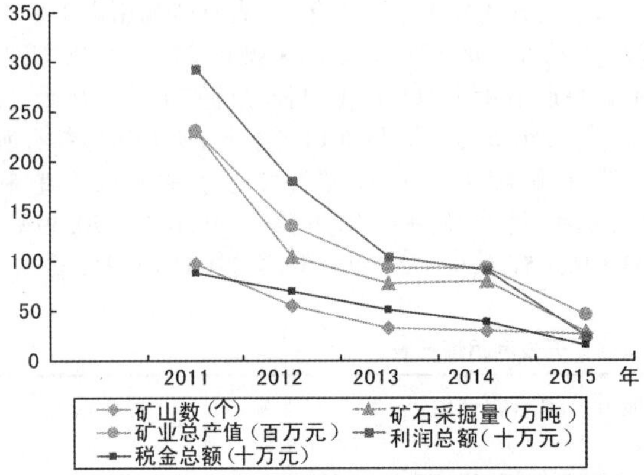


图26 2011～2015年浙江省砖瓦用黏土主要指标对比图

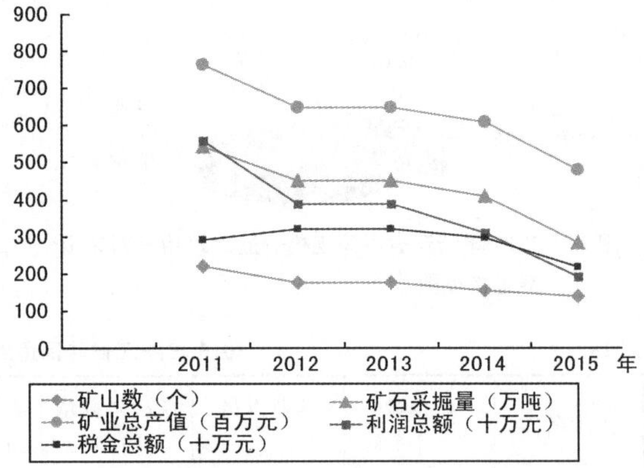


图27 2011～2015年浙江省砖瓦用砂、页岩主要指标对比图

表21　　2011～2015年浙江省砖瓦用砂、页岩主要指标对比表

| 年份 | 矿山数（个） | 从业人员（人） | 矿石采掘量（万吨） | 矿业总产值（万元） | 利润总额（万元） | 税金总额（万元） |
|---|---|---|---|---|---|---|
| 2011 | 221 | 8218 | 543.99 | 76347.80 | 5591.37 | 2907.98 |
| 2012 | 177 | 6258 | 451.17 | 64929.47 | 3871.60 | 3210.42 |
| 2013 | 177 | 6258 | 451.17 | 64929.47 | 3871.60 | 3210.42 |
| 2014 | 155 | 5547 | 409.20 | 60959.81 | 3101.10 | 2953.24 |
| 2015 | 139 | 4734 | 283.51 | 48060.11 | 1917.90 | 2179.64 |

表22　　2015年浙江省各市砖瓦用砂、页岩开发利用情况表

| 行政区 | 矿山数（个） | 从业人员（人） | 矿石采掘量（万吨） | 矿业总产值（万元） | 利润总额（万元） | 税金总额（万元） |
|---|---|---|---|---|---|---|
| 合 计 | 139 | 4734 | 283.51 | 48060.11 | 1917.90 | 2179.64 |
| 杭州市 | 12 | 448 | 71.39 | 6808.30 | 151.20 | 169.84 |
| 湖州市 | 1 | 10 | 18.84 | 827.00 | 0.00 | 26.00 |
| 金华市 | 69 | 3068 | 127.96 | 24792.43 | 1014.79 | 1251.19 |
| 丽水市 | 10 | 227 | 7.58 | 4456.49 | 199.58 | 188.94 |
| 衢州市 | 38 | 680 | 34.16 | 8670.65 | 433.83 | 428.34 |
| 绍兴市 | 1 | 0 | 0.00 | 0.00 | 0.00 | 0.00 |
| 台州市 | 8 | 301 | 23.58 | 2505.24 | 118.50 | 115.33 |

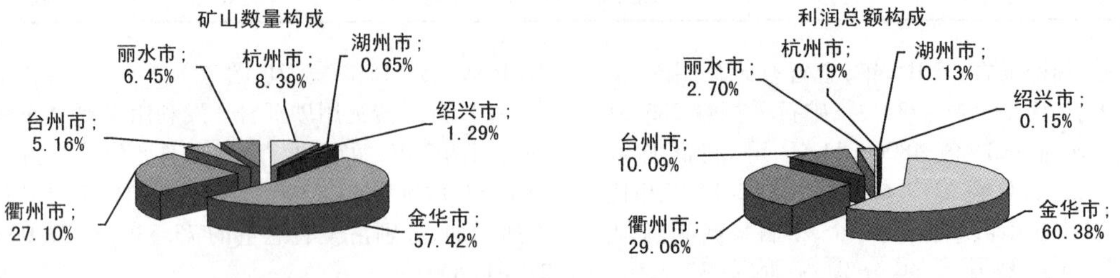


图28 2015年浙江省各市砖瓦用砂、页岩矿山数量及利润总额构成对比图

3. 建筑用砂。2015 年，全省有建筑用砂矿山 13 个，从业人员 526 人，矿石采掘量 415.3 万吨，实现矿业总产值 12483.11 万元，利润总额 700.21 万元，税金总额 335.85 万元，各项指标持续下降。与 2014 年相比均减少，矿山数减少了 2 个，矿石采掘量和矿业总产值分下降了 14.43% 和 7.24%，利润总额和税金总额分别下降了 13.15% 和 27.34%（表 23，图 29）。

表 23　　2011～2015 年浙江省建筑用砂主要矿业指标对比表

| 年 份 | 矿山数（个） | 从业人员（人） | 矿石采掘量（万吨） | 矿业总产值（万元） | 利润（万元） | 税金（万元） |
|---|---|---|---|---|---|---|
| 2011 | 15 | 1189 | 4028.20 | 106395.80 | 3922.80 | 16703.79 |
| 2012 | 24 | 770 | 2449.96 | 81627.20 | 1500.39 | 7684.48 |
| 2013 | 20 | 579 | 1669.32 | 51936.55 | 1370.45 | 5836.85 |
| 2014 | 15 | 575 | 485.34 | 13457.77 | 806.21 | 916.38 |
| 2015 | 13 | 526 | 415.30 | 12483.11 | 700.21 | 665.85 |

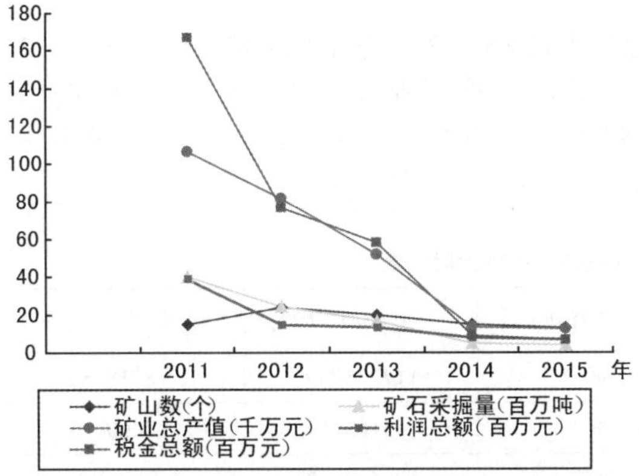


图 29　2011～2015 年浙江省建筑用砂主要矿业指标对比图

近些年来，由于全省禁采海砂，大规模推广机制砂，加之国家对房地产业的宏观调控，建筑用砂需求量下降，2015 年建筑用砂的矿山数和产量持续减少。

2015 年，建筑用砂矿山主要分布于温州、绍兴、宁波等市，其中温州市分布最多，产量及产值均居全省之首（表 24）。

**【其他非金属矿产开发利用】**　浙江省非金属矿产资源较丰富，叶蜡石、明矾石、萤石（普通）、伊利石、硅藻土、沸石、水泥用灰岩、膨润土、高岭土、珍珠岩、硅灰石、玻璃用石英岩等保有资源储量居全国前列。2015 年，全省非金属矿产开发格局没有较大变化，依然是普通萤石、水泥用灰岩开发强度较大，其余矿种总体开发程度较低。全省开发的其他非金属矿产有 29 种，矿山 273 个，从业人员 7278 人，矿石采掘量 7480.35 万吨，实现矿业总产值 205081.65 万元，利润总额 18232.9 万元，税金 37126.7 万元；其矿山数量占全省总量的 24.93%、从业人员占总量的 20.43%、矿石采掘量占总量的 16.81%、矿业总产值占总量的 16.25%、利润总额和税金总额分别占总量的 28.61% 和 33.90%。与 2014 年相比，矿山数、从业人员、矿石采掘量、利润分别减少 11.36%、11.24%、6.39%、18.91%，税金总额增长了 8.05%，矿业总产值基本持平。

表 24　　2015 年浙江省各市建筑用砂开发利用情况表

| 行政区 | 矿山数（个） | 从业人员（人） | 矿石采掘量（万吨） | 矿业总产值（万元） | 利润总额（万元） | 税金总额（万元） |
|---|---|---|---|---|---|---|
| 合 计 | 13 | 526 | 415.30 | 12483.11 | 700.21 | 665.85 |
| 金华市 | 2 | 40 | 9.75 | 340.76 | 0.00 | 0.00 |
| 丽水市 | 1 | 20 | 11.78 | 230.00 | 15.28 | 0.82 |
| 宁波市 | 1 | 20 | 4.05 | 240.00 | 22.30 | 10.05 |
| 绍兴市 | 1 | 20 | 18.56 | 856.58 | 180.00 | 38.00 |
| 温州市 | 8 | 426 | 371.16 | 10815.77 | 482.63 | 616.98 |

1. *石灰岩(包括建筑石料用灰岩)*。浙江省石灰岩主要分布在浙赣与沪杭铁路西北侧杭州市所辖的富阳、建德、桐庐,湖州市所辖的长兴、安吉,金华市所辖的兰溪和衢州市所辖的常山、江山等县(市、区),浙江东部绍兴-诸暨一带也有分布。主要赋矿层位为奥陶系上统三衢山组、石炭系中统黄龙组与上统船山组、三叠系下统青龙组,绍兴-诸暨一带主要利用寒武系灰岩。

2015 年,浙江省石灰岩主要应用于水泥、建筑石料、饰面板材、制灰、冶金、脱硫及碳酸钙等领域(表 25)。

**表 25　　2015 年浙江省石灰岩矿山开发利用情况表**

| 矿种名称 | 矿山数(个) | 从业人员(人) | 矿石采掘量(万吨) | 矿业总产值(万元) | 利润总额(万元) | 税金总额(万元) |
|---|---|---|---|---|---|---|
| 合　计 | 97 | 3067 | 7954. 76 | 172468. 04 | 13065. 54 | 28968. 07 |
| 建筑石料用灰岩 | 28 | 851 | 1404. 77 | 39361. 61 | 1100. 16 | 4800. 99 |
| 熔剂用灰岩 | 4 | 313 | 390. 35 | 9559. 56 | 608. 70 | 1263. 45 |
| 水泥用灰岩 | 58 | 1821 | 6011. 25 | 120680. 87 | 10877. 68 | 22331. 13 |
| 制灰用石灰岩 | 7 | 82 | 148. 39 | 2866. 00 | 479. 00 | 572. 50 |

水泥用灰岩是浙江省重要优势矿产资源,开发强度一直很大,2015 年矿石采掘量和矿业总产值依然位居各矿种第二。2015 年全省有水泥用灰岩矿山 58 个,从业人员 1821 人,矿石采掘量 6011. 26 万吨,矿业总产值 120680. 87 万元,利润 10877. 68 万元。与 2014 年相比,矿山数、从业人员、矿石采掘量和利润总额分别下降了 21. 62% 、13. 29% 、5. 72% 和 17. 88% ,矿业总产值增长了 1. 56% (表 26,图 30)。

**表 26　　2011 ~2015 年浙江省水泥用灰岩主要矿业指标对比表**

| 年 份 | 矿山数(个) | 从业人员(人) | 矿石采掘量(万吨) | 矿业总产值(万元) | 利润总额(万元) |
|---|---|---|---|---|---|
| 2011 | 101 | 2883 | 7818. 88 | 112235. 39 | 8218. 88 |
| 2012 | 91 | 2517 | 6310. 88 | 143163. 19 | 7469. 23 |
| 2013 | 88 | 2239 | 6431. 70 | 108427. 82 | 14190. 19 |
| 2014 | 74 | 2100 | 6376. 13 | 118821. 92 | 13245. 98 |
| 2015 | 58 | 1821 | 6011. 26 | 120680. 87 | 10877. 68 |

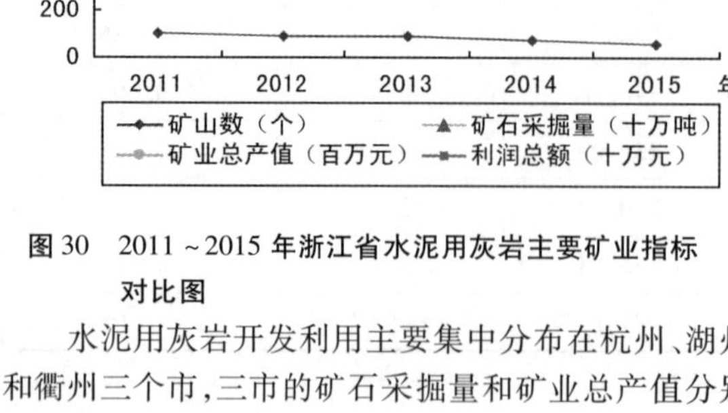


图 30　2011 ~2015 年浙江省水泥用灰岩主要矿业指标对比图

水泥用灰岩开发利用主要集中分布在杭州、湖州和衢州三个市,三市的矿石采掘量和矿业总产值分别占全省总量的 83. 69% 和 82. 33% ,均较 2014 年有所增加,利润总额和税金总额分别占全省总量的 88. 61% 和 84. 37% ,均较 2014 年有所减少(表 27)。

2015 年全省年产 50 万吨以上的水泥用灰岩矿山数 32 个,与 2014 年相比,占总量的比重由 43. 18% 上升至 43. 24% ;年产 100 万吨以上矿山的人均产值为 79. 20 万元/人·年,与 2014 年基本持平(表 28)。

2. *普通萤石*。2015 年,全省有萤石矿山 81 个,从业人员 2033 人,矿石采掘量 69. 51 万吨,实现矿业总产值 24624. 48 万元,利润总额 3211. 84 万元,税金总额 5365. 19 万元。与 2014 年相比,矿业总产值下降 8. 58% ,矿山数下降 6. 90% ,从业人数减少 11. 49% ,矿石采掘量增加了 4. 45% ,利润总额和税金总额分别减少 20. 04% 和 14. 91% (表 29,图 31)。

表 27　　**2015 年浙江省各市水泥用灰岩开发利用情况表**

| 行政区 | 矿山数（个） | 从业人员（人） | 矿石采掘量（万吨） | 矿业总产值（万元） | 利润总额（万元） | 税金总额（万元） |
|---|---|---|---|---|---|---|
| 合 计 | 58 | 1821 | 6011.26 | 120680.87 | 10877.68 | 22331.13 |
| 杭州市 | 17 | 651 | 2455.11 | 46566.90 | 4908.78 | 6481.52 |
| 湖州市 | 15 | 469 | 1637.48 | 40117.13 | 3204.72 | 10285.03 |
| 金华市 | 9 | 287 | 613.93 | 14954.90 | 1024.00 | 3176.28 |
| 衢州市 | 13 | 278 | 938.30 | 12668.75 | 1525.18 | 2073.30 |
| 绍兴市 | 4 | 136 | 366.44 | 6373.19 | 215.00 | 315.00 |

表 28　　**2015 年浙江省水泥用灰岩矿山生产规模及劳动生产率统计表**

| 矿山规模（万吨/年） | 矿山数（个） | 从业人员（个） | 年产矿量（万吨） | 矿业总产值（万元） | 利润总额（万元） | 人均产值（万元/(人·年)） |
|---|---|---|---|---|---|---|
| 大于 100.0 | 21 | 1199 | 4748.71 | 94966.07 | 9278.54 | 79.20 |
| 50.0 ~ 100.0 | 12 | 329 | 905.79 | 16556.43 | 1153.60 | 50.32 |
| 5.0 ~ 50.0 | 12 | 229 | 356.33 | 9101.19 | 445.54 | 39.74 |
| 小于 5.0 | 14 | 84 | 0.43 | 57.18 | 0.00 | 0.68 |
| 合计 | 58 | 1821 | 6011.26 | 120680.87 | 10877.68 | 66.27 |

表 29　　**2011 ~ 2015 年浙江省普通萤石主要矿业指标对比表**

| 年　份 | 矿山数（个） | 从业人员（人） | 矿石采掘量（万吨） | 矿业总产值（万元） | 利润总额（万元） | 税金总额（万元） |
|---|---|---|---|---|---|---|
| 2011 | 82 | 2058 | 69.66 | 35131.59 | 4090.01 | 4875.59 |
| 2012 | 85 | 2321 | 70.90 | 26947.94 | 4351.52 | 6149.05 |
| 2013 | 90 | 2233 | 80.66 | 28510.96 | 3350.39 | 5769.71 |
| 2014 | 87 | 2297 | 66.55 | 26936.37 | 4016.85 | 6305.07 |
| 2015 | 81 | 2033 | 69.51 | 24624.48 | 3211.84 | 5365.19 |

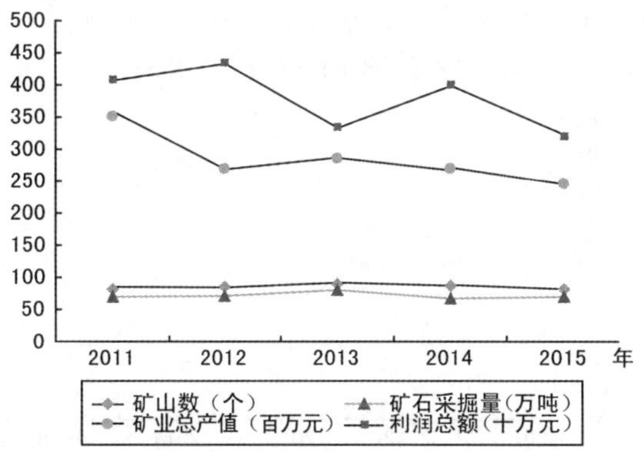


图 31　**2011 ~ 2015 年浙江省普通萤石主要矿业指标对比图**

普通萤石为浙江省传统优势矿产资源，地区分布与资源赋存条件一致，主要分布在杭州、丽水、金华、绍兴、台州、衢州、温州等 7 个市，其中丽水市分布最广，萤石开发利用产量、产值、利润等均居全省之首（表 30）。金华和丽水两市合计的矿山数和矿石采掘量分别占总量的 41.98% 和 81.89%，矿业总产值和利润总额分别占总量的 79.82% 和 93.15%，在矿山数占比减少的情况下其余各项指标比较 2014 年均有小幅上升。

浙江省萤石开采强度一直较大，但产业集中度较低，以小型矿为主。2015 年萤石小型矿山数为 70 个，较 2014 年减少 7 个，大型矿山 8 个，较 2014 年增加了一个。目前，萤石矿的集约化利用逐渐有了成效，与 2014 年相比，大、中型萤石矿的矿山数占全省萤石矿总数比重上升 2.08%，矿业总产值、利润总额及税金总额分别占全省萤石矿的 54.32%、93.47%、67.54%，均有小幅提升。

表30　　2015年浙江省各市普通萤石开发利用情况表

| 行政区 | 矿山数（个） | 从业人员（人） | 矿石采掘量（万吨） | 矿业总产值（万元） | 利润总额（万元） | 税金总额（万元） |
|---|---|---|---|---|---|---|
| 合 计 | 81 | 2033 | 69.51 | 24624.48 | 3211.84 | 5365.19 |
| 杭州市 | 17 | 349 | 5.04 | 1080.96 | -51.80 | 151.58 |
| 金华市 | 8 | 275 | 15.07 | 5424.83 | 1060.92 | 1405.82 |
| 丽水市 | 26 | 861 | 41.85 | 14231.01 | 1931.04 | 3071.41 |
| 衢州市 | 8 | 235 | 1.93 | 1290.71 | 32.68 | 157.38 |
| 绍兴市 | 10 | 90 | 1.04 | 122.54 | -33.00 | 7.00 |
| 台州市 | 11 | 220 | 4.58 | 2474.43 | 272.00 | 572.00 |
| 温州市 | 1 | 3 | 0.00 | 0.00 | 0.00 | 0.00 |

3. *明矾石*。明矾石一直是浙江省的优势矿产，查明资源储量占全国首位，产量也居全国第一。省内有全国唯一的明矾石大型矿山——温州矾矿，也是全省仅有的一家明矾石矿山。近年来，温州矾矿在经历了资源短缺、企业老化、多年亏损的窘境之后，通过建立"世界矾都"矿山公园、加快企业改革等措施，提升温州矾矿的核心竞争力，2014年，矿业效益有所回升，但是2015年受国内国际矿业经济形势的影响，各项矿业指标仍有所下降，经济效益又呈亏损状态（表31，图32）。

表31　　2011~2015年浙江省明矾石生产主要矿业指标对比表

| 年 份 | 矿山数（个） | 从业人员（人） | 矿石采掘量（万吨） | 矿业总产值（万元） | 利润总额（万元） | 税金总额（万元） |
|---|---|---|---|---|---|---|
| 2011 | 1 | 1622 | 11.88 | 6571.00 | -242.00 | 921.00 |
| 2012 | 1 | 1765 | 3.30 | 6635.00 | -197.00 | 1036.00 |
| 2013 | 1 | 1202 | 12.39 | 6094.80 | 22.00 | 840.00 |
| 2014 | 1 | 1200 | 11.35 | 5708.50 | 307.79 | 726.30 |
| 2015 | 1 | 830 | 9.09 | 4869.70 | -313.60 | 539.66 |

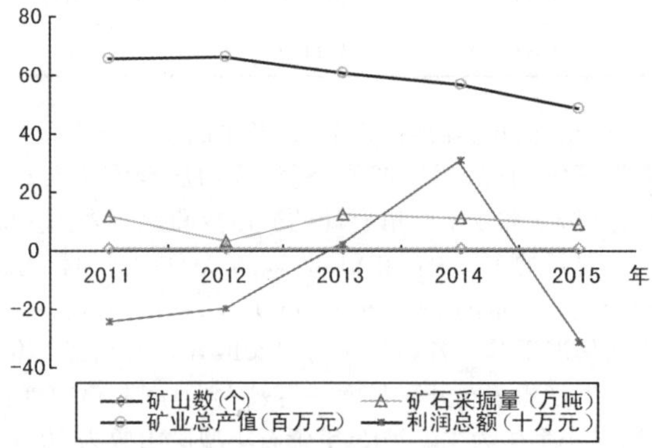


图32　2011~2015年浙江省明矾石主要矿业指标对比图

4. *玻璃用石英岩*。2015年，全省玻璃用石英岩矿山仅有长兴县林城镇石英村龙山玻璃用石英岩矿1个，为大型矿山，2014年关闭，本年重新投入生产，各项指标见表32。

5. *叶蜡石*。2015年，全省有叶蜡石矿山26个，从业人员395人，矿石采掘量47.33万吨，实现矿业总产值6135.74万元，利润总额7.98万元，税金总额1115.85万元。与2014年相比，从业人数下降了16.31%，采掘量、总产值和利润总额则分别减少了41.53%、31.87%和98.63%（表33，图33）。

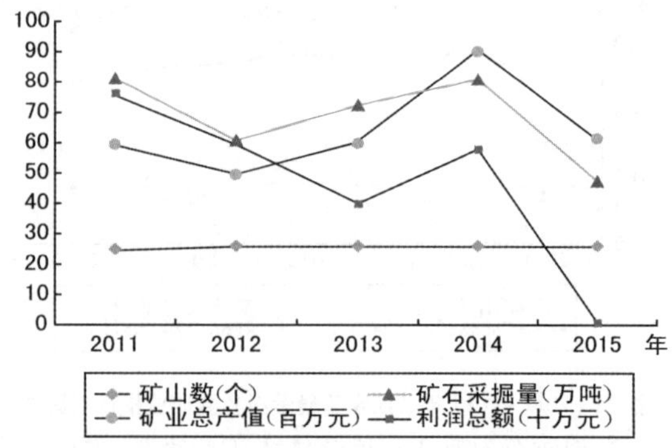


图33　2011~2015年浙江省叶蜡石主要矿业指标对比图

表 32　　2011～2015 年浙江省玻璃用石英岩主要矿业指标对比表

| 年　份 | 矿山数(个) | 从业人员(人) | 矿石采掘量(万吨) | 矿业总产值(万元) | 利润总额(万元) | 税金总额(万元) |
|---|---|---|---|---|---|---|
| 2011 | 7 | 426 | 317.41 | 8850.72 | 155.00 | 868.16 |
| 2012 | 4 | 222 | 136.43 | 4290.90 | 141.10 | 686.30 |
| 2013 | 4 | 101 | 62.14 | 1615.64 | 20.00 | 240.00 |
| 2014 | 2 | 0 | 0.00 | 0.00 | 0.00 | 0.00 |
| 2015 | 1 | 91 | 57.85 | 2800.00 | 0.00 | 190.44 |

表 33　　2011～2015 年浙江省叶蜡石生产主要矿业指标对比表

| 年　份 | 矿山数(个) | 从业人员(人) | 矿石采掘量(万吨) | 矿业总产值(万元) | 利润总额(万元) | 税金总额(万元) |
|---|---|---|---|---|---|---|
| 2011 | 25 | 891 | 81.11 | 5951.58 | 765.49 | 775.38 |
| 2012 | 26 | 778 | 60.81 | 4934.47 | 602.56 | 723.60 |
| 2013 | 26 | 724 | 72.32 | 5962.38 | 399.83 | 888.39 |
| 2014 | 26 | 472 | 80.95 | 9005.93 | 580.56 | 879.34 |
| 2015 | 26 | 395 | 47.33 | 6135.74 | 7.98 | 1115.85 |

浙江省叶蜡石矿产资源丰富,查明储量居全国之首,主要分布在丽水,其次为温州、绍兴、衢州。2015 年,丽水市叶蜡石矿山有 14 个,矿山数、矿业总产值均位居全省第一,各项指标较 2014 年有回升,其中利润总额回升较大,但是总体依然处于亏损状态(表 34)。

表 34　　2015 年浙江省各市叶蜡石开发利用情况表

| 行政区 | 矿山数(个) | 从业人员(人) | 矿石采掘量(万吨) | 矿业总产值(万元) | 利润总额(万元) | 税金总额(万元) |
|---|---|---|---|---|---|---|
| 合　计 | 26 | 395 | 47.33 | 6135.74 | 7.98 | 1115.85 |
| 丽水市 | 14 | 232 | 17.74 | 3708.53 | -43.42 | 496.90 |
| 衢州市 | 7 | 35 | 0.00 | 0.00 | 0.00 | 0.00 |
| 绍兴市 | 2 | 35 | 2.00 | 351.12 | 48.80 | 23.45 |
| 温州市 | 3 | 93 | 27.59 | 2076.09 | 2.60 | 595.50 |

浙江省叶蜡石矿主要用于玻纤、耐火材料和陶瓷原料等,少数质优的高铝叶蜡石可作为工艺雕刻材料,利润上升与雕刻工艺品升值有关。

*6. 饰面用石材*。2015 年,全省饰面用石材开采矿种有辉绿岩、闪长岩、花岗岩、大理岩、板岩等 5 种,有矿山 31 个,从业人员 267 人,矿石采掘量 34.37 万吨,实现矿业总产值 3888.53 万元,利润总额 185.93 万元,税金总额 106.06 万元。与 2014 年相比,矿山数增加了 1 个,采掘量减少 20.29%,总产值增加 59.23%,利润总额减少 44.95%,税金总额基本持平(表 35,图 34)。

表 35　　2011～2015 年浙江省饰面用石材主要矿业指标对比表

| 年　份 | 矿山数(个) | 从业人员(人) | 矿石采掘量(万吨) | 矿业总产值(万元) | 利润总额(万元) | 税金总额(万元) |
|---|---|---|---|---|---|---|
| 2011 | 28 | 355 | 56.53 | 5247.65 | 531.28 | 201.63 |
| 2012 | 28 | 258 | 20.51 | 3466.01 | 278.00 | 96.20 |
| 2013 | 35 | 211 | 42.36 | 3747.16 | 494.65 | 151.69 |
| 2014 | 30 | 263 | 43.12 | 2442.10 | 337.75 | 105.87 |
| 2015 | 31 | 267 | 34.37 | 3888.53 | 185.93 | 106.06 |

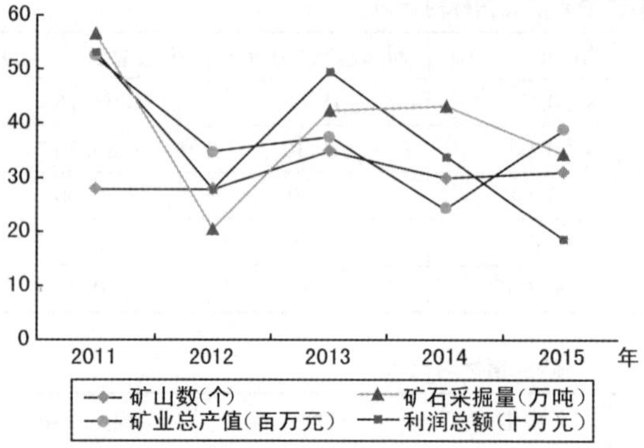


图34　2011～2015年浙江省饰面用石材主要矿业指标对比图

全省饰面用石材开采的五个矿种中,饰面用花岗岩产值及利润均居首位(表36)。

浙江省饰面用石材开采分布在衢州、温州、杭州等五市。衢州市的利润总额和税金总额最高,分别为66万元和43万元,矿山数为10个,占全省总量的32.26%,矿石采掘量为8.91万吨,同比占25.92%,总产值、利润总额和税金总额分别占全省总量的23.58%、35.50%和40.54%,与2014年度相比,均有不同程度的下降(表37)。

7. 高岭土。浙江省高岭土开采区集中于丽水的松阳、绍兴的诸暨等地。2015年,全省有高岭土矿山5个,从业人员159人,矿石产量13.88万吨,矿业总产值4356.70万元,利润总额1050.00万元。与2014年相比,矿山数减少2个,产量下降了21.93%,但是产值和利润却分别增加了14.86%、130.26%(表38,图35)。

表36　2015年浙江省饰面用石材主要矿种开发利用情况表

| 矿　种 | 矿山数(个) | 从业人员(人) | 矿石采掘量(万吨) | 矿业总产值(万元) | 利润总额(万元) | 税金总额(万元) |
|---|---|---|---|---|---|---|
| 饰面用板岩 | 6 | 42 | 2.28 | 620.00 | 26.00 | 32.00 |
| 饰面用大理岩 | 1 | 4 | 0.00 | 0.00 | 0.00 | 0.00 |
| 饰面用花岗岩 | 15 | 146 | 27.14 | 2916.85 | 132.93 | 60.56 |
| 饰面用辉绿岩 | 5 | 49 | 3.73 | 116.68 | 7.00 | 3.50 |
| 饰面用闪长岩 | 4 | 26 | 1.22 | 235.00 | 20.00 | 10.00 |

表37　2015年浙江省各市饰面用石材开发利用情况表

| 行政区 | 矿山数(个) | 从业人员(人) | 矿石采掘量(万吨) | 矿业总产值(万元) | 利润总额(万元) | 税金总额(万元) |
|---|---|---|---|---|---|---|
| 杭州市 | 4 | 39 | 4.37 | 1150.00 | 27.93 | 3.53 |
| 丽水市 | 1 | 5 | 0.00 | 0.00 | 0.00 | 0.00 |
| 衢州市 | 10 | 64 | 8.91 | 916.78 | 66.00 | 43.00 |
| 绍兴市 | 2 | 35 | 8.29 | 404.00 | 50.00 | 40.00 |
| 温州市 | 14 | 124 | 12.80 | 1417.75 | 42.00 | 19.53 |

表38　2011～2015年浙江省高岭土主要矿业指标对比表

| 年 份 | 矿山数(个) | 从业人员(人) | 矿石采掘量(万吨) | 矿业总产值(万元) | 利润总额(万元) |
|---|---|---|---|---|---|
| 2011 | 10 | 83 | 6.74 | 2376.23 | 513.60 |
| 2012 | 7 | 155 | 15.33 | 1825.66 | 212.23 |
| 2013 | 7 | 182 | 18.88 | 2201.05 | 291.40 |
| 2014 | 7 | 183 | 17.78 | 3793.00 | 456.00 |
| 2015 | 5 | 159 | 13.88 | 4356.70 | 1050.00 |

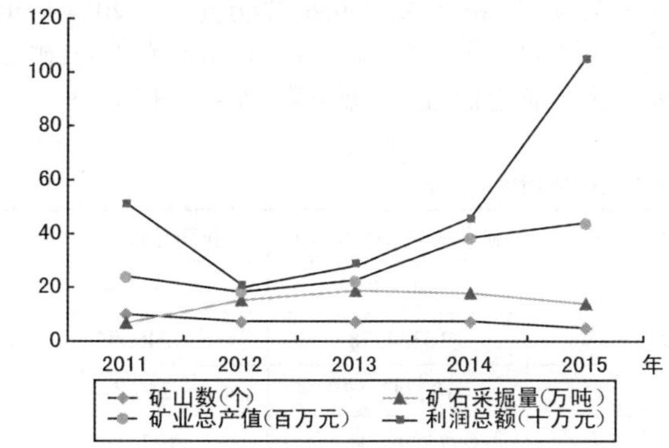


图35 2011~2015年浙江省高岭土主要矿业指标对比图

8. 膨润土。2015年,全省膨润土矿山仍保持为2个,从业人员18人,矿石采掘量6.44万吨,矿业总产值1599.27万元,利润总额294.68万元。与2014年相比,矿山数不变,从业人员增加了2人,采掘量下降了23.15%,总产值增加了4.70%,利润总额则下降11.93%(表39,图36)。

浙江省膨润土矿主要分布在湖州市,均销往省内加工企业。近年来我国加大了膨润土产品的开发力度,新产品、新工艺不断产生,各领域对膨润土的需求将会日益增加,但由于浙江省可用保有资源储量有限,故开发前景有限。

9. 硫铁矿。2015年,全省有矿山3个,从业人员414人,矿石采掘量0.25万吨,矿业总产值154.6万元,利润总额0万元,税金总额13.42万元。与2014年相比,矿山数不变,矿石采掘量、矿业总产值、税金总额和利润总额均大幅下降(表40,图37)。

表39 2011~2015年浙江省膨润土矿生产主要指标对比表

| 年 份 | 矿山数(个) | 从业人员(人) | 矿石采掘量(万吨) | 矿业总产值(万元) | 利润总额(万元) |
|---|---|---|---|---|---|
| 2011 | 5 | 44 | 17.48 | 1975.00 | 400.00 |
| 2012 | 5 | 28 | 10.07 | 1253.62 | 304.46 |
| 2013 | 4 | 24 | 9.29 | 1525.48 | 358.75 |
| 2014 | 2 | 16 | 8.38 | 1527.42 | 334.61 |
| 2015 | 2 | 18 | 6.44 | 1599.27 | 294.68 |

表40 2011~2015年浙江省硫铁矿主要矿业指标对比表

| 年 份 | 矿山数(个) | 从业人员(人) | 矿石采掘量(万吨) | 矿业总产值(万元) | 利润总额(万元) | 税金总额(万元) |
|---|---|---|---|---|---|---|
| 2011 | 3 | 957 | 4.67 | 725.67 | 50.00 | 81.45 |
| 2012 | 2 | 396 | 4.33 | 429.35 | 24.21 | 305.54 |
| 2013 | 1 | 378 | 5.65 | 1076.00 | 14.47 | 161.86 |
| 2014 | 3 | 404 | 1.81 | 670.00 | 31.70 | 38.87 |
| 2015 | 3 | 414 | 0.25 | 154.60 | 0.00 | 13.42 |

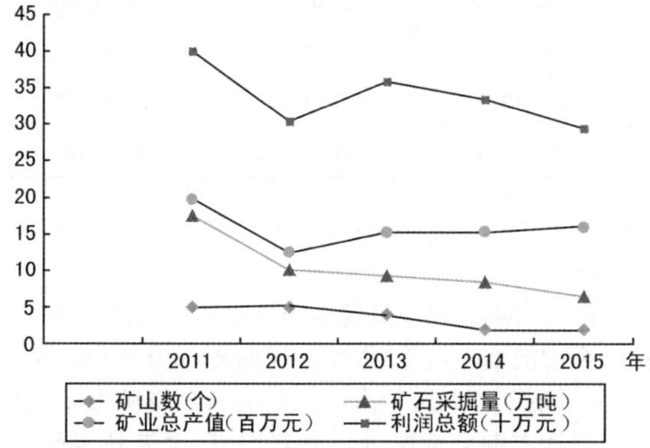


图36 2011~2015年浙江省膨润土主要矿业指标对比图

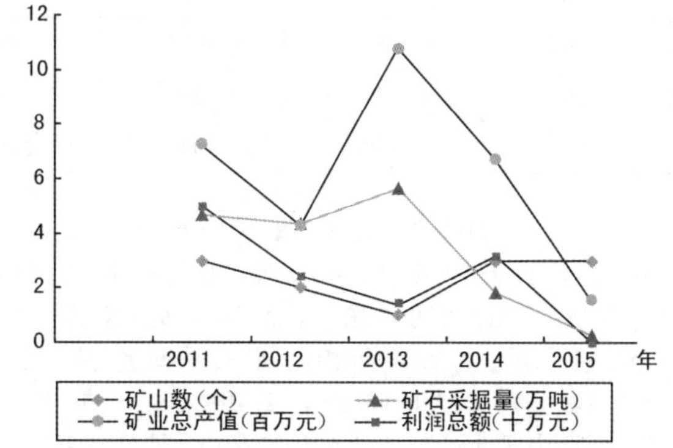


图37 2011~2015年浙江省硫铁矿主要矿业指标对比图

10. *方解石*。方解石也属于我省优势非金属矿产，2015年，全省有矿山22个，从业人员315人，矿石采掘量181.82万吨，矿业总产值12026.77万元，利润总额1143.72万元，税金总额2966.77万元。与2014年相比，矿山数减少了5个，除矿业总产值略有提升，矿石采掘量、利润总额均有小幅下降（表41，图38）。

**表41　2011～2015年浙江省方解石矿主要矿业指标对比表**

| 年份 | 矿山数（个） | 从业人员（人） | 矿石采掘量（万吨） | 矿业总产值（万元） | 利润总额（万元） |
|---|---|---|---|---|---|
| 2011 | 30 | 301 | 142.61 | 7409.21 | 333.9 |
| 2012 | 27 | 352 | 222.92 | 10334.78 | 240.54 |
| 2013 | 27 | 353 | 222.92 | 10,342.82 | 240.54 |
| 2014 | 27 | 361 | 252.62 | 11299.04 | 1220.86 |
| 2015 | 22 | 315 | 181.82 | 12026.77 | 1143.72 |

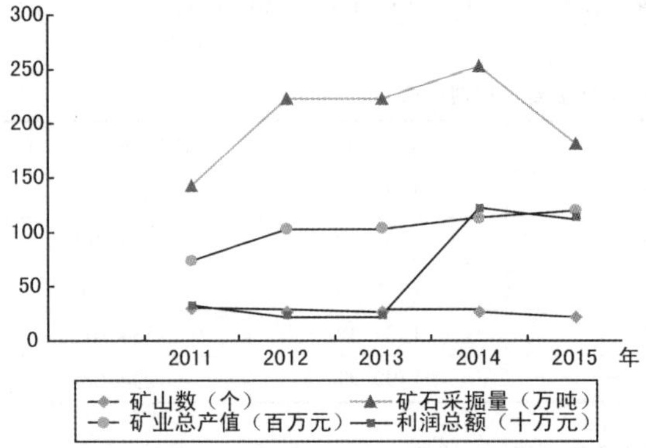


图38　2011～2015年浙江省方解石矿主要矿业指标对比图

11. *其他优势非金属矿*。2015年，全省矿业产值及产量排名较前的还有水泥配料用黏土、硅灰石、冶金用白云岩等，但因受资源条件限制和市场需求的影响，总体开发利用强度不大，各项矿业指标有不同程度的下降。

**【金属矿产开发利用】**　浙江省金属矿产资源匮乏，以铁、铜、钼、铅锌、金、银为主，小型矿山和小矿山占全部金属矿山总数的87.93%，仅个别达到大中型规模，且矿石组分复杂，共伴生多种元素。2015年，全省有金属矿山58个，从业人员4082人，矿石采掘量285.83万吨，实现矿业总产值53374.73万元，利润总额－6513.31万元。与2014年相比，金属矿产矿山数减少了2个，矿石采掘量、矿业总产值分别减少了39.90%、39.60%（表42，图39）。

**表42　2011～2015年浙江省金属矿产主要矿业指标对比表**

| 年份 | 矿山数（个） | 从业人员（人） | 矿石采掘量（万吨） | 矿业总产值（万元） | 利润总额（万元） | 税金总额（万元） |
|---|---|---|---|---|---|---|
| 2011 | 60 | 4884 | 205.91 | 112811.04 | 14734.89 | 17591.16 |
| 2012 | 57 | 4319 | 201.12 | 96742.00 | 2786.58 | 14458.96 |
| 2013 | 57 | 4084 | 188.14 | 90081.27 | 3234.73 | 11947.32 |
| 2014 | 60 | 4260 | 407.74 | 75813.71 | 1360.79 | 11707.17 |
| 2015 | 58 | 4082 | 285.83 | 53374.73 | －6513.31 | 9537.06 |

1. *铜矿*。2015年，全省有铜矿山6个，从业人员961人，矿石采掘量40.44万吨，实现矿业总产值22623.00万元，利润总额－645.34万元，税金总额4658.54万元。与2014年相比，矿石采掘量、总产值、税金总额分别增加了10.89%、2.79%、21.13%，但是受国际国内矿业经济持续恶化的影响，利润总额呈亏损状态。全省铜矿生产以杭州建铜集团有限公司和绍兴铜都矿业有限公司为主，两矿山合计矿石产量和矿业产值分别占全省总量的90.11%和85.41%（表43，图40）。

浙江省铜矿资源虽较少，但是铜加工能力比较强，位居全国前列。目前，主要利用的矿石类型为硫化铜矿，混合铜矿有少量开采。但是部分金属矿山开采中未对共伴生铜矿资源进行有效回收，流失到尾矿中。目前，浙江省铜矿企业依然应首先立足提高现有资源开发利用水平，同时加强生产性勘探和从省外或国际市场采购矿产资源，增加资源储备。

表 43　　2011～2015 年浙江省铜矿主要矿业指标对比表

| 年 份 | 矿山数（个） | 从业人员（人） | 矿石采掘量（万吨） | 矿业总产值（万元） | 利润总额（万元） | 税金总额（万元） |
|---|---|---|---|---|---|---|
| 2011 | 6 | 1193 | 39.56 | 37033.00 | 12347.13 | 8301.35 |
| 2012 | 6 | 1236 | 39.54 | 36641.23 | 7653.35 | 6395.07 |
| 2013 | 6 | 1121 | 40.82 | 27951.41 | 4742.30 | 5102.89 |
| 2014 | 6 | 1019 | 36.47 | 22008.10 | 2342.06 | 3845.79 |
| 2015 | 6 | 961 | 40.44 | 22623.00 | －645.34 | 4658.54 |

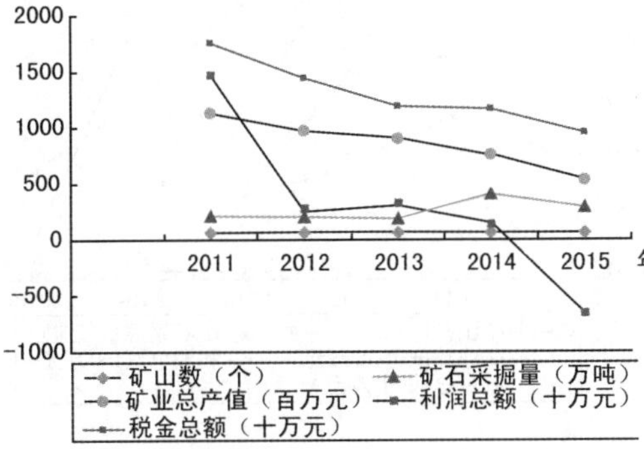


图 39　2011～2015 年浙江省金属矿产主要矿业指标对比图

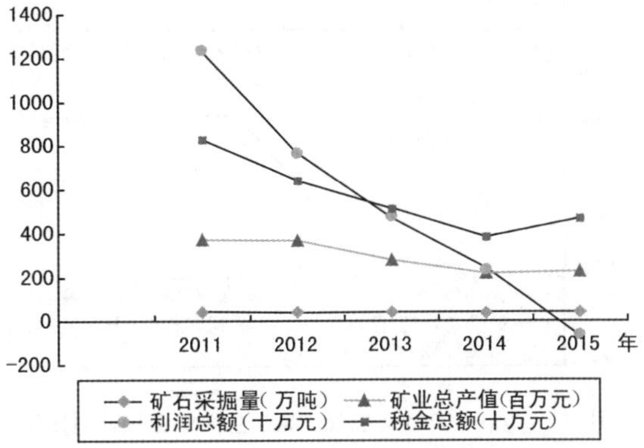


图 40　2011～2015 年浙江省铜矿主要矿业指标对比图

2. *钼矿*。2015 年，全省有钼矿山 11 个，集中分布于丽水市青田、松阳、景宁和莲都四县（区），从业人员 548 人，矿石采掘量 2.72 万吨，实现矿业总产值 5724.33 万元，利润总额－3615.08 万元。与 2014 年相比，2015 年矿石采掘量和矿业总产值减少了 61.09% 和 55.03%（表 43，图 41）。

近十年来，受诸多因素影响中国钼矿市场价格一蹶不振，全省钼矿企业已连续多年来处于严重亏损状态，2015 年亏损程度持续恶化。而整个市场仍无利好因素出现，短期内仍不容乐观，中长期内，国内钼矿价格有望触底回升，但受供需形势和国家政策影响，回升过程将持续而缓慢。

表 43　　2011～2015 年浙江省钼矿生产主要矿业指标对比表

| 年 份 | 矿山数（个） | 从业人员（人） | 矿石采掘量（万吨） | 矿业总产值（万元） | 利润总额（万元） | 税金总额（万元） |
|---|---|---|---|---|---|---|
| 2011 | 11 | 778 | 21.74 | 24790.89 | －2748.81 | 2928.63 |
| 2012 | 12 | 744 | 12.96 | 20410.91 | －8152.14 | 2757.75 |
| 2013 | 12 | 569 | 7.17 | 15664.76 | －3585.16 | 2209.34 |
| 2014 | 12 | 649 | 6.99 | 12730.32 | －3504.13 | 1786.04 |
| 2015 | 11 | 548 | 2.72 | 5724.33 | －3615.08 | 840.86 |

3. *金矿*。2015 年，全省有金矿山 5 个，从业人员 630 人，矿石采掘量 1.21 万吨，实现矿业总产值 9091.82 万元，利润总额 391.97 万元。与 2014 年相比，矿石采掘量、矿业总产值和利润总额分别下降了 50.41%、39.30%、82.36%。受国际国内金价下降的影响，2015 年金矿产量、产值以及利润走低（表 44，图 42）。

表 44

**2011～2015 年浙江省金矿主要矿业指标对比表**

| 年份 | 矿山数（个） | 从业人员（人） | 矿石采掘量（万吨） | 矿业总产值（万元） | 利润总额（万元） | 税金总额（万元） |
|---|---|---|---|---|---|---|
| 2011 | 8 | 1218 | 2.02 | 26296.18 | 1847.00 | 1341 |
| 2012 | 6 | 697 | 1.67 | 18888.93 | 1723.00 | 929.5 |
| 2013 | 6 | 702 | 3.71 | 23539.90 | 746.53 | 694.17 |
| 2014 | 6 | 667 | 2.44 | 14979.19 | 2222.35 | 1397.75 |
| 2015 | 5 | 630 | 1.21 | 9091.82 | 391.97 | 928.46 |

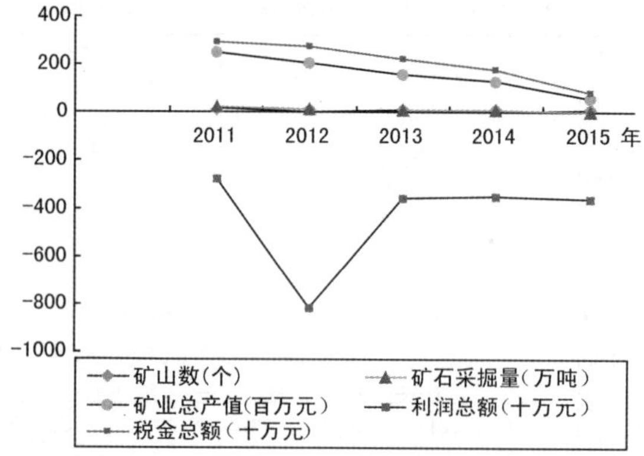


图 41　2011～2015 年浙江省钼矿主要矿业指标对比图

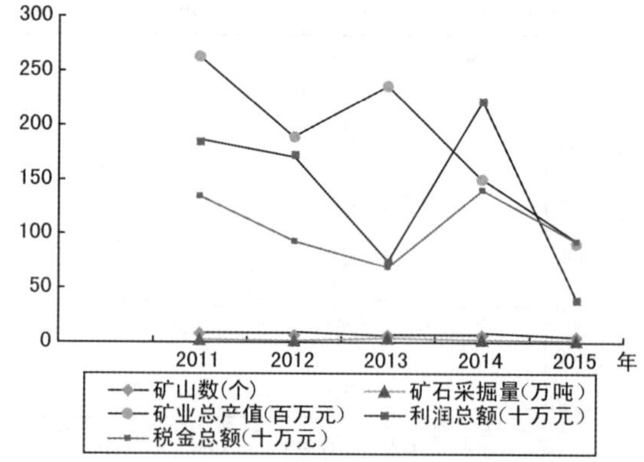


图 42　2011～2015 年浙江省金矿主要矿业指标对比图

4. 铅锌矿。2015 年，全省有铅锌矿山 17 个，从业人员 755 人，矿石采掘量 11.66 万吨，实现矿业总产值 2912.65 万元，利润总额 129.86 万元，税金总额 511.87 万元。与 2014 年相比，矿石采掘量、矿业总产值和税金总额分别下降了 11.20%、27.71% 和 38.38%（表 45，图 43）。

表 45

**2011～2015 年浙江省铅锌矿主要矿业指标对比表**

| 年份 | 矿山数（个） | 从业人员（人） | 矿石采掘量（万吨） | 矿业总产值（万元） | 利润总额（万元） | 税金总额（万元） |
|---|---|---|---|---|---|---|
| 2011 | 20 | 698 | 18.86 | 5939.70 | 939.45 | 947.97 |
| 2012 | 19 | 628 | 14.63 | 3756.17 | 494.80 | 743.61 |
| 2013 | 19 | 715 | 9.59 | 3632.54 | 264.52 | 546.06 |
| 2014 | 18 | 747 | 13.13 | 4029.23 | -154.40 | 830.74 |
| 2015 | 17 | 755 | 11.66 | 2912.65 | 129.86 | 511.87 |

5. 铁矿。2015 年，全省有铁矿山 12 个，从业人员 811 人，矿石采掘量 219.40 万吨，实现矿业总产值 8913.49 万元，利润总额 -2585.00 万元。与 2014 年相比，矿石采掘量和矿业总产值分别下降了 34.23%、42.12%，企业亏损状况愈发严重（表 46，图 44）。

浙江省已探明的铁矿资源储量有限、品位低，在今后一段时间里铁矿石资源供应仍然主要依赖省外和国际市场。目前，主要利用的矿石类型为磁铁矿型，而赤铁矿型和褐铁矿型虽然以往有过开采，但多作水泥配料使用，难以直接炼铁，均已停采。铁矿产品（铁精矿）主要销往省内冶炼企业，绝大部分销往杭州钢铁厂，少量销往衢州元立股份有限公司等企业，以往有少量地表氧化铁矿销往省内水泥厂作水泥配料使用。尽管铁矿业在全省经济社会发展中的地位有限，但对绍兴、景宁等地方经济发展具有一定影响，对杭州钢铁厂等后续加工企业具有一定的支撑保障作用。

表 46　　2011～2015 年浙江省铁矿主要矿业指标对比表

| 年 份 | 矿山数（个） | 从业人员（人） | 矿石采掘量（万吨） | 矿业总产值（万元） | 利润总额（万元） | 税金总额（万元） |
|---|---|---|---|---|---|---|
| 2011 | 8 | 678 | 118.51 | 14776.87 | 1136.19 | 3092.58 |
| 2012 | 8 | 668 | 121.28 | 13422.50 | 20.06 | 2745.77 |
| 2013 | 7 | 651 | 120.78 | 13181.24 | 282.54 | 2712.86 |
| 2014 | 11 | 801 | 333.59 | 15398.97 | -420.79 | 2687.91 |
| 2015 | 12 | 811 | 219.40 | 8913.49 | -2585.00 | 1610.13 |

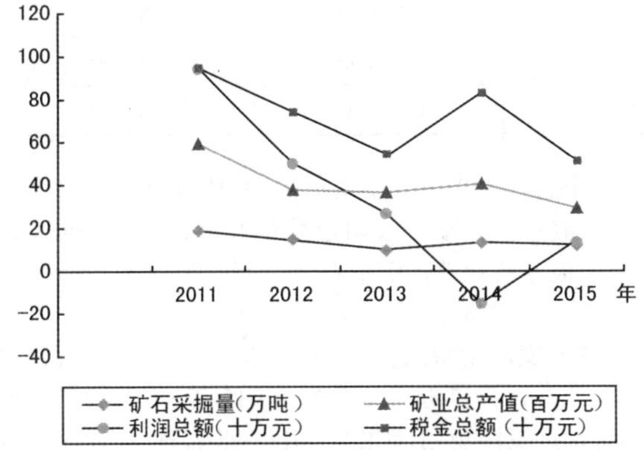


图 43　2011～2015 年浙江省铅锌矿主要矿业指标对比图

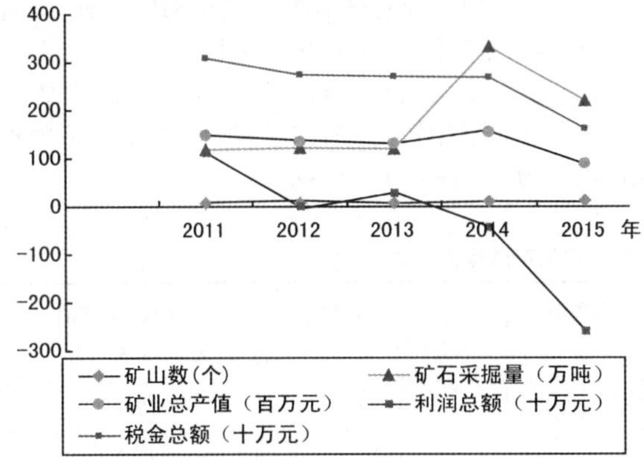


图 44　2011～2015 年浙江省铁矿主要矿业指标对比图

**【能源矿产开发利用】**　2015 年，浙江省开发利用的能源矿产仅地热一种，有矿山 9 个。分布于杭州、宁波、温州、嘉兴、绍兴、金华六个市，从业人员 446 人，地下热水开采量 73.73 万立方米，年投资额 2174.00 万元，实现矿业总产值 2284.28 万元，比 2014 年增加了 3.31%（表 47，图 45）。

表 47　2011～2015 年浙江省地热资源主要矿业指标对比表

| 年 份 | 矿山数（个） | 从业人员（人） | 地下热水开采量（万立方米） | 矿业总产值（万元） |
|---|---|---|---|---|
| 2011 | 3 | 210 | 56.66 | 2506.00 |
| 2012 | 4 | 249 | 71.76 | 4666.00 |
| 2013 | 5 | 238 | 59.89 | 1850.50 |
| 2014 | 8 | 250 | 63.23 | 2211.10 |
| 2015 | 9 | 446 | 73.73 | 2284.28 |

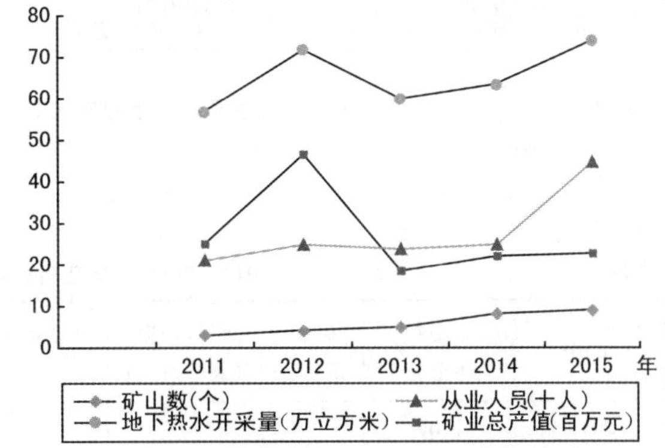


图 45　2011～2015 年浙江省地热资源主要矿业指标对比图

随着大力发展低碳经济，以及我国旅游业从观光型向休闲度假型转变，近十年来，我国的地热勘查与开发逐渐步入高潮。在外部环境推动和内部需求拉动下，近年来从政府到企业都开始重视地热资源的勘查开发，促进了地方休闲旅游产业的发展。目前，浙江省正在利用的地热资源主要包括：天然出露的温泉、通过热泵技术开采利用的浅层地热能、通过人工钻井开采利用的地热流体等。全省勘查开发的地热资源水温在25～64℃之间，属低温地热资源。到2015年底，全省已有采矿许可证的地热资源开发利用企业9家，分布在泰顺、宁海、武义等县，年开采量约73.73万立方米，用于温泉旅游，取得了良好的社会、经济和环境效益。

2014年浙江省启动了地热资源规划编制工作，2015年规划实施后对于全省地热资源开发利用、保护将起到积极的促进作用。

**【水气矿产开发利用】** 2015年，浙江省开发利用的水气矿产有矿泉水1种，有矿山39个，从业人员681人，产量23.35万吨，实现矿业总产值11607.14万元，利润总额460.20万元。与2014年相比，产量、矿业总产值和利润总额分别增加了40.83%、223.65%和31.52%（表48，图46）。

表48　　**2011～2015年浙江省矿泉水主要矿业指标对比表**

| 年 份 | 矿山数（个） | 从业人员（人） | 产量（万吨） | 矿业总产值（万元） | 利润总额（万元） |
|---|---|---|---|---|---|
| 2011 | 44 | 790 | 18.06 | 4304.86 | 325.72 |
| 2012 | 45 | 703 | 17.10 | 2480.59 | 297.03 |
| 2013 | 43 | 622 | 13.86 | 2240.85 | 180.84 |
| 2014 | 41 | 587 | 16.58 | 3586.35 | 349.90 |
| 2015 | 39 | 681 | 23.35 | 11607.14 | 460.20 |

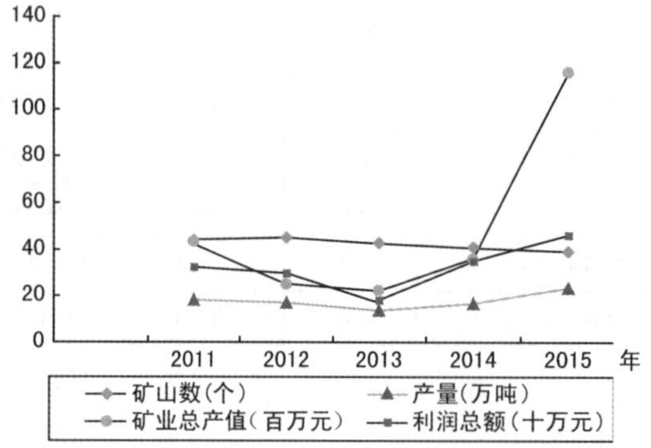


图46　2011～2015年浙江省矿泉水主要矿业指标变化对比图

全省除嘉兴和舟山两市外，其他各市均有矿泉水分布，其中温州和宁波两市数量最多，两市之和达19个；宁波市矿业总产值最高，达9442.00万元。

**【矿产开发利用特点】** 1. 矿山布局进一步合理，但矿山生产三大指标均有所下降。2015年，虽然通过严格实施矿产资源规划，矿山布局进一步合理，矿业结构进一步优化，矿山数量进一步减少，矿山核定生产规模进一步提高。但是受全球矿业经济下滑的影响，2015年，除矿山平均矿业总产值提高了0.52%之外，全省矿山平均矿石采掘量、人均矿石采掘量和人均矿业产值均下降，这三类指标分别下降了3.33%、7.35%和3.85%。其中，人均矿石采掘量和人均矿业产值两项指标呈历史最低（表49，图47）。

表49　　**2011～2015年浙江省矿业生产规模和生产效率对比表**

| 年 份 | 矿山数（个） | 矿山平均矿石采掘量（万吨/（矿·年）） | 矿山平均矿业总产值（万元/（矿·年）） | 人均矿石采掘量（万吨/（人·年）） | 人均矿业产值（万元/（人·年）） |
|---|---|---|---|---|---|
| 2011 | 1709 | 40.67 | 877.73 | 1.20 | 25.84 |
| 2012 | 1549 | 37.37 | 907.52 | 1.15 | 27.92 |
| 2013 | 1427 | 37.73 | 957.56 | 1.29 | 32.71 |
| 2014 | 1246 | 42.03 | 1146.34 | 1.36 | 37.10 |
| 2015 | 1095 | 40.63 | 1152.28 | 1.26 | 35.66 |

2. 亏损企业占比相对稳定，但矿业经济效益明显下滑。2015年，受国际国内矿业经济疲软的大环境影响，浙江省矿业经济效益下滑。全省矿业总产值为126.18亿元，比2014年度减少了16.66亿元，减少金额占总额比例为7.6%；全省实现矿业利润6.37亿元，较2014年减少比例达49.63%；上缴税金10.95亿元，同比减少了14.63%。全省有34个矿山企业出现亏损，亏损矿山数比2014年多1个，总计亏损额达1.60亿元，亏损额较2014年增加了

109.01%;82 个矿山关闭,237 个矿山停产,关停矿山占总量的29.13%,较2014 年占比上升了0.64%。

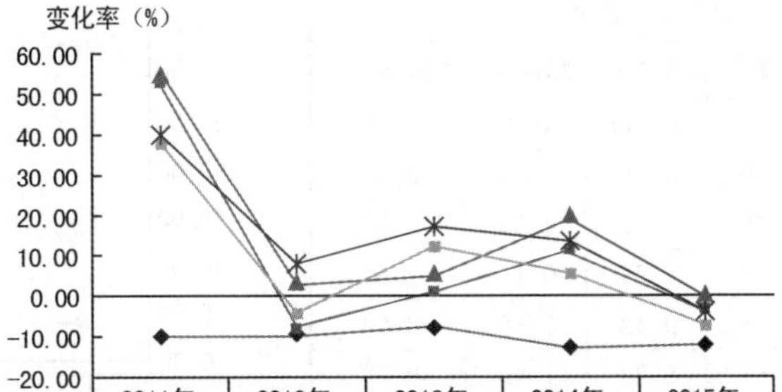


| | 2011年 | 2012年 | 2013年 | 2014年 | 2015年 |
|---|---|---|---|---|---|
| 矿山数 | -10.05 | -9.36 | -7.88 | -12.68 | -12.12 |
| 矿山平均矿石采掘量 | 52.72 | -8.11 | 0.96 | 11.40 | -3.33 |
| 矿山平均矿业总产值 | 54.92 | 3.39 | 5.51 | 19.71 | 0.52 |
| 人均矿石采掘量 | 37.93 | -4.17 | 12.17 | 5.43 | -7.35 |
| 人均矿业产值 | 39.83 | 8.05 | 17.16 | 13.42 | -3.85 |

**图47　2011 ~2015 年浙江省矿业生产规模和生产效率变化率对比图**

3. *矿业经济在国民经济中的占比相对稳定,但经济社会发展对矿产资源的依存度有所下降。*近年来,全省经济社会快速发展,经济社会发展对矿产资源的依赖程度有所降低,单位国民生产总值消耗资源量减少,第一、二产业在国民生产总值中的占比略有下降。2015 年,全省矿业总产值在国民经济中的比重为0.29%,较2014 年下降了0.07%,全省矿石采掘量下降明显,较2014 年下降了15.04%,单位国民生产总值消耗的矿石量明显减少,从2014 年的1.34 吨/万元降至1.04 吨/万元(表50,图48)。

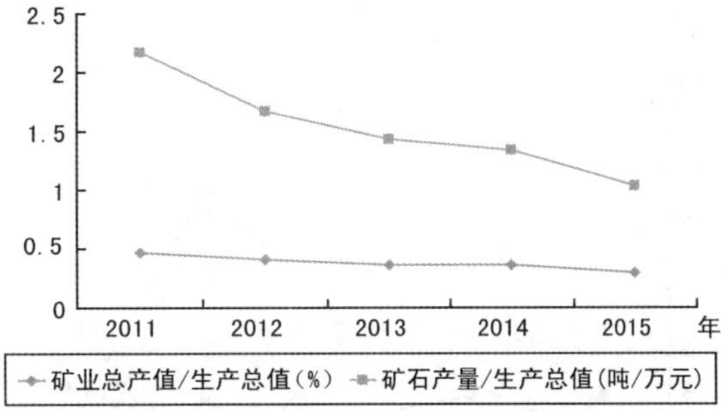


**图48　2011 ~2015 年浙江省矿业总产值与矿石产量占国民生产总值比例对比图**

**表50　　2011 ~2015 年浙江省矿业生产指标与国民生产总值对比表**

| 年 份 | 国民生产总值(亿元) | 矿业总产值(亿元) | 矿业总产值/国民生产总值(%) | 矿石产量(万吨) | 矿石产量/国民生产总值(吨/万元) |
|---|---|---|---|---|---|
| 2011 | 32000 | 150 | 0.47 | 69511.79 | 2.17 |
| 2012 | 34606 | 140.57 | 0.41 | 57887.85 | 1.67 |
| 2013 | 37568 | 136.64 | 0.36 | 53839.44 | 1.43 |
| 2014 | 40154 | 142.83 | 0.36 | 52373.01 | 1.34 |
| 2015 | 42886 | 126.18 | 0.29 | 44494.72 | 1.04 |

4. *矿业投资总体趋稳,但地区间矿业投资不平衡。*2015 年受经济低迷和结构性调整等因素的影响,全球矿业表现欠佳,浙江省矿业投资受到一定的影响,投资额略有减少。

2015 年,全省矿业投资44.30 亿元,较2014 年下降1.95 亿元。相较2014 年,嘉兴市、绍兴市、衢州市和台州市投资额减少明显,其中衢州市由2014 年的增加量最多降至减少量最多,共计减少了13.36 亿元,占比达91.10%;其余各市均有不同程度的增长,湖州市增长最多,增长额达8.36 亿元,由2014 年的投资额倒数第三上升为第一(表51,图49)。

表 51　2011～2015 年浙江省各市矿业投资对比表

| 行政区 | 投资额(亿元) | | | | |
|---|---|---|---|---|---|
| | 2011 年 | 2012 年 | 2013 年 | 2014 年 | 2015 年 |
| 合　计 | 44.10 | 60.12 | 47.00 | 46.25 | 44.30 |
| 杭州市 | 4.58 | 5.90 | 4.86 | 4.44 | 6.35 |
| 宁波市 | 4.10 | 2.29 | 2.61 | 3.55 | 4.87 |
| 温州市 | 2.15 | 1.69 | 1.24 | 0.11 | 3.54 |
| 嘉兴市 | 6.04 | 0.38 | 0.48 | 5.85 | 0.04 |
| 湖州市 | 5.79 | 9.81 | 8.23 | 1.42 | 9.78 |
| 绍兴市 | 1.19 | 1.40 | 1.23 | 2.67 | 0.93 |
| 金华市 | 2.12 | 2.70 | 2.01 | 0.96 | 1.44 |
| 衢州市 | 1.21 | 4.26 | 0.83 | 14.35 | 0.99 |
| 舟山市 | 8.92 | 8.58 | 18.79 | 7.62 | 8.13 |
| 台州市 | 3.67 | 6.49 | 9.34 | 15.14 | 4.66 |
| 丽水市 | 2.33 | 1.94 | 3.56 | 2.76 | 3.58 |

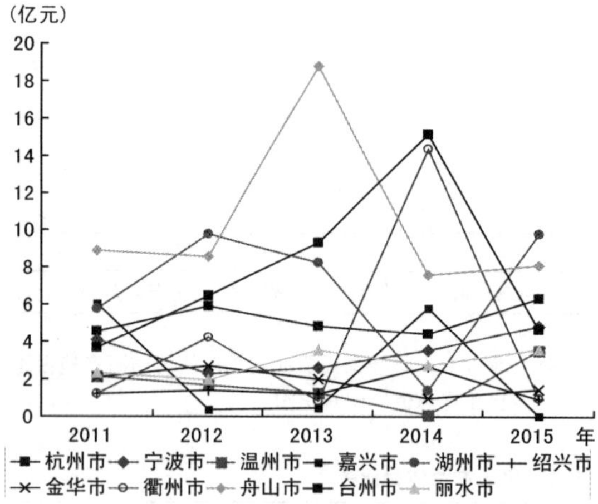


图 49　2011～2015 年浙江省各市矿业投资对比图

2015 年,浙江省矿业投资资金来源主要为国有和民间资金,国有企业投资 7.57 亿元,较 2014 年增加了 3.57 亿元;私营企业投资 12.27 亿元,较 2014 年增加了 1.21 亿元;有限责任公司投资 26.74 亿元,较 2014 年减少了 5.62 亿元。上述三种经济类型投资额分别占全省投资总额的 17.08%、27.70%、47.68%。投资方向主要集中在建筑用凝灰岩,投资额 28.67 亿元,占全省矿业总投资额的 64.72%(表 52,图 50)。

表 52　2011～2015 年浙江省主要资金来源矿业投资对比表

| 经济类型 | 投资额(亿元) | | | | |
|---|---|---|---|---|---|
| | 2011 年 | 2012 年 | 2013 年 | 2014 年 | 2015 年 |
| 国有企业 | 4.13 | 3.65 | 14.95 | 4.65 | 7.57 |
| 私营企业 | 14.02 | 14.03 | 10.16 | 11.06 | 12.27 |
| 有限责任公司 | 32.84 | 35.84 | 17.65 | 26.74 | 21.12 |

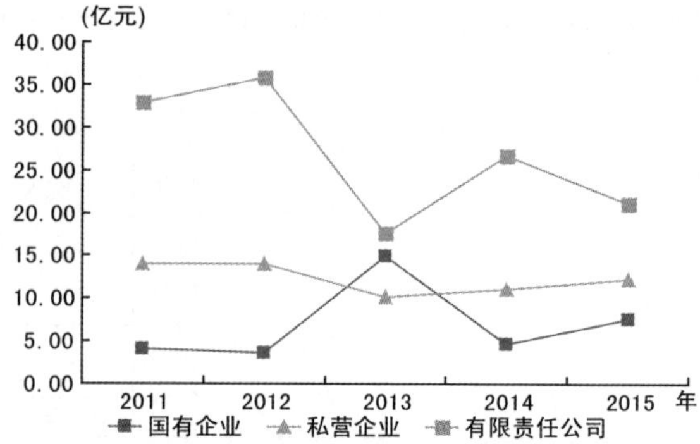


图 50　2011～2015 年浙江省主要资金来源矿业投资对比图

5. *矿山生态环境持续改善,但矿山固体废弃物综合利用程度持续偏低*。2015 年,全省各级国土资源部门根据《浙江省深化“四边三化”行动方案(2015～2020 年)》《“两路两侧”“四边三化”国土资源违法违规问题整治工作方案》《浙江省矿山粉尘防治专项行动实施方案》等文件,把生态保护放在了更加突出的位置,严格落实治理责任,扎实抓好矿山生态环境保护与治理工作。2015 年,全面查明了全省废弃矿山分布情况,制定了《十三五矿山生态环境保护与治理规划》,省政协民主监督发现的由国土资源部门负责的 48 个整治项目已全部开工治理;列入深化“四边三化”矿山生态环境治理行动的 135 个省级重点治理矿山,61 个已开始施工。截至 2015 年底,全省已累计治理废弃矿井 1880 个,治理率达 67.02%;全省 50.16% 的生产矿山粉尘防治已实现达标排放。其中,宁波市、温州市、湖州市、丽水市多项工作超额完成了年度目标任务,主要城市周边,国家级、省级风景名胜区,以及重要交通干线两侧可视范围内的视觉污染问题得到有效治理。同时大力开展了绿色矿山建设,累计建成绿色矿山 363 家,建成率达 61.53%,形成了国家、省、市、县四级共建的新局面。

2015 年,全省矿山开采区占有土地面积为 25225.13 公顷,实际使用土地面积 20649.60 公顷,与 2014 年相比,开采区占有土地面积增加了 27.94%,实际使用土地面积增加了 40.30%,土地利用率比 2014 年提高了 4.22%,闲置土地面积减少 8.46%。应治理的矿山土地面积 6497.76 公顷,实际治理面积 758.62 公顷,为应治理面积的 11.68%,比 2014 年提高了 3.56%。这些数据表明 2015 年度全省矿山生态环境持续改善(表 53,图 51)。

2015 年,全省有废石堆场 186 个,比 2014 年增加了 14 个;累计存放量 510.80 万吨,同比减少了 72.40 万吨;当年排放量 399.32 万吨,同比增加了 81.19 万吨;当年处理量 387.59 万吨,同比增加了 50.18 万吨;尾矿库数量保持 39 个,累计存放量比 2014 年增加了

10.16万吨，当年排放量和处理量分别比2014年减少了42.28%和13.53%，处理量占累计存放量的1.80%，矿山固体废弃物综合利用水平有待进一步提升（表54，图52和图53）。

**表53　2011～2015年浙江省矿山土地使用和治理情况对比表**

| 年度 | 开采区占有土地面积（公顷） | 开采区使用土地面积（公顷） | 应治理面积（公顷） | 已治理面积（公顷） | 治理投资额（万元） |
|---|---|---|---|---|---|
| 2011 | 19963.99 | 14080.23 | 5393.89 | 548.05 | 22579.02 |
| 2012 | 20029.59 | 14274.07 | 5818.94 | 515.43 | 66649.20 |
| 2013 | 22275.56 | 16476.02 | 5649.37 | 683.61 | 73626.39 |
| 2014 | 19716.90 | 14718.29 | 8577.49 | 695.73 | 43200.64 |
| 2015 | 25225.13 | 20649.60 | 6497.76 | 758.62 | 59459.70 |

**表54　2011～2015年浙江省固体废弃物排放及处理情况对比表**

| 年度 | 废石堆（个） | 累计存放量（万吨） | 当年排放量（万吨） | 当年处理量（万吨） | 尾矿库（个） | 累计存放量（万吨） | 当年排放量（万吨） | 当年处理量（万吨） |
|---|---|---|---|---|---|---|---|---|
| 2011 | 176 | 967.23 | 69.29 | 115.67 | 39 | 4280.97 | 281.62 | 164.91 |
| 2012 | 163 | 1293.02 | 803.89 | 143.60 | 41 | 4247.83 | 182.43 | 73.75 |
| 2013 | 161 | 491.45 | 159.08 | 184.97 | 42 | 4309.83 | 233.01 | 95.42 |
| 2014 | 172 | 583.20 | 318.13 | 337.41 | 39 | 4208.33 | 144.52 | 87.65 |
| 2015 | 186 | 510.80 | 399.32 | 387.59 | 39 | 4218.49 | 83.41 | 75.79 |

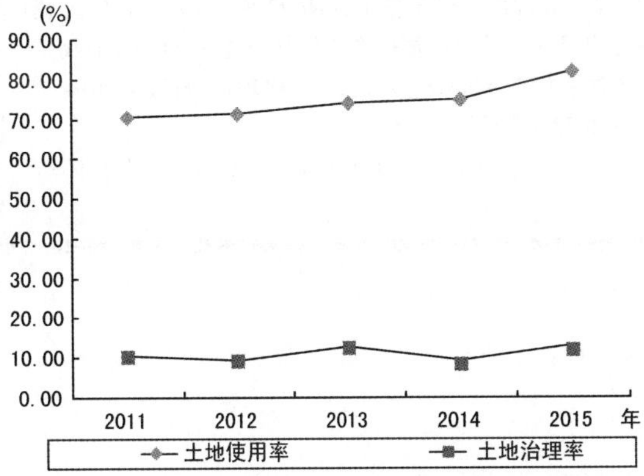


图51　2011～2015年浙江省矿山土地利用率和治理率对比图

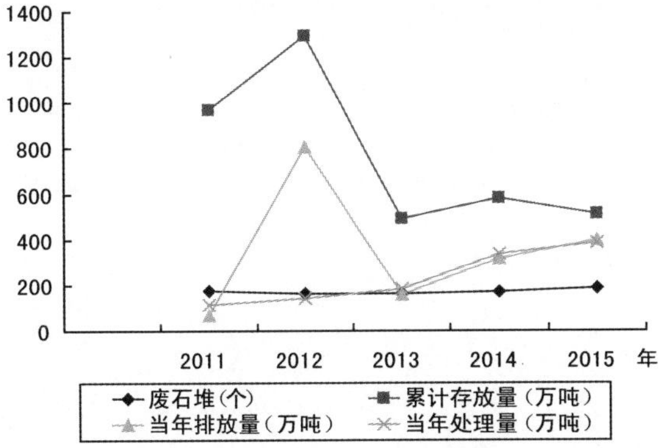


图52　2011～2015年浙江省废石堆排放量和处理量对比图

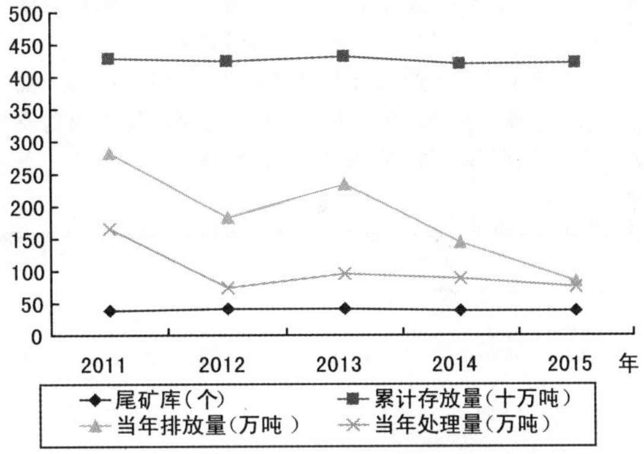


图53　2011～2015年浙江省尾矿库排放量和处理量对比图

（浙江省国土资源厅）

# 玉溪市矿产资源

【玉溪市矿产资源概况】 玉溪市共发现各类矿产48种，其中能源矿产1种、金属矿产14种、非金属矿产33种。截至2014年末，玉溪市内主要矿产保有资源储量：煤矿35218.3千吨、铁矿566330.97千吨、铜矿219867.99千吨、镍127.09千吨、钴（伴生为主）1428.62千吨、银矿（伴生）333.71千吨、钨矿（伴生）3523.33千吨、金矿（非伴生）1844.18千吨、锰矿614.68千吨、锌矿63.5千吨；磷矿73389.72千吨、蛇纹岩矿256.34千吨、长石矿4495.3千吨、石灰岩矿546767.385千吨、白云岩矿61249.1千吨、石英砂岩矿3340.54千吨、砖瓦用页岩矿1715.56千吨、硅石矿510.8千吨。其中金、镍分布于市域西南部的元江、新平两县，铁、铜分布于中西部易门、峨山、新平、元江县境内，磷矿则集中产于东部的澄江、江川、华宁三县。

玉溪市固体矿产保有资源储量居云南省前3位的有22个矿种。居云南省第一位的有铬、长石、镍、化肥蛇纹岩；居云南省第二位的有铁、铜、熔剂灰岩、耐火黏土、砖瓦黏土、建筑用砂、饰面大理岩、水泥配料用泥岩、水泥配料用页岩；居云南省第三位的有磷、钴、铂族、冶金石英岩、水泥用灰岩、高岭土、陶瓷土、硅藻土、石棉；居云南省第四位的有金、铝土矿、水泥配料用黏土。

根据主要矿产保有资源储量及在全省位次、开发利用产值在矿业经济中的比重，确定玉溪市优势及重要矿产为铁、铜、镍、磷、煤、水泥用灰岩6种。

【玉溪市矿产资源开发与利用】 1. *矿政管理*。2015年，玉溪市共挂牌出让采矿权8个，收取出让价款1668.87万元；审批转让采矿权5个，转让金额618.5万元；协议出让采矿权2个，出让金额163.01万元。

认真做好矿业权三级联网审批，完成98个（探矿权54个、采矿权44个）省级发证矿业权报件的形式审查、复审、报审工作。完成13个矿产资源开发利用方案的评审备案；完成108个勘查项目的探矿权年检及报备，完成260个矿山采矿权年检及报备；开展清理过期矿业权规范登记信息管理工作，对52个过期省级发证矿业权（采矿权17个、探矿权35个）上报云南省国土资源厅公告注销。

2. *矿产资源“打非治违”专项行动*。2015年，玉溪市查处无证开采矿产资源38起（立案调查16起）、持过期证开采5起（立案调查3起）、越界开采23起（立案调查14起），没收违法收入104.01万元，收取罚款136万元。

3. *矿山储量动态监管*。2015年，开展242个矿山储量动态监管；办理具体建设项目压覆矿产资源查询152次（件），办理矿产压覆备案证明92份，向云南省国土资源厅出具建设项目压覆矿产资源初审意见11份；征收矿产资源补偿费4248.83万元，首次出现负增长，比2014年减少2052.44万元。

（摘自《2015年度玉溪市国土资源公报》）

# 政 策 法 规

## 国土资源部 财政部 国家发展和改革委员会关于切实加强矿产资源补偿费征收和工作保障有关问题的通知

国土资发〔2015〕10 号

各省、自治区、直辖市国土资源主管部门、财政厅(局)、发展改革委:

按照国务院关于实施煤炭资源税改革的要求,财政部、国家发展改革委印发了《财政部 国家发展改革委关于全面清理涉及煤炭原油天然气收费基金有关问题的通知》(财税〔2014〕74 号),决定自 2014 年 12 月 1 日起将煤炭、原油、天然气的矿产资源补偿费率降为零。同时明确,对相关部门履行正常工作职责所需经费,由中央财政和地方财政通过一般公共预算安排资金予以保障。为了做好各项工作的衔接,确保国土资源部门正常工作经费需要,现就有关问题通知如下:

**一、迅即行动,确保国务院改革决定落实到位**

为推进资源税改革工作,国务院决定将煤炭资源税由从量计征改为从价计征,调整煤炭、原油、天然气资源税税率,同时清理相关收费基金,将矿产资源补偿费率降为零。这是国务院的重大决定,也是资源管理改革的重要举措。各级国土资源主管部门要站在国家的高度,按照国务院的统一部署和要求迅即行动,认真清理相关收费基金,制定相应的措施和办法,做好各项政策的衔接工作。

**二、主动对接,落实履职资金保障工作**

矿产资源专项收入安排的各项支出既涉及生态文明建设、促进矿产资源的节约集约利用,又是矿产资源调查评价的重要资金来源。对于煤炭、原油和天然气的矿产资源补偿费率降为零后,矿产资源勘查等专项支出和矿产资源专项收入征收管理工作需要的资金缺口,各级国土资源主管部门要编制好各专项支出的跨年度滚动规划和年度支出预算,主动与同级财政、发展改革委等部门沟通,按照《财政部 国家发展改革委关于全面清理涉及煤炭原油天然气收费基金有关问题的通知》(财税〔2014〕74 号)规定,由中央财政和地方财政通过一般公共预算安排资金,保障履行正常工作职责所需经费。

**三、加强征管,维护矿产资源国家权益**

自 2014 年 12 月 1 日起,各地不再征收煤炭、原油和天然气的矿产资源补偿费。但要按照规定,对欠缴的煤炭、石油、天然气矿产资源补偿费进行清理和追缴,继续做好其他矿种矿产资源补偿费的征收入库工作,加强日常监督管理,确保足额征收、及时入库,避免国家权益的流失。

2015 年 1 月 19 日

## 国土资源部关于发布《矿产资源综合利用技术指标及其计算方法》等 3 项行业标准的公告

2015 年第 4 号

《矿产资源综合利用技术指标及其计算方法》等 3 项推荐性行业标准已通过全国国土资源标准化技术委员会审查,现予批准、发布,于 2015 年 4 月 1 日起实施。

标准编号及名称如下：

DZ/T0272—2015《矿产资源综合利用技术指标及其计算方法》

DZ/T0273—2015《地质资料汇交规范》

DZ/T0274—2015《地质数据库建设规范的结构与编写》

2015年1月29日

# 国家能源局关于印发煤层气勘探开发行动计划的通知

国能煤炭〔2015〕34号

有关省（区、市）及新疆生产建设兵团发展改革委（能源局）、煤炭行业管理部门、煤矿瓦斯防治（集中整治）领导小组办公室，有关中央企业：

为贯彻中央财经领导小组第六次会议和新一届国家能源委员会首次会议精神，落实《能源发展战略行动计划（2014—2020年）》要求，加快培育和发展煤层气产业，推动能源生产和消费革命，国家能源局组织编制了《煤层气勘探开发行动计划》。现印发给你们，请认真贯彻执行。

国家能源局

2015年2月3日

## 煤层气勘探开发行动计划

煤层气也称煤矿瓦斯，热值与常规天然气相当，是优质清洁能源。加快煤层气勘探开发，对保障煤矿安全生产、增加清洁能源供应、促进节能减排、减少温室气体排放具有重要意义。近年来，国家制定了一系列政策措施，强力推进煤层气（煤矿瓦斯）开发利用，煤层气地面开发取得重大进展，煤矿瓦斯抽采利用规模逐年快速增长，为产业进一步加快发展奠定了较好的基础。但煤层气产业总体上处于起步阶段，规模小、利用率低，部分关键技术尚未取得突破。为科学高效开发利用煤层气资源，加快培育和发展煤层气产业，推动能源生产和消费革命，制定本行动计划。

### 一、指导思想

以邓小平理论、“三个代表”重要思想和科学发展观为指导，深入贯彻党的十八大和十八届三中、四中全会精神，全面落实《能源发展战略行动计划（2014—2020年）》，坚持煤层气地面开发与煤矿瓦斯抽采并举，以煤层气产业化基地和煤矿瓦斯规模化矿区建设为重点，统筹规划布局，强化政策扶持，加大科技攻关，创新体制机制，着力突破发展瓶颈，推动煤层气产业跨越式发展，为构建清洁、高效、安全、可持续的现代能源体系作出重要贡献。

### 二、发展目标

“十二五”期间，建成沁水盆地和鄂尔多斯盆地东缘煤层气产业化基地，初步形成勘探开发、生产加工、输送利用一体化发展的产业体系；建成36个年抽采量超过1亿立方米的规模化矿区，煤矿瓦斯抽采利用水平明显提高。

“十三五”期间，煤层气勘探开发步伐进一步加快，产业布局更趋优化，关键技术取得突破，产量大幅提升，重点煤矿区采煤采气一体化、煤层气与煤矿瓦斯共采格局基本形成，煤层气（煤矿瓦斯）利用率普遍提高，煤层气产业发展成为重要的新兴能源产业。到2020年，建成3~4个煤层气产业化基地，新增探明煤层气地质储量1万亿立方米；煤层气（煤矿瓦斯）抽采量力争达到400亿立方米，其中地面开发200亿立方米，基本全部利用；煤矿瓦斯抽采200亿立方米，利用率达到60%；煤矿瓦斯发电装机容量超过400万千瓦，民用超过600万户。

### 三、主要任务

（一）煤层气勘查

以沁水盆地和鄂尔多斯盆地东缘为重点，继续实施山西古交、延川南和陕西韩城等勘探项目，扩大储量探明区域；加快山西沁源、安泽、临兴、石楼、陕西彬长等区块勘探，增加探明地质储量。到2020年，提交探明地质储量7000亿立方米，为煤层气产业化基地建设提供资源保障。

加快新疆、内蒙古、贵州、云南、甘肃等地区煤层气资源调查和潜力评价，实施一批煤层气勘查项目，力争在新疆、内蒙古等西北地区低煤阶煤层气勘探取得突破，探索黔西滇东高应力区煤层气资源勘探有效途径。到2020年，提交探明地质储量1500亿立方米。

在辽宁、黑龙江、安徽、河南、湖南、四川等省高瓦斯和煤与瓦斯突出矿区，加强煤层气与煤炭资源综合勘查、评价，开展煤层气井组抽采试验，增加煤矿区煤层气探明地质储量。到2020年，新增探明地质储量1500亿立方米。

（二）煤层气开发

加快建设沁水盆地和鄂尔多斯盆地东缘产业化基地，加强潘庄、柿庄南、韩城等项目生产管理，实现煤层气井稳产增产；新建古交、延川南、保德南、彬长等项目，实现产量快速增长。到2020年，煤层气产量力争达到140亿立方米。

在新疆、鄂尔多斯盆地、二连盆地、黔西滇东等地区，建设一批煤层气开发利用示范工程，突破低煤阶、深部煤层等复杂地质条件煤层气开发，启动建设煤层气产业化基地。到2020年，煤层气产量达到30亿立方米。

在山西晋城、辽宁铁法、黑龙江鹤岗、安徽两淮、河南平顶山、湖南湘中、四川川南、贵州六盘水、陕西韩城、新疆阜康等矿区，加大煤矿区煤层气资源回收利用力度，开展煤层气地面预抽，推进煤矿采动区、采空区瓦斯地面抽采。到2020年，煤矿区煤层气产量达到30亿立方米。

（三）煤矿瓦斯抽采利用

全面推进煤矿瓦斯先抽后采、抽采达标，重点实施煤矿瓦斯抽采利用规模化矿区和瓦斯治理示范矿井建设，提高煤矿瓦斯抽采利用水平，保障煤矿安全生产。在河北峰峰、山西晋城等重点煤矿企业和产煤地市开展煤矿瓦斯抽采利用规模化矿区建设，完善矿井瓦斯抽采系统，增加抽采管道、专用抽采巷道和钻孔工程量，配套建设瓦斯利用工程。建成安徽张集矿、陕西大佛寺矿等瓦斯治理示范矿井，分区域选择瓦斯灾害严重、有一定发展潜力的煤矿，再建设一批瓦斯治理示范矿井，推进瓦斯防治理念、技术、管理、装备集成创新，探索形成不同地质条件下瓦斯防治模式。到2020年，煤矿瓦斯抽采量达到200亿立方米，利用率达到60%。

（四）煤层气、煤矿瓦斯输送利用

煤层气以管道输送为主，就近利用，余气外输。依据资源分布、市场需求和天然气输气管网建设情况，统筹建设煤层气输气管网，在沁水盆地、鄂尔多斯盆地东缘及豫北等地区形成较完善的输气管网，在新疆准噶尔、滇东黔西等地区规划建设区域性输气管道。实施煤层气分布式能源示范项目，因地制宜建设一批煤层气液化厂、压缩站、加气站。

煤矿瓦斯以就地发电和民用为主，高浓度瓦斯力争全部利用，推广低浓度瓦斯发电，加快实施低浓度瓦斯液化浓缩和风排瓦斯利用示范项目。鼓励大型矿区瓦斯输配系统区域联网，集中规模化利用；鼓励中小煤矿建设分散式小型发电站或联合建设集配管网、集中发电，提高利用率。到2020年，煤矿瓦斯发电装机容量超过400万千瓦，民用超过600万户。

（五）科技创新

继续实施“大型油气田及煤层气开发”国家科技重大专项及相关科技计划，深化煤层气成藏规律、煤与瓦斯突出机理等基础理论研究，加强低煤阶、深部煤层气开发和低透气性煤层瓦斯抽采、井上下联合抽采等技术研发，提高连续油管作业设备、高性能空气钻机等装备国产化水平，突破煤层气（煤矿瓦斯）开发利用技术装备瓶颈。

加强煤层气工程（技术）研究中心、重点实验室等创新平台建设，发展技术咨询服务，提升煤层气科技创新能力。加强国际合作和交流，积极引进煤层气开发利用先进技术。加快科技成果转化，推广大排量高效压裂、低浓度瓦斯利用等先进技术和装备。建立健全煤层气标准体系，加快制订一批勘探开发、输送利用和安全质量等方面的标准规范。

**四、保障措施**

（一）强化行业指导和管理

煤矿瓦斯防治部际协调领导小组发挥组织协调、综合管理职能作用，统筹煤层气产业发展规划，推动落实行业重大政策措施。加强省级煤矿瓦斯防治领导小组办公室标准化建设，落实专职人员和专门经费，不断完善工作机制。健全法律法规体系，制定煤层气开发利用管理办法，规范指导煤层气产业发展。深化行政审批制度改革，减少煤层气项目审批事项，简化项目审核手续，强化事中事后监管。加强支撑体系建设，充分发挥行业协会作用，为政府决策和行业发展提供研究咨询服务。培育大型煤层气骨干企业，鼓励成立专业化瓦斯抽采利用公司，推动产业化开发、规模化利用。依法开展环境影响评价和节能评估，加强煤层气勘探开发过程中生态环境保护和资源集约节约利用。

（二）落实完善扶持政策

贯彻落实《国务院办公厅关于进一步加快煤层气（煤矿瓦斯）抽采利用的意见》（国办发〔2013〕93号），加快出台配套政策措施，确保落实到位。综合考虑抽采利用成本和市场销售价格等因素，提高煤层气（煤矿瓦斯）开发利用中央财政补贴标准，进一步调动企业积极性。严格落实煤层气市场定价机制，定期组织开展价格专项督查，严肃查处地方政府不当干预价格行为。按照合理成本加合理利润的原则，适时提高煤矿瓦斯发电上网标杆电价。进一步严格煤矿瓦斯排放标准，制定低浓度瓦斯和风排瓦斯利用鼓励政策，提高利用率。优先安排煤层气（煤矿瓦斯）开发利用项目建设用地。完善煤层气（煤矿瓦斯）输送利用基础设施，督促天然气基础设施运营企业为煤层气输送提供公平、开放的服务。

（三）加大勘探开发投入

完善以社会投资为主、政府适当支持的多元化投融资体系。继续安排中央预算内投资,支持煤层气(煤矿瓦斯)开发利用、煤矿安全改造和瓦斯治理示范矿井建设。研究提高煤层气最低勘查投入标准,限定勘查和产能建设时限,督促煤层气企业加快重点区块勘探开发。完善对外合作准入和退出机制,定期调整对外合作区块,吸引有实力的境外投资者参与勘探开发。鼓励民间资本参与煤层气勘探开发、储配及输气管道等基础设施建设。在山西、新疆、贵州等地区新设一批煤层气矿业权,采用竞争方式择优确定勘查开发主体。拓宽企业融资渠道,鼓励金融机构为煤层气项目提供授信支持和金融服务,支持煤层气企业发行债券、上市融资。

(四)完善资源协调开发机制

统筹煤层气、煤炭资源勘查开发布局和时序,合理确定煤层气勘探开发区块。新设煤层气或煤炭探矿权,必须对煤层气、煤炭资源进行综合勘查、评价和储量评审备案。推进山西省煤层气和煤炭资源管理试点工作。督促指导煤层气和煤炭企业加强合作,建立开发方案互审、项目进展通报、地质资料共享的协调开发机制。对煤炭规划5年内开始建井开采煤炭的区域,按照煤层气开发服务于煤炭开发的原则,采取合作或调整煤层气矿业权范围等方式,优先保证煤炭资源开发需要,并有效开发利用煤层气资源;对煤炭规划5年后开始建井开采煤炭的区域,应坚持“先采气、后采煤”,做好采气采煤施工衔接。

**五、组织实施**

有关产煤省(区、市)和重点煤层气企业要根据本行动计划,结合本地区(企业)实际,研究制定具体实施方案,明确任务分工和进度安排,强化绩效考核,精心组织实施,确保完成行动计划发展目标和各项工作任务。煤矿瓦斯防治部际协调领导小组各成员单位和有关部门要按照职责分工,加强协调配合,形成工作合力,抓紧研究出台行动计划各项保障措施。煤矿瓦斯防治部际协调领导小组办公室要加强督促检查,定期通报工作进展情况,及时协调解决重大问题,保障行动计划顺利实施。

# 国家能源局关于促进煤炭工业科学发展的指导意见

国能煤炭〔2015〕37号

各省(自治区、直辖市)、新疆生产建设兵团发展改革委(能源局)、煤炭行业管理部门,国家能源局各派出机构,有关中央管理企业:

煤炭是我国的主体能源和重要工业原料,煤炭工业是关系国家经济命脉和能源安全的重要基础产业。近年来,煤炭行业全面贯彻落实党中央、国务院一系列重大决策部署,积极转变发展方式、大力调整产业结构,煤炭工业整体发展水平显著提高,为国民经济和社会发展提供了可靠能源保障。但煤炭工业一些长期积累的深层次矛盾和问题尚未有效解决,同时遇到一系列新情况、新问题,面临艰巨挑战和难得的历史机遇。为适应经济发展新常态对煤炭工业提出的新要求,促进煤炭工业科学发展,提出以下指导意见:

**一、指导思想**

全面贯彻党的十八大、十八届二中、三中、四中全会精神,深入落实中央财经领导小组第六次会议和新一届国家能源委员会第一次会议精神,大力推进能源消费、供给、技术、体制革命,坚持“节约、清洁、安全”的能源战略方针,实施节约优先、立足国内、绿色低碳、创新驱动的能源发展战略,遵循煤炭工业发展规律,着力优化产业布局,调整产业结构,推进煤炭安全绿色开采和清洁高效利用,为经济社会发展提供经济可靠的能源保障。

**二、基本原则**

坚持调整存量、做优增量。完善安全、环境等强制性标准,体现技术进步要求,加快淘汰煤炭落后产能;按照市场原则优化配置煤炭生产要素,最大限度发挥现有资本、技术、人才等要素的效用;严格资源开发管理,遏制盲目扩张和无序建设;推进煤炭消费减量替代,控制重点地区、重点区域煤炭消费总量。

坚持提质增效、集约发展。提高企业发展质量和核心竞争力,增强煤炭资源开发利用的经济效益、社会效益、生态效益;发挥大型煤炭基地主体作用,合理安排区域煤炭开发强度;提高煤炭资源回采率和利用效率,推进煤炭及共伴生资源综合开发利用。

坚持深化改革、创新驱动。建立公平开放透明的市场规则,鼓励各类市场主体公平竞争、优胜劣汰;营造宽松政策环境,支持企业开展技术创新、管理创新、产品创新、商业模式创新,将创新成果转化为现实效益。

坚持绿色开发、清洁利用。把生态文明建设放在突出地位,建设资源节约型和环境友好型矿区,最大限度减少煤炭资源开发对生态环境影响。实施洗选、流通、终端消费全过程管理,依靠科技创新、强化监管,降低煤炭利用污染物排放。

**三、主要意见**

我国经济发展进入新常态,经济增速已转向中高速增长，能源结构调整步伐加快，煤炭消费比重将不断下降，煤炭工业发展形势正在发生重大变化。煤炭需求已从高速增长降为低速增长，增长空间不断缩小；环境约束日趋强化，煤炭开发、流通、利用环节的环境保护要求不断提高；过去十年快速发展期形成的规模扩张冲动仍然存在，在建煤矿产能对未来供需平衡构成较大压力；进口煤具有较强竞争力，进口量仍将保持高位。各产煤地区、煤炭企业要充分认识当前和今后一段时期煤炭工业发展形势的复杂性、艰巨性，增强加快转变煤炭工业发展方式的自觉性和坚定性，苦练内功、积极作为，通过煤炭行业自身主动调整适应形势变化。

（一）优化煤炭开发布局

按照“控制东部、稳定中部、发展西部”的总体要求，依据煤炭资源禀赋、市场区位、环境容量等因素优化煤炭开发布局。今后一段时期，东部地区原则上不再新建煤矿项目；中部地区（含东北）保持合理开发强度，按照“退一建一”模式，适度建设资源枯竭煤矿生产接续项目；西部地区加大资源开发与生态环境保护统筹协调力度，重点围绕以电力外送为主的大型煤电基地和现代煤化工项目用煤需要，在充分利用现有煤矿生产能力的前提下，新建煤矿项目。

（二）调整煤炭产业结构

以大型煤炭基地为依托，稳步建设大中型现代化煤矿，积极培育一批大中型煤炭骨干企业。新建煤矿以大型现代化煤矿为主，优先建设露天煤矿、特大型矿井。支持煤矿根据资源条件、市场需求升级改造，提高大中型煤矿比重。严格新建煤矿准入，严禁核准新建 30 万吨/年以下煤矿、90 万吨/年以下煤与瓦斯突出矿井。完善煤炭落后产能标准，加大淘汰落后产能力度，继续淘汰 9 万吨/年及以下煤矿，支持具备条件的地区淘汰 30 万吨/年以下煤矿，加快关闭煤与瓦斯突出等灾害隐患严重的煤矿。支持资源枯竭煤矿依法有序退出。

（三）加强煤炭规划管理

坚持发挥规划引领作用。按照煤炭工业大型化、现代化、集约化、生态化的发展方向，科学制定煤炭工业发展规划，合理安排煤炭总量，优化煤炭开发布局。根据规划确定的区域建设规模控制矿区开发强度，做好国家规划和地方规划在总量平衡、产业布局等方面的衔接。科学编制煤炭矿区总体规划，合理确定矿区范围、井田开发方式及规模。矿区总体规划是煤矿建设生产的基本依据。

（四）规范煤炭生产建设秩序

严格落实煤矿生产能力登记公告制度，健全涵盖产能认定、建档登记、属地公告、定期上报等流程的常态化工作机制。坚持煤矿产能信息向社会公开，发挥全社会对超能力生产的监督作用。凡未经登记公告的煤矿不予安排政府性补助资金，不得核准（批复）改扩建项目。煤矿企业要按照登记公告的生产能力组织生产，不得超能力生产。煤矿生产能力核定工作坚持核增从严、核减从快原则，严禁弄虚作假。坚决查处未批先建、批小建大等违法违规建设行为，严格落实违法违规建设煤矿停工停产和限期整改要求。

（五）推进煤炭安全绿色开采

坚持安全发展理念，强化政府监管，落实企业主体责任，依靠科技进步，以灾害防治为重点，健全煤矿安全生产投入及管理的长效机制，有效防范重特大事故，加强职业健康监护。控制新建煤矿开采深度，简化煤矿开拓布局，加强煤矿自动化、数字化、智能化技术装备研发，提高煤矿安全保障能力。因地制宜推广使用充填开采等绿色开采技术。建立健全采煤沉陷区综合治理协调机构，完善政策、规范和标准，落实资金，制定和实施治理规划及方案，促进生态文明矿区建设。

（六）推进煤炭清洁高效利用

严格执行《商品煤质量管理暂行办法》，研究建立商品煤质量标准体系及配套政策，提高煤炭质量和利用效率。加快建设煤炭洗选设施，大中型煤矿应配套建设选煤厂，小型煤矿集中矿区建设群矿选煤厂，提高原煤入洗率和商品煤质量。有序开展煤炭加工转化为清洁能源产品项目的示范工作，抓紧建立项目示范工程标准体系。鼓励建设煤炭分级分质梯级利用示范项目。有序发展低热值煤发电等资源综合利用项目，加大与煤共伴生资源和矿井水的利用力度，发展矿区循环经济。依托主要消费地、沿海沿江主要港口和重要铁路枢纽，重点建设环渤海等 11 个大型煤炭储配基地和大型现代化煤炭物流园区，推动煤炭精细化加工配送。

（七）加快煤层气产业化发展

全面推进煤矿瓦斯先抽后采、抽采达标，重点实施煤矿瓦斯抽采利用规模化矿区建设。拓展瓦斯利用范围，推广低浓度瓦斯发电，有效提高瓦斯抽采利用率，严禁高浓度瓦斯直接排放。完善煤矿企业瓦斯防治能力评估制度，加强评估结果执行情况监督检查。继续实施国家科技重大专项等科技计划，支持煤层气（煤矿瓦斯）开发利用技术装备研发。加快沁水盆地和鄂尔多斯盆地东缘煤层气产业化基地建设，在新疆、贵州等地区开展勘探开发试验。煤层气就近利用，余气外输，依据资源分布、市场需求和天然气输气管网建设情况，统筹建设煤层气输气管网，因地制宜发展压缩、液化。完善资源协调开发机制，统筹煤炭、煤层气勘探开采布局和时序。落实财政补贴、税费扶持、市场定价等政策措施，引导各类所有制企业参与煤层气勘探开发。

（八）营造煤炭企业良好发展环境

推进煤炭资源税改革，合理确定资源税适用税率，加快涉煤收费清理,坚决取缔强加给煤炭企业的乱收费、乱集资、乱摊派,切实减轻煤炭企业负担。支持国有煤炭企业加快分离办社会职能,彻底解决老国有煤炭企业历史遗留问题。鼓励各地积极探索国有煤炭企业改革路径,增强企业活力,提高生产经营效率。继续安排煤矿安全改造中央预算内资金,引导企业保障安全生产投入。

(九)加强煤炭行业监督管理

建立健全规划、规则、政策、监管"四位一体"的煤炭行业管理新机制,提高煤炭行业管理的制度化、法治化、专业化水平。推进煤炭法制建设,完善煤炭监管规章制度,加强煤炭相关标准制定和修订工作。坚持转变政府职能,落实简政放权要求,积极推进阳光审批和政府信息公开。推进煤炭监管体系和监管能力建设,提高事中事后监管的针对性、有效性。完善行业信息统计体系,继续实施服务煤炭企业科学发展协调工作机制。加强煤炭行业管理部门与国土、环保、安全监管监察等部门的协调配合,形成工作合力,提高行业管理实效。

(十)统筹推进煤炭国际合作

坚持统筹国内国际两个大局、两个市场、两种资源,围绕国内煤炭供应安全和煤炭行业健康发展,遵循总体谋划、多元合作、分类施策、互利共赢、掌握主动的方针,进一步提升煤炭工业国际合作水平。稳步开展国际煤炭贸易,巩固和发展与主要煤炭资源国长期稳定的贸易关系。鼓励煤炭企业开展对外工程承包和技术服务,承揽境外煤矿建设、技术改造以及运营管理,带动先进技术和大型装备出口。

国家能源局

2015 年 2 月 4 日

# 国家安全生产监督管理总局令(第 73 号)煤矿作业场所职业病危害防治规定

国家安全生产监督管理总局令

第 73 号

《煤矿作业场所职业病危害防治规定》已经 2015 年 1 月 16 日国家安全生产监督管理总局局长办公会议审议通过,现予公布,自 2015 年 4 月 1 日起施行。

局长　杨栋梁

2015 年 2 月 28 日

## 煤矿作业场所职业病危害防治规定

### 第一章　总　则

**第一条**　为加强煤矿作业场所职业病危害的防治工作,强化煤矿企业职业病危害防治主体责任,预防、控制职业病危害,保护煤矿劳动者健康,依据《中华人民共和国职业病防治法》《中华人民共和国安全生产法》《煤矿安全监察条例》等法律、行政法规,制定本规定。

**第二条**　本规定适用于中华人民共和国领域内各类煤矿及其所属为煤矿服务的矿井建设施工、洗煤厂、选煤厂等存在职业病危害的作业场所职业病危害预防和治理活动。

**第三条**　本规定所称煤矿作业场所职业病危害(以下简称职业病危害),是指由粉尘、噪声、热害、有毒有害物质等因素导致煤矿劳动者职业病的危害。

**第四条**　煤矿是本企业职业病危害防治的责任主体。

职业病危害防治坚持以人为本、预防为主、综合治理的方针,按照源头治理、科学防治、严格管理、依法监督的要求开展工作。

### 第二章　职业病危害防治管理

**第五条**　煤矿主要负责人(法定代表人、实际控制人,下同)是本单位职业病危害防治工作的第一责任人,对本单位职业病危害防治工作全面负责。

**第六条**　煤矿应当建立健全职业病危害防治领导机构,制定职业病危害防治规划,明确职责分工和落实工作经费,加强职业病危害防治工作。

**第七条**　煤矿应当设置或者指定职业病危害防治的管理机构,配备专职职业卫生管理人员,负责职业病危害防治日常管理工作。

**第八条**　煤矿应当制定职业病危害防治年度计划

和实施方案，并建立健全下列制度：

（一）职业病危害防治责任制度；

（二）职业病危害警示与告知制度；

（三）职业病危害项目申报制度；

（四）职业病防治宣传、教育和培训制度；

（五）职业病防护设施管理制度；

（六）职业病个体防护用品管理制度；

（七）职业病危害日常监测及检测、评价管理制度；

（八）建设项目职业病防护设施与主体工程同时设计、同时施工、同时投入生产和使用（以下简称建设项目职业卫生"三同时"）的制度；

（九）劳动者职业健康监护及其档案管理制度；

（十）职业病诊断、鉴定及报告制度；

（十一）职业病危害防治经费保障及使用管理制度；

（十二）职业卫生档案管理制度；

（十三）职业病危害事故应急管理制度；

（十四）法律、法规、规章规定的其他职业病危害防治制度。

**第九条** 煤矿应当配备专职或者兼职的职业病危害因素监测人员，装备相应的监测仪器设备。监测人员应当经培训合格；未经培训合格的，不得上岗作业。

**第十条** 煤矿应当以矿井为单位开展职业病危害因素日常监测，并委托具有资质的职业卫生技术服务机构，每年进行一次作业场所职业病危害因素检测，每三年进行一次职业病危害现状评价。根据监测、检测、评价结果，落实整改措施，同时将日常监测、检测、评价、落实整改情况存入本单位职业卫生档案。检测、评价结果向所在地安全生产监督管理部门和驻地煤矿安全监察机构报告，并向劳动者公布。

**第十一条** 煤矿不得使用国家明令禁止使用的可能产生职业病危害的技术、工艺、设备和材料，限制使用或者淘汰职业病危害严重的技术、工艺、设备和材料。

**第十二条** 煤矿应当优化生产布局和工艺流程，使有害作业和无害作业分开，减少接触职业病危害的人数和接触时间。

**第十三条** 煤矿应当按照《煤矿职业安全卫生个体防护用品配备标准》（AQ1051）规定，为接触职业病危害的劳动者提供符合标准的个体防护用品，并指导和督促其正确使用。

**第十四条** 煤矿应当履行职业病危害告知义务，与劳动者订立或者变更劳动合同时，应当将作业过程中可能产生的职业病危害及其后果、防护措施和相关待遇等如实告知劳动者，并在劳动合同中载明，不得隐瞒或者欺骗。

**第十五条** 煤矿应当在醒目位置设置公告栏，公布有关职业病危害防治的规章制度、操作规程和作业场所职业病危害因素检测结果；对产生严重职业病危害的作业岗位，应当在醒目位置设置警示标识和中文警示说明。

**第十六条** 煤矿主要负责人、职业卫生管理人员应当具备煤矿职业卫生知识和管理能力，接受职业病危害防治培训。培训内容应当包括职业卫生相关法律、法规、规章和标准，职业病危害预防和控制的基本知识，职业卫生管理相关知识等内容。

煤矿应当对劳动者进行上岗前、在岗期间的定期职业病危害防治知识培训，督促劳动者遵守职业病防治法律、法规、规章、标准和操作规程，指导劳动者正确使用职业病防护设备和个体防护用品。上岗前培训时间不少于4学时，在岗期间的定期培训时间每年不少于2学时。

**第十七条** 煤矿应当建立健全企业职业卫生档案。企业职业卫生档案应当包括下列内容：

（一）职业病防治责任制文件；

（二）职业卫生管理规章制度；

（三）作业场所职业病危害因素种类清单、岗位分布以及作业人员接触情况等资料；

（四）职业病防护设施、应急救援设施基本信息及其配置、使用、维护、检修与更换等记录；

（五）作业场所职业病危害因素检测、评价报告与记录；

（六）职业病个体防护用品配备、发放、维护与更换等记录；

（七）煤矿企业主要负责人、职业卫生管理人员和劳动者的职业卫生培训资料；

（八）职业病危害事故报告与应急处置记录；

（九）劳动者职业健康检查结果汇总资料，存在职业禁忌证、职业健康损害或者职业病的劳动者处理和安置情况记录；

（十）建设项目职业卫生"三同时"有关技术资料；

（十一）职业病危害项目申报情况记录；

（十二）其他有关职业卫生管理的资料或者文件。

**第十八条** 煤矿应当保障职业病危害防治专项经费，经费在财政部、国家安全监管总局《关于印发〈企业安全生产费用提取和使用管理办法〉的通知》（财企〔2012〕16号）第十七条"（十）其他与安全生产直接相关的支出"中列支。

**第十九条** 煤矿发生职业病危害事故，应当及时向所在地安全生产监督管理部门和驻地煤矿安全监察机构报告,同时积极采取有效措施,减少或者消除职业病危害因素,防止事故扩大。对遭受或者可能遭受急性职业病危害的劳动者,应当及时组织救治,并承担所需费用。

煤矿不得迟报、漏报、谎报或者瞒报煤矿职业病危害事故。

## 第三章　建设项目职业病防护设施“三同时”管理

**第二十条**　煤矿建设项目职业病防护设施必须与主体工程同时设计、同时施工、同时投入生产和使用。职业病防护设施所需费用应当纳入建设项目工程预算。

**第二十一条**　煤矿建设项目在可行性论证阶段,建设单位应当委托具有资质的职业卫生技术服务机构进行职业病危害预评价,编制预评价报告。

**第二十二条**　煤矿建设项目在初步设计阶段,应当委托具有资质的设计单位编制职业病防护设施设计专篇。

**第二十三条**　煤矿建设项目完工后,在试运行期内,应当委托具有资质的职业卫生技术服务机构进行职业病危害控制效果评价,编制控制效果评价报告。

## 第四章　职业病危害项目申报

**第二十四条**　煤矿在申领、换发煤矿安全生产许可证时,应当如实向驻地煤矿安全监察机构申报职业病危害项目,同时抄报所在地安全生产监督管理部门。

**第二十五条**　煤矿申报职业病危害项目时,应当提交下列文件、资料:

(一)煤矿的基本情况;

(二)煤矿职业病危害防治领导机构、管理机构情况;

(三)煤矿建立职业病危害防治制度情况;

(四)职业病危害因素名称、监测人员及仪器设备配备情况;

(五)职业病防护设施及个体防护用品配备情况;

(六)煤矿主要负责人、职业卫生管理人员及劳动者职业卫生培训情况证明材料;

(七)劳动者职业健康检查结果汇总资料,存在职业禁忌症、职业健康损害或者职业病的劳动者处理和安置情况记录;

(八)职业病危害警示标识设置与告知情况;

(九)煤矿职业卫生档案管理情况;

(十)法律、法规和规章规定的其他资料。

**第二十六条**　安全生产监督管理部门和煤矿安全监察机构及其工作人员应当对煤矿企业职业病危害项目申报材料中涉及的商业和技术等秘密保密。违反有关保密义务的,应当承担相应的法律责任。

## 第五章　职业健康监护

**第二十七条**　对接触职业病危害的劳动者,煤矿应当按照国家有关规定组织上岗前、在岗期间和离岗时的职业健康检查,并将检查结果书面告知劳动者。职业健康检查费用由煤矿承担。职业健康检查由省级以上人民政府卫生行政部门批准的医疗卫生机构承担。

**第二十八条**　煤矿不得安排未经上岗前职业健康检查的人员从事接触职业病危害的作业;不得安排有职业禁忌的人员从事其所禁忌的作业;不得安排未成年工从事接触职业病危害的作业;不得安排孕期、哺乳期的女职工从事对本人和胎儿、婴儿有危害的作业。

**第二十九条**　劳动者接受职业健康检查应当视同正常出勤,煤矿企业不得以常规健康检查代替职业健康检查。接触职业病危害作业的劳动者的职业健康检查周期按照表1执行。

**表1**　**接触职业病危害作业的劳动者的职业健康检查周期**

<table>
<tr><th>接触有害物质</th><th>体检对象</th><th>检查周期</th></tr>
<tr><td rowspan="2">煤尘(以煤尘为主)</td><td>在岗人员</td><td>2年1次</td></tr>
<tr><td>观察对象、Ⅰ期煤工尘肺患者</td><td rowspan="4">每年1次</td></tr>
<tr><td>岩尘(以岩尘为主)</td><td>在岗人员、观察对象、Ⅰ期矽肺患者</td></tr>
<tr><td>噪声</td><td>在岗人员</td></tr>
<tr><td>高温</td><td>在岗人员</td></tr>
<tr><td>化学毒物</td><td>在岗人员</td><td>根据所接触的化学毒物确定检查周期</td></tr>
<tr><td colspan="3">接触粉尘危害作业退休人员的职业健康检查周期按照有关规定执行</td></tr>
</table>

**第三十条**　煤矿不得以劳动者上岗前职业健康检查代替在岗期间定期的职业健康检查,也不得以劳动

者在岗期间职业健康检查代替离岗时职业健康检查，但最后一次在岗期间的职业健康检查在离岗前的90日内的，可以视为离岗时检查。对未进行离岗前职业健康检查的劳动者，煤矿不得解除或者终止与其订立的劳动合同。

**第三十一条** 煤矿应当根据职业健康检查报告，采取下列措施：

（一）对有职业禁忌的劳动者，调离或者暂时脱离原工作岗位；

（二）对健康损害可能与所从事的职业相关的劳动者，进行妥善安置；

（三）对需要复查的劳动者，按照职业健康检查机构要求的时间安排复查和医学观察；

（四）对疑似职业病病人，按照职业健康检查机构的建议安排其进行医学观察或者职业病诊断；

（五）对存在职业病危害的岗位，改善劳动条件，完善职业病防护设施。

**第三十二条** 煤矿应当为劳动者个人建立职业健康监护档案，并按照有关规定的期限妥善保存。

职业健康监护档案应当包括劳动者个人基本情况、劳动者职业史和职业病危害接触史，历次职业健康检查结果及处理情况，职业病诊疗等资料。

劳动者离开煤矿时，有权索取本人职业健康监护档案复印件，煤矿必须如实、无偿提供，并在所提供的复印件上签章。

**第三十三条** 劳动者健康出现损害需要进行职业病诊断、鉴定的，煤矿企业应当如实提供职业病诊断、鉴定所需的劳动者职业史和职业病危害接触史、作业场所职业病危害因素检测结果等资料。

## 第六章 粉尘危害防治

**第三十四条** 煤矿应当在正常生产情况下对作业场所的粉尘浓度进行监测。粉尘浓度应当符合表2的要求；不符合要求的，应当采取有效措施。

**表2　　煤矿作业场所粉尘浓度要求**

| 粉尘种类 | 游离 $SiO_2$ 含量（%） | 时间加权平均容许浓度（毫克/立方米） | |
|---|---|---|---|
| | | 总粉尘 | 呼吸性粉尘 |
| 煤尘 | <10 | 4 | 2.5 |
| 矽尘 | 10≤～≤50 | 1 | 0.7 |
| | 50<～≤80 | 0.7 | 0.3 |
| | >80 | 0.5 | 0.2 |
| 水泥尘 | <10 | 4 | 1.5 |

**第三十五条** 煤矿进行粉尘监测时，其监测点的选择和布置应当符合表3的要求。

**表3　　煤矿作业场所测尘点的选择和布置要求**

| 类别 | 生产工艺 | 测尘点布置 |
|---|---|---|
| 采煤工作面 | 司机操作采煤机、打眼、人工落煤及攉煤 | 工人作业地点 |
| | 多工序同时作业 | 回风巷距工作面10～15米处 |
| 掘进工作面 | 司机操作掘进机、打眼、装岩（煤）、锚喷支护 | 工人作业地点 |
| | 多工序同时作业（爆破作业除外） | 距掘进头10～15米回风侧 |
| 其他场所 | 翻罐笼作业、巷道维修、转载点 | 工人作业地点 |
| 露天煤矿 | 穿孔机作业、挖掘机作业 | 下风侧3～5米处 |
| | 司机操作穿孔机、司机操作挖掘机、汽车运输 | 操作室内 |
| 地面作业场所 | 地面煤仓、储煤场、输送机运输等处生产作业 | 作业人员活动范围内 |

**第三十六条** 粉尘监测采用定点或者个体方法进行，推广实时在线监测系统。粉尘监测应当符合下列要求：

（一）总粉尘浓度，煤矿井下每月测定2次或者采用实时在线监测，地面及露天煤矿每月测定1次或者采用实时在线监测；

（二）呼吸性粉尘浓度每月测定1次；

（三）粉尘分散度每6个月监测1次；

（四）粉尘中游离 $SiO_2$ 含量，每6个月测定1次，在变更工作面时也应当测定1次。

**第三十七条** 煤矿应当使用粉尘采样器、直读式粉尘浓度测定仪等仪器设备进行粉尘浓度的测定。井工煤矿的采煤工作面回风巷、掘进工作面回风侧应当设置粉尘浓度传感器，并接入安全监测监控系统。

**第三十八条** 井工煤矿必须建立防尘洒水系统。永久性防尘水池容量不得小于200立方米，且贮水量不得小于井下连续2小时的用水量，备用水池贮水量不得小于永久性防尘水池的50%。

防尘管路应当敷设到所有能产生粉尘和沉积粉尘的地点，没有防尘供水管路的采掘工作面不得生产。静压供水管路管径应当满足矿井防尘用水量的要求，强度应当满足静压水压力的要求。

防尘用水水质悬浮物的含量不得超过30毫克/升，粒径不大于0.3毫米，水的pH值应当在6～9

范围内，水的碳酸盐硬度不超过3毫摩尔/升。使用降尘剂时，降尘剂应当无毒、无腐蚀、不污染环境。

**第三十九条** 井工煤矿掘进井巷和硐室时，必须采用湿式钻眼，使用水炮泥，爆破前后冲洗井壁巷帮，爆破过程中采用高压喷雾（喷雾压力不低于8兆帕）或者压气喷雾降尘、装岩（煤）洒水和净化风流等综合防尘措施。

**第四十条** 井工煤矿在煤、岩层中钻孔，应当采取湿式作业。煤（岩）与瓦斯突出煤层或者软煤层中难以采取湿式钻孔时，可以采取干式钻孔，但必须采取除尘器捕尘、除尘，除尘器的呼吸性粉尘除尘效率不得低于90%。

**第四十一条** 井工煤矿炮采工作面应当采取湿式钻眼，使用水炮泥，爆破前后应当冲洗煤壁，爆破时应当采用高压喷雾（喷雾压力不低于8兆帕）或者压气喷雾降尘，出煤时应当洒水降尘。

**第四十二条** 井工煤矿采煤机作业时，必须使用内、外喷雾装置。内喷雾压力不得低于2兆帕，外喷雾压力不得低于4兆帕。内喷雾装置不能正常使用时，外喷雾压力不得低于8兆帕，否则采煤机必须停机。液压支架必须安装自动喷雾降尘装置，实现降柱、移架同步喷雾。破碎机必须安装防尘罩，并加装喷雾装置或者除尘器。放顶煤采煤工作面的放煤口，必须安装高压喷雾装置（喷雾压力不低于8兆帕）或者采取压气喷雾降尘。

**第四十三条** 井工煤矿掘进机作业时，应当使用内、外喷雾装置和控尘装置、除尘器等构成的综合防尘系统。掘进机内喷雾压力不得低于2兆帕，外喷雾压力不得低于4兆帕。内喷雾装置不能正常使用时，外喷雾压力不得低于8兆帕；除尘器的呼吸性粉尘除尘效率不得低于90%。

**第四十四条** 井工煤矿的采煤工作面回风巷、掘进工作面回风侧应当分别安设至少2道自动控制风流净化水幕。

**第四十五条** 煤矿井下煤仓放煤口、溜煤眼放煤口以及地面带式输送机走廊必须安设喷雾装置或者除尘器，作业时进行喷雾降尘或者用除尘器除尘。煤仓放煤口、溜煤眼放煤口采用喷雾降尘时，喷雾压力不得低于8兆帕。

**第四十六条** 井工煤矿的所有煤层必须进行煤层注水可注性测试。对于可注水煤层必须进行煤层注水。煤层注水过程中应当对注水流量、注水量及压力等参数进行监测和控制，单孔注水总量应当使该钻孔预湿煤体的平均水分含量增量不得低于1.5%，封孔深度应当保证注水过程中煤壁及钻孔不漏水、不跑水。在厚煤层分层开采时，在确保安全前提下，应当采取在上一分层的采空区内灌水，对下一分层的煤体进行湿润。

**第四十七条** 井工煤矿打锚杆眼应当实施湿式钻孔，喷射混凝土时应当采用潮喷或者湿喷工艺，喷射机、喷浆点应当配备捕尘、除尘装置，距离锚喷作业点下风向100米内，应当设置2道以上自动控制风流净化水幕。

**第四十八条** 井工煤矿转载点应当采用自动喷雾降尘（喷雾压力应当大于0.7兆帕）或者密闭尘源除尘器抽尘净化等措施。转载点落差超过0.5米，必须安装溜槽或者导向板。装煤点下风侧20米内，必须设置一道自动控制风流净化水幕。运输巷道内应当设置自动控制风流净化水幕。

**第四十九条** 露天煤矿粉尘防治应当符合下列要求：

（一）设置有专门稳定可靠供水水源的加水站（池），加水能力满足洒水降尘所需的最大供给量；

（二）采取湿式钻孔；不能实现湿式钻孔时，设置有效的孔口捕尘装置；

（三）破碎作业时，密闭作业区域并采用喷雾降尘或者除尘器除尘；

（四）加强对穿孔机、挖掘机、汽车等司机操作室的防护；

（五）挖掘机装车前，对煤（岩）洒水，卸煤（岩）时喷雾降尘；

（六）对运输路面经常清理浮尘、洒水，加强维护，保持路面平整。

**第五十条** 洗选煤厂原煤准备（给煤、破碎、筛分、转载）过程中宜密闭尘源，并采取喷雾降尘或者除尘器除尘。

**第五十一条** 储煤场厂区应当定期洒水抑尘，储煤场四周应当设抑尘网，装卸煤炭应当喷雾降尘或者洒水车降尘，煤炭外运时应当采取密闭措施。

## 第七章 噪声危害防治

**第五十二条** 煤矿作业场所噪声危害依照下列标准判定：

（一）劳动者每天连续接触噪声时间达到或者超过8小时的，噪声声级限值为85分贝（A）；

（二）劳动者每天接触噪声时间不足8小时的，可以根据实际接触噪声的时间，按照接触噪声时间减半、噪声声级限值增加3分贝（A）的原则确定其声极限值。

**第五十三条** 煤矿应当配备2台以上噪声测定仪器，并对作业场所噪声每6个月监测1次。

**第五十四条** 煤矿作业场所噪声的监测地点主要包括：

（一）井工煤矿的主要通风机、提升机、空气压缩机、局部通风机、采煤机、掘进机、风动凿岩机、风钻、乳化液泵、水泵等地点；

（二）露天煤矿的挖掘机、穿孔机、矿用汽车、输送机、排土机和爆破作业等地点；

（三）选煤厂破碎机、筛分机、空压机等地点。

煤矿进行监测时，应当在每个监测地点选择 3 个测点，监测结果以 3 个监测点的平均值为准。

**第五十五条** 煤矿应当优先选用低噪声设备，通过隔声、消声、吸声、减振、减少接触时间、佩戴防护耳塞（罩）等措施降低噪声危害。

## 第八章 热害防治

**第五十六条** 井工煤矿采掘工作面的空气温度不得超过 26 摄氏度，机电设备硐室的空气温度不得超过 30 摄氏度 。当空气温度超过上述要求时，煤矿必须缩短超温地点工作人员的工作时间，并给予劳动者高温保健待遇。采掘工作面的空气温度超过 30 摄氏度 、机电设备硐室的空气温度超过 34 摄氏度 时，必须停止作业。

**第五十七条** 井工煤矿采掘工作面和机电设备硐室应当设置温度传感器。

**第五十八条** 井工煤矿应当采取通风降温、采用分区式开拓方式缩短入风线路长度等措施，降低工作面的温度；当采用上述措施仍然无法达到作业环境标准温度的，应当采用制冷等降温措施。

**第五十九条** 井工煤矿地面辅助生产系统和露天煤矿应当合理安排劳动者工作时间，减少高温时段室外作业。

## 第九章 职业中毒防治

**第六十条** 煤矿作业场所主要化学毒物浓度不得超过表 4 的要求。

**表 4　　煤矿主要化学毒物最高允许浓度**

| 化学毒物名称 | 最高允许浓度（%） |
|---|---|
| CO | 0.0024 |
| $H_2S$ | 0.00066 |
| NO（换算成 $NO_2$） | 0.00025 |
| $SO_2$ | 0.0005 |

**第六十一条** 煤矿进行化学毒物监测时，应当选择有代表性的作业地点，其中包括空气中有害物质浓度最高、作业人员接触时间最长的作业地点。采样应当在正常生产状态下进行。

**第六十二条** 煤矿应当对 NO（换算成 $NO_2$）、CO、$SO_2$ 每 3 个月至少监测 1 次，对 $H_2S$ 每月至少监测 1 次。煤层有自燃倾向的，应当根据需要随时监测。

**第六十三条** 煤矿作业场所应当加强通风降低有害气体的浓度，在采用通风措施无法达到表 4 的规定时，应当采用净化、化学吸收等措施降低有害气体的浓度。

## 第十章 法律责任

**第六十四条** 煤矿违反本规定，有下列行为之一的，给予警告，责令限期改正；逾期不改正的，处十万元以下的罚款：

（一）作业场所职业病危害因素检测、评价结果没有存档、上报、公布的；

（二）未设置职业病防治管理机构或者配备专职职业卫生管理人员的；

（三）未制定职业病防治计划或者实施方案的；

（四）未建立健全职业病危害防治制度的；

（五）未建立健全企业职业卫生档案或者劳动者职业健康监护档案的；

（六）未公布有关职业病防治的规章制度、操作规程、职业病危害事故应急救援措施的；

（七）未组织劳动者进行职业卫生培训，或者未对劳动者个人职业病防护采取指导、督促措施的。

**第六十五条** 煤矿违反本规定，有下列行为之一的，给予警告，可以并处五万元以上十万元以下的罚款：

（一）未如实申报产生职业病危害的项目的；

（二）未实施由专人负责的职业病危害因素日常监测，或者监测系统不能正常监测的；

（三）订立或者变更劳动合同时，未告知劳动者职业病危害真实情况的；

（四）未组织职业健康检查、建立职业健康监护档案，或者未将检查结果书面告知劳动者的；

（五）未在劳动者离开煤矿企业时提供职业健康监护档案复印件的。

**第六十六条** 煤矿违反本规定，有下列行为之一的，责令限期改正，逾期不改正的，处五万元以上二十万元以下的罚款；情节严重的，责令停止产生职业病危害的作业，或者提请有关人民政府按照国务院规定的权限责令关闭：

（一）作业场所职业病危害因素的强度或者浓度超过本规定要求的；

（二）未提供职业病防护设施和个人使用的职业病防护用品，或者提供的职业病防护设施和个人使用的职业病防护用品不符合本规定要求的；

（三）未对作业场所职业病危害因素进行检测、评价的；

（四）作业场所职业病危害因素经治理仍然达不到本规定要求时，未停止存在职业病危害因素的作业的；

（五）发生或者可能发生急性职业病危害事故时，未立即采取应急救援和控制措施，或者未按照规定及时报告的；

（六）未按照规定在产生严重职业病危害的作业岗位醒目位置设置警示标识和中文警示说明的。

**第六十七条** 煤矿违反本规定，有下列情形之一的，责令限期治理，并处五万元以上三十万元以下的罚款；情节严重的，责令停止产生职业病危害的作业，或者暂扣、吊销煤矿安全生产许可证：

（一）隐瞒本单位职业卫生真实情况的；

（二）使用国家明令禁止使用的可能产生职业病危害的设备或者材料的；

（三）安排未经职业健康检查的劳动者、有职业禁忌的劳动者、未成年工或者孕期、哺乳期女职工从事接触职业病危害的作业或者禁忌作业的。

**第六十八条** 煤矿违反本规定，有下列行为之一的，给予警告，责令限期改正，逾期不改正的，处三万元以下的罚款：

（一）未投入职业病防治经费的；

（二）未建立职业病防治领导机构的；

（三）煤矿企业主要负责人、职业卫生管理人员和职业病危害因素监测人员未接受职业卫生培训的。

**第六十九条** 煤矿违反本规定，造成重大职业病危害事故或者其他严重后果，构成犯罪的，对直接负责的主管人员和其他直接责任人员，依法追究刑事责任。

**第七十条** 煤矿违反本规定的其他违法行为，依照《中华人民共和国职业病防治法》和其他行政法规、规章的规定给予行政处罚。

**第七十一条** 本规定设定的行政处罚，由煤矿安全监察机构实施。

## 第十一章 附 则

**第七十二条** 本规定中未涉及的其他职业病危害因素，按照国家有关规定执行。

**第七十三条** 本规定自 2015 年 4 月 1 日起施行。

# 国家能源局 国家煤矿安全监察局 关于严格治理煤矿超能力生产的通知

国能煤炭〔2015〕120 号

有关省（区、市）、新疆生产建设兵团煤矿安全监管部门、煤炭行业管理部门，省级煤矿安全监察机构：

近年来，有关部门和地方认真贯彻落实国务院关于煤炭行业脱困工作部署，围绕遏制煤炭产量无序增长采取了一系列措施，煤矿生产秩序有所好转。但是部分煤矿超能力生产仍然突出，影响煤炭市场供需平衡。为严格治理煤矿超能力生产，营造市场公平竞争环境，促进煤炭行业脱困，经研究，自即日起到 2015 年底，开展严格治理煤矿超能力生产专项活动，现就有关事项通知如下：

一、超能力生产违背煤矿生产规律，是煤矿安全重大隐患，同时严重扰乱市场公平竞争秩序，加剧煤炭供需失衡矛盾。各产煤地区有关部门要进一步增强责任感和紧迫感，切实履行各自职责，紧密结合工作实际，坚决打击煤矿超能力生产等违法违规生产行为，有效规范煤矿生产秩序。

二、所有生产煤矿必须按照公告生产能力组织生产，合理安排年度、季度、月度生产计划。煤矿全年产量不得超过公告的生产能力，月度产量不得超过月度计划的 110%；无月度计划的，月度产量不得超过公告生产能力的 1/12。企业集团公司不得向所属煤矿下达超过公告生产能力的生产计划及相关经济指标。

三、对煤矿当月产量超过当月允许产量上限的（月度产量计划的 110% 或公告生产能力的 1/12），应严格按照《国务院关于预防煤矿生产安全事故的特别规定》（国务院令第 446 号）要求进行处理。处理结果要通过新闻媒体、政府网站等途径及时向社会公开。

四、各地煤炭行业管理部门、煤矿安全监管部门要会同煤矿安全监察机构制定检查方案，明确检查方法、检查频次，对出现过超能力生产或可能存在超能力生产的煤矿进行重点监督检查，督促煤矿严格控制产量，防止超能力生产。各地检查方案请于 4 月底前报国家能源局和国家煤矿安监局。

五、各地煤炭行业管理部门要认真落实煤矿生产能力登记公告制度，完善常态化工作机制，为严厉打击煤矿超能力生产打好基础。各地要进一步提高煤矿生产能力登记公告工作的时效性和准确性,及时对建成投产或生产能力发生变化的煤矿登记建档、变更信息,并通过相关网站进行公告。

六、要积极发挥行业协会等组织对企业的约束作用,强化行业自律,引导煤矿企业依法依规组织生产。鼓励社会公众和媒体对煤矿超能力生产行为进行监督,及时核实查处群众举报、媒体曝光的煤矿超能力生产行为。

七、各地煤炭行业管理部门、煤矿安全监管部门和煤矿安全监察机构要将治理煤矿超能力生产作为日常监管的重要内容,加强组织领导,建立健全联合执法机制,形成工作合力。各地要将查处煤矿超能力生产与隐患排查治理等重点检查、专项检查、定期检查活动有效结合,加大监督检查力度,提高工作效率。省级煤炭行业管理部门、煤矿安全监管部门要会同煤矿安全监察机构在每季度首月10日前将上一季度辖区内煤矿超能力生产监督检查及问题查处情况上报国家能源局、国家煤矿安监局。

国家能源局　国家煤矿安全监察局

2015年4月13日

# 财政部关于不再规定冶金矿山企业维持简单再生产费用标准的通知

财资〔2015〕8号

各省、自治区、直辖市、计划单列市财政厅(局)、有关企业:

为更好地发挥冶金矿山企业的市场主体作用,财政部不再规定冶金矿山企业维持简单再生产费用标准,冶金矿山企业可根据生产经营情况自主确定是否提取维简费及提取的标准。

本通知自印发之日起施行,《财政部关于提高冶金矿山维持简单再生产费用标准的通知》(财企〔2004〕324号)同时废止。

抄送:审计署、国家税务总局,中国价格协会冶金矿山行业价格研究会。

2015年4月27日

# 财政部 国家税务总局关于实施稀土、钨、钼资源税从价计征改革的通知

财税〔2015〕52号

各省、自治区、直辖市、计划单列市财政厅(局)、地方税务局,西藏、宁夏回族自治区国家税务局,新疆生产建设兵团财务局:

经国务院批准,自2015年5月1日起实施稀土、钨、钼资源税清费立税、从价计征改革。现将有关事项通知如下:

**一、关于计征办法**

稀土、钨、钼资源税由从量定额计征改为从价定率计征。稀土、钨、钼应税产品包括原矿和以自采原矿加工的精矿。

纳税人将其开采的原矿加工为精矿销售的,按精矿销售额(不含增值税)和适用税率计算缴纳资源税。纳税人开采并销售原矿的,将原矿销售额(不含增值税)换算为精矿销售额计算缴纳资源税。应纳税额的计算公式为:

应纳税额=精矿销售额×适用税率

**二、关于适用税率**

轻稀土按地区执行不同的适用税率,其中,内蒙古为11.5%、四川为9.5%、山东为7.5%。

中重稀土资源税适用税率为27%。

钨资源税适用税率为6.5%。

钼资源税适用税率为11%。

**三、关于精矿销售额**

精矿销售额依照《中华人民共和国资源税暂行条例实施细则》第五条和本通知的有关规定确定。精矿销售额的计算公式为:

精矿销售额=精矿销售量×单位价格

精矿销售额不包括从洗选厂到车站、码头或用户指定运达地点的运输费用。

轻稀土精矿是指从轻稀土原矿中经过洗选等初加工生产的矿岩型稀土精矿,包括氟碳铈矿精矿、独居石精矿以及混合型稀土精矿等。提取铁精矿后含稀土氧

化物(REO)的矿浆或尾矿,视同稀土原矿。轻稀土精矿按折一定比例稀土氧化物的交易量和交易价计算确定销售额。

中重稀土精矿包括离子型稀土矿和磷钇矿精矿。离子型稀土矿是指通过离子交换原理提取的各种形态离子型稀土矿(包括稀土料液、碳酸稀土、草酸稀土等)和再通过灼烧、氧化的混合稀土氧化物。离子型稀土矿按折92%稀土氧化物的交易量和交易价计算确定销售额。

钨精矿是指由钨原矿经重选、浮选、电选、磁选等工艺生产出的三氧化钨含量达到一定比例的精矿。钨精矿按折65%三氧化钨的交易量和交易价计算确定销售额。

钼精矿是指钼原矿经过浮选等工艺生产出的钼含量达到一定比例的精矿。钼精矿按折45%钼金属的交易量和交易价计算确定销售额。

纳税人申报的精矿销售价格明显偏低且无正当理由的、有视同销售精矿行为而无销售额的,依照《中华人民共和国资源税暂行条例实施细则》第七条和本通知的有关规定确定计税价格及销售额。

**四、关于原矿销售额与精矿销售额的换算**

纳税人销售(或者视同销售)其自采原矿的,可采用成本法或市场法将原矿销售额换算为精矿销售额计算缴纳资源税。其中成本法公式为:

精矿销售额=原矿销售额+原矿加工为精矿的成本×(1+成本利润率)

市场法公式为:

精矿销售额=原矿销售额×换算比

换算比=同类精矿单位价格÷(原矿单位价格×选矿比)

选矿比=加工精矿耗用的原矿数量÷精矿数量

原矿销售额不包括从矿区到车站、码头或用户指定运达地点的运输费用。

**五、关于共生矿、伴生矿的纳税**

与稀土共生、伴生的铁矿石,在计征铁矿石资源税时,准予扣减其中共生、伴生的稀土矿石数量。

与稀土、钨和钼共生、伴生的应税产品,或者稀土、钨和钼为共生、伴生矿的,在改革前未单独计征资源税的,改革后暂不计征资源税。

**六、关于纳税环节**

纳税人将其开采的原矿加工为精矿销售的,在销售环节计算缴纳资源税。

纳税人将其开采的原矿,自用于连续生产精矿的,在原矿移送使用环节不缴纳资源税,加工为精矿后按规定计算缴纳资源税。

纳税人将自采原矿加工为精矿自用或者进行投资、分配、抵债以及以物易物等情形的,视同销售精矿,依照有关规定计算缴纳资源税。

纳税人将其开采的原矿对外销售的,在销售环节缴纳资源税;纳税人将其开采的原矿连续生产非精矿产品的,视同销售原矿,依照有关规定计算缴纳资源税。

**七、关于纳税地点**

稀土、钨、钼按精矿销售额计征资源税后,其纳税地点仍按照《中华人民共和国资源税暂行条例》的规定执行。

**八、其他征管事项**

(一)纳税人同时以自采未税原矿和外购已税原矿加工精矿的,应当分别核算;未分别核算的,一律视同以未税原矿加工精矿,计算缴纳资源税。

(二)纳税人与其关联企业之间的业务往来,应当按照独立企业之间的业务往来收取或支付价款、费用;不按照独立企业之间的业务往来收取或支付价款、费用,而减少其应纳税收入的,税务机关有权按照《中华人民共和国税收征收管理法》及其实施细则的有关规定进行合理调整。

(三)纳税人2015年5月1日前开采的原矿或加工的精矿,在2015年5月1日后销售和自用的,按本通知规定缴纳资源税;2015年5月1日前签订的销售原矿或精矿的合同,在2015年5月1日后收讫销售款或者取得索取销售款凭据的,按本通知规定缴纳资源税。

(四)2015年5月1日后销售的精矿,其所用原矿如果此前已按从量定额办法缴纳了资源税,这部分已缴税款可在其应纳税额中抵减。

此前有关规定与本通知不一致的,一律以本通知为准。对改革运行中出现的问题,请及时上报财政部、国家税务总局。

2015年4月30日

# 财政部 国家发展改革委<br>关于清理涉及稀土、钨、钼收费基金有关问题的通知

财税〔2015〕53号

各省、自治区、直辖市人民政府，国务院各部委、各直属机构：

按照国务院关于实施稀土、钨、钼资源税改革的要求，决定清理规范涉及稀土、钨、钼的收费基金。经国务院批准，现将有关事项通知如下：

一、自2015年5月1日起，在全国范围统一将稀土、钨、钼矿产资源补偿费费率降为零，停止征收稀土、钨、钼价格调节基金。

二、各省、自治区、直辖市要全面清理规范本地区出台的涉及稀土、钨、钼的收费基金项目，凡违反行政事业性收费和政府性基金审批管理规定，越权出台的收费基金项目要一律取消。

三、清理涉及稀土、钨、钼有关收费基金后，相关部门履行正常工作职责所需经费，由中央和地方财政通过一般公共预算安排资金予以保障。

四、各地区、各有关部门要严格执行本通知规定，对公布取消或停征的收费基金，不得以任何理由拖延或者拒绝执行，不得以其他名目变相继续收费。

2015年4月30日

# 国家安全监管总局关于修改《煤矿安全监察员管理办法》<br>等五部煤矿安全规章的决定

国家安全生产监督管理总局令

第81号

《国家安全监管总局关于修改〈煤矿安全监察员管理办法〉等五部煤矿安全规章的决定》已经2015年3月23日国家安全生产监督管理总局局长办公会议审议通过，现予公布，自2015年7月1日起施行。

局长　杨栋梁

2015年6月8日

为贯彻实施新修改的《中华人民共和国安全生产法》，维护法制统一，推进依法治安，国家安全生产监督管理总局对煤矿安全方面的部门规章进行了清理。经过清理，现决定对《煤矿安全监察员管理办法》等五部规章予以修改：

**一、对《煤矿安全监察员管理办法》做出修改**

（一）将第一条修改为："为加强和规范煤矿安全监察员管理工作，保障煤矿安全监察员依法行政，根据《公务员法》《安全生产法》《煤矿安全监察条例》等法律法规，制定本办法。"

（二）将第三条修改为："国家安全生产监督管理总局、省级煤矿安全监察局按干部管理权限对煤矿安全监察员实行分级管理。"

（三）将第五条修改为："煤矿安全监察员由国家安全生产监督管理总局考核，并颁发煤矿安全监察执法证。"

（四）将第七条第四项修改为："参与煤矿建设项目安全设施设计审查以及对建设单位竣工验收活动和验收结果的监督核查。"

（五）将第二十一条第四项修改为："发现事故隐患或影响煤矿安全的违法行为不依法及时处理或报告的。"

**二、对《煤矿安全监察行政处罚办法》做出修改**

（一）将第二条、第三条中的"办事处"修改为"分局"。

（二）将第五条中的"煤矿安全监察员证件"修改为"煤矿安全监察执法证件"。

（三）将第七条修改为："煤矿或者施工单位有下列行为之一的，责令停止建设或者停产停业整顿，限期改正；逾期未改正的，处50万元以上100万元以下的罚款，对其直接负责的主管人员和其他直接责任人员处2万元以上5万元以下的罚款；构成犯罪的，依照刑法有关规定追究刑事责任："

"（一）未按照规定对煤矿建设项目进行安全评价的；"

“（二）煤矿建设项目没有安全设施设计或者安全设施设计未按照规定报经有关部门审查同意的；”

“（三）煤矿建设项目的施工单位未按照批准的安全设施设计施工的；”

“（四）煤矿建设项目竣工投入生产或者使用前，安全设施未经验收合格的。”

（四）删去第八条、第九条、第十一条。

（五）将第十三条改为第十条，修改为：“煤矿未依法提取或者使用煤矿安全技术措施专项费用的，责令限期改正，提供必需的资金；逾期不改正的，处5万元以下的罚款，责令停产整顿。”

“有前款违法行为，导致发生生产安全事故的，对煤矿主要负责人给予撤职处分，对个人经营的投资人处2万元以上20万元以下的罚款；构成犯罪的，依照刑法有关规定追究刑事责任。”

（六）删去第十四条第二款。

（七）将第二十四条中的“煤炭生产许可证”修改为“安全生产许可证”。

（八）将第二十五条改为第二十二条，修改为：“煤矿违反有关安全生产法律、行政法规的规定，拒绝、阻碍煤矿安全监察机构依法实施监督检查的，责令改正；拒不改正的，处2万元以上20万元以下的罚款；”

对其直接负责的主管人员和其他直接责任人员处1万元以上2万元以下的罚款；构成犯罪的，依照刑法有关规定追究刑事责任。

“煤矿提供虚假情况，或者隐瞒存在的事故隐患以及其他安全问题的，由煤矿安全监察机构给予警告，可以并处5万元以上10万元以下的罚款；情节严重的，责令停产整顿。”

（九）将第二十六条改为第二十三条，修改为：“煤矿发生事故，对煤矿、煤矿主要负责人以及其他有关责任单位、人员依照《安全生产法》及有关法律、行政法规的规定予以行政处罚；构成犯罪的，依照刑法有关规定追究刑事责任。”

**三、对《煤矿建设项目安全设施监察规定》做出修改**

（一）将第五条修改为：“煤矿建设项目施工前，其安全设施设计应当经煤矿安全监察机构审查同意；竣工投入生产或使用前，其安全设施和安全条件应当经煤矿建设单位验收合格。煤矿安全监察机构应当加强对建设单位验收活动和验收结果的监督核查。”

（二）将第六条修改为：“煤矿建设项目安全设施的设计审查，由煤矿安全监察机构按照设计或者新增的生产能力，实行分级负责。”

“（一）设计或者新增的生产能力在300万吨/年及以上的井工煤矿建设项目和1000万吨/年及以上的露天煤矿建设项目，由国家煤矿安全监察局负责设计审查。”

“（二）设计或者新增的生产能力在300万吨/年以下的井工煤矿建设项目和1000万吨/年以下的露天煤矿建设项目，由省级煤矿安全监察局负责设计审查。”

（三）将第七条修改为：“未设立煤矿安全监察机构的省、自治区，由省、自治区人民政府指定的负责煤矿安全监察工作的部门负责本规定第六条第二项规定的设计审查。”

（四）将第八条修改为：“经省级煤矿安全监察局审查同意的项目，应及时报国家煤矿安全监察局备案。”

（五）删去第十二条中的“并在提出评价报告30日内按本规定第六条的规定报煤矿安全监察机构备案”。

（六）将第十九条第二项修改为：“建设项目审批、核准或者备案的文件。”增加一项，作为第三项：“采矿许可证或者矿区范围批准文件。”

（七）将第二十六条修改为：“煤矿建设项目在竣工完成后，应当在正式投入生产或使用前进行联合试运转。联合试运转的时间一般为1至6个月，有特殊情况需要延长的，总时长不得超过12个月。”

“煤矿建设项目联合试运转，应按规定经有关主管部门批准。”

（八）将第二十九条修改为：“煤矿建设项目的安全设施和安全条件验收应当由煤矿建设单位负责组织；未经验收合格的，不得投入生产和使用。”

“煤矿建设单位实行多级管理的，应当由具体负责建设项目施工建设单位的上一级具有法人资格的公司（单位）负责组织验收。”

（九）删去第三十条、第三十一条。

（十）将第三十二条改为第三十条，将其中的“煤矿安全监察机构接到验收申请后，应当对上报资料进行审查并组织现场验收”修改为“煤矿建设单位或者其上一级具有法人资格的公司（单位）组织验收时，应当对有关资料进行审查并组织现场验收”。

（十一）删去第三十三条。

（十二）将第三十四条改为第三十一条，修改为：“违反本规定的，由煤矿安全监察机构或者省、自治区人民政府指定的负责煤矿安全监察工作的部门依照《安全生产法》及有关法律、行政法规的规定予以行政处罚；构成犯罪的，依照刑法有关规定追究刑事责任。”

（十三）将第三十五条改为第三十二条，修改为：“煤矿建设项目的安全设施设计审查申请表的样式，由国家煤矿安全监察局制定。”

**四、对《煤矿企业安全生产许可证实施办法》做出修改**

（一）将第四条修改为："国家煤矿安全监察局指导、监督全国煤矿企业安全生产许可证的颁发管理工作。"

"国家煤矿安全监察局在省、自治区、直辖市设立的煤矿安全监察局和煤矿安全监察分局负责中央管理的煤矿企业（集团公司、总公司、上市公司）以外的其他煤矿企业安全生产许可证的颁发和管理；未设立煤矿安全监察机构的省、自治区，由省、自治区人民政府指定的部门（以下与省级煤矿安全监察局统称省级安全生产许可证颁发管理机关）负责本行政区域内煤矿企业安全生产许可证的颁发和管理。"

（二）在第七条增加一款，作为第二款："煤与瓦斯突出矿井、水文地质类型复杂矿井应当设置专门的防治煤与瓦斯突出机构、防治水机构。"

（三）在第十条增加一款，作为第二款："煤矿应当开展隐蔽致灾因素普查工作。"

（四）删去第十四条第一款。

（五）将第三十三条中的"办事处"修改为"分局"。

（六）将第四十一条修改为："承担安全评价、检测、检验工作的机构，出具虚假安全评价、检测、检验报告或者证明的，没收违法所得；违法所得在10万元以上的，并处违法所得2倍以上5倍以下的罚款，没有违法所得或者违法所得不足10万元的，单处或者并处10万元以上20万元以下的罚款，对其直接负责的主管人员和其他直接责任人员处2万元以上5万元以下的罚款；给他人造成损害的，与煤矿企业承担连带赔偿责任；构成犯罪的，依照刑法有关规定追究刑事责任。

"对有前款违法行为的机构，依法吊销其相应资质。"

（七）删去第四十九条。

**五、对《煤矿领导带班下井及安全监督检查规定》作出修改**

（一）将第四条第一款修改为："本规定所称的煤矿，是指煤矿生产矿井和新建、改建、扩建、技术改造、资源整合重组等建设矿井及其施工单位。"第三款修改为："建设矿井的领导，是指煤矿建设单位和从事煤矿建设的施工单位的主要负责人、领导班子成员和副总工程师。"

（二）删去第五条第一款中的"施工单位（以下统称煤矿，下同）"。

（三）将第八条修改为："煤矿领导带班下井制度应当按照煤矿的隶属关系报送所在地煤炭行业管理部门，同时抄送煤矿安全监管部门和驻地煤矿安全监察机构。"

（四）将第九条第一项修改为："加强对采煤、掘进、通风等重点部位、关键环节的检查巡视，全面掌握当班井下的安全生产状况。"

（五）将第十八条第一项修改为："未建立健全煤矿领导带班下井制度的。"

（六）将第二十条修改为："对发生事故而没有煤矿领导带班下井的煤矿，依法责令停产整顿，暂扣或者吊销煤矿安全生产许可证，并依照下列规定处以罚款；情节严重的，提请有关人民政府依法予以关闭：

"（一）发生一般事故的，处50万元的罚款；

"（二）发生较大事故的，处100万元的罚款；

"（三）发生重大事故的，处500万元的罚款；

"（四）发生特别重大事故的，处2000万元的罚款。"

（七）删去第二十一条中的"和矿长资格证"；将第二款修改为：

"煤矿的主要负责人未履行《安全生产法》规定的安全生产管理职责，导致发生生产安全事故，受到刑事处罚或者撤职处分的，自刑罚执行完毕或者受处分之日起，5年内不得担任任何生产经营单位的主要负责人；对重大、特别重大生产安全事故负有责任的，终身不得担任煤矿的主要负责人。"

此外，对相关规章的条文顺序和个别文字表述作了相应调整。

本决定自2015年7月1日起施行。

# 水利部 国土资源部 交通运输部<br>关于进一步加强河道采砂管理工作的通知

水建管〔2015〕310号

主送（略）：

为深入贯彻落实党的十八届三中、四中全会精神，进一步加强河道采砂管理，维护河势和航道稳定，保障防洪安全、通航安全、供水安全、生态安全和重要基础设施安全，促进砂石资源的合理开发利用，现就有关事项通知如下：

**一、提高认识，加强组织领导**

多年来，经过地方各级人民政府，各级水利、国土资源、交通运输和有关部门的共同努力，河道采砂管理取得了良好成效，逐步走向规范化、制度化。但在暴利驱使下，一些地方私采滥挖河道砂石问题仍时有发生，有的地方甚至愈演愈烈，对堤防、航道、桥梁等重要基础设施的安全和河道砂石资源的合理利用带来不利影响，给防洪安全、通航安全、供水安全、生态安全造成威胁，河道采砂管理形势严峻。

党的十八届三中全会提出，要创新社会治理体制，健全公共安全体系；加快生态文明制度建设，有序实现河湖休养生息。党的十八届四中全会对全面推进依法治国和建设社会主义法治国家要出重要部署。各地水利、国土资源、交通运输部门要充分认识依法加强河道采砂管理工作的重要性和艰巨性，充分认识打击河道非法采砂的长期性和复杂性，深入贯彻落实党的十八届三中、四中全会精神，把加强河道采砂管理作为依法治国、建设生态文明和维护公共安全的重要政治任务，在地方人民政府的统一领导下，按照各自职责分工，切实把河道采砂管理工作抓实抓好。

**二、统筹规划，依法科学管理**

河道砂石是河床的重要组成部分，也是重要的矿产资源，对河道采砂进行统一规划，是依法管理河道采砂的重要依据，是规范河道采砂活动的重要基础。河道采砂管理规划要坚持统筹兼顾、科学论证，处理好保护与利用、当前与长远的关系，符合流域和区域综合规划以及防洪、河道整治规划、航道规划、矿产资源规划等相关规划，严格划定禁采区，明确禁采期，合理确定可采量和可采范围，实行保护优先、总量控制和有序开采，确保河道采砂不影响河势稳定，不损害航道条件和通航安全，不带来防洪隐患，不威胁生态安全。

水利部会同国土资源部、交通运输部正在编制《全国江河重要河道采砂管理规划》，拟由三部联合印发，各地各有关单位要认真执行，增强规划的约束力。对于其他河道，各地要在地方人民政府的统一领导下，尽快建立健全河道采砂管理统一规划制度。近期，对采砂问题突出、采砂管理任务较重，采砂可能对河势、防洪、供水、通航、生态环境等方面有较大影响的河道，各地水利部门要会同国土资源、交通运输部门按管理权限抓紧编制出台河道采砂管理规划。长江宜宾以下干流河道采砂管理规划按《长江河道采砂管理条例》的规定执行。

**三、落实责任，加大监管力度**

水利部会同国土资源部、交通运输部等部门负责除长江宜宾以下干流河道之外的全国河道采砂监督管理工作。水利部对河道采砂影响防洪安全、河势稳定、堤防安全负责；国土资源部对保障河道内砂石资源合理开发利用负责；交通运输部对河道采砂影响通航安全负责。各级水利、国土资源、交通运输部门要在地方人民政府的领导下，充分发挥各自监管优势，密切协调配合，齐抓共管，共同维护河道采砂监管良好局面。

各地要根据行政审批制度改革要求和河道径流特点，切实规范采砂许可工作，对同一事项只进行一次许可。非季节性河流（常年流水河道），以确保河势稳定、航道稳定和防洪安全、通航安全为主，在科学规划基础上，河道采砂管理作为河道管理的重要内容，依法实行河道采砂许可。在发放采砂许可证前，水利行政主管部门应事先征求国土资源等相关部门意见，涉及航道的，由水利行政主管部门会同交通运输主管部门批准。季节性河流，在保障河势稳定和防洪安全、通航安全、生态安全的前提下，在科学规划的基础上，采砂管理以矿产资源管理为主，依法实行采矿许可。在发放采矿许可证前，国土资源行政主管部门应事先征求水行政主管部门等相关部门意见，涉及航道的应事先征得交通运输部门同意。各地季节性和非季节性河流的划分、河道采砂许可的具体方式、审批程序等由各省级人民政府确定。

非季节性河流的采砂管理由水利部门负责。季节性河流的采砂管理主要由国土资源部门负责。航道和航道保护范围内采砂损害航道通航条件的，航道管理部门应按照《中华人民共和国航道法》规定进行执法监管。要加强河道采砂日常巡查和监管，强化重要江河、重点河段、重要区域和重要时段的巡查，强化对禁采区和禁采期，采砂总量和作业方式的监管，对违法违规采砂行为做到早发现，早制止，早处理。加强对涉砂船舶和采砂机具的监管，严厉打击“三无”船只。对重要江河、重点河段、重要区域和重要时段的非法采砂，水利、国土资源、交通运输部门要适时组织开展联合执法打击。

长江宜宾以下干流河道采砂管理按《长江河道采砂管理条例》的规定执行。

**四、突出重点，全面排查隐患**

自本通知下发之日起，各地要对重要河道、重点河段和重要工程设施水域进行全面排查。重点排查违法违规采砂问题突出、采砂量较大以及防汛任务较重的河段，对无证和不按许可要求的河道采砂行为和涉砂船舶，危及水工程、桥梁、航道、码头、管线等重要基础设施安全以及影响防洪安全、通航安全、供水安全的河道非法采砂行为要进行集中打击，按照有关法律法规从严从重处理，及时消除安全隐患。在各地隐患排查和集中打击的基础上，水利部、国土资源都、交通运输部将联合开展河道非法采砂专项检查行动。

**五、密切配合,建立长效机制**

水利部、国土资源部、交通运输部建立河道采砂管理合作机制,充分发挥各自优势,密切加强协调配合,推进建立完善的河道采砂管理长效机制。三部成立合作机制领导小组,负责除长江宜宾以下干流河道之外的全国河道采砂管理的重大决策部署,协调解决重大问题,推进河道采砂管理立法工作。

各级水利、国土资源、交通运输部门要在地方人民政府的统一领导下,按本通知精神结合本地实际,明确采砂管理牵头部门和协作部门,落实责任主体,要建立联合监管机制、共同执法机制、定期会商机制、重大问题协调机制和信息资源共享机制。通过强化制度建设、狠抓源头治理、加强日常巡查、严格依法查处、注重教育引导等多种有效形式,始终保持对河道违法违规采砂行为的高压严打态势。

水利部　国土资源部　交通运输部

2015 年 7 月 31 日

# 国土资源部关于印发《历史遗留工矿废弃地复垦利用试点管理办法》的通知

国土资规〔2015〕1 号

各省、自治区、直辖市国土资源主管部门:

《历史遗留工矿废弃地复垦利用试点管理办法》已经第 13 次部长办公会审议通过,现印发你们,请认真遵照执行。执行过程中出现的新情况、新问题,请及时与部沟通联系。

附件:历史遗留工矿废弃地复垦利用试点管理办法

2015 年 8 月 3 日

# 历史遗留工矿废弃地复垦利用试点管理办法

## 第一章　总　则

**第一条**　为了规范推进历史遗留工矿废弃地复垦利用试点工作,根据《中华人民共和国土地管理法》《土地复垦条例》(国务院令第 592 号)、《土地复垦条例实施办法》(国土资源部令第 56 号)和《节约集约利用土地规定》(国土资源部令第 61 号),制定本办法。

**第二条**　本办法所称工矿废弃地复垦利用,是指将历史遗留的工矿废弃地以及交通、水利等基础设施废弃地等加以复垦,在治理改善生态环境基础上,与新增建设用地相挂钩,合理调整建设用地布局,确保建设用地总量不增加、利用更集约,耕地面积不减少、质量不降低的土地整治措施。

**第三条**　历史遗留工矿废弃地复垦利用工作遵循以下原则:

(一)生态优先、合理利用。工矿废弃地复垦利用应当以改善生态环境为出发点,坚持因地制宜、综合治理和生态效益、经济效益、社会效益相统一,提高土地资源的综合承载能力。

(二)科学规划、规范运作。在调查摸清工矿废弃地资源现状、利用潜力和做好确权工作的基础上,根据土地利用总体规划和土地整治规划,科学编制工矿废弃地复垦利用专项规划,强化整体管控。按照“限定范围、控制规模、项目管理、定期考核”的要求,封闭运行,严格监管。

(三)保护耕地、节约用地。坚持最严格的耕地保护制度,采取综合措施确保复垦耕地质量,严格控制建设占用耕地特别是永久基本农田;坚持最严格的节约用地制度,守住总量、控制增量、综合利用、提高效率,防止片面增加城镇建设用地规模。

(四)统筹推进、形成合力。建立政府组织、部门合作、群众参与、利益共享的工作机制,鼓励集体经济组织、农民和社会组织投资土地复垦。有条件的地方,可将工矿废弃地复垦利用与矿山环境恢复治理、绿色矿业发展示范区建设、土地整治等工作统筹推进,发挥政策组合效应。

**第四条**　申请开展工矿废弃地复垦利用试点的市、县,应当具备以下条件:

(一)历史遗留工矿废弃地复垦潜力较大,且待复垦土地相对集中连片;

(二)工矿业活动对当地群众生产生活和生态环境造成的影响较大,群众对改善生态环境和生产生活条件的要求迫切;

（三）推进新型城镇化和区域协调发展用地供需矛盾突出，需要对建设用地结构和布局进行调整优化；

（四）当地政府重视，土地管理严格规范，近两年内没有因违法违规用地被市级以上人民政府问责或约谈。

**第五条** 国家通过下达历史遗留工矿废弃地复垦利用指标，专项用于控制建新占地的规模，同时作为安排复垦面积的依据。复垦利用指标纳入土地利用年度计划。

省级国土资源主管部门在编制土地利用年度计划时，可根据当地实际提出复垦利用指标申请，纳入土地利用年度计划建议，报国土资源部。国土资源部综合平衡，提出全国复垦利用指标总量建议，纳入国民经济和社会发展计划草案，报国务院审定。

国土资源部依据国务院审定的复垦利用指标总量，根据各地经济社会发展、资源潜力、规划安排和相关工作进展情况，统筹存量与增量建设用地安排，提出下达地方的复垦利用指标方案，报部长办公会审定下达。

**第六条** 国土资源部负责加强工矿废弃地复垦利用的总量管控，做好政策指导和监督检查。省级国土资源主管部门负责本行政区域内工矿废弃地复垦利用的总体部署，审查批准专项规划，组织复垦项目核查，下达建新指标，做好在线报备和考核监管。市、县级国土资源主管部门负责本行政区域内工矿废弃地复垦利用专项规划的编制、上报审核，具体组织复垦项目实施工作。

开展工矿废弃地复垦利用试点的市、县级国土资源主管部门，应当在人民政府统一领导下，加强与发展改革、财政、农业、环保、水利等相关部门的协同配合，共同推进工作。

## 第二章　调查规划

**第七条** 本办法所称的历史遗留工矿废弃地是指无土地复垦义务人、在全国土地调查时已确定为建设用地的下列用地：

（一）各类工矿企业在生产建设过程中因挖损、塌陷、压占等造成损毁的土地；

（二）因交通、水利设施和建筑物废弃等遗弃荒废的土地；

（三）废弃的农村砖瓦窑等用地；

（四）其他废弃的建设用地。

纳入复垦利用试点范围的土地应当权属清晰，因政策原因被政府关停和整合的工矿企业损毁的土地，可认定为历史遗留工矿废弃地。具体认定程序，按照《土地复垦条例实施办法》第二十九条执行。

**第八条** 符合本办法第七条规定的国有划拨土地，土地使用权人不再使用且不及时复垦的，有关人民政府国土资源主管部门可以依据《土地管理法》第五十八条、《城镇国有土地使用权出让和转让暂行条例》（国务院令第55号）第四十七条及有关规定，报经原批准用地的人民政府或者有批准权的人民政府批准，收回国有土地使用权，纳入工矿废弃地复垦利用范围。

**第九条** 开展历史遗留工矿废弃地复垦利用试点的市、县，应当依据土地调查成果，进行必要的补充调查，查明工矿废弃地的类型、分布、数量、权属以及用地合法性、复垦义务人等情况。

在调查基础上，应当综合考虑土地损毁状况、区位条件、水土资源、生态环境风险等，做好土地复垦适宜性评价与潜力分析。

**第十条** 开展历史遗留工矿废弃地复垦利用试点的市、县，应当在做好工矿废弃地复垦潜力调查评价的基础上，依据土地利用总体规划和土地整治规划，组织编制工矿废弃地复垦利用专项规划。规划期限一般为5年。

**第十一条** 历史遗留工矿废弃地复垦利用专项规划应当包括下列内容：

（一）规划背景和基础，包括自然和经济社会条件、工矿废弃地现状和潜力；

（二）规划的原则和目标任务；

（三）复垦项目的布局、规模、用途和进度安排，复垦质量要求，复垦措施和投资概算；

（四）建新用地的布局、规模和利用方向；

（五）预期生态、经济和社会效益；

（六）保障措施。

专项规划成果包括规划文本、规划图件和编制说明，其中，规划图件包括工矿废弃地现状图、复垦潜力分布图、复垦利用规划图等。

**第十二条** 历史遗留工矿废弃地复垦利用专项规划编制过程中，要广泛征求有关部门、专家、集体经济组织和土地权利人意见，扩大公众参与，充分论证、科学决策。

历史遗留工矿废弃地复垦利用专项规划要与城乡建设、产业发展、环境保护等相关规划协调衔接。

**第十三条** 历史遗留工矿废弃地复垦利用专项规划由有关市、县级人民政府审查批准。专项规划批准之前，需逐级上报省级国土资源主管部门组织专家论证，并出具审查意见。专项规划批准后及时上传在建监管系统。

经确定的历史遗留工矿废弃地复垦利用专项规划必须严格执行。实施过程中涉及项目区布局、规模、用途等原则性内容变更的，应编制规划修改方案，按原报批程序批准。

## 第三章 复垦管理

**第十四条** 开展历史遗留工矿废弃地复垦利用试点的县级国土资源主管部门,应根据批准的工矿废弃地复垦利用专项规划和下达的复垦计划指标,编制工矿废弃地复垦项目实施方案,征求市级国土资源主管部门意见,并报省级国土资源主管部门备案。

经确定的复垦项目实施方案必须严格实施。因规划修改等客观原因确需修改复垦项目实施方案的,县级国土资源主管部门在修改实施方案时,应当再次征求市级国土资源主管部门意见,并报省级国土资源主管部门备案。

复垦项目从立项实施至验收的期限一般不超过三年,确需延期的,延期期限不得超过两年。

**第十五条** 工矿废弃地复垦坚持以生态建设为导向,科学评价复垦土地的适宜性,做到宜耕则耕、宜林则林、宜水则水、宜牧则牧;采取山、水、田、林、路综合整治措施,保障复垦质量,促进土地可持续利用。

**第十六条** 工矿废弃地复垦应当依法依规执行项目法人制、招投标制、工程监理制和公告制等制度,切实做到程序合法、责任明确、监管到位。涉及集体土地的,要通过告知、听证等程序征得相关农村集体经济组织和农民同意,并依法做好补偿和安置。

**第十七条** 工矿废弃地复垦项目实施前须完成土地确权登记。涉及土地权属调整的,应本着互利互惠的原则,自愿、有偿、平等协商解决,有权属争议的地块,不得纳入工矿废弃地复垦项目。

复垦项目验收合格后,应及时将变化图斑纳入年度土地变更调查,并做好确权登记发证。复垦后的土地不得改变农业用途,非国有土地可通过承包等方式就近确定给农村集体经济组织和农户使用,确保有效利用。

**第十八条** 鼓励运用市场化机制,多渠道筹措复垦资金。规范资金管理,确保专款专用,注重资金使用效益。

**第十九条** 县级国土资源主管部门应当建立工矿废弃地复垦质量管理制度,监督复垦项目实施单位严格遵守土地复垦标准和环境保护标准,对土地复垦工程质量和效果等实施全程控制。

复垦土地应达到《土地复垦质量控制标准》(TD/T 1036—2013)和国家土壤环境质量有关标准。

**第二十条** 工矿废弃地复垦为耕地的,应与区域内建设占用耕地耕作层剥离再利用相结合,切实提高复垦耕地质量。

对存在污染风险的工矿废弃地复垦项目,实施前应当开展土壤污染调查与评价。严禁将存在严重污染隐患且在短期内无法修复的工矿废弃地复垦为耕地。禁止将有毒有害物质用作工矿废弃地复垦的回填或者充填材料。

鼓励工矿废弃地复垦项目实施中,运用土地复垦先进技术,改善土壤质量与生态环境。

**第二十一条** 省级国土资源主管部门应当制定历史遗留工矿废弃地复垦项目验收管理制度。

复垦项目实施完成后,由县级国土资源主管部门进行初验,初验合格的,由市级国土资源主管部门组织验收,验收结果及时上传在线监管系统。省级国土资源主管部门可组织核查,发现存在问题的要责令纠正和整改。

地方国土资源主管部门组织初验、验收和核查,应商同级农业、林业、环境保护等有关部门,并邀请有关专家共同参加。

**第二十二条** 工矿废弃地复垦项目中涉及复垦为耕地的,应对复垦耕地质量等级进行评定,并依法对耕地土壤环境质量进行评价。

**第二十三条** 县级国土资源主管部门应当会同有关部门和土地使用者,在验收合格后的五年内对复垦土地的各项质量指标进行跟踪监测,采取管护措施,保证土地复垦效果。

## 第四章 建新管理

**第二十四条** 工矿废弃地复垦项目验收合格后,省级国土资源主管部门按照核定的复垦面积,下达建新计划指标。建新节余指标原则上不得跨县级行政区域使用。

**第二十五条** 建新区涉及农用地转为建设用地的,可以与经验收的工矿废弃地复垦区一起,经县级人民政府审核同意后,逐级上报省级人民政府整体审批,可不再办理农转用审批。建新区占用基本农田的,应按照国家有关规定,报经国务院批准。

复垦和建新应当做到:

(一)建新区面积不得大于复垦区面积,复垦耕地的数量和质量不得低于建新占用耕地的数量和质量。

(二)建新区应安排在土地利用总体规划确定的允许建设区内,允许建设区内确实不能安排的,也可安排在有条件建设区,但必须按规定做好规划修改并按程序报批。

**第二十六条** 建新区涉及土地征收的,要依法办理土地征收手续,做好对被征地集体经济组织和农民的安置补偿,确保被征地农民生活水平不下降、长远生计有保障。严格按照法律法规、国家供地政策和土地使用标准审批供地,节约集约用地。

## 第五章　实施监管

**第二十七条**　国土资源部建立在线监管制度和指标体系,建设全国历史遗留工矿废弃地复垦利用在线监管系统,并纳入国土资源综合监管平台统一管理,切实加强对历史遗留工矿废弃地复垦利用工作的监管。

相关国土资源主管部门要加强历史遗留工矿废弃地复垦利用信息化建设,根据全国历史遗留工矿废弃地复垦利用在线监管指标体系,结合实际建立工矿废弃地复垦项目日常管理信息系统。

**第二十八条**　相关国土资源主管部门应在专项规划审批,复垦项目实施和验收,项目区整体审批完成后20个工作日内,完成有关信息的在线备案。按照"谁报备、谁负责"的原则,由各地对报备信息的真实性、准确性和完整性负责。未按要求完成在线备案的项目区不作为认定依据。

**第二十九条**　历史遗留工矿废弃地复垦利用报备信息需修改的,由省级国土资源主管部门审核确认。经省级国土资源主管部门同意调整的,应向国土资源部提出修改申请,申请要件包括申请调整的请示、省级国土资源主管部门审核意见及相关调整的文件等。

**第三十条**　省级国土资源主管部门应定期对本行政区域内工矿废弃地复垦利用工作进行检查指导,每年对有关市、县工作开展情况进行考核,考核结果报国土资源部备案。

**第三十一条**　国土资源部加强对工矿废弃地复垦利用工作的实地抽查,对存在问题的责令限期纠正整改。对擅自扩大历史遗留工矿废弃地复垦利用范围、突破国家下达复垦利用指标的,暂停工矿废弃地复垦利用工作,并相应扣减土地利用年度计划指标。

**第三十二条**　建立历史遗留工矿废弃地复垦利用工作评估制度。国土资源部每季度对在线监管系统备案信息进行统计分析,对发现的问题及时通报有关省份;每年根据在线备案、省级考核和抽查情况对各地工作情况进行年度评估。季度评估、年度评估的结果作为安排下一年度工矿废弃地复垦利用指标的依据。地方各级国土资源主管部门也要相应建立统计分析、问题通报和检查评估制度。

## 第六章　附　则

**第三十三条**　各省(区、市)应当依据本办法,结合本地区实际,制定具体实施办法。

**第三十四条**　本办法自颁布之日起实施,有效期5年。此前有关规定与本办法不一致的,以本办法规定为准。《国土资源部关于开展工矿废弃地复垦利用试点工作的通知》(国土资发〔2012〕45号)同时废止。

# 国土资源部关于做好矿业权设置方案审批或备案核准取消后相关工作的通知

国土资规〔2015〕2号

各省、自治区、直辖市国土资源主管部门,中国地质调查局及部其他直属单位,部机关各司局:

为贯彻落实《国务院关于取消非行政许可审批事项的决定》(国发〔2015〕27号)精神,深化矿产资源管理改革,减少审批事项,突出和加强矿产资源规划的宏观管控能力,进一步推进矿产资源勘查开发布局优化调整,现就取消矿业权设置方案审批或备案核准后的有关事项通知如下:

**一、取消矿业权设置方案审批或备案核准制度**

严格执行《国务院关于取消非行政许可审批事项的决定》(国发〔2015〕27号),部、省两级停止矿业权设置方案的审批或备案核准,与之对应的地方各级国土资源主管部门承担的初审、复审、审核等一并取消。

**二、矿业权设置方案相关内容纳入矿产资源规划统一管理**

将矿业权设置方案与矿产资源规划中的勘查开采规划区块有机融合,统一为"矿业权设置区划",作为规划的重要组成部分,在总体规划或专项规划中设"矿业权设置区划"专门篇章,对矿产资源勘查开发布局进行细化安排,编制实施管理按照《矿产资源规划编制实施办法》(部令第55号)的规定执行。已上图入库的矿业权设置方案继续有效,直接纳入第二轮矿产资源规划。在第三轮矿产资源规划审批发布之前,确需增加或调整矿业权设置区划的,依据《国土资源部办公厅关于贯彻落实〈矿产资源规划编制实施办法〉严格规划管理的通知》(国土资厅发〔2013〕24号),按照勘查开采规划区块调整的要求对第二轮矿产资源规划进行调整。其中涉及国家规划矿区、对国民经济具有重要价值矿区(以下简称“两矿区”)的,由省级国土资源主管部门提出调整意见报部,经报备系统数据检查通过后直接上图入库;“两矿区”以外的,由省级国土资源主管部门提出意见,或由相关地市级、县级国土资源主管部门提出调整意见、报省级国土资源主管部门同意后,由省级国土资源主管部门统一通过报备系统上图入库。本《通知》下发之日前,已上报部、省待审批或备案的矿业权设置方案,经报备系统数据检查通过后直接上图入库。

**三、进一步深化和完善矿业权设置区划工作**

第三轮矿产资源规划要充分利用和吸纳矿业权设置方案已有成果,切实做好矿业权设置区划工作,进一步细化勘查开采的空间布局安排。对于《关于进一步规范矿业权出让管理的通知》(国土资发〔2006〕12 号)中“矿产勘查开采分类目录”规定的第一类矿产,以及按规定调整为第一类的矿产,应依据勘查工作程度进行矿业权设置区划,原则上不要求划定勘查规划区块,达到详查以上(含详查)勘查程度的,应划定开采规划区块。对于第二类矿产,以及按规定调整为第二类的矿产,要依据资源赋存状况、地质构造条件和勘查程度等,划定勘查、开采规划区块。其中,地热、矿泉水等流体矿产开采规划区块划分勘查程度要求,由各省(区、市)根据实际情况确定。对于第三类矿产,以及按规定调整为第三类的矿产,可直接划定集中区、备选区等,明确区内矿业权投放总量控制、最低开采规模、矿山地质环境保护与恢复治理措施等准入要求;对确需进行详细安排的市县,可根据实际情况和管理需要,在规划中划定开采规划区块。勘查风险分类调整,由省级国土资源主管部门结合本地实际,综合考虑矿床类型、勘查深度和地质工作程度等因素,经专家论证、集体决策、社会公示后予以实施,调整内容上传至矿业权统一配号系统,纳入信息化监管。

矿业权设置区划工作由省级国土资源主管部门统一部署和组织开展,其中“两矿区”规划矿种的矿业权设置区划由省级国土资源主管部门负责划定,在省级矿产资源总体规划中落实。其他矿业权设置区划,由省级国土资源主管部门组织推进,根据实际情况在市级或县级规划中落实具体的矿业权设置区划内容。各地在矿业权设置区划工作中,应优先保证国家紧缺矿产和重要矿产勘查开采。有关编制要求参照《省级矿产资源规划编制技术规程》和《市县级矿产资源总体规划编制指导意见》(国土资厅发〔2015〕9 号)。

**四、规范矿产资源勘查开发项目的规划审核**

有关国土资源主管部门应依据矿产资源规划,切实做好矿产资源勘查开发项目的规划审核。重点审核是否符合禁止、限制等规划分区管理要求,是否与规划矿种方向一致(砂石黏土类矿产只需矿种大类符合即可),是否符合矿业权设置区划要求。矿业权设置区划中明确划定勘查开采规划区块的,原则上一个区块一个主体。砂石黏土类矿产开采,不得位于规划划定的禁止开采区范围内,且需符合本地区矿业权总量控制、最低开采规模和矿山地质环境保护等准入条件要求。此外,以下几种情形视同符合矿业权设置区划要求:

(一)财政全额出资勘查的探矿权;

(二)已设探矿权转采矿权,且拟设采矿权矿区范围未超出已设探矿权勘查范围的项目;

(三)扩大勘查开采面积不超过原面积 25% 的矿业权;

(四)已设采矿权深部勘查需设置探矿权且为同一主体的;

(五)经省级人民政府批准的矿产资源开发整合项目。

第三轮矿产资源规划发布实施前,以第二轮矿产资源规划和已上图入库的矿业权设置区划为依据进行审核。

**五、强化矿业权设置区划编制实施的监督检查**

各省(区、市)要高度重视和加强矿业权设置区划编制实施工作,确保矿产资源勘查开发布局合理。部将强化对勘查开发项目规划审核情况的信息化监管,重点监管是否按要求编制矿产资源规划,拟配号项目是否符合规划审核要求,并对相关审核记录存查,作为后续监管工作依据。部将定期组织省级国土资源主管部门开展矿产资源规划中矿业权设置区划实施情况的检查,确保应编尽编、科学编制、编批一致,并将有关情况进行通报。

本通知自发布之日起,废止《关于印发〈煤炭国家规划矿区矿业权设置方案编制要求〉的通知》(国土资厅发〔2006〕26 号)、《关于煤炭国家规划矿区矿业权设置方案修编有关规定的通知》(国土资厅发〔2010〕42 号)、《国土资源部关于进一步完善矿业权管理促进整装勘查的通知》(国土资发〔2011〕55 号),本通知印发实施前印发的文件中管理要求与本通知不一致的,以本通知为准。各省(区、市)国土资源主管部门要按照本通知规定,对相关文件进行全面清理。

2015 年 8 月 18 日

# 国土资源部关于进一步做好煤炭矿业权审批管理改革试点有关问题的通知

国土资规〔2015〕4 号

黑龙江、贵州、陕西省国土资源厅：

为进一步加强煤炭矿业权宏观调控，转变管理职能，依据《矿产资源勘查区块登记管理办法》和《矿产资源开采登记管理办法》及有关规定，部决定在你省进行煤炭矿业权审批管理改革试点，并于 2010 年 9 月 14 日印发了《国土资源部关于开展煤炭矿业权审批管理改革试点的通知》（国土资发〔2010〕143 号，以下简称 143 号文）。

现按照《国务院关于取消和下放一批行政审批项目的决定》（国发〔2014〕5 号）关于取消"矿业权投放计划审批"和"煤炭矿业权审批管理改革试点省煤炭矿业权审批项目备案核准"的相关要求，以及《国土资源部关于不再暂停受理新设煤炭探矿权申请的通知》（国土资发〔2014〕120 号）关于"不再暂停受理新设煤炭探矿权申请"的相关要求，对 143 号文进行修改。本通知印发后，143 号文及《国土资源部办公厅关于进一步做好煤炭矿业权审批管理改革试点有关问题的通知》（国土资厅函〔2011〕1099 号）同时废止。

一、部继续授权你厅审批登记煤炭矿业权。原属于部审批权限的，授权你厅审批登记。部信息中心对矿业权统一配号系统的试点省配号权限、配号流程等内容进行调整。

二、严格煤炭探矿权采矿权出让管理。以招标拍卖挂牌方式出让煤炭探矿权、采矿权的，由你厅组织实施。

三、授权审批延续类项目。本通知下发前，在部登记发证的你省煤炭探矿权、采矿权项目，由你厅办理延续、保留、变更、转让、注销审批登记。

四、相关要件审批（备案）。试点期间，你厅颁发煤炭勘查许可证、采矿许可证涉及应由部进行的储量评审、储量登记、矿业权评估、矿业权价款处置、矿山地质环境保护与治理恢复方案和土地复垦方案等审批（备案）要件，授权你厅负责审批（备案）；涉及应由其他主管部门审批的要件，仍按其他主管部门规定执行。你厅应按照规定严格要件审查，不得降低审批要件标准，对原需要委托评审或咨询论证的矿产资源开发利用方案、储量评审、矿山地质环境保护与治理恢复方案和土地复垦方案等，仍按原渠道委托评审或咨询论证。你厅应将大型及以上规模的储量评审备案情况按每半年报部。部相关司局要加强业务指导，确保煤炭矿业权审批工作质量，保证试点工作顺利推进。

五、认真落实煤炭和煤层气综合勘查开采的相关规定。试点工作要严格执行《关于加强煤炭和煤层气资源综合勘查开采管理的通知》（国土资发〔2007〕96 号）关于煤层气、煤炭资源进行综合勘查、评价和储量认定的规定。要统筹安排煤炭与煤层气开发，优先保障煤炭工业发展，促进煤层气产业发展。对煤层中吨煤瓦斯含量高于规定标准，设置煤炭采矿权时，根据煤炭开采布局和开采时序的安排，对近期不开采煤炭并经论证具备煤层气地面开发条件的，以采气为主，先设置煤层气采矿权。对近期急需开采煤炭的，由申请人统一编制煤炭和煤层气开发利用方案，进行井下先抽后采。

六、试点工作要严格执行财政部和我部深化探矿权采矿权有偿取得制度改革的有关规定，确保国家权益的实现。

七、你厅对部授权审批颁发的煤炭勘查许可证、采矿许可证权限不得再行向下授权。请你厅加强领导，认真组织，在试点工作过程中，要定期进行分析总结，加强经验交流，进展情况及时向部报告。

本通知自印发之日起施行，有效期五年。以往关于煤炭探矿权、采矿权审批管理与本通知不一致的，以本通知为准。

2015 年 8 月 24 日

# 国土资源部关于印发《矿业权人勘查开采信息公示办法(试行)》的通知

国土资规〔2015〕6号

各省、自治区、直辖市国土资源主管部门:

《矿业权人勘查开采信息公示办法(试行)》已经第17次部长办公会议审议通过,现印发你们,请认真遵照执行。执行过程中出现的新情况、新问题,请及时与部沟通联系。

2015年9月29日

## 矿业权人勘查开采信息公示办法(试行)

### 第一章 总 则

**第一条** 为保障公平竞争,促进矿业权人(包括探矿权人和采矿权人)诚信自律,规范矿业权人勘查开采信息公示,强化信用约束,提高政府监管效能,扩大社会监督,进一步加强矿业权人履行法定义务和合理开发利用矿产资源的监管,根据《中华人民共和国矿产资源法》、《企业信息公示暂行条例》(国务院令第654号)等法律法规的有关规定,制定本办法。

**第二条** 矿业权人勘查开采信息是指矿业权人从事矿产资源勘查开采活动过程中形成的年度信息和国土资源主管部门在履行职责过程中产生的能够反映矿业权人状况的信息。

矿业权人勘查开采年度信息包括矿业权基本信息、矿业权人履行法定义务信息和勘查开采活动信息。国土资源主管部门履职产生的信息主要包括对矿业权人的日常监管信息和异常名录、严重违法名单管理信息等。

**第三条** 矿业权人勘查开采信息公示应当真实、及时。公示的信息涉及国家秘密、国家安全或者社会公共利益的,应当报请主管的保密行政管理部门或者国家安全机关批准。县级以上国土资源主管部门公示的矿业权人勘查开采信息涉及矿业权人商业秘密或者个人隐私的,应当报请上级主管部门批准。

矿业权人勘查开采信息涉及保密而不能公示的,年度信息直接报送省级国土资源主管部门,其中油气的年度矿业权人勘查开采信息直接报送国土资源部。

**第四条** 国土资源部负责管理全国矿业权人勘查开采信息公示工作,统一组织建设矿业权人勘查开采信息公示系统(以下简称"信息公示系统"),总结通报全国矿业权人勘查开采信息公示情况。省级国土资源主管部门负责组织本行政区域内矿业权人勘查开采信息公示工作。

**第五条** 国土资源主管部门按照公平规范的要求,以随机摇号方式抽取一定比例的勘查项目和矿山,对矿业权人公示信息情况进行检查。

国土资源部负责全国矿业权人勘查开采公示信息抽查管理工作,对地方国土资源主管部门的信息抽查工作进行检查。省级国土资源主管部门负责组织开展本辖区矿业权人勘查开采公示信息抽查工作。

**第六条** 国土资源主管部门在履行职责过程中作出的对矿业权人的行政处罚信息和异常名录、严重违法名单管理信息等,由作出决定的国土资源主管部门登录省级以上国土资源主管部门门户网站进行填写和公示。

**第七条** 矿业权人和国土资源主管部门分别对其公示信息的真实性、及时性负责。

### 第二章 矿业权人信息填报

**第八条** 国土资源部和省级国土资源主管部门门户网站设"矿业权人勘查开采信息公示系统"专栏,矿业权人登录勘查项目或矿山所在地的省级国土资源主管部门门户网站进行填报。

**第九条** 凡持有矿产勘查许可证、采矿许可证的矿业权人,应当按照本办法要求填报矿产资源勘查开采年度信息并按要求公示。

上一年度新设立矿业权至当年年底不满6个月的,参加下一年度信息填报和公示。

**第十条** 矿业权人应当于每年1月1日至3月31日,通过信息公示系统填报上年度矿产资源勘查开采年度信息,并向社会公示。在年度信息填报期间,矿业权人发现其填报和公示的信息存在不准确、错误、遗漏的,可以进行更正,更正前后信息同时公示。

**第十一条** 矿产资源勘查年度信息内容(附表1、

附表 3)：

(一)探矿权基本信息。包括勘查许可证号、探矿权人名称、探矿权人地址、勘查项目名称及地理位置、勘查面积、有效期限、勘查单位名称、发证机关、发证时间和勘查活动依据的勘查实施方案等。

(二)探矿权人履行义务信息。包括实际勘查矿种、年度勘查投入情况、探矿权使用费和探矿权价款缴纳情况等。

(三)当年勘查投资和主要实物工作量。包括勘查投资及分项核算，钻探、坑探、槽探、浅井、地震等实物工作量。

(四)矿产勘查项目合作情况。包括合作人、股权比例、出资方式等。

(五)国土资源主管部门要求报告的其他事项。

**第十二条** 矿产资源开采年度信息内容(附表 2、附表 4)。

(一)采矿权基本信息。包括采矿许可证号、采矿权人名称、矿山名称及地址、经济类型、开采矿种、开采方式、生产规模、矿区面积、有效期限、发证机关、发证时间和开采活动依据的矿产资源开发利用方案等。

(二)采矿权人履行义务信息。包括依法依规开发利用矿产资源情况和矿山储量年报、矿产开发利用统计报送情况，矿产资源补偿费、采矿权使用费、采矿权价款、矿山环境治理恢复保证金和土地复垦费等费用缴纳情况和矿山地质环境保护与治理恢复方案执行情况、土地复垦方案执行情况等。

(三)矿产资源合理开发利用指标。包括矿山基本情况、开采回采率、选矿回收率、综合利用率等指标。

(四)国土资源主管部门要求报告的其他事项。

**第十三条** 矿山企业在采矿许可证范围内开展地质勘查工作的，应增加填报“矿产资源勘查项目年度信息表”，其中的“探矿权基本信息”填写为“采矿权基本信息”。凡不涉及国家出资的，其勘查信息可不纳入抽查范围。

## 第三章 公示信息抽查

**第十四条** 省级国土资源主管部门结合矿产资源勘查项目和矿山情况，区分不同地区、不同规模等，依据勘查许可证或采矿许可证编号等随机摇号确定抽查名单，抽取比例不低于各类勘查项目或矿山总数的 5%。根据需要应当增加对重点勘查项目和矿山的抽查，根据矿业秩序等情况开展专项抽查。

油气勘查开采项目的抽查名单，由国土资源部商有关省级国土资源主管部门确定。

上级国土资源主管部门可以委托下级国土资源主管部门进行检查。

**第十五条** 国土资源主管部门应当于每年 4 月 1 日至 9 月 30 日，对矿业权人公示信息进行抽查。抽查勘查项目和矿山名单工作应当在 4 月底之前完成，并通过信息公示系统公示。9 月底之前完成全部抽查工作，并将结果通过信息公示系统公示。

**第十六条** 国土资源主管部门对摇号确定抽查的勘查项目或矿山，应当全部开展实地核查，全面核查矿业权人公示信息情况。实地核查可以委托有关专业机构开展相关工作。

对随机摇号确定抽查名单之外的勘查项目和矿山需要检查的，可以采取书面检查、实地核查、网络检测等方式。

**第十七条** 国土资源主管部门组织对勘查项目和矿山进行实地核查，应当随机选派核查人员，核查人员不少于 3 人。

实地核查人员对矿业权人公示信息进行核查，如实记录核查情况，并由被抽查勘查项目或矿山的矿业权人盖章或负责人签字确认。无法取得签字盖章的，核查人员应当注明原因，必要时邀请有关人员作为见证人。

**第十八条** 国土资源主管部门自核查结束之日起 20 个工作日内，将核查结果记录在该矿业权人公示信息中，并通过信息公示系统公示。

**第十九条** 公民、法人或者其他组织发现矿业权人公示的信息虚假的，可以向国土资源主管部门举报。国土资源主管部门接到举报后应当进行核查处理，并将处理情况书面告知举报人。

**第二十条** 国土资源主管部门对矿业权人公示的信息依法开展抽查或者根据举报进行核查，矿业权人应当配合，接受询问调查，如实反映情况，提供相关材料。

对不予配合情节严重的，国土资源主管部门应当按照相关法律法规进行处罚，并通过信息公示系统进行公示。

**第二十一条** 任何公民、法人或者其他组织不得非法修改公示的矿业权人勘查开采信息，不得非法获取矿业权人信息。

## 第四章 异常名录和严重违法名单管理

**第二十二条** 国土资源主管部门负责其登记的矿业权人异常名录和严重违法名单管理工作。

国土资源部颁发勘查许可证和采矿许可证的，矿业权人异常名录和严重违法名单的列入、移出管理，由勘查项目或矿山所在地的省级国土资源主管部门负责。油气矿产矿业权人异常名录和严重违法名单的管理，国土资源部可授权有条件的省级国土资源主管部门负责。

**第二十三条** 矿业权人有下列情形之一的，国土资源主管部门应当在20个工作日内作出将其列入异常名录的决定，通过信息公示系统公示，提醒其履行相关义务。

（一）截至年度信息填报结束之日，矿业权人未依照本办法规定公示年度信息的。

（二）国土资源主管部门发现并查实矿业权人年度信息隐瞒真实情况、弄虚作假的。

（三）国土资源主管部门发现并查实矿业权人未履行法定义务或履行法定义务不到位的。

**第二十四条** 矿业权人被列入异常名录之日起3年内，符合下列情形的，由作出列入决定的国土资源主管部门将其移出异常名录。

（一）因"矿业权人未依照本办法规定公示年度信息"被列入异常名录，已补报未报年份的年度信息并公示。

（二）因"矿业权人年度信息隐瞒真实情况、弄虚作假"被列入异常名录，已更正并公示。

（三）因"矿业权人未履行法定义务或履行法定义务不到位"被列入异常名录，已按规定履行义务并公示。

**第二十五条** 国土资源主管部门将被列入异常名录的矿业权人移出的，应当自查实之日起20个工作日内，作出移出异常名录的决定，并在信息公示系统公示。

**第二十六条** 矿业权人被列入异常名录满3年仍未依照本办公示信息的，国土资源主管部门应当将其列入严重违法名单，并通过信息公示系统向社会公示。

**第二十七条** 矿业权人自被列入严重违法名单之日起满5年未再发生第二十三条规定情形的，由作出列入严重违法名单决定的国土资源主管部门将其移出严重违法名单。

国土资源主管部门将列入严重违法名单的矿业权人移出的，应当自查实之日起20个工作日内作出移出决定，并在信息公示系统公示。

**第二十八条** 国土资源主管部门决定将矿业权人列入（移出）异常名录或严重违法名单的，列入（移出）决定应当包括矿业权人名称、勘查项目或矿山名称、勘查许可证或采矿许可证登记号、列入（移出）事由、列入（移出）日期和作出决定机关等。

**第二十九条** 矿业权人对被列入异常名录或严重违法名单有异议的，可以自公示之日起20日内向作出决定的国土资源主管部门提出书面申请并提交相关证明材料。国土资源主管部门应当在核实情况后的20个工作日内，将核实结果书面告知申请人。

国土资源主管部门发现将矿业权人列入异常名录或严重违法名单存在错误的，应当自查实之日起20个工作日予以更正。

## 第五章　监督管理

**第三十条** 国土资源主管部门要加大对列入异常名录和严重违法名单的矿业权人勘查开采活动的监督管理。对列入异常名录的，每年实地核查至少1次；对列入严重违法名单的，每年实地核查至少2次。

**第三十一条** 国土资源主管部门在国土资源专项资金审批、国土资源领域工程招投标、国有土地出让、矿业权申请审批、授予荣誉称号等工作中，将矿业权人勘查开采信息公示结果作为重要考量因素，对矿业权人被列入异常名录的应依法予以限制，对矿业权人被列入严重违法名单的应依法予以禁入。

矿业权人被列入异常名录或严重违法名单的，国土资源主管部门应当依法对其违法违规行为进行处罚。

**第三十二条** 国土资源主管部门要加强矿业权人勘查开采公示信息平台与有关行业部门、地方政府信用平台的对接，实现与社会信用建设相关部门和单位的信息互联互通，及时通过网络平台和文件告知等形式向相关部门和单位通报有关情况，实现对矿业权人勘查开采公示信息的即时检索查询。

地方国土资源主管部门应当按照当地人民政府抽查工作的安排，积极与相关部门开展联合抽查。

**第三十三条** 矿业权人认为国土资源主管部门在信息公示工作中的具体行政行为侵犯其合法权益的，可以依法申请行政复议或者提起行政诉讼。

**第三十四条** 国土资源主管部门未依照本办法的有关规定履行职责的，由上一级国土资源主管部门责令改正；情节严重的，对负有责任的主管人员和其他直接责任人员依法给予处分；构成犯罪的，依法追究刑事责任。

## 第六章　附　则

**第三十五条** 各省、自治区、直辖市国土资源主管部门可根据本办法，制定本地的具体实施办法。

地热、矿泉水和建筑用砂石、黏土矿，原则只填报附件2中的一、二部分内容，具体由省级国土资源主管部门提出填报要求。

**第三十六条** 矿业权人勘查开采信息公示情况，可通过信息公示系统查询、打印。本办法实施后，矿业权审批不再要求矿业权人提交年检合格的年度报告。

**第三十七条** 本办法自2016年7月1日起施行，有效期5年。在推进信息公示系统建设和业务培训基础上,2016年部、省两级先行启动试点,2017年在市、县全面推开。自2017年1月1日起,《国土资源部关于进一步规范矿产资源勘查年度检查的通知》(国土资发〔2010〕180号)、《国土资源部关于进一步完善矿产开发利用年度检查工作的通知》(国土资发〔2012〕64号)和《国土资源部办公厅关于做好矿产资源勘查和开发利用年度检查信息网上报备工作的通知》(国土资厅函〔2012〕1178号)同时废止。

# 国土资源部关于规范稀土矿、钨矿探矿权采矿权审批管理的通知

国土资规〔2015〕9号

各省、自治区、直辖市国土资源主管部门:

稀土矿、钨矿是国务院规定实行保护性开采的特定矿种。自实施开采总量控制以来,稀土矿、钨矿资源得到了有效保护和合理利用。为进一步规范和加强勘查、开采审批管理,根据矿产资源法律法规及国务院有关规定,现就有关事项通知如下:

一、继续暂停受理新的稀土矿勘查、稀土矿和钨矿开采登记(含扩大矿区范围)申请。下列情形除外:

(一)全额使用中央地质勘查基金或省级财政专项资金开展的稀土矿预查、普查或必要的详查项目,凭下达预算文件向国土资源部提出申请,项目结束应办理查明登记后注销探矿权,按国家出资勘查已探明矿产地进行管理。

(二)具有国家确定的大型稀土企业集团主体资格,为采储平衡需要而申请设立的稀土矿勘查项目。

(三)申请新设稀土矿和钨矿采矿权,应符合开采总量控制、产能平衡要求,具有开采总量控制指标且不突破指标设置。其中,稀土矿采矿权申请人应具有国家确定的大型稀土企业集团主体资格。

二、稀土矿探矿权采矿权申请办理转让登记,转让受让人应具有国家确定的大型稀土企业集团主体资格。

三、稀土矿、钨矿采矿权申请办理延续登记,应符合开采总量控制要求。

四、凡涉及共伴生资源开采的,应将稀土矿、钨矿的开采纳入总量控制指标管理,超指标开采的应进行储备,不得销售。不具备储备条件或储备能力不足的,不得办理扩大矿区范围、扩大生产能力。

五、属离子型稀土矿床类型的,按《关于进一步规范矿业权出让管理的通知》(国土资发〔2006〕12号)第二类矿产的有关规定进行管理。

六、稀土矿、钨矿探矿权因受政策限制不能实现探矿权转采矿权的,在完成普查或必要的详查后应办理查明登记,可按规定申请办理探矿权保留。

七、实施工程建设项目回收利用稀土资源的,应制定管理办法,继续由省(区)国土资源主管部门组织回收利用或储备,纳入开采总量控制指标并严格规范管理和监督。

本通知自发布之日起执行,有效期3年。《国土资源部关于下达2014年度稀土矿钨矿开采总量控制指标的通知》(国土资发〔2014〕65号)停止执行。

中华人民共和国国土资源部

2015年11月17日

# 煤矿重大生产安全事故隐患判定标准

国家安全生产监督管理总局令

第85号

《煤矿重大生产安全事故隐患判定标准》已经国家安全生产监督管理总局局长办公会议审议通过,现予公布,自公布之日起施行。

局长　杨焕宁

2015年12月3日

# 煤矿重大生产安全事故隐患判定标准

**第一条** 为了准确认定、及时消除煤矿重大生产安全事故隐患(以下简称煤矿重大事故隐患),根据《安全生产法》和《国务院关于预防煤矿生产安全事故的特别规定》(国务院令第446号)等法律、法规,制定本判定标准。

**第二条** 本标准适用于判定各类煤矿重大事故隐患。

**第三条** 煤矿重大事故隐患包括以下15个方面:

(一)超能力、超强度或者超定员组织生产;

(二)瓦斯超限作业;

(三)煤与瓦斯突出矿井,未依照规定实施防突出措施;

(四)高瓦斯矿井未建立瓦斯抽采系统和监控系统,或者不能正常运行;

(五)通风系统不完善、不可靠;

(六)有严重水患,未采取有效措施;

(七)超层越界开采;

(八)有冲击地压危险,未采取有效措施;

(九)自然发火严重,未采取有效措施;

(十)使用明令禁止使用或者淘汰的设备、工艺;

(十一)煤矿没有双回路供电系统;

(十二)新建煤矿边建设边生产,煤矿改扩建期间,在改扩建的区域生产,或者在其他区域的生产超出安全设计规定的范围和规模;

(十三)煤矿实行整体承包生产经营后,未重新取得或者及时变更安全生产许可证而从事生产,或者承包方再次转包,以及将井下采掘工作面和井巷维修作业进行劳务承包;

(十四)煤矿改制期间,未明确安全生产责任人和安全管理机构,或者在完成改制后,未重新取得或者变更采矿许可证、安全生产许可证和营业执照;

(十五)其他重大事故隐患。

**第四条** “超能力、超强度或者超定员组织生产”重大事故隐患,是指有下列情形之一的:

(一)矿井全年原煤产量超过矿井核定(设计)生产能力110%的,或者矿井月产量超过矿井核定(设计)生产能力10%的;

(二)矿井开拓、准备、回采煤量可采期小于有关标准规定的最短时间组织生产、造成接续紧张的,或者采用“剃头下山”开采的;

(三)采掘工作面瓦斯抽采不达标组织生产的;

(四)煤矿未制定或者未严格执行井下劳动定员制度的。

**第五条** “瓦斯超限作业”重大事故隐患,是指有下列情形之一的:

(一)瓦斯检查存在漏检、假检的;

(二)井下瓦斯超限后不采取措施继续作业的。

**第六条** “煤与瓦斯突出矿井,未依照规定实施防突出措施”重大事故隐患,是指有下列情形之一的:

(一)未建立防治突出机构并配备相应专业人员的;

(二)未装备矿井安全监控系统和地面永久瓦斯抽采系统或者系统不能正常运行的;

(三)未进行区域或者工作面突出危险性预测的;

(四)未按规定采取防治突出措施的;

(五)未进行防治突出措施效果检验或者防突措施效果检验不达标仍然组织生产建设的;

(六)未采取安全防护措施的;

(七)使用架线式电机车的。

**第七条** “高瓦斯矿井未建立瓦斯抽采系统和监控系统,或者不能正常运行”重大事故隐患,是指有下列情形之一的:

(一)按照《煤矿安全规程》规定应当建立而未建立瓦斯抽采系统的;

(二)未按规定安设、调校甲烷传感器,人为造成甲烷传感器失效的,瓦斯超限后不能断电或者断电范围不符合规定的;

(三)安全监控系统出现故障没有及时采取措施予以恢复的,或者对系统记录的瓦斯超限数据进行修改、删除、屏蔽的。

**第八条** “通风系统不完善、不可靠”重大事故隐患,是指有下列情形之一的:

(一)矿井总风量不足的;

(二)没有备用主要通风机或者两台主要通风机工作能力不匹配的;

(三)违反规定串联通风的;

(四)没有按设计形成通风系统的,或者生产水平和采区未实现分区通风的;

(五)高瓦斯、煤与瓦斯突出矿井的任一采区,开采容易自燃煤层、低瓦斯矿井开采煤层群和分层开采采用联合布置的采区,未设置专用回风巷的,或者突出煤层工作面没有独立的回风系统的;

(六)采掘工作面等主要用风地点风量不足的;

(七)采区进(回)风巷未贯穿整个采区,或者虽贯穿整个采区但一段进风、一段回风的;

(八)煤巷、半煤岩巷和有瓦斯涌出的岩巷的掘进工作面未装备甲烷电、风电闭锁装置或者不能正常使用的；

(九)高瓦斯、煤与瓦斯突出建设矿井局部通风不能实现双风机、双电源且自动切换的；

(十)高瓦斯、煤与瓦斯突出建设矿井进入二期工程前，其他建设矿井进入三期工程前，没有形成地面主要通风机供风的全风压通风系统的。

**第九条** “有严重水患，未采取有效措施”重大事故隐患，是指有下列情形之一的：

(一)未查明矿井水文地质条件和井田范围内采空区、废弃老窑积水等情况而组织生产建设的；

(二)水文地质类型复杂、极复杂的矿井没有设立专门的防治水机构和配备专门的探放水作业队伍、配齐专用探放水设备的；

(三)在突水威胁区域进行采掘作业未按规定进行探放水的；

(四)未按规定留设或者擅自开采各种防隔水煤柱的；

(五)有透水征兆未撤出井下作业人员的；

(六)受地表水倒灌威胁的矿井在强降雨天气或其来水上游发生洪水期间未实施停产撤人的；

(七)建设矿井进入三期工程前，没有按设计建成永久排水系统的。

**第十条** “超层越界开采”重大事故隐患，是指有下列情形之一的：

(一)超出采矿许可证规定开采煤层层位或者标高而进行开采的；

(二)超出采矿许可证载明的坐标控制范围而开采的；

(三)擅自开采保安煤柱的。

**第十一条** “有冲击地压危险，未采取有效措施”重大事故隐患，是指有下列情形之一的：

(一)首次发生过冲击地压动力现象，半年内没有完成冲击地压危险性鉴定的；

(二)有冲击地压危险的矿井未配备专业人员并编制专门设计的；

(三)未进行冲击地压预测预报，或者采取的防治措施没有消除冲击地压危险仍组织生产建设的。

**第十二条** “自然发火严重，未采取有效措施”重大事故隐患，是指有下列情形之一的：

(一)开采容易自燃和自燃的煤层时，未编制防止自然发火设计或者未按设计组织生产建设的；

(二)高瓦斯矿井采用放顶煤采煤法不能有效防治煤层自然发火的；

(三)有自然发火征兆没有采取相应的安全防范措施并继续生产建设的。

**第十三条** “使用明令禁止使用或者淘汰的设备、工艺”重大事故隐患，是指有下列情形之一的：

(一)使用被列入国家应予淘汰的煤矿机电设备和工艺目录的产品或者工艺的；

(二)井下电气设备未取得煤矿矿用产品安全标志，或者防爆等级与矿井瓦斯等级不符的；

(三)未按矿井瓦斯等级选用相应的煤矿许用炸药和雷管、未使用专用发爆器的，或者裸露放炮的；

(四)采煤工作面不能保证 2 个畅通的安全出口的；

(五)高瓦斯矿井、煤与瓦斯突出矿井、开采容易自燃和自燃煤层(薄煤层除外)矿井，采煤工作面采用前进式采煤方法的。

**第十四条** “煤矿没有双回路供电系统”重大事故隐患，是指有下列情形之一的：

(一)单回路供电的；

(二)有两个回路但取自一个区域变电所同一母线端的；

(三)进入二期工程的高瓦斯、煤与瓦斯突出及水害严重的建设矿井，进入三期工程的其他建设矿井，没有形成双回路供电的。

**第十五条** “新建煤矿边建设边生产，煤矿改扩建期间，在改扩建的区域生产，或者在其他区域的生产超出安全设计规定的范围和规模”重大事故隐患，是指有下列情形之一的：

(一)建设项目安全设施设计未经审查批准，或者批准后做出重大变更后未经再次审批擅自组织施工的；

(二)改扩建矿井在改扩建区域生产的；

(三)改扩建矿井在非改扩建区域超出设计规定范围和规模生产的。

**第十六条** “煤矿实行整体承包生产经营后，未重新取得或者及时变更安全生产许可证从事生产的，或者承包方再次转包，以及将井下采掘工作面和井巷维修作业进行劳务承包”重大事故隐患，是指有下列情形之一的：

(一)生产经营单位将煤矿承包或者托管给没有合法有效煤矿生产建设证照的单位或者个人的；

(二)煤矿实行承包(托管)但未签订安全生产管理协议，或者未约定双方安全生产管理职责合同而进行生产的；

(三)承包方(承托方)未按规定变更安全生产许可证进行生产的；

(四)承包方(承托方)再次将煤矿承包(托管)给其他单位或者个人的；

(五)煤矿将井下采掘工作面或者井巷维修作业

作为独立工程承包(托管)给其他企业或者个人的。

**第十七条** “煤矿改制期间,未明确安全生产责任人和安全管理机构,或者在完成改制后,未重新取得或者变更采矿许可证、安全生产许可证和营业执照”重大事故隐患,是指有下列情形之一的:

(一)改制期间,未明确安全生产责任人而进行生产建设的;

(二)改制期间,未健全安全生产管理机构和配备安全管理人员进行生产建设的;

(三)完成改制后,未重新取得或者变更采矿许可证、安全生产许可证、营业执照而进行生产建设的。

**第十八条** “其他重大事故隐患”,是指有下列情形之一的:

(一)没有分别配备矿长、总工程师和分管安全、生产、机电的副矿长,以及负责采煤、掘进、机电运输、通风、地质测量工作的专业技术人员的;

(二)未按规定足额提取和使用安全生产费用的;

(三)出现瓦斯动力现象,或者相邻矿井开采的同一煤层发生了突出,或者煤层瓦斯压力达到或者超过0.74兆帕的非突出矿井,未立即按照突出煤层管理并在规定时限内进行突出危险性鉴定的(直接认定为突出矿井的除外);

(四)图纸作假、隐瞒采掘工作面的。

**第十九条** 本标准自印发之日起施行。国家安全监管总局、国家煤矿安监局2005年9月26日印发的《煤矿重大安全生产隐患认定办法(试行)》(安监总煤矿字〔2005〕133号)同时废止。

## 石油、天然气和煤层气企业2015年度简介

**一、中国石油**

中国石油天然气集团公司(简称中国石油集团,英文缩写:CNPC)是国家授权投资机构、国家控股公司和特大型石油石化企业集团,主要在国内外从事石油天然气勘探开发、炼油化工、管道运输、销售贸易、工程技术服务以及新能源开发等业务。目前,在国内建成大庆、辽河、新疆、长庆、塔里木、西南等16家油气田企业,大连、独山子、兰州、抚顺等32家炼化企业,西气东输等13家管道储运企业和分布在各省(市、区)的36家销售企业,以及石油石化科研院所和生产技术服务、石油工程建设、机械装备制造、生活矿区服务、金融服务等企业。国外初步形成中亚、非洲、南美、中东和亚太五个油气合作区,在37个国家开展油气合作业务。截至2015年底,员工总数146万人,资产总额超过4万亿元;累计探明石油地质储量227.6亿吨、天然气地质储量8.5万亿立方米。2015年,国内外油气权益当量产量2.6亿吨,国内原油一次加工能力1.84亿吨/年,乙烯生产能力591万吨/年,加油站总数2万余座,管道总里程8万千米。2015年,全球500强排名第4位,世界50家大石油公司综合排名第3位。

**二、中国石化**

中国石油化工集团公司(英文缩写Sinopec Group)是1998年7月国家在原中国石油化工总公司基础上重组成立的特大型石油石化企业集团,是国家独资设立的国有公司、国家授权投资的机构和国家控股公司。中国石化集团公司注册资本1820亿元,总部设在北京。

中国石化集团公司主营业务范围包括:实业投资及投资管理;石油、天然气的勘探、开采、储运(含管道运输)、销售和综合利用;石油炼制;汽油、煤油、柴油的批发;石油化工及其他化工产品的生产、销售、储存、运输;石油石化工程的勘探设计、施工、建筑安装;石油石化设备检修维修;机电设备制造;技术及信息、替代能源产品的研究、开发、应用、咨询服务;自营和代理各类商品和技术的进出口(国家限定公司经营或禁止进出口的商品和技术除外);对外工程承包、招标采购、劳务输出;国际化仓储与物流业务等。

中国石化集团公司控股的中国石油化工股份有限公司先后于2000年10月和2001年8月在境外境内发行H股和A股,并分别在中国香港、纽约、伦敦和上海上市。中国石化集团公司在《财富》2015年全球500强企业中排名第2位。

**三、中国海油**

中国海洋石油总公司是中央特大型国有企业,也是中国最大的海上油气生产商。公司成立于1982年,注册资本949亿元人民币,总部设在北京,现有11.02万名员工。主要业务包括油气勘探开发、专业技术服务、炼化销售及化肥、天然气及发电、金融服务、新能源等六大业务板块。

2015年,中国海油在国内油气产量连续五年达到5000万吨油当量、利润总额连续四年超过1000亿元、营业收入连续三年超过5000亿元的基础上,2015年末公司资产总额达11642亿元。2015年,中国海油共生产原油3.1亿吨,天然气1015亿立方米。公司在《财富》“世界500强企业”中的排名升至第72位。

中国海洋石油有限公司于1999年8月在香港注册成立,并于2001年2月27日和28日分别在纽约证券交易所、香港联合交易所挂牌上市。截至2015年年底,公司共有员工20585名,总资产约6644亿元人民币。主要业务为勘探、开发、生产及销售原油和天然气。

**四、延长石油**

陕西延长石油(集团)有限责任公司(简称"延长石油")是集石油、天然气、煤炭等多种资源一体化综合开发、深度转化、循环利用的大型能源化工企业,主要业务包括油气探采、加工、储运、销售,以及矿业、新能源与装备制造、工程设计与建设、技术研发、金融服务等专业板块,设有31个全资子公司、27个控股子公司、20个参股公司、50多个生产经营单位;拥有延长石油(HK00346)、兴化股份(SZ002109)和延长化建(SH600248)等3个上市公司。2015年实现营业收入2208亿元、同比增长6.1%,实现利税费437亿元,财政贡献连续多年保持陕西省第一和全国地方企业前列。

截至2015年年底,员工总数11.56万人,总资产达2735亿元,石油产量达到1254万吨。

**五、中联公司**

中联煤层气有限责任公司(简称中联公司)是1996年经国家国务院(国函〔1996〕23号文)批准组建,主要从事煤层气资源勘探、开发、输送、销售和利用的国家专业公司,在国家计划中实行单列,并享有对外合作进行煤层气勘探、开发、生产的专营权。中联公司总部设在北京,煤层气勘探开发主要业务集中在山西沁水盆地南部与北部以及鄂尔多斯盆地东缘地区,中联公司下设非法人分支机构晋城分公司和太原分公司及六个项目部,目前公司共有员工917人。2014年12月31日中国海洋石油总公司和中国中煤能源集团有限公司完成股权转让,中国海洋石油总公司持有中联公司100%股份,中联公司为中国海洋石油总公司的全资子公司。截至2015年年底,中联公司共拥有矿业权32个,公司区块资源分布主要集中在山西沁水盆地及鄂尔多斯盆地东缘,其余分布在我国陕西、宁夏、辽宁、山东、河南、安徽、江西、云南、湖北等地区。

中联公司成立以来,以山西沁水盆地、鄂尔多斯盆地东缘为重点地区制定了煤层气勘探战略。2001年首次在沁水盆地发现第一个煤层气田—沁南煤层气田,截至到2015年年底,中联公司累计新增煤层气探明地质储量1724.58亿立方米。

**六、中化石油**

中化石油勘探开发有限公司成立于2002年5月,是世界500强企业中国中化集团的全资子公司。作为中化集团向石油上游延伸战略的执行者,中化石油勘探开发有限公司专门从事国内外石油天然气勘探开发业务。

截至2015年年底,公司在美国、巴西、哥伦比亚、叙利亚、阿联酋、突尼斯、厄瓜多尔、印度尼西亚和我国渤海湾、四川盆地等9个国家和地区拥有36个区块;2015年权益内油气产量达2522万桶油当量(约合351万吨)。目前,中化上游资产分布在美洲、中东、东南亚、国内等地区,石油合同类型涉及租让制、产品分成式、服务式等多种合同形式。经过十几年发展,国际化、市场化程度达到了一个崭新的水平。

**七、中信股份**

中国中信股份有限公司(简称"中信股份")成立于2011年12月,注册资本为1280亿元人民币,由中国中信集团公司全资拥有。中信股份是一家金融与实业并举的大型综合性跨国企业集团,业务覆盖金融、资源能源、制造、工程承包、房地产和基础设施等。

**八、上海石油天然气公司**

上海石油天然气有限公司由上海申能股份有限公司、中海石油(中国)有限公司、中国石化股份有限公司联合组建,是集海上油气勘探、开发、建设、生产经营和管理为一体的高新技术企业。公司成立于1992年9月,职工人数167人,注册资金9亿元人民币。2015年石油产量6.85万吨,天然气产量2.32亿立方米。

**九、广西田东石油化工总厂有限公司**

中油广西田东石油化工总厂有限公司前身为广西田东石油化工总厂,始建于1978年,原为广西田东油矿,1996年8月更名为广西田东石油化工总厂。2005年,进行增资改制,成立了中油广西田东石油化工总厂有限公司。公司是以采油、炼油、化工为主的国有石油化工企业,注册资本为3.1亿元,员工1000多人。2015年石油产量2.24万吨。

**十、齐齐哈尔油田开发建设总公司**

齐齐哈尔油田开发建设总公司为黑龙江富拉尔基油田的采矿权人,成立于1989年11月,注册资本5128万元,生产规模为10万吨/年,矿区面积51.05平方千米,主要经营范围为原油开采及销售。2015年石油产量0.02万吨。

(国土资源部油气资源战略研究中心)

# 统 计 资 料

## 2015 年全国省、市、县级国土资源管理机构数

**表 1** 计量单位：个

| 地区 | 合　计 | 省　级 | 市(地)级 | 县(区)级 |
|---|---|---|---|---|
| **合计** | **3427** | **32** | **360** | **3035** |
| 北京 | 17 | 1 | | 16 |
| 天津 | 12 | 1 | | 11 |
| 河北 | 196 | 1 | 11 | 184 |
| 山西 | 145 | 1 | 11 | 133 |
| 内蒙古 | 129 | 1 | 14 | 114 |
| 辽宁 | 79 | 1 | 14 | 64 |
| 吉林 | 54 | 1 | 10 | 43 |
| 黑龙江 | 143 | 1 | 16 | 126 |
| 上海 | 18 | 1 | | 17 |
| 江苏 | 114 | 1 | 13 | 100 |
| 浙江 | 105 | 1 | 11 | 93 |
| 安徽 | 119 | 1 | 16 | 102 |
| 福建 | 85 | 1 | 9 | 75 |
| 江西 | 113 | 1 | 11 | 101 |
| 山东 | 191 | 1 | 17 | 173 |
| 河南 | 177 | 1 | 18 | 158 |
| 湖北 | 118 | 1 | 16 | 101 |
| 湖南 | 152 | 1 | 14 | 137 |
| 广东 | 152 | 1 | 21 | 130 |
| 广西 | 103 | 1 | 14 | 88 |
| 海南 | 19 | 1 | 2 | 16 |
| 重庆 | 40 | 1 | | 39 |
| 四川 | 206 | 1 | 21 | 184 |
| 贵州 | 113 | 1 | 9 | 103 |
| 云南 | 161 | 1 | 16 | 144 |
| 西藏 | 81 | 1 | 7 | 73 |
| 陕西 | 129 | 1 | 11 | 117 |
| 甘肃 | 102 | 1 | 15 | 86 |
| 青海 | 55 | 1 | 8 | 46 |
| 宁夏 | 24 | 1 | 5 | 18 |
| 新疆 | 275 | 2 | 30 | 243 |

**注：**不包含部机关及直属事业单位。

## 2015年地质勘查投入和

表 2

| 地　区 | 地质勘查 | | | | |
|---|---|---|---|---|---|
| | 合　计 | 中央财政拨款 | 地方财政拨款 | 企事业 | |
| | | | | 小计 | 国内企事业资金 |
| **全　国** | **9290858.91** | **1002093.50** | **952418.11** | **7336347.30** | **6994961.08** |
| 北　京 | 31173.71 | 3685.00 | 7598.23 | 19890.48 | 17078.22 |
| 天　津 | 352721.40 | 1555.00 | 8693.90 | 342472.50 | 325618.50 |
| 河　北 | 307486.71 | 8967.00 | 48689.78 | 249829.93 | 245852.22 |
| 山　西 | 174276.92 | 5990.00 | 43410.81 | 124876.11 | 102248.95 |
| 内蒙古 | 540424.72 | 62569.00 | 65697.00 | 412158.72 | 383923.72 |
| 辽　宁 | 163912.74 | 8642.00 | 22570.46 | 132700.28 | 132388.09 |
| 吉　林 | 204160.57 | 8330.00 | 9847.82 | 185982.75 | 178490.74 |
| 黑龙江 | 383383.45 | 17037.00 | 153433.86 | 212912.59 | 208591.06 |
| 上　海 | 177896.79 | 450.00 | 909.49 | 176537.30 | 163155.30 |
| 江　苏 | 165715.50 | 8955.00 | 9625.16 | 147135.34 | 146615.74 |
| 浙　江 | 29049.13 | 3770.00 | 13693.33 | 11585.80 | 10357.80 |
| 安　徽 | 105971.22 | 13095.00 | 33924.80 | 58951.42 | 50862.55 |
| 福　建 | 32207.47 | 8439.00 | 10169.33 | 13599.14 | 10013.87 |
| 江　西 | 79678.08 | 17421.00 | 29810.84 | 32446.24 | 32365.44 |
| 山　东 | 479332.26 | 6655.00 | 30459.30 | 442217.96 | 441063.73 |
| 河　南 | 239852.56 | 5385.00 | 42152.27 | 192315.29 | 188404.04 |
| 湖　北 | 109162.50 | 19650.00 | 15481.63 | 74030.87 | 69759.57 |
| 湖　南 | 71569.23 | 22549.00 | 25823.45 | 23196.78 | 21297.95 |
| 广　东 | 1000297.50 | 13043.00 | 6315.55 | 980938.95 | 843579.21 |
| 广　西 | 57371.57 | 18972.00 | 19876.05 | 18523.52 | 16273.73 |
| 海　南 | 41993.33 | 1655.00 | 7930.26 | 32408.07 | 32383.37 |
| 重　庆 | 167008.66 | 8835.00 | 24687.95 | 133485.71 | 133485.71 |
| 四　川 | 506245.60 | 32375.00 | 19267.48 | 454603.12 | 453726.53 |
| 贵　州 | 131526.42 | 24680.00 | 23137.47 | 83708.95 | 59266.52 |
| 云　南 | 131639.79 | 17856.31 | 20987.28 | 92796.20 | 73646.36 |
| 西　藏 | 81691.02 | 61070.00 | 4726.53 | 15894.49 | 13873.05 |
| 陕　西 | 701624.42 | 13665.59 | 41020.78 | 646938.05 | 629547.70 |
| 甘　肃 | 353237.90 | 22410.00 | 50610.18 | 280217.72 | 274372.63 |
| 青　海 | 223818.93 | 43728.00 | 47339.68 | 132751.25 | 128453.32 |
| 宁　夏 | 104832.43 | 4055.00 | 8624.36 | 92153.07 | 92039.77 |
| 新　疆 | 1704786.77 | 79795.00 | 105903.08 | 1519088.69 | 1516225.69 |
| 其　他 | 141809.60 | 141809.60 | | | |
| 地调局 | 295000.00 | 295000.00 | | | |

**注：**①为2003年新增指标。

# 新发现矿产地情况——按地区分列

| 经费（万元） | | | 机械岩芯钻探工作量（米） | 坑探工作量（米） | 新发现矿产地 |
|---|---|---|---|---|---|
| 资金 | | | | | |
| 港、澳、台商[①]投资 | 外商投资 | 其他投入 | | | |
| **624.26** | **210525.18** | **130236.78** | **20719306** | **410715** | **188** |
| | | | | | |
| | | 2812.26 | 195731 | | |
| | 16854.00 | | 217419 | | 3 |
| | | 3977.71 | 792843 | 6676 | 1 |
| | 22110.20 | 516.96 | 447064 | | 3 |
| | | 28235.00 | 2282513 | 42331 | 33 |
| | | | | | |
| | 287.89 | 24.30 | 475042 | | 3 |
| | | 7492.01 | 612979 | 18243 | 2 |
| | | 4321.53 | 469712 | 16357 | |
| | | | | | |
| | 13382.00 | | 52645 | | 2 |
| | | 519.60 | 199446 | 800 | |
| | | 1228.00 | 129145 | 5666 | 1 |
| | 3729.22 | 4359.65 | 652421 | 3643 | 5 |
| 94.26 | | 3491.01 | 218731 | 6686 | 4 |
| | | 80.80 | 564108 | 32170 | 29 |
| | 14.33 | 1139.90 | 1552412 | 3492 | 6 |
| | | | | | |
| | | 3911.25 | 702924 | 9359 | 6 |
| 400.00 | 50.00 | 3821.30 | 386391 | 3872 | 2 |
| | 968.83 | 930.00 | 248924 | 4121 | 12 |
| | 137274.74 | 85.00 | 340713 | 1732 | 13 |
| | 429.60 | 1820.19 | 203660 | 17841 | 3 |
| | | 24.70 | 118552 | 745 | 7 |
| | | | | | |
| | | | 103926 | 28 | |
| | | 876.59 | 509611 | 55765 | 7 |
| | | 24442.43 | 839228 | 7668 | 3 |
| | | 19149.84 | 617972 | 35021 | 6 |
| | | 2021.44 | 77590 | 90 | |
| | | | | | |
| 130.00 | 12118.50 | 5141.85 | 2726780 | 52688 | 3 |
| | 2378.75 | 3466.34 | 1193173 | 36762 | 6 |
| | 520.11 | 3777.82 | 378837 | 2212 | 4 |
| | | 113.30 | 493790 | | |
| | 407.00 | 2456.00 | 2915027 | 46749 | 24 |

# 2015 年地质勘查投入和

表 3

| 矿种 | 地质勘查 | | | | |
|---|---|---|---|---|---|
| | 合计 | 中央财政拨款 | 地方财政拨款 | 企事业 | |
| | | | | 小计 | 国内企事业资金 |
| **总计** | **9290858.91** | **1002093.50** | **952418.11** | **7336347.30** | **6994961.08** |
| 煤炭 | 323821.72 | 2050.00 | 151775.01 | 169996.71 | 158460.01 |
| 石油天然气 | 5838691.12 | 295000.00 | | 5543691.12 | 5376863.00 |
| 煤层气 | 69429.49 | | | 69429.49 | 31183.68 |
| 页岩气 | 103942.00 | | | 103942.00 | 103942.00 |
| 天然沥青 | 75.00 | | | 75.00 | 75.00 |
| 油页岩 | 9327.04 | | 4319.04 | 5008.00 | 5008.00 |
| 石煤 | 12961.29 | | 8842.33 | 4118.96 | 4094.15 |
| 地热 | 22197.19 | | 2806.70 | 19390.49 | 13966.73 |
| 铁矿 | 176071.92 | 8715.00 | 51646.00 | 115710.92 | 108795.51 |
| 锰矿 | 35169.31 | 1300.00 | 7577.76 | 26291.55 | 16417.68 |
| 铬矿 | 5492.89 | | 2187.00 | 3305.89 | 3305.89 |
| 钛矿 | 3488.98 | | 579.74 | 2909.24 | 2730.19 |
| 钒矿 | 8468.91 | | 1999.35 | 6469.56 | 3161.90 |
| 铜矿 | 496745.57 | 14995.00 | 78177.90 | 403572.67 | 381826.49 |
| 铝土矿 | 24122.50 | | 10153.64 | 13968.86 | 12885.56 |
| 镁矿 | 164.00 | | | 164.00 | 164.00 |
| 镍矿 | 12746.47 | 500.00 | 4376.80 | 7869.67 | 5588.86 |
| 钴矿 | 434.00 | | 170.00 | 264.00 | 254.40 |
| 钨矿 | 24004.00 | 150.00 | 7863.81 | 15990.19 | 15136.59 |
| 锡矿 | 10159.56 | 610.00 | 2853.47 | 6696.09 | 5761.09 |
| 钼矿 | 49411.05 | | 19079.16 | 30331.89 | 27195.68 |
| 锑矿 | 9147.05 | 200.00 | 3078.00 | 5869.05 | 5469.05 |
| 汞矿 | 634.13 | | | 634.13 | 234.13 |
| 铅锌矿 | 193846.97 | 6064.00 | 44005.00 | 143777.97 | 129275.34 |
| 铂族金属 | 118.00 | | | 118.00 | 118.00 |
| 金矿 | 506091.91 | 6656.90 | 121167.52 | 378267.49 | 339959.38 |
| 银矿 | 47127.55 | | 19227.59 | 27899.96 | 25813.17 |
| 铌钽矿 | 5991.93 | | 2244.48 | 3747.45 | 3747.45 |
| 铍矿 | 3802.93 | | 512.10 | 3290.83 | 3290.83 |
| 锂矿 | 2184.18 | 680.00 | 572.82 | 931.36 | 931.36 |
| 锶矿 | 530.00 | | 252.77 | 277.23 | 277.23 |
| 铷矿 | 2509.99 | | 1467.60 | 1042.39 | 1042.39 |
| 铯矿 | 348.52 | | 227.52 | 121.00 | 121.00 |
| 锆矿 | 280.00 | | | 280.00 | 280.00 |

# 新发现矿产地情况——按矿种分列

| 经费（万元） | | | 机械岩芯钻探工作量（米） | 坑探工作量（米） | 新发现矿产地 |
|---|---|---|---|---|---|
| 资金 | | | | | |
| 港、澳、台商投资 | 外商投资 | 其他投入 | | | |
| **624.26** | **210525.18** | **130236.78** | **20719306** | **410715** | **188** |
| 130.00 | 407.00 | 10999.70 | 2097629 | 9189 | 18 |
| | 166828.12 | | 7325861 | | 26 |
| | 38245.81 | | 117778 | | 2 |
| | | | 39814 | | |
| | | | 422 | | |
| | | 0.00 | 44276 | | 1 |
| | | 24.81 | 59393 | | |
| | | 5423.76 | 510621 | | 4 |
| | | 6915.41 | 970931 | 22969 | 11 |
| | 429.60 | 9444.27 | 175774 | 5849 | 1 |
| | | | 13870 | 1532 | 1 |
| | | 179.05 | 9398 | 643 | |
| | 720.00 | 2587.66 | 44043 | 2438 | 3 |
| | | 21746.18 | 2318092 | 47508 | 7 |
| | | 1083.30 | 275479 | 330 | 1 |
| | | | 952 | | |
| | | 2280.81 | 77744 | 2204 | |
| | | 9.60 | 1953 | 100 | |
| | | 853.60 | 181632 | 31309 | 3 |
| | | 935.00 | 39110 | 4595 | 1 |
| | | 3136.21 | 225772 | 4037 | 4 |
| | | 400.00 | 38671 | 3989 | 2 |
| | | 400.00 | | 941 | |
| 400.00 | | 14102.63 | 1375703 | 74173 | 13 |
| | | | | | |
| | 3434.12 | 34873.99 | 2889545 | 131758 | 23 |
| | 460.53 | 1626.26 | 263091 | 11005 | 5 |
| | | | 31628 | 140 | |
| | | | 18242 | | |
| | | | 5949 | 170 | |
| | | | 2087 | | |
| | | | 17883 | | 1 |
| | | | 4386 | | |

## 2015 年地质勘查投入和

续表 3-1

| 矿　种 | 地质勘查 | | | | |
| --- | --- | --- | --- | --- | --- |
| | 合　计 | 中央财政拨款 | 地方财政拨款 | 企事业 | |
| | | | | 小计 | 国内企事业资金 |
| 稀土矿 | 11955.34 | 6775.00 | 2096.25 | 3084.09 | 3084.09 |
| 锗矿 | 1174.25 | | | 1174.25 | 1174.25 |
| 钪矿 | | | | | |
| 蓝晶石 | 477.00 | | 424.00 | 53.00 | 53.00 |
| 矽线石 | 183.79 | | 183.79 | | |
| 红柱石 | 303.66 | | 136.66 | 167.00 | 167.00 |
| 菱镁矿 | 439.00 | | 355.00 | 84.00 | 84.00 |
| 普通萤石 | 13310.54 | 610.00 | 3145.84 | 9554.70 | 8882.94 |
| 熔剂用灰岩 | 1489.27 | | 350.37 | 1138.90 | 1138.90 |
| 冶金用白云岩 | 1370.55 | | 488.09 | 882.46 | 859.77 |
| 冶金用石英岩 | 655.00 | | 125.00 | 530.00 | 530.00 |
| 冶金用砂岩 | 16.00 | | | 16.00 | 16.00 |
| 陶瓷用砂岩 | 10.00 | | | 10.00 | 10.00 |
| 铸型用砂 | 31.00 | | | 31.00 | 31.00 |
| 冶金用脉石英 | 323.60 | | | 323.60 | 317.71 |
| 耐火黏土 | 461.79 | | 324.79 | 137.00 | 137.00 |
| 铸型用黏土 | 18.00 | | | 18.00 | 18.00 |
| 熔剂用蛇纹岩 | 98.00 | | | 98.00 | 98.00 |
| 硫矿 | 1606.69 | | 193.50 | 1413.19 | 1356.45 |
| 钠硝石 | 1478.00 | | | 1478.00 | 1478.00 |
| 明矾石 | 322.64 | | | 322.64 | 322.64 |
| 芒硝 | 963.00 | | | 963.00 | 963.00 |
| 重晶石 | 2486.15 | | 161.68 | 2324.47 | 1397.13 |
| 毒重石 | 30.80 | | 30.80 | | |
| 天然碱 | 1499.70 | | | 1499.70 | 1499.70 |
| 电石用灰岩 | 23.00 | | | 23.00 | 23.00 |
| 制碱用灰岩 | | | | | |
| 化工用白云岩 | 284.04 | | | 284.04 | 284.04 |
| 含钾岩石 | 125.00 | | | 125.00 | 125.00 |
| 化肥用蛇纹岩 | 50.00 | | | 50.00 | 50.00 |
| 泥炭 | 837.00 | | 300.00 | 537.00 | 537.00 |
| 盐矿 | 21223.34 | | 10070.02 | 11153.32 | 11153.32 |
| 钾盐 | 16107.29 | 8160.00 | 5737.50 | 2209.79 | 1361.38 |
| 磷矿 | 42351.60 | | 1396.38 | 40955.22 | 33037.62 |
| 硼矿 | 338.37 | | 338.37 | | |

# 新发现矿产地情况——按矿种分列

| 经费（万元） | | | 机械岩芯钻探工作量（米） | 坑探工作量（米） | 新发现矿产地 |
|---|---|---|---|---|---|
| 资金 | | | | | |
| 港、澳、台商投资 | 外商投资 | 其他投入 | | | |
| | | | 54858 | 2200 | 4 |
| | | | 8118 | | |
| | | | 262 | | |
| | | | 2209 | 83 | |
| | | | | | |
| | | | 2688 | | |
| | | | 5413 | | 1 |
| | | 671.76 | 76278 | 11135 | 3 |
| | | | 15775 | | 2 |
| | | 22.69 | 8375 | | 2 |
| | | | 921 | | |
| | | | 160 | | |
| | | | | | |
| | | | | | |
| | | 5.89 | 2313 | | |
| | | | 2279 | 80 | 1 |
| | | | 779 | | |
| | | | 700 | | |
| | | 56.74 | 7911 | 2289 | |
| | | | | 1217 | 1 |
| | | | 3140 | | |
| | | | 2351 | 65 | |
| | | 927.34 | 21246 | 3700 | |
| | | | | | |
| | | | 2353 | | |
| | | | | | |
| | | | | | 1 |
| | | | 58 | | |
| | | | 1742 | | |
| | | | 200 | | 2 |
| | | | 3214 | | |
| | | | 65420 | 450 | |
| | | 848.41 | 14322 | 265 | |
| | | 7917.60 | 357859 | 15614 | 3 |
| | | | 7292 | | |

## 2015 年地质勘查投入和

续表 3-2

| 矿　种 | 地质勘查 | | | | |
|---|---|---|---|---|---|
| | 合　计 | 中央财政拨款 | 地方财政拨款 | 企事业 | |
| | | | | 小计 | 国内企事业资金 |
| 金刚石 | 2045.06 | 570.00 | 1212.94 | 262.12 | 262.12 |
| 电气石 | 200.00 | | 200.00 | | |
| 光学萤石 | 608.00 | | 255.00 | 353.00 | 353.00 |
| 石墨 | 13122.46 | 1070.00 | 6215.99 | 5836.47 | 5836.47 |
| 硅灰石 | 835.00 | | 256.00 | 579.00 | 579.00 |
| 滑石 | 1112.00 | | 594.00 | 518.00 | 518.00 |
| 长石 | 1106.70 | | 55.05 | 1051.65 | 1051.65 |
| 石榴子石 | 1189.42 | | 296.00 | 893.42 | 893.42 |
| 叶腊石 | 615.48 | | 265.50 | 349.98 | 316.00 |
| 沸石 | 40.00 | | | 40.00 | 40.00 |
| 石膏 | 3152.68 | | 1935.23 | 1217.45 | 1217.45 |
| 方解石 | 1108.57 | | 175.00 | 933.57 | 933.57 |
| 宝石 | 97.14 | | 12.14 | 85.00 | 85.00 |
| 玉石 | 1215.53 | | 982.25 | 233.28 | 233.28 |
| 玛瑙 | 379.00 | | 319.00 | 60.00 | 60.00 |
| 霞石正长岩 | 130.00 | | | 130.00 | 130.00 |
| 玻璃用石英岩 | 1450.08 | | 591.32 | 858.76 | 699.88 |
| 玻璃用砂岩 | 1137.59 | | 1121.59 | 16.00 | 16.00 |
| 玻璃用砂 | | | | | |
| 玻璃用脉石英 | 622.01 | | 180.00 | 442.01 | 419.37 |
| 玻璃用大理岩 | 118.66 | | 118.66 | | |
| 玻璃用灰岩 | | | | | |
| 水泥用灰岩 | 11572.41 | | 4118.12 | 7454.29 | 6010.70 |
| 泥灰岩 | 287.94 | | | 287.94 | 287.94 |
| 水泥配料用砂岩 | 258.85 | | 39.66 | 219.19 | 219.19 |
| 水泥配料用脉石英 | 200.00 | | | 200.00 | 200.00 |
| 硅藻土 | 351.51 | | | 351.51 | 351.51 |
| 高岭土 | 2515.43 | | 652.65 | 1862.78 | 1694.78 |
| 陶瓷土 | 927.53 | | 571.20 | 356.33 | 356.33 |
| 伊利石黏土 | 35.00 | | | 35.00 | 35.00 |
| 膨润土 | 1551.25 | | 1218.00 | 333.25 | 333.25 |
| 累托石黏土 | 16.00 | | | 16.00 | 16.00 |
| 陶粒用黏土 | 193.60 | | | 193.60 | 193.60 |

# 新发现矿产地情况——按矿种分列

| 经费（万元） | | | 机械岩芯钻探工作量（米） | 坑探工作量（米） | 新发现矿产地 |
|---|---|---|---|---|---|
| 资金 | | | | | |
| 港、澳、台商投资 | 外商投资 | 其他投入 | | | |
| | | | 8186 | | |
| | | | 1276 | | |
| | | | 969 | | |
| | | | 53960 | 13472 | 5 |
| | | | 3179 | | |
| | | | 6066 | 605 | |
| | | | 5901 | | |
| | | | 2509 | | |
| | | 33.98 | 4766 | 63 | |
| | | | | | |
| | | | 27864 | | |
| | | | 9428 | 120 | |
| | | | | 2907 | |
| | | | 4696 | | |
| | | | 754 | | |
| | | | 437 | | |
| | | 158.88 | 2927 | | 1 |
| | | | 3780 | | |
| | | | 2000 | | |
| | | 22.64 | 716 | | |
| | | | 615 | | |
| | | | 985 | | |
| 94.26 | | 1349.33 | 67085 | 559 | 9 |
| | | | 512 | | |
| | | | 2299 | | 1 |
| | | | 908 | | |
| | | | 5647 | | |
| | | 168.00 | 16280 | 84 | 2 |
| | | | 10051 | | 6 |
| | | | 277 | | |
| | | | 4200 | | |
| | | | 160 | | |
| | | | 948 | | |

# 2015 年地质勘查投入和

续表 3-3

| 矿　种 | 地质勘查 | | | | |
|---|---|---|---|---|---|
| | 合　计 | 中央财政拨款 | 地方财政拨款 | 企事业 | |
| | | | | 小计 | 国内企事业资金 |
| 水泥配料用页岩 | 60.00 | | | 60.00 | 60.00 |
| 水泥用凝灰岩 | 63.00 | | | 63.00 | 63.00 |
| 水泥用大理岩 | 432.20 | | 138.00 | 294.20 | 294.20 |
| 制灰用灰岩 | 188.05 | | 108.05 | 80.00 | 80.00 |
| 砖瓦用砂 | 30.00 | | | 30.00 | 30.00 |
| 建筑用砂 | 95.00 | | 95.00 | | |
| 建筑石料用灰岩 | 741.25 | | 149.51 | 591.74 | 561.74 |
| 建筑用辉绿岩 | 74.80 | | 60.00 | 14.80 | 14.80 |
| 建筑用凝灰岩 | 98.17 | | 98.17 | | |
| 建筑用玄武岩 | 18.00 | | 18.00 | | |
| 建筑用花岗岩 | 1314.39 | | 49.00 | 1265.39 | 1195.39 |
| 建筑用大理岩 | 799.59 | | 428.00 | 371.59 | 369.29 |
| 建筑用白云岩 | 969.59 | | 311.36 | 658.23 | 658.23 |
| 建筑用砂岩 | 15.30 | | | 15.30 | 14.10 |
| 建筑用页岩 | 4.00 | | | 4.00 | 4.00 |
| 饰面用辉长岩 | 49.00 | | | 49.00 | 49.00 |
| 饰面用辉绿岩 | 250.00 | | 220.00 | 30.00 | 30.00 |
| 饰面用闪长岩 | 14.58 | | 14.58 | | |
| 饰面用花岗岩 | 7628.48 | | 1106.45 | 6522.03 | 6324.03 |
| 饰面用灰岩 | 974.71 | | 300.00 | 674.71 | 644.71 |
| 饰面用大理岩 | 2959.30 | | 2119.61 | 839.69 | 739.69 |
| 饰面用板岩 | 518.76 | | 165.00 | 353.76 | 353.76 |
| 铸石用玄武岩 | 825.00 | | | 825.00 | 825.00 |
| 岩棉用玄武岩 | 110.00 | | 110.00 | | |
| 珍珠岩 | 1137.25 | | 734.00 | 403.25 | 403.25 |
| 石棉 | 102.00 | | 72.00 | 30.00 | 30.00 |
| 云母 | 136.32 | | | 136.32 | 136.32 |
| 矿泉水 | 1484.41 | | 1139.98 | 344.43 | 344.43 |
| 地下水 | 4549.64 | | 781.58 | 3768.06 | 3168.28 |
| 水工环科技及其他 | 1095440.64 | 647987.60 | 349793.37 | 97659.67 | 97659.67 |

# 新发现矿产地情况——按矿种分列

| 经费（万元） | | | 机械岩芯钻探工作量（米） | 坑探工作量（米） | 新发现矿产地 |
|---|---|---|---|---|---|
| 资金 | | | | | |
| 港、澳、台商投资 | 外商投资 | 其他投入 | | | |
| | | | 1687 | | |
| | | | | | |
| | | | 3670 | | |
| | | | 1167 | | |
| | | | | | |
| | | | 253 | | 4 |
| | | 30.00 | 2884 | | |
| | | | | | |
| | | | 742 | | 1 |
| | | | 331 | | |
| | | 70.00 | 6719 | 650 | 1 |
| | | 2.30 | 1185 | | |
| | | | 3142 | | |
| | | 1.20 | | | |
| | | | | | |
| | | | 110 | | |
| | | | 1954 | | |
| | | | | | |
| | | 198.00 | 31169 | 220 | 8 |
| | | 30.00 | 11058 | | |
| | | 100.00 | 7013 | | |
| | | | 2066 | | 1 |
| | | | 3336 | | |
| | | | 585 | | |
| | | | 5068 | | |
| | | | | | |
| | | | 602 | | |
| | | | 1316 | | 1 |
| | | 599.78 | 36852 | | 1 |
| | | | 501056 | 60 | |

# 2015 年矿产资源勘查许可证发证及探矿权

表 4

| 经济类型 | 勘查许可证发证 | | | | | | |
|---|---|---|---|---|---|---|---|
| | 许可证数 | | | 登记面积 | | | 探矿权使用费 |
| | 有效 | 新立 | 注销 | 有效 | 新立 | 注销 | |
| **合计** | **29425** | **960** | **915** | **4256344.75** | **34667.00** | **23638.38** | **21944.40** |
| 国有企业 | 8816 | 346 | 363 | 3914693.53 | 22204.02 | 18136.05 | 7417.44 |
| 集体企业 | 106 | 5 | 10 | 962.40 | 30.75 | 46.40 | 41.60 |
| 股份合作企业 | 189 | 6 | 9 | 3093.58 | 35.25 | 122.38 | 137.41 |
| 联营企业 | 463 | 110 | 19 | 8590.86 | 3506.94 | 352.14 | 250.23 |
| 有限责任公司 | 17650 | 441 | 403 | 299073.34 | 8308.27 | 3930.82 | 12777.84 |
| 股份有限公司 | 892 | 11 | 27 | 15182.82 | 180.40 | 330.49 | 671.55 |
| 私营企业 | 1110 | 30 | 73 | 11471.61 | 326.78 | 470.11 | 500.76 |
| 其他企业 | 106 | 9 | 3 | 1369.80 | 62.03 | 25.85 | 56.43 |
| 合资经营企业（港、澳、台资） | 3 | | 1 | 17.12 | | 2.89 | 0.86 |
| 合作经营企业（港、澳、台资） | 5 | 1 | | 140.25 | 12.49 | | 6.51 |
| 港、澳、台商独资经营企业 | 12 | | 2 | 756.92 | | 4.18 | 37.02 |
| 港、澳、台商投资股份有限公司 | 4 | | | 103.20 | | | 5.16 |
| 中外合资经营企业 | 19 | | 2 | 250.21 | | 13.63 | 12.49 |
| 中外合作经营企业 | 37 | | 3 | 491.02 | | 203.44 | 23.47 |
| 外资企业 | 10 | | | 86.54 | | | 4.08 |
| 外商投资股份有限公司 | 3 | 1 | | 61.55 | 0.07 | | 1.55 |

# 出让、转让情况——按经济类型分列

单位：宗、平方千米、万元

| 探矿权出让 | | | | | | | | 探矿权转让 | |
|---|---|---|---|---|---|---|---|---|---|
| 合　计 | | 申请在先 | 协议出让 | | “招、拍、挂”出让 | | | 宗数 | 转让金额 |
| 宗数 | 价款金额 | 宗数 | 宗数 | 价款金额 | 宗数 | 价款金额 | | | |
| **960** | **137011.76** | **535** | **65** | **3608.28** | **360** | **133403.48** | | **291** | **53639.35** |
| 346 | 5726.72 | 312 | 2 | 372.18 | 32 | 5354.54 | | 31 | 5504.54 |
| 5 | 126.47 | 2 | 3 | 126.47 | | | | | |
| 6 | 375.00 | 1 | | | 5 | 375.00 | | | |
| 110 | 293.40 | 109 | | | 1 | 293.40 | | | |
| 441 | 110803.98 | 97 | 52 | 3098.77 | 292 | 107705.21 | | 240 | 36908.80 |
| 11 | 16138.01 | 4 | | | 7 | 16138.01 | | 13 | 6148.01 |
| 30 | 3140.26 | 8 | 6 | 0.02 | 16 | 3140.24 | | 7 | 5078.00 |
| 9 | 407.91 | 2 | 1 | 10.84 | 6 | 397.07 | | | |
| 1 | 0.01 | | | | 1 | 0.01 | | | |
| 1 | | | 1 | | | | | | |

# 2015 年矿产资源勘查许可证发证及探矿权

表 5

| 地区 | 勘查许可证发证 | | | | | | |
|---|---|---|---|---|---|---|---|
| | 许可证数 | | | 登记面积 | | | 探矿权使用费 |
| | 有效 | 新立 | 注销 | 有效 | 新立 | 注销 | |
| **全　国** | **29425** | **960** | **915** | **4256344.75** | **34667.00** | **23638.38** | **21944.40** |
| 国土资源部 | 1975 | 28 | 2 | 3756209.23 | 10006.74 | 146.87 | 2211.94 |
| 北　京 | 16 | 2 | | 30.29 | 1.31 | | 1.22 |
| 天　津 | 57 | 16 | 15 | 104.09 | 37.33 | 18.45 | 1.13 |
| 河　北 | 523 | 60 | 31 | 3619.42 | 730.78 | 103.34 | 108.16 |
| 山　西 | 99 | 5 | 8 | 855.46 | 18.90 | 369.59 | 39.64 |
| 内蒙古 | 3569 | 220 | 32 | 81513.69 | 6602.69 | 451.70 | 2868.96 |
| 辽　宁 | 665 | 36 | 8 | 5864.93 | 732.22 | 40.68 | 229.42 |
| 吉　林 | 757 | 66 | 277 | 10680.54 | 920.47 | 14836.25 | 354.26 |
| 黑龙江 | 765 | 56 | 15 | 34052.75 | 1830.10 | 407.62 | 1358.25 |
| 上　海 | | | | | | | |
| 江　苏 | 172 | 8 | 36 | 850.99 | 20.75 | 138.61 | 21.36 |
| 浙　江 | 470 | 33 | 18 | 5292.29 | 354.94 | 180.54 | 164.23 |
| 安　徽 | 991 | 13 | 15 | 11530.38 | 327.52 | 95.27 | 459.22 |
| 福　建 | 366 | 22 | 29 | 2310.63 | 165.73 | 224.39 | 92.25 |
| 江　西 | 1819 | 45 | 31 | 10601.45 | 265.34 | 156.42 | 460.81 |
| 山　东 | 939 | 14 | 31 | 8374.21 | 265.53 | 390.29 | 323.15 |
| 河　南 | 511 | 13 | 91 | 4047.79 | 110.17 | 895.94 | 180.79 |
| 湖　北 | 335 | 21 | 31 | 2339.21 | 273.74 | 241.10 | 59.81 |
| 湖　南 | 593 | 25 | 16 | 5464.17 | 246.14 | 173.81 | 180.39 |
| 广　东 | 428 | 39 | 32 | 5612.70 | 520.58 | 279.86 | 151.19 |
| 广　西 | 934 | 13 | 16 | 18254.29 | 172.15 | 363.03 | 869.05 |
| 海　南 | 98 | | 49 | 1548.65 | | 840.53 | 77.43 |
| 重　庆 | 111 | 4 | 3 | 1718.77 | 21.91 | 68.18 | 47.06 |
| 四　川 | 1770 | 31 | 57 | 30791.74 | 194.81 | 878.94 | 1333.43 |
| 贵　州 | 636 | 7 | 13 | 10362.16 | 55.79 | 236.96 | 428.01 |
| 云　南 | 2319 | 11 | 7 | 38666.22 | 268.02 | 159.81 | 1733.48 |
| 西　藏 | 620 | 3 | 5 | 23910.83 | 220.85 | 155.49 | 1109.22 |
| 陕　西 | 761 | 18 | 19 | 18808.17 | 1053.84 | 1113.98 | 766.47 |
| 甘　肃 | 846 | 15 | 3 | 11351.64 | 400.48 | 94.05 | 461.21 |
| 青　海 | 918 | 99 | 22 | 32474.46 | 7053.57 | 478.03 | 740.94 |
| 宁　夏 | 70 | 13 | 3 | 1435.72 | 255.33 | 98.65 | 43.35 |
| 新　疆 | 5292 | 24 | | 117667.88 | 1539.27 | | 5068.57 |

## 出让、转让情况——按地区分列

单位：宗、平方千米、万元

| 探矿权出让 | | | | | | | 探矿权转让 | |
|---|---|---|---|---|---|---|---|---|
| 合计 | | 申请在先 | 协议出让 | | "招、拍、挂"出让 | | 宗数 | 转让金额 |
| 宗数 | 价款金额 | 宗数 | 宗数 | 价款金额 | 宗数 | 价款金额 | | |
| **960** | **137011.76** | **535** | **65** | **3608.28** | **360** | **133403.48** | **291** | **53639.35** |
| 28 | | 27 | 1 | | | | 19 | 930.00 |
| 2 | 12.00 | | | | 2 | 12.00 | | |
| 16 | 1682.47 | | 2 | 126.47 | 14 | 1556.00 | | |
| 60 | 106.40 | 58 | 1 | 100.00 | 1 | 6.40 | 3 | 16.00 |
| 5 | 6531.12 | | | | 5 | 6531.12 | | |
| 220 | 24950.95 | 141 | 27 | 2765.95 | 52 | 22185.00 | 30 | 7133.67 |
| | | | | | | | | |
| 36 | | 27 | 9 | | | | 15 | 2524.00 |
| 66 | 4502.53 | 8 | 9 | 575.01 | 49 | 3927.52 | 8 | 545.79 |
| 56 | 21126.53 | 14 | | | 42 | 21126.53 | | |
| | | | | | | | | |
| | | | | | | | | |
| 8 | 689.00 | 6 | | | 2 | 689.00 | 3 | 1782.40 |
| 33 | 8826.00 | 29 | | | 4 | 8826.00 | 41 | 132.00 |
| 13 | | 13 | | | | | 7 | |
| 22 | 1414.08 | 7 | 2 | 10.00 | 13 | 1404.08 | 2 | |
| 45 | 6277.00 | | | | 45 | 6277.00 | 14 | 2654.00 |
| 14 | | 14 | | | | | 19 | 4818.00 |
| | | | | | | | | |
| 13 | 17180.00 | 4 | | | 9 | 17180.00 | 17 | 5437.38 |
| 21 | 640.00 | 17 | | | 4 | 640.00 | 4 | |
| 25 | 1790.00 | 23 | | | 2 | 1790.00 | | |
| 39 | 1175.30 | 25 | | | 14 | 1175.30 | 7 | 186.24 |
| 13 | 2606.00 | 2 | | | 11 | 2606.00 | 14 | 133.00 |
| | | | | | | | | |
| | | | | | | | | |
| 4 | 817.68 | 2 | | | 2 | 817.68 | | |
| 31 | 26951.58 | 2 | 10 | | 19 | 26951.58 | 26 | 5064.60 |
| 7 | 1987.26 | 1 | | | 6 | 1987.26 | 13 | 12039.11 |
| 11 | 453.00 | | | | 11 | 453.00 | 26 | 1884.80 |
| 3 | | 3 | | | | | 15 | 3508.01 |
| | | | | | | | | |
| 18 | 262.00 | 16 | | | 2 | 262.00 | 3 | 328.00 |
| 15 | 1439.80 | 2 | | | 13 | 1439.80 | | |
| 99 | 1982.06 | 67 | 4 | 30.85 | 28 | 1951.21 | 4 | 637.50 |
| 13 | | 13 | | | | | 1 | 3884.85 |
| 24 | 3609.00 | 14 | | | 10 | 3609.00 | | |

# 2015 年矿产资源勘查许可证发证及探矿权

表 6

| 矿　种 | 勘查许可证发证 | | | | | | |
|---|---|---|---|---|---|---|---|
| | 许可证数 | | | 登记面积 | | | 探矿权使用费 |
| | 有效 | 新立 | 注销 | 有效 | 新立 | 注销 | |
| **合计** | **29425** | **960** | **915** | **4256344.75** | **34667** | **23638.38** | **21944.4** |
| 煤 | 1770 | 24 | 63 | 97560.85 | 2281.46 | 2533.05 | 4160.53 |
| 石油天然气 | 901 | 12 | | 3658835.12 | 9041.37 | | |
| 煤层气 | 99 | | | 47764.88 | | | |
| 油页岩 | 73 | 4 | 39 | 8026.08 | 541.88 | 11258.17 | 185.83 |
| 石煤 | 6 | 1 | | 104.20 | 12.13 | | 4.72 |
| 油砂 | 11 | | | 364.71 | | | 7.32 |
| 天然沥青 | 5 | | | 27.50 | | | 1.08 |
| 地热 | 623 | 75 | 55 | 7722.55 | 632.29 | 637.32 | 219.10 |
| 铁矿 | 2891 | 85 | 140 | 37213.86 | 1910.57 | 1218.29 | 1351.94 |
| 锰矿 | 512 | 11 | 4 | 6646.24 | 165.87 | 11.68 | 261.89 |
| 铬铁矿 | 52 | | | 862.20 | | | 38.68 |
| 钛矿 | 65 | 1 | 4 | 1253.82 | 8.66 | 29.86 | 50.58 |
| 钒矿 | 160 | 1 | 3 | 1716.55 | 1.57 | 18.27 | 74.55 |
| 金红石 | 12 | 2 | | 217.84 | 47.12 | | 5.64 |
| 铜矿 | 5806 | 118 | 81 | 108741.91 | 3359.01 | 1304.93 | 4550.99 |
| 铅矿 | 3123 | 65 | 86 | 51614.82 | 1191.27 | 1108.59 | 2196.26 |
| 锌矿 | 358 | 13 | 9 | 4730.89 | 463.90 | 148.34 | 209.20 |
| 铝土矿 | 258 | | 8 | 7636.52 | | 532.08 | 341.49 |
| 镁矿 | 7 | | 1 | 34.69 | | 0.64 | 1.46 |
| 镍矿 | 140 | 4 | 7 | 2831.22 | 177.74 | 117.46 | 99.66 |
| 钴矿 | 10 | | | 149.20 | | | 6.39 |
| 钨矿 | 98 | 2 | 2 | 792.49 | 87.56 | 7.86 | 32.14 |
| 锡矿 | 160 | 11 | 1 | 1459.18 | 124.98 | 12.73 | 62.33 |
| 铋矿 | 7 | | | 56.07 | | | 2.78 |
| 钼矿 | 520 | 7 | 29 | 7029.35 | 243.63 | 458.27 | 286.60 |
| 汞矿 | 4 | | 1 | 44.39 | | 4.76 | 1.85 |
| 锑矿 | 131 | 1 | 2 | 1138.90 | 5.84 | 14.61 | 55.49 |
| 多金属 | 1510 | 42 | 40 | 35172.15 | 1474.11 | 781.11 | 1350.11 |
| 铂矿 | 22 | | 2 | 425.96 | | 40.14 | 18.60 |
| 砂金 | 16 | | 5 | 190.39 | | 155.49 | 9.12 |
| 金矿 | 6483 | 198 | 164 | 104515.52 | 5468.85 | 2083.05 | 4067.01 |
| 银矿 | 675 | 44 | 10 | 12464.30 | 1091.02 | 199.27 | 466.88 |

# 出让、转让情况——按矿种分列

单位：宗、平方千米、万元、个

| 探矿权出让 | | | | | | | 探矿权转让 | |
|---|---|---|---|---|---|---|---|---|
| 合计 | | 申请在先 | 协议出让 | | “招、拍、挂”出让 | | 宗数 | 转让金额 |
| 宗数 | 价款金额 | 宗数 | 宗数 | 价款金额 | 宗数 | 价款金额 | | |
| **960** | **137011.76** | **535** | **65** | **3608.28** | **360** | **133403.48** | **291** | **53639.35** |
| 24 | 148.00 | 21 | 1 | | 2 | 148.00 | 4 | 5030.00 |
| 12 | | 12 | | | | | | |
| | | | | | | | | |
| 4 | 657.00 | | | | 4 | 657.00 | | |
| 1 | | 1 | | | | | | |
| | | | | | | | | |
| | | | | | | | | |
| 75 | 6148.84 | 27 | 3 | 126.47 | 45 | 6022.37 | 2 | |
| 85 | 39912.90 | 35 | 18 | 172.63 | 32 | 39740.27 | 29 | 6118.05 |
| 11 | 280.01 | 6 | 1 | 0.01 | 4 | 280.00 | 5 | 2765.99 |
| | | | | | | | 2 | 100.00 |
| 1 | 93.00 | | | | 1 | 93.00 | | |
| 1 | 50.00 | | | | 1 | 50.00 | 2 | 26.63 |
| 2 | | 2 | | | | | | |
| 118 | 13220.52 | 78 | 2 | 0.01 | 38 | 13220.51 | 64 | 4818.03 |
| 65 | 1647.41 | 38 | 7 | 0.03 | 20 | 1647.38 | 39 | 3314.35 |
| 13 | 3064.13 | 5 | 5 | 2765.81 | 3 | 298.32 | 7 | 1713.00 |
| | | | | | | | 6 | 3695.34 |
| | | | | | | | | |
| 4 | 27.00 | 3 | | | 1 | 27.00 | 1 | |
| | | | | | | | | |
| 2 | | 2 | | | | | 1 | |
| 11 | 90.60 | 10 | | | 1 | 90.60 | 2 | 400.00 |
| | | | | | | | | |
| 7 | 0.02 | 5 | | | 2 | 0.02 | 5 | |
| | | | | | | | | |
| 1 | | 1 | | | | | 2 | 160.00 |
| 42 | 1128.74 | 36 | | | 6 | 1128.74 | 11 | 3710.95 |
| | | | | | | | | |
| | | | | | | | | |
| 198 | 11271.38 | 129 | 7 | 467.91 | 62 | 10803.47 | 57 | 6706.25 |
| 44 | 806.86 | 31 | 5 | 0.04 | 8 | 806.82 | 14 | 1743.49 |

# 2015 年矿产资源勘查许可证发证及探矿权

续表 6-1

| 矿　种 | 勘查许可证发证 | | | | | | 探矿权使用费 |
|---|---|---|---|---|---|---|---|
| | 许可证数 | | | 登记面积 | | | |
| | 有效 | 新立 | 注销 | 有效 | 新立 | 注销 | |
| 铌钽矿 | 78 | 1 | | 1175.69 | 97.96 | | 46.04 |
| 铌矿 | 14 | 2 | | 218.96 | 74.07 | | 5.75 |
| 钽矿 | 7 | | | 52.62 | | | 2.63 |
| 铍矿 | 30 | 1 | | 355.76 | 24.29 | | 16.74 |
| 锂矿 | 37 | 1 | | 1418.61 | 88.19 | | 55.66 |
| 锆矿 | 7 | | | 89.18 | | | 4.35 |
| 锶矿(天青石) | 10 | | | 76.94 | | | 2.97 |
| 铷矿 | 8 | 1 | | 102.09 | 7.82 | | 3.58 |
| 铯矿 | 2 | | | 58.99 | | | 2.95 |
| 重稀土矿 | 1 | | | 5.25 | | | 0.26 |
| 钇矿 | 1 | | | 5.12 | | | 0.26 |
| 轻稀土矿 | 15 | 6 | | 414.37 | 330.42 | | 5.79 |
| 锗矿 | 3 | | | 26.86 | | | 1.07 |
| 铊矿 | 1 | | | 6.56 | | | 0.33 |
| 铼矿 | 6 | | | 59.86 | | | 2.15 |
| 蓝晶石 | 2 | | | 10.75 | | | 0.54 |
| 矽线石 | 6 | | | 46.03 | | | 2.14 |
| 红柱石 | 6 | | | 71.20 | | | 3.05 |
| 菱镁矿 | 364 | 22 | 8 | 2224.69 | 132.62 | 69.03 | 82.04 |
| 萤石(普通) | 16 | 1 | 1 | 55.65 | 3.42 | 3.68 | 2.02 |
| 熔剂用石灰岩 | 22 | | 1 | 100.46 | | 0.94 | 3.61 |
| 冶金用白云岩 | 9 | | 2 | 42.05 | | 18.17 | 1.30 |
| 冶金用石英岩 | 1 | 1 | | 0.77 | 0.77 | | 0.01 |
| 冶金用脉石英 | 6 | | 3 | 33.97 | | 15.63 | 1.13 |
| 耐火黏土 | 6 | 1 | | 52.52 | 13.40 | | 2.09 |
| 其他黏土 | 4 | 1 | | 90.86 | 2.83 | | 4.43 |
| 熔剂用蛇纹岩 | 1 | | | 1.02 | | | 0.05 |
| 自然硫 | 2 | | 1 | 3.05 | | 13.69 | 0.15 |
| 硫铁矿 | 121 | 2 | 14 | 1331.30 | 20.40 | 121.75 | 56.32 |
| 钠硝石 | 199 | | | 9590.76 | | | 479.54 |
| 明矾石 | 3 | | | 5.75 | | | 0.12 |
| 芒硝(含钙芒硝) | 69 | 2 | 2 | 3431.98 | 37.46 | 20.27 | 166.38 |

## 出让、转让情况——按矿种分列

单位：宗、平方千米、万元、个

| 探矿权出让 | | | | | | | 探矿权转让 | |
|---|---|---|---|---|---|---|---|---|
| 合　计 | | 申请在先 | 协议出让 | | "招、拍、挂"出让 | | 宗数 | 转让金额 |
| 宗数 | 价款金额 | 宗数 | 宗数 | 价款金额 | 宗数 | 价款金额 | | |
| 1 | | 1 | | | | | | |
| 2 | | 2 | | | | | | |
| | | | | | | | | |
| 1 | | 1 | | | | | | |
| 1 | | 1 | | | | | | |
| | | | | | | | | |
| | | | | | | | | |
| 1 | | 1 | | | | | | |
| | | | | | | | | |
| | | | | | | | | |
| | | | | | | | | |
| 6 | | 6 | | | | | | |
| | | | | | | | | |
| | | | | | | | | |
| | | | | | | | | |
| | | | | | | | | |
| | | | | | | | | |
| | | | | | | | | |
| 22 | 576.56 | 17 | | | 5 | 576.56 | 12 | 138.40 |
| 1 | 222.00 | | | | 1 | 222.00 | 1 | 260.00 |
| | | | | | | | | |
| | | | | | | | | |
| 1 | | | 1 | | | | | |
| | | | | | | | | |
| 1 | | | 1 | | | | | |
| 1 | 245.00 | | | | 1 | 245.00 | | |
| | | | | | | | | |
| | | | | | | | | |
| 2 | 810.00 | 1 | | | 1 | 810.00 | | |
| | | | | | | | | |
| | | | | | | | | |
| 2 | 280.00 | 1 | | | 1 | 280.00 | 2 | 1782.40 |

# 2015 年矿产资源勘查许可证发证及探矿权

续表 6-2

| 矿　种 | 勘查许可证发证 | | | | | | |
|---|---|---|---|---|---|---|---|
| | 许可证数 | | | 登记面积 | | | 探矿权使用费 |
| | 有效 | 新立 | 注销 | 有效 | 新立 | 注销 | |
| 重晶石 | 44 | | 4 | 534.01 | | 38.27 | 21.44 |
| 天然碱 | 1 | | | 2.17 | | | 0.02 |
| 电石用灰岩 | 2 | | 1 | 138.28 | | 4.34 | 6.91 |
| 制碱用灰岩 | 6 | | 1 | 15.08 | | 2.36 | 0.75 |
| 含钾岩石 | 1 | | 1 | 11.87 | | 5.45 | 0.59 |
| 化肥用橄榄岩 | 11 | 1 | 2 | 75.16 | 5.41 | 4.98 | 3.29 |
| 化肥用蛇纹岩 | 1 | | | 54.07 | | | 2.70 |
| 泥炭 | 8 | | | 108.48 | | | 4.13 |
| 盐矿 | 4 | 1 | | 80.65 | 25.68 | | 3.01 |
| 岩盐 | 49 | 3 | 3 | 1043.58 | 46.22 | 78.80 | 39.17 |
| 湖盐 | 4 | | | 82.03 | | | 4.10 |
| 镁盐 | 3 | | | 156.62 | | | 2.92 |
| 天然卤水 | 70 | 3 | | 8162.08 | 3376.72 | | 230.86 |
| 钾盐 | 1 | | | 55.68 | | | 0.56 |
| 磷矿 | 190 | 3 | 6 | 2434.38 | 11.53 | 44.19 | 93.98 |
| 金刚石 | 27 | 4 | | 884.70 | 220.95 | | 23.53 |
| 石墨 | 94 | 17 | 3 | 1190.79 | 296.18 | 6.10 | 35.54 |
| 石棉 | 2 | | | 38.53 | | | 1.93 |
| 刚玉 | 29 | 6 | 2 | 450.98 | 187.96 | 9.81 | 11.21 |
| 硅灰石 | 21 | 3 | | 186.57 | 52.73 | | 6.89 |
| 滑石 | 1 | | | 5.34 | | | 0.05 |
| 云母 | 14 | | | 78.92 | | | 3.47 |
| 长石 | 55 | 4 | | 240.78 | 16.05 | | 7.18 |
| 电气石 | 2 | | | 36.11 | | | 1.81 |
| 石榴子石 | 14 | 1 | | 81.30 | 2.90 | | 2.34 |
| 叶蜡石 | 15 | 4 | 1 | 67.70 | 11.49 | 4.90 | 1.45 |
| 透辉石 | 1 | 1 | | 5.15 | 5.15 | | 0.05 |
| 沸石 | 9 | 1 | 1 | 125.88 | 21.98 | 16.19 | 2.47 |
| 石膏 | 78 | 2 | 6 | 793.30 | 38.24 | 46.44 | 24.84 |
| 方解石 | 42 | 3 | 1 | 221.5 | 19.93 | 0.97 | 7.16 |
| 光学萤石 | 5 | | | 75.18 | | | 3.76 |
| 宝石 | 8 | 1 | | 134.10 | 71.90 | | 3.76 |

## 出让、转让情况——按矿种分列

单位：宗、平方千米、万元、个

| 探矿权出让 | | | | | | | 探矿权转让 | |
|---|---|---|---|---|---|---|---|---|
| 合　计 | | 申请在先 | 协议出让 | | “招、拍、挂”出让 | | 宗数 | 转让金额 |
| 宗数 | 价款金额 | 宗数 | 宗数 | 价款金额 | 宗数 | 价款金额 | | |
| | | | | | | | 1 | |
| | | | | | | | | |
| | | | | | | | | |
| | | | | | | | | |
| | | | | | | | | |
| 1 | 21.64 | | | | 1 | 21.64 | 1 | |
| | | | | | | | | |
| | | | | | | | | |
| 1 | | 1 | | | | | | |
| 3 | 670.00 | 2 | | | 1 | 670.00 | | |
| | | | | | | | | |
| | | | | | | | | |
| 3 | | 3 | | | | | | |
| | | | | | | | | |
| 3 | | | 3 | | | | 2 | |
| 4 | | 4 | | | | | | |
| 17 | 12371.62 | 3 | 2 | 43.03 | 12 | 12328.59 | 4 | |
| | | | | | | | | |
| 6 | 32.50 | 5 | | | 1 | 32.50 | 1 | |
| 3 | 110.84 | 1 | 1 | 10.84 | 1 | 100.00 | | |
| | | | | | | | | |
| | | | | | | | | |
| 4 | 1233.00 | | | | 4 | 1233.00 | 1 | |
| | | | | | | | | |
| 1 | 1300.00 | | | | 1 | 1300.00 | | |
| 4 | 156.20 | 2 | | | 2 | 156.20 | | |
| 1 | 594.00 | | | | 1 | 594.00 | | |
| 1 | 178.00 | | | | 1 | 178.00 | | |
| 2 | 11.70 | 1 | 1 | 11.7 | | | | |
| 3 | 37.50 | 1 | | | 2 | 37.50 | | |
| | | | | | | | 1 | |
| 1 | 204.00 | | | | 1 | 204.00 | 1 | |

# 2015 年矿产资源勘查许可证发证及探矿权

续表 6-3

| 矿 种 | 勘查许可证发证 | | | | | | 探矿权使用费 |
|---|---|---|---|---|---|---|---|
| | 许可证数 | | | 登记面积 | | | |
| | 有效 | 新立 | 注销 | 有效 | 新立 | 注销 | |
| 玉石 | 26 | 3 | 1 | 292.23 | 46.37 | 1.44 | 9.35 |
| 玛瑙 | 5 | | | 23.67 | | | 0.45 |
| 石灰岩 | 101 | 14 | 11 | 764.61 | 89.15 | 34.95 | 20.26 |
| 水泥用石灰岩 | 139 | 15 | 13 | 746.53 | 197.85 | 40.89 | 21.40 |
| 建筑石料用灰岩 | 2 | 1 | | 3.79 | 0.11 | | 0.07 |
| 饰面用灰岩 | 1 | 1 | | 9.00 | 9.00 | | 0.09 |
| 含钾岩石 | 10 | | 1 | 127.20 | | 1.06 | 2.96 |
| 泥灰岩 | 1 | | 1 | 10.94 | | 0.16 | 0.55 |
| 白云岩 | 32 | | 4 | 257.60 | | 29.03 | 7.26 |
| 石英岩 | 44 | 6 | 3 | 424.17 | 35.07 | 26.59 | 9.65 |
| 冶金用石英岩 | 5 | | | 12.67 | | | 0.63 |
| 玻璃用石英岩 | 12 | | 1 | 63.78 | | 5.55 | 2.66 |
| 砂岩 | 6 | | | 19.03 | | | 0.92 |
| 玻璃用砂岩 | 7 | 1 | | 13.93 | 2.74 | | 0.54 |
| 水泥配料用砂岩 | 10 | 1 | 2 | 19.23 | 3.00 | 2.18 | 0.56 |
| 陶瓷用砂岩 | 4 | | 1 | 8.39 | | 0.64 | 0.38 |
| 天然石英砂 | 3 | | | 14.83 | | | 0.64 |
| 玻璃用砂 | 4 | | | 30.09 | | | 1.28 |
| 脉石英 | 39 | 4 | 1 | 294.33 | 24.40 | 2.66 | 5.66 |
| 玻璃用脉石英 | 8 | 1 | | 14.99 | 1.72 | | 0.62 |
| 硅藻土 | 15 | 3 | 8 | 114.32 | 59.68 | 53.56 | 2.18 |
| 页岩 | 2 | | | 6.03 | | | 0.06 |
| 陶粒页岩 | 3 | | 5 | 9.30 | | 22.94 | 0.40 |
| 高岭土 | 86 | 11 | 4 | 893.67 | 128.95 | 26.14 | 20.66 |
| 陶瓷土 | 35 | 7 | 3 | 113.42 | 20.05 | 3.03 | 2.79 |
| 凹凸棒石黏土 | 7 | | | 29.81 | | | 1.49 |
| 海泡石黏土 | 1 | | | 33.81 | | | 0.34 |
| 伊利石黏土 | 4 | | | 23.98 | | | 0.90 |
| 累托石黏土 | 1 | | | 1.36 | | | 0.07 |
| 膨润土 | 25 | 3 | | 96.98 | 12.68 | | 3.66 |
| 陶粒用黏土 | 8 | 2 | | 78.80 | 9.76 | | 1.10 |
| 水泥配料用泥岩 | 2 | 1 | | 3.71 | 2.85 | | 0.07 |
| 橄榄岩 | 1 | | | 0.95 | | | 0.05 |

## 出让、转让情况——按矿种分列

单位：宗、平方千米、万元、个

| 探矿权出让 | | | | | | | | 探矿权转让 | |
|---|---|---|---|---|---|---|---|---|---|
| 合计 | | 申请在先 | 协议出让 | | “招、拍、挂”出让 | | | 宗数 | 转让金额 |
| 宗数 | 价款金额 | 宗数 | 宗数 | 价款金额 | 宗数 | 价款金额 | | | |
| 3 | | 3 | | | | | | | |
| | | | | | | | | | |
| 14 | 3086.80 | 8 | | | 6 | 3086.80 | | 2 | 4522.35 |
| 15 | 14013.32 | 6 | 1 | 9.8 | 8 | 14003.52 | | 3 | 1140.19 |
| 1 | | 1 | | | | | | | |
| 1 | | 1 | | | | | | | |
| | | | | | | | | | |
| | | | | | | | | | |
| | | | | | | | | | |
| 6 | 262.69 | 2 | | | 4 | 262.69 | | | |
| | | | | | | | | | |
| | | | | | | | | | |
| | | | | | | | | | |
| 1 | | 1 | | | | | | | |
| 1 | | 1 | | | | | | | |
| | | | | | | | | | |
| | | | | | | | | | |
| | | | | | | | | | |
| 4 | 484.00 | | | | 4 | 484.00 | | | |
| 1 | 62.00 | | | | 1 | 62.00 | | | |
| 3 | 168.50 | | | | 3 | 168.50 | | | |
| | | | | | | | | | |
| | | | | | | | | | |
| 11 | 1028.20 | 2 | | | 9 | 1028.20 | | 3 | 5140.00 |
| 7 | 3367.00 | 1 | | | 6 | 3367.00 | | 1 | |
| | | | | | | | | | |
| | | | | | | | | | |
| | | | | | | | | | |
| | | | | | | | | | |
| 3 | 200.00 | | 2 | | 1 | 200.00 | | | |
| 2 | 240.00 | | | | 2 | 240.00 | | | |
| 1 | 52.00 | | | | 1 | 52.00 | | | |

# 2015 年矿产资源勘查许可证发证及探矿权

续表 6-4

| 矿种 | 勘查许可证发证 | | | | | | |
|---|---|---|---|---|---|---|---|
| | 许可证数 | | | 登记面积 | | | 探矿权使用费 |
| | 有效 | 新立 | 注销 | 有效 | 新立 | 注销 | |
| 蛇纹岩 | 13 | 1 | | 108.39 | 0.18 | | 4.32 |
| 饰面用蛇纹岩 | 1 | | | 6.89 | | | 0.34 |
| 铸石用玄武岩 | 1 | | | 5.05 | | | 0.20 |
| 辉绿岩 | 1 | | | 0.65 | | | 0.03 |
| 饰面用辉绿岩 | 8 | 2 | | 25.29 | 15.36 | | 0.62 |
| 花岗岩 | 46 | 2 | 2 | 499.87 | 24.64 | 4.48 | 7.08 |
| 建筑用花岗岩 | 3 | | | 13.40 | | | 0.51 |
| 饰面用花岗岩 | 107 | 16 | 3 | 962.13 | 116.60 | 1.51 | 17.42 |
| 麦饭石 | 2 | | | 6.23 | | | 0.09 |
| 珍珠岩 | 13 | 6 | | 354.50 | 83.89 | | 12.45 |
| 霞石正长岩 | 2 | | | 11.09 | | | 0.55 |
| 凝灰岩 | 2 | 1 | 1 | 1.54 | 0.75 | 0.75 | 0.05 |
| 火山渣 | 2 | 1 | 2 | 8.40 | 2.67 | 2.08 | 0.31 |
| 大理岩 | 28 | 5 | 3 | 154.15 | 23.58 | 11.31 | 4.20 |
| 饰面用石料（大理石） | 18 | 2 | 2 | 44.09 | 1.29 | 4.18 | 1.21 |
| 建筑用大理岩 | 2 | | | 8.72 | | | 0.44 |
| 水泥用大理石 | 18 | 3 | 1 | 63.69 | 14.80 | 6.28 | 1.91 |
| 板岩 | 1 | | | 2.56 | | | 0.03 |
| 饰面用板岩 | 4 | | | 9.14 | | | 0.18 |
| 片麻岩 | 1 | | | 2.17 | | | 0.11 |
| 角闪岩 | 1 | | | 28.62 | | | 1.43 |
| 硼矿 | 28 | 2 | 4 | 303.37 | 3.91 | 25.77 | 14.79 |
| 矿泉水 | 66 | 22 | 15 | 230.31 | 48.67 | 34.53 | 4.19 |
| 地下水 | 30 | 2 | 2 | 2859.34 | 111.78 | 53.70 | 124.55 |
| 二氧化碳气 | 1 | | 1 | 3.02 | | 41.04 | 0.15 |

## 出让、转让情况——按矿种分列

单位：宗、平方千米、万元、个

| 探矿权出让 | | | | | | | 探矿权转让 | |
|---|---|---|---|---|---|---|---|---|
| 合计 | | 申请在先 | 协议出让 | | “招、拍、挂”出让 | | 宗数 | 转让金额 |
| 宗数 | 价款金额 | 宗数 | 宗数 | 价款金额 | 宗数 | 价款金额 | | |
| 1 | 29.00 | | | | 1 | 29.00 | | |
| | | | | | | | | |
| | | | | | | | | |
| | | | | | | | | |
| 2 | 101.00 | 1 | | | 1 | 101.00 | | |
| 2 | 2.00 | | | | 2 | 2.00 | 1 | 20.00 |
| | | | | | | | | |
| 16 | 10197.00 | 3 | | | 13 | 10197.00 | | |
| | | | | | | | | |
| 6 | 432.78 | 2 | 2 | | 2 | 432.78 | | |
| | | | | | | | | |
| 1 | | 1 | | | | | | |
| 1 | 7.00 | | | | 1 | 7.00 | | |
| 5 | 1666.00 | 1 | | | 4 | 1666.00 | | |
| 2 | 105.00 | | 1 | | 1 | 105.00 | | |
| | | | | | | | | |
| 3 | 1404.90 | 1 | | | 2 | 1404.90 | | |
| | | | | | | | | |
| | | | | | | | | |
| | | | | | | | | |
| | | | | | | | | |
| 2 | | 1 | 1 | | | | | |
| 22 | 2501.60 | 1 | | | 21 | 2501.60 | 1 | 56.00 |
| 2 | | 2 | | | | | | |

# 2015年矿产资源采矿许可证发证及采矿权

表7

| 经济类型 | 采矿许可证发证 | | | | | | |
|---|---|---|---|---|---|---|---|
| | 许可证数 | | | 登记面积 | | | 采矿权使用费 |
| | 有效 | 新立 | 注销 | 有效 | 新立 | 注销 | |
| **合计** | **74743** | **2538** | **5177** | **252683.32** | **4951.72** | **1187.25** | **13126.35** |
| 国有企业 | 2560 | 67 | 133 | 157542.38 | 1933.70 | 157.24 | 946.45 |
| 集体企业 | 3459 | 11 | 655 | 1407.17 | 0.73 | 191.40 | 269.15 |
| 股份合作企业 | 528 | 8 | 42 | 702.55 | 4.79 | 17.36 | 89.65 |
| 联营企业 | 903 | 9 | 46 | 163.02 | 0.33 | 33.33 | 54.85 |
| 有限责任公司 | 33452 | 1617 | 749 | 72906.14 | 2742.33 | 414.11 | 8351.85 |
| 股份有限公司 | 1659 | 27 | 57 | 12830.99 | 135.70 | 15.58 | 1334.20 |
| 私营企业 | 30376 | 759 | 3346 | 6087.52 | 77.46 | 348.08 | 1902.15 |
| 其他企业 | 1445 | 36 | 140 | 114.18 | 2.70 | 5.98 | 75.40 |
| 合资经营企业（港、澳、台资） | 63 | 1 | | 257.43 | 0.46 | | 27.35 |
| 合作经营企业（港、澳、台资） | 9 | 1 | | 58.60 | 53.28 | | 6.15 |
| 港、澳、台商独资经营企业 | 75 | 2 | 2 | 145.28 | 0.24 | 2.55 | 16.45 |
| 港、澳、台商投资股份有限公司 | 17 | | | 20.51 | | | 2.45 |
| 中外合资经营企业 | 102 | | 4 | 178.48 | | 1.35 | 20.60 |
| 中外合作经营企业 | 33 | | 1 | 171.88 | | 0.09 | 18.10 |
| 外资企业 | 43 | | 1 | 37.47 | | 0.06 | 5.00 |
| 外商投资股份有限公司 | 19 | | 1 | 59.72 | | 0.12 | 6.55 |

# 出让、转让情况——按经济类型分列

单位：宗、平方千米、万元、个

| 采矿权出让 | | | | | | | 采矿权转让 | |
|---|---|---|---|---|---|---|---|---|
| 合　计 | | 探矿权转采矿权 | 协议出让 | | “招、拍、挂”出让 | | 宗数 | 转让金额 |
| 宗数 | 价款金额 | 宗数 | 宗数 | 价款金额 | 宗数 | 价款金额 | | |
| **2538** | **878269.55** | **255** | **233** | **419639.84** | **2050** | **458629.71** | **807** | **445748.48** |
| 67 | 10276.01 | 22 | 7 | 2119.94 | 38 | 8156.07 | 4 | 4434.30 |
| 11 | 75.91 | 1 | 1 | | 9 | 75.91 | 1 | 125.00 |
| 8 | 967.39 | 2 | | | 6 | 967.39 | | |
| 9 | 132.51 | | | | 9 | 132.51 | 1 | |
| 1617 | 814837.09 | 215 | 215 | 410751.96 | 1187 | 404085.13 | 550 | 346205.44 |
| 27 | 8284.68 | 7 | 1 | 6164.08 | 19 | 2120.60 | 13 | 66506.98 |
| 759 | 42790.19 | 3 | 7 | 586.03 | 749 | 42204.16 | 215 | 16073.62 |
| 36 | 384.78 | 4 | 2 | 17.83 | 30 | 366.95 | 20 | 463.14 |
| 1 | 87.99 | | | | 1 | 87.99 | 1 | 200.00 |
| 1 | | 1 | | | | | | |
| 2 | 433.00 | | | | 2 | 433.00 | | |
| | | | | | | | 2 | 11740.00 |

# 2015年矿产资源采矿许可证发证及采矿权

表 8

| 地区 | 采矿许可证发证 | | | | | | |
|---|---|---|---|---|---|---|---|
| | 许可证数 | | | 登记面积 | | | 采矿权使用费 |
| | 有效 | 新立 | 注销 | 有效 | 新立 | 注销 | |
| **全　国** | **74743** | **2538** | **5177** | **252683.32** | **4951.72** | **1187.25** | **13126.35** |
| 国土资源部 | 1458 | 32 | | 176768.69 | 2890.96 | | 2835.60 |
| 北　京 | 159 | 4 | | 189.08 | 1.35 | | 23.30 |
| 天　津 | 351 | 18 | 2 | 15.23 | 3.93 | 0.04 | 18.20 |
| 河　北 | 2760 | 196 | 174 | 2546.78 | 108.16 | 75.56 | 340.30 |
| 山　西 | 3833 | 76 | 71 | 8735.79 | 19.20 | 2.28 | 1012.65 |
| 内蒙古 | 4073 | 185 | 56 | 5443.40 | 161.44 | 9.07 | 679.55 |
| 辽　宁 | 2332 | 25 | 43 | 1433.47 | 15.80 | 24.20 | 222.50 |
| 吉　林 | 1425 | 94 | 38 | 757.03 | 12.07 | 2.13 | 131.95 |
| 黑龙江 | 1678 | 64 | 228 | 2144.68 | 4.48 | 8.68 | 278.10 |
| 上　海 | 24 | | | 12.92 | | | 2.05 |
| 江　苏 | 993 | 11 | 45 | 325.89 | 2.81 | 3.99 | 75.90 |
| 浙　江 | 922 | 69 | 85 | 201.21 | 14.78 | 8.97 | 54.25 |
| 安　徽 | 1470 | 15 | 208 | 868.36 | 4.63 | 27.78 | 141.50 |
| 福　建 | 1207 | 26 | 236 | 1139.60 | 6.36 | 75.82 | 155.10 |
| 江　西 | 4595 | 112 | 161 | 2193.36 | 22.43 | 11.13 | 394.05 |
| 山　东 | 2280 | 41 | 454 | 3012.06 | 10.33 | 28.17 | 386.10 |
| 河　南 | 2454 | 62 | 240 | 5418.74 | 143.08 | 70.42 | 618.20 |
| 湖　北 | 2350 | 66 | 144 | 1564.72 | 25.80 | 16.12 | 240.30 |
| 湖　南 | 4112 | 225 | 901 | 1522.76 | 11.03 | 344.72 | 321.10 |
| 广　东 | 1474 | 45 | 65 | 389.84 | 8.27 | 3.56 | 94.45 |
| 广　西 | 2922 | 161 | 322 | 1357.03 | 30.93 | 50.39 | 253.10 |
| 海　南 | 198 | 11 | 21 | 238.48 | 1.30 | 24.21 | 30.35 |
| 重　庆 | 2024 | 28 | 52 | 2234.31 | 4.73 | 4.43 | 297.10 |
| 四　川 | 5356 | 185 | 551 | 3609.41 | 19.89 | 246.57 | 572.20 |
| 贵　州 | 6408 | 152 | 365 | 6733.69 | 404.29 | 32.63 | 910.00 |
| 云　南 | 6719 | 161 | 191 | 4026.21 | 43.58 | 16.85 | 659.50 |
| 西　藏 | 165 | 1 | | 883.33 | 2.85 | | 93.05 |
| 陕　西 | 3651 | 120 | 191 | 7399.22 | 663.65 | 61.77 | 868.15 |
| 甘　肃 | 2484 | 99 | 152 | 1722.84 | 69.26 | 27.09 | 269.90 |
| 青　海 | 626 | 22 | 55 | 5952.99 | 83.56 | 0.92 | 618.10 |
| 宁　夏 | 507 | 71 | 7 | 299.40 | 2.14 | 0.05 | 52.35 |
| 新　疆 | 3733 | 161 | 119 | 3542.80 | 158.63 | 9.70 | 477.40 |

## 出让、转让情况——按地区分列

单位：宗、平方千米、万元、个

| 采矿权出让 | | | | | | | 采矿权转让 | |
|---|---|---|---|---|---|---|---|---|
| 合计 | | 探矿权转采矿权 | 协议出让 | | “招、拍、挂”出让 | | 宗数 | 转让金额 |
| 宗数 | 价款金额 | 宗数 | 宗数 | 价款金额 | 宗数 | 价款金额 | | |
| **2538** | **878269.55** | **255** | **233** | **419639.84** | **2050** | **458629.71** | **807** | **445748.48** |
| 32 | 287827.97 | 29 | 3 | 287827.97 | | | 3 | 50374.70 |
| 4 | 103.00 | | | | 4 | 103.00 | 1 | |
| 18 | 266.00 | 14 | 3 | 127.00 | 1 | 139.00 | 2 | 10.76 |
| 196 | 24075.04 | 7 | 164 | 1918.84 | 25 | 22156.20 | 50 | 26793.18 |
| 76 | 15668.97 | 2 | | | 74 | 15668.97 | 26 | 4822.27 |
| 185 | 16038.29 | 26 | 1 | 1.00 | 158 | 16037.29 | 29 | 75862.60 |
| 25 | 5039.99 | 9 | 7 | 3996.87 | 9 | 1043.12 | 24 | 3866.49 |
| 94 | 2473.19 | 12 | 1 | 672.99 | 81 | 1800.20 | 16 | 2948.20 |
| 64 | 9949.82 | 2 | 2 | 8619.45 | 60 | 1330.37 | 20 | 14035.08 |
| | | | | | | | | |
| | | | | | | | 1 | 10000.00 |
| 11 | 11430.00 | 6 | | | 5 | 11430.00 | 1 | 2494.85 |
| 69 | 170911.08 | 6 | 34 | 49304.98 | 29 | 121606.10 | 13 | |
| 15 | 97725.75 | 3 | 1 | 920.75 | 11 | 96805.00 | 9 | 5361.35 |
| 26 | 3186.03 | 4 | 1 | 283.17 | 21 | 2902.86 | 6 | 50.00 |
| 112 | 30509.42 | 17 | | | 95 | 30509.42 | 72 | 10958.49 |
| 41 | 18629.98 | 3 | | | 38 | 18629.98 | 45 | 12044.15 |
| 62 | 5872.66 | 27 | 2 | 1263.41 | 33 | 4609.25 | 34 | 923.00 |
| 66 | 6439.95 | 3 | 1 | 12.49 | 62 | 6427.46 | 41 | 46659.91 |
| 225 | 14707.23 | 3 | 1 | 131.20 | 221 | 14576.03 | 64 | 4578.04 |
| 45 | 8546.68 | 1 | | | 44 | 8546.68 | 9 | 955.63 |
| 161 | 6594.52 | 4 | | | 157 | 6594.52 | 22 | 1639.96 |
| 11 | 2990.14 | | | | 11 | 2990.14 | 1 | |
| 28 | 1811.54 | 1 | 1 | 231.36 | 26 | 1580.18 | 13 | 18.00 |
| 185 | 21611.69 | 5 | 1 | 18.50 | 179 | 21593.19 | 111 | 51946.73 |
| 152 | 64343.62 | 20 | 1 | 47947.09 | 131 | 16396.53 | 20 | 156.28 |
| 161 | 5691.02 | 4 | | | 157 | 5691.02 | 102 | 91747.15 |
| 1 | | 1 | | | | | | |
| 120 | 4373.77 | 14 | 4 | 487.79 | 102 | 3885.98 | 11 | 1072.45 |
| 99 | 21964.30 | 4 | 3 | 15683.78 | 92 | 6280.52 | 32 | 5304.27 |
| 22 | 8996.01 | 4 | 1 | 175.37 | 17 | 8820.64 | 9 | 6171.09 |
| 71 | 2806.34 | | | | 71 | 2806.34 | 1 | 112.65 |
| 161 | 7685.55 | 24 | 1 | 15.83 | 136 | 7669.72 | 19 | 14841.20 |

# 2015 年矿产资源采矿许可证发证及采矿权

表 9

| 矿　种 | 采矿许可证发证 | | | | | | | |
|---|---|---|---|---|---|---|---|---|
| | 许可证数 | | | 登记面积 | | | 生产规模 | |
| | 有效 | 新立 | 注销 | 有效 | 新立 | 注销 | 登记 | 新立 |
| **合计** | **74743** | **2538** | **5177** | **252683.32** | **4951.72** | **1187.25** | **1480291.01** | **70735.02** |
| 煤炭 | 9480 | 35 | 624 | 58120.59 | 1621.09 | 723.81 | 422793.05 | 9635.00 |
| 石油天然气 | 709 | 16 | | 147121.47 | 1880.56 | | | |
| 煤层气 | 11 | | | 1478.53 | | | | |
| 油页岩 | 24 | | | 132.90 | | | 3557.00 | |
| 石煤 | 165 | | 16 | 245.31 | | 1.33 | 1195.00 | |
| 油砂 | 2 | 1 | | 11.18 | 9.24 | | 80.14 | 80.00 |
| 天然沥青 | 5 | | | 12.73 | | | 6.40 | |
| 地热 | 1057 | 209 | 5 | 888.33 | 159.43 | 7.77 | 24549.28 | 2223.79 |
| 铁矿 | 3541 | 46 | 23 | 5476.13 | 91.59 | 3.70 | 111924.14 | 1647.50 |
| 锰矿 | 371 | 6 | 21 | 587.88 | 28.18 | 10.09 | 2031.80 | 87.60 |
| 铬铁矿 | 19 | | | 25.23 | | 0.24 | 43.35 | |
| 钛矿 | 83 | 3 | | 136.61 | 7.85 | 2.26 | 5133.24 | 190.00 |
| 钒矿 | 105 | 5 | | 351.87 | 13.27 | | 2553.16 | 78.00 |
| 金红石 | 5 | | | 7.65 | | | 145.00 | |
| 铜矿 | 806 | 6 | 3 | 1192.09 | 15.14 | 1.94 | 23164.96 | 1280.00 |
| 铅矿 | 871 | 13 | 9 | 1602.60 | 36.40 | 4.74 | 6221.21 | 125.00 |
| 锌矿 | 349 | 9 | 7 | 681.80 | 29.51 | 0.96 | 4375.46 | 349.00 |
| 铝土矿 | 259 | 7 | 1 | 1254.22 | 277.29 | 0.37 | 5436.80 | 668.00 |
| 镁矿 | 3 | 1 | | 2.17 | 0.64 | | 187.20 | 20.00 |
| 镍矿 | 52 | | | 98.07 | | | 1244.08 | |
| 钴矿 | 4 | | | 5.26 | | | 177.00 | |
| 钨矿 | 137 | | | 407.77 | | | 2364.03 | |
| 锡矿 | 96 | | | 242.41 | | | 1087.73 | |
| 铋矿 | 4 | | | 2.35 | | | 15.50 | |
| 钼矿 | 176 | 2 | | 455.32 | 4.49 | | 15420.12 | 55.00 |
| 汞矿 | 29 | | | 51.99 | | | 122.52 | |
| 锑矿 | 65 | 1 | 2 | 137.48 | 0.82 | | 310.52 | 3.00 |
| 铂矿 | 6 | | | 9.21 | | | 121.00 | |

## 出让、转让情况——按矿种分列

单位：宗、平方千米、万元、个

| 采矿权使用费 | 采矿权出让 | | | | | | | 采矿权转让 | |
|---|---|---|---|---|---|---|---|---|---|
| | 合计 | | 探矿权转采矿权 | 协议出让 | | “招、拍、挂”出让 | | 宗数 | 转让金额 |
| | 宗数 | 价款金额 | 宗数 | 宗数 | 价款金额 | 宗数 | 价款金额 | | |
| **13126.35** | **2538** | **878269.55** | **255** | **233** | **419639.84** | **2050** | **458629.71** | **807** | **445748.48** |
| 6047.50 | 35 | 352653.00 | 26 | 8 | 351140.00 | 1 | 1512.00 | 56 | 203682.48 |
| | 16 | | 16 | | | | | | |
| | | | | | | | | | |
| 13.90 | | | | | | | | | |
| 28.80 | | | | | | | | 4 | 153.00 |
| 1.15 | 1 | | 1 | | | | | | |
| 1.45 | | | | | | | | | |
| 124.60 | 209 | 3157.00 | 25 | 167 | 2046.00 | 17 | 1112.00 | 5 | 1131.00 |
| 642.70 | 46 | 7290.55 | 36 | 2 | 320.84 | 8 | 6970.71 | 32 | 23718.00 |
| 68.45 | 6 | 231.00 | 5 | 1 | 231.00 | | | | |
| 3.05 | | | | | | | | | |
| 16.00 | 3 | | 3 | | | | | 2 | |
| 37.35 | 5 | 843.00 | 2 | | | 3 | 843.00 | | |
| 0.90 | | | | | | | | | |
| 140.30 | 6 | | 6 | | | | | 10 | 12641.00 |
| 183.35 | 13 | 175.00 | 12 | 1 | 175.00 | | | 5 | 2351.00 |
| 77.00 | 9 | | 9 | | | | | 2 | 109.00 |
| 132.10 | 7 | 1263.00 | 5 | 2 | 1263.00 | | | | |
| 0.30 | 1 | | 1 | | | | | | |
| 11.30 | | | | | | | | | |
| 0.65 | | | | | | | | | |
| 43.85 | | | | | | | | | |
| 26.60 | | | | | | | | 1 | 500.00 |
| 0.30 | | | | | | | | | |
| 50.10 | 2 | | 2 | | | | | | |
| 6.00 | | | | | | | | | |
| 15.60 | 1 | | 1 | | | | | | |
| 1.10 | | | | | | | | | |

## 2015年矿产资源采矿许可证发证及采矿权

续表 9-1

| 矿 种 | 采矿许可证发证 | | | | | | | |
|---|---|---|---|---|---|---|---|---|
| | 许可证数 | | | 登记面积 | | | 生产规模 | |
| | 有效 | 新立 | 注销 | 有效 | 新立 | 注销 | 登记 | 新立 |
| 砂金 | 72 | 33 | | 318.07 | 53.81 | | 2084.53 | 899.45 |
| 金矿 | 1324 | 26 | 9 | 3082.21 | 76.12 | 6.47 | 16898.85 | 174.40 |
| 银矿 | 113 | 2 | | 218.15 | 1.76 | | 1196.82 | 14.00 |
| 铌钽矿 | 8 | | | 10.19 | | | 155.30 | |
| 铌矿 | 5 | | | 6.46 | | | 44.80 | |
| 钽矿 | 5 | | | 17.83 | | | 140.00 | |
| 铍矿 | 2 | | | 3.55 | | | 9.50 | |
| 锂矿 | 15 | | | 313.93 | | | 416.50 | |
| 锆矿 | 13 | | 10 | 60.93 | | 23.78 | 5976.77 | |
| 锶矿(天青石) | 13 | | | 32.45 | | | 62.90 | |
| 重稀土矿 | 9 | | | 42.82 | | | 360.70 | |
| 轻稀土矿 | 66 | | | 146.54 | | | 1875.81 | |
| 锗矿 | 7 | | | 4.54 | | | 27.00 | |
| 碲矿 | 2 | | | 1.97 | | | 3.20 | |
| 蓝晶石 | 6 | | | 3.89 | | | 31.00 | |
| 矽线石 | 6 | | | 19.00 | | | 37.00 | |
| 红柱石 | 14 | | | 13.24 | | | 336.20 | |
| 菱镁矿 | 101 | | | 37.41 | | | 1959.55 | |
| 萤石(普通) | 1063 | 33 | 9 | 856.83 | 20.28 | 3.12 | 2089.14 | 73.00 |
| 熔剂用石灰岩 | 183 | 5 | 2 | 86.81 | 6.27 | 0.14 | 8409.51 | 765.00 |
| 冶金用白云岩 | 140 | 2 | 3 | 35.12 | 1.68 | 0.08 | 2545.50 | 145.00 |
| 冶金用石英岩 | 149 | 3 | 1 | 66.60 | 3.19 | 0.16 | 702.95 | 62.00 |
| 冶金用砂岩 | 21 | | | 13.62 | | | 53.20 | |
| 铸型用砂岩 | 8 | | 2 | 0.36 | | 0.12 | 19.45 | |
| 铸型用砂 | 36 | | 3 | 15.86 | | 0.71 | 298.70 | |
| 冶金用脉石英 | 122 | 1 | 5 | 150.95 | 0.03 | 15.24 | 350.32 | 2.00 |
| 耐火黏土 | 159 | | 24 | 118.94 | | 7.70 | 705.35 | |
| 铁钒土 | 12 | | | 5.24 | | | 32.88 | |
| 其他黏土 | 21 | 1 | | 13.66 | 4.39 | | 61.90 | 10.00 |
| 铸型用黏土 | 1 | | | 2.26 | | | 3.00 | |

## 出让、转让情况——按矿种分列

单位：宗、平方千米、万元、个

| 采矿权使用费 | 采矿权出让 | | | | | | | 采矿权转让 | |
|---|---|---|---|---|---|---|---|---|---|
| | 合计 | | 探矿权转采矿权 | 协议出让 | | “招、拍、挂”出让 | | 宗数 | 转让金额 |
| | 宗数 | 价款金额 | | 宗数 | 价款金额 | 宗数 | 价款金额 | | |
| 33.50 | 33 | 3812.00 | | | | 33 | 3812.00 | | |
| 341.90 | 26 | 1004.00 | 23 | 2 | 295.00 | 1 | 709.00 | 12 | 5307.00 |
| 24.85 | 2 | | 2 | | | | | 1 | 3500.00 |
| 1.30 | | | | | | | | | |
| 0.85 | | | | | | | | | |
| 1.90 | | | | | | | | | |
| 0.40 | | | | | | | | | |
| 31.70 | | | | | | | | | |
| 6.40 | | | | | | | | | |
| 3.70 | | | | | | | | | |
| 4.40 | | | | | | | | | |
| 16.40 | | | | | | | | | |
| 0.65 | | | | | | | | | |
| 0.25 | | | | | | | | | |
| 0.55 | | | | | | | | | |
| 2.05 | | | | | | | | | |
| 1.60 | | | | | | | | | |
| 7.05 | | | | | | | | 1 | 200.00 |
| 114.55 | 33 | 752.00 | 5 | | | 28 | 752.00 | 14 | 25483.00 |
| 14.50 | 5 | 541.00 | 3 | 1 | 193.00 | 1 | 349.00 | 4 | 4392.00 |
| 8.35 | 2 | 921.00 | 1 | 1 | 921.00 | | | 1 | 8.00 |
| 11.75 | 3 | 3131.00 | | | | 3 | 3131.00 | 5 | 91.00 |
| 2.05 | | | | | | | | | |
| 0.40 | | | | | | | | | |
| 2.90 | | | | | | | | | |
| 18.90 | 1 | | 1 | | | | | | |
| 16.65 | | | | | | | | 5 | 2347.00 |
| 1.00 | | | | | | | | | |
| 2.15 | 1 | 597.00 | | | | 1 | 597.00 | | |
| 0.25 | | | | | | | | | |

## 2015年矿产资源采矿许可证发证及采矿权

续表 9-2

| 矿种 | 采矿许可证发证 | | | | | | | |
|---|---|---|---|---|---|---|---|---|
| | 许可证数 | | | 登记面积 | | | 生产规模 | |
| | 有效 | 新立 | 注销 | 有效 | 新立 | 注销 | 登记 | 新立 |
| 耐火用橄榄岩 | 3 | | | 2.31 | | | 40.00 | |
| 熔剂用蛇纹岩 | 3 | | | 0.54 | | | 75.00 | |
| 自然硫 | 1 | | | 10.16 | | | 8.00 | |
| 硫铁矿 | 224 | 2 | 1 | 344.82 | 1.37 | 0.15 | 3192.75 | 25.00 |
| 钠硝石 | 3 | | | 37.02 | | | 26.39 | |
| 明矾石 | 1 | | | 1.20 | | | 21.00 | |
| 芒硝(含钙芒硝) | 71 | 1 | | 609.27 | | | 4374.83 | 50.00 |
| 重晶石 | 413 | 18 | 14 | 592.15 | 66.96 | 4.69 | 1427.04 | 71.00 |
| 毒重石 | 32 | | | 27.77 | | | 100.20 | |
| 天然碱 ($Na_2CO_3$) | 14 | 3 | | 76.47 | 18.89 | | 346.70 | 2.30 |
| 颜料黄土 | 1 | | | 0.35 | | | 0.50 | |
| 电石用灰岩 | 43 | 2 | 2 | 19.08 | 1.02 | 0.06 | 2224.73 | 150.00 |
| 制碱用灰岩 | 20 | | 3 | 7.21 | | 0.16 | 791.10 | |
| 化肥用石灰岩 | 4 | | | 0.45 | | | 32.00 | |
| 化肥用白云岩 | 4 | | | 0.72 | | | 18.70 | |
| 化肥用石英岩 | 9 | | 2 | 3.82 | | 0.22 | 65.50 | |
| 化肥用砂岩 | 17 | | | 9.23 | | | 139.00 | |
| 含钾岩石 | 5 | | | 4.92 | | | 64.60 | |
| 含钾砂页岩 | 1 | 1 | | 0.95 | 0.95 | | 10.00 | 10.00 |
| 化肥用蛇纹岩 | 5 | | | 2.75 | | | 26.00 | |
| 泥炭 | 47 | | 5 | 55.47 | | 9.56 | 237.51 | |
| 矿盐 | 16 | 1 | | 164.39 | 25.11 | | 564.63 | 100.00 |
| 岩盐 | 103 | 1 | | 241.29 | 5.13 | | 6997.31 | 120.00 |
| 湖盐 | 38 | | | 572.55 | | | 1348.19 | |
| 镁盐 | 6 | | | 80.81 | | | 282.00 | |
| 天然卤水 | 39 | | 1 | 529.35 | | 20.21 | 3632.76 | |
| 钾盐 | 21 | 1 | | 11763.56 | 65.86 | | 767.70 | 1.00 |
| 溴 | 55 | | | 67.48 | | | 14.54 | |
| 砷 | 6 | | | 5.96 | | | 5.36 | |
| 磷矿 | 333 | 2 | 1 | 841.28 | 5.74 | 1.39 | 13865.67 | 140.00 |

# 出让、转让情况——按矿种分列

单位：宗、平方千米、万元、个

| | 采矿权出让 | | | | | | | 采矿权转让 | |
|---|---|---|---|---|---|---|---|---|---|
| 采矿权使用费 | 合计 | | 探矿权转采矿权 | 协议出让 | | "招、拍、挂"出让 | | 宗数 | 转让金额 |
| | 宗数 | 价款金额 | | 宗数 | 价款金额 | 宗数 | 价款金额 | | |
| 0.35 | | | | | | | | | |
| 0.15 | | | | | | | | | |
| 1.05 | | | | | | | | | |
| 40.70 | 2 | | 2 | | | | | 3 | 9646.00 |
| 3.75 | | | | | | | | | |
| 0.15 | | | | | | | | | |
| 62.80 | 1 | 5320.00 | | | | 1 | 5320.00 | | |
| 70.60 | 18 | 1773.00 | | | | 18 | 1773.00 | 3 | 48.00 |
| 3.60 | | | | | | | | 1 | |
| 8.05 | 3 | 65.00 | | | | 3 | 65.00 | | |
| 0.05 | | | | | | | | | |
| 3.40 | 2 | 354.00 | 1 | | | 1 | 354.00 | | |
| 1.50 | | | | | | | | | |
| 0.20 | | | | | | | | | |
| 0.20 | | | | | | | | | |
| 0.65 | | | | | | | | 1 | 176.00 |
| 1.35 | | | | | | | | 1 | 56.00 |
| 0.65 | | | | | | | | | |
| 0.10 | 1 | 66.00 | | | | 1 | 66.00 | | |
| 0.40 | | | | | | | | | |
| 6.80 | | | | | | | | | |
| 16.85 | 1 | | 1 | | | | | | |
| 26.60 | 1 | | 1 | | | | | | |
| 58.10 | | | | | | | | 1 | 3500.00 |
| 8.25 | | | | | | | | 1 | 10.00 |
| 53.90 | | | | | | | | | |
| 1176.85 | 1 | | 1 | | | | | | |
| 8.75 | | | | | | | | 1 | 36.00 |
| 0.75 | | | | | | | | | |
| 92.60 | 2 | | 2 | | | | | 4 | 23289.00 |

## 2015年矿产资源采矿许可证发证及采矿权

续表 9-3

| 主要矿种 | 采矿许可证发证 | | | | | | | |
|---|---|---|---|---|---|---|---|---|
| | 许可证数 | | | 登记面积 | | | 生产规模 | |
| | 有效 | 新立 | 注销 | 有效 | 新立 | 注销 | 登记 | 新立 |
| 金刚石 | 2 | | | 0.94 | | | | |
| 石墨 | 151 | 3 | 4 | 171.27 | 1.91 | 3.21 | 1595.53 | 54.00 |
| 水晶 | 4 | | | 1.57 | | | 2.04 | |
| 熔炼水晶 | 1 | | | 0.19 | | | | |
| 工艺水晶 | 1 | | | 0.16 | | | | |
| 硅灰石 | 128 | 1 | 5 | 57.54 | 0.06 | 1.92 | 423.85 | 3.00 |
| 滑石 | 113 | 1 | 5 | 60.21 | 0.10 | 2.65 | 475.06 | 5.00 |
| 石棉(温石棉) | 32 | | | 13.21 | | | 218.95 | |
| 云母 | 25 | | | 12.60 | | | 61.40 | |
| 长石 | 318 | 9 | 6 | 169.19 | 3.08 | 0.27 | 1239.14 | 37.00 |
| 电气石 | 4 | | | 10.31 | | | 12.90 | |
| 石榴子石 | 21 | | | 6.32 | | | 79.67 | |
| 叶腊石 | 55 | 1 | 6 | 26.79 | 0.49 | 0.31 | 249.22 | 0.30 |
| 透辉石 | 30 | | | 4.94 | | | 190.80 | |
| 蛭石 | 11 | | | 9.92 | | | 51.80 | |
| 沸石 | 41 | 2 | 6 | 9.92 | 1.45 | 4.58 | 235.55 | 10.00 |
| 透闪石 | 8 | | 1 | 1.24 | | 0.15 | 78.50 | |
| 石膏 | 499 | 16 | 23 | 474.97 | 6.40 | 4.06 | 6502.70 | 235.50 |
| 方解石 | 591 | 29 | 48 | 203.30 | 11.52 | 3.45 | 3000.78 | 197.80 |
| 冰洲石 | 1 | 1 | | 3.95 | 3.95 | | 0.01 | 0.01 |
| 光学萤石 | 2 | | | 1.53 | | | 3.45 | |
| 宝石 | 6 | | | 7.20 | | | 10.38 | |
| 玉石 | 157 | 6 | | 157.35 | 12.54 | | 541.39 | 0.02 |
| 玛瑙 | 5 | | | 12.01 | | | 3.40 | |
| 石灰岩 | 4047 | 80 | 334 | 505.92 | 27.78 | 12.27 | 59070.72 | 2319.40 |
| 玻璃用石灰岩 | 3 | | | 0.72 | | | 4.50 | |
| 水泥用石灰岩 | 1845 | 36 | 101 | 963.89 | 24.69 | 14.99 | 162625.24 | 6432.20 |
| 建筑石料用灰岩 | 9068 | 329 | 958 | 849.84 | 36.98 | 29.58 | 141804.29 | 8335.95 |
| 饰面用灰岩 | 185 | 22 | 5 | 68.96 | 4.91 | 0.20 | 925.97 | 91.49 |
| 制灰用石灰岩 | 301 | 2 | 18 | 59.94 | 1.41 | 0.63 | 4878.17 | 4.50 |

# 出让、转让情况——按矿种分列

单位：宗、平方千米、万元、个

| | 采矿权出让 | | | | | | | 采矿权转让 | |
|---|---|---|---|---|---|---|---|---|---|
| 采矿权使用费 | 合计 | | 探矿权转采矿权 | 协议出让 | | “招、拍、挂”出让 | | 宗数 | 转让金额 |
| | 宗数 | 价款金额 | | 宗数 | 价款金额 | 宗数 | 价款金额 | | |
| 0.15 | | | | | | | | | |
| 21.25 | 3 | 982.00 | 2 | 1 | 982.00 | | | 1 | 100.00 |
| 0.30 | | | | | | | | | |
| 0.05 | | | | | | | | | |
| 0.05 | | | | | | | | | |
| 10.25 | 1 | 12.00 | | | | 1 | 12.00 | 1 | 20.00 |
| 9.35 | 1 | 45.00 | | | | 1 | 45.00 | 3 | 120.00 |
| 2.45 | | | | | | | | | |
| 1.80 | | | | | | | | | |
| 26.90 | 9 | 867.00 | | | | 9 | 867.00 | 9 | 419.00 |
| 1.15 | | | | | | | | | |
| 1.30 | | | | | | | | | |
| 4.35 | 1 | 16.00 | | | | 1 | 16.00 | | |
| 1.65 | | | | | | | | | |
| 1.40 | | | | | | | | | |
| 2.40 | 2 | 20.00 | | | | 2 | 20.00 | 2 | 142.00 |
| 0.40 | | | | | | | | 1 | 10.00 |
| 61.75 | 16 | 644.00 | 4 | | | 12 | 644.00 | 3 | 40.00 |
| 41.90 | 29 | 2308.00 | 1 | | | 28 | 2308.00 | 13 | 529.00 |
| 0.40 | 1 | 9.00 | | | | 1 | 9.00 | | |
| 0.20 | | | | | | | | | |
| 0.90 | | | | | | | | | |
| 19.65 | 6 | 640.00 | 2 | 1 | 16.00 | 3 | 624.00 | 4 | 36034.00 |
| 1.30 | | | | | | | | | |
| 222.00 | 80 | 13678.00 | 6 | | | 74 | 13678.00 | 71 | 8377.00 |
| 0.20 | | | | | | | | | |
| 154.75 | 36 | 70405.00 | 9 | 1 | 3230.00 | 26 | 67175.00 | 28 | 20735.00 |
| 479.55 | 329 | 119723.00 | 1 | 5 | 1525.00 | 323 | 118198.00 | 131 | 10491.00 |
| 13.00 | 22 | 3126.00 | | | | 22 | 3126.00 | | |
| 18.30 | 2 | 25.00 | | | | 2 | 25.00 | 6 | 384.00 |

# 2015 年矿产资源采矿许可证发证及采矿权

续表 9-4

| 矿　种 | 采矿许可证发证 | | | | | | | |
|---|---|---|---|---|---|---|---|---|
| | 许可证数 | | | 登记面积 | | | 生产规模 | |
| | 有效 | 新立 | 注销 | 有效 | 新立 | 注销 | 登记 | 新立 |
| 含钾岩石 | 2 | | | 0.60 | | | 13.00 | |
| 泥灰岩 | 42 | 1 | 6 | 5.91 | 0.11 | 1.05 | 214.01 | 30.00 |
| 白垩 | 5 | | | 1.16 | | | 35.00 | |
| 白云岩 | 424 | 14 | 10 | 174.67 | 21.86 | 0.33 | 5534.83 | 730.00 |
| 玻璃用白云岩 | 9 | | 1 | 8.15 | | 0.01 | 114.00 | |
| 建筑用白云岩 | 731 | 32 | 75 | 81.04 | 3.24 | 4.37 | 12203.53 | 392.40 |
| 石英岩 | 598 | 19 | 31 | 277.91 | 11.31 | 14.46 | 3490.30 | 103.90 |
| 冶金用石英岩 | 48 | 1 | 1 | 16.47 | 0.26 | 0.06 | 288.10 | 3.00 |
| 玻璃用石英岩 | 164 | 7 | 3 | 65.98 | 9.15 | 2.10 | 1892.33 | 164.00 |
| 砂岩 | 875 | 16 | 100 | 64.87 | 1.58 | 2.24 | 7008.96 | 97.07 |
| 玻璃用砂岩 | 72 | 2 | 3 | 15.56 | 0.06 | 0.80 | 1021.22 | 38.00 |
| 水泥配料用砂岩 | 177 | 5 | 5 | 69.78 | 1.70 | 1.56 | 3282.26 | 286.00 |
| 砖瓦用砂岩 | 272 | 23 | 9 | 16.08 | 0.79 | 0.59 | 1573.83 | 182.36 |
| 陶瓷用砂岩 | 49 | | | 14.96 | | | 283.76 | |
| 建筑用砂岩 | 630 | 119 | 18 | 79.53 | 10.26 | 0.53 | 12993.33 | 3323.81 |
| 天然石英砂 | 116 | 5 | 2 | 111.30 | 4.38 | 0.12 | 1357.58 | 80.00 |
| 玻璃用砂 | 23 | | 3 | 18.55 | | 0.18 | 933.71 | |
| 海砂 | 1 | | | 1.01 | | | 35.20 | |
| 建筑用砂 | 3697 | 352 | 329 | 585.42 | 41.50 | 84.79 | 37089.64 | 4067.78 |
| 水泥配料用砂 | 20 | | 2 | 3.74 | | 0.02 | 269.52 | |
| 水泥标准砂 | 2 | | | 1.42 | | | 3.80 | |
| 砖瓦用砂 | 27 | 2 | 1 | 4.71 | 0.21 | | 117.54 | 22.40 |
| 脉石英 | 184 | 2 | 5 | 92.11 | 1.37 | 0.65 | 461.64 | 11.00 |
| 玻璃用脉石英 | 65 | 1 | 2 | 30.70 | 0.57 | 0.57 | 322.50 | 15.00 |
| 粉石英 | 14 | | | 7.92 | | | 49.80 | |
| 天然油石 | 1 | | | 0.20 | | | 0.15 | |
| 硅藻土 | 41 | 1 | 3 | 36.92 | 3.20 | 0.91 | 313.60 | 5.00 |
| 页岩 | 1112 | 38 | 91 | 61.64 | 1.92 | 4.42 | 9370.39 | 399.89 |
| 陶粒页岩 | 30 | | 1 | 7.84 | | 0.12 | 541.15 | |

## 出让、转让情况——按矿种分列

单位：宗、平方千米、万元、个

| | 采矿权出让 | | | | | | | 采矿权转让 | |
|---|---|---|---|---|---|---|---|---|---|
| 采矿权使用费 | 合计 | | 探矿权转采矿权 | 协议出让 | | “招、拍、挂”出让 | | 宗数 | 转让金额 |
| | 宗数 | 价款金额 | | 宗数 | 价款金额 | 宗数 | 价款金额 | | |
| 0.10 | | | | | | | | | |
| 2.45 | 1 | | 1 | | | | | 1 | 36.00 |
| 0.25 | | | | | | | | | |
| 33.90 | 14 | 1499.00 | 3 | 1 | 283.00 | 10 | 1215.00 | 4 | 831.00 |
| 1.15 | | | | | | | | | |
| 39.05 | 32 | 1666.00 | | | | 32 | 1666.00 | 8 | 846.00 |
| 47.65 | 19 | 1087.00 | | | | 19 | 1087.00 | 4 | 2553.00 |
| 3.45 | 1 | 14.00 | | | | 1 | 14.00 | 1 | 30.00 |
| 12.30 | 7 | 7161.00 | 1 | | | 6 | 7161.00 | 5 | 571.00 |
| 45.85 | 16 | 429.00 | | | | 16 | 429.00 | 13 | 729.00 |
| 4.25 | 2 | 213.00 | | | | 2 | 213.00 | 2 | 172.00 |
| 13.25 | 5 | 245.00 | 1 | | | 4 | 245.00 | 3 | 62.00 |
| 14.10 | 23 | 541.00 | | | | 23 | 541.00 | 1 | 2.00 |
| 3.30 | | | | | | | | | |
| 35.00 | 119 | 31309.00 | | 2 | 6183.00 | 117 | 25126.00 | 8 | 616.00 |
| 14.85 | 5 | 189.00 | | | | 5 | 189.00 | 1 | 10.00 |
| 2.75 | | | | | | | | 1 | 16.00 |
| 0.15 | | | | | | | | | |
| 209.85 | 352 | 22524.00 | 1 | 2 | 187.00 | 349 | 22337.00 | 35 | 1853.00 |
| 1.15 | | | | | | | | | |
| 0.20 | | | | | | | | | |
| 1.55 | 2 | 30.00 | | | | 2 | 30.00 | 1 | |
| 14.90 | 2 | 11.00 | 1 | | | 1 | 11.00 | 3 | 43.00 |
| 4.90 | 1 | | 1 | | | | | | |
| 1.20 | | | | | | | | | |
| 0.05 | | | | | | | | | |
| 4.85 | 1 | | 1 | | | | | | |
| 57.30 | 38 | 1663.00 | | | | 38 | 1663.00 | 13 | 2019.00 |
| 1.90 | | | | | | | | | |

## 2015 年矿产资源采矿许可证发证及采矿权

续表 9-5

| 矿　种 | 采矿许可证发证 | | | | | | | |
|---|---|---|---|---|---|---|---|---|
| | 许可证数 | | | 登记面积 | | | 生产规模 | |
| | 有效 | 新立 | 注销 | 有效 | 新立 | 注销 | 登记 | 新立 |
| 砖瓦用页岩 | 4695 | 248 | 367 | 241.29 | 12.55 | 9.42 | 26586.23 | 3874.66 |
| 水泥配料用页岩 | 110 | 11 | 6 | 63.53 | 1.12 | 0.47 | 1523.88 | 172.80 |
| 高岭十 | 392 | 14 | 11 | 354.92 | 9.96 | 4.39 | 3174.38 | 104.50 |
| 陶瓷土 | 471 | 17 | 31 | 199.04 | 4.85 | 7.87 | 3251.51 | 152.30 |
| 凹凸棒石黏土 | 28 | | 1 | 27.90 | | 0.08 | 213.24 | |
| 海泡石黏土 | 4 | 1 | | 2.90 | 0.30 | | 21.42 | 18.00 |
| 伊利石黏土 | 44 | | 1 | 38.14 | | 0.25 | 367.80 | |
| 累托石黏土 | 1 | | | 0.63 | | | 9.00 | |
| 膨润土 | 188 | 3 | 3 | 135.56 | 1.52 | 2.45 | 1066.33 | 9.00 |
| 砖瓦用黏土 | 8343 | 130 | 1094 | 488.36 | 5.37 | 64.25 | 43800.13 | 766.83 |
| 陶粒用黏土 | 43 | 2 | 6 | 202.78 | 0.04 | 1.74 | 155.14 | 7.00 |
| 水泥用黏土 | 111 | 3 | 6 | 43.28 | 1.05 | 0.65 | 1752.39 | 30.80 |
| 水泥配料用红土 | 10 | | 1 | 0.97 | | 0.01 | 78.63 | |
| 水泥配料用黄土 | 4 | | | 0.57 | | | 212 | |
| 保温材料用黏土 | 6 | | | 4.81 | | | 24.36 | |
| 橄榄岩 | 9 | | | 30.48 | | | 90.08 | |
| 建筑用橄榄岩 | 7 | | | 41.91 | | | 26.13 | |
| 蛇纹岩 | 38 | 3 | | 21.62 | 1.95 | | 343.71 | 9.00 |
| 饰面用蛇纹岩 | 13 | | | 4.39 | | | 19.12 | |
| 玄武岩 | 315 | 4 | 57 | 63.35 | 1.12 | 2.25 | 4237.26 | 54.06 |
| 铸石用玄武岩 | 5 | | 1 | 0.48 | | 0.08 | 75.10 | |
| 建筑用玄武岩 | 253 | 25 | 3 | 30.49 | 2.73 | 0.03 | 6731.45 | 827.87 |
| 辉绿岩 | 98 | 3 | 6 | 28.62 | 0.50 | 0.83 | 667.49 | 17.70 |
| 水泥用辉绿岩 | 3 | 1 | | 0.28 | 0.09 | | 43.00 | 8.00 |
| 建筑用辉绿岩 | 166 | 15 | 13 | 37.16 | 3.32 | 3.39 | 2719.29 | 268.30 |
| 饰面用辉绿岩 | 50 | 2 | 6 | 13.48 | 0.37 | 0.49 | 215.67 | 18.00 |
| 安山岩 | 81 | 1 | 10 | 5.51 | 0.02 | 0.35 | 1425.58 | 20.80 |
| 饰面用安山岩 | 4 | | | 3.24 | | | 9.36 | |

## 出让、转让情况——按矿种分列

单位：宗、平方千米、万元、个

| | 采矿权出让 | | | | | | | 采矿权转让 | |
|---|---|---|---|---|---|---|---|---|---|
| 采矿权使用费 | 合计 | | 探矿权转采矿权 | 协议出让 | | “招、拍、挂”出让 | | 宗数 | 转让金额 |
| | 宗数 | 价款金额 | | 宗数 | 价款金额 | 宗数 | 价款金额 | | |
| 240.95 | 248 | 6779.00 | | | | 248 | 6779.00 | 58 | 3540.00 |
| 10.55 | 11 | 547.00 | | | | 11 | 547.00 | 2 | 48.00 |
| 47.20 | 14 | 560.00 | 2 | | | 12 | 560.00 | 1 | 18.00 |
| 35.90 | 17 | 2077.00 | 2 | | | 15 | 2077.00 | 8 | 1709.00 |
| 3.55 | | | | | | | | | |
| 0.35 | 1 | 131.00 | | 1 | 131.00 | | | | |
| 5.05 | | | | | | | | 4 | 151.00 |
| 0.10 | | | | | | | | 1 | 1600.00 |
| 19.55 | 3 | 46.00 | | | | 3 | 46.00 | 1 | |
| 423.95 | 130 | 1067.00 | | | | 130 | 1067.00 | 31 | 719.00 |
| 21.65 | 2 | 36.00 | | | | 2 | 36.00 | | |
| 7.90 | 3 | 94.00 | | | | 3 | 94.00 | | |
| 0.50 | | | | | | | | | |
| 0.20 | | | | | | | | | |
| 0.70 | | | | | | | | | |
| 3.30 | | | | | | | | | |
| 4.40 | | | | | | | | | |
| 3.40 | 3 | 232.00 | | | | 3 | 232.00 | | |
| 0.85 | | | | | | | | | |
| 19.10 | 4 | 159.00 | | | | 4 | 159.00 | 6 | 996.00 |
| 0.25 | | | | | | | | | |
| 13.55 | 25 | 17965.00 | | | | 25 | 17965.00 | 5 | 287.00 |
| 6.45 | 3 | 149.00 | | | | 3 | 149.00 | 1 | 50.00 |
| 0.15 | 1 | 300.00 | | | | 1 | 300.00 | | |
| 9.95 | 15 | 4165.00 | | 1 | 12.00 | 14 | 4152.00 | 1 | 20.00 |
| 3.00 | 2 | 27.00 | 1 | | | 1 | 27.00 | 1 | 199.00 |
| 4.10 | 1 | 49.00 | | | | 1 | 49.00 | 1 | 11.00 |
| 0.50 | | | | | | | | | |

# 2015 年矿产资源采矿许可证发证及采矿权

续表 9-6

| 矿种 | 采矿许可证发证 | | | | | | | |
|---|---|---|---|---|---|---|---|---|
| | 许可证数 | | | 登记面积 | | | 生产规模 | |
| | 有效 | 新立 | 注销 | 有效 | 新立 | 注销 | 登记 | 新立 |
| 建筑用安山岩 | 302 | 8 | 22 | 17.15 | 0.67 | 0.91 | 6337.47 | 183.56 |
| 水泥混合材料用安山岩 | 1 | | | 0.04 | | | 20.80 | |
| 闪长岩 | 55 | 10 | 2 | 10.59 | 0.60 | 0.36 | 1926.87 | 78.00 |
| 建筑用闪长岩 | 193 | 6 | 14 | 11.50 | 0.13 | 1.03 | 2891.93 | 127.40 |
| 水泥混合材料用闪长玢岩 | 1 | | | 0.01 | | | 5.20 | |
| 花岗岩 | 600 | 20 | 53 | 159.34 | 4.20 | 2.70 | 6069.38 | 132.52 |
| 建筑用花岗岩 | 2182 | 80 | 135 | 189.00 | 6.83 | 7.10 | 64761.81 | 5167.73 |
| 饰面用花岗岩 | 1095 | 48 | 90 | 308.58 | 36.90 | 2.35 | 6839.55 | 811.31 |
| 麦饭石 | 10 | | 1 | 10.86 | | 0.03 | 23.13 | |
| 珍珠岩 | 65 | 3 | 1 | 20.13 | 4.03 | 0.02 | 329.85 | 9.00 |
| 黑曜岩 | 6 | 3 | | 1.23 | 0.86 | | 34.00 | 23.00 |
| 浮石 | 14 | | 1 | 2.27 | | 0.01 | 37.52 | |
| 粗面岩 | 15 | | | 2.21 | | | 137.38 | |
| 霞石正长岩 | 12 | | | 6.53 | | | 390.00 | |
| 凝灰岩 | 69 | | 9 | 12.74 | | 0.37 | 1010.82 | |
| 水泥用凝灰岩 | 21 | 2 | | 3.52 | 0.11 | | 310.30 | 38.01 |
| 建筑用石料（凝灰岩） | 1327 | 102 | 111 | 160.76 | 23.44 | 8.27 | 52273.68 | 8353.33 |
| 火山灰 | 2 | | | 0.68 | | | 10.00 | |
| 水泥用火山灰 | 1 | | | 0.07 | | | 5.00 | |
| 火山渣 | 13 | | | 4.53 | | | 101.98 | |
| 大理岩 | 294 | 15 | 4 | 129.34 | 18.68 | 0.88 | 3384.99 | 135.27 |
| 饰面用石料（大理石） | 421 | 26 | 11 | 220.51 | 11.81 | 0.33 | 2313.33 | 232.47 |
| 建筑用大理岩 | 320 | 10 | 12 | 87.86 | 1.34 | 8.04 | 4226.27 | 247.86 |
| 水泥用大理石 | 103 | 6 | 9 | 28.68 | 1.06 | 0.50 | 6529.46 | 1228.50 |
| 玻璃用大理石 | 3 | | | 0.72 | | | 17.28 | |
| 板岩 | 176 | 11 | 17 | 64.31 | 0.50 | 0.28 | 1716.31 | 146.83 |
| 饰面用板岩 | 60 | 2 | 8 | 26.24 | 0.76 | 0.89 | 247.04 | 7.35 |
| 水泥配料用板岩 | 6 | | | 3.75 | | | 48.87 | |
| 片麻岩 | 305 | 17 | 11 | 27.70 | 0.68 | 2.79 | 6082.95 | 312.93 |
| 角闪岩 | 31 | | | 6.92 | | | 385.56 | |
| 硼矿 | 55 | | | 390.14 | | | 574.20 | |
| 矿泉水 | 729 | 10 | 14 | 412.17 | 7.46 | 2.07 | 4349.08 | 206.51 |
| 地下水 | 8 | | | 14.45 | | | 1103.50 | |
| 二氧化碳气 | 1 | | | 28.74 | | | 8.00 | |
| 其他 | 1 | | | 0.40 | | | | |

## 出让、转让情况——按矿种分列

单位：宗、平方千米、万元、个

| 采矿权使用费 | 采矿权出让 | | | | | | | 采矿权转让 | |
|---|---|---|---|---|---|---|---|---|---|
| | 合计 | | 探矿权转采矿权 | 协议出让 | | “招、拍、挂”出让 | | 宗数 | 转让金额 |
| | 宗数 | 价款金额 | 宗数 | 宗数 | 价款金额 | 宗数 | 价款金额 | | |
| 15.30 | 8 | 406.00 | | | | 8 | 406.00 | 5 | 220.00 |
| 0.05 | | | | | | | | | |
| 3.20 | 10 | 89.00 | | | | 10 | 89.00 | 1 | 5.00 |
| 9.95 | 6 | 500.00 | | | | 6 | 500.00 | 5 | 1845.00 |
| 0.05 | | | | | | | | | |
| 38.90 | 20 | 5484.00 | | | | 20 | 5484.00 | 12 | 1190.00 |
| 113.25 | 80 | 14761.00 | | 5 | 2232.00 | 75 | 12529.00 | 37 | 1996.00 |
| 72.35 | 48 | 15599.00 | 14 | | | 34 | 15599.00 | 25 | 2321.00 |
| 1.45 | | | | | | | | | |
| 4.55 | 3 | 119.00 | | | | 3 | 119.00 | 2 | 43.00 |
| 0.35 | 3 | 146.00 | | | | 3 | 146.00 | 1 | 100.00 |
| 0.70 | | | | | | | | 1 | 10.00 |
| 0.90 | | | | | | | | | |
| 1.10 | | | | | | | | | |
| 4.00 | | | | | | | | 1 | 2.00 |
| 1.15 | 2 | 41.00 | | | | 2 | 41.00 | | |
| 72.05 | 102 | 123607.00 | | 27 | 40636.00 | 75 | 82971.00 | 11 | 4901.00 |
| 0.15 | | | | | | | | | |
| 0.05 | | | | | | | | | |
| 0.90 | | | | | | | | | |
| 23.20 | 15 | 2234.00 | | | | 15 | 2234.00 | 4 | 265.00 |
| 36.50 | 26 | 3658.00 | | | | 26 | 3658.00 | 4 | 725.00 |
| 20.80 | 10 | 1243.00 | | | | 10 | 1243.00 | 5 | 185.00 |
| 6.70 | 6 | 8310.00 | | 1 | 7638.00 | 5 | 672.00 | | |
| 0.15 | | | | | | | | | |
| 13.70 | 11 | 745.00 | | | | 11 | 745.00 | 1 | 5.00 |
| 4.85 | 2 | 125.00 | | | | 2 | 125.00 | | |
| 0.60 | | | | | | | | | |
| 16.00 | 17 | 1686.00 | | | | 17 | 1686.00 | 3 | 92.00 |
| 1.85 | | | | | | | | 2 | 54.00 |
| 40.60 | | | | | | | | | |
| 62.05 | 10 | 104.00 | 8 | | | 2 | 104.00 | 13 | 12277.00 |
| 1.70 | | | | | | | | | |
| 2.90 | | | | | | | | | |
| 0.05 | | | | | | | | | |

# 2015 年矿产资源勘查、

表 10

| 案件类型 | 合计 | 国家机关 | | |
|---|---|---|---|---|
| | | 省级机关 | 市级机关 | 县级机关 |
| 2014 年未结案件 | **447** | | | |
| 2015 年立案 | **4835** | | | |
| 勘查 | 216 | | | |
| 无证勘查 | 71 | | | |
| 越界勘查 | 9 | | | |
| 非法转让探矿权 | 4 | | | |
| 其他 | 132 | | | |
| 开采 | 4616 | | | |
| 无证开采 | 2816 | | | |
| 越界开采 | 1469 | | | |
| 非法转让采矿权 | 15 | | | |
| 破坏性开采 | 4 | | | |
| 其他 | 312 | | | |
| 不按规定缴纳矿产资源补偿费 | 3 | | | |
| 非法批准 | | | | |
| 违法发证 | | | | |
| 勘查许可证 | | | | |
| 采矿许可证 | | | | |
| 其他 | | | | |
| 2015 年结案 | **4753** | | | |
| 处理上年未结案 | 267 | | | |
| 勘查 | 196 | | | |
| 无证勘查 | 58 | | | |
| 越界勘查 | 8 | | | |
| 非法转让探矿权 | 4 | | | |
| 其他 | 126 | | | |
| 开采 | 4287 | | | |
| 无证开采 | 2607 | | | |
| 越界开采 | 1363 | | | |
| 非法转让采矿权 | 15 | | | |
| 破坏性开采 | 4 | | | |
| 其他 | 298 | | | |
| 不按规定缴纳矿产资源补偿费 | 3 | | | |
| 非法批准 | | | | |
| 违法发证 | | | | |
| 勘查许可证 | | | | |
| 采矿许可证 | | | | |
| 其他 | | | | |
| 2015 年未结案件 | **529** | | | |

## 开采违法案件查处情况

单位：件

| 企事业单位 | | 集 体 | | 个人 |
|---|---|---|---|---|
| | 外商 | | 乡村 | |
| **124** | | | | **323** |
| **2018** | **4** | **73** | **30** | **2744** |
| 163 | | | | 53 |
| 31 | | | | 40 |
| 8 | | | | 1 |
| 4 | | | | |
| 120 | | | | 12 |
| 1853 | 4 | 73 | 30 | 2690 |
| 662 | 2 | 43 | 21 | 2111 |
| 999 | 2 | 22 | 2 | 448 |
| 12 | | 1 | 1 | 2 |
| 3 | | | | 1 |
| 177 | | 7 | 6 | 128 |
| 2 | | | | 1 |
| **1939** | **3** | **69** | **27** | **2745** |
| 55 | 1 | | | 212 |
| 156 | | | | 40 |
| 30 | | | | 28 |
| 8 | | | | |
| 4 | | | | |
| 114 | | | | 12 |
| 1726 | 2 | 69 | 27 | 2492 |
| 615 | | 39 | 18 | 1953 |
| 929 | 2 | 22 | 2 | 412 |
| 12 | | 1 | 1 | 2 |
| 3 | | | | 1 |
| 167 | | 7 | 6 | 124 |
| 2 | | | | 1 |
| **203** | **1** | **4** | **3** | **322** |

# 2015 年矿产资源勘查、

表 11

| 案件类型 | 合计 | 北京 | 天津 | 河北 |
|---|---|---|---|---|
| **2014 年未结案件** | **447** | | | **9** |
| **2015 年立案** | **4835** | **30** | **65** | **103** |
| 勘查 | 216 | 4 | | 1 |
| 无证勘查 | 71 | 2 | | |
| 越界勘查 | 9 | | | |
| 非法转让探矿权 | 4 | | | |
| 其他 | 132 | 2 | | 1 |
| 开采 | 4616 | 26 | 65 | 102 |
| 无证开采 | 2816 | 25 | 62 | 65 |
| 越界开采 | 1469 | 1 | 3 | 32 |
| 非法转让采矿权 | 15 | | | |
| 破坏性开采 | 4 | | | |
| 其他 | 312 | | | 5 |
| 不按规定缴纳矿产资源补偿费 | 3 | | | |
| 非法批准 | | | | |
| 违法发证 | | | | |
| 勘查许可证 | | | | |
| 采矿许可证 | | | | |
| 其他 | | | | |
| **2015 年结案** | **4753** | **28** | **65** | **107** |
| 处理 2014 年未结案 | 267 | | | 8 |
| 勘查 | 196 | 4 | | 1 |
| 无证勘查 | 58 | 2 | | |
| 越界勘查 | 8 | | | |
| 非法转让探矿权 | 4 | | | |
| 其他 | 126 | 2 | | 1 |
| 开采 | 4287 | 24 | 65 | 98 |
| 无证开采 | 2607 | 23 | 62 | 61 |
| 越界开采 | 1363 | 1 | 3 | 32 |
| 非法转让采矿权 | 15 | | | |
| 破坏性开采 | 4 | | | |
| 其他 | 298 | | | 5 |
| 不按规定缴纳矿产资源补偿费 | 3 | | | |
| 非法批准 | | | | |
| 违法发证 | | | | |
| 勘查许可证 | | | | |
| 采矿许可证 | | | | |
| 其他 | | | | |
| **2015 年未结案件** | **529** | **2** | | **5** |

## 开采违法案件查处情况——按地区分列

单位：件

| 山西 | 内蒙古 | 辽宁 | 吉林 |
|---|---|---|---|
| **3** | | **3** | **1** |
| **148** | **307** | **101** | **136** |
| 6 | 48 | 2 | 2 |
| 6 | 1 | 2 | |
| | | | |
| | | | |
| | 47 | | 2 |
| 142 | 259 | 99 | 134 |
| 67 | 201 | 50 | 126 |
| 63 | 42 | 49 | 8 |
| | | | |
| | 1 | | |
| 12 | 15 | | |
| | | | |
| | | | |
| | | | |
| | | | |
| | | | |
| | | | |
| **145** | **301** | **83** | **120** |
| | | | 2 |
| 6 | 48 | 2 | 2 |
| 6 | 1 | 2 | |
| | | | |
| | | | |
| | 47 | | 2 |
| 139 | 253 | 81 | 116 |
| 65 | 195 | 46 | 109 |
| 62 | 42 | 35 | 7 |
| | | | |
| | 1 | | |
| 12 | 15 | | |
| | | | |
| | | | |
| | | | |
| | | | |
| | | | |
| | | | |
| **6** | **6** | **21** | **17** |

# 2015 年矿产资源勘查、

续表 11-1

| 案件类型 | 黑龙江 | 上海 | 江苏 | 浙江 |
|---|---|---|---|---|
| **2014 年未结案件** | **8** | | | **3** |
| **2015 年立案** | **221** | | **14** | **250** |
| 勘查 | 3 | | | 1 |
| 无证勘查 | 2 | | | 1 |
| 越界勘查 | | | | |
| 非法转让探矿权 | | | | |
| 其他 | 1 | | | |
| 开采 | 218 | | 14 | 249 |
| 无证开采 | 85 | | 12 | 196 |
| 越界开采 | 127 | | 1 | 43 |
| 非法转让采矿权 | | | | 1 |
| 破坏性开采 | | | | 2 |
| 其他 | 6 | | 1 | 7 |
| 不按规定缴纳矿产资源补偿费 | | | | |
| 非法批准 | | | | |
| 违法发证 | | | | |
| 勘查许可证 | | | | |
| 采矿许可证 | | | | |
| 其他 | | | | |
| **2015 年结案** | **196** | | **14** | **241** |
| 处理 2014 年未结案 | 8 | | | 6 |
| 勘查 | 3 | | | 1 |
| 无证勘查 | 2 | | | 1 |
| 越界勘查 | | | | |
| 非法转让探矿权 | | | | |
| 其他 | 1 | | | |
| 开采 | 185 | | 14 | 234 |
| 无证开采 | 73 | | 12 | 191 |
| 越界开采 | 106 | | 1 | 34 |
| 非法转让采矿权 | | | | 1 |
| 破坏性开采 | | | | 2 |
| 其他 | 6 | | 1 | 6 |
| 不按规定缴纳矿产资源补偿费 | | | | |
| 非法批准 | | | | |
| 违法发证 | | | | |
| 勘查许可证 | | | | |
| 采矿许可证 | | | | |
| 其他 | | | | |
| **2015 年未结案件** | **33** | | | **12** |

# 开采违法案件查处情况——按地区分列

单位：件

| 安徽 | 福建 | 江西 | 山东 |
|---|---|---|---|
| **20** | **123** | **6** | **1** |
| **69** | **109** | **139** | **65** |
| 1 | 1 | 2 | |
| | 1 | | |
| | | | |
| 1 | | | |
| | | 2 | |
| 67 | 108 | 137 | 65 |
| 37 | 79 | 44 | 42 |
| 28 | 17 | 84 | 15 |
| | | | |
| | 1 | | |
| 2 | 11 | 9 | 8 |
| 1 | | | |
| | | | |
| | | | |
| | | | |
| | | | |
| | | | |
| **53** | **203** | **139** | **62** |
| | 123 | 3 | |
| 1 | 1 | 2 | |
| | 1 | | |
| | | | |
| 1 | | | |
| | | 2 | |
| 51 | 79 | 134 | 62 |
| 24 | 57 | 43 | 42 |
| 26 | 10 | 83 | 15 |
| | | | |
| | 1 | | |
| 1 | 11 | 8 | 5 |
| 1 | | | |
| | | | |
| | | | |
| | | | |
| | | | |
| | | | |
| **36** | **29** | **6** | **4** |

## 2015 年矿产资源勘查、

续表 11-2

| 案件类型 | 河南 | 湖北 | 湖南 | 广东 |
|---|---|---|---|---|
| **2014 年未结案件** | | **1** | **8** | |
| **2015 年立案** | **91** | **63** | **222** | |
| 勘查 | | | | |
| 无证勘查 | | | | |
| 越界勘查 | | | | |
| 非法转让探矿权 | | | | |
| 其他 | | | | |
| 开采 | 91 | 62 | 222 | |
| 无证开采 | 64 | 30 | 83 | |
| 越界开采 | 20 | 30 | 130 | |
| 非法转让采矿权 | 1 | | 1 | |
| 破坏性开采 | | | | |
| 其他 | 6 | 2 | 8 | |
| 不按规定缴纳矿产资源补偿费 | | 1 | | |
| 非法批准 | | | | |
| 违法发证 | | | | |
| 勘查许可证 | | | | |
| 采矿许可证 | | | | |
| 其他 | | | | |
| **2015 年结案** | **91** | **52** | **213** | |
| 处理 2014 年未结案 | | 1 | 10 | |
| 勘查 | | | | |
| 无证勘查 | | | | |
| 越界勘查 | | | | |
| 非法转让探矿权 | | | | |
| 其他 | | | | |
| 开采 | 91 | 50 | 203 | |
| 无证开采 | 64 | 21 | 68 | |
| 越界开采 | 20 | 27 | 126 | |
| 非法转让采矿权 | 1 | | 1 | |
| 破坏性开采 | | | | |
| 其他 | 6 | 2 | 8 | |
| 不按规定缴纳矿产资源补偿费 | | 1 | | |
| 非法批准 | | | | |
| 违法发证 | | | | |
| 勘查许可证 | | | | |
| 采矿许可证 | | | | |
| 其他 | | | | |
| **2015 年未结案件** | | **12** | **17** | |

## 开采违法案件查处情况——按地区分列

单位：件

| 广西 | 海南 | 重庆 | 四川 |
|---|---|---|---|
| **74** | **57** | **7** | **36** |
| **324** | **230** | **85** | **118** |
| 3 | | | 23 |
| | | | 11 |
| 2 | | | 1 |
| | | | |
| 1 | | | 11 |
| 321 | 230 | 85 | 95 |
| 254 | 218 | 15 | 31 |
| 53 | 11 | 70 | 42 |
| | | | |
| | | | |
| 14 | 1 | | 22 |
| | | | |
| | | | |
| | | | |
| | | | |
| | | | |
| | | | |
| **322** | **285** | **82** | **84** |
| 29 | 55 | 6 | 1 |
| 3 | | | 6 |
| | | | |
| 2 | | | 1 |
| | | | |
| 1 | | | 5 |
| 290 | 230 | 76 | 77 |
| 230 | 218 | 14 | 27 |
| 46 | 11 | 62 | 30 |
| | | | |
| | | | |
| 14 | 1 | | 20 |
| | | | |
| | | | |
| | | | |
| | | | |
| | | | |
| | | | |
| **76** | **2** | **10** | **70** |

## 2015 年矿产资源勘查、

续表 11-3

| 案件类型 | 贵州 | 云南 | 西藏 | 陕西 |
|---|---|---|---|---|
| 2014 年未结案件 | **32** | **4** | | **2** |
| 2015 年立案 | **243** | **538** | **5** | **117** |
| 勘查 | 1 | 43 | | 6 |
| 无证勘查 | 1 | 4 | | 2 |
| 越界勘查 | | 2 | | |
| 非法转让探矿权 | | 3 | | |
| 其他 | | 34 | | 4 |
| 开采 | 241 | 495 | 5 | 111 |
| 无证开采 | 82 | 154 | 5 | 79 |
| 越界开采 | 90 | 318 | | 23 |
| 非法转让采矿权 | 1 | 10 | | 1 |
| 破坏性开采 | | | | |
| 其他 | 68 | 13 | | 8 |
| 不按规定缴纳矿产资源补偿费 | 1 | | | |
| 非法批准 | | | | |
| 违法发证 | | | | |
| 勘查许可证 | | | | |
| 采矿许可证 | | | | |
| 其他 | | | | |
| 2015 年结案 | **227** | **532** | **5** | **113** |
| 处理 2014 年未结案 | 8 | 4 | | 2 |
| 勘查 | 1 | 42 | | 5 |
| 无证勘查 | 1 | 4 | | 1 |
| 越界勘查 | | 1 | | |
| 非法转让探矿权 | | 3 | | |
| 其他 | | 34 | | 4 |
| 开采 | 217 | 486 | 5 | 106 |
| 无证开采 | 68 | 149 | 5 | 75 |
| 越界开采 | 85 | 314 | | 23 |
| 非法转让采矿权 | 1 | 10 | | 1 |
| 破坏性开采 | | | | |
| 其他 | 63 | 13 | | 7 |
| 不按规定缴纳矿产资源补偿费 | 1 | | | |
| 非法批准 | | | | |
| 违法发证 | | | | |
| 勘查许可证 | | | | |
| 采矿许可证 | | | | |
| 其他 | | | | |
| 2015 年未结案件 | **48** | **10** | | **6** |

## 开采违法案件查处情况——按地区分列

计量单位：件

| 甘肃 | 青海 | 宁夏 | 新疆 |
|---|---|---|---|
| | 12 | **1** | **36** |
| **72** | **116** | **83** | **771** |
| 4 | 2 | | 63 |
| 4 | 2 | | 32 |
| | | | 4 |
| | | | 27 |
| 68 | 114 | 83 | 708 |
| 50 | 80 | 68 | 512 |
| 16 | 34 | 11 | 108 |
| 2 | | 4 | 88 |
| **72** | **107** | **60** | **751** |
| | | 1 | |
| 4 | 2 | | 62 |
| 4 | 2 | | 31 |
| | | | 4 |
| | | | 27 |
| 68 | 105 | 59 | 689 |
| 50 | 71 | 45 | 499 |
| 16 | 34 | 10 | 102 |
| 2 | | 4 | 88 |
| | **21** | **24** | **56** |

## 2015 年全国石油天然气

表 12

| | 油气田总数（个） | | | | 从业人数（人） | 油产量（万吨） |
|---|---|---|---|---|---|---|
| | | 大型 | 中型 | 小型 | | |
| **总　计** | **980** | **116** | **236** | **628** | **732602** | **21508.29** |
| 国有企业 | 25 | 1 | 10 | 14 | 113900 | 1254.24 |
| 国有联营企业 | 1 | | | 1 | 88 | 2.24 |
| 股份有限公司 | 954 | 115 | 226 | 613 | 618614 | 20251.81 |

**注：** 经济类型为公司在工商管理机关登记注册类型。

## 开发利用情况——按经济类型分列

| 气产量（亿立方米） | 工业总产值（万元） | 销售收入（万元） | 年利税总额（万元） | 实缴补偿费（万元） |
|---|---|---|---|---|
| **1243.57** | **146170129.41** | **73823877.64** | **14911117.19** | |
| 17.38 | 66249574.00 | 11892859.00 | 30112.00 | 33365.00 |
| | 388500.00 | 436000.00 | 40516.00 | 19.10 |
| 1226.19 | 79532055.41 | 61495018.64 | 14840489.19 | 772455.63 |

## 2015年全国石油天然气

表 13

| 地区 | 油气田总数（个） | | | | 从业人数（人） |
|---|---|---|---|---|---|
| | | 大型 | 中型 | 小型 | |
| **总　计** | **980** | **116** | **236** | **628** | **714548** |
| 天　津 | 23 | 3 | 14 | 6 | 27635 |
| 河　北 | 62 | 1 | 16 | 45 | 47661 |
| 山　西 | 3 | 0 | 0 | 3 | 1103 |
| 辽　宁 | 40 | 4 | 10 | 26 | 45003 |
| 吉　林 | 48 | 4 | 11 | 33 | 28054 |
| 黑龙江 | 54 | 9 | 12 | 33 | 92127 |
| 江　苏 | 58 | 0 | 5 | 53 | 7584 |
| 山　东 | 75 | 11 | 39 | 25 | 100760 |
| 河　南 | 54 | 3 | 14 | 37 | 44961 |
| 湖　北 | 31 | 1 | 3 | 27 | 26551 |
| 浙　江 | 2 | 0 | 1 | 1 | 495 |
| 广　西 | 1 | 0 | 0 | 1 | 88 |
| 广　东 | 6 | 0 | 0 | 6 | 182 |
| 四　川 | 145 | 7 | 13 | 125 | 39941 |
| 陕　西 | 66 | 15 | 21 | 30 | 184748 |
| 甘　肃 | 7 | 0 | 2 | 5 | 10052 |
| 青　海 | 29 | 5 | 5 | 19 | 20547 |
| 新　疆 | 93 | 20 | 24 | 49 | 46248 |
| 渤　海 | 67 | 19 | 14 | 34 | 5685 |
| 南　海 | 100 | 14 | 27 | 59 | 2907 |
| 东　海 | 16 | 0 | 5 | 11 | 270 |

**注：** 1. 中国石油长庆、华北、大港和西南经济数据未按省分列，本汇总表将中国石油长庆全部计入陕西，中国石油华北全部计入河北，中国石油大港全部计入天津，中国石油西南全部计入四川。
2. 本表不包括煤层气。

## 开发利用情况——按地区分列

| 油产量（万吨） | 气产量（亿立方米） | 工业总产值（万元） | 销售收入（万元） | 实缴补偿费（万元） |
|---|---|---|---|---|
| **21508.29** | **1243.57** | **146170129.41** | **73823877.64** | **14911117.19** |
| 444.10 | 5.13 | 927961.00 | 970631.00 | −220615.00 |
| 580.10 | 9.08 | 1572507.00 | 1718062.38 | −120001.11 |
| 0.00 | 1.78 | 107875.00 | 105749.00 | 19382.00 |
| 1037.07 | 5.77 | 2048832.00 | 1990447.00 | −764127.00 |
| 665.47 | 19.72 | 1648569.00 | 1244439.00 | −341751.00 |
| 3838.62 | 35.64 | 9412664.00 | 9424334.00 | 2706420.00 |
| 190.51 | 0.37 | 884843.00 | 1014851.46 | 85440.00 |
| 2710.03 | 4.57 | 6176789.00 | 5346970.61 | 271743.97 |
| 453.26 | 92.32 | 2130412.00 | 2853880.61 | −259085.39 |
| 88.50 | 1.40 | 829864.00 | 919800.00 | −21300.00 |
| 5.00 | 0.37 | 46007.00 | 46007.00 | −98343.00 |
| 2.24 | 0.00 | 388500.00 | 436000.00 | 40516.00 |
| 30.05 | 1.41 | 96152.00 | 93805.00 | 25505.00 |
| 15.43 | 194.35 | 3121460.00 | 3923820.00 | 997487.79 |
| 3735.03 | 391.98 | 76441167.00 | 21538422.00 | 4781854.00 |
| 44.00 | 0.08 | 136580.00 | 344581.00 | 139626.00 |
| 223.00 | 61.37 | 19282669.00 | 1709456.00 | 966400.50 |
| 2683.05 | 292.77 | 8412919.00 | 8819898.00 | 2148924.85 |
| 3052.68 | 25.73 | 6479762.00 | 6400629.00 | 3793786.00 |
| 1680.73 | 87.27 | 5784375.20 | 4700362.90 | 775229.30 |
| 29.42 | 12.46 | 240222.21 | 221731.68 | −15975.72 |

# 2015年全国非油气矿产资源

表14

| | 矿山企业数（个） | | | | | 从业人数（人） |
|---|---|---|---|---|---|---|
| | | 大型 | 中型 | 小型 | 小矿 | |
| **总 计** | **83648** | **4140** | **6667** | **48390** | **24451** | **5190077** |
| 一、内资企业 | **83107** | **3970** | **6570** | **48158** | **24409** | **5119067** |
| 国有企业 | 2967 | 643 | 619 | 1434 | 271 | 1331490 |
| 集体企业 | 4725 | 62 | 225 | 2672 | 1766 | 155371 |
| 股份合作企业 | 892 | 57 | 71 | 527 | 237 | 57295 |
| 联营企业 | 290 | 14 | 35 | 166 | 75 | 22439 |
| 有限责任公司 | 17401 | 1458 | 2267 | 10397 | 3279 | 1532969 |
| 股份有限公司 | 3976 | 464 | 571 | 2255 | 686 | 918222 |
| 私营企业 | 50020 | 1197 | 2640 | 29132 | 17051 | 1050699 |
| 其他企业 | 2836 | 75 | 142 | 1575 | 1044 | 50582 |
| 二、港、澳、台商投资企业 | **245** | **69** | **41** | **116** | **19** | **22432** |
| 三、外商投资企业 | **296** | **101** | **56** | **116** | **23** | **48578** |

## 开发利用情况——按经济类型分列

| 年产矿量（原矿，万吨） | 工业总产值（万元） | 综合利用产值（万元） | 矿产品销售收入（万元） | 利润总额（万元） |
|---|---|---|---|---|
| **774920.54** | **774924.54** | **6908725.91** | **95617762.51** | **3645758.20** |
| **744371.55** | **112618267.10** | **6563317.39** | **92139723.32** | **3245250.37** |
| 167112.76 | 34544477.51 | 2345038.21 | 29651518.25 | 573486.51 |
| 12129.29 | 1021075.98 | 98580.43 | 886671.59 | −236996.75 |
| 10119.32 | 1613862.33 | 146112.78 | 1504450.16 | 123023.71 |
| 3604.15 | 639747.68 | 117317.11 | 581600.60 | 82560.61 |
| 235392.80 | 33239956.43 | 2058220.51 | 27074336.51 | 265947.47 |
| 124646.16 | 29255649.87 | 1188330.22 | 21824612.12 | 1688097.81 |
| 180609.96 | 11684468.80 | 601877.48 | 10093656.61 | 723406.96 |
| 10757.12 | 619028.48 | 7840.65 | 522877.50 | 25724.06 |
| **13641.33** | **1470658.56** | **28321.32** | **1128983.25** | **156751.33** |
| **16911.67** | **3267278.65** | **317087.21** | **2349055.93** | **243756.50** |

## 2015 年全国非油气矿产资源

表 15

| 地区 | 矿山企业数（个） | | | | | 从业人数（人） |
|---|---|---|---|---|---|---|
| | | 大型 | 中型 | 小型 | 小矿 | |
| **全国** | **83648** | **4140** | **6667** | **48390** | **24451** | **5190077** |
| 北京 | 182 | 75 | 38 | 64 | 5 | 18382 |
| 天津 | 400 | 118 | 124 | 109 | 49 | 13177 |
| 河北 | 3419 | 118 | 235 | 2507 | 559 | 235008 |
| 山西 | 3945 | 335 | 730 | 1812 | 1068 | 849433 |
| 内蒙古 | 4776 | 213 | 366 | 2501 | 1696 | 233345 |
| 辽宁 | 3266 | 117 | 162 | 2126 | 861 | 209712 |
| 吉林 | 1500 | 208 | 222 | 838 | 232 | 90989 |
| 黑龙江 | 2555 | 170 | 182 | 1565 | 638 | 203651 |
| 上海 | 24 | 2 | 1 | 21 | 0 | 1551 |
| 江苏 | 1044 | 128 | 99 | 817 | 0 | 97791 |
| 浙江 | 1095 | 350 | 182 | 516 | 47 | 35380 |
| 安徽 | 1764 | 195 | 194 | 774 | 601 | 264454 |
| 福建 | 1515 | 223 | 218 | 981 | 93 | 55219 |
| 江西 | 5236 | 74 | 388 | 3106 | 1668 | 172172 |
| 山东 | 2518 | 278 | 399 | 1733 | 108 | 425412 |
| 河南 | 2623 | 157 | 251 | 1456 | 759 | 519593 |
| 湖北 | 2985 | 51 | 128 | 1498 | 1308 | 87671 |
| 湖南 | 5727 | 79 | 259 | 4136 | 1253 | 180769 |
| 广东 | 1651 | 397 | 361 | 801 | 92 | 44085 |
| 广西 | 3272 | 70 | 204 | 2195 | 803 | 82530 |
| 海南 | 197 | 64 | 23 | 97 | 13 | 10905 |
| 重庆 | 2287 | 47 | 150 | 1708 | 382 | 111764 |
| 四川 | 5827 | 118 | 345 | 3776 | 1588 | 235495 |
| 贵州 | 4400 | 116 | 284 | 2742 | 1258 | 195665 |
| 云南 | 7206 | 54 | 208 | 4247 | 2697 | 241493 |
| 西藏 | 43 | 5 | 10 | 23 | 5 | 2987 |
| 陕西 | 4774 | 184 | 293 | 2177 | 2120 | 232349 |
| 甘肃 | 3556 | 65 | 97 | 1240 | 2154 | 142103 |
| 青海 | 830 | 40 | 49 | 360 | 381 | 36079 |
| 宁夏 | 567 | 19 | 28 | 285 | 235 | 36880 |
| 新疆 | 4464 | 70 | 437 | 2179 | 1778 | 124033 |

## 开发利用情况——按地区分列

| 年产矿量（原矿，万吨） | 工业总产值（万元） | 综合利用产值（万元） | 矿产品销售收入（万元） | 利润总额（万元） |
|---|---|---|---|---|
| **774924.54** | **117356204.29** | **6908725.91** | **95617762.51** | **3645758.20** |
| 1797.62 | 954177.62 | 38392.56 | 745296.79 | −266590.01 |
| 4391.23 | 136286.80 | 2055.00 | 135399.80 | 11288.02 |
| 30992.83 | 4294654.76 | 87615.08 | 3868892.84 | −120749.99 |
| 88892.80 | 24109191.93 | 2932789.89 | 18214943.91 | −209717.27 |
| 81273.27 | 11462698.89 | 599899.31 | 10669523.86 | 1376812.11 |
| 35162.27 | 4147338.07 | 80894.23 | 3048230.48 | 29016.75 |
| 10645.50 | 1334478.60 | 14408.23 | 1072449.49 | −62154.11 |
| 14664.31 | 2097636.18 | 24357.42 | 1925974.75 | −254995.55 |
| 59.96 | 98217.70 | 0.00 | 91835.57 | 8614.82 |
| 18565.18 | 1494359.71 | 68341.96 | 1301742.95 | −87761.41 |
| 44494.72 | 1261751.79 | 33128.92 | 978908.72 | 63731.32 |
| 46600.99 | 7362265.03 | 533568.25 | 6620466.85 | −700422.37 |
| 14188.63 | 1171543.91 | 148406.20 | 1082064.43 | 137759.24 |
| 25914.68 | 2992218.23 | 221039.93 | 2212816.22 | 251275.92 |
| 42670.38 | 8303718.25 | 592388.37 | 7305409.44 | −34284.34 |
| 28682.79 | 6619565.63 | 83081.04 | 4567428.89 | −392343.64 |
| 20595.06 | 2143217.25 | 76660.43 | 1481446.73 | 190657.94 |
| 23143.97 | 3005503.12 | 121890.45 | 2044780.03 | 200569.43 |
| 29446.38 | 1551677.93 | 11165.75 | 1220665.50 | 172754.42 |
| 25647.11 | 1311135.64 | 95243.57 | 893169.35 | 87353.16 |
| 4862.29 | 349928.19 | 33398.87 | 241175.01 | 17204.51 |
| 14626.99 | 1647296.45 | 25701.69 | 1325393.11 | −30780.49 |
| 23071.24 | 3065925.94 | 336430.38 | 2205086.49 | 172546.00 |
| 28886.32 | 4299013.09 | 132990.21 | 3896287.48 | 622220.17 |
| 23531.53 | 3811756.33 | 110527.71 | 3175388.32 | 249144.73 |
| 645.60 | 98477.93 | 8833.00 | 66642.15 | 24383.53 |
| 37417.28 | 8212975.23 | 30143.49 | 7443755.65 | 1501916.79 |
| 12165.72 | 2073975.80 | 99747.70 | 1994530.21 | 120653.22 |
| 9743.56 | 3587851.20 | 207485.66 | 1765968.74 | 168399.26 |
| 7642.92 | 1228012.05 | 8514.80 | 1093633.33 | 13065.27 |
| 24501.40 | 3129355.08 | 149625.82 | 2928455.42 | 386190.78 |

# 2015 年全国非油气矿产资源

**表 16**

| 矿　种 | 矿山企业数（个） | | | | | 从业人数（人） |
|---|---|---|---|---|---|---|
| | | 大型 | 中型 | 小型 | 小矿 | |
| **总　计** | **83648** | **4140** | **6667** | **48390** | **24451** | **5190077** |
| 煤炭 | 9686 | 817 | 1444 | 5843 | 1582 | 3126311 |
| 油页岩 | 24 | 6 | 7 | 9 | 2 | 2827 |
| 油砂 | 1 | | | 1 | | 3 |
| 石煤 | 207 | 1 | | 33 | 173 | 1406 |
| 天然沥青 | 5 | | | 1 | 4 | 37 |
| 地热 | 1215 | 301 | 230 | 588 | 96 | 45006 |
| 铁矿 | 4052 | 159 | 370 | 2677 | 846 | 304626 |
| 锰矿 | 430 | 26 | 47 | 291 | 66 | 14064 |
| 铬矿 | 14 | | | 11 | 3 | 135 |
| 钛矿 | 110 | 16 | 6 | 73 | 15 | 2106 |
| 钒矿 | 107 | 28 | 22 | 47 | 10 | 4090 |
| 铜矿 | 875 | 34 | 67 | 605 | 169 | 113048 |
| 铅矿 | 882 | 5 | 38 | 602 | 237 | 38618 |
| 锌矿 | 615 | 5 | 48 | 416 | 146 | 55963 |
| 铝土矿 | 227 | 9 | 25 | 173 | 20 | 13001 |
| 镁矿 | 4 | 1 | 0 | 1 | 2 | 129 |
| 镍矿 | 67 | 7 | 12 | 37 | 11 | 11413 |
| 钴矿 | 4 | 1 | 0 | 3 | | 30 |
| 钨矿 | 150 | 4 | 23 | 98 | 25 | 30338 |
| 锡矿 | 117 | 2 | 12 | 77 | 26 | 22991 |
| 铋矿 | 5 | | | 3 | 2 | 106 |
| 钼矿 | 211 | 26 | 39 | 109 | 37 | 29318 |
| 汞矿 | 30 | | | 15 | 15 | 904 |
| 锑矿 | 70 | | 4 | 50 | 16 | 11283 |
| 铂矿 | 6 | 2 | 1 | 3 | | 151 |
| 金矿 | 1620 | 79 | 187 | 1052 | 302 | 159513 |
| 银矿 | 124 | 6 | 17 | 77 | 24 | 14925 |

## 开发利用情况——按矿种分列

| 年产矿量（原矿，万吨） | 工业总产值（万元） | 综合利用产值（万元） | 矿产品销售收入（万元） | 利润总额（万元） |
|---|---|---|---|---|
| **774924.54** | **117356204.29** | **6908725.91** | **95617762.51** | **3645758.20** |
| 266321.22 | 67303613.48 | 4223836.34 | 58336929.40 | 730835.61 |
| 491.51 | 36019.29 | 283.00 | 14351.53 | −554.00 |
| 106.41 | 3332.91 | 5.00 | 3270.55 | 130.94 |
| 11753.73 | 1520635.24 | 0.00 | 1252906.83 | 43019.84 |
| 52448.16 | 8768969.43 | 484959.65 | 6619953.38 | −132666.30 |
| 448.56 | 215447.21 | 15339.73 | 79873.38 | −14350.25 |
| 2.27 | 1580.00 | | 49.97 | −118.43 |
| 34.54 | 2577.50 | 280.00 | 1465.16 | −4973.95 |
| 29.02 | 34670.00 | | 14775.85 | |
| 15030.22 | 3407939.37 | 267054.53 | 2592097.72 | 319823.88 |
| 929.95 | 651384.19 | 93844.50 | 560054.39 | 122221.07 |
| 2687.62 | 1487654.85 | 150846.69 | 1324451.29 | 228303.98 |
| 1821.34 | 382740.35 | 13313.96 | 342221.44 | 9434.82 |
| 206.73 | 44596.00 | 190.00 | 8662.39 | 0.20 |
| 1365.20 | 557484.79 | 42470.16 | 496032.27 | −12281.44 |
| 1154.47 | 656784.01 | 23242.12 | 528523.75 | −28555.46 |
| 807.73 | 443390.65 | 66879.97 | 344949.37 | −28903.45 |
| 2.00 | 1200.00 | 20.00 | 450.00 | 30.00 |
| 8173.39 | 1136856.62 | 28898.92 | 617084.79 | 42652.57 |
| 19.14 | 13827.60 | 280.00 | 11381.60 | 1813.10 |
| 82.86 | 224745.32 | 1515.44 | 36874.38 | 615.17 |
| 11976.96 | 4269903.27 | 395685.26 | 3932094.66 | 523066.68 |
| 535.21 | 459428.03 | 49690.19 | 364533.12 | 55183.94 |

## 2015 年全国非油气矿产资源

续表 16-1

| 矿　种 | 矿山企业数（个） | | | | | 从业人数（人） |
|---|---|---|---|---|---|---|
| | | 大型 | 中型 | 小型 | 小矿 | |
| 铌钽矿 | 12 | | 1 | 9 | 2 | 1511 |
| 铌矿 | 2 | | | 2 | | 16 |
| 钽矿 | 6 | | | 6 | | 141 |
| 铍矿 | 1 | | | | 1 | 14 |
| 锂矿 | 17 | 5 | | 9 | 3 | 1707 |
| 锆矿 | 7 | 5 | 2 | | | 168 |
| 锶矿 | 14 | 1 | 1 | 7 | 5 | 506 |
| 重稀土矿 | 13 | 3 | 1 | 9 | | 302 |
| 轻稀土矿 | 64 | 5 | 12 | 42 | 5 | 1950 |
| 锗矿 | 7 | | | 2 | 5 | 969 |
| 碲矿 | 2 | | | 1 | 1 | 10 |
| 蓝晶石 | 6 | 1 | 2 | 3 | | 141 |
| 矽线石 | 6 | 1 | 1 | 4 | | 268 |
| 红柱石 | 14 | 7 | 4 | 3 | | 455 |
| 菱镁矿 | 112 | 8 | 12 | 86 | 6 | 5145 |
| 普通萤石 | 1237 | 16 | 49 | 803 | 369 | 17728 |
| 熔剂用灰岩 | 236 | 21 | 28 | 162 | 25 | 14420 |
| 冶金用白云岩 | 288 | 15 | 19 | 198 | 56 | 6072 |
| 冶金用石英岩 | 551 | 7 | 20 | 387 | 137 | 4914 |
| 冶金用砂岩 | 16 | 1 | | 13 | 2 | 236 |
| 铸型用砂岩 | 13 | | | 10 | 3 | 156 |
| 铸型用砂 | 52 | 1 | 3 | 42 | 6 | 1092 |
| 冶金用脉石英 | 269 | 1 | 2 | 186 | 80 | 2276 |
| 耐火黏土 | 199 | 4 | 10 | 124 | 61 | 4178 |
| 铁矾土 | 11 | | | 6 | 5 | 38 |
| 铸型用黏土 | 2 | | | 2 | | 31 |
| 耐火用橄榄岩 | 6 | | 1 | 3 | 2 | 232 |
| 熔剂用蛇纹岩 | 8 | 2 | 5 | 1 | | 319 |
| 自然硫 | 1 | | | | 1 | 30 |

## 开发利用情况——按矿种分列

| 年产矿量（原矿，万吨） | 工业总产值（万元） | 综合利用产值（万元） | 矿产品销售收入（万元） | 利润总额（万元） |
|---|---|---|---|---|
| 231.37 | 38587.60 | 20.00 | 27842.06 | 1572.70 |
| | | | | |
| | | | | |
| | | | | |
| 486.62 | 83804.13 | 80464.21 | 73144.16 | 9726.90 |
| 387.09 | 1619.42 | 592.32 | 1255.52 | |
| 5.32 | 1963.40 | | 1963.40 | 132.00 |
| 122.35 | 89734.49 | 5200.00 | 36792.75 | 3056.84 |
| 737.24 | 91552.01 | 1770.00 | 60741.79 | 12060.87 |
| 39.59 | 8648.93 | | 7504.83 | 786.00 |
| | | | | |
| 1.07 | 445.00 | | 445.00 | 70.00 |
| | | | | |
| 20.16 | 2954.13 | 835.00 | 2902.61 | 152.71 |
| 1005.84 | 117437.59 | 52.50 | 80750.37 | −1606.62 |
| 397.95 | 155139.45 | 14661.69 | 132785.20 | 13955.35 |
| 6135.16 | 262992.55 | 34664.88 | 202391.49 | 4960.40 |
| 2185.59 | 115016.41 | 4740.00 | 74250.46 | 2030.99 |
| 400.53 | 40444.69 | 741.86 | 38522.11 | 3530.97 |
| 74.17 | 3372.67 | 189.30 | 3035.37 | 359.62 |
| 92.93 | 1050.93 | 0.00 | 1024.87 | 309.77 |
| 48.37 | 12030.40 | 20.00 | 10010.34 | 927.94 |
| 29.65 | 4938.44 | 553.00 | 4819.79 | 560.80 |
| 111.92 | 33967.91 | 997.40 | 23389.58 | 2074.71 |
| | | | | |
| 3.00 | 150.00 | | 150.00 | 10.00 |
| 7.11 | 211.40 | | 172.16 | 0.50 |
| 59.78 | 989.51 | 55.00 | 979.68 | 108.28 |

# 2015 年全国非油气矿产资源

续表 16-2

| 矿　种 | 矿山企业数（个） | | | | | 从业人数（人） |
| --- | --- | --- | --- | --- | --- | --- |
| | | 大型 | 中型 | 小型 | 小矿 | |
| 硫铁矿 | 200 | 8 | 16 | 123 | 53 | 14571 |
| 钠硝石 | 5 | | 1 | 2 | 2 | 80 |
| 明矾石 | 2 | 1 | 1 | | | 830 |
| 芒硝 | 81 | 22 | 22 | 32 | 5 | 7472 |
| 重晶石 | 440 | 11 | 45 | 241 | 143 | 4487 |
| 毒重石 | 35 | 1 | 1 | 14 | 19 | 343 |
| 天然碱 | 12 | 2 | 1 | 8 | 1 | 2764 |
| 电石用灰岩 | 102 | 14 | 8 | 51 | 29 | 1784 |
| 制碱用灰岩 | 26 | 2 | 2 | 21 | 1 | 1460 |
| 化肥用灰岩 | 6 | 1 | | 3 | 2 | 66 |
| 化工用白云岩 | 27 | | | 21 | 6 | 245 |
| 化肥用石英岩 | 13 | | 3 | 9 | 1 | 165 |
| 化肥用砂岩 | 17 | | | 15 | 2 | 649 |
| 含钾砂页岩 | 6 | | 2 | 4 | | 25 |
| 含钾岩石 | 9 | | 3 | 6 | | 114 |
| 化肥用橄榄岩 | 2 | | | 2 | | 8 |
| 化肥用蛇纹岩 | 20 | | 3 | 16 | 1 | 184 |
| 泥炭 | 42 | | | 22 | 20 | 439 |
| 盐矿 | 202 | 96 | 34 | 67 | 5 | 49781 |
| 镁盐 | 6 | 1 | 4 | 1 | | 768 |
| 钾盐 | 20 | 6 | 9 | 4 | 1 | 9597 |
| 溴矿 | 49 | | | 49 | | 2064 |
| 砷矿 | 6 | | | 4 | 2 | 52 |
| 硼矿 | 58 | 4 | 6 | 46 | 2 | 1263 |
| 磷矿 | 337 | 38 | 107 | 174 | 18 | 41424 |
| 金刚石 | 5 | 2 | 3 | | | 705 |
| 石墨 | 171 | 51 | 16 | 79 | 25 | 5357 |
| 熔炼水晶 | 1 | | | | 1 | 5 |
| 光学水晶 | 1 | | | | 1 | 10 |

# 开发利用情况——按矿种分列

| 年产矿量（原矿，万吨） | 工业总产值（万元） | 综合利用产值（万元） | 矿产品销售收入（万元） | 利润总额（万元） |
|---|---|---|---|---|
| 815.64 | 336922.06 | 41464.74 | 295156.12 | 53390.87 |
| | | | | |
| 9.09 | 4869.70 | 145.84 | 2549.92 | −313.60 |
| 1106.30 | 166004.19 | 15496.23 | 149238.72 | 5600.25 |
| 226.77 | 51960.55 | 2632.00 | 33079.87 | 5546.06 |
| 10.93 | 6025.00 | | 5578.20 | 69.80 |
| 272.75 | 182894.00 | 1370.00 | 177508.00 | 50991.00 |
| 1782.05 | 82113.34 | 735.10 | 38627.59 | 8429.77 |
| 657.88 | 124055.24 | 132.00 | 11145.76 | −8619.03 |
| 0.90 | 13.10 | | 7.20 | 0.60 |
| 52.05 | 1527.80 | 2.00 | 1244.52 | 160.30 |
| 16.02 | 848.66 | 200.00 | 329.88 | 46.48 |
| 2.39 | 144.00 | 6.50 | 144.00 | 26.22 |
| 1.44 | 73.67 | | 72.87 | 10.84 |
| 27.46 | 2617.00 | 0.20 | 2406.00 | 10.60 |
| 1.15 | 86.00 | | 86.00 | |
| 2.59 | 103.80 | | 93.80 | 1.25 |
| 35.37 | 4437.17 | 28.16 | 4386.73 | 889.76 |
| 6323.19 | 1395058.04 | 119695.94 | 962016.72 | 53353.21 |
| 6.02 | 8221.00 | 2692.00 | 6263.35 | 3200.00 |
| 7568.55 | 3014500.56 | 102899.15 | 1517741.92 | 202903.13 |
| 8.64 | 69549.22 | 22053.22 | 56767.76 | 6327.75 |
| 0.33 | 104.32 | | 104.32 | −88.76 |
| 92.05 | 35935.35 | 2599.00 | 34593.87 | 49.99 |
| 6828.51 | 1779638.48 | 63848.15 | 1257719.38 | 252696.50 |
| | | | | −887.00 |
| 408.09 | 33554.09 | 125.00 | 32320.65 | 1679.82 |

# 2015年全国非油气矿产资源

续表 16-3

| 矿 种 | 矿山企业数(个) | | | | | 从业人数(人) |
|---|---|---|---|---|---|---|
| | | 大型 | 中型 | 小型 | 小矿 | |
| 工艺水晶 | 6 | | | 3 | 3 | 12 |
| 硅灰石 | 215 | 4 | 5 | 131 | 75 | 2145 |
| 滑石 | 130 | 6 | 11 | 81 | 32 | 3518 |
| 石棉 | 34 | 10 | 2 | 21 | 1 | 2066 |
| 云母 | 26 | | | 17 | 9 | 160 |
| 长石 | 373 | 5 | 10 | 259 | 99 | 3531 |
| 电气石 | 5 | | | 2 | 3 | 57 |
| 石榴子石 | 22 | 2 | | 12 | 8 | 185 |
| 叶蜡石 | 73 | 2 | 26 | 39 | 6 | 872 |
| 透辉石 | 37 | | 8 | 23 | 6 | 484 |
| 蛭石 | 16 | 1 | 2 | 12 | 1 | 113 |
| 沸石 | 55 | | 2 | 39 | 14 | 442 |
| 透闪石 | 11 | 1 | | 6 | 4 | 110 |
| 石膏 | 550 | 38 | 111 | 310 | 91 | 18097 |
| 方解石 | 682 | 9 | 30 | 453 | 190 | 5532 |
| 冰洲石 | 1 | | | | 1 | 1 |
| 光学萤石 | 1 | | | 1 | | 16 |
| 宝石 | 7 | | 1 | 1 | 5 | 51 |
| 玉石 | 170 | | 1 | 48 | 121 | 2663 |
| 玛瑙 | 5 | | | 1 | 4 | 171 |
| 玻璃用灰岩 | 5 | | 1 | 2 | 2 | 36 |
| 水泥用灰岩 | 2739 | 444 | 330 | 1476 | 489 | 84291 |
| 建筑石料用灰岩 | 13155 | 163 | 341 | 8338 | 4313 | 160006 |
| 饰面用灰岩 | 228 | 1 | 5 | 102 | 120 | 2291 |
| 制灰用石灰岩 | 674 | 9 | 13 | 485 | 167 | 7572 |
| 泥灰岩 | 29 | | 1 | 18 | 10 | 427 |
| 白垩 | 3 | | | 3 | | 9 |
| 玻璃用白云岩 | 57 | 2 | 1 | 40 | 14 | 625 |
| 建筑用白云岩 | 924 | 13 | 32 | 623 | 256 | 9767 |

# 开发利用情况——按矿种分列

| 年产矿量（原矿，万吨） | 工业总产值（万元） | 综合利用产值（万元） | 矿产品销售收入（万元） | 利润总额（万元） |
|---|---|---|---|---|
| 135.55 | 18484.50 | 907.00 | 15457.49 | 2649.92 |
| 184.62 | 41199.69 | 594.57 | 36819.56 | 1903.09 |
| 501.97 | 17164.14 | 500.00 | 7942.14 | −319.17 |
| 2.51 | 2341.35 | | 469.35 | 30.62 |
| 268.41 | 17939.07 | 1914.83 | 16539.26 | 1565.87 |
| | | | | |
| 6.85 | 200.00 | | 158.50 | 14.80 |
| 77.53 | 10186.10 | 303.29 | 9480.69 | 1251.09 |
| 40.89 | 3110.00 | 170.00 | 2302.11 | 330.00 |
| 2.05 | 985.00 | | 985.00 | 98.50 |
| 25.69 | 703.36 | | 668.88 | 84.36 |
| 4.02 | 129.60 | | 129.60 | 33.15 |
| 1633.15 | 101956.36 | 3309.03 | 88662.98 | 6082.44 |
| 626.15 | 44425.13 | 708.70 | 38434.45 | 7207.50 |
| | | | | |
| 0.20 | 20.00 | | 20.00 | |
| | 200.00 | | 43.96 | 10.00 |
| 7.09 | 57252.24 | 647.50 | 21340.45 | −3025.16 |
| | | | | |
| 9.90 | 270.00 | | 267.30 | 20.00 |
| 121185.71 | 8680386.79 | 202765.42 | 5287392.75 | 570717.72 |
| 84350.26 | 2023787.06 | 59620.98 | 1967388.23 | 221147.36 |
| 235.36 | 32293.57 | 517.30 | 26860.56 | 4219.27 |
| 3494.53 | 106854.02 | 3970.40 | 91925.09 | 4584.57 |
| 22.78 | 956.74 | 10.00 | 867.10 | 102.70 |
| | | | | |
| 212.83 | 5075.76 | 72.40 | 3249.76 | 387.00 |
| 5290.22 | 98900.41 | 4572.47 | 88810.13 | 16609.35 |

## 2015 年全国非油气矿产资源

续表 16-4

| 矿 种 | 矿山企业数（个） | | | | | 从业人数（人） |
|---|---|---|---|---|---|---|
| | | 大型 | 中型 | 小型 | 小矿 | |
| 玻璃用石英岩 | 456 | 19 | 38 | 302 | 97 | 4845 |
| 玻璃用砂岩 | 92 | 5 | 37 | 40 | 10 | 1413 |
| 水泥配料用砂岩 | 285 | 14 | 41 | 167 | 63 | 5216 |
| 砖瓦用砂岩 | 281 | 2 | 22 | 195 | 62 | 4656 |
| 陶瓷用砂岩 | 74 | 1 | 12 | 47 | 14 | 557 |
| 建筑用砂岩 | 1419 | 66 | 121 | 837 | 395 | 14200 |
| 玻璃用砂 | 54 | 13 | 10 | 14 | 17 | 2114 |
| 建筑用砂 | 4019 | 31 | 254 | 1752 | 1982 | 34311 |
| 水泥配料用砂 | 16 | 1 | 3 | 9 | 3 | 389 |
| 水泥标准砂 | 3 | | | 2 | 1 | 27 |
| 砖瓦用砂 | 104 | | 1 | 23 | 80 | 906 |
| 玻璃用脉石英 | 206 | 4 | 9 | 141 | 52 | 1486 |
| 水泥配料用脉石英 | 27 | | 1 | 15 | 11 | 99 |
| 粉石英 | 44 | | 3 | 36 | 5 | 329 |
| 天然油石 | 1 | | | | 1 | 10 |
| 硅藻土 | 42 | 1 | 13 | 26 | 2 | 790 |
| 陶粒页岩 | 35 | 2 | 5 | 26 | 2 | 416 |
| 砖瓦用页岩 | 6373 | 10 | 683 | 4400 | 1280 | 111280 |
| 水泥配料用页岩 | 171 | 6 | 27 | 79 | 59 | 1844 |
| 建筑用页岩 | 375 | | 53 | 230 | 92 | 5998 |
| 高岭土 | 456 | 38 | 72 | 276 | 70 | 8368 |
| 陶瓷土 | 516 | 37 | 128 | 306 | 45 | 5192 |
| 凹凸棒石黏土 | 37 | 4 | 9 | 23 | 1 | 586 |
| 海泡石黏土 | 6 | | | 5 | 1 | 29 |
| 伊利石黏土 | 49 | 2 | 6 | 36 | 5 | 482 |
| 累托石黏土 | 5 | | | 3 | 2 | 32 |
| 膨润土 | 253 | 8 | 23 | 160 | 62 | 4783 |
| 砖瓦用黏土 | 10927 | 3 | 271 | 3938 | 6715 | 286784 |
| 陶粒用黏土 | 153 | 4 | 8 | 91 | 50 | 2310 |

# 开发利用情况——按矿种分列

| 年产矿量（原矿，万吨） | 工业总产值（万元） | 综合利用产值（万元） | 矿产品销售收入（万元） | 利润总额（万元） |
|---|---|---|---|---|
| 1194.89 | 54365.28 | 1559.52 | 50124.61 | 952.40 |
| 423.94 | 27048.68 | 420.00 | 20792.58 | 2630.91 |
| 2060.75 | 165648.92 | 10875.63 | 75170.50 | 21596.06 |
| 666.46 | 37140.13 | 714.46 | 33217.29 | 3658.02 |
| 76.52 | 1956.57 | 151.10 | 1730.86 | 347.09 |
| 7222.57 | 198795.55 | 6131.07 | 178336.21 | 16704.24 |
| 565.01 | 37825.52 | 744.29 | 24868.34 | 2110.94 |
| 11385.61 | 241361.51 | 11955.48 | 214443.45 | 38432.61 |
| 341.35 | 19566.38 | | 14786.38 | 506.90 |
| 5.90 | 452.69 | 10.00 | 452.69 | 118.02 |
| 50.23 | 9229.79 | 66.20 | 3810.82 | 498.04 |
| 90.63 | 6739.35 | 68.00 | 5580.83 | 629.34 |
| 4.24 | 253.25 | | 253.25 | 2.36 |
| 9.54 | 809.99 | 1.30 | 504.99 | 50.90 |
| 20.83 | 24182.11 | 50.00 | 11885.61 | −831.00 |
| 19.93 | 1383.59 | | 1361.09 | 70.60 |
| 11067.53 | 771629.99 | 59626.51 | 649987.05 | 81543.37 |
| 606.27 | 13021.48 | 204.00 | 12097.98 | 2071.09 |
| 723.01 | 41907.74 | 3267.55 | 35614.77 | 5318.93 |
| 641.38 | 101276.31 | 3159.80 | 86141.63 | 6002.48 |
| 1046.99 | 51103.71 | 600.30 | 43959.25 | 4645.65 |
| 36.68 | 10916.80 | 1707.00 | 8731.76 | 1317.50 |
| 10.48 | 525.25 | 109.17 | 508.15 | 33.17 |
| 175.48 | 103436.63 | 2439.70 | 99242.70 | 6930.61 |
| 12425.17 | 888237.16 | 61188.32 | 772899.97 | 80191.32 |
| 116.02 | 6475.94 | 452.85 | 4981.68 | 1006.38 |

## 2015 年全国非油气矿产资源

续表 16-5

| 矿　种 | 矿山企业数（个） | | | | | 从业人数（人） |
|---|---|---|---|---|---|---|
| | | 大型 | 中型 | 小型 | 小矿 | |
| 水泥配料用黏土 | 136 | 7 | 8 | 68 | 53 | 2191 |
| 水泥配料用红土 | 12 | | 1 | 4 | 7 | 150 |
| 水泥配料用黄土 | 13 | | 1 | 9 | 3 | 270 |
| 水泥配料用泥岩 | 24 | 2 | 2 | 9 | 11 | 285 |
| 保温材料用黏十 | 5 | | | 3 | 2 | 28 |
| 白云母黏土矿 | 1 | | | | 1 | 20 |
| 建筑用橄榄岩 | 8 | | | 6 | 2 | 143 |
| 饰面用蛇纹岩 | 56 | | 1 | 48 | 7 | 371 |
| 饰面用辉石岩 | 2 | | | 2 | | 40 |
| 建筑用辉石岩 | 2 | | | 2 | | 13 |
| 铸石用玄武岩 | 20 | 1 | 1 | 13 | 5 | 243 |
| 岩棉用玄武岩 | 1 | | | 1 | | 2 |
| 饰面用玄武岩 | 54 | 2 | 1 | 40 | 11 | 838 |
| 水泥混合材玄武岩 | 3 | | | 2 | 1 | 35 |
| 建筑用玄武岩 | 565 | 60 | 56 | 301 | 148 | 7153 |
| 饰面用角闪岩 | 5 | | | 5 | | 43 |
| 建筑用角闪岩 | 25 | 1 | 1 | 15 | 8 | 350 |
| 水泥用辉绿岩 | 5 | 1 | 1 | 1 | 2 | 33 |
| 铸石用辉绿岩 | 2 | | 1 | 1 | | 13 |
| 饰面用辉绿岩 | 176 | 3 | 4 | 121 | 48 | 1465 |
| 建筑用辉绿岩 | 213 | 10 | 16 | 136 | 51 | 2187 |
| 饰面用辉长岩 | 2 | | | 1 | 1 | 25 |
| 建筑用辉长岩 | 6 | | | 5 | 1 | 67 |
| 饰面用安山岩 | 7 | 1 | 1 | 3 | 2 | 37 |
| 建筑用安山岩 | 483 | 115 | 19 | 246 | 103 | 6826 |
| 水泥混合材用安山玢岩 | 1 | | 1 | | | 8 |
| 建筑用闪长岩 | 288 | 46 | 17 | 171 | 54 | 3771 |
| 水泥混合材用闪长玢岩 | 1 | | | | 1 | 8 |
| 饰面用闪长岩 | 34 | | 2 | 23 | 9 | 363 |

# 开发利用情况——按矿种分列

| 年产矿量（原矿，万吨） | 工业总产值（万元） | 综合利用产值（万元） | 矿产品销售收入（万元） | 利润总额（万元） |
|---|---|---|---|---|
| 459.49 | 31664.61 | 446.20 | 8265.71 | −3318.92 |
| 20.99 | 647.00 | 350.00 | 646.00 | 38.00 |
| 82.80 | 20675.50 | 10.00 | 1924.50 | −10849.00 |
| 273.16 | 158173.34 | 1380.69 | 157472.14 | 11813.92 |
| | | | | |
| | | | | |
| 19.96 | 572.85 | | 447.85 | 18.00 |
| 37.74 | 1471.10 | 1.00 | 444.10 | 113.00 |
| 0.53 | 913.87 | | 895.58 | 895.58 |
| 4.00 | 62.00 | | 24.00 | 0.60 |
| 44.74 | 2151.32 | 100.00 | 1718.32 | 163.50 |
| | | | | |
| 35.05 | 8522.90 | 1399.00 | 6647.95 | 1174.72 |
| | | | | |
| 4618.56 | 118086.77 | 16895.59 | 97337.37 | 8775.08 |
| 0.26 | 30.00 | 30.00 | 20.00 | 18.00 |
| 134.52 | 1828.28 | 270.00 | 1826.47 | 147.66 |
| 20.51 | 400.00 | 0.00 | 174.00 | 155.00 |
| | | | | |
| 102.81 | 9636.89 | 531.50 | 8727.77 | 3312.42 |
| 478.39 | 18038.60 | 136.50 | 16095.50 | 3313.98 |
| 0.64 | 552.24 | | 552.24 | 110.45 |
| 4.89 | 394.54 | | 123.39 | −295.00 |
| 2.99 | 49.38 | 0.50 | 49.38 | 3.47 |
| 4727.78 | 97663.61 | 8612.30 | 85236.30 | 17893.42 |
| | 5.50 | | | |
| 2137.13 | 32942.61 | 411.45 | 30875.90 | 3617.77 |
| 5.76 | 144.00 | | 144.00 | 48.00 |
| 15.19 | 3634.60 | 33.00 | 3388.98 | 429.00 |

## 2015年全国非油气矿产资源

续表 16-6

| 矿　种 | 矿山企业数（个） | | | | | 从业人数（人） |
|---|---|---|---|---|---|---|
| | | 大型 | 中型 | 小型 | 小矿 | |
| 建筑用二长岩 | 2 | 1 | | | 1 | 14 |
| 建筑用正长岩 | 2 | | | 2 | | 3 |
| 建筑用花岗岩 | 3126 | 569 | 342 | 1788 | 427 | 42437 |
| 饰面用花岗岩 | 1413 | 35 | 66 | 1020 | 292 | 23503 |
| 麦饭石 | 10 | | 1 | 4 | 5 | 65 |
| 珍珠岩 | 71 | 1 | 3 | 48 | 19 | 1215 |
| 建筑用流纹岩 | 1 | | | 1 | | 2 |
| 黑曜岩 | 4 | | | 4 | | 26 |
| 浮石 | 20 | | 1 | 14 | 5 | 188 |
| 水泥用粗面岩 | 2 | | | 2 | | 15 |
| 铸石用粗面岩 | 13 | | | 10 | 3 | 152 |
| 霞石正长岩 | 12 | 1 | 3 | 8 | | 250 |
| 水泥用凝灰岩 | 37 | 1 | | 20 | 16 | 318 |
| 建筑用凝灰岩 | 1350 | 280 | 119 | 694 | 257 | 24699 |
| 火山灰 | 5 | | 2 | 3 | | 86 |
| 火山渣 | 13 | | 1 | 12 | | 144 |
| 饰面用大理岩 | 564 | 8 | 5 | 318 | 233 | 6539 |
| 建筑用大理岩 | 433 | 20 | 24 | 275 | 114 | 3811 |
| 水泥用大理岩 | 176 | 15 | 15 | 121 | 25 | 3593 |
| 玻璃用大理岩 | 37 | | | 36 | 1 | 399 |
| 饰面用板岩 | 170 | 2 | 10 | 92 | 66 | 1324 |
| 水泥配料用板岩 | 35 | 1 | | 24 | 10 | 470 |
| 片石 | 75 | 1 | 1 | 46 | 27 | 886 |
| 片麻岩 | 332 | 22 | 28 | 196 | 86 | 3576 |
| 千枚岩 | 12 | | | 11 | 1 | 61 |
| 砚石 | 4 | | | 3 | 1 | 43 |
| 矿泉水 | 784 | 54 | 67 | 533 | 130 | 28049 |
| 地下水 | 4 | | | 2 | 2 | 487 |
| 其他矿产 * | 148 | | 3 | 113 | 32 | 1963 |

注：* 其他矿产为未命名矿产。

# 开发利用情况——按矿种分列

| 年产矿量（原矿，万吨） | 工业总产值（万元） | 综合利用产值（万元） | 矿产品销售收入（万元） | 利润总额（万元） |
|---|---|---|---|---|
| | | | | |
| | | | | |
| 30501.29 | 666451.75 | 17230.41 | 544083.09 | 54902.01 |
| 4827.58 | 303798.44 | 8961.31 | 255364.49 | 27342.61 |
| 0.11 | 52.50 | | 52.50 | 18.00 |
| 72.38 | 15237.55 | 533.00 | 11407.99 | 1805.18 |
| | | | | |
| | | | | |
| 8.79 | 591.48 | 115.00 | 173.48 | 94.00 |
| 5.20 | 20.81 | | 20.81 | 10.00 |
| 21.90 | 378.50 | | 268.13 | 11.00 |
| 19.08 | 1102.02 | 50.00 | 680.02 | 236.00 |
| 116.51 | 4576.66 | 147.00 | 4426.97 | 1188.98 |
| 32645.63 | 779293.23 | 18978.11 | 538068.31 | 40431.03 |
| 17.75 | 234.10 | | 234.10 | 27.02 |
| 6.05 | 114.36 | | 97.86 | 10.45 |
| 1158.11 | 82854.38 | 2151.22 | 69057.59 | 19266.20 |
| 1475.07 | 34812.56 | 288.30 | 30379.38 | 3886.72 |
| 1962.86 | 75089.42 | 425.44 | 73968.58 | −2882.83 |
| 63.87 | 3989.54 | | 3583.22 | 2200.00 |
| 125.24 | 7733.98 | 236.00 | 6330.88 | 883.30 |
| 114.89 | 3759.23 | | 3414.72 | 579.75 |
| 195.19 | 3962.75 | 54.70 | 3945.75 | 396.75 |
| 1895.49 | 35702.93 | 2531.71 | 32921.47 | 6974.61 |
| 5.00 | 100.00 | | 201.50 | 42.00 |
| 0.27 | 150.00 | | 55.00 | 6.00 |
| 1332.15 | 737094.68 | | 681297.43 | −207265.01 |
| 46.56 | 3988.00 | | 6873.00 | −640.00 |
| 506.84 | 13655.20 | 12.00 | 13075.04 | 1427.79 |

# 2015 年我国主要

表 17

| 矿产品名称 | 出口 | | | | |
|---|---|---|---|---|---|
| | 国别 / 地区 | 数量(吨) | 占总量(%) | 金额(千美元) | 占总值(%) |
| **煤炭** | **合计** | **204174477** | **100.0** | **12128211** | **100.0** |
| | 印度尼西亚 | 73705870 | 36.1 | 3391358 | 28.0 |
| | 澳大利亚 | 70861682 | 34.7 | 5297764 | 43.7 |
| | 朝鲜 | 19627746 | 9.6 | 1053607 | 8.7 |
| | 俄罗斯联邦 | 15796677 | 7.7 | 1046226 | 8.6 |
| | 蒙古国 | 14388508 | 7.0 | 536636 | 4.4 |
| | 加拿大 | 5712225 | 2.8 | 555590 | 4.6 |
| | 菲律宾 | 2742688 | 1.3 | 133672 | 1.1 |
| | 越南 | 719512 | 0.4 | 43445 | 0.4 |
| | 其他国家或地区 | 619569 | 0.3 | 69913 | 0.6 |
| **原油** | **合计** | **335498957** | **100.0** | **134454322** | **100.0** |
| | 沙特阿拉伯 | 50551802 | 15.1 | 20773896 | 15.5 |
| | 俄罗斯联邦 | 42433036 | 12.6 | 17232970 | 12.8 |
| | 安哥拉 | 38702197 | 11.5 | 15944959 | 11.9 |
| | 伊拉克 | 32108023 | 9.6 | 12677341 | 9.4 |
| | 阿曼 | 32068283 | 9.6 | 13945186 | 10.4 |
| | 伊朗 | 26614587 | 7.9 | 10769984 | 8.0 |
| | 委内瑞拉 | 16007917 | 4.8 | 5094983 | 3.8 |
| | 科威特 | 14427008 | 4.3 | 5713897 | 4.2 |
| | 巴西 | 13924300 | 4.2 | 5304564 | 3.9 |
| | 阿联酋 | 12568433 | 3.7 | 5129170 | 3.8 |
| | 哥伦比亚 | 8867311 | 2.6 | 3058439 | 2.3 |
| | 南苏丹共和国 | 6606018 | 2.0 | 2324328 | 1.7 |
| | 刚果(布) | 5863193 | 1.7 | 2319993 | 1.7 |
| | 哈萨克斯坦 | 4991019 | 1.5 | 1887217 | 1.4 |
| | 澳大利亚 | 2388736 | 0.7 | 1011292 | 0.8 |
| | 利比亚 | 2146791 | 0.6 | 948965 | 0.7 |
| | 加纳 | 2132634 | 0.6 | 968572 | 0.7 |
| | 其他国家或地区 | 23097669 | 6.9 | 9348566 | 7.0 |

**注：**一些矿产品的进口量或出口量由于数量较小，只列出了合计数，而未按国别分列。

# 矿产品进出口情况

| 出口 | | | | |
|---|---|---|---|---|
| 国别 / 地区 | 数量(吨) | 占总量(%) | 金额(千美元) | 占总值(%) |
| **合　计** | **5334422** | **100.0** | **498763** | **100.0** |
| 韩国 | 2070390 | 38.8 | 207655 | 41.6 |
| 日本 | 1587391 | 29.8 | 179429 | 36.0 |
| 越南 | 1051301 | 19.7 | 55092 | 11.0 |
| 中国台湾省 | 414926 | 7.8 | 35214 | 7.1 |
| 朝鲜 | 71400 | 1.3 | 7606 | 1.5 |
| 伊朗 | 37838 | 0.7 | 4335 | 0.9 |
| 泰国 | 22375 | 0.4 | 1167 | 0.2 |
| 菲律宾 | 22023 | 0.4 | 1486 | 0.3 |
| 其他国家或地区 | 56778 | 1.1 | 6779 | 1.4 |
| **合　计** | **2865567** | **100.0** | **1545645** | **100.0** |
| 日本 | 1548330 | 54.0 | 647533 | 41.9 |
| 印度 | 448086 | 15.6 | 291069 | 18.8 |
| 韩国 | 284851 | 9.9 | 185180 | 12.0 |
| 阿联酋 | 228687 | 8.0 | 193864 | 12.5 |
| 伊朗 | 185513 | 6.5 | 121970 | 7.9 |
| 美国 | 88282 | 3.1 | 45465 | 2.9 |
| 马来西亚 | 58869 | 2.1 | 49986 | 3.2 |
| 新加坡 | 22949 | 0.8 | 10578 | 0.7 |

## 2015 年我国主要

续表 17-1

| 矿产品名称 | 出口 | | | | |
|---|---|---|---|---|---|
| | 国别 / 地区 | 数量 ( 吨 ) | 占总量 (%) | 金额 ( 千美元 ) | 占总值 (%) |
| **铁矿砂及其精矿** | **合 计** | **952843993** | **100.0** | **57681818** | **100.0** |
| | 澳大利亚 | 607359007 | 63.7 | 35898128 | 62.2 |
| | 巴西 | 191646925 | 20.1 | 12180159 | 21.1 |
| | 南非 | 45378308 | 4.8 | 3056567 | 5.3 |
| | 乌克兰 | 20215867 | 2.1 | 1515886 | 2.6 |
| | 伊朗 | 13159379 | 1.4 | 692073 | 1.2 |
| | 秘鲁 | 10705173 | 1.1 | 593840 | 1.0 |
| | 智利 | 9709758 | 1.0 | 674351 | 1.2 |
| | 加拿大 | 9408939 | 1.0 | 697908 | 1.2 |
| | 毛里塔尼亚 | 7472958 | 0.8 | 409798 | 0.7 |
| | 俄罗斯联邦 | 7204489 | 0.8 | 449064 | 0.8 |
| | 蒙古国 | 5875639 | 0.6 | 258993 | 0.4 |
| | 委内瑞拉 | 4444980 | 0.5 | 277617 | 0.5 |
| | 塞拉利昂 | 2562953 | 0.3 | 141722 | 0.2 |
| | 利比里亚 | 2557779 | 0.3 | 138945 | 0.2 |
| | 印度尼西亚 | 2448000 | 0.3 | 76364 | 0.1 |
| | 其他国家或地区 | 12693839 | 1.3 | 620403 | 1.1 |
| **锰矿砂及其精矿** | **合 计** | **15762575** | **100.0** | **1993578** | **100.0** |
| | 南非 | 6412182 | 40.7 | 731022 | 36.7 |
| | 澳大利亚 | 4297604 | 27.3 | 656338 | 32.9 |
| | 加蓬 | 1880980 | 11.9 | 253828 | 12.7 |
| | 巴西 | 1517075 | 9.6 | 194829 | 9.8 |
| | 马来西亚 | 574517 | 3.6 | 41189 | 2.1 |
| | 加纳 | 539983 | 3.4 | 54890 | 2.8 |
| | 科特迪瓦 | 226792 | 1.4 | 29014 | 1.5 |
| | 摩洛哥 | 62783 | 0.4 | 9107 | 0.5 |
| | 其他国家或地区 | 250659 | 1.6 | 23361 | 1.2 |

# 矿产品进出口情况

| 出　　口 | | | | |
|---|---|---|---|---|
| 国别 / 地区 | 数量（吨） | 占总量 (%) | 金额（千美元） | 占总值 (%) |
| **合　计** | **109606** | **100.0** | **8486** | **100.0** |
| 日本 | 97615 | 89.1 | 7090 | 83.5 |
| 马来西亚 | 9870 | 9.0 | 977 | 11.5 |
| 泰国 | 906 | 0.8 | 87 | 1.0 |
| 印度尼西亚 | 317 | 0.3 | 80 | 0.9 |
| 越南 | 309 | 0.3 | 88 | 1.0 |
| 韩国 | 249 | 0.2 | 89 | 1.0 |
| 塔吉克斯坦 | 120 | 0.1 | 28 | 0.3 |
| 阿尔及利亚 | 105 | 0.1 | 5 | 0.1 |
| 中国澳门特别行政区 | 28 | 很少 | 7 | 0.1 |
| 南非 | 21 | 很少 | 1 | 很少 |
| 蒙古国 | 20 | 很少 | 3 | 很少 |
| 中国台湾省 | 20 | 很少 | 23 | 0.3 |
| 澳大利亚 | 18 | 很少 | 5 | 0.1 |
| 巴西 | 6 | 很少 | 很少 | 很少 |
| 孟加拉国 | 2 | 很少 | 3 | 很少 |
| | | | | |
| **合　计** | **17214** | **100.0** | **4799** | **100.0** |
| 越南 | 6850 | 39.8 | 1459 | 30.4 |
| 日本 | 4802 | 27.9 | 822 | 17.1 |
| 印度尼西亚 | 2050 | 11.9 | 1008 | 21.0 |
| 肯尼亚 | 1410 | 8.2 | 588 | 12.3 |
| 坦桑尼亚 | 550 | 3.2 | 263 | 5.5 |
| 朝鲜 | 240 | 1.4 | 48 | 1.0 |
| 摩洛哥 | 182 | 1.1 | 101 | 2.1 |
| 泰国 | 142 | 0.8 | 72 | 1.5 |
| 其他国家或地区 | 988 | 5.7 | 438 | 9.1 |

## 2015 年我国主要

续表 17-2

| 矿产品名称 | 出口 | | | | |
|---|---|---|---|---|---|
| | 国别 / 地区 | 数量 ( 吨 ) | 占总量 (%) | 金额 ( 千美元 ) | 占总值 (%) |
| **铜矿砂及其精矿** | **合 计** | **13293775** | **100.0** | **19276696** | **100.0** |
| | 智利 | 3743244 | 28.2 | 5690258 | 29.5 |
| | 秘鲁 | 2654088 | 20.0 | 3725750 | 19.3 |
| | 蒙古国 | 1418423 | 10.7 | 2279427 | 11.8 |
| | 澳大利亚 | 849283 | 6.4 | 1198621 | 6.2 |
| | 美国 | 671348 | 5.1 | 1008112 | 5.2 |
| | 墨西哥 | 647037 | 4.9 | 1010935 | 5.2 |
| | 加拿大 | 436711 | 3.3 | 706536 | 3.7 |
| | 老挝 | 253382 | 1.9 | 355153 | 1.8 |
| | 伊朗 | 231058 | 1.7 | 279688 | 1.5 |
| | 毛里塔尼亚 | 230029 | 1.7 | 321260 | 1.7 |
| | 哈萨克斯坦 | 227486 | 1.7 | 222676 | 1.2 |
| | 其他国家或地区 | 1931686 | 14.5 | 2478280 | 12.9 |
| **镍矿砂及其精矿** | **合 计** | **35275060** | **100.0** | **2652223** | **100.0** |
| | 菲律宾 | 34278326 | 97.2 | 1780734 | 67.1 |
| | 澳大利亚 | 224133 | 0.6 | 239476 | 9.0 |
| | 印度尼西亚 | 174110 | 0.5 | 3201 | 0.1 |
| | 西班牙 | 129640 | 0.4 | 101129 | 3.8 |
| | 越南 | 93271 | 0.3 | 93083 | 3.5 |
| | 巴西 | 86618 | 0.2 | 117878 | 4.4 |
| | 津巴布韦 | 57268 | 0.2 | 49231 | 1.9 |
| | 其他国家或地区 | 231694 | 0.7 | 267491 | 10.1 |
| **钴矿砂及其精矿** | **合 计** | **227699** | **100.0** | **447908** | **100.0** |
| | 刚果 ( 金 ) | 224709 | 98.7 | 443096 | 98.9 |
| | 赞比亚 | 1936 | 0.9 | 3063 | 0.7 |
| | 坦桑尼亚 | 1018 | 0.4 | 1690 | 0.4 |
| | 刚果 ( 布 ) | 24 | 很少 | 32 | 很少 |
| | 美国 | 12 | 很少 | 27 | 很少 |

# 矿产品进出口情况

| 国别 / 地区 | 数量(吨) | 占总量(%) | 金额(千美元) | 占总值(%) |
|---|---|---|---|---|
| | 出口 | | | |
| **合 计** | **14083** | **100.0** | **18937** | **100.0** |
| 菲律宾 | 10292 | 73.1 | 15329 | 80.9 |
| 中国香港特别行政区 | 3712 | 26.4 | 3541 | 18.7 |
| 意大利 | 78 | 0.6 | 67 | 0.4 |
| 韩国 | 1 | 很少 | 很少 | 很少 |
| **合 计** | **9359** | **100.0** | **9140** | **100.0** |
| 澳大利亚 | 9359 | 100.0 | 9140 | 100.0 |

## 2015 年我国主要

续表 17-3

| 矿产品名称 | 出口 | | | | |
|---|---|---|---|---|---|
| | 国别 / 地区 | 数量 ( 吨 ) | 占总量 (%) | 金额 ( 千美元 ) | 占总值 (%) |
| **氧化铝** | **合 计** | **4653846** | **100.0** | **1630977** | **100.0** |
| | 澳大利亚 | 2865959 | 61.6 | 951427 | 58.3 |
| | 印度 | 682591 | 14.7 | 232652 | 14.3 |
| | 越南 | 484010 | 10.4 | 164212 | 10.1 |
| | 巴西 | 329532 | 7.1 | 112785 | 6.9 |
| | 美国 | 114921 | 2.5 | 45427 | 2.8 |
| | 牙买加 | 82019 | 1.8 | 27716 | 1.7 |
| | 苏里南 | 51503 | 1.1 | 19013 | 1.2 |
| | 日本 | 15308 | 0.3 | 28433 | 1.7 |
| | 其他国家或地区 | 28003 | 0.6 | 49312 | 3.0 |
| **铅矿砂及其精矿** | **合 计** | **1899259** | **100.0** | **2080995** | **100.0** |
| | 美国 | 343306 | 18.1 | 350924 | 16.9 |
| | 澳大利亚 | 282947 | 14.9 | 310534 | 14.9 |
| | 秘鲁 | 232827 | 12.3 | 397651 | 19.1 |
| | 俄罗斯联邦 | 192646 | 10.1 | 209603 | 10.1 |
| | 朝鲜 | 95126 | 5.0 | 50334 | 2.4 |
| | 波兰 | 84806 | 4.5 | 36326 | 1.7 |
| | 土耳其 | 83855 | 4.4 | 111534 | 5.4 |
| | 墨西哥 | 78251 | 4.1 | 144429 | 6.9 |
| | 德国 | 62570 | 3.3 | 49605 | 2.4 |
| | 南非 | 51676 | 2.7 | 68943 | 3.3 |
| | 伊朗 | 43765 | 2.3 | 39037 | 1.9 |
| | 其他国家或地区 | 347484 | 18.3 | 312075 | 15.0 |
| **锌矿砂及其精矿** | **合 计** | **3237264** | **100.0** | **1998765** | **100.0** |
| | 澳大利亚 | 1271512 | 39.3 | 822891 | 41.2 |
| | 秘鲁 | 928117 | 28.7 | 573076 | 28.7 |
| | 俄罗斯联邦 | 114655 | 3.5 | 52074 | 2.6 |
| | 多民族玻利维亚国 | 84645 | 2.6 | 60189 | 3.0 |
| | 蒙古国 | 76400 | 2.4 | 58802 | 2.9 |
| | 智利 | 68635 | 2.1 | 43981 | 2.2 |
| | 摩洛哥 | 63141 | 2.0 | 36358 | 1.8 |
| | 西班牙 | 56852 | 1.8 | 34714 | 1.7 |
| | 哈萨克斯坦 | 56523 | 1.7 | 28871 | 1.4 |
| | 朝鲜 | 55502 | 1.7 | 20459 | 1.0 |
| | 其他国家或地区 | 461282 | 14.2 | 267350 | 13.4 |

# 矿产品进出口情况

| 出口 | | | | |
|---|---|---|---|---|
| 国别 / 地区 | 数量 ( 吨 ) | 占总量 (%) | 金额 ( 千美元 ) | 占总值 (%) |
| **合 计** | **292601** | **100.0** | **139469** | **100.0** |
| 伊朗 | 228186 | 78.0 | 88007 | 63.1 |
| 阿联酋 | 28331 | 9.7 | 10956 | 7.9 |
| 韩国 | 11095 | 3.8 | 6842 | 4.9 |
| 朝鲜 | 8185 | 2.8 | 3292 | 2.4 |
| 美国 | 4779 | 1.6 | 11178 | 8.0 |
| 日本 | 2106 | 0.7 | 2474 | 1.8 |
| 越南 | 1796 | 0.6 | 5329 | 3.8 |
| 中国台湾省 | 1247 | 0.4 | 1980 | 1.4 |
| 其他国家或地区 | 6876 | 2.3 | 9411 | 6.7 |
| **合 计** | **1113** | **100.0** | **357** | **100.0** |
| 越南 | 576 | 51.8 | 204 | 57.1 |
| 中国香港特别行政区 | 537 | 48.2 | 153 | 42.9 |
| **合 计** | **8754** | **100.0** | **6362** | **100.0** |
| 韩国 | 8352 | 95.4 | 6008 | 94.4 |
| 中国香港特别行政区 | 214 | 2.4 | 123 | 1.9 |
| 菲律宾 | 100 | 1.1 | 148 | 2.3 |
| 中国台湾省 | 50 | 0.6 | 6 | 0.1 |
| 印度尼西亚 | 34 | 0.4 | 67 | 1.1 |
| 日本 | 4 | 很少 | 10 | 0.2 |

## 2015年我国主要矿产品进出口情况(五)

续表 17-4

| 矿产品名称 | 出口 | | | | |
|---|---|---|---|---|---|
| | 国别/地区 | 数量(吨) | 占总量(%) | 金额(千美元) | 占总值(%) |
| **锡矿砂及其精矿** | **合计** | **291383** | **100.0** | **373613** | **100.0** |
| | 缅甸 | 285593 | 98.0 | 356669 | 95.5 |
| | 老挝 | 2037 | 0.7 | 9654 | 2.6 |
| | 俄罗斯联邦 | 1925 | 0.7 | 2272 | 0.6 |
| | 多民族玻利维亚国 | 1050 | 0.4 | 1990 | 0.5 |
| | 印度尼西亚 | 204 | 0.1 | 74 | 很少 |
| | 马来西亚 | 138 | 很少 | 217 | 0.1 |
| | 其他国家或地区 | 436 | 0.1 | 2737 | 0.7 |
| **铬矿砂及其精矿** | **合计** | **10396499** | **100.0** | **1789422** | **100.0** |
| | 南非 | 7574598 | 72.9 | 1203451 | 67.3 |
| | 土耳其 | 1035869 | 10.0 | 243989 | 13.6 |
| | 阿尔巴尼亚 | 485226 | 4.7 | 101038 | 5.6 |
| | 伊朗 | 391652 | 3.8 | 76683 | 4.3 |
| | 阿曼 | 336522 | 3.2 | 40162 | 2.2 |
| | 巴基斯坦 | 301858 | 2.9 | 65781 | 3.7 |
| | 马达加斯加 | 170468 | 1.6 | 33941 | 1.9 |
| | 菲律宾 | 31334 | 0.3 | 6836 | 0.4 |
| | 其他国家或地区 | 68972 | 0.7 | 17541 | 1.0 |
| **钨矿砂及其精矿** | **合计** | **4833** | **100.0** | **35951** | **100.0** |
| | 蒙古 | 1200 | 24.8 | 6127 | 17.0 |
| | 俄罗斯联邦 | 1170 | 24.2 | 12814 | 35.6 |
| | 卢旺达 | 1057 | 21.9 | 9381 | 26.1 |
| | 缅甸 | 485 | 10.0 | 2011 | 5.6 |
| | 巴西 | 158 | 3.3 | 1892 | 5.3 |
| | 朝鲜 | 140 | 2.9 | 491 | 1.4 |
| | 日本 | 137 | 2.8 | 1184 | 3.3 |
| | 其他国家或地区 | 486 | 10.1 | 2051 | 5.7 |
| **钼矿砂及其精矿** | **合计** | **14105** | **100.0** | **90438** | **100.0** |
| | 智利 | 5561 | 39.4 | 33159 | 36.7 |
| | 蒙古国 | 3547 | 25.1 | 19093 | 21.1 |
| | 墨西哥 | 1381 | 9.8 | 11543 | 12.8 |
| | 秘鲁 | 1152 | 8.2 | 7661 | 8.5 |
| | 美国 | 1109 | 7.9 | 11156 | 12.3 |
| | 朝鲜 | 815 | 5.8 | 4376 | 4.8 |
| | 缅甸 | 151 | 1.1 | 1250 | 1.4 |
| | 吉尔吉斯斯坦 | 121 | 0.9 | 14 | 很少 |
| | 其他国家或地区 | 268 | 1.9 | 2186 | 2.4 |

# 矿产品进出口情况

| 出口 | | | | |
|---|---|---|---|---|
| 国别 / 地区 | 数量 ( 吨 ) | 占总量 (%) | 金额 ( 千美元 ) | 占总值 ( % ) |
| **合 计** | **3276** | **100.0** | **1173** | **100.0** |
| 越南 | 2033 | 62.1 | 573 | 48.8 |
| 新加坡 | 598 | 18.3 | 375 | 32.0 |
| 韩国 | 239 | 7.3 | 61 | 5.2 |
| 古巴 | 150 | 4.6 | 64 | 5.5 |
| 委内瑞拉 | 135 | 4.1 | 47 | 4.0 |
| 日本 | 57 | 1.7 | 28 | 2.4 |
| 德国 | 48 | 1.5 | 21 | 1.8 |
| 缅甸 | 15 | 0.5 | 4 | 0.3 |
| 其他国家或地区 | 1 | 很少 | 很少 | 很少 |
| **合 计** | **307** | **100.0** | **3209** | **100.0** |
| 越南 | 237 | 77.2 | 2232 | 69.6 |
| 澳大利亚 | 25 | 8.1 | 391 | 12.2 |
| 美国 | 25 | 8.1 | 392 | 12.2 |
| 英国 | 20 | 6.5 | 194 | 6.0 |
| **合 计** | **4190** | **100.0** | **36600** | **100.0** |
| 泰国 | 2197 | 52.4 | 14789 | 40.4 |
| 韩国 | 1257 | 30.0 | 14214 | 38.8 |
| 日本 | 258 | 6.2 | 2916 | 8.0 |
| 美国 | 120 | 2.9 | 1251 | 3.4 |
| 中国台湾省 | 120 | 2.9 | 1643 | 4.5 |
| 越南 | 116 | 2.8 | 387 | 1.1 |
| 荷兰 | 54 | 1.3 | 681 | 1.9 |
| 印度 | 48 | 1.1 | 516 | 1.4 |
| 其他国家或地区 | 20 | 0.5 | 203 | 0.6 |

## 2015年我国主要

续表 17-5

| 矿产品名称 | 出口 | | | | |
|---|---|---|---|---|---|
| | 国别 / 地区 | 数量（吨） | 占总量 (%) | 金额（千美元） | 占总值 (%) |
| **钛矿砂及其精矿** | **合计** | **1880394** | **100.0** | **273723** | **100.0** |
| | 印度 | 508033 | 27.0 | 62182 | 22.7 |
| | 肯尼亚 | 386160 | 20.5 | 38864 | 14.2 |
| | 澳大利亚 | 305144 | 16.2 | 80222 | 29.3 |
| | 俄罗斯联邦 | 205676 | 10.9 | 24686 | 9.0 |
| | 莫桑比克 | 129434 | 6.9 | 17969 | 6.6 |
| | 越南 | 123413 | 6.6 | 17492 | 6.4 |
| | 塞内加尔 | 64039 | 3.4 | 7819 | 2.9 |
| | 其他国家或地区 | 158495 | 8.4 | 24489 | 8.9 |
| **铌钽钒矿砂及其精矿** | **合计** | **5140** | **100.0** | **108960** | **100.0** |
| | 尼日利亚 | 2699 | 52.5 | 30695 | 28.2 |
| | 卢旺达 | 745 | 14.5 | 33512 | 30.8 |
| | 塞拉利昂 | 539 | 10.5 | 10868 | 10.0 |
| | 巴西 | 288 | 5.6 | 3432 | 3.1 |
| | 刚果（金） | 215 | 4.2 | 12062 | 11.1 |
| | 马来西亚 | 133 | 2.6 | 801 | 0.7 |
| | 埃塞俄比亚 | 132 | 2.6 | 6515 | 6.0 |
| | 美国 | 104 | 2.0 | 2720 | 2.5 |
| | 泰国 | 64 | 1.2 | 496 | 0.5 |
| | 其他国家或地区 | 221 | 4.3 | 7859 | 7.2 |
| **锑精矿** | **合计** | **43006** | **100.0** | **107017** | **100.0** |
| | 澳大利亚 | 14044 | 32.7 | 56332 | 52.6 |
| | 塔吉克斯坦 | 11911 | 27.7 | 21992 | 20.6 |
| | 俄罗斯联邦 | 4410 | 10.3 | 11939 | 11.2 |
| | 吉尔吉斯斯坦 | 2700 | 6.3 | 2748 | 2.6 |
| | 缅甸 | 2614 | 6.1 | 4530 | 4.2 |
| | 秘鲁 | 1773 | 4.1 | 2013 | 1.9 |
| | 其他国家或地区 | 5554 | 12.9 | 7463 | 7.0 |
| **稀土金属矿** | **合计** | **327** | **100.0** | **534** | **100.0** |
| | 越南 | 278 | 85.0 | 145 | 27.2 |
| | 马来西亚 | 48 | 14.7 | 363 | 68.0 |
| | 朝鲜 | 1 | 0.3 | 20 | 3.7 |
| | 澳大利亚 | 很少 | 很少 | 2 | 0.4 |
| | 中国台湾省 | 很少 | 很少 | 3 | 0.6 |
| | 土耳其 | 很少 | 很少 | 1 | 0.2 |

# 矿产品进出口情况

| 出口 | | | | |
|---|---|---|---|---|
| 国别 / 地区 | 数量 ( 吨 ) | 占总量 (%) | 金额 ( 千美元 ) | 占总值 (%) |
| **合 计** | **33385** | **100.0** | **16409** | **100.0** |
| 韩国 | 17324 | 51.9 | 3023 | 18.4 |
| 印度 | 4593 | 13.8 | 3207 | 19.5 |
| 泰国 | 4319 | 12.9 | 4003 | 24.4 |
| 印度尼西亚 | 2258 | 6.8 | 1865 | 11.4 |
| 日本 | 980 | 2.9 | 1000 | 6.1 |
| 阿根廷 | 806 | 2.4 | 702 | 4.3 |
| 新加坡 | 760 | 2.3 | 709 | 4.3 |
| 其他国家或地区 | 2345 | 7.0 | 1900 | 11.6 |
| **合 计** | **117** | **100.0** | **763** | **100.0** |
| 越南 | 100 | 85.5 | 166 | 21.8 |
| 中国香港特别行政区 | 17 | 14.5 | 597 | 78.2 |

## 2015 年我国主要

续表 17-6

| 矿产品名称 | 出口 | | | | |
|---|---|---|---|---|---|
| | 国别 / 地区 | 数量（吨） | 占总量 (%) | 金额（千美元） | 占总值 (%) |
| **稀土金属及其混合物** | **合 计** | **40** | **100.0** | **2118** | **100.0** |
| | 泰国 | 40 | 100.0 | 1759 | 83.1 |
| | 奥地利 | 很少 | 很少 | 14 | 0.7 |
| | 德国 | 很少 | 很少 | 1 | 很少 |
| | 韩国 | 很少 | 很少 | 很少 | 很少 |
| | 美国 | 很少 | 很少 | 313 | 14.8 |
| | 日本 | 很少 | 很少 | 27 | 1.3 |
| | 英国 | 很少 | 很少 | 4 | 0.2 |
| **稀土化合物及混合物** | **合 计** | **10625** | **100.0** | **91314** | **100.0** |
| | 马来西亚 | 4806 | 45.2 | 45821 | 50.2 |
| | 美国 | 3220 | 30.3 | 11715 | 12.8 |
| | 越南 | 1278 | 12.0 | 11630 | 12.7 |
| | 缅甸 | 392 | 3.7 | 6119 | 6.7 |
| | 中国 | 202 | 1.9 | 914 | 1.0 |
| | 奥地利 | 199 | 1.9 | 143 | 0.2 |
| | 日本 | 180 | 1.7 | 7375 | 8.1 |
| | 法国 | 151 | 1.4 | 1533 | 1.7 |
| | 其他国家或地区 | 197 | 1.9 | 6064 | 6.6 |
| **磷矿** | **合 计** | **7172** | **100.0** | **858** | **100.0** |
| | 越南 | 6758 | 94.2 | 543 | 63.3 |
| | 丹麦 | 400 | 5.6 | 262 | 30.5 |
| | 马达加斯加 | 12 | 0.2 | 5 | 0.6 |
| | 伊朗 | 1 | 很少 | 2 | 0.2 |
| | 约旦 | 1 | 很少 | 5 | 0.6 |
| | 其他国家或地区 | 很少 | 很少 | 41 | 4.8 |
| **磷肥** | **合 计** | **586020** | **100.0** | **328123** | **100.0** |
| | 挪威 | 175560 | 30.0 | 112661 | 34.3 |
| | 俄罗斯联邦 | 149139 | 25.4 | 60216 | 18.4 |
| | 比利时 | 70111 | 12.0 | 39352 | 12.0 |
| | 摩洛哥 | 61435 | 10.5 | 33547 | 10.2 |
| | 芬兰 | 39661 | 6.8 | 20160 | 6.1 |
| | 罗马尼亚 | 24057 | 4.1 | 13886 | 4.2 |
| | 美国 | 22081 | 3.8 | 11309 | 3.4 |
| | 突尼斯 | 15861 | 2.7 | 8979 | 2.7 |
| | 其他国家或地区 | 28115 | 4.8 | 28013 | 8.5 |

# 矿产品进出口情况

| 出口 | | | | |
|---|---|---|---|---|
| 国别 / 地区 | 数量(吨) | 占总量(%) | 金额(千美元) | 占总值(%) |
| **合 计** | **5596** | **100.0** | **82674** | **100.0** |
| 日本 | 3612 | 64.5 | 65925 | 79.7 |
| 荷兰 | 686 | 12.3 | 4356 | 5.3 |
| 西班牙 | 303 | 5.4 | 1263 | 1.5 |
| 美国 | 214 | 3.8 | 1754 | 2.1 |
| 印度 | 210 | 3.8 | 937 | 1.1 |
| 中国香港特别行政区 | 203 | 3.6 | 1362 | 1.6 |
| 意大利 | 123 | 2.2 | 682 | 0.8 |
| 韩国 | 87 | 1.6 | 3145 | 3.8 |
| 其他国家或地区 | 158 | 2.8 | 3250 | 3.9 |
| **合 计** | **29227** | **100.0** | **290164** | **100.0** |
| 美国 | 10002 | 34.2 | 79373 | 27.4 |
| 日本 | 9065 | 31.0 | 78789 | 27.2 |
| 意大利 | 2202 | 7.5 | 9397 | 3.2 |
| 荷兰 | 1842 | 6.3 | 27298 | 9.4 |
| 韩国 | 1699 | 5.8 | 21515 | 7.4 |
| 越南 | 877 | 3.0 | 20909 | 7.2 |
| 德国 | 794 | 2.7 | 9888 | 3.4 |
| 法国 | 382 | 1.3 | 12327 | 4.2 |
| 其他国家或地区 | 2364 | 8.1 | 30668 | 10.6 |
| **合 计** | **242524** | **100.0** | **30731** | **100.0** |
| 韩国 | 168098 | 69.3 | 21332 | 69.4 |
| 日本 | 70877 | 29.2 | 8774 | 28.6 |
| 菲律宾 | 3549 | 1.5 | 625 | 2.0 |
| **合 计** | **13200571** | **100.0** | **5484015** | **100.0** |
| 印度 | 4000198 | 30.3 | 1834122 | 33.4 |
| 巴西 | 1842228 | 14.0 | 694315 | 12.7 |
| 印度尼西亚 | 1248191 | 9.5 | 375381 | 6.8 |
| 越南 | 1004500 | 7.6 | 436432 | 8.0 |
| 澳大利亚 | 760126 | 5.8 | 269700 | 4.9 |
| 巴基斯坦 | 680556 | 5.2 | 298957 | 5.5 |
| 泰国 | 522119 | 4.0 | 232135 | 4.2 |
| 美国 | 513300 | 3.9 | 234592 | 4.3 |
| 其他国家或地区 | 2629353 | 19.9 | 1108381 | 20.2 |

# 2015 年我国主要

续表 17-7

| 矿产品名称 | 出口 | | | | |
|---|---|---|---|---|---|
| | 国别 / 地区 | 数量(吨) | 占总量(%) | 金额(千美元) | 占总值(%) |
| **钾肥** | **合计** | **10029148** | **100.0** | **3293838** | **100.0** |
| | 白俄罗斯 | 2600411 | 25.9 | 827335 | 25.1 |
| | 俄罗斯联邦 | 2367280 | 23.6 | 746461 | 22.7 |
| | 加拿大 | 2272266 | 22.7 | 726072 | 22.0 |
| | 以色列 | 955403 | 9.5 | 306011 | 9.3 |
| | 约旦 | 688866 | 6.9 | 218552 | 6.6 |
| | 老挝 | 322332 | 3.2 | 94357 | 2.9 |
| | 德国 | 307836 | 3.1 | 106631 | 3.2 |
| | 挪威 | 175560 | 1.8 | 112661 | 3.4 |
| | 智利 | 142882 | 1.4 | 49355 | 1.5 |
| | 其他国家或地区 | 196312 | 2.0 | 106403 | 3.2 |
| **盐** | **合计** | **6022927** | **100.0** | **243175** | **100.0** |
| | 印度 | 3051904 | 50.7 | 75482 | 31.0 |
| | 澳大利亚 | 2332207 | 38.7 | 95153 | 39.1 |
| | 国(地)别不详 | 445459 | 7.4 | 21446 | 8.8 |
| | 墨西哥 | 164481 | 2.7 | 8198 | 3.4 |
| | 丹麦 | 11423 | 0.2 | 3849 | 1.6 |
| | 巴基斯坦 | 5584 | 0.1 | 1093 | 0.4 |
| | 美国 | 3480 | 0.1 | 30168 | 12.4 |
| | 其他国家或地区 | 8389 | 0.1 | 7786 | 3.2 |
| **硫磺** | **合计** | **11931464** | **100.0** | **1778582** | **100.0** |
| | 沙特阿拉伯 | 2377623 | 19.9 | 372616 | 21.0 |
| | 阿联酋 | 1563095 | 13.1 | 228776 | 12.9 |
| | 伊朗 | 1285938 | 10.8 | 196059 | 11.0 |
| | 哈萨克斯坦 | 1220512 | 10.2 | 140861 | 7.9 |
| | 韩国 | 1144379 | 9.6 | 172222 | 9.7 |
| | 日本 | 990703 | 8.3 | 146499 | 8.2 |
| | 加拿大 | 758757 | 6.4 | 119286 | 6.7 |
| | 卡塔尔 | 638743 | 5.4 | 104960 | 5.9 |
| | 土库曼斯坦 | 503561 | 4.2 | 70523 | 4.0 |
| | 印度 | 438400 | 3.7 | 69626 | 3.9 |
| | 其他国家或地区 | 1009753 | 8.5 | 157154 | 8.8 |

# 矿产品进出口情况

| 出口 | | | | |
|---|---|---|---|---|
| 国别 / 地区 | 数量 ( 吨 ) | 占总量 (%) | 金额 ( 千美元 ) | 占总值 (%) |
| **合 计** | **382686** | **100.0** | **165844** | **100.0** |
| 日本 | 117973 | 30.8 | 47746 | 28.8 |
| 韩国 | 103728 | 27.1 | 36280 | 21.9 |
| 菲律宾 | 37784 | 9.9 | 11670 | 7.0 |
| 老挝 | 19047 | 5.0 | 12495 | 7.5 |
| 比利时 | 18000 | 4.7 | 12761 | 7.7 |
| 厄瓜多尔 | 10212 | 2.7 | 3632 | 2.2 |
| 南非 | 9780 | 2.6 | 6241 | 3.8 |
| 墨西哥 | 8100 | 2.1 | 5120 | 3.1 |
| 缅甸 | 7553 | 2.0 | 3626 | 2.2 |
| 其他国家或地区 | 50509 | 13.2 | 26273 | 15.8 |
| **合 计** | **1306942** | **100.0** | **75474** | **100.0** |
| 日本 | 447534 | 34.2 | 22167 | 29.4 |
| 韩国 | 365082 | 27.9 | 17723 | 23.5 |
| 越南 | 96023 | 7.3 | 5034 | 6.7 |
| 菲律宾 | 75166 | 5.8 | 4201 | 5.6 |
| 马来西亚 | 62765 | 4.8 | 3801 | 5.0 |
| 孟加拉国 | 40741 | 3.1 | 2253 | 3.0 |
| 中国香港特别行政区 | 37982 | 2.9 | 3053 | 4.0 |
| 其他国家或地区 | 181649 | 13.9 | 17242 | 22.8 |
| **合 计** | **4188** | **100.0** | **1449** | **100.0** |
| 缅甸 | 1058 | 25.3 | 333 | 23.0 |
| 菲律宾 | 707 | 16.9 | 259 | 17.9 |
| 印度尼西亚 | 634 | 15.1 | 212 | 14.6 |
| 朝鲜 | 608 | 14.5 | 150 | 10.4 |
| 贝宁 | 200 | 4.8 | 47 | 3.2 |
| 马达加斯加 | 200 | 4.8 | 59 | 4.1 |
| 加拿大 | 116 | 2.8 | 50 | 3.5 |
| 中国香港特别行政区 | 104 | 2.5 | 31 | 2.1 |
| 韩国 | 83 | 2.0 | 27 | 1.9 |
| 泰国 | 80 | 1.9 | 55 | 3.8 |
| 其他国家或地区 | 398 | 9.5 | 226 | 15.6 |

# 2015 年我国主要

续表 17-8

| 矿产品名称 | 出口 | | | | |
|---|---|---|---|---|---|
| | 国别 / 地区 | 数量（吨） | 占总量 (%) | 金额（千美元） | 占总值 (%) |
| **天然石墨** | **合 计** | **84536** | **100.0** | **20518** | **100.0** |
| | 朝鲜 | 82809 | 98.0 | 11020 | 53.7 |
| | 日本 | 521 | 0.6 | 5277 | 25.7 |
| | 德国 | 374 | 0.4 | 1093 | 5.3 |
| | 美国 | 159 | 0.2 | 454 | 2.2 |
| | 马达加斯加 | 150 | 0.2 | 12 | 0.1 |
| | 英国 | 130 | 0.2 | 397 | 1.9 |
| | 韩国 | 106 | 0.1 | 929 | 4.5 |
| | 其他国家或地区 | 287 | 0.3 | 1336 | 6.5 |
| **高岭土** | **合 计** | **396043** | **100.0** | **108638** | **100.0** |
| | 美国 | 305987 | 77.3 | 73220 | 67.4 |
| | 巴西 | 47434 | 12.0 | 12310 | 11.3 |
| | 英国 | 22005 | 5.6 | 5433 | 5.0 |
| | 日本 | 5131 | 1.3 | 12757 | 11.7 |
| | 德国 | 4408 | 1.1 | 1073 | 1.0 |
| | 澳大利亚 | 2817 | 0.7 | 1398 | 1.3 |
| | 马来西亚 | 1735 | 0.4 | 206 | 0.2 |
| | 葡萄牙 | 1680 | 0.4 | 229 | 0.2 |
| | 法国 | 1438 | 0.4 | 487 | 0.4 |
| | 泰国 | 936 | 0.2 | 172 | 0.2 |
| | 其他国家或地区 | 2472 | 0.6 | 1353 | 1.2 |
| **重晶石** | **合 计** | **6739** | **100.0** | **926** | **100.0** |
| | 朝鲜 | 5804 | 86.1 | 299 | 32.3 |
| | 西班牙 | 253 | 3.8 | 92 | 9.9 |
| | 英国 | 241 | 3.6 | 106 | 11.4 |
| | 韩国 | 235 | 3.5 | 250 | 27.0 |
| | 德国 | 45 | 0.7 | 38 | 4.1 |
| | 泰国 | 45 | 0.7 | 32 | 3.5 |
| | 中国 | 42 | 0.6 | 41 | 4.4 |
| | 其他国家或地区 | 74 | 1.1 | 68 | 7.3 |

# 矿产品进出口情况

| 国别 / 地区 | 数量(吨) | 占总量(%) | 金额(千美元) | 占总值(%) |
|---|---|---|---|---|
| | 出 | 口 | | |
| **合 计** | **250674** | **100.0** | **246370** | **100.0** |
| 日本 | 102636 | 40.9 | 94898 | 38.5 |
| 韩国 | 28703 | 11.5 | 66590 | 27.0 |
| 印度 | 18976 | 7.6 | 9564 | 3.9 |
| 德国 | 13374 | 5.3 | 12048 | 4.9 |
| 美国 | 13048 | 5.2 | 11313 | 4.6 |
| 荷兰 | 11473 | 4.6 | 4849 | 2.0 |
| 阿曼 | 10080 | 4.0 | 1058 | 0.4 |
| 其他国家或地区 | 52384 | 20.9 | 46050 | 18.7 |
| **合 计** | **1177500** | **100.0** | **110782** | **100.0** |
| 中国台湾省 | 390261 | 33.1 | 11331 | 10.2 |
| 中国香港特别行政区 | 231792 | 19.7 | 5800 | 5.2 |
| 韩国 | 100531 | 8.5 | 11079 | 10.0 |
| 越南 | 92745 | 7.9 | 10751 | 9.7 |
| 日本 | 60577 | 5.1 | 9556 | 8.6 |
| 马来西亚 | 48397 | 4.1 | 8593 | 7.8 |
| 泰国 | 42519 | 3.6 | 7833 | 7.1 |
| 印度尼西亚 | 35825 | 3.0 | 10289 | 9.3 |
| 菲律宾 | 32606 | 2.8 | 4146 | 3.7 |
| 印度 | 29814 | 2.5 | 6083 | 5.5 |
| 其他国家或地区 | 112433 | 9.5 | 25321 | 22.9 |
| **合 计** | **2071746** | **100.0** | **272515** | **100.0** |
| 美国 | 965786 | 46.6 | 111197 | 40.8 |
| 沙特阿拉伯 | 534458 | 25.8 | 61667 | 22.6 |
| 荷兰 | 191046 | 9.2 | 33572 | 12.3 |
| 印度尼西亚 | 67363 | 3.3 | 7969 | 2.9 |
| 意大利 | 44926 | 2.2 | 7300 | 2.7 |
| 日本 | 43000 | 2.1 | 8478 | 3.1 |
| 西班牙 | 37002 | 1.8 | 7427 | 2.7 |
| 其他国家或地区 | 188165 | 9.1 | 34905 | 12.8 |

续表 17-9

## 2015 年我国主要

| 矿产品名称 | 出口 | | | | |
|---|---|---|---|---|---|
| | 国别 / 地区 | 数量 ( 吨 ) | 占总量 (%) | 金额 ( 千美元 ) | 占总值 (%) |
| **大理石** | **合 计** | **6757567** | **100.0** | **1274230** | **100.0** |
| | 土耳其 | 3225425 | 47.7 | 641673 | 50.4 |
| | 埃及 | 934849 | 13.8 | 126757 | 9.9 |
| | 意大利 | 460676 | 6.8 | 111743 | 8.8 |
| | 伊朗 | 398590 | 5.9 | 73659 | 5.8 |
| | 西班牙 | 388229 | 5.7 | 77228 | 6.1 |
| | 巴基斯坦 | 308891 | 4.6 | 53639 | 4.2 |
| | 葡萄牙 | 265534 | 3.9 | 40371 | 3.2 |
| | 希腊 | 215881 | 3.2 | 35644 | 2.8 |
| | 其他国家或地区 | 559492 | 8.3 | 113516 | 8.9 |
| **花岗石** | **合 计** | **5492379** | **100.0** | **989473** | **100.0** |
| | 印度 | 3950840 | 71.9 | 641927 | 64.9 |
| | 巴西 | 583802 | 10.6 | 141148 | 14.3 |
| | 芬兰 | 216350 | 3.9 | 34561 | 3.5 |
| | 葡萄牙 | 206955 | 3.8 | 27333 | 2.8 |
| | 挪威 | 169331 | 3.1 | 46511 | 4.7 |
| | 南非 | 91388 | 1.7 | 16383 | 1.7 |
| | 日本 | 34371 | 0.6 | 10218 | 1.0 |
| | 美国 | 32059 | 0.6 | 10930 | 1.1 |
| | 安哥拉 | 31055 | 0.6 | 7404 | 0.7 |
| | 其他国家或地区 | 176228 | 3.2 | 53058 | 5.4 |
| **菱镁矿** | **合 计** | **150115** | **100.0** | **61296** | **100.0** |
| | 朝鲜 | 136538 | 91.0 | 25286 | 41.3 |
| | 日本 | 9355 | 6.2 | 27946 | 45.6 |
| | 以色列 | 1841 | 1.2 | 5061 | 8.3 |
| | 美国 | 938 | 0.6 | 1463 | 2.4 |
| | 英国 | 328 | 0.2 | 322 | 0.5 |
| | 墨西哥 | 316 | 0.2 | 352 | 0.6 |
| | 韩国 | 234 | 0.2 | 114 | 0.2 |
| | 荷兰 | 154 | 0.1 | 159 | 0.3 |
| | 其他国家或地区 | 411 | 0.3 | 593 | 1.0 |

# 矿产品进出口情况

| 国别 / 地区 | 出口 数量 ( 吨 ) | 占总量 (%) | 金额 ( 千美元 ) | 占总值 (%) |
|---|---|---|---|---|
| **合 计** | **99817** | **100.0** | **19474** | **100.0** |
| 中国台湾省 | 70476 | 70.6 | 6778 | 34.8 |
| 印度 | 8805 | 8.8 | 1967 | 10.1 |
| 泰国 | 7071 | 7.1 | 2987 | 15.3 |
| 意大利 | 6474 | 6.5 | 2199 | 11.3 |
| 印度尼西亚 | 2105 | 2.1 | 971 | 5.0 |
| 中国香港特别行政区 | 1306 | 1.3 | 547 | 2.8 |
| 马来西亚 | 635 | 0.6 | 1621 | 8.3 |
| 斯里兰卡 | 428 | 0.4 | 21 | 0.1 |
| 其他国家或地区 | 2517 | 2.5 | 2383 | 12.2 |
| **合 计** | **1590336** | **100.0** | **79248** | **100.0** |
| 中国台湾省 | 533772 | 33.6 | 12496 | 15.8 |
| 中国澳门特别行政区 | 435744 | 27.4 | 4400 | 5.6 |
| 中国香港特别行政区 | 426880 | 26.8 | 4828 | 6.1 |
| 德国 | 49521 | 3.1 | 3723 | 4.7 |
| 韩国 | 33444 | 2.1 | 24958 | 31.5 |
| 挪威 | 24308 | 1.5 | 4509 | 5.7 |
| 意大利 | 15655 | 1.0 | 1298 | 1.6 |
| 泰国 | 10149 | 0.6 | 2921 | 3.7 |
| 比利时 | 8200 | 0.5 | 672 | 0.8 |
| 其他国家或地区 | 52663 | 3.3 | 19443 | 24.5 |
| **合 计** | **2140942** | **100.0** | **540516** | **100.0** |
| 日本 | 515578 | 24.1 | 117391 | 21.7 |
| 美国 | 295156 | 13.8 | 83160 | 15.4 |
| 韩国 | 272972 | 12.8 | 53127 | 9.8 |
| 荷兰 | 253110 | 11.8 | 67960 | 12.6 |
| 中国台湾省 | 204717 | 9.6 | 32641 | 6.0 |
| 印度尼西亚 | 72697 | 3.4 | 17305 | 3.2 |
| 俄罗斯联邦 | 60810 | 2.8 | 31697 | 5.9 |
| 马来西亚 | 53150 | 2.5 | 8830 | 1.6 |
| 其他国家或地区 | 412752 | 19.3 | 128405 | 23.8 |

续表 17-10

## 2015 年我国主要

| 矿产品名称 | 出口 | | | | |
|---|---|---|---|---|---|
| | 国别 / 地区 | 数量(吨) | 占总量(%) | 金额(千美元) | 占总值(%) |
| **石膏** | **合 计** | **201527** | **100.0** | **24421** | **100.0** |
| | 泰国 | 159991 | 79.4 | 8541 | 35.0 |
| | 阿曼 | 18000 | 8.9 | 437 | 1.8 |
| | 西班牙 | 16137 | 8.0 | 7964 | 32.6 |
| | 美国 | 2599 | 1.3 | 2719 | 11.1 |
| | 德国 | 1344 | 0.7 | 890 | 3.6 |
| | 英国 | 1007 | 0.5 | 1264 | 5.2 |
| | 日本 | 819 | 0.4 | 1447 | 5.9 |
| | 意大利 | 625 | 0.3 | 209 | 0.9 |
| | 其他国家或地区 | 1005 | 0.5 | 950 | 3.9 |
| **石棉** | **合 计** | **108892** | **100.0** | **35696** | **100.0** |
| | 俄罗斯联邦 | 96508 | 88.6 | 31631 | 88.6 |
| | 哈萨克斯坦 | 12378 | 11.4 | 4043 | 11.3 |
| | 荷兰 | 6 | 很少 | 16 | 很少 |
| | 澳大利亚 | 很少 | 很少 | 很少 | 很少 |
| | 德国 | 很少 | 很少 | 很少 | 很少 |
| | 美国 | 很少 | 很少 | 4 | 很少 |
| | 其他国家或地区 | 很少 | 很少 | 2 | 很少 |
| **水泥** | **合 计** | **108605** | **100.0** | **17269** | **100.0** |
| | 日本 | 82771 | 76.2 | 3152 | 18.3 |
| | 法国 | 5830 | 5.4 | 3823 | 22.1 |
| | 泰国 | 5562 | 5.1 | 1044 | 6.0 |
| | 中国台湾省 | 4356 | 4.0 | 154 | 0.9 |
| | 荷兰 | 3512 | 3.2 | 2705 | 15.7 |
| | 美国 | 2090 | 1.9 | 2915 | 16.9 |
| | 克罗地亚 | 906 | 0.8 | 355 | 2.1 |
| | 英国 | 747 | 0.7 | 508 | 2.9 |
| | 其他国家或地区 | 2831 | 2.6 | 2613 | 15.1 |

# 矿产品进出口情况

| 国别 / 地区 | 出口 | | | |
| --- | --- | --- | --- | --- |
| | 数量 ( 吨 ) | 占总量 (%) | 金额 ( 千美元 ) | 占总值 (%) |
| **合 计** | **391974** | **100.0** | **28669** | **100.0** |
| 韩国 | 284278 | 72.5 | 9324 | 32.5 |
| 越南 | 35081 | 8.9 | 1633 | 5.7 |
| 刚果 ( 布 ) | 12597 | 3.2 | 641 | 2.2 |
| 蒙古国 | 10537 | 2.7 | 388 | 1.4 |
| 日本 | 8878 | 2.3 | 2322 | 8.1 |
| 中国台湾省 | 8408 | 2.1 | 1484 | 5.2 |
| 印度尼西亚 | 6035 | 1.5 | 767 | 2.7 |
| 俄罗斯联邦 | 5434 | 1.4 | 248 | 0.9 |
| 其他国家或地区 | 20726 | 5.3 | 11862 | 41.4 |
| | | | | |
| **合 计** | **31634** | **100.0** | **15791** | **100.0** |
| 印度尼西亚 | 17101 | 54.1 | 8097 | 51.3 |
| 越南 | 4695 | 14.8 | 1785 | 11.3 |
| 泰国 | 3323 | 10.5 | 1232 | 7.8 |
| 印度 | 3171 | 10.0 | 1576 | 10.0 |
| 老挝 | 562 | 1.8 | 259 | 1.6 |
| 中国台湾省 | 410 | 1.3 | 210 | 1.3 |
| 其他国家或地区 | 2372 | 7.5 | 2632 | 16.7 |
| | | | | |
| **合 计** | **15752898** | **100.0** | **775423** | **100.0** |
| 孟加拉国 | 3380026 | 21.5 | 110464 | 14.2 |
| 美国 | 1657299 | 10.5 | 83756 | 10.8 |
| 澳大利亚 | 1279599 | 8.1 | 57627 | 7.4 |
| 中国香港特别行政区 | 1217099 | 7.7 | 69732 | 9.0 |
| 刚果 ( 布 ) | 920170 | 5.8 | 41567 | 5.4 |
| 蒙古国 | 879806 | 5.6 | 37645 | 4.9 |
| 新加坡 | 801797 | 5.1 | 38044 | 4.9 |
| 肯尼亚 | 577503 | 3.7 | 18568 | 2.4 |
| 其他国家或地区 | 5039599 | 32.0 | 318020 | 41.0 |

续表 17-11

## 2015 年我国主要

| 矿产品名称 | 出口 | | | | |
|---|---|---|---|---|---|
| | 国别 / 地区 | 数量 ( 吨 ) | 占总量 (%) | 金额 ( 千美元 ) | 占总值 (%) |
| **滑石** | **合 计** | **34558** | **100.0** | **18840** | **100.0** |
| | 朝鲜 | 6562 | 19.0 | 782 | 4.2 |
| | 韩国 | 6174 | 17.9 | 3536 | 18.8 |
| | 荷兰 | 4816 | 13.9 | 2886 | 15.3 |
| | 奥地利 | 4296 | 12.4 | 2426 | 12.9 |
| | 巴基斯坦 | 3478 | 10.1 | 705 | 3.7 |
| | 美国 | 3332 | 9.6 | 2438 | 12.9 |
| | 意大利 | 1315 | 3.8 | 1494 | 7.9 |
| | 其他国家或地区 | 4585 | 13.3 | 4573 | 24.3 |
| **萤石** | **合 计** | **167784** | **100.0** | **25865** | **100.0** |
| | 蒙古国 | 102379 | 61.0 | 14666 | 56.7 |
| | 越南 | 42505 | 25.3 | 7545 | 29.2 |
| | 缅甸 | 12882 | 7.7 | 1367 | 5.3 |
| | 墨西哥 | 5982 | 3.6 | 1336 | 5.2 |
| | 朝鲜 | 3363 | 2.0 | 384 | 1.5 |
| | 泰国 | 498 | 0.3 | 95 | 0.4 |
| | 中国 | 84 | 0.1 | 42 | 0.2 |
| | 意大利 | 28 | 很少 | 18 | 0.1 |
| | 其他国家或地区 | 63 | 很少 | 412 | 1.6 |
| **天然硼酸盐及硼酸** | **合 计** | **8153** | **100.0** | **1864** | **100.0** |
| | 多民族玻利维亚 | 8022 | 98.4 | 1797 | 96.4 |
| | 智利 | 102 | 1.3 | 36 | 1.9 |
| | 美国 | 26 | 0.3 | 27 | 1.4 |
| | 中国台湾省 | 2 | 很少 | 1 | 0.1 |
| | 德国 | 1 | 很少 | 3 | 0.2 |
| | 荷兰 | 很少 | 很少 | 很少 | 很少 |
| **天然硼砂及精矿** | **合 计** | **370650** | **100.0** | **140504** | **100.0** |
| | 土耳其 | 330442 | 89.2 | 130421 | 92.8 |
| | 多民族玻利维亚 | 39381 | 10.6 | 9856 | 7.0 |
| | 智利 | 790 | 0.2 | 183 | 0.1 |
| | 韩国 | 24 | 很少 | 12 | 很少 |
| | 日本 | 12 | 很少 | 31 | 很少 |
| | 阿根廷 | 1 | 很少 | 1 | 很少 |

# 矿产品进出口情况

| 出口 | | | | |
| --- | --- | --- | --- | --- |
| 国别 / 地区 | 数量 ( 吨 ) | 占总量 (%) | 金额 ( 千美元 ) | 占总值 (%) |
| **合 计** | **625297** | **100.0** | **155031** | **100.0** |
| 日本 | 138020 | 22.1 | 41952 | 27.1 |
| 韩国 | 101809 | 16.3 | 16351 | 10.5 |
| 泰国 | 88698 | 14.2 | 26580 | 17.1 |
| 美国 | 54895 | 8.8 | 15540 | 10.0 |
| 印度尼西亚 | 44393 | 7.1 | 9402 | 6.1 |
| 中国台湾省 | 32994 | 5.3 | 4244 | 2.7 |
| 马来西亚 | 23437 | 3.7 | 5540 | 3.6 |
| 其他国家或地区 | 141051 | 22.6 | 35422 | 22.8 |
| **合 计** | **336659** | **100.0** | **89374** | **100.0** |
| 日本 | 80686 | 24.0 | 23122 | 25.9 |
| 印度 | 73183 | 21.7 | 20087 | 22.5 |
| 韩国 | 50027 | 14.9 | 10419 | 11.7 |
| 中国台湾省 | 26478 | 7.9 | 6927 | 7.8 |
| 荷兰 | 24696 | 7.3 | 6453 | 7.2 |
| 美国 | 14975 | 4.4 | 4000 | 4.5 |
| 加拿大 | 12995 | 3.9 | 3470 | 3.9 |
| 中国香港特别行政区 | 12674 | 3.8 | 3804 | 4.3 |
| 其他国家或地区 | 40945 | 12.2 | 11092 | 12.4 |
| **合 计** | **1525** | **100.0** | **488** | **100.0** |
| 韩国 | 1160 | 76.1 | 167 | 34.2 |
| 吉尔吉斯斯坦 | 124 | 8.1 | 49 | 10.0 |
| 日本 | 122 | 8.0 | 147 | 30.1 |
| 朝鲜 | 39 | 2.6 | 19 | 3.9 |
| 以色列 | 36 | 2.4 | 43 | 8.8 |
| 越南 | 22 | 1.4 | 15 | 3.1 |
| 其他国家或地区 | 22 | 1.4 | 48 | 9.8 |
| **合 计** | **1344** | **100.0** | **423** | **100.0** |
| 中国台湾省 | 601 | 44.7 | 93 | 22.0 |
| 印度尼西亚 | 440 | 32.7 | 180 | 42.6 |
| 日本 | 280 | 20.8 | 141 | 33.3 |
| 新西兰 | 20 | 1.5 | 4 | 0.9 |
| 叙利亚 | 2 | 0.1 | 4 | 0.9 |
| 危地马拉 | 1 | 0.1 | 1 | 0.2 |

# 2015年矿泉水

表18

| 地区 | 注册登记的矿泉水水源数（个） | 国家级 | 矿泉水源年检情况：参加年检数量（家） | 年检合格数量（家） |
|---|---|---|---|---|
| **全国** | **1243** | **140** | **513** | **505** |
| 北京 | | | 21 | 21 |
| 天津 | | | | |
| 河北 | 36 | 9 | 22 | 22 |
| 山西 | 63 | 14 | 1 | 1 |
| 内蒙古 | 68 | 9 | 35 | 33 |
| 辽宁 | | | | |
| 吉林 | 405 | | 56 | 56 |
| 黑龙江 | 56 | | 39 | 39 |
| 上海 | 12 | | 12 | 12 |
| 江苏 | 15 | | 15 | 15 |
| 浙江 | 39 | | 38 | 38 |
| 安徽 | 10 | 3 | 10 | 10 |
| 福建 | | | 21 | 21 |
| 江西 | 42 | 17 | | |
| 山东 | 86 | 2 | 75 | 75 |
| 河南 | 2 | | 2 | |
| 湖北 | 4 | | 4 | 4 |
| 湖南 | 92 | 52 | 3 | 3 |
| 广东 | 51 | 2 | | |
| 广西 | 50 | 3 | 24 | 21 |
| 海南 | | | | |
| 重庆 | 9 | | 9 | 9 |
| 四川 | 102 | 3 | 42 | 42 |
| 贵州 | 18 | | 25 | 25 |
| 云南 | 42 | 1 | 25 | 25 |
| 西藏 | | | | |
| 陕西 | 26 | 21 | 25 | 25 |
| 甘肃 | 10 | | 4 | 3 |
| 青海 | 4 | 4 | 4 | 4 |
| 宁夏 | | | | |
| 新疆 | 1 | | 1 | 1 |

## 及地热情况

| 水 | | 地热 | | | |
|---|---|---|---|---|---|
| 可开采矿泉水资源量 | | 可开采地热资源量 | | 地热总开采量 | |
| （万立方米） | 本年矿泉水可开采总量 | （万立方米） | 本年新增地热资源量 | （万立方米） | 本年新增地热开采量 |
| **129385.50** | **11878.88** | **29505118.32** | **5794.60** | **154444.34** | **1414.60** |
| | | | | | |
| 1137.56 | 2.90 | 8085.00 | | 990.00 | |
| 11300.00 | 2328.70 | 7606.00 | | 3909.00 | 132.00 |
| 2407.27 | 85.02 | 23286568.49 | | 2884.01 | 386.96 |
| 1008.45 | 993.60 | 19500.00 | | 1554.00 | |
| 2745.00 | 2557.00 | 351.00 | 10.00 | 196.00 | 8.00 |
| | | | | | |
| | | 5581648.77 | | 111735.31 | |
| 17865.00 | 981.00 | 1260.71 | 744.16 | 23.30 | |
| 1097.10 | 888.97 | 259.66 | | 225.00 | 97.25 |
| | | | | | |
| 105.00 | 105.00 | 14.00 | | | |
| 1109.72 | 51.75 | 2110.57 | 28.06 | 259.35 | 16.52 |
| 208.30 | 23.70 | 332.66 | 73.00 | 80.80 | 12.72 |
| 3667.60 | 188.47 | 385.31 | 101.00 | 179.27 | 3.10 |
| 160.60 | 33.51 | 2413.12 | 337.64 | 655.92 | 48.14 |
| 688.48 | 154.28 | 1544.34 | 11.00 | 630.21 | 22.75 |
| 8535.61 | 219.84 | 28329.28 | 3515.65 | 703.76 | 19.14 |
| | | | | | |
| 75.00 | 3.00 | 3230.00 | 10.00 | 310.00 | 5.00 |
| 110.90 | 18.40 | 1648.34 | 360.00 | 829.22 | 360.00 |
| 2300.00 | 30.00 | 12948.23 | | 2914.12 | |
| 3299.58 | 2119.71 | 14950.53 | 500.47 | 6128.15 | 216.60 |
| 591.14 | 69.84 | 213.47 | | 21.39 | |
| 1709.29 | | 2237.68 | | 79.05 | |
| | | | | | |
| 6400.00 | 48.00 | 30592.00 | | 4790.00 | |
| 11624.27 | 339.91 | 16636.46 | 30.63 | 6082.03 | 27.00 |
| 526.19 | 32.45 | 37.25 | 0.30 | 111.60 | |
| 47215.24 | 296.79 | 19135.76 | 42.03 | 1459.59 | 59.42 |
| | | 20814.00 | | 160.00 | |
| | | | | | |
| 2303.70 | 65.05 | 430000.00 | | 5890.00 | |
| 495.50 | 13.99 | 7693.37 | 30.66 | 1212.71 | |
| 693.00 | 228.00 | 941.00 | | 182.00 | |
| | | 3104.52 | | 178.52 | |
| 6.00 | | 526.80 | | 70.03 | |

# 2015 年矿产资源勘查、开采违法案件查处结果

表 19　　　　单位：个 、万元

| 地　区 | 吊销勘查许可证 | 吊销采矿许可证 | 罚没款 |
|---|---|---|---|
| **全　国** | **5** | **7** | **39143.36** |
| 北　京 | | | 57.08 |
| 天　津 | | | 121.22 |
| 河　北 | | | 91.34 |
| 山　西 | | | 512.66 |
| 内蒙古 | | | 535.19 |
| 辽　宁 | | | 487.78 |
| 吉　林 | | | 179.10 |
| 黑龙江 | | | 2521.42 |
| 上　海 | | | |
| 江　苏 | | | 53.79 |
| 浙　江 | 5 | | 16346.58 |
| 安　徽 | | | 1648.32 |
| 福　建 | | | 233.81 |
| 江　西 | | | 1421.08 |
| 山　东 | | | 213.60 |
| 河　南 | | | 576.66 |
| 湖　北 | | | 221.26 |
| 湖　南 | | | 505.45 |
| 广　东 | | | |
| 广　西 | | | 1921.83 |
| 海　南 | | | 1115.90 |
| 重　庆 | | | 682.81 |
| 四　川 | | | 335.13 |
| 贵　州 | | 1 | 624.39 |
| 云　南 | | | 653.61 |
| 西　藏 | | | 4.00 |
| 陕　西 | | | 3383.10 |
| 甘　肃 | | | 68.13 |
| 青　海 | | | 205.02 |
| 宁　夏 | | | 168.05 |
| 新　疆 | | 6 | 4255.04 |

# 附　录

## 2015～2016年世界矿产资源勘查开发和矿产品供需形势

### 一、世界矿业发展状况

2015年世界经济增速放缓，全球复苏之路崎岖艰辛。2015年世界经济增长低于普遍预期，发达经济体增速继续回升，但回升势头减缓，新兴市场与发展中经济体增速加速下滑，全球经济增长率比2014年有所下降。美国、欧元区和日本三大主要发达经济体增速有所上升，其他发达经济体增速显著下降。2015年美国GDP增长2.6%，比2014年提高0.2个百分点；欧元区GDP增长1.5%，上升0.6个百分点，日本GDP增长由负转正至0.6%，上升0.7个百分点；其他发达经济体GDP增长2.2%，下降0.6个百分点。自金融危机以来，美国、欧元区和日本在发达经济体GDP中的比重已经下降了2.3个百分点，主要原因是欧元区和日本的经济疲软。新兴市场与发展中经济体整体增速下滑程度加大，俄罗斯、巴西等国陷入负增长。新兴市场和发展中亚洲经济体依然是世界经济中增长最快的地区，2015年增长率约为6.5%，印度和越南保持强劲增长。2015年印度GDP增长7.3%，与2014年基本持平，越南GDP增长6.5%，比提高0.5个百分点。

2016年世界经济仍然复苏乏力。发达经济体总需求不足和长期增长率不高现象并存，新兴经济体总体增长率下滑趋势难以得到有效遏制。世界银行2016年6月7日发布《全球经济展望》，将2016年全球经济增长预期下调至2.4%，低于其1月份2.9%的预测值。报告预计，2016年美国经济增速为1.9%，欧元区和日本分别为1.6%和0.5%，巴西和俄罗斯分别下降4%和1.2%，中国为6.7%，印度为7.6%。国际货币基金组织（IMF）2016年7月19日发布《世界经济展望》，指出英国脱欧导致经济、政治和制度的不确定性使世界经济面临的下行风险上升。预计全球经济活动回升将更为缓慢，2016年全球经济增长3.1%，均较4月预测下调了0.1个百分点。其中，美国经济增长2.2%，中国经济增长6.6%，欧元区经济增长1.6%，日本经济增长0.3%。

近年来，世界重要经济体矿产品消费增速减缓甚而出现下降，与此同时，一些能源和矿产品生产国为争夺市场份额却没有减少产量，导致国际能源和矿产品供应过剩，价格持续走低。例如，主要铁矿石生产商继续扩大新增铁矿石产能，未来两年新增产能3亿吨以上。铁矿石供应过剩，是导致铁矿石价格持续低迷的根本因素。2015年底，国际原油价格较2014年6月份高点已经跌去70%，铁矿石价格跌幅达到60%，铜价跌幅达到20%。2016年一季度，全球矿产品价格跌至低谷，自二季度开始，矿产品价格开始呈现回调趋势，下半年回弹更为明显。尤其是石油、煤炭、铁矿石等矿产表现尤为突出。矿产品价格下跌直接导致矿产品出口大国收入大幅下降。2015年，巴西铁矿石出口量为3.66亿吨，较2014年的3.44亿吨增长6.3%；但是出口额却从的258亿美元降至141亿美元，降幅达到45.4%。尽管铜产量和出口量上升，但是智利2015年矿产品出口额仍然下降了17.6%，从2014年的419亿美元降至2015年的345亿美元。

受到世界经济复苏缓慢和国际矿产品价格下跌的影响，全球矿业投资继续呈现下降趋势。据美国独立投行咨询公司埃弗科尔（Evercore）对300家油气公司上游勘探开发投资的调查统计，2015年全球油气勘探开发投资为5608.71亿美元，比2014年的7077.32亿美元下降20.8%。2015年，美国SNL公司公布了世界矿业公司勘查预算调查结果。经过对近1800家矿业公司（勘查预算高于10万美元）的调查统计，总计预算为87.7亿美元。考虑到被调查公司勘查预算占全球勘查预算的95%，SNL估计2015年世界非燃料固体矿产勘查费用为92.0亿美元，较2014年的113.6亿美元下降19%，主要是由于矿产品价格持续回落引起投资者对矿业前景的不乐观引起的。

矿业资金流动性减弱，融资形势严峻，矿业公司市值缩水。从国际来看，2015 年延续了 2014 年的金融弱势，矿业公司市值出现大幅缩水。普华永道发布的 2015 全球矿业报告显示，2015 年，受大宗商品价格下跌影响，全球矿业公司被迫节约成本并增加现金流，前 40 位矿业企业市值下降 37%，债务比例 46%，创历史新高，因而面临更高的流动性风险。矿业巨头在剥离资产的同时，也在广泛采用替代融资方案，程度前所未有。2015 年，随着电池热持续升温，锂企业首次跻身全球 40 强。由于锂广泛用于电池制造，全球锂需求庞大，德意志银行预计，全球锂供应市场将在未来十年内翻两番。

全球矿业成本上升，企业经营业绩持续下滑。全球矿业进入薄利甚至亏损状态。在矿产品价格震荡下行的同时，矿山生产中的劳资、设备、环境保护费用却在不断上升，矿业生产经营成本出现大幅攀升。矿业企业利润遭受价格下跌和成本上升"两头挤压"，全球矿业正步入微利甚至负利时代。国际公司经营业绩普遍大幅下滑，根据对全球重要能源和矿产公司销售收入的统计，2015 年全球能源和矿产公司销售收入总体较 2014 年下降 30%。受市场总体价格低迷，原材料及人力、经营成本上升等影响，矿业企业赢利能力显著下降，2015 年总体利润水平较上年下降 38%。

从长期看，随着全球经济逐步企稳复苏，以及印度、越南、印度尼西亚、埃塞俄比亚等东南亚以及非洲部分国家工业化时代的到来，新一轮的矿产品供需矛盾将更加突出，将促使矿业勘查开发投资进一步增长。虽然追求低碳经济可能降低对化石燃料的需求，但从总体上看，世界能源原材料需求量不会减少，新能源新材料将创造新的矿产资源需求，各国对资源的争夺更加激烈。国际局势动荡、地缘政治危机、恐怖主义、自然灾害、环境污染、成本上升、企业垄断、矿工罢工等，都对矿业本身的发展造成了一定的影响。矿业是经济社会发展的基础产业，而不是夕阳产业。在 21 世纪里，经济全球化和技术进步继续对全球矿业产生着重大影响。

**（一）跨国矿业公司剥离非核心资产、降低债务水平的努力仍在进行，大型并购减少**

长期以来，跨国公司以资本和技术为手段，通过市场控制和政治联盟，在全球范围内进行资源争夺，以获取最佳的资源和最高的回报。主要表现为：矿业资金跨国流动，矿产资源跨国勘查、开发、生产和销售，矿业公司跨国并购和上市，大型矿产勘查和开发项目多国、多家公司联合投资，以及矿业信息、知识、技术和管理经验的国际传播等。其结果是：矿产资源被全球矿业巨头瓜分，跨国公司进一步在全球范围内寻找勘查和开发目标；发达国家和跨国矿业公司对世界矿业和矿产资源控制程度仍占绝对优势；矿业公司间竞争更加激烈。

但是，在上一轮矿业繁荣期间，矿业公司因为大规模扩张也造成了业务范围太大、债务过高。近几年来，由于全球矿业陷入深度调整，国际矿产品价格下跌，矿业公司经营陷入困境。包括必和必拓、淡水河谷等在内的矿业巨头为摆脱经营困难，不得不剥离资产，已经很难再进行大规模的并购。

1. 全球油气行业并购持续下降

上游超过 10 亿美元的交易为 18 宗。欧洲是交易的主体，但主要集中在一宗交易中，荷兰皇家壳牌公司（Royal Dutch Shell）收购英国天然气集团（BG GROUP）的交易规模为 815 亿美元。美国油气行业交易大幅下滑，单笔交易超过 5000 万美元的仅 13 宗，合计 160 亿美元。其中三宗交易超过 10 亿美元：一是诺布尔能源公司（Noble Energy）以 38 亿美元收购规模罗赛塔资源公司（Rosetta Resources Inc.），这是近年国际油价下跌以来涉及美国大型能源公司的首笔并购交易；二是 WPX 公司 27.5 亿美元收购 RKI 公司二叠盆地部分页岩油资产，将公司原油资产比例由 21% 提升至 36%；三是 OTTP 公司 27 亿美元收购森诺乌斯（Cenovus）公司西加拿大资产。印度韦丹塔资源公司（Vedanta Resources）以 22 亿美元收购凯恩印度（Cairn India Ltd.）部分股份，是唯一发生在亚洲地区的超过 20 亿美元的大型油气资源并购交易。全球石油天然气行业上游并购交易情况见表 1。

**表 1　全球石油天然气行业上游并购交易**

| 项目 | 2013 年 | 2014 年 | 2015 年 | 变化率（%） |
|---|---|---|---|---|
| 交易数量（起） | 1009 | 1376 | 910 | -33.9 |
| 交易金额（亿美元） | 2370 | 1850 | 1530 | -17.3 |

**资料来源：**EY，Global oil and gas transactions review 2015。

中游交易 105 宗，较 2014 年下降 8%；交易额 1495 亿美元，下降 9.9%。下游交易 142 宗，增长 6.0%；交易额 515 亿美元，增长 174.0%；油气服务业交易 193 宗，下降 39.7%；交易额 260 亿美元，下降 63.4%。国家石油公司（NOCs）是油气交易的重要力量，国家石油公司进行的并购额为 61 亿美元，下降 69.5%。

2. 金和贱金属并购案件增多，但并购额下降

矿业巨头继续剥离资产、减持股份以减轻债务和运营压力。2 月，嘉能可矿业公司宣布，出售其陷入困

境的南非铂金生产商罗恩闵（Lonmin）公司的股份；9月，嘉能可公布减债计划，将通过出售25亿新股、出售旗下资产、缩减开支以及暂缓发放分红等措施，将该公司背负的债务从300亿美元减至200亿美元。英美铂业公司在9月以45亿兰特的价格向斯班耶黄金公司（Sibanye Gold）出售旗下鲁斯滕堡（Rustenburg）铂矿项目及相关设施。有色金属和黄金矿业并购金额情况见表2。

全球最大黄金生产商巴里克黄金公司大幅剥离资产。5月，以2.98亿美元向中国紫金矿业出售旗下子公司巴里克纽吉尼公司（Barrick Niugini）50%的股权；同月，以5.5亿美元向澳大利亚埃沃卢申矿业公司（Evolution Mining Ltd.）出售澳大利亚新南威尔士州科瓦尔（Cowal）金矿项目。8月，与安托法加斯塔（Antofagasta）公司签署协议，向后者以10亿美元出售智利的扎尔迪瓦尔（Zaldivar）铜矿50%股权。11月，巴里克公司以7.2亿美元向金罗斯（Kinross）黄金公司等出售内华达州资产。

**（二）跨国矿业公司仍在谋求对优质矿业项目控制，生产经营垄断局面短时间内难以打破**

据统计，目前参与世界矿业经营活动的公司有8000家左右，但大部分矿山产量仅由少数几家公司控制。从油气行业来看，国家石油公司无疑是控制油气市场的重要力量，但是，国际跨国石油公司的地位绝对不可轻视。在美国《石油情报周刊》公布的2015年世界50家最大石油公司中，国际跨国石油公司有19家，且有4家进入前10名行列，分别是埃克森美孚、皇家荷兰/壳牌集团、英国石油和道达尔公司。

全球矿业企业的大规模联合和兼并，使得全球矿业的集中度进一步提高，跨国矿业公司对市场的控制力和影响力短时间内难以打破。经过多年并购扩张后，必和必拓、力拓和淡水河谷等三大矿业巨头基本上控制了全球铁矿市场，牢固掌握了铁矿价格话语权。与10年前相比，全球前10位跨国矿业公司和石油公司名单没有太大变化（表3）。但是，在全球矿业公司并购市场上，不断出现俄罗斯、中国等发展中国家的身影。例如，俄罗斯的石油公司赫然出现在前10大国际石油公司行列，中国五矿资源、中国铝业、紫金矿业，都在不失时机地进入国外矿业市场。

**表2　　有色金属和黄金矿业并购金额**

| 年份 | 有色金属并购 | | 金并购 | | 金和有色金属并购合计 | |
|---|---|---|---|---|---|---|
| | 案件（个） | 金额（亿美金） | 案件（个） | 金额（亿美金） | 案件（个） | 金额（亿美金） |
| 2006 | 40 | 713.44 | 55 | 236.32 | 95 | 944.85 |
| 2007 | 65 | 435.66 | 60 | 122.41 | 125 | 558.07 |
| 2008 | 52 | 324.29 | 51 | 91.27 | 103 | 415.55 |
| 2009 | 46 | 70.66 | 75 | 78.15 | 121 | 148.82 |
| 2010 | 71 | 199.02 | 89 | 300.78 | 160 | 499.80 |
| 2011 | 64 | 286.57 | 74 | 152.65 | 138 | 439.22 |
| 2012 | 31 | 363.81 | 92 | 126.06 | 123 | 489.87 |
| 2013 | 24 | 31.08 | 61 | 87.76 | 85 | 118.84 |
| 2014 | 29 | 130.80 | 44 | 84.82 | 73 | 215.62 |
| 2015 | 28 | 68.99 | 47 | 125.91 | 75 | 194.90 |
| 合计 | 450 | 2624.31 | 648 | 1406.13 | 1098 | 4025.53 |

**注：**统计的个案交易值在1000万美元以上，低于此前的2500万美元，因此数值较以前增大。

**资料来源：**SNL金属和矿业公司。

**表3　　全球10大跨国矿业公司和石油公司**

| 10大矿业公司 | | 10大国际石油公司 | |
|---|---|---|---|
| 公司名称 | 产值（亿美元） | 公司名称 | 石油产量（万吨*） |
| 淡水河谷（Vale，巴西） | 267 | 埃克森美孚公司 | 10555（2.4%） |
| 必和必拓（BHPB，澳大利亚/英国） | 248 | 俄罗斯卢克石油公司 | 9760（2.2%） |
| 力拓（Rio Tinto，英国/澳大利亚） | 221 | BP公司 | 9635（2.2%） |
| 嘉能可（Glencore Plc，瑞士） | 218 | 雪佛龙公司 | 8545（2.0%） |
| 自由港麦克莫兰（Freeport－McMoran，美国） | 106 | 皇家荷兰/壳牌集团 | 7420（1.7%） |
| 英美集团（Anglo American，英国） | 95 | 俄罗斯苏尔古特油气公司 | 6170（1.4%） |

续表 3

| 10 大矿业公司 | | 10 大国际石油公司 | |
|---|---|---|---|
| 公司名称 | 产值(亿美元) | 公司名称 | 石油产量(万吨*) |
| 诺里尔斯克(Norilsk Nickel. 俄罗斯) | 94 | 道达尔公司 | 5170(1.2%) |
| 巴里克(Barrick Gold Corp. 加拿大) | 84 | 美国康菲公司 | 4445(1.0%) |
| 纽蒙特(Newmont Mining Corp. 美国) | 68 | 加拿大森科能源公司 | 2660(0.6%) |
| 黄金集团(Goldcorp Inc. 加拿大) | 53 | 加拿大自然资源公司 | 2255(0.5%) |
| 合　计 | 1454 | 合　计 | 66615(15.3%) |

**注:** * 括号中百分数为占世界总产量的比例。

**资料来源:** SNL 金属和矿业公司。

根据 SNL 金属和矿业公司数据分析,全球前 50 家矿业公司的产值占全球矿业产值的 40%,且基本上被英、美、加、澳和南非的矿业公司垄断,其产值占 50 家公司总产值的近半;另外几家公司是印度国家煤业公司(Coal India)、中国神华集团、智利国家铜业公司(Codelco)、波兰铜业(KGHM)、墨西哥矿业集团(Grupo Mexico)等。

全球经济不景气,矿产品价格动荡,公司经营喜忧参半,但矿业巨头仍在密切关注全球矿产勘查开发进展,谋求对世界优质矿业项目的控制。例如,荷兰皇家壳牌购买英国天然气公司就是一例,这是过去 10 年最大一笔能源并购案件,但分析认为,此次并购不是为了壮大规模,而是为了压缩供应链成本,寻求更大效益。为获得厄瓜多尔近年最大发现——卡斯卡维尔(Cascabel)铜金矿,必和必拓公司与澳大利亚新峰矿业公司(Newcrest Mining)展开了争夺,比后者报价高出了 40%。

**(三)跨国矿业公司主导全球矿业融投资**

尽管必和必拓、力拓、淡水河谷等前 10 位跨国矿业公司产值仅占全球前 100 位矿业公司产值的 29%,但其市值占比将近一半,矿业巨头已经成为全球资本市场的主要融资者,其一举一动都会给资本市场带来巨大的影响。矿业巨头也是世界级矿业项目的主要投资者,据 SNL 金属和矿业公司数据统计,2015 年勘查投资前 50 位的公司合计投资占世界勘查投资的 42%,其中淡水河谷、力拓、必和必拓三巨头矿产勘查投资占 5.6%。

经济全球化的迅速发展使得矿业公司勘查开发活动的地域范围更加广阔,得以站在全球的视点上角逐世界矿业市场。在油气勘查开发方面,拥有雄厚实力的西方跨国石油公司一直立足于全球油气资源,如壳牌石油公司在全球 90 多个国家和地区从事石油勘探和生产活动,拥有最先进的技术,每天的油气产量超过 320 万桶,在 35 个国家拥有 55 个石油精炼厂的股权;埃克森美孚实行全球化经营策略,其上游的勘探和开采业务遍及 40 多个国家,在陆地和海洋石油开采业务方面具有世界主导地位,年产原油超过 1 亿吨,并在 25 个国家有 45 个精炼厂;雪佛龙公司涉足 20 多个国家的油气勘探开发。20 世纪 90 年代以来,美国、加拿大和欧洲的一些中小石油公司积极向海外拓展,其中美国已经有 1000 多家中小型油气公司专门从事油气的勘探、开发以及信息和技术服务。

非燃料固体矿产勘查方面,加拿大、澳大利亚的矿业公司占据重要地位。1991 年加拿大矿业公司在 59 个国家活动,1996 年增加到 95 个国家,1999 年则在 100 多个国家的 3000 多个矿权地进行活动,目前则超过 5000 个矿权地。澳大利亚、南非以及欧洲的老牌矿业国英国、法国等国的矿业公司向国外矿产勘查投资的数量和比重迅速增长。美国公司大部分的勘查活动是在国外,目前仅在内华达、爱达荷和阿拉斯加等州有少量勘查活动,根据加拿大 Infomine 数据库统计,美国处于勘查活动的矿权地不到北美地区的 20%。新兴工业化国家如韩国、马来西亚等和发展中国家如印度、巴西等,在国外的矿产勘查和开发项目也在增多。在矿产开发方面,近年每年全球的大型矿业开发项目中,矿业公司跨国开发的项目占三分之二左右。

**(四)重要矿产资源国加快矿业体制改革**

面对持续低迷的全球矿业市场,重要矿产资源国加快调整矿产资源政策法规的步伐。2015 年 1 月,印度政府批准了一项新的矿业法案,将允许该国的矿产资源通过竞争性招标拍卖,以吸引私人投资和最新技术。4 月,澳大利亚南澳洲积极实施钻探发现激励计划,共支持了 27 个勘探项目,总经费 200 万澳元。5 月,欧洲议会通过了冲突矿产法,禁止所有包含冲突矿产的产品,以使他们完全从欧洲的供应链中消失。5 月,美国通过了《太空资源勘查与利用法 2015》,宗旨是确立小行星资源所有权分配以及相关法律纠纷仲裁机制,所有在外层空间获得的小行星资源都是获得这些资源的相关实体的资产,这些实体拥有这些资源的所有财产权。6 月,布基纳法索通过了新矿法,废除了减免征收矿业公司 10% 的利润税的政策,强制矿业公司缴纳地方发展基金，持有采矿许可证的矿业公司要按照利润的27.5%纳税。9月，印度尼西亚政府表示将继续禁止原矿出口，继续寻求提高镍矿和铝土矿的附加值。

综合各国矿产资源政策法规变化，可以归结为以下几个特点。

一是过去以油气等能源矿产出口为主的国家开始重视采矿业的发展，此类国家以尼日利亚、厄瓜多尔、委内瑞拉等为代表。比如，尼日利亚在2015年底宣布，将对全部现有矿权进行审核，并考虑制定政策鼓励勘探开发，目前，采矿业仅占该国GDP的0.34%，但是该国矿产资源非常丰富，所以尼日利亚政府希望借助采矿业抵消石油价格暴跌给国家经济带来的负面影响。

二是许多国家为提高政府在采矿业中的收益，通过修改法律来提高政府在矿业项目中的股权，或者提高权利金税率，但过程艰辛，结果并不理想。这类国家以赞比亚、肯尼亚等国家为代表。有些国家还成立地区矿业发展基金，强制矿业公司缴纳，以促进当地社区的经济和社会发展，比如布基纳法索。

三是更多的国家实施原矿出口和强制本地选冶加工政策，延伸矿业链，增加附加值。这类国家以南非、印度尼西亚、赞比亚、津巴布韦等国家为代表。

推动能源和采矿业改革，对更多投资主体开放，促进矿业复苏成为大多数国家应对全球矿业深度调整的重要举措。少部分未开放的国家开始放宽矿业外商投资准入。推动行政审批改革，加快审批效率的工作仍在持续推进。同时，促进矿业项目当地的社会发展也受到越来越多的重视。

总之，矿业全球化和科技进步使21世纪的世界矿业进入一个新的时代，那就是土地和资本作为竞争优势的地位逐渐弱化，矿业企业今后的成功将更多地依赖于理念、管理、技术创新及其应用，即人才和技术。

## 二、世界矿产资源勘查和开发形势

2015～2016年，全球矿产勘查和开发投入持续下降，草根勘探所占比例降至10年来最低，重要矿产勘查发现特别是绿地发现减少，主要矿产储量增幅趋缓或出现下降，特别是锌矿、金刚石矿储量持续减少。从区域上看，北美地区仍然是油气勘探开发重点地区，而有色金属勘探重点地区则主要在南美地区。大型矿业公司因雄厚经济实力成为勘探开发的主力，并以后期和矿山深部及外围勘探为主

### （一）全球油气勘探开发投资连续增长势头改变

2015年，全球油气勘探连续增长势头发生了改变。据美国独立投行咨询公司埃弗科尔（Evercore）对300家油气公司上游勘探开发投资的调查统计，2015年全球油气勘探开发投资为5608.71亿美元（图1），比2014年的7077.32亿美元下降20.8%。2016年，由于国际油价持续低迷，全球油气勘探开发投资将继续萎缩，预计为4980.53亿美元，降幅11.2%（表4）。

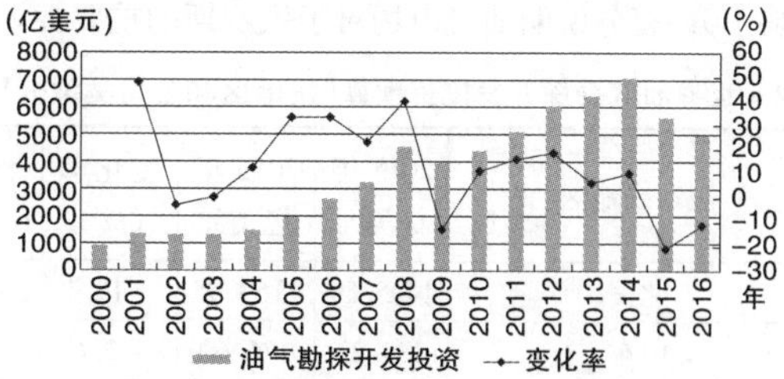


图1　2000～2016年世界油气勘探开发投资

（资料来源：巴克莱银行、埃弗科尔投行）

北美地区仍然是全球油气勘探开发重点地区，但是占全球油气勘探开发投资的比例从2014年的30.7%降至2015年的25.8%，2016年将进一步降至23.5%。2015年油气勘探开发投资为1445.54亿美元，较2014年下降33.5%，在各地区中降幅最大。预计2016年勘探开发投资为1169.95亿美元，降幅19.1%。北美地区是受油价变化最为敏感的地区，估计随着油价企稳回升，勘探开发投资会快速回升。

亚太地区油气勘探开发投资占全球的12.3%，位居全球第二位。2015年亚太地区油气勘探开发投资为687.36亿美元，较减少20.3%；2016年预算为611.27亿美元，下降11.1%。2015年中国油气勘探开发投资较2014年下降7.3%，预计2016年将保持下降趋势。与2013年的峰值相比，2016年勘探开发投资降幅将达35%左右。

中东地区油气勘探开发投资微幅下降，而占全球油气勘探开发投资的比例上升。2015年中东地区油气勘探开发投入为489.23亿美元，较2014年减少1.4%。2016年勘查开发投资预算为476.60亿美元，下降2.6%。阿联酋国家石油公司勘探开发投资下降，但科威特国家石油公司勘探开发投资增长。国际原油价格下跌，并没有影响沙特国家石油公司的勘探开发投入，其主要目的是巩固其全球最大原油出口国的地位，保持市场份额。

拉丁美洲油气勘探开发投资继续萎缩。2015年拉丁美洲油气勘探开发投入为577.32亿美元，较2014年下降10.3%；2016年预计为477.15亿美元，较2014年下降17.3%。2015年，拉丁美洲油气勘探开发投资连续10年的增长势头发生逆转。主要原因是巴西、委内瑞拉等国家因为经济萎缩、腐败丑闻等因素的影响。随着墨西哥、巴西等国家实施的能源改革措施落地，以及油价止跌回稳，该地区油气勘探开发投资将恢复增长。

俄罗斯和苏联地区勘探开发投资小幅下降。2015年俄罗斯和苏联地区油气勘探开发投资为462.13亿美

元,较2014年下降0.7%;2016年投资预算为496.62亿美元,较2014年增长7.5%。油价下跌并没有使俄罗斯和苏联地区削减油气勘探开发投资,相反在2016年还可能上升,充分说明油气市场对于俄罗斯的重要性。

**表4 世界油气勘探开发投资预算(按地区和公司类型分)**

| 国家或地区 | 2015年(亿美元) | 2016年(亿美元) | 变化率(%) | 比例(%) |
|---|---|---|---|---|
| 北美 | 1445.54 | 1169.95 | -19.1 | 23.5 |
| 中东 | 489.23 | 476.60 | -2.6 | 9.6 |
| 拉丁美洲 | 577.32 | 477.15 | -17.3 | 9.6 |
| 俄罗斯/苏联 | 462.13 | 496.62 | 7.5 | 10.0 |
| 欧洲 | 353.83 | 328.13 | -7.3 | 6.6 |
| 亚太地区 | 687.36 | 611.27 | -11.0 | 12.3 |
| 非洲 | 203.45 | 183.48 | -9.8 | 3.7 |
| 大型国际石油公司 | 875.17 | 804.44 | -8.1 | 16.1 |
| 独立石油公司(北美以外) | 66.33 | 51.87 | -21.8 | 1.0 |
| 其他石油公司 | 448.35 | 381.02 | -15.0 | 7.6 |
| 世界合计 | 5608.71 | 4980.53 | -11.2 | 100.0 |

**资料来源:**World Oil,2016.2。

欧洲地区油气勘探开发投资持续大幅下降。2015年欧洲油气勘探开发投资为353.83亿美元,较2014年下降14.0%;2016年投资预算为328.13亿美元,较2015年下降7.3%。这也是该地区油气勘探开发投资连续第三年下降,主要受到国际原油价格下跌的影响。

非洲油气勘探开发投资小幅下降。2015年非洲油气勘探开发投资为203.45亿美元,较2014年小幅下降1.9%;2016年投资预算为183.48亿美元,下降9.8%。阿尔及利亚油气勘探开发投资出现增长,而尼日利亚和安哥拉的勘探开发活动下降。

据斯皮尔斯联合公司(Spears & Associates)统计,2015年世界油气钻井数为72686个,较2014年的100925个下降28%。另据《World oil》杂志,由于油气勘探投资大幅下降,相应地油气钻井也将出现大幅下降。其中2016年美国油气钻井数为19179个,较2015年下降33.2%,为1999年以来最低。

**(二)全球非油气矿产勘查投资**

1. 2015年全球有色金属矿产勘查投资预算下降19%

矿产勘查投资与金属价格指数正相关,并呈现出周期性特点,只不过勘查投资变化较价格指数滞后大约1年。1990年以来,全球有色金属矿产勘查投入出现过几个重要的周期性变化。1997年全球有色金属矿产勘查投入达到46.7亿美元的高峰后,连续5年下降,并在2002年创下17.7亿美元的最低纪录,降幅超过62%。随后,在黄金价格上涨带动下,全球有色金属矿产勘查投入持续上升,在2008年达到顶峰,创137.5亿美元的新纪录,较2002年增长了8倍。2008年金融危机后,全球有色金属勘查投入大幅下降,2009年减少57.7亿美元,降幅42%,无论是绝对量还是降幅都是1990年以来最大的。2009年以后,全球有色金属矿产勘查投入出人意料地大幅上升,2010年增长44%至115.1亿美元,2011年增长50%至172.5亿美元,2012年增长19%至205.3亿美元(表5)。

**表5 2005~2015年全球有色金属矿产勘查投资**

| 年份 | 调查公司数(个) | 矿产勘查投资(亿美元) | 比2014年变化率(%) |
|---|---|---|---|
| 2005 | 1431 | 50.6 | 39.4 |
| 2006 | 1624 | 75.4 | 49.0 |
| 2007 | 1980 | 109.3 | 45.0 |
| 2008 | 2085 | 137.5 | 25.8 |
| 2009 | 1998 | 79.8 | -42.0 |
| 2010 | 2213 | 115.1 | 44.2 |
| 2011 | 2444 | 172.5 | 49.9 |
| 2012 | 2556 | 205.3 | 19.0 |
| 2013 | 2129 | 144.3 | -29.7 |
| 2014 | 1961 | 107.4 | -25.6 |
| 2015 | 1798 | 87.7 | -18.3 |

**资料来源:**SNL金属和矿业公司。

但是自从2012年勘查投入创历史纪录以来,受到世界经济增长乏力、投资者信心不足、矿产品需求变化等因素的影响,大多数国际矿产品价格步入下跌通道,矿业公司收入和利润下降、融资困难,为维持正常经营,不得不削减投资,使得全球有色金属勘查费用持续下降,2013年下降30%至144.3亿美元,2014年下降26%至107.4亿美元。

2. 各地区勘查投资普遍下降,拉丁美洲仍占据首位

分地区看,拉丁美洲仍然是全球最重要的勘查目的地,2015年勘查预算为24.8亿美元,占全球的26.7%,其中智利、秘鲁、墨西哥、巴西、哥伦比亚和阿根廷是最重要的6个拉丁美洲国家,合计占该地区的89%(图2和图3)。黄金再次成为该地区最重要的勘查矿种,占比为42%,而贱金属所占比例则从42%降至40%。

以中国、俄罗斯、哈萨克斯坦和土耳其为代表的其他地区位居第二位。在过去的6年中,中国第5次位居首位,占该地区勘查投入的32%。金替代贱金属成为该地区勘查投资最大的矿种。

尽管降幅最大,但非洲地区连续第三年位居第3

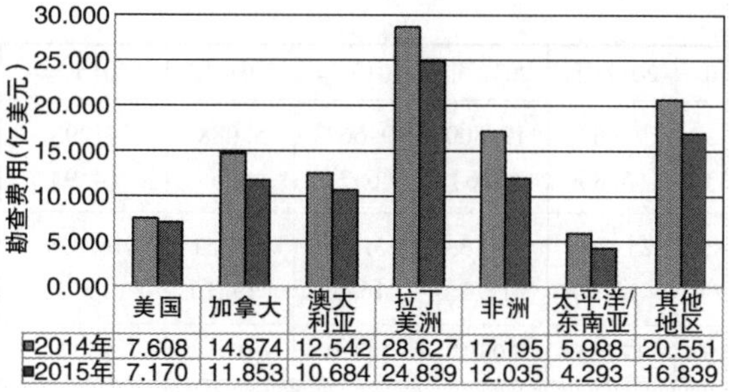


**图 2 2014 年与 2015 年世界固体矿产勘查费用区域分布图**

**(资料来源:**SNL 金属和矿业公司**)**

位,占 14%。民主刚果、南非、布基纳法索、赞比亚和加纳为非洲勘查投资最大的几个非洲国家。西非特别是布基纳法索的黄金勘查投入占比从41%上升至43%,而贱金属占比从 31% 降至 27%。

加拿大仍居第四位,占世界的 14%,勘查投资为 11.853 亿美元,较 2014 年下降 20%。从省份上看,安大略省处于第一位,占 25%,其次是魁北克,占 17%。黄金为加拿大勘查投入最多的矿种,占比从 46% 上升至 50%。贱金属矿产勘查投资下降 26%,占比从 19% 下降至 17%。

澳大利亚勘查投资为 10.684 亿美元,占世界的 12%,自 2003 年以来一直位居第五位。其中西澳洲仍然是澳大利亚勘查投资最多的州,占该国矿产勘查投资的 60%。黄金仍然是澳大利亚矿产勘查的主要矿种,勘查投入略微上升,所占比例从 41% 上升到 48%。贱金属勘查投入下降 21%,其所占比例从 38% 降至 35%。

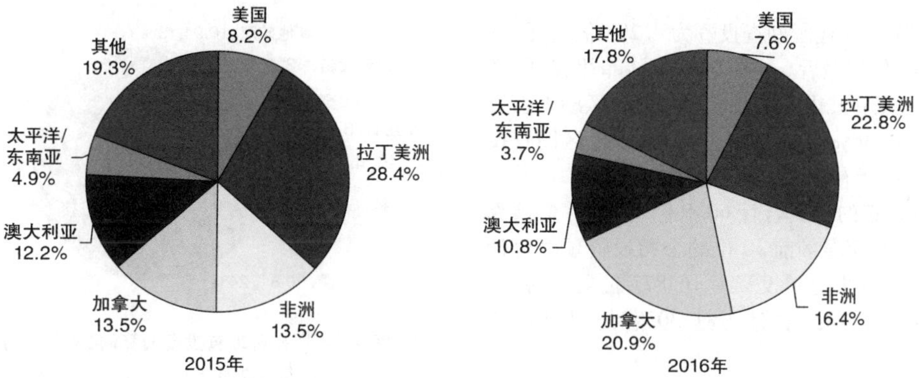


**图 3 2015 年与 2016 年固体矿产勘查投资对比图**

**(资料来源:**SNL 金属和矿业公司**)**

美国勘查投资为 7.17 亿美元,占世界的 8%,位居第六位。其主要勘查矿种为金和铜,其中金所占比例从 60% 降至 58%,贱金属则从 28% 升至 31%。内华达州占美国总勘查投资的 42%,若加上阿拉斯加和亚利桑那两个州,则比例合计占美国的 2/3。

**表 6 2006~2015 年世界非燃料固体矿产勘查投资预算情况一览表** 单位:亿美元

| 国家或地区 | 2006 年 | 2007 年 | 2008 年 | 2009 年 | 2010 年 | 2011 年 | 2012 年 | 2013 年 | 2014 年 | 2015 年 |
|---|---|---|---|---|---|---|---|---|---|---|
| 美国 | 5.714<br>(7.6) | 8.588<br>(7.9) | 10.090<br>(7.3) | 5.276<br>(6.6) | 8.868<br>(7.7) | 14.472<br>(8.4) | 16.744<br>(8.1) | 10.449<br>(7.2) | 7.608<br>(7.1) | 7.170<br>(8.2) |
| 加拿大 | 15.755<br>(20.9) | 23.169<br>(21.2) | 28.384<br>(20.7) | 13.650<br>(17.1) | 22.155<br>(19.3) | 31.092<br>(18.0) | 32.448<br>(15.8) | 19.176<br>(13.3) | 14.874<br>(13.8) | 11.853<br>(13.5) |
| 澳大利亚 | 8.151<br>(10.8) | 13.579<br>(12.4) | 19.769<br>(14.4) | 10.888<br>(13.6) | 15.136<br>(13.1) | 22.655<br>(13.1) | 25.182<br>(12.3) | 18.922<br>(13.1) | 12.542<br>(11.7) | 10.684<br>(12.2) |
| 拉丁美洲 | 17.187<br>(22.8) | 23.866<br>(21.8) | 31.796<br>(23.1) | 19.576<br>(24.5) | 28.993<br>(25.2) | 42.321<br>(24.6) | 52.240<br>(25.4) | 38.472<br>(26.7) | 28.627<br>(26.7) | 24.839<br>(28.4) |
| 非洲 | 12.348<br>(16.4) | 17.634<br>(16.1) | 20.478<br>(14.9) | 12.188<br>(15.3) | 15.855<br>(13.8) | 26.032<br>(15.1) | 34.059<br>(16.6) | 23.769<br>(16.5) | 17.195<br>(16.0) | 12.035<br>(13.5) |

续表 6

| 国家或地区 | 2006 年 | 2007 年 | 2008 年 | 2009 年 | 2010 年 | 2011 年 | 2012 年 | 2013 年 | 2014 年 | 2015 年 |
|---|---|---|---|---|---|---|---|---|---|---|
| 太平洋/东南亚 | 2.787 (3.7) | 4.322 (4.0) | 6.920 (5.0) | 4.695 (5.9) | 7.162 (6.2) | 9.969 (5.8) | 13.500 (6.6) | 9.667 (6.7) | 5.988 (5.6) | 4.293 (4.9) |
| 其他地区 | 13.409 (17.8) | 18.137 (16.6) | 20.083 (14.6) | 13.533 (17.0) | 16.885 (14.7) | 25.910 (15.0) | 31.133 (15.2) | 23.810 (16.5) | 20.551 (19.1) | 16.839 (19.3) |
| 公司合计 | 75.4 | 109.3 | 137.5 | 79.8 | 115.1 | 172.5 | 205.3 | 144.3 | 107.4 | 87.7 |
| 世界总计 | 79 | 114 | 144 | 84 | 121 | 182 | 215 | 152 | 114 | 92 |
| 统计公司数 | 1624 | 1980 | 2085 | 1998 | 2213 | 2444 | 2556 | 2129 | 1961 | 1798 |

**注：**西方矿业公司不包括小公司、地方性的私人公司和政府集团；括号内数字为占公司合计的百分数；西方矿业公司在世界各地的勘查投资总计数占全球商业性金属勘查费用的95%左右。

**资料来源：**SNL 金属和矿业公司。

太平洋/东南亚地区勘查投资为 4.293 亿美元，占全球的 4.9%，位居最后。主要国家包括菲律宾、印度尼西亚和巴布亚新几内亚。贱金属占该地区勘查投资的 50%，黄金占 46%。与 2014 年相比，该地区勘查投资下降 28%，在所有地区中降幅排在第二位。

前 10 位国家的投资合计 60.6 亿美元，占总预算投资的 69%。投资金额前 30 位的公司投资预算合计 32.182 亿美元，其中金矿投资为 16.877 亿美元，铜矿投资为 8.877 亿美元，合计占这 30 家公司总投资的 80%。

3. 几乎所有矿产勘查投资下降

2015 年全球黄金勘查投资为 39.39 亿美元，较 2014 年下降 14%。从地区上看，拉丁美洲仍然是黄金勘查的主要目的地，金矿勘查投资预算为 10.5 亿美元，占全球金矿勘查投资的27%（表6）。其中，墨西哥金矿勘查投入最大，其次是智利、秘鲁和哥伦比亚。从国家看，加拿大是黄金勘查投资最大的国家，投资预算为 5.98 亿美元，其中 42% 为矿山勘探；澳大利亚黄金勘查投入为 5.09 亿美元，矿山勘探的比例更高，达到 48%，澳大利亚还是黄金草根勘探最多的国家，占全球黄金草根勘探投资的 16%；其他国家勘查投入为 6.5 亿美元，主要是中国和俄罗斯。从公司看，初级勘探公司金矿勘查投资降幅最大，为 28%；大型矿业公司金矿勘查投资下降了 10%；但是中型矿业公司则增加了金矿勘查投资，增幅为 1%；政府和其他类型的企业增幅为 5%。

贱金属是矿产勘查投资额减少最多的矿种，铜、镍、铅和锌合计减少 7.89 亿美元，较 2014 年减少 21%（图 4）。铜勘查投资较减少 5.92 亿美元，镍减少 1.05 亿美元，降幅皆为 22%。铅锌勘查投资较 2014 年减少 0.93 亿美元，降幅 16%。铜一直是勘查投入最多

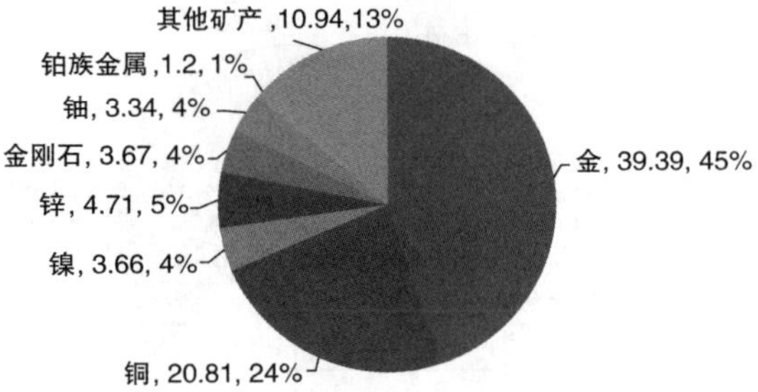


**图 4　不同矿种勘查投资预算（亿美元）及所占比例**
**（资料来源：SNL 金属和矿业公司）**

的贱金属，占整个贱金属勘查投资预算的 71%。与铜相比，镍勘查投资较少，自从 2012 年被铅锌超过后，其差距逐年加大。从地区上看，美国是唯一勘查投资增长的国家。从公司类型看，所有类型公司的贱金属勘查投资都出现下降，其中初级勘探公司下降了 25%，大型矿业公司下降了 23%。

金刚石 2015 年勘探投资为 3.67 亿美元，较 2014 年的 4.47 亿美元下降 17.9%（图 5）。与 2014 年相比，从事金刚石勘探的公司数量从 48 个增加到 52 个。大型矿业公司和初级勘探公司金刚石勘查费用分别下降 20% 和 14%。但是，中型矿业公司勘查费用却增长了 25%。从地区和国家看，加拿大和澳大利亚金刚石勘查费用小幅增加。矿山勘探费用从 2014 年的 1.4 亿美元增至 1.42 亿美元，占比则从 31% 增至 39%，为 1997 年以来的最高比例。

2014 年全球铀矿勘查投资为 3.34 亿美元，较 2014 年的 5.04 亿美元下降 34%，自从 2008 年达到顶峰以来，铀矿勘查投资已经下降了 71%，为 2005 年以来的最低水平。阿梅珐、卡梅科、力拓等大中型矿业公司铀矿勘查投资占 30%，88 家初级勘探公司铀矿勘查

费用为1.5亿美元，占45%，其他类型公司占25%。

铂族金属勘查投资再次出现下降。虽然2014年铂族金属勘查预算较有所增加，但在2015年再次下降为1.199亿美元，降幅33%。从地区上看，非洲是投资最多的地区，为0.63亿美元，其中南非投资为0.563亿美元；其次是加拿大0.282亿美元。美国和其他地区的铂族金属勘查投资略微上升。从公司类型看，初级勘探公司铂族金属勘查费用下降了63%，大型矿业公司小幅下降了1%，而中型矿业公司则增加了投资。

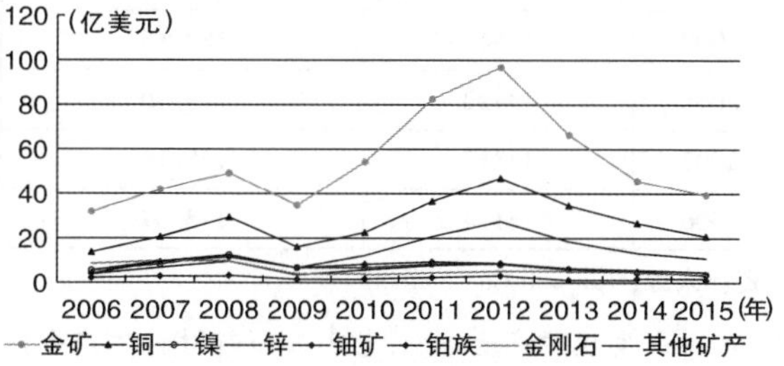


图5　2006~2015年主要矿产勘查投资预算变化

(资料来源：SNL金属和矿业公司)

其他矿产主要包括锰、钨、锡、银、锂、稀土、磷、钾和石墨等，2015年勘查预算为10.94亿美元，较2014年的13.3亿美元下降18%。从事这些矿产勘查的公司从的526个增加到528个。虽然初级勘探公司和大型矿业公司勘查费用减少，但是中型矿业公司特别是拉丁美洲的公司增加了银矿的勘查投入。近些年，随着电动汽车对锂和石墨的需求增长，锂和石墨的勘查投入大幅增长。

4. *初级勘探公司投资所占比例持续下降*

过去10年中，初级勘探公司勘查投资变化较大。2006年，其比例达到52%，开始超过大型矿业公司。2007年，则达到55%的最高纪录，几乎是大型矿业公司的两倍和中型矿业公司的4倍。2008年金融危机后，初级勘探公司勘查预算下降幅度超过其他类型矿业公司，2009年降幅达到54%，所占比例则降至40.1%。2010年初级勘探公司勘查预算恢复增长，所占比例回升至44%。2012年，尽管初级勘探公司勘查预算达到了80亿美元的创纪录水平，但是仍低于大型矿业公司的91.3亿美元，占比则降至39.0%。随后，初级勘探公司勘查预算削减幅度明显超出其他类型公司，2015年占比只有29%，为2001年以来的最低水平。

大型矿业公司在2005年以前一直是矿产勘查的主要力量，2001年曾达到60%的水平。2006年大型矿业公司勘查预算被初级勘探公司超过后，其重点转向通过并购扩大储量，因此全球矿业公司并购也随之大幅增长。近年来，大型矿业公司再次成为勘探的主力，不论是草根勘探还是矿山勘探，都远远超过其他类型公司(图6)。

大型矿业公司和初级勘探公司勘查趋向不同。从地区上看，初级勘探公司项目主要集中分布在国内。其中加拿大和澳大利亚是初级勘探公司勘查投资的第一和第三大目的国，分别占23%和18%。而大型矿业公司勘查重点区域主要在拉丁美洲，2015年其勘查投资占比从10年前的27%上升至37%，而且主要是智利的铜矿。

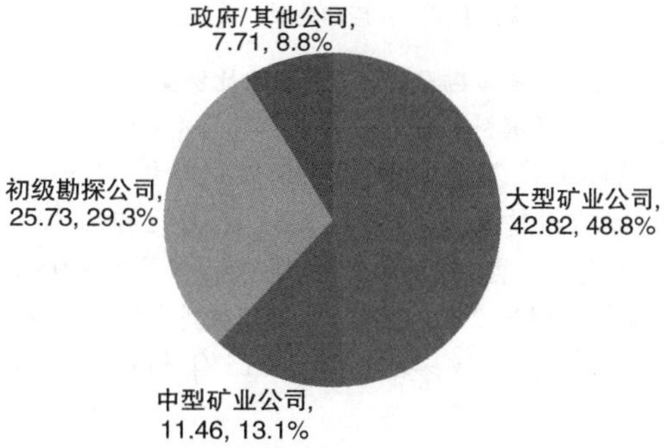


图6　2015年不同类型矿业公司投资额(亿美元)及所占比例

(资料来源：SNL金属和矿业公司)

中型矿业公司矿山规模一般不大，分布也比较分散。2015年，澳大利亚是其主要目标区，其次是拉丁美洲，这两个地区都是以中小型金矿床为主。与其他类型矿业公司不同的是，中型矿业公司勘查投资下降幅度没有那么大，而且公司数目还有所上升。

政府/其他矿业公司虽然投资规模不大，但其所占比例在过去的10年中，特别是金融危机以来一直呈上升趋势。

5. *草根勘探所占比例再创新低*

1996~2003年，虽然世界矿产勘查预算周期性变化，而各个阶段所占比例基本稳定。但是在2004年，草根勘探所占比例开始大幅下降，到2008年已经从2003年的48.7%降至38.2%，5年之内下降了10个百分点。2009年至2015年，草根勘探预算占比下降趋势未改，6年间又下降了10个百分点。

与草根勘探不同的是，过去10年中，后期勘探预算相对比较稳定，占比一般在40%左右。只不过在2010~2012年有所上升，2012年曾达到44%的最高水平，这也与草根勘探占比下降有关。但在2013~2014年，后期勘探预算占比降至40%以下。2015年，后期勘探预算再次出现大幅下降，占比降至36.8%，为近10年来的最低值(图7)。

过去10年中，矿山勘探预算占比一直呈稳步上升趋势。究其原因，主要是因为矿山勘探“就矿找矿”成功率较高，而且找到矿以后的开发成本较低。2015年，矿山勘探预算与2014年相比仅下降了11%，在各个勘探阶段预算中降幅最小。

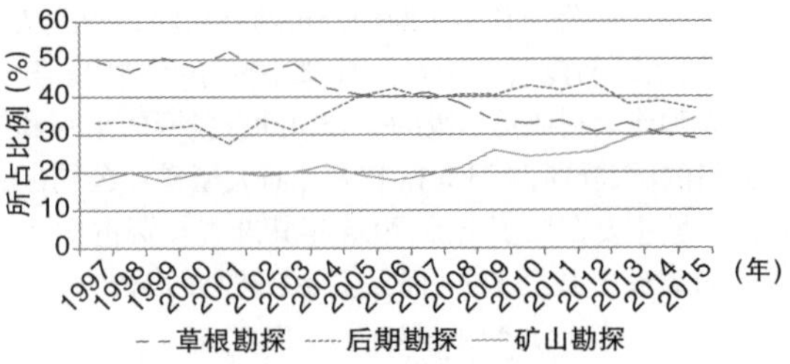


**图7　不同勘查阶段投资所占比例变化情况**

**(资料来源:SNL金属和矿业公司)**

从国家看,澳大利亚和加拿大是草根勘探最多的国家,草根勘探预算分别为3.81亿美元和3.39亿美元。从地区上看,拉丁美洲草根勘探预算为6.95亿美元,其中智利为2.05亿美元。其他国家中,中国也是草根勘探预算比较多的国家,2015年预算为1.78亿美元。

**(三)世界主要矿产储量增幅下降或减少**

1. 世界油气储量持续增长

天然气储量为196.80万亿立方米,较2014年的195.93万亿立方米增长0.4%,较2006年的175.07万亿立方米增长12.4%。天然气储量增长最多的国家有卡塔尔(4700亿立方米)、中国(2992亿立方米)和俄罗斯(2562亿立方米)。中国天然气储量继续保持高速增长态势,2015年增幅为6%;与2010年末相比,2015年底中国天然气剩余技术可采储量增长了37.4%(表7)。

**表7　　世界石油和天然气储量**

| 年份 | 世界石油($10^8$桶) | 世界天然气($10^{12}$立方米) |
|---|---|---|
| 2015 | 16562 | 196.80 |
| 2014 | 16545 | 195.93 |
| 2013 | 16471 | 195.32 |
| 2012 | 16405 | 194.59 |
| 2011 | 15201 | 191.04 |
| 2010 | 14696 | 188.23 |
| 2009 | 13542 | 187.16 |
| 2008 | 13422 | 177.10 |
| 2007 | 13317 | 175.16 |
| 2006 | 13174 | 175.07 |

**资料来源**:《Oil and Gas Journal》。

2. 新发现矿产地减少,老矿山和新材料矿产勘探有所进展

2015年矿产储量比2014年增加的有:石油储量增加5.3亿吨,锰矿石增加0.5亿吨,铜增加2000万吨,铅增加200万吨,锂增加50万吨,金增加1000吨,银增加4万吨,钾盐增加2亿吨,磷酸盐岩增加20亿吨,硼矿增加1.7亿吨,石墨增加1.2亿吨。储量减少的矿产有:镍矿减少200万吨,钴减少10万吨,锌减少3000万吨,金刚石减少0.3亿克拉,其他矿产储量基本上没有大的变化(表8)。

**表8　　世界主要矿产储量**

| 矿　产 | 单　位 | 储　量 | | 矿　产 | 单　位 | 储　量 | |
|---|---|---|---|---|---|---|---|
| | | 2015年 | 2014年 | | | 2015年 | 2014年 |
| 煤 | 亿吨 | 8915 | 8915 | 铷 | 万吨 | 8 | 8 |
| 石油 | 亿吨 | 2415.6 | 2410.3 | 稀土 | 万吨(REO) | 13000 | 13000 |
| 天然气 | 万亿立方米 | 196.8 | 195.9 | 镉 | 万吨 | — | 50 |
| 铀[①] | 万吨 | 345.84 | 369.89 | 钽 | 万吨 | >10 | >10 |
| 铁 | 矿石亿吨 | 1900 | 1900 | 铌 | 万吨 | >430 | >430 |
| 锰 | 金属亿吨 | 6.2 | 5.7 | 铼 | 吨 | 2500 | 2500 |
| 铬 | 矿石亿吨 | >4.8 | >4.8 | 锂 | 万吨 | 1400 | 1350 |
| 镍 | 万吨 | 7900 | 8100 | 锶 | 万吨 | 680 | 680 |
| 钴 | 万吨 | 710 | 720 | 铊全球锌矿中资源量约1.7万吨 | | | |
| 钨 | 万吨 | 330 | 330 | 钍 | 万吨($ThO_2$) | — | 140 |
| 钼 | 万吨 | 1100 | 1100 | 锆 | 万吨($ZrO_2$) | 7800 | 7800 |
| 钒 | 万吨 | 1500 | 1500 | 钇 | 万吨($Y_2O_3$) | >50 | >50 |
| 铜 | 万吨 | 72000 | 70000 | 碲 | 万吨 | 2.5 | 2.4 |

续表 8

| 矿 产 | 单 位 | 储 量 | | 矿 产 | 单 位 | 储 量 | |
|---|---|---|---|---|---|---|---|
| | | 2015 年 | 2014 年 | | | 2015 年 | 2014 年 |
| 铅 | 万吨 | 8900 | 8700 | 碘 | 万吨 | 750 | 750 |
| 锌 | 万吨 | 20000 | 23000 | 硒 | 万吨 | 12 | 12 |
| 铝土矿 | 亿吨 | 280 | 280 | 磷酸盐岩 | 亿吨 | 690 | 670 |
| 菱镁矿 | 亿吨 | 24 | 24 | 钾盐 | 亿吨($K_2O$) | 37 | 35 |
| 钛矿 | 亿吨($TiO_2$) | 7.90 | 7.70 | 硼矿 | 亿吨($B_2O_3$) | 3.8 | 2.1 |
| 锡 | 万吨 | 480 | 480 | 石墨 | 亿吨 | 2.3 | 1.1 |
| 锑 | 万吨 | 200 | 180 | 萤石 | 亿吨 | 2.5 | 2.4 |
| 汞 | 万吨(Hg) | — | 9.4 | 重晶石 | 亿吨 | 3.8 | 3.5 |
| 铋 | 万吨 | 37 | 32 | 硅藻土 | 亿吨 | 大 | 大 |
| 金 | 吨 | 56000 | 55000 | 珍珠岩 | 亿吨 | 大 | 大 |
| 银 | 万吨 | 57 | 53 | 天然碱 | 亿吨 | 240 | 240 |
| 铂族金属 | 吨 | 66000 | 66000 | 金刚石 | 亿克拉 | 7.0 | 7.3 |

注:①表示每千克成本≤130 美元。

资料来源:USGS。

**(四)矿业开发项目投资持续大幅下降**

经过 2004 ~2013 年长达 10 年的矿业项目开发热潮,从 2014 年起,受到世界经济复苏缓慢、矿产品供应过剩和矿产品价格大幅下跌的影响,矿业项目开发投资连续下降。据 E & MJ 对投资额在 100 万美元以上的全球矿业项目投资的调查统计,2014 年共有 1228 个正在进行的矿业项目,总投资额为 6360 亿美元。但是,尽管 2015 年矿业项目数上升至 1731 个,但总项目投资额却下降到 3200 亿美元,降幅 50%(图 8)。

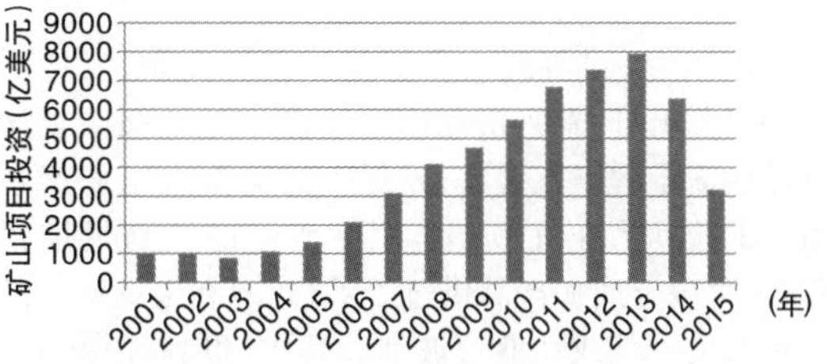


图 8 2001 ~2015 年矿业项目投资变化趋势

(数据来源:E & MJ 数据整理)

E & MJ 的统计表明,亚洲是矿业项目投资额最多的地区。2015 年,亚洲矿业项目投资占比达到 46.6%,投资额为 1473 亿美元,其中东亚 1200 亿美元,东南亚 105 亿美元,南亚 79 亿美元,中亚 76 亿美元,中东 13 亿美元。拉丁美洲居第二位,为 670 亿美元,占 21.2%。北美地区 490 亿美元,占 15.5%,居第三位。非洲 240 亿美元,占 7.6%,居第四位。俄罗斯 187 亿美元,占 5.9%,居第五位。大洋洲 80 亿美元,占 2.5%,居第六位。欧洲 23 亿美元,占 0.7%,居第七位。

根据全球 136 个重要矿业项目的统计,从矿种上看,铜矿项目开发投资额为 1159 亿美元,占所调查矿业项目投资总额的 34.7%,居各矿种第一位;其次为铁矿石,投资额为 983 亿美元,占 29.5%;位于第三位的为金矿,投资额为 55 亿美元,占 16.4%;镍投资额为 302 亿美元,占 9.1%,居第四位;铀矿/稀土投资额为 98 亿美元,占 2.9%,居第五位;金刚石投资额为 79 亿美元,占 2.4%,居第六位;锌矿投资额为 59 亿美元,占 1.7%,居第七位;银和铂族金属投资额分别为 57 亿美元和 51 亿美元,分别占 1.7%和 1.5%,居第八和第九位(图 9)。

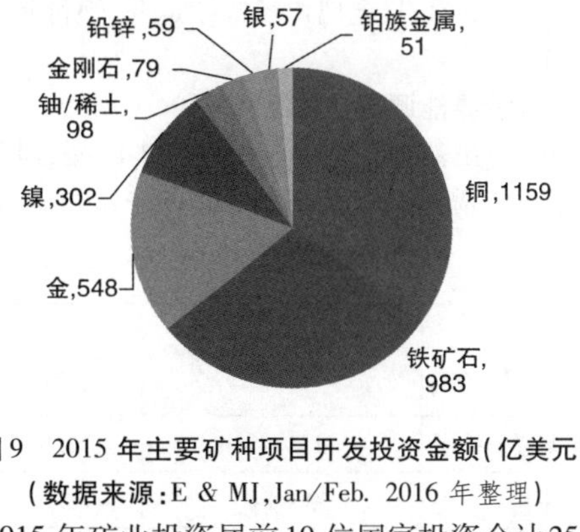


图 9 2015 年主要矿种项目开发投资金额(亿美元)

(数据来源:E & MJ,Jan/Feb. 2016 年整理)

2015 年矿业投资居前 10 位国家投资合计 2549 亿美元,占所调查项目开发总投资的 76.4%。加拿大、智利、澳大利亚矿业项目投资位居前三位,巴西、菲律宾进入前10位行列，而秘鲁、俄罗斯的排名则有所下降(表9)。

**表9　　2015年矿业项目投资前10位国家**

| 国家 | 投资(亿美元) | 占比例% | 2014年名次 |
|---|---|---|---|
| 加拿大 | 551 | 16.5 | 1 |
| 智利 | 469 | 14.0 | 2 |
| 澳大利亚 | 383 | 11.5 | 3 |
| 美国 | 243 | 7.3 | 4 |
| 几内亚 | 243 | 7.3 | 5 |
| 巴西 | 200 | 6.0 | >10 |
| 秘鲁 | 134 | 4.0 | 6 |
| 俄罗斯 | 134 | 4.0 | 7 |
| 菲律宾 | 103 | 3.1 | >10 |
| 南非 | 89 | 2.7 | 10 |
| 合计 | 2549 | 76.4 | |

**数据来源**：E & MJ，Jan/Feb. 2016年整理。

## 三、世界矿产品供需形势

2015年，世界经济形势依然错综复杂，发达国家经济复苏艰难，新兴市场国家经济增速放缓。全球矿产品供需矛盾正在缓解，发展中国家对大宗矿产新增需求的拉动力正在减弱。国际矿产品贸易量增幅下降，大部分金属矿产品供过于求，能源和金属矿产品的价格普遍下跌或在低位波动。其中，世界能源消费增速放缓，除了煤炭外主要能源的消费量均有所增加。所有化石能源的价格均出现下滑，能源消费结构改善，世界$CO_2$排放量增速降至二十年以来的最低点(2009年金融危机期间除外)；世界钢铁市场供应过剩，黑色金属矿产品价格普遍下跌；有色金属市场形势严峻，国际价格全面下滑；贵金属市场持续走弱，银价和铂价跌幅达20%以上。

### (一)世界能源需求持续疲软

2015年虽然世界经济增长进一步放缓，但世界一次能源消费增速却有所回升。世界一次能源消费量131.47亿吨油当量，比2014年增长1.0%，低于过去十年1.9%的平均水平。其中，中国、美国和印度分别是当今世界上第一、第二和第三大的能源消费国，分别占世界一次能源消费量的22.9%、17.3%和5.3%(表10)。2015年除欧洲和欧亚地区以外，其他地区一次能源消费增速均低于过去十年平均水平。新兴经济体仍主导着世界能源消费增长，占世界能源消费增长的97%，能源消费增速1.6%，低于过去十年3.8%的平均水平；其中，印度增速为5.2%，中国的能源消费增长率为1.5%(20年以来的最低值)。经合组织国家的消费增长率为0.1%；其中，欧盟的能源消费量增长1.6%，抵消了美国0.9%和日本1.2%的下降。2015年世界$CO_2$排放量增速0.1%，降至1992年以来的最低点(2009年金融危机期间除外)。除煤炭外，其他一次能源消费量均出现正增长。从世界一次能源消费结构来看，石油仍然是世界主要能源，占全球能源消费量的32.9%，石油所占能源市场份额在连续减少15年后首次提高；其次是煤炭，占29.2%；第三为天然气，占23.8%；水电、核电、可再生能源分别占6.8%、4.4%和2.8%(图10)。

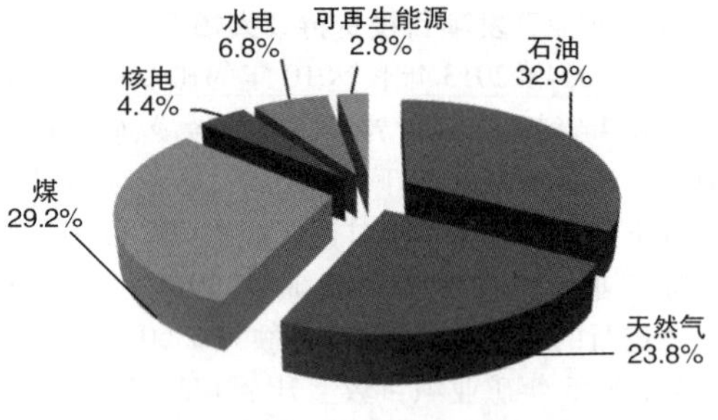


**图10　2015年世界能源消费结构**

但从主要能源消费国来看，美国以石油和天然气为主，煤气为辅；日本和德国的消费结构基本相似，均以石油为主，煤和天然气为辅，另外少部分核电补充；法国核电和石油同为主要消费支柱，天然气为辅助能源；俄罗斯则以天然气为主要消费能源，石油和煤炭为辅助能源。中国和印度的消费结构类似，煤炭为主要消费能源，其次为石油、水电(表10)。

**表10　　2015年世界一次能源主要消费国家**

| 国　家 | 一次能源消费量 | 占一次能源消费量的比重 | | | | | |
|---|---|---|---|---|---|---|---|
| | | 石油 | 天然气 | 煤 | 核电 | 水电 | 可再生能源 |
| 世界总计 | 131.47 | 32.9 | 23.8 | 29.2 | 4.4 | 6.8 | 2.8 |
| 中国 | 30.14 | 18.6 | 5.9 | 63.7 | 1.3 | 8.5 | 2.1 |
| 美国 | 22.81 | 37.3 | 31.3 | 17.4 | 8.3 | 2.5 | 3.1 |
| 印度 | 7.01 | 27.9 | 6.5 | 58.1 | 1.2 | 4.0 | 2.2 |

续表 10

| 国　家 | 一次能源消费量 | 占一次能源消费量的比重 | | | | | |
|---|---|---|---|---|---|---|---|
| | | 石油 | 天然气 | 煤 | 核电 | 水电 | 可再生能源 |
| 俄罗斯 | 6.67 | 21.4 | 52.8 | 13.3 | 6.6 | 5.8 | 0.0 |
| 日本 | 4.48 | 42.3 | 22.8 | 26.6 | 0.2 | 4.9 | 3.2 |
| 加拿大 | 3.30 | 30.4 | 27.9 | 6.0 | 7.1 | 26.3 | 2.2 |
| 德国 | 3.21 | 34.4 | 20.9 | 24.4 | 6.5 | 1.4 | 12.5 |
| 巴西 | 2.93 | 46.9 | 12.6 | 5.9 | 1.1 | 27.9 | 5.6 |
| 韩国 | 2.77 | 41.0 | 14.2 | 30.5 | 13.5 | 0.2 | 0.6 |
| 伊朗 | 2.67 | 33.3 | 64.4 | 0.5 | 0.3 | 1.5 | 0.0 |
| 沙特阿拉伯 | 2.64 | 63.7 | 36.3 | 0.0 | 0.0 | 0.0 | 0.0 |

**资料来源：**BP Statistical Review of World Energy，June 2016。

2015 年世界石油供大于求，延续了 2012 年以来的宽松态势，产量的增速高于消费量的增长速度。世界石油产量为 43.62 亿吨，比 2014 年增产 1.41 亿吨，增长 3.2%（表 11），增速比上年加快 0.9 个百分点。世界石油生产的特点主要表现在伊拉克和沙特阿拉伯供应创纪录增长，以及美国保持世界最大增量。石油输出国组织（OPEC）国家产量为 18.07 亿吨，比 2014 年增长 4.2%，占世界石油产量的 41.4%。在 OPEC 国家中，伊拉克产量增加 75 万桶/日、沙特阿拉伯产量增加 51 万桶/日，产量均达历史最高水平，使得 OPEC 的平均原油产量高达 3820 万桶/日，远高于该组织自 2011 年 12 月设定的 3000 万桶/日的产量目标。非 OPEC 国家的石油产量为 25.55 亿吨，增加 130 万桶/日，增幅 2.4%。在非 OPEC 国家中，产量增长主要来自美国，但巴西、俄罗斯、英国和加拿大的供应也有所增加。美国产量高达 1270 万桶/日，增加 100 万桶/日，是世界石油产量增加最多的国家。美国不仅是第一个连续四年增产 100 万桶/日以上的国家，同时也是世界最大的石油生产国。除此之外，巴西产量增加 18 万桶/日、俄罗斯 14 万桶/日、英国和加拿大各 11 万桶/日。

表 11　　**世界主要矿产品产量**

| 矿产 | 单位 | 2011 年 | 2012 年 | 2013 年 | 2014 年 | 2015 年 |
|---|---|---|---|---|---|---|
| 石油 | 亿吨 | 40.08 | 41.16 | 41.27 | 42.21 | 43.62 |
| 天然气 | 万亿立方米 | 3.32 | 3.38 | 3.41 | 3.46 | 3.54 |
| 煤 | 亿吨 | 79.69 | 81.87 | 82.31 | 81.65 | 78.61 |
| 铀（矿山产量） | 万吨 | 5.35 | 5.84 | 5.96 | 5.62 | 6.05 |
| 粗钢 | 亿吨 | 15.0 | 15.3 | 16.2 | 16.4 | 16.0 |
| 铁矿石 | 亿吨 | 29.3 | 29.6 | 31.5 | 33.7 | 32.7 |
| 锰矿石和精矿 | 万吨，锰 | 4791.0 | 4726.6 | 5300.0 | 5546.9 | 5381.4 |
| 铬矿石和精矿 | 万吨 | 2701.1 | 2587.7 | 2988.0 | 2889.0 | 2945.7 |
| 镍（矿山产量） | 万吨 | 181.0 | 226.6 | 250.4 | 205.6 | 189.4 |
| 镍（精炼） | 万吨 | 166.5 | 185.7 | 200.0 | 191.5 | 191.8 |
| 钴（精炼） | 万吨 | 8.2 | 7.7 | 8.6 | 9.2 | 9.8 |
| 钨（矿山产量） | 万吨 | 8.9 | 9.1 | 10.0 | 8.5 | 8.6 |
| 钼（矿山产量） | 万吨 | 26.7 | 26.5 | 27.7 | 30.6 | 28.7 |
| 钒（矿山产量） | 万吨 | 7.15 | 7.49 | 8.04 | 8.26 | 7.78 |
| 铜（矿山产量） | 万吨 | 1626.3 | 1696.3 | 1826.4 | 1847.9 | 1929.6 |
| 铜（精炼） | 万吨 | 1965.6 | 2020.7 | 2111.2 | 2292.6 | 2307.7 |
| 铅（矿山产量） | 万吨 | 473.7 | 511.5 | 531.3 | 554.9 | 501.5 |

**续表 11**

| 矿产 | 单位 | 2011 年 | 2012 年 | 2013 年 | 2014 年 | 2015 年 |
|---|---|---|---|---|---|---|
| 铅(精炼) | 万吨 | 1054.5 | 1058.8 | 1118.4 | 1093.9 | 1003.0 |
| 锌(矿山产量) | 万吨 | 1245.1 | 1327.4 | 1365.5 | 1368.4 | 1323.8 |
| 锌锭 | 万吨 | 1313.5 | 1260.1 | 1306.3 | 1355.3 | 1397.1 |
| 铝土矿 | 万吨 | 24878.8 | 25768.6 | 29680.8 | 26018.1 | 28548.3 |
| 原铝 | 万吨 | 4478.0 | 4623.6 | 4851.4 | 5258.4 | 5651.3 |
| 镁(精炼) | 万吨 | 85.5 | 88.9 | 97.0 | 105.8 | 100.6 |
| 钛(矿山产量) | 万吨 $TiO_2$ | 540.8 | 527.8 | 502.2 | 416.9 | 547.9 |
| 海绵钛 | 万吨 | 20.9 | 23.1 | 23.6 | 20.5 | 20.3 |
| 锡(矿山产量) | 万吨 | 30.2 | 29.2 | 32.7 | 35.0 | 31.5 |
| 锡(精炼) | 万吨 | 37.0 | 36.3 | 35.4 | 38.1 | 34.6 |
| 锑(矿山产量) | 万吨 | 15.6 | 17.6 | 19.6 | 16.4 | 14.7 |
| 镉 | 万吨 | 2.1 | 2.2 | 2.3 | 2.3 | 2.3 |
| 汞(矿山产量) | 万吨 | 204.1 | 193.1 | 216.8 | 281.8 | 164.8 |
| 铋(矿山产量) | 万吨 | 352.2 | 433.9 | 489.2 | 374.6 | 267.7 |
| 金(矿山产量) | 吨 | 2818.4 | 2860.9 | 3061.5 | 3133.1 | 3157.7 |
| 银(矿山产量) | 万吨 | 2.35 | 2.46 | 2.56 | 2.70 | 2.76 |
| 铂(矿山产量) | 吨 | 198.9 | 180.5 | 184.8 | 151 | 191.5 |
| 稀土氧化物 | 万吨 | 10.4 | 10.5 | 10.7 | 12.3 | 12.4 |
| 硒 | 万吨 | 223.6 | 235.8 | 230.7 | 238.3 | 258.1 |
| 碲 | 万吨 | 21.7 | 21.3 | 21.8 | 22.7 | 22.9 |
| 硫 | 万吨 | 7060 | 7000 | 6830 | 7000 | 7010 |
| 磷酸盐岩 | 万吨 | 20000 | 21600 | 23200 | 23700 | 24200 |
| 钾($K_2O$) | 万吨 | 3570 | 3270 | 3560 | 3880 | 3880 |
| 硼 | 万吨,$B_2O_3$ | 815 | 591 | 603 | 940 | 938 |
| 纯碱(天然+合成) | 万吨 | 5000 | 5170 | 5130 | 5270 | 5340 |
| 萤石 | 万吨 | 908 | 688 | 638 | 639 | 625 |
| 重晶石 | 万吨 | 849 | 925 | 859 | 825 | 746 |
| 石墨 | 万吨 | 118 | 117 | 111 | 119 | 119 |
| 石膏 | 万吨 | 23700 | 23700 | 24500 | 24400 | 25800 |
| 石棉 | 万吨 | 200 | 202 | 205 | 203 | 203 |
| 膨润土 | 万吨 | 1170 | 1300 | 1204 | 1610 | 1600 |
| 滑石和叶蜡石 | 万吨 | 761 | 721 | 733 | 723 | 732 |
| 高岭土 | 万吨 | 3810 | 3920 | 4000 | 3350 | 3400 |
| 硅藻土 | 万吨 | 235 | 255 | 264 | 274 | 267 |

**资料来源:**Mineral Commodity Summaries; World Metal Statistics, Yearbook; BP Statistical Review of World Energy, June 2016。

2015 年世界石油消费量为 43.31 亿吨,比 2014 年增加 7976 万吨(表 12),增长 1.9%,增速比加快 1.1 个百分点,高于过去十年的平均水平,增长的驱动因素仍是新兴经济体。2015 年美国仍是世界最大石油消费国,消费量 8.52 亿吨,增加 1355 万吨,增长 1.6%,在世界石油消费中所占比重为 19.7%,几乎与整个欧洲的消费量相当。中国为世界第二大石油消费国,消费量 5.60 亿吨,比增加 3296 万吨,增长 6.3%,占世界石油消费量总量的 12.9%。印度超过日本,成为世界第三大石油消费国,消费量 1.96 亿吨,增长 8.1%。日本为世界第四大石油消费国,消费量 1.90 亿吨,由于可再生能源和煤炭挤占了石油的市场份额,石油消费量减少3.9%，消费量降为1971年以来的最低点。从主要消费地区来看，亚太地区、北美地区和欧洲地区仍是石油的主要消费区，在世界消费总量中所占比例分别为34.7%、23.9%和19.9%。

**表12**　　**世界部分矿产品消费量**

| 矿产 | 单位 | 2011年 | 2012年 | 2013年 | 2014年 | 2015年 |
|---|---|---|---|---|---|---|
| 石油 | 亿吨 | 41.22 | 41.69 | 42.10 | 42.52 | 43.31 |
| 天然气 | 万亿立方米 | 32.49 | 33.33 | 33.93 | 34.10 | 34.69 |
| 煤 | 亿吨油当量 | 38.00 | 38.14 | 38.91 | 39.11 | 38.40 |
| 镍(精炼) | 万吨 | 166.1 | 173.4 | 179.7 | 168.5 | 191.8 |
| 铜(精炼) | 万吨 | 1956.6 | 2028.4 | 2118.0 | 2279.1 | 2261.6 |
| 铅(精炼) | 万吨 | 1036.6 | 1039.0 | 1122.7 | 1096.9 | 1002.6 |
| 锌锭 | 万吨 | 1257.8 | 1209.8 | 1296.2 | 1375.9 | 1385.0 |
| 原铝 | 万吨 | 4337.3 | 4642.2 | 4696.0 | 5383.8 | 5765.5 |
| 锡(精炼) | 万吨 | 37.7 | 35.7 | 35.4 | 38.0 | 36.2 |
| 镉 | 万吨 | 2.5 | 2.4 | 2.5 | 2.6 | 2.6 |
| 金(需求) | 吨 | 4512 | 4315 | 4957 | 4207 | 4124.0 |
| 银(需求) | 万吨 | 3.34 | 3.00 | 3.46 | 3.32 | 3.60 |

**资料来源**：Mineral Commodity Summaries；World Metal Statistics，Yearbook。

由于世界石油生产和消费存在极为严重的区域不平衡性，因此世界石油贸易量很大。2015年世界石油贸易量为30.06亿吨，平均日贸易量约6122万桶，比2014年增长了5.2%。其中原油贸易量19.77亿吨（表13），成品油贸易量10.29亿吨。

**表13**　　**世界部分矿产品进出口量**

| 矿　产 | 单　位 | 进　口 | | | 出　口 | | |
|---|---|---|---|---|---|---|---|
| | | 2013年 | 2014年 | 2015年 | 2013年 | 2014年 | 2015年 |
| 原油 | 亿吨 | 18.78 | 19.04 | 19.77 | 18.78 | 19.04 | 19.77 |
| 天然气 | 万亿立方米 | 1.04 | 1.00 | 1.04 | 1.04 | 1.00 | 1.04 |
| 铁矿石 | 亿吨 | 12.58 | 13.93 | 14.10 | 24.91 | 15.50 | 14.30 |
| 镍 | 万吨 | 68.7 | 72.8 | 85.0 | 67.5 | 70.8 | 70.2 |
| 铜(精矿) | 万吨 | 671.7 | 672.8 | 684.7 | 674.7 | 707.1 | 721.8 |
| 铜(精炼) | 万吨 | 838.9 | 831.4 | 878.3 | 853.9 | 820.7 | 859.8 |
| 铅(精炼) | 万吨 | 190.4 | 200.1 | 185.6 | 173.1 | 195.4 | 199.4 |
| 锌锭 | 万吨 | 383.5 | 401.2 | 398.7 | 422.2 | 416.0 | 418.8 |
| 铝土矿 | 万吨 | 10347.5 | 6917.5 | 8865.4 | 9673.9 | 4436.4 | 4349.2 |
| 铝 | 万吨 | 2084.0 | 2257.7 | 2291.5 | 1951.5 | 1971.2 | 1942.9 |
| 锡(精炼) | 万吨 | 26.0 | 24.1 | 23.6 | 26.6 | 24.6 | 24.5 |

**资料来源**：World Metal Statistics，Yearbook 2016。

石油贸易量占世界石油消费量的69.4%，世界石油贸易一般分为原油贸易和成品油贸易，2015年原油贸易量占全球石油贸易量的65.8%。北美既是石油的主要生产区，又是石油的主要消费区，但由于石油消费增长迅速，本地供给远远满足不了不断增长的需求水平，因此北美地区也是世界石油主要进口地区。2015年美国的原油进口总量为3.66亿吨，较2014年增长了0.1%，占世界原油进口总量的18.5%；美国石油净进口480万桶/日，减少32万桶/日，是自1985年以来的最低值。亚洲目前与美洲皆为世界主要石油消费区,2015 年原油进口量 9.97 亿吨,占世界总量的 50.4%。中国、印度和日本为世界前四大石油消费国,其中,中国近年来石油进口依赖程度不断上升,2015 年中国进口原油 3.36 亿吨,占世界总量的 17.0%,居世界第二位。中国石油净进口 737 万桶/日,是世界上最大的石油净进口国。印度超过日本成为第三大石油进口国,进口原油 1.95 亿吨,占世界总进口量的 9.9%。日本国内石油资源极少,几乎完全依赖于进口,2015 年原油进口总量 1.68 亿吨,占世界总进口量的 8.5%。欧洲是发达国家集中的地区,石油消费量很高,但只有俄罗斯、挪威和英国三个重要石油生产国,石油产量无法满足本地区的石油需求,因此每年都要从其他地区进口大量石油,石油进口主要来自中东地区。中东地区原油出口总量 8.80 亿吨,占世界出口总量的 44.5%。

2015 年,世界石油价格暴跌,WTI 和布伦特原油期货均价分别为 48.71 美元/桶和 52.45 美元/桶,分别较 2014 年下跌 44.46 美元/桶和 46.56 美元/桶,跌幅高达 47.7% 和 47.0%,为 2004 年以来最低价。2015 年年初,由于世界石油消费的增长和美国原油产量的逐月减少,原油价格持续上涨。下半年,受欧佩克产量出现大幅增长影响,特别是伊拉克和沙特阿拉伯增加明显,使得原油价格大幅下跌。

2015 年世界天然气产量为 3.54 万亿立方米,比 2014 年增长 2.2%,低于过去 10 年的平均年增长率。由于美国页岩气产量大幅增长,美国天然气产量实现全球最大增量,占全球净增长的 51%;而俄罗斯和荷兰天然气依然减产最多。美国为世界第一大天然气生产国,产量 7673 亿立方米,比上年增长 5.4%。俄罗斯天然气产量居世界第二位,为 5733 亿立方米,减少 1.5%。受可再生能源替代的影响,欧盟的天然气产量 1201 亿立方米,减少 8.0%,跌至 1971 年以来最低点。

2015 年世界天然气消费量 3.47 万亿立方米,比 2014 年增加 584 亿立方米,增长 1.7%,低于过去 10 年的平均水平。美国、中国和伊朗为世界天然气消费量净增量最多的国家,三国净增量合计 673 亿立方米,占世界净增量的 72%。其中,美国天然气消费量净增量为世界最多,比增加 220 亿立方米,增长 3.0%;伊朗天然气消费量净增量居世界第二位,比 2014 年增加 112 亿立方米,增长 6.2%;中国天然气消费量净增量居世界第三位,比 2014 年增加 89 亿立方米,增长 4.7%。欧盟的天然气消费量 4021 亿立方米,比 2014 年增加 176 亿立方米,增长 11.6%。从能源消费结构来看,天然气在一次能源消费量中所占份额为 23.8%。

2015 年全球天然气贸易量 1.04 万亿立方米,增长 3.3%,占世界消费量的 30.1%。其中,液化天然气贸易量 3383 亿立方米,比 2014 年增长 1.8%,占世界天然气贸易中的份额上升为 32.5%;管道天然气贸易量 7041 亿立方米,增长 4.0%,占世界天然气贸易量的 67.5%。亚洲是世界天然气贸易的主要地区,天然气进口量的 79.6% 是液化天然气,液化天然气贸易量占世界 70.5%。日本是世界最大的天然气进口国,福岛事故后对液化天然气的需求保持高位,2015 年天然气进口量 1180 亿立方米,皆为液化天然气。目前由于日本天然气发电厂满负荷运行,所以天然气进口已停止增长,比 2014 年减少 4.0%。

2015 年煤消费量 38.4 亿吨油当量,比 2014 年下降 1.8%,低于近 10 年的平均年增长率。中国煤消费量 19.20 亿吨油当量,居世界第 1 位,占世界的 50.0%。由于环保意识增强,中国煤炭消费增速放缓,下降 1.5%。印度煤消费量 4.53 亿吨油当量,超过美国居世界第 2 位,占世界的 10.6%,印度煤炭需求量增长 4.8%,增长主要来自于电力部门消费需求。欧盟能源市场日益萎缩,煤炭消费下降 3.4%。世界煤炭产量约为 78.61 亿吨(39.87 亿吨油当量),比 2014 年减少 4.0%,连续两年减少。其中产量减少最多的是美国、印度尼西亚和中国。从能源消费结构来看,煤在一次能源消费量中所占份额为 29.2%,比下降 0.8 个百分点,为十年来最低。

2015 年世界核电发电量为 2577 万亿瓦时,增长 1.3%,增长全部来自于中国。中国超越韩国成为世界第四大核电生产国,而欧盟发电量减少至二十年以来的最低水平。核能发电量占世界能源消费总量的 4.4%。2015 年世界水电发电量 3946 万亿瓦时,增长了 1.0%,占世界能源消费的 6.8%。世界水电的增长主要来自中国,中国水电增长为 5.0%。可再生能源的消费量继续增长,为 1612 万亿瓦时,占世界能源消费的 2.8%,占世界发电量的 6.7%。风能是世界最大的可再生电力来源,发电 841 万亿瓦时,占可再生能源发电的 52.2%。太阳能发电 253 万亿瓦时,增长 32.6%,中国已超过德国和美国,成为世界最大的太阳能发电国。

总的来看,世界经济增长缓慢,世界能源需求持续疲软。随着技术进步,能源的种类越来越多,特别是以页岩气为代表的非常规油气资源的开发,在许多方面对传统的油气资源形成有效替代,缓解对常规油气资源的需求和压力,成为未来能源开发利用的热点和亮点。世界油气供需正从“供给支配”向“消费驱动”转变,新兴国家的经济增长和能源需求对世界油气格局产生重要影响。全球消费重心明显东移,亚太和中东地区占比快速上升,亚太地区目前为全球能源最大的消费区和贸易区。传统发达经济体油气消费增速明显放缓,但仍是世界主要的油气消费体。由于煤炭价格低廉、供应充足、使用安全等特点,其在一次能源市场的比重基本保持不变,未来煤炭价格与油价的联动性将进一步增强。2015年,世界石油和天然气需求稳步增长,而煤炭需求出现了有记录以来的最大降幅。所有化石能源的价格均出现下滑,能源结构发生变化,石油占能源市场的份额在连续减少十五年后首次提高,煤炭所占份额跌至十年以来的最低值。能源需求增长放缓,以及能源市场的调整,使得世界 $CO_2$ 排放量增速降至二十年以来的最低点(2009 年金融危机期间除外)。

**(二)世界钢铁市场供应过剩**

2015 年世界粗钢产量 16.1 亿吨,在连续多年增长后首次出现下降,比 2014 年下降了 2.9%。中国作为全球最大的钢铁生产国,近年来粗钢产量增长幅度逐渐下降,2015 年粗钢产量为 8.04 亿吨,比 2014 年下降 2.3%,增幅回落 3.2 个百分点,这是三十年以来的首次下降,占全球粗钢总产量的 50.2%。日本为第二大产钢国,产量为 1.05 亿吨,下降 4.8%。印度超过美国成为第三大产钢国,产量为 8979 万吨,增长 2.9%。第四大产钢国为美国,产量为 7892 万吨,下降 10.5%。据分析,世界钢铁工业以及中国钢铁工业均进入了一个相对平稳发展阶段,随着中国钢铁工业进入一个低速发展阶段,对当前和未来全球铁矿石市场供求关系产生深远的影响。

据世界金属统计资料,2015 年世界铁矿石产量 32.7 亿吨,比下降 3.0%,在连续多年增长后首次出现下降。按成品矿计算,全球最大的铁矿石生产国澳大利亚产量达到 8.11 亿吨,增长 8.8%,第二大生产国巴西铁矿石产量 3.97 亿吨,增长 2.9%。目前,世界前五大铁矿石消费国分别依次是中国、日本、印度、俄罗斯和韩国。在世界铁矿石消费的前五位的国家中,亚洲占据了四席。除上述主要铁矿石消费国外,其他重要的铁矿石消费国家或地区还有巴西、德国、美国、乌克兰、中国台湾、土耳其、法国、英国、加拿大、南非和意大利等。随着全球粗钢产量的增长,国际铁矿石贸易量再创新的历史最高水平,出口量连续第 14 年保持增长,达到 14.3 亿吨,比 2014 年增长 4.2%。推动全球铁矿石出口贸易增长的主要因素是需求增加,这主要来自中国。2015 年,中国进口铁矿石 9.53 亿吨,比增长 2.2%,占世界铁矿石进口量的 66.7%。日本进口铁矿石 1.31 亿吨,比 2014 年下降 4.0%,占当年世界铁矿石进口量的 9.2%。澳大利亚是世界最大铁矿石出口国,2015 年出口铁矿石 7.67 亿吨,比 2014 年增长 7.0%,占当年世界铁矿石出口量的 53.6%。巴西为世界第二大铁矿石出口国,2015 年出口铁矿石 3.66 亿吨,占当年世界铁矿石出口量的 25.6%。

2015 年世界铬铁矿产量 2945.7 万吨,比 2014 年增长 2.0%。南非为世界最大铬铁矿生产国,2015 年产量为 1568.5 万吨,增长 11.8%,占世界铬铁矿产量的一半以上。由于世界铬铁矿 90% 以上的消费用于生产不锈钢,所以世界各国不锈钢的产量基本上反映其铬铁矿的消费量。2015 年世界不锈钢产量为 4127.7 万吨,比 2014 年略有下降。其中,中国不锈钢产量约为 2169.2 万吨,占世界不锈钢产量的 52.2%,其次是韩国占 8.0%,日本占 7.4%,美国占 5.5%,中国台湾占 4.0%。中国拥有巨大的铬铁生产能力,但由于国内铬矿资源缺乏,矿石产量很少,加上矿石质量差,大部分资源地处边远地区,运输困难,运费高等原因,因此不得不进口大量的铬铁矿,从而使近年铬矿进口量保持持续增长态势。2015 年中国进口铬铁矿 1039.4 万吨左右,比 2014 年增长 10.7%。南非和土耳其是中国最大铬铁矿进口国,分别占中国铬铁矿进口量的 73% 和 10%。

2015 年,世界钼矿山产量 26.7 万吨,比 2014 年下降 11.9%。其中,中国钼矿山产量位列全球第一,钼产量 10.1 万吨,增长 18.8%,占当年全球产量的 37.8%;美国和智利分别为世界第二和第三大钼矿生产国,产量分别占世界的 21.1% 和 18.4%。全球钼消费主要集中在西欧、美国、日本、中国等钢铁生产国家和地区,钼消费的变化与这些地区钢铁产量有很大关系,中国钼消费在全球占比提高,对全球钼消费的影响加大。2015 年世界钼消费量估计为 21.7 万吨,比 2014 年下降 13.9%。同期中国钼消费量下降 20% 至 6 万吨钼,全球占比达 27.6%,为世界第一大钼消费国。在主要的钼精矿生产国中,美国、秘鲁和加拿大是全球主要的钼精矿出口国,其次是智利和蒙古,而中国国内消费量较大,钼精矿出口量较少。欧盟是最大的钼精矿进口地区。

总的来看,2015 年铁合金金属生产在世界钢铁生产增速放缓的影响下,市场需求普遍疲软,部分矿产出现了不同程度的供应过剩,由此导致大部分铁合金金属矿产品价格下跌。

世界经济持续低迷,钢铁需求增速不高。尽管新兴国家一直保持着领先于发达国家的需求增速,但预计今后几年主要消费国需求增速可能进一步放缓。在各国回归制造业、促进基础工业投资的政策刺激下,全球钢铁产能不断攀升。预计今后几年全球铁矿石市场将会趋于供大于求。铁矿石价格在短期内会出现大幅下跌,相关铁合金矿产品的价格也将保持缓慢下跌趋势。

**(三)有色金属市场低迷**

2015 年世界 6 种主要有色金属(铜、铝、铅、锌、锡、镍)总产量为 1.06 亿吨,比 2014 年增长 3.5%,其中铝产量增长幅度最大，为7.5%，锌次之，增长3.1%，铜和镍分别增长0.7%和0.2%，铅和锡均出现下降，分别下降了8.3%和9.2%。上述6种有色金属消费量合计1.06亿吨，比2014年增长2.9%，其中镍消费量增长幅度最大，为13.8%，铝和锌分别增长了7.1%和0.7%，铅消费量则下降了8.6%，锡和铜分别下降了4.7%和0.8%。铜和锌供应较充足，铅供应有盈余，镍供需平衡，锡供应不足，铝供应则存在较大缺口（表14）。

**表14　　2015年世界主要有色金属供求状况**

| 项目 | 铜 | 铝 | 铅 | 锌 | 锡 | 镍 |
|---|---|---|---|---|---|---|
| 世界产量（万吨） | 2307.7 | 5651.3 | 1003.0 | 1397.1 | 34.6 | 191.8 |
| 世界消费量（万吨） | 2261.6 | 5765.5 | 1002.6 | 1385.0 | 36.2 | 191.8 |
| 供求平衡（万吨） | 46.1 | -114.2 | 0.4 | 12.1 | -1.6 | 0.0 |
| 库存量（万吨） | 93.1 | 378.7 | 41.4 | 108.6 | 2.8 | 46.6 |
| 年底库存消费比（周） | 2.1 | 3.4 | 2.2 | 4.1 | 4.1 | 12.7 |
| 正常库存消费比（周） | 5.5 | 5.5 | 4.0 | 5.0 | 5.0 | 5.0 |
| 产量与2014年相比增长（%） | 0.7 | 7.5 | -8.3 | 3.1 | -9.2 | 0.2 |
| 消费量与2014年相比增长（%） | -0.8 | 7.1 | -8.6 | 0.7 | -4.7 | 13.8 |

**资料来源：**根据《World Metal Statistics》Yearbook（2016）资料计算。

全年受经济环境影响，LME有色金属年均价格皆出现下跌。在6种主要有色金属中，LME镍、锡和铜现货价格跌幅较大，较2014年分别下跌29.8%、26.5%和19.8%；LME铝、铅和锌则分别下跌10.9%、11.0%和10.7%。金和银的年平均价格也下跌明显，分别下跌了8.4%和19.0%（表15）。

**表15　　LME主要金属现货价格（年平均价）**

| 品种 | 2011年 | 2012年 | 2013年 | 2014年 | 2015年 | 变化率（%） |
|---|---|---|---|---|---|---|
| 铜（美元/吨） | 8821 | 7950 | 7322 | 6862 | 5502 | -19.8 |
| 铝（美元/吨） | 2398 | 2044 | 1845 | 1867 | 1663 | -10.9 |
| 镍（美元/吨） | 22894 | 17536 | 15004 | 16867 | 11835 | -29.8 |
| 锡（美元/吨） | 26113 | 21114 | 22304 | 21893 | 16084 | -26.5 |
| 铅（美元/吨） | 2402 | 2062 | 2141 | 2096 | 1866 | -11.0 |
| 锌（美元/吨） | 2193 | 1948 | 1909 | 2164 | 1933 | -10.7 |
| 金（美元/盎司） | 1569.6 | 1668.5 | 1410.8 | 1266.1 | 1159.2 | -8.4 |
| 银（美元/盎司） | 35.1 | 31.1 | 23.8 | 19.1 | 15.4 | -19.0 |

**资料来源：**《World Metal Statistics》Yearbook，2016。

2015年世界精炼铜产量2307.7万吨，比2014年增长0.7%，消费量2261.6万吨，下降0.8%。同期，精炼铜产量和消费量基本保持不变，市场供应过剩量为46.1万吨左右。在世界主要消费地区中，亚洲地区的铜消费量占世界铜消费量的70.2%。中国仍是拉动世界铜消费增长的主要动力，2015年中国消费量仅增长了0.4%，而同期世界消费量下降了0.8%。世界铜精矿出口量859.79万吨，增长4.8%。铜精矿主要出口国有智利、赞比亚、俄罗斯、日本、澳大利亚和哈萨克斯坦等。世界铜精矿进口量878.29万吨，增长5.6%。进口铜精矿的主要国家和地区有：中国、德国、美国、意大利、土耳其及中国台湾地区等。全球经济低迷，铜价总体上持续下跌。LME现货月均价从2015年1月的7292美元/吨波动跌至2016年6月的5864美元/吨，下跌19.6%；同期，中国现货价格由5.17万元/吨跌至4.31万元/吨，下跌16.6%。

2015年世界原铝产量为5651.3万吨，比2014年增长7.5%。其中，中国、俄罗斯、加拿大、阿联酋是世界上四大原铝生产国，这四个国家产量合计为4028万吨，占世界产量的70%以上。而世界铝土矿产量为

2.9亿吨,比增长9.7%。其中,澳大利亚是世界上最大的铝土矿生产国,产量8091万吨,占世界的28.3%;中国为第二大铝土矿生产国,产量6500万吨,占世界的22.8%;巴西铝土矿产量3123万吨,占世界的10.9%,居世界第三位。世界原铝消费量为5765.5万吨,比2014年增长7.1%,净增消费量381.7万吨;而中国原铝消费量增加了386.4万吨,占世界总增量的101%。从世界范围来看,原铝的主要消费市场还是在亚洲,特别是中国。2015年亚洲原铝消费量4068万吨,占当年世界消费量的70%以上,而中国占比高达54.4%。西方原铝需求稳定,原铝消费量2425万吨,基本保持不变,所占世界消费量的份额为42.1%。世界铝土矿的主要出口国为印度、澳大利亚、牙买加和巴西等,2015年这四个国家铝土矿的出口量4166万吨,占当年世界铝土矿出口总量的95.8%。而中国是世界第一大铝土矿进口国,2015年进口铝土矿5610万吨,占世界铝土矿进口量的63.3%,其他主要铝土矿进口国家还有北美和西欧的炼铝大国。2015年国内外市场铝价呈现波动性下跌的势头,伦敦金属交易所铝全年现货平均价为1684美元/吨,比2014年下跌12.8%;中国国内现货铝年均价为12115元/吨,下跌10.1%。

2015年世界铅矿山产量501.5万吨,比2014年下降了9.1%。中国是世界第一大铅矿生产国,2015年矿山铅产量为233.5万吨,比下降18.2%,占当年世界铅矿山产量的46.6%,依然是世界铅矿山产量增长的主要动力。全球冶炼产能明显大于矿山产量,随着关闭和减产矿山数量的增多,全球铅精矿市场缺口进一步扩大。世界精炼铅产量为1003.0万吨,较2014年下降8.3%,消费量1002.6万吨,下降8.6%,市场供略大于求。中国是世界精炼铅生产和消费大国,2015年精炼铅385.8万吨,占世界产量的35%。中国精铅消费量381.6万吨,占世界消费量的比例为38.1%。2015年,国际市场铅价呈现先高后低走势,整体价位在1677~2163美元/吨之间震荡。伦敦金属交易所(LME)现货年平均价为1786美元/吨,比2014年下跌14.8%。

2015年,世界锌产量为1397.1万吨,比2014年增长3.1%。中国仍为世界最大精炼锌生产国,在世界产量中所占份额达到了35.9%。世界锌消费量为1385.0万吨,比增长0.7%。亚洲仍为世界精炼锌主要消费区域,精炼锌消费量945.4万吨,占世界消费量的68.3%。中国为世界最大锌消费国,锌消费量648.7万吨,在世界锌消费量中所占份额为46.8%,国际锌市场供应充足。2015年LME锌现货平均价为1943美元/吨,比下跌11.3%。LME现货平均价最低为12月的1549美元/吨,最高为5月的2279美元/吨。

2015年,世界锡产量为34.6万吨,比2014年年下降9.2%;世界锡消费量为36.2万吨,下降4.7%。国际锡市场供不应求状况仍没有好转,供应缺口扩大到1.6万吨左右。亚洲是精炼锡的主要消费地区,消费量25.97万吨,占世界消费量的71.8%。2015年,国际市场锡价呈现波动下跌的趋势,伦敦金属交易所(LME)现货锡平均价为16084美元/吨,比2014年下跌26.5%;国内现货锡平均价为108244元/吨,下跌21.3%。

2015年世界精炼镍产量191.8万吨,比2014年增长0.2%,消费量为191.8万吨,增长13.8%,全年镍市场供需保持平衡。中国镍产量为57.5万吨,消费量为96.5万吨,供应缺口为39万吨。2015年LME镍现货平均价11835美元/吨,比2014年下跌29.8%,在LME六种基本金属中的表现最差。年底LME镍库存为48.7万吨,比2014年底41.3万吨增长18%。

2015年世界钨矿山产量8.6万吨(钨金属量),比2014年下降0.8%。其中,中国钨矿山产量71000吨,比2014年增长1.4%,占世界钨矿总产量的82.5%。2015年世界钨消费量6.4万吨,比2014年增长0.5%。中国钨视消费量3.3万吨,下跌2.3%,占世界钨消费量的52%,是世界第一钨消费大国。最近几年,中国经济增速趋缓,硬质合金产量增幅也相应减少,由此导致钨消费量下降。中国是世界钨产品的贸易大国,出口量稳居世界第一,但全球贸易占比呈现逐年下降趋势。近几年,由于非洲国家以及澳大利亚提高了钨出口量,中国钨出口量持续下滑,同时中国钨出口量占全球的比重也呈现下降趋势。但是中国在国际钨市场上仍具有举足轻重的影响。2015年全球贸易总量4.0万吨,中国出口占比50%,美国17%,欧洲12%,日本7%。2015年国内外钨市场总体继续呈下滑走势,欧洲市场APT平均价格227美元/吨度,同比下跌35%;中国钨精矿平均价格7.1万元/吨,同比下跌33%。

总之,2015年有色金属中市场形势不容乐观,主要由于全球经济复苏乏力,特别是新兴经济体经济增速放缓,有色金属市场需求下降,造成2015年几乎所有的有色金属价格下滑,其中,LME镍、锡和铜现货价格跌幅较大,铝、铅和锌跌幅在10%左右。

**(四)贵金属市场持续走弱**

2015年世界黄金总供应量为4306吨,比2014年下降1.3%。其中矿山金产量创下历史新高,为3158吨,增长0.8%。中国矿山金产量为450吨,在连续第15年增长后首次下降,比2014年下降0.4%,仍为世界第一大黄金生产国。2015 年全球再生金供应量 1173 吨,比 2014 年增长 4.3%。从需求方面来看,2015 年仍是黄金货币属性减弱、商品属性回归的一年,世界黄金需求总量为 4124 吨,比 2014 年下降 2.0%,消费的减少主要来自珠宝首饰消费下降。2015 年中国黄金消费量达到 985.9 吨,比 2014 年增长 3.7%,重新超过印度居全球最大黄金消费国的位置。印度黄金消费需求为 849 吨,居世界第二,两国消费需求占全球45%左右。2015 年国际金银价格不断震荡下行,全年伦敦黄金交易所黄金现货均价为 1160 美元/盎司,比 2014 年下跌 8.4%。

根据世界白银协会公布数据显示,2015 年全球白银供应依旧过剩。全球白银供应在 3.2 万吨以上,比 2014 年下降 1.2%,其中,矿山银 2.8 万吨,比 2014 年增长 2.1%,已连续 12 年增长;再生银产量 4545 吨,下降 13.3%,是自 1996 年以来最低值,主要是由于银价的全面下跌所致。2015 年全球白银制造业总需求达到近 3.6 万吨,增长 3.4%。全球白银消费结构为:工业用银占总需求量的 50.3%,首饰 19.4%,银币、银章 25.0%,以及银器 5.3%。全球白银总需求的增长主要来自投资零售领域对白银需求的增加,银币和银章用银量同比增长 23.8%。世界最大的白银消费国是印度,2015 年印度白银工业需求达到 7640 吨,增长 16.1%,白银需求增长明显主要原因是 2015 年印度黄金进口税上调,银价下跌推动印度民众购买银饰及银器。美国居世界第二,为 7510 吨;中国居第三,为 6865 吨。2015 年国际银价保持震荡下行的态势,国际白银年均价 15.68 美元/盎司,比 2014 年下降 21.7%,跌速高于 19.9% 的跌幅。

从近几年的国际银市场来看,白银价格的走势与市场供求状况不存在必然联系。当国际市场白银价格超过 6.0 美元/盎司时,直接左右市场的就不是供需关系,而是投机、汇率等因素。近几年的国际白银市场多次证明了这一点,目前的白银供需现状对市场产生的直接影响力很小。短期内经济形势、美元汇率变化、黄金市场价格的波动、投资活动的剧烈变化、国际石油价格等仍然是决定银价的主要因素。同时,由于白银主要为铜、铅、锌和黄金等矿产的伴生矿产,因此白银相关金属行情的好坏,也影响着白银的市场。2008 年金融危机以来,金银价格比率从 80 左右高位下滑,随着白银投资热情不断高涨,一度下调至 2011 年 4 月底的 31 左右,投资更偏向于买白银卖黄金。银价自高位暴跌后,金银比率波动回调,2015 年底金银价格比率在 7274。

根据铂钯年鉴数据显示,2015 年全球铂供应量为 237.2 吨,比 2014 年增长 18.1%。其中矿山铂产量 191.5 吨,比增长 26.8%;从报废汽车、首饰中回收的铂金属量 45.6 吨,下降 8.5%。矿山铂主要供应地区有南非、俄罗斯、北美及津巴布韦,其中南非为世界最大铂生产国,2015 年矿山铂产量 140.7 吨,比上年增长 40.4%,生产从 2014 年罢工中快速恢复,矿山铂产量占世界的 73.5%;俄罗斯为世界第二大铂生产国,2015 年铂产量 22.4 吨,增长 4.6%,占世界 11.7%。2015 年世界铂需求量为 235.5 吨,增长 6.0%,市场供应盈余约 1.7 吨。

钯是世界上最稀有的贵金属之一,根据铂钯年鉴数据显示,2015 年全球钯供应量为 267.0 吨,比 2014 年增长 4.7%。其中矿山钯产量 208.8 吨,比增长 9.4%;再生钯金属量 58.2 吨,下降 9.2%。世界上只有俄罗斯和南非等少数国家生产,每年总产量不到黄金的 5%。世界钯的主要出口国是俄罗斯和南非,而南非为最大生产国,2015 年矿山钯产量 82.5 吨,增长 32.0%,主要原因是矿山停止罢工,恢复生产;俄罗斯钯产量 80.1 吨,减少 0.2%。2015 年世界钯需求量为 294.0 吨,与基本持平,市场供应缺口约 27.0 吨。2015 年国际铂钯价格震荡下行,据伦敦铂钯市场数据,全年铂价年均价 1054 美元/盎司,比 2014 年下跌 24%,创 6 年来最低值;钯价年均价 691 美元/盎司,下跌 14%。

2015 年,比较黄金、白银与铂钯金属价格的走势,全年金银延续了 2014 年的下跌趋势,而钯也由 2014 年的上涨转为下跌。其中,金价比下跌 8.4%,银价下跌 21.7%,铂价下跌 24%(创 6 年来最低值),而钯价下跌 14%。

(闫卫东　崔荣国　郭娟)

# 中国矿业年鉴

2017

# 大 事 记

## 2016 年中国矿业大事记

### 1 月

**4 日** 国务院总理李克强在太原召开钢铁、煤炭化解过剩产能实现脱困发展工作座谈会上表示，中央财政将出资 1000 亿元，以地方政府配资的方式，用于去产能过程中的人员安置。1 月 12 日，国家发展和改革委员会秘书长、新闻发言人李朴民在宏观经济运行发布会上表示，中央将设立专项资金，对地方和企业化解产能过剩进行奖（励）补（贴），重点是推动“僵尸企业”退出。

**28 日** 中国五矿集团公司旗下中国五矿资源有限公司对外发布公告，宣布其所属秘鲁 Las Bambas 铜矿正式投产，这标志着中国金属矿业史上迄今实施的最大境外收购——邦巴斯铜矿的建设、调试工作已按期完成。

### 2 月

**1 日** 《国务院关于煤炭行业化解过剩产能实现脱困发展的意见》正式印发，并建立了由国家发展和改革委等 25 个部委和单位参加的煤炭行业化解过剩产能部际协调机制。国家发展和改革委、财政部、国家安全生产监督管理总局等相关部门先后研究出台了一系列配套政策措施。

**4 日** 中国铁路总公司下调煤炭运价，每吨千米降 1 分钱，即洗精煤由每吨千米 10.3 分降为 9.3 分，原煤及其他煤由每吨千米 9.8 分降为 8.8 分。

**23 日** 国务院印发《关于取消 13 项国务院部门行政许可事项的决定》（国发〔2016〕10 号），决定取消一批国务院部门行政许可事项。其中，由工业和信息化部主管的“开采黄金矿产资质认定”事项被取消，这标志着企业不再需要办理《开采黄金矿产批准书》。

### 3 月

**20 日** 由中国五矿集团公司、中国国新控股有限责任公司、中国中信集团有限公司三家公司联合投资 105 亿美元的秘鲁邦巴斯铜矿建成投产后第一批装运的 1 万吨铜精矿抵达南京港惠宁码头。此次到岸的铜精矿铜品位高达 48.50%，含银量为 293.00g/MT，品质极好，是我国在海外收购的优质铜矿资产。江西铜业股份有限公司是该批铜精矿资源的买家。标志着中国金属矿业史上迄今实施的最大境外收购项目取得了切实成果，也意味着我国企业响应中央号召“走出去”、建立海外资源基地、保障国内紧缺资源供应、服务中拉合作新框架和产能合作新模式的努力获得了回报。

**25 日** 国家安全生产监督管理总局网站公布了新版《煤矿安全规程》。在同时发布的国家安全生产监督管理总局第 87 号令中提到，新《煤矿安全规程》自 2016 年 10 月 1 日起施行。新《煤矿安全规程》修订主要坚持以下基本原则：一是突出依法依规、预防为主原则；二是提高保安性和可操作性原则；三是体现科学性和合理性原则；四是保持权威性和稳定性原则；五是体现科技进步，鼓励新工艺、新技术、新材料、新装备的原则。

**30 日** 国土资源部发布《关于支持钢铁煤炭行业化解过剩产能实现脱困发展的意见》，继续严把钢铁、煤炭等新增产能项目建设用地供应闸门，对新建项目、新增产能的技术改造项目和产能核增项目，一律不予受理用地预审。对未按国家规定核准、备案的产能严重过剩行业新增产能项目，不得安排建设用地计划，不得通过农用地转用、土地征收审查和办理供地手续。

### 4 月

**5 日** 商务部网站发布公告称，为执行联合国安理会有关决议，根据《中华人民共和国对外贸易法》，禁止自朝鲜进口煤炭、铁、铁矿石；禁止自朝鲜进口黄金矿、钛矿、钒矿及稀土矿物。公告自 2016 年 4 月 5 日起执行。

**7 日** 国家物资储备局宣布重启钨精矿收储计

划，收储国标一级一类黑钨精矿，最终以7.5万元/标吨左右的价格成功截标。这是继2015年11月和2016年2月之后的第三次收储计划，前两次收储计划皆因价格问题而惨遭流标。此后不到半个月，4月19日再一次以略高于上一轮收储的价格收储一批一级一类白钨精矿。两轮收储总量约1万吨。

**14日**　国土资源部出台《关于支持钢铁煤炭行业化解过剩产能实现脱困发展的意见》。

**15日**　人力资源社会保障部、国家发展和改革委等七部门出台了《关于在化解钢铁煤炭行业过剩产能实现脱困发展过程中做好职工安置工作的意见》。

**16日**　环境保护部联合国家发展和改革委、工业和信息化部，出台了《关于支持钢铁煤炭行业化解过剩产能实现脱困发展的意见》。

**17日**　国家发展和改革委印发了《关于发展煤电联营的指导意见》，明确煤电联营五大重点发展方向：重点推广坑口煤电一体化，在中东部优化推进煤电联营，科学推进存量煤电联营，继续发展低热值煤发电一体化，建立煤电长期战略合作机制。

**18日**　国家安全生产监督管理总局、国家煤矿安全生产监督管理局发布《关于支持钢铁、煤炭行业化解过剩产能实现脱困发展的意见》。

**21日**　中国人民银行、中国银行业监督管理委员会、中国证券监督管理委员会、中国保险监督管理委员会联合发布《关于支持钢铁煤炭行业化解产能实现脱困发展的意见》将着力为钢铁、煤炭行业去产能、转型脱困提供金融服务。

**同日**　国家质量监督检验检疫总局也在其网站公布了《关于化解钢铁行业过剩产能实现脱困发展的意见》。

**同日**　国土资源部发布《2015中国国土资源公报》。黄金行业在整装勘查、老矿山深部和外围找矿方面积极探索，取得显著成果，"十二五"期间黄金新增资源储量共超过4500吨。2016年我国黄金查明资源储量已达1.16万吨。山东莱州－招远金矿带成为世界第三大金矿区带，该区新发现了黄金资源储量470吨的海域金矿、328吨的纱岭金矿，并在胶西北地区成功实施了"中国金属矿床第一深钻"及一系列超深钻孔，探明金金属量395吨，预测新增金资源量3000吨以上。

**26日**　中国黄金集团公司与加拿大埃尔拉多黄金公司正式签署贵州锦丰金矿82%股权购买协议。9月7日，中国黄金集团公司收购贵州锦丰金矿82%股权交割顺利完成。

**28日**　国务院办公厅发布《关于健全生态保护补偿机制的意见》（国办发〔2016〕31号）。《关于健全生态保护补偿机制的意见》提出，按照"权责统一、合理补偿，政府主导、社会参与，统筹兼顾、转型发展，试点先行、稳步实施"的原则，落实森林、草原、湿地、荒漠、海洋、水流、耕地等重点领域生态保护补偿任务。

**同日**　洛阳栾川钼业集团股份有限公司发布公告，拟以15亿美元收购全球矿业巨头英美资源集团（Anglo American PLC）位于巴西的优质铌（AANB公司）和硝酸盐（AAFB公司）业务。

## 5月

**9日**　洛阳栾川钼业集团股份有限公司公司发布公告拟斥资26.5亿美元，收购全球矿业巨头自由港麦克米伦公司（FCX）位于刚果（金）的TenkeFungurume铜钴矿56%股权；两大项目合计收购金额高达41.5亿美元（约270亿元人民币）。

**10日**　财政部和国家税务总局联合发布《关于全面推进资源税改革的通知》，通过全面实施清费立税、从价计征改革，理顺资源税费关系，建立规范公平、调控合理、征管高效的资源税制度，有效发挥其组织收入、调控经济、促进资源节约集约利用和生态环境保护的作用。通知指出，此次资源税从价计征改革及水资源税改革试点，自2016年7月1日起实施。

**20日**　洛阳栾川钼业集团股份有限公司发布非公开发行A股股票预案，拟募集资金总额不超过180亿元，用于收购巴西铌、磷资产项目和刚果（金）铜、钴资产项目。目前海外优质的矿业资源估值处于历史较低水平，受大宗商品价格走低、世界经济增长乏力等因素的影响，国际矿业公司的生产经营受到一定打击，为降低负债水平，专注核心业务的发展，国际矿业公司纷纷通过出售资产来改善自身财务状况。

**21日**　由中国宏桥集团与印度尼西亚哈利达集团、韦立投资（香港）有限公司共同投资建设的100万吨氧化铝生产线在印度尼西亚建成投产，这是中国在境外建成的首条海外氧化铝生产线，也是印尼首家大型氧化铝厂。

**24日**　财政部联合国家税务总局出台了《关于支持钢铁煤炭行业化解过剩产能实现脱困发展的意见》。

**25日**　为贯彻落实党中央、国务院决策部署，有效预防和遏制煤矿重特大事故，国家安全生产监督管理总局、国家煤矿安全生产监督管理局研究制定了《标本兼治遏制煤矿重特大事故工作实施方案》。

**26日**　最高人民法院发布《关于充分发挥审判职能作用为推进生态文明建设与绿色发展提供司法服务和保障的意见》（法发〔2016〕12号）。

## 6月

**6日**　内蒙古自治区包头市稀土产品交易所新交

易系统正式上线试运行。新交易系统与现货市场完全联通，交易以现货价格成交，是以实际货物为基础的纯现货交易模式。同时，将稀土现货交易、仓储、质检、物流和融资等一系列的服务统一在一个平台上，并对稀土企业和银行资源进行有效整合。

**16日** 国务院办公厅印发《关于营造良好市场环境促进有色金属工业调结构促转型增效益的指导意见》，就今后一个时期化解有色金属工业长期积累的结构性产能过剩，解决市场供求失衡等深层次矛盾，推动有色金属工业持续健康发展做出具体部署。《关于营造良好市场环境促进有色金属工业调结构促转型增效益的指导意见》成为指导未来一个时期我国有色金属工业发展的纲领性文件。

**25日** 国土资源部中国地质调查局在广州发布消息：我国使用自主研制的“海马”号4500米级无人遥控潜水器，在南海珠江口盆地西部海域首次发现了海底规模空前的活动性“冷泉”，并命名为“海马冷泉”。“海马冷泉”呈东西向条带状展布，水深1350~1430米，面积约为618平方千米，其中已探查发现有“冷泉”活动的区域约350平方千米。“海马冷泉”的发现，进一步证实了我国管辖海域天然气水合物分布广泛，资源潜力巨大。调查还发现，“海马冷泉”区域有海底管状蠕虫、蛤类、贻贝等多种生物共存。

**29日** 国务院国有资产监督管理委员会在北京召开中央企业化解钢铁煤炭过剩产能工作会议。会上抛出重磅消息：非专业涉煤中央企业原则上退出煤炭行业，并提出了中央企业化解钢铁煤炭过剩产能的目标。中央企业化解钢铁煤炭过剩产能的工作目标是：从2016年开始，用5年时间压减中央企业钢铁煤炭现有产能的15%左右，争取用2年时间压减现有产能的10%左右，使专业钢铁煤炭企业做强做优做大，电煤一体企业资源优化配置，其他涉煤中央企业原则上退出煤炭行业，加快解决历史遗留和企业办社会问题。

## 7月

**7日** 国土资源部中国地质调查局召开贵州遵义安页1井页岩气、油气调查重大突破研讨会。中国地质调查局在南方复杂构造区的贵州省遵义市正安县安场镇部署实施的安页1井获得了二叠系栖霞组油气、志留系牛石栏组致密气、五丰组－龙马溪组页岩气和奥陶系宝塔组天然气的“四层楼”式油气重大突破。其中志留系牛石栏组压裂测试获得10.22万立方米/日稳定高产工业气流。

**19日** 习近平总书记来到神华集团宁东能源化工基地视察，详细了解宁东基地规划建设总体情况和煤制油项目的建设进展，肯定了我国在煤化工领域取得的创新成就。

**22日** 国务院国有资产监督管理委员会网站发布消息，由中国国新控股有限责任公司、中国诚通集团、中国中煤能源集团有限公司、中国神华集团有限责任公司出资组建的中央企业煤炭资产管理平台公司即国源煤炭资产管理有限公司成立运行。平台公司的主要任务是配合落实中央企业化解煤炭过剩产能，推动优化整合涉煤中央企业煤炭资源，促进涉煤中央企业瘦身健体、提质增效、结构调整和改革脱困。国源公司的主要任务：一是配合落实中央企业化解煤炭过剩产能；二是推动优化整合涉煤中央企业煤炭资源；三是促进涉煤中央企业减肥健体、提质增效、结构调整和改革脱困。

**23日** 《关于实施减量置换严控煤炭新增产能有关事项的通知》签发，该通知由国家发展和改革委、国家能源局、国家煤矿安全生产监督管理局联合下发。通知有效期至2018年12月31日。文件要求，利用煤矿产能置换政策，化解过剩产能，严控煤炭新增产能，促进煤炭供需平衡，推动煤炭行业转型升级。

**同日** 中国地质博物馆建馆100周年专题展开幕。国土资源部部长姜大明在开幕式上宣读了习近平的贺信。中共中央总书记、国家主席、中央军委主席习近平致信祝贺中国地质博物馆建馆100周年，并向全国广大地质工作者致以诚挚的问候。中国地质博物馆创立于1916年7月，是中国最早的公立自然科学博物馆，也是亚洲馆藏最丰富的地学类博物馆。

**27日** 由中国黄金协会和世界黄金协会共同主办的2016中国国际黄金大会在北京开幕。来自全球的行业精英会聚一堂，围绕“黄金、创新、发展”主题，互学互鉴，交流合作，深入探讨世界经济格局变化与黄金行业发展趋势，推动黄金事业健康、持续发展。

## 8月

**22日** 经报国务院批准，中国建筑材料集团有限公司与中国中材集团公司实施重组。作为中国第一大和第二大建材集团，中国建材和中材集团两家大型央企的重组获批，宣告一个总资产超过5000亿元人民币的新集团产生。中国建材集团是我国最大的综合型建材产业集团和世界500强企业，中材集团是我国唯一在非金属材料业拥有系列核心技术和完整创新体系的科技型、产业型、国际型企业集团，两大集团通过优势互补可以实现强强联合，有效提高综合竞争实力。

**29日** 中国石油化工集团公司宣布，在塔里木盆地顺北油田勘探取得重大突破，顺北油田位于塔里木盆地中西部，资源量达到17亿吨，其中石油12亿吨、天然气5000亿立方米。2015年顺北1－1H井已经测试获高产稳产油气流，日产原油185吨、天然气9万立方米，且原油属高品质原油。随后中国石化在该地区部署6口井日产均超百吨。

## 9月

**5日** 全国国土资源系统科技创新大会在北京召开。会议明确提出，面向国家重大需求，全力实施"三深一土"国土资源科技创新战略。国土资源部部长、党组书记、国家土地总督察姜大明出席会议并讲话。

**8日** 国家发展和改革委召集中国中煤能源集团有限公司、中国神华集团有限责任公司等部分重点煤企及主产区煤炭行业的管理部门相关人士，在北京召开"稳定煤炭供应、抑制煤价过快上涨预案启动"会议，并启动二级响应。9月23日，又启动一级响应。

**22日** 国土资源部发布《中国矿产资源报告(2016)》。《中国矿产资源报告(2016)》首次公开了多项矿产行业的权威指数。报告主要内容包括我国矿产资源状况、矿产资源勘查和开发利用、矿山地质环境保护、矿产资源管理与政策、地质矿产调查评价与资料服务、科技创新与国际合作等内容。《中国矿产资源报告(2016)》显示，"十二五"期间，煤炭、天然气、锰矿、铝土矿、镍矿、钨矿、钼矿、金矿和磷矿等重要矿产查明资源储量增长明显。自2011年国务院批准页岩气为新矿种以来，已累计探明地质储量5441亿立方米。23种重要矿产资源潜力评价结果表明，中国找矿潜力巨大。主要矿产中，41种查明资源储量增长，5种减少，新设立矿种页岩气探明地质储量快速增长。与"十一五"末相比，"十二五"末石油剩余技术可采储量增长10.4%，天然气增长37.4%，煤层气增长132.3%。天然气、煤层气、页岩气、锰矿、钨矿和钼矿新增查明资源储量占累计查明资源储量的比例超过30%。《中国矿产资源报告(2016)》称，在矿产资源节约与综合利用方面，基本摸清矿产资源"三率"现状，初步建立主要矿产"三率"指标评价体系，优选推广节约与综合利用先进适用技术，矿产资源综合利用示范基地建设成效显著，出台矿产资源节约与综合利用鼓励、限制和淘汰技术目录修订版。发布了27种(类)矿产的"三率"指标要求，优选出210项先进适用技术并予以推广，首批40个矿产资源综合利用示范基地，涵盖油气、煤炭和有色等七大领域，中央财政投入200亿元，企业自筹计划投入1742亿元。

**23日** 以"秉持新理念、共创新未来"为主题，2016中国国际矿业大会在天津梅江会展中心开幕。国土资源部部长、2016中国国际矿业大会组委会主席姜大明在开幕式致辞中指出，要见微知著，顺应大势，在应对挑战中积极作为，在破旧立新中稳步前进，推动全球矿业行稳致远。天津市委书记李鸿忠、秘鲁能源和矿业部副部长吉列尔莫·希诺、国土资源部副部长汪民、加拿大自然资源部助理副部长玛丽安·坎悲尔·贾维斯、澳大利亚驻华大使安斯捷、天津市委秘书长成其圣、天津市副市长孙文魁、中国地质调查局局长钟自然、国土资源部总工程师彭齐鸣、天津市政府秘书长于秋军出席会议。天津市委副书记、代市长王东峰，南非矿产资源部部长莫塞本齐·兹瓦内在开幕式上致辞。国土资源部副部长曹卫星主持会议。

**25日** 新疆地质矿产勘查开发局宣布，经过地质工作者6年的勘查评价，在新疆和田地区和田县境内火烧云一带，发现一处资源储量近1900万吨的超大型铅锌矿，这也是目前我国资源储量最大的铅锌矿。

**27日** 宁夏回族自治区石嘴山市林利煤炭有限公司三号矿井发生瓦斯爆炸事故，造成30人遇难。根据国家安全生产监督管理总局的通报，涉事企业蓄意瞒报事故、非法越界开采、安全管理混乱。

**同日** 国家发改委召集相关部门召开了保障冬季煤炭稳定供应的会议。会议内容围绕"进一步做好稳定煤炭供应、抑制煤价过快上涨"有关工作展开。

**29日** 国家发改委、国家能源局、国家煤矿安监局下发《关于适度增加部分先进产能投放、保障今冬明春煤炭稳定供应的通知》。

**30日** 国家能源局对外发布《页岩气发展规划(2016~2020年)》，明确了2020年发展目标：完善成熟3500米以浅海相页岩气勘探开发技术，突破3500米以深海相页岩气、陆相和海陆过渡相页岩气勘探开发技术。

## 10月

**14日** 紫金矿业集团公司宣布，在刚果(金)卡莫阿铜矿区卡库拉矿段新探获940万吨铜资源，使得卡莫阿整体铜资源储量达到3340万吨，相当于我国当前铜资源储量的1/3。卡莫阿铜矿由此成为非洲大陆发现的最大铜矿，跻身世界十大铜矿之列。紫金矿业再次以低成本的勘查投入获得巨大的铜矿资源。根据紫金矿业集团公告，紫金矿业实益持有kamoa控股公司约54.4%权益，按权益享有铜资源量约1700万吨，成为该矿最大的持有人。该矿大规模开发后，将成为年产50万吨以上的大型矿山，改变我国铜供应的分布格局。

**16日** 中国建设银行股份有限公司与云南锡业集团(控股)有限责任公司在京签署总额近50亿元的市场化债转股投资协议，建行云南省分行、云锡集团还签署了全面战略合作协议，这是双方落实总额100亿元全面降低云锡控股杠杆率框架协议迈出的实质性步伐,标志着全国首单地方国企市场化债转股项目成功落地。

**18 日** 工业和信息化部编制发布了《有色金属工业发展规划(2016~2020 年)》,即有色金属工业"十三五"发展规划,《稀土行业发展规划(2016~2020 年)》也同期发布。《有色金属工业发展规划(2016~2020 年)》提出"到 2020 年底我国有色金属工业迈入世界强国行列"这一总体目标。

**31 日** 重庆市永川区金山沟煤矿发生特别重大瓦斯爆炸事故,造成 33 人死亡、1 人受伤,直接经济损失 3682 万元。这是一起因超层越界、违法开采而导致的责任事故。司法机关对 23 人采取刑事强制措施。

## 11 月

**4 日** 中共中央、国务院发布《关于完善产权保护制度依法保护产权的意见》,对完善产权保护制度、推进产权保护法治化有关工作做出了全面部署。《关于完善产权保护制度依法保护产权的意见》明确了完善产权保护制度依法保护产权的总体要求,并从 10 个方面提出了具体改革措施。在推进产权保护上,《关于完善产权保护制度依法保护产权的意见》强调坚持平等保护,健全以公平为核心原则的产权保护制度, 公有制经济财产权不可侵犯,非公有制经济财产权同样不可侵犯;坚持全面保护,保护产权不仅包括保护物权、债权、股权,也包括保护知识产权及其他各种无形财产权;坚持依法保护,不断完善社会主义市场经济法律制度,强化法律实施,确保有法可依、有法必依;坚持共同参与,建设法治政府、责任政府、诚信政府,增强公民产权保护观念和契约意识,强化社会监督;坚持标本兼治,着眼长远,着力当下,抓紧解决产权保护方面存在的突出问题,加快建立产权保护长效机制。

**14 日** 国家能源局就发布了《关于进一步加强煤矿瓦斯防治工作的通知》。

**16 日** 国土资源部、国家发展和改革委、科技部、财政部联合召开找矿突破战略行动新闻发布会,向社会宣布:我国找矿突破战略行动已圆满完成前两个阶段的目标任务。从 2011 年以来的这五年,成为新中国成立以来新增资源储量最多的五年。经国务院批准,国土资源部、国家发展改革委、科技部、财政部从 2011 年开始实施《找矿突破战略行动纲要(2011~2020 年)》,明确了"3 年有重大进展,5 年有重大突破、8 到 10 年重塑矿产勘查开发格局"三个阶段性目标。

**17 日** 洛阳栾川钼业集团股份有限公司 26.5 亿美元收购自由港麦克米伦公司(Freeport - McMoRan)位于刚果(金)的 Tenke 铜钴矿项目 56% 股权,洛阳钼业发布公告称,公司已完成收购刚果(金)铜钴矿项目的交割,这意味着洛阳钼业已跻身为全球最具竞争力的铜生产商之一和全球第二大钴供应商。

**22 日** 埃尔拉多黄金公司宣布,其在中国的白山金矿、滩间山金矿和东龙项目被银泰资源股份有限公司以 6 亿美元收购,标志着埃尔拉多黄金公司正式退出中国矿业市场。

**23 日** 山西焦煤集团有限责任公司与中国宝武钢铁集团有限公司、鞍钢集团有限公司、首钢集团、河北钢铁集团、马钢(集团)控股有限公司、湖南华菱钢铁集团有限责任公司 6 家钢企在北京签订了 2017 年炼焦煤购销中长期合同。这是继中国中煤能源集团有限公司、中国神华集团有限责任公司与 5 大电力集团签订动力煤中长期合同后在又一领域的重大突破。此次合同的签订,表明了签订各方对市场走势的理性判断,表明企业更加注重中长期战略性利益。

**同日** 攀钢集团矿业有限公司兰尖铁矿和朱家包包铁矿整合成立攀枝花铁矿。兰尖铁矿于 1970 年正式投产,朱家包包铁矿于 1973 年生产,两矿是我国自行设计、自行施工建设起来的特大型钒钛磁铁矿山,在矿山设计、生产、资源利用等方面独具特色。两矿整合有利于资源经济合理开发和综合利用,进一步提高矿山组织运行效率,降低生产运行成本,提升矿山核心竞争力。

**28 日** 最高人民法院、最高人民检察院联合下发《关于办理非法采矿、破坏性采矿刑事案件适用法律若干问题的解释》。按照《解释》,未依据有关规定取得相关许可证,在河道管理范围内采砂,情节严重的,以非法采矿罪定罪处罚。

**29 日** 经国务院批复同意,国土资源部、国家发展和改革委员会、工业和信息化部、财政部、环境保护部和商务部六部委发布实施《全国矿产资源规划(2016~2020)》,要求到 2020 年我国要基本建立安全、稳定、经济的资源保障体系,基本形成节约高效、环境友好、矿地和谐的绿色矿业发展模式,基本建成统一开放、竞争有序、富有活力的现代矿业市场体系,显著提升矿业发展的质量和效益,塑造资源安全与矿业发展新格局。

**同日** 国土资源部召开发布会宣布此消息。

**同日** 黑龙江七台河市景有煤矿发生了重大瓦斯爆炸事故,21 名矿工遇难,1 名被困矿工下落不明,4 名犯罪嫌疑人被刑事拘留。

**30 日** 为贯彻落实党中央、国务院关于供给侧结构性改革决策部署,促进煤炭及相关行业平稳健康发展,国家发展和改革委、国务院国有资产监督管理委员会会同交通运输部、国家能源局、中国铁路总公司、国家电网公司、南方电网公司研究制定了《关于加强市场监管和公共服务保障煤炭中长期合同履行的意见》。

## 12 月

**1 日** 由宝钢集团有限公司与武汉钢铁集团公司联合重组的中国宝武钢铁集团有限公司在上海成立。中国宝武集团拥有员工22.8万人，资产总额约为7300亿元，营业收入将达3300亿元。集团拥有普碳钢、不锈钢、特钢等三大系列产品，年产粗钢规模将位居中国第一、全球第二，成为中国乃至全球钢铁行业最具影响力的企业之一。

**3 日** 内蒙古赤峰市元宝山区宝马矿业有限责任公司发生特别重大瓦斯爆炸事故，致32人死亡。

**6 日** 国务院安全生产委员会办公室就发布了《关于进一步落实各项安全防范责任和制度措施坚决遏制煤矿重特大事故的紧急通知》。

**10 日** 2016年能源大转型高层论坛在北京举行。期间，国家能源局石油天然气司、国务院发展研究中心资源与环境政策研究所、国土资源部油气资源战略研究中心联合发布了《中国天然气发展报告(2016)》白皮书。这是我国首次发布天然气发展白皮书。

**16 日** 中国银行业监督管理委员会，国家发展和改革委，工业和信息化部三部门联合发布了《关于钢铁煤炭行业化解过剩产能金融债权债务问题的若干意见》，提出了支持钢铁煤炭企业合理资金需求，加大对兼并重组钢铁煤炭企业的金融支持力度，严控违规新增钢铁煤炭产能的信贷投放等。

**18 日** 《中共中央国务院关于推进安全生产领域改革发展的意见》印发——这是第一个以党中央、国务院名义出台的安全生产工作的纲领性文件。

**20 日** 国土资源部、中央编办、财政部、环境保护部、水利部、农业部、国家林业局发布了关于印发《自然资源统一确权登记办法(试行)》的通知(国土资发〔2016〕192号)。《自然资源统一确权登记办法(试行)》总体思路，以不动产登记为基础，构建自然资源统一确权登记制度体系，对水流、森林、山岭、草原、荒地、滩涂，以及矿产资源等所有自然资源统一进行确权登记，逐步划清全民所有和集体所有之间边界，划清全民所有、不同层级政府行使所有权的边界，划清不同集体所有者的边界，划清不同类型自然资源的边界，进一步明确国家不同类型自然资源的权利和保护范围等，推进确权登记法治化。

**28 日** 全球单套规模最大的煤制油项目——神华宁煤集团年产400万吨煤炭间接液化示范项目正式投产。该项目打破了国外对煤制油化工核心技术的长期垄断，探索出了科技含量高、附加值高、产业链长的煤炭深加工产业发展模式，项目国产化率达98.5%，每年可转化煤炭2046万吨，年产油品405万吨。

**30 日** 中央全面深化改革领导小组第三十一次会议审议通过了《矿业权出让制度改革方案》《矿产资源权益金制度改革方案》等文件。2015年10月公布的财政部会同国土资源部研究起草的《矿产资源权益金制度改革方案》(征求意见稿)，提出了矿产资源权益金制度框架和主要内容，以及配套改革政策。《方案》提出的配套改革政策包括：一是矿业权占用费、矿业权出让收益纳入一般公共预算管理，由各级财政统筹用于地质调查和生态保护修复方面支出；二是取消地勘单位矿业权价款转增资本金政策；三是取消已转增国家资本金矿业权价款补缴政策。

(《中国矿业年鉴》编辑部　宋　菲　编辑)

# 概　　况

## 矿产资源概况

**【概述】** 1. 战略性矿产查明资源储量增长。2016年底,石油剩余技术可采储量35亿吨,增长0.1%;天然气5.4万亿立方米,增长4.7%。煤炭查明资源储量15980亿吨,增长2.0%;铁矿841亿吨,下降1.2%;铜矿10111万吨,增长2.0%;钨矿1016万吨,增长6.0%;金矿12167吨,增长5.2%。

2. 战略性矿产勘查取得进展。2016年,地质勘查投入774.79亿元,同比下降16.6%,连续第四年下降。石油新增探明地质储量超过9亿吨,天然气超过7000亿立方米,新增探明地质储量超过亿吨的油田2个,超过千亿立方米的气田2个。煤炭新增查明资源储量超过600亿吨,钨矿60.31万吨,金矿824.50吨,石墨3666.30万吨。

3. 供给侧结构性改革政策效果显现,矿产品供应稳定。2016年,一次能源产量34.6亿吨标准煤,同比下降4.2%;消费43.6亿吨标准煤,增长1.4%,原煤占比持续下降。原煤产量33.6亿吨,下降3.0%;原油2.0亿吨,下降7.7%;天然气1368.3亿立方米,增长1.7%;铁矿石12.8亿吨,下降3.0%;水泥24.0亿吨,增长2.5%。

4. 矿山地质环境保护加强,绿色矿业发展推进。绿色勘查纳入《国土资源"十三五"规划纲要》,积极推广使用绿色环保的技术方法,大力发展绿色矿业。选择9个重要矿产资源集中开采区,投入6069万元,开展1:5万矿山地质环境调查6150平方千米。全国完成矿山地质环境治理590平方千米。

5. 矿产资源政策法规不断完善。2016年以来,修改了4部地质矿产管理部门规章,废止315件规范性文件。继续简化地质矿产行政许可事项,推动矿业权出让制度改革,开展矿产资源权益金制度改革,全面实施资源税从价计征。稳步推进石油天然气体制改革。

6. 矿产资源管理改革推进,降低矿业企业成本。进一步优化矿产资源整装勘查布局,推动探明储量的矿产资源统一确权登记,推进矿产资源储量标准体系建设,《全国矿产资源规划(2016～2020年)》正式实施。

7. 地质资料管理完善,服务社会能力提升。国土资源主管部门和地质资料馆藏机构加强地质资料汇交管理、强化信息服务,进一步完善地质资料管理制度和技术标准规范,突出网络化服务和专题服务。2016年,全国地质资料馆、国土资源实物地质资料中心以及31个省级地质资料馆共提供到馆服务3.04万人次,提供资料服务11.8万份次。

8. 地质矿产调查评价成果。截至2016年底,完成1:5万区域地质调查面积373.06万平方千米,占陆域国土面积的38.9%。在松辽盆地外围、新疆塔里木和准噶尔等盆地周缘、银额盆地等圈定20处油气远景区,西部地区锰、铜、石墨、钾盐等均有重大发现。

9."三深一土"国土资源科技创新战略实施。2016年实现了海域天然气水合物的勘查开发理论、技术、工程和装备自主创新。创新"三江"造山带铅锌多金属矿成矿模式和勘查模型。发布实施地质矿产国家标准3项、行业标准45项。发布锂、锶等6个矿种的开采回采率、选矿回收率、综合利用率最低指标要求,优选62项先进适用技术予以推广。

10. 国际领域合作拓宽,"一带一路"地质矿产国际合作取得成效。积极推动矿业领域双边及多边合作。通过中国国际矿业大会、中国－东盟矿业合作论坛和地质调查等国际交流平台与项目合作,进一步拓展与东盟、联合国相关机构和世界银行等国际组织的交流与合作,促进矿业发展。

**【矿产资源储量】** 1. 查明资源储量变化。2016年,主要矿产中36种矿产的查明资源储量增长,12种减少。其中,石油剩余技术可采储量增长0.1%,天然气增长4.7%,煤层气增长9.2%,页岩气下降6.0%。煤炭查明资源储量增长2.0%,铁矿下降1.2%,铜矿增长2.0%,铝土矿增长3.1%,钨矿增长6.0%,锡矿增长6.5%,金矿增长5.2%,晶质石墨增长13.3%,磷矿增长5.6%,钾盐下降1.9%(表1)。

表1　　主要矿产查明资源储量

| 序号 | 矿　产 | 单　位 | 2015年 | 2016年 | 增减变化(%) |
|---|---|---|---|---|---|
| 1 | 煤　炭 | 亿吨 | 15663.1 | 15980.01 | 2.0 |
| 2 | 石　油 | 亿吨 | 35.0 | 35.01 | 0.1 |
| 3 | 天然气 | 亿立方米 | 51939.5 | 54365.46 | 4.7 |
| 4 | 煤层气 | 亿立方米 | 3062.5 | 3344.04 | 9.2 |
| 5 | 页岩气 | 亿立方米 | 1301.8 | 1224.13 | -6.0 |
| 6 | 铁　矿 | 矿石 亿吨 | 850.8 | 840.63 | -1.2 |
| 7 | 锰　矿 | 矿石 亿吨 | 13.8 | 15.51 | 12.6 |
| 8 | 铬铁矿 | 矿石 万吨 | 1245.8 | 1233.19 | -1.0 |
| 9 | 钒　矿 | $V_2O_5$ 万吨 | 6125.7 | 6401.77 | 4.5 |
| 10 | 钛　矿 | $TiO_2$ 亿吨 | 7.64 | 7.86 | 2.9 |
| 11 | 铜　矿 | 金属 万吨 | 9910.2 | 10110.63 | 2.0 |
| 12 | 铅　矿 | 金属 万吨 | 7766.9 | 8546.77 | 10.0 |
| 13 | 锌　矿 | 金属 万吨 | 14985.2 | 17798.89 | 18.8 |
| 14 | 铝土矿 | 矿石 亿吨 | 47.1 | 48.52 | 3.1 |
| 15 | 镍　矿 | 金属 万吨 | 1116.6 | 1118.37 | 0.2 |
| 16 | 钴　矿 | 金属 万吨 | 68.0 | 67.25 | -1.2 |
| 17 | 钨　矿 | $WO_3$万吨 | 958.8 | 1015.95 | 6.0 |
| 18 | 锡　矿 | 金属 万吨 | 418.0 | 445.32 | 6.5 |
| 19 | 钼　矿 | 金属 万吨 | 2917.6 | 2882.41 | -1.2 |
| 20 | 锑　矿 | 金属 万吨 | 292.6 | 307.24 | 5.0 |
| 21 | 金　矿 | 金属 吨 | 11563.5 | 12166.98 | 5.2 |
| 22 | 银　矿 | 金属 万吨 | 25.4 | 27.5 | 8.4 |
| 23 | 铂族金属 | 金属 吨 | 369.2 | 365.5 | -1.0 |
| 24 | 锶　矿 | 天青石 万吨 | 5583.3 | 5515.64 | -1.2 |
| 25 | 锂　矿 | 氧化物 万吨 | 970.84 | 961.46 | -1.0 |
| 26 | 菱镁矿 | 矿石 亿吨 | 29.7 | 30.9 | 3.9 |
| 27 | 萤　石 | 矿物 亿吨 | 2.21 | 2.22 | 0.4 |
| 28 | 耐火黏土 | 矿石 亿吨 | 25.6 | 25.81 | 0.8 |
| 29 | 硫铁矿 | 矿石 亿吨 | 58.8 | 60.4 | 2.7 |
| 30 | 磷　矿 | 矿石 亿吨 | 231.1 | 244.1 | 5.6 |
| 31 | 钾　盐 | KCl 亿吨 | 10.8 | 10.6 | -1.9 |
| 32 | 硼　矿 | $B_2O_3$ 万吨 | 7575.7 | 7647.6 | 0.9 |
| 33 | 钠　盐 | NaCl 亿吨 | 13680.0 | 14128.6 | 3.3 |
| 34 | 芒　硝 | $Na_2SO_4$ 亿吨 | 1170.7 | 1171.1 | 0.1 |
| 35 | 重晶石 | 矿石 亿吨 | 3.30 | 3.5 | 6.4 |
| 36 | 水泥用灰岩 | 矿石 亿吨 | 1282.3 | 1343.3 | 4.8 |
| 37 | 玻璃硅质原料 | 矿石 亿吨 | 79.0 | 83.2 | 5.3 |
| 38 | 石　膏 | 矿石 亿吨 | 1004.2 | 972.6 | -3.1 |

续表 1

| 序号 | 矿 产 | 单 位 | 2015 年 | 2016 年 | 增减变化(%) |
|---|---|---|---|---|---|
| 39 | 高岭土 | 矿石 亿吨 | 27.1 | 33.9 | 25.4 |
| 40 | 膨润土 | 矿石 亿吨 | 28.9 | 29.7 | 2.8 |
| 41 | 硅藻土 | 矿石 亿吨 | 4.8 | 4.9 | 2.1 |
| 42 | 饰面花岗岩 | 矿石亿立方米 | 34.3 | 46.4 | 35.1 |
| 43 | 饰面大理岩 | 矿石亿立方米 | 16.1 | 16.3 | 1.2 |
| 44 | 金刚石 | 矿物 千克 | 3396.5 | 3124.6 | -8.0 |
| 45 | 晶质石墨 | 矿物 亿吨 | 2.6 | 3.0 | 15.4 |
| 46 | 石 棉 | 矿物 万吨 | 9157.4 | 9566.2 | 4.5 |
| 47 | 滑 石 | 矿石 亿吨 | 2.75 | 2.86 | 4.1 |
| 48 | 硅灰石 | 矿石 亿吨 | 1.7 | 1.66 | -2.4 |

**注:**石油、天然气、煤层气、页岩气为剩余技术可采储量。

2. 新增查明资源储量。2016 年,石油新增探明地质储量 9.14 亿吨,天然气 7265.6 亿立方米。煤炭新增查明资源储量 606.8 亿吨,铁矿 5.18 亿吨,铜矿 363.0 万吨,铝土矿 1.56 亿吨,钨矿 60.3 万吨,金矿 824.5 吨,晶质石墨 3666.3 万吨(表 2)。

**表 2　　重要矿产勘查新增查明资源储量**

| 序 号 | 矿 种 | 单 位 | 2015 年 | 2016 年 |
|---|---|---|---|---|
| 1 | 煤 炭 | 亿吨 | 390.3 | 606.8 |
| 2 | 石 油 | 亿吨 | 11.18 | 9.14 |
| 3 | 天然气 | 亿立方米 | 6772.2 | 7265.6 |
| 4 | 煤层气 | 亿立方米 | 26.34 | 576.1 |
| 5 | 页岩气 | 亿立方米 | 4373.79 | 0.00 |
| 6 | 铁 矿 | 矿石 亿吨 | 12.0 | 5.18 |
| 7 | 锰 矿 | 矿石 亿吨 | 1.1 | 1.72 |
| 8 | 铜 矿 | 金属 万吨 | 392.2 | 363.0 |
| 9 | 铅 矿 | 金属 万吨 | 437.2 | 630.8 |
| 10 | 锌 矿 | 金属 万吨 | 573.2 | 2240.4 |
| 11 | 铝土矿 | 矿石 亿吨 | 4.91 | 1.56 |
| 12 | 镍 矿 | 镍 万吨 | 112.9 | 12.8 |
| 13 | 钨 矿 | $WO_3$ 万吨 | 248.4 | 60.3 |
| 14 | 锡 矿 | 金属 万吨 | 4.4 | 4.1 |
| 15 | 钼 矿 | 金属 万吨 | 102.3 | 22.6 |
| 16 | 锑 矿 | 金属 万吨 | 14.7 | 5.2 |
| 17 | 金 矿 | 金属 吨 | 1720.4 | 824.5 |
| 18 | 银 矿 | 金属 万吨 | 1.8 | 1.6 |
| 19 | 硫铁矿 | 矿石 万吨 | 11448.1 | 18976.3 |

续表 2

| 序 号 | 矿 种 | 单 位 | 2015 年 | 2016 年 |
|---|---|---|---|---|
| 20 | 磷 矿 | 矿石 亿吨 | 17.4 | 13.4 |
| 21 | 钾 盐 | KCl 万吨 | 0 | -691.5 |
| 22 | 石 墨 | 晶质石墨 矿物万吨 | 4137.6 | 3666.3 |

**注:**石油、天然气、煤层气、页岩气为勘查新增探明地质储量。

**【矿产资源储量报告评审备案】** 2016 年,全国(国土资源部和省级国土资源部门两级主管部门,下同)评审备案矿产资源储量报告 2568 份,同比下降 15.3%;其中油气矿产 108 份,非油气矿产 2460 份(表 3)。国土资源部评审备案 204 份,下降 19.0%;省级国土资源主管部门评审备案 2364 份,下降 15.0%。评审备案数量位居前五的矿种依次为煤炭 653 份,占 25.4%;金矿 263 份,占 10.2%;铁矿 221 份,占 8.6%;地热 145 份,占 5.6%;水泥用灰岩 96 份,占 3.7%。

**表 3　　全国矿产资源储量报告评审备案**

| 评审备案部门 | | 2015 年 | 2016 年 | 同比变化(%) |
|---|---|---|---|---|
| 国土资源部 | 固体 | 77 | 96 | 24.7 |
| | 油气 | 175 | 108 | -38.3 |
| | 合计 | 252 | 204 | -19.0 |
| 省级国土资源主管部门 | | 2781 | 2364 | -15.0 |
| 总计 | | 3033 | 2568 | -15.3 |

2016 年,非油气矿产资源储量报告评审备案 2460 份,其中储量核实报告 1167 份,占 47.5%;勘查报告 947 份,占 38.5 %;压覆报告 180 份,占 7%;生产地质报告 84 份,占 3.5%;闭坑报告 71 份,占 3%;其他类型报告 11 份,占 0.5%(表 4)。

**表 4　　非油气矿产储量报告评审备案情况**

| 报告类型 | 2016 年 | | 2015 年 | |
|---|---|---|---|---|
| | 报告数(份) | 占比(%) | 报告数(份) | 占比(%) |
| 核实报告 | 1167 | 47.5 | 1329 | 46.5 |
| 勘查报告 | 947 | 38.5 | 1118 | 39.1 |
| 压覆报告 | 180 | 7.3 | 199 | 7.0 |
| 闭坑报告 | 71 | 2.9 | 102 | 3.6 |
| 生产报告 | 84 | 3.4 | 81 | 2.8 |
| 其他类型报告 | 11 | 0.4 | 29 | 1.0 |

**【矿产资源潜力】** 1. 油气矿产资源潜力。截至 2016 年底,石油地质资源量 1257 亿吨、可采资源量 301 亿吨。天然气地质资源量 90 万亿立方米、可采资源量 50 万亿立方米。页岩气埋深 4500 米以浅地质资源量 122 万亿立方米,可采资源量 22 万亿立方米。煤层气埋深 2000 米以浅地质资源量 30 万亿立方米,可采资源量 12.5 万亿立方米。

2. 非油气矿产资源潜力。煤炭、铁矿、锰矿、铬铁矿、铜矿、铅矿、锌矿、铝土矿、钨矿、锡矿、钼矿、锑矿、镍矿、金矿、银矿、锂矿、硫铁矿、自然硫、磷矿、钾盐、菱镁矿、萤石、硼矿和重晶石等 24 种重要矿产资源 2000 米以浅潜力评价结果表明找矿潜力巨大(表 5)。

**表 5　　中国重要矿产资源潜力**

| 矿　产 | 单 位 | 预测资源量 | 资源查明率(%) |
|---|---|---|---|
| 煤 炭 | 亿吨 | 38796 | 30.3 |
| 铁 矿 | 矿石 亿吨 | 1960.2 | 33.2 |
| 锰 矿 | 矿石 亿吨 | 35.2 | 35.6 |
| 铬铁矿 | 矿石 万吨 | 5556 | 24.5 |
| 铜 矿 | 金属 万吨 | 30445 | 30.5 |
| 铅 矿 | 金属 万吨 | 23503 | 33.1 |
| 锌 矿 | 金属 万吨 | 51125 | 32.3 |
| 铝土矿 | 矿石 亿吨 | 129.7 | 29.1 |
| 镍 矿 | 金属 万吨 | 2451.4 | 36.7 |
| 钨 矿 | $WO_3$ 万吨 | 2973.1 | 30.1 |
| 锡 矿 | 金属 万吨 | 1861.2 | 31.7 |
| 钼 矿 | 金属 万吨 | 8960.3 | 25.4 |
| 锑 矿 | 金属 万吨 | 1518.1 | 30.2 |
| 金 矿 | 金属 吨 | 32668 | 36.1 |
| 银 矿 | 金属 万吨 | 72.6 | 35.1 |
| 锂 矿 | 锂辉石 万吨 | 593.7 | 37.7 |
| | LiCl 万吨 | 9248.1 | 18.9 |
| 硫铁矿 | 矿石 亿吨 | 184 | 26.6 |
| 自然硫 | 硫 亿吨 | 2.3 | 60.3 |
| 磷 矿 | 矿石 亿吨 | 560 | 31.9 |
| 钾 盐 | KCl 亿吨 | 20 | 39.4 |
| 重晶石 | 矿石 亿吨 | 14.4 | 27.6 |
| 硼 矿 | $B_2O_3$ 万吨 | 18859.1 | 38.2 |
| 菱镁矿 | 矿石 亿吨 | 131.4 | 20.1 |
| 萤 石 | 矿物 万吨 | 95276 | 25.9 |

## 矿产资源勘查

**【概况】** 2016 年,全国地质勘查投入 770 多亿元,用于基础地质调查等社会公益性地质工作投入比例不断提高,财政投入在矿产勘查中发挥了更加重要的作用。石油、天然气、铜、钨、石墨等战略性矿产找矿成果显著。

**【地质勘查投入】** 1. 全国地质勘查投入连续四年下降。2016 年,全国地质勘查投入 774.79 亿元,同比下降 16.6%,连续第四年下降。其中,油气矿产地质勘查投入 527.50 亿元,下降 12.1%;非油气矿产地质勘查投入 247.29 亿元,下降 24.8%(图 1)。

2016 年,全国油气勘查完成钻探井 2715 口,同下降 10.2%;完成二维地震勘探 52869.80 千米,下降

37.4%；完成三维地震勘探 26452.09 平方千米，下降 20.0%。

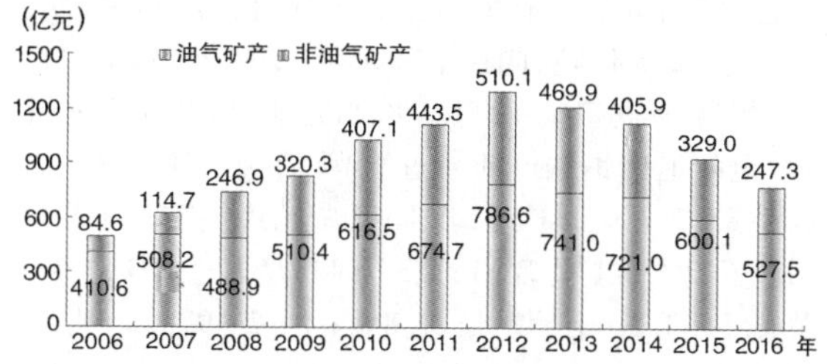


图1　2006～2016 年地质勘查投入

2. 非油气矿产地质勘查投入结构优化。2011 年以来，非油气矿产地质勘查投入中基础地质调查等社会公益性地质工作投入比例不断提高，矿产勘查占比呈下降趋势。2016 年，非油气矿产地质勘查投入中矿产勘查占 68.7%，比 2011 年下降 11.4 个百分点；基础地质调查占 14.1%，比 2011 年增加 4.6 个百分点；水工环地质调查占 10.2%，比 2011 年增加 3.8 个百分点；地质科技占 5.7%，比 2011 年增加 2.2 个百分点；资料服务与信息化占 1.3%，比 2011 年增加 0.8 个百分点（图2）。

3. 财政投入发挥作用。在非油气矿产地质勘查投入中，2016 年，中央财政投入占 13.4%，比 2011 年提高了 6.4 个百分点；地方财政投入占 31.2%，比 2011 年提高了 10.4 个百分点；财政合计投入占 44.6%，比 2011 年提高了 16.8 个百分点；社会资金投入占 55.4%，比 2011 年下降了 16.8 个百分点（图3）。

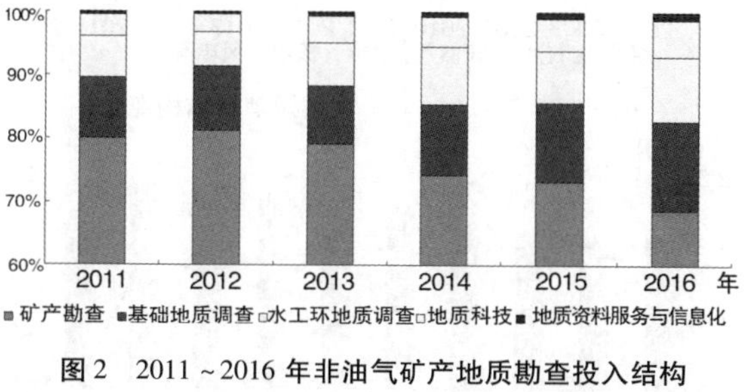


图2　2011～2016 年非油气矿产地质勘查投入结构

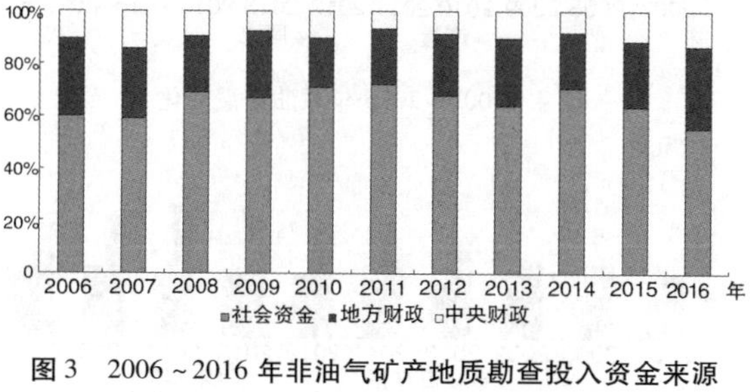


图3　2006～2016 年非油气矿产地质勘查投入资金来源

**【油气矿产勘查】**　2016 年，石油新增探明地质储量 9.14 亿吨，天然气 7265.59 亿立方米，主要集中在鄂尔多斯、四川、准噶尔、塔里木等中西部盆地和海域。鄂尔多斯盆地继续保持储量高增长态势，陇东地区新增南梁和环江 2 个亿吨级油田，苏里格气田新增天然气探明地质储量 3111 亿立方米，占全国新增天然气储量的近一半。四川盆地安岳气田新增天然气探明储量 1528 亿立方米，逐步成为万亿方级大气区。塔里木盆地顺北地区石油勘探取得重大突破，塔中东部中古 58 井寒武系潜山勘探获重大发现。准噶尔盆地玛湖东坡二叠系、三叠系石油勘探取得重要发现，具备亿吨级储量规模。渤海海域新增石油探明地质储量超过 1 亿吨。

**【非油气矿产勘查】**　2016 年，煤炭新发现矿产地 10 处，新增查明资源储量 606.8 亿吨，主要分布在新疆、内蒙古、陕西和贵州等省区。

铁矿新发现矿产地 8 处，新增查明资源储量 5.18 亿吨，主要分布于安徽、新疆、辽宁等。锰矿新发现矿产地 2 处，新增 1.72 亿吨，主要分布于贵州、广西等。

铜矿新发现矿产地 7 处，新增查明资源储量 363 万吨，主要分布于江西、新疆、西藏等。铅矿、锌矿新发现矿产地 11 处，分别新增 630.8 万吨、2230.4 万吨，主要分布于新疆、西藏、内蒙古等。铝土矿新发现矿产地 2 处，新增 1.56 亿吨，主要分布于贵州、河南等。镍矿新增 12.8 万吨，主要分布在青海。钨矿新发现矿产地 2 处，新增 60.3 万吨，主要分布于湖南、江西等。锡矿新发现矿产地 2 处，新增 4.1 万吨，主要分布于湖南、青海、云南等。钼矿新增 22.6 万吨，主要分布于河南、甘肃、西藏等。金矿新发现矿产地 12 处，新增 824.5 吨，主要分布于贵州、山东、内蒙古等。银矿新发现矿产地 2 处，新增 1.6 万吨，主要分布于江西、内蒙古、广东等。

磷矿新增查明资源储量 13.4 亿吨，主要分布于贵州、湖北、云南。石墨新发现矿产地 5 处，新增 3666.3 万吨，主要分布于内蒙古、黑龙江等。

**【地质勘查基金找矿进展】**　2016 年，中央地勘基金投入 1.2 亿元，完成钻探工作量 2.7 万米，新发现矿产地 17 处；省级地勘基金投入 48.85 亿元，开展项目 1148 个。其中，中央地勘基金和江西省地勘基金联合实施的“江西省浮梁县铜坞－乐平市柏树坞铜多金属矿普查”项目，新增三氧化钨资源量 57.85 万吨。该项目累计探明三氧化钨资源量 344.33 万吨，共生铜资源量 11.26 万吨。

# 矿产资源开发利用

**【概况】** 一次能源、粗钢、黄金、水泥等矿产品生产和消费均居世界前列。化解煤炭、钢铁过剩产能效果明显，能源消费结构不断优化。发布锂、锶等6种矿产开发利用的“开采回采率、选矿回收率、综合利用率”最低指标要求，优选第五批62项先进适用技术予以推广。

**【采矿业固定资产投资】** 2016年，中国采矿业固定资产投资1.0万亿元，同比下降20.4%。其中，煤炭开采和洗选业3038亿元，下降24.2%；石油与天然气开采业2331亿元，下降31.9%；黑色金属矿采选业978亿元，下降28.4%；有色金属矿采选业1429亿元，下降10.0%；非金属矿采选业2126亿元，增长1.6%（图1）。

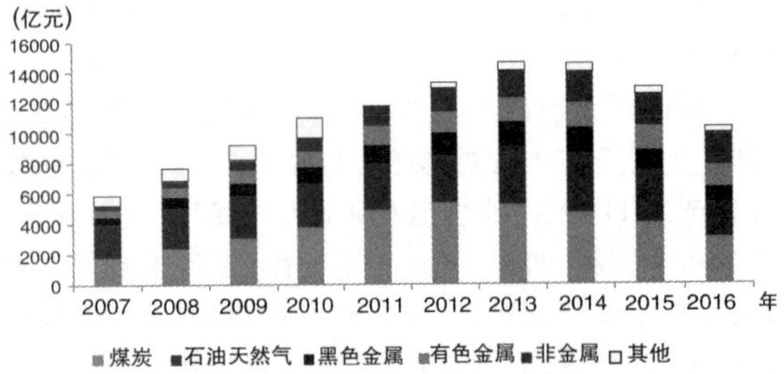


图1 2007～2016年中国矿产勘查投入

**【矿产品生产与消费】** 1.能源矿产品生产与消费。中国为世界上第一大能源生产和消费国。2016年一次能源生产总量为34.6亿吨标准煤，同比下降4.2%（图2）；消费总量为43.6亿吨标准煤，增长1.4%，能源自给率为79.4%。2016年能源消费结构中煤炭占62.0%，石油占18.3%，水电、风电、核电、天然气等清洁能源占19.7%。

中国能源消费结构不断改善，煤炭比重不断下降，天然气等清洁能源比重不断上升。2016年，煤炭消费总量占能源的比重较2015年下降0.2个百分点，较2007年则下降10.5个百分点。与2015年相比，水电、风电、核电、天然气等增长1.8个百分点（图3）。

煤炭产量连续多年居世界第一位，2016年为33.6亿吨，同比下降3.0%，全年退出产能超过2.9亿吨，消费量37.8亿吨；石油产量居世界第六位，为2.00亿吨，下降7.7%（图4），消费量5.79亿吨；天然气产量居世界第六位，为1368.3亿立方米，增长1.7%，消费量2103.4亿立方米。

2.金属矿产品生产与消费。2016年，粗钢、十种有色金属、黄金产消量均位居全球首位。其中，铁矿石产量12.8亿吨，同比下降3.0%，视消费量16.9亿吨（折算为进口矿）；粗钢8.1亿吨，增长1.2%（图5），全年退出钢铁产能超过6500万吨。10种有色金属5283.2万吨，增长2.5%；其中精炼铜843.6万吨，增长6.0%；电解铝3187.3万吨，增长1.3%。生产黄金453.5吨，增长0.8%；消费975.4吨，下降6.7%。

3.非金属矿产品生产。2016年，生产磷矿石1.4亿吨（折含$P_2O_5$ 30%），同比增长1.0%；平板玻璃7.7亿重量箱，增长5.8%；水泥24.0亿吨，增长2.5%（图6）。

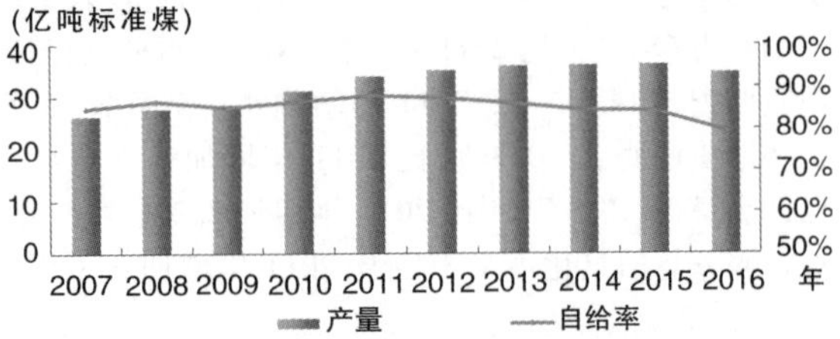


图2 2007～2016年一次能源生产情况

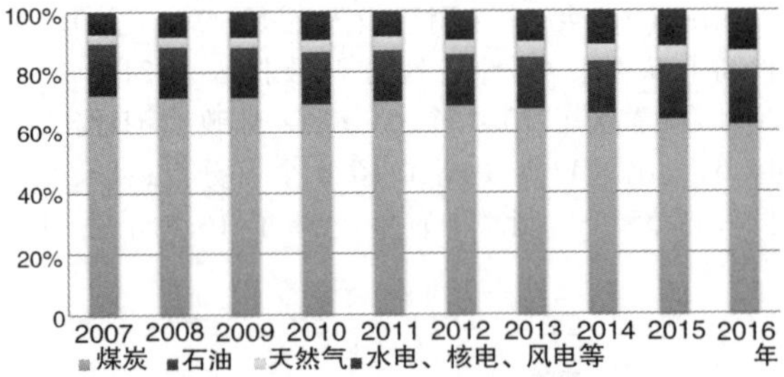


图3 2007～2016年一次能源消费结构变化

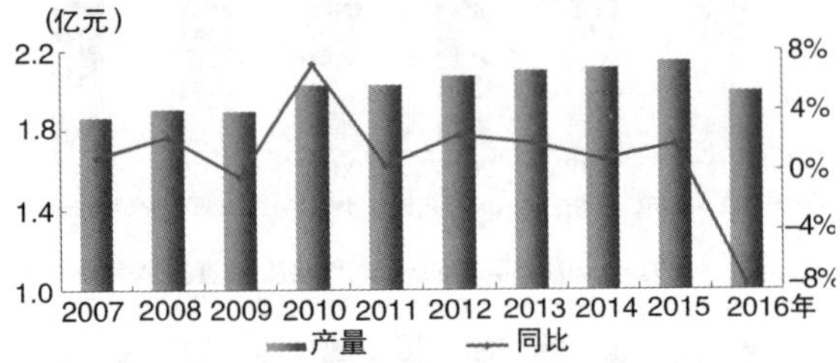


图4 2007～2016年原油产量变化

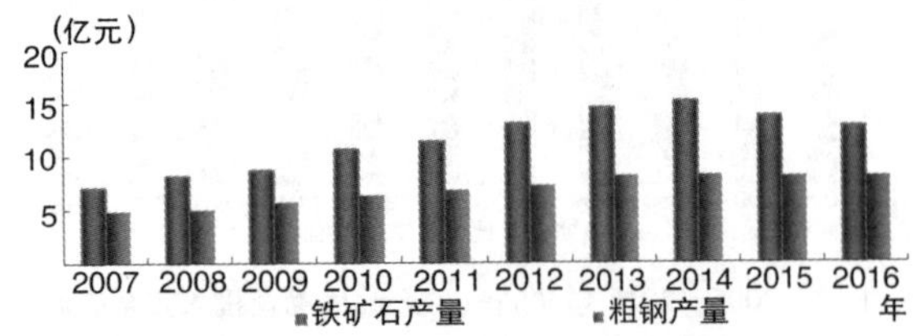


图5 2007～2016年铁矿石与粗钢产量变化

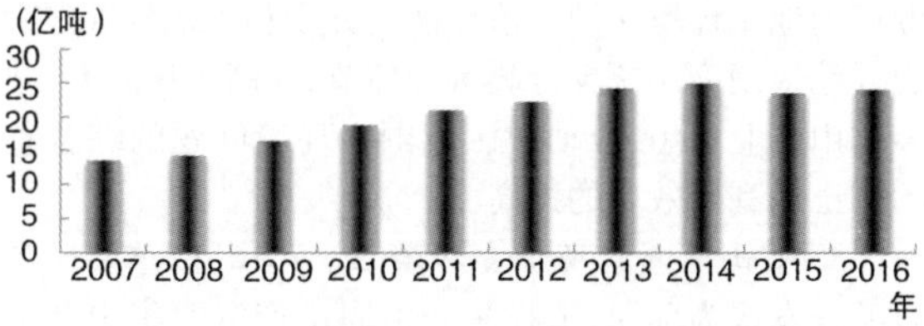


图6　2007～2016 年水泥产量变化

**【矿产资源节约与综合利用】**　1. 建立矿产资源开发利用水平调查评估制度。2016 年，发布锂、锶、重晶石、石灰岩、菱镁矿和硼矿等 6 个矿种矿产资源合理开发利用开采回采率、选矿回收率、综合利用率最低指标要求。12 月，印发《矿产资源开发利用水平调查评估制度工作方案》(国土资发〔2016〕195 号)，到 2020 年建成调查评估常态化、科学化、标准化和激励约束差别化的开发利用水平调查评估制度，基本建立主要矿种“三率”指标体系，不断提高矿产资源开发利用水平。

2. 加快推广矿产资源节约与综合利用先进适用技术。发布第五批 62 项先进适用技术推广目录。其中，煤炭类 6 项、油气类 13 项、金属类 31 项、非金属类 12 项(表 1)。目前共遴选公布了 272 项先进适用技术推广目录。

**表1　矿产资源综合利用先进适用技术推广目录(第五批)**

| | | |
|---|---|---|
| 煤炭(6 项) | 1 | 西部干旱半干旱煤矿区土地复垦的菌根等微生物修复技术 |
| | 2 | 覆岩隔离注浆充填不迁村采煤技术 |
| | 3 | 厚煤层无煤柱自成巷 110 工法技术 |
| | 4 | 模块式干法重介质流化床选煤关键技术与装备 |
| | 5 | 煤矿生产系统信息采集与智能识别控制技术 |
| | 6 | 煤矿深埋煤层底板注浆保水采煤关键技术 |
| 石油天然气(13 项) | 7 | 高含硫气田安全高效开采技术 |
| | 8 | 超深生物礁滩气藏精细刻画及高效开发技术 |
| | 9 | 特大型致密气藏大井组集约化开发技术 |
| | 10 | 有杆泵抽油系统高效节能设计技术 |
| | 11 | 高含硫化氢原油净化提质技术 |
| | 12 | 被污原油超声－高频电处理利用技术 |
| | 13 | 定向井井眼抽油井管杆防偏磨技术 |
| | 14 | 注水测调一体化工艺技术 |
| | 15 | 一种污水回收再利用的自动化系统 |

续表 1－1

| | | |
|---|---|---|
| 石油天然气(13 项) | 16 | 低渗致密油气藏 $CO_2$ 压裂改造技术 |
| | 17 | 埋地油气管道非开挖原位换管技术 |
| | 18 | 页岩气钻井岩屑资源化高效利用关键技术 |
| | 19 | 钻机“油改电”技术 |
| 金属(31 项) | 20 | 全尾砂无动力深锥浓密膏体制备充填技术 |
| | 21 | 特大型露天矿高效开采技术 |
| | 22 | CFP 系列磁浮选柱及浮选工艺技术 |
| | 23 | 低钛型钒钛磁铁矿选矿新技术 |
| | 24 | 缓倾斜－倾斜中厚矿体超大盘区高强度开采技术 |
| | 25 | 干式粉磨分选集成技术 |
| | 26 | 高硫低硅铁尾矿的梯级利用技术 |
| | 27 | 矿产资源数字化评价与开采软件 |
| | 28 | 生物提铜矿山生物安全性鉴定技术 |
| | 29 | 复杂难采特大型水平矿柱开采关键技术 |
| | 30 | 斑岩铜矿及伴生元素浮选技术 |
| | 31 | 露天金属矿大规模安全高效开采关键技术 |
| | 32 | 智能图像选矿工艺技术 |
| | 33 | 采选过程信息化集成技术 |
| | 34 | 全尾砂膏体充填技术 |
| | 35 | 分级尾砂胶结充填采矿新技术 |
| | 36 | 铅锌浮选厂废水处理与循环利用技术 |
| | 37 | 极坚硬岩石条件下边坡控制爆破及矿岩爆破技术 |
| | 38 | 有色金属矿山数字化采选技术 |
| | 39 | 矿山低浓度酸性废水低成本无害化处理技术 |
| | 40 | 含悬浮物选矿废水高效絮凝处理及回收用技术 |
| | 41 | 难选高硫铜钴多金属矿清洁高效选矿关键技术 |
| | 42 | CCGRI 生物氧化提金技术 |
| | 43 | 炭浆尾矿深度净化与综合利用工程化技术及装备 |
| | 44 | 废石就地回填并能提高矿石回收率的采矿方法 |
| | 45 | 黄金矿山低品位资源规模化开发关键技术 |
| | 46 | 难选轻稀土矿低碳高效利用新技术 |

续表 1-2

| | | |
|---|---|---|
| 金属<br>（31 项） | 47 | 锶矿（天青石）重-浮联合高效选矿技术 |
| | 48 | 活动空区监控强充协同治理技术 |
| | 49 | 中厚矿体无矿柱连续高效开采技术 |
| | 50 | 常温常压湿法活性炭再生技术 |
| 非金属<br>（12 项） | 51 | 复杂蓝晶石中性回收及伴生矿物综合利用技术 |
| | 52 | 萤石选择性磨矿关键技术 |
| | 53 | 轨道轮锯切割石材技术 |
| | 54 | 胶磷矿重介质旋流器选矿技术 |
| | 55 | 中厚破碎磷矿体安全高效开采技术 |
| | 56 | 脉状矿体残留矿柱回采技术 |
| | 57 | 露天矿数字化智能爆破技术 |
| | 58 | 低品位萤石粗精矿再磨浮选工艺技术 |
| | 59 | 晶质石墨矿选矿自动控制系统 |
| | 60 | 吸音降噪用页岩矿高效利用技术 |
| | 61 | 低品位硫铁矿资源综合高效利用技术与装备 |
| | 62 | 石灰石-白云石互层矿开采与配矿技术 |

## 矿山生态环境建设

**【概况】** 进一步探索政策和制度创新，推进矿山地质环境治理恢复和地质环境保护。倡导绿色勘查理念，发展和推广绿色勘查技术。明确用矿、用地、财政、金融等支持政策，全面推进绿色矿业发展。

**【矿山地质环境保护与治理】** 1. *政策和制度创新探索*。发布实施《国土资源部 工业和信息化部 财政部 环境保护部 国家能源局关于加强矿山地质环境恢复和综合治理的指导意见》（国土资发〔2016〕63号），推进矿山地质环境恢复和综合治理的政策和制度创新。通过严格准入、强化监管、落实企业责任等手段严防产生和积累新的矿山环境问题；通过创新用地用矿政策、鼓励采取公共私营合作制（PPP）模式和第三方治理等措施加快历史遗留问题的解决。

2. *深化制度改革，强化保护预防*。2016 年，印发了《国土资源部办公厅关于做好矿山地质环境保护与土地复垦方案编报有关工作的通知》，下发了《矿山地质环境保护与土地复垦方案编制指南》，实施矿山企业矿山地质环境保护与治理恢复方案和土地复垦方案合并编报制度。减少行政审批环节，提高工作效率，减轻矿山企业负担，推动矿区范围内环境问题的综合整治和土地利用效率的提高。

3. *矿山地质环境调查和治理*。2016，以重要矿产资源开发区为单元，选择 9 个不同矿产资源集中开采区，开展 1∶5 万矿山地质环境调查 6150 平方千米，投入经费 6069 万元，重点调查水土环境污染和矿坑排水造成的生态破坏，初步研判了矿产资源开发活动对区域地质环境的影响特征。完成矿山地质环境治理面积 590 平方千米。

4. *矿山公园建设推进*。正式命名国家矿山公园 32 处，建立省级矿山公园 41 个。各地累计投入矿山公园建设资金 22.94 亿元。

**【绿色勘查】** 1. *绿色勘查理念倡导*。绿色勘查以绿色发展理念为引领，以科学管理和先进技术为手段，以同时产生环境效益和经济效益为目标，实施地质勘查全过程环境影响最小化控制。2016 年 4 月，倡导绿色勘查被纳入《国土资源"十三五"规划纲要》。2016 年 5 月 10 日，发布《绿色勘查行动宣言》。

2. *绿色勘查技术发展和推广*。通过勘查前的环境承载力评价，适度调整和替代对地表环境影响大的槽探等勘查手段。制定绿色勘查监管制度，严格落实勘查施工生态保护各项措施。发展和推广航空物探、遥感等新技术和新方法，减少地质勘查对生态环境的影响。

**【绿色矿山建设】** 1. *《关于加快绿色矿山建设的实施意见》发布*。2017 年 3 月，国土资源部、财政部、环境保护部、国家质量监督检验检疫总局、中国银行业监督管理委员会、中国证券监督管理委员会联合下发了《关于加快绿色矿山建设的实施意见》（国土资规〔2017〕4 号），明确了三大目标：一是基本形成绿色矿山建设新格局。新建矿山全部达到绿色矿山建设要求，生产矿山加快改造升级。实施百个绿色勘查项目示范，建设 50 个以上绿色矿业发展示范区；二是探索矿业发展方式转变新途径。探索资源产业发展新模式和矿业经济增长的新途径，推动中国矿业迈向中高端水平；三是建立绿色矿业发展工作新机制。健全绿色勘查和绿色矿山建设标准体系，完善配套激励政策体系。

2. *激励性政策措施施行*。矿产资源政策支持方面，从开采总量指标调控、矿业权投放和出让等，依法优先支持绿色矿山和绿色矿业发展示范区建设。用地保障方面，从规划规模、年度计划指标、矿山建设新增用地取得、存量用地使用方面支持和保障用地需求。财税政策方面，从统筹各类中央地方财政资金安排、实施高新技术企业税费优惠政策等，加大对绿色矿山的支持。金融政策方面，从实施扶持性绿色信贷、上市融资、构建征信体系等方面加大支持力度。

3. 树立先进典型，取得可复制、能推广成功经验。树立了一批推进资源高效利用、综合利用、循环利用以及加强矿山生态环境保护、以科技创新引领绿色发展、矿地和谐发展共享资源开发收益的绿色矿山建设先进典型，取得了值得借鉴的经验。

（国土资源部信息中心）

## 河北省矿产资源概况

**【河北省矿产资源概况】** 河北省地处中朝准地台和内蒙古—大兴安岭褶皱带两个一级大地构造单元，地层发育较为齐全，地质构造复杂，历经多期构造运动，岩浆活动频繁，三大岩类出露齐全，成矿地质条件有利，形成了较为丰富的矿产资源。矿产资源赋存特点可简单概括为：矿产种类较多、资源储量丰富，矿产地分布相对集中，但小型矿床多大型矿床少，非金属矿产多金属矿产少，贫矿多富矿少。

截至2016年底，河北省已发现矿产130种，其中有查明资源储量的矿产104种，无查明资源储量的矿产26种。列入《2016年河北省矿产资源储量表》的矿产71种，较上年新增锑矿、凹凸棒石黏土2个矿种。其中能源矿产2种、金属矿产22种、非金属矿产47种；未列入《2016年河北省矿产资源储量表》的矿产33种。

列入《2016年河北省矿产资源储量表》的矿产地1483处，按矿产大类划分：能源矿产166处、金属矿产866处、非金属矿产451处；按矿产地规模划分：大型212处、中型343处、小型928处。与2015年相比，2016年新增矿产地31处，其中大型产地1处：武安市云台村鑫山铁矿熔剂用石灰岩矿。

列入《2016年河北省矿产资源储量表》矿产中，矿产资源储量排位居全国前5位的有冶金用白云岩、铁矿等41种；位次在6～10位的有钼矿、水泥用灰岩、盐矿等18种。我省主要矿产中煤保有资源储量227.57亿吨，居全国第12位；铁矿保有资源储量93.28亿吨，居全国第3位；钼矿保有资源储量82.31万吨，居全国第10位；金矿保有资源储量244.08吨，居全国第17位；冶金用白云岩保有资源储量12.64亿吨，居全国第5位；水泥用灰岩保有资源储量58.99亿吨，居全国第9位。

**【地质灾害防治】** 2016年，全省共发生各类地质灾害30起，其中崩塌8起，占地质灾害总数的27%；滑坡13起，占地质灾害总数的44%；泥石流4起，占地质灾害总数的13%；地面塌陷4起，占地质灾害总数的13%；地裂缝1起，占地质灾害总数的3%；直接经济损失193.6万元，未造成人员伤亡。

与2015年相比，地质灾害发生数量增加20起，直接经济损失增加91.4万元。地质灾害主要分布在太行山西部山区及承德市，其中石家庄市3起、邢台市14起、邯郸市2起、保定市9起、承德市2起；规模以小型为主，包括小型29起、中型1起。受“7.19”暴雨影响，7月19日至7月22日，全省集中发生了25起地质灾害。

**【矿山地质环境保护与治理】** 为摸清底数，掌握河北省矿山地质环境现状，2016年组织完成了“河北省矿山环境调查数据汇总和综合研究及治理恢复规划”和年度矿山环境监测工作，为科学保护与治理矿山环境，实施“露天矿山深度整治”专项行动提供了基础依据。

截至2016年底，全省矿山地质环境破坏面积77416公顷，其中露天采场破坏面积29242公顷，占总破坏面积37.77%；地面塌陷破坏面积20446公顷，占总破坏面积26.41%；废土石堆、矸石堆破坏面积14097公顷，占总破坏面积18.21%；堆料场、中转场地破坏面积10665公顷，占总破坏面积13.78%；矿山道路破坏面积2215公顷，占总破坏面积2.86%；堆浸场地破坏面积751公顷；占总破坏面积0.97%。

2016年，共取缔或关闭无证、超期证和距离铁路、高速公路及城市建成区300米以内露天矿山330个，超出计划169个，完成任务的205%；1551个有证露天矿山中环保不达标的全部停产整治，其中通过验收达标矿山381个，1170个不具备环保生产条件、超标排放、扬尘污染的露天矿山继续停产整治；修复绿化矿山745个，面积3.53万亩，比计划多治理548个，面积1.77万亩，完成任务的201%；其中责任主体灭失矿山迹地修复绿化197处，面积1.76万亩；有证矿山治理548个，面积1.77万亩。

积极推进矿山公园建设。截至2016年末，全省国家矿山公园已达到4个：河北开滦煤矿国家矿山公园、河北武安西石门铁矿国家矿山公园、河北任丘华北油田国家矿山公园、河北迁西金厂峪金矿国家矿山公园，切实起到了保护矿业遗迹，普及矿业知识，弘扬矿业文化，促进地方经济社会发展的作用。

积极开展地质遗迹保护工作，加大地质遗迹保护力度。承德热河群古生物化石保护国家项目进展顺利，对泥河湾保护区与阳原县考古公园范围重叠问题进行了检查调度；全省古生物化石调查评价、古生物化石鉴定登记和数据库建设项目圆满完成；中国地质博物馆张家口馆开工建设，项目的实施将对地质知识普及起到积极作用。

截至2016年底，全省已建立地质遗迹保护区4个，总面积9047公顷，其中国家级地质遗迹保护区2个，面积2410公顷；省级地质遗迹保护区2个，面积6637公顷。

河北省隆化莲花山省级地质公园于2016年7月被批准为省级建设资格；2016年11月24日国土资源部发布《关于同意命名河北承德丹霞地貌国家地质公园的批复》（国土资函〔2016〕695号），河北承德丹霞地貌国家地质公园正式被命名。

截至2016年底，全省已建立地质公园18个，总面积169100公顷。国家级地质公园11个，面积131936公顷，其中涞源白石山、涞水野三坡为北京房山世界地质公园景区；省级地质公园7个，面积37164公顷。

（摘自河北省国土资源厅官网）

# 矿 业 管 理

## 地质矿产调查评价与地质资料服务

**【概况】** 基础地质工作程度进一步提高。开展重点海域1∶25万海洋区域地质调查、重点海域油气资源调查、天然气水合物资源勘查与试采等工作。地质矿产调查评价成果丰硕，在松辽盆地外围、新疆塔里木和准噶尔等盆地周缘、银额盆地等圈定20处油气远景区，西部地区锰、铜、石墨、钾盐等均有重大发现。国土资源主管部门和地质资料馆藏机构加强地质资料汇交管理、强化信息服务，进一步完善地质资料管理制度和技术标准规范，突出网络化服务和专题服务，地质资料管理水平和服务能力不断增强。

**【基础地质调查】** 1. 区域地质调查。2016年，中央财政资金完成1∶5万区域地质调查20.2万平方千米，累计完成1∶5万区域地质调查373.06万平方千米，占陆域国土面积38.9% 。

2. 区域地球物理调查。完成1∶25万区域重力调查1.5万平方千米，1∶5万重力测量1.2万平方千米，1∶5万航空物探49.5万测线千米。

3. 区域地球化学调查。完成1∶5万地球化学调查2.7万平方千米，1∶25万地球化学调查2万平方千米，1∶25万土地质量地球化学调查22万平方千米。

4. 航空物探调查。在秦岭－北山等重要成矿区带、松辽盆地及其外围等油气盆地、渤海湾重要海岸带等区域开展航磁、航重、航电及航放等单一或多种方法的综合测量，完成航空物探（主要为1∶5万、1∶10万测量比例尺）49.5万测线千米。

5. 矿产地质调查。2016年，围绕重点成矿区带、整装勘查区、重要矿集区和大型资源基地开展矿产地质调查工作，完成1∶5万矿产地质调查16.9万平方千米，圈定找矿靶区500余处。

**【能源矿产调查评价】** 1. 常规油气资源调查评价。在松辽盆地外围、新疆塔里木和准噶尔等盆地周缘、银额盆地等圈定20处油气远景区。在银额盆地4个区块经钻井验证均有油气发现，在羌塘盆地勘查新区识别出两个大于100平方千米的大型圈闭。

2. 非常规油气资源调查评价。贵州遵义安页1井获得“四层楼”式油气发现，对于南方复杂地质构造区油气勘查具有指导意义。陕西米脂镇钾1井首次在石炭系海陆过渡相发现页岩气；湖北宜昌鄂宜页1井、鄂阳页1井、四川达州华地1井钻获页岩气流；安徽宣城港地1井获得“一油三气”发现。

在中国南海北部神狐海域实施27口探井钻探，圈定矿体面积12平方千米，实施井场地球物理调查、工程地质调查和环境调查，综合分析选定试采生产井位，建立了完善的安全保障和环境监测体系。

在中国南海北部圈定了6个天然气水合物成矿远景区、19个成矿区带、25个有利区块、24个钻探目标区。在青南藏北冻土区优选出了9个天然气水合物有利成矿区块。

通过实施钻探调查，证实2个超千亿方级水合物矿藏，实现海域找矿重大突破。其中，在珠江口盆地东部海域钻探控制天然气水合物分布面积55平方千米，在神狐海域钻探控制天然气水合物分布面积128平方千米。

3. 地热资源调查评价。开展了京津冀协同发展区重点地区浅层地温能和水热型地热资源调查，实施了东南沿海地区、青海西宁－贵南地区干热岩资源调查，完成地热地质调查面积5500平方千米，钻探1.2万米，采集分析水样2600组，完成了京津冀浅层地温能开发利用分区规划。

**【金属和非金属矿产调查评价】** 新疆西昆仑玛尔坎苏锰矿资源量超过3000万吨（平均品位30%以上）；奇台县黄羊山超大型晶质石墨矿预测资源量2000万吨。湘中－桂中地区圈定锰矿找矿靶区8处，估算资源量1.27亿吨。西藏鲁尔玛铜矿的发现将冈底斯铜矿带西延200千米。青海柴达木大浪滩—黑北凹地新增氯化钾资源量2000万吨。

【地下水调查评价】 完成了31个省(区、市)2013年以来的国家级地下水监测点入库,集成评价全国近10年来的地下水污染调查信息,调查面积440万平方千米,基本掌握了我国区域地下水质量分布和污染状况。

在乌蒙山区、沂蒙山区、西南岩溶石山地区、赣南和西北生态脆弱区实施了扶贫找水打井,开展1:5万水文地质调查4.6万平方千米,实施水文地质钻探4.5万米,圈定一批富水地段,施工探采结合井140多眼,在赣南找到优质天然矿泉水。为缺水区群众提供了饮用水水源。

【海洋地质调查评价】 1. 海洋基础地质调查。完成管辖海域1:100万海洋区域地质调查地理底图编制,确定了主要盆地关键构造界面的区域对比关系。首次对245个大中型南海海底地理实体进行系统命名。完成1:25万日照幅、连云港幅、厦门幅、乐东幅等4个图幅的野外调查工作,系统获取基础地质信息,服务三亚新机场等基础设施建设。完成南黄海大陆架科学钻探(CSDP-2井)2800米的钻探任务,建立了南黄海新生代地层层序,初步确立了南黄海中部隆起自奥陶纪晚期至三叠纪的沉积地层岩性和沉积相序列。

2. 海域油气矿产调查。继续在黄海、南海北部陆坡深水区等重点海域,开展新区域、新层位油气资源调查。评价了南黄海崂山隆起区2个重点目标,首次在南黄海中部隆起区发现海相中-古生界油气显示,证实了南黄海中部隆起区是油气资源有利远景区。在西沙海槽盆地中西部优选出5个重点勘探目标,圈定南海北部东沙潮汕坳陷为中生界油气远景区。

【地质资料管理制度】 2016年对《国土资源部关于加强地质资料汇交管理的通知》(国土资发〔2010〕32号)等16项文件进行清理和系统整合,印发《国土资源部关于印发〈实物地质资料管理办法〉的通知》(国土资规〔2016〕11号)和《国土资源部关于加强地质资料管理的通知》(国土资规〔2017〕1号)等规范性文件,进一步加强了成果、原始和实物地质资料汇交管理,规范了汇交程序,简化了工作流程,强化了服务与监督,进一步明确了实物地质资料筛选保管原则,更好地适应新形势下的管理需求,进一步完善了地质资料管理制度。

【地质资料馆藏】 1. 馆藏成果和原始地质资料不断丰富。截至2016年底,全国地质资料馆和省级地质资料馆藏机构的成果地质资料总量为49.25万种,同比增长3.6%;原始地质资料近70万种,增长13.0%。

2016年,全国地质资料馆和省级地质资料馆藏机构共接收成果地质资料10659种。全国各级地质资料馆藏机构共接收原始地质资料2725种,其中以矿产勘查资料占总接收量的72.4%。

2. 馆藏实物地质资料不断增加。截至2016年底,国土资源实物地质资料中心和20个省级地质资料馆累计保管岩芯94万米。其中,国土资源实物地质资料中心累计保管岩芯38万米,标本2.4万块、大标本285块、薄片4.6万片等。

2016年,国土资源实物地质资料中心和20个省级资料馆共接收岩芯7.76万米,标本1.09万块,薄片3.11万片,样品22.28万袋/瓶。其中,国土资源实物地质资料中心新增入库岩芯4万米、标本4000块、薄片4000片。

3. 地质资料信息化稳步推进。截至2016年底,地质资料信息集群化共享服务平台共有41.2万档资料提供在线目录服务,同比增长11%;1.5万档地质资料提供电子文件服务;在线电子文件20.6万件,同比增长4%。截至2017年6月,全国地质资料馆和省级地质资料馆藏机构馆藏资料中电子文档数量为49.72万种,占馆藏资料总量的99.0%。

【地质资料服务】 1. 不断丰富服务产品。截至2016年底,累计发布24万米重要岩芯图像数据,近2000幅解密1:5万地质图,60万个全国重要地质钻孔的数据信息。

2016年,新增发布岩芯图像数据4万米,新增发布20万个钻孔资料,采集入库15.6万条实物地质资料目录信息。积极开展专题服务和定制服务,完成1:400万中国地球化学系列图等30多个专题地质图件、实物地质资料等典型服务产品,地质资料产品结构进一步完善。

2. 地质资料社会化服务稳步推进。2016年,全国地质资料馆、国土资源实物地质资料中心以及31个省级地质资料馆提供到馆服务3.04万人次,提供资料服务11.8万份次(469.31万件次)。国土资源实物地质资料中心提供到馆服务6660人次,提供岩芯观察取样1.46万米。全国地质资料馆、国土资源实物地质资料中心和省级地质资料馆藏机构网站点击量为195.62万次,其中全国地质资料馆网站点击量35.21万次,国土资源实物地质资料中心网站点击量8.23万次。地质资料集群化共享服务平台访问量超过68万次。

3. 重大地质调查成果发布。发布《中国地质调查百项成果》《中国地质调查年度报告(2016年度)》《支撑服务京津冀协同发展地质调查实施方案(2016～2020年)》《长江中游地质调查阶段成果报告》《地质调查国际合作成果报告》《中国海岸带地质调查报告》《中国自然资源图集(2016)》等一系列地质调查成果。

4. 海洋地质资料服务全面展开。2016 年,海洋地质信息网正式上线运行,首次公开发布了一批海洋地质调查成果资料和原始数据,包括海洋区域地质、海岸带环境地质、海洋矿产资源等专业领域数据目录 224 条、元数据 460 条、在线成果图件 133 幅、成果报告 64 份、海洋地质调查技术标准 68 项等内容。编制了《中国地质调查局海洋地质数据资源共享工作细则(试行)》《海洋地质信息资源分类规范》和《海洋地质信息资源服务接口规范》,规范资料共享流程,畅通资料共享渠道。编制海洋地质调查综合信息图册,提升了成果服务水平。

## 矿产资源管理

**【概况】** 深化“放管服”改革,严把用矿审批关,努力化解过剩产能。开展国家级自然保护区矿业权清理工作,进一步优化矿产资源勘查布局。推动探明储量的矿产资源统一确权登记,推进矿产资源储量标准体系建设。发布实施矿产资源规划,不断提升矿产资源保障能力。

**【矿产资源规划】** 2016 年 11 月,《全国矿产资源规划(2016—2020 年)》(国函〔2016〕178 号)发布,总体目标是到 2020 年,基本建立安全、稳定、经济的资源保障体系,基本形成节约高效、环境友好、矿地和谐的绿色矿业发展模式,基本建成统一开放、竞争有序、富有活力的现代矿业市场体系,显著提升矿业发展的质量和效益,塑造资源安全与矿业发展新格局。重要矿产资源储量保持稳定增长,力争发现 5 ~ 8 个亿吨级油田和 5 ~ 10 个千亿立方米气田,建设 103 个能源资源基地,划定 267 个国家规划矿区。完成 50 万公顷历史遗留矿山地质环境治理恢复任务。力争到 2020 年,大型煤炭基地生产能力达到全国的 95% 以上,石墨、稀土等资源基地产能超过 80%,钨、锡、锑、磷、钾盐等资源基地产能达到 50% 左右。用 3 ~ 5 年时间,退出产能 5 亿吨,减量重组 5 亿吨。到 2020 年,全国煤炭产量控制在 39 亿吨。

为保障国家经济安全和战略性新兴产业发展需求,将石油等 24 种矿产列入战略性矿产目录,作为矿产资源宏观调控和监督管理重点,在资源配置、财政投入、重大项目、矿业用地等方面加强引导和差别化管理,提高资源安全供应能力和开发利用水平。

战略性矿产目录:能源矿产为石油、天然气、页岩气、煤炭、煤层气、铀;金属矿产为铁、铬、铜、铝、金、镍、钨、锡、钼、锑、钴、锂、稀土、锆;非金属矿产为磷、钾、晶质石墨、萤石。

**【地质勘查管理】** 1. 地质勘查资质。截至 2016 年底,全国具有地质勘查资质证书的单位共计 2691 家,其中:具有最高等级甲级资质的单位有 1190 个,占 44.2%;具有最高等级乙级资质的单位有 762 个,占 28.3%;具有最高等级丙级资质的单位有 739 个,占 27.5%。全国各类各级地质勘查资质共计 7778 个,其中:甲级资质 2985 个,占 38.4%;乙级资质 2939 个,占 37.8%;丙级资质 1854 个,占 23.8%。

地勘单位专业类型构成:区域地质调查 435 个,占 5.6%;海洋地质调查 25 个,占 0.3%;石油天然气矿产勘查 4 个,占 0.1%;液体矿产勘查 727 个,占 9.4%;气体矿产勘查 292 个,占 3.8%;固体矿产勘查 1925 个,占 24.8%;水文地质、工程地质和环境地质调查 1109 个,占 14.3%;地球物理勘查 804 个,占 10.3%;地球化学勘查 415 个,占 5.3%;航空地质调查 5 个,占 0.1%;遥感地质调查 96 个,占 1.2%;地质钻(坑)探 1461 个,占 18.8%;地质实验测试 480 个,占 6.2%(图 1)。

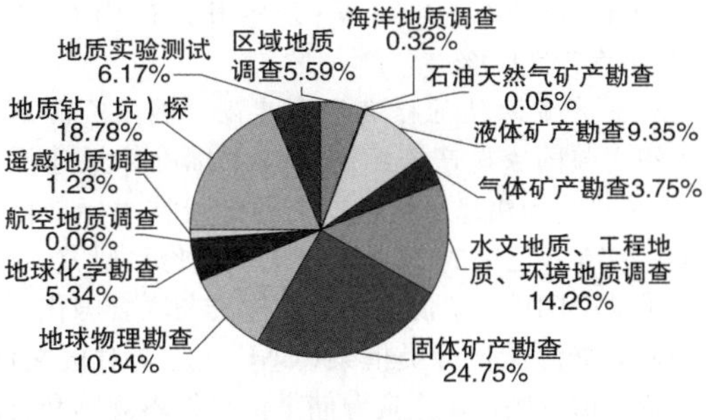


图 1 2016 年全国地勘单位专业类型构成

地勘单位经济类型构成:国有 1325 个,占 49.2%;集体 22 个,占 0.8%;股份合作 10 个,占 0.4%;有限责任 1180 个,占 43.9%;股份有限 71 个,占 2.6%;私营 55 个,占 2.0%;合资经营(港或澳、台资)2 个,占 0.1%;外资 1 个,占 0.04%;其他 25 个,占 0.9%(图 2)。

2. 勘查布局优化。《找矿突破战略行动总体方案(2016 年版)》发布,一是重新厘定划分了 26 个全国重点成矿区带;二是优化整装勘查布局。调整整装勘查区布局,全面退出国家级自然保护区。其中,退出 13 个,调整范围 38 个,新增 23 个,整装勘查区由 107 个调整为 117 个;三是加大战略新兴产业所需矿产勘查。将石墨、锂、硅藻土等矿种纳入勘查重点。

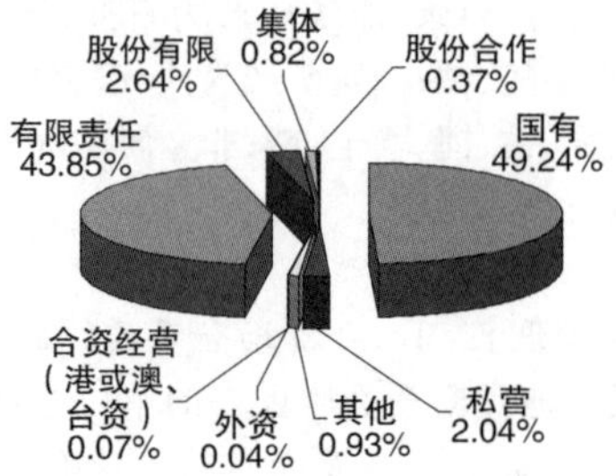


图2　2016 年全国地勘单位经济类型构成

【矿产资源储量管理】　1. *探明储量的矿产资源统一确权登记*。2017 年 3 月，《探明储量的矿产资源纳入自然资源统一确权登记试点工作方案》印发，在福建、贵州全面推开试点工作，推进矿产资源确权登记规范化，形成归属清晰、权责明确、监管有效的矿产资源统一确权登记制度，加强国家对矿产资源的保护与监管。

2. *矿业权人勘查开采信息公示制度*。国土资源部对矿产资源勘查开采监管方式进行改革，将年检制度改为信息公示制度。矿业权人勘查开采信息公示制度是矿产资源勘查开采监督管理方式的一种重大转变，即压实了矿业权人的主体责任，又扩大了社会的监督力度，能够提高政府的监管公正性、规范性和有效性。2017 年该制度全面实施以来，全国公示勘查项目 2.61 万个，公示率为 94.0%；公示开采矿山 6.40 万座，公示率为 90.0%。

3. *矿产资源储量标准体系建设*。国土资源部正在组织实施国家矿产资源储量技术标准体系建设项目，系统研究和构建新的矿产资源储量技术标准体系框架，2016 年已完成 21 个标准的制定修订研究工作。

推动中国矿产资源储量分类标准与联合国化石能源与矿产资源储量分类框架（UNFC）建立对接文件，开展资本市场固体矿产资源储量信息披露规则和管理制度研究，进一步推动中国矿产资源储量标准的国际化。

4. *矿产资源储备体制建立健全*。将矿产资源储备纳入国家规划，积极探索矿产地保护和储备运行机制，推进优势矿产、紧缺矿产和对国民经济发展具有重大影响的大宗矿产的储备。加强对钨、稀土、晶质石墨等战略性矿产重要矿产地的储备，探索采储结合新机制。

5. *压覆重要矿产资源审查流程优化*。对建设项目用地预审和报批阶段涉及压覆矿产资源的有关要求进行了调整。在用地预审阶段，不再对单独选址的审批类建设项目是否压覆重要矿产资源进行审查。

【矿业权管理】　1. *矿业权登记*。油气矿产探矿权。截至 2016 年底，全国共设置油气探矿权 978 个，同比减少 2.2%；登记面积 354 万平方千米，减少 4.5%。2016 年，新立探矿权 13 个，登记面积 10.5 万平方千米（表 1）。

油气矿产采矿权。截至 2016 年底，全国共设置油气采矿权 745 个，同比增长 3.5%；面积 15.41 万平方千米，增长 3.7%。2016 年新立采矿权 25 个，登记面积 5176.74 平方千米（表 1）。

**表 1　油气矿产新立矿业权**

| 年份 | 探矿权 | | 采矿权 | |
|---|---|---|---|---|
| | 个数（个） | 面积（万平方千米） | 个数（个） | 面积（万平方千米） |
| 2011 | 22 | 3.19 | 4 | 0.10 |
| 2012 | 25 | 6.97 | 14 | 0.19 |
| 2013 | 55 | 16.34 | 11 | 1.28 |
| 2014 | 2 | 0.07 | 30 | 0.65 |
| 2015 | 12 | 0.90 | 16 | 0.19 |
| 2016 | 13 | 10.5 | 25 | 0.52 |

非油气矿产探矿权。截至 2016 年底，非油气矿产探矿权 2.55 万个，登记面积 45.87 万平方千米，同比分别下降 10.1%、16.6%。2016 年，非油气矿产探矿权新立 1165 个，登记面积 2.74 万平方千米，分别增加 22.9%、7.2%（表 2）。

非油气矿产采矿权。截至 2016 年底，非油气矿产采矿权 6.56 万个，登记面积 10.06 万平方千米，同比分别下降 11.4%、3.3%；设计生产规模 149.69 亿吨/年，增长 1.1%；煤炭采矿权设计生产规模 41.14 亿吨，下降 2.7%。2016 年，新立非油气矿产采矿权 1819 个，登记面积 1073 平方千米，设计生产规模 5.94 亿吨/年，分别下降 27.9%、65.1%、16.1%（表 2）。

**表 2　非油气矿产新立矿业权**

| 年份 | 探矿权 | | 采矿权 | |
|---|---|---|---|---|
| | 个数（个） | 面积（万平方千米） | 个数（个） | 面积（万平方千米） |
| 2011 | 1338 | 3.62 | 5951 | 0.47 |
| 2012 | 1033 | 3.54 | 1845 | 0.26 |
| 2013 | 1329 | 4.0 | 1962 | 0.19 |
| 2014 | 1269 | 3.26 | 2306 | 0.12 |
| 2015 | 948 | 2.56 | 2522 | 0.31 |
| 2016 | 1165 | 2.74 | 1819 | 0.11 |

2. *矿业权管理"放管服"改革*。《国土资源部关于

修改〈国土资源部关于进一步完善采矿权登记管理有关问题的通知〉第二十五条规定的通知》(国土资发〔2017〕29号)要求自2017年3月起,国土资源主管部门不再审批采矿权生产规模变更事项。印发《国土资源部办公厅关于规范勘查实施方案评审有关要求的通知》(国土资厅发〔2017〕15号)、《国土资源部办公厅关于调整国土资源部发证采矿权的开发利用方案审查费收取方式的通知》(国土资厅函〔2016〕908号),分别明确探矿权勘查实施方案评审费用和国土资源部审批发证采矿权的开发利用方案审查费用,纳入政府财政预算支付,不再向矿业权申请人收取。印发《国土资源部关于安全监督管理部门意见不再作为颁发采矿许可证前置要件的通知》(国土资规〔2016〕9号)并公告。

自2017年矿业权人勘查开采信息公示制度全面推开后,矿业权审批不再要求矿业权人提交矿产资源勘查项目年度报告或开发利用年度报告。印发《国土资源部关于推进国有土地使用权和矿业权出让纳入统一公共资源交易平台交易有关问题的通知》(国土资发〔2016〕104号),将矿业权出让公告发布、交易、成交结果纳入公共资源交易平台,推动矿业权出让审批接受更广泛的监督。同时,持续推行矿业权办理一站式服务、优化审批流程,强化动态监测事后监管,全程备案存查,为矿业权人提供延续提醒服务,将有效期不足120天的探矿权和采矿权提前在国土资源部门户网站进行公告,及时提醒异常情况。

3. *过剩产能化解*。出台《国土资源部关于化解钢铁煤炭行业过剩产能推进脱困升级的意见》(国土资规〔2016〕3号),明确要求3年内停止划定矿区范围,已核准的煤矿建设项目要与去产能任务挂钩并经省级人民政府有关部门公告后方可办理采矿登记手续,将涉及煤炭企业兼并重组的矿业权登记手续一律下放到省级国土资源管理部门登记发证等。

4. *自然保护区内矿业权清理工作*。2017年7月,国土资源部印发《自然保护区内矿业权清理工作方案》,全面开展国家自然保护区内矿业权清理工作,对各类保护区禁止矿产资源勘查开采范围的矿业权进行调查摸底、分类梳理、系统分析,为保护区内矿业权分类处置工作奠定基础。同时,调整完善矿业权审批机制,确保新设矿业权不再进入自然保护区。

5. *油气勘查开采改革有序推进*。以新疆为试点,有序推进油气资源勘查开采体制机制改革。向新疆首轮油气勘查区块中标企业颁发勘查许可证,对中标企业"扶上马、送一程",组织开展技术交流、企地对接、督促指导。

6. *构建页岩气勘查开发新机制探索*。正式启动四川省川南页岩气勘查开发试验区建设工作,继续推进重庆涪陵页岩气勘查开发试验基地和贵州黔北页岩气综合勘查试验区建设,深入探索部、省、企业共同推进页岩气勘查开发新机制。委托贵州组织拍卖出让正安区块,探索页岩气公开竞争出让的新模式。委托山西省厅实施部分煤层气勘查开采审批登记,有效发挥地方积极性,激发市场活力,助力山西省经济转型发展。

## 矿产资源政策法规

**【概况】** 2016年以来,修改了4部地质矿产管理部门规章,废止315件规范性文件。继续简化地质矿产行政许可事项。开展矿业权出让制度和矿产资源权益金制度改革,全面实行资源税从价计征。稳步推进石油天然气体制改革。

**【矿产资源法规】** 1. *继续简化行政审批事项*。2016年,《国务院关于取消13项国务院部门行政许可事项的决定》(国发〔2016〕10号)取消了行政许可事项"地质资料保护登记"。《国务院关于第二批取消152项中央指定地方实施行政审批事项的决定》(国发〔2016〕9号),取消了由省级国土资源主管部门实行的行政审批事项"在国家地质公园地质遗迹保护区外的园区进行矿产资源勘查、开发和工程建设活动审批"。

2. *多项矿政法规政策修改*。①2016年2月,《国务院关于修改部分行政法规的决定》(中华人民共和国国务院令第666号)将《地质资料管理条例》第十一条修改为:"因不可抗力,地质资料汇交人不能按照本条例第十条规定的期限汇交地质资料的,应当将造成延期汇交地质资料的不可抗力事实书面告知负责接收地质资料的地质矿产主管部门。"3月,《国务院关于修改和废止部分行政法规的决定》(国务院令第676号)将《地质资料管理条例》第十五条第二款修改为"前款规定以外的地质资料,自汇交之日起90日内,由地质资料馆或者地质资料保管单位予以公开。需要保护的,由接收地质资料的单位按照国务院地质矿产主管部门的规定予以保护。"

2017年3月,国土资源部、财政部、环境保护部、国家质量监督检验检疫总局、中国银行业监督管理委员会、中国证券监督管理委员会联合下发了《关于加快绿色矿山建设的实施意见》(国土资规〔2017〕4号)。

②2016年,公布施行了《国土资源部关于修改和

废止部分规章的决定》(国土资源部令第64号),对《地质资料管理条例实施办法》(国土资源部令第16号)、《矿山地质环境保护规定》(国土资源部令第44号)、《古生物化石保护条例实施办法》(国土资源部令第57号)和《中华人民共和国海洋石油勘探开发环境保护管理条例实施办法》(国家海洋局令第1号)等4部地质矿产管理方面的部门规章进行了修改。向社会公布了《国土资源部关于公布已废止或者失效的规范性文件目录的公告》(国土资源部公告2016年10号),废止和宣布失效315件规范性文件。

③2017年5月,国土资源部发布实施《国土资源行政应诉规定》(国土资源部令第71号),重点强化行政机关应诉责任的落实,明确国土资源主管部门做出被诉行政行为的工作机构为应诉承办机构,负责承办相应的行政应诉工作;建立了司局长出庭应诉制度,司局长作为业务机构负责人出庭应诉,有利于促进更加其重视对相关领域执法标准可能产生重大影响的案件,及时完善制度,改进工作。

3. *国家法律中有关矿产资源规定制定*。2017年3月通过的《中华人民共和国民法总则》(第十二届全国人民代表大会第五次会议表决通过,2017年10月实施)第七十九条规定所有人不明的埋藏物、隐藏物,归国家所有。接收单位应当对上缴的单位或者个人,给予表扬或者物质奖励。第八十一条规定国家所有的矿藏,可以依法由全民所有制单位和集体所有制单位开采,也可以依法由公民采挖。国家保护合法的采矿权。国家所有的矿藏、水流,国家所有的和法律规定属于集体所有的林地、山岭、草原、荒地、滩涂不得买卖、出租、抵押或者以其他形式非法转让。

**【矿产资源制度】** 1. *扩大矿业对外开放*。2017年1月,《国务院关于扩大对外开放积极利用外资若干措施的通知》(国发〔2017〕5号)要求采矿业放宽油页岩、油砂、页岩气等非常规油气以及矿产资源领域外资准入限制。石油、天然气领域对外合作项目由审批制改为备案制。

2017年6月,《外商投资产业指导目录(2017年修订)》发布,自2017年7月28日起施行,要求采矿业取消油页岩、油砂、页岩气等非常规油气勘探、开发和矿井瓦斯利用,贵金属(金、银、铂族)勘查、开采,锂矿开采、选矿等领域外资准入限制。

2. *矿业权出让制度改革*。2017年2月,中共中央办公厅、国务院办公厅印发《矿业权出让制度改革方案》,选取山西、福建、江西、湖北、贵州、新疆等6省(区)开展试点,重点完善矿业权竞争出让制度,严格限制矿业权协议出让,下放审批权限和强化监管服务等。

①完善矿业权竞争出让制度。除特殊情形外,矿业权一律以招标拍卖挂牌方式出让,出让收益可按年度分期缴纳。建立探矿权占用费累进动态调整机制,适时调整采矿权占用费和最低勘查投入标准。

②严格控制矿业权协议出让。矿业权协议出让严格控制在国务院确定的特定勘查开采主体和批准的重点建设项目,以及大中型矿山已设采矿权深部,并建立协议出让基准价制度。

下放审批权限。国土资源部负责石油、天然气、页岩气、放射性矿产、钨、稀土等6种矿产的探矿权采矿权审批,负责资源储量规模10亿吨以上的煤炭以及大型以上的煤层气、金、铁、铜、铝、锡、锑、钼、磷、钾等11种矿产的采矿权审批,其他原由国土资源部审批的下放至省级国土资源主管部门。

3. *石油天然气体制改革深化*。2017年5月,中共中央、国务院印发了《关于深化石油天然气体制改革的若干意见》,要求"深化油气勘查开采、进出口管理、管网运营、生产加工、产品定价体制改革和国有油气企业改革,释放竞争性环节市场活力和骨干油气企业活力,提升资源接续保障能力、国际国内资源利用能力和市场风险防范能力、集约输送和公平服务能力、优质油气产品生产供应能力、油气战略安全保障供应能力、全产业链安全清洁运营能力。通过改革促进油气行业持续健康发展,大幅增加探明资源储量,不断提高资源配置效率。"

《关于深化石油天然气体制改革的若干意见》改革任务:①完善并有序放开油气勘查开采体制。②完善油气进出口管理体制。③改革油气管网运营机制。④深化下游竞争性环节改革。⑤改革油气产品定价机制。⑥深化国有油气企业改革。⑦建立完善政府储备、企业社会责任储备和企业生产经营库存有机结合、互为补充的储备体系。⑧建立健全油气安全环保体系。

**【矿产资源税费】** 1. *资源税全面实行从价计征*。2016年5月,财政部、国家税务总局发布《关于全面推进资源税改革的通知》(财税〔2016〕53号)和《资源税税目税率幅度表》,提出开展水资源税改革试点工作,自2016年7月1日起实施矿产资源税从价计征(表3)。2016年全国资源税收入总额951亿元,同比下降8.1%,占国家税收总额的0.82%。

资源税改革细化落实了两类矿山减征资源税。2017年1月,国家税务总局和国土资源部联合发布《关于落实资源税改革优惠政策若干事项的公告》,决定对符合条件的充填开采和衰竭期矿山分别减征50%和30%的资源税,并实行备案管理制度。

表 3　　资源税税目税率幅度表(2016 年 7 月 1 日起实行)

| 税　目 | | 征税对象 | 调整后税率 |
|---|---|---|---|
| 原油 | | | 销售额的 6% |
| 天然气 | | | 销售额的 6% |
| 煤炭 | 焦煤 | | 销售额的 2% ~10%（由地方政府制定） |
| | 其他煤炭 | | |
| 非金属矿 | 石墨 | 精矿 | 3% ~10% |
| | 硅藻土 | 精矿 | 1% ~6% |
| | 高岭土 | 原矿 | 1% ~6% |
| | 萤石 | 精矿 | 1% ~6% |
| | 石灰石 | 原矿 | 1% ~6% |
| | 硫铁矿 | 精矿 | 1% ~6% |
| | 磷矿 | 原矿 | 3% ~8% |
| | 氯化钾 | 精矿 | 3% ~8% |
| | 硫酸钾 | 精矿 | 6% ~12% |
| | 井矿盐 | 氯化钠初级产品 | 1% ~6% |
| | 湖盐 | 氯化钠初级产品 | 1% ~6% |
| | 提取地下卤水晒制的盐 | 氯化钠初级产品 | 3% ~15% |
| | 煤层(成)气 | 原矿 | 1% ~2% |
| | 黏土、砂石 | 原矿 | 每吨或立方米 0.1 ~5 元 |
| | 未列举名称的其他非金属矿产品 | 原矿或精矿 | 从量税率每吨或立方米不超过 30 元；从价税率不超过 20% |
| 金属矿 | 铁矿 | 精矿 | 销售额的 1% ~6% |
| | 金矿 | 金锭 | 销售额的 1% ~4% |
| | 铜矿 | 精矿 | 销售额的 2% ~8% |
| | 铝土矿 | 原矿 | 销售额的 3% ~9% |
| | 铅锌矿 | 精矿 | 销售额的 2% ~6% |
| | 镍矿 | 精矿 | 销售额的 2% ~6% |
| | 锡矿 | 精矿 | 销售额的 2% ~6% |
| | 未列举的其他金属矿产品 | 精矿或原矿 | 不超过销售额的 20% |
| 海盐 | | 氯化钠初级产品 | 销售额的 1% ~5% |

注:1. 铝土矿包括耐火级矾土、研磨级矾土、高铝黏土;

2. 氯化钠初级产品是指井矿盐、湖盐原盐、提取地下卤水晒制的盐和海盐原盐,包括固体和液体形态的初级产品。

2. 矿产资源权益金制度改革。2017 年 4 月,国务院发布实施《矿产资源权益金制度改革》,将现行探矿权采矿权价款调整为适用于所有国家出让矿业权、体现国家所有者权益的矿业权出让收益。将探矿权采矿权使用费整合为根据矿产品价格变动情况和经济发展需要实行动态调整的矿业权占用费。在矿产开采环节,做好资源税改革组织实施工作。将现行矿山环境治理恢复保证金调整为管理规范、责权统一、使用便利的矿山环境治理恢复基金。一是将探矿权采矿权价款调整为矿业权出让收益。矿业权价款调整为体现国家所有者权益出让收益,并将中央与地方分享比例确定为 4∶6。二是将探矿权采矿权使用费整合为矿业权占用费。矿业权使用费调整为占用费,并将中央与地方分享比例确定为2∶8。三是继续征收资源税,全面实行从价计征。四是将矿山环境治理恢复保证金调整为矿山环境治理恢复基金。

## 矿产资源领域国际合作

**【概况】** 积极响应"一带一路"倡议,推动地质矿产领域双边与多边合作。通过中国国际矿业大会、中国-东盟矿业合作论坛等国际交流平台和地质调查项目,进一步拓展与东盟、非洲、南美洲等矿业国家的交流与合作。

**【国际双边与多边合作机制】** 1. 双边合作不断加强。与摩洛哥能源、矿业、水利与环境部以及沙特能源、工业与矿产资源部分别签署了在地质和矿业领域的合作谅解备忘录,提升了矿产资源合作在双边合作中的重要地位。

成功举办中蒙政府间经贸委员会矿产资源合作分委会第六次会议、中墨矿业工作小组会议、中哈合作委员会地质矿产分委会第八次会议。继续巩固与澳大利亚、加拿大、南非等矿业大国的友好合作,开拓与英国、荷兰等发达国家在油气资源管理、页岩气勘查开发、地质环境保护等领域的合作。在地学研究、地质调查、矿政管理等领域,与老挝、柬埔寨、巴布亚新几内亚、埃塞俄比亚、纳米比亚、尼日利亚、阿根廷、秘鲁、墨西哥等亚非拉重要资源国家开展密切合作。

与美国、俄罗斯、瑞士等15个国家的地质调查机构签署合作谅解备忘录和合作协议。举办中国-加拿大地质科技国际合作研讨会、中国-澳大利亚地质科技国际合作研讨会、尼日利亚-中国矿业投资合作论坛,举行中美两国地质调查局双边会谈,推进与发达国家地质调查领域科技创新合作及与发展中国家矿业投资合作。

2. 搭建多边合作平台。积极参与矿产资源领域多边会议,先后参与国际海底管理局第22届会议,成功当选国际海底管理局法律与技术委员会委员。参加亚太经合组织矿业工作组第十次工作会议、金伯利进程、南非第35届国际地质大会、国际地质科学联合会(IUGS)第69次执行委员会会议等多边组织会议,中国科学家成功竞选国际地科联主席等国际组织重要职务。

围绕"三深一土"科技创新战略,推进国土资源国际科技合作。长期以来,国土资源部与联合国教科文组织开展了富有成效的合作。2016年,签署《中华人民共和国政府与联合国教育、科学及文化组织关于在中华人民共和国廊坊建立由教科文组织支持的全球尺度地球化学国际研究中心(第2类)的协定》和《中华人民共和国政府与联合国教育、科学及文化组织关于在中国桂林建立由联合国教科文组织支持的国际岩溶中心(第2类)的协定》,建立"联合国教科文组织全球尺度地球化学国际研究中心",启动"'化学地球'国际大科学计划"和"全球岩溶动力学系统资源环境效应国际大科学计划"。

**【对外开放与合作】** 1. 推进与"一带一路"国家的资源领域合作。完成《"一带一路"地质调查规划(2016~2030)》《"一带一路"建设海上合作规划》和《南海及其周边海洋国际合作框架计划(2016~2020)》的制定和"21世纪海上丝绸之路"的总体设计,加强了与周边国家、海洋大国、海洋强国的对话交流。《深海海底区域资源勘探开发法》颁布实施,推进深海海底区域资源勘探与开发。

2016年完成中越北部湾湾口外海域共同考察海上实地作业;推动与东盟国家合作,举办"中国-东盟海洋地学能力建设与减灾防灾学术研讨会"等11个地矿领域的研讨会或培训班。

2. 开展地质调查国际合作。与32个国家开展联合地质调查国际合作项目38项,合作内容主要涉及地质填图、地球化学填图、技术培训、方法技术合作研究、成矿规律研究与合作编图等。与乌兹别克斯坦、俄罗斯、巴基斯坦、老挝、埃塞俄比亚、澳大利亚、秘鲁等27个国家开展不同比例尺地质地球化学填图,覆盖面积364万平方千米。

2016年合作编制各种比例尺地质矿产图件117幅,包括1∶2500万世界海洋矿产资源图、1∶1000万亚洲成矿图;中东亚及邻区、东北非、西非、非洲中东部等地区1∶250万地质矿产等系列图;中蒙跨境成矿带、中吉乌天山造山带、中哈跨境成矿带、中巴铁路沿线地区、安第斯秘鲁南部等重要成矿区带1∶100万地质、矿产、构造和成矿规律图;"一带一路"沿线地区1∶500万三维遥感影像图和35个国家1∶100万遥感影像图等。

3. 举办对外地质矿产培训班。2016年共举办对外地质矿产培训班18期,累计培训50多个国家400多名地矿人员。在马来西亚、柬埔寨和泰国共举办三期境外国际培训,推进了中国地质调查方法技术国际合作,有力地支撑了中国"一带一路"共建倡议的实施和国际矿业产能合作。

【国际矿业合作平台】 1. 举办2016中国国际矿业大会。2016中国国际矿业大会有来自53个国家和地区的7000余名代表参会参展。大会提出"创新驱动型、改革引领型、绿色安全型、包容共享型、开放互利型"矿业发展理念,展示和宣传了新形势下中国矿业改革发展方向;拓展政府合作平台,携手打造全球矿业命运共同体;深刻分析全球矿业发展态势,提振了各界对矿业发展的信心。

2. 中国-东盟矿业合作论坛。第7届中国-东盟矿业合作论坛由广西壮族自治区人民政府和国土资源部共同举办,主题为"信息共享、合作共赢"。论坛在深化中国-东盟政府间合作,推进矿业合作协议签署,加强矿业权管理和人才培训合作以及绿色矿山建设等领域合作起到积极作用,推动了与马来西亚、柬埔寨、泰国等东盟国家地质矿产领域务实合作。

3. 成立多个地学合作研究中心。2016年先后成立中国-东南亚南亚地学合作研究中心、中国-拉丁美洲大洋洲地学合作研究中心、中国-东北亚地学合作研究中心和中国-西非北非地学合作研究中心,为开展地学合作搭建了国际平台,夯实了地学合作基础。

## 矿产资源领域科技创新

【概况】 实施"三深一土"国土资源科技创新战略,成矿理论、找矿模型及勘查方法有所创新,研发或集成一批地质勘查技术仪器装备,矿产资源勘查开发技术得到深度应用,矿业领域标准建设取得明显进展。

【基础地质与矿产理论研究】 1. 成矿理论创新。中国东部板内燕山期大规模成矿动力学模型研究发现了板内成矿受控于板缘多块体的相互作用,查明了大规模金属富集的特殊空间,建立了8个矿集区尺度矿床模型,创建了东部燕山期板内成矿动力学模型。发展北方砂岩型铀矿成矿理论,提出"盆内隆缘式"构造对铀矿成矿控制的新认识,铀矿找矿从"盆地边缘"走向了"盆地中心"。提出"三江"造山带铅锌多金属矿成矿模式和勘查模型,指导实现了沱沱河多才玛矿区、玉树莫海拉亨和东莫扎抓矿区找矿突破。建立了勐野井钾盐"二层楼"成矿模式,在深部地层钻获垂厚70米的含钾石盐层。厘定了攀西地区钒钛磁铁矿巨量富集与岩石圈地幔中存在早期俯冲成因榴辉岩的密切关系。确定海相火山岩型铁矿与热幔-冷壳背景下的高角度俯冲有关。

2. 天然气水合物成矿理论创新。建立了"两期三型"成矿理论,指导在南海准确圈定了找矿靶区;创建了天然气水合物成藏系统理论,指导试采实施方案的科学制订;创立了"三相控制"开采理论,指导精准确定试采降压区间和路径。

3. 深部探测研究进展。大别山东段深部探测与找矿突破研究,在深部探测技术、深部控矿因素及其深部找矿应用等方面取得重大突破。深部金矿勘查技术达到世界先进水平,山东省已成功施工莱州4006.17米全国岩金勘查第一超深孔等工程,深部找矿潜力巨大。发现龙木错-双湖结合带内发育晚泥盆世-早石炭世火山岩,提出龙木错-双湖古特提斯洋盆在晚古生代已经发生了北向俯冲消减、北羌塘地块在晚泥盆世-早石炭世为活动大陆边缘的新认识。发现新特提斯蛇绿岩中原位金刚石和深地幔矿物群,建立了喜马拉雅三维碰撞造山机制和折返全过程模式,提出了青藏高原东南缘物质逃逸的"弯曲与地壳解耦"新机制。攻克强波阻抗界面屏蔽层以下的海域深部地震探测技术难题,探索出"高覆盖次数、富低频成分、强震源能量"适用于南黄海盆地深部海相中－古生界油气资源调查评价的地震探测技术。

【矿产资源勘查技术】 1. 地质勘查技术仪器装备研制。成功研制国内首套基于Y-12飞机的航磁三分量勘查系统与基于国产Y12IV型飞机的固定翼时间域航空电磁系统,直升机TEM系统(CHTEM-II)达到实用化水平,集成了航空物探(重/磁)与遥感综合测量系统。研制成功了XJY950钢级绳索取芯钻杆用精密冷拔无缝钢管。完成了波谱-能谱复合型X射线荧光光谱仪研发实验样机整机的总装和调试。成功研制国内首台适合高成熟度-过成熟度烃源岩高热解温度岩石热解分析仪,提高了页岩气测试分析能力。

2. 应用转化取得效果。自主研发的航空物探系统广泛应用于油气调查、固体矿产勘查及环境调查,直升机TEM系统(CHTEM-II)在新疆哈密地区发现多金属矿化异常。三维多功能电磁探测仪器在柳园等多个地区开展了应用。φ108毫米、φ127毫米、φ140毫米、φ178毫米、φ194毫米(中空)系列涡轮钻具直接应用于干热岩钻探工程及松科2井超深井高温取芯钻探施工。

3. 多种地质勘查分析方法或技术体系开发。编制了适于各国家景观特点的地球化学填图技术指南,初步建立了有益元素硒生态地球化学评价方法体系。卫星遥感应用地质调查、自然资源全要素综合调查技术体系初步形成。建立了铜铅锌等10余种元素野外EDXRF快速分析配套分析方法,"稀有、稀散、稀土"元素的23个全新的现代仪器分析配套方法，稀土矿物中17种元素LA—ICPMS分析方法等。

【矿产资源开发利用技术】 1. 天然气水合物试采技术取得进展。创立“地层流体抽取法”试采新方法，并在防砂技术、储层改造技术、钻完井技术、勘查技术、测试与模拟实验技术、环境监测技术等方面实现自主创新。研制了中国第一台4500米作业级无人遥控探测潜水器“海马”号等装备，初步建立适合南海北部粉砂质天然气水合物储层的试采技术和装备体系。

2. 矿产资源综合利用技术应用。针对豫西地区金矿中伴生的钨资源进行选矿综合回收，提出了“磁铁矿超细碎－分级分选－磁筛精选”新工艺，有效实现节能降耗。针对攀西地区深部钒钛磁铁矿开发阶段磨矿－选择性解离－高效磨选的选铁新技术，获得了TFe品位58.5%、回收率56.5%的合格铁精矿。开发了环保型、耐候型膨胀珍珠岩保温板。确定了“分级－重选－磁选－反浮选－电选”榴辉岩型金红石利用最佳工艺流程，可获得$TiO_2$品位大于90%的金红石精矿、矿物含量大于85%的石榴石精矿和绿辉石精矿。对典型能源矿产宜春锂云母精矿进行锂铷铯高效利用技术攻关，实现了锂、铷、铯的有效提取，锂、铷、铯浸出率依次达89.7%、93.3%、93.9%。

【资源领域科技创新规划】 2016年9月，《国土资源“十三五”科技创新发展规划》发布，提出了“三深一土”国土资源科技创新战略，并对地质矿产领域的科技创新工作进行了系统部署。2017年5月，科技部、国土资源部、水利部印发《“十三五”资源领域科技创新专项规划》，要求在资源领域集中突破一批基础性理论与核心关键技术，重点研发一批重大关键装备，构建资源勘探、开发与综合利用理论与技术体系，实现节约高效利用资源。

“十三五”资源领域科技创新专项规划发展目标：研发一批深部矿产勘探急需的装备，主要装备市场占有率大于80%；实现深部3000米勘探、5000米勘查和资源评价能力，形成具有自主知识产权的深部矿产资源勘探技术体系；研发一批高效自动化钻测录井与采油技术和装备，主要装备取代国外产品60%以上；突破1500米深井开采等关键技术与装备；实现大宗和共伴生非金属矿产资源、盐湖资源的绿色高效开发与高值化利用；攻克大宗工业固体废物循环利用技术，建立矿冶固体废弃资源循环利用技术体系，资源综合利用率达到50%以上；构建人才、技术、资源等国际合作交流平台，立足国内、拓展海外，建立“两个市场、两种资源”优化互补体系。

【地质矿产技术标准】 深化国土资源标准化工作改革，推进标准与地质矿产各项工作的融合发展。2016年12月，《国土资源部深化标准化工作改革实施方案》发布，对“十三五”时期标准化在支撑、服务和引领地质矿产行业发展方面进行了工作部署。

2016年，发布实施了《固体矿产勘查工作规范》《天然矿泉水资源地质勘查规范》《滑坡防治工程勘查规范》等3项国家标准，发布实施了《土地质量生态地球化学评价规范》《地质环境遥感监测技术要求1∶250000》《页岩气地面时频电磁法规程》《页岩气调查地震资料采集与处理技术规程》《煤田地震勘探规范》《金属矿地球物理测井规范》《井中磁测技术规程》《电阻率剖面法技术规程》《时间域激发极化法技术规程》《地面磁性源瞬变电磁法技术规程》《区域地球化学样品分析方法》（共34个部分）、《化学气相沉积法合成无色单晶钻石筛查和鉴定》等45项推荐性地质矿产行业标准，为矿产资源勘查、开发、管理和生态环境保护等相关工作提供了技术支撑，推动了新技术新方法在地质矿产工作中的应用，促进了地质矿产工作的科技创新。

（国土资源部信息中心）

# 矿 业 行 业

## 煤 炭

【概况】 进入2016年以来,我国煤炭工业发展环境发生了深刻变化,国家在着力提高能源安全保障能力的基础上,推动能源结构调整,发展新能源和可再生能源,全国煤炭产量和消费量大幅增加,市场化改革不断深化,煤炭市场供需形势由全面紧张逐渐向市场供应宽松和产能过剩转变。针对煤炭行业发展面临的新形势和新变化,党和政府高度重视,先后出台了一系列政策措施,推动煤炭结构调整与改革发展。煤炭行业贯彻落实党中央的重大决策部署,坚持以提升煤炭工业发展的科学化水平为主攻方向,深化煤炭市场化改革,围绕煤炭安全高效绿色智能化开采和清洁高效低碳集约化利用,依靠科技进步,促进产业转型升级,提高行业发展质量和效益,在为国民经济平稳较快发展提供了可靠的能源保障的同时,行业改革发展取得了长足进步。

1. 煤炭需求继续下降,能源消费结构出现阶段性变化。2016年全国煤炭消费在连续两年下降的基础上同比继续下降4.7%。电力、钢铁等主要行业耗煤同比仍然下降。但9月以来,由于水电出力减少,火电增速加快,日均耗煤大幅增加。

2. 煤炭去产能取得明显成效,煤炭价格合理回归。

3. 煤炭产量下降与偶发性因素叠加,价格短时快速上涨,市场预期发生变化。国家加大治理违法违规建设生产和超能力生产力度,提高商品煤质量标准、推行减量化生产措施,以及市场倒逼部分开采条件不好、成本高的煤矿退出,煤炭产量持续降低;加之,2016年夏季持续高温,全社会用电量大幅增加,拉动电煤消耗明显增长,局部地区洪涝灾害,影响煤炭生产和运输;同时,公路治超与铁路运价调整,煤炭运输成本上升;国际煤炭市场发生变化,煤价大幅上涨;以上因素综合作用使得市场供应偏紧、价格上升的预期不断增加,推动煤炭价格在7月之后出现阶段性的快速回升。随着国家9月之后不断释放先进产能,增加煤炭供给,煤炭价格在11月后出现快速回落,2016年价格处于合理水平。

4. 煤炭企业经营状况尚未得到根本好转,行业脱困发展仍需付出艰苦努力。自2012年开始的持续4年多的经济下行,煤炭企业经营困难的状况不断加剧,虽然2016年下半年煤价回升、企业效益增加,但回升的时间较短,大多数煤矿仍处于累计亏损状态,弥补前几年的巨大亏损还需要时间。特别是企业资金链紧张的状况并没有得到根本好转;还有相当多的煤矿欠发职工工资、养老保险金的问题没有得到解决。

总体看,2016年影响煤炭市场变化的因素是多重的,既是国家加大煤炭供给侧结构性改革工作力度,去产能、去库存、降成本政策效应的直接体现;也有能源结构短时变化,水电出力减少、火电大幅增加的原因;还有天气变化、自然灾害等偶发因素和市场预期变化的影响。但必须看到当前煤炭需求基本面并未发生明显改变,煤炭经济平稳运行尚缺乏坚实基础。

【煤炭企业经营】 根据国家统计数据,2016年全国原煤产量34.1亿吨,同比下降9.0%,其中,全国规模以上煤炭企业原煤产量33.64亿吨,同比下降9.4%(图1)。从全年煤炭产量月度变化情况看,随着年初煤炭去产能和煤矿减量化生产政策措施实施,4月起产量降幅超过10%,全国煤炭供需形势由严重供大于求逐渐转为供需基本平衡;9月之后,有关部门采取针对性措施,稳定煤炭市场,有序释放煤炭先进产能,煤炭产量环比增加,降幅不断收窄。

2016年全国原煤产量情况见表1。

2016年全国大型煤炭企业主营业务收入和利润总额前20名见表2。

2016年全国大型煤炭企业总资产和从业人员前20名见表3。

2016年中国煤炭企业50强名单见表4。

2016年中国煤炭企业煤炭产量50强名单见表5。

表1　　2016年全国原煤产量(规模以上煤炭企业)

| 省份 | 全国合计 | | | |
|---|---|---|---|---|
| | 2016年累计(万吨) | 2015年同期(万吨) | 增加(+,-) | 增减(%) |
| 全国总计 | 336398.6 | 371121.2 | -34722.6 | -9.4 |
| 北京市 | 317.6 | 450.1 | -132.5 | -29.4 |
| 河北省 | 6484.3 | 7407.3 | -923.0 | -12.5 |
| 山西省 | 81641.5 | 95357.7 | -13716.2 | -14.4 |
| 内蒙古自治区 | 83827.9 | 91247.9 | -7420.0 | -8.1 |
| 辽宁省 | 4082.1 | 4694.1 | -612.0 | -13.0 |
| 吉林省 | 1643.1 | 2621.6 | -978.5 | -37.3 |
| 黑龙江省 | 5623.2 | 6356.6 | -733.4 | -11.5 |
| 江苏省 | 1367.9 | 1918.9 | -551.0 | -28.7 |
| 安徽省 | 12235.6 | 13404.2 | -1168.6 | -8.7 |
| 福建省 | 1346.7 | 1498.8 | -152.1 | -10.1 |
| 江西省 | 1432.1 | 2050.5 | -618.4 | -30.2 |
| 山东省 | 12813.5 | 14170.2 | -1356.7 | -9.6 |
| 河南省 | 11905.3 | 13549.3 | -1644.0 | -12.1 |
| 湖北省 | 547.4 | 698.1 | -150.7 | -21.6 |
| 湖南省 | 2595.5 | 2916.9 | -321.4 | -11.0 |
| 广西壮族自治区 | 399.6 | 395.4 | 4.2 | 1.1 |
| 四川省 | 6076.2 | 6323.8 | -247.6 | -3.9 |
| 重庆市 | 2419.7 | 3357.1 | -937.4 | -27.9 |
| 贵州省 | 16662.2 | 17058.8 | -396.6 | -2.3 |
| 云南省 | 4251.8 | 4653.8 | -402.0 | -8.6 |
| 陕西省 | 51151.4 | 52646.0 | -1494.6 | -2.8 |
| 甘肃省 | 4236.9 | 4357.2 | -120.3 | -2.8 |
| 青海省 | 774.6 | 804.8 | -30.2 | -3.8 |
| 宁夏回族自治区 | 6728.4 | 7531.1 | -802.7 | -10.7 |
| 新疆维吾尔自治区 | 15834.0 | 15651.2 | 182.8 | 1.2 |

表 2　　2016 年全国大型煤炭企业主营业务收入和利润总额前 20 名（快报）

| 企业名称 | 主营业务收入(万元) | 企业名称 | 利润总额(补贴后)(万元) |
|---|---|---|---|
| 神华集团 | 24946794.9 | 神华集团 | 3601736.1 |
| 冀中能源集团 | 21256550.0 | 陕西省煤业集团 | 300113.0 |
| 陕西省煤业集团 | 21203785.8 | 福建省能源集团 | 259926.0 |
| 山东能源集团 | 19000000.0 | 山东能源集团 | 236000.0 |
| 阳泉煤业集团 | 17939581.8 | 中电投蒙东能源集团 | 161813.4 |
| 山西焦煤集团 | 16902875.0 | 内蒙古伊泰集团 | 156762.1 |
| 大同煤矿集团 | 16741988.0 | 中煤集团 | 155179.3 |
| 潞安矿业集团 | 16163596.0 | 兖矿集团 | 140000.0 |
| 开滦集团 | 16001165.0 | 淮南矿业集团 | 100039.0 |
| 晋城无烟煤集团 | 14749999.0 | 内蒙古乌兰集团 | 96234.0 |
| 河南能源集团 | 12650000.0 | 内蒙古满世集团 | 71743.0 |
| 兖矿集团 | 12354000.0 | 冀中能源集团 | 60299.0 |
| 中平能化 | 9447766.0 | 华能伊敏煤电有限公司 | 50153.0 |
| 中煤集团 | 7536085.7 | 济宁矿业集团 | 50043.0 |
| 晋能集团 | 6859600.2 | 淮北矿业集团 | 50000.0 |
| 淮南矿业集团 | 6037011.0 | 国投新集能源股份公司 | 39113.8 |
| 淮北矿业集团 | 5264900.0 | 晋城无烟煤集团 | 31987.0 |
| 徐州矿务集团 | 4700000.0 | 重庆能源投资集团 | 30890.0 |
| 重庆能源投资集团 | 3686196.0 | 盘江煤电集团 | 30500.0 |
| 福建省能源集团 | 3546095.0 | 京煤集团 | 29658.8 |

表 3　　2016 年全国大型煤炭企业总资产和从业人员前 20 名（快报）

| 企业名称 | 资产总计(万元) | 企业名称 | 从业人员(人) |
|---|---|---|---|
| 神华集团 | 98626757.2 | 河南能源集团 | 205192 |
| 陕西省煤业集团 | 45785045.2 | 神华集团 | 198220 |
| 中煤集团 | 31421234.8 | 山东能源集团 | 171991 |
| 大同煤矿集团 | 27873692.0 | 中平能化集团 | 168415 |
| 山东能源集团 | 27639427.0 | 大同煤矿集团 | 163667 |
| 山西焦煤集团 | 26405623.0 | 晋城无烟煤集团 | 152119 |
| 河南能源集团 | 25778504.0 | 陕西省煤业集团 | 123559 |
| 晋能集团 | 24550114.0 | 阳泉煤业集团 | 116793 |
| 兖矿集团 | 22625541.1 | 中煤集团 | 107631 |
| 晋城无烟煤集团 | 22367203.0 | 冀中能源集团 | 104397 |
| 阳泉煤业集团 | 21216274.0 | 晋能集团 | 99801 |
| 冀中能源集团 | 20566941.0 | 潞安矿业集团 | 96177 |
| 潞安矿业集团 | 19737688.0 | 兖矿集团 | 85476 |
| 淮南矿业集团 | 15130676.0 | 开滦集团公司 | 59157 |

续表 3

| 企业名称 | 资产总计(万元) | 企业名称 | 从业人员(人) |
|---|---|---|---|
| 中平能化集团 | 14583552.0 | 四川省煤炭工业集团 | 56489 |
| 开滦集团 | 13869945.3 | 淮南矿业集团 | 54662 |
| 重庆能源投资集团 | 10860496.0 | 重庆能源投资集团 | 51012 |
| 内蒙伊泰集团 | 10705779.0 | 铁法煤业集团 | 44226 |
| 龙煤矿业集团 | 6835500.0 | 吉林煤业集团 | 39268 |
| 福建省能源集团 | 6756538.0 | 江西省能源集团 | 36067 |

表 4　　**2016 年中国煤炭企业 50 强名单**

| 排名 | 企业名称 | 省份 | 主要产品或服务 | 营业收入(万元) |
|---|---|---|---|---|
| 1 | 神华集团有限责任公司 | 北京 | 煤炭、电力、铁路、港口、航运、煤制油、煤化工 | 24793964 |
| 2 | 冀中能源集团有限责任公司 | 河北 | 煤炭、物流、化工、医药、煤机 | 22165815 |
| 3 | 陕西煤业化工集团有限责任公司 | 陕西 | 煤炭、钢铁、煤化工、电力、装备制造、水泥和物流 | 21209513 |
| 4 | 山东能源集团有限公司 | 山东 | 煤炭、物流、医药、房地产、机械制造 | 19464075 |
| 5 | 大同煤矿集团有限责任公司 | 山西 | 煤炭、电力、煤化工、机械制造 | 17014230 |
| 6 | 山西焦煤集团有限责任公司 | 山西 | 煤炭、焦炭、发电、建筑、建材 | 16689711 |
| 7 | 开滦(集团)有限责任公司 | 河北 | 煤炭开采及洗选煤、现代物流、煤化工产品 | 16277729 |
| 8 | 阳泉煤业(集团)有限责任公司 | 山西 | 煤炭、煤化工、煤电铝 | 16132758 |
| 9 | 山西潞安矿业(集团)有限责任公司 | 山西 | 煤炭、化工、电力 | 16002002 |
| 10 | 山西晋城无烟煤矿业集团有限责任公司 | 山西 | 原煤、合成氨、氮肥、尿素、煤层气 | 15196381 |
| 11 | 兖矿集团有限公司 | 山东 | 煤炭生产、销售及煤化工,电解铝及机电成套装备制造 | 13978878 |
| 12 | 河南能源化工集团有限公司 | 河南 | 煤炭、甲醇、氧化铝 | 12405083 |
| 13 | 中国平煤神马能源化工集团有限责任公司 | 河南 | 煤炭、焦炭、尼龙 | 12285986 |
| 14 | 中国中煤能源集团有限公司 | 北京 | 煤炭生产贸易、煤化工、坑口发电、煤矿建设、煤机制造 | 7773753 |
| 15 | 晋能集团有限公司 | 山西 | 煤炭、电力 | 7101355 |
| 16 | 山西煤炭进出口集团有限公司 | 山西 | 煤炭生产、煤炭、焦炭及副产品的出口业务、煤炭贸易 | 5501154 |
| 17 | 淮北矿业(集团)有限责任公司 | 安徽 | 煤炭采选、煤化工、盐化工、火力发电、物流贸易 | 5144403 |
| 18 | 徐州矿务集团有限公司 | 江苏 | 煤炭、电力 | 5094059 |
| 19 | 内蒙古伊泰集团有限公司 | 内蒙古 | 煤炭、化工品产运贸 | 4115263 |
| 20 | 重庆市能源投资集团有限公司 | 重庆 | 天然气经营和煤炭批发经营 | 3777731 |
| 21 | 安徽省皖北煤电集团有限责任公司 | 安徽 | 煤炭、煤化工、电力、物流 | 2961865 |
| 22 | 贵州盘江国有资本运营有限公司 | 贵州 | 煤炭、煤焦化、水泥、商贸物流、煤层气综合利用 | 2849794 |
| 23 | 北京京煤集团有限责任公司 | 北京 | 煤炭开采、加工、销售;铁路、汽车货运、仓储服务 | 2294339 |
| 24 | 黑龙江龙煤矿业控股集团有限责任公司 | 黑龙江 | 原煤、洗精煤 、焦炭、火药、水泥、电力 | 2219602 |
| 25 | 华电煤业集团有限公司 | 北京 | 煤炭生产、加工、储存;电力 | 2099452 |
| 26 | 郑州煤炭工业(集团)有限责任公司 | 河南 | 煤炭采选、电力、铝业、建材、化工、物流 | 1885509 |
| 27 | 河南神火集团有限公司 | 河南 | 煤炭、电解铝及铝加工产品、氧化铝 | 1872491 |

续表 4

| 排名 | 企业名称 | 省份 | 主要产品或服务 | 营业收入（万元） |
|---|---|---|---|---|
| 28 | 中国煤炭地质总局 | 北京 | 地质勘查与服务、矿权经营建设工程、加工制造 | 1675662 |
| 29 | 中国煤炭科工集团有限公司 | 北京 | 煤机装备、设计与工程总包、安全技术与装备、新能源 | 1637844 |
| 30 | 内蒙古蒙泰煤电集团有限公司 | 内蒙古 | 煤炭生产、销售、电力生产、销售、供热服务 | 1258754 |
| 31 | 中煤第三建设（集团）有限责任公司 | 安徽 | 矿井施工建设、机电安装 | 1144090 |
| 32 | 贵州水矿控股集团有限责任公司 | 贵州 | 煤炭开采及洗选加工、天然气开采、商贸物流 | 1028887 |
| 33 | 中国庆华能源集团有限公司 | 北京 | 煤炭、天然气、甲醇 | 965338 |
| 34 | 江西省能源集团公司 | 江西 | 煤炭、煤炭贸易 | 945549 |
| 35 | 陕西榆林能源集团有限公司 | 陕西 | 煤炭 | 931641 |
| 36 | 内蒙古汇能煤电集团有限公司 | 内蒙古 | 煤炭、电力 | 928584 |
| 37 | 内蒙古博源控股集团有限公司 | 内蒙古 | 煤炭生产、销售、贸易、物流、期货 | 921960 |
| 38 | 四川煤炭产业集团有限责任公司 | 四川 | 煤炭生产、洗选加工、电力生产、矿石冶炼加工 | 874348 |
| 39 | 辽宁铁法能源有限责任公司 | 辽宁 | 煤炭、电力、建筑建材、房地产开发、煤机制造 | 833833 |
| 40 | 百色百矿集团有限公司 | 广西 | 煤炭、电解铝、物流、机械 | 696519 |
| 41 | 内蒙古平庄煤业（集团）有限责任公司 | 内蒙古 | 煤炭 | 685512 |
| 42 | 抚顺矿业集团有限责任公司 | 辽宁 | 煤炭、页岩原油 | 683014 |
| 43 | 山西兰花煤炭实业集团有限公司 | 山西 | 煤炭、化肥 | 678734 |
| 44 | 满世投资集团有限公司 | 内蒙古 | 煤炭生产、物流、销售 | 677311 |
| 45 | 内蒙古伊东资源集团股份有限公司 | 内蒙古 | 矿产资源开发、煤炭深加工转换、房地产开发 | 604314 |
| 46 | 彬县煤炭有限责任公司 | 陕西 | 煤炭、电力、煤化工、房地产、建材、贸易物流 | 585514 |
| 47 | 内蒙古霍林河露天煤业股份有限公司 | 内蒙古 | 煤炭产品生产和销售、地质勘探、矿山设备检修、电力供应 | 550079 |
| 48 | 济宁能源发展集团有限公司 | 山东 | 煤炭开采、钢铁、化工产品、机械设备 | 528848 |
| 49 | 华亭煤业集团有限责任公司 | 甘肃 | 煤炭、甲醇、运输、建安 | 520198 |
| 50 | 靖远煤业集团有限责任公司 | 甘肃 | 煤炭、电力、化工、建筑施工 | 506943 |

表 5　**2016 年中国煤炭企业煤炭产量 50 强名单**

| 排名 | 企业名称 | 原煤产量（万吨） | 备注 |
|---|---|---|---|
| 1 | 神华集团有限责任公司 | 43149 | 煤炭产量 1 亿吨以上企业（共 6 家） |
| 2 | 中国中煤能源集团有限公司 | 13323 | |
| 3 | 山东能源集团有限公司 | 13050 | |
| 4 | 陕西煤业化工集团有限责任公司 | 12593 | |
| 5 | 大同煤矿集团有限责任公司 | 11786 | |
| 6 | 兖矿集团有限公司 | 11415 | |

**续表 5－1**

| 排名 | 企业名称 | 原煤产量（万吨） | 备注 |
|---|---|---|---|
| 7 | 山西焦煤集团有限责任公司 | 9151 | 煤炭产量 5000 万～1 亿吨企业（共 8 家） |
| 8 | 冀中能源集团有限责任公司 | 8009 | |
| 9 | 山西潞安矿业（集团）有限责任公司 | 7433 | |
| 10 | 晋能集团有限公司 | 7136 | |
| 11 | 开滦（集团）有限责任公司 | 7022 | |
| 12 | 河南能源化工集团有限公司 | 6658 | |
| 13 | 阳泉煤业（集团）有限责任公司 | 6300 | |
| 14 | 山西晋城无烟煤矿业集团有限责任公司 | 6116 | |
| 15 | 内蒙古霍林河露天煤业股份有限公司 | 4281 | 煤炭产量 1000 万～5000 万吨企业（共 22 家） |
| 16 | 黑龙江龙煤矿业控股集团有限责任公司 | 4270 | |
| 17 | 华电煤业集团有限公司 | 4208 | |
| 18 | 内蒙古伊泰集团有限公司 | 3923 | |
| 19 | 内蒙古汇能煤电集团有限公司 | 3910 | |
| 20 | 中国平煤神马能源化工集团有限责任公司 | 3457 | |
| 21 | 淮北矿业（集团）有限责任公司 | 3001 | |
| 22 | 内蒙古蒙泰煤电集团有限公司 | 3000 | |
| 23 | 山西煤炭进出口集团有限公司 | 2657 | |
| 24 | 陕西榆林能源集团有限公司 | 2278 | |
| 25 | 徐州矿务集团有限公司 | 2264 | |
| 26 | 内蒙古平庄煤业（集团）有限责任公司 | 2261 | |
| 27 | 辽宁铁法能源有限责任公司 | 2042 | |
| 28 | 安徽省皖北煤电集团有限责任公司 | 1913 | |
| 29 | 华亭煤业集团有限责任公司 | 1862 | |
| 30 | 内蒙古伊东资源集团股份有限公司 | 1858 | |
| 31 | 华能伊敏煤电有限责任公司 | 1850 | |
| 32 | 郑州煤炭工业（集团）有限责任公司 | 1337 | |
| 33 | 满世投资集团有限公司 | 1238 | |
| 34 | 重庆市能源投资集团有限公司 | 1174 | |
| 35 | 四川煤炭产业集团有限责任公司 | 1120 | |
| 36 | 贵州盘江国有资本运营有限公司 | 1094 | |
| 37 | 鄂尔多斯市乌兰煤炭（集团）有限责任公司 | 982 | 煤炭产量 1000 万吨以下企业（共 14 家） |
| 38 | 靖远煤业集团有限责任公司 | 979 | |
| 39 | 济宁能源发展集团有限公司 | 883 | |
| 40 | 北京京煤集团有限责任公司 | 876 | |
| 41 | 山西兰花煤炭实业集团有限公司 | 825 | |

**续表 5－2**

| 排名 | 企业名称 | 原煤产量（万吨） | 备注 |
|---|---|---|---|
| 42 | 中铝宁夏能源集团有限公司 | 815 | 煤炭产量1000万吨以下企业(共14家) |
| 43 | 贵州水矿控股集团有限责任公司 | 781 | |
| 44 | 广汇能源股份有限公司 | 766 | |
| 45 | 彬县煤炭有限责任公司 | 750 | |
| 46 | 中国庆华能源集团有限公司 | 653 | |
| 47 | 陕西汇森煤业开发有限责任公司 | 640 | |
| 48 | 山西怀仁联顺玺达柴沟煤业有限公司 | 589 | |
| 49 | 云南省小龙潭矿务局 | 579 | |
| 50 | 河南神火集团有限公司 | 569 | |

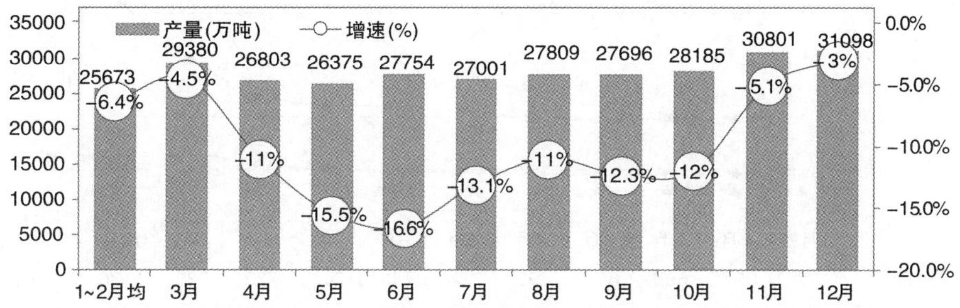


**图1　2016年规模以上煤炭企业原煤产量**

**【煤炭运销】**　2016年全国铁路发运煤炭19亿吨，同比下降4.7%(图2)。前9个月铁路发运煤炭一直呈现负增长,同比下降9.1%;9月以后随着需求增加,发运量同比由负转正,11月当月同比增长11.9%。主要港口发运煤炭6.44亿吨,同比基本持平。

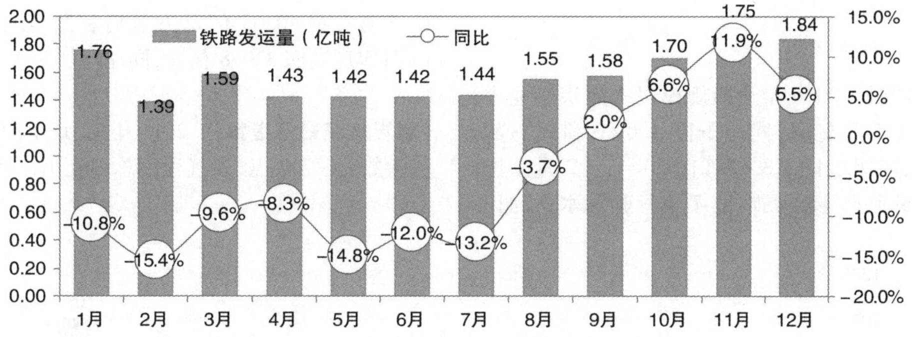


**图2　2016年全国铁路煤炭发运量**

2016年全社会存煤在连续四年增加后出现下降。年底,重点煤炭企业存煤9300万吨,比年初减少3499万吨,下降27.3%。重点发电企业存煤6546万吨,比年初减少812万吨,下降11%,可用16天(图3)。

**【煤炭价格】**　2016年末,中国煤炭价格指数160点,比年初回升44.2点,增幅38.1%。秦皇岛港5500大卡市场动力煤平仓价639元/吨,比年初回升269元/吨,增长72.7%;其中上半年价格回升30元/吨,7～11月回升300元/吨,11～12月价格下降了60元/吨。山西焦肥精煤综合售价1489元/吨,比年初回升920元/吨,增长161.7%(图4)。

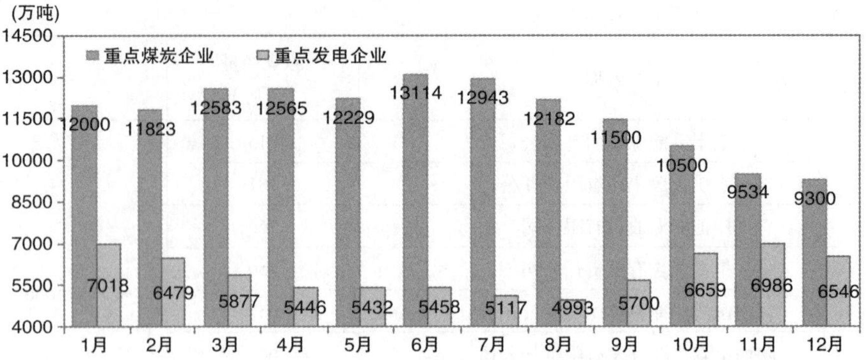


图3　2016 年重点煤矿及电厂煤炭库存量

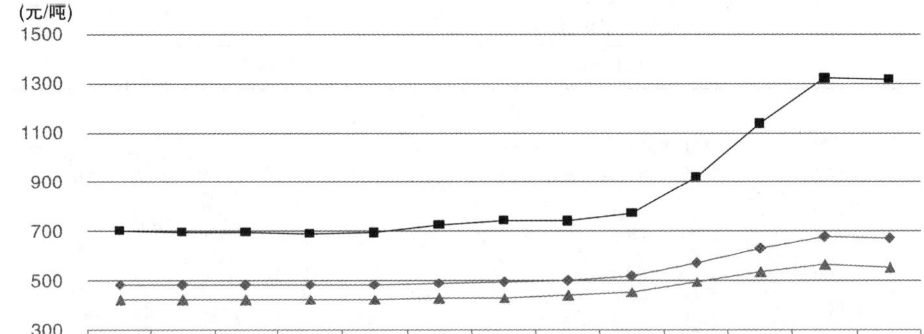


| | 1月初 | 1月 | 2月 | 3月 | 4月 | 5月 | 6月 | 7月 | 8月 | 9月 | 10月 | 11月 | 12月 |
|---|---|---|---|---|---|---|---|---|---|---|---|---|---|
| 焦肥精煤 | 701 | 697 | 695 | 691 | 693 | 726 | 743 | 741 | 773 | 922 | 1136 | 1319 | 1316 |
| 中等动力煤 | 424 | 423 | 423 | 427 | 427 | 429 | 433 | 442 | 455 | 497 | 535 | 564 | 553 |
| 全国煤炭 | 484 | 483 | 483 | 485 | 485 | 491 | 495 | 502 | 516 | 572 | 630 | 677 | 669 |

图4　2016 年月度煤炭价格指数

**【煤炭投资】**　2016 年煤炭采选业固定资产投资 3038 亿元,同比下降 24.2%,其中民间投资 1864 亿元,下降 18.3%。

**【煤炭行业效益】**　2016 年全国规模以上煤炭企业主营业务收入 2.3 万亿元,同比下降 1.6%;利润总额 1090.9 亿元,同比增长 223.6%(图 5)。1~2 月全国规模以上煤炭企业整体亏损,前 7 个月利润水平同比下降 19%,8 月后利润实现正增长。中国煤炭工业协会统计的 90 家大型煤炭企业(产量占全国的 68%)1~5 月亏损 40.65 亿元,6 月后利润实现正增长,1~12 月实现利润 320.8 亿元,同比增加 363.7 亿元。

**【煤炭市场景气指数】**　2016 年 12 月全国煤炭市场景气指数为 -7.8 点,景气程度总体处于正常区间。

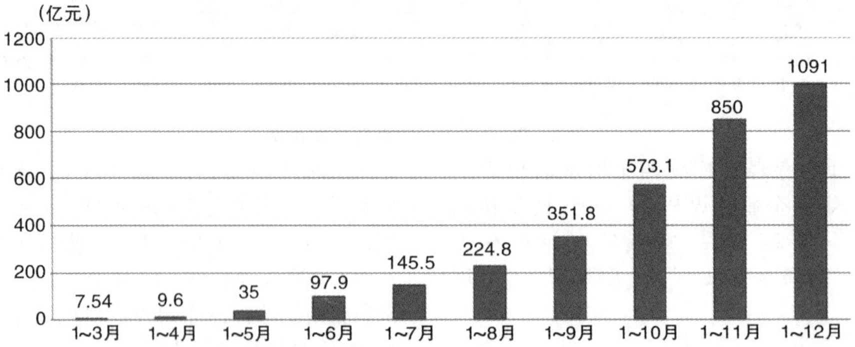


图5　2016 年规模以上煤炭企业利润情况

【**煤炭进出口**】 2016年全国共进口煤炭2.56亿吨，同比增长25.2%（图6）；出口878万吨，增长64.5%（图7）；全年净进口煤炭2.47亿吨，同比增加4800万吨，增长24.2%。受国内供应形势和价格回升影响，自6月起，煤炭进口持续处于高位，月均进口量均在2000万吨以上，11月当月达到2700万吨。

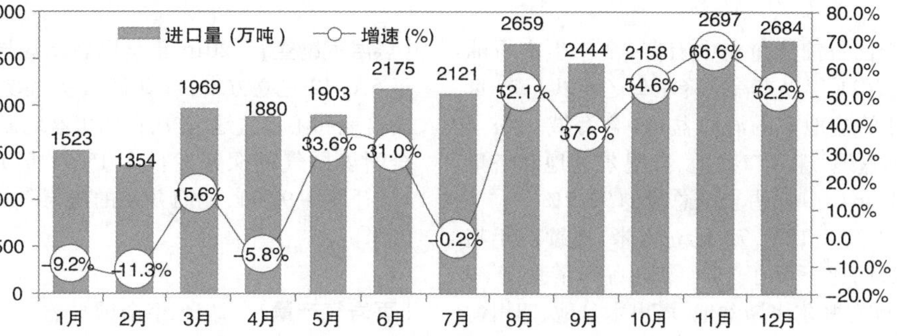


**图6 2016年全国煤炭进口量**

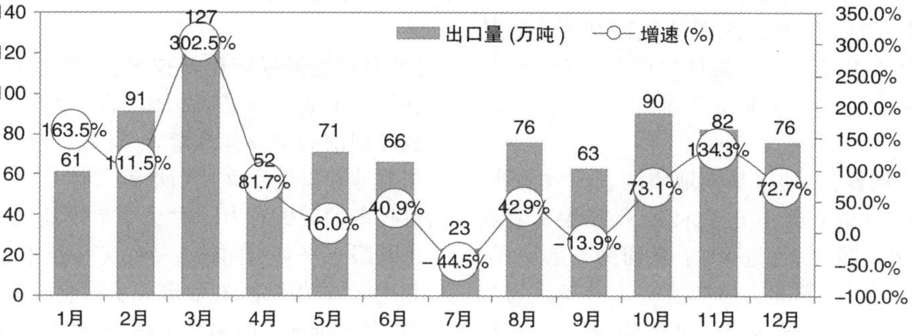


**图7 2016年全国煤炭出口量**

（中国煤炭工业协会）

# 油 气

## ·综述·

【**概况**】 受油价持续低迷影响，2016年石油公司被迫关停低效井、消减高成本油田产量。全国油气资源勘查开采投资和实物工作量虽大幅下降，但在中西部和海域仍获得一批勘查突破，基础地质调查评价也取得重要进展。石油新增探明地质储量连续9年超过10亿吨后首次降至10亿吨以下，天然气连续14年超过5000亿立方米。石油产量下降明显，仍保持在2.0亿吨水平；天然气产量小幅下降，煤层气、页岩气产量均创历史新高。

【**油气勘查开采**】 受油价持续低迷影响，2016年我国油气资源勘查开采投资和实物工作量大幅下滑。全国油气勘查、开采投资分别为527.5亿元和1333.4亿元，同比下降12.1%和29.6%，比2007年还分别下降了14.4亿元和197.4亿元，回到了10年前的水平；采集二维地震5.29万千米、三维地震2.65万平方千米，同比分别下降37.4%和20.0%；完成探井2715口和开发井15368口，同比分别下降10.2%和23.5%。

【**新增石油探明地质储量**】 10年来首次降至10亿吨以下，天然气连续14年超过5000亿立方米。2016年，全国石油新增探明地质储量9.14亿吨，连续9年超过10亿吨后首次降至10亿吨以下。其中，大于1亿吨的盆地2个，分别为鄂尔多斯和渤海湾盆地海域；大于1亿吨的油田2个，分别为鄂尔多斯盆地的南梁油田和环江油田。截至2016年底，全国石油累计探明地质储量381.02亿吨，剩余技术可采储量35.01亿吨，剩余经济可采储量25.36亿吨，储采比12.7。

全国天然气新增探明地质储量7265.6亿立方米，连续14年超过5000亿立方米。其中，大于1000亿立方米的盆地2个，分别为鄂尔多斯盆地和四川盆地；大于1000亿立方米的气田2个，分别为鄂尔多斯盆地的苏里格气田和四川盆地的安岳气田。截至2016年底，全国累计探明天然气地质储量13.74万亿立方米，剩余技术可采储量5.44万亿立方米，剩余经济可采储量

3.93 万亿立方米，储采比 31.9。

【石油产量】 6 年来首次降至 2 亿吨以下，天然气产量稳中有降。

2016 年，全国石油产量稳中有降，全年生产石油 1.996 亿吨，是 2011 年以来首次降至 2 亿吨以下，产量大于 1000 万吨的盆地有渤海湾盆地（含海域）、松辽盆地、鄂尔多斯盆地、珠江口盆地、准噶尔盆地和塔里木盆地，合计 1.864 亿吨，占全国总量的 92.2%。

全国生产天然气 1231.72 亿立方米，连续 6 年超过千亿立方米，同比下降了 1%。其中，产量大于 30 亿立方米的盆地有鄂尔多斯盆地、塔里木盆地、四川盆地、柴达木盆地、松辽盆地和珠江口盆地，合计 1086.18 亿立方米，占全国总量的 88.2%。

截至 2016 年底，全国已探明油气田 993 个。其中，油田 722 个，气田 271 个。累计生产石油 65.92 亿吨，累计生产天然气 1.81 万亿立方米。

【油气基础地质调查】 油气基础地质调查成效显著。南方页岩气调查开辟 6 万平方千米新区，拓展 9 套新层系，圈定 10 处远景区、优选 14 个有利勘查区块，取得贵州遵义安页 1 井、湖北宜昌鄂宜页 1 井等页岩气勘查重大突破。北方新区新层系油气调查开辟了 50 万平方千米勘查新区，拓展 3 套油气勘查新层系，圈定 20 处油气远景区。

天然气水合物调查取得新进展，在南海神狐海域发现新的高饱和度及较高渗透率的天然气水合物储层，全面完成了海域天然气水合物试采准备工作，确定了试采井位和地层流体抽取法降压试采的技术方案。

为启动“十三五”全国油气资源评价工作做好准备。编制了“十三五”全国油气资源评价实施方案，更加注重油气资源的经济可采性和生态环境允许程度的评价，为国家制定“十四五”能源发展规划和精准施策提供依据。

【常规油气勘查】 常规油气勘查发现主要集中在鄂尔多斯盆地、四川盆地、准噶尔盆地、塔里木盆地等中西部盆地和海域。鄂尔多斯盆地继续保持储量高增长态势，在陇东地区新增南梁和环江两个亿吨级油田，苏里格地区新增天然气探明地质储量 3111 亿立方米，占全国新增储量的 40%。四川盆地安岳气田新增天然气探明储量 1528 亿立方米，逐步成为万亿立方米级大气区，盆地西北部双探 3 井首次在泥盆系观雾山组取得天然气勘探新发现。塔里木盆地顺北地区石油勘探的成功，实现了“塔河之外找塔河”的战略构想。准噶尔盆地玛湖凹陷接连取得二叠系、三叠系石油勘探重要发现，形成亿吨级储量规模区。渤海海域蓬莱 20－2 油田、曹妃甸 12－6 油田和垦利 16－1 油田新增石油探明地质储量 1.2 亿吨。

【煤层气勘查】 2016 年全国新增煤层气探明地质储量 576.12 亿立方米，较 2015 年大幅增长，除了鄂尔多斯盆地和沁水盆地，首次在四川盆地提交煤层气储量。全国煤层气勘探开发投入 15.91 亿元，共钻探井 87 口、开发井 97 口，地面开发的煤层气产量 44.95 亿立方米。

【页岩气产量】 2016 年全国页岩气产量 78.82 亿立方米，较 2015 年增长 76.3%。全国页岩气勘探开发投入 87.9 亿元，完钻探井 50 口、开发井 92 口。

【油气勘查开采理论与技术】 勘查理论与技术的发展促进了油气勘查新发现。古老油气系统源灶多途径成烃理论的突破有效指导了深层天然气勘探，支撑四川盆地和塔里木盆地新增油气储量快速增长；测井评价技术的突破有力支撑了非常规油气勘探开发；超深小井眼水平井定向钻井等钻完井技术在塔里木盆地顺北地区成功应用，有效解决了钻速低、地层易漏失易垮塌、定向难度大等钻井难题；深水成盆理论创新引领了深水油气勘探思路的转变。

开采技术的创新保障了油气田高效开发。大型碳酸盐岩气藏开发配套技术，支撑安岳气田快速、高效开发；全可溶桥塞水平井分段压裂技术工业试验取得重大突破，打破国外公司的技术垄断；大力发展低成本开发技术，提升了杭锦旗、川西中浅层等难动用储量的开发效益；注水井智能测调工艺打开渤海油田注水新局面，彻底解决了大斜度井/水平井分注难题。

【油气资源管理】 加强油气矿业权审批登记管理。严格依法依规，主动优化服务，加快审批登记工作。截至 2016 年底，全国共有石油天然气（含煤层气、页岩气）勘查许可证 978 个，面积 353.99 万平方千米；采矿许可证 745 个，面积 15.42 万平方千米。其中，对外合作勘查许可证 32 个，对外合作采矿许可证 37 个。2016 年注销核减油气探矿权面积 23.35 万平方千米。

按照中央加快推进能源生产和消费革命的重大部署，发挥市场在资源配置中的决定性作用，加强指导和监管，以新疆试点为引领，有序推进油气资源勘查开采体制机制改革。编制新疆第二轮油气勘查区块竞争出让工作方案，筛选可供竞争出让的油气勘查区块。积极推进页岩气勘查开采示范区建设，探索开展页岩气勘查区块竞争出让新模式。

加强油气勘查开采监管与服务。部省联动,建立通报制度,向相关省和油公司通报勘查投入完成情况。各地认真开展现场督查,山西、重庆、贵州、新疆等省级国土资源管理部门设立专门油气管理机构,加强监管力量。探索监管方式改革,完成油气勘查开采信息公示系统培训,引入社会监督,强化企业自律。积极协调油气勘查开采中的矛盾,妥善处理矿业权纠纷,推动矿地和谐。

## ·油气资源勘查开采·

**【概况】** 全国油气资源勘查开采投资、实物工作量均较大幅度下降。全国新增石油探明地质储量9.14亿吨,新增探明地质储量大于1亿吨的油田2个,分别为鄂尔多斯盆地南梁和环江油田。新增天然气探明地质储量7265.6亿立方米,新增探明地质储量大于千亿立方米的气田2个,分别为鄂尔多斯盆地的苏里格气田和四川盆地的安岳气田。新增煤层气探明地质储量576.12亿立方米,较2015年增长20.9倍。石油产量稳中有降,天然气产量连续五年超千亿立方米。石油产量2.0亿吨,天然气产量1231.72亿立方米,连续6年保持千亿立方米以上水平。页岩气产量78.82亿立方米。煤层气产量44.95亿立方米。

**【油气资源勘查】** 1. 勘查投资①。

(1)全国勘查投资。全国油气勘查投资527.50亿元,较2015年的600.06亿元减少了72.56亿元,同比下降12.09%(图1)。

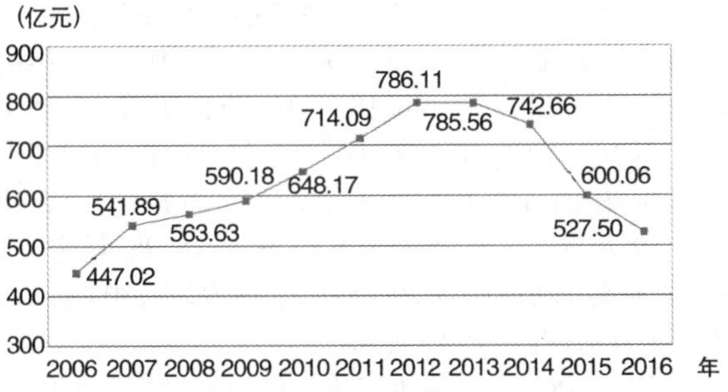


图1 2006~2016年全国油气勘查投入统计图

从勘查投资的比例看,中国地质调查局占4.23%,中国石油天然气集团公司(以下简称"中国石油")占52.73%,中国石油化工集团公司(以下简称"中国石化")占20.38%,中国海洋石油总公司(以下简称"中国海油")占17.48%,陕西延长石油(集团)有限责任公司(以下简称"延长石油")占3.32%,中联煤层气有限责任公司(以下简称"中联公司")占1.85%(图2)。

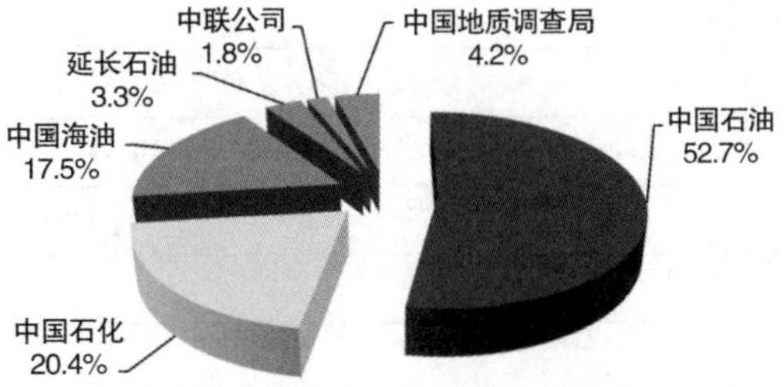


图2 2016年度全国油气勘查投入比例图

(2)各单位勘查投资。

中国地质调查局:油气调查投入22.33亿元,较2015年的29.50亿元减少7.17亿元,同比下降24.31%(图3)。

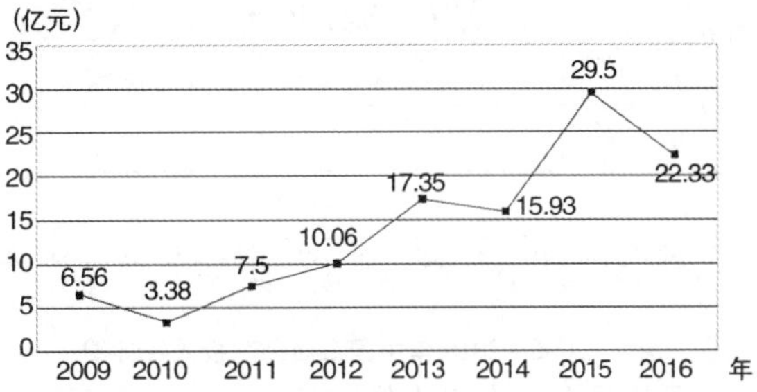


图3 2009~2016年中国地质调查局勘查投入统计图

中国石油:油气勘查投资278.14亿元,较2015年278.20亿元减少0.06亿元,同比下降0.02%(图4)。

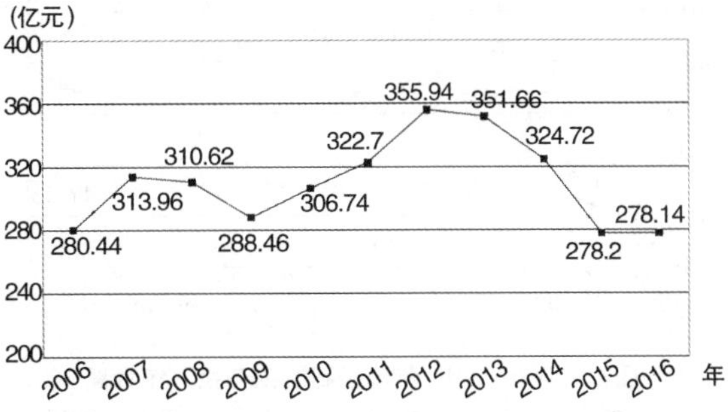


图4 2006~2016年中国石油勘查投入统计图

中国石化:油气勘查投资107.52亿元,较2015年的115.78亿元减少8.26亿元,同比下降7.13%(图5)。

中国海油:油气勘查投资92.22亿元,较2015年的136.84亿元减少44.62亿元,同比下降32.61%

① 勘查投资统计包括石油、天然气、煤层气和页岩气四种资源类型,投资单位包括中国地质调查局、中国石油、中国石化、中国海油、延长石油、中联公司。

(图6)。

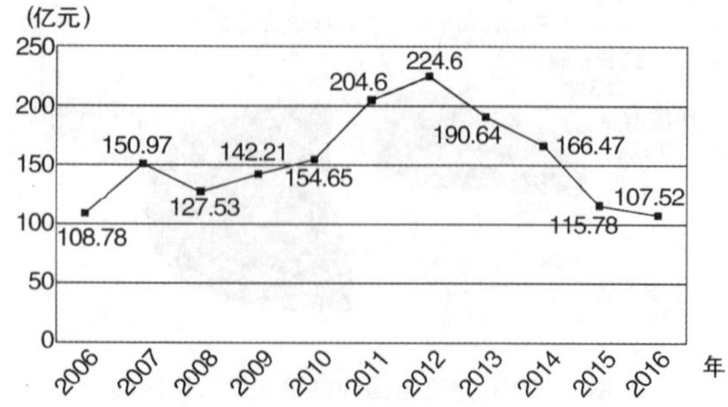


图5 2006～2016年中国石化勘查投入统计图

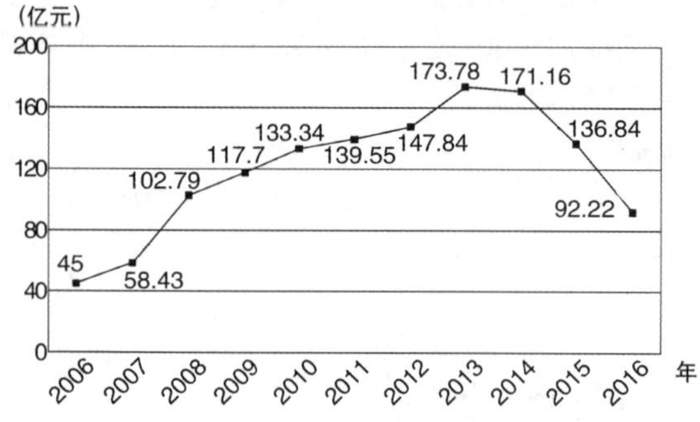


图6 2006～2016年中国海油勘查投入统计图

延长石油:油气勘查投资17.53亿元,较2015年的33.04亿元减少15.51亿元,同比下降46.94%(图7)。

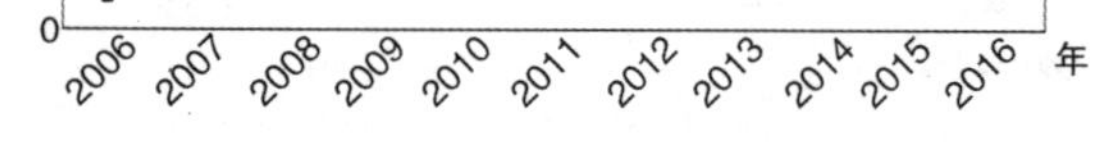


图7 2006～2016年延长石油勘查投入统计图

中联公司:煤层气和致密气勘查投资9.75亿元,较2015年的6.70亿元增加3.05亿元,同比增长45.52%(图8)。

2. 主要实物工作量①。

(1)探井。全国完钻探井2715口,比2015年的3023口减少308口,同比下降10.19%(图9)。其中,中国地质调查局109口(含调查井88口),占4.01%;中国石油1656口,占60.99%;中国石化383口,占14.11%;中国海油116口,占4.27%;延长石油361口,占13.30%;中联公司90口,占3.31%(图10)。

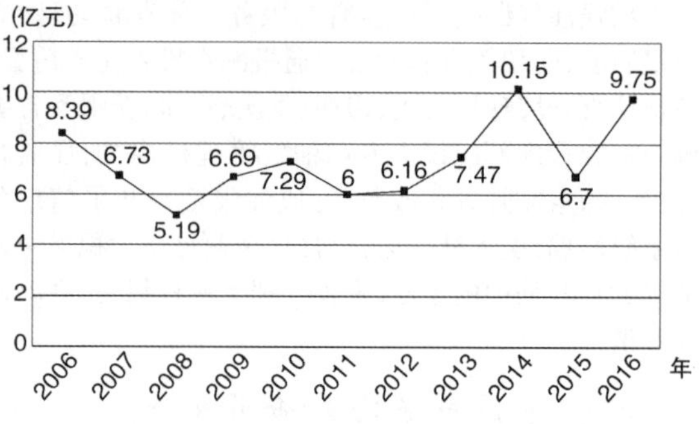


图8 2006～2016年中联公司勘查投入统计图

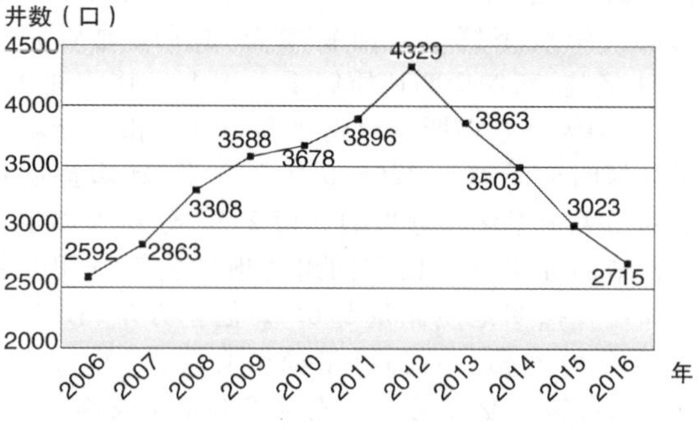


图9 2006～2016年全国油气探井口数统计图

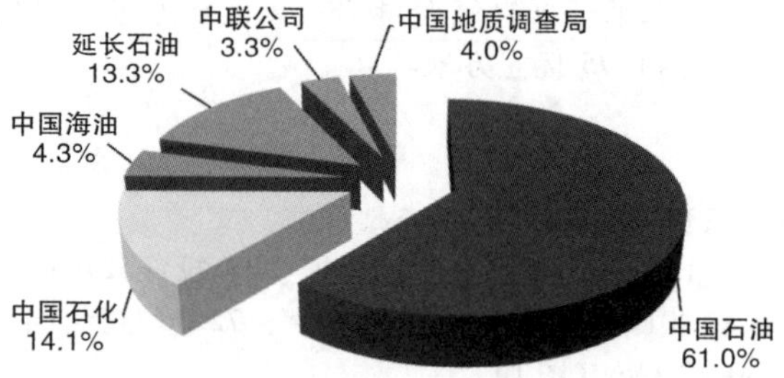


图10 2016年度全国油气探井口数比例图

全国完钻探井总进尺706.00万米,比2015年的854.18万米减少了148.18万米,同比下降17.35%(图11)。其中,中国地质调查局12.42万米,占1.76%;中国石油467.98万米,占66.29%;中国石化114.20万米,占16.18%;中国海油28.98万米,占4.10%;延长石油68.59万米,占9.72%;中联公司13.83万米,占1.96%(图12)。

(2)二维地震。全国完成二维地震勘探52869.80千米(图13),比2015年的84422.51千米减少了31552.71千米,同比下降37.37%。其中,中国地质调查局23725.50千米,占44.88%;中国石油24885.30千米,占47.07%;中国石化1788.00千米,占3.38%;

① 主要实物工作量统计包括石油、天然气、煤层气和页岩气四种资源类型,单位包括中国地质调查局、中国石油、中国石化、中国海油、延长石油、中联公司。

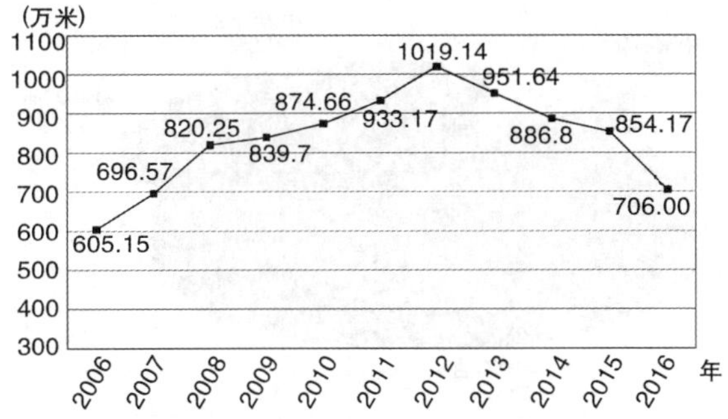


图 11　2006～2016 年全国油气探井进尺统计图

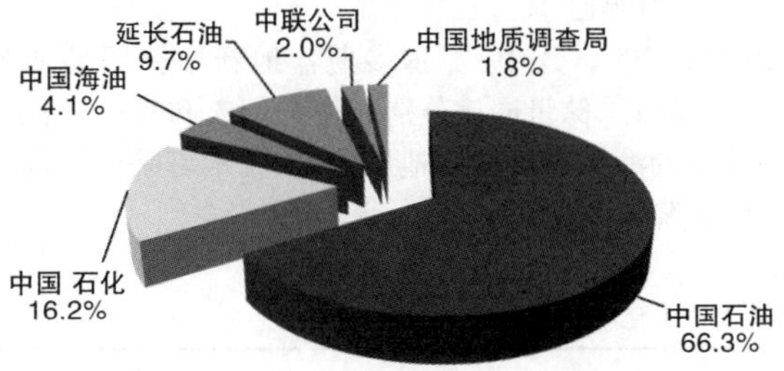


图 12　2016 年度全国油气探井进尺比例图

中国海油 2471.00 千米，占 4.67%（图 14）。

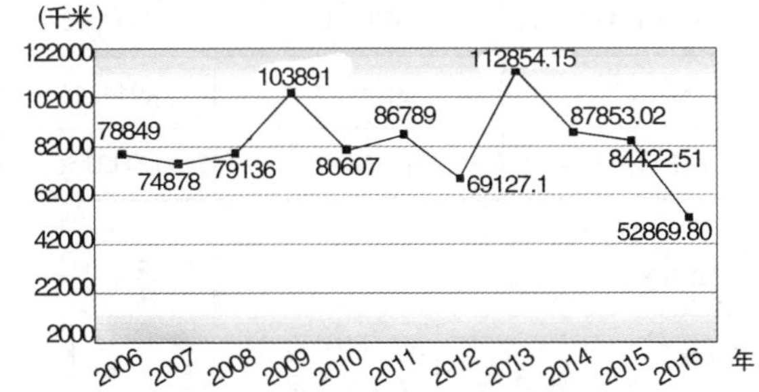


图 13　2006～2016 年全国油气二维地震统计图

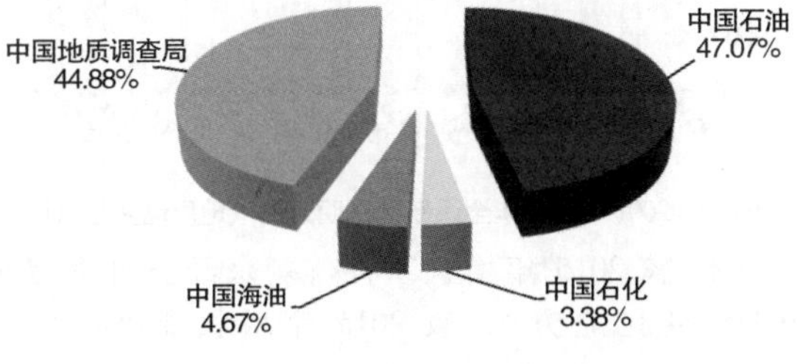


图 14　2016 年度全国油气二维地震比例图

（3）三维地震。全国完成三维地震 26452.09 平方千米（图 15），比 2015 年的 33076.77 平方千米减少了 6624.68 平方千米，同比下降 20.03%。其中，中国石油 8763.5 平方千米，占 33.13%；中国石化 5989 平方千米，占 22.64%；中国海油 11346 平方千米，占 42.89%；延长石油 153.59 平方千米，占 0.58%；中联公司 200 平方千米，占 0.76%（图 16）。

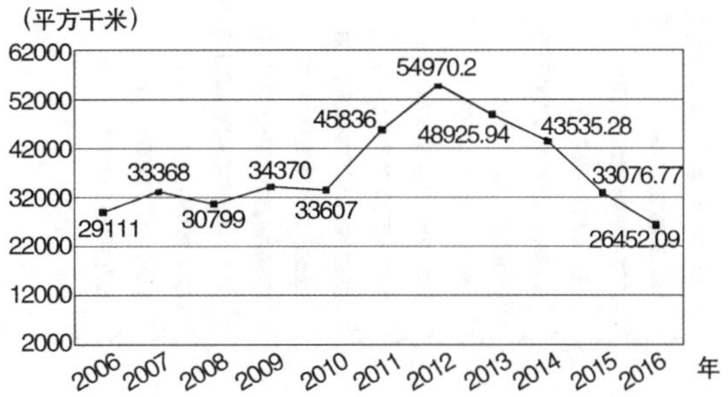


图 15　2006～2016 年全国油气三维地震统计图

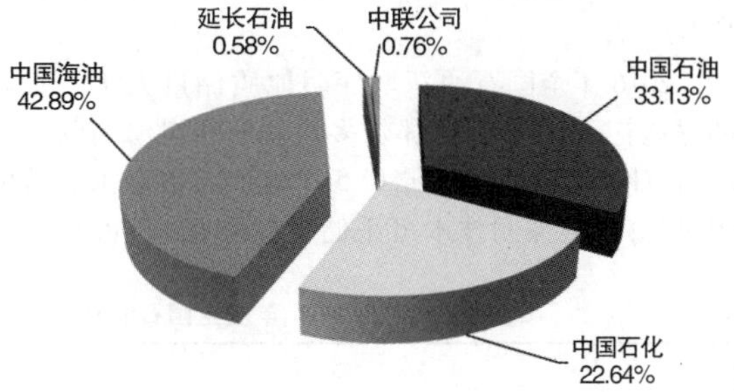


图 16　2016 年度全国油气三维地震比例图

3. 储量增长。

（1）石油。2016 年全国石油新增探明地质储量 9.14 亿吨①（包括原油、凝析油），较 2015 年减少了 2.04 亿吨，同比下降 18.3%，在连续 9 年超过 10 亿吨后首次降至 10 亿吨以下（图 17）。其中，中国石油新增探明地质储量 6.52 亿吨，占 71.4%；中国石化新增 0.55 亿吨，占 6.0%，较 2015 年大幅下降了 57.4%；中国海油新增 2.00 亿吨，占 21.9%；延长石油新增 0.07 亿吨，占 0.7%（图 18）。

全国石油新增探明技术可采储量 1.62 亿吨②，较 2015 年减少了 0.55 亿吨，同比下降 25.4%，储量接替率③为 81.0%。其中，中国石油新增探明技术可采储量 1.08 亿吨，占 66.7%；中国石化新增 0.12 亿吨，占 7.4%；中国海油新增 0.41 亿吨，占 25.4%，较 2015 年下降了 40.5%；延长石油新增 68.16 万吨，占 0.4%。

截至 2016 年底，全国石油累计探明地质储量 381.02 亿吨，较 2015 年增长 2.5%；累计探明技术可采储量 100.93 亿吨，较 2015 增长 1.9%；累计探明经济可采储量 91.28 亿吨，较 2015 年增长 1.7%。剩余技术可采储量 35.01 亿吨，较 2015 年增长 0.1%；剩余

① 不含老油田复算（核算）增加 0.12 亿吨。

② 不含老油田复算（核算）增加 0.12 亿吨。

③ 储量接替率：是指当年新增探明技术可采储量与当年产量的比值。

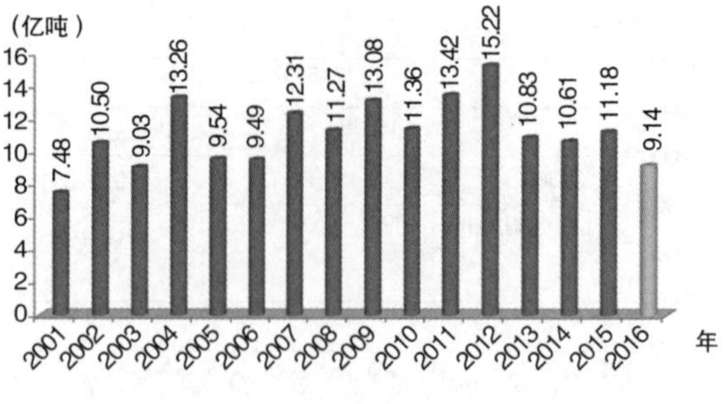


图 17　2001 ~2016 年全国新增探明石油地质储量柱状图

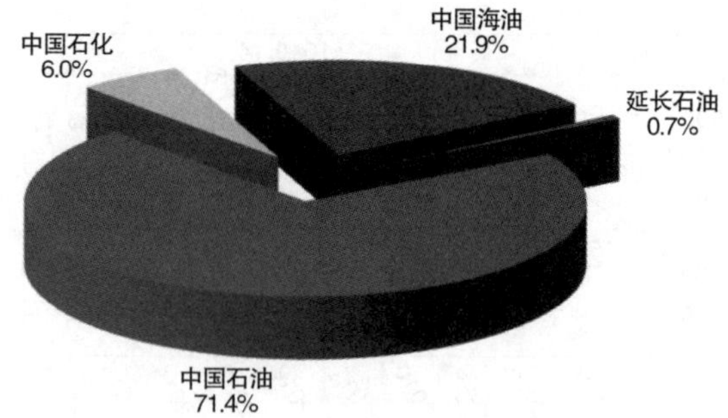


图 18　2016 年度各石油公司新增探明石油地质储量比例图

经济可采储量 25. 36 亿吨，较 2015 年下降 1. 3% ，储采比[①] 12. 7。

2016 年全国石油新增探明地质储量大于 1 亿吨的盆地有 2 个，分别是鄂尔多斯盆地和渤海湾盆地海域，合计新增探明地质储量 5. 54 亿吨，占全国总量的 60. 6% ；新增探明技术可采储量1. 03亿吨，占全国总量的 63. 9% 。其中，鄂尔多斯盆地新增探明地质储量、技术可采储量同比分别下降 11. 4% 和 9. 0% ；渤海湾盆地的海域新增探明地质储量、技术可采储量同比分别下降 5. 6% 和 28. 6% ( 表 1) 。

**表 1　　2016 年度全国石油新增探明地质储量大于 1 亿吨的盆地统计表**

| 序号 | 盆地名称 | 新增探明地质储量(万吨) | | 新增探明技术可采储量(万吨) | |
|---|---|---|---|---|---|
| | | 2016 年 | 2015 年 | 2016 年 | 2015 年 |
| 1 | 鄂尔多斯 | 37518. 18 | 42364. 43 | 6797. 36 | 7469. 12 |
| 2 | 渤海海域 | 17905. 91 | 18967. 30 | 3530. 71 | 4944. 44 |
| 合计 | | 55424. 09 | 61331. 73 | 10328. 07 | 12413. 56 |

( 2) 天然气。全国天然气( 包括气层气、溶解气) 新增探明地质储量 7265. 59 亿立方米[②]，较 2015 年增加了 493. 39 亿立方米，同比增加 7. 3% ( 图 19) ，储量接替率为 291. 7% 。其中，中国石油新增探明地质储量 6004. 08 亿立方米，占 82. 6% ；中国石化新增 192. 48 亿立方米，占 2. 6% ；中国海油新增 215. 95 亿立方米，占 3. 0% ；延长石油新增 853. 08 亿立方米，占 11. 7% ( 图 20) 。

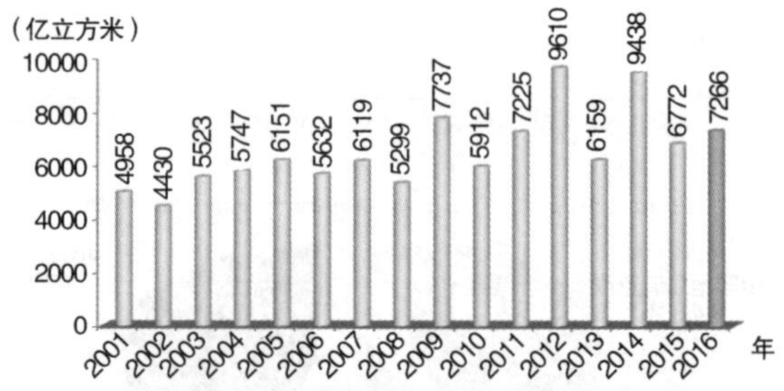


图 19　2001 ~2016 年全国新增探明天然气地质储量柱状图

全国天然气新增探明技术可采储量 3592. 45 亿立方米[③]，较 2015 年减少了 161. 90 亿立方米，同比减少 4. 3% 。其中，中国石油新增探明技术可采储量 3022. 38 亿立方米，占 84. 1% ；中国石化新增 65. 46 亿立方米，占 1. 8% ；中国海油新增 106. 2 亿立方米，占 3. 0% ；延长石油新增 398. 41 亿立方米，占 11. 1% 。

截至 2016 年底，全国天然气累计探明地质储量 137372. 27 亿立方米，较 2015 年增长 5. 6% ；累计探明技术可采储量 72460. 80 亿立方米，较 2015 年增长 5. 2% ；累计探明经济可采储量 57424. 28 亿立方米，较 2015 年增长 4. 9% 。剩余技术可采储量 54365. 46 亿立方米，较 2015 年增长 4. 7% ；剩余经济可采储量 39328. 94 亿立方米，较 2015 年增长 4. 0% ，储采比 31. 9。

① 储采比：是指当年剩余经济可采储量与当年产量的比值。

② 不含老油田复算( 核算) 减少 40. 69 亿立方米。

③ 不含老油田复算( 核算) 减少 20. 20 亿立方米。

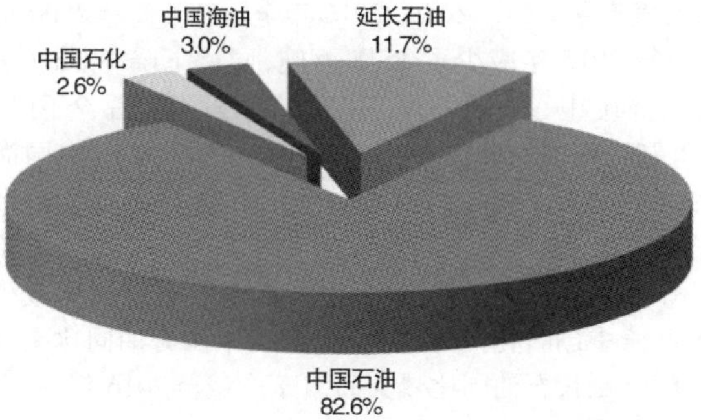


图 20 2016 年度各石油公司新增探明天然气地质储量比例图

2016 年全国天然气新增探明地质储量大于 1000 亿立方米的盆地有 2 个，分别为鄂尔多斯盆地、四川盆地(表 2)，合计新增探明地质储量 5934.60 亿立方米，占全国总量的 81.7%；新增探明技术可采储量 3040.09 亿立方米，占全国总量的 84.6%。与 2015 年相比，鄂尔多斯盆地的新增天然气探明储量大幅增加，四川盆地略有下降(表 2)。

(3)煤层气。2016 年全国新增煤层气探明地质储量 576.12 亿立方米，较 2015 年增长 20.9 倍；新增探明技术可采储量 288.08 亿立方米，较 2015 年增长 20.9 倍。鄂尔多斯盆地和沁水盆地新增储量大幅度增长，同时四川盆地首次提交煤层气储量。

表 2 2016 年度全国天然气新增探明地质储量大于 1000 亿立方米的盆地统计表

| 序号 | 盆地名称 | 新增探明地质储量(万吨) | | 新增探明技术可采储量(万吨) | |
|---|---|---|---|---|---|
| | | 2016 年 | 2015 年 | 2016 年 | 2015 年 |
| 1 | 鄂尔多斯 | 4302.49 | 996.92 | 2112.25 | 394.24 |
| 2 | 四川 | 1632.11 | 2185.94 | 927.84 | 1453.98 |
| 合计 | | 5934.60 | 3182.86 | 3040.09 | 1848.22 |

截至 2016 年底，全国累计探明煤层气地质储量 6928.30 亿立方米，累计探明技术可采储量 3484.59 亿立方米，累计探明经济可采储量 2837.53 亿立方米。剩余技术可采储量 3344.04 亿立方米，剩余经济可采储量 2696.98 亿立方米。

(4)页岩气。截至 2016 年底，全国累计探明页岩气地质储量 5441.29 亿立方米，累计探明技术可采储量 1360.33 亿立方米，累计探明经济可采储量 684.32 亿立方米，剩余技术可采储量 1224.13 亿立方米，剩余经济可采储量 548.12 亿立方米。

**【油气资源开采】** 1. 开采投资①。

2016 年油气开采投资累计为 1333.41 亿元，较 2015 年的 1893.43 亿元降低了 560.02 亿元，降幅为 29.58%(图 21)。从各石油公司开采投资投入来看，

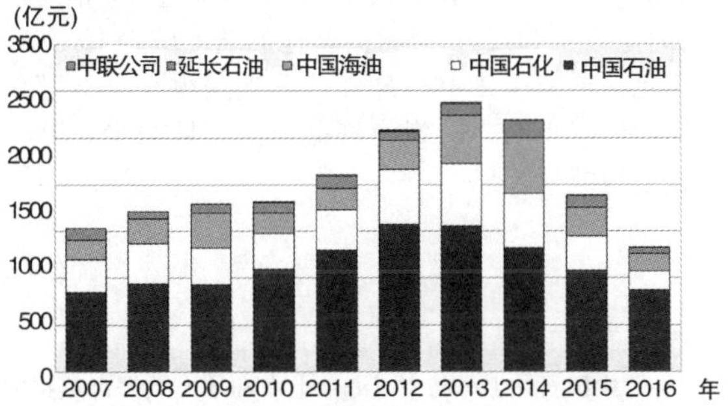


图 21 2007～2016 年全国及各油公司开采投入柱状图

中国石油 874.59 亿元，占 65.59%，同比降幅 19.31%；中国石化 197.17 亿元，占 14.79%，同比降幅 46.18%；中国海油 189.29 亿元，占 14.20%，同比降幅 36.56%；延长石油 64.07 亿元，占 4.80%，同比降幅 53.29%；中联公司 8.29 亿元，占 0.62%，同比增长 8.65%(图 22)。

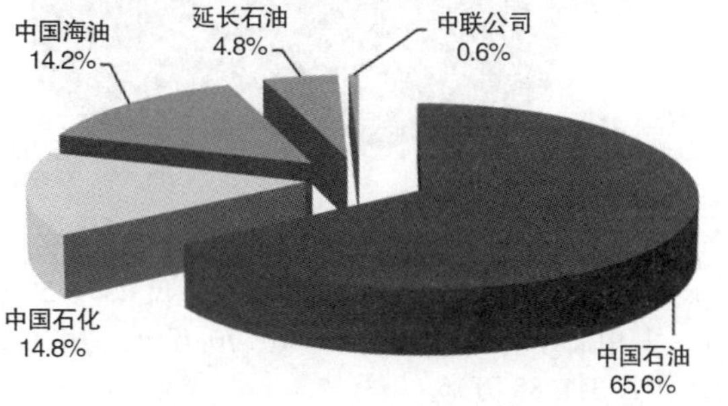


图 22 2016 年度各石油公司开采投入比例图

2. 开发钻井②。

全国完成开发井 15368 口，同比减少 23.46%；总进尺 2993.83 万米，同比减少 25.02%。其中油井

① 开采投资统计包括石油、天然气、煤层气和页岩气四种资源类型，单位包括中国地质调查局、中国石油、中国石化、中国海油、延长石油、中联公司。

② 开发钻井统计包括石油、天然气、煤层气和页岩气四种资源类型，单位包括中国地质调查局、中国石油、中国石化、中国海油、延长石油、中联公司。

14036口，进尺2545.76万米；气井1332口，进尺448.07万米（图23至图25）。

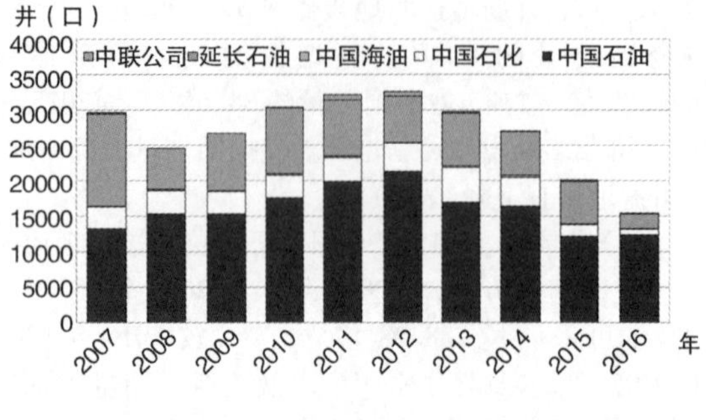


图23　2007～2016年全国及各油公司完成开发井柱状图

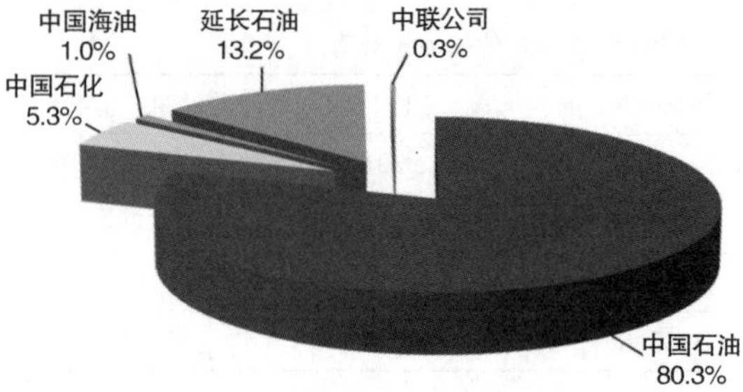


图24　2016年度各石油公司完成开发井数比例图

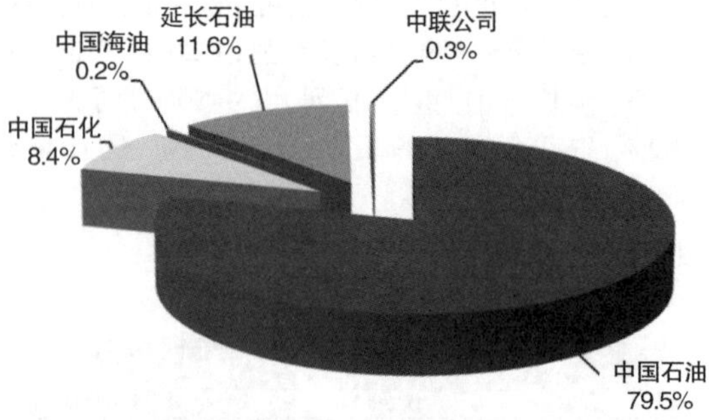


图25　2016年度各石油公司完成开发井进尺比例图

中国石油：完成开发井12336口，进尺2379.58万米。其中油井11323口，进尺2067.70万米；气井1013口，进尺311.88万米。

中国石化：完成开发井812口，进尺251.54万米。其中油井621口，进尺154.57万米；气井191口，进尺96.97万米。

中国海油：完成开发井150口，进尺5.43万米。其中油井138口，进尺4.71万米；气井12口，进尺0.72万米。

延长石油：完成开发井2030口，进尺348.29万米。其中油井1954口，进尺318.78万米；气井76口，进尺29.51万米。

中联公司：完成开发井40口，进尺8.99万米，其中油井0口，进尺0.00万米，气井40口，进尺8.99万米。

**【油气产量】**　1. *石油*。2016年全国石油产量2.00亿吨，较2015年减少了1545万吨，同比下降7.0%（图26）。其中，中国石油10545.03万吨，占全国的52.7%；中国石化3554.99万吨①，占17.8%；中国海油4536.77万吨，占22.7%；延长石油1115.36万吨，占5.6%；地方其他石油企业211.33万吨，占1.1%（图27）。与2015年相比，中国石油的产量同比减少5.4%，中国石化同比减少14.3%，中国海油同比减少4.6%，延长石油同比减少11.1%。截至2016年底，全国石油累计产出65.92亿吨。

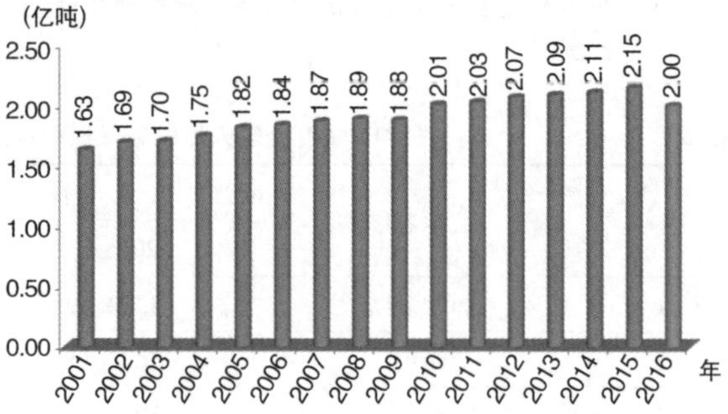


图26　2001～2016年全国石油年产量柱状图

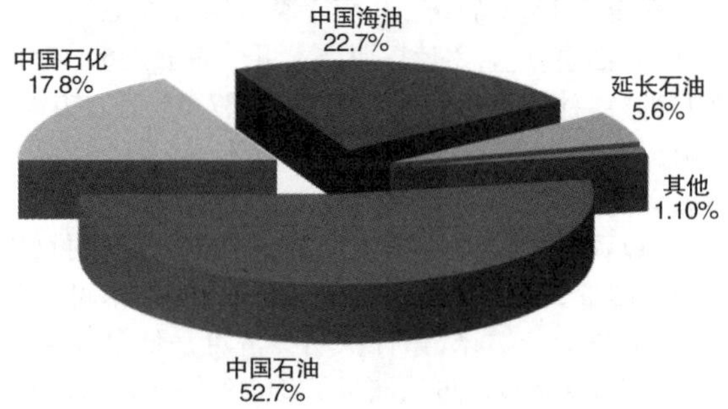


图27　2016年度各石油公司石油年产量比例图

2016年全国石油产量大于1000万吨的盆地有渤海湾（含海域）、松辽、鄂尔多斯、珠江口、准噶尔和塔里木盆地（表3），合计产量18409.99万吨，占全国总量的92.2%，低于2015年的92.7%，各盆地石油产量较2015年均有所下降。其中，塔里木盆地下降幅度最大，同比减少11.5%，渤海湾盆地的陆上减少10.1%，准噶尔盆地减少7.8%，珠江口盆地减少6.7%，鄂尔多斯盆地减少6.7%，渤海湾盆地的海域减少6.1%，松辽盆地减少5.8%。

---

①　中国石化上海与中国海油上海和地方上海市填报的凝析油产量重复10.54万吨，保持与储量通报一致，从中国石化总量中予以扣除。

表 3　2016 年度全国主要盆地石油产量统计表

| 序号 | 盆地名称 | | 2016 年产量(万吨) | 2015 年产量(万吨) | 同比增长(%) |
|---|---|---|---|---|---|
| 1 | 渤海湾 | 陆上 | 4269.44 | 4746.80 | -10.1 |
| 2 | | 海域 | 2865.39 | 3052.68 | -6.1 |
| 3 | 松辽 | | 4007.78 | 4255.43 | -5.8 |
| 4 | 鄂尔多斯 | | 3524.60 | 3779.44 | -6.7 |
| 5 | 珠江口 | | 1338.30 | 1434.39 | -6.7 |
| 6 | 准噶尔 | | 1260.17 | 1367.01 | -7.8 |
| 7 | 塔里木 | | 1144.31 | 1293.01 | -11.5 |
| 合计 | | | 18409.99 | 19928.76 | -7.6 |

2. 天然气。2016 年全国天然气产量 1231.72 亿立方米，较 2015 年减少了 11.85 亿立方米，同比减少 1.0%（图 28）。其中，中国石油生产天然气 935.82 亿立方米，占全国的 76.0%；中国石化生产 158.41 亿立方米①，占 12.9%；中国海油生产 107.16 亿立方米，占 8.7%；延长石油生产 20.37 亿立方米，占 1.7%；其他地方企业生产 9.96 亿立方米，占 0.8%（图 29）。与 2015 年相比，中国石油的产量同比增加 1.0%，中国石化同比减少 3.3%，中国海油同比减少 13.0%，延长石油同比增长 17.2%。截至 2016 年底，全国天然气累计产出 18095.34 亿立方米。

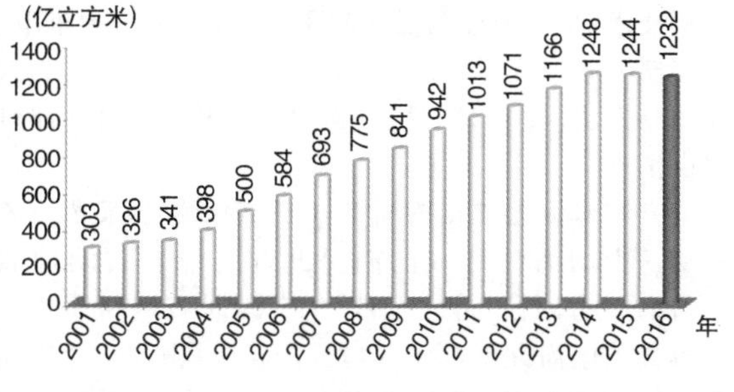


图 28　2001 ~ 2016 年度全国天然气年产量柱状图

2016 年全国天然气产量大于 30 亿立方米的盆地有鄂尔多斯、塔里木、四川、柴达木、松辽和珠江口盆地，合计产量达 1086.18 亿立方米，占全国总量的 88.2%，与 2015 年基本持平。天然气产量大于 30 亿立方米的 6 个盆地中，四川盆地天然气产量同比增长 5.1%，松辽盆地增长 3.3%，其余盆地均有所下降。其中，珠江口盆地下降幅度最大，天然气产量同比减少了 25.6%；其余盆地下降幅度较小，柴达木盆地减少 0.9%，塔里木盆地减少 0.8%，鄂尔多斯盆地下降 0.3%（表 4）。

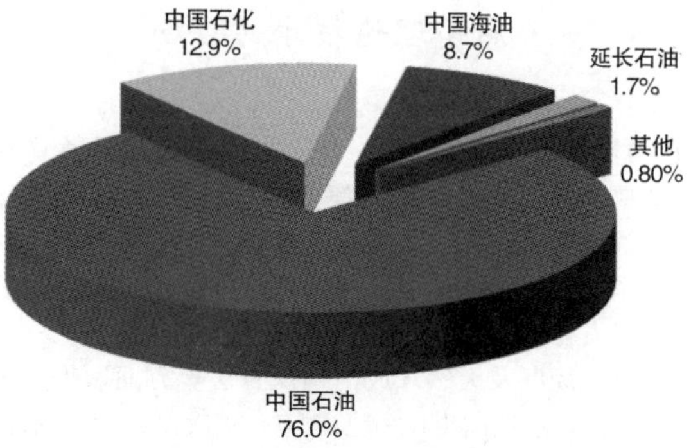


图 29　2016 年度各石油公司天然气年产量比例图

表 4　2016 年度全国主要盆地天然气产量统计表

| 序号 | 盆地名称 | 2016 年产量(亿立方米) | 2015 年产量(立方米) | 同比增长(%) |
|---|---|---|---|---|
| 1 | 鄂尔多斯 | 425.9 | 427.04 | -0.3 |
| 2 | 塔里木 | 249.63 | 251.53 | -0.8 |
| 3 | 四川 | 260.38 | 247.67 | 5.1 |
| 4 | 柴达木 | 60.81 | 61.37 | -0.9 |
| 5 | 松辽 | 56.21 | 54.39 | 3.3 |
| 6 | 珠江口 | 33.25 | 44.72 | -25.6 |
| 合计 | | 1086.18 | 1086.72 | -0.05 |

3. 煤层气②。

2016 年全国煤层气（含煤矿瓦斯）抽采量 168.51 亿立方米，同比减少 1.5%；利用量 80.13 亿立方米，同比增长 2.8%。其中，井下瓦斯抽采量 123.55 亿立方米，同比减少 2.5%；利用量 42.04 亿立方米，同比增长 6.8%。地面煤层气产量 44.95 亿立方米，同比增加 1.6%；利用量 38.09 亿立方米，同比下降 1.2%。

4. 页岩气。2016 年全国页岩气产量 78.82 亿立方米，较 2015 年增长 76.3%。其中，中国石化涪陵页岩气田产量 50.37 亿立方米，占全国的 63.9%；中国石油页岩气产量增长巨大，较 2015 年增长 118.2%，其中长宁区块页岩气产量 16.26 亿立方米，威远区块产量 6.57 亿立方米，其他区块产量 5.62 亿立方米。

---

① 中国石化上海与中国海油上海和地方上海市填报的气层气产量重复 5.40 亿立方米，保持与储量通报一致，从中国石化总量中予以扣除。

② 井下瓦斯抽采量采用煤监局数据，地面开发煤层气利用量采用中联公司统计数据。

## ·油气理论技术方法·

**【勘查理论技术方法】** 1. 古老油气系统源灶多途径成烃理论突破有效指导深层勘探，支撑四川盆地及塔里木盆地新增油气地质储量快速增长。中国石油古老油气系统源灶多途径成烃理论获得突破，在深层古老烃源岩发育机制、高－过成熟阶段生气潜力、有机－无机复合生烃以及天然气成因判识方法等方面取得重大进展，有效支撑了四川盆地震旦－寒武系及塔里木盆地新增油气地质储量快速增长。

该理论为西南油气田震旦－寒武系新增天然气探明储量2200亿立方米、控制储量2038亿立方米做出重要贡献，有效支撑塔里木盆地2013年以来新增油气地质储量21.9亿吨。

2. 三品质测井评价技术突破有力支撑非常规油气勘探开发。非常规油气的测井评价难以沿用常规油气评价思路与技术，严重制约了新领域的油气勘探开发。中国石油经过多年攻关，形成了以烃源岩品质、储层品质和工程品质为核心的三品质测井评价技术，开发了配套的测井处理评价软件。

该技术已在鄂尔多斯盆地、松辽盆地、准噶尔等盆地致密油及蜀南页岩气的1000余口探井与开发井中应用，致密油解释符合率提高26%，页岩气解释符合率达到94%，为中国石油非常规油气储量发现及产能建设发挥了不可替代的作用。

3. 沙漠区可控震源采集技术取得新进展。一是基本形成了一套针对不同地表类型、表层结构和地质目标的观测系统设计、野外参数试验到二次方法论证的技术思路。经过对皮山三维工区和阿东三维工区的地表类型、表层结构、深层地震地质条件和地震信噪比对比分析，采用类比法，初步设计了宽方位、高覆盖的三维可控震源采集观测系统——25米×25米面元、横纵比0.937、40线6炮256道640次覆盖；二是通过野外试验和二次方法论证，初步形成了拓展低频、多台少震次、交替扫描的可控震源激发技术。阿东三维可控震源激发参数为：交替扫描、3台1次激发、线性升频3～84赫兹的扫描信号、扫描长度20秒、驱动幅度70%、起始斜坡700毫秒、终了斜坡500毫秒；三是按照"过程可控则结果可控"的思路，以提前预防和实时监控为主的可控震源地震采集监控技术。野外监控主要利用相关软件对可控震源的控制箱体产生的VEAPS文件、可控震源的状态属性、可控震源的激发参数属性、可控震源的位置和高程属性等文件进行实时动态分析，使可控震源处于良好的工作状态，保证激发点位置的准确性，从而保证地震资料的单炮品质。

4. 塔里木盆地顺北地区成功应用超深小井眼短半径定向技术。中国石化在顺北地区应用分层提速、小井眼水平井定向钻井等钻完井技术有效解决了钻速低、地层易漏失易垮塌、定向难度大等钻井难题，提高了整体效率。关键技术是采用130毫米抗高温螺杆、扭力冲击器等多项新技术，三开井段机械钻速较设计提高39.2%，创超深小井眼（≤6″）水平井斜深世界最深纪录。技术应用后，与顺北1（有火成岩侵入体、7446米、5级结构、钻井周期462天）相比，顺北2井预测桑塔木组无火成岩侵入体，持续优化井身结构，由5级变为4级，周期缩短266天。与同类型的顺北1－1H井相比，应用分层提速钻井工艺技术，机械钻速提高36.47%，钻井周期缩短9%。标志着中国石化超深井钻完井技术跨入世界领先技术行列。

5. 渤海古近系"混合沉积"理论研究取得新进展。中国海油针对陆相断陷盆地混合沉积岩石，以岩芯、壁芯、薄片、地球物理资料为基础，首次建立了"陆源碎屑、化学成因碳酸盐、生物成因碳酸盐"三端元的混合沉积岩石成因分类及命名方案；提出了渤海陆相断陷盆地的近岸混积扇、近岸混积滩坝、远岸混积滩坝三类混合沉积相类型；明确了混合沉积成因样式，建立了区域混合沉积模式；明确了混积型优质储层的成因机理及主控因素，认识到包壳形成、淡水淋滤、早期白云石化是影响优质储层发育的重要因素；形成了一套成因环境约束下的地质－地球物理混合沉积储层综合预测分析技术；指出了辽西低凸起中段、石臼坨东倾末端、渤南低凸起南缘、莱州湾南斜坡等4个有利区带，为旅大16－3北、渤中27－2、垦利16－1等重点目标评价提供了支持。

6. 深水成盆理论创新认识引领深水勘探思维的转变。中国海油形成的南海北部陆缘岩石圈伸展"分圈层、分时段、分构造带"的非瞬时破裂新模式合理解释了南海北部深水区白云凹陷所具有的、经典断陷盆地模式难以解释的地质特征，包括：宽深断陷构型及其控制的大型巨厚三角洲－湖相沉积体系、深水区陆架坡折带发育演变机制、高热流产生的机制等。揭示了陆缘地壳伸展薄化作用控制深水盆地的成盆演化与沉积充填、高热流演化史，并使得成盆、成烃、成岩、成藏规律不同于传统断陷盆地，成为南海北部陆缘浅水与深水差异化勘探的主要科学依据，指导深水原油勘探，发现了流花20－2等油田，原油三级地质储量超过1亿立方米，探明储量7800万立方米。新认识成为指导盆地中央隆起带残洼群原油勘探的理论基础，推动了国际大洋钻探计划（IODP）对南海实施第三轮大洋钻探。

7. 海上多波多分量地震处理关键技术及应用研究。中国海油研发了RT分量旋转、波场分离、CIG道集分选、转换波速度分析以及转换波叠前时间偏移等12项三维多波多分量地震资料矢量处理关键技术，形成软件模块47个（ECHOS系统中移植12个处理模块），研发了基于时间域多尺度叠前共成像点道集的三维多波多分量偏移速度建模技术，能适应多种地质情况，建立了海上三维多波多分量地震资料处理流程，完成了渤海垦利10－16区块和涠西南的两个靶区200多平方千米的三维多波多分量地震资料处理，纵波剖面和转换波剖面具有可对比性，与合成记录吻合较好。针对蓬莱19－3区块气云模糊带成像这个多年未攻克的难题以及复杂构造的转换波成像，对关键试验线进行了攻关处理研究，转换波处理效果明显好于某商业软件处理效果，纵波剖面与转换波剖面具有可对比性，地震剖面与井资料也吻合得较好。为了更好地推广应用海上三维多波多分量地震资料处理技术，集成了中国海油首套具有自主知识产权的海上三维多波多分量处理软件平台EWI，进行多轮优化和测试，成功在三个靶区进行了应用，表明EWI软件基本能实现海上三维多分量地震资料的工业化处理，打破了地球物理服务公司对该项技术的垄断，为海油多波多分量地震勘探技术可持续发展奠定了坚实的基础，显著提升了中国海油的三维多波多分量地震资料处理能力。

8. 银额盆地地震采集关键技术取得新进展，地层识别能力大幅度提升。针对三维地震施工区地表条件差、采集时间短、深层地震资料信噪比低、单炮深层能量弱等难题，延长石油打破常规观测系统设计理念，首次把宽频可控震源技术、滑动扫描技术和无桩号施工结合起来，创立了一整套针对沙漠、戈壁区三维地震勘探完整技术序列，优化观测系统、增加覆盖次数、有效压制了采集过程中的噪声干扰，提高了资料品质。中生界内幕反射更为丰富、清晰，凹陷边界成像完整清晰，古生界深部反射清晰、成像完整，指导了银额复杂叠合型盆地勘探。

**【开采理论技术方法】** 1. 形成大型碳酸盐岩气藏开发配套技术，支撑安岳气田高效开发。中国石油通过创新碳酸盐岩气藏微裂缝网络渗流理论，攻克古岩溶储层高产富集区预测核心技术，形成大型碳酸盐岩气藏开发配套技术，支撑国内单体规模最大的整装碳酸盐岩气藏——安岳气田高效开发。

AX大型碳酸盐岩气藏开发技术成功应用于磨溪龙王庙组气藏开发，平均单井日产量百万立方米以上，快速建成年产能达110亿立方米的现代化大气田。

2. 全可溶桥塞水平井分段压裂技术工业试验取得重大突破。桥塞是水平井多段体积压裂核心技术之一。传统可钻式桥塞存在钻塞费用高、风险大、投产慢等难题。中国石油第四代桥塞即全可溶桥塞在国内多个油气田成功开展工业试验，效果显著。

在威远204H11平台完成首次页岩气全可溶桥塞压裂，最高25段、泵压达86兆帕，压后平均日产气达到27.5万立方米。仅钻塞费用就节省近千万元，同时大幅降低作业风险。该项创新成果打破国外公司的技术垄断。

3. 发展低成本开发技术，东部老油田推进测调一体化技术研发和推广。该技术累计应用3800余口井，年测调工作量6000井次以上。中国石化推广应用短流程就地分水等地面系统优化技术，在48座接转站实现“就地分水、就地处理、就地回注”。在15座联合站推广余热利用技术，折算年节约燃油4305吨。河南油田实施“乳化油泥”不动管柱调剖技术，单井次措施费用降幅达56%。华北、西南发展完善全通径完井、智能滑套等压裂工艺，推广脉冲压裂技术，研发低成本强交联压裂液体系，提升了杭锦旗、川西中浅层等难动用储量的开发效益。

4. 分级组合深部调剖技术实现绥中36－1油田调剖效果的“四个翻倍”。中国海油针对海上油田单井多轮次调剖后效果逐渐变差的问题，开展技术攻关，创新性提出了通过段塞分级与工艺组合实现深部调剖的新思路和方法，形成了二次交联凝胶体系合成技术、水分散聚合物微球合成方法及尺寸调控技术、调剖体系与油藏窜流强度匹配技术等一系列成果，绥中36－1油田F8井和F13井两口井先导性矿场试验取得显著降水增油效果，目标井组13口井中有12口见到降水增油效果，见效率高达92%，矿场试验平均有效期14个月，井组累计增油1.83万立方米，含水平均降低8.4个百分点，油价按每月实际油价计算，实现经济效益3938.32万元，投入产出比达到1:7。该技术与海上常规调剖技术相比，实现了调剖半径由30米提高到70米、平均有效期由6个月提高到14个月、单井平均增油量由4500立方米提高到9000立方米和平均投入产出比由1:3提高到1:7的“四个翻倍”效果，为低油价下海上油田稳油控水提供了技术保障。

5. 注水井智能测调工艺打开渤海油田注水新局面。中国海油针对常规分注工艺单井调配占平台时间长、调配率低等问题，优化测调工作筒结构，解决单层大排量注入需求；创新设计无线编码系统，软、硬件优化整合，实现地面计算机与井下智能注水工具的双向通讯，实时监测和控制井下各层流量；首次形成了海上平台注水井远程测、调一体化控制工艺，不仅满足海上油田常规注水井及60°以上斜井、水平井分层调配的需要,还可实现分层流量及分层压力实时监测,彻底解决了大斜度井/水平井分注难题。渤海油田5口注水井应用均满足现场需求,实现不占时率完成分注调配、调配率100%;单层排量700立方米/日,大幅提高配注效率;测调效率提高近10倍;调配费用同比降低90%。

6.“水淹层动态综合评价技术”助力南海西部老油田调整挖潜跃上新台阶。中国海油针对已开发老油田挖潜剩余油难、新钻开发调整井投产见水风险高的问题,研发了一套水淹层动态综合评价技术。在涠洲12-1油田2014~2016年综合调整项目的8口井中取得良好的应用效果,成功避射高含水层位并有效挖潜剩余油富集区。指导了文昌13-1/2油田、涠洲11-1油田、涠洲12-1油田挖潜措施研究,共提出24井次措施建议。其中,已实施的7井次(包括3口调整井和4井次提液井)措施截至2016年10月底共已累增油26.64万立方米,预测总累增油97.64万立方米。且将研究成果成功推广应用至文昌19-1油田的调整井评价中,在老油田挖潜的控水稳产中发挥了重要作用。

7. 创新应用多种特-超低渗油藏勘探开发技术支撑千万吨油田持续上产稳产。延长油田位于鄂尔多斯盆地边部,油源条件差,储层致密且裂缝发育,是典型的浅埋深、裂缝性特-超低渗油藏。经过多年艰苦攻关,取得了勘探开发理论与技术的重大创新。创建了特-超低渗油藏“差异成储、多期运聚、源导共控”多期成藏理论,丰富发展了渗吸-驱替渗流理论,建立了无震高效滚动勘探、“适度温和”注水开发、低伤害精细压裂和气/水/生物化学协同驱油等核心技术,形成了完整配套的理论和技术方法,在油区广泛推广应用,油田产量连续10年千万吨以上稳产,实现了特-超低渗油藏的经济有效开发。

8. 中联公司研制并应用了井地联合微地震裂缝监测技术。为实现微地震裂缝监测设备国产化,实现井地立体化监测,开展了数据采集设备、处理解释方法软件研究,完成首台国内井地联合采集微地震数据设备,并开展了现场应用试验和室内处理解释工作,结果表明研制的设备和软件系统优于国际同类产品,具有良好的经济效益。

## ·油气国际合作·

**【对外合作】** 全国油气(含煤层气、页岩气)对外合作区块共69个,面积8.92万平方千米。其中,合作勘查区块32个,面积8.44万平方千米;合作开采区块37个,面积4751平方千米。油气对外合作区块主要分布在渤海湾盆地、东海盆地、珠江口盆地、松辽盆地、沁水盆地、鄂尔多斯盆地、准噶尔盆地、清江盆地和南华北盆地以及贵州青山地区、云南罗平-恩洪地区。

1. 石油天然气。①对外合作勘查区块。截至2016年底,中国石油正在执行的石油天然气(含煤层气、页岩气)对外合作勘探开发合同38个,合作项目主要涉及低渗透油气藏、稠油、滩海、高含硫气藏、高温高压气藏、煤层气、页岩气等领域。对外合作项目全年生产原油313万吨,天然气75亿立方米。

中国海油有18个对外合作勘查区块,面积约8.15万平方千米,外方合作公司主要有埃尼中国公司、爱思开新技术株式会社、洛克石油(中国)公司、哈斯基石油作业(中国)有限公司、壳牌中国勘探与生产有限公司、科佩克(中国)有限公司和超准能源中国有限公司等。

②对外合作开采区块。中国石油赵东原油项目:赵东原油项目位于渤海湾盆地滩海地区,合作区块面积77平方千米,与新路安中国有限公司、澳大利亚洛克石油(渤海)公司合作开发。赵东项目自2015年4月接管作业权后,继续保持安全生产平稳运行,全年生产原油56万吨。

中国石油长北天然气项目:长北天然气项目位于鄂尔多斯盆地,合作区块面积1691平方千米,与荷兰壳牌石油公司合作开发。2016年1月1日,公司正式接管长北一期生产作业权,并与合作方壳牌公司达成《作业权移交协议》《天然气销售协议》,实现了生产运行的平稳过渡,项目全年生产天然气36亿立方米。长北二期24亿立方米/年产能开发项目有序推进。

中国石油川东北天然气项目:川东北天然气项目位于四川盆地,合作区块面积876平方千米,与美国雪佛龙公司合作开发。2016年5月27日,川东北天然气项目罗家寨高含硫气田开发建设工程全面投产,形成900万立方米/日的天然气处理能力,全年实现净化气产量12亿立方米。

中国海油有13个对外合作开采区块,面积1926平方千米,2016年合作油气田石油液体产量1613.27万吨,天然气48.21亿立方米。对外合作公司主要有雪佛龙德士古中国能源公司、盛业能源曹妃甸有限公司、康菲石油中国有限公司、超准能源中国有限公司、埃尼中国公司、新田石油中国有限公司、科佩克(中国)有限公司、洛克石油(中国)公司、哈斯基石油作业(中国)有限公司等。

延长石油延北天然气项目:延北天然气项目(延113—延133井区天然气开发技术合作项目)位于鄂尔多斯盆地,合作区块面积2341平方千米,与斯伦贝谢长和油田工程有限公司合作开发。该项目设计天然气产能建设规模25亿立方米/年,2013年开始建设,项目一期预计 2017 年底建成天然气产能 14 亿立方米/年。

2. 煤层气。全国煤层气合作勘查区块 20 个，面积 17026 平方千米，主要分布在沁水盆地和鄂尔多斯东缘。中方矿权人是中国石油和中联公司。其中，中国石油 10 个区块，主要位于山西、陕西、新疆、贵州等地，面积 7371 平方千米，外方合作公司有亚美大陆煤层气有限公司、奥瑞安能源国际有限公司、龙门汇成投资有限公司、远东能源（百慕大）有限公司、特拉维斯特能源公司、亚太石油有限公司、雪佛龙德士古中国能源公司、中澳煤层气能源有限公司、瑞弗莱克油气有限责任公司、亚加能源有限公司等；中联公司 10 个区块，合作勘查面积 9655 平方千米，外方合作公司加拿大英发能源有限公司、远东能源（百慕大）有限公司、中澳煤层气能源有限公司、格瑞克能源（国际）公司等（表 1）。

全国煤层气合作开采区块 2 个，面积 193 平方千米，中方矿权人是中联公司，外方合作公司有格瑞克能源（国际）公司和美中能源有限公司（萨摩亚）。

**表 1**　　**中联公司煤层气对外合作一览表**

| 合作区块名称 | 区块面积（平方千米） | 外方合同者和作业者 | 探明地质储量（亿立方米） | 累计产量（亿立方米） | 钻井及产能情况（截至 2016 年底） | 累计投入（亿元） |
|---|---|---|---|---|---|---|
| 山西晋城潘庄开采区块 | 141.8 | 美中能源有限公司 | 299.30 | 18.73 | 直井 30 口，水平井 95 组，建成产能 4.95 亿立方米/年 | 17.82 |
| 山西柿庄南开采区块 | 336.8（合作 277） | 格瑞克能源（国际）公司 | 534.01 | – | 钻井 1683，排采 1012 口 | 53.91 |
| 山西柳林勘查区块 | 183.8 | 富地柳林燃气有限公司 | 217.84 | – | 直井 33 口，多分支水平井 9 组，总产气 1.34 亿立方米 | 6.72 |
| 山西临兴东、西勘查区块 | 1785.9 | 中澳煤层气能源有限公司 | 718.37 | – | 二维地震 2089.78 千米，累计钻井 105 口，产气量 0.98 亿立方米 | 14.4 |
| 安徽宿州勘查区块 | 567.8 | 英发能源有限公司 | 31.58 | – | 钻井 27 口，排采 19 口 | 1.42 |
| 山西柿庄北勘查区块 | 374.92（合作 325） | 格瑞克能源（国际）公司 | – | – | 钻井 285 口，排采 87 口 | 7.53 |
| 山西沁源勘查区块 | 3388.227 | 格瑞克能源（国际）公司 | – | – | 钻井 47 口，排采 19 口 | 7.18 |
| 江西丰城勘查区块 | 1227.7 | 格瑞克能源（国际）公司 | – | – | 钻井 32 口，排采 15 口 | 3.37 |
| 安徽潘谢东勘查区块 | 590.1 | 格瑞克能源（国际）公司 | – | – | 钻井 14 口，排采 7 口 | 1.27 |

**【海外勘查开采】**　受国际油价持续低迷影响，我国 2016 年海外油气勘探开发投资大幅下滑。全年海外投资 679.3 亿元，较 2015 年减少了 445.7 亿元，其中，勘探投资 44.0 亿元，开发投资 635.3 亿元，分别比 2015 年减少了 47.0 亿元和 399.7 亿元。

2016 年，我国共获得权益油 12511 万吨，比 2015 年下降了 1092 万吨，权益气 336 亿立方米，比 2015 年增加了 36 亿立方米（表 2）。

表 2　　2016 年石油公司海外油气勘探开发成果

| 公司名称 | 勘探开发投资(亿元) | 勘探投资(亿元) | 开发投资(亿元) | 权益油(万吨) | 权益气(亿立方米) |
|---|---|---|---|---|---|
| 中国石油 | 157.6 | 8.0 | 149.6 | 5752.8 | 231.9 |
| 中国石化 | 214.3 | 0.7 | 213.6 | 4295.0 | 0.0 |
| 中国海油 | 287.8 | 32.1 | 255.7 | 2139.7 | 103.7 |
| 延长石油 | 1.7 | 1.7 | 0.0 | 0.0 | 0.0 |
| 中化石油 | 17.9 | 1.5 | 16.4 | 323.9 | 0.0 |
| 合计 | 679.3 | 44.0 | 635.3 | 12511.4 | 335.6 |

**注**:2016 年美元和人民币单位换算采用国家统计局数据,1 美元 =6.6423 元人民币。

1. 中国石油。中国石油坚持“互利共赢、合作发展”的理念,与国际石油公司、服务公司和东道国开展国际能源合作。截至 2016 年底,在全球 35 个国家运营 91 个油气合作项目,其中,在“一带一路”沿线 19 个国家执行 49 个油气合作项目,“一带一路”区域已成为公司海外油气产量和经济效益的主要来源地。

2016 年,完成油气勘查投资 8.0 亿元人民币,完成二维地震 500 千米、三维地震 271 平方千米,完成探井 38 口;油气开发投资 149.6 亿元人民币,完成开发井 391 口;完成油气权益产量当量 7601 万吨,其中原油权益产量 5753 万吨、天然气权益产量 232 亿立方米。

2. 中国石化。2016 年,中国石化海外上游勘探开发完成投资约 214.3 亿元人民币,其中勘探投资 0.7 亿元,开发投资 213.6 亿元,获得权益油气 4295 万吨油当量;全年勘探新增权益油气可采储量(2P + 2C) 883 万吨油当量。积极推进新项目收购,优化资产结构,中标埃及 6 号、7 号勘探区块。处置低效无效资产,提高抗风险能力。北海资产剥离增加现金流 6607 万元。

3. 中国海油。2016 年,中国海油在 17 个国家拥有海外勘探区块共计 56 个,面积共 12.80 万平方千米(净面积 5.97 万平方千米)。其中 7 个区块在非洲,8 个区块在亚太地区,8 个区块在南美洲,3 个区块在北美洲,30 个区块在欧洲。2016 年,中国海油在海外勘探共完成二维地震采集处理 10758 千米,三维地震采集处理 23979.85 平方千米,完成探井 14 口,完成勘探投资 32.1 亿元人民币。

2016 年海外勘探获得 2 个商业发现,为圭亚那的 Liza deep 和 Payara - 1(正在测试);成功评价 6 个含油气构造(阿尔及利亚 2 个:BOG、SAB;加蓬 1 个:Leopard;巴西 1 个:Libra;圭亚那 1 个:Liza;尼日利亚 1 个:OWOWO West)。新增净份额可采储量 421 百万桶。

2016 年中国海油在全球六个大洲(亚洲、欧洲、北美洲、南美洲、非洲和大洋洲)的 10 个国家(印度尼西亚、伊拉克、美国、加拿大、英国、特立尼达、多巴哥、哥伦比亚、尼日利亚、澳大利亚和阿根廷)有开发和生产作业。2016 年海外开发投资 255.7 亿元人民币,海外原油产量 2139.7 万吨,天然气 103.7 亿立方米。

4. 延长石油。海外勘查投资 1.7 亿元人民币,截至 2016 年,延长石油在中非、马达加斯加、吉尔吉斯斯坦、泰国和加拿大等 5 个国家拥有 20 个区块,其中在产区块 5 个。

2016 年,全年共完成泰国项目探井试气 1 口、中非项目二维地震 429 千米。加拿大项目在产 5 个区块 2016 年完成石油产量 12.3 万吨。

泰国项目 YPT7 井 24.5 米/2 层酸压试气,4 毫米油嘴获得 3.5 万立方米/日的工业气流,成为打破呵叻盆地腹部近 30 年的勘探停滞状态的第一口勘探发现井。中非项目解释新老地震测线 5400 千米,累计发现并落实 114 个圈闭,面积达 922.7 平方千米,展现了良好的勘探前景。

5. 中化石油。截至 2016 年底,中化石油勘探开发有限公司(以下简称“中化石油”)在美国、巴西、哥伦比亚、叙利亚、阿联酋、突尼斯、厄瓜多尔、印度尼西亚和我国渤海湾、四川盆地等 9 个国家和地区拥有 35 个区块;2016 年权益内油气产量约 324 万吨。2016 年,中化石油上游资产分布在美洲、中东、东南亚、国内等地区,石油合同类型涉及租让制、产品分成式、服务式等多种合同形式;经过十几年发展,国际化、市场化程度达到了一个崭新的水平。

中化石油海外勘探投资 1.5 亿元人民币,完成二维地震 569 千米,探井 3 口,进尺 13279 米;开发投资 16.4 亿元人民币,完成开发井 23 口,进尺 13.7 万米。

2016 年,完成产量 324 万吨当量。哥伦比亚项目聚焦重点,减亏增效,减亏 3494 万美元。对勘探风险大、回报小的 Manznao、Cardon 等区块在勘探一期结束后果断退出;对勘探风险小、资源潜力大的 Nogal 区块继续推动进入勘探Ⅱ期。

## ·油气基础性地质工作·

【油气地质调查】 1. 陆域油气基础地质调查。2016年,中国地质调查局围绕国家重大需求和国土资源中心工作,有力地支撑服务油气勘查开采体制改革。在陆域能源矿产调查计划中下设油气调查工程6个,二级项目39个,投入经费9.96亿元。完成1:5万页岩气基础地质调查12900平方千米,1:25万油气基础地质调查21150平方千米,二维地震采集1363千米,非震物探剖面测量7473千米地质调查井54口,进尺67850米,油气参数井21口,进尺45323米(表1)。实现南方页岩气、北方新区新层系油气调查重大突破或发现。

**表1 全国陆域油气资源调查2016年主要实物工作量统计表**

| 工作内容 | 单位 | 完成工作量 |
|---|---|---|
| 1:5万页岩气基础地质调查 | 平方千米 | 12900 |
| 1:25万油气基础地质调查 | 平方千米 | 21150 |
| 二维地震采集 | 千米 | 1363 |
| 非震物探剖面测量 | 千米 | 7473 |
| 地质调查井 | 口 | 54 |
| 地质调查井 | 米 | 67850 |
| 油气参数井 | 口 | 21 |
| 油气参数井 | 米 | 45323 |

①北方等油气调查开辟50万平方千米勘查新区,拓展3套油气勘查新层系,圈定20处油气远景区。开辟50万平方千米勘查新区,取得了北方油气调查新区的重大突破。创新性提出我国北方石炭系－二叠系不存在区域性不整合、沉积连续、没有发生构造抬升和剥蚀作用的新认识,首次确认银额盆地为石炭系－二叠系大型含油气盆地,开辟了12万平方千米勘查新区;圈定松辽盆地外围5个侏罗系含油气中小盆地,开辟了辽西地区20万平方千米火山岩覆盖区侏罗系勘查新区;在新疆塔里木、准噶尔等盆地周缘矿业权空白区和退出区块开辟了18万平方千米勘查新区;圈定了新疆柯坪冲断带、松辽盆地外围阜新－金羊－凌源、银额盆地居延海凹陷等20处油气远景区,开展油气战略选区调查工作。此外,在羌塘盆地勘查新区识别出两个大于100平方千米的大型圈闭,为下一步油气勘探提供新的方向。

拓展3套油气勘查新层系,取得了新层系的重大突破。创新性提出我国北方石炭系－二叠系不存在区域变质的新认识,首次发现4套烃源岩,证实了石炭系－二叠系是我国北方油气调查重要新层系;通过地质地球物理综合调查和调查井钻探,在厚层火山岩下侏罗系发现油气显示,证实了松辽盆地主力勘查层系白垩系之外,火山岩覆盖下的侏罗系是重要新层系;在辽宁省凌源市牛营子地区实施的牛地1井钻遇碳酸盐裂缝型油气显示,证实了中新元古界为松辽盆地外围油气调查新层系。

②南方页岩气调查开辟6万平方千米新区,拓展9套新层系,圈定10处远景区、优选14个有利勘查区块。开辟6万平方千米勘查新区,取得了页岩气调查新区的重大突破。以往我国南方油气页岩气突破均来自四川盆地、江汉盆地和苏北盆地等盆地内,盆地外复杂构造区一直未获重大突破或发现。通过在四川盆地周缘、武陵山、滇黔桂、中扬子、下扬子地区开展基础地质调查工作,开辟了6万平方千米勘查新区,圈定了正安－酉阳、宜昌－长阳等10处页岩气调查远景区,基于重大突破和发现成果,优选了正安、秭归等14个页岩气有利勘查区块,支撑新一轮页岩气招标工作。

拓展9套盆地外复杂构造区新层系,取得了新层系的重大突破。在四川盆地、江汉盆地等盆地外,新发现震旦系陡山沱组、灯影组,寒武系岩家河组、天河板组,奥陶系宝塔组,志留系石牛栏组,二叠系栖霞组、龙潭组、大隆组9套油气页岩气新层系(表2)。

**表2 南方地区油气页岩气突破与发现新层系**

| 地层 | 上扬子 | | 中扬子 | | 下扬子 | |
|---|---|---|---|---|---|---|
| | 层组 | 岩性 | 层组 | 岩性 | 层组 | 岩性 |
| 二叠系 | | | 大隆组 | 泥页岩 | 大隆组 | 泥页岩 |
| | | | 龙潭组 | | 龙潭组<br>乐平组 | 泥页岩 |
| | 栖霞组 | 灰岩 | | | | |
| 志留系 | 石牛栏组 | 灰岩 | | | | |

续表 2

| 地层 | 上扬子 | | 中扬子 | | 下扬子 | |
|---|---|---|---|---|---|---|
| | 层组 | 岩性 | 层组 | 岩性 | 层组 | 岩性 |
| 奥陶系 | 宝塔组 | 灰岩 | | | | |
| 寒武系 | | | 天河板组 | 灰岩 | | |
| | | | 水井沱组<br>岩家河组 | 黑色泥页岩<br>白云岩 | | |
| 震旦系 | | | 灯影组 | 白云岩 | | |
| | | | 陡山沱组 | 黑色泥页岩 | | |

③取得贵州遵义安页1井、陕西米脂镇钾1井、湖北宜昌鄂宜页1井、鄂阳页1井、四川达州华地1井、安徽宣城港地1井页岩气系列重大突破。贵州遵义安页1井一举获得二叠系栖霞组,志留系石牛栏组、五峰-龙马溪组和奥陶系宝塔组“四层楼”式天然气、页岩气重大突破。陕西米脂镇钾1井首次在石炭系海陆过渡相实现页岩气重大突破,获得页岩气井口流量5.7万立方米/日,计算无阻流量11.4万立方米/日;湖北宜昌鄂宜页1井钻获水井沱组86米厚高含气页岩气层、鄂阳页1井首次在我国最古老地层震旦系陡山沱组钻获页岩气流;四川达州华地1井在川东高陡构造带首次钻获页岩气流;安徽宣城港地1井在二叠系大隆组等层系获得“一油三气”重要发现,实现了页岩气调查在长江经济带从上游向中游、下游拓展的整体突破态势。贵州遵义、湖北宜昌有望成为新的页岩气勘查示范基地。

④羌塘盆地落实勘查目标,羌参-1井开钻。羌塘盆地完成了从南羌塘向北羌塘重大战略转移,优选出半岛湖重点区块,其中6号圈闭整体上保存完整,圈闭幅度大,成藏史匹配关系好,在此部署了参数井羌参1井。通过钻探,力求明确三叠系碎屑岩、中侏罗统布曲组礁滩相碳酸盐岩、三叠系顶部古风化壳三套储集层和上三叠统、中侏罗统两套主力烃源岩,并探索古生界含油气系统。

⑤煤层气基础地质调查取得重要进展。在新疆准南等4个典型新区开展地质调查,钻遇多套高含气量层段。一是在新疆准南新乌参1井采用顺煤层定向钻井,钻遇高含气量层段,气测全烃达到仪表最大值,成功压裂进入排采阶段,有望获得工业气流;二是在东北地区鸡西盆地完成鸡煤参1井、鸡煤参2井压裂工作,进入排采试验阶段;三是在四川南部川高地1井钻遇上二叠统宣威组高含气量煤系地层,现场解吸含气量达到7.79~18.29立方米/吨;四是在贵州六盘水煤田黔水参1井钻遇上二叠统龙潭组高含气量煤层,现场解吸含气量最高达26.36立方米/吨,成功压裂进入排采阶段。

⑥油砂、油页岩获得新发现。一是在松辽盆地西斜坡镇赉地区优选并实施了5口油砂调查井(吉镇地1井-吉镇地5井),累计钻获高品质油砂矿层55.92米;二是在柴达木盆地北缘冷湖4号地区部署青冷地1井和青冷地2井两口油砂调查井,青冷地1井揭示油斑级别油砂层6.80米,青冷地2井揭示油砂层20.75米;三是在柴达木盆地北缘团鱼山地区中侏罗统石门沟组见到厚层油页岩,油页岩段含油率最高可达7.24%,部署的青柴地1井、青柴地2井均见到油页岩矿。

2. 海域油气资源调查。继续开展我国南黄海、东海、南海北部等重点海域油气资源调查,投入经费5225.6万元。完成综合地球物理调查2000千米,地震资料攻关处理5482千米,地震资料精细解释14012千米,油气地球化学调查181站位,以及相关综合研究工作。

①自主研发“高富强”深部复杂地层油气地震探测技术。针对南黄海崂山隆起海域水浅、多次波发育、强反射界面能量屏蔽、深部碳酸盐岩内部能量弱等特殊的地震地质条件,经过大量的理论模拟、精细的物理模拟和海上技术攻关,形成了“高富强”(高覆盖次数、富低频、强震源)地震探测技术,获取了高品质的深部复杂地层地震反射资料,为实现南黄海海相中生界新层系油气资源调查提供了技术支撑。

②南黄海调查评价显示,崂山隆起具备形成大型油气田的物质基础,完成高参1井井位论证。通过地震资料攻关处理、新老地震资料联片解释和海陆对比,建立了南黄海崂山隆起完整的海相地层地震层序,确定了崂山隆起中部是海相中-古生界的重点目标区,面积约6000平方千米,指出崂山隆起为南黄海中-新生代陆相沉积盆地的隆起,构造相对稳定,具备形成大型油气田的物质基础,评价高石1构造、高石2构造,落实2个重点目标,提出高石3构造北高点作为高参1井井位,为实现海相中古生界新层系油气资源战略

发现或勘探突破奠定了坚实基础。

③东海调查评价显示，西南部中生界发育两套烃源岩和两套生储盖组合，圈定闽江斜坡带为中生界的油气远景区。通过东海油气资源调查，发现东海西南部中生界呈"一凹一凸一斜坡"构造格局，其中闽江斜坡带发育两套烃源岩和两套生储盖组合，发育上三叠统－中侏罗统和白垩系，东厚西薄，北东向展布的局部构造紧邻生油凹陷，处在油气运聚的有利部位，具备油气成藏条件，是中生界的有利油气远景区。

④南海北部油气资源调查评价取得新进展。一是通过西沙海槽盆地的烃源岩、油气运移、圈闭构造、储层和盖层、油气化探等综合分析，优选出5个具有圈闭面积大（均大于100平方千米）、单层圈闭闭合幅度高（介于200～700米）、离富生烃凹陷距离近（小于10千米）、储层发育好（以深水扇和浊积扇为主）、圈排关系好（圈闭形成于排烃前）并都有一定的油气显示（属性异常明显，亮点异常突出）或地化异常的重点构造。经综合评价，提出1口初步建议井位；二是初步查明东沙海域中生界南厚北薄，发现潮汕坳陷中生界残留厚度达3～5千米，其中烃源岩和圈闭构造发育，是油气有利远景区，并进一步圈出2个有利区带，落实8个重点构造。构造闭合幅度介于0.5～1.5千米，圈闭面积均大于100平方千米，构造形态比较完整，部分处于凹中隆位置，距周缘凹陷较近，且周缘凹陷中生界发育完整。通过综合评价，选取CS15－1、CS16－1重点构造为油气勘探有利目标，并提出相应目标井位建议，为实现南海北部中生界油气突破奠定基础。

**【全国油气资源动态评价】** 截至2016年底，全国石油地质资源量1257亿吨、可采资源量301亿吨。天然气地质资源量90万亿立方米、可采资源量50万亿立方米。全国埋深4500米以浅页岩气地质资源量122万亿立方米，可采资源量22万亿立方米。埋深2000米以浅煤层气地质资源量30万亿立方米，可采资源量12.5万亿立方米。

2016年，全国油气资源评价主要完成三项工作："十三五"全国油气资源评价实施方案编制准备工作、油气资源分类分级研究及数据库建设。

1. 编制"十三五"全国油气资源评价实施方案。2016年初，国土资源部向国务院报送2015年度全国油气资源评价报告时，针对上述变化和要求，建议每5年开展一次系统的油气资源潜力评价，更加注重资源的经济可采性和对生态环境的影响，实施资源分类分级评价，为国家制定能源发展规划和精准施策提供依据，据此在2016年，开展"十三五"全国油气资源评价准备工作，并编制"十三五"全国油气资源评价实施方案。

2. 开展油气资源分类分级研究。该课题的研究任务来源于国土资源部油气资源战略研究中心设立的"油气资源评价及矿业权管理支撑系统建设——全国油气资源评价项目"2016年度的部分研究内容，项目的主要目的就是在前期大量资源评价研究成果和经验的基础上，借鉴国外油气资源评价研究成果和资源分类、分级的思路，完善前期的动态资源评价成果表达，并为下一步资源评价的资源分类、分级提供一个初步的方案。

3. 对动态评价数据库进行建设及维护。系统更新是在新一轮油气资源评价以及历年全国油气资源动态评价系统基础上，继续补充完善方法体系、建立非常规数据库，更新数据，优化整个系统界面及流程，建成了集数据管理、资源评价、成果展示为一体的信息应用平台。

## ·非常规油气资源·

**【煤层气勘探开发】** 全国煤层气勘探开发投入15.91亿元，其中勘探投资7.45亿元，开发投资8.46亿元。共钻探井87口，进尺10.26万米，钻开发井97口，进尺14.36万米。煤层气产量44.95亿立方米（表1）。

表1　2016年全国煤层气勘查开采统计表

| 单位名称 | 勘探（万元） | 开发（万元） | 二维地震（千米） | 三维地震（平方千米） | 探井（口） | 进尺（万米） | 开发井（口） | 进尺（万米） |
|---|---|---|---|---|---|---|---|---|
| 中国石油 | 10240 | 17133 | – | – | 12 | 1.89 | 63 | 6.95 |
| 中联公司 | 57960.21 | 67423.08 | – | – | 59 | 7.30 | 34 | 7.41 |
| 地调局 | 6300 | – | 190 | – | 16 | 1.07 | – | – |
| 合计 | 74500.21 | 84556.08 | 190 | – | 87 | 10.26 | 97 | 14.36 |

1. 中国石油。全年完成勘探开发投资2.73亿元，其中勘探投资1.02亿元，开发投资1.71亿元。完成探井12口，总进尺1.89万米，开发井63口，总进尺6.95万米。煤层气公司勘查投资17837万元，完成二

维地震332千米,完钻探井16口,进尺3.20万米;开发投资50376万元,完钻开发井26口。

2. 中国石化。延川南煤层气田全年完成煤层气产量1.79亿立方米,销售1.07亿立方米。

3. 中联公司。全年完成勘探开发投资12.54亿元,其中勘探投资5.80亿元,开发投资6.74亿元。完成探井59口(其中水平井5口),总进尺7.30万米,开发井34口,总进尺7.41万米。

4. 中国地质调查局。地质调查投入0.63亿元,完成二维地震190.0千米。完钻探井钻井16口,进尺1.07万米。

**【页岩气勘探开发】** 全国页岩气勘探开发投入87.9亿元,完钻探井(含参数井)50口,进尺13.25万米;完钻开发井92口,总进尺46.63万米(表2)。

表2 **2016年全国页岩气勘查开采统计表**

| 单位名称 | 勘探（万元） | 开发（万元） | 二维地震（千米） | 三维地震（平方千米） | 探井（口） | 探井进尺（万米） | 开发井（口） | 开发井进尺（万米） |
|---|---|---|---|---|---|---|---|---|
| 中国石油 | 14940 | 195802 | – | 320 | 2 | 0.77 | 42 | 14.24 |
| 中国石化 | 67954 | 540634 | – | 300 | 3 | 3.09 | 50 | 32.39 |
| 延长石油 | 27540 | – | – | – | 14 | 3.81 | – | – |
| 中国地质调查局 | 32100 | – | 493 | – | 31 | 5.58 | – | – |
| 合计 | 142534 | 736436 | 493 | 620 | 50 | 13.25 | 92 | 46.63 |

1. 中国石油。勘探投资1.49亿元;完钻探井2口,进尺0.77万米;开发投资19.58亿元,完钻开发井42口,进尺14.24万米。

2. 中国石化。勘探投资6.80亿元;完钻探井3口,进尺3.09万米;开发投资54.06亿元,完钻开发井50口,进尺32.39万米。

3. 延长石油。勘探投资2.75亿元;完钻探井14口,进尺3.81万米。

4. 中国地质调查局。地质调查投入3.21亿元,调查井31口(含调查井23口),进尺5.58万米,二维地震493千米。

**【致密油勘探开发】** 2016年,中国石油致密油勘探开发技术攻关取得了一系列进展,有力推动了鄂尔多斯、四川、松辽、柴达木及三塘湖等盆地的致密油规模开发。长庆油田开展大斜度井定点多级压裂和直井井筒再造试验,为实现致密油提交规模储量、有效动用及规模建产奠定了基础;二氧化碳干法加砂压裂工艺在多个区块试验成功,可以有效节约水资源,推动致密油藏的效益开发;吐哈油田加大水平井压裂技术研究,三塘湖盆地马56区块建成国家级致密油建设示范基地,两年有效动用致密油地质储量2962万吨,建成产能18.7万吨,累计产油21.3万吨。

**【致密气分布】** 中国石油致密气主要分布在鄂尔多斯、四川、松辽等盆地,目前投入开发的气田主要有苏里格、须家河组、神木、之洲-米脂、长岭Ⅰ号登娄库组、巴喀等气田,2016年致密气产量267亿立方米。2016年致密气投资65.8亿元,钻开发井462口,进尺160.1万米,新建生产能力20亿立方米/年。

中联公司致密气主要分布在鄂尔多斯盆地东缘的临兴、神府气田,目前属于勘探阶段,2016年致密气产量0.88亿立方米。2016年致密气投资3.9亿元,三维地震200平方千米,钻井25口,进尺5.4万米。

**【天然气水合物资源调查评价】** 继续开展我国天然气水合物资源调查评价,2016年投入经费13.1577亿元,完成海洋地球物理调查35857.1千米,海底地质取样920个站位,海域钻探样品32站位,ROV测量8站位;完成陆域冻土区二维地震调查247.22千米,调查井2口,总进尺1405.08米。

1. 在南海神狐海域发现新的高饱和度及较高渗透率的天然气水合物储层。在南海北部神狐海域实施27口钻井,16口发现天然气水合物,确定水合物层厚30米,水合物最大饱和度约75%,渗透率可达40毫达西,圈定水合物矿体面积12平方千米,资源量达120亿立方米(折合天然气)。

2. 全面完成海域天然气水合物试采准备工作。一是在南海北部优选了天然气水合物试采目标区,确定了试采井位;二是提出地层流体抽取法降压试采的技术方案,建立了试采技术和装备体系;三是选定球最先进的第七代半潜式钻井平台“蓝鲸Ⅰ号”作为试采施工平台,为试采提供装备保障;四是建立了完善的安全保障和环境监测体系,制定了覆盖天然气水合物试采全过程的环境保护预案。

3. 陆域天然气水合物调查评价取得重大进展。一是青海南部乌丽地区 TK－3 井发现岩芯具有强烈冒泡、逸气构造、自生矿物及盐析等天然气水合物异常标志及丰富二氧化碳气体显示，二氧化碳最高浓度 91.09%，平均 31.03%，系青藏高原首次发现；二是西藏羌塘盆地部 QK－8 井发现富烃异常，巴贡组全烃异常值最高 5.425%，平均 0.372%，甲烷异常值最高 0.825%，平均 0.133%，波里拉组全烃异常值最高 5.349%，平均 0.666%，甲烷异常值最高 3.596%，平均 0.434%，证实雀莫错地区具备较好的天然气水合物成矿气源；三是创新提出“山”字形水平对接井水合物试采方案，运用排水降压法，累计生产 23 天，实现世界上首次利用水平对接井试采天然气水合物。

4. 创新建立天然气水合物成藏理论和勘查技术体系。一是初步建立多类型天然气水合物复合成藏地质理论，天然气水合物实验模拟测试技术持续保持国际领先；二是形成精准高效的海域水合物“勘查评价、找矿预测和实验测试技术体系”，推广“海马号”潜水器、保温保压取样器等自主研发装备应用示范；三是初步建立陆域天然气水合物调查评价技术体系，形成地震、雷达采集技术和资源预测系统。

## ·油气管道建设·

**【概况】** 截至 2016 年底，全国油气管道总里程约 11.7 万千米①。其中，原油管道总里程 2.8 万千米，天然气管道总里程为 6.5 万千米，成品油管道总里程为 2.4 万千米（表 1）。

**表 1　2016 年各石油公司新增油气管线数据表**

| 公司名称 | 截至 2016 年底，管道总里程（千米） | | | | 2016 年新增管道里程（千米） | | | |
|---|---|---|---|---|---|---|---|---|
| | 总里程 | 原油 | 天然气 | 成品油 | 总里程 | 原油 | 天然气 | 成品油 |
| 中国石油 | 81191 | 18897 | 51734 | 10560 | 1274 | 0 | 805 | 469 |
| 中国石化 | 28555 | 7145 | 8410 | 13000 | 3189 | 0 | 531 | 2658 |
| 中国海油 | 5365 | 603 | 4513 | 249 | 540 | 540 | 0 | 0 |
| 延长石油 | 1909 | 1134 | 165 | 610 | 35 | 0 | 35 | 0 |
| 合计 | 117020 | 27779 | 64822 | 24419 | 5038 | 540 | 1371 | 3127 |

**【原油管道建设】** 原油管道总里程为 2.8 万千米。新建成的原油管道主要有：烟台－淄博原油管道，仪征－长岭原油管道复线仪征－九江段干线，日照－仪征增输改造及黄梅－九江支线等工程（表 2）。

在建原油管道主要有：中缅原油管道国内段，中俄原油管道（漠河－大庆）二线，日照－濮阳－洛阳原油管道，山东滨海－青州原油管道干线及鲁清支线，董家口港－潍坊－鲁中，鲁北输油管道等工程。

**【成品油管道建设】** 成品油管道总里程为 2.4 万千米。新建成的成品油管道主要有：安徽成品油管道二期安庆－合肥段，浙江诸暨－桐庐、绍兴－杭州成品油管道，云南玉溪－富宁成品油管道，百色－昆明、内江－简阳成品油管道等（表 2）。

在建成品油管道主要有：抚锦（抚顺－锦州）支干线、锦郑（锦州－郑州）成品油管道，甬台温成品油管道，江津－荣昌成品油管道，云南石化成品油管道（安宁－保山、安宁－蒙自、安宁－曲靖），天津－唐山成品油管道等。

**【天然气管道建设】** 天然气管道总里程 6.5 万千米。新建成的天然气管道西气东输三线东段（吉安－福州）天然气管道，如东－海门－崇明岛输气管道，江津－纳溪输气管道，兰州－定西输气管道，陕京四线宝坻－香河－西集联络线，港清三线霸州至永清段管道，金坛－溧阳输气管道等（表 2）。

在建天然气管道主要有：中亚天然气管道 D 线、中俄东线天然气管道、陕京四线输气管道，西气东输三线中卫－靖边联络线，浙江省管网金丽温（金华－丽水－温州）、甬台温（宁波－台州－温州）天然气管道，广西 LNG 项目输气管道，中缅天然气管道昭通支线、陆良支线等。

**【LNG 工程】** 广西 LNG 工程码头及接收站工程 2016 年 3 月投产，输气管道工程计划 2017 年投产。天津 LNG 工程 2014 年 7 月获得国家核准，计划 2017 年建成投产（表 2）。

---

① 统计数据包括中国石油、中国石化、中国海油和延长石油。

表 2　　**2016 年新增油气主要管线数据表**

| 输送介质 | 管线名称 | 起点 | 终点 | 长度（千米） | 年输油气能力 | 完成情况 |
|---|---|---|---|---|---|---|
| 原油（万吨） | 烟淄管道项目 | 山东省烟台市开发区 | 山东省东营市广饶县 | 711 | 1500 | 建成 |
| | 仪长(仪征—长岭)原油管道复线仪征至九江段 | 江苏省仪征市仪征输油站 | 江西省九江市九江末站 | 506 | 2800 | 建成 |
| | 日照—仪征增输改造 | | | 390 | 4000 | 建成 |
| | 董家口—东营—齐鲁 | 董家口港 | 潍坊市 | 364 | 1500/800 | 在建 |
| | 日照—濮阳—洛阳 | 山东省日照 | 洛阳 | 782 | 1800 | 在建 |
| | 临邑至济南原油管道复线工程 | | | 76 | 330 | 在建 |
| | 中俄原油管道二线 | 漠河 | 大庆 | | 2200 | 在建 |
| | 山东滨海—青州原油管道干线 | 潍坊市滨海开发区滨海油库 | 青州市弘润石化 | 80.1 | 1500 | 在建 |
| 天然气（亿立方米） | 西气东输三线东段(吉安—福州) | 江西吉安 | 福州 | 817 | 300 | 建成 |
| | 陕京四线宝坻—香河—西集联络线 | 天津市宝坻区 | 北京市通州区 | 77.5 | 170 | 建成 |
| | 如东—海门—崇明岛天然气管道 | 江都—如东天然气管道如东分输清管站 | 上海市崇明县新村乡 | 84 | | 建成 |
| | 中原油田—开封天然气管道 | 濮阳 | 开封 | 210 | 30 | 建成 |
| | 应张(应县—张家口)天然气管道支线工程 | 应县 | 怀来县 | 374 | | 建成 |
| | 中亚天然气管道 D 线 | 土库曼斯坦和乌兹别克斯坦边境 | 新疆乌恰县 | 1000 | 300 | 在建 |
| | 中俄东线天然气管道中国段 | 黑龙江省黑河市中俄边境 | 上海市 | 3170 | 380 | 在建 |
| | 中缅天然气管道昭通支线、 | 曲靖分输清管站 | 昭通末站 | 280 | 3.92 | 在建 |
| | 中缅天然气管道陆良支线 | 曲靖分输清管站 | 陆良县分输站 | 70 | $1.59\times10^{8}$ 标准立方米/年 | 在建 |
| | 西气东输三线中卫—靖边联络线 | 宁夏中卫 | 陕西靖边 | 376 | 300 | 在建 |
| | 陕京四线输气管道 | 靖边 | 高丽营 | 1083 | 250 | 在建 |
| | 金丽温(金华—丽水—温州)天然气管道 | 金华市金东区金华分输站 | 甬台温管线温州末站 | 285 | 53.6 | 在建 |
| | 甬台温(宁波—台州—温州)天然气管道 | 浙江省宁波市春晓首站 | 温州市鹿城区温州末站 | 505 | 95 | 在建 |
| LNG 工程（万吨） | 天津 LNG 项目输气干线 | 天津液化天然气接收站 | 唐山末站邹平末站 | 580 | | 在建 |
| | 广西 LNG 项目输气管道 | 北海接收站 | 茂名输气站 | 2125 | | 在建 |

续表 2

| 输送介质 | 管线名称 | 起点 | 终点 | 长度（千米） | 年输油气能力 | 完成情况 |
|---|---|---|---|---|---|---|
| 成品油（万吨） | 玉溪—富宁 | 玉溪 | 富宁 | | 750 | 建成 |
| | 百色—昆明 | 百色 | 昆明 | 800 | 700 | 建成 |
| | 江西成品油管道二期工程 | 樟树 | 赣州 | 352 | 240 | 建成 |
| | 安徽成品油管道二期工程 | 安庆 | 合肥 | | 410 | 建成 |
| | 绍兴—萧山 | 绍兴 | 杭州 | | 500 | 建成 |
| | 天津—唐山（含武清支线） | 天津（南疆油库） | 河北唐山（任各庄油库） | 224 | 400 | 在建 |
| | 甬台温 | 宁波 | 温州 | 420 | 460 | 在建 |
| | 江津—荣昌、隆昌—简阳 | 江津 | 荣昌 | 351 | 300 | 在建 |
| | 锦州—郑州 | 锦州 | 郑州 | 1636 | 1300 | 在建 |
| | 内江—简阳成品油管道 | 四川省内江市 | 简阳 | 159 | 380 | 在建 |

## ·油气资源管理·

**【油气勘查开采管理改革】** 按照中央加快推进能源生产和消费革命的重大部署，发挥市场在资源配置中的决定性作用，加强指导和监管，以新疆试点为引领，有序推进油气资源勘查开采体制机制改革。

1. 完成新疆首轮油气勘查区块公开招标出让，筹备第二轮区块公开出让。向首轮新疆试点4个勘查区块中标单位颁发勘查许可证，油气勘查开采市场化改革迈出了第一步。强化对中标企业的服务，“扶上马、送一程”，国土资源部与新疆维吾尔自治区人民政府共同组织开展技术交流、企地对接、督促指导，帮助企业解决实际困难，营造有利的外部环境。加紧筹备新疆第二轮油气勘查区块竞争出让工作，筛选出29个可供招标出让的区块，初步形成了竞争出让工作方案。坚持“两条腿走路”，在促进区块竞争出让的同时，积极推动地方与国家油公司合资合作。新疆维吾尔自治区政府与中国石油、中国石化签订《合资合作框架协议》。在前期合作开发红山油田、塔城油田基础上，又开展了塔中西部油田、巴州油田合资合作。

2. 推进页岩气勘查开采示范区建设。2016年5月底，国土资源部、四川省人民政府、中国石油、中国石化在四川成都召开座谈会，议定试验区建设总体方案，正式启动试验区建设工作。会后，国土资源部、四川省人民政府、中国石油、中国石化联合下发《关于印发〈四川省川南页岩气勘查开发试验区建设座谈会会议纪要〉的通知》，提出到2020年，实现累计页岩气探明地质储量3000亿~5000亿立方米，年产量100亿立方米的规划目标，深入探索部、省、企业共同推进页岩气勘查开发新机制。

重庆涪陵、贵州黔北页岩气示范区建设进展顺利。重庆市积极做好服务保障，积极帮助解决企地关系、项目用地和拆迁安置等有关事项，出台优化、简化建设用地规划、计划、立项、农转非参保和地灾评估等审批和备案政策。国土资源部向中国石化颁发了全国第1个页岩气采矿权，标志着我国页岩气正式进入规模化开发阶段。贵州黔北页岩气综合勘查试验区的安页1井取得页岩气、天然气勘查重大发现，测试获得日产超过10万立方米的高产气流，为引入商业勘查开采创造了有利条件。

3. 委托山西省国土资源厅实施部分煤层气勘查开采审批登记。为推进山西煤层气勘查开采，3月31日，国土资源部第2次部务会议通过《国土资源部关于委托山西省国土资源厅在山西省行政区域内实施部分煤层气勘查开采审批登记的决定》，并以国土资源部第65号令的形式公布实施。委托山西省国土资源厅实施部分煤层气勘查开采审批，可有效发挥地方积极性，激发市场活力，助力山西省经济转型发展。部省建立协调联动机制，山西省积极落实相关要求，出台“4+1”配套制度，强化规范管理、加强监管、优化服务，取得了积极进展。

4. 探索开展页岩气勘查区块竞争出让新模式。国土资源部、贵州省人民政府积极沟通协调，按照三年落实储量、实现规模开发的思路，加快推进安页1井所在正安区块页岩气勘查开发。贵州省政府组织编制《贵州省正安页岩气勘查区块竞争出让工作方案》，部原则同意后，委托贵州组织拍卖出让正安区块，积极探索页岩气公开竞争出让的新模式。除贵州外，在其他省区也优筛选了一批页岩气勘查区块,拟进行竞争出让。

【油气矿业权审批管理】 1. 依法依规按法定时限完成油气矿业权审批。2016年完成12批次油气矿业权审查。在审批过程中,及时开展培训,提高申请人材料的规范性;开展油气矿业权到期提醒、办理储量复算提醒等服务;将需签协议的过期固体矿产核实程序前置,加速了油气探矿证和采矿证的办理;修订勘查实施方案及开发利用方案编写大纲,明确申请人方案编制的主体责任和编制规范;积极协助解决遇到的困难,为矿业权人在已持有的探矿权里增列煤层气或页岩气;勘查协调煤炭与煤层气、油气与其他固体矿产资源的关系。加大勘查投入完成情况考核,全年共退出区块面积17.8万平方千米。

2. 矿业权情况。截至2016年底,全国共受理油气(含煤层气、页岩气)探矿权申请587个,批准546个,面积188.86万平方千米(新立探矿权13个,面积10474.49平方千米);受理采矿权申请52个,批准52个,面积0.87万平方千米(新立采矿权25个,面积5176.74平方千米);受理注销申请36个,批准23个,面积4.94万平方千米;受理试采申请30个,批准19个。

截至2016年底,全国共有石油天然气(含煤层气、页岩气)勘查许可证978个,面积353.99万平方千米,其中,对外合作探矿权32个,面积8.44万平方千米;采矿许可证745个,面积15.42万平方千米,其中对外合作采矿权37个,面积0.48万平方千米。

其中,中国石油探矿权345个,面积125.99万平方千米,采矿权424个,面积11.71万平方千米;中国石化探矿权249个,面积76.54万平方千米,采矿权211个,面积2.84万平方千米;中国海油探矿权241个,面积138.82万平方千米,采矿权93个,面积0.73万平方千米;延长石油探矿权45个,面积7.43万平方千米,采矿权6个,面积517.99平方千米;中联公司探矿权29个,面积1.73万平方千米,采矿权2个,面积193.29平方千米;其他企业探矿权69个,面积3.49万平方千米,采矿权9个,面积627.25平方千米(表1、图1和图2)。

表1 2016年油气有效矿业权统计表

| 公司名称 | | 探矿权 | | 采矿权 | |
|---|---|---|---|---|---|
| | | 项目数(个) | 面积(平方千米) | 项目数(个) | 面积(平方千米) |
| 中国石油 | 自营 | 330 | 1221590.08 | 413 | 114360.29 |
| | 对外合作 | 15 | 38277.78 | 11 | 2711.88 |
| | 小计 | 345 | 1259867.86 | 424 | 117072.17 |
| 中国石化 | 自营 | 249 | 765398.08 | 211 | 28436.33 |
| | 对外合作 | 0 | 0 | 0 | 0 |
| | 小计 | 249 | 765398.08 | 211 | 28436.33 |
| 中国海油 | 自营 | 234 | 1351704.88 | 69 | 5467.79 |
| | 对外合作 | 7 | 36484.89 | 24 | 1846.19 |
| | 小计 | 241 | 1388189.77 | 93 | 7313.98 |
| 延长石油 | 自营 | 45 | 74328.85 | 6 | 517.99 |
| | 对外合作 | 0 | 0 | 0 | 0 |
| | 小计 | 45 | 74328.85 | 6 | 517.99 |
| 中联公司 | 自营 | 19 | 7619.30 | 0 | 0 |
| | 对外合作 | 10 | 9655.01 | 2 | 193.29 |
| | 小计 | 29 | 17274.30 | 2 | 193.29 |
| 其他 | 自营 | 69 | 34886.65 | 9 | 627.25 |
| | 对外合作 | 0 | 0 | 0 | 0 |
| | 小计 | 69 | 34886.65 | 9 | 627.25 |
| 合计 | 自营 | 946 | 3455527.84 | 708 | 149409.64 |
| | 对外合作 | 32 | 84417.67 | 37 | 4751.37 |
| | 小计 | 978 | 3539945.52 | 745 | 154161.00 |

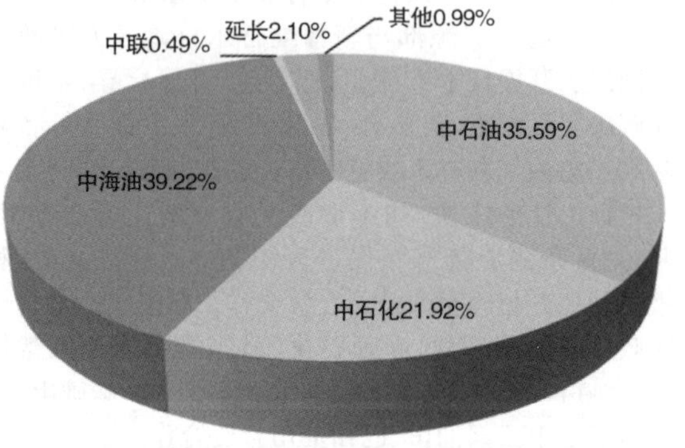


图1 2016年各石油公司探矿权登记面积状况图

【油气矿业权监督及秩序维护】 1. 不断加强油气年检工作。国土资源部对2015年度油气矿业权全部开展了年检工作。截至2015年底,全国油气探矿权1000个,除新立不到半年的1个探矿权免检和深海或特殊海域222个探矿权不参加年检,实检探矿权777个;采矿权720个,除新立不到半年的14个采矿权免检,实检采矿权 706 个。

2015 年参加年检的油气探矿权 777 个，勘查投入 484.7 亿元，达到法定最低勘查投入的矿业权 368 个，占参检油气探矿权总数的 47.4%，未达到法定最低勘查投入的矿业权 409 个，占油气探矿权总数的 52.6%，其中无任何投入的区块 77 个。未完成最低勘查投入的探矿权主要分布在塔里木盆地、松辽盆地、四川盆地和滇黔桂地区外围及其他小盆地。

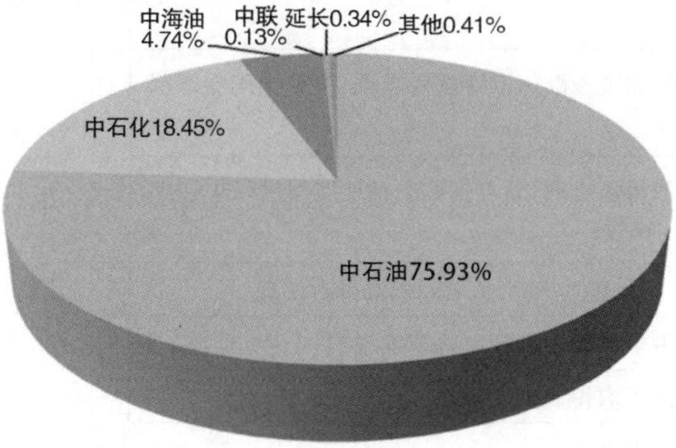


**图 2　2016 年各石油公司采矿权登记面积状况图**

全国页岩气区块 47 个，面积 16.0 万平方千米，勘查投入 78.5 亿元。其中，申请在先的页岩气区块 4 个，面积 2.9 万平方千米，勘查投入 4.1 亿元，未达到最低勘查投入的区块 2 个。竞争性出让页岩气区块 21 个，面积 2.2 万平方千米，勘查投入 14.1 亿元，未达到承诺勘查投入的区块 19 个。常规油气区块增列页岩气区块 20 个，面积 10.7 万平方千米，勘查投入 59.7 亿元，未达到最低勘查投入的区块 11 个。煤层气区块增列页岩气区块 2 个，面积 0.2 万平方千米，勘查投入 0.6 亿元，未达到最低勘查投入的区块 1 个。

2. 加强油气勘查开采监管与服务。部省联动，建立通报制度，向相关省和油公司通报勘查投入完成情况。各地认真开展现场督查，山西、重庆、贵州、新疆等省级国土资源管理部门设立专门油气管理机构，加强监管力量。探索监管方式改革，完成油气勘查开采信息公示系统培训，引入社会监督，强化企业自律。完成第二轮页岩气招标探矿权的期满延期考核处置，组织企业到重庆涪陵示范基地等开展现场观摩，引导企业加快勘查进度；积极协调矿产勘查开采中的矛盾，妥善处理矿业权纠纷，推动矿地和谐。

加大油气勘查区块退出力度，依法退出未完成勘查投入的油气探矿权。2016 年注销核减油气探矿权面积 23.35 万平方千米，其中，中国石油 9.82 万平方千米、中国石化 9.93 万平方千米、中国海油 3.09 万平方千米、延长石油 0.51 万平方千米。这一举措有力地促进了公司科学部署工作、优化矿业权配置、加快勘探进程。

## ·油气资源勘查主要成果·

**【概况】**　2016 年，全国油气勘探取得一批油气战略突破、增储主要进展及重要发现和苗头。其中，中国石油在主要探区油气勘探取得了 31 项重要成果，包括 11 项战略突破和 17 个整装规模储量区块；中国石化取得 1 项重大油气突破、2 项重要新发现、9 项油气新发现、14 项商业发现的勘探成果；中国海油国内自营勘探共预探 50 个构造，获得 13 个商业发现，13 个潜在商业发现，成功评价 18 个含油气构造，合作勘探获得 2 个潜在商业发现和成功评价 1 个含油气构造；延长石油油气勘探获得新进展；石油公司和中国地质调查局在非常规油气资源勘查也获得突破和进展（表 1 至表 3）。

**表 1　　2016 年全国油气资源勘查主要成果**

| 盆地 | 类型 | 成果名称 | 公司名称 |
|---|---|---|---|
| 松辽 | 储量增长 | 松辽盆地北部龙虎泡地区中浅层石油勘探取得新进展，新增探明石油地质储量 $3256 \times 10^4$ 吨、预测 $2723 \times 10^4$ 吨 | 中国石油 |
| | | 松辽盆地北部齐家地区中浅层石油勘探取得新进展，新增控制石油地质储量 $1364 \times 10^4$ 吨、预测 $5344 \times 10^4$ 吨 | |
| | | 松辽盆地南部让字井—两井地区石油勘探取得新进展，新增探明石油地质储量 $1136 \times 10^4$ 吨、控制 $2643 \times 10^4$ 吨、预测 $3273 \times 10^4$ 吨 | |
| | 新发现 | 德 1 井获工业气流，德惠断陷万金塔构造天然气勘探取得新发现 | 中国石化 |
| | 规模商业发现 | 松南深层评价勘探取得商业发现 | |

续表 1－1

| 盆地 | 类型 | 成果名称 | 公司名称 |
| --- | --- | --- | --- |
| 渤海湾 | 战略突破 | 渤海湾盆地辽河西部凹陷大洼—海外河陡坡带岩性勘探取得重要发现，储量规模进一步扩大 | 中国石油 |
| | | 渤海湾盆地大港港北、东关中生界－古生界潜山勘探取得重要发现，落实效益储量 $1879\times10^4$ 吨 | |
| | | 渤海湾盆地廊固凹陷杨税务潜山安探 1 井风险勘探取得重要发现，有望形成规模效益储量区 | |
| | | 渤海湾盆地南堡凹陷堡探 3 井岩性油气藏勘探取得重要发现，打开了南堡凹陷岩性油气藏勘探新局面 | |
| | 储量增长 | 渤海湾盆地大港岩性油气藏勘探取得新进展，新增探明石油地质储量 $339\times10^4$ 吨、控制 $1039\times10^4$ 吨、预测 $1466\times10^4$ 吨 | |
| | 新发现 | 永 123 井等 4 口井获高产油流，济阳坳陷“三新”领域勘探取得新发现 | 中国石化 |
| | | 车古 27 井获工业气流，车镇凹陷古生界潜山勘探取得新发现 | |
| | 规模商业发现 | 埕岛周缘及垦东北地区石油评价勘探取得商业发现 | |
| | | 东营北带砂砾岩评价勘探取得商业发现 | |
| | | 沾化凹陷渤南洼陷及其西部勘探取得商业发现 | |
| | | 济阳坳陷古生界评价勘探取得商业发现 | |
| | | 东濮凹陷评价勘探取得商业发现 | |
| | 商业发现 | 旅大 29－1、锦州 25－1 西、曹妃甸 12－6、曹妃甸 6－2、渤中 34－8（渤中 34－5－P3）、蓬莱 20－2、秦皇岛 31－4 | 中国海油 |
| | 成功评价 | 曹妃甸 12－6、垦利 16－1、蓬莱 7－6、旅大 21－2、曹妃甸 6－2、蓬莱 31－3 南、蓬莱 20－2、渤中 29－1、曹妃甸 6－4、蓬莱 20－3 | |
| | 潜在商业发现 | 蓬莱 31－3、垦利 10－1 北、垦利 3－3、垦利 2－2、旅大 16－3 北、旅大 16－6 | |
| 鄂尔多斯 | 储量增长 | 鄂尔多斯盆地陇东地区石油勘探取得新进展，新增石油探明地质储量 $1\times10^8$ 吨、预测 $3\times10^8$ 吨 | 中国石油 |
| | | 鄂尔多斯盆地姬塬地区石油勘探取得新进展，新增石油探明地质储量 $4429\times10^4$ 吨、控制 $2.86\times10^8$ 吨 | |
| | | 鄂尔多斯盆地陕北老区延长组下部层系石油勘探取得新进展，初步落实 $10^8$ 吨级储量规模 | |
| | | 鄂尔多斯盆地苏里格天然气勘探取得新进展，新增探明天然气地质储量 $3311\times10^8$ 立方米 | |
| | | 鄂尔多斯盆地东部多层系天然气勘探取得新进展，新增控制天然气地质储量 $2194\times10^8$ 立方米 | |
| | | 鄂尔多斯盆地苏里格天然气勘探取得新进展，新增探明天然气地质储量 $3311\times10^8$ 立方米 | |
| | 新发现 | 锦 124 等井获工业气流，独贵加汗岩性圈闭气藏勘探取得新发现 | 中国石化 |
| | 规模商业发现 | 杭锦旗十里加汗区带评价勘探取得商业发现 | |

**续表 1－2**

<table>
<tr><th>盆地</th><th>类型</th><th>成果名称</th><th>公司名称</th></tr>
<tr><td rowspan="5">鄂尔多斯</td><td rowspan="2">储量增长</td><td>致密油勘探取得规模性新突破，石渣河区预计新增控制储量 $194\times10^{4}$ 吨，富县水磨沟区块预计可提交探明石油地质储量 $1000\times10^{4}$ 吨</td><td rowspan="4">延长石油</td></tr>
<tr><td>延长西部探区老区勘探成效显著，吴起油田曾岔区新增探明石油地质储量 $4709.29\times10^{4}$ 吨，铁边城老区预计可提交储量 $2600\times10^{4}$ 吨</td></tr>
<tr><td>重要发现</td><td>盆地中东部延长探区本溪组天然气勘探取得重要发现</td></tr>
<tr><td>新突破</td><td>延长南部探区实现由单层系含油向多层系含油的突破</td></tr>
<tr><td>新突破</td><td>临兴中区致密气钻探效果良好，新层系获突破</td><td>中联公司</td></tr>
<tr><td rowspan="4">四川</td><td>战略突破</td><td>四川盆地川西北部双探 3 井泥盆系观雾山组、栖霞组天然气勘探取得新发现，展现了川西北多层系勘探的潜力</td><td rowspan="2">中国石油</td></tr>
<tr><td>储量增长</td><td>四川盆地川中古隆起天然气勘探取得新进展，新增探明天然气地质储量 $1527\times10^{8}$ 立方米、预测 $203\times10^{8}$ 立方米</td></tr>
<tr><td rowspan="2">规模商业发现</td><td>川西新场雷口坡组气藏评价勘探取得商业发现</td><td rowspan="2">中国石化</td></tr>
<tr><td>川西东坡中江－回龙构造侏罗系评价勘探取得商业发现</td></tr>
<tr><td rowspan="7">塔里木</td><td rowspan="4">战略突破</td><td>塔里木盆地库车天然气勘探取得新发现，发现克深 10、克深 11 两个新的含气构造</td><td rowspan="3">中国石油</td></tr>
<tr><td>塔里木盆地塔西南麦盖提斜坡罗斯 2 井奥陶系白云岩潜山勘探获重要发现，证实了盆地白云岩潜山勘探潜力</td></tr>
<tr><td>塔里木盆地塔中东部中古 58 井寒武系潜山勘探获重大发现，推动了碳酸盐岩油气藏有效开发</td></tr>
<tr><td>塔里木盆地顺北地区石油勘探取得重大突破</td><td>中国石化</td></tr>
<tr><td>储量增长</td><td>塔里木盆地塔北碳酸盐岩勘探取得新进展，新增石油控制地质储量 $2696\times10^{4}$ 吨、预测 $3391\times10^{4}$ 吨</td><td>中国石油</td></tr>
<tr><td rowspan="2">新发现</td><td>托鹰 1X 井获工业气流，塔河托甫台地区鹰山组内幕勘探取得新发现</td><td rowspan="2">中国石化</td></tr>
<tr><td>胡杨 2 井在卡拉沙依组获工业油气流，塔河石炭系勘探取得新发现</td></tr>
<tr><td rowspan="7">准噶尔</td><td rowspan="3">战略突破</td><td>准噶尔盆地玛湖东坡二、三叠系石油勘探取得重要发现，具备亿吨级储量规模</td><td rowspan="5">中国石油</td></tr>
<tr><td>准噶尔盆地滴南凸起南带天然勘探取得重要发现，推动了克拉美丽山前石炭系火山岩天然气勘探</td></tr>
<tr><td>准噶尔盆地南缘齐古断褶带天然气勘探取得重要发现，有望打开南缘效益勘探新局面</td></tr>
<tr><td>储量增长</td><td>准噶尔盆地西北缘多层系立体勘探取得新进展，新增石油探明地质储量 $7852\times10^{4}$ 吨、控制 $6499\times10^{4}$ 吨、预测 $1605\times10^{4}$ 吨</td></tr>
<tr><td rowspan="2">新发现</td><td>春 98 井获工业油流，春光探区地层油气藏勘探取得新发现</td></tr>
<tr><td>苏 13 井获高产油流，准噶尔车排子西翼石炭系勘探取得新发现</td><td rowspan="2">中国石化</td></tr>
<tr><td>规模商业发现</td><td>准噶尔西缘评价勘探取得重要商业发现</td></tr>
</table>

**续表 1－3**

| 盆地 | 类型 | 成果名称 | 公司名称 |
|---|---|---|---|
| 柴达木 | 战略突破 | 柴达木盆地阿尔金山前天然气风险勘探取得新发现，尖探1井发现新区带 | 中国石油 |
| | 储量增长 | 柴达木盆地英西勘探开发一体化取得新进展，新增石油控制地质储量 $3727\times10^4$ 吨、预测 $6557\times10^4$ 吨 | |
| 三塘湖 | 储量增长 | 三塘湖盆地马朗凹陷立体勘探取得新进展，新增探明石油地质储量 $2121\times10^4$ 吨、控制 $2474\times10^4$ 吨、预测 $2597\times10^4$ 吨 | 中国石油 |
| 二连 | 储量增长 | 二连盆地乌兰花凹陷油气勘探取得新进展，新增预测石油地质储量 $4352\times10^4$ 吨 | 中国石油 |
| 苏北 | 新发现 | 周 X64A 井获高产油流，高邮刘五舍隐蔽油气藏勘探取得新发现 | 中国石化 |
| | 规模商业发现 | 金湖凹陷评价勘探取得商业发现 | |
| | | 高邮凹陷评价勘探取得商业发现 | |
| | | 溱潼凹陷评价勘探取得商业发现 | |
| 南襄 | 规模商业发现 | 泌阳凹陷评价勘探取得商业发现 | |
| 银－额 | 新进展 | 银额盆地油气勘探再获新进展 | 延长石油 |
| | 新发现 | 银额盆地新区石油勘探取得重要新发现 | 中国石化 |
| 珠江口 | 商业发现 | 惠州 21－1 南、番禺 4－1、惠州 19－10、西江 30－1 | 中国海油 |
| | 成功评价 | 流花 21－2、西江 30－1、番禺 10－4、文昌 13－6 | |
| | 潜在商业发现 | 恩平 15－1、陆丰 7－9 | |
| 北部湾 | 成功评价 | 涠洲 6－8、涠洲 12－2、涠洲 6－13N、乌石 17－5 | 中国海油 |
| | 商业发现 | 涠洲 6－13 北 | |
| | 潜在商业发现 | 乌石 17－6 | |
| | 新发现 | 涠西南凹陷石油勘探取得重要新发现 | 中国石化 |
| 琼东南 | 潜在商业发现 | 陵水 13－2 北、松涛 34－3 | 中国海油 |
| | 成功评价 | 陵水 25－1 | |
| 莺歌海 | 潜在商业发现 | 乐东 16－1、乐东 11－1 | |
| 东海 | 潜在商业发现 | 黄岩 2－1、天台 6－2 | 中国海油 |
| | 商业发现 | 宁波 19－6 | |
| | 调查评价 | 西南部中生界发育两套烃源岩和两套生储盖组合，圈定闽江斜坡带为中生界的油气远景区 | 中国地质调查局 |
| 南黄海 | 新进展 | 南黄海调查评价显示，崂山隆起具备形成大型油气田的物质基础，完成高参1井井位论证 | 中国地质调查局 |
| 南海北部 | 新进展 | 南海北部油气资源调查评价取得新进展 | |
| 羌塘 | 新进展 | 探索建立高原油气勘探方法组合，高原冻土、地质构造复杂区二维地震采集取得了重大突破 | |

表 2　　2016 年全国煤层气资源勘查主要成果

| 盆地 | 成果名称 | 公司名称 |
|---|---|---|
| 沁水 | 沁水煤层气田马必区块马 66 井区新增煤层气探明地质储量 $116.59\times10^8$ 立方米 | 中国石油 |
| | 沁水煤层气田夏店区块华李 1-3、五阳-01 井区新增煤层气探明地质储量 $33.54\times10^8$ 立方米 | |
| 鄂尔多斯 | 鄂东煤层气田韩城北区块新增煤层气探明地质储量 $100.30\times10^8$ 立方米 | |
| | 鄂东煤层气田大宁—吉县区块新增煤层气探明地质储量 $222.31\times10^8$ 立方米 | |
| 四川 | 川南煤层气田筠连区块新增煤层气探明地质储量 $93.84\times10^8$ 立方米 | |

表 3　　2016 年全国页岩气资源勘查主要成果

| 盆地 | 成果名称 | 公司名称 |
|---|---|---|
| 四川 | 川东南页岩气勘探评价积极推进 | 中国石化 |
| | 四川达州华地 1 井在川东高陡构造带首次钻获页岩气流 | 中国地质调查局 |
| 鄂尔多斯 | 延长云岩-延川地区页岩气勘探取得新进展 | 延长石油 |
| | 陕西米脂镇钾 1 井首次在石炭系海陆过渡相实现页岩气重大突破，获得页岩气井口流量 $5.7\times10^4$ 立方米/日，计算无阻流量 $11.4\times10^4$ 立方米/日 | 中国地质调查局 |
| 贵州遵义 | 贵州遵义安页 1 井一举获得二叠系栖霞组，志留系石牛栏组、五峰-龙马溪组和奥陶系宝塔组“四层楼”式天然气、页岩气重大突破 | |
| 湖北宜昌 | 鄂宜页 1 井钻获水井沱组 86 米厚高含气页岩气层、鄂阳页 1 井首次在我国最古老地层震旦系陡山沱组钻获页岩气流 | |
| 安徽宣城 | 港地 1 井在二叠系大隆组等层系获得“一油三气”重要发现 | |

**【石油天然气】** 1. 松辽盆地。2016 年，松辽盆地新增石油探明地质储量 $6636.92\times10^4$ 吨；新增天然气探明地质储量 $172.85\times10^8$ 立方米。

①松辽盆地北部龙虎泡地区中浅层石油勘探取得新进展，新增探明石油地质储量 $3256\times10^4$ 吨、预测 $2723\times10^4$ 吨。

松辽盆地北部龙虎泡阶地有利勘探面积 2092 平方千米，石油资源量 $6\times10^8$ 吨。2016 年立足中浅层精细勘探，寻找效益储量，优选有利目标，部署探井 8 口，新获工业油流井 7 口。在塔 283-1 等区块新增探明石油地质储量 $3256\times10^4$ 吨，塔 66、塔 53 等区块新增预测石油地质储量 $2723\times10^4$ 吨，动用储量 $366.7\times10^4$ 吨，已建产能 $4.6\times10^4$ 吨。截至 2016 年底累计探明石油地质储量 $2.1\times10^8$ 吨。

②松辽盆地北部齐家地区中浅层石油勘探取得新进展，新增控制石油地质储量 $1364\times10^4$ 吨、预测 $5344\times10^4$ 吨。

松辽盆地北部齐家地区有利勘探面积 2280 平方千米，石油资源量 $4.4\times10^8$ 吨。2016 年加大多层系立体勘探力度，落实效益储量，部署探井 4 口，新获工业油流井 2 口。在金 28 区块高台子油层新增控制石油地质储量 $1364\times10^4$ 吨，金 80、杜 37 等区块高台子、葡萄花油层新增预测石油地质储量 $5344\times10^4$ 吨。截至 2016 年底累计探明石油地质储量 $1824\times10^4$ 吨。

③松辽盆地南部让字井-两井地区石油勘探取得新进展，新增探明石油地质储量 $1136\times10^4$ 吨、控制 $2643\times10^4$ 吨、预测 $3273\times10^4$ 吨。

松辽盆地南部有利勘探面积 $13.3\times10^4$ 平方千米，石油资源量 $34.7\times10^8$ 吨。2016 年稳步推进勘探开发一体化，实现致密油甜点有效动用，落实重新地区扶余油层常规油效益储量规模，部署探井 5 口、评价井 26 口，新获工业油流井 11 口。在乾 246 区块泉四段Ⅰ砂组新增探明石油地质储量 $1136\times10^4$ 吨；在让 36 区块泉四段新增控制石油地质储量 $2643\times10^4$ 吨；在查平 3 区块泉四段Ⅰ、Ⅲ砂组新增预测石油地质储量 $3273\times10^4$ 吨。截至 2016 年底累计探明石油地质储量 $15.33\times10^8$ 吨。

④德 1 井获工业气流，德惠断陷万金塔构造天然气勘探取得新发现。万金塔构造位于松辽盆地东南隆起区德惠断陷东北部万金塔-农安背斜带，紧邻郭家凹陷。2016 年在康家村圈闭部署预探井德 1 井，该井在营城组测试，产气量 $2\times10^4$ 立方米/日，无阻流量为 $5\times10^4$ 立方米/日。德 1 井钻探证实该区发育营城组上部碎屑岩、营城组下部火山岩和沙河子组碎屑岩三

套有利储盖组合。估算该区营城组、沙河子组资源规模 $121 \times 10^8$ 立方米。

⑤松南深层评价勘探取得商业发现。在伏龙泉断陷伏龙泉气田、德惠断陷万金塔构造德 1 井区、梨树断陷八屋气田，新增控制含气面积 66.61 平方千米，天然气地质储量 $100.47 \times 10^8$ 立方米。

2. *渤海湾盆地*。2016 年，渤海湾盆地新增石油探明地质储量 $25857.57 \times 10^4$ 吨，其中陆域新增 $7951.66 \times 10^4$ 吨，海域新增 $17905.91 \times 10^4$ 吨；新增天然气探明地质储量 $178.31 \times 10^8$ 立方米，其中陆域新增 $121.22 \times 10^8$ 立方米，海域新增 $57.09 \times 10^8$ 立方米。

①渤海湾盆地辽河西部凹陷大洼－海外河陡坡带岩性勘探取得重要发现，储量规模进一步扩大。辽河坳陷西部凹陷东部陡坡带大洼－海外河地区面积 350 平方千米，沙三段和中生界扇体近油源，砂岩厚度大，但储集条件差，一直未获大发现，仅预测地质储量 $907 \times 10^4$ 吨。

2016 年借鉴大民屯陡坡带发现经验，精细陡坡带整体沉积储层研究，落实有利相带，刻画砂体目标，老井压裂攻关提产，寻找规模效益储量，部署探井 6 口，老井试油 4 口，新获工业油流井 8 口。在大洼地区新增探明石油地质储量 $1082 \times 10^4$ 吨、控制地质储量 $1254 \times 10^4$ 吨、预测地质储量 $1265 \times 10^4$ 吨；在小洼地区新增探明石油地质储量 $159 \times 10^4$ 吨；在海外河地区新增预测石油地质储量 $1549 \times 10^4$ 吨。

②渤海湾盆地大港港北、东关中生界－古生界潜山勘探取得重要发现，落实效益储量 $1879 \times 10^4$ 吨。渤海湾盆地大港港北、东关地区中生界－古生界潜山有利勘探面积 8300 平方千米，发育奥陶系灰岩、上古生界碎屑岩、中生界碎屑岩与火山岩三个层系、三类潜山。

2016 年突出港北和东关潜山，精细地震资料目标处理与解释，深化成藏认识，集中工作量，部署探井 16 口，新获工业油流井 6 口，整体落实效益储量 $1879 \times 10^4$ 吨，其中，在港北地区新增控制石油地质储量 $123 \times 10^4$ 吨、预测 $847 \times 10^4$ 吨；在东关地区新增探明石油地质储量 $187 \times 10^4$ 吨、控制 $286 \times 10^4$ 吨；在王官屯地区新增控制石油地质储量 $436 \times 10^4$ 吨。

③渤海湾盆地大港岩性油气藏勘探取得新进展，新增探明石油地质储量 $339 \times 10^4$ 吨、控制 $1039 \times 10^4$ 吨、预测 $1466 \times 10^4$ 吨。

渤海湾盆地大港岩性油气藏有利勘探面积 $1.1 \times 10^4$ 平方千米，发育板桥、歧北、歧南、埕北、南皮和孔店等 6 个斜坡区。2016 年借鉴板桥斜坡效益勘探经验，突出斜坡区中浅层，落实规模效益储量，部署探井 17 口，新获工业油流井 20 口（含跨年井）。在板桥、埕海、段六拨等地区新增探明石油地质储量 $339 \times 10^4$ 吨；在板桥、埕海、羊二庄等地区新增控制石油地质储量 $1039 \times 10^4$ 吨；在叶三拨、羊二庄、小集等地区新增预测石油地质储量 $1466 \times 10^4$ 吨。

④渤海湾盆地廊固凹陷杨税务潜山安探 1 井风险勘探取得重要发现，有望形成规模效益储量区。渤海湾盆地华北廊固凹陷河西务潜山带勘探面积 410 平方千米，奥陶系潜山储层非均质性强，成藏复杂，潜山勘探多年来久攻不克。近年来开展整体连片三维地震叠前深度偏移处理，通过精细构造解释与沉积相分析，明确有利储集相带和层位，在杨税务潜山西高点部署风险探井安探 1X 井，2016 年试油获日产油 57.86 吨、气 $40.88 \times 10^4$ 立方米高产油气流，有望形成一定规模的效益储量区。

⑤渤海湾盆地南堡凹陷堡探 3 井岩性油气藏勘探取得重要发现，打开了南堡凹陷岩性油气藏勘探新局面。渤海湾盆地南堡凹陷有利面积 1570 平方千米，石油资源量 $22 \times 10^8$ 吨，近两年深化勘探，在高柳斜坡、南堡 3、4 号构造和周边凸起取得较好效果。2016 年按照“断槽输砂，坡折控砂，岩性控藏，优势砂岩控制油气富集”的思路，针对南部物源 Ed3－Es1 段构造－岩性油气藏，部署风险探井堡探 3 井，试油获日产油 96 吨、气 $1.3 \times 10^4$ 立方米高产油气流，对南堡凹陷岩性油气藏勘探有重要的引领作用。

⑥永 123 井等 4 口井获高产油流，济阳坳陷“三新”领域勘探取得新发现。一是青西地区剥蚀地层油藏取得新发现（新类型）。该领域永 123 井在沙三下试油，常规冷采获日产油 16.1 吨，形成了一个增储建产的新区块，整个区带储量规模在 $2800 \times 10^4$ 吨；二是东营南坡沙四下红层取得新发现（新层系）。官斜 17 井对沙四下油层试油，压裂后 3 毫米油嘴放喷，日产油 9.1 吨，日产气 309 立方米，沙四下红层存在高效储量区，有力地带动了该区勘探；三是临南洼陷带西部兴隆寺断鼻构造带取得新发现（新区带）。夏斜 75 井在三下试油，38 毫米螺杆泵抽，日产油 13.7 吨，证明兴隆寺断鼻构造带西翼具备与东翼相似的油气成藏条件，打破了以往认为油气难以越过中间沟槽往西翼继续运移的传统认识；四是三合村洼陷西部斜坡带取得新发现（新区带）。该领域垦西 1 井在馆下段试油，日产油 9.15 吨，表明三合村洼陷西部斜坡带馆下段构造岩性圈闭具有优先聚集油气的条件，预示着一个新的高效增储区。

⑦滩浅海地区评价勘探取得商业发现。在埕岛周缘及垦东北地区新增控制含油面积 13.9 平方千米，石油地质储量 $1191.43 \times 10^4$ 吨。

⑧东营北带砂砾岩评价勘探取得商业发现。在盐

家地区等地区的近岸水下扇、重力流沟道及前端的重力滑塌浊积扇体油藏中，总共新增控制含油面积16.45平方千米，石油地质储量1716.08×$10^4$吨，且发现的储量块具有产能高、易动用的特点。

⑨沾化凹陷渤南洼陷及其西部勘探取得商业发现。在渤南－大王庄斜坡共新增控制含油面积8.98平方千米，石油地质储量748.88×$10^4$吨。

⑩济阳坳陷古生界评价勘探取得商业发现。在滩海埕岛、东营凹陷滨南、车西北带、孤北洼陷北部、青城凸起南部等地区，共新增控制含油面积8.6平方千米，石油地质储量571×$10^4$吨，古生界潜山再次成为济阳坳陷高效增储领域。

东濮凹陷评价勘探取得商业发现。在中央隆起带高勘探程度区卫东高、中、低位地垒带，在西南洼陷带低勘探程度区长垣断鼻带的赵庄构造，新增控制含油面积5.1平方千米，石油地质储量306.52×$10^4$吨。

⑪在渤海海域，高效完成了曹妃甸12－6/6－2、垦利16－1、蓬莱20－2/20－3等3个大中型油田评价。

⑫曹妃甸12－6油田位于渤海西部海域渤中西洼中央隆起带，紧邻渤中凹陷。油田范围内已被二维地震资料和三维地震资料所覆盖，共钻探井16口，累计进尺39053.8米。在明化镇、馆陶组、中生界均获得较好的油气发现，油气层累计厚度733.8米，最大单井累计油层厚度131.0米。其中在明下段DST测试最高获得日产油166.10立方米，日产气1185.0立方米；馆陶组DST测试最高获得日产油141.60立方米，日产气842.0立方米；在中生界酸化后求产，DST测试最高获得日产油70.90立方米。通过16口的钻探，获三级石油地质储量6561.53×$10^4$吨，其中探明石油地质储量3888.79×$10^4$吨。

曹妃甸12－6油田的成功发现，是渤中西洼断裂复杂断块区获得又一个大中型油田，使得该区成了渤海油田增储上产的重要区带。

垦利16－1油田位于渤海南部海域，莱州湾凹陷南部斜坡带。油田范围内已被二维和三维地震资料所覆盖，共钻探井11口，其中2016年钻井10口，均获得油气发现，油气层累计厚度425.1米。油田主要含油层系为馆陶组、沙三下段、沙四段和中生界潜山，DST测试获得最高产能424.32立方米/日（9井沙三下段）。通过11口的钻探，获三级石油地质储量6325.83×$10^4$吨，其中探明石油地质储量3587.95×$10^4$吨。该油田是渤海油田在莱南斜坡带第一个成功发现并评价的大中型优质油田，并揭示了渤海海域边缘洼陷（莱州湾南次洼）良好的生烃潜力，为莱州湾凹陷的下步勘探奠定了基础。

蓬莱20－2油田位于庙西南凸起西南端，北邻庙西北洼、渤东凹陷，南邻庙西南洼，西与蓬莱19－25油田群相望，成藏背景优越。油田范围内已被三维地震资料所覆盖，三维地震有效资料面积为689平方千米，共计钻探8口井，累计进尺11744米。油田主要含油层系为馆陶组，DST测试获得最高产能45立方米/日。通过8口井的钻探，获三级石油地质储量6205.65×$10^4$吨，其中探明石油地质储量4421.09×$10^4$吨。蓬莱20－2油田的成功发现，结束了庙西南凸起没有大中型油田的现状，展示了蓬莱19－3油田围区良好的石油地质条件及油气勘探潜力，坚定了大油田周边寻找大油田的勘探信心。

3. 鄂尔多斯盆地。2016年，鄂尔多斯盆地新增石油探明地质储量37518.18×$10^4$吨，新增石油探明储量亿吨级油田是中国石油的南梁油田（11972.95×$10^4$吨）和环江油田（10667.42×$10^4$吨）；新增天然气探明地质储量4302.49×$10^8$立方米，新增天然气探明储量1000×$10^8$立方米级气田是中国石油的苏里格气田（3110.98×$10^8$立方米）。

①鄂尔多斯盆地陇东地区石油勘探取得新进展，新增石油探明地质储量1×$10^8$吨、预测3×$10^8$吨。陇东地区位于鄂尔多斯盆地西部，有利勘探面积1.6×$10^4$平方千米，资源量38×$10^8$吨。2015年重点落实镇北、合水地区长6段、长8段规模储量，新发现了亿吨级整装环江大油田，2016年进一步落实规模储量，新获工业油流井108口，环江地区长8油层落实探明石油地质储量10019×$10^4$吨，合水地区长8油层落实预测石油地质储量3.02×$10^8$吨，实现陇东长8含油连片，该区长8已提交探明5.26×$10^8$吨，预计整体探明储量规模可达10×$10^8$吨，近五年新建产能190×$10^4$吨，累计建产能433×$10^4$吨，年产原油258×$10^4$吨。截至2016年底，陇东地区累计探明石油地质储量7.3×$10^8$吨、控制地质储量11×$10^8$吨、预测地质储量5.5×$10^8$吨，三级储量近23×$10^8$吨。

②鄂尔多斯盆地姬塬地区石油勘探取得新进展，新增石油探明地质储量4429×$10^4$吨、控制2.86×$10^8$吨。姬塬地区位于鄂尔多斯盆地西北部，有利勘探面积1.28×$10^4$平方千米，石油资源量38.4×$10^8$吨。2016年围绕长6储量升级和落实长9储量规模，新获工业油流井79口，在安160、安222等井区长91段新增探明石油地质储量4429×$10^4$吨，已建产能113×$10^4$吨；在黄144、黄120、黄116等井区长62段，新增控制石油地质储量2.86×$10^8$吨，已建产能70×$10^4$吨。截至2016年底，姬塬地区累计探明石油地质储量15.4×$10^8$吨、控制地质3.26×$10^8$吨、预测地质储量8×$10^8$吨，三级储量近27×$10^8$吨。

③鄂尔多斯盆地陕北老区延长组下部层系石油勘探取得新进展，初步落实亿吨级储量规模。鄂尔多斯盆地陕北老区延长组勘探面积 $1.5\times10^4$ 平方千米，石油资源量 $22.6\times10^8$ 吨。2016 年加大延长组下部勘探，新获工业油流井 79 口。其中，长 8 整装含油面积进一步落实，储量规模超亿吨；长 9 发现新的高产含油富集区，顺 112、顺 110 试油分别获日产 62 吨和 13.26 吨工业油流，在新层系发现了高产含油富集区；长 10 勘探成果进一步扩大，落实新 405 等 3 个有利含油区。陕北老区延长组下部层系储量规模可达 $2\times10^8$ 吨，夯实了陕北老区持续稳产的资源基础。截至 2016 年底，陕北老区延长组累计探明石油地质储量 $12.2\times10^8$ 吨，三级储量 $14.2\times10^8$ 吨。

④鄂尔多斯盆地苏里格天然气勘探取得新进展，新增探明天然气地质储量 $3311\times10^8 m^3$ 苏里格地区位于鄂尔多斯盆地中西部，天然气勘探面积 $6\times10^4$ 平方千米，资源量 $6\times10^{12}$ 立方米。2016 年主攻南三区，评价西二区，新获工业气流井 25 口。西二区勘探开发一体化，新增探明天然气地质储量 $3311\times10^8$ 立方米，建成产能 $25\times10^8$ 立方米；南三区初步落实天然气基本探明地质储量 $3304\times10^8$ 立方米；天环中段落实李 4、苏 307 两个含气富集区，形成新的储量接替领域。截至 2016 年底，苏里格地区累计探明天然气地质储量 $16647\times10^8$ 立方米，技术可采储量 $6227\times10^8$ 立方米。

⑤鄂尔多斯盆地东部多层系天然气勘探取得新进展，新增控制天然气地质储量 $2194\times10^8$ 立方米。

鄂尔多斯盆地东部天然气勘探面积 $2\times10^4$ 平方千米，资源量 $3.2\times10^{12}$ 立方米。2016 年围绕盒 8、山 2，以扩大含气面积和提高单井产量为目标，积极开展工艺技术攻关，在山 2、盒 8、本溪、马五等层系新获工业气流井 21 口。神木－双山榆平 1 井区通过近几年的勘探，盒 8 段累计 57 口井获工业气流，初步控制含气面积 2909 平方千米，控制地质储量 $2194\times10^8$ 立方米；本溪组累计 51 口井获工业气流，落实 12 个高产富集区，有望形成 $1000\times10^8$ 立方米规模储量区。截至 2016 年底，盆地东部累计探明天然气地质储量 $4844\times10^8$ 立方米、控制地质储量 $6255\times10^8$ 立方米、预测地质储量 $4562\times10^8$ 立方米，三级储量 $17528\times10^8$ 立方米。

⑥锦 124 等井获工业气流，独贵加汗岩性圈闭气藏勘探取得新发现。锦 124 等井位于鄂尔多斯盆地北部杭锦旗区块十里加汗区带西部独贵岩性圈闭上，是大型岩性气藏富集区，发育太原组和盒 1 段、盒 3 段三层主力气藏。锦 124 井钻遇太原组砂体厚度 26.5 米，DST 测试稳定产量 31777 立方米/日；锦 114 井在盒 3 段获稳定产量 $0.83\times10^4$ 立方米/日；锦 108 井在盒 3 段获得稳定产量 $4.15\times10^4$ 立方米/日。太原组含气面积扩大了 297.81 平方千米，新增预测地质储量 $241.33\times10^8$ 立方米；盒 3 气藏落实 253.53 平方千米，提交盒 3 段预测地质储量 $433.52\times10^8$ 立方米。独贵加汗岩性圈闭气藏多层系勘探落实天然气资源规模 $675\times10^8$ 立方米。

⑦杭锦旗十里加汗区带评价勘探取得商业发现。在鄂尔多斯盆地北部杭锦旗区块十里加汗区带西部独贵岩性圈闭上，新增控制含气面积 251.81 平方千米，天然气地质储量 $685.0\times10^8$ 立方米。

⑧鄂尔多斯盆地延长南部探区实现由单层系含油向多层气含油的突破。延长南部探区分为南、北两大物源沉积体系，发育三角洲平原砂体、三角洲前缘砂体及浊积扇砂体等多种类型储层，储层结构非均质性强。北物源沉积体系含油连片性好，形成西部、中部及东部三条含油带，含油范围不断向南扩展；南物源沉积体系含油呈小范围零星分布。2016 年南部探区纵向已发现延 10、长 2、长 3、长 4＋5、长 6、长 7、长 8、长 9 等多套含油层系，呈现出多层系立体含油的态势，近五年可落实探明储量 1 亿吨，其中长 6 以上油层落实探明储量约 $4000\times10^4$ 吨，下组合落实探明储量约 $6000\times10^4$ 吨。

⑨鄂尔多斯盆地延长西部探区老区勘探成效显著。延长西部探区老区勘探成果不断扩大，吴起油田曾岔区完钻的 44 口探井中 32 口井获工业油流，2016 年该区新增探明石油地质储量 $4709.29\times10^4$ 吨。在铁边城老区铁 46 井长 4＋5 油层获 4.02 吨/日的工业油流，铁 47 井长 6 油层获 1.785 吨/日的工业油流，铁 45 井在长 7 油层获 5.32 吨/日的工业油流，铁 53 井在长 9 油层获 0.46 吨/日的低产油流，预计可提交探明含油面积 70 平方千米，探明储量 $2600\times10^4$ 吨。

⑩致密油勘探取得规模性新突破。按照“直井稀探控制规模＋水平井求产”的勘探开发一体化思路，在石渣河区、水磨沟区部署实施探井试油，勘探成效显著。石渣河区全年完钻探井 2 口，试油 6 口，4 口井达到工业油流，其中富西 143 井长 $7^1$ 试油产量 3.8 吨/日。预计该区新增控制含油面积共 9.7 平方千米，控制储量 $194\times10^4$ 吨。富县水磨沟区块共有致密油探井 18 口，其中长 8 油层 12 口获工业油流。延长实施的第一口致密油大型压裂水平井——磨平 3 井目前日产量 9 吨/日，累计产油已超 10000 吨。该区预计可提交探明石油地质储量 $1000\times10^4$ 吨。

⑪鄂尔多斯盆地中东部延长探区本溪组天然气勘探取得重要发现。鄂尔多斯盆地中东部延长探区多口井在本溪组钻遇较好砂体，平均厚度 8 米，气测基值 0.17%、峰值 14%。其中横山北部、子洲中部、吴堡区域首次实现本溪组工业气流突破，延 1726 井本溪组试

气无阻流量达到5.3×$10^4$立方米/日，含气层系与含气面积进一步扩大。

⑫临兴中区致密气钻探效果良好，新层系获突破。临兴中区块位于山西省临县和兴县境内，归属于吕梁地区，矿权面积744.455平方千米，区块横跨鄂尔多斯盆地伊陕斜坡与晋西挠褶带两个构造单元。区块位于黄土丘陵沟壑区，地势由东北向西南倾斜，是吕梁山地向黄河峡谷的延续，东北部土石山区，中部大面积黄土丘陵区，西部黄河沿岸丘陵基岩裸露区，海拔1000～1500米。中联公司于2012年开始进行临兴中区块的经营管理，截至2016年底，已经完成了全区737.3平方千米三维地震采集工作及处理解释；完成了42口探井的钻井、录井、测井等工作。完成了29口探井67层的压裂试气工作，并取得了较好的测试效果。

2016年完成钻井7口，压裂测试11层。新钻探井均获得良好油气发现，平均气层厚度34.4米，气层主要集中在中浅部石盒子组。位于紫金山斜坡带的LX－45井全井段钻遇30.9米气层，且于本溪组钻遇2.6米气层，由此展现斜坡带的良好勘探潜力。与周边井对比，LX－46/47井盒3段、盒4段获得新发现，从三维地震振幅属性看，LX－46/47井区盒3段含气面积39.2平方千米，盒4段含气面积46.1平方千米。盒3段、盒4段成为临兴区块新的主力勘探层系。LX－36井千5段有效厚度3.8米，测井解释为气层，油嘴8毫米，油压1.1兆帕，气产量8309～9617立方米/日，展示临兴区块千5段良好勘探前景。LX－34井盒3段测试压后产气8877立方米/日，该层段在探井测试中首次获工业气流，预计可新增探明地质储量25×$10^8$立方米。

4. 四川盆地。2016年，四川盆地新增天然气探明地质储量1632.11×$10^8$立方米，新增天然气探明储量1000×$10^8$立方米级气田是中国石油的安岳气田（1527.84×$10^8$立方米）。

①四川盆地川西北部双探3井泥盆系观雾山组、栖霞组天然气勘探取得新发现，展现了川西北多层系勘探的潜力。四川盆地川西北部地区有利勘探面积3300平方千米，下二叠统构造成排成带，圈闭多，具有多目的层整体勘探潜力，2014年双探1井在栖霞组、茅口组均获高产气流，其中栖霞组裂缝－孔隙型云岩储层首次获高产，展示川西下二叠统良好勘探前景，之后部署双探2井、双探3井。2016年预探中坝，评价双鱼石栖霞组，双探3井栖霞组钻遇块状孔隙性白云岩储层，测试获日产气41.86×$10^4$立方米，新增预测天然气地质储量569×$10^8$立方米，泥盆系观雾山组获日产气11.6×$10^4$立方米，发现新的含气层系，拓宽了该区天然气勘探领域，展示了川西北多层系勘探的潜力。

②四川盆地川中磨溪－高石梯构造震旦系天然气勘探取得新进展，新增探明天然气地质储量1527×$10^8$立方米、预测203×$10^8$立方米。

四川盆地川中磨溪－高石梯构造位于四川盆地中部川中古隆起区，有利勘探面积约6.3×$10^4$平方千米。2016年主攻灯影组台缘带，评价磨溪22井区，预探龙女寺北部龙王庙组，部署探井8口，新获工业气流井12口。磨溪22井区灯四段8口井新获工业气流，新增探明天然气地质储量1527×$10^8$立方米，基本实现台缘带高产富集区的整体探明；北部磨溪52井区磨溪52井灯四上测试获4.75×$10^4$立方米工业气流，磨溪111井日产30×$10^4$立方米，进一步证实台缘带北部灯四气藏具有统一气水界面，新增控制天然气地质储量203×$10^8$立方米。截至2016年底灯影组探明、控制、预测天然气地质储量10381×$10^8$立方米，整体明晰了千亿立方米规模气藏群的含气范围，龙王庙组已建成110×$10^8$立方米产能规模，累计生产93.8×$10^8$立方米。

③川西新场雷口坡组气藏评价勘探取得商业发现。在四川盆地新场构造雷口坡组新深1井，新增天然气控制地质储量652×$10^8$立方米。

④川西东坡中江－回龙构造侏罗系评价勘探取得商业发现。在四川盆地川西东坡中江－回龙构造侏罗系新增探明天然气地质储量104.27×$10^8$立方米，同时初步控制地质储量155.08×$10^8$立方米。

5. 塔里木盆地。2016年，塔里木盆地新增石油探明地质储量1917.47×$10^4$吨；新增天然气探明地质储量631.66×$10^8$立方米。

①塔里木盆地库车天然气勘探取得新发现，发现克深10、克深11两个新的含气构造。塔里木盆地库车坳陷勘探面积2.8×$10^4$平方千米，资源量天然气4.6×$10^{12}$立方米、石油4.6×$10^8$吨。

2014年克深－大北区块评价勘探进展顺利，在克深2、克深5、克深8、克深9、大北3、博孜1等六个1000×$10^8$立方米气藏均取得重要进展，整体形成千亿立方米大气区，为“西气东输”提供重要保障。2016年加强老资料精细处理解释，落实中浅层有利目标，积极准备新区带，寻求新发现，部署探井9口，新获工业气流井3口。其中，克深10井白垩系巴什基奇克组试气获日产22×$10^4$立方米工业气流，新增天然气预测地质储量813×$10^8$立方米；克深11井白垩系巴什基奇克组试气获日产70×$10^4$立方米工业气流，新增天然气预测地质储量492×$10^8$立方米；博孜1气藏评价新增探明天然气地质储量730×$10^8$立方米；克深13气藏评价，克深131井测试获28×$10^4$立方米高产气流，新增天然气控制储量661×$10^8$立方米；克深24井测井解释厚气层，有望获得新发现。截至2016年底，累计探明天然气地质储量$12362\times10^8$立方米，石油地质储量$2495\times10^4$吨。

②塔里木盆地塔西南麦盖提斜坡罗斯2井奥陶系白云岩潜山勘探获重要发现，证实了盆地白云岩潜山勘探潜力。塔里木盆地塔西南麦盖提斜坡有利勘探面积$3.2\times10^4$平方千米。勘探始于20世纪60年代，1992年麦3井首获突破，之后围绕现今构造勘探发现了巴什托普油田、鸟山气田、和田河气田；2008年以后，针对奥陶系台缘带、潜山及内幕等领域，部署群古1、玛南1、塘南1、玛东2等，见到油气显示，但未获实质性突破。经持续研究探索，认为麦盖提斜坡中段加里东－海西期冲断构造成排成带分布，基底断裂发育，沟通盐下油源，成藏条件最为有利，部署罗斯2井，2016年试气获日产$21.5\times10^4$立方米工业油气流，发现白云岩潜山型油气藏，这是时隔多年来塔西南地区的重要发现，进一步坚定了在该地区勘探的信心，同时对塔里木盆地寻找白云岩潜山型油气藏具有重要指导意义。

③塔里木盆地塔中东部中古58井寒武系潜山勘探获重要发现，推动了碳酸盐岩油气藏有效开发。塔里木盆地塔中隆起勘探面积9313平方千米，石油资源量$9.90\times10^8$吨，天然气资源量$1.73\times10^8$立方米。自1989年塔中1井获得发现后，27年来针对下古生界碳酸盐岩勘探始终未能取得实质性突破。在罗斯2井成藏模式指导下，对塔中白云岩潜山重新认识，建立白云岩潜山与石炭系生屑灰岩段复合油气藏模式，评价上钻中古58井获日产油11.31立方米，气$6.5\times10^4$立方米。有望发现规模储量，特别是跳出“串珠型”成藏模式，发现潜山型油气藏，对于碳酸盐岩油气藏有效开发意义重大。截至2016年底探明油$2.76\times10^8$吨，探明气$0.41\times10^8$立方米。

④塔里木盆地塔北碳酸盐岩勘探取得新进展，新增石油控制地质储量$2696\times10^4$吨、预测$3391\times10^4$吨。塔里木盆地塔北碳酸盐岩有利勘探面积$2.75\times10^4$平方千米，石油资源量$58\times10^8$吨，累计探明$6.67\times10^8$吨。近年来在哈6、金跃、新垦、哈得逊持续获得新发现，哈拉哈塘油田范围向南、向东、向西不断扩大。

2016年重点评价富源区块，探索热普区块，预探跃满西区块，部署探井、评价井15口，新获工业油气流井9口。富源区块评价进展顺利，富源103、203、204、201－1等4口井获100吨高产，新增控制石油地质储量$2696\times10^4$吨；跃满－果勒区块鹰二段获新发现，跃满9井获日产油255立方米，跃满801井获日产油153立方米，果勒2井获日产油11.7立方米、气$2.9\times10^4$立方米，新增预测石油地质储量$3391\times10^4$吨，含油面积进一步向西向南拓展。

⑤塔里木盆地顺北地区石油勘探取得重大突破。顺北地区位于塔北隆起南部斜坡区。该区奥陶系2014年顺北1井获少量油流，2015年顺北1－1H井获发现，2016年立足三维区精细解剖，在顺北1断裂带部署实施6口开发评价井，即顺北1－2H～顺北1－7H井，甩开探索不同类型断裂带部署了顺北2井。6口开发评价井相继在奥陶系一间房组钻遇放空漏失，测试均获得高产工业油气流，如顺北1－3CH井初期日产油达210吨、日产气$11\times10^4$立方米。原油为轻质挥发性未饱和裂缝——洞穴型油藏，油气柱高度大。顺北1断裂带勘探成果进一步证实了顺北地区北东向深大断裂带是储层发育和油气富集的有利区。

在东侧甩开探索新类型部署的顺北2井，处于活动强度弱的北东向断裂带上，裸眼常规测试，见微量油花和天然气。为进一步评价次级断裂带含油气性，调整实施侧钻水平井——顺北2CH井，完钻后裸眼井段酸压测试求产，折日产油20立方米。

顺北地区的突破战略意义重大，发现了顺北大油田，实现了“塔河之外找塔河”的战略构想；证实了深大断裂控储层、控运移、控富集的地质认识，发现了裂缝－洞穴型储集体，扩展了塔里木盆地勘探领域。

⑥托鹰1X井获工业气流，塔河托甫台地区鹰山组内幕勘探取得新发现。托鹰1X井位于塔河南部托甫台鹰3号圈闭，测井解释在一间房组解释Ⅱ类2层/17.5米，Ⅲ类4层/86米；鹰山组解释Ⅱ类2层/24米；Ⅲ类4层/192.5米。对鹰山组上段酸压测试，5毫米油嘴，油压8.5兆帕，日产液89.6吨，日产油75.66吨，含水15.56%。实现了塔河托甫台地区鹰山组内幕勘探取得新发现。塔河地区鹰山组内幕已落实9个圈闭，面积279.2平方千米，圈闭资源量约$1\times10^8$吨。

⑦胡杨2井在卡拉沙依组获工业油气流，塔河石炭系勘探取得新发现。针对塔河油田石炭系卡拉沙依组超深薄互层砂体，优选桑塔木高精度三维试验区，2016年在胡杨1井东南部新的目标——胡杨2号圈闭上，部署了胡杨2井。该井折算日产油12.2立方米，日产气$11.2\times10^4$立方米，不含水。证实了桑塔木地区石炭系具有继续扩大成果的潜力，落实控制石油储量$300\times10^4$吨。

6. 准噶尔盆地。2016年，准噶尔盆地新增石油探明地质储量$9450.73\times10^4$吨；新增天然气探明地质储量$106.52\times10^8$立方米。

①准噶尔盆地玛湖东坡二叠系、三叠系石油勘探取得重要发现，具备亿吨级级储量规模。准噶尔盆地西北缘玛湖东坡有利勘探面积1946平方千米，石油资源量$2.8\times10^8$吨，以往按照鼻凸构造打高点的勘探思

路，未取得实质性突破，2015 年风险探井达探 1 井多层系钻遇厚油层，进一步坚定了在东坡岩性规模勘探的信心。2016 年立足有利相带，寻求规模发现，达 13、达 15 等 3 口井新获工业油流。达 13 井百口泉组获日产 22 立方米工业油流，达 13 井区三叠系百口泉组新增预测储量 $7458\times10^4$ 吨；盐北 4 井百口泉组获日产 8.6 立方米工业油流，下乌尔禾组乌四段获日产 29 立方米工业油流，盐北 4 井区百口泉组、下乌尔禾组新增控制储量 $1696\times10^4$ 吨。目前玛湖东坡初步形成亿吨级勘探场面。

②准噶尔盆地滴南凸起南带天然勘探取得重要发现，推动了克拉美丽山前石炭系火山岩天然气勘探。准噶尔盆地滴南凸起南带紧邻克拉美丽气田，克拉美丽山前带有利勘探面积 11623 平方千米，克拉美丽气田累计探明天然气地质储量 $1031\times10^8$ 立方米。滴南凸起南带勘探程度低，构造背景、成藏条件相似，气藏具有“源控、断控、隆控、火山岩体一体一藏”的特征，2015 年以来进入勘探评价一体化阶段。2016 年“风险勘探预探相结合，勘探开发一体化”思路，整体推进克拉美丽山前石炭系勘探，根据近源、有利火山岩体两个关键控藏要素匹配情况，明确了“四大”有利区带，优选滴南凸起南带部署探井 6 口。滴探 1 井石炭系巴塔玛依内山组试油获日产 $7.8\times10^4$ 立方米工业气流，落实天然气预测地质储量 $267\times10^8$ 立方米，美 6 井石炭系试油获日产 $8.8\times10^4$ 立方米工业气流，落实天然气预测地质储量 $234\times10^8$ 立方米，证实整个滴水泉凹陷周缘巴塔玛依内山组地层型目标规模大，有望形成下一个克拉美丽气田。

③准噶尔盆地南缘齐古断褶带天然气勘探取得重要发现，有望打开南缘效益勘探新局面。准噶尔盆地南缘有利勘探面积 $1.5\times10^4$ 平方千米，资源量油 $7.15\times10^8$ 吨、气 $4176\times10^8$ 立方米。早期以地表浅层构造勘探为主，发现独山子、齐古、呼图壁、玛纳斯等油气田；2004～2014 年主要以中下组合深大构造为目标钻探井 12 口，由于埋藏深、构造复杂、储层差，均未取得实质性突破。2016 年转变思路，立足中浅层，把成藏条件较好的第一排构造作为重点，针对地震资料差、圈闭难以落实的难题，加大了地震攻关和目标准备力度，针对齐古 1 井试油侏罗系头屯河组获日产 $3.8\times10^4$ 立方米工业气流，对第一排构造带成藏和勘探潜力取得了新认识，为南缘勘探开辟了新思路，有望打开南缘效益勘探的新局面。

④准噶尔盆地西北缘多层系立体勘探取得新进展，新增石油探明地质储量 $7852\times10^4$ 吨、控制 $6499\times10^4$ 吨、预测 $1605\times10^4$ 吨。

准噶尔盆地西北缘勘探面积 $1.55\times10^4$ 平方千米，石油资源量 $33.4\times10^8$ 吨，天然气资源量 $5453\times10^8$ 立方米。

2016 年立足中浅层，勘探评价一体化，寻找规模可动用储量，部署探井 28 口，新获工业油气流 9 口。车峰 7、车 471 等区块石炭系新增探明石油地质储量 $5432\times10^4$ 吨、控制地质储量 $2537\times10^4$ 吨；玛湖 1 等井区三叠系新增控制石油地质储量 $3128\times10^4$ 吨、预测地质储量 $1605\times10^4$ 吨；红 153 井区二叠系新增探明石油地质储量 $2420\times10^4$ 吨；艾湖 12 井区侏罗系新增控制石油地质储量 $834\times10^4$ 吨。截至 2016 年底，累计探明石油地质储量 $20.7\times10^8$ 吨、天然气地质储量 $332\times10^8$ 立方米。

⑤春 98 井获工业油流，春光探区地层油气藏勘探取得新发现。

春 98 井是部署在准噶尔盆地西缘春 29－1 井南部沙湾组岩性圈闭上的一口探井，钻探目的是探索沙湾组Ⅱ砂组 4 小层“内带”的含油气性。该井在沙湾组Ⅱ4 小层试油，3 毫米油嘴自喷，日产油 55.2 吨，发现一个高产富集块，落实石油资源规模 $2173\times10^4$ 吨。

⑥苏 13 井获高产油流，准噶尔车排子西翼石炭系勘探取得新发现。苏 13 块位于排 10 井西三维区，构造上位于准噶尔盆地西部隆起车排子凸起西翼，南面由艾卡断裂带与四棵树凹陷相连。钻探目的是探索苏 2 井南石炭系断块圈闭发育区的含油气性。对石炭系 1920.1～2300 米进行中途测试，6 毫米油嘴放喷，日产油 20.7 吨，日产气 1393 立方米，不含水。该井的成功，进一步证实凸起西翼是一个多层系含油的复式油气聚集区，石炭系勘探价值显著提高。落实石油资源规模 $1237\times10^4$ 吨。

⑦准噶尔西缘评价勘探取得重要商业发现。一是春光探区沙湾组、古近系油藏评价勘探取得商业发现，新增控制储量 $715.58\times10^4$ 吨；二是春风探区沙湾组浅层稠油油藏评价取得商业发现，新增控制储量 $1611.16\times10^4$ 吨。春光油田、春风油田合计新增控制含油面积 22.95 平方千米，石油地质储量 $2326.74\times10^4$ 吨。

7. 柴达木盆地。2016 年，柴达木盆地新增石油探明地质储量 $2800.93\times10^4$ 吨；新增天然气探明地质储量 $15.97\times10^8$ 立方米。

①柴达木盆地英西勘探开发一体化取得新进展，新增石油控制地质储量 $3727\times10^4$ 吨、预测 $6557\times10^4$ 吨。柴达木盆地英西地区有利勘探面积 2000 平方千米，资源量 $8.12\times10^8$ 吨。2014～2015 年一体化整体评价，纵向上发现六套油层组，落实三个油气富集区，提交预测地质储量 $4034\times10^4$ 吨。

2016 年按照富集区控规模快建产，两侧甩开谋突破勘探思路，一体化部署预探井5口，评价井5口，新获工业油流井13口（含开发井）。评价产建一体效果显著，构造主体狮1－2、狮205、狮1－3向1井相继获得千吨高产；甩开预探再获新发现，向西北甩开部署的狮49、狮39加深、狮25－3井获新发现，向东南部署狮52井首次在Ⅲ油组获161立方米高产，发现新的含油区；盐间新增控制石油地质储量3727×$10^4$吨，盐下新增预测石油地质储量6557×$10^4$吨，整体形成亿吨级规模储量区，目前已建成15×$10^4$吨的产能规模。

②柴达木盆地阿尔金山前天然气尖探1井取得新发现，风险勘探发现新区带。柴达木盆地阿尔金山前天然气勘探有利面积5000平方千米，已发现基岩块状地层、侏罗系构造－地层、古近系构造－岩性等多种类型的油气藏，已探明天然气地质储量519×$10^8$立方米。

2016年按照“扩展东坪、突破牛东，风险勘探尖北”的思路，部署探井9口，获工业气流井8口。尖北斜坡风险勘探尖探1井基岩压裂测试获日产14×$10^4$立方米高产气流，证实尖北地区周缘存在侏罗系源岩，发现了新区带；东坪鼻隆东坪171、东坪15井获工业气流，新增控制天然气地质储量218×$10^8$立方米；牛东鼻隆低断阶牛9、牛106、牛108井获工业气流，牛107井、109井解释有气层，新增控制天然气地质储量34×$10^8$立方米。

8. *三塘湖盆地*。2016年，三塘湖盆地新增石油探明地质储量2120.70×$10^4$吨；新增天然气探明地质储量8.56×$10^8$立方米。

三塘湖盆地马朗凹陷立体勘探取得新进展，新增探明石油地质储量2121×$10^4$吨、控制2474×$10^4$吨、预测2597×$10^4$吨。三塘湖盆地马朗凹陷有利勘探面积1395平方千米，资源量8×$10^8$吨。2016年按照“扩展致密油、火山岩规模储量，攻关低压砂岩油藏”的思路，部署探井7口，新获工业油流井3口。在牛东110井区石炭系新增探明石油地质储量2121×$10^4$吨；在芦104、马706、马67井区等区块新增控制试油地质储量2474×$10^4$吨、预测石油地质储量2597×$10^4$吨。截至2016年底，马朗凹陷累计探明石油地质储量1.6×$10^8$吨。

9. *二连盆地*。2016年，二连盆地新增石油探明地质储量918.62×$10^4$吨；新增天然气探明地质储量1.28×$10^8$立方米。

二连盆地乌兰花凹陷油气勘探取得新进展，新增预测石油地质储量4352×$10^4$吨。

二连盆地乌兰花凹陷面积600平方千米，资源量6900×$10^4$吨，为2011年重磁资料发现的新凹陷，但一直未取得规模效益突破。2016年深化整体评价与成藏认识，突出寻找规模高效储量，部署探井6口，新获工业油流井6口。兰8、兰11X、兰14X井腾一下段均获日产油50立方米以上高产，新增预测地质储量4352×$10^4$吨。

10. *南襄盆地*。2016年南襄盆地新增石油探明地质储量77.68×$10^4$吨。泌阳凹陷评价勘探取得商业发现。在古城－毕店地区、王集地区，新增控制含油面积3.74平方千米，石油地质储量316.4×$10^4$吨。

11. *苏北盆地*。2016年，苏北盆地新增石油探明地质储量380.53×$10^4$吨。

①周X64A井获高产油流，高邮刘五舍隐蔽油气藏勘探取得新发现。该井位于高邮凹陷南部刘五舍次凹高精度三维区，对戴南组一段试油，抽汲获日产油24.56立方米。该井的成功，证实刘五舍与邵伯、樊川次凹具有相似的沉积特征和砂体发育规模，具备形成扇控型和砂控型构造－岩性、重力流砂体以及地层超覆等隐蔽油藏的有利条件。区带内落实了一批储备圈闭，石油资源规模1219×$10^4$吨，2016年新增预测储量76.49×$10^4$吨。

②金湖凹陷评价勘探取得商业发现。在金湖凹陷西斜坡三河内坡顺向断块、下闵杨构造带、石港断裂带等地区，新增控制含油面积7.47平方千米，石油地质储量431.41×$10^4$吨。

③高邮凹陷评价勘探取得商业发现。在高邮凹陷西部黄珏、马家嘴、曹庄复杂区、西南部黄－马西地区，新增控制含油面积6.62平方千米，石油地质储量378.48×$10^4$吨。

④溱潼凹陷评价勘探取得商业发现。在西斜坡南华区块新增控制含油面积8.21平方千米，石油地质储量327.15×$10^4$吨。

12. *银额盆地*。2016年，银额盆地没有新增石油探明地质储量和新增天然气探明地质储量。

①中国石化银额盆地新区石油勘探取得重要新发现。银额盆地位于内蒙古自治区中西部，2013年通过国土部竞争性出让招标取得银根苏木、芨芨海子和务桃亥3个区块的探矿权，2015年在盆地演化及烃源岩发育研究的基础上，优选务桃亥区块拐子湖凹陷中洼斜坡带部署参数井－拐参1井。本井完井试油，优选巴音戈壁组3419.4～3460.5米井段射孔，压裂后3毫米油嘴放喷，日产油51.67立方米、日产气7290立方米。

拐参1井获工业油气流，实现了银额盆地新区石油勘探重要新发现，证实银额盆地中生界为主要含油层系，石炭－二叠系为潜在勘探层系，提升了盆地勘探价值，打开了盆地勘探新局面，展现出良好的勘探前景。

②延长石油银额盆地油气勘探再获新进展。继延

哈参1井天然气试气获得突破后，2016年延长石油继续在银额盆地哈日凹陷甩开勘探，实施了延哈3、延哈4和延哈5井。3口井录井均见到大套、多层油气显示，累计油气显示920.26米/183层；测井解释油气层629.2米/76层，其中油层/差油层21.6米/18层，裂隙气层（含气层）273.4米/37层。延哈3井、凹陷边部的延哈2井白垩系试油产量分别为1.2立方米/日和0.81立方米/日，进一步证实银额盆地哈日凹陷油、气均具有良好的勘探潜力。

上古生界完钻2口地质浅井、1口预探井，其中延巴南1井古生界有较好的烃源岩和储层发育，部分井段见可疑气层，表明古生界也具有一定的油气成藏条件，勘探层系有望进一步扩大。

13. 北部湾盆地。2016年，北部湾盆地新增石油探明地质储量 $1595.56\times10^4$ 吨；新增天然气探明地质储量 $60.69\times10^8$ 立方米。

①北部湾盆地涠西南油田群周边实现勘探开发一体化，从生产平台钻新块获得了新增储量。涠西南凹陷是南海西部海域油气勘探的成熟区，2016年依托勘探开发一体化思路，重点围绕涠洲6区和涠洲11－4N油田等重点领域开展滚动勘探工作。涠洲6区位于涠西南凹陷二号断裂带东段。涠洲11－4N油田近涠西南低凸起，涠洲12－2和涠洲6－13N位于涠西南凹陷东南斜坡带。2016年涠西南凹陷钻探探井、开发评价井共14口，其中WZ11－4N－B21等4口井完井后投入开发，初产量为40～100立方米/日。随着勘探开发一体化工作的深入开展，2016年新增原油地质储量 $1680.06\times10^4$ 立方米，其中探明 $751.21\times10^4$ 立方米。

涠洲6区滚动勘探开拓了涠二段岩性圈闭新领域、提升了流一段勘探潜力、拓展了流一段有效储层埋深下限，为涠西南油田群的增储上产做出重要贡献。通过开发评价井实现了油田潜力资源向储量、产量快速转化，达到了增储上产的目的；进一步揭示了涠西南油田油气成藏规律，为进一步开展滚动勘探开发积累了经验。

② 涠西南凹陷石油勘探取得重要新发现。涠西南凹陷是北部湾盆地勘探程度最高、油气发现最多的富油凹陷。开展涠西区块新一轮烃源岩评价，在涠西南低凸起西斜坡南段，发现一向西倾覆并受断层控制的近东西伸展的鼻状构造（涠11－5W），该构造伴随3号断层活动和低凸起隆升而派生的两条交错断层分割为东、西、南、北四个断块。按照“追源找脊”思路，2015年在构造西断块部署涠4井，2016年初钻探获得成功。对涠三段三个油层进行钻杆测试，射开W3C油层（2322.5～2360.0米）和W3B＋W3C油层（2264.9～2275.9米、2289.5～2304.8米）两个层段分别获得日产油1458立方米、气 $7.18\times10^4$ 立方米和油1349立方米、气 $7.59\times10^4$ 立方米的高产工业油气流。2016年在涠11－5W构造南断块部署实施涠6井。对涠三段两层油层进行钻杆测试，射开W3E油层（1917.0～1932.0米）和W3C油层（1835.1～1857.0米）分别获得日产油682.2立方米、气 $4.68\times10^4$ 立方米和油300.9立方米、气 $0.583\times10^4$ 立方米的高产油气流。

涠4井、涠6井相继获得高产油气流突破，证实涠西南凹陷涠洲组可形成相对富集的高产油藏，揭示了流沙港组也是重要的目的层系，坚定了在涠西南凹陷寻找油气藏的决心，打开了涠西区块的油气勘探局面。

14. 琼东南盆地。2016年，琼东南盆地新增石油探明地质储量 $65.59\times10^4$ 吨；新增天然气探明地质储量 $98.16\times10^8$ 立方米。

琼东南盆地深水天然气勘探取得新进展，LS25－1－5井钻探获得成功。陵水25－1气田位于南海北部大陆架西区的琼东南盆地内，距海南省三亚市约132千米，气田范围内水深约为900～1000米。陵水25－1气田已实现三维地震资料全覆盖，地震工作量为4100平方千米。2016年新钻LS25－1－5探井，进尺3262米，新增天然气三级地质储量 $107.93\times10^8$ 立方米，其中探明地质储量为 $98.16\times10^8$ 立方米。目前陵水25－1气田钻井4口，总进尺12579.6米，总共发现天然气三级地质储量为 $548.93\times10^8$ 立方米，其中探明 $453.51\times10^8$ 立方米。

陵水25－1气田的勘探成功创新了深水区“超压裂隙成藏”认识，突破了勘探禁区，发展了“岩性地层圈闭识别技术”，落实了一批新近系隐蔽目标；建立了“中央峡谷莺－黄组水道多期垂向有序充注、驱替”成藏新模式，引领早期水道勘探；首次建立了中央峡谷内基于“多期水道控压、连通砂体传压”的精细压力预测技术体系，准确预测了黄流组多期水道内压力情况。2016年钻探的LS25－1－5井有效扩大了中央峡谷领域天然气地质储量规模，为深水区立架建产提供了有力保障。

15. 莺歌海盆地。2016年，莺歌海盆地新增石油和天然气探明地质储量均为0。

莺歌海盆地乐东11－1勘探获得油气发现。乐东11－1构造位于南海北部大陆架西区的莺歌海盆地，处于盆地莺东斜坡带南段1号断裂下降盘。北距海南岛莺歌海镇约80千米，乐东11－1构造区的水深80～100米。该构造三维地震资料全覆盖，地震工作量1582平方千米，2016年4月8日与壳牌合作钻探LD11－1－1井，进尺为5057米。该井在三亚组一段获得油气发现，测井解释气层43.3米，气水同层1.5米，含气水层13.5米。岩性以中－粗砂岩为主，但受压实作用及碳酸盐胶结影响，储层物性差，三亚组气层平均孔隙度仅为10.7%，渗透率0.12～1.4毫达西，属于低－中孔、低－特低渗储层。估算三亚组Ⅰ气组、Ⅱ气组天然气三级地质储量为223.73×$10^8$立方米。

乐东11－1构造在三亚组高温超高压层系的勘探发现，证实了莺歌海盆地莺东斜坡带三亚组地层具备良好的油气运移成藏条件，拓展了乐东凹陷斜坡带三亚组轴向水道岩性圈闭天然气勘探领域，展现乐东11区周缘具有良好的勘探前景。

16. 珠江口盆地。2016年，珠江口盆地新增石油探明地质储量1577.59×$10^4$吨；新增天然气探明地质储量55.74×$10^8$立方米。

在珠江口盆地，成功评价了流花21－2大中型油田，在恩平凹陷西北部打开新的构造带，恩平15－1勘探取得突破。

流花21－2油田位于南海珠江口盆地番禺低隆起东部白云东凹北部斜坡上。西北距香港约240千米。2011年在流花21地区采集三维地震面积450平方千米，落实了流花20－2、流花21－2等构造圈闭。2015年在流花21－2构造钻探LH21－2－1井，井深3005米。在珠江组下段有较好的气测异常和荧光显示，电缆测井解释油层4层，净厚度44米，探明石油地质储量542.07×$10^4$吨。为进一步落实流花21－2油田规模，2015年在流花20－2周边重新处理了900平方千米PSDM地震资料，对流花21－2构造进行了重新落实。

2016年5月钻探了LH21－2－2井，井深2923米。电缆测井解释油层净厚度为46.0米，油藏油柱高度达147.0米。钻后落实流花21－2油田2井区探明石油地质储量718.90×$10^4$吨。流花21－2全油田共计探明石油地质储量1260.97×$10^4$吨。LH21－2－2井的钻探成功将流花21－2构造东块控制储量升级为探明储量，单井增加探明石油储量近1000×$10^4$立方米，具有重要的勘探意义。流花21－2油田的发现进一步证实了白云东地区非典型构造脊、“断脊联控”的油气运聚模式，形成了一套适用于坡折带地区的构造校正技术系列组合和深水区“轻质、亮点型油藏”综合地球物理识别技术，提高了油层的预测成功率。流花21－2油田是白云东地区继流花20－2之后的又一轻质油发现，进一步证实了白云深水地区原油的勘探潜力，推动了周边目标的滚动勘探，与周边流花20－2、流花16－2等油田联合开发具有较高的经济性。

恩平15－1构造位于珠江口盆地恩平凹陷西北部，距恩平23－1油田西北方向34千米，水深90米，是在基底古隆起背景上发育起来的同时受南北两条长期活动断层控制的断背斜构造，同时构造内部受多条晚期小断层切割形成多个高点。恩平15－1构造所在区域三维地震资料满覆盖，面积约1000平方千米。该构造圈闭继承性好，从Tg至T32层均有圈闭存在，圈闭面积59.7～168.7平方千米，闭合幅度20～340米。钻探落实EP15－1－1井油藏含油面积2.36～11.80平方千米，油柱高度1.5～17.0米。EP15－1－1井DST1层段（1631.0～1632.7米）日产油444.8立方米，$CO_2$气71252立方米，原油相对密度0.8405；DST2层段（1322.0～1326.0米）日产油107.9立方米，$CO_2$气2037立方米，原油相对密度0.8979。

恩平15－1构造是恩平凹陷在西部古降起构造发现的埋藏深度浅、含油面积大的中轻质高产中型商业性油田，目前三级石油地质储量1770.4×$10^4$吨。该区带储层物性、油品性质均较好，初步评价认为能够独立开发。该油田的发现充分证实了恩平地区西部古隆起区原油的勘探潜力，推动了周边有利目标的勘探进程。该构造是首次在半地堑北部陡坡区域获得商业发现，将会拓展珠一坳陷北部陡坡区新区勘探。

**【煤层气】** 2016年，全国新增煤层气探明地质储量576.12×$10^8$立方米。

1. 沁水盆地。2016年，沁水盆地新增煤层气探明地质储量159.67×$10^8$立方米。鄂尔多斯盆地新增322.61×$10^8$立方米。

①沁水煤层气田马必区块马66井区新增煤层气探明地质储量116.59×$10^8$立方米。2016年12月1～2日，在国土资源部组织的油气储量评审会上，专家组对中国石油提交的马必区块马66井区二叠系山西组3号煤新增煤层气探明储量进行了评审，专家认为马必区块储量申报区勘探程度和认识程度达到现行探明储量规范要求，新增叠合含气面积70.00平方千米，新增煤层气探明地质储量116.59×$10^8$立方米，技术可采储量58.30×$10^8$立方米，经济可采储量39.26×$10^8$立方米。

②沁水煤层气田夏店区块华李1－3、五阳－01井区新增煤层气探明地质储量33.54×$10^8$立方米。2016年7月2～3日，在国土资源部组织的油气储量评审会上，专家组对中国石油提交的夏店区块华李1－3井、五阳－01井区二叠系山西组3号煤新增煤层气探明储量进行了评审，专家认为夏店区块储量申报区勘探程度和认识程度达到现行探明储量规范要求，新增叠合含气面积32.30平方千米，新增煤层气探明地质储量33.54×$10^8$立方米，技术可采储量16.78×$10^8$立方米，经济可采储量13.71×$10^8$立方米。

③柿庄北煤层气水力波及压裂等新工艺探索使探

井提前达产。柿庄北区块地处太行山西麓，东南部地形平缓，西北部以低山丘陵地形为主，地形呈西高东低、北高南低的特点，地形最高点标高为1417.5米，最低点标高为1000.6米。相对高差最大417米。地貌区划属剥蚀、侵蚀山地，山峦叠嶂、森林茂密、沟谷发育、基岩出露良好，属侵蚀中等的山区。

柿庄北煤层气水力波及压裂效果显现，大幅缩短见气时间，提高单井产量，缩短勘探周期。上半年新增4口井日产超1000立方米/日，其中SX－711井组3口井投产仅15日见气，产量迅速上升，仅3日达到1000立方米/日，之后稳产三个月，达到储量规范要求，尤其SX－711X2井产气量1740立方米/日，显示水力波及压裂效果良好。

2. 鄂尔多斯盆地。2016年，鄂尔多斯盆地新增煤层气探明地质储量322.61×$10^8$立方米。

①鄂东煤层气田韩城北区块新增煤层气探明地质储量100.30×$10^8$立方米。2016年8月19日，在国土资源部组织的油气储量评审会上，专家组对中国石油提交的韩城北区块WLC12井区二叠系山西组5号煤和太原组11号煤新增煤层气探明储量进行了评审，专家认为韩城北区块储量申报区勘探程度和认识程度达到现行探明储量规范要求，新增叠合含气面积90.65平方千米，探明地质储量100.30×$10^8$立方米，技术可采储量50.15×$10^8$立方米，经济可采储量38.32×$10^8$立方米。

②鄂东煤层气田大宁－吉县区块新增煤层气探明地质储量222.31×$10^8$立方米。2016年9月27～28日，在国土资源部组织的油气储量评审会上，专家组对中国石油提交的大宁－吉县区块吉4－吉10井区二叠系山西组5号煤和太原组8号煤新增煤层气探明储量进行了评审，专家认为大宁－吉县区块储量申报区勘探程度和认识程度达到现行探明储量规范要求，新增叠合含气面积101.60平方千米，新增煤层气探明地质储量222.31×$10^8$立方米，技术可采储量111.15×$10^8$立方米，经济可采储量75.87×$10^8$立方米。

3. 四川盆地。2016年，四川盆地新增煤层气探明地质储量93.84×$10^8$立方米。

川南煤层气田筠连区块新增煤层气探明地质储量93.84×$10^8$立方米。

2016年12月1～2日，在国土资源部组织的油气储量评审会上，专家组对中国石油提交的筠连区块YSL1井、YSL15井区二叠系乐平组煤层新增煤层气探明储量进行了评审，专家认为筠连区块储量申报区勘探程度和认识程度达到现行探明储量规范要求，新增叠合含气面积49.10平方千米，新增煤层气探明地质储量93.84×$10^8$立方米，技术可采储量46.92×$10^8$立方米，经济可采储量28.90×$10^8$立方米。

**【页岩气】** 2016年，全国页岩气勘探主要在四川盆地取得一些新进展。

1. 四川盆地。

①丁山地区页岩气勘探取得积极进展。2015年11月，部署实施了丁页3井、4井、5井。截至2016年底，丁页3井完成压裂测试，丁页4井正侧钻水平井，丁页5井导眼井正钻。

丁页3井导眼井2月24日开钻，5月23日完钻，钻遇优质页岩厚30米，平均TOC为3.52%，与丁页1井、丁页2井相当。9月28日完成压裂施工，累计入井总液量41680立方米，总砂量1567.59立方米，试获日产气2.5×$10^4$～3.3×$10^4$立方米。

丁页4井导眼井取芯证实，钻遇优质页岩厚30米，TOC为2.01%～5.45%，平均3.77%，总含气量2.35～8.98立方米/吨，平均5.17立方米/吨。

丁页5井导眼井设计井深3700米，目前井深1335米，层位为须家河组。

②东胜背斜胜页1井钻遇优质页岩，有望获得新突破。2016年在东胜构造部署胜页1井，9月19日导眼井钻至3505米完钻，钻遇优质页岩厚30米，TOC为1.56%～7.06%，平均2.5%；孔隙度为1.74%～3.69%，平均2.2%；含气量为1.28～6.55立方米/吨，平均2.96立方米/吨。

③武隆向斜隆页1HF井试采取得进展。隆页1HF井位于川东南地区武隆向斜南翼。2015年11月27日完成压裂，总液量34139.4立方米，砂量1192.17立方米，经历8个工作制度测试日产气4.6～6.27×$10^4$立方米。经过一年试采，2016年12月31日，油压1.51兆帕，套压5.11兆帕，日产气3.0×$10^4$立方米，累计产气1251×$10^4$立方米，日产液5.4立方米，累产液8377立方米，返排率24.4%。

2. 鄂尔多斯盆地。延长云岩－延川地区页岩气勘探取得新进展。

通过深化延安－延长区域上古生界页岩气地质特征与成藏条件研究，优选部署云页平3井、4井、5井、6井等四口探井，压裂云页平1－1井、1－2井两口，勘探取得较好效果。云页平1－1井压裂后日产气量1.5×$10^4$立方米/日，云页1－2井日产气量2.3×$10^4$立方米/日；云页平3井水平段气测显示较好，钻遇气层11层429米；云页平6井完钻井深3248米，水平段长度607米，录井解释含气层共4层/332米，气测值最高可达30%。同时，形成了适合于陆相页岩气储层特征的水平井钻完井技术系列，有效缩短了钻井周期，实现钻井过程无事故，电测、下套管一次成功；平均机械钻速从4.26米/小时提高到6.05米/小时;井身质量合格率95%,固井质量合格率100%。

## ·油气资源开采主要成果·

**【概况】** 截至2016年底,全国已探明油气田993个(油田722个,气田271个)。其中,2016年新增探明油田10个,气田3个,煤层气田26个,页岩气田3个,二氧化碳气田3个。

2016年,全国新投产油田7个,新投产气田6个。其中,中国石油新投产油田3个,新投产气田2个;中国海油新投产油田4个,新投产气田3个;延长石油新投产气田1个(表1)。

2016年,全国新建原油产能1419.60×$10^4$吨,新建天然气产能112.13×$10^8$立方米。其中,中国石油新建原油产能1009.20×$10^4$吨/年,新建天然气产能84.10×$10^8$立方米/年;中国石化新建原油产能130.40×$10^4$吨/年,新建天然气产能16.43×$10^8$立方米/年;中国海油新建原油产能192.90×$10^4$吨/年,新建天然气产能5.60×$10^8$立方米/年;延长石油新建原油产能87.10×$10^4$吨/年,新建天然气产能6.00×$10^8$立方米/年(表2)。

表1　　2016年全国新投产油气田表

| 公司名称 | 新投产油田(分公司) | 新投产油田数(个) | 新投产气田(分公司) | 新投产气田数(个) |
|---|---|---|---|---|
| 中国石油 | 大庆肇源油田,吉林让子井油田,青海扎哈泉油田 | 3 | 吉林小城子气田,塔里木吐孜洛克气田 | 2 |
| 中国海油 | 恩平18-1油田,恩平23-1油田,番禺10-5油田,番禺11-5油田 | 4 | 黄岩1-1气田,黄岩2-2气田,孔雀亭气田 | 3 |
| 延长石油 | 未有新油田投产 | 0 | 延长气田延969井区 | 1 |
| 合计 | | 7 | 合计 | 6 |

表2　　2016年全国新建产能表

| 公司名称 | 新建原油产能($10^4$吨/年) | 新建天然气产能($10^8$立方米/年) |
|---|---|---|
| 中国石油 | 1009.20 | 84.10 |
| 中国石化 | 130.40 | 16.43 |
| 中国海油 | 192.90 | 5.60 |
| 延长石油 | 87.10 | 6.00 |
| 合计 | 1419.60 | 112.13 |

**【石油】** 2016年,面对国际油价持续低迷、市场急剧变化的复杂局面,各石油公司转变油田开发理念,重视效益,积极应对低油价。

中国石油原油产能建设突出新疆玛18、长庆马岭油田长8、塔里木哈拉哈塘、大庆北一区等8个重点项目,强化前期工作和效益评价,优化产能部署和开发技术政策,努力实现投资成本最优化、整体效益最大化。全年完成注水井更新、新增分注、大修、检管重配等3.1万口。精细油藏描述全年完成86个开发单元,覆盖地质储量16.8×$10^8$吨,预计通过挖潜可增加可采储量1848×$10^4$吨,提高采收率1.1个百分点。通过持续强化油田开发基础工作,油田自然递减率控制在10%以下,综合递减控制在7%以下,含水上升率控制在0.7%以下,油田开发指标总体正常。

中国石化滚动评价井成功率达到70%,落实了顺北1-1断裂带、胜利东部老油田周边、华北锦58井区周边等一批新的油气商业开发阵地。原油开发成本控制在17.2美元/桶,投产新井单井日产油同比提高0.4吨。天然气三大重点产能建设工程进展顺利。页岩气涪陵一期建成产能60.75×$10^8$立方米,涪陵二期江东、平桥区块13口评价井试获单井日产19×$10^4$~23×$10^4$立方米/日高产气流。

中国海油坚持经济有效推进油气田勘探开发。油气开发生产总体思路是“以创新为驱动,以实效为引领,突出效益质量,突出持续发展”。从推动油气开发项目经济有效开展、做好低油价下应对方案、持续挖掘降本增效空间三个方面开展工作。取得主要亮点有油气生产形势整体稳健、开发项目效益显著改善、生产操作成本持续降低等。

延长石油采取“减量运行、优化投资、减薪缓薪、增收节支”等系列重大举措,企业运行稳中向好。

1. 松辽盆地。2016年,松辽盆地产石油4007.78×$10^4$吨。

①中国石油大庆油田。开发建设50多年来,大庆油田取得了辉煌的业绩。建成了我国最大的石油生产基地,主力油田采收率突破50%,比国内外同类油田

高出10~15个百分点，曾实现了生产原油$5000\times10^4$吨以上连续27年高产稳产，2003~2014年已持续12年稳产在$4000\times10^4$吨以上。为实现油田可持续发展，从2015年开始，大庆油田产量开始降到$4000\times10^4$吨以下。

截至2016年底，累计探明石油地质储量$64.7\times10^8$吨，累计探明天然气地质储量$2823\times10^8$立方米。已开发油田37个，动用地质储量$55.8\times10^8$吨、可采储量$25.6\times10^8$吨；开发储采比9.43，可采储量采出程度88.2%，累计生产原油$23.06\times10^8$吨。大庆油田已开发气田14个，已开发气层气可采储量采出程度36.3%，气层气储采比60.3，累计生产天然气$1237.83\times10^8$立方米。

2016年，大庆油田新钻油气开发井3458口，进尺$457.91\times10^4$米，新建原油产能$318.7\times10^4$吨，新建天然气产能$1.7\times10^8$立方米，年产原油$3656.03\times10^4$吨，年产天然气$37.7\times10^8$立方米。

②中国石油吉林油田。截至2016年底，吉林油田累计探明石油地质储量$14.9\times10^8$吨，累计探明天然气地质储量$1345\times10^8$立方米。已开发油田23个，动用地质储量$10.2\times10^8$吨、可采储量$2.4\times10^8$吨；开发储采比19.18，可采储量采出程度68.9%，累计生产原油$1.63\times10^8$吨；吉林油田已开发气田5个，已开发气层气可采储量采出程度34.8%，气层气储采比48.9，累计生产$130.97\times10^8$立方米。

2016年新钻开发井270口，进尺$49.15\times10^4$米，新建原油产能$13.8\times10^4$吨，新建天然气产能$0.8\times10^8$立方米，年产原油$404.5\times10^4$吨，年产天然气$11.4\times10^8$立方米。

2. *渤海湾盆地*。2016年，渤海湾盆地产石油$7134.83\times10^4$吨。其中，陆上产石油$4269.44\times10^4$吨，海上产石油$2865.39\times10^4$吨。

①中国石油冀东南堡油田：南堡油田区域构造隶属渤海湾盆地黄骅坳陷北部的南堡凹陷，位于南堡凹陷的西部、南部海域部分。主要发育南堡1号、南堡2号、南堡3号、南堡4号、南堡5号等5个有利构造，勘探面积1000平方千米，主要是中、古生界潜山基础上发育起来的背斜构造和断鼻构造带。主要发育明馆浅层、东一段、奥陶系3套主力含油层系。目前南堡油田探明储量全部位于南堡1号、2号构造。南堡油田1号、2号构造已上报三级油气地质储量当量$11.8\times10^8$吨，探明石油地质储量$44510.17\times10^4$吨。其中南堡1号构造探明石油地质储量$28645.44\times10^4$吨，南堡2号构造探明石油地质储量$15864.73\times10^4$吨。纵向上探明储量全部为NmⅢ~Ed1油藏。截至2016年底，累计动用地质储量$12461\times10^4$吨，可采储量$2500\times10^4$吨。2016年，南堡油田新钻开发井81口，进尺$29.71\times10^4$米，新建产能$18\times10^4$吨，年产油$84\times10^4$吨。

②中国石化胜利油田：开发建设50多年来，胜利油田取得了辉煌的业绩。建成了我国重要的石油生产基地，主力油田采收率突破40%，实现了生产原油$3000\times10^4$吨以上，连续9年高产稳产，1996~2015年已持续20年稳产在$2700\times10^4$吨。

截至2016年底，累计探明石油地质储量$54.49\times10^8$吨，累计探明天然气地质储量$2649.77\times10^8$立方米（其中气层气地质储量$369.39\times10^8$立方米）。已开发油田72个，动用地质储量$46.85\times10^8$吨、可采储量$13.66\times10^8$吨；开发储采比9.9，可采储量采出程度84.3%，累计生产原油$11.51\times10^8$吨。已开发油气田32个（纯气田2个），已开发气层气可采储量采出程度58.85%，累计生产天然气$486.52\times10^8$立方米（其中气层气$116.42\times10^8$立方米）。

2016年新钻开发井559口，进尺$123.5\times10^4$米（含滚动勘探及油藏评价97口、进尺$21.43\times10^4$米），新建原油产能$57.5\times10^4$吨，年产原油$2390.19\times10^4$吨，年产天然气$4.1\times10^8$立方米（其中气层气$0.34\times10^8$立方米）。

③中国海油渤海油田：渤海油田连续7年稳产超$3000\times10^4$吨油当量。2016年生产石油$2865.4\times10^4$吨，天然气$25.0\times10^8$立方米。2016年渤海湾盆地新投产项目1个：蓬莱19-9油田综合调整项目，建成产能$73\times10^4$吨油当量。另外，锦州25-1油田二期开发通过整体部署、分步评价的策略新增地质储量800余$\times10^4$吨，为该项目的后续开发提供了坚实的物质基础。2016年，渤海油田在攻坚基础产量的同时，加强技术创新，通过措施增产与扩大开发、调整井规模，实现油田稳产增产，实现注水井措施790井次，将基础老井自然递减率有效控制在10%以内。同时，在生产管理方面加强生产管理联动性、油井管理精细化（特别是"低产低效井"）、作业实施专业融合，使油田管理指标持续保持了较高的水平，油井时率高达98.6%、油井利用率突破90%。

3. *鄂尔多斯盆地*。2016年，鄂尔多斯盆地产石油$3524.6\times10^4$吨。其中，中国石油长庆$2392.01\times10^4$吨，延长石油$1107.35\times10^4$吨，中国石化江汉油田分公司$15.8\times10^4$吨，中国石化华北分公司$9.44\times10^4$吨。

①中国石油长庆姬塬油田：姬塬油田位于陕西定边县、吴旗县，甘肃省环县、华池县与宁夏回族自治区盐池县境内，鄂尔多斯盆地陕北斜坡中西部，区域构造为一西倾单斜，主要含油层三叠系长8、长6、长4+5、长2、长1和侏罗系延10、延9等油层组。属三角洲平原分流河道沉积，油藏埋深1950~2426米，有效厚度

6.5～12.4 米，孔隙度 10.4%～16.5%，渗透率 0.27～1.42 毫达西，原始地层压力 15.4～16.6 兆帕，油藏类型为构造～岩性油藏。截至 2016 年底，累计动用地质储量 $110072\times10^4$ 吨，动用可采储量 $20909\times10^4$ 吨，年产油 $626.5\times10^4$ 吨。2016 年，姬塬油田完钻开发井 1045 口，完成进尺 $241.01\times10^4$ 米，建成原油产能 $40\times10^4$ 吨/年。

②中国石油长庆华庆（超低渗）油田：华庆油田位于陕西省吴起县和甘肃省华池县境内，鄂尔多斯盆地陕北斜坡西南部，区域构造为一西倾单斜。主力油层为延长组长 4+5～长 8 油层组，油藏埋深 1950～2180 米，孔隙度 9.3%～12.5%，渗透率 0.57～1.22 毫达西。超低渗透油藏资源主要分布在白 239、元 284、白 255、山 139 四条砂带上。截至 2016 年底，累计动用地质储量 $32034\times10^4$ 吨，动用可采储量 $6006\times10^4$ 吨，年产油 $113.19\times10^4$ 吨。2016 年，超低渗产建区完钻井 275 口，完成进尺 $57.63\times10^4$ 米，建成原油产能 $35.9\times10^4$ 吨/年。

4. 塔里木盆地。2016 年，塔里木盆地产石油 $1144.31\times10^4$ 吨。

①中国石油塔里木哈拉哈塘油田：哈拉哈塘主力区块哈 6 井区位于塔里木盆地塔北隆起轮南低凸起中西部，是一个大型复合型潜山油藏。主要产层为奥陶系一间房组－鹰山组一段，在全区分布稳定。奥陶系油藏是受岩溶缝洞储层控制的大型碳酸盐岩准层状未饱和油藏。储集空间类型主要为裂缝－孔洞型占 53%、孔洞型占 24%、洞穴型占 15%、裂缝型占 7%，由于缝洞发育、储层非均质性强，造成钻井成功率低、高效井比例低、产量递减大等问题，勘探开发难度大。2009～2013 年期间先后勘探、评价、开发哈 6、新垦、热瓦普、金跃区块，累计上交三级地质储量 $3.05\times10^8$ 吨，其中探明 $1.65\times10^8$ 吨，控制 $0.99\times10^8$ 吨，预测 $0.41\times10^8$ 吨。截至 2016 年底，哈拉哈塘地区累计动用地质储量 $5916\times10^4$ 吨，累计动用可采储量 $1030\times10^4$ 吨。2016 年，产能建设完钻井 27 口，完成进尺 $12.05\times10^4$ 米，新建原油产能 $14\times10^4$ 吨/年，产油 $107.42\times10^4$ 吨。

②中国石化西北油田：在塔里木盆地拥有矿权区块 29 个，面积 $10.23\times10^4$ 平方千米，其中勘查区块 23 个，面积 $9.77\times10^4$ 平方千米。探区远景资源量为 $78.73\times10^8$ 吨油当量，石油 $58.06\times10^8$ 吨、天然气 $2.58\times10^8$ 立方米。2007 年原油产量突破 $500\times10^4$ 吨，成为中国石化第二大油田，跻身国内陆上十大油田之列。2014 年油气当量突破 $900\times10^4$ 吨，面对低油价、寒冬期，高质量高效益建设千万吨级大油气田进入攻坚克难新时期。

截至 2016 年底，共探明 7 个油气田，累计探明石油地质储量 $14.21\times10^8$ 吨，动用石油地质储量 $9.84\times10^8$ 吨，可采石油储量 $1.63\times10^8$ 吨，采收率 16.7%，累计产油 $9477\times10^4$ 吨。累计探明天然气地质储量 $1712\times10^8$ 立方米，动用天然气地质储量 $1148\times10^8$ 立方米，可采天然气储量 $335\times10^8$ 立方米，采收率 31%，累计产气 $227\times10^8$ 立方米。剩余经济可采储量 $3471\times10^4$ 吨油当量。

截至 2016 年底，投产油井 1842 口，开井率 75.5%。2016 年投产新井 80 口，建产 73 口，建产率 91.3%，年末日产油能力 1386 吨，当年产油 $23.47\times10^4$ 吨，单井日产油能力 17.2 吨，综合含水 17.5%。年自然递减 22.53%；年综合递减为 18.77%。2016 年全年完成原油产量 $594.3\times10^4$ 吨，生产天然气 $14.01\times10^8$ 立方米。

5. 准噶尔盆地。2016 年，准噶尔盆地产石油 $1260.17\times10^4$ 吨。

中国石油新疆风城油田：风城油田主要含油层系为侏罗系八道湾组、齐古组。油藏埋深 150～600 米，油层厚度 5～35 米，孔隙度 27%～30%，渗透率 792～1700 毫达西，50℃原油黏度 0.2～718 万厘泊。落实地质储量 $3.51\times10^8$ 吨。风城侏罗系超稠油发现于 20 世纪 50 年代，勘探始于 80 年代初，2007～2010 年开展注蒸汽热采工业化试验和 SAGD 攻关试验，获得较好的初步效果。2010 年在整体油藏评价和前期试验的基础上，编制完成开发规划方案。规划方案部署开发井 6995 口，建产能 $1251.8\times10^4$ 吨，2015 年产油 $400\times10^4$ 吨，稳产 17 年，全生命周期累计产油 $9986\times10^4$ 吨，最终采收率 36%。截至 2016 年底，累计动用地质储量 $12111\times10^4$ 吨，可采储量 $3008\times10^4$ 吨。受燃烧锅炉及效益等问题，2014 年大幅放缓了产能建设节奏，风城油田原规划 $400\times10^4$ 吨上产调整为 $260\times10^4$ 吨长期稳产。2016 年，产能建设完钻井 38 口，完成进尺 $2.8\times10^4$ 米，建产能 $5\times10^4$ 吨/年，生产原油 $194.34\times10^4$ 吨。

6. 柴达木盆地。2016 年，柴达木盆地产石油 $221.0\times10^4$ 吨。

中国石油青海昆北油田：昆北断阶带位于柴达木盆地西部祁漫塔格山北缘，目前昆北断阶带发现切 6 区、切 16－切 4 区和切 12 区三个整装油藏，切 6 区、切 12 区 2011 年上报探明石油地质储量 $6209.36\times10^4$ 吨，切 16－切 4 区上报控制石油地质储量 $5343\times10^4$ 吨，探明＋控制石油地质储量达 $11552.6\times10^4$ 吨，形成亿吨级储量场面。截至 2016 年，昆北油田动用石油地质储量 $4548\times10^4$ 吨，动用可采储量 $1019\times10^4$ 吨。2016 年，完钻井 11 口，完成进尺 $2.34\times10^4$ 米，建成原油产能 $1.63\times10^4$ 吨/年，年产油 $14,41\times10^4$ 吨。

7. 吐哈盆地。2016年,吐哈盆地产石油163.46×$10^4$吨。

中国石油吐哈鲁克沁油田:鲁克沁稠油油田位于吐哈盆地南部,行政隶属鄯善县鲁克沁乡。鲁克沁稠油聚集带包括鲁克沁构造带和玉北-连木沁构造带,横向上分为东、中、西、北四个区,主力油层$T_2k2$Ⅱ,油层厚度30~80米,埋深2200~3700米。已探明含油面积18.74平方千米,地质储量8487×$10^4$吨。鲁克沁油田于1997年投入试采,2000年8月优选储层物性好、单井产能高的鲁2块投入开发,衰竭开发两年半后于2003年6月在鲁3-7井开展了常规注冷水试验,在矿场试验成功的基础上,于2005年10月该块全面投入注水开发。在鲁2块注水开发试验成功基础上,玉东区块2008年整体投入注水开发。截至2016年,鲁克沁油田累计动用石油地质储量11638×$10^4$吨,动用可采储量1771×$10^4$吨,年产油80.49×$10^4$吨。2016年,完钻井41口,完成进尺15.36×$10^4$米,建成原油产能10.13×$10^4$吨/年。

8. 苏北盆地。2016年,苏北盆地产石油169.02×$10^4$吨。

9. 珠江口盆地。中国海油珠江口盆地2016年生产石油1338.3×$10^4$吨。2016年珠江口盆地新投产油气田4个,分别是:恩平18-1油田、恩平23-1油田、番禺10-5油田和番禺11-5油田,建成产能109.4×$10^4$吨油当量。2016年利用高分辨率薄储层预测技术重新认识复杂岩性边界惠州25-8油田增加探明地质储量超过1000×$10^4$吨。通过"低幅构造变速空校成图"技术解决复杂构造难题,优化井位,评价潜力,恩平18-1油田探明地质储量有所增加。

10. 北部湾盆地。中国海油北部湾盆地2016年生产石油332.41×$10^4$吨。2016年北部湾盆地新投产项目1个:涠洲6-9/6-10综合调整项目,建成产能10.7×$10^4$吨油当量。

**【天然气】** 2016年,面对天然气价格走低、下游销售不畅等严峻形势,各石油公司采取多种措施积极应对。

中国石油天然气生产平稳受控运行。天然气开发面对天然气价格走低、下游销售不畅等严峻形势,突出工作重点,科学有序推进天然气生产经营工作,实现了"十三五"业务发展的良好开局,为保障安全平稳供气和完成全年效益目标做出重要贡献。2016年生产天然气981×$10^8$立方米,比2015年增加26×$10^8$立方米,增幅2.8%,占公司国内油气当量的42.6%,占全国天然气产量的70.9%。四大气区依然是天然气生产主力,共生产天然气850×$10^8$立方米,占总量的87%,其中长庆油田365×$10^8$立方米、塔里木油田236×$10^8$立方米、西南油田167×$10^8$立方米、青海油田61×$10^8$立方米。合作开发生产天然气191×$10^8$立方米,占公司总产量的19.4%,同比增加15×$10^8$立方米,其中风险作业102×$10^8$立方米、国际合作76×$10^8$立方米与地方合作13×$10^8$立方米。

中国石化2016年全面建成元坝长兴组气藏34×$10^8$立方米净化气产能;持续加强鄂北低渗致密气藏产能建设,杭锦旗和大牛地气田新建产能6.4×$10^8$立方米;川西东坡沙溪庙组气藏滚动建产1.45×$10^8$立方米;持续加强滚动勘探与气藏评价,落实商业储量449×$10^8$立方米。全年完成新钻井156口,进尺74.65万米,新建生产能力16.43×$10^8$立方米。

1. 鄂尔多斯盆地。2016年,鄂尔多斯盆地产天然气425.90×$10^8$立方米。

①中国石油长庆苏里格气田:主要目的层为$P_1s$、$P_2h$、$O_1m$。勘探面积约33000平方千米,气层埋深平均3500米,地温梯度3.06摄氏度/100米,平均孔隙度8.9%,渗透率平均0.7毫达西。截至2016年底,累计探明+基本探明储量3.49×$10^{12}$立方米,其中探明储量16447.55×$10^8$立方米;累计投入开发地质储量10473.91×$10^8$立方米。2016年,完钻开发井684口,建成产能37.1×$10^8$立方米(其中自营区17.5×$10^8$立方米、风险作业区19.6×$10^8$立方米)。年末总配套生产能力215×$10^8$立方米。截至2016年12月底,累计投产气井9562口,开井8755口,日产水平6755×$10^4$立方米,平均单井日产量0.77×$10^4$立方米;当年产气169.52×$10^8$立方米,累计采气1122.5×$10^8$立方米。

②中国石化华北鄂北杭锦旗和大牛地气田:鄂北地区总体上具有低孔低渗、低丰度、低压低产、气层厚度薄的特点。近几年产能建设区主要是物性更差的Ⅱ类、Ⅲ类储层,通过逐步攻关完善储层预测技术和水平井及分段压裂技术,实现了低渗致密储量的规模商业开发,保障了良好的钻遇效果。大牛地上古持续推广三维地震叠前单砂体定量含气性预测技术,形成了针对不同层位、不同井型的有效储层预测技术体系;大牛地下古形成"定性+定量"储层及含气性预测技术,完善了波阻抗、密度、中子、孔隙度和电阻率等定量预测方法,提高显示钻遇率。杭锦旗锦58井区形成含气性叠前定量预测和储层定性预测技术,砂岩和显示层钻遇率分别达到90%和56%,钻遇效果良好。同时形成适应锦58井区复杂地质条件的水平井优快钻完井技术系列,完善了大牛地下古风化壳水平井安全高效钻井技术。2016年产能建设区主要在大牛地气田上古、下古及杭锦旗锦58井区,新增动用地质储量267×$10^8$立方米,新完钻水平井105口,新建产能6.37×$10^8$立方米,新增经济可采储量45.77×$10^8$立方米。

③延安气田延969井区：延969井区整体为低孔、低渗、低丰度气藏，主要产层包括上古生界和下古生界两部分，其中上古生界以盒8组、山1组、山2组、本溪组为主要产层，下古生界以马五1、马五2和马五4为主要产层。该区设计产能$6\times10^8$立方米/年，累计完钻开发井160口，接入40个井组146口井，动用含气面积248.27平方千米，地质储量$293.19\times10^8$立方米。建成净化厂1座、集气站5座、集气干线63.7千米、采气管线266.2千米、注醇管线266.2千米，于2016年12月底正式投产。

2. 四川盆地。2016年，四川盆地产天然气$260.38\times10^8$立方米。

①中国石油西南磨溪龙王庙组气藏：已探明天然气地质储量$4403.83\times10^8$立方米，可采储量$3082.68\times10^8$立方米。开发方案动用地质储量$3218.36\times10^8$立方米，总井数74口，其中利用探井12口，开发井45口（其中4口备用井），污水回注井11口，观察井3口，新部署评价井3口；建成天然气产能规模$110\times10^8$立方米，产量规模$90\times10^8$立方米。2016年，跨年完钻开发井2口，进尺0.58万米，当年投产井10口，新建产能$20.63\times10^8$立方米。截至2016年底，气藏累计完钻开发井30口，配套年产能$110\times10^8$立方米，集输净化配套能力$3300\times10^4$立方米/日。截至2016年12月底，已累计投产井44口（探井14口，开发井30口），井均日产气$90\times10^4$立方米/日；当年产气$81.4\times10^8$立方米，已累采气$175.7\times10^8$立方米。

②中国石化西南元坝长兴组气藏：元坝元坝气田长兴组气藏发现于2007年，是世界上埋藏最深的海相高含硫气藏，具有埋藏超深、高温、高压、高含硫化氢、非均质性强、气水关系复杂等特点，2011年提交探明储量$1943\times10^8$立方米。元坝长兴组气藏$34\times10^8$立方米产能建设工程2011年启动，分两期进行建设。一期方案设计开发井14口（新钻井9口），动用储量$574\times10^8$立方米，净化气产能$17\times10^8$立方米，采气速度3.4%，稳产8年，2014年底建成投产，投产井14口，配产$680\times10^4$立方米/日，新建净化气产能$19.5\times10^8$立方米，高于方案设计。

2016年继续抓好元坝二期产能建设，剩余4口井全部测试投产，其中元坝205－3井无阻流量$213\times10^4$立方米/日，元坝103－1H井无阻流量$290\times10^4$立方米/日，2口井新建净化气产能$2.5\times10^8$立方米。截至2016年底，方案设计37口井全部完钻并测试，形成混合气日产能力$1200\times10^4$立方米，建成净化气产能$34\times10^8$立方米，稳产期6年，各项开发指标均达到方案设计，产能建设任务全面完成。目前气田生产平稳，生产井31口，日产气$1106\times10^4$立方米/日，日产液308立方米/日，累计产气$45.98\times10^8$立方米，累计产液$9.47\times10^4$立方米，气藏平均油压34.99兆帕。

③中国石化西南川西东坡沙溪庙组气藏：东坡沙溪庙组气藏具有河道窄、砂体薄、储层致密、非均质性强、气水关系复杂等特点，近几年主要通过开发滚动建产，逐步扩大产能规模。2016年主要针对中江JS11气层和高庙JS33－1气层实施产能建设，新增动用地质储量$27.3\times10^8$立方米，新完钻井17口，新建产能$1.45\times10^8$立方米，新增经济可采储量$9.13\times10^8$立方米。累计提交探明储量$323\times10^8$立方米，累计动用储量$185\times10^8$立方米，累计建成产能$8.2\times10^8$立方米，年产气$6.5\times10^8$立方米，建成川西第二大气田。

3. 塔里木盆地。2016年，塔里木盆地产天然气$249.63\times10^8$立方米。

①中国石油塔里木克深气田：克深2区块含气面积64.02平方千米，2015年底累计上交探明天然气地质储量$1542.93\times10^8$立方米，可采储量$925.76\times10^8$立方米。开发方案动用地质储量$3002\times10^8$立方米，总井数73口，其中生产井63口（建设期58口，稳产期5口），产能备用井6口，污水回注井1口，观察井3口，建成天然气产能规模$60\times10^8$立方米。2016年，跨年完钻井3口，进尺2.19万米，新建产能$5.4\times10^8$立方米，截至2016年底，在克深2－8区块和克深5区块、克深6区块及克深9区块累计配套产能$50.8\times10^8$立方米。截至2016年12月底，累计投产气井62口，开井36口，日产气水平$1470\times10^4$立方米，平均单井日产气$40.8\times10^4$立方米，当年产气$54.28\times10^8$立方米，累计产气$154.2\times10^8$立方米。

②中国石油塔里木迪那2气田：含气面积125.31平方千米，探明天然气地质储量$1752.18\times10^8$立方米，可采储量$1138.92\times10^8$立方米，气藏埋深4200～6000米，地温梯度2.259摄氏度，压力系数为2.06～2.29，为常温超高压凝析气田。方案设计总井数33口（其中新钻井29口），天然气产能规模$40\times10^8$立方米/年。截至2013年底累计完钻24口，建成产能$40\times10^8$立方米/年。2014年补充完钻方案井1口，2016年完成2口井（DN2－5、DN2－B2）修井复产，新增产能$1.65\times10^8$立方米/年，截至2016年底气田总生产能力$38.6\times10^8$立方米/年。2016年12月，投产26口，开井23口，日产气水平$1333\times10^4$立方米，平均单井日产气$57.94\times10^4$立方米；当年产气$48.68\times10^8$立方米，累计产气$341.5\times10^8$立方米；当年产凝析油$39\times10^4$吨，累产$283.03\times10^4$吨。

③中国石油塔里木塔中Ⅰ号气田：含气面积741.91平方千米，探明天然气地质储量$3534.79\times10^8$立方米、可采储量$2163.97\times10^8$立方米。主要开发层

系为奥陶系良里塔格组及鹰山组，主力区块原始地层压力58.31～64.98兆帕。2016年，实际完钻井31口，进尺$16.86\times10^4$米，新建产能$2.9\times10^8$立方米，年末累计配套能力$9.71\times10^8$立方米。截至2016年12月底，气田总投产井数236口，开井130口，日产油水平2000吨/日，日产气水平$313\times10^4$立方米/日，平均单井日产油17.19吨/日，日产气$2.41\times10^4$立方米/日。当年产气$11.44\times10^8$立方米，累计产气$67.55\times10^8$立方米；当年产凝析油$68.9\times10^4$吨，累产$378.6\times10^4$吨。

4. 柴达木盆地。2016年，柴达木盆地产天然气$60.81\times10^8$立方米。

中国石油青海东坪－牛东气田：东坪－牛东气田位于柴达木盆地阿尔金山前东段，整体为一南倾斜坡背景，受近南东向断层的控制，在东坪、牛东地区形成大型南倾鼻状隆起。2014年审查通过《东坪区块初步开发方案及牛1井区试采方案》，设计东坪区块动用天然气探明地质储量$403.14\times10^8$立方米，动用天然气控制地质储量$165.09\times10^8$立方米，东坪－牛东区块设计年产气规模$15\times10^8$立方米，其中东坪1井区$12\times10^8$立方米，东坪3井区$1\times10^8$立方米，牛1井区建试采产能$2\times10^8$立方米。2016年，完钻井5口，进尺1.22万米，配套产能$0.41\times10^8$立方米；截至2016年底，东坪－牛东区块累计配套产能$4.7\times10^8$立方米。截至2016年12月底，气田总投产井数64口，开井46口，日产气水平$223\times10^4$立方米/日，平均单井日产气$4.85\times10^4$立方米/日。当年产气$6.97\times10^8$立方米，累计产气$28.05\times10^8$立方米。

5. 莺歌海盆地。2016年，莺歌海盆地生产原油$1.3\times10^4$吨，天然气$28.22\times10^8$立方米。

6. 琼东南盆地。2016年，琼东南盆地生产原油$2.08\times10^4$吨，天然气$6.97\times10^8$立方米。

7. 东海盆地。2016年，东海盆地生产原油$33.25\times10^4$吨，天然气$14.24\times10^8$立方米。

**【煤层气】** 2016年，我国煤层气开发继续稳步推进。中国石油煤层气业务稳步推进，以沁南、鄂东为重点，不断完善不同煤阶勘探开发技术系列，优化排采制度和生产动态调整，全年生产煤层气$16.78\times10^8$立方米（不含致密气），产量稳中有升。

中联公司通过深入开展煤层气钻井、增产改造、微地震裂缝监测、排采工艺、低压集输工艺、煤层气田产出水处理与利用等技术研究和推广应用试验，在沁水盆地南部煤层气田和鄂尔多斯盆地东缘煤层气田中进行了实施，取得了良好的效果，全年生产煤层气$10.25\times10^8$立方米。

1. 沁水盆地。2016年，沁水盆地产煤层气$33.01\times10^8$立方米。①

（1）中联公司沁南直井示范工程项目（柿庄南）：山西沁水盆地南部煤层气直井开发示范工程属于柿庄南区块，位于沁水盆地南部太行山西麓，行政区划隶属于山西省晋城市沁水县的柿庄乡管辖，距省会太原约400千米，东南距晋城70千米。沁水盆地位于山西省东南部，中朝准地台内二级构造单元——山西中隆起区的中部和南部。太原组和山西组是工区内的含煤地层。其中太原组平均厚115.82米，含煤11～13层，煤层总厚7.78米，含煤系数6.7%，其中15号煤层厚度较大，全区稳定。15号煤层平均厚4.35米。夹矸单层厚小于0.60米，结构属简单－复杂。属稳定煤层。顶板$K_2$石灰岩，厚9.0米左右；底板为泥岩，厚5.0米左右。山西组厚30.70～59.10米，平均47.20米。岩性由砂岩、泥岩、粉砂岩、砂质泥岩与煤层组成。一般含煤4层，煤层总厚6.89米，含煤系数14.6%，其中3号煤层厚度大，全区稳定。3号煤厚4.45～8.75米，平均6.35米。含夹矸0～5层，一般1～3层，夹矸厚度不大，厚度一般不大于0.50米，单层厚度一般小于0.30米，夹矸岩性多为泥岩或粉砂质泥岩。中联公司已获得柿庄南区块东区3号煤层新增煤层气探明地质储量$228.29\times10^8$立方米，技术可采储量$124.53\times10^8$立方米；15号煤层新增煤层气探明地质储量$167.85\times10^8$立方米，技术可采储量$85.50\times10^8$立方米。截至2016年底，该项目累计完成井1573口，其中水平井101组，直井1472口，投产1148口井。

（2）中联公司沁南潘庄煤层气开发项目：山西晋城潘庄区块是我国煤层气开发试验最早的地区之一，位于山西省沁水县嘉丰镇与端氏镇之间，是我国几个储积层较厚而且幅员辽阔的无烟煤田之一。潘庄区块构造简单（简单的单斜构造），煤层发育、区域稳定、厚度大（3号煤和15号煤总厚7～12米），煤体结构良好（主要为原生结构煤），煤层埋藏浅（300～1000米），煤层顶板封闭性能好（泥岩、泥岩夹粉砂质泥岩等），煤层气含量高（10～30立方米/吨），含气饱和度高（高于80%），煤层渗透性好（一般高于1毫达西），是一个得天独厚的煤层气开发有利区。潘庄区块煤层气探明储量$299.23\times10^8$立方米，待申报储量约$50\times10^8$立方米，相当于一个大中型油气田开发10～20年的天然气产量所应具备的储量。

2016年完井28口多分支水平井，2口丛式井，投产数30口。项目累计井数359口，累计投产数339口，2016年煤层气产量达$7.40\times10^8$立方米，销量$7.26\times$

① 包括晋煤集团$14.33\times10^8$立方米。

$10^8$立方米，直井单井平均产量达3500立方米/日，是我国2016年投入商业开发中单井产量最高的区块之一。

(3)中国石油华北油田沁水煤层气：沁水煤层气田位于山西省，构造上属于沁水盆地南部斜坡区，面积6500平方千米，埋深1500米以浅的煤层气资源量$7400\times10^8$立方米，主要含煤地层为下二叠统山西组和上石炭统太原组，山西组3号煤层为主要可采煤层，太原组15号煤层。中国石油华北油田在山西沁水盆地主要开发樊庄、郑庄、成庄、郑村和夏店五个自营区块，沁南和马必两对外合作区块。煤层气开发主要煤层为山西组3号和太原组15号煤层，煤层厚度为2～7米，埋深为300～1000米，含气量为6～28立方米/吨，含气饱和度70%～90%，以高阶煤为主，渗透率为0.01～0.3毫达西。截至2016年底煤层气探明储量为$3058.56\times10^8$立方米。

2016年，钻完井45口，其中直井29口，水平井16口；新投入排采井49口，其中直井32口，水平井7口；累计开发井排采井2810口（水平井140口），产气井2240口（水平井97口），井口日产气$233\times10^4$立方米；2016年实现商品气量$8.77\times10^8$立方米。

2. 鄂尔多斯盆地。2016年，鄂尔多斯盆地产煤层气$9.41\times10^8$立方米。

①中国石油煤层气公司：鄂尔多斯盆地东缘行政区域隶属内蒙古、陕西、山西三省（区），上古生界石炭系－二叠系煤系十分发育，煤层集中发育在太原组和山西组。鄂尔多斯盆地东缘1500米以浅含煤面积$2.5\times10^4$平方千米，煤层气资源量$4.5\times10^{12}$立方米。中国石油煤层气有限责任公司主要负责鄂尔多斯盆地东缘煤层气勘探开发，2016年主要勘探开发的区块为韩城、保德、大宁—吉县，及对外合作区块韩城南和三交。保德地区为中低阶煤，主力煤层为山西组的4号煤、5号煤与太原组的8号煤、9号煤，主体埋深500～1000m，煤层厚度6～16米，含气量4～10立方米/吨，含气饱和度92%～98%，渗透率为2～14毫达西。其他地区为中阶煤，主力煤层为山西组的3煤、4煤、5煤与太原组的8煤、11煤，主体埋深700～1500m，煤层厚度2～11米，含气量6～23立方米/吨，含气饱和度73%～90%，渗透率为0.02～3毫达西。截至2016年底煤层气探明储量为$1281.69\times10^8$立方米。

2016年钻完钻5口，其中直井2口，水平井3口；新投入排采井24口（直井）；开发井累计排采井2429口（水平井28口），产气井1811口（水平井8口），日产气量$220\times10^4$立方米，2016年实现煤层气商品气量$7.3\times10^8$立方米。

②中联公司临兴先导试验项目：本地区大地构造位置位于鄂尔多斯断块东缘，其东侧以离石大断裂与吕梁－太行断块相邻，其南侧以范家庄－西硙口断裂与临汾－运城新裂陷相接。鄂尔多斯断块在山西境内南北长400千米，东西宽30～60千米，呈狭长的长条状。

2016年完成钻井23口，其中水平井7口，项目累计完成钻井72口。2016年12月投产67口井，2016年井口产量$0.8783\times10^8$立方米，实现管道销售$0.8335\times10^8$立方米。项目单井产量高，水平井压裂后单井产量可以达到$2.5\times10^4$立方米/日。

临兴先导试验项目完成26千米集气干管线和23.5千米采气管线建设。未来气田所产油气通过地面集输管道输送至下游市场，下游市场基本落实，形成销售市场。

③中联公司柳林煤层气开发项目：柳林煤层气开发区处在鄂尔多斯盆地黄河东岸－吕梁山西坡的南北向构造带上，属于李四光指出的"黄河两岸南北向构造带"的东岸部分。受吕梁隆起的直接影响主导构造线近于南北走向，表现为区域向西倾没的单斜构造，西边地域宽缓，地层倾角1～2度，东翼较陡，地层倾角增至10～15度。著名的离石断裂沿吕梁山西侧延伸，构成煤田东部天然边界。该断裂由一系列方向相近、性质相同、平行或斜列分布，有成因联系的断层所组成。

柳林开发项目已经完成197口钻井，其中19组水平井，压裂122口，投产144口。已建采气管线完成总工程量约48.21千米，集气管线完成总工作量8.69千米，已建集气站1座，1期处理量为$15\times10^4$立方米/日。2016年产气量为$0.335\times10^8$立方米，销售量为$0.25\times10^8$立方米。

④延川南煤层气排采稳步推进，日产量逐步上升。2010～2016年，通过实践摸索，延川南气田排采制度经历了三次优化调整，排采制度日趋成熟，产气效果逐年变好。2013～2015年期间的投产井稳步上产，排采更加稳定，截至2016年底，气田总井数921口，日产气量$72\times10^4$立方米，千方井270口，平均单井日产气850立方米，整体产气量呈阶梯式上涨，产气效果逐步显现。2016年累计产气$1.79\times10^8$立方米，销售$1.07\times10^8$立方米。

【页岩气】 2016年，我国页岩气开发成果显著。

2016年，四川盆地产页岩气$78.82\times10^8$立方米。

(1)中国石化西南高效优质完成涪陵一期产能建设。

①焦石坝一期产能建设工作量全面完成，各项指

标均优于设计方案。2016 年焦石坝一期完井 15 口，试气 66 口，新建产能 10.75×$10^8$立方米，产气 50×$10^8$立方米，销售 48×$10^8$立方米。截至 2016 年底，涪陵气田一期产建全面完成，累计完井 259 口，投产 257 口，建成产能 60.75×$10^8$立方米，与可研方案相比，完成投资减少 11.76 亿元，建成产能增加 10.75×$10^8$立方米，各项指标均超过方案预期，成为中国石化上游效益增长点。

②一期产建区单井初期产能高，单井初期产能在平面具有分区特征。一是焦石坝一期产建区单井初期产能高。已完成压裂试气井均获高产工业气流，平均单井测试产量 26.74×$10^4$立方米/日，最高测试产量 59.11×$10^4$立方米/日；一点法计算平均无阻流量 39.89×$10^4$立方米/日，最高无阻流量 155.83×$10^4$立方米/日；二是单井初期产能在平面上具有分区特征。焦石坝一期产建区单井无阻流量值高低在平面上呈现"北高南低、中部高东西低"的特征。统计分析结果显示，高产井主要集中在主体区，平均无阻流量 51.03×$10^4$立方米/日；西区气井无阻流量大于东区和西南区，平均为 45.31×$10^4$立方米/日；东部大耳山断裂带附近及西南部构造复杂区无阻流量最低，分别为 20.86×$10^4$立方米/日、9.49×$10^4$立方米/日。

(2)涪陵页岩气田二期 50×$10^8$立方米产建顺利启动，江东、平桥稳步推进评建一体化，新增控制储量 1444×$10^8$立方米。

①江东区块、平桥区块评建一体化稳步推进，新增控制储量 1444×$10^8$立方米。

截至 2016 年底，江东区块、平桥区块累计开钻 79 口，完钻 47 口，完井 45 口，完成测试 26 口，均获得高产气流，新增页岩气控制储量面积 133.82 平方千米，储量 1443.55×$10^8$立方米，技术可采储量 360.89×$10^8$立方米，经济可采储量 172.75×$10^8$立方米。

江东区块构造位于川东高陡构造带万县复向斜东南部的焦石坝背斜带、乌江背斜带和江东向斜带的结合部位。截至 2016 年 12 月底，累计开钻 37 口，完钻 30 口，完井 30 口，试气 13 口。8 口井试获高产，平均测试产量 20.64×$10^4$立方米/日，具备加快推进产建条件。

平桥区块构造为狭长紧闭高陡背斜，断裂发育。截至 2016 年底，累计开钻 42 口，完钻 17 口，完井 15 口，试气 11 口，均获得高产，平均测试产量 28.6×$10^4$立方米/日。构造核部、北倾末端、东翼完钻评价井揭示，页岩有机质丰度、物性、脆性矿物含量、含气量与焦页 8 井相当，已完钻水平井油气显示相当，在泥浆密度大致相当条件下，全烃显示 15%左右。但平桥背斜构造东翼地层产状明显变陡，埋深较部署方案发生变化，影响了整体推进产能建设的进度。

②白涛、白马、梓里场产能评价有序推进。白涛区块包含两个不同走向的三级构造单元，即北西向的白涛向斜和北东向的乌江 3 号断背斜。区块累计开钻 5 口，完井 5 口，完成测试 3 口，向斜南部埋深较大，以挤压应力为主，改造体积和复杂程度受限，测试产量较低（4.5×$10^4$ ~6.8×$10^4$立方米/日），需进一步开展评价试验，提高单井产能。

白马区块可分为 2 个三级构造带、4 个四级构造单元，进一步细化为多个构造小区。区块构造形态复杂，变形强烈，地层产状变化大（倾角 10~35 度），断裂发育，构造较破碎。评价井测试产量偏低（3.68~6.5×$10^4$立方米/日），针对复杂地质特点的压裂改造工艺需要进一步优化提升。

梓里场区块已完成 102-2 井、103-2HF 井 2 口评价井试气，测试产量分别为 0.10×$10^4$立方米/日和 0.28×$10^4$立方米/日，单井产能低、返排率高。

(3)川南勘探实现商业发现，评价与试验有序展开。

①荣昌-永川区块深层勘探取得重大突破，勘探评价和开发试验有序展开。一是永页 1HF 井试获最高日产 14.1×$10^4$立方米工业气流，成为继焦石坝之外页岩气在新区勘探取得的又一重大突破。永页 1HF 井 2015 年 11 月 1 日完钻，完钻井深 5578 米，12 月 19~31 日完成压裂施工，总入地液量 37965.8 立方米，总入地砂量 1139 立方米。2016 年 1 月 27 日~2 月 2 日，完成四个制度试气求产，在套压 32 兆帕下试获稳定日产气 5.5×$10^4$立方米（6 毫米油嘴、14.1 毫米孔板），最高日产气 14.1×$10^4$立方米（9 毫米油嘴、21 毫米孔板）。截至 2016 年 12 月 31 日，井口油压 31.44 兆帕，套压 31.48 兆帕，日产 3.66×$10^4$立方米，累计产气量 1662×$10^4$立方米，累计排液量 7258 立方米，返排率 19.1%。二是勘探评价和开发试验有序展开。在永页 1HF 获得高产后，勘探上部署永页 2、永页 6、永页 7 井，进一步落实不同构造单元页岩含气性和单井产能；开发上部署实施了 3 个平台 10 口井的开发试验组，落实相关参数。截至 2016 年底，永页 2HF、永页 6、永页 7 井 3 口探井，永页 3-1HF、永页 1-1、1-3、1-4 等 4 口开发试验井开钻。

②威远-荣县区块试采、开发试验有序推进。威页 1HF 井 2015 年 12 月 8 日开始放喷试采，通过关井测压恢、7×$10^4$立方米套管试采、6×$10^4$立方米油管试采、定压生产、以销定产等多个试采阶段，截至 2016 年 12 月 31 日，井口油压 2.8 兆帕，套压 6.6 兆帕，日产气 2×$10^4$立方米，累计产气 1919×$10^4$立方米，总累计排液 17063 立方米，返排率 58.8%。部署钻井 10 口，截

至2016年底,威页23-1HF、威页29-1HF、威页11-1HF、威页9-1HF、威页35-1HF均正钻,开发试验评价正有序推进。

(4)中国石油长宁、威远和昭通。页岩气开发立足长宁-威远、昭通示范区建设,自营、风险作业、国内国际合作多种模式并存,实现了规模建产和效益开发。2016年集团公司发布了页岩气发展规划,与四川省人民政府签署了合作开发框架协议,批准了中国石油页岩气矿权区内自营、风险作业、国内及国际合作的勘探开发区域,批复了长宁、威远、昭通总体开发方案和外输干线可研和初步设计,长宁-威远、昭通2个国家级示范区开钻平台44个,完钻井183口,投产147口井,建成配套产能$30\times10^8$立方米,年产页岩气$28.4\times10^8$立方米,比2015年增加$15.4\times10^8$立方米,实现产量翻番。页岩气规模效益开发的资源及技术条件基本具备。

**附表1　　2006~2016年全国油气勘查投入和工作量统计表**

| 公司名称 | 年份 | 勘探投资(亿元) | 主要工作量 | | | |
|---|---|---|---|---|---|---|
| | | | 地震 | | 探井 | |
| | | | 二维(千米) | 三维(平方千米) | 井数(口) | 进尺(万米) |
| 中国石油 | 2006 | 280.44 | 38633 | 13120 | 1584 | 386.69 |
| | 2007 | 313.96 | 38869 | 15051 | 1629 | 417.46 |
| | 2008 | 310.62 | 37340 | 11891 | 1734 | 456.52 |
| | 2009 | 288.46 | 24761 | 10208 | 1901 | 487.52 |
| | 2010 | 306.74 | 31023 | 13462 | 1644 | 463.83 |
| | 2011 | 322.70 | 28538 | 11045 | 1795 | 484.20 |
| | 2012 | 355.94 | 23986 | 16105 | 1918 | 496.80 |
| | 2013 | 351.66 | 27089 | 12227 | 1746 | 485.82 |
| | 2014 | 324.72 | 18368 | 10939 | 1584 | 441.80 |
| | 2015 | 278.2 | 15965 | 10128 | 1588 | 535.70 |
| | 2016 | 278.14 | 24885.3 | 8763.5 | 1656 | 467.98 |
| 中国石化 | 2006 | 108.78 | 15175 | 7582 | 495 | 143.82 |
| | 2007 | 150.97 | 12466 | 9317 | 558 | 181.14 |
| | 2008 | 127.53 | 13899 | 6080 | 544 | 176.81 |
| | 2009 | 142.21 | 14515 | 11069 | 570 | 164.29 |
| | 2010 | 154.65 | 23483 | 6373 | 621 | 177.43 |
| | 2011 | 204.60 | 18583 | 11329 | 825 | 211.80 |
| | 2012 | 224.60 | 23436 | 11813 | 1017 | 254.50 |
| | 2013 | 190.64 | 14654 | 11533 | 702 | 187.46 |
| | 2014 | 166.47 | 5635 | 8981 | 574 | 148.98 |
| | 2015 | 115.78 | 5143 | 6207 | 472 | 114.49 |
| | 2016 | 107.52 | 1788 | 5989 | 383 | 114.20 |
| 中国海油 | 2006 | 45.00 | 22751 | 7190 | 45 | 12.95 |
| | 2007 | 58.43 | 19504 | 8851 | 64 | 17.76 |
| | 2008 | 102.79 | 24678 | 12628 | 84 | 24.15 |
| | 2009 | 117.70 | 45246 | 11773 | 99 | 25.73 |
| | 2010 | 133.34 | 22598 | 13649 | 99 | 26.22 |

续附表 1-1

| 公司名称 | 年份 | 勘探投资(亿元) | 主要工作量 | | | |
|---|---|---|---|---|---|---|
| | | | 地震 | | 探井 | |
| | | | 二维(千米) | 三维(平方千米) | 井数(口) | 进尺(万米) |
| 中国海油 | 2011 | 139.55 | 22198 | 23462 | 94 | 24.49 |
| | 2012 | 147.84 | 16143 | 26733 | 99 | 24.11 |
| | 2013 | 173.78 | 27779 | 24792 | 100 | 26.52 |
| | 2014 | 171.16 | 20477 | 22826 | 117 | 34.27 |
| | 2015 | 136.84 | 12996 | 16513 | 123 | 34.60 |
| | 2016 | 92.22 | 2471 | 11346 | 116 | 28.98 |
| 延长石油 | 2006 | 4.41 | 4006 | – | 468 | 62.00 |
| | 2007 | 11.80 | 3429 | 144 | 527 | 72.90 |
| | 2008 | 17.50 | 3219.00 | 200.00 | 869 | 152.66 |
| | 2009 | 28.55 | 3158.90 | 120.47 | 836 | 146.78 |
| | 2010 | 42.77 | 1503 | 123.20 | 1002 | 183.11 |
| | 2011 | 33.74 | 4337 | – | 1027 | 197.60 |
| | 2012 | 41.52 | 3877.3 | 319.2 | 1160 | 226.37 |
| | 2013 | 44.66 | 1637.75 | 115.82 | 1177 | 238.17 |
| | 2014 | 54.23 | 2045.00 | 191.15 | 1072 | 240.61 |
| | 2015 | 33.04 | 1053.38 | 73.77 | 662 | 148.27 |
| | 2016 | 17.53 | 0 | 153.59 | 361 | 68.59 |
| 中联公司 | 2006 | 8.39 | 928 | – | 391 | 16.95 |
| | 2007 | 6.73 | 605 | – | 85 | 7.31 |
| | 2008 | 5.19 | – | – | 77 | 10.11 |
| | 2009 | 6.69 | 0 | 0 | 192 | 15.37 |
| | 2010 | 7.29 | 0.00 | 0.00 | 311 | 23.61 |
| | 2011 | 6.00 | 496 | – | 154 | 14.62 |
| | 2012 | 6.16 | 1684.8 | – | 135 | 17.36 |
| | 2013 | 7.47 | 832.40 | 258.12 | 123 | 12.46 |
| | 2014 | 10.15 | 399.02 | 598.13 | 94 | 15.59 |
| | 2015 | 6.7 | 891.13 | 155 | 68 | 11.47 |
| | 2016 | 9.75 | 0 | 200 | 90 | 13.83 |
| 中国地质调查局 | 2009 | 6.56 | 16210 | 1200 | – | – |
| | 2010 | 3.38 | 2000 | – | 1 | – |
| | 2011 | 7.50 | 12637 | – | 1 | 0.46 |
| | 2012 | 10.06 | – | – | – | – |
| | 2013 | 17.35 | 40862.00 | – | 15 | 1.22 |
| | 2014 | 15.93 | 40929.00 | – | 62 | 5.54 |

续附表 1 - 2

| 公司名称 | 年份 | 勘探投资(亿元) | 主要工作量 | | | |
|---|---|---|---|---|---|---|
| | | | 地震 | | 探井 | |
| | | | 二维(千米) | 三维(平方千米) | 井数(口) | 进尺(万米) |
| 中国地质调查局 | 2015 | 29.5 | 48374 | – | 110 | 9.64 |
| | 2016 | 22.33 | 23725.5 | – | 109 | 12.42 |
| 全国 | 2006 | 447.02 | 78849 | 29111 | 2592 | 605.15 |
| | 2007 | 541.89 | 74873 | 33363 | 2863 | 696.57 |
| | 2008 | 563.63 | 79136 | 30799 | 3308 | 820.25 |
| | 2009 | 590.18 | 103891 | 34370 | 3588 | 839.70 |
| | 2010 | 648.17 | 80607 | 33607 | 3678 | 874.66 |
| | 2011 | 714.09 | 86789.00 | 45836.00 | 3896 | 933.17 |
| | 2012 | 786.11 | 69127.10 | 54970.20 | 4329 | 1019.14 |
| | 2013 | 785.56 | 112854.15 | 48925.94 | 3863 | 951.64 |
| | 2014 | 742.66 | 87853.02 | 43535.28 | 3503 | 886.8 |
| | 2015 | 600.06 | 84422.51 | 33076.77 | 3023 | 854.17 |
| | 2016 | 527.50 | 52869.80 | 26452.09 | 2715 | 706.00 |

附表 2 **2007 ~ 2016 年各石油公司油气储量、产量统计表**

| 公司名称 | 年份 | 探明地质储量 | | 产量 | |
|---|---|---|---|---|---|
| | | 石油(亿吨) | 天然气(亿立方米) | 石油(万吨) | 天然气(亿立方米) |
| 中国石油 | 2007 | 8.3 | 4791.8 | 10764.6 | 542.5 |
| | 2008 | 6.4 | 4559.8 | 10777.8 | 617.5 |
| | 2009 | 6.3 | 4988.7 | 10251.8 | 682.6 |
| | 2010 | 6.56 | 5233.69 | 10520.86 | 722.48 |
| | 2011 | 7.15 | 4537.03 | 10754.00 | 751.96 |
| | 2012 | 7.11 | 4866.94 | 11033.28 | 792.57 |
| | 2013 | 6.70 | 4923.52 | 11260.06 | 879.72 |
| | 2014 | 7.02 | 5493.62 | 11366.86 | 940.58 |
| | 2015 | 7.28 | 4680.99 | 11142.64 | 926.26 |
| | 2016 | 6.52 | 6004.08 | 10545.03 | 935.82 |
| 中国石化 | 2007 | 2.5 | 1121.0 | 4108.0 | 80.0 |
| | 2008 | 3.0 | 586.5 | 4180.3 | 83.0 |
| | 2009 | 2.9 | 1915.7 | 4241.0 | 84.0 |
| | 2010 | 2.70 | 465.80 | 4256.07 | 125.07 |
| | 2011 | 3.56 | 2197.69 | 4270.34 | 143.82 |
| | 2012 | 4.27 | 4092.71 | 4315.42 | 166.40 |
| | 2013 | 0.89 | 554.04 | 4378.01 | 186.77 |
| | 2014 | 0.47 | 1244.03 | 4374.80 | 187.28 |

**续附表 2**

| 公司名称 | 年份 | 探明地质储量 | | 产量 | |
|---|---|---|---|---|---|
| | | 石油(亿吨) | 天然气(亿立方米) | 石油(万吨) | 天然气(亿立方米) |
| 中国石化 | 2015 | 1. 28 | 1170. 36 | 4173. 74 | 174. 25 |
| | 2016 | 0. 55 | 192. 48 | 3554. 99 | 158. 41 |
| 中国海油 | 2007 | 1. 5 | 206. 3 | 2675. 2 | 73. 2 |
| | 2008 | 1. 2 | 143. 0 | 2891. 3 | 70. 5 |
| | 2009 | 1. 9 | 779. 4 | 3177. 4 | 70. 3 |
| | 2010 | 1. 58 | 198. 58 | 4150. 65 | 92. 13 |
| | 2011 | 1. 62 | 463. 98 | 3870. 01 | 101. 17 |
| | 2012 | 3. 48 | 880. 93 | 3834. 94 | 99. 74 |
| | 2013 | 3. 00 | 139. 84 | 3913. 64 | 95. 39 |
| | 2014 | 2. 76 | 1126. 9 | 4378. 48 | 103. 38 |
| | 2015 | 2. 54 | 1986. 81 | 4755. 98 | 123. 14 |
| | 2016 | 2. 00 | 215. 95 | 4536. 77 | 107. 16 |
| 延长石油 | 2007 | 0. 8 | – | 1031. 7 | – |
| | 2008 | 0. 7 | – | 1082. 5 | – |
| | 2009 | 2. 1 | – | 1130. 0 | – |
| | 2010 | 0. 52 | 13. 92 | 1203. 56 | 3. 92 |
| | 2011 | 1. 09 | 19. 54 | 1221. 04 | – |
| | 2012 | 0. 41 | – | 1257. 40 | – |
| | 2013 | 0. 23 | – | 1262. 71 | – |
| | 2014 | 0. 37 | 1573. 17 | 1255. 50 | 6. 07 |
| | 2015 | 0. 07 | 0. 57 | 1254. 22 | 17. 38 |
| | 2016 | 0. 07① | 853. 08② | 1115. 36 | 20. 37 |
| 全国 | 2007 | 12. 3 | 6119. 0 | 18665. 7 | 693. 1 |
| | 2008 | 11. 3 | 5299. 0 | 18946. 1 | 774. 9 |
| | 2009 | 13. 1 | 7736. 5 | 18821. 4 | 840. 7 |
| | 2010 | 11. 4 | 5912. 0 | 20131. 1 | 942. 2 |
| | 2011 | 13. 42 | 7224. 82 | 20287. 26 | 1012. 79 |
| | 2012 | 15. 22 | 9610. 23 | 20683. 75 | 1070. 84 |
| | 2013 | 10. 83 | 6159. 11 | 20901. 69 | 1166. 21 |
| | 2014 | 10. 61 | 9437. 72 | 21140. 57 | 1248. 04 |
| | 2015 | 11. 18 | 6772. 20 | 21508. 29 | 1243. 57 |
| | 2016 | 9. 14 | 7265. 59 | 19963. 48 | 1231. 72 |

① 延长石油数据 1. 03 亿吨。
② 延长石油数据 1150 亿立方米。

附表3　　2007～2016年各石油公司开发井统计表

| 公司名称 | 年份 | 开发投资（亿元） | 总开发井 | | 油井 | | 气井 | |
|---|---|---|---|---|---|---|---|---|
| | | | 井数（口） | 进尺（万米） | 井数（口） | 进尺（万米） | 井数（口） | 进尺（万米） |
| 中国石油 | 2007 | 846.6 | 13275 | 2143.3 | 12057 | 1901.9 | 936 | 241.4 |
| | 2008 | 938.4 | 15296 | 2662.8 | 14255 | 2368.2 | 1041 | 294.6 |
| | 2009 | 932.13 | 15368 | 2884 | 14296 | 2593.7 | 1072 | 290.3 |
| | 2010 | 1098.16 | 17627 | 3246 | 16638 | 2931 | 989 | 315 |
| | 2011 | 1298.2 | 19883 | 3715.2 | 16850 | 3086 | 3033 | 629.2 |
| | 2012 | 1572.2 | 21264 | 4147 | 18264 | 3343 | 3000 | 831 |
| | 2013 | 1558.5 | 16992 | 3207.56 | 14537 | 2551.13 | 2455 | 656.43 |
| | 2014 | 1323.8 | 16404 | 3108.78 | 15063 | 2721.02 | 1341 | 387.76 |
| | 2015 | 1083.9 | 12151 | 2447.5 | 10651 | 1997.8 | 1500 | 449.7 |
| | 2016 | 874.59 | 12336 | 2379.58 | 11323 | 2067.7 | 1013 | 311.88 |
| 中国石化 | 2007 | 352.42 | 2976 | 735.48 | 2624 | 630.96 | 352 | 104.52 |
| | 2008 | 431.53 | 3303 | 680 | 2912 | 680 | – | – |
| | 2009 | 391.85 | 3066 | 733.24 | 2876 | 679.67 | 190 | 53.57 |
| | 2010 | 379.62 | 3175 | 754 | 2955 | 687 | 220 | 67.52 |
| | 2011 | 426.5 | 3363 | 862.46 | 3042 | 767.94 | 321 | 94.52 |
| | 2012 | 588.8 | 4034 | 1149.21 | 3751 | 1048.15 | 283 | 101.06 |
| | 2013 | 668.78 | 4812 | 1166.48 | 4158 | 990.4 | 654 | 176.08 |
| | 2014 | 585.13 | 4035 | 1045.07 | 3797 | 953.6 | 238 | 91.47 |
| | 2015 | 366.38 | 1663 | 434.67 | 1340 | 311.4 | 323 | 123.27 |
| | 2016 | 197.17 | 812 | 251.54 | 621 | 154.57 | 191 | 96.97 |
| 中国海油 | 2007 | 209.45 | 203 | 64.9 | 74 | – | – | – |
| | 2008 | 262.33 | 202 | 44.17 | 202 | – | – | – |
| | 2009 | 370.64 | 185 | 46.34 | 167 | 41.23 | 18 | 5.12 |
| | 2010 | 217.73 | 155 | 42.35 | 140 | 36.11 | 15 | 6.24 |
| | 2011 | 233.39 | 205 | 60.39 | 197 | 57.15 | 8 | 3.24 |
| | 2012 | 314.26 | 162 | 41.1 | 159 | 39.1 | 3 | 2.0 |
| | 2013 | 513.25 | 208 | 56.78 | 203 | 54.36 | 5 | 2.42 |
| | 2014 | 587.79 | 286 | 79.84 | 262 | 69.89 | 24 | 9.95 |
| | 2015 | 298.35 | 140 | 46.97 | 130 | 42.15 | 10 | 4.82 |
| | 2016 | 189.29 | 150 | 5.43 | 138 | 4.71 | 12 | 0.72 |
| 延长石油 | 2007 | 122.35 | 13005 | – | 13005 | – | – | – |
| | 2008 | 82 | 5782 | 782.91 | 5782 | 782.91 | – | – |
| | 2009 | 105 | 8064 | 1141.5 | 7986 | 1120 | 78 | 21.5 |
| | 2010 | 121 | 9363 | 1417.79 | 9308 | 1401.93 | 55 | 15.86 |
| | 2011 | 130.9 | 7978 | 1309.56 | 7942 | 1298.74 | 36 | 10.82 |

**续附表3**

| 公司名称 | 年份 | 开发投资（亿元） | 总开发井 | | 油井 | | 气井 | |
|---|---|---|---|---|---|---|---|---|
| | | | 井数（口） | 进尺（万米） | 井数（口） | 进尺（万米） | 井数（口） | 进尺（万米） |
| 延长石油 | 2012 | 92.54 | 6539 | 948.3 | 6539 | 948.34 | – | – |
| | 2013 | 124.59 | 7569 | 1215.11 | 7369 | 1154.95 | 200 | 60.16 |
| | 2014 | 185.17 | 6244 | 1095.97 | 5705 | 920.47 | 539 | 175.5 |
| | 2015 | 137.17 | 5978 | 1045.68 | 5578 | 890.33 | 391 | 155.35 |
| | 2016 | 64.07 | 2030 | 348.29 | 1954 | 318.78 | 76 | 29.51 |
| 中联公司 | 2007 | – | 185 | – | – | – | 185 | – |
| | 2008 | – | – | – | – | – | 213 | – |
| | 2009 | – | – | – | – | – | – | – |
| | 2010 | 2.75 | 29 | 1.62 | – | – | 29 | 1.62 |
| | 2011 | 17.40 | 726 | 46.14 | – | – | – | – |
| | 2012 | 15.37 | 656 | 69.61 | – | – | 656 | 69.61 |
| | 2013 | 10.4 | 183 | 20.91 | – | – | 183 | 20.91 |
| | 2014 | 9.46 | 34 | 3.05 | – | – | 34 | 3.05 |
| | 2015 | 7.63 | 147 | 17.81 | – | – | 147 | 17.81 |
| | 2016 | 8.29 | 40 | 8.99 | – | – | 40 | 8.99 |
| 全国 | 2007 | 1530.82 | 29644 | 2943.68 | 27760 | 2532.86 | 1473 | 345.92 |
| | 2008 | 1714.26 | 24583 | 4169.88 | 23151 | 3831.11 | 1254 | 294.6 |
| | 2009 | 1799.62 | 26683 | 4805.08 | 25325 | 4434.60 | 1358 | 370.49 |
| | 2010 | 1819.26 | 30349 | 5461.76 | 29041 | 5056.04 | 1308 | 406.24 |
| | 2011 | 2106.42 | 32155 | 5993.76 | 28031 | 5209.83 | 3398 | 737.78 |
| | 2012 | 2583.17 | 32655 | 6355.22 | 28713 | 5378.59 | 3942 | 1003.67 |
| | 2013 | 2875.52 | 29764 | 5666.84 | 26267 | 4750.84 | 3497 | 916 |
| | 2014 | 2691.35 | 27003 | 5332.71 | 24827 | 4664.98 | 2176 | 667.73 |
| | 2015 | 1893.43 | 20079 | 3992.63 | 17699 | 3241.68 | 2371 | 750.95 |
| | 2016 | 1333.41 | 15368 | 2993.83 | 14036 | 2545.76 | 1332 | 448.07 |

（国土资源部油气资源战略研究中心）

## 冶　金

**【概况】** 2016年是冶金矿山克难奋进、走出低谷的一年。在全球市场供大于求、铁矿石价格断崖式下跌、全行业严重亏损的背景下，矿山企业践行新发展理念，围绕固本培元、调整转型、提质增效、脱困发展，全面深化改革、实施创新驱动、夯实管理基础、促进绿色发展、坚守安全红线，各项工作取得新进展，实现了行业平稳运行。

1. 行业运行情况。①企业开工持续恢复，矿石生产稳中略降。受钢铁产量增加，铁矿石需求回稳，市场价格触底反弹的影响，矿山开工率连续出现恢复。12月底，按样本产能统计，国内矿山开工率66.1%，较年初低点提高22.3%。

全年规模以上企业铁矿石原矿产量12.81亿吨，同比下降3%，降幅较2015年收窄4.7个百分点，11月结束了产量连续26个月同比下降的趋势，实现了小幅增长，但增长动力明显弱于钢铁生产。

②矿石需求小幅增长，供大于求格局没有变。全年铁矿石成品矿供给量12.56亿吨，同比增长5.4%，生铁产量7.01亿吨，同比增长0.7%，铁矿石成品矿的消费量11.72亿吨，同比增长1.3%，供给量大于需求量8400万吨。

虽然全球低成本矿产量增幅低于2015年，但绝对量仍然保持高水平，产能释放节奏不减，进口同比增长7.5%，高出全球贸易量增幅4.7个百分点。2016年前两个月，进口同比增长12.6%，2月末港口库存突破1.3亿吨，钢厂库存增长近30%，铁矿石市场供大于求基本面没有改观。

③价格涨幅高于预期，年均水平处于低位。2016年以来，国内外铁矿石价格止跌回升，普氏62%铁矿石指数从年初最低39.25美元/吨，上涨到年末最高83.95美元/吨，涨幅达到114%。

钢厂采购国产矿平均价格（折合62%矿粉）450.7元/吨，同比下降24.89元/吨，降幅5.2%；进口矿平均到岸价格56.30美元/吨，同比下降4.18美元/吨，降幅6.9%。反映出2016年总体价格水平仍然比较低。

④投资持续大幅下降，平稳运行面临挑战。全年完成固定资产投资978亿元，同比下降28.4%，降幅较2015年扩大10.6个百分点。其中民间投资763亿元，同比下降35.6%，降幅较2015年扩大14个百分点。

无论是全国还是民间，国内矿山投资已连续34个月大幅下降，降幅明显扩大，反映出市场信心严重不足，资源接续工程和矿山技改基建项目基本处于停建缓建状态，采剥欠账严重，矿山产能和采场产能处于下滑状态。

⑤经营状况逐渐好转，行业尚未走出困境。2016年，规模以上矿山企业实现主营业务收入6637.6亿元，同比下降7.7%，降幅较2015年收窄13个百分点；利润总额403.7亿元，同比下降13%，降幅较2015年收窄30.9个百分点。

规模以上企业增加值增长速度下降2.6%，2015年为增长2.2%；资产负债率57.7%，同比上升2.1个百分点；行业亏损面25.7%，同比上升6.2个百分点。

从变化情况看，行业经营状况逐月好转，但由于连续三年收入和利润大幅下降，行业增加值由正转负，资产负债率上升，行业亏损面继续扩大，整个产业仍然十分困难，真正走出困境仍面临诸多挑战。

2. 取得主要成绩。①挖潜降本取得明显效果。在极端困难的情况下，企业更加注重成本管控，实行成本与市场挂钩，指标与先进对接，盈利（控亏）目标倒逼，实现了指标优化，质量提升，成本持续下降。协会重点监测企业在消化减利因素36.15亿元的基础上，实现减亏53.45亿元。首钢矿业公司围绕跑赢自己、跑赢同行、跑赢市场“三个跑赢”目标，深挖内潜降本增效，优化指标提质增效，外扩市场创收增效，实现吨精矿成本下降18.8%；武钢资源集团推进标准成本管理，建立成本中心，持续优化成本分类和标准，各项成本指标均创历史最好水平；马钢矿业通过细化工序成本核算，优化组织方式，强化技术创新，加强资金管理等降本措施，实现了系统联动深度挖潜。

②产能结构进一步优化。企业主动适应市场变化，调整生产经营策略，按照成本效率优先原则，淘汰效率低消耗高的落后工艺装备，关闭成本高、没有边际效益的企业、产线。2016年退出企业781家，近三年累计退出1917家，大中型企业增加80多家，80%以上的产能向铁矿集聚区、大中型企业集中，“多、小、散”的状况有很大改善。

推进优势企业、优势产线的技术标准升级，发挥它们的产能潜力，产出效率和效益得到提升。重点监测企业的产能利用率90%，高于全国24个百分点。

③企业改革实现新的突破。全面引入市场化理念和机制，促进企业治理模式、生产经营模式、资源配置模式、组织管控模式的改革调整，体制机制更加适应市场要求和发展环境的变化。鞍钢矿业公司完成公司制改革，优化组织机构和人力资源，实施“操检合一、专组承包、大工种作业”等用工机制，推动企业从生产型向经营型转变；河北钢铁集团矿业有限公司开启了以产线为独立市场单元的组织结构扁平化变革，形成快速反应的市场管理体制机制；攀钢矿业推进资源整合，实行人力资源优化和机构改革，在岗职工减少3000多人，下降31%。

④务实创新支撑产业发展。开展“产学研”合作，推进科技攻关、成果转化、“五小”创新活动，激发企业内部创新活力，科技对提质、增产、降耗、增效的作用更加凸显，促进了行业发展的本质性提升。2016年重点监测企业完成科技项目290多项，转化科技成果180多项，落实科技增效措施近千项，实现科技创效26.58亿元，科技创效贡献率达到29%以上。鞍钢矿业公司完成科研项目40项，成果转化26项，落实科技增效措施141项，实现科技增效3.6亿元；太钢矿业组建“首席师团队”“攻关团队”，集中解决影响矿山发展的关键技术问题，实现技术创新和科技攻关创效1.57亿元。

⑤管理基础进一步夯实。全面推行精细化管理，“严”字当头，“细”处着手，“实”字托底，转作风、抓落实，补短板、挖潜力，高效协调低成本的运营管控体系不断完善，科学化管理水平和运营效率明显提升。河

北钢铁集团矿业有限公司加快“4+1”支撑体系建设，通过支撑体系建设实现管理提升；鞍钢矿业实施智能生产新模式、管理新模式、服务新模式，以信息化手段持续推进管理升级；梅山矿业强化生产工序协调、精细管控，深化金牛级作业区创建，推进专业管理和基础管理的有效融合。

⑥绿色安全发展取得新成效。持续开展节能、节水项目和重点污染源治理工程，推进矿区绿化、土地复垦和地质环境恢复治理，持续强化废弃物综合利用、安全处置和安全管控。2016 年重点监测企业复垦绿化面积增加 1.2 万亩，吨精矿综合能耗下降 5.3%，吨精矿新水消耗下降 9.5%。

坚持依法治企，落实企业主体责任，突出安全工作源头管控和现场过程控制，加强基础管理、隐患排查、综合治理、标准化建设，推进机械化换人、自动化减人等重大安全工程建设，做好重大安全风险源管控，实现了安全生产事故总数、伤亡人数继续下降和重特大事故为零，保持了安全生产持续稳定。

⑦统筹融合党务业务队伍建设，为改革发展提供了重要支撑。发挥党组织的核心保障作用和党员的先锋模范作用，将其政治思想优势、组织优势、群众工作优势转化为企业的创新优势、竞争优势和经济发展优势，深入开展“两学一做”，持续推进干部队伍建设，把生产经营、降本增效的重点、难点作为党组织的重点工作，加强形势任务教育，注重素质提升、改革创新、共建共享，为生产经营改革发展提供了坚强保障。

**附表 1　　2016 年重点冶金矿山企业主要产品产量统计表**

| 企业名称 | 原矿产量（吨） | | | 成品矿（吨） | | | | 人造富矿（吨） | | |
|---|---|---|---|---|---|---|---|---|---|---|
| | 合计 | 露 天 | 地下 | 合计 | 块矿 | 粉矿 | 铁精矿 | 合计 | 烧结矿 | 球团矿 |
| 合　　计 | 543887971 | 439439545 | 104448426 | 159194829 | 2833065 | 1241231 | 155120533 | 31945380 | 11139783 | 20805597 |
| 首钢矿业公司 | 12804672 | 10026280 | 2778392 | 4513236 | | | 4513236 | 11483017 | 8127699 | 3355318 |
| 唐山首钢马兰庄矿 | 2710118 | 2710118 | | 504981 | | | 504981 | | | |
| 河钢矿业公司 | 38387805 | 34195163 | 4192642 | 9527090 | | 53606 | 9473484 | | | |
| 五矿矿业公司 | 11877468 | | 11877468 | 4865372 | | | 4865372 | | | |
| 太钢矿业分公司 | 32454566 | 32454566 | | 11830271 | | | 11830271 | 3838669 | | 3838669 |
| 包钢集团公司 | 18526020 | 18526020 | | 7436041 | | | 7436041 | | | |
| 鞍钢矿业集团 | 53183469 | 49776186 | 3407283 | 19335518 | | | 19335518 | 8367563 | 3012084 | 5355479 |
| 本钢矿业公司 | 22568012 | 22568012 | | 7723675 | | | 7723675 | | | |
| 梅山矿业分公司 | 4163536 | | 4163536 | 2670688 | | | 2670688 | | | |
| 鲁中矿业公司 | 5486911 | | 5486911 | 2107567 | 22386 | | 2085181 | | | |
| 马钢矿业公司 | 22137716 | 12694350 | 9443366 | 7517623 | 332352 | 204254 | 6981017 | | | |
| 武钢资源公司 | 4934168 | | 4934168 | 3133156 | | 179201 | 2953955 | 5600511 | | 5600511 |
| 海南矿业公司 | 4080810 | 2604114 | 1476696 | 2905824 | 2154504 | 296964 | 454356 | | | |
| 攀钢矿业公司 | 33655580 | 33238445 | 417135 | 11031108 | | | 11031108 | | | |
| 酒钢宏兴公司 | 9325837 | 4315309 | 5010528 | 5011114 | | | 5011114 | | | |
| 通钢板石矿业公司 | 3023323 | 128765 | 2894558 | 1078513 | | | 1078513 | 1223636 | | 1223636 |
| 中钢矿业开发公司 | 2586286 | | 2586286 | 705533 | | | 705533 | | | |
| 重钢矿业公司 | 5782815 | 5782815 | | 2334522 | | | 2334522 | | | |
| 北京 首云矿业 | 665671 | | 665671 | 247478 | | | 247478 | | | |
| 北京 云冶矿业 | 1010000 | | 1010000 | 274000 | | | 274000 | | | |
| 北京 威克冶金公司 | 221464 | 221464 | | 410057 | | | 410057 | | | |
| 北京 放马峪铁矿 | 265300 | 265300 | | 143937 | | | 143937 | | | |
| 北京 华夏建龙 | 37571600 | 36301680 | 1269920 | 3019200 | | | 3019200 | | | |
| 北京 建昌矿业 | 686911 | 686911 | | 251000 | | | 251000 | | | |
| 河北 承德天宝 | 68742750 | 68742750 | | 4552500 | | | 4552500 | | | |
| 河北 承德京城 | 50313200 | 50313200 | | 3353800 | | | 3353800 | | | |

**续附表 1**

| 企业名称 | 原矿产量(吨) | | | 成品矿(吨) | | | | 人造富矿(吨) | | |
|---|---|---|---|---|---|---|---|---|---|---|
| | 合计 | 露 天 | 地下 | 合计 | 块矿 | 粉矿 | 铁精矿 | 合计 | 烧结矿 | 球团矿 |
| 河北 恒实矿业 | 5395200 | 5395200 | | 1798400 | | | 1798400 | | | |
| 河北 赤城鑫宇 | 2835000 | 2835000 | | 945000 | | | 945000 | | | |
| 河北 迁西福珍全 | 2332750 | 2332750 | | 752500 | | | 752500 | | | |
| 辽宁 凌钢保国 | 1852281 | 535048 | 1317233 | 628527 | | | 628527 | | | |
| 辽宁 抚顺罕王 | 2923300 | 1732000 | 1191300 | 1483300 | | | 1483300 | | | |
| 辽宁 后英活龙 | 2865660 | 2865660 | | 1358100 | | | 1358100 | | | |
| 辽宁 金和矿业 | 1600100 | 1600100 | | 1221900 | | | 1221900 | | | |
| 辽宁 首钢硼铁 | 1687020 | | 1687020 | 452400 | | | 452400 | | | |
| 内蒙古 石宝铁矿 | 3200800 | 3200800 | | 1003600 | | | 1003600 | | | |
| 内蒙古 黄岗矿业 | 3423125 | 3423125 | | 1223900 | | | 1223900 | | | |
| 内蒙古 大中矿业 | 3505413 | 3505413 | | 1366100 | | | 1366100 | | | |
| 山西 宝山矿业 | 2841994 | | 2841994 | 1022300 | | | 1022300 | | | |
| 江苏 徐铁集团 | 983459 | | 983459 | 558843 | | | 558843 | | | |
| 浙江 漓铁集团 | 399143 | | 399143 | 179207 | | | 179207 | | | |
| 安徽 金安矿业 | 3143900 | | 3143900 | 1041900 | | | 1041900 | | | |
| 安徽 庐江龙桥 | 2028185 | | 2028185 | 850033 | | | 850033 | | | |
| 福建 潘洛铁矿 | 398806 | | 398806 | 255824 | | | 255824 | | | |
| 福建 马坑矿业 | 3039756 | | 3039756 | 3039756 | | | 3039756 | | | |
| 山东 莱钢莱芜 | 1582966 | | 1582966 | 1006600 | | | 1006600 | 504800 | | 504800 |
| 山东 莱钢鲁南 | 1152500 | 558155 | 594345 | 324300 | | | 324300 | 461700 | | 461700 |
| 山东 金岭铁矿 | 2880282 | | 2880282 | 1100257 | | | 1100257 | 465484 | | 465484 |
| 山东 会宝岭矿 | 2644781 | | 2644781 | 680106 | | 29359 | 650747 | | | |
| 河南 安钢舞阳 | 1593991 | 610229 | 983762 | 740268 | | | 740268 | | | |
| 江西 新余良山 | 1072700 | | 1072700 | 299300 | | | 299300 | | | |
| 江西 新余铁坑 | 910400 | 910400 | | 412300 | | | 412300 | | | |
| 江西 乌石山铁矿 | 283300 | | 283300 | 215900 | | | 215900 | | | |
| 四川 锦宁矿业 | 289600 | | 289600 | 214500 | | | 214500 | | | |
| 四川 安宁铁钛 | 5850000 | | 5850000 | 1594700 | | | 1594700 | | | |
| 四川 龙蟒公司 | 6783715 | 6783715 | | 2968803 | | | 2968803 | | | |
| 四川 川威矿业 | 6110728 | 6110728 | | 2182403 | | | 2182403 | | | |
| 云南 昆钢大红山 | 7608271 | | 7608271 | 3925353 | 323823 | | 3601530 | | | |
| 广东 大顶矿业 | 2186100 | 2186100 | | 1194600 | | | 1194600 | | | |
| 广东 大宝山矿业 | 1186558 | | 1186558 | 477847 | | 477847 | | | | |
| 陕西 大西沟矿业 | 826000 | | 826000 | 424252 | | | 424252 | | | |
| 新疆 巴州凯宏 | 1933300 | 1933300 | | 1481032 | | | 1481032 | | | |
| 新疆 和静备战 | 1409900 | 1409900 | | 1163421 | | | 1163421 | | | |
| 新疆 富蕴蒙库 | 3343600 | 3343600 | | 1652900 | | | 1652900 | | | |
| 新疆 雅满苏矿业 | 2617379 | 2616874 | 505 | 1470593 | | | 1470593 | | | |

附表 2

**2016 年全国铁矿石产量**

| 地区 | 2016 年(万吨) | 2015 年(万吨) | 与 2015 年同期比 | | 各区占全国总量比重(%) | |
|---|---|---|---|---|---|---|
| | | | 增量 | % | 2016 年 | 2015 年 |
| 全　国 | 128089.29 | 132060.81 | -3971.52 | -3.01 | 100.00 | 100.00 |
| 华北地区 | 67875.12 | 68308.10 | -432.98 | -0.63 | 52.99 | 51.72 |
| 北　京 | 1653.61 | 1772.70 | -119.09 | -6.72 | 1.29 | 1.34 |
| 河　北 | 52203.35 | 51399.40 | 803.95 | 1.56 | 40.76 | 38.92 |
| 山　西 | 6304.97 | 6979.80 | -674.83 | -9.67 | 4.92 | 5.29 |
| 内蒙古 | 7713.19 | 8156.20 | -443.01 | -5.43 | 6.02 | 6.18 |
| 东北地区 | 11984.71 | 20016.60 | -8031.89 | -40.13 | 9.36 | 15.16 |
| 辽　宁 | 9711.97 | 17588.70 | -7876.73 | -44.78 | 7.58 | 13.32 |
| 吉　林 | 1835.27 | 1983.00 | -147.73 | -7.45 | 1.43 | 1.50 |
| 黑龙江 | 437.47 | 444.90 | -7.43 | -1.67 | 0.34 | 0.34 |
| 华东地区 | 11416.48 | 11294.10 | 122.38 | 1.08 | 8.91 | 8.55 |
| 江　苏 | 98.35 | 151.20 | -52.85 | -34.95 | 0.08 | 0.11 |
| 浙　江 | 108.53 | 142.60 | -34.07 | -23.89 | 0.08 | 0.11 |
| 安　徽 | 5357.45 | 4696.60 | 660.85 | 14.07 | 4.18 | 3.56 |
| 福　建 | 1776.69 | 1700.90 | 75.79 | 4.46 | 1.39 | 1.29 |
| 江　西 | 2212.02 | 2444.40 | -232.38 | -9.51 | 1.73 | 1.85 |
| 山　东 | 1863.44 | 2158.40 | -294.96 | -13.67 | 1.45 | 1.63 |
| 中南地区 | 7405.42 | 9297.00 | -1891.58 | -20.35 | 5.78 | 7.04 |
| 河　南 | 1334.45 | 1662.40 | -327.95 | -19.73 | 1.04 | 1.26 |
| 湖　北 | 2905.00 | 3492.30 | -587.30 | -16.82 | 2.27 | 2.64 |
| 湖　南 | 811.32 | 918.30 | -106.98 | -11.65 | 0.63 | 0.70 |
| 广　东 | 1456.47 | 2024.10 | -567.63 | -28.04 | 1.14 | 1.53 |
| 广　西 | 490.10 | 702.30 | -212.20 | -30.22 | 0.38 | 0.53 |
| 海　南 | 408.08 | 497.60 | -89.52 | -17.99 | 0.32 | 0.38 |
| 西南地区 | 23215.28 | 22851.80 | 363.48 | 1.59 | 18.12 | 17.30 |
| 四　川 | 20437.30 | 19835.60 | 601.70 | 3.03 | 15.96 | 15.02 |
| 贵　州 | 442.93 | 365.80 | 77.13 | 21.09 | 0.35 | 0.28 |
| 云　南 | 2335.05 | 2650.40 | -315.35 | -11.90 | 1.82 | 2.01 |
| 西北地区 | 6192.28 | 6359.40 | -167.12 | -2.63 | 4.83 | 4.82 |
| 陕　西 | 2206.38 | 2155.20 | 51.18 | 2.37 | 1.72 | 1.63 |
| 甘　肃 | 1648.38 | 1596.20 | 52.18 | 3.27 | 1.29 | 1.21 |
| 青　海 | 14.14 | 102.30 | -88.16 | -86.18 | 0.01 | 0.08 |
| 新　疆 | 2323.38 | 2505.70 | -182.32 | -7.28 | 1.81 | 1.90 |

附表 3　　**2016 年重点统计单位铁矿采剥掘总量**

| 企业名称 | 采剥掘总量(吨) | 掌子出矿量(吨) | | | 剥离量(吨) | 掘进量 | | | | 其他作业量(吨) |
|---|---|---|---|---|---|---|---|---|---|---|
| | | 合计 | 露天 | 地下 | 合计 | 吨 | 带矿(吨) | 米 | 立方米 | |
| 合计 | 990733439 | 357584331 | 274525470 | 83058861 | 617665204 | 13064116 | 625783 | | | 2419788 |
| 首钢矿业公司 | 42249527 | 12658202 | 10026280 | 2631922 | 28955276 | 281407 | | | | 354642 |
| 大石河铁矿 | | | | | | | | | | |
| 水厂铁矿 | 38981556 | 10026280 | 10026280 | | 28955276 | | | | | |
| 杏山铁矿 | 3267971 | 2631922 | | 2631922 | | 281407 | | | | 354642 |
| 唐山首钢马兰庄矿 | 2710118 | 2710118 | 2710118 | | | | | | | |
| 河钢矿业公司 | 125077045 | 38207147 | 34153014 | 4054133 | 86292037 | 535712 | | | | 42149 |
| 司家营铁矿 | 37840203 | 9017540 | 8985999 | 31541 | 28822663 | | | | | |
| 研山铁矿 | 64339209 | 13975573 | 13975573 | | 50363636 | | | | | |
| 石人沟铁矿 | 2596390 | 2415458 | | 2415458 | | 180932 | | | | |
| 庙沟铁矿 | 8061234 | 2337460 | 2311118 | 26342 | 5705200 | 18574 | | | | |
| 龙烟近北庄 | 599412 | 466916 | | 466916 | | 132496 | | | | |
| 承钢黑山 | 4049829 | 2533047 | 1419171 | 1113876 | 1313072 | 203710 | | | | |
| 承钢柏泉 | 7548619 | 7461153 | 7461153 | | 87466 | | | | | |
| 棒磨山 | 42149 | | | | | | | | | 42149 |
| 五矿矿业公司 | 13502300 | 12439864 | | 12439864 | | 1062436 | 500040 | | | |
| 西石门铁矿 | 1957430 | 1622488 | | 1622488 | | 334942 | 37161 | | | |
| 北洺河铁矿 | 2947115 | 2744735 | | 2744735 | | 202380 | 114409 | | | |
| 玉石洼铁矿 | 276300 | 276300 | | 276300 | | | | | | |
| 安徽开发(镜铁) | 5819141 | 5557082 | | 5557082 | | 262059 | 182598 | | | |
| 安徽开发(磁铁) | 2502314 | 2239259 | | 2239259 | | 263055 | 165872 | | | |
| 太钢矿业分公司 | 105309660 | 32454566 | 32454566 | | 72855094 | | | | | |
| 峨口铁矿 | 12541500 | 2374592 | 2374592 | | 10166908 | | | | | |
| 尖山铁矿 | 35956735 | 8351000 | 8351000 | | 27605735 | | | | | |
| 岚县铁矿 | 56811424 | 21728974 | 21728974 | | 35082450 | | | | | |
| 包钢集团公司 | 102950130 | 18526020 | 18526020 | 0 | 84424110 | | | | | |
| 白云鄂博铁矿 | 30035303 | 9383165 | 9383165 | | 20652138 | | | | | |
| 固阳矿业公司 | | | | | | | | | | |
| 巴润矿业公司 | 72914827 | 9142855 | 9142855 | | 63771972 | | | | | |
| 鞍钢矿业集团 | 199677381 | 53728294 | 49776186 | 3952108 | 145348233 | 600854 | | | | |
| 大孤山铁矿 | 20809080 | 4466575 | 4466575 | | 16342505 | | | | | |
| 东鞍山铁矿 | 6540853 | 4459822 | 4459822 | | 2081031 | | | | | |
| 眼前山铁矿 | 1552972 | 1086533 | | 1086533 | | 466439 | | | | |
| 齐大山铁矿 | 36678966 | 15200176 | 15200176 | | 21478790 | | | | | |
| 鞍千矿业公司 | 58801336 | 12940757 | 12940757 | | 45860579 | | | | | |
| 弓长岭公司 | 67420530 | 11735218 | | | 55550897 | 134415 | | | | |
| 关宝山铁矿 | 7873644 | 3839213 | 3839213 | | 4034431 | | | | | |
| 本钢矿业公司 | 94760645 | 22568012 | 22568012 | | 72192633 | | | | | |
| 南芬露天矿 | 65041049 | 12221910 | 12221910 | | 52819139 | | | | | |
| 歪头山铁矿 | 15028064 | 6041101 | 6041101 | | 8986963 | | | | | |
| 贾家堡铁矿 | 14691532 | 4305001 | 4305001 | | 10386531 | | | | | |

**续附表 3**

| 企业名称 | 采剥掘总量(吨) | 掌子出矿量(吨) | | | 剥离量(吨) | 掘　进　量 | | | | 其他作业量(吨) |
|---|---|---|---|---|---|---|---|---|---|---|
| | | 合计 | 露天 | 地下 | 合计 | 吨 | 带矿(吨) | 米 | 立方米 | |
| 梅山矿业分公司 | 5010616 | 4369282 | | 4369282 | | 641334 | | | | |
| 鲁中矿业公司 | 6067766 | 5486911 | | 5486911 | | 580855 | | | | |
| 小官庄铁矿 | 2365500 | 2091927 | | 2091927 | | 273573 | | | | |
| 张家洼铁矿 | 2469316 | 2367599 | | 2367599 | | 101707 | | | | |
| 莱新铁矿 | 1232950 | 1027385 | | 1027385 | | 205565 | | | | |
| 马钢矿业公司 | 38048238 | 21574740 | 12694350 | 8880390 | 15728546 | 647397 | | | | 97555 |
| 南山矿业 | 28161667 | 5777066 | 5777066 | | 22384601 | | | | | |
| 姑山矿业 | 3451506 | 3362546 | 611244 | 2751302 | 88960 | | | | | |
| 桃冲矿业 | 428291 | 367675 | | 367675 | | 60616 | | | | |
| 武钢资源公司 | 6927232 | 4808715 | | 4808715 | | 332478 | 125743 | | | 1786039 |
| 大冶铁矿 | 1414167 | 1144459 | | 1144459 | | 63144 | 33431 | | | 206564 |
| 程潮铁矿 | 3104746 | 1965871 | | 1965871 | | 108056 | 25176 | | | 1030819 |
| 金山店铁矿 | 2408319 | 1698385 | | 1698385 | | 161278 | 56124 | | | 548656 |
| 海南矿业公司 | 10949300 | 4080810 | 2604114 | 1476696 | 6405006 | 463484 | | | | |
| 攀钢矿业公司 | 96617045 | 35058494 | 34513332 | 545162 | 61558551 | | | | | |
| 兰尖铁矿 | 1232515 | 545162 | | 545162 | 687353 | | | | | |
| 朱家包包矿 | 39781772 | 16632272 | 16632272 | | 23149500 | | | | | |
| 白马铁矿 | 55602758 | 17881060 | 17881060 | | 37721698 | | | | | |
| 甘肃酒钢宏兴镜铁山 | 15949086 | 8923211 | 4310889 | 4612322 | 6561509 | 464366 | | | | |
| 通钢板石矿业公司 | 3110053 | 2617146 | | 2617146 | | 364142 | | | | 128765 |
| 中钢矿业开发公司 | 2698914 | 2586286 | | 2586286 | | 112628 | | | | |
| 山东矿业 | 1512568 | 1484008 | | 1484008 | | 28560 | | | | |
| 富全矿业 | 692396 | 631142 | | 631142 | | 61254 | | | | |
| 刘塘坊矿业 | 493950 | 471136 | | 471136 | | 22814 | | | | |
| 重钢矿业公司 | 23956250 | 5951354 | 5951354 | | 18004896 | | | | | |
| 北京 首云矿业 | 692735 | 665671 | | 665671 | 27064 | | | | | |
| 北京 云冶矿业 | 1213000 | 1010000 | | 1010000 | 203000 | | | | | |
| 北京 威克冶金公司 | 3411167 | 221464 | 221464 | | 3189703 | | | | | |
| 北京 放马峪铁矿 | 265300 | 265300 | 265300 | | | 0 | | | | |
| 北京 华夏建龙矿业 | 47439900 | 37571600 | 36301680 | 1269920 | 9868300 | | | | | |
| 辽宁 凌钢保国铁矿 | 2452479 | 1661697 | 462733 | 1198964 | | 790782 | | | | |
| 内蒙古 石宝铁矿 | 3200800 | 3200800 | 3200800 | | | | | | | |
| 江苏 徐铁集团 | 1239702 | 983459 | | 983459 | | 245605 | | | | 10638 |
| 浙江 漓铁集团 | 399143 | 399143 | | 399143 | | | | | | |
| 安徽 金安矿业 | 3336000 | 2896700 | | 2896700 | | 439300 | | | | |
| 安徽 龙桥铁矿 | 2301196 | 1678458 | | 1678458 | | 622738 | | | | |
| 山东 莱钢莱芜 | 1931680 | 1496055 | | 1496055 | | 435625 | | | | |
| 山东 莱钢鲁南 | 1709300 | 1152500 | 558155 | 594345 | | 556800 | | | | |
| 山东 金岭铁矿 | 3281194 | 2702184 | | 2702184 | | 579010 | | | | |
| 河南 安钢舞阳 | 2037702 | 1593991 | 610229 | 983762 | 189548 | 254163 | | | | |
| 江西 乌石山铁矿 | 283300 | 283300 | | 283300 | | | | | | |
| 云南 大红山矿业 | 10301900 | 7248900 | | 7248900 | | 3053000 | | | | |

**附表 4　　2016 年重点统计单位铁矿原矿、成品矿、人造富矿产量**

| 企业名称 | 原矿产量(吨) | | | 入选原矿不含外购(吨) | 外购矿石(吨) | 成品矿(吨) | | | | 人造富矿(吨) | | |
|---|---|---|---|---|---|---|---|---|---|---|---|---|
| | 合计 | 露天 | 地下 | | | 合计 | 块矿 | 粉矿 | 铁精矿 | 合计 | 烧结矿 | 球团矿 |
| 合计 | 543887971 | 439439545 | 104448426 | 539311534 | 1163243 | 159194829 | 2833065 | 1241231 | 155120533 | 31945380 | 11139783 | 20805597 |
| 首钢矿业公司 | 12804672 | 10026280 | 2778392 | 12839703 | 1163243 | 4513236 | | | 4513236 | 11483017 | 8127699 | 3355318 |
| 大石河铁矿 | | | | | 1163243 | 1175794 | | | 1175794 | | | |
| 水厂铁矿 | 10026280 | 10026280 | | 10026280 | | 3337442 | | | 3337442 | | | |
| 杏山铁矿 | 2778392 | | 2778392 | | | | | | | | | |
| 烧结厂 | | | | | | | | | | 8127699 | 8127699 | |
| 球团厂 | | | | | | | | | | 3355318 | | 3355318 |
| 唐山首钢马兰庄矿 | 2710118 | 2710118 | | 1410164 | | 504981 | | | 504981 | | | |
| 河钢矿业公司 | 38387805 | 34195163 | 4192642 | 38334199 | | 9527090 | | 53606 | 9473484 | | | |
| 司家营铁矿 | 9017540 | 8985999 | 31541 | 9017540 | | 2698308 | | | 2698308 | | | |
| 研山铁矿 | 13975573 | 13975573 | | 13975573 | | 3923507 | | | 3923507 | | | |
| 石人沟铁矿 | 2415458 | | 2415458 | 2415458 | | 820114 | | | 820114 | | | |
| 庙沟铁矿 | 2337460 | 2311118 | 26342 | 2337460 | | 821098 | | | 821098 | | | |
| 龙烟近北庄 | 551819 | | 551819 | 551819 | | 111102 | | | 111102 | | | |
| 承钢黑山 | 2533047 | 1419171 | 1113876 | 2533047 | | 583456 | | | 583456 | | | |
| 承钢柏泉 | 7461153 | 7461153 | | 7461153 | | 479788 | | | 479788 | | | |
| 棒磨山 | 42149 | 42149 | | 42149 | | 36111 | | | 36111 | | | |
| 中关铁矿 | | | | | | 53606 | | 53606 | | | | |
| 五矿矿业公司 | 11877468 | | 11877468 | 11877468 | | 4865372 | | | 4865372 | | | |
| 西石门铁矿 | 1324707 | | 1324707 | 1324707 | | 580338 | | | 580338 | | | |
| 北铭河铁矿 | 2656764 | | 2656764 | 2656764 | | 1512610 | | | 1512610 | | | |
| 玉石洼铁矿 | 276300 | | 276300 | 276300 | | | | | | | | |
| 安徽开发(镜铁) | 5477621 | | 5477621 | 5477621 | | 2209487 | | | 2209487 | | | |
| 安徽开发(磁铁) | 2142076 | | 2142076 | 2142076 | | 562937 | | | 562937 | | | |
| 太钢矿业分公司 | 32454566 | 32454566 | | 32454566 | | 11830271 | | | 11830271 | 3838669 | | 3838669 |
| 峨口铁矿 | 2374592 | 2374592 | | 2374592 | | 1667764 | | | 1667764 | 1636636 | | 1636636 |
| 尖山铁矿 | 8351000 | 8351000 | | 8351000 | | 3151299 | | | 3151299 | | | |
| 岚县铁矿 | 21728974 | 21728974 | | 21728974 | | 7011208 | | | 7011208 | 2202033 | | 2202033 |
| 包钢集团公司 | 18526020 | 18526020 | | 18526020 | | 7436041 | | | 7436041 | | | |
| 白云鄂博铁矿 | 9383165 | 9383165 | | 9383165 | | | | | | | | |
| 包钢选矿厂 | | | | | | 3672536 | | | 3672536 | | | |
| 巴润矿业公司 | 9142855 | 9142855 | | 9142855 | | 3763505 | | | 3763505 | | | |
| 鞍钢矿业集团 | 53183469 | 49776186 | 3407283 | 56314238 | | 19335518 | | | 19335518 | 8367563 | 3012084 | 5355479 |
| 大孤山铁矿 | 4466575 | 4466575 | | | | | | | | | | |
| 东鞍山铁矿 | 4459822 | 4459822 | | | | | | | | | | |
| 眼前山铁矿 | 1317295 | | 1317295 | | | | | | | | | |
| 齐大山铁矿 | 15200176 | 15200176 | | 10490376 | | 3678915 | | | 3678915 | | | |
| 鞍千矿业公司 | 12940757 | 12940757 | | 7712365 | | 2611356 | | | 2611356 | | | |
| 弓长岭公司 | 10959631 | 8869643 | 2089988 | 14059652 | | 4769442 | | | 4769442 | 3980722 | | 3980722 |
| 关宝山铁矿 | 3839213 | 3839213 | | 5299789 | | 1700066 | | | 1700066 | | | |
| 大孤山球团厂 | | | | 5799371 | | 1926124 | | | 1926124 | 1374757 | | 1374757 |
| 东鞍山烧结厂 | | | | 4432058 | | 1728929 | | | 1728929 | 3012084 | 3012084 | |

**续附表 4－1**

| 企业名称 | 原矿产量(吨) | | | 入选原矿不含外购(吨) | 外购矿石(吨) | 成品矿(吨) | | | | 人造富矿(吨) | | |
|---|---|---|---|---|---|---|---|---|---|---|---|---|
| | 合计 | 露天 | 地下 | | | 合计 | 块矿 | 粉矿 | 铁精矿 | 合计 | 烧结矿 | 球团矿 |
| 齐大山选厂 | | | | 8520627 | | 2920686 | | | 2920686 | | | |
| 本钢矿业公司 | 22568012 | 22568012 | | 22568012 | | 7723675 | | | 7723675 | | | |
| 南芬露天矿 | 12221910 | 12221910 | | 12221910 | | | | | | | | |
| 歪头山铁矿 | 6041101 | 6041101 | | 6041101 | | 2181566 | | | 2181566 | | | |
| 南芬选矿厂 | | | | | | 4359577 | | | 4359577 | | | |
| 贾家堡铁矿 | 4305001 | 4305001 | | 4305001 | | 1182532 | | | 1182532 | | | |
| 梅山矿业分公司 | 4163536 | | 4163536 | 4163536 | | 2670688 | | | 2670688 | | | |
| 鲁中矿业公司 | 5486911 | | 5486911 | 5486911 | | 2107567 | 22386 | | 2085181 | | | |
| 小官庄铁矿 | 2091927 | | 2091927 | | | | | | | | | |
| 张家洼铁矿 | 2367599 | | 2367599 | | | 22386 | 22386 | | | | | |
| 莱新铁矿 | 1027385 | | 1027385 | 1027385 | | 454581 | | | 454581 | | | |
| 选矿厂 | | | | 4459526 | | 1630600 | | | 1630600 | | | |
| 马钢矿业公司 | 22137716 | 12694350 | 9443366 | 21799673 | | 7517623 | 332352 | 204254 | 6981017 | | | |
| 南山矿业 | 12083106 | 12083106 | | 12083106 | | 3136680 | | | 3136680 | | | |
| 姑山矿业 | 3362546 | 611244 | 2751302 | 2687164 | | 1857170 | 274260 | | 1582910 | | | |
| 桃冲矿业 | 396566 | | 396566 | 396566 | | 278543 | 6605 | 204254 | 67684 | | | |
| 武钢资源公司 | 4934168 | | 4934168 | 4934168 | | 3133156 | | 179201 | 2953955 | 5600511 | | 5600511 |
| 大冶铁矿 | 1177890 | | 1177890 | 1177890 | | 808032 | | | 808032 | 0 | | |
| 程潮铁矿 | 1991047 | | 1991047 | 1991047 | | 1204756 | | | 1204756 | 1047650 | | 1047650 |
| 金山店铁矿 | 1754509 | | 1754509 | 1754509 | | 941167 | | | 941167 | | | |
| 灵乡 | | | | | | 179201 | | 179201 | | 131631 | | 131631 |
| 鄂州球团厂 | | | | | | | | | | 4421230 | | 4421230 |
| 海南矿业公司 | 4080810 | 2604114 | 1476696 | 2239739 | | 2905824 | 2154504 | 296964 | 454356 | | | |
| 攀钢矿业公司 | 33655580 | 33238445 | 417135 | 29462014 | | 11031108 | | | 11031108 | | | |
| 兰尖铁矿 | 417135 | | 417135 | | | | | | | | | |
| 朱家包包矿 | 16051296 | 16051296 | | | | | | | | | | |
| 白马铁矿 | 17187149 | 17187149 | | 15733405 | | 4917725 | | | 4917725 | | | |
| 选矿厂 | | | | 13311474 | | 4758315 | | | 4758315 | | | |
| 其他 | | | | 417135 | | 1355068 | | | 1355068 | | | |
| 酒钢宏兴公司 | 9325837 | 4315309 | 5010528 | 9054838 | | 5011114 | | | 5011114 | | | |
| 镜铁山 | 9325837 | 4315309 | 5010528 | | | | | | | | | |
| 选烧厂 | | | | 9054838 | | 5011114 | | | 5011114 | | | |
| 通钢板石矿业公司 | 3023323 | 128765 | 2894558 | 3023323 | | 1078513 | | | 1078513 | 1223636 | | 1223636 |
| 中钢矿业开发公司 | 2586286 | | 2586286 | 2586286 | | 705533 | | | 705533 | | | |
| 山东矿业 | 1484008 | | 1484008 | 1484008 | | 382263 | | | 382263 | | | |
| 富全矿业 | 631142 | | 631142 | 631142 | | 217415 | | | 217415 | | | |
| 刘塘坊矿业 | 471136 | | 471136 | 471136 | | 105855 | | | 105855 | | | |
| 重钢矿业公司 | 5782815 | 5782815 | | 5782815 | | 2334522 | | | 2334522 | | | |
| 北京 首云矿业 | 665671 | | 665671 | 665671 | | 247478 | | | 247478 | | | |
| 北京 云冶矿业 | 1010000 | | 1010000 | 1010000 | | 274000 | | | 274000 | | | |
| 北京 威克冶金公司 | 221464 | 221464 | | 221464 | | 410057 | | | 410057 | | | |
| 北京 放马峪铁矿 | 265300 | 265300 | | 265300 | | 143937 | | | 143937 | | | |

**续附表 4－2**

| 企业名称 | 原矿产量(吨) | | | 入选原矿不含外购(吨) | 外购矿石(吨) | 成品矿(吨) | | | | 人造富矿(吨) | | |
|---|---|---|---|---|---|---|---|---|---|---|---|---|
| | 合计 | 露天 | 地下 | | | 合计 | 块矿 | 粉矿 | 铁精矿 | 合计 | 烧结矿 | 球团矿 |
| 北京 华夏建龙 | 37571600 | 36301680 | 1269920 | 37571600 | | 3019200 | | | 3019200 | | | |
| 北京 建昌矿业 | 686911 | 686911 | | 686911 | | 251000 | | | 251000 | | | |
| 河北承德天宝 | 68742750 | 68742750 | | 68742750 | | 4552500 | | | 4552500 | | | |
| 河北 承德京城 | 50313200 | 50313200 | | 50313200 | | 3353800 | | | 3353800 | | | |
| 河北 恒实矿业 | 5395200 | 5395200 | | 5395200 | | 1798400 | | | 1798400 | | | |
| 河北 赤城鑫宇 | 2835000 | 2835000 | | 2835000 | | 945000 | | | 945000 | | | |
| 河北 迁西福珍全 | 2332750 | 2332750 | | 2332750 | | 752500 | | | 752500 | | | |
| 辽宁 凌钢保国 | 1852281 | 535048 | 1317233 | 1852281 | | 628527 | | | 628527 | | | |
| 辽宁 抚顺罕王 | 2923300 | 1732000 | 1191300 | 2923300 | | 1483300 | | | 1483300 | | | |
| 辽宁 后英活龙 | 2865660 | 2865660 | | 2865660 | | 1358100 | | | 1358100 | | | |
| 辽宁 金和矿业 | 1600100 | 1600100 | | 1600100 | | 1221900 | | | 1221900 | | | |
| 辽宁 首钢硼铁 | 1687020 | | 1687020 | 1687020 | | 452400 | | | 452400 | | | |
| 内蒙古 石宝铁矿 | 3200800 | 3200800 | | 3200800 | | 1003600 | | | 1003600 | | | |
| 内蒙古 黄岗矿业 | 3423125 | 3423125 | | 3423125 | | 1223900 | | | 1223900 | | | |
| 内蒙古 大中矿业 | 3505413 | 3505413 | | 3505413 | | 1366100 | | | 1366100 | | | |
| 山西 宝山矿业 | 2841994 | | 2841994 | 2841994 | | 1022300 | | | 1022300 | | | |
| 江苏 徐铁集团 | 983459 | | 983459 | 983459 | | 558843 | | | 558843 | | | |
| 浙江 漓铁集团 | 399143 | | 399143 | 399143 | | 179207 | | | 179207 | | | |
| 安徽 金安矿业 | 3143900 | | 3143900 | 3143900 | | 1041900 | | | 1041900 | | | |
| 安徽 庐江龙桥 | 2028185 | | 2028185 | 2028185 | | 850033 | | | 850033 | | | |
| 福建 潘洛铁矿 | 398806 | | 398806 | 398806 | | 255824 | | | 255824 | | | |
| 福建 马坑矿业 | 3039756 | | 3039756 | 3039756 | | 3039756 | | | 3039756 | | | |
| 山东 莱钢莱芜 | 1582966 | | 1582966 | 1582966 | | 1006600 | | | 1006600 | 504800 | | 504800 |
| 山东 莱钢鲁南 | 1152500 | 558155 | 594345 | 1152500 | | 324300 | | | 324300 | 461700 | | 461700 |
| 山东 金岭铁矿 | 2880282 | | 2880282 | 2880282 | | 1100257 | | | 1100257 | 465484 | | 465484 |
| 山东 会宝岭矿 | 2644781 | | 2644781 | 2669384 | | 680106 | | 29359 | 650747 | | | |
| 河南 安钢舞阳 | 1593991 | 610229 | 983762 | 1593991 | | 740268 | | | 740268 | | | |
| 江西 新余良山 | 1072700 | | 1072700 | 1140500 | | 299300 | | | 299300 | | | |
| 江西 新余铁坑 | 910400 | 910400 | | 910400 | | 412300 | | | 412300 | | | |
| 江西 乌石山铁矿 | 283300 | | 283300 | 283300 | | 215900 | | | 215900 | | | |
| 四川 锦宁矿业 | 289600 | | 289600 | 289600 | | 214500 | | | 214500 | | | |
| 四川 安宁铁钛 | 5850000 | | 5850000 | 5850000 | | 1594700 | | | 1594700 | | | |
| 四川 龙蟒公司 | 6783715 | 6783715 | | 6783715 | | 2968803 | | | 2968803 | | | |
| 四川 川威矿业 | 6110728 | 6110728 | | 6110728 | | 2182403 | | | 2182403 | | | |
| 云南 昆钢大红山 | 7608271 | | 7608271 | 7608271 | | 3925353 | 323823 | | 3601530 | | | |
| 广东 大顶矿业 | 2186100 | 2186100 | | 2186100 | | 1194600 | | | 1194600 | | | |
| 广东 大宝山矿业 | 1186558 | | 1186558 | 1186558 | | 477847 | | 477847 | | | | |
| 陕西 大西沟矿业 | 826000 | | 826000 | 826000 | | 424252 | | | 424252 | | | |
| 新疆 巴州凯宏 | 1933300 | 1933300 | | 1933300 | | 1481032 | | | 1481032 | | | |
| 新疆 和静备战 | 1409900 | 1409900 | | 1409900 | | 1163421 | | | 1163421 | | | |
| 新疆 富蕴蒙库 | 3343600 | 3343600 | | 3506200 | | 1652900 | | | 1652900 | | | |
| 新疆 雅满苏矿业 | 2617379 | 2616874 | 505 | 2617379 | | 1470593 | | | 1470593 | | | |

附表 5

**2016 年全国铁矿进口量(国别)**

| 国别 | 2016 年 | | 平均价格(美元/吨) | 与 2015 年同期比(%) | |
|---|---|---|---|---|---|
| | 进口量(万吨) | 进口金额(万美元) | | 进口量 | 进口金额 |
| 合计 | 102421.20 | 5765668.08 | 56.29 | 7.57 | 0.06 |
| 澳大利亚 | 63987.59 | 3545547.70 | 55.41 | 5.36 | -1.12 |
| 巴西 | 21469.38 | 1265308.54 | 58.94 | 12.04 | 4.01 |
| 南非 | 4485.18 | 279556.39 | 62.33 | -1.15 | -8.72 |
| 伊朗 | 1462.27 | 82293.20 | 56.28 | 11.15 | 19.55 |
| 塞拉利昂 | 410.29 | 17130.75 | 41.75 | 60.08 | 20.23 |
| 乌克兰 | 1478.86 | 95545.27 | 64.61 | -26.84 | -37.06 |
| 智利 | 1127.16 | 71943.84 | 63.83 | 16.11 | 7.96 |
| 加拿大 | 904.57 | 59691.42 | 65.99 | -3.84 | -14.32 |
| 秘鲁 | 1088.66 | 58382.45 | 53.63 | 1.71 | -1.68 |
| 毛里塔尼亚 | 954.45 | 48022.04 | 50.31 | 27.71 | 17.13 |
| 马来西亚 | 229.57 | 9894.18 | 43.10 | 9.64 | 8.82 |
| 印度 | 1556.37 | 84985.00 | 54.60 | 648.51 | 732.23 |
| 蒙古国 | 624.06 | 20229.73 | 32.42 | 6.21 | -22.17 |
| 俄罗斯联邦 | 628.59 | 34338.27 | 54.63 | -12.74 | -23.56 |
| 印度尼西亚 | 255.90 | 6805.44 | 26.59 | 5.14 | -10.16 |
| 哈萨克斯坦 | 128.81 | 4700.27 | 36.49 | 289.74 | 107.73 |
| 巴基斯坦 | 10.73 | 345.17 | 32.17 | 30.47 | -0.39 |
| 缅甸 | 142.82 | 4562.51 | 31.95 | 4.77 | -3.01 |
| 朝鲜 | 163.55 | 7455.53 | 45.59 | 5.89 | 2.39 |
| 利比里亚 | 32.82 | 1510.03 | 46.01 | -87.17 | -88.89 |
| 美国 | 65.79 | 5404.87 | 82.15 | 202.07 | 228.35 |
| 新西兰 | 310.41 | 12121.15 | 39.05 | 71.79 | 43.89 |
| 委内瑞拉 | 527.04 | 31357.01 | 59.50 | 18.70 | 14.12 |
| 越南 | 94.81 | 4204.72 | 44.35 | 256.97 | 271.86 |
| 沙特阿拉伯 | 9.79 | 537.11 | 54.88 | 187.33 | 150.11 |
| 瑞典 | 16.44 | 652.59 | 39.69 | | |
| 菲律宾 | 9.45 | 449.11 | 47.52 | -7.46 | -25.53 |
| 老挝 | 25.41 | 1322.77 | 52.05 | -8.48 | -28.31 |
| 阿联酋 | 136.95 | 7778.05 | 56.80 | 87.65 | 107.39 |
| 塞尔维亚 | 13.12 | 412.49 | 31.44 | | |
| 卡塔尔 | 8.43 | 500.37 | 59.36 | -40.01 | -43.49 |
| 其他 | 61.96 | 2680.11 | 43.26 | -38.42 | -72.78 |

附表6 **2016年全国锰矿进口量(国别)**

| 国　　别 | 2016年 | | 平均价格（美元/吨） | 与2015年同期比(%) | |
|---|---|---|---|---|---|
| | 进口量(万吨) | 进口金额(万美元) | | 进口量 | 进口金额 |
| 合计 | 1705.04 | 207233.23 | 121.54 | 8.18 | 3.86 |
| 南非 | 710.04 | 79177.16 | 111.51 | 11.38 | -16.15 |
| 澳大利亚 | 406.26 | 61058.04 | 150.29 | -5.47 | -7.07 |
| 加蓬 | 125.68 | 20619.09 | 164.06 | -33.02 | -18.52 |
| 巴西 | 129.71 | 18588.72 | 143.31 | -14.21 | -3.80 |
| 加纳 | 175.13 | 14585.90 | 83.29 | 226.02 | 159.62 |
| 马来西亚 | 83.49 | 5375.11 | 64.38 | 45.54 | 28.09 |
| 科特迪瓦 | 7.65 | 817.62 | 106.88 | -66.26 | -71.79 |
| 缅甸 | 26.91 | 2171.91 | 80.71 | 420.24 | 334.74 |
| 摩洛哥 | 8.66 | 1282.62 | 148.11 | 37.88 | 41.05 |
| 纳米比亚 | 1.58 | 236.45 | 149.65 | -66.26 | -53.64 |
| 赞比亚 | 1.54 | 374.55 | 243.21 | 112.03 | 129.21 |
| 哈萨克斯坦 | 4.09 | 577.71 | 141.25 | 231.44 | 738.40 |
| 尼日利亚 | 5.39 | 605.64 | 112.36 | 1486.63 | 1763.77 |
| 保加利亚 | 3.15 | 409.58 | 130.03 | | |
| 墨西哥 | 4.36 | 525.97 | 120.64 | -12.58 | -1.19 |
| 埃及 | 3.62 | 312.45 | 86.31 | | |

附表7 **2016年全国铬矿进口量(国别)一览表**

| 国　　别 | 2016年 | | 平均价格（美元/吨） | 与2015年同期比(%) | |
|---|---|---|---|---|---|
| | 进口量(万吨) | 进口金额(万美元) | | 进口量 | 进口金额 |
| 合计 | 1057.86 | 161902.49 | 153.05 | 1.79 | -9.51 |
| 南非 | 775.42 | 105399.59 | 135.93 | 2.39 | -12.43 |
| 土耳其 | 82.35 | 16704.19 | 202.84 | -20.35 | -31.39 |
| 阿尔巴尼亚 | 49.28 | 10651.67 | 216.15 | 1.65 | 5.46 |
| 巴基斯坦 | 28.10 | 6041.97 | 215.02 | -6.84 | -8.24 |
| 阿曼 | 25.82 | 2809.93 | 108.83 | -23.22 | -29.87 |
| 伊朗 | 41.92 | 9078.19 | 216.56 | 7.12 | 18.04 |
| 马达加斯加 | 11.32 | 1719.39 | 151.89 | -33.59 | -49.34 |
| 菲律宾 | 5.50 | 1225.39 | 222.80 | 75.16 | 78.97 |
| 印度 | 20.44 | 4396.61 | 215.10 | 795.25 | 584.02 |
| 莫桑比克 | 3.08 | 396.98 | 128.89 | 508.60 | 396.27 |
| 津巴布韦 | 8.44 | 1971.23 | 233.56 | | |
| 哈萨克斯坦 | 3.83 | 1112.99 | 290.60 | 377.00 | 415.13 |

（中国冶金矿山企业协会）

# 黄 金

【概况】 2016 年 12 月,全国生产黄金 28.645 吨。1 ~ 12 月累计生产黄金 453.486 吨,与 2015 年同期相比,黄金产量增加 3.434 吨,同比上升 0.76%(表 1)。其中,黄金矿产金完成 394.883 吨,比 2015 年同期增长 4.07%;有色副产金完成 58.604 吨,比 2015 年同期下降 17.03%。另有进口原料产金 81.960 吨,同比 2015 年升 24.51%。全国合计生产黄金 535.447 吨,同比增长 3.79%。

2016 年 12 月,在黄金矿产金 394.883 吨中,黄金矿山企业完成 149.719 吨,黄金冶炼厂黄金原料完成 229.737 吨,有色冶炼厂黄金原料完成 15.426 吨。

2016 年 1 ~ 12 月,黄金矿山企业共销售给冶炼厂(含黄金冶炼厂和有色金属冶炼厂)黄金含量金 245.164 吨。其中,部分小矿山生产的含量金直接销售给冶炼厂,未计入分省(区、市)产量为 122.581 吨。

2016 年 1 ~ 12 月,黄金冶炼厂完成黄金 229.737 吨,比 2015 年同期增长 24.28%。

2016 年 1 ~ 12 月,有色冶炼厂完成黄金 74.030 吨,比 2015 年同期下降 28.53%。其中,黄金原料完成 15.426 吨,有色原料完成 58.604 吨。

2016 年 1 ~ 12 月,大型黄金集团累计完成黄金成品金产量(含进口料产金)和矿产金产量分别为 266.912 吨和 158.169 吨,比 2015 年同期分别增长 6.27% 和 4.02%。大型黄金集团黄金成品金产量和矿产金产量分别占全国的 49.85% 和 40.05%。其中,中国黄金集团公司 11.83% 和 10.65%、紫金矿业集团股份有限公司(国内)4.72% 和 6.14%、山东黄金集团有限公司(国内)7.97% 和 9.39%、山东招金集团有限公司 9.82% 和 5.36%、灵宝黄金股份有限公司 3.42% 和 0.75%、银泰资源有限责任公司(埃尔拉多黄金公司)1.06% 和 1.44%、云南黄金矿业集团股份有限公司 1.45% 和 2.30%、湖南黄金集团有限责任公司 3.97% 和 1.51%、山东中矿集团有限公司 3.03% 和 1.13%、灵宝金源矿业股份有限公司 2.04% 和 0.66%、赤峰吉隆黄金矿业股份有限公司 0.54% 和 0.73%。

**表 1　2016 年 12 月全国黄金生产情况**

| 项目 | 单位 | 12 月 | 12 月止累计 | 比 2015 年同期(+%) | 2015 年同期累计 |
|---|---|---|---|---|---|
| 黄金产量 | 吨 | 28.645 | 453.486 | 0.76 | 450.053 |

**附表 1　2016 年 1 ~ 12 月各省成品金产量情况**　　单位:千克

| 排名 | 省份 | 本月止累计完成 | | | | | | | | | 2015 年同期累计完成 | | | | | | |
|---|---|---|---|---|---|---|---|---|---|---|---|---|---|---|---|---|---|
| | | 矿山产金累计完成 | | | | 冶炼厂产金累计完成 | | | 品金合计 | 比 2015 年同期(+%) | 矿山产金累计完成 | | | 冶炼厂产金累计完成 | | | 成品金合计 |
| | | 合计 | 比 2015 年同期(+%) | 其中 | | 合计 | 其中 | | | | 合计 | 其中 | | 合计 | 其中 | | |
| | | | | 成品金 | 含量金 | | 有色冶炼厂 | 黄金冶炼厂 | | | | 成品金 | 含量金 | | 有色冶炼厂 | 黄金冶炼厂 | |
| — | – | 1 = 3 + 4 | 2 | 3 | 4 | 5 = 6 + 7 | 6 | 7 | 8 = 3 + 5 | 9 | 10 = 11 + 12 | 11 | 12 | 13 = 14 + 15 | 14 | 15 | 16 = 11 + 13 |
| | 全国合计 | 394882.761 | 4.07 | 149719.231 | 245163.530 | 303767.245 | 74030.107 | 229737.138 | 453486.476 | 0.76 | 379422.611 | 161610.450 | 217812.161 | 288442.513 | 103584.118 | 184858.395 | 450052.963 |
| 1 | 山东省 | 57932.880 | -6.88 | 14913.930 | 43018.950 | 172684.806 | 37675.125 | 135009.681 | 187598.736 | 8.93 | 62215.500 | 16777.290 | 45438.210 | 155448.435 | 39970.000 | 115478.435 | 172225.725 |
| 2 | 河南省 | 39759.740 | 4.60 | 13476.420 | 26283.320 | 70046.360 | 0.000 | 70046.360 | 83522.780 | 18.65 | 38011.210 | 13381.980 | 24629.230 | 57012.790 | 3625.400 | 53387.390 | 70394.770 |
| 3 | 江西省 | 1735.890 | -12.97 | 193.620 | 1542.270 | 39217.430 | 35401.820 | 3815.610 | 39411.050 | 2.73 | 1994.650 | 134.160 | 1860.490 | 38230.540 | 34123.580 | 4106.960 | 38364.700 |
| 4 | 湖南省 | 9488.350 | 1.51 | 5563.150 | 3925.200 | 25525.880 | 7457.230 | 18068.650 | 31089.030 | 15.95 | 9347.300 | 5178.290 | 4169.010 | 21633.610 | 7947.430 | 13686.180 | 26811.900 |
| 5 | 云南省 | 20202.268 | -0.90 | 16860.273 | 3341.995 | 10015.737 | 10015.737 | – | 26876.010 | -1.64 | 20385.066 | 17085.225 | 3299.841 | 10239.985 | 10239.985 | – | 27325.210 |
| 6 | 内蒙古区 | 21948.000 | -7.66 | 21948.000 | 0.000 | 0.000 | – | – | 21948.000 | -7.66 | 23768.700 | 23768.700 | 0.000 | 0.000 | – | – | 23768.700 |
| 7 | 甘肃省 | 12919.624 | -15.77 | 6095.000 | 6824.624 | 13633.950 | 10099.950 | 3534.000 | 19728.950 | -12.05 | 15338.606 | 8196.050 | 7142.556 | 14235.463 | 10879.000 | 3356.463 | 22431.513 |
| 8 | 新疆区 | 18653.982 | -3.35 | 16198.672 | 2455.310 | 1876.018 | – | 1876.018 | 18074.690 | -2.93 | 19300.000 | 16724.714 | 2575.286 | 1895.286 | – | 1895.286 | 18620.000 |
| 9 | 福建省 | 9114.690 | -7.02 | 6313.900 | 2800.790 | 11596.314 | 9525.020 | 2071.294 | 17910.214 | -13.44 | 9802.470 | 8093.830 | 1708.640 | 12597.210 | 10067.210 | 2530.000 | 20691.040 |
| 10 | 陕西省 | 17000.512 | -26.57 | 7112.010 | 9888.502 | 6700.880 | – | 6700.880 | 13812.890 | 11.61 | 23152.344 | 5792.024 | 17360.320 | 6583.660 | – | 6583.660 | 12375.684 |
| 11 | 安徽省 | 10370.810 | 2.88 | 2327.100 | 8043.710 | 10694.500 | 8599.000 | 2095.500 | 13021.600 | -22.55 | 10080.680 | 3974.140 | 6106.540 | 12839.000 | 12839.000 | – | 16813.140 |
| 12 | 浙江省 | 403.250 | 33.14 | 403.250 | 0.000 | 10418.467 | 10418.467 | – | 10821.717 | -1.29 | 302.869 | 302.869 | 0.000 | 10660.000 | 10660.000 | – | 10962.869 |
| 13 | 辽宁省 | 7475.870 | 15.56 | 5868.220 | 1607.650 | 4429.890 | 0.000 | 4429.890 | 10298.110 | 13.28 | 6469.250 | 4657.750 | 1811.500 | 4433.090 | 10.000 | 4423.090 | 9090.840 |
| 14 | 湖北省 | 2701.448 | -27.90 | 666.000 | 2035.448 | 7172.000 | 7172.000 | – | 7838.000 | -10.20 | 3746.833 | 1821.000 | 1925.833 | 6907.240 | 6907.240 | – | 8728.240 |
| 15 | 贵州省 | 8108.490 | -20.70 | 7050.000 | 1058.490 | 0.000 | – | – | 7050.000 | -24.85 | 10224.490 | 9381.750 | 842.740 | 0.000 | – | – | 9381.750 |
| 16 | 吉林省 | 9221.540 | -0.35 | 6446.030 | 2775.510 | 0.000 | – | – | 6446.030 | 0.14 | 9253.810 | 6437.080 | 2816.730 | 0.000 | – | – | 6437.080 |
| 17 | 河北省 | 7227.503 | -4.94 | 5449.313 | 1778.190 | 0.000 | – | – | 5449.313 | 0.24 | 7603.404 | 5436.416 | 2166.988 | 0.000 | – | – | 5436.416 |
| 18 | 四川省 | 4140.000 | 10.40 | 4140.000 | 0.000 | 0.000 | – | – | 4140.000 | 10.40 | 3750.000 | 3750.000 | 0.000 | 0.000 | – | – | 3750.000 |
| 19 | 青海省 | 4859.940 | -27.46 | 2300.660 | 2559.280 | 1204.470 | – | 1204.470 | 3505.130 | -23.77 | 6700.090 | 3818.540 | 2881.550 | 779.630 | – | 779.630 | 4598.170 |
| 20 | 黑龙江省 | 3050.000 | -3.17 | 3050.000 | 0.000 | 0.000 | – | – | 3050.000 | -3.17 | 3150.000 | 3150.000 | 0.000 | 0.000 | – | – | 3150.000 |
| 21 | 海南省 | 1255.460 | 1.77 | 1255.460 | 0.000 | 0.000 | – | – | 1255.460 | 1.77 | 1233.650 | 1233.650 | 0.000 | 0.000 | – | – | 1233.650 |
| 22 | 广西区 | 1053.610 | -22.01 | 992.850 | 60.760 | 0.000 | – | – | 992.850 | -24.37 | 1350.900 | 1312.830 | 38.070 | 0.000 | – | – | 1312.830 |

**续附表1**

| 排名 | 省份 | 本月止累计完成 | | | | | | | | | 2015年同期累计完成 | | | | | | |
|---|---|---|---|---|---|---|---|---|---|---|---|---|---|---|---|---|---|
| | | 矿山产金累计完成 | | | | 冶炼厂产金累计完成 | | | 品金合计 | 比2015年同期(+%) | 矿山产金累计完成 | | | 冶炼厂产金累计完成 | | | 成品金合计 |
| | | 合计 | 比2015年同期(+%) | 其中 | | 合计 | 其中 | | | | 合计 | 其中 | | 合计 | 其中 | | |
| | | | | 成品金 | 含量金 | | 有色冶炼厂 | 黄金冶炼厂 | | | | 成品金 | 含量金 | | 有色冶炼厂 | 黄金冶炼厂 | |
| 23 | 广东省 | 588.042 | 15.42 | 585.373 | 2.669 | 0.000 | – | – | 585.373 | 15.42 | 509.485 | 507.162 | 2.323 | 0.000 | – | – | 507.162 |
| 24 | 山西省 | 2273.873 | -8.13 | 510.000 | 1763.873 | 0.000 | – | – | 510.000 | -26.62 | 2475.000 | 695.000 | 1780.000 | 0.000 | – | – | 695.000 |
| 25 | 上海市 | – | – | – | – | 440.797 | 440.797 | – | 440.797 | -23.08 | – | – | – | 573.061 | 573.061 | – | 573.061 |
| 26 | 宁夏区 | 0.000 | – | 0.000 | 0.000 | 70.000 | 0.000 | 70.000 | 70.000 | -65.00 | 0.000 | 0.000 | 0.000 | 200.000 | 100.000 | 100.000 | 200.000 |
| 27 | 西藏区 | 816.440 | 9.20 | 0.000 | 816.440 | 0.000 | – | – | 0.000 | – | 747.640 | 0.000 | 747.640 | 0.000 | – | – | 0.000 |
| 28 | 北京市 | 0.000 | – | 0.000 | 0.000 | 0.000 | – | – | 0.000 | – | 0.000 | 0.000 | 0.000 | 0.000 | – | – | 0.000 |
| 29 | 天津市 | 0.000 | – | 0.000 | 0.000 | 0.000 | – | – | 0.000 | – | 0.000 | 0.000 | 0.000 | 0.000 | – | – | 0.000 |
| 30 | 江苏省 | 0.000 | – | 0.000 | 0.000 | 0.000 | – | – | 0.000 | – | 0.000 | 0.000 | 0.000 | 0.000 | – | – | 0.000 |
| — | 其他 | 122580.549 | 38.50 | 0.000 | 122580.549 | -81960.254 | -62775.039 | -19185.215 | -81960.254 | 24.51 | 88508.664 | 0.000 | 88508.664 | -65826.487 | -44357.788 | -21468.699 | -65826.487 |

**附表2**

## 2016年1～12月各省矿山产金完成情况

单位：千克

| 排名 | 省份 | 本月实际完成 | | | 本月止累计完成 | | | | | | 2015年同期累计完成 | | |
|---|---|---|---|---|---|---|---|---|---|---|---|---|---|
| | | 合计 | 其中 | | 合计 | 比2015年同期(+%) | 其中 | | | | 合计 | 其中 | |
| | | | 成品金 | 含量金 | | | 成品金 | 比2015年同期(+%) | 含量金 | 比2015年同期(+%) | | 成品金 | 含量金 |
| — | – | 1=2+3 | 2 | 3 | 4=6+8 | 5 | 6 | 7 | 8 | 9 | 10=11+12 | 11 | 12 |
| — | 全国合计 | 35078.628 | 18927.721 | 16150.907 | 394882.761 | 4.07 | 149719.231 | -7.36 | 245163.530 | 12.56 | 379422.611 | 161610.450 | 217812.161 |
| 1 | 北京市 | 0.000 | 0.000 | 0.000 | 0.000 | – | 0.000 | – | 0.000 | – | 0.000 | 0.000 | 0.000 |
| 2 | 天津市 | 0.000 | 0.000 | 0.000 | 0.000 | – | 0.000 | – | 0.000 | – | 0.000 | 0.000 | 0.000 |
| 3 | 河北省 | 617.186 | 504.976 | 112.210 | 7227.503 | -4.94 | 5449.313 | 0.24 | 1778.190 | -17.94 | 7603.404 | 5436.416 | 2166.988 |
| 4 | 山西省 | 133.607 | 19.734 | 113.873 | 2273.873 | -8.13 | 510.000 | -26.62 | 1763.873 | -0.91 | 2475.000 | 695.000 | 1780.000 |
| 5 | 内蒙古区 | 1834.000 | 1834.000 | 0.000 | 21948.000 | -7.66 | 21948.000 | -7.66 | 0.000 | – | 23768.700 | 23768.700 | 0.000 |
| 6 | 辽宁省 | 942.750 | 812.730 | 130.020 | 7475.870 | 15.56 | 5868.220 | 25.99 | 1607.650 | -11.25 | 6469.250 | 4657.750 | 1811.500 |
| 7 | 吉林省 | 792.180 | 576.020 | 216.160 | 9221.540 | -0.35 | 6446.030 | 0.14 | 2775.510 | -1.46 | 9253.810 | 6437.080 | 2816.730 |
| 8 | 黑龙江省 | 190.000 | 190.000 | 0.000 | 3050.000 | -3.17 | 3050.000 | -3.17 | 0.000 | – | 3150.000 | 3150.000 | 0.000 |
| 9 | 江苏省 | 0.000 | 0.000 | 0.000 | 0.000 | – | 0.000 | – | 0.000 | – | 0.000 | 0.000 | 0.000 |
| 10 | 浙江省 | 90.250 | 90.250 | 0.000 | 403.250 | 33.14 | 403.250 | 33.14 | 0.000 | – | 302.869 | 302.869 | 0.000 |
| 11 | 安徽省 | 1492.220 | 479.800 | 1012.420 | 10370.810 | 2.88 | 2327.100 | -41.44 | 8043.710 | 31.72 | 10080.680 | 3974.140 | 6106.540 |
| 12 | 福建省 | 779.553 | 426.000 | 353.553 | 9114.690 | -7.02 | 6313.900 | -21.99 | 2800.790 | 63.92 | 9802.470 | 8093.830 | 1708.640 |
| 13 | 江西省 | 117.960 | 17.140 | 100.820 | 1735.890 | -12.97 | 193.620 | 44.32 | 1542.270 | -17.10 | 1994.650 | 134.160 | 1860.490 |
| 14 | 山东省 | 5804.890 | 2115.087 | 3689.803 | 57932.880 | -6.88 | 14913.930 | -11.11 | 43018.950 | -5.32 | 62215.500 | 16777.290 | 45438.210 |
| 15 | 河南省 | 4703.120 | 1737.240 | 2965.880 | 39759.740 | 4.60 | 13476.420 | 0.71 | 26283.320 | 6.72 | 38011.210 | 13381.980 | 24629.230 |
| 16 | 湖北省 | 196.136 | 32.000 | 164.136 | 2701.448 | -27.90 | 666.000 | -63.43 | 2035.448 | 5.69 | 3746.833 | 1821.000 | 1925.833 |
| 17 | 湖南省 | 1743.040 | 759.450 | 983.590 | 9488.350 | 1.51 | 5563.150 | 7.43 | 3925.200 | -5.85 | 9347.300 | 5178.290 | 4169.010 |
| 18 | 广东省 | 51.978 | 50.719 | 1.259 | 588.042 | 15.42 | 585.373 | 15.42 | 2.669 | 14.89 | 509.485 | 507.162 | 2.323 |
| 19 | 广西区 | 99.090 | 88.730 | 10.360 | 1053.610 | -22.01 | 992.850 | -24.37 | 60.760 | 59.60 | 1350.900 | 1312.830 | 38.070 |
| 20 | 海南省 | 85.000 | 85.000 | 0.000 | 1255.460 | 1.77 | 1255.460 | 1.77 | 0.000 | – | 1233.650 | 1233.650 | 0.000 |
| 21 | 四川省 | 207.000 | 207.000 | 0.000 | 4140.000 | 10.40 | 4140.000 | 10.40 | 0.000 | – | 3750.000 | 3750.000 | 0.000 |
| 22 | 贵州省 | 310.617 | 176.187 | 134.430 | 8108.490 | -20.70 | 7050.000 | -24.85 | 1058.490 | 25.60 | 10224.490 | 9381.750 | 842.740 |
| 23 | 云南省 | 3620.780 | 2998.554 | 622.226 | 20202.268 | -0.90 | 16860.273 | -1.32 | 3341.995 | 1.28 | 20385.066 | 17085.225 | 3299.841 |
| 24 | 西藏区 | 69.140 | 0.000 | 69.140 | 816.440 | – | 0.000 | – | 816.440 | 9.20 | 747.640 | 0.000 | 747.640 |
| 25 | 陕西省 | 2534.835 | 1524.875 | 1009.960 | 17000.512 | -26.57 | 7112.010 | 22.79 | 9888.502 | -43.04 | 23152.344 | 5792.024 | 17360.320 |
| 26 | 甘肃省 | 883.817 | 532.000 | 351.817 | 12919.624 | -15.77 | 6095.000 | -25.63 | 6824.624 | -4.45 | 15338.606 | 8196.050 | 7142.556 |
| 27 | 青海省 | 452.610 | 146.330 | 306.280 | 4859.940 | -27.46 | 2300.660 | -39.75 | 2559.280 | -11.18 | 6700.090 | 3818.540 | 2881.550 |
| 28 | 宁夏区 | 0.000 | 0.000 | 0.000 | 0.000 | – | 0.000 | – | 0.000 | – | 0.000 | 0.000 | 0.000 |
| 29 | 新疆区 | 3772.782 | 3523.899 | 248.883 | 18653.982 | -3.35 | 16198.672 | -3.15 | 2455.310 | -4.66 | 19300.000 | 16724.714 | 2575.286 |
| — | 其他 | 3554.087 | 0.000 | 3554.087 | 122580.549 | 38.50 | 0.000 | – | 122580.549 | 38.50 | 88508.664 | 0.000 | 88508.664 |

注:1. 部分小矿山生产的含量金直接销售给冶炼厂,未计入分省(区、市)产量为122580.549千克。
2. 山东黄金集团"三山岛金矿""焦家金矿""玲珑金矿""新城金矿"所产含量金全部由"焦家冶炼厂"冶炼成成品金,这部分成品金产量从山东省"矿山产成品金"产量中单注。
3. 独列出算作"焦家冶炼厂"冶炼金产量,不再由冶炼厂返还各矿算作"矿山产成品金"产量。相对应的"含量金"产量亦单独列出。

**附表 3** 　　**2016 年 1 ~ 12 月黄金冶炼企业产金完成情况** 　　单位:千克

| 排名 | 企业名称 | 省份 | 本月实际完成 | | | 本月止累计完成 | | | | | | 2015 年同期累计完成 | | |
|---|---|---|---|---|---|---|---|---|---|---|---|---|---|---|
| | | | 合计 | 其中 | | 合计 | 比 2015 年同期 (+%) | 其中 | | | | 合计 | 其中 | |
| | | | | 成品金 | 含量金 | | | 成品金 | 比 2015 年同期 (+%) | 含量金 | 比 2015 年同期 (+%) | | 成品金 | 含量金 |
| — | —— | - | 1 = 2 + 3 | 2 | 3 | 4 = 6 + 8 | 5 | 6 | 7 | 8 | 9 | 10 = 11 + 12 | 11 | 12 |
| — | 黄金冶炼企业合计 | - | 13975.382 | 13975.382 | 0.000 | 229737.138 | 24.28 | 229737.138 | 24.28 | 0.000 | - | 184858.395 | 184858.395 | 0.000 |
| 1 | 中国黄金集团公司 | 北京 | 3728.060 | 3728.060 | 0.000 | 38502.050 | 53.08 | 38502.050 | 53.08 | 0.000 | - | 25152.370 | 25152.370 | 0.000 |
| | 其中:辽宁新都黄金有限责任公司 | 辽宁 | 234.790 | 234.790 | 0.000 | 2985.960 | 6.29 | 2985.960 | 6.29 | 0.000 | - | 2809.360 | 2809.360 | 0.000 |
| | 辽宁天利金业有限公司 | 辽宁 | 115.090 | 115.090 | 0.000 | 1443.930 | -10.52 | 1443.930 | -10.52 | 0.000 | - | 1613.730 | 1613.730 | 0.000 |
| | 江西三和金业有限公司 | 江西 | 305.570 | 305.570 | 0.000 | 3815.610 | -7.09 | 3815.610 | -7.09 | 0.000 | - | 4106.960 | 4106.960 | 0.000 |
| | 河南中原黄金冶炼厂有限责任公司 | 河南 | 1702.250 | 1702.250 | 0.000 | 16305.550 | 316.69 | 16305.550 | 316.69 | 0.000 | - | 3913.090 | 3913.090 | 0.000 |
| | 中金嵩县嵩原黄金冶炼有限责任公司 | 河南 | 777.800 | 777.800 | 0.000 | 7250.120 | 18.36 | 7250.120 | 18.36 | 0.000 | - | 6125.570 | 6125.570 | 0.000 |
| | 潼关中金冶炼有限责任公司 | 陕西 | 592.560 | 592.560 | 0.000 | 6700.880 | 1.78 | 6700.880 | 1.78 | 0.000 | - | 6583.660 | 6583.660 | 0.000 |
| 2 | 山东招金集团公司 | 山东 | 4178.259 | 4178.259 | 0.000 | 50846.883 | 7.54 | 50846.883 | 7.54 | 0.000 | - | 47281.414 | 47281.414 | 0.000 |
| | 其中:山东招金集团冶炼厂 | 山东 | 3931.895 | 3931.895 | 0.000 | 45436.865 | 8.11 | 45436.865 | 8.11 | 0.000 | - | 42029.665 | 42029.665 | 0.000 |
| | 甘肃招金贵金属冶炼有限公司 | 甘肃 | 89.146 | 89.146 | 0.000 | 3534.000 | 5.29 | 3534.000 | 5.29 | 0.000 | - | 3356.463 | 3356.463 | 0.000 |
| | 新疆星塔矿业有限公司 | 新疆 | 157.218 | 157.218 | 0.000 | 1876.018 | -1.02 | 1876.018 | -1.02 | 0.000 | - | 1895.286 | 1895.286 | 0.000 |
| 3 | 山东黄金集团 | 山东 | 2736.130 | 2736.130 | 0.000 | 31767.420 | 14.86 | 31767.420 | 14.86 | 0.000 | - | 27658.680 | 27658.680 | 0.000 |
| | 其中:山东黄金集团(焦家冶炼厂) | 山东 | 2157.850 | 2157.850 | 0.000 | 25444.060 | 9.68 | 25444.060 | 9.68 | 0.000 | - | 23198.580 | 23198.580 | 0.000 |
| | 山东黄金西部冶炼厂 | 青海 | 106.690 | 106.690 | 0.000 | 1204.470 | 54.49 | 1204.470 | 54.49 | 0.000 | - | 779.630 | 779.630 | 0.000 |
| | 金创金银冶炼公司(山东黄金) | 山东 | 471.590 | 471.590 | 0.000 | 5118.890 | 39.08 | 5118.890 | 39.08 | 0.000 | - | 3680.470 | 3680.470 | 0.000 |
| 4 | 紫金矿业集团 | 福建 | 594.522 | 594.522 | 0.000 | 7083.984 | 2.66 | 7083.984 | 2.66 | 0.000 | - | 6900.730 | 6900.730 | 0.000 |
| | 其中:福建金山黄金冶炼公司 | 福建 | 147.402 | 147.402 | 0.000 | 2071.294 | -18.13 | 2071.294 | -18.13 | 0.000 | - | 2530.000 | 2530.000 | 0.000 |
| | 洛宁紫金冶炼公司 | 河南 | 447.120 | 447.120 | 0.000 | 5012.690 | 14.69 | 5012.690 | 14.69 | 0.000 | - | 4370.730 | 4370.730 | 0.000 |
| 5 | 湖南黄金集团 | 湖南 | 1663.560 | 1663.560 | 0.000 | 18068.650 | 32.02 | 18068.650 | 32.02 | 0.000 | - | 13686.180 | 13686.180 | 0.000 |
| | 其中:湖南辰州矿业股份有限公司冶炼厂 | 湖南 | 1422.990 | 1422.990 | 0.000 | 14504.630 | 37.98 | 14504.630 | 37.98 | 0.000 | - | 10512.270 | 10512.270 | 0.000 |
| | 湖南中南黄金冶炼公司 | 湖南 | 240.570 | 240.570 | 0.000 | 3564.020 | 12.29 | 3564.020 | 12.29 | 0.000 | - | 3173.910 | 3173.910 | 0.000 |
| 6 | 山东中矿集团有限公司 | 山东 | 778.384 | 778.384 | 0.000 | 11789.974 | -11.96 | 11789.974 | -11.96 | 0.000 | - | 13392.110 | 13392.110 | 0.000 |
| 7 | 招远市河西金矿 | 山东 | 356.920 | 356.920 | 0.000 | 2784.080 | 16.01 | 2784.080 | 16.01 | 0.000 | - | 2399.840 | 2399.840 | 0.000 |
| 8 | 烟台黄金冶炼厂 | 山东 | 166.022 | 166.022 | 0.000 | 4170.802 | 35.03 | 4170.802 | 35.03 | 0.000 | - | 3088.860 | 3088.860 | 0.000 |
| 9 | 恒邦冶炼股份公司 | 山东 | 3304.740 | 3304.740 | 0.000 | 40101.290 | 6.99 | 40101.290 | 6.99 | 0.000 | - | 37481.000 | 37481.000 | 0.000 |
| 10 | 龙口金鑫矿业公司 | 河南 | 0.000 | 0.000 | 0.000 | 163.720 | -36.27 | 163.720 | -36.27 | 0.000 | - | 256.910 | 256.910 | 0.000 |
| 11 | 灵宝黄金股份有限公司 | 河南 | 1299.000 | 1299.000 | 0.000 | 17031.000 | -10.85 | 17031.00 | -10.85 | 0.000 | - | 19104.000 | 19104.000 | 0.000 |
| 12 | 灵宝金源晨光有色矿冶有限公司 | 河南 | 797.000 | 797.000 | 0.000 | 9786.000 | 9.75 | 9786.00 | 9.75 | 0.000 | - | 8917.000 | 8917.000 | 0.000 |
| 13 | 河南豫光金铅集团有限责任公司 | 河南 | 999.000 | 999.000 | 0.000 | 5725.000 | 50.03 | 5725.00 | 50.03 | 0.000 | - | 3816.000 | 3816.000 | 0.000 |
| 14 | 池州冠华黄金冶炼厂 | 安徽 | 246.000 | 246.000 | 0.000 | 2095.500 | - | 2095.50 | - | 0.000 | - | 0.000 | 0.000 | 0.000 |
| 15 | 宁夏盈谷黄金有限公司 | 宁夏 | 70.000 | 70.000 | 0.000 | 70.000 | -30.00 | 70.00 | -30.00 | 0.000 | - | 100.000 | 100.000 | 0.000 |
| 16 | 河南省其他冶炼厂 | 河南 | 743.000 | 743.000 | 0.000 | 8936.000 | 25.14 | 8936.00 | 25.14 | 0.000 | - | 7141.000 | 7141.000 | 0.000 |
| | 山东省其他 | 山东 | 0.000 | 0.000 | 0.000 | 0.000 | 0.00 | 0.00 | 0.00 | 0.000 | - | -10049.000 | -20249.000 | 10200.000 |
| | 扣除能够确认的进口原料产金 | - | -7685.215 | -7685.215 | 0.000 | -19185.215 | -10.64 | -19185.22 | 70.25 | 0.000 | - | -21468.699 | -11268.699 | -10200.000 |

注:1. 山东招金集团冶炼厂产金量为“招金矿业股份公司”和“山东国大黄金股份公司”冶炼厂产金量之和。

2. 山东黄金集团“三山岛金矿”“焦家金矿”“玲珑金矿”“新城金矿”所产含量金全部由“焦家冶炼厂”冶炼成成品金,这部分成品金产量从“矿山产成品金”产量中单独列出算作“焦家冶炼厂”冶炼金产量。

**附表 4** 　　**2016 年 1 ~ 12 月有色冶炼企业产金完成情况** 　　单位:千克

| 排名 | 企业名称 | 省份 | 本月实际完成 | | | 本月止累计完成 | | | | | | 2015 年同期累计完成 | | |
|---|---|---|---|---|---|---|---|---|---|---|---|---|---|---|
| | | | 合计 | 其中 | | 合计 | 比 2015 年同期 (+%) | 其中 | | | | 合计 | 其中 | |
| | | | | 成品金 | 含量金 | | | 成品金 | 比 2015 年同期 (+%) | 含量金 | 比 2015 年同期 (+%) | | 成品金 | 含量金 |
| — | —— | | 1 = 2 + 3 | 2 | 3 | 4 = 6 + 8 | 5 | 6 | 7 | 8 | 9 | 10 = 11 + 12 | 11 | 12 |
| — | 有色冶炼企业合计 | - | -4258.499 | 2175.525 | -6434.024 | 74030.107 | -28.53 | 15426.392 | -53.19 | 58603.715 | -17.03 | 103584.118 | 32953.766 | 70630.352 |
| 1 | 上海鑫冶铜业有限公司 | 上海 | 57.590 | 0.000 | 57.590 | 440.797 | -23.08 | 0.000 | - | 440.797 | -23.08 | 573.061 | 0.000 | 573.061 |
| 2 | 浙江宏达金属冶炼有限公司 | 浙江 | 210.679 | 0.000 | 210.679 | 10418.467 | -2.27 | 0.000 | - | 10418.467 | -2.27 | 10660.000 | 0.000 | 10660.000 |

**续附表 4**　　单位:千克

| 排名 | 企业名称 | 省份 | 本月实际完成 | | | 本月止累计完成 | | | | | | 2015年同期累计完成 | | |
|---|---|---|---|---|---|---|---|---|---|---|---|---|---|---|
| | | | 合计 | 其中 | | 合计 | 比2015年同期(+%) | 其中 | | | | 合计 | 其中 | |
| | | | | 成品金 | 含量金 | | | 成品金 | 比2015年同期(+%) | 含量金 | 比2015年同期(+%) | | 成品金 | 含量金 |
| 3 | 铜陵有色金属集团控股有限公司稀贵金属分公司 | 安徽 | 763.000 | 0.000 | 763.000 | 8599.000 | -33.02 | 0.000 | - | 8599.000 | -33.02 | 12839.000 | 0.000 | 12839.000 |
| 4 | 紫金铜业有限公司 | 福建 | 787.530 | 0.000 | 787.530 | 9525.020 | -5.39 | 0.000 | - | 9525.020 | 215.38 | 10067.210 | 7047.047 | 3020.163 |
| 5 | 江西铜业公司 | 江西 | 1980.550 | 1478.820 | 501.730 | 25622.370 | -4.06 | 7889.080 | -27.07 | 17733.290 | 11.61 | 26706.000 | 10817.620 | 15888.380 |
| 6 | 江西和丰铜业公司 | 江西 | 700.000 | 0.000 | 700.000 | 8164.950 | 36.35 | 0.000 | - | 8164.950 | 36.35 | 5988.280 | 0.000 | 5988.280 |
| 7 | 江西新金叶实业有限公司 | 江西 | 181.460 | 0.000 | 181.460 | 1614.500 | 12.96 | 0.000 | - | 1614.500 | 12.96 | 1429.300 | 0.000 | 1429.300 |
| 8 | 烟台国润铜业 | 山东 | 56.455 | 56.455 | 0.000 | 575.125 | - | 575.125 | - | 0.000 | - | 0.000 | 0.000 | 0.000 |
| 9 | 阳谷铜冶炼厂 | 山东 | 1000.000 | 0.000 | 1000.000 | 11500.000 | -27.22 | 0.000 | - | 11500.000 | -27.22 | 15800.000 | 0.000 | 15800.000 |
| 10 | 东营方圆有色金属有限公司 | 山东 | 0.000 | 0.000 | 0.000 | 25600.000 | 5.92 | 0.000 | - | 25600.000 | 5.92 | 24170.000 | 0.000 | 24170.000 |
| 11 | 大冶有色金属公司 | 湖北 | 481.000 | 0.000 | 481.000 | 7172.000 | 3.83 | 0.000 | - | 7172.000 | 3.83 | 6907.240 | 0.000 | 6907.240 |
| 12 | 株洲冶炼集团 | 湖南 | 15.000 | 9.000 | 6.000 | 269.000 | -39.69 | 161.400 | -39.69 | 107.600 | -39.69 | 446.000 | 267.600 | 178.400 |
| 13 | 水口山公司 | 湖南 | 79.220 | 0.000 | 79.220 | 888.230 | -25.48 | 0.000 | - | 888.230 | -25.48 | 1191.930 | 0.000 | 1191.930 |
| 14 | 湖南省永兴县众小冶炼厂 | 湖南 | 620.000 | 620.000 | 0.000 | 6300.000 | -0.15 | 6300.000 | -0.15 | 0.000 | - | 6309.500 | 6309.500 | 0.000 |
| 15 | 云南铜业集团公司 | 云南 | 225.006 | 11.250 | 213.757 | 10015.737 | -2.19 | 500.787 | -2.19 | 9514.951 | -2.19 | 10239.985 | 511.999 | 9727.986 |
| 16 | 白银有色金属公司 | 甘肃 | 355.000 | 0.000 | 355.000 | 3098.000 | 19.11 | 0.000 | - | 3098.000 | 19.11 | 2601.000 | 0.000 | 2601.000 |
| 17 | 金川有色金属公司 | 甘肃 | 504.050 | 0.000 | 504.050 | 7001.950 | -15.41 | 0.000 | - | 7001.950 | -15.41 | 8278.000 | 0.000 | 8278.000 |
| — | 山东省其他 | 山东 | 0.000 | 0.000 | 0.000 | 0.000 | - | 0.000 | - | 0.000 | -100.00 | 0.000 | 8000.000 | -8000.000 |
| — | 河南省有色冶炼厂合计 | 河南 | 0.000 | 0.000 | 0.000 | 0.000 | -100.00 | 0.000 | - | 0.000 | -100.00 | 3625.400 | 0.000 | 3625.400 |
| — | 辽宁省有色冶炼厂合计 | 辽宁 | 0.000 | 0.000 | 0.000 | 0.000 | - | 0.000 | - | 0.000 | -100.00 | 10.000 | 0.000 | 10.000 |
| — | 宁夏天马冶化(集团)股份有限公司 | 宁夏 | 0.000 | 0.000 | 0.000 | 0.000 | -100.00 | 0.000 | - | 0.000 | -100.00 | 100.000 | 0.000 | 100.000 |
| — | 扣除能够确认的进口原料产金 | - | -12275.039 | 0.000 | -12275.039 | -62775.039 | 41.52 | 0.000 | - | -62775.039 | 41.52 | -44357.788 | 0.000 | -44357.788 |

**附表 5**　　**2016 年 1~12 月大型黄金企业(集团)黄金生产情况**　　单位:千克

| 序号 | 企业名称 | 本月止累计完成 | | | | | | | | 2015年同期累计完成 | | | | | |
|---|---|---|---|---|---|---|---|---|---|---|---|---|---|---|---|
| | | 矿山产金 | | | | 黄金冶炼厂产成品金 | 有色冶炼厂产成品金 | 矿山产成品金+冶炼厂产成品金合计 | 比2015年同期(+%) | 矿山产金 | | | 黄金冶炼厂产成品金 | 有色冶炼厂产成品金 | 矿山产成品金+冶炼厂产成品金合计 |
| | | 合计 | 比2015年同期(+%) | 其中 | | | | | | 合计 | 其中 | | | | |
| | | | | 成品金 | 含量金 | | | | | | 成品金 | 含量金 | | | |
| — | —— | 1=3+4 | 2 | 3 | 4 | 5 | 6 | 7=3+5+6 | 8 | 9=10+11 | 10 | 11 | 12 | 13 | 14=10+12+13 |
| — | 全国黄金产量合计 | 394882.761 | 4.07 | 149719.231 | 245163.530 | 229737.138 | 74030.107 | 453486.476 | 0.76 | 379422.611 | 161610.450 | 217812.161 | 184858.395 | 103584.118 | 450052.963 |
| — | 十家大型企业黄金产量合计 | 158169.483 | -4.02 | 72510.751 | 85658.732 | 166122.816 | 2926.086 | 241559.653 | 0.42 | 164795.770 | 78999.007 | 85796.763 | 154498.785 | 7047.047 | 240544.839 |
| — | 十家合计占全国产量比重(%) | 40.05 | - | 48.43 | 34.94 | 72.31 | 3.95 | 53.27 | - | 43.43 | 48.88 | 39.39 | 83.58 | 6.80 | 53.45 |
| 1 | 中国黄金集团公司(含10月后锦丰) | 42074.190 | 1.31 | 24855.620 | 17218.570 | 38502.050 | - | 63357.670 | 29.18 | 41532.100 | 23893.330 | 17638.770 | 25152.370 | - | 49045.700 |
| 2 | 紫金矿业集团股份有限公司(国内) | 24227.530 | -11.58 | 8662.040 | 15565.490 | 7083.984 | 9525.020 | 25271.044 | -13.35 | 27399.800 | 12195.700 | 15204.100 | 6900.730 | 10067.210 | 29163.640 |
| 3 | 山东黄金集团有限公司 | 37082.830 | 2.91 | 10925.760 | 26157.070 | 31767.420 | - | 42693.180 | 13.63 | 36033.273 | 9913.175 | 26120.098 | 27658.680 | - | 37571.855 |
| 4 | 山东招金集团有限公司 | 21177.810 | 0.60 | 1738.246 | 19439.564 | 50846.883 | - | 52585.129 | 6.42 | 21051.901 | 2129.541 | 18922.360 | 47281.414 | - | 49410.955 |
| 5 | 山东中矿集团有限公司 | 4456.250 | 1.74 | 4456.250 | 0.000 | 11789.974 | - | 16246.224 | -8.59 | 4380.250 | 4380.250 | 0.000 | 13392.110 | - | 17772.360 |
| 6 | 灵宝黄金股份有限公司 | 2956.000 | -3.62 | 1273.000 | 1683.000 | 17031.000 | - | 18304.000 | -9.92 | 3067.000 | 1216.000 | 1851.000 | 19104.000 | - | 20320.000 |
| 7 | 灵宝金源矿业股份有限公司 | 2621.843 | -9.26 | 1124.665 | 1497.178 | 9786.000 | - | 10910.665 | 7.65 | 2889.366 | 1218.781 | 1670.585 | 8917.000 | - | 10135.781 |
| 8 | 湖南黄金集团有限责任公司 | 5960.620 | 3.68 | 3189.420 | 2771.200 | 18068.650 | - | 21258.070 | 29.02 | 5748.790 | 2790.530 | 2958.260 | 13686.180 | - | 16476.710 |
| 9 | 云南黄金矿业集团股份有限公司 | 9077.260 | -4.22 | 7750.600 | 1326.660 | 0.000 | - | 7750.600 | -3.67 | 9477.290 | 8045.700 | 1431.590 | 0.000 | - | 8045.700 |
| 10 | 赤峰吉隆黄金矿业股份有限公司 | 2867.000 | -7.40 | 2867.000 | 0.000 | 0.000 | - | 2867.000 | -7.40 | 3096.000 | 3096.000 | 0.000 | 0.000 | - | 3096.000 |
| 11 | 银泰资源有限责任公司(埃尔拉多黄金公司) | 5668.150 | -43.99 | 5668.150 | 0.000 | 0.000 | - | 5668.150 | -43.99 | 10120.000 | 10120.000 | 0.000 | 0.000 | - | 10120.000 |
| — | 扣除能够确认的进口原料产金 | 0.000 | - | 0.000 | 0.000 | -18753.145 | -6598.934 | -25352.079 | 138.86 | 0.000 | 0.000 | 0.000 | -7593.699 | -3020.163 | -10613.862 |

(中国黄金协会)

# 有色金属

【概况】 2016年,面对复杂的国内外经济环境,有色金属行业积极推进供给侧改革,去库存、去杠杆、降成本举措取得成效,有色金属企业效益明显好于预期,产业总体呈平稳运行势头。2016年有色金属工业运行的主要特点:一是生产平稳运行,二是需求保持增长,三是价格明显回升,四是效益好于预期,五是有效投资不足,六是进出口额下降。2016年,规模以上有色金属企业工业增加值比2015年增长6.0%;十种有色金属产量5350.9万吨,比2015年增长3.8%;精炼铜消费量1050万吨,比2015年增长6.6%,原铝消费量3250万吨,比2015年增长10.2%;国内市场年均铜价降幅比2015年收窄9.9个百分点,铝价比2015年增长3.0%;规模以上有色金属企业年末资产总额42113亿元,比2015年增长4.8%;规模以上有色金属工业企业实现利润总额2174.4亿元,比2015年增长34.5%;完成固定资产投资额6228.0亿元,比2015年下降7.3%;有色金属进出口贸易总额1171.4亿美元,比2015年下降10.4%。

【有色金属工业运行情况及主要特点】 1. 生产平稳运行。2016年,规模以上有色金属企业工业增加值增长6.0%,比2015年增幅回落3.5个百分点;十种有色金属产量5350.9万吨,同比增长3.8%,增幅比2015年收窄了3.4个百分点。其中,精炼铜产量845.4万吨,同比增长6.1%;原铝产量3269.8万吨,同比增长3.7%,原铝产量占当年十种有色金属产量的比重为61%;精铅产量460.4万吨,同比增长4.1%;锌产量619.6万吨,同比增长1.3%。六种精矿金属量920.4万吨,同比增长1.3%。其中,铜精矿金属量185.1万吨,同比增长11.0%;铅精矿金属量233.7万吨,同比增长0.1%;锌精矿金属量471.1万吨,同比下降0.8%。氧化铝产量6103.4万吨,同比增长3.5%。铜材(含企业间重复统计)产量1772.4万吨,同比增长9.5%;铝材(含企业间重复统计)产量4851.5万吨,同比增长9.6%。

2. 效益好于预期。①盈利能力回升。2016年,8676家规模以上有色金属工业企业(包括独立黄金企业)实现主营业务收入59567.9亿元,同比增长3.4%;实现利润2450.4亿元,同比增长28.3%。

2016年,8116家规模以上有色金属工业企业(不包括独立黄金企业,下同)实现主营业务收入54654.7亿元,同比增长3.3%,增幅比2015年扩大了3.4个百分点。实现利润总额2174.4亿元,同比增长34.5%,实现利润由连续下降转为大幅度增长。其中,独立矿山企业实现利润251.2亿元,增长7.5%;冶炼企业实现利润663.5亿元,增长187.2%。冶炼企业利润增加拉动有色金属工业企业实现利润增长26.7个百分点,贡献率为77.5%;加工企业实现利润1259.6亿元,增长9.3%。2016年,规模以上有色金属工业企业主营活动利润为2342.3亿元,同比增长33.9%,主营活动利润比利润总额多167.9亿元。

②资产总额持续增加,资产负债率略有下降。2016年末,规模以上有色金属工业企业资产总额达到42113.0亿元,同比增长4.8%;负债合计26357.0亿元,同比增长2.7%;资产负债率为63.59%,比2015年收窄了0.16个百分点。

③实现利润矿山、冶炼、加工企业均由降转增。2016年,1261家规模以上有色金属独立矿山企业实现利润251.2亿元,由2015年下降31.1%转为增长7.5%,占规模以上有色金属企业实现利润的11.6%。1713家规模以上有色金属冶炼企业实现利润663.6亿元,同比增长187.2%,占规模以上有色金属工业企业实现利润的30.5%。冶炼企业实现利润比2015年增加利润433.5亿元,其中铝冶炼企业增加277.2亿元。冶炼企业拉动规模以上有色企业实现利润增长26.8个百分点,其中铝冶炼企业拉动规模以上有色企业实现利润增长17.2个百分点。5142家规模以上有色金属加工企业实现利润1259.6亿元,同比增长9.3%,增幅比2015年扩大10.8个百分点,占规模以上有色金属工业企业实现利润的57.9%。

2016年有色金属工业企业运营的特点:一是去库存、去杠杆、降成本取得积极成效,规模以上有色金属企业效益明显好于预期;二是有色金属工业企业主营活动利润大于利润总额,主营活动盈利能力有所回升;三是分金属品种看,铜、铝、铅锌、银、钨钼、稀土、锑及镁冶炼等行业实现利润均明显增长,镍钴、锡行业大幅度减亏。

【有色金属行业开发利用】 1. 六种精矿产量增长。2016年,完成六种精矿产量920.36万吨,同比增长1.32%。其中:铜精矿185.07万吨,同比增长11%;铅精矿233.75万吨,同比基本持平;锌精矿471.05万吨,同比下降0.8%;镍精矿10.02万吨,同比下降1.18%;锡精矿9.72万吨,同比下降9%;锑精矿10.75万吨,同比下降10.9%。

2. 主要金属矿进口实物量有增有减。2016年,中国进口铜精矿实物量1705.2万吨,同比增长28.0%;进口铝土矿5205.3万吨,同比下降7.2%;进口氧化铝302.6万吨,同比下降35.0%;进口铅精矿实物量

142.0 万吨,同比下降 25.4%;进口锌精矿实物量 200.7 万吨,同比下降 38.1%。

3. 国内矿石资源保障力有所提升。①国内铅资源保障力有所提升。2016 年进口铅精矿金属量占供应量的比重为 17.2%,所占比重比 2015 年下降 5.3 个百分点;国产铅精矿金属量占供应量的比重为 70.7%,所占比重比 2015 年提高了 5.3 个百分点。

②国内锌资源保障力有所提升。2016 年进口锌精矿金属量占供应量的比重为 17.2%,所占比重比 2015 年下降 8.2 个百分点;国产锌精矿金属量占供应量的比重为 82.8%,所占比重比 2015 年提高 8.2 个百分点。

③国内铝土矿保障力有所提升。2016 年,进口铝土矿生产氧化铝和进口的氧化铝,两项合计约占国内氧化铝供应量的 39%,所占比重比 2015 年下降 6 个百分点。国产铝土矿生产氧化铝约占国内氧化铝供应量的 61%,所占比重比 2015 年上升 6 个百分点。

④包括境外投资获得的铜精矿,铜资源保障力也有所提升。2016 年进口的铜精矿金属量占国内铜精矿供应量的比重为 72.1%,其中中国企业在海外投资获得的铜精矿金属量已占国内铜精矿供应量的比重为 7.5%;国产铜精矿金属量占国产供应量的比重为 27.9%。若考虑中国企业在境外投资获得的铜精矿金属量在内,铜矿产资源保障力也有所提升。

**【有色金属矿产勘查】** 1. 概况。2016 年末全国有色地勘单位职工总数 98149 人。其中,在职职工 40322 人。

2016 年末全国有色地勘单位从业人数 50658 人。其中,在职职工 40322 人,职工中技术人员 21756 人,其中地质技术人员 13383 人;外聘从业人员 10336 人,其中技术人员 2829 人。

2. 产业经济。据不完全统计,2016 年全国有色地勘单位完成经济总收入 285.86 亿元,比 2015 年增长 0.20%;实现利润 9.23 亿元,比 2015 年下降 2.43%。2016 年全国有色地勘单位预算内收入 55.53 亿元,比 2015 年下降 0.43%。其中地勘单位事业费拨款 41.61 亿元,比 2015 年增长 0.24%;中央财政渠道获得的地质项目费用 2.96 亿元,比 2015 年下降 16.85%;地方财政渠道获得的地质项目费用 10.97 亿元,比 2015 年下降 15.22%。2016 年全国有色地勘单位多种经营(包括社会地质工作)收入为 230.33 亿元,比 2015 年增长 1.97%。其中社会地质工作收入为 33.03 亿元,比 2015 年下降 8.08%;采掘业收入为 27.37 亿元,比 2015 年增长 3.01%;建筑施工业完成收入 97.27 亿元,比 2015 年增长 10.42%;其他产业收入 71.65 亿元,比 2015 年下降 5.21%。

3. 产业结构。2016 年,受当前世界经济复苏缓慢和国家经济结构调整的双重影响,国家投资的项目在缩减,矿产勘查投入已连续 3 年处于下降态势,社会资本进入到找矿领域也已经明显下降,地质技术服务市场竞争更为激烈。财政资金投入总体下降,投资方向转为公益和民生领域。矿业市场低迷导致勘查投资风险增强,矿业权人为了规避风险,保持理性投资。地勘单位获得国家、省地质勘查项目明显大幅减少,社会地质勘查项目也很难争取,地勘单位项目经营更加困难。各有色地勘单位充分发挥自身区位优势和专业技术优势,积极应对地勘市场下滑的严峻挑战。主动谋求新发展,培育新市场,用发展破解前进中的难题。

①地质勘查业:是有色地勘单位的主业,也是优势产业。2016 年全国有色地勘单位预算内收入和社会地质勘查工作收入总计为 89.57 亿元,占全国有色地勘单位经济总收入的 31.33%。

②矿业开发:主要是指采掘业等。2016 年采掘业实现收入为 27.37 亿元,占全国有色地勘单位经济总收入的 9.58%。

③工程施工:主要是指工程勘察、测绘、道路桥梁建设、工民建、市政建设、水利疏浚、岩土施工等民生地质业务。2016 年工程施工业完成收入 97.27 亿元,占全国有色地勘单位经济总收入的 34.03%。

④其他产业:主要是指机械制造、高新材料、金刚石工具、玻璃机械等制造加工等。2016 年全国有色地勘单位其他产业完成收入 71.65 亿元,占全国有色地勘单位经济总收入的 25.06%。

4. 地质找矿。①地质项目基本情况。2016 年全国有色地勘单位共完成地质项目 3107 项。其中,新上项目 2015 项,续作项目 1092 项。包括基础地质项目 351 项,普查项目 472 项,详查项目 246 项,勘探项目 90 项,其他项目 1948 项。

2016 年全国有色地勘单位共提交地质报告 2165 份,其中普查报告 218 份,详查报告 68 份,勘探报告 30 份,其他报告 1849 份。

2016 年全国有色地勘单位完成钻探工作量 115.71 万米;坑探工作量 5.89 万米,槽探工作量 121.93 万立方米,井探工作量 5.41 万米。

②新增固体矿产资源/储量。2016 年全国有色地勘单位新增(333)及以上矿产资源/储量(金属量)为:铜 62.93 万吨;铅锌 510.03 万吨;钨 42.24 万吨;锡 1.40 万吨;钼 71.95 万吨;镍 1.80 万吨;锑 52.53 万吨;铍 1.36 万吨;钒 2.63 万吨;铝土矿(矿石量)3878.69 万吨;金 212.57 吨;银 4780.18 吨。

**【科技成果】** 2016年有色地勘单位充分发挥科学技术在地质找矿和地质事业转型发展中的引领和支撑作用,加强重点领域科技攻关,加强科技创新能力建设,切实提升地矿科技创新能力。在地矿科技、技术创新、开发应用等方面进行了大量工作,科技创新工作取得了优异的成果。

一是获得中国国土资源科学技术奖二等奖3项,包括宁镇矿集区栖霞山铅锌矿深部重大找矿突破与矿床成因研究、川滇黔接壤区富锗铅锌矿床成矿理论与找矿技术创新及其应用和玢岩型铁(硫)矿深部勘查技术与找矿示范研究。

二是获得中国有色金属工业科学技术奖一等奖5项、二等奖12项、三等奖9项,包括贵州省务正道地区铝土矿勘查技术集成与示范研究等5个项目获得一等奖;湖南省醴陵市正冲矿区金矿详查等12个项目获得二等奖;峭山-熊耳山地区成矿预测与勘查关键技术研究等9个项目获得三等奖。

三是获得中国有色金属地质找矿成果奖一等奖9项、二等奖38项、三等奖13项。其中,广西环江县九逢矿区锡矿详查等9个项目获得一等奖,青海省治多县多彩地区铜多金属矿普查等38个项目获得二等奖,吉林省安图县旭阳屯金矿详查等13个项目获得三等奖。

四是毛启贵(北京矿产地质研究院)荣获中国地质学会第八届黄汲清青年地质科学技术奖野外地质工作者奖。

五是由广西壮族自治区第六地质队完成的广西平南县大洲矿区稀土矿普查矿区稀土矿普查成果荣获中国地质学会2016年度“十大地质找矿成果”。

六是张建国、刘军、王召林(有色金属矿产地质调查中心)、王国君(辽宁省有色地质局一〇八队)、代连铎(辽宁省有色地质局一〇五队)、陈玉峰(甘肃有色地勘局张掖矿产勘查院)、王凤林(青海有色地勘局地质矿产勘查院)、孙立波(吉林有色地勘局六〇三队)、杨拓(广西壮族自治区第六地质队)等获中国地质学会第二届“中国地质学会野外青年地质贡献奖——金罗盘奖”。

**【科研与教育培训】** 1. *天津华北地质勘查局*:2016年,为进一步加强科技管理工作,单独设立了科技部,科研立项和科研投入比以往都有所增加。全年共实施A、B、C各类科研项目35项,共投入科研经费818.7万元,涌现出一批科研成果。获得国家发明专利2项、实用新型专利2项。一是由局属517队完成的“矿山堵水帷幕湖泥浆液制备工艺及其设备”“一种混合注浆液现场自动制备系统”获得国家发明专利;二是局属517队完成的“一种水文地质碡探用止压力水塞子”和局属514队完成的“一种新型弹卡总成”荣获国家实用新型专利。

2016年,继续推进科技人才梯队建设,调查分析了华勘局科技人才队伍,制定了局科技人才梯队建设办法,并提出了高层次科技人才培养举措。全年有1人入选天津市创新人才推进计划(青年科技优秀人才),1人入选天津市“新型企业家培养工程”。另外,成功申报“千企万人”计划,为人才引进和科研平台建设提供了契机。

2. *贵州省有色金属和核工业地质勘查局*:围绕重要成矿区带、铀矿勘查、岩溶地质浅层地温能勘查开发等领域,在资料二次开发利用及现有重要地质成果综合研究的基础上,形成重大科技项目立项建议,向科技部、国土资源部、贵州省科技厅和贵州省国土资源厅申报或联合申报了5项科研项目立项,其中有两项获得超过350万元的科研经费资助。

以科研项目为载体,实施项目的综合研究为平台,开始构建专业领域较全、层次分明、梯次合理的科技人才队伍。制定发布全局“十三五”科技支撑与科技提升计划,成立局学术委员会和修完善《论文著作奖励办法》,增强局科技核心竞争力。

加大管理干部和技术人才培训力度,采取“请进来、送出去”方式,积极邀请两院院士、知名专家开展专题培训,培训总人数达670人次。委托浙江大学、厦门大学和中国地质大学为局单独举办“综合素质培训班”“财务管理培训班”“地质高新技术培训班”,选派一批干部到贵州省的省、市(州)两级国土资源管理部门挂职锻炼,选派一批干部前往中国地质调查局天津地质调查中心、广西壮族自治区地质矿产勘查开发局挂职锻炼,增进彼此了解和工作联系,提升地勘队伍支撑贵州经济建设的能力。

3. *辽宁省有色地质局*:与中国科学院地质与地球物理研究所合作,参与了国家重点研发计划“深地资源勘查开采”重点专项项目“华北克拉通成矿系统和深部过程与成矿机理”的实施;参与中国地质调查局牵头的“中国-东北亚地学研究中心”共建工作。局属勘察院申报的“辽宁省矿山岩土工程重点实验室”获辽宁省科技厅批准,与中国矿业大学共建的“深部岩石力学与地下工程国家重点实验室东北中心”正在抓紧建设中。

全局共获得1项发明专利,5项实用新型专利,获得8项国家计算机软件著作权证书。获省测绘科技进步奖1项。获省部级优秀QC成果一等奖4项,二等奖3项。

辽宁地质工程职业学院以省级示范校建设为依

托，推进教学科研改革，提升教育教学质量。成功承办了全国高等职业院校资源环境类专业“十三五”行业规划教材编写工作会议，学院新增“物流管理”专业。加强校企合作，推进“订单”培养，开展合作的企业已达109家。

4. *西北有色地质勘查局*：科技工作以陕西省博士后创新基地、国家级博士后科研工作站、陕西省矿产资源综合利用工程技术研究中心、陕西省黄金与重点资源实验室及四大平台为支持，以技术创新解锁生产困境、生产实践反哺技术科研为手段，实现了企业核心技术竞争力的打造和提升。2016年实施科技项目31项，其中省科技厅、地市级研发项目5项；集团研发项目6项；下属单位自主研发项目20项。

成功申报中国地球物理院士专家工作站，为西北首家建站单位，成为国内第二个地球物理产学研科技创新平台。

教育工作持续推进，为科技工作提供了强有力的人才支撑。全年举办了4个大型培训会和“世界地球日”科普活动。年初举办了“2016年度地质勘查理论与技术方法培训班”，年中举办了“大力发展民生地质，推进地质工作转型升级工作座谈会”“地质灾害防治培训班”“中国地球物理学会学术年会陕西行——地空电磁探测高端前沿培训班”。

5. *江西有色地质勘查局*：2016年，新立“高气压潜孔冲击凿岩工艺应用研究”“无人机航测技术在农村土地承包确权工作中的应用研究”“江西省德兴市金山金矿田数据建模”“疑难地下管线探测技术及方法的应用研究”“FDZ1/6(Z)型矿用无动力翻斗车研制”共5个科技创新项目，共补助50万元。完成对“XY－4型钻机离合器的改造及应用”等2个项目的验收。

局属单位继续加强与科研机构的产学研合作，局属晶安高科公司与中科院过程工程研究所的合作研究取得丰硕成果：“废碱液与锆硅渣综合利用新技术开发”项目被列入江西省科技厅2016年度科技合作项目领域重点研发计划，“一种利用碳酸锆生产废水制备四水硫酸锆的方法”项目获国家发明专利证书。

局博士后科研工作站基本完成建站相关工作，成立博士后工作管理机构，制定管理办法，对外发布了博士后招聘公告，与数名博士进行过进站洽谈。

2016年，全局成功组织举办“地质新理论、新技术培训班”“营改增”专题培训、财务管理知识以及消防安全等各类专业知识培训。

6. *青海省有色金属地质矿产局*：重视科研及综合研究工作，一是承担了省、部级科研项目2项，局自筹资金安排科研项目4项。二是科研团队全程跟踪指导地质找矿，对找矿发挥了重要指导作用。吉林大学孙丰月教授科研团队、中国地质大学(武汉)魏俊浩教授科研团队先后对查涌、米扎纳能、鑫拓等20余个重点项目进行了野外实地指导，现场召开地质找矿研讨会。三是与河北地质大学签订了“产学研用”战略合作协议，进一步扩大了与科研院校的合作范围。四是召开地质找矿研讨会。

教育培训，制定了“能力建设年”活动实施方案、对加大专业技术人才培养力度下发了指导意见。举办了安全生产、总工程师及地勘项目负责人等69个培训班，共有2897人次参加了培训。

**【国际合作】** 2016年，有色地勘单位积极应对当前世界经济复苏缓慢的影响，充分发挥自身专业技术优势，抓住“走出去”的新机遇。主动融入和服务国家“一带一路”建设，积极稳妥地实施地质工作“走出去”。

北京矿产地质研究院：海外所属上市资源公司币值与2015年同期相比翻一番多，适时出售了所持非核心海外上市公司股票，获得良好投资回报。海外投资核心项目——EAM公司在埃塞俄比亚北部Tigray地区的金矿勘查取得突出成果，资源量超过大型规模，已进入申办采矿权阶段。在国土资源部党组成员、中国地质调查局局长钟自然率团访问埃塞俄比亚期间，该金矿项目被列入中埃两国政府共同支持、从勘探成功转入开发的示范项目，得到了钟自然局长和埃塞俄比亚矿业部长的肯定和赞赏。澳大利亚ENU(现更名AME)公司以现金加股票方式，低成本并购了Sandstone黄金公司的优质高级金矿勘探项目，获得市场青睐，公司股价上涨6倍，完成384万澳元融资，获得快速推进勘查活动的资金支持。海外勘查技术服务实现收入2100万加元，积极探索勘查技术服务、矿权风险勘查和上市公司资本运作“一位一体”的新模式。

天津华北地质勘查局：矿业大会期间，与加拿大斯图矿业国际有限公司联合主办，中国有色金属工业协会地质矿产分会协办了中加合作环境资源大讲堂，矿业界相关企业负责人、企业代表约150人参加此次盛会。

**【海外合作项目成果】** 一是老挝爬奔矿山重点工程建设如期完工，并于2016年11月23日开始试生产。同时引入合作伙伴天津建工集团，签订了老挝爬奔《合作框架协议》。二是加拿大格林伍德项目流转，累计创造1310万加元现金收益，并实施部分收益资金回流。该项目的资本市场运作经验，为中资企业创造了经典的国际矿业项目运作案例。

1. *西北有色地质勘查局*：境外项目秉持低成本、高效率运营原则，继续提升澳大利亚项目成果。重点对盈地金矿开展资源的盘查、探摸，获得重大阶段性找矿成果，新增多处具有一定规模和勘查潜力的金矿化地段，为确定下一年度钻探靶区靶位提供了有力依据；经过多轮谈判、协商，雷纳德·谢尔夫铅锌矿与当地土著签署了土著文化遗产保护协议，解决了困扰勘查和开发工作的社区问题。

协利金属有限公司重组方案已报澳大利亚证券交易所审批；盈地黄金有限公司与澳大利亚一上市矿业公司达成初步合作意向，即将签署框架协议。

获得陕西省外经贸发展专项资金 300 万元人民币；申请到西澳州矿产与石油部钻探专项勘查基金 15 万澳元。

2. *云南省有色地质局*：2016 年，全局境外地质工作完成钻探进尺 263 万米，货币工作量 3000 万元。缅甸扬子铜业有限公司的 K 矿生产探矿合同金额 634 万美元，目前野外工作已完成，转入室内编报工作。缅甸达贡山镍矿生产探矿项目已提寿成果报告。编制完成了缅甸掸邦铁矿项目开发可行性研究报告。《印度尼西亚东南苏拉威西省北科纳威矿区 A、B 块段红土型镍矿普查》《澳大利亚塔斯马尼亚瑟琳娜山铜金多金属矿普查》2 个国外矿产资源风险勘查专项项目正式通过中央地质勘查基金中心和云南省国土厅的联合评审验收。

3. *内蒙古有色地质勘查局*：利用内蒙古自治区财政资金 1000 万元，对蒙古国哈布其乐金多金属矿、布哈特乌拉金矿、乌波尔塔拉金多金属矿 3 个探矿权项目继续开展勘查。其中：乌波尔塔拉金多金属矿项目找矿成果较好，地表工作已完成，完成钻探 1300 米，槽探和深部验证 3 个钻孔见多个矿化体，经化验金、铅、锌和铜的品位较高。此外，2016 年还组织有关技术人员对蒙古国的 19 个探矿权区进行了地质资料收集和野外实地踏勘，经过专家论证，选择具有较好成矿条件和找矿前景的探矿权区申报自治区国外矿产资源风险勘查项目，《蒙古国布尔汗省达欣其楞县温都尔乌兰金矿预查》等 3 个项目通过专家论证，争取到内蒙古自治区国外矿产资源风险勘查专项资金 119933.16 万元。

4. *湖南省有色地质勘查局*：贯彻落实湖南与非洲产能合作，调整业务方向，创新业务模式，为产业经济服务，在国际商务合作中创造项目机会，积极引领局产业结构转型升级，取得了较好的国际交流合作成果：一是组织领导、专家考察访问了东非埃塞俄比亚、乌干达、卢旺达等 3 国，对当地的地质基础工作、矿业开发投资环境等进行了实地调查和考察，提出了下一步合作方向；二是参与“湖南与非洲国际产能对接会”，与非洲刚果（布）、卢旺达、摩洛哥、莱索托等国家达成矿业投资开发意向；三是局属二四七队与尼日利亚 Great Nonhelll AgBusiness Limited 签订尼日利亚吉加瓦甘蔗园糖厂建设项目水资源评价勘查项目合同。通过水文地质调查和物探找水等手段，评价当地种植甘蔗并建设糖厂地下水资源情况以及灌溉利用方案。

**附表 1　　2016 年全国有色金属工业概况**

| 项目 | 单位 | 2000 年 | 2005 年 | 2010 年 | 2011 年 | 2012 年 | 2013 年 | 2014 年 | 2015 年 | 2016 年 |
|---|---|---|---|---|---|---|---|---|---|---|
| 主要产品产量 | | | | | | | | | | |
| 1. 十种有色金属合计 | 万吨 | 783.81 | 1639.02 | 3136.02 | 3632.60 | 4025.30 | 4492.10 | 4811.19 | 5155.94 | 5350.91 |
| (1)精炼铜 | 万吨 | 137.11 | 260.04 | 454.03 | 516.31 | 587.91 | 666.71 | 764.91 | 796.89 | 845.42 |
| (2)原铝(电解铝) | 万吨 | 279.41 | 780.60 | 1624.41 | 2007.20 | 2353.40 | 2653.40 | 2831.67 | 3151.81 | 3269.81 |
| (3)铅 | 万吨 | 109.99 | 239.14 | 415.75 | 460.36 | 459.09 | 493.51 | 470.43 | 442.16 | 460.39 |
| (4)锌 | 万吨 | 195.70 | 277.61 | 520.89 | 521.22 | 488.12 | 527.96 | 580.70 | 611.59 | 619.60 |
| (5)镍 | 万吨 | 5.09 | 9.51 | 15.86 | 17.47 | 19.68 | 22.7 | 24.67 | 23.67 | 22.17 |
| (6)锡 | 万吨 | 11.24 | 12.18 | 14.90 | 15.55 | 14.79 | 15.96 | 18.71 | 16.72 | 18.25 |
| (7)锑 | 万吨 | 11.33 | 13.83 | 19.26 | 20.04 | 24.20 | 26.31 | 25.71 | 20.99 | 21.03 |
| (8)汞 | 吨 | 203 | 1094 | 1585 | 1493 | 1347 | 1822 | 2259 | 2801 | 3482 |
| (9)镁 | 万吨 | 14.21 | 45.08 | 65.08 | 67.49 | 69.82 | 77.04 | 87.36 | 85.93 | 87.28 |
| (10)钛 | 吨 | 1905 | 9161 | 56848 | 68026 | 82120 | 82619 | 68167 | 58762 | 66263 |
| 2. 有色金属矿产品 | | | | | | | | | | |
| (1)铜精矿含铜量 | 万吨 | 59.26 | 76.16 | 115.58 | 127.19 | 155.15 | 168.13 | 174.13 | 166.71 | 185.07 |
| (2)铅精矿含铅量 | 万吨 | 65.95 | 114.20 | 198.13 | 240.57 | 261.32 | 269.65 | 260.86 | 233.50 | 233.75 |

**续附表 1**

| 项目 | 单位 | 2000 年 | 2005 年 | 2010 年 | 2011 年 | 2012 年 | 2013 年 | 2014 年 | 2015 年 | 2016 年 |
|---|---|---|---|---|---|---|---|---|---|---|
| (3)锌精矿含锌量 | 万吨 | 178.03 | 254.78 | 384.22 | 405.00 | 485.91 | 518.77 | 511.84 | 474.89 | 471.05 |
| (4)镍精矿古镍量 | 万吨 | 5.03 | 7.27 | 7.98 | 8.98 | 9.33 | 9.32 | 10.11 | 10.14 | 10.02 |
| (5)锡精矿含锡量 | 万吨 | 9.94 | 12.56 | 9.14 | 9.41 | 9.10 | 10.12 | 10.21 | 11.02 | 9.72 |
| (6)锑精矿含锑量 | 万吨 | 9.93 | 15.15 | 12.27 | 12.39 | 13.56 | 15.21 | 14.04 | 12.07 | 10.75 |
| (7)钨精矿（折三氧化钨 65%） | 万吨 | 4.55 | 9.94 | 9.95 | 11.99 | 12.03 | 12.59 | 12.68 | 12.91 | 12.41 |
| (8)钼精矿（折纯钼 45%） | 万吨 | 6.39 | 8.84 | 21.47 | 22.96 | 26.86 | 27.17 | 28.56 | 30.06 | 28.75 |
| (9)钴精矿含钴量 | 吨 | 91 | 2104 | 6392 | 6843 | 7498 | 8580 | 9619 | 10093 | 9293 |
| (10)铋精矿含铋量 | 吨 | 1122 | 1886 | 1589 | 1544 | 2494 | 1393 | 1490 | 1587 | 1672 |
| 3. 中间产品 | | | | | | | | | | |
| (1)粗铜（矿产） | 万吨 | 101.39 | 175.15 | 282.56 | 303.67 | 360.14 | 422.89 | 516.79 | 550.48 | 611.50 |
| (2)粗铅（矿产） | 万吨 | 82.96 | 178.58 | 279.57 | 311.70 | 312.14 | 326.93 | 305.54 | 281.09 | 287.52 |
| (3)氧化铝 | 万吨 | 432.81 | 853.57 | 2906.49 | 3407.76 | 4071.59 | 4774.96 | 5379.58 | 5897.84 | 6103.44 |
| (4)高冰镍（含量） | 万吨 | 5.70 | 8.35 | 13.89 | 16.60 | 15.29 | 15.68 | 15.92 | 16.25 | 16.36 |
| 4. 有色金属加工材 | | | | | | | | | | |
| (1)铜材 | 万吨 | 159.66 | 502.48 | 985.13 | 1037.30 | 1101.37 | 1365.00 | 1497.04 | 1618.83 | 1772.39 |
| (2)铝材 | 万吨 | 217.15 | 647.86 | 1990.59 | 2351.90 | 2594.11 | 3348.64 | 4013.79 | 4426.90 | 4851.52 |
| (3)铅材 | 万吨 | 0.31 | 2.24 | 0.97 | 1.01 | 0.97 | 9.61 | 9.60 | 9.59 | 9.65 |
| (4)锌材 | 万吨 | 0.59 | 5.00 | 1.68 | 1.47 | 1.40 | 3.23 | 3.20 | 3.26 | 3.25 |
| (5)镍材 | 吨 | 403 | 4885 | 6314 | 4542 | 4853 | 6571 | 8037 | 7938 | 7732 |
| (6)锡材 | 吨 | 458 | 15908 | 38578 | 39719 | 39241 | 45691 | 47492 | 45256 | 50701 |
| (7)镁材 | 吨 | 9 | | 59 | 87 | 112 | 192 | 15169 | 13678 | 15170 |
| (8)铜盘条 | 万吨 | 36.47 | 104.76 | 181.17 | 211.57 | 230.53 | 305.52 | 355.05 | 373.25 | 412.22 |
| (9)铝盘条 | 万吨 | 9.36 | 15.45 | 90.68 | 127.79 | 1191.8 | 139.86 | 277.59 | 286.81 | 359.93 |
| 5. 其他常用有色金属 | | | | | | | | | | |
| (1)镉 | 吨 | 2368 | 4077 | 7363 | 6672 | 7265 | 7496 | 8211 | 8162 | 8222 |
| (2)镕 | 吨 | 768 | 103605 | 13898 | 14967 | 15078 | 15447 | 15871 | 16013 | 15643 |
| (3)钴 | 吨 | 411 | 7148 | 4123 | 5425 | 6420 | 5621 | 4780 | 5159 | 8578 |
| (4)硅 | 万吨 | 4.17 | 4.32 | 114.27 | 135.53 | 113.68 | 145.21 | 170.50 | 195.35 | 21010 |
| 6. 辅助材料及其他 | | | | | | | | | | |
| (1)碳素制品（有色企业） | 万吨 | 83.80 | 224.36 | 585.55 | 683.49 | 724.64 | 7621.8 | 859.46 | 880.97 | 924.69 |
| (2)氟化盐 | 万吨 | 9.93 | 25.85 | 48.88 | 45.57 | 47.46 | 54.74 | 53.24 | 53.00 | 53.42 |
| (3)选矿药剂 | 万吨 | 2.92 | 3.01 | 4.73 | 4.69 | 4.63 | 20.44 | 20.16 | 20.11 | 22.39 |
| (4)硫精矿 | 万吨 | 290.81 | 499.50 | 672.10 | 694.97 | 724.08 | 76535 | 767.00 | 772.18 | 750.40 |
| (5)硫酸（有色企业） | 万吨 | 557.79 | 831.86 | 2167.03 | 2502.26 | 2636.46 | 2660.48 | 3118.42 | 3293.94 | 3377.89 |
| (6)商品硫酸铜 | 万吨 | 1.31 | 4.55 | 4.79 | 5.03 | 6.82 | 6.66 | 6.23 | 6.61 | 6.39 |
| (7)商品硫酸锌 | 万吨 | 2.54 | 3.55 | 2.32 | 1.65 | 1.17 | 0.88 | 1.13 | 2.38 | 1.83 |
| (8)商品硫酸镍 | 万吨 | 0.16 | 2.40 | 4.07 | 7.01 | 7.55 | 7.76 | 6.82 | 6.53 | 8.80 |

**附表 2　　2016 年分省(区、市)常用有色金属精矿含量统计表**

| 省份 | 6 种精矿产量(吨) | | | | | | | 钨精矿含量(折三氧化钨 65%)(吨) | 钼精矿含量(折纯钼 45%)(吨) | 钴精矿含量(吨) | 铋精矿含量(吨) |
|---|---|---|---|---|---|---|---|---|---|---|---|
| | 合计 | 铜 | 铅 | 锌 | 镍 | 锡 | 锑 | | | | |
| 全国合计 | 9203566 | 1850672 | 2337485 | 4710500 | 100219 | 97165 | 107525 | 124078 | 287460 | 9293 | 1672 |
| 北京 | | | | | | | | | | | |
| 天津 | | | | | | | | | | | |
| 河北 | 55052 | 699 | 2123 | 52230 | | | | | 18026 | | |
| 山西 | 43247 | 43247 | | | | | | | | | |
| 内蒙古 | 3052687 | 377249 | 1013960 | 1648694 | 4800 | 7984 | | 502 | 35027 | | |
| 辽宁 | 58659 | 9068 | 22097 | 27494 | | | | | | 833 | |
| 吉林 | 32296 | 15277 | 9073 | 5826 | 2120 | | | | | 9045 | |
| 黑龙江 | 56362 | 32833 | 4411 | 19118 | | | | | 27792 | | |
| 上海 | | | | | | | | | | | |
| 江苏 | 10464 | 69 | | 6283 | | | | | | | |
| 浙江 | 57834 | 9465 | 7969 | 40400 | | | | 449 | 10653 | | |
| 安徽 | 236714 | 209528 | 13221 | 13965 | | | | | 569 | | |
| 福建 | 71878 | 32578 | 12063 | 27237 | | | | 3500 | 4812 | | |
| 江西 | 349703 | 259784 | 39225 | 45523 | | 5171 | | 47496 | 8102 | | 155 |
| 山东 | 73531 | 73531 | | | | | | | | | |
| 河南 | 162498 | 17583 | 120130 | 23220 | | | 1565 | 21763 | 123785 | | |
| 湖北 | 68415 | 68221 | | | | 111 | 83 | 200 | 1000 | | |
| 湖南 | 829947 | 15943 | 357598 | 359065 | | 16667 | 80674 | 36603 | 1757 | | 1513 |
| 广东 | 236625 | 8846 | 77084 | 150554 | | 141 | | 2460 | 2S5 | | 4 |
| 广西 | 392282 | 3025 | 84851 | 276545 | | 19147 | 8714 | 3149 | | | |
| 海南 | | | | | | | | | | | |
| 重庆 | | | | | | | | | | | |
| 四川 | 420352 | 70373 | 111535 | 238444 | | | | | 1084 | | |
| 贵州 | 86143 | | 10690 | 75453 | | | | | | | |
| 云南 | 1197469 | 248315 | 169227 | 721139 | | 47944 | 10844 | 5653 | | | |
| 西藏 | 172854 | 43634 | 84345 | 40183 | | | 4692 | | | | |
| 陕西 | 368109 | 2072 | 40306 | 323218 | 1560 | | 953 | | 44690 | 30 | |
| 甘肃 | 636716 | 154028 | 65869 | 337631 | 79188 | | | 1875 | 9263 | | |
| 青海 | 200064 | 32847 | 60723 | 104644 | 1850 | | | | | | |
| 宁夏 | | | | | | | | | | | |
| 新疆 | 333665 | 122457 | 26873 | 173634 | 10701 | | | 428 | | | |

附表 3　　　　2016 年有色金属矿山作业量统计表

| 系统 | 采掘剥离总量(吨) | 采矿量(吨) |  |  |  | 剥离量(吨) |  | 掘进量 |  | 其他(吨) | 出矿量(原矿量)(吨) |
|---|---|---|---|---|---|---|---|---|---|---|---|
|  |  | 合计 | 坑下 | 露天 | 露采中砂矿 | 合计 | 其中：砂矿 | 掘进(吨) | 掘进(米) |  |  |
| 全国合计 | 1101339793 | 453871356 | 190635553 | 263235803 | 1120929 | 575984477 | 14756280 | 69198147 | 3857176 | 2285813 | 446317799 |
| 铜系统 | 467819425 | 188076835 | 74561994 | 113514841 |  | 251146222 | 14756280 | 27759645 | 1671726 | 836723 | 92132609 |
| 铝系统 | 230195764 | 67330286 | 3515959 | 63814327 |  | 149745007 |  | 13101850 | 33968 | 18620 | 66157689 |
| 铅锌系统 | 121331587 | 62507301 | 53853404 | 8653897 |  | 49600420 |  | 9155304 | 804903 | 68562 | 53982186 |
| 镍系统 | 14557022 | 10832570 | 10832570 |  |  |  |  | 3091739 | 92980 | 642713 | 11610119 |
| 锡系统 | 27226994 | 15704592 | 14158647 | 1545945 | 500000 | 4470000 |  | 6866134 | 330520 | 186268 | 16054224 |
| 锑系统 | 6672393 | 5298793 | 5298793 |  |  |  |  | 1258600 | 157608 | 115000 | 5289566 |
| 钨系统 | 24110607 | 13194221 | 10057867 | 3136355 |  | 6628931 |  | 3930248 | 392580 | 357207 | 13760067 |
| 钼系统 | 165224644 | 73668907 | 11361888 | 62307019 |  | 90366477 |  | 1188540 | 141390 | 720 | 70728674 |
| 金银系统 | 10484098 | 7461251 | 5390251 | 2071000 |  | 941959 |  | 2080887 | 188090 |  | 5626573 |
| 稀有稀土系统 | 21627129 | 2572702 | 419843 | 2152859 |  | 18812690 |  | 241737 | 19000 |  | 2572312 |
| 其他系统 | 12080132 | 7223898 | 1184338 | 6039560 | 620929 | 4272770 |  | 523464 | 24411 | 60000 | 8403779 |

附表 4　　2016 年全国有色金属主要技术经济指标

| 主要技术经济指标 | 计算单位 | 指标 |
|---|---|---|
| (一)铜系统 |  |  |
| 1. 铜坑采 |  |  |
| 铜坑采出矿品位 | % | 0.79 |
| 铜采矿损失率 | % | 12.61 |
| 铜矿石贫化率 | % | 10.86 |
| 铜掘采比 | 米/万吨 | 157.56 |
| 铜采矿掌子面工班效率 | 吨/工班 | 34.50 |
| 铜掘进掌子面工班效率 | 米/工班 | 0.51 |
| 铜原矿综合能源消耗 | 千克标准煤/吨 | 272 |
| 铜工人实物劳动生产率 | 吨/(人·年) | 1474.14 |
| 2. 铜露采 |  |  |
| 铜露采出矿品位 | % | 0.44 |
| 铜采矿损失率 | % | 2.00 |
| 铜矿石贫化率 | % | 3.67 |
| 铜剥采比 | 吨/吨 | 2.23 |
| 铜采出矿综合能源消耗 | 千克标准煤/吨 | 0.51 |

续附表 4－1

| 主要技术经济指标 | 计算单位 | 指标 |
|---|---|---|
| 铜工人实物劳动生产率 | 吨/(人·年) | 45518.56 |
| 3. 铜选矿 |  |  |
| 铜原矿品位 | % | 0.54 |
| 铜精矿品位 | % | 21.78 |
| 铜尾矿品位 | % | 0.07 |
| 铜选矿实际回收率 | % | 85.21 |
| 铜磨矿机作业率 | % | 78.97 |
| 铜选矿工人实物劳动生产率 | 吨/(人·年) | 7434.22 |
| 铜选矿综合能源消耗 | 千克标准煤/吨 | 3.38 |
| 铜选矿用新水单耗 | 立方米/吨 | 0.91 |
| 4. 铜冶炼 |  |  |
| 铜冶炼总回收率 | % | 98.22 |
| 粗铜冶炼总回收率 | % | 98.61 |
| 铜精炼回收率 | % | 99.44 |
| (二)铝系统 |  |  |
| 1. 铝露采 |  |  |

**续附表4－2**

| 主要技术经济指标 | 计算单位 | 指标 |
|---|---|---|
| 铝露采出矿品位 | % | 55.22 |
| 铝采矿损失率 | % | 6.94 |
| 铝矿石贫化率 | % | 4.00 |
| 铝剥采比 | 吨/吨 | 3.44 |
| 铝露采采出矿综合能源消耗 | 千克/吨 | 7.51 |
| 铝工人实物劳动生产率 | 吨/(人·年) | 6691.85 |
| (三)铅锌系统 | | |
| 1. 铅锌坑采 | | |
| 铅出矿品位 | % | 2.85 |
| 锌出矿品位 | % | 5.65 |
| 铅锌坑采采矿损失率 | % | 6.41 |
| 铅锌坑采矿石贫化率 | % | 9.31 |
| 铅锌坑采掘采比 | 米/万吨 | 287.03 |
| 铅锌坑采采矿掌子面工班效率 | 吨/工班 | 18.46 |
| 铅锌坑采掘进掌子面工班效率 | 米/工班 | 0.77 |
| 铅锌坑采原矿综合能源消耗 | 千克标准煤/吨 | 4.36 |
| 铅锌坑采工人实物劳动生产率 | 吨/(人·年) | 940.26 |
| 2. 铅锌露采 | | |
| 锌出矿品位 | % | 4.13 |
| 铅锌采矿损失率 | % | 5.26 |
| 铅锌矿石贫化率 | % | 6.54 |
| 铅制剥采比 | 吨/吨 | 6.74 |
| 铅锌采出矿综合能源消耗 | 千克标准煤/吨 | 0.73 |
| 铅锌露采工人实物劳动生产率 | 吨/(人·年) | 57816.51 |
| 3. 铅锌选矿 | | |
| 铅原矿品位 | % | 2.51 |
| 锌原矿品位 | % | 4.76 |
| 铅精矿品位 | % | 61.45 |
| 锌精矿品位 | % | 49.71 |
| 铅尾矿品位 | % | 0.23 |
| 锌尾矿品位 | % | 0.52 |
| 铅选矿实际回收率 | % | 86.65 |
| 锌选矿实际回收率 | % | 89.67 |
| 铅锌磨矿机作业率 | % | 83.50 |
| 铅锌选矿工人实物劳动生产率 | 吨/(人·年) | 3231.63 |
| 铅锌选矿综合能源消耗 | 千克标准煤/吨 | 6.89 |

**续附表4－3**

| 主要技术经济指标 | 计算单位 | 指标 |
|---|---|---|
| 铅锌选矿用新水单耗 | 立方米/吨 | 2.30 |
| (四)镍系统 | | |
| 1. 镍坑采 | | |
| 镍出矿品位 | % | 1.03 |
| 镍采矿损失率 | % | 7.8 |
| 镍矿石贫化率 | % | 5.39 |
| 镍掘采比 | 米/万吨 | 81.19 |
| 镍采矿掌子面工班效率 | 吨/工班 | 23.49 |
| 镍掘进掌子面工班效率 | 米/工班 | 0.42 |
| 镍原矿综合能源消耗 | 千克标准煤/吨 | 5.11 |
| 镍坑采工人实物劳动生产率 | 吨/(人·年) | 2527.55 |
| 2. 镍选矿 | | |
| 镍矿处理原矿品位 | % | 1.05 |
| 镍精矿品位 | % | 6.73 |
| 镍尾矿品位 | % | 0.18 |
| 镍选矿实际回收率 | % | 84.64 |
| 镍磨矿机作业率 | % | 76.19 |
| 镍选矿工人实物劳动生产率 | 吨/(人·年) | 5747.96 |
| 镍选矿综合能源消耗 | 千克标准煤/吨 | 7.23 |
| 镍选矿用新水单耗 | 立方米/吨 | 0.95 |
| 3. 镍冶炼 | | |
| 镍冶炼总回收率 | % | 94.29 |
| 电镍综合电力消耗 | 千瓦时/吨 | 4849.19 |
| 电镍综合能源消耗 | 千克标准煤/吨 | 3453.22 |
| (五)锡系统 | | |
| 1. 锡坑采 | | |
| 锡出矿品位 | % | 0.61 |
| 锡采矿损失率 | % | 8.30 |
| 锡矿石贫化率 | % | 10.43 |
| 锡掘采比 | 米/万吨 | 347.70 |
| 锡采矿掌子面工班效率 | 吨/工班 | 14.64 |
| 锡掘进掌子面工班效率 | 米/工班 | 0.44 |
| 锡原矿综合能源消耗 | 千克标准煤/吨 | 2.21 |
| 锡工人实物劳动生产率 | 吨/(人·年) | 1392.40 |
| 2. 锡露采 | | |
| 锡露采出矿品位 | % | 0.31 |

续附表 4－4

| 主要技术经济指标 | 计算单位 | 指标 |
|---|---|---|
| 锡采矿损失率 | % | 8.45 |
| 锡矿石贫化率 | % | 7.70 |
| 锡露采剥采比 | 吨/吨 | 1.51 |
| 锡露采采出矿综合能源消耗 | 千克标准煤/吨 | 0.43 |
| 锡露采工人实物劳动生产率 | 吨/（人·年） | 2838.21 |
| 3. 锡选矿 | | |
| 锡矿处理原矿品位 | % | 0.49 |
| 锡选矿精矿品位 | % | 42.67 |
| 锡选矿尾矿品位 | % | 0.18 |
| 锡选矿宴际回收率 | % | 67.61 |
| 锡磨矿机作业率 | % | 74.48 |
| 锡选矿工人实物劳动生产率 | 吨/（人·年） | 1466.90 |
| 锡选矿综合能源消耗 | 千克标准煤/吨 | 6.22 |
| 锡选矿用新水单耗 | 立方米/吨 | 1.16 |
| （六）锑系统 | | |
| 1. 锑坑采 | | |
| 锑坑采出矿品位 | % | 2.82 |
| 锑坑采采矿损失率 | % | 7.62 |
| 锑坑采矿石贫化率 | % | 18.02 |
| 锑坑采掘采比 | 米/万吨 | 467.11 |
| 锑坑采采矿掌子面工班效率 | 吨/工班 | 6.85 |
| 锑坑呆掘进掌子面工班效率 | 米/工班 | 0.42 |
| 锑坑采原矿综合能源消耗 | 千克标准煤/吨 | 63.47 |
| 锑坑采工人实物劳动生产率 | 吨/（人·年） | 462.75 |
| 2. 锑选矿 | | |
| 锑矿处理原矿品 | % | 2.36 |
| 锑选矿精矿品位 | % | 29.02 |
| 锑选矿尾矿品位 | % | 0.15 |
| 锑选矿实际回收率 | % | 87.00 |
| 锑磨矿机作业率 | % | 60.78 |
| 锑选矿工人实物劳动生产率 | 吨/（人·年） | 559.56 |
| 锑选矿综合能源消耗 | 千克标准煤/吨 | 21.77 |
| 锑选矿用新水单耗 | 立方米/吨 | 3.17 |
| （七）钨系统 | | |
| 1. 钨坑采 | | |
| 钨出矿品位 | % | 0.32 |

续附表 4－5

| 主要技术经济指标 | 计算单位 | 指标 |
|---|---|---|
| 钨采矿损失率 | % | 9.21 |
| 钨矿石贫化率 | % | 40.17 |
| 钨掘采比 | 米/万吨 | 279.55 |
| 钨采矿掌子面工班效率 | 吨/工班 | 14.79 |
| 钨掘进掌子面工班效率 | 米/工班 | 0.39 |
| 钨原矿综合能源消耗 | 千克标准煤/吨 | 2.47 |
| 钨工人实物劳动生产率 | 吨/（人·年） | 737.50 |
| 2. 钨露采 | | |
| 钨露采出矿品位 | % | 0.17 |
| 钨露采采矿损失率 | % | 3.70 |
| 钨露采矿石贫化率 | % | 20.73 |
| 钨剥采比 | 吨/吨 | 1.85 |
| 钨露采采出矿综合能源消耗 | 千克标准煤/吨 | 2.31 |
| 钨露采工人实物劳动生产率 | 吨/（人·年） | 2514.85 |
| 3. 钨选矿 | | |
| 钨原矿品位 | % | 0.28 |
| 钨精矿品位 | % | 54.86 |
| 钨尾矿品位 | % | 0.04 |
| 钨选矿实际回收率 | % | 79.31 |
| 钨磨矿机作业率 | % | 54.34 |
| 钨工人实物劳动生产率 | 吨/（人·年） | 1422.71 |
| 钨综合能源消耗 | 千克标准煤/吨 | 2.30 |
| 钨选矿用新水单耗 | 立方米/吨 | 2.12 |
| （八）钼系统 | | |
| 1. 钼露采 | | |
| 钼出矿品位 | % | 0.12 |
| 钼采矿损失率 | % | 1.95 |
| 钼矿石贫化率 | % | 2.15 |
| 钼剥采比 | 吨/吨 | 0.77 |
| 钼采出矿综合能源消耗 | 千克标准煤/吨 | 0.13 |
| 钼工人实物劳动生产率 | 吨/（人·年） | 31153.33 |
| 2. 钼选矿 | | |
| 钼原矿品位 | % | 0.12 |
| 钼精矿品位 | % | 52.69 |
| 钼尾矿品位 | % | 0.02 |
| 钼实际回收率 | % | 85.91 |

续附表 4-6

| 主要技术经济指标 | 计算单位 | 指标 |
|---|---|---|
| 钼磨矿机作业率 | % | 95.80 |
| 钼工人实物劳动生产率 | 吨/(人·年) | 6530.26 |
| 钼选矿综合能源消耗 | 千克标准煤/吨 | 2.93 |
| 钼选矿用新水单耗 | 立方米/吨 | 0.53 |

(选自《中国有色金属工业年鉴 2016》)

## 化学矿业

【概况】 过去的十几年,我国的化学矿业发展举世瞩目,化学矿业产业实现了迅猛发展,产业集中度不断提高,开采、加工技术水平不断提升,在国民经济发展,特别对农业发展占有重要地位。

2016 年我国主要化工矿产资源开发及供需形势主要表现为:磷矿产量增速趋稳;钾肥保持快速增长;硫铁矿产量下滑,其他小矿种产量小幅减少,主要矿种价格仍在下降通道中。总的情况是供需失衡、库存增加;进出口双双下降;主要化学矿固定资产投资继续保持增长,钾肥生产企业固定资产投资下降;企业经济效益进一步下滑,企业亏损数量和亏损额扩大。

【化学矿业经济运行情况】 2016 年,在国家实行稳增长、去产能、去库存政策作用下,化工矿山行业库存、销量均出现向好态势,磷矿、钾肥、硫铁矿等矿产品价格降幅收窄,呈现持续回升。但由于我国经济正处于三期叠加的关键时期,经济发展进入了新常态,经济发展面临增速换挡、结构优化、增长动能转换等新变化,化工矿山行业的发展也面临类似的问题,产量增加,效益下滑,供给侧结构性改革亟待加快。从国家统计局对 341 家化工矿山企业统计来看,行业经营状况呈现经济有波动,面临下行压力,整体平稳,稳中有进。2016 年化学矿采选业主要经营情况见表 1。

1. 磷矿石产量小幅增长、钾肥快速增长;硫铁矿产量下降;相关化肥产量减少。

表 1　　2016 年化学矿采选业及相关产业生产统计数据

| 名称 | 单位 | 企业数 | 1~12 月 | | |
|---|---|---|---|---|---|
| | | | 2016 年累计 | 2015 年同期 | 同比% |
| 磷矿(折 $P_2O_5$ 30%) | 万吨 | 208 | 14439.8 | 14293.0 | 1.0 |
| 其中:湖北 | 万吨 | 99 | 5180.3 | 5524.0 | -6.2 |
| 四川 | 万吨 | 20 | 1405.8 | 1286.4 | 9.3 |
| 贵州 | 万吨 | 35 | 5256.0 | 4428.0 | 18.7 |
| 云南 | 万吨 | 40 | 2246.7 | 2739.3 | -18.0 |
| 河北 | 万吨 | 2 | 62.1 | 64.8 | -4.2 |
| 安徽 | 万吨 | 3 | 99.8 | 79.5 | 25.6 |
| 河南 | 万吨 | 1 | 113.1 | 87.8 | 28.7 |
| 硫铁矿(折 S 35%) | 万吨 | 85 | 1466.2 | 1644.8 | -10.9 |
| 其中:辽宁 | 万吨 | 10 | 105.7 | 180.4 | -41.4 |
| 安徽 | 万吨 | 9 | 326.2 | 337.7 | -3.4 |
| 江西 | 万吨 | 4 | 330.2 | 306.1 | 7.9 |
| 广东 | 万吨 | 5 | 271.6 | 281.4 | -3.5 |
| 四川 | 万吨 | 13 | 100.7 | 106.9 | -5.8 |
| 钾肥(折 $K_2O$ 100%) | 万吨 | 79 | 611.9 | 565.4 | 8.2 |
| 其中:青海 | 万吨 | 21 | 514.3 | 492.6 | 4.4 |
| 新疆 | 万吨 | 8 | 90.8 | 86.1 | 5.5 |
| 氮肥(折 N 100%) | 万吨 | 450 | 4458.8 | 4838.8 | -7.9 |

续表1

| 名称 | 单位 | 企业数 | 1~12月 | | |
|---|---|---|---|---|---|
| | | | 2016年累计 | 2015年同期 | 同比% |
| 尿素(折N 100%) | 万吨 | 178 | 3083.0 | 3428.6 | -10.1 |
| 磷肥(折$P_2O_5$ 100%) | 万吨 | 295 | 1828.6 | 1831.4 | -0.2 |
| 磷酸一铵(实物量) | 万吨 | 129 | 2372.1 | 2205.5 | 7.6 |
| 磷酸二铵(实物量) | 万吨 | 58 | 1787.8 | 1895.9 | -5.7 |
| 硫酸(折100%) | 万吨 | 412 | 8889.1 | 8957.6 | -0.8 |

2. *主要化学矿进口继续减少*。我国进口的主要化工矿产品有硫磺、钾肥、硼砂等,2016年我国钾盐进口697.8万吨,占世界钾盐进口总量的16.1%,同比减少26.9%,是世界第三大钾盐进口国,进口价格较2015年有较大幅度下降,均价达到254.6美元/吨;进口各类硫磺1196.1万吨,基本与上年持平,但进口价格较2015年有较大幅度下降,均价达到97美元/吨;我国天然硼酸盐及硼酸进口主要来自土耳其、智利、俄罗斯等国家和地区,进口硼酸20.5万吨,其中土耳其进口量占70.9%。2016年化学矿产品及相关产品进口情况见表2。

表2　　**2016年化学矿产品及相关产品进口数据**

| 名称 | 2016年 | | | |
|---|---|---|---|---|
| | 数量(万吨) | 同比(%) | 金额(万美元) | 同比(%) |
| 化学矿 | 502.9 | -15.8 | 98533 | -16.6 |
| 未碾磨磷灰石 | 24.3 | 21.2 | 2749 | 6.9 |
| 天然硫酸钡(重晶石) | 160.1 | -22.5 | 18696 | -31.3 |
| 按重量计氟化钙含量≤97%的萤石 | 17.5 | 5.5 | 4025 | -1.1 |
| 按重量计氟化钙含量>97%的萤石 | 20.1 | 17.4 | 4822 | -0.9 |
| 氮肥(实物量) | 1603.3 | -24.0 | 286939 | -42.8 |
| 磷肥(实物量) | 146.1 | -25.0 | 33010 | -35.7 |
| 复合肥 | 1003.9 | -16.8 | 332157 | -36.9 |

3. *磷矿石出口小幅回升,其他化学矿和相关肥料出口量减少*。2016年,我国化工矿产出口的主要有重晶石、萤石、磷矿等矿产品。我国是世界最大的重晶石出口国,出口重晶石实物160.1万吨,较2015年同比下降22.5%,萤石(矿物)出口量合计37.8万吨,较2015年有所下降;磷矿石出口较2015年有所增加,但主要以磷肥出口为主,2016年主要化学矿产品及相关产品出口情况见表3。

表3　　**2016年化学矿产品及相关产品出口数据**

| 名称 | 2016年 | | | |
|---|---|---|---|---|
| | 数量(万吨) | 同比(%) | 金额(万美元) | 同比(%) |
| 化学矿 | 1301.7 | -1.7 | 141858 | -31.5 |
| 硼酸 | 20.5 | 5.1 | 12864 | -3.8 |
| 未焙烧黄铁矿 | 35.1 | -41.5 | 4487 | -25.4 |
| 各种硫磺 | 1196.1 | 0.3 | 115815 | -34.9 |
| 天然硼矿及其精矿 | 35.5 | -4.1 | 12481 | -11.2 |
| 按重量计氟化钙含量≤97%的萤石 | 7.5 | -36.7 | 1016 | -39.9 |
| 钾肥(实物量) | 697.8 | -26.9 | 176558 | -41.6 |
| 硫酸、发烟硫酸 | 143.3 | 22.4 | 4015 | -26.6 |

4. 化学矿固定资产投资继续增长钾肥下降。2016 年化学矿采选业实际完成投资 214.01 亿元，同比上升 15.1%。施工项目 284 个，同比增加 26.8%；投产项目 197 个，同比增加 18.7%。钾肥制造实际完成投资 87.6 亿元，同比下降 11.8%；施工项目 85 个，同比下降 10.5%；投产项目 56 个，同比下降 6.7%。

5. 主要化学矿亏损面和亏损额增加，企业经济效益继续下降。2016 年化学矿采选业主要经济指标完成情况见表 4。

**表 4　2016 年化学矿采选业主要经济指标完成情况**

| 指标 | 1~12 月累计(万元) | 2015 年同期（万元） | 同比（%） | 指标 | 1~12 月累计（万元） | 2015 年同期（万元） | 同比（%） |
|---|---|---|---|---|---|---|---|
| 亏损企业 | 63 | 46 | 37 | 主营业务收入 | 5659467 | 5599384 | 1.1 |
| 亏损额 | 109067 | 43930 | 148.3 | 主营业务成本 | 4413432 | 4182335 | 5.5 |
| 流动资产合计 | 3709734 | 3467722 | 7 | 利润总额 | 277868 | 508429 | -45.3 |
| 存货 | 673667 | 675052 | 2.5 | 所有者权益合计 | 3254813 | 3182165 | 102.8 |
| 资产总计 | 8009302 | 7720520 | 3.7 | 百元资产利润 | 3.62 | 6.89 | -3.26 |
| 负债合计 | 4754489 | 4538356 | 4.8 | 资产负债率 | 59.36 | 58.78 | 0.58 |

注：统计企业数 341 家。

6. 钾肥制造业亏损企业数量和亏损额加大、效益下降。2016 年钾肥制造业主要经济指标完成情况见表 5。

**表 5　2016 年钾肥制造业主要经济指标完成情况**

| 指标 | 1~12 月累计(万元) | 2015 年同期(万元) | 同比（%） | 指标 | 1~12 月累计(万元) | 2015 年同期(万元) | 同比（%） |
|---|---|---|---|---|---|---|---|
| 亏损企业 | 24 | 15 | 60 | 主营业务收入 | 3091062 | 3162069 | -2.2 |
| 亏损额 | 31090 | 23504 | 32.3 | 主营业务成本 | 2069425 | 1939057 | 6.7 |
| 流动资产合计 | 3451352 | 3044607 | 13.4 | 利润总额 | 243134 | 409507 | -40.6 |
| 存货 | 808716 | 735132 | 10 | 所有者权益合计 | 4572591 | 3861415 | 118.4 |
| 资产总计 | 12798906 | 11868311 | 7.8 | 百元资产利润 | 1.92 | 3.66 | -1.74 |
| 负债合计 | 8226314 | 8006895 | 2.7 | 资产负债率 | 64.27 | 67.46 | -3.19 |

注：统计企业数 70 家。

自 2012 年我国第一次出现主要化工矿产品磷矿规模以上矿山企业磷矿石产量大于实际消费量，产量出现过剩，目前产量过剩进一步加剧。连续几年化学矿业运行的特点是需求增长乏力，导致价格不断下滑、行业税负过重、环保压力较大，用工成本不断增加，下游相关企业需求减少等因素的影响，亏损企业数量增加，行业整体效益降幅较大。

化学矿主要用于化肥的生产，我国高浓度磷复肥产能已远远超出国内市场需求，相当一部分通过出口消化。虽然磷肥取消了出口关税，但国际市场依然冷淡，根据化肥产销及出口的情况预测，化肥市场继续保持 2016 年运行态势。为此，推测主要化学矿产量维持在 2016 年水平，钾肥有 8% ~10% 的增长，行业效益很难有较大提升。

【化工矿产资源保障】　全球对比我国磷矿储量 37 亿吨（查明资源量 200 亿吨），我国磷资源的特点是资源储量大，分布相对集中；低品位矿多，胶磷矿多，采选难度大。按储量划分，中国居第二位。亚洲除我国之外，都是缺磷国家。我国磷资源主要分布在云贵川鄂湘等地区，湖北省是我国磷矿储量最大，开采企业最多，年开采量最大的省份；湖南省磷资源储量虽有超过 20 亿吨，由于湖南磷矿多以胶磷矿为主，平均品位在 14% 以下，杂质含量高，开发利用受到成本的限制，年开采量在 100 万吨以内。目前我国磷矿加工企业主要分布在产磷地区和长江中下游。由于磷矿资源缺乏相应的替代品种，目前世界可供经济开采的磷矿资源能够使用 350 年左右。长远看，世界应有大量未开采的资源，足以保证磷矿石安全供应数百年。但由于资源分布不均，各国家地区政策和相关因素影响，会造成生产、供应和需求的波动，带来全球的不平衡。按储量评价，我国磷资源长远保障存在一定问题，保障年限远远低于世界平均水平。磷矿在全球范围内已成为一种战略性资源，具有耗竭性和不可再生的特点，加之开采量逐年递增，磷资源形势严峻。磷资源及加工业有如下特征：对资源具有高度依赖性；污染大，受国家政策管控影响大；涉及面广，受世界经济影响大；我国磷肥及多数磷化工制品过剩，产能大于国内需求，精细磷化工发展滞后。只要国家政策支持和引导，遏制过快的重复建设，合理有序地利用好中低品位资源，我国磷资源有效供给是有基本保障的。

我国钾资源开发包括国内可溶性钾、难溶性钾和境外钾资源。我国钾资源比较匮乏，多数属于难溶性钾，目前探明的储量10.05亿吨（分布在7省42处），主要分布在青海柴达木盆地和新疆罗布泊地区。境外拥有钾石盐和光卤石储量176亿吨。长期以来我国钾的对外依存度很高，国内钾肥自给率在55%左右，钾资源保障问题突出。

硫铁矿是我国的主要硫资源，储量8.49亿吨。总量较少，相对集中，贫矿多富矿少，以煤系沉积型为主。世界经济利用硫资源主要有四个方面：一是石油、天然气和油页岩回收硫；二是金属硫化物矿床共、伴生硫；三是煤和有机制页岩含的硫；四是硫铁矿和自然硫矿。

2016年，我国硫酸产能达到1亿吨以上，每年进口硫磺超过1000万吨，硫铁矿产量在1700万吨左右，依靠国内现有的硫铁矿制酸和金属冶炼和废气回收制酸难以满足国内需求，每年需大量进口硫磺，用以弥补国内硫资源的短缺。所以，硫资源保障不足是长期突出问题。

中国重晶石储量居世界首位，为1亿吨，占世界总储量的41.7%。中国重晶石资源比其他任何国家都丰富。中国重晶石矿山主要分布在贵州、湖南、广西、甘肃、陕西和浙江，上述6个省（区）合计占全国查明资源储量的86%。其中，贵州9325.4万吨，居全国第一，占全国查明资源储量的32.1%；其次是湖南6361.8万吨，占21.9%；广西3057.1万吨，占10.5%；甘肃2634.6万吨，占9.1%；陕西2571.8万吨，占8.9%；浙江1011.6万吨，占3.5%。中国长期以来都是世界上第一大重晶石生产国。近年来，政府实施的限制重晶石资源低价出口、超强度开发等政策措施的效果明显，重晶石产量逐步回落，目前化学矿出口主要以重晶石为主。

硼矿作为世界重要的化工原料矿物，是冶金、建材、建材、机械、化工、核工业、医药等领域的基础原料。我国硼矿资源分布相对集中，目前探明的硼矿资源主要分布在辽宁、青海、湖北、西藏4个省（区），占全国硼资源量的97.5%。我国硼矿资源的特点是贫矿多富矿少，开发利用相对困难。全球硼矿资源主要分布在美国、土耳其、俄罗斯、智利、中国等。美国和土耳其是2016年主要的硼生产国，且硼矿质量好。我国硼矿资源主要是含铀铁硼矿，采选难度大。硼矿资源长期依赖进口的局面很难改变。

**附表1　　2016年磷矿石（$P_2O_5$ 30%）分月产量**

| 月份 | 当月（万吨） | 同期（万吨） | 同比（+、-）（%） | 当月累计（万吨） | 2015年同期（万吨） | 同比（+、-）（%） |
|---|---|---|---|---|---|---|
| 1 | | | | | | |
| 2 | | | | 1878.2 | 1786.9 | 5.1 |
| 3 | 1254.6 | 1214.9 | 3.3 | 3133.1 | 3020.8 | 3.7 |
| 4 | 1111.8 | 1106.7 | 0.5 | 4265.9 | 4153.3 | 2.7 |
| 5 | 1136.1 | 1173.5 | -3.2 | 5296.2 | 5317.2 | -0.4 |
| 6 | 1210.9 | 1376.3 | -12 | 6505.5 | 6714.3 | -3.1 |
| 7 | 1139.3 | 1272.4 | -10.5 | 7645.8 | 7972.1 | -4.1 |
| 8 | 1259.4 | 1187.7 | 6.0 | 8895.7 | 9158.9 | -2.9 |
| 9 | 1348.0 | 1197.2 | 12.6 | 10260.8 | 10360.1 | -1.0 |
| 10 | 1334.1 | 1282.5 | 4.0 | 11609.8 | 11708.5 | -0.8 |
| 11 | 1391.5 | 1324.0 | 5.1 | 12996.0 | 13031.3 | -0.3 |
| 12 | 1429.4 | 1261.2 | 13.3 | 14439.8 | 14293.0 | 1.0 |

**附表 2　2016 年磷矿石（$P_2O_5$ 30%）分省（区、市）产量**

| 省份 | 2016 年累计（万吨） | 2015 年累计（万吨） | 同比（+、-）（%） |
|---|---|---|---|
| 全国 | 14439.81 | 14292.99 | 1.0 |
| 北京 | 0 | 0 | |
| 天津 | 0 | 0 | |
| 河北 | 62.1 | 64.79 | -4.2 |
| 山西 | 0 | 0 | |
| 内蒙古 | 0 | 0 | |
| 辽宁 | 7.88 | 11.5 | -31.5 |
| 吉林 | 0 | 0 | |
| 黑龙江 | 0 | 0 | |
| 上海 | 0 | 0 | |
| 江苏 | 6.54 | 8.82 | -25.9 |
| 浙江 | 0 | 0 | |
| 安徽 | 99.84 | 79.52 | 25.6 |
| 福建 | 7.06 | 7.26 | -2.8 |
| 江西 | 0 | 0 | |
| 山东 | 0 | 0 | |

**续附表 2**

| 省份 | 2016 年累计（万吨） | 2015 年累计（万吨） | 同比（+、-）（%） |
|---|---|---|---|
| 河南 | 113.06 | 87.83 | 28.7 |
| 湖北 | 5180.34 | 5523.98 | -6.2 |
| 湖南 | 19.95 | 19.73 | 1.1 |
| 广东 | 0 | 0 | |
| 广西 | 0 | 0 | |
| 海南 | 0 | 0 | |
| 重庆 | 33.7 | 34.93 | -3.5 |
| 四川 | 1405.8 | 1286.42 | 9.3 |
| 贵州 | 5256 | 4427.92 | 18.7 |
| 云南 | 2246.69 | 2739.34 | -18 |
| 西藏 | 0 | 0 | |
| 陕西 | 0.86 | 0.94 | -8.7 |
| 甘肃 | 0 | 0 | |
| 青海 | 0 | 0 | |
| 宁夏 | 0 | 0 | |
| 新疆 | 0 | 0 | |

**附表 3　2016 年硫铁矿（S 35%）分月产量**

| 月份 | 当月（万吨） | 同期（万吨） | 同比（+、-）（%） | 当月累计（万吨） | 2015 年同期（万吨） | 同比（+、-）（%） |
|---|---|---|---|---|---|---|
| 1 | | | | | | |
| 2 | | | | 208.2 | 215.5 | -3.4 |
| 3 | 121.1 | 138.3 | -12.4 | 335.0 | 367.2 | -8.8 |
| 4 | 129.3 | 150.3 | -14 | 464.2 | 517.5 | -10.3 |
| 5 | 126.9 | 142.7 | -11.1 | 590.6 | 653.3 | -9.6 |
| 6 | 129.1 | 143.7 | -10.2 | 719.7 | 801.9 | -10.3 |
| 7 | 113.7 | 144.2 | -21.2 | 833.3 | 946.1 | -11.9 |
| 8 | 120.8 | 141.1 | -14.4 | 956.3 | 1087.3 | -12.0 |
| 9 | 122.9 | 143.5 | -14.4 | 1081.3 | 1230.8 | -12.1 |
| 10 | 120.8 | 135.5 | -10.9 | 1215.6 | 1376.0 | -11.7 |
| 11 | 123.5 | 141.5 | -12.7 | 1341.1 | 1517.6 | 11.6 |
| 12 | 127.4 | 126.6 | 0.6 | 1466.2 | 1644.8 | -10.9 |

附表4　2016年硫铁矿（S 35%）分省（区、市）产量

| 省份 | 2016年累计（万吨） | 2015年累计（万吨） | 同比（+、-）（%） |
|---|---|---|---|
| 全国 | 1466.21 | 1644.76 | -10.9 |
| 北京 | 0 | 0 | |
| 天津 | 0 | 0 | |
| 河北 | 0.9 | 19.62 | -95.4 |
| 山西 | 0 | 0 | |
| 内蒙古 | 47.85 | 64.31 | -25.6 |
| 辽宁 | 105.73 | 180.36 | -41.4 |
| 吉林 | 0 | 0 | |
| 黑龙江 | 0 | 0 | |
| 上海 | 0 | 0 | |
| 江苏 | 22.51 | 25.13 | -10.4 |
| 浙江 | 11.04 | 9.25 | 19.4 |
| 安徽 | 326.18 | 337.71 | -3.4 |
| 福建 | 18.53 | 18.64 | -0.6 |
| 江西 | 330.2 | 306.08 | 7.9 |
| 山东 | 24.94 | 29.42 | -15.2 |

续附表4

| 省份 | 2016年累计（万吨） | 2015年累计（万吨） | 同比（+、-）（%） |
|---|---|---|---|
| 河南 | 0 | 7.99 | |
| 湖北 | 8.02 | 17.27 | -53.6 |
| 湖南 | 24.79 | 32.60 | -24.0 |
| 广东 | 271.58 | 281.41 | -3.5 |
| 广西 | 7.84 | 14.81 | -47.1 |
| 海南 | 0 | 0 | |
| 重庆 | 0 | 0 | |
| 四川 | 100.69 | 106.89 | -5.8 |
| 贵州 | 10.28 | 8.97 | 14.6 |
| 云南 | 50.33 | 63.15 | -20.3 |
| 西藏 | 0 | 0 | |
| 陕西 | 76.70 | 90.85 | -15.6 |
| 甘肃 | 2.22 | 10.93 | -79.7 |
| 青海 | 0 | 0 | |
| 宁夏 | 0 | 0 | |
| 新疆 | 25.88 | 19.36 | 33.7 |

附表5　2016年钾肥（$K_2O$ 100%）分月产量

| 月份 | 当月（万吨） | 同期（万吨） | 同比（+、-）（%） | 当月累计（万吨） | 2015年同期（万吨） | 同比（+、-）（%） |
|---|---|---|---|---|---|---|
| 1 | | | | | | |
| 2 | | | | 75.4 | 41.3 | 82.6 |
| 3 | 54.9 | 52.2 | 5.0 | 129.9 | 93.3 | 39.3 |
| 4 | 53.4 | 59.2 | -10.4 | 183.3 | 152.5 | 20.2 |
| 5 | 57.9 | 63.8 | -9.3 | 241.2 | 215.9 | 11.7 |
| 6 | 57.1 | 65.5 | -12.8 | 299.8 | 281.1 | 6.7 |
| 7 | 47.5 | 51.5 | -7.8 | 347.5 | 329.2 | 5.6 |
| 8 | 54.8 | 53.2 | 3.1 | 402.6 | 382.0 | 5.4 |
| 9 | 65.3 | 61.6 | 6.0 | 469.5 | 443.7 | 5.8 |
| 10 | 68.8 | 64.6 | 6.2 | 536.2 | 508 | 5.6 |
| 11 | 71.4 | 64.8 | 10.2 | 607.9 | 574.7 | 5.8 |
| 12 | 61.9 | 42.7 | 45 | 663.3 | 612.1 | 8.4 |

**附表6　2016年钾肥($K_2O$ 100%)分省(区、市)产量**

| 省份 | 2016年累计(万吨) | 2015年累计(万吨) | 同比(+、-)(%) |
|---|---|---|---|
| 全国 | 663.33 | 612.14 | 8.4 |
| 北京 | 0 | 0 | |
| 天津 | 0 | 0 | |
| 河北 | 5.67 | 1.02 | 456.3 |
| 山西 | 0 | 0 | |
| 内蒙古 | 8.5 | 2.05 | 314.6 |
| 辽宁 | 0 | 0 | |
| 吉林 | 0.91 | 0 | |
| 黑龙江 | 0.2 | 0.31 | -35.0 |
| 上海 | 0 | 0 | |
| 江苏 | 1.03 | 1.34 | -23.0 |
| 浙江 | 0 | 0 | |
| 安徽 | 0 | 0 | |
| 福建 | 0 | 0 | |
| 江西 | 0 | 0 | |
| 山东 | 21.16 | 12.41 | 70.5 |

**续附表6**

| 省份 | 2016年累计(万吨) | 2015年累计(万吨) | 同比(+、-)(%) |
|---|---|---|---|
| 河南 | 0 | 0 | |
| 湖北 | 0 | 0 | |
| 湖南 | 0 | 0 | |
| 广东 | 0 | 0 | |
| 广西 | 0 | 0 | |
| 海南 | 0 | 0 | |
| 重庆 | 7.56 | 5.01 | 51.0 |
| 四川 | 5.02 | 0.78 | 542.3 |
| 贵州 | 4.49 | 7.63 | -41.2 |
| 云南 | 1.83 | 1.67 | 9.4 |
| 西藏 | 0 | 0 | |
| 陕西 | 1.84 | 1.67 | 9.4 |
| 甘肃 | 0 | 0 | |
| 青海 | 514.29 | 492.62 | 4.4 |
| 宁夏 | 0 | 1.2 | |
| 新疆 | 90.83 | 86.1 | 5.5 |

**附表7　2016年磷肥($P_2O_5$ 100%)分月产量**

| 月份 | 当月(万吨) | 同期(万吨) | 同比(+、-)(%) | 当月累计(万吨) | 2015年同期(万吨) | 同比(+、-)(%) |
|---|---|---|---|---|---|---|
| 1 | | | | | | |
| 2 | | | | 287.4 | 274.4 | 4.6 |
| 3 | 162.8 | 157.6 | 3.3 | 445.4 | 434.1 | 2.7 |
| 4 | 146.8 | 152.3 | -3.6 | 589.2 | 585.8 | 0.6 |
| 5 | 146.2 | 149.5 | -2.2 | 734.4 | 732.6 | 0.2 |
| 6 | 142.8 | 166.3 | -14.1 | 880.0 | 898.0 | -2.0 |
| 7 | 156.4 | 161.4 | -3.1 | 1047.7 | 1057.4 | -0.9 |
| 8 | 157.7 | 183.4 | -14.0 | 1193.0 | 1242.0 | -3.9 |
| 9 | 164.2 | 156.9 | 4.7 | 1358.5 | 1397.0 | -2.8 |
| 10 | 172.3 | 153.8 | 12.0 | 1528.8 | 1550.5 | -1.4 |
| 11 | 168.2 | 161.0 | 4.5 | 1696.9 | 1706.8 | -0.6 |
| 12 | 175.3 | 147.2 | 19.1 | 1828.6 | 1831.4 | -0.2 |

附表 8　2016 年磷肥($P_2O_5$ 100%)分省(区、市)产量

| 省份 | 2016 年累计(万吨) | 2015 年累计(万吨) | 同比(+、-)(%) |
|---|---|---|---|
| 全国 | 1828.58 | 1831.39 | -0.2 |
| 北京 | 0 | 0 | |
| 天津 | 0 | 0 | |
| 河北 | 4.29 | 2.86 | 49.9 |
| 山西 | 7.58 | 9.27 | -18.2 |
| 内蒙古 | 6.55 | 14.61 | -55.2 |
| 辽宁 | 0 | 0 | |
| 吉林 | 8.06 | 1.96 | 311.0 |
| 黑龙江 | 0.40 | 0.96 | -57.8 |
| 上海 | 0 | 0 | |
| 江苏 | 10.10 | 8.90 | 13.5 |
| 浙江 | 0.70 | 0.74 | -5.7 |
| 安徽 | 85.74 | 81.40 | 5.3 |
| 福建 | 15.52 | 20.93 | -25.8 |
| 江西 | 18.77 | 19.31 | -2.8 |
| 山东 | 56.61 | 62.28 | -9.1 |

续附表 8

| 省份 | 2016 年累计(万吨) | 2015 年累计(万吨) | 同比(+、-)(%) |
|---|---|---|---|
| 河南 | 28.26 | 28.48 | -0.8 |
| 湖北 | 601.81 | 580.44 | 3.7 |
| 湖南 | 12.90 | 12.69 | 1.6 |
| 广东 | 68.62 | 71.08 | -3.5 |
| 广西 | 48.57 | 51.00 | -4.8 |
| 海南 | 0 | 0 | |
| 重庆 | 45.95 | 56.54 | -18.7 |
| 四川 | 214.25 | 183.17 | 17.0 |
| 贵州 | 373.83 | 357.67 | 4.5 |
| 云南 | 176.52 | 218.35 | -19.2 |
| 西藏 | 0 | 0 | |
| 陕西 | 18.25 | 19.08 | -4.3 |
| 甘肃 | 12.77 | 14.63 | -12.7 |
| 青海 | 0 | 0 | |
| 宁夏 | 10.08 | 12.72 | -20.8 |
| 新疆 | 2.44 | 2.30 | 5.9 |

附表 9　2016 年磷酸一铵(实物量)分月产量

| 月份 | 当月(万吨) | 同期(万吨) | 同比(+、-)(%) | 当月累计(万吨) | 2015 年同期(万吨) | 同比(+、-)(%) |
|---|---|---|---|---|---|---|
| 1 | | | | | | |
| 2 | | | | 340.4 | 291.8 | 16.8 |
| 3 | 199.5 | 196.6 | 1.5 | 569.2 | 510.3 | 11.5 |
| 4 | 187.6 | 177.3 | 5.8 | 755.7 | 686.6 | 10.1 |
| 5 | 195.8 | 178.1 | 9.9 | 958.6 | 860.6 | 11.4 |
| 6 | 215.5 | 206.4 | 4.4 | 1174.2 | 1070.1 | 9.7 |
| 7 | 184.4 | 177.5 | 3.8 | 1359.6 | 1248.5 | 8.9 |
| 8 | 191.3 | 191.5 | -0.1 | 1551 | 1440 | 7.7 |
| 9 | 200.5 | 184 | 9 | 1750.6 | 1622.4 | 7.9 |
| 10 | 206.4 | 193.1 | 6.9 | 1958.2 | 1815 | 7.9 |
| 11 | 191.6 | 193.3 | -0.9 | 2142.5 | 2008.7 | 6.7 |
| 12 | 221.7 | 197.4 | 12.3 | 2372.1 | 2205.5 | 7.6 |

**附表 10　2016 年磷酸一铵(实物量)分省(区、市)产量**

| 省份 | 2016 年累计(万吨) | 2015 年累计(万吨) | 同比(+、-)(%) |
|---|---|---|---|
| 全国 | 2372. 15 | 2205. 53 | 7. 6 |
| 北京 | 0 | 0 | |
| 天津 | 0 | 0 | |
| 河北 | 14. 47 | 13. 84 | 4. 6 |
| 山西 | 0 | 0 | |
| 内蒙古 | 0 | 0 | |
| 辽宁 | 0 | 0 | |
| 吉林 | 0 | 0 | |
| 黑龙江 | 0 | 0 | |
| 上海 | 0 | 0 | |
| 江苏 | 23. 69 | 33. 71 | -29. 7 |
| 浙江 | 0 | 0 | |
| 安徽 | 165. 33 | 167. 42 | -1. 2 |
| 福建 | 0 | 0 | |
| 江西 | 6. 82 | 4. 53 | 50. 6 |
| 山东 | 62. 06 | 57. 54 | 7. 9 |

**续附表 10**

| 省份 | 2016 年累计(万吨) | 2015 年累计(万吨) | 同比(+、-)(%) |
|---|---|---|---|
| 河南 | 209. 55 | 201. 95 | 3. 8 |
| 湖北 | 950. 95 | 829. 28 | 14. 7 |
| 湖南 | 0 | 0 | |
| 广东 | 0 | 0 | |
| 广西 | 5. 96 | 9. 27 | -35. 7 |
| 海南 | 0 | 0 | |
| 重庆 | 90. 87 | 102. 87 | -11. 7 |
| 四川 | 318. 61 | 278. 05 | 14. 6 |
| 贵州 | 272. 20 | 257. 11 | 5. 9 |
| 云南 | 232. 14 | 232. 98 | -0. 4 |
| 西藏 | 0 | 0 | |
| 陕西 | 0 | 0 | |
| 甘肃 | 4. 82 | 14. 06 | -65. 7 |
| 青海 | 14. 54 | 2. 25 | 544. 7 |
| 宁夏 | 0 | 0 | |
| 新疆 | 0. 13 | 0. 68 | -80. 5 |

**附表 11　　2016 年磷酸二铵(实物量)分月产量**

| 月份 | 当月(万吨) | 同期(万吨) | 同比(+、-)(%) | 当月累计(万吨) | 2015 年同期(万吨) | 同比(+、-)(%) |
|---|---|---|---|---|---|---|
| 1 | | | | | | |
| 2 | | | | 304. 0 | 301. 4 | 0. 9 |
| 3 | 178. 1 | 163. 0 | 9. 3 | 479. 2 | 474. 8 | 0. 9 |
| 4 | 151. 9 | 157. 0 | -3. 2 | 625. 9 | 631. 7 | -0. 9 |
| 5 | 144. 8 | 154. 1 | -6. 1 | 770. 9 | 785. 8 | -1. 9 |
| 6 | 150. 8 | 169. 8 | -11. 2 | 921. 7 | 955. 6 | -3. 6 |
| 7 | 145. 2 | 155. 9 | -6. 8 | 1044. 2 | 1078. 4 | -3. 2 |
| 8 | 161. 9 | 177. 0 | -8. 5 | 1206. 1 | 1255. 4 | -3. 9 |
| 9 | 166. 0 | 166. 1 | -0. 1 | 1372. 1 | 1421. 5 | -3. 5 |
| 10 | 140. 7 | 151. 4 | -7. 1 | 1512. 8 | 1572. 9 | -3. 8 |
| 11 | 138. 9 | 158. 9 | 12. 6 | 1642. 0 | 1731. 5 | -5. 2 |
| 12 | 145. 8 | 148. 6 | -1. 9 | 1787. 8 | 1895. 9 | -5. 7 |

**附表 12　2016 年磷酸二铵(实物量)分省(区、市)产量**

| 省份 | 2016 年累计(万吨) | 2015 年累计(万吨) | 同比(+、-)(%) |
|---|---|---|---|
| 全国 | 1787.79 | 1895.95 | -5.7 |
| 北京 | 0 | 0 | |
| 天津 | 0 | 0 | |
| 河北 | 0 | 0 | |
| 山西 | 0 | 0 | |
| 内蒙古 | 4.32 | 10.04 | -56.9 |
| 辽宁 | 0.89 | 24.33 | -96.4 |
| 吉林 | 0 | 0 | |
| 黑龙江 | 0 | 0 | |
| 上海 | 0 | 0 | |
| 江苏 | 0 | 0 | |
| 浙江 | 0 | 0 | |
| 安徽 | 84.7 | 94.13 | -10.0 |
| 福建 | 0 | 0 | |
| 江西 | 10.58 | 17.68 | -40.2 |
| 山东 | 43.54 | 45.82 | -5.0 |

**续附表 12**

| 省份 | 2016 年累计(万吨) | 2015 年累计(万吨) | 同比(+、-)(%) |
|---|---|---|---|
| 河南 | 18.79 | 20.48 | -8.2 |
| 湖北 | 488.60 | 460.28 | 6.2 |
| 湖南 | 0 | 0 | |
| 广东 | 29.60 | 59.22 | -50.0 |
| 广西 | 7.90 | 19.74 | -60.0 |
| 海南 | 0 | 0 | |
| 重庆 | 61.08 | 64.20 | -4.9 |
| 四川 | 63.71 | 61.67 | 3.3 |
| 贵州 | 386.84 | 381.36 | 1.4 |
| 云南 | 525.94 | 558.88 | -5.9 |
| 西藏 | 0 | 0 | |
| 陕西 | 0 | 0 | |
| 甘肃 | 42.30 | 41.62 | 1.7 |
| 青海 | 11.44 | 23.10 | -50.5 |
| 宁夏 | 7.55 | 13.41 | -43.7 |
| 新疆 | 0 | 0 | |

**附表 13　　2016 年硫酸(折 100%)分月产量**

| 月份 | 当月(万吨) | 同期(万吨) | 同比(+、-)(%) | 当月累计(万吨) | 2015 年同期(万吨) | 同比(+、-)(%) |
|---|---|---|---|---|---|---|
| 1 | | | | | | |
| 2 | | | | 1401.8 | 1405.1 | -0.2 |
| 3 | 744.7 | 739.7 | 0.7 | 2160.2 | 2170.9 | -0.5 |
| 4 | 728.7 | 733.1 | -0.6 | 2892.4 | 2904.1 | -0.4 |
| 5 | 732.9 | 714.1 | 2.6 | 3631.1 | 3619.7 | 0.3 |
| 6 | 731.5 | 755.6 | -3.2 | 4371.3 | 4373.6 | -0.1 |
| 7 | 714.3 | 723.5 | -1.3 | 5091.9 | 5097.6 | -0.1 |
| 8 | 715.4 | 785.0 | -8.9 | 5823.9 | 5871.9 | -0.8 |
| 9 | 730.5 | 767.4 | -4.8 | 6566.3 | 6659.6 | -1.4 |
| 10 | 760.2 | 752.1 | 1.1 | 7330.3 | 7428.8 | -1.3 |
| 11 | 762.5 | 763.7 | -0.2 | 8091.3 | 8191.6 | -1.2 |
| 12 | 798.0 | 768.6 | 3.8 | 8889.1 | 8957.6 | -0.8 |

附表 14　2016 年硫酸（折 100%）分省（区、市）产量

| 省份 | 2016 年累计（万吨） | 2015 年累计（万吨） | 同比（+、-）（%） |
|---|---|---|---|
| 全国 | 8889.12 | 8957.57 | -0.8 |
| 北京 | 0 | 0 | - |
| 天津 | 20.52 | 19.08 | 7.5 |
| 河北 | 124.12 | 147.03 | -15.6 |
| 山西 | 53.62 | 53.42 | 0.4 |
| 内蒙古 | 300.40 | 296.12 | 1.4 |
| 辽宁 | 130.88 | 147.30 | -11.1 |
| 吉林 | 33.20 | 71.28 | -53.4 |
| 黑龙江 | 7.68 | 7.78 | -1.2 |
| 上海 | 17.32 | 19.38 | -10.6 |
| 江苏 | 349.66 | 339.08 | 3.1 |
| 浙江 | 168.36 | 163.82 | 2.8 |
| 安徽 | 655.53 | 630.06 | 4.0 |
| 福建 | 187.46 | 173.00 | 8.4 |
| 江西 | 323.18 | 333.28 | -3.0 |
| 山东 | 592.23 | 630.66 | -6.1 |

续附表 14

| 省份 | 2016 年累计（万吨） | 2015 年累计（万吨） | 同比（+、-）（%） |
|---|---|---|---|
| 河南 | 611.09 | 521.63 | 17.1 |
| 湖北 | 742.71 | 779.09 | -4.7 |
| 湖南 | 240.70 | 238.14 | 1.1 |
| 广东 | 244.52 | 279.97 | -12.7 |
| 广西 | 367.37 | 365.50 | 0.5 |
| 海南 | 0 | 0 | - |
| 重庆 | 193.66 | 204.16 | -5.1 |
| 四川 | 645.52 | 642.52 | 0.5 |
| 贵州 | 835.97 | 760.47 | 9.9 |
| 云南 | 1298.53 | 1410.01 | -7.9 |
| 西藏 | 0 | 0 | - |
| 陕西 | 145.89 | 141.58 | 3.0 |
| 甘肃 | 479.77 | 443.03 | 8.3 |
| 青海 | 22.56 | 42.19 | -46.5 |
| 宁夏 | 43.58 | 32.32 | 34.9 |
| 新疆 | 53.05 | 65.68 | -19.2 |

（中国化学矿业协会）

# 石油、天然气和煤层气企业 2016 年度简介

## 一、中国石油

中国石油天然气集团公司（简称中国石油集团，英文缩写：CNPC）是国家授权投资机构、国家控股公司和特大型石油石化企业集团，主要在国内外从事石油天然气勘探开发、炼油化工、管道运输、销售贸易、工程技术服务以及新能源开发等业务。目前，在国内建成大庆、辽河、新疆、长庆、塔里木、西南等 16 家油气田企业，大连、独山子、兰州、抚顺等 31 家炼化企业，西气东输等 14 家管道储运企业和分布在各省（市、区）的 36 家销售企业，以及石油石化科研院所和生产技术服务、石油工程建设、机械装备制造、生活矿区服务、金融服务等企业。国外初步形成中亚、非洲、南美、中东和亚太五个油气合作区，在 35 个国家开展油气合作业务。截至 2016 年底，员工总数 134 万人，资产总额超过 4 万亿元；累计探明石油地质储量 234.2 亿吨、天然气地质储量 9.1 万亿立方米。2016 年，国内外油气权益当量产量 2.6 亿吨，国内原油一次加工能力 1.84 亿吨/年，乙烯生产能力 591 万吨/年，加油站总数 2 万余座，管道总里程 8.1 万千米。2016 年，在《财富》全球 500 强排名第 3 位，世界 50 家大石油公司综合排名第 3 位。

## 二、中国石化

中国石油化工集团公司（英文缩写：Sinopec Group）是 1998 年 7 月国家在原中国石油化工总公司基础上重组成立的特大型石油石化企业集团，是国家独资设立的国有公司、国家授权投资的机构和国家控股公司。中国石化集团公司注册资本 2316 亿元，总部设在北京。

中国石化集团公司主营业务范围包括：实业投资及投资管理；石油、天然气的勘探、开采、储运（含管道运输）、销售和综合利用；石油炼制；汽油、煤油、柴油的批发；石油化工及其他化工产品的生产、销售、储存、运输；石油石化工程的勘探设计、施工、建筑安装；石油石化设备检修维修；机电设备制造；技术及信息、替代能源产品的研究、开发、应用、咨询服务；自营和代理各类商品和技术的进出口（国家限定公司经营或禁止进出口的商品和技术除外）；对外工程承包、招标采购、

劳务输出;国际化仓储与物流业务等。

中国石化集团公司控股的中国石油化工股份有限公司先后于2000年10月和2001年8月在境外境内发行H股和A股,并分别在香港、纽约、伦敦和上海上市。中国石化集团公司在《财富》2016年全球500强企业中排名第4位。

**三、中国海油**

中国海洋石油总公司是中央特大型国有企业,也是中国最大的海上油气生产商。公司成立于1982年,总部设在北京,现有11.02万名员工。截至2016年底,公司资产总额达11527亿元。经过30多年的改革与发展,中国海油已发展成为主业突出、产业链完整、业务遍及30多个国家和地区的国际能源公司。主要业务包括油气勘探开发、专业技术服务、炼化销售及化肥、天然气及发电、金融服务等五大业务板块。

2016年,中国海油生产原油4537万吨,天然气107亿立方米,加工原油3229万吨,生产成品油738万吨,进口LNG1652万吨,天然气发电215亿千瓦时。

中国海洋石油有限公司于1999年8月在香港注册成立,并于2001年2月27日和28日分别在纽约证券交易所香港联合交易所挂牌上市。中国海油是全球第三大LNG进口商,在《财富》2016年全球500强企业中排名第109位,在《石油情报周刊》杂志"世界最大50家石油公司"排名中位列第30位。

**四、延长石油**

陕西延长石油(集团)有限责任公司(简称延长石油)是集石油、天然气、煤炭等多种资源高效开发、综合利用、深度转化为一体的大型能源化工企业,隶属于陕西省人民政府,2016年排名世界500强企业第325位。

延长石油下设全资和控股子公司22个、分公司8个、直属机构1个、参股公司10个,拥有延长石油国际(HK00346)、兴化股份(SZ002109)和延长化建(SH600248)3个上市公司。产业主要覆盖油气探采、加工、储运、销售,石油炼制、煤油气综合化工,煤炭与电力,工程设计与施工、技术研发与中试、新能源、装备制造、金融服务等领域。目前已形成原油生产能力1275万吨/年、炼油加工能力1740万吨/年、天然气产能29亿立方米/年、煤炭产能800万吨/年、化工品产能500万吨/年,2016年末总资产达到3166亿元。

**五、中联公司**

中联煤层气有限责任公司(简称中联公司)是1996年经国家国务院国函〔1996〕23号文批准组建,主要从事煤层气资源勘探、开发、输送、销售和利用的国家专业公司,在国家计划中实行单列,并享有对外合作进行煤层气勘探、开发、生产的专营权。中联公司总部设在北京,煤层气勘探开发主要业务集中在山西沁水盆地南部与北部以及鄂尔多斯盆地东缘地区,中联公司下设非法人分支机构晋城分公司和太原分公司、研究中心、3个项目组及10个对外合作联管会,目前公司共有员工840人。2014年12月31日中国海洋石油总公司和中国中煤能源集团有限公司完成股权转让,中国海洋石油总公司持有中联公司100%股份,中联公司为中国海洋石油总公司的全资子公司。截至2016年底,中联公司共拥有矿业权32个(2015年临兴中区块已转让给中国海洋石油总公司并增列了石油天然气矿种,目前仍由中联公司作业),公司区块资源分布主要集中在沁水盆地及鄂尔多斯盆地东缘,其余分布在我国宁夏、辽宁、山东、河南、安徽、江西、云南、湖北等地区。

中联公司成立以来,以山西沁水盆地、鄂尔多斯盆地东缘为重点地区制定了煤层气勘探战略。2001年首次在沁水盆地发现第一个煤层气田—沁南煤层气田,新增煤层气探明地质储量402亿立方米。截至2016年底,中联公司累计煤层气探明地质储量1724.58亿立方米。

**六、中化石油**

中化石油勘探开发有限公司成立于2002年5月,是世界500强企业中国中化集团的全资子公司。作为中化集团向石油上游延伸战略的执行者,中化石油勘探开发有限公司专门从事国内外石油天然气勘探开发业务。自成立以来,勘探公司持续推进中化集团向石油上游延伸的战略,大力开发新项目,油气储、产量稳步增长,盈利能力持续增强,资产结构不断优化,资产质量显著提高。

截至2016年底,公司在美国、巴西、哥伦比亚、叙利亚、阿联酋、突尼斯、厄瓜多尔、印度尼西亚和中国等9个国家和地区拥有35个区块。目前,各区块石油合同类型涉及租让制、产品分成式、服务式等多种合同形式;经过十几年发展,国际化、市场化程度达到了一个崭新的水平。

**七、上海石油天然气公司**

上海石油天然气有限公司由上海申能股份有限公司、中海石油(中国)有限公司、中国石化股份有限公司联合组建,是集海上油气勘探、开发、建设、生产经营和管理为一体的高新技术企业。公司成立于1992年9月,职工人数167人,注册资金9亿元。2016年石油产量6.54万吨,天然气产量2.46亿立方米。

**八、广西田东石油化工总厂有限公司**

中油广西田东石油化工总厂有限公司前身为广西田东石油化工总厂,始建于1978年,原为广西田东油矿,1996年8月更名为广西田东石油化工总厂。2005年,进行增资改制,成立了中油广西田东石油化工总厂有限公司。公司是以采油、炼油、化工为主的国有石油化工企业,注册资本为3.1亿元,员工1000多人。2016年石油产量2.11万吨。

**九、齐齐哈尔油田开发建设总公司**

齐齐哈尔油田开发建设总公司为黑龙江富拉尔基油田的采矿权人,成立于1989年11月,注册资本5128万元,生产规模为10万吨/年,矿区面积51.05平方千米,主要经营范围为原油开采及销售。

(国土资源部油气资源战略研究中心)

# 地 方 矿 业

## 内蒙古自治区

### ·综述·

【矿产资源概况】 内蒙古自治区是国内矿产资源种类比较丰富的省区。截至2016年底,全区已发现的矿种为144种,具有查明资源储量的矿产(含亚矿种)达115种,其中列入《内蒙古自治区矿产资源储量表》的矿产为107种,上表矿产地有1920处,其中大型、中型矿产地707处,占36.82%。

全区共有87种矿产的查明资源储量居全国前十位,其中居前三位的有45种,占全区查明资源储量矿产的42.86%;煤、铅、锌、银、稀土、铌、普通萤石、玛瑙等18种矿产的保有资源储量居全国第一位。

截至2016底,全区非油气类矿产登记有效矿业权共计7522个,与2015年同期相比减少5.9%。其中,有效探矿权3499个,同比减少8.2%;有效采矿权4023个,同比减少6%。全区共有非油气类在期矿产地质勘查登记项目3499个,勘查面积9.07万平方千米,年度实施的各类项目3314项,投入资金25.18亿元,比2015年减少31.61%。其中,中央财政投入4.55亿元,地方财政投入6.27亿元,社会资金投入14.35亿元;投向基础地质调查资金5.69亿元(同比增加23.17%),水工环地质调查评价投入资金1.04亿元(同比增加73.20%),矿产勘查投入资金18.45亿元(同比减少41.60%)。共计完成钻探工作量1085225米,坑探22316米,槽探35.09万立方米,浅井1839米,取得了一批重要找矿成果。

2016年,全区共有非油气类矿山4517家(含过期保留和部发旧证等采矿权494家),比2015年减少5.4%。从业人员为21.84万人,比2015年减少6.39%。开发利用矿产(含亚矿种)118种,实际采矿能力为9.07亿吨/年,比2015年减少2.05%。年产矿量为7.22亿吨,比2015年减少10.46%。全区矿业总产值1402.92亿元,比2015年增加22.05%,矿产品销售收入和利润总额等均比2015年有大幅度增加。年度矿产品进出口贸易总额34.92亿美元,比2015年有所下降。

2016年,全区地质环境治理与保护工作成效显著。编制完成治理方案矿山有4388家,编制率97.1%;共缴存矿山地质环境治理保证金31.79亿元。全年完成治理验收矿山1052家,投入治理资金11.66亿元,完成治理面积1.13万公顷,累计完成治理总面积7.68万公顷。另外,开展绿色矿山建设,共有35家矿山企业被评为国家级绿色矿山试点单位。

2016年,全区矿政管理也取得新进展,坚持服务发展、服务大局,改革创新,推进“放、管、服”工作,矿业权行政审批流程进一步简化。同时,深入落实绿色发展理念,出台了《内蒙古自治区各类自然保护区矿业权综合整治实施方案》,并在矿业权抵押融资、资源配置等方面取得新成效。另外,全年通过电子阅览室向社会各界提供资料借阅接待利用者1798人次,提供各类地质资料1.8万份次,为全社会提供了良好的地质资料服务。

### ·矿产资源·

【矿产种类】 内蒙古自治区矿产资源种类繁多,是国内矿产资源种类较为丰富的省区。截至2016年底,内蒙古自治区已发现的矿种有135种(其中10种稀土元素按一种统计),若10种稀土元素分别统计则发现矿种为144种(统计到亚矿种为163种),占全国发现矿种(172种)的83.72%。具有查明资源储量的矿产(含亚矿种)为115种,占全国具查明资源储量矿产(230)种的50%。除石油、天然气、铀矿、地热、麦饭石、地下水、矿泉水、二氧化碳气外,列入《内蒙古自治区矿产资源储量表》(以下简称上表)的矿产(含亚矿种)为107种。与2015年度相比,新增上表矿产2种,分别为叶蜡石、饰面用辉长岩。全区已发现和具有查明资源储量各类矿产及与往年的对比情况,参见图1、图2和表1。

表 1　**2016 年内蒙古自治区已发现矿产一览表**

| 矿产种类 | 具有查明资源储量矿产 | | 已发现尚无查明资源储量矿产 | |
|---|---|---|---|---|
| | 种数（亚种数） | 矿种（亚矿种）名称 | 种数 | 矿种（亚矿种）名称 |
| 能源矿产 | 6 | 煤、石油、天然气、油页岩、铀、地热 | 4 | 页岩气、煤层气、天然沥青、钍 |
| 金属矿产 | 38 | 铁、锰、铬、钛、钒；铜、铅、锌、镍、钴、钨、锡、铋、钼、锑；金、银、铂族金属［铂、钯、铱、铑、锇、钌］；铌、钽、锂、铍、锆、铷、铯、稀土［钇、钇矿、钆矿、铽矿、镝矿、铈矿、镧矿、镨矿、钕矿、钐矿、铕矿］、锗、镓、铟、镉、硒、碲、镁 | 4 | 汞、铝土矿、锶、铼 |
| 非金属矿产 | 51（67） | 石墨、硫铁矿、蓝晶石、红柱石、长石、云母、石榴子石、叶蜡石、电气石、蛭石、沸石、芒硝、石膏、天然碱、方解石、冰洲石、玛瑙、萤石（普通萤石）、玉石（巴林石）、石灰岩（熔剂用灰岩、电石用灰岩、制碱用灰岩、水泥用灰岩、制灰用灰岩）、白云岩（冶金用白云岩、化工用白云岩）、石英岩（冶金用石英岩、玻璃用石英岩）、砂岩（铸型用砂岩、玻璃用砂岩、冶金用砂岩、水泥配料用砂岩）、天然石英砂（铸型用砂、玻璃用砂、建筑用砂）、脉石英（玻璃用脉石英、冶金用脉石英）、硅藻土、页岩（水泥配料用页岩）、高岭土、陶瓷土、耐火黏土、膨润土、铁矾土、其他黏土（砖瓦用黏土、水泥配料用黏土）、橄榄岩（建筑用橄榄岩）、蛇纹岩（化肥用蛇纹岩）、辉石岩（饰面用辉石岩）、辉长岩（饰面用辉长岩）、玄武岩（饰面用玄武岩）、辉绿岩（饰面用辉绿岩）、闪长岩（饰面用闪长岩）、花岗岩（建筑用花岗岩、饰面用花岗岩）、珍珠岩、大理岩（饰面用火理岩、水泥用大理岩）、板岩（水泥配料用板岩）、泥炭、盐矿（钠盐、镁盐）、溴矿、砷矿、硼矿、磷矿、麦饭石 | 29（32） | 自然硫、水晶（压电水晶、熔炼水晶、工艺水晶）、硅灰石、刚玉、滑石、石棉、蓝石棉、透辉石、透闪石、重晶石、明矾石、菱镁矿、宝石、泥灰岩、粉石英、含钾岩石、凹凸棒石黏土、伊利石黏土、累托石黏土、黑耀岩、松脂岩、浮石、凝灰岩（水泥用凝灰岩、建筑用凝灰岩）、粗面岩、火山灰、火山渣、片麻岩、钾盐、磨刀石 |
| 水气矿产 | 3 | 地下水、矿泉水、二氧化碳气 | | |
| 合计 | 98（114） | | 37（40） | |
| | 全区发现矿种为 135 种（其中 10 种稀土元素按 1 种统计），统计到亚矿种为 154 种；将 10 种稀土元素分别统计，则全区发现矿种为 144 种，统计到亚矿种为 163 种 | | | |

**注**：1. 石油、天然气、铀矿、地下水由国土资源部统计，未列入《内蒙古自治区矿产资源储量表》；2. 地热、麦饭石、矿泉水、二氧化碳气具有一定查明资源储量，但也未列入《内蒙古自治区矿产资源储量表》；3. 冰洲石矿原有查明资源储量，但现已采完闭坑；铝土矿实际也有极少量的查明资源储量，但因品质较差而归入高铝耐火黏土中统计；4. 本表中的括号“（）”内的文字和数据分别为亚矿种名称和统计到亚矿种的数量，“［］”内为金属矿的金属元素。

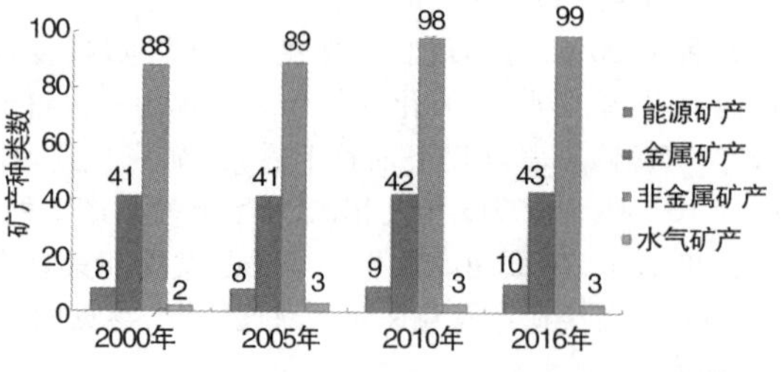


图 1　2016 年内蒙古自治区已发现各类矿产对比图

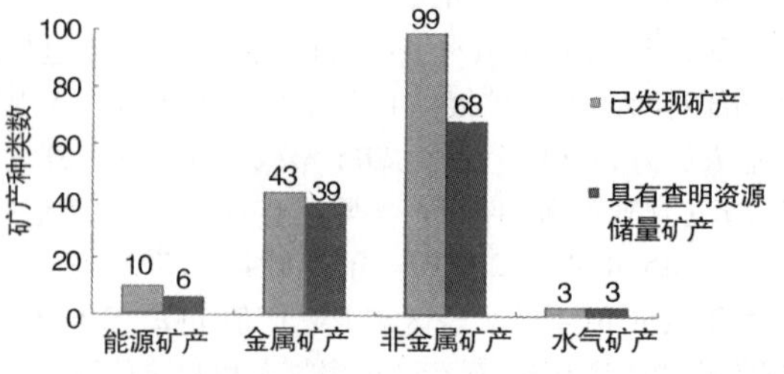


图 2　2016 年内蒙古自治区发现和具有查明资源储量矿产对比图

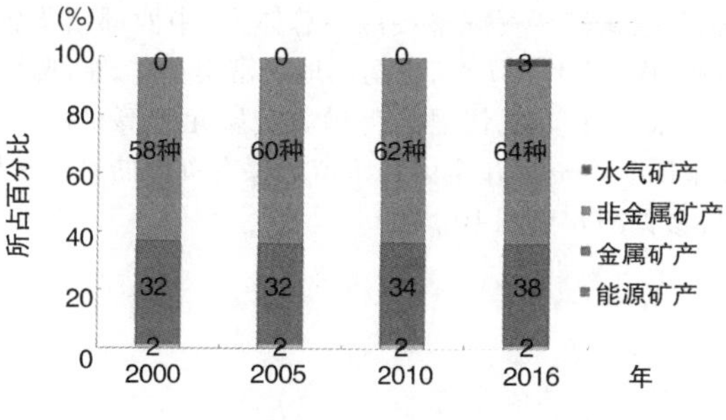


图3 2016年内蒙古自治区上表矿产对比图

【查明矿产地】 2016年,上表的107种矿产上表矿产的地共1920处,分为3222个上表单元,其中包括单一或主要矿产上表单元1920个、共生矿产上表单元613个、伴生矿产上表单元689个。年度新增矿产地为46处,增长4.30%。

全区1920处上表矿产地中,共有能源矿产地447处,因整合合并比2015年减少6处;金属矿产地1074处,因勘查新增产地比2015年增加16处;非金属矿产地399处,因勘查新增矿产地比2015年增加36处。

全区查明资源储量规模达大、中型的矿产地共有707处(其中大型319处、中型388处),占全区上表矿产地的36.82%,有关情况参见图4、图5和图6。

从2005~2009年,全区上表的新增矿产地年均增幅为10%左右,反映了矿产勘查比较活跃,成果也较突出。2011年,由于开展矿产资源现状调查工作,对原有上表矿产地进行了重新划分归并,使全区上表矿产地数量有所减少。自2011~2015年,因受全球经济复苏缓慢影响,自治区地勘工作投入逐年减少,新增矿产地增速也放缓,2016年增速仅为2.45%。但总体来讲,多年来自治区新增矿产地总体呈平稳增加趋势。有关变化情况参见图7。

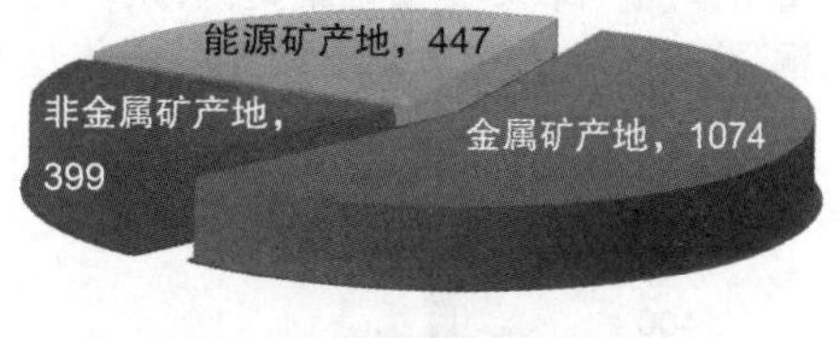


图4 2016年内蒙古自治区各类矿产上表矿产地占比图

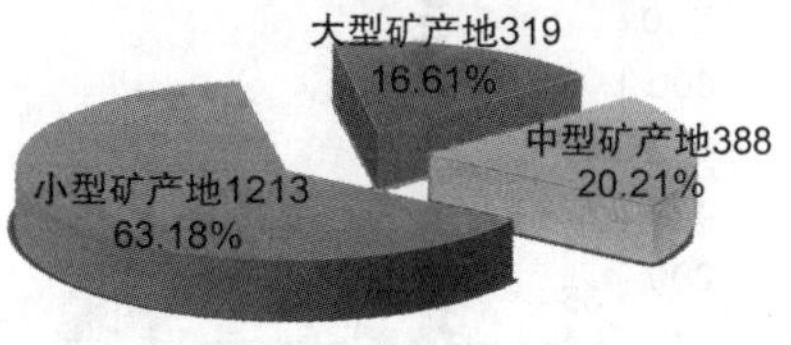


图5 2016年内蒙古自治区上表矿产地按规模统计占比图

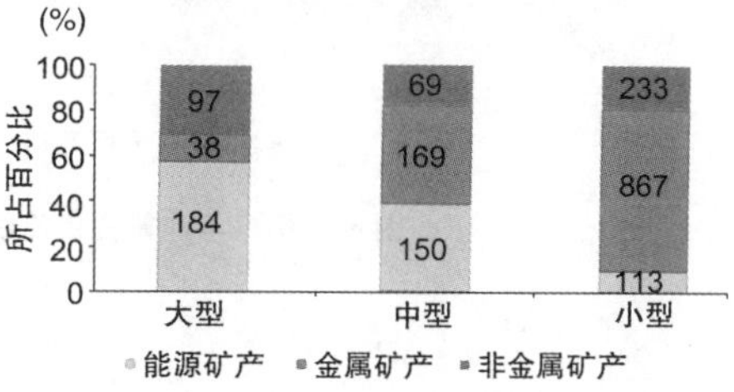


图6 2016年内蒙古自治区各类上表矿产地按规模统计对比图

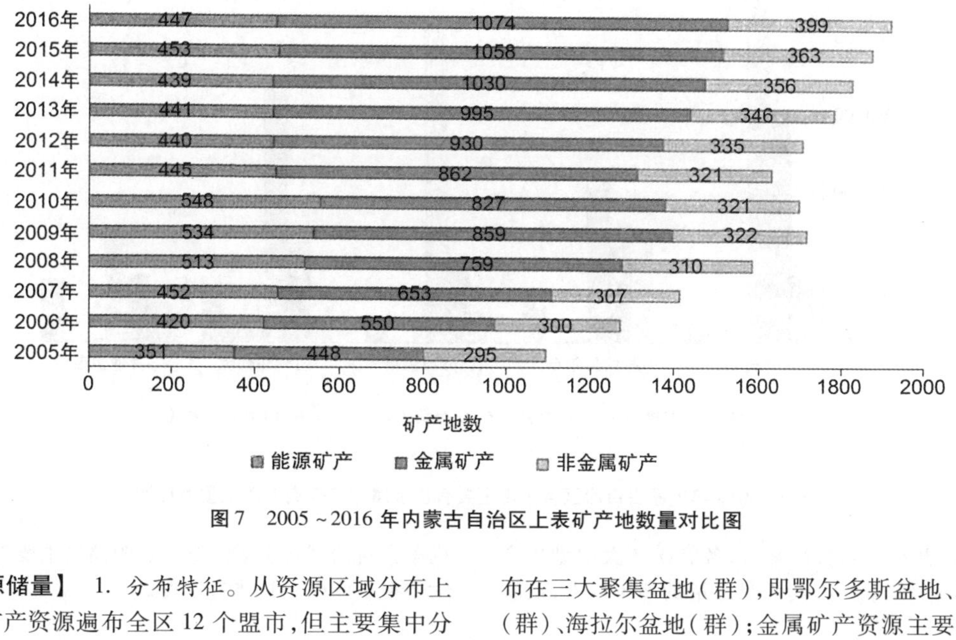


图7 2005~2016年内蒙古自治区上表矿产地数量对比图

【查明资源储量】 1. 分布特征。从资源区域分布上看,能源矿产资源遍布全区12个盟市,但主要集中分布在三大聚集盆地(群),即鄂尔多斯盆地、二连盆地(群)、海拉尔盆地(群);金属矿产资源主要分布在六个聚集区，即：北山－阿拉善北部铜、铁、钼、金、镍、锑、铂族金属元素聚集区，狼山－白云鄂博裂谷带贵金属、铜、铅、锌、硫多金属、稀土、稀有金属矿产聚集区，华北地台北缘内蒙古地轴金矿资源聚集区，大兴安岭中南段银、富铅锌、铜、锡、多金属矿聚集区，东乌旗－梨子山银、铜、锌、铁、稀有、稀散元素聚集区，得尔布干贵金属、多金属矿产资源聚集区。总体上，中西部富集铜、铅锌、铁、稀土等矿产，中南部地区富集金矿，东部地区富集银、铅锌、铜、锡、稀有、稀散金属元素等矿产。主要金属矿产资源在全区各盟市的保有资源储量分布情况，参见图8至图10。

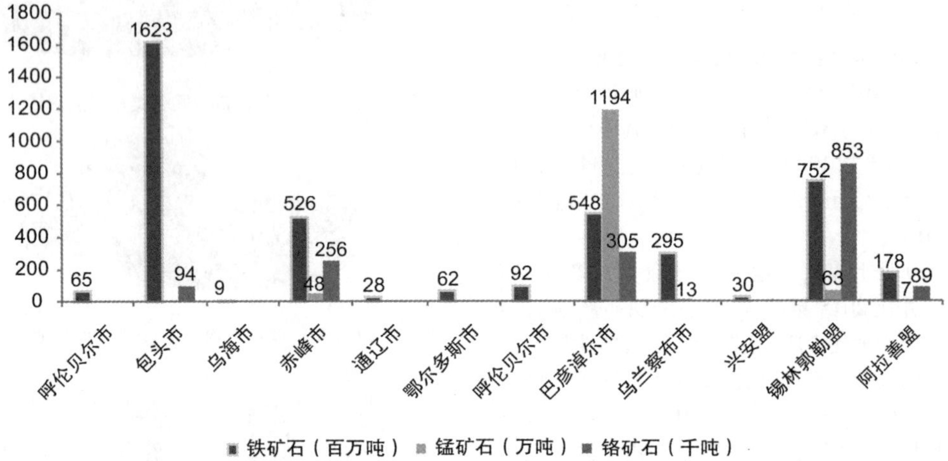


图8　2016年内蒙古自治区各盟市黑色金属矿产保有资源储量对比图

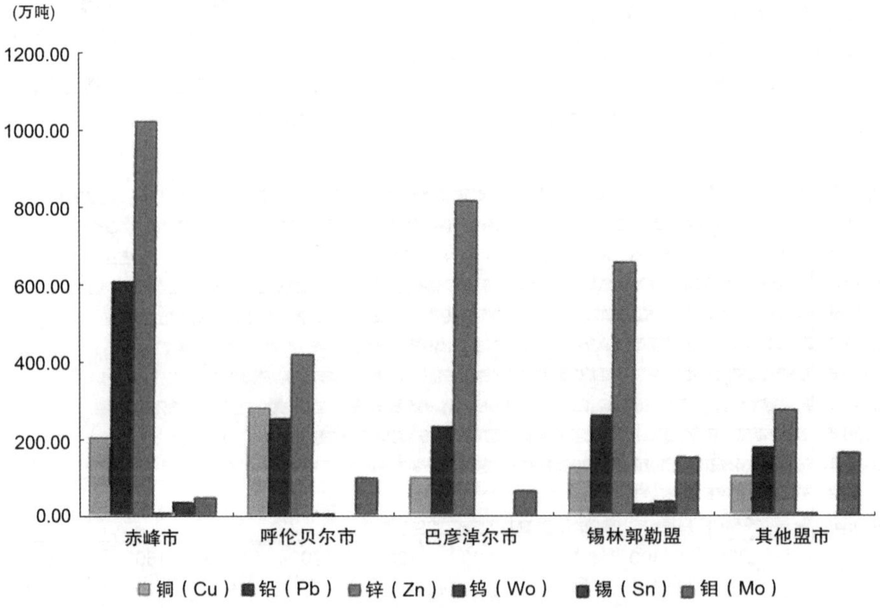


图9　2016年内蒙古自治区各盟市主要有色金属矿产保有资源储量对比图

从矿床规模分布资源来看，各类矿产大中型矿产地的保有资源储量要占其资源总量的2/3以上，反映内蒙古自治区各类矿产查明资源储量主要集中分布在大中型矿床中。具体参见表2。

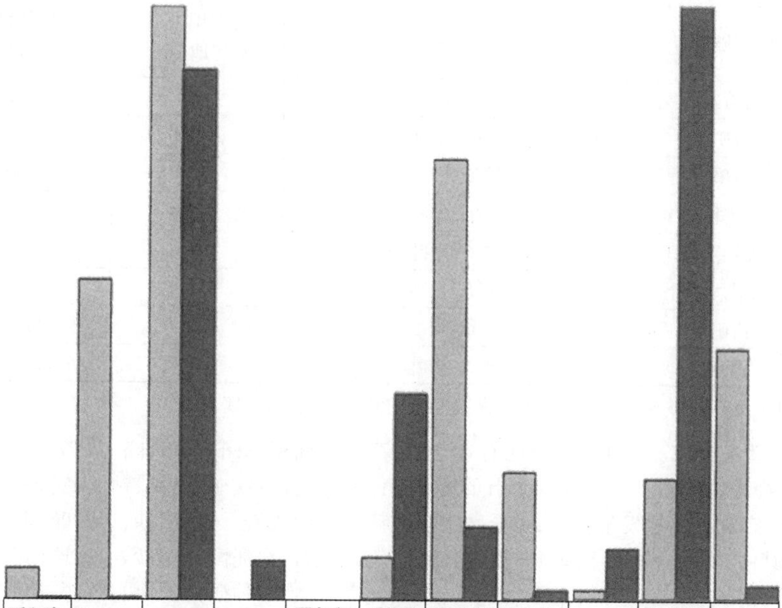

| | 呼和浩特市 | 包头市 | 赤峰市 | 通辽市 | 鄂尔多斯市 | 呼伦贝尔市 | 巴彦淖尔市 | 乌兰察布市 | 兴安盟 | 锡林郭勒盟 | 阿拉善盟 |
|---|---|---|---|---|---|---|---|---|---|---|---|
| 金(Au)吨 | 12.83 | 129.48 | 250.16 | 0.13 | 0.05 | 16.85 | 178.04 | 51.39 | 3.59 | 48.69 | 101.25 |
| 银(Ag)百吨 | 1.03 | 0.82 | 214.47 | 15.66 | 0.00 | 83.28 | 29.33 | 3.54 | 20.40 | 242.92 | 5.46 |

图 10　2016 年内蒙古自治区各盟市贵金属矿产保有资源储量对比图

**表 2　　2016 年度内蒙古自治区主要矿产大中型矿产地资源储量统计表**

| 序号 | 矿产名称 | 单位 | 大中型矿产地(个) | 保有资源储量 | 占全区比例(%) |
|---|---|---|---|---|---|
| 1 | 煤炭 | 千吨 | 253 | 403574411 | 96.70 |
| 2 | 铁矿 | 矿石 千吨 | 47 | 2851594 | 67.76 |
| 3 | 铜矿 | 非伴生矿/铜 吨 | 12 | 6104725 | 77.23 |
| 4 | 铅矿 | 铅 吨 | 19 | 10591040 | 70.43 |
| 5 | 锌矿 | 锌 吨 | 30 | 25265915 | 79.86 |
| 6 | 钨矿 | 原生矿/$WO_3$ 吨 | 4 | 342625 | 91.91 |
| 7 | 锡矿 | 原生矿/锡 吨 | 2 | 608484 | 95.24 |
| 8 | 钼矿 | 钼 吨 | 27 | 4861786 | 96.00 |
| 9 | 金矿 | 金 千克 | 41 | 561184 | 70.82 |
| 10 | 银矿 | 银 吨 | 18 | 19509 | 80.25 |
| 11 | 稀土矿 | 稀上氧化物 吨 | 4 | 149598764 | 100 |
| 12 | 普通萤石 | 萤石或 $CaF_2$ 千吨 | 13 | 22994 | 96.12 |
| 13 | 硫铁矿 | 矿石 千吨 | 5 | 318430 | 97.68 |
| 14 | 芒硝 | 矿石 千吨 | 7 | 3869780 | 99.09 |

**续表 2**

| 序号 | 矿产名称 | 单位 | 大中型矿产地(个) | 保有资源储量 | 占全区比例(%) |
|---|---|---|---|---|---|
| 15 | 天然碱 | $Na_2CO_3+NaHCO_3$ 千吨 | 2 | 9241 | 76.73 |
| 16 | 盐矿 | NaCl 千吨 | 1 | 74516 | 69.54 |
| 17 | 石墨 | 晶质石墨 千吨 | 23 | 81948 | 99.90 |
| 18 | 石膏 | 矿石 千吨 | 7 | 3631268 | 99.74 |
| 19 | 水泥用灰岩 | 矿石 千吨 | 41 | 7867039 | 97.98 |
| 20 | 水泥用大理岩 | 矿石 千吨 | 11 | 838211 | 99.84 |
| 21 | 锗矿 | 锗 吨 | 1 | 2659 | 99.18 |
| 22 | 高岭上 | 矿石 千吨 | 6 | 83016 | 98.31 |

**数据来源:**依据《截至 2016 年底内蒙古自治区矿产资源储量通报》数据整理而得。

2. 资源储量及变化。2016 年,全区有 45 种矿产因勘查新增矿产地或矿山开采消耗和矿山重新进行储量核实,致使保有资源储量发生变化,占全区上表矿产的 42.06%。其中,煤炭、油页岩、铜矿、铅矿、锌矿、钨矿、锡矿、铋矿、钼矿、锑矿、金矿、银矿、镓矿、铟矿、镉矿、普通萤石、冶金用白云岩、冶金用砂岩、硫铁矿、芒硝、砷矿、石墨、水泥用灰岩、玻璃用脉石英、膨润土、饰面用花岗岩、珍珠岩共 27 种矿产的保有资源储量有所增加;铁矿、铬矿、钴矿、铌矿、稀土矿、锗矿、硒矿、熔剂用灰岩、铸型用砂、天然碱、电石用灰岩、盐矿、磷矿、蛭石、水泥配料用砂岩、玻璃用砂、硅藻土、水泥用大理岩共 18 种矿产的保有资源储量有所减少。全区各类矿产保有资源储量及变化情况参见表 3。

**表 3　2016 年内蒙古自治区各类矿产保有资源储量及变化统计表**

| 矿类 | 序号 | 矿产名称 | 单位 | 保有资源储量 | 增减量 | 增减比例(%) |
|---|---|---|---|---|---|---|
| 能源矿产 | 1 | 煤炭 | 千吨 | 417357205 | 6292667 | 1.53 |
| | | | 无烟煤 千吨 | 922339 | 306 | 0.03 |
| | | | 烟煤 千吨 | 254164997 | 3713179 | 1.48 |
| | | | 其中炼焦用煤 千吨 | 8050544 | -41998 | -0.52 |
| | | | 褐煤 千吨 | 162249945 | 2579182 | 1.62 |
| | 2 | 油页岩 | 千吨 | 2850650 | 248840 | 9.56 |
| 黑色金属矿产 | 3 | 铁矿 | 矿石 千吨 | 4208661 | -1667047 | -28.37 |
| | 4 | 锰矿 | 矿石 千吨 | 13254 | - | - |
| | 5 | 铬矿 | 矿石 千吨 | 1596 | 0 | -0.01 |
| | 6 | 钛矿 | 矿石 万吨 | 3476729 | - | - |
| | 7 | 钒矿 | $V_2O_5$ 吨 | 1287413 | - | - |
| 有色金属矿产 | 8 | 铜矿 | 铜 吨 | 7904299 | 74098 | 0.95 |
| | 9 | 铅矿 | 铅 吨 | 15038084 | 787106 | 5.52 |
| | 10 | 锌矿 | 锌 吨 | 31635872 | 3305310 | 11 67 |
| | 11 | 镁矿 | 矿石 千吨 | 376218 | - | - |
| | 12 | 镍矿 | 镍 吨 | 1181039 | - | - |
| | 13 | 钴矿 | 钴 吨 | 39069 | 5164 | 1167 |
| | 14 | 钨矿 | $WO_3$ 吨 | 372783 | 87589 | 30 71 |
| | 15 | 锡矿 | 锡 吨 | 638913 | 231332 | 56.76 |

**续表 3－1**

| 矿类 | 序号 | 矿产名称 | 单位 | 保有资源储量 | 增减量 | 增减比例(%) |
|---|---|---|---|---|---|---|
| 有色金属矿产 | 16 | 铋矿 | 铋 吨 | 86418 | 19319 | 28 79 |
| | 17 | 钼矿 | 铜 吨 | 5064111 | 22876 | 0.45 |
| | 18 | 锑矿 | 锑 吨 | 205342 | 10306 | 116 07 |
| 贵金属矿产 | 19 | 铂族金属 | 金属 千克 | 2053 | – | – |
| | 20 | 金矿 | 金 千克 | 792460 | 103602 | 15 04 |
| | 21 | 银矿 | 银 吨 | 61691 | 12873 | 26 37 |
| 稀有稀土及分散元素矿产 | 22 | 铌钽矿 | 铌钽铁矿物 吨 | 9331 | – | – |
| | 23 | 铌矿 | $Nb_2O_5$ 吨 | 1924763 | 11458 | －0.59 |
| | | | | 1 871716 | – | – |
| | 24 | 钽矿 | $Ta_2O_5$ 吨 | 21439 | – | – |
| | 25 | 铍矿 | BeO 吨 | 66750 | – | – |
| | 26 | 锂矿 | $Li_2O$ 吨 | 41415 | – | – |
| | 27 | 锆矿 | $ZrO_2$ 吨 | 3718792 | – | – |
| | 28 | 铷矿 | $Rb_2O$ 吨 | 58079 | – | – |
| | 29 | 铯矿 | $Cs_2O$ 吨 | 2882 | – | – |
| | 30 | 稀土矿 | 稀土氧化物 吨 | 149598764 | －602383 | －0.4 |
| | 31 | 锗矿 | 锗 吨 | 2673 | －80 | －2.9 |
| | 32 | 镓矿 | 镓 吨 | 3845 | 157 | 4.25 |
| | 33 | 铟矿 | 铟 吨 | 2984 | 791 | 36.06 |
| | 34 | 镉矿 | 镉 吨 | 39835 | 6522 | 19.58 |
| | 35 | 硒矿 | 硒 吨 | 187 | －111 | －37.21 |
| | 36 | 碲矿 | 碲 吨 | 2 | – | – |
| 冶金辅助原料非金属矿产 | 37 | 蓝晶石 | 蓝晶石 吨 | 2809100 | – | – |
| | 38 | 红柱石 | 红柱石 千吨 | 490 | – | – |
| | 39 | 普通萤石 | 矿石 千吨 | 36618 | 3814 | 10.40 |
| | 40 | 熔剂用灰岩 | 矿石 千吨 | 468891 | －2459 | －0.52 |
| | 41 | 冶金用白云岩 | 矿石 千吨 | 1588667 | 1402606 | 753.84 |
| | 42 | 冶金用石英岩 | 矿石 千吨 | 52717 | – | – |
| | 43 | 冶金用砂岩 | 矿石 千吨 | 90227 | 1560 | 1.76 |
| | 44 | 铸型用砂岩 | 矿石 千吨 | 8833 | – | – |
| | 45 | 铸型用砂 | 矿石 千吨 | 70233 | －97 | －0.14 |
| | 46 | 冶金用脉石英 | 矿石 千吨 | 5562 | – | – |
| | 47 | 耐火黏土 | 矿石 千吨 | 231290 | – | – |
| | 48 | 铁矾土 | 矿石 千吨 | 10626 | – | – |

**续表 3-2**

| 矿类 | 序号 | 矿产名称 | 单位 | 保有资源储量 | 增减量 | 增减比例(%) |
|---|---|---|---|---|---|---|
| 化工原料非金属矿产 | 49 | 硫铁矿 | 矿石 千吨 | 325988 | -543 | -0.17 |
| | | | 硫 千吨 | 38460 4682 | 13.86 | - |
| | 50 | 芒硝 | 矿石 千吨 | 3905123 | -29456 | -0.75 |
| | | | $Na_2SO_4$ 千吨 | 134682 | 10830 | 8.74 |
| | 51 | 天然碱 | $Na_2CO_3+NaHCO_3$ 千吨 | 12044 | -52 | -0.43 |
| | 52 | 电石用灰岩 | 矿石 千吨 | 762363 | -130 | -0.02 |
| | 53 | 制碱用灰岩 | 矿石 千吨 | 1061699 | - | - |
| | 54 | 化工用白云岩 | 矿石 千吨 | 6127 | - | - |
| | 55 | 化肥用蛇纹岩 | 矿石 千吨 | 1092304 | - | - |
| | 56 | 泥炭 | 矿石千吨 | 34103 | - | - |
| | 57 | 盐矿 | NaCI 千吨 | 107155 | -1131 | -1.04 |
| | 58 | 镁盐 | $MgSO_4$ 千吨 | 119 | - | - |
| | 59 | 溴矿 | 溴 吨 | 2491 | - | - |
| | 60 | 砷矿 | 雄(雌)黄矿物 吨 | 21245 | -2655 | -11.11 |
| | | | 砷 吨 | 841111 | 189546 | 29.09 |
| | 61 | 硼矿 | $B_2O_3$ 千吨 | 8 | - | - |
| | 62 | 磷矿 | 矿石 千吨 | 289843 | - | - |
| | | | $P_2O_5$ 千吨 | 1153 | -5985 | -83.85 |
| 建材和其他非金属矿产 | 63 | 石墨 | 晶质石墨 千吨 | 50942 | 32656 | 178.59 |
| | | | 隐晶质石墨 千吨 | 14131 | -29 | -0.2 |
| | 64 | 云母 | 工业原料云母 吨 | 10034 | - | - |
| | 65 | 长石 | 矿石 千吨 | 48 | - | - |
| | 66 | 电气石 | 电气石 千克 | 426000000 | - | - |
| | 67 | 石榴子石 | 矿石 千吨 | 25750 | 19703 | 325 83 |
| | 68 | 叶蜡石 | 矿石 千时 | 2810 | 2810 | - |
| | 69 | 蛭石 | 矿石 千吨 | 0 | -4371 | -99.99 |
| | 70 | 沸石 | 矿石 千吨 | 211848 | - | - |
| | 71 | 石膏 | 矿石 千吨 | 3640717 | -47 | - |
| | 72 | 方解石 | 矿石 千吨 | 2070 | - | - |
| | 73 | 玉石 | 矿石 吨 | 10928 | - | - |
| | 74 | 玛瑙 | 矿石 吨 | 166286 | - | - |
| | 75 | 水泥用灰岩 | 矿石 千吨 | 8029398 | 464856 | 6.15 |
| | 76 | 制灰用石灰岩 | 矿石 千吨 | 1183 | - | - |
| | 77 | 玻璃用石英岩 | 矿石 千吨 | 6161 | - | - |
| | 78 | 玻璃用砂岩 | 矿石 千吨 | 1610 | - | - |
| | 79 | 水泥配料用砂岩 | 矿石 千吨 | 21119 | -24 | -0.11 |

**续表 3-3**

| 矿类 | 序号 | 矿产名称 | 单位 | 保有资源储量 | 增减量 | 增减比例(%) |
|---|---|---|---|---|---|---|
| 建材和其他非金属矿产 | 80 | 玻璃用砂 | 矿石 千吨 | 76379 | -148 | -0.19 |
| | 81 | 建筑用砂 | 矿石 千立方米 | 10180 | - | - |
| | 82 | 玻璃用脉石英 | 矿石 千吨 | 1756 | 1551 | 756.63 |
| | 83 | 硅藻土 | 矿石 千吨 | 7215 | -5859 | -44.81 |
| | 84 | 水泥配料用页岩 | 矿石 千吨 | 1687 | - | - |
| | 85 | 高岭土 | 矿石 千吨 | 84442 | - | - |
| | 86 | 陶瓷土 | 矿石 千吨 | 16904 | - | - |
| | 87 | 膨润土 | 矿石 千吨 | 315422 | 79570 | 33.74 |
| | 88 | 砖瓦用黏土 | 矿石 千立方 | 49927 | - | - |
| | 89 | 水泥配料用黏土 | 矿石 千吨 | 153820 | - | - |
| | 90 | 建筑用橄榄岩 | 矿石 千立方米 | 2856 | - | - |
| | 91 | 饰面用辉石岩 | 矿石 千立方米 | 500 | - | - |
| | 92 | 饰面用玄武岩 | 矿石 千立方米 | 2771 | - | - |
| | 93 | 饰面用辉绿岩 | 矿石 千立方米 | 990 | - | - |
| | 94 | 饰面用辉长岩 | 矿石 千立方米 | 4369 | 4369 | - |
| | 95 | 饰面用闪长岩 | 矿石 千立方米 | 554 | - | - |
| | 96 | 建筑用花岗岩 | 矿石 千立方米 | 26390 | - | - |
| | 97 | 饰面用花岗岩 | 矿石 千立方米 | 779228 | 298893 | 6223 |
| | 98 | 珍珠岩 | 矿石 千吨 | 851516 | 800938 | 1583.6 |
| | 99 | 饰面用大理岩 | 矿石 千立方米 | 7810 | - | - |
| | 100 | 水泥用大理岩 | 矿石 千吨 | 839587 | -2490 | -0.3 |
| | 101 | 水泥配料用板岩 | 矿石 千吨 | 78854 | - | - |

**数据来源**:《截至2016年底内蒙古自治区矿产资源储量通报》。

3. 居全国位次。据国土资源部《2016年全国矿产资源储量通报》统计,至2016年,内蒙古自治区有87种矿产的保有资源储量居全国前十位,占全区上表矿产种类(107种)的81.31%。其中,居前三位的矿产有45种,占全区上表矿产的42.06%。煤、铅、锌、银、稀土、铌、锆、钌、锗、普通萤石、冶金用砂岩、砷矿、电气石、玛瑙、砖瓦用黏土、建筑用橄榄岩、珍珠岩、水泥配料用板岩18种矿产保有资源储量居全国第一位。特别是,稀土、玛瑙、建筑用橄榄岩矿产的保有资源储量均占到全国98%以上,普通萤石、电气石、水泥配料板岩、珍珠岩、锆等矿产占到全国70%以上,有关情况参见表4及图11。

**表 4　　2016 年内蒙古自治区各矿产保有资源储量居全国位次及所占比例一览表**

| 序号 | 矿产名称 | 位次 | 占全国比例(%) | 序号 | 矿产名称 | 位次 | 占全国比例(%) | 序号 | 矿产名称 | 位次 | 占全国比例(%) |
|---|---|---|---|---|---|---|---|---|---|---|---|
| 1 | 煤炭 | | 26.12 | 37 | 铱矿(原生矿) | | 9.40 | 73 | 硼矿(液体) | | 0.03 |
| 2 | 铅矿 | | 17.60 | 38 | 锇矿(原生矿) | | 6.05 | 74 | 玻璃用砂 | 6 | 2.51 |
| 3 | 锌矿 | | 17.77 | 39 | 金矿(岩金) | | 6.93 | 75 | 硅藻土 | | 1.46 |
| 4 | 钌矿(原生矿) | | 53.55 | 40 | 钽矿(氧化钽) | | 15.38 | 76 | 饰面用辉绿岩 | | 2.82 |
| 5 | 银矿(非伴生矿) | | 28.76 | 41 | 铍矿(氧化铍) | 3 | 11.17 | 77 | 钨矿(原生矿) | | 3.34 |
| 6 | 铌矿(氧化铌) | | 55.08 | 42 | 铟矿 | | 17.82 | 78 | 锑矿 | | 6.68 |
| 7 | 锆矿($ZrO_2$) | | 75.88 | 43 | 化肥用蛇纹岩 | | 8.39 | 79 | 锂矿($Li_2O$) | | 1.33 |
| 8 | 稀土矿(稀土氧化物) | | 98.64 | 44 | 沸石 | | 8.74 | 80 | 铯矿 | 7 | 0.73 |
| 9 | 锗矿 | 1 | 39.32 | 45 | 膨润土 | | 10.63 | 81 | 镓矿 | | 1.19 |
| 10 | 普通萤石(矿石) | | 84.43 | 46 | 镍矿 | | 10.56 | 82 | 建筑用砂 | | 2.32 |
| 11 | 冶金用砂岩 | | 29.17 | 47 | 铂矿(原生矿) | | 5.07 | 83 | 饰面用闪长岩 | | 1.87 |
| 12 | 砷矿(砷) | | 26.56 | 48 | 钯矿(原生矿) | | 14.08 | 84 | 钴矿 | 8 | 5.81 |
| 13 | 电气石 | | 86.45 | 49 | 镉矿 | | 10.12 | 85 | 蛭石 | 9 | 0.00 |
| 14 | 玛瑙 | | 99.95 | 50 | 冶金用脉石英 | | 8.09 | 86 | 高岭土 | | 2.49 |
| 15 | 砖瓦用黏土 | | 26.32 | 51 | 耐火黏土 | 4 | 8.96 | 87 | 钛矿(钛铁矿) | 10 | 0.14 |
| 16 | 建筑用橄榄岩 | | 100.00 | 52 | 铁矾土 | | 4.01 | 88 | 钒矿 | | 2.01 |
| 17 | 珍珠岩 | | 71.28 | 53 | 泥炭 | | 9.57 | 89 | 磷矿(矿石) | 11 | 1.19 |
| 18 | 水泥配料用板岩 | | 77.83 | 54 | 云母 | | 2.17 | 90 | 玉石 | | 0.06 |
| 19 | 锡矿(原生矿) | | 17.03 | 55 | 水泥用灰岩 | | 5.98 | 91 | 红柱石 | 12 | 0.00 |
| 20 | 铋矿 | | 15.96 | 56 | 饰而用玄武岩 | | 11.05 | 92 | 玻璃用脉石英 | | 1.93 |
| 21 | 钼矿 | | 17.57 | 57 | 饰面用辉长岩 | | 7.30 | 93 | 锰矿 | | 0.85 |
| 22 | 铑矿(原生矿) | | 29.37 | 58 | 油页岩 | | 2.15 | 94 | 硒矿 | | 1.12 |
| 23 | 铌钽矿(铌钽铁矿) | | 24.05 | 59 | 铜矿(非伴生矿) | | 7.55 | 95 | 碲矿 | 13 | 0.03 |
| 24 | 蓝晶石 | | 22.88 | 60 | 镁矿(炼镁白云岩) | | 10.81 | 96 | 熔剂用灰岩 | | 3.40 |
| 25 | 冶金用白云岩 | | 10.99 | 61 | 铷矿($Rb_2O$) | 5 | 3.39 | 97 | 陶瓷土 | | 0.89 |
| 26 | 铸型用砂 | | 7.57 | 62 | 铸型用砂岩 | | 10.75 | 98 | 方解石 | 14 | 0.17 |
| 27 | 芒硝(矿石) | 2 | 14.69 | 63 | 石榴子石(矿石) | | 6.23 | 99 | 玻璃用石英岩 | 15 | 0.15 |
| 28 | 天然碱($Na_2CO_3$) | | 5.22 | 64 | 叶蜡石 | | 2.73 | 100 | 盐矿(固体 NaCl) | 16 | 0.01 |
| 29 | 电石用灰岩 | | 10.04 | 65 | 石膏 | | 3.74 | 101 | 制灰用石灰岩 | 18 | 0.06 |
| 30 | 制碱用灰岩 | | 25.02 | 66 | 水泥配料用黏土 | | 6.47 | 102 | 水泥配料用砂岩 | | 0.88 |
| 31 | 镁盐(卤水) | | 1.50 | 67 | 建筑用花岗岩 | | 2.10 | 103 | 水泥配料用页岩 | 20 | 0.14 |
| 32 | 石墨(晶质石墨) | | 27.36 | 68 | 铁矿 | | 5.01 | 104 | 玻璃用砂岩 | 21 | 0.17 |
| 33 | 饰面用辉石岩 | | 35.45 | 69 | 冶金用石英岩 | 6 | 2.14 | 105 | 饰面用大理岩 | 22 | 0.48 |
| 34 | 饰面用花岗岩 | | 16.81 | 70 | 硫铁矿(矿石) | | 5.40 | 106 | 长石 | 24 | 0.00 |
| 35 | 水泥用大理岩 | | 17.97 | 71 | 化工用白云岩 | | 3.29 | 107 | 冰洲石 | – | – |
| 36 | 铬矿 | 3 | 12.94 | 72 | 溴矿 | | 0.06 | | | | |

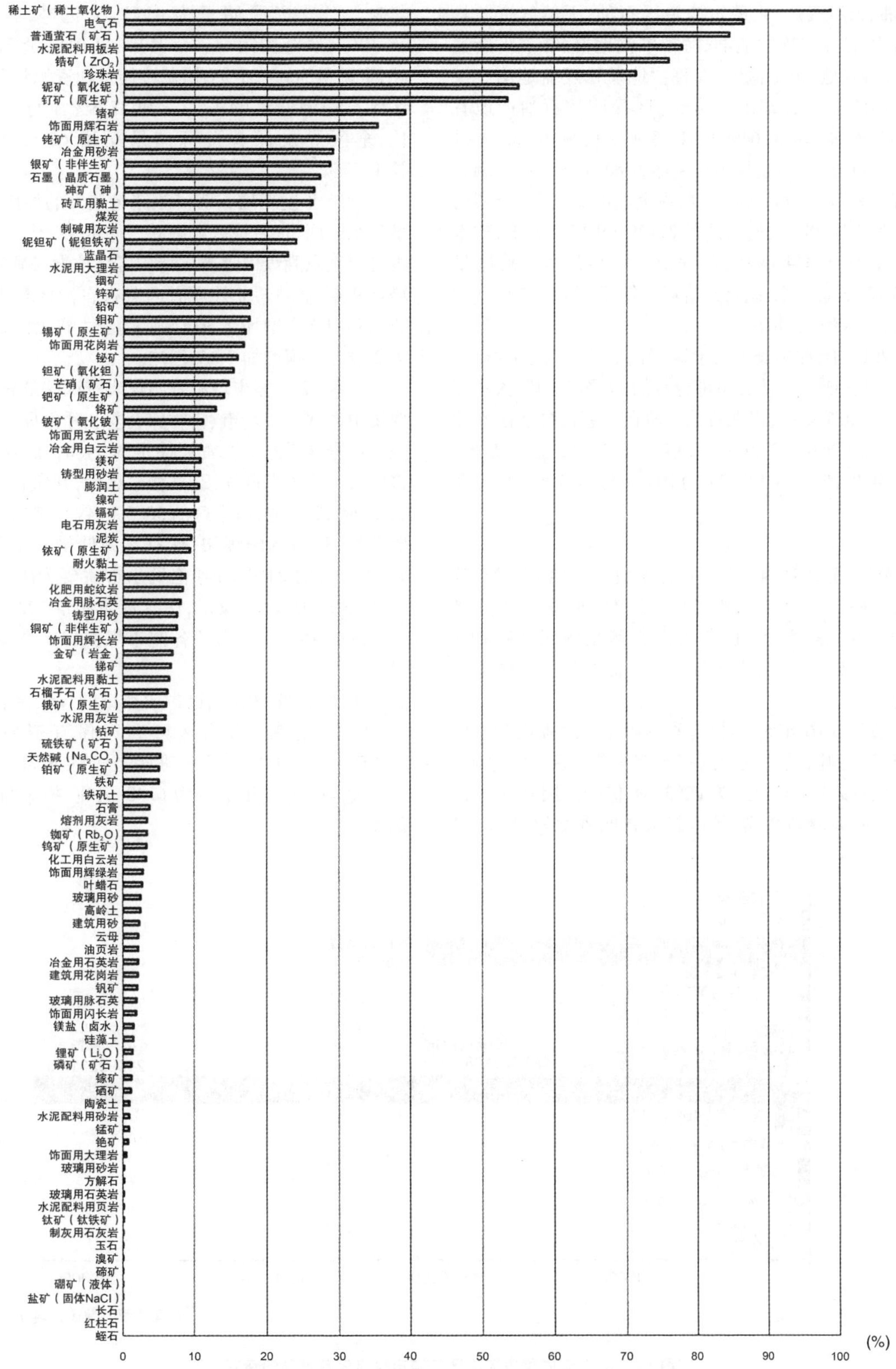


图 11　2016 年内蒙古自治区各矿产保有资源储量占全国比例对比图

**【石油、天然气】** 内蒙古自治区石油、天然气资源具有潜力，已在二连盆地群、海拉尔盆地群、鄂尔多斯盆地、赤峰盆地、银根盆地、开鲁盆地及松辽盆地均有探明资源储量。至2016年底，全区探明的石油产地有32处，地质储量64993.64万吨，技术可采储量11991.80万吨，剩余技术可采储量8381.27万吨，剩余经济可采储量5744.58万吨，占全国的2.32%；查明的天然气产地28处，地质储量21129.09亿立方米，技术可采储量11034.09亿立方米，剩余技术可采储量9605.65亿立方米，剩余经济可采储量6012.47亿立方米，占全国的15.81%。

2016年，在内蒙古自治区境内有中石油、中石化、大庆、延长四大石油公司进行石油、天然气的勘探和开采。至2016年底，四大石油公司在内蒙古自治区累计生产石油3610.53万吨、天然气1428.44亿立方米，2016年生产石油147.77万吨、天然气198.11亿立方米。

**【煤炭】** 至2016年，全区共有煤炭矿产地438处，其中大型矿产地184处，中型矿产地69处，另有1处锗矿的共生上表单元。因年度勘查新增煤炭矿产地2处，即阿拉善右旗白芨芨西区煤炭普查和金坑洼煤炭普查。

截至2016年底，全区煤炭资源累计勘查资源储量8585.27亿吨，其中查明的资源储量为4291.43亿吨，预测的资源量(334)？为4293.84亿吨。因补充详查和矿山资源储量核实，年度新增查明资源储量70.63亿吨。保有资源储量为4173.57亿吨，占全国的26.12%，居全国第一位。其中，基础储量510.26亿吨，资源量3663.31亿吨，基础储量和资源量分别占全区保有资源储量的12.2%和87.8%。与2015年相比，全区煤炭保有资源储量净增62.93亿吨，增长1.53%。

2016年度新增查明资源储量较大的原因包括：伊敏河东二区、东后备区勘查新增储量42.38亿吨、内蒙古自治区东胜煤田呼吉尔特矿区乌拉素煤矿储量核实增加9.41亿吨。此外还有内蒙古自治区东胜煤田奎腾沟井田详查增加7.30亿吨、内蒙古自治区霍林河煤田2号井勘探增加7.67亿吨。

全区12个盟市均有查明煤炭资源储量分布，但主要集中在鄂尔多斯市、锡林郭勒盟和呼伦贝尔市，三个盟市占全区煤炭保有资源储量的94.0%。其中，鄂尔多斯市主要为东胜煤田、准格尔煤田，其保有资源储量为2109.22亿吨，占全区的50.5%；锡林郭勒盟主要为胜利煤田、白音华煤田，保有资源储量为1039.93亿吨，占全区的24.9%；呼伦贝尔市主要为陈巴尔虎煤田、伊敏煤田、大雁煤田，保有资源储量773.18亿吨，占全区的18.5%。有关各盟市煤炭保有资源储量情况参见图12。

2016年，全区矿山已占用登记的煤炭保有资源储量913.22亿吨，占全区可利用保有资源储量的21.88%。矿山年度开采消耗上表煤炭资源储量为7.22亿吨，其中开采量为6.48亿吨，损失量为0.74亿吨。

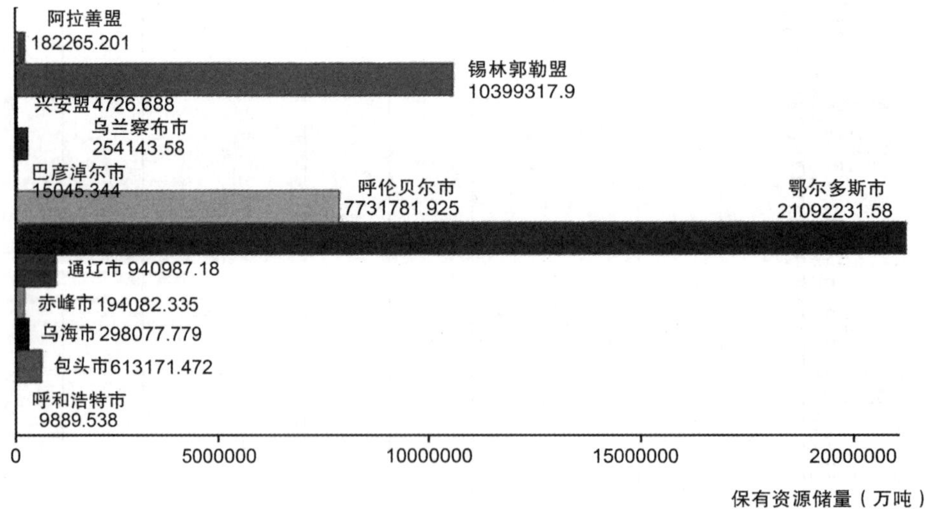


图12　2016年内蒙古自治区各盟市煤炭保有资源储量对比图

据《内蒙古统计年鉴(2017)》数据，2016年全区煤炭产量为8.46亿吨。其与国土资源管理部门统计的开采量有较大差异，主要是统计口径的范围不一致所致，特别是统计部门统计包括了各类是以企业的原矿产量和加工企业产量及外购矿量，而国土资源管理部门仅统计有效采矿权矿山企业的实际年度采出矿量。

**【铁矿】** 至2016年，全区共有单一或以铁为主的矿产地489处，其中大型矿产地10处，中型矿产地37处。另有共生铁矿16处，伴生铁矿8处。2016年度，因矿产勘查新增铁矿产地1处。

截至2016年底，全区铁矿累计查明资源储量48.94亿吨，保有资源储量为42.09亿吨，居全国第六位。其中基础储量18.17亿吨、资源量23.92亿吨，基础储量和资源量分别占全区保有资源储量的43.2%和56.8%。与2015年相比保有资源储量净减少16.67亿吨，减少了28.37%，资源储量大幅减少的原因是按照2016年度最新要求对全区所有超贫磁铁矿的资源储量均按mFe 20%工业品位进行了折算。

铁矿资源在全区12个盟市均有分布，主要分布在包头市、锡林郭勒盟、巴彦淖尔市和赤峰市，这四个盟市的铁矿保有资源储量占全区保有资源储量的82.0%。其中，包头市主要有白云鄂博主东矿、西矿二个大型铁铌稀土矿和达茂旗翁公山大型超贫磁铁矿，以及三合明、公义明、黑脑包、高腰海等10个中型铁矿，保有资源储量达16.23亿吨，占全区保有资源储量的38.6%；锡林郭勒盟主要有西乌珠穆沁旗扎布其铜矿超贫磁铁矿、苏尼特右旗温都尔庙白云敖包铁矿、哈尔哈达铁矿、东乌珠穆沁旗朝不楞铁多金属矿、查干敖包铁锌矿5个大中型矿床，铁矿保有资源储量为7.52亿吨，占全区保有资源储量的17.9%；巴彦淖尔市主要有乌拉特前旗东五分子铁矿、书记沟铁矿、赛忽洞铁矿和乌拉特后旗双利铁矿、霍各乞三号矿铁矿5个中型矿床，铁矿保有资源储量为5.48亿吨，占全区保有资源储量的13.0%；赤峰市主要有克什克腾旗黄岗中型铁锡矿和宁城县五官营子等4个中型超贫磁铁矿，铁矿保有资源储量为5.26亿吨，占全区保有资源储量的12.5%。各盟市铁矿保有资源量有关情况，参见图13。

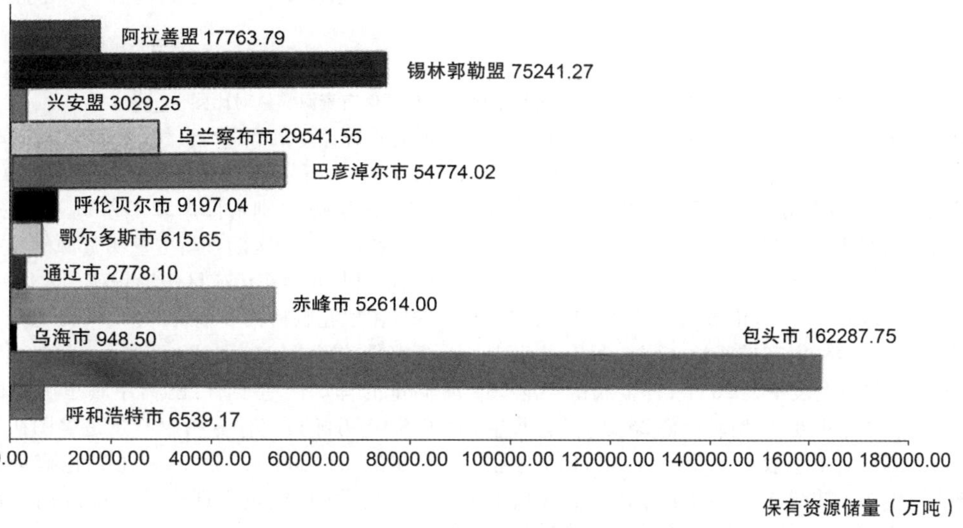


**图13 2016年内蒙古自治区各盟市铁保有资源储量对比图**

2016年，全区矿山已进行占用登记的铁矿保有资源储量为31.48亿吨，占全区铁矿保有资源储量的78.41%。矿山年度开采消耗上表的铁矿资源储量2980.54万吨，其中开采量为2837.29万吨，损失量为143.25万吨。

**【铜矿】** 至2016年，以铜为主矿产的矿产地为74处，其中大型矿产地2处、中型矿产地10处，另有75个共生上表单元和96个伴生上表单元。与2015年相比，因矿产勘查新增铜矿产地1处，新增的铜矿共伴生上表单元15处（因勘查新增共伴生上表单元7个，因储量核实增加共伴生上表单元8个）。

截至2016年底，全区铜金属查明资源储量910.47万吨，新增查明铜金属资源储量41万吨。保有资源储量为790.43万吨，占全国的7.55%，居全国第五位。其中，基础储量437.83万吨、资源量352.60万吨，基础储量和资源量分别占全区铜金属保有资源储量的55.4%和44.6%。与2015年相比，全区铜金属保有资源储量净增7.41万吨，增长0.95%。

全区铜矿资源主要分布在呼伦贝尔市、赤峰市、巴彦淖尔市、锡林郭勒盟和乌兰察布市，五个盟市铜资源储量合计占全区铜金属保有资源储量的92.8%。其中，呼伦贝尔市（主要有乌努格吐山大型铜钼矿等）铜金属保有资源储量为278.29万吨，占全区的35.2%；赤峰市铜金属保有资源储量为199.44万吨，占全区的25.2%；巴彦淖尔市（主要有霍各乞铜多金属一号大型矿等）铜金属保有资源储量为94.51万吨，占全区的12.0%；锡林郭勒盟（主要有道伦达坝中型铜多金属矿等）铜金属保有资源储量为119.13万吨，占全区的15.1%；乌兰察布市（主要有白乃庙中型铜矿等）铜金属保有资源储量为42.38万吨，占全区的5.4%。全区各盟市铜金属保有资源储量情况，参见图14。

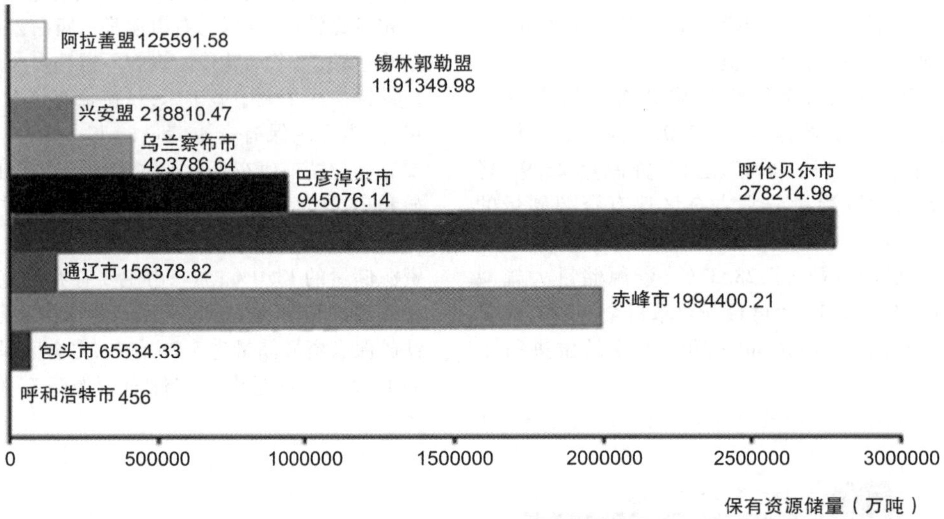


图14　2016年内蒙古自治区各盟市铜保有资源储量对比图

2016年，全区矿山已进行占用登记的铜保有资源储量为630.11万吨，占全区总量的79.72%。矿山年度开采消耗上表铜资源储量为6.74万吨，其中开采量6.35万吨，损失量10.39万吨。

【铅锌矿】　至2016年，全区铅金属矿产地共有73个，其中大型矿产地2处、中型矿产地17处，另有共生上表单元144个、伴生上表单元26个；锌金属矿产地95个，其中大型矿产地4处、中型矿产地26处，另有共生上表单元130个，伴生上表单元29个。与2015年相比，新增共伴生铅上表单元15个（其中因勘查新增上表单元12个，储量核实增加上表单元3个），新增锌共伴生上表单元14个（其中因勘查新增上表单元12个，储量核实增加上表单元2个）。

截至2016底，累计查明铅金属资源储量1674.20万吨、锌金属3604.18万吨。新增查明铅金属资源储量102.92万吨，新增查明锌金属资源储量389.41万吨。全区保有铅金属资源储量1503.81万吨、锌金属资源储量3163.59万吨，分别占全国的17.60%和17.77%，均居全国第一位。其中，铅金属基础储量647.65万吨、锌金属基础储量1444.45万吨，分别占全区保有资源储量的43.07%和45.66%，铅金属资源量856.16万吨、锌金属资源量1719.14万吨，分别占全区保有资源储量的56.93%和54.34%。与2015年度相比，净增保有资源储量：铅金属78.71万吨、锌金属330.53万吨，分别增长5.52%和11.67%。

2016年，全区勘查新增查明资源储量的主要铅矿区有：巴林左旗东山矿区银铅锌矿（17.84万吨）；东乌珠穆沁旗花脑特银多金属矿（3.31万吨）；翁牛特旗小高家梁矿区铅锌矿（1.89万吨）。勘查新增查明资源储量的锌矿区主要有：巴林左旗东山矿区银铅锌矿（18.65万吨）；克什克腾旗哈尔楚鲁图矿区铅锌多金属矿（7.22万吨）；东乌珠穆沁旗花脑特银多金属矿（4.22万吨）；镶黄旗那仁乌拉矿区钨铋银多金属矿（3.11万吨）。

全区铅锌矿产资源主要分布在赤峰市、巴彦淖尔市、呼伦贝尔市、锡林郭勒盟，四个盟市合计铅、锌金属保有资源储量分别占全区的88.6%和91.5%。其中，赤峰市主要有白音诺尔铅锌矿、浩布高多金属矿、拜仁达坝锌多金属矿、维拉斯托锌多金属矿，铅、锌金属保有资源储量分别为601.76万吨和1016.05万吨，分别占全区的40.0%和32.1%；巴彦淖尔市主要有东升庙多金属矿、霍各气铜多金属矿、炭窑口多金属矿、甲生盘铅锌硫矿，保有铅、锌金属资源储量分别为226.15万吨和810.89万吨，占全区的15.0%、25.6%；呼伦贝尔市主要有甲乌拉银铅锌矿、三河铅锌矿，保有铅金属资源储量250.36万吨、锌金属资源储量416.23万吨，分别占全区的16.7%和13.2%；锡林郭勒盟主要有花敖包特矿区银铅锌矿、阿尔哈达银铅锌矿，保有铅、锌金属资源储量分别为253.39万吨和649.80万吨，分别占全区的16.9%和20.5%。

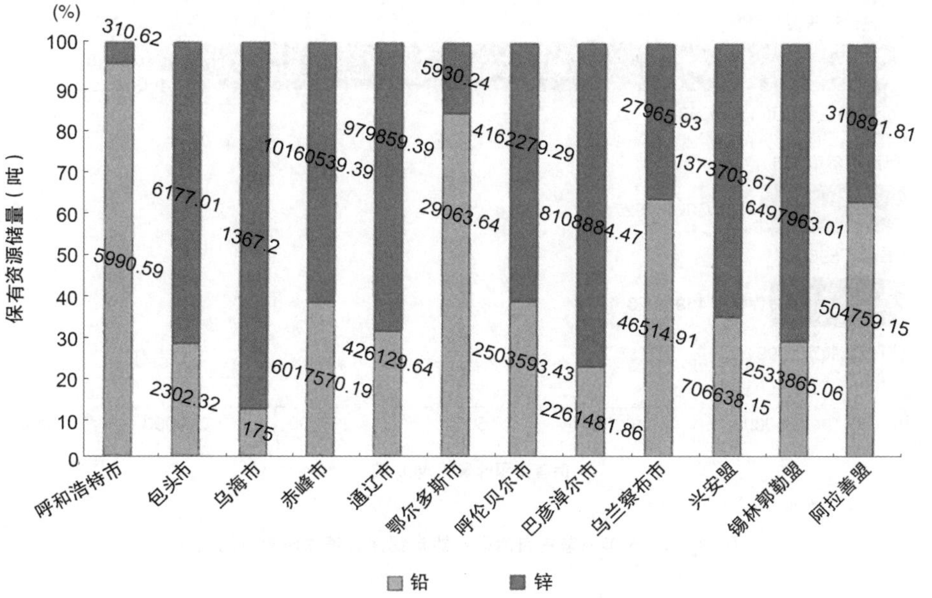


图15　2016年内蒙古自治区各盟市铅锌保有资源储对比图

2016年，全区矿山已进行占用登记的保有资源储量分别为铅1172.76万吨、锌2438.59万吨，分别占全区的77.99%和77.08%。矿山年度开采消耗的上表铅资源储量为17.06万吨，其中开采量15.43万吨、损失量1.63万吨；开采消耗的上表锌资源储量为47.01万吨，其中开采量42.18万吨，损失量4.83万吨。

**【钨矿】**　至2016年，全区共有钨金属矿产地14处，其中中型矿产地4处，另有共生钨上表单元11处和伴生上表单元11处。因矿产勘查新增钨矿产地1处。

截至2016年底，全区累计查明钨金属资源储量39.16万吨。钨金属保有资源储量37.28万吨，占全国的3.34%，居全国第七位。其中，保有基础储量16.76万吨、资源量20.52万吨，基础储量和资源量分别占全区保有资源储量的45.0%和55.0%。与2015年相比，全区钨金属保有资源储量净增8.76万吨，增加了30.71%。新增的1处查明资源储量矿区为镶黄旗那仁乌拉矿区钨铋银多金属矿，查明钨金属资源储量9万吨。

全区钨矿资源主要分布在锡林郭勒盟、呼伦贝尔市和赤峰市，3个盟市保有资源储量占全区的91.6%。其中，锡林郭勒盟主要有沙麦钨矿、白石头洼钨矿、道伦达坝多金属矿，保有资源储量为24.64万吨，占全区的66.1%；呼伦贝尔市主要有鄂温克族自治旗红花尔基钼钨矿，保有资源储量达4.93万吨，占全区的13.2%；赤峰市主要有黄岗铁锡共生矿，保有资源储量达4.59万吨，占全区的12.3%。各盟市钨保有资源储量情况，参见图16。

2016年，全区矿山已进行占用登记的钨矿保有资源储量为8.73万吨，占全区总量的23.4396。矿山年度开采消耗上表钨矿资源储量为2365.14吨，其中开采量2151.94吨、损失量213.20吨。

**【锡矿】**　至2016年，全区共有单一或以锡为主的矿产地4处，其中中型矿产地2处，另有共生锡矿16处、伴生锡8处。

截至2016年底，全区累计查明锡金属资源储量72.51万吨。锡金属保有资源储量63.89万吨，占全国的17.03%，居全国第二位。保有基础储量为37.18万吨，保有资源量26.71万吨，基础储量和资源量分别占全区保有资源储量的58.2%和48.1%。与2015年相比，保有资源储量年度净增23.13万吨（其中勘查增加59.40吨，重算增加242465.08吨，消耗11192.80吨）。

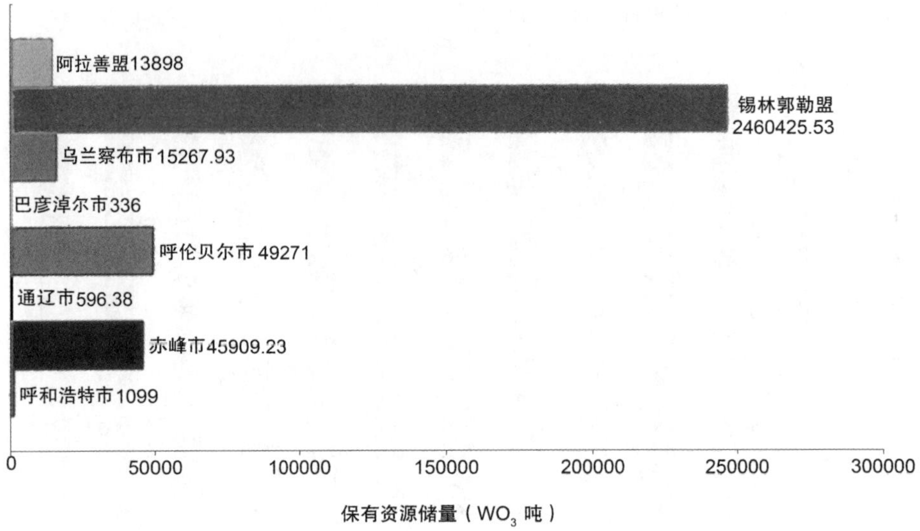


图16　2016年内蒙古自治区各盟市钨保有资源储量对比图

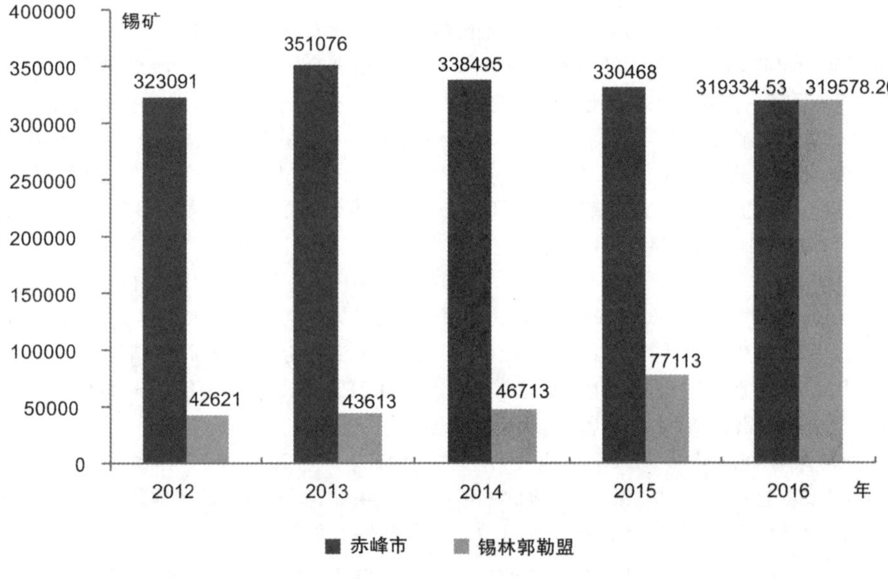


图17　2012~2016年内蒙古自治区各盟市锡保有资源储量对比图

全区已查明的锡矿资源仅分布在赤峰市和锡林郭勒盟，赤峰市（主要有大型黄岗铁锡矿等），其保有资源储量达31.93万吨，占全区的50.0%；其次锡林郭勒盟（主要有西乌珠穆沁旗白音查干东山铜铅锡银锌矿等）保有资源储量为31.96万吨，仅占全区的50%。各盟市锡保有资源储量情况，参见图17。

**【钼矿】** 至2016年，全区共有钼矿矿产地41处，其中大型矿产地7处、中型矿产地20处，另有共生钼上表单元27个、伴生钼上表单元14个。因资源储量核实年度核销钼矿产伴生上表单元1个。

截至2016年底，全区累计查明资源储量（钼金属）514.23万吨。钼金属保有资源储量506.41万吨，占全国的17.57%，居全国第二位。其中基础储量305.44万吨、资源量200.97万吨，基础储量和资源量分别占全区保有资源储量的60.3%和39.7%。与

2015 年相比，钼金属保有资源储量增加了 2.29 万吨，增加了 0.45%。

全区钼矿属资源主要分布在乌兰察布市、锡林郭勒盟、呼伦贝尔市和巴彦淖尔市，四个盟市钼金属保有资源储量占全区的 89.4%。其中，乌兰察布市主要有曹四夭钼矿等大型钼矿床，保有资源储量为 150.70 万吨，占全区的 29.8%；锡林郭勒盟主要有阿巴嘎旗必鲁甘干矿区 32－56 线钼矿、苏尼特左旗准苏吉花矿区铜钼矿，保有资源储量达 146.97 万吨，占全区的 29.0%；呼伦贝尔市主要有乌奴格吐山铜钼矿、太平沟钼铜矿，保有资源储量达 94.22 万吨，占全区的 18.6%；巴彦淖尔市主要有乌拉特前旗西沙德盖矿区钼矿、乌拉特后旗查干花铜钼矿、乌拉特后旗查干德尔斯钼矿，保有资源储量达 60.73 万吨，占全区的 12.0%。有关各盟市钼保有资源储量情况，可参见图 18。

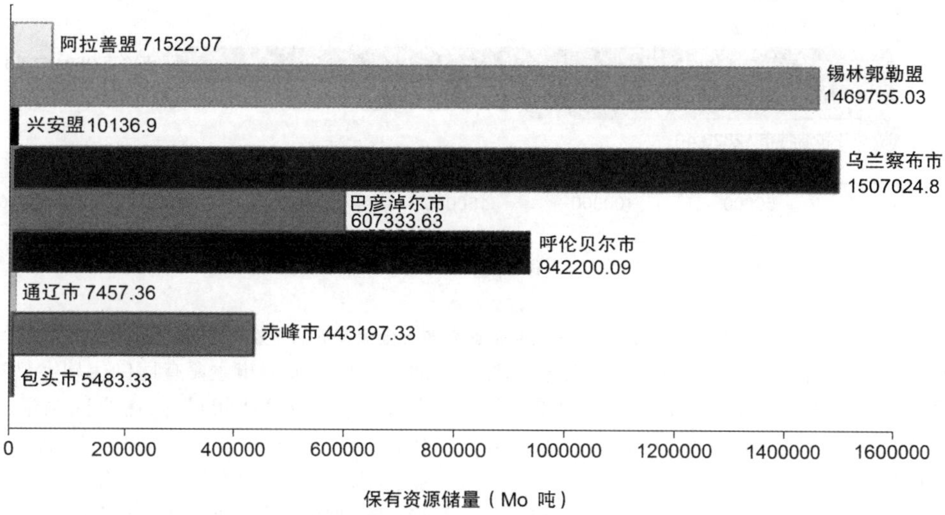


图 18　2016 年内蒙古自治区各盟市钼保有资源储量对比图

2016 年，全区矿山已进行占用登记的钼金属保有资源储量 176.73 万吨，占全区总量的 34.90%。矿山年度开采消耗上表钼金属资源储量 0.52 万吨，其中开采量 0.49 万吨，损失量 0.03 万吨。

**【金矿】** 截至 2016 年底，全区单一和以金为主矿产的金矿产地 202 处，其中大型矿产地 5 处，中型矿产地 36 处。另有共生金上表单元 20 个，伴生金上表单元 49 个。2016 年，因矿产勘查新增金矿产地 6 处，新增共伴生上表单元 12 个（其中因勘查新增上表单元 10 个，储量核实增加上表单元 2 个）。

至 2016 年，全区累计查明的资源储量为 1053.02 吨，新增查明资源储量 125.58 吨。全区金保有资源储量 792.46 吨，占全国的 6.93%，居全国第三位。其中，基础储量 316.21 吨、资源量 476.25 吨，基础储量和资源量分别占全区保有资源储量的 39.9%、60.1%。与 2015 年相比，保有资源储量净增 103.60 吨，增长 15.04%。

2016 年度金矿新增查明资源储量较大的原因包括：阿拉善左旗朱拉扎嘎矿区勘探新增查明资源储量 64.09 吨、达尔罕茂明安联合旗比鲁特矿区岩金矿勘探新增查明资源储量 5.19 吨、额济纳旗交叉沟东矿区金银铅多金属矿勘探新增查明资源储量 4.89 吨。此外，包头市哈达门沟矿区 1 号脉岩金矿深部勘探及超贫磁铁矿深部勘探新增查明资源储量 4.36 吨、敖汉旗七家矿区深部勘探新增查明资源储量 19.22 吨。另有敖汉旗岱王山矿区岩金银铅矿勘查新增 3.19 吨、松山区白山吐矿区岩金矿勘查新增 2.38 吨。

全区共有查明的岩金矿产地为 176 处和共生岩金上表单元 20 个，保有资源储量 705.53 吨，占全区总量的 89.0%；有砂金矿产地 26 处，保有资源储量 24.61 吨，占全区总量的 3.1%；另有伴生金 49 处，保有资源储量 62.33 吨，占全区总量的 7.9%。

全区除乌海市尚无查明的金矿产地外，其他 11 个盟市均有查明的金资源储量分布。岩金主要分布在赤峰市、巴彦淖尔市、包头市和阿拉善盟，4 个盟市保有资源储量占全区岩金保有资源储量的 88.5%；伴生金主要分布在乌兰察布市、呼伦贝尔市、赤峰市和锡林郭勒盟，四个盟市占全区伴生金保有资源储量的 87.0%；砂金主要分布在呼伦贝尔市和巴彦淖尔市，占全区砂金保有资源储量的 99.8%。各盟市金保有资源储量情况,参见图 19。

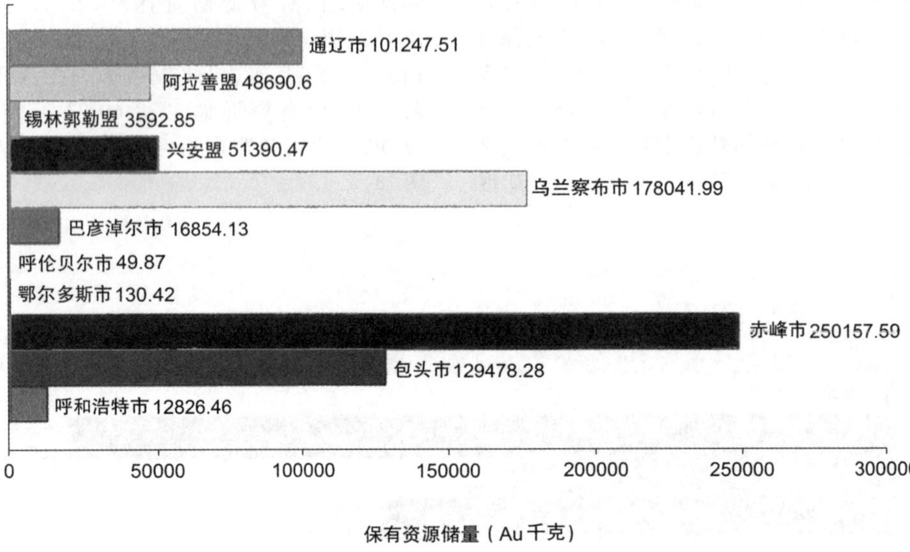


**图 19　2016 年内蒙古自治区各盟市金保有资源储量对比图**

2016 年,全区矿山已进行占用登记的金保有资源储量 502.97 吨,占全区总量的 63.47%。矿山年度开采消耗上表的金资源储量 18.55 吨,其中开采量 17.94 吨,损失量 0.61 吨。

**【银矿】**　至 2016 年,全区共有单一和以银为主矿产的银矿产地 46 处,其中大型矿产地 3 处,中型矿产地 15 处。另有共生银上表单元 100 个、伴生银上表单元 261 个。因矿产勘查新增银矿产地 2 处,新增共伴生上表单元 31 个(其中因勘查新增上表单元 15 个,储量核实增加上表单元 16 个)。

截至 2016 年底,全区累计查明银矿资源储量(银金属)69230 吨,新增查明资源储量(银金属)13886 吨。银金属保有资源储量 61691 吨,占全国的 28.767 名,居全国第一位。其中,保有基础储量 17696 吨、资源量 43995 吨,基础储量和资源量分别占全区保有资源总量的 28.7% 和 71.3%。与 2015 年相比,全区银金属保有资源储量增加 12873.47 吨,增加了 26.37%。

2016 年,新增查明资源储量的主要矿区有:巴林左旗东山矿区银铅锌矿(329 吨);克什克腾旗孟营子矿区银矿(111 吨);镶黄旗那仁乌拉矿区钨铋银多金属矿(133 吨)。

全区除鄂尔多斯市之外,其他 11 个盟市均有查明的银矿资源储量分布。其中,赤峰市、锡林郭勒盟和呼伦贝尔市 3 个盟市的银金属保有资源储量占全区总量的 87.6%。赤峰市主要有拜仁达坝大型银多金属矿、白音诺尔铅锌共生银矿等,占全区总量的 34.7%;锡林郭勒盟主要有白音查干东山矿区铜铅锡银锌矿、花敖包特银铅锌矿和吉林宝力格银矿等,占全区总量的 39.4%;呼伦贝尔市主要有额仁陶勒盖银矿、查干布拉根银铅锌矿等,占全区总量的 13.5%。各盟市银保有资源储量情况,参见图 20。

2016 年,全区矿山已进行占用登记的银金属保有资源储量为 46791.63 吨,占全区总量的 75.85%。矿山年度开采消耗上表的银金属资源储量为 946.54 吨,其中开采量 849.78 吨,损失量 96.76 吨。

**【稀土矿】**　至 2016 年,全区共有以稀土为主的矿产地 4 处(分别为包头市白云鄂博主东矿铁铌稀土矿、包头市白云鄂博矿区西矿铁铌稀土矿、包头市白云鄂博矿区(外围)东南段东介勒格勒矿段、扎鲁特旗八〇一稀土矿),均为大型矿产地。另有伴生稀土 2 处。

截至 2016 年底,全区累计查明稀土氧化物资源储量 17543.64 万吨。保有稀土氧化物资源储量为 14959.88 万吨,占全国的 98.64%,居全国第一位。其中,基础储量 1304.44 万吨、资源量 13655.44 万吨,基础储量和资源量分别占全区保有资源总量的 8.7% 和 91.9%。与 2015 年相比,因开发利用稀土氧化物保有资源储量净减 60.24 万吨,减少 0.40%。

全区查明的稀土资源仅分布于包头市、通辽市和乌兰察布市。包头有白云鄂博大型铁铌共生稀土矿3处,通辽扎鲁特旗有大型主矿产为稀土矿1处,两市保有稀土资源储量分别占全区总量的99.48%和0.52%。具体有关情况可参见图21。

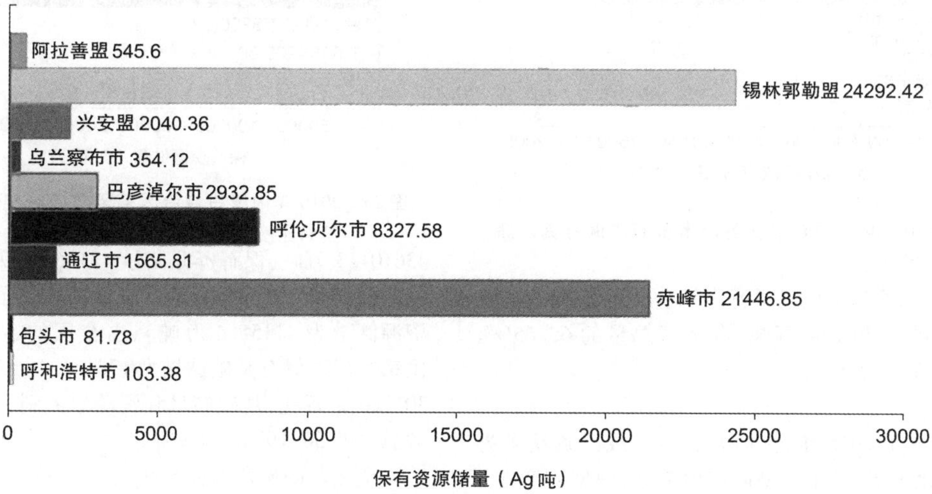


图20 2016年内蒙古自治区各盟市银矿有资源储量对比图

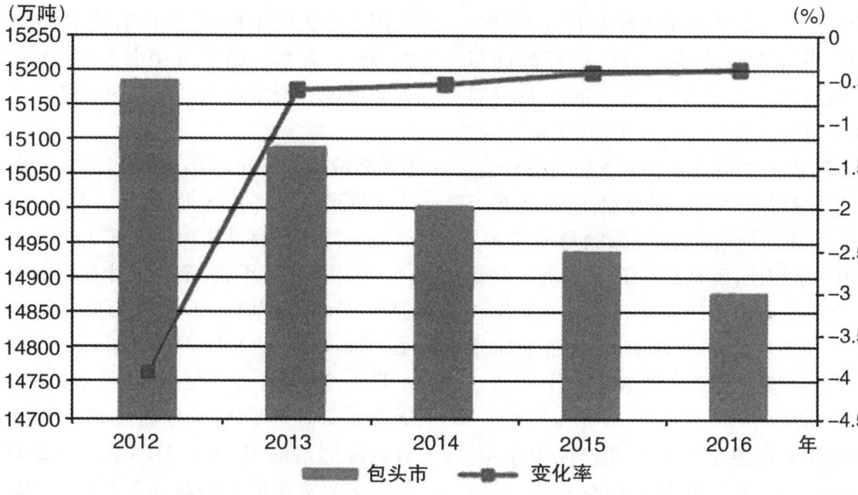


图21 2012~2016年包头市稀土矿保有资源储量对比图

2016年,全区矿山已进行占用登记的稀土氧化物保有资源储量为10724.68万吨,占全区总量的71.69%。矿山年度开采消耗上表的稀土资源储量为60.24万吨,其中开采量59.64万吨,损失量0.60万吨。

**【普通萤石】** 至2016年,全区共有普通萤石矿产地31处。其中大型矿产地6处,中型矿产地7处。

截至2016年底,全区累计查明萤石矿石资源储量3957.1万吨。萤石矿石保有资源储量为3661.80万吨,占全国的84.43%,居全国第一位。其中,基础储量1069.10(603.65)万吨、资源量2592.70(2337.13)万吨,基础储量和资源量分别占全区保有资源总量的29.2%和70.8%。与2015年相比,全区萤石矿保有资源储量增加381.50(166.23)万吨,增加了11.63%。

内蒙古自治区普通萤石矿产除呼和浩特市、乌海市和鄂尔多斯市目前尚无查明资源外,其他9个盟市均有萤石资源分布,且主要分布在乌兰察布市和锡林郭勒盟,二个盟市的萤石矿石矿保有资源储量占全区的94.8%。乌兰察布市主要有四子王旗苏莫查干敖包萤石矿、北敖包吐萤石矿等大型矿床,保有资源储量占全区的73.74%;锡林郭勒盟主要有巴彦敖包萤石矿、斯不格音敖包矿区萤石矿等大型矿床,保有资源储量占全区总量的17.13%。各盟市有关情况参见图22。

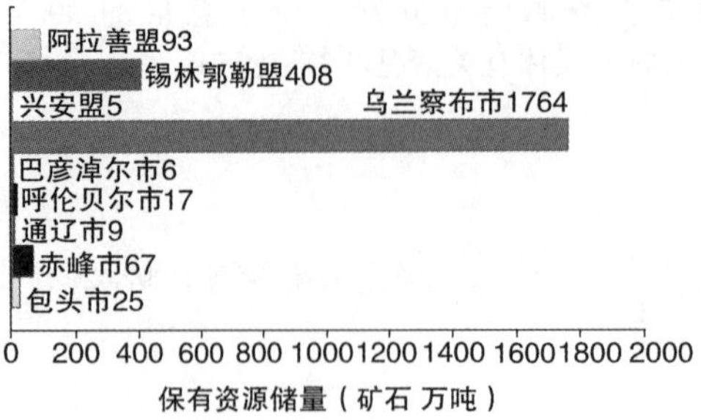


图22　2016年内蒙古自治区各盟市萤石矿保有资源储量对比图

2016年，全区矿山已进行占用登记的萤石矿石保有资源储量为360.14万吨，占全区总量的65.65%。2016年度无矿山开采。

**【硫铁矿】**　至2016年，全区共有单一或以硫铁矿为主的矿产地9处，其中大型矿产地2处，中型矿产地3处。另有共生硫铁矿7处，伴生硫57处。经年度储量核实比2015年增加7个伴生上表单元。

截至2016年底，全区累计查明硫铁矿石资源储量为171743.6万吨，累计查明的伴生硫矿石资源储量135212.5万吨。共有单一或硫铁矿为主的矿石保有资源储量32598.8万吨，伴生硫矿石134829.8万吨，合计167428.6万吨，占全国的5.40%，居全国第六位。其中，基础储量为12412.0万吨、资源量155016.6万吨，基础储量和资源量分别占保有资源储量的7.4%和92.6%。与2015年相比，硫铁矿矿石保有资源储量净减54.3万吨（主要是矿山重新储量核实和开采消耗所致），减少0.17%；伴生硫矿石保有资源储量净增4955.2万吨（主要是新增查明矿产地和矿山重新储量核实所致），增长3.82%。

全区查明的硫铁矿资源主要分布在巴彦淖尔市、锡林郭勒盟，特别是巴彦淖尔市主要有东升庙、炭窑口、甲生盘、山片沟、对门山等大中型硫铁矿多金属矿区，二盟市硫铁矿矿石保有资源储量占全区的86.3%。各盟市保有资源储量情况参见图23。

图23　2016年内蒙古自治区各盟市硫铁矿保有资源储量对比图

2016年，全区矿山已进行占用登记的硫铁矿石（含伴生硫）保有资源储量64703.76万吨，占全区总量的38.66%。矿山年度开采消耗的上表硫铁矿（含伴生硫）矿石资源储量781.12千吨，其中开采量674.98千吨，损失量106.14千吨。

**【芒硝矿】**　至2016年，全区共有芒硝主矿产地17处，其中大型矿产地3处，中型矿产地4处。另有共生芒硝矿5处。

截至2016年底，全区累计查明芒硝矿石资源储量436101.3万吨，保有资源储量431667.6万吨（其中芒硝的保有资源储量为：390512.3万吨，无水芒硝保有资源储量为41155.4万吨），占全国的14.69%，居全国第二位。保有基础储量为130131.4万吨，资源量为301536.2万吨，基础储量和资源量分别占全区保有资源总量的30.1%和69.9%。

全区芒硝矿资源分布在包头市、鄂尔多斯市、呼伦贝尔市、锡林郭勒盟和阿拉善盟，但集中分布在鄂尔多斯市，主要有达拉特旗芒硝矿、德胜太芒硝矿、盐海子芒硝矿等大中型矿床，其保有资源储量占全区总量的89.0%。无水芒硝矿集中分布在包头市，尚未利用。各盟市保有资源储量情况参见图24。

**【天然碱矿】**　至2016年，全区共有单一或以天然碱为主矿产的矿产地8处，其中大型矿产地1处，中型矿产地1处。另有共生天然碱矿1处。

截至2016年底，全区累计查明的天然碱资源储量（$Na_2CO_3+NaHCO_3$）3126.2万吨。天然碱保有资源储量（$Na_2CO_3+NaHCO_3$）1204.4万吨，占全国的5.22%，居全国第二位。其中，基础储量946.6万吨、资源量257.8万吨，基础储量和资源量分别占全区保有资源储量的78.6%、21.4%。与2015年度相比，天然碱保有资源储量净减5.2万吨（主要是开采消耗所致），减少0.43%。

全区查明的天然碱资源仅分布在鄂尔多斯市、锡林郭勒盟和呼伦贝尔市，且鄂尔多斯市集中分布了全区88.8%的天然碱资源储量。各盟市保有天然碱资源储量情况，参见图25。

2016年，全区矿山已进行占用登记的天然碱矿保有资源储量（$Na_2CO_3+NaHCO_3$）为1141.91万吨，占全区总量的94.81%。2016年，矿山年度开采消耗的上表天然碱资源储量为5.19万吨，其中开采量4.84万吨，损失量0.35万吨。

**【盐矿】**　至2016年，全区共有以盐为主矿产的矿产地5处，其中大型矿产地1处。另有共生盐矿3处。

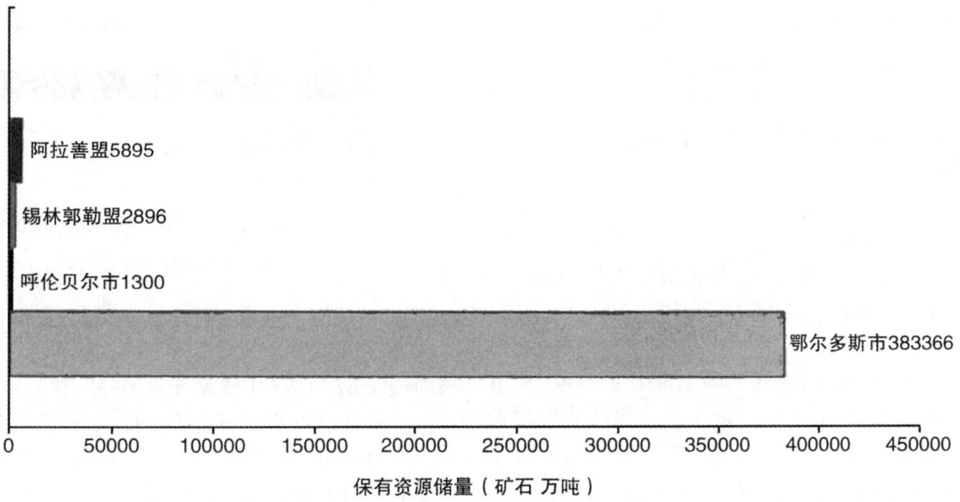


图 24　2016 年内蒙古自治区各盟市芒硝保有资源储量对比图

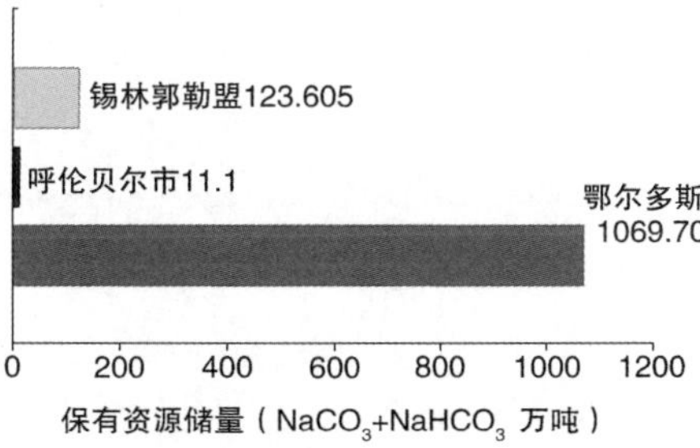


图 25　2016 年内蒙古自治区各盟市天然碱保有资源储量对比图

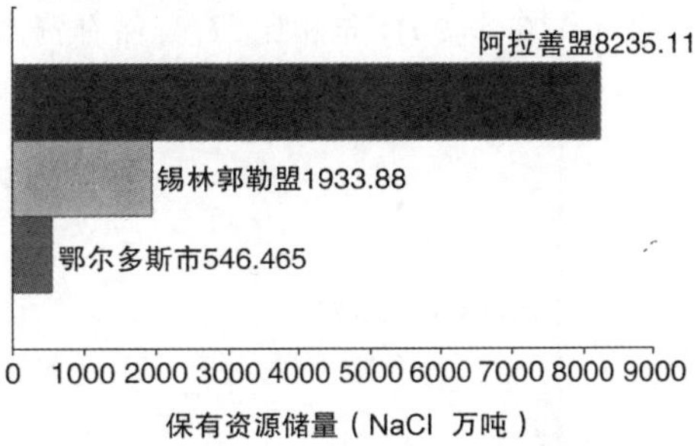


图 26　2016 年内蒙古自治区各盟市盐保有资源储量对比图

截至 2016 年底，全区累计查明盐矿资源储量（NaCl）17518. 1 万吨。盐矿保有资源储量（NaCl）10715. 5 万吨，仅占全国的 0. 01%，居全国第十六位。其中保有基础储量 9619. 5 万吨、资源量 1096. 0 万吨，基础储量和资源量分别占全区保有资源储量的 89. 0% 和 11. 0%。与 2015 年度相比，盐矿保有资源储量净减 113. 1 万吨（主要是开采消耗所致），减少 1. 04%。

目前全区查明的盐矿产地仅分布在阿拉善盟、鄂尔多斯市和锡林郭勒盟，其中阿拉善盟查明有吉兰太盐矿、雅布赖盐矿等，保有资源储量占全区总量的 76. 9%。各盟市保有资源储量情况，参见图 26。

2016 年，全区各盐矿已全部开发利用，保有资源储量（NaCl）全部进行了矿山占用登记。矿山年度开采消耗上表的盐矿矿石资源储量 113. 13 万吨，其中开采量 113. 04 万吨，损失量 0. 09 万吨。

**【石墨矿】**　至 2016 年，全区共有石墨上表单元（矿产地）25 处，其中大型矿产地 13 处，中型矿产地 10 处。晶质石墨矿产地有 21 处，隐晶质石墨矿产地有 4 处。年度矿产勘查新增矿产地 5 处。

截至 2016 年底，全区累计查明资源储量为：晶质石墨 8297. 2 万吨、隐晶质石墨 3800. 8 万吨。晶质石墨保有资源储量 8202. 6 万吨，占全国的 27. 36%，居全国第二位。其中基础储量 4135. 3 万吨、资源量 4067. 3 万吨，基础储量和资源量分别占全区晶质石墨保有资源储量的 50. 4% 和 49. 6%。隐晶质石墨保有资源储量为 3759. 80 万吨，其中基础储量 1086. 47 万吨、资源量 2673. 33 万吨，基础储量和资源量分别占全区隐晶质石墨保有资源储量的 28. 91% 和 71. 10%。与 2015 年相比，晶质石墨保有资源储量净增 3108. 35 万吨（主要是新增查明矿产地所致），增加 61. 02%。

2016 年，勘查新增查明资源储量的主要矿区为乌拉特中旗高勒图晶质石墨矿（1580. 9 万吨）；达尔罕茂明安联合旗查干文都日矿区晶质石墨矿（851. 2 万吨）；达尔罕茂明安联合旗百灵庙镇东山石墨矿（348. 7 万吨）；扎鲁特旗查干诺尔矿区隐晶质石墨矿（131. 1 万吨）。

全区晶质石墨资源分布在呼和浩特市、包头市、鄂尔多斯市、乌兰察布市、巴彦淖尔市和阿拉善盟，而隐晶质石墨仅分布于通辽市。其中晶质石墨主要集中分布在阿拉善盟和巴彦淖尔市，保有晶质石墨资源储量为7746.53万吨，占全区的94.44%。隐晶质石墨仅分布在通辽市扎鲁特旗，各盟市保有石墨资源储量情况，参见图27。

2016年，全区矿山已进行占用登记的晶质石墨保有资源储量1503.57万吨，占全区的18.33%。矿山年度开采消耗上表的晶质石墨矿资源储量1.70万吨，其中开采量1.58万吨，损失量0.12万吨。

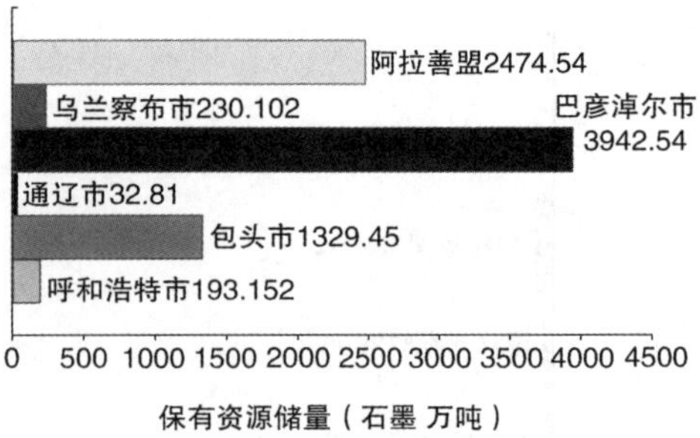


图27 2016年内蒙古自治区各盟市石墨保有资源储量对比图

**【石膏矿】** 至2016年，全区共有石膏矿产地9处，其中大型矿产地4处，中型矿产地3处。累计查明资源储量364913.8万吨。全区石膏保有资源储量364071.7万吨，占全国的3.74%，居全国第五位。其中，保有基础储量21652.9万吨、资源量342418.7万吨，基础储量和资源量分别占全区保有资源总量的5.9%和94.1%。与2015年相比，石膏保有资源储量净减4.67万吨(主要是开采消耗所致)。

全区已查明的石膏矿产地仅分布于鄂尔多斯市、乌兰察布市和阿拉善盟，并集中分布在鄂尔多斯市，主要有苏级石膏矿、代庆召石膏矿等大型矿床，保有资源储量占全区的97.6%。各盟市保有石膏资源储量情况，参见图28。

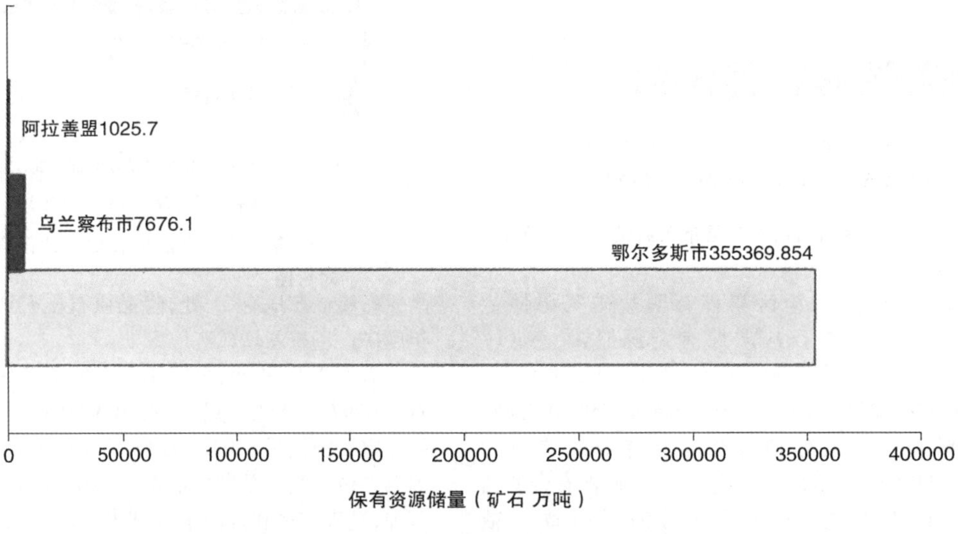


图28 2016年内蒙古自治区各盟市石膏保有资源储量对比图

2016年，全区矿山已进行占用登记的石膏矿保有资源储量10400.95万吨，仅占全区总量的2.86%。矿山年度开采消耗上表的石膏矿石资源储量4.67万吨，其中开采量4.43万吨，损失量0.24万吨。

**【水泥用灰岩】** 至2016年，全区共有水泥用灰岩单一主矿产地66处，其中大型矿产地20处，中型矿产地21处。另有共生水泥用灰岩7处。

截至2016年底，全区累计查明资源储量815478.7万吨，预测的资源量(334)？为118506.7万吨。水泥用灰岩保有资源储量802939.8万吨，占全国的5.98%，居全国第四位。其中，保有基础储量342790.6万吨、资源量460149.2万吨，基础储量和资源量分别占全区保有资源储量的42.7%和57.3%。与2015年相比，保有资源储量净增46485.6万吨(主要是新增查明矿产地和矿山重新储量核实所致)，增长6.15%。2016年，勘查新增查明资源储量的主要矿区是阿拉善左旗大疙瘩山矿区水泥用石灰岩矿南部勘探北部普查(3.69亿吨)；阿巴嘎旗德勒格尔西矿区水泥用石灰岩矿(0.39亿吨)。

全区12个盟市均有查明的水泥用灰岩矿产地分布，但主要分布在鄂尔多斯市、乌海市、呼和浩特市和通辽市，其保有资源储量占全区总量的 88.2%。各盟市保有资源储量情况，参见图 29。

2016 年，全区矿山已进行占用登记的水泥用灰岩保有资源储量为 245817.6 万吨，占全区总量的 30.61%。矿山年度开采消耗上表的水泥用灰岩资源储量 613.06 万吨，其中开采量 586.73 万吨，损失量 26.33 万吨。

【水泥用大理岩】 至 2016 年，全区现有水泥用大理岩主矿产地 12 处，其中大型矿产地 4 处，中型矿产地 1 处。另有共生水泥用大理岩 1 处。

截至 2016 年底，全区累计查明的资源储量 93911.0 万吨。水泥用大理岩保有资源储量 83958.7，占全国的 17.97%，居全国第二位。其中基础储量 38008.6 万吨、资源量 45950.1 万吨，基础储量和资源量分别占全区保有资源储量的 45.3% 和 54.7%。与 2015 年相比，保有资源储量减少 249.03 万吨，减少了 0.30%。

全区已查明的水泥用大理岩资源仅分布在呼和浩特市、呼伦贝尔市、赤峰市和乌兰察布市，其中又以呼和浩特市和呼伦贝尔市分布较为集中，两市保有资源储量为 76402.42 万吨，占全区总量的 91.0%。各盟市保有资源储量情况，参见图 30。

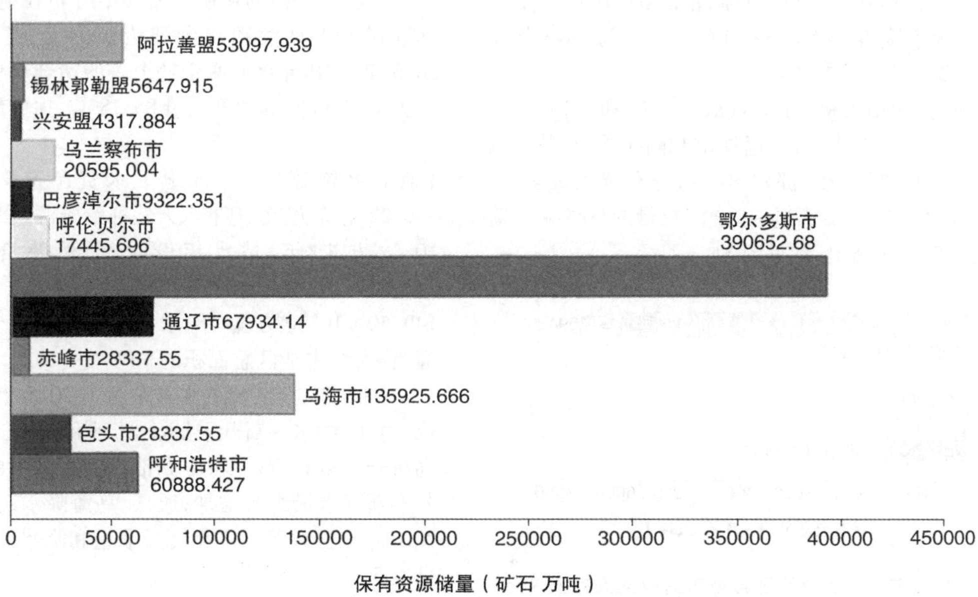


图 29　2016 年内蒙古自治区各盟市水泥用灰岩保有资源储量对比图

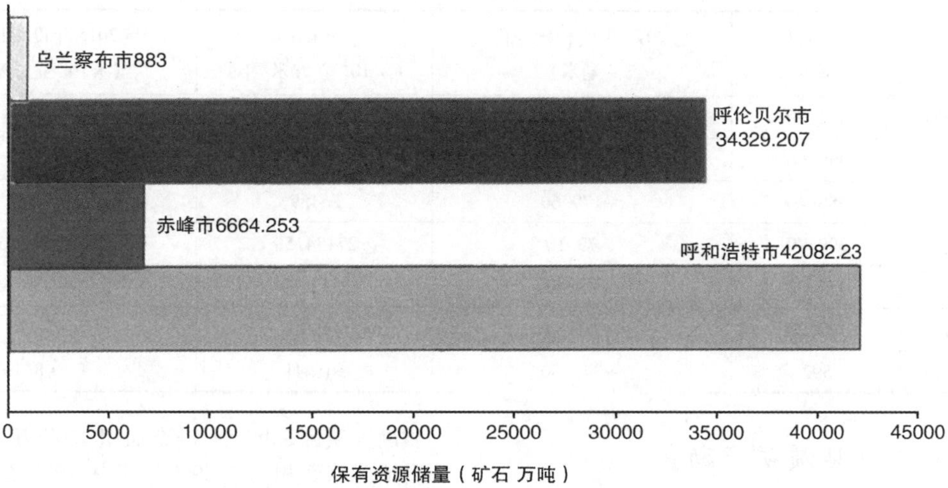


图 30　2016 年内蒙古自治区各盟市水泥用大理岩保有资源储量对比图

2016年,全区矿山已进行占用登记的水泥用大理岩保有资源储量为45397.56万吨,占全区总量的54.07%。矿山年度开采消耗上表的水泥用大理岩资源储量256.17万吨,其中开采量230.85万吨,损失量25.32万吨。

**【高岭土矿】** 至2016年,全区现高岭土主矿产地11处,其中大型矿产地1处,中型矿产地5处。另有共生高岭土矿1处。

截至2016年底,全区累计查明资源储量8466.3万吨。高岭土保有资源储量8444.2万吨,占全国的2.94%,居全国第九位。其中,保有基础储量4586.9万吨、资源量3857.3万吨,基础储量和资源量分别占全区保有资源储量的54.3%和45.7%。与2015年相比,保有资源储量没有变化。

全区已查明的高岭土矿仅分布在呼和浩特市、鄂尔多斯市、乌海市、赤峰市、通辽市和阿拉善盟,其中以阿拉善盟、呼和浩特市、鄂尔多斯市分布资源最多,保有资源储量为8107.6万吨,占全区总量的96%。各盟市保有资源储量情况,参见图31。

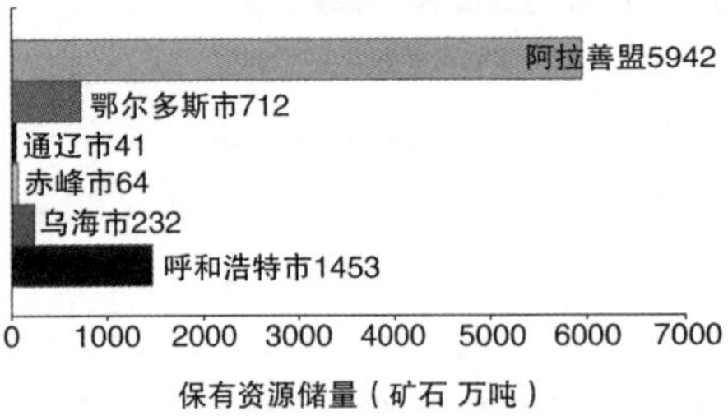


图31 2016年内蒙古自治区各盟市高岭土保有资源储量对比图

2016年,全区矿山已进行占用登记的高岭土矿保有资源储量为1533.38万吨,占全区总量的18.16%。

**【锗矿】** 至2016年,全区共有锗矿矿产地3处,其中大型矿产地1处。全区累计查明锗金属资源储量2966.0吨,保有资源储量2672.7吨,占全国的39.32%,居全国第一位。其中,保有基础储量711.08吨、资源量1961.62吨,基础储量和资源量分别占全区保有资源储量的26.6%和73.4%。与2015年相比,保有资源储量较2015年减少了79.8吨(主要是开采消耗所致),减少了2.90%。

全区已查明的锗矿主要集中分布在锡林郭勒盟,即胜利煤田乌兰图嘎大型锗矿,并已经全部占用。2016年,矿山年度开采消耗上表的锗金属保有资源储量为93.70吨,其中开采量85.18吨,损失量8.62吨。

**【地下水资源】** 全区地下水资源量多年平均值236.22亿立方米,地下水天然补给资源量为$292.52\times10^8$立方米/年,枯水年份时,天然补给资源量为$243.82\times10^8$立方米/年。全区地下水可开采资源量为$149.50\times10^8$立方米/年,水质大部分适宜生活饮用和灌溉,大约占全区总面积的80%。

2016年,全区地下水开采量与2015年度相比,赤峰、通辽、鄂尔多斯开采量增加,呼和浩特、包头、集宁、乌海开采量有所减少;呼和浩特、包头、赤峰、集宁、鄂尔多斯降水量有所增加,通辽、乌海降水量有所减少。2016年全区检测地区年度开采量和降水变化情况,参见表5。

表5 2016年度内蒙古自治区主要监测区降水量与开采量统计表

| 监测区 | 降雨量(毫米) | 与2015年度相比变化量(毫米) | 开采量($\times10^4$立方米/年) | 与2015年度相比变化量($\times10^4$立方米/年) |
|---|---|---|---|---|
| 呼和浩特 | 454.90 | +94.60 | 241.32 | -1545 |
| 包头 | 339.60 | +113.90 | 15644 | -30 |
| 赤峰 | 558.40 | +179.60 | 26459 | +474 |
| 通辽 | 399.70 | -73.10 | 27134.50 | +7213.63 |
| 集宁 | 472.80 | +88.40 | 5312.87 | -350.65 |
| 乌海 | 120.20 | -43.60 | 11390 | -470 |
| 鄂尔多斯 | 592 | +343.80 | 561.41 | +8.19 |

## ·地质矿产勘查·

**【概况】** 1. 勘查项目登记。截至2016年底,除石油、天然气、煤层气及放射性等矿产,全区在期矿产地质勘查项目3499个,勘查面积9.07万平方千米,占自治区总面积的7.69%。其中,国土资源部登记勘查项目190个,勘查面积1.98万平方千米,占全区勘查总面积的21.83%;国土资源厅登记勘查项目3309

个,勘查面积 7.09 万平方千米,占全区勘查总面积的 78.17%。

按矿类统计,以有色金属勘查项目最多,占全区矿产勘查项目总数的 48.21%;其次为贵金属矿产项目,占矿产勘查项目总数的 22.35%。按工作程度统计,以详查项目最多,占整个在期项目的 35.89%;其次为勘探项目,占在期项目的 29.35%。按勘查面积统计,有色金属矿产和能源矿产所占面积最大,分别占在期项目总勘查面积的 38.45% 和 30.10%。其他有关情况,参见表 1、图 1 和图 2。

**表 1　　2016 年内蒙古自治区类矿产地质勘查情况一览表**

| 矿产类型 | 项目总数（个） | 占总矿产勘查项目比例(%) | 工作程度 | | | | 勘查面积（平方千米） |
|---|---|---|---|---|---|---|---|
| | | | 预查 | 普查 | 详查 | 勘探 | |
| 能源矿产 | 288 | 8.23 | 40 | 39 | 37 | 172 | 27302.22 |
| 黑色金属 | 419 | 11.97 | 32 | 86 | 239 | 62 | 5840.85 |
| 有色金属 | 1687 | 48.21 | 225 | 319 | 608 | 535 | 34880.88 |
| 贵金属 | 782 | 22.35 | 105 | 198 | 271 | 208 | 17671.81 |
| 稀有金属 | 12 | 0.34 | 4 | 2 | 2 | 4 | 334.84 |
| 非金属矿产 | 297 | 8.49 | 20 | 138 | 96 | 43 | 4436.82 |
| 水气矿产 | 14 | 0.40 | 0 | 8 | 3 | 3 | 244.57 |
| 合计 | 3499 | 100.00 | 426 | 790 | 1256 | 1027 | 90711.99 |

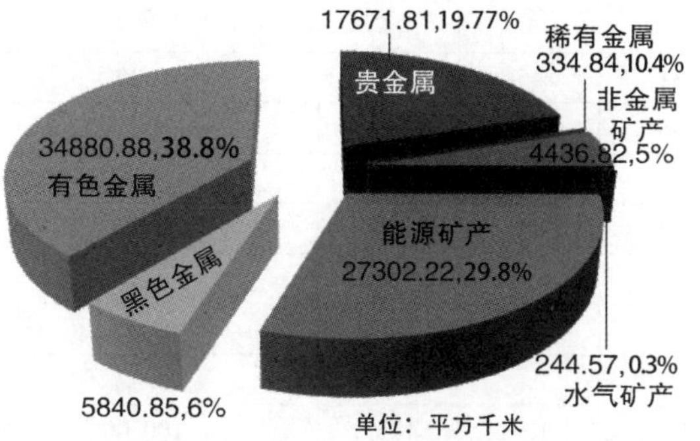


**图 1　2016 年内蒙古自治区在期各类矿产勘查项目面积对比图**

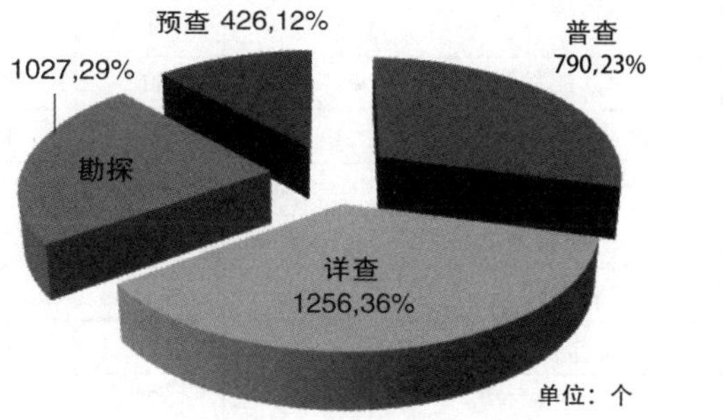


**图 2　2016 年内蒙古自治区在期地质勘查项目按勘查程度数量(个)对比图**

由于受国内外经济放缓的大环境影响,近几年我区矿产勘查项目逐年减少。2016 年,勘查项目数量比 2015 年减少 286 个,勘查面积比 2015 年减少 13.16%。有关近 7 年来矿产勘查项目及各勘查的对比情况,参见图 3。

2016年,自治区国土资源厅登记审批探矿权共计 1479 个,其中变更申请 777 个,占当年厅登记探矿权总数的 52.54%;延续申请 286 个,占当年厅登记探矿权总数 16.09%;新立申请 142 个,占当年厅登记探矿权总数 9.60%;保留申请 185 个,注销申请 137 个。与 2015 年同期相比,自治区国土资源厅登记的探矿权个数减少了 61 个,减幅 3.96%。2016 年自治区国土资源厅登记探矿权情况,参见表 2。

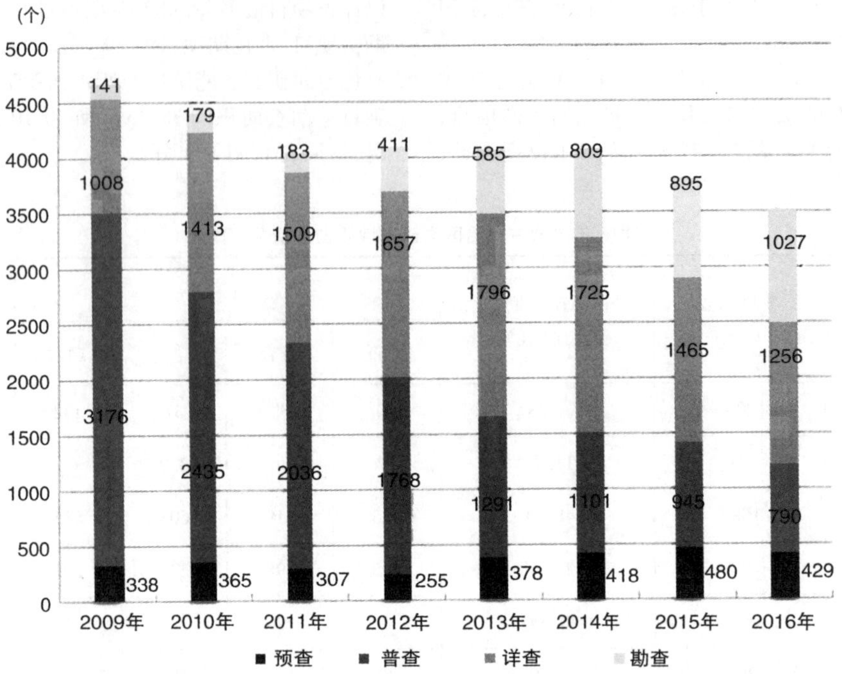


图3　2009～2016年内蒙古自治区矿产勘查项目按勘查阶段数量对比图

表2　　2016年内蒙古自治区国土资源厅登记探矿权情况一览表

| 矿产类型 | 新立（个） | 变更（个） | 延续（个） | 保留（个） | 注销（个） | 合计（个） | 占总勘查项目比例（%） |
|---|---|---|---|---|---|---|---|
| 能源矿产 | 10 | 11 | 5 | 31 | 45 | 102 | 6.90 |
| 黑色金属 | 13 | 73 | 18 | 56 | 12 | 172 | 11.63 |
| 有色金属 | 41 | 439 | 126 | 55 | 50 | 711 | 48.07 |
| 贵金属 | 46 | 195 | 71 | 23 | 24 | 359 | 24.27 |
| 稀有稀土 | | 3 | | 2 | | 5 | 0.34 |
| 非金属矿产 | 30 | 53 | 18 | 16 | 6 | 123 | 8.32 |
| 水气矿产 | 2 | 3 | | 2 | | 7 | 0.47 |
| 合计 | 142 | 777 | 238 | 185 | 137 | 1479 | 100.00 |
| 占总勘查项目比例（%） | 9.60 | 52.54 | 16.09 | 12.51 | 9.26 | | 100.00 |

2. 勘查项目种类。据全区矿产勘查项目年检报告统计，2016年全区开展矿产地质勘查并形成一定工作量的项目为2864个，按矿产种类划分，共涉及5类51种矿产。其中能源矿产3种108个项目，黑色金属矿产3种442个项目，有色金属矿产8种1566个项目，贵金属矿产2种577个项目，化工建材及其他非金属矿产35种165个项目。勘查项目所占比重以有色金属、贵金属和黑色金属矿产最高，分别占全区矿产勘查项目的54.68%、20.15%和15.43%。近年来已实施的全区各类矿产勘查项目对比相关情况，参见图4。

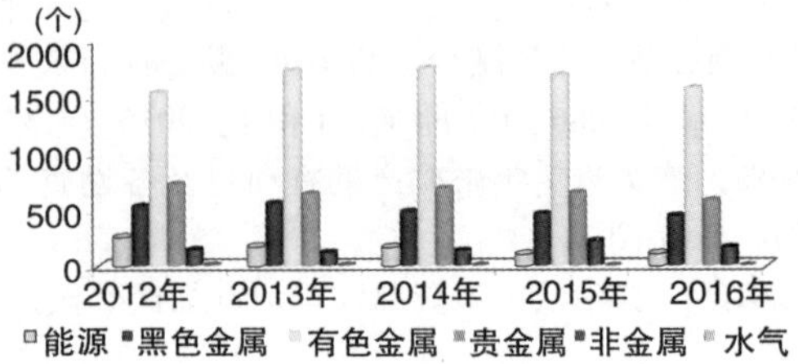


图4　2012～2016年内蒙古自治区矿产勘查分类项目数量对比图

3. 勘查项目分布。全区矿产勘查项目在各盟市的分布很不均衡，与其成矿地质条件关系密切，同时也受矿山的内外部建设条件以及地方经济发展情况等因素制约。

表 3　　2016 年内蒙古自治区各盟市分矿类在期勘查项目一览表

| 盟市 | 能源矿产（个） | 黑色金属（个） | 有色金属（个） | 贵金属（个） | 稀有稀土（个） | 非金属（个） | 水气矿产（个） | 合计（个） |
|---|---|---|---|---|---|---|---|---|
| 呼和浩特市 | 5 | 25 | 11 | 31 | 1 | 33 | 1 | 107 |
| 包头市 | 5 | 82 | 28 | 54 | – | 24 | – | 193 |
| 呼伦贝尔市 | 47 | 15 | 393 | 142 | 1 | 11 | 3 | 612 |
| 兴安盟 | 3 | 10 | 113 | 26 | 1 | 5 | 1 | 159 |
| 通辽市 | 4 | 1 | 57 | 8 | 2 | 10 | – | 82 |
| 赤峰市 | 16 | 38 | 489 | 172 | 1 | 31 | 2 | 749 |
| 锡林郭勒盟 | 73 | 47 | 287 | 115 | 1 | 10 | 3 | 536 |
| 乌兰察布市 | 19 | 63 | 67 | 68 | 4 | 78 | 1 | 300 |
| 鄂尔多斯市 | 62 | 2 | 1 | – | – | 8 | 1 | 74 |
| 巴彦淖尔市 | 10 | 65 | 91 | 56 | – | 23 | 1 | 246 |
| 乌海市 | 7 | – | – | – | – | 1 | – | 8 |
| 阿拉善盟 | 37 | 71 | 150 | 110 | 1 | 63 | 1 | 433 |
| 总计 | 288 | 419 | 1687 | 782 | 12 | 297 | 14 | 3499 |

截至 2016 年底，赤峰市有效勘查登记项目数量居全区各盟市之首，其次为呼伦贝尔市和锡林郭勒盟，三盟市在期勘查项目共计 1897 个，占全区在期勘查项目总数的 54.22%；其中以有色金属、贵金属矿产勘查项目为主，占全区有色金属、贵金属矿产勘查项目总数的 64.72%，占三盟市勘查项目总数的 84.24%。能源矿产在期勘查项目主要分布在锡林郭勒盟和鄂尔多斯市，共有 135 个，占全区能源矿产勘查项目总数的 46.88%，占两盟市勘查项目总数的 22.13%。黑色金属矿产在期勘查项目主要分布在巴彦淖尔市、包头市、乌兰察布市及阿拉善盟，共有 281 个，占全区黑色金属矿产勘查项目总数的 67.06%，占四盟市勘查项目总数的 23.98%。2016 年全区矿产勘查项目分布情况参见表 3、图 5。

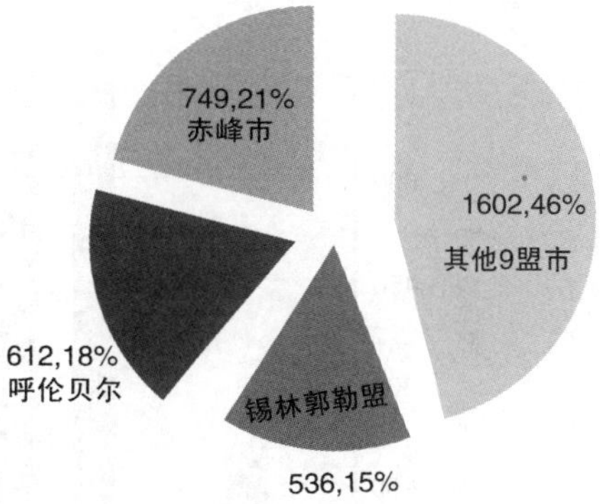


图 5　2016 年内蒙古自治区矿产勘查项目数量前三位盟市比重对比图

2016 年全区登记在期勘查项目涉及的主要矿产有煤、铁、铜、铅、锌及多金属、金、银等，按主要矿种统计全区各盟市分布情况参见表 3。煤炭勘查项目主要集中在鄂尔多斯市和锡林郭勒盟；铁矿勘查项目主要集中在包头市、巴彦淖尔市、乌兰察布市和阿拉善盟；铜、铅、锌及多金属矿勘查项目主要集中在赤峰市、呼伦贝尔市和锡林郭勒盟；金矿勘查项目分布比较均匀，除乌海市和鄂尔多斯市以外，其他盟市均有金矿勘查登记项目；银矿勘查项目主要集中在赤峰市、锡林郭勒盟和呼伦贝尔市。2016 年全区主要矿种在期勘查项目分布情况参见表 4。近 7 年全区在期地质勘查项目在各盟市分布对比情况见图 6。

表 4　　**2016 年内蒙古自治区各盟市主要矿种在期勘查项目一览表**　　单位:个

| 盟市 | 煤 | 铁 | 铜 | 铅锌 | 多金属 | 金 | 银 | 其他 | 台计 |
|---|---|---|---|---|---|---|---|---|---|
| 呼和浩特市 | 3 | 25 | 6 | 1 | 4 | 29 | 2 | 37 | 107 |
| 包头市 | – | 79 | 16 | – | 9 | 50 | 1 | 38 | 193 |
| 呼伦贝尔市 | 38 | 12 | 89 | 177 | 101 | 85 | 57 | 53 | 612 |
| 兴安盟 | 1 | 9 | 40 | 38 | 32 | 5 | 21 | 13 | 159 |
| 通辽市 | 2 | 1 | 29 | 17 | 10 | 2 | 6 | 15 | 82 |
| 赤峰市 | 10 | 37 | 142 | 254 | 76 | 99 | 73 | 58 | 749 |
| 锡林郭勒盟 | 68 | 43 | 110 | 62 | 102 | 52 | 63 | 36 | 536 |
| 乌兰察布市 | 14 | 58 | 32 | 12 | 19 | 57 | 11 | 97 | 300 |
| 鄂尔多斯市 | 59 | 2 | – | – | 1 | – | – | 12 | 74 |
| 巴彦淖尔市 | 1 | 62 | 46 | 6 | 31 | 54 | 2 | 44 | 246 |
| 乌海市 | 7 | – | – | – | – | – | – | 1 | 8 |
| 阿拉善盟 | 22 | 65 | 68 | 7 | 53 | 98 | 8 | 112 | 433 |
| 总计 | 225 | 393 | 578 | 574 | 438 | 531 | 244 | 516 | 3499 |

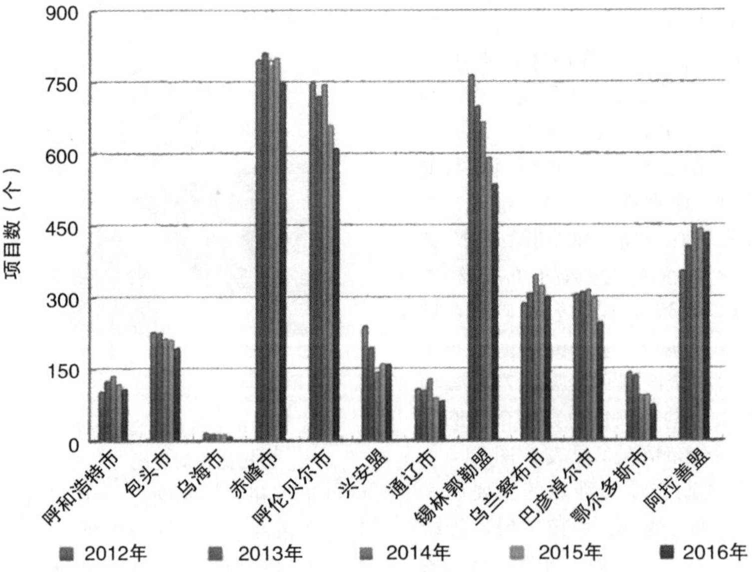


图 6　2012 ~ 2016 年内蒙古自治区在期地质勘查项目各盟市分布对比图

【地质矿产勘查项目实施】 2016年,全区实施各类非油气矿产地质勘查项目(具有资金投入项目)共3314项,其中,矿产勘查2864项,基础地质调查342项,水工环地质调查评价108项。实施各类非油气矿产地质勘查项目资金总投入25.18亿元,同比减少31.61%。其中:中央财政投入4.55亿元,同比增加17.12%,主要投向基础地质调查和矿产资源勘查;自治区地方财政投入6.27亿元,同比减少3.47%,主要投向基础地质调查和矿产资源勘查;社会资金投入14.35亿元,同比减少45.68%,主要投向矿产资源勘查。具体情况参见图7和图8。

1. 基础地质调查。截至2016年底,全区累计完成基础性地质调查工作量、当年全区实施及完成的地质调查实物工作量,参见表5。

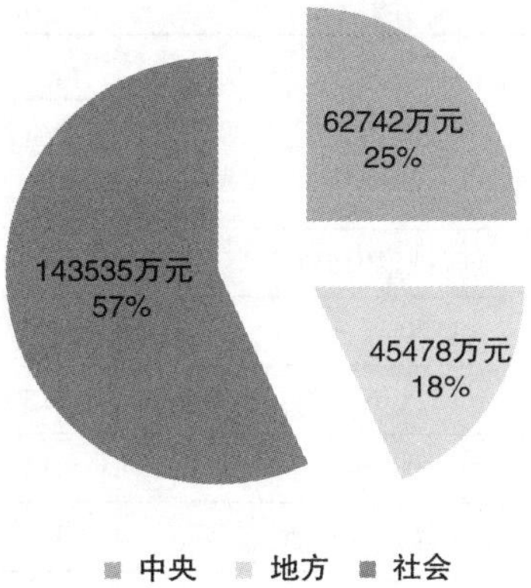


图7 2016年内蒙古自治区地质勘查投入构成饼图

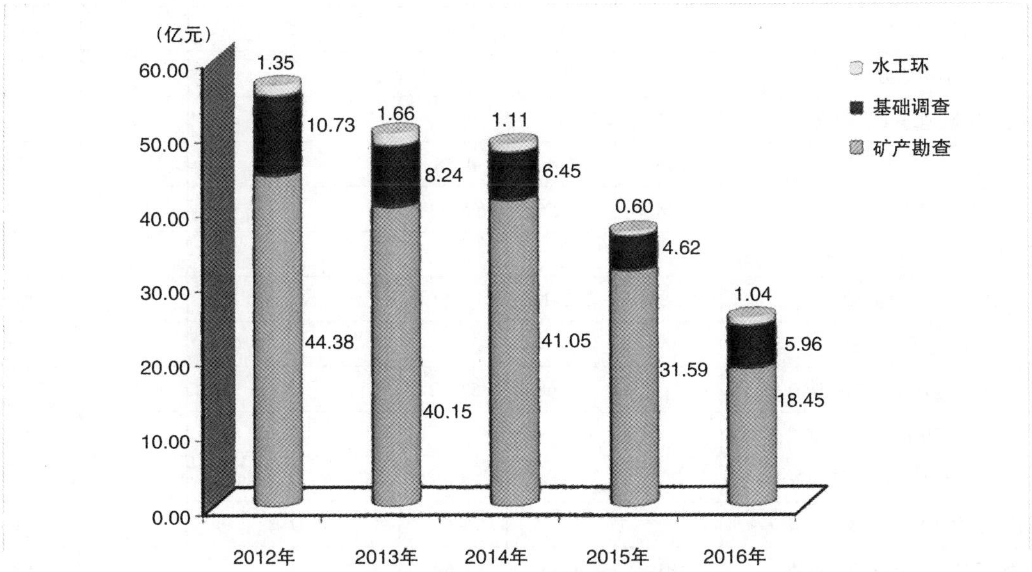


图8 2012~2016年内蒙古自治区各类地质勘查投入对比图

表5 2016年内蒙古自治区基础性地质调查完成情况统计表

| 项目名称 | 累计完成 | | | 2016年实施 | | 2016年完成 | |
|---|---|---|---|---|---|---|---|
| | 图幅数(幅) | 面积($10^4$平方千米) | 覆盖比例(%) | 图幅数(幅) | 面积($10^4$平方千米) | 图幅数(幅) | 面积($10^4$平方千米) |
| 一、区域地质调查 | | | | | | | |
| 1:5万 | 1038 | 29.52 | 47.39 | 237 | 2.83 | 237 | 2.83 |
| 1:20万 | 226 | 104 | 88.14 | | | | |
| 1:25万 | 73 | 65.3392 | 55.37 | | 0.09 | | 0.09 |
| 二、区域地球物理调查 | | | | | | | |

续表 5

| 项目名称 | 累计完成 | | | 2016 年实施 | | 2016 年完成 | |
|---|---|---|---|---|---|---|---|
| | 图幅数（幅） | 面积（$10^4$ 平方千米） | 覆盖比例（%） | 图幅数（幅） | 面积（$10^4$ 平方千米） | 图幅数（幅） | 面积（$10^4$ 平方千米） |
| （一）区域重力调查 | | | | | | | |
| 1:20 万 | 162 | 71. 6 | 60. 68 | | | | |
| 1:25 万 | 15 | 86. 68 | 73. 25 | | 1. 5 | | 1. 5 |
| 1:100 万 | 14 | 118 | 100 | | | | |
| （二）区域航磁调查 | | | | | | | |
| 1:25 万 | | 10. 2 | 8. 64 | | | | |
| 1:5 万航空物探综合站测量 | | 73. 0824 | 61. 93 | | | | |
| 1:10 万 | | 122 | 18. 3 | 15. 51 | | | |
| 1:20 万 | 51 | 30. 8 | 26 1 | | | | |
| 1:50 万 | 1 | 1 | 0. 85 | | | | |
| 1:100 万 | 1 | 43. 7 | 37. 03 | | | | |
| 三、区域地球化学调查 | | | | | | | |
| 1:5 万 | 275 | 5. 4 | 4. 58 | | | | |
| 1:20 万 | 181 | 77. 56 | 65. 73 | | | | |
| 四、航空遥感地质调查 | | | | | | | |
| 1:5 万遥感地质调查 | 38 | 2. 2411 | 1. 9 | | 0. 9 | | 0. 9 |
| 1:5 万遥感地质解译 | | | | | 1. 68 | | 1. 68 |
| 五、1:5 万区域地质矿产调查 | | 62. 68 | 53. 12 | | | | |
| （一）1:5 万矿产地质专项调查 | | | | | 1. 89 | | 1. 89 |
| （二）1:5 万矿产远景调查 | | | | | 0. 02 | | 0. 02 |
| 六、其他（含农业地质和城市地质等） | | | | | | | |
| 1:25 万多目标地球化学调查 | 10 | 4. 35 | 3. 69 | | | | 0. 75 |

2016 年，全区实施基础地质调查项目共 342 项，主要安排进行了 1:5 万和 1:25 万区域重力调查、1:25 万区域地球化学调查、1:5 万遥感地质调查、1:5 万矿产地质专项调查等工作。投入资金总计 5. 69 亿元，同比增长 23. 17%。其中：中央财政投入 4. 32 亿元，增幅 84. 89%；地方财政投入 1. 37 亿元，减幅 40. 12%。资金投入构成情况，参见图 9。

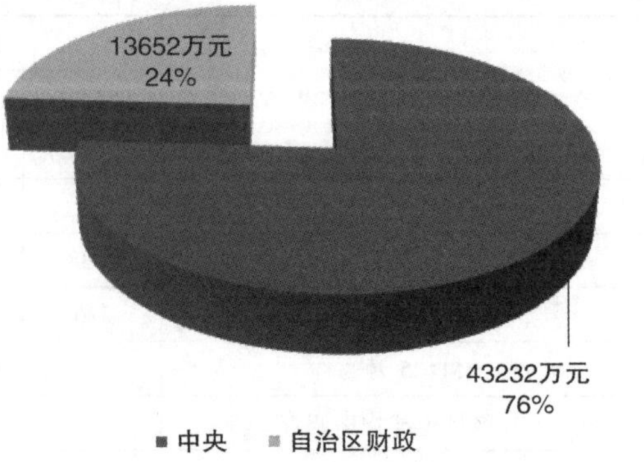


图 9　2016 年内蒙古自治区基础地质调查资金投入结构图

2. *矿产勘查*。①资金投入情况。2016 年，全区非油气、放射性矿产勘查资金总投入为 18. 45 亿元，比 2015 年减少 41. 60%。其中，无中央财政投入；地方财政投入 4. 09 亿元，比 2015 年增加 10. 06%，占全区总投入的 22. 19%，地方财政主要投向铁、铜、铅锌及贵金属等重要矿产资源勘查项目，2016 年地方财政投入较去年有较大幅度下降，主要原因是部分基金项目已经完成勘查工作进行了项目注销；社会资金投入14.35亿元，比2015年减少了45.68%，占全区总投入的77.81%，主要投向市场需求较大的铁、铅锌、铜、金、银等重要矿种。矿产勘查资金投入结构比例，参见图10。2007～2016年全区矿产勘查资金投入情况，参见图11。

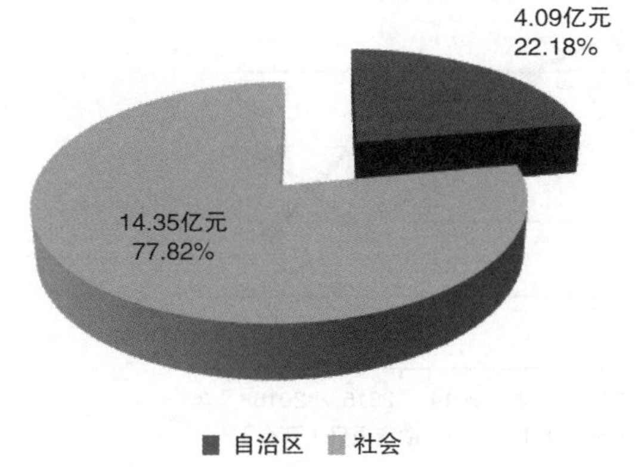


图10　2016年内蒙古自治区已实施矿产勘查项目资金投入结构图

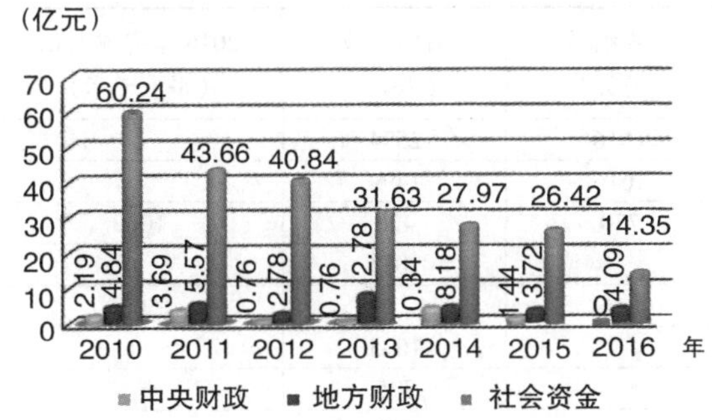


图11　2010～2016年内蒙古自治区矿产勘查资金投入情况对比图

与2015年相比，投向各矿产的勘查资金额度均有不同程度的变化，表现出整体下降。其中，煤炭、油页岩、地热等能源矿产勘查投入资金2.58亿元，占全年总投入的13.99%，同比减少31.74%；铁、锰、铬、钛等4种黑色金属矿产勘查投入资金1.27亿元，占全年总投入的6.88%，同比减少62.43%；铜、铅锌、镍等9种有色金属矿产勘查投入资金9.29亿元，占全年总投入的50.38%，同比减少41.36%；岩金、砂金、银等3种贵金属矿产勘查投入资金4.30亿元，占全年总投入的23.28%，同比减少36.48%；稀有金属矿产勘查投入资金0.0196亿元，占全年总投入的0.11%；化工建材及其他非金属42种矿产勘查投入资金0.98亿元，占全年总投入的5.30%，同比减少46.17%。2012～2016年全区勘查资金在不同矿产类别上的投入情况，参见图12。

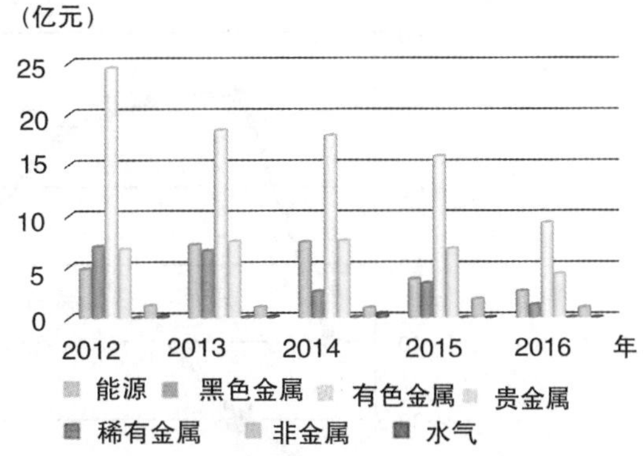


图12　2012～2016年内蒙古自治区勘查资金不同矿类投入对比图

②完成工作量。2016年，全区实施的非油气、放射性矿产勘查项目共计2864个，比2015年减少了267个项目。完成钻探1085225米，坑探22316米，槽探35.09万立方米，浅井1839米。其中能源矿产勘查项目108项，投入资金25813万元，完成钻探15634米；黑色金属矿产勘查项目442项，投入资金总额12698万元，完成钻探109437米，坑探6494米，槽探8.25万立方米，浅井804米；有色金属矿产勘查项目1566项，投入资金总额92949万元，完成钻探833198米，坑探14144米，槽探11.73万立方米，浅井660米。贵金属矿产勘查项目577项，投入资金42950万元，完成钻探114119米，坑探1598米，槽探14.14万立方米，浅井320米；化工建材及其他非金属矿产勘查项目165项，投入资金9769万元，完成钻探11855米，坑探79米，槽探0.97万立方米，浅井55米。

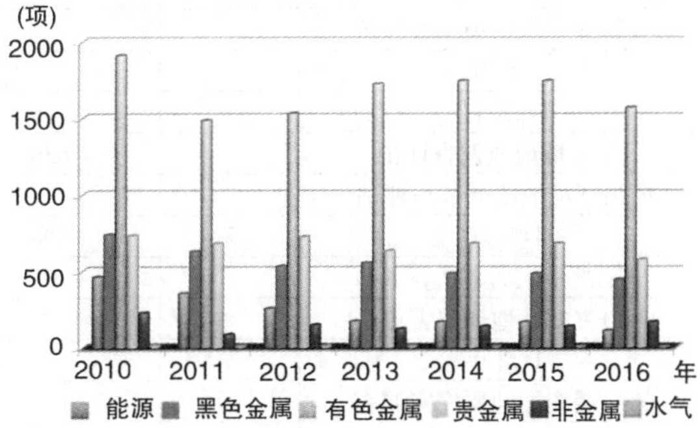


图13　2010～2016年内蒙古自治区各类矿产勘查项目数量对比图

2010～2016年内蒙古自治区各类矿产勘查项目数量情况，参见图13。2007～2016年全区勘查项目数量、钻探实物工作量及勘查投入情况，参见图14。

3. 水工环地质调查评价。

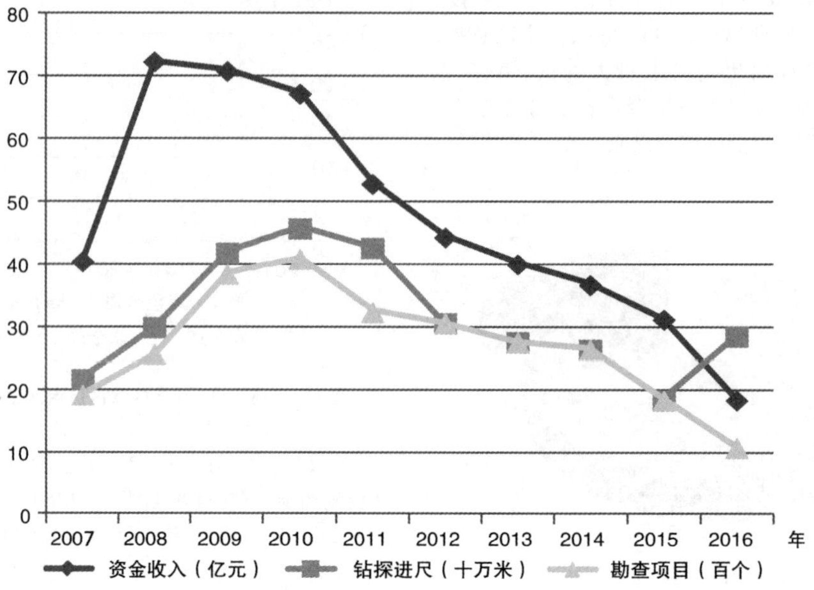


图 14　2007～2016 年内蒙古自治区勘查项目、资金及钻探数量对比图

表 6　2016 年内蒙古自治区水工环地质调查评价完成情况

| 项目类别 | 项目个数 | 资金总额（万元） | 中央财政（万元） | 省级财政（万元） | 2016 年完成面积（平方千米） |
|---|---|---|---|---|---|
| 一、水文地质调查评价 | | 4150 | 1616 | 2534 | |
| （一）水文地质调查 | | 3115 | 1616 | 1499 | |
| 1:5 万 | 4 | 1196 | 770 | 426 | 1000 |
| 1:10 万 | 10 | 1073 | | 1073 | |
| 1:25 万 | 1 | 846 | 846 | | 15000 |
| （二）水文地质勘查 | | 1035 | | 1035 | |
| 1:5 万供水水文地质勘查 | 3 | 325 | | 325 | |
| 严重缺水地区找水 | 10 | 710 | | 710 | |
| （三）地下水污染调查评价 | | | | | |
| 1:5 万 | | | | | |
| 1:25 万 | | | | | |
| 二、环境地质调查评价 | | 630 | 630 | | |
| 矿山环境地质调查与评估 | | | | | |
| 1:5 万 | 3 | 630 | 630 | | 600 |
| 三、地质灾害调查评价 | | 0 | | | |
| （一）突发性地质灾害调查 | | | | | |
| 1:5 万 | | | | | |
| （二）缓变性地质灾害调查 | | | | | |
| 1:10 万 | | | | | |
| 四、其他 | | 5612 | | 5612 | |
| （一）地热资源调查评价 | 77 | 5612 | | 5612 | |
| 1:50 万 | | | | | |
| （二）湿地资源调查与评价 | | | | | |
| 合计 | 108 | 10392 | 2246 | 8146 | |

2016年,全区开展的水文地质、环境地质和地质灾害调查评价项目共计108个。其中,水文地质地质调查评价项目28项,环境地质调查评价项目3项,无地质灾害调查评价项目,地热资源调查评价项目77项。投入资金为10392万元,较2015年增加4392万元,增加了73.2%。其中,中央财政投入2246万元,地方财政投入8146万元。完成情况见表6;资金投入构成,见图15。

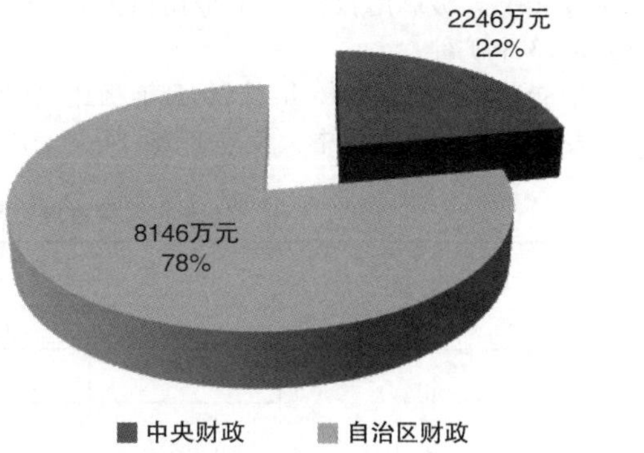


**图15　2016年内蒙古自治区水工环地质调查评价资金投入构成图**

**【矿产勘查成果】** 1. 评审备案情况。据自治区国土资源厅2016年度矿产资源储量评审备案情况通报,全年完成矿产资源储量评审备案的勘查成果共有138项。其中:国土资源部评审备案15项,国土资源厅完成评审备案123项。按工作程度(预查、普查、详查、勘探)统计,全区完成评审备案以详查报告为主,占到完成总量的51.09%;勘探占完成总量的30.96%;普查占完成总量的10.95%。具体参见表7。

2016年度,通过的国土资源厅备案的123项勘查成果分布于全区12个盟市,占前三位的为巴彦淖尔市、赤峰市和乌兰察布市,分别占全区的18.93%、17.16%、11.24%,并且均以详查报告为主,参见表8。

**表7　2016年内蒙古自治区矿产资源储量评审备案完成情况统计表**

| 备案报告评审机构 | 预查 | 普查 | 详查 | 勘探 | 生产勘查 | 核实 | 闭坑 | 合计 |
|---|---|---|---|---|---|---|---|---|
| 国土资源部备案报告 | – | 0 | 2 | 13 | – | – | – | 15 |
| 国土资源厅备案的报告 | – | 15 | 68 | 39 | – | – | – | 122 |
| 评审备案合计 | – | 15 | 70 | 52 | – | – | – | 137 |
| 比例(%) | – | 10.95 | 51.09 | 30.96 | – | – | – | 100 |

**表8　2016年内蒙古自治区矿产资源储量厅评审备案统计表(盟市)**

| 盟市 | 预查 | 普查 | 详查 | 勘探 | 生产勘探 | 核实 | 闭坑 | 合计 |
|---|---|---|---|---|---|---|---|---|
| 呼和浩特市 | – | 4 | 4 | – | – | – | – | 8 |
| 包头市 | – | – | 11 | 3 | – | – | – | 14 |
| 乌海市 | – | – | 3 | 1 | – | – | – | 4 |
| 赤峰市 | – | 2 | 13 | 9 | – | – | – | 24 |
| 通辽市 | – | – | 1 | 3 | – | – | – | 4 |
| 鄂尔多斯市 | – | 1 | 4 | 5 | – | – | – | 10 |
| 呼伦贝尔市 | – | – | 5 | 3 | – | – | – | 8 |
| 兴安盟 | – | – | 1 | 2 | – | – | – | 3 |
| 锡林郭勒盟 | – | – | 2 | 7 | – | – | – | 9 |
| 乌兰察布市 | – | 5 | 3 | – | – | – | – | 8 |
| 巴彦淖尔市 | – | – | 10 | 2 | – | – | – | 12 |
| 阿拉善盟 | – | 3 | 11 | 4 | – | – | – | 18 |

2016年,全区经过国土资源厅评审备案的勘查成果报告为71项,涉及有煤、铁、铜、铅、锌、金、银、钨、石墨、矿泉水、光学萤石、膨润土、水泥用灰岩、叶蜡石、珍珠岩、冶金用砂岩、油页岩、普通萤石、饰面用辉长岩、

饰面用花岗岩、玻璃用脉石英、冶金用白云岩、玻璃用白云岩23个矿种。

2. 新增矿产地。2016年与2015年相比,新增查明上表矿产地48处,其中大型矿产地14处、中型7处、小型27处,包括能源矿产地3处、金属矿产地19处、非金属矿产地26处。2016年全区新增矿产资源量情况,参见表9。

表9　**2016年内蒙古自治区新增矿产地资源储量情况一览表**

| 序号 | 矿种 | 矿产地数量及矿床规模(个) | | | 查明资源储量 | |
|---|---|---|---|---|---|---|
| | | 大型 | 中型 | 小型 | 单位 | 资源储量 |
| 1 | 煤炭 | 0 | 0 | 1 | 原煤 千吨 | 63410 |
| | | 0 | 0 | 1 | 原煤 千吨 | (334)? 3320 |
| 2 | 油页岩 | 0 | 1 | 0 | 矿石 亿吨 | 2.49 |
| 3 | 铁 | 0 | 1 | 0 | 矿石 亿吨 | 0.11 |
| 4 | 铜 | 0 | 0 | 1 | 金属 万吨 | 0.56 |
| 5 | 铅 | 0 | 1 | 1 | 金属 万吨 | 18.20 |
| 6 | 锌 | 0 | 0 | 6 | 金属 万吨 | 16.02 |
| 7 | 钨 | 1 | 0 | 0 | $WO_3$ 万吨 | 8.99 |
| 8 | 金矿 | 0 | 0 | 6 | 金属 吨 | 10.41 |
| 9 | 银 | 1 | 0 | 1 | 金属 吨 | 1194.81 |
| 10 | 普通萤石 | 1 | 0 | 1 | $CaF_2$ 万吨 | 169.06 |
| 11 | 冶金用白云岩 | 2 | 0 | 0 | 矿石 亿吨 | 14.03 |
| 12 | 冶金用砂岩 | 0 | 0 | 1 | 矿石 万吨 | 156 |
| 13 | 珍珠岩 | 0 | 0 | 1 | 矿石 万吨 | 58.53 |
| 14 | 叶蜡石 | 1 | 0 | 0 | 矿石 万吨 | 281.03 |
| 15 | 玻璃用脉石英 | 0 | 0 | 1 | 矿石 万吨 | 155.11 |
| 16 | 水泥用灰岩 | 1 | 1 | 1 | 矿石 亿吨 | 4.09 |
| 17 | 膨润土 | 0 | 0 | 1 | 矿石 万吨 | 254.08 |
| 18 | 饰面用辉长岩 | 0 | 1 | 0 | 矿石 万立方米 | 436.9 |
| 19 | 饰面用花岗岩 | 4 | 0 | 4 | 矿石 万立方米 | 29890 |
| 20 | 石墨(晶质) | 3 | 1 | 0 | 矿物 万吨 | 2869.93 |
| 21 | 石墨(隐晶质) | 0 | 1 | 0 | 矿石 万吨 | 89.14 |
| 合计 | | 14 | 7 | 27 | | |

注:此表根据《截至2016年底内蒙古自治区矿产资源储量通报》附表3,国土资源部《矿产资源储量规模划分标准》(国土资发〔2000〕133号),按照矿种进行整理统计。

3. 重要勘查成果。2016年,全区开展矿产勘查并形成一定工作量2864个项目,完成钻探1085225米,坑探22316米,槽探35.09万立方米,浅井1839米。全区完成阶段性勘查的矿产地58处,其中大型矿产地16处、中型10处、小型32处。取得重要成果26项,其中能源矿产3项、金属矿产7项、非金属矿产16项。2016年全区矿产勘查重大成果(储量规模达到大型),见表10。

表10　　2016年内蒙古自治区矿产勘查重大成果统计表

| 项目名称 | 规模 | 矿种 | 单位 | 新增资源储量 | |
|---|---|---|---|---|---|
| | | | | 333及以上 | 334 |
| 内蒙古自治区东胜煤田呼吉尔特矿区母杜柴登井田南区煤炭普查 | 大 | 煤 | 矿石 亿吨 | 1.58 | 0.1 |
| 内蒙古自治区镶黄旗那仁乌拉矿区钨铋银多金属矿勘探 | 大 | 钨 | 金属 万吨 | 9 | 0 |
| 内蒙古自治区阿拉善左旗朱拉扎嘎矿区金矿勘探 | 大 | 金 | 金属 吨 | 64.61 | 0 |
| 内蒙古自治区东乌珠穆沁旗花脑特银多金属矿区47－77线银多金属矿勘探 | 大 | 银 | 金属 吨 | 1083.32 | 0 |
| 内蒙古自治区乌拉特中旗高勒图矿区晶质石墨矿勘探 | 大 | 晶质石墨 | 矿物 万吨 | 1580.88 | 0 |
| 内蒙古自治区达尔罕茂明安联合旗查干文都日矿区晶质石墨矿详查 | 大 | 晶质石墨 | 矿物 万吨 | 851.24 | 0 |
| 内蒙古自治区阿拉善左旗特里木图矿区饰面石材花岗岩矿详查 | 大 | 饰而石材花岗岩 | 荒料量 万吨 | 7401.61 | 0 |
| 内蒙古自治区阿拉善左旗查干哈达矿区饰面石材花岗岩矿详查报告 | 大 | 饰面石材花岗岩 | 荒料量 万吨 | 5155.96 | 0 |
| 内蒙古自治区阿拉善左旗布图托艾克矿区饰面石材花岗岩矿详查 | 大 | 饰面石材花岗岩 | 荒料量 万吨 | 12458.12 | 0 |
| 内蒙古自治区阿拉善左旗巴彦诺日公矿区陶力二区饰面石材花岗岩矿详查 | 大 | 饰面石材花岗岩 | 荒料量 万吨 | 4565.55 | 0 |
| 内蒙古自治区阿拉善左旗大疙瘩山矿区水泥用石灰岩矿南部勘探北部普查 | 大 | 水泥用石灰岩 | 矿石 万吨 | 36901.68 | 0 |
| 内蒙古自治区扎鲁特旗罕山矿区玻璃纤维用叶蜡石矿详查 | 大 | 叶蜡石 | 矿石 万吨 | 281.03 | 0 |
| 内蒙古自治区清水河县大梁山矿区白云岩矿预查 | 大 | 白云岩 | 矿石 万吨 | 11.03 | 7.58 |
| 内蒙古自治区清水河县暖泉沟矿区熔剂用白云岩矿普查 | 大 | 熔剂用白云岩 | 矿石 万吨 | 3.01 | 1.3 |
| 内蒙古自治区阿拉善右旗乌力图矿区萤石矿勘探 | 大 | 萤石 | $CaF_2$ 万吨 | 156.96 | 0 |
| 内蒙古自治区鄂托克旗乌兰镇德日索饮用天然矿泉水水源地详查 | 大 | 天然矿泉水 | 立方米/日 | 0 | 1245 |

## ·矿产资源开发利用·

**【矿产资源开发登记】** 1. *采矿权登记*。全区采矿权设置主要采用三级登记制，即由国土资源部、国土资源厅和盟市国土资源局按矿产资源类别及矿床规模确定的职责范围进行登记。

截至2016年底，除由国土资源部登记和管理的石油、天然气、煤层气和放射性矿产外，全区非油气类矿产采矿登记有效期项目共4023个。其中，国土资源部登记采矿在期项目100个，国土资源厅登记采矿在期项目1265个，盟市级登记采矿在期项目2658个。与2015年相比，全区非油气类矿产有效采矿权减少5.70%，减少的主要为能源矿产、黑色金属、贵金属、非金属类矿产，而有色金属、稀有金属和水气矿产基本保持不变。其中，厅登记的在期采矿权项目减少1.94%，盟、市级登记的在期采矿权项目减少7.64%。

2. *分类登记情况*。按矿产大类统计，2016年全区非油气类4023个有效采矿权以非金属矿产为主，共有2711个，占全区总数的67.39%。国土资源部和国土资源厅两级办理的非油气类1365个有效采矿权中，以能源矿产和黑色金属矿产居多，分别为536个和355个，占部和厅两级有效采矿权总数的39.27%和

26.01%。2016年全区有关有效采矿权按矿类及主要矿种统计情况，参见图1至图4。

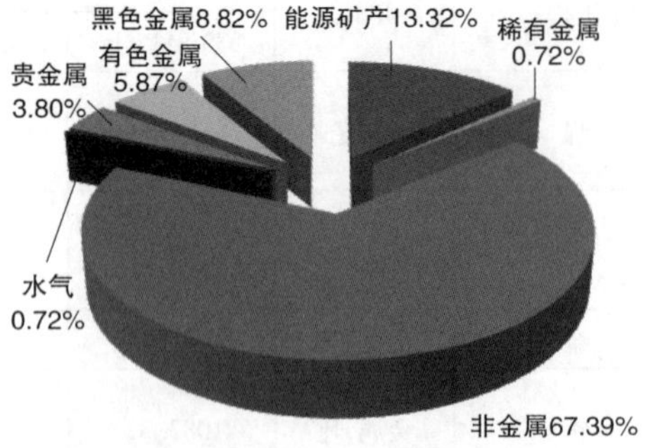


图1　2016年内蒙古自治区非油气有效采矿权分矿类占比图

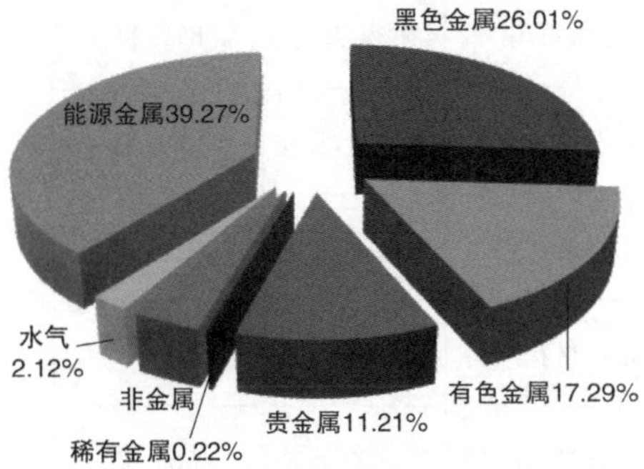


图2　2016年内蒙古自治区部、厅登记非油气有效采矿权分矿类占比图

3. 分地区登记情况。按盟市统计，2016年全区有效采矿权是以赤峰市和鄂尔多斯市最多，分别为890个和748个，占全区有效采矿权总数(4023个)的22.12%和18.59%。部和厅两级登记的有效采矿权是以鄂尔多斯市和赤峰市居最多，分别为342个和

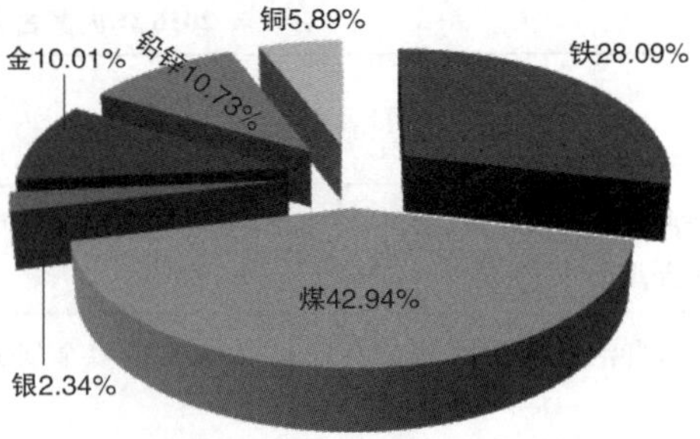


图3　2016年内蒙古自治区部、厅采矿登记主要矿种有效采矿权占比图

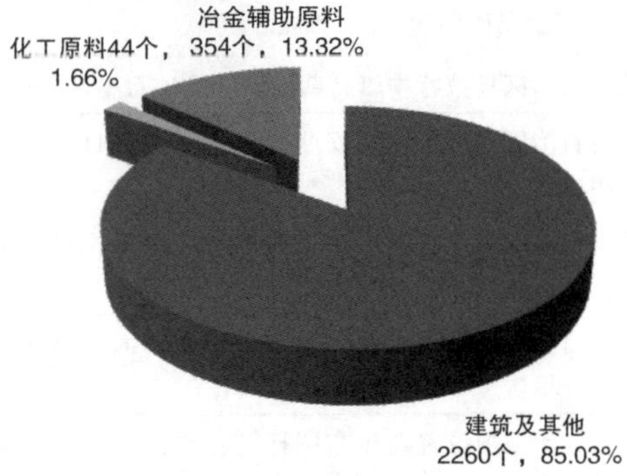


图4　2016年内蒙古自治区盟市登记分矿类有效采矿权占比图

319个，占部和厅登记有效采矿权总数(1365个)的25.05%和23.37%。盟市登记的有效采矿权是以赤峰市、鄂尔多斯市和锡林郭勒盟居多，分别为571个、406个和372个，占盟市登记项目总数(2658个)的21.48%、15.27%和14.000名。各盟市有效采矿权分矿类、矿种等有关情况，参见表1至表4和图5至图7；2007～2016年全区有效采矿权数量变化情况，参见图8。

表1　　2016年内蒙古自治区各盟市分矿类有效采矿权分布统计表　　单位：个

| 盟(市) | 能源矿产 | 黑色金属 | 有色金属 | 贵金属 | 稀有金属 | 非金属 | 水气 | 合计 |
|---|---|---|---|---|---|---|---|---|
| 呼和浩特市 | 2 | 17 | – | 13 | – | 97 | 1 | 130 |
| 包头市 | 15 | 65 | 4 | 10 | – | 135 | 3 | 232 |
| 乌海市 | 48 | 5 | – | – | – | 44 | – | 97 |
| 赤峰市 | 35 | 59 | 130 | 90 | – | 572 | 4 | 890 |
| 通辽市 | 19 | 5 | 10 | – | – | 290 | – | 324 |
| 鄂尔多斯市 | 319 | 12 | – | – | – | 414 | 3 | 748 |
| 呼伦贝尔市 | 38 | 7 | 24 | 3 | – | 177 | 7 | 256 |
| 兴安盟 | 6 | 10 | 9 | – | – | 177 | 5 | 207 |
| 锡林郭勒盟 | 24 | 24 | 25 | 6 | 3 | 373 | 2 | 457 |

**续表 1**

| 盟(市) | 能源矿产 | 黑色金属 | 有色金属 | 贵金属 | 稀有金属 | 非金属 | 水气 | 合计 |
|---|---|---|---|---|---|---|---|---|
| 乌兰察布市 | – | 48 | 11 | 12 | – | 124 | 1 | 196 |
| 巴彦淖尔市 | 3 | 73 | 11 | 12 | – | 154 | 1 | 254 |
| 阿拉善盟 | 27 | 30 | 12 | 7 | – | 154 | 2 | 232 |
| 总计 | 536 | 355 | 236 | 153 | 3 | 2711 | 29 | 4023 |

**注:**所指采矿髓记项目均小包括石油、天然气、煤层气、放射性矿产开采项目。

**表 2　　2016 年内蒙古自治区各盟市分矿类部厅登记有效采矿权分布统计表**　　单位:个

| 盟(市) | 能源矿产 | 黑色金属 | 有色金属 | 贵金属 | 稀有金属 | 非金属 | 水气 | 合计 |
|---|---|---|---|---|---|---|---|---|
| 呼和浩特市 | 2 | 17 | – | 13 | – | 3 | 1 | 36 |
| 包头市 | 15 | 65 | 4 | 10 | – | 2 | 3 | 99 |
| 呼伦贝尔市 | 48 | 5 | – | – | – | 2 | – | 55 |
| 兴安盟 | 35 | 59 | 130 | 90 | – | 1 | 4 | 319 |
| 通辽市 | 19 | 5 | 10 | – | – | 11 | – | 45 |
| 赤峰市 | 319 | 12 | – | – | – | 8 | 3 | 342 |
| 锡林郭勒盟 | 38 | 7 | 24 | 3 | – | 3 | 7 | 82 |
| 乌兰察布市 | 6 | 10 | 90 | – | – | – | 5 | 30 |
| 鄂尔多斯市 | 24 | 24 | 25 | 6 | 3 | 1 | 2 | 85 |
| 巴彦淖尔市 | – | 48 | 11 | 12 | – | 10 | 1 | 82 |
| 乌海市 | 3 | 73 | 11 | 12 | – | 7 | 1 | 107 |
| 阿拉善盟 | 27 | 30 | 12 | 7 | – | 5 | 2 | 83 |
| 总计 | 536 | 355 | 236 | 153 | 3 | 53 | 29 | 1365 |

**注:**所指采矿登记项同均不包括石油、天然气、煤层气、放射性矿产开采项目。

**表 3　　2016 年内蒙古自治区各盟市主要矿种有效采矿权分布统计表**　　单位:个

| 盟(市) | 煤 | 铁 | 铜 | 铅锌 | 金 | 银 | 合计 |
|---|---|---|---|---|---|---|---|
| 呼和浩特市 | 2 | 17 | – | – | 11 | 2 | 32 |
| 包头市 | 15 | 65 | 4 | – | 10 | – | 94 |
| 乌海市 | 48 | 5 | – | – | – | – | 53 |
| 赤峰市 | 33 | 58 | 36 | 84 | 70 | 30 | 301 |
| 通辽市 | 18 | 5 | 1 | 8 | – | – | 32 |
| 鄂尔多斯市 | 319 | 12 | – | – | – | – | 331 |
| 呼伦贝尔市 | 38 | 7 | 6 | 14 | 1 | 2 | 68 |
| 兴安盟 | 5 | 10 | 4 | 5 | – | – | 24 |
| 锡林郭勒盟 | 24 | 22 | 10 | 8 | 3 | 3 | 70 |
| 乌兰察布市 | – | 46 | 7 | 2 | 10 | 2 | 67 |
| 巴彦淖尔市 | 3 | 73 | 3 | 7 | 12 | – | 98 |
| 阿拉善盟 | 27 | 28 | 2 | 5 | 7 | – | 69 |
| 总计 | 532 | 348 | 73 | 33 | 24 | 29 | 239 |

**表 4　　2016 年内蒙古自治区各盟市登记有效采矿权统计表**　　单位:个

| 盟(市) | 冶金辅助原料非金属矿产 | 化工原料非金属矿产 | 建筑及其他非金属矿物 | 合计 |
|---|---|---|---|---|
| 呼和浩特市 | 1 | 1 | 92 | 94 |
| 包头市 | 9 | – | 124 | 133 |
| 乌海市 | 3 | 1 | 38 | 42 |
| 赤峰市 | 149 | 4 | 418 | 571 |
| 通辽市 | 21 | – | 258 | 279 |
| 鄂尔多斯市 | 12 | 9 | 385 | 406 |
| 呼伦贝尔市 | 11 | 1 | 162 | 174 |
| 兴安盟 | 3 | 1 | 173 | 177 |
| 锡林郭勒盟 | 89 | 11 | 272 | 372 |
| 乌兰察布市 | 23 | 1 | 90 | 114 |
| 巴彦淖尔市 | 12 | – | 135 | 147 |
| 阿拉善盟 | 21 | 15 | 113 | 149 |
| 总计 | 354 | 44 | 2260 | 2658 |

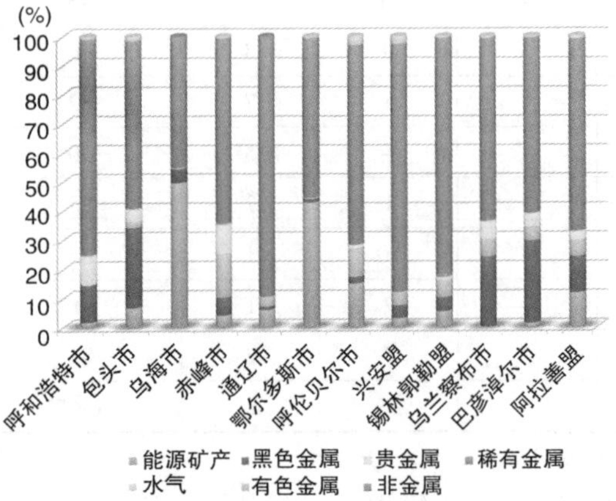


图 5　2016 年内蒙古自治区非油气有效采矿权分矿类盟市分布占比图

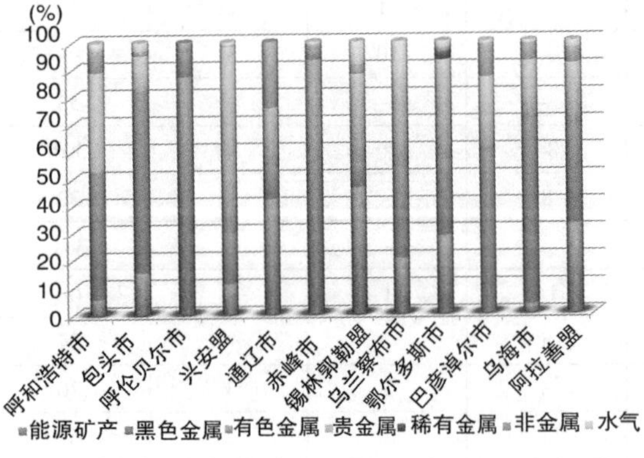


图 6　2016 年内蒙古自治区部、厅登记有效采矿权分矿类盟市分布占比图

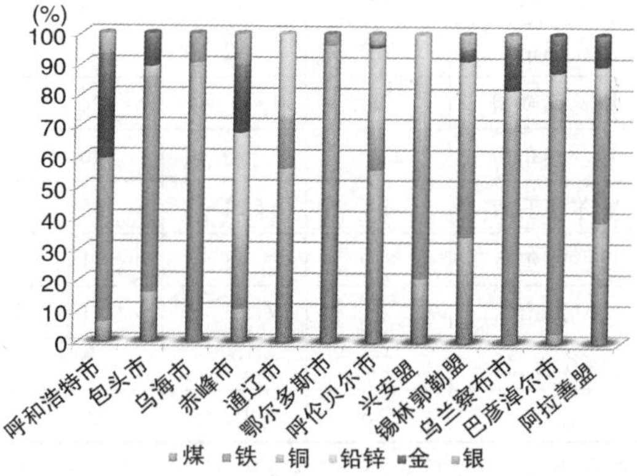


图 7　2016 年内蒙古自治区主要矿种有效采矿权盟市分布占比图

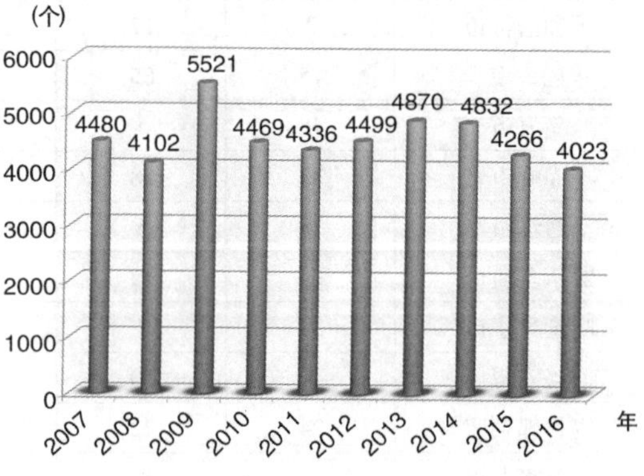


图 8　2007 ~ 2016 年内蒙古自治区有效采矿权数变化图

【矿产资源开发利用】　1. 矿山数量。截至 2016 年底,全区共有各类非油气类矿山 4517 家(包括已过期保留和国土资源部所发旧证等采矿权 494 个),与 2015 年相比减少 259 家,减幅 5.4%。按企业规模统

计，大型200家，减少13家；中型372家，增加6家；小型2346家，减少155家；小矿1599家，减少97家。按经济类型统计，全区共有内资矿山4494家，占全区矿山的99.49%，其中中型及以上规模563家，占内资矿山总数的12.53%；港、澳、台商投资矿山15家，均为中型及以下规模矿山；有外商投资矿山8家，其中中型及以上规模矿山6家，占外商投资企业总数的75%。有关情况参见表5和图9至图13。

表5　　2016年内蒙古自治区按经济类型统计矿山数量表

| 矿山经济类型 | 矿山数(个) | | | | |
| --- | --- | --- | --- | --- | --- |
| | 合计 | 大型 | 中型 | 小型 | 小矿 |
| 一、内资企业 | 4494 | 196 | 367 | 2335 | 1596 |
| 国有企业 | 114 | 35 | 26 | 42 | 11 |
| 集体企业 | 133 | 0 | 3 | 66 | 64 |
| 股份合作企业 | 111 | 5 | 8 | 89 | 9 |
| 联营企业 | 14 | 0 | 2 | 10 | 2 |
| 有限责任公司 | 1851 | 106 | 23 | 1008 | 506 |
| 股份有限公司 | 179 | 26 | 21 | 98 | 34 |
| 私营企业 | 2012 | 24 | 75 | 995 | 918 |
| 其他企业 | 80 | 0 | 1 | 27 | 52 |
| 二、港、澳、台商投资企业 | 15 | 0 | 3 | 10 | 2 |
| 三、外商投资企业 | 8 | 4 | 2 | 1 | 1 |
| 全区合计 | 4517 | 200 | 372 | 2346 | 1599 |

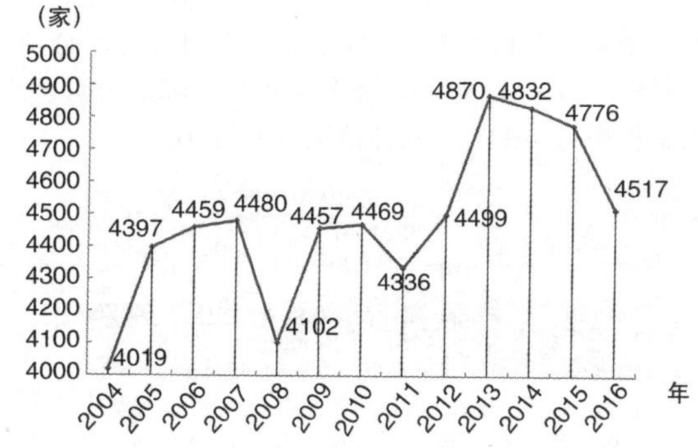


图9　2004～2016年内蒙古自治区矿山数量变化图

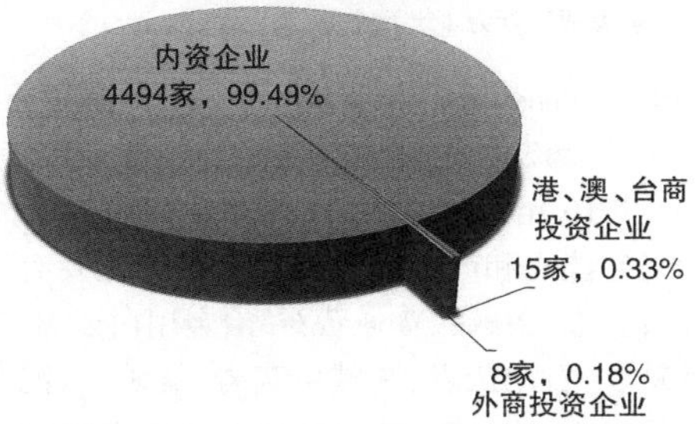


图10　2016年内蒙古自治区矿山数量按投资来源统计构成图

按盟市统计，2016年全区矿山数以赤峰市最多，为860家，占全区非油气类矿山总数（4517）的

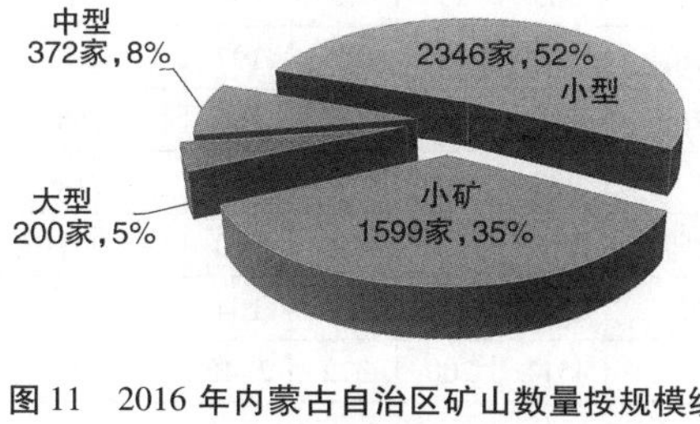


图11　2016年内蒙古自治区矿山数量按规模统计构成图

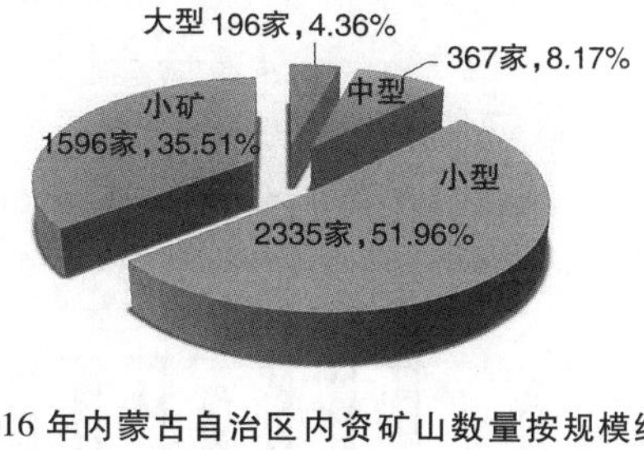


图12　2016年内蒙古自治区内资矿山数量按规模统计构成图

19.04%，矿山规模以小型、小矿为主，共785家，占全市矿山数的92.28%。其次为鄂尔多斯市，共有矿山747家，占全区矿山总数的16.54%，其中大中型企业237家，占到全区大中型矿山总数的41.43%。锡林郭勒盟的矿山数量居全区第三位，共有516家，占全区矿山总数的11.42%，矿山规模以小型、小矿为主，共478家，占全盟矿山数的92.64%。有关各盟市矿山情况，参见表6，图14和图15。

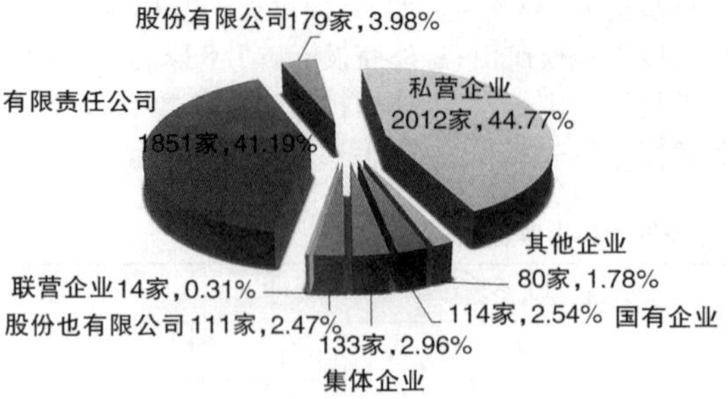


图 13　2016 年内蒙古自治区内资矿山数量按经济类型统计构成图

表 6　2016 年内蒙古自治区各盟市矿山情况统计表

| 盟(市) | 矿山数(个) | | | | |
|---|---|---|---|---|---|
| | 合计 | 大型 | 中型 | 小型 | 小矿 |
| 呼和浩特市 | 183 | 2 | 3 | 115 | 63 |
| 包头市 | 281 | 8 | 8 | 143 | 122 |
| 乌海市 | 131 | 19 | 13 | 68 | 31 |
| 赤峰市 | 860 | 19 | 56 | 501 | 284 |
| 通辽市 | 396 | 5 | 15 | 299 | 77 |
| 鄂尔多斯市 | 747 | 89 | 148 | 311 | 199 |
| 呼伦贝尔 | 263 | 19 | 22 | 131 | 91 |
| 巴彦淖尔市 | 319 | 11 | 27 | 197 | 84 |
| 乌兰察布市 | 280 | 7 | 20 | 94 | 159 |
| 兴安盟 | 287 | 1 | 9 | 63 | 214 |
| 锡林郭勒盟 | 516 | 14 | 24 | 260 | 218 |
| 阿拉善盟 | 254 | 6 | 27 | 164 | 57 |
| 合计 | 4517 | 200 | 372 | 2346 | 1599 |

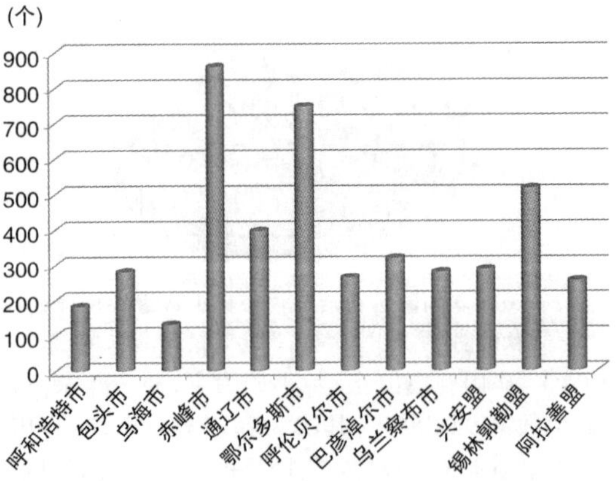


图 14　2016 年内蒙古自治区各盟市矿山数量对比图

2. 矿山生产能力及产量。2016 年，全区 4517 家非油气类矿山开发利用矿产 118 种，比 2015 年减少 2 种。实际采矿能力为 9.07 亿吨/年，同比减少 2.05%；年产矿量为 7.28 亿吨，同比减少 10.46%。

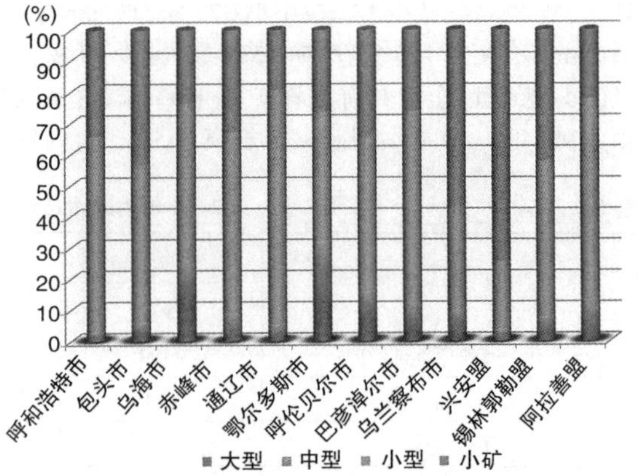


图 15　2016 年内蒙古自治区各盟市矿山按规模统计对比图

2006～2012 年，全区非油气类矿山数在 4100～4500 家之间波动；实际采矿能力和年产矿量均以整体递增的态势增长，2010 年实际采矿能力和年产矿量同比变化率分别达 35.08% 和 41.56%，2012 年增幅下降明显，实际采矿能力和年采矿量同比变化率仅为 4.97% 和 2.14%。2013 年，矿山数为 4870 家，达到十几年的峰值；实际采矿能力与 2015 年基本持平；年采矿量首次下降，同比变化率为 -3.17%。2014～2016 年，矿山数、实际采矿能力和年产矿量均呈下降趋势，2015 年实际采矿能力和年产矿量降幅最大，同比变化率分别为 -8.37% 和 -15.60%；2016 年矿山数下降最为明显，同比变化率为 5.42%。具体情况参见图 16。

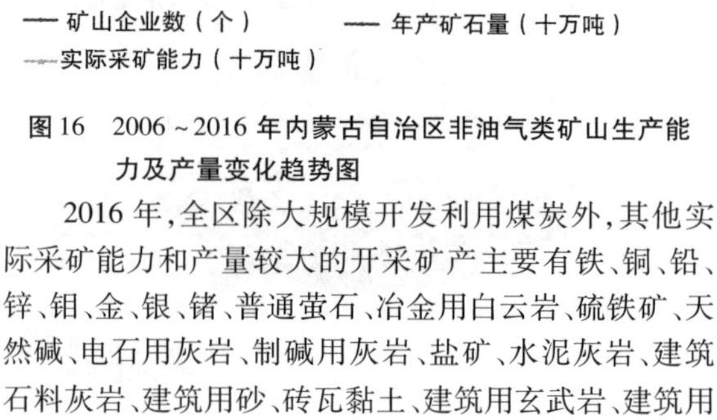


图 16　2006～2016 年内蒙古自治区非油气类矿山生产能力及产量变化趋势图

2016 年，全区除大规模开发利用煤炭外，其他实际采矿能力和产量较大的开采矿产主要有铁、铜、铅、锌、钼、金、银、锗、普通萤石、冶金用白云岩、硫铁矿、天然碱、电石用灰岩、制碱用灰岩、盐矿、水泥灰岩、建筑石料灰岩、建筑用砂、砖瓦黏土、建筑用玄武岩、建筑用安山岩、建筑用闪长岩、建筑花岗岩、建筑凝灰岩、水泥大理岩、制灰用石灰岩、片麻岩等。其中，煤炭实际采矿能力为 68419 万吨/年、年产矿量为 57945 万吨，分别占全区非油气类矿产总实际采矿能力和年产矿量的

75.41%和79.58%；铁、铜、铅、锌、钼、金和银7种金属矿产开采的合计实际采矿能力为11980万吨/年、年产矿量为8.363万吨，分别占全区总实际采矿能力和年产矿量的13.20%、11.49%；煤炭和铁、铜、铅、锌、金、银7种金属矿产合计实际采矿能力占全区的88.61%，年产矿量合计占全区的91.07%。2016年全区矿山的实际采矿能力和年产矿量的具体情况，参见图17至图23。

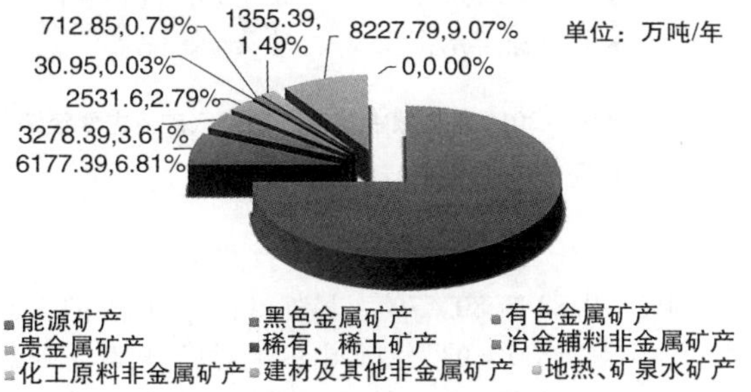


图17　2016年内蒙古自治区分矿类矿山实际采矿能力占比图

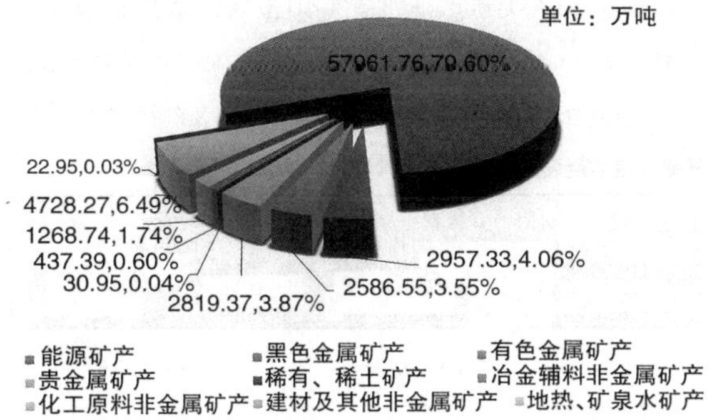


图18　2016年内蒙古自治区分矿类矿山年产矿量占比图

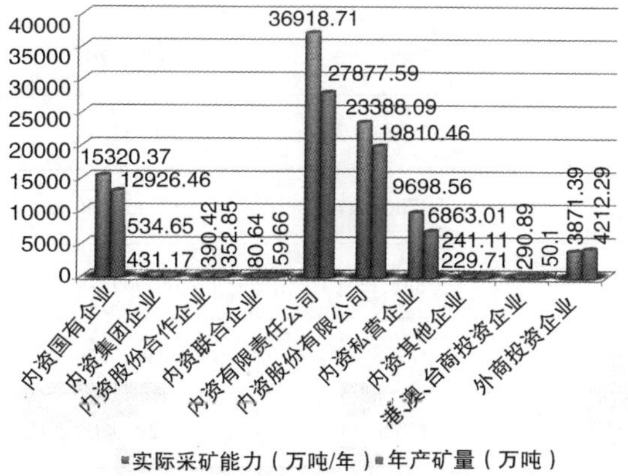


图19　2016年内蒙古自治区各种经济类型非油气矿山实际采矿能力和年产矿量对比图

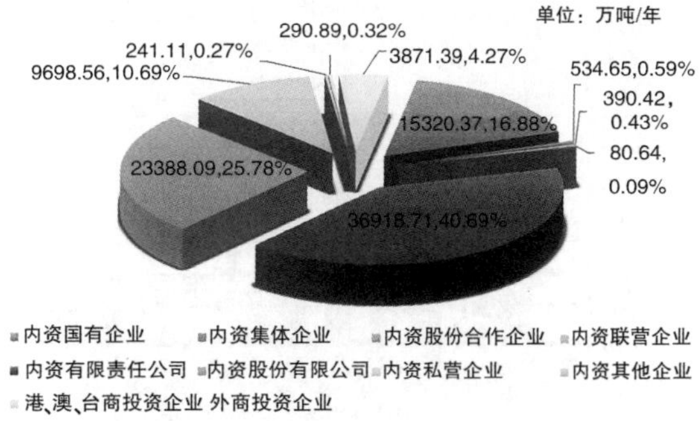


图20　2016年内蒙古自治区各种经济类型非油气矿山实际采矿能力占比图

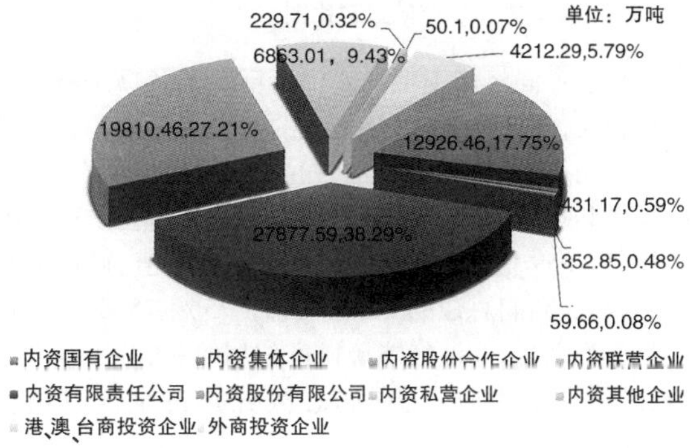


图21　2016年内蒙古自治区各种经济类型非油气矿山年产矿量占比图

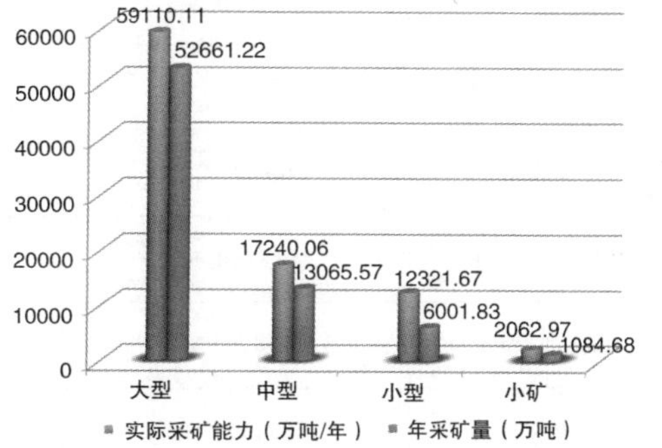


图22　2016年内蒙古自治区非油气各类规模矿山实际采矿能力和年产矿量对比图

【矿业产值及经济效益】　2016年，全区非油气类矿山工业总产值为1402.92亿元，比2015年增加22.05%；综合利用产值为637.71亿元，比2015年增加3.02%；矿产品销售收入1299.04亿元，比2015年增加21.76%；利润总额202.52亿元，比2015年增加47.07%。2007～2016年全区非油气矿业主要经济指标变化情况，参见图24。

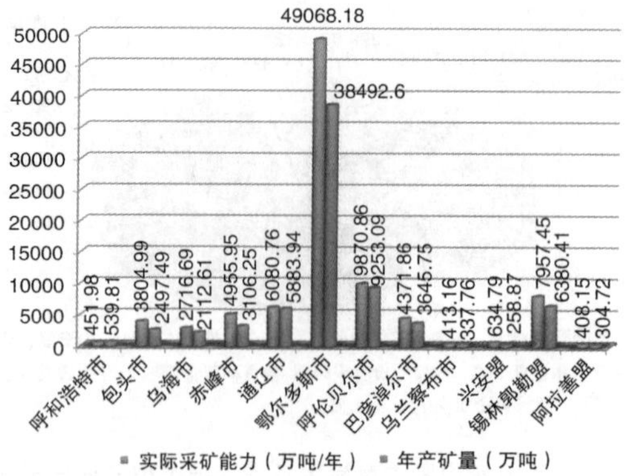


**图 23　2016 年内蒙古自治区各盟市非油气矿山实际采矿能力和年产矿量对比图**

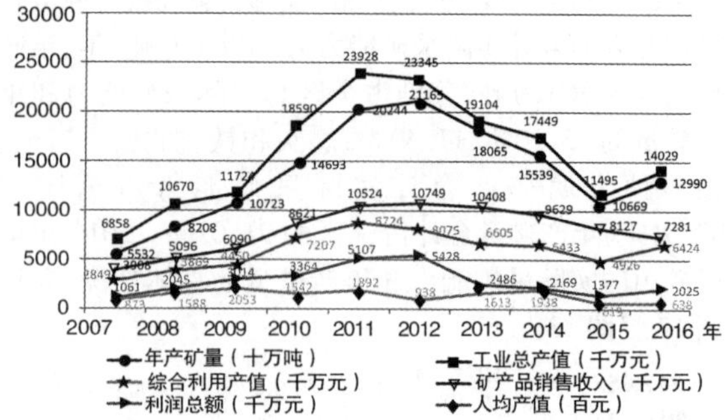


**图 24　2007～2016 年内蒙古自治区非油气矿业主要经济指标变化对比图**

全区不同经济类型的矿山所反映的各项经济指标差异很大，相比之下，内资企业的有限责任公司和股份有限公司位居 10 类企业前二位，合计工业总产值、矿产品销售收入、利润总额分别为 982.22 亿元、906.05 亿元、153.59 亿元，分别占全区工业总产值、矿产品销售总收入、利润总额的 70.01%、69.75%、75.84%。按矿产类型划分，非油气能源矿产位居第一，其工业总产值、矿产品销售收入、利润总额分别占全区总值的 80.24%、79.83%、80.57%。另外，按企业规模的大小而言，不足全区 5% 的大型矿山占绝对优势，其工业总产值、矿产品销售收入、利润总额分别占全区总值的 68.65%、69.58%、70.32%。不同经济类型非油气矿山主要经济指标情况、各种规模非油气矿山主要经济指标情况和各类矿产非油气矿山主要经济指标情况参见表 7 至表 9，图 25 至图 30。

**表 7　2016 年内蒙古自治区各经济类型非油气矿山主要经济指标情况统计表**

| 矿山经济类型 | 工业总产值（万元） | 综合利用产值（万元） | 矿产品销售收入（万元） | 利润总额（万元） |
|---|---|---|---|---|
| 国有企业 | 1888147.55 | 51203.43 | 1784618.35 | 53341.75 |
| 集体企业 | 80862.29 | 6168.00 | 78082.16 | 6462.46 |
| 内资股份合作 | 175158.53 | 1000.00 | 171714.03 | 18704.13 |
| 内资联营 | 26475.20 | 5000.50 | 23267.32 | 3000.26 |
| 内资有限责任公司 | 5871131.16 | 360961.66 | 5283835.38 | 808752.41 |
| 内资股份有限公司 | 3951109.03 | 177734.40 | 3776615.14 | 727152.66 |
| 内资私营企业 | 1158450.91 | 34531.02 | 1050844.15 | 186089.79 |
| 内资其他企业 | 27853.57 | 40.40 | 27778.70 | 7305.75 |
| 港、澳、台商投资 | 6795.00 | 0.00 | 6795.00 | 1290.80 |
| 外商投资 | 843233.00 | 1070.00 | 786873.16 | 213132.65 |

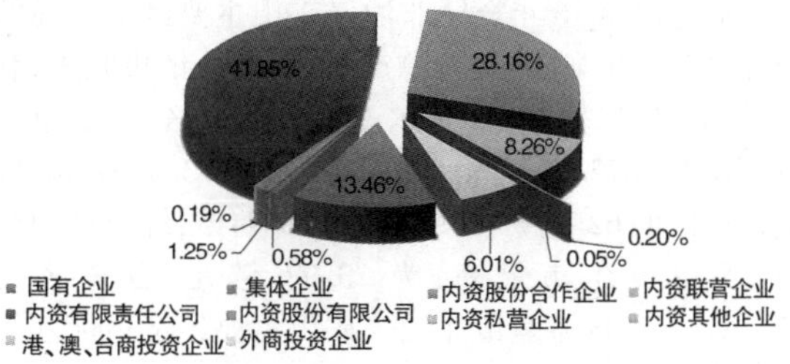


图 25　2016 年内蒙古自治区非油气类各种经济类型矿山工业总产值占比图

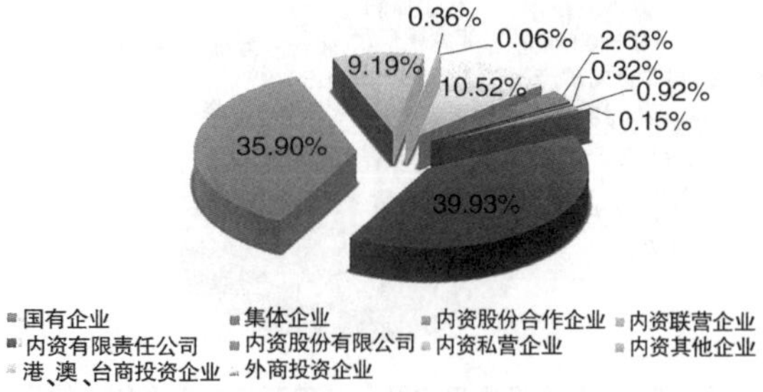


图 26　2016 年内蒙古自治区非油气类各种经济类型矿山利润总额占比图

**表 8　　2016 年内蒙古自治区各种规模非油气矿山主要经济指标情况统计表**

| 企业规模 | 工业总产值（万元） | 综合利用产值（万元） | 矿产品销售收入（万元） | 利润总额（万元） | 人均产值（万元） |
|---|---|---|---|---|---|
| 大型 | 9630692.05 | 398935.41 | 9039299.07 | 1424228.01 | 111.99 |
| 中型 | 3387072.14 | 193108.76 | 3084555.25 | 538364.54 | 65.24 |
| 小型 | 948590.28 | 44829.44 | 810608.68 | 56244.66 | 16.04 |
| 小矿 | 62861.77 | 835.80 | 55960.40 | 6395.45 | 2.95 |
| 合计 | 14029216.24 | 637709.41 | 12990423.40 | 2025232.67 | 64.24 |

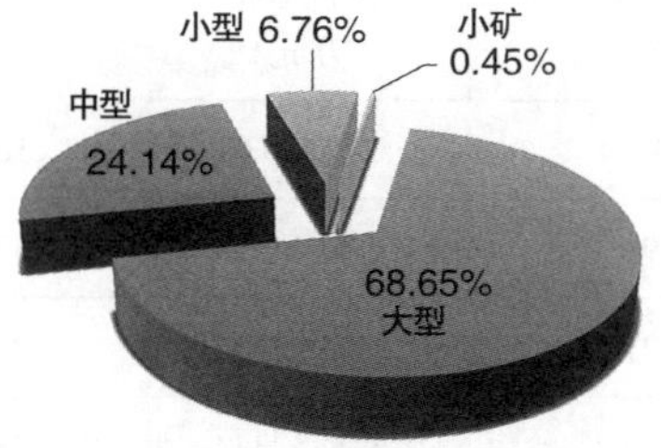


图 27　2016 年内蒙古自治区非油气类各种规模矿山工业总产值占比图

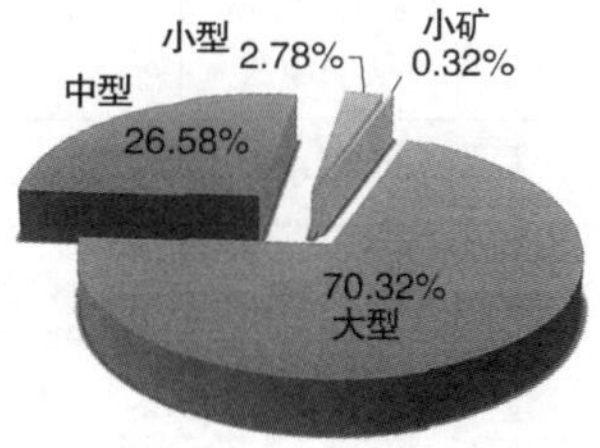


图 28　2016 年内蒙古自治区非油气类各种规模矿山利润总额占比图

**表 9　　2016 年内蒙古自治区各类矿产非油气矿山主要经济指标情况统计表**

| 矿产大类 | 工业总产值（万元） | 综合利用产值（万元） | 矿产品销售收入（万元） | 利润总额（万元） | 人均产值（万元） |
|---|---|---|---|---|---|
| 非油气能源矿产 | 11257627.64 | 237723.95 | 10370487.83 | 1631631.61 | 93.88 |
| 黑色金属矿产 | 570603.83 | 31825.67 | 5314993.76 | -8003.56 | 31.75 |
| 有色金属矿产 | 975224.25 | 301354.45 | 927643.81 | 180048.05 | 52.76 |
| 贵金属矿产 | 544795.39 | 61304.20 | 527605.6 | 116411.51 | 50.38 |
| 稀有、稀土矿产 | 5760 | 0 | 5760.00 | 409.70 | 23.13 |
| 冶金辅料非金属矿产 | 58890.05 | 485.00 | 47424.83 | -4451.91 | 8.60 |
| 化工原料非金属矿产 | 383259.48 | 4662.34 | 360976.51 | 90874.68 | 62.27 |
| 建材及其他非金属矿产 | 222487.84 | 353.80 | 205734.33 | 19865.49 | 6.00 |
| 地热、矿泉水矿产 | 10567.74 | 0 | 9796.70 | -1552.91 | 12.04 |

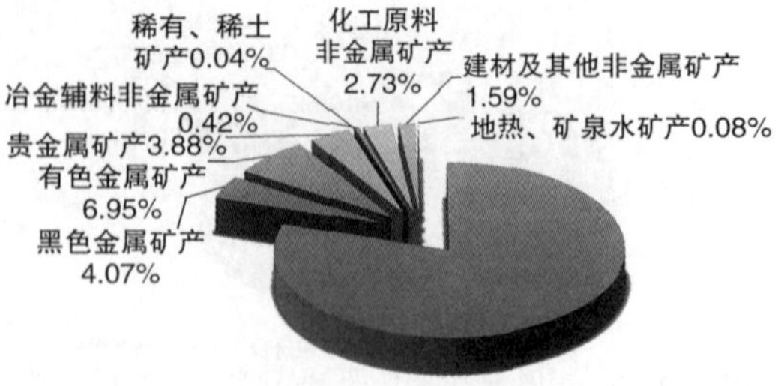


图 29　2016 年内蒙古自治区各类矿产工业总产值占比图

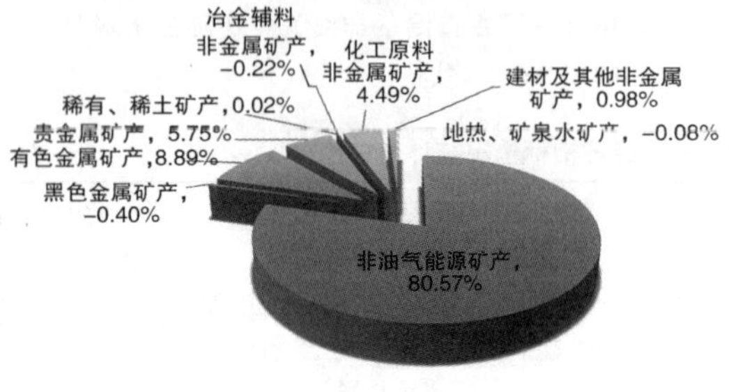


图 30　2016 年内蒙古自治区各类矿产利润总额占比图

通过对 2016 年全区非油气矿山主要经济指标的统计分析结果显示，工业总产值、矿产品销售收入、利润总额三项经济指标，鄂尔多斯市居全区 12 盟市之首，分别为 873.67 亿元、799.82 亿元、163.52 亿元，分别占全区的 62.27%、61.57% 和 80.74%；综合利用产值，呼伦贝尔市最高，为 23.97 亿元，占全区的 37.59%。全区各盟市非油气矿山主要经济指标的统计情况，参见图 31、表 10。

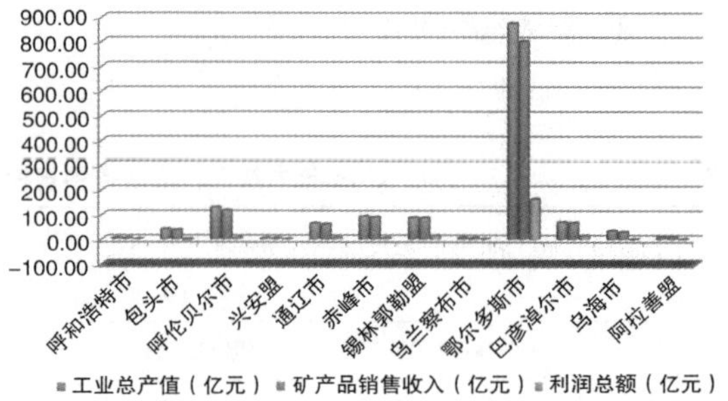


图 31　2016 年内蒙古自治区各盟市非油气类矿山主要经济指标情况对比图

表 10　　2016 年内蒙古自治区各盟市非油气矿山主要经济指标情况统计表

| 盟(市) | 工业总产值（万元） | 综合利用产值（万元） | 矿产品销售收入（万元） | 利润总额（万元） | 人均产值（万元） |
|---|---|---|---|---|---|
| 呼和浩特市 | 34743.04 | 25.00 | 34352.43 | 2197.63 | 18.33 |
| 包头市 | 391511.06 | 31.00 | 362611.99 | -45144.85 | 33.04 |
| 乌海市 | 330785.46 | 11096.74 | 285483.27 | -12907.55 | 23.55 |
| 赤峰市 | 915952.09 | 91786.53 | 884635.8 | 42883.32 | 23.62 |
| 通辽市 | 624593.70 | 50.00 | 596797.89 | 55733.47 | 31.59 |
| 鄂尔多斯市 | 8736692.08 | 212450.98 | 7998225.94 | 1635206.07 | 165.09 |
| 呼伦贝尔市 | 1287976.18 | 239700.94 | 1167206.52 | 49235.93 | 52.32 |
| 巴彦淖尔市 | 676921.31 | 19602.00 | 654947.46 | 140776.65 | 72.92 |
| 乌兰察布市 | 43994.95 | 5377.71 | 40428.28 | 10694.40 | 7.77 |
| 兴安盟 | 32612.71 | 641.00 | 31555.65 | 1976.09 | 4.41 |
| 锡林郭勒盟 | 865044.40 | 54805.50 | 856144.52 | 138114.12 | 39.39 |
| 阿拉善盟 | 88389.26 | 2142.01 | 78033.64 | 6467.39 | 8.67 |

**【资源性产品产量及矿产品进出口贸易】**　1. 资源性产品产量。据内蒙古自治区统计局提供的资料显示，2016 年原煤、原油、焦炭、铁矿原矿石、化肥、氮肥、磷肥、合成氨、铝、精炼铜、原盐、硫铁矿石、平板玻璃等 13 种主要资源性产品产量有不同程度的减少，天然气、烧碱、纯碱、生铁、钢、成品钢材、铁合金、电石、水泥等 9 种主要资源性产品产量有不同程度的增加。2016 年全区工业企业主要资源性产品产量，参见表 11。

表 11　2016 年内蒙古自治区主要资源性产品产量一览表

| 序号 | 产品名称 | 单位 | 产量 | 较上年增减比例(%) |
|---|---|---|---|---|
| 1 | 原煤 | 亿吨 | 8.46 | -7 |
| 2 | 天然气 | 亿立方米 | 299.22 | 3.2 |
| 3 | 原油 | 万吨 | 174.42 | -2.5 |
| 4 | 焦炭 | 万吨 | 2816.72 | -7.4 |
| 5 | 铁矿原矿石 | 万吨 | 771319 | -3.9 |
| 6 | 烧碱(氢氧化钠) | 万吨 | 297.33 | 10.7 |
| 7 | 纯碱(碳酸钠) | 万吨 | 55.35 | 7.1 |
| 8 | 化肥 | 万吨 | 250.19 | -14.6 |
| 9 | 氮肥 | 万吨 | 235.14 | -14.9 |
| 10 | 磷肥 | 万吨 | 6.55 | -55.2 |
| 11 | 合成氨 | 万吨 | 68.71 | -44.6 |
| 12 | 铝 | 万吨 | 248.53 | -4.3 |
| 13 | 生铁 | 万吨 | 1469.37 | 0.6 |
| 14 | 钢 | 万吨 | 1813.24 | 4.5 |
| 15 | 成品钢材 | 万吨 | 2016.81 | 6.3 |
| 16 | 铁合金 | 万吨 | 698.72 | 13.7 |
| 17 | 电石(碳化钙) | 万吨 | 940.16 | 9.3 |
| 18 | 精炼铜(电解铜) | 万吨 | 17.29 | -0.6 |
| 19 | 原盐 | 万吨 | 148.89 | -6.1 |
| 20 | 硫铁矿石(折含硫35%) | 万吨 | 47.85 | -25.6 |
| 21 | 水泥 | 万吨 | 6296.76 | 8.8 |
| 22 | 平板玻璃 | 万吨 | 1001.23 | -1.1 |

2. *矿产品进出口贸易*。据内蒙古统计局提供的资料显示，2016 年全区矿产品进出 15 贸易总额为 34.92 亿美元，比 2015 年减少 11.77%。其中，矿产品出口贸易总额为 1.39 亿美元，比 2015 年减少 16.77%，近年来矿产品出口贸易总额变化情况，参见图 32；矿产品进口贸易总额为 33.52 亿美元，比 2015 年减少 1.58%，近年来矿产品进口贸易总额变化情况，参见图 33。全区矿产品进出口贸易为逆差，贸易额之比约为 24∶1。2016 年全区主要资源性产品进口情况，参见表 12；2016 年全区主要资源性产品出 15 贸易情况，参见表 13。

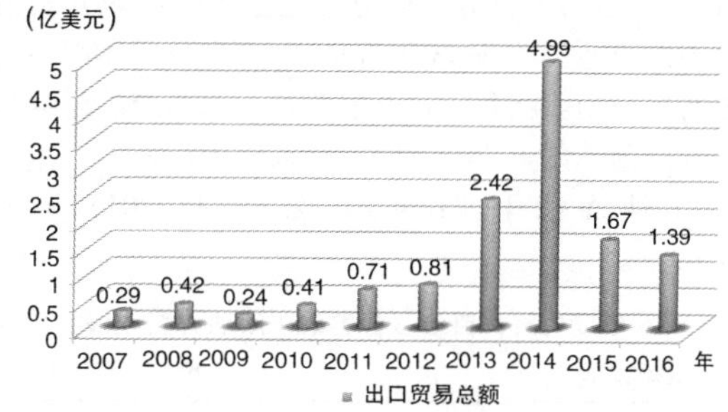


图 32　2007～2016 年内蒙古自治区矿产品出口贸易总额对比图

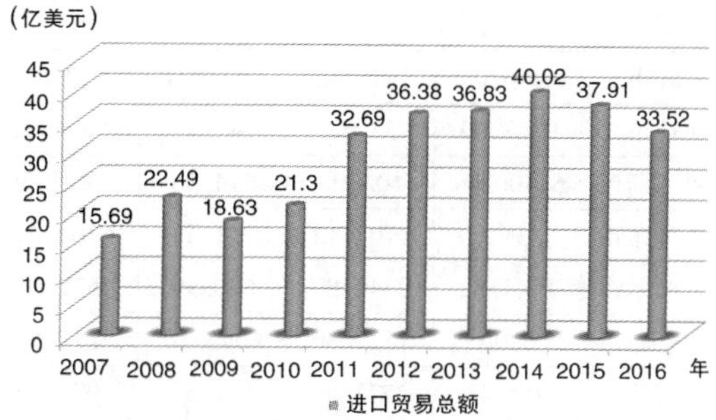


图 33　2007～2016 年内蒙古自治区矿产品进口贸易总额对比图

表 12　2016 年内蒙古自治区主要资源性产品进口贸易一览表

| 产品名称 | 单位 | 贸易额 | 较 2015 年增减比例(%) |
|---|---|---|---|
| 铜矿砂 | 万美元 | 146041 | -31.63 |
| 煤炭 | 万美元 | 94247 | 85.53 |
| 铁矿砂 | 万美元 | 44986 | -23.64 |
| 合计 | 万美元 | 285274 | -11.95 |

表 13　2016 年内蒙古自治区主要资源性产品出口贸易一览表

| 产品名称 | 单位 | 贸易额 | 较 2015 年增减比例(%) |
|---|---|---|---|
| 铁合金 | 万美元 | 3948 | -34.43 |
| 钢铁制品 | 万美元 | 10342 | 50.72 |
| 无机化学品；贵金属、稀土等 | 万美元 | 97323 | - |

注：由于 2016 年统计口径出现变化，“无机化学品；贵金属、稀土等产品”的出口额无 2015 年相应数据，无法计算同比数据。

## ·矿山环境保护与治理·

**【概况】**　1. *矿山地质环境现状*。全区分布广、影响大、最为突出的矿山地质环境问题主要是矿业开发占用及损毁土地资源、破坏地貌景观，其次是固体废弃物排放对环境的影响和矿业开发对地下水系统的影响与破坏等问题。截至2016年底，全区矿山开采累计占用损毁土地面积 19.21 × $10^4$ 公顷，比 2015 年增加4.69%。

**表1　2016年度内蒙古自治区各类采矿活动占用损毁土地面积统计表**　　（单位：平方千米）

| 盟（市） | 能源 | 金属 | 非金属 | 合计 |
|---|---|---|---|---|
| 呼和浩特市 | 670.00 | 177.50 | 34440 | 1191.90 |
| 包头市 | 1180.54 | 524044 | 19449 | 6615.47 |
| 乌海市 | 4574.95 | 18.33 | 774.35 | 5367.63 |
| 苏峰市 | 6376.09 | 7919.41 | 3927.24 | 18222.74 |
| 通辽市 | 9347.09 | 33.38 | 1465.64 | 10846.11 |
| 鄂尔多斯市 | 61400.69 | 0.00 | 414.56 | 61815.25 |
| 呼伦贝尔市 | 3831.50 | 1708.12 | 221.45 | 5761.07 |
| 巴彦淖尔市 | 1541.62 | 2349.80 | 660.99 | 4552.41 |
| 乌兰察布市 | 0.00 | 1537.36 | 6673.16 | 8210.52 |
| 兴安盟 | 914.43 | 2573.80 | 587.52 | 4075.75 |
| 锡林郭勒盟 | 35906.89 | 5567.89 | 8389.91 | 49864.69 |
| 阿拉善盟 | 3790.40 | 1005.91 | 7281.63 | 12077.94 |
| 满洲里市 | 3454.79 | 0.00 | 8.01 | 3462.80 |
| 二连浩特市 | 0.00 | 0.00 | 15.41 | 15.41 |
| 合计 | 132988.99 | 28131.94 | 30958.76 | 192079.69 |

在生产矿山地质环境治理方面。至2016年底，采矿权面积7704.89平方千米（其中地下开采4159.26平方千米，露天开采3545.03平方千米）。全区矿山已编制评审治理方案的矿山数4388家，编制率97.1%。全区共缴存矿山地质环境治理保证金额31.79亿元，返还520家企业保证金，总额2.22亿元，结转保证金企业1229家，结转额8.42亿元。全年共验收787家矿山企业分期治理工作，矿山企业共投入治理资金10.88亿元，验收治理面积105.6平方千米，同比下降28.3%。

在历史遗留和无责任主体矿山地质环境治理方面。2016年安排地质环境项目资金15000万元，其中，以奖代投5050万元，矿山治理项目补助资金4800万元，地质遗迹补助资金项目1000万元，扶贫项目资金947万元，本级项目3203万元。各地也不同程度的开展的矿山地质环境治理工作。全年各级政府投入资金4.12亿元，治理面积28.69平方千米，同比下降15.3%。

**【地质灾害监测防治】**　1. 地质灾害现状。全区地质灾害易发区共涉及63个旗（县、市、区）。截至2016年底，全区共有地质灾害隐患点2501处。按地质灾害类型划分，有崩塌1272处，滑坡88处，泥石流737条，地面塌陷401处，地裂缝3处。

2016年，全区共发生突发性地质灾害78起（包括矿山地质灾害75起）。其中滑坡6起、地面塌陷72起，直接经济损失约5135万元，未造成人员伤亡。2016年度地质灾害发生数较2015年度增加8起，直接经济损失较2015年度增加1723.84万元，参见表2。

**表2　　2016年内蒙古自治区地质灾害发生情况表**

| 盟（市） | 地质灾害总数（起） | 崩塌（起） | 滑坡（起） | 泥石流（起） | 地面塌陷（起） | 直接经济损失（万元） |
|---|---|---|---|---|---|---|
| 满洲里市 | 100 | 0 | 1 | 0 | | |
| 阿拉善盟 | 1 | 0 | 1 | 0 | 0 | 100 |
| 包头市 | 3000 | 3 | 0 | | | |
| 赤峰市 | 8 | 0 | 3 | 0 | 5 | 55 |
| 鄂尔多斯市 | 58 | 0 | 1 | 0 | 57 | 2944 |
| 呼伦贝尔市 | 2 | 0 | 0 | 0 | 2 | 0 |
| 锡林郭勒盟 | 4 | 0 | 1 | 0 | 3 | 16 |
| 乌海市 | 1 | 0 | 1 | 0 | 0 | 20 |
| 通辽市 | 1 | 0 | 0 | 0 | 1 | 0 |
| 乌兰察布市 | 1 | 0 | 1 | 0 | 0 | 2000 |
| 合计 | 78 | 0 | 6 | 0 | 72 | 5135 |

2. 地质灾害监测预警。截至2016年底，共计完成了34个旗（县、市、区）1∶5万地质灾害调查工作。

2016年根据1:5万地质灾害调查成果，对25个旗（县、市、区）的群测群防网络和地质灾害数据库进行了完善与更新，开展了63个旗（县、市、区）2341处地质灾害隐患点的群测群防工作。

协助自治区气象局开展汛期地质灾害气象预警预报工作，进行汛期24小时应急值守。2016年共计发布地质灾害气象预警预报43次，其中三级预报40次，二级预报3次。

3. 地下水监测。全区12个盟（市）和2个计划单列市，全部建立了地质环境监测机构，各类地下水监测点共829个（其中国家级56个，省级473个，统测点300个），监测控制面积4293.70平方千米。2016年共采集监测数据30034组，取水样397件。2016年各监测区低水位期地下水位与2015年同期相比，呼和浩特潜水、集宁潜水基本稳定，包头潜水和承压水急剧下降，呼和浩特承压水、鄂尔多斯潜水以弱上升为主，其余以弱下降为主，参见表2。

各监测区地下水水质基本情况：鄂尔多斯潜水以优良级别为主；呼和浩特潜水和承压水、赤峰潜水以良好级别为主；通辽潜水、集宁潜水以较差级别为主，与2015年相比包头潜水和承压水、乌海潜水水质综合变化趋势变差；其余监测区水质综合变化趋势基本稳定。

4. 地质灾害防治。发布了《内蒙古自治区2016年度地质灾害防治方案》，确定了全区地质灾害可能发生的主要区段及重点防范区。

对全区12个盟（市）地质灾害防治工作进行了检查，对个别旗（县、市、区）进行了抽查，实地检查地质灾害隐患点18处，发布了《2016年度全区汛期地质灾害防治工作检查情况的通报》。对全区8个盟（市）18个旗（县、市、区）的31个矿区进行了生7产矿山地质灾害防治工作安全检查。

**表3　2016年度内蒙古自治区各监测区水位总体变化趋势表**

| 监测区 | 含水层类型 | 总体趋势 | 平均变幅（米） | 最大变幅（米） |
|---|---|---|---|---|
| 呼和浩特 | 潜水 | 基本稳定 | +0.43 | -8.92 |
| | 承压水 | 弱上升为主 | +1.05 | +10.94 |
| 包头 | 潜水 | 急剧下降 | -2.09 | -6.34 |
| | 承压水 | 急剧下降 | -4.45 | -11.52 |
| 赤峰 | 潜水 | 弱下降为主 | -0.95 | -3.82 |
| 通辽 | 潜水 | 弱下降为主 | -1.13 | -3.95 |
| 集宁 | 潜水 | 基本稳定 | -0.44 | -15.35 |
| 乌海 | 潜水 | 弱下降为主 | -0.67 | -0.95 |
| 鄂尔多斯 | 潜水 | 弱上升为主 | +1.10 | +1.62 |

注：1. 以上资料为低水位期资料统计结果。

2. 平均变幅区间：急剧上升（>+2.0）；弱上升（+0.5～+2.0）；基本稳定（-0.5～+0.5）；弱下降（-2.0～0.5）；急剧下降（<-2.0）。

**【地质遗迹保护与地质公园建设】** 1. 地质遗迹保护。截至2016年底，自治区共建立地质遗迹保护区17处，其中国家级地质遗迹保护区1处，自治区级地质遗迹保护区8处，自治区级以下8处。地质遗迹保护区总面积$27.07\times10^4$公顷，参见表4。

**表4　2016年度内蒙古自治区地质遗迹保护区情况一览表**

| 类别 | 序号 | 名称 | 级别 | 总面积（公顷） | 主要类型 |
|---|---|---|---|---|---|
| 地质遗迹保护区 | 1 | 鄂托克旗查布苏木恐龙足迹 | 国家级 | 46410 | 恐龙足迹、鱼类等古生物化石 |
| | 2 | 二连盐池－查干诺尔恐龙化石 | 自治区级 | 32200 | 地层剖面、恐龙化石 |
| | 3 | 阿拉善左旗恐龙化石保护区 | 自治区级 | 90552 | 恐龙化石 |
| | 4 | 乌拉特后旗巴彦满都呼白垩系恐龙化石保护区 | 自治区级 | 38640 | 恐龙化石 |
| | 5 | 额济纳旗马鬃山古生物化石保护区 | 自治区级 | 52698 | 古生物化石 |
| | 6 | 巴林左旗桃花山花岗岩奇峰七锅山、平顶山冰臼群 | 自治区级 | 2250 | 冰臼群景观 |
| | 7 | 鄂尔多斯市准格尔旗黑岱沟哺乳动物化石 | 自治区级 | 1739 | 哺乳动物化石 |

续表 4

| 类别 | 序号 | 名称 | 级别 | 总面积(公顷) | 主要类型 |
|---|---|---|---|---|---|
| 地质遗迹保护区 | 8 | 四子王旗哺乳动物化石群地质遗迹保护区 | 自治区级 | 11 | 犀牛化石等哺乳动物化石 |
| | 9 | 四子王旗脑木根第三系地层剖面群地质遗迹 | 自治区级 | 80 | 古近系地层剖面 |
| | 10 | 必和县黄上窑太古界地层剖面群地质遗迹保护区 | 县级 | 1200 | 太古界地层剖面 |
| | 11 | 四子王旗红格尔敖德其沟群地质遗迹保护区 | 县级 | 1000 | 花岗岩地貌 |
| | 12 | 四子王旗乌兰哈达群地质遗迹 | 县级 | 2500 | 花岗岩地貌 |
| | 13 | 凉城中水塘温泉群地质遗迹保护区 | 县级 | 53 | 温泉 |
| | 14 | 宁城道虎沟群保护区 | 县级 | 776 | 古生物化石 |
| | 15 | 宁城土门 | 县级 | 258 | 古生物化石 |
| | 16 | 察右后旗乌兰哈达火山群 | 县级 | 272 | 3 号火山锥 |
| | 17 | 察右后旗乌兰哈达火山群 | 市级 | 100 | 5 号火山锥 |

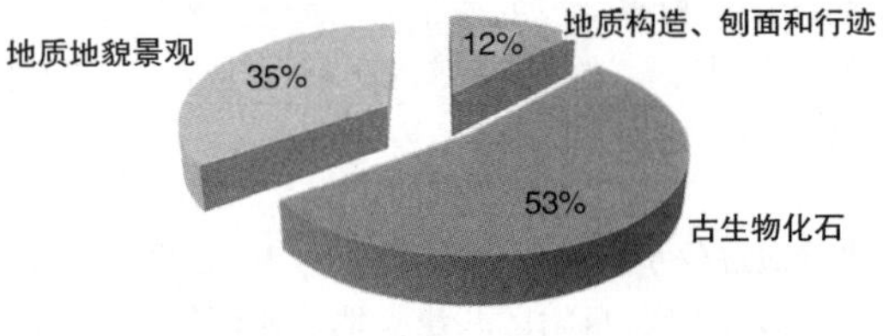


图 1　2016 年度内蒙古自治区地质遗迹保护区类型构成图

各类地质遗迹保护区构成情况，参见图 1。编制完成《内蒙古自治区地质遗迹保护规划(2016～2020年)》。“新发现重要古生物化石调查评价及抢救性挖掘(莫力达瓦旗、阿拉善盟)”项目取得了重大突破，有效地保护了重要古生物化石资源。

2. 地质(矿山)公园建设。截至 2016 年底，全区批准建立的地质公园有 21 处，其中世界级地质公园 2 处，国家级地质公园 7 处，自治区级地质公园 12 处。地质公园总面积 48.64 × $10^4$ 公顷。建立国家级矿山公园 4 处，总面积 4.16 × $10^4$ 公顷，参见表 5。

表 5　**2016 年度内蒙古自治区地质公园(矿山公园)情况一览表**

| 类别 | 序号 | 名称 | 级别 | 总面积(公顷) | 主要类型 | 建设情况 |
|---|---|---|---|---|---|---|
| 地质公园 | 1 | 中国克什克腾世界地质公园 | 世界级 | 134382 | 花岗岩奇峰石林、岩臼群、火山、地热温泉、湖泊、地质构造 | 已揭碑开同 |
| | 2 | 中国阿拉善沙漠世界地质公园 | 世界级 | 63037 | 沙漠景观 | 已揭碑开园 |
| | 3 | 内蒙古阿尔山国家地质公园 | 国家级 | 80258 | 温泉、天池、火山熔岩地貌、火山口湖及火山堰塞湖等 | 已揭碑开园 |
| | 4 | 内蒙古二连浩特国家地质公园 | 国家级 | 7000 | 恐龙化石 | 已揭碑开园 |
| | 5 | 内蒙古宁城国家地质公园 | 国家级 | 8017 | 占生物化石 | 已揭碑开园 |
| | 6 | 内蒙古鄂尔多斯国家地质公园 | 国家级 | 19888 | 恐龙足迹化石、沙漠沙湖、第四纪地层剖面及古人类化石 | 已揭碑开园 |
| | 7 | 内蒙古巴彦淖尔国家地质公园 | 国家级 | 31409 | 沙漠、沙湖、石林、河流地貌景观 | 已揭碑开园 |
| | 8 | 内蒙古四子王地质公园 | 国家级 | 10194 | 哺乳动物化石、花岗岩地貌 | 取得 |

续表 5

| 类别 | 序号 | 名称 | 级别 | 总面积（公顷） | 主要类型 | 建设情况 |
|---|---|---|---|---|---|---|
| 地质公园 | 9 | 内蒙古清水河老牛湾地质公园 | 国家级 | 2854 | 黄河峡谷地貌 | 已揭碑开园 |
| | 10 | 内蒙古翁牛特地质公同 | 自治区级 | 12392 | 花岗岩地貌、沙湖 | 取得 |
| | 11 | 内蒙古呼伦贝尔湖地质公园 | 自治区级 | 9033 | 湖泊、花岗岩地貌 | 批准 |
| | 12 | 内蒙古鄂伦春地质公园 | 自治区级 | 6488 | 火山地质遗迹 | 批准命名 |
| | 13 | 内蒙古扎兰屯地质公园 | 自治区级 | 30451 | 火山地质遗迹 | 批准命名 |
| | 14 | 内蒙古锡林浩特草原火山地质公园 | 自治区级 | 13995 | 火山地貌 | 已揭碑开园 |
| | 15 | 内蒙古巴林左旗七锅山地质公园 | 自治区级 | 2535 | 花岗岩地貌 | 批准命名 |
| | 16 | 内蒙古察右中旗黄花沟地质公园 | 自治区级 | 2350 | 花岗岩地貌、火山地貌 | 取得资格 |
| | 17 | 内蒙古察右后旗乌兰哈达地质公园 | 自治区级 | 17000 | 山地貌 | 取得资格 |
| | 18 | 内蒙古通辽大青沟地质公园 | 自治区级 | 6136 | 峡谷地貌、河流 | 取得资格 |
| | 19 | 内蒙古海流图地质公园 | 自治区级 | 1970 | 恐龙足迹化石、花岗岩地貌 | 取得资格 |
| | 20 | 内蒙古凉城蛮汉山地质公园 | 自治区级 | 757 | 花岗岩地貌 | 取得资格 |
| | 21 | 内蒙古苏尼特地质公园 | 自治区级 | 6232 | 草原花岗岩峰丛地貌 | 取得资格 |
| 矿山公园 | 1 | 内蒙古赤峰巴林石国家矿山公园 | 国家级 | 9600 | 采矿遗迹 | 已揭碑开园 |
| | 2 | 内蒙古满洲里扎赉诺尔国家矿山公园 | 国家级 | 31238 | 采矿遗迹、古生物化石 | 已揭碑开园 |
| | 3 | 内蒙古林西大井国家矿山公园 | 国家级 | 250 | 采矿遗迹 | 正在建设 |
| | 4 | 内蒙古额尔古纳国家矿山公园 | 国家级 | 525 | 采矿遗迹 | 批准命名 |

## ·矿产资源行政管理·

**【概况】** 2016 年，面对复杂多变的矿业环境，在传统增长动力减弱、新增长点培育的新时期，全区矿政管理落实国家以及自治区相关政策，积极做好“放、管、服”工作，努力推进全区矿业经济转型发展。

1. 推进矿产资源管理工作改革创新。①认真组织开展规划调整方案编制工作。组织开展矿产资源规划调整方案编制和上图入库工作，为矿业权科学合理设置提供坚实基础。全年共组织编制和审查通过矿产资源规划（区划）调整方案 128 个，其中厅委托编制的规划（区划）调整方案 8 个、盟市委托编制的规划（区划）调整方案 120 个。

②全面开展保护区内矿业权整治工作。为深入落实绿色发展的理念，全面完成中央环保督查整改任务，开展了保护区内矿业权核查工作，并对保护区内的矿业权全部责令停止了勘查开采活动。在调查摸底的基础上，起草了《内蒙古自治区各类自然保护区内矿业权综合整治实施方案》，提出力争用 3 年左右时间，按照“严格执法，清理一批；严格标准，整改一批；调整范围，保留一批；合理补偿，退出一批”的总体思路，全面完成保护区内矿业权综合整治工作，使保护区生态环境进一步全面好转、地区群众民生进一步得到改善、地区综合发展水平得到进一步提升的工作目标。

③全力落实“放、管、服”政策要求。根据国务院《关于第二批清理规范 192 项国务院部门行政审批中介服务事项的决定》（国发〔2016〕11 号），将部、省两级发证矿业权转让鉴证和公示程序进行调整，起草了《关于调整矿业权转让公示申请程序和申请资料的公告》，改为矿山所在地盟市国土资源局接收申请，通过厅政务大厅履行公示程序，接收公示异议，并印发实施。通过取消中介机构参与的鉴证工作，取消了鉴证服务费，方便了企业办理转让公示，减少了企业的费用支出。同时，进一步落实《关于规范国务院部门行政审批行为改进行政审批有关工作的通知》（国发〔2015〕6 号），切实服务矿业权人，对四项行政许可事项办理程序和申请资料进行了简化。

④进一步拓展服务范围。一是进一步加大矿业权抵押融资支持力度，继续实施矿业权份额抵押办法，充分释放矿权抵押潜能。2016 年共办理抵押备案登记 114 项，抵押备案金额 303.19 亿元。二是积极支持煤炭资源配置项目落实矿权。对已获自治区批准的煤炭资源配置项目，具备办理矿权条件的，由内蒙古自治区国土资源厅协助企业向国土资源部申报登记。积极协

调油气企业与煤炭配置企业签订安全生产避让协议，并争取国土资源部支持。三是对已经批准配置的煤炭资源，根据实际情况进行科学梳理、整合，进一步优化配置区块。四是积极推进自治区与中核集团战略合作框架协议落实。

2. *实施绿色矿山和"走出去"战略。*根据习近平总书记考察内蒙古重要讲话精神和自治区的重大发展战略安排，全区坚定不移走绿色发展之路，组织矿山企业积极申报国家级绿色矿山试点单位，共获得35个；结合全区能源机构特点，积极开展页岩气、地热等高效清洁能源勘探与开发利用科技成果的宣传推广应用工作，引领全区绿色矿业建设。结合"一带一路"倡议，以对俄蒙合作开发为重点，编制《对北开放规划》，指导地勘单位和矿业公司对俄蒙固体矿产资源进行合作开发；推动建立对俄蒙矿产资源合作开发稳定长效的专项基金投入机制，引导内蒙古自治区地勘单位和矿业公司开展我国、全区紧缺矿种的勘查和开发。

3. *矿山地质环境治理成效显著。*按照绿色发展理念和"打造祖国北疆亮丽风景线"等要求，内蒙古自治区矿山地质环境治理变被动为主动。在生产矿山地质环境治理方面，全区编制评审治理方案矿山有4388家，编制率97.1%；全区共缴存矿山地质环境治理保证金额31.79亿元；全年共验收1052家矿山企业分期治理工作，共投入治理资金11.66亿元，验收治理面积$1.13\times10^{4}$公顷。2016年自治区财政安排矿山地质环境治理项目5项，资金4125万元，地方各级政府投入资金共计3.55亿元，完成验收矿山环境治理项目9项，治理面积14.90平方千米。

4. *地质资料提供与服务水平再上新台阶。*2016年，内蒙古自治区地质资料馆验收汇交各类纸质地质资料4%档，其中向全国馆汇交A类资料312档，比2015年减少18.32%。馆藏资料总数达15997档，并全部实现数字化。通过电子阅览室向社会各界提供资料借阅接待利用者1798人次，提供各类地质资料1.8万份次；通过门户网站提供资料目录及查询11806人次。

（内蒙古自治区国土资源厅）

## 黑龙江省

**【矿产资源概况】** 1. *矿产种类。*截至2016年底，黑龙江省共发现各类矿产135种（含亚矿种），其中具有查明资源储量的矿产有84种（含亚矿种、下同），占全国2015年230种具有查明资源储量矿产（含亚矿种）的36.52%。在84种具有查明资源储量矿产中，除石油、天然气、地热、铀矿、地下水、矿泉水外，其他78种矿产的资源储量均按《固体矿产资源/储量分类》标准编入《截至2016年底黑龙江省矿产资源储量表》中。具有查明资源储量的84种矿产按工业用途分为9大类，其中能源矿产6种；黑色金属矿产3种；有色金属矿产11种；贵金属矿产6种；稀有、稀散元素矿产8种；冶金辅助原料非金属矿产7种；化工原料非金属矿产7种；建材及其他非金属矿产34种；水气矿产2种。已发现尚无查明资源储量的矿产有51种（表1）。

**表1　2016年黑龙江省具有查明资源储量矿产和已发现尚无查明资源储量矿产统计表**

| 序号 | 矿产类别 | 具有查明资源储量矿产 | | 已发现尚无查明资源储量矿产 | |
|---|---|---|---|---|---|
| | | 矿种数 | 矿种名称 | 矿种数 | 矿种名称 |
| 1 | 能源矿产 | 6 | 石油、天然气、煤、地热、铀矿、油页岩 | 2 | 煤层气、褐煤蜡 |
| 2 | 黑色金属矿产 | 3 | 铁、钛、钒 | 2 | 锰、铬 |
| 3 | 有色金属矿产 | 11 | 铜、铅、锌、镁、镍、钴、钨、锡、铋、钼、锑 | 1 | 汞 |
| 4 | 贵金属矿产 | 6 | 铂、钯、铱、锇、金、银 | 2 | 钌、铑 |
| 5 | 稀有、稀散元素矿产 | 8 | 钽、铍、镓、铟、铼、硒、镉、碲 | 9 | 钇、镧、铈、镨、钕、铌、锂、锆、钍 |
| 6 | 冶金辅助原料非金属矿产 | 7 | 矽线石、普通萤石、熔剂用灰岩、冶金用白云岩、铸型用砂、耐火黏土、菱镁矿 | 1 | 蓝晶石 |
| 7 | 化工原料非金属矿产 | 7 | 硫铁矿、伴生硫、化肥用蛇纹岩、泥炭、砷、硼、磷 | 3 | 自然硫、重晶石、天然碱 |

续表 1

| 序号 | 矿产类别 | 具有查明资源储量矿产 | | 已发现尚无查明资源储量矿产 | |
|---|---|---|---|---|---|
| | | 矿种数 | 矿种名称 | 矿种数 | 矿种名称 |
| 8 | 建材及其他非金属矿产 | 34 | 石墨、压电水晶、熔炼水晶、硅灰石、石棉、云母、长石、石榴子石、叶蜡石、沸石、颜料矿物、玻璃用砂、玻璃用脉石英、陶粒页岩、水泥配料用页岩、陶瓷土、膨润土、陶粒用黏土、水泥配料用黏土、饰面用辉长岩、饰面用闪长岩、铸石用玄武岩、岩棉用玄武岩、饰面用花岗岩、珍珠岩、火山灰、饰面用大理岩、水泥用大理岩、玻璃用大理岩、浮石、制灰用石灰岩、水泥配料用砂岩、硅藻土、陶粒用板岩 | 28 | 高岭土、水泥用灰岩、蓝宝石、玛瑙、玉石、电气石、刚玉、红柱石、滑石、方解石、麦饭石、黑曜岩、松脂岩、霞石正长岩、透闪石、透辉石、石膏、硅石、蛭石、砖瓦用黏土、建筑用凝灰岩、建筑用砂、火山渣、电石用灰岩、泥灰岩、明矾石、蛋白石、芒硝 |
| 9 | 水气矿产 | 2 | 地下水、矿泉水 | 3 | 二氧化碳气、硫化氢气、氮气 |

**注:**黑龙江省已查明高岭土矿为陶瓷用高岭土,储量表中按陶瓷土矿统计,故高岭土矿暂列入已发现尚无查明资源储量矿产;水泥用灰岩(零星资源)、砖瓦用黏土、建筑用石、建筑用砂等矿产为市县发证,未纳入省储量统计表中,暂列入已发现尚无查明资源储量矿产。

在具有查明资源储量矿产种类中,数量最多的是非金属矿产 48 种,占总量的 57.1%;其次是金属矿产 28 种,占 33.3%;能源矿产和水气矿产分别占 7.2%、2.4%(图 2)。图 1 为全省具有查明资源储量矿产和已发现尚无查明资源储量矿产分类构成图。

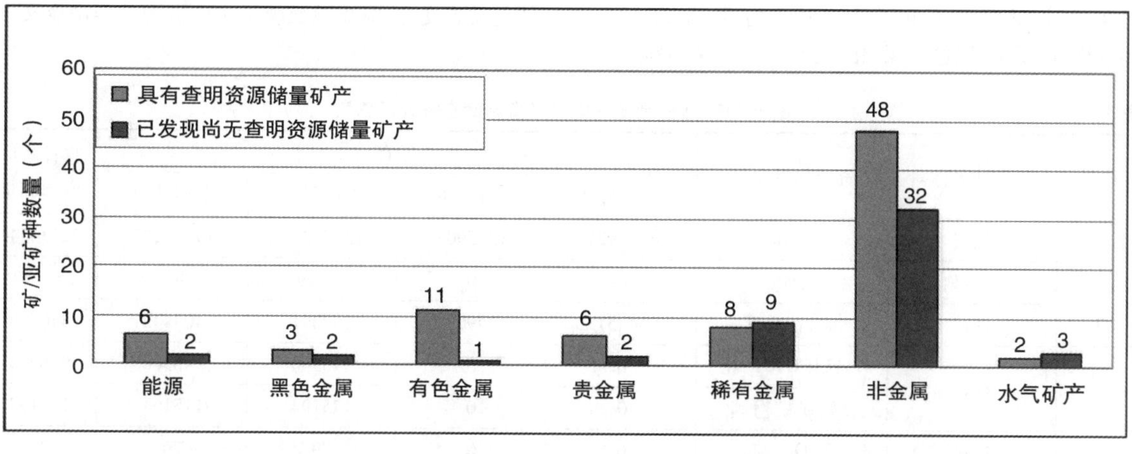


图 1　2016 年黑龙江省具有查明资源储量矿产和已发现尚无查明资源储量矿产分类构成图

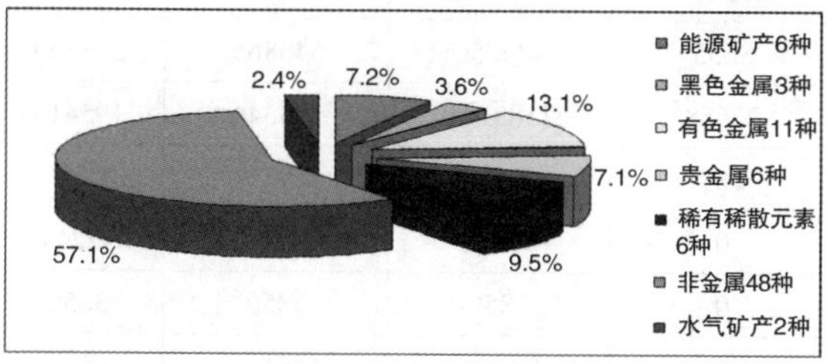


图 2　2016 年黑龙江省具有查明资源储量矿产分矿类构成图

2. 上表矿区数量及规模。截至 2016 年底,全省具有查明矿产资源储量的 84 种矿产中,除石油、天然气、铀矿、地热、地下水、矿泉水外,其他查明的资源储量矿区均已上表。上表矿区数按矿种及储量规模统计为 899 处(表 2)。图 2 为具有查明资源储量矿产分矿类构成图。

表 2　　截至 2016 年底黑龙江省查明矿产资源储量(按矿种、储量规模)统计表

| 矿产种类 | | 矿区数 | 分规模矿区数量 | | | |
|---|---|---|---|---|---|---|
| | | | 大型 | 中型 | 小型 | 备注 |
| 能源 | 煤、油页岩 | 235 | 58 | 31 | 146 | 煤按井田/勘查区规模标准 |
| 金属矿产 | 黑色金属 | 58 | 1 | 11 | 46 | |
| | 有色金属 | 139 | 6 | 12 | 121 | |
| | 贵金属 | 194 | 16 | 39 | 139 | |
| 稀有稀散元素 | | 25 | 2 | 5 | 18 | |
| 非金属 | 冶金 | 15 | 2 | 3 | 10 | |
| | 化工 | 47 | 0 | 17 | 30 | |
| | 建材 | 186 | 39 | 73 | 74 | |
| 全省合计 | | 899 | 124 | 191 | 584 | |

全省上表矿区按矿种及规模统计,大型 124 处,占全省上表矿区数的 13.8%;中型 191 处,占全省上表矿区数的 21.2%;小型 584 处,占全省上表矿区数的 65.0%。表明全省矿区矿产资源储量规模以中、小型为主。

在上表矿区的构成上,按矿类分,以能源矿产的矿区最多,达 235 处,占比 26.1%;其次是贵金属矿产、建材类非金属以及有色金属,占比分别为 21.6%、20.7%、15.5%;黑色金属、化工类非金属、稀有稀散元素以及冶金类非金属等矿区数量较少,占比分别为 6.4%、5.2%、2.8%、1.7%。

**【矿产资源储量】** 2016 年度,全省 78 种矿产(含亚矿种)按照《固体矿产资源/储量分类》国家标准进行统计,并编制了《截至 2016 年底黑龙江省矿产资源储量统计汇总表》(表 3)。该表系统反映了全省矿产资源储量动态变化,概略地反映了矿产资源的经济意义。

表 3　　截至 2016 年底黑龙江省矿产资源储量统计汇总表

| 序号 | 矿种名称 | 资源储量单位 | 保有 | | | | 累计查明资源储量 |
|---|---|---|---|---|---|---|---|
| | | | 基础储量 | 其中储量 | 资源量 | 资源储量 | |
| 1 | 煤炭 | 千吨 | 6227927 | 1315907 | 13574298 | 19802225 | 22136440 |
| 2 | 油页岩 | 千吨 | 0 | 0 | 54499 | 54499 | 54499 |
| 3 | 铁矿 | 矿石 千吨 | 34351 | 14969 | 369091 | 403442 | 440536 |
| 4 | 钛矿 | 钛铁矿 $TiO_2$ 吨 | 0 | 0 | 946900 | 946900 | 946900 |
| | | 钛铁矿矿物 吨 | 0 | 0 | 175194 | 175194 | 175194 |
| 5 | 钒矿 | $V_2O_5$ 吨 | 0 | 0 | 79 | 79 | 79 |
| 6 | 铜矿 | 铜 吨 | 1113470 | 812011 | 3138290 | 4251760 | 4396318 |
| 7 | 铅矿 | 铅 吨 | 62810 | 8635 | 484056 | 546865 | 598860 |
| 8 | 锌矿 | 锌 吨 | 265315 | 27658 | 1588148 | 185346 | 31954167 |
| 9 | 镁矿 | 矿石 千吨 | 2207 | 883 | 6706 | 8913 | 8913 |
| 10 | 镍矿 | 镍 吨 | 0 | 0 | 21612 | 21612 | 32249 |
| 11 | 钴矿 | 钴 吨 | 0 | 0 | 3850 | 3850 | 3850 |
| 12 | 钨矿 | $WO_3$ 吨 | 950 | 0 | 164198 | 165148 | 196217 |
| 13 | 锡矿 | 锡 吨 | 377 | 0 | 1674 | 2051 | 2051 |
| 14 | 铋矿 | 铋 吨 | 732 | 0 | 139 | 871 | 871 |

**续表 3－1**

| 序号 | 矿种名称 | 资源储量单位 | 保有 | | | | 累计查明资源储量 |
|---|---|---|---|---|---|---|---|
| | | | 基础储量 | 其中储量 | 资源量 | 资源储量 | |
| 15 | 钼矿 | 钼 吨 | 719915 | 42 | 2108913 | 2828828 | 2876168 |
| 16 | 锑矿 | 锑 吨 | 0 | 0 | 557 | 557 | 557 |
| 17 | 铂族金属 | 金属 千克 | 0 | 0 | 8947 | 8947 | 8947 |
| | 铂矿 | 铂 千克 | 0 | 0 | 388 | 388 | 388 |
| 18 | 钯矿 | 钯 千克 | 0 | 0 | 2803 | 2803 | 2803 |
| 19 | 铱矿 | 铱 千克 | 0 | 0 | 344 | 344 | 344 |
| 20 | 锇矿 | 锇 千克 | 0 | 0 | 972 | 972 | 972 |
| 21 | 金矿 | 岩金 千克 | 56841 | 22139 | 103456 | 160297 | 230218 |
| | | 砂金 千克 | 35754 | 29299 | 68959 | 104713 | 305501 |
| | | 伴生金 千克 | 50 | 42 | 91569 | 91618 | 91641 |
| 22 | 银矿 | 银 吨 | 815 | 130 | 2975 | 3790 | 3819 |
| 23 | 钽矿 | $Ta_2O_5$ 吨 | 0 | 0 | 15 | 15 | 15 |
| 24 | 铍矿 | BeO 吨 | 0 | 0 | 29 | 29 | 29 |
| 25 | 镓矿 | 镓 吨 | 0 | 0 | 10 | 10 | 10 |
| 26 | 铟矿 | 铟 吨 | 0 | 0 | 440 | 440 | 440 |
| 27 | 铼矿 | 铼 吨 | 0 | 0 | 99 | 99 | 99 |
| 28 | 镉矿 | 镉 吨 | 0 | 0 | 4235 | 4235 | 4235 |
| 29 | 硒矿 | 硒 吨 | 0 | 01684 | 1684 | 1684 | |
| 30 | 碲矿 | 碲 吨 | 0 | 0 | 13 | 13 | 13 |
| 31 | 矽线石 | 矽线石 吨 | 4755857 | 3810988 | 2816682 | 7572539 | 7645473 |
| 32 | 菱镁矿 | 矿石 千吨 | 0 | 0 | 1151 | 1151 | 1153 |
| 33 | 普通萤石 | 萤石或 $CaF_2$ 千吨 | 0 | 0 | 141 | 141 | 172 |
| 34 | 熔剂用灰岩 | 矿石 千吨 | 4495 | 1492 | 41942 | 46437 | 48041 |
| 35 | 冶金用白云岩 | 矿石 千吨 | 3554 | 3021 | 32977 | 36531 | 36531 |
| 36 | 铸型用砂 | 矿石 千吨 | 4009 | 3408 | 6390 | 10399 | 10924 |
| 37 | 耐火黏土 | 矿石 千吨 | 4758 | 3808 | 10579 | 15337 | 15874 |
| 38 | 硫铁矿 | 矿石 千吨 | 482 | 193 | 2032 | 2514 | 2518 |
| 39 | 伴生硫 | 伴生硫 千吨 | 337 | 0 | 949 | 1286 | 1307 |
| 40 | 化肥用蛇纹岩 | 矿石 千吨 | 9887 | 0 | 68916 | 78803 | 78803 |
| 41 | 泥炭 | 矿石 千吨 | 73 | 58 | 28700 | 28773 | 28806 |
| 42 | 砷矿 | 砷 吨 | 16275 | 0 | 10417 | 26692 | 26692 |
| 43 | 硼矿 | $B_2O_3$ 千吨 | 0 | 0 | 5 | 5 | 5 |
| 44 | 磷矿 | 矿石 千吨 | 0 | 0 | 42552 | 42552 | 42552 |
| 45 | 石墨晶质 | 石墨 千吨 | 19605 | 3534 | 109242 | 128848 | 135136 |
| 46 | 压电水晶 | 单晶 千克 | 7366 | 4420 | 1161 | 8527 | 8697 |

续表 3－2

| 序号 | 矿种名称 | 资源储量单位 | 保有 | | | | 累计查明资源储量 |
|---|---|---|---|---|---|---|---|
| | | | 基础储量 | 其中储量 | 资源量 | 资源储量 | |
| 47 | 熔炼水晶 | 矿物 吨 | 354 | 212 | 417 | 771 | 1498 |
| 48 | 硅灰石 | 矿石 千吨 | 0 | 0 | 37 | 37 | 37 |
| 49 | 石棉 | 石棉 千吨 | 0 | 0 | 350 | 350 | 350 |
| 50 | 云母工业原料 | 云母 吨 | 0 | 0 | 978 | 978 | 978 |
| 51 | 长石 | 矿石 千吨 | 0 | 0 | 175580 | 175580 | 175580 |
| 52 | 石榴子石 | 石榴子石 吨 | 0 | 0 | 121173 | 121173 | 121833 |
| 53 | 叶蜡石 | 矿石 千吨 | 240 | 199 | 489 | 729 | 747 |
| 54 | 沸石 | 矿石 千吨 | 33200 | 26565 | 85885 | 119085 | 123176 |
| 55 | 颜料矿物黄土 | 矿石 千吨 | 0 | 0 | 1920 | 1920 | 2950 |
| 56 | 制灰用石灰岩 | 矿石 千吨 | 0 | 0 | 9853 | 9853 | 10250 |
| 57 | 水泥配料用砂岩 | 矿石 千吨 | 0 | 0 | 109880 | 109880 | 109880 |
| 58 | 玻璃用砂 | 矿石 千吨 | 2070 | 1760 | 13843 | 15913 | 16030 |
| 59 | 玻璃用脉石英 | 矿石 千吨 | 0 | 0 | 7995 | 7995 | 8004 |
| 60 | 硅藻土 | 矿石 千吨 | 0 | 0 | 1195 | 1195 | 1195 |
| 61 | 陶粒页岩 | 矿石 千吨 | 6050 | 5140 | 97268 | 103318 | 103420 |
| 62 | 水泥配料用页岩 | 矿石 千吨 | 2450 | 2080 | 1940 | 4390 | 4390 |
| 63 | 陶瓷土 | 矿石 千吨 | 11752 | 10081 | 24251 | 36003 | 37577 |
| 64 | 膨润土 | 矿石 千吨 | 0 | 0 | 145944 | 145944 | 145999 |
| 65 | 陶粒用黏土 | 矿石 千吨 | 1760 | 1440 | 6182 | 7942 | 8392 |
| 66 | 水泥配料用黏土 | 矿石 千吨 | 52780 | 45590 | 59329 | 112109 | 121070 |
| 67 | 铸石用玄武岩 | 矿石 千吨 | 110908 | 82990 | 190 | 111098 | 111310 |
| 68 | 岩棉用玄武岩 | 矿石 千吨 | 2030 | 1730 | 70710 | 72740 | 73160 |
| 69 | 饰面用辉长岩 | 矿石 千立方米 | 0 | 0 | 2540 | 2540 | 2540 |
| 70 | 饰面用闪长岩 | 矿石 千立方米 | 0 | 0 | 3820 | 3820 | 3820 |
| 71 | 饰面用花岗岩 | 矿石 千立方米 | 10388 | 8800 | 42262 | 52650 | 53891 |
| 72 | 珍珠岩 | 矿石 千吨 | 8430 | 6750 | 24787 | 33217 | 33633 |
| 73 | 浮石 | 矿石 千立方米 | 0 | 0 | 460 | 460 | 522 |
| 74 | 火山灰 | 矿石 千吨 | 17890 | 15200 | 31590 | 49480 | 52760 |
| 75 | 饰面用大理岩 | 矿石 千立方米 | 2610 | 2090 | 4070 | 6680 | 6680 |
| 76 | 水泥用大理岩 | 矿石 千吨 | 269190 | 115761 | 1353560 | 1622750 | 1747258 |
| 77 | 玻璃用大理岩 | 矿石 千吨 | 14940 | 11950 | 13260 | 28200 | 28200 |
| 78 | 陶粒用板岩 | 矿石 千吨 | 0 | 0 | 14283 | 14283 | 14283 |

**【主要矿产资源分布】** 黑龙江省地域辽阔，矿产资源种类较全，且分布广泛又相对集中。如石油、天然气主要集中在松辽盆地的大庆一带；煤炭则分布在东部的鹤岗、双鸭山、七台河和鸡西等地；有色、黑色金属矿产主要分布于嫩江、伊春和哈尔滨一带；贵金属矿产分布在大、小兴安岭及伊春、佳木斯、牡丹江等地；非金属矿产主要分布在本省的东部和中部地区。

1. 能源矿产。能源矿产在黑龙江省矿产中占有重要地位，已探明资源储量的矿种有石油、天然气、煤、油页岩、地热、铀矿6种矿产，其中石油、天然气主要以大庆为主。

煤炭：煤炭是黑龙江省重要优势矿产。全省煤炭从分布上看，主要集中于双鸭山、鸡西、鹤岗、七台河四大煤城，约占全省煤炭资源储量的90%以上，其余主要分布在黑河、大兴安岭、牡丹江、哈尔滨等地。

2. 黑色、有色金属矿产。黑色金属矿产：铁矿资源储量主要分布在双鸭山、黑河、伊春等地，其中双鸭山铁矿和逊克翠宏山铁多金属居前两位。

有色金属矿产：铜资源集中于黑河地区，主要矿床有嫩江县多宝山铜矿、铜山铜钼矿，其余的则分布在龙江、东宁等地。

黑龙江省铜矿品位较低，平均为0.47%，给开发利用带来一定难度。全省富铜矿（品位>1%）资源总量3.56万吨，仅占全省铜保有资源总量的0.84%，分布在大兴安岭新林区塔源铜矿、黑河付地营子铜锌多金属矿。

铅锌：从资源总量看，伊春、黑河地区的资源占全省70%以上，黑河地区的资源主要分布在逊克翠宏山铁多金属矿床中。

黑龙江省铅锌资源较多，但全省铅+锌品位大于8%的矿床很少（一般认为这是现阶段铅锌矿床开采的经济品位），仅有伊春小西林铅锌矿（Pb+Zn 9.32%）、伊春小西林铅锌矿Ⅴ号矿体（Pb+Zn 8.41%）、阿城苏家围子铁锌矿（Zn 8.59%）、伊春五星铅锌矿（Pb+Zn 9.20%）。

钼：主要分布在大兴安岭地区、铁力、阿城、逊克县等地。

3. 贵金属矿产。全省查明矿产资源储量的贵金属矿产有金（包括岩金、砂金、伴生金）、银、铂族（铂、钯、铱、锇）共6种矿产，其中金矿开发利用程度较高。

金：金矿资源有岩金、砂金、伴生金。近几年岩金勘查开发很快，逐渐形成了团结沟、老柞山、大安河、东风山、争光、三道湾子、砂宝斯等中、大型岩金矿山，伴生金随主矿种的开采部分回收利用。

岩金：全省岩金主要分布在黑河、伊春、大兴安岭。主要矿山有嘉荫团结沟、黑河市争光、东安、三道湾子、上马场、大兴安岭砂宝斯岩金矿等大、中型岩金矿山。

伴生金：主要分布在嫩江多宝山铜矿、铜山铜矿，金作为伴生矿产已回收利用。

4. 稀有、稀土分散元素矿产。已查明资源储量矿产有钽、铍、镓、铟、铼、硒、镉、碲等8种，全省上表矿区25处。全省稀有、稀土分散元素矿产除铍矿是单一矿产外，其余都是伴生矿。主要分布在嫩江县、逊克县、伊春铁力、萝北、阿城等地。

5. 冶金辅助原料非金属矿产。已查明矿产资源储量的矿产有矽线石、普通萤石、熔剂用灰岩、冶金用白云岩、铸型用砂、耐火黏土、菱镁矿等7种矿产。其中矽线石为黑龙江省优势矿产，但开发利用程度较低，矽线石主要分布在鸡西和牡丹江两地。

6. 化工原料非金属矿产。已查明资源储量矿产种类不多，主要有硫铁矿、伴生硫、化肥用蛇纹岩、泥炭、砷矿、硼矿、磷矿等7种。主要分布在黑河、伊春、牡丹江、鸡西等地。泥炭资源储量较丰富（但开发利用极少），目前大都是以往所做工作，没有新的发现。主要分布在双鸭山、鸡西、佳木斯等地。

7. 建材及其他非金属矿产。全省查明资源储量矿产有34种，石墨、沸石、黄黏土、熔炼水晶、水泥用大理岩等是我省优势矿产，尤其以石墨最为突出，资源储量、质量居全国首位。其中鸡西柳毛石墨矿质量好、资源储量大，国内外闻名。

石墨：黑龙江省的石墨资源在全球占有一定地位，主要集中在鸡西、鹤岗、七台河等地，著名的石墨矿区为鸡西柳毛、萝北云山、勃利佛岭。黑龙江省的主要石墨矿山多数已得到开发利用。

水泥用大理岩：黑龙江省水泥用大理岩在全国资源储量排序第一，分布在鸡西、哈尔滨、七台河、黑河、伊春、牡丹江、佳木斯、双鸭山等地区。

8. 水气矿产。水资源：全省地下水水资源丰富，开采潜力大，但大多集中在大中城市开采，造成超采、局部水资源不足。黑龙江省矿泉水资源较为丰富，除中外闻名的五大连池矿泉水外，其他各市县均有分布。

**【地质矿产勘查】** 1. 推进全省地质勘查三年专项。2015~2016年，全省共组织实施各类地质勘查专项项目177个，投入资金15.79亿元。截至2016年底，三年专项已经取得了“六大重要成果”：一是基础地质工作程度进一步提高。全省山区、半山区1∶5万航空物探调查实现了全覆盖；1∶5万矿调项目已完成100个图幅的化探测量工作，圈定1∶5万化探单元素异常8442处、组合异常966处，有6个项目取得初步成果，发现有价值的找矿线索7处。二是新发现一系列优质找矿线索。化探异常查证项目发现地表矿体46条、矿化体66条；深部矿体5条、矿化体11条，提供找矿靶区或需要进一步勘查地区至少30处。航磁异常查证项目推断矿致异常39处，发现地表铅锌矿化体4条。三是石墨勘查取得重大突破。云山石墨矿外围普查等项目新增矿物量近3000万吨。四是陶瓷土、高岭土等易形成产业的矿产勘查取得重要进展。张家湾陶瓷土矿、依安高岭土项目目前已经具备发展后续产业的能力。五是国家战略性矿产资源找矿实现突破。伊春嘉荫地区放射性铀矿勘查成果丰硕。六是支持国有企业改革取得显著成果。集贤东辉(2区)煤炭勘查新增资源量1.5亿吨,为进一步盘活龙兴矿权、支持龙煤脱困发展起到积极的资源保障作用。此外,一批金、铜、铅锌矿产勘查项目也取得重要进展;农业地质项目圈定富硒土壤面积508万亩。

2. 油气督察工作。严格落实全省油气督察工作,2016年共完成计划内油气督察项目共计10个,其中中石油大庆油田所属项目9个,中石化东北分公司项目1个。

3. 规范开展全省地勘资质管理工作。一是严格地质勘查资质审批,大幅提高审批效率。以依法规范、优化流程、简化环节、减少要件为重点,实现法定时限20个工作日、承诺时限14个工作日、实际用时不超5个工作日的工作效率。2016年,省级共颁发地质勘查资质证书39个,其中重新申请2个、延续申请7个、变更申请23个、注销申请7个。二是扎实开展地勘资质监督检查。组织成立省级地勘资质监督检查领导小组,在地勘单位自查基础上,对39家单位进行现场抽查,促进全省地勘资质管理工作再上新台阶。

4. 跟踪指导全省整装勘查工作。协助国土资源部地质勘查司,在哈尔滨召开全国北方找矿突破战略行动第三阶段工作重点研讨会,与各兄弟省份交流整装勘查区的工作经验;对多宝山－大新屯整装勘查区和东安－汤旺河整装勘查区实施的专项填图与技术应用示范项目进行野外验收;对黑龙江东安－汤旺河地区金矿整装勘查区矿产调查与找矿预测项目施工方案进行初审。对全省两个国家级整装勘查区的勘查进展和成果进行汇总,编制了全省整装勘查区半年报和年报,分析全省整装勘查存在的问题,提出相关建议和意见。

**【矿产资源开发利用】** 截至2016年底,全省现有各类矿山2292个,其中外资及港、澳、台商投资企业7个,内资企业2285个;国有企业134个,占5.86%,集体企业190个,占8.32%,私营企业1321个,占57.81%,其他矿山640个。开发利用矿种62个,年产矿量14873.33万吨,其中煤炭产量5344.41万吨,建筑用砂、石、土等非金属类固体矿石总量7342.72万吨。

2016年,全省非油气各类矿山实现工业总产值1995909.32万元。其中,煤炭工业产值1588833.05万元,占总数的79.60%;黑色金属工业产值39509.87万元,占总数的1.98%;有色金属工业产值203912.23万元,占总数的10.22%;贵金属工业产值29741.84万元,占总数的1.49%;水气矿产工业产值1923.72万元,占总数的0.10%;建材及其他非金属工业产值131988.61万元,占总数的6.61%。

2016年,依法审批550宗矿权,收缴两权价款4.19亿元。一是重点工作稳步推进。组织十三市(地)政府及七大国有地勘主管部门,在全省范围内开展了1298宗探矿权、997宗采矿权专项清理工作,拟注销189宗探矿权,关闭222个小煤矿。推向市场公开出让55宗探矿权,成功出让24宗,成交价1223万元。进一步加强指导,靠前服务,为东安岩金矿等8户重点矿山企业解决各类问题10余个;为龙煤集团快速办理了5宗矿权抵押备案,配合金融部门在一天内为其解决了4亿元信贷资金问题。多宝山铜(钼)矿床1号、2号、4号矿带资源配置与一体化项目建设协议达成一致意见。二是加大协调服务力度。协调有关市(地)政府、林业、森工、环保等相关部门会审矿权91宗,配合省财政厅为6宗无法落地招拍挂探矿权办理注销及退款手续。应诉法院案件4个,全部胜诉;配合法院、检察院查封矿业权40余个。组织专家研究论证了鸡西市历史遗留过期石墨采矿权整合方案;研究解决了邹玉环上访历史问题。成功组织召开全省矿业经济推进会、全省石墨资源开发利用推介会2个大型涉矿专题会议,建立了良好的上下沟通协调机制,搭建了矿业企业之间的交流平台。对全省80余个市县200余名矿政管理工作者进行了业务指导和集中培训。三是建立矿政管理长效机制。以省政府名义出台了《黑龙江省人民政府关于推动矿产资源开发和产业化发展的意见》(黑政发〔2016〕1号),标志着全省矿产资源勘查开发和推进矿业经济发展已经上升为全省稳增长的重大战略。坚持"一口受理、一次审批、公开透明、权责对等"的原则,在审批程序、审批过程、审批结果在省政府及厅门户网站"三公开",累计发布采矿权信息999条,探矿权信息691条,及时解答各类涉矿咨询12人次、20余条。

**【矿产经济产业推进】** 按照省政府推进"十大产业"的部署要求,相关市地政府及部分重点企业积极推进,取得了明显成效。2016年计划推进省重点矿产经济产业项目5个,施工项目4个,完成投资9.2亿元,占年度计划(7.8亿元)的117.9%。

**【涉矿违法案件查处】** 违法案件得到及时查处。通过开展卫片执法监督检查、上级直查、挂牌督办、公开曝光、违法信息纳入征信平台、公开责任追究、申请法院强制执行等措施,加大对涉地涉矿违法案件的查处力度,有效遏制了违法问题的发生,全省立案查处涉地违法案件1577宗,立案查处涉矿违法案件239宗。省

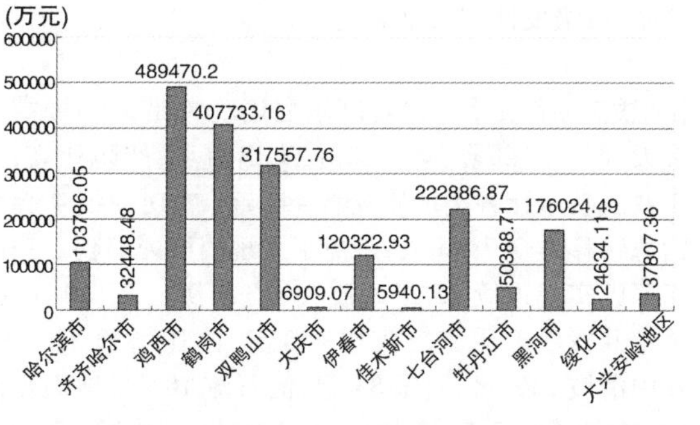


**图3　2016年黑龙江省各市(地)非油气矿产工业总产值对比图**

政府领导对土地违法问题相对突出的10个县、区政府领导进行了集体约谈,促进了所在辖区违法违规用地用矿问题的整改落实。

**【地质环境管理】**　1. 地质灾害防治。2016年,黑龙江省范围内各类地质灾害隐患点2168处,确定重点隐患点169处,特别防范隐患点18处,开展7处重要地质灾害隐患点治理工程。编制印发《黑龙江省2016年汛期地质灾害防灾预案》,积极开展汛期地质灾害巡查,全面落实地质灾害防治各项工作。

2. 地质环境监测。2016年地下水水位监测点301个,地下水水质监测点149个,其中国家级地下水水位监测点93个,国家级地下水水质监测点52个,地质灾害监测点18个,地下水监测控制面积118200平方千米。基本形成覆盖松嫩平原部分地区及大中城市主要地区的地下水地质监测网络。

3. 矿山地质环境。省厅审定的矿山地质环境恢复治理方案17项。省级投入资金1100万元,启动《黑龙江省矿山地质环境调查与综合治理规划项目》。

4. 地质遗迹保护与地质公园建设。全省现有世界地质公园2处,国家地质公园6个,省级地质公园24个。

5. 矿泉水水源地管理。2016年全省矿泉水水源地年度检测备案工作,共计有矿泉水企业33家进行了水源地年度检测备案,合格率100%。

**【地质博物馆、地质资料档案馆建设】**　1. 地质资料汇交。截至2016年底黑龙江省地质资料档案馆馆藏地质资料6098档,涵盖区域地质、矿产勘查、物化遥、水工环、科研等专业。2016年新增地质资料146档,新增地质资料目录数据库146条,新增1∶5万区域地质矿产调查报告数据库8条。

2. 建立健全地质资料信息共享和社会化服务体系。2016年,省国土资源厅网站"黑龙江省地质资料管理与服务"专栏点击量为28326次,向社会提供地质资料借阅496人次、1529份次、82618件次;纸质资料复制量中报告为31份次、1339页、图件22幅;电子数据复制总量1498份次、数据量为110GB,图文数字化1067份次、数据量为75GB,为地质资料全文电子阅览打下坚实基础。

"黑龙江省地质资料目录检索"信息平台升级改造后,逐步强化三大地质资料一体化管理,资料馆率先在全国将成果地质资料目录及其报告摘要、原始地质资料汇交目录和实物地质资料目录(清单)三大资料目录同时上传至地质资料目录检索平台,方便了不同人群的查询需求。

(黑龙江省国土资源厅)

## 重庆市

**【地质勘查】**　聚焦重点矿种科学勘查开发,加强地质环境保护,促进矿产资源安全、可持续开发利用。深入推进找矿突破战略行动,全力抓好城口、秀山锰矿整装勘查,2016年新探明锰矿247万吨。强化地热资源勘查,实施了地热勘查项目29个,新探明地热资源1310立方米/日。全年新增煤炭查明资源储量1.06亿吨、岩盐(NaCl)48.5亿吨。

**【页岩气勘探开发】**　以油气督察为抓手,积极做好监督管理和协同服务,推进中国石油、中国石化落实战略合作协议。加强页岩气科研攻关,创新财政出资地质成果资本化运作模式,涪陵页岩气示范基地二期产能建设顺利推进,丰都、永川、南川、黔江等地页岩气开发取得重要进展。

**【矿产资源管理】**　顺应矿业市场形势,突出绿色发展和供给侧结构性改革要求,注重与生态环保规划、自然保护区设置等衔接,将国家级、市级和县级保护区作为限制勘查区、禁止开采区,自然保护区内一律不再设置探矿权、采矿权,将12宗国家出资探矿权勘查工作全面停止。

**【矿业权审批】**　2016年,市级颁发勘查许可证59个,其中新立26个、延续5个、延续变更2个、探矿权保留25个,转让审批1个;颁发采矿许可证216个,其中新立6个、变更36个、延续174个。截至2016年底,全市有效勘查许可证和采矿许可证共计1178个,其中勘查许可证113个,采矿许可证1065个。

**【矿业权市场】**　2016年,全市采矿权出让81宗,其中市级出让采矿权20宗,区县出让采矿权61宗;市级采矿权转让1宗。

**【矿产资源专项收入征收】** 2016年,市级采矿权出让价款合同金额1.18亿元,入库1.46亿元。

**【矿产资源执法监察】** 2016年矿产资源立案108件,按违法主体划分,企事业单位违法69件,个人违法39件。全年共结案113件,结案率104.6%;其中处理上年未结案8件,无证开采46件,越界开采56件:罚没款656.84万元。

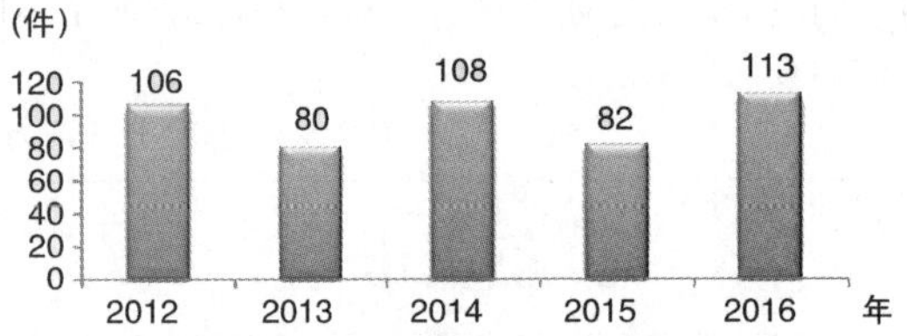


图1 2012~2016年重庆市矿产资源违法案件查处情况

截至2016年底,全市不包括参数井在内共完钻361口井,共投产254口井,建成年产能约70.7亿立方米,单井综合开采成本下降30%以上。全年产气50.67亿立方米,累计产气94.99亿立方米。煤层气勘查示范也取得重要突破,商业开发前景看好。

**【矿产资源执法监察】** 将执法监察作为重要抓手,严厉打击矿产资源违法行为,有效地维护了矿产资源开发利用秩序,促进了生态环保建设。一是开展矿产领域"打非治违"专项行动。局联合安监、煤监等部门,加强超层越界开采等监测,发现违规违法问题及时反馈当地政府,要求限期整改。二是加强卫片执法检查。对国土资源部下达的卫片执法疑似图斑及时组织核实,督促区县对违法图斑及时查处,对查处整改不力的挂牌督办、警示约谈。三是加大案件查办力度。对涉及占用耕地尤其是基本农田面积较大、违法开采规模较大、社会影响较坏的重大案件从严查处,依法追究党纪政纪和法律责任。四是完善采矿权标识、储量核查、案件移送、督办等监管制度,加强矿山实地核查、地面遥感监测,加密动态抽查。开展地下矿山开采情况大排查大整治,责令超层越界等违法违规企业一律停产整改。

**【自然保护区内矿业权差别化退出】** 全市自然保护区内采矿权58个,其中市级发证35个,区县发证23个。制订了《自然保护区内矿业权差别化退出方案》,对自然保护区内已设置的商业探矿权、采矿权,限期退出:对自然保护区设立之前已存在的合法探矿权、采矿权,及自然保护区设立之后各项手续完备且已征得保护区主管部门同意设立的探矿权、采矿权,差别化补偿.依法退出自然保护区核心区和缓冲区。截至2016年底,市级发证矿山已经关闭25个。

**【地质灾害防治】** 针对厄尔尼诺现象带来的极端异常天气,及早部署、全力应对,突出重点、严防死守,全年共成功避让各类地质灾害441起(成功预报4起),紧急转移群众7846人,避免了大规模群死群伤。三峡库区已实现连续15年地质灾害"零伤亡"。2016年,全市共发生地质灾害灾情456起,同比增长21.3%,其中滑坡312起,崩塌83起,泥石流10起,地面塌陷17起,地裂缝3起,不稳定斜坡31起。地质灾害造成11人受伤、12人死亡,伤亡人数同比增长53.3%,直接经济损失约7033万元、同比减少9.3%。详见图2。

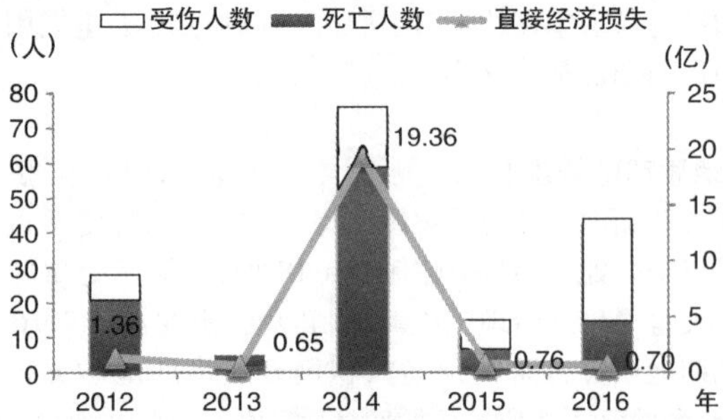


图2 2012~2016年重庆市地质灾害造成损失情况

2016年,全市共完成地质灾害危险性评估1571个,其中规划类报告198个,建设类报告1373个(一级报告424个,二级报告481个,三级报告468个);完成矿山地质环境保护与治理恢复方案135个。

2016年,全市将重灾区搬迁群众纳入地质灾害搬迁避让"金土工程",安排市级地质灾害防治专项补助资金1720余万元,计划搬迁4300余人。

**【三峡库区地质灾害防治】** 2016年,按建点标准化、监测规范化、预警精准化要求,全面完成三峡库区后续规划防治项目3978处群测群防项目标准化建设,全部落实了"四重"网格相关责任人。

2016年,国家切块下达全市三峡库区后续地质灾害防治专项经费3.4亿元,累计已下达切块经费共计20.18亿元,占资金总数的41.0%,保障了库区地质灾害防治工作的顺利开展。目前,209个项目完成勘查、设计工作,其中82个地质灾害工程治理项目完成施工,41个项目正在抓紧施工,其余项目正开展有关前期工作。

**【地质环境监测】** 1.岩溶找水示范工程。2016年,全市岩溶找水示范工程共完成供水井74口,成井55口,成井率达74.3%。累计出水量为7969.48立方米/日,预计可解决近8万人的饮水问题。

2. 地下水动态监测。2016 年,全市开展日常监测工作的地下水监测点共 31 个,其中国家级监测点 14 个,市级监测点 23 个。分布于北碚、沙坪坝、渝北、巴南、铜梁等 10 个区县。

**【地质遗迹保护】** 2016 年,成立了重庆市古生物化石专家委员会。安排资金 2271.8 万元,开展了綦江国家地质公园古生物资源调(勘)查、重庆市万州区盐井沟动物群化石资源调查评价、重庆市云阳县普安乡恐龙化石露头调查和临时保护、重庆市合川区大石街道恐龙化石抢救性发掘、重庆市云阳县普安乡恐龙化石一区抢救性发掘、重庆市合川区大石街道恐龙化石修复与装架等 6 个古生物化石保护项目。在万州盐井沟老屋苞第 4 地点发现了巨貘、大象、水鹿、竹鼠等哺乳动物化石,在合川大石街道发掘的恐龙骨架化石长度达 24 米。全市恐龙化石点达到 67 个。

**【矿山地质环境恢复治理】** 制定了《重庆市矿山地质环境恢复和综合治理工作方案》,启动了矿山地质环境详细调查前期工作。实施万盛国家资源枯竭城市、渝北玉峰山采石场等矿山地质环境分类恢复治理,全市 5 家企业通过国家级绿色试点矿山评审。

(重庆市国土资源和房屋管理局)

## 四川省

**【矿产资源概况】** 2016 年,四川省具有查明资源储量的矿种有 86 种(亚矿种 119 种),有 35 种矿产排位进入全国同类矿产查明资源储量的前三位。

作为四川优势矿产的天然气、钒、钛、锂、硫铁矿、芒硝、盐矿等 15 种矿产在全国查明资源储量中排第一位(表 1)。铁、石棉、天然沥青、页岩气等 10 种矿产在全国查明资源储量中排第二位。

表 1　**2016 年四川省主要矿产查明资源储量**

| 矿种 | 单位 | 查明资源储量 | 矿种 | 单位 | 查明资源储量 |
|---|---|---|---|---|---|
| 钛矿 | $TiO_2$ 万吨 | 62290.20 | 煤炭 | 亿吨 | 125.70 |
| 钒矿 | $V_2O_5$ 万吨 | 1748.36 | 铁矿 | 矿石 亿吨 | 96.38 |
| 锂矿 | $Li_2O$ 万吨 | 189.25 | 铜矿 | 铜 万吨 | 259.45 |
| 芒硝 | 矿石 亿吨 | 187.47 | 铅矿 | 铅 万吨 | 372.87 |
| 盐矿 | 矿石 亿吨 | 176.09 | 锌矿 | 锌 万吨 | 633.43 |
| 天然气 | 亿 立方米 | 9148.56 | 金矿 | 金 千克 | 400464.00 |
| 硫铁矿 | 矿石 万吨 | 95626.02 | 银矿 | 银 吨 | 5285.79 |
| 磷矿 | 矿石 万吨 | 278859.84 | 铂族金属 | 金属 千克 | 50714.66 |

**【新增查明矿产资源】** 2016 年完成阶段性勘查的矿产地 29 处,按规模分有大型 4 处、中型 7 处、小型 18 处;新发现矿产地 6 处,按规模分有大型 1 处、中型 1 处、小型 4 处;取得矿产勘查重要成果 2 项(表 2)。

表 2　**2016 年四川省主要矿种新增矿产资源勘查成果表**

| 矿种 | 单位 | 新增矿产资源勘查成果 | 矿种 | 单位 | 新增矿产资源勘查成果 |
|---|---|---|---|---|---|
| 煤炭 | 原煤 亿吨 | 0.16 | 钴 | 金属 吨 | 1893.00 |
| 富铁 | 矿石 亿吨 | 2.33 | 钼 | 金属 吨 | 0.55 |
| 贫铁 | 矿石 亿吨 | 0.66 | 岩金 | 金属 吨 | 8.90 |
| 锰 | 矿石 万吨 | 184.90 | 银 | 金属 吨 | 86.00 |
| 钒 | $V_2O_5$ 万吨 | 97.96 | 饰面用大理岩 | 矿石 万吨 | 989.80 |
| 钛 | $TiO_2$ 万吨 | 3210.22 | 石墨(晶质) | 矿物 万吨 | 779.90 |
| 铜 | 金属 万吨 | 33.69 | 磷 | 矿石 万吨 | 2063.80 |
| 锌 | 金属 万吨 | 7.04 | 长石 | 矿物 万吨 | 11813.50 |
| 铅 | 金属 万吨 | 2.73 | | | |

**【地质矿产勘查】** 1. 推进页岩气勘查开发。在成都成功举办国土资源部、省政府、中石油、中石化四方座谈会，审议通过总体方案，正式启动川南页岩气勘查开发试验区建设。投入财政资金2.96亿元开展页岩气资源调查评价，加快页岩气勘查开发利用步伐。

2. 推进找矿突破行动。投入专项资金1750万元推进甲基卡整装勘查，新增锂辉石矿11万余吨。投入省级地勘基金7762万元，实施地勘项目11个，吸引社会资金3.26亿元扩大找矿成果。

**【地勘资金投入情况】** 2016年全省实省内各类基础地质、矿产勘查、水工环境地质调查评价、科研等项目共计500项，地勘经费投入共85605.77万元，同比减少26.26%（图1至图4）。

此外，2016年境外实项目13项，同比减少16项；投资额度12957.37万元，同比减少69.07%。

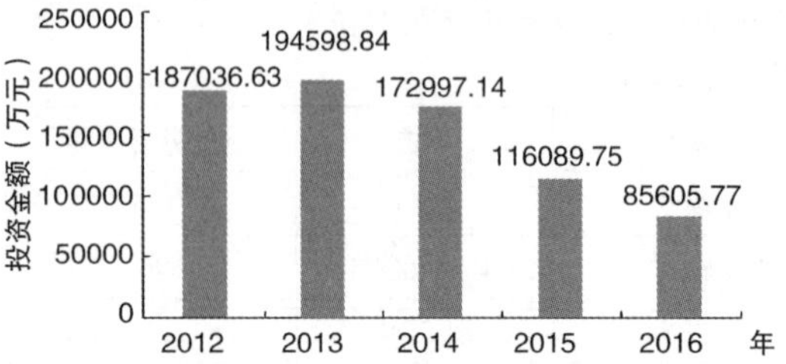


图1 2012~2016年四川省地质矿产勘查投资变化情况图

**【矿产资源开发利用】** 2016年全省矿山总数为5262个，同比减少9.70%。其中大型、中型、小型矿山和小矿均较2016年有所减少，减幅分别为0.85%、23.41%、9.93%和6.80%。

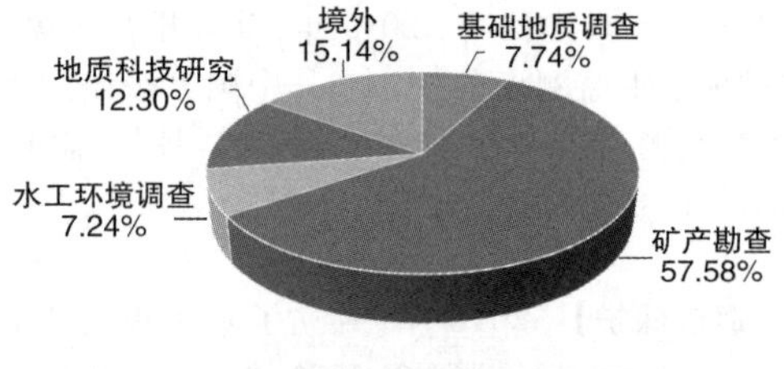


图2 2016年四川省地质矿产勘查投入资金结构图

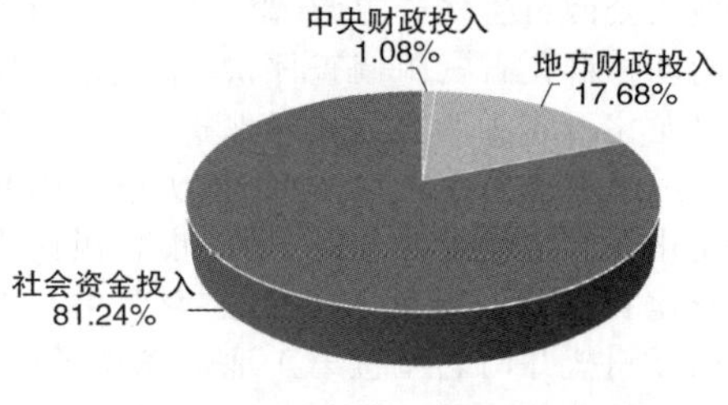


图3 2016年四川省矿产资源勘查资金来源结构图

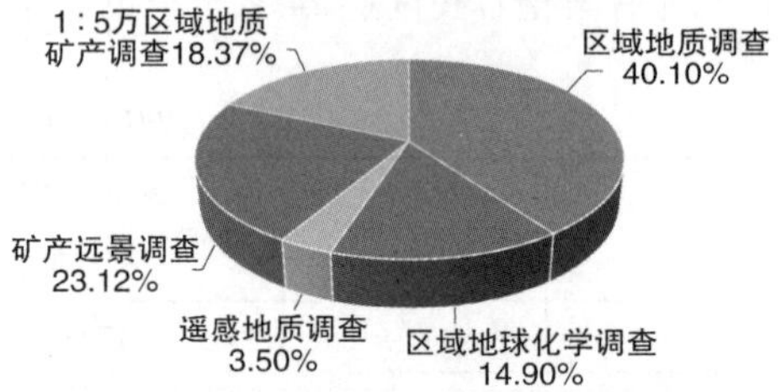


图4 2016年四川省基础地质调查经费按项目结构图

2016年采矿业矿山生产工业总产值为352.88亿元，同比增加15.10%。其中，铁矿采矿产业工业总产值103.24亿元，煤矿采矿产业工业总产值94.82亿元，分别占全省采矿业工业总产值的29.25%和26.87%，两者合计占全省采矿业工业总产值的56.12%（表3、表4）。

**表3** **2016年四川省主要矿产品产量情况（按矿种分列）**

| 矿种 | 年产矿量（万吨） | 工业总产值（万元） | 矿种 | 年产矿量（万吨） | 工业总产值（万元） |
|---|---|---|---|---|---|
| 铁矿 | 6511.22 | 1032377.53 | 轻稀土矿 | 146.66 | 97477.55 |
| 煤炭 | 2267.78 | 948184.27 | 金矿 | 95.12 | 62978.49 |
| 磷矿 | 749.87 | 218336.19 | 铅矿 | 61.65 | 78733.50 |
| 芒硝 | 380.18 | 31039.48 | 锌矿 | 43.48 | 49689.79 |
| 盐矿 | 359.51 | 29116.49 | 银矿 | 10.00 | 4592.00 |
| 铜矿 | 297.16 | 107372.78 | 锂矿 | 3.00 | 3366.69 |

**表4** **2016年四川省矿产资源开发利用情况（按行政区划分）**

| 市（州） | 矿山企业数（个） | | | | | 从业人员（人） | 年产矿量（万吨） | 实际采矿能力（万吨/年） | 工业总产值（万元） | 综合利用产值（万元） |
|---|---|---|---|---|---|---|---|---|---|---|
| | 合计 | 大型 | 中型 | 小型 | 小矿 | | | | | |
| 成都市 | 106 | 9 | 38 | 55 | 4 | 3285 | 2160.09 | 2157.27 | 293138.81 | 6571.63 |

续表 4

| 市(州) | 矿山企业数(个) | | | | | 从业人员(人) | 年产矿量(万吨) | 实际采矿能力(万吨/年) | 工业总产值(万元) | 综合利用产值(万元) |
|---|---|---|---|---|---|---|---|---|---|---|
| | 合计 | 大型 | 中型 | 小型 | 小矿 | | | | | |
| 自贡市 | 148 | 3 | 12 | 85 | 48 | 4419 | 187.55 | 223.74 | 18840.30 | 139.30 |
| 攀枝花市 | 186 | 15 | 8 | 125 | 38 | 20350 | 6101.74 | 5481.23 | 966045.53 | 389588.49 |
| 泸州市 | 296 | 3 | 7 | 90 | 196 | 12876 | 795.54 | 1046.09 | 252687.50 | 136431.23 |
| 德阳市 | 99 | 6 | 9 | 78 | 6 | 6432 | 657.08 | 649.25 | 128288.99 | 12256.56 |
| 绵阳市 | 454 | 10 | 47 | 375 | 22 | 7620 | 1043.01 | 1261.05 | 37457.03 | 6077.80 |
| 广元市 | 336 | 3 | 5 | 232 | 96 | 5312 | 662.17 | 679.57 | 28302.54 | 772.00 |
| 遂宁市 | 110 | 0 | 3 | 105 | 2 | 1460 | 137.42 | 272.37 | 17022.31 | 58.00 |
| 内江市 | 229 | 0 | 1 | 75 | 153 | 11305 | 347.78 | 827.69 | 57034.34 | 11678.88 |
| 乐山市 | 417 | 17 | 32 | 293 | 75 | 20009 | 2752.69 | 3235.62 | 213743.95 | 42378.69 |
| 南充市 | 266 | 0 | 1 | 235 | 30 | 4574 | 436.38 | 612.64 | 55762.13 | 6170.20 |
| 眉山市 | 188 | 9 | 15 | 105 | 59 | 8706 | 582.49 | 870.22 | 148396.24 | 345.30 |
| 宜宾市 | 610 | 12 | 16 | 352 | 230 | 13594 | 1744.39 | 3915.54 | 141485.77 | 32763.41 |
| 广安市 | 224 | 4 | 6 | 96 | 118 | 9348 | 1263.35 | 1810.21 | 132565.38 | 3555.00 |
| 达州市 | 477 | 4 | 5 | 291 | 177 | 25602 | 1283.83 | 3110.43 | 171320.25 | 8239.89 |
| 雅安市 | 210 | 4 | 5 | 151 | 50 | 7199 | 346.15 | 343.07 | 35654.12 | 2616.30 |
| 巴中市 | 162 | 2 | 5 | 101 | 54 | 4688 | 556.39 | 656.34 | 33309.60 | 5679.00 |
| 资阳市 | 174 | 0 | 0 | 139 | 35 | 3979 | 309.68 | 352.09 | 27420.65 | 11581.65 |
| 阿坝州 | 28 | 1 | 3 | 15 | 9 | 1579 | 133.92 | 145.21 | 77273.36 | 662.75 |
| 甘孜州 | 76 | 6 | 10 | 55 | 5 | 5820 | 72.68 | 81.45 | 93520.31 | 4932.00 |
| 凉山州 | 466 | 9 | 37 | 347 | 73 | 19912 | 2170.23 | 2334.37 | 599580.65 | 95198.01 |
| 总计 | 5262 | 117 | 265 | 3400 | 1480 | 198069 | 23744.54 | 30065.45 | 3528849.76 | 777696.09 |

**【矿业权审批登记】** 2016年省级探矿权登记共审批599个,其中:新设探矿权18个,探矿权延续登记255个,变更登记268个,转让审批12个,保留审批58个,注销登记111个。

2016年省级采矿权登记共审批428个,其中:划定矿区范围19个,新设采矿权3个,采矿权延续登记237个,转让审批6个,变更登记21个,注销登记142个。

**【矿业权市场】** 2016年共委托10宗探矿权交易,其中成功出让9宗,出让价款0.31亿元。全省招拍挂出让探矿权12宗,出让金额1.19亿元。

2016年共招拍挂出让采矿权58宗,出让金额0.55亿元。

**【矿产资源节约集约利用】** 及时注销已关闭公示矿山的采矿许可证。全省共注销采矿许可证64个。

严格执行国务院、国土资源部煤炭行业化解过剩产能实现脱困发展相关规定,停止全省煤炭划定矿区范围审批工作,并严格审批煤炭采矿权变更扩大生产规模。督促宜宾、泸州、内江等产煤市(州)加快推进全省煤炭行业化解产能过剩工作。

认真贯彻落实国土资源部《关于推进矿产资源全面节约和高效利用的意见》,研发推广应用先进适用技术,健全完善探采选技术标准规范体系,提升矿产资源综合利用效率,促进低碳循环经济发展。全省2个市、15个县(市)被评为国家级节约集约模范县(市)。

**【工矿废弃地复垦改革试点】** 积极争取国土资源部下达四川省2016年工矿废弃地复垦利用计划指标5300公顷,比2015年增加2000公顷,居全国第一。工矿废弃地复垦利用试点市(州)增加到16个,试点总规模增加到 1.33 万公顷。

【矿石违法监管】 2016 年全省各级国土资源管理部门累计开展动态巡查 6.3 万次，参巡人员达 10 万人次，重点区域巡查覆盖率 95% 以上。通过动态巡查，有效制止矿山违法行为 218 件。

矿产违法案件 4 件，挂牌督办土地、矿产违法典型案件 3 件。

制定《四川省国土资源涉嫌犯罪案件移送标准及证据要求》，共计 28 条，涉及非法采矿、破坏性采矿、掩饰、隐瞒犯罪所得等 7 项罪名。

受理公安机关和国土资源部门申请的矿产资源破坏鉴定申请 30 件（涉及 57 人），涉及连砂石、红砂石、花岗石、青石、煤炭等矿种。

【矿产资源专项审计整改】 强化内部审计监督。组织开展了对遂宁市、乐山市两位离任局长的经济责任审计，组织开展了地质灾害应急详查项目以及 80 余个地勘基金项目的财务决算审计，完成攀枝花钒钛磁铁矿资源综合利用示范基地项目 2014～2015 年投资情况审计，开展了 10 个直属单位财务收支审计，进一步规范了国家投资项目和直属事业单位的内部管理，强化了风险防控。

四川省国土资源厅作为全省矿产资源审计整改工作的牵头部门，始终坚持理清责任主体，理顺工作程序，简化流程环节，加强监督管理。整改期间，全省修订各项矿产资源管理制度 40 余项，其中省级层面修订和新订制度 10 余项，形成了一整套科学公平、便于操作的制度体系。同时严格责任追究，对 20 余人给予了行政问责，其中党政纪处理 9 人。

【科技成果】 由省国土资源专业评审组推荐的 11 个科研项目获得 2015 年度四川省科技进步奖；由省国土资源厅推荐的《四川省金川县李家沟锂矿补充勘探》等 4 个科研项目获得 2016 年度国土资源科学技术奖，其中一等奖 1 个，二等奖 3 个。

四川省国土勘测规划研究院获得国土资源部“十二五”科技工作先进集体表彰，李何超、何勇、王学平等三人获国土资源部“十二五”科技与国际合作先进个人表彰。

2016 年，组织实施科研项目 18 个，投入科研经费 500 万元。组织开展 2017 年度科研项目申报工作，近 50 家单位申报科研项目 63 个，经认真评审把关，《四川省巴中地区石墨矿成矿地质条件研究及成矿预测》等 15 个科研项目获得立项，科研经费投入将达 750 万元。

【对外合作】 2016 年，英国、丹麦、瑞典、德国、中国香港、中国台湾等国家和地区相关部门和机构代表团相继来我厅访问，围绕页岩气等非常规能源勘查开发、不动产登记、水土保持等内容与我厅深入交流；全省国土资源系统也组织 6 个批次近 70 人次，分赴德国、英国、中国香港等多个国家和地区，开展交流培训和合作洽谈。

资料馆提供地质资料查询 368 人次、1924 份次、86122 件次，提供综合档案查阅 380 人次，提供文书、土地、矿业权等综合档案 1211 件（宗、档），提供电子数据资料拷贝 607 份、电子文件 31469 个。全年利用四川省国土资源资料馆网站目录检索查询 10584 人次、网站点击 398464 人次，累计点击 109 万人次。

【地质环境管理】 坚持“以防为主，搬治结合”，强化综合防治体系建设，扎实推进重点区域地灾防治项目，全面提升防灾能力。18 个市（州）和地震灾区实现汛期因地灾“零死亡”，因灾死亡失踪人数连续 3 年保持历史最低水平。

【地质灾害灾情】 2016 年全省共发生发现地质灾害 2269 起，包括滑坡 1401 处、崩塌 544 处、泥石流 310 处、其他 14 处（图 5）。全年查明地质灾害隐患点 39216 处，威胁 161.83 万人和 1687.03 亿元财产安全（图 6）。

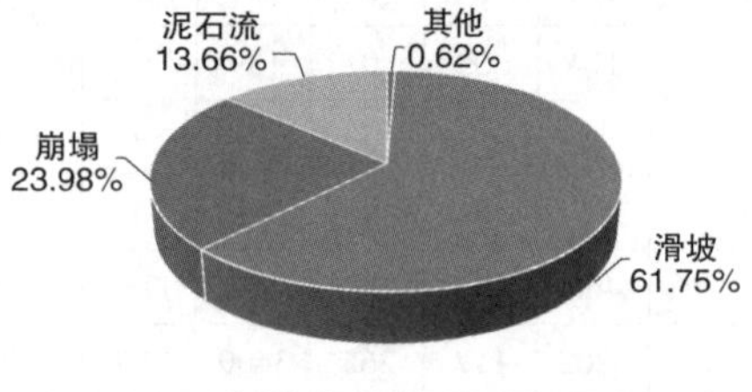


图 5　2016 年四川省地质灾害灾情结构图

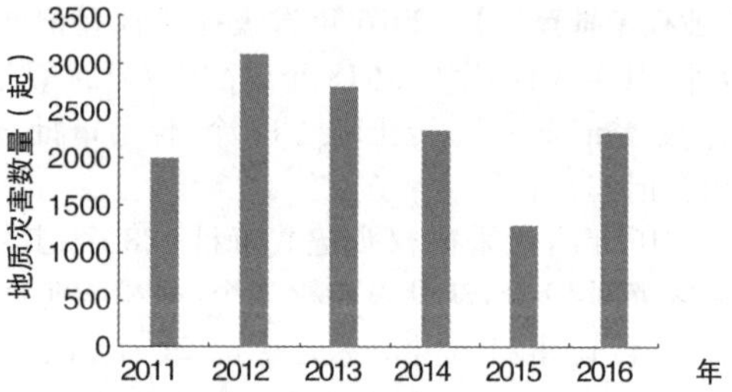


图 6　2011～2016 年四川省地质灾害数量对比图

【地质灾害预防】 强化主动预防避让，2016 年实施地灾避险搬迁安置 20706 户；全年实现地质灾害成功避险 41 处，避免了 1536 人可能的因灾伤亡，避免直接经济损失 1.45 亿元。18 个市（州）和地 A 震灾区实现汛期因地灾“零死亡”，因灾死亡失踪人数连续 3 年保持历史最低水平（图 7）。

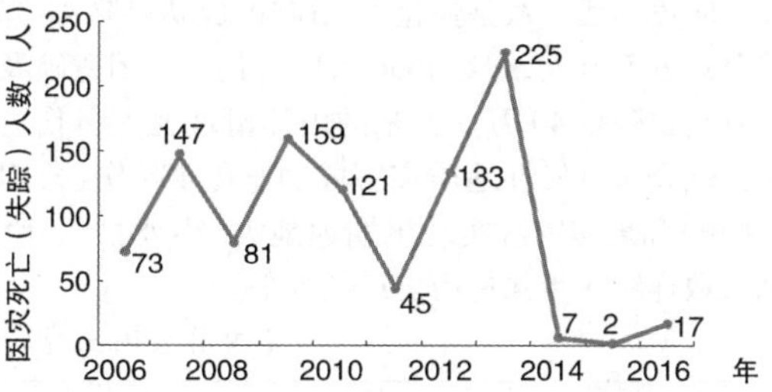


**图7　2006～2016年四川省因地质灾害死亡（失踪）人数对比图**

强化隐患排查和监测预警，全省开展拉网式排查出隐患点38858处，投资9979万元、组织近5万人逐点落实专职监测，发布3级以上地质灾害气象风险预警135次，发布预警短信135.2万条（表5）。组织56个专业地勘单位577名专业技术人员长期驻守防灾一线。

强化培训演练，开展36万余人参加宣传培训115257场，开展56万人次参加避险演练9821场。

**表5　　2016年四川省地质灾害灾情及成功避险统计表**

| 市（州） | 灾害类型 | | | | | 主要灾情 | | | 主动避让及成功避险 | | |
|---|---|---|---|---|---|---|---|---|---|---|---|
| | 滑坡（处） | 崩塌（处） | 泥石流（处） | 不稳定斜坡（处） | 其他（处） | 死亡（人） | 失踪（人） | 经济损失（万元） | 成功避险（起） | 避免伤亡（人） | 避免经济损失（万元） |
| 成都市 | 4 | 3 | 0 | 0 | 0 | 0 | 0 | 45 | 3 | 5 | 0 |
| 自贡市 | 3 | 8 | 0 | 0 | 0 | 0 | 0 | 4 | 0 | 0 | 0 |
| 攀枝花 | 136 | 18 | 16 | 1 | 3 | 0 | 1 | 855 | 1 | 28 | 500 |
| 泸州市 | 72 | 5 | 1 | 3 | 0 | 0 | 0 | 461 | 4 | 85 | 710 |
| 德阳市 | 0 | 2 | 0 | 0 | 0 | 0 | 0 | 10 | 1 | 33 | 1980 |
| 绵阳市 | 73 | 32 | 2 | 3 | 0 | 0 | 0 | 200 | 1 | 21 | 200 |
| 广元市 | 162 | 36 | 0 | 0 | 0 | 0 | 0 | 50 | 1 | 23 | 100 |
| 遂宁市 | 9 | 1 | 0 | 0 | 0 | 0 | 0 | 0 | 0 | 0 | 0 |
| 内江市 | 12 | 10 | 0 | 1 | 0 | 0 | 0 | 0 | 0 | 0 | 0 |
| 资阳市 | 49 | 198 | 0 | 0 | 0 | 0 | 0 | 0 | 0 | 0 | 0 |
| 乐山市 | 3 | 2 | 1 | 0 | 0 | 0 | 0 | 372 | 4 | 70 | 10 |
| 眉山市 | 32 | 8 | 0 | 0 | 0 | 0 | 0 | 615 | 1 | 23 | 1380 |
| 南充市 | 110 | 74 | 0 | 0 | 0 | 0 | 0 | 80 | 0 | 0 | 0 |
| 宜宾市 | 77 | 14 | 9 | 1 | 9 | 0 | 5 | 1417 | 6 | 65 | 135 |
| 广安市 | 52 | 18 | 5 | 0 | 0 | 0 | 0 | 6 | 0 | 0 | 0 |
| 达州市 | 43 | 23 | 0 | 0 | 0 | 0 | 0 | 1.5 | 0 | 0 | 0 |
| 巴中市 | 91 | 21 | 0 | 0 | 0 | 0 | 0 | 470 | 2 | 17 | 105 |
| 雅安市 | 72 | 20 | 6 | 2 | 0 | 0 | 0 | 1288 | 5 | 52 | 420 |
| 阿坝州 | 71 | 16 | 89 | 0 | 0 | 0 | 0 | 12079 | 3 | 229 | 3050 |
| 甘孜州 | 80 | 21 | 134 | 1 | 0 | 0 | 0 | 4986 | 2 | 679 | 5000 |
| 凉山州 | 250 | 14 | 47 | 2 | 0 | 5 | 0 | 5044 | 7 | 206 | 910 |
| 总计 | 1401 | 544 | 310 | 14 | 12 | 5 | 6 | 27982 | 41 | 1536 | 14500 |

**【地质灾害治理】**　2016年，在地质灾害综合防治体系建设方面，部署开展专职监测33263处，工程治理284处，排危除险982处，地质灾害综合治理项目11处，市级能力建设11个，县级能力建设45个。

**【地下水监测】**　2016年四川省地下水监测区仍以成都平原为主体，监测控制面积为6473平方千米，其中成都市（监测面积300平方千米）、德阳市（监测面积80平方千米）为加密监测区。监测内容主要为第四系松散岩类孔隙潜水水位、水温和水质的动态变化特征。2016年四川省共有各级各类地下水监测井点64个。其中,成都市水位、水温监测点7个,水质监测点12个;德阳市水位监测点8个,水温监测点7个,水质监测点7个;成都平原其他区域水位、水温监测点26个,水质监测点32个。

【包虫病区地下水供水示范工程】 2016年,甘孜州石渠县包虫病区打井供水工程共完成钻井150口,钻探进尺5975.8米,可解决9720人的用水问题。

至此,自2012年启动实施的甘孜州包虫病区打井供水工程任务已全部完成,累计实施供水井554口,解决了5.7万病区群众的饮水困难。

【地质灾害防治】 四川省委常委会和省政府专题会研究部署地灾防治工作。全省国土资源系统勠力同心将防灾责任和措施有效落实到基层一线。一是强化综合防治体系建设,投入资金24.22亿元,全面提升防灾能力。二是强化责任落实,将防灾主体责任落实到市、县政府,将全省近4万处隐患点的防灾责任落实到基层政府和具体责任人。三是强化联防联动,组织16个成员单位组成6个督导组深入开展在建工程专项检查,有效防范在建工程地质灾害。四是强化隐患排查,拉网式排查出隐患点38858处。五是强化监测预警,投资9979万元、组织近5万人逐点落实专职监测,发布3级以上风险预警95次,发布预警短信235万条。六是强化培训演练,开展36万余人参加的宣传培训5257场,开展56万人次参加的避险演练9821场。七是强化驻守督导,组织56个专业地勘单位577名专业技术人员长期驻守防灾一线。八是强化主动避让,成功避险41起,转移群众近5万人,避免1536人因灾伤亡。因避险及时,仁寿县鳌陵乡40万立方米的山体滑坡无人员伤亡,九龙县烟袋镇群发性地质灾害成功避免408伤亡。18个市(州)和地震灾区实现汛期因地灾"零死亡",死亡失踪人数连续3年保持历史最低水平。

(四川省国土资源厅)

## 贵州省

【矿产资源概况】 贵州省矿产资源丰富,矿种多、分布广、门类全,省内优势矿种分布相对集中,且规模较大、质量较好,多分布在交通方便的铁路沿线和水资源丰富的乌江干流附近,开发利用的外部条件相对优越。

矿产资源储量丰富、组合良好的能源、矿产资源,种类繁多的生物资源,构成了贵州独特的资源优势,具有很大的开发潜力。

全省已发现各类矿产137种,占全国172种的79.65%;查明有资源储量的矿产89种,占全国162种的53.70%;列入储量表有79种,其中:54种位居全国总量的前十位,34种排前五位,24种排前三位位。

全省查明矿产地3328处,其中能源矿产832处,占产地总数的25%、金属矿产973处,占29.24%、非金属矿产1523处,占45.76%。

按储量规模分,大型289处,占8.68%;中型453处,占13.61%;小型2586处,占77.71%;按矿床勘查程度分,勘探362处,占10.88%;详查724处,占21.75%;普查及预查2242处,占6737%(表1)。

表1　　2016年贵州省矿产资源储量情况表

| 序号 | 矿种名称 | 计算单位 | 2015年保有资源储量 | | 2016年保有资源储量 | | | | | 增减情况 | 全国排位 |
|---|---|---|---|---|---|---|---|---|---|---|---|
| | | | 产地数 | 资源储量 | 产地数 | 储量 | 基础储量 | 资源量 | 资源储量 | | |
| 1 | 煤炭 | 亿吨 | 824 | 653.99 | 832 | 69.40 | 110.80 | 602.49 | 713.32 | ↑ | 5 |
| 2 | 铁矿 | 亿吨 | 192 | 12.53 | 196 | 0.18 | 0.01 | 12.51 | 12.69 | ↑ | 13 |
| 3 | 锰矿 | 万吨 | 56 | 38849.17 | 58 | 3184.00 | 5009.70 | 44836.19 | 49845.90 | ↑ | 2 |
| 4 | 钛矿 | 万吨 | 1 | 101.71 | 1 | 31.24 | 44.63 | 57.08 | 101.71 | | 5 |
| 5 | 钒矿 | 万吨 | 51 | 495.46 | 51 | | | 518.39 | 518.39 | ↑ | 5 |
| 6 | 铜矿 | 万吨 | 37 | 15.02 | 38 | 0.15 | 0.24 | 15.93 | 16.17 | ↑ | 25 |
| 7 | 铅矿 | 万吨 | 143 | 113.74 | 145 | 7.29 | 13.46 | 106.15 | 119.60 | ↑ | 18 |
| 8 | 锌矿 | 万吨 | 195 | 551.91 | 198 | 65.92 | 116.02 | 462.85 | 578.87 | ↑ | 10 |
| 9 | 铝土矿 | 亿吨 | 121 | 8.37 | 128 | 0.93 | 1.48 | 8.07 | 9.55 | ↑ | 4 |
| 10 | 镁(炼镁白云岩) | 万吨 | 14 | 11729.33 | 14 | 1357.77 | 1554.98 | 10174.35 | 11729.33 | | 6 |

**续表 1 -1**

| 序号 | 矿种名称 | 计算单位 | 2015 年保有资源储量 | | 2016 年保有资源储量 | | | | | 增减情况 | 全国排位 |
|---|---|---|---|---|---|---|---|---|---|---|---|
| | | | 产地数 | 资源储量 | 产地数 | 储量 | 基础储量 | 资源量 | 资源储量 | | |
| 11 | 镍矿 | 吨 | 31 | 604067.15 | 32 | 66992.29 | 94602.15 | 524174.04 | 618776.19 | ↑ | 6 |
| 12 | 钴矿 | 吨 | 2 | 207.00 | 2 | | | | 207.00 | | 24 |
| 13 | 钨矿 | 吨 | 4 | 7965.64 | 4 | | | | 7965.64 | | 18 |
| 14 | 锡矿 | 吨 | 2 | 7760.60 | 2 | | | | 7760.60 | | 12 |
| 15 | 钼矿 | 吨 | 40 | 876270.19 | 41 | 115570.10 | 159310.87 | 735935.77 | 895246.64 | ↑ | 9 |
| 16 | 汞矿 | 万吨 | 53 | 3.03 | 53 | 0.62 | 1.01 | 2.02 | 3.03 | | 1 |
| 17 | 锑矿 | 万吨 | 38 | 32.30 | 38 | 1.30 | 3.04 | 29.26 | 32.30 | | 4 |
| 18 | 金矿(岩金) | 吨 | 89 | 344.49 | 92 | 67.84 | 94.12 | 399.42 | 493.54 | ↑ | 8 |
| | 砂金 | 千克 | 1 | 99.00 | 1 | | | 99.00 | 99.00 | | 23 |
| | 伴生金 | 千克 | 1 | 81.00 | 1 | | | 81.00 | 81.00 | | 29 |
| 19 | 银矿 | 吨 | 26 | 431.63 | 30 | 37.12 | 62.75 | 410.53 | 473.28 | ↑ | 25 |
| 20 | 铌钽矿 | 吨 | 1 | 146.00 | 1 | | | 146.00 | 146.00 | | 7 |
| 21 | 锂矿 | $Li_2O$ 吨 | 3 | 162576.97 | 4 | | | 169370.97 | 169370.97 | ↑ | 4 |
| 22 | 稀土矿 | 万吨 | 3 | 88.47 | 3 | | | 88.47 | 88.47 | | 2 |
| 23 | 锗矿 | 吨 | 4 | 1137.09 | 4 | | | 1110.05 | 1110.05 | ↓ | 2 |
| 24 | 镓矿 | 吨 | 52 | 51134.24 | 62 | 4164.47 | 5915.68 | 50783.37 | 56699.05 | ↑ | 3 |
| 25 | 铟矿 | 吨 | 3 | 8.01 | 8 | 3.00 | | | 8.01 | | 15 |
| 26 | 铼矿 | 吨 | 1 | | 1 | | | | | | |
| 27 | 镉矿 | 吨 | 7 | 6618.98 | 8 | 255.52 | 373.95 | 6403.23 | 6777.18 | ↓ | 11 |
| 28 | 钪矿 | 吨 | 1 | 1734.60 | 1 | | | 1734.60 | 1734.60 | | 1 |
| 29 | 硒矿 | 吨 | 10 | 773.60 | 10 | | | 773.60 | 773.60 | | 6 |
| 30 | 普通萤石(萤石) | 万吨 | 35 | 328.60 | 35 | | 7.70 | 320.90 | 328.60 | | 10 |
| 31 | 熔剂用灰岩 | 万吨 | 15 | 23152.01 | 15 | 10933.65 | 13652.01 | 9500.00 | 23152.01 | | 20 |
| 32 | 冶金用白云岩 | 万吨 | 7 | 9441.18 | 7 | 3006.33 | 3766.68 | 5674.50 | 9441.18 | | 25 |
| 33 | 冶金用砂岩 | 万吨 | 13 | 8628.66 | 13 | 4072.50 | 5597.50 | 3031.16 | 8628.66 | | 2 |
| 34 | 铸型用砂岩 | 万吨 | 2 | 1734.00 | 2 | 514.80 | 572.00 | 1162.00 | 1734.00 | | 3 |
| 35 | 冶金用脉石英 | 万吨 | 6 | 191.33 | 6 | | | 191.33 | 191.33 | | 10 |
| 36 | 耐火黏土 | 万吨 | 19 | 6422.98 | 19 | 836.84 | 1026.35 | 5396.63 | 6422.98 | | 10 |
| 37 | 硫铁矿 | 亿吨 | 126 | 9.15 | 132 | 0.41 | 0.60 | 8.64 | 9.24 | ↑ | 2 |
| | 伴生硫铁矿 | 万吨 | 4 | 59.67 | | 10.32 | 14.75 | 169.48 | 184.23 | ↑ | 26 |
| 38 | 重晶石 | 万吨 | 81 | 11177.29 | 82 | 142.08 | 514.10 | 10778.55 | 11292.65 | ↑ | 1 |
| 39 | 电石用灰岩 | 万吨 | 9 | 8321.35 | 9 | 4328.10 | 4825.99 | 3510.85 | 8336.84 | ↑ | 13 |
| 40 | 化工用白云岩 | 万吨 | 4 | 2417.00 | 4 | 418.50 | 760.00 | 1657.00 | 2417.00 | | 4 |
| 41 | 化肥用砂岩 | 万吨 | 3 | 10596.70 | 3 | 145.80 | 183.30 | 10413.40 | 10596.70 | | 1 |
| 42 | 含钾砂页岩 | 万吨 | 8 | 5084.02 | 8 | | | 5084.02 | 5084.02 | | 8 |
| 43 | 含钾岩石 | 万吨 | 1 | 63.79 | 1 | | | 63.79 | 63.79 | | 7 |
| 44 | 泥炭 | 万吨 | 4 | 202.55 | 4 | | 133.02 | 69.53 | 202.55 | | 16 |

**续表 1－2**

| 序号 | 矿种名称 | 计算单位 | 2015 年保有资源储量 | | 2016 年保有资源储量 | | | | | 增减情况 | 全国排位 |
|---|---|---|---|---|---|---|---|---|---|---|---|
| | | | 产地数 | 资源储量 | 产地数 | 储量 | 基础储量 | 资源量 | 资源储量 | | |
| 45 | 碘矿 | 吨 | 18 | 79040. 37 | 19 | 1708. 62 | 2195. 96 | 82338. 28 | 84534. 24 | ↑ | 2 |
| 46 | 砷矿[雄(雌)黄矿物] | 吨 | 5 | 47979. 31 | 6 | | | 117010. 74 | 117010. 74 | ↑ | 1 |
| | 伴生砷矿 | 砷吨 | 2 | 60650. 04 | 2 | 4747. 16 | 6781. 65 | 53868. 39 | 60650. 04 | | 12 |
| 47 | 磷矿 | 亿吨 | 67 | 37. 68 | 70 | 4. 45 | 6. 65 | 37. 06 | 43. 71 | ↑ | 3 |
| 48 | 金刚石 | 克 | 1 | 755. 00 | 1 | | | 755. 00 | 755. 00 | | 5 |
| 49 | 压电水晶 | 千克 | 13 | 6201. 00 | 13 | 155. 00 | 291. 00 | 5910. 00 | 6201. 00 8 | | |
| 50 | 熔炼水晶 | 吨 | 11 | 1110. 00 | 11 | 89. 00 | 160. 00 | 950. 00 | 1110. 00 | | 3 |
| 51 | 光学水晶 | 千克 | 3 | 175. 00 | 3 | | 3. 00 | 172. 00 | 175. 00 | | 1 |
| 52 | 石棉 | 万吨 | 2 | 0. 90 | 2 | | | 0. 90 | 0. 90 | | 16 |
| 53 | 石膏 | 万吨 | 9 | 9805. 27 | 9 | 6. 20 | 7. 79 | 9797. 48 | 9805. 27 | | 21 |
| 54 | 方解石 | 万吨 | 9 | 571. 38 | 9 | | | 571. 38 | 571. 38 | | 10 |
| 55 | 玉石 | 吨 | 1 | 22134. 61 | 1 | | | 22134. 61 | 22134. 61 | | 10 |
| 56 | 玻璃用灰岩 | 万吨 | 1 | 38. 70 | 1 | 27. 00 | 30. 00 | 8. 70 | 38. 70 | | 1 |
| 57 | 水泥用灰岩 | 亿吨 | 107 | 20. 48 | 107 | 8. 92 | 11. 48 | 9. 03 | 20. 51 | ↑ | 24 |
| 58 | 建筑石料用灰岩 | 万立方米 | 276 | 10599. 32 | 278 | 784. 14 | 930. 83 | 9840. 49 | 10771. 32 | ↑ | 4 |
| 59 | 饰面用灰岩 | 万立方米 | 26 | 225508. 41 | 26 | 945. 30 | 1049. 30 | 224459. 11 | 225508. 41 | | 1 |
| 60 | 制灰用石灰岩 | 万吨 | 6 | 4790. 57 | 6 | 169. 00 | 188. 00 | 4602. 57 | 4790. 57 | | 8 |
| 61 | 玻璃用白云岩 | 万吨 | 2 | 280. 00 | 2 | 215. 00 | 238. 00 | 42. 00 | 280. 00 | | 11 |
| 62 | 建筑用白云岩 | 万立方米 | 34 | 494. 38 | 34 | 60. 05 | 64. 94 | 429. 44 | 494. 38 | | 11 |
| 63 | 玻璃用砂岩 | 万吨 | 7 | 5122. 83 | 7 | 1954. 47 | 2172. 47 | 2950. 36 | 5122. 83 | | 7 |
| 64 | 水泥配料用砂岩 | 万吨 | 25 | 12245. 90 | 25 | 3901. 10 | 4485. 00 | 7760. 90 | 12245. 90 | | 8 |
| 65 | 砖瓦用砂岩 | 万立方米 | 6 | 1774. 69 | 6 | 1223. 00 | 1359. 00 | 415. 69 | 1774. 69 | | 1 |
| 66 | 陶瓷用砂岩 | 万吨 | 2 | 1042. 50 | 2 | 30. 50 | 33A. 90 | 1008. 60 | 1042. 50 | | 2 |
| 67 | 建筑用砂 | 万立方米 | 81 | 3817. 93 | 81 | 75. 58 | 474. 77 | 3321. 77 | 3796. 54 | ↓ | 5 |
| 68 | 玻璃用脉石英 | 万吨 | 1 | 1. 40 | 1 | 0. 90 | 1. 40 | | 1. 40 | | 20 |
| 69 | 砖瓦用页岩 | 万立方米 | 80 | 3914. 78 | 80 | 453. 61 | 493. 31 | 3612. 47 | 4105. 78 | ↑ | 5 |
| 70 | 水泥配料用页岩 | 万吨 | 11 | 2699. 02 | 11 | 900. 80 | 1000. 80 | 1698. 22 | 2699. 02 | | 12 |
| 71 | 高岭土 | 万吨 | 24 | 663. 65 | 24 | 10. 40 | 15. 00 | 648. 65 | 663. 65 | | 17 |
| 72 | 陶瓷土 | 万吨 | 16 | 1408. 76 | 16 | 72. 20 | 85. 20 | 1323. 56 | 1408. 76 | | 16 |
| 73 | 凹凸棒石黏土 | 万吨 | 1 | 30. 40 | 1 | | | 30. 40 | 30. 40 | | 5 |
| 74 | 砖瓦用黏土 | 万立方米 | 12 | 1639. 67 | 12 | 870. 50 | 970. 40 | 570. 27 | 1448. 67 | ↓ | 5 |
| 75 | 水泥配料用黏土 | 万吨 | 51 | 11315. 31 | 51 | 5564. 22 | 6417. 20 | 5030. 60 | 11447. 80 | ↑ | 6 |
| 76 | 饰面用辉绿岩 | 万立方米 | 3 | 455. 96 | 3 | 264. 00 | 293. 00 | 162. 96 | 455. 96 | | 2 |
| 77 | 饰面用花岗岩 | 万立方米 | 2 | 352. 00 | 2 | 14. 00 | 16. 00 | 336. 00 | 352. 00 | | 22 |
| 78 | 饰面用大理岩 | 万立方米 | 6 | 92. 02 | 6 | 9. 90 | 41. 80 | 50. 22 | 92. 02 | | 27 |
| 79 | 饰面用板岩 | 万立方米 | 1 | 1. 76 | 1 | | | 1. 76 | 1. 76 | | 9 |
| | 合计 | 3188 | | 3328 | | | | | | | |

**备注**:表内系上报国土资源部数据。

**【优势矿产开发利用】** 1. *煤炭*：煤炭资源丰富，保有资源储量713.32亿吨，占全国保有量的4.66%，居全国第5位，为江南各省区之冠（以保有资源储量排位，下同）。其中，炼焦用煤79.02亿吨，占全国的2.62%，资源总量比江南12省（区、市）之和还多，丰富的煤炭资源使我省成为我国重要的能源基地。

2. *磷矿*：保有资源储量43.71亿吨，占全国保有量的20.38%，居全国第3位，是我国重要的磷肥及磷化工生产的原材料基地，开阳、瓮福磷矿是全国大型的开采基地。开阳、息烽等地，磷矿石质佳，其中$P_2O_5$ > 30%的富矿有13.08亿吨，是不经选矿即可用于高浓度磷肥生产的少数地区。

3. *铝土矿*：保有资源储量9.55亿吨，保有资源储量占全国保有量的23%，次于山西、河南、广西，居全国第4位，矿石质量优良，是我国重要的铝工业及磨料、磨具生产的原材料基地之一。铝土矿中伴生有可供回收利用的镓矿，资源储量5.67万吨，居全国第三位。伴生的锂资源量16.94万吨，居全国第四位。

4. *金矿（岩金）*：保有资源储量（金属量）493.54吨，占全国保有量的5.03%，居全国第8位，是我国黄金生产基地之一。

5. *锰矿*：保有资源储量49845.90万吨，占全国保有量的40.72%，居全国第二位，是中国三大锰矿集中产区之一，具有资源丰富、分布集中、规模大、外部开发条件好的特点。

6. *锑矿*：保有资源储量32.30万吨，占全国保有量的11.37%，居全国第四位，是全国锑资源相对丰富的省区之一。

7. *重晶石*：保有资源储量11292.65万吨，占全国保有量的37.01%，居全国第一位，是我国重晶石生产的重要基地之一，也是最重要的钡盐生产的原材料基地。

8. *水泥用灰岩*：保有资源储量20.51亿吨，占全国保有量的1.66%，居全国第二十四位，水泥用灰岩分布广泛，找矿潜力大，但地质勘查评价工作相对滞后。

**【矿产资源开发利用】** 深化矿产资源配置体制改革，严格执行矿业权招拍挂出让制度，制定矿产资源市场化配置交易规则，全面实现矿业权市场化配置。

全年挂牌出让矿业权424个，矿种涵盖铝土矿、锰矿、金矿、地热等贵州省优势资源和新兴资源。

全省有效采矿权5170个，同比减少781个，大中型矿山占比大幅提升，资源进一步集聚，矿山开发结构进一步优化（表2至表6）。

实行矿产资源开发利用方案、土地复垦方案和矿山环境恢复治理方案“三案合一”，促进绿色矿山建设。

落实省政府减轻煤炭企业负担促进煤炭行业平稳发展工作措施，减轻企业负担7.60亿元。

保障电煤供应，延续煤矿采矿许可证143个，释放产能2274万吨。

推进煤矿企业兼并重组和煤炭去产能，共办理煤矿采矿权兼并重组转让审格2366件、变更1670件，注销采矿权125个。

**表2　　2016年贵州省矿产资源有效采矿许可证情况（按发证全县分列）**

| 发证机关 | 批准登记发证数（个） | | | | | | | | | | | | | | | | 批准登记面积（平方千米） |
|---|---|---|---|---|---|---|---|---|---|---|---|---|---|---|---|---|---|
| | 合计 | 能源矿产 | | | | | 黑色金属矿产 | | 有色金属矿产 | 贵金属矿产 | | 稀有稀散稀土矿产 | 非金属矿产 | | | 水气矿产 | |
| | | 小计 | 煤 | 煤气层 | 石油天然气 | 地热 | 小计 | 铁矿 | | 小计 | 金矿 | | 小计 | 水泥灰岩 | 化工矿产 | | |
| 采矿许可证 | 5170 | 1600 | 1589 | | | 11 | 113 | 47 | 235 | 45 | 45 | | 3167 | 100 | 306 | 10 | 7817.25 |
| 其中：部级发证 | 22 | 11 | 11 | | | | 1 | | 4 | 3 | 3 | | 3 | | 3 | | 472.57 |
| 省级发证 | 2047 | 1589 | 1578 | | | 11 | 103 | 47 | 209 | 42 | 42 | | 94 | 1 | 88 | 10 | 5984.56 |
| 市、县级发证 | 3101 | | | | | | 9 | | 22 | | | | 3070 | 99 | 215 | | 1360.12 |
| 贵阳市 | 180 | | | | | | | | | | | | 180 | 5 | 59 | | 63.12 |
| 六盘水市 | 200 | | | | | | | | | | | | 200 | 11 | 1 | | 16.02 |
| 遵义市 | 422 | | | | | | | | 2 | | | | 420 | 15 | 11 | | 78.17 |
| 安顺市 | 205 | | | | | | | | | | | | 205 | 7 | 2 | | 38.60 |
| 毕节市 | 617 | | | | | | | | | | | | 617 | 16 | | | 251.53 |
| 铜仁市 | 435 | | | | | | 8 | | 18 | | | | 409 | 16 | 45 | | 401.75 |

续表 2

| 发证机关 | 批准登记发证数(个) | | | | | | | | | | | | | | | | 批准登记面积(平方千米) |
|---|---|---|---|---|---|---|---|---|---|---|---|---|---|---|---|---|---|
| | 合计 | 能源矿产 | | | | | 黑色金属矿产 | | 有色金属矿产 | 贵金属矿产 | | 稀有稀散稀土矿产 | 非金属矿产 | | | 水气矿产 | |
| | | 小计 | 煤 | 煤气层 | 石油天然气 | 地热 | 小计 | 铁矿 | | 小计 | 金矿 | | 小计 | 水泥灰岩 | 化工矿产 | | |
| 黔南州 | 509 | | | | | | 1 | | | | | | 508 | 14 | 24 | | 248.97 |
| 黔东南州 | 301 | | | | | | | | 2 | | | | 299 | 5 | 73 | | 207.47 |
| 黔西南州 | 232 | | | | | | | | | | | | 232 | 10 | | | 54.49 |

**表 3　2016 年贵州省矿产资源有效采矿许可证发证情况(按行政区分列)**　单位:个、平方千米

| 发证机关 | 批准登记发证数(个) | | | | | | | | | | | | | | | | 批准登记面积(平方千米) |
|---|---|---|---|---|---|---|---|---|---|---|---|---|---|---|---|---|---|
| | 合计 | 能源矿产 | | | | | 黑色金属矿产 | | 有色金属矿产 | 贵金属矿产 | | 稀有稀散稀土矿产 | 非金属矿产 | | | 水气矿产 | |
| | | 小计 | 煤 | 煤气层 | 石油天然气 | 地热 | 小计 | 铁矿 | | 小计 | 金矿 | | 小计 | 水泥灰岩 | 化工矿产 | | |
| 贵州省 | 5170 | 1600 | 1589 | | | 11 | 113 | 47 | 235 | 45 | 45 | | 3167 | 100 | 306 | 10 | 7817.25 |
| 贵阳市 | 348 | 71 | 66 | | | 5 | 4 | 4 | 62 | | | | 206 | 5 | 84 | 5 | 425.81 |
| 六盘水市 | 487 | 268 | 267 | | | 1 | 6 | 2 | 7 | 2 | 2 | | 203 | 12 | 1 | 1 | 736.06 |
| 遵义市 | 665 | 207 | 204 | | | 3 | 10 | 2 | 17 | | | | 430 | 15 | 20 | 1 | 787.10 |
| 安顺市 | 301 | 86 | 86 | | | | 1 | 1 | 9 | | | | 205 | 7 | 2 | | 207.18 |
| 毕节市 | 1202 | 515 | 515 | | | | 14 | 13 | 26 | | | | 646 | 16 | 29 | | 2206.30 |
| 铜仁市 | 528 | 47 | 47 | | | | 43 | 2 | 26 | 2 | 2 | | 410 | 16 | 45 | 1 | 757.59 |
| 黔南州 | 847 | 225 | 223 | | | 2 | 26 | 19 | 57 | 3 | 3 | | 535 | 14 | 51 | 1 | 1246.93 |
| 黔东南州 | 384 | 36 | 36 | | | | 6 | 2 | 25 | 16 | 16 | | 300 | 5 | 74 | 1 | 741.04 |
| 黔西南州 | 408 | 145 | 145 | | | | 3 | 2 | 6 | 22 | 22 | | 232 | 10 | | | 709.24 |

**表 4　2016 年贵州省矿产资源开发利用情况(按经济类型分列)**　单位:个、人、万吨/年、万元

| 企业类型 | 矿山企业数 | | | | | 从业人员 | 年产矿量 | 实际采矿能力 | 矿产总产值 | 综合利用产值 | 矿产品销售收入 | 利润总额 |
|---|---|---|---|---|---|---|---|---|---|---|---|---|
| | 合计 | 大型 | 中型 | 小型 | 小矿 | | | | | | | |
| 贵州省 | 4503 | 150 | 435 | 3000 | 918 | 164204 | 30320.86 | 40015.19 | 4617232.22 | 442674.42 | 3498459.69 | 878233.94 |
| 一、内资企业 | 4489 | 145 | 432 | 2994 | 918 | 162656 | 29839.56 | 39533.94 | 4521522.47 | 442062.70 | 3411206.39 | 866488.67 |
| 国有企业 | 146 | 24 | 32 | 74 | 16 | 23391 | 3136.49 | 3596.88 | 687056.07 | 37038.30 | 502703.46 | 228842.41 |
| 集体企业 | 33 | | 1 | 20 | 12 | 595 | 90.93 | 134.88 | 6560.60 | 522.00 | 5380.50 | 2359.00 |
| 股份合作企业 | 42 | 2 | 5 | 29 | 6 | 767 | 153.36 | 179.16 | 8014.32 | 2554.41 | 6681.38 | 867.64 |
| 联营企业 | 29 | | 4 | 24 | 1 | 2048 | 238.22 | 253.30 | 55196.76 | 3838.00 | 54176.76 | 9915.73 |
| 有限责任公司 | 1041 | 48 | 139 | 735 | 119 | 60443 | 8850.74 | 12920.77 | 1444711.48 | 158268.24 | 1078623.44 | 187867.02 |
| 股份有限公司 | 278 | 17 | 39 | 193 | 29 | 27735 | 4233.16 | 5108.06 | 1002684.35 | 34166.60 | 640003.03 | 248821.04 |
| 私营企业 | 2804 | 53 | 208 | 1838 | 705 | 46523 | 12739.60 | 16900.09 | 1289346.37 | 204218.15 | 1099036.30 | 186235.11 |
| 其他企业 | 116 | 1 | 4 | 81 | 30 | 1154 | 397.06 | 440.80 | 27952.52 | 1457.00 | 24601.52 | 1580.72 |

续表 4

| 企业类型 | 矿山企业数 | | | | | 从业人员 | 年产矿量 | 实际采矿能力 | 矿产总产值 | 综合利用产值 | 矿产品销售收入 | 利润总额 |
|---|---|---|---|---|---|---|---|---|---|---|---|---|
| | 合计 | 大型 | 中型 | 小型 | 小矿 | | | | | | | |
| 二、港、澳、台商投资企业 | 9 | 2 | 2 | 5 | | 482 | 240.32 | 240.32 | 9445.41 | 111.72 | 9445.41 | 1046.90 |
| 三、外商投资企业 | 5 | 3 | 1 | 1 | | 1066 | 240.98 | 240.93 | 86264.34 | 500.00 | 77807.89 | 10698.37 |

**注:**表内数据系上报国土资源部数据。

**表 5** **2016 年贵州省矿产资源开发利用情况(按行政区分列)** 单位:个、人、万吨/年、万元

| | 矿山企业数 | | | | | 从业人员 | 年产矿量 | 实际采矿能力 | 矿产总产值 | 综合利用产值 | 矿产品销售收入 | 利润总额 |
|---|---|---|---|---|---|---|---|---|---|---|---|---|
| | 合计 | 大型 | 中型 | 小型 | 小矿 | | | | | | | |
| 贵州省 | 4503 | 150 | 435 | 3000 | 918 | 164204 | 30320.86 | 40015.19 | 4617232.22 | 442674.42 | 3498459.69 | 878233.94 |
| 贵阳市 | 221 | 13 | 20 | 165 | 23 | 7975 | 3182.52 | 3275.70 | 368949.34 | 5473.50 | 283206.85 | 102944.75 |
| 六盘水市 | 580 | 13 | 40 | 336 | 191 | 54433 | 6143.62 | 8269.66 | 1440783.75 | 68206.40 | 909281.32 | 454938.25 |
| 遵义市 | 780 | 11 | 43 | 628 | 98 | 17710 | 4040.30 | 6291.36 | 249112.94 | 21848.47 | 200247.69 | 6727.62 |
| 安顺市 | 241 | 6 | 28 | 140 | 67 | 6104 | 1549.14 | 1603.44 | 204418.86 | 2205.10 | 173774.61 | 73587.77 |
| 毕节市 | 773 | 23 | 75 | 513 | 162 | 44129 | 4660.00 | 6262.54 | 1190117.95 | 192229.53 | 918877.06 | 105033.63 |
| 铜仁市 | 533 | 14 | 74 | 304 | 141 | 3777 | 1684.22 | 2054.16 | 116656.58 | 4967.15 | 75536.34 | 4005.23 |
| 黔南州 | 653 | 50 | 69 | 456 | 78 | 11320 | 5098.90 | 7812.58 | 268138.23 | 13997.00 | 242823.59 | 56510.92 |
| 黔东南州 | 323 | 8 | 72 | 154 | 89 | 3631 | 1749.15 | 2126.97 | 336176.54 | 41310.00 | 326559.65 | 10094.25 |
| 黔西南州 | 399 | 12 | 14 | 304 | 69 | 15125 | 2213.01 | 2318.78 | 442878.04 | 92437.27 | 368152.58 | 64391.52 |

**注:**表内数据系上报国土资源部数据。

**表 6** **2016 年贵州省矿产资源开发利用情况(按矿种分列)** 单位:个、人、万吨/年、万元

| 序号 | 矿种 | 矿山企业数 | | | | | 从业人员 | 年产矿量 | 实际采矿能力 | 矿业总产值 | 综合利用产值 | 矿产品销售收入 | 利润总额 |
|---|---|---|---|---|---|---|---|---|---|---|---|---|---|
| | | 合计 | 大型 | 中型 | 小型 | 小矿 | | | | | | | |
| | 贵州省 | 4503 | 150 | 435 | 3000 | 918 | 164204 | 30320.86 | 40015.19 | 4617232.22 | 442674.42 | 3498459.69 | 878233.94 |
| 1 | 煤炭 | 1106 | 23 | 85 | 953 | 45 | 118782 | 8134.02 | 12018.16 | 3073027.35 | 271034.55 | 2209389.17 | 613195.02 |
| 2 | 地下热水 | 9 | 1 | 2 | 5 | 1 | 568 | 108.25 | | 3042.87 | | 2529.07 | 769.20 |
| 3 | 铁矿 | 39 | | | 31 | 8 | 323 | 5.03 | 91.03 | 1400.00 | | 1344.00 | 0.10 |
| 4 | 锰矿 | 49 | 8 | 15 | 25 | 1 | 2087 | 90.40 | 116.25 | 41224.38 | 3671.86 | 40901.55 | 2302.20 |
| 5 | 钒矿 | 6 | 3 | 2 | 1 | | 27 | | 30.00 | | | | |
| 6 | 铜矿 | 3 | | | 3 | | 132 | 10.00 | 10.00 | 700.00 | | 700.00 | 30.00 |
| 7 | 铅矿 | 18 | | | 12 | 6 | 177 | 3.00 | 16.00 | 1000.00 | | 3.05 | 50.00 |
| 8 | 锌矿 | 61 | | 3 | 30 | 28 | 631 | 24.17 | 96.20 | 4850.70 | 260.00 | 4850.70 | 888.00 |
| 9 | 铝土矿 | 75 | 3 | 7 | 55 | 10 | 2089 | 320.52 | 361.54 | 64106.47 | 6644.89 | 58545.12 | 8956.96 |

**续表6－1**

| 序号 | 矿种 | 矿山企业数 | | | | | 从业人员 | 年产矿量 | 实际采矿能力 | 矿业总产值 | 综合利用产值 | 矿产品销售收入 | 利润总额 |
|---|---|---|---|---|---|---|---|---|---|---|---|---|---|
| | | 合计 | 大型 | 中型 | 小型 | 小矿 | | | | | | | |
| 10 | 镍矿 | 4 | | | 3 | 1 | 51 | | 3.00 | | | | |
| 11 | 钼矿 | 11 | | 2 | 6 | 3 | 322 | | 0.40 | | | | |
| 12 | 汞矿 | 18 | | | 5 | 13 | 74 | | 12.00 | 180.00 | | | |
| 13 | 锑矿 | 11 | | 1 | 9 | 1 | 521 | 3.94 | 3.91 | 988.75 | | 802.75 | 386.28 |
| 14 | 金矿 | 40 | 6 | 7 | 12 | 15 | 2557 | 112.92 | 158.97 | 110038.02 | 11496.00 | 110041.57 | 14897.29 |
| 15 | 矽线石 | 1 | | | 1 | | 10 | | | | | | |
| 16 | 普通萤石 | 26 | | 3 | 21 | 2 | 191 | 12.03 | 11.77 | 1962.66 | 120.00 | 1762.66 | 391.84 |
| 17 | 熔剂用灰岩 | 3 | 1 | 1 | 1 | | 156 | 20.00 | 20.00 | 450.00 | | 434.80 | 50.00 |
| 18 | 冶金用白云岩 | 1 | | | 1 | | 12 | | | | | | |
| 19 | 冶金用石英岩 | 14 | | 1 | 12 | 1 | 63 | 19.34 | 26.46 | 561.05 | 8.28 | 558.05 | 16.32 |
| 20 | 冶金用砂岩 | 5 | | | 4 | 1 | 29 | 6.48 | 6.48 | 333.80 | 115.00 | 219.10 | 10.25 |
| 21 | 冶金用脉石英 | 3 | | | 2 | 1 | 14 | | | | | | |
| 22 | 耐火黏土 | 5 | | | 5 | | 31 | 18.00 | 20.00 | 5000.00 | 1500.00 | 3200.00 | 1847.00 |
| 23 | 硫铁矿 | 18 | | 2 | 15 | 1 | 248 | | 50.00 | | | | |
| 24 | 重晶石 | 110 | 5 | 37 | 47 | 21 | 947 | 99.72 | 116.18 | 255446.35 | 1319.50 | 255149.35 | 4264.65 |
| 25 | 电石用灰岩 | 2 | | 1 | | 1 | 32 | 8.80 | 8.80 | 246.00 | 6.00 | 245.00 | 113.00 |
| 26 | 制碱用灰岩 | 2 | | | 2 | | 45 | 29.99 | 29.98 | 575.63 | | 575.33 | 61.00 |
| 27 | 含钾砂页岩 | 1 | | 1 | | | 1 | | | | | | |
| 28 | 泥炭 | 14 | | | 9 | 5 | 141 | 8.00 | 8.00 | 2200.00 | 200.00 | 1900.00 | 920.00 |
| 29 | 砷矿 | 2 | | | 2 | | 12 | | 0.50 | | | | |
| 30 | 磷矿 | 30 | 7 | 13 | 8 | 2 | 4018 | 2032.24 | 2299.97 | 360188.05 | 800.00 | 256774.49 | 114616.16 |
| 31 | 硅灰石 | 6 | | | 6 | | 63 | 5.00 | 5.00 | 685.00 | | 630.00 | 55.00 |
| 32 | 石膏 | 1 | | | | 1 | 24 | 5.00 | 5.00 | 300.00 | | 200.00 | 150.00 |
| 33 | 方解石 | 36 | | 1 | 25 | 10 | 231 | 5.99 | 17.89 | 1527.00 | 20.00 | 543.90 | 419.50 |
| 34 | 玉石 | 1 | | | 1 | | 45 | 0.15 | 0.15 | | | | |
| 35 | 水泥用灰岩 | 87 | 31 | 25 | 27 | 4 | 3473 | 4991.47 | 5664.69 | 208356.26 | 35298.18 | 156524.07 | 23227.53 |
| 36 | 建筑石料用灰岩 | 1465 | 46 | 95 | 927 | 397 | 14233 | 8805.37 | 11684.31 | 235857.46 | 34404.81 | 198630.63 | 40874.69 |
| 37 | 饰面用灰岩 | 97 | | 2 | 61 | 34 | 706 | 89.19 | 174.66 | 30855.28 | 14259.60 | 22952.82 | |
| 38 | 制灰用石灰岩 | 12 | 1 | 1 | 7 | 3 | 269 | 420.90 | 445.08 | 2265.37 | 580.00 | 1623.80 | 645.00 |
| 39 | 玻璃用白云岩 | 2 | | | 1 | 1 | 10 | | | | | | |
| 40 | 建筑用白云岩 | 104 | 1 | 29 | 52 | 22 | 988 | 801.99 | 1140.21 | 35144.77 | 19056.00 | 30264.49 | 15006.84 |
| 41 | 玻璃用石英岩 | 4 | 1 | | 1 | 2 | 33 | 4.70 | 5.00 | 180.00 | 170.00 | 180.00 | 80.00 |
| 42 | 水泥配料用砂岩 | 11 | | 1 | 9 | 1 | 224 | 19.72 | 41.99 | 1316.00 | 275.00 | 916.00 | 283.46 |
| 43 | 砖瓦用砂岩 | 10 | | | 8 | 2 | 167 | 20.61 | 21.12 | 2990.00 | 1706.00 | 2830.00 | 264.00 |

**续表 6－2**

| 序号 | 矿种 | 矿山企业数 | | | | | 从业人员 | 年产矿量 | 实际采矿能力 | 矿业总产值 | 综合利用产值 | 矿产品销售收入 | 利润总额 |
|---|---|---|---|---|---|---|---|---|---|---|---|---|---|
| | | 合计 | 大型 | 中型 | 小型 | 小矿 | | | | | | | |
| 44 | 建筑用砂岩 | 76 | 1 | 5 | 55 | 15 | 571 | 281.67 | 344.39 | 5731.40 | 824.50 | 5347.10 | 2202.30 |
| 45 | 建筑用砂 | 524 | 3 | 50 | 304 | 167 | 4663 | 2743.37 | 3209.68 | 86395.76 | 24233.05 | 74100.03 | 20345.69 |
| 46 | 水泥配料用砂 | 7 | | 2 | 3 | 2 | 73 | 20.00 | 20.00 | 800.00 | 200.00 | 200.00 | 10.00 |
| 47 | 砖瓦用砂 | 51 | | | 4 | 47 | 274 | 4.90 | 33.90 | 6310.00 | 157.00 | 2320.00 | 258.00 |
| 48 | 粉石英 | 3 | | | 3 | | 27 | 3.00 | 18.00 | 120.00 | 110.00 | 120.00 | 60.00 |
| 49 | 砖瓦用页岩 | 167 | 4 | 30 | 118 | 15 | 2128 | 415.00 | 923.75 | 26410.75 | 10684.20 | 23398.70 | 3201.07 |
| 50 | 水泥配料用页岩 | 7 | 1 | 3 | 3 | | 42 | 43.80 | 45.80 | 1485.20 | | 1485.20 | 120.00 |
| 51 | 建筑用页岩 | 39 | | 4 | 30 | 5 | 402 | 172.64 | 205.58 | 7042.84 | 2286.00 | 6853.84 | 1139.80 |
| 52 | 高岭土 | 14 | | | 13 | 1 | 92 | 0.04 | 8.00 | 4.30 | | 4.30 | 1.30 |
| 53 | 陶瓷土 | 4 | | | 1 | 3 | 28 | 10.00 | 15.00 | 1450.00 | | 732.00 | 110.00 |
| 54 | 陶粒用黏土 | 6 | 1 | 1 | 1 | 3 | 53 | 16.00 | 16.00 | 860.00 | | 360.00 | 171.00 |
| 55 | 水泥配料用黏土 | 1 | | | | 1 | 5 | | | | | | |
| 56 | 水泥配料用黄土 | 2 | | | 2 | | 6 | | 8.00 | 120.00 | | 120.00 | 45.00 |
| 57 | 保温材料用黏土 | 1 | | | 1 | | 5 | | | | | | |
| 58 | 饰面用辉石岩 | 1 | | | | 1 | 12 | 5.00 | 5.00 | 300.00 | | | 130.00 |
| 59 | 饰面用玄武岩 | 3 | 1 | | 2 | | 57 | 49.50 | 56.00 | 3308.50 | 100.00 | 2923.50 | |
| 60 | 水泥混合材玄武岩 | 1 | | | 1 | | 1 | | | | | | |
| 61 | 建筑用玄武岩 | 22 | | 2 | 18 | 2 | 538 | 219.95 | 231.27 | 18393.28 | 991.00 | 10510.78 | 4121.70 |
| 62 | 饰面用辉绿岩 | 1 | | | | 1 | 12 | 5.00 | 5.00 | 150.00 | | | 80.00 |
| 63 | 建筑用辉绿岩 | 1 | | | 1 | | 25 | | 50.00 | | | | |
| 64 | 建筑用凝灰岩 | 8 | | | 6 | 2 | 119 | 57.52 | 57.52 | 1489.18 | 23.00 | 1462.08 | 492.44 |
| 65 | 饰面用大理岩 | 29 | | | 21 | 8 | 171 | 8.84 | 8.60 | 6900.00 | 120.00 | 827.91 | 300.00 |
| 66 | 建筑用大理岩 | 2 | | | 2 | | 1 | | | | | | |
| 67 | 饰面用板岩 | 3 | | | 2 | 1 | 28 | 1.50 | 8.00 | 550.00 | | 540.00 | 60.00 |
| 68 | 矿泉水 | 5 | 2 | | 3 | | 85 | 4.31 | | 1079.09 | | 1187.09 | 548.35 |
| 69 | 其他矿产 | 2 | | 1 | 1 | | 29 | 21.90 | 25.00 | 1332.70 | | 745.70 | 66.00 |

**注:**表内数据系上报国土资源部数据。

**【地质勘查】** 深入推进找矿突破战略行动,地质找矿取得新突破,地质勘查工作继续保持良好发展势头(图1、图2和表7)。

全省地质勘查投入46751.76万元,其中:中央财政投入3789.96万元,地方财政投入3551万元,社会资金投入39410.80万元。

黔北安页1井页岩气勘查取得重大突破,最大气流量高达42万立方米/日,这既是南方复杂地质构造区首次天然气重大突破,也是四川盆地外首次页岩气重大发现,圆了中国地质工作者和贵州人民60多年的油气梦。

国土资源部同意委托由贵州省组织以拍卖方式竞争出让正安页岩气勘查区块探矿权,是我国油气矿业权改革竞争性出让的首例。

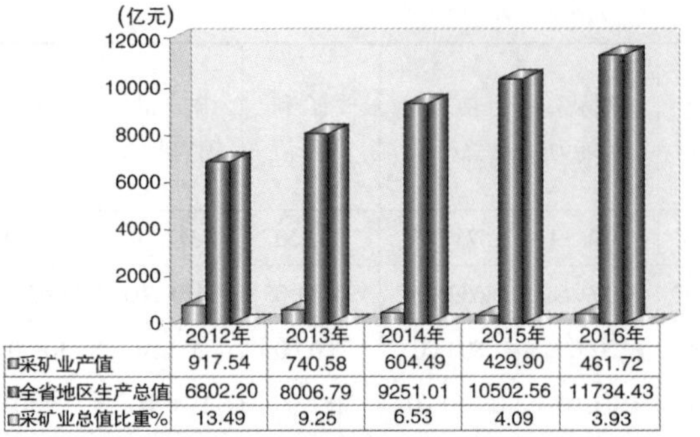


**图 1　2012～2016 年贵州省采矿业产值占全省地区生产总值比重**

完成找矿突破战略行动第二阶段评估，新增磷矿 4.05 亿吨、稀土 56.93 万吨、锰矿 1108.71 万吨、高岭土 792 万吨等一批优势矿产资源。

贵州铜仁松桃县桃子坪探获世界级超大型锰矿床，提交(332)+(333)锰矿资源量 1.06 亿吨，位居亚洲第四、世界第十二位，实现我国锰矿战略紧缺矿产找矿的重大突破。

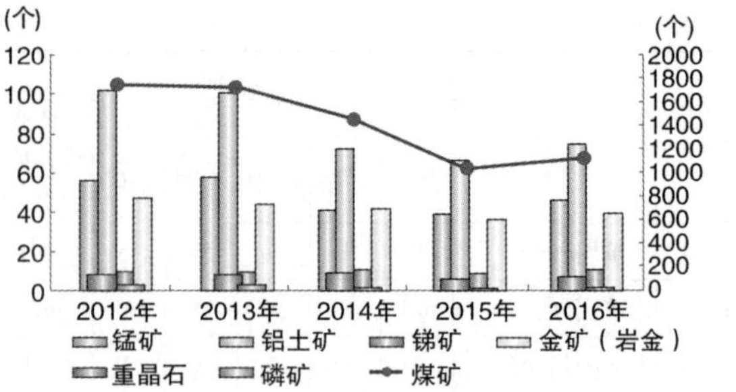


**图 2　2012～2016 年贵州省优势矿种矿山企业变动趋势**

全力打造贵州温泉(地热)省，地热勘查评价取得重大进展，全省 72 个县(市、区)勘探出温泉(地热)资源。

进一步提高了基础性地质调查工作的覆盖率，1∶5 万区域地质调查覆盖率已达到 57%，在全国率先组织实施1∶5万水文地质图编图工作，全年完成 1∶5 万水文地质编图 14 幅。

完成全省旅游资源大普查，共登记单体旅游资源 8.20 万处，其中新发现 5.16 万处，收获一大批极具观赏价值和开发前景的优良级旅游资源。

**表 7　　2016 年贵州省矿产资源有效勘查许可证登记情况**

| 发证机关 | 批准登记发证数(个) | | | | | | | | | | | | | | | | | 批准登记面积(平方千米) |
|---|---|---|---|---|---|---|---|---|---|---|---|---|---|---|---|---|---|---|
| | 合计 | 能源矿产 | | | | | 黑色金属矿产 | | 有色金属矿产 | 贵金属矿产 | | 稀有稀散稀土矿产 | 非金属矿产 | | | 水气矿产 | | |
| | | 小计 | 煤 | 煤气层 | 石油天然气 | 地热 | 小计 | 铁矿 | | 小计 | 金矿 | | 小计 | 水泥灰岩 | 化工矿产 | | | |
| 勘查许可证 | 801 | 183 | 80 | 6 | 28 | 54 | 109 | 28 | 338 | 110 | 108 | | 61 | | 61 | | | 122324.86 |
| 其中:部级发证 | 78 | 51 | 2 | 6 | 28 | | 1 | | 14 | 10 | 10 | | 2 | | 2 | | | 110790.14 |
| 省级发证 | 723 | 132 | 78 | | | 54 | 108 | 28 | 324 | 100 | 98 | | 59 | | 59 | | | 11534.72 |

**【页岩气勘查开发】**　黔北安页 1 井页岩气勘查取得重大突破，最大气流量高达每日 42 万立方米，这既是南方复杂地质构造区首次天然气重大突破，也是四川盆地外首次页岩气重大发现，圆了中国地质工作者和贵州人民 60 多年的油气梦。贵州铜仁松桃县桃子坪探获世界级超大型锰矿床，实现我国锰矿战略紧缺矿产找矿的重大突破。地热勘查评价取得重大进展，全省 72 个县(市、区)勘探出温泉(地热)资源。

落实新发展理念谋篇布局，科学编制国土资源"一总九专"规划。科学编制《贵州省国土资源"十三五"规划纲要》《贵州省页岩气勘查开发利用专项规划》《贵州省煤层气勘查开发利用专项规划》《温泉(地热)资源勘查开发利用专项规划》。调整完善《贵州省土地利用总体规划(2006～2020 年)》，完成《贵州省"十三五"土地整治规划》《贵州省第三轮矿产资源规划》《贵州省高标准基本农田建设规划》《贵州省地质灾害防治规划》《贵州省测绘地理信息事业发展总体规划》等规划编制。

**【地质环境与地质灾害的防治】**　贵州省属于典型的内陆岩溶山区，地形地貌、地质构造复杂脆弱，地质灾害点多面广，地质灾害高中易发区面积约 13.6 万平方千米，占全省面积的 77%；全省已查明地质灾害隐患 11161 处，威胁 126 万余人和 358 亿元财产安全。

2016 年共发生地质灾害 86 起，造成人员伤亡 59 人，其中：失踪 4 人。成功避让 28 起，避免 1777 人员伤亡；全省已查明的地质灾害隐患点，未出现人员伤亡情况，地质灾害防治成效显著。

全省地质灾害隐患点实现应急演练全覆盖，建立健全了省、市、县三级地质灾害应急处置机构，率先在全国开展部、省、市、县四级地质灾害远程视频互连互动应急演练。

开展全省地质灾害隐患"百千万工程"专项排查行动，组织一百个检查组，一千余名人员，对一万余处地质灾害隐患点进行全覆盖大规模排查。编制完成《贵州省矿山地质环境保护与恢复治理专项规划

（2016～2020 年）》。

扎实推进全省地质灾害三年综合治理行动计划，全面实施重大地质灾害治理项目“六个精准”，争取到国家特大型地质灾害治理项目 79 个，治理资金 4.5 亿元；争取到国家开发银行 30.96 亿元低息贷款，支持贵州省 43 个采煤沉陷区矿山地质环境恢复治理项目，治理恢复矿山地质环境 105 处，面积 2.41 万亩（表 8）。

完成织金县珠藏镇织河煤矿片区矿山地质环境恢复治理项目一期、二期示范工程，治理面积 6.79 平方千米。

完成贵阳龙洞堡机场周边 418 平方千米 372 处裸露山头整治，累计治理面积 2.75 万亩。

贵州赤水丹霞国家地质公园、绥阳双河洞国家地质公园、兴义国家地质公园被国土资源部命名为国土资源科普基地。

**表 8　　2016 年贵州省地质公园建设及地质灾害防治情况**　　单位：个、平方千米、人、起、万元

| 地区 | 地质公园建设 | | | | | | | | | 地质灾害防治 | | | | | | | | | | | | |
|---|---|---|---|---|---|---|---|---|---|---|---|---|---|---|---|---|---|---|---|---|---|---|
| | 地质公园 | | | 地质公园面积 | | | 地质公园类别 | | | 准确预报 | 避免损失 | | 地质灾害数 | | | | | 造成直接损失 | 造成人员伤亡 | | 项目数 | 投入资金 | |
| | | 世界级 | 国家级 | | 世界级 | 国家级 | 地质构造、剖面和形迹 | 古生物化石 | 地质地貌景观 | | 人员伤亡 | 直接经济损失 | 滑坡 | 崩塌 | 泥石流 | 地面塌陷 | 地面地裂缝 | | 死亡 | 失踪 | | | 地方财政 |
| 贵州省 | 13 | 1 | 9 | 2044.95 | 170.00 | 1478.42 | 3 | 7 | 9 | 28 | 1777 | 2277 | 66 | 12 | 7 | 1 | | 12256.90 | 55 | 4 | 179 | 67128 | 22128 |
| 贵阳市 | 2 | | | 210.53 | | | 1 | 1 | 1 | | | | 1 | | | | | 90.00 | 2 | | 9 | 1110 | 1110 |
| 六盘水市 | 1 | | 1 | 341.19 | | 341.19 | | 1 | 1 | 1 | 187 | | 1 | 1 | | | | 800.00 | | | 13 | 5660 | 960 |
| 遵义市 | 2 | | 2 | 273.57 | | 273.57 | | 1 | 1 | 2 | 42 | 240 | 3 | 3 | | | | 875.00 | 3 | | 24 | 9376 | 1576 |
| 安顺市 | 1 | | 1 | 26.00 | | 26.00 | | 1 | 1 | | | | | | | | | | | | 14 | 5743 | 1343 |
| 毕节市 | 1 | 1 | | 170.00 | 170.00 | | | 1 | 1 | 2 | 305 | 10 | 3 | | | 1 | | 685.00 | 23 | | 28 | 9566 | 4566 |
| 铜仁市 | 2 | | 2 | 202.39 | | 202.39 | 1 | | 1 | 21 | 933 | 1329 | 36 | 3 | 6 | | | 8318.00 | 22 | 4 | 30 | 11644 | 1944 |
| 黔南州 | 2 | | 1 | 345.63 | | 159.63 | 1 | | 1 | | | | 2 | 2 | | | | 435.00 | | | 12 | 3876 | 776 |
| 黔东南州 | 1 | | 1 | 225.47 | | 225.47 | | 1 | 1 | 2 | 310 | 698 | 17 | | 1 | | | 448.90 | 5 | | 34 | 9777 | 4777 |
| 黔西南州 | 1 | | 1 | 250.17 | | 250.17 | | 1 | 1 | | | | 3 | 3 | | | | 605.00 | | | 15 | 6332 | 1032 |

**说明**：1. 2015 年贵州织金洞国家地质公园成为世界地质公园。
2. 2016 年绥阳双河洞国家地质公园规划修编，公园面积由原来 318.60 平方千米调整为 139 平方千米。
3. 2016 年投入资金包括中央财政投入和省级财政投入，省级财政投入用于宣传培训、专项调查等经费。

**【矿山地质环境恢复治理】**　争取到国家开发银行 30.96 亿元低息贷款，支持贵州省 43 个采煤沉陷区矿山地质环境恢复治理项目，全年治理恢复矿山地质环境 105 处，面积 2.41 万亩。实行矿产资源开发利用方案、土地复垦方案和矿山环境恢复治理方案“三案合一”，促进绿色矿山建设。扎实开展土地矿产卫片执法监督检查，通过采取“双约谈”“多约谈”、挂牌督办等方式，严肃查处多起较为重大的涉及群众合法权益案件。立案查处矿产违法案件 196 宗，同比下降 19.34%。

地质灾害防治成效显著。扎实推进全省地质灾害三年综合治理行动计划，全面实施重大地质灾害治理项目“六个精准”。争取到国家特大型地质灾害治理项目 79 个，治理资金 4.50 亿元。采取“整乡推进、全额补助”的方式，开展 20 个极贫乡镇地质灾害防治综合治理。全省地质灾害隐患点实现应急演练全覆盖，依托省地质灾害监测预警与决策支持平台，率先在全国开展部、省、市、县四级地质灾害远程视频互连互动应急演练，地质灾害应急处置能力得到大幅提升。

**【矿产资源配置体制改革】**　制定贵州省矿产资源市场化配置交易规则，出台矿产资源储备登记暂行办法。严格执行矿业权招拍挂出让制度，全年挂牌出让矿业权 424 个，其中：探矿权 210 个，采矿权 214 个，矿种涵盖铝土矿、锰矿、金矿、地热等我省优势资源和新兴资源，全面实现矿业权市场化配置。

协同做好煤矿企业兼并重组工作，办理煤矿采矿

权兼并重组转让审核2366件,转让后变更1663件,拟预留矿区范围调整的煤矿559件,同意调整矿区范围的煤矿52件,完成采矿许可证变更(生产规模、矿区范围)登记的煤矿15件,注销兼并重组煤矿采矿许可证122个。

矿产开发结构进一步优化,全省矿产资源有效许可证5971个,其中:勘查许可证801个(含78个部发证),同比减少45个;采矿许可证5170个(含22个部发证),同比减少781个,其中:省级发证2047个、市县两级发证3101个。

【地质资料社会化服务】 在充分利用电子阅览室方便、快捷的特点,高效向社会提供优质服务的同时,全年向社会提供地质资料借阅服务3242份次,130121件次;共计复制地质资料2273份次,文本66843页,图纸4923张。特别为贵州省贞丰-普安金矿整装勘查、贵州省松桃地区铅锌矿整装勘查、贵州省页岩气资源调查评价,贵州省六盘水地区、织金地区煤层气资源调查评价,贵州省矿产地质志研编,贵州毕节200万吨/年煤制清洁燃料示范项目,扶贫专项移民整体搬迁等省重大重点工程和整装勘查项目建立绿色通道,提供高效优质的地质资料利用服务。

(贵州省国土资源厅)

## 陕西省

【矿产资源概况】 陕西省矿产资源分布具有明显区域特色,陕北地区以优质煤、石油、天然气、盐类、黏土类矿产为主;关中及相邻地区以煤、建材矿产、地热、矿泉水为主;陕南秦巴山区以有色金属、贵金属、黑色金属和各类非金属矿产为主。

截至2016年底,全省已发现各类矿产139种(含亚矿种),其中有查明资源储量的93种,已列入陕西省矿产资源储量表的有87个矿种,尚未查明资源储量的46种。查明资源储量并列入《陕西省矿产资源储量表》的上表矿区1101处(不含共伴生矿区),其中固体矿区886处。

在国民经济有重要价值的15种重要矿产中,陕西省盐矿保有储量居全国第一位,石油居全国第三位,天然气和煤居全国第四位,水泥用灰岩居全国第六位,钼矿和磷矿居全国第七位,岩金矿居全国第十位,铝土矿居全国第十二位,铅矿和锌矿居全国第十三位,铜矿居全国第十七位,铁矿和硫铁矿居全国第十八位,银矿居全国第二十四位(表1)。

2016年,新增矿产地共30处,其中大型矿产地4处,中型矿产地6处,小型矿产地20处。按矿种计,煤矿新增矿产地大型2处(其中,资源储量超5亿的有3个矿产地),中型3处,小型3处;油页岩新增小型矿产地1处;钒矿新增矿产地中型1处,小型3处;铜矿新增矿产地小型3处;铅矿新增矿产地小型1处;锌矿新增矿产地中型1处,小型1处;钨矿新增矿产地中型1处;钼矿新增矿产地小型1处;金矿新增矿产地小型6处;盐矿新增矿产地大型1处,小型1处;电石用灰岩新增矿产地大型1处(表2)。

**表1 2016年陕西省十五种重要矿产在全国及西部排列位次**

| 矿种 | 位次 | | 矿种 | 位次 | |
|---|---|---|---|---|---|
| | 全国 | 西部 | | 全国 | 西部 |
| 煤 | 4 | 3 | 钼矿 | 7 | 3 |
| 石油 | 3 | 2 | 金矿 | 10 | 6 |
| 天然气 | 4 | 4 | 银矿 | 24 | 9 |
| 铁矿 | 18 | 7 | 硫铁矿 | 18 | 9 |
| 铜矿 | 17 | 8 | 磷矿 | 7 | 4 |
| 铅矿 | 13 | 9 | 盐矿 | 1 | 1 |
| 锌矿 | 13 | 10 | 水泥用灰岩 | 6 | 3 |
| 铝土矿 | 12 | 6 | | | |

注:西部十二省(区、市)为陕西、青海、内蒙古、四川、新疆、贵州、云南、宁夏、甘肃、广西、重庆、西藏。

**表2 2016年陕西省新增矿产地一览表**

| 矿种 | 规模 | | |
|---|---|---|---|
| | 大型 | 中型 | 小型 |
| 煤矿 | 2 | 3 | 3 |
| 油页岩 | | | 1 |
| 钒矿 | | 1 | 3 |
| 铜矿 | | | 3 |
| 铅矿 | | | 1 |
| 锌矿 | | 1 | 1 |
| 钨矿 | | 1 | |
| 钼矿 | | | 1 |
| 金矿 | | | 6 |
| 盐矿 | 1 | | 1 |
| 电石用灰岩 | 1 | | |
| 合计 | 4 | 6 | 20 |

2016 年，全省 20 种主要矿产保有资源储量均发生了变化，其中保有资源储量增加的矿种有 7 种，减少的有 11 种，保持不变的有 2 种。资源储量增加幅度较大的有钒矿、锌矿、岩金矿，减少幅度较大的有汞矿、伴生金矿、银矿、萤石。

**【矿产资源勘查】** 2016 年，全省境内开展地质项目 483 项，较 2015 年减少 22.1%；投入资金总额 7.28 亿元，较 2015 年减少 25.84%（图 1）。其中：基础地质调查项目 18 项，投入资金 4788 万元、投入较 2015 年增加 52.19%；地质科学研究与技术方法创新项目 23 项，投入资金 1678 万元，投入较 2015 年减少 71.16%；地质灾害、地质环境和地下水调查评价项目 29 项，投入资金 5042 万元，投入较 2015 年减少 48.29%；矿产资源勘查项目 412 项，投入资金 58726 万元，投入较 2015 年减少 28.9%。资金来源主要为：中央财政 6782 万元，占总量的 9.3%，同比减少 48.1%；地方财政 34250 万元，占总量的 47.1%，同比减少 18.2%；社会资金 31757 万元，占总量的 43.6%，同比减少 34.3%。

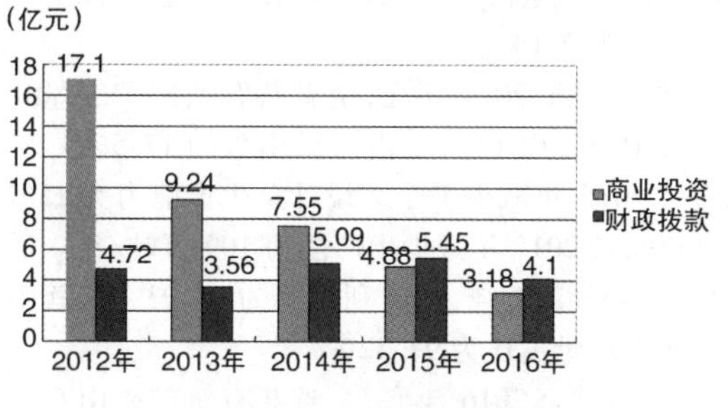


图 1　2012～2016 年陕西省地质勘查投入情况

2016 年全省开展的 412 项矿产资源勘查项目中：能源矿产 23 项、黑色金属矿产 52 项、有色金属矿产 132 项、贵金属矿产 166 项、稀有金属矿产 8 个、非金属矿产 29 项，水气矿产 2 项（表 3）。中央财政投入资金 220 万元、较 2015 年减少 76.7%，地方财政投入资金 28339 万元，较 2015 年增长 21.09%；社会资金 30167 万元，较 2015 年减少 35.2%。完成的主要工作量：钻探 24.43 万米，较 2015 年减少 36.1%；坑探 4.18 万米，较 2015 年减少 20.7%，槽探 37.26 万立方米，较 2015 年减少 24%。

2016 年全省新增查明矿产资源储量：煤 10.58 亿吨、铅锌金属量 17.95 万吨、$WO_3$ 5.26 万吨、金金属量 61.93 吨、蓝晶石 291.81 万吨、石盐 927 亿吨、玉石 5.44 万吨。

表 3　　2016 年陕西省矿产勘查重要成果一览表

| 项目名称 | 新增查明资源量 | 单位 |
|---|---|---|
| 陕西省榆林市靖边县海测滩地区煤炭资源勘探 | 8.58 | 亿吨 |
| 陕西省安康市汉滨区包家河金矿详查 | 3.35189 | 吨 |
| 陕西省西乡县秋树坪地区金矿详查 | 2.74 | 吨 |
| 陕西省略阳县横现河镇水得沟金锰多金属矿详查 | 2.6 | 吨 |
| 陕西省安康市旬阳县泗人沟矿区西部铅锌矿普查 | 7.3569 | 万吨 |
| 陕西省汉中市略阳县陈家坝铜铅锌多金属矿普查 | 2 | 万吨 |
| 陕西省镇安县东阳钨矿勘探 | 5.26 | 万吨 |
| 陕西省延川县永坪地区岩盐矿普查 | 927 | 亿吨 |

**【矿产资源开发利用】** 1. 基本情况。2016 年，国内矿业经济经过几年的持续下行之后，开始缓慢复苏。受国家去产能、调结构等一系列政策措施的影响，矿山经济效益明显好转，矿业开发的信心逐步恢复。矿产品需求明显加大，矿产品价格逐渐上涨，矿产品进口贸易总体呈回升态势。受国内外矿业经济形势拉动，陕西省煤炭、有色金属等传统优势矿产开发利用呈现出新的增长活力，扭转了矿业产值连续三年下滑的局面，实现了较大增长。

截至 2016 年底，全省共有 4288 个矿山企业（不含石油天然气），较 2015 年度下降 10.18%，从近五年矿山数变化情况来看，总体呈下降趋势（图 2）。

按生产规模划分，大型矿山 186 个，中型矿山 295 个，小型（小矿）矿山 3807 个，占比分别为 4.34%、6.88%、88.8%。

按行业划分，能源矿山 554 个，占总矿山数的 12.92%；金属矿山 160 个，占 3.73%；有色金属矿山 140 个，占 3.26%；贵金属矿山 140 个，占 2.43%；建材类非金属矿山 2740 个，占 63.9%；其他矿山 590 个，占 13.76%（表 4）。

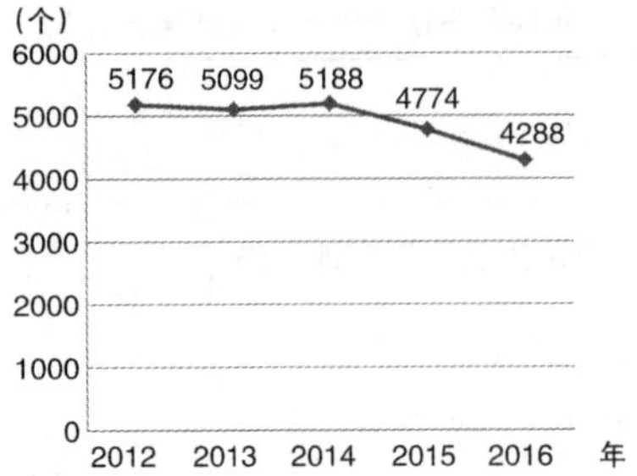


图 2　2012～2016 年陕西省矿山数变化情况

表 4　2016 年陕西省矿山数分类统计表

| 类别 | 矿山个数 | 所占比例(%) |
|---|---|---|
| 能源矿山 | 554 | 12.92 |
| 黑色金属矿山 | 160 | 3.73 |
| 有色金属矿山 | 140 | 3.26 |
| 贵金属矿山 | 104 | 2.43 |
| 建材类非金属矿山 | 2740 | 63.9 |
| 其他矿山 | 590 | 13.76 |
| 合计 | 4288 | 100 |

2016 年，固体矿产矿山设计生产规模由 2015 年度的 80701.83 万吨下降到 79593.06 万吨，降低 1.37%；从实际产量上看，金属矿山和非金属矿山均有不同程度的下滑，但受煤炭市场好转的形势拉动，部分停产煤矿开始恢复生产，产量出现较大增长（表 5）。

表 5　2016 年陕西省主要矿类设计生产规模及产量统计表

| 类别 | 设计规模（万吨/年） | 同比增减 | 产量（万吨/年） | 同比增减 |
|---|---|---|---|---|
| 煤炭矿山 | 45714 | －0.01 | 30123.06 | 5.35 |
| 黑色金属矿山 | 2971.15 | －0.01 | 250.8 | －17.62 |
| 有色金属矿山 | 2884.55 | 2.43 | 1301.81 | －14.13 |
| 贵金属矿山 | 754.66 | －1.21 | 303 | －5.41 |

2016 年矿业产值及经济效益明显提升。全省非油气矿山企业完成产值 1046.16 亿元，较 2015 年的 821.3 亿元增长 27.38%，结束了自 2013 年来，连续 3 年下滑的态势（图 3）。经济效益方面，2016 年全省矿山企业利润总额为 228.86 亿元，同比增长 52.38%。

但总体看，矿山亏损状况依然不容乐观。2016 年，在全省 1022 个生产矿山中，有 38 个矿山出现亏损，亏损金额 47121.73 万元，亏损面为 3.7%，加上停产的矿山，亏损面达 55.9%，亏损面较去年收窄 7.9 个百分点。

2. 主要矿种的开发利用情况。煤矿：截至 2016 年

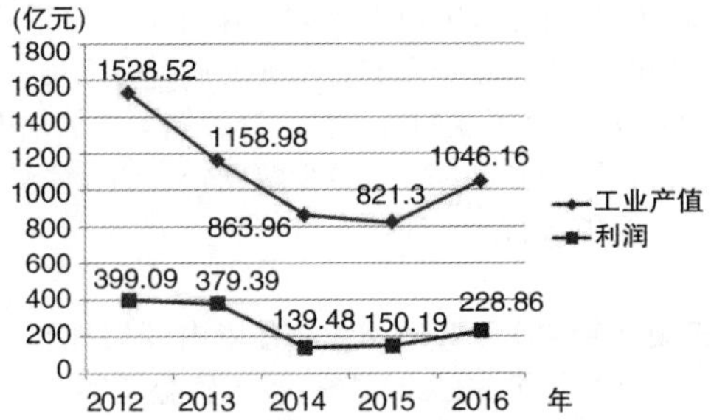


图 3　2012～2016 年陕西省矿业产值及利润变化情况

底，全省共有煤炭矿山 430 个，较 2015 年减少 27 个，但大中型矿山数量随着整合改造到位和现代化水平的提高明显增多，120 万吨/年以上的大型煤矿 93 个，较 2015 年增加 5 个，其中，500 万吨/年以上的达 21 个。30 万吨/年以下煤矿 85 个，较 2015 年减少 36 个。煤矿设计总生产能力为 45714 万吨/年，较 2015 年的 45753 万吨减少 39 万吨。单井平均能力由 2015 年的 100.11 万吨/年提高到 106.31 万吨/年。矿石产量为 30123.06 万吨，产能利用率 65.89%。其中 120 万吨/年以上矿井产量占比为 63.71%，30 万吨/年以下矿井产量占比为 0.1%。

铁矿：截至 2016 年底，全省共有铁矿矿山 80 个，其中大中型矿山 14 个，占总矿山数的 17.5%。矿山总数较 2015 年减少 1 个。设计总生产能力为 1561.5 万吨/年，较 2015 年减少生产能力 109 万吨/年。矿石产量为 248.82 万吨，产能利用率为 15.93%。其中大中型矿山产量占比为 97.32%。

钒矿：截至 2016 年底，全省共有钒矿矿山 62 个，其中大中型矿山 19 个，占总矿山数的 30.65%。矿山总数较 2015 年减少 1 个。设计总生产能力为 1278.4 万吨/年，较 2015 年新增生产能力 67 万吨/年。单矿平均能力由 2015 年的 19.23 万吨/年提高到 20.62 万吨/年。2016 年度全省钒矿均停产。

铅锌矿：截至 2016 年底，全省共有铅锌矿山 88 个，其中中型矿山 6 个，占总矿山数的 6.8%。矿山总数较 2015 年减少 2 个。设计总生产能力为 562.1 万吨/年，较 2015 减少生产能力 17.1 万吨/年。单矿平均能力由 2015 年的 6.44 万吨/年减少到 6.39 万吨/年。矿石产量为 119.36 万吨，产能利用率为 21.23%。其中中型矿山产量占比为 43.98%。

钼矿：截至 2016 年底，全省钼矿矿山 17 个，其中大中型矿山 3 个，占总矿山数的 17.65%。矿山总数较 2015 年减少 2 个。设计总生产能力为 2022.5 万吨/年，较 2015 年减少生产能力 32.62 万吨/年。单矿平均生产能力由 2015 年的 108.16 万吨/年提高到 118.97 万吨/年。矿石产量为 1153 万吨，产能利用率

为57%。其中大中型矿山产量占比为100%。

岩金:截至2016年底,全省岩金矿山99个,其中大中型矿山18个,占总矿山数的18.18%。矿山总数较2015年保持一致,设计总生产能力为678.46万吨/年,较去年减少生产能力9.27万吨/年。单矿平均能力由2015年的6.95万吨/年减少到6.85万吨/年。矿石产量为303万吨,产能利用率为44.66%。其中大中型矿山产量占比为88.36%。

水泥用灰岩:截至2016年底,全省水泥用灰岩矿山157个,其中大中型矿山29个,占总矿山数的18.47%。矿山总数较2015年减少17个,但新增大中型矿山1个,设计总生产能力为8632.12万吨/年,较2015年新增生产能力952.01万吨/年。单矿平均能力由2015年的44.14万吨/年提高到54.98万吨/年。矿石产量为3723.24万吨,产能利用率为43.13%。其中大中型矿山产量占比为95.03%。

**【矿权管理与开发秩序整顿】** 1. *矿权管理*。贯彻落实国家去产能政策,提高新立矿业权准入门槛,从严审批采矿权。根据《国务院关于煤炭行业化解过剩产能实现脱困发展的意见》精神,结合陕西省实际,制定下发了《关于化解煤炭过剩产能进一步加强煤炭矿业权管理的意见》。按照国家政策规定和陕西省责任目标计划,关闭煤矿61处,退出产能2874万吨,注销了其中不涉及拖欠采矿权价款的37家煤矿采矿许可证,煤炭去产能任务全面完成。强化绿色发展理念,加强源头管控,严禁在各类自然保护区、风景名胜区内新立矿业权,严格执行环境影响评价制度,提高矿山准入门槛,秦岭北麓不再新立采矿权,秦岭其他地区原则上不在审批小型矿山。新建矿山必须符合绿色矿山标准。细化完善了探矿权、采矿权审批准入制度,进一步提高了矿权的审批时效,从严审批矿业权。截至2016年底,全省有效勘查证967个,新立31个,注销勘查许可证11个。2016年省级共审批采矿权374个,其中,新立9个,划定11个,延续变更298个,注销48个,转让8个。

2. *矿业权出让及价款*。2016年全省探矿权出让12宗,出让价款30.04亿元,同比减少29.41%,其中,以协议方式出让的有6个,占出让总数的50%,出让价款30.00亿元;招拍挂出让6宗,占出让总数的50%,出让价款419万元(图4)。

全年出让采矿权39宗,同比减少61.76%,出让价款10.47亿元,同比减少12.81%,其中以招牌挂方式出让的有29宗,出让价款1.44亿元,分别占总数的74.36%、13.71%(图5)。

3. *开发秩序整顿*。有序推进全省矿产资源开发"三保三治"专项行动,制定印发了《矿产资源开发保

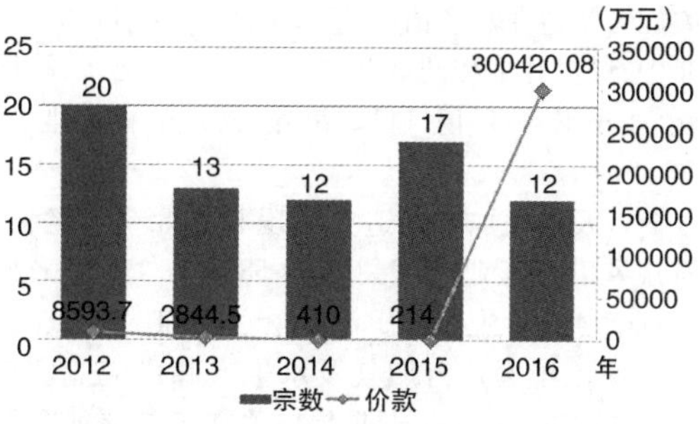


**图4 2012~2016年陕西省探矿权出让情况**

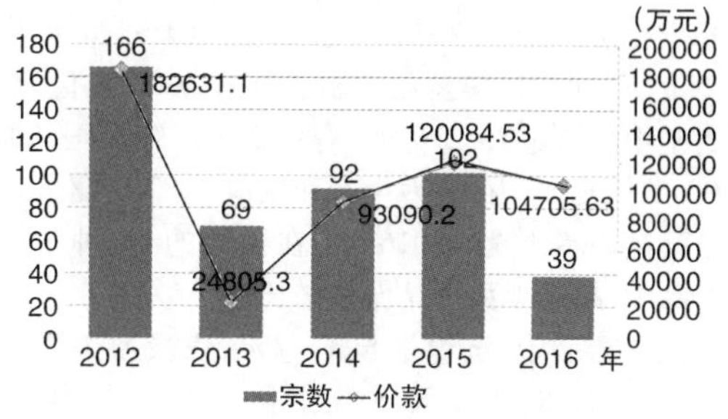


**图5 2012~2016年陕西省采矿权出让情况**

发展、治粗放,保安全、治污染行动计划(2016~2020年)》。持续加大对秦岭北麓等重点区域的生态保护,扎实开展开山采石专项整治,全省采石矿山数量由2014年的1523个减少到969个,总数减少36.3%,采石业"多、小、散、乱"局面开始扭转。关闭不符合安全生产条件的违法矿山34座,促使企业推广"三新"措施1000多项。

**【矿产储量评审备案】** 2016年,陕西省狠抓储量管理工作,严格落实储量评审、备案制度,建立储量备案信息发布制度,储量管理工作取得了新的进展。2016年共评审备案矿产资源储量报告94份,相对2015年增加了25份,同比增加36.2%,其中地质勘查报告46份、储量核实报告23份、压覆矿产资源评估报告25份。评审的勘查报告中,勘查工作程度达到普查的7份,占10.0%;达到详查的26份,占45.0%;达到勘探的13份,占45.0%。

**【矿产品产供销】** 1. *矿业产值与矿产品*。2016年全省规模以上工业(年主营业务收入2000万元及以上企业)完成工业总产值21878.56亿元,比2015年增长7.4%。矿业及相关加工制造业完成12645.38亿元,占全省规模以上工业总产值的57.8%,占比较上年度降低1.9个百分点。其中采矿业产值4454.32亿元,矿产品相关制造业产值6731.28亿元,电力热力燃气及水生产和供应业产值1459.78亿元,分别占矿业及

相关加工制造业总产值的35.2%、53.2%、11.6%。采矿业中，煤炭开采和洗选业产值2367.94亿元，石油和天然气开采业产值1112.24亿元，占采矿业产值的78.1%。

矿业及相关加工制造业实现利润856.9亿元，占全省规模以上工业利润总额的58.2%。其中采矿业实现利润463.3亿元，矿产品相关制造业实现利润290.2亿元，电力热力燃气及水生产和供应业实现利润103.4亿元，分别占矿业及相关加工制造业利润总额的54.1%、33.9%、12.0%。盈利较大的行业有：煤炭开采和洗选业357.7亿元，石油和天然气开采业61.0亿元，化学原料及化学制品制造业62.8亿元，非金属矿物制品业75.2亿元，有色金属冶炼及压延加工业90.2亿元，电力、热力生产和供应业87.7亿元。

2. *矿产品产量*。2016年，在统计的64种主要工业产品中，超过半数产品保持增长。

能源产品中，洗煤增长17.7%，焦炭增长7.1%，发电量增长8.2%，天然气下降1.0%，原煤下降2.8%，天然原油下降6.3%。黑色金属中，生铁增长5.8%，铁矿石增长2.5%，铁合金增长0.1%，粗钢、钢材分别下降10.0%、25.5%。

有色金属中，十种有色金属增长14.9%，其中锌增长11.8%，镁增长24.0%，原铝增长13.9%；铝材增长21.2%；锌金属含量增长14.6%，金属含量下降24.0%，铅金属含量下降43.0%；钼精矿下降10.9%。

原料和建材产品中，石墨及碳素制品增长51.0%，天然大理石建筑板材增长19.0%，商品混凝土增长14.3%，平板玻璃增长12.7%，原盐下降0.1%，水泥下降11.8%，硅酸盐水泥熟料下降11.9%。

3. *矿产品进出口贸易*。2016年，全省矿产品进出口总值为114.51亿元（折合17.35亿美元），同比增长39.64%。其中矿产品进口总值97.23亿元（折合14.73亿美元），增长42.17%，出口总值17.29亿元（折合2.62亿美元），下降26.98%（图6）。

①矿产品出口：2016年全省出口矿产品的种类共有145种，其中出口总值超过1000万元的矿产品有16种，主要是：焦炭及半焦炭、工业硅、钼制品、未锻轧镁、非工业用钻石、金属钙、锶或钡的化合物、石材、人造石制品。矿产品出口总值5000万元以上的企业是：金堆城钼业股份有限公司、陕西华山创业科技开发有限责任公司、西安海镁特镁业有限公司、米斯尔钻石加工（西安）有限公司、西安龙辉钻石加工有限公司、陕西华钼实业有限公司、紫阳县自力进出口有限公司。

矿产品出口的主要国家和地区为：日本、美国、泰国、比利时、荷兰、巴西、南非、加拿大、马来西亚等。

②矿产品进口：2016年全省进口矿产品的种类共有126种，其中进口总值超过1000万元的矿产品有29种，主要是：铁矿砂及其精矿、多晶硅、锌矿砂及其精矿、铅矿砂及其精矿、钼矿砂及其精矿、非工业用钻石、金化合物、石油沥青、其他氟化物、非金属无机氧化物、硼酸等。矿产品进口总值1亿元以上的企业是：陕西龙门钢铁集团进出口有限公司、西安隆基硅材料股份有限公司、西安富鑫珠宝有限公司、陕西东岭物资有限责任公司、陕西煤业化工国际物流有限责任公司、陕西省煤炭物资供应公司、陕西锌业有限公司、汉中锌业有限责任公司、米斯尔钻石加工（西安）有限公司、秀博瑞殷（西安）电子材料有限公司、西安龙辉钻石加工有限公司、三星（中国）半导体有限公司、西部超导材料科技股份有限公司、美气神电子材料（西安）有限公司。矿产品进口的主要国家为：澳大利亚、韩国、南非、巴西、德国、美国、比利时、秘鲁、智利、毛里塔尼亚等。

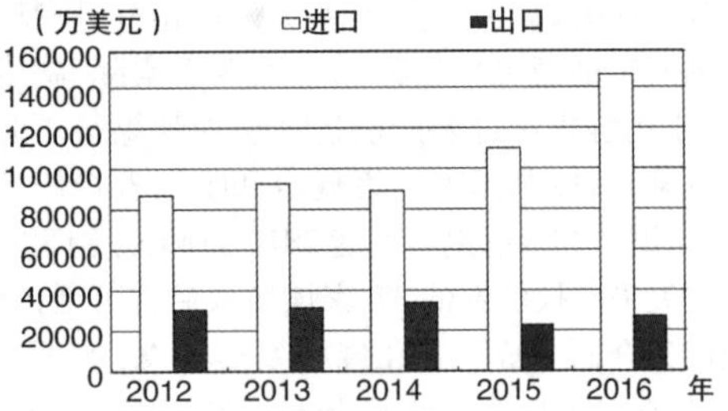


图6　2012～2016年陕西省矿产品国际贸易变化情况

**【地质环境管理】** 据统计，2016年陕西省共发生地质灾害42起，其中崩塌23起、滑坡18起、泥石流1起、地面塌陷2起、地裂缝1起。造成人员伤亡10人，其中死亡7人、受伤3人，造成直接经济损失1074.5万元。

为了从顶层设计上解决陕西省地质灾害防治制度不足、监管盲区和执法无据的问题。2016年省国土资源厅制定了《陕西省地质灾害隐患点调查认定与核销管理暂行办法》，起草的《陕西省地质灾害防治条例》《陕西省工程建设活动引发地质灾害防治办法》已经省政府常务会议审议并通过，分别上报省人大与省政府法制办。针对基层国土部门装备不足，技术人员短缺的现状，制定了《关于构建平战结合的地质灾害防治技术支撑体系的意见》，有力地提升了基层防治技术水平，并报国土部转发全国学习借鉴。

2016年完成关中9个县（区）1万多平方千米的地灾详查任务，初步实现全省地质灾害重点县（区）

详查全覆盖。新建成西乡等25个部级地灾防治高标准“十有县”。抓好全省地质灾害群测群防体系建设,完成了全省地质灾害隐患点更新工作,将全省12229处地质灾害隐患点全部纳入群测群防,对各隐患点实行“身份证”管理,从隐患点名称、位置、受威胁对象、责任人、应急预案等方面全面夯实责任。指导各地针对不同降水、不同时段、不同区域开展针对性地防治。全省2016年共发布地质灾害预报预警13445次,成功预报地质灾害12起,避免人员伤亡349人,避免直接经济损失1007万元。全年共完成地质灾害应急演练4037次,参演30万人次,居全国第4位;加强地质灾害宣传培训等措施,宣传培训145万人次,居全国第一位。省级财政投入地质灾害防治资金5000万元,地质灾害省级防治项目159个。争取中央财政特大型项目资金8000万元,开展11个项目的治理。

对缓变性地质灾害的3个省级监测点进行重点监测。其中地面沉降中心最大累计沉降量3116.02毫米,涉及沉降区面积368.7平方千米,2016年新增沉降区面积1.5平方千米。监测地裂缝条数144个,地裂缝总长度221千米。

2016年地下水监测省级监测点225个,地下水长期监测井数按级别分为国家级43个、省级116个、地区级66个。按监测内容分为单测水位监测井122个,水位水质共同监测井103个。2016年共监测水位数据量7956个,水质采样监测3189个,水温采样监测409个。

**【矿山环境保护】** 2016年由于矿业经济有所好转,矿业开采累计占用、损坏土地面积也急速上升,全年因矿业开采累计占用、损坏土地面积达2982.20公顷,同比增加85.87%。年度恢复治理的矿山数164个,恢复治理面积2188.30公顷。2016年矿山环境治理地方财政投入2100万元,企业投入3300万元。

截至2016年底,矿山地质环境治理恢复保证金存数额为134387.2万元。在保证金使用上,探索保证金返还试点工作,选择“三区两线”典型地区,对历史遗留的矿山进行地质环境恢复治理。加快推进铜川、潼关等重大矿山地质环境治理项目,成效明显。

新设2个省级地质公园(佳县黄河九曲地质公园、汉中天坑群省级地质公园),完成了重点古生物化石登记工作和矿泉水源年检工作。汉中天坑群地质遗迹成果达到世界级标准。

**【地质资料信息共享和社会化服务体系建设】** 地质资料信息共享和社会化服务体系建设以现代信息技术为手段,构建地质资料汇交和社会共享机制,实现信息查询的便捷化、服务手段的多元化、服务内容的多样化。对汇交的地质资料进行了“陕西省成果地质资料目录检索系统”的补充工作,对汇交的地质资料进行了目录数据编著、录入、校对和验收工作,计建设完成馆藏地质资料9106种,并在陕西省国土资源厅网站登录,供地质工作者查阅。

2016年,全省共汇交地质资料135份,其中矿产地质资料117份、油气地质资料2份、环境灾害资料13份、物化探资料1份、地质科研资料2份。借阅地质资料9161份次,资料图文数字化总份数5905份。

(陕西省国土资源厅)

## 甘肃省

**【矿产资源概况】** 甘肃省是全国矿产资源较为丰富的省份之一,省内地层发育较齐全,地质构造复杂,岩浆活动强烈,具备良好的成矿地质环境和条件,矿产资源较为丰富,矿业开发已成为甘肃的重要经济支柱,为甘肃经济和社会发展提供了重要的资源保障。

1. *矿产资源现状*。截至2016年底,全省已发现各类矿产119种(计算到亚矿种则为180种),其中,已查明资源储量的77种(计算到亚矿种则为114种),占全省已发现矿种的65%,未查明资源储量的42种(计算到亚矿种则为66种),占全省已发现矿种的35%(表1);在已查明矿产资源中,能源矿产7种、金属矿产31种(计算到亚矿种则为36种)、非金属矿产37种(计算到亚矿种则为69种)、水气矿产2种。

截至2016年底,列入《甘肃省矿产资源储量表》的固体矿产98种、矿产地1567处(含共伴生矿产,下同),其中固体燃料矿产地242处,黑色金属矿产地179处,有色金属矿产地351处,贵重金属矿产地438处,稀有稀土分散元素矿产地45处,化工原料非金属矿产地100处,冶金辅助原料非金属矿产地52处,建材及其他非金属矿产地160处;其中大型规模矿床142个、中型244个、小型1181个;勘查程度普查阶段684个、详查阶段501个、勘探阶段264个(表1和图1至图3)。

**表 1　　2016 年甘肃省矿产地规模及勘查程度统计表**

| 矿产分类 | 矿产名称 | 产地数 | 矿床规模 | | | 勘查程度 | | |
|---|---|---|---|---|---|---|---|---|
| | | | 大型 | 中型 | 小型 | 普查 | 详查 | 勘探 |
| 燃料矿产 | 煤炭 | 232 | 45 | 13 | 174 | 64 | 64 | 80 |
| | 油页岩 | 10 | | | 10 | | 2 | 5 |
| | 合计 | 242 | 45 | 13 | 184 | 64 | 66 | 85 |
| 黑色金属矿产 | 铁矿 | 140 | 2 | 17 | 121 | 84 | 46 | 5 |
| | 锰矿 | 26 | | 2 | 24 | 19 | 4 | |
| | 铬矿 | 4 | | 1 | 3 | 2 | 1 | 1 |
| | 钛矿 | 2 | | | 2 | 2 | | |
| | 钒矿 | 7 | 1 | 4 | 2 | 3 | 4 | |
| | 合计 | 179 | 3 | 24 | 152 | 110 | 55 | 6 |
| 有色金属矿产 | 铜矿 | 113 | 3 | 9 | 101 | 60 | 29 | 17 |
| | 铅矿 | 80 | 3 | 8 | 69 | 35 | 33 | 7 |
| | 锌矿 | 81 | 7 | 11 | 63 | 35 | 34 | 7 |
| | 镁 | 2 | | 1 | 1 | 1 | 17 | |
| | 镍矿 | 6 | 4 | 2 | | | 1 | 4 |
| | 钴矿 | 18 | 2 | 5 | 11 | 7 | 4 | 5 |
| | 钨矿 | 11 | 2 | 3 | 6 | 6 | 3 | 1 |
| | 锡矿 | 3 | | 1 | 2 | 2 | 1 | |
| | 铋矿 | 2 | | | 2 | | 2 | |
| | 钼矿 | 14 | | 4 | 10 | 7 | 3 | 1 |
| | 汞矿 | 8 | | 2 | 6 | 2 | 5 | |
| | 锑矿 | 13 | 1 | 4 | 8 | 8 | 4 | 1 |
| | 合计 | 351 | 22 | 50 | 279 | 163 | 120 | 43 |
| 贵重金属矿产 | 铂矿 | 6 | 2 | 2 | 2 | | 1 | 4 |
| | 钯矿 | 6 | 2 | 1 | 3 | | 1 | 4 |
| | 铱矿 | 4 | | 1 | 3 | | 1 | 2 |
| | 铑矿 | 4 | | | 4 | | 1 | 2 |
| | 锇矿 | 4 | | 1 | 3 | | 1 | 2 |
| | 钌矿 | 4 | | 1 | 3 | | 1 | 2 |
| | 金矿 | 315 | 12 | 34 | 269 | 172 | 102 | 25 |
| | 银矿 | 95 | 5 | 12 | 68 | 26 | 41 | 16 |
| | 合计 | 438 | 21 | 52 | 365 | 198 | 149 | 57 |
| 稀有稀土分散元素 | 铌钽矿 | 3 | | | 3 | 3 | | |
| | 铌矿 | 1 | | | 1 | 1 | | |
| | 铍矿 | 3 | | 2 | 1 | 1 | 2 | |
| | 稀土矿 | 4 | 2 | | 2 | | 1 | 2 |

续表 1－1

| 矿产分类 | 矿产名称 | 产地数 | 矿床规模 | | | 勘查程度 | | |
|---|---|---|---|---|---|---|---|---|
| | | | 大型 | 中型 | 小型 | 普查 | 详查 | 勘探 |
| 稀有稀土分散元素 | 锗矿 | 3 | | 1 | 2 | | 1 | 1 |
| | 镓矿 | 4 | | 1 | 3 | | 2 | 2 |
| | 铟矿 | 1 | | | 1 | | | 1 |
| | 铊矿 | 1 | | 1 | | | | 1 |
| | 镉矿 | 12 | 4 | 3 | 5 | | 6 | 4 |
| | 硒矿 | 7 | 3 | 3 | 1 | | 1 | 5 |
| | 碲矿 | 6 | 1 | 2 | 3 | | 1 | 4 |
| | 合计 | 45 | 10 | 13 | 22 | 5 | 14 | 20 |
| 化工原料非金属矿产 | 自然硫 | 8 | | | 8 | 1 | 5 | 1 |
| | 硫铁矿 | 40 | 1 | 7 | 32 | 8 | 11 | 14 |
| | 明矾石 | 1 | | | 1 | 1 | | |
| | 芒硝 | 7 | | 3 | 4 | 5 | 1 | 1 |
| | 重晶石 | 7 | 2 | 1 | 4 | 2 | 3 | 1 |
| | 毒重石 | 1 | | | 1 | | 1 | |
| | 电石用灰岩 | 2 | | 1 | 1 | 1 | | 1 |
| | 制碱用灰岩 | 2 | | 1 | 1 | 1 | 1 | |
| | 化肥用蛇纹岩 | 1 | 1 | | | 1 | | |
| | 泥炭 | 6 | | 3 | 3 | 5 | | 1 |
| | 盐矿 | 2 | | | 2 | | 1 | |
| | 钾盐 | 1 | | | 1 | | | 1 |
| | 砷矿 | 10 | 1 | 6 | 3 | 6 | 3 | 1 |
| | 磷矿 | 12 | | 2 | 10 | 6 | 4 | 1 |
| | 合计 | 100 | 5 | 24 | 71 | 37 | 30 | 22 |
| 冶金辅助原料非金属矿产 | 蓝晶石 | 1 | | 1 | | 1 | | |
| | 红柱石 | 2 | | | 2 | | 2 | |
| | 菱镁矿 | 2 | | 1 | 1 | | 2 | |
| | 普通萤石 | 17 | 2 | 4 | 11 | 10 | 4 | |
| | 熔剂用灰岩 | 6 | 4 | 2 | | 2 | 3 | 1 |
| | 冶金用白云岩 | 6 | 4 | | 2 | 3 | 3 | |
| | 冶金用石英岩 | 11 | | 8 | 3 | 6 | 1 | 3 |
| | 冶金用脉石英 | 2 | | | 2 | 2 | | |
| | 耐火黏土 | 4 | 1 | 1 | 2 | 2 | 1 | 1 |
| | 铸型用黏土 | 1 | 1 | 1 | | | | |
| | 合计 | 52 | 12 | 17 | 23 | 26 | 16 | 6 |

**续表 1－2**

| 矿产分类 | 矿产名称 | 产地数 | 矿床规模 | | | 勘查程度 | | |
|---|---|---|---|---|---|---|---|---|
| | | | 大型 | 中型 | 小型 | 普查 | 详查 | 勘探 |
| 建材及其他非金属矿产 | 石墨 | 4 | 1 | | 3 | 3 | | 1 |
| | 硅灰石 | 1 | | | 1 | 1 | | |
| | 滑石 | 1 | | | 1 | | 1 | |
| | 石棉 | 3 | 1 | 1 | 1 | 2 | 1 | |
| | 长石 | 3 | | 1 | 2 | 1 | 2 | |
| | 石榴子石 | 1 | | | 1 | 1 | | |
| | 叶蜡石 | 1 | | | 1 | 1 | | |
| | 透辉石 | 1 | | | 1 | | 1 | |
| | 蛭石 | 1 | | | 1 | 1 | | |
| | 沸石 | 4 | | 2 | 2 | 4 | | |
| | 石膏 | 16 | 1 | 5 | 10 | 10 | 5 | 1 |
| | 万解石 | 1 | | | 1 | 1 | | |
| | 宝石 | 1 | | | 1 | 1 | | |
| | 玉石 | 1 | | | 1 | 1 | | |
| | 水泥用灰岩 | 59 | 9 | 21 | 29 | 30 | 16 | 11 |
| | 制灰用石灰岩 | 1 | 1 | | | | | 1 |
| | 玻璃用白云岩 | 3 | | | 3 | 2 | 1 | |
| | 玻璃用石英岩 | 1 | 1 | | | 1 | | |
| | 玻璃用砂岩 | 3 | | | 3 | | 2 | 1 |
| | 玻璃用砂 | 5 | | 4 | 1 | 1 | 2 | 2 |
| | 建筑用砂 | 1 | | 1 | | 1 | | |
| | 水泥配料用砂 | 1 | | | 1 | | | 1 |
| | 玻璃用脉石英 | 1 | | | 1 | 1 | | |
| | 高岭土 | 1 | 1 | | | 1 | | |
| | 陶瓷土 | 4 | | 1 | 3 | 2 | 2 | |
| | 凹凸棒石黏土 | 4 | 4 | | | 2 | 2 | |
| | 海泡石黏土 | 2 | | 1 | 1 | 2 | | |
| | 膨润土 | 2 | | 1 | 1 | 1 | | 1 |
| | 砖瓦用黏土 | 1 | | | 1 | | | |
| | 水泥配料用黏土 | 2 | | 1 | 1 | | 1 | 1 |
| | 水泥配料用红土 | 2 | | | 2 | 1 | | 1 |
| | 水泥配料用黄土 | 12 | 1 | 5 | 6 | 1 | 7 | 4 |
| | 饰面用蛇纹岩 | 1 | | 1 | | | 1 | |
| | 岩棉用玄武岩 | 1 | | | 1 | | 1 | |
| | 饰面用花岗岩 | 4 | | 1 | 3 | | 4 | |

续表 1－3

| 矿产分类 | 矿产名称 | 产地数 | 矿床规模 | | | 勘查程度 | | |
|---|---|---|---|---|---|---|---|---|
| | | | 大型 | 中型 | 小型 | 普查 | 详查 | 勘探 |
| 建材及其他非金属矿产 | 饰面用大理岩 | 3 | | 3 | | 3 | | |
| | 水泥用大理岩 | 7 | 4 | 2 | 1 | 5 | 2 | |
| | 合计 | 160 | 24 | 51 | 85 | 81 | 51 | 25 |
| 总计 | | 1567 | 142 | 244 | 1181 | 684 | 501 | 264 |

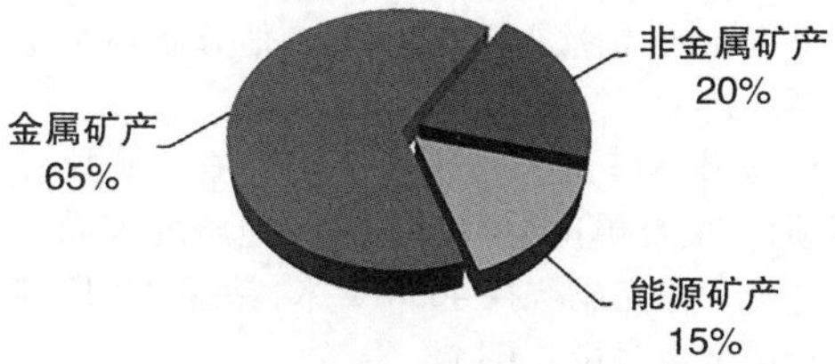


图 1　2016 年甘肃省矿产地构成图

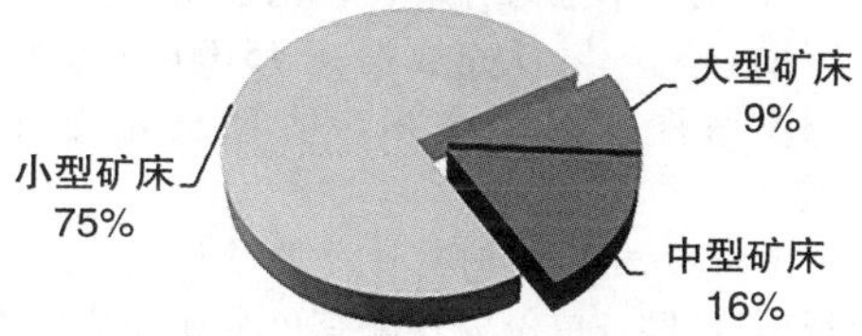


图 2　2016 年甘肃省矿产规模构成图

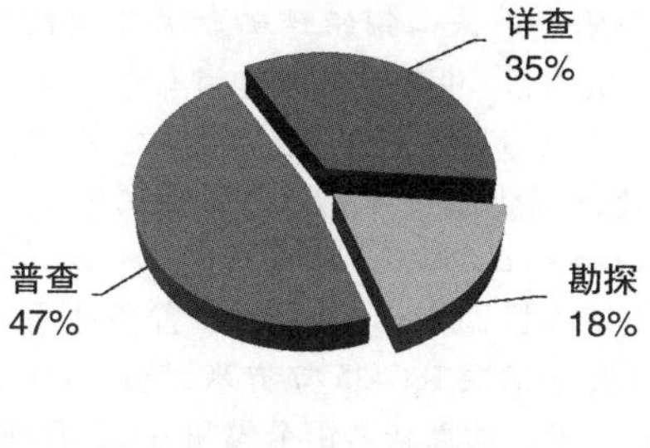


图 3　2016 年甘肃省矿产勘查程度构成图

2. *矿产资源储量在全国排位*。据《2016 年全国占比排名》统计，在已查明的矿产中，甘肃省资源储量名列全国第一位的矿产有 10 种，居前 5 位的有 36 种，居前 10 位的有 66 种。

**【地质矿产勘查】**　1. *地质勘查资金投入*。甘肃省 2016 年共投入地质勘查资金同比减少 21.91%。其中，中央财政同比增长 28.64%；地方财政同比增长 5.89%；社会资金 26 同比减少 57.50%。

2. *基础地质调查*。全年开展基础地质调查项目 78 个，同比增长 62.5%（表 2）。

①区域地质调查。中央财政投入开展“祁连山西段当金山地区 1∶5 万四幅区域地质调查”等 1∶5 万区域地质调查项目 4 个，涉及 17 个标准图幅。全年完成图幅数 6 幅，完成调查面积 580 平方千米。

②区域地球物理调查。中央财政投入开展“敦煌－阿克塞地区航磁测量”等区域地球物理调查项目 8 个，完成 1∶5 万图幅数 83 幅，完成面积 23870 平方千米。

③区域地球化学调查。中央财政投入开展“鄂尔多斯西南地区和玉门镇幅 1∶25 万区域地球化学调查”“甘肃省定西静宁地区 1∶25 万土地质量地球化学调查”等 3 个项目。完成 1∶5 万图幅数 12 幅，调查完成面积 5931 平方千米；1∶25 万图幅数 7 幅，调查完成面积 27520 平方千米。

④区域遥感地质调查。中央财政投入开展“甘肃北山辉铜山地区遥感地质调查”等区域遥感地质调查项目 11 个，完成 1∶5 万图幅数 2 幅，调查完成面积 800 平方千米。

⑤1∶5 万区域地质矿产调查。中央财政投入开展“甘肃美武－临潭地区 1∶5 万区域地质矿产调查”等 1∶5矿产地质调查项目 19 个；开展“甘肃省白银厂外围峡儿水石门川地区 1∶5 万矿产远景调查”等 1∶5 矿产地质调查项目 33 个。涉及图幅数 103 幅，完成 57 幅，完成面积 18256.8 平方千米。

3. *矿产勘查*。开展矿产勘查项目 246 个，同比减少 8.55%。

①主要实物工作量。全年完成钻探 264926 米，同比减少 47.24%；完成坑探 35510 米，同比减少 19.02%；完成槽探 224343 立方米，同比减少 3.41%；完成浅井 597 米，同比增长 8.95%。

主要矿种勘查资金投入及工作量完成情况：煤炭开展项目 21 个，完成钻探 23791.9 米。铁矿开展项目 14 个，完成钻探 8906.3 米。铜矿开展项目 25 个，完成钻探 39240.8 米。铅锌矿开展项目 18 个，完成钻探 25271.5 米。铝土矿开展项目 1 个，完成钻探 640 米。钼矿开展项目 2 个，完成钻探 3535.1 米。金矿开展项目 113 个，完成钻探 137836.1 米。页岩气开展项目 2 个。

表 2　　2011～2016 年甘肃省矿产勘查主要实物工作量年度完成情况

| 项目 | 主要实物工作量 | | | | | |
|---|---|---|---|---|---|---|
| | 2011 | 2012 | 2013 | 2014 | 2015 | 2016 |
| 钻探(米) | 1027097 | 1887845 | 1005858 | 871747 | 502116.4 | 264926 |
| 槽探(立方米) | 578791 | 826313 | 853191 | 1074969 | 277044 | 224343 |
| 坑探(米) | 54117 | 55359 | 59323 | 46407 | 36762 | 35510 |
| 浅井(米) | 712 | 2048 | 1731 | 1662 | 60 | 597 |

②新发现矿产地和新增矿产资源储量。新发现矿产地 3 处,其中大型 2 处、小型 1 处。完成阶段性勘查的矿产地共 9 个,其中大型 1 个,中型 2 个,小型 6 个(表 3)。

表 3　　2016 年甘肃省新发现矿产地信息表

| 序号 | 矿产地 | 矿种 | 规模 | 是否评审 |
|---|---|---|---|---|
| 1 | 甘肃省山丹县花草滩煤矿扩大区煤炭普查 | 煤炭 | 大型 | 否 |
| 2 | 甘肃省肃北县敖包山晶质石墨矿普查 | 晶质石墨 | 大型 | 否 |
| 3 | 甘肃省肃北县大豁落重晶石矿普查 | 重晶石 | 小型 | 否 |

新增评审备案资源储量:煤炭 43.59 亿吨,铁矿石 3.42 亿吨,锰矿石 1125.22 万吨,铜金属量 65.48 万吨,铅金属量 28.45 万吨,锌金属量 102.83 万吨,金金属量 187.14 吨,银金属量 90.5 吨,稀土氧化物量 41.81 万吨,钼金属量 1.1 万吨,石灰岩 4333.38 万吨,重晶石 108.23 万吨,萤石 32.34 万吨,石膏 2504.09 万吨,冶镁白云岩 9942.68 万吨。

**【矿产资源勘查重要成果】** 1. 山丹县花草滩煤矿扩大区煤炭普查。属 2015 年度甘肃省地勘基金项目,勘查单位为甘肃煤田地质局一四五队。完成二维地震物理点 1086 个,钻探 6065.57 米。报告共估算煤炭资源量 2.12 亿吨。暂未评审备案。

2. 敦煌市北山金矿(梭子山、八卦图、金滩子矿段)详查。属社会资金投资项目,勘查单位为甘肃省地矿局三勘院。详查工作完成坑探 872.55 米,钻探 6665.43 米。估算新增金金属量 19.62 吨。

3. 天水市木皮沟梁金银矿资源储量核实。属社会资金投资项目,勘查单位为甘肃省地矿局一勘院。核实工作累计完成坑探 14270 米,钻探 17592.83 米。核实报告估算新增金金属量 17.89 吨。

4. 瓜州县东虎沟金矿核实。属社会资金投资项目,勘查单位为河南省航空物探遥感中心。累计完成坑探 19430 米,钻探 14256.84 米。估算新增金金属量 13.5 吨。

5. 合作市下看木仓地区金矿详查。属社会资金投资项目,勘查单位为湖南省有色地质勘查局二四五队。详查工作完成坑探 4658.1 米,钻探 25547.58 米。估算新增金金属量 9.68 吨。

6. 天水市秦州区石管子金矿详查。属社会资金投资项目,勘查单位为甘肃省有色金属地质勘查局天水矿产勘查院。累计完成槽探 15100 立方米,坑探 2212 米,钻探 12129.33 米。估算新增金金属量 4.55 吨。

7. 白银公司深部铜矿资源储量核实。属社会资金投资项目,勘查单位为甘肃有色金属地质勘查局白银矿产勘查院。核实报告共估算新增铜金属量 59.62 万吨。

8. 白银市小铁山铜铅锌矿资源储量核实。属社会资金投资项目,勘查单位为甘肃有色金属地质勘查局白银矿产勘查院。核实报告共估算新增铜金属量 3.49 万吨,铅金属量 6.97 万吨,锌金属量 12.22 万吨。

9. 西和县上方家山铅锌矿 28－41 线详查。属社会资金投资项目,勘查单位为甘肃省核地质二一三大队。累计完成槽探 1864.5 立方米,坑探 6513.6 米,钻探 10316.2 米。估算新增铅金属量 6.12 万吨,锌金属量 21.57 万吨。

10. 宕昌县开源铅锌矿资源储量核实。属社会资金投资项目,勘查单位为陕西汇金矿业科技发展有限公司。核实报告共估算新增铅金属量 13.86 万吨,锌金属量 58.95 万吨。

11. 天祝县干沙河脑铜稀土多金属矿勘探。属社会资金投资项目,勘查单位为甘肃省地矿局三勘院。累计完成坑探 3768.3 米,钻探 1625.35 米。估算新增稀土氧化物量 41.81 万吨。

12. 肃北县敖包山晶质石墨矿普查。属 2016 年度甘肃省地勘基金项目,勘查单位为甘肃省地矿局四勘院。大致圈定晶质石墨矿体 8 条、铁矿体 2 条、铅矿体 2 条、锌矿体 1 条、硫铁矿体 1 条。晶质石墨矿体长度200～1050米，厚度5～80米，最大控制矿体斜深152米，固定碳含量平均为7%。初步估算晶质石墨矿物资源量100万吨。暂未评审备案。

13. 兰州市城区地热资源勘查。勘查单位为甘肃省地矿局二勘院，已完成K1地热勘探试验井，该井实测自流量600立方米/日，出口水温67摄氏度，水中富含有多种微量元素，其中锶含量达到命名矿水浓度，偏硅酸、硼酸含量矿水浓度、矿化度、温度、氟等指标达到有医疗价值浓度。

**【矿产资源储量】** 1. 矿产资源储量。截至2016年底，列入《甘肃省矿产资源储量表》的固体矿产98种（不含亚种）。其中，燃料矿产2种，金属矿产36种，非金属矿产60种。

2016年甘肃省新增矿区31处，新上表矿产地42处，其中能源矿产2处、黑色金属矿产8处、有色金属矿产8处、贵金属矿产20处、非金属矿产4处。

2. 矿产资源储量变化情况。截至2016年底，列入《甘肃省矿产资源储量表》的98种固体矿产中，与2015年比较，57个矿种的资源储量没有发生变化，有41个矿种的资源储量发生了变化，其中资源储量增加的有18种，减少的有23种，分别占41.84%、18.37%和23.47%。变化幅度主要在－6%～+25%之间（表4）。

**表4　　2016年甘肃省保有资源储量变动情况**

| 序号 | 矿产名称 | 变化情况 | 增减量 | 增减百分率(%) |
|---|---|---|---|---|
| 1 | 煤炭（千吨） | | －1281963.32 | －4.10 |
| 2 | 油页岩（千吨） | | －633 | －0.22 |
| 3 | 铁矿（千吨） | | 6244 | 0.67 |
| 4 | 锰矿（矿石 千吨） | | －3605.16 | －11.28 |
| 5 | 钛矿（高钛矿矿物 千吨） | | 14400 | 1206.03 |
| 6 | 钒矿（$V_2O_5$ 吨） | | 410816.74 | 24.29 |
| 7 | 铜矿（铜 吨） | | －30125.69 | －0.88 |
| 8 | 铅矿（铅 吨） | | 343674.43 | 9.34 |

**【矿产资源开发利用】** 截至2016年底，全省共设置非油气探矿权1329宗，其中省级发证1051宗，部级发证278宗。

按照国土资源部《矿山生产建设规模分类一览表》（国土资发〔2004〕208号）按建设规模统计，全省共有大型矿山66个、中型矿山95个、小型矿山1193个、小矿（生产规模低于小型矿山规模上限的十分之一）1921个。全年开采矿石总量（原矿量）1.25亿吨，实现工业总产值213.6亿元，从业人数12.7万人。甘肃省相关指标占全国的比重见表5。

**表5　　2016年甘肃省矿产资源开发利用主要指标占全国总量的比重情况**

| 项目 | 矿山数（个） | | | | | 从业人数（万人） | 年产矿量（亿吨） | 工业总产值（亿元） |
|---|---|---|---|---|---|---|---|---|
| | 合计 | 大型 | 中型 | 小型 | 小矿 | | | |
| 全国 | 77558 | 4113 | 6438 | 45606 | 21401 | 445.5 | 760100.06 | 12088.3 |
| 甘肃省 | 3275 | 66 | 95 | 1193 | 1921 | 12.7 | 11929.68 | 213.6 |
| 占总量比重 | 4.2% | 1.6% | 1.5% | 2.6% | 9.0% | 2.9% | 1.6% | 1.8% |

1. 矿山数量。按矿产类别划分，能源矿产矿山154个（其中煤矿148个），黑色金属矿产矿山57个，有色金属矿产矿山74个，贵重金属矿产矿山99个，冶金辅助原料非金属矿产矿山163个，化工原料非金属矿产矿山61个，建材和其他非金属矿产矿山2663个，水气矿产矿山4个。

2. 矿石开采量。2016年全省各类非油气矿山开采矿石总量（原矿量）1.192968亿吨，其中能源矿产3735.58万吨（其中煤炭3720.12万吨），黑色金属矿产1133.27万吨（其中铁矿石972.32万吨），有色金属矿产1161.58万吨，贵金属矿产188.76万吨，冶金辅助原料非金属矿产447.39万吨，化工原料非金属矿产73.82万吨，建材和其他非金属矿产5187.69万吨，水气矿产1.56万吨。

3. 工业总产值。2016年全省各类非油气矿产实现工业总产值213.6亿元。其中，能源矿产87.69亿元（其中煤炭87.65亿元），黑色金属矿产14.45亿元（其中铁矿9.67亿元），有色金属矿产65.58亿元，贵重金属矿产15.12亿元，冶金辅助原料非金属矿产1.97亿元，化工原料非金属矿产0.73亿元，建材和其他非金属矿产28.05亿元，水气矿产39.60万元。

4. 从业人数。2016年全省各类非油气矿山从业人数为12.7万人，其中能源矿产4.79万人（其中煤炭4.77万人），黑色金属矿产0.35万人（其中铁矿0.29万人），有色金属矿产1.61万人，贵重金属矿产0.67万人，冶金辅助原料非金属矿产0.24万人，化工原料非金属矿产778人，建材和其他非金属矿产4.95万人，水气矿产42人。

【矿产资源开发主要经济指标】 1. *主要矿业经济指标*。2016年度全省矿产资源开发利用中实现的工业总产值2135939.20万元，综合利用产值50447.86万元，矿产品销售收入1955099.76万元，利润总额309981.86万元。

2. *矿业经济主要指标变化情况*。全省各类非油气矿山的数量、年产矿量、工业总产值等指标与2015年度相比均有变化，参见表6。

**表6　2016年甘肃省主要矿业经济指标变化情况**

| 年度 | 矿山数量（个） | 矿种数量（种） | 实际采矿能力（万吨/年） | 年产矿量（万吨） | 工业总产值（万元） | 利润总额（万元） |
|---|---|---|---|---|---|---|
| 2015 | 3556 | 85 | 14752 56 | 12165 72 | 2073975 80 | 120653 22 |
| 2016 | 3275 | 81 | 15580.3 | 11929.68 | 2135939.20 | 309981.86 |
| 增减情况 | -281 | -4 | 827.74 | -236.04 | 61963.40 | 189328.64 |

3. *矿山总数变化情况*。全省非油气采矿权总数较2015年减少281个，降幅为7.9%。按发证机关划分，国土资源部发证采矿权总数增加1个，省厅发证采矿权总数减少3个，市级发证采矿权总数减少56个，县级发证采矿权总数减少223个。按矿种划分，矿山数量变化较大的矿种主要为：砖瓦用黏土矿减少166个（降幅11%），建筑用砂矿减少25个（降幅5%），水泥用灰岩减少16个（降幅12%），煤炭减少13个（降幅%）；建筑用凝灰岩增加8个（增幅5%），饰面用花岗岩增加6个（增幅21%）。全省共有34个矿种采矿权数量较2015年减少，减少采矿权317个；共有18个矿种采矿权数量较2015年增加，增加采矿权36个，参见表7。

**表7　2016年甘肃省采矿权数量主要变化矿种**　　单位：个

| 年度 | 砖瓦黏土矿 | 建筑用砂 | 水泥用灰岩 | 煤炭 | 建筑用凝灰岩 | 饰面用花岗岩 |
|---|---|---|---|---|---|---|
| 2015 | 1540 | 486 | 134 | 161 | 156 | 28 |
| 2016 | 1374 | 461 | 118 | 148 | 164 | 34 |
| 较上年增减 | -166 | -25 | -16 | -13 | 8 | 6 |

全省开采矿种81个。与2015年度相比减少矿种5个，为饰面用灰岩、玻璃用白云岩、砖瓦用砂岩、水泥配料用红土、水泥用凝灰岩；增加矿种1个，为饰面用辉石岩。

4. *矿山年产矿石量变化情况*。实际采矿能力较上年增加1436.13万吨，增幅为5.6%。实际采矿能力变化较大的矿种为：煤炭增加827.74万吨（增幅9.8%），钼矿增加200万吨（2015年为0），建筑用砂增加154.98万吨（增幅3.7%）；铁矿减少2710.68万吨（降幅21.2%），水泥用灰岩减少177.76万吨（降幅7.5%），镍矿减少109.2万吨（降幅12.3%）。年产矿石量较上年减少236.04万吨，降幅为1.6%，其中变化较大的矿种为：建筑石料用灰岩增长164.11万吨（增幅108.8%），钒矿增长160.95万吨（2015年为0），建筑用砂增加125.77万吨（增幅27.2%）；煤炭减少312.14万吨（降幅7.7%），铁矿减少298.64万吨（降幅23.5%），水泥用灰岩减少130.92万吨（降幅6.2%）。

5. *矿山工业总产值变化情况*。工业总产值较上年增加61963.4万元，增幅3%。工业总产值变化较大的矿种为：镍矿增加98707.69万元（增幅30%），钒矿增加47788万元（2015年工业产值为0），钨矿增加5721.62万元（增幅287.1%）；煤炭减少59494.52万元（降幅6.4%），铁矿减少57318.61万元（降幅37.2%），金矿减少8589万元（降幅5.6%），参见表8。

**表8　2016年甘肃省主要矿业工业总产值主要变化矿种**　　单位：万元

| 年度 | 煤炭 | 银矿 | 金矿 | 水泥用灰岩 | 铁矿 | 砖瓦用黏土 |
|---|---|---|---|---|---|---|
| 2015 | 935988 | 331157 | 154579 | 96709 | 154029.83 | 80073.55 |
| 2016 | 876494 | 429865 | 145990 | 99782 | 96711.22 | 77199.34 |
| 较上年增减 | -59494 | 98708 | -8589 | 30723 | -57318.61 | -2874.21 |

【矿产资源开发利用综合统计分析】 1. 按矿类统计。全省共开采8大矿类、81种矿产，各矿类的矿山数、从业人数、工业总产值占总量的比重见表9。

表9 2016年甘肃省矿山企业主要指标分矿类统计表

| 矿山类型 | 矿山数量 | | 从业人员 | | 工业总产值 | | 人均产值 |
|---|---|---|---|---|---|---|---|
| | 数量（个） | 占总量比重（%） | 数量（人） | 占总量比重（%） | 数值（万元） | 占总量比重（%） | [万元/(人·年)] |
| 合　计 | 3275 | | 126994 | | 2135939.20 | | 16.82 |
| 能源矿产 | 154 | 4.70 | 47934 | 37.75 | 876898.54 | 41.05 | 18.29 |
| 黑色金属矿产 | 57 | 1.74 | 3515 | 2.77 | 144499.22 | 6.77 | 41.11 |
| 有色金属矿产 | 74 | 2.26 | 16107 | 12.68 | 655787.55 | 30.70 | 40.71 |
| 贵重金属矿产 | 99 | 3.02 | 6724 | 5.29 | 151164.18 | 7.08 | 22.48 |
| 冶金辅助原料非金属矿产 | 163 | 4.98 | 2413 | 1.90 | 19702.15 | 0.92 | 8.17 |
| 化工原料非金属矿产 | 61 | 1.86 | 778 | 0.61 | 7313.73 | 0.34 | 9.40 |
| 建材和其他非金属矿产 | 2663 | 81.31 | 49481 | 38.96 | 280534.23 | 13.13 | 5.67 |
| 水气矿产 | 4 | 0.12 | 42 | 0.03 | 39.60 | 0 | 0.94 |

统计显示，甘肃省矿山构成以砖瓦用黏土、建筑用砂、建筑用凝灰岩、水泥用灰岩、建筑石料用灰岩等建材和其他非金属矿产为主，占全省矿山总数的81%。

2. 按生产规模统计。2016年全省大中小型矿山的数量、从业人员、工业总产值占总量的比重见表10。

矿山企业中，大中型矿山所占比重较低，小矿（生产规模低于小型矿山规模上限的十分之一）所占比重最大。大中型矿山中，建材、能源、贵重金属类所占比重最大，分别为39%、20%、16%。其中，能源矿产大型19个、中型14个，黑色金属矿产大型4个、中型7个，有色金属矿产大型5个、中型8个，贵重金属矿产大型6个、中19个，冶金辅助原料非金属矿产大型9个、中型2个，化工原料非金属矿产大型2个、中型4个，建材和其他非金属矿产大型21个、中型41个，水气矿产中型1个。工业总产值中，大型矿山所占比重最大，人均产值最高。

表10 2016年甘肃省矿山企业主要指标分规模统计表

| 矿山规模 | 矿山数量 | | 从业人员 | | 工业总产值 | | 人均产值 |
|---|---|---|---|---|---|---|---|
| | 数量（个） | 占总量比重（%） | 数量（人） | 占总量比重（%） | 数值（万元） | 占总量比重（%） | [万元/(人·年)] |
| 合计 | 3275 | | 126994 | | 2135939 | | 16.82 |
| 大型 | 66 | 2.0 | 45516 | 35.8 | 1653285 | 77.4 | 36.32 |
| 中型 | 95 | 2.9 | 15001 | 11.8 | 195152 | 9.2 | 13.01 |
| 小型 | 1193 | 36.4 | 27967 | 22.0 | 147942 | 6.9 | 5.29 |
| 小矿 | 1921 | 58.7 | 38510 | 30.4 | 139560 | 6.5 | 3.62 |

3. 按行政区统计。矿山数量、从业人员较多的主要为白银、定西、庆阳、武威市，合计占全省矿山总数的45%。从业人员较多的为平凉、白银、陇南、庆阳市合计占全省从业人员总数的45%。工业总产值中所占比重较大的主要为平凉、金昌、白银、陇南市，合计占全省总量的70%。除嘉峪关市外，大中型矿山在其他各市州均有分布。其中，陇南、定西、白银、平凉市的大中型矿山数量较多，占全省总数的53%。

【矿产品产量】 据《甘肃发展年鉴2017》有关统计，2016年度甘肃省主要矿产品及相关原料产品，与2015年相比，平板玻璃增长幅度比较大，增加幅度为385.07%，铝增长幅度比较小，增加幅度为0.05%，其余均有不同程度的减少，减少幅度较大的为农用化肥、生铁、粗钢、成品钢材等，减少幅度分别为36.00%、28.42%、26.26%、21.46%（表11）。

**表11　2016年甘肃省主要矿产品及相关原料制品产量统计表**

| 矿产品名称 | 2015年产量 | 2016年产量 | 2016年比2015年增长（%） |
|---|---|---|---|
| 原煤（万吨） | 4390.27 | 4236.88 | －3.49 |
| 原油（万吨） | 820.09 | 801.24 | －2.30 |
| 原油加工（万吨） | 1424.31 | 1341.49 | －5.81 |
| 焦炭（万吨） | 525.05 | 508.59 | －3.13 |
| 发电量总计（亿千瓦时） | 1139.45 | 1131.23 | －0.72 |
| 农用化肥（万吨） | 46.70 | 29.89 | －36.00 |
| 水泥（万吨） | 4764.30 | 4633.00 | －2.76 |
| 平板玻璃（万重量箱） | 124.78 | 605.27 | 385.07 |
| 粗钢（万吨） | 85210 | 628.36 | －26.26 |
| 成品钢材（万吨） | 847.77 | 665.87 | －21.46 |
| 生铁（万吨） | 690.52 | 494.26 | －28.42 |
| 铁合金（万吨） | 85.65 | 76.50 | －10.68 |
| 十种有色金属（万吨） | 381.36 | 374.59 | －1.78 |
| 铜（万吨） | 92.47 | 87.59 | －5.28 |
| 镍（万吨） | 15.31 | 14.32 | －6.47 |
| 铝（万吨） | 230.38 | 230.50 | 0.05 |

**【矿业产值】**　据《甘肃发展年鉴2017》有关统计，2016年度甘肃省全部规模以上（国有及限额以上非国有工业企业）工业总产值69043427万元，矿业（包括煤炭开采和洗选业、石油和天然气开采业、黑色属矿采选业、非金属矿采选业、开采辅助活动）及相关原材料加工制品业总产值为44275669万元，占全省工业总产值的64.13%，比2015年减少2.37个百分点（图4、图5及表12）。

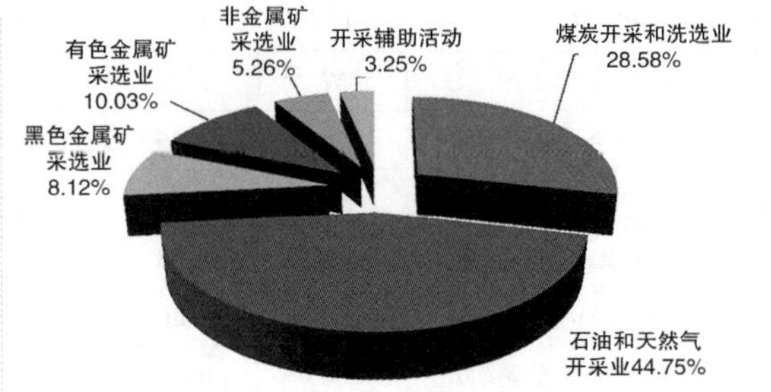


**图4　2016年甘肃省矿业产值构成**

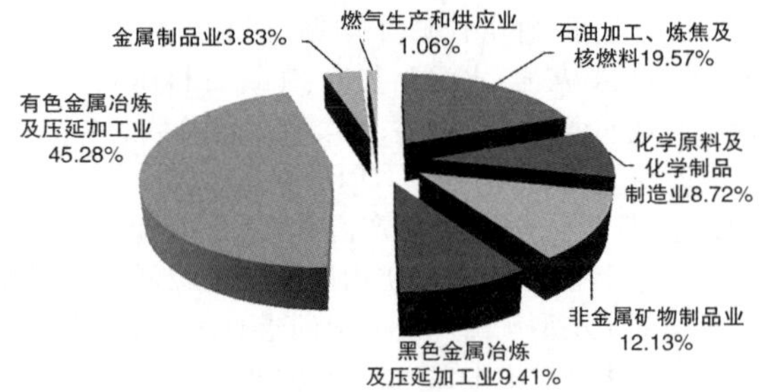


**图5　2016年甘肃省矿业相关原材料制品业产值构成**

**表12　2016年甘肃省矿业及相关原材料加工制品业产值统计表**　　单位：万元

| 类别 | | 工业总产值（当年价格） | 构成（%） | 工业销售产值（当年价格） | 构成（%） | 利润总额 | 构成（%） | 利税总额 | 构成（%） |
|---|---|---|---|---|---|---|---|---|---|
| 全省全部国有及限额以上非国有工业企业 | | 69043427 | 100.00 | 65274216 | 100.00 | 726806 | 100.00 | 5828261 | 100.00 |
| 矿业及相关原材料加工制品业 | | 44275669 | 64.13 | 42309226 | 64.82 | 258186 | 35.52 | 3836702 | 65.83 |
| 矿业 | 煤炭开采和洗选业 | 2514343 | 3.64 | 2496187 | 3.82 | －121272 | － | 56301 | 0.97 |
| | 石油和天然气开采业 | 3937102 | 5.70 | 3957580 | 6.06 | 202224 | 27.82 | 383288 | 6.58 |
| | 黑色金属矿采选业 | 714732 | 1.04 | 646641 | 0.99 | －19237 | － | －10887 | － |
| | 有色金属矿采选业 | 882576 | 1.28 | 688344 | 1.05 | 61504 | 8.46 | 96800 | 1.66 |
| | 非金属矿采选业 | 463135 | 0.67 | 384970 | 0.59 | 17206 | 2.37 | 23429 | 0.40 |
| | 开采辅助活动 | 286330 | 0.41 | 274764 | 0.42 | 16620 | 2.29 | 31212 | 0.54 |
| | 合计 | 8798219 | 12.74 | 8448486 | 12.94 | 157045 | 21.61 | 580143 | 9.95 |

续表 12

| 类别 | | 工业总产值(当年价格) | 构成(%) | 工业销售产值(当年价格) | 构成(%) | 利润总额 | 构成(%) | 利税总额 | 构成(%) |
|---|---|---|---|---|---|---|---|---|---|
| 相关原材料加工制品业 | 石油加工、炼焦及核燃料 | 6942656 | 10.06 | 6864641 | 10.52 | -97559 | - | 2262399 | 38.82 |
| | 化学原料及化学制品制造业 | 3092491 | 4.48 | 2768543 | 4.24 | -41214 | - | 15892 | 0.27 |
| | 非金属矿物制品业 | 4304619 | 6.23 | 3949289 | 6.05 | 119589 | 16.45 | 239692 | 4.11 |
| | 黑色金属冶炼及压延加工业 | 3338384 | 4.84 | 3128659 | 4.79 | 158699 | 21.84 | 418783 | 7.19 |
| | 有色金属冶炼及压延加工业 | 16065386 | 23.27 | 15486350 | 23.73 | -102694 | - | 209912 | 3.60 |
| | 金属制品业 | 1358253 | 1.97 | 1287193 | 1.97 | 24487 | 3.37 | 57223 | 0.98 |
| | 燃气生产和供应业 | 375661 | 0.54 | 376065 | 0.58 | 39833 | 5.48 | 52658 | 0.90 |
| | 合计 | 35477450 | 51.38 | 33860740 | 51.87 | 101141 | 13.92 | 3256559 | 55.88 |

**【矿业及相关产业能源消费】** 2016 年全省各行业能源消费总量为 7333.62 万吨(折标准煤,下同),比上年减少 2.52%。矿业及相关产业能源消费总量 4370.78 万吨,占总量的 59.60%,比 2015 年减少 8.62%(表 13)。

表 13　**2016 年甘肃省矿业及相关产业主要能源矿产品消费量统计表**

| 行业 | 能源消费总量(万吨标准煤) | 煤炭(万吨) | 焦炭(万吨) | 原油(万吨) | 汽油(万吨) | 柴油(万吨) | 天然气(亿立方米) | 电力(亿千瓦时) |
|---|---|---|---|---|---|---|---|---|
| 总计 | 4370.78 | 2748.96 | 534.35 | 1367.28 | 4.55 | 15.71 | 8.76 | 672.23 |
| 矿业采掘业 | 338.69 | 481.75 | 17.64 | 24.33 | 0.93 | 5.74 | 0.50 | 28.84 |
| 煤炭开采和洗选业 | 214.99 | 457.91 | 2.30 | 0.20 | 2.51 | 15.13 | | |
| 石油和天然气开采业 | 57.95 | 7.00 | - | 24.32 | 0.40 | 1.40 | 0.50 | 2.65 |
| 黑色金属矿采选业 | 26.75 | 7.42 | 13.24 | 0.10 | 0.60 | 2.35 | | |
| 有色金属矿采选业 | 26.08 | 4.42 | - | 0.01 | 0.10 | 0.31 | - | 7.10 |
| 非金属矿采选业 | 11.34 | 4.60 | 2.10 | - | 0.07 | 0.54 | - | 1.53 |
| 开采辅助活动 | 1.57 | 0.40 | - | - | 0.06 | 0.38 | - | 0.08 |
| 其他采矿业 | - | - | - | - | - | - | - | - |
| 相关原料加工制造业 | 4032.09 | 2267.21 | 516.71 | 1342.95 | 3.62 | 9.97 | 8.26 | 643.39 |
| 石油加工、炼焦及核燃料加工业 | 624.82 | 244.57 | - | 1342.95 | 1.98 | 0.67 | 3.02 | 25.76 |
| 化学原料及化学制品制造业 | 467.10 | 143.17 | 102.90 | - | 0.25 | 0.40 | 1.90 | 69.88 |
| 非金属矿物制品业 | 682.19 | 609.56 | 8.80 | - | 0.36 | 4.70 | 1.29 | 59.15 |
| 黑色金属冶炼及压延加工业 | 854.88 | 515.64 | 390.67 | - | 0.45 | 0.96 | 0.52 | 95.81 |
| 有色金属冶炼及压延加工业 | 1388.13 | 752.76 | 12.50 | - | 0.40 | 3.15 | 1.45 | 389.44 |
| 金属制品业 | 14.97 | 1.51 | 1.84 | - | 0.18 | 0.09 | 0.08 | 3.35 |

**【矿产品进出口贸易】** 2016 年全省同主要国家(地区)海关进出口总额 4532021 万元,其中出口 2681775 万元,进口 1850243 万元。出口的矿产品主要有硫化钠、氧化铈等,其中硫化钠出口数量为 2113 吨,比 2015 年减少 20.77%;氧化铈出口数量为 129 吨,比 2015 年增加 13.16%。

**【矿产资源规划管理】** 1. 积极推进第三轮矿产资源

规划编制工作。按部要求，多次对《全国矿产资源规划（2016～2020年）》（征求意见稿）提出修改意见或建议。组织甘肃煤田地质局对《鄂尔多斯盆地（甘肃）矿产资源勘查开采专项规划（2011～2015年）》实施情况进行了评估，形成评估报告并报部，为《甘肃省矿产资源总体规划（2016～2020年）》（即三轮省级规划）的编制提供了有力支撑。

根据《省级矿产资源总体规划编制技术规程》要求，并在认真领会《全国矿产资源规划（2016～2020年）（征求意见稿）》的基础上，对涉及甘肃省的能源资源基地、重点勘查区、国家规划矿区、对国民经济有重要价值矿区、矿山地质环境重点治理区、绿色矿业发展示范区等内容认真研究，充分落实。2016年，就三轮省级规划重点矿种开采总量、资源产业基地、重点矿区、禁止开采区、矿山环境重点治理区等内容向各市州国土资源局、厅相关处室征求补充完善意见，同时要求三轮市县级规划做好与三轮省级规划对接工作。先后完成了《甘肃省矿产资源总体规划（2016～2020年）》（征求意见稿）、《甘肃省矿产资源总体规划（2016～2020年）（送审稿）》文本、编制说明、附表、附图的编制；以及省级规划环境影响评价报告书。向省政府上报了《关于转报甘肃省矿产资源总体规划的请示》（甘国土资发〔2016〕147号），随后省政府以《甘肃省人民政府关于申请批复〈甘肃省矿产资源总体规划（2016～2020年）〉的函》（甘政函〔2016〕142号）将三轮省级规划报国土资源部审批。

统筹推进全省第三轮市县级矿产资源规划编制工作，加强市县级规划与三轮省级规划对接。通过填写编制进度调查表、组织专家咨询会等方式，全面掌握了市县级规划编制进度，及时解决了存在的问题，为完成市县级矿产资源总体规划编制和报批工作目标起到了促进作用。随后向市州国土资源局下发了《关于第三轮市州级矿产资源总体规划审批有关问题的通知》（甘国土资规发〔2016〕126号）。截至2016年底，14个市州及兰州新区的三轮矿规已全部报送厅，待国土资源部批复我省三轮省级规划后，将按照要求尽快组织完成市、县级规划的审查、批复工作。

2\. 规范调整规划事宜。针对多地出现的调整规划问题，及时印发了市州级矿产资源总体规划调整有关问题的通知，对调规规程进行了规范，并完成了天水市、张掖市、定西市岷县等第二轮规划调整及上图入库工作。

3\. 依规审核矿产资源勘查开发项目。严格依据省矿产资源规划审核或协查基金勘查、招拍挂矿权等的新立与转让、冻结、延续等勘查开采项目450余宗，就勘查开采活动是否符合规划提出了明确的意见或建议，为规范矿产资源勘查开发管理秩序提供了规划依据。

4\. 大力推进循环经济规划矿产资源领域专项工作。①组织做好甘肃省国家级综合利用示范基地、示范工程建设总结、评估及验收工作。认真指导金川铜镍矿、窑街煤炭示范基地建设单位进行2015年度示范基地建设工作总结，并形成了总结报告报国土资源部。按照国土资源部与财政部要求，会同省财政厅及时对两个示范基地建设验收工作进行了部署，明确了验收方法、时间等具体要求，并组织相关专家完成了两个示范基地建设目标任务考核和竣工验收工作。同时，根据《矿产资源节约与综合利用专项工作管理办法》要求，受国土资源部和财政部委托，会同省财政厅组织完成了对甘肃玛曲格萨尔黄金实业股份有限公司选矿厂技改项目示范工程验收，并拟文上报两部备案。

②积极推进甘肃省绿色矿山建设。指导省矿业联合会完成甘肃省第三批国家级绿色矿山试点单位的试点建设情况实地初评工作，探索研究制定省级绿色矿山建设要求与评定办法。

**【地质勘查管理】** 1. 地质勘查理念不断更新。贯彻落实绿色发展理念，在坚持生态优先、保护优先的基础上实现地质找矿的重大突破，探索保护生态与保障发展相互协调、相互促进的新做法。一是积极主动学习借鉴兄弟省份的先进经验。7月，由分管副厅长带队，组织厅勘查处及行业内相关人员，专程赴青海省国土资源厅，就绿色勘查先进理念及经验进行学习调研，为我省全力推行绿色勘查拓展了视野、提供了经验。二是积极探索开展绿色勘查新方法。8月，组织相关人员赴甘南州相关矿山企业，采取“听取汇报、实地查看、座谈交流”的方式，就如何在生态脆弱区组织开展绿色勘查、开发进行实地调研，为下一步在甘南州建立千吨级黄金绿色勘查开发示范基地奠定了坚实的基础。三是不断创新绿色勘查新思路。在学习借鉴与实地调研的基础上，组织地勘单位相关专家就“如何在甘肃省全力推行绿色勘查，实现持续健康稳步发展”进行专题研讨。通过研讨，统一了思想，确定了思路，明确了方法。根据部绿色勘查研讨会议精神，制定下发全力推行绿色勘查、实现绿色发展的相关通知，为全面推进绿色勘查开启了风帆。

2\. 部署更加科学合理。2016年完成了134个地质勘查项目的审报、协查、论证工作，项目部署较之往年更加的科学合理。一是紧盯重要矿种进行项目部署。根据国际国内矿业形势，结合甘肃省重要矿种储备略显不足的实际，全年累计安排资金近2亿元，优先选择金、银、铜、铅锌、稀土等重要矿种进行勘查。二是紧盯绿色发展进行项目部署。根据《甘肃省加快转型发展建设国家生态安全屏障综合试验区总体方案》要求，取消了4个在自然保护区试验区开展地质勘查的项目申请，调整了已经在自然保护区实施的3个地质勘查项目，有效地保证生态安全。安排资金在资源赋存潜力较好、储量较大，具有一定发展潜力的潮水盆地、敦煌盆地进行页岩气资源调查评价，目前项目各项工作正按计划有序推进。三是紧盯精准扶贫进行项目部署。根据精准扶贫目标任务和支持民族地区发展的相关文件精神，新立、续作68个项目部署于少数民族和贫困地区。四是健全了沟通协调机制。积极主动与部勘查司、地质调查局及其油气中心、西安地质调查中心及其西北项目办公室进行沟通与协调，形成了重大项目衔接协调机制，指定专门联系人定期进行沟通衔接，全年累计与上述单位协调沟通、共同调研、汇报衔接6次，有效地杜绝了项目、资金的重复部署问题的发生，使项目部署更加精准、科学、合理。

3. *管理更加严格规范。*一是从源头把好项目的审查关。通过前期规划、矿权重叠和矿产地查重、组织专家论证等方法，对各地勘单位申报的56个项目进行严格的立项论证与审查，确定33个发展前景良好的基础地质调查项目。其中新立13个，续作20个。二是不断提升项目承担单位的选择方式。在2015年度先期试点的基础上，编制印发了《2016年度省级基础地质调查项目竞争性选择承担单位试点工作方案》，从总体规划中选择了6个尚未实施、位于重要成矿区带、具有良好成矿远景的基础地质调查项目，安排资金采取"下达竞标通知、组织资格审查、外聘专家评审"的竞争方法确定项目承担单位，为探索地质勘查项目全面推向市场化积累了经验、奠定了基础。三是检查验收更加规范。改变以往重安排部署、轻检查验收的做法，全年共分6个批次，按照"查阅资料、实地查看、沟通交流、问题会诊"等方式，组织专家对正在实施地质勘查项目进行了期中野外检查，及时纠正项目实施过程中存在问题，推动了项目的顺利实施。四是建立了专家跟踪指导机制。对在老矿山接替资源勘查项目实施过程中不严格按照实施方案进行施工和擅自改变实施方案的行为，一经发现，即行严肃批评，限期整改，对屡次不改的，取消其在次年度的项目安排中承担权，提升了项目整体勘查质量。

4. *找矿突破战略行动开展更加扎实有效。*一是下发了指导性意见。在全面总结梳理找矿突破战略行动前两阶段成功经验的基础上，召开专题会议对找矿突破战略行动的重大意义进行再学习、再动员，并下发了《关于全面做好找矿突破战略行动第三阶段工作的通知》，对第三阶段目标任务进行认真分解，对影响目标任务完成的各种情况进行分析预测，对如何做好第三阶段各项工作提出了指导性意见；组织完成了《找矿评估》报告的编制工作，为打好找矿突破战略行动第三阶段攻坚战迈出坚实重要一步。二是适时调整了整装勘查区的设置。为贯彻落实国家区域发展总体战略和主体功能区战略，推进资源环境协调发展，调整优化找矿突破战略行动第三阶段勘查重点和工作布局，依据我省前两个阶段的目标任务完成情况，积极主动的与国土资源部相关司进行沟通衔接，对甘肃省整装勘查区的设置进行了调整。退出了与自然保护区重叠较多的"甘肃省北山营毛沱－玉石山地区铁铜金钨多金属矿整装勘查区"，扣除了"甘肃岷县寨上－马坞地区金矿整装勘查区"和"甘肃崖湾－大桥地区金锑矿整装勘查区"两个区块中与自然保护区重叠范围，新设了"甘肃省厂坝及外围铅锌多金属矿整装勘查区""甘肃省天水市柴家庄－太阳寺地区金及多金属矿整装勘查区""甘肃省夏河－合作地区金矿整装勘查区"三个区块。三是加强了检查督导力度。全年共分6次，组织找矿突破战略行动技术指导专家赴各个勘查区项目点，对影响找矿突破战略行动的重大项目进行期中的检查与督导，并对今后开展工作的方向与重点进行沟通交流，促进了重大项目的顺利实施。

5. *页岩气资源调查评价工作持续有序推进。*依据页岩气资源调查评价总体规划和实施方案总体要求，持续有序地推进页岩气资源的调查评价工作。一是先后五次赴部勘查司、油气中心、西安地质调查中心及长庆石油公司就甘肃省页岩气资源勘查开发工作进行专题汇报和衔接，理清了甘肃省页岩气勘查开发的总体思想与方法步骤；二是总结梳理了"武页1井"、陇东"页探1井"勘查成果，并组织专家进行专题讨论，对甘肃省页岩气赋存状况、勘查开发前景进行深入的分析研判，对推进甘肃省页岩气勘查开发的模式、步骤进行了总体谋划；三是为引进先进技术、理念、勘查开发经验及吸纳资金进入甘肃省，推动甘肃省页岩气资源勘查开发持续健康发展，与国土资源部进行沟通对接，组织专家进行认真深入研究论证，优选了"敦煌盆地五墩页岩气区块"和"潮水盆地红柳园页岩气区块"上报国土资源部，参加部组织的第三轮页岩气区块招标出让；四是从省级基础地质调查资金中专门划拨资金用于开展潮水盆地、敦煌盆地页岩气资源调查评价，进一步摸清甘肃省页岩气资源赋存情况、成矿规律、储量规模，为持续推进页岩气资源的勘查开发起好步开好头打好了基础。

6. *行业管理水平稳步提升。*一是设立了"黑名单"制度，进一步健全完善了甘肃省地质勘查资质管理办法，为有效维护甘肃省地质勘查市场的正规秩序和加强对来甘肃省从事地质勘查活动的地质勘查单位管理打下了坚实的基础。二是对 2016 年共计四个批次的地质勘查资质进行审批和对省外地质勘查单位资质进行审查备案，共完成对省内 16 家地勘单位新设、延续、变更资质的审批和 18 家省外地勘单位的资质审查备案工作。三是严格对照标准指导省地矿局、有色局、核地质局及所属单位共八家申请甲级资质单位开展资质申报工作，使甘肃省 8 家申请甲级资质的单位一次性地通过了部组织的资质审核。四是创新勘查资质抽查模式，采取厅抽查、市州和县区协查的方式，积极发挥市州、县区国土资源局的作用，协作开展资质抽检工作，有效地杜绝了地质勘查单位资质管理不科学、不规范的问题。五是制定下发了《甘肃省国土资源厅关于进一步加强地质勘查资质监督管理和开展网络备案登记工作的通知》，进一步加强和规范了对省外地勘单位勘查资质备案的管理。

**【矿政管理改革】** 1. 改革矿业权抵押备案管理工作。在广泛征求各市州国土资源局、各地勘主管部门及大型矿山企业等各方意见的基础上，坚持“简政放权、简化程序”的原则，起草印发了《关于进一步规范采矿权抵押备案管理工作的通知》（甘国土资矿发〔2016〕69 号），极大地提高了采矿权抵押备案工作效率，废止了不适应新形势的《甘肃省国土资源厅矿业权抵押备案管理暂行办法》。2016 年共为 13 宗采矿权办理了抵押备案手续，帮助企业拓宽了融资渠道。

2. 完成《甘肃省矿业权转让管理办法》修订工作。按照国土资源部关于深入推进“放管服”改革的要求，组织人员对《甘肃省矿业权转让管理办法》进行了修订，反复征求市县国土资源管理部门、省级地勘主管部门及省厅相关处室、直属事业单位、大中型企业的意见，多次召开专题会议对修改意见进行研讨，并邀请省政府法制办、省审改办、甘肃正天合律师事务所等单位的法律专家进行了论证，全面完成了修订任务，经省政府同意，2016 年 10 月 10 日由甘肃省政府办公厅印发了《甘肃省矿业权转让管理办法》的通知（甘政办发〔2016〕169 号），原 2014 年 9 月 19 日省政府办公厅印发的《甘肃省矿业权转让管理办法》同时废止。

3. 推进采矿权项目三方案合一制度。为进一步简化采矿权登记管理手续，提高审批质量和效率，落实矿产资源开发利用方案、矿山地质环境保护与治理恢复方案、土地复垦方案同步编制、同步审查、同步实施的三同时制度，在广泛征求各市州国土资源局意见的基础上，本着坚持“简政放权、简化程序”的原则，起草印发了《关于实行采矿权项目三方案合一制度的通知》（甘国土资矿发〔2016〕140 号），实现了“一次受理、一次审查、统一反馈”的“一站式”办理模式，让企业办事更方便、更快捷、更节约、更高效。

4. 开展矿业权政务网上审批。认真梳理了探矿权采矿权审批流程，进行了政务网上探矿权采矿权审批试运行，提出流程修改意见，待程序修改调试后，正式启动矿业权政务网上审批。

**【督察审计工作】** 1. 全面推进审计发现问题的整改工作。根据审计署《关于甘肃省 2013 年至 2014 年矿产资源开发利用保护及相关资金征管情况的审计决定》《审计报告》上的批示，全力推进整改工作，通过省政府向审计署上报了《关于 2013 年至 2014 年矿产资源开发利用保护及相关资金征管情况审计发现问题整改情况的报告》，全面推进格娄昂矿区报告分割、价款评估等遗留问题的处置，经评估确认的价款已全部缴清，完成处置；新关金矿已完成价款评估工作；对于欠缴的采矿权价款，已向企业所在地国土资源管理部门下发了催缴通知，尽快缴纳所欠价款。

2. 推进关闭小煤矿注销及退还价款工作。针对审计署兰州特派办《关于甘肃省 2016 年第三季度贯彻落实国家重大政策措施情况跟踪审计的报告》中涉及我厅的“关闭煤矿剩余资源量核定工作滞后，煤矿剩余资源量采矿权价款尚未返还”问题，根据省政府甘政发〔2014〕127 号、甘政发〔2016〕38 号、甘政发〔2016〕77 号、甘政发〔2016〕86 号文件，共公告关闭煤矿 122 处，经全面清理，确定最终需注销的采矿许可证为 112 个。为加快推进淘汰落后产能、注销关闭煤矿采矿许可证、退还采矿权价款等工作，先后向各市州下发了《关于关闭小煤矿核定剩余资源量有关问题的通知》（甘国土资矿发〔2016〕34 号）、《关于开展淘汰落后产能关闭煤矿〈矿山闭坑地质报告〉编审工作的通知》（甘国土资矿发〔2016〕135 号）和《关于编制淘汰落后产能关闭煤矿矿山闭坑地质报告的紧急通知》（甘国土资厅矿函〔2016〕255 号），明确了如何核定剩余资源量的具体方法，制定了详细的编制评审《矿山闭坑地质报告》的方案。同时，于 12 月 29 日在厅门户网站上发布了《注销淘汰落后产能关闭退出煤矿采矿许可证的公告》，对列入省政府淘汰落后产能关闭煤矿的 112 个采矿许可证进行了公告注销。

3. 配合中央环保督察组工作。针对自然保护区内矿产资源勘查开采管理，一是 3 月派专人参加省政府督查组，对祁连山自然保护区建设项目开展了全面的清理工作。在祁连山自然保护区清理出了采矿项目 75 宗，勘查项目 56 宗。二是在矿业权审批中，认真落实《甘肃省人民政府办公厅关于开展祁连山国家级自然保护区建设项目清理整顿工作的通知》（甘政办发电〔2015〕112号)的相关要求,在保护区核心区、缓冲区范围内不再新设矿权;凡在核心区、缓冲区或部分在核心区、缓冲区的项目,全部或部分依法关停、退出;凡在实验区内采矿权项目和社会资本投入的探矿项目,探矿权采矿权到期后不再延续,限期退出。三是全面开展全省自然保护区内已设矿业权梳理。

【矿业权年检】 1. 完成2015年矿业权年检工作。全省非油气矿产探矿权(不包含铀矿)应检项目989宗,实检项目895宗,年检率90.5%,因未报年检资料定为不合格的项目94宗。年检合格项目787宗,占87.93%;基本合格项目87宗,占9.72%;对年检不合格的项目,已通知相关市州国土局积极督促探矿权进行整改。为切实加强采矿权年检资料审查和实地抽查,5月中旬组织三个年检组,从金川公司、酒钢公司、窑街煤电集团等国有大型矿山抽调专业技术骨干,到14个市州现场指导、实地抽查,规范年检工作,共年检部、省、市、县四级发证采矿权2859宗,年检率为99.83%,年检合格采矿权2545宗,整改采矿权228宗,不合格采矿权91宗,合格率88.86%。对于发现的越界开采、超规模生产、控股股权转让等行为,要求各市州依法予以查处,违法采矿行为得到有效遏制。

2. 推进矿业权人勘查开采信息公示系统。根据国土资源部工作安排,自2017年1月1日起,原探矿权采矿权年检制度全面改革为矿业权人勘查开采信息公示制度,遵循“企业填报、随机抽查、实地核查、举报受理、结果公示”的工作流程,由矿业权人向管理机关报送年检资料改为矿业权人在互联网上通过信息公示系统填报数据,管理机关抽查并开展实地核查。此次年检制度改革将极大地提高行政监管效率,加强我省矿产资源勘查开发管理,促进矿业权人诚信自律。

为贯彻落实国土资源部工作要求,结合我厅年度重点工作安排,2016年12月8日至9日,举办了为期2天的全省矿业权人勘查开采信息公示系统培训班,全省各市(州)、县(区)国土资源局、省属地勘单位、国有大型矿山企业负责勘查开采信息公示的工作人员近140人参加了培训。

【矿业权专项清理】 1. 探矿权专项清理和公告注销工作。为进一步加强矿业权管理,督促矿业权人履行法定义务,按照《矿产资源勘查区块登记管理办法》“探矿权人逾期不办理延续登记手续的,勘查许可证自行废止”及甘肃省人民政府《关于加快矿产资源勘查开发转让的意见》(甘政发〔2012〕90号)“建立专项清理、公告注销制度。继续对到期不延续、存在圈而不探等违法行为的探矿权进行专项清理和公告注销”的规定,对2014年12月31日前到期未延续的探矿权进行了全面清理,并起草了《甘肃省国土资源厅探矿权注销公告》,分别于11月2日、11月9日、11月16日在《甘肃日报》和《甘肃地质矿产报》进行三轮公告,同时在甘肃省国土资源厅门户网站和国土资源部全国矿业权出让转让公示公开系统进行公示,共对67宗探矿权予以公告注销。

2. 过期采矿权专项清理工作。为进一步强化行业安全生产监管职能,甘肃省国土资源厅对省级颁发采矿证过期矿山进行了全面清理,截至2016年11月30日,共清理出过期采矿权及部分关闭矿山采矿权253宗,并向各市州下发了《甘肃省国土资源厅关于加强采矿证过期矿山安全监管的通知》(甘国土资矿发〔2016〕153号),要求各市州加强监管、实施分类管理,对采矿许可证过期的矿山,要逐矿下达停产整改通知,坚决制止非法生产,严禁以任何名义从事采矿活动。无证开采矿山,要坚决予以取缔并依法从严、从快进行处罚。

【矿业权有偿使用制度执行】 1. 推进省地勘基金项目成果公开处置。为进一步强化省地勘基金权益管理,促进省地勘基金滚动发展,积极引导社会资本投资矿产资源勘查开发领域,省厅对符合公开处置条件的由省地勘基金出资勘查及委托勘查的7宗探矿权和8宗采矿权进行矿业权公开处置。现已完成了出让的前期协查、现场踏勘、编制公开出让计划和委托评估,截至2016年,部分项目已完成了评估工作。

2. 严格执行矿业权有偿使用制度。进一步完善矿业权价款收缴管理,在完善矿业权价款分期缴纳协议执行情况台账的基础上,委托省地调院开发了矿业权价款管理信息系统,实现了矿业权价款征缴情况的信息化管理,提高了工作效率。

【储量评审备案及矿山储量动态监督管理】 2016年共完成78份各类地质勘查、储量核实报告的评审备案,为矿产资源勘查和矿产开发提供了依据。按照《甘肃省国土资源厅厅长办公会议纪要》(2015年第25次)相关要求,对2014年以前设立的未办理勘查许可证并已结束野外地质勘查工作提交了推断的、预测的类别资源量,形成国家出资探明矿产地、完成勘查基金项目计划任务的11个基金项目进行了备案。

组织有关专家对省管大中型矿山2015年度储量动态监测年报进行了集中审查。共审查了华亭煤业集团、靖远煤业集团、窑街煤电集团的22个煤矿及金川集团股份有限公司、酒泉钢铁(集团)有限责任公司等9个矿山企业所属的19个非煤矿山2015年的储量动态监测年报。通过审查,掌握了甘肃省省管大中型矿山企业2015年动用矿产资源的情况。

【建设项目压覆矿产资源审查】 全年共完成建设项目压覆矿产资源审查300余件,出具审查意见280余份,其他未办结件原因为项目前期协查及与矿业权人协商中。针对"庆阳机场""张掖机场""敦煌机场""银西铁路""酒泉至湖南±800千伏""准东 华东±1100千伏特高压直流输电工程""甜罗高速公路""兰州市第二水源地""中卫至兰州客运专线工程"等大型项目及G312、G6、G109、G248、G310、G341、G0611、S15、S103、S202、S209、S230、S236、S301、S322、S590等国家路网规划和省"6873"交通突破行动重点建设项目采取提前介入。在建设项目申报前,先对项目范围内是否与矿业权和查明资源储量矿产地重叠进行协查,为项目建设单位提供第一手资料。特别是敦煌文博会"敦煌机场"和"飞天大道"项目,厅资源处本着特事特办的原则,在较短的时间内进行了办结。针对"庆阳市马莲河水利枢纽工程"和"甜罗高速公路"压覆庆阳地区大量的煤炭资源难以协商问题,厅资源处积极并多次协调项目建设单位和矿业权人,争取早日促成双方达成一致意见,促使建设项目早日落地。并与国土资源部及中国石油天然气集团有限公司、中国石油化工集团有限公司相关部门协调,对庆阳、平凉、酒泉地区建设项目与油气矿权重叠问题进行对接,并逐个落实。为项目建设企业争取了工程建设时间,节约了大量成本支出。

【矿业权评估管理】 一是为进一步深化行政体制改革,推进简政放权,下发了《甘肃省国土资源厅关于取消矿业权评估机构资质登记备案的通知》,今后对从事我省矿业权价款评估工作的评估机构不再进行登记备案。凡是具有矿业权评估资质的评估机构均可报名参加我省矿业权评估项目摇号。二是为贯彻落实国务院《关于取消非行政许可审批事项的决定》(国发〔2015〕27号)及《关于第一批取消62项中央指定地方实施行政审批事项的决定》(国发〔2015〕57号)要求取消矿业权价款评估备案核准的相关规定,进一步深化行政体制改革,推进简政放权,向省人民政府起草了《甘肃省国土资源厅关于修订〈甘肃省矿业权评估管理办法〉的请示》。甘肃省人民政府于6月22日印发了该办法。三是依据修订后的《甘肃省矿业权评估管理办法》受理矿业权评估报告31份,在厅门户网站公示37个,办结33个。其中探矿权评估报告7个,采矿权评估报告26个。四是完成了本年度四个季度矿业权价款评估备案直报工作。严格按照直报要求,认真填写有关数据,并进行反复核对,在部储量司组织的矿业权价款评估备案直报数据会审中,都是一次性通过审查。

【矿产资源储量登记统计】 2015年完成了度矿产资源储量统计工作,并通过国土资源部审核验收。全年共完成矿产资源查明、占用登记书65份,其中查明登记书40份,占用登记书25份。65份登记书中,煤矿登记书5份,铁矿登记书4份,金矿28份,铜矿12份,铅锌矿9份,钨矿1份,稀土矿1份,锰矿1份,地热2份,石灰石矿2份。2015年同期,共完成矿产资源查明、占用登记书69份,其中查明登记书47份,占用登记书22份。69份登记书中,煤矿登记书13份,铁矿登记书13份,金矿23份,铜矿7份,铅锌矿2份,钨矿2份,钼矿2份,钒矿1份,地热1份,萤石1份,氟石1份,石灰岩矿2份,白云岩1份。

从登记总量上看,2015年和2016年基本持平。但是从登记的矿种来看,2015年较为分散,有13种矿产。而2016年登记的矿种有10种,而且集中在金矿、铜矿和铅锌矿,煤矿和铁矿登记书数量有所减少,反映出矿产资源勘查方向从煤炭、铁矿等大宗矿产品原料的勘查向铜矿、铅锌矿等金属矿产和金矿等贵金属、金属矿产勘查的转变,显示矿产品价格的变化深刻影响上游矿产资源勘查重点和勘查工作的部署。

【地质资料管理】 资料借阅363人次,1458份,48951件,其中电子借阅服务检索532档,借阅526档;资料复制221人次,1214份,27118件。共验收成果地质资料87种127份;验收原始地质资料目录为87份,验收原始地质资料电子文档51档;验收87份实物地质资料目录清单;接收全国地质资料馆和西安地调中心转送资料60档。在地质资料汇交监管平台上更新了87条项目类、探矿权类、采矿权类信息;整理87份实物地质资料目录清单,在监管平台上报国家实物地质资料中心筛选;向汇交人出具了实物地质资料报送清单回执、原本地质资料合格单、成果地质资料验收合格单各87份,并出具87份带有扫描二维码的地质资料汇交凭证。

【重要地质钻孔数据库建设】 2016年4月,国土资源实物地质资料中心对我省重要地质钻孔数据库建设工作进行了调研,指导安装了重要地质钻孔数据库服务平台,并部署了甘肃省下一步的主要工作。2016年共扫描录入地质资料84档,录入钻孔2401个,形成main图片数据库10个,属性数据库6个,其中包括工程布置图170张、勘探线剖面图943张、钻孔柱状图2560张、化学分析表2389张，数据量58.26G；完成281个钻孔的属性数据库建设，其中地矿局三勘院完成51个钻孔的属性数据库，白银公司完成30个钻孔的属性数据库，甘肃省有色金属地质勘查局张掖矿产勘查院、白银矿勘院、天水矿勘院、煤田146队分别录入50个钻孔的属性数据库。2016年度工作已于11月20日通过了国土资源部实物地质资料中心的评审验收。

**【矿产资源储量统计数据库核查】** 甘肃省国土资源厅资源处于4月开展了“甘肃省矿产资源储量统计数据库核查”项目，旨在清理核查我省矿产资源储量统计数据库内所有信息数据，以矿产资源评审意见书及归档的地质报告为基础，逐一核查储量库中数据，对数据不一致的内容，列表记录并经专家讨论后审慎修改，并需通过部省两级评审验收。该项目已通过立项申请书的评审。8月15日至9月1日，甘肃省国土资源厅资源处与甘肃省地质调查院组成联合调研组，对储量库中问题较多的兰州市、金昌市、白银市、酒泉市、张掖市、武威市、陇南市等6个市州55个矿区开展现场调研。重点调研了市州各县已注销、关闭或整合的矿山情况。经过调研及资料整理后发现，储量统计库中有134个甘肃省人民政府公告关闭的矿山信息，有149个整合前矿山信息与62个整合后矿山信息并存，有25个已自行关闭或灭失的矿山信息。为解决以上问题，厅资源处编写了甘肃省矿产资源储量信息调研工作报告，提出了相关修改建议，并已呈报厅领导批阅，将根据厅领导批示精神开展下一步清理工作。

**【矿业权协查、会审】** 全年协助甘肃省国土资源厅矿管处、勘查处、地勘基金管理中心完成探矿权、采矿权、基金项目、压覆矿产资源协查600余个、会审10件。

**【地质环境管理】** *1. 地质灾害综合防治体系建设。*2016年10月1日甘肃省人大重新修订颁布实施了《甘肃省地质环境保护条例》，为甘肃省地质灾害防治管理提供了法律保障。全省建立了省、市、县三级应急技术机构，依托国有地勘单位、科研院所，形成了片区地质灾害应急支撑体制，进一步提高地质灾害应急的时效性。

2016年共安排工程治理项目66个，安排搬迁避让2072户9831人。

*2. 地质灾害防治。*全年发布预警信息44次，其中一级1次，二级9次、三级34次，成功预警避险9次，避免人员伤亡2529人，避免财产损失661万元。

*3. 地质遗迹保护。*截至2016年，全省已有地质公园36个，其中世界级地质公园1个，国家级地质公园9个（其中正式揭碑开园的5个，待揭碑开园的4个），省级地质公园26个。

*4. 矿山环境保护与治理。*按照国土资源部、工业和信息化部、财政部、环境保护部、国家能源局联合印发的《关于加强矿山地质环境恢复和综合治理的指导意见》（国土资发〔2016〕63号）和国土资源部的统一部署，截至目前，全省已完成规划编制工作方案制订、矿山地质环境调查技术导则编制工作。

2016年省厅组织编制的《甘肃省祁连山生态区山水林田湖生态修复项目实施方案（地质环境）》，经省财政厅汇总后报财政部，同财政部、环境保护部、国土资源部组织在北京召开竞争性评审会中排名第五。

截至2016年12月底，全省3320个矿山企业中，有2991个已落实保证金制度。

**【矿产卫片执法监督检查】** 国土资源部分2批次下发甘肃省2016年度矿产卫片监测图斑377个，涉及全省14个市州的61个县市区。经认真组织核查，认定合法图斑81个，伪变化图斑65个，违法图斑231个。对核实存在违法行为的231宗违法违规问题，按照属地管辖原则，督促相关市州及县市区立案查处180宗，非立案处理40宗，违法不处理11宗。其中，立案查处的180宗，结案180宗，查处整改到位率100%。给予党政纪处分2人，追究刑事责任1人。

**【矿产资源违法重点线索核查和动态巡查】** 按照“分类核查、跟踪督办、及时反馈、遏制反弹”的原则，扎实开展矿产资源违法线索核查工作。一是加大对煤矿超层越界违法行为的核查力度。按照《甘肃省煤矿超层越界开采专项检查整治行动实施方案》要求，完成重点违法线索实地核查5次。对平凉市华亭砚峡煤越界采矿、红古区炭洞沟煤矿越界开采、白银王家洼煤矿越界开采、庆阳甜水堡煤矿非法生产、天祝龙腾煤业有限公司越界开采问题进行了现场核查和跟踪督办，按时上报了督办意见和报告。二是加大对举报重点违法线索的督办力度。督办重大矿产资源违法违规线索6件，对甘南州夏河县加甘滩金矿超规模开采、徽县嘉陵镇稻平村村民反映非法采矿、永登县民乐乡群众反映永登县民乐乡石英石采石厂越界开采3宗举报线索进行重点督办。配合完成信访反映的西和县开源矿业无证开采、白银景泰大泉水煤矿非法采矿、积石山县小关乡尕阴村违法采砂问题核查工作，提出了处置意见和建议。三是指导开展矿产资源动态巡查工作。据统计，2016年指导市州开展矿产资源动态巡查6217次，立案查处违法行为109

宗,收缴罚没款164.04万元,有力地打击了矿产资源勘查开发领域各类违法违规行为。

**【安全生产检查和矿业权会审】** 一是配合开展全省安全生产大检查工作。配合厅矿管处完成对河西5市及煤田地质局安全生产督导检查工作。对省委督查室督办的临夏永靖县非法采砂发生安全事故,现场进行核查,并上报了核查结果。二是严格落实厅内部会审协查制度。对矿管处提交我局会审的矿业权报件4宗,结合举报、卫片等线索和市县执法部门协查意见,逐一审查,有效保证了矿产资源审批审核事项依法合规。三是注重前端预防工作。参加矿产资源开发利用方案会审8次,参与审核矿产资源开发利用方案11份。对井巷工程设置在矿区范围外、矿区范围涉及自然保护区、矿权涉及违法等情形,及时提出意见建议。

**【矿产资源破坏价值鉴定】** 全年接听矿产资源破坏价值鉴定工作咨询电话28人次,接待来访人员19批次,办理矿产资源破坏价值鉴定报告3份。对咨询问题及时接洽并宣讲政策。对不符合鉴定条件的兰州红古区炭洞沟煤矿越界案件,及时复函予以答复;对符合鉴定条件的陇南武都区非法采砂案件、庆阳镇原县非法采砂案件及天祝龙腾煤业有限公司越界开采案3宗报告件,及时审查并移交厅储量评审中心组织审核。

**【水文地质、环境地质与地质灾害调查】** 开展水工环地质调查评价项目62个,同比增长21.57%。

1. 水文地质调查评价。中央财政投入开展"关天经济区水文地质钻探及水质分析"等项目3个;省级财政投入开展"甘肃省地下水动态监测"等项目9个;社会资金投入开展"张掖市甘州区地下水资源调查评价"等项目7个。

全年完成1:5万水文地质调查1850平方千米,1:10万水文地质调查2000平方千米;完成1:2.5万水文地质勘查120平方千米,1:5万水文地质勘查416平方千米。

2. 环境地质调查评价。中央财政投入开展"金川有色金属矿产资源基地矿山地质环境调查"项目;社会资金投入开展"张掖联鑫钨钼科技发展有限公司小柳沟钨矿年处理100万吨尾矿综合回收项目地下水环境影响评价"等项目5个。

完成1:5万矿山环境地质调查与评价60平方千米。

3. 地质灾害调查评价。中央财政投入开展"天水地区典型地震滑坡调查"等项目6个;省级财政投入开展"甘肃省白银市平川区城区、王家山镇、共和镇重要城镇地质灾害调查与风险区划"等项目28个;社会资金投入开展"酒泉风电基地二期第二批500万千瓦风电项目地质灾害危险性评估"等项目3个。

全年完成1:5万突发性地质灾害调查2226平方千米,1:1万突发性地质灾害调查359平方千米;完成1:5万缓变性地质灾害调查124平方千米,1:1万缓变性地质灾害调查85平方千米。

**【地质科学研究与技术方法创新】** 全年开展地质科技项目124个,同比减少31.49%。

1. 地质科学研究。中央财政投入开展"甘肃省矿产资源调查成果综合集成与服务产品开发"等地质科学研究项目7个。地方财政投入开展"甘肃省地质环境图系编制""甘肃省矿产地质志编撰研究"等项目6个。社会资金投入开展"甘肃卓尼纳杂地区三叠纪多重划分、沉积相及盆地演化研究"等项目3个。

2. 技术方法创新。中央财政投入,开展"甘肃省北山戈壁覆盖区盲矿探测方法探索"等项目3个。社会资金投入开展"甘肃省瓜州县国宝山铷等稀有金属矿选冶试验"项目。

3. 各类报告编写。社会资金投入730.78万元,编制各类报告104份。

**【地质灾害防治工作】** 2016年10月1日省人大重新修订颁布实施了《甘肃省地质环境保护条例》,为我省地质灾害防治管理提供了法律保障。全省建立了省、市、县三级应急技术机构,依托国有地勘单位、科研院所,形成了片区地质灾害应急支撑体制,进一步提高地质灾害应急的时效性。

2016年,全省共发生地质灾害34起,共造成6人死亡、2人受伤、0人失踪,经济损失6178.6万元。

2016年共安排工程治理项目66个,安排搬迁避让2072户9831人。

2016年全年发布预警信息44次,其中一级1次,二级9次、三级34次,成功预警避险9次,避免人员伤亡2529人,避免财产损失661万元。

**【地下水动态监测】** 截至2016年底,地下水监测点数408个,其中国家级监测点164个,省级监测点244个。地下水自动监测井141个,其中疏勒河流域44个,黑河流域76个,庆阳监测区21个。

**【地质资料服务与信息化】** 2016年,甘肃省国土资源厅通过省级财政投入75万元,加强地质资料门户网站建设，增加网站服务内容，丰富网络信息资源，加强信息交流与互动，深化在线服务质量，加大地质资料管理信息宣传力度，提高地质资料网络化服务能力和水平。

甘肃省地质资料馆全年汇交资料147种，其中区域地质53种，矿产地质69种，水文工程6种，环境灾害2种，地质科研17种，其他31种。累计资料借阅401人次、1260份次、52890件次，网站点击数12700次。截至2016年底，资料馆馆藏资料总数9913种，保密总数7320种，累计数字化资料5904种。

（甘肃省国土资源厅）

## 河南省

【矿产资源概况】 截至2016年底，河南省已发现的矿种144种（其中能源矿产10种，金属矿产44种，非金属矿产88种，水气矿产2种），查明资源储量的矿种110种；已开发利用的93种（其中能源矿产6种，金属矿产23种，非金属矿产62种，气体矿产2种）。2016年底主要矿种储量情况见表1。

表1 **2016年底河南省主要矿种储量情况**

| 矿种 | 单位 | 2016年底保有储量 | | |
|---|---|---|---|---|
| | | 年底保有储量 | 年初保有储量 | 储量增减 |
| 煤炭 | 千吨 | 37455015.53 | 34658344.22 | 2796671.31 |
| 石煤 | 千吨 | 676.80 | 676.80 | 0.00 |
| 铁矿 | 矿石 千吨 | 2022856.43 | 2070048.03 | -47191.60 |
| 铜矿 | 铜 吨 | 683923.97 | 640839.64 | 43084.33 |
| 铅矿 | 铅 吨 | 5241321.85 | 5163702.29 | 77619.56 |
| 铝土矿 | 矿石 千吨 | 1089261.19 | 1070572.7 | 18688.49 |
| 钨矿 | $WO_3$ 吨 | 288956.85 | 273931.96 | 15024.89 |
| 钼矿 | 钼 吨 | 5266348.27 | 5758524.77 | -492176.5 |
| 金矿 | 岩金 千克 | 622234.12 | 615581.55 | 6652.57 |
| 银矿 | 银 吨 | 15150.24 | 14454.56 | 695.68 |
| 硫铁矿 | 矿石 千吨 | 245952.36 | 247123.09 | -1170.73 |
| 磷矿 | 矿石 千吨 | 81896.62 | 81896.62 | 0.00 |

【矿产资源勘查】 2016年，河南省地质工作继续围绕市县"358"找矿目标，深化找矿重大突破。全年共开展各类矿产勘查项目192项，投入地质勘查经费3.72亿元，同比减少38.2%。其中中央财政投入0.07亿元，同比增加115.2%；地方财政投入2.94亿元，同比减少26.1%；社会资金投入0.71亿元，同比减少64.7%。三门峡市卢氏县发现中型规模锡矿，为河南省首次，结束了"中原无锡"的历史；峭山地区银矿取得找矿突破，预计提交大型银矿产地两处；桐柏老湾金矿深部勘查持续推进，远景资源量突破100吨；栾川地区钼矿、钨矿取得较大进展，为当地提供新的经济增长点。2016年新上表部分矿区（井田）情况见表2。

截至2016年底，河南省已批准地质勘查资质新设、延续申请21家，变更申请13家，注销申请3家，补证申请1家，对5家地质勘查资质证书到期未申请延续的地质勘查资质证书予以注销。

表2 **2016年河南省新上表矿区（井田）情况（部分）**

| 矿种 | 计量单位 | 矿产地（项目名称） | 查明资源储量 |
|---|---|---|---|
| 含钾岩石 | 矿石 千吨 | 河南省嵩县邓岭铅锌矿详查区化肥用含钾岩石矿 | 600792.80 |
| 煤炭 | 千吨 | 河南省郏县姚庄煤普查区 | 163920.00 |
| 镁矿 | 矿石 千吨 | 鹤壁市柳林白云岩矿区 | 196537.80 |
| 水泥用灰岩 | 矿石 千吨 | 博爱县寨豁乡羊圈水泥用灰岩矿区 | 646212.40 |

续表2

| 矿种 | 计量单位 | 矿产地(项目名称) | 查明资源储量 |
|---|---|---|---|
| 煤炭 | 千吨 | 河南省禹州市张得煤矿区 | 1795240.00 |
| 长石 | 矿物 吨 | 方城县油坊庄铅锌矿详查区风化花岗岩型钾长石矿 | 91831.90 |
| 水泥用灰岩 | 矿石 千吨 | 淅川县金华山水泥灰岩矿(王家庄矿段) | 433491.40 |
| 石膏 | 矿物 千吨 | 安阳县小南海－李家庄石膏矿 | 90500.10 |

【煤田地质勘查】 2016年,河南省煤田地质局全年完成经济总量7.81亿元,占年计划的111.6%。其中提交各类矿产资源储量23.03亿吨,占年计划的460.6%;提交煤炭资源量22.22亿吨,天然焦0.80亿吨,铝土矿0.02亿吨;承担地勘基金项目20个,社会地质项目124个,累计完成钻探工作总量56.41万米,地球物理勘探点49852个,测井74678实测米,测图949.33平方千米。《河南省睢县西部煤普查》等7个项目获"河南省找矿突破战略行动"优秀勘查成果奖。

【矿产资源开发利用】 2016年,河南省共有2614个各类经济性质的独立核算采矿单位从事矿业生产活动,其中大型矿山企业175个,中小型矿山企业1796个,小矿643个;从事矿业生产人数47.3万余人。河南省固体矿石产量2.98亿吨,同比增加4.6%;工业生产总值721.61亿元,同比增加10.0%;矿产品销售收入237.71亿元,同比减少47.2%;利润总额盈利2.25亿元,其中煤炭利润亏损总额为24.34亿元。2016年河南省主要矿产资源开发利用情况见表3。

表3 **2016年河南省主要矿产资源开发利用情况**

| | 矿山数(个) | 从业人员(人) | 年产矿量(万吨) | 工业总产值(万元) | 矿产品销售收入(万元) | 利润总额(万元) |
|---|---|---|---|---|---|---|
| 煤炭 | 500 | 38023 | 11219.33 | 4787428.62 | 3875995.92 | －243409.06 |
| 铁矿 | 174 | 8835 | 401.36 | 79986.25 | 80145.56 | －133.40 |
| 铜矿 | 14 | 218 | 4.10 | 2511.00 | 2511.00 | －350.00 |
| 铅矿 | 115 | 1815 | 23.80 | 36945.83 | 36443.83 | 6257.34 |
| 锌矿 | 12 | 127 | 0.00 | 0.00 | 0.00 | 0.00 |
| 铝土矿 | 104 | 4296 | 377.48 | 88611.80 | 52149.07 | 7660.65 |
| 钼矿 | 32 | 20449 | 5065.20 | 1088946.02 | 264452.82 | 131894.10 |
| 金矿 | 121 | 25666 | 666.28 | 458649.46 | 320994.79 | 37574.99 |
| 银矿 | 25 | 1560 | 60.16 | 81197.10 | 71486.00 | 11538.92 |
| 普通萤石 | 179 | 1814 | 3.33 | 869.65 | 749.65 | 120.60 |
| 耐火黏土 | 23 | 660 | 18.25 | 6362.00 | 3313.00 | 362.34 |
| 硫铁矿 | 11 | 1829 | 22.94 | 4320.00 | 1079.10 | 0.00 |
| 石墨 | 17 | 147 | 0.13 | 312.00 | 20.00 | 13.00 |
| 水泥用灰岩 | 97 | 2377 | 3648.00 | 149703.06 | 40012.37 | 6306.17 |
| 建筑石料用灰岩 | 451 | 7968 | 6359.36 | 115397.96 | 88286.94 | 7532.64 |

【矿业权管理】 截至2016年底,河南省共有勘查许可证1046个,同比增长1.3%,其中新立27个,同比增长80.0%;注销38个,同比减少50.0%。共有采矿许可证2774个,同比减少1.5%,其中新立60个,同比减少14.3%;注销111个,同比减少29.3%。近年来河南省探矿权、采矿权出让情况见图1、图2。

2016年探矿权出让27宗,同比增长80.0%,其中招拍挂出让4宗,探矿权出让价款0.25亿元,价款同比减少78.1%。河南省采矿权出让58宗,同比减少12.1%,出让价款6.70亿元,同比减少11.9%。其中招、拍、挂出让37宗,占出让总量的63.8%,价款0.94亿元,占总价款的14.0%。

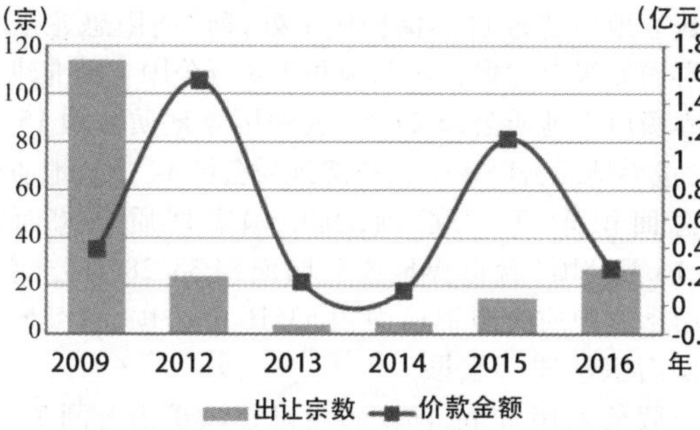


图1　2012～2016年河南省探矿权出让情况

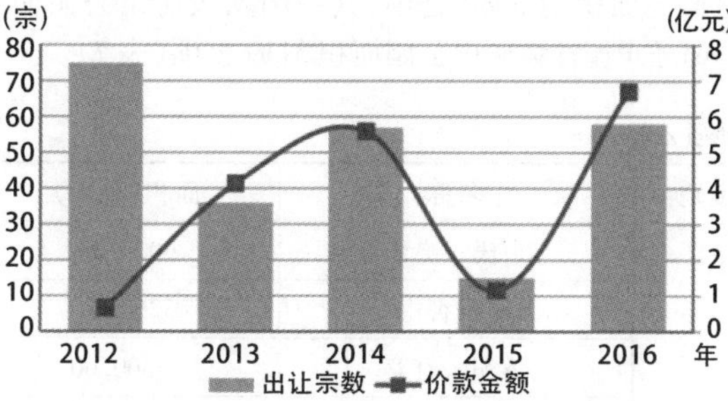


图2　2012～2016年河南省采矿权出让情况

**【矿产资源执法监察】**　2016年，共立案查处各类矿产违法案件117件，同比增长28.6%，罚没款233.81万元，同比减少59.5%(图3)。

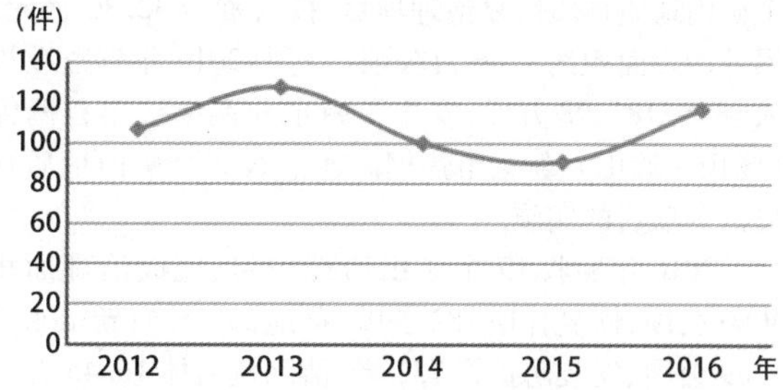


图3　2012～2016年河南省矿产违法案件审结情况

**【地质灾害】**　2016年，全面贯彻落实“汛前排查、汛中巡查、汛后复查”制度，积极开展地质灾害隐患排查。共排查各类地质灾害隐患点3578处，并在排查的基础上，把地质灾害隐患点纳入地质灾害群测群防体系和预警体系。

2016年，河南省共发生地质灾害89起，其中地面塌陷19起、滑坡43起、地面塌陷18起、泥石流9起，灾害规模均为小型，直接经济损失2437.40万元，较2015年增加2211.50万元(表4)。全年地质灾害没有造成人员伤亡。

2016年因地质灾害造成直接经济损失的市、县有6个，其中较为严重的是信阳市和安阳市。

**表4　　2016年河南省地质灾害数量及直接经济损失统计**

| 市(县) | 地质灾害类型及数量(起) | | | | | 人员伤亡 | 直接经济损失(万元) |
|---|---|---|---|---|---|---|---|
| | 合计 | 崩塌 | 滑坡 | 泥石流 | 地面塌陷 | 死亡(人) | |
| 信阳市 | 41 | 8 | 33 | 0 | 0 | 0 | 1892.30 |
| 安阳市 | 23 | 8 | 6 | 8 | 1 | 0 | 411.10 |
| 三门峡市 | 3 | 0 | 3 | 0 | 0 | 0 | 13.00 |
| 鹤壁市 | 3 | 2 | 0 | 0 | 1 | 0 | 60.00 |
| 济源市 | 3 | 1 | 1 | 1 | 0 | 0 | 4.00 |
| 永城市 | 16 | 0 | 0 | 0 | 16 | 0 | 57.00 |
| 合计 | 89 | 19 | 43 | 9 | 18 | 0 | 2437.40 |

**【区域地下水环境监测】**　2016年，河南省设有区域地下水环境监测点185个，以监测平原、岗区浅层地下水为主，监测控制面积10.86万平方千米，占河南省总面积的65.0%(表5、表6)。

**表5　　2016年河南省各水文地质单位监测点情况**

| 监测层位 | 黄淮海平原(个) | 伊洛河盆地(个) | 灵三盆地(个) | 南阳盆地(个) | 合计(个) |
|---|---|---|---|---|---|
| 浅层 | 161 | 5 | 1 | 18 | 185 |

**表6　　2016年河南省地下水环境监测工作量情况**

<table>
<tr><th colspan="2">监测内容</th><th colspan="2">监测点数(个)</th><th>监测频率</th><th>监测数据(个)</th></tr>
<tr><td rowspan="3">水位</td><td rowspan="2">长观</td><td rowspan="2">185</td><td>60</td><td>2次/日</td><td>44640</td></tr>
<tr><td>125</td><td>6次/月</td><td>9000</td></tr>
<tr><td>统调</td><td colspan="2">732</td><td>2次/年</td><td>1464</td></tr>
<tr><td colspan="2">水质</td><td colspan="2">105</td><td>1次/年</td><td>111</td></tr>
</table>

**【矿山地质环境治理】**　截至2016年底，组织实施333

个矿山地质环境恢复治理项目，投入资金32.30亿元，累计治理面积约1.46万公顷。其中2016年省财政投入资金3181.98万元，安排了南水北调中线渠首两侧（汤山－遮山）、舞钢市焦桐高速沿线2个矿山地质环境治理项目的实施。

2016年验收19个矿山治理项目，完成治理面积4080公顷；恢复林地182公顷、草地27公顷；新增水域1.69公顷、安装防护栏732米；清除危岩体16.45万立方米，清除整治矿渣89.98万立方米；植树30.38万棵；修路113.59千米。

**【地质遗迹保护和地质公园】** 截至2016年底，河南省建立地质遗迹自然保护区1处，即“南阳恐龙蛋化石群国家级自然保护区”，面积7.8万公顷。批准建立的省级以上地质公园29个，其中国家地质公园15个（含世界地质公园4个）、省级地质公园14个。地质公园总面积61.78万公顷，其中国家地质公园面积53.16万公顷（含世界地质公园面积33.28万公顷），取得国家地质公园资格面积53.16万公顷，省级地质公园面积8.62万公顷。

截至2016年底，河南省批准建设矿山公园7个，其中国家级矿山公园3个、省级矿山公园4个。矿山公园总面积达5080公顷，其中国家级矿山公园面积1961公顷，省级矿山公园面积3119公顷（表7）。

表7 2016年河南省地质公园

| 级别 | 名称 | 面积（公顷） | 级别 | 名称 | 面积（公顷） |
|---|---|---|---|---|---|
| 世界 | 焦作云台山 | 55600.00 | 省级 | 卢氏玉皇山 | 6000.00 |
| | 登封嵩山 | 26400.00 | | 邓州杏山 | 3250.00 |
| | 王屋山－黛眉山 | 98600.00 | | 汝州大红寨 | 14300.00 |
| | 伏牛山 | 152200.00 | | 桐柏山·淮源 | 4770.40 |
| 国家 | 遂平嵖岈山 | 14300.00 | | 华夏植物群 | 11500.00 |
| | 郑州黄河 | 20200.00 | | 河南跑马岭 | 11500.00 |
| | 河南关山 | 16900.00 | | 渑池韶山 | 14637.00 |
| | 洛宁神灵寨 | 10100.00 | | 永城芒砀山 | 157.30 |
| | 信阳金刚台 | 19193.00 | | 新县大别山 | 10395.00 |
| | 灵宝小秦岭 | 6000.00 | | 宜阳花果山 | 5390.00 |
| | 红旗渠·林虑山 | 19345.00 | | 唐河凤山 | 35.80 |
| | 黛眉山 | 32800.00 | | 林州万宝山 | 2499.00 |
| | 宝天曼 | 32091.00 | | 固始九华山 | 4855.00 |
| | 汝阳恐龙 | 12283.00 | | 淮阳龙湖 | 1200.00 |
| | 鲁山尧山 | 15621.00 | | | |

**【科技获奖情况】** 2016年，申报部科技奖6项，获二等奖2项；申报省科技进步奖5项，获三等奖1项（表8）。共评出2015年度河南省国土资源科技奖励50项，其中一等奖10项、二等奖24项、三等奖16项。

表8 2016年河南省省部级科技获奖项目

| 项目名称 | 完成单位 | 获奖等级 |
|---|---|---|
| 内蒙古自治区兴和县曹四夭钼矿详查 | 河南省地质矿产勘查开发局第二地质勘查院 | 国土资源部科技奖励二等奖 |
| 河南花岗岩及与成矿关系研究——透岩浆成矿理论与河南钼矿成矿作用 | 河南省国土资源科学研究院、中国地质大学 | 国土资源部科技奖励二等奖 |
| 河南平原第四纪环境变迁与黄河发育演化 | 河南地质环境监测院 | 河南省科技进步三等奖 |

（河南省国土资源厅）

# 广东省

【矿产资源概况】 广东省地处欧亚板块与太平洋板块交接处，成矿地质条件优越，矿产资源种类较多，优势矿种集中度高。全省发现矿产约148种（亚种，矿种约93种），查明储量101种（亚种）。截至2016年底，全省矿产资源储量简表的矿产共有90个矿种，矿区1120处，矿产地1859处。其中：燃料矿产，2个矿种，产地183处；黑色金属矿产，4个矿种，产地149处；有色金属矿产，11个矿种，产地600处；贵金属矿产，2个矿产，产地146处；稀有稀土及分散元素矿产，15个矿种，产地200处；冶金辅助原料非金属矿产，9个矿种，产地80处；化工原料非金属矿产，10个矿种，产地174处；建材和非金属矿产，39个矿种，产地327处。

【矿产资源开发利用】 2016年，广东省开采利用的主要矿产有铁、铜、铅、锌、钨、锡、钼、金、银、稀土、硫铁矿、石膏、灰岩、高岭土、陶瓷土等30多种（表1）。具有一定规模及优势，在国内占有重要地位的主要矿产有油页岩、铁、铜、铅、锌、钨、金、银、稀土、普通萤石、硫铁矿、水泥用灰岩、高岭土等。

表1 **2016年广东省主要矿产品产量及增长速度**

| 矿产名称 | 矿产品名称 | 2016年产量 | 2015年产量 | 单位 | 增幅（%） |
|---|---|---|---|---|---|
| 铁矿 | 铁矿石原矿 | 235.28 | 498.23 | 万吨 | -52.78 |
| | 炼铁块矿 | 24.81 | 25.63 | 万吨 | -3.2 |
| | 铁富粉矿 | 24.45 | 35.25 | 万吨 | -30.64 |
| | 特精矿粉 | 20.5 | 11.73 | 万吨 | 74.74 |
| 铜矿 | 铜原矿 | 0 | 0 | 万吨 | - |
| | 铜精矿 | 0.77 | 0.94 | 万吨 | -17.84 |
| 铅矿 | 铅锌原矿 | 7.11 | 0.83 | 万吨 | 755.23 |
| | 铅原矿 | 2.66 | 3.27 | 万吨 | -18.76 |
| | 铅精矿 | 7.34 | 5.48 | 万吨 | 33.85 |
| | 铅锌精矿 | 0.0014 | 0.022 | 万吨 | -93.64 |
| 锌矿 | 锌原矿 | 1.42 | 3.56 | 万吨 | -60.13 |
| | 锌精矿 | 12.04 | 11.81 | 万吨 | 1.9 |
| 钨矿 | 钨精矿 | 0.26 | 3.41 | 万吨 | -92.36 |
| 金矿 | 金精矿 | 0 | 0 | 千克 | - |
| | 金块矿 | 585.37 | 527.57 | 千克 | 10.96 |
| 银矿 | 银精矿 | 92781.03 | 93120.94 | 千克 | -0.37 |
| | 其他 | 872.22 | 0 | 千克 | - |
| 稀土矿 | 其他 | 0.011 | 0.02 | 万吨 | -27.15 |
| 轻稀土矿 | 轻稀土矿 | 0.086 | 0.03 | 万吨 | 231.66 |
| 硫铁矿 | 硫铁矿 | 233.05 | 240.61 | 万吨 | -3.14 |
| 水泥用灰岩 | 石灰石 | 9411.44 | 8975.68 | 万吨 | 4.85 |
| | 硅酸盐水泥 | 342.79 | 112.92 | 万吨 | 203.57 |
| | 普通硅酸盐水泥 | 44.41 | 38.74 | 万吨 | 14.64 |
| | 其他水泥 | 100 | 100 | 万吨 | 0 |
| | 其他 | 40.72 | 31.37 | 万吨 | 29.83 |

续表 1

| 矿产名称 | 矿产品名称 | 2016 年产量 | 2015 年产量 | 单位 | 增幅/% |
|---|---|---|---|---|---|
| 陶瓷土 | 瓷土 | 256.03 | 328.2 | 万吨 | -21.99 |
| | 其他 | 14.61 | 41.22 | 万吨 | -64.54 |
| 高岭土 | 高岭土 | 112.07 | 43.45 | 万吨 | 157.96 |

**【地质勘查投入】** 2016 年全年,广东省地质勘查工作支出资金 35239.362 万元,同比增长 4.44%(图 1)。

1. 资金来源:中央财政 5739.06 万元,占总量的 16%,同比增长 7.65%;地方财政 8719.772 万元,占总量的 25%,同比增长 32.11%;社会资金 20780.53 万元,占总量的 59%,同比减少 4.71%。

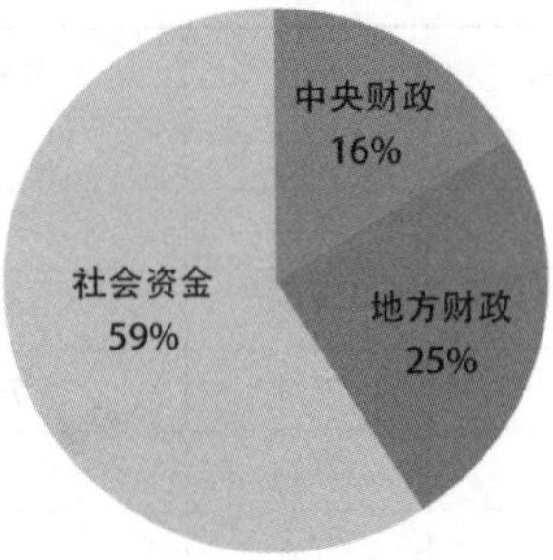


图 1 2016 年广东省地质勘查投入资金结构图(按资金来源)

2. 资金投向:矿产勘查 16332.98 万元,占总量的 46%,同比减少 11.98%;基础性地质调查 2235 万元,占总量的 6%,同比减少 23.07%;地质环境与地质灾害调查评价 5518.502 万元,占总量的 16%,同比增长 193.06%;地质科技及其他 11152.88 万元,占总量的 32%,同比增长 7.29%(图 2)。

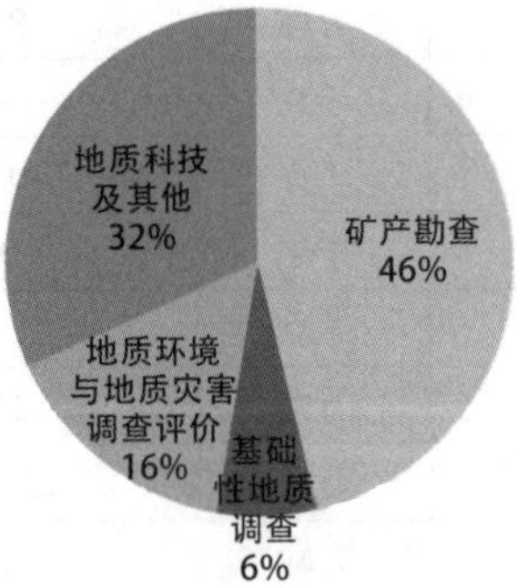


图 2 2016 年广东省地质勘查投入资金结构图(按资金投向)

**【矿产资源勘查资金投入】** 广东省矿产资源勘查工作共投入资金 16332.98 万元。其中,中央财政 435 万元,占总量的 3%;地方财政 3306.26 万元,占总量的 20%;社会资金 12591.72 万元,占总量的 77%。广东省实施矿产勘查项目 191 项次,完成钻探工作量 114983.4 米(同比增长 10.44%)(图 3)。

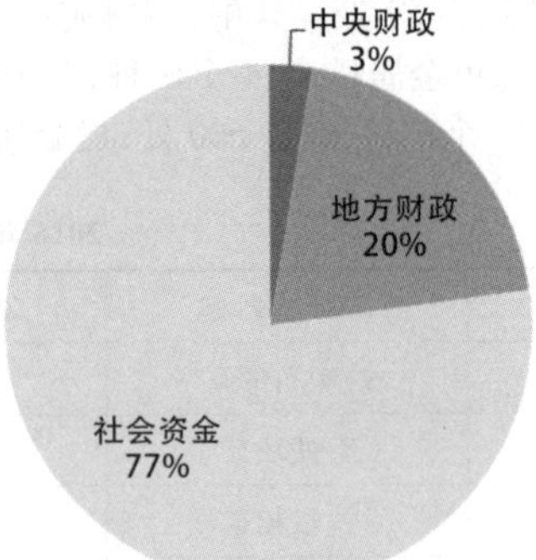


图 3 2016 年广东省矿产资源勘查投入资金结构图(按资金来源)

主要矿种勘查资金和完成钻探工作量分别为:铅锌矿 5465.12 万元,开展项目 52 个,钻探 36974.6 米;金矿 2364.14 万元,开展项目 41 个,钻探 17543.8 米;铜矿 1702.12 万元,开展项目 38 个,钻探 15130.9 米;锡矿 1559.04 万元,开展项目 13 个,钻探 19116 米;钼矿 421.71 万元,开展项目 7 个,钻探 162.5 米;铁矿 139.18 万元,开展项目 4 个,钻探 0 米;钨矿 80.39 万元,开展项目 2 个,钻探 1477 米(图 4、图 5)。

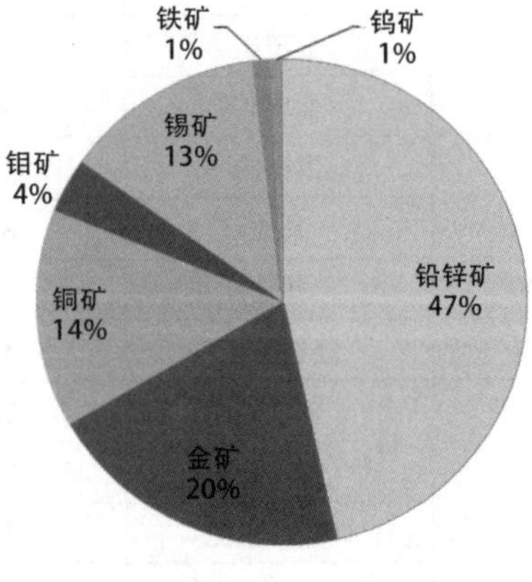


图 4 2016 年广东省主要矿种勘查资金投入分布图

**【基础地质调查资金投入】** 广东省基础地质调查工作共投入资金 2235 万元。其中,中央财政 1617 万

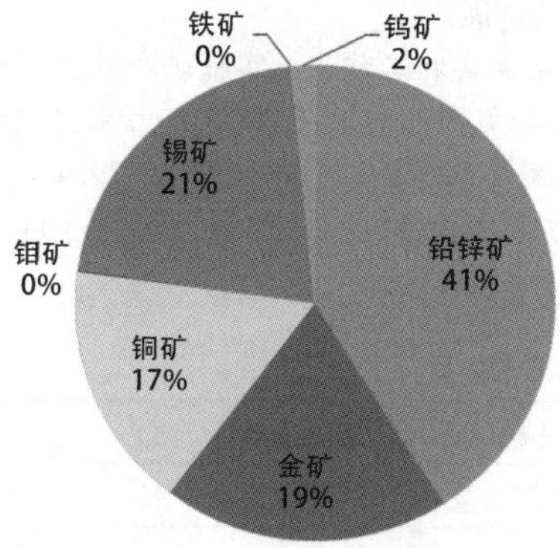


图5 2016年广东省主要矿种完成钻探工作量分布图

元，占总量的72.34%；地方财政600万元，占总量的26.84%；社会资金18万元，占总量的0.82%（图6）。

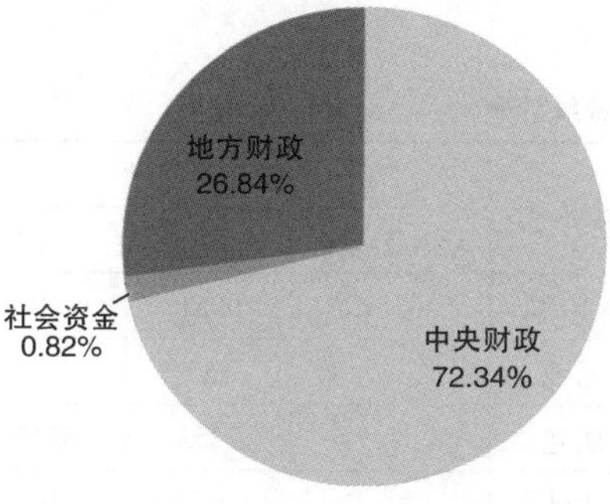


图6 2016年广东省基础地质调查投入资金结构图（按资金来源）

**【地质环境与地质灾害调查评价资金投入】** 广东省地质环境与地质灾害调查评价工作共投入资金5518.502万元。其中，中央财政2333.36万元，占总量的42%；地方财政2311.082万元，占总量的42%；社会资金874.06万元，占总量的16%（图7）。

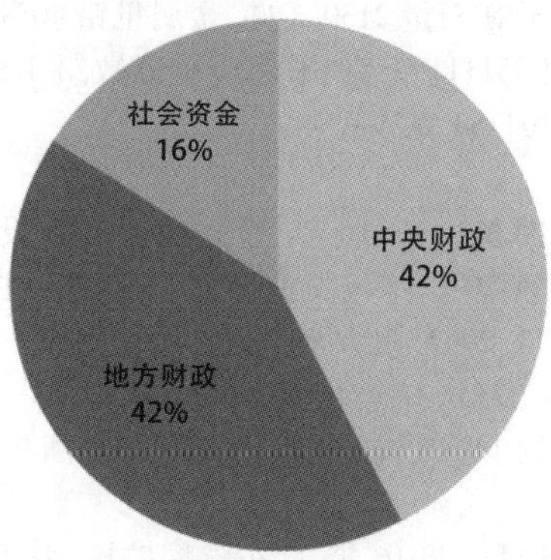


图7 2016年广东省地质环境与地质灾害调查评价投入资金结构图（按资金来源）

**【地质科技与其他资金投入】** 地质科学研究与技术方法创新：广东省地质科技工作共投入资金10712.88万元。其中，中央财政1353.7万元，占总量的12%；地方财政2062.43万元，占总量的23%；社会资金7296.75万元，占总量的65%（图8）。

其他（资料信息类）资金投入440万元，为地方财政投入（图8）。

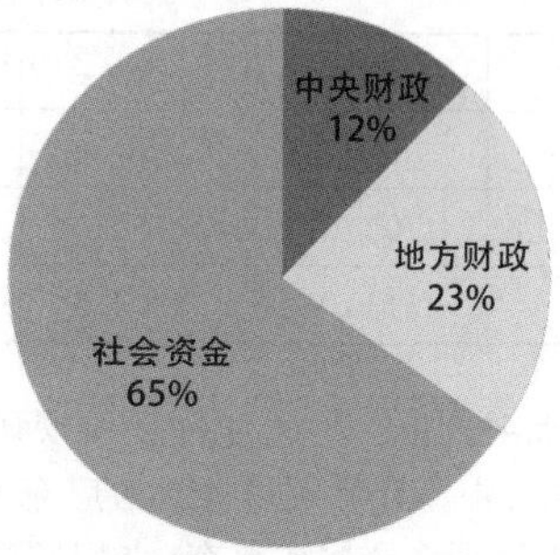


图8 2016年广东省地质科技与其他投入资金结构图（按资金来源）

**【基础地质调查】** 2016年，广东省共开展基础地质调查项目图幅46幅，投入经费共计3205.42万元，同比减少40.52%，项目经费全部为中央财政投入；共完成钻探2857.9米，坑探250米，槽探11016.8立方米。

1. 区域地质调查。2016年广东省区域地质调查投入资金709万元，均为中央财政资金。

2016年度共实施图幅数7幅，为1∶5万区域地质调查项目，完成面积2758平方千米，完成工作量钻探1340米。

2. 区域地球物理调查。2016年广东省区域地球物理调查投入资金18万元，为社会资金。本年度共实施图幅数1幅，为1∶5万区域重力调查，完成3幅，完成面积460平方千米。

3. 区域地球化学调查。2016年广东省区域地球化学调查投入资金260万元，均为中央财政资金。本年度共实施图幅数10幅，为1∶25万区域地球化学调查项目，完成面积4100平方千米。

4. 区域遥感地质调查。2016年度广东省境内未开展区域遥感地质调查工作。

5. 区域海洋地质调查。2016年度广东省境内未开展区域海洋地质调查工作。

6. 1∶5万区域地质矿产调查。2016年广东省区域地质矿产调查投入资金448万元，均为中央财政资金。本年度共实施图幅数5幅，完成面积1559平方千米，完成工作量钻探150米，槽探850立方米。其中，1∶5万地球化学测量项目1幅，完成面积230平方千米；1∶5万区域地质矿产调查项目2幅，完成面积787平方千米；1∶5

万区域地质填图项目2幅,完成面积542平方千米。

7. *矿产远景调查*。2016年度广东省境内未开展矿产远景调查工作。

**【矿产资源勘查】** 2016年广东省进一步探索构建地质找矿新机制,积极推进地质找矿工作,部分重要矿产勘查取得新的进展。

1. *完成主要实物工作量*。实施矿产勘查项目181项次,完成主要实物工作量:钻探8.6万米,同比减少33.02%;坑探0.305万米,同比增加79.4%;槽探7.334万立方米,同比减少22.64%;浅井0.011万米,同比减少45%(表2)。

表2 2016年广东省主要矿种勘查资金和完成钻探工作量

| 矿种 | 铜 | 铅 | 锌 | 锡 | 钨 | 钼 | 金 | 银 |
|---|---|---|---|---|---|---|---|---|
| 项目数(个) | 38 | 51 | | 13 | 2 | 7 | 41 | 10 |
| 资金投入(万元) | 1702.12 | 5375.12 | | 1559.04 | | 421.71 | 2364.14 | 1319.74 |
| 钻探(米) | 15130.9 | 35863.5 | | 19116 | 1477 | | 17543.8 | 6146.2 |

2. *新发现矿产地*。2016年度新发现矿产地3处,详见表3,其中:中型矿产地1处,为广东省惠州市惠东县羊耳嶂矿区铜多金属矿普查;小型矿产地2处:广东省河源市紫金县单竹坑铅矿普查、广东省英德市八宝铅锌多金属矿详查。

表3 2016年广东省新发现矿产地及新增矿产资源统计表

| 序号 | 矿种 | 矿产地(项目名称) | 矿产规模 | 计量单位 | 新增矿产资源 | | |
|---|---|---|---|---|---|---|---|
| | | | | | 332及以上 | 333 | 334 |
| 1 | 钨 | 广东省惠州市惠东县羊耳嶂矿区铜多金属矿普查 | 中型 | $WO_3$万吨 | 0.51 | 0.51 | 0 |
| | 铜 | | 小型 | 金属吨 | | 152 | |
| 2 | 铅 | 广东省河源市紫金县单竹坑铅矿普查 | 小型 | 金属吨 | | 7253 | 52124 |
| | 银 | | 小型 | 金属吨 | | | 103 |
| 3 | 铅 | 广东省英德市八宝铅锌多金属矿详查 | 小型 | 金属吨 | 23594 | 17253 | |
| | 锌 | | 小型 | 金属吨 | 61660 | 36791 | |
| | 银 | | 中型 | 金属吨 | | 351.1 | |
| | 铜 | | 小型 | 金属吨 | | 3631 | |

3. *新增查明矿产资源储量*。重要矿种新增一批(333及以上)资源储量:铜126318金属吨;锌147344金属吨;铅136274金属吨;钨1.02 $WO_3$万吨;金11.63金属吨;银424.92金属吨。

4. *矿产资源勘查重大成果*。2016年广东省矿产资源勘查重大成果主要有《广东省惠东县羊耳嶂矿区铜多金属矿详查》《广东省紫金县单竹坑铅矿普查》《广东省英德市八宝铅锌银多金属矿详查》等3个项目。

《广东省惠东县羊耳嶂矿区铜多金属矿详查》投入工作量主要有矿产钻探19158.20米、槽探2938.10立方米、老窿清理及调查1386.40米。投入资金1546.74万元,新增钨金属量10130吨,矿床规模为中型。《广东省紫金县单竹坑铅矿普查》新增资源量(333+334):铅锌矿石量170.7万吨、银矿石量41.1万吨,铅+锌金属量59377.8吨、银金属量103.3吨;工业银矿体平均质量分数$251.5\times10^{-6}$、工业铅+锌矿体平均品位3.48%。《广东省英德市八宝铅锌银多金属矿详查》累计查明源量(332+333)矿石量2130千吨,金属量铅40847吨、锌98451吨、银351111千克,平均质量分数铅1.92%、锌4.62%、银164.84克/吨。

**【地质矿产勘查】** 2016年,全省地质勘查投入资金3.23亿元,较2015年减少16.75%。施工钻探16.88万米,槽探17.29万立方米,坑探1.05万米。新发现矿产地3处,新增矿产资源储量:铜12.63万吨,钨1.02万吨,锦11.63吨,铅锌19.86万吨(图9)。

**【矿业权出让】** 2016年,广东省探矿权、采矿权出让全部以网上挂牌方式交易。其中,出让探矿权5宗,同比增长25%;出让价款852.95万元,同比增长

100.98%。出让采矿权59宗,同比减少6.3%;出让价款30876.76万元,同比增长52.5%(图10至图12)。

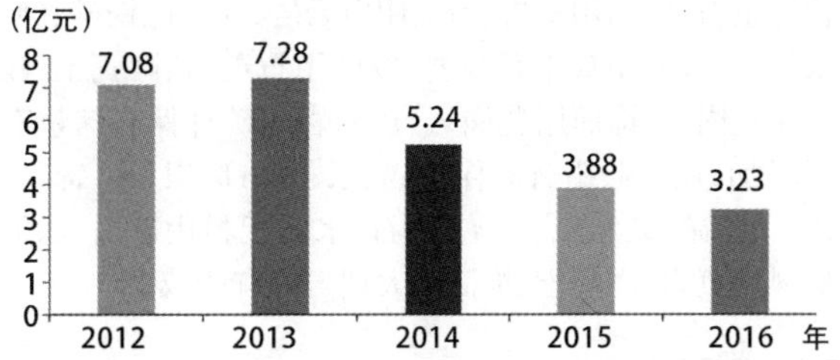


图9　2012～2016年广东省地质矿产勘查投资变化情况

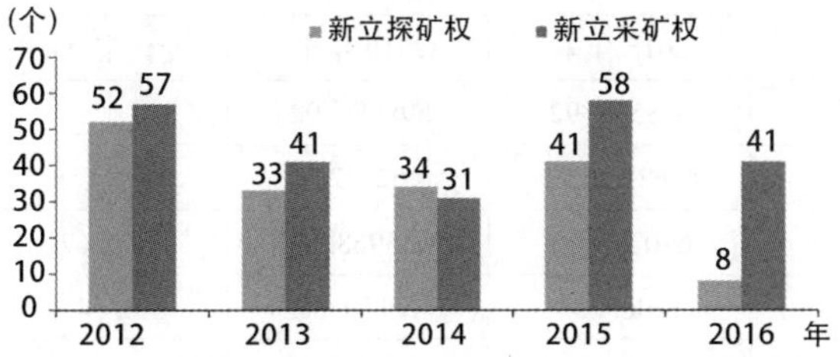


图10　2012～2016年广东省新立探矿权和采矿权数量变化情况

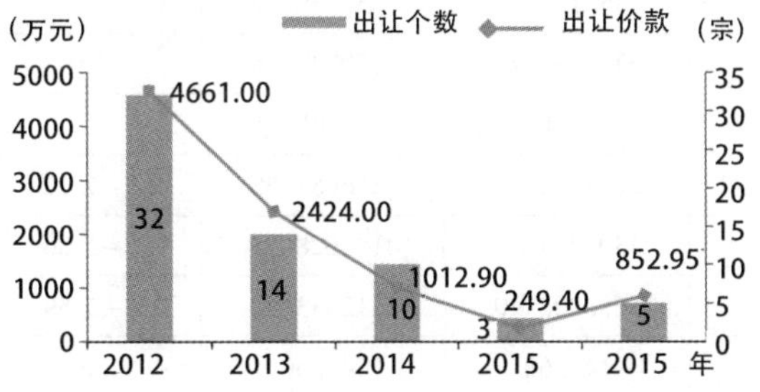


图11　2012～2016年广东省探矿权出让情况

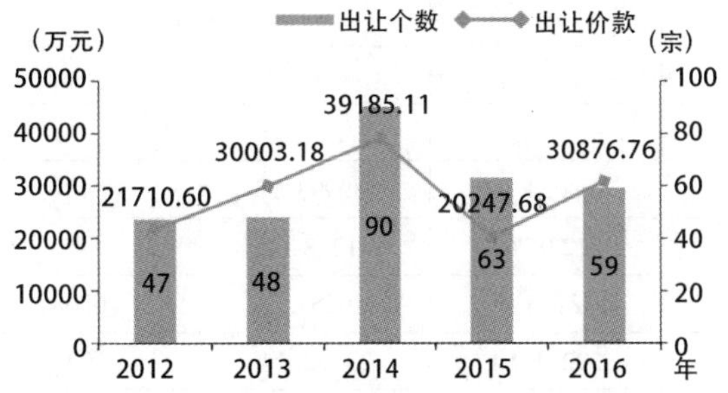


图12　2012～2016年广东省采矿权出让情况

**【已查明资源储量矿种】**　广东地处欧亚板块与太平洋板块交接处,是国内矿产资源种类较多的省份之一。截至2016年底,全省已发现矿产150种(亚种),其中已查明资源储量的矿种有103(亚)种,包括能源矿产6种,黑色金属矿产4种,有色金属矿产11种,贵金属矿产2种,稀有稀土及分散元素矿产15种,冶金辅助原料矿产8种,化工原料矿产9种,建材及其他非金属矿产44种,水气矿产4种。

1. *能源矿产*。能源矿产6种,包括:煤、石油、天然气、铀、油页岩、地热(据《全国矿产资源储量通报》,泥炭归类为非金属)。

2. *金属矿产*。黑色金属4种,包括:铁、锰、钒、钛。

有色金属11种,包括铜、铅、锌、铝土矿、钴、钨、锡、钼、铋、汞、锑。

贵金属2种,包括金、银。

稀有稀土及分散元素金属15种,包括:铌钽矿、铌、钽、铍、锆、铷;轻稀土矿、稀土矿、重稀土矿;锗、镓、铟、镉、钪、硒。

3. *非金属矿产*。非金属矿产46种(亚矿种61种),包括:矽线石、红柱石、萤石(普通萤石)、石灰岩(水泥用灰岩、制灰用灰岩、熔剂用灰岩、建筑用灰岩)、白云岩(冶金用白云岩)、石英岩(冶金用石英岩、玻璃用石英岩)、砂岩(水泥配料用砂岩)、天然石英砂(玻璃用砂、建筑用砂、水泥配料用砂、铸型用砂)、脉石英(冶金用脉石英)、耐火黏土、硫铁矿、芒硝、重晶石、天然碱、蛇纹岩(化肥用蛇纹岩)、泥炭、盐矿、砷、硼、磷、石墨、水晶(压电水晶、熔炼水晶)、硅灰石、滑石、石棉、云母、长石、黄玉、叶蜡石、沸石、石膏、冰洲石、玉石、页岩(水泥配料用页岩、砖瓦用页岩)、高岭土、陶瓷土、膨润土、硅藻土、其他黏土(砖瓦用黏土、水泥配料用黏土、水泥配料用黄土、水泥配料用泥岩)、辉绿岩(饰面用辉绿岩)、花岗岩(建筑用花岗岩、饰面用花岗岩)、大理岩(饰面用大理岩、建筑用大理岩、水泥用大理岩)、珍珠岩、粗面岩(水泥用粗面岩)、片麻岩(建筑用片麻岩)。

4. *水气矿产*。水气矿产4种,包括:地下水、矿泉水、地下肥水、二氧化碳气。

上述矿产中,进入2016年广东省查明矿产资源储量统计表的(亚)矿种有92种,新增加制灰用灰岩、片麻岩两个矿种。未包括石油、天然气、放射性矿产及水气矿产。

**【排名全国前列的矿种】**　广东省资源储量在全国排名前十以内的矿产如下所述。

1. *能源矿产*。油页岩(排名全国第4,下同)。

2. *金属矿产*。其中,黑色金属:钛矿,目前基本未利用。有色金属:铋(5)、锡(5)、汞(6)、铅(6)、钨(10)。贵金属:银(5)。稀有稀散金属:铌钽矿、稀土、钪、锗、铍、锆、铷、铟、镉。

3. *非金属矿产*。硫铁矿、天然碱、冰洲石、黄玉、萤石、泥炭。此外,需要指出的是广东的建材类矿产十分丰富。广东陶瓷产业、水泥产业和玻璃产业较为发达,相关的矿产较多。陶瓷产业:高岭土、陶瓷土;水泥产业:水泥用灰岩及水泥用相关配料矿产(水泥配料用砂、页岩、泥岩、黄土等);玻璃产业:玻璃用砂、玻璃用石英岩。此外,建筑用碎石(建筑用花岗岩、建筑用大理岩等)、饰面板材(饰面用大理岩、饰面用辉绿岩等)资源储量也很大。

4. 水气矿产。矿泉水是广东省优势矿种。

**【保有矿产资源储量及年度变化】** 根据广东省矿产资源储量管理数据库统计,广东省主要矿产年度保有储量变化见表4。其中,锰、钨、锡、铋、钼、金、稀土、铟、镉、普通萤石、熔剂用灰岩、冶金用白云岩、伴生硫铁矿、砷、水泥用灰岩、制灰用石灰岩、玻璃用石英岩、陶瓷土、建筑用花岗岩、饰面用花岗岩、片麻岩等矿种保有储量有所增加,铁、铜、铅、锌、伴生锡、汞、汞、锑、银、锗、镓、硫铁矿、芒硝、天然碱、盐矿、长石、水泥配料用砂岩、水泥配料用页岩、高岭土、饰面用大理岩等有所减少。

表4　　**2016年广东省保有矿产资源储量及年度变化**

| 序号 | 矿产 | | 单位 | 保有资源储量 | | |
|---|---|---|---|---|---|---|
| | | | | 2015年末 | 2016年末 | 变化率(%) |
| 1 | 煤炭 | | 千吨 | 598589.92 | 598589.92 | |
| 2 | 油页岩 | | 千吨 | 4462332.21 | 4462332.21 | |
| 3 | 铁矿 | | 矿石 千吨 | 640231.15 | 635968.56 | -0.67 |
| 4 | 锰矿 | | 矿石 千吨 | 12065.34 | 12130.88 | 0.54 |
| 5 | 钛矿 | 高钛矿 | 高钛矿 矿物吨 | 79851.00 | 79851.00 | |
| | | 金红石砂矿 | 金红石 矿物吨 | 2778.10 | 2778.10 | |
| | | 钛铁矿 | 钛铁矿 $TiO_2$ 吨 | 9352169.77 | 9352169.77 | |
| | | 钛铁矿砂矿 | 钛铁矿 矿物吨 | 6379732.75 | 6379732.75 | |
| 6 | 钒矿 | | $V_2O_5$ 吨 | 487640.00 | 487640.00 | |
| 7 | 铜矿 非伴生矿 | | 铜 吨 | 2413952.60 | 2396687.58 | -0.72 |
| 8 | 铅矿 | | 铅 吨 | 4303799.85 | 4180628.53 | -2.86 |
| 9 | 锌矿 | | 锌 吨 | 5658902.40 | 5512333.03 | -2.59 |
| 10 | 铝土矿 | | 矿石 千吨 | 140.60 | 140.60 | |
| 11 | 钴矿 | | 钴 吨 | 2284.50 | 2284.50 | |
| 12 | 钨矿 | 原生矿 | $WO_3$ 吨 | | | |
| | | 砂矿 | $WO_3$ 吨 | | | |
| | | 伴生矿 | $WO_3$ 吨 | | | |
| 13 | 锡矿 | 原生矿 | 锡 吨 | 438024.97 | 439993.25 | 0.45 |
| | | 砂矿 | 锡 吨 | 41238.62 | 41238.62 | |
| | | 伴生矿 | 锡 吨 | 118145.49 | 110251.30 | -6.68 |
| 14 | 铋矿 | | 铋 吨 | 22261.84 | 23162.14 | 4.04 |
| 15 | 钼矿 | | 钼 吨 | 773571.73 | 774105.90 | 0.07 |
| 16 | 汞矿 | | 汞 吨 | 1664.66 | 1547.74 | -7.02 |
| 17 | 锑矿 | | 锑 吨 | 57552.45 | 56542.85 | -1.75 |
| 18 | 金矿 | 岩金 | 金 千克 | 77758.62 | 101181.01 | 30.12 |
| | | 砂金 | 金 千克 | 14201.91 | 14201.91 | |
| | | 伴生金 | 金 千克 | 17113.27 | 19166.46 | 12.00 |
| 19 | 银矿 | | 非伴生矿银 吨 | 19314.85 | 19233.63 | -0.42 |

**续表 4-1**

| 序号 | 矿产 | | 单位 | 保有资源储量 | | |
|---|---|---|---|---|---|---|
| | | | | 2015 年末 | 2016 年末 | 变化率(%) |
| 20 | 铌钽矿 | 氧化铌钽 | $(Nb+Ta)_2O_5$ 吨 | 1011.51 | 1011.51 | |
| | | 铌钽铁砂矿 | 铌钽铁矿 吨 | 8837.61 | 8837.61 | |
| | | 铌钽铁矿 | 铌钽铁矿物 吨 | 29464.70 | 29464.70 | |
| 21 | 铌矿 | 氧化铌 | $Nb_2O_5$ 吨 | 33285.15 | 33285.15 | |
| | | 褐钇铌铁砂矿 | 褐钇铌矿物 吨 | 2276.30 | 2276.30 | |
| | | 铌钶铁砂矿 | 铌(钶)铁矿 吨 | 11541.00 | 11541.00 | |
| 22 | 钽矿 | 氧化钽 | $Ta_2O_5$ 吨 | 7943.69 | 7943.69 | |
| | | 细晶石 | 细晶石 吨 | 72.00 | 72.00 | |
| 23 | 铍矿 | 氧化铍 | BeO 吨 | 2930.47 | 2930.47 | |
| | | 绿柱石 | 绿柱石 吨 | 451.91 | 451.91 | |
| 24 | 锆矿 | 锆英石砂矿 | 锆英石 吨 | 586378.39 | 586378.39 | |
| | | 锆英石 | 锆英石 吨 | 422.00 | 422.00 | |
| | | 铪锆石 | 铪锆石 吨 | 1294.50 | 1294.50 | |
| 25 | 铷矿 | | $Rb_2O$ 吨 | 121418.00 | 121418.00 | |
| 26 | 重稀土矿 | 磷钇矿砂矿 | 磷钇矿 吨 | | | |
| | | 磷钇矿 | 磷钇矿 吨 | | | |
| | | 重稀土氧化物 | 重稀土氧化物 吨 | | | |
| 27 | 稀土矿 | 稀土氧化物砂矿 | 稀土氧化物 吨 | | | |
| | | 稀土氧化物 | 稀土氧化物 吨 | | | |
| 28 | 轻稀土矿 | 独居石砂矿 | 独居石 吨 | | | |
| | | 轻稀土氧化物 | 轻稀土氧化物 吨 | | | |
| 29 | 锗矿 | | 锗 吨 | 599.76 | 563.41 | -6.06 |
| 30 | 镓矿 | | 镓 吨 | 711.36 | 675.36 | -5.06 |
| 31 | 铟矿 | | 铟 吨 | 394.12 | 431.31 | 9.44 |
| 32 | 镉矿 | | 镉 吨 | 15981.58 | 16536.58 | 3.47 |
| 33 | 钪矿 | | 钪 千克 | 123.10 | 123.10 | |
| 34 | 硒矿 | | 硒 吨 | 16.20 | 16.20 | |
| 35 | 矽线石 | | 矽线石 吨 | 2410000.00 | 2410000.00 | |
| 36 | 红柱石 | | 红柱石 吨 | 176.54 | 176.54 | |
| 37 | 普通萤石 | | 萤石或 $CaF_2$ 千吨 | 2688.34 | 2842.4 | 5.73 |
| 38 | 熔剂用灰岩 | | 矿石 千吨 | 547444.97 | 552952.79 | 1.01 |
| 39 | 冶金用白云岩 | | 矿石 千吨 | 466655.39 | 467861.55 | 0.26 |
| 40 | 冶金用石英岩 | | 矿石 千吨 | 16615.00 | 16615.00 | |
| 41 | 铸型用砂 | | 矿石 千吨 | 6205.00 | 6205.00 | |
| 42 | 冶金用脉石英 | | 矿石 千吨 | 5495.00 | 5495.00 | |

续表 4-2

| 序号 | 矿产 | | 单位 | 保有资源储量 | | |
|---|---|---|---|---|---|---|
| | | | | 2015 年末 | 2016 年末 | 变化率(%) |
| 43 | 耐火黏土 | | 矿石 千吨 | 30049.90 | 30049.90 | |
| 44 | 硫铁矿 | 矿石 | 矿石 千吨 | 331217.57 | 330645.80 | -0.17 |
| | | 伴生硫 | 硫 千吨 | 24201.17 | 24390.61 | 0.78 |
| 45 | 芒硝 | | $Na_2SO_4$ 千吨 | 26337.50 | 26007.70 | -1.25 |
| 46 | 重晶石 | | 矿石 千吨 | 911.12 | 911.12 | |
| 47 | 天然碱 | | $Na_2CO_3+NaHCO_3$ 千吨 | 185.50 | 172.50 | -7.01 |
| 48 | 化肥用蛇纹岩 | | 矿石 千吨 | 150.00 | 150.00 | |
| 49 | 泥炭 | | 矿石 千吨 | 92747.10 | 92747.10 | |
| 50 | 盐矿 | | NaCl 千吨 | 133428.76 | 130605.21 | -2.12 |
| 51 | 砷矿 | | 砷 吨 | 89397.21 | 100312.21 | 12.21 |
| 52 | 硼矿 | | $B_2O_3$ 千吨 | 468.77 | 468.77 | |
| 53 | 磷矿 | 伴生磷 | $P_2O_5$ 千吨 | 0.16 | 0.16 | |
| | | 矿石 | 矿石 千吨 | 19476.95 | 19476.95 | |
| 54 | 石墨 | 晶质石墨 | 晶质石墨 千吨 | 355.00 | 355.00 | |
| | | 隐晶质石墨 | 隐晶质石墨 千吨 | 3838.50 | 3838.50 | |
| 55 | 压电水晶 | | 单晶 千克 | 9048.00 | 9048.00 | |
| 56 | 熔炼水晶 | | 矿物 吨 | 323.00 | 323.00 | |
| 57 | 硅灰石 | | 矿石 千吨 | 1310.00 | 1310.00 | |
| 58 | 滑石 | | 矿石 千吨 | 974.00 | 974.00 | |
| 59 | 石棉 | | 石棉 千吨 | 29.00 | 29.00 | |
| 60 | 云母 | | 工业原料云母 吨 | 1186.00 | 1186.00 | |
| 61 | 长石 | | 矿石 千吨 | 2544.51 | 2525.54 | -0.75 |
| 62 | 黄玉 | | 黄玉 吨 | 6701.20 | 6701.20 | |
| 63 | 叶蜡石 | | 矿石 千吨 | 405.00 | 405.00 | |
| 64 | 沸石 | | 矿石 千吨 | 879.00 | 879.00 | |
| 65 | 石膏 | | 矿石 千吨 | 175217.00 | 175217.00 | |
| 66 | 冰洲石 | | 矿物 千克 | 109.00 | 109.00 | |
| 67 | 玉石 | | 矿石 吨 | 100320.00 | 100320.00 | |
| 68 | 水泥用灰岩 | | 矿石 千吨 | 6501432.85 | 6547364.43 | 0.71 |
| 69 | 制灰用石灰岩 | | 矿石 千吨 | | 56856.96 | 100.00 |
| 70 | 玻璃用石英岩 | | 矿石 千吨 | 21435.42 | 22333.42 | 4.19 |
| 71 | 水泥配料用砂岩 | | 矿石 千吨 | 37177.62 | 36886.80 | -0.78 |
| 72 | 玻璃用砂 | | 矿石 千吨 | 235677.50 | 235677.50 | |
| 73 | 建筑用砂 | | 矿石 千立方米 | 5100.00 | 5100.00 | |
| 74 | 水泥配料用砂 | | 矿石 千吨 | 18673.00 | 18673.00 | |

**续表 4－3**

| 序号 | 矿产 | 单位 | 保有资源储量 | | |
|---|---|---|---|---|---|
| | | | 2015 年末 | 2016 年末 | 变化率(%) |
| 75 | 硅藻土 | 矿石 千吨 | 19179.00 | 19179.00 | |
| 76 | 水泥配料用页岩 | 矿石 千吨 | 74303.79 | 74116.01 | －0.25 |
| 77 | 高岭土 | 矿石 千吨 | 572104.16 | 571158.21 | －0.17 |
| 78 | 陶瓷土 | 矿石 千吨 | 40836.00 | 62451.10 | 52.93 |
| 79 | 膨润土 | 矿石 千吨 | 20535.00 | 20535.00 | |
| 80 | 砖瓦用黏土 | 矿石 千立方米 | 150.00 | 150.00 | |
| 81 | 水泥配料用黏土 | 矿石 千吨 | 69052.20 | 69052.20 | |
| 82 | 水泥配料用黄土 | 矿石 千吨 | 10110.00 | 10110.00 | |
| 83 | 水泥配料用泥岩 | 矿石 千吨 | 4320.00 | 4320.00 | |
| 84 | 饰面用辉绿岩 | 矿石 千立方米 | 3010.00 | 3010.00 | |
| 85 | 建筑用花岗岩 | 矿石 千立方米 | 354766.30 | 427509.27 | 20.50 |
| 86 | 饰面用花岗岩 | 矿石 千立方米 | 18718.70 | 21519.27 | 14.96 |
| 87 | 珍珠岩 | 矿石 千吨 | 310.00 | 310.00 | |
| 88 | 水泥用粗面岩 | 矿石 千吨 | 10430.00 | 10430.00 | |
| 89 | 饰面用大理岩 | 矿石 千立方米 | 157572.77 | 157451.36 | －0.08 |
| 90 | 建筑用大理岩 | 矿石 千立方米 | 19566.00 | 19566.00 | |
| 91 | 水泥用大理岩 | 矿石 千吨 | 97631.70 | 97631.70 | |
| 92 | 建筑用片麻岩 | 矿石 千立方米 | | 69219.00 | 100.00 |

**资料来源**：广东省矿产资源储量管理数据库；钨、稀土相关数据未公布。

**【新增上表矿区】** 据广东省储量管理数据库，2016 年新增上表矿区共 25 处，其中金属矿产 4 处，非金属矿产 21 处，具体如下。

1. 金属矿产。

① 广宁县黄泥坑金矿　勘查程度为勘探。金金属量 20210 千克（其中基础储量 10619 千克，资源量 9591 千克），银金属量 26.25 吨（其中基础储量 14.95 吨，资源量 11.3 吨），硫铁矿伴生硫 21.1 千吨，砷 10915 吨。

②英德市八宝岩头区段铅锌银多金属矿　勘查程度为详查。金属量铜 3631 吨，铅 40847 吨，锌 98451 吨，$WO_3$ 214 吨，铋 866 吨，银 351.11 吨，锗 3.65 吨，铟 37.19 吨，镉 895 吨，普通萤石 154.06 千吨，硫铁矿 11 千吨。均为资源量。

③大埔县五丰稀土矿　勘查程度为详查（具体数据未公布）。

④东源县古云稀土矿　（具体数据未公布）。

2. 非金属矿产。新增上表矿区合计查明水泥用灰岩 1.11 亿吨，制灰用灰岩 0.57 亿吨，建筑用花岗岩 0.84 亿立方米，建筑用片麻岩 0.69 亿立方米，陶瓷土、高岭土 2161.5 万吨，另有部分熔剂用灰岩、冶金用白云岩、玻璃用石英岩、饰面用花岗岩。

①城市建安石场建筑用片麻岩矿 69219 千立方米。

②武江区石背山－新珠熔剂用灰岩、白云岩矿熔剂用灰岩 6925 千吨，冶金用白云岩 1294.86 千吨。

③仁化县王家陶瓷土矿陶瓷土 1727.63 千吨。

④台山市石蕉南蛇尾饰面用花岗岩矿 2803 千立方米。

⑤新会区崖西林场五马同槽山建筑用花岗岩矿建筑用花岗岩 37356.62 千立方米。

⑥广宁县芒头坝矿区陶瓷用二长花岗岩矿 2652.4 千吨。

⑦德庆县联合云贞陶瓷土矿 6496.25 千吨。

⑧高要市宏基－云峰－镰沟水泥用石灰岩矿 16665.94 千吨。

⑨博罗县上利山水泥用石灰岩矿 21774.45 千吨。

⑩龙门县山下水泥用石灰岩矿 64914.66 千吨。

⑪龙门县密溪林场芹菜塘陶瓷用石英正长岩矿陶瓷土 3765.6 千吨，建筑用花岗岩 6299 千立方米。

⑫龙门县三丫石制生石灰用石灰岩矿 51746.76 千吨。

⑬惠阳区华茂石场建筑用花岗岩矿 19886.2 千立方米。

⑭梅县丙村镇深坑水泥用灰岩矿 8018.46 千吨。

⑮五华县犁金坑陶瓷土矿 2675.6 千吨。

⑯龙川县小地瓷土矿 923 千吨。

⑰东源县白石岗玻璃用石英岩矿 898 千吨。

⑱阳西县西盐岭建筑用花岗岩矿 20546.5 千立方米。

⑲清新区榕树塘陶瓷用高岭土矿 1669.28 千吨。

⑳连州市龙坪镇木浪矿区制灰用灰岩矿 5110.2 千吨。

㉑郁南县沙木大舅垌矿区陶瓷土矿 1705.34 千吨。

**【地质灾害与防治】** 2016 年，广东省共发生地质灾害 213 起，其中，滑坡 89 起、崩塌 115 起、泥石流 2 起、地面塌陷 5 起、地裂缝 2 起，造成 22 人死亡、11 人受伤，直接经济损失 4448.8 万元。与 2015 年同期相比，地质灾害发生数量、死亡人数和直接经济损失分别增加 11.5%、266.7% 和 21.3%（图 13）。地质灾害主要发生在每周、河源、肇庆、韶关、广州等 5 个市。

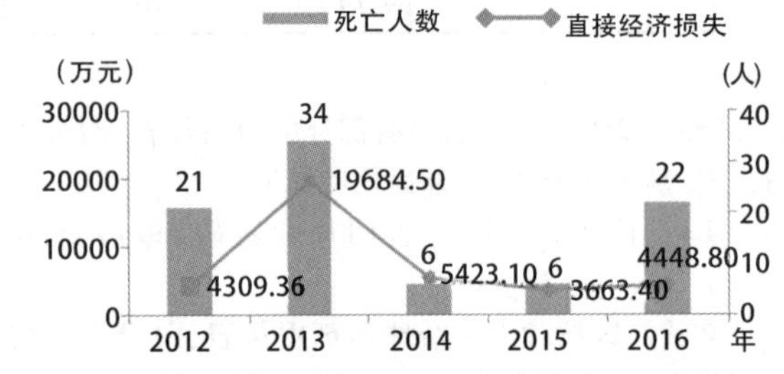


图 13　2012～2016 年广东省地质灾害造成的死亡人数和直接经济损失情况

2016 年，广东省共投入地质灾害防治专项资金 7 亿元，其中广东省级财政地质灾害防止资金 2 亿元。成功预报地质灾害 8 起，避免人员伤亡 91 人，避免直接经济损失 194 万元。全省开展地质灾害应急演练 104 次，人数达 21258 人（图 14）。

**【矿山地质环境治理】** 2016 年，广东省投入矿山地质环境治理资金 14380 万元，累计治理面积 300 公顷。其中，广东省财政 2016 年安排省级矿山地质环境治理项目 12 个，补助资金 2500 万元（图 15）。

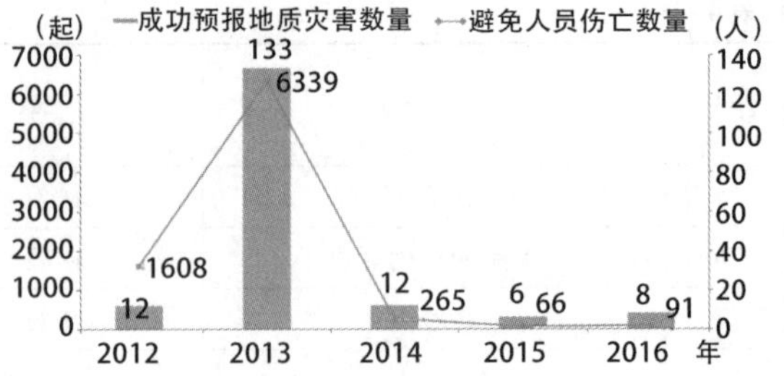


图 14　2012～2016 年广东省成功预报地质灾害起数和避免人员伤亡情况

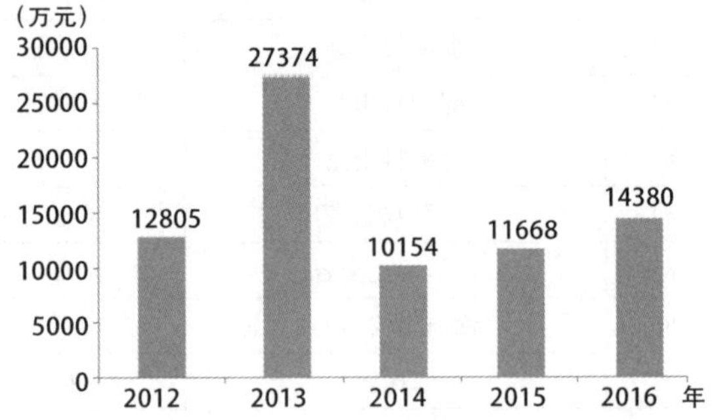


图 15　2012～2016 年广东省投入矿山地质环境治理资金情况

**【地质遗迹、地质公园与矿山公园建设】** 2016 年，广东省已有地质遗迹自然保护区 6 处，其中，国家级自然保护区 1 处、省级自然保护区 5 处（表 5）。

**表 5　2016 年广东省地质遗迹自然保护区一览表**

| 序号 | 自然保护区名称 | 所在市 | 面积（公顷） | 始建时间 |
|---|---|---|---|---|
| 1 | 广东仁化丹霞山国家级自然保护区 | 韶关市 | 29000 | 1995 年 |
| 2 | 广东饶平海山海滩岩省级自然保护区 | 潮州市 | 3600 | 2001 年 |
| 3 | 广东潮安海蚀地貌省级自然保护区 | 潮州市 | 1200 | 2003 年 |
| 4 | 广东河源恐龙化石省级自然保护区 | 河源市 | 1002 | 2001 年 |
| 5 | 广东南雄恐龙化石省级自然保护区 | 韶关市 | 4221 | 2005 年 |
| 6 | 广东怀集桥头燕岩省级自然保护区 | 肇庆市 | 923 | 2005 年 |

2016年，广东省已建立世界地质公园2处、国家地质公园9处（其中2处为世界地质公园）；省级地质公园9处（表6）。全省已建立国家矿山公园6处（表7）。

表6　广东省地质公园一览表

| 序号 | 地质公园名称 | 所在位置 | 面积（公顷） | 批准时间 |
|---|---|---|---|---|
| 1 | 广东丹霞山世界地质公园 | 韶关市仁化县 | 29000 | 2004年2月 |
| 2 | 雷琼世界地质公园湛江园区 | 湛江市区、雷州市、徐闻县 | 252900 | 20016年设立，2016年9月扩园 |
| 3 | 广东湛江湖光岩国家地质公园 | 湛江市区、雷州市、徐闻县 | 2200 | 2001年12月 |
| 4 | 广东阳春凌霄岩国家地质公园 | 阳江阳春市 | 10460 | 2004年1月 |
| 5 | 广东佛山西樵山国家地质公园 | 佛山市南海区 | 800 | 2004年1月 |
| 6 | 广东封开国家地质公园 | 肇庆市封开县 | 8370 | 2005年9月 |
| 7 | 广东恩平地热国家地质公园 | 江门恩平市 | 10000 | 2005年9月 |
| 8 | 广东深圳大鹏半岛国家地质公园 | 深圳市大鹏半岛 | 5087 | 2005年9月 |
| 9 | 广东阳山国家地质公园 | 清远市阳山县 | 7972 | 2009年8月 |
| 10 | 广东乐昌金鸡岭省级地质公园 | 韶关乐昌市 | 1130 | 2012年8月 |
| 11 | 广东饶平青岚审计地质公园 | 潮州市饶平县 | 1716 | 2012年8月 |
| 12 | 广东平原五指石省级地质公园 | 梅州市平远县 | 4280 | 2012年8月 |
| 13 | 广州增城省级地质公园 | 广州市增城区 | 11600 | 2013年6月 |
| 14 | 广东南雄恐龙省级地质公园 | 韶关南雄市 | 8823 | 2013年6月 |
| 15 | 广东连平陂头省级地质公园 | 河源市连平县 | 3300 | 2013年6月 |
| 16 | 广东英德英西省级地质公园 | 清远英德市 | 2419 | 2015年8月 |
| 17 | 广东中山黄圃省级地质公园 | 中山市黄圃镇 | 162.3 | 2015年8月 |
| 18 | 广东揭西黄满寨省级地质公园 | 揭阳市揭西县 | 2940 | 2015年8月 |

表7　广东省国家矿山公园一览表

| 序号 | 矿山公园名称 | 矿山类型 | 主要矿业遗迹保护对象 | 开园时间 |
|---|---|---|---|---|
| 1 | 韶关芙蓉山国家矿山公园 | 煤矿 | 采煤矿井、石灰岩露天采石场、石炭系剖面、古生物化石、峰丛－洼地岩溶地貌 | 2009年12月 |
| 2 | 深圳凤凰山国家矿山公园 | 石材 | 芙蓉采石场遗迹 | 2012年7月 |
| 3 | 深圳鹏茜国家矿山公园 | 大理岩 | 典型的喀斯特地貌、－40米井下开采工程 | 正在建设中 |
| 4 | 梅州五华白石嶂国家矿山公园 | 钼、钨矿 | 采矿矿井、开采方式及成矿特征、矿业遗迹和地下空间遗迹 | 正在建设中 |
| 5 | 广东凡口国家矿山公园 | 铅锌矿 | 地质矿产、矿产采掘和矿产的选、冶、加工等遗迹 | 2015年12月 |
| 6 | 广东大宝山国家矿山公园 | 铁、铜、硫多金属矿 | 地质矿产、矿产采掘和矿产的选、冶、加工等遗迹 | 正在建设中 |

**【地下水环境监测】**　2016年，广东省共有地下水监测点465个。监测范围包括广州市广华盆地、佛山市、肇庆市、深圳市、湛江市区、茂名市、阳江市、韶关市、潮州市、揭阳市、梅州市、河源市、惠州市、江门市、粤北韶关和清远岩溶石地区、雷州半岛地区共16个监测区，监测面积共37713平方千米。

**【地质灾害调查评价】**　2016年，广东省地质环境与地质灾害调查评价共实施项目36个，投入资金5518.50万元，其中中央财政投入2333.36万元，地方财政投入2311.08万元，社会资本投入874.06万元，完成水文地质调查83349平方千米。

1. 水文地质调查评价。2016年度广东省共开展水文地质调查评价实施项目14个，投入资金2566万元，其中中央财政投入1555.86万元，地方财政投入546.58万元，社会资本投入463.56万元，完成水文地质调查64806平方千米。

2. 环境地质调查评价。2016年度广东省共开展环境地质调查评价8项，投入资金1333万元，其中中央财政投入743万元，地方财政投入590万元，完成调查面积5651平方千米。

3. 地质灾害调查。2016年广东省共开展各类地质灾害调查评价项目共13个，投入1282.502万元，其中中央财政投入34.5万元，地方财政投入837.502万元，社会资本投入410.5万元，完成调查面积10292平方千米。

4. 地热资源调查评价。2016年广东省共开展地热资源调查评价项目共1个，投入337万元，其中地方财政投入337万元，完成调查面积2600平方千米。

**【地质资料社会化服务】** 2016年广东省国土资源档案馆在地质资料信息管理方面共投入440万元，为地方财政投入。截至2016年底，馆藏地质资料9779种，全部完成数字化。地质资料数据集群管理平台、地质资料管理服务信息系统得到较好利用，全年完成地质资料汇交215宗，成果地质资料利用92198件次，网站点击量15158次。广东省地质资料的接收、整理、归档、管理、数字化、提供利用等工作已经走上了规范化和信息化的道路。

（广东省国土资源厅）

# 浙江省

**【矿产资源概况】** 根据国土资源部统一部署，浙江省国土资源厅组织开展了2016年矿产资源统计工作，通过各级国土资源部门的共同努力，圆满完成了年度工作任务。经过数据统计分析，2016年全省矿产资源开发利用呈现良好态势：各项矿业经济指标全面回升，矿山生态环境持续改善，实现了“十三五”良好开局。

2016年，全省共有持证矿山1048个，从业人员34672人，矿石采掘量55427.57万吨，实现矿业总产值138.74亿元，利润7.33亿元，税金12.33亿元。与2015年相比，在矿山数减少了4.29%，从业人员减少了2.00%的情况下，其他各项矿业指标均呈不同幅度的提升，其中矿石采掘量增加了24.57%，矿业总产值增加了9.96%，利润增加了15.06%，税金增加了12.55%，特别是许多企业扭亏为盈，总体发展态势良好（表1、图1、表2和图2）。

**表1　2012～2016年浙江省主要矿业指标对比表**

| 年份 | 矿山数（个） | 从业人员（人） | 矿石采掘量（万吨） | 矿业总产值（万元） | 利润总额（万元） | 税金总额（万元） |
|---|---|---|---|---|---|---|
| 2012 | 1549 | 50342 | 57887.85 | 1405744.24 | 84448.70 | 125157.92 |
| 2013 | 1427 | 41777 | 53839.44 | 1366432.05 | 98596.78 | 127743.62 |
| 2014 | 1246 | 38499 | 52373.01 | 1428339.93 | 126531.11 | 128287.65 |
| 2015 | 1095 | 35380 | 44494.72 | 1261751.78 | 63731.32 | 109518.75 |
| 2016 | 1048 | 34672 | 55427.57 | 1387423.75 | 73329.70 | 123267.94 |

**表2　2016年浙江省各市主要矿业指标对比表**

| 行政区 | 矿山数（个） | 从业人员（人） | 矿石采掘量（万吨） | 矿业总产值（万元） | 利润总额（万元） | 税金总额（万元） |
|---|---|---|---|---|---|---|
| 合计 | 1048 | 34672 | 55427.57 | 1387423.75 | 73329.70 | 123267.94 |
| 杭州市 | 127 | 4508 | 6242.14 | 201701.01 | 13925.95 | 21055.02 |
| 宁波市 | 106 | 3710 | 7575.82 | 169262.02 | 13480.03 | 6292.96 |
| 温州市 | 95 | 3071 | 5323.35 | 105887.8 | 5984.15 | 3998.29 |
| 嘉兴市 | 7 | 434 | 360.40 | 16241.22 | -1277.83 | 1821.90 |
| 湖州市 | 63 | 3244 | 8357.39 | 263668.84 | 20319.51 | 39407.49 |
| 绍兴市 | 73 | 2045 | 1224.50 | 37557.37 | 417.24 | 4665.25 |
| 金华市 | 105 | 3356 | 1813.03 | 71936.18 | 4863.64 | 6041.44 |
| 衢州市 | 157 | 2246 | 1375.47 | 47860.08 | 7422.91 | 9439.73 |
| 台州市 | 144 | 5259 | 5561.74 | 98998.2 | 3339.33 | 2056.45 |
| 丽水市 | 123 | 3939 | 438.28 | 80932.19 | -251.59 | 7973.98 |
| 舟山市 | 48 | 2860 | 17155.45 | 293378.84 | 5106.36 | 20515.43 |

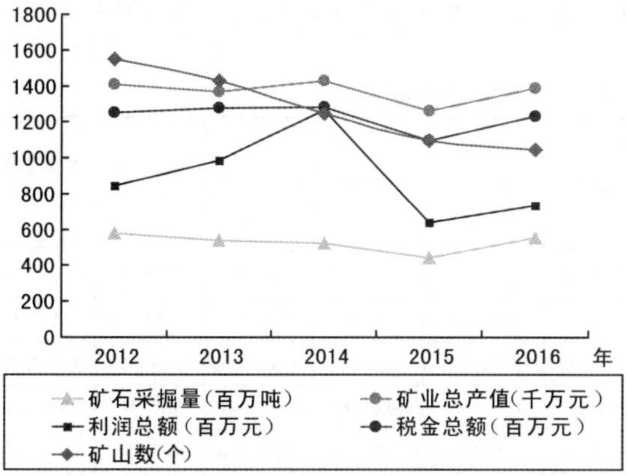


图1　2012～2016 年浙江省主要矿业指标对比图

与 2015 年相比,2016 年全省人均矿石采掘量、人均矿业产值和人均利税均有提升,分别上升 26.98%、12.23% 和 17.22%(表 3、图 3)。

表 3　2012～2016 年浙江省矿业人均生产指标对比表

| 年 份 | 人均矿石采掘量[万吨/(人·年)] | 人均矿业产值[万元/(人·年)] | 人均利税总额[万元/(人·年)] |
|---|---|---|---|
| 2012 | 1.15 | 27.92 | 1.68 |
| 2013 | 1.29 | 32.71 | 2.36 |
| 2014 | 1.36 | 37.10 | 3.29 |
| 2015 | 1.26 | 35.66 | 1.80 |
| 2016 | 1.60 | 40.02 | 2.11 |

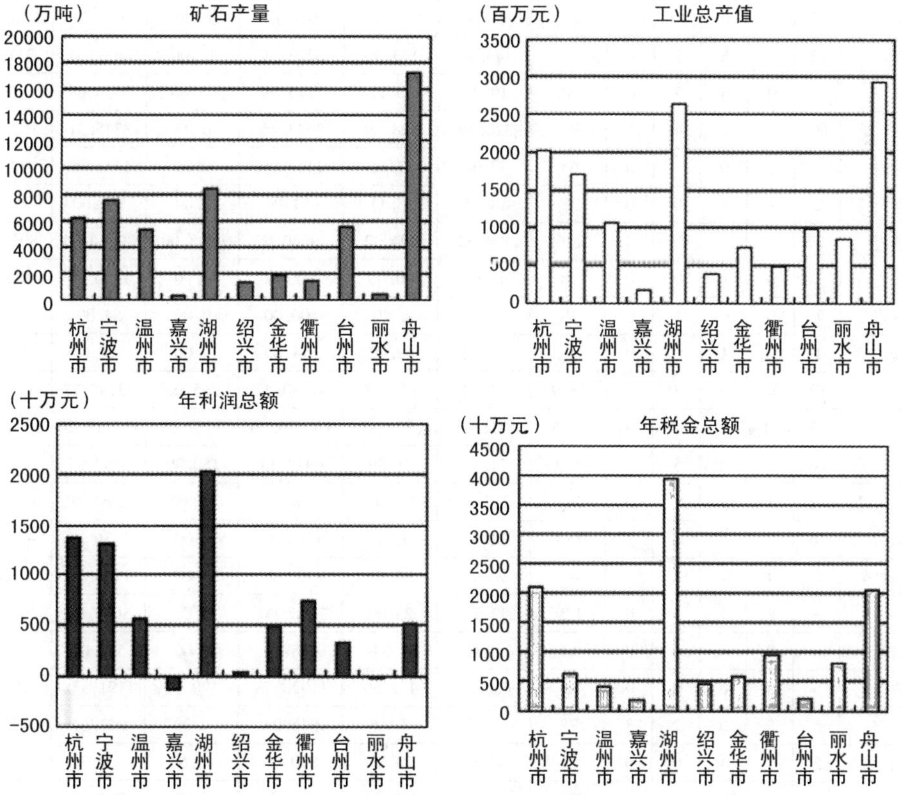


图2　2016 年浙江省各市主要矿业指标对比图

**【矿产资源开发利用】**　2016 年,全省开发利用的矿产 57 种,包括能源矿产 1 种,金属矿产 10 种,非金属矿产 45 种(其中普通建筑材料用砂、石、黏土矿 15 种),水气矿产 1 种。与 2015 年相比增加了建筑用页岩和水泥用大理岩 2 种矿产。2016 年浙江省非油气矿产资源开发利用情况统计情况见表 4。

1. *矿业结构*。2016 年的矿业结构与往年基本一致,即普通建筑材料用砂、石、黏土矿产量和产值均居主导地位,其他非金属矿产次之,金属矿产再次之,水气矿产和能源矿产所占比重很小。与 2015 年相比,普通建筑材料用砂、石、黏土在矿山数减少了 38 个的情况下,各项矿业指标均有不同程度的提升,其中矿石采掘量、矿业总产值、利润总额及税金总额分别增加了 29.62%、9.56%、5.25%、16.15%,产值占全省矿业总产值的比重与 2015 年基本持平。其他非金属矿产产值占全省矿业总产值的比重增加了 0.55 个百分点,金属矿产、能源矿产与水气矿产占比均略有小幅下降，其中金属矿产的利润亏损额大幅减少，减幅为46.59%。

**表4　　2016年浙江省非油气矿产资源开发利用情况统计表**

| 统计指标 | | 矿山企业数 | | | | | 从业人员（个） | 年产矿量（万吨） | 实际采矿能力（万吨/年） | 矿业总产值（万元） | 综合利用产值（万元） | 矿产品销售收入（万元） | 利润总额（万元） | 税金总额（万元） |
|---|---|---|---|---|---|---|---|---|---|---|---|---|---|---|
| | | 合计 | 大型 | 中型 | 小型 | 小矿 | | | | | | | | |
| 合　计 | | 1048 | 467 | 174 | 366 | 41 | 34672 | 55427.57 | 59614.88 | 1387423.75 | 20134.24 | 1111389.14 | 73329.70 | 123267.94 |
| 矿产种类 | 地下热水 | 11 | 5 | 1 | 5 | 0 | 636 | 67.85 | 0.00 | 3289.33 | 0.00 | 3015.73 | -1327.51 | 142.15 |
| | 建筑用凝灰岩 | 410 | 332 | 35 | 41 | 2 | 15332 | 39624.69 | 42727.25 | 795022.86 | 2.15 | 583082.52 | 32733.49 | 46707.03 |
| | 砖瓦用页岩 | 103 | 1 | 58 | 44 | 0 | 3355 | 170.92 | 193.91 | 32947.44 | 900.00 | 24079.47 | 987.91 | 1461.71 |
| | 建筑用花岗岩 | 49 | 23 | 10 | 15 | 1 | 1027 | 1096.33 | 1113.67 | 35552.86 | 30.32 | 29078.00 | 1493.53 | 2791.95 |
| | 建筑用砂岩 | 28 | 22 | 4 | 2 | 0 | 1252 | 3780.82 | 3991.93 | 114162.73 | 638.00 | 110962.31 | 7667.76 | 11188.02 |
| | 建筑石料用灰岩 | 26 | 4 | 4 | 18 | 0 | 943 | 1703.07 | 1862.86 | 53218.76 | 244.80 | 40583.70 | 1685.36 | 4599.78 |
| | 砖瓦用黏土 | 22 | 0 | 0 | 17 | 5 | 88 | 4.04 | 14.82 | 107.73 | 0.00 | 107.73 | 40.00 | 11.01 |
| | 建筑用玄武岩 | 12 | 5 | 6 | 1 | 0 | 164 | 143.51 | 143.96 | 6743.34 | 10.00 | 6427.34 | 311.80 | 394.61 |
| | 砖瓦用砂岩 | 11 | 0 | 6 | 5 | 0 | 248 | 19.71 | 40.11 | 4715.99 | 93.86 | 4638.69 | -2.76 | 192.70 |
| | 建筑用砂 | 8 | 2 | 1 | 4 | 1 | 363 | 326.29 | 328.59 | 8643.46 | 0.00 | 8345.51 | 1105.15 | 546.45 |
| | 建筑用闪长岩 | 3 | 2 | 0 | 1 | 0 | 65 | 37.66 | 37.66 | 1111.00 | 0.00 | 1111.00 | 165.70 | 111.30 |
| | 建筑用辉绿岩 | 2 | 1 | 1 | 0 | 0 | 37 | 18.11 | 18.11 | 651.00 | 0.00 | 651.00 | 17.00 | 36.00 |
| | 建筑用安山岩 | 1 | 1 | 0 | 0 | 0 | 156 | 494.32 | 494.32 | 29460.00 | 6033.00 | 29460.00 | 8033.30 | 3816.50 |
| | 建筑用白云岩 | 1 | 0 | 1 | 0 | 0 | 28 | 40.00 | 40.00 | 1200.00 | 0.00 | 1200.00 | 480.00 | 28.00 |
| | 建筑用大理岩 | 1 | 0 | 0 | 1 | 0 | 18 | 3.32 | 2.70 | 100.00 | 0.00 | 54.00 | 3.00 | 3.00 |
| | 建筑用页岩 | 1 | 0 | 1 | 0 | 0 | 8 | 19.72 | 19.72 | 314.00 | 0.00 | 314.00 | 38.00 | 18.56 |
| | 普通萤石 | 82 | 9 | 3 | 70 | 0 | 1829 | 72.28 | 131.58 | 41080.47 | 265.00 | 23145.17 | 3271.51 | 4230.20 |
| | 水泥用灰岩 | 53 | 31 | 6 | 16 | 0 | 1935 | 6418.00 | 6872.59 | 136050.16 | 6019.83 | 137719.26 | 16749.34 | 28800.38 |
| | 叶蜡石 | 26 | 3 | 18 | 5 | 0 | 409 | 71.17 | 71.89 | 6922.13 | 180.39 | 6552.94 | 178.84 | 1353.37 |
| | 方解石 | 21 | 3 | 3 | 15 | 0 | 241 | 217.99 | 218.16 | 13981.55 | 32.00 | 12847.02 | 718.31 | 2388.37 |
| | 饰面用花岗岩 | 16 | 3 | 2 | 10 | 1 | 183 | 21.33 | 117.09 | 1768.47 | 0.00 | 1436.33 | -158.15 | 40.60 |
| | 水泥配料用页岩 | 8 | 4 | 4 | 0 | 0 | 44 | 94.97 | 94.97 | 2133.52 | 0.00 | 1298.12 | 92.48 | 367.64 |
| | 高岭土 | 6 | 2 | 1 | 3 | 0 | 129 | 13.71 | 23.00 | 4387.00 | 0.00 | 3037.00 | 880.00 | 906.00 |
| | 饰面用板岩 | 6 | 0 | 0 | 6 | 0 | 44 | 1.34 | 1.34 | 628.00 | 0.00 | 528.00 | 60.00 | |
| | 熔剂用灰岩 | 5 | 5 | 0 | 0 | 0 | 428 | 456.81 | 457.50 | 11920.78 | 490.00 | 11917.78 | 848.60 | 20.00 |
| | 饰面用辉绿岩 | 5 | 0 | 0 | 2 | 3 | 77 | 1.75 | 1.24 | 945.04 | 0.00 | 921.64 | -29.20 | 70.03 |
| | 水泥配料用砂岩 | 5 | 1 | 4 | 0 | 0 | 51 | 63.83 | 73.80 | 850.77 | 68.60 | 850.77 | 131.80 | 100.70 |
| | 制灰用石灰岩 | 5 | 0 | 0 | 5 | 0 | 81 | 98.07 | 137.14 | 1699.20 | 0.00 | 934.89 | 470.00 | 126.90 |
| | 硫铁矿 | 3 | 0 | 0 | 2 | 1 | 231 | 2.42 | 2.42 | 138.17 | 0.00 | 138.16 | -99.70 | 13.77 |
| | 珍珠岩 | 3 | 0 | 1 | 2 | 0 | 11 | 0.00 | 0.00 | 0.00 | 0.00 | 0.00 | 0.00 | 0.00 |
| | 玻璃用大理岩 | 2 | 0 | 0 | 2 | 0 | 23 | 0.00 | 0.00 | 0.00 | 0.00 | 0.00 | 0.00 | 0.00 |
| | 膨润土 | 2 | 1 | 0 | 1 | 0 | 20 | 7.65 | 7.65 | 2128.20 | 490.08 | 2128.20 | 387.65 | 471.61 |
| | 饰面用闪长岩 | 2 | 0 | 0 | 2 | 0 | 19 | 1.84 | 1.76 | 139.23 | 0.00 | 139.23 | 5.00 | 6.30 |
| | 水泥配料用黏土 | 2 | 0 | 0 | 2 | 0 | 62 | 26.70 | 26.70 | 900.88 | 0.00 | 894.28 | -839.60 | 102.60 |
| | 冶金用白云岩 | 2 | 0 | 0 | 2 | 0 | 27 | 18.61 | 18.61 | 304.89 | 0.00 | 304.89 | 0.00 | 127.40 |
| | 玻璃用石英岩 | 1 | 1 | 0 | 0 | 0 | 46 | 49.76 | 49.76 | 1915.60 | 350.20 | 1915.60 | 319.00 | 452.41 |
| | 沸石 | 1 | 0 | 0 | 1 | 0 | 29 | 17.10 | 17.10 | 478.80 | 0.00 | 478.80 | 45.00 | 93.20 |

**续表 4-1**

| 统计指标 | | 矿山企业数 | | | | | 从业人员（个） | 年产矿量（万吨） | 实际采矿能力（万吨/年） | 矿业总产值（万元） | 综合利用产值（万元） | 矿产品销售收入（万元） | 利润总额（万元） | 税金总额（万元） |
|---|---|---|---|---|---|---|---|---|---|---|---|---|---|---|
| | | 合计 | 大型 | 中型 | 小型 | 小矿 | | | | | | | | |
| 矿产种类 | 硅灰石 | 1 | 1 | 0 | 0 | 0 | 56 | 5.45 | 5.45 | 1200.00 | 21.73 | 1145.00 | 0.00 | 189.00 |
| | 明矾石 | 1 | 1 | 0 | 0 | 0 | 515 | 3.36 | 3.36 | 2393.90 | 147.28 | 1750.00 | -55.71 | 446.17 |
| | 耐火黏土 | 1 | 0 | 0 | 1 | 0 | 12 | 0.00 | 0.00 | 0.00 | 0.00 | 0.00 | 0.00 | 0.00 |
| | 饰面用大理岩 | 1 | 0 | 0 | 1 | 0 | 8 | 0.00 | 0.00 | 0.00 | 0.00 | 0.00 | 0.00 | 0.00 |
| | 水泥配料用泥岩 | 1 | 0 | 0 | 1 | 0 | 12 | 59.74 | 59.74 | 680.00 | 68.00 | 680.00 | 38.10 | 136.80 |
| | 水泥用大理岩 | 1 | 0 | 0 | 0 | 1 | 0 | 0.00 | 0.00 | 0.00 | 0.00 | 0.00 | 0.00 | 0.00 |
| | 陶瓷土 | 1 | 1 | 0 | 0 | 0 | 9 | 0.00 | 0.00 | 0.00 | 0.00 | 0.00 | 0.00 | 0.00 |
| | 冶金用脉石英 | 1 | 0 | 0 | 1 | 0 | 15 | 0.65 | 0.65 | 213.18 | 0.00 | 213.18 | 5.00 | 15.00 |
| | 冶金用石英岩 | 1 | 0 | 0 | 1 | 0 | 15 | 2.94 | 2.94 | 120.54 | 0.00 | 120.54 | 8.40 | 1.93 |
| | 锌矿 | 13 | 0 | 0 | 2 | 11 | 490 | 10.85 | 15.03 | 4168.08 | 0.00 | 4168.08 | -1740.54 | 635.31 |
| | 铁矿 | 12 | 2 | 3 | 5 | 2 | 736 | 58.44 | 108.44 | 4453.19 | 0.00 | 4545.46 | -2924.35 | 677.05 |
| | 钼矿 | 10 | 0 | 0 | 7 | 3 | 560 | 2.19 | 5.15 | 4376.52 | 488.00 | 3854.12 | -2065.48 | 352.00 |
| | 铜矿 | 6 | 0 | 0 | 4 | 2 | 889 | 40.38 | 39.55 | 23715.50 | 3561.00 | 18244.05 | 869.18 | 4417.73 |
| | 金矿 | 5 | 0 | 1 | 3 | 1 | 610 | 3.45 | 9.18 | 13213.90 | 0.00 | 11052.14 | 1358.35 | 1578.64 |
| | 铅矿 | 3 | 0 | 0 | 2 | 1 | 139 | 2.63 | 2.63 | 2209.20 | 0.00 | 2209.20 | 220.00 | 220.00 |
| | 银矿 | 3 | 0 | 0 | 3 | 0 | 186 | 8.53 | 8.23 | 4574.11 | 0.00 | 3533.29 | 983.50 | |
| | 钨矿 | 2 | 0 | 0 | 1 | 1 | 154 | 0.00 | 0.00 | 0.00 | 0.00 | 0.00 | 0.00 | 737.50 |
| | 锑矿 | 1 | 0 | 0 | 0 | 1 | 16 | 0.50 | 0.50 | 85.91 | 0.00 | 76.46 | -62.99 | 0.00 |
| | 锡矿 | 1 | 0 | 0 | 1 | 0 | 21 | 0.12 | 0.12 | 9.84 | 0.00 | 0.00 | -116.52 | 9.41 |
| | 矿泉水 | 38 | 1 | 0 | 33 | 4 | 590 | 22.65 | 0.00 | 10396.52 | 0.00 | 9498.54 | 350.15 | 0.00 |
| 经济类型 | 国有企业 | 74 | 53 | 6 | 14 | 1 | 4439 | 6615.81 | 8408.90 | 135938.22 | 2950.30 | 83447.38 | 1811.46 | 15453.24 |
| | 集体企业 | 16 | 4 | 1 | 10 | 1 | 314 | 283.93 | 326.14 | 8498.89 | 97.00 | 8498.89 | 818.26 | 438.99 |
| | 股份合作企业 | 24 | 6 | 6 | 11 | 1 | 478 | 100.63 | 121.91 | 3990.67 | 2.15 | 3990.67 | 289.40 | 277.10 |
| | 联营企业 | 2 | 0 | 0 | 1 | 1 | 60 | 175.02 | 175.02 | 2501.00 | 90.00 | 2477.00 | | 562.00 |
| | 有限责任公司 | 395 | 235 | 50 | 100 | 10 | 17007 | 34163.70 | 34391.08 | 774935.85 | 13847.74 | 585373.01 | 37110.88 | 64320.35 |
| | 股份有限公司 | 47 | 21 | 6 | 18 | 2 | 1508 | 2467.35 | 2575.25 | 81187.73 | 859.99 | 85928.76 | 9249.53 | 11684.75 |
| | 私营企业 | 450 | 132 | 100 | 193 | 25 | 9490 | 8539.79 | 9552.61 | 287624.01 | 1899.06 | 253122.38 | 19886.93 | 23194.56 |
| | 其他企业 | 27 | 9 | 5 | 13 | 0 | 758 | 1794.93 | 2782.65 | 44751.04 | 0.00 | 42278.20 | 821.70 | 2171.40 |
| | 港、澳、台商投资企业 | 4 | 3 | 0 | 1 | 0 | 65 | 220.75 | 220.63 | 6633.14 | 388.00 | 5226.64 | 498.00 | 653.50 |
| | 外商投资企业 | 9 | 4 | 0 | 5 | 0 | 553 | 1065.66 | 1060.70 | 41363.20 | 0.00 | 41046.20 | 2843.54 | 4512.05 |
| 行政区 | 杭州市 | 127 | 46 | 18 | 54 | 9 | 4508 | 6242.14 | 7139.37 | 201701.01 | 8162.60 | 175118.00 | 13925.94 | 21055.02 |
| | 宁波市 | 106 | 86 | 6 | 12 | 2 | 3710 | 7575.82 | 10565.37 | 169262.02 | 2.15 | 114936.81 | 13480.03 | 6292.96 |
| | 温州市 | 95 | 59 | 8 | 24 | 4 | 3071 | 5323.35 | 5321.49 | 105887.80 | 225.28 | 51141.80 | 5984.15 | 3998.30 |
| | 嘉兴市 | 7 | 5 | 0 | 2 | 0 | 434 | 360.40 | 350.90 | 16241.22 | 0.00 | 16241.22 | -1277.83 | 1821.90 |
| | 湖州市 | 63 | 44 | 6 | 12 | 1 | 3244 | 8357.39 | 8352.61 | 263668.84 | 10714.96 | 260885.49 | 20319.51 | 39407.49 |
| | 绍兴市 | 73 | 25 | 10 | 34 | 4 | 2045 | 1224.50 | 1290.97 | 37557.37 | 80.00 | 34859.58 | 417.24 | 4665.25 |
| | 金华市 | 105 | 35 | 23 | 46 | 1 | 3356 | 1813.03 | 2021.70 | 71936.18 | 19.20 | 57726.82 | 4863.64 | 6041.44 |
| | 衢州市 | 157 | 13 | 50 | 83 | 11 | 2246 | 1375.47 | 1448.28 | 47860.08 | 0.00 | 53784.08 | 7422.91 | 9439.73 |

续表 4-2

| 统计指标 | | 矿山企业数 | | | | | 从业人员（个） | 年产矿量（万吨） | 实际采矿能力（万吨/年） | 矿业总产值（万元） | 综合利用产值（万元） | 矿产品销售收入（万元） | 利润总额（万元） | 税金总额（万元） |
|---|---|---|---|---|---|---|---|---|---|---|---|---|---|---|
| | | 合计 | 大型 | 中型 | 小型 | 小矿 | | | | | | | | |
| 行政区 | 台州市 | 144 | 95 | 13 | 36 | 0 | 5259 | 5561.74 | 5361.56 | 98998.20 | 78.00 | 35802.31 | 3339.33 | 2056.45 |
| | 丽水市 | 123 | 12 | 39 | 63 | 9 | 3939 | 438.28 | 715.46 | 80932.19 | 852.05 | 60608.18 | -251.59 | 7973.98 |
| | 舟山市 | 48 | 47 | 1 | 0 | 0 | 2860 | 17155.45 | 17047.19 | 293378.84 | 0.00 | 250284.84 | 5106.36 | 20515.43 |

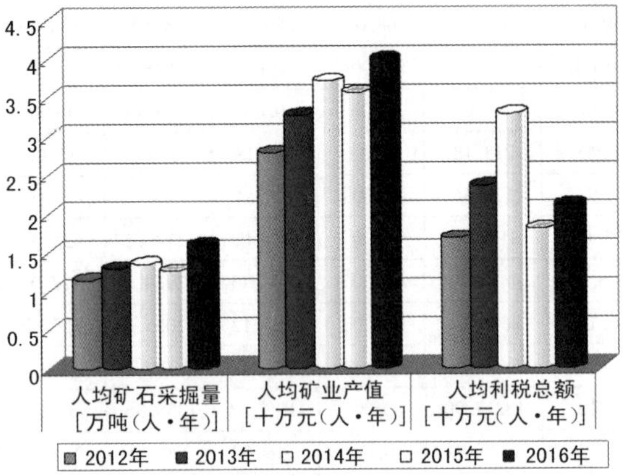


图3　2012～2016 年浙江省矿业人均生产指标对比图

综上所述，2016 年全省各项矿业指标较 2015 年呈向好趋势，主要依靠普通建筑材料用砂、石、黏土各项指标的提升。而普通建筑材料用砂、石、黏土矿在矿山数减少的情况下，其他各项矿业指标均呈向上走势，其原因是规模化、集约化效果逐渐显现（表 5、表 6 和图 4 至图 8）。

2. 按生产状态分析。2016 年，全省生产矿山 570 个，占矿山总数的 54.39%；停产矿山 259 个，占总数的 24.71%；关闭矿山 107 个，占总数的 10.21%；筹建矿山 95 个，占总数的 9.06%；其他矿山 17 个，占总数的 1.62%。与 2015 年相比，关闭、筹建和停产的矿山数量分别增加了 30.49%、9.20% 和 9.28%，生产矿山和其他矿山分别减少了 14.03% 和 34.62%（表 7、表 8 和图 9 至图 11）。

表 5　　2016 年浙江省矿业结构构成表

| 矿产分类 | 矿山数（个） | 从业人员（人） | 矿石采掘量（万吨） | 矿业总产值（万元） | 利润总额（万元） | 税金总额（万元） |
|---|---|---|---|---|---|---|
| 合 计 | 1048 | 34672 | 55427.57 | 1387423.75 | 73329.70 | 123267.94 |
| 能源矿产 | 11 | 636 | 67.86 | 3289.33 | -1327.51 | 142.15 |
| 金属矿产 | 56 | 3801 | 127.09 | 56806.25 | -3478.85 | 8627.64 |
| 非金属矿产 | 943 | 29645 | 55209.97 | 1316931.65 | 77785.91 | 113753.23 |
| 其中普通建筑材料用砂、石、黏土矿 | 678 | 23084 | 47482.51 | 1083951.16 | 54759.24 | 71906.61 |
| 水气矿产 | 38 | 590 | 22.65 | 10396.52 | 350.15 | 744.92 |

表 6　　2016 年浙江省各市矿业结构构成表　　单位：个

| 矿种类型 / 行政区 | 矿山数合计 | 能源矿产 | 金属矿产 | 非金属矿产 | | 水气矿产 |
|---|---|---|---|---|---|---|
| | | | | 普通建筑用石、砂、土 | 其他非金属矿产 | |
| 杭州市 | 127 | 2 | 14 | 49 | 58 | 4 |
| 宁波市 | 106 | 0 | 0 | 96 | 1 | 9 |
| 温州市 | 95 | 1 | 0 | 66 | 19 | 9 |
| 嘉兴市 | 7 | 2 | 0 | 5 | 0 | 0 |
| 湖州市 | 63 | 0 | 0 | 34 | 24 | 0 |
| 绍兴市 | 73 | 1 | 12 | 36 | 20 | 4 |

**续表 6**

| 矿种类型 / 行政区 | 矿山数合计 | 能源矿产 | 金属矿产 | 非金属矿产 | | 水气矿产 |
|---|---|---|---|---|---|---|
| | | | | 普通建筑用石、砂、土 | 其他非金属矿产 | |
| 金华市 | 105 | 3 | 0 | 87 | 14 | 1 |
| 衢州市 | 157 | 0 | 5 | 86 | 64 | 2 |
| 台州市 | 144 | 1 | 2 | 127 | 12 | 2 |
| 丽水市 | 123 | 0 | 23 | 44 | 54 | 2 |
| 舟山市 | 48 | 0 | 0 | 48 | 0 | 0 |

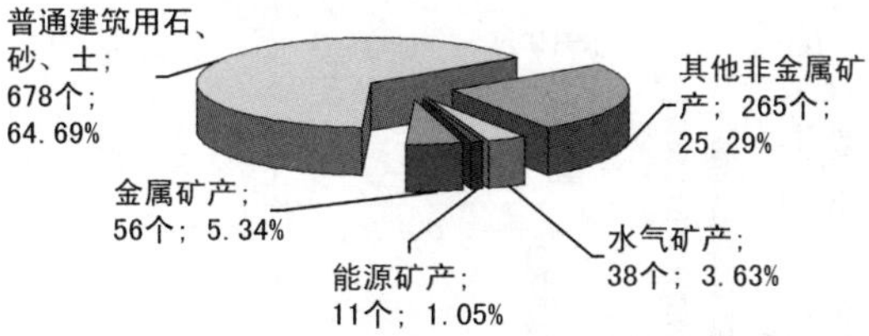


图 4　2016 年浙江省各类矿产矿山数量构成图

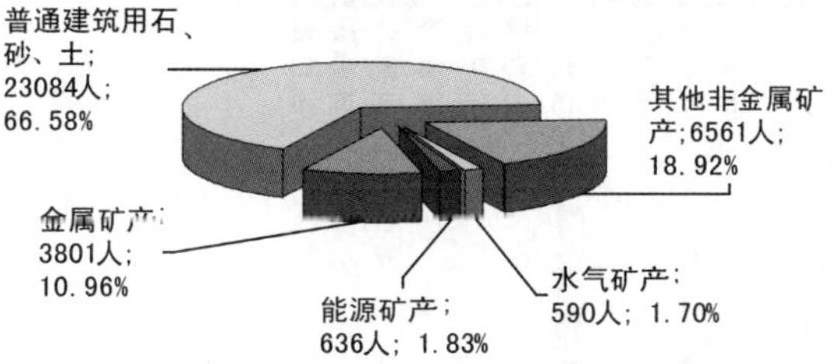


图 5　2016 年浙江省各类矿产从业人员构成图

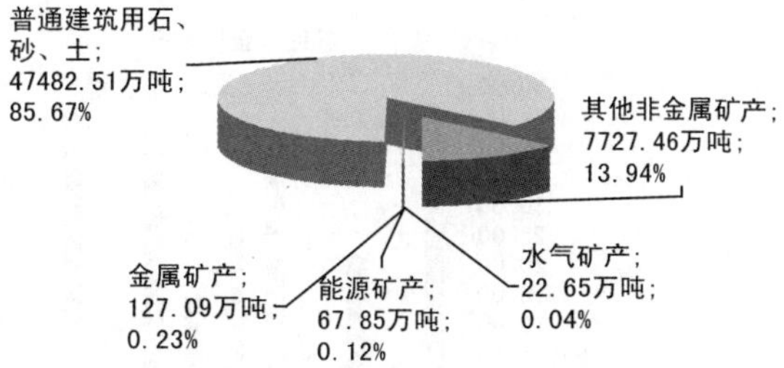


图 6　2016 年浙江省各类矿产矿石采掘量构成图

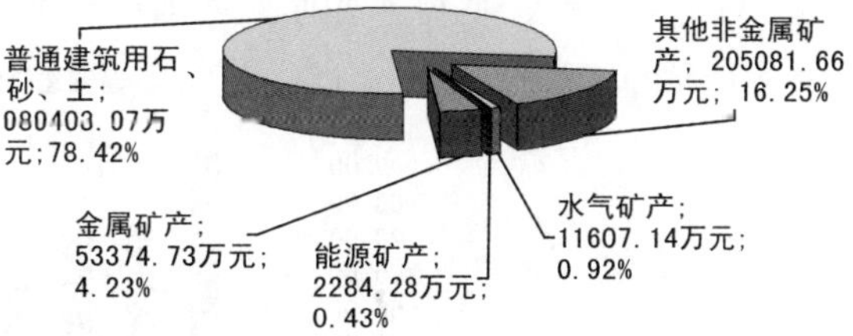


图 7　2016 年浙江省各类矿产矿业总产值构成图

**表 7　　2016 年浙江省矿山生产状态构成表**

| 矿山生产状态 | 矿山数(个) | 从业人员(人) | 矿石采掘量(万吨) | 矿业总产值(万元) | 利润总额(万元) | 税金总额(万元) |
|---|---|---|---|---|---|---|
| 合 计 | 1048 | 34672 | 55427.57 | 1387423.75 | 73329.70 | 123267.94 |
| 生 产 | 570 | 25236 | 52554.33 | 1291994.01 | 72703.89 | 117480.32 |
| 关 闭 | 107 | 628 | 790.91 | 25283.73 | 900.70 | 866.23 |
| 筹 建 | 95 | 2910 | 1753.95 | 49239.50 | 696.29 | 3511.64 |
| 停 产 | 259 | 5513 | 195.80 | 16992.07 | -973.78 | 1246.63 |
| 其 他 | 17 | 385 | 132.58 | 3914.44 | 2.60 | 163.12 |

**表 8　　2016 年浙江省各市矿山生产状态构成表**　单位：个

| 行政区 | 生产状态 | | | | |
|---|---|---|---|---|---|
| | 生 产 | 关 闭 | 筹 建 | 停 产 | 其 他 |
| 杭州市 | 54 | 12 | 19 | 37 | 5 |
| 宁波市 | 79 | 14 | 7 | 3 | 3 |
| 温州市 | 66 | 9 | 6 | 14 | 0 |
| 嘉兴市 | 4 | 3 | 0 | 0 | 0 |
| 湖州市 | 54 | 4 | 0 | 5 | 0 |
| 绍兴市 | 28 | 14 | 9 | 21 | 1 |

**续表 8**

| 行政区 | 生产状态 | | | | |
|---|---|---|---|---|---|
| | 生 产 | 关 闭 | 筹 建 | 停 产 | 其 他 |
| 金华市 | 64 | 7 | 4 | 29 | 1 |
| 衢州市 | 57 | 17 | 8 | 73 | 2 |
| 台州市 | 78 | 9 | 17 | 39 | 1 |
| 丽水市 | 58 | 8 | 24 | 30 | 3 |
| 舟山市 | 28 | 10 | 1 | 8 | 1 |

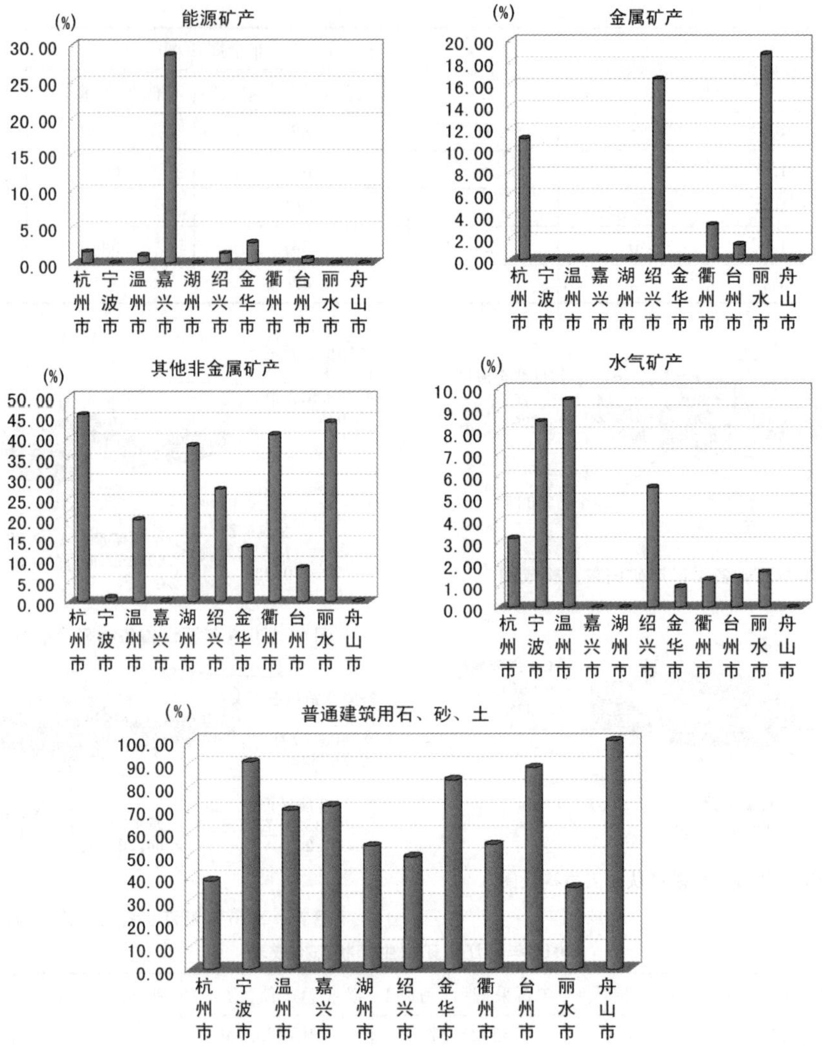


图8 2016年浙江省各市各类矿产数量占全市比例总量对比图

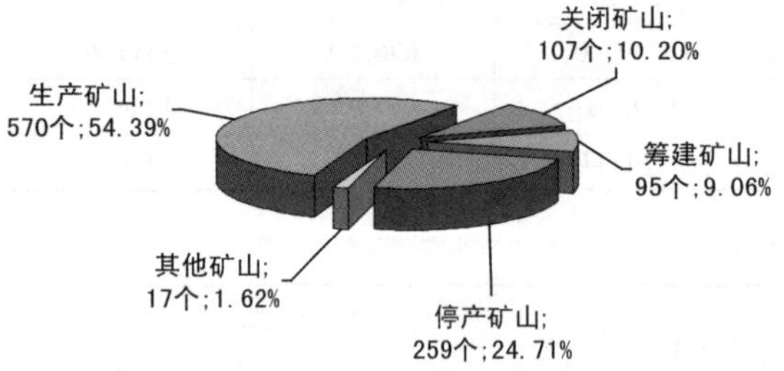


图9 2016年浙江省矿山生产状态——矿山数量构成图

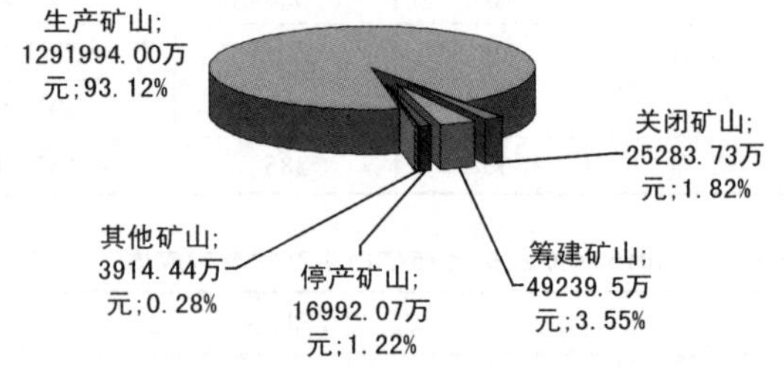


图10 2016年浙江省矿山生产状态——矿业总产值构成图

3. 地区分布。2016年,全省矿产开发格局与往年相同,能源矿产主要分布于杭州市、嘉兴市、绍兴市、金华市、台州市、宁波市和温州市(表9);金属矿产中黑色金属主要分布于绍兴市、杭州市、湖州市和台州市的部分地区,有色金属全省均有分布(表10);非金属矿产遍布全省,资源丰富。矿石采掘量依旧是舟山市最高,达17155.45万吨,占全省的30.95%,矿业总产值占全省的21.15%,占比均上升;开发强度比较大的还有温州市、台州市、杭州市、宁波市、湖州市矿石采掘量分别占全省的9.60%、10.03%、11.26%、13.67%、15.08%,矿业总产值分别占全省的7.63%、7.14%、14.54%、12.20%、19.00%;嘉兴市矿石采掘量最低,为360.4万吨，仅占全省的0.65%。矿山数衢州市最多，有157个，占全省14.98%，矿石采掘量和矿业总产值占全省比例分别为2.28%和3.45%，嘉兴市矿山最少，为7个，与2015年保持一致。从业人员台州市最多，有5259人，嘉兴市最少，为434人。利润总额湖州市最高，20319.51万元，嘉兴市亏损达1277.83万元，丽水市亏损251.59万元，绍兴市由2015年的亏损最多转变为盈利417.24万元。税金总额也是湖州市最高，达39407.49万元；嘉兴市最低，为1821.9万元。人均采掘量舟山市最高，为6.00万吨/(人·年)，丽水市最低，为0.11万吨/(人·年)；人均产值舟山市最高，为102.58万元/(人·年)，绍兴市最低，为18.37万元/(人·年)(表11、图12至图14)。

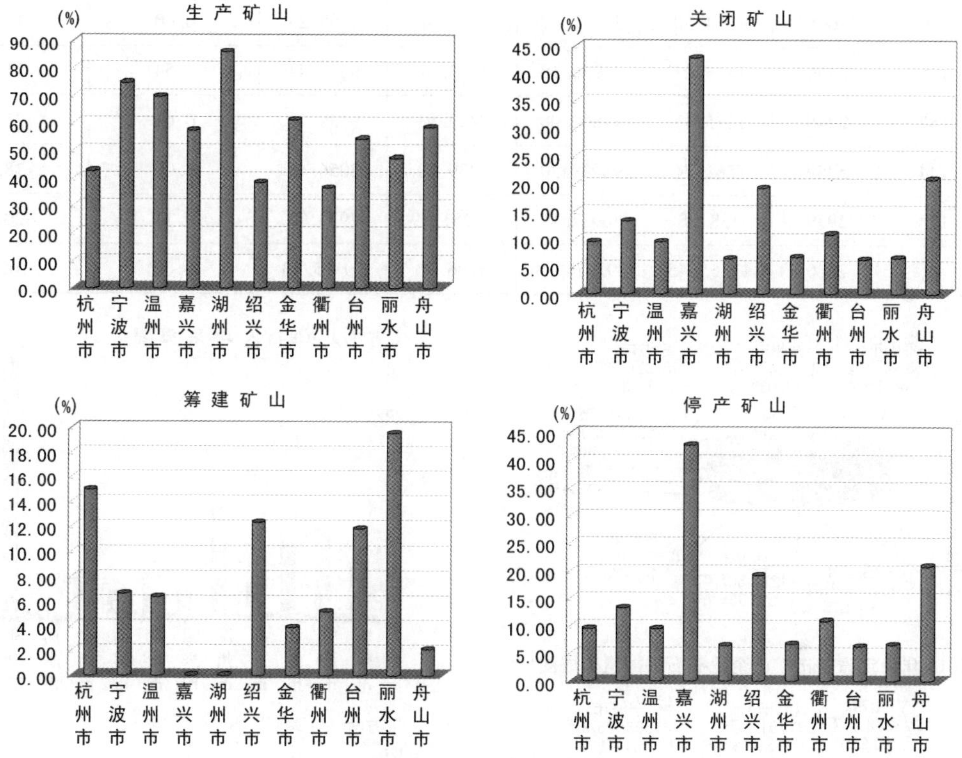


图11　2016年浙江省各市矿山生产状态数量占全市总量对比图

**表9　　2016年浙江省能源矿产分布情况**

| 行政区 | 杭州市 | 温州市 | 嘉兴市 | 绍兴市 | 金华市 | 宁波市 | 台州市 |
|---|---|---|---|---|---|---|---|
| 矿山个数 | 2 | 1 | 2 | 1 | 3 | 1 | 1 |

**表10　　2016年浙江省金属矿产分布情况**

| 行政区 | 杭州市 | 绍兴市 | 衢州市 | 台州市 | 丽水市 |
|---|---|---|---|---|---|
| 矿山个数 | 14 | 12 | 5 | 2 | 23 |

**表11　　2016年浙江省各市矿产资源开发利用情况**

| 行政区 | 矿山数（个） | 从业人员（人） | 矿石采掘量（万吨） | 矿业总产值（万元） | 利润总额（万元） | 税金总额（万元） | 人均采掘量[万吨/(人·年)] | 人均产值[万元/(人·年)] |
|---|---|---|---|---|---|---|---|---|
| 合 计 | 1048 | 34672 | 55427.57 | 1387423.75 | 73329.70 | 123267.94 | 1.60 | 40.02 |
| 杭州市 | 127 | 4508 | 6242.14 | 201701.01 | 13925.94 | 21055.02 | 1.38 | 44.74 |
| 宁波市 | 106 | 3710 | 7575.82 | 169262.02 | 13480.03 | 6292.96 | 2.04 | 45.62 |

**续表 11**

| 行政区 | 矿山数(个) | 从业人员(人) | 矿石采掘量(万吨) | 矿业总产值(万元) | 利润总额(万元) | 税金总额(万元) | 人均采掘量[万吨/(人·年)] | 人均产值[万元/(人·年)] |
|---|---|---|---|---|---|---|---|---|
| 温州市 | 95 | 3071 | 5323.35 | 105887.80 | 5984.15 | 3998.29 | 1.73 | 34.48 |
| 嘉兴市 | 7 | 434 | 360.40 | 16241.22 | -1277.83 | 1821.90 | 0.83 | 37.42 |
| 湖州市 | 63 | 3244 | 8357.39 | 263668.84 | 20319.51 | 39407.49 | 2.58 | 81.28 |
| 绍兴市 | 73 | 2045 | 1224.50 | 37557.37 | 417.24 | 4665.25 | 0.60 | 18.37 |
| 金华市 | 105 | 3356 | 1813.03 | 71936.18 | 4863.64 | 6041.44 | 0.54 | 21.44 |
| 衢州市 | 157 | 2246 | 1375.47 | 47860.08 | 7422.91 | 9439.73 | 0.61 | 21.31 |
| 台州市 | 144 | 5259 | 5561.74 | 98998.20 | 3339.33 | 2056.45 | 1.06 | 18.82 |
| 丽水市 | 123 | 3939 | 438.28 | 80932.19 | -251.59 | 7973.98 | 0.11 | 20.55 |
| 舟山市 | 48 | 2860 | 17155.45 | 293378.84 | 5106.36 | 20515.43 | 6.00 | 102.58 |

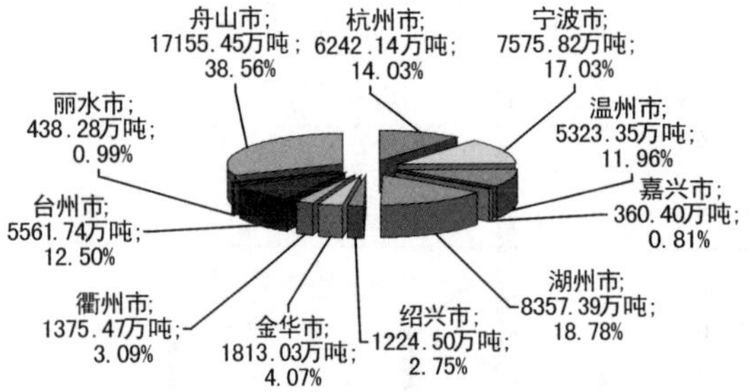


图 12　2016 年浙江省各市矿山企业矿石采掘量构成图

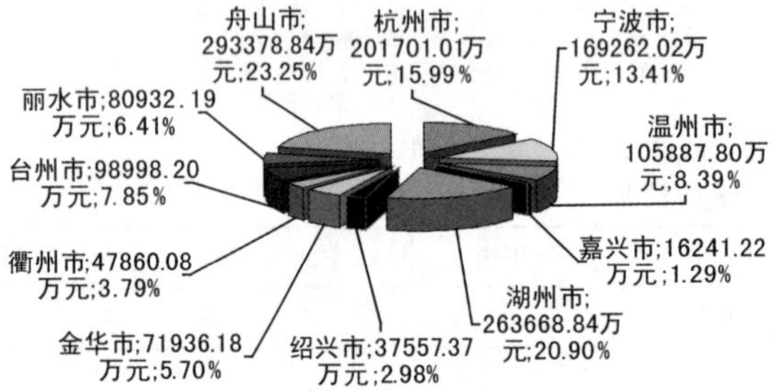


图 13　2016 年浙江省各市矿山企业矿业总产值构成图

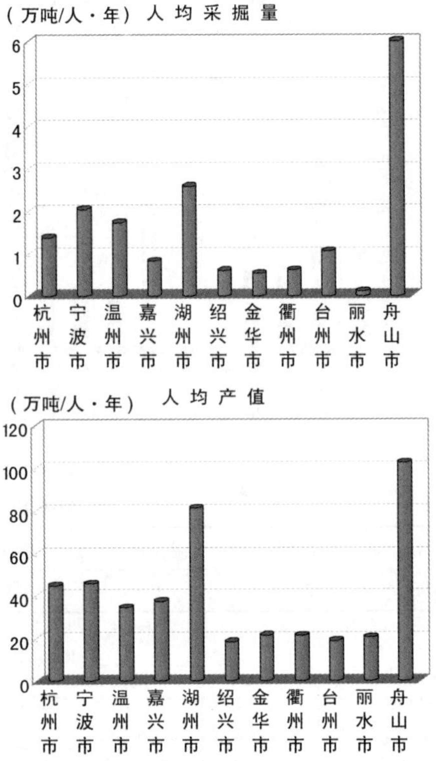


图 14　2016 年浙江省各市矿山企业人均采掘量、人均产值对比图

4. *矿山经济类型*。全省矿山经济类型以有限责任公司和私营企业为主,2016 年三类矿山企业矿石采掘量、总产值、利润总额和税金总额之和分别占全省总数的 77.04%、76.59%、77.73% 和 71.00%,与 2015 年相比较,均有不同比例的下降。国有企业的矿石采掘量、总产值和税金总额分别仅占全省总数的 11.94%、9.80% 和 12.54%,略有上升,利润总额占全省总额的 2.47%,由 2015 年的亏损额高达 2471.96 万元转变为盈利 1811.46 万元之多,是巨大的飞跃。外商投资企业和港、澳、台、商投资企业各项指标依然占比较低。上述数据表明浙江省矿业资本格局没有较大改变,主要为民营资本和集体资本,产业外向度低,国有资本持有率低,与浙江省整体经济面貌基本一致(表 12、表 13 和图 15 至图 17)。

表 12　　2016 年浙江省不同经济类型矿山企业开发利用情况表

| 企业经济类型 | 矿山数（个） | 从业人员（人） | 矿石采掘量（万吨） | 矿业总产值（万元） | 利润总额（万元） | 税金总额（万元） |
|---|---|---|---|---|---|---|
| 合 计 | 1048 | 34672 | 55427.57 | 1387423.75 | 73329.70 | 123267.94 |
| 一、内资企业 | 1035 | 34054 | 54141.16 | 1339427.41 | 69988.16 | 118102.39 |
| 国有企业 | 74 | 4439 | 6615.81 | 135938.22 | 1811.46 | 15453.24 |
| 集体企业 | 16 | 314 | 283.93 | 8498.89 | 818.26 | 438.99 |
| 股份合作企业 | 24 | 478 | 100.63 | 3990.67 | 289.40 | 277.10 |
| 联营企业 | 2 | 60 | 175.02 | 2501.00 | 0.00 | 562.00 |
| 有限责任公司 | 395 | 17007 | 34163.70 | 774935.85 | 37110.88 | 64320.35 |
| 股份有限公司 | 47 | 1508 | 2467.35 | 81187.73 | 9249.53 | 11684.75 |
| 私营企业 | 450 | 9490 | 8539.79 | 287624.01 | 19886.93 | 23194.56 |
| 其他企业 | 27 | 758 | 1794.93 | 44751.04 | 821.70 | 2171.40 |
| 二、港、澳、台商投资企业 | 4 | 65 | 220.75 | 6633.14 | 498.00 | 653.50 |
| 三、外商投资企业 | 9 | 553 | 1065.66 | 41363.20 | 2843.54 | 4512.05 |

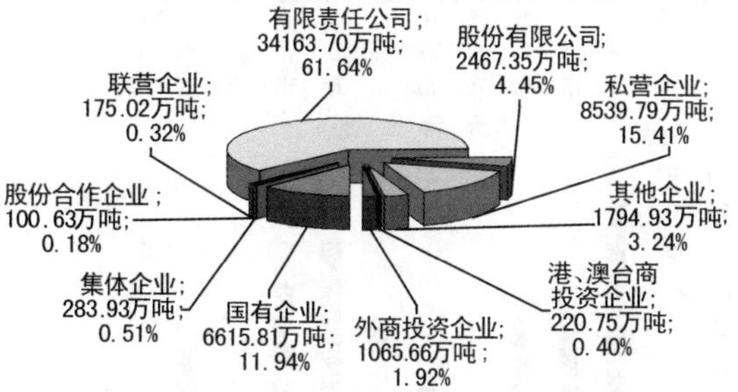


图 15　2016 年浙江省不同经济类型矿山企业矿石采掘量构成图

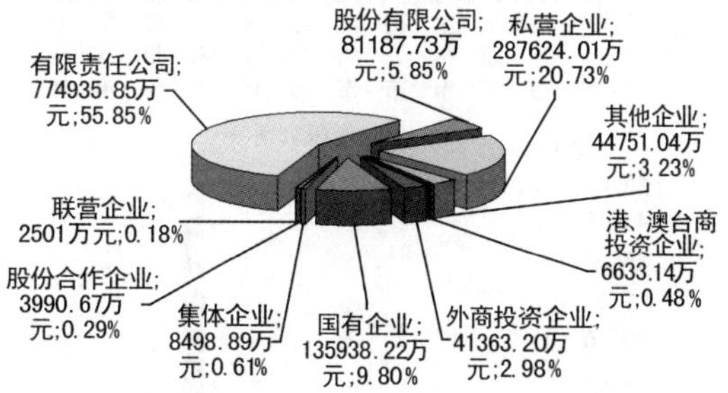


图 16　2016 年浙江省不同经济类型矿山企业矿业总产值构成图

表 13　　2016 年浙江省各市不同经济类型矿山企业矿业总产值构成表

| 行政区 | 工业总产值（万元） | | | | | | | | | |
|---|---|---|---|---|---|---|---|---|---|---|
| | 国有企业 | 集体企业 | 股份合作企业 | 联营企业 | 有限责任公司 | 股份有限公司 | 私营企业 | 其他企业 | 港、澳、台商投资企业 | 外商投资企业 |
| 合 计 | 135938.22 | 8498.89 | 3990.67 | 2501.00 | 774935.85 | 81187.73 | 287624.01 | 44751.04 | 6633.14 | 41363.20 |
| 杭州市 | 3396.25 | 1556.72 | 2209.20 | 0.00 | 77012.81 | 29409.80 | 87266.23 | 0.00 | 850.00 | 0.00 |
| 宁波市 | 18390.95 | 612.72 | 2.15 | 0.00 | 96424.32 | 1460.00 | 49137.77 | 3234.10 | 0.00 | 0.00 |
| 温州市 | 33990.27 | 2247.01 | 28.00 | 0.00 | 40554.19 | 2915.00 | 26122.33 | 0.00 | 0.00 | 31.00 |
| 嘉兴市 | 0.00 | 0.00 | 0.00 | 0.00 | 16241.22 | 0.00 | 0.00 | 0.00 | 0.00 | 0.00 |
| 湖州市 | 34855.50 | 0.00 | 0.00 | 2501.00 | 130165.71 | 7831.48 | 42079.91 | 0.00 | 5733.14 | 40502.10 |
| 绍兴市 | 11732.50 | 0.00 | 0.00 | 0.00 | 13113.61 | 3175.60 | 9485.67 | 0.00 | 50.00 | 0.00 |
| 金华市 | 400.00 | 577.00 | | 0.00 | 36839.04 | 4672.60 | 25134.34 | 4313.20 | 0.00 | 0.00 |

续表 13

| 行政区 | 工业总产值(万元) | | | | | | | | | |
|---|---|---|---|---|---|---|---|---|---|---|
| | 国有企业 | 集体企业 | 股份合作企业 | 联营企业 | 有限责任公司 | 股份有限公司 | 私营企业 | 其他企业 | 港、澳、台商投资企业 | 外商投资企业 |
| 衢州市 | 1421.09 | 461.56 | 0.00 | 0.00 | 10777.23 | 20073.17 | 13944.29 | 1182.74 | 0.00 | 0.00 |
| 台州市 | 3753.05 | 42.56 | 1250.52 | 0.00 | 70445.77 | 9090.48 | 14415.82 | 0.00 | 0.00 | 0.00 |
| 丽水市 | 392.88 | 3001.32 | 500.80 | 0.00 | 56455.64 | 2559.60 | 17191.84 | 0.00 | 0.00 | 830.10 |
| 舟山市 | 27605.73 | 0.00 | 0.00 | 0.00 | 226906.31 | 0.00 | 2845.81 | 36021.00 | 0.00 | 0.00 |

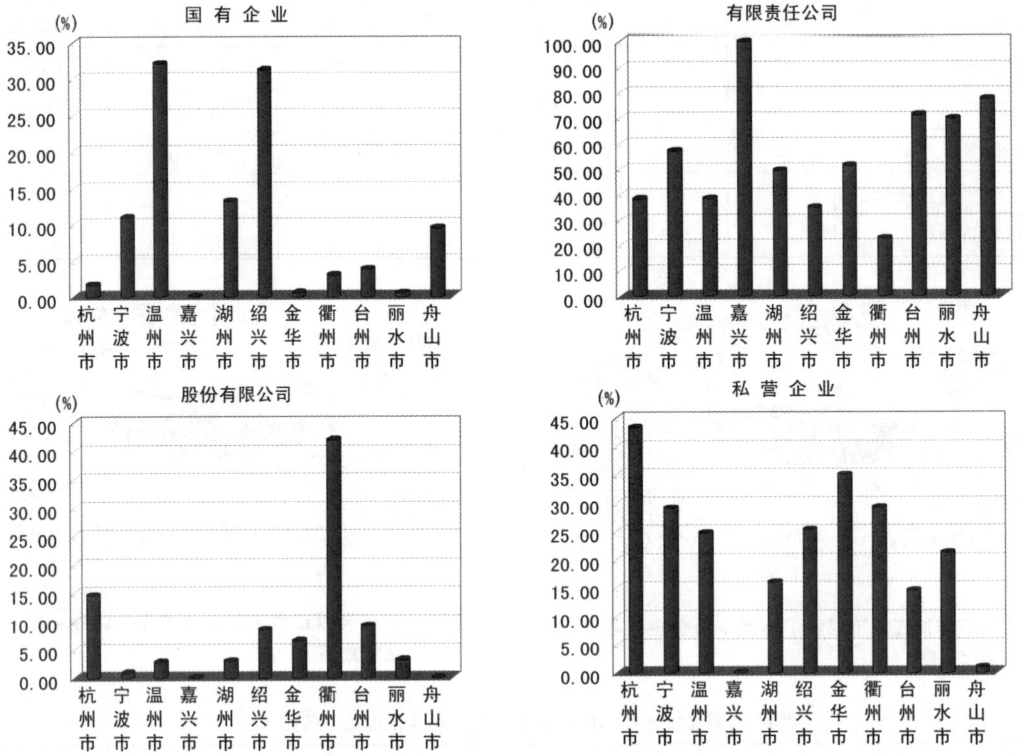


图 17　2016 年浙江省各市主要经济类型占全市总量比例对比图

5. *矿山企业规模*。近年来,全省严格控制采矿权总量,2016 年矿山数较 2015 年减少了 47 个。全省有大型矿山 467 个(其中建筑石料矿山 393 个),中型矿山 174 个,小型矿山 366 个,小矿 41 个。矿山规模主要以大、中型矿山为主,大、中型矿山矿石采掘量为 53967.82 万吨,占总量的 97.37%;矿业总产值 126.90 亿元,占总量的 91.46%;利润 7.34 亿元,高于全省利润总额 91.16 万元,主要是因为全省小矿利润总额亏损 243.88 万元,拉低了全省利润总额;税金 11.01 亿元,占总量的 89.32%,较 2015 年有所上升。数据表明,全省矿山规模化、集约化水平进一步提高(表 14、表 15、图 18 和图 19)。

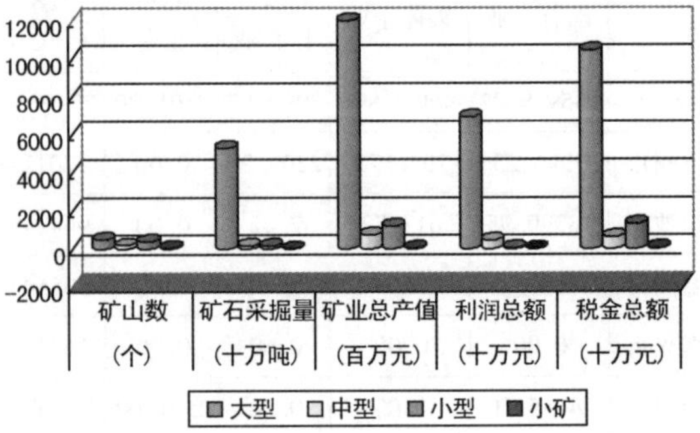


图 18　2016 年浙江省不同规模矿山企业主要矿业指标对比图

表 14　　2016 年浙江省不同规模矿山企业开发利用情况表

| 矿山规模 | 矿山数（个） | 从业人员（人） | 矿石采掘量（万吨） | 矿业总产值（万元） | 利润总额（万元） | 税金总额（万元） |
|---|---|---|---|---|---|---|
| 合 计 | 1048 | 34672 | 55427.57 | 1387423.75 | 73329.70 | 123267.94 |
| 大 型 | 467 | 21038 | 52652.96 | 1198416.02 | 69229.68 | 104245.50 |
| 中 型 | 174 | 4555 | 1314.87 | 70575.31 | 4191.18 | 5856.52 |
| 小 型 | 366 | 8413 | 1450.85 | 115946.69 | 152.72 | 12920.17 |
| 小 矿 | 41 | 666 | 8.89 | 2485.73 | -243.88 | 245.75 |

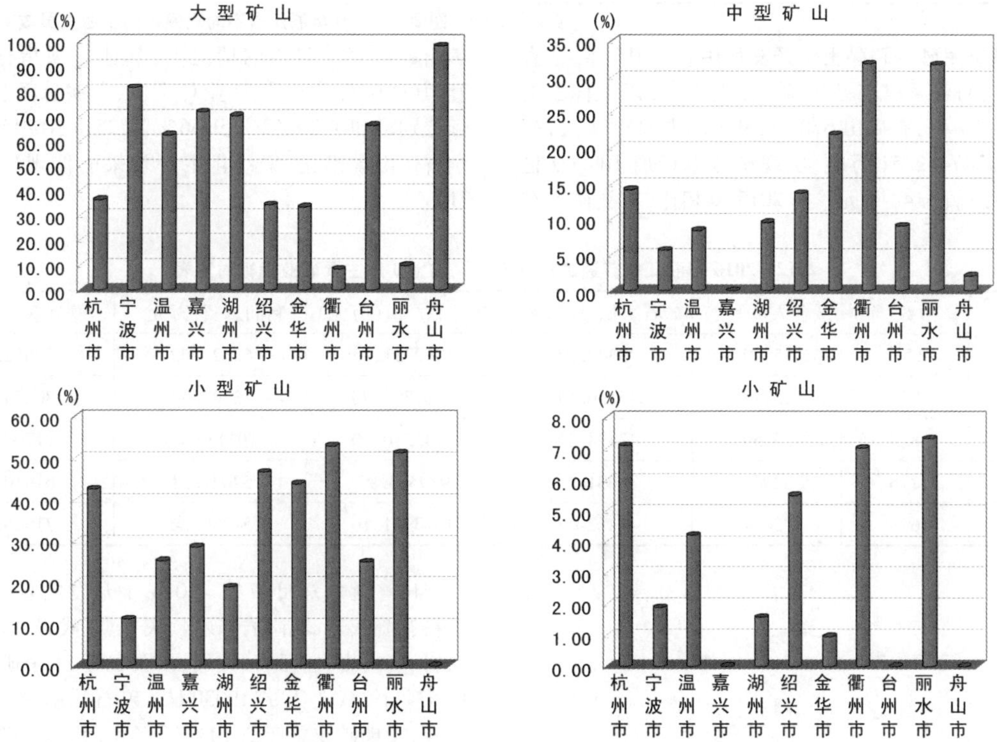


图 19　2016 年浙江省各市不同规模矿山企业数量占全市总量对比图

表 15　2016 年浙江省各市矿山企业规模数量构成表

单位：个

| 行政区 | 合 计 | 大 型 | 中 型 | 小 型 | 小 矿 |
|---|---|---|---|---|---|
| 杭州市 | 127 | 46 | 18 | 54 | 9 |
| 宁波市 | 106 | 86 | 6 | 12 | 2 |
| 温州市 | 95 | 59 | 8 | 24 | 4 |
| 嘉兴市 | 7 | 5 | 0 | 2 | 0 |
| 湖州市 | 63 | 44 | 6 | 12 | 1 |
| 绍兴市 | 73 | 25 | 10 | 34 | 4 |
| 金华市 | 105 | 35 | 23 | 46 | 1 |
| 衢州市 | 157 | 13 | 50 | 83 | 11 |

续表 15

| 行政区 | 合 计 | 大 型 | 中 型 | 小 型 | 小 矿 |
|---|---|---|---|---|---|
| 台州市 | 144 | 95 | 13 | 36 | 0 |
| 丽水市 | 123 | 12 | 39 | 63 | 9 |
| 舟山市 | 48 | 47 | 1 | 0 | 0 |

2016 年，由于大型矿山企业管理愈加规范，生产集约化程度更高，生产技术和设备进一步提高，其劳动生产率和资源利用水平相较 2015 年更高，人均采掘量、人均产值、人均利润和人均税金都远高于中、小型矿山和小矿，人员效率也均有提升（表 16、图 20）。

表 16 2016 年浙江省不同规模矿山企业人员效率对比表

| 矿山规模 | 人均采掘量［万吨/(人·年)］ | 人均产值［万元/(人·年)］ | 人均利润［万元/(人·年)］ | 人均税金［万元/(人·年)］ |
|---|---|---|---|---|
| 合 计 | 1.60 | 40.02 | 2.11 | 3.56 |
| 大 型 | 2.50 | 56.96 | 3.29 | 4.96 |
| 中 型 | 0.29 | 15.49 | 0.92 | 1.29 |
| 小 型 | 0.17 | 13.78 | 0.02 | 1.54 |
| 小 矿 | 0.01 | 3.73 | -0.37 | 0.37 |

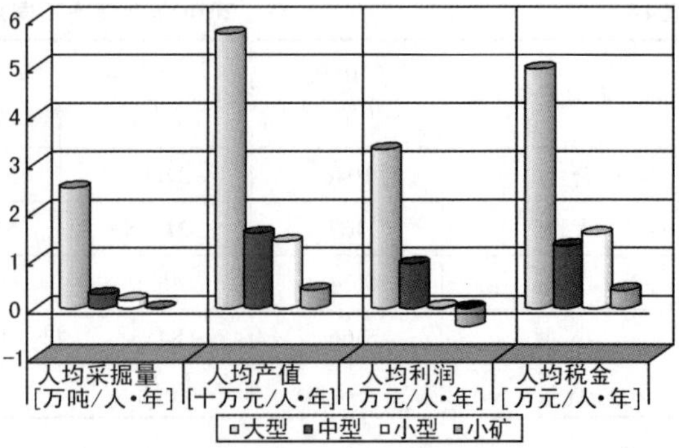


图 20 2016 年浙江省不同规模矿山企业人员效率对比图

【普通建筑用砂、石、黏土矿开发利用】 2016 年，全省开发利用的普通建筑用石、砂、黏土矿产（以下称乙类矿产）共 15 种，有矿山 678 个，从业人员 23084 人，矿石采掘量 47482.51 万吨，实现矿业总产值 108.40 亿元，利润总额 5.48 亿元。与 2015 年相比，乙类矿产在矿山数减少 5.31% 的情况下，其他各项指标均有提升，其中矿石采掘量、矿业总产值、利润总额和税金总额分别增加了 29.62%、9.56%、5.25%、16.15%，这是全省矿山规模化、集约化生产效果的体现（表 17、图 21）。

表 17 2012～2016 年浙江省普通建筑用石、砂、黏土矿产主要矿业指标对比表

| 年份 | 矿山数（个） | 从业人员（人） | 矿石采掘量（万吨） | 矿业总产值（万元） | 利润总额（万元） | 税金总额（万元） |
|---|---|---|---|---|---|---|
| 2012 | 1113 | 35319 | 49342.25 | 1062211.15 | 63621.62 | 78652.30 |
| 2013 | 983 | 28215 | 45150.61 | 1061295.70 | 73307.04 | 80674.57 |
| 2014 | 829 | 25259 | 43894.16 | 1143210.10 | 102136.03 | 81709.81 |
| 2015 | 716 | 22943 | 36631.45 | 989403.97 | 52027.51 | 61910.11 |
| 2016 | 678 | 23084 | 47482.51 | 1083951.16 | 54759.24 | 71906.61 |

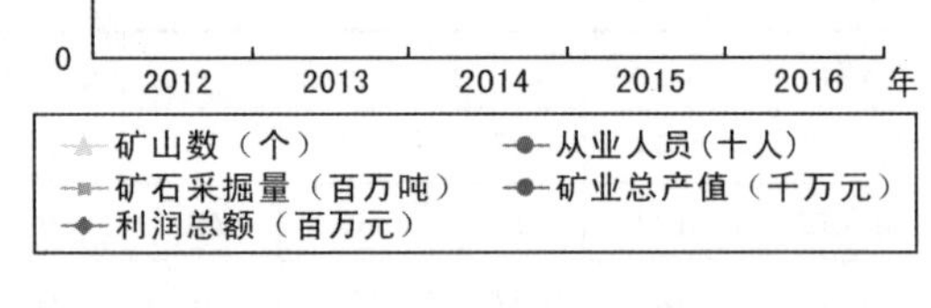


图 21 2012～2016 年浙江省普通建筑用石、砂、黏土矿产主要矿业指标对比图

2016 年，乙类矿产在全省矿业中依然占主导地位，其矿山数量、矿业总产值和利润总额分别占全省总量的 64.69%、78.13% 和 74.68%。与 2015 年相比，占比均有所减少，综合历年数据发现其占比已是连续几年持续下降，可能原因主要是因为连续受国家对房地产宏观调控，房地产业增长速度回落的影响，乙类矿产需求下降。

1. 普通建筑用石料。2016 年开发的普通建筑用石料有凝灰岩、花岗岩、砂岩、灰岩、玄武岩、闪长岩、辉绿岩、安山岩、白云岩、大理岩、页岩等 11 个矿种，有矿山 534 个，从业人员 19030 人，矿石采掘量 46961.54 万吨，实现矿业总产值 103.75 亿元，利润总额 5.26 亿元。与 2015 年相比，矿山数减少了 3 个，从业人数、矿石采掘量、总产值和利润总额则分别增加了 8.69%、30.80%、12.25% 和 7.05%。2016 年普通建筑用石料的矿山数、从业人数、矿石采掘量、矿业总产值、利润总额分别占乙类矿产的 78.76%、82.44%、98.90%、95.72%、96.11%，与往年相比，占绝对主导地位，而且较 2015 年占比均有上升（表 18、图 22）。

普通建筑用石料开发具有很强的地域性。宁波、温州、湖州、台州、杭州、舟山等市经济发展较快、交通运输便利，开发程度较高，其中舟山市矿石采掘量和矿业总产值连续多年均居全省首位，分别占全省的 36.53%、28.28%，较 2015 年占比上升，湖州市利润总额与利税总额均居全省首位，分别占全省的 31.93% 和 37.80%，矿业总产值居全省第二（表 19、图 23 至图 26）。

表 18　　2012～2016 年浙江省普通建筑用石料主要指标对比表

| 年　份 | 矿山数(个) | 从业人员(人) | 矿石采掘量(万吨) | 矿业总产值(万元) | 利润总额(万元) |
|---|---|---|---|---|---|
| 2012 | 836 | 25831 | 46315.23 | 901957.14 | 55552.30 |
| 2013 | 753 | 20752 | 42952.67 | 935098.54 | 67028.49 |
| 2014 | 619 | 18303 | 42910.30 | 1056266.91 | 97241.08 |
| 2015 | 537 | 17508 | 35903.84 | 924309.65 | 49161.69 |
| 2016 | 534 | 19030 | 46961.54 | 1037536.54 | 52628.94 |

表 19　　2016 年浙江省各市普通建筑用石料开发利用情况表

| 行政区 | 矿山数(个) | 从业人员(人) | 矿石采掘量(万吨) | 矿业总产值(万元) | 利润总额(万元) | 税金总额(万元) |
|---|---|---|---|---|---|---|
| 合　计 | 534 | 19030 | 46961.54 | 1037536.54 | 52628.94 | 69694.76 |
| 杭州市 | 38 | 1291 | 3315.56 | 110257.31 | 4709.61 | 7556.81 |
| 宁波市 | 95 | 3494 | 7538.73 | 160479.46 | 13265.49 | 5694.21 |
| 温州市 | 63 | 1987 | 4985.52 | 92103.44 | 4926.88 | 2477.06 |
| 嘉兴市 | 4 | 139 | 350.91 | 14117.22 | 148.88 | 1743.89 |
| 湖州市 | 33 | 2286 | 5675.26 | 213025.43 | 16803.56 | 26341.69 |
| 绍兴市 | 35 | 505 | 805.85 | 17221.02 | 1834.4 | 2017.8 |
| 金华市 | 37 | 662 | 1061.08 | 31920.66 | 3019.00 | 1942.82 |
| 衢州市 | 28 | 411 | 316.22 | 5449.46 | 182.94 | 362.59 |
| 台州市 | 120 | 4719 | 5530.94 | 89199.51 | 1899.63 | 659.31 |
| 丽水市 | 33 | 676 | 226.02 | 10384.19 | 732.19 | 383.15 |
| 舟山市 | 48 | 2860 | 17155.45 | 293378.84 | 5106.36 | 20515.43 |

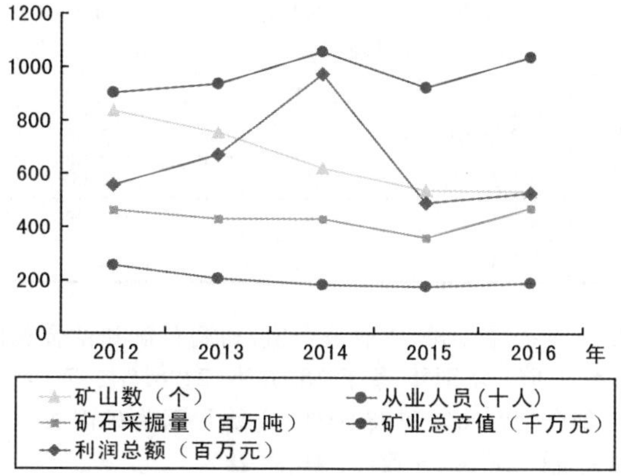


图 22　2012～2016 年浙江省普通建筑用石料主要指标对比图

多年来，矿产资源规划管控刚性持续增强，浙江省矿山开发布局不断优化。大型石料矿山向湖州、杭州外围、宁绍平原南缘、温台沿海平原内侧、金衢盆地边缘、舟山地区等六大建筑石料开发基地集聚，矿山布局渐趋合理，矿山企业规模化、集约化程度持续提高。

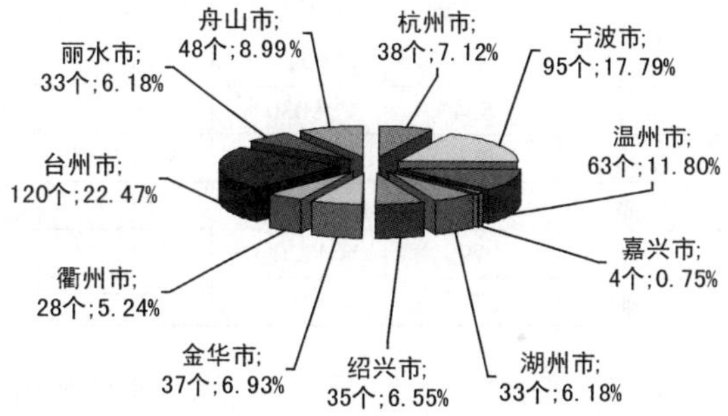


图 23　2016 年浙江省各市普通建筑用石料矿山企业数量构成图

2016 年，全省有大型建筑石料矿山 390 个，占全省建筑石料矿山总数的 73.03%，其产量、产值分别占总量的 97.16% 和 96.13%，均较 2015 年略有提升。

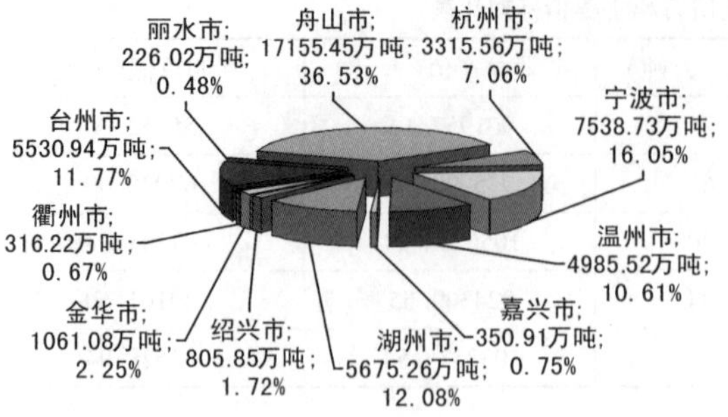


图24　2016年浙江省各市普通建筑用石料矿山企业矿石采掘量构成图

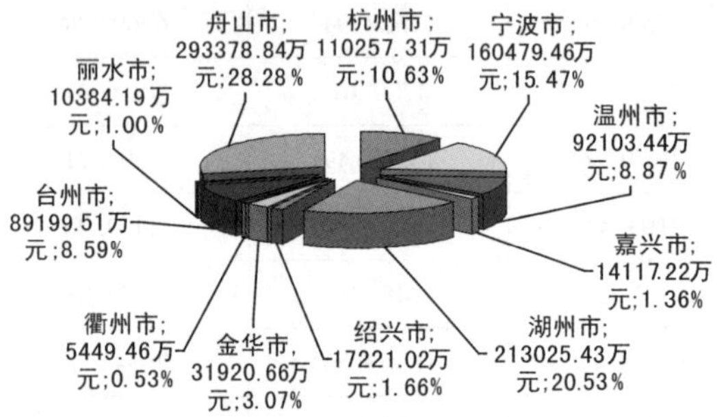


图25　2016年浙江省各市普通建筑用石料矿山企业工业总产值构成图

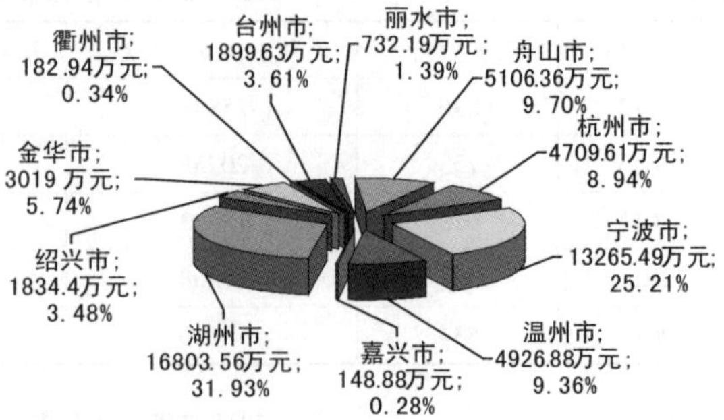


图26　2016年浙江省各市普通建筑用石料矿山企业利润总额构成图

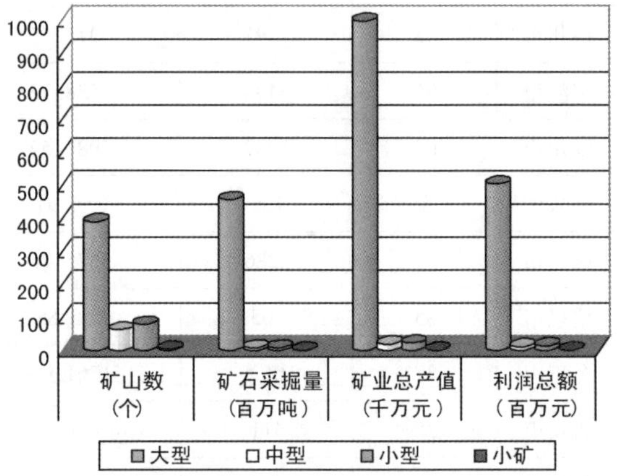


图27　2016年浙江省不同规模普通建筑用石料矿山矿业指标对比图

全省建筑用石料矿山平均生产规模为87.94万吨，比2015年增加了23.04%。年产矿石量100万吨以上的矿山有390个，占普通建筑用石料矿总数的73.03%，表明全省集约节约化程度有很大提高(表20、图27)。

表20　　2016年浙江省不同规模普通建筑用石料开发利用情况表

| 规模 | 矿山数(个) | 从业人员(人) | 矿石采掘量(万吨) | 矿业总产值(万元) | 利润总额(万元) | 人均采矿量[万吨/(人·年)] | 人均产值[万元/(人·年)] |
|---|---|---|---|---|---|---|---|
| 合计 | 534 | 19030 | 46961.54 | 1037536.54 | 52628.94 | 2.47 | 54.52 |
| 大型 | 390 | 16606 | 45627.65 | 997333.84 | 50332.61 | 2.75 | 60.06 |
| 中型 | 62 | 1289 | 651.99 | 18042.87 | 1022.13 | 0.51 | 14.00 |
| 小型 | 79 | 1120 | 681.63 | 22157.68 | 1274.20 | 0.61 | 19.78 |
| 小矿 | 3 | 15 | 0.27 | 2.15 | 0.00 | 0.02 | 0.14 |

2. *砖瓦用黏土、砂页岩*。2016年，全省砖瓦用黏土、砂页岩矿山有136个，矿石采掘量194.67万吨，矿业生产总值达3.78亿元，利税总额1025.15万元。与2015年相比，全省砖瓦用黏土和砂页岩矿山数、从业人员、矿石采掘量、矿业总产值、利润总额和税金总额继续下降，分别下降了18.07%、24.81%、37.67%、28.21%、52.66%和28.71%，主要是因为矿山数减少和大批矿山关停导致(表21、图28)。

表21　　2016年浙江省砖瓦用黏土、砂页岩矿开发利用情况表

| 矿种名称 | 矿山数(个) | 从业人员(人) | 矿石采掘量(万吨) | 矿业总产值(万元) | 利润总额(万元) | 税金总额(万元) |
|---|---|---|---|---|---|---|
| 合计 | 136 | 3691 | 194.67 | 37771.16 | 1025.15 | 1665.41 |
| 砖瓦用砂岩 | 11 | 248 | 19.71 | 4715.99 | -2.76 | 192.7 |

续表 21

| 矿种名称 | 矿山数(个) | 从业人员(人) | 矿石采掘量(万吨) | 矿业总产值(万元) | 利润总额(万元) | 税金总额(万元) |
|---|---|---|---|---|---|---|
| 砖瓦用页岩 | 103 | 3355 | 170.92 | 32947.44 | 987.91 | 1461.71 |
| 砖瓦用黏土 | 22 | 88 | 4.04 | 107.73 | 40.00 | 11.00 |

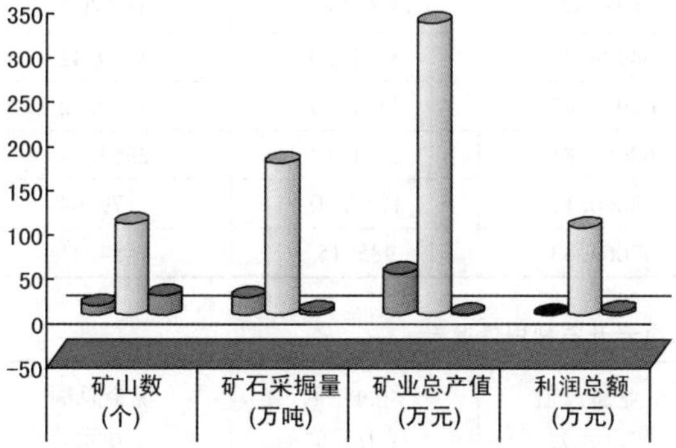


图 28　2016 年浙江省不同规模普通建筑用石料矿山矿业指标对比图

①砖瓦用黏土。2016 年,全省有砖瓦用黏土矿山 22 个;从业人员 88 人,矿石采掘量 4.04 万吨,实现矿业总产值 107.73 万元,利润总额 40.00 万元,税金总额 11.00 万元。与 2015 年相比,所有指标大幅下降,矿山数、从业人员、矿石采掘量、矿业总产值、利润总额、税金总额分别下降了 18.52%、49.71%、85.96%、97.63%、83.85%、92.97%,矿山都处于关停状态,其中关闭 9 个,停产 13 个(表 22、图 29)。

2016 年砖瓦用黏土矿山主要分布于衢州市,有 21 个;嘉兴市仅有 1 个矿山,处于停产状态(表 23)。

表 22　2012～2016 年浙江省砖瓦用黏土主要指标对比表

| 年 份 | 矿山数(个) | 从业人员(人) | 矿石采掘量(万吨) | 矿业总产值(万元) | 利润总额(万元) | 税金总额(万元) |
|---|---|---|---|---|---|---|
| 2012 | 55 | 1485 | 103.64 | 13518.20 | 1808.70 | 693.30 |
| 2013 | 33 | 626 | 77.45 | 9331.13 | 1036.50 | 513.20 |
| 2014 | 30 | 591 | 79.09 | 9300.30 | 903.90 | 385.76 |
| 2015 | 27 | 175 | 28.78 | 4551.11 | 247.72 | 156.50 |
| 2016 | 22 | 88 | 4.04 | 107.73 | 40.00 | 11.00 |

表 23　2016 年浙江省各市砖瓦用黏土开发利用情况表

| 行政区 | 矿山数(个) | 从业人员(人) | 矿石采掘量(万吨) | 矿业总产值(万元) | 利润总额(万元) | 税金总额(万元) |
|---|---|---|---|---|---|---|
| 合 计 | 22 | 88 | 4.04 | 107.73 | 40.00 | 11.00 |
| 衢州市 | 21 | 88 | 4.04 | 107.73 | 40 | 11 |
| 嘉兴市 | 1 | 0 | 0.00 | 0.00 | 0.00 | 0.00 |

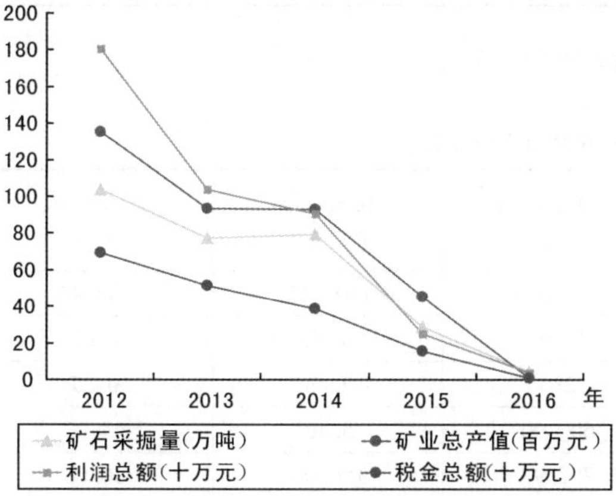


图 29　2012～2016 年浙江省砖瓦用黏土主要指标对比图

②砖瓦用砂、页岩。2016 年,全省有砖瓦用砂、页岩矿山 114 个,从业人员 3603 人,矿石采掘量 190.63 万吨,实现矿业总产值 3.77 亿元,利润总额 985.15 万元,税金总额 1654.41 万元,与 2015 年相比,矿山数减少了 25 个,矿石采掘量、矿业总产值和利润总额比 2015 年分别减少了 32.76%、21.63% 和 48.53%(表 24、图 30)。

2016 年,砖瓦用砂页岩开发利用主要分布在金华和衢州两个市,砖瓦用砂岩主要分布金华市和丽水市(表 25、图 31)。

3. 建筑用砂。2016 年,全省有建筑用砂矿山 8 个,从业人员 363 人,矿石采掘量 326.29 万吨,实现矿业总产值 8643.46 万元,利润总额 1105.15 万元,税金总额546.45万元。与2015年相比均减少,矿山数减少了5个,矿石采掘量、矿业总产值和税金总额分别下降了21.43%、30.76%、17.93%,而利润总额大幅提升,增加了57.83%(表26、图32)。

**表24　　2012~2016年浙江省砖瓦用砂、页岩主要指标对比表**

| 年份 | 矿山数(个) | 从业人员(人) | 矿石采掘量(万吨) | 矿业总产值(万元) | 利润总额(万元) | 税金总额(万元) |
|---|---|---|---|---|---|---|
| 2012 | 177 | 6258 | 451.17 | 64929.47 | 3871.60 | 3210.42 |
| 2013 | 177 | 6258 | 451.17 | 64929.47 | 3871.60 | 3210.42 |
| 2014 | 155 | 5547 | 409.20 | 60959.81 | 3101.10 | 2953.24 |
| 2015 | 139 | 4734 | 283.51 | 48060.11 | 1917.90 | 2179.64 |
| 2016 | 114 | 3603 | 190.63 | 37663.43 | 985.15 | 1654.41 |

**表25　　2016年浙江省各市砖瓦用砂、页岩开发利用情况表**

| 行政区 | 矿山数(个) | 从业人员(人) | 矿石采掘量(万吨) | 矿业总产值(万元) | 利润总额(万元) | 税金总额(万元) |
|---|---|---|---|---|---|---|
| 合计 | 114 | 3603 | 190.63 | 37663.43 | 985.15 | 1654.41 |
| 杭州市 | 11 | 556 | 20.75 | 4371.62 | -230.33 | 190.37 |
| 湖州市 | 1 | 10 | 0.00 | 0.00 | 0.00 | 0.00 |
| 金华市 | 48 | 2022 | 86.54 | 19061.08 | 648.8 | 791.94 |
| 丽水市 | 10 | 240 | 18.99 | 3333.33 | 175.7 | 158 |
| 衢州市 | 58 | 645 | 50.36 | 7903 | 355.68 | 394.74 |
| 台州市 | 7 | 218 | 18.03 | 3102.13 | 75.30 | 130.36 |

**表26　　2012~2016年浙江省砖瓦用黏土主要指标对比表**

| 年份 | 矿山数(个) | 从业人员(人) | 矿石采掘量(万吨) | 矿业总产值(万元) | 利润总额(万元) | 税金总额(万元) |
|---|---|---|---|---|---|---|
| 2012 | 24 | 770 | 2449.96 | 81627.20 | 1500.39 | 7684.48 |
| 2013 | 20 | 579 | 1669.32 | 51936.55 | 1370.45 | 5836.85 |
| 2014 | 15 | 575 | 485.34 | 13457.77 | 806.21 | 916.38 |
| 2015 | 13 | 526 | 415.30 | 12483.11 | 700.21 | 665.85 |
| 2016 | 8 | 363 | 326.29 | 8643.46 | 1105.15 | 546.45 |

2016年,建筑用砂矿山主要分布于温州、绍兴、宁波等市,其中仍以温州市分布最多,产量及产值均居全省之首(表27)。

**表27　　2016年浙江省各市建筑用砂开发利用情况表**

| 行政区 | 矿山数(个) | 从业人员(人) | 矿石采掘量(万吨) | 矿业总产值(万元) | 利润总额(万元) | 税金总额(万元) |
|---|---|---|---|---|---|---|
| 合计 | 8 | 363 | 326.29 | 8643.46 | 1105.15 | 546.45 |
| 金华市 | 2 | 80 | 1.28 | 41.01 | 0.00 | 0.00 |
| 丽水市 | 1 | 20 | 18.7 | 280 | 9.46 | 0.37 |
| 宁波市 | 1 | 20 | 9.77 | 600.00 | 5.40 | 24.00 |
| 绍兴市 | 1 | 22 | 17.59 | 707.97 | 156.00 | 30.00 |
| 温州市 | 3 | 221 | 278.95 | 7014.48 | 934.29 | 492.08 |

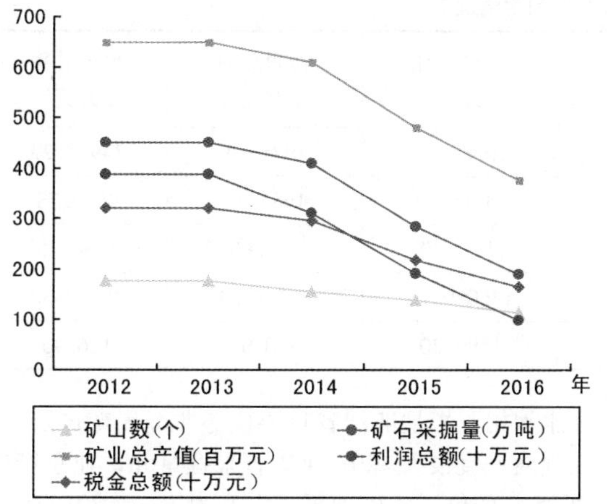


图30　2012～2016年浙江省砖瓦用砂、页岩主要指标对比图

**【其他非金属矿产开发利用】**　浙江省矿产资源主要是非金属矿产，资源较丰富，叶蜡石、明矾石、萤石(普通)、伊利石、硅藻土、沸石、水泥用灰岩、膨润土、高岭土、珍珠岩、硅灰石、玻璃用石英岩等保有资源储量居全国前列。2016年，全省非金属矿产开发格局没有较大变化，依然是普通萤石、水泥用灰岩开发强度较大。全省开发的其他非金属矿产有30种，矿山265个，从业人员6561人，矿石采掘量7727.46万吨，实现矿业总产值23.30亿元，利润总额2.30亿元，税金4.18亿元；其矿山数量占全省总量的25.29%、从业人员占总量的18.92%、矿石采掘量占总量的13.94%、矿业总产值占总量的16.79%、利润总额和税金总额分别占总量的31.40%和33.95%。与2015年相比，矿山数、从业人员分别减少2.93%、9.85%，矿石采掘量、矿业总产值、利润、税金总额分别增长了3.30%、13.60%、26.29%、12.71%。

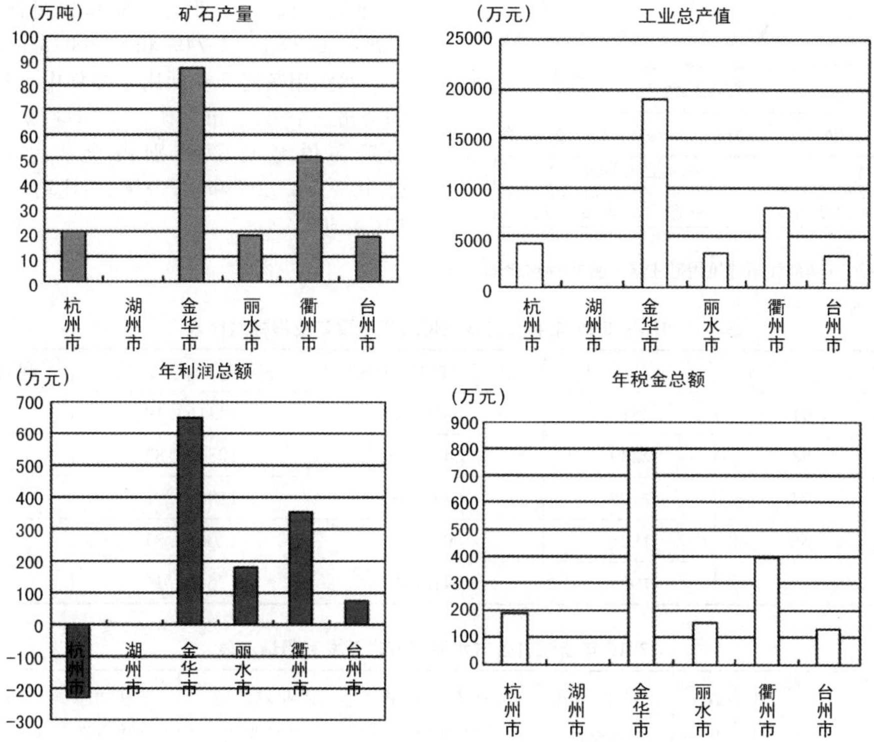


图31　2016年浙江省各市砖瓦用砂、页岩矿业指标对比图

1. *石灰岩(包括建筑石料用灰岩)*。石灰岩是地壳中分布最广的矿产之一，主要应用于生产水泥、建筑石料、饰面板材、制灰、冶金、脱硫、轻质与重质碳酸钙等，是浙江省的优势矿产资源，以石炭系中、上统黄龙组和船山组为主要含矿层位，具有矿床规模大、矿石质量好等特点，分布广泛，品种齐全。主要分布在浙西、浙北古生代沉积岩地区，浙赣与沪杭铁路西北侧，杭州市所辖的富阳、建德、桐庐，湖州市所辖的长兴、安吉，金华市所辖的兰溪和衢州市所辖的常山、江山等县(市、区)，浙江东部绍兴－诸暨一带也有分布，浙南有零星出露(表28)。

表 28　　2016 年浙江省石灰岩矿山开发利用情况表

| 矿种名称 | 矿山数（个） | 从业人员（人） | 矿石采掘量（万吨） | 矿业总产值（万元） | 利润总额（万元） | 税金总额（万元） |
|---|---|---|---|---|---|---|
| 合　计 | 89 | 3387 | 8675. 95 | 202888. 9 | 19753. 3 | 34913. 29 |
| 建筑石料用灰岩 | 26 | 943 | 1703. 07 | 53218. 76 | 1685. 36 | 4599. 78 |
| 熔剂用灰岩 | 5 | 428 | 456. 81 | 11920. 78 | 848. 60 | 1386. 23 |
| 水泥用灰岩 | 53 | 1935 | 6418. 00 | 136050. 16 | 16749. 34 | 28800. 38 |
| 制灰用石灰岩 | 5 | 81 | 98. 07 | 1699. 20 | 470. 00 | 126. 90 |

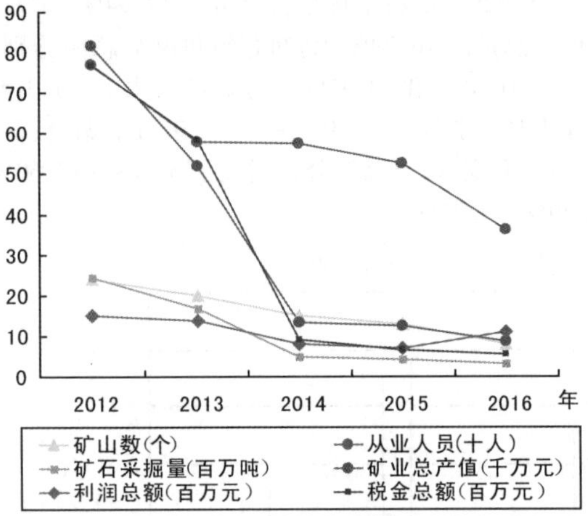


图 32　2012～2016 年浙江省建筑用砂主要矿业指标对比图

水泥用灰岩是浙江省重要优势非金属矿产资源，开发强度一直很大，2016 年矿石采掘量和矿业总产值由 2015 年的位居各矿种第二上升为第一。2016 年全省有水泥用灰岩矿山 53 个，从业人员 1935 人，矿石采掘量 6418. 00 万吨，矿业总产值 13. 60 亿元，利润 1. 67 亿元。与 2015 年相比，矿山数下降了 8. 62%，从业人员、矿石采掘量、矿业总产值和利润总额分别增长了 6. 26%、6. 77%、12. 74% 和 53. 98%（表 29、图 33）。

水泥用灰岩开发利用主要集中分布在杭州、湖州和衢州三个市，三市的矿石采掘量、矿业总产值、利润总额和税金总额分别占全省总量的 85. 39%、85. 10%、96. 72% 和 90. 28%，占比均较 2015 年有所增加（表 30）。

表 29　　2012～2016 年浙江省水泥用灰岩主要矿业指标对比表

| 年 份 | 矿山数（个） | 从业人员（人） | 矿石采掘量（万吨） | 矿业总产值（万元） | 利润总额（万元） |
|---|---|---|---|---|---|
| 2012 | 91 | 2517 | 6310. 88 | 143163. 19 | 7469. 23 |
| 2013 | 88 | 2239 | 6431. 70 | 108427. 82 | 14190. 19 |
| 2014 | 74 | 2100 | 6376. 13 | 118821. 92 | 13245. 98 |
| 2015 | 58 | 1821 | 6011. 26 | 120680. 87 | 10877. 68 |
| 2016 | 53 | 1935 | 6418. 00 | 136050. 16 | 16749. 34 |

表 30　　2016 年浙江省各市水泥用灰岩开发利用情况表

| 行政区 | 矿山数（个） | 从业人员（人） | 矿石采掘量（万吨） | 矿业总产值（万元） | 利润总额（万元） | 税金总额（万元） |
|---|---|---|---|---|---|---|
| 合 计 | 53 | 1935 | 6418 | 136050. 16 | 16749. 34 | 28800. 38 |
| 杭州市 | 13 | 755 | 2184. 13 | 45690. 83 | 7211. 77 | 6295. 45 |
| 湖州市 | 15 | 493 | 2410. 88 | 40666. 17 | 2593. 90 | 11439. 17 |
| 金华市 | 7 | 276 | 620. 42 | 14965. 91 | 322. 00 | 2171. 67 |
| 衢州市 | 13 | 310 | 885. 17 | 29418. 65 | 6394. 83 | 8266. 93 |
| 绍兴市 | 5 | 101 | 317. 40 | 5308. 60 | 226. 84 | 627. 16 |

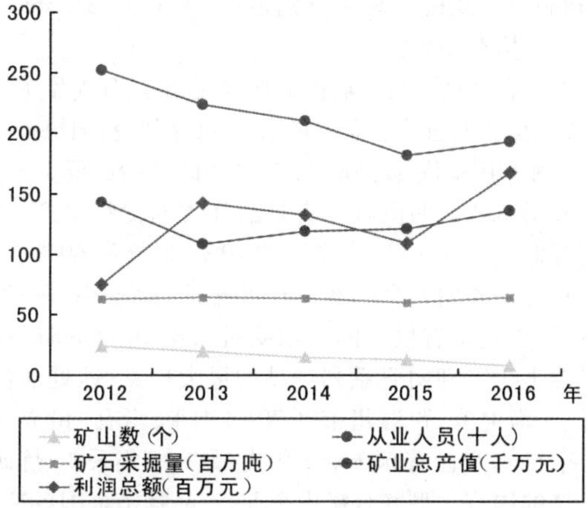


图33 2012~2016年浙江省水泥用灰岩主要矿业指标对比图

2016年全省年产50万吨以上的水泥用灰岩矿山数28个，与2015年相比，占总量的比重由43.24%上升至52.83%；年产100万吨以上矿山有23个，占总量的比重为43.40%，人均产值为97~45万元/(人·年)，与2015年基本持平(表31)。

2. 普通萤石。2016年，全省有萤石矿山82个，从业人员1829人，矿石采掘量72.28万吨，实现矿业总产值4.11亿元，利润总额3271.51万元，税金总额4230.20万元。与2015年相比，矿业总产值增加66.83%，矿山数增加1.23%，从业人数减少10.03%，矿石采掘量增加了3.99%，利润总额和税金总额分别增加1.86%和减少21.15%(表32、图34)。

表31　　2016年浙江省水泥用灰岩矿山生产规模及劳动生产率统计表

| 矿山规模(万吨/年) | 矿山数(个) | 从业人员(个) | 年产矿量(万吨) | 矿业总产值(万元) | 利润总额(万元) | 人均产值[万元/(人·年)] |
|---|---|---|---|---|---|---|
| 大于100.0 | 23 | 1203 | 5591.68 | 121075.59 | 15765.54 | 26140.97 |
| 50.0~100.0 | 5 | 103 | 405.76 | 6196.39 | 557.86 | 1255.61 |
| 5.0~50.0 | 14 | 407 | 419.26 | 8117.52 | 425.94 | 1081.12 |
| 小于5.0 | 11 | 222 | 1.30 | 660.66 | 0.00 | 322.68 |
| 合 计 | 53 | 1935 | 6418.00 | 136050.16 | 16749.34 | 28800.38 |

表32　　2012~2016年浙江省普通萤石主要矿业指标对比表

| 年　份 | 矿山数(个) | 从业人员(人) | 矿石采掘量(万吨) | 矿业总产值(万元) | 利润总额(万元) | 税金总额(万元) |
|---|---|---|---|---|---|---|
| 2012 | 85 | 2321 | 70.90 | 26947.94 | 4351.52 | 6149.05 |
| 2013 | 90 | 2233 | 80.66 | 28510.96 | 3350.39 | 5769.71 |
| 2014 | 87 | 2297 | 66.55 | 26936.37 | 4016.85 | 6305.07 |
| 2015 | 81 | 2033 | 69.51 | 24624.48 | 3211.84 | 5365.19 |
| 2016 | 82 | 1829 | 72.28 | 41080.47 | 3271.51 | 4230.20 |

萤石是工业上氟元素的主要来源，它广泛用于航天、制冷、医药、防腐、灭火、电子、机械和原子能等领域。我国萤石资源丰富，矿床繁多，资源储量、生产量和出口量均居世界首位。萤石为浙江省传统优势矿产资源，储量在全国名列前茅，地区分布与资源赋存条件一致，主要分布在杭州、丽水、金华、绍兴、台州、衢州、温州等7个市，其中丽水市分布最广，萤石开发利用产量、产值、利润等均居全省之首。金华市和台州市次之，两市合计的矿山数、矿石采掘量、矿业总产值和利润总额分别占总量的20.73%、30.11%、19.33%和37.97%。温州市的矿山均处于停采状态(表33)。

浙江省萤石开采强度一直较大，但产业集中度较低，以小型矿为主，萤石矿的集约化利用有待继续加

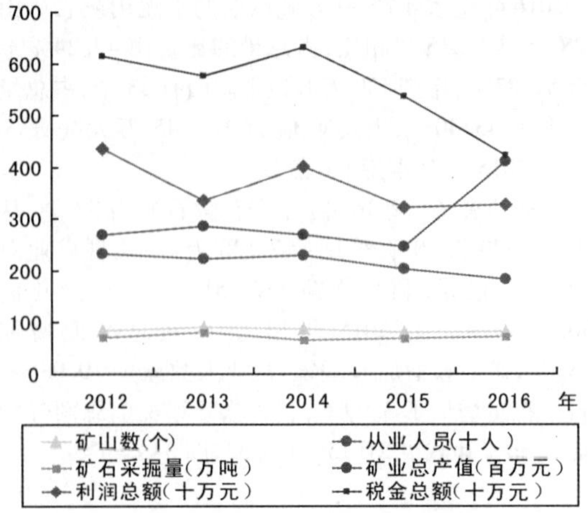


图34 2012~2016年浙江省普通萤石主要矿业指标对比图

强。2016年萤石小型矿山数为70个,同于2015年,大型矿山8个,较上年增加了1个。与2015年相比,大、中型萤石矿占全省萤石矿的比例上升,其中矿业总产值、利润总额及税金总额分别占比74.32%、81.36%、59.93%,均有小幅提升。

浙江省是我国主要氟化工基地,也是萤石成品矿需求大省,因此,加强全省萤石矿采、选技术研究,加快萤石矿开发和利用步伐,提高矿产综合利用率十分必要。

3.明矾石。明矾石一直是浙江省的优势矿产,查明资源储量2.4亿吨,占全国的70%、世界的60%,居全国首位。省内有全国唯一的明矾石大型矿山——温州矾矿,也是全省仅有的一家明矾石矿山。温州矾矿是世界上生产钾明矾系列产品的最大厂家,地处浙江南部、东海之滨,距温州市区70多千米,素有"世界矾都"之称,迄今已有600余年历史,是一家集采矿、炼矾于一体的国有大型联合矿山企业,产品畅销全国各地,并出口欧美、东南亚及中东地区,享有极高的声誉。但是,受国内国际矿业经济形势的影响,近两年呈亏损状态,2016年亏损额较2015年减少了257.89万元,呈现向好的迹象(表34、图35)。

表33　2016年浙江省各市普通萤石开发利用情况表

| 行政区 | 矿山数(个) | 从业人员(人) | 矿石采掘量(万吨) | 矿业总产值(万元) | 利润总额(万元) | 税金总额(万元) |
|---|---|---|---|---|---|---|
| 合计 | 82 | 1829 | 72.28 | 41080.47 | 3271.51 | 4230.20 |
| 杭州市 | 17 | 282 | 1.62 | 274.06 | -41.92 | 41.90 |
| 金华市 | 6 | 228 | 16.15 | 5270.92 | 807.97 | 1102.01 |
| 丽水市 | 27 | 868 | 45.19 | 31759.54 | 2079.86 | 2422.09 |
| 衢州市 | 9 | 188 | 2.90 | 959.39 | 26.50 | 53.10 |
| 绍兴市 | 11 | 102 | 0.81 | 145.00 | -35.00 | 24.70 |
| 台州市 | 11 | 158 | 5.61 | 2671.56 | 434.10 | 586.40 |
| 温州市 | 1 | 3 | 0.00 | 0.00 | 0.00 | 0.00 |

表34　2012~2016年浙江省明矾石生产主要矿业指标对比表

| 年份 | 矿山数(个) | 从业人员(人) | 矿石采掘量(万吨) | 矿业总产值(万元) | 利润总额(万元) | 税金总额(万元) |
|---|---|---|---|---|---|---|
| 2012 | 1 | 1765 | 3.30 | 6635.00 | -197.00 | 1036.00 |
| 2013 | 1 | 1202 | 12.39 | 6094.80 | 22.00 | 840.00 |
| 2014 | 1 | 1200 | 11.35 | 5708.50 | 307.79 | 726.30 |
| 2015 | 1 | 830 | 9.09 | 4869.70 | -313.60 | 539.66 |
| 2016 | 1 | 515 | 3.36 | 2393.90 | -55.71 | 446.17 |

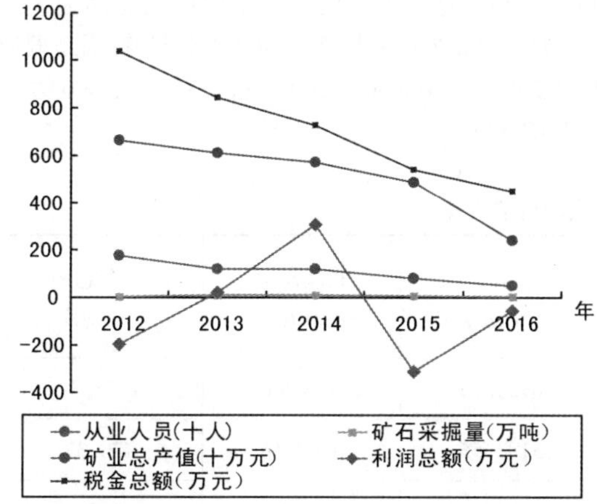


图35 2012～2016年浙江省明矾石主要矿业指标对比图

4. *玻璃用石英岩*。2015年和2016年,全省玻璃用石英岩矿山仅有长兴县林城镇石英村龙山玻璃用石英岩矿1个,为大型矿山,2014年浙江省矿业权交易中心以网上挂牌方式公开出让,2015年重新投入生产,2016年盈利319.00万元(表35)。

5. *叶蜡石*。2016年,全省有叶蜡石矿山26个,从业人员409人,矿石采掘量71.17万吨,实现矿业总产值6922.13万元,利润总额178.84万元,税金总额1353.37万元。与2015年相比,从业人数、采掘量和总产值分别增加了3.54%、50.37%和12.82%,利润总额则增加了2141.10%,主要是因为浙江龟湖矿业有限公司叶蜡石矿和上虞叶蜡石矿业有限公司叶蜡石矿两矿山企业盈利上百万,其他企业亏损额减少,拉动了全省利润总额有较大提高(表36、图36)。

**表35　2012～2016年浙江省玻璃用石英岩主要矿业指标对比表**

| 年　份 | 矿山数(个) | 从业人员(人) | 矿石采掘量(万吨) | 矿业总产值(万元) | 利润总额(万元) | 税金总额(万元) |
|---|---|---|---|---|---|---|
| 2012 | 4 | 222 | 136.43 | 4290.90 | 141.10 | 686.30 |
| 2013 | 4 | 101 | 62.14 | 1615.64 | 20.00 | 240.00 |
| 2014 | 2 | 0 | 0.00 | 0.00 | 0.00 | 0.00 |
| 2015 | 1 | 91 | 57.85 | 2800.00 | 0.00 | 190.44 |
| 2016 | 1 | 46 | 49.76 | 1915.60 | 319.00 | 452.41 |

**表36　2012～2016年浙江省叶蜡石生产主要矿业指标对比表**

| 年　份 | 矿山数(个) | 从业人员(人) | 矿石采掘量(万吨) | 矿业总产值(万元) | 利润总额(万元) | 税金总额(万元) |
|---|---|---|---|---|---|---|
| 2012 | 26 | 778 | 60.81 | 4934.47 | 602.56 | 723.60 |
| 2013 | 26 | 724 | 72.32 | 5962.38 | 399.83 | 888.39 |
| 2014 | 26 | 472 | 80.95 | 9005.93 | 580.56 | 879.34 |
| 2015 | 26 | 395 | 47.33 | 6135.74 | 7.98 | 1115.85 |
| 2016 | 26 | 409 | 71.17 | 6922.13 | 178.84 | 1353.37 |

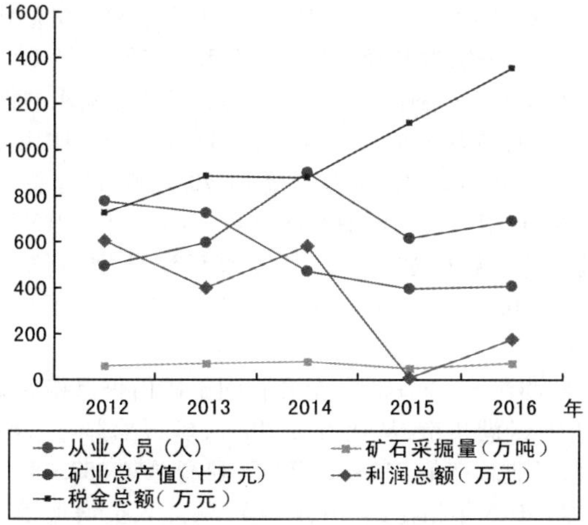


图36 2012～2016年浙江省叶蜡石主要矿业指标对比图

中国是世界上叶蜡石矿储量最丰富的国家之一,已探明储量仅次于日本和韩国,产出主要集中在福建、浙江。浙江省叶蜡石矿产资源丰富,查明储量居全国之首,主要分布在丽水,其中青田县比较集中,其次为温州、绍兴、衢州。2016年,丽水市叶蜡石矿山有14个,矿山数、矿业总产值均位居全省第一,各项指标较去年有所回升,其中利润总额回升较大,但是总体依然处于亏损状态;衢州市1个矿山正在筹建,6家处于关闭状态(表37)。

2016年,浙江省开采出的叶蜡石有80%以上是用于低廉的陶瓷行业,少数质优的高铝叶蜡石可作为工艺雕刻材料,利润上升与雕刻工艺品升值有关。

6. *饰面用石材*。2016年,全省饰面用石材开采矿种有辉绿岩、闪长岩、花岗岩、大理岩、板岩等5种,有矿山30个,从业人员331人,矿石采掘量26.26万吨,实现矿业总产值3480.74万元,税金总额136.93万元、利润亏损122.35万元。与2015年相比,矿山数减少了1个,采掘量减少23.60%,总产值减少10.49%,利润总额大幅下降,亏损122.35万元,税金总额增加29.11%。利润总额下降较大的主要原因是因为大部分矿山处于停采状态,生产矿山盈利不多,特别是桐庐源华仕厦青石矿山企业亏损严重,亏损额达206万元(表38、图37)。

表37　　2016年浙江省各市叶蜡石开发利用情况表

| 行政区 | 矿山数(个) | 从业人员(人) | 矿石采掘量(万吨) | 矿业总产值(万元) | 利润总额(万元) | 税金总额(万元) |
|---|---|---|---|---|---|---|
| 合 计 | 26 | 409 | 71.17 | 6922.13 | 178.84 | 1353.37 |
| 丽水市 | 14 | 218 | 30.52 | 3182.55 | -60.16 | 770.37 |
| 衢州市 | 7 | 75 | 0.00 | 0.00 | 0.00 | 0.00 |
| 绍兴市 | 2 | 35 | 9.51 | 784.58 | 100.00 | 50.00 |
| 温州市 | 3 | 81 | 31.14 | 2955.00 | 139.00 | 533.00 |

表38　　2012～2016年浙江省饰面用石材主要矿业指标对比表

| 年　份 | 矿山数(个) | 从业人员(人) | 矿石采掘量(万吨) | 矿业总产值(万元) | 利润总额(万元) | 税金总额(万元) |
|---|---|---|---|---|---|---|
| 2012 | 28 | 258 | 20.51 | 3466.01 | 278.00 | 96.20 |
| 2013 | 35 | 211 | 42.36 | 3747.16 | 494.65 | 151.69 |
| 2014 | 30 | 263 | 43.12 | 2442.10 | 337.75 | 105.87 |
| 2015 | 31 | 267 | 34.37 | 3888.53 | 185.93 | 106.06 |
| 2016 | 30 | 331 | 26.26 | 3480.74 | -122.35 | 136.93 |

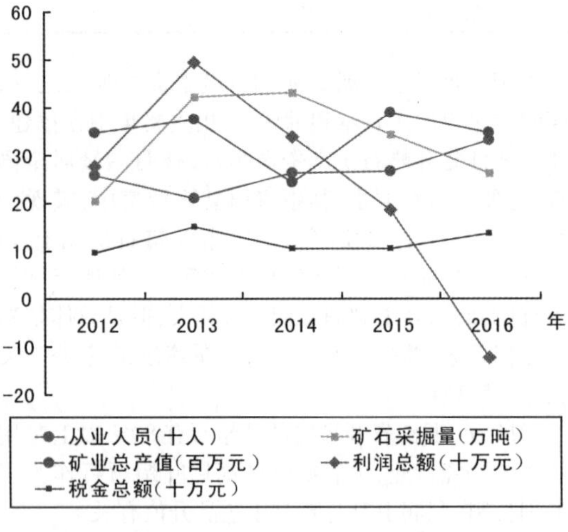


图37　2012～2016年浙江省饰面用石材主要矿业指标对比图

全省饰面用石材开采的五个矿种中,饰面用花岗岩产值及利润均居首位(表39)。

浙江省饰面用石材开采分布在衢州、温州、杭州等五市。衢州市的矿山数有10个,矿业产值和利润总额全省最高,分别为1018.64万元、105.00万元(表40)。

7. 高岭土。浙江省高岭土开采区集中于丽水的松阳、绍兴的诸暨等地。2016年,全省有高岭土矿山6个,从业人员129人,矿石产量13.70万吨,矿业总产值4387.00万元,利润总额880.00万元。与2015年相比,矿山数增加1个,产量和利润分别下降了1.30%、16.19%,产值增加仅0.70%,基本持平(表41、图38)。

8. 膨润土。2016年,全省膨润土矿山仍保持为2个,均地处湖州市,从业人员20人,矿石采掘量7.65万吨,矿业总产值2128.20万元,利润总额387.65万元。与2015年相比,矿山数不变,从业人员增加了2人,采掘量、总产值、利润总额分别增加了18.79%、33.07%、31.55%(表42、图39)。

表 39　　2016 年浙江省饰面用石材主要矿种开发利用情况表

| 矿　种 | 矿山数（个） | 从业人员（人） | 矿石采掘量（万吨） | 矿业总产值（万元） | 利润总额（万元） | 税金总额（万元） |
|---|---|---|---|---|---|---|
| 合计 | 30 | 331 | 26.26 | 3480.74 | -122.35 | 136.93 |
| 饰面用板岩 | 6 | 44 | 1.34 | 628.00 | 60.00 | 20.00 |
| 饰面用大理岩 | 1 | 8 | 0.00 | 0.00 | 0.00 | 0.00 |
| 饰面用花岗岩 | 16 | 183 | 21.33 | 1768.47 | -158.15 | 40.60 |
| 饰面用辉绿岩 | 5 | 77 | 1.75 | 945.04 | -29.20 | 70.03 |
| 饰面用闪长岩 | 2 | 19 | 1.84 | 139.23 | 5.00 | 6.30 |

表 40　　2016 年浙江省各市饰面用石材开发利用情况表

| 行政区 | 矿山数（个） | 从业人员（人） | 矿石采掘量（万吨） | 矿业总产值（万元） | 利润总额（万元） | 税金总额（万元） |
|---|---|---|---|---|---|---|
| 合计 | 30 | 331 | 26.26 | 3480.74 | -122.35 | 136.93 |
| 杭州市 | 4 | 38 | 3.71 | 116.00 | -218.15 | 0.90 |
| 丽水市 | 2 | 42 | 0.51 | 830.10 | -45.20 | 60.05 |
| 衢州市 | 10 | 84 | 2.89 | 1018.64 | 105.00 | 36.30 |
| 绍兴市 | 2 | 25 | 3.88 | 564.00 | 0.00 | 20.00 |
| 温州市 | 12 | 142 | 15.27 | 952.01 | 36.00 | 19.68 |

表 41　　2012～2016 年浙江省高岭土主要矿业指标对比表

| 年 份 | 矿山数（个） | 从业人员（人） | 矿石采掘量（万吨） | 矿业总产值（万元） | 利润总额（万元） |
|---|---|---|---|---|---|
| 2012 | 7 | 155 | 15.33 | 1825.66 | 212.23 |
| 2013 | 7 | 182 | 18.88 | 2201.05 | 291.40 |
| 2014 | 7 | 183 | 17.78 | 3793.00 | 456.00 |
| 2015 | 5 | 159 | 13.88 | 4356.70 | 1050.00 |
| 2016 | 6 | 129 | 13.70 | 4387.00 | 880.00 |

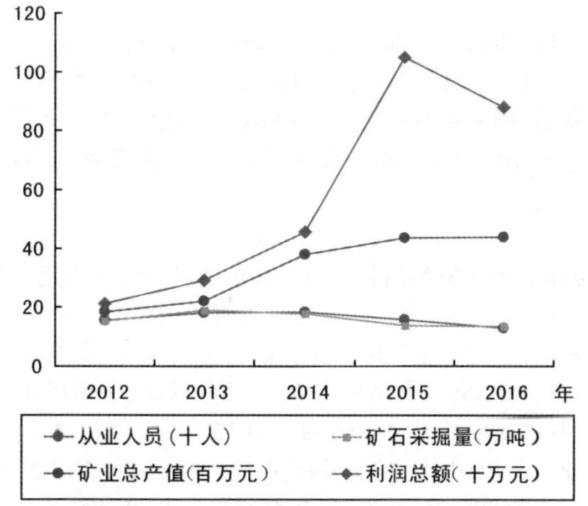


图 38　2012～2016 年浙江省高岭土主要矿业指标对比图

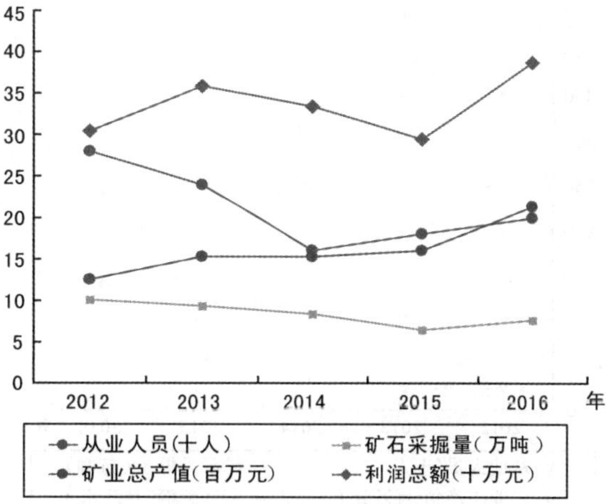


图 39　2012～2016 年浙江省膨润土主要矿业指标对比图

表 42　　2012～2016 年浙江省膨润土矿生产主要指标对比表

| 年 份 | 矿山数(个) | 从业人员(人) | 矿石采掘量(万吨) | 矿业总产值(万元) | 利润总额(万元) |
|---|---|---|---|---|---|
| 2012 | 5 | 28 | 10.07 | 1253.62 | 304.46 |
| 2013 | 4 | 24 | 9.29 | 1525.48 | 358.75 |
| 2014 | 2 | 16 | 8.38 | 1527.42 | 334.61 |
| 2015 | 2 | 18 | 6.44 | 1599.27 | 294.68 |
| 2016 | 2 | 20 | 7.65 | 2128.20 | 387.65 |

9. *硫铁矿*。2016 年，全省有矿山 3 个，从业人员 231 人，矿石采掘量 2.42 万吨，矿业总产值 138.17 万元，税金总额 13.77 万元，亏损 99.70 万元。与 2015 年相比，矿山数不变，矿石采掘量增加 868.00%，矿业总产值减少 10.63%，税金总额增加 2.61%，利润总额亏损(表 43)。

表 43　　2012～2016 年浙江省硫铁矿主要矿业指标对比表

| 年 份 | 矿山数(个) | 从业人员(人) | 矿石采掘量(万吨) | 矿业总产值(万元) | 利润总额(万元) | 税金总额(万元) |
|---|---|---|---|---|---|---|
| 2012 | 2 | 396 | 4.33 | 429.35 | 24.21 | 305.54 |
| 2013 | 1 | 378 | 5.65 | 1076.00 | 14.47 | 161.86 |
| 2014 | 3 | 404 | 1.81 | 670.00 | 31.70 | 38.87 |
| 2015 | 3 | 414 | 0.25 | 154.60 | 0.00 | 13.42 |
| 2016 | 3 | 231 | 2.42 | 138.17 | -99.70 | 13.77 |

10. *方解石*。方解石也属于浙江省优势非金属矿产，2016 年，全省有矿山 21 个，从业人员 241 人，矿石采掘量 217.99 万吨，矿业总产值 1.40 亿元，利润总额 718.31 万元。与 2015 年相比，矿山数减少了 1 个，矿石采掘量、矿业总产值分别增加 19.89%、16.25%，利润总额减少 37.20%(表 44、图 40)。

表 44　　2012～2016 年浙江省方解石矿主要矿业指标对比表

| 年 份 | 矿山数(个) | 从业人员(人) | 矿石采掘量(万吨) | 矿业总产值(万元) | 利润总额(万元) |
|---|---|---|---|---|---|
| 2012 | 27 | 352 | 222.92 | 10334.78 | 240.54 |
| 2013 | 27 | 353 | 222.92 | 10342.82 | 240.54 |
| 2014 | 27 | 361 | 252.62 | 11299.04 | 1220.86 |
| 2015 | 22 | 315 | 181.82 | 12026.77 | 1143.72 |
| 2016 | 21 | 241 | 217.99 | 13981.55 | 718.31 |

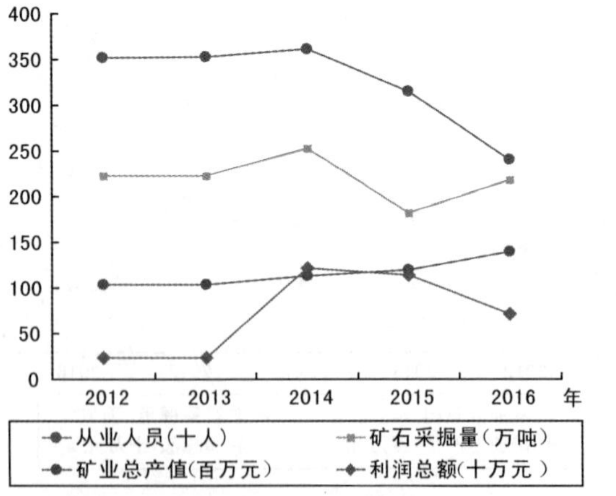


图 40　2012～2016 年浙江省方解石矿主要矿业指标对比图

11. *其他优势非金属矿*。2016 年，全省矿业产值及产量排名较前的还有熔剂用灰岩、水泥配料用页岩、硅灰石、制灰用石灰岩、沸石和冶金用白云岩等，但因受资源条件限制和市场需求的影响，总体开发利用强度一直不大。

**【金属矿产开发利用】**　浙江省金属矿产资源匮乏，以铁、铜、钼、铅锌、金、银为主，全省有矿山 56 个，开采规模都不大，以小型矿山和小矿山为主，合并占全部全省总数的 89.28%，大型矿山 2 个，均是铁矿，中型矿山 4 个，其中 3 个铁矿，1 个金矿。2016 年，全省金属矿山从业人员 3801 人，矿石采掘量 127.09 万吨，实现矿业总产值 56806.25 万元，利润总额 -3478.85 万元。与 2015 年相比，金属矿产矿山数减少了 2 个，矿石采掘量减少 55.54%，矿业总产值增加 6.43%。全省利润总额虽然仍处于亏损状态，但是亏损额大幅减少，而且矿业总产值有小幅提升，这种良好变化主要原因是：虽然近几年金属矿产市场行情持续走低，而且2016年铅锌矿和铁矿亏损加剧，但是多数矿种止损，甚至利润大幅提高，如钼矿虽然亏损，但是亏损额减小；铜矿扭亏为盈；金价上涨，利润大幅提升等，带动了金属矿产市场回暖，拉动了全省利润总额和矿业总产值（表45、图41）。

表45　　2012~2016年浙江省金属矿产主要矿业指标对比表

| 年　份 | 矿山数（个） | 从业人员（人） | 矿石采掘量（万吨） | 矿业总产值（万元） | 利润总额（万元） | 税金总额（万元） |
|---|---|---|---|---|---|---|
| 2012 | 57 | 4319 | 201.12 | 96742.00 | 2786.58 | 14458.96 |
| 2013 | 57 | 4084 | 188.14 | 90081.27 | 3234.73 | 11947.32 |
| 2014 | 60 | 4260 | 407.74 | 75813.71 | 1360.79 | 11707.17 |
| 2015 | 58 | 4082 | 285.83 | 53374.73 | -6513.31 | 9537.06 |
| 2016 | 56 | 3801 | 127.09 | 56806.25 | -3478.85 | 8627.64 |

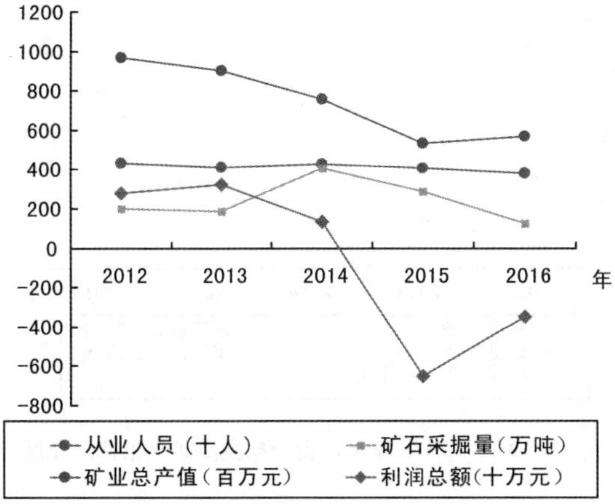


图41　2012~2016年浙江省金属矿产主要矿业指标对比图

1. 铜矿。2016年，全省有铜矿山6个，4个小型矿山，2个小矿，从业人员889人，矿石采掘量40.38万吨，实现矿业总产值2.37亿元，利润总额869.18万元，税金总额4417.73万元。与2015年相比，矿石采掘量基本持平，总产值增加4.83%、税金总额减少5.17%，全省利润扭亏为盈。全省铜矿生产以杭州建铜集团有限公司和绍兴平铜（集团）有限公司绍兴铜都矿业有限公司为主，两矿山合计矿石产量和矿业产值分别占全省总量的90.09%和83.56%，利润总额等于全省总量，主要利润是杭州建铜集团有限公司，其利润总额占全省的98.27%（表46、图42）。

2. 钼矿。2016年，全省有钼矿山10个，集中分布于丽水市青田、松阳、景宁和莲都4县（区），从业人员560人，矿石采掘量2.19万吨，实现矿业总产值4376.52万元，总体呈严重亏损状态，亏损额达2065.48万元。与2015年相比，2016年矿石采掘量和矿业总产值减少了19.49%和23.55%（表47）。

近十年来，受诸多因素影响中国钼矿市场价格一蹶不振，全省钼矿企业已连续多年来处于严重亏损状态，2016年市场回暖，亏损减少。

表46　　2012~2016年浙江省铜矿主要矿业指标对比表

| 年　份 | 矿山数（个） | 从业人员（人） | 矿石采掘量（万吨） | 矿业总产值（万元） | 利润总额（万元） | 税金总额（万元） |
|---|---|---|---|---|---|---|
| 2012 | 6 | 1236 | 39.54 | 36641.23 | 7653.35 | 6395.07 |
| 2013 | 6 | 1121 | 40.82 | 27951.41 | 4742.30 | 5102.89 |
| 2014 | 6 | 1019 | 36.47 | 22008.10 | 2342.06 | 3845.79 |
| 2015 | 6 | 961 | 40.44 | 22623.00 | -645.34 | 4658.54 |
| 2016 | 6 | 889 | 40.38 | 23715.50 | 869.18 | 4417.73 |

表 47　　2012~2016 年浙江省钼矿生产主要矿业指标对比表

| 年份 | 矿山数（个） | 从业人员（人） | 矿石采掘量（万吨） | 矿业总产值（万元） | 利润总额（万元） | 税金总额（万元） |
|---|---|---|---|---|---|---|
| 2012 | 12 | 744 | 12.96 | 20410.91 | -8152.14 | 2757.75 |
| 2013 | 12 | 569 | 7.17 | 15664.76 | -3585.16 | 2209.34 |
| 2014 | 12 | 649 | 6.99 | 12730.32 | -3504.13 | 1786.04 |
| 2015 | 11 | 548 | 2.72 | 5724.33 | -3615.08 | 840.86 |
| 2016 | 10 | 560 | 2.19 | 4376.52 | -2065.48 | 352.00 |

3. 金矿。2016 年，全省有金矿山 5 个，从业人员 610 人，矿石采掘量 3.45 万吨，实现矿业总产值 1.32 亿元，利润总额 1358.35 万元。与 2015 年相比，矿石采掘量、矿业总产值和利润总额分别增加了 185.12%、45.34%、246.54%。受国际国内金价提高的影响，2016 年金矿产量、产值以及利润均有大幅提升（表 48、图 43）。

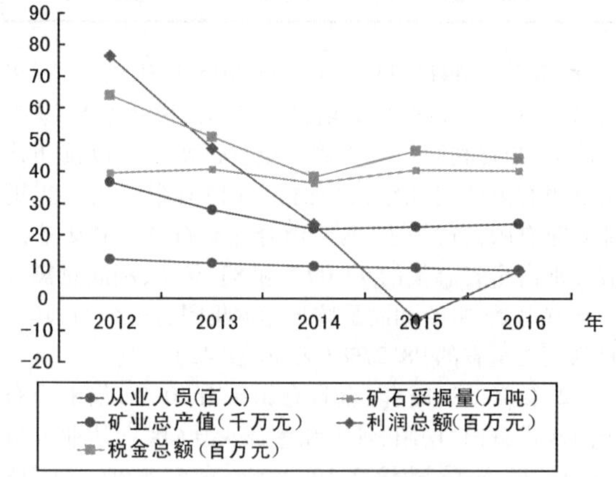


图 42　2012~2016 年浙江省铜矿主要矿业指标对比图

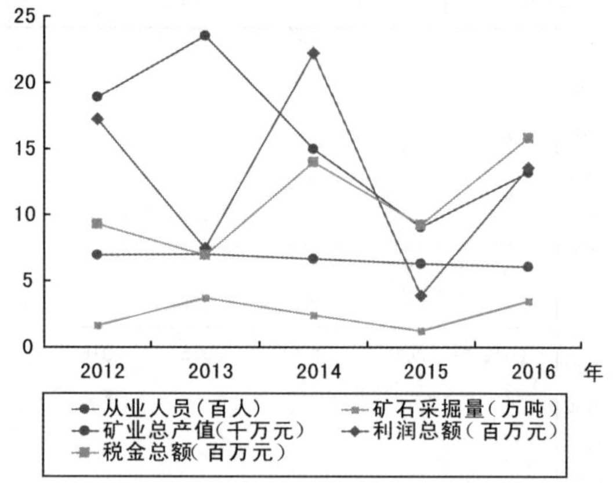


图 43　2012~2016 年浙江省金矿主要矿业指标对比图

表 48　　2012~2016 年浙江省金矿主要矿业指标对比表

| 年份 | 矿山数（个） | 从业人员（人） | 矿石采掘量（万吨） | 矿业总产值（万元） | 利润总额（万元） | 税金总额（万元） |
|---|---|---|---|---|---|---|
| 2012 | 6 | 697 | 1.67 | 18888.93 | 1723.00 | 929.5 |
| 2013 | 6 | 702 | 3.71 | 23539.90 | 746.53 | 694.17 |
| 2014 | 6 | 667 | 2.44 | 14979.19 | 2222.35 | 1397.75 |
| 2015 | 5 | 630 | 1.21 | 9091.82 | 391.97 | 928.46 |
| 2016 | 5 | 610 | 3.45 | 13213.90 | 1358.35 | 1578.64 |

4. 铅、锌矿。2016 年，全省有铅矿和锌矿山总计 16 个，包括 13 个锌矿，3 个铅矿。两类矿山合计从业人员 629 人，矿石采掘量 13.48 万吨，实现矿业总产值 6377.28 万元，利润总额亏损达 1520.54 万元，税金总额 855.31 万元。与 2015 年相比，全省利润处于严重亏损状态，主要是因为生产的锌矿山基本都处于亏损状态，特别是浙江佳和矿业集团有限公司龙泉铅锌矿的亏损额达 1535.90 万元，还有多个矿山处于停产状态（表 49、图 44）。

表 49　　2012～2016 年浙江省铅锌矿主要矿业指标对比表

| 年 份 | 矿山数（个） | 从业人员（人） | 矿石采掘量（万吨） | 矿业总产值（万元） | 利润总额（万元） | 税金总额（万元） |
|---|---|---|---|---|---|---|
| 2012 | 19 | 628 | 14. 63 | 3756. 17 | 494. 80 | 743. 61 |
| 2013 | 19 | 715 | 9. 59 | 3632. 54 | 264. 52 | 546. 06 |
| 2014 | 18 | 747 | 13. 13 | 4029. 23 | －154. 40 | 830. 74 |
| 2015 | 17 | 755 | 11. 66 | 2912. 65 | 129. 86 | 511. 87 |
| 2016 | 16 | 629 | 13. 48 | 6377. 28 | －1520. 54 | 855. 31 |

5. *铁矿*。2016 年，全省有铁矿山 12 个，从业人员 736 人，矿石采掘量 58. 44 万吨，实现矿业总产值 4453. 19 万元，利润总额 2924. 35 万元。与 2015 年相比，矿石采掘量和矿业总产值分别下降了 73. 36%、50. 04%，企业亏损状况愈发严重，主要是由绍兴漓铁矿业有限公司的严重亏损引起，其亏损额高达 1940. 00 万元（表 50、图 45）。

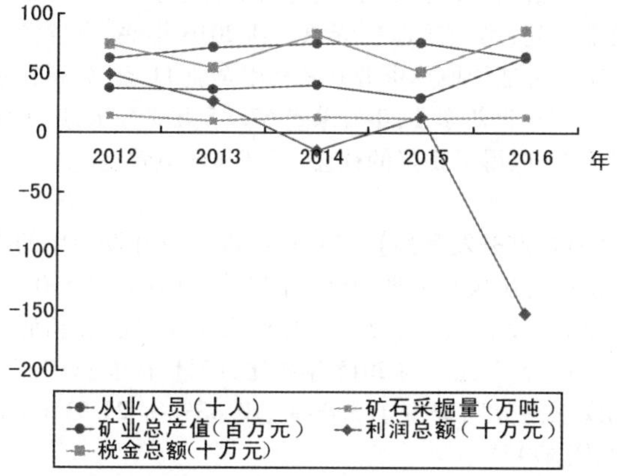


图 44　2012～2016 年浙江省铅锌矿主要矿业指标对比图

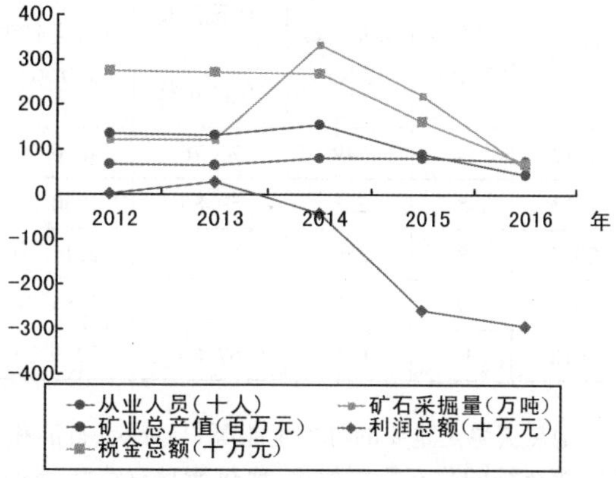


图 45　2012～2016 年浙江省铁矿主要矿业指标对比图

表 50　　2012～2016 年浙江省铁矿主要矿业指标对比表

| 年 份 | 矿山数（个） | 从业人员（人） | 矿石采掘量（万吨） | 矿业总产值（万元） | 利润总额（万元） | 税金总额（万元） |
|---|---|---|---|---|---|---|
| 2012 | 8 | 668 | 121. 28 | 13422. 50 | 20. 06 | 2745. 77 |
| 2013 | 7 | 651 | 120. 78 | 13181. 24 | 282. 54 | 2712. 86 |
| 2014 | 11 | 801 | 333. 59 | 15398. 97 | －420. 79 | 2687. 91 |
| 2015 | 12 | 811 | 219. 40 | 8913. 49 | －2585. 00 | 1610. 13 |
| 2016 | 12 | 736 | 58. 44 | 4453. 19 | －2924. 35 | 677. 05 |

近几年来，钢铁产能产量呈减量化发展，中国钢铁的消费高峰和产量高峰是在 2014 年，之后建筑行业投资下降，机械行业需求结构性回落，汽车产销量小幅增长等原因造成铁矿石需求下降，钢铁供给萎缩加剧，行业出现量价齐跌，2015 年开始出现严重亏损。

**【能源矿产开发利用】** 2016 年，浙江省开发利用的能源矿产仅地热一种，有采矿权 11 个。主要分布于杭州、宁波、温州、嘉兴、绍兴、金华 6 个市，其中大型矿山有 5 个，分别位于金华、宁波、杭州和嘉兴市。全省从业人员 636 人，地下热水开采量 67. 86 万立方米，年投资额 3560. 50 万元，实现矿业总产值 3289. 33 万元，比 2015 年增加了 44. 00%，嘉善县大云镇曹家村嘉热 2 号地热井产值最高，达 1755. 00 万元（表 51、图 46）。

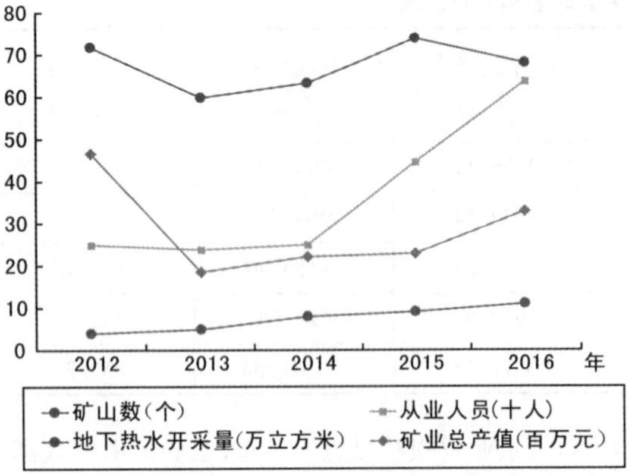


图46　2012～2016年浙江省地热资源主要矿业指标对比图

表51　2012～2016年浙江省地热主要矿业指标对比表

| 年 份 | 矿山数（个） | 从业人员（人） | 地下热水开采量（万立方米） | 矿业总产值（万元） |
|---|---|---|---|---|
| 2012 | 4 | 249 | 71.76 | 4666.00 |
| 2013 | 5 | 238 | 59.89 | 1850.50 |
| 2014 | 8 | 250 | 63.23 | 2211.10 |
| 2015 | 9 | 446 | 73.73 | 2284.28 |
| 2016 | 11 | 636 | 67.86 | 3289.33 |

地热资源是重要的可再生能源，与煤炭、石油和天然气等传统的化石能源相比，地热能具有清洁、环保、就地取用等优势。浙江省得天独厚的经济社会环境、区位优势，为地热勘查和开发利用提供了良好的条件，开发利用地热资源对于缓解我国乃至浙江省能源紧张的形势，实现节能减排的工作目标将起到积极的推进作用。

浙江省属于环太平洋构造——岩浆活动带，地处环太平洋火山、地震活动带上，无现代活动，但是中生代以来地壳运动活跃，深断裂发育，伴有大规模中酸性岩浆活动，形成东南沿海火山岩带及大量花岗岩，广泛分布的北北东、东西及北西深断裂控制了区内岩浆活动带的分布。上述断裂及构造在近时期活动性较强烈，多数成为地下水运动和上升的良好通道，从而导致地下热水点较为普遍。

近年来，全省投资勘查、开发地热（温泉）资源的力度不断加大，勘查开发的地热资源水温在25～64摄氏度之间，属低温地热资源。到2016年底，全省已有采矿许可证的地热资源开发利用企业11家，分布在泰顺、宁海、武义等县，年开采量67.85万立方米，用于温泉旅游，取得了良好的社会、经济和环境效益。

**【水气矿产开发利用】** 2016年，浙江省开发利用的水气矿产有矿泉水1种，有矿山38个，从业人员590人，产量22.65万吨，实现矿业总产值1.04亿元，利润总额350.15万元。与2015年相比，产量、矿业总产值和利润总额分别减少了3.00%、10.43%和23.91%（表52、图47）。

表52　2012～2016年浙江省矿泉水主要矿业指标对比表

| 年份 | 矿山数（个） | 从业人员（人） | 产量（万吨） | 矿业总产值（万元） | 利润总额（万元） |
|---|---|---|---|---|---|
| 2012 | 45 | 703 | 17.10 | 2480.59 | 297.03 |
| 2013 | 43 | 622 | 13.86 | 2240.85 | 180.84 |
| 2014 | 41 | 587 | 16.58 | 3586.35 | 349.90 |
| 2015 | 39 | 681 | 23.35 | 11607.14 | 460.20 |
| 2016 | 38 | 590 | 22.65 | 10396.52 | 350.15 |

全省除嘉兴和舟山两市外，其他各市均有矿泉水分布，其中温州和宁波两市数量最多，合计18个；宁波市矿业总产值最高，为8012.56万元；温州市利润总额最低，呈亏损状态（表53）。

表53　2016年浙江省各市矿泉水开发利用情况表

| 行政区 | 矿山数（个） | 从业人员（人） | 矿石采掘量（万吨） | 矿业总产值（万元） | 利润总额（万元） | 税金总额（万元） |
|---|---|---|---|---|---|---|
| 合计 | 38 | 589 | 22.66 | 10396.52 | 350.15 | 1095.08 |
| 杭州市 | 4 | 50 | 1.80 | 260.00 | 12.00 | 54.60 |
| 湖州市 | 5 | 141 | 4.79 | 1423.80 | 107.70 | 198.50 |

续表 53－1

| 行政区 | 矿山数（个） | 从业人员（人） | 矿石采掘量（万吨） | 矿业总产值（万元） | 利润总额（万元） | 税金总额（万元） |
|---|---|---|---|---|---|---|
| 金华市 | 1 | 0.00 | 0.00 | 0.00 | 0.00 | 0.00 |
| 丽水市 | 2 | 21 | 0.20 | 27.10 | 4.70 | 6.24 |
| 宁波市 | 9 | 190 | 11.02 | 8012.56 | 209.15 | 783.90 |
| 衢州市 | 2 | 42 | 1.20 | 276.03 | 0.00 | 5.84 |
| 绍兴市 | 4 | 33 | 0.22 | 53.30 | 20.00 | 23.30 |
| 台州市 | 2 | 13 | 0.26 | 25.00 | 4.30 | 4.68 |
| 温州市 | 9 | 99 | 3.17 | 318.73 | －7.70 | 18.02 |

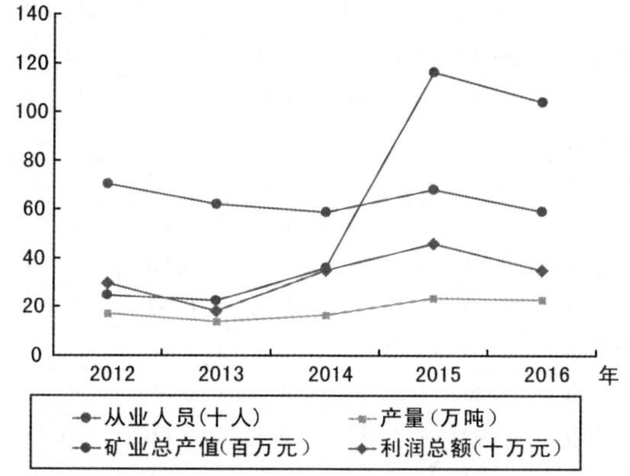


图 47　2012～2016 年浙江省矿泉水主要矿业指标变化对比图

【矿产开发利用特点】 1. 矿山布局更趋合理，矿山主要生产指标进一步优化。2016 年，全省矿山布局进一步合理，矿业结构进一步优化，矿山数量进一步减少，矿山核定生产规模进一步提高，矿山集约节约化生产效果明显，2016 年，各项矿业指标均呈不同幅度的提升，总体发展态势良好，矿山平均矿石采掘量、全省矿山平均矿业总产值、人均矿石采掘量和人均矿业产值均有较大提升，分别提升了 30.17%、14.89%、26.19% 和 12.20%（表 54、图 48）。

2. 民营企业对矿业投资增加，各地区投资力度提高，投资额倍增。2016 年，浙江省矿业经济效益回升。全省矿业总产值为 138.74 亿元，比 2015 年度增加了 12.56 亿元；全省实现矿业利润 7.33 亿元，较上年增加了 0.96 亿元；上缴税金 12.33 亿元，同比增加了 1.38 亿元。全省有 50 个矿山企业出现亏损，亏损矿山数增加，总计亏损额 1.68 亿元；107 个矿山关闭、259 个矿山停产，关停矿山占总量的 34.92%、29.13%，较 2015 年占比上升了 5.79%。

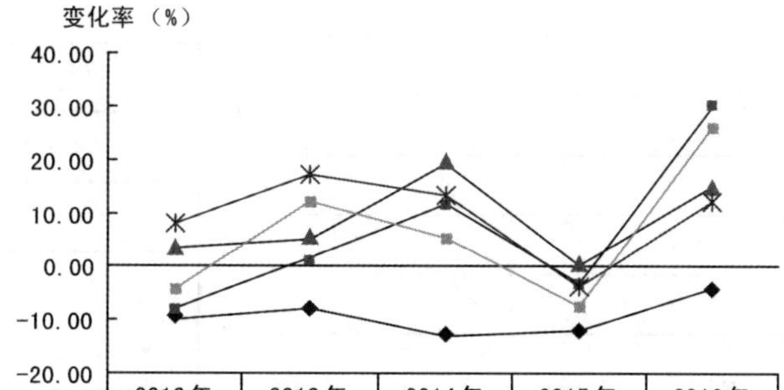


| | 2012年 | 2013年 | 2014年 | 2015年 | 2016年 |
|---|---|---|---|---|---|
| 矿山数 | -9.36 | -7.88 | -12.68 | -12.12 | -4.29 |
| 矿山平均矿石采掘量 | -8.11 | 0.96 | 11.40 | -3.33 | 30.17 |
| 矿山平均矿业总产值 | 3.39 | 5.51 | 19.71 | 0.52 | 14.89 |
| 人均矿石采掘量 | -4.17 | 12.17 | 5.43 | -7.35 | 26.19 |
| 人均矿业产值 | 8.05 | 17.16 | 13.42 | -3.85 | 12.17 |

图 48　2012～2016 年浙江省矿业生产规模和生产效率变化率对比图

表 54　　2012～2016 年浙江省矿业生产规模和生产效率对比表

| 年 份 | 矿山数（个） | 矿山平均矿石采掘量［万吨/（矿·年）］ | 矿山平均矿业总产值［万元/（矿·年）］ | 人均矿石采掘量［万吨/（人·年）］ | 人均矿业产值［万元/（人·年）］ |
|---|---|---|---|---|---|
| 2012 | 1549 | 37.37 | 907.52 | 1.15 | 27.92 |
| 2013 | 1427 | 37.73 | 957.56 | 1.29 | 32.71 |
| 2014 | 1246 | 42.03 | 1146.34 | 1.36 | 37.10 |
| 2015 | 1095 | 40.63 | 1152.28 | 1.26 | 35.66 |
| 2016 | 1048 | 52.89 | 1323.88 | 1.59 | 40.02 |

2016 年，全省矿业投资 84.56 亿元，较 2015 年增加了 40.26 亿元，提高了近一倍。各市投资额大都增加，其中台州市、湖州市、杭州市和舟山市投资力度较大，投资额分别达 26.85 亿元、12.49 亿元、12.34 亿元和 12.02 亿元。除了嘉兴市和丽水市投资额下降外，其他各市投资力度均有不同程度的加大，其中台州市投资额增加最多，达 22.19 亿元（表 55、图 49）。

2016 年，浙江省矿业投资资金来源主要为国有和民间资金，国有企业投资 7.10 亿元，较 2015 年减少了 0.47 亿元；私营企业投资 12.10 亿元，较 2015 年减少了 0.17 亿元；有限责任公司投资 62.63 亿元，较 2015 年增加了近两倍，41.51 亿元。上述三种经济类型投资额分别占全省投资总额的 8.68%、14.79%、76.54%。投资方向主要集中在建筑用凝灰岩，投资额达 59.71 亿元，占全省矿业总投资额的 73.00%（表 56、图 50）。

表 55　　2012～2016 年浙江省各市矿业投资对比表

| 行政区 | 投资额（亿元） | | | | |
|---|---|---|---|---|---|
| | 2012 年 | 2013 年 | 2014 年 | 2015 年 | 2016 年 |
| 合 计 | 60.12 | 47.00 | 46.25 | 44.30 | 84.56 |
| 杭州市 | 5.90 | 4.86 | 4.44 | 6.35 | 12.34 |
| 宁波市 | 2.29 | 2.61 | 3.55 | 4.87 | 5.71 |
| 温州市 | 1.69 | 1.24 | 0.11 | 3.54 | 6.24 |
| 嘉兴市 | 0.38 | 0.48 | 5.85 | 0.04 | 0.01 |
| 湖州市 | 9.81 | 8.23 | 1.42 | 9.78 | 12.49 |
| 绍兴市 | 1.40 | 1.23 | 2.67 | 0.93 | 2.11 |
| 金华市 | 2.70 | 2.01 | 0.96 | 1.44 | 2.50 |
| 衢州市 | 4.26 | 0.83 | 14.35 | 0.99 | 0.79 |
| 台州市 | 6.49 | 9.34 | 15.14 | 4.66 | 26.85 |
| 丽水市 | 1.94 | 3.56 | 2.76 | 3.58 | 3.51 |
| 舟山市 | 8.58 | 18.79 | 7.62 | 8.13 | 12.02 |

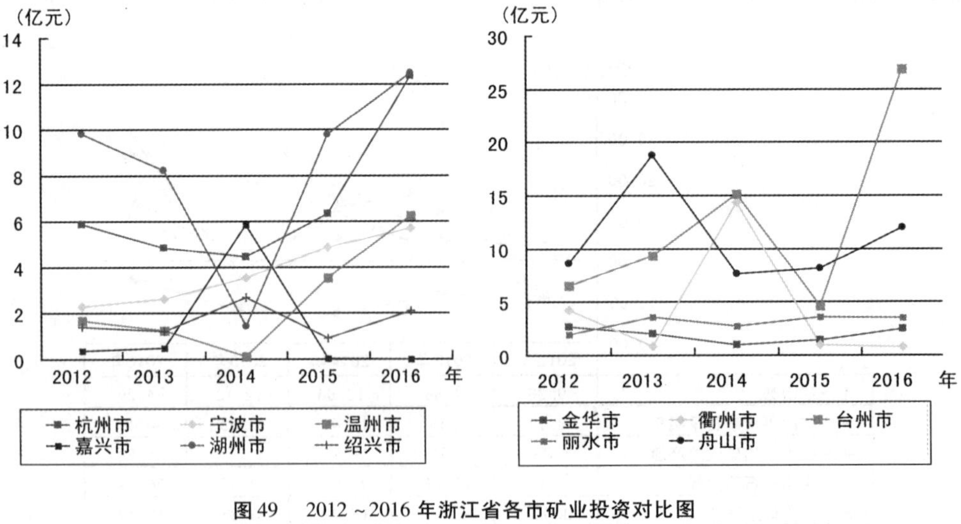


图 49　2012～2016 年浙江省各市矿业投资对比图

表56　2012～2016年浙江省主要资金来源矿业投资对比表

| 经济类型 | 投资额(亿元) | | | | |
|---|---|---|---|---|---|
| | 2012年 | 2013年 | 2014年 | 2015年 | 2016年 |
| 国有企业 | 3.65 | 14.95 | 4.65 | 7.57 | 7.10 |
| 私营企业 | 14.03 | 10.16 | 11.06 | 12.27 | 12.10 |
| 有限责任公司 | 35.84 | 17.65 | 26.74 | 21.12 | 62.63 |
| 合计 | 53.52 | 42.76 | 42.45 | 40.96 | 81.83 |

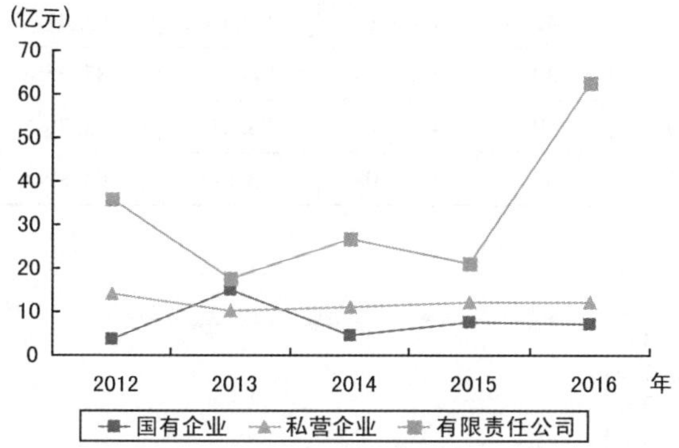


图50　2012～2016年浙江省主要资金来源矿业投资对比图

3. *矿山生态环境持续改善，矿山固体废弃物综合利用略有提升。*根据《“两路两侧”“四边三化”国土资源违法违规问题整治工作方案》《浙江省深化“四边三化”矿山生态环境治理行动实施计划》《浙江省矿山生态环境保护与治理规划（2016～2020年）》等文件，2016年全省各级国土资源部门把生态保护放到更加突出的位置，矿山生态环境保护与治理工作取得了明显成效。2016年，省政协民主监督发现的由国土资源部门负责的48个整治项目已全部完成交工验收，彻底销号。列入浙江省深化“四边三化”矿山生态环境治理行动实施计划的135个省级重点治理矿山，106个已开始施工，开工治理率达到78.52%。全面实施《浙江省矿山生态环境保护与治理规划（2016～2020年）》，通过召开全省矿山生态环境保护与治理现场会，对年度矿山生态环境保护与治理工作任务进行了全面部署。2016年计划治理的183个废弃矿山，已全部开工治理。铁路、县级以上公路、河道两侧可视范围内已累计完成废弃矿山治理1236处，治理率达到54.31%。扎实推进绿色矿山建设工作。完成了遂昌金矿等8家第二批国家级绿色矿山试点单位的初评工作，会同浙江省环境保护厅完成了常山县中兴矿业有限公司辉埠镇灰山石灰岩矿等11家第八批省级“绿色矿山”的认定与命名工作。全省已累计建成绿色矿山415家，建成率达70.33%。

2016年，全省矿山开采区占有土地面积为17453.07公顷，实际使用土地面积13434.08公顷，与2015年相比，开采区占有土地面积减少了30.81%，实际使用土地面积减少了34.94%，开采区土地利用率为76.97%，比2015年减少了4.89%。治理投资额4.40亿元，比2015年减少了26.00%。应治理的矿山开采区面积6130.37公顷，实际治理面积714.14公顷，为应治理面积的11.65%，比2015年减少了0.03%（表57、图51）。

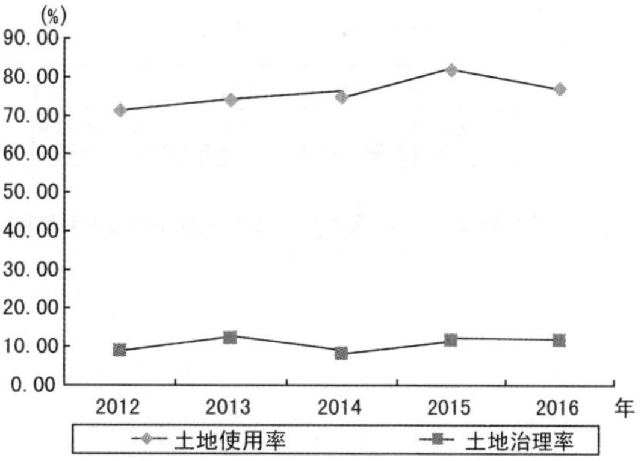


图51　2012～2016年浙江省矿山开采区土地利用率和治理率对比图

表57　2012～2016年浙江省矿山开采区使用和治理情况对比表

| 年份 | 开采区占有土地面积（公顷） | 开采区使用土地面积（公顷） | 应治理面积（公顷） | 已治理面积（公顷） | 治理投资额（万元） |
|---|---|---|---|---|---|
| 2012 | 20029.59 | 14274.07 | 5818.94 | 515.43 | 66649.20 |
| 2013 | 22275.56 | 16476.02 | 5649.37 | 683.61 | 73626.39 |
| 2014 | 19716.90 | 14718.29 | 8577.49 | 695.73 | 43200.64 |
| 2015 | 25225.13 | 20649.60 | 6497.76 | 758.62 | 59459.70 |
| 2016 | 17453.07 | 13434.08 | 6130.37 | 714.14 | 43998.50 |

2016年，全省有废石堆场164个，比2015年减少了22个；累计存放量769.00万吨，同比增加了258.20万

吨;当年排放量287.83万吨,同比减少了111.49万吨;当年处理量278.31万吨,同比减少了109.28万吨;尾矿库数量37个,同比较少2个,累计存放量比2015年增加了177.59万吨,当年排放量同比减少了10.33万吨,当年处理量同比增加了8.03万吨,矿山固体废弃物综合利用程度略有提升(表58、图52和图53)。

表58　　2012~2016年浙江省固体废弃物排放及处理情况对比表

| 年 份 | 废石堆（个） | 累计存放量（万吨） | 当年排放量（万吨） | 当年处理量（万吨） | 尾矿库（个） | 累计存放量（万吨） | 当年排放量（万吨） | 当年处理量（万吨） |
|---|---|---|---|---|---|---|---|---|
| 2012 | 163 | 1293.02 | 803.89 | 143.60 | 41 | 4247.83 | 182.43 | 73.75 |
| 2013 | 161 | 491.45 | 159.08 | 184.97 | 42 | 4309.83 | 233.01 | 95.42 |
| 2014 | 172 | 583.20 | 318.13 | 337.41 | 39 | 4208.33 | 144.52 | 87.65 |
| 2015 | 186 | 510.80 | 399.32 | 387.59 | 39 | 4218.49 | 83.41 | 75.79 |
| 2016 | 164 | 769.00 | 287.83 | 278.31 | 37 | 4396.08 | 73.08 | 83.82 |

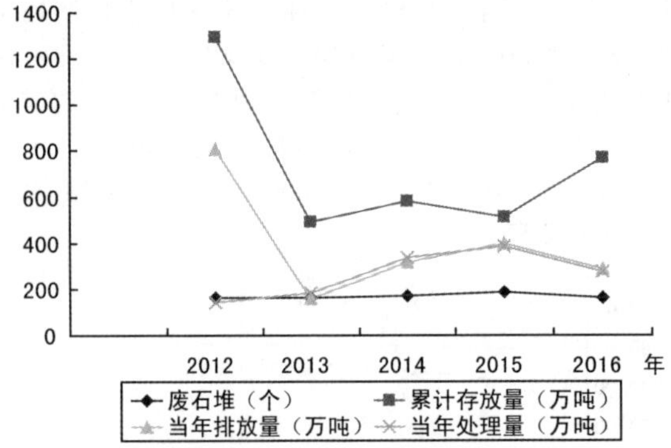


图52　2012~2016年浙江省废石堆排放量和处理量对比图

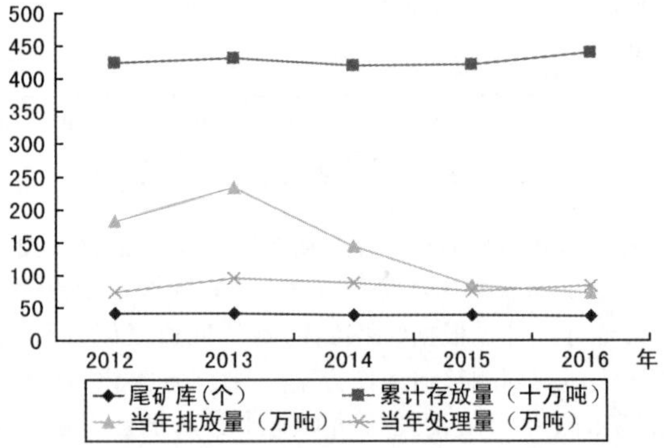


图53　2012~2016年浙江省尾矿库排放量和处理量对比图

(浙江省国土资源厅)

# 政 策 法 规

## 国土资源部关于修改和废止部分规章的决定

### 中华人民共和国国土资源部令第64号

《国土资源部关于修改和废止部分规章的决定》已经2016年1月5日国土资源部第1次部务会议审议通过，现予以公布，自公布之日起施行。

部长　姜大明

2016年1月8日

为深入贯彻落实依法治国基本方略，依法推进行政审批制度改革和职能转变，根据国务院取消、下放行政审批项目等事项的决定和《中共国土资源部党组关于全面推进法治国土建设的意见》，国土资源部对国务院决定取消、下放行政审批项目等事项涉及的规章进行了清理。经清理，国土资源部决定：

**一、对6部规章的部分条款予以修改**

（一）删去《地质资料管理条例实施办法》（国土资源部令第16号）第十一条和第二十二条第二款。

（二）删去《矿山地质环境保护规定》（国土资源部令第44号）第十三条。

（三）将《土地调查条例实施办法》（国土资源部令第45号）第十五条修改为“县级以上地方国土资源行政主管部门应当会同同级有关部门，根据全国土地调查总体方案和上级土地调查实施方案的要求，拟定本行政区域的土地调查实施方案，报上一级人民政府国土资源行政主管部门备案。”

（四）将《古生物化石保护条例实施办法》（国土资源部令第57号）第三条第三项修改为“依据《条例》和省、自治区、直辖市有关规定确定的权限和程序，负责本行政区域内一般保护古生物化石发掘、进出境等相关事项的审批”。

将第四十条修改为“收藏单位不再收藏的一般保护古生物化石，可以依法流通。”

（五）将《中华人民共和国海洋石油勘探开发环境保护管理条例实施办法》（国家海洋局令第1号）第九条修改为“为防止和控制溢油污染，减少污染损害，从事海洋石油勘探开发的作业者，应根据油田开发规模、作业海域的自然环境和资源状况，制定溢油应急计划，报海区主管部门备案。”

删去第十一条。

将第二十五条第三款第一项修改为“不按规定备案溢油应急计划”。

（六）将《中华人民共和国海洋倾废管理条例实施办法》（国家海洋局令第2号）第十六条修改为“海区主管部门根据需要确定废弃物的检验项目，检验工作按已公布的部级以上（含部级）的方法进行检验。”

**二、废止1部规章**

废止《土地估价师资格考试管理办法》（国土资源部令第35号）。

本决定自公布之日起施行。

《地质资料管理条例实施办法》（国土资源部令第16号）、《矿山地质环境保护规定》（国土资源部令第44号）、《土地调查条例实施办法》（国土资源部令第45号）、《古生物化石保护条例实施办法》（国土资源部令第57号）、《中华人民共和国海洋石油勘探开发环境保护管理条例实施办法》（国家海洋局令第1号）、《中华人民共和国海洋倾废管理条例实施办法》（国家海洋局令第2号）根据本决定作相应修改，重新公布。

# 国务院关于煤炭行业化解过剩产能实现脱困发展的意见

国发〔2016〕7号

各省、自治区、直辖市人民政府，国务院各部委、各直属机构：

煤炭是我国主体能源。煤炭产业是国民经济基础产业，涉及面广、从业人员多，关系经济发展和社会稳定大局。近年来，受经济增速放缓、能源结构调整等因素影响，煤炭需求大幅下降，供给能力持续过剩，供求关系严重失衡，导致企业效益普遍下滑，市场竞争秩序混乱，安全生产隐患加大，对经济发展、职工就业和社会稳定造成了不利影响。为贯彻落实党中央、国务院关于推进结构性改革、抓好去产能任务的决策部署，进一步化解煤炭行业过剩产能、推动煤炭企业实现脱困发展，现提出以下意见：

**一、总体要求**

（一）指导思想。全面贯彻党的十八大和十八届三中、四中、五中全会以及中央经济工作会议精神，按照"五位一体"总体布局和"四个全面"战略布局，牢固树立和贯彻落实创新、协调、绿色、开放、共享的发展理念，着眼于推动煤炭行业供给侧结构性改革，坚持市场倒逼、企业主体，地方组织、中央支持，综合施策、标本兼治，因地制宜、分类处置，将积极稳妥化解过剩产能与结构调整、转型升级相结合，实现煤炭行业扭亏脱困升级和健康发展。

（二）基本原则。市场倒逼与政府支持相结合。充分发挥市场机制作用和更好发挥政府引导作用，用法治化和市场化手段化解过剩产能。企业承担化解过剩产能的主体责任，地方政府负责制定落实方案并组织实施，中央给予资金奖补和政策支持。

化解产能与转型升级相结合。严格控制新增产能，切实淘汰落后产能，有序退出过剩产能，探索保留产能与退出产能适度挂钩。通过化解过剩产能，促进企业优化组织结构、技术结构、产品结构，创新体制机制，提升综合竞争力，推动煤炭行业转型升级。

整体推进与重点突破相结合。在重点产煤省份和工作基础较好的地区率先突破，为整体推进探索有益经验。以做好职工安置为重点，挖掘企业内部潜力，做好转岗分流工作，落实好各项就业和社会保障政策，保障职工合法权益，处理好企业资产债务。

（三）工作目标。在近年来淘汰落后煤炭产能的基础上，从2016年开始，用3至5年的时间，再退出产能5亿吨左右、减量重组5亿吨左右，较大幅度压缩煤炭产能，适度减少煤矿数量，煤炭行业过剩产能得到有效化解，市场供需基本平衡，产业结构得到优化，转型升级取得实质性进展。

**二、主要任务**

（四）严格控制新增产能。从2016年起，3年内原则上停止审批新建煤矿项目、新增产能的技术改造项目和产能核增项目；确需新建煤矿的，一律实行减量置换。在建煤矿项目应按一定比例与淘汰落后产能和化解过剩产能挂钩，已完成淘汰落后产能和化解过剩产能任务的在建煤矿项目应由省级人民政府有关部门予以公告。

（五）加快淘汰落后产能和其他不符合产业政策的产能。安全监管总局等部门确定的13类落后小煤矿，以及开采范围与自然保护区、风景名胜区、饮用水水源保护区等区域重叠的煤矿，要尽快依法关闭退出。产能小于30万吨/年且发生重大及以上安全生产责任事故的煤矿，产能15万吨/年及以下且发生较大及以上安全生产责任事故的煤矿，以及采用国家明令禁止使用的采煤方法、工艺且无法实施技术改造的煤矿，要在1至3年内淘汰。

（六）有序退出过剩产能。

1. 属于以下情况的，通过给予政策支持等综合措施，引导相关煤矿有序退出。

——安全方面：煤与瓦斯突出、水文地质条件极其复杂、具有强冲击地压等灾害隐患严重，且在现有技术条件下难以有效防治的煤矿；开采深度超过《煤矿安全规程》规定的煤矿；达不到安全质量标准化三级的煤矿。

——质量和环保方面：产品质量达不到《商品煤质量管理暂行办法》要求的煤矿。开采范围与依法划定、需特别保护的相关环境敏感区重叠的煤矿。

——技术和资源规模方面：非机械化开采的煤矿；晋、蒙、陕、宁等4个地区产能小于60万吨/年，冀、辽、吉、黑、苏、皖、鲁、豫、甘、青、新等11个地区产能小于30万吨/年，其他地区产能小于9万吨/年的煤矿；开采技术和装备列入《煤炭生产技术与装备政策导向（2014年版）》限制目录且无法实施技术改造的煤矿；与大型煤矿井田平面投影重叠的煤矿。

——其他方面：长期亏损、资不抵债的煤矿；长期停产、停建的煤矿；资源枯竭、资源赋存条件差的煤矿；

不承担社会责任、长期欠缴税款和社会保障费用的煤矿;其他自愿退出的煤矿。

2. 对有序退出范围内属于满足林区、边远山区居民生活用煤需要或承担特殊供应任务的煤矿,经省级人民政府批准,可以暂时保留。保留的煤矿原则上要实现机械化开采。

3. 探索实行煤炭行业“存去挂钩”。除工艺先进、生产效率高、资源利用率高、安全保障能力强、环境保护水平高、单位产品能源消耗低的先进产能外,对其他保留产能探索实行“存去挂钩”,通过重新确定产能、实行减量生产等多种手段压减部分现有产能。

(七)推进企业改革重组。稳妥推动具备条件的国有煤炭企业发展混合所有制经济,完善现代企业制度,提高国有资本配置和运行效率。鼓励大型煤炭企业兼并重组中小型企业,培育一批大型煤炭企业集团,进一步提高安全、环保、能耗、工艺等办矿标准和生产水平。利用3年时间,力争单一煤炭企业生产规模全部达到300万吨/年以上。

(八)促进行业调整转型。鼓励发展煤电一体化,引导大型火电企业与煤炭企业之间参股。火电企业参股的煤炭企业产能超过该火电企业电煤实际消耗量的一定比例时,在发电量计划上给予该火电企业奖励。加快研究制定商品煤系列标准和煤炭清洁利用标准。鼓励发展煤炭洗选加工转化,提高产品附加值;按照《现代煤化工建设项目环境准入条件(试行)》,有序发展现代煤化工。鼓励利用废弃的煤矿工业广场及其周边地区,发展风电、光伏发电和现代农业。加快煤层气产业发展,合理确定煤层气勘查开采区块,建立煤层气、煤炭协调开发机制,处理好煤炭、煤层气矿业权重叠地区资源开发利用问题,对一定期限内规划建井开采的区域,按照煤层气开发服务于煤炭开发的原则,采取合作或调整煤层气矿业权范围等方式,优先保证煤炭开发需要,并有效利用煤层气资源。开展低浓度瓦斯采集、提纯和利用技术攻关,提高煤矿瓦斯利用率。

(九)严格治理不安全生产。进一步加大煤矿安全监管监察工作力度,开展安全生产隐患排查治理,对存在重大安全隐患的煤矿责令停产整顿。严厉打击证照不全、数据资料造假等违法生产行为,对安全监控系统不能有效运行、煤与瓦斯突出矿井未按规定落实区域防突措施、安全费用未按要求提取使用、不具备安全生产条件的煤矿,一律依法依规停产整顿。

(十)严格控制超能力生产。全面实行煤炭产能公告和依法依规生产承诺制度,督促煤矿严格按公告产能组织生产,对超能力生产的煤矿,一律责令停产整改。引导企业实行减量化生产,从2016年开始,按全年作业时间不超过276个工作日重新确定煤矿产能,原则上法定节假日和周日不安排生产。对于生产特定煤种、与下游企业机械化连续供应以及有特殊安全要求的煤矿企业,可在276个工作日总量内实行适度弹性工作日制度,但应制定具体方案,并向当地市级以上煤炭行业管理部门、行业自律组织及指定的征信机构备案,自觉接受行业监管和社会监督。

(十一)严格治理违法违规建设。对基本建设手续不齐全的煤矿,一律责令停工停产,对拒不停工停产、擅自组织建设生产的,依法实施关闭。强化事中事后监管,建立和完善煤炭生产要素采集、登记、公告与核查制度,落实井下生产布局和技术装备管理规定,达不到国家规定要求的煤矿一律停产并限期整改,整改后仍达不到要求的,限期退出。有关部门要联合惩戒煤矿违法违规建设生产行为。

(十二)严格限制劣质煤使用。完善煤炭产业发展规划,停止核准高硫高灰煤项目,依法依规引导已核准的项目暂缓建设、正在建设的项目压缩规模、已投产的项目限制产量。落实商品煤质量管理有关规定,加大对京津冀、长三角、珠三角等地区销售使用劣质散煤情况的检查力度。按照有关规定继续限制劣质煤进口。

**三、政策措施**

(十三)加强奖补支持。设立工业企业结构调整专项奖补资金,按规定统筹对地方化解煤炭过剩产能中的人员分流安置给予奖补,引导地方综合运用兼并重组、债务重组和破产清算等方式,加快处置“僵尸企业”,实现市场出清。使用专项奖补资金要结合地方任务完成进度、困难程度、安置职工情况等因素,对地方实行梯级奖补,由地方政府统筹用于符合要求企业的职工安置。具体办法由相关部门另行制定。

(十四)做好职工安置。要把职工安置作为化解过剩产能工作的重中之重,坚持企业主体作用与社会保障相结合,细化措施方案,落实保障政策,维护职工合法权益。安置计划不完善、资金保障不到位以及未经职工代表大会或全体职工讨论通过的职工安置方案,不得实施。

1. 挖掘企业内部潜力。采取协商薪酬、灵活工时、培训转岗等方式,稳定现有工作岗位,对采取措施不裁员或少裁员的生产经营困难企业,通过失业保险基金发放稳岗补贴。支持创业平台建设和职工自主创业,积极培育适应煤矿职工特点的创业创新载体,将返乡创业试点范围扩大到矿区,通过加大专项建设基金投入等方式,提升创业服务孵化能力,培育接续产业集群,引导职工就地就近创业就业。

2. 对符合条件的职工实行内部退养。对距离法定退休年龄5年以内的职工经自愿选择、企业同意并签订协议后,依法变更劳动合同,企业为其发放生活费并缴纳基本养老保险费和基本医疗保险费。职工在达到法定退休年龄前,不得领取基本养老金。

3. 依法依规解除、终止劳动合同。企业确需与职工解除劳动关系的,应依法支付经济补偿,偿还拖欠的职工在岗期间工资和补缴社会保险费用,并做好社会保险关系转移接续手续等工作。企业主体消亡时,依法与职工终止劳动合同,对于距离法定退休年龄5年以内的职工,可以由职工自愿选择领取经济补偿金,或由单位一次性预留为其缴纳至法定退休年龄的社会保险费和基本生活费,由政府指定的机构代发基本生活费、代缴基本养老保险费和基本医疗保险费。

4. 做好再就业帮扶。通过技能培训、职业介绍等方式,促进失业人员再就业或自主创业。对就业困难人员,要加大就业援助力度,通过开发公益性岗位等多种方式予以帮扶。对符合条件的失业人员按规定发放失业保险金,符合救助条件的应及时纳入社会救助范围,保障其基本生活。

(十五)加大金融支持。

1. 金融机构对经营遇到困难但经过深化改革、加强内部管理仍能恢复市场竞争力的骨干煤炭企业,要加强金融服务,保持合理融资力度,不搞"一刀切"。支持企业通过发债替代高成本融资,降低资金成本。

2. 运用市场化手段妥善处置企业债务和银行不良资产,落实金融机构呆账核销的财税政策,完善金融机构加大抵债资产处置力度的财税支持政策。研究完善不良资产批量转让政策,支持银行加快不良资产处置进度,支持银行向金融资产管理公司打包转让不良资产,提高不良资产处置效率。

3. 支持社会资本参与企业并购重组,鼓励保险资金等长期资金创新产品和投资方式,参与企业并购重组,拓展并购资金来源。完善并购资金退出渠道,加快发展相关产权的二级交易市场,提高资金使用效率。

4. 严厉打击企业逃废银行债务行为,依法保护债权人合法权益。地方政府建立企业金融债务重组和不良资产处置协调机制,组织协调相关部门支持金融机构做好企业金融债务重组和不良资产处置工作。

(十六)盘活土地资源。支持退出煤矿用好存量土地,促进矿区更新改造和土地再开发利用。煤炭产能退出后的划拨用地,可以依法转让或由地方政府收回。地方政府收回原划拨土地使用权后的出让收入,可按规定通过预算安排用于支付产能退出企业职工安置费用。对用地手续完备的腾让土地,转产为生产性服务业等国家鼓励发展行业的,可在5年内继续按原用途和土地权利类型使用土地。

(十七)鼓励技术改造。鼓励和支持煤矿企业实施机械化、自动化改造,重点创新煤炭地质保障与高效建井关键技术,煤炭无人和无害化、无煤柱自成巷开采技术,推广保水充填开采、智能开采和特殊煤层开采等绿色智慧矿山关键技术,提升大型煤炭开采先进装备制造水平。

(十八)其他支持政策。加快推进国有煤炭企业分离办社会职能,尽快移交"三供一业"(供水、供电、供热和物业管理),解决政策性破产遗留问题。支持煤炭企业按规定缓缴采矿权价款。支持煤炭企业以采矿权抵押贷款,增加周转资金。改进国有煤炭企业业绩考核机制,根据市场变化情况科学合理确定企业经营业绩考核目标。调整完善煤炭出口政策,鼓励优势企业扩大对外出口。严格执行反不正当竞争法、反垄断法,严肃查处违法违规竞争行为,维护公平竞争市场秩序。

**四、组织实施**

(十九)加强组织领导。相关部门要建立化解煤炭过剩产能和脱困升级工作协调机制,加强综合协调,制定实施细则,督促任务落实,统筹推进各项工作。各有关省级人民政府对本地区化解煤炭过剩产能工作负总责,要成立领导小组,任务重的市、县和重点企业要建立相应领导机构和工作推进机制。国务院国资委牵头组织实施中央企业化解煤炭过剩产能工作。各有关省级人民政府、国务院国资委要根据本意见研究提出产能退出总规模、分企业退出规模及时间表,据此制订实施方案及配套政策,报送国家发展改革委。

(二十)强化监督检查。建立健全目标责任制,把各地区化解过剩产能目标落实情况列为落实中央重大决策部署监督检查的重要内容,加强对化解过剩产能工作全过程的监督检查。各地区要将化解过剩产能任务年度完成情况向社会公示,建立举报制度。强化考核机制,引入第三方机构对各地区任务完成情况进行评估,对未完成任务的地方和企业要予以问责。国务院相关部门要适时组织开展专项督查。

(二十一)做好行业自律。行业协会要引导煤炭企业依法经营、理性竞争,在"信用中国"网站和全国企业信用信息公示系统上公示企业依法依规生产承诺书,引入相关中介、评级、征信机构参与标准确认、公示监督等工作。化解煤炭过剩产能标准和结果向社会公示,加强社会监督,实施守信激励、失信惩戒。

(二十二)加强宣传引导。要通过报刊、广播、电视、互联网等方式,广泛深入宣传化解煤炭过剩产能的重要意义和经验做法,加强政策解读,回应社会关切,形成良好的舆论环境。

国务院

2016年2月1日

# 国家安全生产监督管理总局令

第 87 号

修订后的《煤矿安全规程》已经 2015 年 12 月 22 日国家安全生产监督管理总局第 13 次局长办公会议审议通过，现予公布，自 2016 年 10 月 1 日起施行。原国家安全生产监督管理局、国家煤矿安全监察局 2004 年 11 月 3 日公布的《煤矿安全规程》，国家安全生产监督管理总局 2006 年 10 月 25 日公布的《关于修改〈煤矿安全规程〉第六十八条和第一百五十八条的决定》，2009 年 4 月 22 日公布的《关于修改〈煤矿安全规程〉第一百二十八条、第一百二十九条、第四百四十一条、第四百四十二条的决定》，2010 年 1 月 21 日公布的《关于修改〈煤矿安全规程〉部分条款的决定》，2011 年 1 月 25 日公布的《关于修改〈煤矿安全规程〉第二编第六章防治水部分条款的决定》同时废止。

局长　杨焕宁

2016 年 2 月 25 日

附件：煤矿安全规程（略）

# 国土资源部关于支持钢铁煤炭行业化解过剩产能实现脱困发展的意见

国土资规〔2016〕3 号

各省、自治区、直辖市国土资源主管部门，新疆生产建设兵团国土资源局，各派驻地方的国家土地督察局，部机关各司局：

按照党中央、国务院关于推进结构性改革、抓好去产能工作的决策部署，为更好发挥国土资源在严格控制新增产能、支持过剩产能企业退出、转产和兼并重组方面的作用，根据《国务院关于钢铁行业化解过剩产能实现脱困发展的意见》（国发〔2016〕6 号）和《国务院关于煤炭行业化解过剩产能实现脱困发展的意见》（国发〔2016〕7 号），提出如下意见。

**一、严格控制新增产能用地用矿**

（一）进一步落实产能过剩行业项目目录。根据禁止投资、用地的产能过剩行业项目目录，及时修订《禁止用地项目目录》，对目录内的新建、改扩建项目，禁止供应土地。

（二）严把土地供应关口。继续严把钢铁、煤炭等新增产能项目建设用地供应闸门，对新建项目、新增产能的技术改造项目和产能核增项目，一律不予受理用地预审。对未按国家规定核准、备案的产能严重过剩行业新增产能项目，不得安排建设用地计划，不得通过农用地转用、土地征收审查和办理供地手续。

已办理农用地转用和土地征收手续，未办理土地供应手续，且不再继续建设的，可报经农用地转用和土地征收原批准机关废止原批文，相关建设用地计划指标和占补平衡指标可在审批其他项目用地时使用。

（三）严格矿业权审批。从 2016 年起，3 年内停止煤炭划定矿区范围审批，期间探矿权到期需要继续延长保留期的，由申请人做出说明后可予保留。严格审批煤炭采矿权新立和变更扩大生产规模申请，未经项目核准（产能核增）机关批准的煤矿建设项目，不得受理审批其采矿权新立和变更扩大生产规模申请；国发〔2016〕7 号文件之前已经项目核准（核增）机关批准的煤矿建设项目，需按一定比例与淘汰落后产能和化解产能过剩挂钩，完成淘汰落后产能和化解过剩产能任务，并由省级人民政府有关部门公告后，方可办理其采矿权新立和变更扩大生产规模受理审批手续。

（四）严格国土资源执法监管。各级国土资源主管部门要严格执行《土地管理法》《矿产资源法》等法律法规，围绕去产能，全面强化对钢铁、煤炭企业的执法监管，加大对钢铁、煤炭企业违法用地、违法采煤等行为的查处力度。发现钢铁、煤炭企业未办理用地审批、矿产资源开采登记手续擅自占用土地、开采煤炭的，依法责令其停止违法行为，及时立案查处，或挂牌督办查处，按照规定移送公安机关追究刑事责任，移交纪检监察机关追究党纪政纪责任。及时将违法用地、违法采煤的钢铁、煤炭企业提供给金融机构征信系统，采取联合惩戒措施，共同推动违法问题查处整改到位。

**二、支持盘活土地资产**

（五）关于退出企业土地处置。产能过剩退出企业涉及的国有土地可交由政府收回，政府收回国有土地使用权后的出让收入，可按规定通过预算安排支付退出国有企业职工安置费用；也可由企业自行处理，在符合规划和转让条件的前提下，允许土地使用权人分割转让土地使用权。涉及原划拨土地使用权转让的，经批准可采取协议出让方式办理用地手续。

（六）关于兼并重组、转产企业土地处置。兼并重组企业涉及的划拨土地符合划拨用地条件的，经所在地县级以上人民政府批准可继续以划拨方式使用；不符合划拨用地条件的，依法实行有偿使用。

兼并重组、转产转型企业的土地，涉及改变用途的，经批准可采取协议出让方式办理用地手续，转产为国家鼓励发展的生产性服务业的，可以5年为限继续按原用途和土地权利类型使用土地；工业用地不涉及改变用途的，提高土地利用率和增加建设容积率可不再增收土地价款。

经省级以上人民政府批准兼并重组改制的国有企业，其使用的原生产经营性划拨土地，可以国家作价出资（入股）方式处置；兼并重组企业涉及的集体建设用地发生转移的，相关企业可与农村集体土地所有权主体协商，确定土地使用期限，签订土地使用合同，依法办理集体建设用地使用权转移手续。

企业兼并重组涉及土地转让、改变用途的，国土资源部门要依法依规加快办理相关用地手续。

（七）关于停建项目土地处置。对未交付土地、未缴清地价款的，市、县国土资源主管部门可商受让人一致，报政府批准后，终止合同履行，退还已缴纳的地价款，并给予受让人合理补偿，土地由政府另行安排使用。

已缴清地价款、领有土地权利证书，但未达到转让条件的，可与权利人协商一致后，市、县国土资源主管部门报经政府批准，可由权利人交政府协议有偿收回土地使用权；受让人也可转为符合国家产业政策的其他产业项目进行开发，涉及改变用途的，经批准，按照新用途和新规划条件重新办理相关用地手续。

（八）关于历史遗留建成项目用地手续。对已建成过剩产能企业用地手续不全，允许各地按照《国土资源部关于开展城镇低效用地再开发试点的指导意见》（国土资发〔2013〕3号）相关规定，依法依规处理后，先行完善用地手续，再按相关规定进行土地资产处置。

（九）关于违规在建项目用地手续。经发展改革委、工业和信息化部等相关部门认定属于确有必要建设且符合有关土地、城乡规划的，依法依规处理并履行投资项目审批程序后，补办用地手续或新供国有建设用地，实行租赁方式供应。认定不属于确有必要建设的，应依法依规处理，不得补办用地手续。

（十）关于产业转移和产能置换中土地管理。经行业主管部门公告的相关过剩行业产能置换项目，在同一市、县范围内因环保搬迁、退城进园的，政府收回原国有建设用地使用权后，经批准可采取协议出让方式，并依据置换方案，按照与产能减量或等量生产对应的土地使用标准，为其安排同类用途用地。

各级国土资源主管部门在下达年度新增建设用地计划时，向产能置换项目承接地倾斜；对于企业整合搬迁后废弃的建设用地，可纳入工矿废弃地复垦利用试点复垦调整利用；支持已确定的城区老工业区搬迁改造试点所在城区开展城镇低效用地再开发。

**三、实施矿产资源支持政策**

（十一）优化矿产资源配置。煤矿企业兼并重组后资源储量规模大于1亿吨（焦煤资源储量大于5000万吨）的煤炭采矿权审批登记手续，一律由省级国土资源主管部门依法办理。积极为煤炭企业做好采矿权抵押服务。对退出企业按规定注销的矿业权，已缴纳矿业权价款的矿业权人可按有关规定申请退还剩余储量对应已缴纳价款。

（十二）统筹协调煤层气煤炭开发。处理好煤炭、煤层气矿业权重叠地区资源开发利用问题，建立煤层气、煤炭协调开发机制，对煤炭规划5年内开始建井开采的区域，按照煤层气开发服务于煤炭开发的原则，采取合作或调整煤层气矿业权范围等方式，优先保证煤炭资源开发需要，并有效开发利用煤层气资源。鼓励煤炭、煤层气企业对矿业权重叠区域采用兼并、重组以及合作等方式，加快开发进程。

本文件有效期5年。

2016年3月30日

# 财政部　国土资源部关于进一步做好政策性关闭矿山企业缴纳矿业权价款退还工作的通知

财建〔2016〕110号

各省、自治区、直辖市、计划单列市财政厅（局）、国土资源主管部门，财政部驻各省、自治区、直辖市、计划单列市财政监察专员办事处：

在矿产资源开发整合过程中，按照保障矿业权人合法权益原则，对矿业权未被整合而直接注销且已缴纳探矿权采矿权价款（以下简称矿业权价款）的矿业权人，其拥有的剩余矿产资源储量对应的已缴纳矿业权价款应予以退还。为规范有序做好矿业权价款的退还工作，现将有关工作要求通知如下：

**一、对《关于探矿权采矿权价款收入管理有关事项的通知》（财建〔2006〕394号）出台前的矿业权价款退还工作**

（一）国土资源部直接收缴的矿业权价款，由矿业权人依据省级国土资源主管部门出具的已关闭矿山名称和资源储量、矿权注销情况及时间、关闭前已动用资源储量、关闭后剩余储量、已缴纳价款数等情况，向国土资源部提出退库申请，再由国土资源部向财政部提出退库申请，财政部按照国库集中收缴管理相关规定办理退库手续。

（二）地方直接收缴的矿业权价款，矿业权价款的退还工作由省级财政部门、国土资源主管部门负责，具体办法由省级财政、国土资源主管部门自行确定。

**二、关于财建〔2006〕394号文件出台后的矿业权价款退还工作**

394号文件规定，自2006年9月1日起，探矿权采矿权价款收入按固定比例进行分成，其中20%归中央所有，80%归地方所有。中央和地方分成的矿业权价款退还工作具体要求如下：

（一）关于中央分成的矿业权价款退还。

中央分成的矿业权价款退还工作授权财政部驻各地财政监察专员办事处（以下简称专员办）负责。符合退还政策的矿业权人，向矿权登记机关，即各级国土资源主管部门提出矿业权价款退还申请，各级国土资源主管部门对退还申请的基本情况进行核实，包括已关闭矿山名称和资源储量、矿权注销情况及时间、关闭前已动用资源储量、关闭后剩余储量、已缴纳价款数等（在国土资源部登记的矿业权的基本情况，由省级国土资源主管部门进行核实）。同级财政部门要对矿业权价款缴纳时间、数额和分成等情况进行核实。

各省级财政部门、国土资源主管部门负责对本省（区、市）所有退还申请进行核实汇总后，向财政部驻当地专员办提出退还申请，同时提供此前核实情况，并按照专员办的要求积极配合开展相关工作。专员办应在收到省级财政部门、国土资源主管部门价款退还申请及相关材料的30个工作日内，完成审核工作，向省级财政部门、国土资源主管部门出具审核意见，按规定程序办理就地退库手续，并报财政部、国土资源部备案。

（二）关于地方分成的矿业权价款退还。

地方分成的矿业权价款退还工作由省级财政部门、国土资源主管部门负责，具体办法由省级财政、国土资源部门自行确定。

**三、其他要求**

《财政部、国土资源部关于加强对国家出资勘查探明矿产及权益管理有关事项的通知》（财建〔2010〕1018号）关于矿业权价款退还的相关规定不再执行。

各地应对矿业权人已提出的矿业权价款退还申请进行梳理，并按本通知要求，尽快做好退还工作。

2016年4月7日

# 国土资源部　工业和信息化部　财政部　环境保护部　国家能源局关于加强矿山地质环境恢复和综合治理的指导意见

国土资发〔2016〕63号

各省、自治区、直辖市国土资源、工业和信息化、财政、环境保护、能源主管部门：

矿山地质环境是生态环境的重要组成部分。在党中央、国务院正确领导和各有关方面共同努力下，我国矿山地质环境恢复和综合治理取得积极成效。2001年以来，相继采取一系列措施，组织开展摸底调查，颁布《矿山地质环境保护规定》，实施《矿山地质环境保护与治理规划》，推进专项治理，开展矿山复绿行动，建设国家矿山公园；建立矿山地质环境治理恢复保证金制度，初步构建起开发补偿保护的经济机制。截至2015年，中央和地方及企业投入超过900亿元，治理矿山地质环境面积超过80万公顷，一批资源枯竭型城市的矿山地质环境得到有效恢复。但总体上看，我国矿山地质环境恢复和综合治理仍不适应新形势要求，粗放开发方式对矿山地质环境造成的影响仍然严重，地面塌陷、土地损毁、植被和地形地貌景观破坏等一系列问题依然突出。

中央高度重视生态文明建设，先后做出一系列重大决策部署。贯彻落实新的发展理念，加快推进生态文明建设，必须把矿山地质环境恢复和综合治理摆在更加突出位置，充分认识进一步加强矿山地质环境恢复和综合治理的重要性和紧迫性，切实增强责任感和使命感，牢固树立尊重自然、顺应自然、保护自然的理念，坚持绿水青山就是金山银山，强化资源管理对自然生态的源头保护作用，组织动员各方面力量，加强矿山地质环境保护，加快矿山地质环境恢复和综合治理，尽快形成开发与保护相互协调的矿产开发新格局。

**一、总体要求**

（一）指导思想。

全面贯彻党的十八大和十八届二中、三中、四中、五中全会精神，以邓小平理论、“三个代表”重要思想和科学发展观为指导，深入贯彻习近平总书记系列重要讲话精神，按照“五位一体”总体布局和“四个全面”战略布局，牢固树立和切实贯彻创新、协调、绿色、开放、共享的新发展理念，严格落实《中共中央国务院关于加快推进生态文明建设的意见》和《中共中央国务院关于印发生态文明体制改革总体方案的通知》要求，全面深化改革和依法行政，科学规划、整体推进、突出重点、注重成效，着力完善开发补偿保护经济机制，大力构建政府、企业、社会共同参与的恢复和综合治理新机制，尽快形成在建、生产矿山和历史遗留等“新老问题”统筹解决的恢复和综合治理新局面，全面提高我国矿山地质环境恢复和综合治理水平，为推进生态文明建设、建设美丽中国做出新的贡献。

（二）基本原则。

以“创新、协调、绿色、开放、共享”的新发展理念统领矿山地质环境恢复和综合治理工作，坚决贯彻节约资源和保护环境的基本国策，努力实现国土资源惠民利民新成效。

坚持创新发展理念，破除矿山地质环境恢复和综合治理的投入、政策、科研等机制障碍。创新尾矿残留矿再开发、矿山废弃地复垦利用、集体土地流转利用等政策，引导社会资金、资源、资产要素投入，积极探索利用PPP模式、第三方治理方式，充分调动各方面积极性，加快治理。简化管理程序，推进矿山地质环境恢复治理方案和土地复垦方案编制与审查制度改革。鼓励矿山企业与相关机构开展治理恢复技术科技创新。

坚持协调发展理念，加快完善资源开发与环境保护相互协调的矿产资源开发管理制度体系。落实主体功能区战略，统筹保护与开发，把保护放在优先位置，强化矿产开发管理对生态环境的源头保护作用。调整矿产资源勘查开发布局，编制实施矿产资源规划。严格矿产开发准入，严格生产过程监管，严格责任追究，把矿山地质环境恢复和综合治理的责任落实到矿产开发“事前、事中、事后”的全过程。坚持“谁开发、谁治理”，对新建和生产矿山，严格落实矿山企业保护与治理的主体责任。统筹推进历史遗留和新产生的矿山地质环境问题的恢复治理。

坚持绿色发展理念，倡导和培育绿色矿业，构建矿产资源开发与矿山地质环境保护新格局。深入持续开展矿山复绿行动。推进废弃矿山的山、水、田、林、湖综合治理，宜农则农、宜林则林、宜园则园、宜水则水，充分结合全民义务植树等活动，尽快恢复矿区的青山绿水。发展绿色矿业，建设绿色矿山，鼓励矿山企业按照高效利用资源、保护环境、促进矿地和谐的绿色矿业发展要求，编制实施绿色矿山发展规划，加快建设资源节约型和环境友好型企业。

坚持开放发展理念，将矿山地质环境恢复和综合治理与相关产业发展融合推进。鼓励引进国外矿山地质环境恢复和综合治理的新技术和新模式，积极开展国际合作。拓展绿色矿山建设模式，鼓励矿山企业参与矿山地质公园建设、经营和管理。探索矿山地质环境恢复和综合治理与地产开发、旅游、养老疗养、养殖、种植等产业的融合发展。

坚持共享发展理念，实现矿山地质环境恢复和综合治理的惠民利民新成效。鼓励矿山企业留地留技留利于企业职工和矿区群众，总结推广用矿区土地入股分红参与矿山地质环境恢复和综合治理的经验，引导企业职工、矿区群众积极参与矿山地质环境恢复和综合治理，形成人、矿、地和谐发展。加大对贫困地区矿山地质环境恢复和综合治理的支持力度，助力精准扶贫，增加扶贫工作的“含金量”，让企业职工和当地群众通过矿山地质环境改善有更多获得感。

（三）主要目标。

到2025年，建立动态监测体系，全面掌握和监控全国矿山地质环境动态变化情况。建立矿业权人履行保护和治理恢复矿山地质环境法定义务的约束机制。矿山地质环境恢复和综合治理的责任全面落实，新建和生产矿山地质环境得到有效保护和及时治理，历史遗留问题综合治理取得显著成效。基本建成制度完善、责任明确、措施得当、管理到位的矿山地质环境恢复和综合治理工作体系，形成“不再欠新账，加快还旧账”的矿山地质环境恢复和综合治理的新局面。

**二、主要任务**

（一）夯实工作基础。

1. 全面调查。由省级国土资源主管部门组织，以市、县为主要单元，开展矿山地质环境详细调查，系统查明在建矿山、生产矿山、废弃矿山、政策性关闭矿山地质环境问题的类型、分布、规模和危害程度。

2. 明确责任。各级地方国土资源主管部门按以下原则认定“新老”矿山地质环境问题：计划经济时期遗留或者责任人灭失的矿山地质环境问题，为历史遗留问题，由各级地方政府统筹规划和治理恢复，中央财政给予必要支持。在建和生产矿山造成的矿山地质环境问题，由矿山企业负责治理恢复。对于历史遗留损毁土地的认定，依照国家有关土地复垦的法律法规执行。

3. 科学规划。根据矿山地质环境调查和责任划分情况，统筹考虑“新老”矿山地质环境问题，以自然保护区、重要景观区、居民集中生活区的周边和重要交通干线、河流湖泊直观可视范围“三区两线”及基本农田保护区等为重点，全面编制国家、省和市、县级矿山地质环境保护与治理规划，明确保护与治理任务和工作进度，统筹部署，分步实施，确保工作目标实现。

4. 加强监测。充分利用卫星遥感等先进技术，加强监测力量，加快监测基础设施建设，建立系统完善的包括矿山地质环境在内国家、省、市、县四级地质环境动态监测体系，全面系统掌握和监控各类矿山地质环境问题的现状和变化情况。

（二）强化保护预防。

1. 严格矿山开发准入管理。严格执行矿产资源规划，落实规划分区管理制度。在自然保护区，非经主管部门同意，不得新设与资源环境保护功能不相符合的矿业权。自然保护区内已设置的矿业权按有关规定办理。强化源头管理，全面实行矿产资源开发利用方案和矿山地质环境保护与治理恢复方案、土地复垦方案同步编制、同步审查、同步实施的三同时制度和社会公示制度。

2. 加强保护与治理恢复方案的实施。切实加强耕地保护，完善矿山地质环境保护与治理恢复方案和土地复垦方案的编制标准，因矿施策，因地制宜，推进建立矿山地质环境保护和治理恢复方案与土地复垦方案合并编制、简便实用的工作制度。落实方案编制、审查和实施的主体责任，确保方案的科学性、合理性和严肃性。

3. 加强开发和保护过程监管。将矿山地质环境恢复和综合治理的责任与工作落实情况作为矿山企业信息社会公示的重要内容和抽检的重要方面，强化对采矿权人主体责任的社会监督和执法监管。各级地方国土资源主管部门要加大监督执法力度，提高监督执法频率，督促矿山企业严格按照恢复治理方案边开采边治理。对拒不履行恢复治理义务的在建矿山、生产矿山，要将该矿山企业纳入政府管理相关信息向社会公开，列入矿业权人异常名录或严重违法名单。情节严重的，依法依规严肃处理。

4. 加强资源综合利用。推进尾矿和废石综合利用，以尾矿和废石提取有价组分、生产高附加值建筑材料、充填、无害化农用和生态应用为重点，加快先进适用技术装备推广应用，组织实施尾矿和废石综合利用示范工程，不断提高尾矿和废石综合利用比例，扩大综合利用产业规模，减少对生态环境的影响。

（三）加快历史遗留问题的解决。

1. 明确任务要求。各地要将矿山地质环境历史遗留问题的解决作为建设美丽中国的重要任务，纳入当地政府生态环境保护的目标任务，明确要求，分工负责，限期完成，严格考核和问责制度。

2. 加大财政资金投入。各级地方财政要加大资金投入力度，拓宽资金渠道，为废弃矿山、政策性关闭矿山等历史遗留的矿山地质环境恢复治理提供必要支持。

3. 鼓励社会资金参与。按照“谁治理、谁受益”的原则，充分发挥财政资金的引导带动作用，大力探索构建“政府主导、政策扶持、社会参与、开发式治理、市场化运作”的矿山地质环境恢复和综合治理新模式。

4. 整合政策与资金。各地可根据本地实际情况，将矿山地质环境恢复治理与新农村建设、棚户区改造、生态移民搬迁、地质灾害治理、土地整治、城乡建设用地增减挂钩、工矿废弃地复垦利用等有机结合起来，加强政策与项目资金的整合与合理利用，形成合力，切实提高矿山地质环境保护和恢复治理成效。对历史原因造成耕地严重破坏且无法恢复的，按照规定，补充相应耕地或调整耕地保有量。

**三、保障措施**

（一）加强组织保障。

1. 制定工作方案。各级国土资源主管部门要充分认识加强矿山地质环境恢复和综合治理的重大意义，摸清情况，梳理问题，理清工作思路，突出工作重点，分区分类提出解决问题的办法，形成目标明确、任务落实、保障有力、切实可行的工作方案，纳入本地经济社会发展和生态文明建设总体布局，依靠地方政府和各有关部门协调推进，确保各项工作目标的实现。

2. 加强法制建设。各级国土资源主管部门要配合有关部门，积极推进矿山地质环境保护立法，完善矿山地质环境保护和土地复垦等核心制度，建立健全矿山地质环境恢复和综合治理的法规制度及标准与规范体系，为矿山地质环境恢复和综合治理提供坚实有力的法制保障。

3. 加强部门协作。各级国土资源、工信、财政、环保、能源等相关部门要在同级人民政府的统一领导下，按照部门职责分工，密切协作，加大矿山地质环境监管力度，扎实推进历史遗留矿山地质环境问题的恢复治理，督促矿山企业切实履行矿山地质环境恢复治理主体责任。

（二）加强政策支持。

1. 完善用地政策。根据不同矿种和开发方式，建立差别化、针对性强的矿业用地政策。对因采煤塌陷或其他矿山地质灾害造成的农用地或其他土地损毁，按照土地变更调查工作要求和程序开展实地调查，经审查通过后纳入年度土地变更调查进行变更。涉及农用地变更为未利用地的，按照审查及认定规范和程序报批。符合条件的地区，可结合实际情况纳入城乡建设用地增减挂钩试点，支持存在矿山地质灾害隐患且压覆矿产资源的村庄搬迁或已发生地质灾害的村庄搬迁。深入推进历史遗留工矿废弃地复垦利用。

2. 完善矿产资源开发政策。在符合规划、保障安全的前提下，依法开发存量资源，为区域综合治理提供资金保障。合理调整矿产开发布局，对伴生矿优化开采顺序。对采石取土成区连片、问题集中的地方，依法依规进行矿产资源开发整合，落实矿山地质环境问题治理的主体责任。加快推进绿色矿业发展示范区和绿色矿山建设，促进矿产资源开发与生态环境保护协调发展。

3. 鼓励第三方治理。地方政府、矿山企业可采取“责任者付费，专业化治理”的方式，将产生的矿山地质环境问题交由专业机构治理。发挥矿山企业主动性和第三方治理企业活力，提高治理效率和质量，促进科技进步。

4. 强化科技支撑。加强关键技术攻关，加快研究推广先进适用的开采技术，减轻矿产资源开发对地质环境的破坏，推动保护式开采。完善矿山地质环境调查、评价、监测、治理技术标准体系，推广应用国产卫星遥感等先进技术，依靠科技进步，推进矿山地质环境恢复和综合治理。

（三）鼓励群众参与。

1. 加强信息公开。及时准确公开各类矿山地质环境信息，保障群众知情权，及时回应矿山企业、矿区群众和社会公众关切，鼓励群众监督矿山地质环境恢复和综合治理工作，保障企业和群众合法权益。矿山地质环境保护与治理规划由各级国土资源主管部门负责公开。企业制定的矿山地质环境保护与治理恢复方案等相关信息由企业向社会公开。

2. 加强宣传教育。积极培育生态文化，牢固树立矿产资源既是重要自然资源也是重要生态要素的生态文明理念，充分发挥新闻媒体作用，组织好世界地球日、土地日、防灾减灾日等主题宣传活动，树立理性、积极的舆论导向，加强资源环境国情宣传，普及矿山地质环境保护法律法规和科学知识，报道先进典型，曝光反面事例，提高矿产资源开发和利用过程的环境保护意识。

2016 年 7 月 1 日

# 关于支持老工业城市和资源型城市产业转型升级的实施意见

发改振兴规〔2016〕1966 号

各省、自治区、直辖市发展改革委、科技厅（委）、工业和信息化主管部门、国土资源厅，国家开发银行有关分行：

为贯彻落实《中共中央 国务院关于全面振兴东北地区等老工业基地的若干意见》关于设立产业转型升级示范区和示范园区，促进产业向高端化、集聚化、智能化升级的部署和《中华人民共和国国民经济和社会发展第十三个五年规划纲要》关于在具备条件的老工业城市建设一批产业转型升级示范区和示范园区的要求，支持老工业城市和资源型城市抢抓机遇、奋发有为，加快产业转型升级和城市转型发展，现提出以下意见：

**一、总体思路**

（一）指导思想。全面贯彻党的十八大和十八届三中、四中、五中全会精神，深入贯彻习近平总书记系列重要讲话精神，坚持贯彻新发展理念，适应经济发展新常态，全力推进供给侧结构性改革，以深化改革开放，优化发展环境，激发创新活力为重点，着力优化产业结构，改造升级“老字号”，深度开发“原字号”，培育壮大“新字号”，探索推进产业转型升级的有效途径，再造产业竞争新优势，为推进我国产业迈向中高端做出更大贡献。

（二）主要目标。用10年左右时间，建立健全支撑产业转型升级的内生动力机制、平台支撑体系，构建特色鲜明的现代产业集群。

建立创新驱动的产业转型升级内生动力机制。突出体制机制创新和科技创新，提升从科技到经济和现实生产力的转换能力，增强产业核心竞争力。更加注重运用市场化的办法，着力构建以企业为主体、市场为导向、产学研相结合的技术创新体系，加快培育形成推动产业转型升级的新供给新动力。

形成以园区为核心载体的平台支撑体系。按照促进产业转型升级核心目标，支持建设产城融合的产业转型升级示范园区。明确园区功能定位和重点产业，创新园区市场化管理模式，突出发展若干特色主导产业和产业集群，形成集中布局、集聚发展、用地集约、特色鲜明的产业发展平台。

构建特色鲜明竞争力强的现代产业集群。对接“中国制造2025”，推动从“原”字头、“初”字号产业为主，向高科技、高质量、高增值、低能耗、低物耗、低排放的先进制造业、战略性新兴产业、现代服务业协同发展转型，促进产业向高端化、集聚化、智能化升级，全面优化经济结构。

**二、支持探索各具特色的产业转型升级路径**

依托老工业城市和资源型城市现有产业基础，把握需求变化趋势，提高有效供给能力，深入推进供给侧结构性改革，积极探索符合本地实际、各具特色的产业转型升级路径和模式。

（三）通过支持传统优势产业改造促转型升级。推进以智能化、绿色化、服务化为重点的技术改造，挖掘和提升存量产能的巨大潜力。支持装备制造业增强重大技术装备研发成套能力，提高基础零部件、基础工艺、基础材料的研制应用水平，大力实施精益制造和智能化改造试点示范，推动重点领域基本实现数字化制造。有力、有度、有效落实“三去一降一补”工作任务，依法依规淘汰钢铁、煤炭等原材料工业落后产能和处置过剩产能，发展符合市场需求的精深加工产品。积极降低企业负担，促进企业联合重组和困难企业退出，引导要素向优势企业集聚，提高产业集中度和市场竞争力。支持产业衰退、资源枯竭地区发展接续替代产业。将传统产业改造升级和延伸产业链、发展上下游产业紧密结合起来，培育发展一批有基础、有潜力、有需求的特色产业集群。

（四）通过培育新技术、新产业、新模式、新业态促转型升级。加快推动产学研用结合和技术成果转化，培育发展一批新技术、新产业、新模式、新业态，培育壮大具有比较优势的战略性新兴产业，重点支持发展“中国制造2025”确定的10个重点领域。深入推进“互联网+”行动计划，以高速宽带网络基础设施和信息技术产业为支撑，支持加快发展信息技术和网络经济，加大移动互联网、云计算、大数据、物联网等新一代信息技术与汽车、能源、装备制造、生物等传统优势领域的融合创新。鼓励创新军民融合的发展模式。支持企业通过合作建设创新中心、并购境内外研发企业等措施提高技术研发能力。

（五）通过承接产业转移和产业合作促转型升级。支持老工业城市和资源型城市建立项目环境准入标准，在防止污染转移的基础上，积极承接有利于延伸产业链、提高技术水平、促进资源综合利用、充分吸纳就业的产业，因地制宜发展优势特色产业，具有水、电力、原材料等资源优势的城市，可在生态环境不受破坏影响的前提下适度引进原材料精深加工产业。支持行业龙头企业结合行业发展规划和生态环境相关规划，向具备条件的城市转移生产能力，引领配套协作企业同步转移。深度融入“一带一路”建设战略，支持开展国际产能合作，推动优势产业产品、技术、标准等“捆绑式”走出去。加强开放平台建设，支持建设中外合作制造业产业园区。优化外商投资结构，鼓励外商投资先进制造业、战略性新兴产业、生产性服务业等产业。支持与省域中心城市加强产业配套、科技研发和成果转化、能源保障等领域合作，形成错位发展、分工协作的格局。支持毗邻的老工业城市和资源型城市在相对集中的成片区域内试点加强二、三产业融合合作与协同发展，促进要素流动和资源整合，强化产业链上下游的衔接配套，推进共同转型。

（六）通过工业化与信息化融合发展、制造业与服务业融合发展促转型升级。积极引导制造业企业充分利用互联网技术，推广工业设计、定制化服务、供应链管理、全生命周期管理等新模式，大力发展服务型制造，对产品设计、营销方式、支付结算、售后服务等环节进行创新，培育科技、物流、电子商务等生产性服务业。进一步拓展金融产品和服务，为制造业发展提供更有力的支撑，加强对中小微企业融资的支持。加大对检验检测认证、计量测试、售后服务、品牌建设等领域重大服务平台和研究设计、数字内容、知识产权等科技服务业和高技术服务业支撑平台建设的支持力度，大力发展工程咨询、信用调查、技术产权交易等专业服务。积极开展国家出版大数据应用。提升文化产业对城市转型发展的贡献率，加快新兴出版产业发展，积极推进三网融合。大力发展工业文化，重视工业遗产的保护利用，引导与科普教育、旅游、文化创意产业发展相结合，鼓励改造利用老厂区、老厂房、老设施及露天矿坑等，建设特色旅游景点，发展工业旅游。

**三、明确产业转型升级的重点任务**

优化投资营商环境，强化企业主体地位，推动产业转型升级由依靠要素驱动向依靠创新驱动转变，不断激发老工业城市和资源型城市的发展活力、内生动力和整体竞争力。

（七）完善体制机制。把简政放权、放管结合、优化服务向纵深推进，进一步简化行政审批程序，加快构建以“亲”“清”为主要特征的新型政商关系。根据项目类别、投资主体、建设规模、产业政策等明确和简化项目审批、核准、备案事权与流程，能放给市场的坚决取消审批。鼓励省级人民政府向老工业城市和资源型城市下放部分投资项目审批事项，并按照“同级审批”的原则，依法将相关前置审批下放地方负责。创新产业转型升级示范园区环评管理机制，鼓励以园区规划环评为基础，依法依规简化具体项目环评的程序和内容。支持符合条件的示范园区开展电力体制改革，降低园区内企业用电成本。

（八）壮大企业主体。深化国有企业改革，支持国有企业瘦身健体、做强做优，在老工业城市和资源型城市产业转型升级中发挥重要引领作用。认真落实国有企业出资人责任，下力气解决法人治理结构问题，妥善处理分离企业办社会和厂办大集体等历史遗留问题。加快完善现代企业制度，积极探索开展混合所有制改革，培育创新型产业集群。支持以服务产业转型升级为引领，探索组建地方性国有资本投资运营公司。鼓励中央企业通过与地方共建研发或生产基地，共同投资重点项目或产业园区，以及开展资本合作等方式，支持产业转型升级和城市转型发展。引导企业专注核心业务，提高企业间配套协作水平，提高专业化生产、服务能力，培育形成一批专业化优势显著、竞争能力强的“单项冠军”企业。鼓励中小企业向“专、精、特、新”方向发展，形成一批“小巨人”企业。开展民营经济发展改革试点，创新扶持模式与政策，切实营造促进民营企业健康发展的良好环境。

（九）鼓励创新创业。支持老工业城市和资源型城市与高等学校、中科院等研究院所、企业联合建设研发平台和创新平台，加快大学科技园、留学生创业园、大学生创业孵化基地、科技企业孵化器等创新载体建设，孵化培育早期项目。调动全社会力量，支持创新工场、创客空间、社会实验室、智慧小企业创业基地等新型众创空间发展，完善科技创新创业中介服务体系。支持地方政府加强创新能力建设，强化创新链和产业链、创新链和服务链、创新链和资金链对接，支持有实力的企业牵头组建产业与技术创新联盟推动协同创新，开展行业共性关键技术攻关，推进科技成果转化应用，促进创新链整合。积极推广国家自主创新示范区的经验和做法，落实科技成果处置权、收益权等改革政策，鼓励符合条件的国有科技型企业实施股权和分红激励，落实金融、税收、户籍、住房、计划生育等方面的优惠政策，保障产业转型升级示范园区创新创业人员随迁子女平等就近入学，实施人才安居工程，为人才提供宜居宜业的创新创业环境。

（十）开展试点示范。对老工业基地调整改造力度较大、工作成果突出的城市，支持设立产业转型升级示范区，先行先试重大改革和重大政策，探索一批可复制可推广的经验。依托示范区内已有国家级经济技术开发区、高新技术产业开发区和新型工业化产业示范基地，以及省级重点产业园区，规划建设一批产业转型升级示范园区，打造支撑产业转型升级的核心平台和载体。支持采用市场化运作方式，吸引国内外资本和民营企业参与示范园区建设，鼓励有条件的示范园区建立公司制园区管理机构和资产运营机构。

**四、加大政策支持力度**

创造良好政策环境，重点支持产业转型升级示范区和示范园区改革创新，形成推动老工业城市和资源型城市产业转型升级的政策合力。

（十一）产业政策。发挥国家战略性新兴产业创业投资引导基金的作用，支持示范区新兴产业项目建设。发挥国家中小企业发展基金作用，支持种子期、初创期成长型中小企业发展。加大技术改造支持力度，支持在示范区规划建设制造业创新中心，产业转型和升级重大工程包等对示范区重大产业项目予以倾斜支持，支持符合条件的项目申请工业转型升级（中国制造 2025）专项资金和国家专项建设基金。将示范区完成的化解过剩产能任务与支持新兴产业发展相结合，鼓励省级人民政府对示范区主动压缩低效过剩产能予以奖励。落实国家关于购置使用节能节水、环境保护、安全生产专用设备的所得税优惠政策，支持示范区内产业项目建设。支持在示范区开展重大技术装备首台（套）示范。全面推进示范区内城区老工业区、独立工矿区搬迁改造，鼓励将示范园区作为所在城市城区老工业区搬迁改造产业承接地。

（十二）创新政策。完善中央、省、市三级投入机制，加大对示范区科技创新的支持力度，支持重大科技基础设施、高水平创新平台和科技成果转化平台等建设。支持通过现有的科技引导基金、产业投资基金、知识产权质押融资等多种方式，积极构建覆盖企业全生命周期的支持科技创新投融资体系，鼓励企业建设创新创业第三方公共服务平台。支持在示范区内重点建设一所理工类应用型本科高校或职业技术学院、技师学院，培养产业转型升级急需人才。优先在示范区开展老工业基地产业转型技术技能人才双元培育改革试点。加快推进双创示范基地建设，扶持一批双创支撑平台，突破一批阻碍双创发展的政策障碍，形成一批可复制可推广的经验。

（十三）投资政策。充分发挥中央投资的导向作用，带动地方提升“造血”能力。增强制造业核心竞争力、东北地区新兴产业发展等专项资金向示范区倾斜，城区老工业区搬迁改造、独立工矿区改造搬迁专项资金以及东北振兴重大项目前期工作专项补助资金对示范区予以重点支持。加大专项建设基金对示范区的支持力度，重点支持企业创新平台、企业实训中心、大学科技园、创业孵化中心，以及信息基础设施、公共检测、技术咨询等平台建设。鼓励利用特许经营、投资补助、政府购买服务等方式，加快推进示范区内轨道交通、城市地下综合管廊、停车场、充电设施、环保治理等基础设施建设，改善城市基础设施的薄弱环节。研究安排中央预算内投资资金支持示范园区基础设施和公共平台建设。支持示范园区工业废水集中治理、集中供热、危险废物集中处置、资源综合利用、综合管廊、能源、交通等基础设施和公共服务平台建设项目开展 PPP 试点。

（十四）金融政策。支持示范区所在城市与有关金融机构合作设立产业投资基金，充分利用股权投资基金、企业债、中期票据、短期融资券和项目收益票据等融资工具，进行多种渠道融资，支持创新型产业项目。国家开发银行加大对示范区重点项目建设的支持力度，在融资总量、授信准入等方面予以倾斜。鼓励金融机构针对新兴产业新业态的发展特点，积极为示范区内项目建设提供融资规划、财务顾问、金融租赁、综合金融方案等服务。支持示范区内符合条件的企业利用多层次资本市场开展直接融资。

（十五）土地政策。支持将示范区所在城市纳入城镇低效用地再开发试点，鼓励有条件的城市开展工矿废弃地复垦和再利用。鼓励地方政府开展土地污染修复。支持示范区推进城乡建设用地增减挂钩与农村土地整治，有序开展村庄迁并和存量用地挖潜改造。积极探索科学处置示范区内中央企业和地方国有企业废弃闲置厂房的有效途径，利用工业存量设施发展创新创业产业。进一步加强项目规划和选址引导，合理、集约、高效利用土地资源，对示范园区土地利用和工程建设实施统一的规划管理，实行示范园区发展规划、土地利用规划、城乡规划“三规合一”，集中联审。支持示范园区采取自主开发建设和产业定向开发相结合的方式，加快推进土地开发再利用，根据土地新规划用途和产业类别确定供地方式，合理安排土地开发时序，条件成熟一块、开发建设一块，实现滚动开发。

**五、健全工作机制**

明确责任主体，加强组织协调，共同推动老工业城市和资源型城市产业转型升级工作顺利开展。

（十六）加强组织领导。国家发展改革委、科技部、工业和信息化部、国土资源部、国家开发银行会同有关部门建立定期会商制度，协调推进老工业城市和资源型城市产业转型升级有关工作。加强监督考核和监测评价，建立动态调整、有进有出的产业转型升级示范区和示范园区评价管理体系。定期组织开展监督检查和评估，对发展较好的示范区和示范园区，进一步加强政策支持，并对其经验在全国范围内进行宣传推广，对进展缓慢的示范区和示范园区，取消资格，不再享受相应政策。

（十七）抓好组织实施。各省（区、市）发展改革委、科技厅（委）、工业和信息化主管部门、国土资源厅要加强对本省（区、市）老工业城市和资源型城市产业转型升级工作的指导。示范区所在省（区、市）要建立示范区建设管理推进机制，积极出台加快示范区发展的配套政策措施，组织编制示范区建设方案。老工业城市和资源型城市人民政府要将产业转型升级作为促进城市转型发展的重点工作来抓，积极探索各具特色的产业转型升级模式。示范区所在城市要结合本地实际，完善工作机制，健全工作机构，分解工作任务，落实工作责任，制定加快示范区发展和示范园区建设的具体工作方案，确保产业转型升级工作取得实效。

国家发展改革委　科技部　工业和信息化部
国土资源部　国家开发银行
2016 年 9 月 13 日

# 国家能源局关于印发页岩气发展规划（2016～2020年）的通知

国能油气〔2016〕255号

各省、自治区、直辖市及计划单列市发展改革委（能源局），有关企业：

为加快我国页岩气发展，规范和引导“十三五”期间页岩气勘探开发，现将《页岩气发展规划（2016～2020年）》印发给你们，请按照执行。

国家能源局

2016年9月14日

# 页岩气发展规划（2016～2020年）

## 一、前言

美国页岩气革命对国际天然气市场及世界能源格局产生重大影响，世界主要资源国都加大了页岩气勘探开发力度。“十二五”期间，我国页岩气勘探开发取得重大突破，成为北美洲之外第一个实现规模化商业开发的国家，为“十三五”产业化大发展奠定了坚实基础。按照习近平总书记在中央财经领导小组第六次会议上提出的推动能源供给革命、消费革命、技术革命和体制革命指示精神，为加快推进页岩气勘探开发，增加清洁能源供应，优化调整能源结构，满足经济社会较快发展、人民生活水平不断提高和绿色低碳环境建设的需求，特制订本规划。

本规划为指导性规划，期限为2016年至2020年，展望到2030年。

## 二、规划背景

（一）发展基础

我国页岩气资源总体比较丰富，通过“十二五”攻关和探索，南方海相页岩气资源基本落实，并实现规模开发；页岩气开发关键技术基本突破，工程装备初步实现国产化；页岩气矿权管理、对外合作和政策扶持等方面取得重要经验。总体上，我国页岩气产业起步良好，基本完成了“十二五”规划预期目标。

1. 资源评价

页岩气基础地质调查评价取得重要进展，圈定10余个有利目标区，并不断在新区新层系中取得重要发现，基本查明南方下古生界地层是近期我国页岩气开发主力层系，为进一步拓展商业性勘探奠定了基础。根据2015年国土资源部资源评价最新结果，全国页岩气技术可采资源量21.8万亿立方米，其中海相13.0万亿立方米、海陆过渡相5.1万亿立方米、陆相3.7万亿立方米。

2. 勘探开发

全国共设置页岩气探矿权44个，面积14.4万平方千米。通过近年勘探开发实践，四川盆地及周缘大批页岩气井在志留系龙马溪组海相页岩地层勘探获得工业气流，证实了良好的资源及开发潜力；鄂尔多斯盆地三叠系陆相页岩地层也勘探获气。2012年，国家发改委、能源局批准设立了长宁－威远、昭通、涪陵等3个国家级海相页岩气示范区和延安陆相国家级页岩气示范区，集中开展页岩气技术攻关、生产实践和体制创新。中国石化、中国石油积极推进页岩气勘探开发，大力开展国家级页岩气示范区建设，取得焦页1井等一批页岩气重大发现井，率先在涪陵、长宁－威远和昭通等国家级示范区内实现页岩气规模化商业开发。截至目前，全国累计探明页岩气地质储量5441亿立方米，2015年全国页岩气产量45亿立方米。

3. 科技攻关

国家加大页岩气科技攻关支持力度，设立了国家能源页岩气研发（实验）中心，在“大型油气田及煤层气开发”国家科技重大专项中设立“页岩气勘探开发关键技术”研究项目，在“973”计划中设立“南方古生界页岩气赋存富集机理和资源潜力评价”和“南方海相页岩气高效开发的基础研究”等项目，广泛开展各领域技术探索。中国石化、中国石油等相关企业也加强各层次联合攻关，在山地小型井工厂、优快钻完井、压裂改造等方面进行技术创新，并研制了3000型压裂车等一批具有自主知识产权的装备。通过“十二五”攻关，目前我国已经基本掌握3500米以浅海相页岩气勘探开发主体技术，有效支撑了我国页岩气产业健康快速发展。

4. 政策机制

2012年，财政部、国家能源局出台页岩气开发利用补贴政策，2012～2015年，中央财政按0.4元/立方米标准对页岩气开采企业给予补贴；2015年，两部门明确“十三五”期间页岩气开发利用继续享受中央财政补贴政策，补贴标准调整为前三年0.3元/立方米、后两年0.2元/立方米。2013年，国家能源局发布《页岩气产业政策》，从产业监管、示范区建设、技术政策、市场与运输、节约利用与环境保护等方面进行规定和引导，推动页岩气产业健康发展。“十二五”期间，探索建立了页岩气合资合作开发新机制，中国石化和中国石油分别与地方企业成立合资公司，开发重庆涪陵、四川长宁等页岩气区块。

（二）发展形势

“十三五”期间，我国经济发展新常态将推动能源结构不断优化调整，天然气等清洁能源需求持续加大，为页岩气大规模开发提供了宝贵的战略机遇。同时，我国页岩气产业发展仍处于起步阶段，不确定性因素和挑战也较多。

1. 发展机遇

（1）国家发展战略和政策引导为页岩气发展提供广阔空间。2015年天然气占我国一次能源消费比重5.9%，与世界24%的平均水平差距仍然较大。随着我国不断强化大气污染治理，大力推行清洁低碳发展战略和积极推进新型城镇化建设，天然气必将在调整和优化能源结构中发挥更大作用。国务院办公厅《能源发展战略行动计划（2014～2020年）》明确提出，到2020年天然气占我国一次能源消费比重将达到10%以上，大力开发页岩气符合我国能源发展大趋势。

（2）丰富的资源基础和良好的产业起步为页岩气发展提供坚实保障。“十二五”我国页岩气开发在南方海相获得突破，四川盆地页岩气实现规模化商业开发，其他很多有利区获得工业测试气流，南方海相龙马溪组页岩气资源及开发潜力得到有力证实。四川盆地深层海相页岩气、四川盆地外大面积常压低丰度海相页岩气及鄂尔多斯盆地陆相页岩气也为将来页岩气大规模开发提供资源保障。同时，我国已基本掌握3500米以浅海相页岩气高效开发技术，将为“十三五”页岩气产业加快发展提供有力技术支持。

（3）体制机制不断理顺为页岩气发展提供强大动力。页岩气被确定为独立矿种，勘探开发的体制障碍部分消除。两轮探矿权招标的探索为完善页岩气矿权竞争性出让和建立矿权退出机制积累了有益经验，多种性质市场主体合资合作开发模式的建立也为吸引和扩大页岩气投资提供了宝贵借鉴。随着油气体制改革的全面推进，市场准入进一步放宽、基础设施实现公平接入、价格市场化机制建立和行业监管不断完善等，都将为页岩气发展提供公平竞争、开放有序的外部环境。

2. 面临挑战

（1）建产投资规模大。页岩气井单井投资大，且产量递减快，气田稳产需要大量钻井进行井间接替，因此，页岩气开发投资规模较大，实施周期长，不确定因素较多，对页岩气开发企业具有较大的资金压力和投资风险，部分中小型企业投资积极性有所减退。

（2）深层开发技术尚未掌握。埋深超过3500米页岩气资源的开发对水平井钻完井和增产改造技术及装备要求更高。目前页岩气重点建产的川南地区埋深超过3500米的资源超过一半，该部分资源能否有效开发将影响“十三五”我国页岩气的开发规模。

（3）勘探开发竞争不足。页岩气有利区矿权多与已登记常规油气矿权重叠，常规油气矿权退出机制不完善，很难发挥页岩气独立矿种优势，通过市场竞争增加投资主体，扩大页岩气有效投资。此外，页岩气技术服务市场不发达，不利于通过市场竞争推动勘探开发技术及装备升级换代，实现降本增产。

（4）市场开拓难度较大。随着我国经济增长降速，以及石油、煤炭等传统化石能源价格深度下跌，天然气竞争力下降，消费增速明显放缓。与此同时，国内天然气产量稳步增长，中俄、中亚、中缅及LNG等一系列天然气长期进口协议陆续签订，未来天然气供应能力大幅提高。按目前能源消费结构，“十三五”期间天然气供应总体上较为充足。页岩气比常规天然气开发成本高，市场开拓难度更大。

**三、指导方针和目标**

（一）指导思想

贯彻落实国家能源发展战略，创新体制机制，吸引社会各类资本，扩大页岩气投资。以中上扬子地区海相页岩气为重点，通过技术攻关、政策扶持和市场竞争，发展完善适合我国特点的页岩气安全、环保、经济开发技术和管理模式，大幅度提高页岩气产量，把页岩气打造成我国天然气供应的重要组成部分。

（二）基本原则

一是加强资源勘探。以四川盆地海相页岩气为重点，兼顾其他有利区，加大勘探投入，不断增加页岩气探明储量，落实更多“甜点区”，夯实资源基础。

二是坚持体制机制创新。鼓励自主开发与对外合作相结合，积极引进先进适用技术，支持多种投资主体合资合作开发，努力扩大勘探开发投入，有效缓解页岩气开发技术和投资困境。

三是强化市场竞争。完善页岩气区块准入和退出机制，增加投资主体，强化市场竞争，促进工程技术升级换代，加快成本降低，提高页岩气开发的经济性。

四是加强政策扶持。针对页岩气发展初级阶段工程技术不成熟、勘探开发成本高、经济效益低等，坚持和完善相关扶持政策，保障行业可持续发展。

五是注重生态保护。严格开展页岩气开发环境影响评价，通过优化方案设计、使用清洁原料和先进技术装备、改善管理和加强综合利用等，从源头削减污染和减少用水、用地，实现页岩气开发与生态保护协调发展。

（三）发展目标

1. 2020 年发展目标

完善成熟 3500 米以浅海相页岩气勘探开发技术，突破 3500 米以深海相页岩气、陆相和海陆过渡相页岩气勘探开发技术；在政策支持到位和市场开拓顺利情况下，2020 年力争实现页岩气产量 300 亿立方米。

2. 2030 年目标展望

“十四五”及“十五五”期间，我国页岩气产业加快发展，海相、陆相及海陆过渡相页岩气开发均获得突破，新发现一批大型页岩气田，并实现规模有效开发，2030 年实现页岩气产量 800 亿～1000 亿立方米。

**四、重点任务**

（一）大力推进科技攻关

立足我国国情，紧跟页岩气技术革命新趋势，攻克页岩气储层评价、水平井钻完井、增产改造、气藏工程等勘探开发瓶颈技术，加速现有工程技术的升级换代，有效支撑页岩气产业健康快速发展。

1. 页岩气地质选区及评价技术

重点开展页岩气地质基础理论、页岩气勘探评价技术及装备、页岩气储层精细描述及“甜点区”识别技术等攻关研究。

2. 深层水平井钻完井技术

重点开展埋深超过 3500 米长水平段井眼轨迹优化设计及控制技术、页岩水平井快速钻井技术、长寿命耐油井下动力钻具等攻关研究。

3. 深层水平井多段压裂技术

重点开展埋深超过 3500 米页岩储层水平井分段压裂优化设计及施工技术、压后评估技术及相关装备的攻关研究。

4. 页岩气开发优化技术

重点开展页岩气试井分析和产能评价技术、页岩气开发动态与储量评价技术、页岩气开发技术政策论证及采气工艺技术等攻关研究。

5. 页岩气开采环境评价及保护技术

重点开展页岩气井钻井液及压裂返排液处理处置技术、开发生态及地下水环境风险评估与监控技术、安全环保标准体系等攻关研究。

（二）分层次布局勘探开发

根据工作基础和认识程度不同，对全国页岩气区块按重点建产、评价突破和潜力研究三种不同方式分别推进勘探开发。对已有产量或评价效果较好的区块，努力推进和扩大产能建设，发挥大幅提高页岩气产量主力军作用；对已获得工业气流发现的区块，加强开发评价和井组实验，适时启动规模开发；对工作基础较浅区块和大量新区块，强化基础地质条件研究和优选评价，力争取得新突破。

1. 重点建产区

（1）涪陵勘探开发区。

位于重庆市东部，目的层为志留系龙马溪组富有机质页岩，已在焦石坝建成一期 50 亿立方米/年产能，并初步落实二期 5 个有利目标区，埋深小于 4000 米面积 600 平方千米，地质资源量 4767 亿立方米。

（2）长宁勘探开发区。

位于四川盆地与云贵高原结合部，包括水富－叙永和沐川－宜宾两个区块，目的层为志留系龙马溪组富有机质页岩，埋深小于 4000 米有利区面积 4450 平方千米，地质资源量 1.9 万亿立方米。

（3）威远勘探开发区。

位于四川省和重庆市境内，包括内江－犍为、安岳－潼南、大足－自贡、璧山－合江和泸县－长宁 5 个区块，目的层为志留系龙马溪组富有机质页岩，埋深小于 4000 米有利区面积 8500 平方千米，地质资源量约 3.9 万亿立方米。

（4）昭通勘探开发区。

位于四川省和云南省交界地区，目的层为志留系龙马溪组富有机质页岩，目前已落实四个有利区，面积 1430 平方千米，地质资源量 4965 亿立方米。

（5）富顺－永川勘探开发区。

主体位于四川省境内，目的层为志留系龙马溪组富有机质页岩，已初步落实有利区面积约 1000 平方千米，地质资源量约 5000 亿立方米。

2. 评价突破区

（1）宣汉－巫溪勘探开发区。

位于重庆市北部，目的层为志留系龙马溪组富有机质页岩，埋深小于 3500 米有利区面积 3000 平方千米，地质资源量约 2000 亿立方米。

（2）荆门勘探开发区。

主体位于湖北省中西部，目的层为志留系龙马溪组－五峰组富有机质页岩，已在远安等地初步落实有利区面积550平方千米，地质资源量3240亿立方米。

（3）川南勘探开发区。

位于四川盆地南部，包括荣昌－永川、威远－荣县两个区块，目的层为志留系龙马溪组富有机质页岩，已初步落实埋深小于4500米有利区面积270平方千米，地质资源量2386亿立方米。

（4）川东南勘探开发区。

位于四川盆地东南部，目的层为志留系龙马溪组富有机质页岩，已在丁山、武隆、南川等地初步落实埋深小于4500米有利区面积3270平方千米，地质资源量9485亿立方米。

（5）美姑－五指山勘探开发区。

位于四川盆地西南部，目的层为志留系龙马溪组富有机质页岩，初步落实埋深小于4500米有利区面积1923平方千米，地质资源量1.35万亿立方米。

（6）延安勘探开发区。

位于鄂尔多斯盆地中部，目的层为三叠系延长组及上古生界山西组、本溪组富有机质页岩，已在下寺湾－直罗、云岩－延川两个有利区落实地质资源量5630亿立方米。

3. 潜力研究区

通过“十二五”勘探评价，贵州正安区块、岑巩区块、湖北来凤－咸丰区块、湖南保靖区块、龙山区块、重庆城口区块、忠县－丰都区块等一批区块获得了较好的页岩气显示，“十三五”期间继续加大研究评价和勘探开发力度，争取有所突破。

（三）加强国家级页岩气示范区建设

“十三五”期间，进一步加强长宁－威远、涪陵、昭通和延安四个国家级页岩气示范区建设，通过试验示范，完善和推广页岩气有效开发技术、高效管理模式和适用体制机制等。

1. 关键工程技术试验示范

开展页岩气地球物理评价及“甜点区”预测、水平井钻完井、水平井压裂改造和页岩气开发优化等技术试验示范，形成适合我国地质条件的页岩气勘探开发关键技术及装备。

2. 高效管理模式试验示范

开展页岩气“工厂化”作业模式试验示范，优化页岩气水平井井场设计、施工作业程序、装备和材料配置等，最大程度提高施工作业效率，降低开发成本。

3. 体制机制试验示范

以合资合作开发为重点，完善和推广页岩气多元投资模式，降低页岩气投资压力，加快优质区块矿权动用，改善地企关系等外部环境。

4. 增设国家级页岩气示范区

结合“十三五”页岩气勘探开发情况，根据页岩储层类型和开发技术特征，适时增设一批国家级页岩气示范区，开展地质理论、关键工程技术及装备等试验示范，探索页岩气勘探开发新领域。

（四）完善基础设施及市场

根据页岩气产能建设和全国天然气管网建设及规划情况，支持页岩气接入管网或就近利用。在四川盆地等页岩气主产区，积极推进页岩气外输管道建设；在页岩气产量较低地区、骨干管网不发达地区，建设压缩天然气（CNG）和小型液化天然气（LNG）利用装置，提高页岩气利用率。鼓励各种投资主体进入页岩气销售市场，逐步形成以页岩气开采企业、销售企业及城镇燃气经营企业等多种主体并存的市场格局。

**五、保障措施**

（一）加强资源调查评价

进一步加强页岩气资源调查评价工作，落实页岩气经济可采资源量，掌握“甜点区”分布，提高页岩气资源探明程度。同时，积极推进页岩气勘查评价数据库的建立，实现页岩气地质评价、钻完井等基础资料共享，减少不必要的勘探评价成本。

（二）强化关键技术攻关

通过国家科技计划（专项、基金等）加强支持页岩气技术攻关，紧密结合页岩气生产实践中的技术难题，开展全产业链关键技术攻关和核心装备研发，同时，加强页岩气勘探开发前瞻性技术的研究和储备。通过不断提高技术水平推动页岩气开发成本持续下降，保障页岩气效益和可持续开发。

（三）推动体制机制创新

竞争出让页岩气区块，并完善页岩气区块退出机制，放开市场，引入各类投资主体，构建页岩气行业有效竞争的市场结构和市场体系，充分发挥市场对资源的配置作用，增加页岩气投资，降低开发成本。鼓励合资合作和对外合作，加快现有优质区块的勘探开发进度。积极培育页岩气技术服务和装备研发制造等市场主体。建立页岩气技术交流合作机制，完善页岩气市场监管和环境监管机制。

（四）加大政策扶持力度

落实好页岩气开发利用财政补贴政策，研究建立与页岩气滚动勘探开发相适应的矿权管理制度、制定支持页岩气就地利用政策、简化页岩气对外合作项目总体开发方案审批等，充分调动企业积极性。各级地方政府要在土地征用、城乡规划、环评安评、社会环境等方面给予页岩气企业积极支持，为页岩气产业发展创造良好的外部环境。

（五）建立滚动调整机制

本规划实施过程中，根据国内天然气需求、页岩气技术发展水平、成本效益和具体勘探开发总体工作进度，施行滚动调整机制，及时合理调整页岩气规划目标和任务部署，以适应行业发展需求，保障页岩气行业持续健康发展。

**六、社会效益与环境评估**

（一）社会效益

页岩气开发对推动我国科技进步、带动经济发展、优化能源结构和保障能源安全具有重要意义。掌握页岩气勘探开发主体技术，可将其应用到其他非常规油气领域，推动油气行业整体理论创新、技术进步和产业发展。作为一项重大的清洁能源基础产业，页岩气开发将有效带动交通、钢铁、材料、装备、水泥、化工等相关产业发展，增加社会就业，吸引国内外投资，增加国家税收，促进地方经济和国民经济可持续发展。

（二）环境评估

页岩气作为清洁能源，开发利用将节约和替代大量煤炭和石油资源，减少二氧化碳排放量，改善生态环境。同时，页岩气开发也会产生一定的环境影响，如页岩气井场建设会对地表植被产生破坏，开发和集输过程中可能产生甲烷逸散或异常泄漏，页岩气增产改造会引发地表震动，增产改造用水量大，影响地区水资源，钻井液和压裂液返排后处理不当，可能会造成污染。

采取的相关措施主要包括：严格遵守《环境保护法》（2014 年修订）等法律法规，制修订页岩气开发相关环境标准；大范围推广水平井工厂化作业，减少井场数量，降低占地面积；对废弃井场进行植被恢复；生产过程中严格回收甲烷气体，不具备回收利用条件的须进行污染防治处理；增产改造过程中将返排的压裂液回收再利用，或进行无害化处理，降低污染物在环境中的排放。

# 国土资源部关于印发《实物地质资料管理办法》的通知

国土资规〔2016〕11 号

各省、自治区、直辖市国土资源主管部门，中国地质调查局：

根据《地质资料管理条例》（国务院令第 349 号）、《地质资料管理条例实施办法》（国土资源部令第 16 号）等有关规定，部组织对《国土资源部关于印发〈实物地质资料管理办法〉的通知》（国土资发〔2008〕8 号）进行了修订，现予以印发，请遵照执行。

2016 年 9 月 29 日

# 实物地质资料管理办法

**第一条**　为加强实物地质资料管理，充分发挥实物地质资料服务作用，根据《地质资料管理条例》（国务院令第 349 号）和《地质资料管理条例实施办法》（国土资源部令第 16 号），制定本办法。

**第二条**　实物地质资料的汇交、保管和利用，适用本办法。

**第三条**　国土资源部负责全国实物地质资料的汇交、保管和利用的监督管理。

省级国土资源主管部门负责本行政区域内实物地质资料汇交、保管和利用的监督管理。

**第四条**　实物地质资料实行分类筛选、分级保管。实物地质资料根据内容的重要性、典型性和代表性，分为Ⅰ、Ⅱ、Ⅲ类。国土资源部委托国土资源实物地质资料中心接收、保管Ⅰ类实物地质资料。省、自治区、直辖市国土资源主管部门的地质资料馆（以下简称“省级地质资料馆藏机构”）负责接收、保管Ⅱ类实物地质资料。矿业权人或项目承担单位自愿保管Ⅲ类实物地质资料。

**第五条**　国土资源部负责国土资源实物地质资料中心建设，馆藏建设和运行费用列入部门预算。国土资源实物地质资料中心可根据需要设立实物地质资料分库。

省级国土资源主管部门负责省级地质资料馆藏机构建设，馆藏建设和运行费用列入地方预算。鼓励通过建设区域分库或将管理职能向市、县延伸等方式提高实物地质资料保管服务能力。

受国土资源部委托的实物地质资料保管单位（以下简称“受委托保管单位”），负责本单位的实物地质资料馆藏建设和运行。

**第六条**　国土资源实物地质资料中心和省级地质

资料馆藏机构（以下简称“实物地质资料馆藏机构”）及受委托保管单位履行下列职责：

（一）筛选、采集、验收、整理、保管实物地质资料；

（二）向社会提供实物地质资料服务；

（三）建立健全馆藏实物地质资料保管、利用制度；

（四）每年1月底前向国土资源主管部门报送上一年度实物地质资料汇交、保管和服务等情况；

（五）国土资源主管部门规定的其他职责。

**第七条** 汇交人应在汇交成果地质资料之前，填写实物地质资料目录清单（附件1），报项目所在地的省级地质资料馆藏机构。

项目跨省级行政区的，可向其中任一省级地质资料馆藏机构报送。

古生物化石标本的汇交、收藏、保管和利用，依照《古生物化石保护条例》（国务院令第580号）的有关规定执行。

**第八条** 省级地质资料馆藏机构在收到实物地质资料目录清单后，按照《实物地质资料分类要求》（附件2），根据实物地质资料内容的重要性、典型性和代表性，筛选确定Ⅰ类、Ⅱ类实物地质资料总目录清单，商国土资源实物地质资料中心从中筛选确定Ⅰ类实物地质资料目录清单。

**第九条** 省级地质资料馆藏机构在收到实物地质资料目录清单后，应在30个工作日内向汇交人印发实物地质资料汇交通知书（附件3），通知书明确Ⅰ类、Ⅱ类实物地质资料汇交清单，对于经筛选无Ⅰ类和Ⅱ类实物地质资料的，向汇交人印发无Ⅰ类、Ⅱ类实物地质资料回执（附件4）。汇交人收到实物地质资料汇交通知书后，应分类整理并保管好相应实物地质资料，以备验收。

**第十条** 实物地质资料馆藏机构在印发汇交通知书之日起30个工作日内，应到实物地质资料暂时保管地接收、验收汇交人汇交的Ⅰ类、Ⅱ类实物地质资料，通过验收的，出具验收交接单（附件5）。

通过验收的Ⅰ类实物地质资料由国土资源实物地质资料中心运输到保管地点妥善保管，Ⅱ类实物地质资料由省级地质资料馆藏机构运输到保管地点妥善保管。

**第十一条** 实物地质资料目录清单、实物地质资料汇交通知书、无Ⅰ类、Ⅱ类实物地质资料回执、验收交接单等均通过全国地质资料汇交监管平台办理。

监管平台显示汇交人未依法履行实物地质资料汇交义务的，由负责接收地质资料的国土资源主管部门依据《地质资料管理条例实施办法》第二十四条规定，书面通知汇交人限期汇交。未按照本办法汇交实物地质资料或在汇交中弄虚作假的，依照《地质资料管理条例》第二十条和第二十一条的规定进行处罚。

**第十二条** Ⅰ类、Ⅱ类实物地质资料的保管单位应符合《实物地质资料馆藏建设要求》（附件6）规定的条件。

**第十三条** 实物地质资料馆藏机构、受委托保管单位及汇交人应按照《实物地质资料保管要求》（附件7）的规定，妥善保管实物地质资料。

Ⅰ类、Ⅱ类实物地质资料需要用新产生的更优资料进行替换时，应分别报国土资源实物地质资料中心、省级地质资料馆藏机构组织论证和审定。未按本办法保管实物地质资料，擅自缩减、替换或处置Ⅰ类、Ⅱ类实物地质资料的，按照《地质资料管理条例》第二十二条规定予以处理。

**第十四条** 国土资源主管部门应建立和完善服务机制，强化监督检查，提高实物地质资料社会化服务能力。

实物地质资料馆藏机构和受委托保管单位应积极向社会提供公益性服务，依照规定收取工本费；提供非公益性服务的，按有关规定执行。

汇交人保存的实物地质资料可按市场原则向社会提供服务。

**第十五条** 国土资源实物地质资料中心应及时汇总、检查和整理全国实物地质资料信息，建立全国实物地质资料目录数据库、重要地质钻孔数据库及其他实物地质资料数据库。

省级地质资料馆藏机构应及时采集、录入和更新实物地质资料目录、重要地质钻孔等数据信息。

**第十六条** 对于本办法实施后新产生的实物地质资料，按本办法严格管理；对于本办法实施前形成的实物地质资料，由各省级国土资源主管部门组织开展清理工作，解决历史遗留问题。

**第十七条** 各省、自治区、直辖市国土资源主管部门可根据本办法的规定，制定具体办法。

**第十八条** 本办法自发布之日起施行，有效期8年，《国土资源部关于印发〈实物地质资料管理办法〉的通知》（国土资发〔2008〕8号）同时废止。

**附件：** 1. 实物地质资料目录清单（格式）

2. 实物地质资料分类要求
3. 实物地质资料汇交通知书（格式）
4. 无Ⅰ类、Ⅱ类实物地质资料回执（格式）
5. 实物地质资料验收交接单（格式）
6. 实物地质资料馆藏建设要求
7. 实物地质资料保管要求

**附件 1**

**表一　实物地质资料目录清单（格式）**

| | | | |
|---|---|---|---|
| 项目名称 | | | |
| 项目编号 | | | |
| 项目来源 | □中央财政安排项目 | □地方财政安排项目 | □其他资金安排项目 |
| 所在行政区名称 | 省（区、市） | 市（地） | 县（市） |
| 汇交人 | | | |
| 汇交人联系方式 | 通讯地址： | | 邮政编码： |
| | 联系人： | 联系电话： | 电子信箱： |
| 工作区地理位置 | 经度：　度　分　秒<br>至　度　分　秒 | 纬度：　度　分　秒<br>至　度　分　秒 | |
| 工作性质 | □区调　□矿产　□海洋　□水工环　□科研　□其他 | | |
| 工作程度 | 比例尺：□小于 1∶100 万　□1∶100 万　□1∶50 万　□1∶25 万<br>□1∶20 万　□1∶10 万　□1∶5 万　□1∶2.5 万<br>□1∶1 万　□大于 1∶1 万 | | |
| | 工作阶段：□预查　□普查　□详查　□勘探　□开发 | | |
| 地质简况 | 大地构造位置：（填至三级） | | |
| | 成矿带：（填至三级） | | |
| | 主要矿种： | 成因类型： | 成矿时代： |
| 主要成果简述 | 主要填写“工作进展情况、取得的项目成果及新的发现”等 | | |
| 实物数量（详见表二、表三） | 岩矿芯：　孔，总进尺　米，取芯　米，岩屑　袋 | | |
| | 标本：　块 | 样品（副样）：　袋 | |
| | 光片：　件 | 薄片：　件 | |
| | 其他： | | |
| 汇交人盖章<br>年　月　日 | 备注： | | |
| | 说明：表中属于选项栏的，只需在方框□中打“√”。有野外地质工作量的项目均应填报此表 | | |

填表人：　　　　　　　　年　月　日

**表二　实物地质资料目录清单（格式）**

| 序号 | 钻孔名称 | 钻孔位置 | | 总进尺（米） | 取芯数量（米） | 岩　屑（袋） | 见矿深度范围（米） | 备注 |
|---|---|---|---|---|---|---|---|---|
| | | 经度 | 纬度 | | | | | |
| | | | | | | | | |
| | | | | | | | | |
| | | | | | | | | |
| | | | | | | | | |
| | | | | | | | | |
| | | | | | | | | |
| | | | | | | | | |

**说明：**有钻探工程的项目除填报表一外，还应填报此表。

**表三　实物地质资料目录清单（格式）**

| 序号 | 图　幅名　称 | 实测剖面名　称 | 标本数量（块） | 光片数量（件） | 薄片数量（件） | 重　要发　现 | 副样数量（袋） | 备注 |
|---|---|---|---|---|---|---|---|---|
| | | | | | | | | |
| | | | | | | | | |
| | | | | | | | | |
| | | | | | | | | |
| | | | | | | | | |
| | | | | | | | | |
| | | | | | | | | |
| | | | | | | | | |
| | | | | | | | | |

**说明：**区调项目除填报表一外，还应填报此表。

**附件 2**

# 实物地质资料分类要求

本要求主要用于指导实物地质资料馆藏机构和汇交人对实物地质资料进行分类筛选，根据实物地质资料的重要性、典型性和代表性，从区域地质调查、矿产勘查、海洋地质、水文地质、工程地质、环境地质、地质科学研究七大类地质工作项目产生的实物地质资料中筛选出Ⅰ类、Ⅱ类、Ⅲ类。

Ⅰ类实物地质资料是从能够反映全国或区域地质现象或重大地质工作成果，具有全国重要性、典型性和代表性的实物地质资料中筛选。

Ⅱ类实物地质资料是从能够反映本省（区、市）或一定行政区域地质特征和主要地质工作成果，具有本省（区、市）或一定行政区域重要性、典型性和代表性的实物地质资料中筛选。

Ⅲ类实物地质资料是除Ⅰ类、Ⅱ类外其他具有重要重复利用价值的实物地质资料。

附件 3

# 实物地质资料汇交通知书（格式）

（全或省简称）实资通字〔20××〕第××号

××××（汇交人名称）：

你单位报送的××××××（项目名称及编号）形成的实物地质资料目录清单已收到，根据《实物地质资料管理办法》的有关规定，你单位报送的本通知附表所列的实物地质资料应向国土资源主管部门汇交。××××××（馆藏机构名称）30 个工作日内将到现场进行验收与接收，具体时间由负责接收地质资料的地质资料馆藏机构另行通知。

附表：应汇交实物地质资料清单

馆藏机构地质资料汇交管理专用章

××××年××月××日

附表：

应汇交实物地质资料清单（格式）

| 项目名称 | | | |
|---|---|---|---|
| 项目编号或探（采）矿权许可证号 | | | |
| 序号 | 资料类别 | 资　料　名　称 | 数量及单位 |
| | | | |
| | | | |
| | | | |
| | | | |
| | | | |
| | | | |
| | | | |
| | | | |
| | | | |
| | | | |
| | | | |
| | | | |
| | | | |
| | | | |

**说明：**本表一式两份，汇交人和负责接收地质资料的馆藏机构各一份。表中“资料类别”项填写Ⅰ类或Ⅱ类；“数量及单位”项的“单位”按以下规则填写：“岩芯”类填“米”，“标本”类填“块”，“副样”和“岩屑”类填“袋”，“光薄片”类填“件”。

附件4

# 无Ⅰ类、Ⅱ类实物地质资料回执（格式）

（全或省简称）实资回字〔20××〕第××号

××××（汇交人名称）：

你单位报送的××××××（项目名称及编号）形成的实物地质资料目录清单已收到，根据《实物地质资料管理办法》的有关规定，经研究确定该项目无需向国土资源主管部门汇交实物地质资料，由你单位按国家有关规定妥善保管。

馆藏机构地质资料汇交管理专用章

××××年××月××日

**附件 5**

**实物地质资料验收交接单（格式）**

| 项目名称 | | | |
|---|---|---|---|
| 项目编号或探（采）<br>矿权许可证号 | | | |
| 序号 | 资料类别 | 资　料　名　称 | 数量及单位 |
| | | | |
| | | | |
| | | | |
| | | | |

接收方经办人（签字）：　　　　汇交方经办人（签字）：

年　月　日　　　　年　月　日

**注：**本文书一式二份，接收方（馆藏机构）一份，汇交人一份。表中“数量及单位”项的“单位”按以下规则填写：“文字类”填写“册”，“图件类”填写“幅”；“岩芯”类填“米”，“标本”类填“块”，“副样”和“岩屑”类填“袋”，“光薄片”类填“件”。

附件 6

# 实物地质资料馆藏建设要求

本要求适用于实物地质资料馆藏机构和拥有地质勘查资质的单位及其他实物地质资料保管单位的馆藏建设。

根据实物地质资料馆藏机构和保管单位在馆舍建筑、设施与设备、人员、经费、馆藏、业务六个方面应具备的条件，将其分为三级：特级、甲级和乙级。

国土资源实物地质资料中心应按照特级要求建设，省级地质资料馆藏机构应按照甲级（含）以上要求建设，其他实物地质资料保管单位可参照乙级要求建设实物地质资料库房。

附表：实物地质资料馆藏机构分级表

附表　　实物地质资料馆藏机构分级表

| 要求 | | | 特级 | 甲级 | 乙级 |
|---|---|---|---|---|---|
| 馆舍建筑 | 总体建筑 | 实物地质资料馆藏机构有独立建造、自成体系的独栋地质资料馆舍 | √ | | |
| | | 实物地质资料馆藏机构所在建筑应符合《档案馆建筑设计规范》中甲级档案馆的建设要求（包括防火、防震、防雷等级、馆址选择、建筑设计、档案防护、防火设计、建筑设备等） | √ | √ | |
| | 库房 | 各库房集中布置，自成一区。库区内不应设置其他用房，其他用房之间的交通也不得穿越库区。库房内的保管条件应符合“防盗、防光、防高温、防火、防潮、防尘、防鼠、防虫”八防要求。与库房有关的安全管理制度应挂在库房内或库房附近适宜且醒目的位置 | √ | √ | √ |
| | | 实物库应位于建筑底层，有地下室时设在最下层，没有地下室时设在地面一层。实物库的设计地面载荷应满足需要 | √ | √ | √ |
| | | 设置独立实物库和纸质资料库房 | √ | √ | |
| | | 有特殊实物库（防辐射、恒温恒湿、低温、超低温、高压、低压） | √ | | |
| | | 实物库温度、湿度应满足不同类型实物地质资料保管需要 | √ | √ | |
| | 业务与技术用房 | 有实物整理室 | √ | √ | |
| | | 有岩芯扫描室、标本摄像室、实物取样室、检测分析室等 | √ | √ | |
| | | 有纸质资料整理室、纸质资料扫描室、电子文件处置室、网络机房和值班室等 | √ | | |
| | | 业务与技术用房使用面积（平方米） | ≥500 | ≥200 | |
| | 查阅资料用房 | 查阅资料用房使用面积（平方米） | ≥500 | ≥200 | |
| | | 有实物观察室 | √ | √ | |
| | | 有纸质资料阅览室和电子资料阅览室 | √ | √ | |
| | | 有接待室、实物展览室和会议报告室等 | √ | | |
| 设施与设备 | 馆舍建筑中的设施与设备 | 所在建筑应配备《档案馆建筑设计规范》中要求的各项设施与设备 | √ | √ | √ |
| | | 符合《档案馆建筑设计规范》中甲级档案馆的建设要求各项设施和设备 | √ | √ | |
| | | 设置防盗报警及视频监视系统 | √ | √ | |
| | | 配备有防火、防盗、防虫等设施和设备 | √ | √ | √ |

**续附表 -1**

| 要求 | | | 特级 | 甲级 | 乙级 |
|---|---|---|---|---|---|
| 设施与设备 | 库房中的设施与设备 | 配备火灾自动报警设施和灭火系统。灭火系统应采用惰性气体灭火系统 | √ | √ | |
| | | 配备自动化立体仓储设施，采用叉车和托盘车等设备搬运实物 | √ | √ | |
| | | 配备开展日常工作所需的相关设备 | √ | √ | √ |
| | 业务与技术用房设施与设备 | 配备实物整理设备（工作台、蜡封机、计算机、打印机、喷漆枪、切纸机、塑封机、清洁工具等）、给排水系统和通风除尘系统 | √ | √ | |
| | | 设有取样和制样设备，包括：切片机、岩芯钻柱机、岩芯剖切机（便携和台式）、碎样机、磨片机等 | √ | √ | |
| | | 配备灭火系统，应采用水喷雾灭火系统或非卤代烷灭火系统 | √ | √ | |
| | | 配备大幅面扫描仪、大幅面打印机 | √ | | |
| | 查阅资料用房设施与设备 | 配备文本资料打印、复印、扫描设备 | √ | √ | √ |
| | | 设有实物观察设备，包括：显微镜、放大镜、罗盘、皮卷尺、钢尺、三角板、计算器、量角器、图板、照明灯具、稀盐酸等 | √ | √ | √ |
| | | 纸质资料阅览室、电子阅览室内应设置自动防盗监控系统 | √ | √ | |
| | | 设有各类检索服务设备（计算机、掌上电脑、多点触控屏幕、多媒体展厅数字墙、网络在线虚拟现实展示系统） | √ | √ | |
| | 实物地质资料扫描数字化设备 | 配备实物表面图像扫描或照相设备，包括岩芯表面图像扫描仪、标本摄像仪和带有照相功能的显微镜等 | √ | √ | |
| | | 配备实物定量、半定量参数扫描数字化设备，包括元素浓度、矿物组成、结构构造、电阻率、磁化率等扫描数字化设备 | √ | | |
| 人员 | 数量 | 直接从事实物地质资料管理工作的人员（人） | ≥50 | ≥20 | ≥3 |
| | 结构 | 年龄、学历、专业结构合理，有地质、档案、计算机等不同专业人员 | √ | √ | |
| | | 中、高级职称或本科学历以上技术人员应占总人数的30%以上 | √ | √ | |
| 经费 | 预算 | 列入国家、地方财政预算，或有稳定的经费保障 | √ | √ | √ |
| | 数额 | 经费数量能够保障馆藏机构日常运行和管理与服务等工作需要 | √ | √ | √ |
| 馆藏 | 馆藏容量 | 库房容量（按岩芯延米数计算） | ≥50万 | ≥30万 | ≥5万 |
| 业务工作 | 资料接收 | 按规定接收实物地质资料目录，开展实物地质资料筛选分类 | √ | √ | |
| | | 按规定接收、验收汇交的实物地质资料 | √ | √ | |
| | 馆藏管理 | 对入库的实物进行统一的整理 | √ | √ | √ |
| | | 开展实物表面图像扫描或照相工作 | √ | √ | |
| | | 开展实物定量、半定量扫描数字化工作 | √ | | |
| | | 定期、不定期检查各类实物保管状态 | √ | √ | √ |
| | 服务利用 | 提供实物地质资料观察、取样等服务 | √ | √ | √ |
| | | 提供实物地质资料社会化网络服务 | √ | √ | |
| | | 提供资料目录互联网查询服务 | √ | √ | |
| | | 提供各类实物扫描数字化数据互联网查询浏览服务 | √ | √ | |

附件7

# 实物地质资料保管要求

## 一、入库保管要求

（一）资料整理

实物地质资料馆藏机构和保管单位，要按照《实物地质资料馆藏管理技术要求》（DD 2010—05）规定的技术方法，对接收的实物地质资料进行建档和必要的整理后入库保管，确保实物地质资料在保管过程中的安全和稳定，主要工作如下：

1. 核对资料。

根据实物地质资料目录清单核对实物地质资料的数量、完整性和各类标识的齐全性。

2. 清洁资料。

将实物地质资料表面的灰尘、污垢等清洁干净，至露出实物的表面纹理或表面地质特征清晰，便于后期观察和扫描数字化等。

3. 更换装具。

按照实际要求对实物地质资料的装具进行统一或部分更换，装具应满足性能稳定、抗变形、抗风化、耐腐蚀、便于长期保管的要求。

4. 补充标识。

检查实物地质资料的各项标识是否清晰、完整、连续，补充缺失的标识。

5. 包装防护。

对于易挥发、易潮解、易氧化和易变质等性能不稳定的实物地质资料，要采取必要的包装防护措施。

（二）分配并登记存储空间

根据库房空间情况，合理安排实物地质资料存储位置，以方便实物地质资料的查询和调用。并对存储位置进行登记，建立库房台账。

（三）保管环境要求

1. 保管实物地质资料的库房须满足防盗、防光、防高温、防火、防潮、防尘、防鼠、防虫八防要求。

2. 按照实物地质资料的物理性质，选择常温、恒温、低温、密封、恒压、高压、低压等保管方式。

（四）其他事项

实物地质资料库房要建立设施设备保养与维护、库房环境维护与检测、资料保管情况定期检查等工作制度，对实物库的设施设备、实物地质资料的保管环境和保管情况等进行定期的检查、维护，确保实物地质资料得到安全、有序、和长期的保管。有条件的汇交人可参照上述要求将Ⅲ类实物地质资料入库保管。

## 二、埋藏保管要求

实物地质资料馆藏机构、保管单位和汇交人要按照以下要求对需埋藏保管的实物地质资料进行埋藏保管。

（一）准备工作

1. 结合相关地质资料，以项目为单位收集实物地质资料的污染性信息，包括放射性实物的辐射强度数据和其他易产生污染的有毒有害组分含量，准确地评估埋藏实物的污染隐患。

2. 将易引起污染的实物地质资料拣选出来，单独装箱、登记，并将放射性辐射强度数据或样品分析结果填写在登记表的备注中，为制定埋藏、清除方案提供依据。

（二）资料埋藏

1. 具有放射性或有毒有害成分的实物地质资料必须深埋或送专门冶炼厂处理，处理后要符合相应的行业标准规范，以防污染环境。

2. 应以地质工作项目或矿区为单元，以实测剖面或钻孔为单位，自深而浅依次埋藏于坑中。

3. 选择地势较高，不易积水的场地作为坑址。可利用工矿废弃地、拟平复的槽、井探工程掩埋，山区可利用山洞或废坑道，黄土高原可挖窑洞，平坦地区可挖浅坑等。

4. 浅坑的四壁及底部应用水泥涂浆抹平，坑底用10～20厘米的砂砾铺平或铺防水油纸、塑料等。

5. 埋藏岩矿芯、标本等实物地质资料时，应按剖面线及钻孔顺序依次放入坑内。埋藏时应照相或摄像存档。

6. 放置岩矿芯时，应从终孔岩矿芯放起，每一个钻孔的最上面一排岩矿芯都应用油漆写上孔号，以区别于其上堆放的其他钻孔的岩矿芯。岩矿芯铺放长度不宜过长，以1米为宜，堆放高度不超过1.5米，应堆放整齐。在长岩芯坑内分段放置岩矿芯时，各段之间应用砖或其他硬质材料隔开，岩芯顶部覆盖厚度应在0.5米以上。

7. 放置标本时，应从剖面线末端放起，每一个剖面的最上面一排标本都应用油漆写上剖面编号，以区别于其上堆放的其他剖面的标本。标本铺放长度不宜过长，以1米为宜，堆放高度不超过1.5米，应堆放整齐。在长标本坑内分段放置标本时，各段之间应用砖或其他硬质材料隔开，标本顶部覆盖厚度应在

0.5 米以上。

8. 利用坑道或山洞埋藏岩矿芯、标本等实物地质资料的，应将坑道、山洞等封闭。

9. 埋藏点应编号、登记、标明位置，设立地石标志。绘制埋藏坑分布图及坑内埋藏实物地质资料示意图。

# 国务院关于全国矿产资源规划（2016～2020 年）的批复

国函〔2016〕178 号

国土资源部、国家发展改革委、工业和信息化部、财政部、环境保护部、商务部：

你们《关于审批〈全国矿产资源规划（2016～2020 年）〉的请示》（国土资发〔2016〕93 号）收悉。现批复如下：

一、原则同意《全国矿产资源规划（2016～2020 年）》（以下简称《规划》），请认真组织实施。

二、《规划》实施要全面贯彻党的十八大和十八届三中、四中、五中、六中全会精神，认真落实党中央、国务院决策部署，牢固树立和贯彻落实创新、协调、绿色、开放、共享的发展理念，以保障资源安全为目标，以提升矿业发展质量和效益为中心，强化资源保护和合理利用，正确处理政府与市场、当前与长远、局部与整体、资源与环境、国内市场与国际市场的关系，推进供给侧结构性改革，优化资源开发保护格局，加快矿业绿色转型升级，推动矿业国际务实合作，实现资源开发惠民利民，为全面建成小康社会提供可靠能源资源保障。

三、通过《规划》实施，到 2020 年，基本建立安全、稳定、经济的资源保障体系，基本形成节约高效、环境友好、矿地和谐的绿色矿业发展模式，基本建成统一开放、竞争有序、富有活力的现代矿业市场体系，显著提升矿业发展的质量和效益，塑造资源安全与矿业发展新格局。国内资源保障基础进一步夯实，矿产资源供应保持安全稳定，资源环境保护和合理利用水平显著提高，矿业国际合作开创新局面，矿业创新发展能力全面提升。

四、各省（区、市）人民政府要加强组织领导，落实责任分工，完善政策措施，按照《规划》确定的目标和任务，根据本地实际组织编制实施地方各级规划，完善矿产资源规划体系，切实推进本地区矿产资源开发、利用和保护各项工作。国务院有关部门和单位要根据职责分工，加强协调配合，在政策实施、项目安排、资金保障和体制机制创新等方面给予积极支持。国土资源部要牵头做好《规划》的组织实施工作，加强跟踪分析、督促检查和考核评估，认真研究解决《规划》实施中出现的问题，重大进展及时向国务院报告。

国务院

2016 年 11 月 2 日

# 全国矿产资源规划（2016～2020 年）

矿产资源是发展之基、生产之要，矿产资源保护与合理开发利用事关国家现代化建设全局。为保障矿产资源安全供应，推进资源利用方式根本转变，加快矿业转型升级和绿色发展，全面深化矿产资源管理改革，促进矿业经济持续健康发展，依据《中华人民共和国矿产资源法》《中华人民共和国国民经济和社会发展第十三个五年规划纲要》和《全国主体功能区规划》，制定《全国矿产资源规划（2016～2020 年）》（以下简称《规划》）。

《规划》是落实国家资源安全战略、加强和改善矿产资源宏观管理的重要手段，是依法审批和监督管理地质勘查、矿产资源开发利用和保护活动的重要依据。涉及矿产资源开发利用活动的相关行业规划，应当与本《规划》做好衔接。

## 第一章　规划基础

### 第一节　主要成效

我国是矿产资源大国，也是矿业大国，已发现矿产 172 种，探明资源储量的 162 种，品种较为齐全，勘查开发体系完整，主要矿产品产量和消费量居世界前列。《全国矿产资源规划（2008～2015 年）》实施以来，找矿不断取得重大突破，资源供应能力明显增强，开发秩序全面好转，矿产资源管理改革逐步深化，管理能力和水平大幅提升，有效应对了国内外环境的复杂变化和国际金融危机的深层次影响，为保障国民经济持续快速发展做出了重要贡献。

地质找矿取得重大进展。2008 年以来，累计投入地质勘查经费 8000 多亿元，新发现大中型矿产地

1708处，找矿突破战略行动取得重大进展。石油、天然气新增探明地质储量保持高位增长，北方砂岩型铀矿、页岩气、天然气水合物勘探取得重大突破，铜、铝、铅、锌、金、钨、钼等金属矿产发现一批世界级大矿床，主要矿产资源储量在开采强度持续加大情况下实现普遍增长。完成全国矿产资源潜力评价、矿业权实地核查、矿产资源利用现状调查等三项矿产资源国情调查，摸清了油气和25种重要固体矿产资源潜力，掌握了资源开发利用基本情况，完成22种重要矿产利用效率调查评价。

矿业经济发展壮大。2008年以来，全国采矿业固定资产投资累计达9万亿元以上，原矿产量累计达700亿吨以上，煤炭、油气、金属、非金属采选及压延加工销售产值累计超过160万亿元。资源税、探矿权采矿权价款和资源补偿费累计收入9000亿元。因矿而兴的城市达到240座，现矿业从业人员1100余万。煤炭、十种有色金属、黄金等产量连续多年居世界第一，矿业经济规模不断增长。

矿业秩序加快好转。持续整顿规范矿产资源开发秩序，开展全国稀土专项整治等重大行动，强化规划布局和资源开发整合，实现了矿业投资热潮下开发秩序明显好转。全国矿山数量较规划基期减少3.3万个，其中小矿减少2.8万个，大中型矿山比例由7.8%提高到11.6%，违法违规案件总体下降近一半，一批重大矿业纠纷得到协调解决，基本形成规模开发、集约利用、安全生产、秩序良好的资源开发新局面。

资源环境保护水平稳步提高。推进矿产资源补偿费与资源储量消耗挂钩，组织实施矿产资源节约与综合利用专项，40个国家级综合利用示范基地建设成效显著，发布160余项矿产资源节约和综合利用标准。全面实施矿山地质环境治理恢复保证金制度。累计投入矿山地质环境治理资金773亿元，治理恢复面积32.5万公顷。推进661个国家级绿色矿山建设试点，矿业绿色转型升级步伐加快。

国际合作取得新进展。与100多个国家和地区建立矿业合作关系。矿产品贸易保持高速增长，2014年贸易总额达到1.1万亿美元，连续多年占全国商品进出口总额四分之一，2015年因价格因素下降为8000多亿美元，但进出口实物量仍然保持增长。健全境外矿业投资合作支撑服务体系，推动国有企业、地勘单位、民营公司多元投资，与80多个国家和地区合作开展能源资源勘查开发。

矿产资源管理逐步规范。坚持简政放权，转变职能，持续推进审批制度改革，完善矿产资源分级分类管理制度。健全矿业权市场交易体系，建成296个省级、市级矿业权交易机构。全面实行矿业权有偿取得制度。新疆油气改革试点顺利推进，油气资源领域改革不断深化，页岩气探矿权招标全面推行。坚持阳光行政，完善管理制度，社会主义市场经济条件下的勘查开发监督管理体系基本建立。

**第二节　面临形势**

“十三五”时期，是我国全面建成小康社会的决胜阶段，经济保持中高速增长，产业迈上中高端水平，“四化”深入发展，新的增长动力正在孕育形成，新的增长点、增长极、增长带不断成长壮大，蕴藏巨大需求空间。同时，经济发展进入新常态，国内外资源形势发生深刻变化，供给侧结构性改革任务繁重，矿业结构调整、转型升级和管理改革十分紧迫。国际矿业市场波动加剧，地缘政治日趋复杂，矿业国际合作面临新的机遇和挑战。

资源安全始终是国家可持续发展的核心问题。我国资源总量大，人均少，资源禀赋不佳。多数大宗矿产储采比较低，石油、天然气、铁、铜、铝等矿产人均可采资源储量远低于世界平均水平，资源基础相对薄弱。当前，我国仍处于工业化中期阶段，能源资源需求增速放缓，但需求总量仍将维持高位运行，预计到2020年，我国一次能源消费量约为50亿吨标准煤，铁矿石7.5亿吨标矿，精炼铜1350万吨，原铝3500万吨。受国际矿业市场影响，国内勘查投入趋于下行，增大了我国矿产资源安全供应风险。

矿业形势深刻变化倒逼矿业结构调整和转型升级。受世界经济低迷、需求放缓、能源结构调整，以及前期高强度投资所形成的产能集中释放等因素影响，全球矿产品供应总体过剩，价格急剧下跌。国内矿产品价格竞争力不强，矿业企业普遍经营困难，煤炭、钢铁、水泥等行业产能严重过剩。同时，世界新能源、新材料等战略性新兴产业迅猛发展，非常规能源、稀土、铌、钽、锂、晶质石墨等战略性新兴产业矿产需求逐步凸显，我国相关矿产资源虽有比较优势，但产业发展层次低，资源保护力度有待加强。矿业发展必须适应市场变化，坚持创新发展，加快矿业结构调整和转型升级，增强可持续发展能力。

绿色发展要求资源开发利用方式加快转变。我国矿产开发集约化规模化程度不够，小型及以下矿山占比88.4%，但产能占比不足40%。部分矿山采富弃贫、采易弃难，资源浪费现象仍然存在。长年积累的矿山环境问题突出，采矿累计占用损毁土地超过375万公顷。加快转变资源开发利用方式，推动矿业绿色低碳循环发展的任务十分繁重。

发展更高层次开放型经济亟待提升矿业国际合作能力与水平。世界经济深度调整、复苏乏力，国际贸易增长低迷，全球矿业市场更加复杂多变，资源竞争和垄断不断加剧。推进"一带一路"建设，加强产能合作和基础设施、装备制造、国际金融等领域的广泛合作，为我国拓展矿业国际合作提供了新的发展空间和平台。但总体上看，我国企业参与国际矿业市场竞争的能力不够强，配套政策、人才队伍还不能满足矿业全球化和现代化的要求。

全面深化改革要求加快矿产资源管理体制机制创新。当前，矿业经济下行、企业经营困难、国际竞争加剧，矿业发展的活力动力不足；同时，资源约束趋紧、生态问题突出、民生诉求多元等相互交织，矿产资源管理领域深层次矛盾亟待解决。特别是资源配置政府干预仍然较多，矿业权市场规则不完善，现代矿业市场体系尚不健全，资源开发经济调节和利益分配机制不够合理。随着全面深化改革、全面依法治国的深入推进，必须进一步解放思想，理顺体制机制，释放改革红利，增强矿业发展活力动力。

## 第二章　指导思想、原则与目标

### 第一节　指导思想

高举中国特色社会主义伟大旗帜，全面贯彻党的十八大和十八届三中、四中、五中、六中全会精神，以马克思列宁主义、毛泽东思想、邓小平理论、"三个代表"重要思想和科学发展观为指导，深入贯彻习近平总书记系列重要讲话精神，按照"五位一体"总体布局和"四个全面"战略布局，牢固树立和贯彻落实创新、协调、绿色、开放、共享的发展理念，落实节约资源和保护环境的基本国策，坚持尽职尽责保护国土资源、节约集约利用国土资源、尽心尽力维护群众权益，以保障资源安全为目标，以提升矿业发展质量和效益为中心，强化资源保护和合理利用，正确处理政府与市场、当前与长远、局部与整体、资源与环境、国内市场与国际市场的关系，推进供给侧结构性改革，优化资源开发保护格局，加快矿业绿色转型升级，推动矿业国际务实合作，实现资源开发惠民利民，为全面建成小康社会提供可靠能源资源保障。

### 第二节　基本原则

——立足国内，守住资源安全底线。突出影响全局的能源矿产、大宗矿产和战略性新兴产业矿产，加快找矿突破，增加资源储量，扩大资源基础，加强资源保护与合理开发利用，完善矿产储备体系，稳定国内资源安全保障水平。

——改革创新，增强矿业发展动力。深入实施创新驱动发展战略，大力推进科技创新、管理创新和机制创新。加快推进行政审批制度改革，坚持简政放权、放管结合、优化服务，充分发挥市场在资源配置中的决定性作用和更好发挥政府作用，增强国内矿业的科技实力、发展活力和竞争力。

——优化布局，促进矿业协调发展。着力推动资源开发与区域发展、产业升级、环境保护、城乡建设相协调，实行矿种差别化、区域差别化管理，统筹矿产勘查开发布局与时序，形成协调有序的资源开发保护新格局。

——加快转型，推进矿业绿色发展。坚持生态保护第一，充分尊重群众意愿，促进资源开发与环境保护协调发展。树立节约集约循环利用的资源观，加强全过程节约管理，推动资源利用方式根本转变，加快发展绿色矿业，大力推进生态文明建设。

——互利共赢，深化国际矿业合作。深入推进"一带一路"矿业国际合作，加强境外矿产资源勘查开发，提升利用外资质量和水平，引进先进技术和管理经验，积极参与全球矿业治理，推动形成深度交融的互利合作格局。

——惠民利民，共享矿业发展成果。按照国家脱贫攻坚的总体部署，支持集中连片特困地区矿产资源开发利用，加快资源优势转化为经济发展优势。完善收益分配机制，推进中央、地方、企业、矿区群众资源开发收益共享，服务区域发展和民生改善。

### 第三节　主要目标

到2020年，基本建立安全、稳定、经济的资源保障体系，基本形成节约高效、环境友好、矿地和谐的绿色矿业发展模式，基本建成统一开放、竞争有序、富有活力的现代矿业市场体系，显著提升矿业发展的质量和效益，塑造资源安全与矿业发展新格局。

——国内资源保障基础进一步夯实。找矿突破行动取得新成效，形成一批重要矿产资源战略接续区。重要矿产资源储量保持稳定增长，力争新发现5～8个亿吨级油田和5～10个千亿方级气田，新发现和评价大中型矿产地300～400处。石油储采比保持在12以上，天然气储采比达到30。

——矿产资源供应保持安全稳定。建设103个能源资源基地，划定267个国家规划矿区，铁、铜、铝土矿、钾盐等战略性矿产国内安全供应能力得到巩固。划定28个对国民经济具有重要价值的矿区，强化重要矿产保护与储备。

——资源环境保护和合理利用水平显著提高。开发利用布局进一步优化，矿山规模化集约化程度明显提高，大中型矿山比例超过12%。节约与综合利用水平显著提高，主要矿产资源产出率提高15%。绿色矿业发展新格局基本形成。矿产资源开发的环境影响得到有效控制，开发区域生态环境不退化、环境质量不下降。矿山地质环境得到有效保护和及时治理，完成50万公顷历史遗留矿山地质环境治理恢复任务。

| 专栏1　矿产资源勘查主要指标 | | | |
|---|---|---|---|
| 序号 | 矿种 | 新增查明资源储量 | |
| | | 单位 | 2016～2020年 |
| 1 | 石油 | 亿吨 | 50 |
| 2 | 天然气 | 万亿立方米 | 3 |
| 3 | 页岩气 | 万亿立方米 | 1 |
| 4 | 煤炭 | 亿吨 | 1000 |
| 5 | 煤层气 | 亿立方米 | 4200 |
| 6 | 铀矿 | 铀 吨 | XX |
| 7 | 铁矿 | 矿石 亿吨 | 80 |
| 8 | 锰矿 | 矿石 亿吨 | 9 |
| 9 | 铜矿 | 金属 万吨 | 800 |
| 10 | 铝土矿 | 矿石 亿吨 | 6 |
| 11 | 镍矿 | 金属 万吨 | 80 |
| 12 | 铅矿 | 金属 万吨 | 2000 |
| 13 | 锌矿 | 金属 万吨 | 3000 |
| 14 | 钨矿 | $WO_3$（65%）万吨 | 100 |
| 15 | 锡矿 | 金属 万吨 | 70 |
| 16 | 锑矿 | 金属 万吨 | 80 |
| 17 | 金矿 | 金属 吨 | 3000 |
| 18 | 锂矿 | $Li_2O$ 万吨 | 60 |
| 19 | 石墨 | 矿物 万吨 | 600 |
| 20 | 磷矿 | 矿石 亿吨 | 8 |
| 21 | 钾盐 | KCl 亿吨 | 1 |

**注：**以上指标均为预期性指标。石油、天然气、页岩气和煤层气为新增探明地质储量。

——矿业国际合作开创新局面。与基础设施建设、国际产能合作相配套，合作推动境内外石油、铁、铜、铝土矿、钾盐等大型矿产地勘查开发。培育一批具有国际竞争力的大型跨国矿业集团，健全矿业国际合作平台和服务保障机制，初步形成与我国经济发展相适应的全球矿业合作体系。

——矿业创新发展能力全面提升。有序放开油气勘探开发市场，进一步扩大矿业权竞争性出让范围，大幅下放矿业权审批权限，建立矿产资源国家权益金制度，健全矿业权人信用约束监管制度。矿业资本市场、矿业权交易市场等现代市场体系更加健全。矿产资源法律法规体系更加完善，矿产资源治理体系和治理能力现代化取得重大进展。资源开发利用科技创新取得新突破。

2025年远景目标：

稳定开放的资源安全保障体系全面建立，资源开发与经济社会发展、生态环境保护相协调的发展格局基本形成，资源保护更加有效，矿业实现全面转型升级和绿色发展，现代矿业市场体系全面建立，参与全球矿业治理能力显著提升。

**附件　废止11项石油天然气行业标准编号和名称**

| 专栏2　矿产资源开发利用与保护主要指标 | | | | |
|---|---|---|---|---|
| 指标 | | 单位 | 2020年 | 属性 |
| 矿产资源年开采量 | 原油 | 亿吨 | 2 | 预期性 |
| | 天然气 | 亿立方米 | 1700 | |
| | 页岩气 | 亿立方米 | 300 | |
| | 原煤 | 亿吨 | 39 | |
| | 煤层气 | 亿立方米 | 160 | |
| | 铁矿 | 矿石 亿吨 | 12 | |
| | 锰矿 | 矿石 万吨 | 3000 | |
| | 铜矿 | 金属 万吨 | 260 | |
| | 铝土矿 | 矿石 万吨 | 7300 | |
| | 镍矿 | 金属 万吨 | 16 | |
| | 铅矿 | 金属 万吨 | 350 | |
| | 锌矿 | 金属 万吨 | 625 | |
| | 钼矿 | 折合纯钼45%万吨 | 31 | |
| | 锑矿 | 金属 万吨 | 16 | |
| | 锡矿 | 金属 万吨 | 15 | |
| | 金矿 | 金吨 | 550 | |
| | 晶质石墨 | 矿物 万吨 | 95 | |
| | 磷矿 | 矿石 亿吨 | 1.5 | |
| | 钨矿 | $WO_3$（65%）万吨 | 12 | 约束性 |
| | 稀土 | REO 万吨 | 14 | |
| 矿业转型与绿色发展 | 资源保护与储备地 | 处 | 28 | 预期性 |
| | 大中型矿山比例 | % | ＞12 | |
| | 矿产资源产出率提高比例 | % | 15 | 约束性 |
| | 历史遗留矿山地质环境治理恢复面积 | 万公顷 | 50 | |

**注：**1. 矿产资源产出率是指主要矿产资源实物量的单位投入所产出的经济量，其内涵是经济活动使用矿产资源的效率。矿产资源产出率＝地区生产总值（GDP不变价）/主要矿产资源消费量。主要矿产包括石油、煤炭、天然气、铁、铜、铝、铅、锌、镍、磷、石灰岩等11种。2. 煤层气指标是指煤层气（煤矿瓦斯）利用量。

## 第三章　坚持创新发展<br>增强矿业发展新动力

着力深化勘查开发体制机制改革，完善现代矿业市场体系，深入实施创新驱动发展战略，增强矿业发展活力与动力。

### 第一节　全面深化矿产资源管理改革

一、开放油气、铀勘探开发市场

依据油气体制改革总体方案，按照“放开市场、盘活区块、激发活力、加强监管”的思路，加快新疆改革试点及其经验总结推广，稳步推进油气勘查开采体制机制改革，逐步放开上游勘探开发市场，引入社会资本，加快勘探开发进程。完善勘查区块退出机制，促进区块流转，建立进退有序的勘查开采市场，激活勘查潜力。健全油气地质资料公开和共享机制，建立油气资源动态监管信息平台，向社会公示矿业权信息、勘探进程和勘探开发方案。探索建立一级登记、中央地方协同监管的油气资源管理新体制。加强国家油气督察员制度建设，推进督察工作常态化、规范化。

加大铀矿勘查开发体制改革。按照勘查社会化、矿业权市场化、投资多元化、开采专业化的原则，加大铀矿勘查开发体制改革，有序放开铀矿勘查开发市场，积极引导社会资本进入铀矿勘查领域，通过合资合作、入股、签订协议等方式，构建主体责任落实、多方投资合作的铀矿开发体系，加快铀矿勘查开发进程。推进油煤铀资源叠置区合作勘查、综合勘查，鼓励采取煤铀、油铀兼探和合作开发模式，实现资源综合开发利用。

二、扩大矿业权竞争性出让范围

坚持市场竞争取向，建立符合市场经济要求和矿业规律的矿业权出让方式。探索扩大矿业权竞争性出让范围，进一步推进探矿权采矿权实行招标拍卖挂牌方式出让，着力破解制度性障碍，充分调动市场各类主体的积极性，吸引社会资本和风险投资。严格限制和规范非竞争性出让行为，从严控制协议出让，规范探矿权转采矿权和财政全额出资探矿权出让。将矿业权出让竞争性环节纳入公共资源交易平台，推进全国统一的矿业权交易平台建设，建立全国联网的矿业权出让信息公开查询系统，进一步完善矿业权交易规则。

三、推进矿业权审批权限下放

持续推进简政放权，深化矿业权审批制度改革。根据国务院要求，调整下放矿业权审批权限，出台相关配套文件，细化下放权限管理措施。推进权力清单制度，简化审批程序，优化审批流程，推进矿业权审批管理精细化、标准化、公开化，统一规范全国矿业权审批登记行为。创新行政审批服务方式，扩大网上审批范围，加大矿业权出让转让公示公开力度。进一步升级完善矿业权统一配号系统，强化在线监管，制止违规行为。做好涉矿类行政审批中介服务的清理，降低行政审批成本，减轻企业负担。

四、推进矿产资源税费制度改革

推进矿产资源有偿使用制度改革。理清有偿取得、占用和开采中所有者、投资者、使用者的产权关系，建立矿产资源国家权益金制度，完善相关配套制度，保障国家所有者权益。调整探矿权采矿权使用费标准，建立动态调节机制，完善最低勘查投入制度。实施矿产资源税从价计征改革，合理确定资源税税率水平。全面清理涉及矿产资源的收费基金，规范征收行为。加强矿产资源税收优惠政策管理，提高资源综合利用效率。建立评估机制，将资源所有者权益和生态环境损害等纳入自然资源及其产品开发利用成本。

五、改革矿产资源监管方式

强化诚信体系建设，改革监管方式。全面推行矿业权人勘查开采信息公开制度，建立矿业权人“黑名单”制度，完善社会监督、政府抽查、失信退出相配套的矿产资源监管体系。加强矿产资源储量登记管理，健全符合我国国情并与国际对比互认的资源储量管理制度体系，加强资源储量动态监测。建立完善矿产资源勘查开发综合监管平台，开展动态巡查和全天候遥感监测，强化对无证勘查、无证开采等行为的执法监察及对浪费资源、破坏环境等行为的专项督查。

六、强化矿产资源宏观管理

制定战略性矿产目录。为保障国家经济安全、国防安全和战略性新兴产业发展需求，将石油、天然气、煤炭、稀土、晶质石墨等24种矿产列入战略性矿产目录，作为矿产资源宏观调控和监督管理的重点对象，并在资源配置、财政投入、重大项目、矿业用地等方面加强引导和差别化管理，提高资源安全供应能力和开发利用水平。

专栏3　战略性矿产目录（24种）

| | |
|---|---|
| 能源矿产 | 石油、天然气、页岩气、煤炭、煤层气、铀 |
| 金属矿产 | 铁、铬、铜、铝、金、镍、钨、锡、钼、锑、钴、锂、稀土、锆 |
| 非金属矿产 | 磷、钾盐、晶质石墨、萤石 |

建立战略性矿产监测预警机制。加强监测预警能力建设，建立预警指标、安全临界值及综合评价模型，系统开展国内外矿产品供需和资源形势分析，强化应对国

际重大冲突资源安全预警能力。建立战略性矿产监测预警报告制度，支撑政府决策，引导行业发展，加强政策储备，建立风险处置预案，增强风险防控能力。

| 专栏4　矿产资源信息化和安全预警工程 |
| --- |
| 开展矿产资源开发利用水平调查评估，加强矿产资源战略形势分析，建设战略性矿产安全供应监测预警分析系统，建设矿业权、资源储量、开发利用和规划等核心数据库，定期发布矿产资源开发利用关键指标、安全供应研究成果和专题信息产品。 |

完善矿产资源宏观调控政策体系。配合完成《矿产资源法》及其配套法规修订工作。加强国家矿产资源安全战略研究。强化矿产资源规划管控，严格规划分区管理、总量调控和开采准入制度。着力推进矿业供给侧结构性改革，培育产业发展新动能。实施矿种差别化、区域差别化管理，对紧缺矿产，实施鼓励性勘查开发政策；对传统优势矿产，合理调控开发利用总量；对产能过剩类矿产，严格控制新增产能，坚决淘汰落后产能，有序退出过剩产能；对战略性新兴产业矿产，保障资源供应，强化高端应用。

七、健全现代矿业市场体系

按照产权明晰、规则完善、调控有力、运行规范的要求，建立健全矿业权有形市场，加快发展矿业资本市场和中介服务市场，形成统一开放、竞争有序的矿业市场体系。支持国有矿业企业改革，积极稳妥发展混合所有制企业，培育具有市场竞争力的矿业市场主体。培育资源型产品期货市场，发展商品期权、商品指数期货等交易工具，发挥期货市场价格发现和风险管理功能，增强服务实体经济能力。

**第二节　创新机制推进找矿突破战略行动**

深入实施找矿突破战略行动。将地质勘查作为立足国内保障资源安全的重要基础性工作，持续稳定予以加强。调整勘查重点，优化工作布局，以能源、紧缺及战略性新兴产业矿产为重点，在鄂尔多斯等16个含油气盆地勘查薄弱地区、东昆仑等26个重点成矿区带，部署开展1:5万地质矿产调查，查清成矿条件、预测资源潜力，圈定新的找矿靶区。划定297个重点勘查区，引导各类资金投入，加大找矿力度，发现一批可供开发利用的矿产地。加强新区、新层系、新领域、新类型油气资源基础性调查和评价。开展全国煤层气、油页岩、油砂、煤系矿产等资源潜力评价，摸清资源家底和开发利用条件。优先安排成矿地质条件有利、找矿潜力大和市场需求量大的危机矿山接替资源勘查，加快矿山密集区和老矿山外围的勘查进程。

完善找矿突破政策措施。着力打造以市场为导向的多元投资平台，鼓励和引导社会资本投入地质找矿。支持公益性地质工作，实行财政出资项目信息公开制度，服务和引导商业性矿产勘查。改革中央地质勘查基金，弥补矿业资本市场不足。推动建立符合我国国情的风险勘查资本市场，拓展风险勘查和矿业发展融资渠道。

**第三节　大力推进能源资源基地建设**

一、建设国家能源资源基地

综合考虑资源禀赋、开发利用条件、环境承载力和区域产业布局等因素，建设103个能源资源基地，作为保障国家资源安全供应的战略核心区域，纳入国民经济和社会发展规划以及相关行业发展规划中统筹安排和重点建设，在生产力布局、基础设施建设、资源配置、重大项目安排及相关产业政策方面给予重点支持和保障，大力推进资源规模开发和产业集聚发展。到2020年，大型煤炭基地生产能力达到全国的95%以上，石墨、稀土等资源基地超过80%，钨、锡、锑、磷、钾盐等资源基地达到50%左右。

二、强化重点矿区开发利用监管

以战略性矿产为重点，划定267个国家规划矿区，作为重点监管区域，打造新型现代化资源高效开发利用示范区，实行统一规划，优化布局，提高门槛，优化资源配置，推动优质资源的规模开发集约利用，支撑能源资源基地建设。保护性开采的特定矿种等实行总量调控矿种的矿业权投放及开采指标优先向国家规划矿区配置。划定28个对国民经济具有重要价值的矿区，作为储备和保护的重点区域。重点加强稀土等保护性开采的特定矿种、产能严重过剩矿种、自然保护区内已探明的大中型以上规模矿产地的储备和保护。探索建立多渠道投入机制，支持提高储备矿产地的勘查程度，严格保护和监管，防止压覆或破坏。建立动态调整机制，经严格论证和批准后，转为国家规划矿区进行统一规划、规模开发。

**第四节　加快资源开发利用科技创新**

一、打造地质矿产技术创新平台

推进地球深部观测与实验系统重大科学基础设施建设，统筹利用现有资源，加强矿产资源领域科研平台能力建设。加强矿产资源领域科技人才培养，建设新型矿业发展智库。强化企业的主体地位，鼓励科研单位与企业合作，形成多元化的科技投入体系，加速科技成果转化，打造政产学研用相结合的地质矿产科技创新平台。建立重大科技攻关、成果示范推广和产业化发展的联合推进机制，提高解决资源问题的科技支撑能力。

二、创新资源勘查开发技术

研究推进万米深地科学钻探，加强深部地质找矿重大科技问题攻关。拓展万米空间资源探测前沿技术，发展深部找矿立体综合勘查体系，形成3000米以浅勘探、2000米以浅开采成套技术能力，储备一批5000米以深勘查技术，油气勘探技术能力扩展到6500～10000米。实施主要油气盆地、胶东、长江中下游、南岭深部找矿示范工程，推动先进技术工艺装备产业化应用。突破深海进入、深海探测、深海开发关键技术，加大海洋矿产基础理论研究和关键技术攻关，建立深海地质调查、勘查理论和技术体系，推进海底富钴结壳、锰结核、稀土软泥等资源调查与开发利用研究。大力发展对地观测技术，推进国土资源业务卫星、科研卫星和卫星应用系统建设，强化自主、连续、稳定的高分辨率卫星数据保障能力，提高资源环境调查监测水平。按照绿色开发、节约集约、智能发展的思路，推动形成矿产资源精细高效勘查、智慧矿山技术装备、生态矿山与资源节约、矿山绿色开采与选冶、稀贵资源提取关键技术、煤炭提质与综合利用和典型二次资源循环利用等矿业技术体系。推动先进成熟技术转化为标准，鼓励社会团体、企业参与标准化建设，加强矿产资源领域标准研究。

三、大力推进“互联网＋矿业”发展

建设矿业电商平台，创新矿业金融服务，促进资源、资本、技术、设备、服务等有机结合，形成上游与下游、传统与网络、线上与线下、场内与场外、商品与金融、国内与国外有效对接的多层次市场体系和完整产业链，提高资源配置效率，形成新的矿业经济增长点。加强行业标准化建设，加快建设智慧矿山，促进企业组织结构和管理模式变革，加快传统矿业转型升级。

| 专栏5　科技创新重大工程 |
| --- |
| （一）深地资源勘查开采工程。<br>开展深部地质成矿理论研究、勘探开发技术装备研发和大深度立体探测与深部找矿示范，突破3000米深地资源勘查技术，实现万米钻探技术能力。加快“透明地球”技术体系建设，实施重要含油气盆地和主要矿集区三维透明化工程，形成一批深地资源战略储备基地。<br>（二）深海资源勘查开采工程。<br>研制深远海油气及水合物勘探开发技术装备，推进大洋海底矿产勘探及海洋天然气水合物试采工程，加快“透明海洋”技术体系建设，为深海资源开发利用提供支撑。<br>（三）对地观测卫星重大工程。<br>整装建设3颗2米/8米光学业务卫星星座和1颗5米光学业务卫星，推进L波段差分干涉SAR和高分辨率多模综合成像科研卫星建设，形成高分辨率国土资源卫星观测体系基础能力，统筹推进国土资源卫星业务应用体系建设。 |

## 第四章　坚持协调发展优化矿产开发保护格局

大力推进矿产资源开发利用结构布局调整，加强供给侧结构性改革，促进资源开发与区域发展、产业转型、环境保护、资源保护相协调，着力构建协调有序的矿产开发保护格局。

### 第一节　推动资源开发与区域发展相协调

一、优化矿产资源勘查开发区域布局

落实国家区域发展总体战略和主体功能区战略，构建区域资源优势互补、勘查开发定位清晰、资源环境协调发展的空间格局。推进西部地区矿产开发与环境保护相协调，优先选择资源条件好、环境承载力高的地区，加强勘查开发，有序承接中东部产业转移，促进资源优势转化为经济优势。加快中部、东部、东北地区矿业转型升级，促进资源产业上下游协调发展，延伸产业链条，提高资源开发综合效益。引导“一带一路”国内沿线优势资源有序开发。推动长江经济带上中下游矿产资源互动合作，优势互补。合理控制京津冀地区资源开发强度，加快矿业转型升级与协同发展。

二、加快海域矿产资源勘查开发

落实海洋强国战略，维护国家海洋权益，大力加强海洋基础地质调查，加快研发深海资源勘查开采技术，积极推进海域油气勘探开发，开展天然气水合物资源勘查与商业化试采。积极参与国际海底矿产资源综合调查，加快推进大洋矿产资源勘查开发，持续开展南北极环境综合考察与资源潜力评估。统筹陆地和海洋资源利用，有序推进近岸、近海、深远海资源开发，着力发挥海洋在资源环境保障中的重要作用。

三、严格矿产资源规划分区管理

构建统一衔接、功能互补、相互协调的规划分区管理体系，明确政策导向，优化资源开发空间格局。全面落实规划确定的勘查开发保护工作布局，重点调查评价区、矿山地质环境重点治理区，主要作为财政资金投入和政策支持的重点区域。划定重点勘查区，鼓励和引导商业性勘查投入。强化规划功能分区的管控作用，加强重点矿区矿产资源开发利用监管，严格禁止、限制勘查开采区管理，明确勘查开采准入条件，严格控制矿业权数量和开采规模。

四、实施矿业权设置区划制度

各级规划应按要求开展矿业权设置区划，优化矿山布局，原则上一个勘查开采规划区块一个主体，严禁将矿产地化大为小和分割出让。对高风险矿产，原则上不划定勘查规划区块，达到详查以上（含详查）勘查程度的应划定开采规划区块。对低风险矿产，要依据资源赋存状况和地质构造条件，划定勘查开采规划区块。对砂石黏土等无风险矿产，划定集中区、备选区，也可根据管理需要划定开采规划区块，明确准入条件和矿山地质环境治理恢复措施，实行有偿出让。

**第二节　推动资源开发与产业发展相协调**

一、优化能源矿产开发利用布局结构

加快清洁、高效能源矿产勘查开发，控制煤炭资源开采总量，大力推进绿色开采和清洁利用，促进清洁低碳、安全高效能源矿产供应体系建设。

（一）稳定国内石油供应。强化东部老油区挖潜，加大中西部油气开发力度，加快海域石油增储上产，力争石油年产量保持在2亿吨左右。东部地区以松辽盆地、渤海湾盆地为重点，加强精细勘探开发，积极发展先进采油技术，增储挖潜，努力减缓老油田产量递减。西部以塔里木、鄂尔多斯、准噶尔等盆地为重点，探明优质资源储量，实现增储稳产、力争上产。做强渤海、拓展南海、加快东海、探索黄海及其他海域，加快海洋石油勘探开发，保持老油田持续稳产，加快新区产能建设，大力提升海域石油产量。

（二）大力发展天然气。做大西部、做强中部、发展海域，加大天然气勘查开发力度。陆域以塔里木盆地、柴达木盆地、鄂尔多斯盆地、四川盆地等为重点，海域以南海为重点，力争获得重大突破，保持资源储量产量高位增长，增强天然气供应基础。加强西部低品位、东部深层、海域深水三大领域科技攻关，力争获得规模产量。

（三）加快煤炭结构调整与转型升级。按照严控增量、优化存量、清洁利用的要求，将积极稳妥化解过剩产能与结构调整、转型升级相结合，推进煤炭行业健康发展。限制东部、控制中部和东北、优化西部地区煤炭资源开发，推进神东、陕北等大型煤炭基地绿色化开采和改造。规划期内不再新建年产30万吨以下煤矿、90万吨以下煤与瓦斯突出矿井，限期淘汰年产15万吨及以下且发生较大及以上安全生产责任事故的煤矿、年产30万吨以下且发生重大及以上安全生产责任事故的煤矿，引导年产30万吨以下煤矿加快退出。鼓励煤炭企业兼并重组和资源整合，培育大型煤炭企业集团。到2020年底，煤炭矿山数量减少到6000家。积极推进煤炭资源从燃料向燃料与原料并重转变，促进煤炭分级分质和清洁利用。提高煤炭洗选比重，加大煤矸石、矿井水等资源综合利用力度。

（四）大力推进铀矿勘查开发。以鄂尔多斯、伊犁、二连、松辽、吐哈、巴音戈壁等盆地为重点，加大砂岩型铀矿勘查力度，到2020年，新发现铀矿产地20～25处。以江西相山、广东诸广山、广西苗儿山等为重点，加强深部及外围地区勘查，巩固硬岩型铀矿资源基础。在新疆伊犁盆地南缘、鄂尔多斯盆地北部、松辽盆地西南部、相山、诸广山南部等地区划定一批铀矿国家规划矿区。重点建设伊犁、鄂尔多斯、通辽铀矿基地，推动全国铀矿产能向北方砂岩型铀矿调整。

（五）加快推进煤层气开发利用。继续实行煤层气（煤矿瓦斯）开发利用中央财政补贴政策，健全完善煤层气、煤炭协调开发机制，推动山西保德等12个煤层气国家规划矿区规模开发，建设沁水盆地、鄂尔多斯盆地东缘煤层气产业化基地。统筹协调煤炭、煤层气开发时序，做好采气采煤施工衔接，煤炭规划5年内建井采煤的区域，优先保证煤炭资源开发，有效利用煤层气资源；5年后建井采煤的区域，坚持先采气、后采煤。新设煤层气或煤炭探矿权，必须对煤炭、煤层气资源进行综合勘查、评价和储量评审备案。支持煤炭矿业权人变更增加矿种，对煤层气进行综合开发。

（六）推进页岩气规模开发利用。加强页岩气调查评价与勘查，获取优质规模储量。开展四川长宁－威远、重庆涪陵、贵州遵义－铜仁、云南昭通、陕西延安等地区页岩气勘查开发示范，发展适合我国地质特点的页岩气勘查开发关键技术和装备，继续实行页岩气开发利用补贴政策，推动低成本规模开发。强化页岩气开发环境保护。

（七）积极开发利用油页岩等能源矿产。加强松辽、鄂尔多斯、柴达木、准噶尔等盆地油页岩和油砂勘查，开展辽宁抚顺、吉林桦甸和扶余、山东龙口、甘肃窑街和新疆吉木萨尔等地区油页岩开发利用示范。加大天然气水合物勘探开发技术攻关力度，培育具有自主知识产权的核心技术，加快实施南海北部天然气水合物试采工程，突破安全开采技术瓶颈。

（八）因地制宜开发地热资源。开展地热水资源、干热岩和浅层地温能潜力评价。推进东南沿海、京津冀、西南等地区地热资源调查与开发利用示范工程建设，推进梯级利用及循环利用工艺研究与示范。加强地热资源开发利用监测和管理，健全标准规范。实行扶持政策，创新开发利用模式，提高地热能利用比重。

二、保障重要金属矿产有效供给

以铁、锰、铜、铝、镍、铅、锌、钨、锡、锑、金、银等为重点，在资源条件好、环境承载力强、配套设施齐全、区位优势明显的地区，集中建设具有市场竞争力的大中型矿山，稳定国内有效供给水平。

（一）稳定国内铁矿供应能力。结合钢铁工业布局，重点建设鞍本、冀东、攀西、包白、忻州－吕梁、宁芜庐枞等铁矿基地，引导区内资源向大型矿业集团集中。新建西鞍山、马城等一批大型矿山。推进公平税负，减轻铁矿企业负担，提高国内铁矿企业的竞争力。加强桂西南、湖南永州等地区锰矿资源勘查开发。适度控制千米以上深矿井和小规模低品位铁矿的开发，不再新建年产20万吨以下露天铁矿、10万吨以下地下铁矿、5万吨以下锰矿。

（二）适度扩大铜铝镍等矿产开发规模。巩固长江中下游、内蒙古乌努格吐山、甘肃金川、新疆阿勒泰等现有铜镍生产基地，建设铜产业集群，稳定铜矿生产能力在60～70万吨/年，保持镍矿生产能力在9～10万吨/年。新建青海野马泉－夏日哈木等铜镍基地，力争新增铜矿供应能力8～10万吨/年。鼓励大型矿业企业参与晋中、豫西北、桂西南、黔中北等铝土矿基地资源开发整合，力争新形成2000～3000万吨/年铝土矿供应能力。

（三）适当控制铅锌钼矿产开发利用强度。以南疆、甘肃南部、湘南－粤北、滇中－川南、滇西南等地区为重点，推进资源整合，鼓励资源向骨干企业集中。提高铅锌等矿山规模和环保准入门槛，加强现有矿山周边和深部找矿与资源储量升级工作，力争到2020年铅锌矿开采能力分别控制在350万吨/年、625万吨/年以内。建设豫西、陕西渭南、黑龙江伊春等钼矿基地，控制新增产能，有序开发利用。

（四）保护性开发钨锡锑等矿产。巩固赣南、湖南郴州等钨矿资源基地，稳定开采规模，合理利用共伴生钨、低品位钨和含钨尾矿资源。稳定锡锑开发格局，重点提升滇东南、广西河池、湖南安化冷水江等资源基地开采和供给能力，加强对藏南、藏北等地区锑矿资源管理和保护。

（五）鼓励金银等贵金属矿产勘查开发。加强贵金属矿产勘查，建设山东招远－莱州等资源基地，进一步提高安全、环保、能耗、工艺等办矿标准和生产水平，稳定国内金银等贵金属供给。鼓励企业按照市场规律开展兼并重组和资源整合，形成一批具有核心竞争力的大型黄金企业集团。不再新建地下开采规模低于3万吨、露天开采规模低于6万吨的黄金矿山。

三、推进非金属矿产合理开发利用

稳定磷硫钾等重要农用矿产资源供给，服务粮食安全战略。加强膨润土等重要功能性非金属矿产的保护和精深加工利用，开辟矿产资源利用新领域。严格砂石黏土、建筑石材等非金属矿产管理，规范开发秩序。

（一）保障磷硫钾矿产供给。建设滇中、贵州开阳－瓮福、湖北宜兴保等磷矿资源基地，发展先进采选技术，加强中低品位矿利用，磷矿石开采总量保持1.5亿吨/年左右，保障磷复肥供应能力。巩固青海察尔汗、新疆罗布泊钾盐基地，保持国内55%～60%的自给率。加强鄂尔多斯盆地等地区油钾综合勘查。鼓励固体钾盐和高承压卤水综合开发利用，提高锶、锂、硼、钠等综合回收水平。适度控制钾盐开采强度和新增产能，延长钾盐可持续供给年限。加强伴生硫、油气中硫资源的综合回收，年产量保持在1800万吨。

（二）推进重要功能性非金属矿产高效利用。开展重要功能性非金属矿产调查评价，查明资源家底，建设一批重要非金属开发利用示范基地。以辽宁建平、新疆夏子街、内蒙古赤峰等地区膨润土，江苏盱眙、安徽明光、甘肃临泽等地区凹凸棒石黏土，吉林临江、长白硅藻土，湖南湘潭海泡石等优质黏土资源为重点，强化引导与监管，促进资源合理开发利用，鼓励发展高端吸附环保材料、海上钻井泥浆材料、药用辅料产业，鼓励萤石、硼矿、高岭土、滑石、重晶石、硅灰石等矿产规模开发、绿色开发以及上下游产业结合发展。

（三）规范建材非金属矿产管理。适当控制水泥用灰岩、玻璃硅质材料开发利用规模。优化砂石黏土开发空间布局，引导集中开采、规模开采、绿色开采。探索在市、县域范围内实行砂石黏土采矿权总量控制，提高规模化集约化开采准入门槛，强化矿山地质环境治理恢复责任和监管。完善砂石黏土类采矿权出让管理办法，从严控制协议出让范围。

四、保障战略性新兴产业矿产供应

对我国战略性新兴产业发展具有重要支撑保障作用的矿产有50余种，重点加强资源基础好、市场潜力大、具有国际市场竞争力的稀土、稀有、稀散、石墨、锂等矿产的合理开发与有效保护，提升高端产业国际竞争力。

（一）有序开发稀土资源。加强稀土资源调查评价、勘查、开发利用的统一规划和监督管理，优化稀土开发和保护格局，强化稀土国家规划矿区管理，规范勘查开发秩序。建设内蒙古包头、四川凉山、江西赣州等6大稀土资源基地，巩固大型稀土企业集团主导的勘查开发和资源配置格局。

（二）保障稀有稀散金属资源供应。加大财政支持力度，提高地质调查程度，摸清稀有稀散金属资源家底。鼓励对西南三江、大兴安岭等成矿带进行稀有稀散金属综合评价与勘查，力争发现铌钽、锆铪等新的独立矿床。完善综合勘查技术方法和政策体系，强化对钨锡、铜、铅锌、铝、煤等矿产中共伴生稀散金属资源的综合评价与开发利用，实现有用组分梯级回收。加强尾矿库稀有稀散金属调查评价，鼓励开展矿山尾砂、煤矸石、熔炼渣等废弃物中稀散元素的综合回收。

（三）鼓励锂能源金属矿产开发利用。加强青海察尔汗、西藏扎布耶等盐湖锂资源评价，突破盐湖卤水提锂关键技术。推进四川甘孜锂辉石矿、新疆阿勒泰锂矿、江西宜春锂云母矿资源勘查开发。划定国家规划矿区，建设四川甲基卡等锂矿新型能源资源基地，强化北疆、川西、武夷山等地区锂资源保护与合理利用。

（四）强化优质石墨资源保护和合理利用。完成全国石墨资源评价，划定一批国家规划矿区，强化石墨资源的合理开发利用与有效保护。加强黑龙江鹤岗与鸡西、内蒙古兴和与阿拉善、四川巴中等优质石墨资源的再评价，打造一批石墨资源基地。鼓励石墨资源高效开发、优质优用，确保上游资源开发与高端新能源负极材料、石墨烯材料、油泄漏环保材料、渗硅石墨、生物医药材料等下游产业协同发展。

**第三节　推动资源开发与环境保护相协调**

一、强化矿产开发源头管控

依法严格控制采矿活动对生态环境的影响。坚持科学规划论证，提高矿产勘查、采选等准入条件。限制开采高硫、高灰、高砷、高氟煤炭和湿地泥炭，以及砂金、砂铁等重砂矿物。禁止开采蓝石棉、可耕地砖瓦用黏土等矿产。不再新建汞矿山，逐步停止汞矿开采。严格砂石黏土矿开采布局管控，避免滥采滥挖破坏环境。严格控制海砂（砾）和河砂（砾）开采，合理确定开采范围、开采时段和开采量。依法依规做好规划环评工作，加强与规划方案的互动衔接，强化环境问题的源头预防。

二、严格各类保护地矿产开发管理

全面落实主体功能区规划和生态保护要求，在自然保护区内严禁开展不符合功能定位的开发活动。在国家地质公园等地区，依法严格准入管理。全面清理各类保护地内已有矿产资源勘查开发项目，由各地区别情况，分类处理，研究制定退出补偿方案，在维护矿业权人合法权益的前提下，依法有序退出，及时治理恢复矿区环境，复垦损毁土地；确需保留的极少数国家战略性矿产开发项目，按程序批准后，实行清单式管理，明确资源环境保护要求和措施，严格监管。

三、强化矿山生产过程环境监管

加强矿产资源开发过程的环境保护，最大限度减少或避免因矿产开发而引发的矿山环境问题。建立国家、省、市、县四级地质环境动态监测体系，强化矿山生产全过程的环境影响监测。加强对采矿权人履行矿山地质环境保护和治理恢复义务情况的监督检查，对造成重大环境影响的，限期禁采限采，及时消除影响；对拒不履行治理恢复任务的，纳入企业经营异常名录管理；情节严重的，纳入严重违法名单，在国有土地出让和矿业权申请审批中依法予以禁入。将矿山地质环境保护与治理恢复责任落实情况，作为矿业企业信息社会公示和抽检的重要内容，强化社会监督和政府监管。

四、加强废弃矿山矿井监管

严格废弃矿山矿井后续处理处置，防止废弃尾矿、建设设施等污染土壤地下水等周边环境，对于煤矿等矿井矿坑，要实施封井回填，防止污染地下水，对废弃矿山实施生态修复。

**第四节　推动资源开发与资源保护相协调**

一、加强矿产资源保护

坚持在保护中开发，在开发中保护，采取有力措施，提升资源保护能力。建立保护性开采特定矿种动态调整机制，完善年度开采总量指标控制管理，合理调控钨、稀土等开采规模，严防过度开发。加强焦煤肥煤等稀缺和特殊煤种、晶质石墨、稀有稀散金属等战略性新兴产业矿产的保护，明确资源开发利用效率准入条件，确保优质优用。在资源分布集中地区，探索优势资源勘查、保护与合理利用新模式。对当前技术经济条件下无法合理利用的矿产和尾矿资源，严格限制开发，避免资源破坏和浪费。

二、探索建立矿产资源储备制度

建立国家和企业共同参与，矿产品和矿产地相结合的战略储备体系，保障矿产资源供应安全和代际公平。加大原油储备力度，科学合理确定有色金属、稀贵金属等国家战略储备规模、品种、结构，完善储备制度。健全矿产地储备机制，加强对钨、稀土、晶质石墨等战略性矿产重要矿产地的储备，探索采储结合新机制。以储备为目的，探索在自然保护区内由国家财政出资、市场化运作方式进行勘查，已探明和新发现的大中型矿产地纳入储备管理。建立储备矿产地的动态调整机制，根据经济社会发展需要适时动用。

| 专栏6　矿产资源保护和储备工程 |
| --- |
| 科学确定储备的矿种、规模、布局，实施一批保护与储备项目，加强对钨、锡、锑、稀土、锂、晶质石墨、铬、特殊和稀缺煤种、铀等重要矿种，以及自然保护区内重要矿产地勘查，提高勘查程度，成果纳入储备管理。建立矿产地保护与储备的监管体系，加强保护和监管。 |

**第五节　推进重要盆地多矿种协调开发**

一、优化大型盆地资源开发布局和时序

加强鄂尔多斯、四川盆地等大型沉积盆地资源赋存规律研究，开展资源综合区划。按照空间划开、时序错开、急需先上、综合利用、合理避让的原则，统筹协调油气、铀矿、煤炭、煤层气、岩盐、铝土矿等资源的勘查开采布局、时序、规模和结构，明确准入条件，促进多种资源的科学开发、有序开发和综合开发。

二、创新多矿种协调开发机制和模式

完善矿业权管理制度，落实探矿权人综合勘查综合评价的责任。加强复合矿区开发的统筹协调，推动不同矿业权人合作开采，创新开发利用模式。加大政策扶持力度，对综合勘查开采取得显著成效的矿山企业，依法减免税费。探索建立中央、地方管理部门和相关矿业权人的定期联席会议制度，妥善解决有关问题，推动多矿种资源的联合开发。

**第六节　统筹协调矿产开发与城乡建设**

一、统筹地上地下资源开发

统筹规划布局，避免建城压矿或建矿废城，促进城市发展与矿产资源开发相协调。地上地下资源开发矛盾突出地区，在编制城镇建设、交通发展、土地利用等相关规划时，要考虑矿产资源禀赋状况，充分论证，为矿产开发留出空间。矿产资源规划编制应与城镇建设规划、土地利用总体规划等做好相互衔接。在重要工业区、大型水利工程设施、城镇市政工程设施、重大线性工程沿线等一定范围内，开采矿产资源要按照有关规定严格管理。

二、严格压覆矿产资源管理

完善压覆矿产资源管理制度，建设基础设施、建筑物或者建筑群、城镇发展区，未经科学论证和省级以上国土资源主管部门批准，不得压覆重要矿产资源。对于压覆重要矿产资源的建设项目，要严格论证，协调好经济补偿，尽量做到不压、少压，同时也要采取有效措施保障建设项目的顺利进行。

设置自然保护区、世界文化与自然遗产、森林公园、风景名胜区等范围时，涉及查明重要矿产资源的，有关主管部门应与国土资源主管部门进行充分衔接，严格论证。

## 第五章　坚持绿色发展强化资源节约集约循环利用

坚持节约优先，有度有序利用矿产资源，推动形成绿色开发方式，全面节约和高效利用资源，加强矿山地质环境治理恢复与矿区土地复垦，以资源利用方式转变推动经济发展方式转变。

**第一节　合理调控能源资源开发利用总量**

一、加快清洁能源开发利用

在稳定石油产量的基础上，大力发展天然气、煤层气、页岩气、地热等清洁能源，加快清洁能源供应，优化能源开发利用结构。到2020年，年产天然气1700亿立方米，煤层气（煤矿瓦斯）利用量160亿立方米，力争形成300～500亿立方米页岩气产能，地热能开发利用量达到5000万吨标准煤。

二、全力化解煤炭过剩产能

规划期内，前三年除符合减量置换要求的项目外，停止审批煤炭划定矿区范围，严格审批煤炭采矿权新立和变更扩大生产规模申请，未经项目核准（产能核增），不予受理采矿权新立和变更扩大生产规模申请；后两年结合产能过剩化解效果和市场情况，有序新立采矿权。积极引导资源枯竭、赋存条件差、环境污染重、长期亏损的煤矿产能有序退出，关闭不具备安全生产条件和煤与瓦斯突出等灾害隐患严重的煤矿。用3至5年时间，退出产能5亿吨，减量重组5亿吨。到2020年，全国煤炭产量控制在39亿吨。

三、严格稀土等矿产开采管控

继续实施钨矿、稀土矿开采总量控制制度。建立稀土矿开采消耗储量与新增储量、退出开采能力与新增开采能力动态平衡机制。加快追溯体系建设，实现稀土矿产品从开采、冶炼分离到流通、出口全过程的追溯管理，实现来源可查、去向可追、责任可究。到2020年，稀土矿开采总量（稀土氧化物REO）控制在14万吨/年。鼓励伴生钨矿综合利用，纳入开采总量指标管理，钨矿开采总量指标控制在12万吨/年。限制钼矿等产能过剩矿产开发，新增产能要严格论证。

**第二节　严格矿产开发准入条件**

一、实行矿山最低开采规模设计标准

坚持矿山设计开采规模与矿区资源储量规模相适应的原则，严格执行矿山最低开采规模设计标准，严禁大矿小开、一矿多开。涉及民生建设的小矿开发，各省可根据实际情况明确矿山设计开采规模准入门槛，严格规范管理。产业政策准入门槛高于设计标准的，以产业政策为准。

二、严格矿产资源开发利用效率准入

完善重要矿产资源开采回采率、选矿回收率、综合利用率等标准。将矿产资源节约与综合利用指标纳入开采准入条件，严格禁止高耗能、高污染、严重浪费资源和缺乏资源综合利用设计的矿山建设立项。定期发布《矿产资源节约与综合利用鼓励、限制、淘汰技术目录》，强化技术政策引导。

三、强化矿产资源绿色勘查开发

加快制订绿色勘查开发标准规范，加强绿色勘查开采新技术、新方法和新工艺研发与推广，积极推进绿色勘查与开发。发展采前有规划、采中能控制、采后可恢复的绿色采矿体系。构建绿色勘查开采新模式，因地制宜推广充填开采、保水开采、减沉开采等技术方法，推广区域矿山建矿模式、多井一场油田井工厂模式和边开采边复垦边归还采矿用地模式，推广节能减排绿色采选冶技术。

### 第三节　强化矿产资源节约与综合利用

一、提高矿产资源节约与综合利用水平

鼓励开采主要矿产的同时，对具有工业价值的共伴生、低品位矿产，进行综合开采、综合利用。鼓励煤炭与煤层气、铝土矿、油页岩、铀矿等共伴生资源综合利用。扩大煤矸石发电及生产建材、井下充填等利用规模，加快提高煤矸石综合利用率。提高黑色、有色金属共伴生资源综合利用水平，加强尾矿、固体废弃物和废水等资源化利用。建立矿产资源开发利用水平调查评估制度，实施动态评价与监测。矿山企业应当采取科学的开采方法和选矿工艺，减少尾矿、矸石、废石等矿业固体废物的产生量和贮存量。尾矿、矸石、废石等矿业固体废物贮存设施停止使用后，矿山企业应当按照国家有关环境保护规定进行封场，防止造成环境污染和生态破坏。

二、开展节约与综合利用关键技术攻关与推广示范

搭建产学研平台，充分发挥矿山企业技术创新的主体作用，加强技术攻关，突破石油天然气高效开采、固体矿产安全绿色采矿、低品位矿经济合理利用、复杂共伴生矿综合利用、尾矿及固体废弃物回收利用、非传统资源与替代资源创新利用等关键技术。实施一批矿产资源节约与综合利用示范工程，支持矿山企业技术、工艺和装备改造，加快转化推广应用。

| 专栏7　矿产资源节约与综合利用示范工程 |
| --- |
| 开展煤炭、油气、铀矿、金属矿产、重要非金属矿产的安全高效采选技术攻关和综合利用，加强尾矿及固体废弃物高效利用、煤炭清洁利用，以及复杂共伴生矿高效利用等方面的技术攻关和推广应用。 |

三、完善矿产资源节约与综合利用激励约束机制

加大政策支持力度，优先向资源高效利用、技术先进、实施综合勘查开采的矿山企业供地。建立矿山企业高效和综合利用信息公示制度。健全准入、激励、监管、考核等机制和办法，形成覆盖勘查、评价、开发、闭坑全过程的矿产资源节约与综合利用制度体系。

### 第四节　大力推进矿山地质环境治理与矿区土地复垦

一、加快历史遗留矿山地质环境问题治理

全面开展矿山地质环境现状调查，摸清主要问题，明确治理责任。构建政府主导、政策扶持、社会参与、开发式治理、市场化运作的治理新模式，加大历史遗留矿山地质环境问题治理力度。实施重大工程，解决严重影响人居环境、工农业生产、城市发展的矿山地质环境突出问题。完善用地用矿政策，鼓励多元投入开展历史遗留矿山地质环境问题治理。

| 专栏8　历史遗留矿山地质环境治理恢复重大工程 |
| --- |
| 加快推进闭坑矿山、废弃矿山、政策性关闭矿山和国有老矿山等历史遗留矿山地质环境问题治理，改善矿区及周边地区生态环境，完成治理恢复面积50万公顷。 |

二、积极开展矿区土地复垦

严格落实《土地复垦条例》，按照不欠新账、快还旧账的原则，采取有效措施，全面推进矿区损毁土地复垦。落实边开采、边保护、边复垦的要求，使新建、在建矿山损毁土地得到全面复垦。积极开展山水林田湖系统综合治理，提高历史遗留损毁土地复垦利用程度。按照谁投资谁受益的原则，逐步建立以政府资金为引导的多元化投入融资渠道，鼓励各方力量开展历史遗留损毁土地复垦。建立土地复垦监测和后评价制度，强化监管。加强土地复垦研究和先进技术推广应用，全面提升矿区土地复垦水平。

三、健全完善治理恢复长效机制

坚持企业所有、政府监管、专款专用，完善矿山地质环境治理恢复保证金制度。落实企业责任，建立矿山地质环境责任追究制度、环境损害赔偿与恢复制度，构建源头预防、过程控制、损害赔偿、责任追究的制度体系。加快矿山地质环境保护立法进程，严格落实各级政府矿山地质环境监管和历史遗留矿山地质环境问题治理的主体责任。

### 第五节　大力发展矿业领域循环经济

一、推进矿业循环经济发展

建立评价指标体系，科学评价矿业企业循环经济发展状况。加大矿产资源领域循环经济发展支持力度，鼓励矿业企业形成减量化、再利用、资源化的生产过程，创新有利于节约资源、保护环境的资源开发利用模式，树立矿业企业循环经济发展示范典型。

二、提升矿业企业节能减排水平

鼓励矿业企业开展系统节能，减少电耗、水耗和介质消耗，加强工序能耗管理，淘汰老旧设备和采选工艺，鼓励使用节能采选装备、三废资源化与无害化处置装备、选冶中间物料资源化与无害化处置设备。到2020年，力争重点企业选矿废水实现“零排放”，危险固废无害化处置率达到100%，矿业企业节能减

排总体达到国际先进水平。

三、推进再生资源回收利用

开展钢铁、有色金属、稀贵金属等城市矿产的循环利用、规模利用和高值利用，开展二次资源分类、技术和产品可再生性评价，鼓励废旧金属保质和梯级利用、二次资源与原生矿协同冶炼，限制新建单一再生铅冶炼项目，防止金属再生过程二次污染，力争实现金属再生比例提高5%～10%，缓解原生矿产资源利用的瓶颈约束。实施原料替代战略，鼓励企业提高再生金属的使用比例。

**第六节　加快发展绿色矿业**

一、推动绿色矿山和绿色矿业发展示范区建设

推进国家、省、市、县级绿色矿山建设，加强示范引领，培育矿业发展新动力。按照政府组织、部门协作、企业主体、公众参与、共同推进的原则，发挥地方政府积极性，落实企业责任，建设一批绿色矿业发展示范区，由点到面、集中连片推动绿色矿业发展，着力打造布局合理、集约高效、生态优良、矿地和谐、区域经济良性发展的样板区。

| 专栏9　绿色矿山和绿色矿业发展示范区建设重大工程 |
|---|
| 建设一批国家级绿色矿山，推进技术、产业和管理模式创新，引领传统矿业转型升级。选择浙江湖州、河北承德、安徽芜湖、江苏沛县、江西赣州、湖南郴州、甘肃金昌等资源富集、管理创新能力强的地区，建设50个以上绿色矿业发展示范区。 |

二、构建绿色矿业发展长效机制

建立健全分地域、分行业的绿色矿山标准体系，将建设绿色矿山的要求贯穿于矿山规划、设计、建设、运营、闭坑全过程。完善配套支持政策，在用地、用矿等方面对绿色矿山建设予以倾斜。改革完善矿山环境治理恢复保证金制度，盘活资金使用。在高新技术企业认定等方面予以支持。全面落实资源综合利用、矿山环境保护、节能减排等相关优惠政策，逐步形成有利于绿色矿业发展的政策体系。

# 第六章　坚持开放发展促进全球矿业合作共赢

以“一带一路”建设为统领，充分发挥互补优势与潜力，加强能源资源合作，努力形成深度融合的互利合作格局，开创矿业对外开放新局面。

**第一节　全面推进“一带一路”矿业合作**

一、推进“一带一路”矿业合作共赢

实施“一带一路”基础地质调查与信息服务计划，加强周边国家重点成矿区带对比研究，开展乌拉尔－蒙古和环太平洋等成矿带的潜力评价。发挥基础地质调查的支撑服务作用，促进中资企业与“一带一路”沿线国家开展矿业投资合作。以油气、铁、铜、铝等矿产为重点，探索“矿电水路港”联合投资模式，推进勘查－开发－冶炼－加工－制造全链条产能合作，建设一批绿色环保的石油化工、钢铁、有色等产能合作示范项目。

二、搭建矿业国际合作平台

办好中国国际矿业大会和中国－东盟、中俄、中蒙矿业合作论坛，完善中国中亚矿业合作论坛，打造具有国际影响力的矿业合作交流平台。加强援外对境外地质矿产资源调查的支持，搭建“一带一路”地区、中国－拉丁美洲、中国－非洲等区域性多边与双边合作平台，加强能源资源对话与沟通。与亚太经合组织、世界银行、国际地质科学联合会等多边机构开展务实合作，积极推进政策对话、经验交流、能力建设。加强矿业国际科技合作，共建地学领域联合实验室，加大对“一带一路”沿线国家地质矿产管理和技术人员培训力度。

**第二节　提高矿业领域对外开放水平**

一、营造良好的矿业投资营商环境

全面实行准入前国民待遇加负面清单管理制度，促进内外资企业一视同仁、公平竞争。放宽外商投资准入限制，推进外商投资管理信息化建设。积极实施促进矿业贸易投资自由化、便利化的政策措施，鼓励国外矿产资源勘查开发中介、技术和咨询服务公司等在中国执业经营。

二、积极有效引进境外资金和先进适用技术

坚持引资、引技、引智并举，完善政策措施，鼓励引进先进的勘查开发技术、管理经验和高素质人才。鼓励外资参与页岩气煤层气等资源开发、尾矿利用、矿山环境治理和生态修复等新技术开发应用项目。鼓励引入先进适用的节能降耗工艺、技术和设备。

三、促进矿业资本市场互联互通

积极培育公开透明、健康发展的资本市场，对矿产勘查、矿山建设、矿产开发全周期给予多渠道融资支持。加强与境外矿业资本市场的互联互通，推进矿业资本市场双向开放。发展区域性矿产资源市场平台和矿业金融资本中心。加快资本市场服务体系建设，为矿业企业提供专业化服务。

**第三节　加快矿业“走出去”步伐**

一、培育具有国际竞争力的一流矿业集团

优化政策环境，引导兼并、联合、重组，着力打造一批具有跨国经营能力的现代化矿业集团。增强文

化包容与合作意识，推动矿业企业本土化经营，处理好与当地政府、社区关系，有效解决环境、原住民等问题，树立良好形象。创新境外矿业投资合作模式，鼓励企业采取股权收购、合资参股、私募基金、供销协议等方式开展多元投资。

二、健全矿业“走出去”服务保障机制

健全完善境外矿产资源勘查开发协调机制，加强经贸、外汇、海关、外交等政策协调和支持。加快平台建设，加大境外地质矿产信息和矿业投资项目的发布与共享力度。加强境外矿产资源勘查开发风险监测预警。积极培养复合型高级管理人才和矿业技术人才，保障境外矿业投资人才需求。

**第四节　积极参与全球矿业治理**

积极参与联合国、亚太经合组织、上海合作组织等重要国际组织关于矿业倡议的研究制定。主动参与多边、双边矿产资源合作规则制定，加强与各国矿业市场、政策、标准等领域对接，推动全球矿业一体化发展。引导行业协会、科研机构积极参与矿产贸易谈判和投资规则修订。推动建立区域性矿产品交易中心。加快实施自由贸易区战略，推动我矿业企业“走出去”，为我矿业企业对外投资合作创造更好的国际环境。

## 第七章　坚持共享发展 实现资源惠民利民

发挥资源优势助力精准扶贫，完善资源开发收益分配机制，切实提高公益性地质调查服务水平，推动资源型城市转型发展，共享矿业发展福利。

**第一节　发挥资源优势助力脱贫攻坚**

坚持矿产开发与扶贫相结合，支持贫困地区依托资源优势，推动矿业经济、地质旅游等特色优势产业发展，促进脱贫致富。实行倾斜政策，在找矿突破重大工程部署、资源开发工作布局、矿业权投放等方面，优先向革命老区、民族地区、边疆地区、集中连片贫困地区安排。加大对贫困地区基础性公益性地质矿产调查支持力度。开展集中连片特殊困难地区地下水综合调查，解决人畜饮水困难。加大地质灾害防治和矿山地质环境治理等项目的支持力度，用好地质灾害避让搬迁政策，切实保障人民群众生命财产安全，改善当地居民生产生活条件。

**第二节　完善资源开发收益分配机制**

完善收益分配制度，矿产开发收益分配比例进一步向原产地倾斜。建立资源收益转换机制，加大资源收益在学历教育、技能培训、科技研发、培育替代产业等方面的投入。构建矿山企业与矿区群众利益共享机制，对贫困地区开发矿产资源占用集体土地的，试行给原住居民集体股权方式进行补偿。强化矿业企业社会责任意识，改善矿区所在地基础设施和矿区周边群众生产生活条件，优先吸纳本地劳动力，形成开一方资源、惠一方百姓、促一方发展的良好局面。

**第三节　增强公益性地质调查服务供给**

坚持需求驱动，强化服务，加快传统地质矿产工作向大地质、大资源、大环境转型，实施地质矿产调查计划，服务生态文明建设、防灾减灾、新型城镇化工业化农业现代化、重大工程、海洋强国建设五大需求。推动信息技术、地质科技创新与地质工作深度融合，建立基础地质调查数据汇聚、共享与更新机制，建设国家地质大数据服务平台，开发多元信息服务产品，促进地质矿产领域信息化深度应用。推动跨层级、跨部门信息共享、业务协同和制度对接。积极培育信息技术服务市场，引导信息服务机构发展，鼓励企业、公众和其他社会力量采取多种方式提供公益性地质矿产信息服务。

**附件　废止 11 项石油天然气行业标准编号和名称**

| 专栏 10　基础性公益性地质矿产调查重大工程 |
| --- |
| （一）陆域能源矿产地质调查。<br>开展油气、页岩气、北方砂岩型铀矿资源调查评价，开展全国煤层气、特殊用煤、油页岩、油砂等资源国情调查，开展地热、干热岩资源调查。<br>（二）重要矿产资源调查。<br>开展重要成矿区带、重点勘查区 1∶5 万矿产地质调查，圈定新的找矿靶区。<br>（三）重要经济区和城市群地质环境综合调查。<br>开展京津冀、长三角、泛珠三角和海岸带、长江经济带等综合地质调查。<br>（四）地质灾害防治和地质环境保护支撑。<br>开展重要城镇、重大工程规划区地质灾害调查示范，开展重要经济区带区域工程地质调查，开展西部生态脆弱区、集中连片特困区水文地质调查。<br>（五）国土开发保护基础地质支撑。<br>开展采煤沉陷区等重点地区矿山地质环境调查，开展全国自然资源遥感综合调查与监测，开展矿产资源集中区资源环境综合地质调查。<br>（六）地质调查科技支撑。<br>开展成矿环境、构造、沉积、岩浆和前寒武纪变质基底等专项调查与研究，实施深部地质调查工程。<br>（七）“一带一路”基础地质调查与信息服务。<br>建立“一带一路”国家和地区地质矿产和矿业投资环境信息系统。<br>（八）地质数据更新与应用服务。<br>开展国家地质数据库建设与整合、地学情报综合研究与产品开发，建设地质大数据支撑服务平台。 |

（九）海洋基础性公益性地质调查。

开展重点海域1:25万海洋区域地质调查和中大比例尺海岸带综合地质调查，建立海岸带地质环境综合监测体系，构建我国“数字海洋地质”基本格架和社会化服务体系。

（十）天然气水合物勘查与试采。

开展天然气水合物资源调查，实施海域天然气水合物试采工程。更新建造天然气水合物调查船和装备，建设天然气水合物勘查开发基地。

（十一）全国油气资源勘查开采监管监测系统建设。

建设油气动态监管监测信息平台，提供油气资源信息产品与社会化服务。

**第四节　促进资源型城市可持续发展**

支持资源型城市发展壮大矿业经济，加快经济结构调整和转型升级，增强可持续发展能力。加大成长型资源型城市矿产勘查力度，规范开发秩序，形成一批能源资源基地。推进成熟型资源型城市矿产高效开发，鼓励规模化经营，延伸产业链条，加快转型升级。继续支持衰退型资源型城市接替资源找矿，加大历史遗留矿山地质环境治理力度，改善人居环境。创新投融资体制，借助资本市场化运作手段，实现产业的柔性改造和服务型转变。

## 第八章　规划实施与管理

**第一节　加强组织领导**

国务院各有关部门要按照职能分工，加强协调配合，搞好政策衔接，形成推动规划实施的合力。国土资源部要与发展改革委、工业和信息化部、财政部、环境保护部、商务部、能源局加强协调，及时研究解决规划实施中的重大问题。各地区要切实加强组织领导，全面落实全国矿产资源规划目标任务，抓紧组织和推进各级矿产资源规划编制工作。要明确规划实施责任分工，制定规划目标实施考核办法，对主要目标指标、重大工程、重大政策和重要改革任务落实情况加强考核，考核结果纳入绩效评价体系，确保规划确定的各项任务落到实处。

**第二节　实施重大工程**

创新重大工程投入机制。国家财政重点保障基础性公益性地质调查、战略性矿产勘查和重要矿产资源储备与保护。健全政府和社会资本合作（PPP）模式，积极引导社会资金投入，保障重要矿产资源开发利用、矿产资源节约与综合利用、绿色矿山和绿色矿业发展示范区建设、历史遗留矿山地质环境治理恢复、矿产资源储备与保护等项目实施。加强重大项目实施领导和组织协调，建立审批绿色通道，确保项目顺利推进。

**第三节　强化监测评估**

建立规划实施监测和动态评估机制，国土资源部会同有关部门加强矿业形势分析、产业发展的统计和监测，强化对规划实施和环境影响跟踪分析和动态评估，掌握总量调控、布局结构调整等主要目标和任务完成进度，针对规划实施中出现的新形势新问题，及时提出解决办法。

**第四节　严格监督管理**

完善规划实施监督管理机制，明确监管的重点内容、工作部署和具体监管手段。健全规划监督检查制度，实行专项检查与经常性监督检查相结合，采用卫星遥感等技术手段，扩大规划实施情况的监测范围，强化对规划重点区域矿产勘查开发活动的监督管理。及时纠正违反规划行为，必要时会同有关部门开展联合督查。

**附表1　　能源资源基地（103个）**

| 矿类 | 矿种 | 名称 |
|---|---|---|
| 能源矿产（26） | 油气（9） | 松辽盆地、渤海湾、鄂尔多斯盆地、塔里木盆地、准噶尔盆地、四川盆地、鄂西、南海北部、东海 |
| | 煤炭（14） | 神东、晋北、晋中、晋东、蒙东（东北）、云贵、河南、鲁西、两淮、黄陇、冀中、宁东、陕北、新疆 |
| | 铀矿（3） | 新疆伊犁、内蒙古鄂尔多斯、内蒙古通辽 |
| 黑色金属矿产（15） | 铁矿（10） | 辽宁鞍本、四川攀西、河北冀东、内蒙古包白、宁芜庐枞、山西忻州－吕梁、山东鲁中－鲁西、安徽霍邱、新疆天山、新疆西昆仑 |
| | 锰矿（5） | 黔东－湘西、桂西南、新疆阿克陶－乌恰、湖南永州、滇东南蒙自－砚山－丘北 |
| 有色金属矿产（43） | 铜矿（7） | 安徽铜陵－芜湖、江西德兴－九江、内蒙古呼伦贝尔、山西侯马－垣曲、滇西北、西藏驱龙、西藏玉龙 |
| | 铝土矿（6） | 晋中、晋南、晋西、豫西北、黔中北、桂西南 |
| | 镍矿（2） | 甘肃金川、青海野马泉－夏日哈木 |
| | 铅锌矿（10） | 内蒙古乌拉特后旗、内蒙古赤峰北、青海滩涧山－锡铁山、甘肃陇南、广东韶关、滇中－川南、滇西南、新疆乌恰、新疆和田火烧云、湘西花垣 |

续附表1

| 矿类 | 矿种 | 名称 |
|---|---|---|
| 有色金属矿产（43） | 钨锡锑多金属（7） | 江西武宁－修水、赣南、滇东南个旧－马关都龙、广西河池、湖南郴州、湖南安化冷水江、甘肃张掖－酒泉 |
| | 钼矿（4） | 黑龙江伊春、豫西、陕西渭南、安徽金寨 |
| | 金矿（7） | 山东招远－莱州、河南小秦岭－熊耳山、福建龙岩紫金山、贵州贞丰－普安、青海东昆仑、甘肃甘南、湖南平江－醴陵 |
| 非金属矿产（5） | 磷矿（3） | 滇中、贵州开阳－瓮福、湖北宜兴保 |
| | 钾盐（2） | 青海察尔汗、新疆罗布泊 |
| 战略性新兴产业矿产（14） | 稀土（6） | 内蒙古包头、四川凉山、江西赣州、湖南江华、广西贺州、闽西南 |
| | 石墨（6） | 黑龙江鸡西、黑龙江鹤岗、内蒙古兴和－包头、内蒙古阿拉善、四川巴中、攀枝花 |
| | 锂矿（2） | 川西甲基卡、青海－里坪－东台 |

附表2　　国家规划矿区（267个）

| 矿种 | 序号 | 名称 | 位置 |
|---|---|---|---|
| 煤炭（162） | 1 | 开滦矿区 | 河北唐山市 |
| | 2 | 邯郸矿区 | 河北邯郸市 |
| | 3 | 邢台矿区 | 河北邢台市 |
| | 4 | 峰峰矿区 | 河北邯郸市 |
| | 5 | 平原矿区 | 河北廊坊市、沧州市 |
| | 6 | 大同矿区 | 山西大同市、朔州市 |
| | 7 | 轩岗矿区 | 山西忻州市 |
| | 8 | 岚县矿区 | 山西太原市、忻州市、吕梁市 |
| | 9 | 平朔矿区 | 山西朔州市 |
| | 10 | 朔南矿区 | 山西朔州市 |
| | 11 | 河保偏矿区 | 山西忻州市 |
| | 12 | 西山矿区 | 山西太原市、吕梁市 |
| | 13 | 东山矿区 | 山西太原市 |
| | 14 | 霍东矿区 | 山西长治市、临汾市 |
| | 15 | 霍州矿区 | 山西临汾市、晋中市 |
| | 16 | 离柳矿区 | 山西吕梁市 |
| | 17 | 乡宁矿区 | 山西临汾市、运城市 |
| | 18 | 晋城矿区 | 山西晋城市 |

续附表2－1

| 矿种 | 序号 | 名称 | 位置 |
|---|---|---|---|
| 煤炭（162） | 19 | 潞安矿区 | 山西长治市 |
| | 20 | 阳泉矿区 | 山西阳泉市、晋中市 |
| | 21 | 汾西矿区 | 山西晋中市、吕梁市 |
| | 22 | 石隰矿区 | 山西吕梁市、临汾市 |
| | 23 | 武夏矿区 | 山西长治市、晋中市 |
| | 24 | 五九矿区 | 内蒙古呼伦贝尔市 |
| | 25 | 准哈诺尔矿区 | 内蒙古锡林郭勒盟 |
| | 26 | 查干淖尔矿区 | 内蒙古锡林郭勒盟 |
| | 27 | 吉日嘎郎矿区 | 内蒙古锡林郭勒盟 |
| | 28 | 哈日高毕矿区 | 内蒙古锡林郭勒盟 |
| | 29 | 赛汗塔拉矿区 | 内蒙古锡林郭勒盟 |
| | 30 | 绍根矿区 | 内蒙古赤峰市 |
| | 31 | 纳林希里矿区 | 内蒙古鄂尔多斯市 |
| | 32 | 纳林河矿区 | 内蒙古鄂尔多斯市 |
| | 33 | 呼吉尔特矿区 | 内蒙古鄂尔多斯市 |
| | 34 | 台格庙矿区 | 内蒙古鄂尔多斯市 |
| | 35 | 新街矿区 | 内蒙古鄂尔多斯市 |
| | 36 | 扎赉诺尔矿区 | 内蒙古呼伦贝尔市 |
| | 37 | 胡列也吐矿区 | 内蒙古呼伦贝尔市 |
| | 38 | 宝日希勒矿区 | 内蒙古呼伦贝尔市 |
| | 39 | 伊敏矿区 | 内蒙古呼伦贝尔市 |
| | 40 | 五一牧场矿区 | 内蒙古呼伦贝尔市 |
| | 41 | 诺门罕矿区 | 内蒙古呼伦贝尔市 |
| | 42 | 霍林河矿区 | 内蒙古锡林郭勒盟、通辽市 |
| | 43 | 农乃庙矿区 | 内蒙古锡林郭勒盟 |
| | 44 | 贺斯格乌拉矿区 | 内蒙古锡林郭勒盟 |
| | 45 | 白音华矿区 | 内蒙古锡林郭勒盟 |
| | 46 | 高力罕矿区 | 内蒙古锡林郭勒盟 |
| | 47 | 道特淖尔矿区 | 内蒙古锡林郭勒盟 |
| | 48 | 乌尼特矿区 | 内蒙古锡林郭勒盟 |
| | 49 | 五间房矿区 | 内蒙古锡林郭勒盟 |
| | 50 | 巴彦胡硕矿区 | 内蒙古锡林郭勒盟 |
| | 51 | 巴其北矿区 | 内蒙古锡林郭勒盟 |
| | 52 | 吉林郭勒矿区 | 内蒙古锡林郭勒盟 |
| | 53 | 白音乌拉矿区 | 内蒙古锡林郭勒盟 |
| | 54 | 那仁宝力格矿区 | 内蒙古锡林郭勒盟 |

续附表 2-2

| 矿种 | 序号 | 名称 | 位置 |
|---|---|---|---|
| 煤炭（162） | 55 | 胜利矿区 | 内蒙古锡林郭勒盟 |
| | 56 | 准格尔矿区 | 内蒙古鄂尔多斯市 |
| | 57 | 准格尔中部矿区 | 内蒙古鄂尔多斯市 |
| | 58 | 神东矿区东胜区 | 内蒙古鄂尔多斯市 |
| | 59 | 万利矿区 | 内蒙古鄂尔多斯市 |
| | 60 | 高头窑矿区 | 内蒙古鄂尔多斯市 |
| | 61 | 塔然高勒矿区 | 内蒙古鄂尔多斯市 |
| | 62 | 上海庙矿区 | 内蒙古鄂尔多斯市 |
| | 63 | 乌海矿区 | 内蒙古乌海市 |
| | 64 | 白彦花矿区 | 内蒙古包头市、巴彦淖尔市 |
| | 65 | 巴彦宝力格矿区 | 内蒙古锡林郭勒盟 |
| | 66 | 阜新矿区 | 辽宁阜新市、锦州市 |
| | 67 | 沈阳矿区 | 辽宁沈阳市、辽阳市 |
| | 68 | 鸡西矿区 | 黑龙江鸡西市 |
| | 69 | 鹤岗矿区 | 黑龙江鹤岗市 |
| | 70 | 双鸭山矿区 | 黑龙江双鸭山市 |
| | 71 | 七台河矿区 | 黑龙江七台河市 |
| | 72 | 淮北矿区 | 安徽淮北市、宿州市、亳州市 |
| | 73 | 淮南矿区 | 安徽淮南市、阜阳市 |
| | 74 | 巨野矿区 | 山东菏泽市、济宁市 |
| | 75 | 济宁矿区 | 山东济宁市、泰安市、菏泽市 |
| | 76 | 黄河北矿区 | 山东聊城市、济南市、德州市 |
| | 77 | 永夏矿区 | 河南商丘市 |
| | 78 | 郑州矿区 | 河南郑州市、洛阳市 |
| | 79 | 平顶山矿区 | 河南平顶山市、许昌市 |
| | 80 | 义马矿区 | 河南三门峡市、洛阳市 |
| | 81 | 焦作矿区 | 河南焦作市、新乡市、济源市 |
| | 82 | 鹤壁矿区 | 河南鹤壁市、安阳市 |
| | 83 | 古叙矿区 | 四川泸州市 |
| | 84 | 筠连矿区 | 四川宜宾市 |
| | 85 | 六枝黑塘矿区 | 贵州六盘水市、安顺市 |
| | 86 | 普兴矿区 | 贵州黔西南州 |
| | 87 | 黔北矿区 | 贵州遵义市、毕节市 |
| | 88 | 织纳矿区 | 贵州毕节市 |
| | 89 | 水城矿区 | 贵州六盘水市 |
| | 90 | 发耳矿区 | 贵州六盘水市 |

续附表 2-3

| 矿种 | 序号 | 名称 | 位置 |
|---|---|---|---|
| 煤炭（162） | 91 | 盘江矿区 | 贵州六盘水市 |
| | 92 | 恩洪矿区 | 云南曲靖市 |
| | 93 | 镇雄矿区 | 云南昭通市 |
| | 94 | 庆云矿区 | 云南曲靖市 |
| | 95 | 老厂矿区 | 云南曲靖市 |
| | 96 | 跨竹矿区 | 云南红河州 |
| | 97 | 小龙潭矿区 | 云南红河州 |
| | 98 | 昭通矿区 | 云南昭通市 |
| | 99 | 神东矿区神府区 | 陕西榆林市 |
| | 100 | 榆神矿区 | 陕西榆林市 |
| | 101 | 榆横矿区 | 陕西榆林市 |
| | 102 | 彬长矿区 | 陕西咸阳市 |
| | 103 | 永陇矿区 | 陕西宝鸡市、咸阳市 |
| | 104 | 韩城矿区 | 陕西渭南市 |
| | 105 | 澄合矿区 | 陕西渭南市 |
| | 106 | 蒲白矿区 | 陕西渭南市 |
| | 107 | 铜川矿区 | 陕西铜川市、渭南市 |
| | 108 | 古城矿区 | 陕西榆林市 |
| | 109 | 吴堡矿区 | 陕西榆林市 |
| | 110 | 黄陵矿区 | 陕西延安市 |
| | 111 | 旬耀矿区 | 陕西铜川市、咸阳市 |
| | 112 | 府谷矿区 | 陕西榆林市 |
| | 113 | 宁正矿区 | 甘肃庆阳市 |
| | 114 | 红沙岗矿区 | 甘肃武威市 |
| | 115 | 华亭矿区 | 甘肃平凉市 |
| | 116 | 灵台矿区 | 甘肃平凉市 |
| | 117 | 甜水堡矿区 | 甘肃庆阳市 |
| | 118 | 沙井子矿区 | 甘肃庆阳市 |
| | 119 | 吐鲁矿区 | 甘肃酒泉市 |
| | 120 | 木里矿区 | 青海海西州、海北州 |
| | 121 | 鱼卡矿区 | 青海海西州 |
| | 122 | 马家滩矿区 | 宁夏银川市、吴忠市 |
| | 123 | 积家井矿区 | 宁夏银川市、吴忠市 |
| | 124 | 韦州矿区 | 宁夏吴忠市 |
| | 125 | 灵武矿区 | 宁夏银川市 |
| | 126 | 鸳鸯湖矿区 | 宁夏银川市 |

**续附表 2－4**

| 矿种 | 序号 | 名称 | 位置 |
|---|---|---|---|
| 煤炭（162） | 127 | 红墩子矿区 | 宁夏银川市 |
| | 128 | 萌城矿区 | 宁夏吴忠市 |
| | 129 | 大南湖矿区 | 新疆哈密市 |
| | 130 | 淖毛湖矿区 | 新疆哈密市 |
| | 131 | 沙尔湖矿区 | 新疆哈密市 |
| | 132 | 三塘湖矿区 | 新疆哈密市 |
| | 133 | 艾丁湖矿区 | 新疆吐鲁番市 |
| | 134 | 库木塔格矿区 | 新疆吐鲁番市 |
| | 135 | 五彩湾矿区 | 新疆昌吉州 |
| | 136 | 大井矿区 | 新疆昌吉州 |
| | 137 | 将军庙矿区 | 新疆昌吉州 |
| | 138 | 西黑山矿区 | 新疆昌吉州 |
| | 139 | 老君庙矿区 | 新疆昌吉州 |
| | 140 | 和什托洛盖矿区 | 新疆塔城地区 |
| | 141 | 阜康矿区 | 新疆昌吉州 |
| | 142 | 硫磺沟矿区 | 新疆乌鲁木齐市、昌吉州 |
| | 143 | 黑山矿区 | 新疆吐鲁番市 |
| | 144 | 伊宁矿区 | 新疆伊犁州 |
| | 145 | 尼勒克矿区 | 新疆伊犁州 |
| | 146 | 玛纳斯塔西河矿区 | 新疆昌吉州 |
| | 147 | 四棵树矿区 | 新疆塔城地区 |
| | 148 | 沙湾矿区 | 新疆塔城地区 |
| | 149 | 昌吉白杨河矿区 | 新疆昌吉州 |
| | 150 | 阿艾矿区 | 新疆阿克苏地区 |
| | 151 | 阳霞矿区 | 新疆巴音郭楞州 |
| | 152 | 克布尔碱矿区 | 新疆吐鲁番市 |
| | 153 | 三道岭矿区 | 新疆哈密市 |
| | 154 | 巴里坤矿区 | 新疆哈密市 |
| | 155 | 塔城白杨河矿区 | 新疆塔城地区 |
| | 156 | 艾维尔沟矿区 | 新疆乌鲁木齐市、吐鲁番市 |
| | 157 | 喀木斯特矿区 | 新疆阿勒泰地区 |
| | 158 | 北塔山矿区 | 新疆昌吉州 |
| | 159 | 昭苏矿区 | 新疆伊犁州 |
| | 160 | 俄霍布拉克矿区 | 新疆阿克苏地区 |
| | 161 | 拜城矿区 | 新疆阿克苏地区 |
| | 162 | 塔什店矿区 | 新疆巴音郭楞州 |

**续附表 2－5**

| 矿种 | 序号 | 名称 | 位置 |
|---|---|---|---|
| 煤层气（12） | 163 | 沁水－屯留矿区 | 山西晋城市、长治市 |
| | 164 | 左权－昔阳矿区 | 山西晋中市、阳泉市 |
| | 165 | 沁源－安泽矿区 | 山西长治市、临汾市 |
| | 166 | 古交－交城矿区 | 山西太原市、吕梁市 |
| | 167 | 保德－兴县矿区 | 山西忻州市、吕梁市、陕西府谷县 |
| | 168 | 柳林－石楼矿区 | 山西吕梁市 |
| | 169 | 乡宁－吉县矿区 | 山西临汾市 |
| | 170 | 两淮矿区 | 安徽淮南市、淮北市 |
| | 171 | 焦作－新乡矿区 | 河南焦作市、新乡市 |
| | 172 | 恩洪－老厂矿区 | 云南曲靖市 |
| | 173 | 盘县矿区 | 贵州盘县 |
| | 174 | 纳雍－平坝矿区 | 贵州织金县、纳雍县 |
| 铀（11） | 175 | 蒙其古尔矿区 | 新疆察布查尔县 |
| | 176 | 库捷尔太矿区 | 新疆察布查尔县 |
| | 177 | 十红滩矿区 | 新疆吐鲁番市 |
| | 178 | 钱家店矿区 | 内蒙古通辽市 |
| | 179 | 大营矿区 | 内蒙古鄂尔多斯市 |
| | 180 | 纳岭沟矿区 | 内蒙古鄂尔多斯市 |
| | 181 | 皂火壕矿区 | 内蒙古鄂尔多斯市东胜区、伊金霍洛旗 |
| | 182 | 巴赛齐矿区 | 内蒙古苏尼特左旗、苏尼特右旗、二连浩特市 |
| | 183 | 相山矿区 | 江西乐安县 |
| | 184 | 长江矿区 | 广东韶关市 |
| | 185 | 龙首山矿区 | 甘肃永昌县 |
| 铁（4） | 186 | 鞍本矿区 | 辽宁鞍山市、本溪市、辽阳市 |
| | 187 | 冀东司家营矿区 | 河北滦县、滦南县 |
| | 188 | 攀枝花钒钛磁铁矿区 | 四川攀枝花市 |
| | 189 | 白马钒钛磁铁矿区 | 四川攀枝花市 |
| 镍铜钴（9） | 190 | 白家嘴子铜镍矿区 | 甘肃金昌市 |
| | 191 | 大宝山铜多金属矿区 | 广东韶关市 |
| | 192 | 紫金山铜金矿区 | 福建上杭县 |

续附表 2－6

| 矿种 | 序号 | 名称 | 位置 |
|---|---|---|---|
| 镍铜钴（9） | 193 | 德兴铜矿区 | 江西德兴市 |
| | 194 | 城门山铜矿区 | 江西九江县 |
| | 195 | 大红山铜矿区 | 云南新平县 |
| | 196 | 普朗铜矿区 | 云南迪庆州 |
| | 197 | 驱龙铜矿区 | 西藏拉萨市 |
| | 198 | 玉龙铜矿区 | 西藏昌都市 |
| 铝土矿（5） | 199 | 平果铝土矿区 | 广西平果县 |
| | 200 | 兴县铝土矿区 | 山西兴县、临县、岢岚县 |
| | 201 | 宁武－原平铝土矿区 | 山西宁武县、原平市、朔州市朔城区 |
| 铝土矿（5） | 202 | 汾阳－孝义铝土矿区 | 山西汾阳市、孝义市、交口县 |
| | 203 | 交口－汾西铝土矿区 | 山西吕梁市、晋中市、临汾市 |
| 锡多金属（3） | 204 | 个旧锡矿区 | 云南个旧市 |
| | 205 | 都龙锡矿区 | 云南马关县 |
| | 206 | 大厂锡铅锌多金属矿区 | 广西南丹县 |
| 金（17） | 207 | 新城金矿 | 山东莱州市 |
| | 208 | 三山岛金矿 | 山东莱州市 |
| | 209 | 焦家金矿 | 山东莱州市 |
| | 210 | 玲珑金矿 | 山东招远市 |
| | 211 | 海域金矿 | 山东莱州市 |
| | 212 | 莱州纱岭金矿 | 山东莱州市 |
| | 213 | 夏甸金矿 | 山东招远市 |
| | 214 | 大尹格庄金矿 | 山东招远市 |
| | 215 | 山东中矿玲南－阜山金矿 | 山东招远市 |
| | 216 | 早子沟金矿 | 甘肃合作市 |
| | 217 | 甘肃大桥金矿 | 甘肃西和县 |
| | 218 | 沃溪金锑钨矿 | 湖南怀化市 |
| | 219 | 江西金山 | 江西德兴市 |
| | 220 | 乌拉山－哈德门金矿 | 内蒙古包头市、巴彦淖尔市 |
| | 221 | 金厂沟梁金矿 | 内蒙古赤峰市 |
| | 222 | 毕力赫金矿 | 内蒙古苏尼特 |

续附表 2－7

| 矿种 | 序号 | 名称 | 位置 |
|---|---|---|---|
| （17） | 223 | 浩尧尔忽洞金矿 | 内蒙古乌拉特中旗 |
| 稀土（24） | 224 | 龙南重稀土矿区（1） | 江西龙南县 |
| | 225 | 龙南重稀土矿区（2） | 江西龙南县 |
| | 226 | 寻乌轻稀土矿区 | 江西寻乌县 |
| | 227 | 定南中稀土矿区 | 江西定南县 |
| | 228 | 赣县（北）中稀土矿区 | 江西赣县 |
| | 229 | 赣县（中）重稀土矿区 | 江西赣县 |
| | 230 | 赣县（南）中稀土矿区 | 江西赣县 |
| | 231 | 安远中、重稀土矿区 | 江西安远县 |
| | 232 | 信丰（北）中稀土矿区 | 江西信丰县 |
| | 233 | 信丰（南）中、重稀土矿区 | 江西信丰县 |
| | 234 | 全南中稀土矿区 | 江西全南县 |
| | 235 | 新丰遥田稀土矿区 | 广东韶关市 |
| | 236 | 八尺稀土矿区 | 广东梅州市 |
| | 237 | 清远鱼湾稀土矿区 | 广东清远市 |
| | 238 | 敬梓稀土矿区 | 广东河源市 |
| | 239 | 博石稀土矿区 | 广东河源市 |
| | 240 | 江华稀土矿区 | 湖南江华县 |
| | 241 | 钟山－富川花山稀土矿区 | 广西钟山县、富川县 |
| | 242 | 平南六陈－大洲稀土矿区 | 广西平南县 |
| | 243 | 江州稀土矿区 | 广西江州区 |
| | 244 | 大青山稀土矿区 | 广西龙州县 |
| | 245 | 糯洞稀土矿区 | 广西岑溪市 |
| | 246 | 兴业稀土矿区 | 广西兴业县 |
| | 247 | 牦牛坪稀土矿区 | 四川凉山州 |

**续附表 2-8**

| 矿种 | 序号 | 名称 | 位置 |
| --- | --- | --- | --- |
| 磷(3) | 248 | 安宁－晋宁磷矿区 | 云南昆明市 |
| | 249 | 宜昌磷矿北部磷矿区 | 湖北神农架林区、保康县、兴山县 |
| | 250 | 德阳－马边－雷波磷矿区 | 四川德阳市、马边县、雷波县 |
| 钨(5) | 251 | 小柳沟钨钼矿区 | 甘肃肃南县 |
| | 252 | 大湖塘钨矿区 | 江西武宁县 |
| | 253 | 珊瑚钨锡矿区 | 广西钟山县、八步区 |
| | 254 | 博白三叉冲－油麻坡钨矿区 | 广西博白县、陆川县 |
| | 255 | 云浮钨锡矿区 | 广东云浮市 |
| 锑(1) | 256 | 冷水江锡矿山锑矿区 | 湖南冷水江市 |
| 石墨(6) | 257 | 鸡西石墨矿区 | 黑龙江鸡西市 |
| | 258 | 萝北石墨矿区 | 黑龙江鹤岗市 |
| | 259 | 巴中石墨矿区 | 四川巴中市 |
| | 260 | 平度－莱西石墨矿区 | 山东青岛市 |
| | 261 | 郴州石墨矿区 | 湖南郴州市 |
| | 262 | 南阳石墨矿区 | 河南南阳市 |
| 铅锌(4) | 263 | 厂坝－向阳山铅锌矿区 | 甘肃徽县、成县 |
| | 264 | 韶关凡口铅锌矿区 | 广东韶关市 |
| | 265 | 兰坪铅锌矿区 | 云南兰坪县 |
| | 266 | 和田火烧云铅锌矿区 | 新疆和田县 |
| 锂(1) | 267 | 甲基卡锂矿区 | 四川甘孜州 |

**附表 3　对国民经济具有重要价值的矿区（28 个）**

| 矿种 | 序号 | 名称 | 位置 |
| --- | --- | --- | --- |
| 铀矿(8) | 1 | 青龙铀矿区 | 河北青龙县、辽宁省建昌县 |
| | 2 | 沽源铀矿区 | 河北沽源县 |

**续附表 3-1**

| 矿种 | 序号 | 名称 | 位置 |
| --- | --- | --- | --- |
| 铀矿(8) | 3 | 努和廷铀矿区 | 内蒙古二连浩特市 |
| | 4 | 塔木素铀矿区 | 内蒙古阿拉善右旗 |
| | 5 | 大洲铀矿区 | 浙江衢州市 |
| | 6 | 鹿井铀矿区 | 江西崇义县 |
| | 7 | 下庄铀矿区 | 广东翁源县 |
| | 8 | 苗儿山铀矿区 | 广西资源县 |
| 铁钒钛(1) | 9 | 红格南矿区 | 四川盐边县 |
| 铜多金属(5) | 10 | 峡山－岩山铜矿区 | 安徽池州市 |
| | 11 | 大碑铜矿区 | 江西彭泽县 |
| | 12 | 河西银铜多金属矿区 | 云南兰坪县 |
| | 13 | 多龙铜矿区 | 西藏阿里地区 |
| | 14 | 堆龙德庆县松多握铜钼矿区 | 西藏堆龙德庆县 |
| 铅锌(2) | 15 | 东莫扎抓铅锌矿区 | 青海杂多县 |
| | 16 | 虎山城－老君山铅锌锡矿区 | 云南文山县 |
| 锑(1) | 17 | 哈蒙西－亚路沟锑金矿区 | 青海兴海县、同德县 |
| 铝土矿(2) | 18 | 浣溪向斜北部铝土矿区 | 贵州道真县 |
| | 19 | 马鬃岭铝土矿区 | 贵州正安县 |
| 钨锡(3) | 20 | 朱溪外围钨铜矿区 | 江西浮梁县、乐平县 |
| | 21 | 万洋山－诸广山钨锡矿区 | 江西崇义县、桂东县 |
| | 22 | 吞多玛锡多金属矿区 | 西藏类乌齐县 |
| 钼(1) | 23 | 武山温泉钼矿区 | 甘肃武山县 |
| 稀土(5) | 24 | 关西稀土矿区 | 江西龙南县 |
| | 25 | 南桥稀土矿区 | 江西寻乌县 |
| | 26 | 河岭稀土矿区 | 江西寻乌县 |
| | 27 | 沙头稀土矿区 | 江西定南县 |
| | 28 | 梁山－古楼稀土矿区 | 福建武平县、上杭县 |

**附表4　　重点矿种最低开采规模设计标准（35种）**

| 矿种 | 单位/年 | 大型 | 中型 | 小型 |
|---|---|---|---|---|
| 煤（地下开采/露天开采） | 原煤万吨 | 120/400 | 45/100 | 30/30 |
| 铁（地下开采/露天开采） | 矿石万吨 | 100/200 | 30/60 | 5/5 |
| 锰 | 矿石万吨 | 10 | 5 | 2 |
| 铬 | 矿石万吨 | 10 | 5 | 2 |
| 铜 | 矿石万吨 | 100 | 30 | 3 |
| 铅 | 矿石万吨 | 100 | 30 | 3 |
| 锌 | 矿石万吨 | 100 | 30 | 3 |
| 钨 | 矿石万吨 | 80 | 40 | 5 |
| 锡 | 矿石万吨 | 100 | 30 | 3 |
| 钼 | 矿石万吨 | 100 | 30 | 3 |
| 铝土矿 | 矿石万吨 | 100 | 30 | 10 |
| 镍 | 矿石万吨 | 100 | 30 | 3 |
| 锑 | 矿石万吨 | 100 | 30 | 3 |
| 轻稀土 | 矿石万吨 | 100 | 50 | 15 |
| 重稀土 | 矿石万吨 | 100 | 50 | 10 |
| 金（岩金） | 矿石万吨 | 15 | 6 | 3 |
| 磷（地下开采/露天开采） | 矿石万吨 | 100/100 | 50/50 | 10/15 |
| 钾盐 | 矿石万吨 | 30 | 5 | 3 |
| 硫铁矿 | 矿石万吨 | 50 | 20 | 5 |
| 硼（$B_2O_3$） | 矿石万吨 | | | 5 |
| 重晶石 | 矿石万吨 | 10 | 5 | 3 |
| 萤石（$CaF_2$） | 矿石万吨 | 10 | 8 | 3 |
| 石灰岩（水泥用/其他） | 矿石万吨 | 100/100 | 50/50 | 30/20 |
| 冶金、水泥用天然石英砂 | 矿石万吨 | 60 | 20 | 10 |
| 玻璃、陶瓷等用石英岩、石英砂 | 矿石万吨 | 30 | 10 | 5 |
| 高岭土 | 矿石万吨 | 10 | 5 | 3 |
| 石膏 | 矿石万吨 | 30 | 20 | 5 |
| 滑石 | 矿石万吨 | 10 | 8 | 3 |
| 石墨（晶质/隐晶质） | 矿物/矿石万吨 | 1/10 | 0.6/8 | 0.3/5 |

**续附表4**

| 矿种 | 单位/年 | 大型 | 中型 | 小型 |
|---|---|---|---|---|
| 云母（工业原料云母） | 吨 | | | 2 |
| 石棉 | 石棉万吨 | 2 | 1 | 0.5 |
| 膨润土 | 矿石万吨 | 10 | 5 | 3 |
| 砖瓦用黏土 | 矿石万吨 | 30 | 13 | 6 |
| 建筑用石材 | 万立方米 | 10 | 5 | 1.5 |
| 饰面用石材 | 万立方米 | 1 | 0.5 | 0.3 |

**附表5　　重要矿产资源重点勘查区（297个）**

| 矿种 | 名称 |
|---|---|
| 铀矿（29） | 内蒙古东胜、通辽、二连盆地中北部、塔木素、红山子；新疆伊犁盆地南缘、吐哈盆地西南部、雪米斯坦、准噶尔盆地东部；辽宁连山关；甘肃龙首山；陕西蓝田、彬县－麟游、商州－丹凤－商南；江西相山、桃山、白面石、河草坑、贵溪盛源、修水董坑－保峰源；湖南诸广山中部；广东诸广山南部、河源、贵东；广西苗儿山；浙江双桥－新路；河北沽源、青龙；四川若尔盖 |
| 铁矿（30） | 河北冀东地区；山西岚县－娄烦、繁峙－代县；辽宁鞍山－本溪、建平－宁城－肖家营子；吉林白山市板石沟；江苏宁镇；安徽霍邱、马鞍山－芜湖、庐江－枞阳；福建龙岩马坑－大田汤泉；江西赣中；山东德州－莱芜－淄博；河南舞阳－新蔡；湖北鄂州莲花山－黄石铁山、黄梅；四川攀西；西藏措勤尼雄；云南勐海西定－澜沧－景洪；陕西勉略宁、洋县毕机沟；甘肃北山营毛沱－玉石山、肃北塔尔沟－小柳沟；青海小沙龙－扎麻什、卡尔却卡－尕林格；新疆西天山阿吾拉勒、阿尔金山喀腊大湾、祁曼塔格、西昆仑塔什库尔干、天湖 |
| 锰矿（11） | 辽宁凌源市太平沟－瓦房；广西天等龙原－德保那温；湖南花垣；四川长阳；重庆城口、秀山；贵州铜仁松桃、遵义、长兴－万山；新疆波兹果尔、西南天山玛尔坎土－穆呼 |
| 铬铁矿（2） | 西藏扎囊－朗县；新疆萨尔托海 |

续附表 5 – 1

| 矿种 | 名称 |
| --- | --- |
| 铜矿（46） | 安徽铜陵；内蒙古呼伦贝尔乌努格吐山 – 甲乌拉、大兴安岭中段、大兴安岭南麓、乌拉特后旗霍各乞、白乃庙 – 别鲁乌图 – 毕力赫；辽宁清原红透山；黑龙江多宝山 – 大新屯；福建龙岩紫金山；江西东乡 – 德兴、九瑞地区、东岗山 – 铜山、塔前 – 朱溪 – 赋春；湖北大冶 – 阳新；湖南安化 – 怀化；广东阳春、雪山嶂；云南东川汤丹、香格里拉格咱、巍山 – 永平、兰坪白秧坪；西藏昂仁 – 谢通门、米拉山、山南、尼木、多龙、玉龙；甘肃金川白家嘴子、公婆泉、白银厂；青海德尔尼 – 上贡麻、多彩 – 东莫扎抓；新疆哈密卡拉塔格、索尔库都克 – 扎河坝、西天山那拉提山、哈密黄山 – 镜儿泉、乌恰萨瓦亚尔顿 – 萨热克、库木塔格、阔勒萨依、阿希铜、包古图、喀拉通克、阿舍勒 – 多拉纳萨依、哈密土屋 – 延东、琼河坝、三岔口 |
| 铝土矿（8） | 山西原平 – 宁武、霍西 – 河东、阳泉 – 昔阳；河南渑池礼庄寨 – 平顶山；重庆武隆 – 南川；贵州务正道、清镇 – 修文；云南广南 – 丘北 – 砚山 |
| 铅锌矿（42） | 内蒙古呼伦贝尔三河、东乌旗、白音查干；辽宁青城子；吉林天宝山 – 开山屯；河南卢氏潘河、栾川；湖北长阳 – 宜恩；湖南花垣 – 凤凰、永顺；广东韶关凡口；广西环江北山、武宣 – 象州大瑶山西缘、大新泗城岭 – 隆安西大明山；四川宁南 – 会东、白玉呷村；贵州普定那雍枝、都匀牛角塘 – 南寨；云南兰坪金顶、鲁甸 – 巧家、保山 – 龙陵、镇康芦子园 – 云高井槽；西藏芒康、查个勒、强龙、赵发涌 – 干中雄、浦桑果、工布江达金达、山南扎西康；甘肃厂坝；陕西南郑碑坝、凤太地区、镇安 – 宁陕；青海绿梁山 – 锡铁山、沱沱河；新疆和田县火烧云、西昆仑岔路口 – 甜水海、蒙库 – 可可塔勒、西昆仑宝塔山、小土尔根 – 库马苏、乌拉根、哈密彩霞山 |
| 钨矿（10） | 江西崇 – 余 – 犹、修水大湖塘、香炉山 – 黄竹坪、于都盘古山；西藏拉荣；甘肃小柳沟；新疆祁曼塔格 – 白干湖、沙垅；陕西镇安县；云南麻栗坡南秧田 |
| 锡矿（14） | 湖南茶陵锡田、香花岭 – 骑田岭、天龙山 – 锡矿山、衡阳盆地西南缘 – 大义山；广东莲花山断裂带南西段、韶关梅花、厚婆坳；广西富川 – 贺州 – 钟山、元宝山、南丹大厂 – 芒场；云南马关都龙、腾冲 – 梁河、金平 – 个旧；新疆祖鲁洪 |
| 锑矿（2） | 陕西旬阳公馆 – 青铜沟；新疆盼水河 |

续附表 5 – 2

| 矿种 | 名称 |
| --- | --- |
| 钼矿（10） | 河北丰宁、兴隆太平村、宣化贾家营；黑龙江松岭区岔路口、伊春鹿鸣 – 小西林、延寿（滨东）；安徽金寨沙坪沟；陕西小秦岭、宁陕碾子砰 – 镇安木王坪；新疆裕民苏九河 – 哈密白山 – 东戈壁 |
| 镍矿（4） | 吉林红旗岭 – 漂河川；新疆若羌北山、白鑫滩 – 路北；青海夏日哈木 |
| 锂矿（7） | 四川康定 – 道孚 – 雅江、马尔康 – 金川、扎乌龙；西藏龙木错 – 布尔错、别若则错 – 达瓦错、半岛湖 – 雅根错、若水泉 – 硕尔湖 |
| 金矿（57） | 内蒙古赤峰南部；辽宁盖州 – 岫岩、丹东五龙、北票宝国老；吉林珲春小西南岔 – 农坪、海沟 – 夹皮沟、六道沟、集安古马岭；黑龙江漠河砂宝斯、塔河宝兴沟、老柞山 – 羊鼻山、东宁、东安 – 汤旺河；浙江遂昌龙游；安徽休宁 – 歙县；福建德化双旗山 – 东洋；江西于都银坑 – 宁都青塘；山东牟平 – 乳山、莱州 – 招远；河南小秦岭、熊耳山 – 外方山、桐柏；湖南连云山、浏阳 – 醴陵官庄；湖北黄陵、嘉鱼蛇屋山 – 黄陵、郧西湖北口 – 高桥坡；广东河台；广西平南 – 昭平、凤山金牙；海南昌江 – 东方；贵州贞丰烂泥沟 – 册亨丫他、贞丰 – 普安；云南镇沅 – 墨江、鹤庆北衙、绿春牛孔；陕西镇安金龙山、安康北部；甘肃岷县寨上 – 马坞、崖湾 – 大桥、两当 – 成县、加甘滩 – 早子沟、玛曲大水 – 碌曲拉尔玛；青海沟里 – 抗得弄舍、五龙沟 – 开荒北、秋智 – 扎麻、昆仑河 – 雪水河；新疆鄯善康古尔塔格、阿沙哇义、梧桐沟、双泉、雅江 – 北喜马拉雅、阿尔金山喀腊大湾、西天山那拉提山、卡特巴阿苏、野马泉、红十井 – 八一泉 |
| 银矿（5） | 吉林四平山门；江西贵溪冷水坑；新疆维权、加满特、琼库都克 |
| 金刚石（2） | 辽宁瓦房店；山东蒙阴 |
| 石墨矿（1） | 内蒙古阿拉善右旗扎木敖包 – 特拜 |
| 钾盐（8） | 湖北荆州江陵；四川亭子铺、龙会、板桥；陕北盐盆；青海尕斯库勒 – 冷湖、一里坪 – 霍布逊；新疆罗布泊 |
| 磷矿（9） | 辽宁抚顺 – 清原；江苏连云港 – 泗洪；湖南鹤峰 – 东山峰；四川马边 – 雷波；贵州开阳、瓮安 – 福泉；新疆库鲁克塔格、科尔古琴、柯坪塔格 |

附表6　　矿山地质环境重点治理区（524个）

| 省份 | 所在县（区、市） |
|---|---|
| 天津<br>(1) | 蓟县 |
| 河北<br>(10) | 石家庄市井陉矿区；唐山市古冶区、滦县；秦皇岛市抚宁区、青龙满族自治县、昌黎县；张家口市宣化区、下花园区、怀来县；廊坊市三河市 |
| 山西<br>(27) | 太原市古交市；大同市左云县、浑源县、灵丘县；朔州市平鲁区、山阴县；忻州市原平市、宁武县、保德县；阳泉市盂县、平定县；晋中市寿阳县、灵石县、介休市；长治市长治县、襄垣县、潞城市；晋城市泽州县、阳城县、高平市；吕梁市柳林县、孝义市、岚县；临汾市乡宁县、蒲县、洪洞县；运城市河津市 |
| 内蒙古<br>(26) | 呼和浩特市新城区、回民区、十默特左旗；包头市土默特右旗、石拐区、白云鄂博区、达尔罕茂名安联合旗；乌海市海勃湾区、乌达区、海南区；赤峰市元宝山区；通辽市霍林郭勒市；满洲里市扎赉诺尔区；鄂尔多斯市东胜区、达拉特旗、伊金霍洛旗、准格尔旗、鄂托克旗；锡林郭勒盟锡林浩特市、西乌珠穆沁旗；乌兰察布市丰镇市、兴和县、察哈尔右翼后旗、集宁区；巴彦淖尔市乌拉特后旗；阿拉善盟阿拉善左旗 |
| 辽宁<br>(15) | 沈阳市康平县；辽阳市灯塔市、弓长岭区；阜新市；抚顺市；本溪市平山区、溪湖区；葫芦岛市南票区、连山区；丹东市振安区、凤城市；朝阳市北票市；鞍山市千山区、海城市；营口市大石桥市 |
| 吉林<br>(7) | 延边朝鲜族自治州敦化市、珲春市；长春市二道区；白山市江源区、长白县；通化市辉南县；吉林市蛟河市 |
| 黑龙江<br>(25) | 哈尔滨市阿城区；黑河市嫩江县；鸡西滴道区、城子河区、恒山区、梨树区、麻山区、鸡东县；双鸭山岭东区、四方台区、集贤县、宝山区、宝清县；伊春市翠峦区、友好区、美溪区、五营区；鹤岗市兴安区、工农区；七台河市新兴区；牡丹江市林口县；大兴安岭地区漠河县、呼玛县、加格达奇区、塔河县 |

续附表6－1

| 省份 | 所在县（区、市） |
|---|---|
| 江苏<br>(19) | 徐州市沛县、铜山区、贾汪区、睢宁县；连云港市海州区、连云区、灌云县；淮安市盱眙县；南京市六合区、浦口区、栖霞区、江宁区；镇江市丹徒区、丹阳区、句容市；常州市金坛区、溧阳市；无锡市宜兴市、江阴市 |
| 安徽<br>(23) | 淮北市杜集区、相山区、烈山区、濉溪县；马鞍山市雨山区、博望区、当涂县；淮南市谢家集区、大通区、八公山区、潘集区、凤台县；宿州市埇桥区、萧县；阜阳市颍上县、颍东区；铜陵市铜官山区、狮子山区、铜陵县；亳州市蒙城县、涡阳县、利辛县；安庆市怀宁县 |
| 福建<br>(17) | 宁德市古田县；福州市罗源县、连江县、晋安区；龙岩市新罗区、永定区、漳平市、连城县、长汀县；泉州市石狮市、南安市、晋江市、安溪县、德化县；三明市大田县、永安市、尤溪县 |
| 江西<br>(25) | 景德镇乐平市；新余市分宜县；萍乡市湘东区、上栗县、芦溪县；宜春市袁州区、丰城市、高安市；吉安市吉水县、永新县、安福县；鹰潭市贵溪市；上饶市德兴市、万年县、铅山县；九江市星子县、瑞昌市；抚州市东乡县；赣州市赣县、信丰县、大余县、安远县、龙南县、于都县、寻乌县 |
| 山东<br>(21) | 青岛市黄岛区、莱西市、平度市；淄博市张店区、周村区；枣庄市滕州市、薛城区；烟台市牟平区、福山区；潍坊市安丘市、青州市；济宁市嘉祥县、邹城市；泰安市新泰市、肥城市；威海市环翠区；日照市莒县；莱芜市莱城区；临沂市蒙阴县、平邑县；菏泽市巨野县 |
| 河南<br>(23) | 南阳市淅川县、桐柏县、方城县；鹤壁市；许昌禹州市、襄城县；洛阳市新安县；郑州市巩义市、新密市、登封市；安阳市安阳县、林州市；新乡市凤泉区、辉县市；焦作市；三门峡市陕县、渑池县、义马市；商丘市永城市；信阳市；平顶山市汝州市、舞钢市；驻马店市泌阳县 |
| 湖北<br>(26) | 武汉市东湖新技术开发区；黄石市大冶市、阳新县；鄂州市鄂城区；宜昌市夷陵区、兴山县、远安县、长阳县、宜都市；襄阳市襄城区、保康县；荆门市东宝区、掇刀区；十堰市茅箭区、丹江口市；恩施州恩施市、建始县、咸丰县；孝感市云梦县、应城市、大悟县、孝昌县；咸宁市赤壁市；黄冈市武穴市；荆州市松滋市；神农架林区 |

续附表 6－2

| 省份 | 所在县（区、市） |
|---|---|
| 湖南<br>(25) | 永州市零陵区、冷水滩区；湘潭市湘潭县、雨湖区；邵阳市邵东县、邵阳县；郴州市临武县、桂阳县、宜章县；娄底市涟源市、新化县、冷水江市；常德市临澧县、石门县；衡阳市常宁市、横山县；岳阳市平江县；益阳市安化县、赫山区；长沙市浏阳市；湘西自治州花垣县；株洲市攸县；怀化市会同县、溆浦县；张家界市慈利县 |
| 广东<br>(7) | 韶关市仁化县、曲江区；云浮市云城区、云安县；清远市阳山县、英德市；河源市连平县 |
| 广西<br>(32) | 桂林市雁山区、兴安县、全州县、恭城县、荔浦县、阳朔县；柳州市柳南区、城中区、鱼峰区、鹿寨县、融安县；崇左市江州区、大新县、凭祥市、天等县、扶绥县；贺州市平桂管理区、钟山县；河池市大化县、巴马县、南丹县；贵港市港北区、桂平市、平南县；来宾市武宣县、象州县、合山市；玉林市玉州区、陆川县；百色市靖西县、田阳县；北海市合浦县 |
| 海南<br>(4) | 昌江黎族自治县；三亚市；海口市；定安县 |
| 重庆<br>(17) | 北碚区；九龙坡区；沙坪坝区；大渡口区；渝北区；綦江区；南川区；荣昌区；秀山县；城口县；南岸区；巴南区；永川区；奉节县；合川区；长寿区；开县 |
| 四川<br>(22) | 广安市华蓥市、泸州市古蔺县、叙永县；宜宾市筠连县、兴文县、珙县；乐山市犍为县；广元市旺苍县；攀枝花市西区、米易县、盐边县；凉山州会理县、会东县、冕宁县；阿坝州九寨沟县；甘孜州康定市；德阳市绵竹市；雅安市宝兴县、石棉县；自贡市大安区、贡井；绵阳市江油市 |
| 贵州<br>(20) | 贵阳市开阳县；遵义市红花岗区、新浦区、务川县；铜仁市碧江区、万山区；毕节市七星关区、大方县、威宁县、赫章县、织金县、纳雍县；六盘水市水城县、钟山区、盘县、六枝特区；安顺市西秀区、平坝县；黔南州瓮安县、福泉市 |
| 云南<br>(20) | 昆明市东川区、晋宁县；曲靖市麒麟区；玉溪市易门县、澄江县、元江县；保山市隆阳区、腾冲市；昭通市镇雄县；普洱市澜沧县；红河州个旧市、开远市、元阳县；文山州麻栗坡县、马关县、广南县、富宁县；德宏州梁河县；怒江州兰坪县；迪庆州香格里拉市 |

续附表 6－3

| 省份 | 所在县（区、市） |
|---|---|
| 西藏<br>(8) | 拉萨市城关区、堆龙德庆区、柳梧新区；日喀则市昂仁县、桑珠孜区；昌都市卡若区；林芝市巴宜区；山南地区乃东县 |
| 陕西<br>(25) | 榆林市榆阳区、神木县、府谷县、横山县；渭南市蒲城县、白水县、合阳县、澄城县、韩城市、潼关县、华阴市；延安市黄陵县；铜川市王益区、耀州区；咸阳市彬县、泾阳县；宝鸡市凤县、太白县；汉中市略阳县、宁强县、勉县；安康市旬阳县；商洛市山阳县、柞水县、镇安县 |
| 甘肃<br>(20) | 兰州市红古区、七里河区；金昌市永昌县；白银市平川区；武威市天祝县；张掖市山丹县；平凉市华亭县、崆峒区、崇信县；酒泉市玉门市；定西市岷县；陇南市成县、徽县、文县、礼县、西和县、两当县；甘南州玛曲县、合作市、碌曲县 |
| 青海<br>(12) | 西宁市湟中县；海东市乐都区；海北州祁连县、门源县、刚察县；海南州泽库县；玉树州曲麻莱县、称多县、治多县；海西州天峻县、德令哈市、格尔木市 |
| 宁夏<br>(13) | 银川市兴庆区、西夏区、灵武市、永宁县、贺兰县；吴忠市利通区、青铜峡市、盐池县；固原市彭阳县；中卫市中宁县；石嘴山市大武口区、惠农区、平罗县 |
| 新疆<br>(34) | 乌鲁木齐市米东区、乌鲁木齐县、达坂城区；伊犁州察布查尔县、尼勒克县、伊宁县、巩留县、霍城县；巴州库尔勒市、和静县、轮台县；阿勒泰地区阿勒泰市、富蕴县、青河县；塔城地区乌苏市、沙湾县、扎里县、额敏县、和布克赛尔县；昌吉州阜康市、昌吉市、吉木萨尔县；吐鲁番市托克逊县、高昌区、鄯善县；哈密地区哈密市、巴里坤县；和田地区和田市、和田县、皮山县；克州乌恰县；阿克苏温宿县、库车县、拜城县 |

# 国家能源局关于进一步加强煤矿瓦斯防治工作的通知

国能煤炭〔2016〕302 号

有关省（区、市）煤矿瓦斯防治（集中整治）领导小组办公室、煤炭行业管理部门、发展改革委（能源局）：

近年来，全国煤矿瓦斯事故逐年下降，煤矿瓦斯防治形势总体平稳好转，但近期煤矿瓦斯事故呈反弹趋势，相继发生宁夏林利煤炭公司“9·27”重大瓦斯事故和重庆市永川区金山沟煤矿“10·31”特别重大瓦斯爆炸事故，给人民生命财产造成重大损失，煤矿瓦斯防治形势严峻。这两起重特大事故暴露出部分煤矿企业瓦斯防治主体责任不落实、瓦斯防治基础薄弱、隐患排查治理不彻底、违法违规开采以及安全监管不到位等问题。为深刻吸取事故教训，坚决遏制重特大煤矿瓦斯事故，现将有关事项通知如下：

一、立即开展瓦斯防治专项检查。各产煤省（区、市）煤矿瓦斯防治（集中整治）领导小组办公室要会同煤炭行业管理部门组织开展本辖区煤矿瓦斯防治专项检查。专项检查要立足于“查死角、堵漏洞、除隐患、严管理”，以矿井通风、瓦斯抽采、监测监控等系统为重点，做到“全覆盖、零容忍、重实效”。对瓦斯防治重大隐患实行逐级挂牌督办、公告，强化问题整改过程管理，保障整改效果。对瓦斯超限作业、通风系统不健全、应建未建瓦斯抽采系统或抽采未达标、煤与瓦斯突出矿井未按规定落实区域防突措施、安全监控系统不能有效运行等不具备安全生产条件的煤矿，一律依法依规停产整顿，对停而不改或整改无望的矿井，要提请地方政府依法关闭。

二、严格落实瓦斯防治主体责任。各煤矿企业要牢固树立发展决不能以牺牲安全为代价的红线意识，进一步健全以企业主要负责人为主的瓦斯防治责任体系和以总工程师为首的技术管理体系，配齐通风、抽采、防突等专业机构和人员，层层落实瓦斯治理主体责任。强化现场管理，严格按照法律法规和标准规范组织生产。保障瓦斯防治投入，按规定提足用好煤炭生产安全费用，不得因经济效益下滑而降低提取标准。各级地方政府有关部门要严格落实监管责任，加强瓦斯防治组织体系建设，充分发挥煤矿瓦斯防治领导小组及其办公室作用，落实专职人员和专用经费，完善工作机制，严格目标管理和考核，强化对瓦斯防治工作的组织推动和综合协调。

三、切实加强瓦斯防治基础管理。各煤矿企业要严格按瓦斯鉴定等级进行矿井瓦斯管理，严禁弄虚作假和降低矿井瓦斯鉴定等级。优化通风系统，完善通风设施，保证矿井和各用风地点风量充足，实现通风可靠。健全瓦斯抽采系统，煤与瓦斯突出和高瓦斯矿井必须建立地面固定抽采瓦斯系统，做到先抽后采、抽采达标，抽掘采平衡。加强煤与瓦斯突出防治，健全防突机构和队伍，落实区域性和局部综合防突措施，生产安排必须给瓦斯抽采留有足够的时间和空间。改造升级安全监控系统，确保监测数据准确、报警及时、断电可靠。规范瓦斯抽采钻孔施工监管，严防弄虚作假，确保钻孔施工质量。加强瓦斯超限管理，发生瓦斯超限要比照事故处理，查明超限原因，落实防范措施。

四、强力推进煤矿瓦斯规模化抽采。各地煤矿瓦斯防治（集中整治）领导小组办公室、煤炭行业管理部门要加强组织协调，严格落实国家出台的扶持政策，加强目标考核管理，督促有关企业加大煤矿瓦斯抽采力度。各煤矿企业要将瓦斯抽采作为防止瓦斯事故发生的治本措施，严格执行新版《煤矿安全规程》《煤矿瓦斯抽采达标暂行规定》《防治煤与瓦斯突出规定》，加强抽采效果评价，强力推进瓦斯先抽后采、抽采达标和区域性防突；强化瓦斯防治理念、技术、管理、装备集成创新，形成适合不同地质条件下瓦斯灾害防治模式；有突出危险煤层的矿井建设开工前，应按规定对首采区突出煤层进行地面钻井预抽瓦斯，做到先抽后建。

五、加快实施煤矿安全改造项目。各产煤省（区、市）煤炭行业管理部门要会同相关部门组织煤矿企业围绕“改造大系统、治理大隐患、防范大事故”，科学编制煤矿安全改造“十三五”规划和三年滚动投资计划，建立煤矿安全改造项目储备库；按照2016 年煤矿安全改造项目投资计划安排，抓紧落实地方配套资金，督促企业自有资金及时到位，做到专账管理，单独核算，专款专用；组织开展煤矿瓦斯治理示范工程后评估，总结项目建设内容实施情况，评价瓦斯防治技术路线及建设效果，宣传推广瓦斯治理先进理念、技术成果和管理经验。有关煤矿企业要进一步健全煤矿安全改造管理制度，加快 2016 年煤矿安全改造项目实施进度，严格执行项目招投标、工程监理等规定，确保工程质量和工程进度，尽快将资金用于急需改造的安全生产系统中。

六、坚决制止违法违规生产建设行为。各地煤炭行业管理部门要会同相关部门进一步建立健全煤矿建设生产领域违法违规惩戒机制，通过“双随机”检查、暗查暗访、联合执法和重点执法等方式，加强监督检查和动态管理，采取联合惩戒措施，严厉打击未批先建、批小建大、超层越界、证照不全、资料造假等违法违规生产建设行为。对于存在违法违规生产建设行为的煤矿，要立即按要求停建停产；已经停建停产的，不得擅自复工复产，同时做好通风、排水、防火等工作，坚决防止煤矿安全事故发生。对违法违规生产建设而引发事故的有关责任人员，要按照“四不放过”的原则，严肃查处，依法追责，真正起到震慑和警示作用。

七、加快煤炭产业结构调整。各产煤省（区、市）煤炭行业管理部门、发展改革委（能源局）等部门要严格按照《国务院关于煤炭行业化解过剩产能实现脱困发展的意见》（国发〔2016〕7号），坚决淘汰发生较大及以上事故的小煤矿以及采用国家明令禁止使用的采煤方法、工艺且无法实施技术改造的煤矿，加快关闭退出列入化解过剩产能实施方案的煤矿，引导退出灾害严重、资源枯竭、赋存条件差、非机械化开采和产能小于规定要求的煤矿。严格新建煤矿准入，严禁核准新建年产90万吨以下的煤与瓦斯突出矿井；3年内原则上停止审批新建煤矿项目、新增产能的技术改造项目和产能核增项目，确需新建煤矿的，应实行减量置换。加快培育先进产能，建设智能高效的大型现代化煤矿，实现生产、管理调度、灾害防治等环节智能感知及快速处理，全面提升煤矿安全和技术水平。积极推进煤矿企业兼并重组，鼓励和支持大型煤炭企业兼并重组小煤矿，提高开采技术水平。

国家能源局

2016年11月4日

# 国家能源局关于印发煤层气（煤矿瓦斯）开发利用“十三五”规划的通知

国能煤炭〔2016〕334号

有关省（区、市）及新疆生产建设兵团发展改革委（经信委）、煤炭行业管理部门、煤矿瓦斯防治（集中整治）领导小组，有关中央企业：

为贯彻落实国民经济社会发展第十三个五年规划纲要和能源发展“十三五”规划，加快煤层气（煤矿瓦斯）开发利用，保障煤矿安全生产，增加清洁能源供应，减少温室气体排放，我们组织编制了《煤层气（煤矿瓦斯）开发利用“十三五”规划》，现印发给你们，请结合本地区、企业实际认真贯彻落实。

附件：煤层气（煤矿瓦斯）开发利用“十三五”规划

国家能源局

2016年11月24日

# 最高人民法院、最高人民检察院关于办理非法采矿、破坏性采矿刑事案件适用法律若干问题的解释

法释〔2016〕25号

《最高人民法院、最高人民检察院关于办理非法采矿、破坏性采矿刑事案件适用法律若干问题的解释》已于2016年9月26日由最高人民法院审判委员会第1694次会议、2016年11月4日由最高人民检察院第十二届检察委员会第57次会议通过，现予公布，自2016年12月1日起施行。

最高人民法院　最高人民检察院

2016年11月28日

# 最高人民法院、最高人民检察院关于办理非法采矿、破坏性采矿刑事案件适用法律若干问题的解释

法释〔2016〕25号

(2016年9月26日最高人民法院审判委员会第1694次会议、2016年11月4日最高人民检察院第十二届检察委员会第57次会议通过，自2016年12月1日起施行)

为依法惩处非法采矿、破坏性采矿犯罪活动，根据《中华人民共和国刑法》《中华人民共和国刑事诉讼法》的有关规定，现就办理此类刑事案件适用法律的若干问题解释如下：

**第一条** 违反《中华人民共和国矿产资源法》《中华人民共和国水法》等法律、行政法规有关矿产资源开发、利用、保护和管理的规定的，应当认定为刑法第三百四十三条规定的“违反矿产资源法的规定”。

**第二条** 具有下列情形之一的，应当认定为刑法第三百四十三条第一款规定的“未取得采矿许可证”：

（一）无许可证的；

（二）许可证被注销、吊销、撤销的；

（三）超越许可证规定的矿区范围或者开采范围的；

（四）超出许可证规定的矿种的（共生、伴生矿种除外）；

（五）其他未取得许可证的情形。

**第三条** 实施非法采矿行为，具有下列情形之一的，应当认定为刑法第三百四十三条第一款规定的“情节严重”：

（一）开采的矿产品价值或者造成矿产资源破坏的价值在十万元至三十万元以上的；

（二）在国家规划矿区、对国民经济具有重要价值的矿区采矿，开采国家规定实行保护性开采的特定矿种，或者在禁采区、禁采期内采矿，开采的矿产品价值或者造成矿产资源破坏的价值在五万元至十五万元以上的；

（三）二年内曾因非法采矿受过两次以上行政处罚，又实施非法采矿行为的；

（四）造成生态环境严重损害的；

（五）其他情节严重的情形。

实施非法采矿行为，具有下列情形之一的，应当认定为刑法第三百四十三条第一款规定的“情节特别严重”：

（一）数额达到前款第一项、第二项规定标准五倍以上的；

（二）造成生态环境特别严重损害的；

（三）其他情节特别严重的情形。

**第四条** 在河道管理范围内采砂，具有下列情形之一，符合刑法第三百四十三条第一款和本解释第二条、第三条规定的，以非法采矿罪定罪处罚：

（一）依据相关规定应当办理河道采砂许可证，未取得河道采砂许可证的；

（二）依据相关规定应当办理河道采砂许可证和采矿许可证，既未取得河道采砂许可证，又未取得采矿许可证的。

实施前款规定行为，虽不具有本解释第三条第一款规定的情形，但严重影响河势稳定，危害防洪安全的，应当认定为刑法第三百四十三条第一款规定的“情节严重”。

**第五条** 未取得海砂开采海域使用权证，且未取得采矿许可证，采挖海砂，符合刑法第三百四十三条第一款和本解释第二条、第三条规定的，以非法采矿罪定罪处罚。

实施前款规定行为，虽不具有本解释第三条第一款规定的情形，但造成海岸线严重破坏的，应当认定为刑法第三百四十三条第一款规定的“情节严重”。

**第六条** 造成矿产资源破坏的价值在五十万元至一百万元以上，或者造成国家规划矿区、对国民经济具有重要价值的矿区和国家规定实行保护性开采的特定矿种资源破坏的价值在二十五万元至五十万元以上的，应当认定为刑法第三百四十三条第二款规定的“造成矿产资源严重破坏”。

**第七条** 明知是犯罪所得的矿产品及其产生的收益，而予以窝藏、转移、收购、代为销售或者以其他方法掩饰、隐瞒的，依照刑法第三百一十二条的规定，以掩饰、隐瞒犯罪所得、犯罪所得收益罪定罪处罚。

实施前款规定的犯罪行为，事前通谋的，以共同犯罪论处。

**第八条** 多次非法采矿、破坏性采矿构成犯罪，依法应当追诉的，或者二年内多次非法采矿、破坏性采矿未经处理的，价值数额累计计算。

**第九条** 单位犯刑法第三百四十三条规定之罪的，依照本解释规定的相应自然人犯罪的定罪量刑标准，对直接负责的主管人员和其他直接责任人员定罪处罚，并对单位判处罚金。

**第十条** 实施非法采矿犯罪，不属于“情节特别严重”，或者实施破坏性采矿犯罪，行为人系初犯，全部退赃退赔，积极修复环境，并确有悔改表现的，可以认定为犯罪情节轻微，不起诉或者免予刑事处罚。

**第十一条** 对受雇佣为非法采矿、破坏性采矿犯罪提供劳务的人员，除参与利润分成或者领取高额固定工资的以外，一般不以犯罪论处，但曾因非法采矿、破坏性采矿受过处罚的除外。

**第十二条** 对非法采矿、破坏性采矿犯罪的违法所得及其收益，应当依法追缴或者责令退赔。

对用于非法采矿、破坏性采矿犯罪的专门工具和供犯罪所用的本人财物，应当依法没收。

**第十三条** 非法开采的矿产品价值，根据销赃数额认定；无销赃数额，销赃数额难以查证，或者根据销赃数额认定明显不合理的，根据矿产品价格和数量认定。

矿产品价值难以确定的，依据下列机构出具的报告，结合其他证据做出认定：

（一）价格认证机构出具的报告；

（二）省级以上人民政府国土资源、水行政、海洋等主管部门出具的报告；

（三）国务院水行政主管部门在国家确定的重要江河、湖泊设立的流域管理机构出具的报告。

**第十四条** 对案件所涉的有关专门性问题难以确定的，依据下列机构出具的鉴定意见或者报告，结合其他证据做出认定：

（一）司法鉴定机构就生态环境损害出具的鉴定意见；

（二）省级以上人民政府国土资源主管部门就造成矿产资源破坏的价值、是否属于破坏性开采方法出具的报告；

（三）省级以上人民政府水行政主管部门或者国务院水行政主管部门在国家确定的重要江河、湖泊设立的流域管理机构就是否危害防洪安全出具的报告；

（四）省级以上人民政府海洋主管部门就是否造成海岸线严重破坏出具的报告。

**第十五条** 各省、自治区、直辖市高级人民法院、人民检察院，可以根据本地区实际情况，在本解释第三条、第六条规定的数额幅度内，确定本地区执行的具体数额标准，报最高人民法院、最高人民检察院备案。

**第十六条** 本解释自2016年12月1日起施行。本解释施行后，《最高人民法院关于审理非法采矿、破坏性采矿刑事案件具体应用法律若干问题的解释》（法释〔2003〕9号）同时废止。

# 国土资源部关于推进矿产资源全面节约和高效利用的意见

国土资发〔2016〕187号

各省、自治区、直辖市国土资源主管部门，中国地质调查局及部其他直属单位，部机关各司局：

矿产资源是经济社会发展的重要物质基础和生态环境的构成要素。近年来，我国矿产资源节约和高效利用水平明显提高，但与加快推进生态文明建设要求还有差距。为贯彻落实党中央、国务院关于加快推进生态文明建设的战略决策部署，推进矿产资源全面节约和高效利用，加快转变矿业发展方式，提高矿产资源保障能力，维护资源和生态安全，现提出以下意见。

**一、总体要求**

（一）指导思想。全面贯彻党的十八大和十八届三中、四中、五中、六中全会精神，深入贯彻落实习近平总书记系列重要讲话精神，按照统筹推进“五位一体”总体布局和协调推进“四个全面”战略布局的要求，牢固树立和贯彻落实创新、协调、绿色、开放、共享的发展理念，坚持节约资源和保护环境基本国策，认真履行尽职尽责保护国土资源、节约集约利用国土资源、尽心尽力维护群众权益职责，加强管理创新，促进技术创新和利用方式创新，把全面节约和高效利用的要求落实到矿产资源勘查开发全过程，提高先进适用技术转化率和普及率，健全技术标准体系，完善激励约束机制，提高矿产资源开发利用水平和综合效益，促进矿业转型升级和生态文明建设。

（二）基本原则。坚持保护优先。在矿产资源开发和生态环境保护中，坚定保护就是节约的理念，把保护放在优先位置，坚持在保护中开发、在开发中保护，以最少的矿产资源消耗支撑经济社会持续发展。

坚持高效利用。在矿产资源勘查开发中，坚定高效利用就是节约的理念，对主共伴生矿产资源进行综合勘查、综合评价、综合开采和综合利用，推进优质优用、梯级利用和循环利用，推进废石等废弃物资源化利用，提高资源、经济和生态等综合效益。

坚持改革创新。完善技术指标体系，发挥技术指标强制和引领作用，加强监管，对达标情况进行公开。构建激励约束机制，对于节约和高效利用水平高的给予支持，对于水平低的予以惩戒。

坚持落实责任。全面落实企业主体责任，在综合勘查、综合开采和综合利用等关键环节，严格执行规定和指标要求。加快研发和应用先进技术，提升节约和高效利用水平。

（三）主要目标。到 2020 年，全面节约和高效利用指标体系和长效机制基本建立，建成矿产资源“三率”（开采回采率、选矿回收率和综合利用率）最低指标和领跑者指标，随技术进步动态调整。激励约束机制健全，监管有效，重要矿产“三率”达标，重点骨干矿山基本达到领跑者标准，矿产资源开发利用综合效益、先进适用技术普及率、矿业生态文明建设水平明显提高。

**二、加强勘查开发管理**

（四）加强综合勘查。继续推进沉积盆地油铀兼探，加快推进煤铀、油钾、“三气”（天然气、页岩气、煤层气）、煤与煤层气资源综合勘查、综合评价和综合开发利用。在勘查评价主要矿种的同时，对共伴生矿产进行综合勘查和综合评价。严格矿产资源储量报告矿产综合勘查和综合评价内容审查把关。

（五）强化源头管控。加强规划编制和实施，对沉积盆地等重要矿产按照空间划开、时间错开、有序开发的要求，合理设置矿业权，推进综合利用。严格审查矿产资源开发利用方案中开采顺序、开采方法和选矿工艺、综合开采和综合利用措施是否合理，技术是否先进适用，“三率”是否达到规定要求。

（六）推进监管改革。全面推进矿业权人勘查开采信息公开公示，按照“双随机一公开”要求，加强“三率”监管，将未履行法定义务的矿业权人依法列入异常名录和严重违法名单，督促其落实主体责任。强化矿山储量管理，及时掌握年度动用资源储量、损失量、采出量和保有资源储量。完善压矿管理，加强区域评估，指导建设单位合理选址，避免压覆或少压覆重要矿产资源。

（七）推进综合利用。积极配合有关部门制定政策，对采选产生的废石、矸石等废弃物，在安全、环保的前提下，采取提取有用组分、制作建材、加工成新型材料、井下充填等多种方式，进行资源化利用，提高资源、经济和生态效益。

**三、大力研发推广应用先进适用技术**

（八）开展技术需求调查。开展重要矿产、废石等资源高效利用技术调查，及时掌握技术现状。鼓励行业协会和科研单位开展技术调查，了解共性关键技术需求，为推动技术创新奠定基础。

（九）构建协同创新机制。依托国家工程技术研究中心、部级重点实验室及各级科技创新平台，支持和鼓励矿山企业、科研院所、高校等产学研有机融合，围绕保障矿产资源安全供给和促进矿业绿色转型，探索建立产业技术创新战略联盟，积极争取国家重点研发计划支持，大力研发先进技术。在煤炭资源绿色开发、天然气水合物探采、油气与非常规油气资源开发、金属资源清洁开发、盐湖与非金属资源综合利用等方面，突破一批核心关键技术，为可持续发展保障、矿业转型升级，提供强有力的科技支撑。

（十）推广应用先进技术。建立矿产资源节约和高效利用先进适用技术推广平台，发布目录，推进信息共享，畅通矿山企业获取先进技术信息渠道，引导研发单位指导矿山企业应用先进适用技术，实施升级改造，提高机械化、信息化、智能化水平。

**四、发挥标准规范强制和引领作用**

（十一）健全标准规范体系。进一步完善矿产资源勘查、开采、选矿技术标准规范体系，加强培训和执行效果跟踪评估。健全完善矿产资源品级标准，推进矿产资源优质优用、分级利用和循环利用。鼓励行业协会、矿山企业和科研单位组织参与标准编制，推动关键技术和成套技术研究成果转化为国家、行业标准。

（十二）完善矿产工业指标。根据不同矿床类型和开采条件，综合考虑经济、地理条件和资源环境承载力状况，调整完善矿产资源储量估算的一般指标和共伴生矿产综合利用指标。在符合安全、环保的要求下，鼓励综合利用低于一般工业指标的矿产资源。

（十三）完善矿产“三率”指标。制定 46 种重要矿产“三率”最低指标和领跑者指标，作为开发利用“底线”和“高线”，并根据市场变化和技术进步等适时调整。各省（区、市）和矿山可根据矿产资源禀赋和开采技术条件，制定高于国家指标的“三率”最低指标和领跑者指标。

**五、建立长效机制**

（十四）建立矿产资源开发利用水平调查评估制度。围绕采矿、选矿和综合利用的重点环节，建成调查评估常态化、科学化、标准化和激励约束差别化的开发利用水平调查评估制度，落实明确调查指标、规范调查流程、合理划分职责、完善指标体系、科学合理评估和完善激励约束机制六项任务。公开调查评估结果，发布“先进名单”和“不达标名单”。进入“先进名单”的，在技术创新项目、绿色矿山建设等方面优先支持；列入“不达标名单”的，按照规定督促整改或惩戒。

（十五）深入开展国土资源节约集约模范县（市）创建。完善创建活动指标标准体系和考核办法，强化地方的监管责任，充分调动矿山企业积极性，促进矿产资源全面节约和高效利用。

（十六）加大政策支持力度。完善支持政策，激励先进，推动矿山企业提升矿产资源开发利用水平。探索研究制定促进矿业发展的采矿临时用地政策。积极配合有关部门落实矿产资源节约和高效利用优惠政策。

各省（区、市）国土资源主管部门要提高认识，高度重视，落实责任，把推进矿产资源全面节约和高效利用工作作为重要任务，结合实际制定具体实施意见，确保落到实处。

2016年12月13日

# 国土资源部、中央编办、财政部、环境保护部、水利部、农业部、国家林业局关于印发《自然资源统一确权登记办法（试行）》的通知

国土资发〔2016〕192号

各省、自治区、直辖市人民政府，国务院有关部委、直属机构：

《自然资源统一确权登记办法（试行）》已经中央全面深化改革领导小组和国务院审定。现印发给你们，请结合实际，认真贯彻落实。

2016年12月20日

## 自然资源统一确权登记办法（试行）

### 第一章　总　则

**第一条**　为落实十八届三中全会通过的《中共中央关于全面深化改革若干重大问题的决定》和《中共中央国务院关于印发〈生态文明体制改革总体方案〉的通知》（中发〔2015〕25号）要求，规范自然资源统一确权登记，建立统一的确权登记系统，推进自然资源确权登记法治化，推动建立归属清晰、权责明确、监管有效的自然资源资产产权制度，根据有关法律规定，制定本办法。

**第二条**　国家建立自然资源统一确权登记制度。

自然资源确权登记坚持资源公有、物权法定和统一确权登记的原则。

**第三条**　对水流、森林、山岭、草原、荒地、滩涂以及探明储量的矿产资源等自然资源的所有权统一进行确权登记，界定全部国土空间各类自然资源资产的所有权主体，划清全民所有和集体所有之间的边界，划清全民所有、不同层级政府行使所有权的边界，划清不同集体所有者的边界，适用本办法。

**第四条**　自然资源确权登记以不动产登记为基础，已经纳入《不动产登记暂行条例》的不动产权利，按照不动产登记的有关规定办理，不再重复登记。

自然资源确权登记涉及调整或限制已登记的不动产权利的，应当符合法律法规规定，并依法及时记载于不动产登记簿。

**第五条**　国务院国土资源主管部门负责指导、监督全国自然资源统一确权登记工作。

省级以上人民政府负责自然资源统一确权登记工作的组织，各级不动产登记机构（以下简称登记机构）具体负责自然资源登记。

**第六条**　自然资源确权登记由自然资源所在地的县级以上人民政府登记机构办理。

跨行政区域的自然资源确权登记，由共同的上一级人民政府登记主管部门指定办理。

国务院确定的重点国有林区权属登记按照不动产登记的有关规定办理。

### 第二章　自然资源登记簿

**第七条**　登记机构应当按照国务院国土资源主管部门的规定，设立统一的自然资源登记簿（见附

件1)。

已按照《不动产登记暂行条例》办理登记的不动产权利，要在自然资源登记簿中记载，并通过不动产单元号、权利主体实现自然资源登记簿与不动产登记簿的关联。

**第八条** 县级以上人民政府按照不同自然资源种类和在生态、经济、国防等方面的重要程度以及相对完整的生态功能、集中连片等原则，组织相关资源管理部门划分自然资源登记单元，国家公园、自然保护区、水流等可以单独作为登记单元。自然资源登记单元具有唯一编码。

自然资源登记单元边界应当与不动产登记的物权权属边界做好衔接。

**第九条** 自然资源登记簿应当记载以下事项：

(一) 自然资源的坐落、空间范围、面积、类型以及数量、质量等自然状况；

(二) 自然资源所有权主体、代表行使主体以及代表行使的权利内容等权属状况；

(三) 自然资源用途管制、生态保护红线、公共管制及特殊保护要求等限制情况；

(四) 其他相关事项。

**第十条** 自然资源登记簿附图内容包括自然资源登记范围界线、面积，所有权主体名称，已登记的不动产权利界线，不同类型自然资源的边界、面积等信息。

自然资源登记簿附图以土地利用现状调查（自然资源调查)、不动产权籍调查相关图件为基础，结合各类自然资源普查或调查成果，通过相应的实地调查工作绘制生成。

**第十一条** 自然资源登记簿由县级以上人民政府登记机构进行管理，永久保存。

登记簿应当采用电子介质，暂不具备条件的，可以采用纸质介质。采用电子介质的，应当定期进行异地备份。

## 第三章　自然资源登记一般程序

**第十二条** 自然资源登记类型包括自然资源首次登记和变更登记。

首次登记是指在一定时间内对登记单元内全部国家所有的自然资源所有权进行的全面登记。在不动产登记中已经登记的集体土地及自然资源的所有权不再重复登记。

变更登记是指因自然资源的类型、边界等自然资源登记簿内容发生变化而进行的登记。

**第十三条** 自然资源首次登记程序为通告、调查、审核、公告、登簿。

对依法属于国家所有的自然资源所有权开展确权登记。

**第十四条** 自然资源首次登记的，县级以上人民政府应当成立自然资源统一确权登记领导小组，组织相关资源管理部门制定登记工作方案并预划登记单元，向社会发布首次登记通告。通告的主要内容包括：

(一) 自然资源登记单元的预划分；

(二) 自然资源登记的期限；

(三) 自然资源类型、范围；

(四) 需要集体土地所有权人、自然资源所有权代表行使主体等相关主体配合的事项及其他需要通告的内容。

**第十五条** 自然资源的调查工作由所在地的县级以上人民政府统一组织，国土资源主管部门（不动产登记机构）会同相关资源管理部门，以土地利用现状调查（自然资源调查）成果为底图，结合各类自然资源普查或调查成果，通过实地调查，查清登记单元内各类自然资源的类型、边界、面积、数量和质量等，形成自然资源调查图件和相关调查成果。

**第十六条** 登记机构依据自然资源调查结果和相关审批文件，结合相关资源管理部门的用途管制、生态保护红线、公共管制及特殊保护规定或政策性文件以及不动产登记结果资料等，对登记的内容进行审核。

**第十七条** 登记机构应当在登簿前将自然资源登记事项在所在地政府门户网站及指定场所进行公告，涉及国家秘密的除外。公告期不少于15个工作日。公告期内，相关权利人对登记事项提出异议的，登记机构应当对提出的异议进行调查核实。

**第十八条** 公告期满无异议或者异议不成立的，登记机构应当将登记事项记载于自然资源登记簿。

**第十九条** 自然资源的类型、边界等自然资源登记簿内容发生变化的，自然资源所有权代表行使主体应当持相关资料及时嘱托并配合登记机构办理变更登记。

## 第四章　国家公园、自然保护区、湿地、水流等自然资源登记

**第二十条** 以国家公园作为独立自然资源登记单元的，由登记机构会同国家公园管理机构或行业主管部门制定工作方案，依据土地利用现状调查（自然资源调查）成果、国家公园审批资料划定登记单元界线，收集整理用途管制、生态保护红线、公共管制及特殊保护规定或政策性文件，并开展登记单元内各

类自然资源的调查，通过确权登记明确各类自然资源的种类、面积和所有权性质。

**第二十一条** 以自然保护区作为独立自然资源登记单元的，由登记机构会同自然保护区管理机构或行业主管部门制定工作方案，依据土地利用现状调查（自然资源调查）成果、自然保护区审批资料划定登记单元界线，收集整理用途管制、生态保护红线、公共管制及特殊保护规定或政策性文件，并开展登记单元内各类自然资源的调查，通过确权登记明确各类自然资源的种类、面积和所有权性质。

**第二十二条** 以湿地作为独立自然资源登记单元的，由登记机构会同湿地管理机构、水利、农业等部门制定工作方案，依据土地利用现状调查（自然资源调查）成果，参考湿地普查或调查成果，对国际重要湿地、国家重要湿地、湿地自然保护区划定登记单元界线，收集整理用途管制、生态保护红线、公共管制及特殊保护规定或政策性文件，并开展登记单元内各类自然资源的调查。

**第二十三条** 以水流作为独立自然资源登记单元的，由登记机构会同水行政主管部门制定工作方案，依据土地利用现状调查（自然资源调查）成果、水利普查、河道岸线和水资源调查成果划定登记单元界线，收集整理用途管制、生态保护红线、公共管制及特殊保护规定或政策性文件，并开展登记单元内各类自然资源的调查。

**第二十四条** 本办法第二十条、第二十一条、第二十二条、第二十三条规定的国家公园、自然保护区、湿地、水流等自然资源确权登记工作，由登记机构参照第三章规定的一般程序办理。

## 第五章　登记信息管理与应用

**第二十五条** 自然资源确权登记信息纳入不动产登记信息管理基础平台，实现自然资源确权登记信息与不动产登记信息有效衔接。

**第二十六条** 自然资源确权登记结果应当向社会公开，但涉及国家秘密以及《不动产登记暂行条例》规定的不动产登记的相关内容除外。

**第二十七条** 自然资源确权登记信息与农业、水利、林业、环保、财税等相关部门管理信息应当互通共享，服务自然资源的确权登记和有效监管。

## 第六章　附　则

**第二十八条** 本办法先行在国家部署的试点地区（见附件2）实施，省级部署的试点可参照执行。探明储量的矿产资源确权登记制度在试点工作中完善。

军用土地范围内的自然资源暂不办理权属登记。

**第二十九条** 本办法由国土资源部负责解释，自印发之日起施行。

**附件 1**

__________省（区、市）__________ 市（区）__________县（市、区）

# 自然资源登记簿

自然资源登记单元号：________________________________________

登记机构：________________________________________________

**自然资源登记信息**　　　　**单位：□平方千米　□公顷　/ □亿立方米**

<table>
<tr><td colspan="2">自然资源登记单元号</td><td colspan="4"></td></tr>
<tr><td colspan="2" rowspan="2">所有权人</td><td colspan="2" rowspan="2"></td><td>所有权代表行使主体</td><td rowspan="2"></td></tr>
<tr><td>所有权代表行使内容</td></tr>
<tr><td rowspan="9">自然状况</td><td>坐　落</td><td colspan="4"></td></tr>
<tr><td>总面积</td><td colspan="2"></td><td>总数量</td><td></td></tr>
<tr><td>类　型</td><td>类　别</td><td>面　积</td><td>数　量</td><td>质　量</td></tr>
<tr><td rowspan="2"></td><td></td><td></td><td></td><td></td></tr>
<tr><td></td><td></td><td></td><td></td></tr>
<tr><td rowspan="2"></td><td></td><td></td><td></td><td></td></tr>
<tr><td></td><td></td><td></td><td></td></tr>
<tr><td rowspan="2"></td><td></td><td></td><td></td><td></td></tr>
<tr><td></td><td></td><td></td><td></td></tr>
<tr><td></td><td>空间坐标、位置说明或者四至描述</td><td colspan="4"></td></tr>
<tr><td rowspan="3">公共管制</td><td>用途管制要求</td><td colspan="4"></td></tr>
<tr><td>生态红线要求</td><td colspan="4"></td></tr>
<tr><td>特殊保护要求</td><td colspan="4"></td></tr>
<tr><td colspan="2">登记时间</td><td colspan="2"></td><td>登簿人</td><td></td></tr>
<tr><td colspan="2" rowspan="4">变　化　情　况</td><td>变化原因</td><td>变化内容</td><td>登记时间</td><td>登簿人</td></tr>
<tr><td></td><td></td><td></td><td></td></tr>
<tr><td></td><td></td><td></td><td></td></tr>
<tr><td></td><td></td><td></td><td></td></tr>
</table>

附图

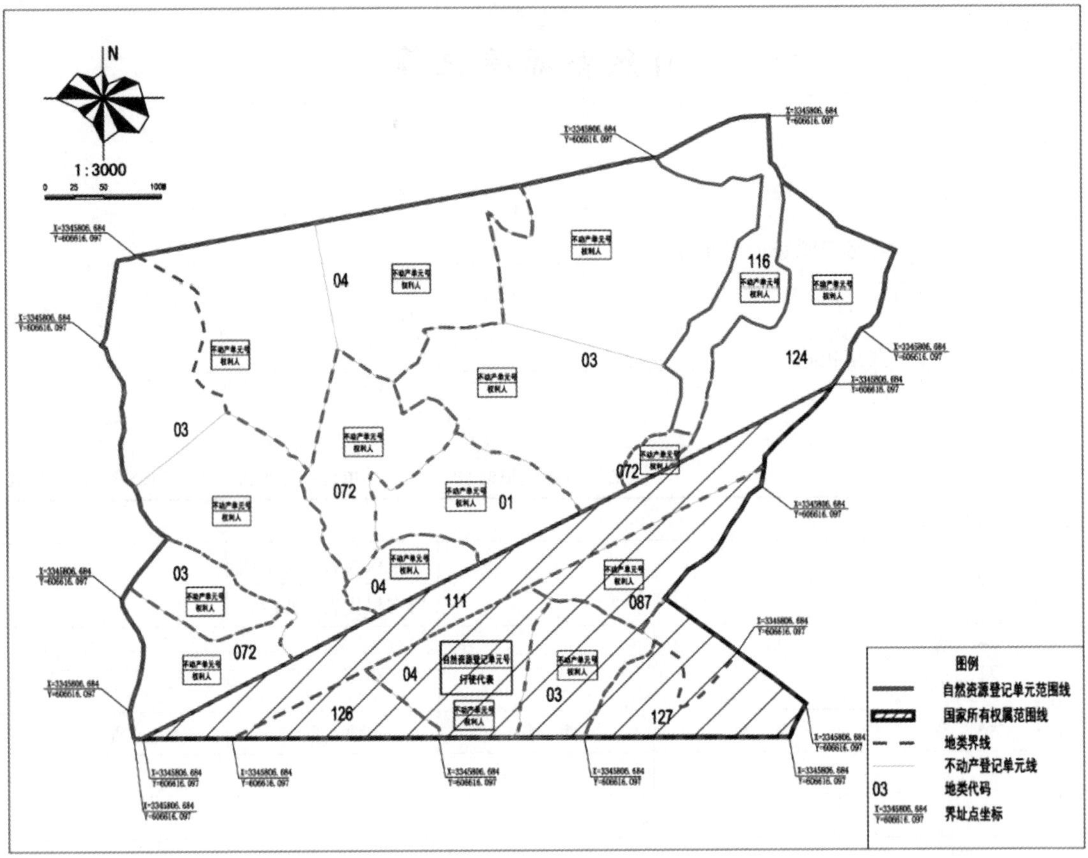
N
1:3000
0 25 50 100m
04
03
116
124
072
01
111
087
126
127
不动产单元号
权利人
自然资源登记单元号
行使代表
X=3345806.684
Y=606616.097
图例
自然资源登记单元范围线
国家所有权属范围线
地类界线
不动产登记单元线
地类代码
界址点坐标

**不动产权利关联信息**

<table>
<tr><td colspan="4">自然资源登记单元号：</td></tr>
<tr><td rowspan="2">不动产单元号</td><td colspan="2">不动产权利</td><td rowspan="2">权利人</td></tr>
<tr><td>集体土地所有权</td><td>国有土地上的用益物权</td></tr>
<tr><td></td><td></td><td></td><td></td></tr>
<tr><td></td><td></td><td></td><td></td></tr>
<tr><td></td><td></td><td></td><td></td></tr>
<tr><td></td><td></td><td></td><td></td></tr>
<tr><td></td><td></td><td></td><td></td></tr>
<tr><td></td><td></td><td></td><td></td></tr>
<tr><td></td><td></td><td></td><td></td></tr>
<tr><td></td><td></td><td></td><td></td></tr>
<tr><td></td><td></td><td></td><td></td></tr>
<tr><td></td><td></td><td></td><td></td></tr>
<tr><td>登记时间</td><td></td><td>登簿人</td><td></td></tr>
<tr><td>附　记</td><td></td><td></td><td></td></tr>
</table>

## 自然资源登记簿填写说明

**【自然资源登记单元号】** 填写按照自然资源调查有关技术规定编制的自然资源登记单元号。

**【所有权人】** 国家自然资源所有权的权利人填写“全民”。

**【所有权代表行使主体、所有权代表行使内容】** 暂不填写，待健全国家自然资源资产管理体制和探索建立分级行使国家自然资源所有权体制改革任务完成后，进行补充记载。

**【总面积】** 填写自然资源登记单元的总面积。

**【总数量】** 填写自然资源登记单元的总数量。

**【类型】** 填写自然资源登记单元内自然资源的类型。

**【类别】** 填写自然资源登记单元内自然资源的具体类别。

**【面积】** 填写自然资源登记单元内自然资源的分类别面积。

**【数量】** 填写自然资源登记单元内自然资源的分类别数量。

**【质量】** 填写自然资源登记单元内自然资源的分类别质量。

**【空间坐标、位置说明或者四至描述】** 填写自然资源登记单元的空间坐标信息（含高程值）和位置说明，不能填写空间坐标的，填写四至描述。

**【用途管制要求】** 填写依法确定的自然资源有关规划对自然资源登记单元的用途管制要求。

**【生态红线要求】** 填写依法划定的生态保护红线对自然资源登记单元的生态保护要求。

**【特殊保护要求】** 填写自然资源有关法律法规或者规划和红线确定的对自然资源登记单元的其他保护要求。

**【变化原因、变化内容】** 填写自然资源自然状况发生变化的具体原因和具体内容。

**【附图】** 附通过自然资源调查形成的自然资源登记单元成果图。

**【不动产单元号】** 填写按照不动产权籍调查技术规定编制的不动产单元号。

**【集体土地所有权、国有土地上的用益物权】** 涉及集体土地所有权的，填写集体土地所有权；涉及国有土地上的用益物权的，填写国有建设用地使用权或者国有农用地的使用权等。

**【权利人】** 填写集体土地所有权或者国有土地上的用益物权的权利主体。

**【登记时间】** 按照“×年×月×日”的形式记载登簿日期，如2016年01月01日。

**【登簿人】** 由登记机构负责登簿的登记工作人员签名。

**【附记】** 填写需要进一步说明的有关信息，如自然资源登记涉及调整或者限制已经登记的不动产权利的信息。

附件2

# 自然资源统一确权登记试点方案

根据十八届三中全会通过的《中共中央关于全面深化改革若干重大问题的决定》和中共中央、国务院印发的《生态文明体制改革总体方案》，为积极稳妥推进建立统一的确权登记系统，以点带面探索自然资源统一确权登记方法，推进确权登记法治化，指导试点地区形成可复制可推广的自然资源统一确权登记经验，制定本方案。

**一、总体要求**

（一）指导思想。全面贯彻落实党的十八大、十八届三中、四中、五中、六中全会精神，深入学习贯彻习近平总书记系列重要讲话精神，紧紧围绕统筹推进“五位一体”总体布局和协调推进“四个全面”战略布局，牢固树立创新、协调、绿色、开放、共享的发展理念，认真落实党中央、国务院决策部署，按照建立系统完整的生态文明制度体系的要求，在不动产登记的基础上，构建自然资源统一确权登记制度体系，逐步实现对水流、森林、山岭、草原、荒地、滩涂等所有自然生态空间统一进行确权登记，清晰界定全部国土空间各类自然资源资产的产权主体，划清全民所有和集体所有之间的边界，划清全民所有、不同层级政府行使所有权的边界，划清不同集体所有者的边界，推进确权登记法治化，推动建立归属清晰、权责明确、监管有效的自然资源资产产权制度，支撑自然资源有效监管和严格保护。

（二）基本原则。坚持资源公有，坚持自然资源社会主义公有制。坚持物权法定，按照法律规定，确定自然资源的物权种类和内容，开展统一确权登记。坚持统筹兼顾，在现有自然资源管理体制和格局的基础上，为相关改革预留空间，做好衔接，逐步划清全民所有、不同层级政府行使所有权的边界。坚持以不动产登记为基础，构建自然资源统一确权登记制度体系，实现自然资源统一确权登记与不动产登记的有机融合。坚持社会主义市场经济改革方向，正确处理政府与市场的关系，使市场在资源配置中起决定性作用，更好发挥政府作用。

（三）工作目标。以不动产登记为基础开展自然资源统一确权登记试点，探索解决自然资源统一确权登记中存在的难点和问题，以点带面，在总结各试点确权登记的经验基础上，补充完善自然资源统一确权登记办法，全面推进全国自然资源统一确权登记。

**二、试点任务**

以土地为基础，确定土地及其承载的各类自然资源所有权及其边界，调查反映各类自然资源的利用现状，在此基础上，开展自然资源统一确权登记，实现不动产登记簿与自然资源登记簿关联，自然资源登记簿同时记载保护界线、所有权代表行使主体和权利内容的信息。在集体土地所有权确权登记成果的基础上，科学划清国有和集体所有土地及承载的自然资源边界范围，对于国家所有的自然资源，启动自然资源的国家所有权的登记造册工作，进一步明确国有自然资源保护范围，明确自然资源登记范围、程序和法律责任等，进一步明确国有自然资源所有权主体、所有权代表行使主体等。

（一）明确自然资源登记范围。通过“三个图层相叠加”的方式，即集体土地所有权确权登记发证、国有土地使用权确权登记发证和土地利用现状图相叠加，明确国有未利用土地的范围，结合国家相关规划和自然资源保护范围，确定需要实施统一确权登记的自然资源范围。

（二）梳理自然资源资产权利体系。按照物权法定原则，结合相关改革成果，明确自然资源统一确权登记的权利内容，为开展统一确权登记和完善自然资源资产产权制度打下基础，推动健全自然资源资产权利体系、明晰自然资源资产产权主体和行使代表。

（三）开展自然资源统一确权登记。以不动产登记为基础，逐步构建自然资源统一确权登记体系。按照《自然资源统一确权登记办法（试行）》的规定，试点地区成立领导小组和工作组，协调相关部门，以确定的登记范围为基础，开展自然资源统一确权登记工作。

（四）加强自然资源登记信息的管理和应用。依法向社会公开自然资源确权登记结果，自然资源确权登记信息与相关部门自然资源管理信息实现互通共享，服务自然资源的确权登记和有效监管。

**三、试点区域**

试点区域的选择与正在开展的国家公园试点、水流和湿地确权试点相衔接、保持一致。考虑试点区域代表性、典型性、复制推广和可操作性等因素，选择青海三江源等国家公园试点，甘肃、宁夏湿地确权试点，宁夏、甘肃疏勒河流域以及陕西渭河、江苏徐州、湖北宜都等水流确权试点以及福建厦门、黑龙江齐齐哈尔，福建、贵州、江西等国家生态文明试验区，湖南芷江、浏阳、澧县等县（市），黑龙江大兴安岭地区和吉林延边等国务院确定的国有重点林区作为自然资源统一确权登记试点区域。

**四、试点工作内容**

各试点地区开展水流、森林、山岭、草原、荒地、滩涂以及探明储量的矿产资源等全要素的自然资源统一确权登记工作，其中：

青海三江源等国家公园试点——重点探索以国家公园作为独立的登记单元，开展全要素的自然资源确权登记，并着力解决自然资源跨行政区域登记的问题。

甘肃、宁夏——重点探索以湿地作为独立的登记单元，开展湿地统一确权登记。

宁夏、甘肃疏勒河流域以及陕西渭河、江苏徐州、湖北宜都——重点探索以水流作为独立的登记单元，开展水流确权登记。

福建厦门、黑龙江齐齐哈尔——重点探索在不动产登记制度下的自然资源统一确权登记关联路径和方法。

福建、贵州、江西等国家生态文明试验区——重点推进自然资源统一确权登记，为生态文明试验区建设奠定基础，并探索国家所有权和代表行使国家所有权登记的途径和方式。福建、贵州开展探明储量的矿产资源确权登记的路径和方法研究。

湖南芷江、浏阳、澧县等县（市）——重点探索个别重要的单项自然资源统一确权登记。

黑龙江大兴安岭地区和吉林延边——重点探索国务院确定的国有重点林区自然资源统一确权登记。

**五、时间安排**

试点工作从2016年12月开始，到2018年2月底结束，2018年上半年前对试点进行评估总结，分为三个阶段：

（一）准备阶段（2016.12－2017.2）。试点地区根据试点任务要求，开展有关自然资源确权登记基础资料的收集整理和审核工作，编制试点方案，并报国土资源部组织集中咨询和审查，由国土资源部和试点省（区）人民政府联合批复试点方案后实施。其中，水流产权确权试点方案报水利部、国土资源部组织审查，由水利部、国土资源部和试点省（区）人民政府联合批复试点方案后实施。

（二）实施阶段（2017.3－2018.2）。按照批复的试点方案，结合《自然资源统一确权登记办法（试行）》，开展试点工作。

（三）评估验收阶段（2018.3－2018.6）。试点区域提交试点报告，并提出修订完善《自然资源统一确权登记办法（试行）》的建议，由国土资源部会同有关部门进行评估验收。

在开展试点的基础上，针对自然资源统一确权登记试点报告及修订完善的建议，完善《自然资源统一确权登记办法》。

**六、保障措施**

自然资源统一确权登记试点工作意义重大，必须高度重视，精心实施，确保试点工作取得切实成效。

（一）加强领导，落实责任。成立自然资源统一确权登记试点工作指导小组，由国土资源部牵头，中央编办、财政部、环境保护部、水利部、农业部、林业局有关人员组成，各有关司局及相关流域机构协助开展工作。成立自然资源统一确权登记专家咨询组，提供有关理论、政策咨询。其中，涉及湿地和水流的统一确权登记试点分别由林业局、水利部会同国土资源部组织实施。试点地区政府成立试点工作组织协调机构，建立沟通协调机制。相关部门要积极支持和配合试点工作，参与有关问题研究，提供确权登记所需要的基础资料，并保障工作经费。试点地区所在省（区）人民政府和有关部门要加强领导和协调工作。

（二）信息共享，夯实基础。国土、环保、水利、农业、林业等自然资源主管部门要加强沟通，研究理清自然资源统一确权登记所需的基础资料状况。有关部门已有资料的，应当主动及时提供，现有资料不能满足需要的，应当积极研究解决办法，必要时可开展补充性调查。加强数据质量审核评估和检查，确保基础数据真实可靠。

（三）及时协调，加强指导。试点期间，国土资源部会同有关部门赴试点地区指导调研，协调解决试点过程中遇到的问题。各试点地区在试点过程中发现的重要问题和成功做法，应及时向国土资源部反馈。改革措施突破现行法律、行政法规的，要按程序报批，取得授权后实施。

# 国土资源部关于印发<br>中央财政地质调查项目管理办法的通知

国土资规〔2016〕19号

中国地质调查局，武警黄金指挥部，部其他直属单位，部机关各司局：

《中央财政地质调查项目管理办法》已经部长办公会审议通过，现印发给你们，请遵照执行。

2016年12月20日

# 中央财政地质调查项目管理办法

**第一条** 为规范中央财政地质调查项目管理工作，明确管理流程和各方职责，保证项目的顺利实施，特制定本办法。

**第二条** 本办法所称项目是指纳入国土资源部部门预算管理的、中央财政地质调查项目。项目应独立编制实施方案、开展具体调查研究、完成明确的目标任务，并独立提交成果报告。一般工作周期为3年。

**第三条** 地质调查项目围绕国家重大需求和国土资源中心工作，主要用于开展基础性、公益性和战略性地质调查，突出加强区域性基础地质调查、能源和重要矿产资源调查评价工作。

**第四条** 国土资源部负责组织编制地质调查规划，审查年度工作部署、目标任务和项目计划，汇总编报年度项目预算，下达年度项目预算和计划，指导、监督项目实施和预算执行，组织重点项目绩效评价。

**第五条** 中国地质调查局（以下简称“地调局”）是地质调查项目组织实施单位，负责提出地质调查规划和年度工作部署、目标任务，组织论证编报年度项目计划和预算，负责地质调查项目实施日常管理。

**第六条** 地调局按照部门预算管理规定和年度预算编制的具体要求，组织论证项目任务目标和主要内容，编制项目预算，选择承担单位；采取适当形式向社会公示通过立项论证的项目，公示无异议的项目统一纳入地质调查项目库，并按规定编制年度项目计划及预算建议报国土资源部，纳入部项目预算库。

**第七条** 国土资源部按照有关规定对年度地质调查工作部署、目标任务和项目计划安排进行审核后，按照预算管理规定向财政部申报项目预算，并根据财政部批复的预算下达项目计划。

**第八条** 根据财政部批复的项目预算和国土资源部下达的项目计划，地调局负责审定承担单位编制的项目实施方案，并组织实施。

**第九条** 地调局要建立权责统一、科学合理、公开透明的项目管理运行机制，规范项目管理流程和内部控制程序，加强项目实施过程的监督和检查；建立项目进展报告、统计报告、财务报告和重大情况专报等制度，每年定期将项目进展情况、财务执行情况正式报告国土资源部。国土资源部探索通过第三方对重点项目实施效果进行评估。

**第十条** 《地质矿产调查评价专项项目管理办法》（国土资发〔2014〕153号）同时废止。

# 国土资源部办公厅关于做好矿山地质环境保护与土地复垦方案编报有关工作的通知

国土资规〔2016〕21号

各省、自治区、直辖市国土资源主管部门，新疆生产建设兵团国土资源局：

为贯彻落实党中央、国务院关于深化行政审批制度改革的有关要求，切实减少管理环节，提高工作效率，减轻矿山企业负担，按照《土地复垦条例》《矿山地质环境保护规定》的有关规定，现就做好矿山企业矿山地质环境保护与治理恢复方案和土地复垦方案合并编报有关工作通知如下。

**一、总体要求**

自本通知下发之日，施行矿山企业矿山地质环境保护与治理恢复方案和土地复垦方案合并编报制度。矿山企业不再单独编制矿山地质环境保护与治理恢复方案、土地复垦方案。合并后的方案以采矿权为单位进行编制，即一个采矿权编制一个方案。方案名称为：矿业权人名称+矿山名称+矿山地质环境保护与土地复垦方案。

除采矿项目外的其他生产建设项目土地复垦方案编报审查，依照土地复垦法律法规及相关规定执行。

**二、方案编制**

（一）采矿权申请人在申请办理采矿许可证前，应当自行编制或委托有关机构编制矿山地质环境保护与土地复垦方案。

（二）在办理采矿权变更时，涉及扩大开采规模、扩大矿区范围、变更开采方式的，应当重新编制或修订矿山地质环境保护与土地复垦方案。

（三）在办理采矿权延续时，矿山地质环境保护与土地复垦方案超过适用期或方案剩余服务期少于采矿权延续时间的，应当重新编制或修订。矿山企业原矿山地质环境保护与治理恢复方案和土地复垦方案其中一个超过适用期的或方案剩余服务期少于采矿权延续时间的，应重新编制矿山地质环境保护与土地复垦方案。

（四）矿山地质环境保护与土地复垦方案的编制按照《矿山地质环境保护与土地复垦方案编制指南》执行。矿山企业在编制矿山地质环境保护与土地复垦方案过程中，应当充分听取相关权利人意见。

**三、方案审查**

（一）采矿权申请人或采矿权人编制的矿山地质环境保护与土地复垦方案，应按采矿权发证权限，报具有相应审批权的国土资源主管部门组织审查。审查费用列入部门预算，不得向矿山企业和编制单位收取费用。

（二）组织审查的国土资源主管部门应建立完善方案评审专家库，委托具有一定技术力量的事业单位或行业组织承担具体评审工作，并向社会公告。

（三）评审单位应按相关法律法规、技术规范和相关文件要求，在评审时限内，公平、公开、公正地组织评审工作。地质环境保护要重点评审矿区地面塌陷、地裂缝等地质灾害、含水层破坏、地形地貌景观破坏等内容；土地复垦要重点评审节约集约利用土地和保护耕地情况，促进损毁土地优先复垦为耕地，达到可供利用状态。

（四）有关国土资源主管部门应将评审结果向社会公示，公示期7个工作日。在公示期满无异议后，及时向社会公告审查结果。公示期内存在异议的，有关国土资源主管部门应当组织核实并提出处理意见。

（五）矿山企业和编制单位应对方案所引用相关数据的真实性负责，并按国家相关保密规定对社会公示文本进行相应处理。

**四、监督管理**

（一）矿山企业应当依据经审查通过的方案，开展矿山地质环境保护与土地复垦工作，于每年12月31日前向县级以上国土资源主管部门报告当年矿山地质环境保护与土地复垦情况。

（二）国土资源部将按照《国土资源部随机抽查事项清单》的规定，加强对经部审查的矿山地质环境保护与土地复垦方案执行情况的监督检查。

（三）地方各级国土资源主管部门要加强对方案编制审查工作的组织领导和对方案实施情况的监督管理，按照“双随机一公开”要求，督促矿山企业切实履行地质环境保护与土地复垦义务。矿山企业不复垦或者复垦不符合要求的，应当依法缴纳土地复垦费。对未按规定履行地质环境治理与土地复垦义务的矿山企业，列入矿业权人异常名录或严重违法名单，责令整改。整改不到位的，不得批准其申请新的采矿许可证或者申请采矿许可证延续、变更、注销，不得批准其申请新的建设用地。

**五、其他**

（一）各省（区、市）国土资源主管部门要按本通知要求，尽快出台矿山地质环境保护与治理恢复方案和土地复垦方案合并编报的办法。

（二）本通知下发之日起，《国土资源部办公厅关于做好矿山地质环境保护与治理恢复方案编制审查及有关工作的通知》（国土资厅发〔2009〕61号）同时废止。

本通知有效期为5年。

2017年1月3日

# 国务院关于全民所有自然资源资产有偿使用制度改革的指导意见

国发〔2016〕82号

各省、自治区、直辖市人民政府，国务院各部委、各直属机构：

全民所有自然资源是宪法和法律规定属于国家所有的各类自然资源，主要包括国有土地资源、水资源、矿产资源、国有森林资源、国有草原资源、海域海岛资源等。自然资源资产有偿使用制度是生态文明制度体系的一项核心制度。改革开放以来，我国全民所有自然资源资产有偿使用制度逐步建立，在促进自然资源保护和合理利用、维护所有者权益方面发挥了积极作用，但由于有偿使用制度不完善、监管力度不足，还存在市场配置资源的决定性作用发挥不充分、所有权人不到位、所有权人权益不落实等突出问题。按照生态文明体制改革总体部署，为健全完善全民所有自然资源资产有偿使用制度，现提出以下意见。

## 一、总体要求

（一）指导思想。全面贯彻党的十八大和十八届三中、四中、五中、六中全会精神，深入贯彻习近平总书记系列重要讲话精神和治国理政新理念新思想新战略，认真落实党中央、国务院决策部署，统筹推进“五位一体”总体布局和协调推进“四个全面”战略布局，牢固树立和贯彻落实创新、协调、绿色、开放、共享的发展理念，坚持发挥市场配置资源的决定性作用和更好发挥政府作用，以保护优先、合理利用、维护权益和解决问题为导向，以依法管理、用途管制为前提，以明晰产权、丰富权能为基础，以市场配置、完善规则为重点，以开展试点、健全法制为路径，以创新方式、加强监管为保障，加快建立健全全民所有自然资源资产有偿使用制度，努力提升自然资源保护和合理利用水平，切实维护国家所有者权益，为建设美丽中国提供重要制度保障。

（二）基本原则。保护优先、合理利用。树立尊重自然、顺应自然、保护自然的理念，坚持保护和发展相统一，在发展中保护、在保护中发展。正确处理资源保护与开发利用的关系，对需要严格保护的自然资源，严禁开发利用；对可开发利用的全民所有自然资源，使用者要遵守用途管制，履行保护和合理利用自然资源的法定义务。除国家法律和政策规定可划拨或无偿使用的情形外，全面实行有偿使用，切实增强使用者合理利用和有效保护自然资源的意识和内在动力。

两权分离、扩权赋能。适应经济社会发展多元化需求和自然资源资产多用途属性，在坚持全民所有制的前提下，创新全民所有自然资源资产所有权实现形式，推动所有权和使用权分离，完善全民所有自然资源资产使用权体系，丰富自然资源资产使用权权利类型，适度扩大使用权的出让、转让、出租、担保、入股等权能，夯实全民所有自然资源资产有偿使用的权利基础。

市场配置、完善规则。充分发挥市场配置资源的决定性作用，按照公开、公平、公正和竞争择优的要求，明确全民所有自然资源资产有偿使用准入条件、方式和程序，鼓励竞争性出让，规范协议出让，支持探索多样化有偿使用方式，推动将全民所有自然资源资产有偿使用逐步纳入统一的公共资源交易平台，完善全民所有自然资源资产价格评估方法和管理制度，构建完善价格形成机制，建立健全有偿使用信息公开和服务制度，确保国家所有者权益得到充分有效维护。

明确权责、分级行使。全民所有自然资源资产有偿使用试点可依照现行法律规定和管理体制，明确全民所有自然资源资产有偿处置的主体，在试点地区可结合实际，合理划分中央和地方政府对全民所有自然资源资产的处置权限，创新管理体制，明确和落实主体责任，实现效率和公平相统一。

创新方式、强化监管。建立健全市场主体信用评价制度，强化自然资源主管部门和财政等部门协同，发挥纪检监察、司法、审计等机构作用，完善国家自然资源资产管理体制和自然资源监管体制，创新管理方式方法，健全完善责任追究机制，实现对全民所有自然资源资产有偿使用全程动态有效监管，确保将有效保护和合理利用资源、维护国家所有者权益的各项要求落到实处。

（三）主要目标。到 2020 年，基本建立产权明晰、权能丰富、规则完善、监管有效、权益落实的全民所有自然资源资产有偿使用制度，使全民所有自然资源资产使用权体系更加完善，市场配置资源的决定性作用和政府的服务监管作用充分发挥，所有者和使用者权益得到切实维护，自然资源保护和合理利用水平显著提升，实现自然资源开发利用和保护的生态、经济、社会效益相统一。

## 二、各领域重点任务

（四）完善国有土地资源有偿使用制度。全面落实规划土地功能分区和保护利用的要求，优化土地利用布局，规范经营性土地有偿使用。对生态功能重要的国有土地，要坚持保护优先，其中依照法律规定和规划允许进行经营性开发利用的，应设立更加严格的审批条件和程序，并全面实行有偿使用，切实防止无偿或过度占用。完善国有建设用地有偿使用制度。扩大国有建设用地有偿使用范围，加快修订《划拨用地目录》。完善国有建设用地使用权权能和有偿使用方式。鼓励可以使用划拨用地的公共服务项目有偿使用国有建设用地。事业单位等改制为企业的，允许实行国有企业改制土地资产处置政策。探索建立国有农用地有偿使用制度。明晰国有农用地使用权，明确国有农用地的使用方式、供应方式、范围、期限、条件和程序。对国有农场、林场（区）、牧场改革中涉及的国有农用地，参照国有企业改制土地资产处置相关规定，采取国有农用地使用权出让、租赁、作价出资（入股）、划拨、授权经营等方式处置。通过有偿方式取得的国有建设用地、农用地使用权，可以转让、出租、作价出资（入股）、担保等。

（五）完善水资源有偿使用制度。落实最严格水资源管理制度，严守水资源开发利用控制、用水效率控制、水功能区限制纳污三条红线，强化水资源节约利用与保护，加强水资源监控。维持江河的合理流量和湖泊、水库以及地下水体的合理水位，维护水体生态功能。健全水资源费征收制度，综合考虑当地水资源状况、经济发展水平、社会承受能力以及不同产业和行业取用水的差别特点，区分地表水和地下水，支持低消耗用水、鼓励回收利用水、限制超量取用水，合理调整水资源费征收标准，大幅提高地下水特别是水资源紧缺和超采地区的地下水水资源费征收标准，严格控制和合理利用地下水。严格水资源费征收管理，按照规定的征收范围、对象、标准和程序征收，确保应收尽收，任何单位和个人不得擅自减免、缓征或停征水资源费。推进水资源税改革试点。鼓励通过依法规范设立的水权交易平台开展水权交易，区域水权交易或者交易量较大的取水权交易应通过水权交易平台公开公平公正进行，充分发挥市场在水资源配置中的作用。

（六）完善矿产资源有偿使用制度。全面落实禁止和限制设立探矿权、采矿权的有关规定，强化矿产资源保护。改革完善矿产资源有偿使用制度，明确矿产资源国家所有者权益的具体实现形式，建立矿产资源国家权益金制度。完善矿业权有偿出让制度，在矿业权出让环节，取消探矿权价款、采矿权价款，征收矿业权出让收益。进一步扩大矿业权竞争性出让范围，除协议出让等特殊情形外，对所有矿业权一律以招标、拍卖、挂牌方式出让。严格限制矿业权协议出让，规范协议出让管理，严格协议出让的具体情形和范围。完善矿业权分级分类出让制度，合理划分各级国土资源部门的矿业权出让审批权限。完善矿业权有偿占用制度，在矿业权占有环节，将探矿权、采矿权使用费调整为矿业权占用费。合理确定探矿权占用费收取标准，建立累进动态调整机制，利用经济手段有效遏制“圈而不探”等行为。根据矿产品价格变动情况和经济发展需要，适时调整采矿权占用费标准。完善矿产资源税费制度，落实全面推进资源税改革的要求，提高矿产资源综合利用效率，促进资源合理开发利用和有效保护。

（七）建立国有森林资源有偿使用制度。严格执行森林资源保护政策，充分发挥森林资源在生态建设中的主体作用。国有天然林和公益林、国家公园、自然保护区、风景名胜区、森林公园、国家湿地公园、国家沙漠公园的国有林地和林木资源资产不得出让。对确需经营利用的森林资源资产，确定有偿使用的范围、期限、条件、程序和方式。对国有森林经营单位的国有林地使用权，原则上按照划拨用地方式管理。研究制定国有林区、林场改革涉及的国有林地使用权有偿使用的具体办法。推进国有林地使用权确权登记工作，切实维护国有林区、国有林场确权登记颁证成果的权威性和合法性。通过租赁、特许经营等方式积极发展森林旅游。本着尊重历史、照顾现实的原则，全面清理规范已经发生的国有森林资源流转行为。

（八）建立国有草原资源有偿使用制度。依法依规严格保护草原生态，健全基本草原保护制度，任何单位和个人不得擅自征用、占用基本草原或改变其用途，严控建设占用和非牧使用。全民所有制单位改制涉及的国有划拨草原使用权，按照国有农用地改革政策实行有偿使用。稳定和完善国有草原承包经营制度，规范国有草原承包经营权流转。对已确定给农村集体经济组织使用的国有草原，继续依照现有土地承包经营方式落实国有草原承包经营权。国有草原承包经营权向农村集体经济组织以外单位和个人流转的，应按有关规定实行有偿使用。加快推进国有草原确权登记颁证工作。

（九）完善海域海岛有偿使用制度。完善海域有偿使用制度。坚持生态优先，严格落实海洋国土空间的生态保护红线，提高用海生态门槛。严格实行围填海总量控制制度，确保大陆自然岸线保有率不低于35%。完善海域有偿使用分级、分类管理制度，适应经济社会发展多元化需求，完善海域使用权出让、转让、抵押、出租、作价出资（入股）等权能。坚持多种有偿出让方式并举，逐步提高经营性用海市场化出让比例，明确市场化出让范围、方式和程序，完善海域使用权出让价格评估制度和技术标准，将生态环境损害成本纳入价格形成机制。调整海域使用金征收标准，完善海域等级、海域使用金征收范围和方式，建立海域使用金征收标准动态调整机制。开展海域资源现状调查与评价，科学评估海域生态价值、资源价值和开发潜力。完善无居民海岛有偿使用制度。坚持科学规划、保护优先、合理开发、永续利用，严格生态保护措施，避免破坏海岛及其周边海域生态系统，严控无居民海岛自然岸线开发利用，禁止开发利用领海基点保护范围内海岛区域和海洋自然保护区核心区及缓冲区、海洋特别保护区的重点保护区和预留区以及具有特殊保护价值的无居民海岛。明确无居民海岛有偿使用的范围、条件、程序和权利体系，完善无居民海岛使用权出让制度，探索赋予无居民海岛使用权依法转让、出租等权能。研究制定无居民海岛使用权招标、拍卖、挂牌出让有关规定。鼓励地方结合实际推进旅游娱乐、工业等经营性用岛采取招标、拍卖、挂牌等市场化方式出让。建立完善无居民海岛使用权出让价格评估管理制度和技术标准，建立无居民海岛使用权出让最低价标准动态调整机制。

**三、加大改革统筹协调和组织实施力度**

（十）加强与相关改革的衔接协调。推进全民所有自然资源资产有偿使用制度改革，要切实加强与自然资源产权制度、自然资源统一确权登记制度、国土空间用途管制制度、空间规划体系、自然资源管理体制、资源税费制度、生态保护补偿制度、创新政府配置资源方式、统一的公共资源交易平台建设、政府资产报告制度等相关改革的衔接协调，增强改革的系统性、整体性和协同性。

（十一）系统部署改革试点。稳妥推进矿业权出让制度等各相关改革试点。试点重点在国家生态文明试验区、健全国家自然资源资产管理体制试点地区和其他具备条件的地区进行，其中确需突破现行法律、行政法规、国务院文件和国务院批准的部门规章的，要按程序报批，取得授权后实施。各相关部门要加强指导，做好总结评估，发现问题及时纠偏。

（十二）统筹推进法治建设。立足生态文明体制改革全局，以完善全民所有自然资源资产使用权体系和有偿使用制度为重点，推进完善土地、水、矿产、森林、草原、海域、无居民海岛等全民所有自然资源资产有偿使用的法律法规体系。开展对全民所有自然资源资产有偿使用不规范行为的清理排查。对于法律制度完善的，要及时纠正不规范行为和违法行为。对于法律存在缺位或不完善的，各地区、各部门要在发现问题、总结经验的基础上，按程序推动相关法律法规立改废释。

（十三）协同开展资产清查核算。以各类自然资源调查评价和统计监测为基础，推进全民所有自然资源资产清查核算，研究完善相关指标体系、标准规范和技术规程，做好与自然资源资产负债表编制工作的衔接，建立全民所有自然资源资产目录清单、台账和动态更新机制，全面、准确、及时掌握我国全民所有自然资源资产“家底”，为全面推进有偿使用和监管提供依据。

（十四）强化组织实施。各地区、各部门要高度重视，充分认识全民所有自然资源资产有偿使用制度改革对于生态文明建设的重要意义，切实加强组织领导和细化落实，按照党中央、国务院关于生态文明体制改革总体部署和本意见要求，抓紧研究制定具体实施方案。地方各级政府要结合实际，加强研究和探索，为深化全民所有自然资源资产有偿使用制度改革提供实践支撑。各有关部门要按照职责分工，各司其职，密切配合，明确责任主体和时间进度，加强协调指导，确保各具体领域改革任务落到实处。国土资源部要牵头建立部际协调机制，加强对全民所有自然资源资产有偿使用制度改革工作的统筹指导和督促落实，及时研究改革中出现的新情况、新问题，重大问题和工作进展情况及时向国务院报告。

国务院

2016 年 12 月 29 日

# 统　计　资　料

## 2016年全国省、市、县级国土资源管理机构数

**表1**

单位：个

| 地区 | 合　计 | 省　级 | 市(地)级 | 县(区)级 |
|---|---|---|---|---|
| **合计** | **3428** | **32** | **357** | **3039** |
| 北京 | 17 | 1 | | 16 |
| 天津 | 12 | 1 | | 11 |
| 河北 | 186 | 1 | 11 | 174 |
| 山西 | 145 | 1 | 11 | 133 |
| 内蒙古 | 129 | 1 | 14 | 114 |
| 辽宁 | 78 | 1 | 14 | 63 |
| 吉林 | 53 | 1 | 9 | 43 |
| 黑龙江 | 152 | 1 | 16 | 135 |
| 上海 | 17 | 1 | | 16 |
| 江苏 | 120 | 1 | 13 | 106 |
| 浙江 | 105 | 1 | 11 | 93 |
| 安徽 | 116 | 1 | 16 | 99 |
| 福建 | 85 | 1 | 9 | 75 |
| 江西 | 111 | 1 | 11 | 99 |
| 山东 | 184 | 1 | 17 | 166 |
| 河南 | 174 | 1 | 18 | 155 |
| 湖北 | 120 | 1 | 16 | 103 |
| 湖南 | 151 | 1 | 13 | 137 |
| 广东 | 154 | 1 | 21 | 132 |
| 广西 | 105 | 1 | 14 | 90 |
| 海南 | 19 | 1 | 2 | 16 |
| 重庆 | 40 | 1 | | 39 |
| 四川 | 205 | 1 | 21 | 183 |
| 贵州 | 112 | 1 | 9 | 102 |
| 云南 | 159 | 1 | 15 | 143 |
| 西藏 | 81 | 1 | 7 | 73 |
| 陕西 | 124 | 1 | 11 | 112 |
| 甘肃 | 101 | 1 | 15 | 85 |
| 青海 | 55 | 1 | 8 | 46 |
| 宁夏 | 24 | 1 | 5 | 18 |
| 新疆 | 294 | 2 | 30 | 262 |

**注：**不包含部机关及直属事业单位。

## 2016年地质勘查投入和

**表2**

| 地区 | 地质勘查 | | | | |
|---|---|---|---|---|---|
| | 合计 | 中央财政拨款 | 地方财政拨款 | 企事业 | |
| | | | | 小计 | 国内企事业资金 |
| **全国** | **7747937.29** | **855272.48** | **818214.95** | **6074449.86** | **6013291.05** |
| 北京 | 31941.50 | 4331.00 | 7377.92 | 20232.58 | 18237.04 |
| 天津 | 352377.79 | 2415.33 | 10890.07 | 339072.39 | 339042.39 |
| 河北 | 293499.05 | 16740.07 | 42474.22 | 234284.76 | 229197.51 |
| 山西 | 174034.85 | 7620.00 | 43053.00 | 123361.85 | 122542.83 |
| 内蒙古 | 480767.32 | 71775.20 | 63577.65 | 345414.47 | 331980.03 |
| 辽宁 | 195761.62 | 20981.79 | 24691.57 | 150088.26 | 149895.66 |
| 吉林 | 177034.19 | 5547.00 | 10452.38 | 161034.81 | 154149.89 |
| 黑龙江 | 277441.73 | 16707.00 | 45058.32 | 215676.41 | 214610.41 |
| 上海 | 424770.58 | 580.00 | 1469.00 | 422721.58 | 422721.58 |
| 江苏 | 113834.20 | 7700.00 | 11435.30 | 94698.90 | 93811.41 |
| 浙江 | 27811.59 | 5865.00 | 10361.05 | 11585.54 | 11060.75 |
| 安徽 | 51529.05 | 10223.92 | 20658.78 | 20646.35 | 18967.00 |
| 福建 | 31551.69 | 7853.75 | 13099.65 | 10598.29 | 8740.29 |
| 江西 | 69632.77 | 17823.00 | 28527.04 | 23282.73 | 22355.18 |
| 山东 | 404507.08 | 5090.56 | 39436.05 | 359980.47 | 359066.55 |
| 河南 | 180267.59 | 8037.00 | 34434.34 | 137796.25 | 136830.15 |
| 湖北 | 108349.32 | 31039.60 | 19543.34 | 57766.38 | 57451.18 |
| 湖南 | 51153.09 | 20243.95 | 13364.81 | 17544.33 | 16232.93 |
| 广东 | 330351.83 | 11371.46 | 8279.77 | 310700.60 | 310615.42 |
| 广西 | 40644.98 | 16385.40 | 12997.29 | 11262.29 | 10383.69 |
| 海南 | 35748.03 | 2770.42 | 6897.23 | 26080.38 | 26080.38 |
| 重庆 | 133671.38 | 8847.08 | 21053.23 | 103771.07 | 103771.07 |
| 四川 | 523895.97 | 33707.74 | 15528.63 | 474659.60 | 471654.71 |
| 贵州 | 67391.58 | 20225.50 | 3551.00 | 43615.08 | 41190.28 |
| 云南 | 109517.22 | 26944.74 | 17920.12 | 64652.36 | 57863.97 |
| 西藏 | 87140.44 | 65647.56 | 7198.42 | 14294.46 | 14227.60 |
| 陕西 | 487452.68 | 15891.63 | 34193.23 | 437367.82 | 434380.12 |
| 甘肃 | 301942.89 | 24253.50 | 51704.88 | 225984.51 | 225447.81 |
| 青海 | 225925.61 | 29028.21 | 44192.86 | 152704.54 | 150677.62 |
| 宁夏 | 471562.28 | 6586.00 | 7646.68 | 457329.60 | 454027.60 |
| 新疆 | 1234032.56 | 80644.24 | 147147.12 | 1006241.20 | 1006078.00 |
| 其他 | 252394.83 | 252394.83 | | | |

**注：**①为2003年新增指标。

# 新发现矿产地情况——按地区分列

| 经费（万元） | | | 机械岩芯钻探工作量（米） | 坑探工作量（米） | 新发现矿产地 |
|---|---|---|---|---|---|
| 资金 | | | | | |
| 港、澳、台商[①]投资 | 外商投资 | 其他投入 | | | |
| | **1399.42** | **59759.39** | **9132391.82** | **350907.38** | **157** |
| | | | | | |
| | | 1995.54 | 81454.50 | | |
| | | 30.00 | 1156.00 | | |
| | | 5087.25 | 316875.90 | 3182.70 | |
| | | 819.02 | 341104.00 | 2873.40 | 2 |
| | | 13434.44 | 1302946.67 | 22315.58 | 25 |
| | | | | | |
| | | 192.60 | 239809.27 | 1020.00 | 3 |
| | 81.50 | 6803.42 | 265403.80 | 12936.50 | 1 |
| | | 1066.00 | 303831.70 | 7575.50 | 5 |
| | | | | | |
| | | | | | |
| | | 887.49 | 148171.90 | 160.00 | |
| | | 524.79 | 82798.90 | 5793.00 | |
| | | 1679.35 | 243294.00 | 335.00 | |
| | 50.00 | 1808.00 | 125030.20 | 3036.10 | 1 |
| | | 927.55 | 366329.48 | 28282.60 | 40 |
| | | 913.92 | 809525.00 | 1018.00 | 7 |
| | | | | | |
| | | 966.10 | 316927.00 | 5207.50 | 5 |
| | 50.00 | 265.20 | 99544.10 | 25877.70 | 1 |
| | | 1311.40 | 224255.60 | 10863.60 | 8 |
| | 85.18 | | 142983.40 | 4092.20 | 3 |
| | | 878.60 | 133726.20 | 4336.70 | 3 |
| | | | 40244.90 | 3404.00 | 6 |
| | | | | | |
| | | | 47851.90 | 2181.20 | |
| | | 3004.89 | 266121.60 | 53047.70 | |
| | | 2424.80 | 391032.30 | | 2 |
| | | 6788.39 | 423094.30 | 35700.30 | 1 |
| | | 66.86 | 52957.90 | 3265.00 | |
| | | | | | |
| | | 2987.70 | 283575.33 | 41775.00 | 6 |
| | | 536.70 | 281003.77 | 35510.10 | 3 |
| | 725.74 | 1301.18 | 159318.60 | | |
| | 407.00 | 2895.00 | 1622592.00 | 37118.00 | |
| | | 163.20 | 19431.60 | | 18 |
| | | | | | |
| | | | | | 17 |

# 2016年地质勘查投入和

表 3

| 矿 种 | 地质勘查 | | | | |
|---|---|---|---|---|---|
| | 合 计 | 中央财政拨款 | 地方财政拨款 | 企事业 | |
| | | | | 小计 | 国内企事业资金 |
| **总 计** | **7747937.29** | **855272.48** | **818214.95** | **6074449.86** | **6013291.05** |
| 煤炭 | 174740.35 | 4764.30 | 83501.33 | 86474.72 | 82815.37 |
| 石油天然气 | 5053860.25 | 180800.00 | | 4873060.25 | 4873060.25 |
| 煤层气 | 74500.21 | 6300.00 | | 68200.21 | 68200.21 |
| 页岩气 | 142534.00 | 32100.00 | | 110434.00 | 110434.00 |
| 天然沥青 | 88.00 | | | 88.00 | 88.00 |
| 油页岩 | 11334.73 | | 8190.31 | 3144.42 | 3144.42 |
| 石煤 | 1649.79 | | 711.16 | 938.63 | 842.31 |
| 地热 | 31025.05 | | 10418.71 | 20606.34 | 15133.27 |
| 铁矿 | 102762.67 | 1000.00 | 38873.09 | 62889.58 | 59040.41 |
| 锰矿 | 26668.12 | 3347.00 | 15480.56 | 7840.56 | 7840.56 |
| 铬矿 | 935.00 | 187.00 | 266.00 | 482.00 | 482.00 |
| 钛矿 | 3431.80 | | 1917.95 | 1513.85 | 1513.85 |
| 钒矿 | 3390.71 | | 1244.00 | 2146.71 | 1995.21 |
| 铜矿 | 312909.41 | 2513.00 | 69044.74 | 241351.67 | 230744.84 |
| 铝土矿 | 31985.25 | | 11887.35 | 20097.90 | 20097.90 |
| 镁矿 | 147.00 | | | 147.00 | 147.00 |
| 镍矿 | 7897.44 | 520.00 | 2658.18 | 4719.26 | 4719.26 |
| 钴矿 | 436.92 | | 194.92 | 242.00 | 242.00 |
| 钨矿 | 12791.86 | 1167.00 | 6294.76 | 5330.10 | 5288.78 |
| 锡矿 | 9867.24 | 80.00 | 3700.30 | 6086.94 | 5946.94 |
| 钼矿 | 21571.26 | 100.00 | 12271.41 | 9199.85 | 8622.47 |
| 锑矿 | 5842.46 | | 3419.46 | 2423.00 | 2423.00 |
| 汞矿 | 80.00 | | | 80.00 | 80.00 |
| 铅锌矿 | 174799.51 | 845.00 | 56520.12 | 117434.39 | 106505.35 |
| 铂族金属 | 174.27 | | | 174.27 | 174.27 |
| 金矿 | 339235.63 | 7946.97 | 106201.96 | 225086.70 | 205894.17 |
| 银矿 | 37765.24 | 194.00 | 14281.85 | 23289.39 | 21800.10 |
| 铌钽矿 | 5185.01 | | 3656.98 | 1528.03 | 1528.03 |
| 铋矿 | 88.00 | | | 88.00 | 88.00 |
| 铍矿 | 3557.00 | | 274.00 | 3283.00 | 3283.00 |
| 锂矿 | 15910.25 | 1590.00 | 2239.59 | 12080.66 | 12080.66 |
| 锶矿 | 540.17 | | 326.82 | 213.35 | 213.35 |
| 铷矿 | 2182.91 | | 1342.20 | 840.71 | 840.71 |
| 铯矿 | 43.00 | | | 43.00 | 43.00 |

## 新发现矿产地情况——按矿种分列

| 经费（万元） | | | 机械岩芯钻探工作量（米） | 坑探工作量（米） | 新发现矿产地 |
|---|---|---|---|---|---|
| 资金 | | | | | |
| 港、澳、台商投资 | 外商投资 | 其他投入 | | | |
| | **1399.42** | **59759.39** | **9132391.82** | **350907.38** | **157** |
| | 407.00 | 3252.35 | 990916.60 | 2461.10 | 10 |
| | | | | | 17 |
| | | | | | |
| | | | | | |
| | | | 1470.00 | | |
| | | | 32937.40 | | 2 |
| | | 96.32 | 41914.70 | | |
| | | 5473.07 | 370850.00 | | 7 |
| | | 3849.17 | 590720.69 | 21168.38 | 8 |
| | | | 95720.30 | 7177.10 | 2 |
| | | | 6423.00 | 1500.00 | |
| | | | 12012.80 | 578.00 | |
| | | 151.50 | 15329.10 | 1229.30 | 2 |
| | | 10606.83 | 1496390.80 | 45165.90 | 7 |
| | | | 327723.90 | 867.30 | 2 |
| | | | 850.00 | | |
| | | | 21718.30 | 266.00 | |
| | | | 4171.80 | | |
| | | 41.32 | 94842.60 | 21997.00 | 2 |
| | | 140.00 | 70138.90 | 4483.40 | 2 |
| | | 577.38 | 99749.00 | 4170.80 | 1 |
| | | | 27948.80 | 782.00 | |
| | | | | | |
| | | 10929.04 | 1108520.70 | 61673.00 | 11 |
| | | | 951.10 | | |
| | 942.42 | 18250.11 | 2067433.30 | 101175.60 | 12 |
| | | 1489.29 | 162862.90 | 4169.00 | 2 |
| | | | 15976.38 | | |
| | | | | | |
| | | | 21514.20 | | |
| | | | 68411.90 | | 1 |
| | | | 1621.00 | | |
| | | | 11615.70 | | |
| | | | 230.00 | | |

## 2016年地质勘查投入和

续表 3-1

| 矿种 | 地质勘查 | | | | |
|---|---|---|---|---|---|
| | 合计 | 中央财政拨款 | 地方财政拨款 | 企事业 | |
| | | | | 小计 | 国内企事业资金 |
| 锆矿 | | | | | |
| 稀土矿 | 12364.52 | 4893.00 | 5987.33 | 1484.19 | 191.92 |
| 锗矿 | 622.70 | | | 622.70 | 622.70 |
| 钪矿 | 54.00 | 54.00 | | | |
| 蓝晶石 | 140.00 | | 120.00 | 20.00 | 20.00 |
| 矽线石 | | | | | |
| 红柱石 | 269.13 | | 136.53 | 132.60 | 132.60 |
| 菱镁矿 | 215.00 | | 94.00 | 121.00 | 121.00 |
| 普通萤石 | 13988.95 | 946.00 | 4844.75 | 8198.20 | 7602.14 |
| 熔剂用灰岩 | 2154.64 | | 505.03 | 1649.61 | 1649.61 |
| 冶金用白云岩 | 648.31 | | 376.13 | 272.18 | 272.18 |
| 冶金用石英岩 | 512.42 | 70.00 | | 442.42 | 382.00 |
| 冶金用砂岩 | 247.00 | | | 247.00 | 247.00 |
| 冶金用脉石英 | 502.98 | 70.00 | | 432.98 | 432.98 |
| 耐火黏土 | 138.25 | | 56.00 | 82.25 | 82.25 |
| 熔剂用蛇纹岩 | 98.00 | | | 98.00 | 98.00 |
| 硫矿 | 7.00 | | | 7.00 | 7.00 |
| 硫铁矿 | 4592.95 | | 376.94 | 4216.01 | 3978.91 |
| 钠硝石 | 1496.00 | | | 1496.00 | 1496.00 |
| 明矾石 | 74.60 | | | 74.60 | 74.60 |
| 芒硝 | 212.50 | | | 212.50 | 212.50 |
| 重晶石 | 1530.80 | | 1262.62 | 268.18 | 268.18 |
| 毒重石 | 92.47 | | 92.47 | | |
| 电石用灰岩 | | | | | |
| 含钾岩石 | 267.76 | | 186.76 | 81.00 | 46.00 |
| 化肥用蛇纹岩 | 29.00 | | | 29.00 | 29.00 |
| 泥炭 | 362.60 | | | 362.60 | 362.60 |
| 盐矿 | 8471.04 | | 5138.89 | 3332.15 | 3332.15 |
| 钾盐 | 12492.87 | 4648.00 | 5284.00 | 2560.87 | 2560.87 |
| 磷矿 | 21791.43 | 80.00 | 2205.42 | 19506.01 | 19506.01 |
| 硼矿 | 1238.83 | 140.00 | 967.83 | 131.00 | 131.00 |
| 金刚石 | 1810.46 | 464.79 | 1039.56 | 306.11 | 306.11 |
| 光学萤石 | 801.00 | 725.00 | | 76.00 | 76.00 |
| 石墨 | 32971.99 | 1355.00 | 20551.86 | 11065.13 | 10945.85 |
| 硅灰石 | 548.70 | | 368.21 | 180.49 | 143.10 |

# 新发现矿产地情况——按矿种分列

| 经费（万元） | | | 机械岩芯钻探工作量（米） | 坑探工作量（米） | 新发现矿产地 |
|---|---|---|---|---|---|
| 资金 | | | | | |
| 港、澳、台商投资 | 外商投资 | 其他投入 | | | |
| | | 1292.27 | 29193.90 | | 3 |
| | | | 3226.00 | | |
| | | | 806.00 | | |
| | | | 1118.30 | | |
| | | | 470.00 | | |
| | | | 451.50 | | |
| | | | 1790.30 | | 2 |
| | | 596.06 | 102148.40 | 9694.70 | 1 |
| | | | 11410.70 | | 1 |
| | | | 3254.20 | | 4 |
| | | 60.42 | 1306.70 | | |
| | | | 811.00 | | |
| | | | 1012.00 | | |
| | | | 4427.40 | | |
| | | | 700.00 | | |
| | | | | | |
| | | 237.10 | 17104.40 | 1245.00 | |
| | | | | 1270.00 | |
| | | | 7215.30 | | |
| | | | 371.00 | | |
| | | | 5984.60 | | 2 |
| | | | 992.30 | | |
| | | | | | 1 |
| | | 35.00 | 627.50 | | |
| | | | | | |
| | | | 1820.00 | | |
| | | | 28864.00 | 90.00 | 1 |
| | | | 28873.60 | 270.00 | |
| | | | 134774.50 | 46945.30 | |
| | | | 6233.50 | | |
| | | | 10621.80 | | |
| | | | 699.30 | | |
| | | 119.28 | 114139.70 | 270.00 | 5 |
| | | 37.39 | 3296.60 | 988.00 | |

## 2016 年地质勘查投入和

续表 3-2

| 矿 种 | 地质勘查 | | | | |
|---|---|---|---|---|---|
| | 合 计 | 中央财政拨款 | 地方财政拨款 | 企事业 | |
| | | | | 小计 | 国内企事业资金 |
| 滑石 | 1104.41 | | 601.00 | 503.41 | 485.32 |
| 长石 | 739.11 | | 176.00 | 563.11 | 563.11 |
| 石榴子石 | 424.77 | | | 424.77 | 424.77 |
| 叶蜡石 | 909.47 | | 646.54 | 262.93 | 115.30 |
| 沸石 | 40.00 | | | 40.00 | 40.00 |
| 石膏 | 3794.77 | | 2800.20 | 994.57 | 754.57 |
| 方解石 | 1394.99 | | 776.00 | 618.99 | 618.99 |
| 宝石 | 420.56 | | | 420.56 | 420.56 |
| 玉石 | 1273.72 | | 1074.99 | 198.73 | 198.73 |
| 玛瑙 | 1349.94 | | 314.00 | 1035.94 | 1035.94 |
| 霞石正长岩 | 138.69 | | 19.79 | 118.90 | 118.90 |
| 玻璃用石英岩 | 2260.60 | 70.00 | 147.89 | 2042.71 | 2018.71 |
| 玻璃用砂岩 | 476.53 | | 380.53 | 96.00 | 96.00 |
| 玻璃用砂 | 10.00 | | | 10.00 | 10.00 |
| 玻璃用脉石英 | 151.56 | 70.00 | 19.56 | 62.00 | 62.00 |
| 水泥用灰岩 | 10479.44 | 633.23 | 2589.62 | 7256.59 | 6811.71 |
| 制灰用灰岩 | 294.45 | | 228.45 | 66.00 | 66.00 |
| 泥灰岩 | 484.73 | | | 484.73 | 484.73 |
| 水泥配料用砂岩 | 349.36 | | 191.19 | 158.17 | 158.17 |
| 水泥配料用页岩 | 173.03 | | 8.03 | 165.00 | 165.00 |
| 水泥配料用红土 | 7.00 | | 7.00 | | |
| 硅藻土 | 1180.06 | | | 1180.06 | 1180.06 |
| 高岭土 | 2775.29 | | 1909.75 | 865.54 | 646.65 |
| 陶瓷土 | 1810.07 | | 830.20 | 979.87 | 979.87 |
| 凹凸棒石黏土 | 86.24 | | | 86.24 | 86.24 |
| 海泡石黏土 | | | | | |
| 膨润土 | 779.68 | | 408.18 | 371.50 | 371.50 |
| 陶粒用黏土 | 222.40 | | | 222.40 | 222.40 |
| 水泥混合材用玄武岩 | 12.00 | | | 12.00 | 12.00 |
| 水泥用凝灰岩 | | | | | |
| 水泥用大理岩 | 473.57 | | 30.00 | 443.57 | 443.57 |
| 砖瓦用页岩 | 70.00 | | 70.00 | | |
| 陶瓷用砂岩 | 332.26 | | 253.62 | 78.64 | 78.64 |

## 新发现矿产地情况——按矿种分列

| 经费（万元） | | | 机械岩芯钻探工作量（米） | 坑探工作量（米） | 新发现矿产地 |
|---|---|---|---|---|---|
| 资金 | | | | | |
| 港、澳、台商投资 | 外商投资 | 其他投入 | | | |
| | | 18.09 | 7594.80 | 175.00 | 1 |
| | | | 10965.00 | | 1 |
| | | | 1667.50 | | |
| | | 147.63 | 5810.00 | | 1 |
| | | | | | |
| | | 240.00 | 9832.10 | 207.00 | |
| | | | 5575.70 | | 2 |
| | | | 3654.00 | 200.00 | |
| | | | 3703.30 | | |
| | | | 5860.50 | | 1 |
| | | | 1767.90 | | |
| | | 24.00 | 10045.00 | 214.00 | 2 |
| | | | 345.70 | | |
| | | | | | |
| | | | 410.00 | | |
| | | 444.88 | 62384.90 | | 6 |
| | | | 2206.00 | | |
| | | | 2087.00 | | |
| | | | 854.10 | | |
| | | | 81.00 | | |
| | | | | | |
| | | | 6883.00 | | |
| | | 218.89 | 15760.10 | 119.00 | 5 |
| | | | 11463.00 | 4003.60 | 8 |
| | | | 448.30 | | |
| | | | 1010.50 | | |
| | | | 11784.30 | 640.00 | 2 |
| | | | 2825.50 | | |
| | | | | | |
| | | | | | |
| | | | 1793.30 | | |
| | | | 120.70 | | |
| | | | 2236.00 | | 2 |

## 2016 年地质勘查投入和

续表 3-3

| 矿　种 | 地质勘查 | | | | |
|---|---|---|---|---|---|
| | 合　计 | 中央财政拨款 | 地方财政拨款 | 企事业 | |
| | | | | 小计 | 国内企事业资金 |
| 建筑用砂 | 1154.20 | | 10.00 | 1144.20 | |
| 建筑用灰岩 | 350.81 | | 219.85 | 130.96 | 130.96 |
| 建筑用辉绿岩 | 90.00 | | 90.00 | | |
| 建筑用玄武岩 | 71.99 | | 56.49 | 15.50 | 15.50 |
| 建筑用花岗岩 | 791.16 | | 289.00 | 502.16 | 502.16 |
| 建筑用大理岩 | 402.85 | | 98.85 | 304.00 | 284.00 |
| 建筑用白云岩 | 75.62 | | 27.62 | 48.00 | 48.00 |
| 建筑用砂岩 | 126.78 | | | 126.78 | 126.78 |
| 建筑用页岩 | 20.20 | | | 20.20 | 20.20 |
| 饰面用辉长岩 | 50.00 | | | 50.00 | 50.00 |
| 饰面用辉绿岩 | | | | | |
| 饰面用正长岩 | 8.00 | | | 8.00 | 8.00 |
| 饰面用花岗岩 | 4149.51 | | 1591.87 | 2557.64 | 2499.84 |
| 饰面用灰岩 | 635.75 | | 635.75 | | |
| 饰面用大理岩 | 1049.90 | | 883.87 | 166.03 | 166.03 |
| 饰面用蛇纹岩 | 65.30 | | | 65.30 | 65.30 |
| 饰面用板岩 | 46.56 | | 8.06 | 38.50 | 38.50 |
| 铸石用玄武岩 | 36.50 | | | 36.50 | 36.50 |
| 岩棉用玄武岩 | 40.00 | | | 40.00 | 40.00 |
| 火山灰 | 90.00 | | 90.00 | | |
| 片麻岩 | 158.00 | | | 158.00 | 158.00 |
| 珍珠岩 | 833.77 | | 701.77 | 132.00 | 132.00 |
| 石棉 | 13.00 | | | 13.00 | 13.00 |
| 云母 | 55.00 | | | 55.00 | 55.00 |
| 透辉石 | 100.00 | | | 100.00 | 100.00 |
| 透闪石 | 9.00 | | | 9.00 | 9.00 |
| 浮石 | | | | | |
| 麦饭石 | 35.00 | | | 35.00 | 35.00 |
| 矿泉水 | 2260.91 | | 1989.53 | 271.38 | 221.38 |
| 地下水 | 7452.05 | | 2477.52 | 4974.53 | 4764.53 |
| 二氧化碳气 | 2125.00 | | 2125.00 | | |
| 水工环科技及其他 | 960943.32 | 597599.19 | 288925.15 | 74418.98 | 74418.98 |

## 新发现矿产地情况——按矿种分列

| 经费（万元） | | | 机械岩芯钻探工作量（米） | 坑探工作量（米） | 新发现矿产地 |
|---|---|---|---|---|---|
| 资金 | | | | | |
| 港、澳、台商投资 | 外商投资 | 其他投入 | | | |
| | | 1144.20 | 18316.00 | | |
| | | | 2655.40 | 1160.00 | |
| | | | 647.10 | | |
| | | | 703.80 | 218.00 | 3 |
| | | | 4148.70 | 700.00 | 1 |
| | | 20.00 | 3827.20 | | |
| | | | 2569.80 | | |
| | | | 1526.00 | | |
| | | | | | |
| | | | 120.00 | | 1 |
| | | | 395.60 | | |
| | | | 65.50 | | |
| | | 57.80 | 18268.20 | | 5 |
| | | | 1430.80 | | |
| | | | 9630.70 | | 2 |
| | | | 1940.90 | | |
| | | | 497.00 | | |
| | | | 150.00 | | |
| | | | 84.50 | | |
| | | | 500.00 | | |
| | | | 413.00 | | |
| | | | 5207.60 | | |
| | | | | | |
| | | | 400.00 | | |
| | | | 2965.40 | 3571.90 | |
| | | | | | |
| | | | | | 1 |
| | | | 200.00 | | |
| | 50.00 | | 2806.40 | | 5 |
| | | 210.00 | 40506.90 | 62.00 | |
| | | | 2500.00 | | |
| | | | 536035.75 | | |

# 2016 年矿产资源勘查许可证发证及探矿权

表 4

| 经济类型 | 勘查许可证发证 | | | | | | |
|---|---|---|---|---|---|---|---|
| | 许可证数 | | | 登记面积 | | | 探矿权使用费 |
| | 有效 | 新立 | 注销 | 有效 | 新立 | 注销 | |
| **合计** | **26547** | **1180** | **2107** | **3998659.03** | **37936.76** | **42181.28** | **18081.78** |
| 国有企业 | 7512 | 339 | 815 | 3701123.62 | 20615.28 | 23311.19 | 5891.63 |
| 集体企业 | 90 | 10 | 19 | 685.39 | 10.39 | 173.21 | 30.29 |
| 股份合作企业 | 178 | 5 | 24 | 2746.27 | 48.60 | 166.94 | 122.22 |
| 联营企业 | 1043 | 320 | 37 | 23892.01 | 10766.89 | 1001.58 | 547.88 |
| 有限责任公司 | 15876 | 458 | 784 | 245971.53 | 5958.64 | 8923.45 | 10419.41 |
| 股份有限公司 | 782 | 20 | 87 | 12880.77 | 129.79 | 1165.63 | 581.77 |
| 私营企业 | 862 | 15 | 255 | 8486.72 | 23.82 | 1645.84 | 372.47 |
| 其他企业 | 111 | 8 | 39 | 1409.26 | 86.67 | 282.91 | 58.55 |
| 合资经营企业（港、澳、台资） | 4 | | 4 | 23.93 | | 26.59 | 1.18 |
| 合作经营企业（港、澳、台资） | 8 | | | 174.42 | | | 8.72 |
| 港、澳、台商独资经营企业 | 5 | | 4 | 111.30 | | 13.65 | 5.29 |
| 港、澳、台商投资股份有限公司 | 4 | | 1 | 56.20 | | 5.79 | 1.57 |
| 中外合资经营企业 | 23 | 5 | 12 | 483.52 | 296.68 | 393.82 | 12.19 |
| 中外合作经营企业 | 37 | | 21 | 475.91 | | 4997.11 | 22.72 |
| 外资企业 | 8 | | 4 | 69.27 | | 60.14 | 3.46 |
| 外商投资股份有限公司 | 4 | | 1 | 68.91 | | 13.43 | 2.43 |

## 出让、转让情况——按经济类型分列

单位：宗、平方千米、万元

| 探矿权出让 | | | | | | | 探矿权转让 | |
|---|---|---|---|---|---|---|---|---|
| 合　计 | | 申请在先 | 协议出让 | | 招、拍、挂出让 | | 宗数 | 转让金额 |
| 宗数 | 价款金额 | 宗数 | 宗数 | 价款金额 | 宗数 | 价款金额 | | |
| **1180** | **1098633.31** | **720** | **101** | **1019683.66** | **358** | **78949.65** | **181** | **43152.22** |
| 339 | 6219.10 | 312 | 3 | 344.58 | 23 | 5874.52 | 11 | 2890.98 |
| 10 | 111.44 | 3 | 5 | 18.67 | 2 | 92.77 | 1 | |
| 5 | 1263.92 | 2 | | | 3 | 1263.92 | | |
| 320 | 262.00 | 313 | 3 | | 4 | 262.00 | 3 | |
| 458 | 1086482.57 | 77 | 86 | 1018820.41 | 295 | 67662.16 | 143 | 37432.22 |
| 20 | 3104.87 | 3 | 2 | 500.00 | 15 | 2604.87 | 7 | 2060.00 |
| 15 | 606.15 | 3 | 2 | | 10 | 606.15 | 16 | 769.02 |
| 8 | 583.26 | 2 | | | 6 | 583.26 | | |
| | | | | | | | | |
| | | | | | | | | |
| | | | | | | | | |
| | | | | | | | | |
| 5 | | 5 | | | | | | |

# 2016年矿产资源勘查许可证发证及探矿权

表5

| 地区 | 勘查许可证发证 | | | | | | |
|---|---|---|---|---|---|---|---|
| | 许可证数 | | | 登记面积 | | | 探矿权使用费 |
| | 有效 | 新立 | 注销 | 有效 | 新立 | 注销 | |
| **全国** | **26547** | **1179** | **2107** | **3998659.03** | **37936.76** | **42181.28** | **18081.76** |
| 国土资源部 | 1843 | 22 | 37 | 3577451.48 | 10717.65 | | 1689.45 |
| 北京 | 10 | | | 25.91 | | | 1.09 |
| 天津 | 83 | 31 | 14 | 172.19 | 74.00 | 16.21 | 1.85 |
| 河北 | 477 | 24 | 55 | 3459.82 | 231.52 | 336.36 | 96.18 |
| 山西 | 95 | 1 | 11 | 823.75 | 17.97 | 147.17 | 38.63 |
| 内蒙古 | 3309 | 138 | 131 | 72807.80 | 4325.18 | 3911.86 | 2435.40 |
| 辽宁 | 743 | 118 | 34 | 6396.43 | 1729.26 | 492.89 | 205.13 |
| 吉林 | 763 | 107 | 167 | 9842.81 | 1250.35 | 10419.15 | 320.45 |
| 黑龙江 | 738 | 65 | 12 | 33538.38 | 2291.55 | 480.51 | 1253.04 |
| 上海 | | | | | | | |
| 江苏 | 146 | 14 | 22 | 513.31 | 25.50 | 139.14 | 16.57 |
| 浙江 | 429 | 22 | 60 | 4281.38 | 111.76 | 747.05 | 141.96 |
| 安徽 | 923 | 57 | 275 | 9569.45 | 732.61 | 2284.64 | 375.01 |
| 福建 | 363 | 27 | 161 | 2187.62 | 96.91 | 986.49 | 93.80 |
| 江西 | 1822 | 96 | 18 | 9278.27 | 696.81 | 43.22 | 377.92 |
| 山东 | 860 | 40 | 44 | 7060.67 | 899.11 | 279.55 | 262.01 |
| 河南 | 408 | 27 | 38 | 2988.65 | 370.04 | 449.38 | 122.73 |
| 湖北 | 304 | 19 | 35 | 2056.54 | 255.47 | 279.76 | 56.18 |
| 湖南 | 487 | 46 | 18 | 4555.45 | 662.29 | 178.31 | 155.93 |
| 广东 | 411 | 8 | 5 | 5028.32 | 245.36 | 59.03 | 139.82 |
| 广西 | 784 | 15 | 54 | 14075.75 | 171.87 | 798.25 | 666.34 |
| 海南 | 28 | | 16 | 209.87 | | 365.97 | 10.49 |
| 重庆 | 100 | 24 | 322 | 2126.34 | 1318.08 | 7002.70 | 44.68 |
| 四川 | 1545 | 18 | 102 | 23928.59 | 171.44 | 2970.73 | 1092.50 |
| 贵州 | 584 | 18 | 53 | 8295.68 | 270.40 | 992.85 | 335.37 |
| 云南 | 1988 | 3 | 336 | 30436.45 | 96.35 | 4030.56 | 1398.45 |
| 西藏 | 553 | 6 | 3 | 21357.11 | 380.52 | 79.94 | 1002.30 |
| 陕西 | 709 | 30 | 11 | 17953.28 | 2137.46 | 418.91 | 713.65 |
| 甘肃 | 773 | | 4 | 8768.82 | | 64.55 | 347.84 |
| 青海 | 918 | 112 | 46 | 33563.13 | 6286.01 | 1859.12 | 775.61 |
| 宁夏 | 75 | 10 | 15 | 1235.44 | 117.51 | 302.42 | 41.67 |
| 新疆 | 4276 | 81 | 8 | 84670.34 | 2253.78 | 2044.56 | 3869.71 |

## 出让、转让情况——按地区分列

单位：宗、平方千米、万元

| 探矿权出让 | | | | | | | 探矿权转让 | |
|---|---|---|---|---|---|---|---|---|
| 合计 | | 申请在先 | 协议出让 | | “招、拍、挂”出让 | | 宗数 | 转让金额 |
| 宗数 | 价款金额 | 宗数 | 宗数 | 价款金额 | 宗数 | 价款金额 | | |
| **1179** | **1098633.32** | **720** | **101** | **1019683.67** | **358** | **78949.65** | **181** | **43152.22** |
| 22 | | 19 | | | 3 | | 12 | 4063.18 |
| | | | | | | | | |
| 31 | 3964.38 | | 1 | 73.38 | 30 | 3891.00 | | |
| 24 | 1051.00 | 19 | 1 | 100.00 | 4 | 951.00 | 5 | 219.54 |
| 1 | 12980.00 | | | | 1 | 12980.00 | | |
| 138 | 11125.41 | 51 | 35 | 419.41 | 52 | 10706.00 | 14 | 290.51 |
| | | | | | | | | |
| 118 | 174.02 | 92 | 26 | 174.02 | | | 15 | 6447.00 |
| 107 | 6847.19 | 32 | 10 | 781.58 | 65 | 6065.61 | 4 | 3166.68 |
| 65 | 1558.67 | 49 | | | 16 | 1558.67 | 3 | 194.05 |
| | | | | | | | | |
| | | | | | | | | |
| 14 | 195.00 | 9 | | | 5 | 195.00 | 1 | 1080.00 |
| 22 | | 22 | | | | | 4 | 30.75 |
| 57 | | 57 | | | | | 6 | |
| 27 | 1270.57 | 11 | 4 | | 12 | 1270.57 | 2 | 120.00 |
| 96 | 5925.00 | 45 | | | 51 | 5925.00 | 16 | 1637.00 |
| 40 | 123.00 | 39 | | | 1 | 123.00 | 5 | |
| | | | | | | | | |
| 27 | 15356.52 | 19 | 3 | 12831.52 | 5 | 2525.00 | 9 | 2002.02 |
| 19 | 373.00 | 16 | | | 3 | 373.00 | 2 | |
| 46 | 100.00 | 41 | 4 | | 1 | 100.00 | | |
| 8 | 38.00 | 7 | | | 1 | 38.00 | 11 | 752.88 |
| 15 | 1062.00 | 4 | 1 | | 10 | 1062.00 | 16 | 51.00 |
| | | | | | | | | |
| | | | | | | | | |
| 24 | | 24 | | | | | 1 | 2734.10 |
| 18 | 18445.43 | 1 | 1 | 2.90 | 16 | 18442.53 | 13 | 7520.00 |
| 18 | 5107.92 | | | | 18 | 5107.92 | 7 | 1170.51 |
| 3 | 2063.00 | | | | 3 | 2063.00 | 15 | 128.00 |
| 6 | | 6 | | | | | 3 | 11250.00 |
| | | | | | | | | |
| 30 | 419.00 | 22 | 2 | | 6 | 419.00 | | |
| | | | | | | | 1 | |
| 112 | 1467.19 | 104 | 4 | 0.04 | 4 | 1467.15 | 10 | 295.00 |
| 10 | | 10 | | | | | | |
| 81 | 1008987.02 | 21 | 9 | 1005300.82 | 51 | 3686.20 | 6 | |

# 2016年矿产资源勘查许可证发证及探矿权

**表 6**

| 矿种 | 勘查许可证发证 | | | | | | |
|---|---|---|---|---|---|---|---|
| | 许可证数 | | | 登记面积 | | | 探矿权使用费 |
| | 有效 | 新立 | 注销 | 有效 | 新立 | 注销 | |
| 合计 | 26547 | 1179 | 2107 | 3998659.03 | 37936.76 | 42181.28 | 18081.76 |
| 煤 | 1508 | 40 | 248 | 79400.58 | 3146.44 | 5349.72 | 3530.13 |
| 石油天然气 | 873 | 6 | 36 | 3539900 | 10474.49 | | |
| 煤层气 | 105 | 8 | 1 | | | | |
| 油页岩 | 76 | 3 | 26 | 8615.19 | 90.35 | 8072.98 | 187.43 |
| 石煤 | 1 | | | 23.00 | | | 1.15 |
| 油砂 | 10 | 1 | | 358.47 | 29.22 | | 10.16 |
| 天然沥青 | 5 | | | 27.50 | | | 1.18 |
| 地热 | 678 | 137 | 119 | 9362.28 | 3216.60 | 1666.24 | 228.84 |
| 铁矿 | 2426 | 73 | 324 | 29310.43 | 1559.30 | 2618.62 | 1090.19 |
| 锰矿 | 423 | 16 | 81 | 4947.75 | 288.00 | 702.24 | 191.06 |
| 铬铁矿 | 45 | | 1 | 736.17 | | 17.33 | 36.21 |
| 钛矿 | 62 | 2 | 9 | 1110.79 | 92.03 | 146.73 | 43.06 |
| 钒矿 | 142 | 1 | 23 | 1370.41 | 7.74 | 1311.33 | 61.92 |
| 金红石 | 10 | 1 | | 222.28 | 26.57 | | 5.54 |
| 铜矿 | 4984 | 125 | 261 | 89193.08 | 4423.65 | 4689.97 | 3747.88 |
| 铅矿 | 2718 | 63 | 147 | 41765.87 | 1487.79 | 3349.49 | 1798.72 |
| 锌矿 | 313 | 3 | 23 | 3935.47 | 27.90 | 232.81 | 163.84 |
| 铝土矿 | 237 | 6 | 34 | 6644.65 | 106.71 | 888.95 | 300.20 |
| 镁矿 | 6 | | 4 | 42.77 | | 39.60 | 2.14 |
| 镍矿 | 115 | 2 | 5 | 2017.92 | 48.00 | 99.21 | 81.20 |
| 钴矿 | 11 | 1 | 1 | 194.91 | 20.50 | 1.00 | 6.13 |
| 钨矿 | 95 | 1 | 6 | 742.45 | 21.28 | 48.01 | 29.04 |
| 锡矿 | 149 | 8 | 11 | 1166.78 | 104.62 | 94.20 | 45.44 |
| 铋矿 | 8 | 1 | | 49.06 | 4.54 | | 2.27 |
| 钼矿 | 455 | 6 | 55 | 5258.37 | 126.86 | 772.69 | 212.06 |
| 汞矿 | 5 | | 4 | 47.95 | | 58.40 | 2.12 |
| 锑矿 | 121 | 6 | 2 | 1046.90 | 119.84 | 7.86 | 45.16 |
| 多金属 | 1366 | 46 | 75 | 28507.32 | 869.86 | 1435.54 | 1097.85 |
| 铂矿 | 20 | | 1 | 318.82 | | 58.65 | 13.25 |
| 砂金 | 16 | | 7 | 152.45 | | 127.51 | 7.42 |
| 金矿 | 5946 | 231 | 270 | 90416.82 | 6171.56 | 4760.58 | 3412.44 |
| 银矿 | 667 | 35 | 32 | 11871.23 | 1123.16 | 911.90 | 408.78 |

## 出让、转让情况——按矿种分列

单位：宗、平方千米、万元、个

| 探矿权出让 | | | | | | | 探矿权转让 | |
|---|---|---|---|---|---|---|---|---|
| 合计 | | 申请在先 | 协议出让 | | “招、拍、挂”出让 | | 宗数 | 转让金额 |
| 宗数 | 价款金额 | 宗数 | 宗数 | 价款金额 | 宗数 | 价款金额 | | |
| 1179 | 1098633.32 | 720 | 101 | 1019683.67 | 358 | 78949.65 | 181 | 43152.22 |
| 40 | 1005590.82 | 27 | 12 | 1005400.82 | 1 | 190.00 | 5 | 181.00 |
| 6 | | 3 | | | 3 | | | |
| 8 | | 8 | | | | | | |
| 3 | 8.00 | 2 | | | 1 | 8.00 | 2 | 3806.18 |
| | | | | | | | | |
| 1 | | 1 | | | | | | |
| | | | | | | | | |
| 137 | 12990.60 | 73 | 1 | 73.38 | 63 | 12917.22 | 13 | 4089.60 |
| 73 | 2218.79 | 32 | 22 | 241.79 | 19 | 1977.00 | 17 | 295.61 |
| 16 | 397.69 | 10 | | | 6 | 397.69 | 1 | |
| | | | | | | | | |
| 2 | 163.00 | | | | 2 | 163.00 | 1 | |
| 1 | 54.00 | | | | 1 | 54.00 | | |
| 1 | | 1 | | | | | | |
| 125 | 6458.96 | 103 | 4 | 344.59 | 18 | 6114.37 | 31 | 13552.83 |
| 63 | 4075.87 | 43 | 7 | 74.70 | 13 | 4001.17 | 20 | 5917.55 |
| 3 | | 2 | 1 | | | | 2 | 79.00 |
| 6 | 26887.30 | 1 | 1 | 12831.52 | 4 | 14055.78 | 5 | |
| | | | | | | | | |
| 2 | | 2 | | | | | 1 | |
| 1 | | 1 | | | | | | |
| 1 | | 1 | | | | | 1 | |
| 8 | | 8 | | | | | 1 | |
| 1 | 30.00 | | | | 1 | 30.00 | | |
| 6 | | 6 | | | | | 3 | 26.38 |
| | | | | | | | | |
| 6 | 132.96 | 4 | 1 | | 1 | 132.96 | 1 | 490.44 |
| 46 | 462.50 | 40 | 1 | | 5 | 462.50 | 7 | 150.60 |
| | | | | | | | | |
| | | | | | | | | |
| 231 | 6665.29 | 155 | 27 | 695.27 | 49 | 5970.02 | 46 | 2748.03 |
| 35 | 2618.01 | 22 | 3 | 0.01 | 10 | 2618.00 | 3 | 311.57 |

## 2016 年矿产资源勘查许可证发证及探矿权

**续表 6-1**

| 矿　种 | 勘查许可证发证 | | | | | | |
|---|---|---|---|---|---|---|---|
| | 许可证数 | | | 登记面积 | | | 探矿权使用费 |
| | 有效 | 新立 | 注销 | 有效 | 新立 | 注销 | |
| 铌钽矿 | 68 | 1 | 4 | 791.09 | 39.35 | 57.22 | 33.44 |
| 铌矿 | 12 | | 1 | 167.34 | | 13.26 | 5.20 |
| 钽矿 | 8 | | 3 | 51.32 | | 63.14 | 2.57 |
| 铍矿 | 27 | | | 274.99 | | | 12.78 |
| 锂矿 | 33 | 2 | 1 | 1326.22 | 13.41 | 3.03 | 56.03 |
| 锆矿 | 5 | | | 66.65 | | | 3.33 |
| 锶矿（天青石） | 7 | | 5 | 48.77 | | 27.09 | 1.62 |
| 铷矿 | 7 | | | 67.41 | | | 3.06 |
| 铯矿 | 2 | | | 58.99 | | | 2.95 |
| 重稀土矿 | 1 | | | 5.25 | | | 0.26 |
| 钇矿 | 1 | | | 5.12 | | | 0.26 |
| 轻稀土矿 | 18 | | | 531.92 | | | 11.67 |
| 锗矿 | 3 | | | 14.38 | | | 0.65 |
| 铊矿 | 1 | | | 6.56 | | | 0.33 |
| 铼矿 | | | 4 | | | 59.02 | |
| 蓝晶石 | 5 | | | 53.59 | | | 1.84 |
| 矽线石 | 1 | | | 5.71 | | | 0.29 |
| 红柱石 | 7 | 1 | | 52.82 | 6.79 | | 2.37 |
| 菱镁矿 | 4 | | | 64.96 | | | 2.90 |
| 萤石（普通） | 385 | 30 | 21 | 2212.91 | 207.43 | 163.91 | 77.82 |
| 熔剂用石灰岩 | 17 | 2 | 5 | 53.08 | 13.67 | 19.86 | 1.76 |
| 冶金用白云岩 | 22 | 6 | 3 | 95.71 | 41.79 | 12.42 | 2.76 |
| 冶金用石英岩 | 9 | | 6 | 40.66 | | 24.44 | 1.36 |
| 冶金用脉石英 | 6 | 1 | 2 | 33.24 | 0.69 | 21.31 | 1.35 |
| 耐火黏土 | 6 | 1 | 1 | 47.21 | 2.80 | 4.70 | 1.71 |
| 其他黏土 | 3 | 2 | | 10.71 | 7.88 | | 0.11 |
| 熔剂用蛇纹岩 | 1 | | | 1.02 | | | 0.05 |
| 自然硫 | 2 | | 1 | 3.05 | | 3.07 | 0.15 |
| 硫铁矿 | 110 | 3 | 27 | 1003.88 | 5.38 | 243.20 | 44.24 |
| 钠硝石 | 132 | | | 6350.18 | | | 317.51 |
| 明矾石 | 4 | 1 | | 9.86 | 5.25 | | 0.19 |
| 芒硝（含钙芒硝） | 9 | | 1 | 226.37 | | 4.82 | 8.08 |
| 重晶石 | 37 | 3 | 7 | 393.21 | 29.75 | 330.07 | 16.02 |

## 出让、转让情况——按矿种分列

单位：宗、平方千米、万元、个

| 探矿权出让 | | | | | | | 探矿权转让 | |
|---|---|---|---|---|---|---|---|---|
| 合计 | | 申请在先 | 协议出让 | | “招、拍、挂”出让 | | 宗数 | 转让金额 |
| 宗数 | 价款金额 | 宗数 | 宗数 | 价款金额 | 宗数 | 价款金额 | | |
| 1 | | 1 | | | | | | |
| | | | | | | | | |
| | | | | | | | | |
| | | | | | | | | |
| 2 | 20.00 | 1 | | | 1 | 20.00 | | |
| | | | | | | | | |
| | | | | | | | | |
| | | | | | | | | |
| | | | | | | | | |
| | | | | | | | | |
| | | | | | | | | |
| | | | | | | | | |
| | | | | | | | | |
| | | | | | | | | |
| | | | | | | | | |
| | | | | | | | | |
| | | | | | | | | |
| 1 | | 1 | | | | | | |
| | | | | | | | | |
| 30 | 257.67 | 17 | 8 | 18.67 | 5 | 239.00 | 6 | 1030.75 |
| 2 | | 2 | | | | | | |
| 6 | | 6 | | | | | | |
| | | | | | | | | |
| 1 | 55.00 | | | | 1 | 55.00 | | |
| 1 | | 1 | | | | | | |
| 2 | | 1 | 1 | | | | | |
| | | | | | | | | |
| | | | | | | | | |
| 3 | 36.00 | | 2 | | 1 | 36.00 | | |
| | | | | | | | | |
| 1 | | 1 | | | | | | |
| | | | | | | | | |
| 3 | 46.00 | 2 | | | 1 | 46.00 | | |

# 2016 年矿产资源勘查许可证发证及探矿权

续表 6-2

| 矿　种 | 勘查许可证发证 | | | | | | 探矿权使用费 |
|---|---|---|---|---|---|---|---|
| | 许可证数 | | | 登记面积 | | | |
| | 有效 | 新立 | 注销 | 有效 | 新立 | 注销 | |
| 毒重石 | 1 | | 3 | 2.17 | | 34.97 | 0.02 |
| 电石用灰岩 | 4 | | 1 | 10.65 | | 0.59 | 0.53 |
| 化肥用石英岩 | 1 | | | 2.50 | | | 0.03 |
| 含钾岩石 | 10 | | | 48.03 | | | 1.74 |
| 泥炭 | 7 | | 3 | 96.02 | | 16.38 | 3.81 |
| 矿盐 | 5 | 1 | | 100.92 | 20.27 | | 3.21 |
| 岩盐 | 44 | 6 | 7 | 601.88 | 217.39 | 366.10 | 17.51 |
| 天然卤水 | 2 | | 1 | 73.93 | | 14.42 | 2.09 |
| 钾盐 | 71 | 2 | 4 | 8198.77 | 308.73 | 131.53 | 236.48 |
| 砷 | 1 | | | 55.68 | | | 0.56 |
| 磷矿 | 174 | 3 | 9 | 1969.76 | 46.75 | 60.13 | 82.20 |
| 金刚石 | 26 | 4 | | 761.92 | 112.89 | | 19.99 |
| 石墨 | 127 | 26 | | 2017.25 | 676.13 | | 44.84 |
| 刚玉 | 1 | | | 4.12 | | | 0.21 |
| 硅灰石 | 26 | 1 | 4 | 365.90 | 8.69 | 20.56 | 9.06 |
| 滑石 | 21 | 5 | | 157.41 | 59.37 | | 3.38 |
| 石棉（温石棉） | 1 | | | 5.34 | | | 0.05 |
| 云母 | 16 | 3 | | 71.91 | 21.56 | | 2.72 |
| 长石 | 68 | 9 | 2 | 317.05 | 64.20 | 10.58 | 9.31 |
| 电气石 | 3 | 1 | | 64.57 | 41.55 | | 1.57 |
| 石榴子石 | 11 | | | 39.28 | | | 0.89 |
| 叶蜡石 | 21 | 4 | 2 | 113.15 | 36.38 | 1.73 | 2.40 |
| 铸型用砂岩 | 1 | | | 0.77 | | | 0.01 |
| 透辉石 | 2 | 1 | | 5.18 | 0.03 | | 0.05 |
| 沸石 | 8 | | 2 | 111.50 | | 7.24 | 2.55 |
| 透闪石 | 2 | 1 | | 2.27 | 1.43 | | 0.06 |
| 石膏 | 71 | 4 | 10 | 627.75 | 33.25 | 59.01 | 21.23 |
| 方解石 | 54 | 8 | 1 | 327.03 | 51.36 | 1.87 | 10.02 |
| 光学萤石 | 3 | | | 33.83 | | | 1.69 |
| 宝石 | 6 | | | 81 | | | 1.17 |
| 玉石 | 32 | 4 | 1 | 387.21 | 19.14 | 0.15 | 11.26 |
| 玛瑙 | 9 | 3 | | 185.87 | 143.24 | | 2.07 |
| 石灰岩 | 101 | 13 | 10 | 785.27 | 74.97 | 51.76 | 20.59 |

## 出让、转让情况——按矿种分列

单位：宗、平方千米、万元、个

| 探矿权出让 | | | | | | | 探矿权转让 | |
|---|---|---|---|---|---|---|---|---|
| 合计 | | 申请在先 | 协议出让 | | “招、拍、挂”出让 | | 宗数 | 转让金额 |
| 宗数 | 价款金额 | 宗数 | 宗数 | 价款金额 | 宗数 | 价款金额 | | |
| | | | | | | | | |
| | | | | | | | | |
| | | | | | | | | |
| | | | | | | | | |
| | | | | | | | | |
| 1 | | 1 | | | | | | |
| 6 | 700.00 | 5 | | | 1 | 700.00 | | |
| | | | | | | | | |
| 2 | 0.02 | | 2 | 0.02 | | | | |
| | | | | | | | | |
| 3 | 8002.90 | 1 | 1 | 2.90 | 1 | 8000.00 | 1 | |
| 4 | | 4 | | | | | | |
| 26 | 1132.20 | 20 | | | 6 | 1132.20 | 1 | 2750.28 |
| | | | | | | | | |
| 1 | | 1 | | | | | 1 | |
| 5 | 36.00 | 4 | | | 1 | 36.00 | | |
| | | | | | | | | |
| 3 | 300.00 | 2 | | | 1 | 300.00 | | |
| 9 | 780.00 | 5 | | | 4 | 780.00 | 2 | 5800.00 |
| 1 | 55.00 | | | | 1 | 55.00 | | |
| | | | | | | | | |
| 4 | 192.00 | 1 | | | 3 | 192.00 | 1 | |
| | | | | | | | | |
| 1 | | 1 | | | | | | |
| | | | | | | | | |
| 1 | 6.00 | | | | 1 | 6.00 | | |
| 4 | | 3 | 1 | | | | 1 | 16.00 |
| 8 | | 7 | 1 | | | | | |
| | | | | | | | | |
| | | | | | | | | |
| 4 | | 4 | | | | | | |
| 3 | 1723.00 | 1 | | | 2 | 1723.00 | | |
| 13 | 1110.57 | 4 | | | 9 | 1110.57 | 1 | 13.00 |

# 2016 年矿产资源勘查许可证发证及探矿权

续表 6-3

| 矿　种 | 勘查许可证发证 | | | | | | |
|---|---|---|---|---|---|---|---|
| | 许可证数 | | | 登记面积 | | | 探矿权使用费 |
| | 有效 | 新立 | 注销 | 有效 | 新立 | 注销 | |
| 水泥用石灰岩 | 138 | 22 | 31 | 682.06 | 74.71 | 158.16 | 19.48 |
| 建筑石料用灰岩 | 3 | 2 | 1 | 31.63 | 16.52 | 14.33 | 0.32 |
| 饰面用灰岩 | 6 | 5 | | 50.22 | 41.22 | | 0.50 |
| 制灰用石灰岩 | 2 | | 1 | 8.23 | | 2.23 | 0.25 |
| 含钾岩石 | 14 | 3 | 2 | 146.54 | 21.25 | 22.56 | 4.21 |
| 泥灰岩 | 3 | 2 | | 21.65 | 10.71 | | 0.65 |
| 白云岩 | 29 | 2 | 5 | 204.78 | 19.50 | 27.24 | 5.91 |
| 玻璃用白云岩 | 1 | | | 3.74 | | | 0.19 |
| 石英岩 | 46 | 12 | 5 | 519.83 | 202.71 | 12.47 | 11.37 |
| 冶金用石英岩 | 6 | 1 | | 17.86 | 5.19 | | 0.69 |
| 玻璃用石英岩 | 12 | 3 | 2 | 44.17 | 8.77 | 30.41 | 1.44 |
| 砂岩 | 2 | | 4 | 11.39 | | 42.92 | 0.57 |
| 玻璃用砂岩 | 9 | 1 | 4 | 20.28 | 3.33 | 34.01 | 0.66 |
| 水泥配料用砂岩 | 10 | 5 | 3 | 28.76 | 17.73 | 6.81 | 0.64 |
| 陶瓷用砂岩 | 3 | | | 3.58 | | | 0.15 |
| 建筑用砂岩 | 1 | | | 0.72 | | | 0.04 |
| 天然石英砂 | 4 | 1 | | 17.27 | 2.44 | | 0.67 |
| 玻璃用砂 | 3 | | 1 | 24.48 | | 5.49 | 1.22 |
| 建筑用砂 | | | 1 | | | 4.36 | |
| 水泥配料用砂 | 1 | | 1 | 0.87 | | 0.75 | 0.01 |
| 脉石英 | 44 | 6 | 3 | 191.70 | 13.82 | 9.27 | 3.84 |
| 玻璃用脉石英 | 6 | 1 | 2 | 12.26 | 0.92 | 2.11 | 0.48 |
| 粉石英 | 1 | 1 | 1 | 0.41 | 0.41 | 23.66 | |
| 硅藻土 | 15 | 1 | 2 | 142.24 | 39.24 | 25.69 | 2.20 |
| 页岩 | 3 | | | 45.18 | | | 0.45 |
| 陶粒页岩 | 3 | 1 | 2 | 6.67 | 3.5 | 4.63 | 0.19 |
| 水泥配料用页岩 | 1 | | | 1.82 | | | 0.02 |
| 高岭土 | 86 | 5 | 4 | 655.35 | 32.66 | 24.99 | 16.59 |
| 陶瓷土 | 57 | 13 | 7 | 148.25 | 38.58 | 30.25 | 3.4 |
| 凹凸棒石黏土 | 8 | | | 27.45 | | | 1.34 |
| 伊利石黏土 | 4 | 1 | 1 | 19.38 | 2.52 | 4.78 | 0.66 |
| 累托石黏土 | 1 | | | 0.91 | | | 0.05 |
| 膨润土 | 35 | 7 | 1 | 190.88 | 69.5 | 27.67 | 4.18 |

## 出让、转让情况——按矿种分列

单位：宗、平方千米、万元、个

| 探矿权出让 | | | | | | | 探矿权转让 | |
|---|---|---|---|---|---|---|---|---|
| 合计 | | 申请在先 | 协议出让 | | “招、拍、挂”出让 | | 宗数 | 转让金额 |
| 宗数 | 价款金额 | 宗数 | 宗数 | 价款金额 | 宗数 | 价款金额 | | |
| 22 | 3693.50 | 12 | 2 | | 8 | 3693.50 | 1 | 1080.00 |
| 2 | | 2 | | | | | | |
| 5 | | 5 | | | | | | |
| | | | | | | | | |
| 3 | 41.00 | 2 | | | 1 | 41.00 | | |
| 2 | 33.80 | | | | 2 | 33.80 | | |
| 2 | 87.26 | | | | 2 | 87.26 | 1 | |
| | | | | | | | | |
| 12 | 281.00 | 5 | 1 | | 6 | 281.00 | | |
| 1 | 154.00 | | | | 1 | 154.00 | | |
| 3 | 32.00 | 2 | | | 1 | 32.00 | | |
| | | | | | | | | |
| 1 | | 1 | | | | | | |
| 5 | 409.00 | 4 | | | 1 | 409.00 | | |
| | | | | | | | | |
| | | | | | | | | |
| 1 | 10.00 | | | | 1 | 10.00 | | |
| | | | | | | | | |
| | | | | | | | | |
| | | | | | | | | |
| 6 | 191.50 | 1 | | | 5 | 191.50 | | |
| 1 | 185.00 | | | | 1 | 185.00 | | |
| 1 | 54.00 | | | | 1 | 54.00 | | |
| 1 | | 1 | | | | | 2 | 406.40 |
| | | | | | | | | |
| 1 | 475.00 | | | | 1 | 475.00 | | |
| | | | | | | | | |
| 5 | 420.00 | 2 | | | 3 | 420.00 | 1 | 52.00 |
| 13 | 280.00 | 4 | | | 9 | 280.00 | 2 | 355.00 |
| | | | | | | | | |
| 1 | 4.70 | | | | 1 | 4.70 | | |
| | | | | | | | | |
| 7 | 21.92 | 6 | | | 1 | 21.92 | | |

## 2016 年矿产资源勘查许可证发证及探矿权

续表 6-4

| 矿种 | 勘查许可证发证 | | | | | | 探矿权使用费 |
|---|---|---|---|---|---|---|---|
| | 许可证数 | | | 登记面积 | | | |
| | 有效 | 新立 | 注销 | 有效 | 新立 | 注销 | |
| 陶粒用黏土 | 10 | 1 | | 107.36 | 21.17 | | 2.24 |
| 水泥用黏土 | 1 | | 2 | 0.39 | | 2.13 | |
| 水泥配料用红土 | 1 | 1 | | 0.11 | 0.11 | | |
| 水泥配料用泥岩 | 1 | | | 2.85 | | | 0.03 |
| 橄榄岩 | 2 | | | 2.56 | | | 0.13 |
| 蛇纹岩 | 18 | 4 | | 142.48 | 19.57 | | 5.61 |
| 铸石用玄武岩 | 1 | | 1 | 5.05 | | 6.6 | 0.25 |
| 辉绿岩 | 1 | | | 0.65 | | | 0.03 |
| 饰面用辉绿岩 | 9 | | | 36.21 | | | 1.17 |
| 饰面用安山岩 | 1 | | | 1.62 | | | 0.02 |
| 花岗岩 | 49 | 2 | | 512.98 | 5.21 | | 8.44 |
| 建筑用花岗岩 | 4 | 1 | | 26.38 | 3.84 | | 1.17 |
| 饰面用花岗岩 | 120 | 23 | 4 | 817.56 | 175.43 | 10.64 | 15.38 |
| 麦饭石 | 2 | | | 6.23 | | | 0.09 |
| 珍珠岩 | 12 | 2 | 1 | 309.29 | 36.84 | 35.96 | 12 |
| 霞石正长岩 | 2 | | | 7.33 | | | 0.37 |
| 凝灰岩 | 3 | 1 | | 3.79 | 2.25 | | 0.07 |
| 火山渣 | 3 | | 1 | 9.94 | | 0.84 | 0.33 |
| 大理岩 | 31 | 2 | 3 | 118.92 | 4.76 | 14.46 | 4.14 |
| 饰面用石料（大 | 25 | 8 | 4 | 90.65 | 27.96 | 3.45 | 2.42 |
| 建筑用大理岩 | 2 | | | 8.71 | | | 0.44 |
| 水泥用大理石 | 15 | 1 | 1 | 45.68 | 2.52 | 2.05 | 1.49 |
| 板岩 | 3 | 1 | | 12.67 | 9.26 | | 0.19 |
| 饰面用板岩 | 4 | | 2 | 9.14 | | 1.77 | 0.27 |
| 片麻岩 | 2 | 1 | | 9.53 | 7.36 | | 0.18 |
| 角闪岩 | 1 | | | 21.41 | | | 1.07 |
| 硼矿 | 27 | 2 | 2 | 283.42 | 18.44 | 10.98 | 13.11 |
| 矿泉水 | 107 | 54 | 30 | 480.60 | 286.24 | 52.07 | 7.07 |
| 地下水 | 24 | 6 | 13 | 1302.28 | 792.04 | 2233.38 | 23.75 |
| 二氧化碳气 | | | 1 | | | 3.02 | |
| 其他 | 30 | | | 544.94 | | | 7.16 |

## 出让、转让情况——按矿种分列

单位：宗、平方千米、万元、个

| 探矿权出让 | | | | | | | 探矿权转让 | |
|---|---|---|---|---|---|---|---|---|
| 合计 | | 申请在先 | 协议出让 | | “招、拍、挂”出让 | | 宗数 | 转让金额 |
| 宗数 | 价款金额 | 宗数 | 宗数 | 价款金额 | 宗数 | 价款金额 | | |
| 1 | | 1 | | | | | | |
| | | | | | | | | |
| 1 | | 1 | | | | | | |
| | | | | | | | | |
| | | | | | | | | |
| 4 | 421.00 | | | | 4 | 421.00 | | |
| | | | | | | | | |
| | | | | | | | | |
| | | | | | | | | |
| | | | | | | | | |
| 2 | 502.00 | | | | 2 | 502.00 | | |
| 1 | | 1 | | | | | | |
| 23 | 1079.50 | 8 | 1 | | 14 | 1079.50 | | |
| | | | | | | | | |
| 2 | | 2 | | | | | | |
| | | | | | | | | |
| 1 | | 1 | | | | | | |
| | | | | | | | | |
| 2 | 16.00 | 1 | | | 1 | 16.00 | | |
| 8 | 1326.15 | 1 | 1 | | 6 | 1326.15 | | |
| | | | | | | | | |
| 1 | 7.70 | | | | 1 | 7.70 | | |
| 1 | | 1 | | | | | | |
| | | | | | | | | |
| 1 | | 1 | | | | | | |
| | | | | | | | | |
| 2 | 79.26 | 1 | | | 1 | 79.26 | | |
| 54 | 5621.88 | 6 | | | 48 | 5621.88 | | |
| 6 | | 6 | | | | | | |
| | | | | | | | | |
| | | | | | | | | |

# 2016 年矿产资源采矿许可证发证及采矿权

表 7

| 经济类型 | 采矿许可证发证 | | | | | | |
|---|---|---|---|---|---|---|---|
| | 许可证数 | | | 登记面积 | | | 采矿权使用费 |
| | 有效 | 新立 | 注销 | 有效 | 新立 | 注销 | |
| **合计** | **66352** | **1845** | **5643** | **254862.44** | **6250.25** | **1970.71** | **12434.65** |
| 国有企业 | 2314 | 48 | 172 | 162354.24 | 5187.38 | 239.52 | 858.55 |
| 集体企业 | 2577 | 16 | 676 | 1107.92 | 2.60 | 160.69 | 205.20 |
| 股份合作企业 | 433 | 2 | 120 | 693.26 | 19.80 | 14.81 | 85.00 |
| 联营企业 | 459 | 1 | 82 | 114.13 | 0.06 | 23.57 | 30.50 |
| 有限责任公司 | 32723 | 1295 | 1161 | 72437.50 | 944.95 | 911.24 | 8283.85 |
| 股份有限公司 | 1542 | 41 | 125 | 11955.03 | 28.35 | 75.87 | 1242.45 |
| 私营企业 | 24766 | 402 | 3183 | 5149.26 | 31.29 | 498.20 | 1562.00 |
| 其他企业 | 1205 | 28 | 89 | 99.33 | 2.05 | 8.89 | 62.95 |
| 合资经营企业（港、澳、台资） | 56 | 1 | 3 | 244.88 | 0.20 | 0.11 | 25.95 |
| 合作经营企业（港、澳、台资） | 8 | | 1 | 109.83 | | 0.02 | 11.20 |
| 港、澳、台商独资经营企业 | 81 | 5 | 4 | 159.46 | 2.07 | 0.86 | 18.00 |
| 港、澳、台商投资股份有限公司 | 17 | 1 | 1 | 21.62 | 0.69 | 0.50 | 2.55 |
| 中外合资经营企业 | 84 | 1 | 12 | 166.52 | 0.02 | 3.48 | 18.95 |
| 中外合作经营企业 | 25 | 2 | 5 | 150.38 | 29.14 | 26.45 | 15.70 |
| 外资企业 | 44 | 2 | 3 | 41.45 | 1.65 | 2.09 | 5.45 |
| 外商投资股份有限公司 | 18 | | 6 | 57.63 | | 4.41 | 6.35 |

# 出让、转让情况——按经济类型分列

单位：宗、平方千米、万元、个

| 采矿权出让 | | | | | | | | 采矿权转让 | |
|---|---|---|---|---|---|---|---|---|---|
| 合　计 | | 探矿权转采矿权 | 协议出让 | | “招、拍、挂”出让 | | 宗数 | 转让金额 |
| 宗数 | 价款金额 | 宗数 | 宗数 | 价款金额 | 宗数 | 价款金额 | | |
| **1845** | **1734379.00** | **236** | **201** | **1192112.00** | **1408** | **54267.00** | **725** | **697388.00** |
| 48 | 5483.07 | 31 | 5 | 369.16 | 12 | 5113.91 | 7 | 30231.63 |
| 16 | 203.45 | | 10 | 21.00 | 6 | 182.45 | 5 | 9117.07 |
| 2 | 10.00 | 1 | | | 1 | 10.00 | 1 | |
| 1 | 60.40 | | | | 1 | 60.40 | 1 | 100.00 |
| 1295 | 1633880.07 | 182 | 178 | 1188881.79 | 935 | 444998.28 | 454 | 192039.14 |
| 41 | 63466.06 | 7 | 3 | 2293.54 | 31 | 61172.52 | 9 | 115748.35 |
| 402 | 26760.42 | 4 | 1 | 135.96 | 397 | 26624.95 | 233 | 348902.26 |
| 28 | 1026.86 | 6 | 4 | 410.55 | 18 | 616.31 | 12 | 418.00 |
| 1 | 140.90 | | | | 1 | 140.90 | | |
| 5 | 1781.39 | 1 | | | 4 | 1781.39 | 1 | |
| 1 | 1520.00 | | | | 1 | 1520.00 | | |
| 1 | 46.38 | | | | 1 | 46.89 | 1 | 39.00 |
| 2 | | 2 | | | | | | |
| 2 | | 2 | | | | | | |
| | | | | | | | 1 | 792.55 |

# 2016年矿产资源采矿许可证发证及采矿权

表8

| 地区 | 采矿许可证发证 | | | | | | |
|---|---|---|---|---|---|---|---|
| | 许可证数 | | | 登记面积 | | | 采矿权使用费 |
| | 有效 | 新立 | 注销 | 有效 | 新立 | 注销 | |
| **全国** | **66352** | **1845** | **5643** | **254862.44** | **6250.25** | **1970.71** | **12434.65** |
| 国土资源部 | 1481 | 35 | 2 | 182407.68 | 5238.37 | 3.24 | 2839.45 |
| 北京 | 161 | 11 | 14 | 190.59 | 5.91 | 2.90 | 23.55 |
| 天津 | 294 | 18 | 1 | 13.74 | 0.16 | | 15.35 |
| 河北 | 2345 | 125 | 462 | 2333.67 | 113.19 | 204.54 | 302.40 |
| 山西 | 3467 | 48 | 98 | 8360.57 | 9.39 | 2.09 | 959.35 |
| 内蒙古 | 3918 | 101 | 55 | 5319.78 | 79.66 | 14.55 | 661.90 |
| 辽宁 | 2115 | 18 | 100 | 1391.46 | 33.83 | 24.52 | 209.80 |
| 吉林 | 1258 | 48 | 77 | 810.99 | 70.10 | 2.13 | 129.20 |
| 黑龙江 | 1569 | 69 | 67 | 1948.31 | 3.86 | 1.67 | 254.65 |
| 上海 | 21 | | 1 | 11.85 | | 1.00 | 1.85 |
| 江苏 | 792 | 10 | 161 | 266.03 | 2.70 | 73.15 | 60.50 |
| 浙江 | 863 | 81 | 126 | 202.54 | 11.48 | 10.49 | 51.45 |
| 安徽 | 1207 | 30 | 360 | 820.80 | 8.63 | 140.19 | 124.55 |
| 福建 | 1036 | 17 | 1075 | 1032.75 | 6.33 | 410.77 | 138.00 |
| 江西 | 4266 | 62 | 111 | 2110.68 | 9.69 | 12.50 | 371.95 |
| 山东 | 1850 | 47 | 68 | 2628.53 | 22.48 | 52.90 | 331.40 |
| 河南 | 2115 | 54 | 119 | 5190.34 | 135.61 | 23.89 | 582.70 |
| 湖北 | 1950 | 74 | 453 | 1362.58 | 25.58 | 111.38 | 204.45 |
| 湖南 | 3568 | 120 | 280 | 1479.47 | 16.35 | 106.97 | 293.45 |
| 广东 | 1395 | 54 | 37 | 392.61 | 15.00 | 2.29 | 91.45 |
| 广西 | 2628 | 118 | 182 | 1255.56 | 32.02 | 21.82 | 230.50 |
| 海南 | 185 | 7 | 8 | 230.26 | 0.97 | 6.47 | 29.15 |
| 重庆 | 1660 | 27 | 285 | 1880.61 | 8.29 | 451.50 | 248.60 |
| 四川 | 4750 | 42 | 270 | 3420.36 | 6.22 | 161.53 | 526.90 |
| 贵州 | 5419 | 206 | 374 | 6540.24 | 117.34 | 10.79 | 844.35 |
| 云南 | 5866 | 67 | 162 | 3653.55 | 9.84 | 9.31 | 587.65 |
| 西藏 | 149 | 12 | | 851.87 | 1.68 | | 89.35 |
| 陕西 | 3040 | 35 | 353 | 7490.11 | 151.50 | 45.47 | 853.75 |
| 甘肃 | 2347 | 92 | 184 | 1644.17 | 36.82 | 30.41 | 255.75 |
| 青海 | 623 | 60 | 17 | 5882.08 | 5.73 | 0.61 | 611.25 |
| 宁夏 | 477 | 19 | 72 | 227.55 | 1.63 | 12.69 | 44.00 |
| 新疆 | 3537 | 138 | 69 | 3511.11 | 69.89 | 18.94 | 466.00 |

# 出让、转让情况——按地区分列

单位：宗、平方千米、万元、个

| 采矿权出让 | | | | | | | 采矿权转让 | |
|---|---|---|---|---|---|---|---|---|
| 合　计 | | 探矿权转采矿权 | 协议出让 | | “招、拍、挂”出让 | | 宗数 | 转让金额 |
| 宗数 | 价款金额 | 宗数 | 宗数 | 价款金额 | 宗数 | 价款金额 | | |
| **1845** | **1734379.00** | **236** | **201** | **1192112.00** | **1408** | **54267.00** | **725** | **697388.00** |
| 35 | | 35 | | | | | 2 | 115863.35 |
| 11 | 280.00 | | | | 11 | 280.00 | | |
| 18 | 300.47 | 14 | 3 | 218.47 | 1 | 82.00 | 8 | 100.00 |
| 125 | 3060.71 | 3 | 114 | 2098.17 | 8 | 962.54 | 55 | 29967.08 |
| 48 | 5264.18 | 2 | | | 46 | 5264.18 | 14 | 4993.00 |
| 101 | 6781.43 | 26 | 2 | 903.82 | 73 | 5877.61 | 25 | 13502.12 |
| 18 | 717.73 | 11 | 4 | 482.18 | 3 | 235.55 | 15 | 1802.00 |
| 48 | 1461.89 | 17 | 2 | 380.42 | 29 | 1081.47 | 13 | 1431.78 |
| 69 | 14259.44 | 1 | 1 | 1250.16 | 67 | 13009.28 | 33 | 48992.46 |
| 10 | 20166.68 | 4 | | | 6 | 20166.68 | 1 | 286.85 |
| 81 | 1319011.53 | 4 | 47 | 1134311.67 | 30 | 184699.86 | 12 | |
| 30 | 148252.81 | 7 | 2 | 921.45 | 21 | 147331.36 | 3 | 695.63 |
| 17 | 1059.08 | 4 | | | 13 | 1059.08 | 8 | |
| 62 | 9016.84 | 11 | 4 | 2362.79 | 47 | 6654.05 | 59 | 5852.33 |
| 47 | 17044.70 | 10 | | | 37 | 17044.70 | 24 | 2118.00 |
| 54 | 15592.59 | 17 | 1 | 144.47 | 36 | 15448.12 | 17 | 5646.57 |
| 74 | 15418.07 | 2 | | | 72 | 15418.07 | 23 | 11267.90 |
| 120 | 16927.54 | 3 | 1 | 137.24 | 116 | 16790.30 | 62 | 8656.26 |
| 54 | 22237.68 | 3 | | | 51 | 22237.68 | 9 | 180.00 |
| 118 | 10103.65 | 12 | | | 106 | 10103.65 | 33 | 2051.40 |
| 7 | 7051.20 | | | | 7 | 7051.20 | 2 | 518.00 |
| 27 | 2403.67 | 3 | | | 24 | 2403.67 | 19 | 3121.67 |
| 42 | 3050.00 | 3 | 1 | 85.84 | 38 | 2964.16 | 92 | 308870.42 |
| 206 | 40742.25 | 10 | 3 | 15685.05 | 193 | 25057.20 | 12 | 610.00 |
| 67 | 3235.82 | | | | 67 | 3235.82 | 54 | 12217.60 |
| 12 | 1025.92 | | 11 | 220.92 | 1 | 805.00 | 1 | 26862.36 |
| 35 | 26151.68 | 6 | 2 | 24000.00 | 27 | 2151.68 | 19 | 35468.81 |
| 92 | 6323.30 | 10 | 1 | 707.20 | 81 | 5616.10 | 55 | 4360.00 |
| 60 | 8659.23 | 1 | 1 | 7703.43 | 58 | 955.80 | 8 | 5843.94 |
| 19 | 1033.47 | 1 | | | 18 | 1033.47 | 2 | 80.00 |
| 138 | 7745.44 | 16 | 1 | 498.72 | 121 | 7246.22 | 45 | 46028.47 |

# 2016年矿产资源采矿许可证发证及采矿权

表9

| 矿　种 | 采矿许可证发证 | | | | | | | |
|---|---|---|---|---|---|---|---|---|
| | 许可证数 | | | 登记面积 | | | 生产规模 | |
| | 有效 | 新立 | 注销 | 有效 | 新立 | 注销 | 登记 | 新立 |
| **总计** | **66352** | **1845** | **5643** | **254862.44** | **6250.25** | **1970.71** | **1496927.09** | **59422.43** |
| 煤炭 | 8363 | 9 | 604 | 55743.95 | 171.50 | 1106.74 | 411433.25 | 960.00 |
| 石油天然气 | 733 | 24 | | 154200.00 | 5176.74 | | | |
| 煤层气 | 12 | 2 | | | | | | |
| 油页岩 | 21 | | | 124.89 | | | 3471.00 | |
| 石煤 | 129 | | 8 | 203.74 | | 6.52 | 1044.50 | |
| 油砂 | 2 | | | 11.18 | | | 80.14 | |
| 天然沥青 | 4 | | | 11.97 | | | 6.00 | |
| 地热 | 1154 | 162 | 15 | 1071.33 | 208.72 | 2.57 | 26033.15 | 2780.79 |
| 铁矿 | 3154 | 29 | 96 | 5096.26 | 82.49 | 29.45 | 118092.76 | 3558.00 |
| 锰矿 | 332 | 3 | 11 | 554.56 | 7.23 | 6.73 | 2014.60 | 96.00 |
| 铬铁矿 | 17 | | 1 | 23.89 | | 0.14 | 50.75 | |
| 钛矿 | 69 | | | 127.72 | | | 4974.84 | |
| 钒矿 | 101 | 2 | | 356.37 | 9.73 | | 2534.16 | 100.00 |
| 金红石 | 4 | | | 7.15 | | | 135.00 | |
| 铜矿 | 745 | 13 | 19 | 1137.58 | 23.86 | 4.18 | 27818.91 | 3157.00 |
| 铅矿 | 834 | 8 | 24 | 1611.13 | 26.28 | 10.47 | 6308.56 | 77.00 |
| 锌矿 | 323 | 7 | 10 | 655.35 | 18.04 | 19.39 | 4325.86 | 207.70 |
| 铝土矿 | 259 | 7 | 2 | 1257.47 | 16.92 | 0.29 | 5269.40 | 111.00 |
| 镁矿 | 4 | 1 | | 8.87 | 6.70 | | 387.20 | 200.00 |
| 镍矿 | 48 | 1 | | 93.09 | 0.45 | | 1252.08 | 60.00 |
| 钴矿 | 3 | | | 4.92 | | | 168.00 | |
| 钨矿 | 137 | | 2 | 397.58 | | 1.56 | 2567.73 | |
| 锡矿 | 81 | 1 | 1 | 260.89 | 4.52 | 2.43 | 1100.23 | 66.00 |
| 铋矿 | 4 | | | 2.35 | | | 15.50 | |
| 钼矿 | 163 | 2 | 1 | 424.60 | 2.90 | 0.28 | 15391.52 | 210.00 |
| 汞矿 | 23 | | | 43.72 | | | 106.02 | |
| 锑矿 | 60 | 1 | 3 | 95.95 | 4.24 | 1.03 | 292.07 | 9.00 |
| 铂矿 | 4 | | | 5.02 | | | 106.00 | |
| 砂金 | 71 | 1 | 2 | 313.56 | 2.78 | 11.81 | 2066.61 | 35.85 |

## 出让、转让情况——按矿种分列

单位：宗、平方千米、万元、个

| 采矿权使用费 | 采矿权出让 | | | | | | | 采矿权转让 | |
|---|---|---|---|---|---|---|---|---|---|
| | 合计 | | 探矿权转采矿权 | 协议出让 | | “招、拍、挂”出让 | | 宗数 | 转让金额 |
| | 宗数 | 价款金额 | 宗数 | 宗数 | 价款金额 | 宗数 | 价款金额 | | |
| **12434.65** | **1845** | **1734379.00** | **236** | **201** | **1192112.00** | **1408** | **542268.00** | **725** | **697388.00** |
| 5782.55 | 9 | 47114.00 | 5 | 4 | 47114.00 | | | 30 | 71842.00 |
| | 24 | | 24 | | | | | | |
| | 2 | | 2 | | | | | | |
| 13.00 | | | | | | | | 1 | 500.00 |
| 23.55 | | | | | | | | 2 | 960.00 |
| 1.15 | | | | | | | | | |
| 1.35 | | | | | | | | | |
| 144.70 | 162 | 2936.00 | 28 | 115 | 1810.00 | 19 | 1126.00 | 14 | 797.00 |
| 593.55 | 29 | 15081.00 | 25 | 1 | 144.00 | 3 | 14937.00 | 33 | 33140.00 |
| 64.15 | 3 | | 3 | | | | | 3 | 1240.00 |
| 2.85 | | | | | | | | 1 | 26862.00 |
| 14.70 | | | | | | | | 1 | |
| 37.75 | 2 | | 2 | | | | | 1 | |
| 0.85 | | | | | | | | | |
| 132.95 | 13 | 2090.00 | 12 | | | 1 | 2090.00 | 5 | 1372.00 |
| 183.05 | 8 | 707.00 | 7 | 1 | 707.00 | | | 6 | 8706.00 |
| 73.65 | 7 | 854.00 | 6 | 1 | 854.00 | | | 4 | 1680.00 |
| 132.40 | 7 | | 7 | | | | | 1 | 4630.00 |
| 1.00 | 1 | | 1 | | | | | | |
| 10.65 | 1 | | 1 | | | | | | |
| 0.60 | | | | | | | | | |
| 42.65 | | | | | | | | | |
| 28.00 | 1 | | 1 | | | | | | |
| 0.30 | | | | | | | | | |
| 46.70 | 2 | | 2 | | | | | 2 | 8220.00 |
| 5.00 | | | | | | | | | |
| 11.30 | 1 | | 1 | | | | | 1 | 1.00 |
| 0.65 | | | | | | | | | |
| 33.00 | 1 | 500.00 | | 1 | 500.00 | | | | |

# 2016 年矿产资源采矿许可证发证及采矿权

**续表 9-1**

| 矿 种 | 采矿许可证发证 | | | | | | | |
|---|---|---|---|---|---|---|---|---|
| | 许可证数 | | | 登记面积 | | | 生产规模 | |
| | 有效 | 新立 | 注销 | 有效 | 新立 | 注销 | 登记 | 新立 |
| 金矿 | 1291 | 29 | 22 | 3056.89 | 81.51 | 9.34 | 14319.57 | 334.75 |
| 银矿 | 113 | 4 | 1 | 250.54 | 31.28 | 0.39 | 1274.22 | 66.00 |
| 铌钽矿 | 6 | | | 9.21 | | | 150.30 | |
| 铌矿 | 5 | | | 6.46 | | | 44.80 | |
| 钽矿 | 5 | | | 17.83 | | | 140.00 | |
| 铍矿 | 2 | | | 3.55 | | | 9.50 | |
| 锂矿 | 14 | | | 319.95 | | | 416.40 | |
| 锆矿 | 10 | | 3 | 55.57 | | 5.36 | 4954.37 | |
| 锶矿（天青石） | 13 | | 1 | 32.45 | | 0.06 | 62.90 | |
| 重稀土矿 | 9 | | 1 | 42.82 | | 0.46 | 360.70 | |
| 轻稀土矿 | 66 | | | 146.85 | | | 1864.73 | |
| 锗矿 | 8 | | | 10.71 | | | 427.00 | |
| 碲矿 | 2 | | | 1.97 | | | 3.20 | |
| 蓝晶石 | 5 | | | 3.87 | | | 28.00 | |
| 矽线石 | 5 | | | 16.73 | | | 31.00 | |
| 红柱石 | 13 | | | 12.24 | | | 333.20 | |
| 菱镁矿 | 97 | | 1 | 36.93 | | 0.71 | 1944.35 | |
| 萤石（普通） | 971 | 7 | 23 | 818.72 | 4.48 | 13.12 | 2105.98 | 21.00 |
| 熔剂用石灰岩 | 179 | 5 | 3 | 92.87 | 5.01 | 0.30 | 9536.81 | 595.00 |
| 冶金用白云岩 | 123 | 2 | 9 | 34.79 | 0.88 | 1.40 | 3106.18 | 175.00 |
| 冶金用石英岩 | 143 | 3 | 13 | 70.67 | 3.04 | 1.94 | 748.10 | 28.00 |
| 冶金用砂岩 | 19 | | 1 | 13.34 | | 0.01 | 44.20 | |
| 铸型用砂岩 | 7 | | | 0.26 | | | 18.45 | |
| 铸型用砂 | 30 | | 16 | 14.92 | | 1.67 | 277.70 | |
| 冶金用脉石英 | 113 | 1 | 2 | 145.15 | 0.03 | 0.38 | 335.62 | 6.00 |
| 耐火黏土 | 144 | 2 | 5 | 113.68 | 1.30 | 1.54 | 718.95 | 25.50 |
| 铁钒土 | 11 | | | 5.22 | | | 31.88 | |
| 其他黏土 | 26 | 1 | 1 | 14.51 | 0.05 | 4.43 | 80.67 | 12.47 |
| 铸型用黏土 | 1 | | | 1.63 | | | 5.00 | |
| 耐火用橄榄岩 | 1 | | | 1.01 | | | 10.00 | |

## 出让、转让情况——按矿种分列

单位：宗、平方千米、万元、个

| 采矿权使用费 | 采矿权出让 | | | | | | | 采矿权转让 | |
|---|---|---|---|---|---|---|---|---|---|
| | 合计 | | 探矿权转采矿权 | 协议出让 | | “招、拍、挂”出让 | | 宗数 | 转让金额 |
| | 宗数 | 价款金额 | 宗数 | 宗数 | 价款金额 | 宗数 | 价款金额 | | |
| 338.00 | 29 | | 29 | | | | | 10 | 120904.00 |
| 28.00 | 4 | | 4 | | | | | 1 | |
| 1.15 | | | | | | | | | |
| 0.85 | | | | | | | | | |
| 1.90 | | | | | | | | | |
| 0.40 | | | | | | | | | |
| 32.30 | | | | | | | | | |
| 5.80 | | | | | | | | | |
| 3.70 | | | | | | | | | |
| 4.40 | | | | | | | | | |
| 16.40 | | | | | | | | 1 | 317.00 |
| 1.30 | | | | | | | | | |
| 0.25 | | | | | | | | | |
| 0.50 | | | | | | | | | |
| 1.80 | | | | | | | | | |
| 1.50 | | | | | | | | | |
| 6.80 | | | | | | | | 2 | 530.00 |
| 107.45 | 7 | 551.00 | 2 | | | 5 | 551.00 | 21 | 7850.00 |
| 14.85 | 5 | 38307.00 | 2 | | | 3 | 38307.00 | 3 | 197.00 |
| 7.60 | 2 | 3800.00 | 1 | | | 1 | 3800.00 | | |
| 11.85 | 3 | 211.00 | | | | 3 | 211.00 | 1 | 35.00 |
| 1.95 | | | | | | | | | |
| 0.35 | | | | | | | | | |
| 2.60 | | | | | | | | | |
| 18.00 | 1 | 126.00 | | | | 1 | 126.00 | | |
| 15.75 | 2 | 117.00 | 1 | | | 1 | 117.00 | 2 | 141.00 |
| 0.95 | | | | | | | | | |
| 2.45 | 1 | 10.00 | | | | 1 | 10.00 | 1 | 15.00 |
| 0.20 | | | | | | | | | |
| 0.15 | | | | | | | | | |

# 2016 年矿产资源采矿许可证发证及采矿权

续表 9-2

| 矿　种 | 采矿许可证发证 | | | | | | | |
|---|---|---|---|---|---|---|---|---|
| | 许可证数 | | | 登记面积 | | | 生产规模 | |
| | 有效 | 新立 | 注销 | 有效 | 新立 | 注销 | 登记 | 新立 |
| 熔剂用蛇纹岩 | 2 | | | 0.51 | | | 55.00 | |
| 自然硫 | 1 | | | 10.16 | | | 8.00 | |
| 硫铁矿 | 194 | 1 | 21 | 325.82 | 0.72 | 9.89 | 3091.15 | 6.00 |
| 钠硝石 | 3 | | | 37.02 | | | 26.39 | |
| 明矾石 | 1 | | 3 | 1.20 | | 3.21 | 21.00 | |
| 芒硝(含钙芒硝) | 66 | | | 595.93 | | | 4281.83 | |
| 重晶石 | 379 | 9 | 7 | 584.31 | 23.64 | 1.28 | 1488.29 | 54.00 |
| 毒重石 | 30 | | 1 | 24.52 | | 0.15 | 112.00 | |
| 天然碱（$Na_2CO_3$） | 13 | | | 76.29 | | | 346.50 | |
| 颜料黄土 | 1 | | | 0.35 | | | 0.50 | |
| 电石用灰岩 | 40 | 3 | 5 | 19.76 | 1.47 | 0.38 | 2686.73 | 345.00 |
| 制碱用灰岩 | 17 | 1 | 4 | 7.60 | 0.03 | 0.21 | 829.00 | 20.00 |
| 化肥用石灰岩 | 2 | | | 0.13 | | | 10.00 | |
| 化肥用白云岩 | 3 | | | 0.69 | | | 13.70 | |
| 化肥用石英岩 | 8 | | | 2.71 | | | 73.50 | |
| 化肥用砂岩 | 17 | | | 9.23 | | | 139.00 | |
| 含钾岩石 | 4 | | | 2.85 | | | 54.60 | |
| 含钾砂页岩 | 1 | | | 0.95 | | | 10.00 | |
| 化肥用蛇纹岩 | 5 | | | 2.75 | | | 26.00 | |
| 泥炭 | 47 | 1 | 2 | 59.90 | 0.71 | 0.89 | 262.25 | 19.90 |
| 矿盐 | 17 | 1 | | 171.43 | 7.04 | | 614.63 | 50.00 |
| 岩盐 | 103 | | | 245.08 | | | 7268.81 | |
| 湖盐 | 35 | | | 550.61 | | | 1298.99 | |
| 镁盐 | 6 | | | 80.81 | | | 282.00 | |
| 天然卤水 | 38 | 1 | | 528.50 | 3.38 | | 3696.76 | 30.00 |
| 钾盐 | 19 | | | 11693.82 | | | 739.70 | |
| 溴 | 54 | | 1 | 68.38 | | 1.26 | 14.18 | |
| 砷 | 6 | | | 5.96 | | | 5.36 | |
| 磷矿 | 315 | 6 | 14 | 863.58 | 31.74 | 5.87 | 14542.67 | 650.00 |
| 金刚石 | 2 | | | 0.94 | | | | |

## 出让、转让情况——按矿种分列

单位：宗、平方千米、万元、个

| | 采矿权出让 | | | | | | | 采矿权转让 | |
|---|---|---|---|---|---|---|---|---|---|
| 采矿权使用费 | 合计 | | 探矿权转采矿权 | 协议出让 | | “招、拍、挂”出让 | | 宗数 | 转让金额 |
| | 宗数 | 价款金额 | 宗数 | 宗数 | 价款金额 | 宗数 | 价款金额 | | |
| 0.10 | | | | | | | | | |
| 1.05 | | | | | | | | | |
| 38.05 | 1 | 310.00 | | | | 1 | 310.00 | 3 | 358.00 |
| 3.75 | | | | | | | | | |
| 0.15 | | | | | | | | | |
| 61.35 | | | | | | | | 1 | 700.00 |
| 68.90 | 9 | 1084.00 | 2 | | | 7 | 1084.00 | 2 | 417.00 |
| 3.20 | | | | | | | | | |
| 8.00 | | | | | | | | | |
| 0.05 | | | | | | | | | |
| 3.30 | 3 | 5050.00 | | 2 | 550.00 | 1 | 4500.00 | 1 | 80.00 |
| 1.40 | 1 | 47.00 | | | | 1 | 47.00 | 1 | 9.00 |
| 0.10 | | | | | | | | | |
| 0.15 | | | | | | | | | |
| 0.50 | | | | | | | | | |
| 1.35 | | | | | | | | | |
| 0.40 | | | | | | | | | |
| 0.10 | | | | | | | | | |
| 0.40 | | | | | | | | | |
| 7.30 | 1 | | 1 | | | | | | |
| 17.60 | 1 | | 1 | | | | | | |
| 26.95 | | | | | | | | 1 | 287.00 |
| 55.85 | | | | | | | | | |
| 8.25 | | | | | | | | | |
| 53.80 | 1 | 938.00 | | | | 1 | 938.00 | 1 | 800.00 |
| 1169.85 | | | | | | | | 1 | 986.00 |
| 8.80 | | | | | | | | 3 | 252.00 |
| 0.75 | | | | | | | | | |
| 94.35 | 6 | | 6 | | | | | 1 | 39.00 |
| 0.15 | | | | | | | | | |

# 2016 年矿产资源采矿许可证发证及采矿权

续表 9-3

| 矿　种 | 采矿许可证发证 | | | | | | | |
|---|---|---|---|---|---|---|---|---|
| | 许可证数 | | | 登记面积 | | | 生产规模 | |
| | 有效 | 新立 | 注销 | 有效 | 新立 | 注销 | 登记 | 新立 |
| 石墨 | 146 | 5 | 1 | 178.29 | 6.23 | 0.53 | 2344.45 | 555.32 |
| 水晶 | 4 | | | 1.57 | | | 2.04 | |
| 熔炼水晶 | 1 | | | 0.19 | | | | |
| 硅灰石 | 115 | | 2 | 55.80 | | 0.16 | 390.45 | |
| 滑石 | 110 | 4 | 4 | 62.92 | 4.43 | 1.81 | 489.96 | 12.00 |
| 石棉(温石棉) | 28 | | 1 | 10.61 | | 0.68 | 173.74 | |
| 云母 | 19 | | 1 | 9.10 | | 0.20 | 48.08 | |
| 长石 | 277 | 7 | 25 | 156.35 | 4.79 | 4.34 | 1231.48 | 74.70 |
| 电气石 | 4 | | | 5.06 | | | 14.70 | |
| 石榴子石 | 17 | | | 5.62 | | | 57.75 | |
| 叶蜡石 | 51 | | 16 | 23.42 | | 3.70 | 238.72 | |
| 透辉石 | 24 | | 4 | 5.32 | | 0.23 | 149.80 | |
| 蛭石 | 10 | | | 3.39 | | | 51.50 | |
| 沸石 | 41 | 1 | 5 | 10.39 | 0.03 | 0.22 | 235.35 | 3.00 |
| 透闪石 | 8 | | 1 | 1.28 | | 0.02 | 79.00 | |
| 石膏 | 472 | 6 | 13 | 427.07 | 4.04 | 10.17 | 6410.50 | 70.20 |
| 方解石 | 557 | 16 | 37 | 196.76 | 5.70 | 3.72 | 2975.15 | 53.50 |
| 冰洲石 | 1 | | | 3.95 | | | 0.01 | |
| 光学萤石 | 1 | | | 1.27 | | | 3.00 | |
| 宝石 | 5 | 1 | 1 | 8.69 | 1.67 | 0.47 | 0.38 | |
| 玉石 | 154 | 3 | 1 | 154.02 | 5.39 | 0.01 | 573.51 | 0.05 |
| 玛瑙 | 5 | | | 12.01 | | | 3.40 | |
| 石灰岩 | 3203 | 42 | 245 | 468.67 | 10.17 | 133.23 | 56993.51 | 1470.51 |
| 玻璃用石灰岩 | 3 | | | 0.72 | | | 4.50 | |
| 水泥用石灰岩 | 1688 | 27 | 89 | 965.18 | 18.01 | 18.98 | 166680.81 | 3441.93 |
| 建筑石料用灰岩 | 8013 | 294 | 560 | 835.23 | 34.50 | 24.47 | 158826.58 | 12106.14 |
| 饰面用灰岩 | 207 | 13 | 5 | 74.29 | 2.75 | 0.39 | 1128.23 | 119.23 |
| 制灰用石灰岩 | 256 | 4 | 16 | 53.86 | 0.82 | 1.42 | 4418.82 | 146.00 |
| 含钾岩石 | 2 | | | 0.60 | | | 13.00 | |
| 泥灰岩 | 37 | | 1 | 1.87 | | 0.95 | 203.58 | |

## 出让、转让情况——按矿种分列

单位：宗、平方千米、万元、个

| 采矿权使用费 | 采矿权出让 | | | | | | | 采矿权转让 | |
|---|---|---|---|---|---|---|---|---|---|
| | 合计 | | 探矿权转采矿权 | 协议出让 | | “招、拍、挂”出让 | | 宗数 | 转让金额 |
| | 宗数 | 价款金额 | 宗数 | 宗数 | 价款金额 | 宗数 | 价款金额 | | |
| 21.70 | 5 | 14157.00 | 2 | | | 3 | 14157.00 | 4 | 441.00 |
| 0.30 | | | | | | | | | |
| 0.05 | | | | | | | | | |
| 9.55 | | | | | | | | 1 | 560.00 |
| 9.50 | 4 | 4.00 | 3 | | | 1 | 4.00 | 3 | 305.00 |
| 2.10 | | | | | | | | | |
| 1.25 | | | | | | | | 1 | 21.00 |
| 24.25 | 7 | 877.00 | 2 | | | 5 | 877.00 | 2 | 76.00 |
| 0.60 | | | | | | | | | |
| 1.05 | | | | | | | | | |
| 3.90 | | | | | | | | 2 | 800.00 |
| 1.40 | | | | | | | | | |
| 0.75 | | | | | | | | | |
| 2.40 | 1 | 15.00 | | | | 1 | 15.00 | | |
| 0.40 | | | | | | | | | |
| 56.40 | 6 | 353.00 | 2 | | | 4 | 353.00 | 9 | 869.00 |
| 39.90 | 16 | 498.00 | | 1 | 116.00 | 15 | 382.00 | 6 | 511.00 |
| 0.40 | | | | | | | | | |
| 0.15 | | | | | | | | | |
| 1.00 | 1 | | 1 | | | | | | |
| 19.35 | 3 | 1100.00 | | | | 3 | 1100.00 | 3 | 8300.00 |
| 1.30 | | | | | | | | | |
| 179.10 | 42 | 48624.00 | 3 | 1 | 262.00 | 38 | 48362.00 | 38 | 10671.00 |
| 0.20 | | | | | | | | | |
| 148.55 | 27 | 40074.00 | 6 | 2 | 2278.00 | 19 | 37796.00 | 29 | 42643.00 |
| 425.65 | 294 | 162344.00 | 1 | 2 | 462.00 | 291 | 161882.00 | 105 | 12028.00 |
| 14.15 | 13 | 2920.00 | | | | 13 | 2920.00 | | |
| 15.75 | 4 | 3765.00 | | 1 | 39.00 | 3 | 3727.00 | 2 | 1109.00 |
| 0.10 | | | | | | | | | |
| 1.85 | | | | | | | | | |

# 2016 年矿产资源采矿许可证发证及采矿权

续表 9-4

| 矿 种 | 采矿许可证发证 | | | | | | | |
|---|---|---|---|---|---|---|---|---|
| | 许可证数 | | | 登记面积 | | | 生产规模 | |
| | 有效 | 新立 | 注销 | 有效 | 新立 | 注销 | 登记 | 新立 |
| 白垩 | 3 | | | 0.65 | | | 20.00 | |
| 白云岩 | 362 | 4 | 21 | 163.94 | 1.36 | 2.97 | 5112.68 | 38.00 |
| 玻璃用白云岩 | 9 | 1 | 1 | 1.33 | 0.08 | 0.03 | 131.00 | 20.00 |
| 建筑用白云岩 | 677 | 39 | 96 | 79.66 | 7.37 | 7.58 | 12325.88 | 1182.20 |
| 石英岩 | 538 | 7 | 41 | 251.44 | 3.43 | 5.57 | 3496.96 | 65.00 |
| 冶金用石英岩 | 49 | | 5 | 15.39 | | 1.70 | 310.80 | |
| 玻璃用石英岩 | 147 | 2 | 8 | 68.44 | 1.45 | 0.86 | 2058.63 | 220.00 |
| 砂岩 | 733 | 23 | 74 | 58.12 | 1.21 | 4.82 | 6576.90 | 258.17 |
| 玻璃用砂岩 | 64 | 1 | 1 | 16.59 | 0.27 | 0.15 | 1091.72 | 55.00 |
| 水泥配料用砂岩 | 165 | 8 | 16 | 69.44 | 1.85 | 5.24 | 3693.09 | 525.00 |
| 砖瓦用砂岩 | 250 | 12 | 12 | 14.85 | 0.27 | 0.25 | 1551.89 | 103.96 |
| 陶瓷用砂岩 | 47 | | 4 | 16.11 | | 0.05 | 278.60 | |
| 建筑用砂岩 | 658 | 58 | 34 | 88.78 | 6.37 | 2.15 | 16837.51 | 2021.10 |
| 天然石英砂 | 109 | 5 | 26 | 127.14 | 3.42 | 1.86 | 1676.70 | 67.20 |
| 玻璃用砂 | 20 | | 3 | 14.47 | | 0.60 | 575.38 | |
| 海砂 | | | | | | | | |
| 建筑用砂 | 3166 | 262 | 381 | 499.37 | 36.61 | 81.82 | 30761.83 | 2741.49 |
| 水泥配料用砂 | 20 | 1 | 2 | 4.35 | 0.61 | 0.12 | 291.92 | 24.00 |
| 水泥标准砂 | 2 | | 1 | 1.42 | | 1.52 | 3.80 | |
| 砖瓦用砂 | 30 | 2 | | 5.14 | 0.12 | | 135.77 | 7.36 |
| 脉石英 | 166 | 2 | 4 | 87.92 | 0.28 | 1.57 | 431.81 | 5.00 |
| 玻璃用脉石英 | 61 | | 4 | 34.75 | | 1.59 | 339.70 | |
| 粉石英 | 15 | 1 | | 7.97 | 0.05 | | 59.80 | 10.00 |
| 天然油石 | 1 | | | 0.20 | | | 0.15 | |
| 硅藻土 | 40 | 1 | | 36.18 | 0.80 | | 322.10 | 15.00 |
| 页岩 | 901 | 13 | 84 | 55.28 | 4.31 | 4.47 | 5673.56 | 170.40 |
| 陶粒页岩 | 28 | | 2 | 6.81 | | 0.60 | 541.20 | |
| 砖瓦用页岩 | 4072 | 105 | 272 | 226.89 | 6.43 | 8.06 | 25987.11 | 1344.25 |
| 水泥配料用页岩 | 103 | 2 | 4 | 61.22 | 0.62 | 0.46 | 1453.88 | 30.00 |
| 高岭土 | 361 | 6 | 26 | 342.15 | 2.89 | 7.63 | 3251.28 | 121.00 |

## 出让、转让情况——按矿种分列

单位：宗、平方千米、万元、个

| 采矿权使用费 | 采矿权出让 | | | | | | | 采矿权转让 | |
|---|---|---|---|---|---|---|---|---|---|
| | 合计 | | 探矿权转采矿权 | 协议出让 | | “招、拍、挂”出让 | | 宗数 | 转让金额 |
| | 宗数 | 价款金额 | 宗数 | 宗数 | 价款金额 | 宗数 | 价款金额 | | |
| 0.15 | | | | | | | | | |
| 30.25 | 4 | 158.00 | 1 | | | 3 | 158.00 | 4 | 389.00 |
| 0.50 | 1 | | 1 | | | | | | |
| 35.90 | 39 | 9849.00 | 1 | | | 38 | 9849.00 | 11 | 2142.00 |
| 42.85 | 7 | 695.00 | 1 | | | 6 | 695.00 | 4 | 246.00 |
| 3.35 | | | | | | | | 2 | 195.00 |
| 11.80 | 2 | 645.00 | 1 | | | 1 | 645.00 | 5 | 532.00 |
| 38.55 | 23 | 1031.00 | | 2 | 256.00 | 21 | 775.00 | 14 | 715.00 |
| 3.90 | 1 | 1800.00 | | | | 1 | 1800.00 | 1 | 150.00 |
| 12.60 | 8 | 956.00 | 3 | | | 5 | 956.00 | 2 | 20.00 |
| 12.95 | 12 | 510.00 | | | | 12 | 510.00 | 5 | 265.00 |
| 3.30 | | | | | | | | 1 | 5.00 |
| 36.85 | 58 | 12303.00 | | 2 | 259.00 | 56 | 12044.00 | 11 | 262.00 |
| 16.10 | 5 | 350.00 | | | | 5 | 350.00 | | |
| 2.20 | | | | | | | | | |
| 177.70 | 262 | 10247.00 | | 10 | 209.00 | 252 | 10037.00 | 27 | 1427.00 |
| 1.20 | 1 | 100.00 | | | | 1 | 100.00 | | |
| 0.20 | | | | | | | | | |
| 1.70 | 2 | 14.00 | | | | 2 | 14.00 | | |
| 13.80 | 2 | 181.00 | | | | 2 | 181.00 | 3 | 210.00 |
| 5.20 | | | | | | | | 1 | 12.00 |
| 1.25 | 1 | 51.00 | | | | 1 | 51.00 | | |
| 0.05 | | | | | | | | | |
| 4.70 | 1 | 1065.00 | | | | 1 | 1065.00 | | |
| 46.55 | 13 | 1293.00 | | | | 13 | 1293.00 | 9 | 430.00 |
| 1.80 | | | | | | | | 2 | 55.00 |
| 209.45 | 105 | 7082.00 | | | | 105 | 7082.00 | 74 | 303349.00 |
| 10.05 | 2 | 64.00 | | | | 2 | 64.00 | | |
| 45.00 | 6 | 677.00 | 2 | | | 4 | 677.00 | 3 | 24.00 |

## 2016 年矿产资源采矿许可证发证及采矿权

续表 9-5

| 矿种 | 采矿许可证发证 | | | | | | | |
|---|---|---|---|---|---|---|---|---|
| | 许可证数 | | | 登记面积 | | | 生产规模 | |
| | 有效 | 新立 | 注销 | 有效 | 新立 | 注销 | 登记 | 新立 |
| 陶瓷土 | 423 | 18 | 22 | 188.28 | 4.84 | 6.51 | 3151.28 | 289.68 |
| 凹凸棒石黏土 | 28 | | | 27.90 | | | 213.24 | |
| 海泡石黏土 | 4 | | | 3.64 | | | 26.10 | |
| 伊利石黏土 | 45 | 1 | 2 | 42.25 | 4.14 | 0.31 | 608.98 | 240.00 |
| 累托石黏土 | 1 | | | 0.63 | | | 9.00 | |
| 膨润土 | 162 | 2 | 3 | 124.35 | 0.13 | 0.71 | 1006.93 | 11.00 |
| 砖瓦用黏土 | 6639 | 72 | 1274 | 386.48 | 4.50 | 90.05 | 32878.63 | 534.94 |
| 陶粒用黏土 | 42 | 1 | 1 | 204.47 | 0.02 | 0.45 | 180.05 | 1.80 |
| 水泥用黏土 | 107 | 6 | 3 | 45.47 | 1.41 | 0.68 | 2030.69 | 360.90 |
| 水泥配料用红土 | 6 | 1 | 3 | 0.45 | 0.03 | 0.63 | 64.53 | 5.40 |
| 水泥配料用黄土 | 6 | | 1 | 0.71 | | 0.89 | 239 | |
| 保温材料用黏土 | 5 | | 2 | 4.80 | | 0.02 | 23.24 | |
| 橄榄岩 | 7 | | | 28.80 | | | 70.08 | |
| 建筑用橄榄岩 | 6 | | | 40.56 | | | 24.55 | |
| 蛇纹岩 | 34 | 2 | | 14.00 | 0.02 | | 201.59 | 11.00 |
| 饰面用蛇纹岩 | 12 | | 1 | 4.30 | | 0.24 | 19.12 | |
| 玄武岩 | 260 | 1 | 25 | 44.50 | 0.04 | 8.55 | 3716.93 | 30.00 |
| 铸石用玄武岩 | 4 | | | 0.38 | | | 39.10 | |
| 建筑用玄武岩 | 299 | 36 | 5 | 34.11 | 3.44 | 0.37 | 8139.26 | 1059.53 |
| 辉绿岩 | 77 | 1 | 10 | 18.55 | 0.21 | 2.47 | 590.99 | 3.00 |
| 水泥用辉绿岩 | 3 | | | 0.28 | | | 43.00 | |
| 建筑用辉绿岩 | 157 | 10 | 9 | 34.53 | 1.88 | 0.91 | 2922.49 | 248.00 |
| 饰面用辉绿岩 | 45 | 1 | 27 | 13.51 | 0.15 | 4.90 | 219.51 | 5.22 |
| 安山岩 | 65 | | 1 | 5.30 | | 0.30 | 1546.74 | |
| 饰面用安山岩 | 4 | | | 3.24 | | | 9.36 | |
| 建筑用安山岩 | 282 | 14 | 10 | 18.33 | 0.27 | 0.11 | 6858.90 | 308.10 |
| 水泥混合材料用安山岩 | 1 | | | 0.04 | | | 20.80 | |
| 闪长岩 | 48 | | 12 | 9.23 | | 1.94 | 1804.67 | |
| 建筑用闪长岩 | 167 | 4 | 18 | 11.09 | 0.07 | 0.95 | 3006.25 | 301.96 |
| 水泥混合材料用闪长玢岩 | 1 | | | 0.01 | | | 8.84 | |
| 花岗岩 | 510 | 8 | 55 | 148.86 | 3.43 | 4.56 | 5601.73 | 219.13 |

# 出让、转让情况——按矿种分列

单位：宗、平方千米、万元、个

| 采矿权使用费 | 采矿权出让 | | | | | | | 采矿权转让 | |
|---|---|---|---|---|---|---|---|---|---|
| | 合计 | | 探矿权转采矿权 | 协议出让 | | “招、拍、挂”出让 | | 宗数 | 转让金额 |
| | 宗数 | 价款金额 | 宗数 | 宗数 | 价款金额 | 宗数 | 价款金额 | | |
| 32.85 | 18 | 5962.00 | 2 | | | 16 | 5962.00 | 3 | 121.00 |
| 3.55 | | | | | | | | | |
| 0.45 | | | | | | | | | |
| 5.50 | 1 | | 1 | | | | | | |
| 0.10 | | | | | | | | | |
| 17.55 | 2 | 13.00 | 1 | | | 1 | 13.00 | 3 | 39.00 |
| 337.55 | 72 | 1180.00 | | | | 72 | 1180.00 | 44 | 2451.00 |
| 21.80 | 1 | 20.00 | | | | 1 | 20.00 | 2 | 17.00 |
| 8.05 | 6 | 1049.00 | | | | 6 | 1049.00 | 1 | 8.00 |
| 0.30 | 1 | 22.00 | | | | 1 | 22.00 | | |
| 0.30 | | | | | | | | | |
| 0.65 | | | | | | | | | |
| 3.05 | | | | | | | | | |
| 4.25 | | | | | | | | | |
| 2.55 | 2 | 83.00 | | | | 2 | 83.00 | | |
| 0.80 | | | | | | | | | |
| 15.00 | 1 | 61.00 | | | | 1 | 61.00 | 6 | 760.00 |
| 0.20 | | | | | | | | | |
| 15.95 | 36 | 15252.00 | | | | 36 | 15252.00 | 4 | 233.00 |
| 4.75 | 1 | 29.00 | | | | 1 | 29.00 | 1 | |
| 0.15 | | | | | | | | | |
| 9.45 | 10 | 1806.00 | | | | 10 | 1806.00 | 3 | 426.00 |
| 2.75 | 1 | 317.00 | | | | 1 | 317.00 | 2 | 844.00 |
| 3.30 | | | | | | | | 2 | 64.00 |
| 0.50 | | | | | | | | | |
| 14.30 | 14 | 1364.00 | | | | 14 | 1364.00 | 9 | 725.00 |
| 0.05 | | | | | | | | | |
| 2.85 | | | | | | | | | |
| 8.65 | 4 | 295.00 | | 1 | 176.00 | 3 | 120.00 | 4 | 164.00 |
| 0.05 | | | | | | | | | |
| 34.10 | 8 | 1913.00 | 1 | | | 7 | 1913.00 | 6 | 208.00 |

## 2016年矿产资源采矿许可证发证及采矿权

续表 9-6

| 矿　种 | 采矿许可证发证 | | | | | | | |
|---|---|---|---|---|---|---|---|---|
| | 许可证数 | | | 登记面积 | | | 生产规模 | |
| | 有效 | 新立 | 注销 | 有效 | 新立 | 注销 | 登记 | 新立 |
| 建筑用花岗岩 | 2080 | 110 | 320 | 195.35 | 18.51 | 21.33 | 67203.72 | 4376.54 |
| 水泥配料用泥岩 | 28 | 3 | 1 | 8.33 | 1.34 | 0.03 | 809.34 | 101.33 |
| 铸石用粗面岩 | 1 | | | 0.08 | | | 54.30 | |
| 饰面用花岗岩 | 1000 | 47 | 272 | 321.41 | 18.71 | 15.66 | 7658.21 | 580.87 |
| 麦饭石 | 9 | | | 10.85 | | | 18.13 | |
| 珍珠岩 | 66 | | 4 | 21.76 | | 0.39 | 352.15 | |
| 黑曜岩 | 5 | | 1 | 1.11 | | 0.12 | 31.00 | |
| 浮石 | 12 | | | 1.58 | | | 34.00 | |
| 粗面岩 | 12 | | 2 | 2.10 | | 0.10 | 64.07 | |
| 霞石正长岩 | 10 | | | 6.44 | | | 416.00 | |
| 凝灰岩 | 65 | 2 | 8 | 12.55 | 0.12 | 0.26 | 1344.28 | 271.23 |
| 水泥用凝灰岩 | 19 | | | 3.25 | | | 279.07 | |
| 建筑用石料（凝灰岩） | 1267 | 105 | 262 | 157.97 | 14.70 | 140.10 | 59376.44 | 7751.12 |
| 火山灰 | 3 | 1 | | 0.91 | 0.01 | | 13.70 | 4.20 |
| 水泥用火山灰 | 2 | | | 0.09 | | | 8.00 | |
| 火山渣 | 13 | | | 4.53 | | | 101.98 | |
| 大理岩 | 272 | 4 | 6 | 126.30 | 1.28 | 0.72 | 3265.52 | 32.40 |
| 饰面用石料（大理石） | 400 | 10 | 24 | 211.23 | 2.18 | 5.83 | 2465.33 | 46.60 |
| 建筑用大理岩 | 299 | 17 | 22 | 89.61 | 9.32 | 0.64 | 4643.42 | 635.55 |
| 水泥用大理石 | 102 | 2 | 6 | 29.83 | 0.19 | 0.62 | 7233.87 | 175.50 |
| 玻璃用大理石 | 3 | | | 0.72 | | | 17.28 | |
| 板岩 | 172 | 6 | 14 | 64.14 | 0.19 | 3.56 | 2530.60 | 104.85 |
| 饰面用板岩 | 50 | 3 | 8 | 19.35 | 0.29 | 7.86 | 219.89 | 9.03 |
| 水泥配料用板岩 | 6 | | | 3.75 | | | 39.42 | |
| 片麻岩 | 254 | 9 | 29 | 19.54 | 0.80 | 1.41 | 5618.61 | 148.88 |
| 角闪岩 | 26 | 1 | | 5.48 | 0.01 | | 376.95 | 1.05 |
| 硼矿 | 52 | 1 | | 387.53 | 0.11 | | 573.10 | 5.00 |
| 矿泉水 | 691 | 16 | 70 | 392.13 | 16.01 | 31.28 | 4621.66 | 396.79 |
| 地下水 | 8 | | 1 | 14.45 | | 0.04 | 1103.50 | |
| 二氧化碳气 | 3 | 2 | | 32.90 | 4.16 | | 16.16 | 8.16 |
| 其他 | 1 | | | 0.40 | | | | |

## 出让、转让情况——按矿种分列

单位：宗、平方千米、万元、个

| 采矿权使用费 | 采矿权出让 | | | | | | | 采矿权转让 | |
|---|---|---|---|---|---|---|---|---|---|
| | 合计 | | 探矿权转采矿权 | 协议出让 | | “招、拍、挂”出让 | | 宗数 | 转让金额 |
| | 宗数 | 价款金额 | 宗数 | 宗数 | 价款金额 | 宗数 | 价款金额 | | |
| 108.75 | 110 | 12662.00 | | 7 | 788.00 | 103 | 11874.00 | 39 | 2243.00 |
| 1.65 | 3 | 395.00 | 1 | | | 2 | 395.00 | 1 | 21.00 |
| 0.05 | | | | | | | | | |
| 68.90 | 47 | 16266.00 | 4 | 2 | | 41 | 16266.00 | 10 | 638.00 |
| 1.40 | | | | | | | | | |
| 4.75 | | | | | | | | 2 | 180.00 |
| 0.30 | | | | | | | | 1 | 110.00 |
| 0.60 | | | | | | | | 1 | 20.00 |
| 0.75 | | | | | | | | | |
| 1.00 | | | | | | | | | |
| 3.80 | 2 | 563.00 | | 2 | 563.00 | | | | |
| 1.05 | | | | | | | | | |
| 68.55 | 105 | 1221668.00 | | 38 | 1132920.00 | 67 | 88748.00 | 10 | 1441.00 |
| 0.20 | 1 | 18.00 | | | | 1 | 18.00 | | |
| 0.10 | | | | | | | | | |
| 0.90 | | | | | | | | | |
| 22.05 | 4 | 907.00 | 1 | | | 3 | 907.00 | 6 | 1770.00 |
| 34.60 | 10 | 552.00 | 3 | 1 | | 6 | 552.00 | 4 | 716.00 |
| 20.05 | 17 | 4107.00 | | 1 | 805.00 | 16 | 3302.00 | 3 | 178.00 |
| 6.65 | 2 | 1344.00 | | 1 | 1250.00 | 1 | 93.00 | 1 | 12.00 |
| 0.15 | | | | | | | | | |
| 13.45 | 6 | 540.00 | | | | 6 | 540.00 | | |
| 3.85 | 3 | 200.00 | 1 | | | 2 | 200.00 | | |
| 0.60 | | | | | | | | | |
| 13.00 | 9 | 467.00 | | | | 9 | 467.00 | 2 | 85.00 |
| 1.55 | 1 | 10.00 | | | | 1 | 10.00 | 1 | 110.00 |
| 40.25 | 1 | 43.00 | | 1 | 43.00 | | | | |
| 59.10 | 16 | 1636.00 | 13 | 1 | 7.00 | 2 | 1630.00 | 8 | 1175.00 |
| 1.70 | | | | | | | | | |
| 3.35 | 2 | | 2 | | | | | | |
| 0.05 | | | | | | | | | |

# 2016 年矿产资源勘查、

表 10

| 案件类型 | 合计 | 国家机关 | | |
|---|---|---|---|---|
| | | 省级机关 | 市级机关 | 县级机关 |
| **2015 年未结案件** | **313** | | | |
| **2016 年立案** | **4425** | | | |
| 勘查 | 187 | | | |
| 无证勘查 | 120 | | | |
| 越界勘查 | 23 | | | |
| 非法转让探矿权 | | | | |
| 其他 | 44 | | | |
| 开采 | 4217 | | | |
| 无证开采 | 2912 | | | |
| 越界开采 | 1058 | | | |
| 非法转让采矿权 | 10 | | | |
| 破坏性开采 | 2 | | | |
| 其他 | 235 | | | |
| 不按规定缴纳矿产资源补偿费 | 21 | | | |
| 非法批准 | | | | |
| 违法发证 | | | | |
| 勘查许可证 | | | | |
| 采矿许可证 | | | | |
| 其他 | | | | |
| **2016 年结案** | **4327** | | | |
| 处理 2015 年未结案 | 178 | | | |
| 勘查 | 173 | | | |
| 无证勘查 | 108 | | | |
| 越界勘查 | 23 | | | |
| 非法转让探矿权 | | | | |
| 其他 | 42 | | | |
| 开采 | 3955 | | | |
| 无证开采 | 2726 | | | |
| 越界开采 | 992 | | | |
| 非法转让采矿权 | 10 | | | |
| 破坏性开采 | 1 | | | |
| 其他 | 226 | | | |
| 不按规定缴纳矿产资源补偿费 | 21 | | | |
| 非法批准 | | | | |
| 违法发证 | | | | |
| 勘查许可证 | | | | |
| 采矿许可证 | | | | |
| 其他 | | | | |
| **2016 年未结案件** | **411** | | | |

## 开采违法案件查处情况

单位：件

| 企事业单位 | | 集　体 | | 个人 |
|---|---|---|---|---|
| | 外商 | | 乡村 | |
| **113** | **2** | **2** | **2** | **198** |
| **1625** | **2** | **59** | **27** | **2741** |
| 114 | | 8 | | 65 |
| 57 | | 5 | | 58 |
| 15 | | 3 | | 5 |
| 42 | | | | 2 |
| 1502 | 2 | 45 | 27 | 2670 |
| 604 | | 25 | 17 | 2283 |
| 763 | 1 | 14 | 5 | 281 |
| 10 | | | | |
| 1 | | | | 1 |
| 124 | 1 | 6 | 5 | 105 |
| 9 | | 6 | | 6 |
| **1597** | **2** | **56** | **28** | **2674** |
| 66 | | 2 | 2 | 110 |
| 105 | | 5 | | 63 |
| 50 | | 2 | | 56 |
| 15 | | 3 | | 5 |
| 40 | | | | 2 |
| 1417 | 2 | 43 | 26 | 2495 |
| 575 | | 23 | 16 | 2128 |
| 713 | 1 | 14 | 5 | 265 |
| 10 | | | | |
| 1 | | | | |
| 118 | 1 | 6 | 5 | 102 |
| 9 | | 6 | | 6 |
| **141** | **2** | **5** | **1** | **255** |

# 2016年矿产资源勘查、

**表 11**

| 案件类型 | 合计 | 北京 | 天津 | 河北 |
|---|---|---|---|---|
| **2015年未结案件** | **313** | **2** | | **4** |
| **2016年立案** | **4425** | **45** | **82** | **78** |
| 勘查 | 187 | 14 | | 1 |
| 无证勘查 | 120 | 12 | | |
| 越界勘查 | 23 | | | |
| 非法转让探矿权 | | | | |
| 其他 | 44 | 2 | | 1 |
| 开采 | 4217 | 31 | 82 | 77 |
| 无证开采 | 2912 | 30 | 82 | 62 |
| 越界开采 | 1058 | 1 | | 15 |
| 非法转让采矿权 | 10 | | | |
| 破坏性开采 | 2 | | | |
| 其他 | 235 | | | |
| 不按规定缴纳矿产资源补偿费 | 21 | | | |
| 非法批准 | | | | |
| 违法发证 | | | | |
| 勘查许可证 | | | | |
| 采矿许可证 | | | | |
| 其他 | | | | |
| **2016年结案** | **4327** | **26** | **82** | **79** |
| 处理2015年未结案 | 178 | 2 | | 1 |
| 勘查 | 173 | 2 | | 1 |
| 无证勘查 | 108 | 2 | | |
| 越界勘查 | 23 | | | |
| 非法转让探矿权 | | | | |
| 其他 | 42 | | | 1 |
| 开采 | 3955 | 22 | 82 | 77 |
| 无证开采 | 2726 | 21 | 82 | 62 |
| 越界开采 | 992 | 1 | | 15 |
| 非法转让采矿权 | 10 | | | |
| 破坏性开采 | 1 | | | |
| 其他 | 226 | | | |
| 不按规定缴纳矿产资源补偿费 | 21 | | | |
| 非法批准 | | | | |
| 违法发证 | | | | |
| 勘查许可证 | | | | |
| 采矿许可证 | | | | |
| 其他 | | | | |
| **2016年未结案件** | **411** | **21** | | **3** |

# 开采违法案件查处情况——按地区分列

单位：件

| 山西 | 内蒙古 | 辽宁 | 吉林 |
|---|---|---|---|
| **8** | **5** | **10** | **18** |
| **126** | **280** | **88** | **115** |
| 1 | 7 | 12 | 3 |
| 1 | 1 | 6 | 1 |
| | 1 | 6 | |
| | | | |
| | 5 | | 2 |
| 125 | 273 | 76 | 112 |
| 87 | 226 | 42 | 97 |
| 33 | 45 | 33 | 12 |
| | | | |
| | | | |
| 5 | 2 | 1 | 3 |
| | | | |
| | | | |
| | | | |
| | | | |
| | | | |
| | | | |
| **130** | **276** | **98** | **116** |
| 4 | 4 | 10 | 11 |
| 1 | 7 | 12 | 3 |
| 1 | 1 | 6 | 1 |
| | 1 | 6 | |
| | | | |
| | 5 | | 2 |
| 125 | 265 | 66 | 102 |
| 87 | 220 | 32 | 90 |
| 33 | 43 | 33 | 10 |
| | | | |
| | | | |
| 5 | 2 | 1 | 2 |
| | | | |
| | | | |
| | | | |
| | | | |
| | | | |
| | | | |
| **4** | **9** | | **17** |

## 2016 年矿产资源勘查、

续表 11-1

| 案件类型 | 黑龙江 | 上海 | 江苏 | 浙江 |
|---|---|---|---|---|
| **2015 年未结案件** | **33** | | | **9** |
| **2016 年立案** | **239** | | **47** | **233** |
| 勘查 | 8 | | | |
| 无证勘查 | 4 | | | |
| 越界勘查 | 1 | | | |
| 非法转让探矿权 | | | | |
| 其他 | 3 | | | |
| 开采 | 226 | | 47 | 233 |
| 无证开采 | 108 | | 28 | 208 |
| 越界开采 | 93 | | 17 | 17 |
| 非法转让采矿权 | | | | |
| 破坏性开采 | | | | 1 |
| 其他 | 25 | | 2 | 7 |
| 不按规定缴纳矿产资源补偿费 | 5 | | | |
| 非法批准 | | | | |
| 违法发证 | | | | |
| 勘查许可证 | | | | |
| 采矿许可证 | | | | |
| 其他 | | | | |
| **2016 年结案** | **245** | | **46** | **230** |
| 处理 2015 年未结案 | 32 | | | 7 |
| 勘查 | 8 | | | |
| 无证勘查 | 4 | | | |
| 越界勘查 | 1 | | | |
| 非法转让探矿权 | | | | |
| 其他 | 3 | | | |
| 开采 | 200 | | 46 | 223 |
| 无证开采 | 91 | | 27 | 201 |
| 越界开采 | 84 | | 17 | 14 |
| 非法转让采矿权 | | | | |
| 破坏性开采 | | | | 1 |
| 其他 | 25 | | 2 | 7 |
| 不按规定缴纳矿产资源补偿费 | 5 | | | |
| 非法批准 | | | | |
| 违法发证 | | | | |
| 勘查许可证 | | | | |
| 采矿许可证 | | | | |
| 其他 | | | | |
| **2016 年未结案件** | **27** | | 1 | **12** |

## 开采违法案件查处情况——按地区分列

单位：件

| 安徽 | 福建 | 江西 | 山东 |
|---|---|---|---|
| **36** | **2** | **6** | |
| **39** | **69** | **88** | **28** |
| 1 | 1 | 4 | 1 |
| 1 | | 1 | 1 |
| | | 3 | |
| | | | |
| | 1 | | |
| 38 | 56 | 84 | 27 |
| 30 | 47 | 34 | 24 |
| 8 | 6 | 44 | 2 |
| | | | |
| | | | |
| | 3 | 6 | 1 |
| | 12 | | |
| | | | |
| | | | |
| | | | |
| | | | |
| | | | |
| **37** | **70** | **92** | **25** |
| 11 | 2 | 4 | |
| 1 | 1 | 4 | |
| 1 | | 1 | |
| | | 3 | |
| | | | |
| | 1 | | |
| 25 | 55 | 84 | 25 |
| 20 | 46 | 34 | 22 |
| 5 | 6 | 44 | 2 |
| | | | |
| | | | |
| | 3 | 6 | 1 |
| | 12 | | |
| | | | |
| | | | |
| | | | |
| | | | |
| | | | |
| **38** | **1** | **2** | **3** |

## 2016年矿产资源勘查、

续表 11-2

| 案件类型 | 河南 | 湖北 | 湖南 | 广东 |
|---|---|---|---|---|
| **2015年未结案件** | | **1** | **2** | **11** |
| **2016年立案** | **117** | **34** | **208** | **14** |
| 勘查 | 1 | 2 | 3 | |
| 无证勘查 | | 1 | 2 | |
| 越界勘查 | | | | |
| 非法转让探矿权 | | | | |
| 其他 | 1 | 1 | 1 | |
| 开采 | 116 | 32 | 205 | 14 |
| 无证开采 | 101 | 10 | 93 | 13 |
| 越界开采 | 10 | 20 | 105 | 1 |
| 非法转让采矿权 | | | | |
| 破坏性开采 | | 1 | | |
| 其他 | 5 | 1 | 7 | |
| 不按规定缴纳矿产资源补偿费 | | | | |
| 非法批准 | | | | |
| 违法发证 | | | | |
| 勘查许可证 | | | | |
| 采矿许可证 | | | | |
| 其他 | | | | |
| **2016年结案** | **117** | **32** | **184** | **5** |
| 处理2015年未结案 | | 4 | 1 | |
| 勘查 | 1 | 2 | 2 | |
| 无证勘查 | | 1 | 1 | |
| 越界勘查 | | | | |
| 非法转让探矿权 | | | | |
| 其他 | 1 | 1 | 1 | |
| 开采 | 116 | 26 | 181 | 5 |
| 无证开采 | 101 | 8 | 77 | 4 |
| 越界开采 | 10 | 17 | 98 | 1 |
| 非法转让采矿权 | | | | |
| 破坏性开采 | | | | |
| 其他 | 5 | 1 | 6 | |
| 不按规定缴纳矿产资源补偿费 | | | | |
| 非法批准 | | | | |
| 违法发证 | | | | |
| 勘查许可证 | | | | |
| 采矿许可证 | | | | |
| 其他 | | | | |
| **2016年未结案件** | | **3** | **26** | **20** |

# 开采违法案件查处情况——按地区分列

单位：件

| 广西 | 海南 | 重庆 | 四川 |
|---|---|---|---|
| **76** | **2** | **9** | **7** |
| **354** | **131** | **108** | **148** |
| 1 | | 2 | 37 |
| 1 | | 2 | 36 |
| | | | |
| | | | |
| | | | 1 |
| 351 | 131 | 106 | 111 |
| 242 | 129 | 46 | 61 |
| 66 | 2 | 59 | 45 |
| | | | |
| | | | |
| 43 | | 1 | 5 |
| 2 | | | |
| | | | |
| | | | |
| | | | |
| | | | |
| | | | |
| **349** | **105** | **113** | **155** |
| 25 | 2 | 8 | 7 |
| 1 | | 2 | 37 |
| 1 | | 2 | 36 |
| | | | |
| | | | |
| | | | 1 |
| 321 | 103 | 103 | 111 |
| 226 | 101 | 46 | 61 |
| 55 | 2 | 56 | 45 |
| | | | |
| | | | |
| 40 | | 1 | 5 |
| 2 | | | |
| | | | |
| | | | |
| | | | |
| | | | |
| | | | |
| **81** | **28** | **4** | |

## 2016年矿产资源勘查、

续表 11-3

| 案件类型 | 贵州 | 云南 | 西藏 | 陕西 |
|---|---|---|---|---|
| **2015年未结案件** | **20** | **10** | | **6** |
| **2016年立案** | **194** | **404** | **7** | **97** |
| 勘查 | 1 | 21 | | 7 |
| 无证勘查 | 1 | 5 | | 7 |
| 越界勘查 | | 8 | | |
| 非法转让探矿权 | | | | |
| 其他 | | 8 | | |
| 开采 | 191 | 383 | 7 | 90 |
| 无证开采 | 112 | 157 | 6 | 76 |
| 越界开采 | 32 | 223 | | 9 |
| 非法转让采矿权 | 9 | 1 | | |
| 破坏性开采 | | | | |
| 其他 | 38 | 2 | 1 | 5 |
| 不按规定缴纳矿产资源补偿费 | 2 | | | |
| 非法批准 | | | | |
| 违法发证 | | | | |
| 勘查许可证 | | | | |
| 采矿许可证 | | | | |
| 其他 | | | | |
| **2016年结案** | **189** | **400** | **7** | **101** |
| 处理2015年未结案 | 19 | 8 | | 6 |
| 勘查 | 1 | 21 | | 7 |
| 无证勘查 | 1 | 5 | | 7 |
| 越界勘查 | | 8 | | |
| 非法转让探矿权 | | | | |
| 其他 | | 8 | | |
| 开采 | 167 | 371 | 7 | 88 |
| 无证开采 | 92 | 154 | 6 | 74 |
| 越界开采 | 31 | 215 | | 9 |
| 非法转让采矿权 | 9 | 1 | | |
| 破坏性开采 | | | | |
| 其他 | 35 | 1 | 1 | 5 |
| 不按规定缴纳矿产资源补偿费 | 2 | | | |
| 非法批准 | | | | |
| 违法发证 | | | | |
| 勘查许可证 | | | | |
| 采矿许可证 | | | | |
| 其他 | | | | |
| **2016年未结案件** | **25** | **14** | | **2** |

## 开采违法案件查处情况——按地区分列

单位：件

| 甘肃 | 青海 | 宁夏 | 新疆 |
| --- | --- | --- | --- |
| | | | **36** |
| **34** | **131** | **80** | **807** |
| | 3 | 1 | 55 |
| | 1 | 1 | 35 |
| | | | 4 |
| | 2 | | 16 |
| 34 | 128 | 79 | 752 |
| 18 | 101 | 64 | 578 |
| 16 | 25 | 15 | 104 |
| | 2 | | 70 |
| **34** | **119** | **80** | **785** |
| | 3 | 1 | 55 |
| | 1 | 1 | 35 |
| | | | 4 |
| | 2 | | 16 |
| 34 | 116 | 79 | 730 |
| 18 | 92 | 64 | 567 |
| 16 | 22 | 15 | 93 |
| | 2 | | 70 |
| | **12** | | **58** |

# 2016 年全国石油天然气

**表 12**

| | 油气田总数（个） | | | | 从业人数（人） |
|---|---|---|---|---|---|
| | | 大型 | 中型 | 小型 | |
| **总　计** | **993** | **108** | **227** | **658** | **708358** |
| 国有企业 | 25 | 1 | 8 | 16 | 113900 |
| 国有联营企业 | 1 | | | 1 | 91 |
| 股份有限公司 | 967 | 107 | 219 | 641 | 594367 |

**注：** 经济类型为公司在工商管理机关登记注册类型。

## 开发利用情况——按经济类型分列

| 油产量（万吨） | 气产量（亿立方米） | 工业总产值（万元） | 销售收入（万元） | 年利税总额（万元） |
|---|---|---|---|---|
| **19963.48** | **1231.72** | **66748312.03** | **74067276.97** | **3811665.29** |
| 1115.36 | 20.37 | 10422500.00 | 24002782.00 | 3301326.00 |
| 2.11 | | 56966.00 | 314373.00 | 26123.00 |
| 18846.01 | 1211.35 | 56268846.03 | 49750121.97 | 484216.29 |

# 2016 年全国石油天然气

表 13

| 地　区 | 油气田总数（个） | | | | 从业人数（人） |
|---|---|---|---|---|---|
| | | 大型 | 中型 | 小型 | |
| **总　计** | **993** | **108** | **227** | **658** | **708358** |
| 天 津 | 23 | 1 | 13 | 9 | 26797 |
| 河 北 | 63 | 1 | 15 | 47 | 45118 |
| 山西 | 2 | | 2 | | 1083 |
| 辽 宁 | 40 | 4 | 9 | 27 | 44127 |
| 吉 林 | 49 | 4 | 11 | 34 | 27814 |
| 黑龙江 | 54 | 8 | 12 | 34 | 92127 |
| 江 苏 | 59 | | 4 | 55 | 7675 |
| 山 东 | 76 | 7 | 41 | 28 | 86578 |
| 河 南 | 54 | 3 | 10 | 41 | 39807 |
| 湖 北 | 31 | 1 | 3 | 27 | 26551 |
| 浙江 | 3 | | | 3 | 489 |
| 广东 | 6 | | | 6 | 177 |
| 广 西 | 1 | | | 1 | 91 |
| 重 庆 | 2 | 1 | 1 | | 478 |
| 四 川 | 143 | 6 | 12 | 125 | 38790 |
| 陕 西 | 66 | 14 | 20 | 32 | 184748 |
| 甘 肃 | 7 | | 1 | 6 | 12152 |
| 青 海 | 30 | 5 | 5 | 20 | 19823 |
| 新 疆 | 94 | 21 | 21 | 52 | 44396 |
| 渤 海 | 71 | 18 | 14 | 39 | 6185 |
| 南 海 | 103 | 14 | 28 | 61 | 2861 |
| 东 海 | 16 | | 5 | 11 | 491 |

**注:** 1. 中国石油长庆、华北、大港和西南经济数据未按省分列，本汇总表将中国石油长庆全部计入陕西，中国石油华北全部计入河北，中国石油大港全部计入天津，中国石油西南全部计入四川。

2. 本表不包括煤层气。

## 发利用情况——按地区分列

| 油产量（万吨） | 气产量（亿立方米） | 工业总产值（万元） | 销售收入（万元） | 实缴补偿费（万元） |
|---|---|---|---|---|
| **19963.48** | **1231.72** | **66748312.03** | **74067276.97** | **3811665.29** |
| 407.87 | 4.73 | 747877.00 | 749500.00 | -448266.00 |
| 545.96 | 6.69 | 1184404.00 | 1307826.33 | -573072.69 |
| | 5.37 | 136772.00 | 133578.00 | 19017.00 |
| 974.11 | 4.64 | 1677607.00 | 1652787.00 | -2003772.00 |
| 610.70 | 19.37 | 864289.00 | 858356.00 | -504659.00 |
| 3656.03 | 37.70 | 7674512.00 | 7696022.46 | 134173.00 |
| 166.02 | 0.23 | 352894.00 | 353612.00 | -392128.00 |
| 2390.19 | 4.10 | 4759773.00 | 4073085.43 | -1682175.25 |
| 326.32 | 75.81 | 2118705.00 | 1799702.06 | -1712174.56 |
| 73.90 | 1.35 | 829864.00 | 919800.00 | -21300.00 |
| 3.00 | | 72242.00 | 72242.00 | 7501.00 |
| 29.48 | 1.38 | 78953.00 | 77809.00 | 7259.00 |
| 2.11 | | 56966.00 | 314373.00 | 26123.00 |
| | 26.62 | | | 1800.47 |
| 10.79 | 197.77 | 3218493.00 | 3524394.10 | 467930.78 |
| 3507.37 | 385.39 | 19006458.00 | 32219482.00 | 5340251.00 |
| 38.00 | 0.06 | 146448.00 | 317106.00 | 132694.00 |
| 221.00 | 60.81 | 1544491.00 | 1393779.00 | 536249.00 |
| 2457.32 | 290.08 | 6404937.00 | 6895661.24 | -216801.02 |
| 2865.39 | 24.99 | 5413719.00 | 5298850.00 | 3236665.00 |
| 1644.67 | 70.39 | 10249854.00 | 4203455.98 | 1495904.81 |
| 33.25 | 14.24 | 209054.03 | 205855.37 | -39554.26 |

# 2016年全国非油气矿产资

表14

| | 矿山企业数（个） | | | | | 从业人数（人） |
|---|---|---|---|---|---|---|
| | | 大型 | 中型 | 小型 | 小矿 | |
| **总 计** | **77558** | **4113** | **6438** | **45606** | **21401** | **4455137** |
| 一、内资企业 | 77013 | 3942 | 6331 | 45392 | 21348 | 4391940 |
| 国有企业 | 2818 | 664 | 589 | 1300 | 265 | 1136265 |
| 集体企业 | 3769 | 47 | 165 | 2294 | 1263 | 107756 |
| 股份合作企业 | 907 | 51 | 82 | 561 | 213 | 45151 |
| 联营企业 | 286 | 6 | 42 | 169 | 69 | 18605 |
| 有限责任公司 | 18456 | 1649 | 2543 | 10811 | 3453 | 1468934 |
| 股份有限公司 | 3788 | 433 | 518 | 2199 | 638 | 726290 |
| 私营企业 | 44213 | 1018 | 2262 | 26500 | 14433 | 848180 |
| 其他企业 | 2776 | 74 | 130 | 1558 | 1014 | 40759 |
| 二、港、澳、台商投资企业 | 263 | 74 | 46 | 113 | 30 | 22990 |
| 三、外商投资企业 | 282 | 97 | 61 | 101 | 23 | 40207 |

# 开发利用情况——按经济类型分列

| 年产矿量（原矿，万吨） | 工业总产值（万元） | 综合利用产值（万元） | 矿产品销售收入（万元） | 利润总额（万元） |
|---|---|---|---|---|
| **760100.06** | **120883008.55** | **5791715.82** | **103719712.08** | **10766211.99** |
| 727786.16 | 115533972.76 | 5260289.09 | 99411902.13 | 9968122.76 |
| 154251.54 | 33927049.62 | 1358544.03 | 30016475.70 | 3141768.44 |
| 9810.85 | 882396.93 | 55325.40 | 753501.38 | 60758.39 |
| 6552.70 | 1240456.85 | 9389.84 | 801443.55 | 204957.86 |
| 2556.93 | 427875.36 | 46163.71 | 381661.05 | 21799.63 |
| 255178.50 | 4010927.15 | 1921261.69 | 35087594.96 | 2861100.53 |
| 119803.85 | 26161404.22 | 1365791.20 | 21612934.13 | 2715591.28 |
| 167167.42 | 12214102.94 | 498765.67 | 10290795.61 | 910626.34 |
| 12464.37 | 571659.68 | 5020.55 | 467495.75 | 51520.30 |
| 14211.85 | 1607771.75 | 56834.01 | 1325077.49 | 259641.91 |
| 18102.04 | 3741264.03 | 474592.72 | 2982732.46 | 538447.32 |

# 2016年全国非油气矿产资源

表15

| 地区 | 矿山企业数（个） | | | | | 从业人数（人） |
|---|---|---|---|---|---|---|
| | | 大型 | 中型 | 小型 | 小矿 | |
| **全国** | **77558** | **4113** | **6438** | **45606** | **21401** | **4455137** |
| 北京 | 185 | 63 | 40 | 76 | 6 | 15738 |
| 天津 | 369 | 117 | 140 | 110 | 2 | 6370 |
| 河北 | 3205 | 197 | 386 | 2308 | 314 | 209495 |
| 山西 | 3703 | 332 | 722 | 1672 | 977 | 814609 |
| 内蒙古 | 4517 | 200 | 372 | 2346 | 1599 | 218382 |
| 辽宁 | 3087 | 135 | 170 | 2072 | 710 | 165667 |
| 吉林 | 1316 | 189 | 194 | 753 | 180 | 73746 |
| 黑龙江 | 2292 | 151 | 181 | 1489 | 471 | 182436 |
| 上海 | 24 | | 1 | 23 | | 546 |
| 江苏 | 874 | 115 | 60 | 699 | | 69908 |
| 浙江 | 1048 | 467 | 172 | 368 | 41 | 34672 |
| 安徽 | 1509 | 207 | 187 | 662 | 453 | 216401 |
| 福建 | 1305 | 200 | 156 | 850 | 99 | 46031 |
| 江西 | 4745 | 68 | 311 | 2902 | 1464 | 141111 |
| 山东 | 2097 | 304 | 349 | 1377 | 67 | 360131 |
| 河南 | 2517 | 157 | 260 | 1468 | 632 | 385489 |
| 湖北 | 2690 | 65 | 137 | 1341 | 1147 | 74484 |
| 湖南 | 5198 | 77 | 241 | 3713 | 1167 | 159612 |
| 广东 | 1625 | 158 | 189 | 1148 | 130 | 43576 |
| 广西 | 3120 | 72 | 160 | 2191 | 697 | 80356 |
| 海南 | 213 | 56 | 26 | 108 | 23 | 10553 |
| 重庆 | 1675 | 61 | 173 | 1185 | 256 | 67349 |
| 四川 | 5262 | 117 | 265 | 3400 | 1480 | 198069 |
| 贵州 | 5280 | 156 | 483 | 3413 | 1228 | 169072 |
| 云南 | 6734 | 59 | 212 | 4083 | 2380 | 204929 |
| 西藏 | 90 | 6 | 24 | 52 | 8 | 7402 |
| 陕西 | 3884 | 186 | 295 | 1737 | 1666 | 192209 |
| 甘肃 | 3275 | 66 | 95 | 1193 | 1921 | 126994 |
| 青海 | 865 | 42 | 52 | 359 | 412 | 36795 |
| 宁夏 | 492 | 19 | 27 | 192 | 254 | 37181 |
| 新疆 | 4362 | 71 | 358 | 2316 | 1617 | 105824 |

## 开发利用情况——按地区分列

| 年产矿量（原矿，万吨） | 工业总产值（万元） | 综合利用产值（万元） | 矿产品销售收入（万元） | 利润总额（万元） |
|---|---|---|---|---|
| **760100.06** | **120883008.55** | **5791715.82** | **103719712.08** | **10766211.99** |
| 1269.89 | 884746.52 | 16794.26 | 322049.00 | −26745.67 |
| 4425.01 | 146754.34 | 61.00 | 145877.33 | 11400.18 |
| 30589.68 | 4176901.60 | 72897.76 | 3989172.86 | 284014.37 |
| 85331.04 | 23374205.00 | 2187405.21 | 20769412.45 | 1115007.46 |
| 72813.30 | 14029216.24 | 637709.41 | 12990423.40 | 2025232.67 |
| 28775.11 | 3670415.54 | 95623.81 | 3160310.16 | −42939.61 |
| 9237.30 | 1055062.35 | 17697.15 | 917494.76 | −67140.98 |
| 14873.33 | 1995909.32 | 20828.24 | 1901907.48 | −187053.43 |
| 58.40 | 23266.40 | | 22914.00 | 988.05 |
| 15823.77 | 1325155.28 | 51441.36 | 1203056.22 | 53376.43 |
| 55515.27 | 1370896.01 | 18668.49 | 1084271.13 | 63022.93 |
| 46761.49 | 7826969.08 | 274306.01 | 6832821.75 | 331117.47 |
| 12656.73 | 1085042.74 | 258488.95 | 1011595.94 | 136032.61 |
| 25288.65 | 2761882.38 | 393007.32 | 2034585.33 | 242304.54 |
| 36203.36 | 9758160.23 | 244102.68 | 8106328.53 | 1407568.32 |
| 26465.22 | 5974656.75 | 71613.44 | 5195111.40 | 168095.69 |
| 19829.88 | 2164656.94 | 149521.75 | 1451772.51 | 144861.28 |
| 24360.87 | 2621637.79 | 89045.82 | 1781643.33 | 202269.79 |
| 32011.86 | 1720537.14 | 38798.29 | 1451887.71 | 223797.70 |
| 27180.14 | 1628302.14 | 105760.95 | 1089693.48 | 186589.07 |
| 4561.84 | 290439.04 | 18537.22 | 259475.29 | −9454.80 |
| 14008.77 | 1276299.32 | 22179.91 | 1238432.70 | −28274.27 |
| 23681.68 | 3515484.44 | 186960.27 | 2527118.16 | 205642.26 |
| 29926.89 | 3797651.03 | 61441.34 | 3464000.58 | 943290.28 |
| 25397.56 | 4455321.05 | 159497.26 | 3369183.24 | 121789.33 |
| 553.40 | 300031.21 | 42704.00 | 189696.23 | 46868.85 |
| 38620.77 | 10461610.65 | 25007.90 | 9308265.23 | 2288642.47 |
| 12538.07 | 2135939.20 | 50447.86 | 1955099.76 | 309981.86 |
| 10031.64 | 2453807.20 | 386003.29 | 1750426.17 | 253488.82 |
| 7959.98 | 1551941.97 | 28598.17 | 1298238.09 | 106164.81 |
| 23349.19 | 3050109.66 | 66566.69 | 2897447.87 | 256273.52 |

# 2016 年全国非油气矿产资源

**表 16**

| 矿　种 | 矿山企业数（个） | | | | | 从业人数（人） |
|---|---|---|---|---|---|---|
| | | 大型 | 中型 | 小型 | 小矿 | |
| **总　计** | **77558** | **4113** | **6438** | **45606** | **21401** | **4455137** |
| 煤炭 | 8790 | 832 | 1441 | 5356 | 1161 | 2641093 |
| 油页岩 | 26 | 7 | 8 | 8 | 3 | 1573 |
| 油砂 | 2 | | 1 | 1 | | 54 |
| 石煤 | 181 | 1 | | 23 | 157 | 1223 |
| 天然沥青 | 5 | | | | 5 | 37 |
| 地热 | 1370 | 315 | 252 | 678 | 125 | 43032 |
| 铁矿 | 3910 | 182 | 403 | 2624 | 701 | 258141 |
| 锰矿 | 437 | 22 | 55 | 288 | 72 | 15273 |
| 铬矿 | 22 | 1 | 1 | 17 | 3 | 1096 |
| 钛矿 | 100 | 11 | 4 | 68 | 17 | 1578 |
| 钒矿 | 115 | 28 | 21 | 52 | 14 | 4043 |
| 铜矿 | 888 | 35 | 78 | 592 | 183 | 106754 |
| 铅矿 | 876 | 4 | 43 | 607 | 222 | 38910 |
| 锌矿 | 599 | 6 | 50 | 415 | 128 | 44276 |
| 铝土矿 | 260 | 11 | 29 | 190 | 30 | 15739 |
| 镁矿 | 8 | 2 | | 2 | 4 | 150 |
| 镍矿 | 71 | 6 | 15 | 40 | 10 | 9599 |
| 钴矿 | 4 | 1 | | 3 | | 30 |
| 钨矿 | 152 | 5 | 26 | 101 | 20 | 28961 |
| 锡矿 | 119 | 3 | 13 | 75 | 28 | 18994 |
| 铋矿 | 5 | | | 3 | 2 | 56 |
| 钼矿 | 209 | 25 | 38 | 111 | 35 | 28392 |
| 汞矿 | 30 | | | 14 | 16 | 565 |
| 锑矿 | 80 | | 4 | 57 | 19 | 7935 |
| 铂矿 | 6 | 4 | | 2 | | 73 |
| 金矿 | 1599 | 78 | 215 | 974 | 332 | 147585 |
| 银矿 | 125 | 8 | 16 | 76 | 25 | 11809 |

## 开发利用情况——按矿种分列

| 年产矿量（原矿，万吨） | 工业总产值（万元） | 综合利用产值（万元） | 矿产品销售收入（万元） | 利润总额（万元） |
|---|---|---|---|---|
| **760100.06** | **120883008.55** | **5791715.82** | **103719712.08** | **10766211.99** |
| 250926.22 | 71657160.37 | 2820779.10 | 65912006.45 | 6731830.77 |
| 107.98 | 6252.80 | | 3583.80 | -619.00 |
| 2.10 | 200.00 | | | |
| 111.35 | 4203.30 | 8.00 | 3638.00 | 137.01 |
| | | | | |
| 13132.40 | 1261802.26 | | 740691.83 | 23359.91 |
| 50668.12 | 8806478.36 | 296899.20 | 7032299.42 | -16536.22 |
| 438.33 | 250341.14 | 19986.57 | 187498.75 | -93053.10 |
| 8.82 | 14719.77 | | 14268.41 | 3914.29 |
| 48.96 | 2375.18 | 87.63 | 2155.69 | -1545.86 |
| 160.95 | 47788.00 | | 20463.00 | 8164.11 |
| 12840.07 | 2975419.94 | 507390.88 | 2584869.60 | 183189.25 |
| 1371.16 | 916550.60 | 132915.95 | 817093.70 | 216602.85 |
| 2741.16 | 1951529.28 | 105955.32 | 1472124.39 | 296133.89 |
| 2429.08 | 387417.41 | 2403.87 | 292057.28 | 18353.96 |
| 224.04 | 60019.00 | 230.00 | 8803.89 | |
| 1121.52 | 615327.64 | 9098.65 | 499538.93 | 152986.84 |
| | | | | |
| 1104.36 | 410135.88 | 44868.42 | 370172.19 | -35334.63 |
| 707.04 | 388907.54 | 74164.38 | 329553.85 | -8915.76 |
| 0.20 | 120.00 | 2.00 | | |
| 6476.67 | 1043143.39 | 27899.33 | 621093.51 | 57935.70 |
| 4.99 | 9000.00 | | 9000.00 | |
| 96.40 | 144126.43 | 3432.00 | 43390.26 | 2389.55 |
| | | | | |
| 11743.78 | 4608795.94 | 375482.76 | 4223932.29 | 727984.70 |
| 462.34 | 356191.92 | 66741.03 | 333374.38 | 56381.80 |

# 2016 年全国非油气矿产资源

续表 16-1

| 矿　种 | 矿山企业数（个） | | | | | 从业人数（人） |
|---|---|---|---|---|---|---|
| | | 大型 | 中型 | 小型 | 小矿 | |
| 铌钽矿 | 11 | 1 | | 8 | 2 | 1337 |
| 铌矿 | 4 | | | 4 | | 31 |
| 钽矿 | 5 | | | 4 | 1 | 19 |
| 铍矿 | 2 | | | | 2 | 16 |
| 锂矿 | 18 | 5 | 1 | 10 | 2 | 2012 |
| 锆矿 | 10 | 6 | 3 | | 1 | 225 |
| 锶矿 | 11 | 1 | | 5 | 5 | 464 |
| 重稀土矿 | 15 | 3 | 1 | 11 | | 237 |
| 轻稀土矿 | 62 | 5 | 14 | 41 | 2 | 1803 |
| 锗矿 | 7 | | | 2 | 5 | 762 |
| 碲矿 | 2 | | | 1 | 1 | 10 |
| 蓝晶石 | 6 | 2 | 1 | 3 | | 131 |
| 矽线石 | 7 | 1 | | 5 | 1 | 267 |
| 红柱石 | 14 | 7 | 3 | 4 | | 295 |
| 菱镁矿 | 111 | 8 | 11 | 87 | 5 | 4177 |
| 普通萤石 | 1165 | 17 | 42 | 788 | 318 | 16225 |
| 熔剂用灰岩 | 225 | 28 | 26 | 149 | 22 | 12769 |
| 冶金用白云岩 | 273 | 18 | 19 | 173 | 63 | 5234 |
| 冶金用石英岩 | 499 | 8 | 17 | 326 | 148 | 4085 |
| 冶金用砂岩 | 19 | 1 | | 15 | 3 | 179 |
| 铸型用砂岩 | 11 | | | 8 | 3 | 76 |
| 铸型用砂 | 45 | | 4 | 35 | 6 | 797 |
| 冶金用脉石英 | 247 | 1 | 1 | 177 | 68 | 1962 |
| 耐火黏土 | 170 | 3 | 11 | 102 | 54 | 3583 |
| 铁矾土 | 10 | | | 6 | 4 | 30 |
| 铸型用黏土 | 2 | | | 2 | | 22 |
| 耐火用橄榄岩 | 5 | | 1 | 3 | 1 | 117 |
| 熔剂用蛇纹岩 | 7 | 2 | 4 | 1 | | 419 |
| 自然硫 | 3 | | | 1 | 2 | 125 |

# 开发利用情况——按矿种分列

| 年产矿量（原矿，万吨） | 工业总产值（万元） | 综合利用产值（万元） | 矿产品销售收入（万元） | 利润总额（万元） |
|---|---|---|---|---|
| 258.16 | 31704.77 | | 28837.00 | 86.00 |
| | | | | |
| | | | | |
| | | | | |
| 771.01 | 124019.92 | 82022.00 | 79616.07 | 7065.07 |
| 546.52 | 2726.87 | 925.90 | 2784.36 | |
| 6.53 | 2571.27 | | 2571.27 | 25.60 |
| 191.85 | 16572.05 | 381.65 | 19450.89 | 1826.85 |
| 537.75 | 149355.07 | 2900.00 | 87499.61 | 12200.92 |
| 35.76 | 7153.12 | | 7153.11 | 409.70 |
| | | | | |
| 0.52 | 401.00 | | 396.36 | 60.00 |
| | | | | |
| 5.44 | 1742.70 | 862.00 | 789.33 | |
| 900.50 | 112683.36 | 1.50 | 62808.67 | 4763.39 |
| 347.49 | 155444.75 | 5310.06 | 135752.50 | 10796.73 |
| 6972.17 | 359681.83 | 22244.63 | 279114.21 | −16523.07 |
| 1609.66 | 85935.00 | 15984.04 | 52332.87 | 1888.80 |
| 365.48 | 26138.17 | 842.41 | 20515.22 | 1491.40 |
| 19.06 | 1447.89 | | 1113.19 | 65.70 |
| 38.61 | 243.11 | | 243.11 | 165.97 |
| 41.34 | 4879.36 | 50.00 | 4794.36 | 270.20 |
| 29.09 | 5415.91 | | 4663.91 | 651.39 |
| 126.52 | 35614.54 | 255.00 | 28663.67 | −9582.33 |
| 0.17 | 5.10 | | 5.10 | 1.00 |
| 15.47 | 187.41 | | 187.41 | 3.00 |
| 7.50 | 1620.00 | | 167.00 | 50.00 |
| 65.00 | 2568.10 | 10.00 | 2568.10 | −70.00 |
| 4.60 | 780.00 | 90.00 | 752.00 | 44.00 |

## 2016年全国非油气矿产资源

续表 16-2

| 矿　种 | 矿山企业数（个） | | | | | 从业人数（人） |
|---|---|---|---|---|---|---|
| | | 大型 | 中型 | 小型 | 小矿 | |
| 硫铁矿 | 220 | 10 | 17 | 146 | 47 | 14259 |
| 钠硝石 | 4 | | | 2 | 2 | 49 |
| 明矾石 | 1 | 1 | | | | 515 |
| 芒硝 | 74 | 22 | 21 | 26 | 5 | 6124 |
| 重晶石 | 460 | 11 | 48 | 257 | 144 | 4389 |
| 毒重石 | 36 | 1 | 2 | 14 | 19 | 404 |
| 天然碱 | 14 | 2 | 1 | 9 | 2 | 2023 |
| 电石用灰岩 | 91 | 14 | 12 | 42 | 23 | 1782 |
| 制碱用灰岩 | 36 | 3 | 3 | 27 | 3 | 1485 |
| 化肥用灰岩 | 6 | | | 3 | 3 | 13 |
| 化工用白云岩 | 23 | | | 18 | 5 | 198 |
| 化肥用石英岩 | 10 | | 1 | 8 | 1 | 65 |
| 化肥用砂岩 | 17 | | | 15 | 2 | 217 |
| 含钾砂页岩 | 6 | | 1 | 5 | | 31 |
| 含钾岩石 | 8 | | 3 | 4 | 1 | 100 |
| 化肥用橄榄岩 | 3 | | 1 | 2 | | 59 |
| 化肥用蛇纹岩 | 18 | | 1 | 8 | 9 | 118 |
| 泥炭 | 43 | | | 24 | 19 | 360 |
| 盐矿 | 202 | 95 | 36 | 65 | 6 | 46984 |
| 镁盐 | 6 | 1 | 4 | 1 | | 641 |
| 钾盐 | 20 | 6 | 8 | 5 | 1 | 12645 |
| 溴矿 | 48 | | | 48 | | 1985 |
| 砷矿 | 6 | | | 4 | 2 | 52 |
| 硼矿 | 63 | 3 | 6 | 52 | 2 | 1087 |
| 磷矿 | 350 | 44 | 113 | 173 | 20 | 35884 |
| 金刚石 | 5 | 2 | 3 | | | 705 |
| 石墨 | 168 | 55 | 13 | 78 | 22 | 5815 |
| 熔炼水晶 | 1 | | | | 1 | 1 |
| 光学水晶 | 1 | | | | 1 | 10 |

## 开发利用情况——按矿种分列

| 年产矿量（原矿，万吨） | 工业总产值（万元） | 综合利用产值（万元） | 矿产品销售收入（万元） | 利润总额（万元） |
|---|---|---|---|---|
| 973.34 | 517582.08 | 33254.00 | 439392.79 | 96249.64 |
| | | | | |
| 3.36 | 2393.90 | 147.28 | 1750.00 | –55.71 |
| 997.73 | 152344.58 | 11581.30 | 138652.07 | 3472.89 |
| 151.10 | 38376.74 | 667.00 | 34371.08 | 6637.56 |
| 6.00 | 2320.00 | 960.00 | 1285.00 | 444.93 |
| 237.97 | 201366.41 | | 195719.23 | 50242.67 |
| 1665.66 | 75098.38 | 2308.65 | 33260.42 | 9646.15 |
| 878.93 | 131418.13 | 70.00 | 22477.92 | 4300.94 |
| | | | | |
| 38.69 | 1302.20 | | 1268.82 | 152.20 |
| 4.45 | 83.35 | | 83.21 | 9.80 |
| 22.00 | 382.00 | 90.00 | 380.20 | 20.00 |
| 1.05 | 160.41 | | 160.41 | 45.36 |
| 16.76 | 3080.76 | | 2872.90 | 43.56 |
| | | | | |
| 2.95 | 126.75 | | 126.75 | 6.80 |
| 15.75 | 2604.03 | 2.60 | 2338.13 | 943.28 |
| 6217.23 | 1185787.34 | 82153.81 | 1026228.88 | 85547.19 |
| 3.00 | 28370.55 | 3026.00 | 9086.59 | 2221.14 |
| 7855.84 | 1874286.78 | 302414.98 | 1379463.81 | 170540.75 |
| 7.70 | 86210.50 | 667.00 | 80942.57 | 13809.69 |
| | | | | |
| 61.65 | 11010.69 | 480.00 | 10053.45 | –306.72 |
| 7119.54 | 1422162.57 | 67434.99 | 1103094.04 | 210297.13 |
| | | | | |
| 358.96 | 45777.90 | 423.50 | 37977.44 | –1157.50 |

## 2016年全国非油气矿产资源

续表 16-3

| 矿 种 | 矿山企业数（个） | | | | | 从业人数（人） |
|---|---|---|---|---|---|---|
| | | 大型 | 中型 | 小型 | 小矿 | |
| 工艺水晶 | 4 | | | 2 | 2 | 10 |
| 硅灰石 | 208 | 4 | 4 | 124 | 76 | 2072 |
| 滑石 | 136 | 5 | 11 | 86 | 34 | 4211 |
| 石棉 | 36 | 11 | 2 | 20 | 3 | 1891 |
| 云母 | 26 | | | 18 | 8 | 187 |
| 长石 | 356 | 6 | 7 | 252 | 91 | 3143 |
| 电气石 | 5 | | | 2 | 3 | 55 |
| 石榴子石 | 20 | | 1 | 12 | 7 | 104 |
| 叶蜡石 | 69 | 3 | 24 | 35 | 7 | 1003 |
| 透辉石 | 30 | | 5 | 21 | 4 | 384 |
| 蛭石 | 16 | 1 | 2 | 12 | 1 | 102 |
| 沸石 | 53 | 3 | 1 | 38 | 11 | 472 |
| 透闪石 | 9 | 1 | | 4 | 4 | 82 |
| 石膏 | 509 | 41 | 108 | 274 | 86 | 15311 |
| 方解石 | 650 | 13 | 28 | 442 | 167 | 4970 |
| 冰洲石 | 1 | | | | 1 | 1 |
| 光学萤石 | 2 | | | 2 | | 15 |
| 宝石 | 6 | | 1 | | 5 | 32 |
| 玉石 | 177 | | 1 | 54 | 122 | 3543 |
| 玛瑙 | 5 | | | 2 | 3 | 121 |
| 玻璃用灰岩 | 4 | | | 2 | 2 | 35 |
| 水泥用灰岩 | 2559 | 464 | 341 | 1299 | 455 | 79307 |
| 建筑石料用灰岩 | 12007 | 217 | 445 | 7489 | 3856 | 141893 |
| 饰面用灰岩 | 276 | | 10 | 139 | 127 | 2153 |
| 制灰用石灰岩 | 604 | 14 | 21 | 434 | 135 | 6286 |
| 泥灰岩 | 27 | | 1 | 17 | 9 | 372 |
| 白垩 | 3 | | | 3 | | 12 |
| 玻璃用白云岩 | 51 | 2 | 2 | 34 | 13 | 555 |
| 建筑用白云岩 | 872 | 31 | 82 | 571 | 188 | 9499 |

# 开发利用情况——按矿种分列

| 年产矿量（原矿，万吨） | 工业总产值（万元） | 综合利用产值（万元） | 矿产品销售收入（万元） | 利润总额（万元） |
|---|---|---|---|---|
| 109.94 | 12728.21 | 144.73 | 10636.76 | 1145.19 |
| 164.18 | 46279.34 | 717.00 | 35397.10 | 1450.85 |
| 505.36 | 16579.95 | 600.00 | 12519.95 | 147.80 |
| 1.54 | 908 | | 962 | 46.93 |
| 205.98 | 12917.45 | 213.50 | 11465.49 | 1053.13 |
| | | | | |
| 6.94 | 165.23 | | 165.23 | 10.00 |
| 102.18 | 12256.57 | 586.39 | 9639.79 | 1150.02 |
| 53.60 | 2953.36 | 133.00 | 2781.88 | 258.30 |
| 1.55 | 775.00 | | 775.00 | 77.50 |
| 32.91 | 934.23 | 85.00 | 806.12 | 85.21 |
| | | | | |
| 1218.95 | 79841.43 | 10327.64 | 64607.17 | 1967.98 |
| 690.63 | 48533.23 | 772.02 | 42510.38 | 6438.08 |
| | | | | |
| 0.10 | 20.00 | | 20.00 | 5.00 |
| 0.00 | 105.00 | | 91.00 | 26.00 |
| 17.27 | 37671.01 | 3805.20 | 20645.89 | 589.11 |
| | | | | |
| 3.40 | 92.00 | | 92.00 | 7.00 |
| 121074.96 | 9374048.73 | 433287.54 | 5577925.98 | 898483.70 |
| 80204.04 | 1840673.96 | 50466.91 | 1616891.03 | 222442.59 |
| 268.51 | 41880.51 | 250.80 | 35531.20 | 6194.37 |
| 3026.65 | 82005.71 | 746.45 | 74159.43 | 6107.52 |
| 22.75 | 1135.80 | 70.00 | 964.80 | 89.26 |
| | | | | |
| 262.37 | 5860.98 | 436.50 | 4535.98 | 933.87 |
| 5345.94 | 135651.82 | 1934.73 | 113249.55 | 22571.11 |

# 2016 年全国非油气矿产资源

续表 16-4

| 矿 种 | 矿山企业数（个） | | | | | 从业人数（人） |
|---|---|---|---|---|---|---|
| | | 大型 | 中型 | 小型 | 小矿 | |
| 玻璃用石英岩 | 426 | 25 | 32 | 285 | 84 | 4210 |
| 玻璃用砂岩 | 90 | 11 | 34 | 35 | 10 | 1521 |
| 水泥配料用砂岩 | 253 | 14 | 45 | 147 | 47 | 5207 |
| 砖瓦用砂岩 | 291 | 5 | 26 | 213 | 47 | 4196 |
| 陶瓷用砂岩 | 70 | 1 | 13 | 45 | 11 | 419 |
| 建筑用砂岩 | 1445 | 59 | 106 | 853 | 427 | 15124 |
| 玻璃用砂 | 61 | 9 | 11 | 35 | 6 | 1610 |
| 建筑用砂 | 3839 | 22 | 261 | 1759 | 1797 | 31745 |
| 水泥配料用砂 | 16 | 2 | 4 | 8 | 2 | 575 |
| 水泥标准砂 | 3 | | 1 | 1 | 1 | 44 |
| 砖瓦用砂 | 78 | | 1 | 17 | 60 | 706 |
| 玻璃用脉石英 | 206 | 2 | 6 | 149 | 49 | 1412 |
| 水泥配料用脉石英 | 11 | 1 | | 3 | 7 | 43 |
| 粉石英 | 44 | | 2 | 33 | 9 | 426 |
| 天然油石 | 1 | | | | 1 | 50 |
| 硅藻土 | 41 | 1 | 14 | 24 | 2 | 592 |
| 陶粒页岩 | 34 | 2 | 5 | 21 | 6 | 341 |
| 砖瓦用页岩 | 5888 | 9 | 522 | 4063 | 1294 | 96800 |
| 水泥配料用页岩 | 165 | 7 | 26 | 77 | 55 | 1189 |
| 建筑用页岩 | 315 | 1 | 35 | 174 | 105 | 5083 |
| 高岭土 | 453 | 28 | 39 | 291 | 95 | 7810 |
| 陶瓷土 | 494 | 33 | 80 | 331 | 50 | 4425 |
| 凹凸棒石黏土 | 35 | 4 | 8 | 21 | 2 | 426 |
| 海泡石黏土 | 8 | 1 | | 2 | 5 | 31 |
| 伊利石黏土 | 47 | 2 | 5 | 34 | 6 | 590 |
| 累托石黏土 | 8 | | | 4 | 4 | 32 |
| 膨润土 | 241 | 11 | 17 | 163 | 50 | 4743 |
| 砖瓦用黏土 | 8788 | | 140 | 3478 | 5170 | 206216 |
| 陶粒用黏土 | 96 | 2 | 5 | 55 | 34 | 1202 |

## 开发利用情况——按矿种分列

| 年产矿量（原矿，万吨） | 工业总产值（万元） | 综合利用产值（万元） | 矿产品销售收入（万元） | 利润总额（万元） |
|---|---|---|---|---|
| 2650.95 | 64776.78 | 690.76 | 62148.94 | 2700.43 |
| 405.19 | 28148.79 | 90.00 | 26324.56 | 466.42 |
| 1831.06 | 106637.10 | 35890.03 | 65087.95 | 12994.62 |
| 689.25 | 45120.07 | 753.16 | 41926.50 | 3869.66 |
| 74.13 | 1887.44 | 1.20 | 1865.36 | 187.27 |
| 8790.03 | 252818.37 | 2823.35 | 223746.54 | 26727.72 |
| 477.25 | 42753.04 | 213.57 | 30648.06 | 2004.37 |
| 9597.99 | 214061.99 | 2759.56 | 189117.02 | 38205.70 |
| 310.48 | 13511.58 | 5.00 | 12175.12 | 1358.19 |
| 60.70 | 1477.54 | 100.00 | 1477.54 | 112.72 |
| 53.24 | 7073.28 | 5.00 | 3014.30 | 425.78 |
| 102.09 | 8517.32 | 22.90 | 7368.87 | 588.42 |
| 2.69 | 121.75 | | 121.75 | −10.64 |
| 23.10 | 1102.50 | | 969.85 | 98.90 |
| | | | | |
| 16.93 | 19704.56 | | 6910.90 | 404.62 |
| 26.32 | 1415.70 | 85.48 | 1243.39 | 67.55 |
| 10171.34 | 776563.73 | 15370.05 | 669053.44 | 84803.06 |
| 537.80 | 59868.32 | 4492.20 | 30161.82 | 4573.22 |
| 745.59 | 38086.34 | 310.70 | 31391.71 | 4790.43 |
| 564.29 | 79573.17 | 5051.52 | 63997.03 | 6873.33 |
| 768.06 | 52500.03 | 1547.22 | 29748.83 | 5285.01 |
| 21.24 | 10058.54 | 935.00 | 7831.62 | 895.60 |
| | | | | |
| 23.02 | 1025.01 | | 1025.01 | 115.35 |
| | | | | |
| 155.84 | 114646.04 | 1332.93 | 108028.63 | 9779.04 |
| 9157.59 | 743618.69 | 25527.09 | 607436.78 | 67527.72 |
| 56.91 | 4509.44 | 5.00 | 3965.32 | 597.25 |

# 2016 年全国非油气矿产资源

续表 16-5

| 矿　种 | 矿山企业数（个） | | | | | 从业人数（人） |
|---|---|---|---|---|---|---|
| | | 大型 | 中型 | 小型 | 小矿 | |
| 水泥配料用黏土 | 134 | 7 | 9 | 67 | 51 | 1731 |
| 水泥配料用红土 | 9 | | 1 | 3 | 5 | 113 |
| 水泥配料用黄土 | 11 | | 1 | 8 | 2 | 214 |
| 水泥配料用泥岩 | 27 | 3 | 1 | 13 | 10 | 497 |
| 保温材料用黏土 | 8 | | | 4 | 4 | 67 |
| 建筑用橄榄岩 | 7 | | | 5 | 2 | 106 |
| 饰面用蛇纹岩 | 50 | | | 44 | 6 | 236 |
| 饰面用辉石岩 | 4 | | | 3 | 1 | 58 |
| 建筑用辉石岩 | 4 | | | 4 | | 20 |
| 铸石用玄武岩 | 16 | 2 | 1 | 8 | 5 | 248 |
| 岩棉用玄武岩 | 1 | | | 1 | | 20 |
| 饰面用玄武岩 | 48 | 2 | 3 | 36 | 7 | 754 |
| 水泥混合材玄武岩 | 2 | | 1 | 1 | | 3 |
| 建筑用玄武岩 | 558 | 68 | 69 | 279 | 142 | 7128 |
| 饰面用角闪岩 | 6 | | | 6 | | 45 |
| 建筑用角闪岩 | 18 | 1 | 1 | 8 | 8 | 387 |
| 水泥用辉绿岩 | 5 | 1 | | 2 | 2 | 57 |
| 铸石用辉绿岩 | 1 | | 1 | | | 3 |
| 饰面用辉绿岩 | 179 | 3 | 4 | 122 | 50 | 1262 |
| 建筑用辉绿岩 | 211 | 11 | 17 | 140 | 43 | 2138 |
| 饰面用辉长岩 | 5 | | | 3 | 2 | 88 |
| 建筑用辉长岩 | 3 | | | 1 | 2 | 35 |
| 饰面用安山岩 | 5 | | 1 | 3 | 1 | 18 |
| 建筑用安山岩 | 455 | 101 | 29 | 263 | 62 | 5808 |
| 水泥混合材用安山玢岩 | 1 | | 1 | | | 10 |
| 建筑用闪长岩 | 247 | 36 | 15 | 136 | 60 | 2993 |
| 水泥混合材用闪长玢岩 | 1 | | | | 1 | 5 |
| 饰面用闪长岩 | 28 | | 2 | 19 | 7 | 211 |
| 建筑用正长岩 | 2 | | | 2 | | 3 |

# 开发利用情况——按矿种分列

| 年产矿量（原矿，万吨） | 工业总产值（万元） | 综合利用产值（万元） | 矿产品销售收入（万元） | 利润总额（万元） |
|---|---|---|---|---|
| 466.35 | 8017.07 | | 7405.81 | 390.42 |
| 19.37 | 593.71 | 1.00 | 592.71 | 46.00 |
| 65.15 | 1024.83 | 30.00 | 614.70 | 77.50 |
| 341.35 | 164614.13 | 69.00 | 164086.27 | 22911.42 |
| 2.00 | 230.00 | 12.00 | 200.00 | 30.00 |
| 10.57 | 727.00 | | 627.00 | 17.00 |
| 11.90 | 485.78 | | 485.78 | 10.10 |
| 5.00 | 300.00 | | | 130.00 |
| 8.00 | 480.00 | 48.00 | 480.00 | 6.00 |
| 74.96 | 4754.90 | | 4749.50 | 260.00 |
| 2.00 | 40.00 | | 40.00 | 16.00 |
| 76.29 | 9234.35 | 720.00 | 8987.03 | 753.46 |
| | | | | |
| 4847.63 | 125065.57 | 3033.32 | 117986.76 | 18715.00 |
| 5.36 | 109.50 | | 107.00 | 63.50 |
| 101.60 | 10543.59 | 8982.00 | 9403.59 | 797.00 |
| 9.14 | 228.50 | | 228.50 | 62.00 |
| | | | | |
| 108.73 | 9704.63 | 5075.00 | 11491.65 | 5796.97 |
| 580.82 | 25779.44 | 1827.06 | 17727.78 | 1987.65 |
| 0.36 | 313.50 | | 313.50 | 62.70 |
| 31.63 | 305.20 | | 280.20 | 15.00 |
| | | | | |
| 5081.67 | 87927.64 | 7403.92 | 81109.48 | 16146.27 |
| 8.00 | 264.00 | | 99.00 | |
| 1354.59 | 22428.53 | 226.00 | 20700.85 | 2582.74 |
| 7.77 | 181.30 | | 181.30 | 50.00 |
| 7.02 | 1534.73 | | 1372.73 | 80.00 |

# 2016年全国非油气矿产资源

续表 16-6

| 矿　种 | 矿山企业数（个） | | | | | 从业人数（人） |
|---|---|---|---|---|---|---|
| | | 大型 | 中型 | 小型 | 小矿 | |
| 建筑用花岗岩 | 2947 | 329 | 251 | 1906 | 461 | 40244 |
| 饰面用花岗岩 | 1362 | 37 | 50 | 994 | 281 | 20817 |
| 麦饭石 | 9 | | | 3 | 6 | 52 |
| 珍珠岩 | 70 | 1 | 4 | 48 | 17 | 1027 |
| 建筑用流纹岩 | 1 | | | 1 | | 3 |
| 黑曜岩 | 5 | | | 3 | 2 | 43 |
| 浮石 | 18 | 1 | 1 | 14 | 2 | 219 |
| 水泥用粗面岩 | 2 | 1 | | 1 | | 5 |
| 铸石用粗面岩 | 8 | 1 | | 6 | 1 | 110 |
| 霞石正长岩 | 11 | 1 | 2 | 8 | | 242 |
| 水泥用凝灰岩 | 30 | 1 | | 14 | 15 | 155 |
| 建筑用凝灰岩 | 1303 | 366 | 98 | 589 | 250 | 25592 |
| 火山灰 | 5 | | 2 | 3 | | 73 |
| 火山渣 | 13 | | 2 | 11 | | 100 |
| 饰面用大理岩 | 577 | 4 | 8 | 343 | 222 | 5663 |
| 建筑用大理岩 | 431 | 13 | 26 | 286 | 106 | 3670 |
| 水泥用大理岩 | 172 | 13 | 24 | 118 | 17 | 3917 |
| 玻璃用大理岩 | 40 | | | 36 | 4 | 319 |
| 饰面用板岩 | 148 | 1 | 5 | 88 | 54 | 1177 |
| 水泥配料用板岩 | 34 | | 1 | 25 | 8 | 499 |
| 片石 | 61 | 1 | 7 | 34 | 19 | 567 |
| 片麻岩 | 308 | 8 | 24 | 188 | 88 | 3260 |
| 千枚岩 | 13 | | | 13 | | 67 |
| 砚石 | 5 | | | 3 | 2 | 26 |
| 矿泉水 | 777 | 58 | 63 | 535 | 121 | 24406 |
| 地下水 | 4 | | 1 | 2 | 1 | 429 |
| 其他矿产 * | 95 | | 11 | 60 | 24 | 1228 |

注：* 其他矿产为未命名矿产。

## 开发利用情况——按矿种分列

| 年产矿量（原矿，万吨） | 工业总产值（万元） | 综合利用产值（万元） | 矿产品销售收入（万元） | 利润总额（万元） |
|---|---|---|---|---|
| 29971.00 | 656537.13 | 13799.30 | 591870.11 | 54097.70 |
| 6875.66 | 503120.25 | 6510.30 | 313857.71 | 24696.34 |
| 2.36 | 93.50 | | 93.50 | 35.30 |
| 39.55 | 6513.10 | 70.00 | 3939.60 | 654.70 |
| | | | | |
| | | | | |
| 10.20 | 260.88 | | 230.88 | 3.76 |
| | | | | |
| 54.30 | 466.58 | | 439.77 | 110.51 |
| 15.10 | 805.50 | | 805.50 | 235.00 |
| 34.40 | 1629.32 | | 1172.72 | 417.80 |
| 43512.77 | 878530.48 | 3100.05 | 659630.75 | 46639.07 |
| 12.33 | 139.93 | | 139.93 | 6.92 |
| 0.36 | 20.00 | | 6.00 | 0.56 |
| 1373.54 | 86344.70 | 507.30 | 69569.23 | 17827.19 |
| 1040.39 | 27949.35 | 571.19 | 25784.18 | 3708.65 |
| 2707.71 | 88588.83 | 4611.63 | 82823.86 | 19921.90 |
| 64.56 | 4953.27 | 155.00 | 4938.22 | 1130.00 |
| 144.91 | 5969.85 | 100.00 | 4780.15 | 475.60 |
| 164.39 | 3970.70 | | 3786.70 | 823.80 |
| 213.65 | 5052.95 | 798.00 | 4771.45 | 564.86 |
| 1939.38 | 42340.00 | 4595.25 | 36596.10 | 3641.00 |
| 17.24 | 852.30 | | 837.68 | 2.30 |
| 0.17 | 29.32 | | 29.32 | 5.00 |
| 1294.48 | 801326.07 | | 716772.63 | 80770.23 |
| 46.50 | 5823.00 | | 5820.00 | 232.00 |
| 241.1492 | 14065.5 | 976 | 13209.76 | 320.7296 |

## 2016 年我国主要

表 17

| 矿产品名称 | 出口 | | | | |
|---|---|---|---|---|---|
| | 国别 / 地区 | 数量（吨） | 占总量 (%) | 金额（千美元） | 占总值 (%) |
| **煤炭** | **合 计** | **255631533** | **100.0** | **14184245** | **100.0** |
| | 印度尼西亚 | 103785745 | 40.6 | 4356468 | 30.7 |
| | 澳大利亚 | 70501208 | 27.6 | 5581488 | 39.3 |
| | 蒙古国 | 26396687 | 10.3 | 994208 | 7.0 |
| | 朝鲜 | 22479257 | 8.8 | 1189132 | 8.4 |
| | 俄罗斯联邦 | 18773489 | 7.3 | 1129888 | 8.0 |
| | 菲律宾 | 7108543 | 2.8 | 319572 | 2.3 |
| | 加拿大 | 5183131 | 2.0 | 498369 | 3.5 |
| | 新西兰 | 533651 | 0.2 | 45343 | 0.3 |
| | 其他国家或地区 | 869822 | 0.3 | 69777 | 0.5 |
| **石油原油** | **合 计** | **381011255** | **100.0** | **116468686** | **100.0** |
| | 俄罗斯联邦 | 52478286 | 13.8 | 16869514 | 14.5 |
| | 沙特阿拉伯 | 51005650 | 13.4 | 15568850 | 13.4 |
| | 安哥拉 | 43737431 | 11.5 | 13848717 | 11.9 |
| | 伊拉克 | 36211835 | 9.5 | 10650832 | 9.1 |
| | 阿曼 | 35060944 | 9.2 | 11126650 | 9.6 |
| | 伊朗 | 31297674 | 8.2 | 9351327 | 8.0 |
| | 委内瑞拉 | 20156655 | 5.3 | 4548050 | 3.9 |
| | 巴西 | 19155245 | 5.0 | 6011620 | 5.2 |
| | 科威特 | 16339072 | 4.3 | 4828884 | 4.1 |
| | 阿联酋 | 12181540 | 3.2 | 3864477 | 3.3 |
| | 哥伦比亚 | 8805712 | 2.3 | 2221675 | 1.9 |
| | 刚果（布） | 6942133 | 1.8 | 2126085 | 1.8 |
| | 南苏丹共和国 | 5364318 | 1.4 | 1466060 | 1.3 |
| | 英国 | 4954619 | 1.3 | 1780345 | 1.5 |
| | 越南 | 4265960 | 1.1 | 1513161 | 1.3 |
| | 澳大利亚 | 3236112 | 0.8 | 1156750 | 1.0 |
| | 哈萨克斯坦 | 3233992 | 0.8 | 832792 | 0.7 |
| | 其他国家或地区 | 26584077 | 7.0 | 8702897 | 7.5 |

# 矿产品进出口情况

| 国别 / 地区 | 出　　口 | | | |
|---|---|---|---|---|
| | 数量 ( 吨 ) | 占总量 (%) | 金额 ( 千美元 ) | 占总值 (%) |
| **合 计** | **8787696** | **100.0** | **698331** | **100.0** |
| 韩国 | 3601248 | 41.0 | 303166 | 43.4 |
| 日本 | 2747115 | 31.3 | 230149 | 33.0 |
| 越南 | 1151069 | 13.1 | 60939 | 8.7 |
| 台澎金马关税区 | 978702 | 11.1 | 80041 | 11.5 |
| 朝鲜 | 131578 | 1.5 | 12304 | 1.8 |
| 俄罗斯联邦 | 53252 | 0.6 | 2510 | 0.4 |
| 印度尼西亚 | 42279 | 0.5 | 2040 | 0.3 |
| 泰国 | 35893 | 0.4 | 2351 | 0.3 |
| 其他国家或地区 | 46560 | 0.5 | 4831 | 0.7 |
| **合 计** | **2940627** | **100.0** | **943492** | **100.0** |
| 日本 | 1177307 | 40.0 | 382421 | 40.5 |
| 韩国 | 1067402 | 36.3 | 317549 | 33.7 |
| 新加坡 | 232458 | 7.9 | 63661 | 6.7 |
| 泰国 | 204737 | 7.0 | 74828 | 7.9 |
| 美国 | 180409 | 6.1 | 70652 | 7.5 |
| 澳大利亚 | 78225 | 2.7 | 34309 | 3.6 |
| 中国台湾省 | 89 | 很少 | 72 | 很少 |

## 2016 年我国主要

续表 17-1

| 矿产品名称 | 出口 | | | | |
|---|---|---|---|---|---|
| | 国别 / 地区 | 数量（吨） | 占总量 (%) | 金额（千美元） | 占总值 (%) |
| 铁矿砂及其精矿 | **合 计** | **1024124327** | **100.0** | **57656675** | **100.0** |
| | 澳大利亚 | 639875924 | 62.5 | 35455477 | 61.5 |
| | 巴西 | 214693809 | 21.0 | 12653085 | 21.9 |
| | 南非 | 44851796 | 4.4 | 2795564 | 4.8 |
| | 印度 | 15563685 | 1.5 | 849850 | 1.5 |
| | 乌克兰 | 14788595 | 1.4 | 955453 | 1.7 |
| | 伊朗 | 14622651 | 1.4 | 822932 | 1.4 |
| | 智利 | 11271594 | 1.1 | 719438 | 1.2 |
| | 秘鲁 | 10886609 | 1.1 | 583824 | 1.0 |
| | 毛里塔尼亚 | 9544459 | 0.9 | 480220 | 0.8 |
| | 加拿大 | 9045658 | 0.9 | 596914 | 1.0 |
| | 俄罗斯联邦 | 6285857 | 0.6 | 343383 | 0.6 |
| | 蒙古国 | 6240606 | 0.6 | 202297 | 0.4 |
| | 委内瑞拉 | 5270367 | 0.5 | 313570 | 0.5 |
| | 塞拉利昂 | 4102940 | 0.4 | 171307 | 0.3 |
| | 新西兰 | 3104058 | 0.3 | 121211 | 0.2 |
| | 其他国家或地区 | 13975719 | 1.4 | 592150 | 1.0 |
| 锰矿砂及其精矿 | **合 计** | **17050382** | **100.0** | **2072332** | **100.0** |
| | 南非 | 7100439 | 41.6 | 791772 | 38.2 |
| | 澳大利亚 | 4062624 | 23.8 | 610580 | 29.5 |
| | 加纳 | 1751315 | 10.3 | 145859 | 7.0 |
| | 巴西 | 1297119 | 7.6 | 185887 | 9.0 |
| | 加蓬 | 1256797 | 7.4 | 206191 | 9.9 |
| | 马来西亚 | 834897 | 4.9 | 53751 | 2.6 |
| | 缅甸 | 269144 | 1.6 | 21719 | 1.0 |
| | 摩洛哥 | 86559 | 0.5 | 12826 | 0.6 |
| | 其他国家或地区 | 391488 | 2.3 | 43747 | 2.1 |

# 矿产品进出口情况

| 出口 | | | | |
|---|---|---|---|---|
| 国别 / 地区 | 数量(吨) | 占总量(%) | 金额(千美元) | 占总值(%) |
| **合计** | **655164** | **100.0** | **57009** | **100.0** |
| 日本 | 406019 | 62.0 | 36415 | 63.9 |
| 中国台湾省 | 204900 | 31.3 | 15134 | 26.5 |
| 伊朗 | 31985 | 4.9 | 4189 | 7.3 |
| 马来西亚 | 9878 | 1.5 | 873 | 1.5 |
| 泰国 | 1101 | 0.2 | 166 | 0.3 |
| 韩国 | 625 | 0.1 | 95 | 0.2 |
| 印度尼西亚 | 525 | 0.1 | 89 | 0.2 |
| 越南 | 37 | 很少 | 24 | 很少 |
| 新加坡 | 32 | 很少 | 9 | 很少 |
| 加拿大 | 22 | 很少 | 2 | 很少 |
| 德国 | 14 | 很少 | | 很少 |
| 突尼斯 | 10 | 很少 | 6 | 很少 |
| 阿尔及利亚 | 5 | 很少 | 4 | 很少 |
| 澳大利亚 | 5 | 很少 | 2 | 很少 |
| 印度 | 5 | 很少 | 1 | 很少 |
| 其他国家或地区 | 1 | 很少 | 很少 | 很少 |
| **合计** | **30097** | **100.0** | **7098** | **100.0** |
| 越南 | 11264 | 37.4 | 1298 | 18.3 |
| 日本 | 5655 | 18.8 | 919 | 12.9 |
| 印度尼西亚 | 3710 | 12.3 | 1772 | 25.0 |
| 中国台湾省 | 2511 | 8.3 | 417 | 5.9 |
| 肯尼亚 | 1900 | 6.3 | 747 | 10.5 |
| 巴西 | 1175 | 3.9 | 565 | 8.0 |
| 朝鲜 | 1000 | 3.3 | 170 | 2.4 |
| 坦桑尼亚 | 718 | 2.4 | 331 | 4.7 |
| 其他国家或地区 | 2164 | 7.2 | 879 | 12.4 |

## 2016年我国主要

续表 17-2

| 矿产品名称 | 出口 | | | | |
| --- | --- | --- | --- | --- | --- |
| | 国别/地区 | 数量(吨) | 占总量(%) | 金额(千美元) | 占总值(%) |
| **铜矿砂及其精矿** | **合计** | **16963288** | **100.0** | **20673935** | **100.0** |
| | 智利 | 4743967 | 28.0 | 5794610 | 28.0 |
| | 秘鲁 | 4530626 | 26.7 | 5741063 | 27.8 |
| | 蒙古国 | 1498360 | 8.8 | 1638295 | 7.9 |
| | 墨西哥 | 992964 | 5.9 | 1219991 | 5.9 |
| | 澳大利亚 | 759417 | 4.5 | 1002857 | 4.9 |
| | 伊朗 | 503385 | 3.0 | 522810 | 2.5 |
| | 西班牙 | 493549 | 2.9 | 476814 | 2.3 |
| | 美国 | 468205 | 2.8 | 582885 | 2.8 |
| | 加拿大 | 459325 | 2.7 | 650523 | 3.1 |
| | 哈萨克斯坦 | 344532 | 2.0 | 381117 | 1.8 |
| | 老挝 | 326930 | 1.9 | 403077 | 1.9 |
| | 其他国家或地区 | 1842028 | 10.9 | 2259893 | 10.9 |
| **镍矿砂及其精矿** | **合计** | **32096166** | **100.0** | **1528614** | **100.0** |
| | 菲律宾 | 30526401 | 95.1 | 1093629 | 71.5 |
| | 新喀里多尼亚 | 491893 | 1.5 | 26523 | 1.7 |
| | 印度尼西亚 | 339792 | 1.1 | 4548 | 0.3 |
| | 危地马拉 | 171580 | 0.5 | 15662 | 1.0 |
| | 澳大利亚 | 149471 | 0.5 | 117844 | 7.7 |
| | 俄罗斯联邦 | 116569 | 0.4 | 27646 | 1.8 |
| | 津巴布韦 | 62029 | 0.2 | 42798 | 2.8 |
| | 其他国家或地区 | 238431 | 0.7 | 199964 | 13.1 |
| **钴矿砂及其精矿** | **合计** | **148889** | **100.0** | **215111** | **100.0** |
| | 刚果(金) | 131912 | 88.6 | 194432 | 90.4 |
| | 赞比亚 | 11396 | 7.7 | 13086 | 6.1 |
| | 坦桑尼亚 | 5273 | 3.5 | 7118 | 3.3 |
| | 荷兰 | 273 | 0.2 | 436 | 0.2 |
| | 南非 | 27 | 很少 | 25 | 很少 |
| | 刚果(布) | 8 | 很少 | 14 | 很少 |

# 矿产品进出口情况

| 出口 | | | | |
|---|---|---|---|---|
| 国别 / 地区 | 数量 ( 吨 ) | 占总量 (%) | 金额 ( 千美元 ) | 占总值 (%) |
| **合 计** | **4313** | **100.0** | **3357** | **100.0** |
| 韩国 | 2626 | 60.9 | 2887 | 86.0 |
| 越南 | 1550 | 35.9 | 435 | 13.0 |
| 古巴 | 87 | 2.0 | 16 | 0.5 |
| 意大利 | 26 | 0.6 | 18 | 0.5 |
| 玻利维亚 | 23 | 0.5 | 1 | 很少 |
| 德国 | 1 | 很少 | 很少 | 很少 |
| **合 计** | **4883** | **100** | **5789** | **100** |
| 澳大利亚 | 4883 | 100 | 5789 | 100 |

# 2016 年我国主要

续表 17-3

| 矿产品名称 | 出口 | | | | |
|---|---|---|---|---|---|
| | 国别 / 地区 | 数量 ( 吨 ) | 占总量 (%) | 金额 ( 千美元 ) | 占总值 (%) |
| **氧化铝** | **合计** | **3026277** | **100.0** | **871963** | **100.0** |
| | 澳大利亚 | 1759737 | 58.1 | 463306 | 53.1 |
| | 印度尼西亚 | 332860 | 11.0 | 92886 | 10.7 |
| | 越南 | 318847 | 10.5 | 82678 | 9.5 |
| | 印度 | 232257 | 7.7 | 60123 | 6.9 |
| | 巴西 | 195291 | 6.5 | 44402 | 5.1 |
| | 美国 | 63557 | 2.1 | 25248 | 2.9 |
| | 牙买加 | 42998 | 1.4 | 13079 | 1.5 |
| | 委内瑞拉 | 19539 | 0.6 | 4381 | 0.5 |
| | 其他国家或地区 | 61191 | 2.0 | 85860 | 9.8 |
| **铅矿砂及其精矿** | **合计** | **1409232** | **100.0** | **1479258** | **100.0** |
| | 美国 | 262433 | 18.6 | 290670 | 19.6 |
| | 俄罗斯联邦 | 221821 | 15.7 | 261277 | 17.7 |
| | 秘鲁 | 137756 | 9.8 | 218886 | 14.8 |
| | 朝鲜 | 108168 | 7.7 | 61518 | 4.2 |
| | 土耳其 | 74318 | 5.3 | 96161 | 6.5 |
| | 哈萨克斯坦 | 49737 | 3.5 | 39762 | 2.7 |
| | 波兰 | 49274 | 3.5 | 22513 | 1.5 |
| | 德国 | 47478 | 3.4 | 36528 | 2.5 |
| | 伊朗 | 44590 | 3.2 | 42460 | 2.9 |
| | 缅甸 | 43232 | 3.1 | 30024 | 2.0 |
| | 澳大利亚 | 42961 | 3.0 | 33196 | 2.2 |
| | 其他国家或地区 | 327464 | 23.2 | 346263 | 23.4 |
| **锌矿砂及其精矿** | **合计** | **1998438** | **100.0** | **1280414** | **100.0** |
| | 澳大利亚 | 645554 | 32.3 | 449936 | 35.1 |
| | 秘鲁 | 401055 | 20.1 | 256802 | 20.1 |
| | 朝鲜 | 128122 | 6.4 | 51037 | 4.0 |
| | 蒙古国 | 110170 | 5.5 | 84063 | 6.6 |
| | 俄罗斯联邦 | 86561 | 4.3 | 41017 | 3.2 |
| | 摩洛哥 | 66998 | 3.4 | 39911 | 3.1 |
| | 多民族玻利维亚国 | 63991 | 3.2 | 43754 | 3.4 |
| | 伊朗 | 57784 | 2.9 | 39016 | 3.0 |
| | 智利 | 49733 | 2.5 | 35736 | 2.8 |
| | 厄立特里亚 | 45830 | 2.3 | 35072 | 2.7 |
| | 其他国家或地区 | 342640 | 17.1 | 204070 | 15.9 |

# 矿产品进出口情况

| | 出口 | | | |
|---|---|---|---|---|
| 国别 / 地区 | 数量 ( 吨 ) | 占总量 (%) | 金额 ( 千美元 ) | 占总值 (%) |
| **合 计** | **104208** | **100.0** | **65187** | **100.0** |
| 伊朗 | 45314 | 43.5 | 18130 | 27.8 |
| 卡塔尔 | 15001 | 14.4 | 4725 | 7.2 |
| 韩国 | 11967 | 11.5 | 6911 | 10.6 |
| 俄罗斯联邦 | 6466 | 6.2 | 3421 | 5.2 |
| 朝鲜 | 5090 | 4.9 | 1615 | 2.5 |
| 日本 | 4093 | 3.9 | 2561 | 3.9 |
| 美国 | 3450 | 3.3 | 10208 | 15.7 |
| 印度 | 2392 | 2.3 | 2766 | 4.2 |
| 其他国家或地区 | 10435 | 10.0 | 14850 | 22.8 |
| **合 计** | **4290** | **100.0** | **460** | **100.0** |
| 阿尔巴尼亚 | 2867 | 66.8 | 178 | 38.7 |
| 韩国 | 1339 | 31.2 | 154 | 33.5 |
| 菲律宾 | 80 | 1.9 | 112 | 24.3 |
| 日本 | 2 | 很少 | 5 | 1.1 |
| 泰国 | 2 | 很少 | 10 | 2.2 |

# 2016 年我国主要

续表 17-4

| 矿产品名称 | 出口 | | | | |
|---|---|---|---|---|---|
| | 国别 / 地区 | 数量(吨) | 占总量(%) | 金额(千美元) | 占总值(%) |
| **锡矿砂及其精矿** | **合 计** | **474584** | **100.0** | **814648** | **100.0** |
| | 缅甸 | 472506 | 99.6 | 805006 | 98.8 |
| | 俄罗斯联邦 | 742 | 0.2 | 4954 | 0.6 |
| | 老挝 | 528 | 0.1 | 2783 | 0.3 |
| | 印度尼西亚 | 237 | 很少 | 136 | 很少 |
| | 多民族玻利维亚国 | 178 | 很少 | 278 | 很少 |
| | 秘鲁 | 129 | 很少 | 669 | 0.1 |
| | 其他国家或地区 | 264 | 0.1 | 822 | 0.1 |
| **铬矿砂及其精矿** | **合 计** | **10578599** | **100.0** | **1619027** | **100.0** |
| | 南非 | 7754223 | 73.3 | 1053996 | 65.1 |
| | 土耳其 | 823503 | 7.8 | 167042 | 10.3 |
| | 阿尔巴尼亚 | 492768 | 4.7 | 106517 | 6.6 |
| | 伊朗 | 419161 | 4.0 | 90782 | 5.6 |
| | 巴基斯坦 | 280950 | 2.7 | 60420 | 3.7 |
| | 阿曼 | 258199 | 2.4 | 28099 | 1.7 |
| | 印度 | 204399 | 1.9 | 43966 | 2.7 |
| | 马达加斯加 | 113203 | 1.1 | 17194 | 1.1 |
| | 其他国家或地区 | 232193 | 2.2 | 51011 | 3.2 |
| **钨矿砂及其精矿** | **合 计** | **4080** | **100.0** | **22936** | **100.0** |
| | 俄罗斯联邦 | 1259 | 30.9 | 8654 | 37.7 |
| | 蒙古国 | 1102 | 27.0 | 6389 | 27.9 |
| | 卢旺达 | 837 | 20.5 | 5234 | 22.8 |
| | 缅甸 | 332 | 8.1 | 1297 | 5.7 |
| | 越南 | 294 | 7.2 | 156 | 0.7 |
| | 朝鲜 | 99 | 2.4 | 407 | 1.8 |
| | 美国 | 39 | 1.0 | 119 | 0.5 |
| | 其他国家或地区 | 118 | 2.9 | 680 | 3.0 |
| **钼矿砂及其精矿** | **合 计** | **21798** | **100.0** | **129258** | **100.0** |
| | 蒙古国 | 5727 | 26.3 | 29841 | 23.1 |
| | 美国 | 5065 | 23.2 | 34459 | 26.7 |
| | 智利 | 4490 | 20.6 | 23369 | 18.1 |
| | 墨西哥 | 2900 | 13.3 | 23719 | 18.4 |
| | 秘鲁 | 2488 | 11.4 | 13140 | 10.2 |
| | 朝鲜 | 968 | 4.4 | 4033 | 3.1 |
| | 阿根廷 | 127 | 0.6 | 431 | 0.3 |
| | 越南 | 20 | 0.1 | 119 | 0.1 |
| | 其他国家或地区 | 13 | 0.1 | 147 | 0.1 |

# 矿产品进出口情况

| 国别/地区 | 出口 | | | |
|---|---|---|---|---|
| | 数量(吨) | 占总量(%) | 金额(千美元) | 占总值(%) |
| **合 计** | **65** | **100.0** | **454** | **100.0** |
| 中国台湾省 | 65 | 100.0 | 454 | 100.0 |
| **合 计** | **1729** | **100.0** | **557** | **100.0** |
| 韩国 | 901 | 52.1 | 182 | 32.7 |
| 新加坡 | 369 | 21.3 | 200 | 35.9 |
| 蒙古国 | 177 | 10.2 | 61 | 11 |
| 古巴 | 150 | 8.7 | 64 | 11.5 |
| 缅甸 | 48 | 2.8 | 15 | 2.7 |
| 印度尼西亚 | 44 | 2.5 | 19 | 3.4 |
| 日本 | 30 | 1.7 | 11 | 2 |
| 埃塞俄比亚 | 10 | 0.6 | 5 | 0.9 |
| **合 计** | **139** | **100.0** | **987** | **100.0** |
| 越南 | 114 | 82.0 | 901 | 91.3 |
| 韩国 | 25 | 18.0 | 86 | 8.7 |
| **合 计** | **6177** | **100.0** | **46010** | **100.0** |
| 韩国 | 2019 | 32.7 | 16670 | 36.2 |
| 泰国 | 1984 | 32.1 | 9814 | 21.3 |
| 荷兰 | 1018 | 16.5 | 9256 | 20.1 |
| 日本 | 500 | 8.1 | 4394 | 9.6 |
| 中国台湾省 | 280 | 4.5 | 2823 | 6.1 |
| 印度 | 276 | 4.5 | 2287 | 5 |
| 澳大利亚 | 100 | 1.6 | 766 | 1.7 |

## 2016 年我国主要

续表 17-5

| 矿产品名称 | 出口 | | | | |
|---|---|---|---|---|---|
| | 国别 / 地区 | 数量（吨） | 占总量 (%) | 金额（千美元） | 占总值 (%) |
| **钛矿砂及其精矿** | **合 计** | **2548096** | **100.0** | **295851** | **100.0** |
| | 印度 | 600974 | 23.6 | 73393 | 24.8 |
| | 莫桑比克 | 469008 | 18.4 | 42827 | 14.5 |
| | 肯尼亚 | 453731 | 17.8 | 40496 | 13.7 |
| | 越南 | 376960 | 14.8 | 41219 | 13.9 |
| | 澳大利亚 | 228104 | 9 | 51307 | 17.3 |
| | 塞内加尔 | 123458 | 4.8 | 12789 | 4.3 |
| | 韩国 | 65326 | 2.6 | 3440 | 1.2 |
| | 其他国家或地区 | 230535 | 9 | 30380 | 10.3 |
| **铌钽钒矿砂及其精矿** | **合 计** | **7429** | **100.0** | **121243** | **100.0** |
| | 尼日利亚 | 3097 | 41.7 | 32803 | 27.1 |
| | 巴西 | 1143 | 15.4 | 16008 | 13.2 |
| | 泰国 | 805 | 10.8 | 1613 | 1.3 |
| | 卢旺达 | 712 | 9.6 | 25788 | 21.3 |
| | 塞拉利昂 | 448 | 6 | 9111 | 7.5 |
| | 刚果（金） | 425 | 5.7 | 16612 | 13.7 |
| | 埃塞俄比亚 | 215 | 2.9 | 9297 | 7.7 |
| | 美国 | 208 | 2.8 | 2998 | 2.5 |
| | 马来西亚 | 146 | 2 | 998 | 0.8 |
| | 其他国家或地区 | 230 | 3.1 | 6015 | 5 |
| **锑精矿** | **合 计** | **54044** | **100** | **105833** | **100** |
| | 塔吉克斯坦 | 25828 | 47.8 | 23503 | 22.2 |
| | 澳大利亚 | 12187 | 22.6 | 52785 | 49.9 |
| | 俄罗斯联邦 | 8314 | 15.4 | 20403 | 19.3 |
| | 吉尔吉斯斯坦 | 4264 | 7.9 | 3869 | 3.7 |
| | 缅甸 | 902 | 1.7 | 1108 | 1 |
| | 秘鲁 | 643 | 1.2 | 489 | 0.5 |
| | 多民族玻利维亚国 | 632 | 1.2 | 1868 | 1.8 |
| | 其他国家或地区 | 1274 | 2.4 | 1808 | 1.7 |

# 矿产品进出口情况

| 出口 | | | | |
|---|---|---|---|---|
| 国别 / 地区 | 数量 ( 吨 ) | 占总量 (%) | 金额 ( 千美元 ) | 占总值 (%) |
| **合 计** | **13154** | **100.0** | **9842** | **100.0** |
| 印度 | 4004 | 30 | 2537 | 26 |
| 印度尼西亚 | 2652 | 20 | 1924 | 20 |
| 泰国 | 2312 | 18 | 2068 | 21 |
| 阿根廷 | 832 | 6 | 561 | 6 |
| 韩国 | 604 | 5 | 545 | 6 |
| 日本 | 512 | 4 | 446 | 5 |
| 新加坡 | 500 | 4 | 457 | 5 |
| 其他国家或地区 | 1738 | 13 | 1304 | 13 |
| **合 计** | **509** | **100.0** | **1413** | **100.0** |
| 越南 | 509 | 100 | 1413 | 100 |

## 2016 年我国主要

续表 17-6

| 矿产品名称 | 出口 | | | | |
|---|---|---|---|---|---|
| | 国别/地区 | 数量(吨) | 占总量(%) | 金额(千美元) | 占总值(%) |
| **稀土金属矿** | **合计** | **15.0** | **100.0** | **504.0** | **100.0** |
| | 日本 | 5.0 | 33.3 | 37.0 | 7.3 |
| | 其他国家或地区 | 10.0 | 66.7 | 467.0 | 92.7 |
| **稀土金属及其混合物** | **合计** | **16503** | **100.0** | **97063** | **100.0** |
| | 马来西亚 | 9445 | 57.2 | 65405 | 67.4 |
| | 缅甸 | 4551 | 27.6 | 4105 | 4.2 |
| | 俄罗斯联邦 | 1418 | 8.6 | 3109 | 3.2 |
| | 法国 | 292 | 1.8 | 1848 | 1.9 |
| | 越南 | 260 | 1.6 | 3489 | 3.6 |
| | 日本 | 171 | 1 | 5448 | 5.6 |
| | 中国 | 127 | 0.8 | 762 | 0.8 |
| | 爱沙尼亚 | 90 | 0.5 | 2285 | 2.4 |
| | 美国 | 47 | 0.3 | 2408 | 2.5 |
| | 其他国家或地区 | 102 | 0.6 | 8204 | 8.5 |
| **磷矿** | **合计** | **62770** | **100.0** | **5534** | **100.0** |
| | 摩洛哥 | 62473 | 99.5 | 5313 | 96 |
| | 丹麦 | 250 | 0.4 | 159 | 2.9 |
| | 马达加斯加 | 43 | 0.1 | 19 | 0.3 |
| | 约旦 | 4 | 很少 | 3 | 0.1 |
| | 其他国家或地区 | 很少 | 很少 | 40 | 0.7 |
| **磷肥** | **合计** | **444741** | **100.0** | **213768** | **100.0** |
| | 挪威 | 122662 | 27.6 | 64618 | 30.2 |
| | 俄罗斯联邦 | 116336 | 26.2 | 41515 | 19.4 |
| | 比利时 | 66886 | 15.0 | 33359 | 15.6 |
| | 摩洛哥 | 29819 | 6.7 | 14224 | 6.7 |
| | 芬兰 | 28916 | 6.5 | 12774 | 6.0 |
| | 美国 | 26464 | 6.0 | 11949 | 5.6 |
| | 罗马尼亚 | 17431 | 3.9 | 9180 | 4.3 |
| | 哈萨克斯坦 | 11400 | 2.6 | 2850 | 1.3 |
| | 德国 | 5284 | 1.0 | 3005 | 1.4 |
| | 其他国家或地区 | 19543 | 4.0 | 20294 | 9.5 |

# 矿产品进出口情况

| 出　　口 | | | | |
|---|---|---|---|---|
| 国别 / 地区 | 数量（吨） | 占总量 (%) | 金额（千美元） | 占总值 (%) |
| **合 计** | **5087** | **100.0** | **58099** | **100.0** |
| 日本 | 3463 | 68.1 | 44576 | 76.7 |
| 印度 | 352 | 6.9 | 1248 | 2.1 |
| 中国香港 | 348 | 6.8 | 1600 | 2.8 |
| 荷兰 | 258 | 5.1 | 1601 | 2.8 |
| 西班牙 | 172 | 3.4 | 949 | 1.6 |
| 意大利 | 111 | 2.2 | 580 | 1 |
| 美国 | 107 | 2.1 | 916 | 1.6 |
| 加拿大 | 60 | 1.2 | 247 | 0.4 |
| 其他国家或地区 | 216 | 4.2 | 6382 | 11 |
| **合 计** | **41661** | **100.0** | **283437** | **100.0** |
| 美国 | 14051 | 33.7 | 54537 | 19.2 |
| 日本 | 10421 | 25 | 84220 | 29.7 |
| 荷兰 | 3755 | 9 | 44759 | 15.8 |
| 德国 | 3414 | 8.2 | 9317 | 3.3 |
| 韩国 | 2600 | 6.2 | 25555 | 9 |
| 意大利 | 1236 | 3 | 4429 | 1.6 |
| 巴西 | 1091 | 2.6 | 1628 | 0.6 |
| 越南 | 633 | 1.5 | 11122 | 3.9 |
| 俄罗斯联邦 | 570 | 1.4 | 3090 | 1.1 |
| 其他国家或地区 | 3890 | 9.3 | 44780 | 15.8 |
| **合 计** | **277696** | **100.0** | **31384** | **100.0** |
| 韩国 | 196099 | 70.6 | 22106 | 70.4 |
| 日本 | 80088 | 28.8 | 9083 | 28.9 |
| 新西兰 | 939 | 0.3 | 95 | 0.3 |
| 菲律宾 | 550 | 0.2 | 97 | 0.3 |
| 其他国家或地区 | 20 | 很少 | 3 | 很少 |
| **合 计** | **10626227** | **100.0** | **3384884** | **100.0** |
| 印度 | 3053009 | 28.7 | 1009508 | 29.8 |
| 巴西 | 931674 | 8.8 | 267420 | 7.9 |
| 越南 | 921617 | 8.7 | 313735 | 9.3 |
| 印度尼西亚 | 874522 | 8.2 | 222709 | 6.6 |
| 澳大利亚 | 770512 | 7.3 | 231437 | 6.8 |
| 巴基斯坦 | 733365 | 6.9 | 233068 | 6.9 |
| 泰国 | 545918 | 5.1 | 180259 | 5.3 |
| 孟加拉国 | 381595 | 3.6 | 126399 | 3.7 |
| 日本 | 298341 | 2.8 | 106963 | 3.2 |
| 其他国家或地区 | 2115674 | 19.9 | 693386 | 20.5 |

## 2016 年我国主要

续表 17-7

| 矿产品名称 | 出口 | | | | |
|---|---|---|---|---|---|
| | 国别 / 地区 | 数量 ( 吨 ) | 占总量 (%) | 金额 ( 千美元 ) | 占总值 (%) |
| **钾肥** | **合 计** | **7343314** | **100.00** | **1947052** | **100.00** |
| | 俄罗斯联邦 | 2578128 | 35.10 | 658796 | 33.80 |
| | 加拿大 | 1470636 | 20.00 | 383560 | 19.70 |
| | 白俄罗斯 | 1185469 | 16.10 | 303487 | 15.60 |
| | 以色列 | 842124 | 11.50 | 213998 | 11.00 |
| | 约旦 | 492418 | 6.70 | 112160 | 5.80 |
| | 德国 | 222713 | 3.00 | 65624 | 3.40 |
| | 老挝 | 152327 | 2.10 | 37143 | 1.90 |
| | 挪威 | 122662 | 1.70 | 64618 | 3.30 |
| | 比利时 | 68123 | 0.90 | 34075 | 1.80 |
| | 其他国家或地区 | 208714 | 2.80 | 73591 | 3.80 |
| **盐** | **合 计** | **5249289** | **100.0** | **188139** | **100.0** |
| | 印度 | 3164746 | 60.3 | 63567 | 33.8 |
| | 澳大利亚 | 1568342 | 29.9 | 54529 | 29 |
| | 国 ( 地 ) 别不详的 | 377890 | 7.2 | 18193 | 9.7 |
| | 墨西哥 | 98799 | 1.9 | 4819 | 2.6 |
| | 巴基斯坦 | 12785 | 0.2 | 2392 | 1.3 |
| | 丹麦 | 12491 | 0.2 | 4010 | 2.1 |
| | 韩国 | 4301 | 0.1 | 4279 | 2.3 |
| | 其他国家或地区 | 9935 | 0.2 | 36350 | 19.3 |
| **硫磺** | **合 计** | **11961383** | **100.0** | **1158620** | **100.0** |
| | 沙特阿拉伯 | 2528209 | 21.1 | 257174 | 22.2 |
| | 阿联酋 | 1841389 | 15.4 | 179089 | 15.5 |
| | 韩国 | 1268139 | 10.6 | 109107 | 9.4 |
| | 日本 | 1154897 | 9.7 | 98451 | 8.5 |
| | 伊朗 | 922516 | 7.7 | 90827 | 7.8 |
| | 加拿大 | 835936 | 7.0 | 83707 | 7.2 |
| | 卡塔尔 | 707982 | 5.9 | 66643 | 5.8 |
| | 俄罗斯联邦 | 630542 | 5.3 | 62328 | 5.4 |
| | 印度 | 571681 | 4.8 | 57004 | 4.9 |
| | 哈萨克斯坦 | 469518 | 3.9 | 47668 | 4.1 |
| | 其他国家或地区 | 1030574 | 8.6 | 106622 | 9.2 |

# 矿产品进出口情况

| 出口 | | | | |
|---|---|---|---|---|
| 国别 / 地区 | 数量 ( 吨 ) | 占总量 (%) | 金额 ( 千美元 ) | 占总值 (%) |
| **合计** | **331231** | **100.0** | **105427** | **100.0** |
| 日本 | 111030 | 33.5 | 34694 | 32.9 |
| 韩国 | 100883 | 30.5 | 29365 | 27.9 |
| 马来西亚 | 33500 | 10.1 | 7735 | 7.3 |
| 菲律宾 | 32524 | 9.8 | 8425 | 8 |
| 南非 | 12459 | 3.8 | 6659 | 6.3 |
| 古巴 | 6135 | 1.9 | 2883 | 2.7 |
| 中国台湾省 | 5615 | 1.7 | 2199 | 2.1 |
| 泰国 | 5604 | 1.7 | 1590 | 1.5 |
| 印度 | 2890 | 0.9 | 1281 | 1.2 |
| 其他国家或地区 | 20591 | 6.2 | 10596 | 10.1 |
| **合计** | **1201151** | **100.0** | **65158** | **100.0** |
| 韩国 | 362115 | 30.1 | 15264 | 23.4 |
| 日本 | 306213 | 25.5 | 14471 | 22.2 |
| 越南 | 108953 | 9.1 | 5496 | 8.4 |
| 菲律宾 | 91126 | 7.6 | 4878 | 7.5 |
| 孟加拉国 | 71576 | 6.0 | 3324 | 5.1 |
| 马来西亚 | 68855 | 5.7 | 3568 | 5.5 |
| 中国香港特别行政区 | 37028 | 3.1 | 2901 | 4.5 |
| 其他国家或地区 | 155285 | 12.9 | 15256 | 23.4 |
| **合计** | **5108** | **100.0** | **1079** | **100.0** |
| 缅甸 | 2070 | 40.5 | 232 | 21.5 |
| 朝鲜 | 781 | 15.3 | 172 | 15.9 |
| 印度尼西亚 | 516 | 10.1 | 190 | 17.6 |
| 菲律宾 | 360 | 7.0 | 71 | 6.6 |
| 埃塞俄比亚 | 357 | 7.0 | 88 | 8.2 |
| 马达加斯加 | 200 | 3.9 | 30 | 2.8 |
| 泰国 | 180 | 3.5 | 108 | 10.0 |
| 韩国 | 140 | 2.7 | 41 | 3.8 |
| 斐济 | 98 | 1.9 | 29 | 2.7 |
| 马来西亚 | 94 | 1.8 | 25 | 2.3 |
| 其他国家或地区 | 312 | 6.1 | 93 | 8.6 |

## 2016 年我国主要

续表 17-8

| 矿产品名称 | 出口 | | | | |
|---|---|---|---|---|---|
| | 国别 / 地区 | 数量 ( 吨 ) | 占总量 (%) | 金额 ( 千美元 ) | 占总值 (%) |
| **天然石墨** | **合 计** | **49319** | **100.0** | **18376** | **100.0** |
| | 朝鲜 | 46883 | 95.1 | 6161 | 33.5 |
| | 日本 | 818 | 1.7 | 8316 | 45.3 |
| | 马达加斯加 | 451 | 0.9 | 214 | 1.2 |
| | 德国 | 448 | 0.9 | 1319 | 7.2 |
| | 坦桑尼亚 | 208 | 0.4 | 9 | 很少 |
| | 英国 | 168 | 0.3 | 448 | 2.4 |
| | 美国 | 83 | 0.2 | 295 | 1.6 |
| | 其他国家或地区 | 260 | 0.5 | 1614 | 8.8 |
| **高岭土** | **合 计** | **448218** | **100.0** | **111456** | **100.0** |
| | 美国 | 325472 | 72.6 | 75187 | 67.5 |
| | 巴西 | 37455 | 8.4 | 9816 | 8.8 |
| | 英国 | 33586 | 7.5 | 6904 | 6.2 |
| | 马来西亚 | 22936 | 5.1 | 1578 | 1.4 |
| | 印度尼西亚 | 6700 | 1.5 | 376 | 0.3 |
| | 德国 | 4985 | 1.1 | 1272 | 1.1 |
| | 日本 | 4112 | 0.9 | 12213 | 11.0 |
| | 泰国 | 2714 | 0.6 | 439 | 0.4 |
| | 澳大利亚 | 2515 | 0.6 | 1295 | 1.2 |
| | 朝鲜 | 1572 | 0.4 | 63 | 0.1 |
| | 其他国家或地区 | 6171 | 1.4 | 2313 | 2.1 |
| **重晶石** | **合 计** | **4387** | **100.0** | **1200** | **100.0** |
| | 朝鲜 | 2754 | 62.8 | 131 | 10.9 |
| | 西班牙 | 406 | 9.3 | 170 | 14.2 |
| | 英国 | 357 | 8.1 | 156 | 13.0 |
| | 韩国 | 266 | 6.1 | 204 | 17.0 |
| | 摩洛哥 | 187 | 4.3 | 162 | 13.5 |
| | 美国 | 107 | 2.4 | 126 | 10.5 |
| | 荷兰 | 67 | 1.5 | 50 | 4.2 |
| | 其他国家或地区 | 243 | 5.5 | 201 | 16.8 |

# 矿产品进出口情况

| 出口 | | | | |
| --- | --- | --- | --- | --- |
| 国别 / 地区 | 数量(吨) | 占总量(%) | 金额(千美元) | 占总值(%) |
| **合计** | **235117** | **100.0** | **225896** | **100.0** |
| 日本 | 89901 | 38.2 | 87483 | 38.7 |
| 韩国 | 24251 | 10.3 | 59340 | 26.3 |
| 印度 | 23290 | 9.9 | 9690 | 4.3 |
| 美国 | 15100 | 6.4 | 11740 | 5.2 |
| 德国 | 13068 | 5.6 | 12750 | 5.6 |
| 土耳其 | 8429 | 3.6 | 5246 | 2.3 |
| 印度尼西亚 | 6702 | 2.9 | 979 | 0.4 |
| 其他国家或地区 | 54376 | 23.1 | 38668 | 17.1 |
| **合 计** | **1306446** | **100.0** | **110301** | **100.0** |
| 中国台湾省 | 420170 | 32.2 | 10318 | 9.4 |
| 中国香港特别行政区 | 277246 | 21.2 | 6287 | 5.7 |
| 韩国 | 102937 | 7.9 | 10299 | 9.3 |
| 越南 | 99329 | 7.6 | 10109 | 9.2 |
| 马来西亚 | 75796 | 5.8 | 8830 | 8.0 |
| 日本 | 56066 | 4.3 | 8594 | 7.8 |
| 泰国 | 54095 | 4.1 | 8713 | 7.9 |
| 印度尼西亚 | 35775 | 2.7 | 9522 | 8.6 |
| 菲律宾 | 35737 | 2.7 | 4337 | 3.9 |
| 印度 | 27385 | 2.1 | 6180 | 5.6 |
| 其他国家或地区 | 121910 | 9.3 | 27112 | 24.6 |
| **合 计** | **1595107** | **100.0** | **185513** | **100.0** |
| 美国 | 615884 | 38.6 | 60652 | 32.7 |
| 沙特阿拉伯 | 569554 | 35.7 | 51398 | 27.7 |
| 荷兰 | 156402 | 9.8 | 27163 | 14.6 |
| 意大利 | 48424 | 3.0 | 7275 | 3.9 |
| 日本 | 34866 | 2.2 | 6482 | 3.5 |
| 西班牙 | 34580 | 2.2 | 6228 | 3.4 |
| 韩国 | 32286 | 2.0 | 6120 | 3.3 |
| 其他国家或地区 | 103111 | 6.5 | 20195 | 10.9 |

续表 17-9

## 2016 年我国主要

| 矿产品名称 | 出口 | | | | |
|---|---|---|---|---|---|
| | 国别 / 地区 | 数量（吨） | 占总量 (%) | 金额（千美元） | 占总值 (%) |
| **大理石** | **合 计** | **6610603** | **100.0** | **1223202** | **100.0** |
| | 土耳其 | 3404888 | 51.5 | 677185 | 55.4 |
| | 埃及 | 847545 | 12.8 | 109709 | 9.0 |
| | 伊朗 | 526925 | 8.0 | 95506 | 7.8 |
| | 意大利 | 419307 | 6.3 | 103843 | 8.5 |
| | 巴基斯坦 | 267225 | 4.0 | 39928 | 3.3 |
| | 西班牙 | 258257 | 3.9 | 47261 | 3.9 |
| | 葡萄牙 | 223943 | 3.4 | 30992 | 2.5 |
| | 希腊 | 166743 | 2.5 | 28705 | 2.3 |
| | 其他国家或地区 | 495770 | 7.5 | 90073 | 7.4 |
| **花岗石** | **合 计** | **5163277** | **100.0** | **888693** | **100.0** |
| | 印度 | 3554930 | 68.9 | 561557 | 63.2 |
| | 巴西 | 789425 | 15.3 | 168004 | 18.9 |
| | 葡萄牙 | 226378 | 4.4 | 27918 | 3.1 |
| | 芬兰 | 119992 | 2.3 | 17932 | 2.0 |
| | 挪威 | 111770 | 2.2 | 29793 | 3.4 |
| | 南非 | 81826 | 1.6 | 14483 | 1.6 |
| | 纳米比亚 | 46201 | 0.9 | 9357 | 1.1 |
| | 安哥拉 | 43152 | 0.8 | 8245 | 0.9 |
| | 日本 | 31400 | 0.6 | 9642 | 1.1 |
| | 其他国家或地区 | 158203 | 3.1 | 41762 | 4.7 |
| **菱镁矿** | **合 计** | **164978** | **100.0** | **61594** | **100.0** |
| | 朝鲜 | 146937 | 89.1 | 25089 | 40.7 |
| | 日本 | 8125 | 4.9 | 25883 | 42 |
| | 俄罗斯联邦 | 4362 | 2.6 | 1269 | 2.1 |
| | 以色列 | 2021 | 1.2 | 4558 | 7.4 |
| | 美国 | 1083 | 0.7 | 1692 | 2.7 |
| | 荷兰 | 523 | 0.3 | 662 | 1.1 |
| | 墨西哥 | 432 | 0.3 | 474 | 0.8 |
| | 土耳其 | 329 | 0.2 | 278 | 0.5 |
| | 其他国家或地区 | 1166 | 0.7 | 1689 | 2.7 |

# 矿产品进出口情况

| 出口 | | | | |
| --- | --- | --- | --- | --- |
| 国别 / 地区 | 数量 ( 吨 ) | 占总量 (%) | 金额 ( 千美元 ) | 占总值 (%) |
| **合 计** | **60272** | **100.0** | **14891** | **100.0** |
| 中国台湾省 | 35665 | 59.2 | 4438 | 29.8 |
| 意大利 | 7959 | 13.2 | 3574 | 24 |
| 泰国 | 4800 | 8 | 1896 | 12.7 |
| 印度 | 4490 | 7.4 | 1140 | 7.7 |
| 印度尼西亚 | 1764 | 2.9 | 642 | 4.3 |
| 中国香港特别行政区 | 1297 | 2.2 | 329 | 2.2 |
| 日本 | 1006 | 1.7 | 398 | 2.7 |
| 孟加拉国 | 548 | 0.9 | 87 | 0.6 |
| 其他国家或地区 | 2743 | 4.6 | 2387 | 16 |
| **合 计** | **1089596** | **100.0** | **43925** | **100.0** |
| 中国香港特别行政区 | 523053 | 48.0 | 4275 | 9.7 |
| 中国台湾省 | 262522 | 24.1 | 11148 | 25.4 |
| 澳门 | 140499 | 12.9 | 1175 | 2.7 |
| 德国 | 40159 | 3.7 | 2817 | 6.4 |
| 韩国 | 34226 | 3.1 | 8954 | 20.4 |
| 挪威 | 15863 | 1.5 | 1339 | 3.0 |
| 泰国 | 12099 | 1.1 | 2010 | 4.6 |
| 荷兰 | 9387 | 0.9 | 850 | 1.9 |
| 意大利 | 8057 | 0.7 | 915 | 2.1 |
| 其他国家或地区 | 43731 | 4.0 | 10442 | 23.8 |
| **合 计** | **1888453** | **100.0** | **456072** | **100.0** |
| 日本 | 430276 | 22.8 | 96172 | 21.1 |
| 韩国 | 262169 | 13.9 | 47343 | 10.4 |
| 美国 | 251117 | 13.3 | 63276 | 13.9 |
| 荷兰 | 211982 | 11.2 | 56103 | 12.3 |
| 中国台湾省 | 127273 | 6.7 | 19859 | 4.4 |
| 印度尼西亚 | 82316 | 4.4 | 15741 | 3.5 |
| 俄罗斯联邦 | 62303 | 3.3 | 24146 | 5.3 |
| 意大利 | 39001 | 2.1 | 13958 | 3.1 |
| 其他国家或地区 | 422016 | 22.3 | 119474 | 26.2 |

续表 17-10

## 2016 年我国主要

| 矿产品名称 | 出口 | | | | |
|---|---|---|---|---|---|
| | 国别 / 地区 | 数量 ( 吨 ) | 占总量 (%) | 金额 ( 千美元 ) | 占总值 (%) |
| **石膏** | **合 计** | **206823** | **100.0** | **22728** | **100.0** |
| | 泰国 | 188152 | 91.0 | 9044 | 39.8 |
| | 西班牙 | 10153 | 4.9 | 5741 | 25.3 |
| | 美国 | 2461 | 1.2 | 2539 | 11.2 |
| | 日本 | 1758 | 0.9 | 2795 | 12.3 |
| | 德国 | 1724 | 0.8 | 1079 | 4.7 |
| | 英国 | 683 | 0.3 | 726 | 3.2 |
| | 意大利 | 598 | 0.3 | 171 | 0.8 |
| | 韩国 | 458 | 0.2 | 381 | 1.7 |
| | 其他国家或地区 | 836 | 0.4 | 252 | 1.1 |
| **石棉** | **合 计** | **110217** | **100.0** | **31387** | **100.0** |
| | 俄罗斯联邦 | 99472 | 90.3 | 28795 | 91.7 |
| | 哈萨克斯坦 | 10730 | 9.7 | 2543 | 8.1 |
| | 荷兰 | 10 | | 25 | 0.1 |
| | 意大利 | 5 | | 22 | 0.1 |
| **水泥** | **合 计** | **64991** | **100.0** | **14847** | **100.0** |
| | 韩国 | 44216 | 68.0 | 1421 | 9.6 |
| | 荷兰 | 5929 | 9.1 | 4328 | 29.2 |
| | 泰国 | 4838 | 7.4 | 916 | 6.2 |
| | 法国 | 4518 | 7.0 | 2503 | 16.9 |
| | 美国 | 2305 | 3.5 | 3307 | 22.3 |
| | 日本 | 1786 | 2.7 | 1171 | 7.9 |
| | 马来西亚 | 340 | 0.5 | 102 | 0.7 |
| | 克罗地亚 | 303 | 0.5 | 157 | 1.1 |
| | 其他国家或地区 | 756 | 1.2 | 942 | 6.3 |

# 矿产品进出口情况

| 出　　口 | | | | |
|---|---|---|---|---|
| 国别 / 地区 | 数量 ( 吨 ) | 占总量 (%) | 金额 ( 千美元 ) | 占总值 (%) |
| **合 计** | **227069** | **100.0** | **16790** | **100** |
| 韩国 | 125768 | 55.4 | 4611 | 27.5 |
| 越南 | 30856 | 13.6 | 774 | 4.6 |
| 菲律宾 | 22239 | 9.8 | 406 | 2.4 |
| 日本 | 8875 | 3.9 | 2519 | 15.0 |
| 中国台湾省 | 8549 | 3.8 | 1486 | 8.9 |
| 蒙古国 | 8070 | 3.6 | 161 | 1.0 |
| 朝鲜 | 3641 | 1.6 | 383 | 2.3 |
| 俄罗斯联邦 | 3173 | 1.4 | 270 | 1.6 |
| 其他国家或地区 | 15898 | 7.0 | 6180 | 36.8 |
| **合 计** | **21803** | **100.0** | **10431** | **100.0** |
| 印度尼西亚 | 8557 | 39.2 | 4792 | 45.9 |
| 越南 | 4369 | 20.0 | 1752 | 16.8 |
| 泰国 | 3316 | 15.2 | 1075 | 10.3 |
| 印度 | 1729 | 7.9 | 650 | 6.2 |
| 塔吉克斯坦 | 1364 | 6.3 | 880 | 8.4 |
| 巴基斯坦 | 463 | 2.1 | 191 | 1.8 |
| 其他国家或地区 | 2005 | 9.2 | 1091 | 10.5 |
| **合 计** | **17777765.0** | **100.0** | **684998.0** | **100.0** |
| 孟加拉国 | 4055523 | 22.8 | 113114.0 | 16.5 |
| 美国 | 1769088 | 10.0 | 81874.0 | 12.0 |
| 中国香港特别行政区 | 1490554 | 8.4 | 72253.0 | 10.5 |
| 肯尼亚 | 1460047 | 8.2 | 40474.0 | 5.9 |
| 菲律宾 | 1264991 | 7.1 | 46518.0 | 6.8 |
| 澳大利亚 | 853626 | 4.8 | 31935.0 | 4.7 |
| 加纳 | 790601 | 4.4 | 24265.0 | 3.5 |
| 新加坡 | 670089 | 3.8 | 26923.0 | 3.9 |
| 其他国家或地区 | 5423246 | 30.5 | 247642.0 | 36.2 |

续表 17-11

## 2016 年我国主要

| 矿产品名称 | 出口 | | | | |
|---|---|---|---|---|---|
| | 国别 / 地区 | 数量(吨) | 占总量(%) | 金额(千美元) | 占总值(%) |
| **滑石** | **合 计** | **35582** | **100.0** | **22013** | **100.0** |
| | 韩国 | 6930 | 19.5 | 4303 | 19.5 |
| | 荷兰 | 6139 | 17.3 | 3537 | 16.1 |
| | 奥地利 | 4909 | 13.8 | 2977 | 13.5 |
| | 美国 | 4872 | 13.7 | 3353 | 15.2 |
| | 朝鲜 | 4160 | 11.7 | 534 | 2.4 |
| | 法国 | 2159 | 6.1 | 1553 | 7.1 |
| | 日本 | 1354 | 3.8 | 2279 | 10.4 |
| | 其他国家或地区 | 5059 | 14.2 | 3477 | 15.8 |
| **萤石** | **合 计** | **98682.0** | **100.0** | **15566.0** | 100.0 |
| | 蒙古国 | 67704.0 | 68.6 | 9431.0 | 60.6 |
| | 越南 | 9765.0 | 9.9 | 1558.0 | 10.0 |
| | 泰国 | 8291.0 | 8.4 | 1477.0 | 9.5 |
| | 缅甸 | 6979.0 | 7.1 | 613.0 | 3.9 |
| | 中国香港特别行政区 | 5530.0 | 5.6 | 1051.0 | 6.8 |
| | 中国台湾省 | 288.0 | 0.3 | 50.0 | 0.3 |
| | 意大利 | 58.0 | 0.1 | 44.0 | 0.3 |
| | 日本 | 29.0 | 很少 | 51.0 | 0.3 |
| | 其他国家或地区 | 38.0 | 很少 | 1291.0 | 8.3 |
| **天然硼酸盐及硼酸** | **合 计** | **14172.0** | **100.0** | **2616.0** | **100.0** |
| | 多民族玻利维亚国 | 14059.0 | 99.2 | 2568.0 | 98.2 |
| | 智利 | 105.0 | 0.7 | 29.0 | 1.1 |
| | 美国 | 5.0 | 很少 | 9.0 | 0.3 |
| | 法国 | 2.0 | 很少 | 5.0 | 0.2 |
| | 日本 | 1.0 | 很少 | 2.0 | 0.1 |
| | 德国 | 1 | 很少 | 4 | 0.1 |
| **天然硼砂及精矿** | **合 计** | **355483.0** | **100.0** | **124814.0** | **100.0** |
| | 土耳其 | 296715.0 | 83.5 | 113869.0 | 91.2 |
| | 多民族玻利维亚国 | 55783.0 | 15.7 | 10424.0 | 8.4 |
| | 智利 | 2983.0 | 0.8 | 515.0 | 0.4 |
| | 日本 | 2.0 | 很少 | 6.0 | 很少 |

# 矿产品进出口情况

| 出口 | | | | |
|---|---|---|---|---|
| 国别 / 地区 | 数量（吨） | 占总量 (%) | 金额（千美元） | 占总值 (%) |
| **合 计** | **760549** | **100.0** | **185170** | **100.0** |
| 日本 | 149053 | 19.6 | 44936 | 24.3 |
| 美国 | 140430 | 18.5 | 40558 | 21.9 |
| 韩国 | 111904 | 14.7 | 16760 | 9.1 |
| 泰国 | 87607 | 11.5 | 24244 | 13.1 |
| 印度尼西亚 | 57889 | 7.6 | 9630 | 5.2 |
| 中国台湾省 | 28985 | 3.8 | 4188 | 2.3 |
| 菲律宾 | 26542 | 3.5 | 3590 | 1.9 |
| 其他国家或地区 | 158139 | 20.8 | 41264 | 22.3 |
| **合 计** | **374712** | **100.0** | **88260** | **100.0** |
| 印度 | 83532 | 22.3 | 19557 | 22.2 |
| 日本 | 70770 | 18.9 | 17002 | 19.3 |
| 美国 | 57989 | 15.5 | 15534 | 17.6 |
| 韩国 | 47575 | 12.7 | 9735 | 11.0 |
| 荷兰 | 34334 | 9.2 | 8072 | 9.1 |
| 中国台湾省 | 24809 | 6.6 | 6053 | 6.9 |
| 印度尼西亚 | 20649 | 5.5 | 5648 | 6.4 |
| 中国香港特别行政区 | 9860 | 2.6 | 473 | 0.5 |
| 其他国家或地区 | 25194 | 6.7 | 6186 | 7.0 |
| **合 计** | **742** | **100.0** | **260** | **100.0** |
| 韩国 | 380 | 51.2 | 76 | 29.2 |
| 中国台湾省 | 212 | 28.6 | 27 | 10.4 |
| 日本 | 95 | 12.8 | 97 | 37.3 |
| 以色列 | 18 | 2.4 | 23 | 8.8 |
| 斯里兰卡 | 11 | 1.5 | 8 | 3.1 |
| 利比亚 | 10 | 1.3 | 10 | 3.8 |
| 其他国家或地区 | 16 | 2.2 | 19 | 7.3 |
| **合 计** | **1382** | **100.0** | **380** | **100.0** |
| 中国台湾省 | 694 | 50.2 | 110 | 28.9 |
| 日本 | 221 | 16.0 | 103 | 27.1 |
| 韩国 | 211 | 15.3 | 13 | 3.4 |
| 南非 | 86 | 6.2 | 68 | 17.9 |
| 印度尼西亚 | 66 | 4.8 | 37 | 9.7 |
| 其他国家或地区 | 104 | 7.5 | 49 | 12.9 |

# 2016年矿泉水

表 18

| 地区 | 矿泉 | | | |
|---|---|---|---|---|
| | 注册登记的矿泉水水源数 | | 矿泉水源年检情况 | |
| | （个） | 国家级 | 参加年检数量（家） | 年检合格数量（家） |
| **全 国** | **1160** | **134** | **568** | **559** |
| 北 京 | | | 20 | 20 |
| 天 津 | | | | |
| 河 北 | 28 | 3 | 14 | 14 |
| 山 西 | 62 | 14 | | |
| 内蒙古 | 68 | 9 | 31 | 31 |
| 辽 宁 | 31 | 2 | 29 | 27 |
| 吉 林 | 416 | | 60 | 60 |
| 黑龙江 | | | 33 | 33 |
| 上 海 | 12 | | | |
| 江 苏 | 15 | | 9 | 9 |
| 浙 江 | 38 | | 37 | 37 |
| 安 徽 | 11 | 2 | 11 | 11 |
| 福 建 | 11 | | 32 | 31 |
| 江 西 | 42 | 16 | 14 | 14 |
| 山 东 | 76 | 2 | 52 | 50 |
| 河 南 | 2 | | | |
| 湖 北 | 4 | | 3 | 3 |
| 湖 南 | 92 | 52 | 5 | 5 |
| 广 东 | 69 | 2 | | |
| 广 西 | 25 | 3 | 22 | 21 |
| 海 南 | | | | |
| 重 庆 | 9 | | 9 | 9 |
| 四 川 | 45 | 2 | 101 | 99 |
| 贵 州 | 20 | | 26 | 26 |
| 云 南 | 43 | 2 | 27 | 26 |
| 西 藏 | | | | |
| 陕 西 | 26 | 21 | 25 | 25 |
| 甘 肃 | 10 | | 3 | 3 |
| 青 海 | 4 | 4 | 4 | 4 |
| 宁 夏 | | | | |
| 新 疆 | 1 | | 1 | 1 |

# 及地热情况

| 水 | | 地热 | | | |
|---|---|---|---|---|---|
| 可开采矿泉水资源量 | | 可开采地热资源量 | | 地热总开采量 | |
| （万立方米） | 本年矿泉水可开采总量 | （万立方米） | 本年新增地热资源量 | （万立方米） | 本年新增地热开采量 |
| **130187.19** | **14256.26** | **25478370.53** | **7948.27** | **1598239.03** | **3285.82** |
| | | | | | |
| 1137.56 | 2.98 | 8085.00 | | 912.00 | |
| 11300.00 | 2328.70 | 7606.00 | | 4121.00 | 212.00 |
| 7373.45 | 47.77 | 24869073.94 | 2553.98 | 1564294.17 | 2052.16 |
| 43.23 | 28.38 | 19500.00 | | 1554.00 | |
| 2745.00 | 2557.00 | 1673.00 | 1322.00 | 360.00 | 164.00 |
| | | | | | |
| 38493.76 | 3680.34 | 5419.81 | | 397.28 | 0.55 |
| 18980.00 | 1115.00 | 2092.42 | 831.71 | 170.58 | 147.28 |
| 832.64 | 582.46 | 259.66 | | 225.00 | |
| | | | | | |
| 105.00 | 105.00 | 14.00 | | | |
| 1109.72 | 18.77 | 1978.90 | 6.50 | 254.71 | 30.72 |
| 134.36 | 24.52 | 332.66 | | 84.45 | 14.18 |
| 3605.85 | 15.72 | 208.96 | 73.00 | 177.27 | 23.65 |
| 203.46 | 80.63 | 2269.82 | 10.00 | 644.32 | 9.30 |
| 672.47 | 141.22 | 1508.86 | 50.60 | 676.60 | 53.35 |
| 8546.91 | 214.84 | 28602.10 | 254.82 | 680.04 | 9.67 |
| | | | | | |
| 75.00 | | 3230.00 | | 310.00 | |
| 742.80 | 5.70 | 1649.44 | | 949.62 | |
| 2400.00 | 7.25 | 13033.83 | 85.60 | 2914.12 | |
| 3772.23 | 2125.04 | 13913.95 | 692.80 | 5979.59 | 195.79 |
| 580.07 | 222.86 | 213.47 | | 21.39 | |
| 1709.29 | | 2624.05 | 402.57 | 79.05 | |
| | | | | | |
| 6400.00 | 48.00 | 15569.15 | | 3213.23 | |
| 11996.57 | 343.87 | 8961.46 | 295.00 | 440.27 | 38.24 |
| 2496.14 | 155.20 | 8442.89 | 964.96 | 539.65 | 130.96 |
| 1233.48 | 110.34 | 19569.02 | 60.00 | 1500.99 | 43.50 |
| | | | | | |
| | | | | | |
| 2303.70 | 65.05 | 430000.00 | | 5890.00 | |
| 495.50 | 1.49 | 7711.69 | 43.80 | 1258.71 | |
| 693.00 | 228.00 | 941.00 | | 182.00 | |
| | | 3104.52 | | 261.60 | 83.08 |
| 6.00 | 0.13 | 780.93 | 300.93 | 147.39 | 77.39 |

# 2016 年矿产资源勘查、开采违法案件查处结果

**表 19**

单位：个 、万元

| 地　区 | 吊销勘查许可证 | 吊销采矿许可证 | 罚没款 |
|---|---|---|---|
| **全　国** | | **4** | **60793.18** |
| 北　京 | | | 99.44 |
| 天　津 | | | 80.10 |
| 河　北 | | | 64.14 |
| 山　西 | | | 260.60 |
| 内蒙古 | | | 957.02 |
| 辽　宁 | | | 734.89 |
| 吉　林 | | | 165.42 |
| 黑龙江 | | | 2607.60 |
| 上　海 | | | |
| 江　苏 | | 1 | 183.66 |
| 浙　江 | | | 1627.53 |
| 安　徽 | | | 170.41 |
| 福　建 | | | 40795.49 |
| 江　西 | | | 1895.02 |
| 山　东 | | | 22.44 |
| 河　南 | | 3 | 233.80 |
| 湖　北 | | | 747.50 |
| 湖　南 | | | 342.73 |
| 广　东 | | | |
| 广　西 | | | 2048.38 |
| 海　南 | | | 266.61 |
| 重　庆 | | | 656.84 |
| 四　川 | | | 250.62 |
| 贵　州 | | | 388.11 |
| 云　南 | | | 522.03 |
| 西　藏 | | | 21.00 |
| 陕　西 | | | 271.85 |
| 甘　肃 | | | 51.15 |
| 青　海 | | | 238.91 |
| 宁　夏 | | | 141.22 |
| 新　疆 | | | 4948.65 |

# 附　　录

## 2016～2017年世界矿产资源勘查开发和矿产品供需形势

### 一、世界矿业发展状况

2016年，全球经济持续疲软，增速为3.1%。自1月份以来，刺激性政策作用衰退，结构性改革尚需时日，所以全球经济弱复苏趋势难有改善，全球货币宽松和资产荒将延续，市场潜在风险依旧广泛存在。全年"黑天鹅"事件层出不穷。从2016年初的全球金融市场异动，到年中的英国退欧公投，再到年末的美国总统大选，加之欧洲难民危机、土耳其政变等地缘政治冲突，2016年重大风险事件频频扰动全球经济金融体系。趋势层面，政策措施和市场态势不断突破常规边界。全球货币宽松不断"续杯"，资产荒、资产泡沫与负利率在全球市场普遍共存、迅速蔓延。

进入2017年以来，全球经济逐渐摆脱2008年金融危机以来的疲软和乏力状态，经济延续复苏态势，经济持续扩张，通胀总体温和。美国经济表现强劲，连续两个季度GDP增速超过3%；税改最终方案已在两院通过，未来两年美国经济增长在大幅减税的刺激下预期会有一定程度的加速。制造业就业增加，截至11月底，工厂就业增加了近19万个。欧元区经济增长主要受到内部需求的支持，比较稳定。2017年8月，日本制造商信心指数上升至27，为多年来的最高水平，这进一步表明日本经济复苏的势头正在扩张。

2017年10月，世界货币基金组织（IMF）发布的《全球经济展望》认为：全球经济活动的回升力度在继续增强，2017年全球经济活动延续2016年下半年以来趋于活跃的状态。2016年全球经济增长3.2%，为全球金融危机以来的最低水平，而2017年全球经济增速预计将上升至3.6%，到2018年上升至3.7%。新兴市场和发展中经济体的经济增长预计将提速，中国、印度等新兴经济体的增长依然强劲，俄罗斯和南非将由经济负增长转变为经济正增长，进一步推动全球经济的复苏。发达经济体的经济增长在2017年普遍提速，美国、加拿大、欧元区和日本的经济活动日趋活跃（表1）。与2017年7月《世界经济展望》中的预测相比，2017年和2018年的增长预测被分别上调0.1个百分点。欧元区、日本、亚洲新兴国家、欧洲新兴国家和俄罗斯的增速预测普遍上调。

**表1　IMF对全球经济发展的预测（2017年10月）**

| 国家或地区 | 实际值（%） | 2017年10月预测（%） | | 与2017年7月预测变化（%） | |
|---|---|---|---|---|---|
| | 2016年 | 2017年 | 2018年 | 2017年 | 2018年 |
| 世界 | 3.2 | 3.6 | 3.7 | 0.1 | 0.1 |
| 发达国家 | 1.7 | 2.2 | 2 | 0.2 | 0.1 |
| 美国 | 1.5 | 2.2 | 2.3 | 0.1 | 0.2 |
| 欧元区 | 1.7 | 1.7 | 1.6 | 0.1 | 0 |
| 德国 | 1.9 | 2 | 1.8 | 0.2 | 0.2 |
| 日本 | 1 | 1.5 | 0.7 | 0.2 | 0.1 |
| 新兴经济体 | 4.3 | 4.6 | 4.9 | 0 | 0.1 |
| 俄罗斯 | -0.2 | 1.8 | 1.6 | 0.4 | 0.2 |
| 中国 | 6.7 | 6.8 | 6.5 | 0.1 | 0.1 |
| 印度 | 7.1 | 6.7 | 7.4 | -0.5 | -0.3 |
| 东南亚 | 4.9 | 5.2 | 5.2 | 0.1 | 0 |
| 巴西 | -3.6 | 0.7 | 1.5 | 0.4 | 0.2 |
| 南非 | 0.3 | 0.7 | 1.1 | -0.3 | -0.1 |

**数据来源**：IMF。

2017年6月4日，世界银行发布的《全球经济展望——脆弱的经济复苏》报告认为，在制造业和贸易回暖，市场信心提升，有利的全球金融环境和趋于稳定的大宗商品价格背景下，2017年全球经济预计增长至2.7%。2017年发达经济体增速有望提升至1.9%，对其贸易伙伴形成利好。由于大宗商品出口国经济活动遭受的阻力减小，国际形势向好，预计新兴市场和发展中经济体2017年的增速将从2016年的3.5%加快至4.1%。

2015年至2016年上半年是整个矿业发展最低迷的时期，矿产勘查投入持续下降，采矿业固定资投资大幅下滑，采矿亏损严重，矿产品价格低位徘徊，大量矿业企业倒闭、停产。自下半年到2017年，随着国家供给侧改革和调结构政策效果开始显现以来，矿业发展下滑的趋势得到有效遏制，大宗矿产品生产增加、价格明显回升，采矿业固定资产投资降幅明显收窄，采矿业利润大幅增长，中国矿业发展的最艰难时期已经过去。

（一）全球矿业发展好转

全球矿业指数持续回升。美国道琼斯发布的全球矿业指数（Global Mining Index）显示2016年上半年是2008年全球金融危机后全球矿业发展最困难的时期，下半年开始逐渐回升，2017年上半年已回升到2015年上半年的水平，下半年结束持续上升的势头，比较稳定，表明全球矿业最困难的时期已过去，但进入回暖通道尚言之过早（图1）。

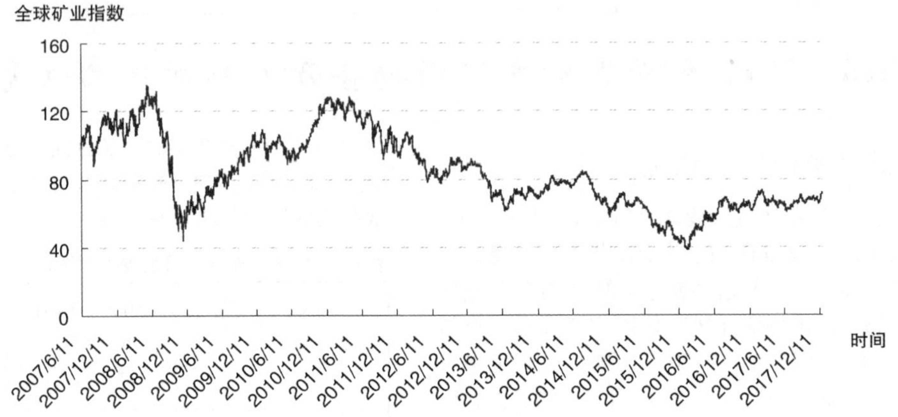


图1　全球矿业指数变化

（数据来源：S&P Dow Jones Indices）

全球有色金属和贵金属勘查投入增长。全球有色金属和贵金属勘查投入预算自2012年达到216亿美元的最高点后连续4年快速下降，2016年仅为73亿美元，约为2012年的1/3。2017年10月，美国S&P Global发布的《2017年全球勘查投入预算趋势》报告显示2017年全球有色金属和贵金属勘查投入预算为84亿美元，同比增长14%，是自2012年后的首次增长（图2），为全球矿产勘查业注入了强心剂，增强了矿业的信心。同时，勘查活动、勘查融资、勘查工作量和勘查成果相比上年均现向好势头。

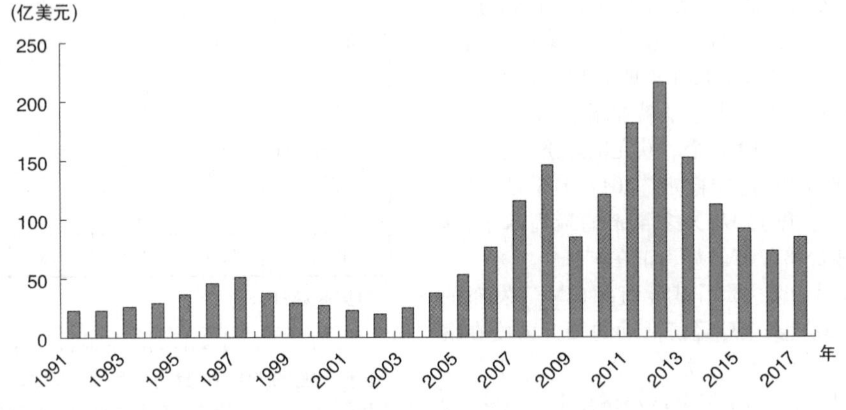


图2　全球有色金属和贵金属勘查投入预算变化

（数据来源：S&P Global）

矿业公司市值快速增加。2017年底，全球50大矿业公司市值总计8960亿美元，年内市值增加1410亿美元，其中大部分是自7月以来的涨幅。自2016年7月以来，50大矿业公司为股东创造了2270亿美元的财富。其中，前十大矿业公司的总市值占行业市值的一半以上。

矿产品价格明显回暖。2016年初以来，全球重要矿产品价格逐步回升。布伦特原油价格由2016年初的36.5美元/桶波动上扬至2017年底的64.3美元/桶，两年增长了76.2%（图3）；同期，CRU全球钢铁价格指数由117.7点上升至203.2点，增长了72.6%；伦敦黄金交易所黄金价格从1082美元/盎司波动上扬至

1264 美元/盎司,增长了 16.8%(图 4)。铜、铝、铅、锌等大宗矿产品价格均有不同程度的增长。由于电池行业的强力拉动,锂、钴等小金属价格增长更快。

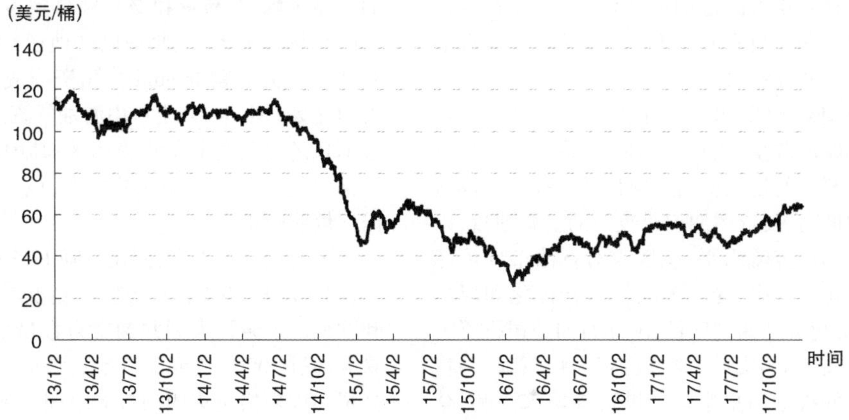


**图 3　布伦特原油价格变化**

**(数据来源:**凤凰网)

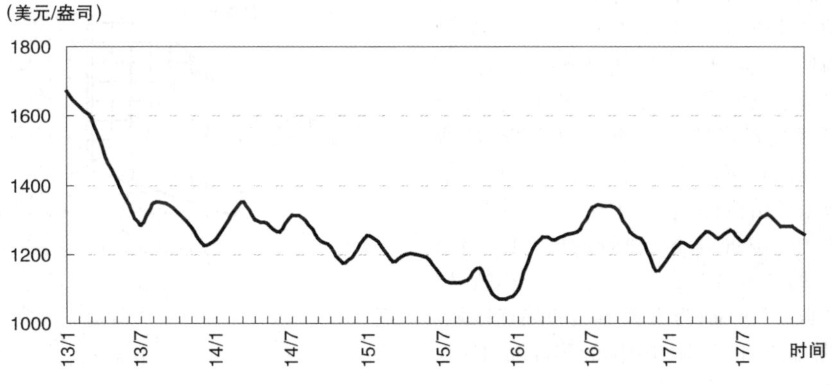


**图 4　伦敦黄金价格变化**

**(数据来源:**伦敦黄金交易所)

## (二)油气勘探投入有望回升

2017 年 7 月,国际能源署(IEA)发布的《世界能源投资报告 2017》(World Energy Investment 2017)显示,2016 年全球能源投资总额约为 1.7 万亿美元,同比下降 12%,占全球国内生产总值(GDP)的 2.2%。2016 年,电力行业投资首次超过化石燃料供应行业,成为能源投资最大的行业。中国仍是最大的能源投资目的地,占全球投资总额的 21%。迅速增长的东南亚各经济体共占全球能源投资的 4%以上。

IEA 认为 2017 年的石油天然气上游投资将出现适度反弹。过去 3 年间,全球油气上游投资骤降 44%,2017 年将一转颓势,预计增长 6%,尤以美国、俄罗斯和中东的投资增幅最大。随着一轮成功的海外竞标,墨西哥在 2017 年的投资同样增长。全球上游资金成本 2017 年预计将连续第三年下滑,主要原因是海上油气产业紧缩,降幅收窄。

全球电力投资缓慢下降至 7180 亿美元,同比下降近 1%。新投产的可再生电力装机投资额为 2970 亿美元,是最大的电力投资领域。可再生能源投资比五年前降低 3%,新增装机容量增长了 50%以上,预计发电量提高约 35%。燃气电力投资在 2016 年保持稳定,近一半投资集中在天然气资源丰富的北美、中东和北非。2016 年投产 10 吉瓦核电装机,达到近 15 年的新高,但仅有 3 吉瓦开始建设,绝大多数位于中国。燃煤电厂投资大幅下降,新投产装机减少近 20 吉瓦,反映了人们日益重视当地空气污染以及某些市场,但印度仍出现燃煤电厂投资增长。

伍德麦肯锡等权威机构预测,2017 年全球上游油气勘探开发总投资将出现 2014 年以来的首次上涨,投资总额将达到逾 4500 亿美元,较 2016 年上涨 3% ~ 5%,但仍低于 2014 年上游投资峰值近 40%,且未来数年也难现较大幅度的增长。主要原因是:一方面,国际油价近期很难回归100~150美元/桶的历史高值区间，导致国际石油公司无法将上游投资提升至原有水平；另一方面，在两年多的低油价环境下，国际石油公司的生产经营水平与投资效率有了普遍提升，客观上将降低未来的上游投资水平。

从投资类型来预测，未来几年上游油气投资方式将出现较大程度的改变。首先，国际石油公司将从以往热衷于投资复杂的超大型油气项目转向投资规模适中但资本附加值高、投资周期相对较短的上游项目，以维持公司合理的现金流水平，积极应对石油市场可能出现的各种变化。其次，受益于项目运营优化和成本压缩，即使投资超大型油气项目，国际石油公司投资密度（单位油当量占用的资本成本）也将大幅下降，并将努力提升项目的投资回报率。从投资领域来预测，全球非常规油气勘探开发和深水油气项目将是未来几年上游油气投资的热点。

非常规油气勘探开发方面，受益于近两年低油价期间生产成本的持续压缩、技术水平的持续提升，以及运营能力的不断优化，美国页岩油气仍将是未来几年引领上游油气投资增长的主力。预计未来几年美国非常规油气勘探开发投资将较2016年上涨25%，将吸引超过600亿美元的投资。如果国际油价持续上涨，且特朗普能源政策开始执行，这一数字将进一步提升。二叠纪盆地将成为美国页岩油气投资的核心区，吸引美国17%~25%的非常规勘探开发投资；鹰福特、巴肯等传统页岩区也将继续成为投资增加的热点区域。除美国外，预计加拿大、俄罗斯和中国的非常规油气投资未来数年也将有一定幅度的增长。

深水油气项目方面，两个原因将导致未来数年投资持续增加：首先，由于过去5~10年，世界重大油气发现主要集中在深水领域，因此国际石油公司不得不加大投资，以保障未来的资源接替。其次，在两年多的低油价环境下，深水油气勘探开发水平持续提升，相关成本持续降低，客观上已具备了吸引大规模投资进入的条件。如在15%的内部收益率下，埃克森美孚位于圭亚那的Liza深水项目收支平衡价仅为52美元/桶，巴西盐下Sepia深水油田收支平衡价仅为41美元/桶。

**（三）全球油气中游资产交易是热点**

据安永统计，2016年全球石油行业的交易额为3950亿美元，同比增长3.9%；交易数量1424宗，下降5.0%。全年上游交易1024起，同比下降31%；交易金额1300亿美元，同比下降14.0%，占全球油气交易总额的33%。油气上游并购主要发生美国，尤其是二叠纪盆地。2016年北美油气上游并购额超过760亿美元。

中游交易93宗，同比下降28%；交易额1460亿美元，同比增长29，占全球油气交易总额的37%（图5），成为油气领域交易的热点。美国和加拿大是中游交易的主要区域，交易量和交易额分别占全球油气中游交易的89%、93%。在北美以外地区，Oil Search公司以8.91亿美元并购Interoil公司资产成为上半年金额最大的交易。上半年，出售中游油气资产147亿美元，超过120亿美元发生在北美地区；其中马拉松石油公司共出售超过9.5亿美元的资产，包括8.7亿美元的美国怀俄明州项目。

下游交易131宗，同比下降17%；交易额660亿美元，同比增长30%，占17%；下游交易主要发生在美国和欧洲。下游特大型并购交易数量增加，发生两宗交易额超过100亿美元的并购，发起方分别是罗斯石油公司和以麦格里集团为首的财团。油田服务交易176宗，同比下降2%；交易额530亿美元，同比增长106%。

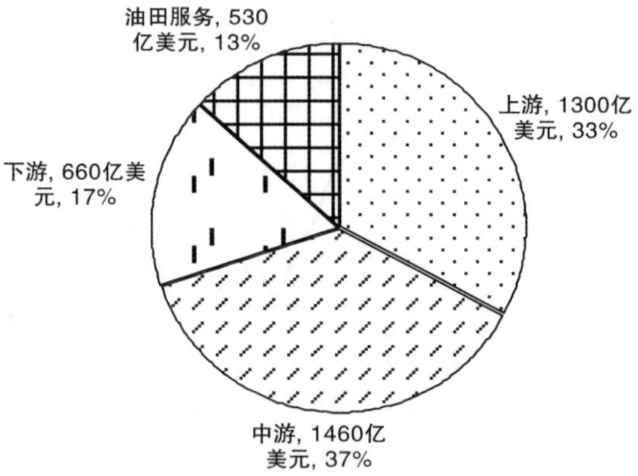


**图5　全球油气领域交易（2016年）**

（资料来源：EY，Global oil and gas transacions review 2017）

**（四）跨国矿业公司对生产经营垄断局面短时间内难以打破**

全球经济不景气，矿产品价格动荡，公司经营喜忧参半，但矿业巨头仍加紧对全球重要矿山资产的争夺。近些年，力拓控制了蒙古奥尤陶勒盖铜金矿、几内亚西芒杜铁矿等世界级矿床。淡水河谷不甘落后，不但获得了利比里亚的铁矿资源，而且控制了几内亚铁矿的重要出口通道——利比里亚铁路的运营权，同时也获得了西芒杜铁矿区的部分矿权。不但如此，两个矿业巨头还对南部非洲的炼焦煤资源展开了争夺，莫桑比克的优质煤炭资源基本上被这两个公司控制，其他矿业公司苦于实力和经验不足，只能眼看着这些资产被抢走。必和必拓、淡水河谷近些年加强了对全球钾盐项目的投资。

全球矿业企业的大规模联合和兼并，使得全球矿业的集中度进一步提高，跨国矿业公司对市场的控制力和影响力进一步扩大。经过多年并购扩张后，必和必拓、力拓和淡水河谷等三大矿业巨头基本上控制了全球铁矿市场，牢固掌握了铁矿价格话语权。战略性新兴矿产的生产和经营也主要掌握在跨国公司手中，比如锂和钴等电池行业不可或缺的矿产。2017 年 2 月，嘉能可又收了加丹加余下的 10.25% 股份，从荷兰的弗勒莱特（Fleurette）集团手里拿下了另一个世界级铜钴矿山穆坦达（Mutanda）的最终控制权，从此一跃成为全球最大的钴矿开采商。全球最富有钴矿有一半在嘉能可手里，包括刚果（金）的加丹加（86.33% 股份）、穆坦达（100% 股份），赞比亚的莫帕尼（Mopani）（73.1% 股份），以及加拿大的 INO（Sudbury 萨德伯里、Raglan 拉格伦、Nikkelverk 尼克尔维克）和澳洲的 Murrin Murrin（莫林莫林）（60% 股份），储量合计 206.07 万吨，占全球的 28%。2016 年，嘉能可的钴产量 2.83 万吨，占全球产量的约 26%；同时通过资本控制市场交易。因此嘉能可以生产商和交易商的双重身份打通产业链，进而影响大宗商品的定价，并通过金融衍生品套取暴利。在锂化工行业，智利 SQM 与美国 Albemarle 和美国 FMC 被称为锂供应三巨头，几乎垄断了全球 80% 的卤水锂盐产量。

总之，矿业全球化和科技进步使 21 世纪的世界矿业进入一个新的时代，那就是土地和资本作为竞争优势的地位逐渐弱化，矿业企业今后的成功将更多地依赖于理念、管理、技术创新及其应用，即人才和技术。

## 二、世界矿产资源勘查和开发形势

2016～2017 年，全球矿产勘查和开发投入持续下降的趋势有所缓解，但草根勘探所占比例降至 10 年来最低，重要矿产勘查发现特别是绿地发现减少，主要矿产储量增幅趋缓或出现下降，特别是锌矿、金刚石矿储量持续减少。从区域上看，北美地区仍然是油气勘探开发重点地区，而有色金属勘探重点地区则主要在南美地区。大型矿业公司因雄厚经济实力成为勘探开发的主力，并以后期和矿山深部及外围勘探为主。

### （一）全球油气勘探开发投资回升

2017 年，全球油气勘探连续下降势头得到遏制。据美国独立投行咨询公司埃弗科尔（Evercore）对 300 家油气公司上游勘探开发投资的调查统计，2016 年全球油气勘探开发投资为 3707.55 亿美元（图 6），比 2015 年的 5100 亿美元下降 27%。2017 年，由于国际油价反弹，全球油气勘探开发投资在连续两年萎缩后回升，预计为 3770.60 亿美元，增幅 1.7%。

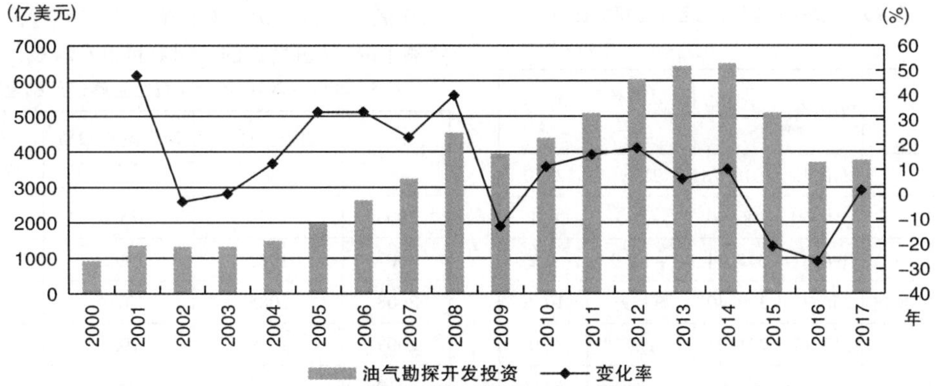


图 6　2000～2017 年世界油气勘探开发投资

（资料来源：巴克莱银行、埃弗科尔投行）

北美地区仍然是全球油气勘探开发重点地区，但是 2016 年勘探开发投资降幅最大，降幅达到 41%，较 2015 年 33% 的降幅进一步扩大。2017 年，北美地区勘探开发投入回升也快，估计为 1019.78 亿美元，增幅为 21%，其中美国增长 25%，加拿大增长 10%。2017 年北美地区勘探开发投入占世界比例略有上升，从 2016 年的 23% 升至 27%。

亚太地区（包括印度、澳大利亚）油气勘探开发投资占全球的 12.2%，位居全球第二位。2016 年亚太地区油气勘探开发投资为 469.48 亿美元，较上年减少 17%。除印度国家油气公司（ONGC）预算基本持平外，其他国家矿业公司都出现了大幅下降，比如中海油减少 21%，中石油减少 18%，马来西亚国家石油公司减少 18%，泰国国家石油公司减少 20%。2017 年预算估计为 460.02 亿美元，下降 2.0%。

俄罗斯和前苏联地区勘探开发大幅增长，其占全球的比例也随之上升。2016 年俄罗斯和前苏联地区油气勘探开发投资为 356.77 亿美元，较 2015 年增长 5% 以上；2017 年投资预算为 399.40 亿美元，较 2016 年增长 11.9%，其中俄罗斯石油公司和俄罗斯天然气公司投资估计分别增长32%和29%，前者投资占俄罗斯总投入的40%。欧盟制裁使得俄罗斯经济更加依赖于石油生产。2017年，俄罗斯和苏联地区油气勘探开发投入占世界的比例由2016年的10.0%上升至10.6%。

中东地区油气勘探开发投资继续下降，占全球油气勘探开发投资的比例也同步下降。2016年中东地区油气勘探开发投入为316.50亿美元，较2015年减少6%。2017年勘查开发投资预算估计为306亿美元，降幅3.3%。其中阿曼国家石油公司下降20%，阿联酋国家石油公司下降14%，科威特和卡塔尔国家石油公司勘探开发投资降幅在3%～6%。该地区勘探开发投资下降除了油价低迷外，削减产量以控制国际市场份额是重要原因。

拉丁美洲油气勘探开发投资继续萎缩，并且是所有地区中降幅最大的。2016年拉丁美洲油气勘探开发投入为396.81亿美元，较2015年下降36%；2017年预计为345.44亿美元，较2016年下降12.9%（表2）。2015年，拉丁美洲油气勘探开发投资连续10年的增长势头发生逆转。主要原因是委内瑞拉等国受到经济萎缩、通货膨胀以及履行OPEC减产协议等因素的影响。该地区矿产勘查开发投资能否回升，很大程度上取决于委内瑞拉政治经济形势能否好转。

**表2　世界油气勘探开发投资预算（按地区和公司类型分）**

单位：亿美元

| 国家或地区 | 2016年 | 2017年 | 变化率（%） | 比例（%） |
|---|---|---|---|---|
| 北　美 | 840.48 | 1019.78 | 21.3 | 27.0 |
| 中　东 | 316.50 | 306.00 | -3.3 | 8.1 |
| 拉丁美洲 | 396.81 | 345.44 | -12.9 | 9.2 |
| 俄罗斯/前苏联地区 | 356.77 | 399.40 | 11.9 | 10.6 |
| 欧　洲 | 217.12 | 221.21 | 1.9 | 5.9 |
| 亚太地区 | 469.48 | 460.02 | -2.0 | 12.2 |
| 非　洲 | 124.00 | 120.00 | -3.2 | 3.2 |
| 大型国际石油公司 | 677.41 | 578.67 | -14.6 | 15.3 |
| 独立石油公司（北美以外） | 37.22 | 46.26 | 24.3 | 1.2 |
| 其他石油公司 | 271.76 | 273.82 | 0.8 | 7.3 |
| 世界合计 | 3707.55 | 3770.60 | 1.7 | 100.0 |

**资料来源**：World Oil，2017.2。

欧洲地区油气勘探开发投资小幅回升，但占世界比例下降。2016年欧洲油气勘探开发投资为217.12亿美元，较2015年下降19.0%；2017年投资预算为221.21亿美元，较2016年增长1.9%。石油巨头削减支出是该地区油气勘探开发投资下降的主要原因，例如意大利埃尼集团2016年减少了14%，而挪威国家石油公司则减少了25%。2017年欧洲油气勘探开发投资占比从上年的6.6%下降到5.9%。

非洲油气勘探开发投资大幅下降。2016年非洲油气勘探开发投资为124亿美元，较2015年下降24%；2017年投资预算为120亿美元，下降3.2%。阿尔及利亚、安哥拉和阿尔及利亚等国的国家石油公司降幅都在10%以上。

2016年，由于油气勘探投资大幅下降，相应地油气钻井也将出现大幅下降。2016年美国油气钻井活动降至1999年以来最低。美国《世界石油》（World Oil）杂志估计，美国油气活动的钻井数从59.42万个降至57.82万个。2017年，美国油气钻井活动总体上保持稳定，较2017年略有下降。其他国家总体上钻探活动有所回升。

**（二）全球非油气矿产勘查投资**

1. 2016年全球有色金属矿产勘查投资预算下降21%

据SNL金属和矿业公司对1580个勘查投资在10万美元以上公司的统计，2016年全球有色金属勘查投资为68.9亿美元，考虑到所统计数据可能占全部的95%，故SNL金属和矿业公司估计总的勘查投资为72.0亿美元，较2015年下降21%（表3），不但总的投资额下降，从事勘探的公司数目也在减少。

**表3　2006～2016年全球有色金属矿产勘查投资**

| 年　份 | 调查公司数（个） | 矿产勘查投资（亿美元） | 比2015年变化率（%） |
|---|---|---|---|
| 2006 | 1624 | 75.4 | 49.0 |
| 2007 | 1980 | 109.3 | 45.0 |
| 2008 | 2085 | 137.5 | 25.8 |
| 2009 | 1998 | 79.8 | -42.0 |
| 2010 | 2213 | 115.1 | 44.2 |
| 2011 | 2444 | 172.5 | 49.9 |
| 2012 | 2556 | 205.3 | 19.0 |
| 2013 | 2129 | 144.3 | -29.7 |
| 2014 | 1961 | 107.4 | -25.6 |
| 2015 | 1798 | 87.7 | -18.3 |
| 2016 | 1580 | 68.9 | -21.4 |

**资料来源**：SNL金属和矿业公司。

SNL金属和矿业公司的统计数据表明，矿产勘查投资与金属价格指数变化正相关，并呈现出周期性特点，只不过前者滞后大约1年。过去20多年中，矿产勘查投入出现过两次大的周期性变化。

第一次是从 1990 ~ 2002 年。矿产勘查投资从 1990 年开始上升，在 1997 年达到 46.7 亿美元的高峰后连续 5 年下降，于 2002 年创下 17.7 亿美元的最低纪录，累计降幅超过 62%。

第二次是从 2002 ~ 2016 年。2002 年后，在金价上涨带动下，矿产勘查投资持续上升，在 2008 年创 137.5 亿美元的新纪录，较 2002 年增长了 8 倍。2008 年金融危机后，矿产勘查投入大幅下降，2009 年降幅达到 42%。2010 年以后，矿产勘查投入持续回升，2012 年达到创纪录的 205.3 亿美元。但是自从 2012 年以后，矿产勘查费用持续下降，2016 年降至为 68.9 亿美元，为 2006 年以来的最低水平。

2. 各地区勘查投资普遍下降，拉丁美洲仍占据首位

据 SNL 公司统计，2016 年涉及矿产勘查的国家有 124 个，略低于 2015 年的 124 个，各地区勘查投资普遍出现下降，特别是政治、经济和社会不稳定的国家（图 7）。美国和非洲矿产勘查投资分别下降 30% 和 23%，降幅排在前列。

分地区看，拉丁美洲仍然是全球最重要的勘查目的地，2016 年勘查预算为 19.5 亿美元，占全球的 28.2%，其中智利、秘鲁、墨西哥、巴西、哥伦比亚和阿根廷是最重要的 6 个拉丁美洲国家，合计占该地区的 92%。黄金仍然为该地区最重要的勘查矿种，占比为 44%，而贱金属所占比例则从 40% 降至 38%。

以中国、俄罗斯、哈萨克斯坦和土耳其为代表的其他地区位居第二位，占比为 18.7%（图 8）。在过去的 7 年中，中国第 6 次位居首位，占本地区勘查投入的 31%。金仍然是本地区勘查投资最大的矿种。

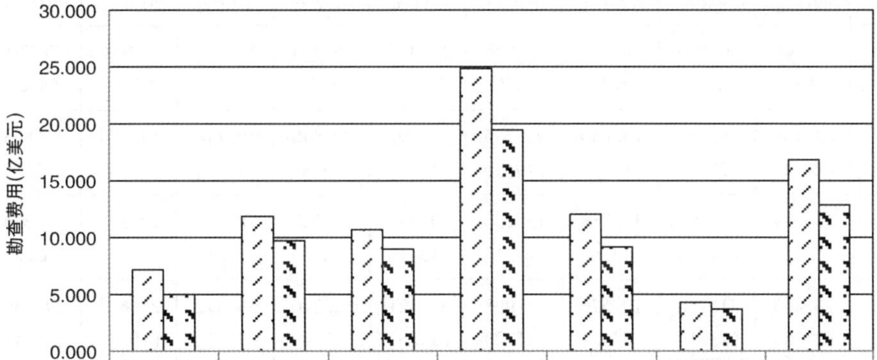


| | 美 国 | 加拿大 | 澳大利亚 | 拉丁美洲 | 非 洲 | 太平洋/东南亚 | 其他地区 |
|---|---|---|---|---|---|---|---|
| □2015年 | 7.170 | 11.853 | 10.684 | 24.839 | 12.035 | 4.293 | 16.839 |
| ◪2016年 | 4.999 | 9.713 | 8.974 | 19.457 | 9.163 | 3.702 | 12.848 |

**图 7 2015 ~ 2016 年世界固体矿产勘查费用区域分布**

（**资料来源**：SNL 金属和矿业公司）

加拿大替代非洲升至第三位，占世界的 14%，勘查投资为 9.71 亿美元，较 2015 年下降 18%。从省份上看，安大略省处于第一位，占 23%，其次是魁北克，占 18%。黄金为加拿大勘查投入最多的矿种，占比为 50%，与 2015 年基本持平。贱金属矿产勘查投资下降 33%，占比从 17% 下降至 14%。

由于连年大幅下降，非洲地区占比退居第四位，但与第三位的加拿大仅差 0.55 亿美元，占 13%。民主刚果、南非、布基纳法索、马里和坦桑尼亚为非洲勘查投资最大的几个非洲国家。西非特别是布基纳法索的黄金勘查热使得该矿种占非洲地区的比例从 2015 年的 43% 上升至 51%，而贱金属占比从 27% 降至 23%。

澳大利亚勘查投资为 8.97 亿美元，占世界的 13%，自 2003 年以来一直位居第五位，与排名第四位的非洲仅差 0.19 亿美元。其中西澳洲仍然是澳大利亚勘查投资最多的州，占该国矿产勘查投资的 62%。黄金仍然是澳大利亚矿产勘查的主要矿种，勘查投入持平，所占比例从 48% 上升到 51%。贱金属勘查投入下降 39%，其所占比例从 35% 降至 25%。

美国勘查投资为 5.00 亿美元，占世界的 7%，位居第六位（表 4）。其主要勘查矿种为金和铜，其中金所占比例从 58% 升至 61%，贱金属则从 31% 升至 32%。内华达州占美国总勘查投资的 47%，若加上阿拉斯加和亚利桑那两个州，则比例合计占美国的 69%。

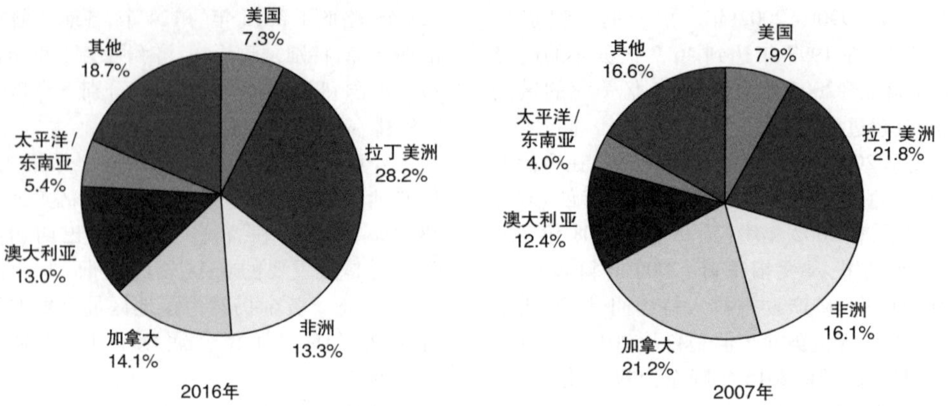


图8　2016 年与 2007 年固体矿产勘查投资对比

（资料来源：SNL 金属和矿业公司）

表 4　2007～2016 年世界非燃料固体矿产勘查投资预算　单位：亿美元

| 国家或地区 | 2007 年 | 2008 年 | 2009 年 | 2010 年 | 2011 年 | 2012 年 | 2013 年 | 2014 年 | 2015 年 | 2016 年 |
|---|---|---|---|---|---|---|---|---|---|---|
| 美　国 | 8.588<br>(7.9) | 10.090<br>(7.3) | 5.276<br>(6.6) | 8.868<br>(7.7) | 14.472<br>(8.4) | 16.744<br>(8.1) | 10.449<br>(7.2) | 7.608<br>(7.1) | 7.170<br>(8.2) | 4.999<br>(7.3) |
| 加拿大 | 23.169<br>(21.2) | 28.384<br>(20.7) | 13.650<br>(17.1) | 22.155<br>(19.3) | 31.092<br>(18.0) | 32.448<br>(15.8) | 19.176<br>(13.3) | 14.874<br>(13.8) | 11.853<br>(13.5) | 9.713<br>(14.1) |
| 澳大利亚 | 13.579<br>(12.4) | 19.769<br>(14.4) | 10.888<br>(13.6) | 15.136<br>(13.1) | 22.655<br>(13.1) | 25.182<br>(12.3) | 18.922<br>(13.1) | 12.542<br>(11.7) | 10.684<br>(12.2) | 8.974<br>(13.0) |
| 拉丁美洲 | 23.866<br>(21.8) | 31.796<br>(23.1) | 19.576<br>(24.5) | 28.993<br>(25.2) | 42.321<br>(24.6) | 52.240<br>(25.4) | 38.472<br>(26.7) | 28.627<br>(26.7) | 24.839<br>(28.4) | 19.457<br>(28.2) |
| 非　洲 | 17.634<br>(16.1) | 20.478<br>(14.9) | 12.188<br>(15.3) | 15.855<br>(13.8) | 26.032<br>(15.1) | 34.059<br>(16.6) | 23.769<br>(16.5) | 17.195<br>(16.0) | 12.035<br>(13.5) | 9.163<br>(13.3) |
| 太平洋/东南亚 | 4.322<br>(4.0) | 6.920<br>(5.0) | 4.695<br>(5.9) | 7.162<br>(6.2) | 9.969<br>(5.8) | 13.500<br>(6.6) | 9.667<br>(6.7) | 5.988<br>(5.6) | 4.293<br>(4.9) | 3.702<br>(5.4) |
| 其他地区 | 18.137<br>(16.6) | 20.083<br>(14.6) | 13.533<br>(17.0) | 16.885<br>(14.7) | 25.910<br>(15.0) | 31.133<br>(15.2) | 23.810<br>(16.5) | 20.551<br>(19.1) | 16.839<br>(19.3) | 12.848<br>(18.7) |
| 公司合计 | 109.3 | 137.5 | 79.8 | 115.1 | 172.5 | 205.3 | 144.3 | 107.4 | 87.7 | 68.9 |
| 世界总计 | 114 | 144 | 84 | 121 | 182 | 215 | 152 | 114 | 92 | 72.0 |
| 统计公司数 | 1980 | 2085 | 1998 | 2213 | 2444 | 2556 | 2129 | 1961 | 1798 | 1580 |

**注**：1. 西方矿业公司不包括小公司、地方性的私人公司和政府集团；2. 括号内数字为占公司合计的百分数；3. 西方矿业公司在世界各地的勘查投资总计数占全球商业性金属勘查费用的95%左右。

**资料来源**：SNL 金属和矿业公司。

3. 几乎所有矿产勘查投资下降

SNL公司的统计数据表明，从矿种上看，几乎所有矿种勘查投资都出现下降，但矿种所占比例没有太大变化。黄金仍然是勘查投资最多的矿种，占全部投资额的47.9%（图9）。而贱金属所占比例为30.7%。金刚石和铀分别占4.2%和4.1%，铂族金属占比为1.1%。

2016年全球黄金勘查投资为32.97亿美元，较2015年下降16.3%，为2006年以来的最低水平。从地区上看，拉丁美洲仍然是黄金勘查的主要目的地，投资预算为8.49亿美元，占全球的26%；其中，墨西哥金矿勘查投入最多，其次是智利、秘鲁和哥伦比亚。从国家看，澳大利亚自2003年以来首次代替加拿大成为黄金勘查投资最大的国家，投资预算为5.10亿美元，其中52%为矿山勘探；加拿大黄金勘查投入为4.87亿美元，矿山勘探的比例更高，达到53%，澳大利亚还是黄金草根勘探最多的国家，占全球黄金草根勘探投资的16%；其他国家勘查投入为5.16亿美元，主要是中国和俄罗斯。从公司看，初级勘探公司金矿勘查投资降幅最大，为28%；大型矿业公司金矿勘查投资下降了7%；中型矿业公司下降15%；政府和其他类型的企业下降42%。

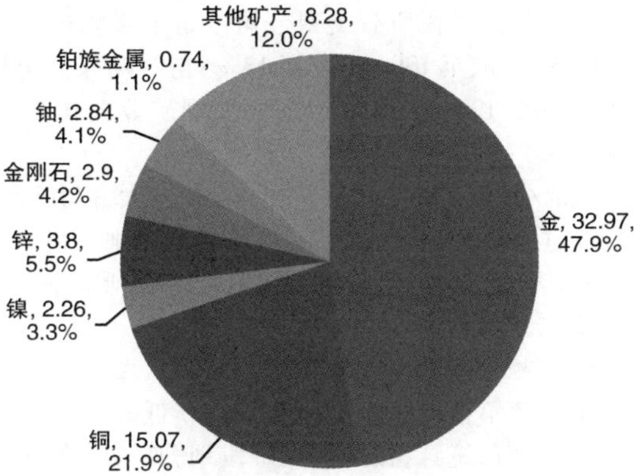


图9　不同矿种勘查投资预算（亿美元）及所占比例
（资料来源：SNL金属和矿业公司）

从金额看，贱金属是矿产勘查投资额减少最多的矿种，铜、镍、铅和锌合计减少8.04亿美元，较2015年减少27.6%（图10）。铜勘查投资较2015年减少5.74亿美元，镍减少1.40亿美元，降幅分别为28%和38%。铅锌勘查投资较2015年减少0.90亿美元，降幅19%。铜一直是勘查投入最多的贱金属，占整个贱金属勘查投资预算的71.3%。与铜相比，镍勘查投资较少，自从2012年被铅锌超过后，其差距逐年加大。从地区上看，太平洋/东南亚只减少了0.18亿美元，是降幅（8%）最少的。从公司类型看，所有类型公司的贱金属勘查投资都出现下降，其中中型勘探公司下降了47%，其次是初级勘探公司下降了32%。

金刚石2016年勘探投资为2.90亿美元，较上年的3.67亿美元下降21.0%。从国家和地区看，加拿大自2001年以来首次超过非洲成为金刚石勘查预算最多的国家。2016年，加拿大金刚石勘查预算为1.05亿美元，连续第三年增长，显示金刚石勘探有趋向活跃的迹象。

2016年全球铀矿勘查投资为2.84亿美元，较2015年的3.34亿美元下降34%，连续第五年下降。自从2008年达到顶峰以来，铀矿勘查投资已经下降了75%，为2005年以来的最低水平。74家初级勘探公司铀矿勘查费用为1.31亿美元，占46.3%，为铀矿勘查的主要力量。大型矿业公司投资为0.14亿美元，占33.3%。其他类型公司占18.4%。

铂族金属勘查投资继续下降，2016年投资预算为0.74亿美元，为15年来的最低，较2015年下降38%。从地区上看，非洲铂族金属勘查预算大幅下降46%，2003年以来首次低于其他地区之和。从公司类型看，初级勘探公司铂族金属勘查费用下降了51%，大型矿业公司下降了26%，中型矿业公司降幅为12%。2016年，中型矿业公司铂族金属勘查投资首次超过初级勘探公司。

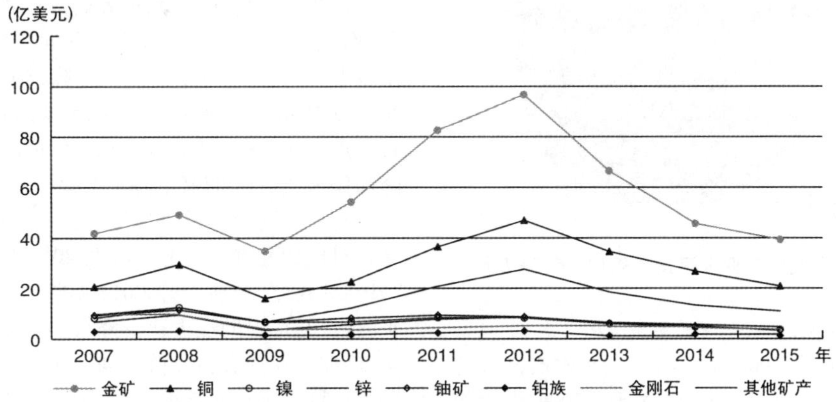


图10　2007～2016年主要矿产勘查投资预算变化
（资料来源：SNL金属和矿业公司）

其他矿产主要包括锰、钨、锡、银、锂、稀土、磷、钾和石墨等，2016年勘查预算为8.28亿美元，较2015年的10.94亿美元下降24.3%。其中，锂勘查投资预算为0.73亿美元，增长88%。从矿业公司规模看，虽然初级勘探公司勘查投资预算从2015年的5.26亿美元降为3.47亿美元，其占比仍高达42%。

*4. 初级勘探公司投资所占比例持续下降*

SNL公司的统计数据显示，2016年，所有类型矿业公司都削减了矿产勘查投资预算。其中,大型矿业公司勘查投资预算从42.82亿美元降至36.24亿美元,降幅15.4%;中型矿业公司从11.46亿美元降至8.79亿美元,降幅23.3%;初级勘探公司从25.73亿美元降至18.12亿美元,降幅29.6%;政府/其他矿业公司从7.71亿美元降至5.71亿美元,降幅25.9%。与2012年的高峰相比,大型矿业公司勘查投资预算已经下降了60%以上,中型矿业公司下降了62.3%,初级勘探公司下降了77.3%,政府/其他矿业公司下降了46.8%

过去10年中,初级勘探公司勘查投资变化较大。2006年,其比例达到52%,开始超过大型矿业公司。2007年,则达到55%的最高纪录,几乎是大型矿业公司的两倍和中型矿业公司的4倍。2008年金融危机后,初级勘探公司勘查预算下降幅度超过其他类型矿业公司,2009年降幅达到54%,所占比例则降至40.1%。2010年初级勘探公司勘查预算恢复增长,所占比例回升至44%,2011年仍然保持这一比例。2012年,尽管初级勘探公司勘查预算达到了80亿美元的创纪录水平,但是仍低于大型矿业公司的91.3亿美元,占比则降至38.9%。随后,初级勘探公司勘查预算削减幅度明显超出其他类型公司,2015年占比降至30%以下,2016年占比降至26.3%,为2001年以来的最低水平(图11)。

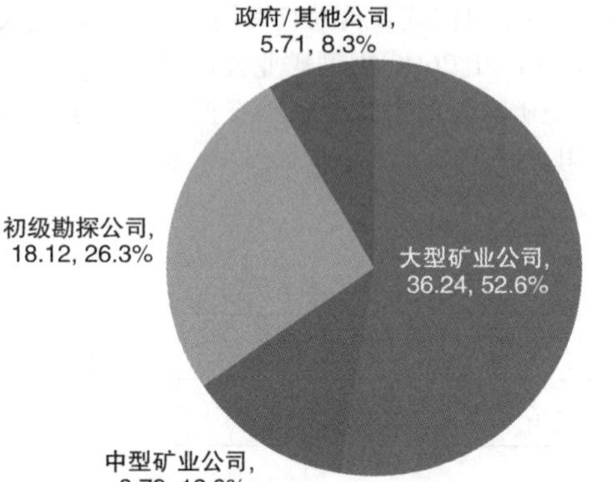


图11 2016年不同类型矿业公司投资额(亿美元)及所占比例

(资料来源:SNL金属和矿业公司)

大型矿业公司在2005年以前一直是矿产勘查的主要力量,2001年曾达到60%的水平。2006年大型矿业公司勘查预算被初级勘探公司超过后,其重点转向通过并购扩大储量,因此全球矿业公司并购也随之大幅增长。近年来,大型矿业公司再次成为勘探的主力,不论是草根勘探还是矿山勘探,都远远超过其他类型公司。

大型矿业公司和初级勘探公司勘查趋向不同。从地区上看,初级勘探公司项目主要集中分布在国内。其中,加拿大和澳大利亚是初级勘探公司勘查投资的第一和第二大目的国,分别占27%和20%;排在第三位的是拉丁美洲,占比为19%。而大型矿业公司勘查重点区域主要在拉丁美洲,2016年其勘查投资占比从10年前的27%上升至36%,而且主要是智利的铜矿。

中型矿业公司矿山规模一般不大,分布也比较分散。2016年,拉丁美洲是其主要目标区,主要勘探墨西哥中小规模的金矿。其次是非洲,主要勘探布基纳法索的金矿和民主刚果的铜矿。从公司数目看,2016年中型矿业公司在所有类型公司中是下降幅度最大的,从158个减至139个,降幅13%;初级勘探公司从1470个减至1277个,降幅12%;大型矿业公司从97个降至93个。

政府/其他矿业公司虽然投资规模不大,但其所占比例在过去的10年中,特别是金融危机以来一直呈上升趋势,不过2016年占比较2015年有所降低,从8.8%降至8.3%。

5. 草根勘探所占比例再创新低

2016年草根勘探投资预算再创新低。据SNL金属和矿业公司统计,按照勘探阶段划分,2016年全球草根勘探预算为19.18亿美元,较2015年的25.47亿美元下降24.7%;所占比例为27.9%,首次降至30%以下(图12)。后期勘探预算为25.45亿美元,较2015年的32.23亿美元下降21.0%;所占比例为36.9%。矿山勘探预算为24.22亿美元,较2015年的30.01亿美元下降19.3%;所占比例为35.2%,与10年前相比,已经扩大了一倍。

1996~2003年,虽然世界矿产勘查预算周期性变化,而各个阶段所占比例基本稳定。但是在2004年,草根勘探所占比例开始大幅下降,到2008年已经从2003年的48.7%降至38.2%,5年之内下降了10个百分点。从2009年到2016年,草根勘探预算占比下降趋势未改,7年间又下降了10.4个百分点。

与草根勘探不同的是,过去10年中,后期勘探预算相对比较稳定,占比一般在40%左右。只不过在2010~2012年有所上升,2012年曾达到44%的最高水平,这也与草根勘探占比下降有关。但在2013~2014年,后期勘探预算占比降至40%以下。2016年,后期勘探预算占比与上年相比有所回升,但仍处于2005年以来的最低水平。

2016年,矿山勘探预算占比已经是连续第6年上升。究其原因,主要是因为矿山勘探"就矿找矿"成功率较高,而且找到矿以后的开发成本较低。2016年,矿山勘探预算与上年相比下降了19.3%,在各个勘探阶段预算中降幅最小。

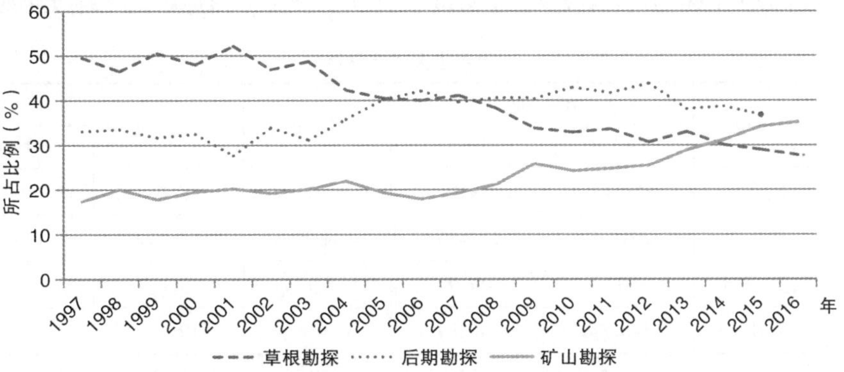


**图 12 不同勘查阶段投资所占比例变化情况**

（资料来源：SNL 金属和矿业公司）

从国家看，澳大利亚和加拿大是草根勘探最多的国家，草根勘探预算分别为 2.89 亿美元和 2.73 亿美元。从地区上看，拉丁美洲草根勘探预算为 5.10 亿美元，占 27%。从矿业公司类型看，大型矿业公司草根勘查投入最多，其次是初级勘探公司，分别占 52.3% 和 31.1%。

**（三）世界主要矿产储量增幅下降或减少**

1. 世界油气储量持续增长

据美国油气期刊（Oil & Gas Journal）数据，2016 年底，世界石油储量为 16458 亿桶，较 2015 年的 16562 亿桶下降 0.6%，较 2007 年的 13317 亿桶增长 23.6%（表 5）。2016 年世界主要石油国储量增减变化比较大，有 7 个国家增量超过 1 亿吨，包括伊拉克（18.92 亿吨）、安哥拉（5.92 亿吨）、美国（4.67 亿吨）、英国（3.34 亿吨）、加拿大（1.86 亿吨）、挪威（1.68 亿吨）和委内瑞拉（1.44 亿吨）。同时也有 5 个国家储量减量超过 1 亿吨，包括伊朗（16.7 亿吨）、中国（8.8 亿吨）、巴西（4.31 亿吨）、西班牙（3.95 亿吨）、埃及（1.21 亿吨）和沙特阿拉伯（1 亿吨）。

天然气储量为 195.62 万亿立方米，较上年的 196.72 万亿立方米下降 0.6%，较 2007 年的 175.16 万亿立方米增长 11.7%。天然气储量增长最多的三个国家分别是美国（6712 亿立方米）、安哥拉（2855 亿立方米）和沙特阿拉伯（1552 亿立方米）。储量减少比较多的国家有哈萨克斯坦（6040 亿立方米）、俄罗斯（6000 亿立方米）和卡塔尔（4719 亿立方米）。

**表 5 世界石油和天然气储量**

| 年 份 | 世界石油（亿桶） | 世界天然气（万亿立方米） |
|---|---|---|
| 2016 | 16458 | 195.62 |
| 2015 | 16562 | 196.72 |
| 2014 | 16545 | 195.93 |
| 2013 | 16471 | 195.32 |
| 2012 | 16405 | 194.59 |
| 2011 | 15201 | 191.04 |
| 2010 | 14696 | 188.23 |
| 2009 | 13542 | 187.16 |
| 2008 | 13422 | 177.10 |
| 2007 | 13317 | 175.16 |

**续表 5**

资料来源：《Oil and Gas Journal》。

2. 大宗矿产储量普遍减少，新能源新材料矿产储量增长

全球矿产勘查投入持续减少，世界新发现矿产地也相应减少，但也有一些“令人意外”的发现。例如，尼日利亚北部泰坦（Titan）镍矿项目发现世界首个自然镍矿床，镍颗粒可达 5 毫米，品位最高达 90%，此发现证明自然镍可规模成矿，为寻找新类型镍矿提供了新的思路。南非的威特瓦德斯兰德盆地取得过去 25 年来最大发现，不仅有金，铀的潜力也不小。民主刚果卡库拉铜矿勘探取得重要进展，该国铜矿巨大潜力进一步显现。厄瓜多尔的卡斯卡维尔（Cascabel）铜矿、牙买加的贝亚斯盖特（Bellas Gate）铜矿、蒙古奥尤特乌兰金矿等项目继续取得新发现。

2016 年矿产储量比 2015 年增加的主要矿产有：煤炭储量增加 2478 亿吨，锰矿石增加 0.7 亿吨，钒增加 400 万吨，钛增加 0.4 亿吨，钼增加 400 万吨，锌增加 2000 万吨，金增加 1000 吨，铂族金属增加 1000 吨，钾盐增加 6 亿吨，石墨增加 0.2 亿吨，金刚石增加 0.5 亿克拉。储量减少的主要矿产有：天然气减少 5.6 亿立方米，铁矿减少 200 亿吨，镍减少 100 万吨，钴减少 10 万吨，钨减少 20 万吨，铅减少 100 万吨，锡减少 10 万吨，

锑减少50万吨,稀土减少1000万吨,磷酸盐岩减少10亿吨,其他矿产储量基本上没有大的变化(表6)。

表6　　世界主要矿产储量

| 矿产 | 单位 | 储量 | | 矿产 | 单位 | 储量 | |
|---|---|---|---|---|---|---|---|
| | | 2016年 | 2015年 | | | 2016年 | 2015年 |
| 煤 | 亿吨 | 11393 | 8915 | 铷 | 万吨 | 9 | 8 |
| 石油 | 亿吨 | 2415.8 | 2415.6 | 稀土 | 万吨(REO) | 12000 | 13000 |
| 天然气 | 万亿立方米 | 191.2 | 196.8 | 镉 | 万吨 | — | — |
| 铀① | 万吨 | 345.84 | 345.84 | 钽 | 万吨 | >10 | >10 |
| 铁 | 矿石亿吨 | 1700 | 1900 | 铌 | 万吨 | >430 | >430 |
| 锰 | 金属亿吨 | 6.9 | 6.2 | 铼 | 吨 | 2500 | 2500 |
| 铬 | 矿石亿吨 | 5 | >4.8 | 锂 | 万吨 | 1400 | 1400 |
| 镍 | 万吨 | 7800 | 7900 | 锶 | 万吨 | 680 | 680 |
| 钴 | 万吨 | 700 | 710 | 铊 | 全球锌矿中资源量约1.7万吨 | | |
| 钨 | 万吨 | 310 | 330 | 钍 | 万吨($ThO_2$) | >600 | >600 |
| 钼 | 万吨 | 1500 | 1100 | 锆 | 万吨($ZrO_2$) | 7500 | 7800 |
| 钒 | 万吨 | 1900 | 1500 | 钇 | 万吨($Y_2O_3$) | >50 | >50 |
| 铜 | 万吨 | 72000 | 72000 | 碲 | 万吨 | 2.5 | 2.5 |
| 铅 | 万吨 | 8800 | 8900 | 碘 | 万吨 | 750 | 750 |
| 锌 | 万吨 | 22000 | 20000 | 硒 | 万吨 | 10 | 12 |
| 铝土矿 | 亿吨 | 280 | 280 | 磷酸盐岩 | 亿吨 | 680 | 690 |
| 菱镁矿 | 亿吨 | 85 | 24 | 钾盐 | 亿吨($K_2O$) | 43 | 37 |
| 钛矿 | 亿吨($TiO_2$) | 8.30 | 7.90 | 硼矿 | 亿吨($B_2O_3$) | 3.8 | 3.8 |
| 锡 | 万吨 | 470 | 480 | 石墨 | 亿吨 | 2.5 | 2.3 |
| 锑 | 万吨 | 150 | 200 | 萤石 | 亿吨 | 2.6 | 2.5 |
| 汞 | 万吨(Hg) | — | — | 重晶石 | 亿吨 | >3.2 | 3.8 |
| 铋 | 万吨 | 37 | 37 | 硅藻土 | 亿吨 | 大 | 大 |
| 金 | 吨 | 57000 | 56000 | 珍珠岩 | 亿吨 | 大 | 大 |
| 银 | 万吨 | 57 | 57 | 天然碱 | 亿吨 | 240 | 240 |
| 铂族金属 | 吨 | 67000 | 66000 | 金刚石 | 亿克拉 | 7.5 | 7.0 |

**注:**①表示每千克成本≤130美元。

**资料来源:**USGS。

### (四)矿业开发项目投资降幅趋缓

经过2004~2013年长达10年的矿业项目开发热潮,从2014年起,受到世界经济复苏缓慢、矿产品供应过剩和矿产品价格大幅下跌的影响,矿业项目开发投资连续下降。据工业信息资源公司(Industrial Info Resources)对全球矿业项目投资的调查统计,2016年正在建设的矿业项目投资大约为2190亿美元(图13)。

从地区上看,亚洲是在建矿业项目投资额最多的地区。2016年,亚洲矿业项目投资占比达到47.9%,投资额为1049.5亿美元,其中东亚742.1亿美元,东南亚129.7亿美元,南亚77.5亿美元,中亚61.2亿美元，中东 39 亿美元。拉丁美洲居第二位，为 374 亿美元，占 17.1%。北美地区 349 亿美元，占 15.9%，居第三位。俄罗斯 191.4 亿美元，占 8.7%，居第四位。非洲 123.1 亿美元，占 5.6%，居第五位。欧洲 65 亿美元，占 3.0%，居第六位。大洋洲 39.5 亿美元，占 1.8%，居第七位。

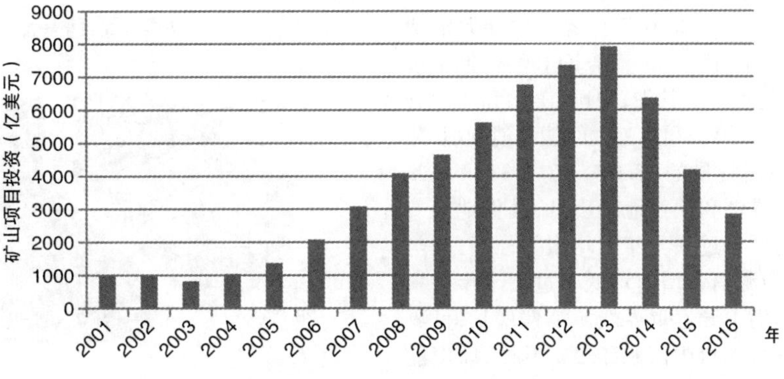


**图 13　2001 ~2016 年矿业项目投资变化趋势**

（**资料来源**：根据 E & MJ 数据整理）

根据全球 143 个重要矿业项目的统计，从矿种上看，铜矿项目开发投资额为 1097 亿美元，占所调查矿业项目投资总额的 39.4%，居各矿种第一位；其次为铁矿石，投资额为 697 亿美元，占 25.0%；位于第三位的为金矿，投资额为 506 亿美元，占 18.2%；镍投资额为 200 亿美元，占 7.2%，居第四位；铀矿/稀土投资额为 68 亿美元，占 2.4%，居第五位；锌矿投资额为 62 亿美元，占 2.2%，居第六位；金刚石投资额为 57 亿美元，占 2.0%，居第六位；银和铂族金属投资额分别为 52 亿美元和 44 亿美元，分别占 1.9% 和 1.6%，居第八位和第九位（图 14）。

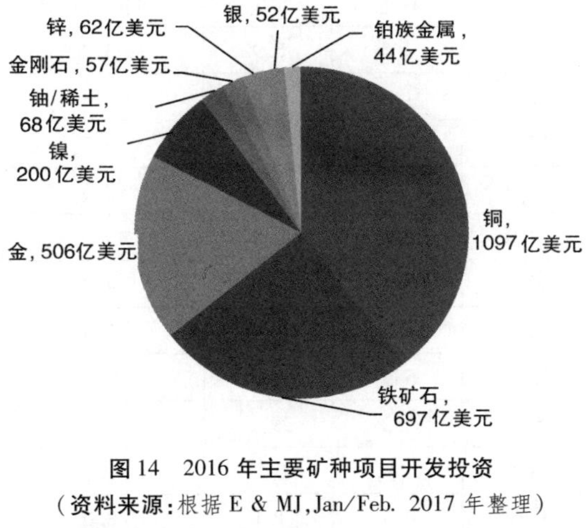


**图 14　2016 年主要矿种项目开发投资**

（**资料来源**：根据 E & MJ，Jan/Feb. 2017 年整理）

根据 143 个项目调查结果，2016 年矿业投资居前 10 位国家投资合计 2105 亿美元，占所调查项目开发总投资的 75.6%（表 7）。智利、加拿大和澳大利亚矿业项目投资位居前三位，阿根廷进入前 10 位行列，其他国家排名没有变化。

**表 7　　2016 年矿业项目投资前 10 位国家**

| 国家 | 投资（亿美元） | 占比例（%） | 2015 年名次 |
|---|---|---|---|
| 智　利 | 438 | 15.7 | 2 |
| 加拿大 | 420 | 15.1 | 1 |
| 澳大利亚 | 319 | 11.5 | 3 |
| 美　国 | 263 | 9.4 | 4 |
| 几内亚 | 209 | 7.5 | 5 |
| 阿根廷 | 99 | 3.5 | >10 |
| 秘　鲁 | 94 | 3.4 | 7 |
| 俄罗斯 | 91 | 3.3 | 8 |
| 菲律宾 | 93 | 3.3 | 9 |
| 南　非 | 79 | 2.9 | 10 |
| 合计 | 2105 | 75.6 | |

**资料来源**：根据 E & MJ，Jan/Feb.，2017 年整理。

## 三、世界矿产品供需形势

2016 年，世界经济形势依然错综复杂，发达国家经济复苏艰难，新兴市场国家经济增速放缓。全球矿产品供需矛盾正在缓解，发展中国家对大宗矿产新增需求的拉动力正在减弱。全球矿业出现复苏态势，国际矿产品贸易量增幅下降，大部分矿产品价格触底反弹。其中，世界能源消费低速增长，消费结构不断改善；世界钢铁市场低迷，供应过剩，黑色金属矿产品价格普遍持续下跌；有色金属市场回暖迹象明显，部分有色金属价格止跌回升；贵金属市场出现两极分化，金银价格止跌回升，铂钯持续下跌。

**（一）世界能源需求保持低速增长**

2016年世界经济增长进一步放缓，GDP比2015年增长3%，是2002年以来除金融危机时期外的最低增速。随着世界经济放缓，世界一次能源消费增速连续第三年保持疲软态势。2016年世界一次能源消费量132.76亿吨油当量，比2015年增长1.0%，低于过去十年1.8%的平均水平。其中，中国、美国和印度分别是当今世界上第一、第二和第三大的能源消费国，分别占世界一次能源消费量的23.0%、17.1%和5.5%（表8）。2016年除欧洲和欧亚地区以外，其他地区一次能源消费增速均低于过去十年平均水平；除石油与核能外，其他一次能源消费增速均低于过去十年平均水平。新兴经济体仍主导着世界能源消费增长，世界能源消费增长的一半来自中国和印度。其中，印度能源消费增加3900万吨油当量，增速为5.4%；中国增加4700万吨油当量，增长率为1.3%（2015年和2016年是20年以来的需求增长最为缓慢的两年）。经合组织国家的消费增加2400万吨油当量，增长率为0.2%；其中，欧盟的能源消费量增长0.7%，美国和日本分别下降0.4%。2016年世界$CO_2$排放量增速0.1%，2014～2016年是自1981～1983年以来平均碳排放增速最低的三年。除煤炭外，其他一次能源消费量均出现正增长。从世界一次能源消费结构来看，石油仍然是世界主要能源，占全球能源消费量的33.3%，石油所占能源市场份额在连续减少15年后，2015年和2016年开始上升；其次是煤炭，占28.1%；第三为天然气，占24.1%；水电、核电、可再生能源分别占6.9%、4.5%和3.2%（图15）。

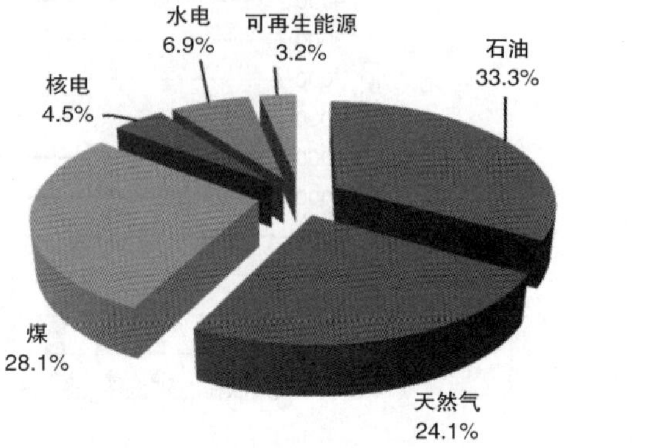


图15　2016年世界能源消费结构

但从主要能源消费国来看，美国以石油和天然气为主，煤炭为辅；日本和德国的消费结构基本相似，均以石油为主，煤和天然气为辅，另外少部分核电补充；法国核电和石油同为主要消费支柱，天然气为辅助能源；俄罗斯则以天然气为主要消费能源，石油和煤炭为辅助能源。中国和印度的消费结构类似，煤炭为主要消费能源，其次为石油（表8）。

表8　**2016年世界一次能源主要消费国家**　单位：亿吨石油当量

| 国　家 | 一次能源消费量 | 占一次能源消费量的比重 | | | | | |
|---|---|---|---|---|---|---|---|
| | | 石油 | 天然气 | 煤 | 核电 | 水电 | 可再生能源 |
| 世界总计 | 132.76 | 33.3 | 24.1 | 28.1 | 4.5 | 6.9 | 3.2 |
| 中国 | 30.53 | 19.0 | 6.2 | 61.8 | 1.6 | 8.6 | 2.8 |
| 美国 | 22.73 | 38.0 | 31.5 | 15.8 | 8.4 | 2.6 | 3.7 |
| 印度 | 7.24 | 29.4 | 6.2 | 56.9 | 1.2 | 4.0 | 2.3 |
| 俄罗斯 | 6.74 | 22.0 | 52.2 | 13.0 | 6.6 | 6.3 | 0.0 |
| 日本 | 4.45 | 41.4 | 22.5 | 26.9 | 0.9 | 4.1 | 4.2 |
| 加拿大 | 3.30 | 30.6 | 27.3 | 5.7 | 7.0 | 26.6 | 2.8 |
| 德国 | 3.22 | 35.0 | 22.5 | 23.3 | 5.9 | 1.5 | 11.7 |
| 巴西 | 2.98 | 46.6 | 11.1 | 5.5 | 1.2 | 29.2 | 6.4 |
| 韩国 | 2.86 | 42.7 | 14.3 | 28.5 | 12.8 | 0.2 | 1.5 |
| 伊朗 | 2.71 | 31.0 | 66.8 | 0.6 | 0.5 | 1.1 | 0.0 |
| 沙特阿拉伯 | 2.66 | 63.0 | 36.9 | 0.0 | 0.0 | 0.0 | 0.0 |
| 法国 | 2.36 | 32.4 | 16.2 | 3.5 | 38.7 | 5.7 | 3.5 |

**资料来源：**《BP Statistical Review of World Energy June 2017》。

2016年受世界低油价的影响，石油需求增长强劲，消费量的增速高于产量的增长速度，世界石油需求大于供应。世界石油产量为43.82亿吨，比2015年增产0.23亿吨，增长0.5%（表9），增速比2015年放慢2.6个百分点。石油输出国组织（OPEC）国家产量为18.64亿吨，比上年增长3.1%，占世界石油产量的42.5%。在OPEC国家中，伊拉克产量增加40万桶/日、沙特阿拉伯产量增加40万桶/日、伊朗产量增加70万桶/日。伊朗的石油产出和其在欧佩克中总产量的占比已恢复到受制裁前的水平。2016年OPEC的平均原油产量高达3936万桶/日，远高于该组织自2011年12月设定的3000万桶/日的产量目标。非OPEC国家的石油产量为25.18亿吨，减少80万桶/日，下降1.5%，为25年来的最大跌幅。在非OPEC国家中，产量减少主要来自美国和中国。美国是世界最大的石油生产国，产量1235万桶/日，减少30万桶/日，而2016年为增产100万桶/日。美国在连续四年增产100万桶/日以后，首次减产。中国产量减少30万桶/日，也是有史以来最大的一次石油减产。

**表9　　世界主要矿产品产量**

| 矿　产 | 单　位 | 2012年 | 2013年 | 2014年 | 2015年 | 2016年 |
|---|---|---|---|---|---|---|
| 石　油 | 亿吨 | 41.16 | 41.25 | 42.26 | 43.59 | 43.82 |
| 天然气 | 万亿立方米 | 3.35 | 3.40 | 3.47 | 3.53 | 3.55 |
| 煤 | 亿吨 | 82.08 | 82.75 | 81.98 | 79.61 | 74.60 |
| 铀（矿山产量） | 万吨 | 5.85 | 5.93 | 5.60 | 6.05 | 6.24 |
| 粗钢 | 亿吨 | 15.0 | 15.3 | 16.2 | 16.4 | 16.0 |
| 铁矿石 | 亿吨 | 29.8 | 31.7 | 33.7 | 32.7 | 33.3 |
| 锰矿石和精矿 | 万吨 | 5276.8 | 6048.2 | 6375.9 | 6188.5 | 6000.2 |
| 铬矿石和精矿 | 万吨 | 2588.2 | 3072.6 | 3422.5 | 3437.9 | 3415.0 |
| 镍（矿山产量） | 万吨 | 230.4 | 253.9 | 206.3 | 212.5 | 198.1 |
| 镍（精炼） | 万吨 | 183.4 | 197.6 | 180.8 | 179.8 | 178.5 |
| 钴（精炼） | 万吨 | 7.7 | 8.6 | 9.2 | 9.8 | 9.4 |
| 钨（矿山产量） | 万吨 | 9.1 | 9.9 | 8.3 | 8.5 | 9.0 |
| 钼（矿山产量） | 万吨 | 26.7 | 27.9 | 30.7 | 28.7 | 28.4 |
| 钒（矿山产量） | 万吨 | 7.5 | 8.0 | 8.3 | 7.8 | 7.9 |
| 铜（矿山产量） | 万吨 | 1688.0 | 1818.8 | 1854.8 | 1932.5 | 2071.8 |
| 铜（精炼） | 万吨 | 2018.5 | 2097.5 | 2242.6 | 2296.8 | 2352.7 |
| 铅（矿山产量） | 万吨 | 507.9 | 528.7 | 526.4 | 499.3 | 470.3 |
| 铅（精炼） | 万吨 | 1070.3 | 1129.7 | 1091.7 | 1016.7 | 1111.3 |
| 锌（矿山产量） | 万吨 | 1333.8 | 1366.2 | 1361.2 | 1324.6 | 1286.1 |
| 锌锭 | 万吨 | 1259.7 | 1302.9 | 1351.3 | 1389.5 | 1364.9 |
| 铝土矿 | 万吨 | 25768.6 | 29680.8 | 25639.6 | 28706.6 | 27135.4 |
| 原铝 | 万吨 | 4951.9 | 5208.1 | 5378.6 | 5733.6 | 5754.6 |
| 镁（精炼） | 万吨 | 87.6 | 96.3 | 106.7 | 103.1 | 108.6 |
| 钛（矿山产量） | 万吨 $TiO_2$ | 527.8 | 502.2 | 499.4 | 466.8 | 468.1 |
| 海绵钛 | 万吨 | 23.1 | 23.6 | 20.5 | 20.3 | 19.3 |
| 金红石精矿 | 万吨 | 79 | 63 | 55 | 85 | 80 |
| 钛铁矿精矿 | 万吨 | 734 | 769 | 740 | 727 | 550 |
| 锡（矿山产量） | 万吨 | 29.2 | 33.0 | 35.8 | 33.7 | 35.2 |
| 锡（精炼） | 万吨 | 36.3 | 35.6 | 39.1 | 35.2 | 34.6 |
| 锑（矿山产量） | 万吨 | 17.6 | 19.6 | 16.4 | 14.6 | 14.8 |
| 镉 | 万吨 | 2.2 | 2.3 | 2.4 | 2.4 | 2.5 |

**续表 9**

| 矿 产 | 单 位 | 2012 年 | 2013 年 | 2014 年 | 2015 年 | 2016 年 |
|---|---|---|---|---|---|---|
| 汞(矿山产量) | 万吨 | 194.7 | 246.8 | 286.1 | 308.9 | 415.9 |
| 铋(矿山产量) | 万吨 | 433.9 | 338.4 | 343.1 | 267.2 | 247.1 |
| 金(矿山产量) | 吨 | 2860.9 | 3061.5 | 3133.1 | 3208.6 | 3222.3 |
| 银(矿山产量) | 万吨 | 2.46 | 2.55 | 2.73 | 2.74 | 2.75 |
| 铂(矿山产量) | 吨 | 180.5 | 184.8 | 151 | 191.5 | 188 |
| 稀土氧化物 | 万吨 | 10.6 | 10.7 | 12.5 | 13.0 | 12.9 |
| 硒(精炼) | 万吨 | 329.5 | 330.9 | 353.3 | 363.0 | 415.0 |
| 碲(精炼) | 万吨 | 21.4 | 21.8 | 22.3 | 22.6 | 22.0 |
| 硫 | 万吨 | 6980 | 6800 | 6910 | 6950 | 8300 |
| 磷酸盐岩 | 万吨 | 21600 | 23200 | 23700 | 24200 | 25500 |
| 钾($K_2O$) | 万吨 | 3280 | 3560 | 4080 | 4070 | 3930 |
| 硼($B_2O_3$) | 万吨 | 591 | 603 | 940 | 938 | 982 |
| 纯碱(天然+合成) | 万吨 | 5170 | 5130 | 5270 | 5340 | 5360 |
| 萤 石 | 万吨 | 687 | 633 | 672 | 667 | 593 |
| 重晶石 | 万吨 | 922 | 824 | 839 | 741 | 732 |
| 石 墨 | 万吨 | 121 | 115 | 116 | 119 | 115 |
| 石 膏 | 万吨 | 24300 | 25200 | 26100 | 26100 | 26100 |
| 石 棉 | 万吨 | 163 | 151 | 131 | 128 | 128 |
| 膨润土 | 万吨 | 1740 | 1670 | 1820 | 1970 | 1900 |
| 滑石和叶蜡石 | 万吨 | 783 | 855 | 837 | 843 | 790 |
| 高岭土 | 万吨 | 3160 | 3280 | 3540 | 3560 | 3550 |
| 硅藻土 | 万吨 | 255 | 264 | 274 | 267 | 295 |

**资料来源**:《Mineral Commodity Summaries》;《World Metal Statistics Yearbook》;《BP Statistical Review of World Energy June 2017》;http://www.wise-uranium.org/umaps.html? set=anrq。

2016 年世界石油消费量为 44.18 亿吨,比 2015 年增加 7729 万吨(表 10),增长 1.5%,增速高于过去十年的平均水平,增长的驱动因素仍是新兴经济体,中国和印度需求分别增长 40 万桶/日和 33 万桶/日。2016 年美国仍是世界最大石油消费国,消费量 8.63 亿吨,增加 667 万吨,增长 0.5%,在世界石油消费中所占比重为 19.5%,几乎与整个欧洲的消费量相当。中国为世界第二大石油消费国,消费量 5.79 亿吨,比 2015 年增加 1682 万吨,增长 2.7%,占世界石油消费量总量的 13.1%。印度是世界第三大石油消费国,消费量 2.13 亿吨,增长 8.3%。日本为世界第四大石油消费国,消费量 1.85 亿吨,由于可再生能源和煤炭挤占了石油的市场份额,石油消费量减少 2.8%,消费量降为 1971 年以来的最低点。从主要消费地区来看,亚太地区、北美地区和欧洲地区仍是石油的主要消费区,在世界消费总量中所占比例分别为 35.2%、23.7% 和 20.0%。

**表 10　　世界部分矿产品消费量**

| 矿 产 | 单 位 | 2012 年 | 2013 年 | 2014 年 | 2015 年 | 2016 年 |
|---|---|---|---|---|---|---|
| 石油 | 亿吨 | 41.76 | 42.21 | 42.55 | 43.41 | 44.18 |
| 天然气 | 万亿立方米 | 3.34 | 3.38 | 3.40 | 3.48 | 3.54 |
| 煤 | 亿吨油当量 | 38.17 | 38.87 | 38.89 | 37.85 | 37.32 |
| 镍(精炼) | 万吨 | 173.4 | 180.1 | 158.7 | 174.1 | 186.7 |

续表 10

| 矿　产 | 单　位 | 2012 年 | 2013 年 | 2014 年 | 2015 年 | 2016 年 |
|---|---|---|---|---|---|---|
| 铜(精炼) | 万吨 | 2029.1 | 2115.4 | 2270.2 | 2283.0 | 2333.1 |
| 铅(精炼) | 万吨 | 1051.4 | 1128.7 | 1090.2 | 1018.2 | 1126.6 |
| 锌锭 | 万吨 | 1211.1 | 1297.3 | 1381.4 | 1380.6 | 1390.7 |
| 原铝 | 万吨 | 4888.5 | 4699.8 | 5474.1 | 5792.1 | 5858.8 |
| 锡(精炼) | 万吨 | 35.7 | 35.7 | 39.1 | 36.9 | 38.1 |
| 镉 | 万吨 | 2.4 | 2.7 | 2.9 | 2.7 | 2.7 |
| 金(需求) | 吨 | 4315 | 4957 | 4207 | 4404 | 3722 |
| 银(需求) | 万吨 | 3.00 | 3.46 | 3.52 | 3.58 | 3.20 |

资料来源:《Mineral Commodity Summaries》;《World Metal Statistics Yearbook》;《BP Statistical Review of World Energy June 2017》。

由于世界石油生产和消费存在极为严重的区域不平衡性,因此世界石油贸易量很大。2016 年世界石油贸易量为 32.23 亿吨,平均日贸易量约 6545 万桶,比 2015 年增长了 4.2%。其中原油贸易量 21.18 亿吨(表 11),成品油贸易量 11.05 亿吨。

表 11　　世界部分矿产品进出口量

| 矿　产 | 单　位 | 进　口 | | | 出　口 | | |
|---|---|---|---|---|---|---|---|
| | | 2014 年 | 2015 年 | 2016 年 | 2014 年 | 2015 年 | 2016 年 |
| 原油 | 亿吨 | 19.04 | 20.34 | 21.18 | 19.04 | 20.34 | 21.18 |
| 天然气 | 万亿立方米 | 1.00 | 1.04 | 1.08 | 1.00 | 1.04 | 1.08 |
| 铁矿石 | 亿吨 | 15.50 | 14.28 | 15.02 | 13.93 | 14.10 | 14.74 |
| 镍 | 万吨 | 70.8 | 70.2 | 61.7 | 72.8 | 85.0 | 87.9 |
| 铜(精矿) | 万吨 | 707.1 | 722.1 | 791.7 | 669.5 | 684.7 | 774.8 |
| 铜(精炼) | 万吨 | 820.7 | 859.8 | 890.9 | 847.6 | 896.0 | 953.8 |
| 铅(精炼) | 万吨 | 195.4 | 199.4 | 187.9 | 200.1 | 185.6 | 194.8 |
| 锌锭 | 万吨 | 416.0 | 418.8 | 405.9 | 401.2 | 397.7 | 398.4 |
| 铝土矿 | 万吨 | 4804.1 | 7140.5 | 4868.1 | 6917.5 | 8865.4 | 7853.2 |
| 铝 | 万吨 | 1971.4 | 1872.9 | 1961.4 | 2257.7 | 2291.5 | 2447.3 |
| 锡(精炼) | 万吨 | 24.6 | 24.5 | 22.2 | 24.1 | 23.6 | 22.1 |

资料来源:《World Metal Statistics Yearbook 2017》;《BP Statistical Review of World Energy 2017》。

石油贸易量占世界石油消费量的 69.4%,世界石油贸易一般分为原油贸易和成品油贸易,2016 年原油贸易量占全球石油贸易量的 65.7%。北美既是石油的主要生产区,又是石油的主要消费区,但由于石油消费增长迅速,本地供给远远满足不了不断增长的需求水平,因此北美地区也是世界石油主要进口地区。2016 年美国的原油进口总量为 3.93 亿吨,较 2015 年增长了 7.2%,占世界原油进口总量的 18.6%;美国石油净进口 533 万桶/日,增加 40 万桶/日。亚洲目前与美洲皆为世界主要石油消费区,2016 年原油进口量 10.81 亿吨,占世界总量的 51.0%。中国、印度和日本为世界前四大石油消费国,其中,中国近年来石油进口依赖程度不断上升,2016 年中国进口原油 3.83 亿吨,占世界总量的 18.1%,居世界第二位。中国石油净进口 820 万桶/日,是世界上最大的石油净进口国。印度成为第三大石油进口国,进口原油 2.12 亿吨,占世界总进口量的 10.0%。日本国内石油资源极少,几乎完全依赖于进口,2016 年原油进口总量 1.68 亿吨,占世界总进口量的 7.9%。欧洲是发达国家集中的地区,石油消费量很高,但只有俄罗斯、挪威和英国三个重要石油生产国，石油产量无法满足本地区的石油需求，因此每年都要从其他地区进口大量石油，石油进口主要来自中东地区。中东地区原油出口总量9.83亿吨，占世界出口总量的46.4%。

世界石油价格暴跌，WTI和布伦特原油期货均价分别为43.34美元/桶和43.73美元/桶，分别较2015年的48.71美元/桶和52.39美元/桶，下跌幅度高达11.0%和16.5%，为2004年以来最低价。2016年年初，油价一直持续2015年末价格下跌的态势，年中随着市场基本达到平衡，库存过剩得到缓解，石油价格趋于稳定。2016年末欧佩克与部分非欧佩克产油国达成联合减产协议，石油价格更加稳定。

2016年世界天然气产量为3.54万亿立方米，比2015年增长0.3%，低于过去10年的平均年增长率。美国为世界第一大天然气生产国，由于天然气价格的下跌，美国的天然气产量出现了自2005年页岩气革命开始以来的首次下滑，产量7492亿立方米，比2015年减少2.5%。俄罗斯天然气产量居世界第二位，为5794亿立方米，增长0.5%。受可再生能源替代的影响，欧盟的天然气产量1182亿立方米，减少1.6%，跌至1971年以来最低点。

2016年世界天然气消费量3.54万亿立方米，比2015年增加627亿立方米，增长1.5%，低于过去10年的平均水平。中东和中国为世界天然气消费量净增量最多的国家，分别增加190亿立方米和160亿立方米。美国为世界天然气消费第一大国，消费量7786亿立方米，增长0.4%，占世界消费的22.0%；俄罗斯天然气消费量居世界第二位，为3909亿立方米，减少3.2%；中国天然气消费量居世界第三位，为2103亿立方米，增长7.7%。欧盟的天然气消费量4288亿立方米，增长7.1%。

2016年全球天然气贸易量1.08万亿立方米，增长4.8%，占世界消费量的30.6%。其中，液化天然气贸易量3466亿立方米，比2015年增长6.5%，占世界天然气贸易中的份额上升为32.0%；管道天然气贸易量7375亿立方米，增长4.0%，占世界天然气贸易量的68.0%。亚洲是世界天然气贸易的主要地区，天然气进口量的80.8%是液化天然气，液化天然气贸易量占世界69.7%。日本是世界最大的天然气进口国，福岛事故后对液化天然气的需求保持高位，2016年天然气进口量1085亿立方米，皆为液化天然气。目前由于日本天然气发电厂满负荷运行，所以天然气进口已停止增长，比2015年减少2.0%。

2016年世界煤消费量37.2亿吨油当量，比2015年下降1.7%，连续第二年下滑，低于近10年的平均年增长率。中国煤消费量18.88亿吨油当量，居世界第1位，占世界的50.6%。由于近年中国环保意识增强，煤炭消费增速放缓，下降1.6%。印度煤消费量4.12亿吨油当量，居世界第2位，占世界的10.4%，印度煤炭需求量增长3.6%，增长主要来自于电力部门消费需求。欧盟能源市场日益萎缩，煤炭消费下降8.9%，其中英国煤炭消费下降超过五成，下降52.5%，为历史最低值。世界煤炭产量约为74.6亿吨（36.6亿吨油当量），比2015年减少6.2%，连续三年减少，创历史最大跌幅。其中产量减少最多的仍然是美国、印度尼西亚和中国。从能源消费结构来看，煤在一次能源消费量中所占份额为28.1%，比2015年下降0.8个百分点，为十年来最低。

2016年世界核电发电量为2617万亿瓦时，增长1.3%，增长全部来自于中国。中国超越俄罗斯成为世界第三大核电生产国，而欧盟发电量减少至20年以来的最低水平。核能发电量占世界能源消费总量的4.5%。2016年世界水电发电量4023万亿瓦时，增长了2.8%，占世界能源消费的6.9%。世界水电的增长主要来自中国、巴西、俄罗斯和美国。可再生能源的消费量继续增长，为1854万亿瓦时，占世界能源消费的3.2%，占世界发电量的7.5%。亚太地区超过欧洲和欧亚地区，成为世界最大的可再生能源产区。中国超过美国，成为世界最大的可再生能源生产国。风能是世界最大的可再生电力来源，发电960万亿瓦时，占可再生能源发电的51.7%。太阳能发电333万亿瓦时，增长29.6%，占可再生能源发电的18.0%。中国已超过美国、日本和德国，成为世界最大的太阳能发电国。

总的来看，世界经济增长缓慢，世界能源需求持续疲软。随着技术进步，能源的种类越来越多，特别是以页岩气为代表的非常规油气资源的开发，在许多方面对传统的油气资源形成有效替代，缓解对常规油气资源的需求和压力，成为未来能源开发利用的热点和亮点。世界油气供需正从“供给支配”向“消费驱动”转变，新兴国家的经济增长和能源需求对世界油气格局产生重要影响。全球消费重心明显东移，亚太和中东地区占比快速上升，亚太地区目前为全球能源最大的消费区和贸易区。传统发达经济体油气消费增速明显放缓，但仍是世界主要的油气消费体。由于煤炭价格低廉、供应充足、使用安全等特点，其在一次能源市场的比重基本保持不变，未来煤炭价格与油价的联动性将进一步增强。2016年，世界石油和天然气需求稳步增长，而煤炭需求出现了历史以来的最大降幅。能源结构发生变化，煤炭所占份额跌至10年以来的最低值，水电、核电、可再生能源等清洁能源比重不断提高。能源需求增长放缓，以及能源市场的调整，使得世界$CO_2$排放量连续第三年基本没有增长。

**（二）世界钢铁市场低迷**

2016年世界粗钢产量16.0亿吨，比2015年下降了0.7%。中国作为全球最大的钢铁生产国，近年来粗钢产量在8亿吨的水平上波动，2016年粗钢产量为8.08亿吨，比2015年增长1.2%，占全球粗钢总产量的50.4%。日本为第二大产钢国，产量为1.05亿吨，下降0.3%。印度为第三大产钢国，产量为9562万吨，增长7.4%。第四大产钢国为美国，产量为7862万吨，下降0.3%。据分析，世界钢铁工业以及中国钢铁工业均进入了一个相对平稳发展阶段，随着中国钢铁工业进入一个低速发展阶段，对当前和未来全球铁矿石市场供求关系产生深远的影响。

据世界金属统计资料，2016年世界铁矿石产量33.3亿吨，比2015年增长1.6%，近年来世界铁矿石产量在33.0亿吨的水平波动。按成品矿计算，全球最大的铁矿石生产国澳大利亚产量达到8.6亿吨，增长5.6%，占全球铁矿石产量的38.0%。第二大生产国巴西铁矿石产量4.1亿吨，增长4.1%，占全球铁矿石产量的17.9%。全球第三大铁矿石生产国是中国，按原矿量计，2016年铁矿石产量为13.8亿吨，按可比产量，铁精矿产量在3.5亿吨左右。目前，世界前五大铁矿石消费国分别依次是中国、日本、印度、俄罗斯和韩国。在世界铁矿石消费的前五位的国家中，亚洲占据了四席。除上述主要铁矿石消费国外，其他重要的铁矿石消费国家或地区还有巴西、德国、美国、乌克兰、中国台湾、土耳其、法国、英国、加拿大、南非和意大利等。随着全球粗钢产量的增长，国际铁矿石贸易量再创新的历史最高水平，贸易量连续第15年保持增长，达到15.0亿吨，比2015年增长4.2%。推动全球铁矿石出口贸易增长的主要因素是需求增加，这主要来自中国。2016年，中国进口铁矿石10.2亿吨，比2015年增长7.4%，占世界铁矿石进口量的69.5%。日本进口铁矿石1.30亿吨，比2015年下降0.7%，占当年世界铁矿石进口量的8.8%。澳大利亚是世界最大铁矿石出口国，2016年出口铁矿石8.1亿吨，比2015年增长5.5%，占当年世界铁矿石出口量的53.9%。巴西为世界第二大铁矿石出口国，2016年出口铁矿石3.7亿吨，占当年世界铁矿石出口量的24.9%。

2016年世界铬铁矿产量3415.0万吨，比2015年减少0.7%，近年世界铬铁矿产量保持在3400万吨左右。南非为世界最大铬铁矿生产国，2016年产量为1470万吨，减少6.1%，占世界铬铁矿产量的43.1%。由于世界铬铁矿90%以上的消费用于生产不锈钢，所以世界各国不锈钢的产量基本上反映其铬铁矿的消费量。2016年世界不锈钢产量为4602.1万吨，比2015年增长10.1%，创历史新高。其中，中国是世界上最大的不锈钢生产国，产量约为2493.8万吨，占世界不锈钢产量的54.2%，其次是印度占7.7%，日本占6.7%，美国占5.4%，韩国占4.8%。中国拥有巨大的铬铁生产能力，但由于国内铬矿资源缺乏，矿石产量很少，加上矿石质量差，大部分资源地处边远地区，运输困难，运费高等原因，因此不得不进口大量的铬铁矿，铬铁矿消费几乎全部依靠进口。2016年中国铬铁矿产量不足10万吨，铬铁矿进口量1058万吨，铬铁矿产量占消费的比重不足1.0%。南非是中国最大铬铁矿进口国，分别占中国铬铁矿进口量的73.3%。

2016年，世界钼矿山产量28.4万吨，比2015年增长6.2%。其中，中国钼矿山产量位列全球第一，钼产量12.9万吨，增长27.6%，占当年全球产量的45.5%；智利和美国分别为世界第二和第三大钼矿生产国，产量分别占世界的19.6%和12.6%。全球钼消费主要集中在西欧、美国、日本、中国等钢铁生产国家和地区，钼消费的变化与这些地区钢铁产量有很大关系，中国钼消费在全球占比提高，对全球钼消费的影响加大。2016年世界钼消费量估计为22.1万吨，比上年增长6.5%。同期中国钼消费量增长21.9%至7.3万吨钼，全球占比达33.1%，为世界第一大钼消费国。在主要的钼精矿生产国中，美国、秘鲁和智利是全球主要的钼精矿出口国，其次是加拿大和蒙古，而中国国内消费量较大，钼精矿出口量较少。欧盟是最大的钼精矿进口地区。

总的来看，2016年世界经济持续低迷，钢铁需求疲软，铁合金金属市场中部分矿产出现了不同程度的供应过剩，由此导致大部分铁合金金属矿产品价格下跌。尽管新兴国家一直保持着领先于发达国家的需求增速，但预计今后几年主要消费国需求增速可能进一步放缓。在各国回归制造业、促进基础工业投资的政策刺激下，全球钢铁产能不断攀升。未来短期内，世界钢铁工业对铁矿石的需求将进入了一个相对稳定的阶段，世界铁矿石需求会略有增长，但整体趋于供大于求的局势。受世界铁矿石供求关系的影响，国际市场铁矿石价格将维持在75美元/吨之下。

**（三）有色金属市场回暖**

2016年世界6种主要有色金属（铜、铝、铅、锌、锡、镍）总产量为1.08亿吨，比2015年增长1.4%，其中铅产量增长幅度最大，为9.3%，铜次之，增长2.4%，铝增长0.4%，锌、锡和镍均出现下降，分别下降了1.8%、1.7%和0.7%。上述6种有色金属消费量合计1.09亿吨，比上年增长2.3%，其中铅消费量增长幅度最大，为10.6%，镍次之，增长7.2%，锡和铜分别增长了3.5%和2.2%，铝和锌分别增长了1.2%和0.7%。铜供应较充足，铝、铅、锌、镍供应略有不足，锡供应则存在较大缺口（表12）。

表 12 **2016 年世界主要有色金属供求状况**

| 项　目 | 铜 | 铝 | 铅 | 锌 | 锡 | 镍 |
|---|---|---|---|---|---|---|
| 世界产量(万吨) | 2352.7 | 5754.6 | 1111.3 | 1364.9 | 34.6 | 178.5 |
| 世界消费量(万吨) | 2333.1 | 5858.8 | 1126.6 | 1390.7 | 38.1 | 186.7 |
| 供求平衡(万吨) | 19.6 | -104.2 | -15.3 | -25.8 | -3.5 | -8.2 |
| 库存量(万吨) | 98.3 | 273.7 | 43.3 | 102.3 | 2.2 | 39.7 |
| 年底库存消费比(周) | 2.2 | 2.4 | 2.0 | 3.8 | 3.1 | 11.1 |
| 正常库存消费比(周) | 5.5 | 5.5 | 4.0 | 5.0 | 5.0 | 5.0 |
| 产量与上年相比增长(%) | 2.4 | 0.4 | 9.3 | -1.8 | 1.7 | -0.7 |
| 消费量与上年相比增长(%) | 2.2 | 1.2 | 10.6 | 0.7 | 3.5 | 7.2 |

**资料来源**:根据《World Metal Statistics Yearbook 2017》资料计算。

2016 年 LME 有色金属价格出现了两极分化。在 6 种主要有色金属中,LME 镍、铜和铝现货价格下跌,较 2015 年分别下跌 18.9%、11.6% 和 3.5%;LME 锡、锌和铅现货价格止跌回升,分别上涨 11.8%、8.2% 和 4.7%。金和银的年平均价格也开始回暖,分别上涨了 7.7% 和 9.1%(表 13)。

表 13 **LME 主要金属现货价格(年平均价)**

| 品　种 | 2012 年 | 2013 年 | 2014 年 | 2015 年 | 2016 年 | 变化率(%) |
|---|---|---|---|---|---|---|
| 铜(美元/吨) | 7950 | 7322 | 6862 | 5502 | 4863 | -11.6 |
| 铝(美元/吨) | 2044 | 1845 | 1867 | 1663 | 1604 | -3.5 |
| 镍(美元/吨) | 17536 | 15004 | 16867 | 11835 | 9598 | -18.9 |
| 锡(美元/吨) | 21114 | 22304 | 21892 | 16084 | 17980 | 11.8 |
| 铅(美元/吨) | 2062 | 2141 | 2096 | 1787 | 1871 | 4.7 |
| 锌(美元/吨) | 1948 | 1909 | 2164 | 1933 | 2091 | 8.2 |
| 金(美元/盎司) | 1668.5 | 1410.8 | 1266.3 | 1159.2 | 1248.6 | 7.7 |
| 银(美元/盎司) | 31.1 | 23.8 | 19.1 | 15.4 | 16.8 | 9.1 |

**资料来源**:《World Metal Statistics Yearbook 2017》。

2016 年世界精炼铜产量 2352.7 万吨,比 2015 年增长 2.4%,消费量 2333.1 万吨,增长 2.2%。同期,精炼铜产量和消费量基本平衡,市场供应过剩量为 19.6 万吨左右。在世界主要消费地区中,亚洲地区的铜消费量占世界铜消费量的 70.3%。中国仍是拉动世界铜消费增长的主要动力,2016 年中国消费量增加 28.9 万吨,占世界铜消费增量的近 60%。世界铜精矿出口量 890.9 万吨,增长 3.6%。铜精矿主要出口国有智利、俄罗斯、日本、赞比亚、澳大利亚和中国等。世界铜精矿进口量 953.8 万吨,增长 6.4%。进口铜精矿的主要国家和地区有:中国、德国、美国、意大利、韩国、中国台湾等。2016 年,铜价总体上持续下跌,比 2015 年下跌 11.6%。

2016 年世界原铝产量为 5754.6 万吨,比 2015 年增长 0.4%。其中,中国、俄罗斯、加拿大、阿联酋是世界上四大原铝生产国,这四个国家产量合计为 4100 万吨,占世界产量的 71.3%。而世界铝土矿产量为 2.7 亿吨,比 2015 年减少 5.0%。其中,澳大利亚是世界上最大的铝土矿生产国,产量 8215 万吨,占世界的 30.3%;中国为第二大铝土矿生产国,产量 6500 万吨,占世界的 24.0%;巴西铝土矿产量 3245 万吨,占世界的 12.0%,居世界第三位。世界原铝消费量为 5858.8 万吨,比 2015 年增长 1.2%,净增消费量 667.5 万吨;而中国原铝消费量增加了 546.7 万吨,占世界总增量的 81.9%。从世界范围来看,原铝的主要消费市场还是在亚洲,特别是中国。2016 年亚洲原铝消费量 4127

万吨，占当年世界消费量的70%以上，而中国占比高达54.0%。西方原铝需求稳定，原铝消费量2467万吨，基本保持不变，所占世界消费量的份额为42.1%。世界铝土矿的主要出口国为印度、澳大利亚、牙买加和巴西等，2016年这四个国家铝土矿的出口量4017万吨，占当年世界铝土矿出口总量的92.4%。而中国是世界第一大铝土矿进口国，2016年进口铝土矿5205万吨，占世界铝土矿进口量的58.7%，其他主要铝土矿进口国家还有北美和西欧的炼铝大国。2016年国内外市场铝价呈现波动性下跌的势头，伦敦金属交易所铝全年现货平均价为1604美元/吨，比2015年下跌3.5%；中国国内现货铝年均价为12211元/吨，与2015年基本持平。

2016年世界铅矿山产量470.3万吨，比2015年下降了5.8%。中国是世界第一大铅矿生产国，2016年矿山铅产量为223.0万吨，比2015年下降4.5%，占当年世界铅矿山产量的47.4%，依然是世界铅矿山生产的主力。全球冶炼产能明显大于矿山产量，随着关闭和减产矿山数量的增多，全球铅精矿市场缺口进一步扩大。世界精炼铅产量为1111.3万吨，较2015年上涨9.3%，消费量1126.6万吨，增长10.6%，市场供略小于求。中国是世界精炼铅生产和消费大国，2016年精炼铅466.5万吨，占世界产量的42.0%。中国精铅消费量465.5万吨，占世界消费量的比例为41.3%。2016年，国际市场铅价呈现稳步上涨态势，伦敦金属交易所（LME）现货年平均价为1871美元/吨，比2015年上涨4.7%。

2016年，国际锌市场呈现供应轻微短缺的局面。世界锌产量为1364.9万吨，比2015年减少1.8%。中国仍为世界最大精炼锌生产国，在世界产量中所占份额达到了46.0%。世界锌消费量为1390.7万吨，比2015年增长0.7%。亚洲仍为世界精炼锌主要消费区域，精炼锌消费量969.8万吨，占世界消费量的69.7%。中国为世界最大锌消费国，锌消费量669.3万吨，在世界锌消费量中所占份额为48.1%。2016年，国际市场锌价一直处于较高价位，LME锌现货平均价为2091美元/吨，比2015年上涨8.2%。国内现货平均价为6624元/吨，同比上升9.7%。

2016年，世界锡产量为34.6万吨，比2015年下降1.7%；世界锡消费量为38.1万吨，增长3.5%。国际锡市场供不应求状况仍没有好转，供应缺口扩大到3.5万吨左右。亚洲是精炼锡的主要消费地区，消费量27.2万吨，占世界消费量的71.4%。2016年，国际市场锡价呈现上涨的趋势，伦敦金属交易所（LME）现货锡年平均价格为17980美元/吨，比2015年上涨11.8%，在LME六种基本金属中的表现最好。

2016年世界精炼镍产量178.5万吨，比2015年下降0.7%，消费量为186.7万吨，增长7.2%，全年镍市场供应略有不足。中国镍产量为41.2万吨，消费量为87.3万吨，供应缺口为46.1万吨。由于世界绝大部分镍矿山被世界大矿业公司（俄罗斯的诺里尔斯克）和大跨国公司（淡水河谷、斯特拉塔公司和必和必拓）控制着，镍的初级产品镍精矿和中间产品冰镍多为公司所属精炼厂自用，市场贸易量较少。近两年来，红土镍矿主要出口国为印度尼西亚、菲律宾、新喀里多尼亚，而最大进口国为中国。2016年LME镍现货平均价为9598美元/吨，比2015年下跌18.9%，在LME六种基本金属中的表现最差。

2016年世界钨矿山产量9.0万吨（钨金属量），比2015年增长5.8%。其中，中国钨矿山产量71000吨，与2015年持平，占世界钨矿总产量的79.0%。2016年世界消费量7.7万吨，比2015年增长2.9%。中国钨视消费量4.6万吨，增长2.8%，占世界钨消费量的59.0%，是世界第一钨消费大国。最近几年，中国经济增速趋缓，硬质合金产量增幅也相应减少，由此导致钨消费量停滞不前。中国是世界钨产品的贸易大国，出口量稳居世界第一，但全球贸易占比呈现逐年下降趋势。近几年，由于非洲国家以及澳大利亚提高了钨出口量，而中国钨出口量变化不大，所以中国钨出口量占全球的比重也呈现下降趋势。但是中国在国际钨市场上仍具有举足轻重的影响。2016年全球贸易总量4.1万吨，中国出口占比53%，美国14%，欧洲11%，日本7%。2016年国内外钨市场总体继续呈下滑走势，但降幅收窄，欧洲市场APT平均价格10.57万元/吨，同比下跌4.9%；中国钨精矿平均价格6.7万元/吨，同比下跌4.8%。

总之，2016年有色金属中市场回暖迹象明显，主要由于受英国脱欧、特朗普当选等事件的影响，国际形势不明朗，国际金融市场动荡，资金开始由虚拟市场向实体市场回归，部分有色金属价格止跌回升，其中，LME锡、锌和铅现货价格有不同程度上涨。

**（四）贵金属市场两极分化**

2016年世界黄金总供应量为4511吨，比2015年增长8.2%。其中矿山金产量创下历史新高，为3222吨，增长0.4%。中国矿山金产量为453.5吨，比2015年增长0.8%，已连续十年为世界第一大黄金生产国。2016年全球再生金供应量1268吨，比2015年增长2.5%。从需求方面来看，2016年世界黄金需求总量为3722吨，比2015年下降15.0%，消费的减少主要来自珠宝首饰消费下降。2016年中国黄金消费量达到975.4吨，比2015年下降6.7%，连续4年黄金消费量居世界第一。印度黄金消费需求为675.5吨左右，比

2015年下降21.2%，跌至7年来最低。2016年国际黄金价格整体呈现上涨态势，全年伦敦黄金交易所黄金现货均价为1250.7美元/盎司，比2015年上涨7.8%。

世界白银协会公布数据显示，2016年全球白银供应略有短缺。全球白银供应在3.1万吨，比2015年下降3.1%，其中，矿山银2.8万吨，比2015年下降0.6%，13年以来首次下降；再生银产量4346吨，下降0.9%，是自1996年以来最低值，但降幅明显收窄。2016年全球白银制造业总需求达到近3.2万吨，下降10.7%。全球白银消费结构为：工业用银占总需求量的50.3%，首饰19.4%，银币、银章25.0%以及银器5.3%。世界白银消费主要集中在一些工业发达国家如美国、日本、德国以及一些传统白银首饰饰品生产制造和需求大国如中国、印度、意大利、墨西哥等。世界最大的白银消费国是美国，2016年印度白银工业需求达到7097吨，下降4.3%。中国超过印度居世界第二，为5851吨，下降14.6%；印度居第三，为5081吨，下降31.1%。2016年国际银价整体保持上行的态势，国际白银年均价17.2美元/盎司，比2015年上涨9.4%，而2015年同期为下跌21.7%。

从近几年的国际银市场来看，白银价格的走势与市场供求状况不存在必然联系。当国际市场白银价格超过6.0美元/盎司时，直接左右市场的就不是供需关系，而是投机、汇率等因素。近几年的国际白银市场多次证明了这一点，目前的白银供需现状对市场产生的直接影响力很小。短期内经济形势、美元汇率变化、黄金市场价格的波动、投资活动的剧烈变化、国际石油价格等仍然是决定银价的主要因素。同时，由于白银主要为铜、铅、锌和黄金等矿产的伴生矿产，因此白银相关金属行情的好坏，也影响着白银的市场。2008年金融危机以来，金银价格比率从80左右高位下滑，随着白银投资热情不断高涨，一度下调至2011年4月底的31左右，投资更偏向于买白银卖黄金。银价自高位暴跌后，金银比率波动回调，2016年底金银价格比率在65~75。

铂钯年鉴数据显示，2016年全球铂供应量为238.3吨，与2015年基本持平。其中矿山铂产量188.0吨，比2015年下降1.8%；从报废汽车、首饰中回收的铂金属量50.2吨，增长10.1%。矿山铂主要供应地区有南非、俄罗斯、北美及津巴布韦，其中南非为世界最大铂生产国，2016年矿山铂产量133.9吨，比2015年下降4.8%，矿山铂产量占世界的71.2%；俄罗斯为世界第二大铂生产国，2016年铂产量22.1吨，下降1.3%，占世界的11.8%。2016年世界铂需求量为244.3吨，与2015年基本持平，市场在连续5年供不应求之后，2016年供应小幅短缺。

钯是世界上最稀有的贵金属之一，铂钯年鉴数据显示，2016年全球钯供应量为266.2吨，与2015年基本持平。其中矿山钯产量204.1吨，比2015年下降2.3%；再生钯金属量62吨，增长6.5%。世界上只有俄罗斯和南非等少数国家生产，每年总产量不到黄金的5%。世界钯的主要出口国是俄罗斯和南非，2016年俄罗斯超过南非成为世界第一大钯生产国，矿山钯产量78.6吨，比2015年下降1.9%，占世界矿山钯总产量的38.5%；南非矿山钯产量为76.8吨，下降6.9%，占世界矿山钯总产量的37.6%。

2016年世界钯需求量为303.5吨，比2015年增长2.0%，市场供应缺口约37.3吨。2016年国际铂钯价格震荡下行，据伦敦铂钯市场数据，全年铂价年均价为988.7美元/盎司，比2015年下跌6.2%，连续第5年下降，并且自2006年以来首次跌破1000美元/盎司；钯价年均价612.0美元/盎司，下跌11.4%。

2016年，比较黄金、白银与铂钯金属价格的走势，全年金银止跌回升，铂钯延续了2015年的下跌趋势。其中，金价比2015年上涨7.8%，银价上涨9.4%，铂价下跌6.2%，而钯价下跌11.4%。

（闫卫东　崔荣国　郭　娟）